(**KOMPENDIUM**) Windows
Vista Ultimate

Kompendium

Kompetent aufbereitetes PC-Know-how für alle

Die KOMPENDIEN aus dem Markt+Technik Verlag stehen seit mehr als 20 Jahren für anerkanntes Expertenwissen und bieten wertvolle Praxistipps in allen Fragen rund um den PC. Das Portfolio der Handbücher reicht von der übersichtlichen Vorstellung diverser Programmiersprachen bis hin zur umfangreichen Beschreibung kompletter Betriebssysteme: Mit mehr als 500 Titeln seit Bestehen der Reihe wurde nahezu jede Fragestellung der Computerpraxis abgedeckt.

Ob als Lehrbuch für den ambitionierten Einsteiger oder Nachschlagewerk für den erfahrenen Anwender: Die übersichtlichen, klar strukturierten KOMPENDIEN helfen jedem schnell weiter und auch komplexe Sachverhalte werden mit praxisnahen Beispielen übersichtlich illustriert und verständlich gemacht. Ein detailliertes Inhaltsverzeichnis und ein umfangreicher Index ermöglichen dem Leser außerdem schnellen Zugriff auf die gesuchten Informationen.

Technisch anspruchsvoll und präzise, dabei jedoch immer praxisbezogen und klar verständlich: Das sind die KOMPENDIEN, die mit mehr als 6 Millionen Lesern zu den erfolgreichsten Computerfachbüchern auf dem deutschsprachigen Markt gehören.

**Unser Online-Tipp
für noch mehr Wissen ...**

... aktuelles Fachwissen rund
um die Uhr – zum Probelesen,
Downloaden oder auch auf Papier.

www.InformIT.de

Windows Vista Ultimate

Der ultimative Ratgeber für Anwender und Administratoren

THOMAS JOOS

Markt+Technik

{ **KOMPENDIUM** }
Einführung | Arbeitsbuch | Nachschlagewerk

Bibliografische Information Der Deutschen Bibliothek

Die Deutsche Bibliothek verzeichnet diese Publikation in der Deutschen Nationalbibliografie; detaillierte bibliografische Daten sind im Internet über < http://dnb.ddb.de > abrufbar.

Die Informationen in diesem Buch werden ohne Rücksicht auf einen eventuellen Patentschutz veröffentlicht. Warennamen werden ohne Gewährleistung der freien Verwendbarkeit benutzt. Bei der Zusammenstellung von Texten und Abbildungen wurde mit größter Sorgfalt vorgegangen. Trotzdem können Fehler nicht vollständig ausgeschlossen werden. Verlag, Herausgeber und Autoren können für fehlerhafte Angaben und deren Folgen weder eine juristische Verantwortung noch irgendeine Haftung übernehmen.
Für Verbesserungsvorschläge und Hinweise auf Fehler sind Verlag und Herausgeber dankbar.

Alle Rechte vorbehalten, auch die der fotomechanischen Wiedergabe und der Speicherung in elektronischen Medien. Die gewerbliche Nutzung der in diesem Produkt gezeigten Modelle und Arbeiten ist nicht zulässig.

Fast alle Hardware- und Softwarebezeichnungen und weitere Stichworte und sonstige Angaben, die in diesem Buch verwendet werden, sind als eingetragene Marken geschützt. Da es nicht möglich ist, in allen Fällen zeitnah zu ermitteln, ob ein Markenschutz besteht, wird das ® Symbol in diesem Buch nicht verwendet.

Umwelthinweis:
Dieses Buch wurde auf chlorfrei gebleichtem Papier gedruckt.

10 9 8 7 6 5 4 3 2 1
09 08 07

ISBN 978-3-8272-4268-6

© 2007 by Markt + Technik Verlag,
ein Imprint der Pearson Education Deutschland GmbH,
Martin-Kollar-Straße 10–12, D-81829 München/Germany
Alle Rechte vorbehalten
Coverkonzept: independent Medien-Design,
            Widenmayerstraße 16, 80538 München
Coverlayout: Thomas Arlt, tarlt@adesso21.net
Titelfoto: Masterfile/Jeremy Woodhouse: Dubai Skyline at Dusk, Dubai, United Arab Emirates
Fachlektorat: Georg Weiherer, georg.weiherer@freenet.de
Lektorat: Sylvia Hasselbach, shasselbach@pearson.de
Korrektorat: Sandra Gottmann, sandra.gottmann@t-online.de
Herstellung: Elisabeth Prümm, epruemm@pearson.de
Satz: reemers publishing services gmbh, Krefeld (www.reemers.de)
Druck und Verarbeitung: Kösel, Krugzell (www.KoeselBuch.de)
Printed in Germany

Überblick

Vorwort 21

Teil 1	**Installation und Einführung**	23
Kapitel 1	Das ist neu in Windows Vista	25
Kapitel 2	Installieren und Aktualisieren.......................	69
Kapitel 3	Erste Schritte.......................................	131
Kapitel 4	Automatisierte Installation, Deployment und Rollout..	147

Teil 2	**Konfigurieren**	185
Kapitel 5	Die Benutzeroberfläche konfigurieren – Aero und Co...	187
Kapitel 6	Treiber und Hardware verwalten	237
Kapitel 7	Datenträger anlegen und verwalten...................	299

Teil 3	**Dateien und Ordner verwalten**	327
Kapitel 8	Der Windows Explorer als Dateizentrale	329

Teil 4	**Netzwerk und Internet**	377
Kapitel 9	Windows Vista im Netzwerk	379
Kapitel 10	Mit Vista ins Internet...............................	457
Kapitel 11	Erweiterte Netzwerkkonfiguration	575
Kapitel 12	Gruppenrichtlinien	627
Kapitel 13	Windows-Teamarbeit	673

Überblick

Teil 5	**Sicherheit und Datenschutz**	697
Kapitel 14	Sicherheit in Windows Vista	699
Kapitel 15	Daten sichern und wiederherstellen	797

Teil 6	**Multimedia-Funktionen**	819
Kapitel 16	Multimedia-Funktionen und neue Programme in Windows Vista	821

Teil 7	**Vista Mobil**	907
Kapitel 17	Windows Vista auf dem Notebook	909

Teil 8	**Erweiterte Verwaltung und Systemeinstellungen**	933
Kapitel 18	Benutzerverwaltung	935
Kapitel 19	Erweiterte Systemverwaltung	971
Kapitel 20	Spracherkennung und erleichterte Bedienung	1043

Teil 9	**Anhang**	1057
Anhang A	Tipps und Tricks zu Windows Vista	1059
Anhang B	Tastenkombinationen	1097
Anhang C	Mozilla Firefox 1.5/2.0 und Thunderbird 1.5	1101
	Index	1195

Inhalt

Vorwort ... 21

| Teil 1 | **Installation und Einführung** | 23 |

Kapitel 1	**Das ist neu in Windows Vista** ... 25
1.1	**Windows Vista-Editionen** ... 26
1.2	**Technischer Überblick – die Neuerungen in Windows Vista** ... 29
	Änderungen im Windows Explorer ... 29
	Virtuelle Ordner ... 33
	Sidebar und Gadgets ... 34
	Aero – die neue Windows-Optik ... 35
	Flip und Flip 3D – Umschalten mit Komfort ... 36
	SideShow – zusätzliche Displays ... 37
	SuperFetch, ReadyBoost, ReadyDrive und Energiesparmodus – Performance in Windows Vista ... 38
	Windows-Leistungsindex – Performancemessung ... 41
	Netzwerk- und Freigabecenter – optimale Verwaltung des Netzwerks ... 43
	Internet Explorer 7 – Vista Edition ... 44
	Windows Media Center ... 47
	Zusätzliche neue Programme ... 49
1.3	**Sicherheit in Windows Vista** ... 49
	Secure Development Lifecycle (SDLC) ... 51
	Absicherung der Windows-Dienste ... 51
	Benutzerkontensteuerung (User Account Control, UAC) ... 52
	Windows Defender ... 53
	Neues Sicherheitscenter ... 54
	Neue Windows Firewall ... 55
	BitLocker ... 57
	Jugendschutz ... 58
	Neue Gruppenrichtlinien ... 58

Inhalt

	Verbesserte Unterstützung von WSUS	60
	Verbesserte Datensicherung	60
1.4	**Windows Vista auf Notebooks**	61
1.5	**Neue Installationsmechanismen**	62
1.6	**Optimierte Eingabehilfen**	63
1.7	**Spracherkennung**	64
1.8	**Notwendige Hardware für Windows Vista – welche PCs sind geeignet?**	65
	Spezielle Tastatur für Windows Vista von Microsoft – das Wireless Entertainment Desktop	67
1.9	**Hilfeforen und Informationsseiten zu Windows Vista**	68
Kapitel 2	**Installieren und Aktualisieren**	69
2.1	**Neuinstallation und parallele Installation von Windows Vista**	69
2.2	**Aktualisierung von Windows XP zu Windows Vista**	80
2.3	**System- und Startpartitionen**	87
2.4	**Parallele Installation von Windows Vista wieder entfernen**	88
2.5	**Windows Vista-Bootmanager reparieren**	88
2.6	**Linux und Windows Vista**	90
2.7	**Anpassen des Bootmenüs**	91
2.8	**Konfiguration der automatischen Anmeldung**	95
2.9	**Aktivieren von Windows Vista**	96
2.10	**Aktivierung für Unternehmenskunden – Windows Vista Volume Activation (VA) 2.0**	101
	Grundlegende Informationen zum Einsatz von Volume Activation (VA) 2.0	101
	Multiple Activation Key (MAK) und Key Management Service (KMS) Activation in der Praxis	107
2.11	**Verschiedene Optionen des Setup-Programms von Windows Vista**	118
2.12	**Verwenden der Tastaturmaus**	119
2.13	**Windows Vista mit VMware Workstation testen**	120
	Erstellen einer virtuellen Maschine	121
2.14	**Windows Vista-Startoptionen**	128

Kapitel 3	Erste Schritte	131
3.1	Die Windows-Sidebar	132
3.2	Der neue Windows Explorer	133
3.3	Die Systemsteuerung	137
3.4	Deaktivieren der Benutzerkontensteuerung	138
3.5	Deaktivierung der Windows-Suche	141
3.6	Flip und Flip 3D	142
3.7	Tastenkombinationen	144
Kapitel 4	Automatisierte Installation, Deployment und Rollout	147
4.1	Einführung in die automatisierte Installation von Windows Vista	149
	Notwendige Funktionen für die automatisierte Installation	150
	Windows System Image Manager (Windows SIM), Antwortdateien und Kataloge	152
	Windows Preinstallation Environment (Windows PE)	160
	ImageX	164
	Verteilen von Windows Vista über die Windows Deployment Services (WDS)	167
	Benutzerspezifische Anpassung des Windows Vista-Startvorgangs	171
4.2	User State Migration Tool (USMT) 3.0	173
	Neuerungen von USMT 3.0	174
	Microsoft Application Compatibility Toolkit 5.0	177
4.3	Kompatibilitätstest von Anwendungen mit dem Standard User Analyzer	178
4.4	Multi User Interface (MUI)	180
	Language Packs hinzufügen	181
	Konfiguration der Spracheinstellungen in der Antwortdatei	182
	Anpassen der Sprache während der Windows Vista-Installation	183

Teil 2	Konfigurieren	185
Kapitel 5	Die Benutzeroberfläche konfigurieren – Aero und Co	187
5.1	Aufbau der neuen Benutzeroberfläche	188
5.2	Anpassen des Desktops – Aero-Glaseffekte	189
	Anpassung von Aero	190
	Desktophintergrund – Hintergrundbilder (Wallpapers)	197
	Konfiguration der Anzeige und des Bildschirms	199
	Desktopsymbole und Schriftgrad ändern	203
	Performancetuning: klassische Windows-Ansichten aktivieren	206

Inhalt

5.3	**Anpassen des Startmenüs**	206
	Anpassen des Startmenüs über den Windows Explorer	210
	Herunterfahren, neu starten, Benutzer abmelden	211
5.4	**Die Windows-Taskleiste**	214
	Automatisches Anordnen von Fenstern	214
	Eigenschaften der Taskleiste	218
5.5	**Windows-Sidebar und Gadgets**	221
	Allgemeine Bedienung der Windows-Sidebar	223
	Erweitern der Windows-Sidebar	225
	Gadgets für Fortgeschrittene und eigene Gadgets entwickeln	227
	Tastenkombinationen für die Windows-Sidebar	229
5.6	**Tuning der grafischen Oberfläche mit TweakVI**	229
Kapitel 6	**Treiber und Hardware verwalten**	237
6.1	**Berechtigungen im Bereich der Treiberinstallation**	237
6.2	**Installation von neuen Komponenten**	239
6.3	**Der Geräte-Manager**	242
	Im Geräte-Manager nach neuer Hardware suchen	244
	Verwalten der einzelnen Hardware-Komponenten im Geräte-Manager	245
	Eigenschaften von Hardwarekomponenten verwalten und Treiber reparieren	251
	Weitere Möglichkeiten im Geräte-Manager	255
	Ältere Hardware mit dem Geräte-Manager installieren	256
6.4	**Drucker installieren und verwalten**	258
	Installation von neuen Druckern	259
	Druckerfreigabe im Netzwerk	270
6.5	**Weitere Konfigurationsmöglichkeiten für Hardware**	271
	Autostart-Einstellungen für CDs und DVDs	271
	Sound-Einstellungen und -Geräte	272
	Maus, Tastatur und Gamecontroller konfigurieren	280
	Scanner und Kameras konfigurieren	284
	Telefone und Modems unter Windows Vista	285
	Windows SideShow	286
	Konfiguration von Tablet PCs	287
	Bluetooth-Unterstützung in Windows Vista	293

Kapitel 7	Datenträger anlegen und verwalten	299
7.1	Was sind RAID-Systeme?	299
7.2	Datenträger erstellen	301
7.3	Die Einrichtung von Datenträgern	302
7.4	Die Konfiguration von Laufwerken	306
	Verkleinern und Erweitern von Datenträgern	312
7.5	Verwalten von Datenträgern	314
	Verwenden von Schattenkopien	318
7.6	Konfiguration der Hardware von Datenträgern	319
7.7	Festplattenverwaltung in der Befehlszeile mit DiskPart	321
	Befehlssyntax von DiskPart	322
7.8	Erstellen von virtuellen Laufwerken mit subst.exe	325

Teil 3	Dateien und Ordner verwalten	327
Kapitel 8	Der Windows Explorer als Dateizentrale	329
8.1	Starten des Windows Explorers	330
8.2	Windows Explorer im Überblick	331
8.3	Ansichten des Windows Explorers anpassen	343
	Startoptionen für den Windows Explorer	348
8.4	Dateien verwalten im Windows Explorer	349
	Dateien kopieren, verschieben und verknüpfen	350
	Dateien mit Schlüsselwörtern und Markierungen versehen	352
	Kontextmenü der Dateien	354
	Verwalten von ausführbaren Dateien	363
8.5	Die neue Windows-Suche	364
	Tipps zur optimalen Dateisuche	365
	Indizierung	370
8.6	Konfiguration der Standard-Dokumentenablage	372
8.7	Brennen von CDs oder DVDs	374
	DeepBurner Portable	375

Inhalt

Teil 4		Netzwerk und Internet	377
Kapitel 9		Windows Vista im Netzwerk	379
9.1		Kurze Einführung in die Netzwerktheorie	379
9.2		Allgemeine Informationen zu Netzwerken	381
		Verschiedene Arten von Netzwerken	381
9.3		Installation der Netzwerkhardware	384
9.4		Anbindung des PC an das Netzwerk	386
9.5		Allgemeine Informationen zur TCP/IP-Konfiguration	392
9.6		Erstellen von Freigaben für Dateien und Drucker	395
		Erstellen einer Freigabe für Dateien	396
		Der Assistent für die Freigabe von Ordnern	402
		Erstellen einer Freigabe für Drucker	404
		Verbinden von Freigaben im Netzwerk als Netzlaufwerk	407
9.7		Netzwerksupport mit dem Remotedesktop	411
9.8		Drahtlosnetzwerke (Wireless LANs, WLANs) mit Windows Vista	414
		Allgemeine Informationen zur Verwendung von WLANs mit Windows Vista	415
		Vorbereitungen für den Einsatz eines WLAN	416
		Konfiguration von Windows Vista zur Anbindung an ein WLAN	417
		Sicherheit in WLANs	419
		Zusätzliche Sicherheitsmaßnahmen beim Einsatz eines WLAN	425
		Hotspots – öffentliche WLANs	427
9.9		Erweiterte Netzwerkverwaltung	428
		Verwalten der Netzwerkstandorte	428
		Erweiterte Verwaltung der Netzwerkverbindungen	431
		Eigenschaften von Netzwerkverbindungen	437
		Bindungsreihenfolge der Netzwerkverbindungen konfigurieren	444
		Erweiterte Konfiguration von Freigaben	446
9.10		Verwenden von Befehlszeilentools für Netzwerkinformationen	455
Kapitel 10		Mit Vista ins Internet	457
10.1		Verbinden mit dem Internet	457
10.2		Internetverbindung für kleinere Unternehmen	457
		Anschluss der notwendigen Verbindungen	458
		Verbindungsaufbau mit dem Provider	461
		Optimale Internetanbindung von mittleren Unternehmen	465
		Testen der Internetverbindung und Fehlerbehebung	468

10.3	**Einrichtung der Hardware von ISDN und analogen Modems**	470
	Besonderheiten von ISDN-Karten	470
	Besonderheiten zu Modems.	472
	Oleco – der Internet Least Cost Router	472
10.4	**Anpassen der Zeiteinstellungen in Windows Vista**.	478
10.5	**Internet Explorer 7 – Vista Edition**	479
	Neuerungen im Internet Explorer 7	480
	Bedienung des Internet Explorers 7 (IE 7)	483
	Geschützter Modus des Internet Explorers 7	514
	Löschen der temporären Internetdateien.	515
	Verwalten von Add-Ons im Internet Explorer 7	516
	Sicherheitszonen im Internet Explorer 7.	517
	Sichere Internetseiten und SSL-Verschlüsselung im Internet Explorer 7	519
	Anpassen der Internet Explorer-Symbolleisten	523
	Zurücksetzen von Internet Explorer auf die Standardeinstellungen	525
	Internet Explorer 7 und das Center für erleichterte Bedienung.	528
10.6	**Windows Mail alias Outlook Express 7**	529
	Problembehandlung in Windows Mail	536
	Lesen von E-Mail-Nachrichten im Offline-Modus	540
10.7	**Instant Messaging – der Windows Live Messenger**	541
10.8	**Remoteunterstützung über das Internet**	549
10.9	**FTP in der Befehlszeile verwenden**	553
10.10	**Gemeinsames Nutzen einer Internetverbindung in einem Netzwerk**	554
	Die gemeinsame Nutzung von Internetverbindungen und VPN-Verbindungen	556
10.11	**Einrichten einer Remoteverbindung zu Ihrem Arbeitsplatz mit VPN**	556
	Auswahl des richtigen VPN-Protokolls.	556
	Erstellen einer neuen VPN-Verbindung	558
	Verwalten einer VPN-Verbindung	566
	Planung mit DynDNS	571
10.12	**Outlook Web Access und Windows Vista**	574
Kapitel 11	**Erweiterte Netzwerkkonfiguration**	575
11.1	**Windows Vista und Active Directory-Domänen**	576
	Notwendige Netzwerkeinstellungen für die Domänenaufnahme.	577
	Erstellen eines Computerkontos für den PC in der Domäne	584
	Erste Anmeldung an der Windows-Domäne.	590
	Erste Schritte in der Windows-Domäne	594
	Druckerinstallation in einem Active Directory	599

Inhalt

11.2	IP-Routing	602
	Aktivieren des RIP-Listeners	604
	Manuelles Erstellen von Routen in IPv4	605
11.3	Aufbau eines WLAN-Ad-hoc-Netzwerks	606
11.4	Neuinstallation von TCP/IP v4	612
11.5	Internetprotokoll Version 6 – IPv6	616
	Konfiguration von IPv6	619
	Konfiguration von IPv6 in der Befehlszeile mit netsh.exe	622
	Manuelles Festlegen eines Standardgateways	622
	Erstellen von manuellen Routen für IPv6	623
	Deaktivieren von IPv6	624
11.6	Network Diagnostics Framework (NDF)	624

Kapitel 12	Gruppenrichtlinien	627
12.1	Grundlagen und Überblick der Gruppenrichtlinien	628
12.2	Neuerungen in den Gruppenrichtlinien	629
	Neue administrative Vorlagen	632
	Voraussetzungen für die Bearbeitung von GPOs	636
12.3	Bearbeiten der Einstellungen des lokalen GPOs über ADMX-Dateien	637
	Bearbeiten der administrativen Vorlagen	637
	Administration von domänenbasierten GPOs mit ADMX-Dateien	639
12.4	Beschreibung der wichtigsten neuen Gruppenrichtlinien-Einstellungen	640
	Steuerung der Anbindung von USB-Sticks über Gruppenrichtlinien	645
	Quality of Service-Richtlinien (QoS)	646
	Aktualisierte Gruppenrichtlinien	646
12.5	Geräteinstallation mit Gruppenrichtlinien konfigurieren	650
	Geräte-Identifikations-String und Geräte-Setup-Klasse	651
	Gruppenrichtlinien-Einstellungen für die Geräteinstallation	654
	Konfiguration von Gruppenrichtlinien für den Zugriff auf Wechselmedien	657
12.6	Active Directory-Schemaerweiterungen beim Einsatz von Windows Vista-Gruppenrichtlinien	658
	Informationen zum Active Directory-Schema	659
	Welche Einstellungen erfordern die Erweiterung des Active Directory-Schemas?	661
	Durchführung der Schemaerweiterung	662
12.7	Fehlerbehebung und Tools für den Einsatz von Gruppenrichtlinien	669
	Generelle Vorgehensweise bei der Fehlerbehebung in Gruppenrichtlinien	670
	Group Policy Verification Tool – gpotool.exe	671

Kapitel 13	Windows-Teamarbeit	673
13.1	Allgemeine Informationen zu Windows-Teamarbeit	674
13.2	Erstellen einer neuen Sitzung für Windows-Teamarbeit	676
	Einladen von Teilnehmern zur Sitzung mit Windows-Teamarbeit	678
	An Windows-Teamarbeit-Sitzungen teilnehmen	681
	Arbeiten mit Windows-Teamarbeit	683
	Konfiguration der möglichen Dateitypen für die Verwendung in Windows-Teamarbeit – der Windows-Anlagen-Manager	686
	Windows-Teamarbeit überwachen	693
	IPv6-Fehlerbehebung für Windows-Teamarbeit	693

Teil 5   Sicherheit und Datenschutz   697

Kapitel 14	Sicherheit in Windows Vista	699
14.1	Tipps zu Beginn des Sicherheits-Workshops	700
14.2	Allgemeine Sicherheitseinstellungen in Windows Vista	702
	Lokale Administratorkonten	702
	Absicherung der Windows-Dienste	705
	Virtualisierung von Systemordnern und der Registry	705
14.3	Benutzerkontensteuerung (User Account Control, UAC)	706
14.4	Windows-Defender	711
	Vista mit dem Windows-Defender scannen	713
	Windows-Defender konfigurieren	715
	Der Software-Explorer von Windows-Defender	720
	Quarantäne und zugelassene Elemente	721
	Webdienste von Windows-Defender	722
14.5	Windows-Firewall	723
14.6	Automatische Windows-Updates	729
14.7	Jugendschutz für Benutzerkonten	734
	Verwenden des Webfilters im Jugendschutz	736
	Weitere Einstellungsmöglichkeiten des Jugendschutzes	738
	Jugendschutz im Internet Explorer 7	745
14.8	Datenausführungsverhinderung	749
14.9	Avast – kostenloser Virenscanner für Windows Vista	751
	Installation von Avast Antivirus	751
	Konfiguration von Avast Antivirus	754

		Überprüfung von Avast mit einem Testvirus	758
		Konfiguration der einzelnen Sicherheitsprovider in Avast Antivirus	760
		Welche Virenscanner gibt es noch?.	763
14.10	**Zusätzlicher Virenschutz – McAfee Stinger**	763
14.11	**Spybot – Search & Destroy**.	764
		Installation von Spybot – Search & Destroy	764
		Einrichtung von Spybot – S&D	767
14.12	**Weitere Hinweise für einen sicheren PC**.	769
		Überlegtes Surfen – Browsercheck.	770
		Weiterführende Links zur Internetsicherheit	770
14.13	**Windows Live OneCare**	770
14.14	**BitLocker – Laufwerksverschlüsselung**.	774
		Einführung in BitLocker.	775
		Voraussetzungen für BitLocker	777
		Wie funktioniert BitLocker?	778
		Einrichtung von BitLocker auf einem neuen PC	780
		Aktivieren von BitLocker bei bereits installiertem Windows Vista	787
		Rettungsmöglichkeiten zur Wiederherstellung	789
		BitLocker und Active Directory-Domänen.	791
14.15	**Verschlüsseltes Dateisystem (EFS)**	792
		Die Funktionsweise von EFS	793
		Wann sollte EFS nicht genutzt werden?	795
Kapitel 15	**Daten sichern und wiederherstellen**	797
15.1	**Wiederherstellen von Dateien**	802
		Schattenkopien – vorherige Versionen von Dateien wiederherstellen	803
15.2	**Windows Vista-Systemwiederherstellungsoptionen**	804
15.3	**Sicherung des Systemstatus in Windows Vista**	806
15.4	**Windows Vista funktioniert nicht mehr**.	809
15.5	**Robocopy – Robust File Copy Utility**	811
		Befehlszeilenreferenz von Robocopy	812
		Anmerkungen zum Umgang mit Robocopy	815
		Grafische Oberflächen für Robocopy – CopyRite XP und Robocopy GUI.	816

| Teil 6 | Multimedia-Funktionen | 819 |

Kapitel 16	Multimedia-Funktionen und neue Programme in Windows Vista	821
16.1	**Spielen unter Windows Vista**	821
	Überprüfen der DirectX-Fähigkeit des PC	821
	Windows-Spiele im Lieferumfang von Windows Vista	823
16.2	**Multimedia in Windows Vista**	825
	Windows Media Player 11	826
	Windows-Fotogalerie	834
	Online-Fotodienste	847
	Windows Movie Maker	850
	Windows DVD Maker	867
16.3	**Das Media Center in Windows Vista**	874
	Erste Einrichtung des Media Centers	875
	Die neue Bedienoberfläche im Windows Media Center	876
16.4	**Windows-Teamarbeit**	880
16.5	**Synchronisierungscenter**	883
16.6	**Windows-Fax und -Scan**	885
16.7	**Windows-Kalender**	886
	Konfigurieren von Windows-Kalender	886
	Termine mit dem Windows-Kalender erstellen	893
	Windows-Kalender mit mehreren Benutzern verwenden	894
16.8	**Windows-Kontakte**	901
16.9	**Snipping Tool**	904
16.10	**Verbindung mit Netzwerkprojektor**	905

| Teil 7 | Vista Mobil | 907 |

Kapitel 17	Windows Vista auf dem Notebook	909
17.1	**Präsentationen mit Windows Vista**	912
17.2	**Energieoptionen konfigurieren**	913
	Erstellen eines benutzerdefinierten Energiesparplans	914
	Netzschalter und Laptop-Deckel	916
17.3	**Windows Vista Mobile Gerätecenter**	918

Inhalt

17.4	Offlinedateien verwenden	918
	Arbeiten mit Offlinedateien	922

Teil 8 Erweiterte Verwaltung und Systemeinstellungen 933

Kapitel 18 Benutzerverwaltung 935

18.1	Verwalten des eigenen Benutzerkontos	937
	Erweiterte Verwaltung von Benutzerkonten	941
18.2	Verwalten von Benutzerprofilen	946
	Allgemeines zu Ordnerumleitungen und servergespeicherten Profilen	948
	Änderungen in den Benutzerprofilen	950
	Verbindungspunkte (Junction Points)	955
	Kompatibilität mit Profilen von älteren Windows-Versionen	956
	Anlegen von neuen servergespeicherten Profilen	958
18.3	Anlegen und konfigurieren von neuen Benutzern	965
	Erweiterte Verwaltung von Benutzerkonten	967

Kapitel 19 Erweiterte Systemverwaltung 971

19.1	Hinzufügen und Verwalten von Systemkomponenten und Programmen	971
	Installation und Verwalten von Programmen	972
	Verwalten der Windows-Updates	972
	Zusätzliche Windows-Funktionen aktivieren	973
	Programmkompatibilitäts-Assistent	974
	Festlegen von Standardprogrammen	975
19.2	Systemverknüpfungen mit rundll32.exe	978
19.3	Computerverwaltung	979
	Aufgabenplanung	980
	Ereignisanzeige – Fehlerbehebung in Windows Vista	989
19.4	Überwachung der Systemleistung – Zuverlässigkeits- und Leistungsüberwachung	998
	Der Systemmonitor	1001
	Zuverlässigkeitsüberwachung	1009
	Der Task-Manager	1012
	Neuerungen in der Systemüberwachung von Windows Vista	1015
	Diagnose des Arbeitsspeichers	1019
19.5	Konfiguration der lokalen Sicherheitsrichtlinien	1020
19.6	Die Systemkonfiguration (msconfig.exe)	1022

19.7	**Windows Vista-Systemdienste aufräumen**	**1026**
	Konfiguration von Systemdiensten.	1028
	Optimieren der Systemdienste	1028
19.8	**Befehlszeile verwenden**	**1032**
	Batchdateien verwenden	1039
Kapitel 20	**Spracherkennung und erleichterte Bedienung**	**1043**
20.1	**Spracherkennung**.	**1044**
	Konfiguration der Spracherkennung.	1045
	Starten der Spracherkennung	1046
20.2	**Center für erleichterte Bedienung**	**1047**
	Optimale Konfiguration der erleichterten Bedienung	1048
	Funktionen des Centers für erleichterte Bedienung	1051
	Tastenkombinationen für die erleichterte Bedienung	1056

Teil 9 Anhang 1057

Anhang A	**Tipps und Tricks zu Windows Vista**	**1059**
A.1	**Installation, Aktivierung und Treiberintegration**.	1059
A.2	**Arbeiten mit dem Desktop**.	1068
A.3	**Windows Explorer**	1075
A.4	**Benutzerverwaltung**	1081
A.5	**Netzwerk-Tricks**	1082
A.6	**Mit Vista ins Internet**	1084
A.7	**Optimaler Umgang mit dem Windows Media Player 11**	1089
A.8	**Sonstige Tipps und Tricks**	1093
Anhang B	**Tastenkombinationen**.	**1097**
	Tastenkombination in Windows Vista mit dem Explorer	1097
Anhang C	**Mozilla Firefox 1.5/2.0 und Thunderbird 1.5**	**1101**
C.1	**Mozilla Firefox 1.5 und 2.0**	1101
	Installation und Einrichtung von Firefox	1102
	Schnelleinstieg in Mozilla Firefox.	1105
	Erweiterungen für Mozilla Firefox	1112
	Firefox Themes – Optimierung der Oberfläche.	1127

Inhalt

	Tipps und Tricks zum Umgang mit Mozilla Firefox	1130
	Netscape, Opera und K-Meleon	1140
C.2	**E-Mailen mit Mozilla Thunderbird**	1141
	Installation von Mozilla Thunderbird	1141
	Einrichtung eines E-Mail-Kontos in Thunderbird	1142
	Konfiguration und Optimierung von Thunderbird	1156
	Erweiterungen und Themes für Thunderbird	1171
	Anlegen weiterer Benutzerprofile in Thunderbird	1180
	Bedienung von Thunderbird	1182
	Index	1195

Vorwort

Endlich ist es soweit. Nach über fünf Jahren Entwicklungszeit hat Microsoft das neue Betriebssystem Windows Vista zur Marktreife gebracht. Laut Microsoft handelt es sich bei Vista um das beste Windows-Betriebssystem aller Zeiten und viele IT-Experten schließen sich dieser Aussage an. Mit der Ultimate Edition hat Microsoft die Windows-„Königsversion" geschaffen, welche die Features aller Vista-Editionen in sich vereint. Allgemein lässt sich sagen, dass die Sicherheit und Bedienbarkeit erheblich verbessert wurden, der Zugriff für mobile Mitarbeiter optimiert wurde und die Informationssuche nun deutlich komfortabler ist. Natürlich ist Windows Vista nicht zu 100 % sicher, aber welche Software ist das schon? Ich selber arbeite seit der Beta 2 produktiv mit Vista und konnte bereits früh einen guten Eindruck gewinnen, wie das neue Windows funktioniert. Ich betreibe mit diesem Buch keine Lobhudelei, sondern durchleuchte die neuen Funktionen auch kritisch.

Windows Vista benötigt zwar deutlich mehr Hardware-Ressourcen als noch Windows XP. So können Sie, abhängig vom jeweiligen Rechner, selbst im Leerlauf locker auf 300-400 MB Arbeitsspeicher kommen. Dafür wurde die Bedienbarkeit enorm verbessert. Was zuerst wie Spielerei wirkt, wie die neuen transparenten Fenster und die Aero-Oberfläche, bietet aus meiner Sicht auch starke Verbesserungen in der Usability. Durch die neue 3D-Fenstervorschau Flip-3D und die transparenten Fenster wurde die Bedienbarkeit erheblich verbessert.

Die neuen Sicherheitsfunktionen wie die Benutzerkontensteuerung bieten Anfängern durchaus eine Verbesserung der Sicherheit, können Profis aber auch schnell nerven. Aus diesem Grund zeige ich Ihnen auch, wie Sie die eine oder andere Funktion deaktivieren oder mit welchen kostenlosen Tools Sie Vista optimieren können.

Neben dem Internet Explorer 7 und zahlreichen anderen neuen Applikationen gehe ich natürlich auf unternehmensrelevante Themen wie z.B. die neuen Gruppenrichtlinien oder Windows Teamarbeit ein.

Auch im Bereich der Multimedia-Tools bietet Windows Vista einige Neuerungen. Mit dem DVD-Maker können Sie auf einfache Weise DVDs erstel-

Vorwort

len, mit der Fotogalerie und dem Media Player lassen sich Multimedia-Dateien effizient verwalten. Die einzelnen Programme arbeiten darüber hinaus perfekt zusammen. Sie können zum Beispiel von einer Digital-Kamera Bilder in die Fotogalerie importieren, mit dem neuen Movie Maker aus diesen Bildern einen Film erstellen und diesen Film mit dem DVD Maker auf DVD brennen.

Die lange Wartezeit hat sich gelohnt. Windows Vista ist ein enorm mächtiges Betriebssystem mit vielfältigen Möglichkeiten. Darüber zu schreiben hat mir viel Spaß gemacht und ich hoffe, dieses Kompendium wird für Sie zum hilfreichen Begleiter bei der täglichen Arbeit mit Windows Vista.

Viel Vergnügen bei der Lektüre wünscht Ihnen Ihr

Thomas Joos
Hof Erbach, Bad Wimpfen

Teil 1
Installation und Einführung

25	**Das ist neu in Windows Vista**	1
69	**Installieren und Aktualisieren**	2
131	**Erste Schritte**	3
147	**Automatisierte Installation, Deployment und Rollout**	4

1 Das ist neu in Windows Vista

Microsoft geht in Windows Vista den Weg der verschiedenen Produktversionen noch etwas weiter als bei den Vorgängerversionen. Während bei Windows 2000 für PCs nur die Professional Edition verfügbar war, gab es für Windows XP die Home Edition, die Professional Edition, die Media Center Edition und die Tablet PC Edition, die hauptsächlich für die Handschriftenerkennung der Tablet PCs erstellt wurde. Später sind auch die 64-Bit-Versionen von Windows XP erschienen. Windows Vista liegt gleichzeitig in 32-Bit- und 64-Bit-Versionen vor, da bei der Entwicklung des Betriebssystems bereits beide Welten berücksichtigt wurden.

Windows Vista wurde nicht auf der Codebasis von Windows XP entwickelt, sondern auf der von Windows Server 2003 ist also deutlich stabiler und sicherer.

INFO

Im Gegensatz zu seinen Vorgängern, besteht Windows Vista aus einem sprachunabhängigen Paket und ist nicht komplett lokalisiert. Dadurch besteht die Möglichkeit, auch ausländische Vista-Versionen zu kaufen und diese durch ein deutsches Sprachpaket zu lokalisieren. Durch die einheitliche Basis von Vista werden aus diesem Grund auch zukünftig Sicherheitspatches deutlich schneller erscheinen können, da auch diese nicht erst lokalisiert werden müssen.

Nach der Installation wird der Anwender durch das Begrüßungscenter empfangen, über das die ersten notwendigen Schritte nach der Installation durchgeführt werden. Hierüber können Sie auch das Programm Easy Transfer erreichen, das erlaubt, per USB-Kabel Daten von einem anderen PC zu übernehmen.

Windows Vista ist grundsätzlich abwärtskompatibel, sodass alle Anwendungen und Spiele ohne Probleme laufen werden. Natürlich gibt es hier auch Ausnahmen. Vor allem Software, die sehr tief in das System eingreift, macht oftmals Probleme, da sich viele Systemkomponenten verändert haben. Ein klassisches Beispiel sind Anti-Virenprogramme. Hier wird in jedem Fall eine Version benötigt, die an Windows Vista angepasst wurde.

Das ist neu in Windows Vista

Abbildung 1.1:
Neue Oberfläche in Windows Vista nach der Installation

1.1 Windows Vista-Editionen

Windows Vista erscheint in den folgenden Editionen. Bei den Preisen handelt es sich um Circa-Angaben, die durchaus variieren können.

- **Windows Vista Home Basic** – Vista Home Basic ist eine stark funktionsreduzierte Version von Vista, ähnlich der Home Edition von Windows XP. Da dieser Version von Vista die neue Oberfläche Aero fehlt, ist sie auch nicht für einen erweiterten Multimediaeinsatz geplant. Der Preis der Vollversion wird sich auf etwa 259 € belaufen, eine Upgradelizenz kostet etwa 139 €. Mit dieser Edition kann Windows-Domänen nicht beigetreten werden.

- **Windows Vista Home Premium** – In diese Version wird die neue Glasoptik mit der Bezeichnung »Windows Aero« integriert sein. Die Home Premium Version vereint das »normale« Betriebssystem mit der Media Center und Tablet PC Edition von XP. Die Version Windows Vista Home Premium bietet zusätzliche Unterhaltungsfunktionen und soll so einen optimierten Umgang mit digitalen Medien aller Art gewährleisten. Sie enthält die gleichen Grundfunktionen wie die Basic-Variante. Hinzu kommt das Windows Media Center, mit dem Anwender Medien im gesamten Haus verteilen können. Und selbst Verbindungen zur Spielkonsole Xbox 360 sind möglich. Windows Vista Home Premium unterstützt auch den Einsatz auf einem Tablet PC, also Notebooks mit entsprechenden Touchpads. Mit dieser Edition kann Windows-Domänen nicht beigetreten werden. Der Preis der Home Premium Edition beläuft sich auf etwa 329 €, eine Aktualisierung von Windows XP wird etwa 229 € kosten.

- **Windows Vista Business** – Diese Version kann Mitglied einer Windows-Domäne sein, unterstützt das verschlüsselte Dateisystem (Encrypting File System, EFS) sowie die Verwendung von Offline-Dateien, also die Synchronisation von Dateien eines Dateiservers mit dem Notebook. Mit dieser Edition kann Windows-Domänen beigetreten werden. Diese Edition ist hauptsächlich für Unternehmens-PCs gedacht und wird als Vollversion etwa 419 € kosten. Eine Aktualisierung von Windows XP ist für etwa 279 € möglich.

- **Windows Vista Enterprise** – Diese Version kann alles, was auch die Business Edition kann, und verfügt als zusätzliche Funktion über die neue BitLocker-Technologie, mit der ganze Laufwerke verschlüsselt werden können. Mit dieser Edition kann Windows-Domänen beigetreten werden. Die Enterprise Edition enthält Microsoft Virtual PC Express, mit dem sich beispielsweise zu Testzwecken virtualisierte Maschinen auf dem PC erstellen lassen. Die Enterprise Edition wird voraussichtlich nur im Rahmen eines Enterprise-Agreements mit Microsoft verkauft.

- **Windows Vista Ultimate** – Diese Version enthält alle Funktionen, die für Windows Vista entwickelt wurden, und ist daher mit etwa 549 € auch die teuerste Version. Eine Upgradelizenz wird etwa 349 € kosten. Mit dieser Edition kann Windows-Domänen beigetreten werden.

Die »Königsversion« ist die Windows Vista Ultimate Edition, die sämtliche Funktionen aller anderen Versionen enthält. Für so genannte Emerging Markets, also eher Schwellenländer, erscheint eine spezielle Windows Vista Starter Edition, die vom Funktionsumfang stark eingeschränkt ist

Alle Versionen werden auf einer DVD erhältlich sein. Die Installationsroutine entscheidet auf Basis des eingegebenen Produktschlüssels, welche Version installiert wird. Im Gegensatz zu Windows XP, das noch problemlos auf eine CD passte, wird Windows Vista ausschließlich auf DVD ausgeliefert. Die einzelnen Funktionen der verschiedenen Editionen sehen Sie in *Tabelle 1.1*.

Funktion	Home Basic	Home Premium	Business	Enterprise	Ultimate
Windows Defender	Ja	Ja	Ja	Ja	Ja
Internet Explorer 7 mit allen Sicherheitseinstellungen	Ja	Ja	Ja	Ja	Ja
Jugendschutz	Ja	Ja	–	–	Ja
Unterstützung IPv6	Ja	Ja	Ja	Ja	Ja

Tabelle 1.1: Windows Vista-Produktmatrix

Das ist neu in Windows Vista

Tabelle 1.1:
Windows Vista-Produktmatrix (Forts.)

Funktion	Home Basic	Home Premium	Business	Enterprise	Ultimate
Windows ReadyDrive	Ja	Ja	Ja	Ja	Ja
Windows Easy-Transfer	Ja	Ja	Ja	Ja	Ja
64-Bit-Unterstützung	Ja	Ja	Ja	Ja	Ja
Unterstützung für zwei Prozessoren	–	–	Ja	Ja	Ja
Geplante Sicherung	–	Ja	Ja	Ja	Ja
Sicherung von Daten auf dem Netzwerk	–	Ja	Ja	Ja	Ja
Schattenkopien	–	–	Ja	Ja	Ja
Image-basierte Sicherung und Wiederherstellung	–	–	Ja	Ja	Ja
Verschlüsseltes Dateisystem (EFS)	–	–	Ja	Ja	Ja
Agent für Netzwerkzugriffsschutz	–	–	Ja	Ja	Ja
SmartCard-Verwaltung	–	–	Ja	Ja	Ja
BitLocker-Laufwerksverschlüsselung	–	–	–	Ja	Ja
Gleichzeitige Installation verschiedener Sprachen und Multi User Interface (MUI)	–	–	–	Ja	Ja
Virtual PC Express	–	–	–	Ja	Ja
Windows Ultimate-Extras	–	–	–	–	Ja
Windows Aero-Glaseffekt, Flip 3D	–	Ja	Ja	Ja	Ja
SuperFetch	Ja	Ja	Ja	Ja	Ja
ReadyBoost	Ja	Ja	Ja	Ja	Ja
Windows Mail	Ja	Ja	Ja	Ja	Ja
Windows-Kalender	Ja	Ja	Ja	Ja	Ja
Windows Sidebar	Ja	Ja	Ja	Ja	Ja
Fotogalerie	Ja	Ja	Ja	Ja	Ja
Windows Media Center	–	Ja	–	–	Ja
Windows Movie Maker	Ja	Ja	–	–	Ja
DVD Maker	–	Ja	–	–	Ja
Ressourcen für Small Business	–	–	Ja	–	Ja
Windows-Fax und -Scan	–	–	Ja	Ja	Ja

Funktion	Home Basic	Home Premium	Business	Enterprise	Ultimate
Spracherkennung	Ja	Ja	Ja	Ja	Ja
Gleichzeitige SMB-Verbindungen	5	10	10	10	10
Unterstützung für Tablet PC	–	Ja	Ja	Ja	Ja
Windows SideShow	–	Ja	Ja	Ja	Ja
Windows-Teamarbeit	Nur Lesen	Ja	Ja	Ja	Ja
PC-zu-PC-Synchronisierung	–	Ja	Ja	Ja	Ja
Einstellungen für Präsentationen	–	Ja	Ja	Ja	Ja
Remotedesktop	Nur Client	Nur Client	Ja	Ja	Ja
Domänenbeitritt	–	–	Ja	Ja	Ja
Gruppenrichtlinien-Unterstützung	–	–	Ja	Ja	Ja
Unterstützung von Offline-Dateien	–	–	Ja	Ja	Ja
Servergespeicherte Profile	–	–	Ja	Ja	Ja
IIS	–	–	Ja	Ja	Ja

Tabelle 1.1: Windows Vista-Produktmatrix (Forts.)

1.2 Technischer Überblick – die Neuerungen in Windows Vista

Das Erste, das bei der Arbeit mit Windows Vista auffällt, ist das geänderte Design, das zwar dem von Windows XP immer noch sehr ähnlich ist, aber optisch an aktuelle Hardware angepasst wurde. Wie bei Windows XP können Sie entweder die klassische Ansicht des Startmenüs aktivieren oder die Windows Vista-Anzeige belassen. Mit welcher Ansicht Sie arbeiten, bleibt Geschmacksache. Sie können die Einstellungen in den Eigenschaften der Taskleiste konfigurieren.

1.2.1 Änderungen im Windows Explorer

Die Ansicht des Windows Explorers wurde angepasst, und auch die Bedienung wurde optimiert (siehe *Abbildung 1.2* und *Kapitel 8*).

Das ist neu in Windows Vista

Abbildung 1.2:
Neue Ansicht des Windows Explorers in Windows Vista

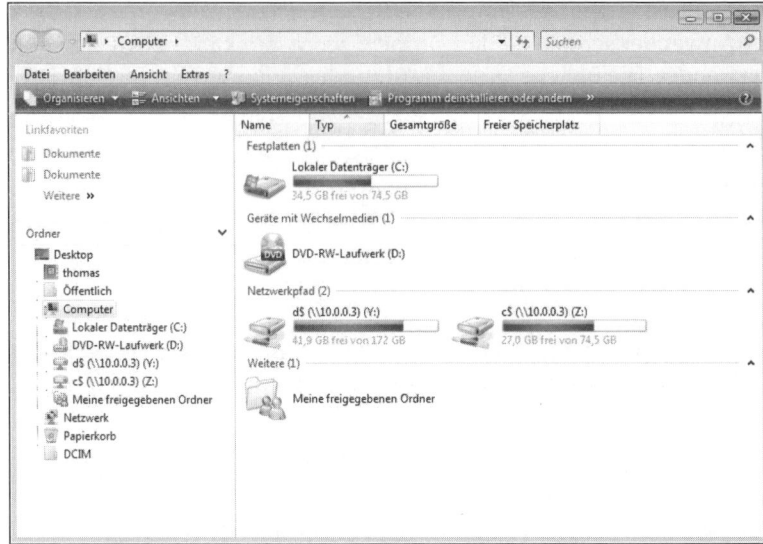

Der Windows Explorer zeigt in Windows Vista deutlich mehr Informationen an, und auch die Suchfunktion wurde stark verbessert. Für die meisten Dateitypen werden Vorschaufenster angezeigt, deren Größe und Aussehen angepasst werden können (siehe *Abbildung 1.3*).

Abbildung 1.3:
Ansichten im neuen Windows Explorer

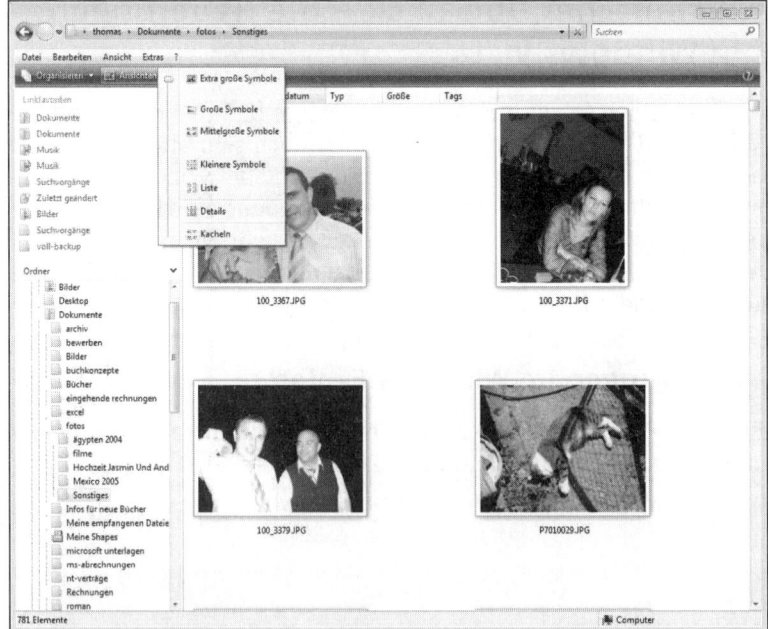

Technischer Überblick – die Neuerungen in Windows Vista

Das Explorer-Fenster zeigt auf der linken Seite zusätzliche Favoriten an, mit denen der Anwender schnell zu den Ordnern wechseln kann, die er am häufigsten verwendet. Die übliche Ordnerstruktur des Windows Explorers wurde darunter angeordnet und ist von der Ansicht ebenfalls angepasst worden.

Wenn Sie sich etwas mit der neuen Bedienung auseinandergesetzt haben, werden Sie sicherlich auf diese Funktionen nicht mehr verzichten wollen. Viele Tätigkeiten lassen sich intuitiv durchführen, und es ist nicht mehr notwendig, sich durch verschiedene Menüs zu hangeln, um zum Beispiel eine Datei zu kopieren oder Einstellungen vorzunehmen.

Im Rahmen der Weiterentwicklung des Windows Explorers wurde auch die Suchfunktion im Betriebssystem deutlich erweitert. Die Suche ist direkt über das Startmenü erreichbar und kann beliebig konfiguriert werden (siehe *Abbildung 1.6 und 1.7*).

Vor allem die neue Suche ist für Unternehmenskunden ein erheblicher Vorteil. Das Suchfenster wird an vielen Stellen angezeigt, sodass Anwender schnell überall suchen können. In Anwendungen, dem Startmenü, dem Explorer und in der Systemsteuerung steht die Suche zur Verfügung. Es können leistungsfähige Filter erstellt und Metadaten von Dateien bearbeitet werden (siehe Kapitel 8). Auf Basis dieser Metadaten können einzelne Dateien oder ganze Gruppen extrem effizient und schnell gesucht werden (siehe *Abbildung 1.4*).

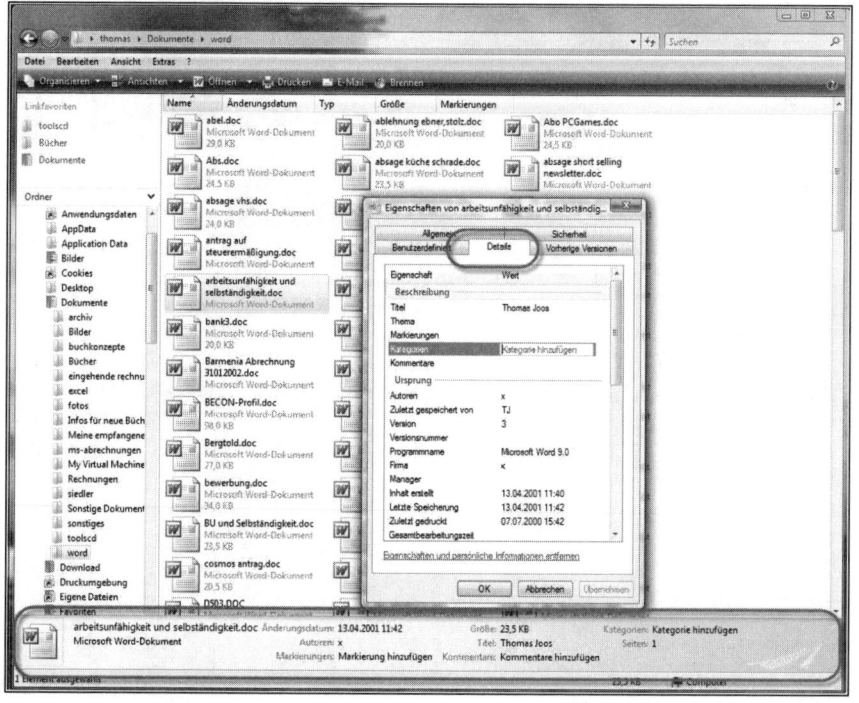

Abbildung 1.4: Metadaten von Dateien bearbeiten zur effizienten Datenverwaltung

Das ist neu in Windows Vista

In Verbindung mit der Suchmaske und den Metadaten können Unternehmen ihre Informationen sehr effizient verwalten. Die hinterlegten Metadaten können auf einen Rutsch wieder entfernt sowie für mehrere Dateien auf einmal konfiguriert werden (siehe *Abbildung 1.5*). Im Windows Explorer wird eine Vorschau der Metadaten angezeigt, sobald eine Datei markiert wird (siehe *Abbildung 1.4*).

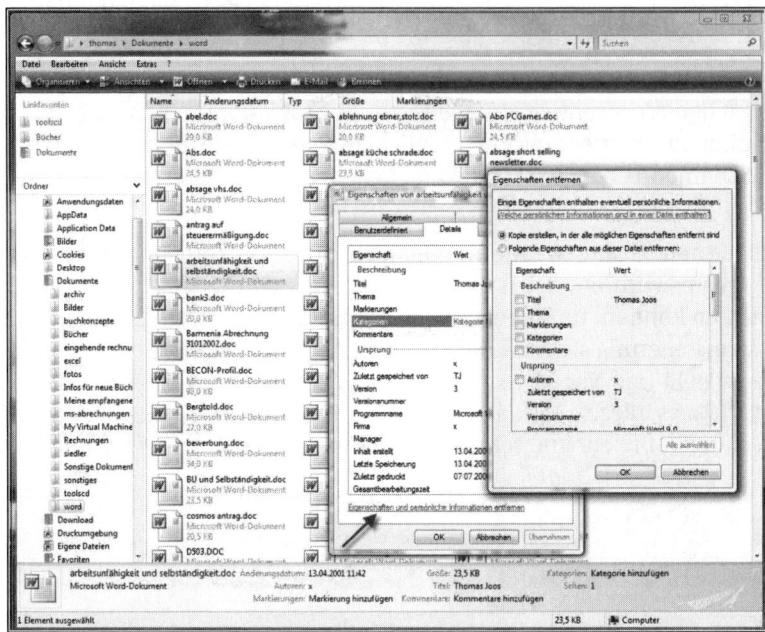

Abbildung 1.5: Entfernen von Metadaten

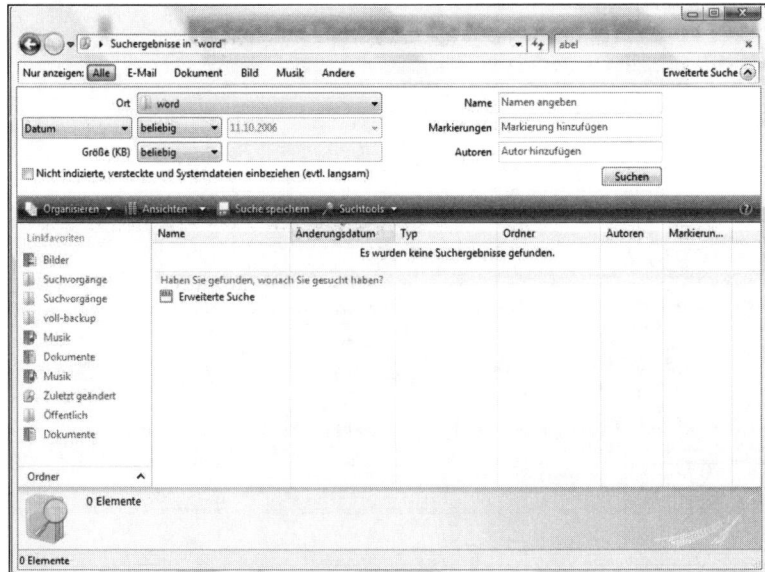

Abbildung 1.6: Anpassbare Suche in Windows Vista

Dateien werden indexiert, sodass auch nach ihrem Inhalt gesucht werden kann. Auch die neuen Suchfunktionen im Longhorn-Server werden durch Windows Vista bereits unterstützt. Windows Vista unterstützt darüber hinaus die Interaktion mit Office 2007 und SharePoint 2007.

Im Suchfenster des Startmenüs kann nach Dateinamen, Metadaten sowie nach Text innerhalb der Dateien gesucht werden.

Auch die erweiterte Suche kann weiterhin direkt über das Startmenü erreicht werden. Die Anzeige des Suchergebnisses in Windows Vista wurde ebenfalls deutlich überarbeitet und zeigt es in einem Explorer-Fenster an, unabhängig davon, wo die Speicherorte der Dateien sind.

Die Suche im Windows Explorer konzentriert sich standardmäßig auf den Ordner, in dem sich der Anwender gerade befindet. Suchabfragen können gespeichert werden und stehen durch diese Funktion als virtuelle Ordner zur Verfügung (siehe nächsten Abschnitt).

Abbildung 1.7: Integration der Suche in das Startmenü

1.2.2 Virtuelle Ordner

Die virtuellen Ordner in Windows Vista sind keine statischen Verzeichnisse auf dem Dateisystem, sondern enthalten verschiedene Filter, die nach Schlüsselwörtern unterteilt sind.

Das ist neu in Windows Vista

So kann zum Beispiel ein virtueller Ordner erstellt werden, der als Filter alle Dateien enthält, für die als Besitzer der Benutzer *Thomas* angegeben ist. Der virtuelle Ordner sucht dann auf dem kompletten PC alle Dateien zusammen, deren Besitzer Thomas ist, und zeigt sie im virtuellen Ordner an. Im Grunde genommen handelt es sich bei virtuellen Ordnern lediglich um abgespeicherte Filter für die neue Windows-Suche. Das Ergebnis wird im Explorer angezeigt, die enthaltenen Dateien können dabei durchaus aus verschiedenen Verzeichnissen stammen.

1.2.3 Sidebar und Gadgets

Eine weitere Neuerung, die sofort ins Auge springt, ist die oft erwähnte *Sidebar* (siehe *Abbildung 1.8*). Mit dieser ist es möglich, zusätzliche Informationen auf dem Desktop sowie kleinere Zusatzprogramme in der Sidebar, sogenannte *Gadgets*, abzulegen. Mehr zu diesem Thema erfahren Sie in *Kapitel 5*.

Abbildung 1.8: Windows Sidebar und Gadgets

Es können aber auch direkt Nachrichten aus dem Internet, sogenannte *RSS-Feeds*, in der Sidebar abgelegt werden. RSS-Feeds sind Meldungen, die in Echtzeit aus dem Internet auf dem PC in einem kleinen Fenster angezeigt werden können. Die Gadgets lassen sich bei gestarteter Sidebar auch frei auf dem Desktop anordnen. Im Internet sind mittlerweile bereits Hunderte solcher Gadgets verfügbar, und es ist zu erwarten, dass diese Anzahl mit der Veröffentlichung von Windows Vista stark zunehmen wird.

Damit jeder Anwender selbst entscheiden kann, ob er solche Zusatzprogramme auf seinem PC nutzen will, kann die Sidebar jederzeit deaktiviert werden. Windows liefert bereits einige Gadgets mit, die Sie in die Sidebar einblenden und individuell anpassen können (siehe *Abbildung 1.8*).

1.2.4 Aero – die neue Windows-Optik

Die neue angepasste Oberfläche von Windows Vista mit dem Glaseffekt (Aero), also mit halbdurchsichtigen Fenstern, wird nur von aktuellen Grafikkarten unterstützt, die DirectX 9 beherrschen. Wenn in Ihrem PC noch eine alte Grafikkarte eingebaut ist, schaltet Windows Vista automatisch in eine grafisch etwas weniger aufwendige Desktop-Darstellung um. Windows Vista bietet neben der klassischen Ansicht zwei verschiedene Oberflächen: Windows Vista Aero und Windows Vista Basic. Aero nutzt 3D-Effekte, um die Arbeit zu erleichtern. Dazu gehört beispielsweise Flip 3D, eine Funktion zum »Durchschalten« der einzelnen Programme. Weiterhin ist es möglich, kleine Vorschaufenster einzublenden, die den Fensterinhalt anzeigen, wenn man mit der Maus über ein Element in der Taskleiste fährt. Basic dagegen unterscheidet sich kaum von Windows XP, abgesehen vom verwendeten Skin.

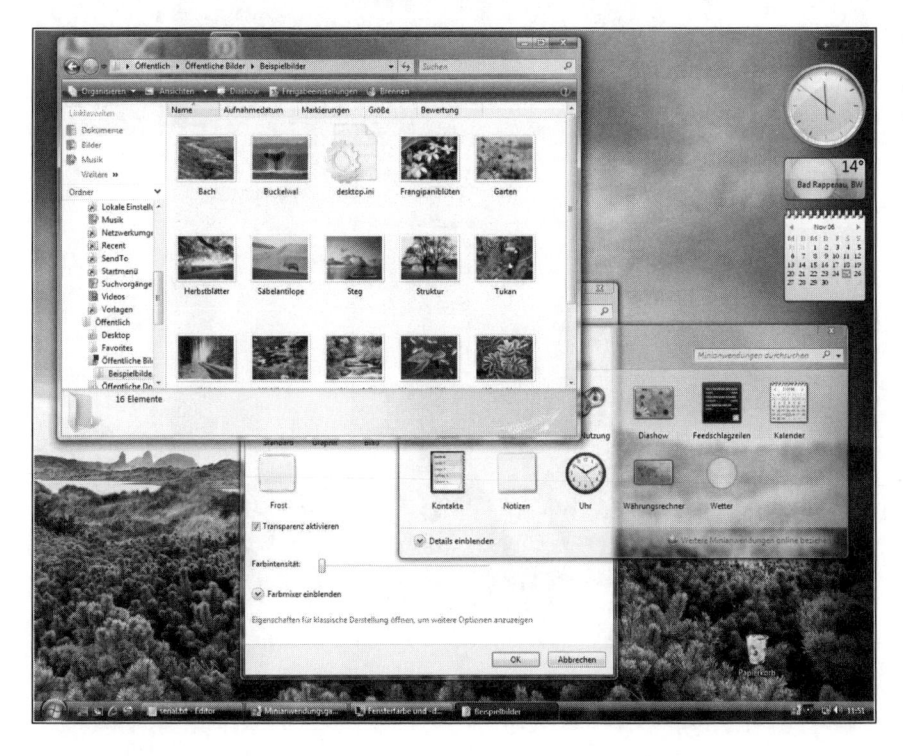

Abbildung 1.9:
Neue Aero-Glasoptik in Windows Vista

Das ist neu in Windows Vista

Die Aero-Oberfläche ist sicherlich die erste Änderung, die einem Anwender nach der Installation auffällt (siehe *Abbildung 1.9*). Hierbei handelt es sich nicht um Verbesserungen des Systems, sondern einfach um eine grafische Optimierung, damit Vista moderner aussieht und auch aktuelle Grafikkarten ausreizt.

1.2.5 Flip und Flip 3D – Umschalten mit Komfort

Ebenfalls eine grafisch sehr ansprechende Änderung sind das neue Flip und Flip 3D, mit denen zwischen verschiedenen Fenstern und Applikationen hin und her geschaltet werden kann. Die Fenster und Programme werden in einer kleinen Ansicht bzw. dreidimensional angezeigt (siehe *Abbildung 1.10*).

> **TIPP**
>
> *Mit Flip 3D können Sie über die Tastenkombination* [⊞]*-Taste +* [↹] *umschalten.*
>
> *Wenn Sie wie in Windows XP zur Umschaltung die Tastenkombination* [Alt] *+* [↹] *verwenden, sehen Sie die normale Flip-Ansicht mit einer Vorschau aller laufenden Applikationen (siehe Abbildung 1.11).*

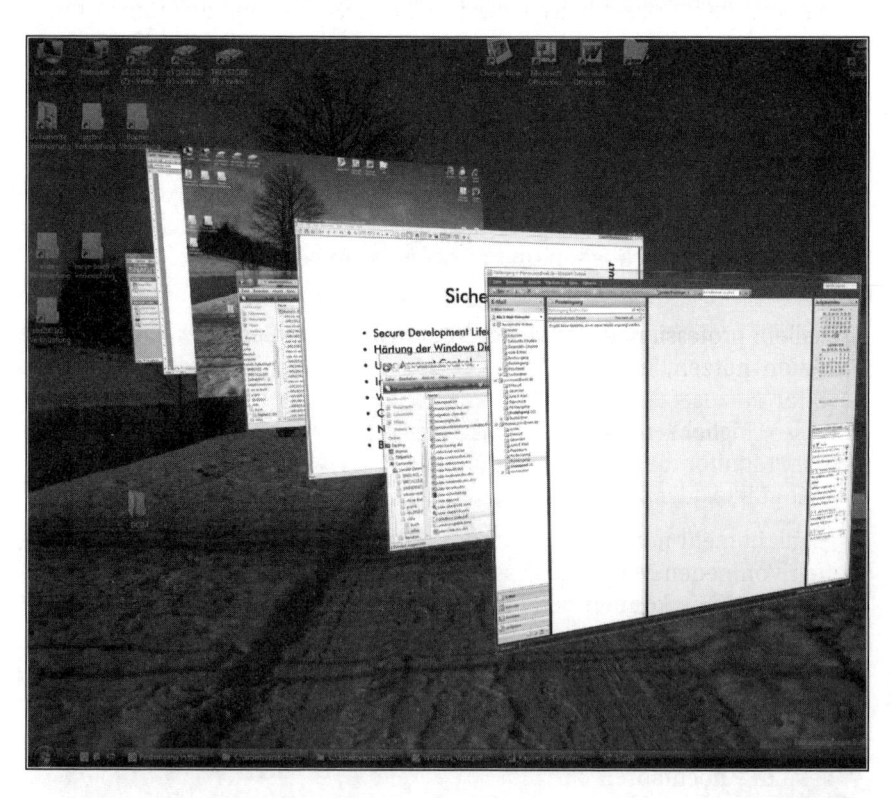

Abbildung 1.10: Umschalten zwischen Anwendungen mit Flip 3D

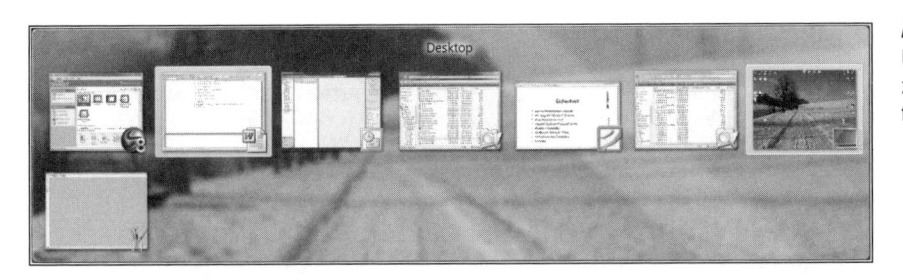

Technischer Überblick – die Neuerungen in Windows Vista

Abbildung 1.11:
Umschalten zwischen Applikationen mit Flip

Auch in der Taskleiste können die Anwendungen in einer Vorschau angezeigt werden (siehe *Abbildung 1.12*). Diese Funktionen werden allerdings nur von aktuellen Grafikkarten unterstützt. Ältere Modelle zeigen diese neuen Features nicht an. Hier wird das Umschalten zwischen den verschiedenen Programmen wie bei Windows XP angezeigt.

Abbildung 1.12:
Anzeigen der Vorschau in der Taskleiste

In dieser Abbildung sehen Sie auch, dass sich die Startschaltfläche in Windows XP in einen kleinen Kreis mit Windows-Fahne verwandelt hat.

1.2.6 SideShow – zusätzliche Displays

Ebenfalls optimiert wurde die Möglichkeit, zusätzliche Bildschirme an einen Windows-PC anzuschließen und diese in die Ansicht des Desktops zu integrieren.

Vor allem professionelle Anwender oder Notebook-Benutzer können diese Funktion nutzen, um parallel zu ihrem Standardmonitor einen weiteren Monitor einzusetzen. Zukünftig werden neue Notebooks erscheinen, welche die Möglichkeiten bieten, auch bei geschlossenem Display in einem kleinen Monitor die wichtigsten Informationen wie zum Beispiel den Kalender, Kontakte oder neue Mails anzuzeigen (siehe *Abbildung 1.13*).

Es ist nicht mehr notwendig, beim Abfragen eines Kontaktes oder beim Eintreffen von neuen Mails das Display und den ganzen Desktop zu reaktivieren, sondern Sie können bequem auch im Energiesparmodus auf Termine und Mails zugreifen.

Viele Anwender sind zum Beispiel mit dem Notebook unter dem Arm unterwegs und wollen nur mal schnell den Termin überprüfen oder einen Kontakt aufrufen. Es ist mit SideShow dann nicht mehr nötig, den Rechner erst vollständig hochfahren zu müssen, sondern es lassen sich bequem bei geschlossenem Display die wichtigsten Informationen abrufen.

Abbildung 1.13: Anzeige des Kalenders auf einem SideShow-kompatiblen Notebook

1.2.7 SuperFetch, ReadyBoost, ReadyDrive und Energiesparmodus – Performance in Windows Vista

Weitere Neuerungen hat Microsoft im Bereich der Performance integriert. Der Windows-Energiesparmodus wurde dahingehend optimiert, dass die Sicherung des Arbeitsspeichers auf Festplatte deutlich schneller durchgeführt werden kann.

Windows SuperFetch

Diese neue Funktion ermittelt automatisch das Nutzerverhalten und optimiert den Speicher dahingehend, dass häufig verwendete Applikationen schnell zur Verfügung stehen und im Arbeitsspeicher zwischengelagert werden. Die am meisten verwendeten Anwendungen eines Nutzers starten daher deutlich schneller als noch unter Windows XP.

SuperFetch kann sogar zwischen verschiedenen Zeiten unterscheiden. So ist es möglich, dass Office-Anwendungen während der Büroarbeitszeiten optimiert werden, Freizeitprogramme oder Spiele jedoch erst am Wochenende.

ReadyBoost

Diese neue Funktion unterstützt die Integration von externem Speicher, wie zum Beispiel USB-Sticks. Die Auslagerungsdatei kann auf solche Flashspeicher angelegt werden und steht so deutlich performanter zur Verfügung als auf der Festplatte.

Technischer Überblick – die Neuerungen in Windows Vista

Abbildung 1.14:
Aktivierung von ReadyBoost

Die dabei angelegten Informationen werden verschlüsselt abgelegt, sodass auch beim Abtrennen dieses Speichers vom System kein Sicherheitsproblem entsteht. Der externe Datenträger kann jederzeit wieder entfernt werden, dann steht allerdings diese Performancesteigerung nicht mehr zur Verfügung.

Sobald ein USB-Stick mit dem Computer verbunden wird, erscheint das Autostartmenü, über das Sie die Performance verbessern können (siehe *Abbildung 1.15*). Sie können die Konfiguration von ReadyBoost jederzeit über das Eigenschaftsmenü des Datenträgers vornehmen, dazu steht die Registerkarte *ReadyBoost* zur Verfügung (siehe *Abbildung 1.15*).

Vista überprüft bei der Auswahl der Option, ob das Gerät genutzt werden kann, und schlägt nur dann die Einbindung in das System vor, wenn auch eine Performancesteigerung erreicht werden kann.

Sie können selbst entscheiden, ob Sie die Funktion für das Laufwerk nutzen wollen und wie viel Speicherplatz Sie zur Verfügung stellen möchten (siehe *Abbildung 1.15*). Nicht unterstützte Geräte können nicht eingebunden werden (siehe *Abbildung 1.16*).

Das ist neu in Windows Vista

Abbildung 1.15:
Konfiguration von ReadyBoost für ein USB-Laufwerk

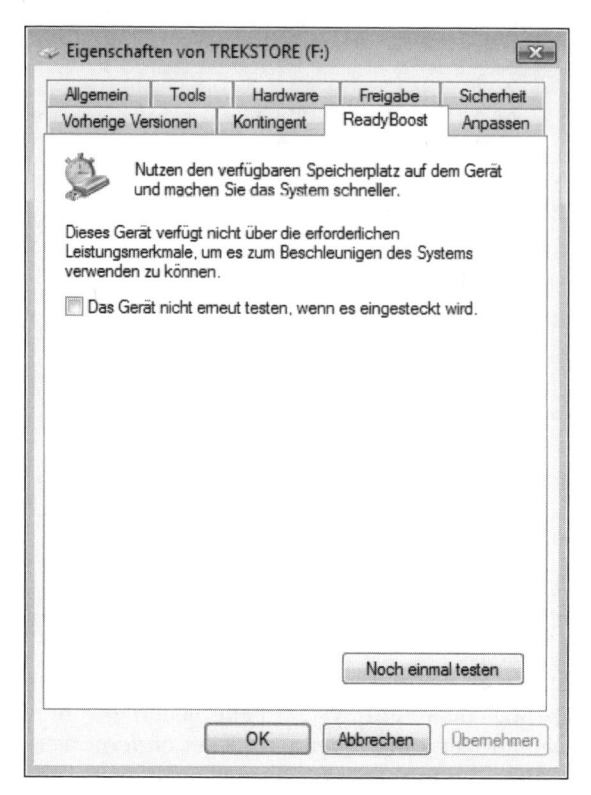

> *Nach aktuellen Testergebnissen namhafter PC-Zeitschriften, wie zum Beispiel der PC Professional, ist durch ReadyBoost kein großer Performancesprung zu erwarten. Wenn Sie sich überlegen, Ihren PC mit RAM aufzurüsten oder einen USB-Stick für ReadyBoost zu verwenden, sollten Sie besser in mehr RAM investieren. ReadyBoost ist eine nette Spielerei, die allerdings auf Dauer kein System merklich beschleunigen wird.*

ReadyDrive

Vista unterstützt eine neue Festplattentechnologie (sogenannte Hybridlaufwerke), bei der Flashspeicher und Festplatte miteinander kombiniert werden können. Es werden die notwendigen Informationen in den Flashteil der Festplatte abgelegt, damit schneller zwischen Energiesparmodus und Produktivbetrieb gewechselt werden kann.

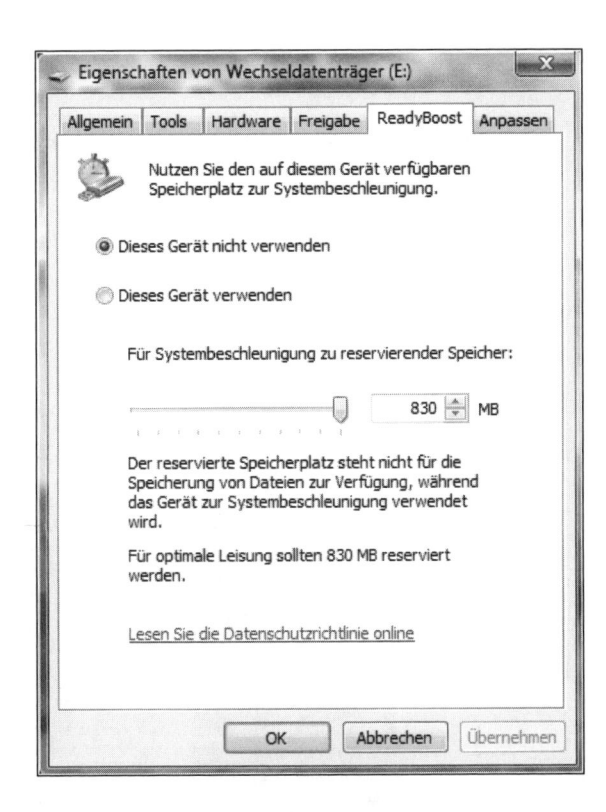

Technischer Überblick – die Neuerungen in Windows Vista

Abbildung 1.16:
Konfigurieren von ReadyBoost

1.2.8 Windows-Leistungsindex – Performancemessung

Um die Eignung eines bestimmten PC für Windows Vista zu überprüfen, können Sie den Windows Vista Upgrade Advisor verwenden (siehe Kapitel 2). Eine weitere Option ist der Windows-Leistungsindex. Dieser wird im Hauptfenster des Systems, das Sie über die Systemsteuerung oder die Eigenschaften des Computers aufrufen können, im sogenannten *Windows-Leistungsindex* angezeigt. Dieser zeigt auf Basis einer einzelnen Note die Eignung des PC für Windows Vista. Die Benotung orientiert sich an der am schlechtesten bewerteten Hardwarekomponente (siehe *Abbildung 1.17*). Wenn Sie Hardware in einem Windows Vista-PC austauschen, können Sie die Messung des Windows-Leistungsindex jederzeit wiederholen.

Das ist neu in Windows Vista

Abbildung 1.17:
Performancemessung in Windows Vista

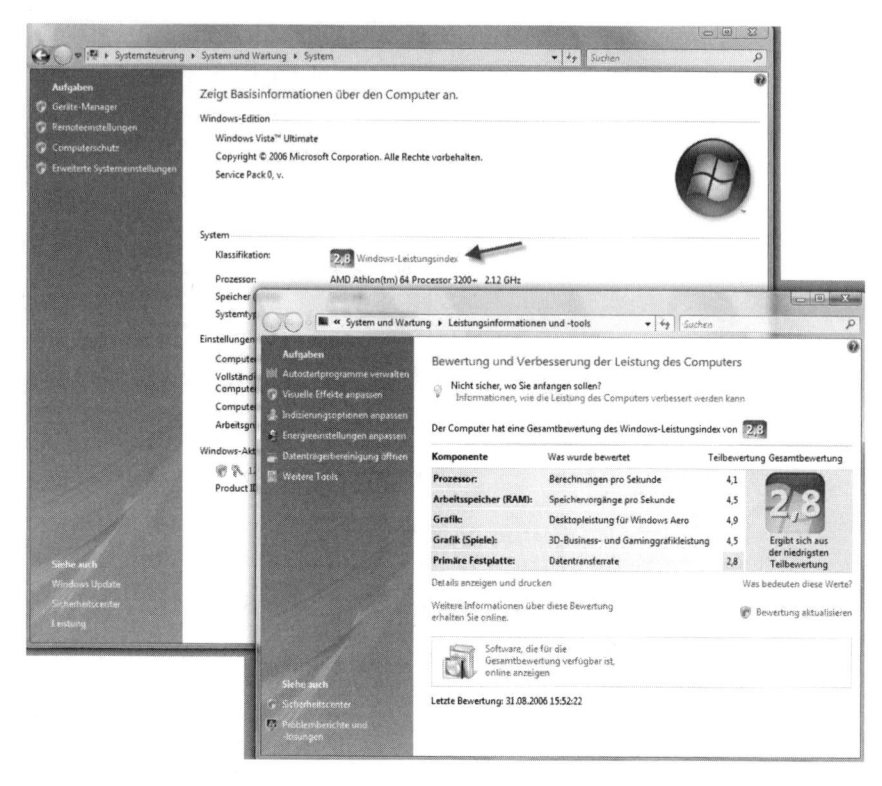

> **INFO**
> Beim Leistungsindex sind höhere Zahlen besser als niedrigere, verwechseln Sie daher die Anzeige nicht mit Schulnoten. Ein PC mit der Note 1,8 ist daher langsamer als ein PC mit der Note 4,1.

Sie können über diese Informationen detailliert die Performance eines Windows Vista-PC messen und auch weitere Programme zur Verbesserung oder Konfiguration der Performance aufrufen.

Zukünftig werden viele Applikationen bereits auf der Packung einen bestimmten *Windows Experience Index* angeben, um damit die Systemvoraussetzungen zu verdeutlichen.

An dieser Stelle sehen Sie auch die neue Navigation in Windows Vista. In den meisten Fenstern werden auf der linken Seite die ähnlichen Programme und Aufgaben angezeigt. Dadurch können Sie sich sehr schnell im System bewegen. Oben im Fenster sehen Sie, in welchem Verzeichnis oder Menü Sie sich befinden, und können per Mausklick auf eine beliebige Ebene der Verzeichnisstruktur zurückwechseln (siehe *Abbildung 1.18*).

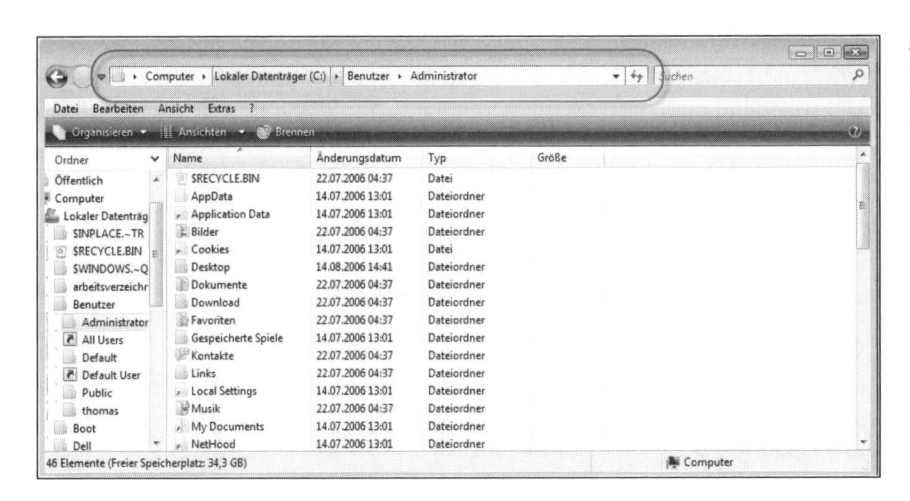

Abbildung 1.18:
Navigation innerhalb der Verzeichnisstruktur

1.2.9 Netzwerk- und Freigabecenter – optimale Verwaltung des Netzwerks

Die Konfiguration und Verwaltung von Netzwerkfunktionen wurden in Vista ebenfalls verbessert. Die Konfiguration der Netzwerkfunktionen in Windows Vista ist in das neue *Netzwerk- und Freigabecenter* integriert. Alle netzwerkrelevanten Einstellungen können in diesem Center verwaltet werden (siehe *Abbildung 1.19*).

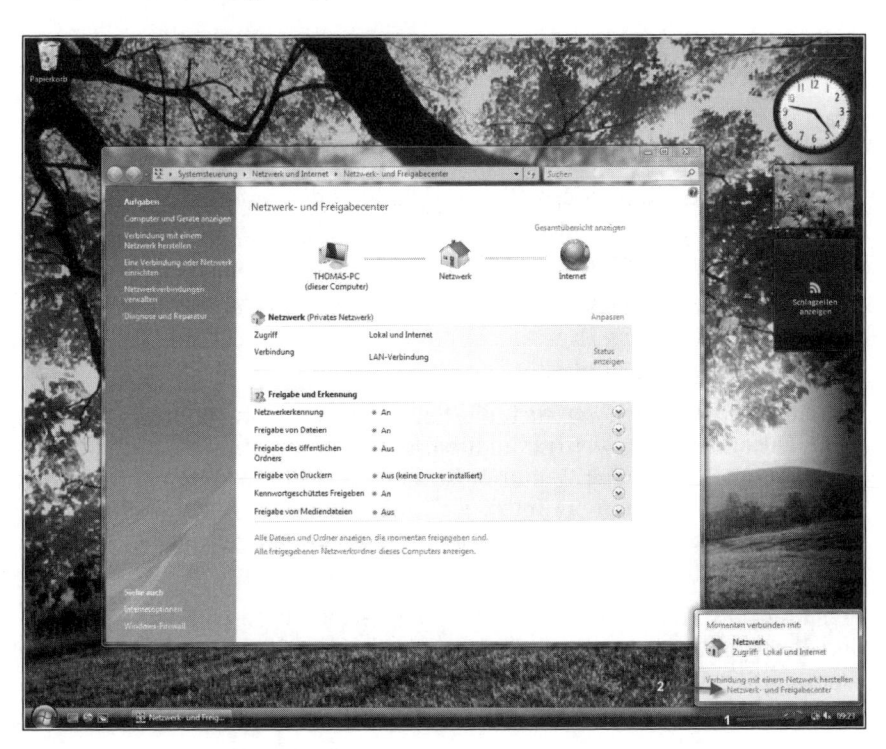

Abbildung 1.19:
Das Netzwerk- und Freigabecenter

Sie erreichen dieses Center am besten über die Systemsteuerung. Im Netzwerk- und Freigabecenter kann eine detaillierte Karte des Netzwerks angezeigt werden, und Sie erkennen, an welcher Position sich Ihr PC darin befindet. Es gibt zahlreiche neue Assistenten, um die Konfiguration der verschiedenen Netzwerkeinstellungen zu optimieren (siehe *Abbildung 1.20*).

Abbildung 1.20: Neue Assistenten zur Einrichtung von Netzwerkverbindungen

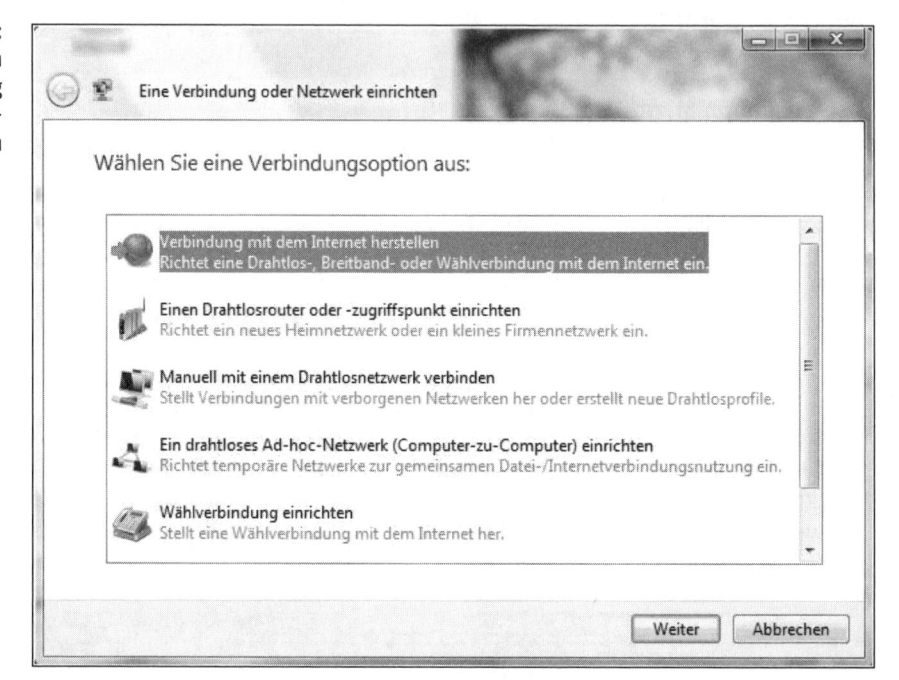

1.2.10 Internet Explorer 7 – Vista Edition

Eine der wichtigsten Änderungen des Internet Explorers 7 in Windows Vista ist die Verwendung von Tabbed Browsing, das mittlerweile Standard bei Webbrowsern ist. Der Internet Explorer 7 kann verschiedene Webseiten innerhalb eines Fensters auf verschiedenen Registerkarten anzeigen (siehe *Abbildung 1.21*).

Im *geschützten Modus (Protected Mode)* wird der Internet Explorer 7 mit sehr wenigen Berechtigungen und Möglichkeiten der Manipulation ausgeführt. Diese Funktion wird nur im Internet Explorer 7 in Windows Vista enthalten sein. Der IE 7 für Windows XP SP2 bietet diese Funktion nicht. Im geschützten Modus darf der Internet Explorer nur noch in den Ordner *Temporäre Internetdateien* des Benutzers schreiben. Die Änderung der Startseite oder das Installieren von Programmen soll dadurch verhindert werden.

Phishing und Pharming-Mails – Weit verbreitet ist dieser E-Mail-Typ, mit dem Betrüger versuchen, an Ihre Zugangsdaten für Online-Banking zu kommen, um Ihr Konto zu plündern. Phishing ist ein Kunstwort aus Password und Fishing in der Bedeutung von »Passwort fischen«. Sie sollten sich aber auf diesen Schutz nicht zu sehr verlassen, da bei deutschen Phishingseiten meist keine Warnung angezeigt wird.

Anwender können die Ausführung einzelner Plug-Ins und ActiveX-Elemente explizit bestätigen oder die Ausführung generell deaktivieren. Sobald der Internet Explorer eine vermeintliche Phishingseite öffnen will, wird der Benutzer gewarnt (siehe auch Kapitel 9, 10, 11 und 14). Wenn Sie nicht sicher sind, ob es sich bei einer Seite um eine Phishingseite handelt, können Sie diese auch manuell im Internet Explorer überprüfen lassen. Der Phishingfilter wirkt im Internet Explorer 7 und im mitgelieferten Nachfolger von *Outlook Express 6*, der jetzt *Windows Mail* genannt wird.

Der Phishingfilter überprüft, ob im Internet Explorer 7 aufgerufene Dateien in einer Whitelist, also einer Liste bekannter sicherer Seiten, verzeichnet sind. Zusätzlich achtet der Filter auf verdächtiges Verhalten, zum Beispiel auf das Abrufen persönlicher Daten, ohne dass ein signiertes SSL-Zertifikat vorliegt. Im Anschluss wird die URL, ohne die Übermittlung persönlicher Daten, zu einem Server im Internet geschickt, der die URL in Echtzeit untersucht.

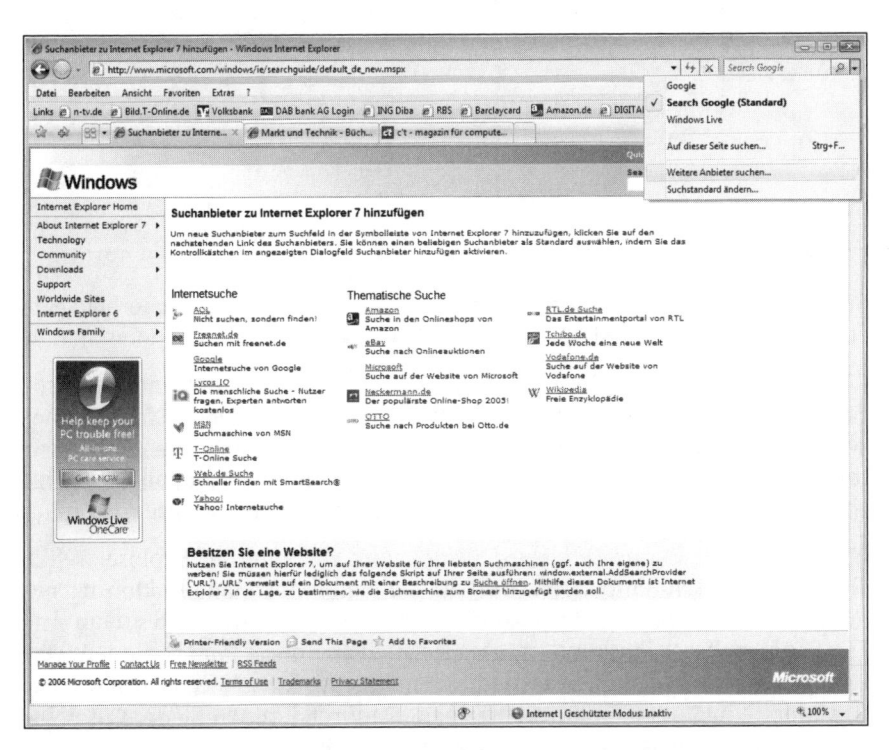

Abbildung 1.21: Internet Explorer 7 mit Registerbrowsern und alternativen Suchmaschinen für die Suchleiste

Ebenfalls neu ist die Integration einer Suchleiste, mit der auch andere Suchmaschinen wie Google oder Yahoo verwendet werden können (siehe *Abbildung 1.21*).

Das ist neu in Windows Vista

Zur besseren Übersicht können Sie mit der sogenannten *Schnelle Registerkarten-Funktion* in einem Fenster die Vorschau aller derzeit geöffneten Registerkarten anzeigen lassen (siehe *Abbildung 1.22*).

Abbildung 1.22: Verwenden der Funktion Schnelle Registerkarten im Internet Explorer 7

Sie können den geschützten Modus und auch die anderen Sicherheitseinstellungen von Internet Explorer 7, wie bei den Vorgängerversionen, in den *Internetoptionen* konfigurieren (siehe *Abbildung 1.23*).

Per Klick auf die verschiedenen Registerkarten können Sie problemlos zwischen diesen navigieren. Durch diese neuen Funktionen können jetzt auch Internet-Poweruser effizient mit dem Internet Explorer surfen, ohne Zusatzsoftware installieren oder zu alternativen Webbrowsern wechseln zu müssen.

Der Internet Explorer unterstützt in der Version 7 auch die direkte Anzeige von RSS-Feeds, was ebenfalls für die meisten Browser bereits Standard ist. Das Gute an dieser Funktion ist, dass sie auch an andere Applikationen weitergegeben werden kann. Es ist dadurch möglich, die RSS-Feeds des Internet Explorers 7 in Outlook 2007 anzuzeigen. Dadurch können Sie sich in Echtzeit ständig aktuelle Nachrichten anzeigen lassen.

Die Druckfunktion des Internet Explorers wurde ebenfalls komplett überarbeitet. Wenn Sie eine Webseite ausdrucken, sieht diese tatsächlich so aus wie auf dem Bildschirm und nicht wie im Programmcode der Seite hinterlegt.

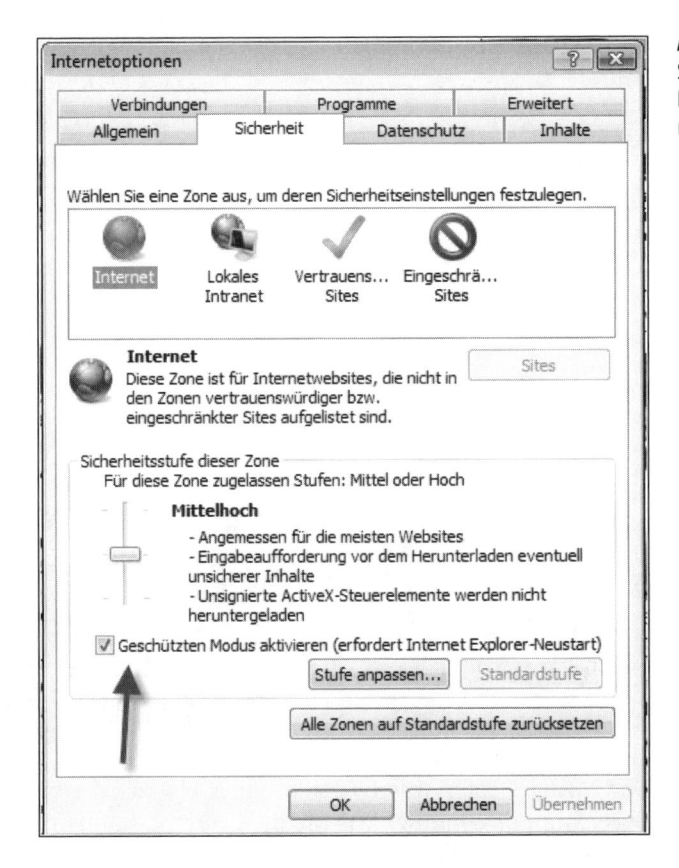

Abbildung 1.23:
Sicherheitseinstellungen im Internet Explorer 7

Der Internet Explorer warnt bei der Herabstufung von Sicherheitseinstellungen jetzt zuverlässig vor Sicherheitsgefahren. Dadurch werden unkundige Benutzer darauf hingewiesen, dass Einstellungen geändert wurden, die das System gefährden. Die Meldungen sind leicht verständlich und können von den meisten Anwendern sofort begriffen werden, ohne einen IT-Spezialisten als Übersetzer hinzuziehen zu müssen.

1.2.11 Windows Media Center

Mit dem Media Center in Windows Vista wird dem Betriebssystem ein zusätzlicher Aufsatz spendiert, über den Sie an einem Fernsehgerät oder auf einem speziellen Bildschirm Multimediales wie TV, Dia-Shows oder Filme ansehen bzw. MP3-Dateien anhören können. Die Media-Center-Oberfläche wurde daraufhin optimiert, mit einer Fernbedienung gesteuert zu werden und die Ausgabe auf einem Fernseher oder Beamer zur Verfügung zu stellen.

Das ist neu in Windows Vista

Abbildung 1.24:
Windows Vista Media Center

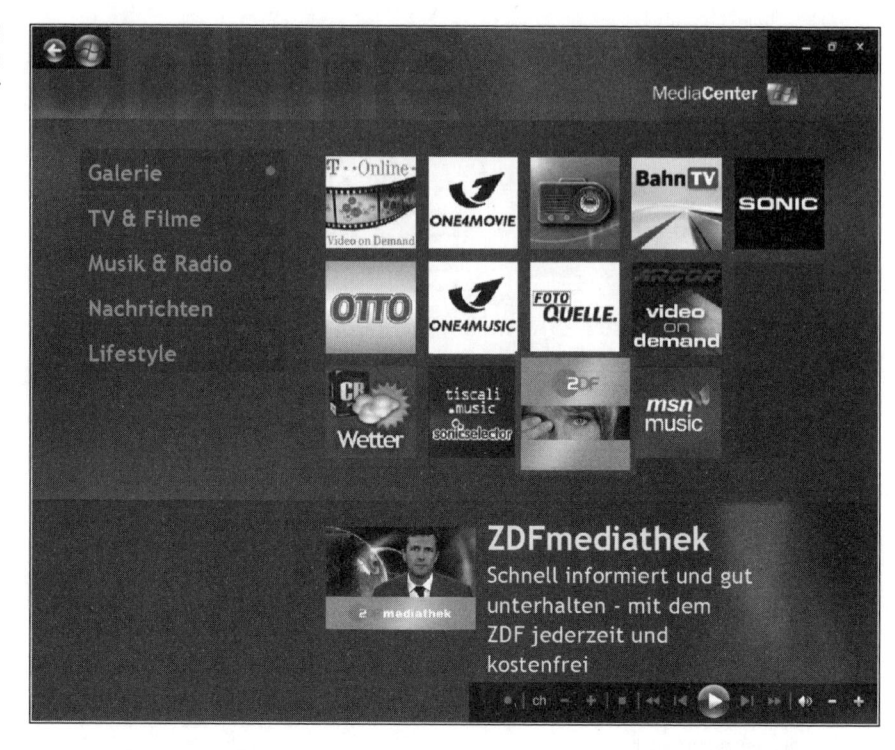

Das Media Center war bisher in einer eigenen Version unter XP mit der Bezeichnung Windows XP Media Center Edition integriert und ist jetzt Bestandteil der Windows Vista Home Premium Edition und der Ultimate Edition. Die Oberfläche kann jederzeit wieder beendet werden, damit der normale Desktop zur Verfügung steht. Sie können die Media Center Edition über *Start/Windows Media Center* starten (siehe *Abbildung 1.25*).

> **INFO** *Eigentlich gibt es den »Start«-Knopf in Windows Vista nicht mehr. Dieser wurde durch das Windows-Symbol ersetzt. Da sich dieser Begriff jedoch etabliert hat, verwende ich ihn in diesem Buch weiterhin.*

Abbildung 1.25:
Starten des Windows Media Centers

1.2.12 Zusätzliche neue Programme

In Vista gibt es einige neue Programme, die in den folgenden Kapiteln genauer vorgestellt werden. Outlook Express wurde gegen Windows Mail eingetauscht, das aber leider nicht immer ein wirklicher Ersatz für kostenlose Lösungen wie zum Beispiel Mozilla Thunderbird ist.

Ebenfalls neu sind die Programme *Windows DVD Maker*, womit DVDs mit Menüs erstellt werden können, sowie die *Windows-Fotogalerie*. Zusätzlich gibt es noch u. a. die Anwendungen *Windows-Kalender* und *Windows-Teamarbeit* (siehe Kapitel 13). Auch die Hilfe wurde komplett neu entwickelt, und die Inhalte werden völlig anders darstellt (siehe *Abbildung 1.26*).

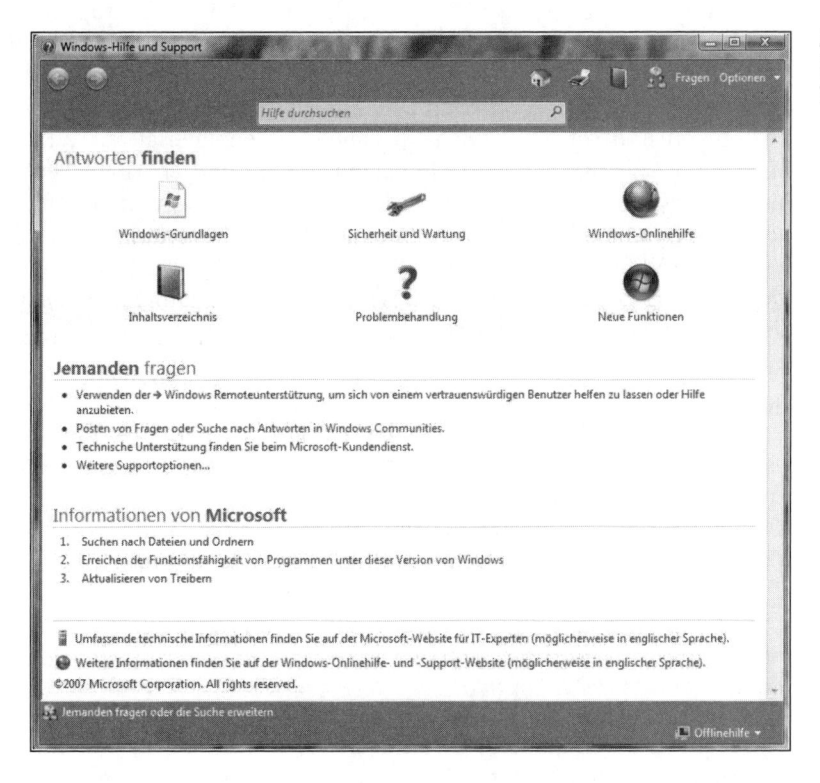

Abbildung 1.26: Neue Hilfe in Windows Vista

1.3 Sicherheit in Windows Vista

Wohl auch wegen der Kritik an Windows XP hat Microsoft bezüglich der Sicherheit zahlreiche Änderungen in Windows Vista eingeführt. Die Einbindung von automatischen Updates erfolgt nicht nur über den Internet Explorer, sondern über ein eigenes Applet in der Systemsteuerung. Über dieses Applet können Anwender mit der Ultimate Edition auch zusätzliche Programme und Tools erhalten. Diese Funktion wird *Ultimate Extras* genannt. Über die Windows Update-Funktion stellt Microsoft ständig neue Programme und Funktionen für die Ultimate Edition bereit. Darüber hinaus hat Microsoft die spezielle Webseite *www.WindowsUltimate.com* zum Thema eingerichtet, auf der das Ultimate Extra-Entwicklungsteam von Microsoft über Neuerungen berichtet. Seit einigen Tagen werden die ersten drei Extras „DreamScene", „BitLocker- und EFS-Verbesserungen" und „Hold 'Em Poker Game" exklusiv für Besitzer der Ultimate Edition bereitgestellt. Die „BitLocker- und EFS-Verbesserungen" enthalten zwei Tools. Während das Windows BitLocker Drive Preparation Tool das Laufwerk für die Verschlüsselung mit wenigen Mausklicks vorbereitet, kann mit dem Tool „Secure Online Key Backup" der zum Entschlüsseln unerlässliche Key in Microsofts digitalem Software-Schließfach (Digital Locker) hinterlegt werden. Hold 'Em Poker Game dagegen erweitert das Spiele-Angebot, beschränkt sich jedoch auf reine Offline-Duelle gegen den Computer. Für Abwechslung auf dem Desktop sorgt dagegen DreamScene, das in der Gerüchteküche als Aurora Desktop und Motion Desktop die Runde machte. Entgegen der Erwartungen handelt es sich hierbei nicht um einen aktiv gerenderten Desktop-Hintergrund. Microsoft schont die Ressourcen und setzt auf hochauflösendes Videomaterial auf WMV- oder MPEG2-Basis. Langsamere Maschinen mit Support für Aero Glass werden also nicht ausgegrenzt. Microsoft stellt diverse aktive Hintergründe (DreamScenes) zum Download bereit – darunter auch einen Wasserfall. Darüber hinaus wird www.WinCustomize.com als Partner weitere Motive liefern. Wem das nicht genügt, der kann beliebiges Videomaterial (mit dem passenden Codec) als Hintergrund verwenden.

Die herausragendsten Funktionen der Business-Version im Bereich Sicherheit sind:

- Secure Development Lifecycle (SDLC)
- Absicherung der Windows-Dienste
- Benutzerkontensteuerung (User Account Control, UAC)
- Optimiertes Sicherheitscenter
- Internet Explorer 7 – Geschützter Modus
- Windows Defender
- Neue Windows-Firewall
- Network Access Protection – Bei dieser Funktion kann im Zusammenspiel mit passender Infrastruktur der Netzwerkzugang nur für Clients erlaubt werden, wenn die Rechner zuvor einer Sicherheitsprüfung unterzogen worden sind. Das erleichtert es Netzwerkadministratoren, firmenfremden Rechnern wie Notebooks die firmeninternen Sicherheitsrichtlinien verpassen zu können.
- Neue Gruppenrichtlinien
- Verbesserte Unterstützung von Windows Server Update Services (WSUS)
- Verbesserte Datensicherung

Der folgende Abschnitt geht etwas ausführlicher auf diese neuen Funktionen ein. Die meisten Maßnahmen zur Optimierung der Sicherheit können über die Systemsteuerung erreicht werden (siehe *Abbildung 1.27*).

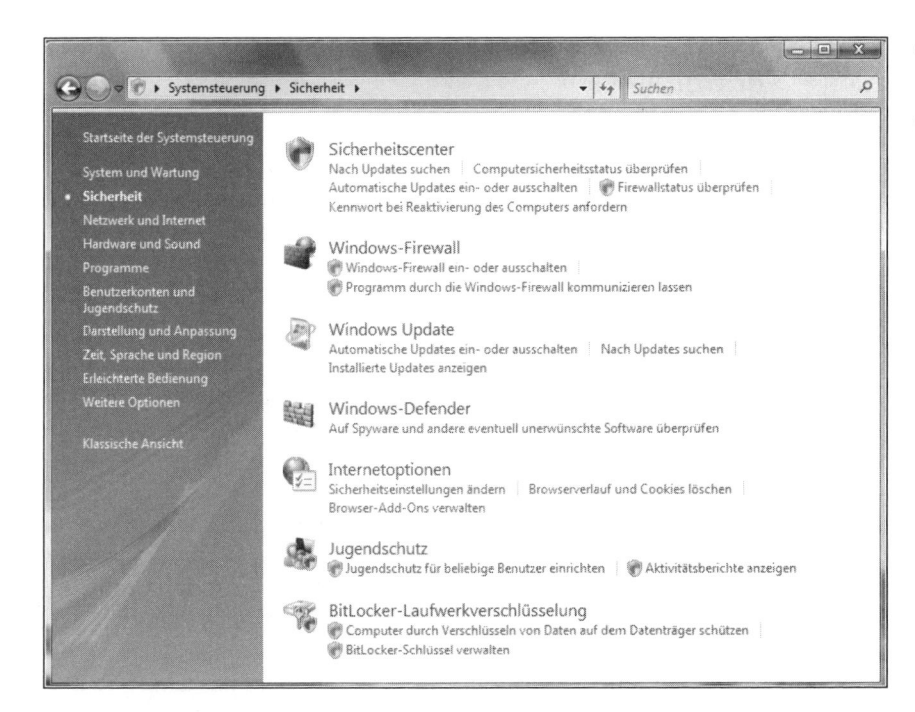

Abbildung 1.27: Sicherheitseinstellungen in Windows Vista

1.3.1 Secure Development Lifecycle (SDLC)

Bei SDLC handelt es sich nicht um ein Feature, das Sie in Windows Vista sehen können, sondern um eine Firmenphilosophie von Microsoft. Die bisherigen Windows-Versionen wurden hauptsächlich so entwickelt, dass sie funktional sind und ansprechend aussehen. Die Sicherheit spielte meistens nur eine untergeordnete Rolle.

Bei der Entwicklung von Windows Vista hat Microsoft Wert darauf gelegt, dass die Entwickler regelmäßig geschult werden, um Funktionen sicher zu integrieren. Alle neuen Funktionen in Windows Vista wurden bereits in der Entwicklung auf Angriffsmöglichkeiten hin überprüft und bezüglich der Sicherheit optimiert. Die einzelnen Funktionen wurden getestet, und die Sicherheit wurde regelmäßig überprüft und zertifiziert.

1.3.2 Absicherung der Windows-Dienste

Oft wurden die Windows-Dienste für Angriffe auf das Betriebssystem genutzt, da diese erfahrungsgemäß über eine hohe Berechtigungsstufe verfügt haben. In Vista wurden die Berechtigungen dieser Dienste deutlich eingeschränkt. Die Dienste dürfen grundsätzlich nur noch die Aktionen durchführen, für die sie auch tatsächlich vorgesehen sind.

Das ist neu in Windows Vista

1.3.3 Benutzerkontensteuerung (User Account Control, UAC)

Diese neue Funktion ist sicherlich eine der wichtigsten Neuerungen im Bereich der Sicherheit. Sobald eine bestimmte Aufgabe Administratorrechte benötigt, wird der Anwender darauf hingewiesen und muss die Aktion erst bestätigen, auch wenn er über Administratorrechte verfügt (siehe *Abbildung 1.28*).

Abbildung 1.28:
Benutzerkontensteuerung

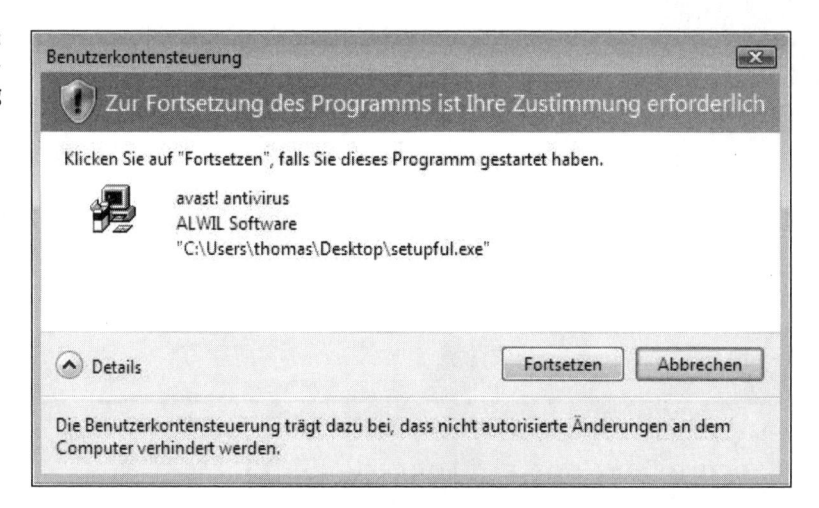

Dadurch soll verhindert werden, dass sich Anwender schädliche Software quasi durch die Hintertür einfangen. Zu diesem Zweck werden Benutzerkonten, auch den Administratoren, gewisse Rechte entzogen. Sobald eine Tätigkeit administrative Berechtigungen benötigt und tiefe Einschnitte in das System einführt, erscheint eine entsprechende Meldung.

Die UAC verhindert also, dass Einstellungsänderungen oder die Installation von Software unbemerkt vom Administrator durchgeführt werden.

Die entsprechende Aktion wird gestoppt, und der Anwender muss die Fortsetzung bestätigen. Wenn ein Benutzer über keine Administratorrechte verfügt, kann er über diese Funktion dennoch Aufgaben eines Administrators durchführen – wenn er über die entsprechenden Anmeldedaten verfügt. Dadurch werden administrative Tätigkeiten transparenter dargestellt. Administratoren müssen Änderungen erst bestätigen, normale Anwender müssen sich authentifizieren. Wird dieser Dienst als störend empfunden, lässt er sich in der Systemsteuerung deaktivieren (siehe Kapitel 3).

1.3.4 Windows Defender

In den letzten Jahren hat sich die Gefahr von Adware und Malware deutlich erhöht. Microsoft liefert mit Windows Vista sein neues Anti-Malware-Programm Windows Defender aus, mit dem Anwender ihren PC nach gefährlichen Dateien überprüfen lassen können.

Abbildung 1.29: Schutz von Windows Vista mit dem Windows Defender

Sie sollten diesen Schutz jedoch nicht überbewerten. Bei Windows Defender handelt es sich nicht um einen Virenschutz. Das Programm entspricht eher den Freeware-Programmen Spybot S&D und Ad-Aware. Windows Defender sollte zu diesen beiden Programmen als Zusatzoption gesehen werden (siehe *Abbildung 1.29*).

Windows Defender kann so konfiguriert werden, dass ein PC in regelmäßigen Abständen nach Malware gescannt wird.

Über den Link *Software-Explorer* können Sie sich detaillierte Informationen über die laufenden Programm anzeigen lassen und überprüfen, welche Programme beim Systemstart automatisch gestartet werden.

Durch diese neue Funktion können etwas geübtere Anwender ohne Zusatzsoftware erkennen, ob ein Trojaner oder ein anderes Malware-Programm eingeschleust wurde (siehe *Abbildung 1.30*). Über den Software-Explorer können die entsprechenden Anwendungen auch beendet und vom Autostart ausgeschlossen werden. Durch diese neuen Funktionen lassen sich alle notwendigen Optionen aufrufen, die zur Überwachung eines Vista-PC und der installierten Anwendungen notwendig sind.

Abbildung 1.30:
Anzeigen der Applikationen auf einem Windows Vista-PC

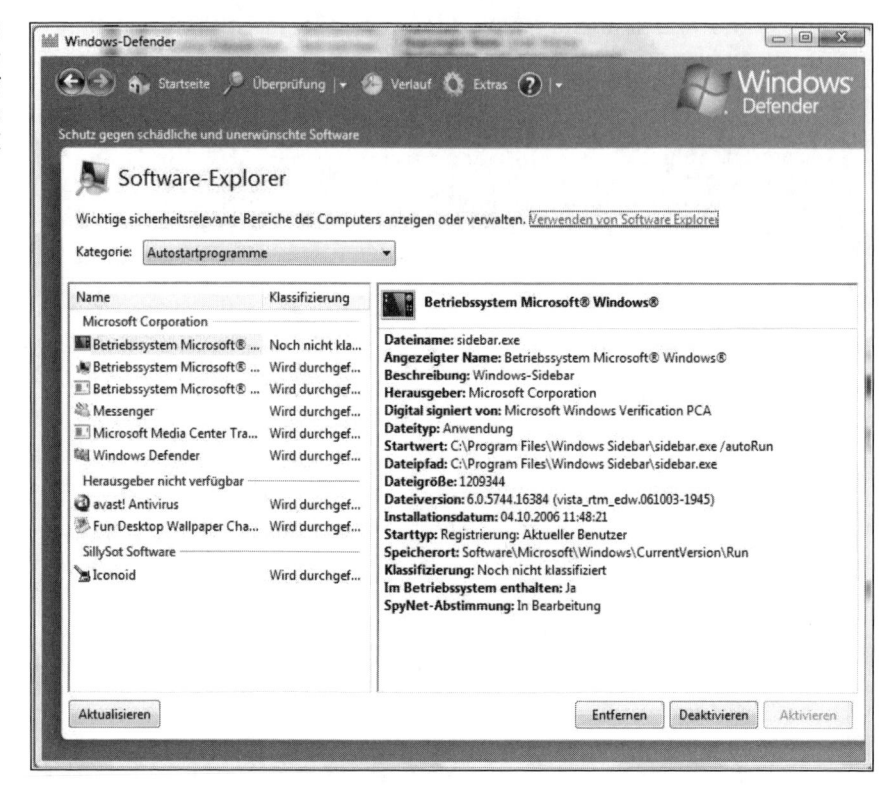

1.3.5 Neues Sicherheitscenter

Microsoft hat das mit Windows XP SP2 eingeführte Sicherheitscenter stark optimiert (siehe *Abbildung 1.31*).

Das Sicherheitscenter überwacht in Windows Vista den Virenscanner, die Firewall und jetzt auch den Schutz vor anderen Schädlingen wie Adware oder Spyware.

> **INFO**
> *In Windows Vista ist kein Virenscanner enthalten. Der Windows Defender schützt zwar vor einigen Schädlingen, ersetzt aber keinen kompletten Virenscanner. In Kapitel 14 zeige ich Ihnen, wie Sie den kostenlosen Virenscanner Avast Antivirus installieren können.*

Sicherheit in Windows Vista

Vom Sicherheitscenter aus können die wichtigsten Einstellungen zur Sicherheit in Windows Vista direkt erreicht und konfiguriert werden. Sie können die Einstellungen für automatische Windows-Updates und die Konfiguration der Windows-Firewall durchführen.

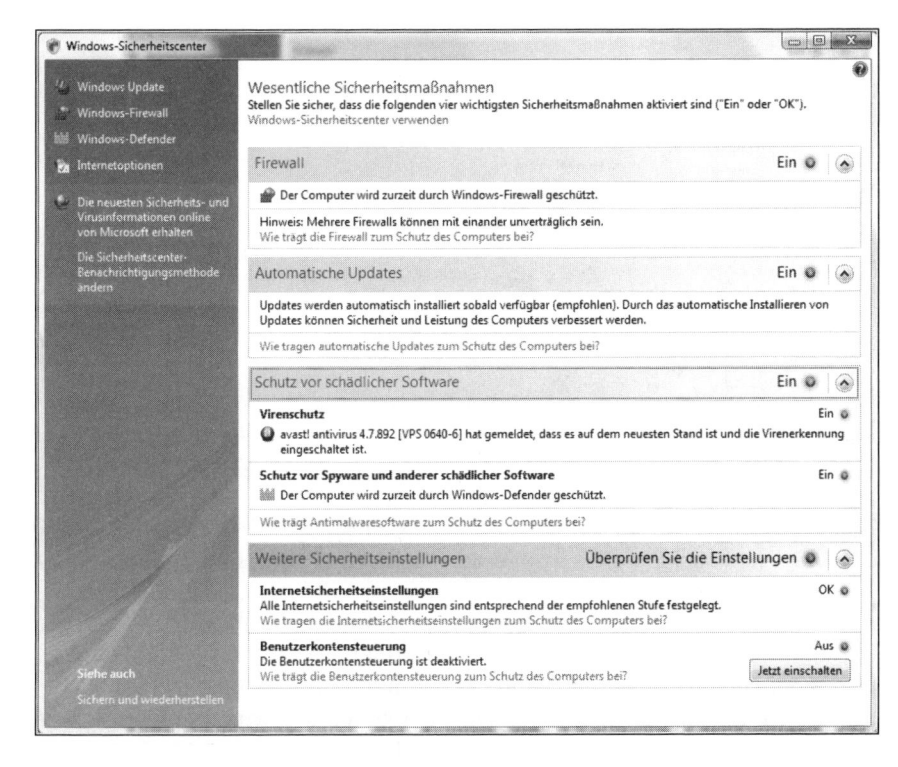

Abbildung 1.31:
Neues Windows-Sicherheitscenter

Auch die Aktivierung der Sicherheitseinstellungen des Internet Explorers oder der Benutzerkontensteuerung (User Account Control, UAC) wird überwacht.

Allerdings können über das Sicherheitscenter keine weiterführenden Einstellungen vorgenommen werden; der zentrale Nutzen des Programms liegt in der Überwachung.

Sie können das Sicherheitscenter auch über Start/Ausführen/wscui.cpl *aufrufen.*

TIPP

1.3.6 Neue Windows Firewall

Auch die Windows-Firewall, die mit Windows XP SP2 eingeführt wurde, ist optimiert worden. Die wichtigste Neuerung ist, dass nicht nur der eingehende Netzwerkverkehr überwacht wird, wie bei Windows XP SP2, sondern auch der ausgehende Netzwerkverkehr (siehe *Abbildung 1.32*).

Das ist neu in Windows Vista

Abbildung 1.32:
Neue Windows-Firewall in Windows Vista

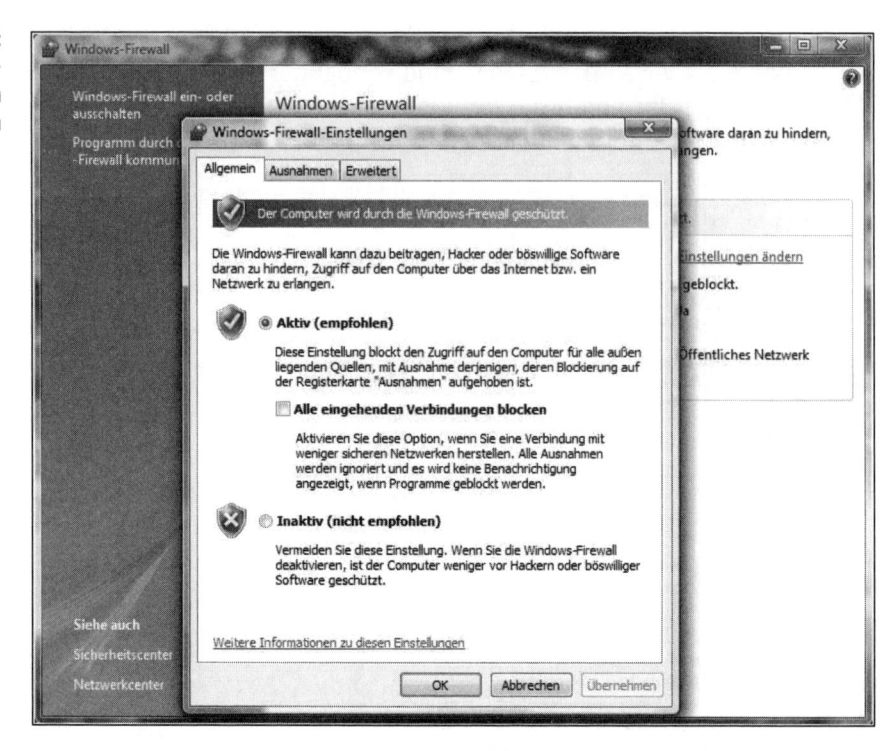

Allerdings muss auch hier gesagt werden, dass angesichts der zahlreichen kostenlosen Alternativen wie ZoneAlarm oder Outpost die Windows-Firewall wohl eher ein Schattendasein bei Benutzern mit weniger Sicherheitsbedürfnis führen wird. Grundsätzlich ist aber eine etwas weniger sichere Firewall immer noch besser als überhaupt keine.

Die Firewall ist automatisch nach dem Start aktiviert. Die Windows-Firewall unterstützt für Unternehmenskunden auch die Erstellung von Filtern im Active Directory sowie die Verknüpfung mit IPSec-Richtlinien.

TIPP

Die Firewall in Windows Vista kann mit einer Microsoft Management Console (MMC) detailliert konfiguriert werden.

Über Start/Ausführen/wf.msc können Sie die Verwaltungsoberfläche der Windows-Firewall starten und die genaueren Regeln anpassen und konfigurieren. Zur Anpassung von Firewall-Regeln sind administrative Berechtigungen notwendig (siehe Abbildung 1.33).

In dieser Konsole können Regeln basierend auf dem eingehenden und ausgehenden Netzwerkverkehr eingerichtet werden. Auch Benachrichtigungen in der Ereignisanzeige können in dieser Konsole konfiguriert werden.

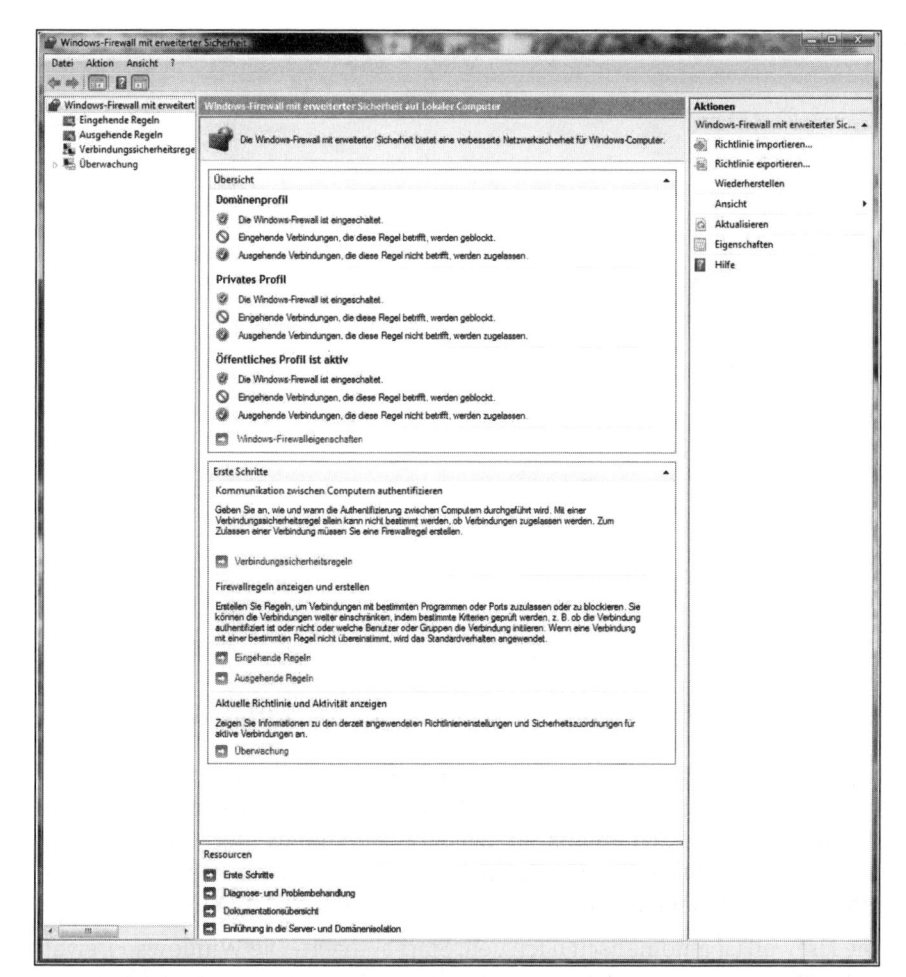

Abbildung 1.33:
Konfiguration der Windows-Firewall in der Microsoft Management-Konsole

1.3.7 BitLocker

Mit dieser neuen Funktion, die in der Enterprise Edition verfügbar ist, können komplette Festplatten verschlüsselt werden. BitLocker bietet im Gegensatz zum früheren verschlüsselten Dateisystem (Encrypting File System, EFS) auch Schutz vor Diebstahl oder dem Ausbau des Datenträgers. BitLocker schützt komplette Partitionen, auch temporäre Dateien und die Auslagerungsdatei, die ebenfalls vertrauliche Informationen enthalten kann. BitLocker kann über das Control Panel *Sicherheit* in der Systemsteuerung erreicht werden (siehe *Abbildung 1.34*).

BitLocker unterstützt die Absicherung mit dem Trusted Platform Module (TPM) und zusätzlich eine Abfrage mit PIN oder die eines USB-Sticks.

Abbildung 1.34:
Neue Anzeige der Systemsteuerung

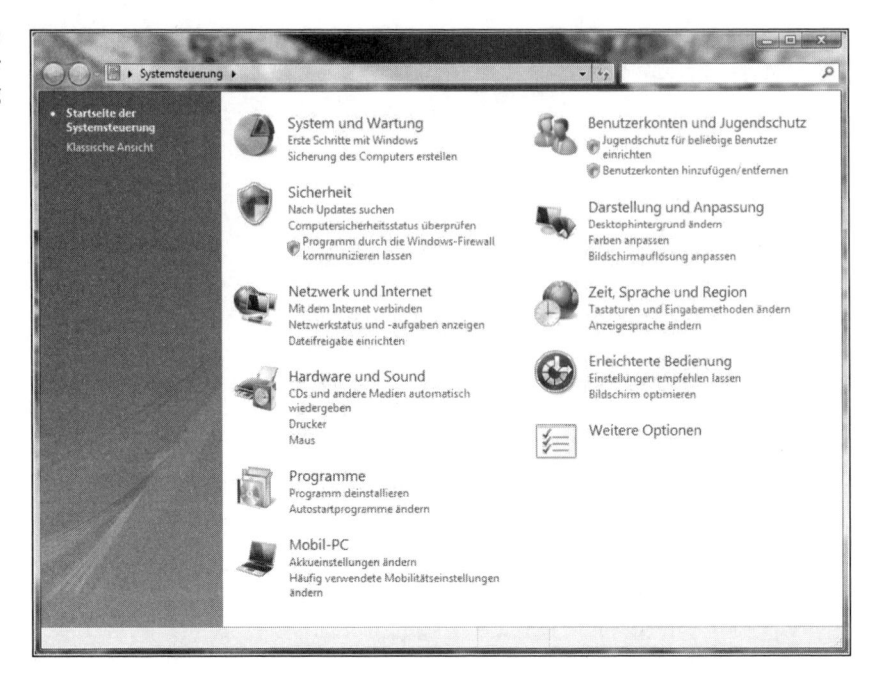

1.3.8 Jugendschutz

Mit dieser neuen Funktion können für einzelne Benutzerkonten in Vista Einschränkungen vorgenommen werden. Eltern können festlegen, wann, wie lange und mit welchen Programmen ihre Kinder den Computer oder das Internet benutzen dürfen. Die Bezeichnung Jugendschutz ist etwas irreführend, da mit dieser Technologie auch normale Benutzer in einem Netzwerk effizienter überwacht oder eingeschränkt werden können.

Den Jugendschutz können Sie in der Systemsteuerung über die Benutzerverwaltung bequem und effizient für einzelne Konten aktivieren und konfigurieren (siehe *Abbildung 1.35*).

1.3.9 Neue Gruppenrichtlinien

Eine sehr wichtige Neuerung für Unternehmen sind die neuen Gruppenrichtlinienfunktionen in Windows Vista. Natürlich lassen sich die meisten dieser Funktionen erst im Zusammenspiel mit dem Longhorn-Server (Windows Server 2007/2008) einsetzen. USB-Speicher-Sticks sind die Achillesferse in den meisten Sicherheitskonzepten. Die bisherigen Windows-Versionen bringen keine Verwaltung für die mobilen Speicher mit, ein böswilliger Nutzer kann damit problemlos Daten in das Firmennetz einschleusen oder entwenden. Vista geht dieses Problem direkt in der Group Policy an. Je nach Einstellung können Administratoren künftig den Zugriff auf USB-Geräte sperren oder einen reinen Lese- oder Schreibzugriff gewähren (siehe *Abbildung 1.36*). Administratoren können jetzt entscheiden, wer USB-Sticks nutzen darf.

Sicherheit in Windows Vista

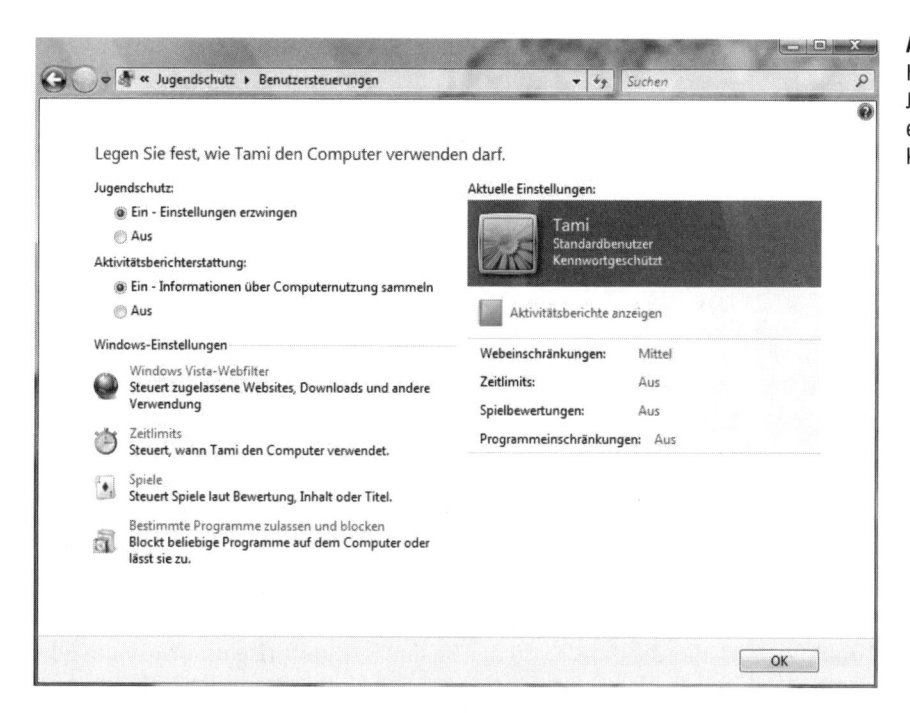

Abbildung 1.35: Konfiguration des Jugendschutzes für einzelne Benutzerkonten

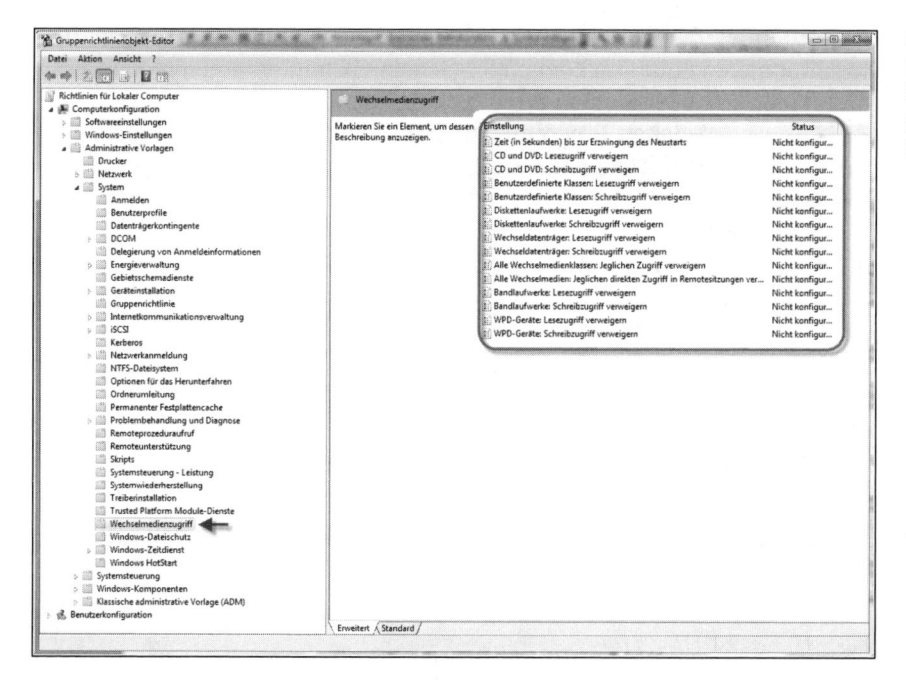

Abbildung 1.36: Steuerung des Zugriffs auf Wechselmedien mit Gruppenrichtlinien

1.3.10 Verbesserte Unterstützung von WSUS

Windows Vista unterstützt bereits standardmäßig die Anbindung an den WSUS. Es ist nicht notwendig, das Betriebssystem erst über Umwege an den Patchserver anzubinden. Patches müssen zukünftig nur im WSUS eingetragen werden, damit sie automatisch auf Windows Vista-Arbeitsstationen verteilt werden.

1.3.11 Verbesserte Datensicherung

Windows Vista bietet jetzt auch die Möglichkeit, über das Kontextmenü einer Datei oder eines Verzeichnisses auf vorherige Versionen zurückzugreifen. Dadurch sollen Datenverlust und das versehentliche Ändern von Dateien verhindert werden.

Bei der Funktion *Vorherige Versionen* greift Windows Vista auf Daten von Systemwiederherstellungspunkten oder einer erstellten Datensicherung zurück (siehe *Kapitel 15*). Damit auf Daten der Systemwiederherstellungspunkte zurückgegriffen werden kann, verwendet Windows Vista die Schattenkopien, die bereits aus Windows 2000 Server bekannt sind. Diese Funktion wird allerdings nur von der Business, Enterprise und Ultimate Edition unterstützt. In der Home Basic und der Home Premium Edition kann durch *Vorherige Versionen* nur auf Daten innerhalb einer Datensicherung zugegriffen werden, was die Möglichkeiten dieser Funktion schon extrem einschränkt.

Abbildung 1.37: Optimierte Datensicherung in Windows Vista

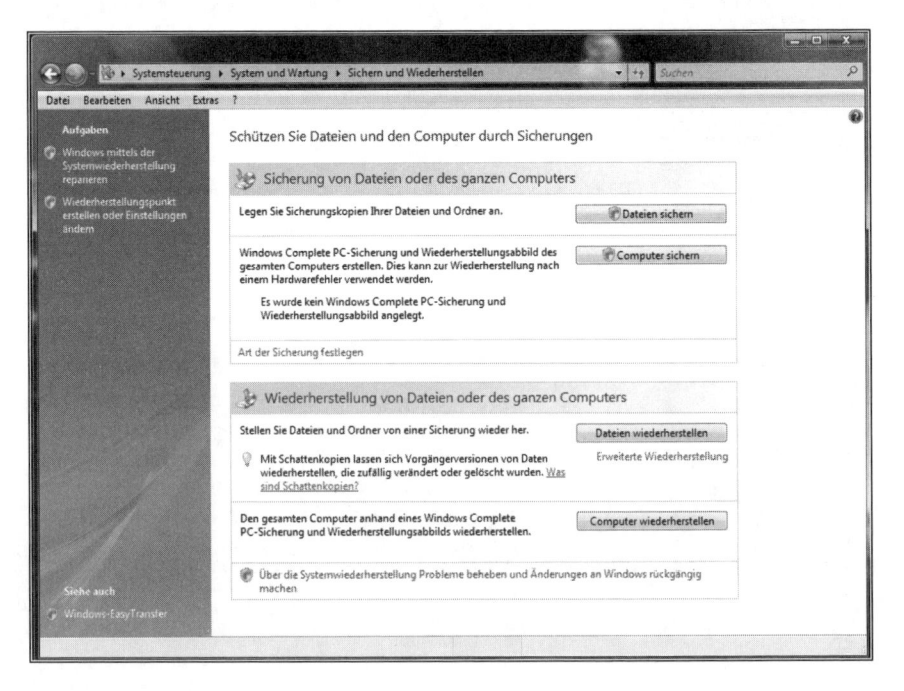

Ebenfalls neu ist die Möglichkeit, über die Funktion *Complete PC-Sicherung* ein vollständiges Image der Partitionen Ihres PC im laufenden Betrieb zu erstellen. Diese Funktion ist über *Start/Systemsteuerung/System und Wartung/Sichern und Wiederherstellen/Computer sichern* erreichbar.

Die Daten dieser Sicherung können durch den Assistenten auf DVD gebrannt und mithilfe der Windows Vista-Installations-DVD wieder zurückgespielt werden. Auch diese Funktion steht nur in der Business, Enterprise und Ultimate Edition zur Verfügung.

1.4 Windows Vista auf Notebooks

Auch für Notebooks sind in Windows Vista einige Neuerungen enthalten (siehe Kapitel 17). Auf Notebooks können über das Mobilitätscenter, das nur auf Notebooks installiert wird, alle relevanten Einstellungen, wie die Energieoptionen, die Helligkeit des Displays und die Unterstützung für Drahtlosnetzwerke, gesteuert werden (siehe *Abbildung 1.38*). Bei Tablet PCs kann hierüber auch die Ausrichtung des Monitors eingestellt werden.

Abbildung 1.38: Optimale Unterstützung von Notebooks in Windows Vista

Zusätzlich kann in Windows Vista in einen speziellen Präsentationsmodus geschaltet werden, bei dem Popups von neuen E-Mails oder der Bildschirmschoner deaktiviert werden.

Die Möglichkeiten zur Steuerung der Energieoptionen wurden deutlich erweitert. Es können Profile angelegt und Einstellungen vorgenommen werden, wie sich das Notebook beim Schließen des Deckels oder beim Drücken des Energiesparschalters verhalten soll.

In Windows Vista können für Netzwerkverbindungen jetzt auch Netzwerkstandorte festgelegt werden. Windows Vista erkennt, wenn das Notebook an einem anderen Ort in das Netzwerk integriert wird, und fragt dann ab, wie sich der PC verhalten soll. Es werden Firmennetze, Heimnetze und öffentliche Netze unterstützt. Je nach Auswahl werden unterschiedliche Einstellungen für die Windows-Firewall vorgenommen.

1.5 Neue Installationsmechanismen

Die Vista-Installationsoberfläche ist deutlich effizienter als die Variante unter Windows XP. Windows Vista verwendet zur Installation jetzt standardmäßig WinPE (Microsoft Windows Pre-Installation Environment). Im Gegensatz zur Windows XP-PE-Version ist die Vista-Variante für jedermann erhältlich. WinPE kommt bei der Installation, bei Recovery-Funktionen und beim Troubleshooting zum Einsatz. Es enthält sämtliche Kernfunktionen von Windows Vista und ist damit den bisherigen Notfallkonsolen deutlich überlegen. So kann WinPE unter anderem auf Netzwerklaufwerke zugreifen und enthält alle Netzwerktreiber, die auch Vista beiliegen.

Sollten Treiber fehlen, lassen sich diese nachladen – egal ob von USB, CD/DVD oder einer Freigabe. WinPE unterstützt neben der 32- auch die 64-Bit-Architektur. Der größte Vorteil ist allerdings, dass sich Win32-Anwendungen direkt aus WinPE starten lassen. Damit stehen beispielsweise auch unter einem Notfallsystem dieselben Anwendungen zur Verfügung wie direkt unter Vista. Ein weiterer Vorteil ist, dass WinPE sowohl Multithreading als auch Multitasking unterstützt.

Die Windows Vista-Bereitstellung basiert auf Images. Bei Images handelt es sich quasi um eine Kopie eines installierten Betriebssystems. Wenn bei der Installation mit Images gearbeitet wird, wird dadurch die Installation deutlich beschleunigt. Das Betriebssystem bringt ein standardmäßiges Imaging-Tool mit: *ImageX*. Auch die Basisinstallation auf Heim-PCs erfolgt durch ein Image, das durch das Setup-Programm auf dem PC installiert wird. Aus diesem Grund läuft die Installation von Windows Vista deutlich schneller ab als in den Vorgängerversionen. In diesem Buch wird die Behandlung von Images nicht berücksichtigt. Für Privatanwender ist generell nur interessant zu wissen, dass die Installation von Windows Vista auch von der Installations-CD auf Imaging beruht und das unten beschriebene Microsoft WIM-Format verwendet.

Windows Vista arbeitet mit dem WIM-Imageformat (Microsoft Windows Imaging). Statt eines sektorbasierten Imageformats, wie es heutzutage fast überall existiert, ist das WIM-Format dateibasiert. Dies hat mehrere Vorteile:

- WIM ist hardwareunabhängig. Das bedeutet, Sie brauchen nur ein Image für verschiedene Hardwarekonfigurationen.
- Mit WIM können mehrere Images in einer Datei gespeichert werden. Sie können Images mit und ohne Anwendungen in einer Datei speichern.
- WIM nutzt eine Kompression und ein Single-Instance-Verfahren. So wird die Größe von Imagedateien deutlich reduziert. Single-Instancing ist eine Technologie, bei der jede Datei nur einmal gespeichert wird. Wenn zum Beispiel Image 1, 2 und 3 alle die Datei A enthalten, dann sorgt Single-Instancing dafür, dass Datei A nur tatsächlich einmal gespeichert wird.
- WIM ermöglicht die Offline-Bearbeitung von Images. Sie können Betriebssystemkomponenten, Patches und Treiber hinzufügen oder löschen, ohne ein neues Image erstellen zu müssen.
- Mit WIM können Images auf Partitionen jeder Größe installiert werden. Sektorbasierte Imageformate benötigen eine Partition der gleichen Größe oder eine größere Partition.
- Windows Vista stellt eine API für das WIM-Imageformat zur Verfügung, die WIMGAPI. Diese kann von Entwicklern für die Arbeit mit WIM-Imagedateien genutzt werden.
- Mit WIM können auf dem Zielvolumen vorhandene Daten beibehalten werden. Das Einrichten eines Images löscht nicht zwingend alle vorhandenen Daten auf der Festplatte.

1.6 Optimierte Eingabehilfen

Da immer mehr ältere und auch behinderte Menschen mit dem PC arbeiten, hat Microsoft in Windows Vista die Eingabehilfen der Vorversionen deutlich optimiert und an einer Stelle zusammengefasst.

Sie können in der Systemsteuerung über den Link *Erleichterte Bedienung* die einzelnen Optionen aufrufen, die Microsoft in Vista zur Unterstützung von älteren oder behinderten Menschen integriert hat (siehe *Abbildung 1.39*).

Das ist neu in Windows Vista

Abbildung 1.39:
Das Center für erleichterte Bedienung

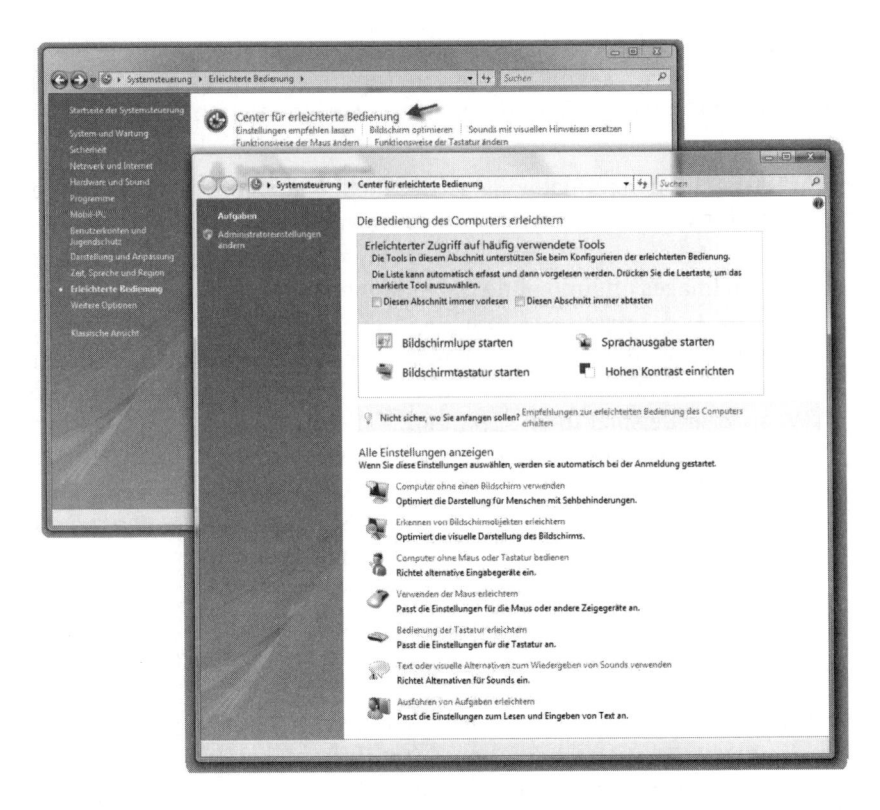

Insbesondere Menschen mit einem schlechteren Sehvermögen können auf die Funktionen wie die Bildschirmlupe oder auch den Betrieb des PC ohne Monitor zugreifen. Die einzelnen Optionen sind leicht verständlich, und hinter jeder Option steht ein Assistent, der Sie bei der Einrichtung unterstützt. Menschen, die bisher nur schwer ohne Hilfe mit dem PC arbeiten konnten, erhalten durch die zahlreichen integrierten Funktionen die verschiedensten Werkzeuge an die Hand, um den PC auch mit Behinderung nutzen zu können.

1.7 Spracherkennung

Ebenfalls eine ganz neue Funktion ist die Unterstützung für Spracherkennung in Windows Vista. Mit der Spracherkennung können Applikationen gesteuert werden und auch Windows selbst.

Sie können die Spracherkennung über *Systemsteuerung/Erleichterte Bedienung* konfigurieren. Wenn Sie im Verwaltungsprogramm für die Spracherkennung sind, können Sie diese detailliert an Ihre Bedürfnisse anpassen (siehe *Abbildung 1.40*).

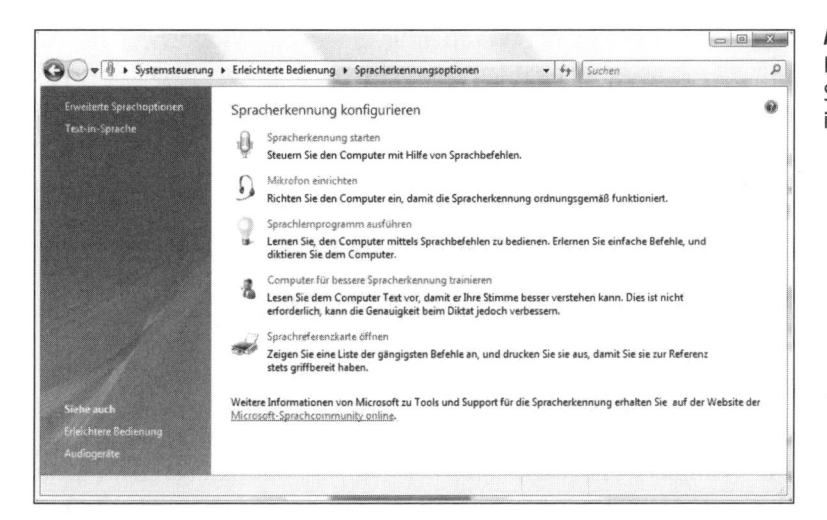

Abbildung 1.40:
Konfiguration der Spracherkennung in Windows Vista

Es gibt ein ausführliches Lernprogramm, das Sie nach der Einrichtung mit der Bedienung der Sprachsteuerung vertraut macht. Sie sollten dieses auf jeden Fall durcharbeiten, damit Sie mit der Spracherkennung effizient arbeiten können. Sie können in Deutsch mit Vista reden, die Spracherkennung funktioniert nach einer Trainingsphase durchaus zuverlässig. Sie können Microsoft Word und auch die anderen Microsoft-Programme wie zum Beispiel Excel mit der Spracherkennung steuern.

1.8 Notwendige Hardware für Windows Vista – welche PCs sind geeignet?

Zunächst muss festgehalten werden, dass Windows Vista wie alle aktuellen Betriebssysteme sehr hardwareabhängig ist. Selbst bei PCs, auf denen Windows XP problemlos funktioniert, wird Windows Vista nicht unbedingt flüssig laufen, insbesondere wenn sämtliche Funktionen aktiviert sind.

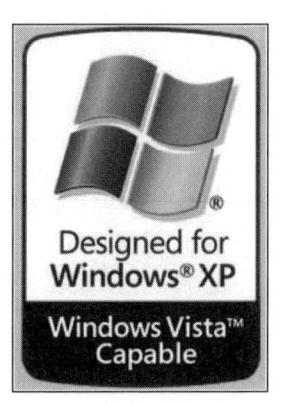

Abbildung 1.41:
Logo für die Vista-Eignung eines PC

Wenn Sie sich vor der Veröffentlichung von Windows Vista oder kurz danach einen PC kaufen wollen, achten Sie auf das Zeichen *Designed for Windows XP – Windows Vista Capable*. Dieses Zeichen weist darauf hin, dass der PC für Vista geeignet ist (siehe *Abbildung 1.41*).

Sie sollten keinen PC mehr kaufen, der dieses Zeichen nicht hat, da ansonsten bei der Installation von Windows Vista nicht sichergestellt ist, dass alles funktioniert. Microsoft zertifiziert PCs als Vista Capable, wenn mindestens folgende Hardwarevoraussetzungen zutreffen:

- Aktueller Prozessor (mindestens jedoch 800 MHz)
- 512 MB Arbeitsspeicher
- DirectX 9-fähige Grafikkarte

Mit diesen Hardwarevoraussetzungen werden die Premium-Funktionen von Windows Vista, wie zum Beispiel Aero, allerdings noch nicht flüssig laufen. Diese Zertifizierung bedeutet nur, dass auf dem PC Vista installiert werden kann und dass es läuft, wenn auch nicht sehr schnell.

Generell kann man sagen, dass auf einem PC unter 1 GB RAM Vista nicht installiert werden sollte, da die Arbeit keinen Spaß macht, wenn das Betriebssystem den gesamten Speicher belegt und laufende Anwendungen in die Auslagerungsdatei gespeichert werden.

Damit Windows Vista wirklich flüssig und mit allen Funktionen arbeitet, sollten Sie darauf achten, dass der PC nicht für Windows XP designed wurde, sondern ausschließlich für Windows Vista. Microsoft bezeichnet solche PCs als *Windows Vista Premium Ready PCs*. Viele PC-Hersteller werden vor allem während der Übergangszeit versuchen, ihren Kunden noch veraltete Hardware aufzuschwatzen. Hier sollten Sie nur darauf eingehen, wenn Sie wirklich deutlich sparen und der PC über einen aktuellen Prozessor mit mindestens 3 GHz verfügt und 1 GB RAM sowie eine Grafikkarte mit DirectX 9-Unterstützung und mindestens 128 GB RAM besitzt. Unterhalb dieser Voraussetzungen macht die Arbeit mit Vista keinen rechten Spaß. Vor allem die neue, schicke Aero-Oberfläche läuft auf langsamer Hardware nicht. Als Festplattenplatz sollten Sie für Windows Vista mindestens 10 GB einplanen, besser 15 oder 20 GB.

> **TIPP** *Auf der Internetseite* http://www.ati.com/technology/windowsvista/areyouvistaready.asp *können Sie kostenlos online Ihren PC auf Vista-Tauglichkeit überprüfen lassen. Sie erhalten einen ausführlichen Bericht und können feststellen, ob eine Aktualisierung oder Neuinstallation eine gute Entscheidung ist.*

1.8.1 Spezielle Tastatur für Windows Vista von Microsoft – das Wireless Entertainment Desktop

Wenn Sie beabsichtigen, in den nächsten Monaten eine neue Tastatur zu erwerben, und dabei vor allem etwas edlere Modelle im Sinn haben, sollten Sie noch etwas abwarten, bis die neue Vista-Tastatur von Microsoft veröffentlicht wird.

Das *Wireless Entertainment Desktop* genannte Produkt soll speziell für Windows Vista konzipiert sein, jedoch auch problemlos mit der Vorgängersoftware auskommen.

Dabei handelt es sich um eine Kombination aus Maus und Tastatur, deren Besonderheit darin liegen soll, dass sie eine Reichweite von bis zu zehn Metern aufweist und die Batterien sowohl der Maus als auch der Tastatur wieder aufladbar sind. Die einzelnen Tasten sind beleuchtet, wobei sich die Helligkeit automatisch an das Umgebungslicht anpasst.

Zudem erkennt ein Bewegungssensor, ob sich eine Person in der Nähe befindet, und aktiviert die Hintergrundbeleuchtung, sobald man sich dem Gerät nähert. Vom Design her präsentiert sich das Wireless Entertainment Desktop in den Farben Silber und Schwarz, ist flach und weist Aluminiumeinsätze auf.

Die Maus hält per Bluetooth Kontakt zur Tastatur. Das Tastaturfeld ist leicht gekrümmt. Einige Zusatztasten sollen die Bedienung von Vista vereinfachen. Neben zwei leuchtenden Windows-Buttons sind Tasten zur Mediensteuerung vorhanden. Auf der linken oberen Seite befinden sich zwei Mausersatzknöpfe, das dazugehörige Steuerkreuz ist auf der rechten Seite angebracht.

Abbildung 1.42: Das Wireless Entertainment Desktop im Einsatz (Quelle: Microsoft)

1.9 Hilfeforen und Informationsseiten zu Windows Vista

Sehr gute Hilfeforen und Informationen zu Windows Vista finden Sie unter:

- *www.winfuture.de*
- *www.windowszone.de*
- *www.netzwerktotal.de*
- *www.winvista-forum.de*
- *www.winboard.org*
- *www.forum.windows-tweaks.info*
- *www.mcseboard.de/windows-vista-forum-55*
- *www.pcwelt.de/forum/windows-vista*
- *www.win-tipps-tweaks.de/forum*
- *www.pc-experience.de*
- *www.winhelpline.info/daten/faqvista.php*
- *www.windowspower.de*
- *http://www.winhilfe.info*
- Vista-Blog von Microsoft:
  http://windowsvistablog.com/blogs/windowsvista
- Vista Security-Guide:
  http://www.microsoft.com/technet/windowsvista/ security/guide.mspx

2 Installieren und Aktualisieren

Um Vista zu testen, ist es nicht unbedingt notwendig, die Installation auf einem Test-PC oder in einer virtuellen Maschine durchzuführen. Es ist ohne Weiteres möglich, parallel zu Windows 2000 oder Windows XP auch Windows Vista zu installieren. Dabei wird ein Bootmenü eingerichtet, mit dessen Hilfe Sie bei jedem Rechnerstart auswählen können, mit welchem Betriebssystem Sie arbeiten möchten. Die Einstellungen in dem einen Betriebssystem beeinflussen dadurch nicht die Einstellungen des anderen, und man kann bequem Windows XP und Windows Vista parallel auf einem PC installieren.

Trotz der zuverlässigen Installation ist es dennoch ratsam, vor der parallelen Installation vor Windows Vista eine Sicherung des bestehenden Betriebssystems durchzuführen. Die Installation von Windows Vista findet bereits beim Starten in einer grafischen Oberfläche statt, es gibt keinen textorientierten Teil mehr.

Bei der Installation von Windows Vista können Sie generell zwischen drei verschiedenen Optionen unterscheiden:

1. Neuinstallation auf einem bisher »leeren Rechner«.
2. Parallele Installation zu einem bestehenden Betriebssystem, zum Beispiel Windows XP oder Windows 2000.
3. Aktualisierung eines bestehenden Betriebssystems auf Windows Vista, zum Beispiel von Beta 2 oder von Windows XP.

Die Installation von Windows Vista ist weit weniger aufwendig als noch unter Windows XP. Es gibt weniger Fenster, und es müssen weniger Eingaben für die Installation durchgeführt werden. Sie benötigen für die Installation allerdings ein bootfähiges DVD-Laufwerk.

2.1 Neuinstallation und parallele Installation von Windows Vista

Wenn Sie Windows Vista neu auf einem PC installieren oder eine bereits vorhandene XP-Installation löschen und Vista neu installieren möchten, legen Sie am besten die Vista-DVD in Ihr DVD-Laufwerk ein, stellen sicher, dass im BIOS das Booten von DVD/CD erlaubt ist, und booten von der DVD.

Installieren und Aktualisieren

Im Anschluss startet Windows Vista eine grafische Oberfläche, mit deren Hilfe Sie die Installation durchführen können.

Hier noch einige wichtige Hinweise, die Sie vor der Installation beachten sollten:

- *Sie sollten auf der Festplatte, auf der Sie Vista installieren, mindestens 10 GB freien Festplattenplatz haben.*
- *Außerdem muss die Partition als aktiv und primär konfiguriert sein. Wenn Sie vorher von dieser Partition auch Windows XP gestartet haben, sollte kein Problem auftauchen. Wenn Sie Vista parallel zu XP installieren wollen (siehe weiter hinten im Kapitel), muss für Windows Vista eine eigene Partition oder Festplatte vorhanden sein.*
- *Vermeiden Sie Partitionierungstools von Drittherstellern, die nur für Windows XP konzipiert sind, wie zum Beispiel Partition Magic.*

Achten Sie darauf, wenn Sie die 64-Bit-Version von Windows Vista installieren, dass Sie dann auch 64-Bit-kompatible Programme und Treiber benötigen. Viele Hersteller bieten derzeit noch keine 64-Bit-Treiber an.

Sie können Windows Vista x64 testweise parallel zu Windows Vista x32 installieren, benötigen dazu aber zwei Partitionen. Achten Sie hierauf bei der Erstellung der ersten Partition. Die 64-Bit-Version ist nicht zwingend schneller, vor allem wenn die installierten Applikationen nicht für den 64-Bit-Einsatz optimiert sind.

Im folgenden Abschnitt zeige ich Ihnen, wie Sie die Installation durchführen.

1. Im ersten angezeigten Fenster legen Sie die Installationssprache, die Uhrzeit und das Währungsformat sowie die Sprache der Tastatur fest. Achten Sie darauf, dass möglichst alle Optionen auf Deutsch eingestellt sind. Klicken Sie danach auf *Weiter* (siehe *Abbildung 2.1*).
2. Im nächsten Fenster klicken Sie auf den Link *Jetzt installieren*, damit Vista mit der Installation fortfahren kann. Zusätzlich können Sie über den Link *Wissenswertes vor der Windows-Installation* Informationen über die Installation abrufen. Über den Eintrag *Computerreparaturoptionen* im gleichen Fenster können Sie die *Systemwiederherstellungsoptionen* der DVD starten, mit deren Hilfe Sie eine bestehende Installation reparieren können (siehe Kapitel 15). Diese beiden Menüs werden bei der ersten Installation aber nicht benötigt.

Neuinstallation und parallele Installation von **Windows Vista**

Abbildung 2.1:
Auswahl der Spracheinstellungen

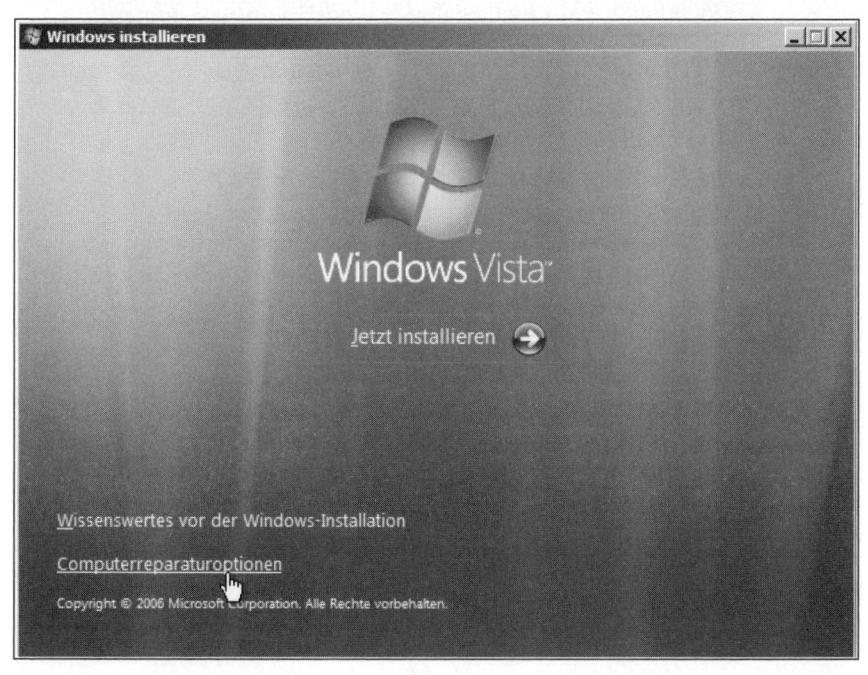

Abbildung 2.2:
Starten der Installation oder Auswählen der Computerreparaturoptionen

3. Wenn Sie die Installation mit *Jetzt installieren* fortgesetzt haben, erscheint zunächst das Fenster zur Eingabe der Seriennummer (Product Key). Geben Sie die Seriennummer in das Feld ein. Sie können an dieser Stelle

Installieren und Aktualisieren

auch auf die Eingabe der Seriennummer verzichten. In diesem Fall können Sie die Vista-Edition auswählen, die installiert werden soll. Ohne Seriennummer können Sie Vista bis zu 30 Tage testen. Über die Systemsteuerungen können Sie später noch eine Seriennummer nachtragen. Es ist nicht notwendig, dass Sie die Bindestriche zwischen den einzelnen Abschnitten abtippen, diese werden automatisch hinzugefügt. Unter manchen Umständen kann es vorkommen, dass der deutsche Tastaturtreiber noch nicht richtig installiert wurde. In diesem Fall sind die Tasten Y und Z miteinander vertauscht. Wenn in Ihrer Seriennummer diese beiden Zeichen enthalten sind und der Tastaturtreiber die Zeichen nicht richtig angibt, wird die Seriennummer nicht übernommen. Verwenden Sie dann einfach die Taste [Z] für das Y und umgekehrt.

Neben dem Eingabefeld der Seriennummer wird ein kleines blaues Symbol einer Tastatur angezeigt. Wenn Sie auf das Symbol klicken, öffnet sich eine Bildschirmtastatur, und Sie können die Seriennummer auch durch Klicken mit der Maus eingeben. Sie können noch die Option *Windows automatisch aktivieren, wenn eine Internetverbindung besteht* aktivieren oder nicht aktivieren, das spielt keine Rolle. Bei den meisten PCs wird nach der Installation ohnehin keine Internetverbindung bestehen, da erst die Netzwerkverbindung eingerichtet werden muss. Wenn Sie die Seriennummer eingetragen haben, kommen Sie mit *Weiter* auf die nächste Seite des Setup-Assistenten.

Abbildung 2.3:
Eintragen der Seriennummer

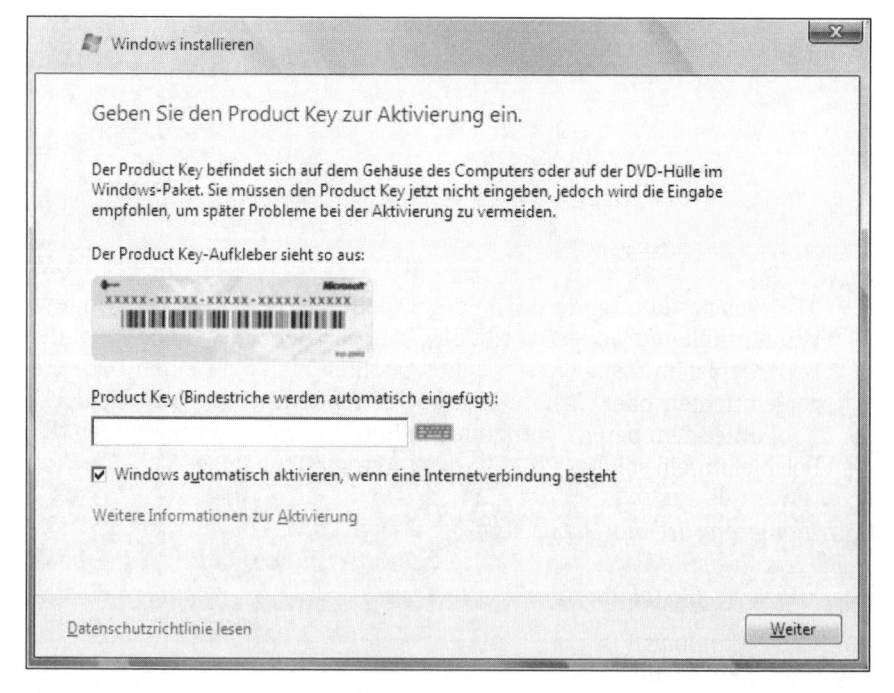

4. In diesem Fenster müssen Sie zunächst die Option *Ich akzeptiere die Lizenzbedingungen* aktivieren und können dann auf *Weiter* klicken.
5. Nun können Sie auswählen, ob Sie eine bestehende Windows-Version auf Windows Vista aktualisieren wollen. Diese Option steht allerdings nur dann zur Verfügung, wenn Sie das Setup-Programm aus jener Windows-Installation heraus starten, die Sie aktualisieren wollen. Wenn Sie das Vista-Installationsprogramm von DVD booten, können Sie nur die Option *Benutzerdefiniert* auswählen. Klicken Sie auf diese Option, damit der Installationsassistent startet (siehe *Abbildung 2.4*).

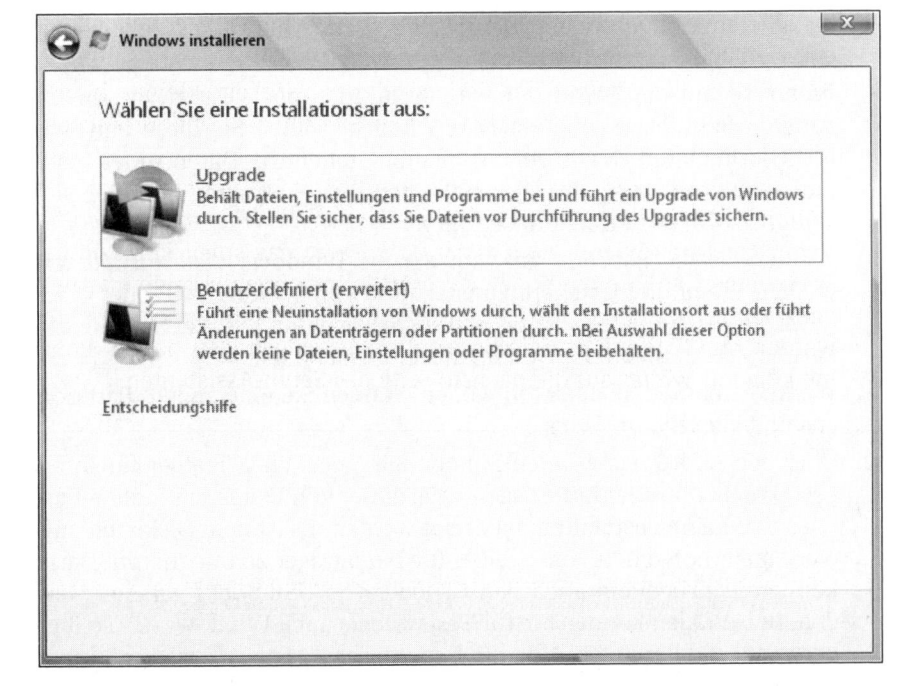

Abbildung 2.4: Auswählen der Installationsmethode

6. Als Nächstes konfigurieren Sie den Datenträger, auf dem Sie Windows Vista installieren wollen. Wenn Sie Vista parallel zu einem bestehenden Betriebssystem installieren möchten, sollten Sie zuvor einen Datenträger einrichten oder die bestehende Festplatte mit einem zusätzlichen Tool unter dem bereits vorhandenen Betriebssystem partitionieren. Ein Beispiel für ein solches Programm ist Acronis True Image.

Partitionierung ist die Unterteilung eines physischen Datenträgers in verschiedene logische Bereiche. So können beispielsweise mehrere Betriebssysteme auf einer Festplatte installiert werden.

Wenn Sie Windows Vista als neues Betriebssystem installieren, müssen Sie an dieser Stelle keinerlei Eingaben machen, sondern nur die Festplatte auswählen, auf der Sie Windows Vista installieren wollen. Wenn Sie mehrere

Installieren und Aktualisieren

Betriebssysteme parallel installieren wollen, benötigen Sie für jedes Betriebssystem immer eine eigene Partition oder physikalische Festplatte.

7. Wenn Sie die entsprechende Partition ausgewählt haben, können Sie über *Laufwerkoptionen (erweitert)* zusätzliche Einstellungen für diese Partition vornehmen. Es reicht, wenn Sic Vista eine genügend große Partition zur Verfügung stellen, die Formatierung mit NTFS findet automatisch statt. Mehr zum Thema Dateisysteme und NTFS finden Sie in Kapitel 7.
8. Sie können die Partition löschen, formatieren und neu erstellen. Wenn Sie auf der besagten Partition keine Daten speichern, sondern nur Vista installieren wollen, sollten Sie die bestehende Partition löschen, neu erstellen und dann formatieren.
9. Wenn Sie auf der Partition neben Vista auch noch Daten von einem anderen Betriebssystem gespeichert haben, sollten Sie diese Partition nicht formatieren. Nach der Installation stehen die Daten unter Vista und auch unter dem parallel installierten Betriebssystem, zum Beispiel Windows XP, weiterhin zur Verfügung.
10. Wählen Sie die Partition aus, auf der Sie Windows Vista installieren wollen. Wenn die bestehende Installation von Windows XP oder Windows Vista Beta gelöscht und neu erstellt werden soll, wählen Sie die Partition aus, auf der das System bisher installiert ist.
11. Wenn Sie parallel installieren wollen, wählen Sie eine andere Partition aus und klicken auf *Weiter*.
12. Über den Link *Treiber laden* können Sie einen Vista-Treiber für Ihren Festplattencontroller hinterlegen, falls dieser von Vista nicht unterstützt wird und keine Festplatten angezeigt werden. Es ist kein Diskettenlaufwerk mehr notwendig, um Treiber für Datenträger zu integrieren. Diese können jetzt bequem auch von CD oder von USB-Sticks geladen werden. In Notfällen können Sie für Testsysteme auch Windows XP-Treiber verwenden. Allerdings ist dadurch nicht sichergestellt, dass Ihr System später problemlos funktioniert.
13. Sie erhalten die Information, dass ein eventuell in dieser Partition vorhandenes Windows überschrieben wird und die Daten dieses Systems im Ordner *windows.old* gespeichert werden. Bestätigen Sie diese Meldung, damit die Installation fortgeführt werden kann. Der nächste Schritt der Installation dauert jetzt etwas länger, da genau an dieser Stelle Windows Vista mit der Installation beginnt.
14. Abhängig von der Leistung des PC startet die Installationsroutine den PC nach 15 bis 20 Minuten automatisch neu. Sie müssen keine Eingaben machen und keine Taste drücken. Sollten Sie versehentlich eine Taste gedrückt haben und die Installation startet wieder von der Vista-DVD, schalten Sie den PC aus, und starten Sie ihn erneut. Der PC bootet, und es wird ein graues Fenster geöffnet, in dem der PC für den ersten Start von Windows vorbereitet wird. Lassen Sie den PC am besten ungestört weiter arbeiten. Es kann sein, dass der Bildschirm ein paar Mal flackert

Neuinstallation und parallele Installation von Windows Vista

oder schwarz wird, wenn der Monitor- oder der Grafikkartentreiber installiert wird. Auch wenn es manchmal aussieht, als ob das Setup hängt, stürzt es selten ab.

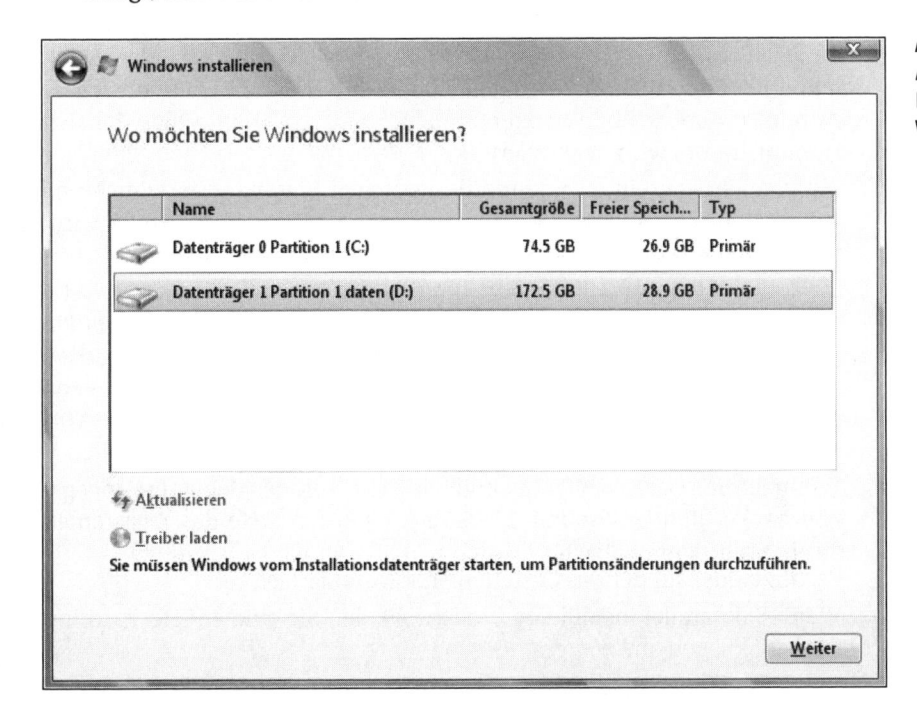

Abbildung 2.5: Auswählen der Partition für die Vista-Installation

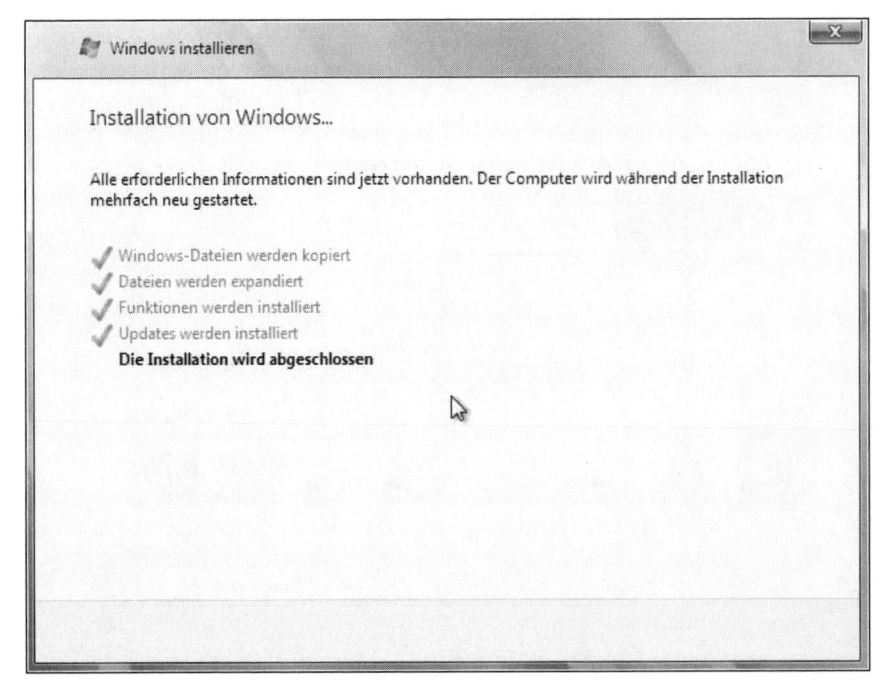

Abbildung 2.6: Installationsverlauf von Windows Vista

Installieren und Aktualisieren

15. Nachdem die Installation abgeschlossen ist, startet der PC nochmals neu. Auch hier dauert der erste Start etwas länger, da wieder einige Treiber installiert werden müssen.
16. Als Nächstes erscheint ein Fenster, in dem Sie einen Benutzernamen mit dazugehörigem Kennwort angeben müssen. Sie werden nach der Installation mit diesem Benutzer angemeldet. Der Benutzer wird in die lokale Administratorengruppe aufgenommen, und das Konto des lokalen Administrators wird deaktiviert.
17. Sie können sich ein Benutzerbild aussuchen, das bei der Anmeldung verwendet wird, sowie einen Hinweis hinterlegen, der angezeigt wird, wenn Sie Ihr Kennwort vergessen haben.
18. Sie sollten kein leeres Kennwort hinterlegen, da ansonsten keine Netzwerkverbindung zu anderen Vista- oder XP-PCs hergestellt werden kann. Vor allem Windows XP-PCs mit installiertem SP2 machen Schwierigkeiten beim Verbindungsaufbau ohne Kennwort. Selbst wenn diese Probleme nicht auftauchen, sollten Sie möglichst leere Kennwörter vermeiden, da diese ein erhebliches Sicherheitsproblem darstellen.
19. Wenn Sie den Benutzernamen und das Kennwort des Benutzers angegeben haben, können Sie mit *Weiter* zur nächsten Seite des Assistenten zur Einrichtung wechseln.

Abbildung 2.7:
Festlegen des Benutzernamens und des Kontobildes

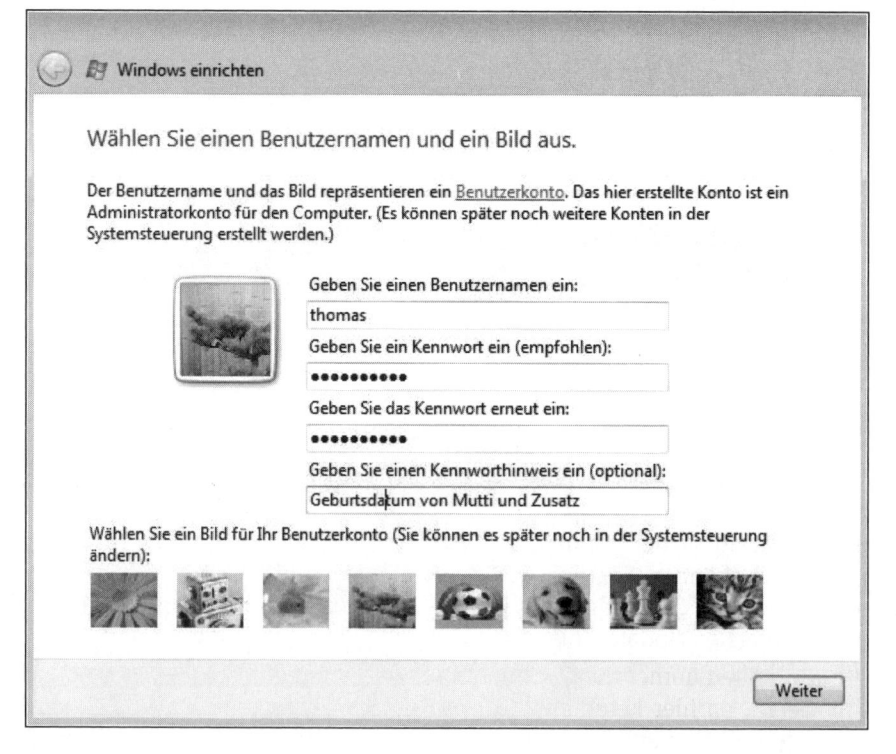

Neuinstallation und parallele Installation von Windows Vista

20. Auf der nächsten Seite können Sie die Bezeichnung Ihres PC festlegen sowie das Hintergrundbild, das für den Anwender angezeigt werden soll. Sie können das Hintergrundbild jederzeit wieder anpassen (siehe Kapitel 5). An dieser Stelle wird lediglich der erste Start konfiguriert (siehe *Abbildung 2.8*).

> **TIPP**
>
> *Falls erforderlich, können Sie nach Abschluss der Installation die Bezeichnung Ihres PC ändern. Öffnen Sie dazu das Startmenü, und klicken Sie mit der rechten Maustaste auf den Befehl* Computer. *Wählen Sie im Kontextmenü den Eintrag* Eigenschaften *aus. Klicken Sie dann in der linken Rubrik* Aufgaben *auf* Erweiterte Systemeinstellungen, *holen die Registerkarte* Computername *in den Vordergrund und klicken auf die Schaltfläche* Ändern.

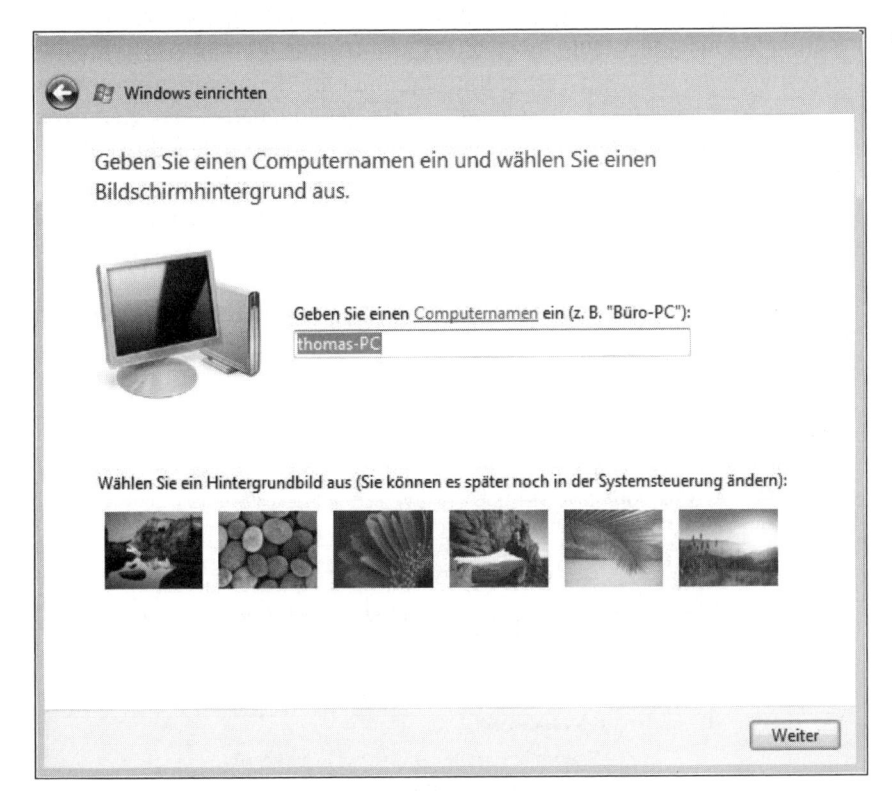

Abbildung 2.8: Festlegen des PC-Namens und des Hintergrundbildes

21. Nachdem Sie den Namen Ihres PC sowie das Hintergrundbild festgelegt haben, können Sie den Windows-Schutz konfigurieren. Vista bietet Ihnen dazu die Optionen *Empfohlene Einstellungen verwenden*, nur die wichtigsten Updates zu installieren oder später erneut nachzufragen.

22. Sie sollten immer die Option *Empfohlene Einstellungen verwenden* aktivieren, da hier keine allzu großen Einschränkungen für den Benutzer konfiguriert werden, sondern Vista nur entsprechend abgesichert wird (siehe *Abbildung 2.9*).

Installieren und Aktualisieren

23. Überprüfen Sie noch auf der nächsten Seite, ob die Zeitzone sowie die Uhrzeit und das Datum korrekt sind. Ist die Zeitzone nicht korrekt eingestellt und stimmt die Uhrzeit nicht, erhalten Sie bei der Aktivierung von Windows Vista eine Fehlermeldung.
24. Nachdem Sie auch diese Einstellungen vorgenommen haben, können Sie über die Schaltfläche *Starten* die Installation abschließen. An dieser Stelle führt Vista nochmals einige Einstellungen durch und weist Sie auf die neuen Funktionen hin. Auch dieser Schritt kann nochmals etwa 10 bis 15 Minuten dauern. Während dieser Zeit sind keine weiteren Eingaben Ihrerseits notwendig.
25. Nachdem dieser Schritt abgeschlossen ist, können Sie sich mit Ihrem Kennwort bei Vista anmelden. Der PC schließt die Installation ab und zeigt Ihnen den Desktop und das neue *Begrüßungscenter* an, mit dessen Hilfe Sie sich mit Windows Vista vertraut machen können.

Abbildung 2.9:
Auswählen des Windows-Schutzes

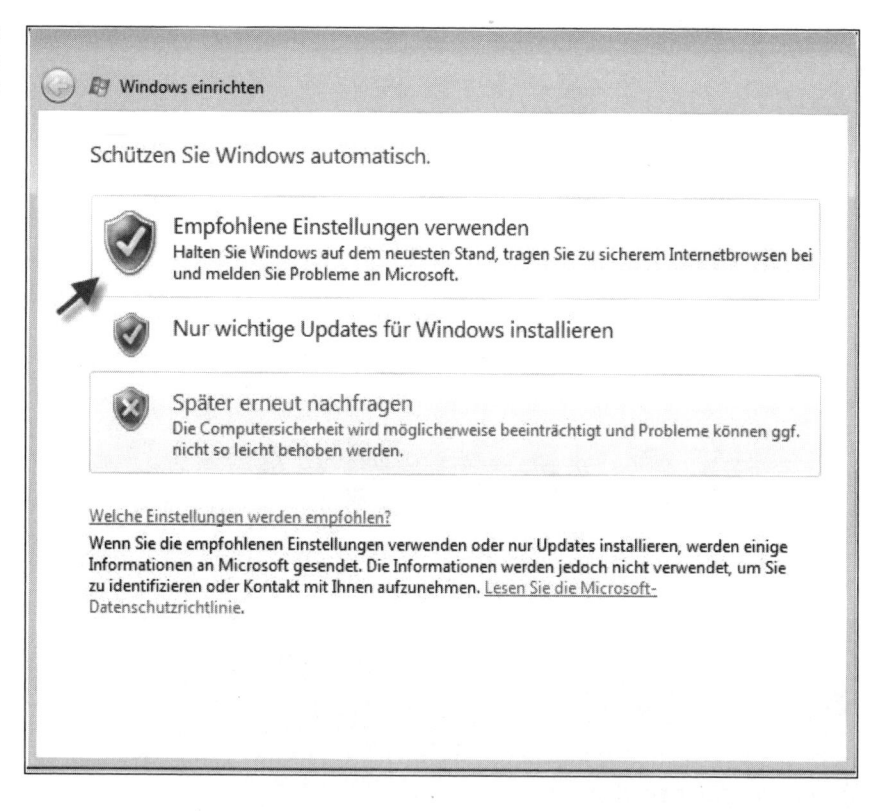

78

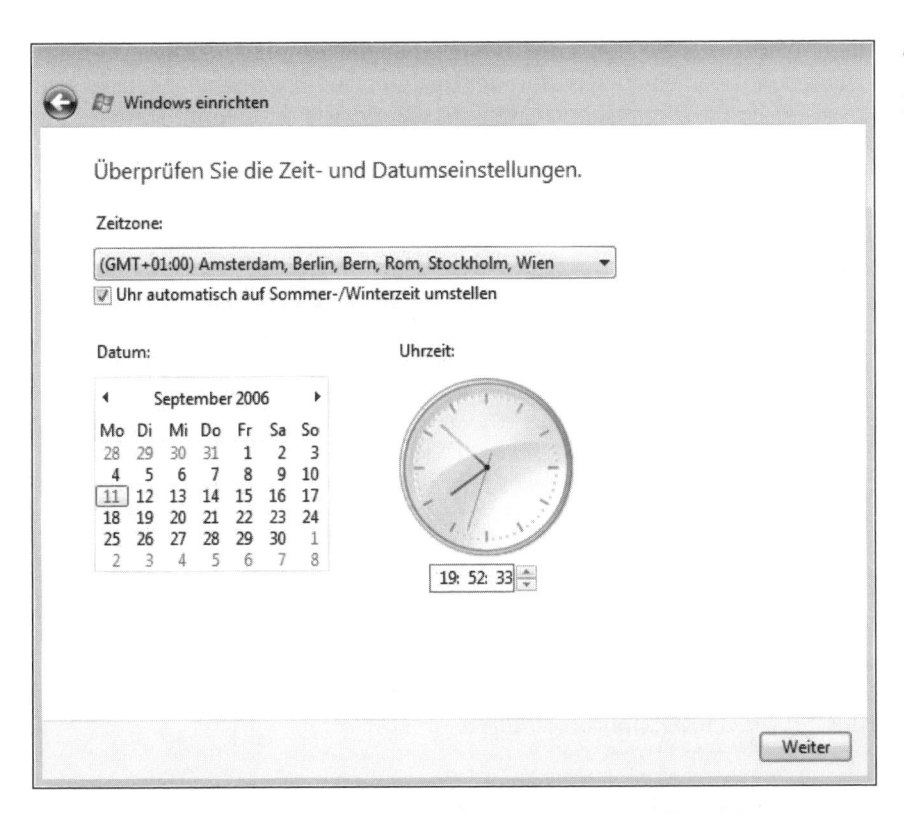

Abbildung 2.10:
Konfiguration der Zeitzone und der Uhrzeit

Abbildung 2.11:
Anmeldefenster in Windows Vista

Installieren und Aktualisieren

Haben Sie Vista parallel zu Ihrem bisherigen Betriebssystem installiert, erhalten Sie nach einem Neustart des Rechners ein Bootmenü angezeigt, mit dessen Hilfe Sie Ihre bisherige Windows-Version wie gewohnt starten können. Wie Sie die Einträge in diesem Menü bearbeiten können, erfahren Sie im nächsten Abschnitt.

> **INFO**
> *Nach der Installation greift Windows Vista ständig auf die Festplatte zu, da der Inhalt der Festplatte indexiert wird, damit Suchergebnisse schneller angezeigt werden. In Kapitel 3 ist detailliert erläutert, wie Sie diese Zugriffe durch Deaktivierung des Dienstes* Windows-Suche *abstellen können.*

> **TIPP**
> *Manchmal kommt es vor, dass beim ersten Neustart von Windows Vista der Monitor schwarz bleibt. In diesem Fall liegt häufig ein Problem mit der Grafikkarte vor. In diesem Fall bleibt Ihnen zunächst nur der Versuch, den PC neu zu starten, beim Start die Taste* [F8] *zu drücken und als Option* Anzeige mit niedriger Auflösung (640 x 480) *zu wählen.*
>
> *Besorgen Sie sich einen aktuellen Grafikkartentreiber beim Hersteller, und installieren Sie diesen. Im Anschluss können Sie den PC neu starten. Sollte das Problem immer noch nicht behoben sein, ist Ihre Grafikkarte nicht kompatibel zu Windows Vista. In diesem Fall dürfte wohl kein Weg am Kauf einer neuen Grafikkarte vorbeiführen.*

2.2 Aktualisierung von Windows XP zu Windows Vista

> **HALT**
> *Windows 2000- und Windows XP x64-PCs können nicht auf Windows Vista aktualisiert werden, sondern müssen neu mit Windows Vista installiert werden.*

Sichern Sie vor der Neuinstallation des PC am besten alle Daten, damit diese später zur Verfügung stehen. Eine Aktualisierung auf Windows Vista unterstützen nur die verschiedenen Beta- und RC-Versionen von Windows Vista und Windows XP Home bzw. (teilweise) Windows XP Media Center Edition.

In *Tabelle 2.1* sind die möglichen Aktualisierungswege auf Windows Vista aufgeführt.

Aktualisierung von Windows XP zu Windows Vista

Tabelle 2.1: Updatematrix zu Windows Vista

Zu aktualisierendes Betriebsystem	Windows Vista Home Basic	Windows Vista Home Premium	Windows Vista Business	Windows Vista Ultimate
Windows XP Professional	–	–	☺	☺
Windows XP Home	☺	☺	☺	☺
Windows XP Media Center Edition	–	☺	–	☺
Windows XP Tablet PC Edition	–	–	☺	☺
Windows XP Professional x64	–	–	–	–
Windows 2000	–	–	–	–

Wenn Sie ein bestehendes Windows XP zu Windows Vista aktualisieren wollen, müssen Sie zunächst Windows XP starten. Achten Sie aber unbedingt auf die Hardware in Ihrem PC. Eine Aktualisierung eines PC (bzw. eines entsprechenden Mobile-Pendants), der nicht mindestens mit einem 2-GHz-Prozessor ausgestattet ist sowie mit einer möglichst aktuellen Grafikkarte und mindestens 512 MB RAM, macht keinen Sinn. Vista ist extrem hardwareabhängig, vor allem von der Grafikkarte, die DirectX 9 unterstützen sollte und den Arbeitsspeicher.

Gehen Sie zur Aktualisierung wie folgt vor:

Entweder öffnet sich nach dem Einlegen der Windows Vista-DVD das Autostartmenü, oder Sie klicken doppelt auf die Datei *setup.exe*, um die Installation zu starten. Es öffnet sich das Menü zur Installation (siehe *Abbildung 2.12*).

Abbildung 2.12: Installationsmenü von Windows Vista

Installieren und Aktualisieren

Sie können über den Link *Dateien und Einstellungen von einem anderen Computer übertragen* einen Assistenten starten, mit dessen Hilfe Sie auf den bestehenden Vista-PC Daten von einem anderen PC übertragen können (siehe *Abbildung 2.13*). Auf diese Weise sichernSie die meisten Einstellungen und Ihre Daten von einem PC im Netzwerk auf einen neuen Windows Vista-PC zurücksichern.

Dieses Programm mit der Bezeichnung *Windows-EasyTransfer* lässt sich auch nachträglich jederzeit über *Start/Alle Programme/Zubehör/Systemprogramme* aufrufen.

Abbildung 2.13: Übertragen von Dateien auf einen neuen Windows Vista-PC

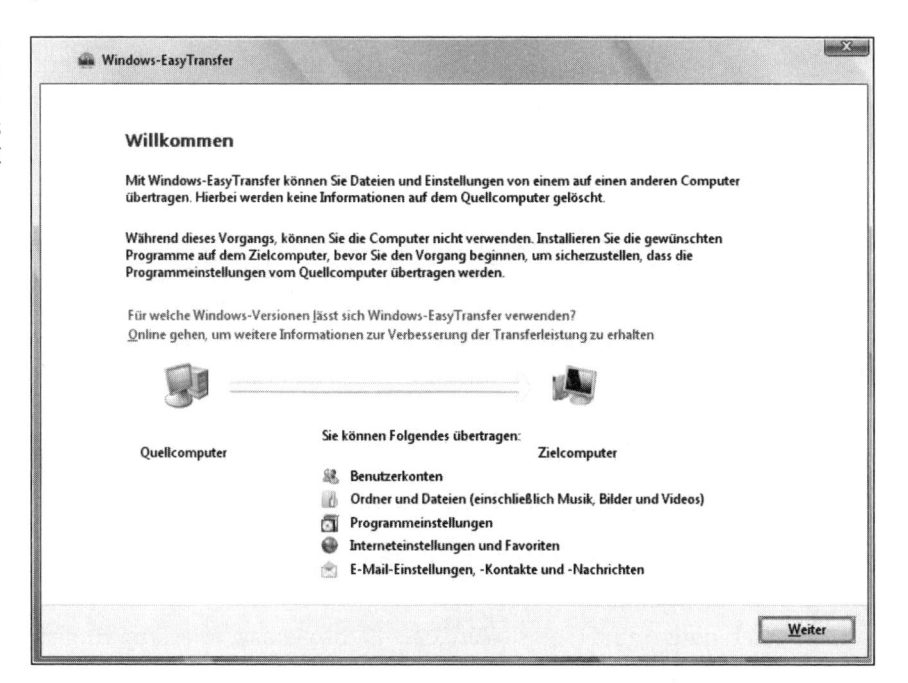

INFO

Mit Windows-EasyTransfer können Sie Dateien und Programmeinstellungen von einem Computer unter Windows 2000, Windows XP oder Windows Vista auf einen anderen Computer unter Windows Vista übertragen. Starten Sie Windows-EasyTransfer auf dem Computer unter Windows Vista, und folgen Sie dann den Anweisungen.

Wenn Sie einen Computer von Windows XP auf Windows Vista aktualisieren, werden die Dateien, Einstellungen und Programme während des Updates automatisch übertragen.

Zur Übertragung kann entweder ein spezielles USB-Kabel verwendet werden, ein Netzwerk oder eine CD bzw. DVD.

Wenn Sie die spätere Übertragung per DVD oder CD durchführen wollen, muss EasyTransfer auf dem Quellcomputer ausgeführt werden. Zum Kopieren von Windows-EasyTransfer auf den alten Computer verwenden Sie eine CD oder DVD, ein Netzwerk oder ein USB-Flashlaufwerk.

Wählen Sie den Typ des Speichergeräts aus, der vom alten Computer gelesen werden kann. Wenn Sie ein EasyTransfer-Kabel verwenden möchten, müssen Sie die im Lieferumfang des Kabels enthaltene CD verwenden, um die Software für Windows-EasyTransfer sowie alle erforderlichen Treiber auf dem alten Computer zu installieren, bevor Sie das Kabel anschließen.

Wenn auf beiden Computern Windows Vista ausgeführt wird, ist die Software für Windows-EasyTransfer bereits auf beiden Computern installiert, sodass es nicht erforderlich ist, sie auf den alten Computer zu kopieren. Sie können die meisten Dateien und Programmeinstellungen übertragen:

- Alles, was sich in den Ordnern *Dokumente*, *Bilder* und *Gemeinsame Dokumente* befindet.
- Nachrichten, Kontoeinstellungen und Adressbücher aus Microsoft Outlook Express, Outlook, Windows Mail und anderen E-Mail-Programmen (funktioniert allerdings leider nicht immer zuverlässig).
- Einstellungen, um die Programmkonfigurationen wie auf dem alten Computer beizubehalten. Sie müssen die Programme zuerst auf dem neuen Computer installieren, da Windows-EasyTransfer nicht die Programme selbst überträgt. Es ist möglich, dass einige Programme unter dieser Windows-Version nicht funktionsfähig sind. Hierzu zählen Sicherheitsprogramme (die häufig nicht mit allen Windows-Versionen kompatibel sind), Anti-Virenprogramme und Firewall-Programme. Diese Übernahme ist allerdings nicht empfohlen, da Sie dadurch auch Altlasten übernehmen.
- Benutzerkonten und -einstellungen, Farbschemas, Desktop-Hintergrundbilder, Netzwerkverbindungen, Bildschirmschoner, Schriftarten, Optionen des Startmenüs, Taskleistenoptionen, Ordner, bestimmte Dateien, Netzwerkdrucker und -laufwerke sowie Eingabehilfen.
- Internetverbindungseinstellungen, Favoriten und Cookies.
- Musikdateien, Wiedergabelisten und Albumcover.
- Bilder (hierzu zählen Dateitypen wie JPG, BMP und GIF) sowie Videos.

Über den Link *Kompatibilität online prüfen* können Sie sich das Programm *Windows Vista Upgrade Advisor* auf Ihren PC herunterladen. Nach dem Download können Sie das Programm auf dem PC installieren und starten.

Sie können mit dem Programm Ihr altes Betriebssystem auf alle möglichen Inkompatibilitäten überprüfen lassen, indem Sie einen Systemscan starten (siehe *Abbildung 2.14*).

Wählen Sie die entsprechenden Optionen aus, nach denen der Assistent suchen soll, und klicken Sie auf *Next*.

Installieren und Aktualisieren

Abbildung 2.14:
Überprüfen
eines PC auf
Inkompatibilitäten

Im Anschluss wird Ihnen angezeigt, ob die ausgewählten Funktionen auf dem PC funktionieren würden. Noch wichtiger ist der nächste Schritt, den Sie mit *Next* erreichen können (siehe *Abbildung 2.15*).

In diesem Fenster wird Ihnen angezeigt, für welche Geräte Vista Treiber enthält und welche Treiber Sie sich vom entsprechenden Hersteller herunterladen müssen. Stellen Sie sicher, dass für alle notwendigen Geräte geeignete Treiber zur Verfügung stehen, bevor Sie Ihr Windows XP aktualisieren. Es ist durchaus wahrscheinlich, dass für die eine oder andere Komponente kein Treiber gefunden werden kann. In diesem Fall sollten Sie überprüfen, ob es sich um ein kritisches Gerät oder nur um eine zusätzliche Komponente handelt, die für das System keine Rolle spielt.

Wenn Sie sicher sind, dass Vista alle wichtigen Komponenten unterstützt, können Sie über den Link *Jetzt installieren* die Installation von Windows Vista starten.

Nachdem Sie die Installation gestartet haben, erscheinen ähnliche Fenster, wie bereits bei der Neuinstallation von Windows Vista beschrieben.

Als Erstes wird jedoch ein Fenster angezeigt, in dem Sie entscheiden müssen, ob zunächst aus dem Internet die aktuellsten Installationsdateien heruntergeladen werden sollen oder ob Sie die Installation mit der bestehenden Installationsroutine installieren möchten. Wenn Sie die Installationsroutine aktualisieren lassen, werden verfügbare Sicherheitsupdates direkt in die Installation eingebunden sowie aktuellere Treiber heruntergeladen. Sie sollten die Option wählen, damit zunächst nach aktuellen Dateien im Internet gesucht wird.

Aktualisierung von Windows XP zu Windows Vista

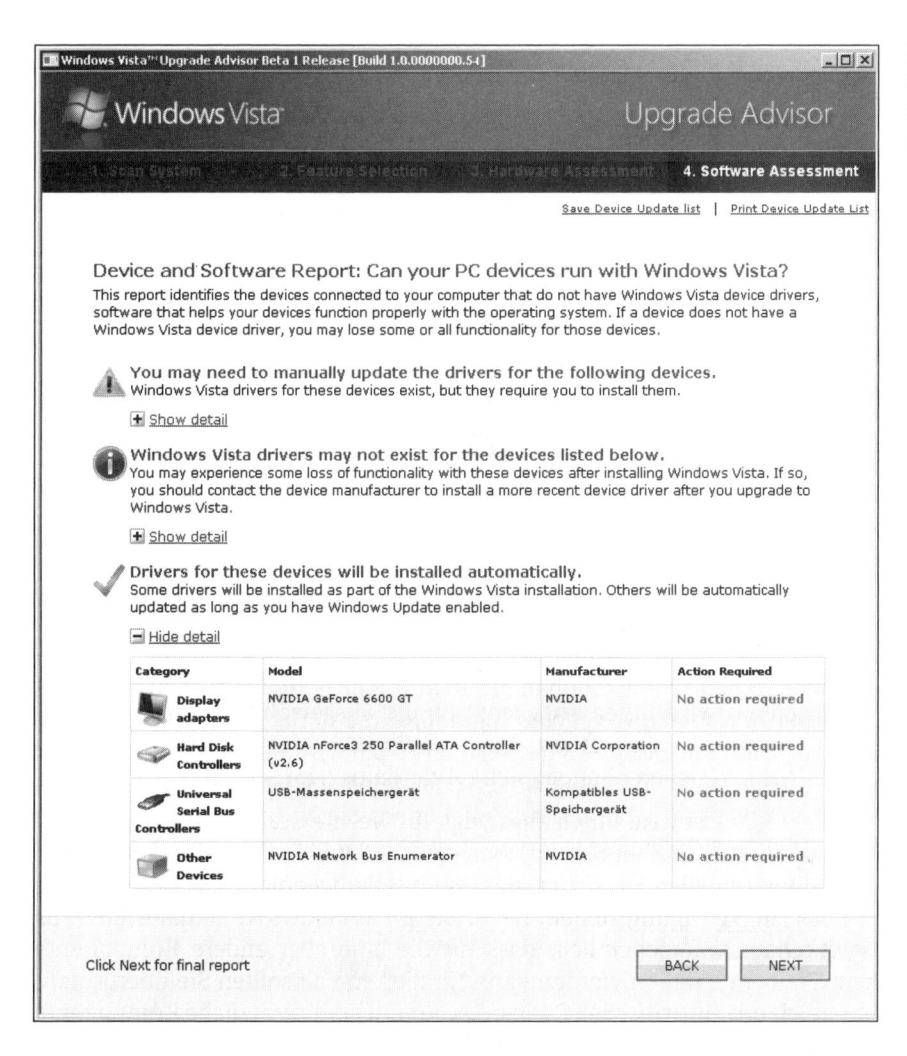

Abbildung 2.15: Anzeigen der unterstützten Hardware

Im nächsten Schritt muss die Seriennummer von Windows Vista eingegeben werden, und Sie müssen wieder den Lizenzbedingungen zustimmen.

Auf der nächsten Seite können Sie entscheiden, ob Sie die bestehende Windows-Installation aktualisieren oder ob Sie lieber eine parallele Neuinstallation von Windows durchführen wollen. Wählen Sie die entsprechende Option, damit die Installation fortgesetzt werden kann.

Installieren und Aktualisieren

Abbildung 2.16:
Aktualisieren der Installationsdateien

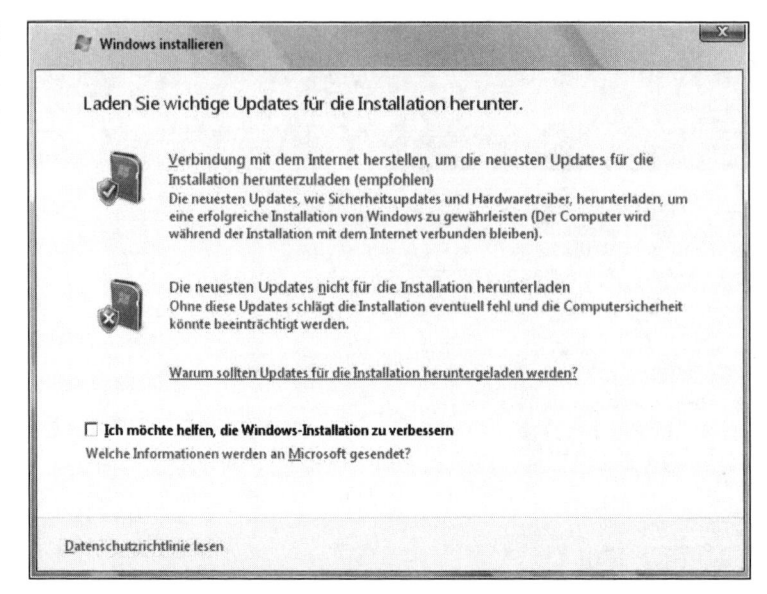

Wenn Sie als Installationsmethode *Upgrade* ausgewählt haben, überprüft ein Assistent, ob alle Applikationen auf dem PC auch kompatibel zu Windows Vista sind. Sie sollten vor allem Programme, die stark mit dem System interagieren, wie zum Beispiel Virenscanner, Optimierungstools etc., zunächst auf die neueste Version aktualisieren oder deinstallieren. Wenn es sich nicht um hochsensible Programme handelt, können Sie die Installation fortsetzen. Ideal ist sicherlich, wenn Sie zuvor die inkompatiblen Programme entfernen oder aktualisieren.

Abbildung 2.17:
Aktualisieren von Windows XP

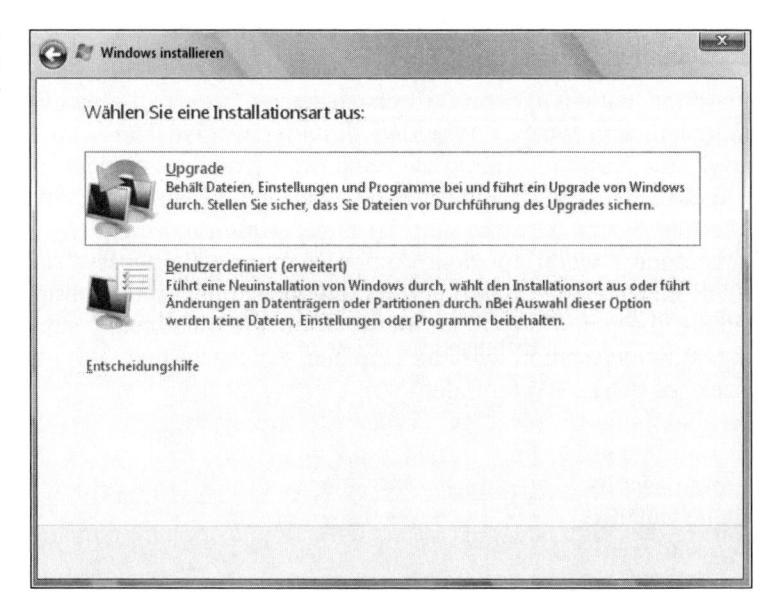

Wenn Sie die Installation fortsetzen, wird diese ähnlich zur Neuinstallation durchgeführt. Gehen Sie Schritt für Schritt vor, und schließen Sie die Installation ab.

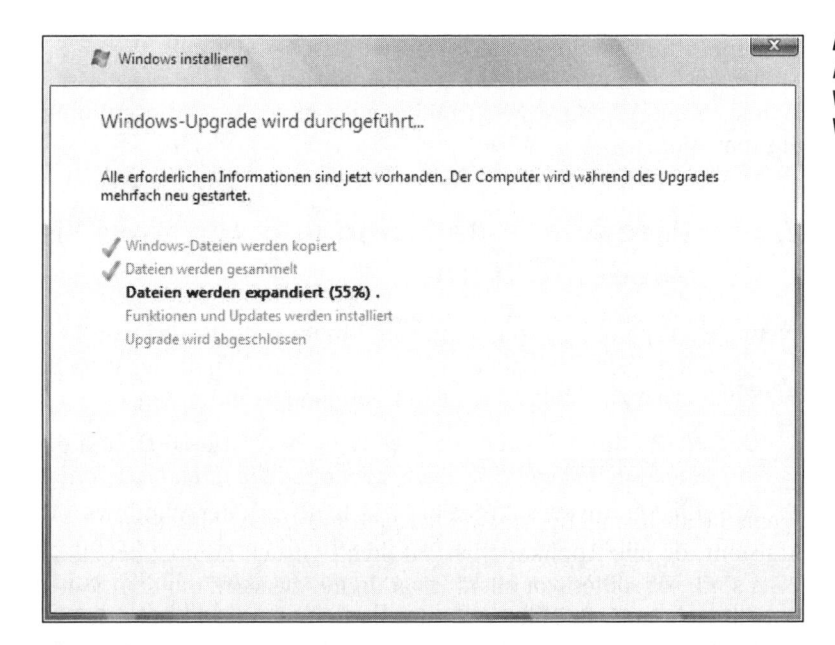

Abbildung 2.18: Aktualisierung von Windows XP zu Windows Vista

2.3 System- und Startpartitionen

Systempartitionen und Startpartitionen sind Namen für Partitionen oder Volumes auf einer Festplatte, die zum Starten von Windows verwendet werden (siehe auch Kapitel 7).

Die Systempartition enthält die hardwarebezogenen Dateien, die einem Computer mitteilen, von wo aus Windows gestartet werden kann. Eine Startpartition ist eine Partition, welche die Windows-Betriebssystemdateien enthält, die sich im Windows-Dateiordner befinden. Im Allgemeinen handelt es sich bei der Systempartition und der Startpartition um die gleiche Partition, insbesondere wenn auf dem Computer nur ein Betriebssystem installiert ist. Wenn Sie einen Computer mit Multiboot-Konfiguration besitzen, verfügen Sie über mindestens zwei Startpartitionen. Mit einem weiteren Begriff, der aktiven Partition, wird beschrieben, welche Systempartition (und daher welches Betriebssystem) der Computer zum Starten verwendet. Wenn Sie den Computer einschalten, werden die auf der Systempartition verwendeten Informationen zum Starten des Computers verwendet. Auf einem Windows-basierten Computer ist nur eine Systempartition vorhanden, auch wenn auf dem Computer verschiedene Windows-Betriebssysteme installiert sind.

Nicht-Windows-Betriebssysteme verwenden andere Systemdateien. Wenn auf einem Multiboot-Computer ein solches Betriebssystem installiert ist, befinden sich die dazugehörigen Systemdateien auf einer eigenen Partition, getrennt von der Windows-Systempartition. Eine Startpartition ist eine Partition, die Windows-Betriebssystemdateien enthält. Wenn Sie einen Multiboot-Computer besitzen, auf dem beispielsweise diese Version von Windows und Windows XP installiert ist, dann ist jedes dieser Volumes eine Startpartition.

2.4 Parallele Installation von Windows Vista wieder entfernen

Wenn Sie die parallele Installation von Windows Vista wieder entfernen wollen, genügt es nicht, lediglich die Partition zu löschen, in der Vista installiert ist. Sie müssen zusätzlich auch den Bootmanager entfernen:

1. Booten Sie Ihren Rechner mit der Windows Vista-DVD, und öffnen Sie über die *Systemwiederherstellungsoptionen* die *Eingabeaufforderung*.
2. Anschließend wechseln Sie auf das Laufwerk der Windows Vista-DVD und dort durch Eingabe des Befehls *cd \boot* in das Verzeichnis *Boot*.
3. Geben Sie als Nächstes den Befehl *bootsect.exe /nt52 SYS* ein. Dadurch wird der Bootsektor der primären Partition mit dem klassischen Startcode überschrieben. Der Vista-Bootmanager wird dabei entfernt. Alternativ können Sie den Bootsektor auch mit der Wiederherstellungskonsole von Windows XP oder Windows 2000 und dem Befehl *fixboot* wiederherstellen lassen.
4. Anschließend löschen Sie das Verzeichnis *Boot* auf der Systempartition, da die enthaltenen Dateien zu Vista gehören und nicht mehr benötigt werden.

2.5 Windows Vista-Bootmanager reparieren

Unter manchen Umständen kann es durchaus passieren, dass der Windows Vista-Bootmanager nicht mehr funktioniert oder bei einer parallelen Installation zu Windows XP nicht mehr alle Betriebssysteme angezeigt werden.

Meist tritt ein derartiges Problem auf, wenn auf einem PC nach der Installation von Windows Vista nochmals Windows XP installiert wird. Windows XP lässt sich daraufhin zwar problemlos starten, allerdings wird der Windows Vista-Bootmanager nicht mehr angezeigt.

Mehr zu diesem Thema erfahren Sie auch in Abschnitt 2.7, *Anpassen des Bootmenüs*, in diesem Kapitel. Legen Sie in diesem Fall die Windows Vista-DVD ein, booten Sie von dieser DVD, und wählen Sie die *Computerreparaturoptionen* (siehe *Abbildung 2.19*).

Windows Vista-Bootmanager reparieren

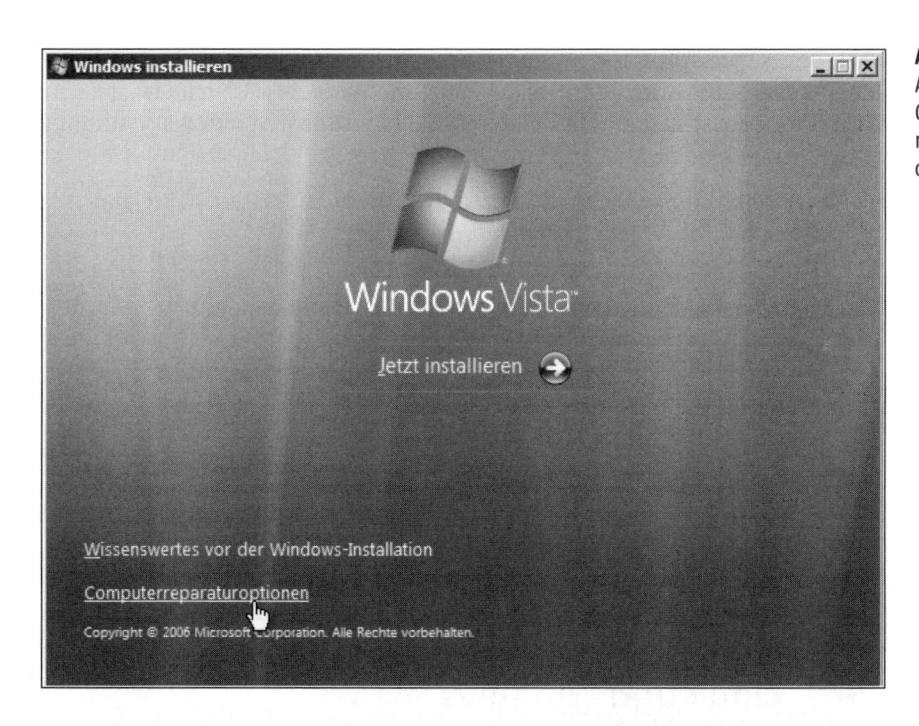

Abbildung 2.19:
Auswählen der Computerreparaturoptionen

Nachdem Sie die Reparaturoptionen ausgewählt haben, wird ein Dialogfeld geöffnet, das Ihnen die Auswahl unter mehreren Optionen ermöglicht. Um den Bootmanager von Windows Vista zu reparieren, wählen Sie die Option *Systemstartreparatur*. Durch diese Auswahl wird der Bootmanager von Vista repariert, und Vista startet wieder ordnungsgemäß (siehe *Abbildung 2.20*).

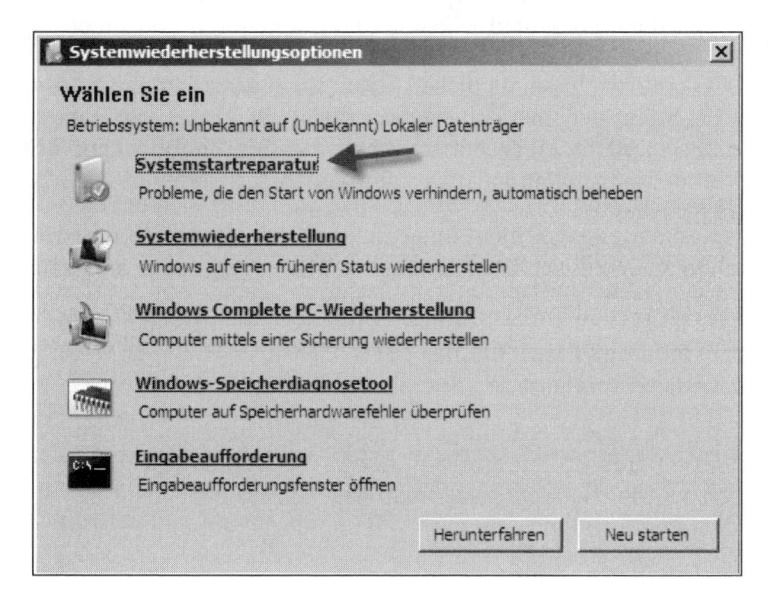

Abbildung 2.20:
Anzeigen der Systemwiederherstellungsoptionen

Installieren und Aktualisieren

Nach der Reparatur des Bootmanagers wird allerdings höchstwahrscheinlich Windows XP nicht mehr angezeigt. Um Windows XP nachträglich in den Bootmanager zu integrieren, starten Sie zunächst Windows Vista und gehen dann folgendermaßen vor:

1. Klicken Sie auf *Start/Alle Programme/Zubehör* und anschließend mit der rechten Maustaste auf *Eingabeaufforderung*.
2. Wählen Sie *Als Administrator ausführen*.
3. Geben Sie die Befehle aus *Listing 2.1* ein. Hiermit können Sie in den Windows Vista-Bootmanager Ihr installiertes Windows XP integrieren.

Listing 2.1: Hinzufügen eines früheren Windows-Systems zum Windows Vista-Bootmanager

```
Bcdedit /create {legacy} /d "Windows XP"
Bcdedit /set {legacy} device boot
Bcdedit /set {legacy} path \ntldr
Bcdedit /displayorder {legacy} /addlast
```

Im Anschluss sollten sich Windows Vista und auch das frühere Windows-System wieder fehlerfrei starten lassen.

2.6 Linux und Windows Vista

Vista kann durchaus parallel zu Linux installiert werden. Die Installation von Vista macht allerdings Schwierigkeiten, wenn die als aktiv markierte Bootpartition nicht mit NTFS oder FAT formatiert ist.

Sie können sich behelfen, indem Sie die Partition, in der Sie Vista installieren wollen, mit NTFS formatieren und mit dem Tool *diskpart* als aktiv markieren. Sie müssen allerdings beachten, dass Windows den ersten Sektor der Festplatte, den Master Boot Record (MBR), erbarmungslos überschreibt.

Das ist ein Problem, da diesen Sektor die meisten Linux-Distributionen nutzen. Nach der Installation von Vista ist daher die Linux-Installation zunächst nicht mehr zu erkennen, da der Bootmanager überschrieben wurde. Die Installation ist allerdings noch vorhanden, nur der Bootmanager wurde zerstört.

Sie können allerdings den Linux-Bootmanager *grub* neu installieren und Vista diesem Bootmanager hinzufügen. Dieser Abschnitt erläutert Ihnen kurz und bündig, wie Sie diese Vorgänge durchführen können. Bei der Vielzahl an Linux-Distributionen kann aber nicht davon ausgegangen werden, dass diese Konfiguration überall funktioniert.

Wir gehen in dieser Konfiguration von dem häufigen Fall aus, dass Linux in der primären Partition und Windows Vista in der zweiten Partition installiert wurde. Generell kann man sagen, dass sich Vista bei der parallelen Installation zu Linux genauso verhält wie die Vorgänger Windows 2000 und XP. Gehen Sie bei der Reparatur des Linux-Bootmanagers wie folgt vor:

1. Starten Sie den PC mit der Linux-Boot-CD Ihrer Distribution.
2. Starten Sie mit dem Befehl *grub* die Konsole des Linux-Bootmanagers.
3. Geben Sie den Befehl *root (hd0,0)* ein, um die erste Partition der ersten Platte im System auszuwählen. Hierbei handelt es sich normalerweise um die Linux-Partition.
4. Als Nächstes geben Sie den Befehl *setup (hd0,0)* ein, um den Bootmanager erneut zu installieren.
5. Anschließend müssen Sie Windows Vista in Grub integrieren. Dazu ist die Datei */boot/grub/menu.lst* zu bearbeiten. Fügen Sie den Text des *Listings 2.2* hinzu. Hierbei wird davon ausgegangen, dass Vista auf der ersten Festplatte in einer zweiten Partition installiert ist. Der Befehl *chainloader +1* übergibt bei der Auswahl von Vista im Grub-Bootmanager die Kontrolle an den Code im Bootsektor der Partition.

Listing 2.2: Erweiterung des Linux-Bootmanagers für die Unterstützung von Windows Vista

```
title Windows Vista
rootnoverify (hd0,1)
chainloader +1
```

2.7 Anpassen des Bootmenüs

Wenn Sie Windows Vista parallel zu Windows XP installieren, legt Vista automatisch ein Bootmenü an. Beim Booten wird nicht mehr der unter XP verwendete *NTLDR* (NT-Loader) verwendet, sondern das Programm *BOOTMGR* (siehe *Abbildung 2.21*).

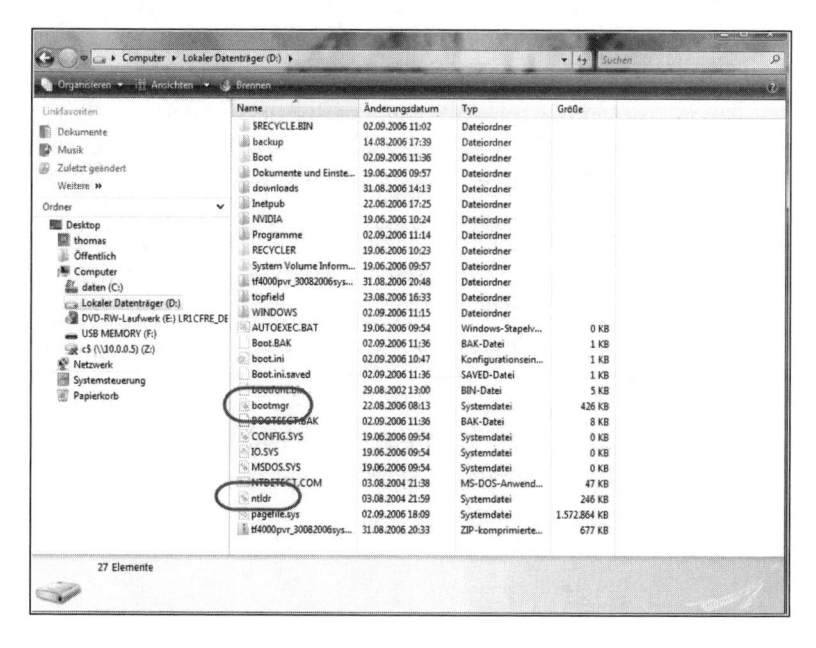

Abbildung 2.21: Anzeigen des alten und neuen Bootmanagers im Windows Vista Explorer

Installieren und Aktualisieren

Beide liegen in der Partition, von der aus gebootet wird. Wenn Sie Windows Vista parallel zu Windows XP installieren und dazu eine zusätzliche Festplatte verwenden, liegen die beiden Dateien im Stammverzeichnis der D-Platte (siehe *Abbildung 2.21*).

Damit diese Dateien angezeigt werden, müssen Sie im Explorer zunächst über *Organisieren/Ordner- und Suchoptionen* auf der Registerkarte *Ansicht* die Option *Geschützte Systemdateien ausblenden* deaktivieren und die Option *Alle Dateien und Ordner anzeigen* im Bereich *Versteckte Dateien und Ordner* aktivieren.

Wenn im Bootmenü von Windows Vista der Start des älteren Windows-Betriebssystems ausgewählt wird, übergibt der Bootmanager (*bootmgr*) den Startvorgang zum NT-Loader (*ntldr*), der dann wiederum die alte Windows-Version startet.

Verwenden von bcdedit.exe

Beim Starten des PC wird automatisch Windows Vista nach 30 Sekunden geladen. Unter Windows Vista ist es jetzt nicht mehr möglich, einfach die Datei *boot.ini* zu ändern, um den Bootmanager anzupassen.

Die neuen Bootoptionen werden in einer speziellen Datenbank, der *Boot Configuration Date Store*, gespeichert. Hierbei handelt es sich im Grunde genommen um eine normale Datei im Binärformat, die nicht mehr von einem normalen Texteditor bearbeitet werden kann.

Vista bietet zur Konfiguration des Bootmenüs das Befehlszeilenprogramm *bcdedit.exe* an. Dieses Programm ist aber umständlich zu bedienen und nicht sehr bequem. Die wichtigsten Optionen des Programms sind folgende:

- *bcdedit /?* – Informationen über die Parameter.
- *bcdedit /enum all* – Zeigt die aktuelle Konfiguration an.
- *bcdedit /export* < *Dateiname* > – Erstellt eine Sicherung der aktuellen Konfiguration.
- *bcdedit /import* < *Dateiname* > – Stellt den Bootmanager aus einer Sicherung wieder her.
- *bcdedit /timeout 10* – Wartezeit bis zum automatischen Starten des Standardbetriebssystems. Diese Option kann allerdings auch in der grafischen Oberfläche eingestellt werden.
- *bcdedit /default* < *Bezeichner* > – Diese Option legt das Standardbetriebssystem fest. ({*current*} = Windows Vista und {*legacy*} = Windows XP). Wenn Sie also XP als Standardsystem festlegen wollen, verwenden Sie die Option *bcdedit /default {legacy}*.

Wenn Sie eine Fehlermeldung erhalten, dass Sie nicht über genügend Berechtigungen verfügen, sollten Sie die Befehlszeile per Rechtsklick auf den Eintrag Eingabeaufforderung *im Menü* Start/Alle Programme/Zubehör *ausführen. Wählen Sie im daraufhin geöffneten Kontextmenü den Eintrag* Als Administrator ausführen.

Dieser Trick funktioniert auch für andere Programme, die Probleme haben, mit dem aktuellen Benutzer zu starten, und administrative Rechte benötigen.

Verwenden von VistaBootPRO

Optimal zum Bearbeiten des Windows Vista-Bootmenüs ist das Freewareprogramm *VistaBootPRO*, mit dem Sie in einer grafischen Oberfläche bequem das Bootmenü anpassen und optimieren können.

Sie können das Programm auf der Internetseite `http://www.pro-networks.org/vistabootpro` kostenlos herunterladen. Nach der Installation und dem ersten Start bietet das Programm zunächst eine Sicherung der bestehenden Bootkonfiguration an.

Über die Schaltfläche *Configure* können Sie das Bootverhalten von Windows Vista ändern. Sie können zum Beispiel den etwas ungeschickten Namen *Frühere Windows-Version* in *Windows XP mit SP2* ändern und die Bootreihenfolge zunächst auf dieses Betriebssystem setzen.

Außerdem können Sie an dieser Stelle auch die Zeitspanne festlegen, die der Bootmanager auf eine Eingabe warten soll (siehe *Abbildung 2.22*).

Zusätzlich lassen sich mit VistaBootPRO weitere Einträge erzeugen oder das Startverhalten von Vista anpassen. Aber das sollte eigentlich ausschließlich geübten Vista-Nutzern vorbehalten bleiben.

Wie in der Abbildung 2.22 zu sehen ist, müssen Sie bei einer eventuellen Änderung der Laufwerksbuchstaben vorsichtig sein:

Wenn Sie Windows XP auf der C-Partition Ihres PC installiert haben und Vista auf der Partition D, dann wird die C-Platte unter Vista als D angezeigt und unter Windows XP als D. Die beiden Laufwerksbuchstaben sind also jeweils vertauscht. Achten Sie darauf, wenn Sie hier irgendetwas umkonfigurieren.

Installieren und Aktualisieren

Abbildung 2.22:
Konfiguration des Vista-Bootmanagers

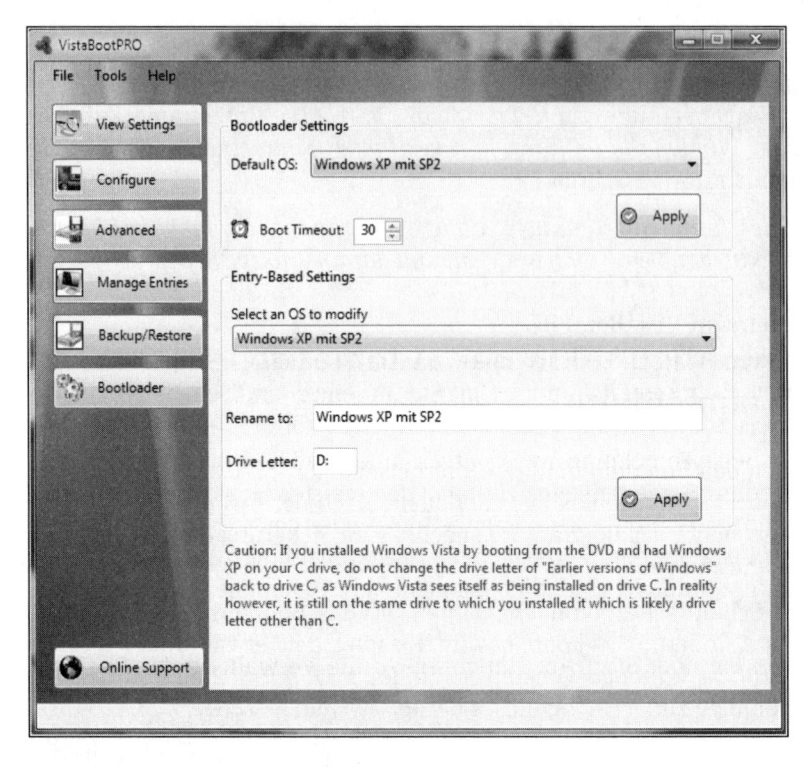

Abbildung 2.23:
Konfiguration des Bootverhaltens in Windows Vista

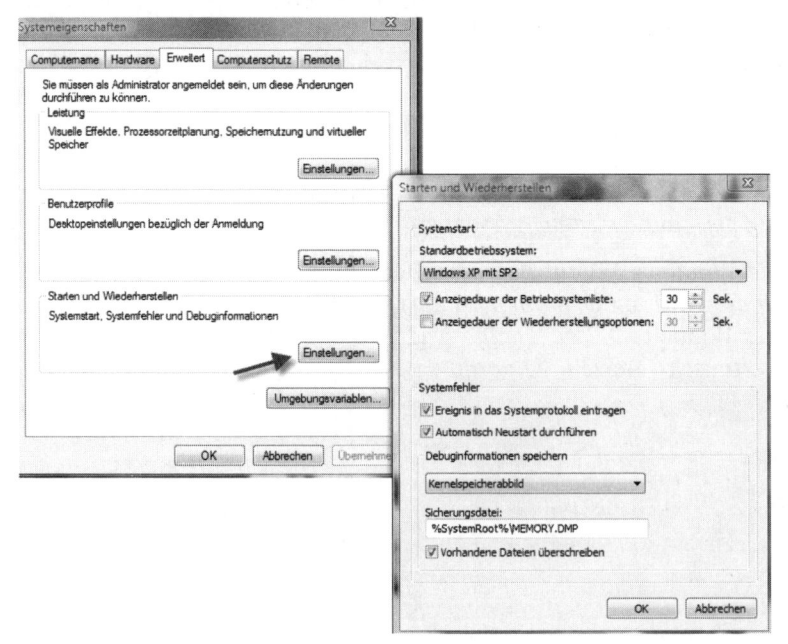

Die Bootreihenfolge der Betriebssysteme und auch die Zeitspanne, in der das Bootmenü auf eine Eingabe wartet, können in den Eigenschaften des *Systems* in der *Systemsteuerung (Start/Systemsteuerung)* auf der Registerkarte *Erweitert* über die Schaltfläche *Einstellungen* im Bereich *Starten und Wiederherstellen* konfiguriert werden (siehe *Abbildung 2.23*).

In diesem Fenster können Sie aber die Einträge nicht ändern, keine Sicherung des Bootmanagers durchführen und auch keine neuen Einträge hinzufügen.

2.8 Konfiguration der automatischen Anmeldung

Auch wenn die Anmeldung mit Benutzernamen und Kennwort relativ sicher ist, bringt diese Sicherheitseinstellung in den meisten Haushalten nicht viel, da ohnehin nur ein oder zwei Familienmitglieder den PC nutzen. Auch in Windows Vista besteht die Möglichkeit, die Anmeldung zu automatisieren. Diese Konfiguration ist eigentlich ganz einfach. Gehen Sie folgendermaßen vor:

1. Öffnen Sie über *Start/Ausführen/regedit* die Verwaltung der Registrierungsdatenbank von Vista.
2. Navigieren Sie zum Schlüssel *HKEY_LOCAL_MACHINE\SOFTWARE\ Microsoft\Windows NT\CurrentVersion\Winlogon*. Auf der rechten Seite des Schlüssels sehen Sie jetzt verschiedene Werte (siehe *Abbildung 2.24*).

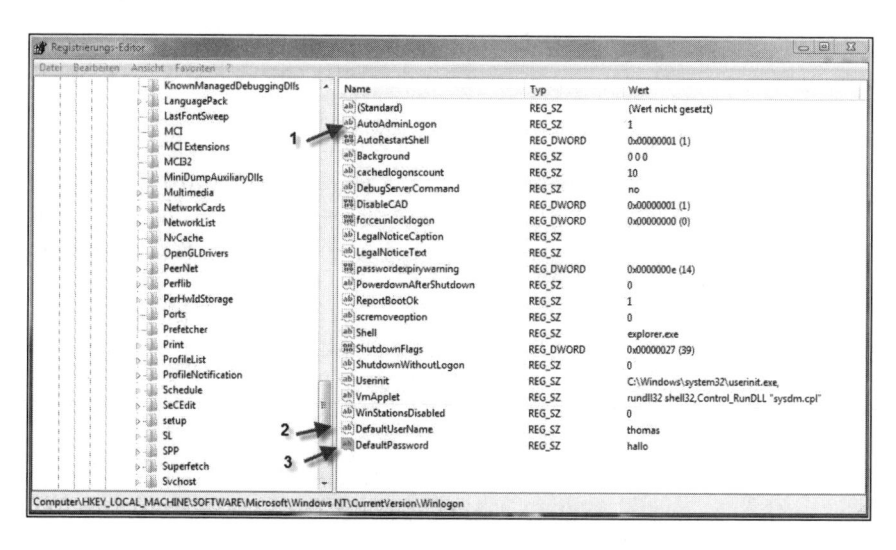

Abbildung 2.24: Konfiguration der automatischen Anmeldung in Windows Vista

Installieren und Aktualisieren

3. Klicken Sie zunächst doppelt auf den REG_SZ-Wert *AutoAdminLogon*, und setzen Sie diesen von *0* auf *1*. Wenn der Wert nicht vorhanden ist, erstellen Sie ihn einfach (siehe *Abbildung 2.24, Punkt 1*).
4. Klicken Sie im Anschluss mit der rechten Maustaste auf den rechten Fensterbereich im Registrierungs-Editor, und wählen Sie *Neu/Zeichenfolge*. Geben Sie diesem neuen Zeichenfolge-Wert (REG_SZ) die Bezeichnung *DefaultUserName*. Achten Sie auf die Groß- und Kleinschreibung (siehe *Abbildung 2.24, Punkt 2*).
5. Klicken Sie doppelt auf den erstellten Wert, und geben Sie in das Textfeld den Anmeldenamen Ihres Kontos ein. Achten Sie auf die Groß- und Kleinschreibung.
6. Erstellen Sie über *Neu/Zeichenfolge* einen weiteren REG_SZ-Wert mit der Bezeichnung *DefaultPassword* (siehe *Abbildung 2.24, Punkt 3*).
7. Weisen Sie diesem Wert das Kennwort im Klartext zu, das Sie bei der Anmeldung angegeben haben, in diesem Beispiel *hallo*. Achten Sie auch hier auf Groß- und Kleinschreibung.
8. Schließen Sie den Registrierungs-Editor, und starten Sie den PC neu. Die Anmeldung müsste jetzt automatisch erfolgen. Funktioniert diese noch nicht, überprüfen Sie die Eingaben nochmals.

Durch die automatische Anmeldung genügt es, wenn Sie den PC anschalten. Während Windows Vista bootet und hochfährt, können Sie die Wartezeit, bis Vista vollständig bereit ist, für andere Dinge nutzen.

2.9 Aktivieren von Windows Vista

Außer Firmenkunden müssen alle Anwender von Windows Vista das Betriebssystem aktivieren, ansonsten wird der Betrieb nach 30 Tagen eingestellt.

Sie können Vista entweder über das Internet aktivieren oder per Telefon. Bei der Aktivierung per Telefon werden Sie mit einem automatischen Telefonsystem verbunden. Folgen Sie den Anweisungen des Computers. Wählen Sie bei der Aktivierung über das Telefon die Option *Andere Aktivierungsmethoden anzeigen* (siehe *Abbildung 2.25*).

Wenn diese Auswahl nicht angezeigt wird, schließen Sie alle Fenster, und starten Sie die Aktivierung über Start/Ausführen/slui 0x5.

Aktivieren von Windows Vista

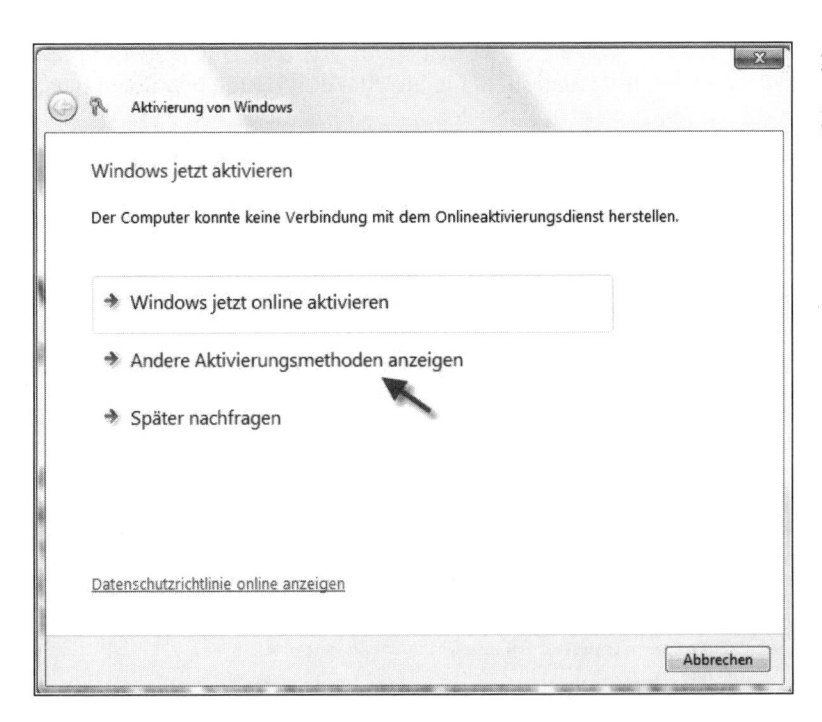

Abbildung 2.25:
Telefonische Aktivierung von Windows Vista

In dem nächsten Fenster wählen Sie die Option *Automatisches Telefonsystem verwenden* (siehe *Abbildung 2.26*).

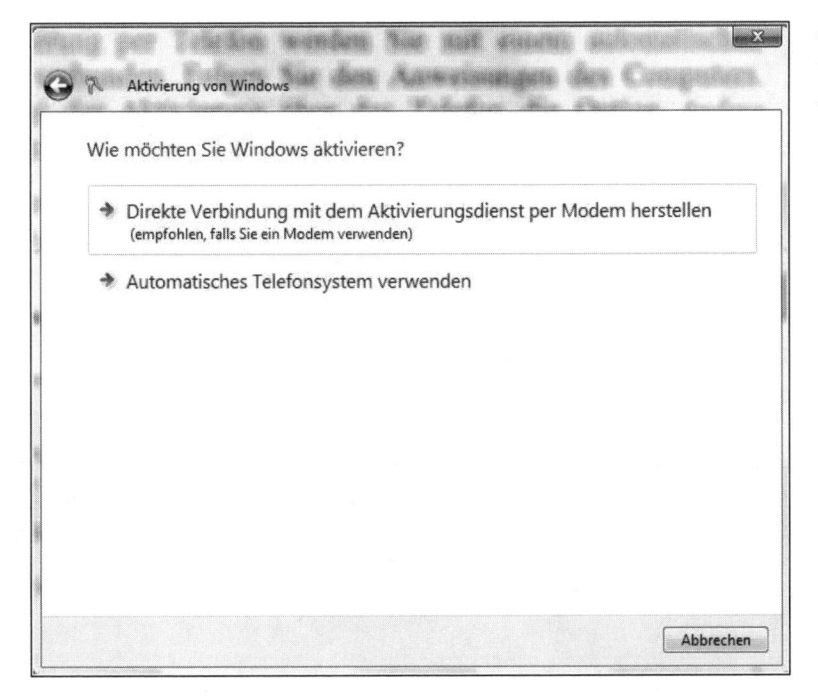

Abbildung 2.26:
Aktivierung über das automatische Telefonsystem

Installieren und Aktualisieren

Im Anschluss wählen Sie *Deutschland* aus. Als Nächstes erhalten Sie die notwendigen Informationen, die Sie zur Aktivierung benötigen (siehe *Abbildung 2.27*).

Wählen Sie entweder die gebührenfreie Rufnummer **0800-284 828 3** oder die gebührenpflichtige Rufnummer **069 5007 0025**. Der Telefoncomputer fordert Sie auf, die angegebene Installations-ID anzugeben (siehe *Abbildung 2.27*).

Im Anschluss teilt Ihnen der Telefoncomputer die Zahlenreihenfolge mit, die Sie ganz unten im Fenster eingeben müssen. Wenn Sie eine Zahl nicht verstehen, ist es nicht schlimm, da Sie sich die ganze Zahlenkolonne nochmals vorlesen lassen können.

Klicken Sie im Anschluss auf *Weiter*, um die Aktivierung abzuschließen.

Abbildung 2.27: Notwendige Informationen für die telefonische Aktivierung

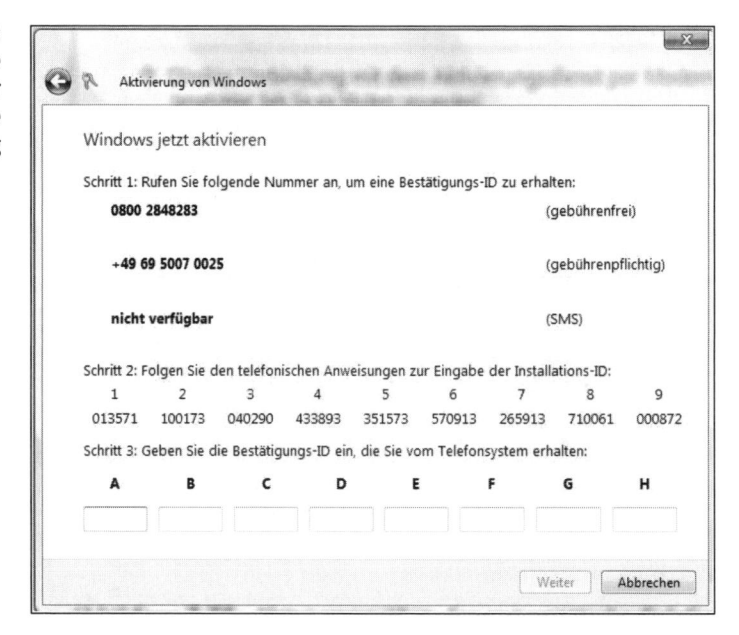

Wenn Sie Vista über das Internet aktivieren wollen, sollten Sie zunächst den PC an das Internet anbinden. Dazu muss normalerweise die Netzwerkkonfiguration von Vista durchgeführt werden, wie in Kapitel 9 erläutert.

Wenn der PC mit dem Internet verbunden ist, finden Sie den Aktivierungslink von Windows Vista über *Start/Systemsteuerung/System und Wartung/System*. Hier finden Sie zum einen den Windows-Leistungsindex und im Bereich *Windows-Aktivierung* die Möglichkeit, den Product Key zu ändern bzw. Windows zu aktivieren. Klicken Sie dazu auf den Link *Aktivieren Sie Windows jetzt* (siehe *Abbildung 2.28*).

Aktivieren von Windows Vista

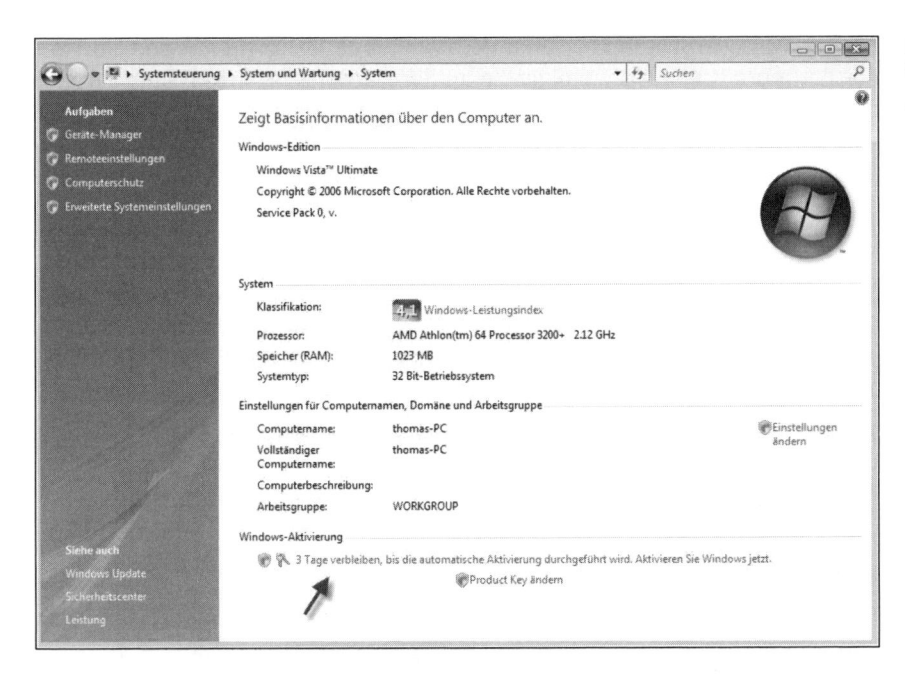

Abbildung 2.28: Windows aktivieren

Im Anschluss öffnet sich das Windows-Aktivierungsfenster. Klicken Sie auf den Link *Windows jetzt online aktivieren* (siehe *Abbildung 2.29*).

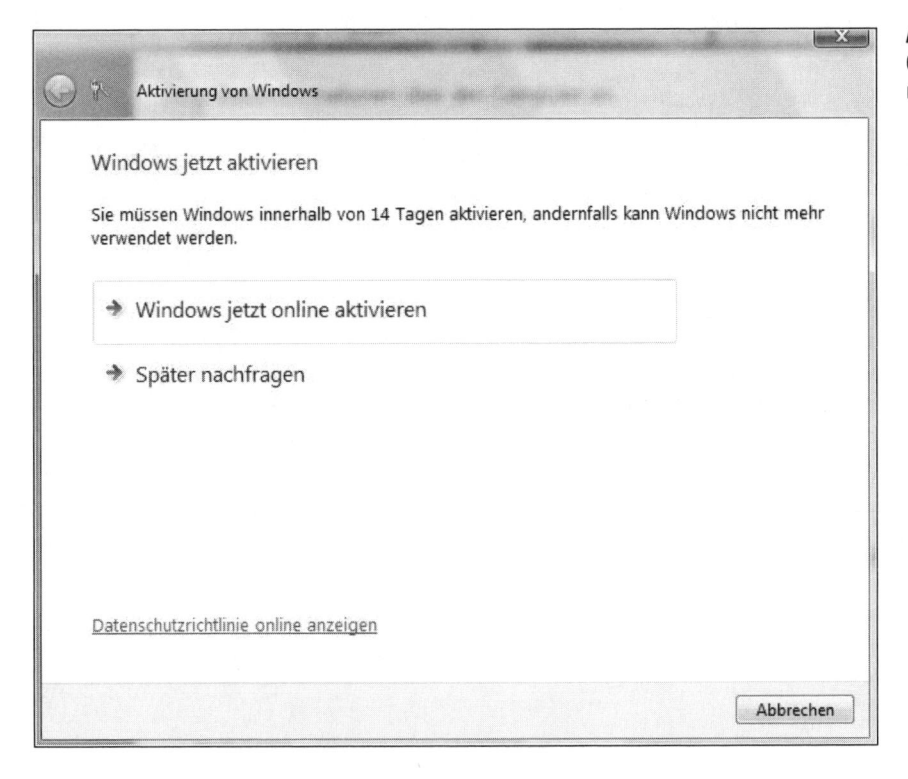

Abbildung 2.29: Online-Aktivierung von Windows

Installieren und Aktualisieren

Im Anschluss baut Windows eine Verbindung zu Microsoft auf und aktiviert das Betriebssystem. Nach einigen Sekunden wird das Betriebssystem als aktiviert angezeigt, und Sie können das Fenster schließen (siehe *Abbildung 2.30*).

> **TIPP**
> *Sollten Sie Probleme bei der Aktivierung bekommen, überprüfen Sie die Uhrzeit und die Zeitzone Ihres PC. Sind die entsprechenden Einstellungen nicht korrekt, können Sie Windows nicht aktivieren.*

Abbildung 2.30: Überprüfen der Windows-Aktivierung

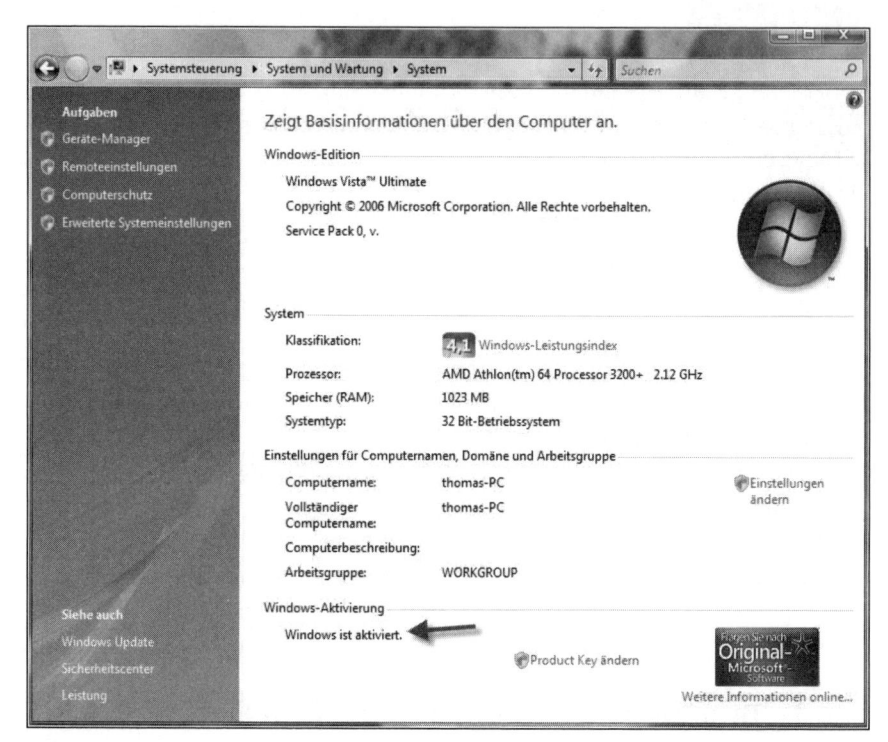

> **TIPP**
> *Sie können das Programm zur Aktivierung auch über* Start/Ausführen/slui *starten. Dieser Weg hilft oft, wenn die herkömmliche Vorgehensweise zur Aktivierung nicht funktioniert. Oft liegt hier ein Problem mit dem Produktschlüssel vor. Auf diese Weise aber können Sie einen neuen Schlüssel eingeben.*

Über den Befehl slui 0x03 *wird ein Dialogfeld geöffnet, um einen neuen Produktschlüssel einzugeben, während der Befehl* slui 0x05 *die Produktaktivierung startet. Über* slui 0x5 *erhalten Sie darüber hinaus noch die Möglichkeit, auch alternative Aktivierungsmethoden auszuwählen.*

2.10 Aktivierung für Unternehmenskunden – Windows Vista Volume Activation (VA) 2.0

Für Windows Vista wird es keine Seriennummern geben, die seine notwendige Aktivierung übergehen. Für Windows XP und Office 2003 hat Microsoft noch die Volume Activation 1.0 eingesetzt. Bei dieser Aktivierung haben Unternehmenskunden Seriennummern erhalten, die keine Aktivierung benötigten. Bei der neuen Volume Activation 2.0 gibt es solche Möglichkeiten nicht mehr.

Neben den Erläuterungen in diesem Kapitel, sollten Sie sich vor dem Unternehmenseinsatz von KMS oder MAK folgende Informationen zusätzlich durchlesen:

- *www.microsoft.com/genuine/downloads/FAQ.aspx?displaylang = de* – Deutsches FAQ rund um WGA, Aktivierung und Lizenzen
- *www.microsoft.com/licensing/resources/vol/numbers.mspx* – Die Nummern der weltweiten Aktivierungs-Hotlines, für Deutschland gibt es den Anruf gratis unter 0800- 848283
- *https://licensing.microsoft.com/eLicense/L1033/* – Webseite der Volumenlizenz-Services für Downloads, Schlüsselanforderungen und das Verwalten der Lizenzen
- *https://eopen.microsoft.com/DE/default.asp* – Kunden können hier ihre Lizenzerwerbsdaten verwalten, Profildaten ändern, Verträge und Nutzungsrechte anzeigen lassen.
- *www.microsoft.com/technet/windowsvista/plan/faq.mspx* – Oft gestellte Fragen und die passenden Antworten um das Vista-Volume Activation 2.0.

2.10.1 Grundlegende Informationen zum Einsatz von Volume Activation (VA) 2.0

Alle Versionen von Windows Vista müssen immer auch aktiviert werden. Auch wenn Sie einen aktivierten Windows Vista-PC klonen wollen, müssen die installierten Klone erneut aktiviert werden.

Zu diesem Zweck muss nach dem Klonen eines PC mit sysprep /generalize *unter anderem die Produktaktivierung zurückgesetzt werden.*

Bevor Sie einen PC klonen und sysprep /generalize *ausführen, achten Sie darauf, dass der Registry-Wert* skiprearm, *den Sie im Schlüssel* HKLM\SOFTWARE\Microsoft\Windows NT\CurrentVersion\SL *finden, auf 0 gesetzt ist (siehe Abbildung 2.31).*

Installieren und Aktualisieren

Hat dieser Eintrag einen anderen Wert, führen Sie sysprep *mit folgenden Optionen aus:*

sysprep.exe /generalize /oobe /shutdown

Abbildung 2.31:
Überprüfen der Registry vor der Erstellung der Klone

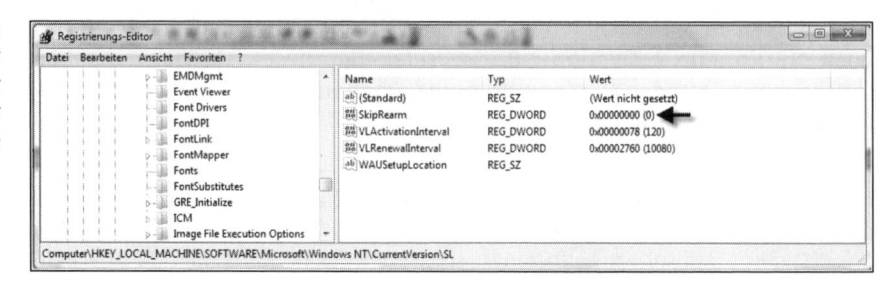

Größeren Unternehmen stellt Microsoft dazu eine neue Serverfunktionalität zur Verfügung, sodass die Aktivierung der Arbeitsstationen nicht über das Internet, sondern automatisiert über das Netzwerk abgewickelt werden kann. Dieser Dienst kann auch auf einem Windows Vista-PC installiert werden, setzt aber voraus, dass es im Netzwerk mindestens 25 PCs oder fünf Longhorn-Server gibt, wobei virtuelle Maschinen nicht mitgerechnet werden. Alternativ kann dieser Dienst auf einem Longhorn-Server installiert werden. Für Windows Server 2003 entwickelt Microsoft derzeit noch einen eigenen Dienst, der nachträglich installiert werden kann. Dieser kann nach Fertigstellung kostenlos heruntergeladen und auf einem Windows Server 2003 installiert werden. Der KMS für Windows Server 2003 kann auf der Internetseite *http://www.microsoft.com/downloads/details.aspx?familyid=81D1CB89-13BD-4250-B624-2F8C57A1AE7B&displaylang=en* kostenlos herunter geladen werden. Es können auch mehrere solche Server parallel betrieben werden, aber nur zwei mit dem gleichen Schlüssel für den Key Management Service (KMS), der für diese Funktion benötigt wird. Microsoft entwickelt derzeit ein MOM-Pack, sodass dieser Dienst auch durch den Microsoft Operations Manager überwacht werden kann.

Wenn die Aktivierung fehlschlägt, erhalten Anwender eine entsprechende Mitteilung, und es ist nur noch eine eingeschränkte Arbeit mit dem PC möglich.

INFO

Die Lizenzschlüssel für Unternehmen laufen auch nach Aktivierung nicht mehr unbegrenzt, sie erlauben aber eine mehrfache Aktivierung.

Mit Volume Activation 2.0 steht für Microsoft das Verhindern des Missbrauchs von Volumenlizenzschlüsseln im Vordergrund. Heute können sich Unternehmen nicht wirksam dagegen wehren, wenn ein Mitarbeiter, Dienstleister oder Dritte die eigenen Schlüssel weitergeben oder im Internet veröffentlichen. Zukünftig sind derartige Schlüssel wertlos, da nur der Originalinhaber die Verwendung der mit dem Schlüssel abgedeckten Lizenzen festlegen kann.

Aktivierung für Unternehmenskunden – Windows Vista Volume Activation (VA) 2.0

Für Office 2007 gelten diese Einschränkungen nicht. Office 2007 fällt noch unter das Volume Activation 1.0. Hier erhalten Unternehmenskunden eine Seriennummer, die keine Aktivierung erfordert.

Volume Activation 2.0 unterstützt dazu die zentrale Verwaltung der Volumenlizenzen über einen *Key Management Service (KMS)* oder über *Multiple Activation Keys (MAK)*. Der KMS-Dienst wird auf einem Windows Vista Computer mit einem eigenen Schlüssel aktiviert, der lediglich auf dem KMS-Host und nicht auf jedem einzelnen Computer zu finden ist. Der MAK wird zwar auf den einzelnen Computern gespeichert, ist jedoch verschlüsselt und in einem vertrauenswürdigen Speicher aufgehoben, sodass Benutzer diesen Schlüssel nie zu sehen bekommen und auch nicht nachträglich auslesen können.

Als Schlüssel verwendet Microsoft *Cipher Block Chaining Message Authentication Code (CBC-MAC)* mit dem *Advanced Encryption Standard (AES)* als grundlegende Verschlüsselungstechnologie.

Standardmäßig benötigen Windows Vista-Volumenlizenzversionen keine Eingabe eines Produktschlüssels während der Installation – der Computer muss lediglich innerhalb von 30 Tagen aktiviert werden.

Volume Activation 2.0 erlaubt weiterhin Systemadministratoren die zentrale Verwaltung der eigenen Produktschlüssel. Dabei kann zwischen zwei verschiedenen Arten von Schlüsseln (MAK und KMS) und drei Aktivierungsmethoden (MAK Proxy Activation, MAK Independent Activation und KMS Activation ab 25 Windows Vista-Clients) gewählt werden.

Für die Verwaltung und die Abfrage von Lizenzinformationen auf Windows Vista-PCs stellt Microsoft das Skript slmgr.vbs *zur Verfügung, das Sie über* Start/Ausführen *aufrufen können. Nach dem Aufruf ohne eine bestimmte Option erhalten Sie eine ausführliche Auflistung über alle möglichen Optionen (siehe Abbildung 2.32). Es werden allerdings nur die Optionen angezeigt, welche die Aktivierung basierend durch die eingegebene Seriennummer des PC unterstützen, diese können daher differieren.*

Neben diesen Aktivierungsmethoden gibt es weiterhin die OEM Activation und Retail Activation:

- Bei OEM Activation erfolgt eine Aktivierung vorab durch den OEM-Hersteller. Man kann an dem Computer so viel ändern, wie man will. Hauptsache, das BIOS des Mainboards enthält die OEM-spezifischen Informationen. Es wird nie eine Aktivierung erforderlich.
- Retail Activation kann ebenfalls durch den OEM erfolgen – in der Praxis führt das aber der Endbenutzer durch. Er übermittelt während der Aktivierung die Produkt-ID und einen Hardware Hash von unterschiedli-

Installieren und Aktualisieren

chen Teilen des PC, die einzeln gewichtet werden. Im Gegensatz zu Windows XP ist bei Windows Vista keine Neuaktivierung erforderlich, solange die Festplatte nicht gewechselt wird.

Abbildung 2.32:
Optionen des Verwaltungsskriptes slmgr.vbs

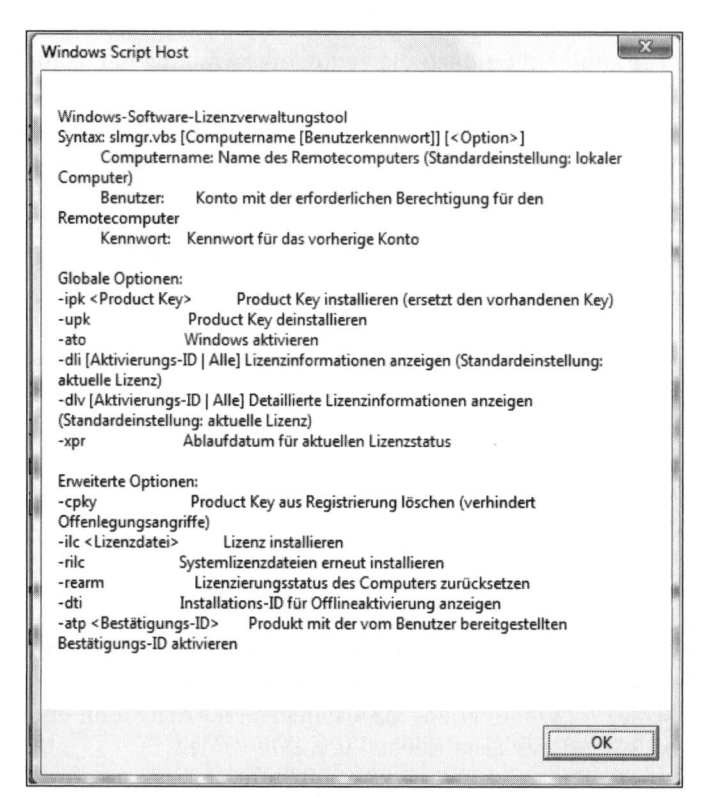

```
Windows Script Host

Windows-Software-Lizenzverwaltungstool
Syntax: slmgr.vbs [Computername [Benutzerkennwort]] [<Option>]
        Computername: Name des Remotecomputers (Standardeinstellung: lokaler
Computer)
        Benutzer:    Konto mit der erforderlichen Berechtigung für den
Remotecomputer
        Kennwort:    Kennwort für das vorherige Konto

Globale Optionen:
-ipk <Product Key>      Product Key installieren (ersetzt den vorhandenen Key)
-upk            Product Key deinstallieren
-ato            Windows aktivieren
-dli [Aktivierungs-ID | Alle] Lizenzinformationen anzeigen (Standardeinstellung:
aktuelle Lizenz)
-dlv [Aktivierungs-ID | Alle] Detaillierte Lizenzinformationen anzeigen
(Standardeinstellung: aktuelle Lizenz)
-xpr            Ablaufdatum für aktuellen Lizenzstatus

Erweiterte Optionen:
-cpky           Product Key aus Registrierung löschen (verhindert
Offenlegungsangriffe)
-ilc <Lizenzdatei>      Lizenz installieren
-rilc           Systemlizenzdateien erneut installieren
-rearm          Lizenzierungsstatus des Computers zurücksetzen
-dti            Installations-ID für Offlineaktivierung anzeigen
-atp <Bestätigungs-ID>  Produkt mit der vom Benutzer bereitgestellten
Bestätigungs-ID aktivieren

                                                          OK
```

> **INFO** *Wenn ein PC mit Windows Vista nach 30 Tagen nicht aktiviert wurde, wird dieser in den sogenannten* Reduced Functionality Mode (RFM) *geschaltet. Bei diesem Modus kann mit dem PC nur eingeschränkt gearbeitet werden. Mehr zu RFM finden Sie in einem eigenen Abschnitt am Ende dieses Kapitels.*

Multiple Activation Key (MAK)

Bei der MAK-Aktivierung findet ein ähnlicher Prozess statt wie bei MSDN- oder Action Pack-Versionen für Microsoft Partner. Jeder Produktschlüssel kann für eine bestimmte Anzahl an Computern verwendet werden, die dann auch aktiviert werden können. Die MAK-Aktivierung muss nur einmal durchgeführt werden und erlaubt beliebige Änderungen an der Hardware des PC. Die MAK-Aktivierung kann über das Internet oder telefonisch durchgeführt werden.

Wenn Sie die Aktivierung per MAK über das Internet durchführen und einen Proxy-Server, zum Beispiel ISA Server 2004 oder 2006, einsetzen, sollten Sie nicht mit der Standardauthentifizierung arbeiten, da der Aktivierungsprozesse keine Authentifizierungsinformationen übertragen kann. Wenn Sie Regeln auf dem ISA Server erstellen wollen, müssen Sie den Clients Zugriff auf die folgenden Internetseiten gewähren:

- *http://go.microsoft.com/**
- *https://sls.microsoft.com/**
- *https://sls.microsoft.com:443*
- *http://crl.microsoft.com/pki/crl/products/MicrosoftRootAuthority.crl*
- *http://crl.microsoft.com/pki/crl/products/MicrosoftProductSecureCommunications.crl*
- *http://www.microsoft.com/pki/crl/products/MicrosoftProductSecureCommunications.crl*
- *http://crl.microsoft.com/pki/crl/products/MicrosoftProductSecureServer.crl*
- *http://www.microsoft.com/pki/crl/products/MicrosoftProductSecureServer.crl*

Es gibt zwei verschiedene Varianten der MAK-Aktivierung:

- *MAK Proxy Activation* – Bei dieser Variante können mehrere Computer durch eine Verbindung bei Microsoft aktiviert werden. Microsoft stellt dazu das *Volume Activation Management Tool (VAMT)* zur Verfügung, welches Sie über die Internetseite *http://go.microsoft.com/fwlink/?LinkID=77533* kostenlos herunterladen können.
- *MAK Independent Activation* – Bei dieser Variante muss jeder Computer durch eine eigene Verbindung bei Microsoft aktiviert werden.

Key Management Service (KMS) Activation

Bei dieser Variante können Sie die Aktivierung der eingesetzten Windows Vista-PCs über einen lokalen Server durchführen, eine Verbindung zu Microsoft ist nicht notwendig. Dazu muss auf einem Vista-PC oder einem Longhorn-Server der Key Management Service (KMS) installiert werden. Ab einem Netzwerk von 25 PCs empfiehlt sich dieser Dienst zur Aktivierung.

Der Dienst kann auch auf mehreren Domänencontrollern installiert werden, um die Ausfallsicherheit zu erhöhen. Beim Verbindungsaufbau versucht ein Vista-Client, den ersten KMS-Host zu verwenden, der auf die Anfrage antwortet. Anschließend wird dieser KMS-Host in den Cache des Clients geschrieben. Bei der nächsten Aktivierung wird dann versucht, direkt diesen KMS-Host zu verwenden. Wenn ein KMS-Host nicht antwortet, versucht ein Client automatisch, andere KMS-Hosts zu erreichen, für die SRV-

Records zur Verfügung stehen. Wenn ein KMS-Host aus dem Netzwerk entfernt wird, muss dessen SRV-Record manuell gelöscht werden.

> **INFO**
>
> *Vista-Computer, die durch KMS-Aktivierung aktiviert worden sind, müssen sich alle 180 Tage neu bei dem KMS-Server melden und die Aktivierung erneuern.*

Die PCs versuchen nach der Installation, alle zwei Stunden eine Verbindung zum KMS-Server aufzubauen, und müssen diesen innerhalb von 30 Tagen erreichen können.

Die PCs können sich auf zwei verschiedene Varianten mit dem KMS-Server verbinden, dabei werden für jede Aktivierung in etwa 250 Bytes übertragen:

- *Auto-discovery* – Bei dieser Variante wird die Verbindung durch einen SRV-Record auf den DNS-Servern gelöst, was innerhalb eines Active Directorys der beste Weg ist. Für die Unterstützung der Funktion müssen die dynamischen Updates für die DNS-Zone aktiviert werden. Der Standardport für den Verbindungsaufbau zur Aktivierung ist 1688. Es wird eine RPC-over-TCP/IP-Verbindung aufgebaut. Der Port kann auch angepasst werden. Mehr zu diesem Thema erfahren Sie in *Abschnitt 14.5*.

Bei der Installation und Aktivierung des Key Management Service für die Volumenaktivierung 2.0 wird automatisch ein DNS-Eintrag erstellt, wenn die dynamische Aktualisierung der Zone aktiviert wurde. Sie können den SRV-Record für Autodiscovery auch manuell auf den DNS-Servern erstellen. Dazu sind folgende Daten zu verwenden:

1. Name = vlmcs._TCP
2. Type = SRV
3. Priority = 0
4. Weight = 0
5. Port = 1688
6. Hostname = < FQDN des KMS host >

> **TIPP**
>
> *Um die Funktionalität und den Verbindungsaufbau zu einem KMS-Host zu testen, können Sie mit nslookup und der Syntax*
>
> nslookup -type=srv _vlmcs._tcp
>
> *die Namensauflösung testen. Der Client muss dann zum Beispiel folgende Antwort erhalten:*

```
vlmcs._tcp.contoso.com SRV service location:
    priority = 0
    weight = 0
    port = 1688
    svr hostname = KMS1.contoso.com
```

Aktivierung für Unternehmenskunden – Windows Vista Volume Activation (VA) 2.0

Eine weitere Möglichkeit ist die manuelle Verbindung der Clients zum KMS-Host mit *Direct connection*, wie nachfolgend beschrieben.

Hier werden durch den Administrator ein spezieller KMS-Host und ein Port manuell festgelegt. Der Standardport für den Verbindungsaufbau zur Aktivierung ist auch hier 1688. Es wird eine RPC-over-TCP/IP-Verbindung aufgebaut.

Mit Volumenlizenzschlüsseln ist es möglich, eine bestimmte Anzahl an Computern mit der gleichen Seriennummer zu installieren und anschließend zu aktivieren. Solche Lizenzschlüssel wird es nur für Windows Vista Business Edition und Windows Vista Enterprise Edition gegen. Für Windows Vista Ultimate Edition sind derzeit keine Volumenlizenzschlüssel geplant.

Reduced Funtionality Mode (RFM)

Wenn ein Windows Vista PC nach 30 Tagen nicht aktiviert wird, schaltet er in den *Reduced Functionality Mode (RFM)*. Wenn sich ein Anwender bei diesem Modus anmeldet, erhält er mehrere Möglichkeiten, muss aber Vista innerhalb einer Stunde aktivieren. Erfolgt die Aktivierung nicht innerhalb dieser Stunde, wird der Anwender automatisch vom PC abgemeldet, er erhält keinerlei Warnungen.

Wenn Sie die PCs mit KMS aktivieren, müssen sich diese nach 180 Tage automatisch neu aktivieren. Gelingt dies nicht, haben Sie weitere 30 Tage Zeit, bis diese Clients in den RFM gesetzt werden.

2.10.2 Multiple Activation Key (MAK) und Key Management Service (KMS) Activation in der Praxis

MAK unterstützt die Aktivierung über das Internet und per Telefon. Für Unternehmen ist die Aktivierung über das Internet wesentlich bequemer. Wenn Sie allerdings keine Möglichkeit dazu haben oder aus Sicherheitsgründen auf den Internetzugang verzichten wollen, können Sie auch die telefonische Aktivierung verwenden. Wenn Sie die Aktivierung per Internet durchführen wollen, müssen Sie nur dafür sorgen, dass sich die PCs mit dem Internet verbinden können. Welche Seiten dazu benötigt werden, habe ich Ihnen bereits weiter vorne gezeigt.

Eine weitere Möglichkeit, mehrere Vista-PCs im Netzwerk zu aktivieren, ist das *Volume Activation Management Tool (VAMT)*, das eine batchbasierte Aktivierung über das Internet unterstützt. Dieses Tool stellt Microsoft kostenlos zu Verfügung. Sie können es auf der Seite *http://go.microsoft.com/fwlink/?LinkID = 77533* kostenlos herunterladen.

Installieren und Aktualisieren

Telefonische Aktivierung mit MAK

Wenn Sie Vista telefonisch aktivieren wollen, benötigen Sie zunächst eine Identifikationsnummer, die Sie über das Telefon eingeben. Auf Basis dieser ID erhalten Sie über das Telefon dann die Nummer, die Sie wiederum im PC eingeben, um Windows zu aktivieren. Um diese Nummer zu erhalten, können Sie zum Beispiel den bereits weiter vorne beschriebenen Weg der telefonischen Aktivierung wählen.

> **TIPP** *Sie erhalten die notwendige Identifikationsnummer zur telefonischen Aktivierung auch durch Eingabe des folgenden Befehls. Mithilfe dieses Befehls können Sie die notwendigen Daten auch von Remote-Computern über das Netzwerk erhalten:*

cscript \windows\system32\slmgr.vbs < Computer-Name > < Benutzer > < Kennwort > –dli.

Wenn Sie die Identifikationsnummer zur Aktivierung eingegeben haben, erhalten Sie durch den Telefoncomputer eine *Confirmation-ID (CID)*. Mithilfe dieser CID können Sie Windows aktivieren. Sie können dazu entweder den manuellen Weg wählen, den ich bereits weiter vorne in diesem Kapitel beschrieben habe, oder Sie verwenden ein Skript zur Aktivierung:

cscript \windows\system32\slmgr.vbs < Computer-Name > < Benutzername > < Kennwort > –atp < Confirmation ID >

Mit diesem Skript können Sie auch Windows Vista-Installationen über das Netzwerk aktivieren.

> **TIPP** *Für die Aktivierung eines PC mit der MAK ist die Anmeldung mit einem Benutzerkonto notwendig, das über administrative Berechtigungen verfügt.*

Wenn Sie auch Benutzerkonten mit Standardberechtigungen die Aktivierung erlauben wollen, müssen Sie in der Registry im Schlüssel HKLM\SOFTWARE\Microsoft\Windows NT\CurrentVersion\SL *einen neuen DWROD-Registry-Wert mit der Bezeichnung* UserOperations *erstellen. Weisen Sie diesem den Wert 1 zu.*

MAK über Windows verwenden

Wenn Sie MAK verwenden wollen, können Sie die herkömmliche Oberfläche zur Aktivierung in Windows verwenden, wie bereits in diesem Kapitel beschrieben. Gehen Sie bei der Verwendung von MAK bei der Installation und Aktivierung folgendermaßen vor:

1. Installieren Sie Windows Vista ohne die Eingabe eines Produktschlüssels.
2. Klicken Sie nach der Installation auf Start, dann mit der rechten Maustaste auf *Computer* und wählen die *Eigenschaften* aus.
3. Im Bereich *Windows-Aktivierung* klicken Sie auf *Product Key ändern* (siehe *Abbildung 2.33*).

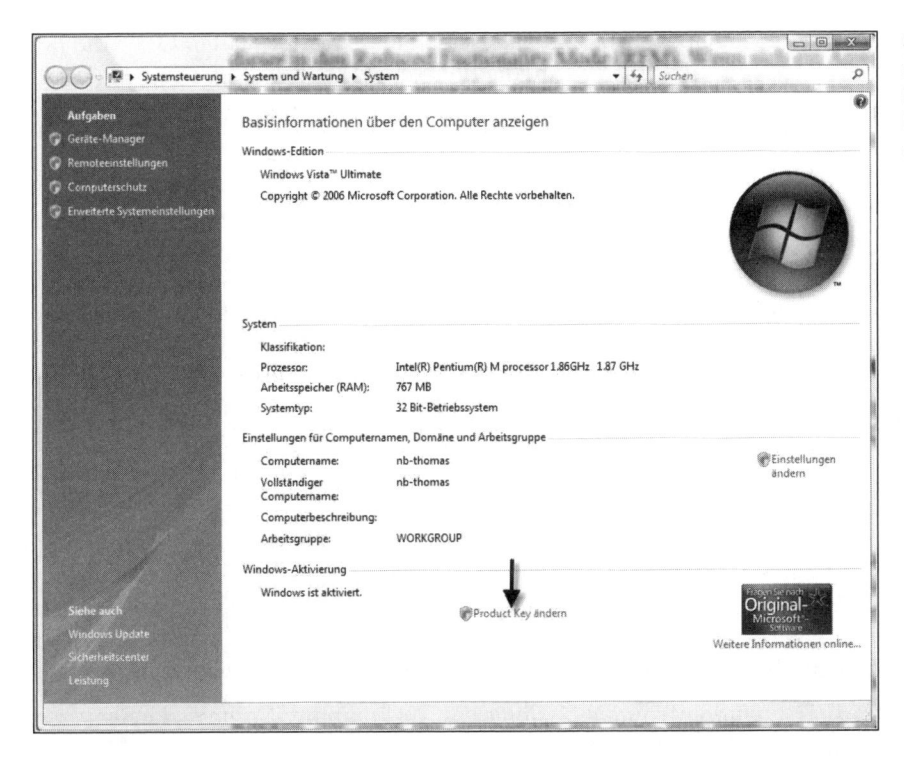

Aktivierung für Unternehmenskunden – Windows Vista Volume Activation (VA) 2.0

Abbildung 2.33:
Ändern des Produktschlüssels bei der Verwendung von MAK

4. Geben Sie im folgenden Fenster den MAK-fähigen Produktschlüssel ein, und lassen Sie ihn über das Internet aktivieren, wenn eine Verbindung besteht.

Wenn die Verbindung zur Aktivierung fehlschlägt, versucht der PC automatisch, eine Verbindung zum Aktivierungsserver bei Microsoft aufzubauen. Der angemeldete Benutzer muss dazu nicht über administrative Berechtigungen verfügen.

Wenn Sie diese automatischen Verbindungsversuche deaktivieren wollen, müssen Sie den Wert HKEY_LOCAL_MACHINE\SOFTWARE\Microsoft\Windows NT\CurrentVersion\SL\Activation\Manual *auf 1 setzen.*

MAK über Skript verwenden

Sie können MAK auch über ein Skript verwenden, was beim Rollout (siehe Kapitel 4) von zahlreichen Clients sicherlich sinnvoller ist. Um MAK über ein Skript durchzuführen, gehen Sie folgendermaßen vor:

1. Installieren Sie Windows Vista ohne die Eingabe eines Produktschlüssels.
2. Starten Sie den PC, und melden Sie sich mit einem Benutzerkonto an, das über administrative Rechte verfügt.

Installieren und Aktualisieren

3. Starten Sie über *Start/Ausführen* den Befehl *cscript \windows\system32\ slmgr.vbs -ipk < Multiple Activation Key >* .
4. Im Anschluss versucht Windows, sich über das Internet zu aktivieren.

MAK über die Installationsroutine verwenden

Wenn Sie Windows Vista unbeaufsichtigt installieren (siehe Kapitel 4), besteht auch die Möglichkeit, MAK bereits über die Installation des Betriebssystems durchzuführen. Zu diesem Zweck wird die MAK bereits in die *unattend.xml* eingebunden, über welche die automatisierte Installation per *Windows Automated Installation Kit (WAIK)* und der *Windows Deployment Services (WDS)* durchgeführt wird (siehe ebenfalls Kapitel 4).

Die MAK wird zu diesem Zweck direkt in die *unattend.xml* integriert. In *Listing 2.3* sehen Sie, wie die MAK integriert werden kann.

Listing 2.3: Beispiel einer unattend.xml mit MAK-Integration

```xml
<?xml version="1.0" encoding="utf-8"?>
<unattend xmlns="urn:schemas-microsoft-com:unattend">
    <settings pass="windowsPE">
        <component name="Microsoft-Windows-Setup" processorArchitecture="x86" publicKeyToken="31bf3856ad364e35" language="neutral" versionScope="nonSxS" xmlns:wcm="http://schemas.microsoft.com/WMIConfig/2002/State" xmlns:xsi="http://www.w3.org/2001/XMLSchema-instance">
            <UserData>
                <AcceptEula>true</AcceptEula>
            </UserData>
</component>
    </settings>
    <settings pass="specialize">
        <component name="Microsoft-Windows-Shell-Setup" processorArchitecture="x86" publicKeyToken="31bf3856ad364e35" language="neutral" versionScope="nonSxS" xmlns:wcm="http://schemas.microsoft.com/WMIConfig/2002/State" xmlns:xsi="http://www.w3.org/2001/XMLSchema-instance">
            <ProductKey>MAK Product Key</ProductKey>
        </component>
    </settings>
<cpi:offlineImage cpi:source="" xmlns:cpi="urn:schemas-microsoft-com:cpi" />
</unattend>
```

Beachten Sie, dass bei der Integration der MAK in die unattend.xml *der MAK-Schlüssel in Klartext in der Datei enthalten ist.*

Aktivierung über den Key Management Service (KMS)

Der KMS kann, wie bereits erwähnt, auf einem Windows Vista-PC, einem Windows Longhorn-Server oder auf einem Windows Server 2003 mit SP1 aktiviert werden.

Windows Vista Business Edition und Windows Vista Enterprise Edition sind bereits standardmäßig auf eine Aktivierung per KMS ausgelegt, ohne dass eine Benutzereingabe erfolgen muss. Die PCs versuchen, sich in einem Active Directory per SRV-Record mit einem KMS-Server zu verbinden und sich selbstständig zu aktivieren. Ein KMS-Server aktiviert erst dann die Clients, wenn sich mindestens 25 PCs mit ihm verbunden haben.

Die Clients versuchen, sich nach der Installation alle zwei Stunden automatisch beim KMS zu aktivieren, und müssen diese Aktivierung alle 180 Tage wiederholen.

Auch virtuelle Maschinen können über KMS aktiviert werden, allerdings werden sie nicht zu der Liste der 25 benötigten Clients dazugezählt.

Für diesen Vorgang wird auf dem entsprechenden PC ein KMS-Schlüssel hinterlegt, der einmalig bei Microsoft aktiviert werden muss. Dieser Dienst verursacht keine größere Benutzerlast, sodass auch die Installation auf einem Server zusammen mit anderen Diensten infrage kommt. Ein einzelner KMS kann Hunderttausende Clients verwalten.

Wenn Sie im Unternehmen den Microsoft Operations Manager (MOM) 2005 einsetzen, können Sie auf der Internetseite `http://www.microsoft.com/technet/prodtechnol/mom/mom2005/catalog.aspx` *ein Management Pack für den KMS herunterladen und in den MOM integrieren.*

Vorbereitungen für die Aktivierung per KMS

Bevor Sie die Aktivierung der Clients per KMS durchführen können, müssen einige Vorbereitungen getroffen werden:

- Sie müssen einen KMS-Host mit den zugewiesenen Clientlizenzen und auch Windows Vista mit diesen Produktschlüsseln installieren.
- Damit sich die Clients mit dem KMS-Host verbinden können, müssen Sie sicherstellen, dass diese eine Verbindung zu dem KMS-Host über den TCP-Port 1688 aufbauen können. Schalten Sie diesen Port auf den Firewalls und Routern im Unternehmen frei.
- Auf den Vista-Clients ist bei aktivierter Windows-Firewall keine Aktion nötig, da dieser Verkehr standardmäßig nicht blockiert wird. Nur wenn Sie Änderungen an den Windows-Firewall-Regeln vornehmen, müssen Sie diesen Port unter Umständen noch freischalten.
- Das Ereignisprotokoll auf dem KMS-Host wächst stark an, da viele Meldungen geschrieben werden. Erhöhen Sie daher die maximale Größe der Ereignisprotokolle, oder stellen Sie die Überschreibung ein, damit die Ereignisse verarbeitet werden können.

Installieren und Aktualisieren

Um das notwendige Ereignisprotokoll zu konfigurieren, gehen Sie folgendermaßen vor:

1. Geben Sie den Befehl *eventvwr* über *Start/Ausführen* ein.
2. Öffnen Sie den Baum *Anwendungs- und Dienstprotokolle*.
3. Klicken Sie mit der rechten Maustaste auf *Key Management Service*, und rufen Sie die *Eigenschaften* auf.
4. Setzen Sie den Wert bei *Maximale Protokollgröße* auf *10384* oder einen anderen höheren Wert (siehe *Abbildung 2.34*).

Abbildung 2.34: Konfiguration der Ereignisprotokolle auf dem KMS-Host

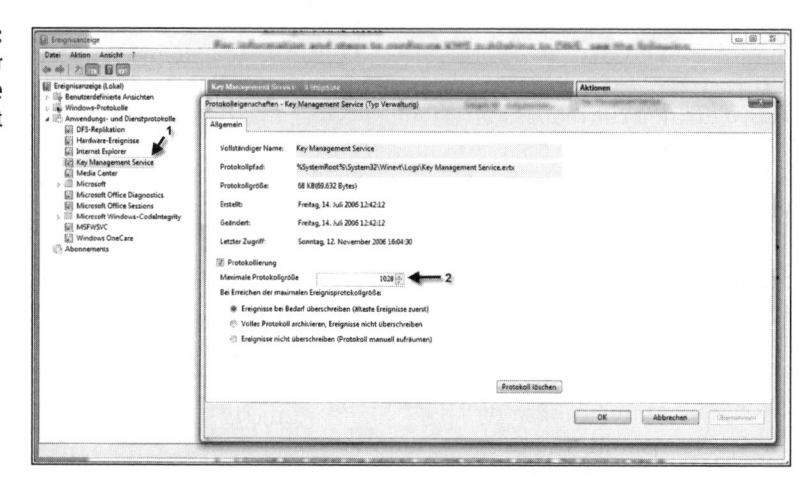

Installation und Konfiguration eines KMS-Hosts

Der erste und wichtigste Schritt bei der Aktivierung per KMS ist der KMS-Host. In diesem Abschnitt zeige ich Ihnen, wie Sie ihn installieren, konfigurieren und aktivieren können. Gehen Sie zur Installation eines KMS-Hosts folgendermaßen vor:

1. Installieren Sie zunächst das zugewiesene Volumenlizenzmedium auf dem KMS-Host.
2. Starten Sie den PC neu, und melden Sie sich mit einem Benutzerkonto an, das über administrative Berechtigungen verfügt.
3. Im nächsten Schritt wird der notwendige KMS-Schlüssel auf dem KMS-Host hinterlegt, dazu stellt Microsoft keine grafische Oberfläche zur Verfügung, Sie müssen den Schlüssel über ein Skript integrieren. Geben Sie dazu den Befehl *cscript C:\windows\system32\slmgr.vbs -ipk < Volume License Key >* ein.
4. Im Anschluss muss dieser Schlüssel bei Microsoft entweder telefonisch oder über das Internet aktiviert werden. Um den KMS-Schlüssel über das Internet zu aktivieren, geben Sie über *Start/Ausführen* den Befehl *cscript C:\windows\system32\slmgr.vbs –ato* ein. Zur telefonischen Aktivierung geben Sie über *Start/Ausführen* den Befehl *slui 4* ein, und folgen Sie den Anweisungen.

Aktivierung für Unternehmenskunden – Windows Vista Volume Activation (VA) 2.0

Anpassung des KMS-Hosts

Nach der erfolgreichen Aktivierung können Sie auf dem KMS-Host noch optionale bzw. teilweise notwendige Konfigurationsänderungen vornehmen. Auch für diese Konfigurationen verwenden Sie am besten wieder das bereits erwähnte Skript *slmgr.vbs*:

- Ändern des Standardports – Standardmäßig reagiert der KMS-Host auf Anfragen zum TCP-Port 1688. Wenn Sie den Standardpfad ändern wollen, geben Sie den Befehl *cscript C:\windows\system32\slmgr.vbs -sprt <port>*. Nachdem Sie die Änderung vorgenommen haben, sollten Sie den KMS-Host neu starten. Alternativ können Sie in der Befehlszeile den KMS-Dienst über *net stopp slsvc.exe* beenden und anschließend über *net start slsvc.exe* neu starten lassen. Clients, die sich über DNS automatisch verbinden, müssen dazu nicht konfiguriert werden.

- Konfiguration der dynamischen DNS-Registrierung – Bei der Installation und Aktivierung des KMS wird der entsprechende SRV-Record automatisch erstellt, wenn für die Active Directory-integrierte DNS-Zone die dynamische Registrierung aktiviert worden ist. Sie können die dynamische Registrierung über den Befehl *cscript C:\windows\system32\slmgr.vbs -cdns* deaktivieren. Der Befehl *cscript C:\windows\ system32\ slmgr.vbs –sdns* aktiviert die dynamische Registrierung wieder.

- Anpassen des Aktivierungsintervalls – Standardmäßig versuchen nicht aktivierte Clients, alle 120 Minuten eine Verbindung zum KMS aufzubauen. Über den Befehl *cscript C:\windows\system32\slmgr.vbs -sai <Aktivierungsintervall>* können Sie diesen Zeitraum an Ihre Bedürfnisse anpassen.

Standardmäßig registriert sich der KMS in der DNS-Zone, in der sich der Server selbst befindet. Wenn Sie wollen, dass sich der KMS in weiteren DNS-Zonen registriert, müssen Sie die Registry bearbeiten:

1. *Navigieren Sie zum Schlüssel* HKLM\SOFTWARE\Microsoft\Windows NT\CurrentVersion\SL.
2. *Erstellen Sie einen neuen REG_MULTI_SZ-Wert mit der Bezeichnung* DnsDomainPublishList .
3. *Tragen Sie als Wert jede DNS-Domäne in einer eigenen Zeile ein, in der sich der KMS registrieren soll.*
4. *Starten Sie den Lizenzdienst über die Befehle* net stopp slsvc.exe *und anschließend über* net start slsvc.exe *neu.*

MAK-Clients in KMS-Clients konvertieren

Wenn Sie im Unternehmen MAK-Clients einsetzen, können diese zu KMS-Clients konvertiert werden. Um einen MAK-Client zu konvertieren, gehen Sie folgendermaßen vor:

1. Melden Sie sich am Client mit einem administrativen Benutzerkonto an.

Installieren und Aktualisieren

2. Geben Sie in der Befehlszeile den Befehl *cscript \windows\system32\ slmgr.vbs –ipk < Produktschlüssel >* ein.

> **TIPP**
>
> *Als Produktschlüssel können Sie für die einzelnen Editionen von Windows Vista folgende Nummern verwenden.*
>
> - *Windows Vista Business: XQYF4-QVCMY-YXQRD-9QPV8-3YP9V*
> - *Windows Vista Business N: HGBJ9-RWD6M-6HDGW-6T2XD-JQ66F*
> - *Windows Vista Enterprise: 3JHG3-Y66GP-B7F3K-JFVX2-VBH7K*

3. Anschließend muss der PC mit dem Befehl *cscript \windows\ system32\ slmgr.vbs –ato* erneut, dieses Mal über den KMS, aktiviert werden.

Windows-Firewall und MAK-KMS-Aktivierung über Skripte mit slmgr.vbs

Standardmäßig ist in Windows Vista die Windows-Firewall bereits aktiviert. Wenn Sie mit dem bereits besprochenen Skript *slmgr.vbs* über das Netzwerk Remote-PCs aktivieren wollen, müssen Sie sicherstellen, dass die Windows-Firewall auf den einzelnen PCs das Skript nicht blockiert. Um einen Client manuell zu konfigurieren, gehen Sie folgendermaßen vor:

1. Öffnen Sie die Systemsteuerung, zum Beispiel über *Start/Systemsteuerung*.
2. Klicken Sie auf *Sicherheit*.
3. Klicken Sie auf *Windows-Firewall ein- oder ausschalten* (siehe *Abbildung 2.35*).
4. Klicken Sie auf *Ausnahmen*.
5. Setzen Sie den Haken bei *Windows-Verwaltungsinstrumentation (WMI)*.

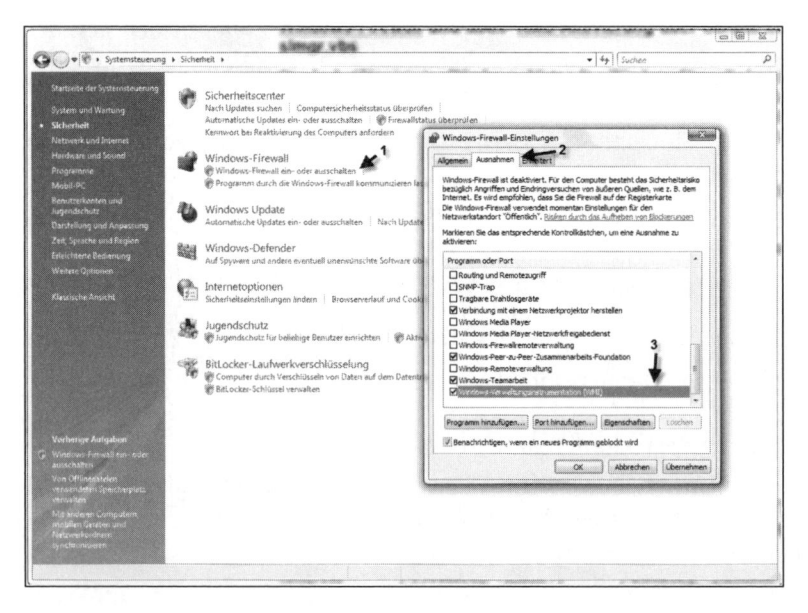

Abbildung 2.35: Aktivierung von WMI für slmgr.vbs

Aktivierung für Unternehmenskunden – Windows Vista Volume Activation (VA) 2.0

Alternativ können Sie diese Einstellung auch über Gruppenrichtlinien aktivieren (siehe Kapitel 12).

Aktivierung von WMI beim Einsatz von slmgr.vbs über mehrere Subnets

Wenn Sie mehrere Subnets im Unternehmen einsetzen, reicht die vorangegangene Konfiguration allerdings nicht aus. In diesem Fall müssen Sie die erweiterte Konfiguration der Firewall starten (siehe auch Kapitel 14).

1. Die erweiterte Konfiguration der Firewall rufen Sie über *Start/Ausführen/wf.msc* auf.
2. Klicken Sie im linken Bereich auf *Eingehende Regeln* (siehe *Abbildung 2.36*).
3. Ganzen unten finden Sie die folgenden drei Regeln. Für jede Regel gibt es eine Variante für das Profil *Domäne* und das Profil *Privat, Öffentlich*:
   - Windows-Verwaltungsinstrumentation (ASync eingehend)
   - Windows-Verwaltungsinstrumentation (DCOM eingehend)
   - Windows-Verwaltungsinstrumentation (WMI eingehend)

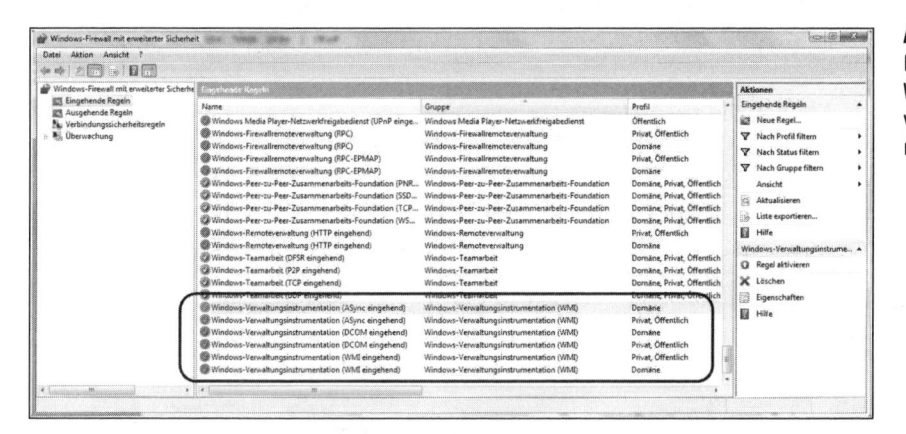

Abbildung 2.36: Konfiguration von WMI beim Einsatz von slmgr.vbs über mehrere Subnets

Für das entsprechende Netzwerkprofil (in einem Active Directory das Profil *Domäne*) nehmen Sie die gleichen Einstellungen vor, die ich im Folgenden beschrieben habe. Klicken Sie dazu doppelt auf die jeweilige Regel, um deren Eigenschaften aufzurufen:

1. Auf der Registerkarte *Allgemein* aktivieren Sie die Option *Verbindungen zulassen* (siehe *Abbildung 2.37*).
2. Auf der Registerkarte *Bereich* geben Sie unten bei *Remote-IP-Adresse* die Subnetze ein, von denen auf den PC zugegriffen werden soll (siehe *Abbildung 2.38*).

Installieren und Aktualisieren

Abbildung 2.37: Konfiguration des WMI-Verkehrs in der Windows-Firewall

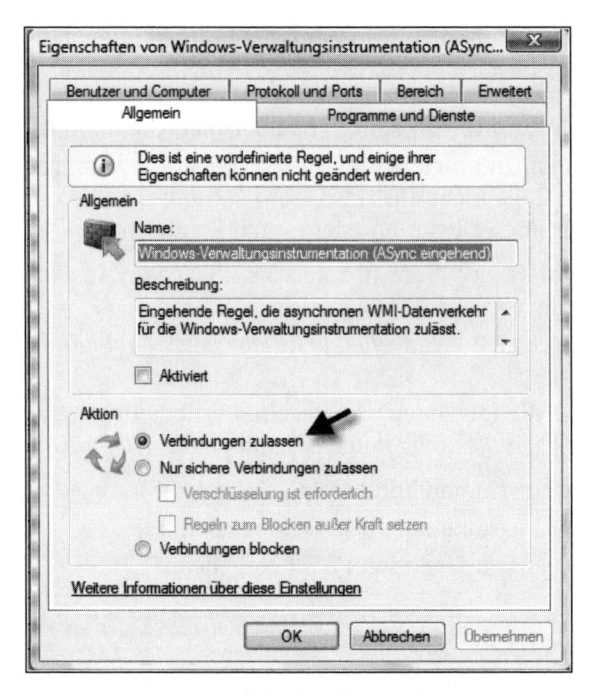

Abbildung 2.38: Konfiguration der Subnetze für den WMI-Zugriff

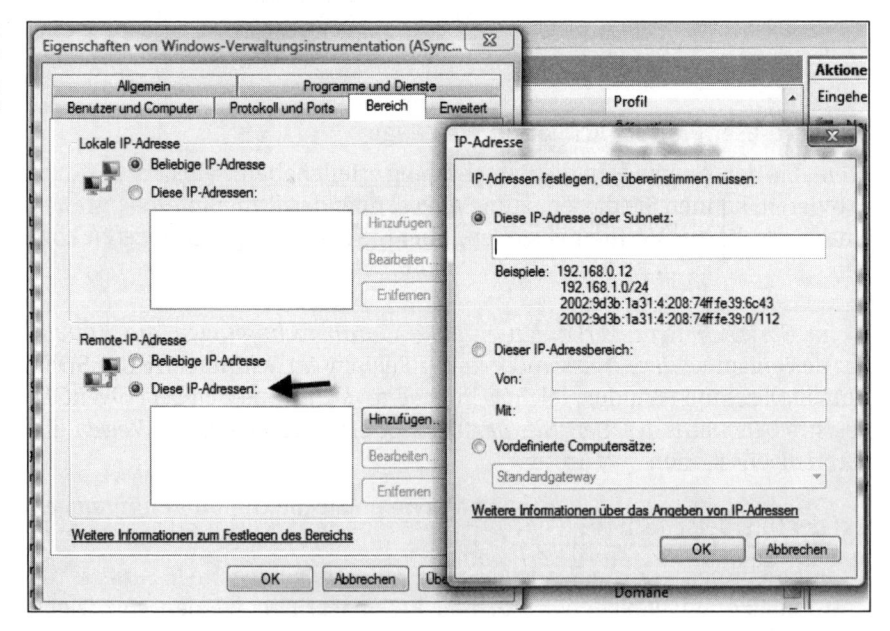

Aktivierung für Unternehmenskunden – Windows Vista Volume Activation (VA) 2.0

3. Auf der Registerkarte *Erweitert* legen Sie fest, für welche Profile diese Einstellung Gültigkeit hat (siehe *Abbildung 2.39*).

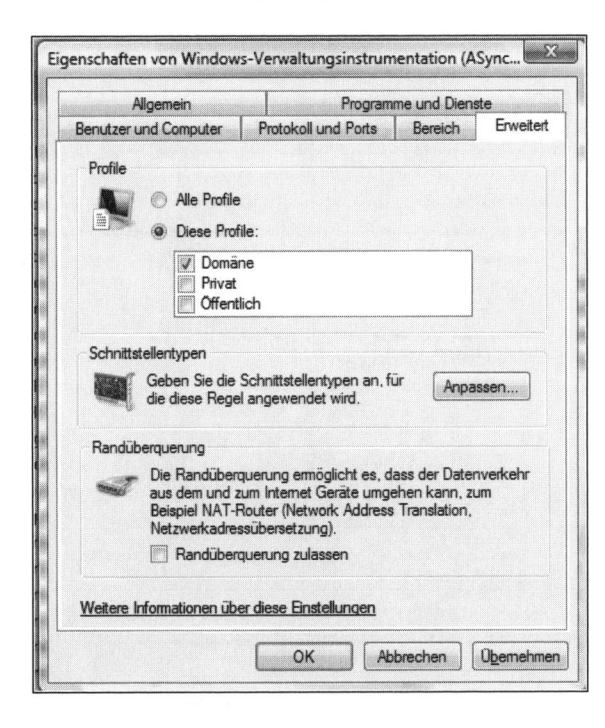

Abbildung 2.39: Konfiguration des Netzwerkprofils, für welche die Regel angewendet werden soll

Standard User Product Activation Web Page

Wenn Sie den Anwendern die Berechtigung erteilt haben, selbst ihren PC zu aktivieren, können Sie diesen, zum Beispiel über das firmeninterne Intranet, eine Webseite zur Verfügung stellen, über die Sie Windows aktivieren können.

Wenn Sie auch Benutzerkonten mit Standardberechtigungen die Aktivierung erlauben wollen, müssen Sie in der Registry im Schlüssel HKLM\SOFTWARE\Microsoft\WindowsNT\CurrentVersion\SL *einen neuen DWROD-Registry-Wert mit der Bezeichnung* UserOperations *erstellen. Weisen Sie ihm den Wert 1 zu.*

TIPP

Auf der Internetseite http://go.microsoft.com/fwlink/?LinkID=75674 können Sie die Datei *StandardUserProductActivation.zip* herunterladen.

Dieses Datei enthält die Standard User Product Activation Web Page, die über ein Skript die Aktivierung auf einem PC durchführen kann.

Installieren und Aktualisieren

Abbildung 2.40:
Standard User Product Activation Web Page

Diese Seite kann natürlich an das Bedürfnis jedes Unternehmens angepasst werden. Diese Webseite wird vor allem von Anwendern interessant, deren PCs sich im Reduced Function Mode (RFM) befinden, wenn Windows Vista sich nach 30 Tagen nicht aktivieren konnte.

2.11 Verschiedene Optionen des Setup-Programms von Windows Vista

Wenn Sie die Installation von Vista über die Datei *setup.exe* auf der DVD starten, können Sie noch zusätzliche Optionen angeben, die das Setup-Verhalten beeinflussen. Die Syntax des Befehls lautet folgendermaßen:

Setup.exe [/1394debug: < Kanal >] [/usbdebug: < Zielname >] [/debug: < Anschluss > [/baudrate: < Baudrate >]] [/dudisable] [/emsport: < Anschluss > [/emsbaudrate: < baudrate >]] [/noreboot] [/m: < Ordnername >] [/tempdrive: < Laufwerkspfad >] [/unattend: < Antwortdatei >]

Im Folgenden sind lediglich jene Optionen aufgeführt, die von den meisten Anwendern tatsächlich verwendet werden:

- */dudisable* – Deaktiviert die automatische Aktualisierung von Windows während der Installation.
- */m: < Ordnername >* – Legt fest, dass Treiber erst aus diesem Verzeichnis installiert werden sollen.
- */tempdrive: < Laufwerkspfad >* – Laufwerk und Pfad, auf dem temporäre Dateien abgelegt werden sollen.
- */unattend: < Antwortdatei >* – Die Installation wird ohne Benutzereingaben durchgeführt. Alle Benutzereingaben werden von der Antwortdatei bezogen.

2.12 Verwenden der Tastaturmaus

In sehr seltenen Fällen kann es vorkommen, dass die Maus am PC aufgrund eines fehlenden Treibers oder leerer Batterien (bei Funkmäusen) nicht mehr funktioniert. Besonders nach einer Installation ist das ärgerlich, weil der PC nicht ordnungsgemäß eingerichtet werden kann.

Windows kann zwar auch über die Tastatur gesteuert werden, allerdings kennen die wenigsten Anwender die einzelnen Befehle. Selbst wenn der Treiber für Ihre Maus nicht korrekt installiert wurde, können Sie den richtigen Treiber mit der Tastatur installieren. Windows Vista bietet dazu die Funktion der *Tastaturmaus*.

Wenn Sie diese aktivieren, kann der Mauszeiger mit den Pfeiltasten gesteuert werden. Sie aktivieren die Tastaturmaus über die Tastenkombination [Alt] + linke [Shift]-Taste + [Num] (siehe *Abbildung 2.41*).

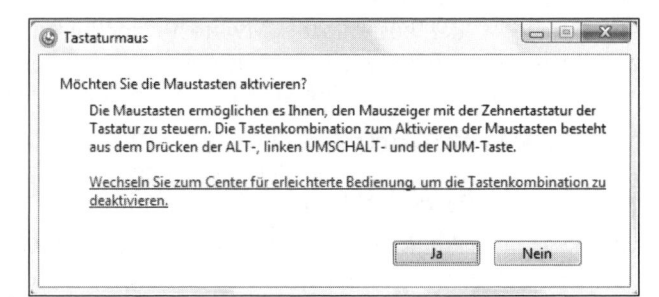

Abbildung 2.41: Aktivierung der Tastaturmaus in Windows Vista

Wenn Sie das Dialogfeld mit der [Enter]-Taste bestätigen, wird die Tastaturmaus aktiviert. Sie können jetzt den Mauszeiger über die Pfeile auf dem Nummernblock bewegen ([8] = hoch, [2] = runter, [4] = links, [6] = rechts).

Sie können sogar über [7], [9], [1] und [3] die Maus schräg bewegen. Die +-Taste ist die rechte Maustaste, über [Enter] können Sie die Aktion auslö-

Installieren und Aktualisieren

sen, die der Mauszeiger anzeigt. Sie erkennen die aktivierte Tastaturmaus an einem kleinen Maussymbol im Info-Bereich der Taskleiste (siehe *Abbildung 2.42*).

Abbildung 2.42:
Aktivierte Tastaturmaus

Über die gleiche Tastenkombination können Sie die Tastaturmaus auch wieder deaktivieren.

2.13 Windows Vista mit VMware Workstation testen

Anwender, die Windows Vista zunächst in einer Testumgebung testen wollen, denen aber kein zusätzlicher PC zur Verfügung steht, können auf der Internetseite www.vmware.de eine Testversion von VMware Workstation herunterladen, mit der uneingeschränkt in einem Zeitraum von 30 Tagen virtuelle Maschinen erstellt werden können. So können Sie Windows Vista auf Ihrem PC testen und parallel weiterhin mit Ihrem bisherigen Betriebssystem uneingeschränkt arbeiten. VMware stellt auch die Software VMware Server kostenlos zur Verfügung, mit der Sie auch virtuelle Maschinen erstellen können. Allerdings ist die Bedienung des Servers für Anwender weniger geeignet, da dieser zum Beispiel auch Systemdienste installiert und virtuelle Maschinen nicht beim Beenden automatisch herunterfährt, sondern aktiv lässt.

Nach Ablauf der Testphase von 30 Tagen können die virtuellen Maschinen ohne Einschränkung weiterverwendet werden. Hier gibt es keine Unterschiede zu der Vollversion. Damit diese virtuellen Maschinen auch nach 30 Tagen noch gestartet werden können, kann auf der Internetseite www.vmware.de der kostenlose VMware Player heruntergeladen werden – Mit ihm lassen sich zwar keine virtuellen Maschinen erstellen, aber mit VMware Workstation erstellte Maschinen problemlos starten.

Es gibt auch von Microsoft das Produkt Virtual PC 2004 SP1 das ebenfalls kostenlos und ohne zeitliche Beschränkung zur Verfügung gestellt wird. Allerdings ist VMware Workstation in diesem Bereich beliebter, da es stabiler läuft, komfortabler zu bedienen ist und auch performanter arbeitet.

INFO

Sie können VMware Workstation auch unter Windows Vista installieren und so dauerhaft Programmeinstellungen oder Tests in einer virtuellen Maschine testen, bevor Sie etwas an Ihrem produktiven System vornehmen. Die aktuelle VMware Workstation-Version kann unter Windows Vista installiert werden, Microsoft Virtual PC 2004 SP1 hingegen nicht. Windows Vista hingegen kann als Gastsystem unter beiden Virtualisierungsprogrammen betrieben werden.

2.13.1 Erstellen einer virtuellen Maschine

Nachdem Sie sich das Produkt von der Internetseite heruntergeladen und installiert haben, können Sie VMware starten, um einen virtuellen PC zu erstellen.

Nach dem Start können Sie über *File/New/Virtual Machine* den Assistenten für die Erstellung eines neuen virtuellen PC starten (siehe *Abbildung 2.43*).

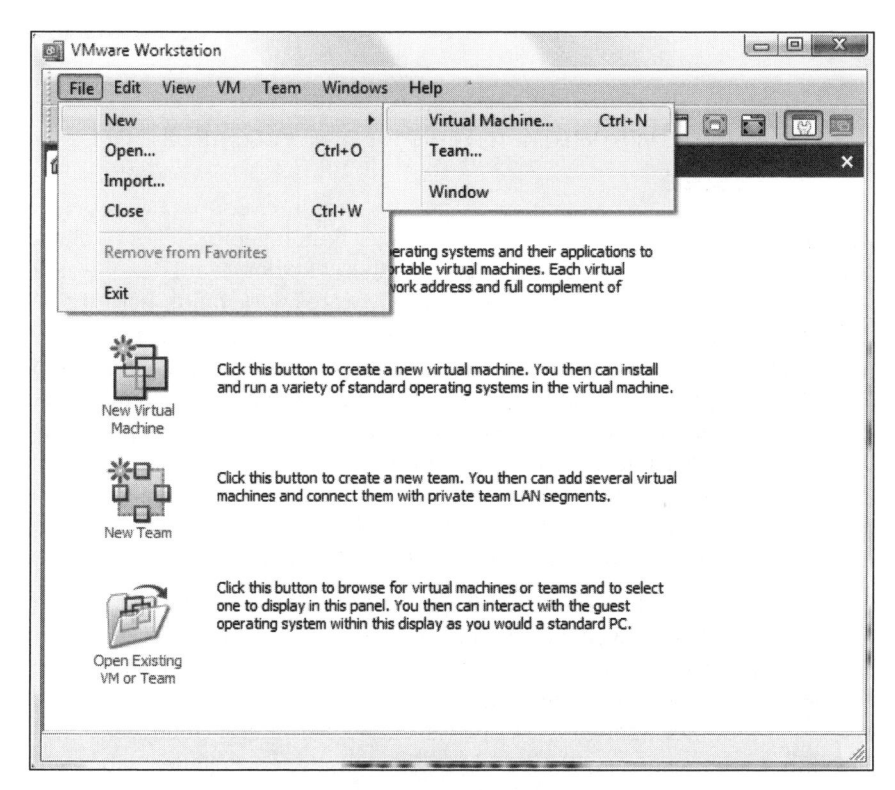

Abbildung 2.43: Erstellen einer neuen virtuellen Maschine mit VMware

Die einzelnen Fenster im Assistenten können Sie auf der Standardauswahl belassen. Im Fenster, über das Sie das Betriebssystem der virtuellen Maschine auswählen, können Sie bei VMware Workstation die Version *Windows Vista (experimental)* auswählen (siehe *Abbildung 2.44*).

Es ist davon auszugehen, dass VMware einige Wochen nach dem Release von Windows Vista dessen Auswahl nicht mehr als »experimental« bezeichnet.

Installieren und Aktualisieren

Abbildung 2.44:
Auswahl des Betriebssystems

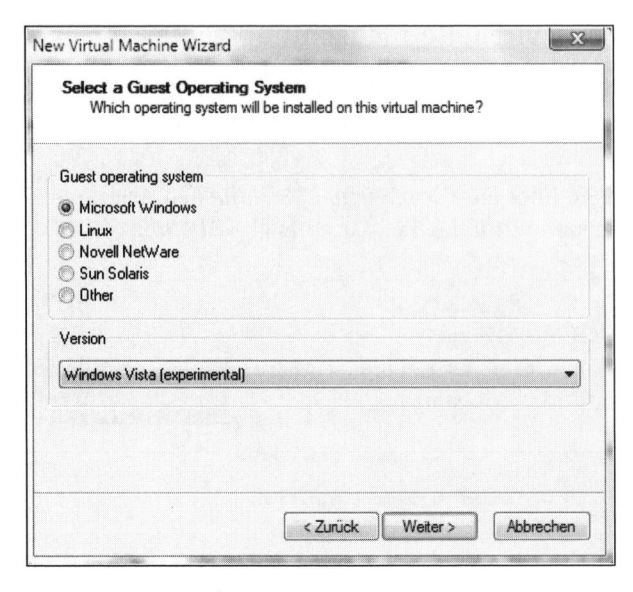

Auf der nächsten Seite des Assistenten weisen Sie der virtuellen Maschine eine Bezeichnung zu und legen den Speicherort der Dateien fest, in denen die notwendigen Daten der virtuellen Maschine gespeichert werden (siehe *Abbildung 2.45*).

Abbildung 2.45:
Namen der virtuellen Maschine festlegen und Speicherort der Dateien auswählen

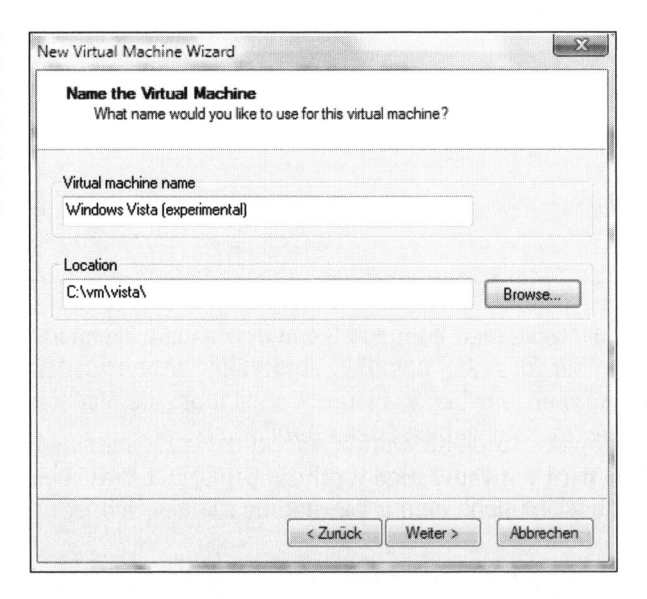

Als Nächstes legen Sie fest, wie die neue virtuelle Maschine mit dem Netzwerk verbunden werden soll (siehe *Abbildung 2.46*). Dazu stehen Ihnen an dieser Stelle vier Optionen zur Verfügung:

- *Use bridged networking* – In diesem Fall verwendet die virtuelle Maschine die physische Netzwerkkarte des Host-Systems, kommuniziert aber mit einer eigenen IP-Adresse unabhängig vom Host-Betriebssystem. Diese Einstellung ist die am häufigsten verwendete.
- *Use network address translation (NAT)* – Bei dieser Option kommuniziert die virtuelle Maschine mit der IP-Adresse des Host-Systems mit dem Netzwerk.
- *Use host-only networking* – Bei dieser Option ist eine Netzwerkkommunikation nur auf dem Host-System möglich. Alle anderen Server sind im Netzwerk nicht erreichbar.
- *Do not use a network connection* – Bei dieser Auswahl findet überhaupt keine Netzwerkkommunikation statt.

Abbildung 2.46: Auswahl der Netzwerkverbindung

Auf der nächsten Seite legen Sie fest, wie groß die neue virtuelle Festplatte maximal werden darf und ob der Festplattenplatz sofort zugewiesen werden soll (siehe *Abbildung 2.47*).

Wenn Sie den Festplattenplatz durch die Option *Allocate all disk space now* sofort zuweisen lassen, wird die Datei direkt auf die Größe der virtuellen Festplatte gebracht, auch wenn noch kein Inhalt auf die Platte geschrieben wurde.

Durch diese Option erhöht sich die Performance der virtuellen Maschine, aber dafür wird enorm viel Platz verschwendet. Außerdem dauert der Vorgang sehr lange. Damit Sie Windows Vista installieren können, sollten Sie die Größe der virtuellen Festplatte auf 16 GB belassen.

Installieren und Aktualisieren

Abbildung 2.47:
Festlegen der Größe der virtuellen Festplatte

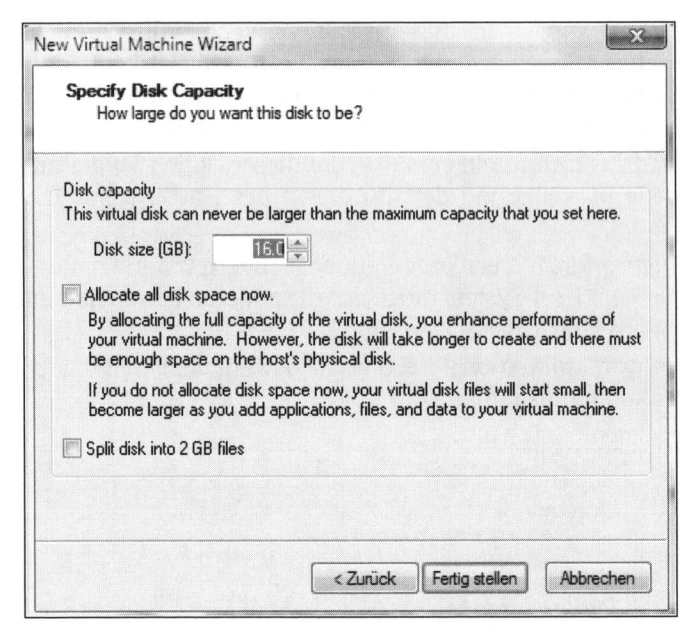

Im Anschluss können Sie die Erstellung der virtuellen Maschine abschließen. In manchen Umgebungen kann es zu Problemen während der Installation von Windows Vista unter VMware Workstation kommen.

Der Fehler äußert sich darin, dass die Installation von Windows Vista nach dem Bootvorgang gleich beim ersten Laufbalken abbricht und nicht fortgeführt wird. Kommt dieser Fehler bei Ihnen vor, sollten Sie die *.*vmx*-Datei Ihrer virtuellen Maschine im ausgewählten Speicherort mit dem Windows-Editor öffnen und am Ende der Datei die folgenden Zeilen eintragen (siehe *Abbildung 2.48*):

svga.MaxWidth = »640«

svga.MaxHeight = »480«

Beenden Sie vor der Bearbeitung der beiden Dateien VMware Workstation, und starten Sie das Programm erst dann neu, wenn Sie die Dateien bearbeitet und den Editor wieder geschlossen haben.

Durch diese Einstellungen sieht die Auflösung während der Installation von Vista in VMware nicht gerade ansprechend aus, aber nach der Installation erscheint der Bildschirm wie gewohnt.

Windows Vista mit VMware Workstation testen

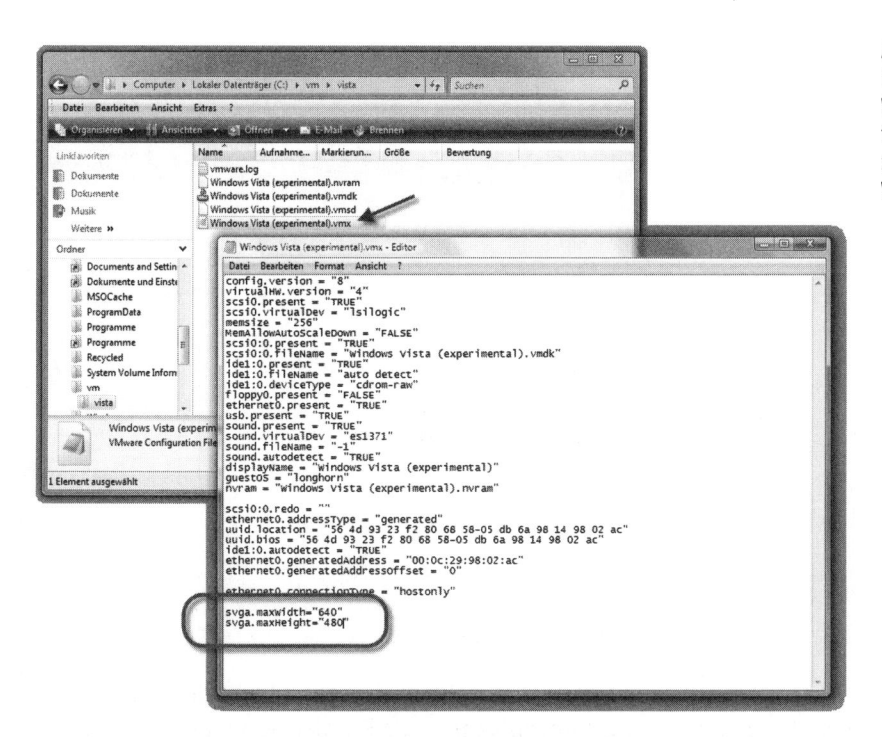

Abbildung 2.48: Bearbeiten der VMware-Dateien für die Unterstützung von Windows Vista

Nach der Bearbeitung können Sie die Registerkarte des neuen virtuellen PC aufrufen und ihn über das grüne Pfeilsymbol starten.

Sie können den virtuellen PC auch über *File/Open* aktivieren und die entsprechende *.vmx-Datei zum Öffnen auswählen.

Die Installation von Vista lässt sich entweder über das DVD-Laufwerk Ihres physikalischen PC durchführen (siehe *Abbildung 2.49*), oder Sie verwenden eine ISO-Datei, wenn Ihnen eine solche vorliegt. Die anschließende Installation von Vista ist identisch mit der Installation auf einem normalen PC.

Wenn Sie mit der Maus in den virtuellen PC klicken, werden alle Eingaben über Tastatur und Maus im virtuellen PC durchgeführt (außer Strg *+* Alt *+* Entf*).*

Sie können mit der Tastenkombination Strg *+* Alt *zwischen virtuellem PC und Ihrem PC wechseln. Nach der Installation der VMware Tools können Sie mit der Maus zwischen dem virtuellen und dem Host-System wechseln.*

TIPP

Installieren und Aktualisieren

Abbildung 2.49:
Installation von Windows Vista auf einem virtuellen PC

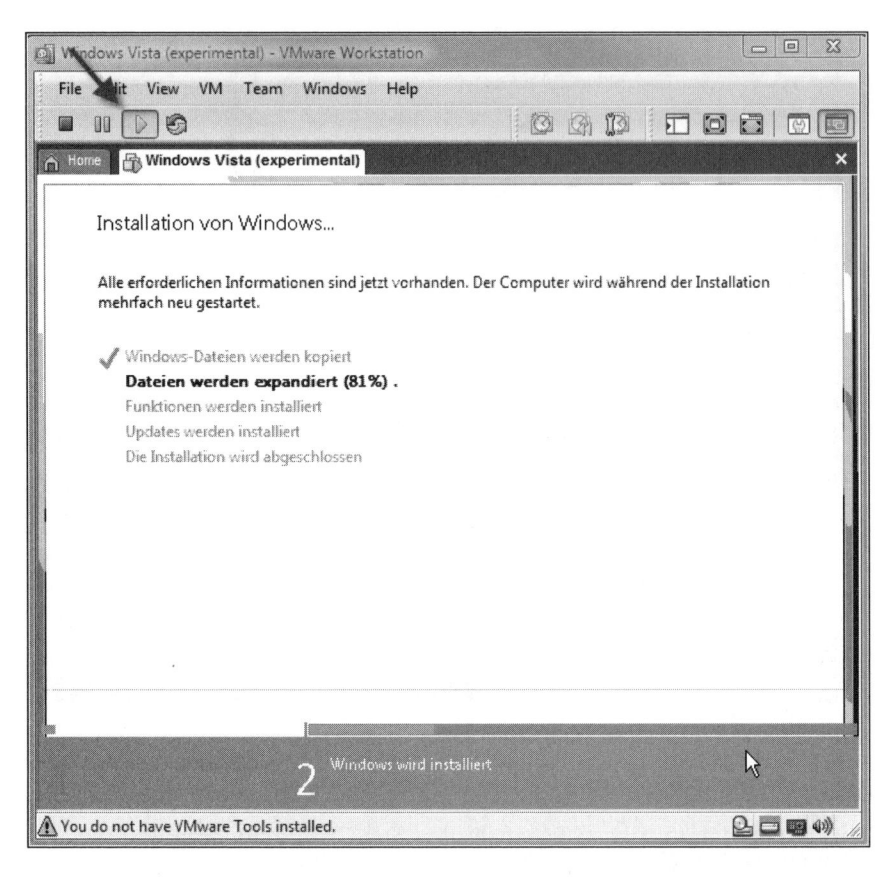

Nachdem Sie die Installation abgeschlossen haben, können Sie sich am PC anmelden. Sie sollten als Nächstes die VMware Tools installieren. Die Tools sind ein Treiber- und Programmpaket von VMware, das in den Gästen installiert werden kann. Die Installation der VMware Tools auf der virtuellen Maschine sollte möglichst immer nach der Installation des Betriebssystems folgen. Dadurch erhalten Sie verschiedene Vorteile:

- Nach der Installation wird die Performance des virtuellen PC erhöht, die Auflösung wird verbessert, und Sie können durch einfache Bewegungen mit der Maus die virtuelle Maschine verlassen.
- Es werden verschiedene Treiber für Grafikkarte, Maus, Netzwerkkarten und SCSI-Controller in der VM installiert. Diese Treiber beschleunigen das Gastsystem und ermöglichen verschiedene Funktionen, wie die stufenlose Skalierung der Bildschirmauflösung und den Fokuswechsel zwischen Gast und Host durch Bewegen mit der Maus.
- Der Gast kann über die Tools mit dem Host die Uhrzeit synchronisieren.
- Der Platzverbrauch der virtuellen Festplatte wird optimiert.

Windows Vista mit VMware Workstation testen

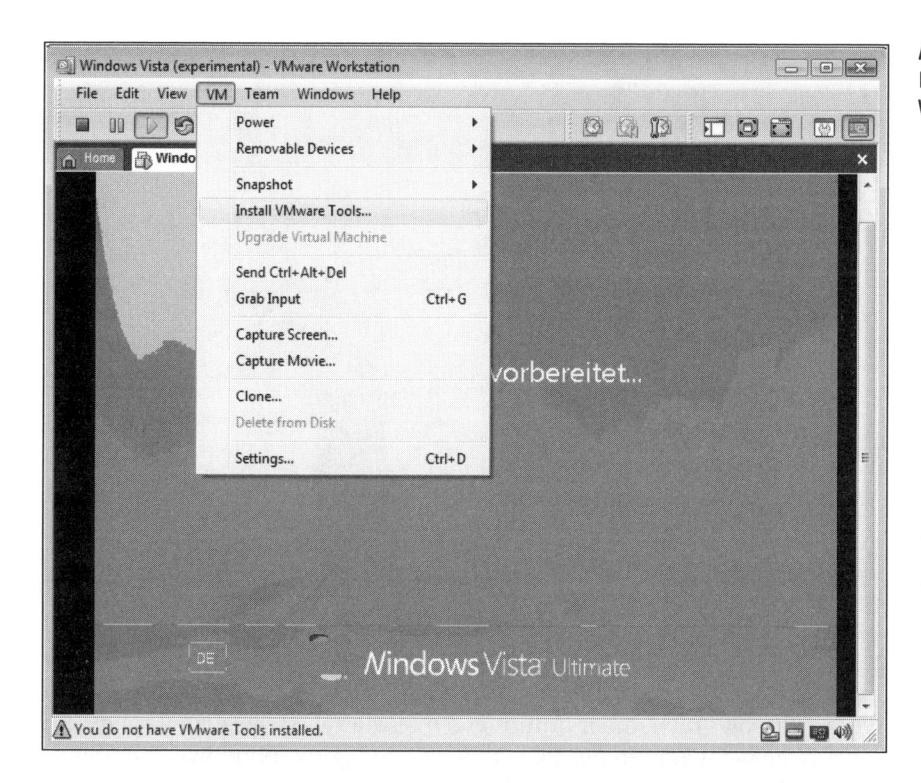

Abbildung 2.50: Installation der VMware Tools

Sie können die VMware Tools über das Menü *VM/Install VMware Tools* installieren (siehe *Abbildung 2.50*). Die Installation sollte automatisch beginnen. Zur Installation wird eine ISO-Datei als CD-ROM-Laufwerk verbunden. Wenn die Installation nicht automatisch startet, können Sie diese auch über den Arbeitsplatz manuell anstoßen.

Nach der Installation der VMware Tools müssen Sie den PC neu starten. Sobald der Neustart abgeschlossen ist, können Sie mit der Maus den Bildschirm verlassen und so zwischen Ihrem PC und dem virtuellen PC hin und her wechseln.

Nachdem Sie die VMware Tools installiert haben, sollten Sie die beiden Zeilen in der *.vmx-Datei, die zu Beginn dieses Abschnitts besprochen wurden, wieder aus der Datei entfernen. Sie müssen dazu den virtuellen PC herunterfahren und VMware Workstation beenden. Wenn der virtuelle PC nach dem Entfernen der Dateien nicht hochfährt, fügen Sie die beiden Zeilen mit den folgenden Werten wieder ein:

svga.MaxWidth = »1024«

svga.MaxHeight = »768«

Nachdem der virtuelle PC hochgefahren ist, können Sie dort die Auflösung nach dieser Änderung nach oben setzen.

Installieren und Aktualisieren

Abbildung 2.51:
Der PC im PC mit VMware Workstation

2.14 Windows Vista-Startoptionen

Wenn Windows nicht mehr ordnungsgemäß startet (siehe auch Kapitel 15), können Sie beim Starten des PC mit der Taste [F8] die Windows Vista-Startoptionen aufrufen, die teilweise bei Startproblemen helfen können. Nach dem Aufruf der erweiterten Startoptionen stehen Ihnen verschiedene Funktionen zur Verfügung.

Bei manchen Optionen, wie zum Beispiel im abgesicherten Modus, wird Windows in einem eingeschränkten Zustand gestartet, bei dem lediglich die absolut notwendigen Funktionen verfügbar sind. Falls ein Problem nach dem Starten im abgesicherten Modus nicht mehr auftritt, können die Standardeinstellungen und die Basisgerätetreiber als mögliche Ursache ausgeschlossen werden (siehe *Abbildung 2.45*):

- *Abgesicherter Modus* – Startet Windows mit den mindestens erforderlichen Treibern und Diensten.
- *Abgesicherter Modus mit Netzwerktreibern* – Startet Windows im abgesicherten Modus zusammen mit den für den Zugriff auf das Internet oder auf andere Computer im Netzwerk erforderlichen Netzwerktreibern und -diensten.
- *Abgesicherter Modus mit Eingabeaufforderung* – Startet Windows im abgesicherten Modus mit einem Eingabeaufforderungsfenster anstelle der normalen Windows-Benutzeroberfläche. Diese Option sollte nur von IT-Fachleuten und Administratoren verwendet werden.

- *Startprotokollierung aktivieren* – Erstellt die Datei *Ntbtlog.txt*, in der alle Treiber aufgelistet werden, die beim Starten installiert werden und für die erweiterte Problembehandlung nützlich sein kann.
- *VGA-Modus aktivieren* – Startet Windows mithilfe des aktuellen Videotreibers und mit niedrigen Einstellungen für Auflösung und Aktualisierungsrate. Mithilfe dieses Modus können Sie die Anzeigeeinstellungen zurücksetzen.
- *Letzte als funktionierend bekannte Konfiguration* – Startet Windows mit der letzten funktionsfähigen Registrierungs- und Treiberkonfiguration (siehe Kapitel 15).
- *Debugmodus* – Startet Windows in einem erweiterten Problembehandlungsmodus.
- *Automatischen Neustart bei Systemfehler deaktivieren* – Verhindert, dass Windows nach einem durch einen eigenen Fehler verursachten Absturz automatisch neu gestartet wird. Wählen Sie diese Option nur aus, wenn Windows in einer Schleife festgefahren ist, die aus Absturz, Neustart und erneutem Absturz besteht.
- *Windows normal starten* – Startet Windows im normalen Modus.
- *Erzwingen der Treibersignatur deaktivieren* – Ermöglicht, dass Treiber mit ungültigen Signaturen installiert werden.

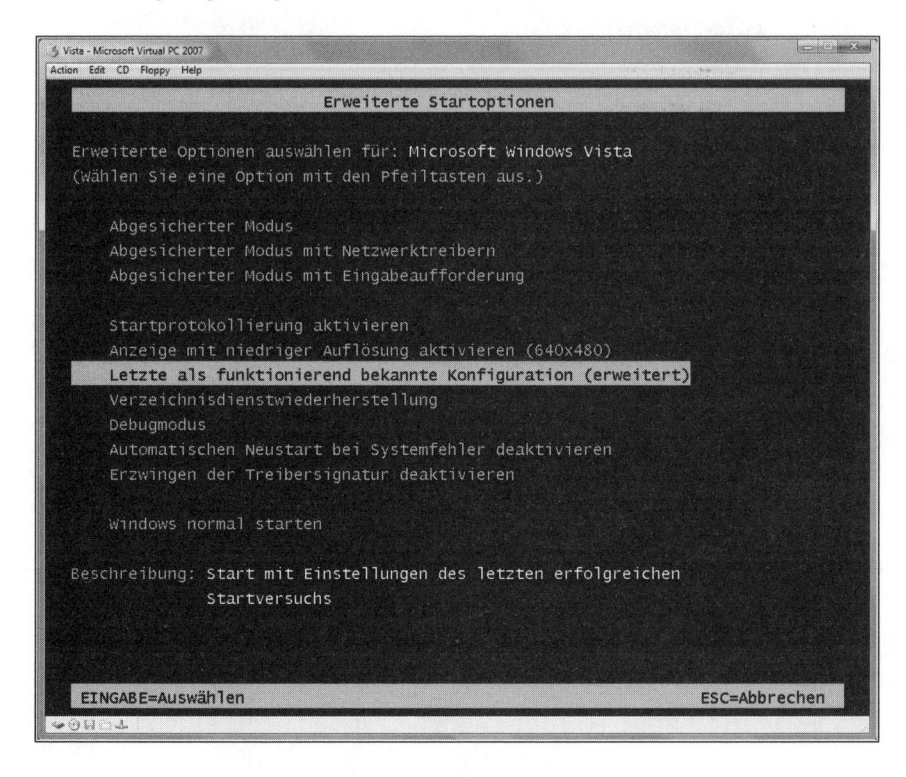

Abbildung 2.52: Verschiedene Startoptionen von Windows Vista

Installieren und Aktualisieren

Normalerweise werden diese Startoptionen nur selten benötigt. Wenn Sie möglichst immer nur aktuelle und kompatible Software installieren, nur signierte Treiber verwenden und nur dann Änderungen am System durchführen, wenn Sie genau wissen, was Sie tun, läuft Windows Vista deutlich stabiler als seine Vorgänger.

3 Erste Schritte

Unabhängig davon, ob Sie von Windows XP aktualisieren oder Windows Vista neu installieren, müssen Sie in der Regel nach der Installation noch einige Konfigurationsmaßnahmen durchführen. Die dazu erforderlichen Schritte werden Ihnen in diesem Kapitel detailliert erläutert.

Nachdem Sie Vista gestartet haben, wird zunächst der Desktop in der Art angezeigt, wie die Hardware des PC es zulässt. Idealerweise unterstützt Ihre Grafikkarte zumindest DirectX 9, sodass auch die Glasoberfläche angezeigt wird.

Abbildung 3.1: Windows Vista nach dem Startvorgang

Die Windows-Sidebar wird gestartet und das Begrüßungscenter geladen, über das Sie verschiedene erste Aufgaben durchführen können (siehe *Abbildung 3.1*).

Erste Schritte

Das Startmenü wird ähnlich angezeigt wie unter Windows XP, ist jedoch wesentlich effizienter und nicht mehr so bonbonbunt, sondern angenehm anzuschauen und deutlich besser zu bedienen. Allgemein macht die Oberfläche auf den ersten Blick einen modernen und bunten Eindruck wie jede neue Windows-Version. Das Begrüßungscenter ist im Grunde genommen eine kleine Zusammenfassung der Systemsteuerung.

3.1 Die Windows-Sidebar

In die Sidebar können verschiedene Minianwendungen integriert werden, die im Internet kostenlos zur Verfügung stehen. Wie Sie bereits in Kapitel 1 gesehen haben, sind in Windows schon einige dieser Minianwendungen, auch *Gadgets* genannt, integriert.

Sie können die Gadgets auch auf den Desktop ziehen, allerdings muss die Sidebar aktiviert bleiben, damit die Gadgets auf dem Desktop auch angezeigt werden können. Sie können die Windows-Sidebar beenden, indem Sie mit der rechten Maustaste hineinklicken und im Kontextmenü den Eintrag *Sidebar schließen* aufrufen. Über *Start/Alle Programme/Zubehör/Windows-Sidebar* kann dieses Programm wieder gestartet werden. Die Sidebar muss nicht zwingend mit Windows gestartet und kann beliebig deaktiviert werden, indem Sie deren Eigenschaften bearbeiten (siehe *Abbildung 3.2*).

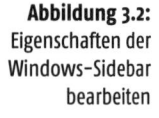

Abbildung 3.2:
Eigenschaften der Windows-Sidebar bearbeiten

3.2 Der neue Windows Explorer

Der Windows Explorer wurde von Microsoft komplett überarbeitet. Sie können den Explorer auf unterschiedlichen Wegen starten (siehe *Abbildung 3.3*):

- Rechtsklick auf das Start-Symbol und die Option *Explorer* auswählen. Der Explorer öffnet sich und zeigt den Inhalt des Startmenüs an. Sie können auch die Option *Öffnen/Alle Benutzer* oder *Explorer/Alle Benutzer* auswählen. Es wird immer das gleiche Programm gestartet, nur mit einem anderen Fokus.
- Sie können den Explorer auch starten, wenn Sie im Suchfeld des Startmenüs den Begriff *Windows Explorer* eingeben und bestätigen.
- Sie können den Explorer öffnen, indem Sie auf das Menü *Computer* im Startmenü klicken.
- Sie können sich mit Rechtsklick auf den Desktop und dann über *Neu/Verknüpfung* eine Verknüpfung des Explorers auf dem Desktop ablegen. Geben Sie als Befehlszeile *explorer* ein.

Mit der Tastenkombination ⊞ + E wird ebenfalls der Explorer geöffnet.

Im Windows Explorer gibt es jetzt auch eine Vor- und Zurücktaste. Außerdem ist ein Suchfeld vorhanden, das zur direkten Eingabe eines Befehls genutzt werden kann. Und Sie können in der Adressleiste durch Klicken auf den einzelnen Pfad direkt zu einem bestimmten Ordner wechseln. So können Sie zum Beispiel zwei oder mehr Verzeichnisstufen beliebig nach oben springen.

Der Windows Explorer zeigt auf der linken Seite die Favoriten der am häufigsten genutzten Pfade an, und die Struktur des geöffneten Ordners wird direkt dargestellt.

Das Menü des Windows Explorers zeigt zum Inhalt des Ordners immer die passenden Befehle an. Bei Bildern wird zum Beispiel die *Diashow* angeboten, während bei gemischten Verzeichnissen nur der Befehl *Brennen* zur Verfügung steht.

Neben jedem Ordner mit Unterordnern wird ein kleines Dreieck angezeigt, über das Sie durch einen Klick die Unterordner öffnen können. Unterhalb der Adressleiste befindet sich ein neues Menü mit der Option *Organisieren*, über das Sie verschiedene Aufgaben erledigen können, die früher über das *Datei*-Menü durchgeführt wurden. Hier können Sie das Aussehen und die Konfiguration der verschiedenen Ordner anpassen (siehe *Abbildung 3.5*).

Anhand der Adressleiste lässt sich sehr effizient in der Ordnerstruktur des gerade geöffneten Verzeichnisses navigieren. Zusätzlich können Sie sich die Ordnerstruktur der untergeordneten Ordner anzeigen lassen und direkt navigieren, wenn Sie das kleine Dreieck neben dem entsprechenden Ordner in der Adressleiste anklicken (siehe *Abbildung 3.4*).

Erste Schritte

Abbildung 3.3:
Der neue Windows Explorer

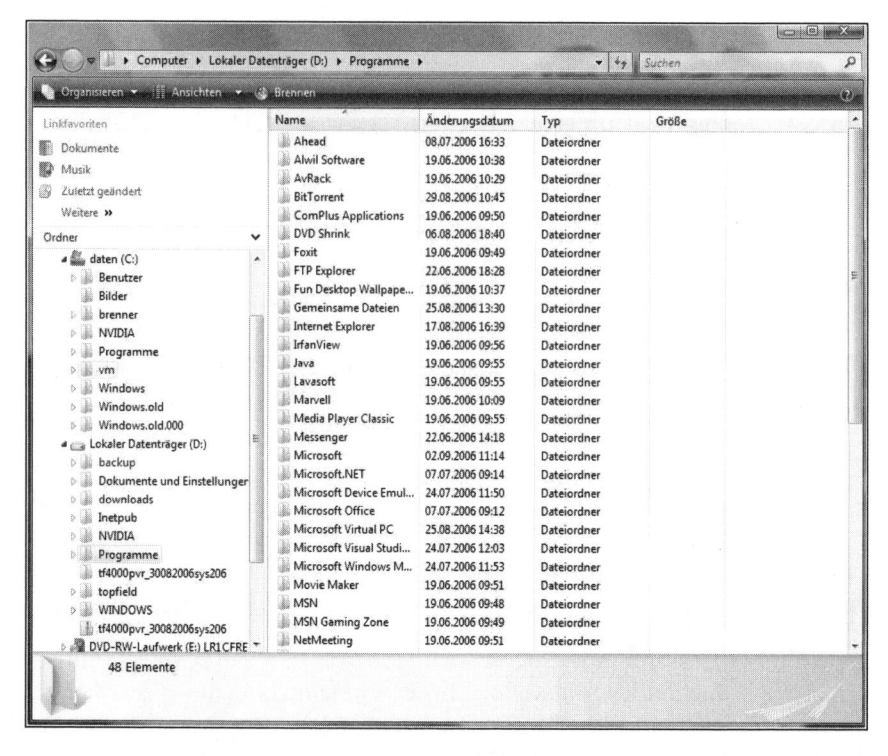

Abbildung 3.4:
Navigieren im Windows Explorer

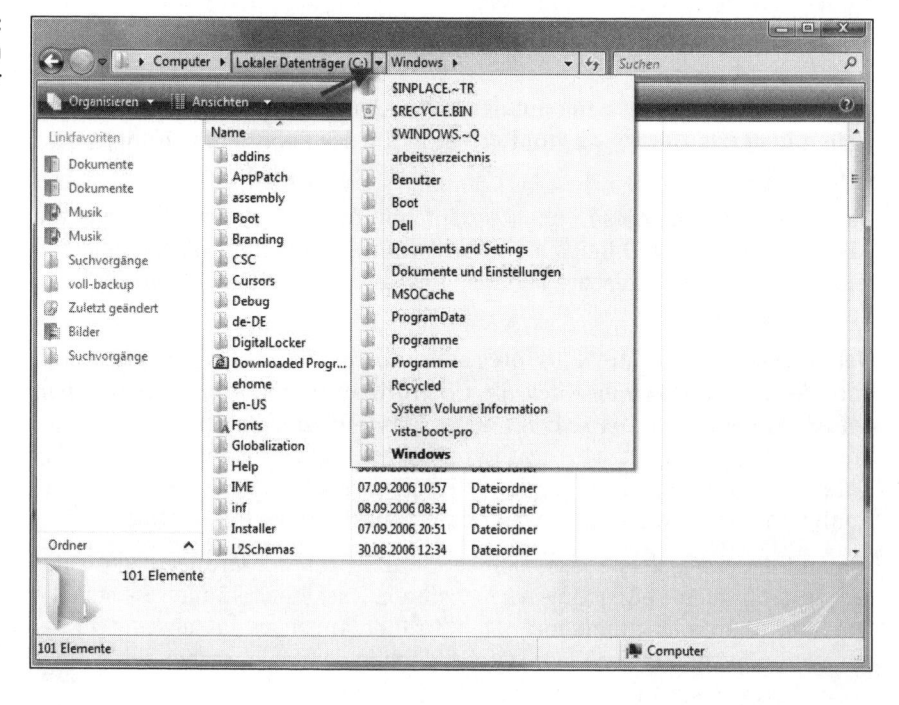

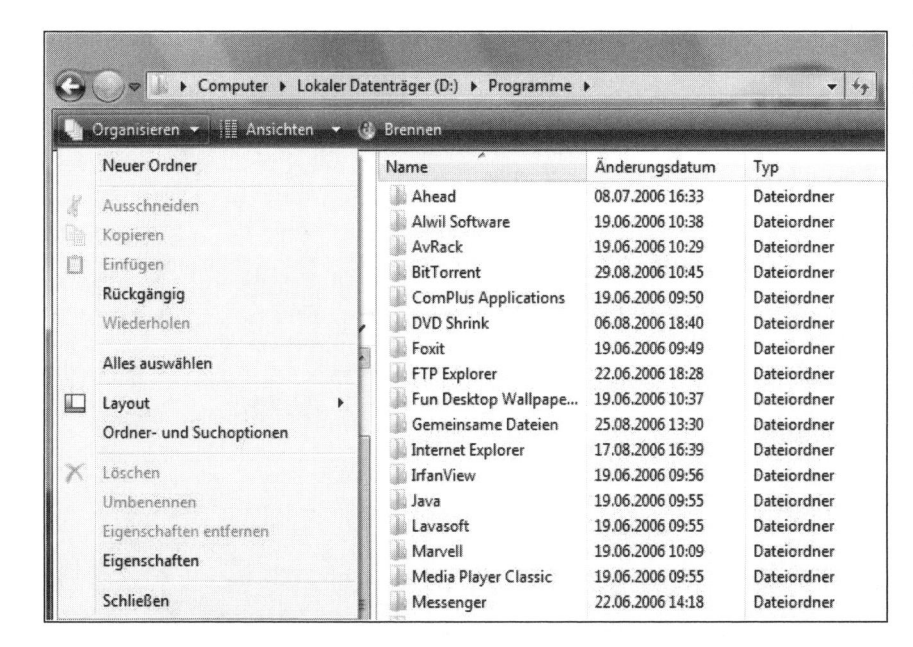

Abbildung 3.5:
Anpassen des Windows Explorers über das Menü *Organisieren*

Über das Menü *Ansichten* können Sie das Aussehen der Dateisymbole und auch die Anzeigemerkmale ändern. Wenn Sie auf das Menü klicken, können Sie dieses auch als Schaltfläche *Ansichten* verwenden. So können Sie durch die einzelnen Anzeigemöglichkeiten wechseln, ohne das Menü aufrufen zu müssen. Mehr zu diesem Thema erfahren Sie in Kapitel 8.

Unter Vista gibt es eine neue Möglichkeit, mehrere Elemente wie Dateien oder Ordner gleichzeitig zu markieren:

Öffnen Sie dazu das Menü Start/Computer/Organisieren, *und holen Sie im Dialogfeld* Ordneroptionen *die Registerkarte* Ansicht *in den Vordergrund. Aktivieren Sie unter* Dateien und Ordner *die Option* Kontrollkästchen zur Auswahl von Elementen verwenden.

Sie können jetzt mehrere Dateien oder Ordner horizontal sowie vertikal mit einem Klick auf die Kontrollkästchen (links oben) markieren (siehe Abbildung 3.6). Das Kontrollkästchen erscheint nur dann, wenn Sie mit dem Mauszeiger über das Symbol der Datei oder des Ordners fahren.

Erste Schritte

Abbildung 3.6:
Aktivieren eines Kontrollkästchens zum Markieren mehrerer Dateien

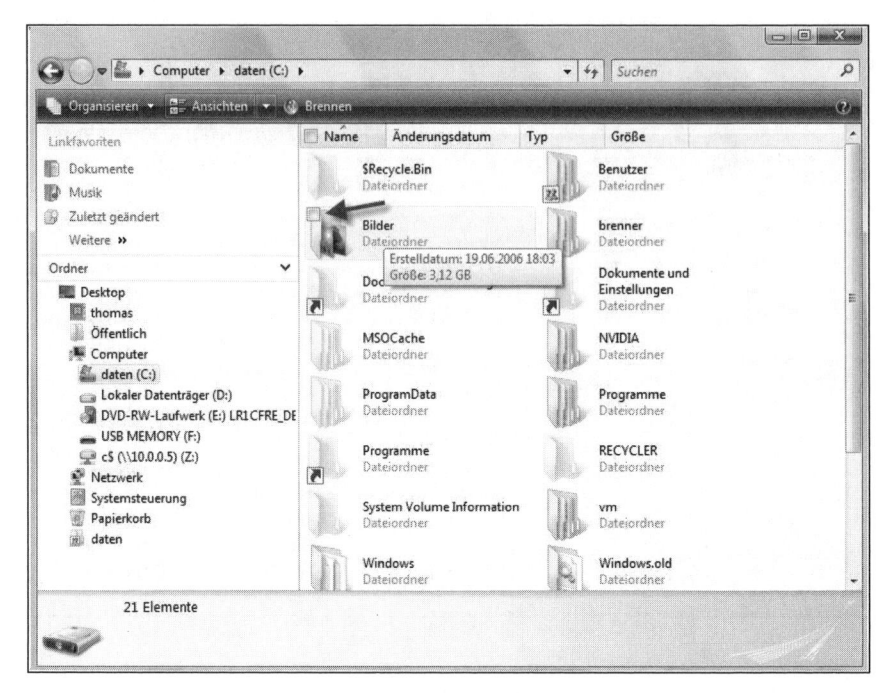

Im unteren Bereich des Windows Explorers werden jeweils Informationen zum aktuell markierten Objekt angezeigt (siehe *Abbildung 3.7*). Bei Laufwerken wird der freie Speicherplatz, bei Ordnern die Anzahl der Unterordner und bei MP3- oder Videodateien werden Informationen zu den Metadaten angezeigt.

Abbildung 3.7:
Anzeige der detaillierten Informationen im Windows Explorer

Wenn Sie den PC das erste Mal gestartet haben, öffnet sich das *Begrüßungscenter*. Dieses öffnet sich standardmäßig immer nach dem Start von Windows, bis die Option *Beim Start ausführen* deaktiviert wurde (siehe *Abbildung 3.8*).

Nach der Installation präsentiert sich Vista mit der neuen Oberfläche. Allerdings muss die Grafikkarte diese unterstützen.

Als Erstes sollten Sie überprüfen, ob alle Geräte ordnungsgemäß installiert wurden. Dazu wird der Geräte-Manager verwendet. Sie gelangen zum zugehörigen Eintrag, indem Sie die Systemsteuerung aufrufen und dort auf *System und Wartung* klicken (siehe Kapitel 6).

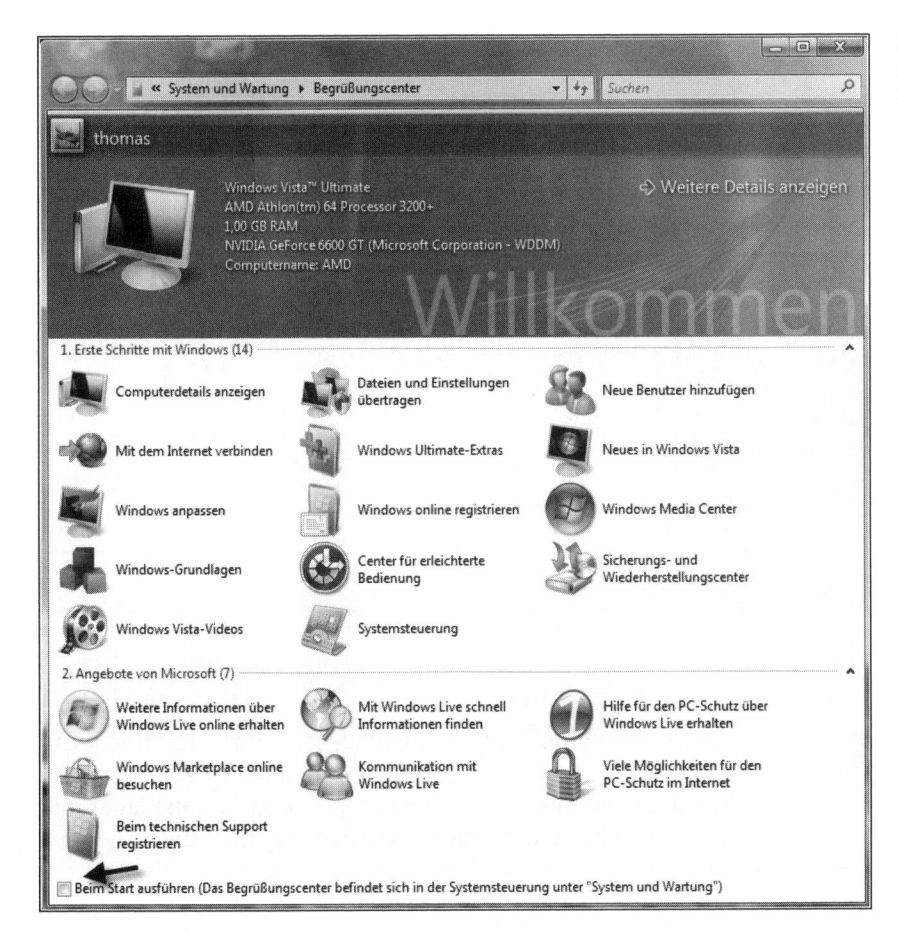

Abbildung 3.8:
Begrüßungscenter von Windows Vista

Sollten im Geräte-Manager nach der Installation von Windows Vista noch Komponenten angezeigt werden, für die bisher kein Treiber installiert ist, führen Sie über Start/Alle Programme/Windows Update eine erste Aktualisierung durch. Meist werden durch die Aktualisierung im Internet noch einige Treiber nachgeladen. Es ist zu erwarten, dass die Anzahl passender Treiber für Windows Vista im Laufe der Zeit weiter zunimmt.

3.3 Die Systemsteuerung

Wie bereits erwähnt, zeigt Windows Vista beim ersten Start das Begrüßungscenter an, über das Sie einen kleinen Einstieg in Windows Vista erhalten. Wesentlich informativer und sehr aufgeräumt präsentiert sich die neue Systemsteuerung, über die alle Einstellungen des PC vorgenommen werden können (siehe *Abbildung 3.9*).

Erste Schritte

Abbildung 3.9:
Systemsteuerung
in Windows Vista

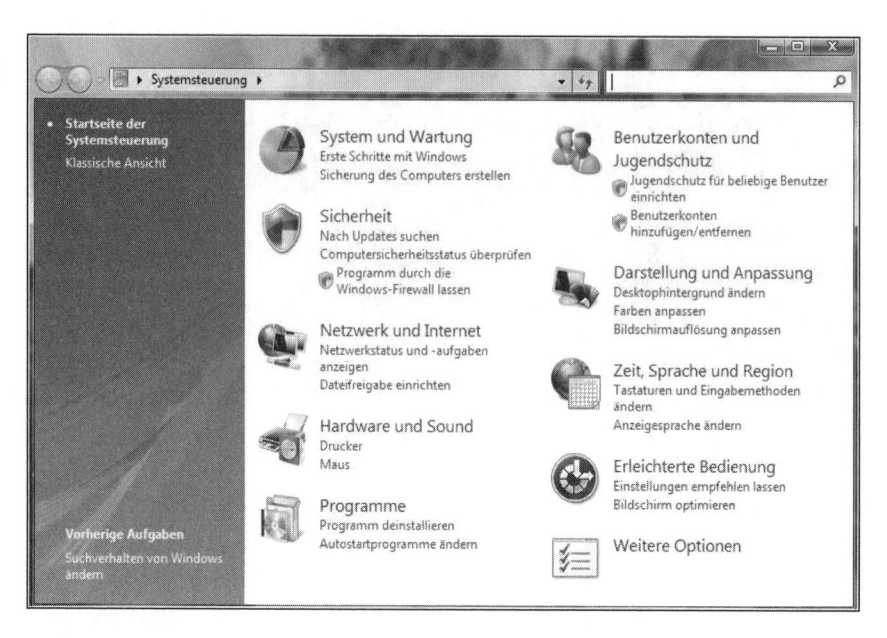

In der Systemsteuerung befinden sich einzelne Kategorien, über die Sie wiederum weitere Einstellungen aufrufen können. Im Suchfenster der Systemsteuerung können Sie gewünschte Funktionen auch sehr einfach suchen lassen.

Sie finden alle relevanten Sicherheitseinstellungen zum Beispiel im Menüpunkt *Sicherheit* und können auch direkt einzelne Aufgaben aus dem Menü heraus aufrufen. Die diversen Menüs enthalten Assistenten und sehr effiziente Hilfen bei den einzelnen Einstellungen. Häufig verwendete Aufgaben werden sofort angezeigt, ohne sich durch Untermenüs klicken zu müssen.

3.4 Deaktivieren der Benutzerkontensteuerung

Auch wenn die Benutzerkontensteuerung gut gemeint ist, hat sie doch vor allem für Poweranwender den Nachteil, dass sehr viele Anpassungen am System erst bestätigt werden müssen. Die Benutzerkontensteuerung (User Account Control, UAC) blendet dazu den Desktop aus und zeigt ein Meldungsfeld an. Vor allem bei der Einrichtung eines PC nervt diese Sicherheitseinstellung mehr, als sie den PC schützt.

Viele Poweranwender wollen diese Schutzfunktion daher zunächst aktivieren, bevor sie Vista an ihre Bedürfnisse anpassen. Sie finden die Konfiguration der Benutzerkontensteuerung über *Start/Systemsteuerung/Benutzerkonten und Jugendschutz/Benutzerkonten/Benutzerkontensteuerung ein- oder ausschalten* (siehe *Abbildung 3.10*).

Deaktivieren der Benutzerkontensteuerung

Sie können die Benutzerverwaltung in Windows Vista auch aufrufen, indem Sie auf Ihr Anmeldefoto im Startmenü klicken.

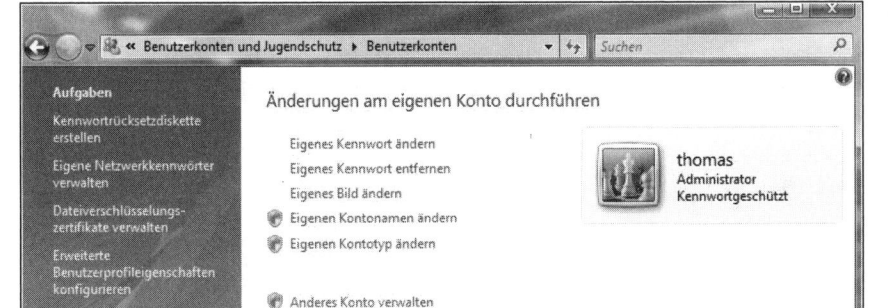

TIPP

Abbildung 3.10: Konfigurieren der Benutzerkontensteuerung

An dieser Stelle können Sie auch andere Aufgaben für die Benutzerkonten durchführen, zum Beispiel das Anmeldebild, das Kennwort oder den Namen des Kontos ändern (siehe Kapitel 18).

Wenn Sie auf den Link geklickt haben, öffnet sich nach einer weiteren Bestätigung das Konfigurationsfenster der UAC. An dieser Stelle können Sie die Einstellung deaktivieren (siehe *Abbildung 3.11*). Im Anschluss muss der PC neu gestartet werden, damit die Änderung aktiv wird.

Nach dem Neustart des Rechners ist die Benutzerkontensteuerung deaktiviert, und Sie können Einstellungen an Ihrem PC durchführen, ohne jedes Mal ein Meldungsfeld bestätigen zu müssen.

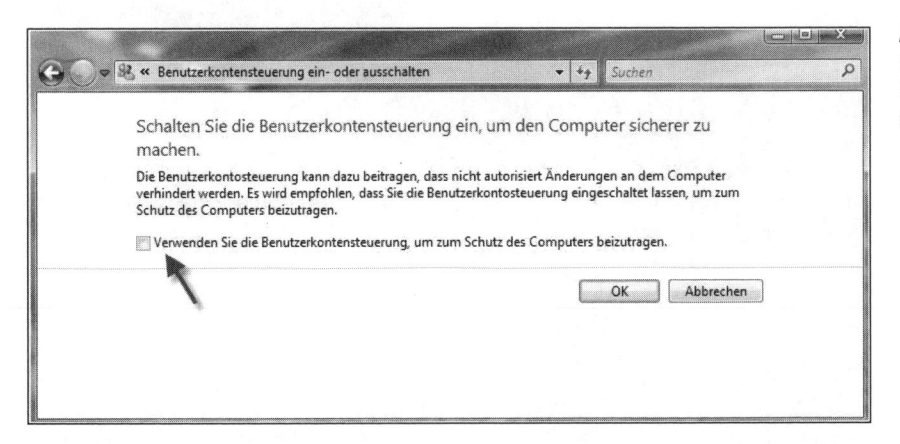

Abbildung 3.11: Deaktivierung der Benutzerkontensteuerung

Nachdem Sie die Benutzerkontensteuerung deaktiviert haben, stört diese allerdings noch immer über das Sicherheitscenter mit einer speziellen Meldung. Wenn Sie auch diese Meldung abstellen wollen, öffnen Sie über die

Erste Schritte

Systemsteuerung das Sicherheitscenter, oder klicken Sie doppelt auf das rote Schild in der Startleiste (siehe *Abbildung 3.12*).

Anschließend können Sie auf der linken Seite auf den Link *Die Sicherheitscenter-Benachrichtigungsmethode ändern* klicken. Danach können Sie die Option *Keine Benachrichtigung senden und das Symbol nicht anzeigen* wählen. Achten Sie aber darauf, dass Sie in diesem Fall nicht mehr vom Sicherheitscenter vor eventuellen Gefahren gewarnt werden. Da diese Meldungen für geübte Nutzer ohnehin selten sinnvoll sind, spielt das Beenden keine größere Rolle. Ungeübte Benutzer sollten allerdings aus Sicherheitsgründen die Benachrichtigungen aktiviert lassen.

> **TIPP**
>
> *Auf PCs in Unternehmen mit Active Directory lässt sich das Verhalten der Benutzerkontensteuerung auch per Gruppenrichtlinie konfigurieren. Die dazu notwendigen Einstellungen finden Sie über* Computerkonfiguration/Windows-Einstellungen/Sicherheitseinstellungen/Lokale Richtlinien/Sicherheitoptionen *(siehe Abbildung 3.13).*
>
> *Auf PCs, die nicht Bestandteil einer Domäne sind, kann der Gruppenrichtlinieneditor für lokale Einstellungen auch über* Start/Ausführen/gpedit.msc *aufgerufen werden (mehr zu diesem Thema erfahren Sie in Kapitel 12).*

Abbildung 3.12:
Deaktivierung der Benachrichtigungen des Sicherheitscenters

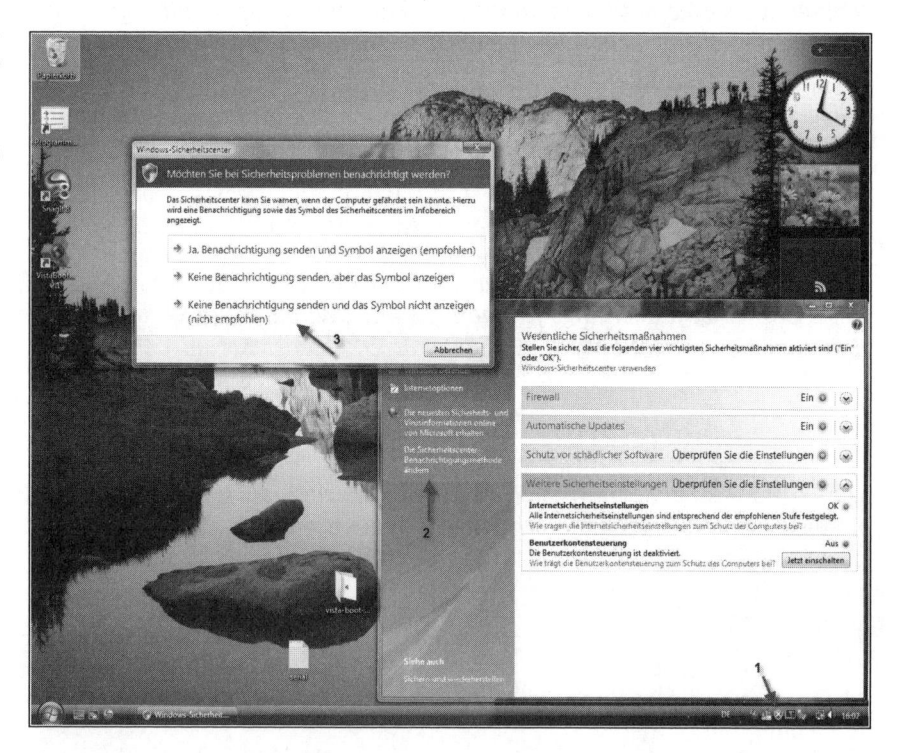

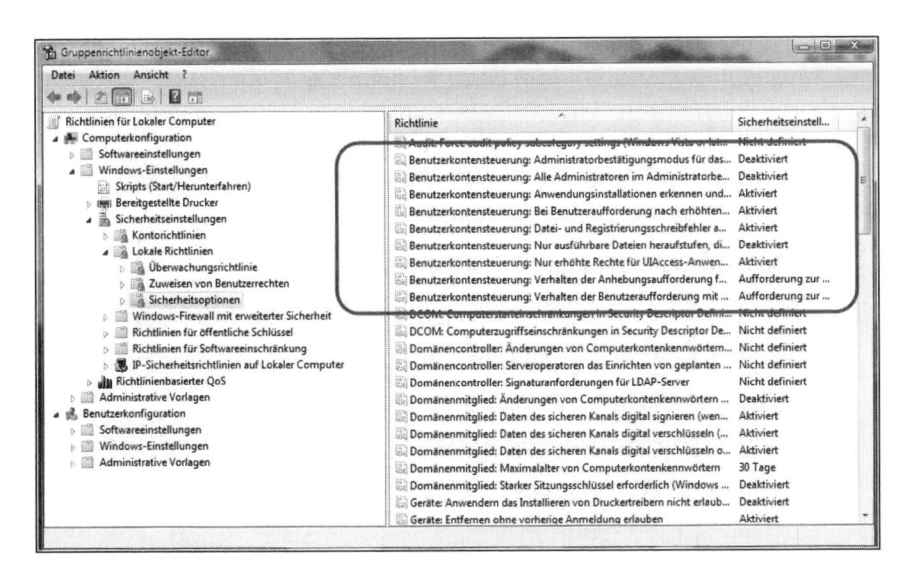

Abbildung 3.13:
Konfiguration der Benutzerkontensteuerung über Gruppenrichtlinien

Ist die Benutzerkontensteuerung deaktiviert, erhalten Sie keinen Zugriff mehr auf einige Ordner auf dem PC. Hauptsächlich handelt es sich hier um Ordner, die wegen der Kompatibilität zu Windows XP vorhanden sind, aber in Windows Vista nicht mehr benötigt werden. Um die Kompatibilität zu Windows XP-Programmen sicherzustellen, hat Microsoft solche Ordner als Verknüpfung implementiert. Diese Ordner enthalten im Normalfall aber keine Dateien mehr, sondern nur Verknüpfungen zu den neuen Pfaden der entsprechenden Dateien, zum Beispiel zum Profil eines Benutzerkontos (siehe Kapitel 18).

Wenn Sie die Benutzerkontensteuerung temporär wieder aktivieren und den PC neu starten, sollte der Zugriff wieder funktionieren. Der Zugriff auf diese Ordner wird allerdings für die Arbeit mit Windows Vista nie benötigt, daher können Sie ohne Weiteres die Benutzerkontensteuerung deaktivieren.

3.5 Deaktivierung der Windows-Suche

Die Windows-Suche in Windows Vista indexiert auch den Inhalt von Dateien, sodass Ergebnisse schneller gefunden werden können. Dies hat allerdings den Nachteil, dass auf PCs, deren Hardware nicht unbedingt optimal für Vista ist, die ganze Zeit die Festplatte in Benutzung ist und der Prozessor stark belastet wird.

Sie können die Performance von langsamen PCs enorm beschleunigen, wenn Sie den Dienst *Windows-Suche* beenden und deaktivieren. Sie finden die Konfiguration der Windows-Systemdienste im Startmenü. Klicken Sie dort mit der rechten Maustaste auf *Computer*, und wählen Sie im daraufhin geöffneten Kontextmenü den Eintrag *Verwalten*. Doppelklicken Sie anschlie-

Erste Schritte

ßend im Fenster der Computerverwaltung zunächst auf den Eintrag *Dienste und Anwendungen* und dann auf *Dienste* (siehe *Abbildung 3.13*). Doppelklicken Sie auf den Dienst *Windows-Suche*, um dessen Eigenschaften aufzurufen. Nun können Sie das Startverhalten auf *Deaktiviert* ändern und den Dienst beenden, indem Sie auf die gleichnamige Schaltfläche klicken. Bestätigen Sie abschließend das Dialogfeld über *OK*.

Abbildung 3.14:
Deaktivieren der Windows-Suche zur Performancesteigerung

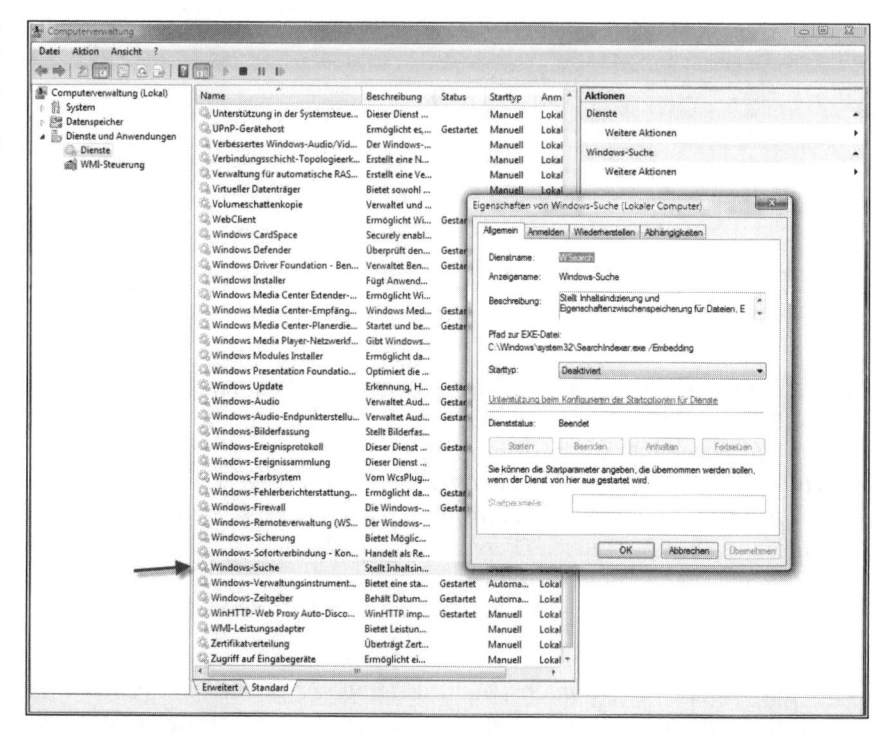

Sie sollten an dieser Stelle nur jene Dienste beenden, deren Funktion Sie kennen und von denen Sie wissen, dass Sie diese nicht mehr benötigen. Die meisten Dienste belasten Windows Vista nicht zu stark und werden normalerweise auch benötigt.

3.6 Flip und Flip 3D

Mit Flip 3D können Sie zwischen Anwendungen und Fenstern auf dem Desktop wechseln. Vista zeigt dazu die Ansicht dreidimensional an.

Flip 3D wird mit der Tastenkombination ⊞-Taste + ↹ gestartet. Wenn Sie die herkömmliche Umschaltung zwischen Fenstern und gestarteten Applikationen verwenden wollen, können Sie auch die Tastenkombination Alt + ↹ verwenden. Hier werden dann die Fenster mit Flip angezeigt. Die Ansicht von Flip ist zweidimensional und zeigt eine kleine Vorschau der Fenster an (siehe *Abbildung 3.15*).

Flip und Flip 3D

Abbildung 3.15: Umschalten zwischen Applikationen mit Flip

Sie können sich die Flip 3D-Funktion auch als Symbol auf dem Desktop anlegen. Gehen Sie dazu folgendermaßen vor:

1. Klicken Sie mit der rechten Maustaste auf den Desktop, und wählen Sie aus dem Kontextmenü *Neu/Verknüpfung*.
2. Geben Sie in der Befehlszeile für die Verknüpfung den Befehl *RunDll32 DwmApi #105* ein.
3. Klicken Sie auf *Weiter*, und geben Sie der Verknüpfung einen passenden Namen wie zum Beispiel *Flip 3D*.
4. Schließen Sie die Erstellung der Verknüpfung ab.

Abbildung 3.16: Verwenden von Flip 3D als Symbol auf dem Desktop

Damit Flip oder Flip 3D verwendet werden können, muss in den Darstellungsoptionen das Farbschema Windows Vista Aero *aktiviert sein (siehe Kapitel 5). Wenn als Schema* Windows Vista-Basis *aktiviert ist, werden die beiden Optionen nicht verwendet.*

Erste Schritte

Kapitel 5 geht näher auf die Konfiguration und Aktivierung von Aero ein. Sie finden diese Einstellungen, indem Sie mit der rechten Maustaste auf den Desktop klicken und im daraufhin geöffneten Kontextmenü den Eintrag Anpassen *auswählen.*

Klicken Sie anschließend auf den Link Fensterfarbe und -darstellung*. Wenn die Option* Transparenz aktivieren *gesetzt ist, wird Aero-Glas verwendet, und die Fensterrahmen werden transparent dargestellt.*

Über den Link Eigenschaften für klassische Darstellung öffnen... *gelangen Sie zur Steuerung der Aero-Oberfläche (siehe Abbildung 3.17).*

Abbildung 3.17: Konfiguration der Aero-Oberfläche

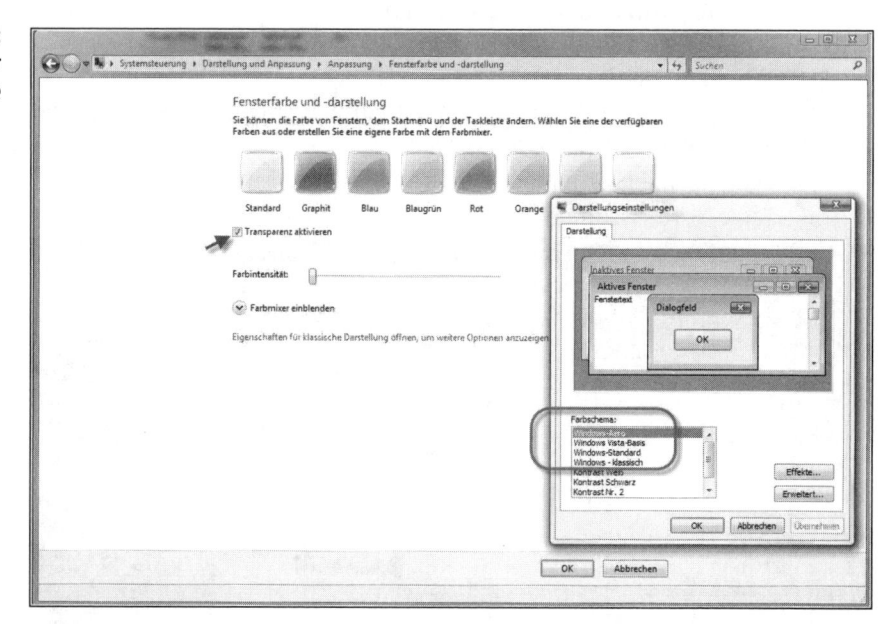

3.7 Tastenkombinationen

In den einzelnen Kapiteln wird noch ausführlicher auf die Tastenkombinationen in Windows Vista eingegangen. Nachfolgend sehen Sie die wichtigsten Tastenkombinationen in Verbindung mit der Windows-Logo-Taste:

- ⊞-Taste – Öffnen oder Schließen des Startmenüs
- ⊞-Taste + Pause – Anzeigen des Dialogfeldes *Systemeigenschaften*
- ⊞-Taste + D – Anzeigen des Desktops
- ⊞-Taste + M – Minimieren aller Fenster
- ⊞-Taste + ⇧ + M – Wiederherstellen minimierter Fenster auf dem Desktop
- ⊞-Taste + E – Öffnen von *Computer*

- ⊞-Taste + F – Suchen nach einer Datei oder einem Ordner
- Strg + ⊞-Taste + F – Suchen nach Computern (wenn Sie sich in einem Netzwerk befinden)
- ⊞-Taste + L – Sperren des Computers
- ⊞-Taste + R – Öffnen des Dialogfeldes *Ausführen*
- ⊞-Taste + T – Umschalten zwischen Programmen auf der Taskleiste
- ⊞-Taste + ⇆ – Umschalten zwischen Programmen auf der Taskleiste mithilfe von Windows Flip 3D
- Strg + ⊞-Taste + ⇆ – Verwenden der Pfeiltasten zum Umschalten zwischen Programmen auf der Taskleiste mithilfe von Windows Flip 3D
- ⊞-Taste + ⎵ – Anzeigen aller Minianwendungen im Vordergrund und Auswählen von Windows-Sidebar
- ⊞-Taste + G – Umschalten zwischen Sidebar-Minianwendungen
- ⊞-Taste + U – Öffnen des Centers für die erleichterte Bedienung
- ⊞-Taste + X – Öffnen des Windows-Mobilitätscenters

4 Automatisierte Installation, Deployment und Rollout

Bei Windows XP hat Microsoft die unternehmensweite Verteilung von Windows noch nicht optimal implementiert. Die Installationsroutine wurde für Anwender optimiert, die mit der CD Windows auf einem PC installieren wollten. Die Möglichkeiten in Windows XP zur Verteilung sind ziemlich begrenzt. Außerdem wurden viele Images benötigt, da in Unternehmen oft unterschiedliche Hardware verwendet wird. Auch die Dauer der Installation durch den Textmodus und die grafische Oberfläche dauerte sehr lange. Da bei Windows Vista die Leistungsfähigkeit der Hardware eine erhebliche Rolle spielt, stellt Microsoft das kostenlose Programm Windows Vista Hardware Assessment zur Verfügung, mit dem Sie die PCs im Netzwerk auf ihre Tauglichkeit für Windows Vista überprüfen können. Das Tool kann auf der Internetseite *http://www.microsoft.com/downloads/details.aspx?familyid=67240B76-3148-4E49-943D-4D9EA7F77730&displaylang=en* kostenlos herunter geladen werden.

Um Windows Vista in Unternehmen zu verteilen, unterstützt Microsoft Administratoren mit dem *Windows Automated Installation Kit (WAIK)*. WAIK ist optimiert für Windows Vista und enthält einige Tools, welche die Installation von Windows Vista deutlich optimieren. Mit dem WAIK sollen Tausende Rechner automatisiert installiert werden können, der Aufwand der Verteilung ist daher deutlich reduziert worden. Neue Hotfixes können extrem einfach in bestehende Images integriert werden. Die Werkzeuge zur Verteilung von Windows Vista sollen auch zur automatisierten Installation des Longhorn-Servers verwendet werden. Um Windows Vista in Unternehmen zu verteilen, hat Microsoft im Rahmen des WAIK einige Werkzeuge zur Verfügung gestellt, die ich im Folgenden ausführlicher behandle. Grundsätzlich gibt es zwei Möglichkeiten, Windows Vista automatisiert zu installieren:

- Sie installieren Windows Vista über die DVD und die *setup.exe* auf der DVD, der Sie auch eine Antwortdatei auf XML-Basis mitgeben können. Die Installation von Windows Vista von DVD basiert ebenfalls auf einem WIM-Image (siehe Kapitel 2).
- Alternativ können Sie einer installierten Windows Vista-Edition ein Image mit *ImageX* über die *Windows Deployment Services (WDS)* (siehe weiter hinten) oder eine Netzwerkfreigabe auf PCs im Unternehmen verteilen. WDS ist der Nachfolger der Remote Installation Services (RIS). WDS beherrschen im Gegensatz zu RIS die WIM-unterstützte

Automatisierte Installation, Deployment und Rollout

Installation. Auch ImageX legt WIM-Images an. Diese Images können ebenfalls mit Antwortdateien gesteuert werden. Letztere werden durch den *Windows System Image Manager* erstellt.

Die einzelnen Windows-Komponenten sind einzeln installierbar und beschreiben in XML-Dateien deren Installationsabläufe und Abhängigkeiten. Die Applikationen und einzelnen Komponenten von Windows Vista müssen nicht mehr in einer bestimmten Reihenfolge installiert werden, sogar Komponenten wie Sprachpakete für Multi-Language-Pakete müssen nicht mehr in einer bestimmten Reihenfolge installiert werden. Durch diese XML-basierte Steuerung der Installation wird die Verteilung deutlich flexibler gestaltet.

Windows Vista arbeitet mit dem WIM-Imageformat (Microsoft Windows Imaging). Statt eines sektorbasierten Imageformats, wie es heutzutage fast überall existiert, ist das WIM-Format dateibasiert. Dies hat mehrere Vorteile:

- WIM ist hardwareunabhängig. Das bedeutet, Sie brauchen nur ein Image für verschiedene Hardwarekonfigurationen.
- Mit WIM können mehrere Images in einer Datei gespeichert werden, und zwar Images mit und ohne Anwendungen.
- WIM nutzt eine Kompression und ein Single-Instance-Verfahren. So wird die Größe von Imagedateien deutlich reduziert. Single-Instancing ist eine Technologie, bei der jede Datei nur einmal gespeichert wird. Wenn zum Beispiel Image 1, 2 und 3 alle die Datei A enthalten, dann sorgt Single-Instancing dafür, dass Datei A nur tatsächlich einmal gespeichert wird.
- WIM ermöglicht die Offline-Bearbeitung von Images. Sie können Betriebssystemkomponenten, Patches und Treiber hinzufügen oder löschen, ohne ein neues Image erstellen zu müssen.
- Mit WIM können Images auf Partitionen jeder Größe installiert werden. Sektorbasierte Imageformate benötigen eine Partition der gleichen Größe oder eine größere Partition.
- Windows Vista stellt eine API für das WIM-Imageformat zur Verfügung, die WIMGAPI. Diese kann von Entwicklern für die Arbeit mit WIM-Imagedateien genutzt werden.
- Mit WIM können auf dem Zielvolumen vorhandene Daten beibehalten werden. Das Einrichten eines Images löscht nicht zwingend alle vorhandenen Daten auf der Festplatte.

In Kombination mit WinPE lassen sich diese Images auch erweitern oder ändern, ohne dass Windows dazu komplett gestartet sein muss. So ist es beispielsweise möglich, schnell einen Treiber auszutauschen, ohne dass das Image komplett neu geschrieben werden muss.

Ein weiterer Vorteil des WIM-Formats ist das sogenannte »non-destructive Deployment«. Das bedeutet, dass beim Einspielen des Images die Daten, die sich bereits auf der Festplatte befinden, nicht vernichtet werden.

Windows Vista kann nicht über die Remote-Installation-Service (RIS)-Technologie installiert werden. Der Nachfolger von RIS sind die Windows Deployment Services (WDS), die auch unter Windows Server 2003 installiert werden können.

Mit den WDS können auch Windows Server 2003, XP und 2000 installiert werden. Außerdem unterstützen die WDS die WIM-Technologie. Die WDS können kostenlos nach Erscheinen heruntergeladen und auf einem Windows Server 2003 installiert werden. Im Longhorn-Server werden die WDS bereits standardmäßig als Serverdienst implementiert. WDS ist im Windows Automated Installation Kit (WAIK) und im Windows Server 2003 Service Pack 2 enthalten und kann von dort aus „über" einen bestehenden RIS installiert werden.

Auch das *User State Migration Tool (USMT)*, das später in diesem Kapitel behandelt wird, gibt es wieder in Windows Vista. Das Tool wurde dazu überarbeitet und liegt jetzt in Version 3.0 vor. Mit dem USMT 3.0 können Benutzerkonten und -einstellungen zwischen Windows Vista-PCs migriert werden, Desktop- und Programmeinstellungen, auch die Daten der Benutzer können übernommen werden. Das Tool kann Berechtigungen migrieren und verschlüsselte Dateien. Die Konfiguration basiert, wie die Antwortdateien von Windows Vista, auf XML.

4.1 Einführung in die automatisierte Installation von Windows Vista

Im folgenden Abschnitt bespreche ich die wichtigsten Tools, mit denen eine automatisierte Vista-Installation durchgeführt werden kann. Es würde den Rahmen dieses Buches sprengen, eine komplette Rollout-Strategie darzustellen bzw. den allumfassenden Umgang mit den Werkzeugen. Ich erläutere jedoch alle relevanten Werkzeuge und zeige Ihnen die wichtigsten Möglichkeiten, die Installation von Windows Vista zu automatisieren. Noch nie hatte ein Windows so viele Möglichkeiten zur automatisierten Installation wie Windows Vista.

Alle im folgenden Abschnitt beschriebenen Funktionen und Tools, die zum Rollout von Windows Vista benötigt werden, sind im *Windows Automated Installation Kit (WAIK)* enthalten, das von Microsoft bezogen werden kann. Das WAIK ist Bestandteil des neuen *Microsoft Business Desktop Deployments 2007 (BDD 2007,* siehe *Abbildung 4.1).* Das BBD enthält darüber hinaus das am Ende besprochene *User State Migration Tool (USMT) 3.0*, mit dem Benutzerdaten von einem PC zu einem anderen skriptbasiert übernommen werden können. Sie können das WAIK von der Internetseite *http://www.microsoft.com/downloads/details.aspx?familyid=C7D4BC6D-15F3-4284-9123-679830D629F2&displaylang=en* kostenlos herunterladen. Alternativ suchen Sie in Google nach den Begriffen WAIK und Download.

Automatisierte Installation, Deployment und Rollout

Die Datei ist ca. 1 GB groß. Das BDD 2007 können Sie von der Internetseite *http://www.microsoft.com/downloads/details.aspx?FamilyID = 13f05be2-fd0e-4620-8ca6-1aad6fc54741&DisplayLang = en* ebenfalls kostenlos herunterladen. Der Download beträgt zwischen 30 und 50 MB.

Abbildung 4.1:
Oberfläche von Microsoft BDD

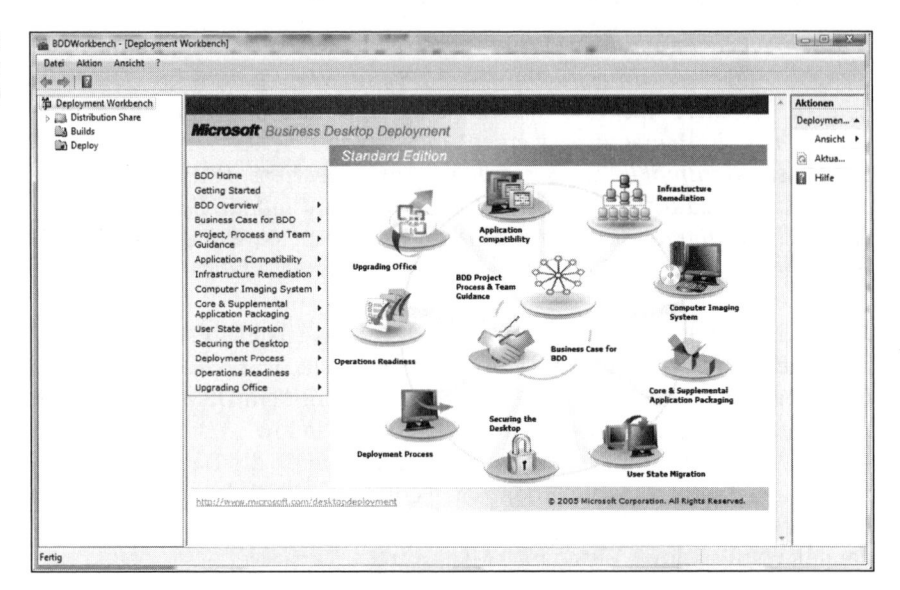

4.1.1 Notwendige Funktionen für die automatisierte Installation

In Windows Vista werden einige Tools, die auch unter Windows XP im Einsatz sind, weiterverwendet. Zusätzlich gibt es neue Tools und Funktionen, außerdem sind einige Funktionen weggefallen. Im folgenden Abschnitt gehe ich mit Ihnen eine Kurzbeschreibung der notwendigen Tools durch. Außerdem gehe ich auch kurz auf die Programme und Tools ein, die nicht mehr verwendet werden müssen.

> **INFO**
>
> *Bei Windows XP verhinderten technische Einschränkungen die Erstellung eines einzigen Images, das auf allen Computern bereitgestellt werden konnte. Unterschiedliche HAL-Schichten (Hardware Abstraction Layer) bedeuteten, dass Sie mehrere Images pflegen mussten. In Windows Vista bestehen diese technischen Einschränkungen nicht mehr; das Betriebssystem ist in der Lage, die benötigte HAL festzustellen und sie automatisch zu installieren.*

Notwendige Tools für die automatisierte Installation

In diesem Abschnitt gehe ich kurz auf die notwendigen Tools ein, die Sie für das Deployment von Windows Vista benötigen. Die Bedienung und die einzelnen Funktionen dieser Tools beschreibe ich in den diversen Abschnitten dieses Kapitels.

- SYSPREP: Dies ist die aktualisierte, für Windows Vista abgeänderte Version.
- SETUP: Ein neues Installationsprogramm für Windows Vista, das WINNT und WINNT32 ersetzt.
- IMAGEX: Das neue Befehlszeilentool zur Erstellung von WIM-Images.
- Windows System Image Manager: Ein Tool zum Erstellen und Ändern von unattend.xml-Dateien.
- PEIMG: Das Tool zur Anpassung von Windows PE 2.0-Images.
- Windows Deployment Services: Die neue Version von RIS, mit der die Bereitstellung von Windows Vista- und Windows XP-Images sowie Windows PE 2.0-Startimages ermöglicht wird.
- PNPUTIL: Mit diesem neuen Tool können Treiber dem Treiberspeicher von Windows Vista hinzugefügt sowie daraus entfernt werden.
- PKGMGR: Dieses ebenfalls neue Windows Vista-Tool dient zur Wartung des Betriebssystems.
- OCSETUP: Dieses Hilfsprogramm ersetzt SYSOCMGR und dient zur Installation von Windows-Komponenten.
- BCDEDIT: Ein neues Tool von Windows Vista zum Bearbeiten von Startkonfigurationsdaten.
- Application Compatibility Toolkit 5.0: Mit diesem aktualisierten Tool können Sie feststellen, ob Ihre Anwendungen mit Windows Vista kompatibel sind.
- User State Migration Tool 3.0: Ein aktualisiertes Tool zum Erfassen und Wiederherstellen von Benutzereinstellungen, das in Windows XP und Windows Vista sowie allen Version von Office einschließlich Office 2007 eingesetzt werden kann.

Nicht mehr verwendete Tools

In diesem Abschnitt liste ich die Tools auf, die für das Deployment von Windows Vista nicht mehr benötigt werden.

- Remote Installation Services: RIS wurde durch Windows Deployment Services (WDS) ersetzt, bietet unter Windows Server 2003 jedoch noch Legacy-Unterstützung; RIPREP und RISETUP können bei Windows Vista nicht verwendet werden.
- Setup Manager/Notepad: Verwenden Sie zum Bearbeiten der Konfigurationsdateien für die unbeaufsichtigte Installation stattdessen Windows System Image Manager.
- WINNT.EXE und WINNT32.EXE: Verwenden Sie stattdessen SETUP.
- SYSOCMGR: Ersetzt durch OCSETUP, PKGMGR.
- MS DOS-Startdisketten: Nicht mehr nötig. Verwenden Sie Windows PE.

Automatisierte Installation, Deployment und Rollout

4.1.2 Windows System Image Manager (Windows SIM), Antwortdateien und Kataloge

Mit diesem Tool können einfach Antwortdateien auf XML-Basis erstellt werden. Auch Netzwerkfreigaben können so konfiguriert werden, dass sie Konfigurationen zur Verteilung von Windows Vista enthalten. Mit Windows SIM kann auf einem Computer eine Antwortdatei auf XML-Basis erstellt werden, auf deren Basis wiederum ein Installationsimage.

Dieses Image kann entweder über Netzwerkfreigaben auf Zielcomputern installiert oder durch die Windows Deployment Services (WDS) im Unternehmen verteilt werden.

Abbildung 4.2:
Katalogdateien der Windows Vista-Installations-DVD

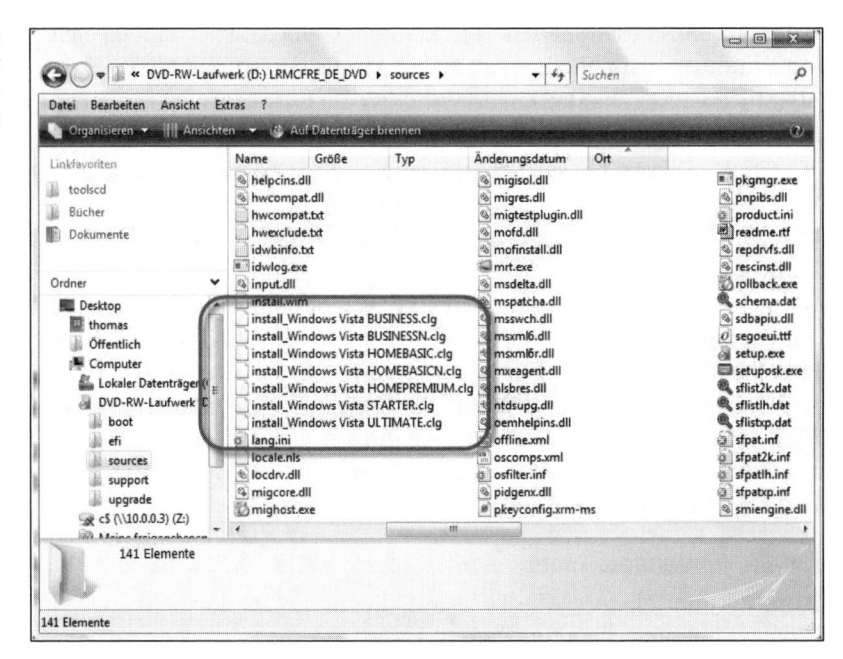

Die Antwortdatei enthält alle vordefinierten Optionen, die bei der Installation von Windows Vista gefordert sind. Dadurch lassen sich Eingaben wie PC-Namen, Seriennummer und Ähnliches in einer Datei vorgeben, sodass während der Installation keinerlei Eingaben mehr gemacht werden müssen.

- Die Katalogdatei eines Images (*.clg) enthält die Einstellungen und Pakete, die in einem Image auf WIM-Basis enthalten sind. Da auch die normale Installation von Windows Vista auf einem WIM-Image basiert, finden Sie auf der Vista-Installations-DVD im Verzeichnis *sources* die *.clg-Dateien der verschiedenen Windows-Editionen (siehe *Abbildung 4.2*). WIM-Images haben als Dateityp die Bezeichnung *.wim*.

In diesen Dateien ist festgelegt, welche Komponenten von Windows Vista bei den einzelnen Vista-Editionen installiert werden. Um eine Antwortdatei zu erstellen, wird normalerweise folgendermaßen vorgegangen:

Einführung in die automatisierte Installation von Windows Vista

1. Um eine Antwortdatei zu erstellen, sollten Sie die folgenden Vorgänge idealerweise auf einem Admin-PC durchführen, auf dem Sie das Windows Automated Installation Kit (WAIK) installiert haben.
2. Kopieren Sie auf diesem Admin-PC die Datei *install.wim* von der Windows Vista-DVD aus dem Verzeichnis *sources* in ein temporäres Verzeichnis auf der Festplatte, zum Beispiel *c:\vista-untattend*. Auf Basis der Vista-Standardinstallation lassen sich am besten Antwortdateien erstellen. Diese Datei enthält das Windows Vista-Standardimage mit einer Größe von etwa 2,3 GB (siehe *Abbildung 4.3*).

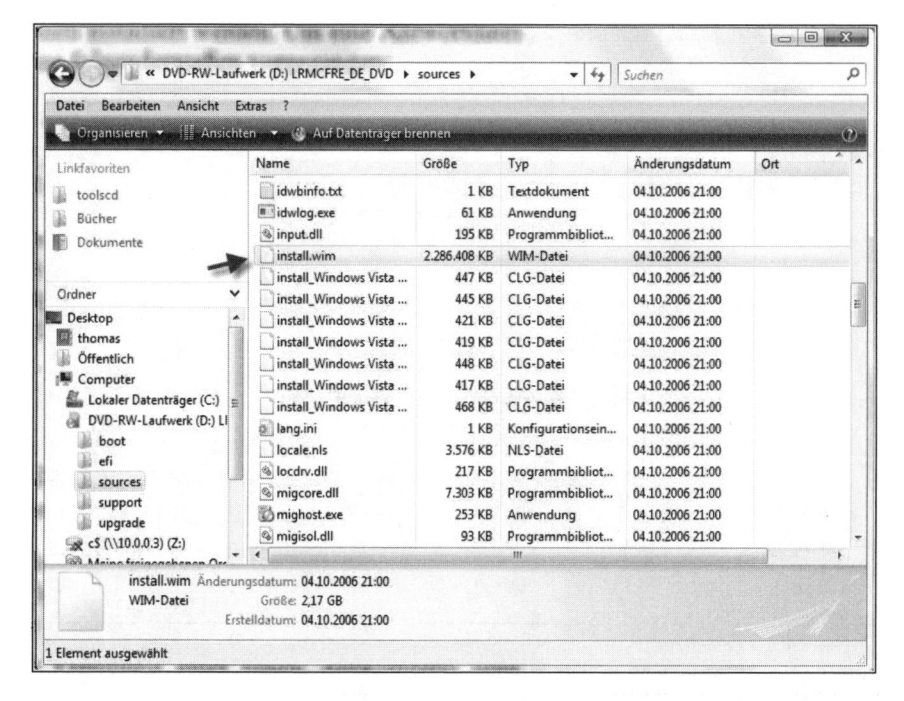

Abbildung 4.3: Erstellen einer Antwortdatei auf Basis der Windows Vista-Standardinstallationsdatei

3. Starten Sie über *Start/Alle Programme/Microsoft Windows AIK* das Programm *Windows System Image Manager*.
4. Zunächst wird mit Windows SIM eine Antwortdatei auf XML-Basis erstellt. Öffnen Sie dazu im Image Manager über *File/Select Windows Image* die zuvor kopierte Datei *install.wim* (siehe *Abbildung 4.4*). Wählen Sie aus, welche Windows Vista-Edition Sie innerhalb des Images verwenden wollen. Beachten Sie, dass Sie über entsprechende Lizenzen dieser Edition verfügen müssen.
5. Erscheint eine Meldung, dass noch kein Katalog (*.clg) vorhanden ist, bestätigen Sie die Meldung, damit dieser erstellt wird (siehe *Abbildung 4.5*). Normalerweise öffnet sich die Katalogdatei der entsprechenden Windows-Edition auf der Windows Vista-DVD (siehe *Abbildung 4.2*). Da Sie jedoch die Datei *install.wim* auf die Festplatte kopiert haben,

Automatisierte Installation, Deployment und Rollout

kann der Assistent die vorhandene Datenbank nicht finden und fordert Sie auf, eine neue Katalogdatei zu erstellen. Das geschieht über die Bestätigung der Meldung.

Nach dem erfolgreichen Ladevorgang wird das Image im Image Manager angezeigt, und Sie können sich durch die einzelnen Funktionen und Pakete klicken (siehe *Abbildung 4.6*).

Abbildung 4.4:
Auswählen des verwendeten Images in der WIM-Datei

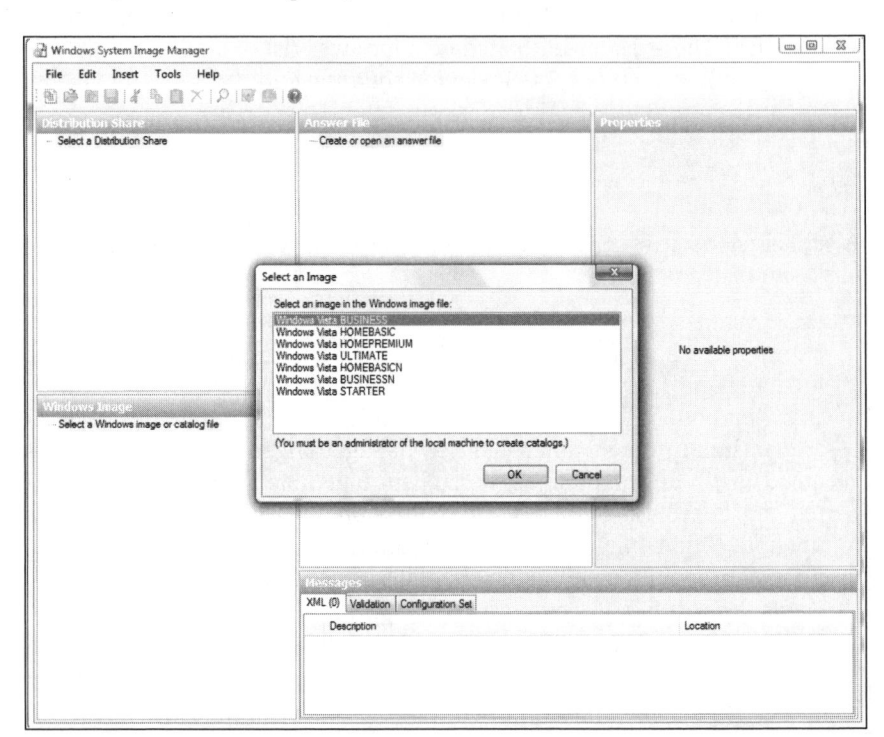

Abbildung 4.5:
Erstellen einer neuen Katalogdatei

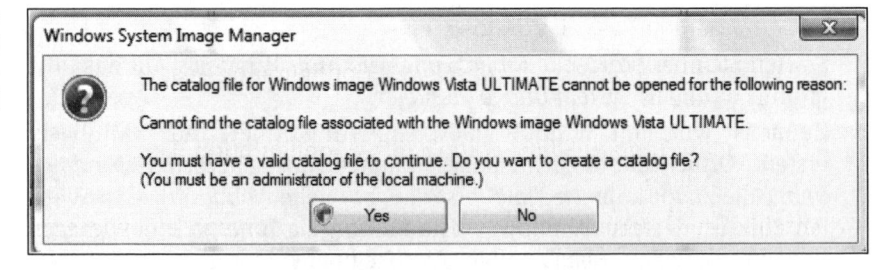

Abbildung 4.6:
Geladenes Image im Image Manager

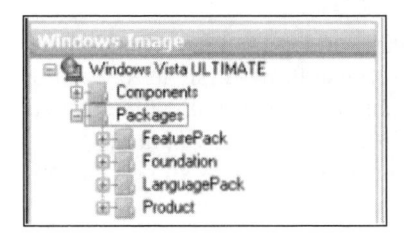

Im oberen, linken Bereich des Image Managers können Sie ein Distribution Share hinterlegen, in dem Sie zusätzliche Treiber oder Hotfixes ablegen. Auch diese Komponenten können Sie in die Vista-Installation integrieren (siehe *Abbildung 4.7*).

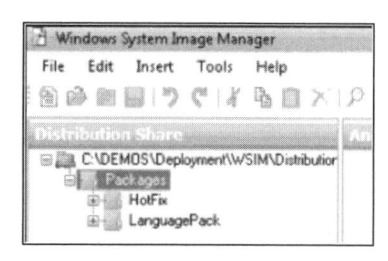

Abbildung 4.7:
Verwenden eines Distribution Shares

Anschließend starten Sie die Erstellung einer neuen Antwortdatei über *File/New Answer File*.

6. Im Anschluss werden notwendige Komponenten hinzugefügt und bearbeitet. Dazu können Sie im Windows SIM im Bereich des Images das hinzugefügte Image öffnen lassen und die Einstellungen vornehmen. Um Komponenten hinzuzufügen, klicken Sie diese mit der rechten Maustaste an, und wählen Sie den dazugehörigen *Configuration Pass* aus. Um ein Beispielimage zu erstellen, fügen Sie folgende Komponenten mit dem dazugehörigen *Configuration Pass* hinzu. Wenn Sie die unterste Einstellung im Baum hinzufügen, werden automatisch alle übergeordneten Einstellungen ebenfalls der Antwortdatei hinzugefügt:

- *Microsoft-Windows-Setup\DiskConfiguration\Disk\CreatePartitions\CreatePartition* – Configuration Pass:1 Windows PE
- *Microsoft-Windows-Setup\DiskConfiguration\Disk\ModifyPartitions\ModifyPartition* – Configuration Pass:1 Windows PE
- *Microsoft-Windows-Setup\ImageInstall\OSImage\InstallTo* – Configuration Pass: 1 Windows PE
- *Microsoft-Windows-Setup\UserData* – Configuration Pass: 1 Windows PE
- *Microsoft-Windows-Shell-Setup\OOBE* – Configuration Pass: 7 oobeSystem

7. Anschließend werden Windows-Einstellungen vorgegeben, wie zum Beispiel die Datenträgerkonfiguration oder der Start des Betriebssystems. Sie können die Antwortdatei bearbeiten, indem Sie die Einstellungen der oben übernommenen Komponenten bearbeiten. Microsoft empfiehlt als Standardkonfiguration für eine unbeaufsichtigte Installation die Einstellungen in *Tabelle 4.1*.

Automatisierte Installation, Deployment und Rollout

Tabelle 4.1: Empfohlene Standardeinstellungen für eine unbeaufsichtigte Vista-Installation

Komponente	Einstellung
Microsoft-Windows-Setup\DiskConfiguration	WillShowUI = OnError
Microsoft-Windows-Setup\DiskConfiguration\Disk	DiskID = 0 WillWipeDisk = true
Microsoft-Windows-Setup\DiskConfiguration\Disk\CreatePartitions\CreatePartition	Extend = false Order = 1 Size = 20000 Type = Primary
Microsoft-Windows-Setup \DiskConfiguration\Disk\ModifyPartitions\ModifyPartition	Active = true Extend = false Format = NTFS Label = OS_Install Letter = C Order = 1 PartitionID = 1
Microsoft-Windows-Setup\ImageInstall\OSImage\	WillShowUI = OnError
Microsoft-Windows-Setup\ImageInstall\OSImage\InstallTo	DiskID = 0 PartitionID = 1
Microsoft-Windows-Setup\UserData	AcceptEula = true
Microsoft-Windows-Setup\UserData\ProductKey	Key = *Product key* WillShowUI = OnError
Microsoft-Windows-Shell-Setup\OOBE	HideEULAPage = true ProtectYourPC = 3 SkipMachineOOBE = true SkipUserOOBE = true

Die Bearbeitung der Antwortdatei ist grundsätzlich recht einfach zu bewerkstelligen. Da es sich um eine XML-Datei handelt, werden die einzelnen Optionen der Antwortdatei nicht mehr durch die Bearbeitung einer Datei mit dem Editor durchgeführt. Alle Funktionen, die in Antwortdateien für Windows XP unterstützt wurden, stehen auch für Antwortdateien unter Windows Vista zur Verfügung. Die Bearbeitung der einzelnen Einstellungen findet ebenfalls im Fenster des Windows SIM statt (siehe *Abbildung 4.8*). In der Antwortdatei können Sie im entsprechenden Bereich sogar Favoriten zum Internet Explorer hinzufügen.

Einführung in die automatisierte Installation von Windows Vista

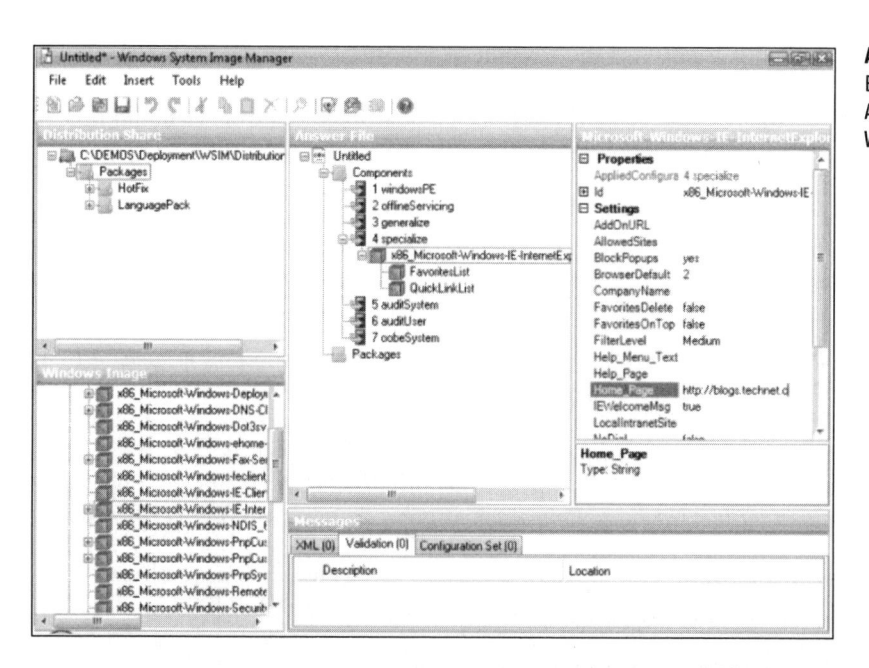

Abbildung 4.8:
Bearbeiten von Antwortdateien im Windows SIM

8. Der nächste Schritt besteht darin, die Antwortdatei zu validieren, also auf Konsistenz zu überprüfen. Klicken Sie dazu im Image Manager auf *Tools/Validate Answer File* (siehe *Abbildung 4.9*). Windows SIM informiert Sie darüber, ob die Antwortdatei in Ordnung ist oder nicht (siehe *Abbildung 4.10*).

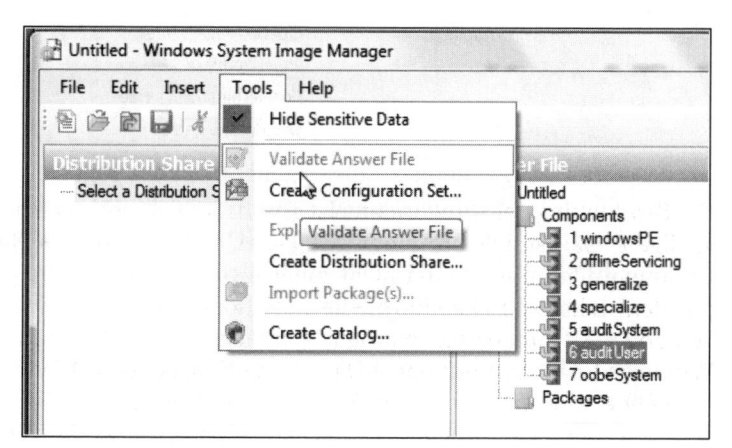

Abbildung 4.9:
Validieren einer Antwortdatei

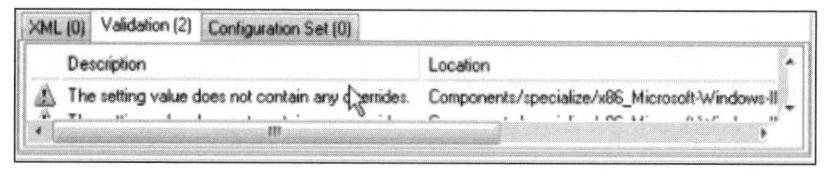

Abbildung 4.10:
Validierung von Antwortdateien

157

Automatisierte Installation, Deployment und Rollout

9. Schließlich wird die erstellte Antwortdatei auf einem Wechselmedium wie Diskette oder USB-Stick gespeichert. Klicken Sie dazu auf *File/Save Answer File* (siehe *Abbildung 4.11*). Kopieren Sie die Datei im Anschluss auf Diskette oder einen USB-Stick.

> **TIPP**
> *Speichern Sie Windows Vista-Antwortdateien am besten als* Autounattend.xml. *Beim Starten der Installation durchsucht Windows Vista standardmäßig alle Wechseldatenträger auf eine Datei* Autounattend.xml *und verwendet die hinterlegten Antworten zur Installation.*
>
> *Normalerweise werden Antwortdateien als* unattend.xml *gespeichert. Wenn Sie während der Installation auch die Datenträgerpartitionierung über die Antwortdatei automatisieren wollen, muss die Datei* autounattend.xml *genannt werden. Die Einstellungen, die in der Datei* autounattend.xml *vorgenommen wurden, werden während der Windows PE-Konfiguration durchgeführt, also vor dem Kopieren von Dateien auf den Datenträger.*

Abbildung 4.11: Speichern einer Antwortdatei

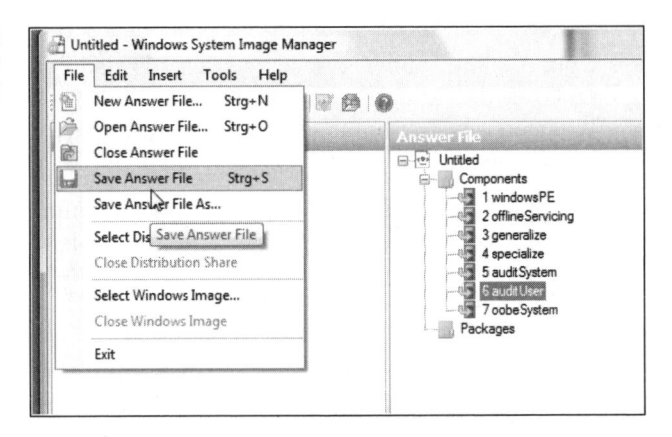

10. Mithilfe dieser erstellten Antwortdatei wird der sogenannte Master-PC installiert. Sie benötigen dazu entweder die Windows Vista-DVD oder Vista-Installationsdateien auf einer Netzwerkfreigabe. Um die Installation durchzuführen, legen Sie am besten die Vista-DVD und den Datenträger mit der Antwortdatei in die entsprechenden Laufwerke ein.

Windows Vista für die Erstellung von Images vorbereiten – Sysprep verwenden

Bevor Sie ein Image eines PC erstellen, sollten natürlich zunächst benutzerspezifische und spezielle maschinenbezogene Einstellungen zurückgesetzt werden, damit das Image auch auf allen PCs verwendet werden kann. Microsoft stellt zur Vorbereitung eines Images das Tool *Sysprep* zur Verfügung, mit dessen Hilfe Sie diese benutzerspezifischen Einstellungen zurücksetzen können.

11. Wenn Sie die Installation von Windows Vista auf dem Mastercomputer abgeschlossen haben, führen Sie in der Befehlszeile des PC den Befehl *C:\Windows\System32\Sysprep.exe /oobe /generalize /shutdown* aus. Bei diesem Vorgang wird der PC von den Benutzer- und Computereinstellungen bereinigt, und Sie können ein Image erstellen lassen. Dieses Tool wurde bereits unter Windows XP eingesetzt. Mit Sysprep lässt sich ein installiertes Windows Vista optimal zur Erstellung eines Images vorbereiten, indem SID und bereits definierte Einstellungen gelöscht werden. Nach der Durchführung von Sysprep kann ein Image erstellt werden, das wiederum auf andere PCs verteilt werden kann.

Sysprep unterstützt einige Optionen, die Sie im einen oder anderen Fall verwenden können. Die generelle Syntax von Sysprep ist folgende:

sysprep.exe [/oobe | /audit] [/generalize] {/reboot | /shutdown | /quit} [/quiet] [/unattend:answerfile]

- */audit* – Startet den PC im Überwachungsmodus. Nach dem Start können zusätzliche Treiber oder Programme installiert werden.
- */generalize* – Diese Option sollte immer gesetzt werden, da dadurch Windows für die Erstellung des Images vorbereitet wird. Mit dieser Option werden alle einzigartigen Einstellungen vom PC entfernt, die Security-ID (SID) zurückgesetzt, Wiederherstellungspunkte gelöscht und die Ereignisanzeigen geleert.
- */oobe* – Mit dieser Option wird der Begrüßungsbildschirm beim nächsten Boot gestartet.
- */reboot* – Diese Option startet den PC neu. Sie wird oft zusammen *mit* */audit* verwendet, um nach der Durchführung von Sysprep zu überprüfen, wie sich der PC beim ersten Start verhält.
- */shutdown* – Diese Option fährt den PC herunter, nachdem Sysprep durchgeführt worden ist.
- */quiet* – Mit dieser Option gibt Sysprep keine Meldungen aus. Sie wird normalerweise verwendet, wenn die Durchführung von Sysprep automatisiert wird.
- */quit* – Mit dieser Option wird Sysprep nach der Fertigstellung beendet.
- */unattend: < Antwortdatei >* – Mit dieser Option werden der Pfad und die Bezeichnung der Antwortdatei für die Windows-Installation gesetzt.

Einschränkungen von Sysprep

Wenn Sie mit Sysprep arbeiten, sollten Sie auch die Einschränkungen des Programms berücksichtigen, da diese für die Vorbereitung von Images eine erhebliche Rolle spielen:

- Sie sollten nur die Sysprep-Version von Windows Vista zur Vorbereitung eines Windows Vista-Images verwenden.

- Sysprep kann nicht sicherstellen, dass Windows Vista auf einem PC mit anderer HAL (Hardware Abstraction Layer) installiert werden kann.
- Die Zeit, in der Windows Vista nach der Installation aktiviert werden muss, kann durch Sysprep bis zu dreimal zurückgesetzt werden. Nach der dritten Ausführung von Sysprep für einen PC wird diese Dauer nicht mehr zurückgesetzt.
- Sysprep kann nur auf PCs ausgeführt werden, die sich in einer Arbeitsgruppe befinden. Die Ausführung auf PCs, die Mitglied einer Domäne sind, wird nicht unterstützt.
- Wenn Sysprep auf einem PC mit verschlüsselten Dateien ausgeführt wird, sind diese Dateien nach der Ausführung unbrauchbar.

Alle weiteren Schritte beschreibe ich Ihnen im nächsten Abschnitt dieses Kapitels.

4.1.3 Windows Preinstallation Environment (Windows PE)

Hierbei handelt es sich um eine Minimalversion von Windows Vista, das auf 32-Bit-Basis die Kernelfunktionen von Vista enthält. Auch die Basisinstallation von Windows Vista basiert auf Windows PE, es gibt keinen textorientierten Teil der Installation mehr. Windows PE gehört daher jetzt zum Lieferumfang von Windows Vista und muss nicht mehr gesondert heruntergeladen und installiert werden. Für Windows Vista gibt es daher keine DOS-Bootdisketten mehr, sie werden ersatzlos durch Windows PE ersetzt.

Trotz aller Funktionsvielfalt ist Windows PE kein normales Betriebssystem, sondern dient lediglich zur Installation oder Diagnose von Windows Vista. Während der Installation von Windows Vista lädt die Installationsroutine die Windows PE-Version auf der DVD mit einer Größe von etwa 140 MB. Auf dieser Basis wird dann Windows Vista installiert.

Auch die Computerreparaturoptionen von Windows Vista sind jetzt auf Basis von Windows PE aufgebaut und keine eigenständigen Programme mehr (siehe *Abbildung 4.12*).

Mit Windows PE können Installationsvorbereitungen und Rollouts von Windows Vista durchgeführt werden. Nachdem Sie die Antwortdatei erstellt und einen Master-PC installiert haben, können Sie ein Image des PC erstellen, auf dessen Basis Sie die Vista-Installation im Netzwerk verteilen. Gehen Sie dazu folgendermaßen vor:

1. Im ersten Schritt wird eine CD erstellt, mit deren Hilfe Sie Windows PE auf diesem PC starten können.
2. Im Anschluss wird der Master-PC mit der Windows PE-CD gestartet.

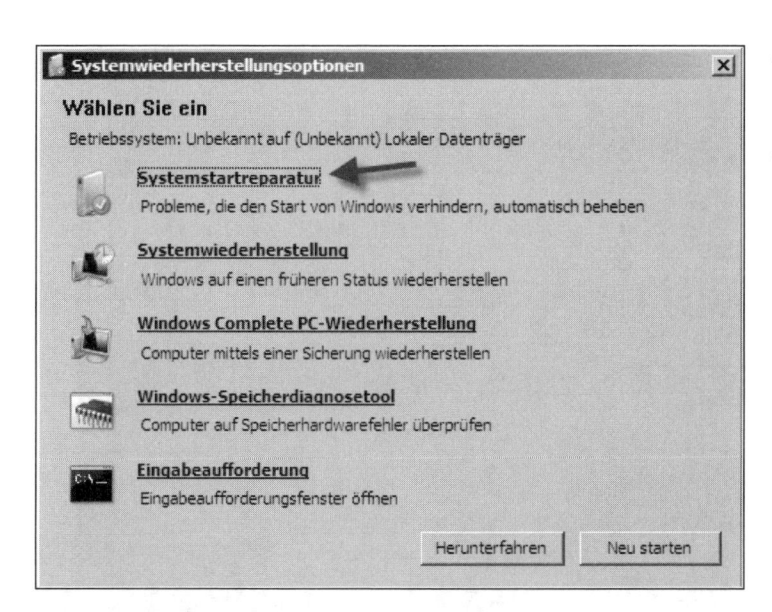

Abbildung 4.12:
Systemwiederherstellungsoptionen auf Basis von Windows PE

Erstellen einer Windows PE-CD

Um eine PE-CD zu erstellen, benötigen Sie ebenfalls das Windows Automated Installation Kit (WAIK). Gehen Sie dazu folgendermaßen vor:

1. Um eine solche CD zu erstellen, öffnen Sie eine Befehlszeile, und gehen Sie in das Verzeichnis *C:\Program Files\Windows AIK\Tools\PETools*.
2. Fügen Sie in der Befehlszeile den Befehl *copype.cmd* < *Systemvariante* > < *Verzeichnis* > ein. Als Systemvariante können Sie entweder *x86*, *amd64* oder *ia64* verwenden, abhängig davon, welches System Sie einsetzen. Als Verzeichnis geben Sie ein beliebiges Verzeichnis auf der Festplatte des Admin-PC an, zum Beispiel *winpe*. Ein Beispiel für die Eingabe des Befehls ist: *copype.cmd x86 c:\winped* (siehe *Abbildung 4.13*). Sie müssen das Verzeichnis vorher nicht erstellen, der Assistent erstellt es automatisch und legt die Dateien im Anschluss darin ab.
3. Anschließend sollten Sie zusätzliche Tools in dieses Verzeichnis kopieren, das Sie beim Starten von Windows PE benötigen. Zumindest das Imaging-Programm *imagex.exe* sollten Sie in das Verzeichnis kopieren. Sie finden *imagex.exe* unter *C:\Program files\Windows AIK\Tools\x86\imagex.exe*. Kopieren Sie *Imagex.exe* in das Unterverzeichnis ISO im PE-Verzeichnis auf Ihrer Festplatte.
4. Anschließend können Sie für ImageX noch die Datei *wimscript.ini* erstellen. Sie sollte die Einträge des *Listings 4.1* enthalten. Speichern Sie die Datei im gleichen Verzeichnis wie *ImageX.exe* (siehe *Abbildung 4.14*). Diese Datei weist ImageX an, einige Dateien bei der Erstellung des Images zu überspringen. Beim Starten von ImageX verwendet dieses Tool automatisch die Datei *wimscript.ini*, wenn sich diese im gleichen Verzeichnis befindet.

Automatisierte Installation, Deployment und Rollout

Abbildung 4.13:
Erstellen einer Windows PE-Installation auf der Festplatte

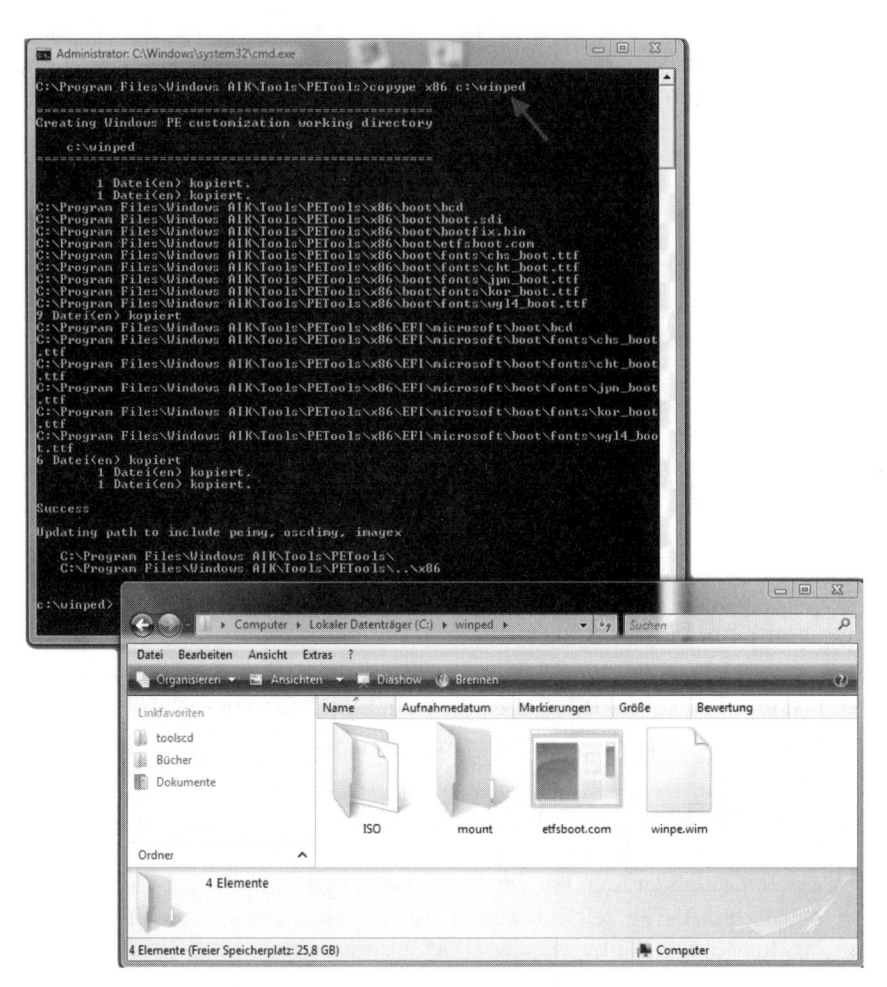

Listing 4.1: Inhalt der Datei wimscript.ini

```
[ExclusionList]
ntfs.log
hiberfil.sys
pagefile.sys
"System Volume Information"
RECYCLER
Windows\CSC
[CompressionExclusionList]
*.mp3
*.zip
*.cab
\WINDOWS\inf\*.pnf
```

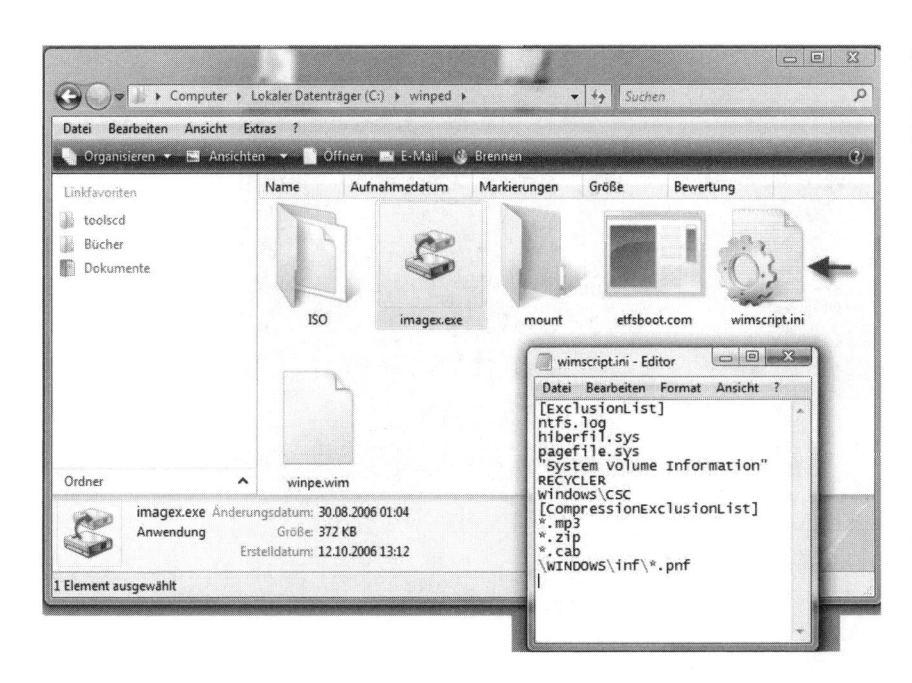

Abbildung 4.14:
Erstellen und Bearbeiten einer Ini-Datei für ImageX

5. Im nächsten Schritt müssen Sie eine ISO-Datei erstellen, die schließlich die Windows PE-Installation enthält. Auch für diese Aufgabe gibt es im Windows Automated Installation Kit ein entsprechendes Tool mit der Bezeichnung *Oscdimg*. Um die ISO-Datei zu erstellen, wechseln Sie wieder in die Befehlszeile und gehen in das Verzeichnis *C:\Program Files\Windows AIK\Tools\PETools*. Geben Sie den Befehl *Oscdimg -n-bc:\winped\etfsboot.com c:\winped\ISO c:\winped\winped.iso* ein. Verwenden Sie als Verzeichnisnamen den Namen, den Sie bei sich verwendet haben und in dem sich die PE-Dateien befinden (siehe *Abbildung 4.15*). Das Tool erstellt im Anschluss die ISO-Datei in der Befehlszeile.

6. Brennen Sie im Anschluss diese ISO-Datei auf CD, und booten Sie den Master-PC mit dieser CD. Wichtig an dieser Stelle ist, dass Sie in der Bootreihenfolge beachten, dass der Master-PC von dieser Windows PE-CD auch bootet (siehe *Abbildung 4.15*). Im Anschluss wird Windows PE gestartet und automatisch eine Befehlszeile geöffnet.

Im Anschluss zeige ich Ihnen, wie Sie mit ImageX und einem gestarteten Windows PE ein Image des Masterrechners erstellen können.

Automatisierte Installation, Deployment und Rollout

Abbildung 4.15:
Erstellen einer ISO-Datei mit oscdimg

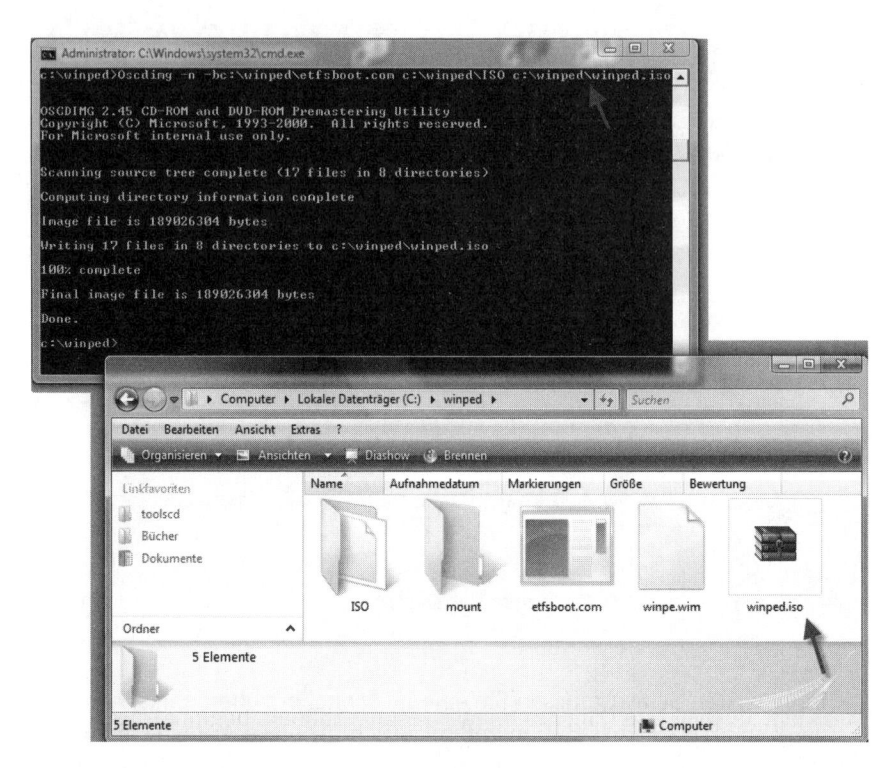

4.1.4 ImageX

Bei diesem Programm handelt es sich um ein Befehlszeilentool, das im *Windows Automated Deployment Kit (WAIK)* enthalten ist. Mit WAIK lassen sich Images erstellen, bearbeiten und zuweisen. Dieses Werkzeug basiert auf der Windows Imagiging-Technologie (WIM) und ist das wichtigste Tool beim Rollout von Windows Vista. Idealerweise haben Sie das Tool auf die Windows PE-CD integriert. Für ImageX ist keine grafische Oberfläche geplant, allerdings hat das Tool eine eigene API, sodass Dritthersteller Anwendungen schreiben können, die ImageX verwenden.

Nachdem Sie auf dem Master-PC Windows Vista installiert und mit Windows PE gebootet haben, können Sie in der Befehlszeile über den Befehl *Imagex.exe /compress fast /capture C: C:\mein-image.wim* »< *Beschreibung* > « */verify* ein Image der Vista-Installation erstellen (siehe *Abbildung 4.16*). Statt *mein-image.wim*, können Sie eine beliebige Bezeichnung für das Image verwenden. Eine Beschreibung müssen Sie ebenfalls in Anführungszeichen mitnehmen.

Wenn Sie einen Windows Vista-PC mit Windows PE booten, werden drei Partitionen angelegt, zwischen denen Sie in der Befehlszeile wechseln können:

Einführung in die automatisierte Installation von Windows Vista

- **C** – In dieser Partition befindet sich die installierte Windows Vista-Version, von der Sie ein Image erstellen wollen.
- **D** – Hierbei handelt es sich um die CD mit den Windows PE-Installationsdateien. Hier finden Sie auch ImageX.
- **X** – Dieser Laufwerksbuchstabe wird für die Laufzeitumgebung von Windows PE verwendet. Diese Partition wird im Arbeitsspeicher erstellt (RAM-Drive).

Wenn Sie Windows PE in der Standardkonfiguration der englischen BDD 2007-Version verwenden, ist der englische Tastaturtreiber aktiviert. Die wichtigsten Zeichen, die Sie zur Erstellung des Images benötigen, finden Sie an folgender Stelle:

TIPP

: → ⇧ + Ö

/ → -

\ → #

- → ?

" → ⇧ + Ä

Nachdem Sie die Erstellung des Images gestartet haben, beginnt ImageX, die angegebene Partition zu scannen und das Image zu erstellen. Sie sollten nach der Erstellung des Images die Image-Datei am besten auf eine Netzwerkfreigabe kopieren, da die Verteilung von Windows Vista im Unternehmen über eine Netzwerkfreigabe bzw. WDS am besten funktioniert.

Abbildung 4.16:
Erstellen eines Images mit ImageX

Automatisierte Installation, Deployment und Rollout

Sie können das bereitgestellte Image bearbeiten – und zwar so wie jeden anderen Ordner. Sie können zum Beispiel ein Betriebssystemimage bereitstellen, Gerätetreiber hinzufügen und die Bereitstellung wieder aufheben.

Um das erstellte Image wieder auf einen anderen PC zu installieren, verwenden Sie wiederum Windows PE und ImageX.

Installation von Windows Vista über ein ImageX-Image

Booten Sie den Zielcomputer mit einem Windows PE-Datenträger, und stellen Sie sicher, dass der Datenträger korrekt konfiguriert ist. Sollte die Festplatte des Zielcomputers noch vollkommen leer sein, so können Sie mit dem Befehl *diskpart* auf dem Zielcomputer eine ausreichend große, aktive Partition erstellen (siehe Kapitel 7). Geben Sie dazu die Befehle aus dem *Listing 4.2* ein.

Listing 4.2: Erstellen einer Partition zur Installation von Windows Vista über ImageX

```
diskpart
select disk 0
clean
create partition primary size=20000
select partition 1
active
format
exit
```

Im nächsten Schritt sollten Sie die Image-Datei von der Netzwerkfreigabe auf die lokale Festplatte des PC kopieren. Im Anschluss können Sie das Image mit dem Befehl *D:\Tools\Imagex.exe /apply C:\mein-image.wim c:* auf dem PC installieren.

Weitere Optionen von ImageX

Neben den beschriebenen Optionen, kennt ImageX noch weitere:

- */append* – Hängt ein Image an eine vorhandene WIM-Datei an.
- */apply* – Stellt ein Image in einem bestimmten Laufwerk wieder her.
- */capture* – Erstellt ein Image in einer neuen WIM-Datei.
- */commit* – Übernimmt die Änderungen für eine WIM-Datei.
- */compress* – Legt die Kompression auf »keine«, »schnell« oder »maximal« fest. Die genaue Syntax erfahren Sie durch *imagex /?*.
- */config* – Verwendet die in der angegebenen Datei festgelegten erweiterten Optionen.
- */delete* – Löscht ein Image aus einer WIM-Datei mit mehreren Images.
- */dir* – Zeigt eine Liste der Dateien und Ordner in einem Image an.
- */export* – Überträgt ein Image von einer WIM-Datei zu einer anderen.
- */info* – Gibt die XML-Beschreibungen für eine bestimmte WIM-Datei zurück.

- */ref* – Legt die WIM-Referenzen für das Wiederherstellen fest.
- */scroll* – Gibt alle Ausgaben am Stück aus.
- */split* – Teilt eine vorhandene WIM-Datei in mehrere schreibgeschützte Teile.
- */verify* – Überprüft doppelte und extrahierte Dateien.
- */mount* – Stellt ein Image schreibgeschützt in einem bestimmten Ordner bereit.
- */mountrw* – Stellt ein Image mit Lese- und Schreibzugriff in einem bestimmten Ordner bereit. Durch diesen Befehl können Dateien ausgetauscht werden, und Sie können auf den Inhalt des Images zugreifen.
- */unmount* – Hebt die Bereitstellung eines Images in einem bestimmten Ordner auf.
- */?* – Gibt die möglichen Kommandozeilenparameter von ImageX aus.

Einschränkungen von ImageX

Bei allen Vorteilen von ImageX sollten Sie auch die Einschränkungen des Tools berücksichtigen, wenn Sie Images von PCs erstellen:

- Mit ImageX können ausschließlich nur Vollversionen der Betriebssysteme verteilt werden, keine Aktualisierungen.
- Mit ImageX können nur Images verwendet werden, die mit dem Windows Image-Format (WIM) erstellt wurden, es werden keine Images von Drittherstellern unterstützt, die auf Sektorbasis erstellt wurden (Acronis, Norton Ghost usw.).
- Es können nur Images von Windows Vista, Windows XP mit SP2 und Windows Server 2003 mit SP1 von ImageX gemountet werden. ImageX kann jedoch ohne Weiteres Images von allen Versionen von Windows 2000, XP und 2003 erstellen und installieren, diese aber nicht zur direkten Bearbeitung mounten.
- Images können zum Anpassen und Konfigurieren nur auf NTFS-Partitionen gemountet werden. Wenn Images nur gelesen werden sollen, werden auch FAT, ISO und UDF unterstützt.
- Bevor ein Image auf einen anderen Datenträger zurückgespielt werden kann, muss dieser mit *diskpart* erstellt und konfiguriert werden.

4.1.5 Verteilen von Windows Vista über die Windows Deployment Services (WDS)

Windows Vista kann nicht über die Remote Installation Service (RIS)-Technologie installiert werden. Der Nachfolger von RIS sind die Windows Deployment Services (WDS), die auch unter Windows Server 2003 laufen. Verwechseln Sie die Windows Deployment Services (WDS) nicht mit den Automated Deployment Services (ADS) für Windows Server 2003. Automated Deployment Services unterstützen Sie bei der Verteilung von Windows

Automatisierte Installation, Deployment und Rollout

Server-Betriebssystemen in großen Umgebungen. Mit den WDS können auch Windows Server 2003, Windows XP und Windows 2000 Server installiert werden, vor allem aber natürlich Windows Vista. Außerdem unterstützen die WDS die WIM-Technologie und WIM-Images können direkt integriert werden. Die WDS können kostenlos über das WAIK auf einem Windows Server 2003 installiert werden, während sie im Longhorn-Server bereits standardmäßig als Serverdienst implementiert sein werden.

Abbildung 4.17: Managementkonsole der WDS

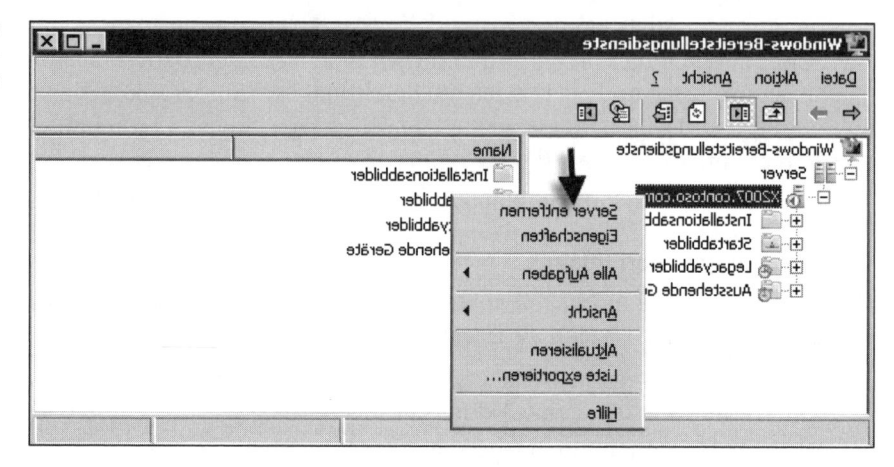

Eine Verteilung auf PXE-Basis erfolgt nur noch über die WDS, wo Sie die PXE-Funktionalität detailliert einstellen können. WDS ist ebenfalls für den neuen SMS Server V4 optimiert. Außerdem unterstützt WDS Active Directory und Sie können einstellen, wie die installierten Clients bezeichnet werden sollen. Auch Windows PE lässt sich über WDS verteilen. Dadurch können Clients, die über das Netzwerk mit PXE booten, Windows PE starten und darüber dann Windows Vista installieren. Auf dem Client wird die Auswahl getroffen, welches Image vom WDS-Server gezogen werden soll und wo dieses installiert wird. WDS kann auch 64-Bit-Betriebssysteme verteilen. Durch die effiziente grafische Oberfläche der WDS können in den Eigenschaften von WIM-Images Dateien integriert werden, oder auch andere Antwortdateien zugewiesen werden. Sie können in den Einstellungen von WDS festlegen, dass die Images entweder vollkommen automatisiert installiert werden, oder einzelnen Anwendern die Möglichkeit geben, das Image selbst auszuwählen. Wenn der Anwender sein Image selbst auswählen darf, sieht die Installation über WDS aus wie die Installation von Windows Vista mit der DVD, mit dem Unterschied, dass weniger Auswahlmöglichkeiten existieren. Der Anwender kann beim Booten selbst auswählen, welches WIM-Image auf seinem PC installiert wird.

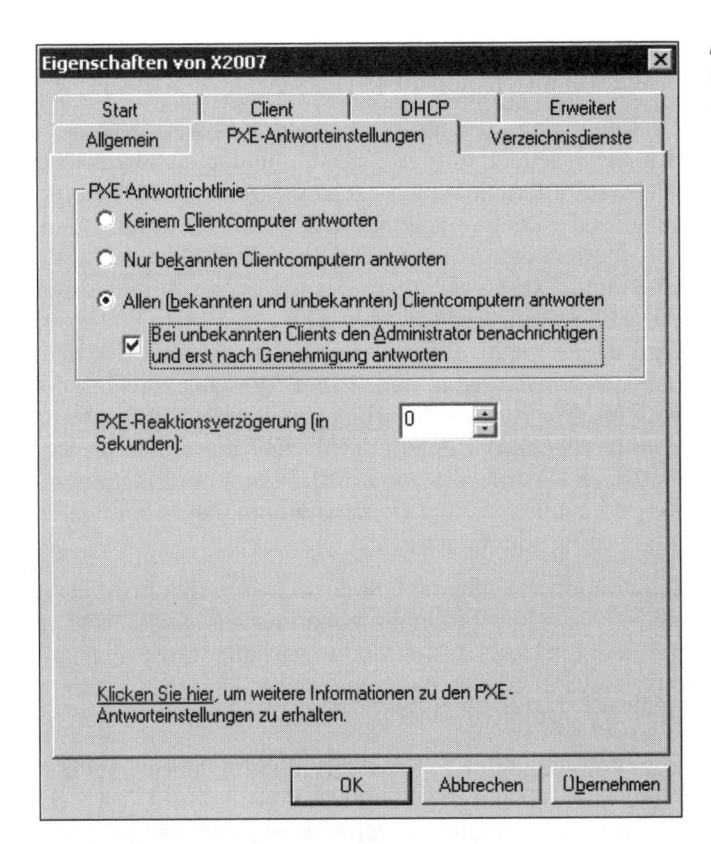

Abbildung 4.18:
Konfiguration von PXE in WDS

Damit Sie PCs oder Server über die WDS installieren können, muss im Netzwerk neben dem ohnehin notwendigen DNS-Server auch ein DHCP-Server eingerichtet sein. Auf diesem müssen Sie einen aktivierten Bereich (Scope) und entsprechende Optionen erstellen. Der WDS-Server muss als Betriebssystem Windows Server 2003 SP1 besitzen und ebenfalls Mitglied der Installations-Domäne sein. Nach der Konfiguration von Active Directory und WDS-Server, muss der neue Client nur gestartet werden, um ein fertiges Windows Vista zu erhalten. WDS ist im Windows Automated Installation Kit und im Windows Server 2003 Service Pack 2 enthalten und kann von dort aus über einen bestehenden RIS installiert werden. WDS unterstützt folgende Features:

- Windows PE als Boot-Betriebssystem
- Windows Imaging (WIM)-Dateiformat
- Mehr Performance des PXE-Servers
- Neues Client-Menü zur Verwaltung

WDS arbeitet auch mit Windows Systems Management Server und anderen PXE-Servern zusammen.

Automatisierte Installation, Deployment und Rollout

Fehler aus RIS wurden behoben, wie zum Beispiel das instabile Verhalten bei großen Installationen.

Ein Clientcomputer mit PXE wird im Netzwerk gestartet. Nach dem Laden des BIOS sendet das PXE-ROM auf der Netzwerkkarte eine Netzwerk-Dienstanforderung an den nächstgelegenen DHCP-Server. Mit der Anforderung sendet der Client seine GUID (Globally Unique Identifier). Der DHCP-Server erteilt dem Client eine IP-Lease mit Optionen für DNS (006), Domäne (015) und PXE-Server (060). Als nächstes startet das Boot-Image mit Windows PE, das ins RAM geladen wird. Über einen Eintrag in der Antwortdatei wird die Festplatte angepasst. Das Setup führt die in der Antwortdatei enthaltene Anmeldung an den WDS-Server aus. Existiert dieser Eintrag nicht, wird um eine Authentifizierung gebeten. Soll eine unbeaufsichtigte Installation durchgeführt werden, darf immer nur ein Image in der Image-Gruppe existieren. Wurde die Antwortdatei mit Informationen wie Installations-Key, Sprachversion und Domänenkonto richtig konfiguriert, läuft die Installation völlig automatisiert.

Die Windows Deployment Services lassen sich in drei Server-Modi konfigurieren, die schon bei Inbetriebnahme ausgewählt und initialisiert werden müssen. Ein Upgrade auf Modus 3 ist allerdings auch später noch möglich, ein Herabstufen ohne Neuinitialisierung auf die unteren Modi jedoch nicht. Die folgenden Modi – Modus 3 ist der höchste – sind auswählbar:

- Vererbter RIS-Modus (Legacy RIS) – Boot-Umgebung: OSChooser, Image-Typen: RIPREP und RISetup
- Gemischter Modus – Boot-Umgebung: OSChooser und Windows PE, Image-Typen: WIM, RIPREP und RISetup
- Nur Windows Deployment Service – Boot-Umgebung: Windows PE

Zum Initialisieren von WDS steht das Programm Windows Deployment Services Legacy zur Verfügung, das allerdings nur dann funktioniert, wenn alte Image-Typen gefunden werden. Das Kommandozeilentool wdsutil.exe bietet eine erweiterte Funktionalität. Außerdem kann mit dem Tool auch ein bestehendes RIPREP-Image zu einem WIM-Image konvertiert werden. Wird ein neuer Windows Server 2003 installiert, der vorher nicht als RIS verwendet wurde, und existieren keine alten Images, wird sofort in den Native-Modus geschaltet. Der Umgang mit dem WDS ist recht einfach. Zur Image-Verteilung von Vista stehen zwei Möglichkeiten zur Verfügung:

1. Die Verwendung eines kompletten Images, bei dem keine Anpassungen mehr vorgenommen werden müssen
2. Die Verwendung eines Images, welches Sie noch über eine Antwortdatei anpassen müssen siehe Kapitel 7). Ein komplettes Vista-Image kann über die Tools ImageX oder Sysprep erstellt werden. Diese kompletten Images können dann auch weitere Applikationen beinhalten.

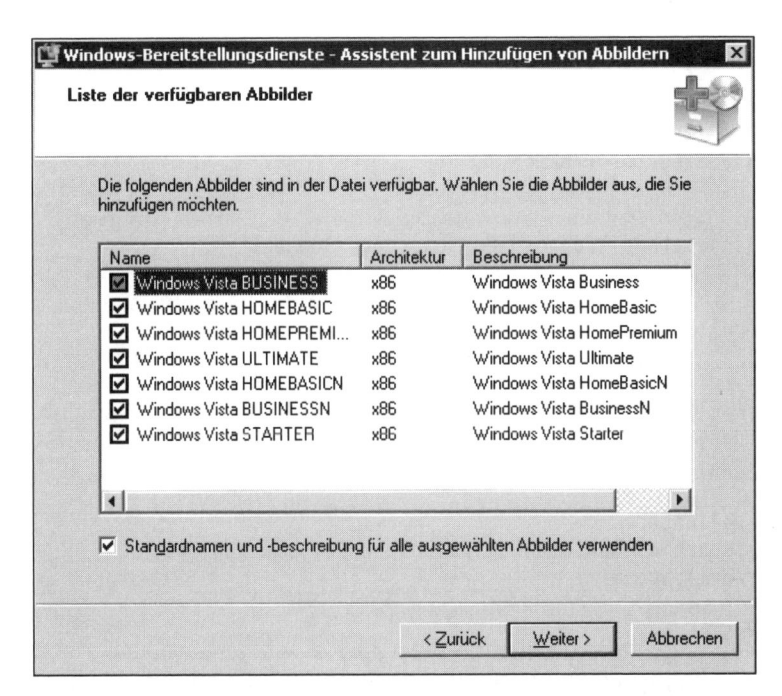

Abbildung 4.19:
Auswahl des WIM-Images auf einem PC bei der Installation über WDS

4.1.6 Benutzerspezifische Anpassung des Windows Vista-Startvorgangs

Wenn Windows Vista nach dem Bootvorgang das erste Mal startet, wird der Willkommensbildschirm angezeigt. Sie können die Informationen und Optionen, die einem Benutzer bei der ersten Anmeldung am PC zur Verfügung stehen, anpassen. Hier werden zum Beispiel die Auswahl für die Sicherheitseinstellungen, die Uhrzeit und die Leistungsmessung konfiguriert.

Um sich auf einem PC anzuschauen, welche Optionen beim Starten angezeigt werden, starten Sie im Verzeichnis windows\system32\oobe *die Datei* msoobe.exe. *Wenn Sie Änderungen vornehmen, können Sie auf diesem Weg überprüfen, was Ihre Änderungen bewirken.*

TIPP

Um die Standardeinstellungen und Informationen beim Starten von Windows Vista anzupassen, muss die Datei *oobe.xml* bearbeitet werden. Diese Datei kann jedoch nicht mit dem Windows System Image Manager bearbeitet werden, Sie können dazu entweder den Editor oder ein anderes Programm verwenden, das XML-Dateien bearbeiten kann. Sie finden die Datei im Verzeichnis *\windows\system32\oobe\info*. Sie können leicht die einzelnen Zeilen der Datei an Ihre Bedürfnisse anpassen, sollten vor der Anpassung jedoch zunächst eine Sicherung der Datei erstellen. Im folgenden Listing 4.3 sehen Sie ein Beispiel einer angepassten *oobe.xml*.

Automatisierte Installation, Deployment und Rollout

Listing 4.3: Bearbeiten der Datei oobe.xml

```xml
<oem>
<!-- OEM zum Beispiel Contoso   -->
<name>Contoso</name>

Absoluter Pfad zum Firmenlogo zum Beispiel c:\Contoso\logo.png
<logopath>c:\Contoso\Contoso.png</logopath>

Dateiname (sprach- und ortsspezifisch) zum Beispiel Contoso_eula.rtf
<eulafilename>Contoso_eula.rtf</eulafilename>

Absoluter Pfad zu maximal 3 Hintergrundbildern
<wallpaper>
<path>c:\Contoso\wallpapers\arctica.jpg</path>
</wallpaper>

<wallpaper>
  <path>c:\Contoso\wallpapers\sunsetcove.jpg</path>
</wallpaper>

<wallpaper>
  <path>c:\Contoso\wallpapers\trinity2k2.jpg</path>
</wallpaper>

<offerheader>Spezielle Infos von Contoso</offerheader>
<offer type='list'>
   <title>Info 1</title>
   <imagepath>c:\Contoso\offers\offer1.bmp</imagepath>
Bild für die Info, das angezeigt wird

<details>Spezielle Infos die Sie im Text anzeigen wollen</details>
<detailsfilename>offer1.rtf</detailsfilename>
<shellexecute>c:\Contoso\offer1\setup.exe</shellexecute>
</offer>

<offer type='list'>
<title>Info 2</title>
<imagepath>c:\Contoso\offers\offer2.bmp</imagepath>
<details>Weitere Infosdetails>
<shellexecute>c:\Contoso\offer2\setup.exe</shellexecute>
</offer>

<offer type='list'>
<title>Info 3</title>
<imagepath>c:\Contoso\offers\offer3.bmp</imagepath>
<details>Nochmal Infos details>
<detailsfilename>offer3.rtf</detailsfilename>
<shellexecute />
</offer>
</oem>
```

User State Migration Tool (USMT) 3.0

Wenn Windows das erste Mal startet, wird überprüft, ob es im Verzeichnis *Windows\system32\oobe\info* eine Datei *oobe.xml* gibt.

Wenn der Anwender ein Land oder eine Region ausgewählt hat, wird zusätzlich überprüft, ob es eine weitere Datei *oobe.xml* im Verzeichnis *windows\system32\oobe\info\<Land>* gibt. Wird dieser Ordner nicht gefunden, verwendet Windows die Standarddatei *oobe.xml* weiterhin.

Als Nächstes überprüft Windows, ob nach Auswahl der Sprache noch ein Ordner *windows\system32\oobe\info\<Land>\<Sprache>* vorhanden ist. Existiert dieser Ordner nicht, wird die Datei des Ordners *<Land>* verwendet. Existiert auch hier keine *oobe.xml*, wird die Datei im Ordner *info* verwendet.

Format des Verzeichnisses <Land>

Als Format für den Unterordner *windows\system32\oobe\info\<Land>* wird die ID verwendet, nicht die Bezeichnung des Landes. Im Anschluss sehen Sie eine Liste mit den wichtigsten Ländern:

- Englisch – 1033
- Holländisch – 1043
- Französisch – 1036
- Deutsch – 1031
- Italienisch – 1040
- Japanisch – 1041
- Spanisch – 1034
- Arabic – 1025
- Tschechisch – 1029
- Griechisch – 1032
- Ungarisch – 1038
- Polnisch – 1045

Im BDD 2007 sind ausführliche Hilfedateien enthalten, welche die Erstellung einer automatisierten Installation vereinfachen und optimieren.

TIPP

4.2 User State Migration Tool (USMT) 3.0

Wie bereits zu Beginn des Kapitels erwähnt, liefert Microsoft mit Windows Vista auch die neue Version des USMT mit aus. Mit dem USMT können Benutzerdaten von einem PC auf einen anderen übernommen werden. Der Vorteil von USMT liegt in der Möglichkeit, die Übernahme per Skript zu steuern, um eine unternehmensweite Migration von Arbeitsplätzen durchführen zu können.

Das Programm nutzt dazu die beiden Kommandozeilentools *ScanState* und *LoadState*. Die beiden Tools können mithilfe von XML-Dateien komplett an die eigenen Bedürfnisse angepasst werden.

Auf dem zu migrierenden Rechner wird zunächst *ScanState* ausgeführt. Je nach den angegebenen Einstellungen sichert das Tool dann die Daten und Informationen des Users. Nachdem der neue PC mit dem Betriebssystem ausgestattet wurde, kommt *LoadState* zum Einsatz. Das zweite Kommandozeilentool erkennt die ausgelesenen Dateien und spielt sie auf den neuen Computer wieder ein.

4.2.1 Neuerungen von USMT 3.0

Der direkte Vorgänger des USMT 3.0 ist USMT 2.6. Microsoft hat einige Änderungen vorgenommen, die beide unterscheiden:

- *ScanState* und *LoadState*, zwei Befehle, die über einige Schlüsselskripte im XML-Format gesteuert werden.
- USMT bietet die Möglichkeit, Profile zu verschieben, die mit EFS verschlüsselte Dateien enthalten.
- Als Quellbetriebssystem sind nur Windows Vista, Windows XP und Windows 2000 erlaubt. Ältere Windows-Versionen werden nicht unterstützt.
- Als Zielbetriebssystem werden nur Windows Vista und Windows XP unterstützt.
- Ist das Ziel Windows XP, werden Cookies, Netzlaufwerke und Druckereinstellungen nicht migriert.
- Ist das Ziel Windows XP und sind Microsoft Outlook Express oder Remote Access Settings installiert, werden nur die Mail-Dateien für Outlook Express und das Telefonbuch für Remote Access Settings migriert. Ist das Ziel Windows Vista, werden alle entsprechenden Einstellungen so migriert, wie es in der Migrationsdokumentation der einzelnen Komponenten beschrieben ist.

Welche Daten kann USTM übernehmen?

Mit dem USMT können folgende Daten innerhalb eines Netzwerks zwischen PCs übernommen werden:

- Microsoft Internet Explorer-Einstellungen
- Microsoft Outlook Express-Speicher
- DFÜ-Verbindungen
- Desktop
- Telefon- und Modemoptionen
- Eingabehilfen
- Klassischer Desktop

- Eingabeaufforderung
- Favoriten
- Schriftarten
- Ordneroptionen
- Einstellungen der Taskleiste
- Maus- und Tastatureinstellungen
- Schnellstarteinstellungen
- Bildschirmschoner
- Klangeinstellungen
- Regionsoptionen
- Ordner »Eigene Dateien«
- Ordner »Eigene Bilder«
- Ordner »Eigene Videos«
- Ordner »Eigene Musik«
- Ordner »Eigene empfangene Dateien«

USMT kann jedoch nicht alle Daten übernehmen. Folgende Daten können nicht durch von einem PC zu einem anderen übernommen werden:

- Hardwareeinstellungen
- Treiber
- Kennwörter
- Anwendungen
- Synchronisierungsdateien, .dll-Dateien oder andere ausführbare Dateien, Encrypting-File-System(EFS)-Zertifikate (in einigen Szenarios können EFS-Zertifikate migriert werden, wenn das Ziel Windows Vista ist).

XML-Konfigurationsdateien für das User State Migration Tool

Zu USMT gehören verschiedene XML-Dateien, welche die Migration unterstützen. Die Dateien können an die speziellen Anforderungen eines Unternehmens angepasst werden. Ein wichtiger Unterschied zwischen USMT Version 3.0 und früheren Versionen besteht darin, dass Dateien, die für das Tool *ScanState* angegeben werden, auch für *LoadState* angegeben werden müssen.

Ist das Ziel Windows Vista, verwenden Sie die Dateien *MigApp.xml* und *MigUser.xml*. Außerdem kann die Datei *Config.xml* erstellt oder generiert werden. Ist das Ziel Windows XP, wird als weitere Datei *MigSys.xml* benötigt.

- *MigApp.xml* steuert, welche Anwendungseinstellungen migriert werden. Die in dieser Datei aufgelisteten Anwendungen können in die Migration eingeschlossen oder von ihr ausgenommen werden.

Automatisierte Installation, Deployment und Rollout

- *MigUser.xml* steuert, welche Ordner, Dateien, Dateitypen und Desktop-Einstellungen eines Benutzers migriert werden. Die Datei hat keinen Einfluss darauf, welche Benutzer migriert werden.
- *MigSys.xml* wird normalerweise nur verwendet, wenn das Ziel Windows XP ist. Die Informationen in dieser Datei steuern, welche Betriebssystem- und Browsereinstellungen migriert werden.
- *Config.xml* – Idealerweise wird die Option verwendet, um eine benutzerdefinierte Konfigurationsdatei zu erstellen, die spezielle Unternehmensanforderungen erfüllt. Ermitteln Sie zuerst alle Anwendungen, die migriert werden sollen. Laden Sie anschließend auf einem System jede dieser Anwendungen. Führen Sie auf diesem System *ScanState/genconfig* aus, um die Benutzer-, Betriebssystem- und Anwendungseinstellungen zu erfassen, die von jedem Computer des Unternehmens migriert werden sollen. Die Datei wird benötigt, um die Migration von Betriebssystemkomponenten zu steuern, wenn die Quelle oder das Ziel Windows Vista ist. Ist *Config.xml* nicht vorhanden, migriert USMT alle Standardkomponenten in Windows Vista.

> **TIPP**
>
> *Das USMT gehört nicht zum Lieferumfang von Windows Vista, sondern muss gesondert heruntergeladen und installiert werden. Sie finden die Downloadseite des User State Migration Tools über* `http://download.microsoft.com`.
>
> *USMT 3.0 ist wie WAIK Bestandteil des BDD 2007. Sie finden die Installationsdateien im Verzeichnis* `C:\Program Files\BDD 2007\USMT\x86`.
>
> *Eine detaillierte Anleitung zu diesem Tool finden Sie auf der Seite* `http://www.microsoft.com/technet/windowsvista/library/usmt`.

Im Installationsverzeichnis des USMT finden Sie auch eine Hilfedatei, die ausführlich die einzelnen Optionen erläutert (siehe *Abbildung 4.20*).

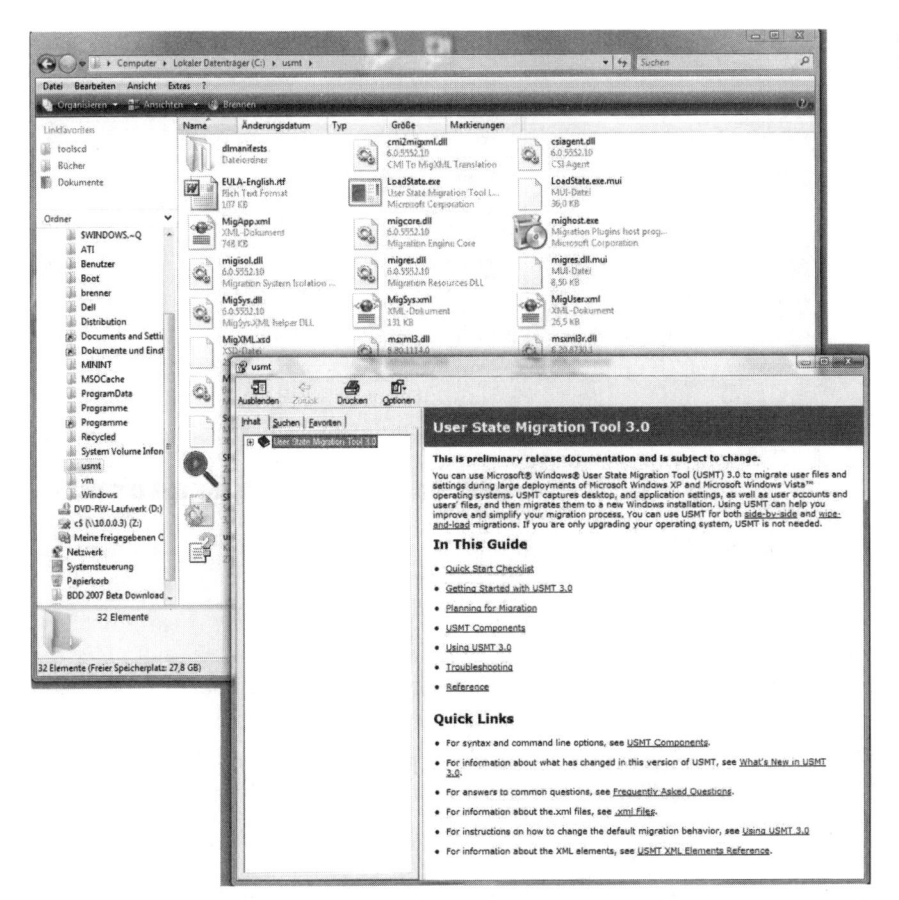

Abbildung 4.20:
USMT-Verzeichnis mit Hilfedatei

4.2.2 Microsoft Application Compatibility Toolkit 5.0

Wer selbst Software entwickelt, kennt die Fragen nach Kompatibilität mit verschiedenen Betriebssystemversionen. Programmierern und IT-Profis erleichtert das „Application Compatibility Toolkit" das Leben. Programme, die unter Windows XP problemlos laufen, geraten unter Windows Vista unter Umständen ins Straucheln. Neben Tools zur Bekämpfung von Versionsproblemen, gibt es auch nützliche Anleitungen zum Testen der Software. Voraussetzung ist Windows Vista, Windows XP SP2, Windows 2000 SP4 oder Windows Server 2003 SP1 jeweils mit installiertem .NET Framework.

Abbildung 4.21:
Überprüfen der Kompatibilität von Anwendungen mit dem Application Compatibility Toolkit

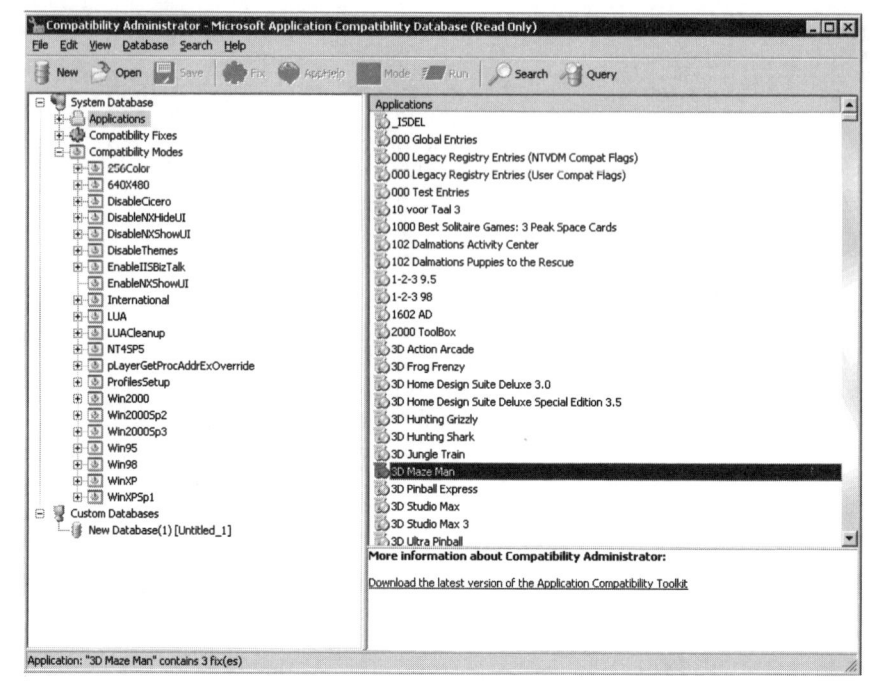

Sie finden über den KB-Artikel *http://support.microsoft.com/kb/895129/de* einen sehr ausführlichen WebCast zum Application Compatibility Toolkit 5.0.

4.3 Kompatibilitätstest von Anwendungen mit dem Standard User Analyzer

Bevor Sie Arbeitsstationen zu Windows Vista migrieren, sollten Sie die Anwendungen im Unternehmen auf Vista-Tauglichkeit testen. Unter Windows Vista arbeiten auch Administrator-Accounts mit eingeschränkten Rechten, sodass Anwendungen, die zwingend gewisse administrative Berechtigungen erwarten, unter Vista unter Umständen nicht mehr funktionieren.

Microsoft stellt auf seiner Internetseite das kostenlose Programm *Standard User Analyzer* zur Verfügung. Mit diesem Tool können Sie auf einem Windows XP-PC testen, ob alle Anwendungen, die unter Windows XP bei Ihnen im Unternehmen laufen, auch unter Windows Vista lauffähig sind.

Bevor Sie den *Standard User Analyzer* installieren können, müssen auf dem PC das *.NET-Framework 2.0* sowie das kostenlose Tool *Application Verifier* installiert werden. Sie können alle Tools bei www.microsoft.de herunterladen.

Kompatibilitätstest von Anwendungen mit dem Standard User Analyzer

Nach dem Download sollten Sie zuerst das *.NET-Framework 2.0* installieren, dann den *Application Verifier* und anschließend den *Standard User Analyzer*.

Das Programm hat eine englische Oberfläche, da es hauptsächlich für Entwickler und Administratoren geschrieben wurde. Sie sollten sich die beiliegende Readme-Datei durchlesen. Der Ablauf ist im Grunde genommen immer der gleiche:

1. Sie starten den *Standard User Analyzer*.
2. Klicken Sie auf *Browse* und wählen die exe-Datei des Programms aus, das Sie testen wollen.
3. Klicken Sie auf *Launch* (siehe *Abbildung 4.22*).
4. Im Anschluss wird das Programm gestartet.
5. Führen Sie einige typische Aktionen durch, die Sie auch normalerweise mit dem Programm durchführen.

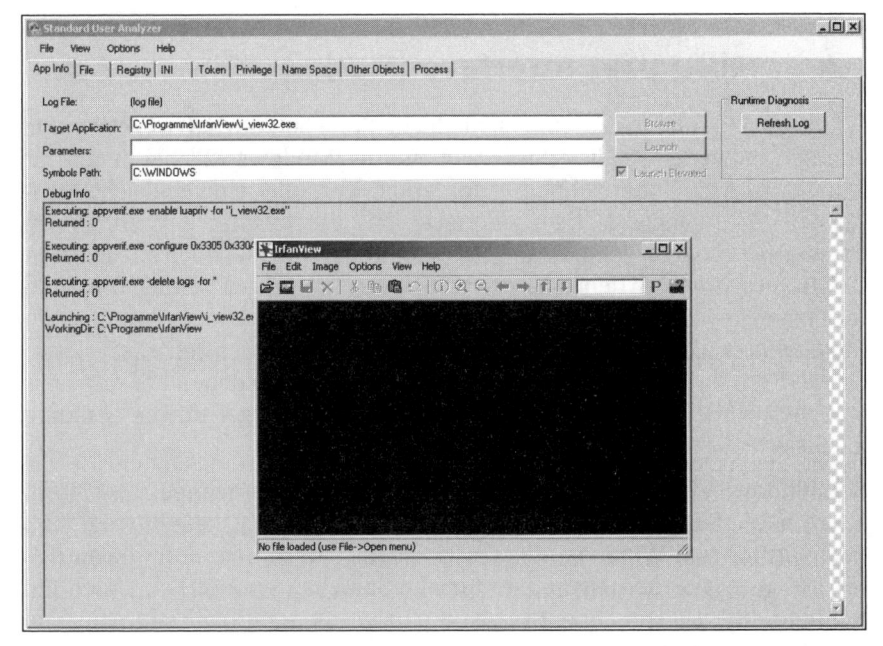

Abbildung 4.22: Testen von Programmen auf Vista-Kompatibilität

6. Wenn Sie das Programm ausführlich getestet haben, schließen Sie es.
7. Im Anschluss gibt der *Standard User Analyzer* eine ausführliche Meldung aus und zeigt die Probleme an, die unter Umständen unter Windows Vista auftreten.
8. Auf den verschiedenen Registerkarten erhalten Sie ausführliche Informationen darüber, welche Aktionen Probleme mit Standardbenutzerberechtigungen haben.

Entwickler und Administratoren können durch diese Ausgabe recht schnell erkennen, welche Aktionen über normale Benutzerberechtigungen hinausgehen.

Abbildung 4.23:
Ausgabe von Standard User Analyzer

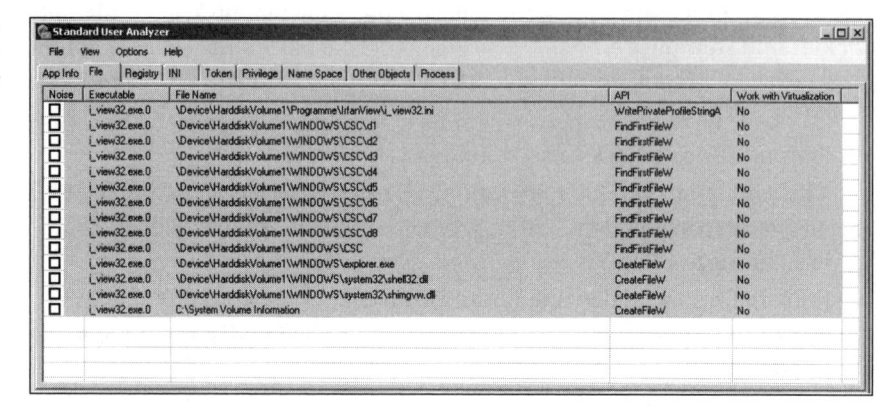

4.4 Multi User Interface (MUI)

Windows XP unterstützte unterschiedliche Sprachen auf zwei Weisen. Sie konnten entweder lokalisierte Versionen von Windows XP, bei denen für jede Sprache ein anderes Image erforderlich war, oder eine englische MUI-Version (Multilanguage User Interface) mit zusätzlichen Sprachpaketen bereitstellen. Jeder Ansatz hatte seine Vor- und Nachteile, doch entschieden sich Unternehmen, in denen mehrere Sprachen unterstützt werden mussten, in den meisten Fällen für den MUI-Weg und mussten so Einschränkungen in Kauf nehmen. Diese ergaben sich aus der Ausführung eines Betriebssystems, dessen Kern im Grunde Englisch war. Unternehmen, in denen nur mit einer Sprache gearbeitet wurde, entschieden sich in der Regel für die Nutzung lokalisierter Versionen.

Bei Windows Vista ist jetzt das ganze Betriebssystem sprachneutral. Diesem sprachneutralen Kern werden ein oder mehrere Sprachpakete hinzugefügt. Die Wartung von Windows Vista ist ebenfalls sprachneutral, in vielen Fällen ist nur ein Sicherheitsupdate für alle Sprachen erforderlich. Auch die Konfiguration ist sprachneutral, eine einzige *unattend.xml* kann für alle Sprachen verwendet werden.

Für die Integration von MUI-Language Packs während der Installation wird zur Anpassung das bereits besprochene WAIK verwendet. Language Packs für Windows Vista liegen als *.cab-Dateien vor und enthalten die notwendigen Ressourcen und Schriftarten.

4.4.1 Language Packs hinzufügen

Sie können im Rahmen des Rollouts mit ImageX Images erstellen, die verschiedene Language Packs enthalten. Sie benötigen dazu das Windows Vista-Installationsmedium sowie die *.cab-Dateien der Sprachen, die Sie hinzufügen wollen. Um Sprachdateien zu der Distribution hinzuzufügen, gegen Sie folgendermaßen vor:

1. Installieren Sie auf einem Windows Vista-PC wie bereits besprochen das WAIK oder die BDD 2007.
2. Kopieren Sie in einen Quellordner den Inhalt der Windows Vista-DVD, und entfernen Sie den Schreibschutz von dem Ordner, den Unterordnern und allen Dateien.
3. Kopieren Sie das Language Pack ebenfalls in einen Ordner auf dem PC. Die Language Packs werden entweder im Rahmen eines Select-Vertrages zur Verfügung gestellt oder sind auf der Windows Vista-DVD für die entsprechende Sprache vorhanden. Language Packs haben als Verzeichnis auf der CD die Form von *de-de* oder *en-en*. In diesem Verzeichnis finden Sie die entsprechende *.cab-Datei, die Sie auf den PC kopieren müssen. Kopieren Sie auch zur Sicherheit die restlichen Dateien, die im Language Pack enthalten sind.
4. Mounten Sie mit ImageX die Datei *install.wim* aus dem Verzeichnis, in das Sie die Windows Vista-DVD kopiert haben. Die Befehlszeile könnte zum Beispiel folgendermaßen aussehen: *Imagex /mountrw c:\vista-rollout \Sources\install.wim 4 c:\wim_mount*.
5. Als Nächstes muss die Datei *lang.ini* innerhalb der Windows Vista-Installation an die Integration des neuen Language Packs angepasst werden. Diese Datei wird während der Installation von Windows Vista dazu verwendet die entsprechenden Sprachen zu integrieren. Die Datei enthält eine Liste und den Speicherort der integrierten Language Packs. Auch die Standardsprache des PC nach der Installation wird in der *lang.ini* festgelegt. Die Datei wird dazu neu generiert. Dazu verwenden Sie das Tool *intlcfg.exe (International Settings and Configuration Tool)*. Der Befehl könnte folgendermaßen aussehen: *Intlcfg -genlangini -dist:c:\vista-rollout -image:c:\wim_mount -all:de-DE*.
6. Im Anschluss können Sie die Datei *install.wim* wieder unmounten. Der Befehl könnte folgendermaßen aussehen: *Imagex /unmount /commit c:\wim_mount*.
7. Schließlich können Sie weitere Language Packs integrieren. Wiederholen Sie dazu die Schritte 3 bis 6.

4.4.2 Konfiguration der Spracheinstellungen in der Antwortdatei

Die Einstellungen der Standardsprache sowie andere lokale Einstellungen können über eine Antwortdatei gesteuert werden. Um die Einstellungen für die einzelnen Sprachen über eine Antwortdatei zu steuern, müssen Sie die einzelnen Language Packs zunächst in die Distribution integrieren, wie im vorherigen Abschnitt besprochen.

1. Um die entsprechende Antwortdatei zu bearbeiten, starten Sie den Windows System Image Manager (WSIM) aus dem Windows AIK, wie bereits zu Beginn des Kapitels besprochen.
2. Erweitern Sie den Ordner *Components*.
3. Klicken Sie mit der rechten Maustaste auf < *Prozessor-Architektur, z. B. x86* >_*Microsoft-Windows-International-Core-WinPE*.
4. Klicken Sie auf *Add Setting zu Pass 1 windowsPE*.
5. Wählen Sie danach im Bereich der Antwortdatei die Komponente *Microsoft-Windows-International-Core-WinPE*.
6. Im Bereich *Settings* klicken Sie auf *InputLocale* und geben die Einstellungen ein, die Sie für die Benutzer dieses Computers verwenden wollen. Der Wert sollte die Standardeinstellung der Sprache sein, zum Beispiel *en-us*.
7. Im Bereich *Settings* klicken Sie auf *SystemLocale* und geben die Einstellungen ein, die Sie für die Benutzer dieses Computers verwenden wollen. Der Wert sollte die Standardeinstellung der Sprache sein, zum Beispiel *en-us*.
8. Im Bereich *Settings* klicken Sie auf *UILanguage* und geben die Sprache ein, die für die Menüs und die Hilfe gelten soll. Der Wert sollte die Standardeinstellung der Sprache sein, zum Beispiel *en-us*.
9. Im Bereich *Settings* klicken Sie auf *UILanguageFallback* und geben die Sparche ein, die für die Menüs und die Hilfe gelten soll, wenn einzelne Ressourcen im Language Pack nicht funktionieren. Es sind zum Beispiel nicht alle Sprachen zu 100 % lokalisiert, sodass einzelne Menüs unter Umständen in einer anderen Sprache dargestellt werden.
10. Im Bereich *Settings* klicken Sie auf *UserLocale* und definieren den Ländercode.
11. Wählen Sie danach im Bereich der Antwortdatei die Komponente *Microsoft-Windows-International-Core-WinPE*.
12. Bei *Antwortdatei* klicken Sie auf *SetupUILanguage*.
13. Im Bereich *Settings* klicken Sie auf *UILanguage* und definieren den Ländercode, der die Sprache während der Installation definiert.
14. Speichern Sie die Antwortdatei ab.

4.4.3 Anpassen der Sprache während der Windows Vista-Installation

Die Sprache, die während der Installation von Windows Vista angezeigt wird, kann durch die Konfiguration der *UILanguage*-Einstellung vorgenommen werden, wie im vorangegangenen Abschnitt bereits besprochen. Damit die entsprechende Sprache sowie die Lizenzen auch während der Installation angezeigt werden, müssen als Nächstes die entsprechenden Dateien aus dem Language Pack extrahiert und in die Windows-Installation integriert werden. Um die notwendigen Dateien zu extrahieren, gehen Sie folgendermaßen vor:

1. Entpacken Sie den Inhalt der *.cab-Datei, damit Sie an die einzelnen Dateien des Language Packs kommen. Sie können dazu entweder ein Packprogramm verwenden, das *.cab-Dateien lesen kann (zum Beispiel WinRAR), oder Sie können den Befehl *expand.exe* verwenden. Dieser Befehl ist Bestandteil von Windows Vista und des Windows AIK. Die Syntax zur Extrahierung einer *.cab-Datei könnte folgendermaßen lauten: *Expand.exe C:\Languages\en-US\lp.cab -f:* C:\ Languages\en-US\extracted*.

2. Erstellen Sie innerhalb Ihrer Windows-Distribution, über die Sie Windows installieren wollen, einen Unterordner für die einzelnen Sprachen, die während der Installation von Windows Vista verwendet werden sollen. Standardmäßig sollten Sie die Dateien im Unterverzeichnis *Sources\<Sprache>* auf der Windows Vista-DVD ablegen, da hier bereits die Standardsprachen hinterlegt sind, die während der Installation verwendet werden.

3. Suchen Sie innerhalb des extrahierten Verzeichnisses des Language Packs nach dem Verzeichnis mit den sprachspezifischen Dateien für die Windows-Installation. Sie finden die Dateien normalerweise im Verzeichnis *\Setup\Sources\<Sprache>*. Kopieren Sie alle Dateien in das erstellte Unterverzeichnis der Windows-Distribution.

4. Danach müssen Sie die sprachspezifischen Lizenzdateien aus dem extrahierten Verzeichnis des Language-Packs in die Windows-Distribution integrieren. Die Lizenzdateien finden Sie im extrahierten Verzeichnis unter *\sources\license*. In der Windows-Distribution finden Sie die Lizenzdateien im selben Unterverzeichnis.

5. Mounten Sie mit ImageX die *install.wim* Ihrer Windows-Distribution, zum Beispiel mit dem Befehl *Imagex /mountrw C:\vista-rollout\Sources\install.wim 4 C:\wim_mount*.

6. Generieren Sie mit *intlcfg.exe* die Datei *lang.ini* erneut, zum Beispiel mit dem Befehl *Intlcfg -genlangini -dist:c:\vista-rollout -image:c:\wim_mount*.

7. Unmounten Sie das Image wieder mit *Imagex /unmount /commit c:\wim_mount*.

Teil 2
Konfigurieren

187	Die Benutzeroberfläche konfigurieren – Aero und Co	5
237	Treiber und Hardware verwalten	6
299	Datenträger anlegen und verwalten	7

5 Die Benutzeroberfläche konfigurieren – Aero und Co

Wie immer bei einer neuen Version hat Microsoft auch die Oberfläche von Windows gehörig aufpoliert. Dabei spielen an dieser Stelle nicht nur grafische Veränderungen eine Rolle, sondern auch die Bedienung eines PCs und das effiziente Arbeiten.

Dieses Kapitel geht auf die verschiedenen Möglichkeiten ein, um die Oberfläche von Vista den eigenen Bedürfnisse anzupassen. Zuerst ins Auge fällt natürlich immer die neue Aero-Glas-Oberfläche, welche die Fenster in einem transparenten Modus anzeigt (siehe *Abbildung 5.1*).

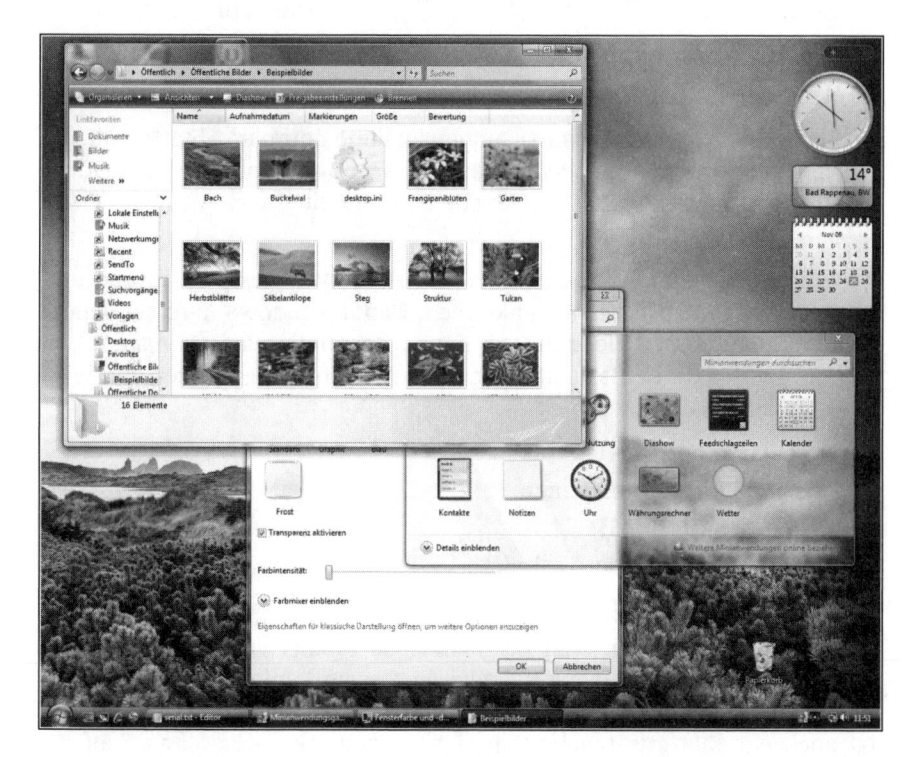

Abbildung 5.1: Windows Vista Aero

HALT *Der transparente Modus von Aero wird allerdings nur dann dargestellt, wenn der PC die Voraussetzungen erfüllt, also mit relativ aktueller Hardware sowie einer Grafikkarte mit mindestens 64 MB RAM und DirectX 9-Unterstützung ausgestattet ist. Wenn Sie den Monitor mit einer Auflösung von 1024 x 768 Bildpunkten betreiben, sollte die Grafikkarte über 128 MB RAM verfügen, beim Einsatz von 1600 x 1200 Bildpunkten sind 256 MB angebracht. Zusätzlich muss ein* Windows Display Driver Model)-*Treiber* (WDDM *installiert sein. Bei dieser Art von Treiber laufen große Teile im Benutzermodus, nicht im Kernel des Betriebssystems. Durch diese neue Technik ist sichergestellt, dass Abstürze aufgrund des Grafiktreibers vermieden werden.*

Wenn der PC diesen Voraussetzungen nicht entspricht, wird die neue Oberfläche zwar trotzdem angezeigt, allerdings ohne die Transparenzeffekte.

5.1 Aufbau der neuen Benutzeroberfläche

Microsoft hat die neue Benutzeroberfläche in zwei Stufen unterteilt:

- Windows Vista-Basis
- Windows-Aero

Die Basisvariante enthält das neu aufgebaute und optimierte Startmenü, die neuen Dialoge und den neuen Aufbau des Windows Explorers (siehe Kapitel 3 und 8). Auch die optimierte Suche ist Bestandteil von Windows Vista-Basis.

Die Windows-Aero-Oberfläche baut auf Windows Vista-Basis auf und ergänzt diese um zusätzliche Funktionen. Damit Windows Aero verwendet werden kann, müssen die in diesem Kapitel genannten Bedingungen erfüllt sein. Außer der Home Basic und der Starter Edition unterstützen alle Windows Vista-Editionen Aero.

- Transparenter Glaseffekt
- Flüssige Fensteranimationen
- Windows Flip/Flip-3D
- Vorschaufenster in der Task-Bar
- Weniger Abstürze aufgrund der grafischen Oberfläche

Selbstverständlich kann auch der klassische Modus von Windows Vista aktiviert werden, auch darauf gehe ich in diesem Kapitel ein. Beim klassischen Modus sieht Vista aus wie Windows 2000, nur der Windows Explorer hat noch ein paar zusätzliche Funktionen, sieht aber dem alten Explorer dennoch sehr ähnlich.

Allerdings sollte der neue Transparenzmodus nicht als Spielerei abgetan werden. Durch die transparenten Fenster kommt der Inhalt in den Vordergrund, und die Navigation wird erleichtert. Testen Sie einfach einmal die

Unterschiede auf einem PC, der Aero unterstützt. Auch die Vorschaufenster in der Taskbar, die in diesem Kapitel besprochen werden, optimieren Vista deutlich in Richtung verbesserter Navigation und Übersichtlichkeit. Mit Flip und Flip-3D, die in diesem Kapitel näher vorgestellt werden, kann leichter zwischen Anwendungen gewechselt werden.

Die Optionen dieser neuen Oberfläche lassen sich sehr detailliert anpassen. Anwender, denen diese neue, transparente Anzeige der Fenster nicht zusagt, können sie auch abschalten und bekommen die Fenster dann nur noch im normalen Modus angezeigt.

5.2 Anpassen des Desktops – Aero-Glaseffekte

Wenn Sie mit der rechten Maustaste auf den Desktop klicken, können Sie über den Kontextmenübefehl *Anpassen* dessen Eigenschaften aufrufen (siehe *Abbildung 5.2*). An dieser Stelle stehen Ihnen so gut wie alle Möglichkeiten zur Verfügung, um das Aussehen von Windows Vista zu ändern.

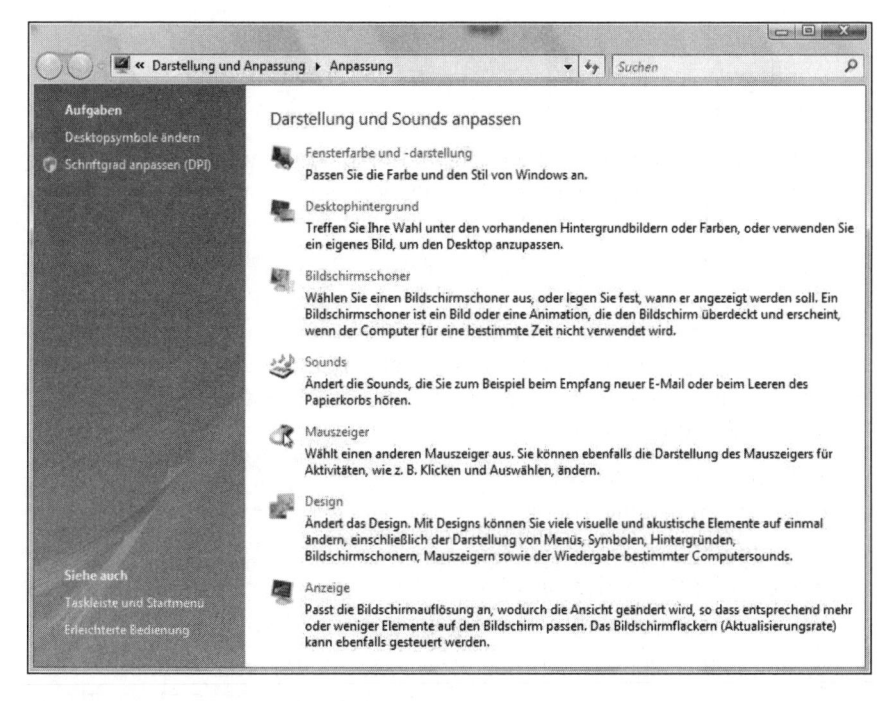

Abbildung 5.2: Das Aussehen von Windows Vista anpassen

Hauptsächlich finden Sie an dieser Stelle in der Mitte des Fensters die Konfigurationsmöglichkeiten des Desktops über die Links:

- Fensterfarbe und -darstellung
- Desktophintergrund
- Design
- Anzeige

Die Benutzeroberfläche konfigurieren – Aero und Co

5.2.1 Anpassung von Aero

Dieser Abschnitt geht näher auf die Konfiguration der Aero-Effekte in Windows Vista ein. Sie werden über das bereits erwähnte Fenster zur Konfiguration der Oberfläche angesteuert.

Hauptsächlich sind die beiden Links *Fensterfarbe und -darstellung* und *Design* für das Aussehen von Aero zuständig.

Fensterfarbe und -darstellung

Aero (Authentic, Energetic, Reflective, Open) gibt es mit Transparenzeffekten oder ohne, je nachdem, was die Grafikkarte des PC unterstützt. Im sogenannten Aero-Modus werden dem Benutzer frei skalierbare Anwendungsfenster mit Schattenwurf, halbtransparenten Rahmen sowie flüssige Animationen beim Minimieren, Maximieren, Schließen und Öffnen angeboten.

> **INFO** *Aero ist nicht in der Home Basic und Starter Edition enthalten.*

Abbildung 5.3: Konfiguration der Aero-Oberfläche in Windows Vista

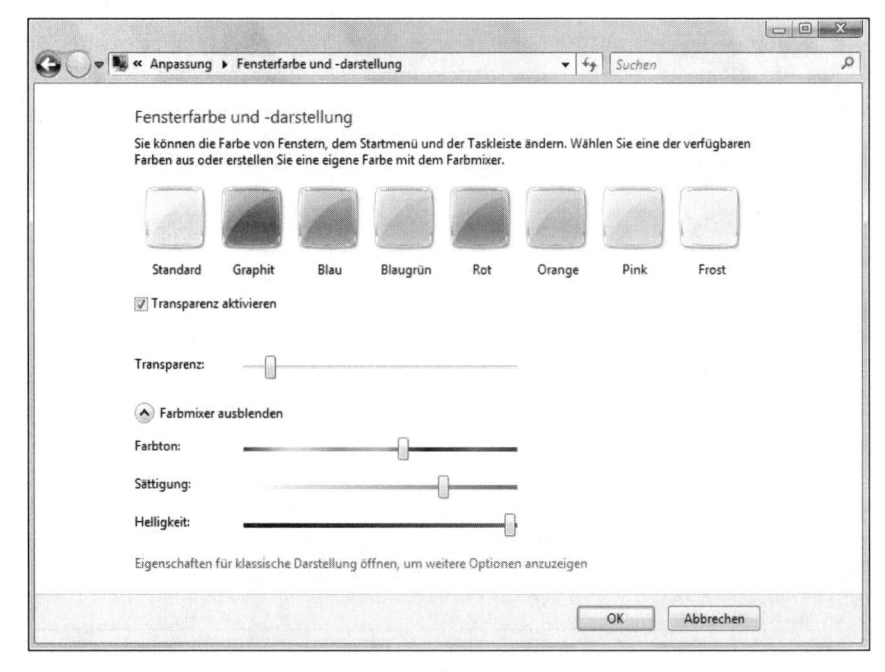

Fehlerbehebung bei Aero

Der Treiber der Grafikkarte muss Aero ebenfalls unterstützen. Wie bereits erwähnt, sind die Voraussetzungen für die Aero-Darstellung folgende:

- Die Grafikkarte muss DirectX 9 unterstützen.
- Es muss ein aktueller Grafikkartentreiber für Windows Vista installiert sein. Damit wirklich alle Aero-Effekte funktionieren, ist es wichtig, einen aktuellen Treiber Ihrer Grafikkarte der Vista-tauglich ist, zu installieren.
- Die Grafikkarte muss Pixel Shader 2.0 unterstützen.
- Die Grafikkarte muss über 64 MB RAM verfügen. Bei einer Bildschirmauflösung von 1024 x 768 Bildpunkten sind 128 MB angebracht, bei 1600 x 1200 sogar 256 MB RAM.
- Zusätzlich muss ein *Windows Display Driver Model*-Treiber *(WDDM)* installiert sein.
- In die beiden Versionen Windows Vista Home Basic und Windows Vista Starter ist die neue Aero-Glas-Oberfläche nicht integrierte erst ab der Vista Home Premium Edition.

Über Start/Systemsteuerung/System und Wartung/System/Windows-Leistungsindex/Details anzeigen und drucken *können Sie prüfen, ob Ihre Grafikkarte DirectX 9 unterstützt (siehe Abbildung 5.4).*

Über den Link *Fensterfarbe und -darstellung* können Sie die Aero-Oberfläche von Windows Vista anpassen (siehe *Abbildung 5.3*).

Sie können einstellen, welche Farben die Fenster haben und ob sie transparent sein sollen, und eigene Farbmischungen kreieren. Auch die detaillierte Transparenz der Fenster kann an dieser Stelle angepasst werden. Alle Einstellungen, die Sie an dieser Stelle vornehmen, werden sofort auf Windows angewendet. Sie müssen nicht erst mit *OK* bestätigen, um die Änderungen zu sehen.

Wenn Sie das Kontrollkästchen Transparenz aktivieren *abschalten, werden die Fensterrahmen nicht mehr transparent angezeigt. Windows entfernt selbst das Häkchen, wenn die Hardware des PC keine Transparenz unterstützt. Wenn Sie das Häkchen wieder manuell setzen, wird zwar kurzzeitig unter Umständen die Transparenz aktiviert, sie wird jedoch von Vista anschließend selbstständig wieder deaktiviert, um die Stabilität des Systems nicht zu gefährden.*

Die Benutzeroberfläche konfigurieren – Aero und Co

Abbildung 5.4:
Überprüfung der Grafikkarte auf DirectX 9-Tauglichkeit

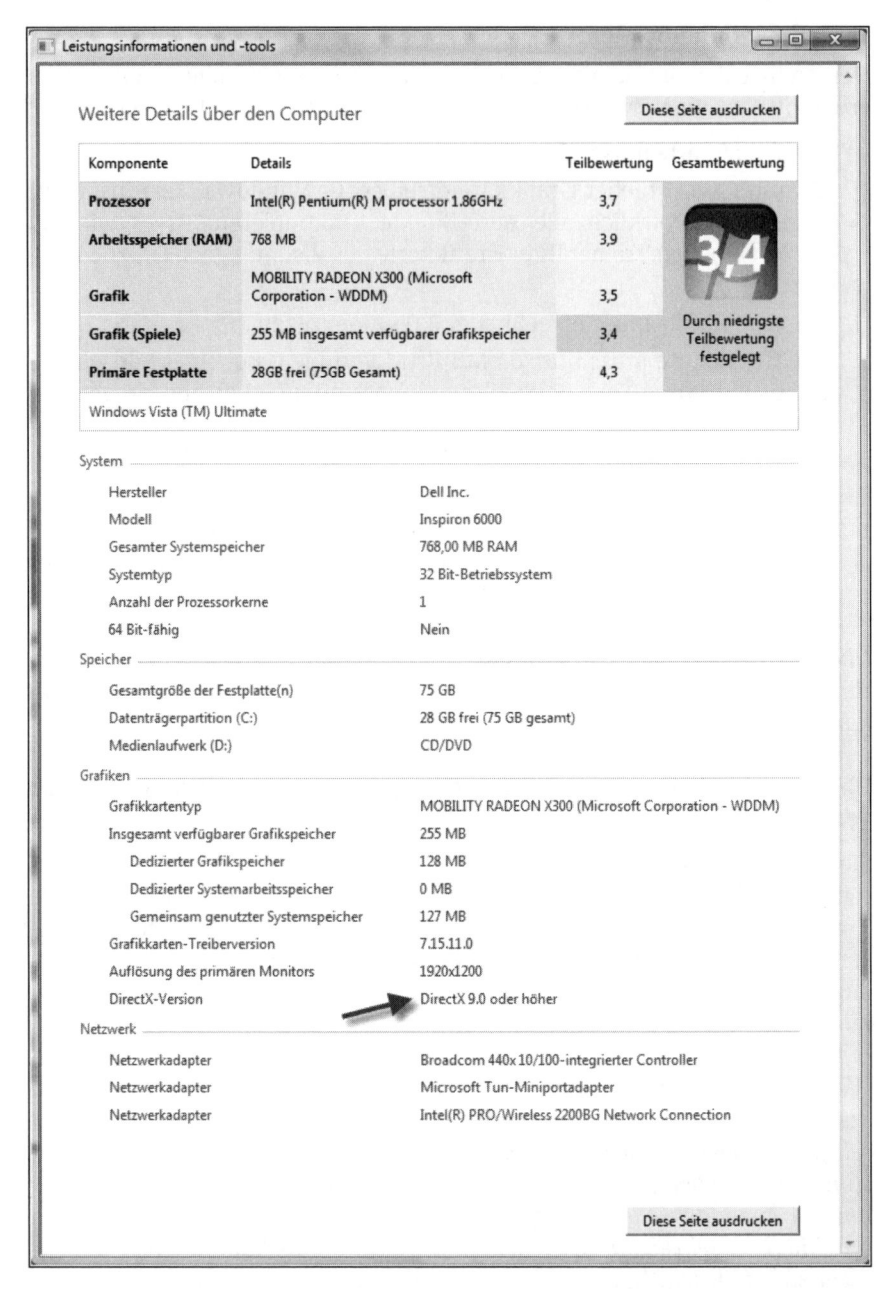

Komponente	Details	Teilbewertung	Gesamtbewertung
Prozessor	Intel(R) Pentium(R) M processor 1.86GHz	3,7	
Arbeitsspeicher (RAM)	768 MB	3,9	**3,4**
Grafik	MOBILITY RADEON X300 (Microsoft Corporation - WDDM)	3,5	Durch niedrigste Teilbewertung festgelegt
Grafik (Spiele)	255 MB insgesamt verfügbarer Grafikspeicher	3,4	
Primäre Festplatte	28GB frei (75GB Gesamt)	4,3	

Windows Vista (TM) Ultimate

System
- Hersteller: Dell Inc.
- Modell: Inspiron 6000
- Gesamter Systemspeicher: 768,00 MB RAM
- Systemtyp: 32 Bit-Betriebssystem
- Anzahl der Prozessorkerne: 1
- 64 Bit-fähig: Nein

Speicher
- Gesamtgröße der Festplatte(n): 75 GB
- Datenträgerpartition (C:): 28 GB frei (75 GB gesamt)
- Medienlaufwerk (D:): CD/DVD

Grafiken
- Grafikkartentyp: MOBILITY RADEON X300 (Microsoft Corporation - WDDM)
- Insgesamt verfügbarer Grafikspeicher: 255 MB
- Dedizierter Grafikspeicher: 128 MB
- Dedizierter Systemarbeitsspeicher: 0 MB
- Gemeinsam genutzter Systemspeicher: 127 MB
- Grafikkarten-Treiberversion: 7.15.11.0
- Auflösung des primären Monitors: 1920x1200
- DirectX-Version: DirectX 9.0 oder höher

Netzwerk
- Netzwerkadapter: Broadcom 440x 10/100-integrierter Controller
- Netzwerkadapter: Microsoft Tun-Miniportadapter
- Netzwerkadapter: Intel(R) PRO/Wireless 2200BG Network Connection

Vista unterstützt im Kompatibilitätsmodus auch einige XP-Treiber. Testen Sie diese einfach aus, wenn für Ihre Karte kein passender Vista-Treiber installiert wurde.

Sollte ein Treiber Probleme bereiten, starten Sie den PC im abgesicherten Modus, und aktivieren Sie in den Eigenschaften des Gerätes (im Geräte-

Manager) den alten Treiber wieder (siehe Kapitel 2 und Kapitel 6). Die Effekte und auch die Geschwindigkeit des PC werden am besten mit einem Treiber direkt vom Hersteller unterstützt, da diese deutlich besser an die Karten angepasst sind als die Treiber von Microsoft. Sie sollten daher immer einen aktuellen Treiber von der Herstellerseite laden, auch wenn Ihrer Grafikkarte ein passender Treiber von Windows Vista zugewiesen wird.

Achten Sie auch darauf, in den Anzeigeeinstellungen eine 32-Bit-Farbtiefe zu aktivieren, ansonsten werden die Aero-Effekte nicht immer angezeigt. Wenn Sie in den *Designs* (Klick mit der rechten Maustaste auf *Desktop* und Auswahl von *Anpassen*) nur *Windows Vista-Basis* aktiviert haben, wird der Aero-Eeffekt ebenfalls nicht verwendet. Er wird nur bei Aktivierung des Aero-Designs angezeigt.

Wenn trotz aller Voraussetzungen die Oberfläche nicht mit den Aero-Effekten angezeigt wird, überprüfen Sie zunächst, ob der Dienst Sitzungs-Manager für Desktopfenster-Manager *auf* Automatisch *steht und auch gestartet wurde.*

Die Steuerung der Windows-Dienste rufen Sie am besten über Start/Ausführen/services.msc *auf.*

Über den Link *Eigenschaften für klassische Darstellung öffnen ...* können Sie weitere Einstellungen vornehmen, um die Anzeige von Aero anzupassen (siehe *Abbildung 5.5*). Hauptsächlich können Sie hier über den Bereich *Farbschema* Änderungen vornehmen.

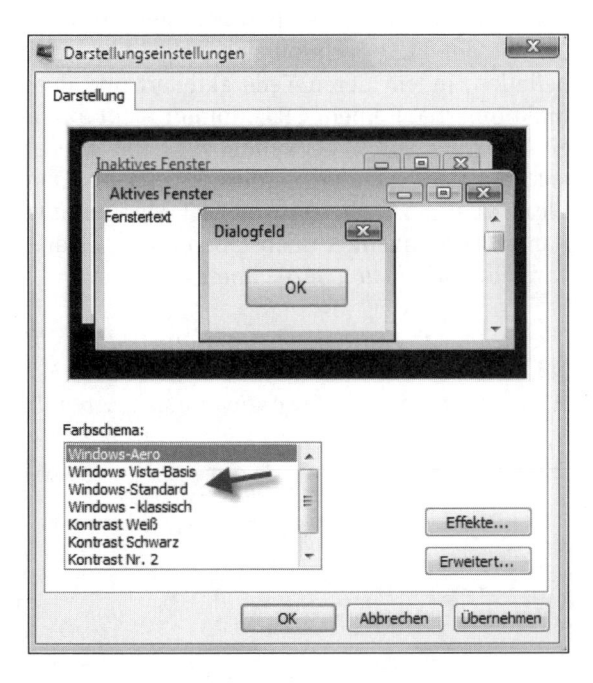

Abbildung 5.5: Anpassen des Farbschemas

Die transparenten Effekte sowie die Menüschatten und die weiteren Aero-Einstellungen werden nur angezeigt, wenn Sie das Farbschema *Windows-Aero* aktivieren. Bei der Auswahl von *Windows Vista-Basis* wird zwar auch die neue Ansicht von Vista aktiviert, es erscheinen aber keinerlei Transparenzeffekte.

Kantenglättung, ClearType und Antialiasing

Über die Schaltfläche *Effekte* können Sie einige weitere Optionen auswählen, die aber nichts mit Aero zu tun haben (siehe *Abbildung 5.6*). Hier können Sie zum Beispiel konfigurieren, dass der Inhalt von Fenstern auch beim Verschieben angezeigt oder dass die Kantenglättung durch ClearType aktiviert wird.

ClearType dient dazu, Computerschriftarten klar und mit geglätteten Kanten anzuzeigen. Bildschirmtext kann mithilfe von ClearType detaillierter dargestellt werden und ist daher über einen längeren Zeitraum besser zu lesen, da die Augen nicht belastet werden. Jedes Pixel in einer Schriftart besteht aus drei Teilen: Rot, Blau und Grün. ClearType verbessert die Auflösung, indem die einzelnen Farben im Pixel aktiviert und deaktiviert werden. Ohne ClearType muss das gesamte Pixel aktiv oder passiv gesetzt werden. Durch diese genauere Steuerung der Rot-, Blau- und Grünanteile eines Pixels kann die Deutlichkeit auf einem LCD-Monitor deutlich verbessert werden.

Sie können aber auch herkömmliche Monitore (CRT) verwenden. Beste Ergebnisse erreicht man aber beim Einsatz von LCD-Monitoren, da ClearType für LCD entwickelt und optimiert wurde. ClearType nutzt die Besonderheit der LCD-Technologie, wobei Pixel sich an einer festen Position befinden, indem deren Teile aktiviert und deaktiviert werden. ClearType funktioniert auf einem CRT-Monitor nicht auf die gleiche Weise, da in ihm ein Elektronenstrahl verwendet wird, um Pixel anzuregen oder zu bewegen, anstatt sie an festen Positionen zu belassen. Dennoch kann der Einsatz von ClearType die Deutlichkeit auf CRT-Monitoren verbessern, da die gezackten Kanten der einzelnen Buchstaben durch ClearType geglättet werden. Dies wird als *Antialiasing* bezeichnet.

> **INFO** *Die ClearType-Technologie funktioniert daher besonders gut bei LCD-Geräten, einschließlich Flachbildschirmen und Notebooks. ClearType ist in Windows standardmäßig aktiviert (siehe Abbildung 5.6).*

Abbildung 5.6: Konfiguration von Effekten in Windows Vista

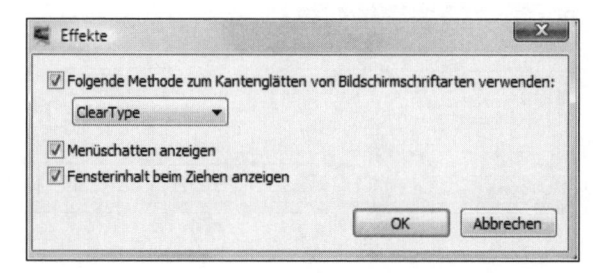

Anpassen des Desktops – Aero-Glaseffekte

Vor allem die Schriftarten Constantia, Cambria, Corbel, Candara, Calibri und Consolas werden mit ClearType optimal dargestellt.

Über die Schaltfläche *Erweitert* können Sie das Aussehen und die Farbe einzelner Elemente des Desktops sehr genau steuern (siehe *Abbildung 5.7*).

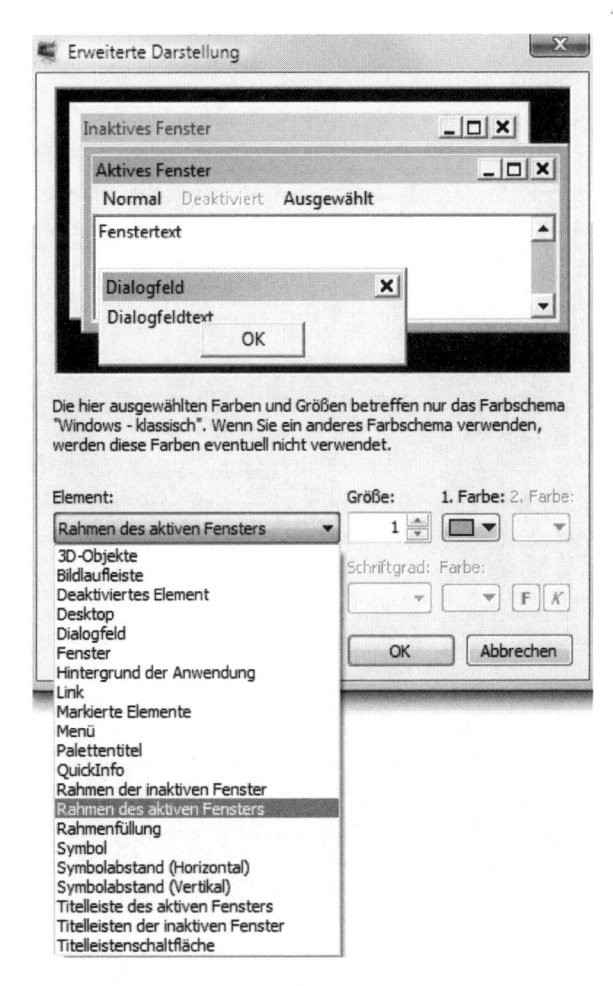

Abbildung 5.7: Konfiguration einzelner Desktop-Elemente

An dieser Stelle sollten Sie aber wirklich nur dann Änderungen vornehmen, wenn Sie mit den Standardeinstellungen des Systems nicht einverstanden sind. Beachten Sie, dass die Farbeinstellungen der Fenster aufeinander abgestimmt sind und bei Änderungen die Oberfläche nicht mehr so effizient zu bedienen ist, weil Sie zum Beispiel einzelne Elemente nicht mehr voneinander unterscheiden können. An diesen Einstellungen sollten Sie zu Beginn möglichst nichts ändern.

Die Benutzeroberfläche konfigurieren – Aero und Co

> **INFO**
> *Manche ältere Programme sind nicht mit Aero kompatibel. Wird ein solches Programm gestartet, deaktiviert Windows unter Umständen Aero. Nachdem ein inkompatibles Programm beendet wurde, sollte Aero wieder angezeigt werden. Sollte dies nicht der Fall sein, stellen Sie in den Anzeigeeinstellungen sicher, dass das Aero-Design aktiviert und die Transparenz im Menü* Fensterfarbe und -darstellung *des Desktops aktiviert ist.*

Designs

Über den Link *Design* im Anpassungsfenster des Desktops können Sie vorgefertigte Standarddesigns aktivieren, wie bereits unter Windows XP.

Sie können an dieser Stelle das vorgegebene Aussehen von Windows Vista aktivieren und erhalten dadurch die klassische Ansicht wie unter Windows 2000 oder Windows XP (siehe *Abbildung 5.8*). Vista sieht dann zwar nicht mehr so modern aus wie zuvor, lässt sich dafür aber fast genauso bedienen wie Windows 2000 oder Windows XP.

Abbildung 5.8: Klassische Desktop-Darstellung unter Windows Vista

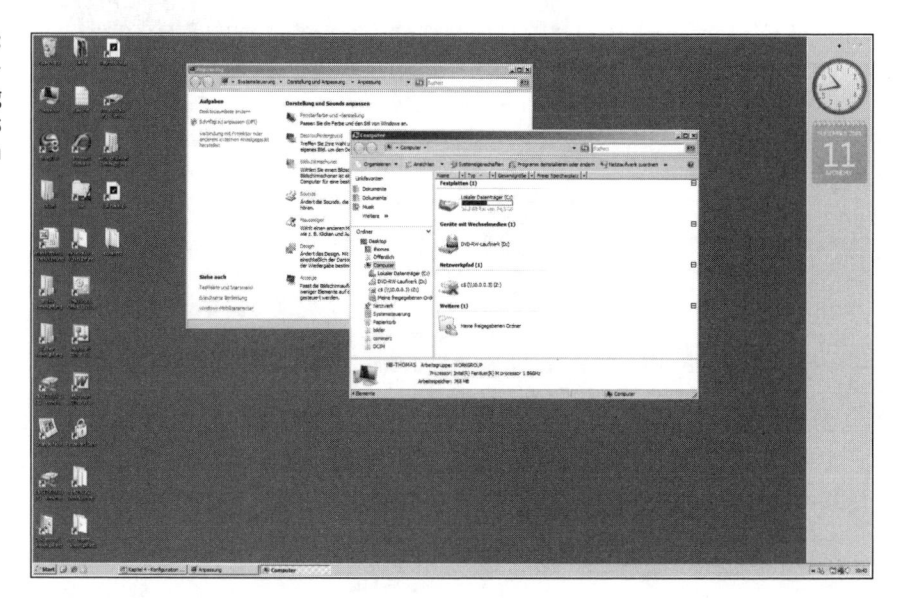

Vor allem Puristen unter den Windows-Nutzern werden an der Aktivierung der klassischen Oberfläche Freude haben, da dadurch natürlich auch die Belastung des Systems erheblich gemindert wird. Grafische Spielereien wie Aero wirken sich schließlich auch bei aktueller Hardware durchaus negativ auf die Performance aus.

5.2.2 Desktophintergrund – Hintergrundbilder (Wallpapers)

Über den Link *Desktophintergrund* im Anpassungsfenster können Sie einstellen, welches Hintergrundbild verwendet werden soll. Dazu stehen Ihnen verschiedene Beispielbilder zur Verfügung, die hochauflösend und sehr ansprechend sind (siehe *Abbildung 5.9*). Sie können den Desktop aber auch einfarbig gestalten und die Farbe an dieser Stelle auswählen.

Außerdem können Sie das Bild zentrieren. Ein zentriertes Hintergrundbild wird in seiner originalen Auflösung dargestellt. Wenn Sie den Monitor in einer höheren Auflösung laufen lassen, erscheint um das Bild ein Rahmen, da nicht der gesamte Desktop ausgefüllt wird. Hat das Bild eine höhere Auflösung als Ihr PC, wird das Bild nicht komplett dargestellt. Sie können das Bild auch über den kompletten Desktop strecken lassen.

Natürlich können Sie an dieser Stelle auch eigene Bilder verwenden. Windows Vista ist mit einer ganzen Reihe von Beispielbildern ausgestattet. Sie können das entsprechende Bild auswählen oder über die Schaltfläche *Durchsuchen* ein eigenes verwenden.

Abbildung 5.9: Auswählen des Desktophintergrunds in Windows Vista

Unten im Fenster können Sie festlegen, wie das Bild angeordnet werden soll. Dazu stehen Ihnen drei verschiedene Möglichkeiten zur Verfügung. Die Änderungen sind sofort sichtbar, wenn Sie die einzelnen Optionen auswählen.

- *An Bildschirmgröße anpassen* – Diese Option ist standardmäßig ausgewählt (das linke Symbol). Wenn das ausgewählte Bild eine kleinere Auflösung als der Desktop hat, wird es auf dessen ganze Größe gestreckt. Wenn nur ein kleiner Zoom notwendig ist, wird die Qualität nicht sonderlich beeinträchtigt, zu kleine Bilder werden allerdings ziemlich undeutlich dargestellt.
- *Nebeneinander* – Diese Option ist die mittlere Auswahl. Bei dieser Option wird das Bild verkleinert dargestellt und der Desktop mit dem Bild kachelartig aufgefüllt.
- *Zentriert* – Die rechte Option stellt das Bild in der originalen Auflösung auf dem Desktop dar. Wenn das Bild eine größere Auflösung hat, sehen Sie nicht das ganze Bild (vor allem bei privaten Aufnahmen mit Digitalkameras ist das oft der Fall). Ist das Bild kleiner als der Desktop, wird ein schwarzer Rahmen um das Bild angezeigt.

Regelmäßiger Wechsel des Hintergrunds – Fun Desktop Wallpaper Changer

Vielen Anwendern ist es zu langweilig, immer das gleiche Hintergrundbild zu verwenden, aber auch zu aufwendig, jedes Mal das Bild über das Menü in Windows zu wechseln.

Zu diesem Zweck gibt es kostenlose Anwendungen, die das System nicht belasten und bei jedem Start ein anderes Hintergrundbild konfigurieren. Dies hat den Vorteil, dass Sie auch Ihre Urlaubs-, Familien- oder Hobbybilder ständig wechselnd anzeigen können und nie Langeweile aufkommt, weil Sie immer ein anderes Bild begrüßt.

Ein hervorragendes Tool ist der *Fun Desktop Wallpaper Changer*, den Sie kostenlos von der Internetseite http://www.softcab.net/soft/Utilities/Miscellaneous/FunDesktopWallpaperChanger.html herunterladen können. Die Installation ist sehr einfach, und auch die Konfiguration ist nicht sehr kompliziert.

Nach der Installation müssen Sie das Tool zunächst konfigurieren. Starten Sie dazu die Verknüpfung *Start/Alle Programme/Fun Desktop Wallpaper Changer/Configurator* (siehe *Abbildung 5.10*). Zunächst können Sie den Pfad auswählen, in dem sich die Bilder befinden, die gewechselt werden sollen.

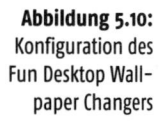

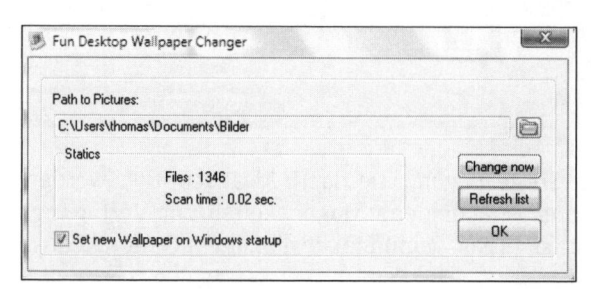

Abbildung 5.10: Konfiguration des Fun Desktop Wallpaper Changers

Anpassen des Desktops – Aero-Glaseffekte

Anschließend können Sie durch Aktivierung des Kontrollkästchens *Set new Wallpaper on Windows startup* festlegen, dass ein beliebiges Bild aus diesem Verzeichnis beim Starten von Windows angezeigt wird.

Über die Schaltfläche *Change now* wird das Hintergrundbild sofort geändert. Wenn Sie die Verknüpfung *Change Now* im Programmordner des Desktop Changers aufrufen, wird das Hintergrundbild ebenfalls gewechselt. Sie können diese Verknüpfung auf den Desktop ziehen und so auch im laufenden Betrieb das Hintergrundbild wechseln.

Wenn Sie die Bilddateien in Ihr Windows-Profil kopiert haben, finden Sie es im Ordner c:\Benutzer\<Benutzername>. *Entweder liegen die Dokumente bereits in diesem Ordner oder im nächsten Unterordner unter* c:\Benutzer\<Benutzername>\Dokumente.

TIPP

Wenn Sie die Beispielbilder von Windows verwenden wollen, finden Sie diese im Verzeichnis c:\Benutzer\Öffentlich\Öffentliche Bilder\Beispielbilder.

5.2.3 Konfiguration der Anzeige und des Bildschirms

Über den Link *Anzeige* im Anpassungsfenster des Desktops können Sie die Auflösung des Bildschirms sowie die Unterstützung für mehrere Bildschirme konfigurieren (siehe *Abbildung 5.11*).

Abbildung 5.11: Konfiguration der Anzeige von Windows Vista mit mehreren Monitoren

Die Benutzeroberfläche konfigurieren – Aero und Co

Wenn Sie an Ihrem Desktop-PC zusätzlich einen weiteren Monitor anschließen, zum Beispiel am DVI-Eingang, können Sie den Desktop auf diesen zusätzlichen Monitor erweitern. Auch Notebook-Anwender können diese Funktion nutzen. So haben Sie zum Beispiel die Möglichkeit, auf dem ersten Bildschirm Outlook zu öffnen und auf dem zweiten Monitor beispielsweise mit Microsoft Word zu arbeiten.

Sie können per Drag & Drop auch die Reihenfolge der Monitore bestimmen und für jeden angeschlossenen Monitor eine eigene Auflösung wählen.

> **TIPP** *Sie erreichen die Einstellungen für die Anzeige auch über* Start/Ausführen/desk.cpl.

Wenn Sie das Kontrollkästchen *Desktop auf diesen Monitor erweitern* nicht aktivieren, wird auf beiden Monitoren der gleiche Desktop angezeigt.

1. Ziehen Sie zuerst die Monitore im Fenster in die richtige Reihenfolge, und stellen Sie für beide Monitore die jeweils korrekte Auflösung ein.
2. Markieren Sie im Anschluss den Monitor, auf dem Sie das Startmenü und die Taskleiste anzeigen wollen, und aktivieren Sie das Kontrollkästchen *Dieses Gerät ist der primäre Monitor*.
3. Wählen Sie danach den Monitor aus, auf den Sie den Desktop erweitern wollen, und aktivieren Sie das Kontrollkästchen *Desktop auf diesen Monitor erweitern*.
4. Wenn Sie die Schaltfläche *Identifizieren* anklicken, wird auf jedem Bildschirm die Nummer angezeigt, die Windows ihm zugewiesen hat.

Sie können durch einfache Bewegung mit der Maus zwischen den Bildschirmen hin- und herwechseln (siehe *Abbildung 5.12*).

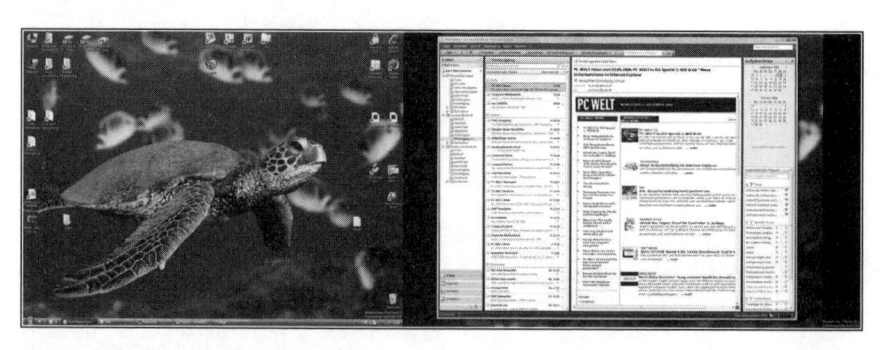

Abbildung 5.12: Anzeige des Desktops mit mehreren Monitoren

Durch einen zusätzlichen Monitor erreichen viele Anwender eine optimale und effiziente Arbeitsumgebung. So eignen sich zwei 19-Zoll-Monitore deutlich besser zum Arbeiten als ein einzelner 21- oder 22-Zoll-Monitor.

Über die Schaltfläche *Erweiterte Einstellungen* können Sie tiefer gehende Systemeinstellungen vornehmen (siehe *Abbildung 5.13*).

Anpassen des Desktops – Aero-Glaseffekte

Sie sehen an dieser Stelle die Ausstattung für Ihre Grafikkarte und können über die Schaltfläche *Eigenschaften* die Konfiguration des aktiven Treibers der Grafikkarte konfigurieren (siehe *Abbildung 5.14*).

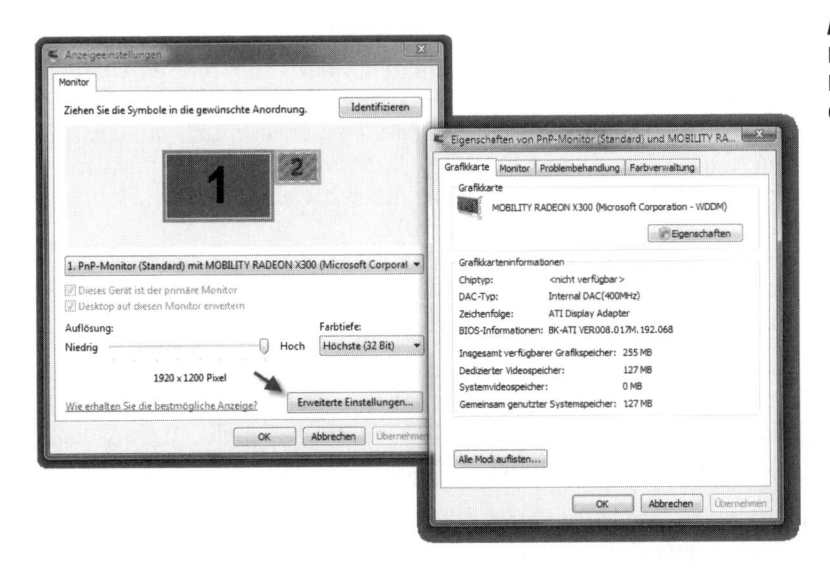

Abbildung 5.13:
Erweiterte Einstellungen für die Anzeige

Abbildung 5.14:
Konfiguration des Treibers für die Grafikkarte

Die Benutzeroberfläche konfigurieren – Aero und Co

Auf der Registerkarte *Treiber* wird die Version des aktuellen Treibers angezeigt. Über die Schaltfläche *Treiber aktualisieren* können Sie einen neuen Treiber für Ihre Grafikkarte installieren (siehe auch Kapitel 6).

TIPP

Wenn nach der Installation eines Grafikkartentreibers Probleme auftreten, können Sie Windows im abgesicherten Modus starten. Kehren Sie dann zur Registerkarte Treiber *zurück, und klicken Sie auf die Schaltfläche* Vorheriger Treiber. *Dadurch wird der letzte Treiber aktiviert, mit dem das Gerät funktioniert hat. Dieses Vorgehen funktioniert übrigens nicht nur bei Grafikkarten, sondern auch für alle anderen Geräte. Mehr Informationen zu diesem Thema finden Sie in Kapitel 6.*

Auf der Registerkarte *Monitor* in den erweiterten Einstellungen der Anzeige erscheint die Bildwiederholrate des Monitors.

Wenn Sie einen TFT-Monitor verwenden, sind 60 Hertz in der Regel in Ordnung. Beim Einsatz eines herkömmlichen Röhrenmonitors sollten hier aber mindestens 75 Hertz eingestellt sein, besser mehr, da ansonsten viele Anwender auf ihrem Monitor ein Flimmern feststellen.

Abbildung 5.15: Eigenschaften des Monitors in den erweiterten Einstellungen

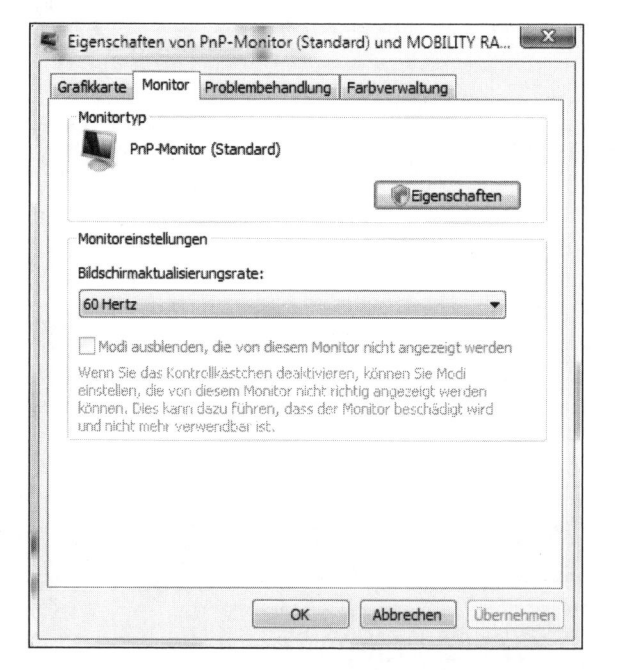

TIPP

Wenn Sie versehentlich eine zu hohe Auflösung gewählt haben, können Sie auch den PC einfach ausschalten und im abgesicherten Modus starten (beim Starten des Rechners die Taste [F8] *drücken und* Abgesicherter Modus *auswählen). Anschließend können Sie die Einstellung wieder auf einen Wert anpassen, mit dem der Monitor problemlos funktioniert.*

5.2.4 Desktopsymbole und Schriftgrad ändern

Über den Link *Desktopsymbole ändern* in der *Aufgaben*-Spalte auf der linken Seite des Anpassungsfensters können Sie konfigurieren, welche Symbole auf dem Desktop angezeigt werden sollen. Hier können Sie auch die einzelnen Symbole ändern (siehe *Abbildung 5.16*).

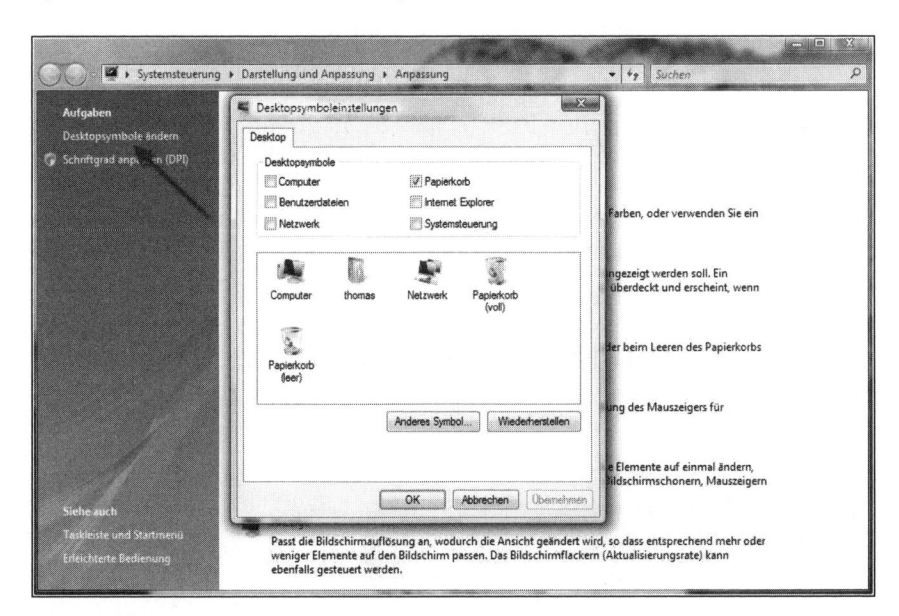

Abbildung 5.16: Anpassen der Desktopsymbole

Viele Anwender wollen nicht die großen Symbole auf dem Desktop nutzen, die in Windows Vista standardmäßig eingestellt sind. Sie können die Größe der Symbole auf dem Desktop anpassen, indem Sie mit der rechten Maustaste auf den Desktop klicken und im daraufhin geöffneten Kontextmenü einen geeigneten Eintrag im Untermenü Ansicht auswählen (siehe Abbildung 5.17).

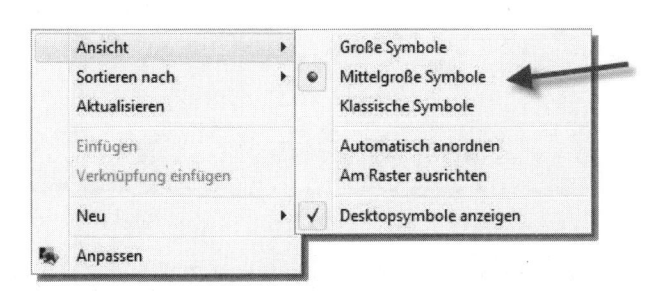

TIPP

Abbildung 5.17: Anpassen der Desktopsymbole in Windows Vista

Die Benutzeroberfläche konfigurieren – Aero und Co

TIPP
Sie können die Größe der Desktopsymbole auch mit der Maus stufenlos anpassen. Klicken Sie dazu ein beliebiges Symbol auf dem Desktop mit der linken Maustaste an, und halten Sie dann die Strg*-Taste gedrückt. Mit dem Scrollrad der Maus lässt sich die Größe des Symbols jetzt stufenlos anpassen.*

Dieser Trick funktioniert auch in so gut wie allen anderen Fenstern in Windows Vista, auch innerhalb von Ordnern.

Sie können die Symbole für jedes beliebige Programm auf dem Desktop ändern, wenn Sie auf die Schaltfläche *Anderes Symbol* in den Eigenschaften der Verknüpfung klicken. Die Verknüpfungen der Programme sind die Symbole auf dem Desktop. Wenn Sie ein solches Symbol auf dem Desktop mit der rechten Maustaste anklicken, können Sie über das Kontextmenü die Eigenschaften öffnen.

Die meisten Windows Vista-Symbole stehen Ihnen zur Verfügung, wenn Sie zur Symbolauswahl die Schaltfläche *Durchsuchen* anklicken und anschließend die Datei *C:\Windows\System32\imageres.dll* auswählen (siehe Abbildung 5.18).

Abbildung 5.18:
Ändern des Symbols für Verknüpfungen

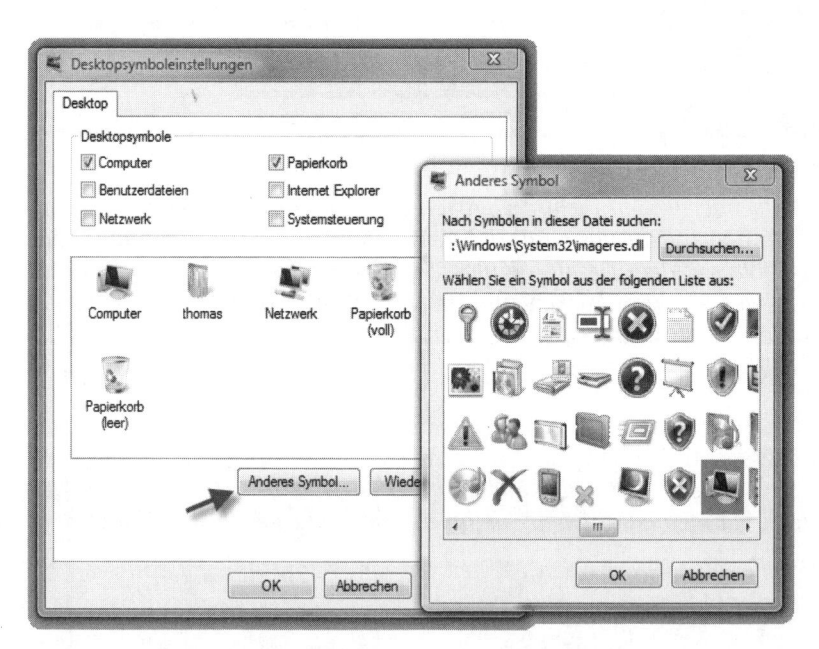

Über den Link *Schriftgrad anpassen (DPI)*, den Sie ebenfalls in der *Aufgaben*-Spalte des Anpassungsfensters finden, können Sie die Größe der Systemschriftart anpassen, was vor allem für Anwender mit eingeschränkter Sehstärke nützlich sein kann (siehe *Abbildung 5.19*).

Sie können Text und Symbole auf dem Bildschirm besser sichtbar machen, indem Sie diese vergrößern. Dazu erhöhen Sie die Skalierung für *DPI (Dots Per Inch)*. Sie können die eingestellte DPI-Skalierung auch verringern, um Text und andere Elemente auf dem Bildschirm zu verkleinern. Je größer die Anzahl der Punkte pro Zoll, desto höher ist die Auflösung.

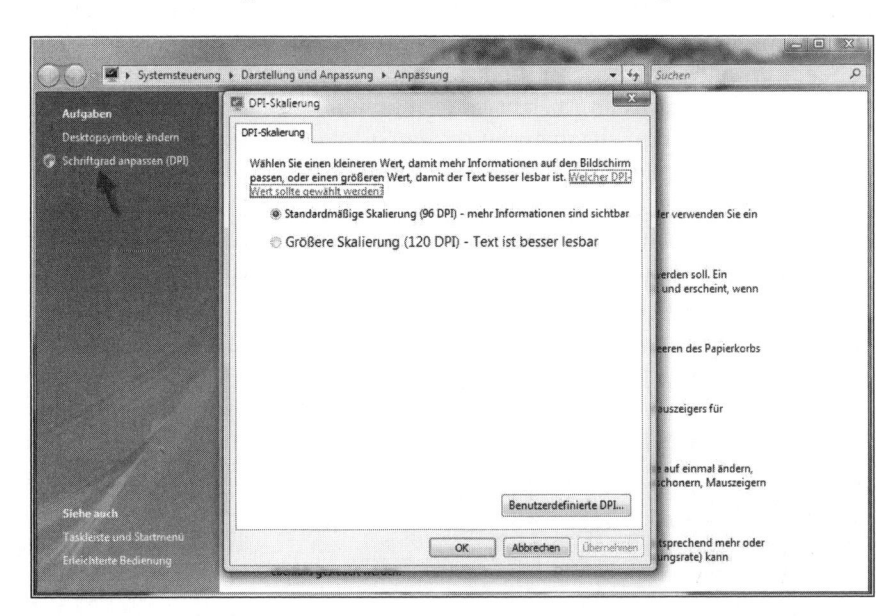

Abbildung 5.19: Anpassen der Größe der Systemschriftart

Anzeigen der Vista-Edition auf dem Desktop aktivieren

Manche Anwender wollen die aktuelle Versionsnummer des Betriebssystems immer automatisch auf dem Desktop einblenden lassen. Sie können diese Funktion über Start/Ausführen/regedit *aktivieren. Navigieren Sie dazu zum Schlüssel:*

HKEY_CURRENT_USER\Control Panel\Desktop

Erstellen Sie einen neuen REG_DWORD-Wert mit der Bezeichnung PaintDesktopVersion. *Weisen Sie den Wert 1 zu, damit die Version angezeigt wird. Beim Wert 0 wird die Anzeige wieder unterdrückt. Wenn der Wert bereits vorhanden ist, müssen Sie ihn nur noch wie gewünscht abändern.*

Anschließend sollten Sie den PC neu starten, damit die Änderungen aktiviert werden.

5.2.5 Performancetuning: klassische Windows-Ansichten aktivieren

Viele Anwender wollen aus Performancegründen oder aus Gründen der Übersichtlichkeit möglichst die alte Windows-Ansicht aktivieren. Weiter vorne in diesem Kapitel wurde Ihnen bereits erläutert, wie Sie über den Link *Design* im Darstellungsfenster den Windows-Standard wiederherstellen können. Im nächsten Abschnitt wird Ihnen gezeigt, wie Sie das Startmenü wieder auf die klassische Ansicht ändern können. Wenn Sie jetzt noch die Sidebar deaktivieren, wie später in diesem Kapitel noch gezeigt wird, sind die meisten Spielereien von Vista ausgeschaltet.

Zusätzlich können Sie noch die Option *Für optimale Leistung anpassen* konfigurieren, indem Sie über *Start/Systemsteuerung/System und Wartung/ System/Erweiterte Systemeinstellungen* gehen, die Registerkarte *Erweitert* selektieren und dort die Schaltfläche *Einstellungen* im Bereich *Leistung* anklicken. Alternativ deaktivieren Sie manuell die grafischen Features von Vista (siehe *Abbildung 5.20*).

Abbildung 5.20: Deaktivierung der grafischen Funktionen von Windows Vista

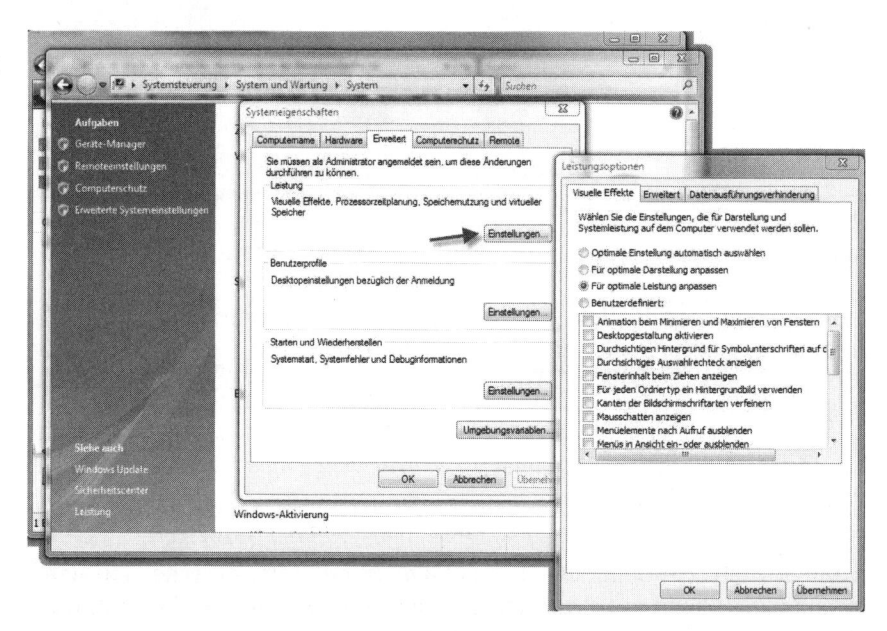

5.3 Anpassen des Startmenüs

Viele Anwender sind mit der ersten, standardmäßigen Einstellung der Oberfläche nicht ganz einverstanden. Vista bietet hier eine Reihe von Möglichkeiten, um das Startmenü und den Desktop an die Wünsche des Anwenders anzupassen. Auch das Benutzersymbol fällt sofort ins Auge, da es aus dem Startmenü hervorsticht.

Abbildung 5.21:
Neues Startmenü in Windows Vista

Wenn Sie auf das Benutzersymbol klicken, kommen Sie direkt zur Einstellung der Benutzerkonten in der Systemsteuerung (siehe Kapitel 18).

TIPP

Unter Windows XP haben viele Anwender zunächst die bunte Oberfläche in den Windows-Standardeinstellungen verändert sowie das klassische Startmenü aktiviert. Ich möchte Ihnen an dieser Stelle den Hinweis geben, es einmal mit dem neuen Startmenü von Windows Vista zu versuchen. Nach etwas Eingewöhnungszeit werden Sie sich bestimmt schnell mit der aufgeräumten und übersichtlichen Oberfläche angefreundet haben.

Wenn Sie sich aber dennoch entschließen sollten, das klassische Startmenü zu aktivieren, können Sie das auf die gleiche Weise tun wie bei Windows XP. Rufen Sie die Eigenschaften der Startleiste auf (Rechtsklick auf das Startsymbol und Eintrag *Eigenschaften* auswählen), und wechseln Sie zur Registerkarte *Startmenü*. Hier können Sie das klassische Startmenü aktivieren (siehe *Abbildung 5.22*). Das Windows Vista-Startmenü sieht dann wieder fast so aus wie bei Windows 2000 oder Windows 95/ME.

Testen Sie aber, wie bereits erwähnt, zunächst das neue Vista-Menü, da es leicht zu bedienen und aus unserer Sicht recht effizient ist. Direkt im Startmenü werden die am häufigsten verwendeten und frisch installierten Programme angezeigt. Wenn Sie auf das Menü *Alle Programme* klicken,

Die Benutzeroberfläche konfigurieren – Aero und Co

werden alle installierten Programme angezeigt, auch jene, die Sie nicht erst vor Kurzem aufgerufen haben. Sie können durch die Programme navigieren bzw. ein Programm starten, indem Sie mit der Maus auf die Verknüpfung klicken; es ist kein Doppelklick notwendig.

Über die Schaltfläche *Anpassen* (siehe *Abbildung 5.22*), können Sie das Startmenü Ihren Bedürfnissen entsprechend anpassen. Vor allem den Befehl *Ausführen*, um beispielsweise die Eingabeaufforderung direkt zu öffnen, werden viele Poweruser im Startmenü zunächst vermissen. Diesen Befehl können Sie an dieser Stelle dem Startmenü hinzufügen. Außerdem können Sie weitere Änderungen am Startmenü vornehmen.

Abbildung 5.22: Den Befehl *Ausführen* zum Startmenü hinzufügen

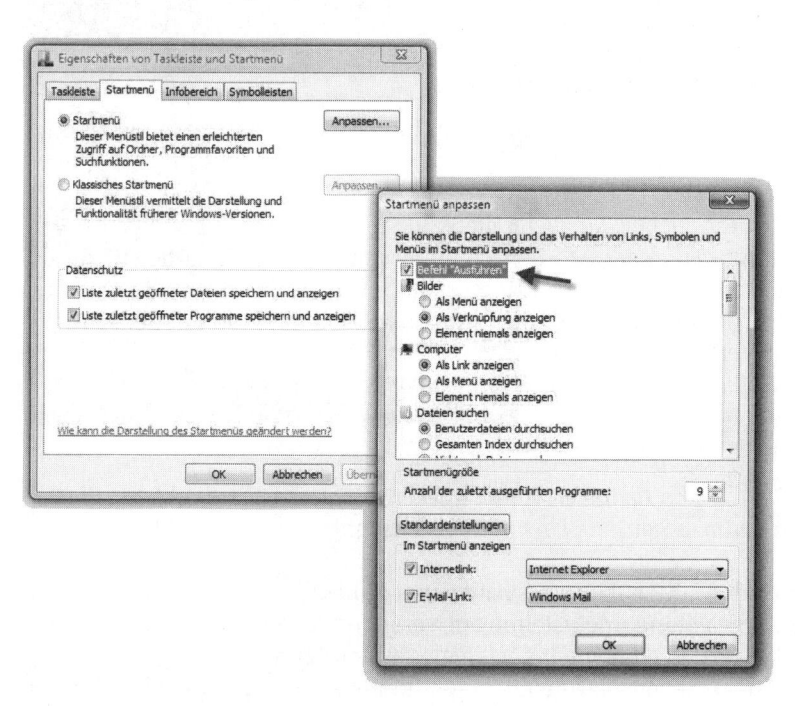

Über die restlichen Registerkarten in diesem Dialogfeld können Sie das Aussehen der Startleiste weiter anpassen. Die meisten Einstellungen sind an dieser Stelle identisch mit oder zumindest ähnlich wie Windows XP.

> **TIPP**
>
> *Befehle, die Sie bisher unter* Ausführen *eingegeben haben, können Sie auch direkt im Suchfenster des Startmenüs eingeben (siehe Abbildung 5.23).*
>
> *Die entsprechenden Programme werden daraufhin genauso gestartet wie im* Ausführen-*Dialogfeld. Der Befehl* cmd *startet eine Eingabeaufforderung, über* regedit *wird der Registrierungs-Editor gestartet, und auch die anderen Programme können wie gewohnt geöffnet werden. Dieses Feld kann auch zur Suche nach Dateien oder Ordnern verwendet werden.*

Anpassen des Startmenüs

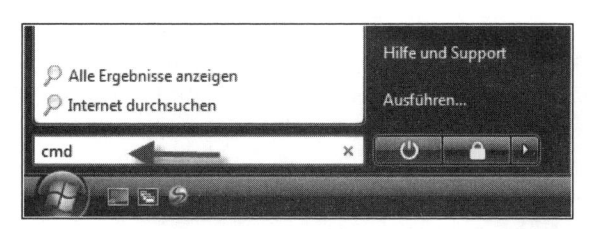

Abbildung 5.23:
Verwenden des Suchfensters als *Ausführen*-Feld

Auf der rechten Seite des Startmenüs werden die Programme angezeigt, die immer erscheinen sollen. Die linke Seite zeigt die am häufigsten verwendeten Programme an. Sie können auch die Menübefehle auf der rechten Seite des Startmenüs mit der rechten Maustaste anklicken. Daraufhin werden Ihnen die einzelnen Möglichkeiten angezeigt, je nachdem, welche für den jeweiligen Menübefehl zutreffend sind.

Wenn Sie es zum Beispiel gewohnt sind, den Arbeitsplatz auf dem Desktop vorzufinden, können Sie den Menüpunkt *Computer*, der unter Windows Vista dem *Arbeitsplatz* von Windows XP entspricht, anzeigen lassen, indem Sie die beschriebenen Möglichkeiten zur Anpassung des Desktops verwenden. Sie können aber auch den Befehl *Computer* in der Startleiste mit der rechten Maustaste anklicken. Sie erhalten daraufhin exakt alle Optionen angezeigt, die Ihnen bisher auch direkt über den Desktop mit dem Arbeitsplatz zur Verfügung standen.

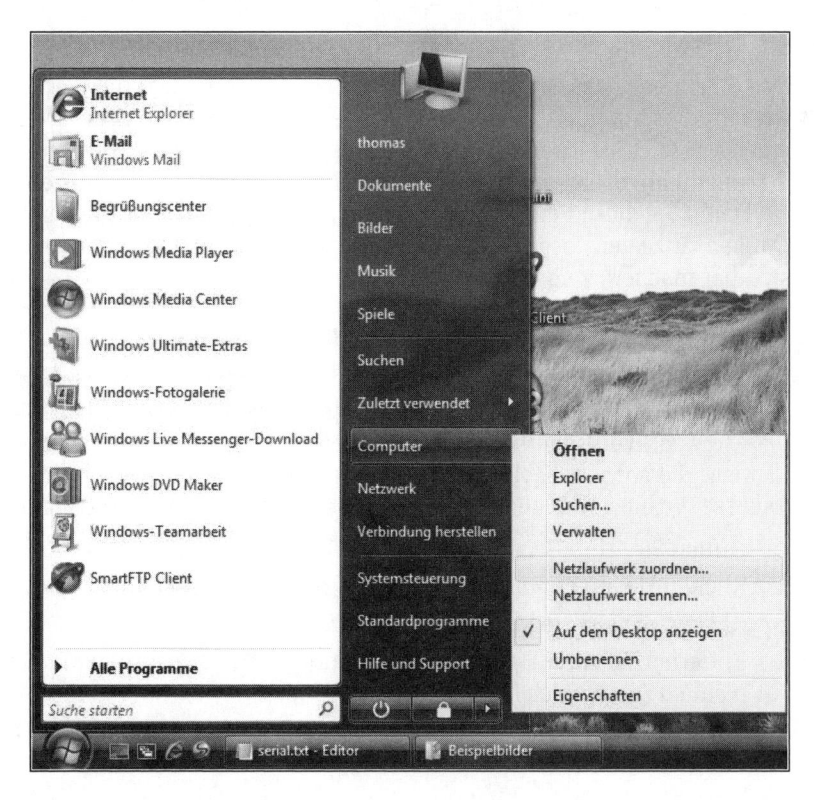

Abbildung 5.24:
Kontextmenü einzelner Bereiche im Startmenü

Zusätzlich haben Sie an dieser Stelle die Möglichkeit, das Symbol des Menübefehls *Computer* zukünftig auch auf dem Desktop darzustellen. Wählen Sie in diesem Fall im Kontextmenü den Eintrag *Auf dem Desktop anzeigen* aus (siehe *Abbildung 5.24*).

5.3.1 Anpassen des Startmenüs über den Windows Explorer

In Kapitel 8 lernen Sie, wie Sie mit dem Windows Explorer Dateien oder auch Dateiverknüpfungen kopieren, verschieben oder löschen können. Das Startmenü in Windows Vista, das Sie über *Start/Alle Programme* erreichen können, ist eine Sammlung von Verknüpfungen, die in Ordnern dargestellt werden.

Sie können das Startmenü im Windows Explorer anpassen und Verknüpfungen erstellen, Ordner oder Verknüpfungen umbenennen oder den Inhalt des Startmenüs anpassen. Viele Funktionen erreichen Sie zwar grundsätzlich auch direkt über das Startmenü und das Kontextmenü, bequemer ist allerdings oft die direkte Bearbeitung im Windows Explorer. Das Startmenü setzt sich allerdings nicht nur aus einem einzelnen Verzeichnis auf der Festplatte zusammen, sondern aus den beiden Verzeichnissen:

- *C:\Benutzer\<Benutzername>\AppData\Roaming\Microsoft\Windows\Startmenü*
- *C:\ProgramData\Microsoft\Windows\Startmenü*

Das Startmenü, das Sie im Windows Explorer sehen, ist eine gemeinsame Ansicht dieser beiden Verzeichnisse. Wenn Sie also einen Eintrag aus dem einen Verzeichnis löschen, kann der entsprechende Eintrag noch immer im Startmenü angezeigt werden, da er noch im anderen Verzeichnis enthalten ist. Damit Sie diese Verzeichnisse sehen können, müssen Sie die versteckten Dateien anzeigen lassen. Wie Sie die versteckten Dateien auf einem PC sichtbar machen, zeige ich Ihnen im nächsten Abschnitt.

Anzeigen der versteckten Dateien im Windows Explorer

Damit Ihnen im Windows Explorer alle Dateien angezeigt werden, müssen Sie zunächst deren Ansicht aktivieren. Achten Sie in diesem Fall aber darauf, dass so auch versehentlich Systemdateien gelöscht oder bearbeitet werden können, die sonst ausgeblendet sind. Aus diesem Grund sollten nur geübte Benutzer versteckte Dateien aktivieren. Gehen Sie dazu folgendermaßen vor:

1. Öffnen Sie, zum Beispiel über *Start/Computer*, den Windows Explorer.
2. Klicken Sie auf *Organisieren/Ordner- und Suchoptionen*.
3. Klicken Sie auf die Registerkarte *Ansicht*.
4. Entfernen Sie den Haken bei der Option *Geschützte Systemdateien ausblenden (empfohlen)*.
5. Klicken Sie im Bereich *Versteckte Dateien und Ordner* auf *Alle Dateien und Ordner anzeigen*.

5.3.2 Herunterfahren, neu starten, Benutzer abmelden

Über das Startmenü können Sie auch die Steuerung des PC durchführen. Sie können ihn in den Energiesparmodus versetzen, indem Sie auf die entsprechende Schaltfläche im Startmenü klicken (siehe *Abbildung 5.25*).

Abbildung 5.25: Aktivierung des Energiesparmodus

Beim Einsatz von Windows Vista auf einem normalen PC können Sie über diese Schaltfläche den PC ausschalten, da normale PCs keine Energiesparoptionen wie Notebooks bieten. Diese Schalter haben daher auf PCs und Notebooks unterschiedliche Auswirkungen. Beim Einsatz von Windows Vista auf Notebooks wird der derzeitige Stand des Computers gespeichert, und er wird in den Energiesparmodus versetzt. Der PC ist dabei allerdings nicht vollkommen ausgeschaltet, der Arbeitsspeicher wird noch mit Strom versorgt. Beim Starten des PC muss nicht erst neu gebootet werden, sondern der Zustand beim Beenden wird sehr schnell wiederhergestellt. Es kommt keine Zwischenfrage mehr, sondern die Aktion wird sofort durchgeführt.

Bei aktuellen PCs und Notebooks fährt der Rechner auch herunter, wenn Sie einmal auf den Ausschaltknopf drücken. Wenn Sie den Knopf länger gedrückt halten, wird der PC ausgeschaltet, ohne Windows herunterzufahren. Sie sollten den PC aber nur ausnahmsweise auf diese Weise ausschalten, nämlich wenn er nicht mehr reagiert.

TIPP

Zum Herunterfahren und Neustarten können Sie auch eine Verknüpfung auf dem Desktop anlegen und den Befehl shutdown -r -f *eingeben. Der PC fährt daraufhin nach ca. 30 Sekunden herunter und startet wieder. Das Anlegen von Verknüpfungen wird in Kapitel 8 ausführlicher erläutert.*

Wenn Sie den Befehl shutdown -r -f -t 0 *eingeben, fährt der PC sofort herunter. Die Option -f zwingt den PC zum Beenden der laufenden Anwendungen, auch wenn nicht gespeichert wurde.*

Der Befehl shutdown -s -f *fährt den PC herunter und startet ihn nicht neu.*

Mit dem Befehl shutdown -a *kann ein bevorstehendes Herunterfahren verhindert werden, nämlich wenn der PC noch nicht mit dem Herunterfahren begonnen hat, sondern die Zeit davor noch läuft.*

Die wichtigsten Optionen des Shutdown-Befehls sind:

- /i – Zeigt eine grafische Benutzeroberfläche an. Dies muss die erste Option sein.

- */l* – Meldet den aktuellen Benutzer ab. Diese Option kann nicht zusammen mit den Optionen */m* oder */d* verwendet werden.
- */s* – Fährt den Computer herunter.
- */r* – Fährt den Computer herunter und startet ihn neu.
- */a* – Bricht das Herunterfahren des Systems ab.
- */p* – Schaltet den lokalen Computer ohne Zeitlimitwarnung aus. Kann mit den Optionen */d* und */f* verwendet werden.
- */h* – Versetzt den lokalen Computer in den Ruhezustand.
- */m \\<Computer>* – Legt den Zielcomputer fest.
- */t xxx* – Stellt die Zeit vor dem Herunterfahren auf xxx Sekunden ein. Die Skala reicht von 0 bis 600, der Standardwert ist 30. Die Verwendung von */t* setzt voraus, dass die Option */f* verwendet wird.
- */c »Kommentar«* – Kommentar bezüglich des Neustarts bzw. Herunterfahrens. Es sind maximal 512 Zeichen zulässig.
- */f* – Erzwingt das Schließen ausgeführter Anwendungen ohne Vorwarnung der Benutzer. */f* wird automatisch angegeben, wenn die Option */t* verwendet wird.
- */d [p|u:]xx:yy* – Gibt die Ursache für den Neustart oder das Herunterfahren an. *p* bedeutet, dass der Neustart oder das Herunterfahren geplant ist. *u* weist darauf hin, dass die Ursache vom Benutzer definiert ist. Wenn weder *p* noch *u* angegeben ist, ist das Neustarten oder Herunterfahren nicht geplant.

Die nächste Möglichkeit besteht darin, den PC zu sperren (siehe *Abbildung 5.26*). In diesem Fall bleibt der derzeitig angemeldete Benutzer weiterhin angemeldet, alle Programme bleiben gestartet, aber man kann erst wieder arbeiten, wenn das Kennwort des Anwenders eingegeben oder der PC neu gestartet wird.

Abbildung 5.26: Sperren des PC

Ist ein PC gesperrt, erscheint das normale Anmeldefenster, aber die Sitzung des Benutzers bleibt im Hintergrund aktiv (siehe *Abbildung 5.27*).

TIPP

Sie können den PC auch über die Tastenkombination ⊞-Taste + ⌑ sperren. Eine weitere Möglichkeit ist eine Verknüpfung auf dem Desktop. Verwenden Sie als Befehlszeile für die Verknüpfung:

```
rundll32.exe user32.dll, LockWorkStation
```

Anpassen des Startmenüs

Achten Sie auf das Komma und die Groß- und Kleinschreibung von Lock-WorkStation. *Geben Sie der Verknüpfung einen passenden Namen, zum Beispiel* PC sperren.

Abbildung 5.27:
Bildschirm sperren in Windows Vista

Über die Pfeiltaste neben den beiden Schaltflächen zum Ausschalten und Sperren des PC lässt sich ein Menü öffnen, über das Sie weitere Einstellungen vornehmen können (siehe *Abbildung 5.28*).

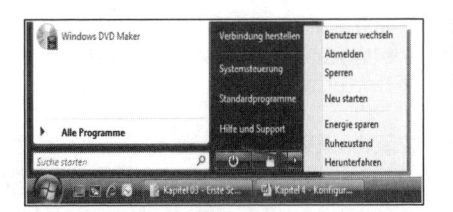

Abbildung 5.28:
Weitere Möglichkeiten zur Steuerung des PC

Ihnen stehen dazu sieben Möglichkeiten zur Verfügung:

- *Benutzer wechseln* – Bei der Auswahl dieses Befehls bleibt die derzeitige Sitzung ganz normal aktiv, es erscheint aber ein weiteres Fenster zur Benutzeranmeldung. An dieser Stelle kann sich jetzt ein weiterer Anwender am PC anmelden. Der neue Anwender verwendet seine eigene Sitzung, und es kann jederzeit wieder zur anderen Sitzung gewechselt werden, da diese nicht abgemeldet wurde.
- *Abmelden* – Mit diesem Befehl wird der derzeitige Benutzer vom PC abgemeldet, und es erscheint ein Anmeldefenster, über das sich ein Benutzer anmelden kann, um mit dem PC zu arbeiten. Diese Option ist bei Haushalten oder kleineren Firmen sinnvoll, wenn sich mehrere Anwender einen PC teilen.

- *Sperren* – Dieser Befehl hat die gleiche Auswirkung wie die Schaltfläche *Sperren* im Startmenü.
- *Neu starten* – Nach Auswahl dieses Befehls wird der PC neu gestartet. Der Benutzer wird also abgemeldet, der PC fährt herunter und startet kurz darauf automatisch wieder neu.
- *Energie sparen* – Hierbei handelt es sich um die gleiche Aktion, die auch durchgeführt wird, wenn die entsprechende Schaltfläche im Startmenü angeklickt wird. Diese Option steht nur auf Notebooks zur Verfügung, nicht auf normalen PCs. Hier ist dieser Befehl abgeblendet, wenn der PC keine Energiesparoptionen unterstützt.
- *Ruhezustand* – Bei Auswahl dieses Befehls wird der Inhalt des Arbeitsspeichers auf die Festplatte gespeichert und der PC ausgeschaltet. Im Gegensatz zum Energiesparmodus wird der PC tatsächlich komplett ausgeschaltet. Aus dem Ruhezustand wird der PC schneller wieder zum aktuellen Stand zurückgeführt, den er zum Zeitpunkt des Speicherns hatte, als bei einem Neustart. Diese Option steht nur auf Notebooks zur Verfügung, nicht auf normalen PCs. Hier ist dieser Befehl abgeblendet, wenn der PC keine Energiesparoptionen unterstützt.
- *Herunterfahren* – Beim Auswählen dieser Option wird der PC herunterfahren und bei aktueller Hardware auch automatisch ausgeschaltet.

5.4 Die Windows-Taskleiste

Weiter vorne in diesem Kapitel haben Sie bereits erfahren, wie Sie durch die Eigenschaften der Taskleiste das Startmenü konfigurieren können. In diesem Abschnitt zeige ich Ihnen, wie Sie mit der Taskleiste Fenster und Applikationen für den schnellen Zugriff verwalten können.

5.4.1 Automatisches Anordnen von Fenstern

Wenn Sie mit der rechten Maustaste auf die Taskleiste klicken, stehen Ihnen verschiedene Möglichkeiten zur Verfügung (siehe *Abbildung 5.29*). Sie können sich an dieser Stelle auch die Eigenschaften der Taskleiste anzeigen lassen und deren Einstellungen verändern:

- *Symbolleisten* – Über diesen Menübefehl können Sie die verschiedenen Symbolleisten der Taskleiste ein- oder ausblenden. Sie sollten nur die Symbolleisten in der Taskleiste anzeigen, die Sie tatsächlich immer wieder benötigen. Beachten Sie, dass die Taskleiste mit jeder zusätzlichen Symbolleiste an Platz verliert, was auf Kosten der Übersichtlichkeit geht. Die Schnellstartleiste sollten Sie auf jeden Fall einblenden, da Sie hier durch einen einzigen Mausklick die wichtigsten Programme aufrufen können (siehe *Abbildung 5.30*).

In der Schnellstartleiste wird darüber hinaus noch das Symbol des Desktops angezeigt. Wenn Sie auf dieses Symbol klicken, werden alle Fenster minimiert, und es wird ausschließlich der Desktop angezeigt (siehe *Abbildung 5.30*).

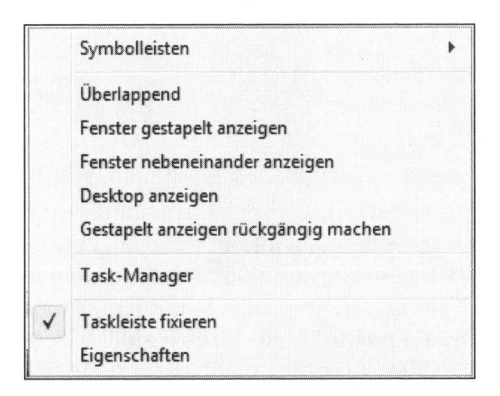

Abbildung 5.29: Kontextmenü der Taskleiste

Abbildung 5.30: Windows-Schnellstartleiste mit dem Desktop-Symbol

Neben dem Desktop-Symbol können Sie Flip-3D, also die dreidimensionale Umschaltung zwischen geöffneten Fenstern, aktivieren (siehe *Abbildung 5.31*).

- *Taskleiste fixieren* – Wenn dieser Menübefehl aktiviert ist, kann die Größe der Taskleiste sowie die der Symbolleisten nicht verändert werden. Möchten Sie deren Größe anpassen, sollten Sie diesen Menüpunkt zunächst deaktivieren. Im Anschluss steht Ihnen die Möglichkeit zur Verfügung, die Größe zu verändern, indem Sie mit der Maus an den Rand der Leiste fahren, bis sich der Mauszeiger ändert (siehe *Abbildung 5.32*).

Wenn Sie die Fixierung der Taskleiste deaktivieren, können Sie auch die linke Maustaste gedrückt halten, während die Maus an einer Position in der Taskleiste steht. Im Anschluss können Sie durch Verschieben der Maus die Position der Taskleiste zu einer der vier Bildschirmseiten ändern.

Abbildung 5.31: Aktivieren von Flip-3D über die Schnellstartleiste

Abbildung 5.32: Anpassen der Taskleiste

Die Benutzeroberfläche konfigurieren – Aero und Co

Abbildung 5.33:
Taskleiste im oberen Bereich des Bildschirms anzeigen

- *Überlappend* und *Überlappend rückgängig machen* – Wenn Sie im Kontextmenü der Taskleiste den Befehl *Überlappend* auswählen, werden alle aktiven Fenster des Desktops wie Registerkarten hintereinander angeordnet. Maximierte Fenster werden dazu in ihrer Größe verkleinert, sodass alle Fenster hintereinander angezeigt werden (siehe *Abbildung 5.34*). Mit dem Befehl *Überlappend rückgängig machen* werden die Fenster wieder in ihrer ursprünglichen Anordnung dargestellt. Der Befehl *Überlappend rückgängig machen* erscheint erst dann, wenn Sie zuvor *Überlappend* ausgewählt haben.

Abbildung 5.34:
Überlappende Darstellung von Fenstern

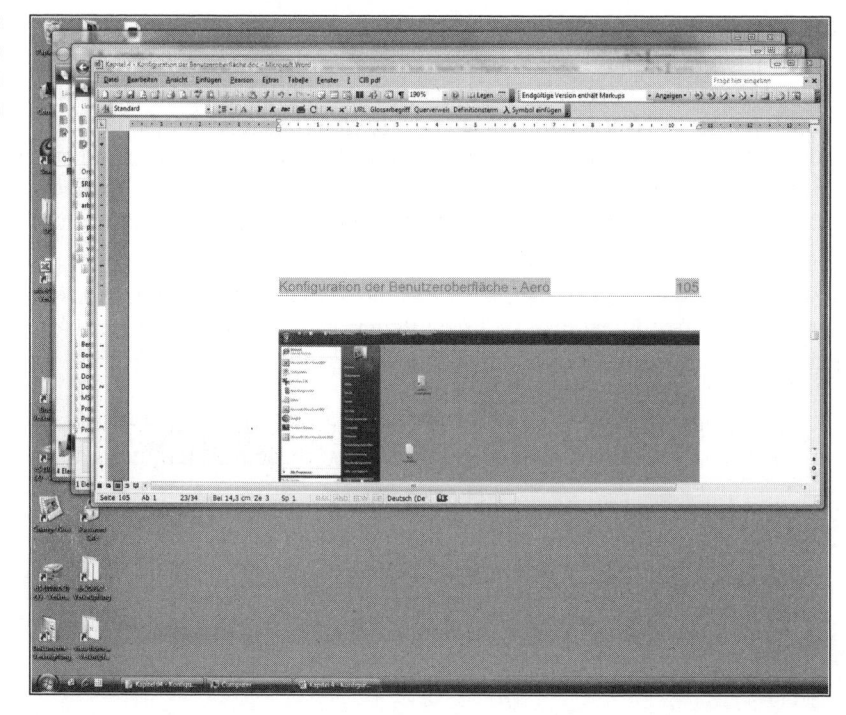

Die Windows-Taskleiste

- *Fenster gestapelt anzeigen* und *Gestapelt anzeigen rückgängig machen* – Wenn Sie diesen Befehl verwenden, zeigt Windows alle aktiven Fenster neben- und übereinander an. Die Größe der einzelnen Fenster wird dabei so angepasst, dass alle aktiven Programme auf den Desktop passen (siehe *Abbildung 5.35*). Auch diese Anzeige kann durch den Aufruf des Befehls *Gestapelt anzeigen rückgängig machen* wieder zurückgenommen werden.

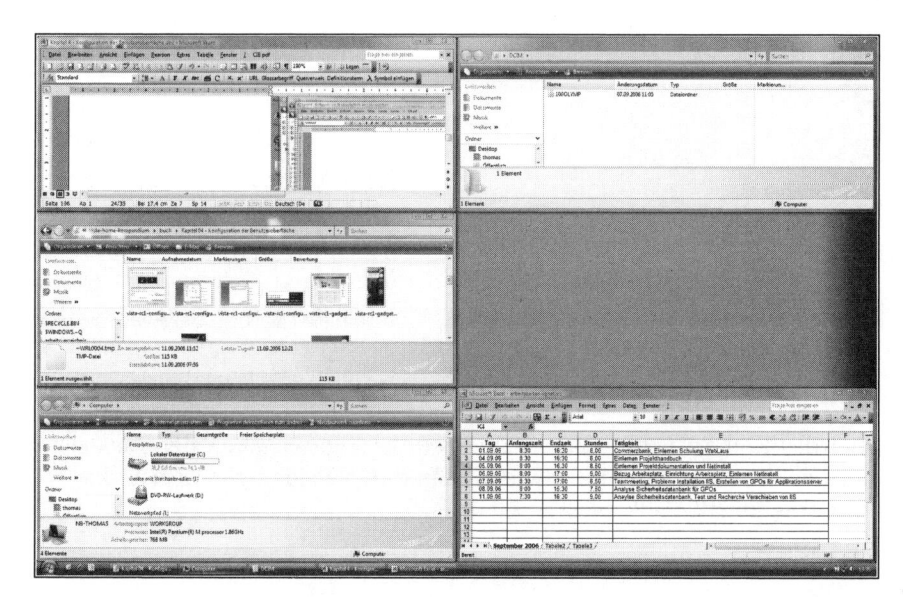

Abbildung 5.35:
Gestapelte Ansicht von Fenstern

- *Fenster nebeneinander anzeigen* und *Nebeneinander anzeigen rückgängig machen* – Dieser Befehl hat die gleichen Auswirkungen wie der Befehl *Fenster gestapelt anzeigen*, mit dem Unterschied, dass die Fenster jetzt möglichst nebeneinander angezeigt werden und erst dann untereinander, wenn der Platz nicht ausreicht. Auch diese Ansicht kann rückgängig gemacht werden (siehe *Abbildung 5.36*).
- *Desktop anzeigen* – Dieser Befehl hat die gleichen Auswirkungen wie das entsprechende Symbol in der Schnellstartleiste. Alle Fenster werden minimiert, und der Desktop wird angezeigt. Auch diese Ansicht lässt sich wieder rückgängig machen.
- *Task-Manager* – Über diesen Befehl kann der Windows Task-Manager aufgerufen werden. Nähere Informationen zu diesem Programm finden Sie in Kapitel 19.

Die Benutzeroberfläche konfigurieren – Aero und Co

Abbildung 5.36:
Fenster nebeneinander auf dem Desktop anordnen

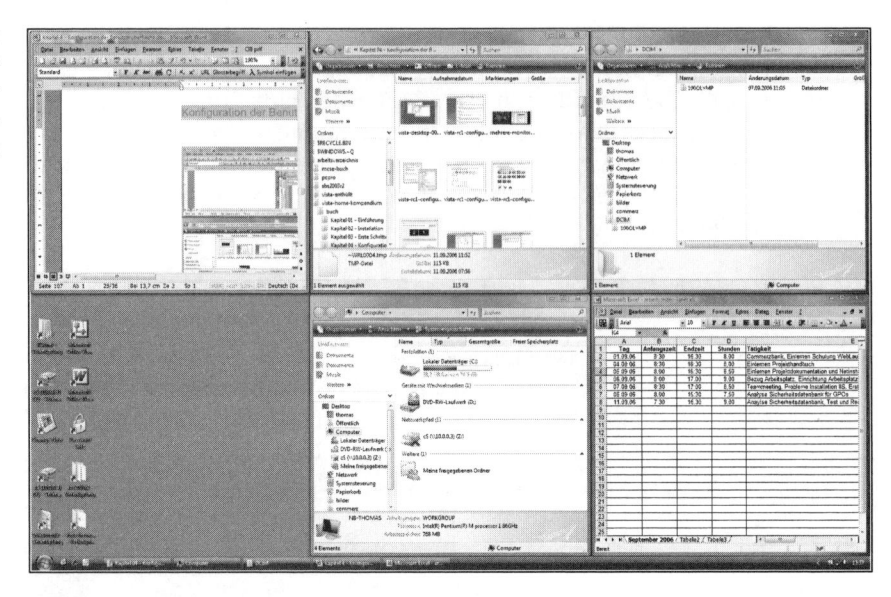

5.4.2 Eigenschaften der Taskleiste

Über das Kontextmenü können Sie auch die Eigenschaften der Taskleiste aufrufen. Zur Konfiguration stehen Ihnen die folgenden vier Registerkarten zur Verfügung:

- Taskleiste
- Startmenü
- Infobereich
- Symbolleisten

Über diese Registerkarten können Sie die Ansicht der Taskleiste so anpassen, dass nur diejenigen Optionen angezeigt und verwendet werden, mit denen Sie auch tatsächlich arbeiten (siehe *Abbildung 5.37*).

Taskleiste konfigurieren

Die Registerkarte *Taskleiste* wird zuerst eingeblendet. Hier können Sie verschiedene Optionen aktivieren, welche die Ansicht der einzelnen Fenster und der Taskleiste an sich stark beeinflussen. An dieser Stelle stehen Ihnen die folgenden Optionen zur Verfügung:

- *Taskleiste fixieren* – Diese Option befestigt die Taskleiste an einer bestimmten Stelle und hat damit die gleiche Auswirkung wie der gleichnamige Befehl im Kontextmenü der Taskleiste.
- *Taskleiste automatisch ausblenden* – Wenn Sie diese Option aktivieren, wird die Taskleiste nach unten ausgeblendet, wenn Sie nicht mit der Maus über die Leiste fahren. Wenn Sie mit der Maus an den Bildschirmrand fahren, an dem sich die Taskleiste befindet, wird sie wieder eingeblendet.

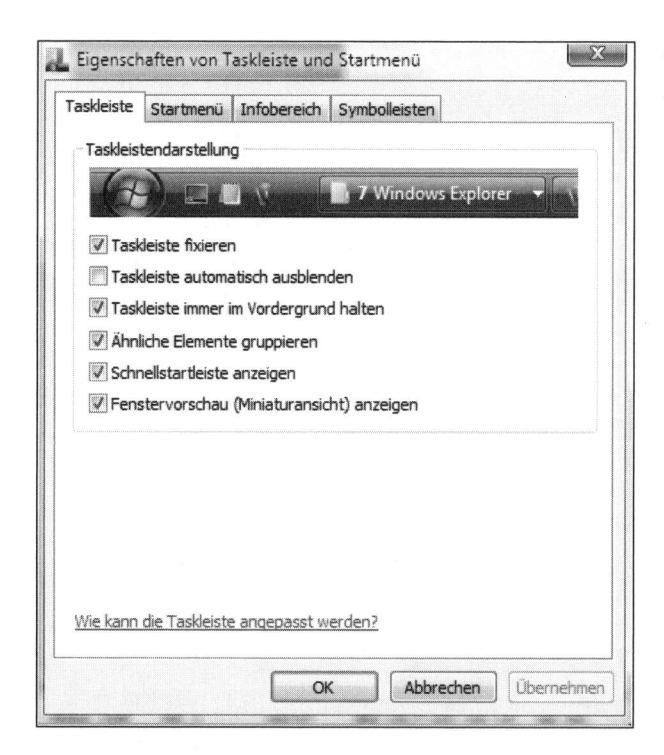

Abbildung 5.37:
Konfiguration der Taskleiste

- *Taskleiste immer im Vordergrund halten* – Wenn Sie diese Option aktivieren, wird die Taskleiste immer vor allen anderen Fenstern im Vordergrund angezeigt. Wenn Sie die Option deaktivieren, wird die Taskleiste hinter den aktiven, maximierten Fenstern angezeigt.
- *Ähnliche Elemente gruppieren* – Bei Aktivierung dieser Option werden zum Beispiel alle geöffneten Explorer-Fenster nicht mehr als eigenes Symbol angezeigt, sondern als ein Symbol, das darstellt, wie viele Fenster von diesem Thema momentan geöffnet sind. Sie sehen auch das Beispiel in der Abbildung, die auf der Registerkarte angezeigt wird.
- *Schnellstartleiste anzeigen* – Wenn Sie diese Option aktivieren, wird die Symbolleiste *Schnellstart* angezeigt. Sie können diese Leiste auch über das Kontextmenü der Taskleiste einblenden lassen.
- *Fenstervorschau (Miniaturansicht)* – Ist diese Option aktiviert, wird eine Vorschau des Fensters angezeigt, wenn Sie mit der Maus über das entsprechende Symbol in der Taskleiste fahren (siehe *Abbildung 5.38*). Diese Option ist allerdings nur wählbar, wenn in den Designs Aero aktiviert ist. In der Fenstervorschau wird der Inhalt des entsprechenden Fensters in Echtzeit dargestellt, sogar Videos werden verkleinert angezeigt.

Abbildung 5.38:
Vorschau von Fenstern in der Taskleiste

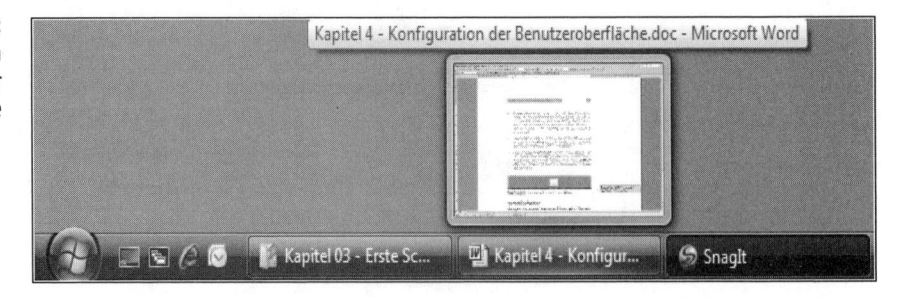

Startmenü konfigurieren

Die Registerkarte *Startmenü* haben Sie bereits kennengelernt. Hier können Sie das Startmenü detailliert anpassen. Die einzelnen Optionen sind darüber hinaus auch weitgehend selbsterklärend.

Infobereich konfigurieren

Auf der Registerkarte *Infobereich* können Sie bestimmen, welche Elemente im Infobereich neben der Uhr eingeblendet werden (siehe *Abbildung 5.40*).

Abbildung 5.39:
Infobereich in der Taskleiste

Für die Konfiguration des Infobereichs stehen Ihnen ebenfalls einige Funktionen zur Verfügung. Sie können die angezeigten Informationen an dieser Stelle aktivieren oder deaktivieren:

- *Inaktive Symbole ausblenden* – Diese Option ist standardmäßig aktiviert. Wenn ein Symbol im Informationsbereich keine notwendigen Informationen darstellt und aktuell nicht notwendig ist, wird es automatisch ausgeblendet. Erst wenn das Tool eine Information anzeigen will, wird es wieder eingeblendet. Wenn Sie auf das Pfeilsymbol klicken (siehe *Abbildung 5.39*), können Sie die ausgeblendeten Informationen einblenden lassen. Der Vorteil des Ausblendens ist, dass der ohnehin knappe Platz in der Taskleiste nicht durch unnötige Informationen verschwendet wird und wichtige Infos nicht übersehen werden. Über die Schaltfläche *Anpassen* können Sie für jedes Programm, das Informationen in der Taskleiste ablegt, bestimmen, wann es aus- bzw. eingeblendet werden soll.

Im Bereich *Systemsymbole* können Sie weitere Informationen ein- oder ausblenden lassen, deren Informationsgehalt selbsterklärend ist.

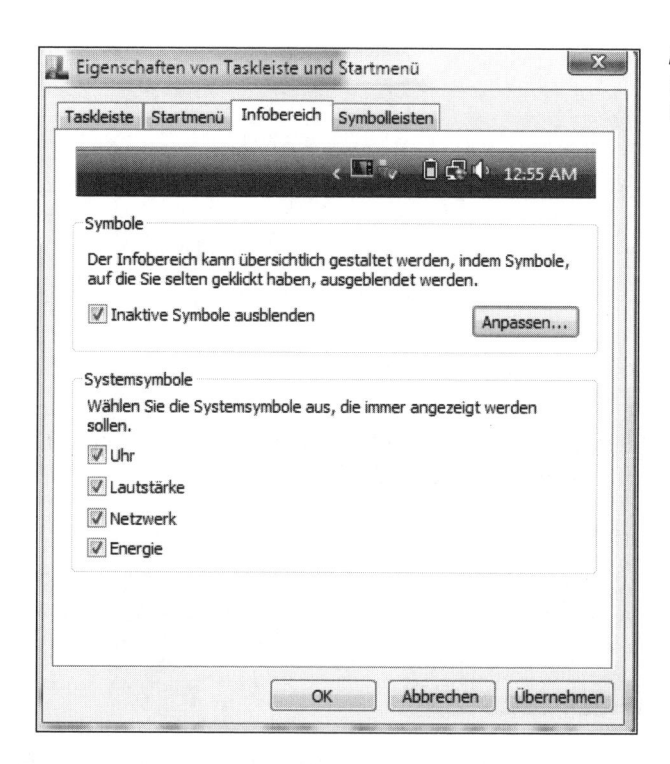

Abbildung 5.40:
Konfiguration des Infobereiches

Symbolleisten konfigurieren

Über die Registerkarte *Symbolleisten* können Sie die Symbolleisten einblenden lassen, die auch über das Kontextmenü angezeigt werden können.

5.5 Windows-Sidebar und Gadgets

Die Windows-Sidebar ist ein zusätzlicher Bereich des Desktops, in den kleine Minianwendungen (sogenannte Gadgets) eingebunden werden können. Diese Gadgets lassen sich zwar auch in anderen Bereichen des Desktops anzeigen, allerdings muss dazu die Windows-Sidebar immer im Hintergrund aktiv sein.

In Windows Vista sind bereits einige Gadgets enthalten, die das Wetter, aktuelle Börsenkurse aus dem Internet oder RSS-Feeds von Nachrichtenseiten anzeigen. Mit diesen kleinen Programmen wird zukünftig die Informationsvielfalt von Windows Vista deutlich zunehmen, da keine Klickorgien mehr notwendig sind, um bestimmte Einstellungen oder Informationen zu erreichen.

Die Benutzeroberfläche konfigurieren – Aero und Co

Abbildung 5.41:
Anzeige des Kalenders und der Uhr in der Windows-Sidebar

Alle Minianwendungen dienen immer nur einem bestimmten Zweck. Der Anwender kann daher sehr präzise entscheiden, welche Applikationen er angezeigt bekommen will und welche nicht.

Die Minianwendungen werden nicht mit Funktionen überfrachtet, die niemand braucht, und sind daher auch extrem schlank (siehe *Abbildung 5.41*). Es ist zu erwarten, dass nicht nur die Windows-Community Anwendungen für die Sidebar entwickelt, sondern auch kommerzielle Anbieter Software kostenlos zur Verfügung stellen, damit Kunden deren Dienste nutzen. So haben zum Beispiel bereits Google und Yahoo angekündigt, mehrere Applikationen für die Windows-Sidebar zu veröffentlichen.

Es gibt auch die Möglichkeit, in Windows XP eine solche Leiste anzubinden. Die Applikationen für diese kostenlose Software von Yahoo heißen dann nicht Gadgets, sondern Widgets. Die Applikationen unterscheiden sich zwar nicht unbedingt, aber Sie sollten in Vista möglichst nur die Minianwendungen einsetzen, die auch für das Betriebssystem Windows Vista entwickelt wurden und die Bezeichnung Gadgets tragen.

Windows Vista-Gadgets laufen nicht unter Windows XP, und umgekehrt sind auch die derzeit über 3.000 Widgets von Yahoo nicht unter Windows Vista nutzbar. Die Bedienung der Anwendungen ist intuitiv und einfach; nur dadurch erlangen sie einen Verbreitungsgrad, der sich für die Entwickler auch tatsächlich lohnt.

Der RAM-Verbrauch der Windows-Sidebar steigt zwar mit wachsender Anzahl eingebundener und angezeigter Gadgets an. Allerdings verbraucht selbst eine randvolle Windows-Sidebar nicht mal 10 MB Arbeitsspeicher, was einen aktuellen Windows Vista-PC nicht sonderlich beeinträchtigen sollte.

5.5.1 Allgemeine Bedienung der Windows-Sidebar

Standardmäßig wird die Windows-Sidebar beim Starten von Windows automatisch angezeigt. Wenn Sie das nicht wollen, können Sie ihre Eigenschaften aufrufen, indem Sie mit der rechten Maustaste auf die Sidebar klicken und im Kontextmenü den Befehl *Eigenschaften* aufrufen.

Sie können die Windows-Sidebar auch manuell über *Start/Alle Programme/Zubehör/Windows-Sidebar* starten.

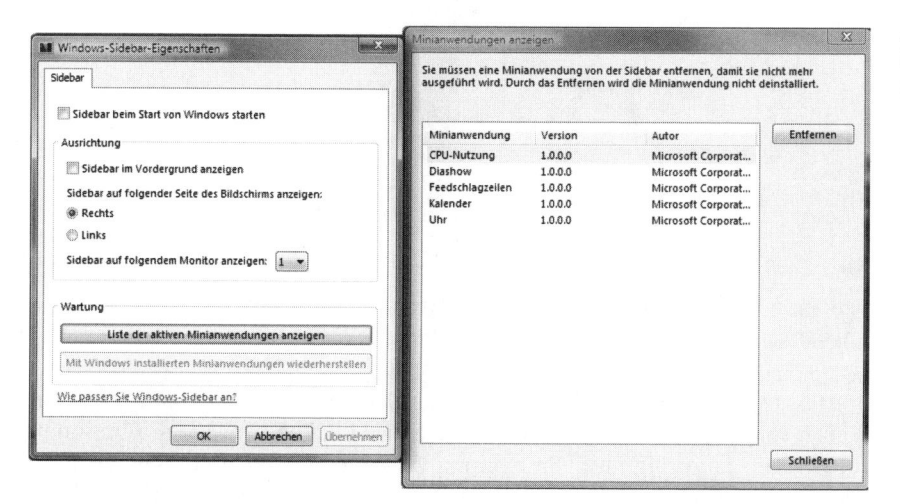

Abbildung 5.42:
Konfiguration der Sidebar

Sie können in den Eigenschaften der Sidebar festlegen, ob diese automatisch mit Windows gestartet werden soll oder ob Sie einen manuellen Start bevorzugen. Wenn Sie die Option *Sidebar im Vordergrund anzeigen* aktivieren, wird die Sidebar immer vor allen Anwendungsfenstern angezeigt.

Durch die Anzeige im Vordergrund sind die gestarteten Gadgets ständig in Sichtweite, was zum Beispiel bei RSS-Feeds von Nachrichten interessant sein kann. Über das Fenster *Minianwendungen anzeigen* (siehe *Abbildung 5.42*), das Sie über die Schaltfläche *Liste der aktiven Minianwendungen anzeigen* aktivieren können, werden alle gestarteten Gadgets und deren Version angezeigt. In diesem Fenster können Sie über die Schaltfläche *Entfernen* einzelne Gadgets von der Sidebar löschen.

Im Eigenschaften-Fenster der Sidebar können Sie auswählen, auf welcher Seite des Desktops und auf welchem angeschlossenen Monitor die Sidebar angezeigt werden soll.

Die Benutzeroberfläche konfigurieren – Aero und Co

Wenn Sie mit der Maus über ein Gadget in der Sidebar fahren, wird auf der rechten Seite ein kleines Menü angezeigt (siehe *Abbildung 5.43*).

Abbildung 5.43:
Verwalten von Gadgets

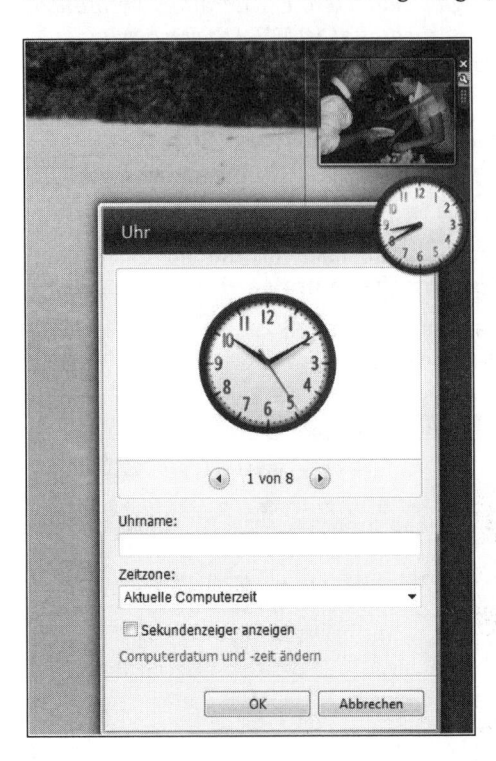

Über das kleine X-Symbol können Sie das Gadget aus der Sidebar entfernen. Wenn Sie auf den kleinen Schraubenschlüssel klicken, werden die Optionen des Gadgets angezeigt, und Sie können verschiedene Einstellungen vornehmen, um das Gadget zu konfigurieren. Allerdings können nicht alle Gadgets konfiguriert werden. Wenn ein Gadgets keine konfigurierbaren Optionen hat, wird der Schraubenschlüssel nicht angezeigt.

Wenn Sie mit der Maus auf die Fläche unterhalb des Schraubenschlüssels klicken, können Sie das Gadget innerhalb der Sidebar verschieben oder auf den Desktop ziehen.

TIPP
Damit die Gadgets auf dem Desktop aktiv bleiben, muss die Sidebar gestartet sein. Sie können jedoch mit der rechten Maustaste auf die Sidebar klicken und im Kontextmenü den Befehl Sidebar schließen *auswählen. Die Sidebar bleibt dann zwar im Task-Manager aktiv und wird auch noch als Symbol im Informationsbereich der Taskleiste angezeigt, allerdings ist die Sidebar nicht mehr auf dem Desktop sichtbar.*

Leider ist dieser Vorgang nicht automatisierbar, sondern muss nach dem Start der Sidebar bei Bedarf jeweils manuell durchgeführt werden.

Windows-Sidebar und Gadgets

Zusätzlich besteht auch die Möglichkeit, dass Sie auf ein Gadget mit der rechten Maustaste klicken. Auch hier wird ein Kontextmenü angezeigt, über das Sie das Gadget verschieben, schließen oder konfigurieren können.

Eine weitere Möglichkeit im Kontextmenü ist die Konfiguration der Durchsichtigkeit des Gadgets. Wenn ein Gadget als durchsichtig angezeigt wird, erscheint der Desktop dahinter deutlicher und das Gadget verhält sich etwas weniger aufdringlich (siehe *Abbildung 5.44*). Sie können die Transparenz der verschiedenen Gadgets unterschiedlich konfigurieren.

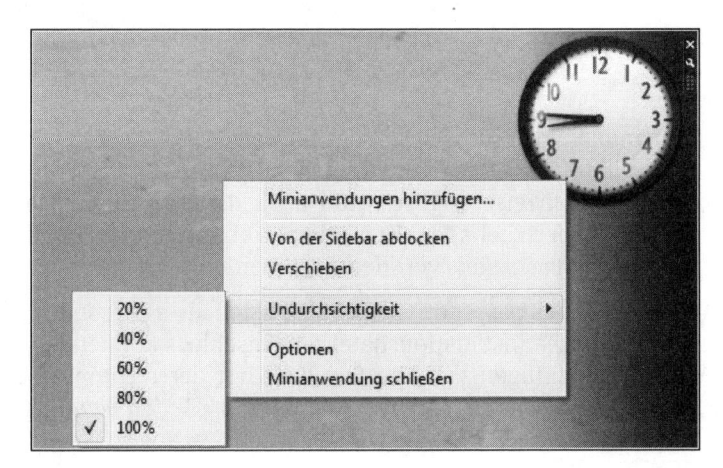

Abbildung 5.44: Konfiguration der Undurchsichtigkeit von Gadgets

Wenn Sie mit der Maus auf das Gadget fahren, wird es immer als 100 % undurchsichtig angezeigt.

Wenn Sie den Mauszeiger aus dem Gadget herausbewegen, wird es wieder mit seiner ursprünglich eingestellten Durchsichtigkeit angezeigt.

Wenn Sie die Aero-Oberfläche aktiviert haben, wird die Sidebar auch immer durchsichtig angezeigt. Wenn Sie mit der Maus über die Sidebar fahren, wird sie stärker eingeblendet, erscheint aber noch immer durchsichtig. Durch diese Möglichkeiten lassen sich zahlreiche nützliche Informationen im Desktop einblenden, ohne dass sie zu aufdringlich wirken.

Sie können in der Sidebar zum Beispiel mehrere Uhren einblenden lassen, die unterschiedliche Zeitzonen anzeigen.

5.5.2 Erweitern der Windows-Sidebar

Die in Vista enthaltenen Gadgets bieten derzeit keine große Auswahl. Sie können zusätzliche Gadgets über das +-Symbol ganz oben in der Sidebar hinzufügen oder über Rechtsklick auf die Sidebar.

Die bereits im System integrierten Gadgets werden angezeigt, und Sie können beliebig Gadgets hinzufügen (siehe *Abbildung 5.45*).

Die Benutzeroberfläche konfigurieren – Aero und Co

Abbildung 5.45:
Hinzufügen von Gadgets zur Windows-Sidebar

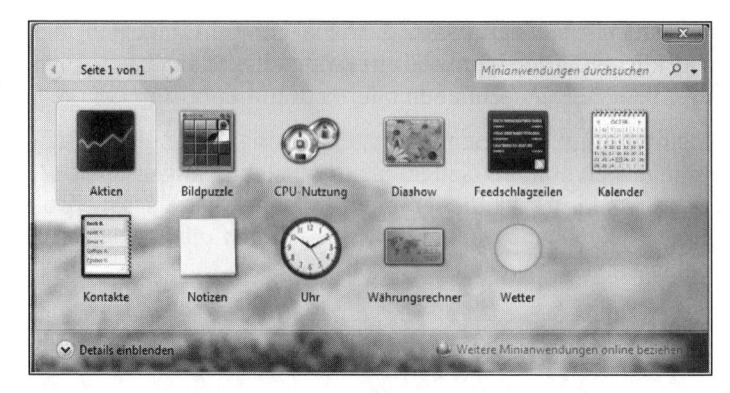

Sie können aber jederzeit auf der Internetseite `http://gallery.microsoft.com` weitere Gadgets herunterladen (siehe *Abbildung 5.46*). Die Seite ist allerdings teilweise englisch und auch die meisten Gadgets sind derzeit noch in Englisch gehalten. Es ist aber zu erwarten, dass in nächster Zeit sehr viele deutsche Gadgets veröffentlicht werden.

Wählen Sie das passende Gadget aus, laden Sie es herunter, und klicken Sie doppelt auf die Installationsdatei. Im Anschluss können Sie das Gadget der Sidebar hinzufügen. Klicken Sie dazu mit der rechten Maustaste auf die Sidebar, und wählen Sie den Menüpunkt *Minianwendungen hinzufügen* (siehe *Abbildung 5.47*).

Im folgenden Fenster sollte das entsprechende Gadget auftauchen und kann hinzugefügt werden.

Abbildung 5.46:
Download-Seite für Gadgets bei Microsoft

Windows-Sidebar und Gadgets

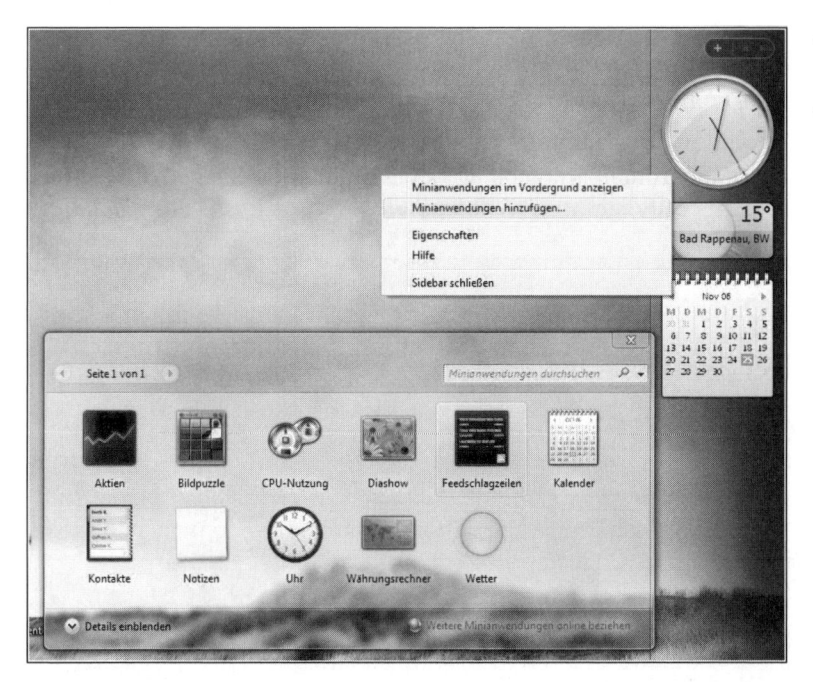

Abbildung 5.47:
Hinzufügen von Gadgets zur Windows-Sidebar

Auf der Internetseite http://www.microsoftgadgets.de *erfahren Sie mehr zu den Möglichkeiten von Gadgets und Sie erhalten Anleitungen, wie Sie selbst Gadgets erstellen können.*

Viele inoffizielle und sehr gute Gadgets gibt es auf der Internetseite http://www.aeroxp.org.

5.5.3 Gadgets für Fortgeschrittene und eigene Gadgets entwickeln

Um Gadgets zu programmieren, sind keine teuren Anwendungen notwendig. Im Grunde genommen können mit dem normalen Editor von Windows die notwendigen Codezeilen geschrieben werden.

Eigene Gadgets sollten im Verzeichnis *C:\Benutzer\<Benutzername>\AppData\Local\Microsoft\Windows-Sidebar\Gadgets* abgelegt werden.

Ein Gadget besteht immer aus einem Ordner *<Name>.Gadget*, in dem die notwendigen Programmdateien enthalten sind. Es gibt eine sogenannte Manifest-Datei, die als XML-Datei gespeichert wird. Diese Datei enthält die wichtigsten Einstellungen des Gadgets.

Die zweite notwendige Datei ist ein HTML-Code mit den notwendigen Skripteinstellungen.

Die Benutzeroberfläche konfigurieren – Aero und Co

Ansonsten werden im Verzeichnis nur noch die Grafiken angezeigt, die das Gadget benötigt. Sie finden im Verzeichnis *C:\Benutzer\ < Benutzername > \ AppData\Local\Microsoft\Windows-Sidebar* eine Datei *settings.ini*, welche die Einstellungen Ihrer Windows-Sidebar enthält.

Die standardmäßig bereits in Vista enthaltenen Gadgets finden Sie im Verzeichnis *C:\Programme\Windows-Sidebar\Gadgets* (siehe *Abbildung 5.48*).

Abbildung 5.48:
Gadgets in Windows Vista

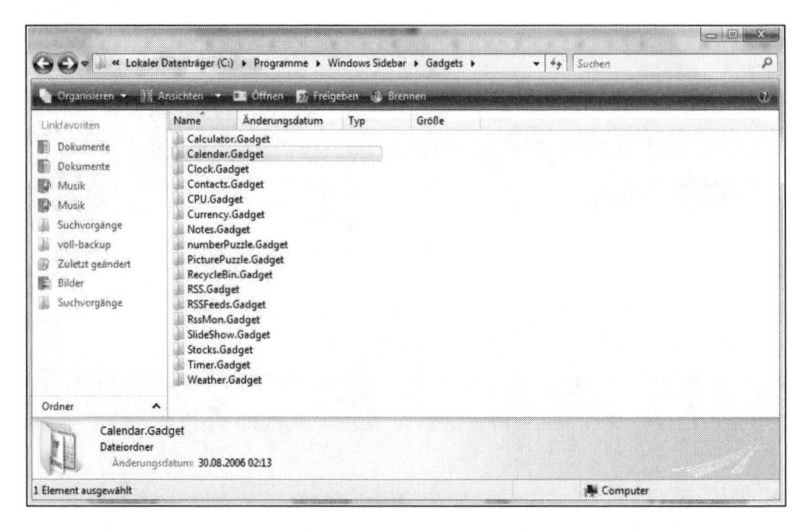

Hier sehen Sie den Aufbau der einzelnen Gadgets und können auch die standardmäßig vorhandenen anpassen (siehe *Abbildung 5.49*).

Abbildung 5.49:
Bearbeiten eines Gadgets-Verzeichnisses

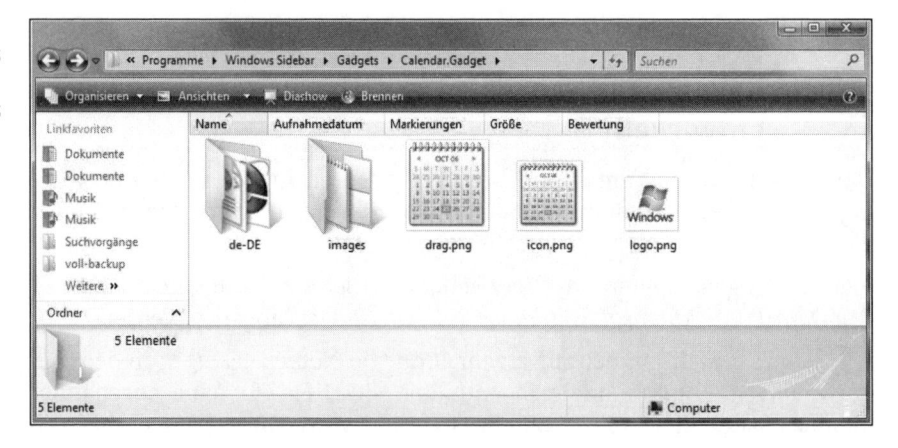

5.5.4 Tastenkombinationen für die Windows-Sidebar

Auch die Windows-Sidebar lässt sich durch einige Tastenkombinationen steuern:

⊞-Taste + ⎵ – Anzeigen aller Minianwendungen im Vordergrund und Auswählen von Sidebar.

⊞-Taste + G – Umschalten zwischen Sidebar-Minianwendungen.

⇥ – Umschalten zwischen Sidebar-Steuerelementen.

5.6 Tuning der grafischen Oberfläche mit TweakVI

Auf der Internetseite www.totalideas.com können Sie das kostenlose Tuning-Tool TweakVI herunterladen, mit dessen Hilfe Sie die grafische Oberfläche von Windows Vista an Ihre Bedürfnisse anpassen können. Die Basic-Version wird kostenlos zur Verfügung gestellt; wenn Sie mit deren Funktionsumfang nicht zufrieden sind, können Sie auch die Premium-Version oder die Ultimate Edition beziehen. Für die meisten Anwender reichen die Funktionen der Basic-Version jedoch aus.

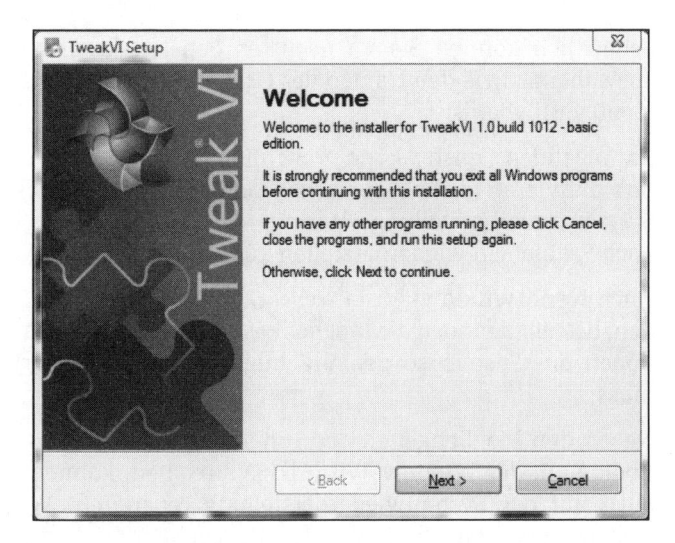

Abbildung 5.50: Installation von TweakVI

Wenn Sie das Programm auf Ihren PC heruntergeladen haben, können Sie durch Doppelklick die Installation starten. Nach dem Startbildschirm müssen Sie zunächst die Lizenzbedingungen bestätigen. Im nächsten Fenster legen Sie fest, welche Version Sie installieren wollen (siehe *Abbildung 5.51*).

Die Benutzeroberfläche konfigurieren – Aero und Co

Abbildung 5.51:
Auswahl der zu installierenden Version von TweakVI

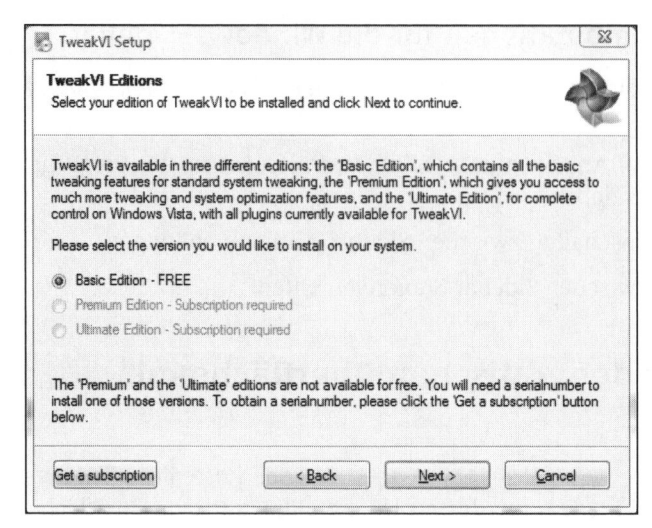

Als Nächstes geben Sie Ihren Namen und Ihre Firma ein. Diese Eingaben sind allerdings optional. Danach wählen Sie die Sprachversion aus, in der Sie TweakVI installieren wollen. In der Basic-Version steht das Programm nur in englischer Sprache zur Verfügung, alle anderen Sprachoptionen sind deaktiviert.

Schließlich können Sie im nächsten Fenster das Installationsverzeichnis auswählen sowie den Namen des Ordner, über den das Programm im Startmenü verfügbar ist.

Im folgenden Fenster können Sie die Aktion *Create a system restore point now* aktivieren (siehe *Abbildung 5.52*). Bei Auswahl dieser Option wird ein Systemwiederherstellungspunkt geschaffen, über den Sie Windows Vista nach Problemen wiederherstellen können (siehe *Kapitel 15*).

Auch wenn Windows Vista wesentlich stabiler ist als die Vorgängerversionen, besteht dennoch die Möglichkeit, dass fehlerhafte Treiber oder Applikationen das System so beeinträchtigen, dass es wiederhergestellt werden muss.

Neben den Möglichkeiten der Systemwiederherstellung, die Sie durch das Booten mit der Windows Vista-DVD erreichen, können Sie Windows Vista auch mit der Systemwiederherstellung reparieren. Windows erstellt bei Änderungen im System, wie zum Beispiel bei der Installation von Patches oder Programmen wie TweakVI, Wiederherstellungspunkte. Wenn Sie die Erstellung bei der Installation von TweakVI bestätigen, wird ein Wiederherstellungspunkt erstellt, und Sie können bei Problemen zu ihm zurücksichern. Beachten Sie aber, dass jeder Wiederherstellungspunkt entsprechend Speicherplatz auf der Festplatte benötigt.

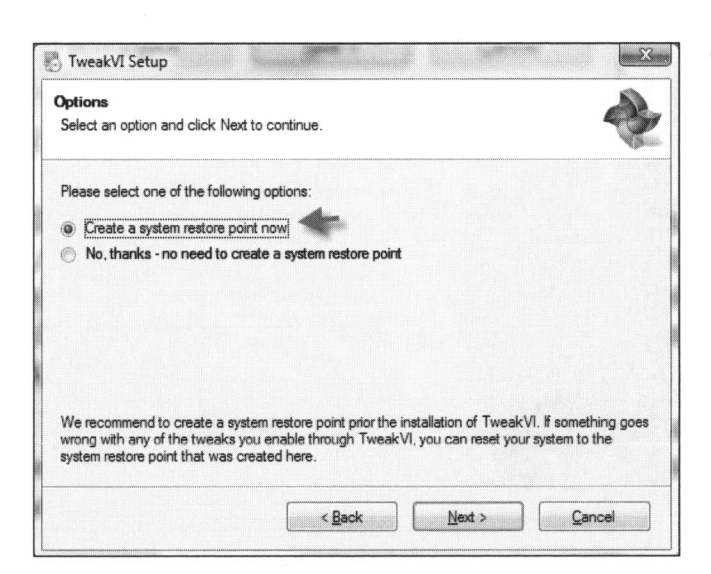

Abbildung 5.52:
Erstellen eines Systemwiederherstellungspunktes

Zum Speichern der Wiederherstellungspunkte werden auf jeder Festplatte, für die der Computerschutz aktiviert ist, mindestens 300 MB freier Speicherplatz benötigt. Für die Systemwiederherstellung werden bis zu 15 Prozent des Speicherplatzes auf jedem Datenträger verwendet. Wird der zur Verfügung stehende Speicherplatz mit Wiederherstellungspunkten gefüllt, löscht die Systemwiederherstellung ältere Wiederherstellungspunkte, um Platz für neue zu schaffen. Die Systemwiederherstellung kann nicht auf Festplatten ausgeführt werden, die kleiner als 1 GB sind.

Die Erstellung des Systemwiederherstellungspunktes kann etwas Zeit beanspruchen, da Windows Vista zunächst alle Daten des PC sichern muss. Im Anschluss können Sie die Installation von TweakVI fortsetzen. Es erscheint das Fenster, in dem Sie festlegen können, dass TweakVI in die Systemsteuerung integriert wird, auf dem Desktop ein Icon erstellt und in der Schnellstartleiste eine Verknüpfung ablegt (siehe *Abbildung 5.53*).

Im Anschluss wird die Installation abgeschlossen, und Sie können TweakVI starten. Beim ersten Start müssen Sie zunächst auswählen, ob Sie die kostenlose Basic-Version freischalten wollen oder eine kostenpflichtige Version (siehe *Abbildung 5.54*).

Nachdem Sie das Programm freigeschaltet haben, können Sie vor dem Einstellen von Optionen zunächst eine Sicherung erstellen. Diese Sicherung hat nichts mit einem Systemwiederherstellungspunkt zu tun, sondern sie speichert die Bereiche von Windows Vista, die durch TweakVI angepasst werden können.

Bevor Sie Änderungen am System vornehmen, sollten Sie daher die Option *Yes, create snapshots now* auswählen.

Die Benutzeroberfläche konfigurieren – Aero und Co

Abbildung 5.53:
Festlegen der Verknüpfungen für TweakVI

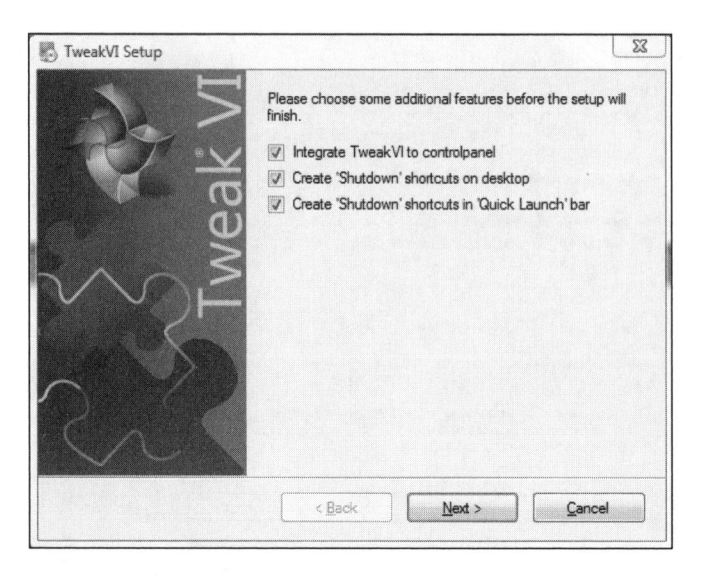

Abbildung 5.54:
Auswählen der Freeware-Version

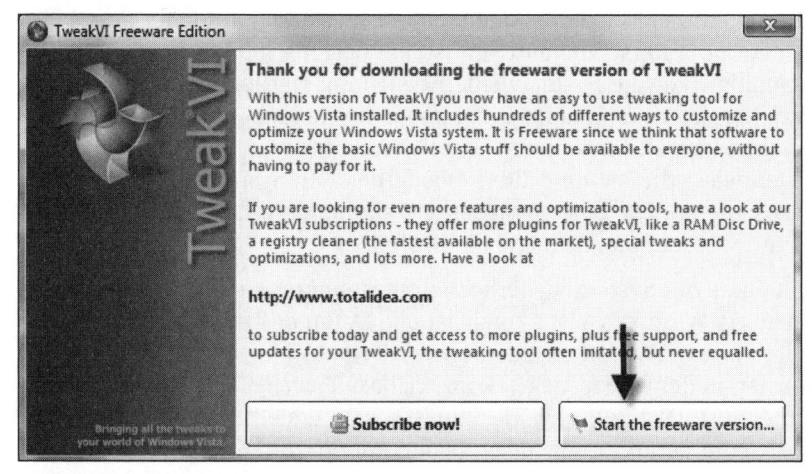

Abbildung 5.55:
Erstellen von Snapshots des Systems

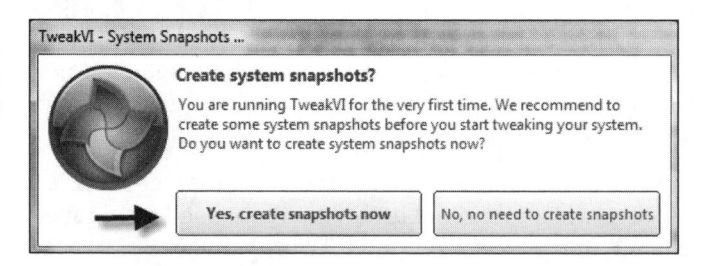

Im Anschluss öffnet sich ein neues Fenster, über das Sie im oberen Bereich einen Systemwiederherstellungspunkt erstellen können und im unteren Bereich Snapshots für die einzelnen Bereiche, die durch Windows Vista angepasst werden.

Tuning der grafischen Oberfläche mit TweakVI

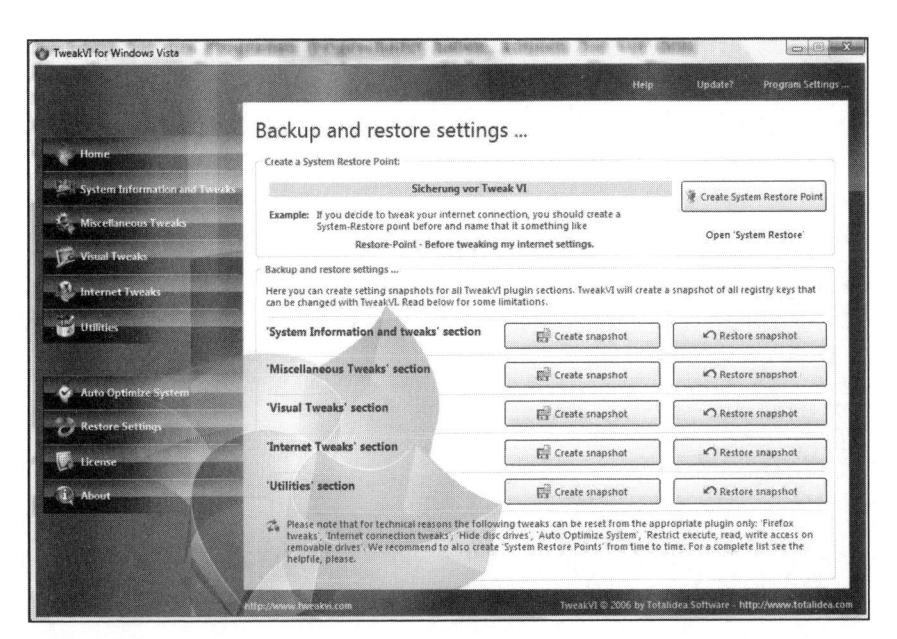

Abbildung 5.56:
Erstellen von Snapshots und Systemwiederherstellungspunkten in TweakVI

Wenn Sie auf die einzelnen Schaltflächen zur Sicherung geklickt haben, erhalten Sie jeweils eine Meldung, dass die entsprechende Sektion gesichert wurde (siehe *Abbildung 5.57*).

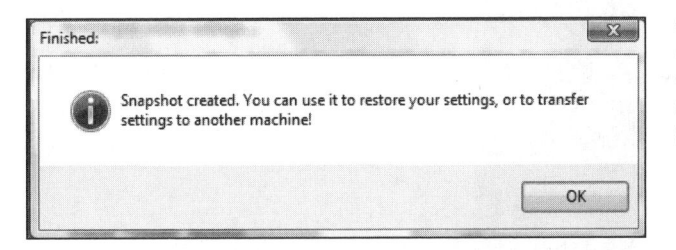

Abbildung 5.57:
Meldung eines erfolgreich erstellten Snapshots

Nach der erfolgreichen Sicherung können Sie jetzt einzelne Einstellungen in TweakVI vornehmen.

Über den Menüpunkt *Systeminformation and Tweaks* kommen Sie in ein neues Fenster, über das Sie ausführlichere Systeminformationen abrufen können (siehe *Abbildung 5.58*). Klicken Sie im Anschluss auf *Systeminformation, CPU Information...*

Über die diversen Registerkarten können Sie verschiedene Informationen über den PC abrufen. Wenn Sie das Fenster wieder schließen, erscheint das vorherige Fenster von TweakVI, über das Sie weitere Informationen abrufen können.

Die Benutzeroberfläche konfigurieren – Aero und Co

Abbildung 5.58:
Abrufen von Systeminformationen

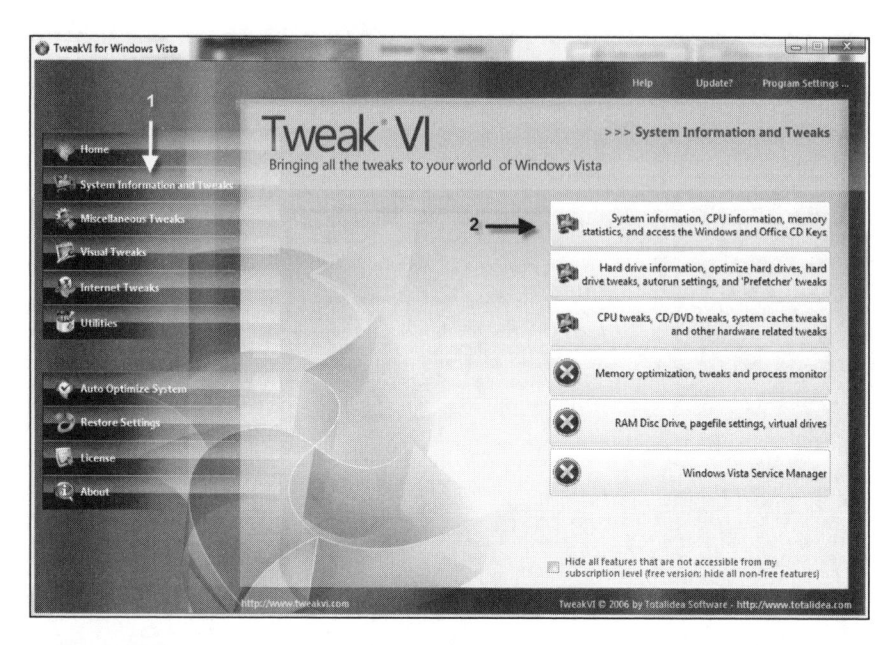

Abbildung 5.59:
Anzeigen von Systeminformationen in TweakVI

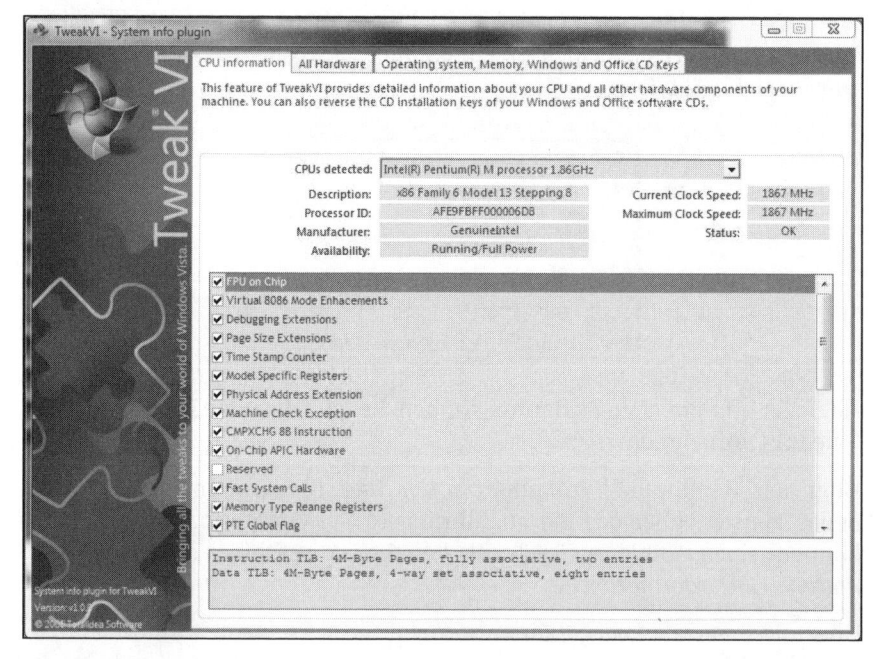

Klicken Sie sich durch die einzelnen Menüs, und aktivieren Sie die Optionen, die Sie im System ändern wollen. Achten Sie aber darauf, möglichst eine Sicherung wie beschrieben vorzunehmen, bevor Sie Änderungen vornehmen.

Tuning der grafischen Oberfläche mit TweakVI

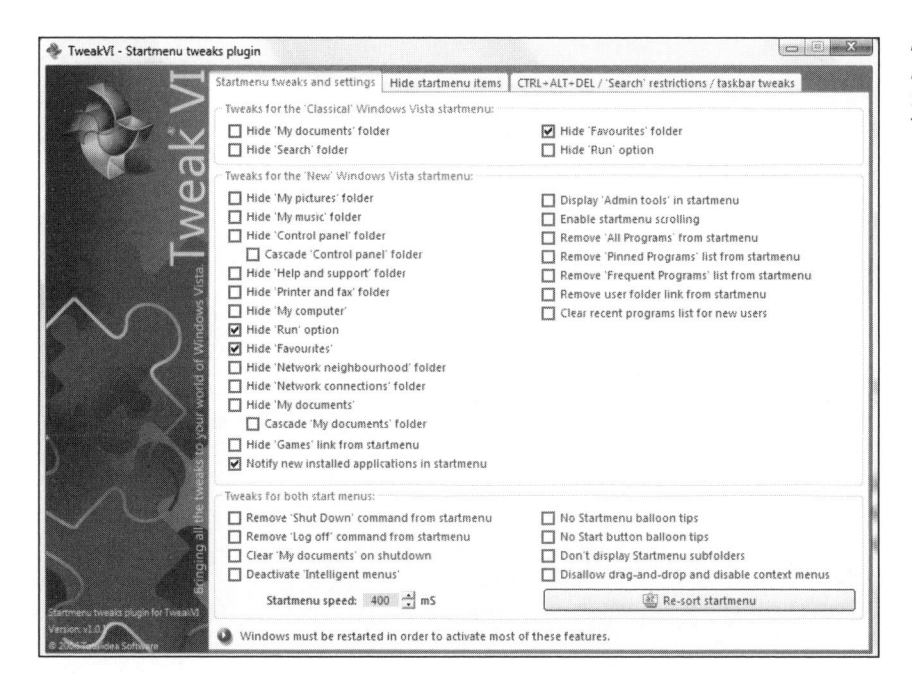

Abbildung 5.60:
Anpassen des Startmenüs über TweakVI

Im linken Bereich von TweakVI wählen Sie die Hauptkategorie aus, innerhalb der Sie Änderungen vornehmen wollen. Im Anschluss sehen Sie im Hauptfenster weitere Optionen und können schließlich über die Registerkarten oben im Fenster die einzelnen Einstellungen anpassen.

6 Treiber und Hardware verwalten

Auch wenn Windows Vista wie alle neuen Betriebssysteme von Microsoft für etliche Geräte bereits Treiber mitbringt, müssen viele Anwender manuell ins System eingreifen, um die Treiber anzupassen oder neue Treiber zu installieren. Ein Gerät, das an den PC angeschlossen ist, funktioniert erst dann, wenn es Windows Vista bekannt gemacht wurde und im Geräte-Manager angezeigt wird.

Wenn Sie auf Performance und Stabilität Wert legen, sollten Sie immer die wichtigsten Treiber für Ihren PC – also für Chipsatz, Grafikkarte und Netzwerkkarte – direkt vom jeweiligen Hersteller herunterladen und verwenden. Diese Treiber sind meist besser an das System angepasst als jene, die das Betriebssystem mitbringt. Sie finden die entsprechenden Treiber entweder auf den Herstellerseiten oder übersichtlicher unter den folgenden Internetadressen:

www.heise.de/ct/treiber

www.treiber.de

In diesem Kapitel werden jene Themen besprochen, die Sie kennen sollten, um die gesamte Hardware in Windows Vista zu verwalten. Die Verwaltung der Hardware in Windows Vista wird über den Link *Hardware und Sound* in der Systemsteuerung verwaltet (siehe *Abbildung 6.1*). Dieses Kapitel erläutert Ihnen die Themen und Aufgaben, die Sie für die Bedienung von Vista kennen sollten. Manche Optionen sind auch selbsterklärend. In der Systemsteuerung werden viele Aufgaben unter verschiedenen Menüs angezeigt, die aber zum gleichen Ziel führen. Dadurch steht es jedem Anwender offen, selbst zu entscheiden, über welchen Weg er bestimmte Aufgaben am liebsten erledigen möchte.

6.1 Berechtigungen im Bereich der Treiberinstallation

Aufgrund der Bedenken, dass Benutzer die auf Reisen benötigten Gerätetreiber nicht installieren können, bleiben Administratorrechte weiterhin äußerst beliebt, vor allem bei Laptop-Benutzern. Die neue Driver-Store-Infrastruktur in Windows Vista beseitigt diese Hürde durch eine flexible Steuerung über Geräte, die Standardbenutzer installieren können. Sie können vertrauenswürdige Treiber in den Driver Store eingeben, sodass Benutzer bei Bedarf zugelassene Geräte installieren können. Sie können auch Gruppenrichtlinien verwenden, um Standardbenutzern die Berechtigung zum Installieren von Geräteklassen, z. B. Drucker, oder spezifischen Gerätehardware-IDs, z. B. zugelassene Flashlaufwerke, zu gewähren (siehe Kapitel 12).

Da es sich beim Driver Store in Windows Vista um einen vertrauenswürdigen Zwischenspeicher von sofort einsetzbaren Drittanbietertreibern auf der Festplatte von Clientcomputern handelt, können sie ohne Administratorrechte installiert werden. Um Treiber im Driver Store bereitzustellen, können Sie sie entweder in Offline-Images einfügen oder Treiber für Online-Clients dynamisch über das Netzwerk aktualisieren. Für Offline-Images verwenden Sie den Package Manager.

Für Online-Images verwenden Sie Befehlszeilendienstprogramme wie *pnputil.exe* oder *DevCon*, um Treiber im Driver Store einzufügen, zu aktualisieren oder zu löschen.

Standardmäßig können nur Benutzer mit Administratorrechten dem Driver Store neue Treiber hinzufügen. Insbesondere mobile Benutzer müssen jedoch Geräte wie Drucker installieren können, während sie sich auf Reisen befinden. Mit den neuen Gruppenrichtlinieneinstellungen in Windows Vista erhalten die Standardbenutzer die Flexibilität, die zum Installieren von zugelassenen Geräten erforderlich ist, auch wenn die Treiber noch nicht im Driver Store bereitgestellt wurden.

Abbildung 6.1: Verwaltung von Hardware in Windows Vista

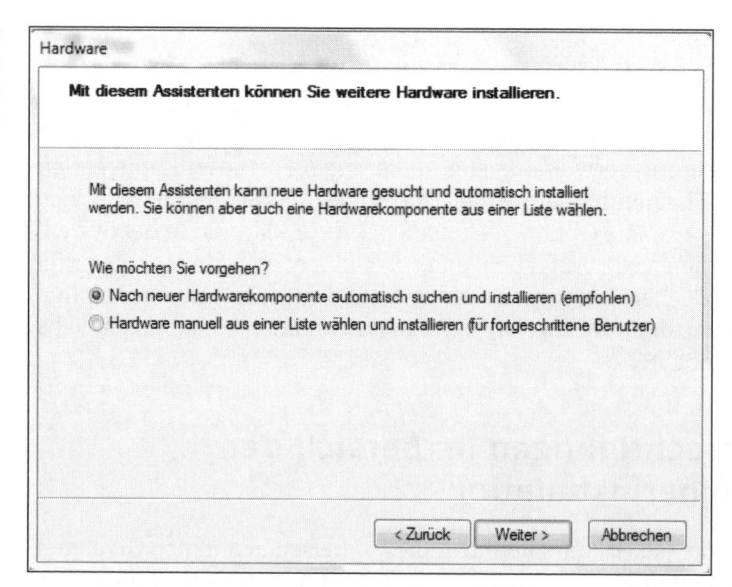

Installation von neuen Komponenten

Zum Delegieren der Berechtigungen für die Bereitstellung von Gerätetreibern öffnen Sie die Benutzeroberfläche der Gruppenrichtlinie, und navigieren Sie zu Computerkonfiguration/Administrative Vorlagen/System/Treiberinstallation/Nicht-Administratoren die Installation von Treibern für diese Geräte zulassen. *Sie müssen den GUID für die Geräteklassen kennen, welche die Standardbenutzer bereitstellen und installieren sollen (siehe Kapitel 12).*

TIPP

Achten Sie auch darauf, dass die Zertifikate, die zum Signieren der Treiber verwendet werden, bereits auf dem Clientcomputer im Speicher für vertrauenswürdige Herausgeber vorhanden sind. Dieser Speicher kann mithilfe der Gruppenrichtlinien verwaltet werden.

6.2 Installation von neuen Komponenten

Sobald Sie eine neue Komponente mit dem PC verbinden, startet der Assistent für die Installation von Hardware (siehe *Abbildung 6.2*).

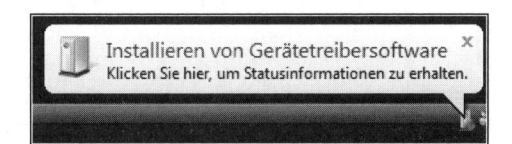

Abbildung 6.2: Assistent für die Installation von Hardware

Wenn Sie doppelt auf das Symbol neben der Uhr klicken, das den Assistenten darstellt, erhalten Sie detaillierte Informationen über die Installation des Treibers und die Verwendung des Gerätes. Wenn Windows einen eigenen Treiber mitbringt, müssen Sie nichts weiter tun, der Treiber wird selbstständig installiert (siehe *Abbildung 6.3*).

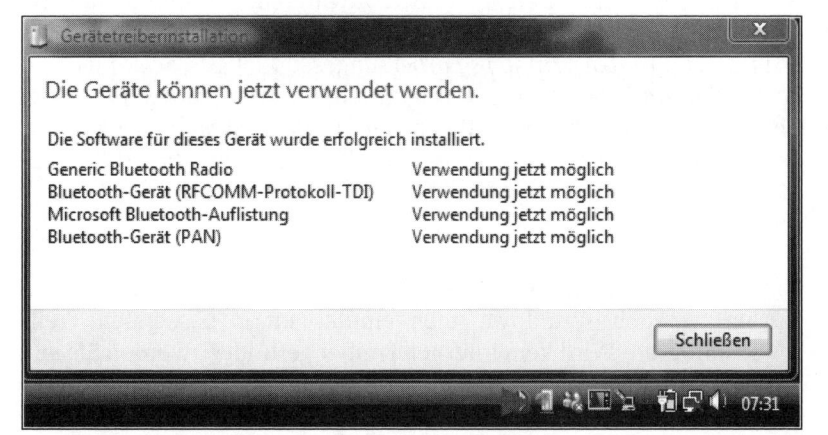

Abbildung 6.3: Informationen über die Geräteinstallation in der Taskleiste

Treiber und Hardware verwalten

Kann Windows keinen Treiber finden, erhalten Sie ein Informationsfenster angezeigt, über das Sie auswählen können, wie Windows mit der Komponente verfahren soll (siehe *Abbildung 6.4*).

Abbildung 6.4:
Meldung von Vista bei der Installation von neuer Hardware

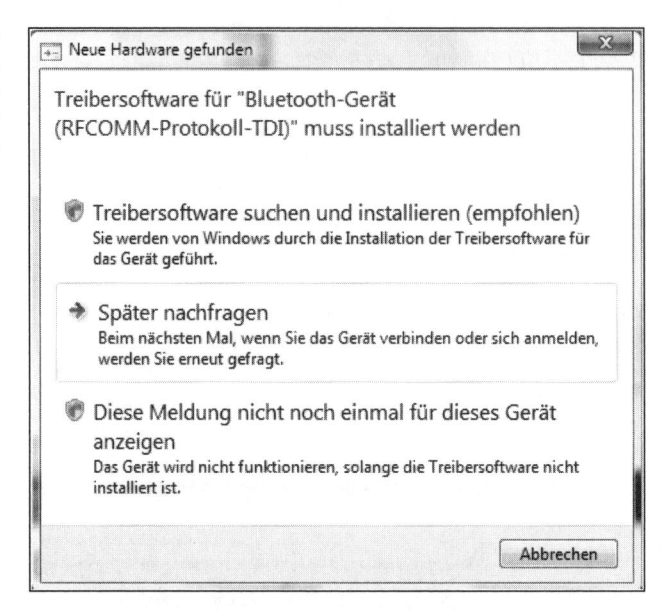

In diesem Fenster stehen Ihnen drei Optionen zur Verfügung:

1. Treibersoftware suchen und installieren (empfohlen)
2. Später fragen
3. Diese Meldung nicht noch einmal für dieses Gerät anzeigen

> **INFO**
>
> *Neben den beiden Optionen* Treibersoftware suchen und installieren *und* Diese Meldung nicht noch einmal für dieses Gerät anzeigen *wird ein Schutzschild in den Windows-Farben angezeigt. Dieses Schild wird in Windows Vista an jeder Stelle angezeigt, an der administrative Berechtigungen im System notwendig sind. Wenn Sie die Benutzerkontensteuerung nicht deaktivieren (siehe Kapitel 3), müssen Sie immer bei diesen Aufgaben die Meldung der Benutzerkontensteuerung bestätigen, bevor die Aktion fortgesetzt wird.*

- Wenn Sie die Option *Treibersoftware suchen und installieren* auswählen, versucht Windows noch einmal, einen passenden Treiber zu installieren. Wird kein interner Treiber gefunden, werden Sie aufgefordert, Windows einen Treiber bereitzustellen. Laden Sie in diesem Fall einen passenden Treiber aus dem Internet beim Hersteller des Gerätes herunter. Achten Sie aber darauf, möglichst einen Windows Vista-Treiber zu verwenden. Vista kommt zwar auch teilweise mit Windows

Installation von neuen Komponenten

XP-Treibern zurecht, diese sollten aber aus Performance- und Stabilitätsgründen nur dann verwendet werden, wenn kein Vista-Treiber zur Verfügung steht.
- Wenn Sie die Option *Später nachfragen* wählen, wird kein Treiber installiert, und es werden auch keine weiteren Warnungen gezeigt. Erst beim nächsten Systemstart oder dem Suchen von neuer Hardware werden Sie erneut dazu aufgefordert, einen Treiber bereitzustellen.
- Wenn Sie die Option *Diese Meldung nicht noch einmal für dieses Gerät anzeigen* verwenden, wird das Gerät in Windows als nicht aktiv gekennzeichnet und kann daher nicht verwendet werden. Sie werden später auch nicht gefragt, ob Sie einen Treiber installieren wollen. Es erscheint eine Meldung, die Sie darauf hinweist, dass das Gerät nicht verwendet werden kann (siehe *Abbildung 6.5*).

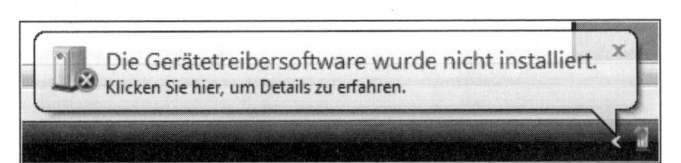

Abbildung 6.5: Meldung, wenn kein Treiber gefunden werden kann

Für die weiteren Aktionen mit dieser neuen Hardware wird der Geräte-Manager verwendet, den wir im nächsten Abschnitt ausführlicher besprechen.

Wenn in Windows Vista kein Treiber für eine Hardwarekomponente enthalten ist und Sie auch keinen Treiber auf der Herstellerseite finden, haben Sie unter Umständen Chancen, bei einem Windows-Update über das Internet einen Treiber zu finden. Ein manuelles Windows-Update können Sie zum Beispiel im Internet Explorer über Extras/Windows Update *anstoßen.*

TIPP

Die Konfiguration des Downloads von Treibern über Windows-Update kann über Start/Systemsteuerung/System und Wartung/System/Erweiterte Systemeinstellungen, *Registerkarte* Hardware, *Schaltfläche* Treibereinstellungen für Windows Update *gesteuert werden (siehe Abbildung 6.6). Hier können Sie auch den Geräte-Manager starten (siehe nächsten Abschnitt).*

An diesen Abschnitt kommen Sie auch, wenn Sie mit der rechten Maustaste im Startmenü oder auf dem Desktop auf Computer *klicken und* Eigenschaften *auswählen. Das Computer-Symbol kann durch Rechtsklick und die Auswahl der Option* Auf dem Desktop anzeigen *auf das Computer-Symbol im Startmenü auf dem Desktop angezeigt werden.*

Treiber und Hardware verwalten

Abbildung 6.6:
Konfiguration des Treiber-Downloads über Windows Update

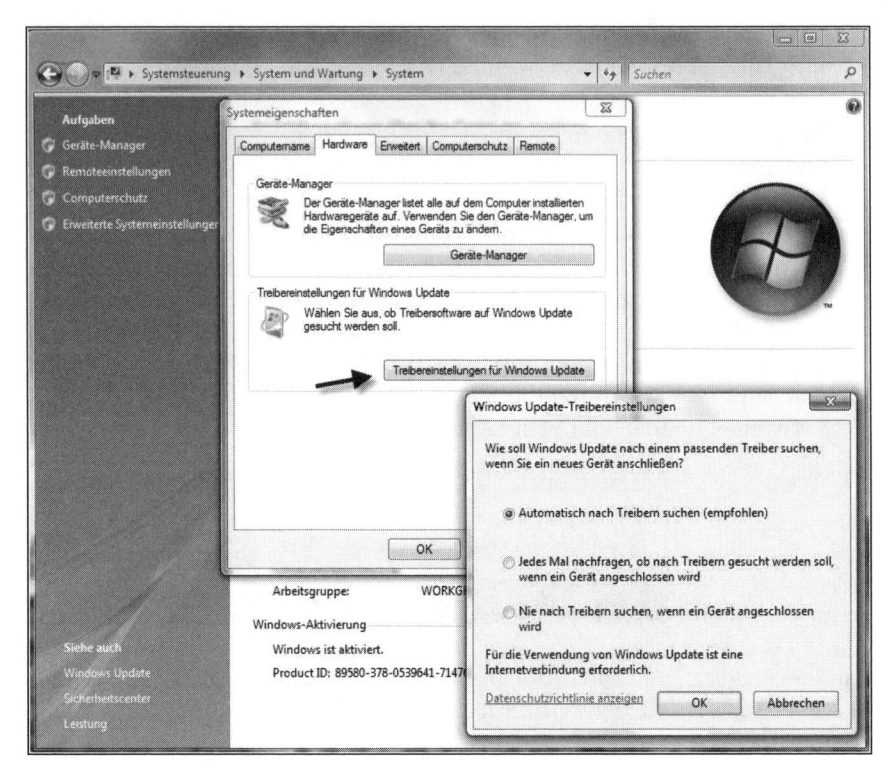

6.3 Der Geräte-Manager

Auch in Windows Vista spielt der Geräte-Manager für die Verwaltung von Hardware eine zentrale Rolle. Neue Treiber, installierte Hardware und auch die Fehlerbehebung von Treibern und Hardware werden über den Geräte-Manager durchgeführt. Der Geräte-Manager kann über verschiedene Wege gestartet werden:

- Sie können über *Start/Ausführen/devmgmt.msc* den Geräte-Manager starten.
- Der Geräte-Manager kann durch einen Klick mit der rechten Maus auf den Eintrag *Computer* im Startmenü oder auf dem Desktop und die Auswahl von *Verwalten* gestartet werden. In diesem Fall wird der Geräte-Manager als Menü innerhalb der Computerverwaltung angezeigt (siehe *Abbildung 6.7*).
- Eine weitere Variante ist *Start/Systemsteuerung/System und Wartung/Geräte-Manager* oder *Start/Systemsteuerung/Hardware und Sound/Geräte-Manager*.

Der Geräte-Manager

Unabhängig davon, über welchen Weg Sie den Geräte-Manager starten, sieht er immer gleich aus. Auch die Bedienung unterscheidet sich nicht. Nach dem Start des Geräte-Managers zeigt dieser alle eingebauten Hardwarekomponenten des PC in einzelnen Kategorien an (siehe *Abbildung 6.8*).

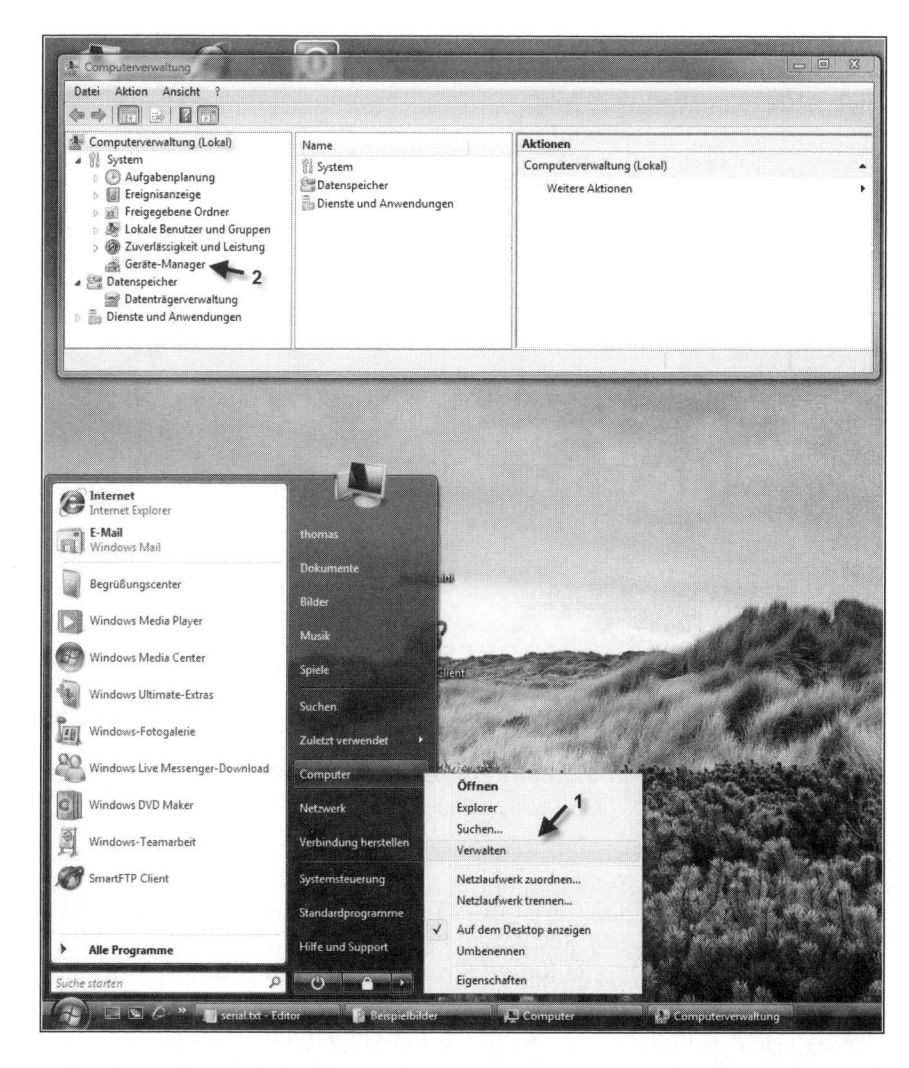

Abbildung 6.7: Starten des Geräte-Managers über die Computerverwaltung

Der Geräte-Manager sollte nach der Installation alle Hardwarekomponenten des PC in der entsprechenden Kategorie anzeigen.

Wenn ganz oben im Geräte-Manager noch einzelne Geräte als unbekannt angezeigt werden, können sie in Windows Vista nicht verwendet werden. Erst wenn ein Treiber für die Komponente installiert ist und Windows ihn akzeptiert, kann das entsprechende Gerät verwendet werden.

Treiber und Hardware verwalten

6.3.1 Im Geräte-Manager nach neuer Hardware suchen

Normalerweise beginnt Vista automatisch, einen Treiber zu installieren bzw. anzufordern, wenn ein Gerät mit dem PC verbunden ist. In manchen Fällen startet diese Suche allerdings nicht automatisch. Trifft das bei Ihnen zu, können Sie im Geräte-Manager den Namen Ihres PC ganz oben im Navigationsbereich auswählen und anschließend in der Symbolleiste des Geräte-Managers die Schaltfläche *Nach geänderter Hardware suchen* anklicken (siehe *Abbildung 6.8*).

Alternativ können Sie diese Aktion auch über den Menübefehl *Aktion/Nach geänderter Hardware suchen* starten.

Abbildung 6.8:
Suchen nach neuer Hardware im Geräte-Manager

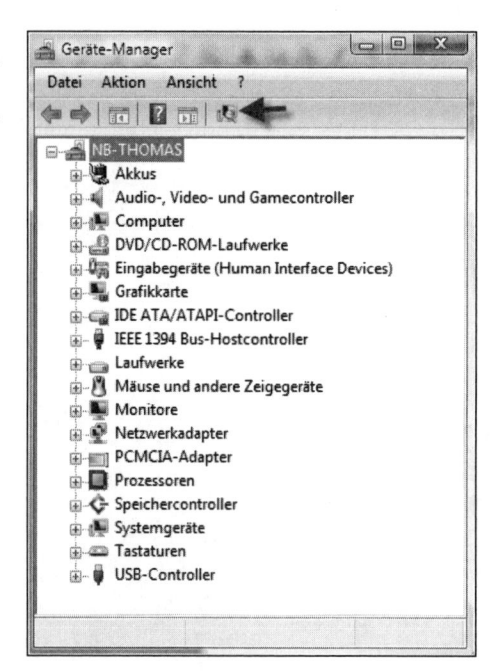

Sobald Sie diese Aktion gestartet haben, beginnt der Installationsassistent, nach neuer Hardware zu suchen, und installiert entweder automatisch einen Windows-Treiber oder fordert Sie auf, einen Treiber bereitzustellen.

> **TIPP**
>
> *Über den Befehl* driverquery *in der Befehlszeile können Sie sich eine Liste aller aktuell geladenen Treiber anzeigen lassen. Mit dem Befehl* driverquery > c:\treiber.txt *werden alle Treiber in die Textdatei* treiber.txt *geschrieben, die Sie mit Windows Notepad bearbeiten und überprüfen können.*

6.3.2 Verwalten der einzelnen Hardware-Komponenten im Geräte-Manager

Wenn Vista für ein Gerät keinen Treiber installieren kann und Sie auch keinen Treiber bereitstellen, wird das Gerät ganz oben im Baum als unbekanntes Gerät deklariert (siehe *Abbildung 6.9*).

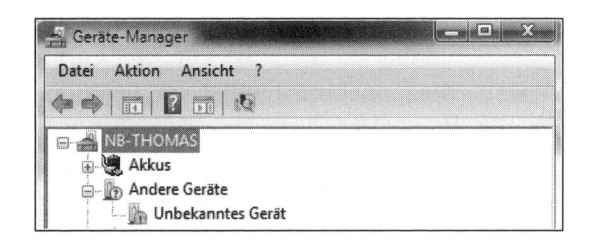

Abbildung 6.9: Unbekanntes Gerät im Geräte-Manager

Wenn Vista erkennt, um welche Art von Gerät es sich handelt, aber keinen Treiber installieren kann, wird die Komponente in der entsprechenden Kategorie angezeigt und mit einem gelben Warnschild mit Ausrufezeichen versehen. Das ist ein Hinweis darauf, dass das Gerät nicht verwendet werden kann (siehe *Abbildung 6.10*).

Abbildung 6.10: Fehlerhaft installierter Treiber oder nicht funktionierendes Gerät

In diesem Fall haben Sie mehrere Möglichkeiten. Der erste Weg besteht zunächst darin, dass Sie das Gerät wieder vom PC entfernen und noch einmal verbinden.

Manchmal hat Vista wie Windows XP Probleme, einen Treiber zu installieren, wenn eine einzelne Hardwarekomponente aus mehreren Unterkomponenten besteht, wie in diesem Beispiel ein USB-Bluetooth-Stick.

Entfernen einer Komponente aus dem Geräte-Manager

Um eine Komponente zu entfernen, markieren Sie diese und drücken auf der Tastatur auf `Entf`.

Alternativ können Sie das Gerät auch mit der rechten Maustaste anklicken und im Kontextmenü den Eintrag *Deinstallieren* wählen oder die entsprechende Schaltfläche im Geräte-Manager anklicken, die angezeigt wird, sobald ein Gerät markiert ist (siehe *Abbildung 6.11*).

Abbildung 6.11: Deinstallieren einer Hardwarekomponente im Geräte-Manager

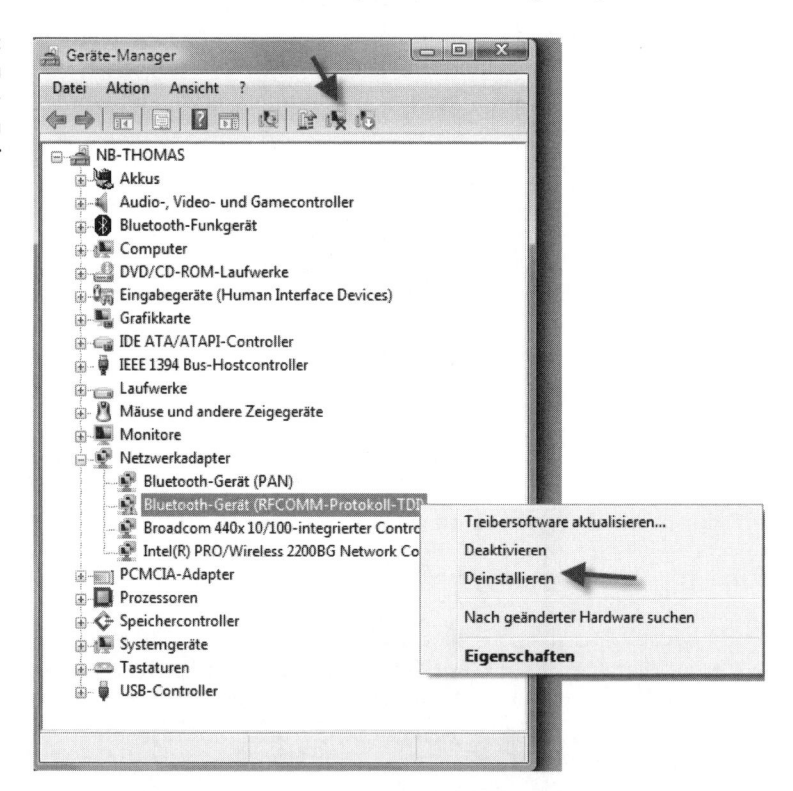

Nachdem Sie die Deinstallation des Gerätes veranlasst haben, erscheint ein Warnfenster mit dem Hinweis, dass das Gerät entfernt wird.

Bestätigen Sie diese Meldung (siehe *Abbildung 6.12*). Im Anschluss wird das Gerät entfernt und nicht mehr im Geräte-Manager angezeigt.

Der Geräte-Manager

Lassen Sie erneut nach neuer Hardware suchen. Unter Umständen wird das Gerät jetzt erkannt.

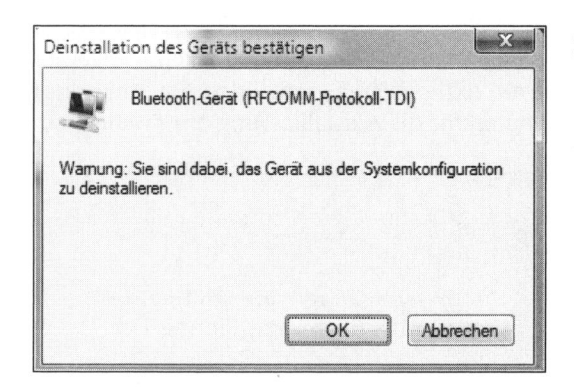

Abbildung 6.12: Warnmeldung beim Entfernen einer Komponente aus dem Geräte-Manager

Deaktivieren von Komponenten

Sie können Komponenten auch deaktivieren. In diesem Fall wird die Komponente weiterhin im Geräte-Manager angezeigt, aber als nicht aktiv markiert. Sie werden nicht dazu aufgefordert, einen Treiber für das Gerät zu installieren.

Wenn Sie die Deaktivierung verwenden, erhalten Sie zunächst eine Warnmeldung, dass das Gerät im Anschluss nicht mehr funktioniert (siehe *Abbildung 6.13*).

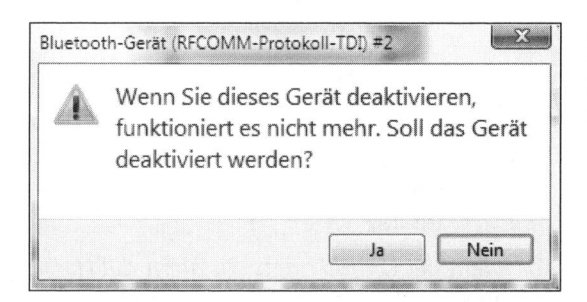

Abbildung 6.13: Warnmeldung beim Deaktivieren eines Gerätes

Nach der Deaktivierung wird das Gerät mit einem entsprechenden Hinweis-Symbol im Geräte-Manager versehen (siehe *Abbildung 6.14*). Deaktivierte Geräte können jederzeit wieder aktiviert werden, indem Sie die Komponente im Geräte-Manager mit der rechten Maustaste anklicken und im zugehörigen Kontextmenü den Eintrag *Aktivieren* auswählen.ab

Abbildung 6.14: Deaktiviertes Gerät im Geräte-Manager

Treiber und Hardware verwalten

Treiber aktualisieren

Die dritte Variante, eine Hardwarekomponente in Windows Vista zu verwalten, ist die Aktualisierung des Treibers.

Sie können im Kontextmenü zu einem Geräteeintrag die Option *Treibersoftware aktualisieren* auswählen. Im Anschluss werden Sie aufgefordert, die Option für die Aktualisierung des Treibers zu wählen.

Abbildung 6.15:
Optionen für die Aktualisierung eines Treibers

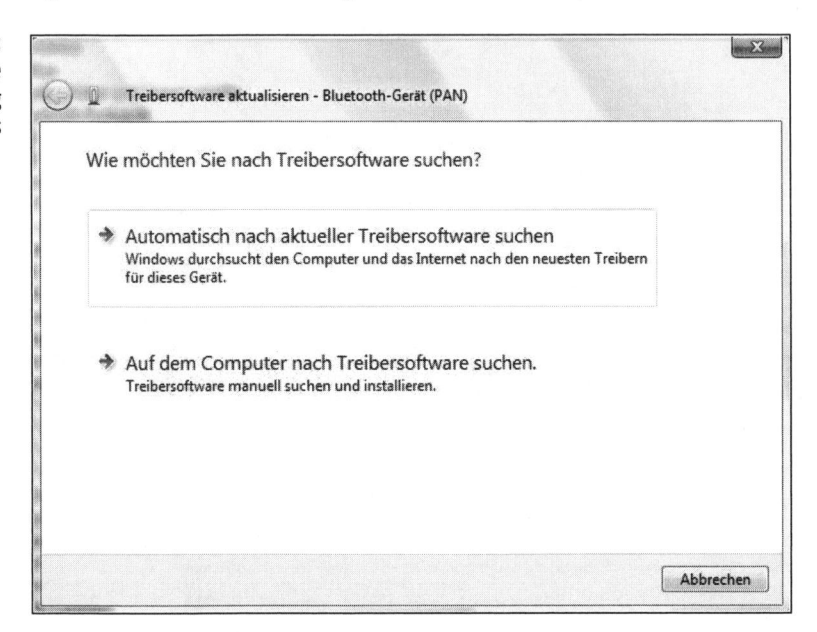

> **TIPP**
>
> *Auch wenn die Hardwarekomponente in Windows Vista erkannt und der Treiber ordnungsgemäß installiert wurde, sollten Sie für wichtige Komponenten wie Grafikkarte, Netzwerkkarte und auch Drucker möglichst den Treiber aktualisieren.*

Vor allem bei Grafikkarten erweitern die Hersteller ständig die Funktionen, und auch die Performance wird verbessert.

Zwei Möglichkeiten stehen Ihnen zur Auswahl:

- Automatisch nach aktueller Treibersoftware suchen
- Auf dem Computer nach Treibersoftware suchen

Wenn Sie den Treiber beim Hersteller heruntergeladen haben, sollten Sie die Option *Auf dem Computer nach Treibersoftware suchen* verwenden, da die automatische Suche auch nur nach internen Treibern fahndet. Wenn Sie den Speicherplatz des Treibers kennen, ist die manuelle Installation immer der bessere Weg.

Der Geräte-Manager

Viele Hersteller, vor allem die Grafikkartenhersteller, bieten eigene Installationsroutinen für ihre Treiber. Diese müssen nur noch selten über den Geräte-Manager installiert werden, sondern können bequem über ein eigenständiges Setup-Programm installiert werden.

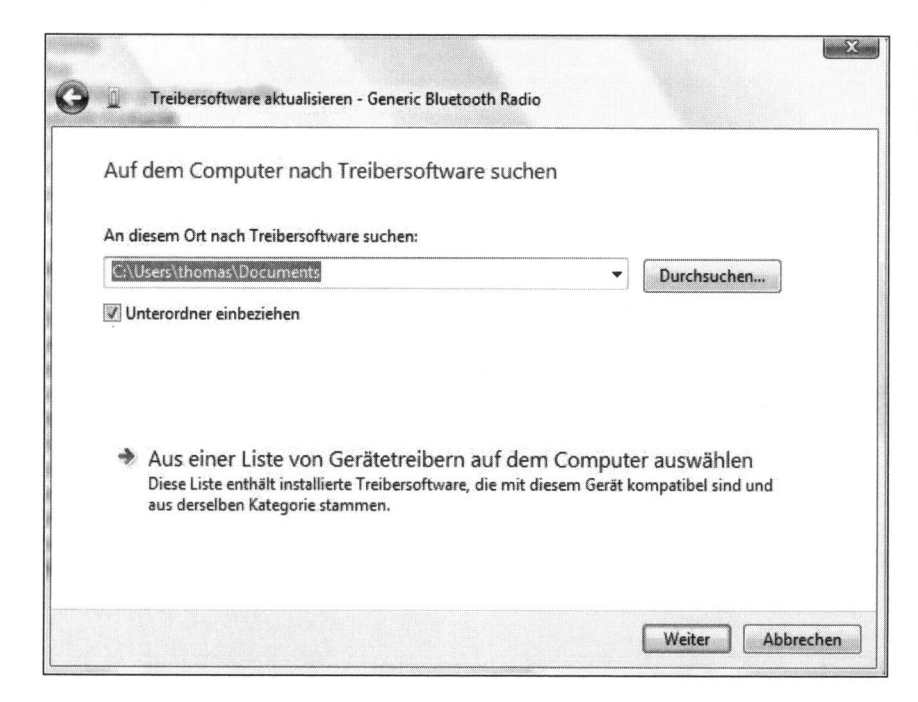

Abbildung 6.16: Installieren eines neuen Treibers für ein Gerät

Wenn Sie die Option *Auf dem Computer nach Treibersoftware suchen* ausgewählt haben, erscheint ein neues Fenster, in dem Sie den Pfad zum Treiber auswählen können. Auch hier stehen Ihnen verschiedene Möglichkeiten zur Verfügung (siehe *Abbildung 6.16*).

Sie können entweder den Ordner und dazugehörigen Unterordner, in dem sich der Treiber befinden soll, oder aus einer Liste auswählen. Normalerweise verwenden Sie diese Option zur Installation und wählen den Ordner aus, in dem Sie den Treiber gespeichert haben.

Wenn Sie auf die Option *Aus einer Liste von Gerätetreibern auf dem Computer auswählen* klicken, öffnet Vista ein neues Fenster, in dem Sie den Hersteller und das genaue Produkt auswählen können (siehe *Abbildung 6.17*).

Wenn die Option *Kompatible Hardware anzeigen* aktiviert ist, werden nur die Treiber angezeigt, die mit dem Gerät kompatibel sind.

Über die Schaltfläche *Datenträger* können Sie direkt einen Treiber auswählen. Diese Option ist dann sinnvoll, wenn Sie über die Suche in einem Verzeichnis keinen Erfolg haben.

Treiber und Hardware verwalten

Sie können über diese Schaltfläche bis zur *.inf*-Datei des Treibers navigieren und ihn zur Installation auswählen. Nachdem Sie den Treiber ausgewählt haben (siehe *Abbildung 6.18*), werden die notwendigen Treiberdateien automatisch mit den jeweils zutreffenden Einstellungen installiert.

Abbildung 6.17: Auswählen eines neuen Treibers

Abbildung 6.18: Auswählen eines Treibers

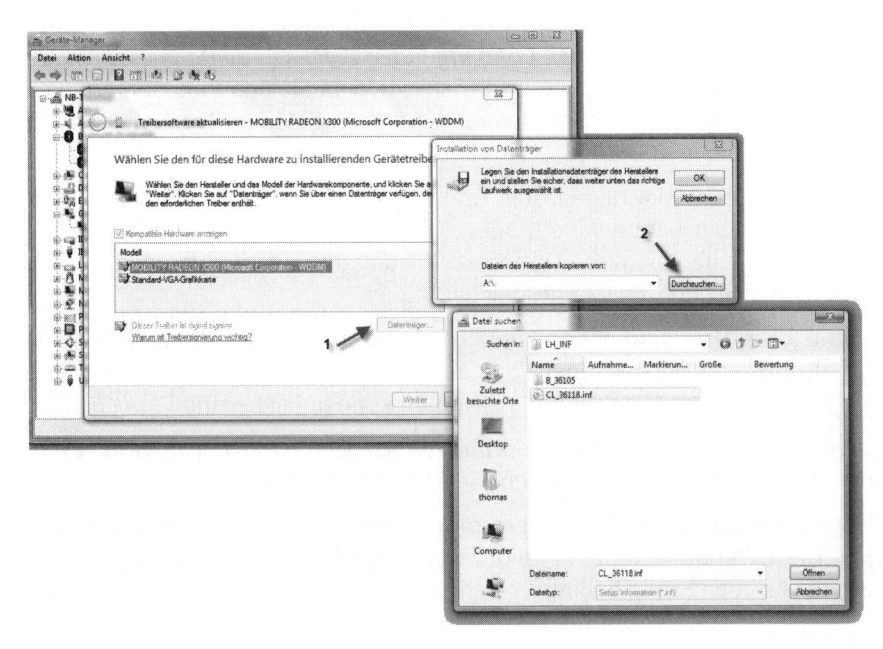

250

Nach der Auswahl wird das Gerät in der Treiberauswahl angezeigt. Markieren Sie das passende Gerät, und klicken Sie auf *Weiter* (siehe *Abbildung 6.19*). Anschließend beginnt Windows mit der Installation.

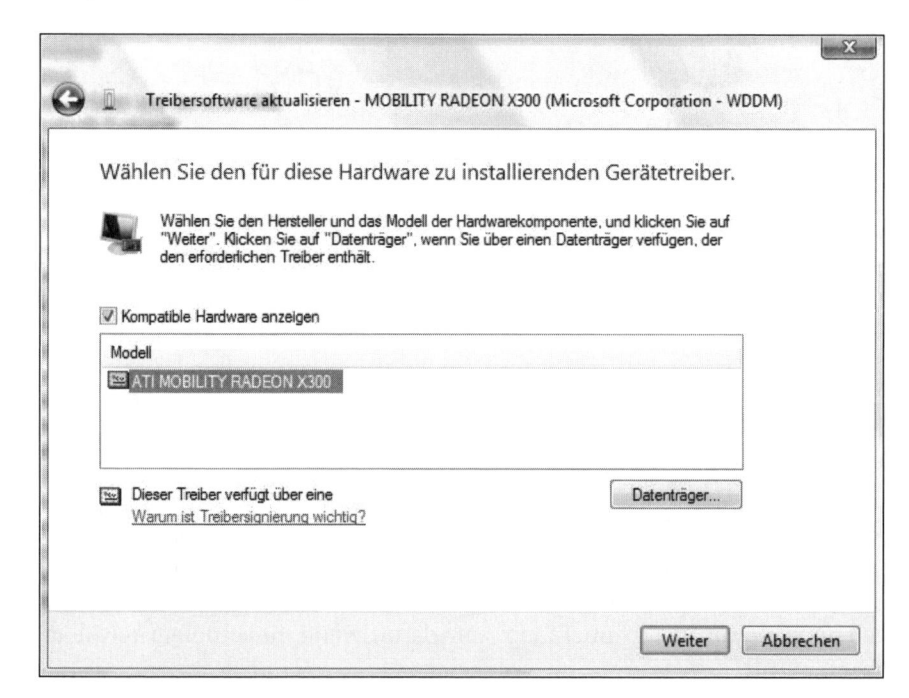

Abbildung 6.19: Installation eines neuen Treibers

6.3.3 Eigenschaften von Hardwarekomponenten verwalten und Treiber reparieren

Neben der Installation neuer Hardware und der Aktualisierung von Treibern können Sie auch die Eigenschaften der einzelnen Hardwarekomponenten im Geräte-Manager verwalten.

Um die Eigenschaften des Treibers bzw. des Geräts aufzurufen, klicken Sie im Geräte-Manager das betreffende Gerät mit der rechten Maustaste an und rufen im Kontextmenü den Eintrag *Eigenschaften* auf. Anschließend können Sie auf bis zu vier Registerkarten (abhängig vom Gerät) das Gerät verwalten (siehe *Abbildung 6.20*).

Auf der Registerkarte *Allgemein* werden einige Informationen über das Gerät und dessen Status angezeigt. Diese Informationen sind weniger wertvoll.

Treiber und Hardware verwalten

Abbildung 6.20:
Eigenschaften eines Gerätes im Geräte-Manager

Auf den Registerkarten *Details* und *Ressourcen* (sofern vorhanden) können Sie weitere Informationen über die Komponente und die einzelnen Bereiche des Gerätes abfragen. Diese Informationen werden allerdings eher selten gebraucht – und wenn überhaupt nur dann, wenn ein Problem mit dem Gerät auftritt.

Wie funktioniert Plug&Play?

Durch die Plug&Play-Funktionalitäten in Windows Vista werden alle Ressourcen automatisch zugewiesen, hier ist selten ein Eingreifen notwendig. Konflikte treten dann auf, wenn das automatische Erkennen und die Installation von Treibern fehlschlagen und Windows ein und dieselbe Ressource mehreren Geräten zuweist. Da die meisten aktuellen Geräte ebenfalls Plug&Play unterstützen und notwendige Informationen bei der Verbindung an Windows schicken, sollten keine Probleme auftreten.

Wie bereits erwähnt untersucht Windows bei der Anbindung eines neuen Gerätes Informationen, die vom angeschlossenen Gerät übermittelt werden. Auf Basis dieser Informationen kann Windows entscheiden, ob ein eigener Treiber installiert werden kann oder ob der Treiber des Drittherstellers verwendet werden soll. Auch zusätzliche Funktionen der Endgeräte können dadurch aktiviert werden.

Diese Informationen zur Installation von Gerätetreibern werden durch die bereits besprochenen *Geräte-Identifikations-Strings* und die *Geräte-Setup-Klasse* übermittelt.

Geräte-Identifikations-String

Ein Gerät verfügt normalerweise über mehrere Geräte-Identifikations-Strings, die der Hersteller festlegt. Dieser String wird auch in der *.inf-Datei des Treibers mitgegeben. Auf dieser Basis entscheidet Windows, welchen Treiber es installieren soll. Es gibt zwei Arten von Geräte-Identifikations-Strings:

- *Hardware-IDs* – Diese Strings liefern eine detaillierte und spezifische Information über ein bestimmtes Gerät. Hier werden der genaue Name, das Modell und die Version des Gerätes als sogenannte Geräte-ID festgelegt. Teilweise werden nicht alle Informationen, zum Beispiel die Version, mitgeliefert. In diesem Fall kann Windows selbst entscheiden, welche Version des Treibers installiert wird.
- *Kompatible IDs* – Diese IDs werden verwendet, wenn Windows keinen passenden Treiber zum Gerät finden kann. Diese Informationen sind allerdings optional und sind sehr generisch. Wenn diese ID zur Treiberinstallation verwendet wird, können zumindest die Grundfunktionen des Geräts verwendet werden.

Windows weist Treiberpaketen einen gewissen Rang zu. Je niedriger der Rang, umso besser passt der Treiber zum Gerät. Der beste Rang für einen Treiber ist 0. Je höher der Rang, umso schlechter passt der Treiber. Mehr Infos zu dieser Technologie finden Sie in Technet-Artikeln auf den Seiten:

- *http://go.microsoft.com/fwlink/?LinkId = 54881*
- *http://go.microsoft.com/fwlink/?LinkID = 69208*
- *http://go.microsoft.com/fwlink/?linkid = 52665*
- *http://go.microsoft.com/fwlink/?linkid = 52662*

Das Neue an Windows Vista ist, dass diese beiden Informationen nicht nur zur Identifikation des Gerätetreibers verwendet werden können, sondern auch zur Zuweisung von Richtlinien. über welche die Funktionen und Berechtigungen des Geräts verwaltet werden können.

Geräte-Setup-Klasse

Die Geräte-Setup-Klassen sind eigene Arten von Identifikations-Strings. Auch auf diesen String wird im Treiberpaket verwiesen. Alle Geräte, die sich in einer gemeinsamen Klasse befinden, werden auf die gleiche Weise installiert, unabhängig von ihrer eindeutigen Hardware-ID. Das heißt, alle DVD-Laufwerke werden auf exakt die gleiche Weise installiert. Die Geräte Setup Klasse wird durch einen Globally Unique Identifier (GUID) angegeben.

Vor allem auf der Registerkarte *Details* können Sie über ein Drop-down-Menü ausführliche Informationen abrufen. Sollten Ressourcenkonflikte auftreten, können Sie auf der Registerkarte *Ressourcen* einzelne Systemressourcen unter Umständen manuell zuordnen, aber wie bereits erwähnt, ist dies bei aktueller Hardware nur noch selten notwendig.

Treiberverwaltung im Geräte-Manager

Interessant ist hauptsächlich die Registerkarte *Treiber*. Hier stehen verschiedene Optionen zur Verfügung, um den Treiber eines Gerätes zu verwalten oder zu reparieren. Auf den folgenden Seiten werden wir etwas ausführlicher auf diese Registerkarte eingehen, da hier die maßgeblichen Aufgaben erledigt werden, wenn es mit einem Gerät Probleme gibt oder ein Treiber aktualisiert werden muss (siehe *Abbildung 6.21*).

Abbildung 6.21: Verwalten von Treibern für ein Gerät

Interessant sind auf der Registerkarte *Treiber* zunächst einmal das Datum und die genaue Versionsnummer des Treibers. So lässt sich exakt ermitteln, ob es mittlerweile einen neueren Treiber für das Gerät gibt, wie der Hersteller des Treibers heißt, also ob der Treiber auch vom Hersteller oder von Microsoft kommt, und ob der Treiber signiert ist. Neben diesen Informationen können Sie auf dieser Registerkarte über die Schaltfläche *Treiberdetails* noch genauere Informationen über jede einzelne Datei des Treibers beziehen.

Über die Schaltfläche *Treiber aktualisieren* erhalten Sie die gleichen Möglichkeiten wie im Kontextmenü des Gerätes. Auch die beiden Schaltflächen *Deinstallieren* und *Deaktivieren* haben die gleiche Bedeutung wie im Kontextmenü.

TIPP

Interessant ist die Schaltfläche Vorheriger Treiber. *Diese dient dem Zweck der Systemherstellung. Wenn Sie zum Beispiel für eine Grafikkarte einen neuen Treiber installieren und feststellen, dass der PC danach entweder nicht mehr richtig funktioniert oder die Darstellung doch nicht so optimal ist, können Sie durch diese Funktion den vorherigen Treiber wiederherstellen, der neue Treiber wird vom System entfernt.*

Wenn durch die Installation des PC dieses Fenster nicht mehr aufgerufen werden kann, können Sie auch Windows Vista neu starten und den abgesicherten Modus für den Start verwenden (siehe Kapitel 2). Diesen erreichen Sie, wenn Sie beim Starten des PC vor dem Start von Vista [F8] auf der Tastatur drücken. Im abgesicherten Modus sollte sich dieses Fenster aufrufen lassen.

Wenn nach der Installation des Treibers der PC überhaupt nicht mehr startet, also auch nicht im abgesicherten Modus, können Sie auch die Option Letzte als funktionierend bekannte Konfiguration *anstatt des abgesicherten Modus starten (siehe Kapitel 2).*

In diesem Fall wird der PC ebenfalls mit dem alten Treiber gestartet und der neue deaktiviert. Diese Option funktioniert aber nur dann, wenn der PC direkt nach einer Treiberinstallation überhaupt nicht mehr hochfährt.

6.3.4 Weitere Möglichkeiten im Geräte-Manager

Über das Menü *Ansicht* können Sie die Sortierreihenfolge des Geräte-Managers anpassen. Sie können die Standardansicht *Geräte nach Typ* wählen oder nach *Ressourcen nach Verbindungen* suchen lassen (siehe *Abbildung 6.22*).

Über den Menüpunkt *Ausgeblendete Geräte anzeigen* lassen sich Komponenten anzeigen, die zwar installiert wurden, aber nicht mehr im System enthalten sind. Dadurch besteht die Möglichkeit, nicht mehr benötigte Gerätetreiber vom PC zu entfernen, da diese das System unnötig belasten.

Wenn Sie den Menüpunkt *Ausgeblendete Geräte anzeigen* auswählen, werden allerdings nur die Systemkomponenten angezeigt, die Windows Vista zum Schutz des Systems vor dem Anwender versteckt. Damit auch jene Geräte angezeigt werden, die im System installiert wurden, aber nicht mehr vorhanden sind, müssen Sie den Geräte-Manager über einen speziellen Weg aufrufen. Gehen Sie dazu folgendermaßen vor:

1. Öffnen Sie über [⊞]-Taste + [R] und Eingabe von *cmd* ein Eingabeaufforderungsfenster.
2. Tippen Sie den Befehl *set devmgr_show_nonpresent_devices = 1* ein.
3. Starten Sie im Fenster der Eingabeaufforderung über den Befehl *start devmgmt.msc* den Geräte-Manager.
4. Aktivieren Sie über *Ansicht/Ausgeblendete Geräte anzeigen*. Sofern ältere Treiber auf dem PC vorhanden sind, werden diese jetzt angezeigt (siehe *Abbildung 6.22*).

Treiber und Hardware verwalten

Abbildung 6.22:
Anzeigen von versteckten Dateileichen im Geräte-Manager

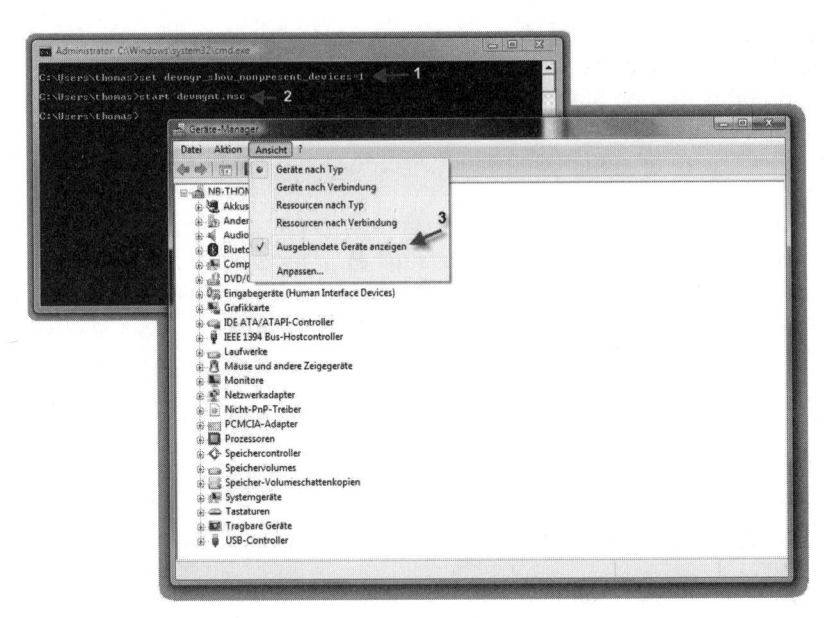

Im Anschluss können Sie nach den nicht mehr benötigten Geräten suchen und sie aus dem Geräte-Manager entfernen.

6.3.5 Ältere Hardware mit dem Geräte-Manager installieren

Manche Anwender setzen unter Umständen noch Hardware ein, die kein Plug&Play unterstützt und daher nicht automatisch von Windows installiert wird.

In diesen Bereich fallen zum Beispiel ältere Modems, TV-Karten oder Video-Bearbeitungsgeräte. Sofern es für diese Geräte bzw. Karten einen Windows-Treiber oder einen Treiber des Herstellers gibt, können Sie auch diese in Windows Vista integrieren:

1. Um das Gerät ordnungsgemäß zu installieren, schließen Sie es am PC an und starten den Geräte-Manager.
2. Markieren Sie im Geräte-Manager den Namen Ihres PC ganz oben im Baum.
3. Klicken Sie mit der rechten Maustaste auf den Namen des PC, und wählen Sie im Kontextmenü die Option *Legacyhardware hinzufügen*. Daraufhin wird der Assistent gestartet, um diese alte Hardware zu installieren (siehe *Abbildung 6.23*).

Der Geräte-Manager

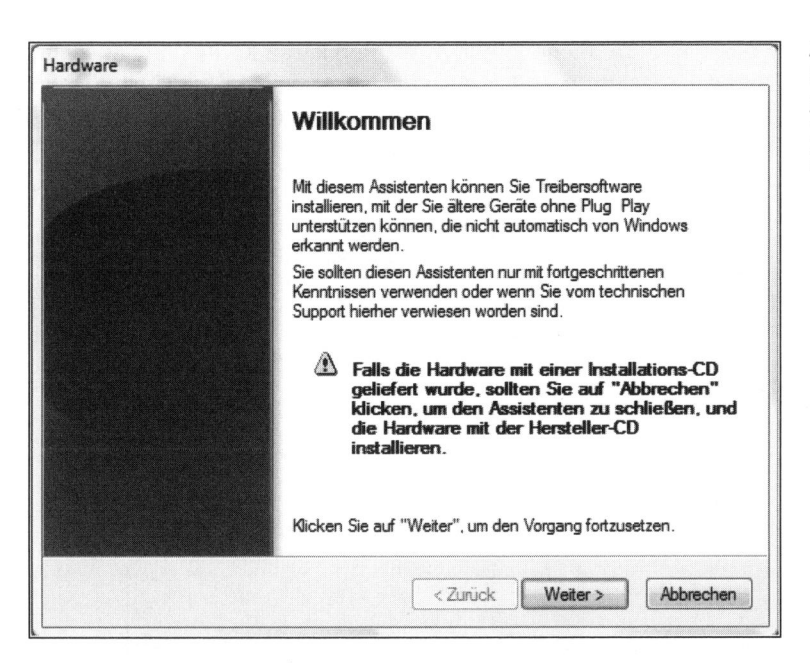

Abbildung 6.23: Starten des Assistenten zur Installation von älterer Hardware

Auf der nächsten Seite des Assistenten können Sie auswählen, ob Windows Vista die Hardware automatisch suchen und installieren soll oder ob Sie die Hardware selbst auswählen möchten. Sie sollten immer zuerst probieren, ob sich die Hardware durch die automatische Suche in Windows finden lässt.

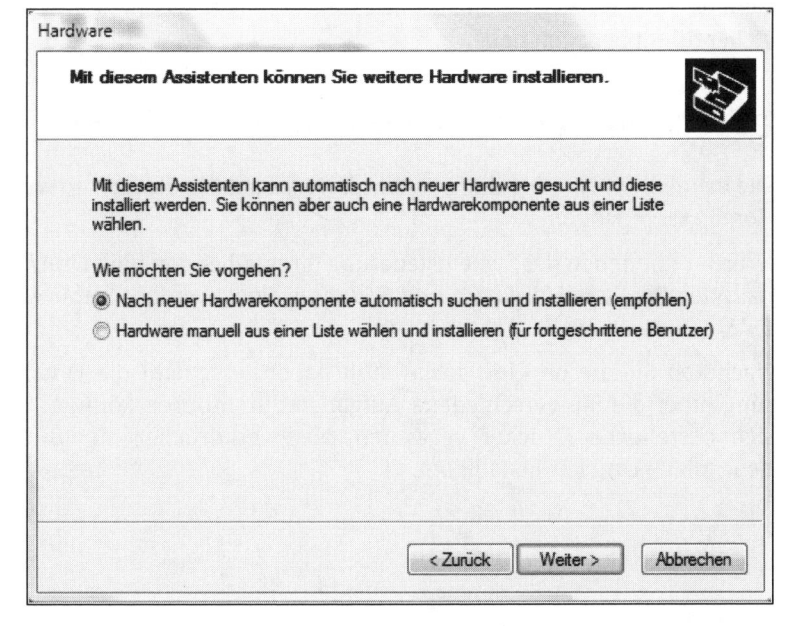

Abbildung 6.24: Assistent zum Installieren neuer Hardware

Treiber und Hardware verwalten

Wenn das Gerät nicht gefunden werden kann, können Sie anschließend die Option *Hardware manuell aus einer Liste wählen und installieren* selektieren. Im nächsten Fenster können Sie dann festlegen, welche Hardware Sie installieren wollen (siehe *Abbildung 6.25*).

Abbildung 6.25: Manuelle Auswahl von neuen Hardwarekomponenten

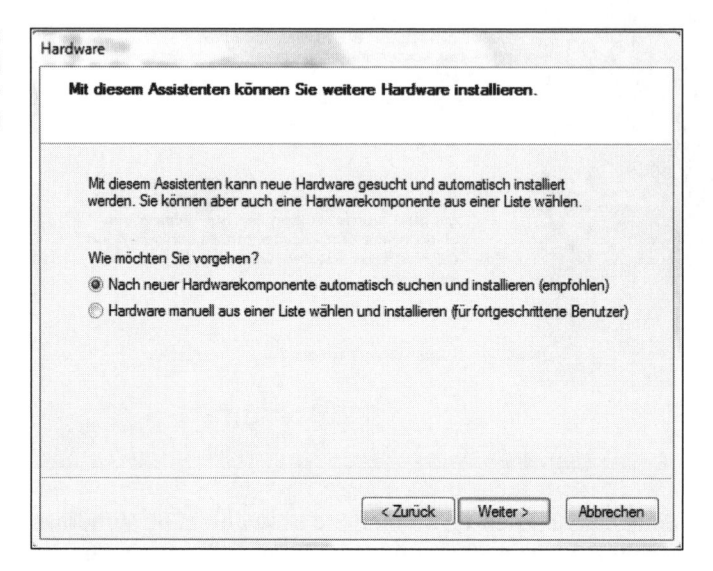

Nach Auswahl der Hardwarekomponente öffnet sich ein Fenster, in dem Sie den Hersteller und das genaue Gerät auswählen können. Hier haben Sie auch die Möglichkeit, über die Schaltfläche *Datenträger* den Treiber des Gerätes manuell auszuwählen und zu installieren, wenn Sie ihn vom Hersteller direkt bezogen haben.

6.4 Drucker installieren und verwalten

Die Installation von Druckern in Windows Vista läuft ähnlich ab wie bei den Vorgängerversionen.

Drucker können in der Systemsteuerung direkt über den Link *Drucker* unterhalb des Bereichs *Hardware und Sound* erreicht werden (siehe *Abbildung 6.26*).

Nachdem Sie diesen Link ausgewählt haben, erscheint die Druckersteuerung, über die Sie verschiedene Aufgaben durchführen können. So lassen sich bestehende Drucker verwalten, Netzwerkdrucker hinzufügen oder neue lokale Drucker installieren.

Drucker installieren und verwalten

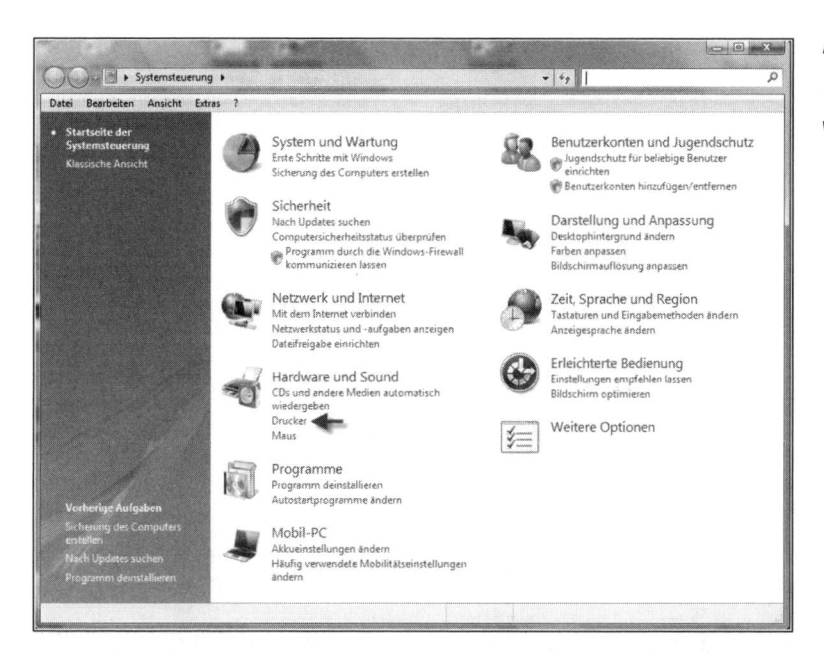

Abbildung 6.26: Installation von Druckern in Windows Vista

Abbildung 6.27: Verwaltung von Druckern in Windows Vista

6.4.1 Installation von neuen Druckern

Neue Drucker können über den Eintrag *Drucker hinzufügen* in der Menüleiste installiert werden. Wenn Sie diesen Eintrag aufrufen, erscheint ein Assistent, über den Sie die Installation durchführen können (siehe *Abbildung 6.29*).

Die meisten Druckerhersteller liefern eine CD mit aus, über die Drucker installiert werden können. Achten Sie darauf, möglichst diese CD zu verwenden, da dadurch auch etwaige Zusatzprogramme installiert werden.

TIPP

Sie können zwar durchaus Windows XP-Druckertreiber unter Windows Vista installieren, allerdings sollten Sie auch hier besser auf aktuelle Vista-Treiber setzen, die Sie von den Internetseiten des Herstellers herunterladen können.

Treiber und Hardware verwalten

Abbildung 6.28:
Installation von neuen Druckern in Windows Vista

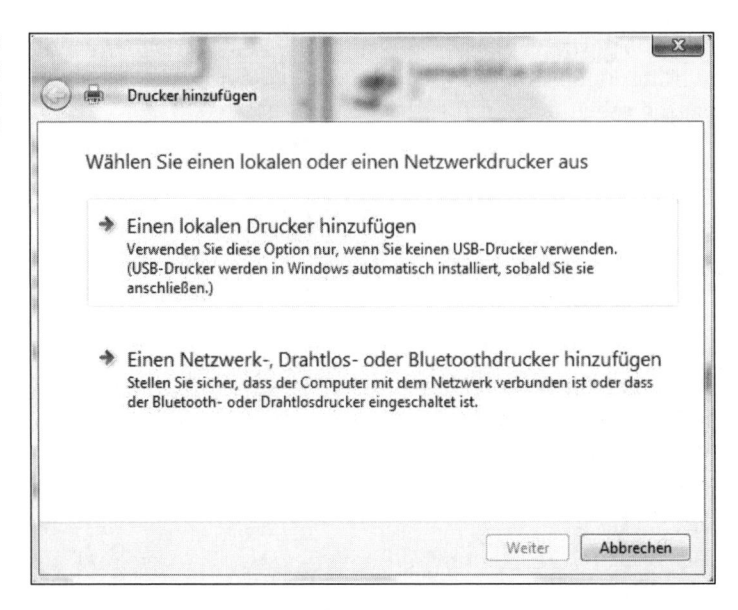

Wenn Sie einen lokalen Drucker installieren wollen, wählen Sie die Option *Einen lokalen Drucker* hinzufügen. Im Anschluss startet der Assistent zum Hinzufügen neuer Drucker (siehe *Abbildung 6.29*).

Abbildung 6.29:
Auswahl des Ports für die Installation eines Druckers

Hier haben Sie zwei Möglichkeiten: Sie können entweder einen vorhandenen Port verwenden, wenn zum Beispiel der Drucker am parallelen Port angeschlossen ist, oder Sie können einen neuen Port erstellen. Das Erstellen

Drucker installieren und verwalten

eines neuen Ports macht dann Sinn, wenn Ihr Drucker über eine eigene Netzwerkkarte verfügt oder an einen Druckserver, wie zum Beispiel einen DSL-Router, angeschlossen ist. Die IP-Adresse des Druckers wird dann im neuen Port hinterlegt und kann von Ihrem PC wie eine lokale Schnittstelle angesprochen werden.

Wenn ein Drucker an den USB-Port angeschlossen ist, wird der Drucker normalerweise durch die Plug&Play-Fähigkeit erkannt. Die manuelle Installation des Druckers ist nur beim Anschluss an einen anderen Port notwendig.

Installation eines Druckers mit Netzwerkanschluss

Wenn Sie einen Drucker einsetzen, der über eine eigene Netzwerkkarte verfügt, können Sie ihn ebenfalls als lokalen Drucker installieren. Auch wenn Sie den Drucker an einen DSL-Router mit integriertem Druckserver anschließen, funktioniert dieser Weg. Dazu müssen Sie lediglich die IP-Adresse des Druckers bzw. des DSL-Routers kennen.

Im Anschluss wählen Sie die Option *Neuen Anschluss erstellen* und als Anschlusstyp *Standard TCP/IP Port* (siehe *Abbildung 6.30*). Nachdem Sie Ihre Auswahl getroffen haben, gelangen Sie mit *Weiter* zur nächsten Seite des Assistenten.

Abbildung 6.30: Installation eines Netzwerkdruckers mit eigener Netzwerkkarte

Wenn Sie den Standard-TCP/IP-Port ausgewählt haben, können Sie auf der nächsten Seite die IP-Adresse des Druckers eintragen (siehe *Abbildung 6.31*).

Treiber und Hardware verwalten

Abbildung 6.31:
Konfiguration der IP-Adresse für einen Drucker

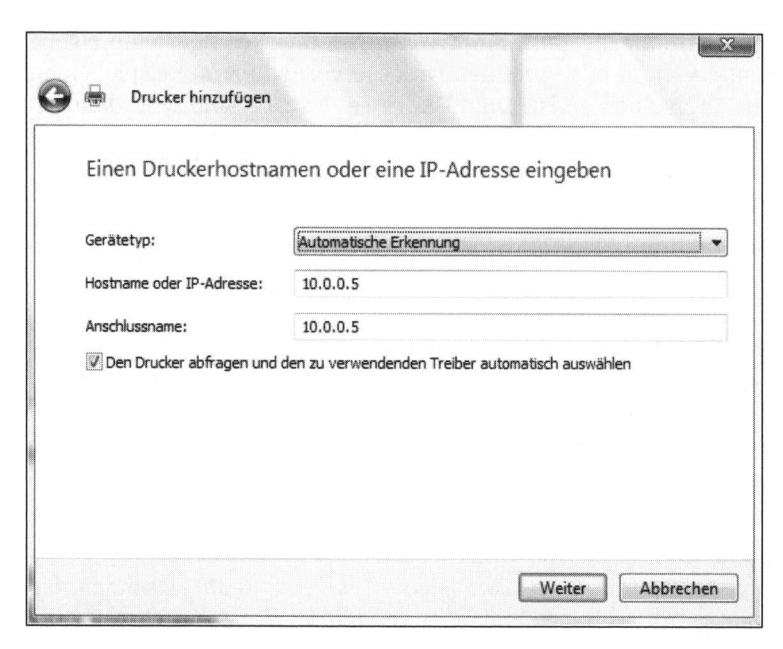

Tragen Sie die IP-Adresse im Feld *Hostname oder IP-Adresse* ein. Das Feld *Anschlussname* muss normalerweise nicht ausgefüllt werden, hier fügt Windows automatisch die notwendigen Daten ein. Wenn hier dennoch Änderungen erforderlich sind, finden Sie diese Informationen in der Dokumentation zum Druckserver bzw. DSL-Router. Sie können den Gerätetyp auf *Automatische Erkennung* belassen.

Nachdem Sie die Daten eingetragen haben und auf *Weiter* klicken, versucht der PC, eine Verbindung zum Drucker aufzubauen und Informationen abzufragen.

Falls diese Verbindung gelingt, können Sie auf der nächsten Seite den Treiber auswählen, und der Drucker wird installiert. Dieser erscheint daraufhin in der Druckersteuerung nicht als Netzwerkdrucker, sondern als lokaler Drucker, da Ihr PC ihn direkt ansteuert, ohne dass ein weiterer PC dazwischengeschaltet ist.

Sie können daher den Drucker freigeben. Andere PCs können dann über Ihren PC auf diesen Drucker zugreifen. Allerdings funktioniert in diesem Fall der Zugriff auf den Drucker nur, wenn Ihr PC eingeschaltet ist. Ideal ist auch hier, auf diesen PCs den Drucker als lokalen Drucker zu installieren.

Wenn der PC keine Verbindung zum Drucker aufbauen kann oder die Verbindung nicht sichergestellt ist, erscheint ein weiteres Fenster, in dem Sie auswählen können, um welche Netzwerkschnittstelle es sich handelt. Auch wenn die IP-Adresse stimmt, antworten nicht alle Netzwerkkarten von Druckern ordnungsgemäß. Belassen Sie in diesem Fall auf der nächsten Seite die Option *Generic Network Card*, und klicken Sie auf *Weiter* (siehe *Abbildung 6.32*).

Drucker installieren und verwalten

Im Anschluss können Sie den Treiber auswählen und den Drucker installieren. Lassen Sie sich unbedingt eine Testseite ausdrucken, um sicherzustellen, dass der Drucker korrekt funktioniert.

Sie können die Verbindung zum Drucker auch in einer Eingabeaufforderung über ping < IP-Adresse des Druckers > testen. Wenn eine Antwort zurückkommt, ist die IP-Adresse korrekt.

Abbildung 6.32:
Auswählen der Netzwerkkarte des Druckers

Druckverwaltungskonsole

Sie können die installierten Drucker und Druckertreiber auch über die spezielle Druckerverwaltungskonsole verwalten. Diese Konsole starten Sie über Start/Ausführen/printmanagement.msc (siehe Abbildung 6.33).

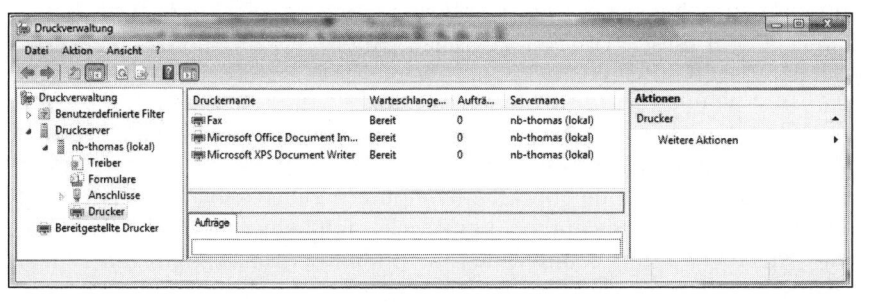

Abbildung 6.33:
Verwalten von Druckern

Treiber und Hardware verwalten

Hier werden die einzelnen Drucker und Druckertreiber in eigenen Menüs verwaltet. Die Druckverwaltung wird auf Heim-PCs selten benötigt. In diesem Programm werden die lokal installierten Drucker angezeigt, über die Kontextmenüs der einzelnen Menüpunkte können Einstellungen vorgenommen werden, um zum Beispiel Drucker im Netzwerk zur Verfügung zu stellen oder spezielle Druckerformulare zu erstellen. Wenn Sie diese Konsole interessiert, testen Sie einfach mit ihr ein bisschen, die meisten Anwender werden sie nicht benötigen.

Abbildung 6.34:
Hinzufügen eines Druckservers in der Druckverwaltung

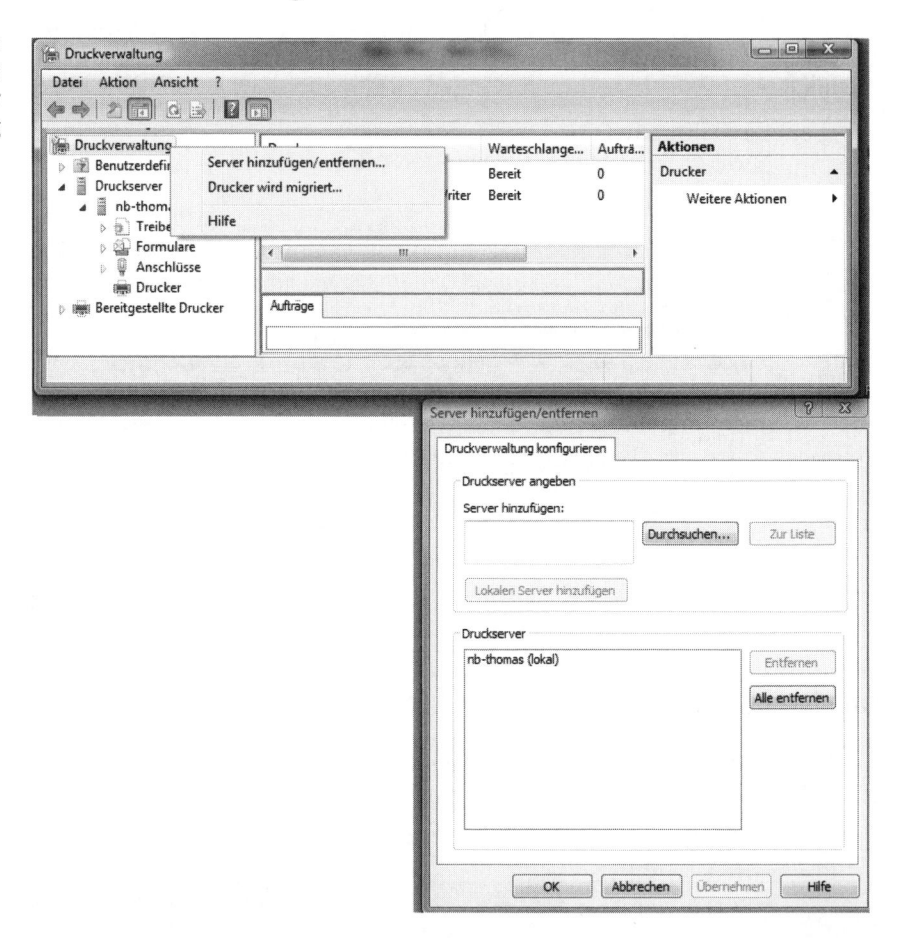

Für Unternehmen ist die Druckverwaltung schon interessanter. Sie bietet aktuelle Informationen über den Status von Druckern und Druckservern im Netzwerk. Die Druckverwaltung kann zur Installation von Druckerverbindungen in einer Gruppe von Clientcomputern gleichzeitig verwendet werden. Mit ihr können Sie durch Filter Drucker mit Fehlerzuständen ermitteln. Die Druckverwaltung kann weiterhin E-Mail-Benachrichtigungen senden oder Skripte ausführen, wenn ein Drucker oder Druckserver gewartet werden muss. Bei Druckermodellen, die eine Webseite zur Verfügung stellen,

Drucker installieren und verwalten

hat die Druckverwaltung Zugriff auf mehr Daten, wie z. B. Toner- und Papierstand, die von Remotestandorten aus verwaltet werden können.

Um der Druckverwaltung einen Druckserver zur Überwachung zuzuordnen, klicken Sie mit der rechten Maustaste auf den Menüpunkt *Druckverwaltung*.

Klicken Sie als Nächstes auf den Menüpunkt *Server hinzufügen/entfernen*. Im folgenden Fenster können Sie die IP-Adresse oder den Namen des Druckservers eintragen, den Sie überwachen wollen.

In der Struktur der Druckverwaltung gibt es verschiedene Positionen, an denen Druckerinformationen gespeichert werden:

- Benutzerdefinierte Filter
- Druckserver
- Bereitgestellte Drucker

Der Ordner *Benutzerdefinierte Filter* enthält die Objekte *Alle Drucker*, *Alle Treiber*, *Printers Not Ready (Drucker nicht bereit)* und *Printers With Jobs (Drucker mit Aufträgen)*.

Unter *Alle Drucker* wird eine dynamische Ansicht mit allen Druckern auf allen Servern angezeigt, die zum Verwalten mithilfe der Druckverwaltung zur Verfügung stehen. Alle von Ihnen erstellten benutzerdefinierten Ansichten oder Filter für Drucker werden unter *Benutzerdefinierte Druckerfilter* gespeichert (siehe *Abbildung 6.35*).

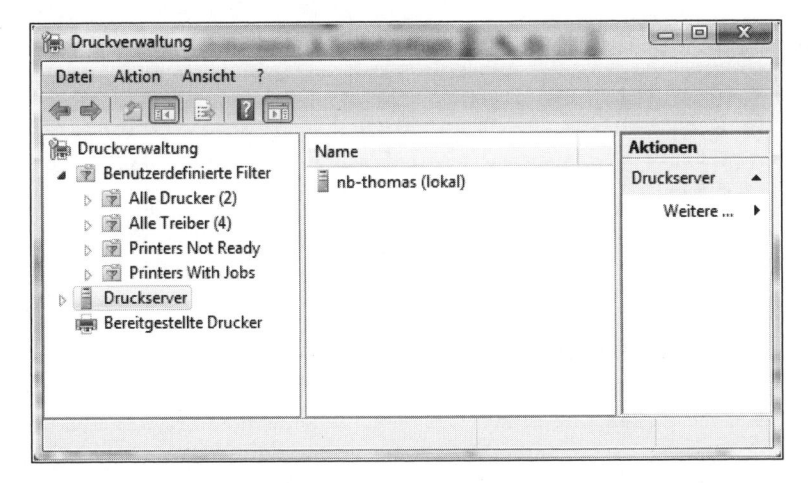

Abbildung 6.35: Verwalten der benutzerdefinierten Filter

Die von Ihnen hinzugefügten Netzwerkdruckerserver werden unter Druckserver angezeigt. Jedem Druckserver werden automatisch vier Objekte zugeteilt, die als Filter für Informationen über den Drucker dienen (siehe *Abbildung 6.37*):

- Treiber
- Formulare

Treiber und Hardware verwalten

- Ports
- Drucker

Klicken Sie für schnellen Zugriff auf die Eigenschaften des Druckservers mit der rechten Maustaste auf *Treiber, Formulare* oder *Ports*, und klicken Sie anschließend auf *Treiber verwalten, Formulare verwalten* oder *Ports verwalten* auf der rechten Seite der Konsole (siehe *Abbildung 6.36*).

Abbildung 6.36:
Verwalten der Eigenschaften eines Druckservers

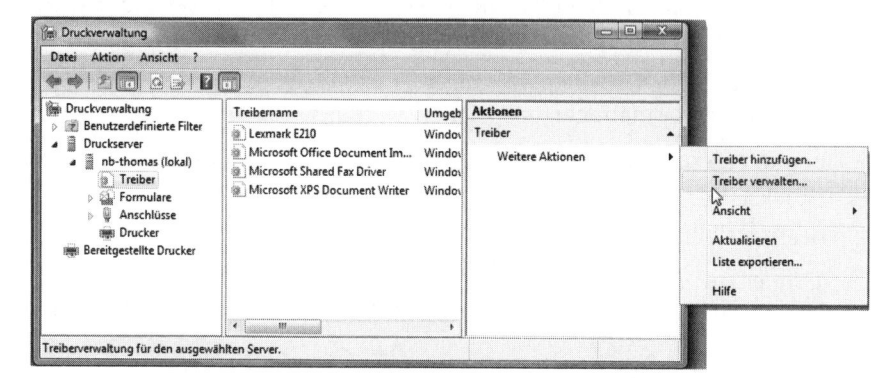

Im Anschluss öffnen sich die Eigenschaften des Druckservers. Hier können Sie verschiedene Einstellungen vornehmen, auch lokal (siehe *Abbildung 6.38*).

Abbildung 6.37:
Verwalten der Einstellungen eines Druckservers

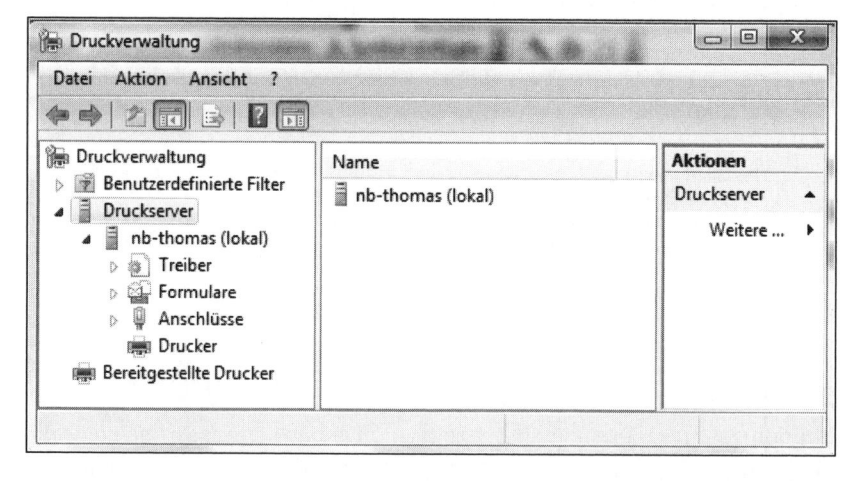

Unter *Bereitgestellte Drucker* ist eine Liste aller Drucker in der Druckverwaltung enthalten, die durch Gruppenrichtlinienobjekte verwaltet werden (siehe Kapitel 12).

Wenn ein Server in den Offline-Status wechselt, ändert sich das Symbol für den Druckserver, und *(Offline)* wird an den Servernamen angehängt. Alle Drucker auf diesem Server werden in allen Ansichten ausgeblendet.

Drucker installieren und verwalten

Einige Verwaltungsaufgaben können auf mehreren Druckern gleichzeitig ausgeführt werden. Dazu können Sie einen Filter einrichten, durch den zur leichteren Auswahl alle gewünschten Drucker in derselben Ansicht angezeigt werden. Diese Aufgaben sind die folgenden:

- Anhalten von Druckaufträgen
- Abbrechen von Druckaufträgen
- Fortsetzen von Druckaufträgen
- Auflisten eines Druckers
- Entfernen eines Druckers
- Löschen eines Druckers

Wenn ein Drucker aufgrund eines Problems wie z. B. zu wenig Papier nicht antwortet, können Sie mit der Druckverwaltung alle anstehenden Druckaufträge abbrechen oder anhalten. Diese Aktionen können auf mehreren Druckern gleichzeitig durchgeführt werden:

1. Klicken Sie in der Struktur der Druckverwaltung unter dem entsprechenden Druckserver auf *Drucker*.
2. Klicken Sie mit der rechten Maustaste auf den Drucker, dessen Aufträge angehalten, abgebrochen oder fortgesetzt werden sollen, und klicken Sie im Kontextmenü auf den entsprechenden Befehl (siehe *Abbildung 6.38*).

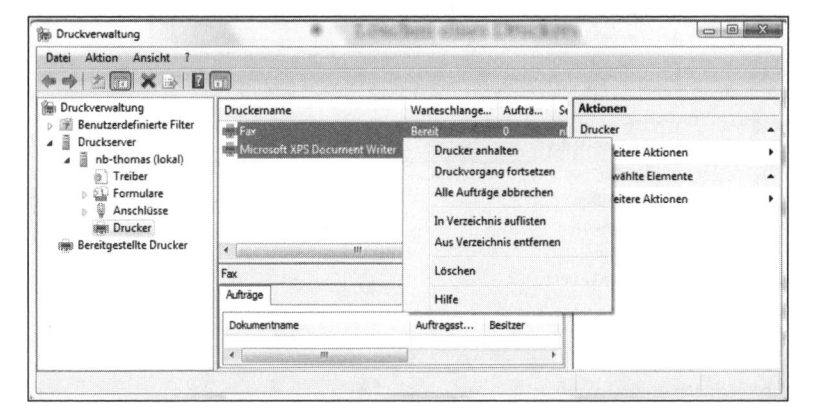

Abbildung 6.38: Verwalten von mehreren Druckern in der Druckverwaltung

Es können mehrere Drucker gleichzeitig von einem Druckserver gelöscht werden. Durch die Auflistung in Active Directory wird es für Benutzer einfacher, nach Druckern zu suchen und diese zu installieren. Nach der Installation von Druckern auf einem Druckerserver können Sie diese mithilfe der Druckverwaltung in Active Directory auflisten.

Einrichten von E-Mail-Benachrichtigungen

Beim Erstellen einer Ansicht oder eines Filters mit bestimmten Druckerkriterien haben Sie die Möglichkeit, eine automatische E-Mail-Benachrichtigung zu senden, wenn die Bedingungen des Filters erfüllt werden. Das ist

Treiber und Hardware verwalten

bei der Behebung von Druckerproblemen hilfreich. Sie können beispielsweise eine Ansicht aller Drucker erstellen, die von einem bestimmten Druckserver verwaltet werden und deren Status nicht *Bereit* ist. Wenn ein Drucker vom Status *Bereit* in einen anderen Status wechselt, kann der Administrator per E-Mail von der Druckverwaltung benachrichtigt werden. So richten Sie E-Mail-Benachrichtigungen ein:

1. Klicken Sie mit der rechten Maustaste auf *Benutzerdefinierte Filter*, und klicken Sie dann auf *Neue Druckerfilter hinzufügen*.
2. Folgen Sie den Anweisungen, bis Sie zur Seite *Benachrichtigung festlegen* gelangen (siehe *Abbildung 6.40*).
3. Aktivieren Sie *E-Mail-Benachrichtigung senden*.
4. Geben Sie die E-Mail-Adresse des Empfängers ein. Verwenden Sie das Format der E-Mail-Domäne Ihres E-Mail-Servers. Nutzen Sie Semikolons zum Trennen mehrerer Konten.
5. Geben Sie die E-Mail-Adresse des Absenders ein.

Abbildung 6.39:
Hinzufügen eines neuen Druckerfilters für E-Mail-Benachrichtigungen

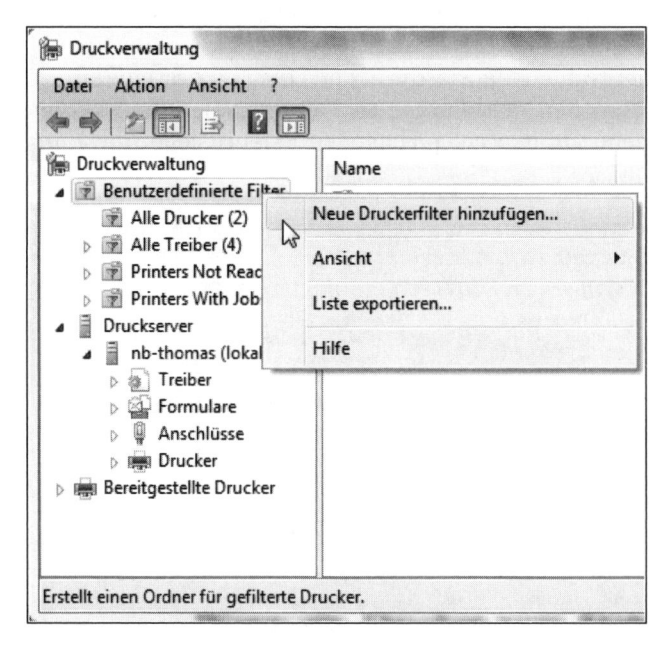

6. Geben Sie unter *SMTP-Server* den Hostnamen des SMTP-Servers ein, von dem die E-Mail-Benachrichtigungen weitergeleitet werden sollen.
7. Geben Sie unter *Nachricht* eine Textmeldung ein, die das Druckerproblem beschreibt.

Drucker installieren und verwalten

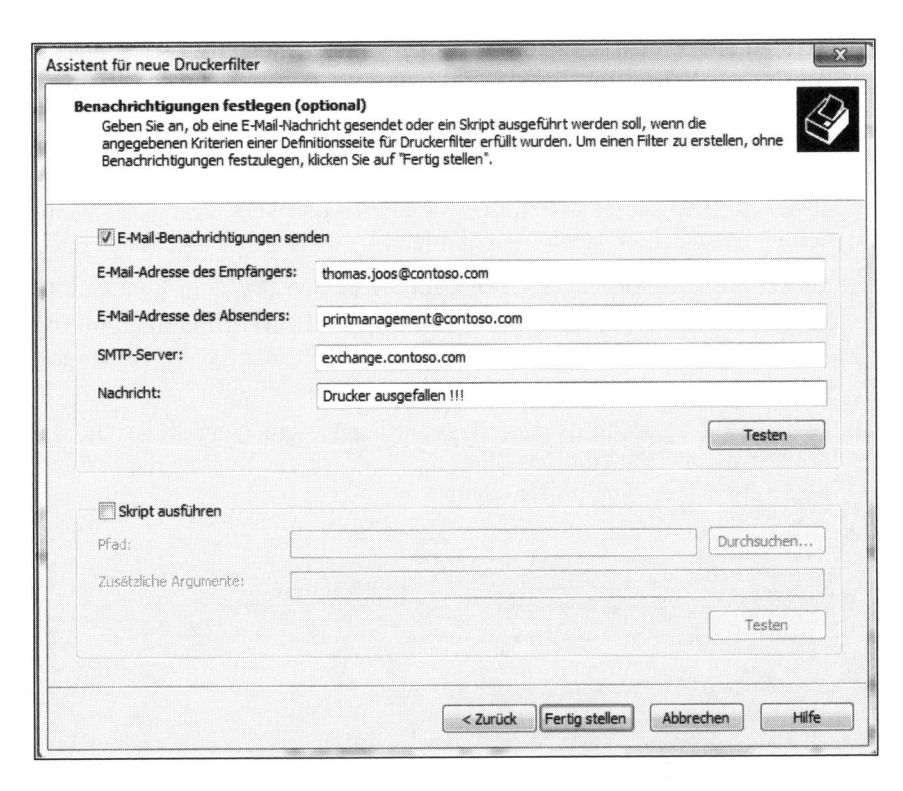

Abbildung 6.40:
Konfiguration der E-Mail-Benachrichtigung

Neben Benachrichtigungen zu benutzerdefinierten Druckersätzen können Sie auch Benachrichtigungen zu Druckserverobjekten einrichten. Wenn der Server beispielsweise offline ist oder der Spooler ausfällt, kann eine E-Mail-Benachrichtigung gesendet werden:

1. Klicken Sie dafür mit der rechten Maustaste auf den Druckserver (siehe *Abbildung 6.41*).

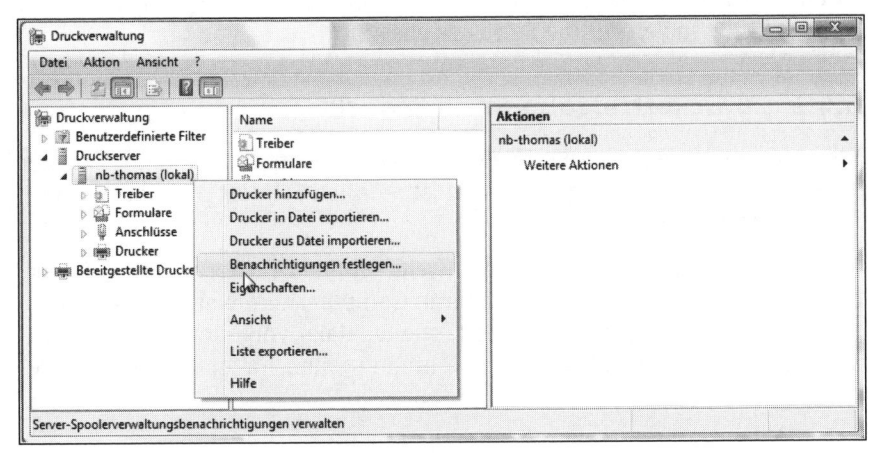

Abbildung 6.41:
Einrichten der E-Mail-Benachrichtigung für einen Druckserver

Treiber und Hardware verwalten

2. Wählen Sie *Benachrichtigungen festlegen* aus. Es erscheint das gleiche Fenster wie bei der Einrichtung des benutzerdefinierten Filters.

Drucken einer Testseite

Sie können eine Testseite auf einem beliebigen Drucker in Ihrer Organisation drucken. Dies eignet sich zum Testen eines Druckers, besonders wenn Sie sich nicht im selben Gebäude befinden:

1. Klicken Sie in der Druckverwaltung auf den entsprechenden Druckserver.
2. Klicken Sie mit der rechten Maustaste auf den Drucker, für den Sie eine Testseite wünschen, und dann auf *Testseite drucken* (siehe *Abbildung 6.42*).

Abbildung 6.42: Drucken einer Testseite über das Netzwerk

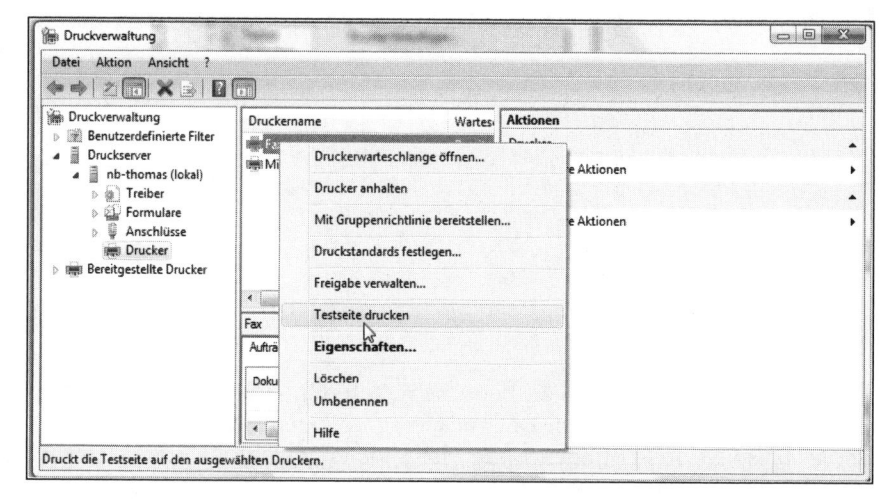

Beim Erstellen eines Filters haben Sie die Möglichkeit, ein Skript auszuführen, wenn die Bedingungen des Filters erfüllt werden. Beispielsweise kann automatisch ein Skript ausgeführt werden, um einen Spooler neu zu starten, wenn Drucker in den Offline-Status wechseln.

6.4.2 Druckerfreigabe im Netzwerk

Wenn Sie mehrere Computer in einem Netzwerk betreiben und der Drucker an einem Arbeitsplatz angeschlossen ist, können Sie den Drucker im Netzwerk freigeben.

Auf anderen Computern kann dieser freigegebene Drucker verbunden werden, und Sie können auch von anderen Computern im Netzwerk drucken. In Kapitel 9 ist ausführlich erläutert, wie Sie dazu vorgehen müssen, auch im Hinblick auf die notwendigen Konfigurationen für die Windows-Firewall.

6.5 Weitere Konfigurationsmöglichkeiten für Hardware

Neben den bereits besprochenen Themen gibt es im Bereich *Hardware und Sound* in der Systemsteuerung weitere Konfigurationsmöglichkeiten, um Vista an die Bedürfnisse von Anwendern perfekt anzupassen. Die folgenden Abschnitte gehen im Einzelnen auf diese Themen ein.

6.5.1 Autostart-Einstellungen für CDs und DVDs

In Windows Vista ist es jetzt endlich möglich, an zentraler Stelle und für verschiedene Medien einzustellen, wie sich das Betriebssystem beim Einlegen von CDs oder DVDs verhalten soll. Ausführlichere Informationen zu diesem Thema erhalten Sie in *Kapitel 19*.

Verwenden Sie dazu den Link *Systemsteuerung/Hardware und Sound/Automatische Wiedergabe*.

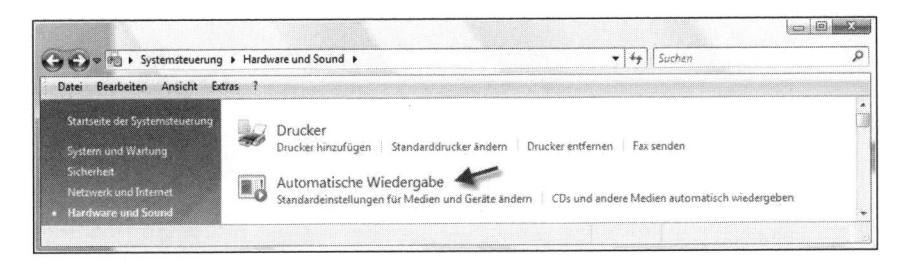

Abbildung 6.43: Konfiguration der automatischen Wiedergabe

Wenn Sie diese Einstellung aufrufen, können Sie entweder den Autostart komplett deaktivieren oder für die einzelnen Medien festlegen, welche Aktion jeweils durchgeführt werden soll (siehe *Abbildung 6.44*).

Wenn Sie beim Einlegen einer CD oder DVD die Umschalttaste gedrückt halten, wird das Fenster in Abbildung 6.44 eingeblendet, und Sie können die Autostartfunktionen konfigurieren. Interessant ist dieses Thema hauptsächlich beim Verbinden von Wechselmedien und Digitalkameras, das wird in Kapitel 16 ausführlicher beschrieben.

TIPP

Treiber und Hardware verwalten

Abbildung 6.44:
Auswählen der
Autostart-
Optionen

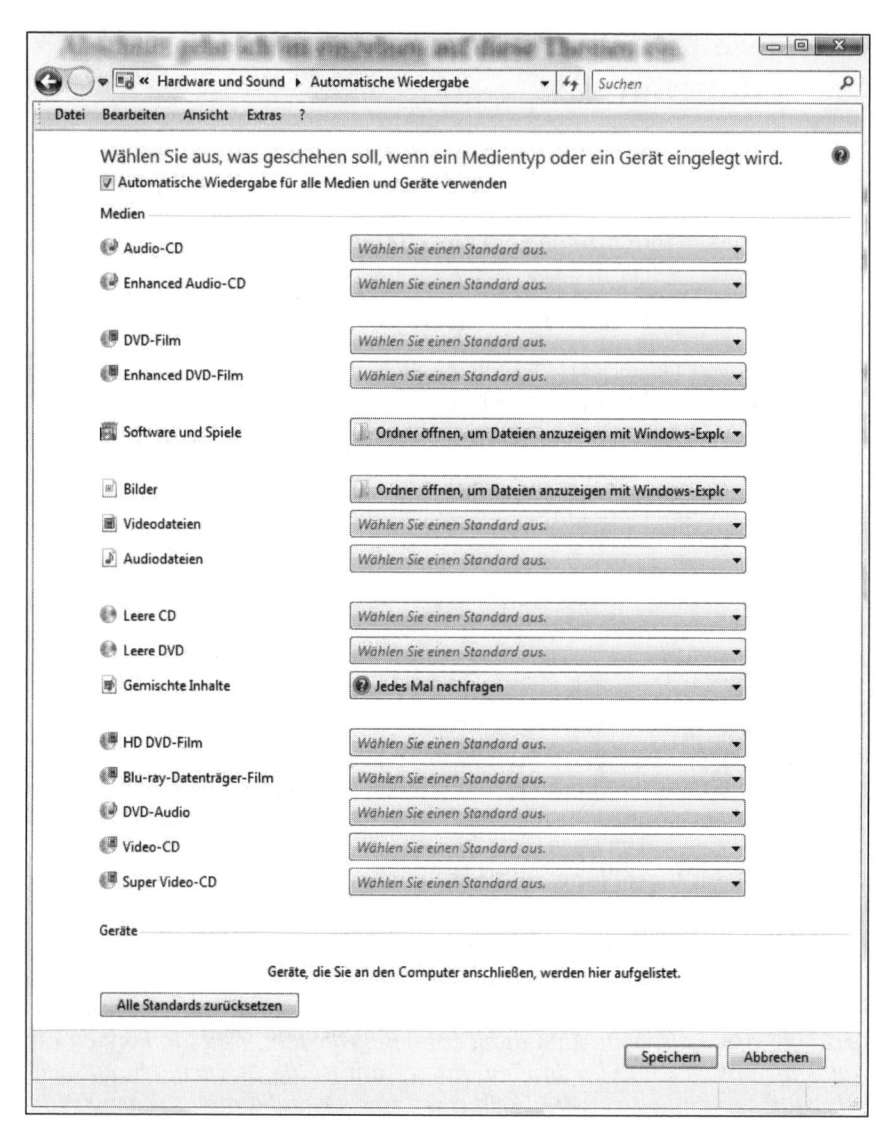

6.5.2 Sound-Einstellungen und -Geräte

Selbstverständlich unterstützt Windows Vista auch verschiedene Sound-Einstellungen wie die Vorgängerversionen auch. Damit Sounds überhaupt funktionieren, müssen Sie sicherstellen, dass der Treiber für die Soundkarte im Geräte-Manager integriert wurde. Überprüfen Sie zunächst die Installation des Treibers für Ihre Soundkarte im Geräte-Manager (siehe *Abbildung 6.45*).

Weitere Konfigurationsmöglichkeiten für Hardware

Abbildung 6.45:
Anzeigen des Treibers für die Soundkarte im Geräte-Manager

Wenn Ihr PC keine Sounds wiedergibt, obwohl die Soundkarte ordnungsgemäß installiert wurde, sollten Sie überprüfen, ob der Dienst Windows-Audio *gestartet ist. Wenn dieser Dienst nicht läuft, werden von Applikationen keine Sounds wiedergegeben. Sie können sich die Dienste über* Start/Ausführen/services.msc *anzeigen lassen. Wie man Dienste beendet, habe ich Ihnen in Kapitel 3 gezeigt.*

TIPP

Bei der erfolgreichen Installation der Soundkarte wird im Infobereich der Taskleiste auch das entsprechende Symbol für die Audiounterstützung angezeigt. Führen Sie einen einzelnen Klick mit der linken Maustaste auf das Symbol aus, können Sie die Lautstärkeregelung des PC öffnen.

Wenn Sie mit der rechten Maustaste auf das Audiosymbol klicken, werden weitere Optionen angezeigt (siehe *Abbildung 6.46*). Hier können Sie beispielsweise die Wiedergabe- und die Aufnahmegeräte des PC anzeigen lassen.

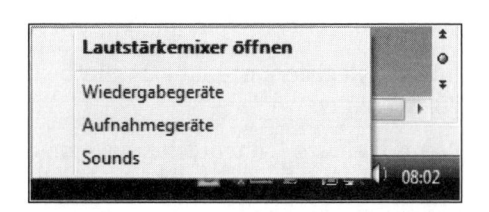

Abbildung 6.46:
Kontextmenü der Audiosteuerung

Mit Auswahl eines der Befehle Wiedergabegeräte und Aufnahmegeräte erscheint im Grunde genommen das gleiche Fenster, allerdings jeweils mit dem Fokus auf einer anderen Registerkarte.

Sie erreichen über das Lautsprechersymbol in der Taskleiste alle Funktionen, die zur Steuerung von Sounds in Windows Vista enthalten sind. Alternativ können Sie die jeweiligen Einstellungen auch über die Systemsteuerung und dann *Hardware und Sound/Sound* konfigurieren.

Treiber und Hardware verwalten

Abbildung 6.47:
Steuerung der Lautstärke in Windows Vista

Wenn Sie eine der Optionen im Kontextmenü anklicken, öffnet sich das bereits erwähnte Fenster zur Konfiguration der Audiogeräte in Windows Vista. Das Fenster besteht aus drei Registerkarten:

- *Wiedergabe*
- *Aufnahme*
- *Sounds*

Konfiguration der Ausgabegeräte

Über die Registerkarte *Wiedergabe* können Sie Einstellungen bezüglich der Lautsprecher und der allgemeinen Wiedergabe von Sounds festlegen. Hier können Sie auch die systeminternen Lautsprecher bzw. die angeschlossenen Lautsprecherboxen testen (siehe *Abbildung 6.48*). Markieren Sie dazu die Option *Lautsprecher*, und klicken Sie auf *Konfigurieren*.

Auf der Registerkarte gibt es die beiden Schaltflächen *Konfigurieren* und *Eigenschaften*.

Wenn mehrere Lautsprechersysteme am System angeschlossen sind, können Sie eines der Systeme mit der dritten Schaltfläche *Als Standard* zum Systemstandard konfigurieren.

Wenn Sie ein Soundausgabegerät markieren und dann auf die Schaltfläche *Konfigurieren* klicken, startet der Assistent zur Einstellung der Ausgabegeräte (siehe *Abbildung 6.49*).

Weitere Konfigurationsmöglichkeiten für Hardware

Abbildung 6.48:
Konfiguration der Soundausgabe

Abbildung 6.49:
Testen der Lautsprecher in Windows Vista

Treiber und Hardware verwalten

Auf der ersten Seite können Sie über die Schaltfläche *Testen* die Soundausgabe überprüfen. Vor allem für Systeme, die auch Dolby Surround unterstützen, kann hier getestet werden, ob Vista den Soundtreiber korrekt anspricht und die Lautsprecher funktionieren.

Wenn Sie mit *Weiter* auf die nächste Seite des Assistenten wechseln, können Sie den Subwoofer des Systems bzw. den Center-Lautsprecher festlegen.

Verwenden Sie nur Stereo-Lautsprecher, so erkennt das System dies automatisch und bietet ohnehin nur diese Konfiguration an. Wenn Sie aber ein Surround-System einsetzen, sollten Sie dieses in Vista einrichten und testen. Erst dann ist sichergestellt, dass auch innerhalb von Anwendungen oder Spielen alles fehlerfrei funktioniert.

Nachdem Sie auch den Center-Lautsprecher festgelegt haben, schließt Vista die Konfiguration ab, und Ihre Lautsprecher sind einsatzbereit.

Abbildung 6.50:
Festlegen des Center-Lautsprechers in Windows Vista

Wenn Sie auf der Registerkarte *Wiedergabe* auf die Schaltfläche *Eigenschaften* klicken, erscheint ein neues Fenster mit wiederum drei Registerkarten (siehe *Abbildung 6.51*):

- *Allgemein*
- *Pegel*
- *Erweitert*

Weitere Konfigurationsmöglichkeiten für Hardware

Auf der Registerkarte *Allgemein* erreichen Sie über die Schaltfläche *Eigenschaften* die Einstellungen der Soundkarte im Geräte-Manager.

Sie können diese Einstellungen daher direkt über den Geräte-Manager aufrufen. Auf dieser Registerkarte können Sie die Soundkarte auch deaktivieren, was aber auch wiederum die gleiche Funktion ist wie im Geräte-Manager.

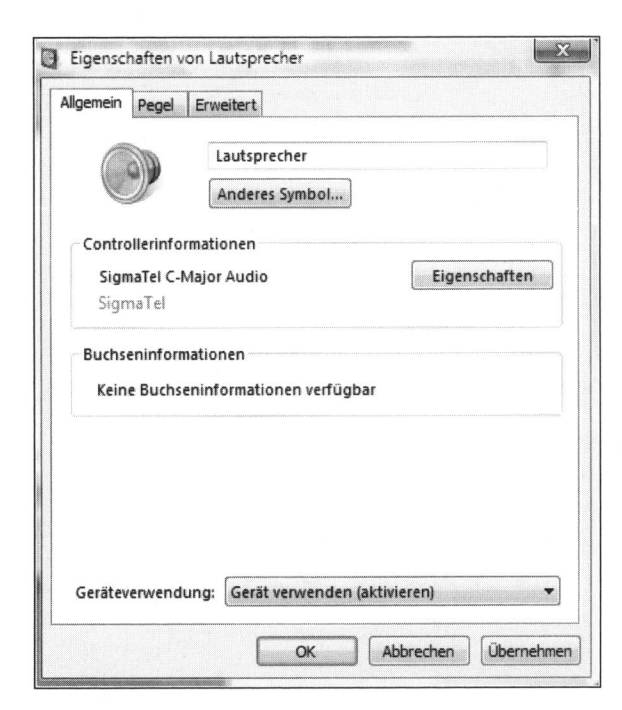

Abbildung 6.51:
Konfiguration der Eigenschaften der Soundkarte

Über die Registerkarte *Pegel* können Sie das Lautstärkenverhältnis zwischen den PC-Lautsprechern und der Lautstärkesteuerung in Vista einstellen.

Durch Klick auf die Schaltfläche *Balance* auf dieser Registerkarte können Sie, wie in der Stereoanlage auch, das Links-rechts-Verhältnis der Lautsprecher einstellen (siehe *Abbildung 6.52*).

Sie können durch Klicken auf die Lautsprechersymbole an dieser Stelle auch den Ton vollständig abschalten. Dies hat die gleiche Auswirkung, als würden Sie mit der linken Maustaste auf das Lautstärkesymbol im Infobereich der Taskleiste klicken und die Lautstärke deaktivieren.

Über die Registerkarte *Erweitert* verändern Sie die Klangqualität der Soundkarte, wenn diese eine solche Einstellung unterstützt. Hier können Sie zudem festlegen, dass Anwendungen, die gerade aktiv sind und exklusiven Zugriff auf die Soundkarte haben sollen (zum Beispiel DVD Player oder ein Spiel), nicht durch Sounds anderer Anwendungen gestört werden dürfen (siehe *Abbildung 6.53*).

Treiber und Hardware verwalten

Abbildung 6.52:
Konfiguration des Lautstärkepegels in Windows Vista

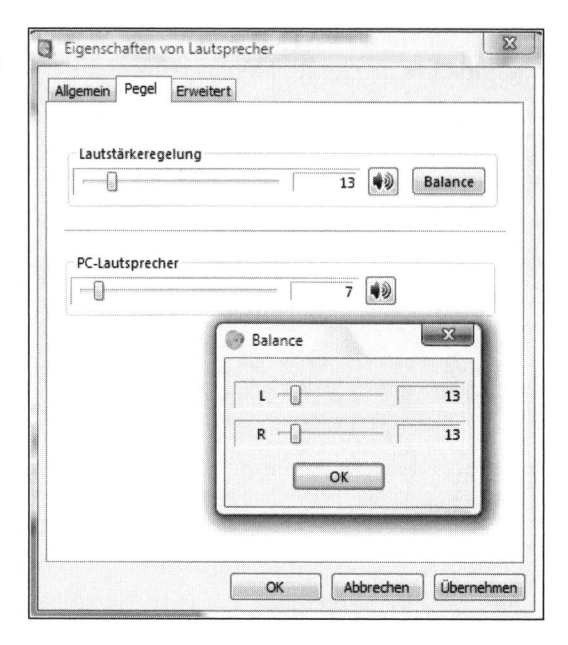

Abbildung 6.53:
Erweiterte Einstellungen für die Soundkarte

Weitere Konfigurationsmöglichkeiten für Hardware

Konfiguration der Aufnahmegeräte und des Mikrofons

Über die Registerkarte *Aufnahme* erreichen Sie die gleichen Einstellungsmöglichkeiten wie für die Ausgabegeräte.

Wenn Sie jedoch auf der Registerkarte *Aufnahme* auf die Schaltfläche *Konfigurieren* klicken, startet die Systemsteuerung die Konfiguration der Spracherkennung in Windows Vista (siehe *Abbildung 6.54*).

Im Rahmen der Einrichtung der Spracherkennung können Sie auch das Mikrofon bzw. das Headset einrichten, das Sie an Ihrem PC angeschlossen haben.

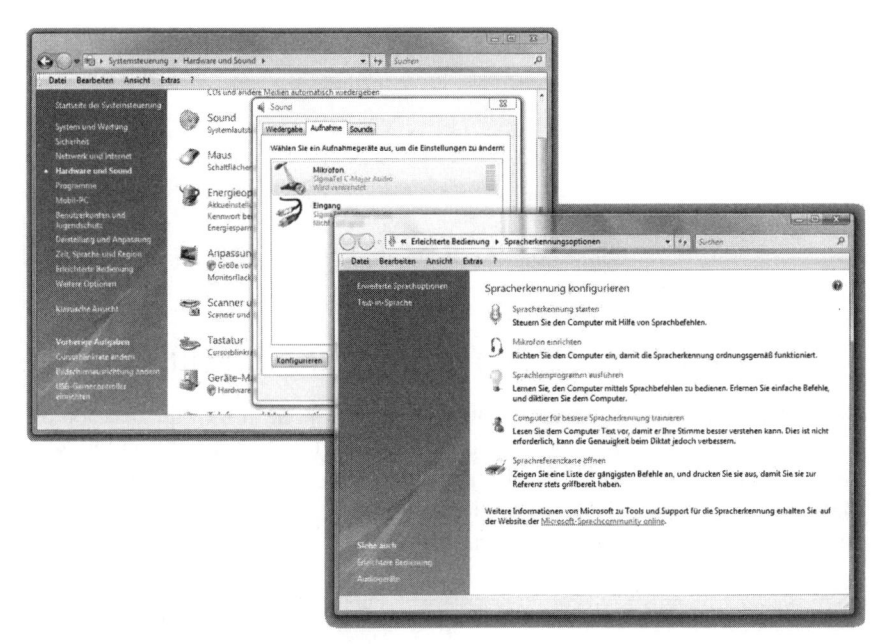

Abbildung 6.54:
Konfiguration der Aufnahmegeräte (Mikrofone) in Vista

Konfiguration der Systemklänge (Sounds)

Über die Registerkarte *Sounds* gelangen Sie direkt zur Konfiguration der Systemsounds, die bei verschiedenen Aktivitäten des Betriebssystems abgespielt werden (siehe *Abbildung 6.55*).

Sie können eigene Soundschemas konfigurieren und diese auf der Registerkarte auswählen. Über die Schaltfläche *Durchsuchen* wählenSie andere Sounds aus.

Die Sounds liegen im Ordner *C:\Windows\Media* im *.wav*-Format vor. MP3-Dateien werden als Systemklänge auch in Windows Vista noch nicht unterstützt.

Abbildung 6.55:
Konfiguration der Sounds in Windows Vista

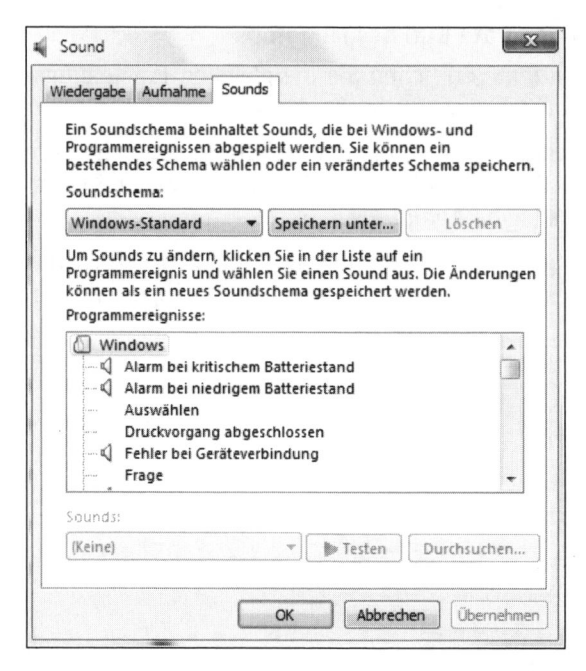

6.5.3 Maus, Tastatur und Gamecontroller konfigurieren

Die Maus ist aus Windows nicht mehr wegzudenken. In Kapitel 2 haben Sie bereits erfahren, wie Sie die Tastaturmaus aktivieren und verwenden können, mit deren Hilfe Sie den Mauszeiger über die Tastatur steuern. Diese Maßnahme ist allerdings nur eine Krücke und nicht auf Dauer verwendbar, sondern nur während einer Übergangszeit.

Die Maus ist schlussendlich auch nichts anderes als eine Hardwarekomponente, die im Geräte-Manager angezeigt wird. Die meisten Mäuse sind heute per USB am PC angeschlossen. Dies hat den Vorteil, dass Plug&Play optimal unterstützt wird und die Maus auch im laufenden Betrieb ein- oder ausgesteckt werden kann.

Normalerweise erkennt Vista, wie auch seine Vorgängerversionen, problemlos die verschiedenen Mäuse. Allerdings werden nicht immer alle Funktionen unterstützt. Wenn Sie eine Maus mit mehreren Tasten und speziellen Funktionen einsetzen, sollten Sie sich den passenden Treiber vom Hersteller herunterladen und installieren.

Maustreiber werden normalerweise nicht mehr über den Geräte-Manager im System integriert, sondern enthalten meistens eine normale Setup-Datei. Nach der Installation des Treibers können Sie die einzelnen Konfigurationsmaßnahmen für die Maus in der Systemsteuerung über *Hardware und Sound/Maus* vornehmen (siehe *Abbildung 6.56*).

Weitere Konfigurationsmöglichkeiten für Hardware

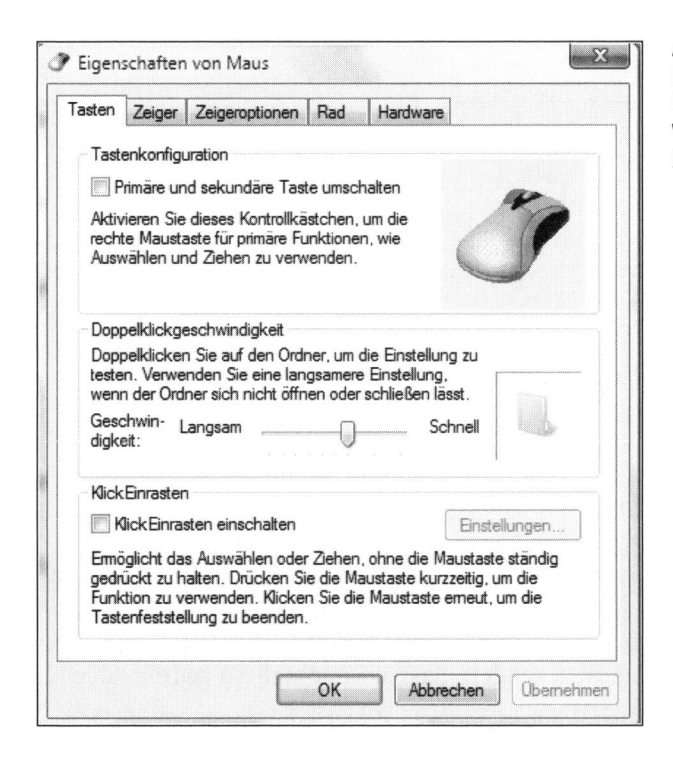

Abbildung 6.56:
Konfiguration der Maus in Windows Vista mit dem Standardtreiber

Sollte Ihr Mauszeiger sich nicht bewegen oder in Windows Vista überhaupt kein Mauszeiger angezeigt werden, überzeugen Sie sich bei Funkmäusen, ob eventuell die Batterien getauscht werden müssen oder der Akku geladen werden muss.

TIPP

Stellen Sie über die entsprechende Taste an der Funkstation der Maus sicher, dass eine Funkverbindung besteht. Diese geht manchmal verloren, vor allem wenn im Haushalt noch andere Funkgeräte verwendet werden. Im Zweifelsfall finden Sie nähere Hinweise dazu in der Dokumentation zu Ihrer Maus.

Wenn in dieser Richtung alles in Ordnung ist, hilft es häufig, im laufenden Betrieb die Maus aus- und dann wieder einzustecken. Beim Einstecken müsste der Hardwareerkennungs-Assistent sofort anspringen und die Maus installieren. Diese wird im Abschnitt Eingabegeräte *angezeigt (siehe Abbildung 6.57).*

Auch für die Maus gilt: Erst wenn sie im Geräte-Manager ohne Fehler angezeigt wird, funktioniert sie auch.

Wenn die Maus mit einem Ausrufezeichen angezeigt wird, entfernen Sie diese mit der Entf*-Taste aus dem Geräte-Manager und lassen sie neu erkennen.*

Treiber und Hardware verwalten

Abbildung 6.57:
Eingabegeräte (Human Interface Devices) im Geräte-Manager

Auf der Registerkarte *Tasten* können Sie zunächst die Maustasten vertauschen, was vor allem für Linkshänder sehr hilfreich ist. Hier hat sich im Vergleich zu XP eigentlich nichts geändert.

Zusätzlich kann auf dieser Registerkarte die Doppelklickgeschwindigkeit eingestellt sowie das sogenannte *KlickEinrasten* aktiviert werden. Beim *KlickEinrasten* können Sie konfigurieren, dass Sie beim Aufziehen von Rahmen oder beim Kopieren mit der Maus nicht die Maustaste gedrückt haben müssen, sondern dass sie automatisch gedrückt bleibt.

Über die Registerkarte *Zeiger* können Sie entweder ein Standardschema von Microsoft verwenden oder Schemas abändern und eigene Mauszeiger auswählen (siehe *Abbildung 6.58*). Die Mauszeiger liegen jeweils in einer Datei *.cur* oder *.ani* vor und sind im Verzeichnis *C:\Windows\Cursors* gespeichert. Auch hier hat sich also nichts verändert. Wenn Sie Cursor aus dem Internet herunterladen, sollten Sie sie auch in diesem Verzeichnis speichern.

Abbildung 6.58:
Konfiguration der Mauszeiger in Windows Vista

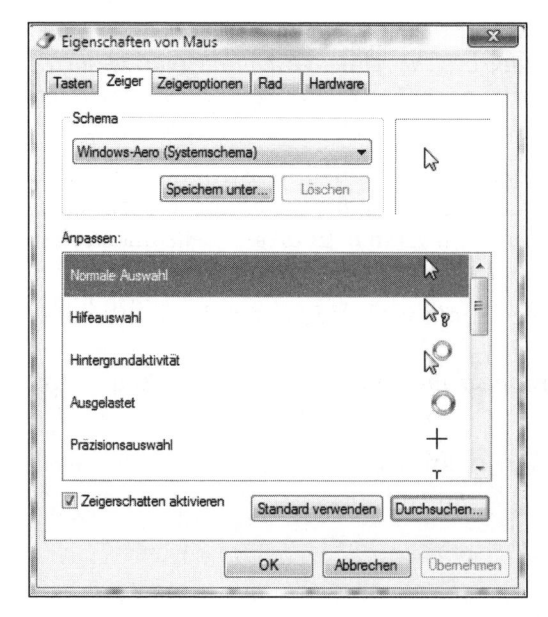

Weitere Konfigurationsmöglichkeiten für Hardware

Auf der Registerkarte *Zeigeroptionen* können verschiedene Einstellungen zur Anzeige des Mauszeigers vorgenommen werden. Sie sind weitgehend identisch mit den Einstellungen, die an dieser Stelle bereits in Windows XP möglich waren.

Auf der Registerkarte *Rad* können Sie einstellen, wie sich Windows Vista beim Betätigen des Mausrads verhalten soll. In Vista wird nicht nur das Rollen des Rades unterstützt, sondern auch die horizontalen Bewegungen, welche die meisten Mäuse unterstützen (siehe *Abbildung 6.59*).

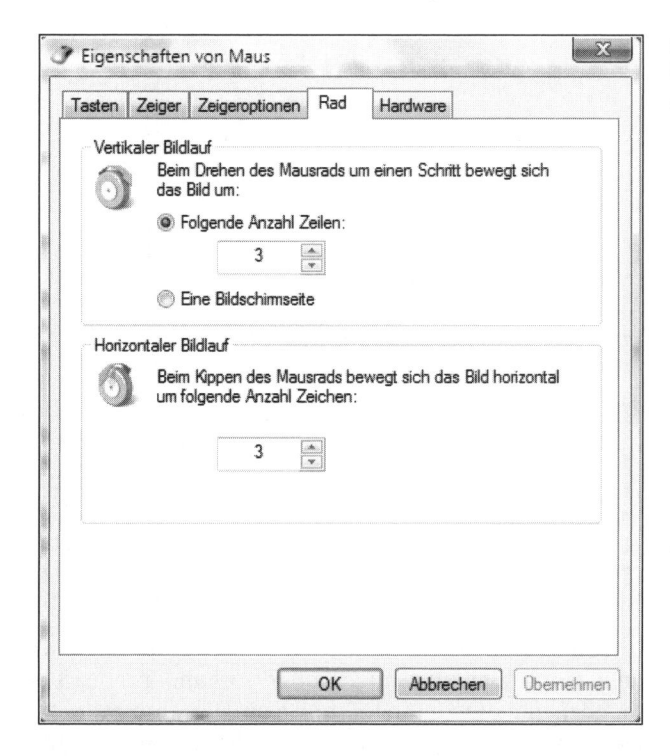

Abbildung 6.59: Konfiguration des Mausrads

Auf der Registerkarte *Hardware* sehen Sie genau die Einstellungen, die auch im Geräte-Manager für die entsprechende Maus angezeigt werden. Auch hier hat sich nicht viel verändert, und es sind an dieser Stelle auch selten Maßnahmen notwendig.

Die Tastatur kann ebenfalls über *Hardware und Sound* in der Systemsteuerung konfiguriert werden. Sie können über den Link *Tastatur* im Fenster *Hardware und Sound* die gleichen Einstellungen vornehmen wie unter Windows XP.

Hier stellen Sie ein, wie schnell der Cursor in Anwendungen blinken und wie schnell die Wiederholungsrate sein soll, wenn Sie eine Taste auf der Tastatur dauerhaft drücken, und wie schnell die Zeichen erscheinen sollen (siehe *Abbildung 6.61*).

Treiber und Hardware verwalten

Abbildung 6.60:
Konfiguration der Tastatur in Windows Vista

Abbildung 6.61:
Einstellung der Tastatur

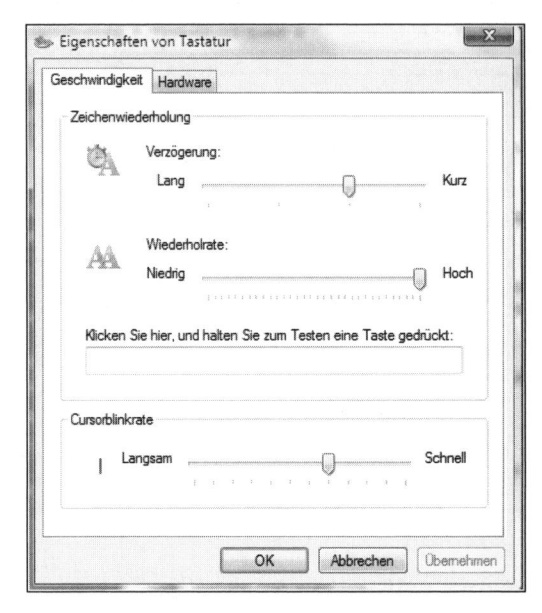

Über den Link *Gamecontroller* im Fenster *Hardware und Sound* können Sie neue Controller hinzufügen oder vorhandene bearbeiten. Vista ist hauptsächlich für die Unterstützung von USB-Controllern ausgelegt. Normalerweise werden diese Controller durch ein Installationsprogramm des Herstellers im System integriert. Sie können an dieser Stelle jedoch sicherstellen, dass der Controller fehlerfrei in das System integriert wurde, sowie Konfigurationen am Controller vornehmen.

6.5.4 Scanner und Kameras konfigurieren

Auch diese Option war bereits unter Windows XP integriert. Sie können über den Link *Scanner und Kameras* im Fenster *Hardware und Sound* angeschlossene Scanner oder Digitalkameras konfigurieren.

Scanner werden in der Regel über den entsprechenden Treiber vom Hersteller installiert. Die meisten Anwender schließen ihre digitale Kamera nur an den PC an, um die Bilder zu kopieren. In diesem Fall wird die Kamera wie ein USB-Stick angesprochen. Sie können digitale Kameras oder Scanner

Weitere Konfigurationsmöglichkeiten für Hardware

auch direkt in die Windows-Fotogalerie integrieren. Ansonsten werden die Einstellungen für Scanner und Kameras in der Systemsteuerung nur benötigt, wenn das Gerät nicht Plug&Play-fähig ist, was heutzutage eher auf die wenigsten Geräte zutrifft. Scanner und Digitalkameras werden ebenfalls im Geräte-Manager angezeigt. Sie finden diese Geräte im Bereich *Bildverarbeitungsgeräte* (siehe *Abbildung 6.62*). Auch hier gilt wieder, dass die Geräte erst dann funktionieren, wenn sie fehlerfrei im Geräte-Manager angezeigt werden.

Abbildung 6.62: Anzeige von Scannern im Geräte-Manager

Wenn Sie Digitalkameras am PC anschließen, um die Fotos auf den Computer zu übertragen, werden diese normalerweise wie ein USB-Stick angesprochen und als Laufwerk angezeigt. Sie können auf dieses Laufwerk über Start/Computer zugreifen. Ein eigener Treiber ist nur selten notwendig.

6.5.5 Telefone und Modems unter Windows Vista

Viele Anwender haben noch Modems oder ISDN-Karten im System installiert, über die sie entweder im Internet surfen oder sich per DFÜ in der Firma einwählen können. Auch zum Versenden von Faxen kann ein Modem oder eine ISDN-Karte verwendet werden.

Alle Einstellungen, die diese Geräte betreffen, werden in der Systemsteuerung über *Hardware und Sound/Telefon- und Modemoptionen* erreicht. Wenn Sie auf den Link klicken, stehen Ihnen drei Registerkarten zur Verfügung, die Sie zur Konfiguration verwenden können (siehe *Abbildung 6.63*). Zunächst erscheinen die Standortinformationen. Hier müssen Sie die Ortsvorwahl Ihres Standortes eintragen. Im Anschluss öffnet sich das Fenster mit den Registerkarten:

- Wählregeln
- Modems
- Erweitert

Treiber und Hardware verwalten

Über die Registerkarte *Wählregeln* legen Sie fest, wie sich das Modem oder die ISDN-Karte verhalten soll, wenn Sie sich irgendwo einwählen. Hier werden hauptsächlich die Einstellungen vorgenommen, um zum Beispiel eine *0* vorzuwählen, was im Zusammenspiel mit vielen Telefonanlagen notwendig ist.

Abbildung 6.63:
Konfiguration von Wählregeln

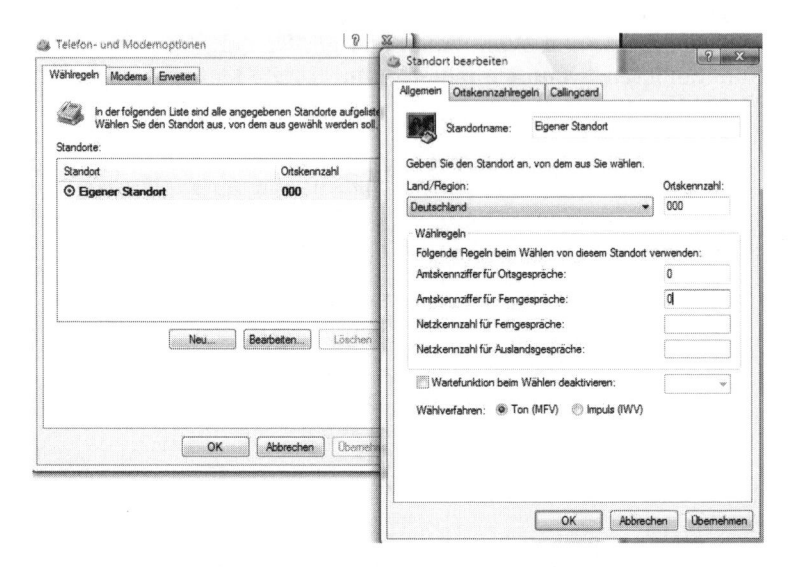

Sie können auf dieser Registerkarte entweder den standardmäßigen Standort bearbeiten und die Wählregeln über *Bearbeiten* setzen oder beliebige Standorte festlegen, wenn Sie zum Beispiel mit einem Notebook viel unterwegs sind und an verschiedenen Standorten unterschiedliche Wählregeln verwenden müssen.

Interessanter ist in diesem Fenster die Registerkarte *Modems*, über welche die eingebauten Modems im System konfiguriert werden können. Über die Schaltfläche *Hinzufügen* wählen Sie entweder manuell ein Modem aus oder lassen das Modem automatisch erkennen.

Sie können die Eigenschaften des Modems anschließend in diesem Fenster konfigurieren und das Modem auch wieder entfernen. Stellen Sie auf jeden Fall sicher, dass eine fehlerlose Kommunikation mit dem Modem stattfindet, da nur so DFÜ-Verbindungen auch funktionieren.

Über die Registerkarte *Erweitert* können Sie zusätzliche Telefonanbieter hinterlegen, die aber nur in sehr seltenen Ausnahmefällen benötigt werden.

6.5.6 Windows SideShow

Wie bereits in Kapitel 1 erwähnt, handelt es sich bei Windows SideShow um eine neue Funktion in Windows Vista, bei der auf Notebooks oder auch PCs zusätzliche kleine Monitore eingebaut sind. Auf ihnen kann Windows mit-

Weitere Konfigurationsmöglichkeiten für Hardware

hilfe kleiner Minianwendungen (Gadgets), die auch in der Windows Sidebar verwendet werden, Informationen anzeigen. So erscheint zum Beispiel der Terminkalender oder auch E-Mails an einem kleinen Bildschirm, ohne dass der PC eingeschaltet sein muss.

Die angezeigten Anwendungen werden in der Systemsteuerung über *Hardware und Sound/Windows SideShow* ausgewählt (siehe *Abbildung 6.64*). Sobald eine genügend große Auswahl an Geräten zur Verfügung steht, wird sicherlich auch die Anzahl der unterstützten Anwendungen ansteigen.

Auch wenn die Anzeige von Informationen in SideShow-Bildschirmen auf Gadgets wie der Windows Sidebar basieren, sind nicht alle ihre Gadgets auch kompatibel zu SideShow. Das gilt natürlich auch umgekehrt.

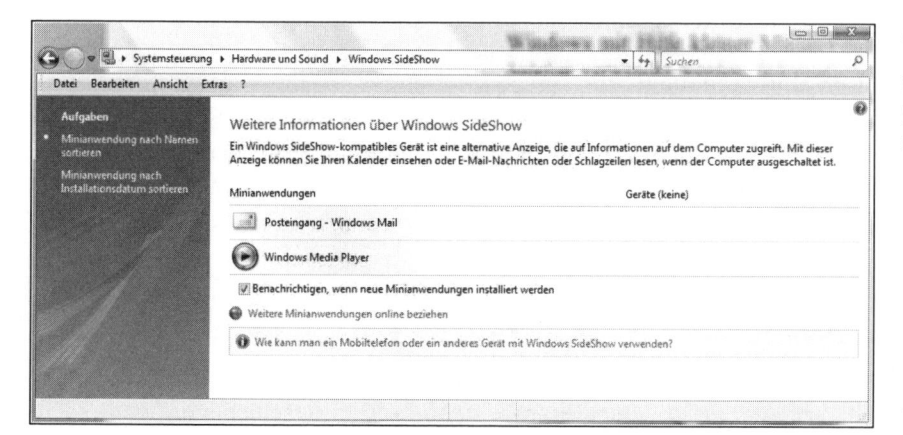

Abbildung 6.64: Konfiguration von Windows SideShow in der Systemsteuerung

6.5.7 Konfiguration von Tablet PCs

Tablet PCs sind mobile PCs, welche die Leistungsmerkmale von Notebooks und Handheld-Computern in sich vereinen. Tablet PCs sind genau wie Notebooks leistungsfähige Computer mit integriertem Bildschirm. Zudem können Sie sich, wie bei Handheld-Computern, mit einem Tablettstift direkt auf dem Bildschirm Notizen machen oder Bilder zeichnen.

Darüber hinaus sind Tablet PCs mit einer Handschrifterkennung ausgestattet und können handgeschriebene Texte in Text umwandeln. Einige Tablet PCs sind sogenannte »Convertible PCs«, bei denen der Bildschirm gedreht und aufgeklappt werden kann, um die darunter liegende Tastatur freizugeben. In Windows XP gab es für die Unterstützung von Tablet PCs noch eine eigene Edition.

Treiber und Hardware verwalten

In Vista ist es nicht mehr notwendig, eine eigene Version für Tablet PCs zu installieren, sondern Windows Vista bringt schon von Haus aus die notwendige Unterstützung mit.

> *Die Windows Vista Home Basic Edition unterstützt keine Tablet PCs.*

Die Konfiguration der einzelnen Einstellungen für Tablet PCs findet in der Systemsteuerung über *Hardware und Sound* mit den beiden folgenden Links statt:

- Stift- und Eingabegeräte
- Tablet PC-Einstellungen

Hier werden alle notwendigen Einstellungen vorgenommen, um Vista speziell für die Unterstützung eines Tablet PCs zu konfigurieren.

Stift- und Eingabegeräte

Über den Link *Stift- und Eingabegeräte* konfigurieren Sie das Verhalten von Windows Vista bei der Eingabe über ein Stiftgerät auf den Touchpad des Tablet PC (siehe *Abbildung 6.65*).

Abbildung 6.65: Konfiguration von Stiftgeräten in Windows Vista

Weitere Konfigurationsmöglichkeiten für Hardware

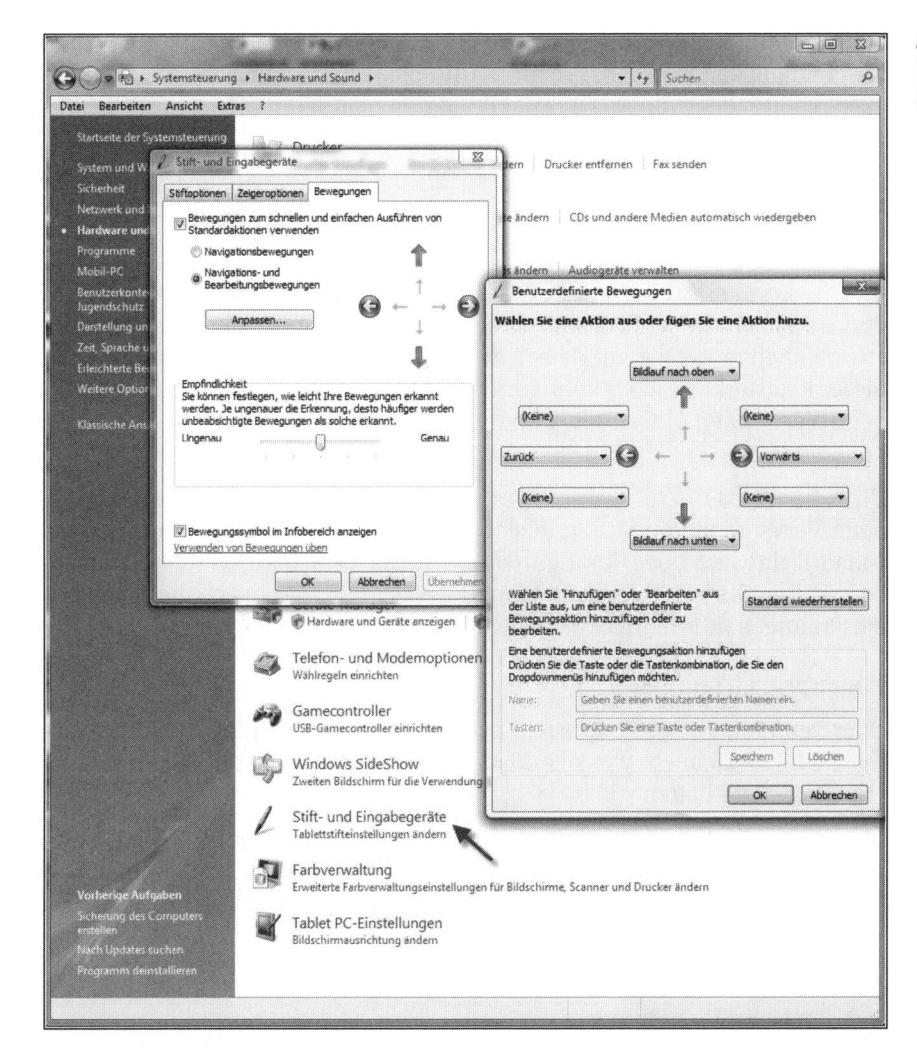

Abbildung 6.66:
Konfiguration von Stiftbewegungen

Zur Konfiguration eines Stiftsgerätes stehen Ihnen in diesem Fenster drei Registerkarten zur Verfügung:

- Stiftoptionen
- Zeigeroptionen
- Bewegungen

Über die Registerkarte *Stiftoptionen* stellenSie ein, welche Aktionen des Stifts im Vergleich zu der Maus ausgeführt werden. Sie können in diesem Fenster den Doppelklick, das normale Klicken mit der linken Maustaste und den Rechtsklick konfigurieren.

Für jede dieser Aktionen können Sie, wie bei den Maustasten auch, die Geschwindigkeit festlegen, wenn Sie auf die Schaltfläche *Einstellungen* klicken, während Sie die entsprechende Aktion markiert haben.

Wenn Sie einen speziellen Stift verwenden, der, ähnlich einer Maus, auch über Tasten verfügt, konfigurieren Sie dessen Funktionen ebenfalls an dieser Stelle.

Auf der Registerkarte *Zeigeroptionen* lässt sich festlegen, welche visuellen Effekte auf dem Bildschirm angezeigt werden, wenn eine Aktion mit dem Stift durchgeführt wird. Dadurch erkennen Sie schnell, ob Vista auch die entsprechende Aktion mit dem Stift richtig verstanden hat. Sie können auf dieser Registerkarte auch konfigurieren, dass die Cursor auf dem Bildschirm beim Verwenden eines Stiftes anders dargestellt werden als bei der Arbeit mit einer Maus.

Über die Registerkarte *Bewegungen* stellenSie ein, wie sich der Mauszeiger beim Verwenden von Stiften bewegen soll (siehe *Abbildung 6.66*). Mit der Schaltfläche *Anpassen* konfigurieren Sie das Bewegungsverhalten detailliert. Durch die verschiedenen Drop-down-Menüs lassen sich die Standardeinstellungen in Windows Vista beliebig anpassen.

Tablet PC-Einstellungen

Über den Link *Tablet PC-Einstellungen* in *Hardware und Sound* konfigurieren Sie hauptsächlich, wie sich Vista im Zusammenspiel mit dem bewegbaren Monitor verhalten soll.

Über diesen Link kalibrieren Sie zum Beispiel den Monitor, also das Zusammenspiel *Stift/drehbarer Monitor/Desktop* konfigurieren. Auch hier stehen Ihnen verschiedene Registerkarten zur Verfügung, über die Sie Windows Vista anpassen können:

- Allgemein
- Handschrifterkennung
- Anzeige
- Andere

Über die Registerkarte *Allgemein* legen Sie zunächst fest, ob Sie Rechts- oder Linkshänder sind. Auf Basis dieser Eingabe kann Vista bestimmen, auf welcher Seite des Cursors Menüs angezeigt werden. Dieser Sachverhalt spielt für die Effizienz und die Bedienbarkeit eines Tablet PC eine außerordentliche Rolle.

Weitere Konfigurationsmöglichkeiten für Hardware

Abbildung 6.67:
Konfiguration der allgemeinen Einstellungen für Tablet PCs

Sie können mit den Einstellungen ohne Weiteres experimentieren, bis sie Ihren Bedürfnissen entsprechen; keine Einstellung ist eine Einbahnstraße.

Sehr wichtig auf der Registerkarte *Allgemein* ist die Kalibrierung des Monitors für die verschiedenen Ausrichtungen. Auf den anderen Registerkarten konfigurieren Sie dieses Format genauer, aber auf der Registerkarte *Allgemein* führen Sie durch Auswahl der Formatierung im Listenfeld *Ausrichtung* und der Schaltfläche *Kalibrieren* die Anpassung durch (siehe *Abbildung 6.67*).

Über die Registerkarte *Handschrifterkennung* bestimmen Sie die Unterstützung für die Eingabe von Informationen mit einem Stift auf den Touchscreen (siehe *Abbildung 6.68*). Hier können Sie auch das automatische Lernverhalten von Windows Vista definieren, damit die Handschrifterkennung im Rahmen der häufigen Verwendbarkeit an den jeweiligen Benutzer angepasst werden kann.

Ein Tablet PC ist immer dann am effektivsten, wenn möglichst nur ein Anwender mit dem PC arbeitet, weil dadurch eine optimale Anpassung der Handschrifterkennung stattfinden kann. Da gerade in diesem Bereich die Stärke der Tablet PCs liegt, sollten Sie die automatische Handschrifterkennung an dieser Stelle verwenden.

Treiber und Hardware verwalten

Abbildung 6.68:
Konfiguration der Handschrifterkennung in Windows Vista

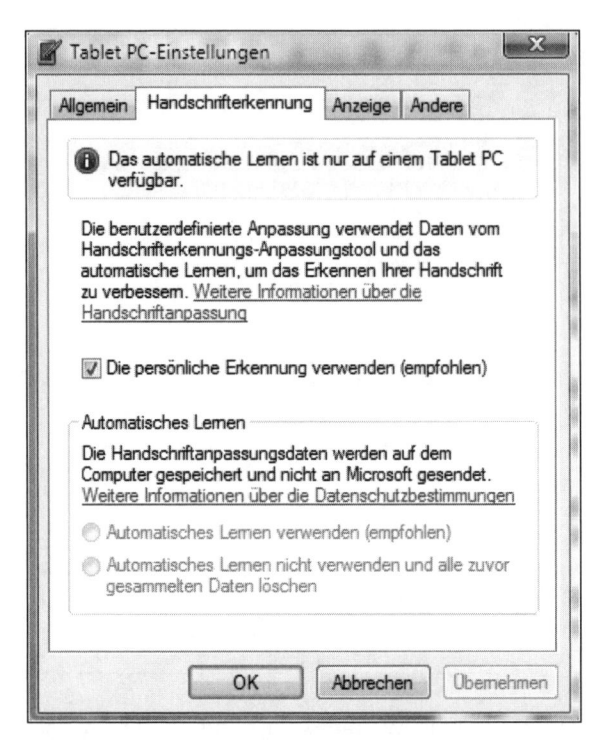

Abbildung 6.69:
Konfiguration der Anzeige des Tablet PC

An dieser Stelle deaktivieren Sie das automatische Lernen auch und löschen die gesammelten Daten.

Weitere Konfigurationsmöglichkeiten für Hardware

Auf der Registerkarte *Anzeige* können Sie konfigurieren, in welcher Reihenfolge Sie den Monitor des Tablet PCs drehen möchten – der Monitor dreht sich nämlich bei Bedarf um die eigene Achse. Daran orientieren sich die Ausrichtung und die Auflösung des Desktops (siehe *Abbildung 6.69*).

Über die Registerkarte *Andere* kommen Sie schließlich zu den Einstellungen, die bereits im Abschnitt *Stift- und Eingabegeräte* besprochen wurden.

6.5.8 Bluetooth-Unterstützung in Windows Vista

Wenn Sie eine Bluetooth-Schnittstelle im PC eingebaut haben oder einen USB-Bluetooth-Stick verwenden, installiert Vista automatisch den passenden Treiber und die Unterstützung von Bluetooth.

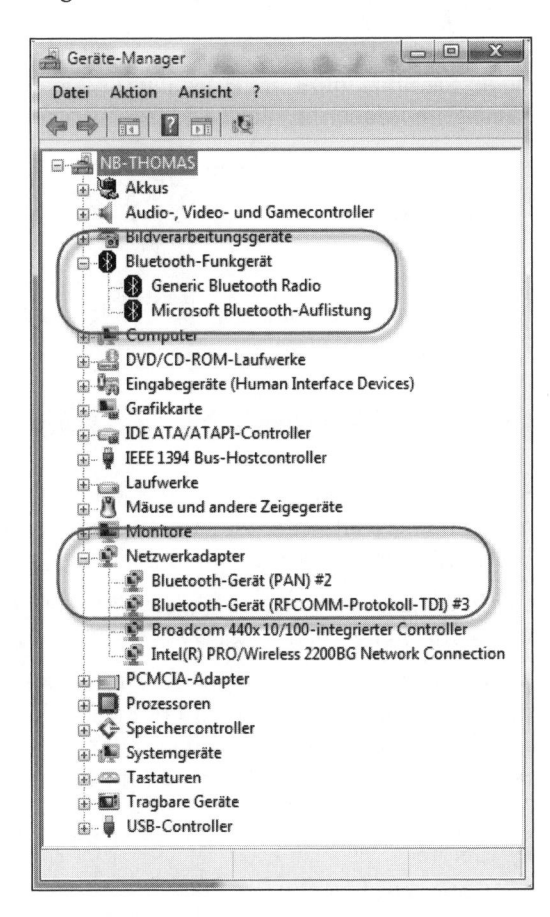

Abbildung 6.70: Bluetooth-Geräte in Windows Vista

Die entsprechenden Geräte, die das Empfangen von Bluetooth-Informationen ermöglichen, werden ebenfalls im Geräte-Manager angezeigt und funktionieren erst dann, wenn der Treiber fehlerfrei installiert worden ist (siehe *Abbildung 6.70*). Die Bluetooth-Geräte werden in einem eigenen Bereich angezeigt.

Treiber und Hardware verwalten

Zusätzlich werden die entsprechenden Netzwerkkomponenten bei den Netzwerkadaptern im Geräte-Manager angezeigt (siehe *Abbildung 6.70*). Überprüfen Sie daher immer zunächst im Geräte-Manager, ob alle Bluetooth-Geräte ohne Fehlermeldung angezeigt werden. Sollten dennoch einige Fehler auftreten, entfernen Sie den Treiber vom System und lassen noch einmal nach neuer Hardware suchen.

Da bei der Installation von Bluetooth-Geräten mehrere Hardwarekomponenten installiert werden, kann es durchaus sein, dass Vista einzelne Komponenten nicht installieren kann, aber beim zweiten Versuch dann erfolgreich ist.

Abbildung 6.71: Anzeige der Bluetooth-Informationen

Wenn Sie Bluetooth-Geräte installiert haben, wird auch ein entsprechendes Symbol im Infobereich der Taskleiste angezeigt (siehe *Abbildung 6.71*).

Abbildung 6.72: Starten der Konfigurationseinstellungen für Bluetooth

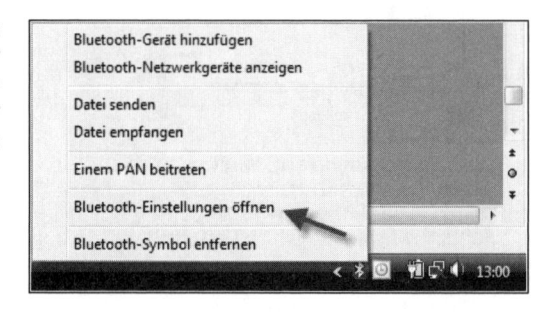

Sie können per Rechtsklick mit der Maus auf dieses Symbol oder über *Systemsteuerung/Hardware und Sound/Bluetooth-Geräte* die Konfiguration der Bluetooth-Geräte durchführen. Beide Wege führen zum gleichen Ziel.

Die Konfiguration starten Sie über *Bluetooth-Einstellungen öffnen* im Kontextmenü (siehe *Abbildung 6.72*).

Nachdem Sie die Einstellungen gestartet haben, erscheint ein neues Fenster, mit dessen Hilfe Sie über mehrere Registerkarten die Bluetooth-Einstellungen und Verbindungen zwischen mehreren Geräten konfigurieren können (siehe *Abbildung 6.73*). Es stehen Ihnen die folgenden Registerkarten zur Auswahl:

- Geräte
- Optionen
- COM-Anschlüsse
- Hardware

Über die Registerkarte *Geräte* werden alle Bluetooth-Geräte verwaltet, mit denen Ihr PC eine Verbindung herstellen kann.

Weitere Konfigurationsmöglichkeiten für Hardware

Über die Schaltfläche *Hinzufügen* startet ein Assistent, der Sie bei der Anbindung des Gerätes unterstützt (siehe *Abbildung 6.73*).

Abbildung 6.73: Konfiguration von Bluetooth-Geräten

Wenn Sie das erste Fenster des Assistenten mit *Weiter* bestätigen, sucht er alle Bluetooth-Geräte in der Umgebung und zeigt sie an, wenn ein Verbindungsaufbau möglich ist (siehe *Abbildung 6.74*).

Im Anschluss markieren Sie das entsprechende Gerät, mit dem Sie eine Verbindung herstellen wollen. Wenn Sie danach auf *Weiter* klicken, konfigurieren Sie die Verbindung mit dem Gerät detaillierter.

Abbildung 6.74: Verbindungsaufbau mit anderen Remote-Geräten per Bluetooth

Treiber und Hardware verwalten

Auf der nächsten Seite geben Sie einen Verbindungsschlüssel ein, wenn auf dem Remote-Gerät ein solcher konfiguriert wurde.

Sie können auch die Option aktiviert lassen, dass automatisch ein Hauptschlüssel erstellt werden soll. In diesem Fall müssen Sie auf dem anderen Gerät diesen Schlüssel eingeben, damit eine Verbindung aufgebaut werden kann. Natürlich können Sie für einzelne Verbindungen auch konfigurieren, dass überhaupt kein Schlüssel verwendet werden soll (siehe *Abbildung 6.75*).

Wenn Sie die Option für den Hauptschlüssel ausgewählt haben, versucht der PC, eine Verbindung mit dem Bluetooth-Gerät herzustellen (siehe *Abbildung 6.76*).

Sie müssen jetzt auf dem anderen Gerät den Schlüssel eingeben, den Sie im vorherigen Fenster festgelegt haben. Im Anschluss wird die Verbindung aufgebaut, und Sie müssen den Treiber installieren, den das Gerät zur Verbindung benötigt.

Nach der erfolgreichen Installation des Treibers ist das Gerät einsatzbereit. Sie können sich per Bluetooth auch mit einem anderen PC verbinden. Wenn PCs untereinander vernetzt werden, spricht man von einem *Private Area Network (PAN)*.

Auch diese Konfiguration können Sie über das Kontextmenü des Bluetooth-Symbols einstellen.

Abbildung 6.75:
Auswählen eines Hauptschlüssels für die Verbindung

Weitere Konfigurationsmöglichkeiten für Hardware

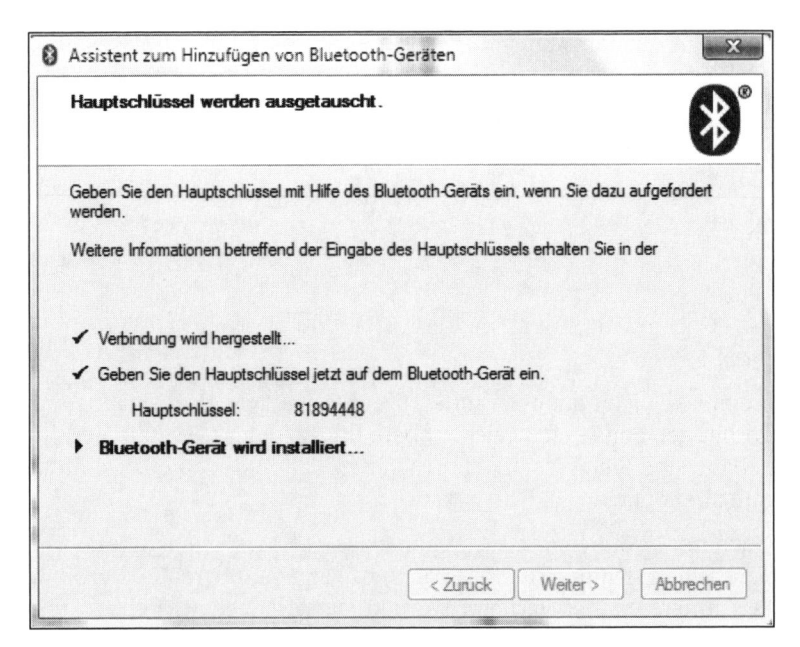

Abbildung 6.76:
Verbindungsaufbau mit einem Bluetooth-Gerät herstellen

Assistent zum Hinzufügen von Bluetooth-Geräten

Hauptschlüssel werden ausgetauscht.

Geben Sie den Hauptschlüssel mit Hilfe des Bluetooth-Geräts ein, wenn Sie dazu aufgefordert werden.

Weitere Informationen betreffend der Eingabe des Hauptschlüssels erhalten Sie in der

✓ Verbindung wird hergestellt...

✓ Geben Sie den Hauptschlüssel jetzt auf dem Bluetooth-Gerät ein.

   Hauptschlüssel: 81894448

▶ **Bluetooth-Gerät wird installiert...**

7 Datenträger anlegen und verwalten

Physikalische Festplatten und die darauf erstellten Partitionen werden in Windows Vista ähnlich verwaltet wie unter Windows XP. Bereits mit Bordmitteln kann Windows Vista softwarebasierte RAID-Systeme erstellen oder Datenträger auf mehrere physikalische Festplatten ausdehnen, die dann in Windows Vista wie eine einzelne Festplatte auftreten. Windows Vista unterstützt allerdings softwarebasiert nicht alle RAID-Systeme, die zum Beispiel auch von Windows Server 2003 unterstützt werden. In Privathaushalten wird selten mit RAID-Systemen gearbeitet. Im Anschluss erläutere ich Ihnen kurz, wie RAID-Systeme funktionieren.

7.1 Was sind RAID-Systeme?

RAID (Redundant Array of Inexpensive Disks) wird mittlerweile auch in PCs verwendet, nicht nur auf Servern in Unternehmen. Sie können unter Windows Vista auch ein rudimentäres Software-RAID aufbauen, wenn zwei identische Festplatten eingebaut sind. Hardware-RAIDs sind aber immer die bessere Wahl, da sie getrennt vom Betriebssystem durch einen speziellen Controller verwaltet werden. Sie sollten Server immer abhängig vom Einsatz mit einem passenden RAID-System ausstatten. Es gibt mittlerweile zahlreiche RAID-Level. Am meisten verbreitet sind RAID 0, 1 und RAID 5.

Unabhängig vom RAID-System und der Anzahl der Festplatten, die das RAID-System bilden, wird ein einzelnes RAID-System immer als ein einzelner logischer Datenträger betrachtet. Das Betriebssystem weiß nicht, wie viele Festplatten an einem RAID-System angeschlossen sind, da die Verwaltung durch den RAID-Controller durchgeführt wird.

RAID 1

Ein RAID 1 ist einfach aufgebaut. Im PC befinden sich zwei Festplatten. Der Inhalt der ersten Festplatte wird ständig auf die zweite Festplatte kopiert – sie wird gespiegelt. Dadurch kann der Ausfall einer Festplatte auf einem PC immer sehr schnell behoben werden. Somit ist sichergestellt, dass der Server auch bei Ausfall einer Festplatte noch funktioniert.

RAID 5

RAID 5-Systeme werden meistens zum Speichern von Daten genutzt. Daher finden diese Systeme oft auf Datenbank- oder Dateiservern Einsatz, selten auf PCs. Ein RAID 5-System muss aus mindestens drei identischen Festplatten bestehen, wobei der Einsatz von vier Platten sicherer ist. Bei RAID 5 werden die Daten gleichmäßig auf alle Platten verteilt. Zusätzlich liegen auf allen Platten noch Informationen, welche Daten auf welcher Platte gespeichert sind. RAID 5 ist vom Preis-Leistungs-Verhältnis das beste und daher beliebteste RAID-System für Daten.

Allerdings ist die Performance eines RAID 5-Systems im Vergleich deutlicher langsamer. Sobald bei einem solchen System zwei Festplatten gleichzeitig ausfallen, bestehen erhebliche Gefahren eines Datenverlustes, beim Ausfall einer Platte kann deren Inhalt aus dem Inhalt der anderen Platten ohne Datenverlust restauriert werden. Bei einem RAID 5-System können Sie beim Festplattenplatz immer die Kapazität einer Festplatte abziehen. Dieser Plattenplatz wird benötigt, da die Informationen, welche Daten auf welchen Platten abgelegt sind (die sogenannte Parität), die gesamte Kapazität beeinflussen. Wenn Sie ein RAID 5-System mit drei Festplatten à 146 Gbyte aufbauen, stehen Ihnen 2 x 146 Gbyte = 292 Gbyte Plattenplatz zur Verfügung. Die restlichen 146 Gbyte werden für die Parität verwendet.

RAID 0
RAID 0 erhöht nicht die Systemsicherheit eines PC, sondern dessen Performance. Bei RAID 0 werden zwei Festplatten in den Server eingebaut, die zu einem sogenannten Stripeset (aus dem englischen Stripe für Streifen) zusammengefasst werden. Ein Stripeset ermöglicht es, dass Daten gleichzeitig auf zwei Festplatten geschrieben werden. Die Daten eines Stripesets werden daher fast doppelt so schnell geschrieben wie auf normale Festplatten. Die Daten sind bei dieser Technik allerdings auch auf beide Festplatten verteilt. Der Ausfall eines Datenträgers innerhalb eines Stripesets bewirkt daher den Datenverlust des kompletten Stripesets. Oft werden sie auf PCs verwendet, die über schnelle Festplattenzugriffe verfügen müssen. Viele PCs für Spiele profitieren dadurch von der erhöhten Geschwindigkeit. Auch Bereiche, die zur temporären Datensicherung auf Festplatten dienen, können mit einem RAID 0 arbeiten.

Die Kapazität eines RAID 0-Systems entspricht genau der Summe der Festplatten, da die Daten auf beide Platten gleichmäßig verteilt werden.

RAID 10
Als RAID 10-Systeme werden RAID-Systeme bezeichnet, welche die beiden Systeme RAID 1 und 0 miteinander verbinden. Aus diesem Grund werden RAID 10-Systeme auch oft als RAID 1 + 0 bezeichnet. Bei RAID 10 wird die Sicherheit eines RAID 1 mit der Performance von RAID 0 verbunden. Durch diese Technik ist RAID 10 deutlich schneller als RAID 1 und RAID 5 und sicherer als ein RAID 5. Bei RAID 10 können ohne Weiteres zwei Festplatten gleichzeitig ausfallen, solange es nicht die gleichen Platten eines Stripesets sind.

7.2 Datenträger erstellen

Die Verwaltung von Datenträgern erfolgt über die *Computerverwaltung*. Dort findet sich der Bereich *Datenspeicher*, über den auf verschiedene Funktionen zugegriffen werden kann. Der wichtigste Bereich davon ist die *Datenträgerverwaltung*.

Sie finden die Datenträgerverwaltung in der Systemsteuerung über System und Wartung/Verwaltung/Computerverwaltung *(siehe Abbildung 7.1). Alternativ können Sie die Computerverwaltung über das Startmenü mit einem Klick der rechten Maustaste auf den Eintrag* Computer *und durch Auswahl des Eintrags* Verwalten *im Kontextmenü starten. Und als dritte Möglichkeit bietet sich der Aufruf über* Start/Ausführen/compmgmt.msc *an.*

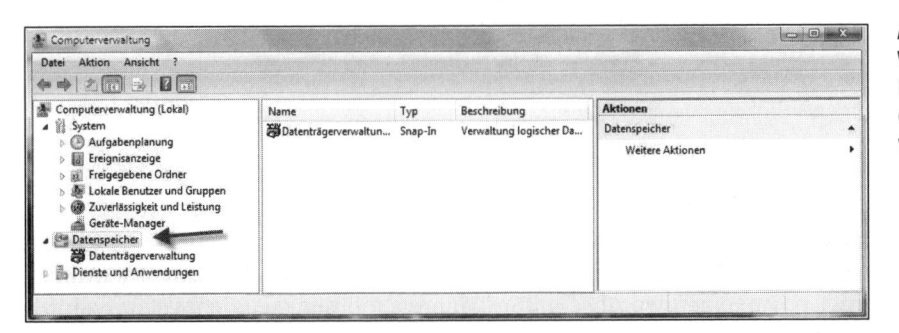

TIPP

Abbildung 7.1:
Verwaltung von Datenträgern in der Computerverwaltung

Über die Computerverwaltung können darüber hinaus zahlreiche weitere Verwaltungsaufgaben durchgeführt werden, auf die das Kapitel 19 noch ausführlicher eingeht.

Sie können die Datenträgerverwaltung ohne Umwege auch über Start/Ausführen/diskmgmt.msc *starten.*

TIPP

Wenn Sie die Datenträgerverwaltung in dieser Konsole starten, werden im oberen Dialogfeldbereich alle konfigurierten Datenträger im Sinne von logischen Laufwerken angezeigt. Im unteren Bereich sind dagegen die physischen Datenträger inklusive der Wechselmedien zu sehen. Bei Festplatten wird angezeigt, auf welchen der installierten Festplatten sich die logischen Laufwerke befinden und welcher Platz noch nicht zugeordnet ist (siehe Abbildung 7.2).

Datenträger anlegen und verwalten

Abbildung 7.2:
Datenträgerverwaltung in Windows Vista

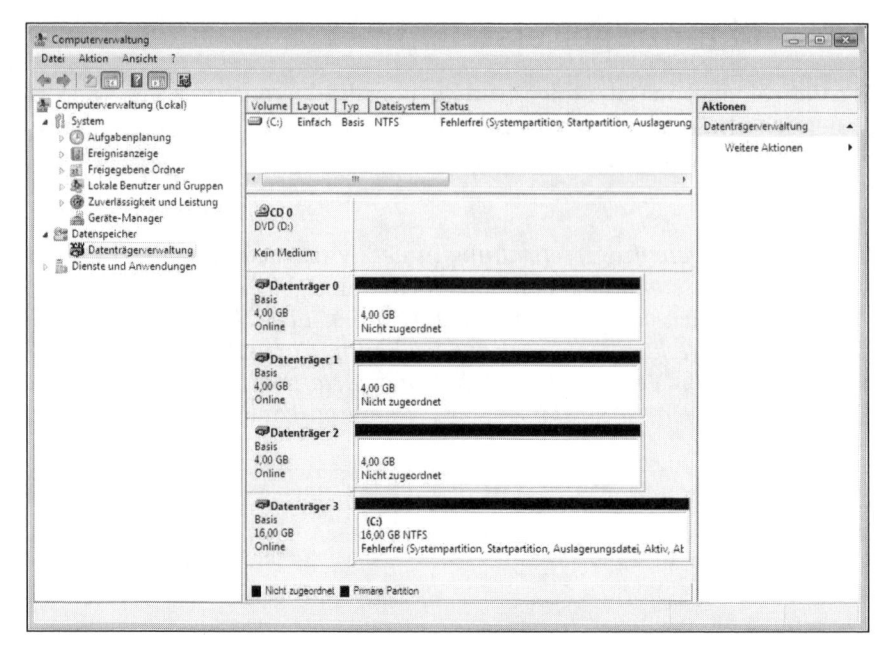

Im Bereich der Datenträgerverwaltung werden oft viele Fachbegriffe verwendet, die bei der Konfiguration von Datenträgern eine wichtige Rolle spielen. Im folgenden Abschnitt erläutere ich Ihnen die wichtigsten Begriffe in diesem Bereich.

Eine *Partition*, auch als *Volume* bezeichnet, ist ein Bereich auf einer Festplatte, der mit einem Dateisystem formatiert und mit einem Buchstaben des Alphabets identifiziert werden kann. Beispielsweise stellt das Laufwerk *C:* auf den meisten Computern unter Windows eine Partition dar.

Eine Festplatte muss partitioniert und formatiert werden, bevor Sie Daten darauf speichern können. Auf vielen Computern wird nur eine einzelne Partition eingerichtet, die der Größe der Festplatte entspricht. Es ist nicht erforderlich, eine Festplatte in mehrere kleinere Partitionen zu partitionieren. Einige Benutzer ziehen es vor, getrennte Partitionen für Windows-Betriebssystemdateien, Programme und persönliche Daten zu verwenden.

7.3 Die Einrichtung von Datenträgern

Wenn eine zusätzliche Festplatte im PC eingebaut wird, müssen Sie diese in Windows einbinden. Zunächst müssen Sie festlegen, wie die Festplatte initialisiert werden soll. Bestätigen Sie den Vorschlag, MBR (Master Boot Record) zu verwenden, da dies auf Windows-Systemen Standard ist (siehe *Abbildung 7.3*).

Die Einrichtung von Datenträgern

Bei dem MBR handelt es sich um einen Computercode, der sich im ersten Sektor einer Festplatte befindet und Informationen zu den Partitionen auf dem Datenträger enthält. Mit dem MBR beginnt der Startvorgang des Computers.

Das Datenträger-Partitionsformat MBR (Master Boot Record) unterstützt Volumes mit einer Größe von bis zu zwei Terabytes und bis zu vier Primärpartitionen pro Datenträger (oder drei Primärpartitionen, eine erweiterte Partition und eine unbegrenzte Anzahl logischer Laufwerke). Im Vergleich dazu unterstützt das Partitionsformat GPT (GUID-Partitionstabelle) Volumes mit einer Größe von bis zu 18 Exabytes und bis zu 128 Partitionen pro Datenträger. Anders als bei Datenträgern mit dem MBR-Partitionsformat werden Daten, die für den Betrieb der Plattform zwingend erforderlich sind, in Partitionen abgelegt und nicht in Sektoren ohne Partition oder in versteckten Sektoren. Außerdem besitzen Datenträger mit dem GPT-Partitionsformat redundante Primär- und Sicherungspartitionstabellen, wodurch die Integrität der Partitionsdatenstruktur verbessert wird. Auf GPT-Datenträgern können Sie dieselben Aufgaben wie auf MBR-Datenträgern durchführen. Dabei gelten folgende Ausnahmen:

- Auf Computern unter Windows Vista muss sich das Betriebssystem auf einem MBR-Datenträger befinden. Alle weiteren Festplatten können mit MBR oder GPT formatiert sein.
- Auf Itanium-basierten Computern müssen das Ladeprogramm des Betriebssystems und die Startpartition auf einem GPT-Datenträger gespeichert sein. Alle weiteren Festplatten können mit MBR oder GPT formatiert sein.
- GPT-Datenträger können nicht auf Computer unter Windows NT 4.0, Windows 2000, Windows XP oder Windows Server 2003 transferiert werden. Sie können jedoch GPT-Datenträger von Computern unter Windows Server 2003 mit SP1 sowie von x64-basierten Computern auf Itanium-basierte Computer unter Windows Server 2003 oder Windows XP transferieren und umgekehrt.
- Sie können einen GPT-Datenträger mit einer Itanium-basierten Version von Windows von einem Itanium-basierten Computer nicht auf einen x86-basierten Computer unter Windows Server 2003 mit SP1 oder auf x64-basierte Computer transferieren und dann das betreffende Betriebssystem starten. In nicht-Itanium-basierten Computern verwendete GPT-Datenträger dürfen nur für die Datenspeicherung verwendet werden.
- Die Konvertierung eines MBR-Datenträgers in einen GPT-Datenträger und umgekehrt kann nur durchgeführt werden, wenn der Datenträger leer ist.

Nach der Initialisierung werden die Datenträger in der Datenträgerverwaltung angezeigt und können konfiguriert werden. Die leeren Festplatten können in dynamische Datenträger umgestellt werden. Windows Vista unterscheidet zwischen zwei Arten von Festplatten:

- *Basisdatenträger* werden genauso behandelt wie Festplatten unter Windows NT. Das Modell ist weitgehend vergleichbar mit dem, das bereits zu DOS-Zeiten verwendet wurde. Es können feste Partitionen eingerichtet werden, in denen wiederum logische Laufwerke erstellt werden können. Wenn Sie Partitionen auf einer Basisfestplatte erstellen, sind die ersten drei Partitionen, die Sie erstellen, *primäre Partitionen*. Diese können für den Start eines Betriebssystems verwendet werden. Eine primäre Partition kann ein Betriebssystem hosten und verhält sich wie ein physikalischer separater Datenträger. Auf einem Basisdatenträger können bis zu vier primäre Partitionen erstellt werden. Wenn Sie mehr als drei Partitionen erstellen möchten, wird die vierte Partition als erweiterte Partition erstellt.

  Eine erweiterte Partition bietet eine Möglichkeit, eine Beschränkung der möglichen Anzahl von primären Partitionen auf einer Basisfestplatte zu umgehen. Eine erweiterte Partition ist ein Container, der ein oder mehrere logische Laufwerke enthalten kann. Logische Laufwerke haben dieselbe Funktion wie primäre Partitionen, können jedoch nicht für den Start eines Betriebssystems verwendet werden. Erweiterte Partitionen können mehrere logische Laufwerke enthalten, die formatiert werden können und denen Laufwerksbuchstaben zugewiesen werden.

- *Dynamische Datenträger* lassen sich sehr viel einfacher verwalten als die Basisdatenträger. Das betrifft die Veränderung der logischen Laufwerke ohne einen Neustart des Systems. Daher macht es Sinn, generell mit dynamischen Datenträgern zu arbeiten, zumindest wenn Sie Datenträger unter Windows erweitern wollen. Dynamische Datenträger können eine unbegrenzte Anzahl von dynamischen Volumes enthalten und funktionieren wie die primären Partitionen, die auf Basisdatenträgern verwendet werden. Der Hauptunterschied zwischen Basisdatenträgern und dynamischen Datenträgern besteht darin, dass dynamische Datenträger Daten zwischen zwei oder mehreren dynamischen Festplatten eines Computers freigeben und Daten auf mehrere Festplatten verteilen können. Beispielsweise kann sich der Speicherplatz eines einzelnen dynamischen Volumes auf zwei separaten Festplatten befinden. Zudem können dynamische Datenträger Daten zwischen zwei oder mehreren Festplatten duplizieren, um dem Ausfall einer einzelnen Festplatte vorzubeugen. Diese Fähigkeit erfordert mehr Festplatten, erhöht jedoch die Zuverlässigkeit.

Die Einrichtung von Datenträgern

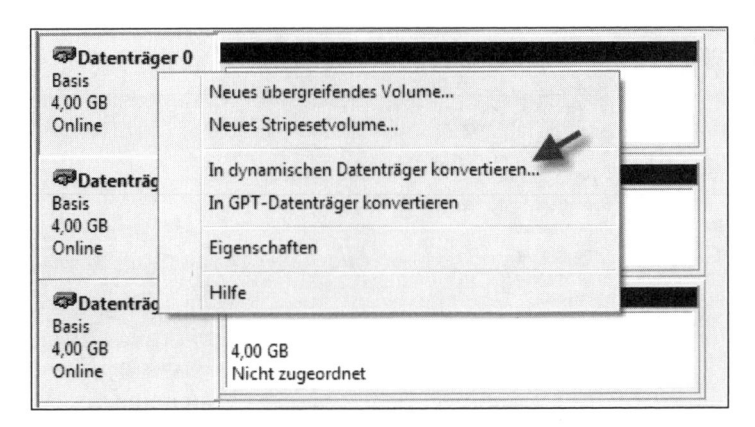

Abbildung 7.3:
Konvertieren von Datenträgern

Um einen vorhandenen Basisdatenträger in einen dynamischen Datenträger umzuwandeln, müssen Sie im unteren Bereich der Datenträgerverwaltung beim Eintrag der Festplatte über das Kontextmenü den Befehl *In dynamischen Datenträger konvertieren* aufrufen (siehe *Abbildung 7.3*).

Es wird ein Dialogfeld angezeigt, in dem die zu aktualisierenden Basisfestplatten ausgewählt werden können. Es können also in einem Schritt alle noch vorhandenen Basisfestplatten in einem System aktualisiert werden (siehe *Abbildung 7.4*).

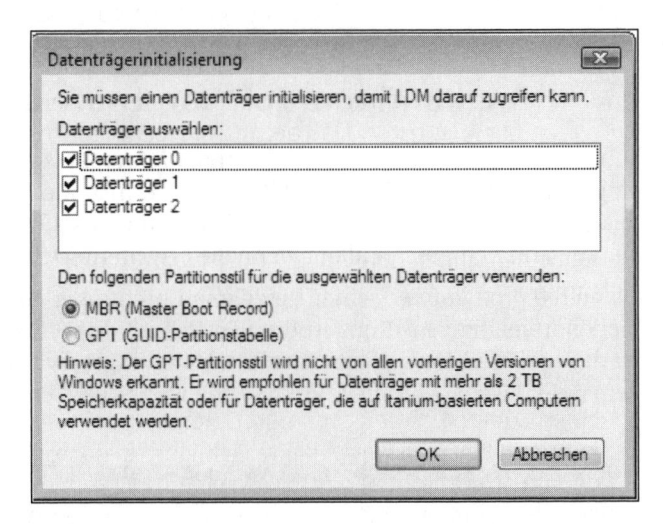

Abbildung 7.4:
Initialisieren eines Datenträgers

Nach der Auswahl der Festplatten wird ein zweites Dialogfeld angezeigt, in dem die gewählten Festplatten noch einmal aufgeführt sind. Hier können Sie entscheiden, welche der neuen Festplatten in dynamische Datenträger umgewandelt werden können. Sobald der Assistent die Festplatten initialisiert und in dynamische Datenträger umgewandelt hat, stehen sie im System zur Verfügung.

Datenträger anlegen und verwalten

Abbildung 7.5:
Anzeigen der zu konvertierenden Festplatten

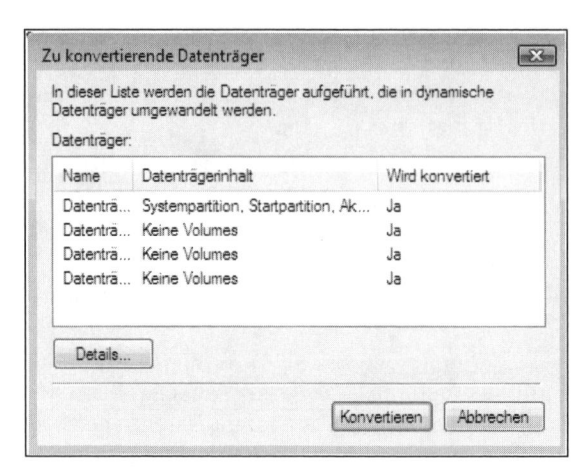

Unter Windows XP musste ein PC während der Konvertierung zu dynamischen Datenträgern noch bis zu zweimal neu gestartet werden. Ein solcher Neustart ist unter Windows Vista nicht mehr notwendig. Basisdatenträger können jederzeit wieder in dynamische Datenträger umgewandelt werden. Wenn Sie Datenträgerkonfigurationen, wie zum Beispiel die Erweiterung eines Laufwerks (siehe später in diesem Kapitel), durchführen wollen und Sie den Datenträger noch nicht zu einem dynamischen Datenträger konvertiert haben, schlägt der Assistent die Konvertierung vor.

7.4 Die Konfiguration von Laufwerken

Sobald die Datenträger eingerichtet sind, können darauf logische Laufwerke eingerichtet werden. Es empfiehlt sich, zunächst alle Festplatten auf dynamische Datenträger umzustellen und erst im Anschluss zusätzliche Laufwerke einzurichten, vor allem wenn Sie erweiterte Datenträger einsetzen.

Wenn Sie pro Laufwerk einen einzelnen Datenträger erstellen wollen, ist es nicht notwendig, eine Konvertierung durchzuführen. Solche logischen Laufwerke, bei Windows Vista auch als Datenträger bezeichnet, werden mit dem Befehl *Neues einfaches Volume* angelegt (siehe *Abbildung 7.6*).

Abbildung 7.6:
Anlegen eines neuen Datenträgers in Windows Vista

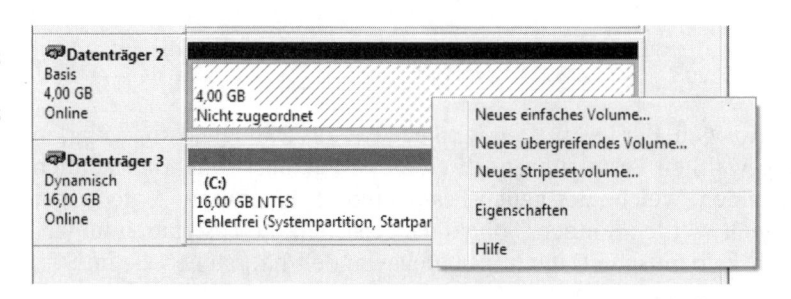

Dazu muss entweder ein freier Bereich auf einem Datenträger oder die Festplatte, auf der das neue logische Laufwerk erstellt werden soll, mit der rechten Maustaste angeklickt werden (siehe *Abbildung 7.6*).

Wenn Sie mit der rechten Maustaste allerdings direkt auf den Datenträger klicken und nicht auf einen freien Bereich, wird Ihnen die Option *Neues einfaches Volume* nicht angezeigt, sondern nur die beiden Optionen *Neues übergreifendes Volume* und *Neues Stripesetvolume*.

- Ein einfacher Datenträger hält Daten nur auf einer physischen Festplatte.
- Ein übergreifender Datenträger erstreckt sich über mehrere physische Festplatten. Die Daten darauf werden fortlaufend gespeichert. Wenn der konfigurierte Speicherplatz auf dem ersten physischen Datenträger voll ist, werden weitere Informationen auf dem nächsten konfigurierten Datenträger gespeichert. Dieser Ansatz macht nur Sinn, wenn sehr große logische Datenträger benötigt werden, die größer als die vorhandenen physischen Datenträger sind. Er könnte genutzt werden, wenn die Spiegelung oder ein RAID der verwendeten Datenträger über die Hardware erfolgt.
- Ein Stripesetdatenträger geht einen Schritt weiter. Bei dieser Variante sind mehrere physische Festplatten beteiligt. Auf jeder dieser Festplatten wird der gleiche Speicherplatz belegt. Die Daten werden in Blöcken von 64 KB zunächst auf der ersten Festplatte, der zweiten und so weiter gespeichert. Wenn eine Datei nur 8 KB groß ist, wird trotzdem ein 64-KB-Block verwendet, die restlichen 56 KB sind dann verschwendet, da sie nicht von anderen Dateien verwendet werden können. Sie werden also über die Festplatten verteilt. Dieser Ansatz bietet keine Fehlertoleranz. Durch die Verteilung der Informationen über mehrere Festplatten wird eine deutlich verbesserte Performance erreicht, allerdings sind die Daten auf dem Datenträger verloren, wenn einer der physischen Datenträger ausfällt.

Falls ein Datenträger erzeugt wird, der sich über mehrere physische Festplatten erstreckt, müssen bei der Definition des Datenträgertyps im nächsten Schritt die Festplatten ausgewählt werden, die beteiligt werden sollen (siehe *Abbildung 7.7*).

Datenträger anlegen und verwalten

Abbildung 7.7:
Auswahl der beteiligten Datenträger für übergreifende Datenträger

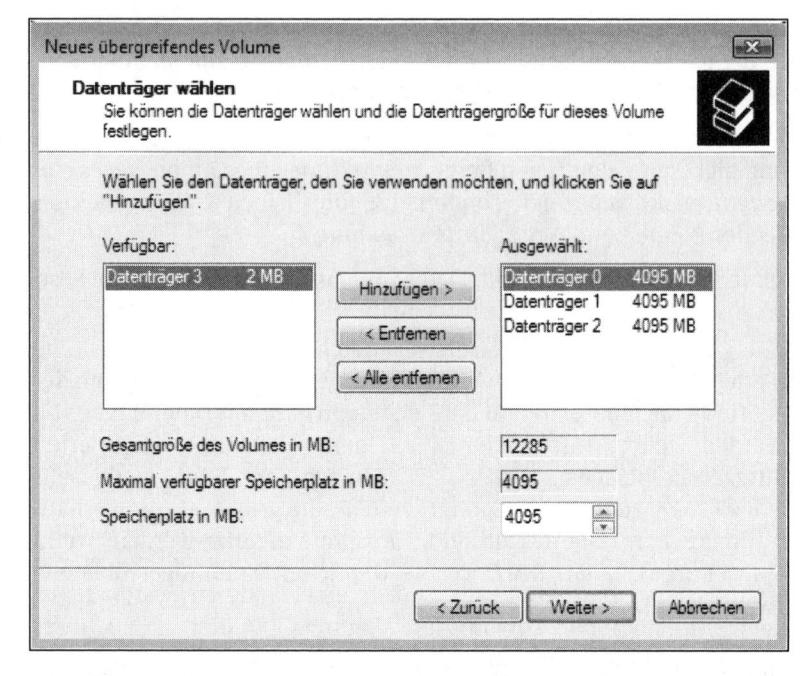

Abbildung 7.8:
Zuordnen eines Laufwerksbuchstabens und -pfads

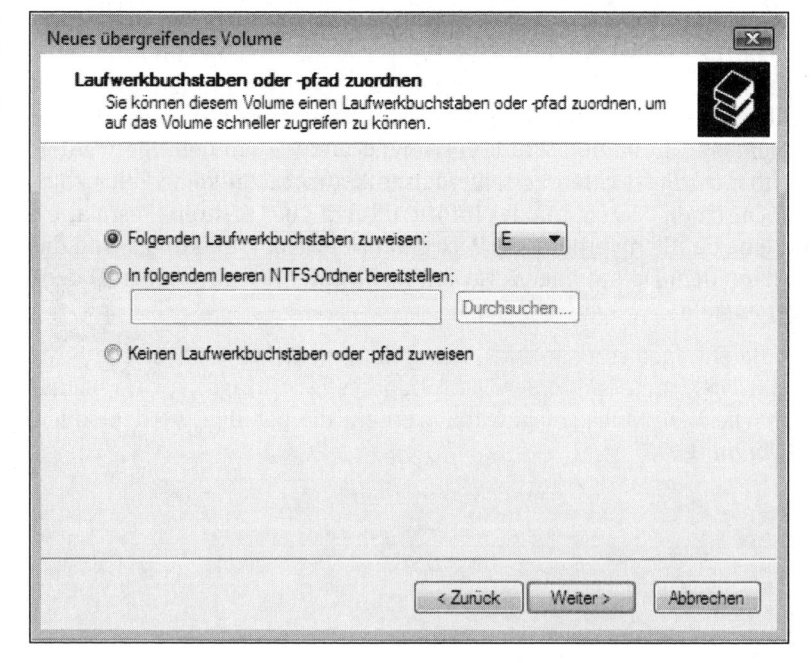

Die Konfiguration von Laufwerken

Der nächste generell erfolgende Schritt ist die Zuordnung von Laufwerksbuchstaben und -pfaden. Dieser Schritt kann jederzeit später über den Befehl *Laufwerksbuchstaben und -pfad ändern* im Kontextmenü des entsprechenden Laufwerks durchgeführt werden. Hier finden sich drei Optionen (siehe *Abbildung 7.8*):

- Dem Laufwerk kann ein Laufwerksbuchstabe fest zugeordnet werden.
- Das Laufwerk kann in einem leeren Ordner eines NTFS-Systems bereitgestellt werden. Damit können bestehende Datenträger erweitert werden. Diese Erweiterung kann im laufenden Betrieb erfolgen und ist sinnvoll, wenn neue Verzeichnisstrukturen geschaffen werden müssen, die viel Platz erfordern werden. Dem Laufwerk wird kein eigener Laufwerksbuchstabe zugewiesen, sondern Sie können ein bestimmtes Verzeichnis auswählen, das auf einem bereits konfigurierten Laufwerk liegt. Werden Daten in diesem Verzeichnis gespeichert, lagert Windows diese Daten auf den neuen Datenträger aus.
- Es kann auch auf die Zuordnung von Laufwerksbuchstaben verzichtet werden. Dieses Laufwerk kann dazu verwendet werden, um von einem Ordner einer Festplatte auf einen Ordner einer anderen Festplatte zu gelangen. Dafür können sowohl der Windows Explorer als auch der Befehl *cd* in der Eingabeaufforderung verwendet werden. Dieser Befehl stammt noch aus der DOS-Zeit und ermöglicht das Wechseln zwischen Verzeichnissen in der Befehlszeile. Die ausführliche Syntax erfahren Sie, wenn Sie in der Befehlszeile *cd /?* eingeben.

Die letzten Festlegungen betreffen die Formatierung des Datenträgers. Der Datenträger kann formatiert werden, wobei grundsätzlich das NTFS-Dateisystem als Datenträger verwendet werden sollte (siehe *Abbildung 7.9*).

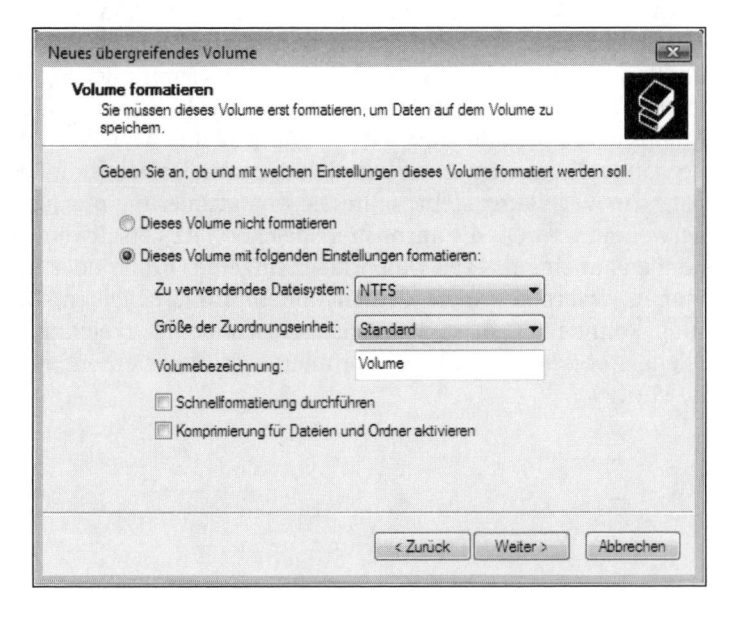

Abbildung 7.9: Formatierung eines Datenträgers

Windows Vista nutzt das NTFS-Dateisystem, um Festplatten anzusprechen. Windows Vista versteht auch das alte FAT-Format. Benutzer sollten das FAT-Dateisystem jedoch recht schnell vergessen und sich auf NTFS konzentrieren. NTFS ist stabiler, schneller und bietet vor allem Zugriffsbeschränkungen, die in FAT nicht angedacht waren. Die Wahl des geeigneten Dateisystems für Windows Vista gestaltet sich heute sehr einfach, da ein Anwender nur theoretisch die Wahl zwischen zwei verschiedenen Formaten, NTFS und FAT, hat.

Um die Kompatibilität zu älteren Betriebssystemversionen zu wahren, unterstützt Windows Vista noch immer das klassische FAT-Format, das seinerzeit mit MS DOS eingeführt wurde. Dieses Format beschränkte die Größe eines Laufwerks allerdings auf 2 Gbyte. Mit Windows 95 wurde das Format erweitert und unterstützt als FAT32 Laufwerke mit einer Größe von bis zu 32 Gbyte. Um den Anwendern den Umstieg von Windows 95/98 zu erleichtern, wurde FAT32 mit Windows 2000 auch Anwendern in Unternehmen verfügbar gemacht, während Windows NT 4.0 nur das ältere, heute als FAT16 bezeichnete Format unterstützte.

Die FAT32-Unterstützung in Windows 2000 war allerdings schwerpunktmäßig für Workstations gedacht, die von Windows 95/98 umgestellt werden sollten. So war es nicht nur möglich, beide Systeme parallel zu betreiben und die Daten des jeweils anderen Systems zu nutzen, es konnte auch ein direktes Update durchgeführt werden, ohne dass zuvor die Festplatten neu formatiert werden mussten.

Um Speicherplatz zu sparen, können Dateien auf NTFS-Laufwerken auch komprimiert werden. Diese Komprimierung erfolgt für den Benutzer völlig transparent, er muss keine zusätzlichen Programme verwenden und arbeitet mit den Dateien genauso wie mit allen anderen auf dem Laufwerk. Beachten Sie bei der Verwendung der Komprimierung, dass dies zu Lasten der Performance des PC geht, da dieser die Komprimierung und Dekomprimierung der Dateien übernimmt, sobald ein Benutzer darauf zugreift. Die Komprimierung kann jedoch ohne Weiteres für spezielle Archivierungsordner sinnvoll sein. In Zeiten, in denen normalerweise genügend Speicherplatz zur Verfügung steht, sollte die Komprimierung nur für Archivdateien verwendet werden, die ansonsten Speicherplatz verschwenden würden. Sie können auf einem NTFS-Datenträger einzelne Ordner oder Dateien komprimieren, während andere Ordner unkomprimiert bleiben. Die Komprimierung können Sie in den Eigenschaften eines Verzeichnisses auswählen (siehe *Abbildung 7.10*). Komprimierte Ordner werden mit blauer Farbe beschriftet.

Die Konfiguration von Laufwerken

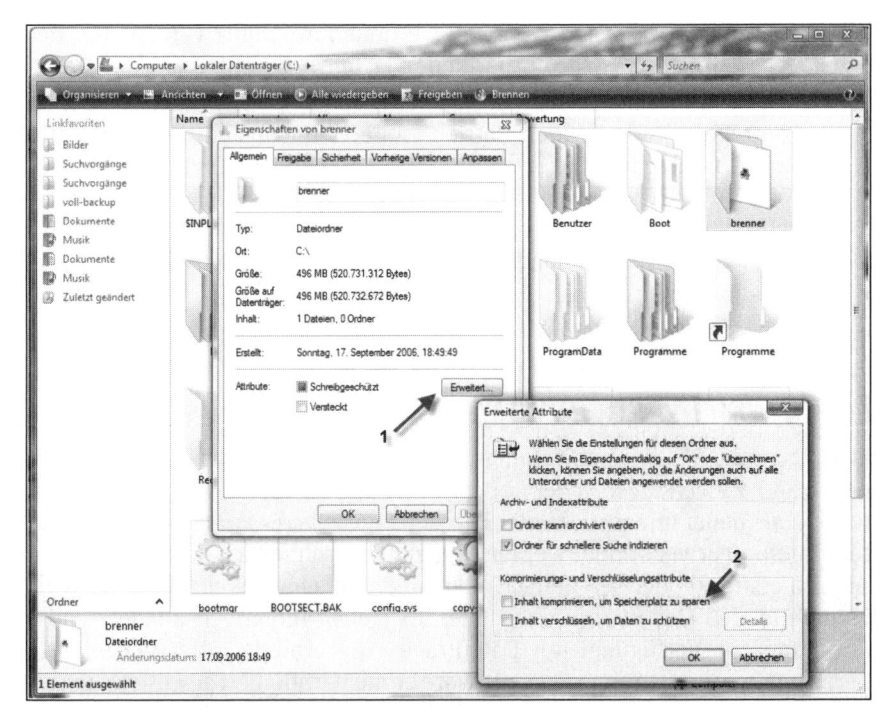

Abbildung 7.10:
Komprimierung eines Verzeichnisses

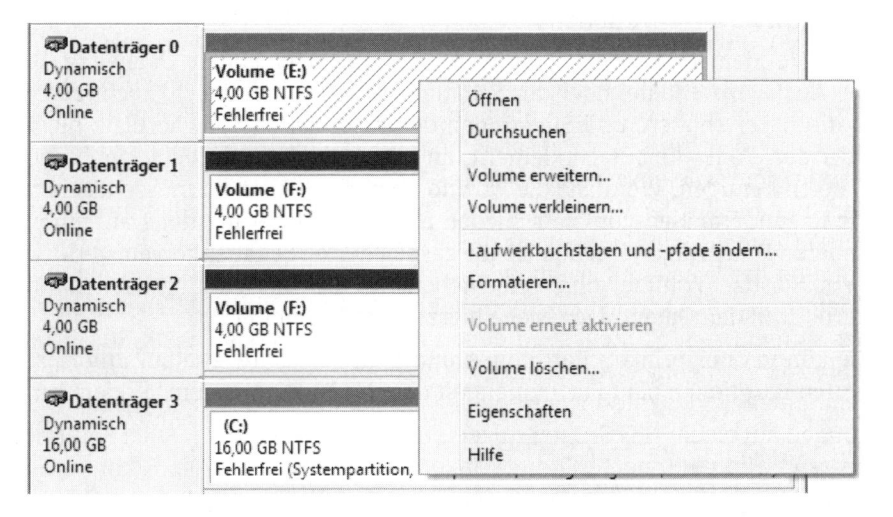

Abbildung 7.11:
Verwalten von Laufwerken

Im Regelfall kann die Standardzuordnungseinheit belassen werden. Diese wird in Abhängigkeit von der Größe des Laufwerks gesetzt und ist damit in den meisten Situationen korrekt gewählt. Nur wenn feststeht, dass ausschließlich mit sehr großen Dateien gearbeitet wird, macht es Sinn, einen höheren Wert manuell zu setzen. Über die Befehle im Kontextmenü von Datenträgern können noch folgende Funktionen ausgeführt werden:

- Datenträger können erstmals oder erneut formatiert werden. Bei der Formatierung gehen alle vorhandenen Daten verloren!
- Datenträger können erweitert werden. Damit kann bei dynamischen Datenträgern im laufenden Betrieb weiterer, nicht konfigurierter Platz hinzugefügt werden. Die Erweiterung eines Datenträgers kann dabei auf andere physische Festplatten erfolgen. Damit wird ein übergreifender Datenträger erzeugt. Diese Vorgehensweise ist sinnvoll, wenn mehr Platz in einer bestehenden Verzeichnisstruktur benötigt wird und diese nicht umgestellt werden soll.
- Die Datenträger können wieder gelöscht werden.

7.4.1 Verkleinern und Erweitern von Datenträgern

Ein Datenträger kann auch erweitert oder verkleinert werden. Beim Verkleinern von Laufwerken wird der konfigurierte Speicherplatz, den Sie freigeben wollen, als neuer unpartitionierter Bereich angezeigt. Er kann für einen anderen Datenträger verwendet werden, der sich ausschließlich auf diesen freien Bereich erstreckt oder den Bereich zusammen mit einem weiteren Bereich als übergreifenden Datenträger verwendet. Es stehen Ihnen verschiedene Möglichkeiten zur Verfügung, um Datenträger zu verbinden. Der verkleinerte Bereich wird genauso angezeigt, als wäre er nie partitioniert gewesen.

Verkleinern von Partitionen

Beim Verkleinern einer Partition werden nicht verschiebbare Dateien (z. B. die Auslagerungsdatei oder der Schattenkopiespeicherbereich) nicht automatisch verschoben, und Sie können den reservierten Speicherplatz nicht über den Punkt hinaus verkleinern, an dem sich die nicht verschiebbaren Dateien befinden. Wenn Sie die Partition weiter verkleinern müssen, gehen Sie folgendermaßen vor: Verschieben Sie die Auslagerungsdatei auf einen anderen Datenträger, löschen Sie die gespeicherten Schattenkopien, verkleinern Sie das Volume, und verschieben Sie die Auslagerungsdatei dann zurück auf den Datenträger (siehe hierzu auch Kapitel 17).

Sie können nur primäre Partitionen und logische Laufwerke auf unformatierten Partitionen oder Partitionen mit dem NTFS-Dateisystem verkleinern.

Abbildung 7.12: Verkleinern eines Datenträgers

Erweitern von Partitionen

Vorhandenen primären Partitionen und logischen Laufwerken fügen Sie mehr Speicherplatz hinzu, indem Sie sie auf angrenzenden, verfügbaren Speicherplatz auf demselben Datenträger erweitern. Zum Erweitern eines Basisvolumes muss dieses unformatiert oder mit dem NTFS-Dateisystem formatiert sein. Sie können ein logisches Laufwerk innerhalb von zusammenhängendem freien Speicherplatz in der erweiterten Partition, die dieses Laufwerk enthält, erweitern. Wenn Sie ein logisches Laufwerk über den in der erweiterten Partition verfügbaren Speicherplatz erweitern, wird die erweiterte Partition zur Unterbringung des logischen Laufwerks vergrößert.

Bei logischen Laufwerken, Start- oder Systemvolumes können Sie das Volume nur innerhalb von zusammenhängendem freien Speicherplatz erweitern und nur dann, wenn der Datenträger zu einem dynamischen Datenträger aktualisiert werden kann. Bei anderen Volumes können Sie das Volume auch innerhalb von nicht zusammenhängendem Speicherplatz erweitern, werden aber aufgefordert, den Datenträger in einen dynamischen Datenträger zu konvertieren. Um ein Basisvolume zu erweitern, gehen Sie folgendermaßen vor:

1. Klicken Sie in der Datenträgerverwaltung mit der rechten Maustaste auf das Basisvolume, das Sie erweitern möchten.
2. Klicken Sie auf *Volume erweitern*.

Wenn die Partition zuvor mit dem NTFS-Dateisystem formatiert wurde, wird das Dateisystem automatisch so erweitert, dass die größere Partition belegt wird. Es gehen keine Daten verloren.

Es ist nicht möglich, die aktuellen System- oder Startpartitionen zu erweitern. Systempartitionen und Startpartitionen sind Namen für Partitionen oder Volumes auf einer Festplatte, die zum Starten von Windows verwendet werden.

Die Systempartition enthält die hardwarebezogenen Dateien, die einem Computer mitteilen, von wo aus Windows gestartet werden kann. Eine Startpartition ist eine Partition, welche die Windows-Betriebssystemdateien enthält, die sich im Windows-Dateiordner befinden. Im Allgemeinen handelt es sich bei der Systempartition und der Startpartition um die gleiche Partition, insbesondere wenn auf dem Computer nur ein Betriebssystem installiert ist. Wenn Sie einen Computer mit Multiboot-Konfiguration besitzen, verfügen Sie über mindestens zwei Startpartitionen. Mit einem weiteren Begriff, der aktiven Partition, wird beschrieben, welche Systempartition (und daher welches Betriebssystem) der Computer zum Starten verwendet. Wenn Sie den Computer einschalten, werden die auf der Systempartition verwendeten Informationen zum Starten des Computers verwendet. Auf einem Windows-basierten Computer ist nur eine Systempartition vorhanden, auch wenn auf dem Computer verschiedene Windows-Betriebssysteme installiert sind.

Nicht-Windows-Betriebssysteme verwenden andere Systemdateien. Wenn auf einem Multiboot-Computer ein Nicht-Windows-Betriebssystem installiert ist, befinden sich die dazugehörigen Systemdateien auf einer eigenen Partition, getrennt von der Windows-Systempartition. Eine Startpartition ist eine Partition, die Windows-Betriebssystemdateien enthält. Besitzen Sie einen Multiboot-Computer, auf dem beispielsweise diese Version von Windows und Windows XP installiert ist, dann ist jedes dieser Volumes eine Startpartition.

7.5 Verwalten von Datenträgern

Sie können erstellte Datenträger entweder im Fenster *Computer* oder in der Datenträgerverwaltung mit der rechten Maustaste anklicken und im Kontextmenü den Eintrag *Eigenschaften* wählen. Daraufhin stehen Ihnen verschiedene Registerkarten des Datenträgers zur Verfügung.

Auf der Registerkarte *Allgemein* sehen Sie den freien und belegten Speicher. Außerdem können Sie hier die Bezeichnung des Datenträgers festlegen. Sie können den gesamten Datenträger komprimieren, was allerdings aus Performancegründen nicht empfohlen werden kann. Auf dieser Registerkarte legen Sie auch fest, ob das Laufwerk für die Windows-Suche indexiert werden soll.

Abbildung 7.13:
Allgemeine Informationen zu einem Datenträger

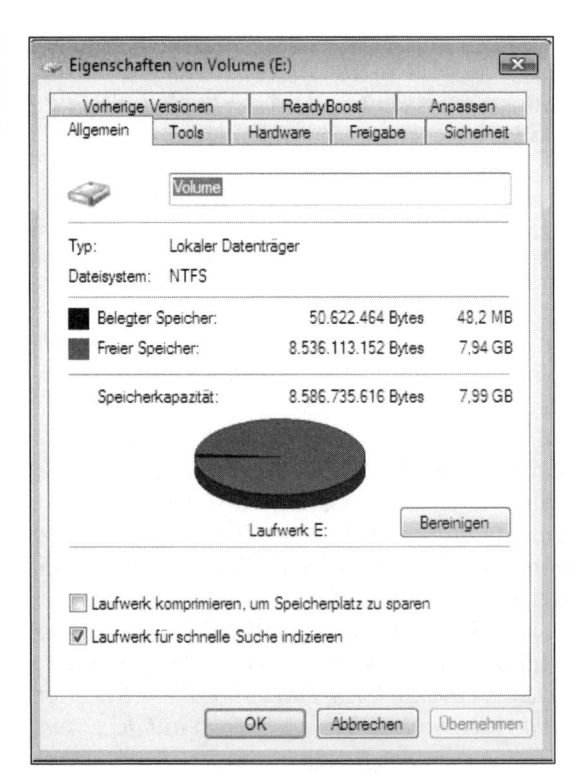

Verwalten von Datenträgern

Über die Schaltfläche *Bereinigen* startet ein Assistent, der die Festplatte nach temporären und nicht mehr benötigten Dateien durchsucht. Der Vorgang dauert eine Weile. Nach dem Scanvorgang werden Ihnen in einem neuen Fenster die möglichen Optionen angezeigt, und Sie können auswählen, welche nicht mehr benötigten Dateien gelöscht werden können und was der Löschvorgang an freiem Plattenplatz genau bringt (siehe *Abbildung 7.14*).

In den meisten Fällen werden Sie in diesem Bereich wenig Festplattenplatz gewinnen, manchmal kann sich die Bereinigung aber durchaus lohnen. In jedem Fall jedoch wird das System bereinigt, da nicht benötigte Daten entfernt werden.

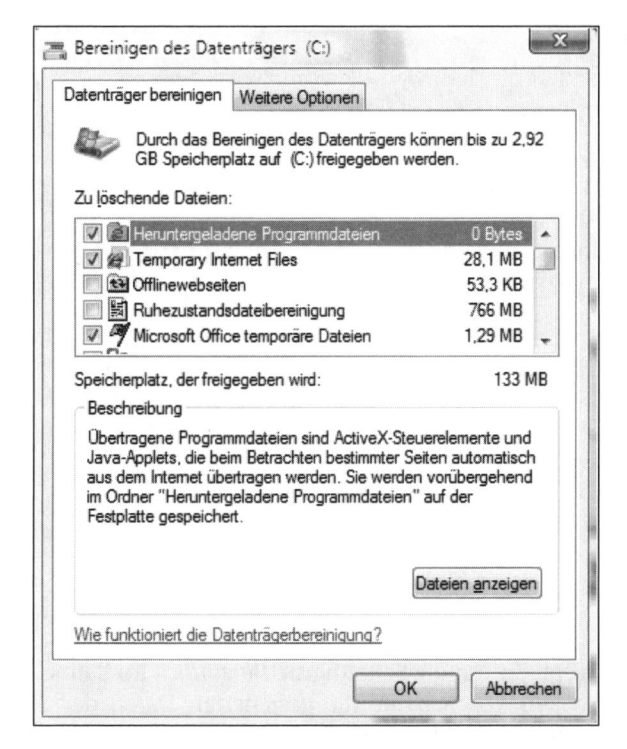

Abbildung 7.14: Bereinigen eines Datenträgers

Sie können die Datenträgerbereinigung auch über Start/Ausführen/cleanmgr.exe *aufrufen.*

TIPP

Auf der Registerkarte *Tools* stehen die beiden Option *Fehlerüberprüfung* und *Defragmentierung* zur Verfügung. Auf die Sicherung geht das Kapitel 15 noch näher ein.

Über die Registerkarte *Weitere Optionen* führen Sie weitere Bereinigungen durch, um Plattenplatz zu gewinnen (siehe *Abbildung 7.15*). Beim Klick auf die Schaltfläche *Bereinigen* auf der Registerkarte *Allgemein* wird zunächst ein Dialogfeld geöffnet, in dem auszuwählen ist, ob nur eigene Dateien oder

Datenträger anlegen und verwalten

Dateien von allen Benutzern des Computers bereinigt werden soll. Nur dann, wenn die Bereinigung der Dateien von allen Benutzern gewählt wird, ist auch tatsächlich die Registerkarte *Weitere Optionen* zu sehen. Beim Bereinigen eigener Dateien wird diese Registerkarte nicht angezeigt.

Klicken Sie im Bereich *Programme und Funktionen* auf *Bereinigen*, öffnet sich eigentlich nur der Bereich in der Systemsteuerung, über den Sie Anwendungen deinstallieren können.

Abbildung 7.15:
Bereinigen von Datenträgern

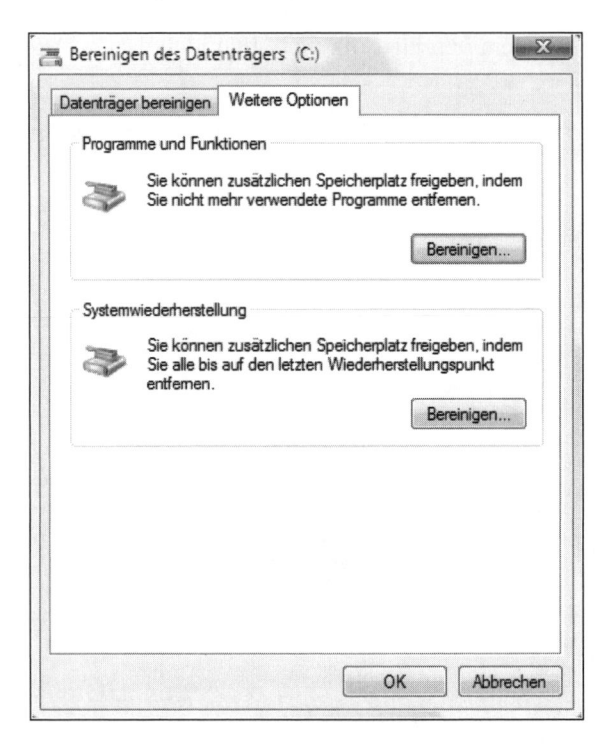

Wenn Sie auf die Schaltfläche *Bereinigen* im Bereich *Systemwiederherstellung* klicken, löschen Sie die gesicherten Daten der Systemwiederherstellungspunkte (siehe Kapitel 15), die älter sind als der neueste Wiederherstellungspunkt. Hier kann deutlich Festplattenplatz gewonnen werden.

Abbildung 7.16:
Löschen von Wiederherstellungspunkten

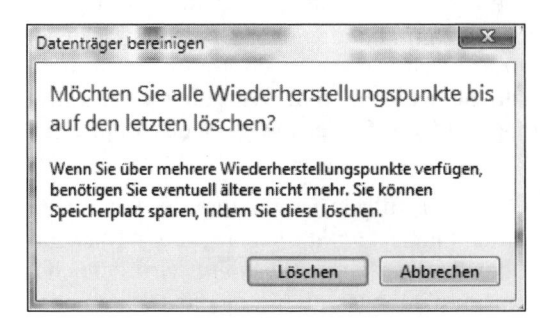

Verwalten von Datenträgern

Wenn Sie hier auf *Bereinigen* klicken, erscheint ein weiteres Fenster, in dem Sie die Wiederherstellungspunkte löschen können.

In diesem Fall werden aber auch die Schattenkopien gelöscht, die in diesem Systemwiederherstellungspunkt gespeichert waren (siehe nächster Abschnitt).

Auf der Registerkarte *Tools* kann die physikalische Festplatte hauptsächlich auf fehlerhafte Sektoren überprüft oder defragmentiert werden.

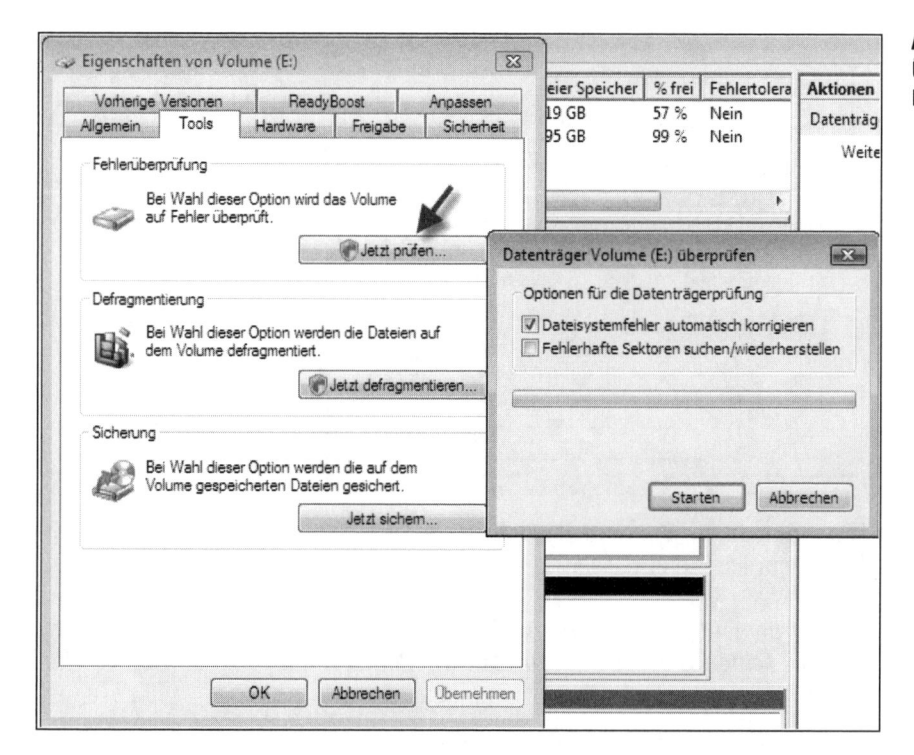

Abbildung 7.17:
Überprüfung eines Datenträgers

Die Defragmentierung adressiert ein Problem, das vor allem entsteht, wenn Dateien vergrößert werden, zusätzliche Dateien erstellt oder vorhandene gelöscht werden. Die meisten Dateien werden in Form eines *Extents* nicht direkt in der *MFT (Master File Table)* gespeichert, sondern in einem oder mehreren zusätzlichen Blöcken, auf die aus der MFT verwiesen wird.

NTFS versucht dabei, möglichst zusammenhängende Speicherblöcke zu wählen. Wenn eine Datei vergrößert wird, kann es vorkommen, dass am Ende des bisherigen Extents kein weiterer Speicherplatz mehr frei ist. Damit muss die Datei in mehreren Blöcken gespeichert werden, sie wird also fragmentiert. Durch die Fragmentierung werden wiederum Zugriffe auf Datenträger deutlich verlangsamt, denn nun sind zusätzliche einzelne Zugriffe und Neupositionierungen des Schreib-/Lesekopfs der Festplatte erforderlich, um auf die Datei zuzugreifen.

317

Datenträger anlegen und verwalten

Eine regelmäßige Defragmentierung kann daher zu deutlichen Verbesserungen der Performance führen. Das Defragmentierungsprogramm von Windows Vista ist zeitlich gesteuert, da die Defragmentierung relativ viel Rechenzeit benötigt und die logischerweise intensiven Zugriffe auf die Festplatte in diesem Bereich zu einer Beeinträchtigung der Performance führen. Sinn macht das nur, wenn viele Dateien oft in der Größe geändert oder gelöscht werden.

Abbildung 7.18:
Defragmentieren von Datenträgern in Windows Vista

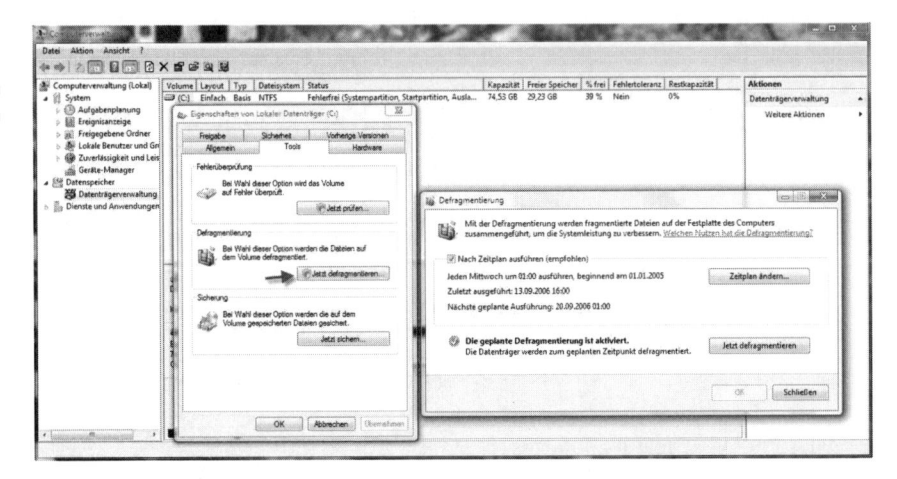

Sie können an dieser Stelle die Defragmentation sofort starten oder den Zeitplan entsprechend anpassen.

TIPP

Die Defragmentierung kann auch über Start/Ausführen/defrag *gestartet werden. Achten Sie aber darauf, diesen Befehl mit Administratorberechtigungen zu öffnen.*

7.5.1 Verwenden von Schattenkopien

Eine weitere Funktionalität von Windows Vista sind die Schattenkopien. Die Idee ist, dass Änderungen auf einem Datenträger regelmäßig erfasst und gesichert werden. Auf diese Weise entstehen sozusagen Schnappschüsse des Systems zu unterschiedlichen Zeitpunkten. Damit lassen sich das System und einzelne Dateien wiederherstellen.

Benutzer können wieder auf frühere Versionen von Dateien zurückgreifen, indem sie sie aus einer Schattenkopie wiederherstellen. Schattenkopien werden bei den Eigenschaften von Datenträgern auf der Registerkarte *Vorherige Versionen* verwaltet (siehe *Abbildung 7.19*).

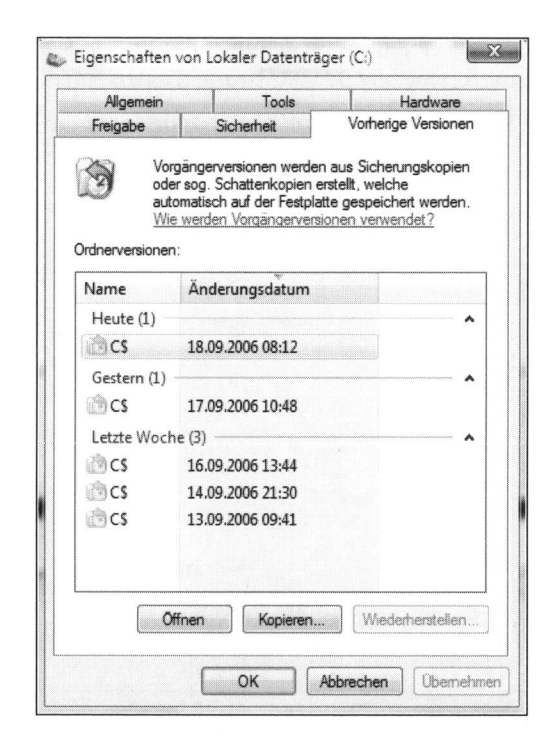

Abbildung 7.19:
Schattenkopien in Windows Vista

Der hauptsächliche Nutzen der Schattenkopien liegt darin, dass versehentlich gelöschte oder veränderte Dateien sehr schnell wiederhergestellt werden können. Wenn ein Benutzer den Administrator darüber informiert, dass eine Datei gelöscht oder fehlerhaft bearbeitet wurde, kann er mit wenigen Mausklicks ältere Versionen der Dateien wiederherstellen. Es muss kein Band in ein Laufwerk gelegt werden, es wird kein Sicherungsprogramm benötigt. Je nach Berechtigungsstruktur kann auch jeder Benutzer selbst seine Dateien wiederherstellen. In jedem Fall wird viel Zeit gespart, und Nerven werden geschont. Die Schattenkopien belegen auch bei relativ großen Datenträgern nur eine begrenzte Menge Speicherplatz.

Mehr zu Schattenkopien erfahren Sie in den Kapiteln 7 und 15.

7.6 Konfiguration der Hardware von Datenträgern

Auf der Registerkarte *Hardware* können Sie schließlich die zugrunde liegende Hardware von Datenträgern konfigurieren und die Eigenschaften feststellen.

An dieser Stelle werden Ihnen alle eingebauten Festplatten angezeigt. Wenn Sie eine der Festplatten markieren, können Sie über die Schaltfläche *Eigen-*

Datenträger anlegen und verwalten

schaften weitere Einstellungen aufrufen. Diese Stelle ist der zentrale Bereich zur Verwaltung der Hardware, die den einzelnen Datenträgern zugeordnet ist.

Nachdem Sie ein Laufwerk markiert und die Schaltfläche *Eigenschaften* angeklickt haben, werden Ihnen mehrere Registerkarten angezeigt.

Abbildung 7.20:
Konfiguration der Hardware von Datenträgern

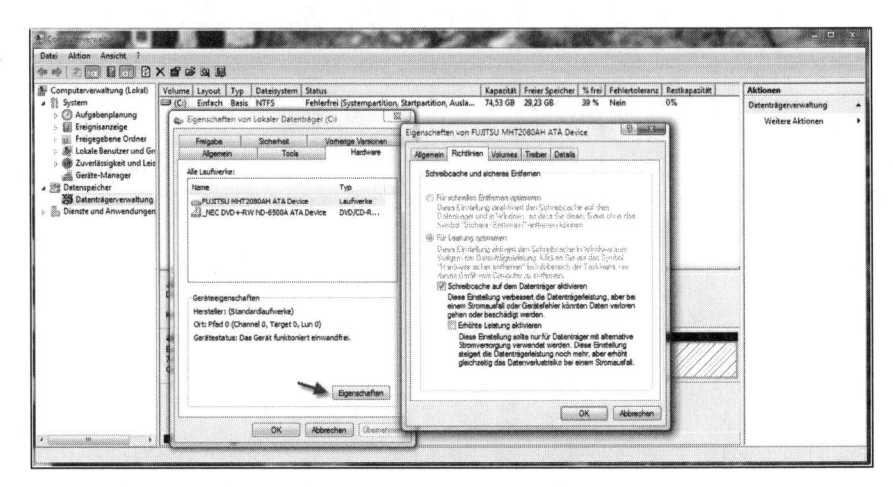

Abbildung 7.21:
Überprüfen der Volumes für eine physikalische Festplatte

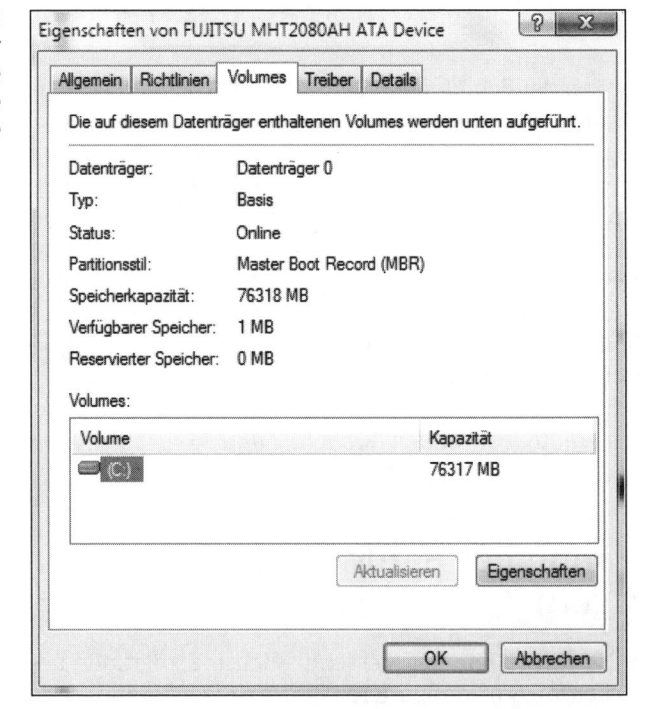

Auf der Registerkarte *Richtlinien* können Sie festlegen, dass der Schreibcache auf der Festplatte aktiviert sein soll. Dies hat den Vorteil, dass die Festplatte Daten als auf die Festplatte geschrieben ansieht, wenn sie im Cache der Platte gespeichert sind. Fällt allerdings der Strom aus, während die Daten noch vom Schreibcache auf die Festplatte geschrieben werden, sind die Daten im Cache verloren. Sie sollten daher nur in Ausnahmefällen die Option *Erhöhte Leistung aktivieren* verwenden.

Wenn Sie den Schreibcache für eine Festplatte deaktivieren, wird die Performance des PC beeinträchtigt. Dafür ist aber sichergestellt, dass keine Daten verloren gehen, wenn der PC ausfällt. Auf der Registerkarte *Volumes* können Sie feststellen, welche Datenträger in Windows einer physischen Festplatte zugewiesen sind.

7.7 Festplattenverwaltung in der Befehlszeile mit DiskPart

Mit dem Befehlszeilenprogramm *DiskPart* können Sie Partitionen auch in der Eingabeaufforderung verwalten. Mithilfe dieses Programms können Speichermedien (Datenträger, Partitionen oder Volumes) via Remotesitzung, Skripte oder Befehlszeilen verwaltet werden. Es sollte nur von Experten verwendet werden, da die Möglichkeit einer Fehlkonfiguration und des dadurch eventuellen entstehenden Systemausfalls oder Datenverlustes groß ist.

Um Befehle mit DiskPart auszuführen, müssen die entsprechenden Objekte vorher mit einem sogenannten Fokus versehen werden. Dies bedeutet, ein gewünschtes Objekt muss vorher aufgelistet und ausgewählt werden. Ist das Objekt ausgewählt, werden alle eingegebenen Befehle darauf angewandt.

Mithilfe der Befehle *list disk*, *list partition* und *list volume* werden verfügbare Objekte aufgelistet und die Nummer oder der Laufwerksbuchstaben des Objekts ermittelt.

Die Befehle *list disk* und *list volume* zeigen alle Datenträger und Volumes auf dem Computer an, *list partition* jedoch nur Partitionen auf dem Datenträger, der den Fokus hat.

Ein Objekt wird anhand der Nummer oder des Laufwerksbuchstabens ausgewählt, z. B. Datenträger 0, Partition 1, Volume 3 oder Volume C. Haben Sie ein Objekt ausgewählt, verbleibt der Fokus darauf, bis ein anderes Objekt ausgewählt wird. Wenn der Fokus beispielsweise auf Datenträger 0 festgelegt ist und Sie Volume 1 auf Datenträger 1 auswählen, wechselt der Fokus von Datenträger 0 zu Datenträger 1, Volume 1. Wird eine neue Partition angelegt, wechselt der Fokus automatisch.

Abbildung 7.22:
Konfiguration von Datenträgern mit DiskPart

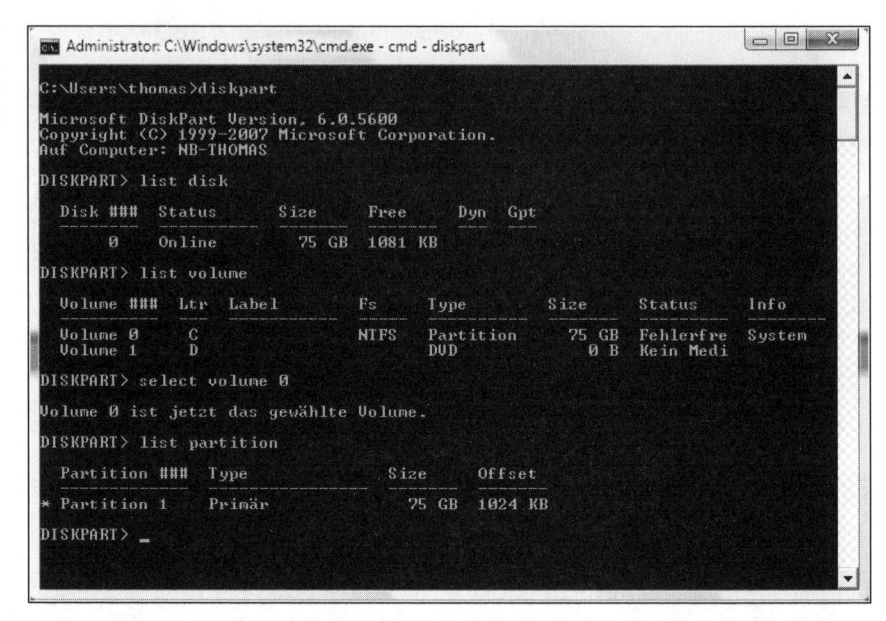

Man kann nur einer Partition auf dem ausgewählten Datenträger den Fokus geben. Verfügt eine Partition über den Fokus, besitzt das gegebenenfalls zugehörige Volume ebenfalls den Fokus. Hat ein Volume den Fokus, verfügen der zugehörige Datenträger und die zugehörigen Partitionen ebenfalls über den Fokus, wenn das Volume einer bestimmten Partition zugeordnet ist.

7.7.1 Befehlssyntax von DiskPart

Über die Eingabe von *help* in der Befehlszeile werden Ihnen alle Optionen von DiskPart angezeigt. Im Knowledge-Base-Artikel auf der Internetseite http://support.microsoft.com/kb/300415/de finden Sie eine ausführliche Anleitung für Windows XP, die auch für Windows Vista gilt. Häufig werden vor allem die nachfolgenden Optionen verwendet:

- *assign* – Weist einen Laufwerksbuchstaben zu. Gibt man keinen Laufwerksbuchstaben oder Bereitstellungspunkt an, wird der nächste verfügbare Laufwerksbuchstabe zugewiesen.
- *convert basic* – Konvertiert einen leeren dynamischen Datenträger in einen Basisdatenträger.
- *convert dynamic* – Konvertiert einen Basisdatenträger in einen dynamischen Datenträger. Alle auf dem Datenträger vorhandenen Partitionen werden in einfache Volumes konvertiert.
- *create volume simple* – Erstellt ein einfaches Volume. Nachdem Sie das Volume erstellt haben, wechselt der Fokus automatisch zum neuen Volume.

- *create volume stripe* – Erstellt ein Stripeset mit mindestens zwei angegebenen dynamischen Datenträgern. Nachdem das Volume erstellt wurde, wird der Fokus automatisch an das neue Volume übergeben.
- *delete disk* – Löscht einen fehlenden dynamischen Datenträger aus der Datenträgerliste.
- *delete partition* – Löscht auf einem Basisdatenträger die Partition, die über den Fokus verfügen. Es ist nicht möglich, die Systempartition, die Startpartition oder eine Partition zu löschen, welche die aktive Auslagerungsdatei oder ein Absturzabbild (Speicherabbild) enthält.
- *delete volume* – Löscht das ausgewählte Volume. Es ist nicht möglich, die System- oder die Startpartition oder ein Volume zu löschen, die bzw. das die aktive Auslagerungsdatei oder ein Speicherabbild enthält. Mehr zu diesem Thema erfahren Sie in Kapitel 19.
- *detail disk* – Zeigt die Eigenschaften des ausgewählten Datenträgers und der Volumes auf diesem Datenträger an.
- *detail partition* – Zeigt die Eigenschaften der ausgewählten Partition an.
- *detail volume* – Zeigt die Datenträger an, auf denen sich das aktuelle Volume befindet.
- *exit* – Beendet DiskPart.
- *extend* – Erweitert das Volume, das über den Fokus verfügt, auf den nachfolgenden, nicht reservierten Speicherplatz. Wenn die Partition zuvor mit dem NTFS-Dateisystem formatiert wurde, wird das Dateisystem automatisch erweitert, um die größere Partition zu belegen. Ein Datenverlust tritt nicht auf. Wenn die Partition zuvor mit einem anderen als dem NTFS-Dateisystem formatiert wurde, schlägt der Befehl fehl, und an der Partition wird keine Änderung vorgenommen. Es ist nicht möglich, die aktuellen System- oder Startpartitionen zu erweitern.
- *list disk* – Zeigt eine Liste mit Datenträgern und Informationen zu den Datenträgern an.
- *list partition* – Zeigt die Partitionen an, die in der Partitionstabelle des aktuellen Datenträgers aufgelistet sind.
- *list volume* – Zeigt eine Liste der Basisvolumes und dynamischen Volumes auf allen Datenträgern an.
- *remove* – Entfernt einen Laufwerksbuchstaben oder einen Bereitstellungspunkt von dem Volume, das über den Fokus verfügt. Wurde kein Laufwerksbuchstabe oder Bereitstellungspunkt angegeben, entfernt DiskPart den ersten Laufwerksbuchstaben oder Bereitstellungspunkt, der gefunden wird. Mithilfe des Befehls *remove* können Sie den Laufwerksbuchstaben ändern, der einem austauschbaren Datenträger zugeordnet ist.
- *rescan* – Sucht nach neuen Datenträgern, die eventuell zum Computer hinzugefügt wurden.
- *select disk* – Wählt den angegebenen Datenträger aus und verlagert den Fokus auf den Datenträger.

- *select partition* – Wählt die angegebene Partition aus und verlagert den Fokus auf die Partition. Wurde keine Partition angegeben, wird durch *select* die Partition aufgeführt, die momentan über den Fokus verfügt. Man kann die Partition anhand ihrer Nummer angeben. Mithilfe des Befehls *list partition* können Sie die Nummern aller Partitionen auf dem aktuellen Datenträger anzeigen. Bevor Sie eine Partition auswählen können, müssen Sie zuerst einen Datenträger mithilfe des Befehls *select disk* auswählen.

Bei Verwendung des Befehls *DiskPart* als Teil eines Skripts wird empfohlen, alle DiskPart-Vorgänge zusammen als Teil eines einzigen DiskPart-Skripts zu vervollständigen. Man kann aufeinanderfolgende DiskPart-Skripte ausführen, sollte aber zwischen den Skriptausführungen mindestens 15 Sekunden verstreichen lassen, bevor man den DiskPart-Befehl erneut ausführt, damit jedes Skript vollständig beendet wird. Andernfalls schlägt das nachfolgende Skript fehl. Zwischen den aufeinanderfolgenden DiskPart-Skripten lässt sich eine Pause einfügen, indem der Befehl *sleep* (aus dem Windows Server 2003 Resource Kit, das kostenlos bei www.microsoft.de heruntergeladen werden kann) zur Batchdatei zusammen mit den DiskPart-Skripten hinzufügt wird.

Um ein DiskPart-Skript aufzurufen, tippen Sie in der Eingabeaufforderung Folgendes ein: *diskpart /s Skriptname.txt*, wobei *Skriptname.txt* der Name der Textdatei ist, die das Skript enthält.

Um die Skriptausgabe von DiskPart in eine Datei umzuleiten, tippen Sie in der Eingabeaufforderung Folgendes ein: *diskpart /s Skriptname.txt > Protokolldatei.txt*. Dabei ist *Protokolldatei.txt* der Name der Textdatei, in welche die Ausgabe von DiskPart geschrieben wird. Wenn DiskPart gestartet wird, werden die DiskPart-Version und der Computername an der Eingabeaufforderung angezeigt. Wenn DiskPart beim Versuch, einen Skripttask auszuführen, einen Fehler ermittelt, beendet DiskPart die Verarbeitung des Skripts und zeigt einen Fehlercode an:

- *0* – Es sind keine Fehler aufgetreten. Das gesamte Skript wurde ohne Fehler ausgeführt.
- *1* – Es ist eine schwerwiegende Ausnahme aufgetreten. Möglicherweise liegt ein ernstes Problem vor.
- *2* – Die für einen DiskPart-Befehl angegebenen Parameter waren falsch.
- *3* – DiskPart konnte die angegebene Skript- oder Ausgabedatei nicht öffnen.
- *4* – Einer der von DiskPart verwendeten Dienste hat einen Fehler zurückgegeben.
- *5* – Es liegt ein Befehlssyntaxfehler vor. Das Skript ist fehlgeschlagen, da ein Objekt nicht ordnungsgemäß ausgewählt wurde oder nicht mit diesem Befehl verwendet werden kann.

Um die aktuelle Festplattenkonfiguration Ihres PC anzuzeigen, öffnen Sie zunächst mit *Start/Ausführen/cmd* ein Eingabeaufforderungsfenster. Geben Sie als Nächstes *diskpart* ein, um die Konsole für die Verwaltung von Partitionen aufzurufen. Mit dem Befehl *list disk* werden die eingebauten Festplatten angezeigt.

7.8 Erstellen von virtuellen Laufwerken mit subst.exe

Auch unter Windows Vista besteht die Möglichkeit, ein beliebiges Verzeichnis als virtuelles Laufwerk zu definieren. Dieses Laufwerk wird im Explorer dargestellt wie alle anderen Laufwerke auch, verweist aber auf das Verzeichnis, das Sie konfiguriert haben. Diese Virtualisierung von Laufwerken wird mit dem Befehl subst.exe in der Befehlszeile durchgeführt.

Durch das Festlegen von Verzeichnissen als virtuelles Laufwerk können Sie sich so manche Klickorgie sparen, da verschachtelte und häufig verwendete Verzeichnisse als Laufwerk angezeigt werden.

Wenn Sie in der Befehlszeile nur *subst* eingeben, werden Ihnen alle virtuellen Laufwerke angezeigt (siehe *Abbildung 7.23*).

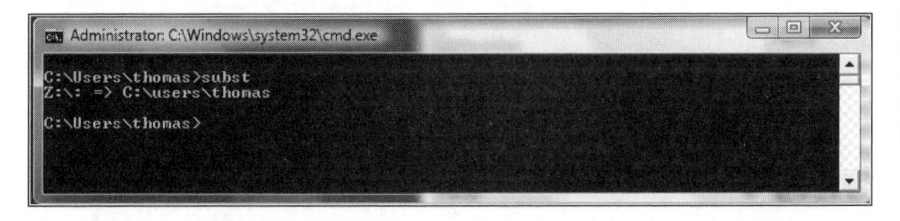

Abbildung 7.23: Anzeigen von virtuellen Laufwerken mit subst

Sie können beliebig viele virtuelle Laufwerke mit *subst.exe* erstellen. Die Syntax zu Erstellung eines virtuellen Laufwerks ist:

Subst < Laufwerksbuchstabe >: < Pfad zum Verzeichnis >

Wenn Sie zum Beispiel das Verzeichnis c:\users\thomas\Documents als virtuelles Laufwerk X darstellen wollen, geben Sie in der Befehlszeile *subst x: c:\users\thomas\documents* ein (siehe *Abbildung 7.24*).

Abbildung 7.24: Erstellen eines virtuellen Laufwerks

Datenträger anlegen und verwalten

Im Anschluss wird das Laufwerk im Explorer dargestellt (siehe *Abbildung 7.25*).

Abbildung 7.25:
Anzeigen des virtuellen Laufwerks im Explorer

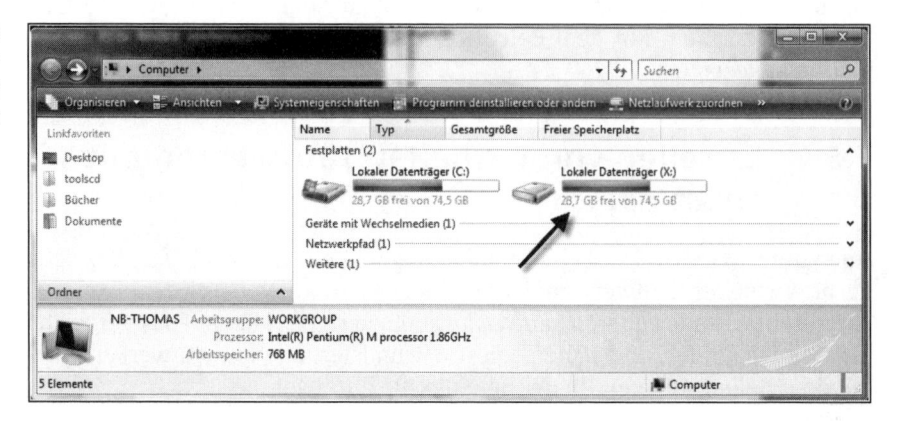

Mit der Option *subst <Laufwerk>: /d* können Sie erstellte virtuelle Laufwerke auch wieder löschen lassen.

TEIL 3
Dateien und Ordner verwalten

| 329 | Der Windows Explorer als Dateizentrale | 8 |

8 Der Windows Explorer als Dateizentrale

Der Windows Explorer ist noch immer die Schaltzentrale von Windows zur Navigation innerhalb von Verzeichnissen und der Verwaltung von Dateien. Microsoft hat gerade innerhalb des Explorers einige Änderungen vorgenommen, die in diesem Kapitel besprochen werden.

Abbildung 8.1: Der neue Windows Explorer

8.1 Starten des Windows Explorers

Sie können den Windows Explorer über verschiedene Wege öffnen, die Bedienung ist identisch. Es gibt keinen Unterschied mehr, ob Sie auf einen Ordner doppelklicken oder über das Kontextmenü des Ordners den Windows Explorer aufrufen. Die gängigsten Varianten zum Öffnen des Windows Explorers sind folgende:

- Klicken Sie mit der rechten Maustaste auf das Start-Symbol, und wählen Sie im Kontextmenü die Option *Explorer* (siehe *Abbildung 8.2*). Der Windows Explorer öffnet sich und zeigt den Inhalt des Startmenüs an. Sie können auch die Option *Öffnen/Alle Benutzer* oder *Explorer/Alle Benutzer* auswählen. Es wird immer das gleiche Programm gestartet, nur mit einem anderen Fokus.
- Sie können den Windows Explorer auch starten, indem Sie im Suchfeld des Startmenüs den Begriff »Windows Explorer« eingeben und bestätigen.
- Außerdem lässt sich der Windows Explorer öffnen, indem Sie im Startmenü auf den Befehl *Computer* klicken.

> **TIPP**
> *Sie können mit einem Klick der rechten Maustaste auf den Desktop und durch Auswahl von* Neu/Verknüpfung *eine Verknüpfung zum Windows Explorer auf dem Desktop anlegen. Geben Sie in das Feld* explorer *ein.*

Abbildung 8.2:
Aufruf des Windows Explorers über das Kontextmenü des Startmenüs

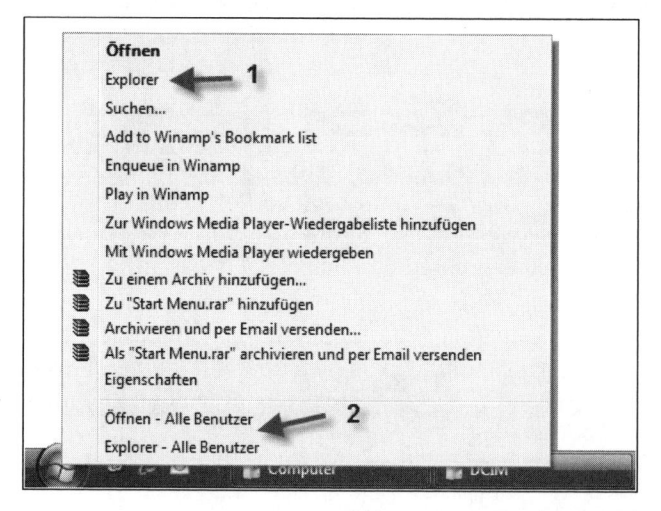

- Mit der Tastenkombination ⊞-Taste + E wird ebenfalls der Explorer geöffnet.

8.2 Windows Explorer im Überblick

Nach dem Start können Sie das Aussehen des Windows Explorers anpassen. Wenn Sie alle Optionen aktivieren, sieht der Explorer ähnlich wie in *Abbildung 8.3* aus. Sie sehen an den Pfeilen die wichtigsten Bereiche des Explorers, die im folgenden Abschnitt detaillierter besprochen werden. An den einzelnen Nummerierungen erkennen Sie, um welchen Funktionspunkt im Explorer in *Abbildung 8.4* es sich handelt. Die einzelnen Funktionen werden auch als einzelne Abbildungen dargestellt, über *Abbildung 8.3* und die Nummerierungen in diesem Kapitel erhalten Sie eine Gesamtübersicht.

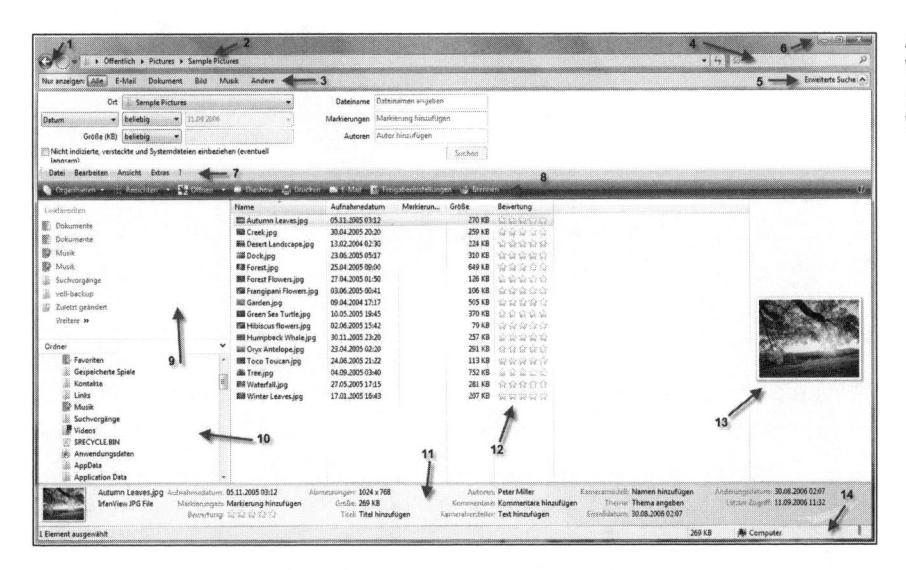

Abbildung 8.3: Verschiedene Bereiche des Windows Explorers

1. Oben links im Windows Explorer-Fenster wird eine Vor- und Zurückschaltfläche eingeblendet. Mit ihr kann zum vorher geöffneten Verzeichnis zurückgewechselt werden. Diese Funktion wurde vom Internet Explorer übernommen und erleichtert deutlich die Navigation.
2. Die Adressleiste zeigt den genauen Standort des derzeitig geöffneten Verzeichnisses an. Sie können entweder direkt auf einen übergeordneten Ordner klicken, um ihn zu öffnen, oder sich über das kleine Dreieck neben jedem Ordner dessen Unterordner anzeigen lassen und zu ihnen navigieren (siehe *Abbildung 8.4*).

Wenn Sie auf den ersten Pfeil in der Adressleiste klicken, werden Ihnen einige Standardordner des Betriebssystems angezeigt.

Der Windows Explorer als Dateizentrale

Abbildung 8.4:
Navigation über die Adressleiste im Explorer

Abbildung 8.5:
Direkter Wechsel zu den eigenen Dateien

Windows Explorer im Überblick

Über diese Standardordner können Sie jetzt auch die eigenen Dateien öffnen, die nicht mehr unter dieser Bezeichnung angezeigt werden, sondern als Benutzername des angemeldeten Benutzers. Sie können dadurch im Windows Explorer zu jeder Zeit in den Stammordner Ihrer persönlichen Dokumente wechseln (siehe *Abbildung 8.5*).

Wenn Sie mit der rechten Maustaste auf die Adressleiste klicken, können Sie den derzeitigen Pfad in die Zwischenablage kopieren und ihn in ein anderes Programm wieder einfügen.

TIPP

Mit einem Doppelklick auf den Pfad wechselt die Ansicht in ein Eingabefeld, und Sie können den Pfad manuell eintragen, der im Explorer angezeigt werden soll.

Wie beim Internet Explorer kann auch beim Windows Explorer die Ansicht durch Drücken von F5 *oder per Klick auf die Aktualisierungsschaltfläche neben der Adressleiste aktualisiert werden (siehe Abbildung 8.6).*

Abbildung 8.6: Ansicht des Explorers aktualisieren

3. In Punkt 3 in *Abbildung 8.3* sehen Sie die Suchleiste des Windows Explorers. Über den Punkt 5 können Sie die Suchmaske der erweiterten Suche einblenden. Hier lässt sich gezielt filtern, wonach gesucht werden soll. Sie können beliebige Suchbegriffe eingeben und auswählen, ob im Explorer nur nach Dateien oder (neu in Vista) auch in und nach E-Mails gesucht werden soll. Auch innerhalb von Dateien kann die Windows-Suche nach Informationen recherchieren. Machen Sie sich aber keine allzu großen Hoffnungen. Wesentlich schneller als unter Windows XP ist die Suche auch unter Windows Vista nicht geworden.

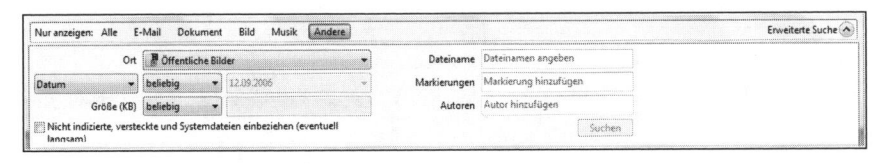

Abbildung 8.7: Suchleiste im neuen Windows Explorer

Damit die neue Suchleiste überhaupt eingeblendet wird, müssen Sie diese über den Menübefehl *Organisieren/Layout/Suchfenster* zunächst aktivieren (siehe *Abbildung 8.7*). Die erweiterte Suche können Sie über den kleinen Pfeil neben *Erweiterte Suche* einblenden lassen.

Damit jedoch die Option *Suchfenster* über *Organisieren/Layout* angeboten wird bzw. damit Sie die erweiterte Suche aktivieren können, müssen Sie im

Der Windows Explorer als Dateizentrale

Windows Explorer zunächst eine Suche über das Suchfeld durchführen und in den Suchergebnissen im Anschluss die *Erweiterte Suche* aktivieren (siehe *Abbildung 8.8*).

Abbildung 8.8:
Verwenden der erweiterten Suche in Windows Vista

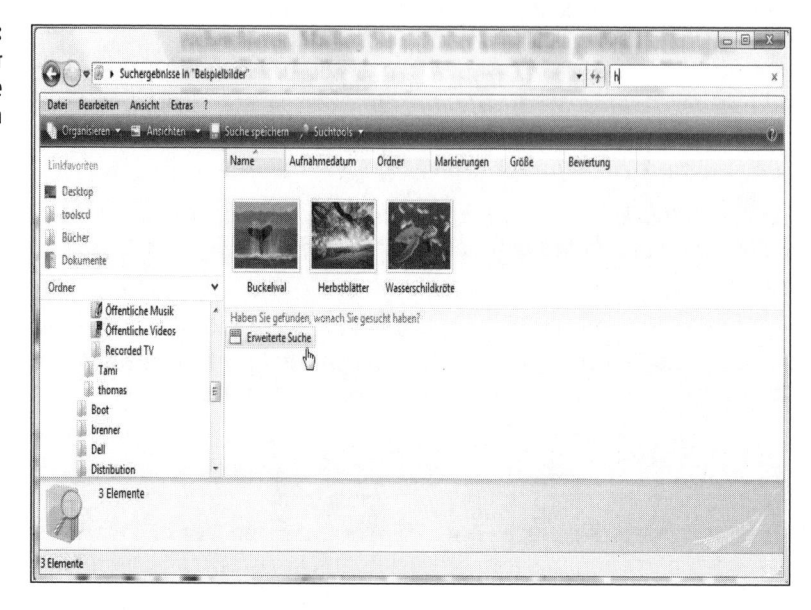

Durch die Einblendung der erweiterten Suche wird im Anschluss auch das Suchfenster angezeigt.

> **INFO**
> *Die erweiterte Suche kann nur verwendet werden, wenn der Systemdienst* Windows-Suche *gestartet ist. Erst dann wird der Inhalt der einzelnen Dateien indexiert und in der Suche angegeben. Sie sollten diesen Dienst nur auf älteren PCs deaktivieren, wenn Sie die Windows-Suche nicht verwenden wollen (mehr zu den Diensten erfahren Sie in Kapitel 19).*

Abbildung 8.9:
Einblenden des Suchfensters im Windows Explorer

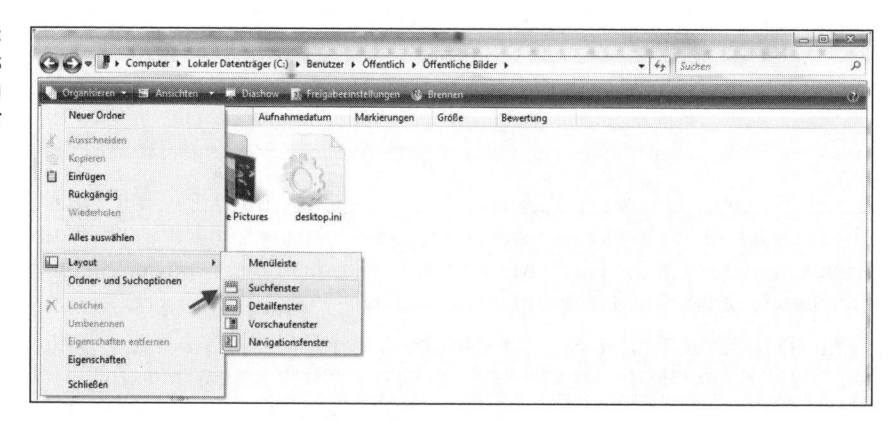

Windows Explorer im Überblick

4. Das herkömmliche Suchfenster wird bereits standardmäßig im Windows Explorer eingeblendet. In dieses Fenster können Sie einen Suchbegriff eingeben, nach dem im ausgewählten Ordner gesucht wird. Dieses Suchfenster wird in jedem Explorer-Fenster eingeblendet. Schon nach Eingabe des ersten Buchstabens filtert Windows das Ergebnis in der Anzeige (siehe *Abbildung 8.10 und 8.8*).

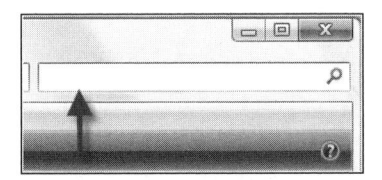

Abbildung 8.10:
Das Suchfenster im Windows Explorer

5. Über den Punkt 5 in *Abbildung 8.3* können Sie die bereits erwähnte erweiterte Suche ein- und wieder ausblenden. Besser funktioniert das über den Link *Erweiterte Suche* im Suchergebnis (siehe *Abbildung 8.8*).
6. Die Fensteroptionen sind in Windows Vista quasi identisch zu Windows XP geblieben. Sie können ein Fenster über diese Symbole maximieren, minimieren oder schließen. Wenn Sie mit der Maus an den Fensterrand gehen, können Sie die Größe des Fensters anpassen. Unter Windows Vista werden diese neuen Symbole jetzt deutlicher grafisch hervorgehoben, sodass auch bei höheren Auflösungen besser erkannt wird, welche Option gerade mit der Maus ausgelöst werden kann (siehe *Abbildung 8.11*).

Wie bereits unter Windows XP wird ein Fenster per Doppelklick an einer beliebigen Stelle oben in der Fensterleiste maximiert bzw. vom maximierten Status wieder in normaler Größe angezeigt.

TIPP

Abbildung 8.11:
Die neue Darstellung der Fensteroptionen in Windows Vista

7. Die Menüleiste, mit der noch unter Windows XP oder Windows 2000 im Windows Explorer Aktionen ausgelöst wurden, wird standardmäßig nicht mehr angezeigt. Sie können sie jedoch über *Organisieren/Layout/Menüleiste* nachträglich einblenden lassen (siehe *Abbildung 8.12*).

Wenn Sie die Menüleiste nicht dauerhaft einblenden wollen, sondern nur dann, wenn Sie sie benötigen, können Sie diese mit der [Alt]*-Taste auf der Tastatur aktivieren. Sobald Sie wieder in das Explorer-Fenster wechseln oder nochmals die* [Alt]*-Taste klicken, wird die Menüleiste wieder deaktiviert.*

TIPP

8. Neu hinzugekommen im Windows Explorer ist seine dynamische Menüleiste. Sie zeigt abhängig vom Inhalt des Ordners die dazu passenden Menübefehle an. Die Befehle *Organisieren*, *Ansichten* und *Brennen* werden immer angezeigt, die anderen sind dynamisch und abhängig vom

Der Windows Explorer als Dateizentrale

Ordnerinhalt. Über den Menübefehl *Organisieren* können die wichtigsten Aufgaben für Windows-Ordner ausgewählt werden, wie Sie in *Abbildung 8.9* erkennen können. Über *Ansichten* lässt sich die Ansicht des Ordners festlegen. Wenn Sie mit der Maus auf den Menübefehl klicken, können Sie mit jedem Mausklick durch die einzelnen Ansichten wechseln, bis eine Ihren Vorstellungen entspricht. Das vollständige Menü wird eingeblendet, wenn Sie auf das kleine Dreieck neben dem Menüeintrag klicken.

Abbildung 8.12:
Einblenden der Menüleiste im Windows Explorer

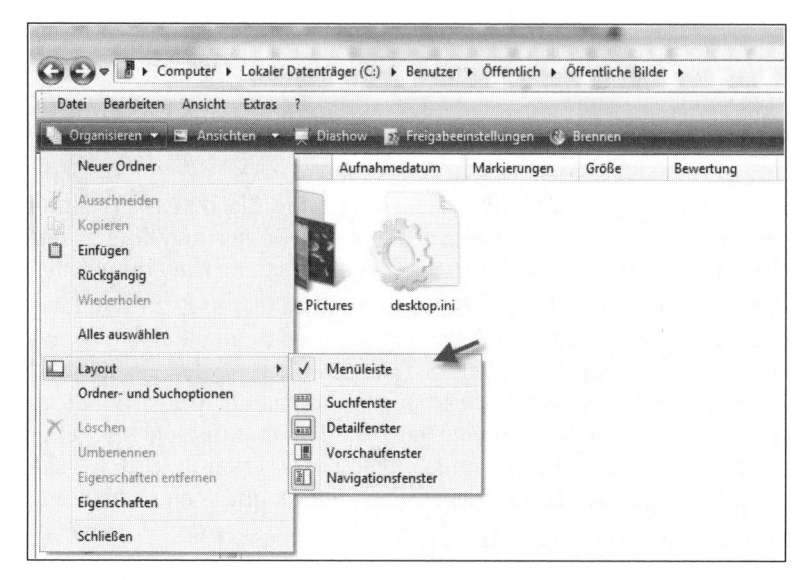

9. Ebenfalls neu im Windows Explorer ist der Bereich *Linkfavoriten* (siehe *Abbildung 8.13*). Hier werden automatisch die Verzeichnisse angezeigt, die am häufigsten verwendet werden. Diese Liste wird automatisch und dynamisch aufgebaut und zeigt Ihnen auf einen Blick die Ordner an, zu denen Sie am häufigsten navigieren.

Abbildung 8.13:
Linkfavoriten im Windows Explorer

Windows Explorer im Überblick

Sie können den Inhalt in dieser Ansicht selbst definieren. Wenn Sie einzelne Linkfavoriten nicht verwenden wollen, können Sie mit der rechten Maustaste in den Bereich der Linkfavoriten klicken und den Menüpunkt *Link entfernen* auswählen (siehe *Abbildung 8.14*). Auf diesem Weg können Sie alle unnötigen Linkfavoriten entfernen.

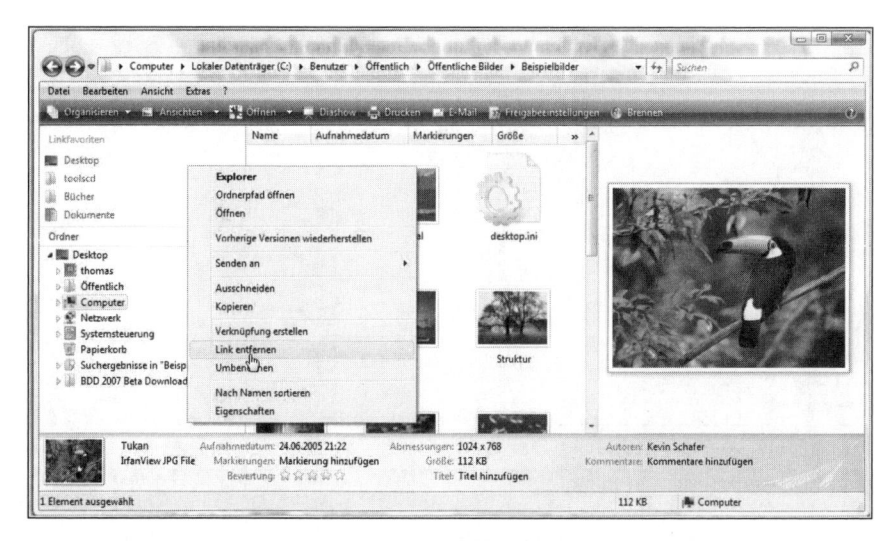

Abbildung 8.14:
Entfernen von Linkfavoriten aus dem Explorer

Die Möglichkeit, unnötige Linkfavoriten in der Ansicht zu entfernen, wird natürlich nur dann richtig sinnvoll, wenn Sie auch selbst bestimmen können, welche Linkfavoriten angezeigt werden. Sie können eigene Ordner bestimmen, die in den Linkfavoriten angezeigt werden. Sobald Sie im Explorer auf einen solchen Linkfavoriten klicken, springen Sie sofort zu diesem Ordner, was die Navigation enorm vereinfacht.

> *Um einen Linkfavoriten zu erstellen, navigieren Sie zunächst zu dem Ordner, den Sie als Linkfavoriten festlegen wollen. Im Anschluss klicken Sie ihn mit der linken Maustaste an und ziehen ihn in den Bereich der Linkfavoriten (siehe Abbildung 8.15). Im Anschluss wird eine Verknüpfung dieses Ordners in den Linkfavoriten erstellt.*

TIPP

10. Auch der Navigationsbereich wurde von Microsoft überarbeitet. Dieser kann jetzt im Windows Explorer über das kleine Pfeilsymbol ein- und ausgeblendet werden. Wenn Sie auf das kleine Dreieck neben einem Ordner einmal mit der linken Maustaste klicken, werden die Unterverzeichnisse angezeigt. Ein weiterer Klick blendet die Unterverzeichnisse wieder aus. Der komplette Bereich kann, wie bereits erwähnt, ein- oder ausgeblendet werden (siehe *Abbildung 8.16*).

Der Windows Explorer als Dateizentrale

Abbildung 8.15:
Erstellen von eigenen Linkfavoriten

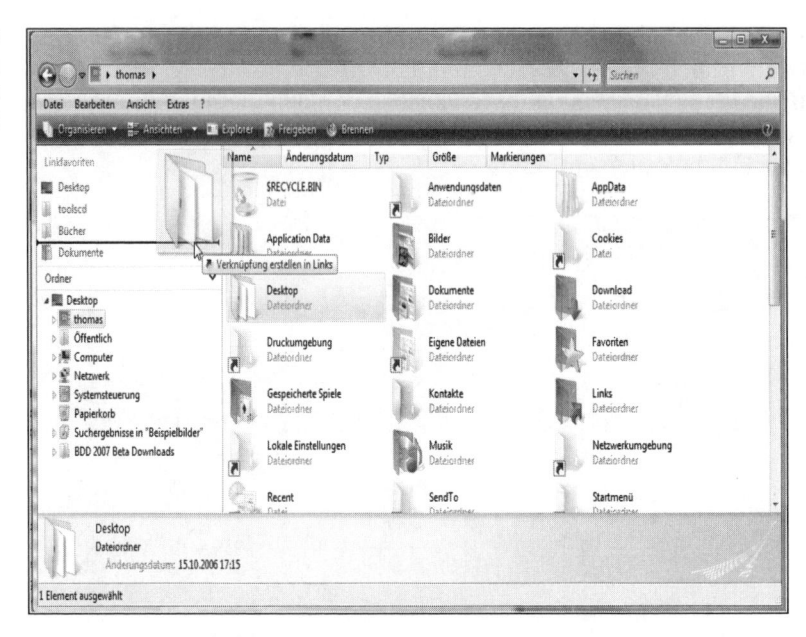

Abbildung 8.16:
Navigationsbereich des neuen Windows Explorers

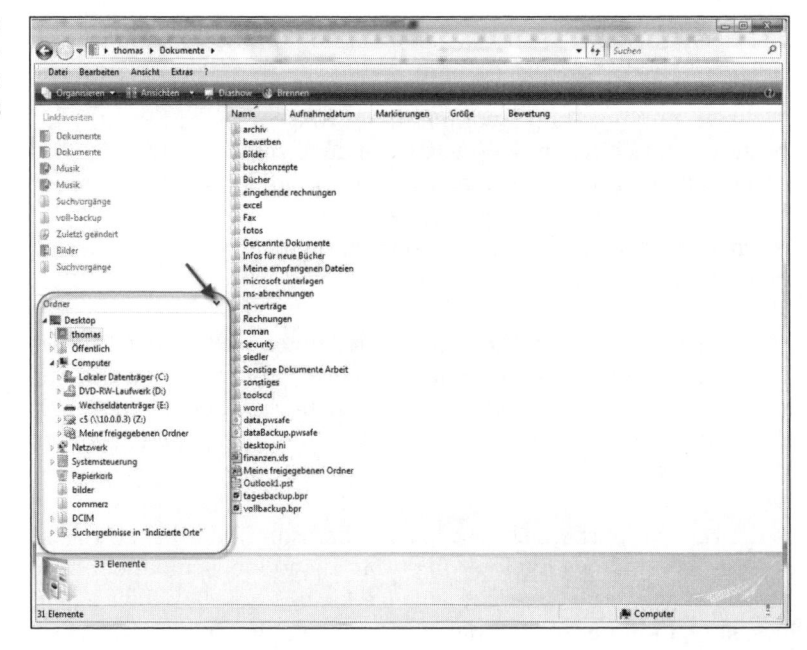

11. Die Detailansicht im Windows Explorer zeigt, abhängig vom markierten Ordner, detaillierte Informationen über das Verzeichnis, das Laufwerk oder die markierte Datei an (siehe *Abbildung 8.17*). Sie können in diesem Fenster bei Dateien zum Beispiel einen Autor, einen Titel oder ein Thema hinterlegen, nach dem wiederum in der erweiterten Suche gesucht werden kann. Ebenfalls besteht die Möglichkeit, Dateien zu bewerten, indem

Windows Explorer im Überblick

Sie die Sterne im Detailfenster aktivieren. Auch nach dieser Bewertung kann gesucht werden. Durch diese Möglichkeit, Dateien bestimmte Markierungen (oft auch Tags genannt) ähnlich wie bei MP3-Dateien zuzuweisen, können sie in Windows Vista wesentlich effizienter verwaltet werden als unter den Vorgängerversionen. Um ein Feld zu pflegen, müssen Sie es lediglich mit der Maus im Detailfenster anklicken. Sie können die Größe dieses Fensters, wie alle Bereiche im Windows Explorer, von der Größe her anpassen, indem Sie auf den Rand des Bereichs fahren und diesen so groß ziehen, wie Sie ihn haben möchten.

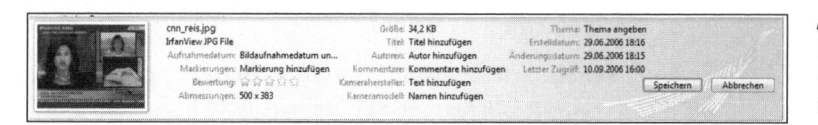

Abbildung 8.17: Detailfenster im neuen Windows Explorer

Sie können bei Bildern das Aufnahmedatum ändern oder hinterlegen und per Doppelklick auf das Vorschaufenster die entsprechende Datei öffnen.

12. Abhängig von der gewählten Ansicht eines Ordners können Sie Bewertungen von Dateien im Explorer-Fenster anzeigen lassen und das Fenster nach der Bewertung sortieren sowie nach Dateien mit bestimmten Bewertungen suchen lassen (siehe *Abbildung 8.18*). Sie können im Detailfenster des Windows Explorers auch bestimmte benutzerdefinierte Markierungen für Dateien eingeben, nach denen Sie auch suchen können, oder nach diesen sortieren.

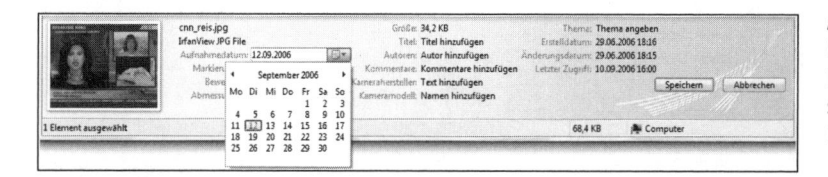

Abbildung 8.18: Bearbeiten von Dateieigenschaften im Detailfenster

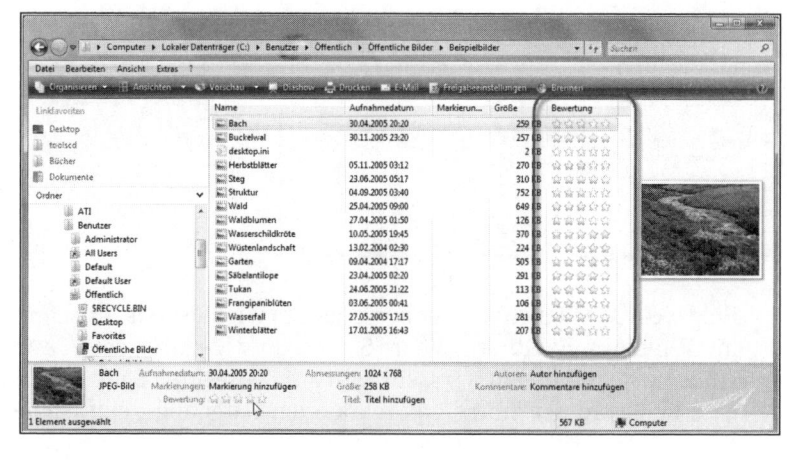

Abbildung 8.19: Sortieren innerhalb eines Verzeichnisses

Der Windows Explorer als Dateizentrale

Wenn Sie, wie beschrieben, die herkömmliche Menüleiste einblenden, können Sie über den Menübefehl *Ansicht/Details auswählen* festlegen, welche Details angezeigt werden sollen. Vorher müssen Sie über den Eintrag *Ansichten* der dynamischen Menüleiste die Ansicht *Details* ausgewählt haben (siehe *Abbildung 8.20*).

> **TIPP**
>
> *Im Windows Explorer können Sie auch die Größe der einzelnen Spalten in der Details-Ansicht mit der Maus verändern. Eine Spalte lässt sich automatisch an den längsten darin enthaltenen Eintrag anpassen, indem Sie auf den Spaltentrenner doppelklicken, während der Pfeil zum Vergrößern oder Verkleinern der Spalte angezeigt wird.*

Die Ansicht im Fenster wird nach der Spalte sortiert, auf deren Spaltenüberschrift Sie mit der Maus klicken. Wenn Sie wiederholt auf eine Spaltenüberschrift klicken, wird die Sortierung umgekehrt. Bei Dateinamen würde dann beispielsweise aus einer zunächst alphabetisch aufsteigenden Sortierung (A–Z) eine alphabetisch absteigende (Z–A).

Abbildung 8.20: Auswählen der Details für die Ansicht

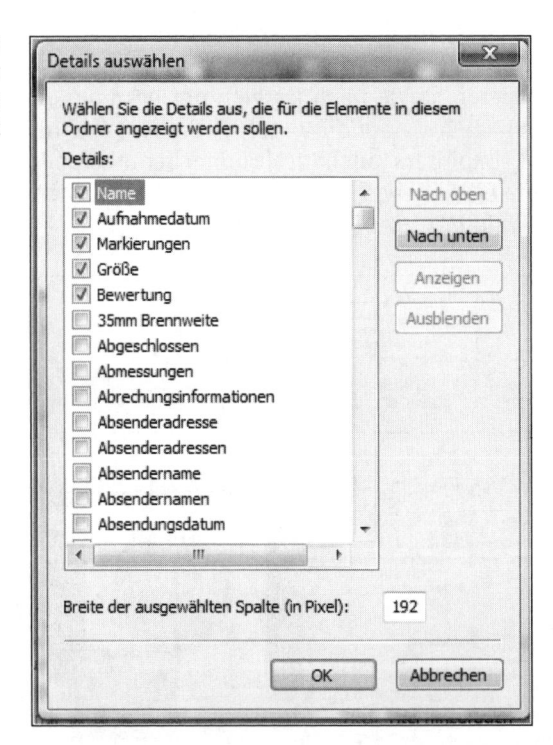

13. Eine weitere Möglichkeit der besseren Übersicht ist das Vorschaufenster im Windows Explorer. Wenn Sie es über *Organisieren/Layout/Vorschaufenster* einblenden lassen, wird auf der rechten Seite des Explorers eine Vorschau der momentan markierten Datei angezeigt (siehe *Abbildung 8.21*). Sie können deren Größe stufenlos erhöhen, wenn Sie den

Windows Explorer im Überblick

Bereich des Vorschaufensters im Explorer vergrößern. Klicken Sie mit der rechten Maustaste auf das Vorschaufenster, werden die Aufgaben eingeblendet, die Sie mit dieser Datei durchführen können. Bilder können gedreht, ausgedruckt, geöffnet oder als Hintergrundbild festgelegt werden.

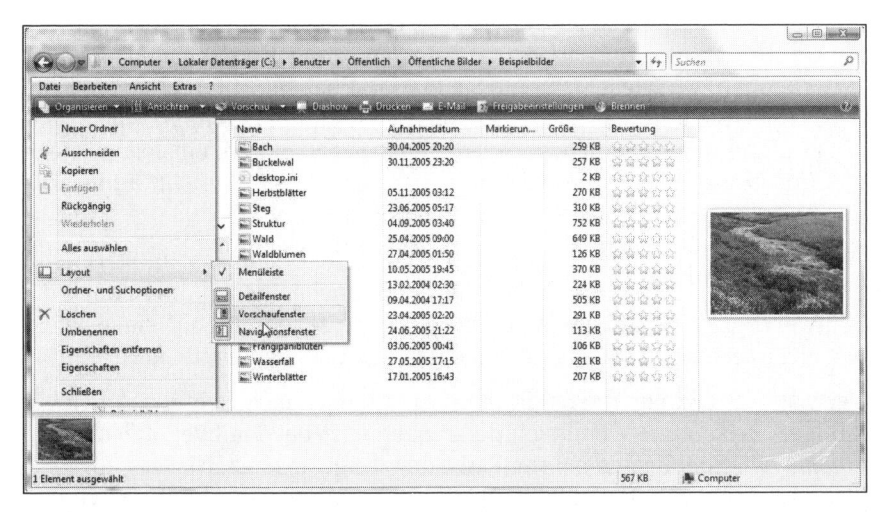

Abbildung 8.21: Aktivierung des Vorschaufensters im Windows Explorer

Wenn Sie eine Musikdatei markieren, können Sie im Windows Explorer die vielfältigen Informationen erkennen sowie im Vorschaufenster die Datei abspielen (siehe *Abbildung 8.22*).

Abbildung 8.22: Abspielen von Musikdateien im Windows Explorer

Der Windows Explorer als Dateizentrale

TIPP *Sollte bei Ihnen trotz aktiviertem Vorschaufenster keine Vorschau von Dateien angezeigt werden, überprüfen Sie nach Aufruf des Menübefehls* Organisieren/Ordner- und Suchoptionen *auf der Registerkarte* Ansicht*, ob die Option* Vorschauhandler im Vorschaufenster anzeigen *aktiviert ist.*

14. Der letzte Bereich ist die Statusleiste. Diese Leiste zeigt in einer Zeile die Größe der gerade markierten Datei an. Außerdem können Sie hier erkennen, wie viele Elemente Sie markiert haben. Auf der rechten Seite können Sie durch Doppelklick auf den Menüpunkt *Computer* die Konfiguration der Sicherheitszonen des Internet Explorers einstellen (siehe *Kapitel 14*). Die Statusleiste wird über das Menü *Ansicht/Statusleiste* ein- oder ausgeblendet.

Wenn Sie den Windows Explorer über den Befehl *Computer* im Startmenü oder auf dem Desktop starten, werden Ihnen neben den Ordnern auch die Laufwerke und deren Optionen angezeigt. Sie sehen hier auf einen Blick, wie viel Speicherplatz noch auf den einzelnen Laufwerken frei ist.

Der Windows Explorer zeigt diese Informationen zusätzlich noch in einem farbigen Balken an. Wenn sich der Plattenplatz des Laufwerks dem Ende zuneigt, wird der Balken in roter Farbe angezeigt, ansonsten ist er grün bzw. blau, abhängig vom freien Plattenplatz. Durch diese neue Funktion werden Ihnen die wichtigsten Informationen über die Laufwerke bereits beim Starten des Windows Explorers angezeigt (siehe *Abbildung 8.23*).

Abbildung 8.23: Anzeigen der Laufwerksinformationen im Windows Explorer

8.3 Ansichten des Windows Explorers anpassen

Der Windows Explorer lässt sich sehr detailliert an die Bedürfnisse des Anwenders anpassen. Hauptsächlich findet diese Anpassung über das bereits beschriebene Menü *Organisieren/Layout* bzw. über das Menü *Ansicht/Details auswählen* statt.

Über das Menü *Ansichten* wiederum können Sie die Ansicht von Dateien und Ordnern innerhalb des Windows Explorers anpassen.

Eine etwas detaillierte Möglichkeit, die Ansichten von Ordnern im Windows Explorer anzupassen, stellt der Menübefehl *Organisieren/Ordner- und Suchoptionen* dar. Wenn Sie diese Konfiguration starten, wird ein neues Fenster mit drei Registerkarten eingeblendet. Über diese Registerkarten können Sie grundlegende Anpassungen für die Ansicht des Explorers durchführen (siehe *Abbildung 8.24*).

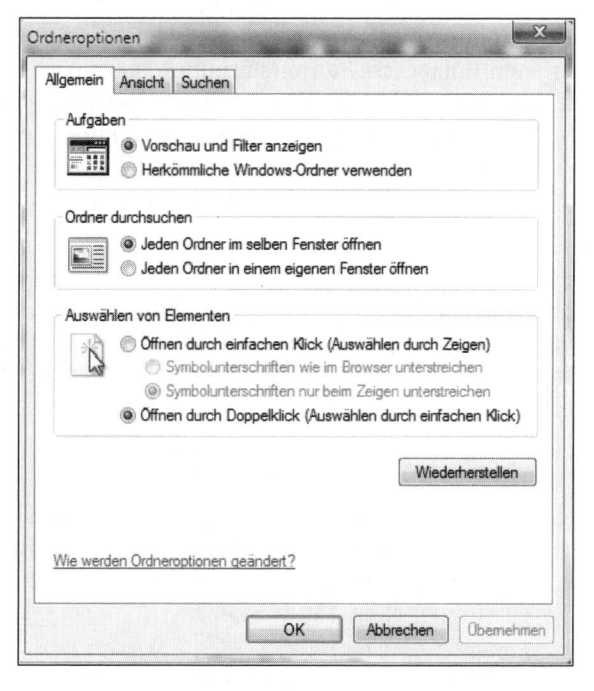

Abbildung 8.24: Anpassen der Ordneroptionen im Windows Explorer

Auf der Registerkarte *Allgemein* stehen Ihnen die drei Optionen *Aufgaben*, *Ordner durchsuchen* und *Auswählen von Elementen* zur Verfügung. Hier können Sie folgende Einstellungen vornehmen:

- *Vorschau und Filter anzeigen* – Diese Option ist standardmäßig aktiviert. Mit ihr können über *Organisieren/Layout* das *Detailfenster* und das *Vorschaufenster* aktiviert werden.

Der Windows Explorer als Dateizentrale

- *Herkömmliche Windows-Ordner verwenden* – Wenn Sie diese Option aktivieren, werden im Menü *Organisieren/Layout* die beiden Optionen *Detailfenster* und *Vorschaufenster* ausgeblendet und können nicht aktiviert werden. Dadurch bleibt mehr Platz zum Navigieren, es werden aber die Möglichkeiten des Windows Explorers stark eingeschränkt, vor allem weil Sie diese beiden Fenster ohnehin über *Organisieren/Layout* ein- oder ausblenden können.
- *Jeden Ordner im selben Fenster öffnen* – Auch diese Option ist standardmäßig aktiviert. Wenn Sie im Windows Explorer durch verschiedene Ordner navigieren, werden sie immer im gleichen Fenster geöffnet. Durch die Vor- und Zurückschaltfläche können Sie zu den bereits besuchten Ordnern wechseln.
- *Jeden Ordner in einem eigenen Fenster öffnen* – Wenn Sie diese Option aktivieren, bleibt die Navigation zunächst gleich. Wenn Sie jedoch im Windows Explorer auf einen Ordner doppelklicken, öffnet sich ein neues Explorer-Fenster, das ihn anzeigt. Dadurch erhöht sich die Anzahl der Fenster auf dem Desktop, und Sie können die Vor- und Zurückschaltfläche nicht mehr uneingeschränkt nutzen, da sie nur innerhalb eines Fensters funktionieren.
- Die Optionen im Bereich *Auswählen von Elementen* sind selbsterklärend. Durch die Auswahl der Option *Öffnen durch einfachen Klick* muss zum Öffnen einer Datei nicht mehr auf diese doppelgeklickt werden, sondern es genügt, sie einmal anzuklicken, genau wie einen Link im Internet Explorer.

Die Registerkarte *Ansicht* ist die wichtigste Registerkarte, um die Anzeige von Dateien und Ordnern zu konfigurieren. Hier finden Sie eine Vielzahl von Möglichkeiten. Die meisten Optionen sind bereits durch die Erläuterung selbsterklärend. Auf die wichtigsten Optionen geht die folgende Auflistung ein:

- *Erweiterungen bei bekannten Dateitypen ausblenden* – Diese Option ist standardmäßig aktiviert und sollte deaktiviert werden. Wenn sie aktiv ist, zeigt Windows keine Dateiendungen an, die im System registriert sind. Der Anwender muss aus dem Symbol erraten, um welche Datei es sich handelt. Sie sollten diese Option deaktivieren, damit Dateiendungen immer angezeigt werden.
- *Freigabe-Assistent verwenden (empfohlen)* – Wenn Sie diese Option aktivieren, wird bei der Freigabe von Dateien ein Assistent verwendet, der die Möglichkeiten der Berechtigungen stark einschränkt. Vor allem wenn Sie mit den administrativen Freigaben (c$, d$) arbeiten, können über das Netzwerk oft Freigaben nicht geöffnet werden. Nähere Informationen zu dieser Problematik finden Sie in Kapitel 9. Wenn Sie planen, Dateien in einem Netzwerk freizugeben, sollten Sie diese Option deaktivieren.

Ansichten des Windows Explorers anpassen

- *Geschützte Systemdateien ausblenden* – Poweruser sollten auch diese Option deaktivieren. Sie ist standardmäßig aktiviert und zeigt keine Systemdateien im Windows Explorer an. Erst wenn Sie diese Option deaktivieren, werden sämtliche Dateien im Windows Explorer angezeigt (ausgenommen die versteckten, zu dieser Option kommen wir noch).

- *Kontrollkästchen zur Auswahl von Elementen verwenden* – Diese Option ist neu in Windows Vista. Unter früheren Windows-Versionen konnten Sie bisher zum Markieren mehrerer Dateien im Windows Explorer mit der Maus einen Rahmen um die betreffenden Dateien ziehen, die [Strg]-Taste gedrückt halten und die nicht aufeinanderfolgenden Dateien markieren oder alternativ die [⇧]-Taste gedrückt halten, um mehrere aufeinanderfolgende Dateien zu markieren. Wenn Sie die anfangs genannte neue Option in Vista aktivieren, wird bei jedem Ordner ein kleines Kästchen angezeigt, wenn Sie mit der Maus darüber fahren. Durch dieses Kästchen können Dateien wesentlich effizienter markiert werden (siehe Abbildung 8.25).

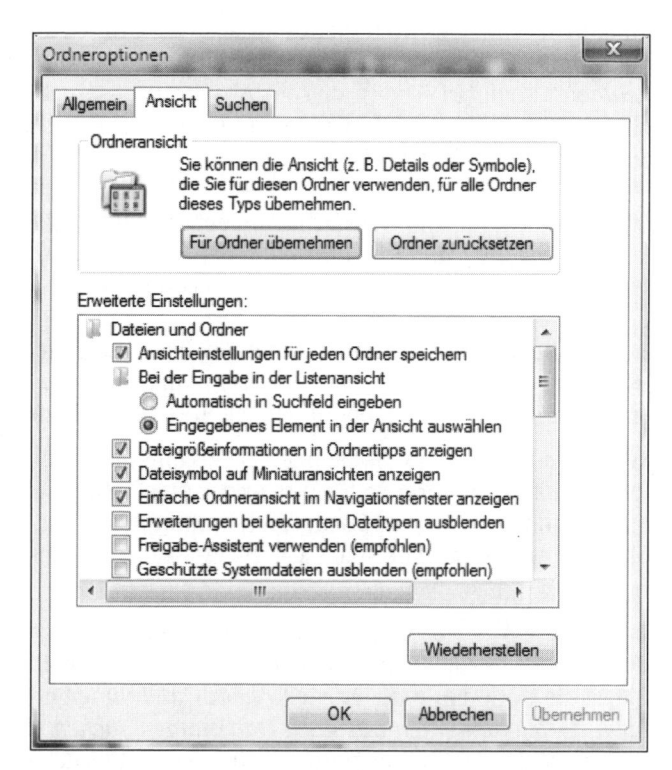

Abbildung 8.25: Erweiterte Einstellungen für die Ansicht von Ordnern

Vor allem Anwender, die häufiger mehrere, aber nicht alle Dateien in einem Ordner markieren, sollten diese Option aktivieren.

Der Windows Explorer als Dateizentrale

Abbildung 8.26:
Aktivieren des Kontrollkästchens zur Markierung von Elementen

- *Alle Dateien und Ordner anzeigen* – Durch Auswahl dieser Option werden auch die versteckten Dateien angezeigt. Sie müssen diese Option aktivieren, wenn sämtliche Dateien im Windows Explorer angezeigt werden sollen. Damit auch die Systemdateien angezeigt werden, müssen Sie zusätzlich noch die weiter vorne erwähnte Option *Geschützte Systemdateien ausblenden* deaktivieren. Nur in dieser Kombination erhalten Sie wirklich alle Dateien und Ordner auf Ihrem Rechner angezeigt.

Einige Ansichten werden erst dann auf alle Ordner im Windows Explorer übernommen, wenn Sie die Ansicht mit der Schaltfläche *Für Ordner übernehmen* aktivieren. Die in diesem Abschnitt besprochenen Optionen werden automatisch auf alle Ordner angewendet, Sie müssen nicht erst die Schaltfläche anklicken.

> **TIPP**
> *Über die Schaltfläche* Wiederherstellen *auf den einzelnen Registerkarten können Sie abgeänderte Einstellungen wieder auf den Systemstandard zurücksetzen.*

Auf der Registerkarte *Suchen* können Sie schließlich festlegen, wie sich die Windows-Suche verhalten soll, wenn Sie im Suchfeld des Explorers oder der erweiterten Suche einen Begriff eingeben (siehe *Abbildung 8.27*).

Wenn Sie häufig Dokumente oder in Dokumenten suchen, sollten Sie diese Registerkarte an Ihre Bedürfnisse anpassen. Hier können Sie vor allem anpassen, wo und ob die Suche auch innerhalb von Dateien suchen soll und ob auch Archive wie beispielsweise ZIP-Dateien berücksichtigt werden sollen.

Im Bereich *Was möchten Sie suchen* können Sie festlegen, wie sich die Windows-Suche bezüglich des Inhaltes von Dateien verhalten soll. Standardmäßig ist die Option *In indizierten Ordnern Dateinamen und -inhalte suchen, in nicht indizierten Orten nur nach Dateinamen suchen* aktiviert. Dadurch ist sichergestellt, dass in indizierten Ordnern der eingegebene Suchbegriff nicht nur im Dateinamen auftauchen soll, sondern auch im Inhalt der Datei, sofern dieser von Windows gelesen werden kann.

Ansichten des Windows Explorers anpassen

Abbildung 8.27:
Konfiguration der Suche im Windows Explorer

In diesem Bereich können Sie festlegen, dass die Suche auch in nicht indizierten Bereichen nach dem Inhalt suchen soll. Da in diesen Bereichen der Inhalt nicht bereits indiziert wurde, dauert die Suche natürlich entsprechend länger, da Windows nicht nur nach Dateinamen suchen muss, sondern in jeder lesbaren Datei auch nach dem Inhalt.

Wenn Sie die Suche generell auf Dateinamen begrenzen wollen, ohne die Indizierung zu verwenden, können Sie die Option *Immer nur Dateinamen suchen* aktivieren. Die Suche geht dadurch etwas schneller vonstatten, erspart in indizierten Ordnern aber nicht allzu viel Zeit bei der Suche.

Im Bereich *Wie möchten Sie suchen* können Sie einstellen, wie sich die Windows-Suche generell verhalten soll. Standardmäßig werden bei der Suche auch Unterordner des aktuellen Ordners durchsucht. Wenn Sie das nicht wollen, können Sie die entsprechende Option einfach an dieser Stelle deaktivieren.

Über die Option *Teiltreffer finden* können Suchergebnisse angezeigt werden, die nicht exakt der Suche entsprechen, aber Teilüberschneidungen aufweisen.

Darüber hinaus können Sie sämtliche Eigenschaften, die für die Feinabstimmung von Suchvorgängen verfügbar sind, auch für Suchen mit natürlicher Sprache verwenden. Der Unterschied ist, dass Sie geläufigere Formulierungen verwenden können. Im Folgenden sehen Sie einige Beispiele für gängige Suchen mittels natürlicher Sprache:

Der Windows Explorer als Dateizentrale

- E-Mail-Nachrichten von Thomas, heute gesendet
- Dokumente, die im letzten Monat geändert wurden
- Rockmusik, Bewertung: ****
- Urlaubsbilder aus dem Juli 2006

8.3.1 Startoptionen für den Windows Explorer

Neben der Möglichkeit, Tastenkombinationen im Windows Explorer zu verwenden, können Sie auch eine neue Verknüpfung erstellen und den Explorer mit verschiedenen Startoptionen aufrufen. Eine neue Verknüpfung auf dem Desktop erstellen Sie mit einem Rechtsklick auf dem Desktop und durch Auswahl von *Neu/Verknüpfung* im Kontextmenü. Hauptsächlich gibt es die folgenden Schalter, die miteinander kombiniert werden können:

- *Explorer < pfad >* – *Sie können den Windows Explorer direkt gefolgt von einem Pfad starten. In diesem Fall öffnet sich der Explorer mit dem Fokus auf diesen Pfad.*
- */n* – Öffnet ein neues Einzelfenster für die Standardauswahl. Dies ist gewöhnlich der Stamm des Laufwerks, auf dem Windows installiert ist.
- */e* – Startet den Windows Explorer mit der Standardansicht.
- */root, < Order >* – Öffnet eine Fensteransicht mit dem angegebenen Ordner.
- */select, < Ordner >* – Öffnet eine Fensteransicht, wobei der angegebene Ordner, die Datei oder das Programm ausgewählt ist.

Beispiele

- *Explorer /root, C:\Windows* – Mit diesem Befehl wird der Ordner *C:\Windows* geöffnet und als Stammverzeichnis definiert. Innerhalb dieses Explorer-Fensters kann nicht zu einem übergeordneten Ordner gewechselt werden (siehe *Abbildung 8.28*). Achten Sie in diesem Fall auch auf das Komma nach der Option */root*.

Abbildung 8.28: Definition eines Stammverzeichnisses im Explorer

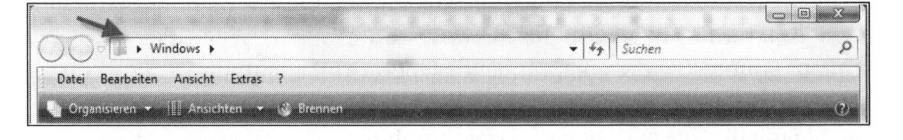

- *Explorer /select, C:\Windows\regedit.exe* – Dieser Befehl öffnet den Explorer im Ordner *C:\Windows* und markiert die Datei *regedit.exe* (siehe *Abbildung 8.29*).
- *Explorer /root, \\< Server >\< Freigabe >, select, einkauf.xls* – Durch die Kombination des Befehls wird als Stammverzeichnis die konfigurierte Freigabe geöffnet und die Datei *einkauf.xls* automatisch ausgewählt.

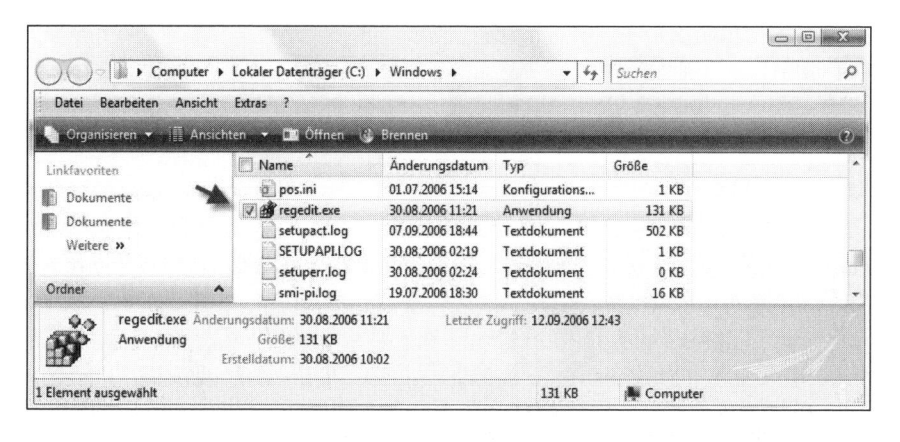

Abbildung 8.29:
Der Windows Explorer wurde gestartet und eine Datei automatisch markiert.

8.4 Dateien verwalten im Windows Explorer

Die Hauptaufgabe des Windows Explorers ist die Verwaltung von Dateien. Sie können innerhalb des Explorers neue Dateien erstellen und vorhandene löschen, umbenennen, kopieren oder verschieben. Zu Beginn dieses Kapitels wurde Ihnen bereits gezeigt, wie Sie mehrere Dateien markieren können:

- Entweder verwenden Sie das Kontrollkästchen zur Markierung, oder Sie markieren nur eine Datei und führen die Aktion Datei für Datei aus.
- Sie können mit der Maus einen Rahmen um die zu markierenden Dateien ziehen.
- Sie können die erste Datei in der Liste markieren, die ⇧-Taste drücken und dann die letzte Datei markieren. Alle Dateien zwischen diesen beiden Dateien werden daraufhin automatisch markiert.
- Sie können die erste Datei in der Liste markieren und die Strg-Taste gedrückt halten. Jetzt können Sie jede weitere Datei einzeln markieren.
- Sie können über die Tastenkombination Strg + A alle Dateien im ausgewählten Verzeichnis markieren.
- Sie können über *Organisieren/Alles auswählen* sämtliche Dateien im ausgewählten Verzeichnis markieren.

Nachdem Sie die Dateien oder Verzeichnisse ausgewählt haben, können Sie mit der rechten Maustaste die möglichen Optionen aufrufen. Alternativ können Sie mit den beschriebenen Tastenkombinationen arbeiten.

Wenn Sie mehrere Dateien auf einmal umbenennen wollen, können Sie diese markieren und im zugehörigen Kontextmenü den Eintrag Umbenennen *auswählen. Anschließend geben Sie den neuen Namen ein. Die erste Datei erhält diesen Namen, alle weiteren erhalten den Namen mit einer laufenden Nummer (siehe Abbildung 8.30).*

TIPP

Abbildung 8.30:
Gleichzeitiges Umbenennen mehrerer Dateien

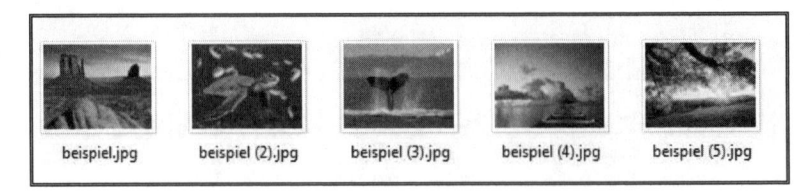

> **INFO**
> *Beim Umbenennen von Dateien wird in Windows Vista die Dateiendung nicht mehr mit markiert. Wenn eine Datei umbenannt wird, besteht daher zunächst keine Gefahr, versehentlich die Endung zu ändern.*
>
> *Sie können beim Umbenennen jedoch mit den Pfeiltasten jederzeit auch die Endung der Datei abändern. Damit die Endungen der bekannten Dateien angezeigt werden, müssen Sie diese zunächst, wie weiter vorne in diesem Kapitel erläutert, über den Menübefehl* Organisieren/Ordner- und Suchoptionen *auf der Registerkarte* Ansicht *einblenden lassen.*

> **TIPP**
> *Beim Umbenennen oder Verschieben von Dateien kommt es manchmal vor, dass versehentlich eine Datei gelöscht wird. Über die Tastenkombination* Strg *+* Z *können Sie die letzte Aktion, also den Löschvorgang, wieder rückgängig machen. Diese Funktion steht auch im Kontextmenü des Windows Explorers sowie über den Menübefehl* Organisieren/Rückgängig *zur Verfügung.*

8.4.1 Dateien kopieren, verschieben und verknüpfen

Wenn Sie Dateien oder Verzeichnisse mit der Maus verschieben wollen, können Sie diese anklicken und zum gewünschten Ordner ziehen. Im Anschluss wird die Standardoption ausgeführt. Windows Vista zeigt im Gegensatz zu seinen Vorgängerversionen die Aktion an, die durchgeführt wird (siehe *Abbildung 8.31*).

Abbildung 8.31:
Verschieben oder kopieren einer Datei

Dateien verwalten im Windows Explorer

Wenn Sie eine Datei kopieren, erhält diese die Berechtigungen des Zielordners zugewiesen. Wenn Sie jedoch eine Datei verschieben, wird meistens die Berechtigung des Quellordners mitgenommen. Das kann dazu führen, dass ein anderer Anwender, der sich am PC anmeldet, unter Umständen die Datei nicht öffnen kann.

Alternativ können Sie auch mit der rechten Maustaste die Datei verschieben und anschließend aus dem Kontextmenü die Option auswählen, die Sie mit der Datei durchführen wollen (siehe *Abbildung 8.32*).

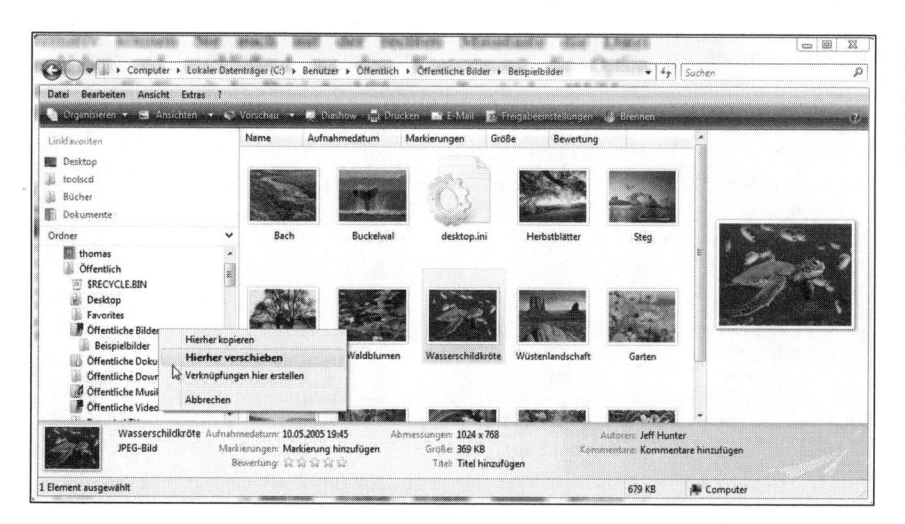

Abbildung 8.32: Kopieren oder verschieben einer Datei mit der rechten Maustaste

Sie können in den meisten Anwendungen in Windows Vista, zum Beispiel im Media Player, direkt Dateien aus dem Windows Explorer per Drag & Drop in das Anwendungsfenster ziehen, um bestimmte Dateien wie MP3-Musikdateien zu öffnen.

Wenn Sie eine Verknüpfung erstellen, verbleibt die Datei an ihrem ursprünglichen Standort. Wenn Sie auf die Verknüpfung doppelklicken, öffnet der Windows Explorer im Anschluss die verbundene Datei.

Anstatt mit der Maus die Dateien zu ziehen, können Sie die Befehle Kopieren *und* Verschieben *auch vom Kontextmenü aus aufrufen oder die Tastenkombinationen* [Strg] + [C] *(Kopieren),* [Strg] + [X] *(Ausschneiden) und dann* [Strg] + [V] *(Einfügen) verwenden.*

8.4.2 Dateien mit Schlüsselwörtern und Markierungen versehen

Eine herausragende Neuerung in Windows Vista ist die Möglichkeit, Dateien mit Schlüsselwörtern zu versehen oder spezielle Markierungen und Bewertungen zu hinterlegen. Dadurch können Sie zum Beispiel spezielle Dateien mit einem gemeinsamen Schlüsselwort konfigurieren, damit Sie durch die Windows-Suche alle Dateien mit einem gemeinsamen Schlüsselwort finden können, ohne dass diese in einem gemeinsamen Verzeichnis gespeichert wurden. Wenn Sie eine Datei markieren und mit der rechten Maustaste die Eigenschaften aufrufen, können Sie auf der Registerkarte *Details* die Daten der Datei anpassen (siehe *Abbildung 8.33*).

Abbildung 8.33:
Bearbeiten der Details von Dateien und Markierungen

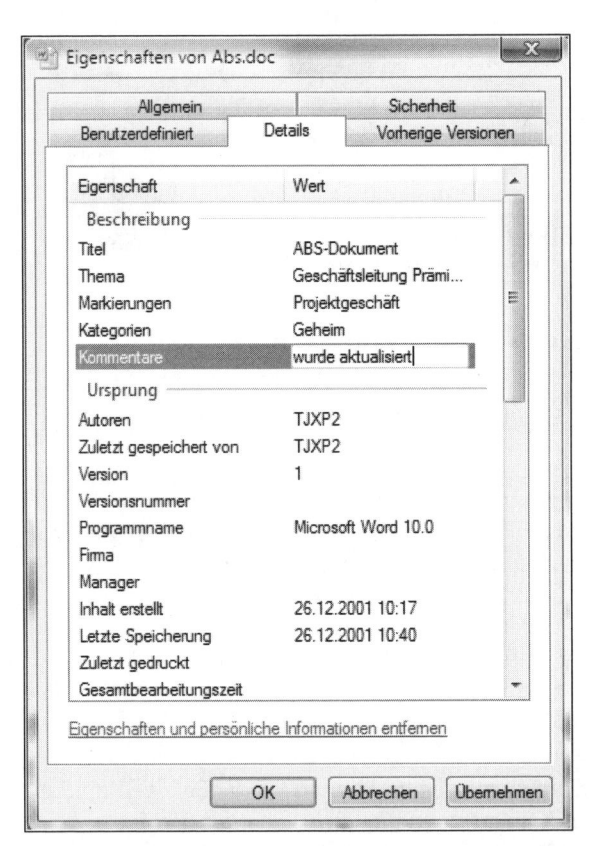

Damit Sie Daten eingeben können, müssen Sie neben der entsprechenden Eigenschaft in die Spalte *Wert* klicken. Danach verwandelt sich der jeweilige Bereich in ein Eingabefeld (siehe *Abbildung 8.33*). Die einzelnen Werte können jeweils durch ein Semikolon (;) voneinander getrennt werden.

Dateien verwalten im Windows Explorer

Sie können auch die Markierungen mehrerer Dateien gleichzeitig konfigurieren. Dazu selektieren Sie einfach die entsprechenden Dateien und rufen deren Eigenschaften auf. Jetzt können Sie die Werte auf der Registerkarte Details für sämtliche Dateien gleichzeitig anpassen.

TIPP

Auch hier können Sie Dateien mehrere verschiedene Werte zuweisen, die jeweils durch ein Semikolon voneinander getrennt werden. So können einzelne Dateien unterschiedlichen Autoren zugewiesen werden oder mehreren Kategorien, zum Beispiel Urlaub *und* Urlaub 2006.

In der erweiterten Suche können Sie durch diese Markierungen alle Dateien einer Markierung anzeigen lassen.

Sie können die Markierungen auch wieder auf den Standardwert des Betriebssystems zurücksetzen. Sie können dazu den Link *Eigenschaften und persönliche Informationen entfernen* verwenden, den Sie unten auf der Registerkarte *Details* in den Eigenschaften der Dateien finden (siehe *Abbildung 8.34*).

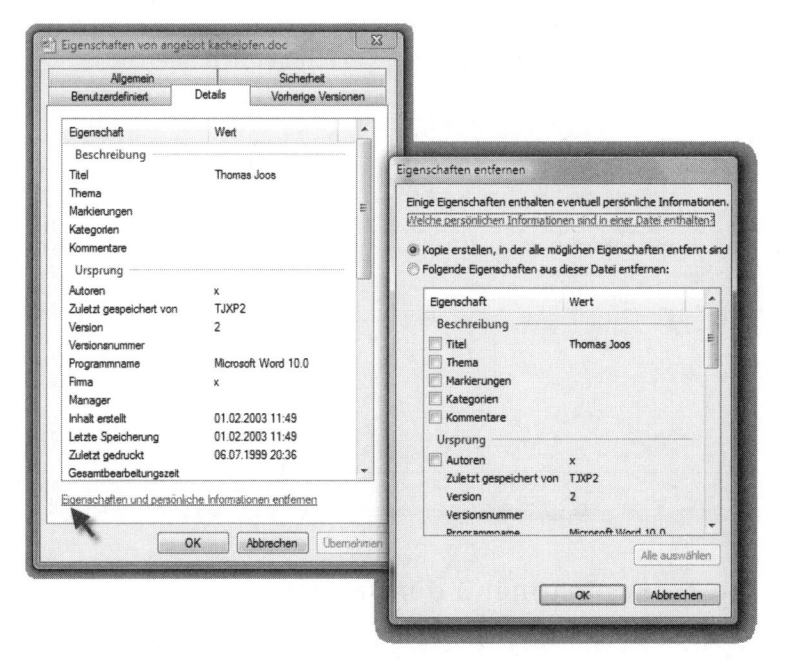

Abbildung 8.34:
Zurücksetzen der Dateieigenschaften

Erstellen von Verknüpfungen

Dateien und Ordner, auf die Sie häufig zugreifen, können Sie auch als Verknüpfung auf den Desktop legen. Nach einem Doppelklick auf diese Verknüpfung wird entweder der entsprechende Ordner oder die Datei in der zugehörigen Anwendung geöffnet.

Der Windows Explorer als Dateizentrale

Um eine Verknüpfung zu erstellen, klicken Sie die Datei mit der rechten Maustaste an und ziehen sie auf den Desktop oder den jeweiligen Ordner, in dem Sie die Verknüpfung erstellen wollen. Wählen Sie im Kontextmenü die Option *Verknüpfungen hier erstellen* aus (siehe Abbildung 8.35).

Abbildung 8.35:
Erstellen von Verknüpfungen

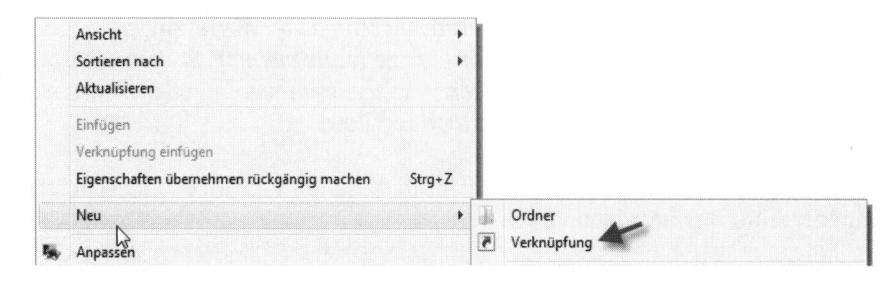

Alternativ können Sie im jeweiligen Ordner oder auf dem Desktop mit der rechten Maustaste klicken und im darauf geöffneten Kontextmenü den Befehl *Neu/Verknüpfung* wählen, um eine Verknüpfung zu erstellen. Die Datei oder den Ordner, für die bzw. den Sie die Verknüpfung erstellen wollen, können Sie über *Durchsuchen* auswählen. Wie Sie das Symbol dieser Verknüpfung anpassen können, ist in Kapitel 5 erläutert.

Abbildung 8.36:
Erstellen einer Verknüpfung auf dem Desktop

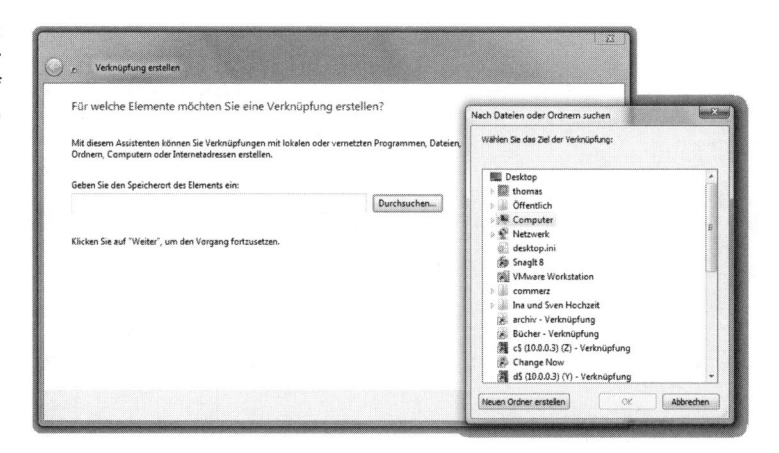

8.4.3 Kontextmenü der Dateien

Wenn Sie im Windows Explorer mit der rechten Maustaste auf eine Datei klicken, stehen Ihnen verschiedene Optionen zur Verfügung. Die folgenden Abschnitte gehen auf die wichtigsten dieser Optionen ein. Viele Zusatzprogramme, zum Beispiel Komprimierprogramme oder Virenscanner, erweitern das Kontextmenü von Dateien um eigene Einträge, die in der Regel selbsterklärend sind.

Dateien mit anderen Programmen öffnen

Wenn Sie auf eine Datei doppelklicken, öffnet der Windows Explorer diese mit dem zugehörigen Standardprogramm. Das Kapitel 19 geht noch ausführlicher darauf ein, wie Sie in der Systemsteuerung diese Standardprogramme festlegen.

Manchmal wollen Sie jedoch eine Datei nicht mit dem Standardprogramm öffnen, sondern mit einem anderen Programm. Vor allem bei Grafikprogrammen ist es nicht erwünscht, eine bestimmte Datei immer mit demselben Programm zu öffnen, sondern zum Beispiel zur Bearbeitung mit einem anderen Bildverarbeitungsprogramm. Auch bei anderen Programmen, wie Office-Dateien, ist es unter Umständen notwendig, einzelne Dateien mit unterschiedlich installierten Versionen von Office zu öffnen (zum Beispiel Office 2007 und Office 2003).

Um eine Datei mit einem anderen Programm als dem Standardprogramm zu öffnen, klicken Sie diese mit der rechten Maustaste an und wählen im Kontextmenü den Eintrag *Öffnen mit* aus (siehe *Abbildung 8.37*).

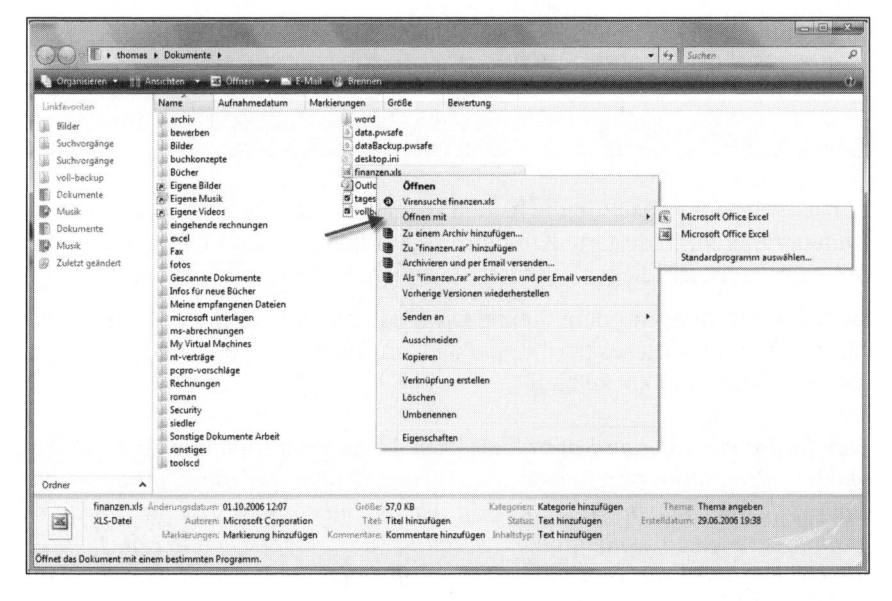

Abbildung 8.37:
Öffnen einer Datei mit einem anderen Programm

Wenn Sie auf *Öffnen mit* geklickt haben, öffnet sich ein weiteres Menü, in dem jene Programme aufgelistet sind, mit denen Sie bisher die Datei geöffnet haben.

Möchten Sie ein anderes Programm auswählen, rufen Sie den Untermenüeintrag *Standardprogramm auswählen* auf. Im daraufhin geöffneten Fenster können Sie die ausführbare Datei des neuen Standardprogramms auswählen (siehe *Abbildung 8.38*). In diesem Fenster stehen Ihnen verschiedene Möglichkeiten zur Verfügung.

Abbildung 8.38:
Auswählen eines neuen Standardprogramms

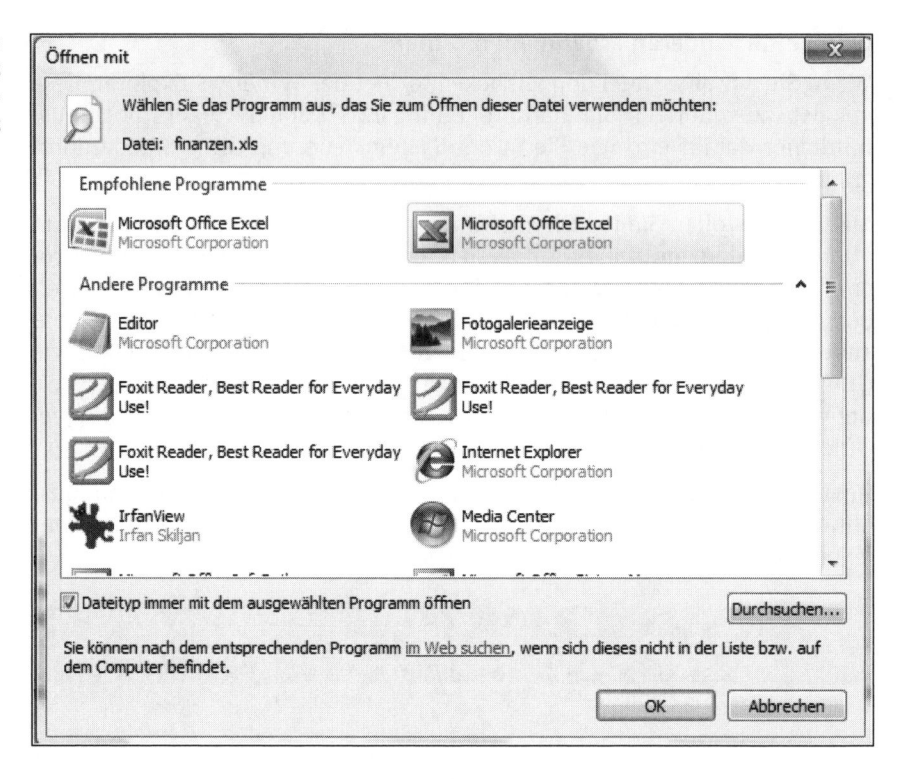

Zunächst ist das Fenster in die beiden Bereiche *Empfohlene Programme* und *Andere Programme* unterteilt. Wenn Sie auf den kleinen Pfeil rechts in der Mitte des Fensters klicken, werden die anderen Programme angezeigt.

Ist das Programm, mit dem Sie die Datei öffnen wollen, in der Liste aufgeführt, wählen Sie dieses per Doppelklick aus oder markieren es mit der linken Maustaste und klicken auf *OK*.

TIPP

Standardmäßig ist das Kontrollkästchen Dateityp immer mit dem ausgewählten Programm öffnen *aktiviert. Wenn Sie aber nur dieses eine Mal die Datei mit dem neuen Programm öffnen und ansonsten das Standardprogramm verwenden wollen, deaktivieren Sie das entsprechende Häkchen. In diesem Fall wird die Datei nur diesmal mit dem ausgewählten Programm geöffnet und beim nächsten Doppelklick wieder mit dem Standardprogramm.*

Ist das gewünschte Programm nicht in der Liste enthalten, können Sie mit der Schaltfläche *Durchsuchen* die ausführbare Datei der Applikation auf der Festplatte suchen.

Dateien verwalten im Windows Explorer

Senden an

Eine weitere Option im Kontextmenü einer Datei ist *Senden an*. Wenn Sie diese Option auswählen, öffnet sich ebenfalls ein weiteres Menü (siehe Abbildung 8.39).

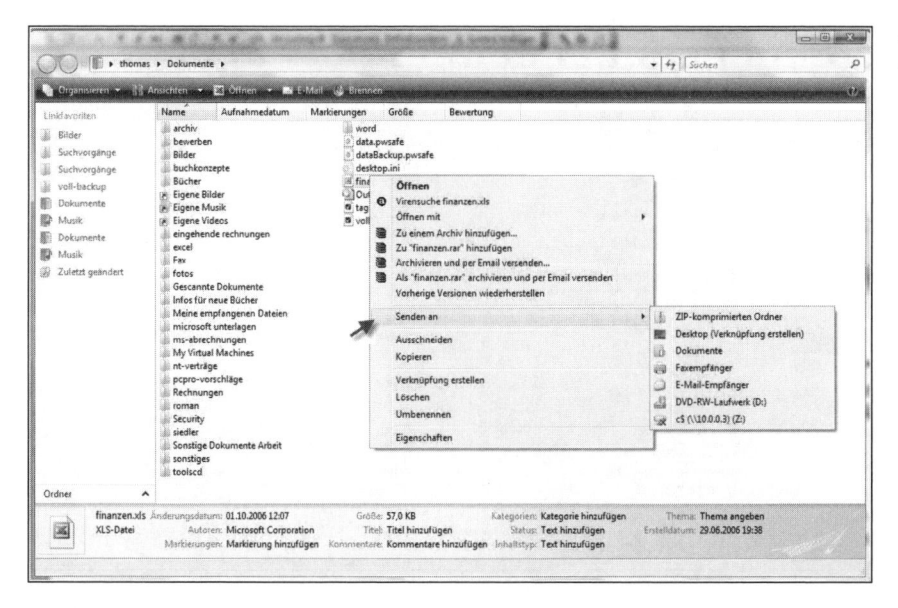

Abbildung 8.39: Auswählen von *Senden an*

Hier können Sie die Datei direkt in einen Ordner kopieren oder ein gepacktes ZIP-Archiv erstellen. Wenn Sie die Option *Faxempfänger* auswählen, öffnet sich das Faxprogramm von Windows Vista. Wenn Sie dieses Programm konfiguriert haben, können Sie die ausgewählte Datei über diese Option direkt als Faxnachricht versenden.

Die Option *E-Mail-Empfänger* öffnet das standardmäßige E-Mail-Programm und fügt die ausgewählte Datei automatisch der neu angelegten E-Mail-Nachricht als Dateianhang hinzu.

Vorherige Version wiederherstellen

Jedes Mal, wenn Windows Vista einen Systemwiederherstellungspunkt erstellt, werden auch Schattenkopien der Dateien auf dem Systemdatenträger erstellt. Diese Dateien können wiederhergestellt werden, wenn Sie zum Beispiel eine Datei fehlerhaft verändert haben und die ursprüngliche Version wiederhergestellt werden soll. Das Kapitel 15 geht übrigens noch ausführlicher auf die Datensicherung und die Schattenkopien von Windows Vista ein.

Schattenkopien können Kopien von Dateien auf Ihrem Computer oder freigegebene Dateien auf einem Computer in einem Netzwerk sein. Mithilfe vorheriger Dateiversionen können Sie Dateien wiederherstellen, die Sie versehentlich geändert oder gelöscht haben oder die beschädigt wurden.

Der Windows Explorer als Dateizentrale

Abhängig vom Datei- oder Ordnertyp können Sie eine vorherige Version öffnen, an einem anderen Speicherort speichern oder wiederherstellen. Auch diese Wiederherstellung führen Sie über das Kontextmenü aus (siehe *Abbildung 8.40*). Wählen Sie die Option *Vorherige Versionen wiederherstellen*.

Abbildung 8.40: Wiederherstellen von Dateien

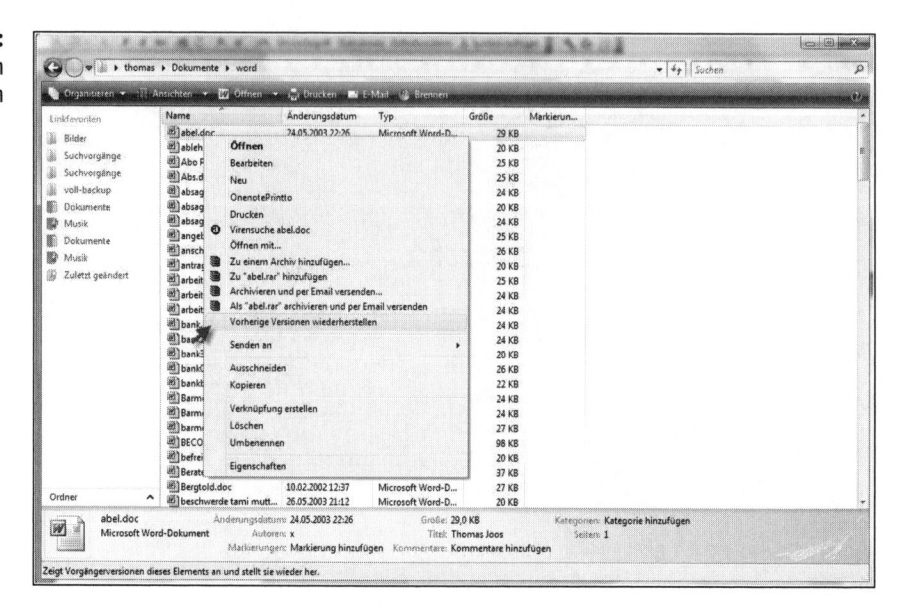

Es öffnet sich ein neues Fenster, in dem alle Versionen der Datei angezeigt werden, die sich wiederherstellen lassen. Sie können die vorherige Version entweder unter dem gleichen Namen in das gleiche Verzeichnis kopieren oder die vorherige Version parallel zur vorhandenen Version wiederherstellen (siehe *Abbildung 8.41*).

> **INFO**
> *Vorherige Versionen werden nur von Dateien erstellt, die nach der Installation von Windows Vista verändert wurden. Unveränderte Dateien werden durch diese Sicherungsmethode nicht abgesichert. Hier sollten Sie sicherstellen, dass diese Dateien durch die Datensicherung ordnungsgemäß archiviert werden.*

Wenn Sie auf die Schaltfläche *Wiederherstellen* klicken, wird die vorhandene Version der Datei durch die Schattenkopie ersetzt (siehe *Abbildung 8.42*).

Wenn Sie die Schaltfläche *Kopieren* auswählen, können Sie die ausgewählten Schattenkopien unter einem anderen Namen oder in einen anderen Ordner kopieren. Die ursprüngliche Version bleibt dabei erhalten.

Dateien verwalten im Windows Explorer

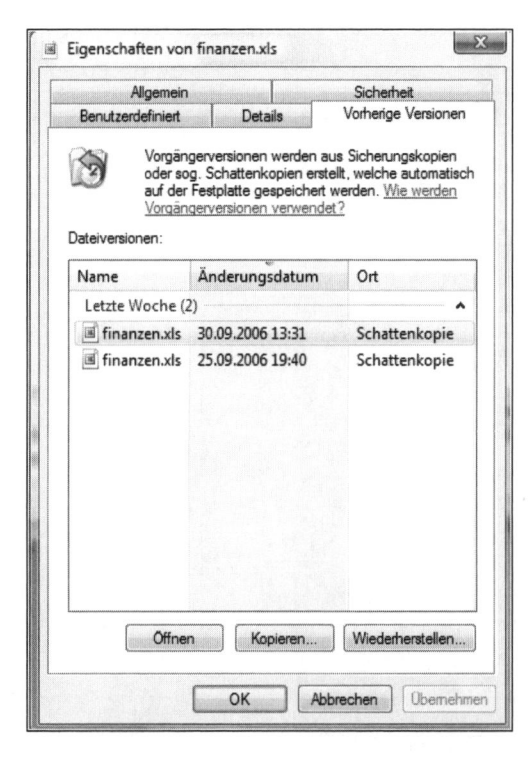

Abbildung 8.41:
Wiederherstellen von vorherigen Versionen

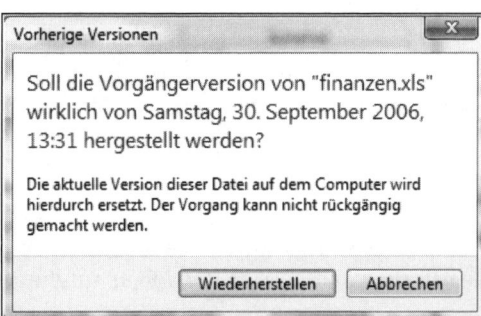

Abbildung 8.42:
Wiederherstellen einer Datei aus einer Schattenkopie

Wie bereits erwähnt, speichert Windows Vista bei der automatischen Erstellung eines Systemwiederherstellungspunktes auch Schattenkopien der Dateien. Sie können jederzeit auch manuell einen Systemwiederherstellungspunkt erstellen. Dieses Thema wird ausführlich in Kapitel 15 behandelt.

Manuell kann ein Systemwiederherstellungspunkt über Start/Systemsteuerung/System und Wartung/Sichern und Wiederherstellen/Wiederherstellungspunkt erstellen oder Einstellungen ändern, *Registerkarte* Computerschutz, *Schaltfläche* Erstellen *angelegt werden (siehe Abbildung 8.38).*

TIPP

Der Windows Explorer als Dateizentrale

Abbildung 8.43:
Einen Systemwiederherstellungspunkt manuell anlegen

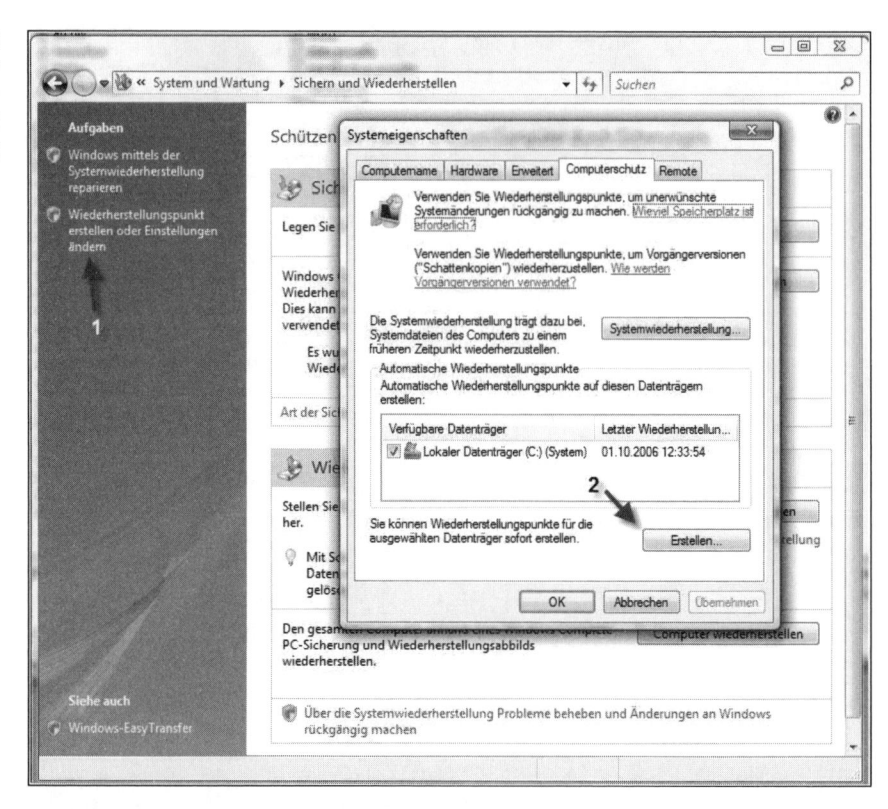

Schattenkopien sind nicht verfügbar für Dateien und Ordner, die für die einwandfreie Funktion von Windows erforderlich sind. Beispiele dafür sind der Systemordner (der Ordner, in dem Windows installiert ist) sowie Dateien im Systemordner (normalerweise also *C:\Windows*).

Zum Wiederherstellen einer Sicherungskopie aus einer Datensicherung (siehe Kapitel 15) führen Sie dieselben Schritte aus, klicken jedoch auf der Registerkarte *Vorherige Versionen* auf die Sicherungsversion der Datei.

Wenn Sie auf die Schaltfläche *Wiederherstellen* klicken, öffnet Vista den Assistenten zum Wiederherstellen von Dateien. Befolgen Sie anschließend die Schrittanweisungen des Assistenten. Zum Wiederherstellen von Elementen einer Sicherung benötigen Sie den Zugriff auf die Datensicherung (z. B. eine interne oder externe Festplatte oder eine CD oder DVD).

Drucken aus dem Kontextmenü

Über den Befehl *Drucken* aus dem Kontextmenü können Sie mehrere Dateien auf einmal ausdrucken. Sie müssen diese Dateien nur markieren und aus dem Kontextmenü den Befehl *Drucken* auswählen. Die Dateien werden ohne weitere Meldung mit den Standardeinstellungen am Standarddrucker ausgegeben. Dazu öffnet Vista die Standardapplikation der Datei, führt den Druckbefehl aus und schließt die Datei wieder. Anhand dieser Option können Sie schnell mehrere Dateien auf einmal ausdrucken.

Erstellen von neuen Dateien und Verzeichnissen

In der Regel werden Sie neue Dateien direkt in der Anwendung erstellen, mit der Sie die entsprechende Datei auch bearbeiten. Alternativ können Sie auch mit der rechten Maustaste in einen Ordner oder auf den Desktop klicken und im Kontextmenü den Eintrag *Neu* auswählen. Vista zeigt Ihnen im zugehörigen Untermenü alle Dateitypen an, die Sie an dieser Stelle neu erstellen können (siehe *Abbildung 8.39*). Je mehr Anwendungen Sie installieren, umso mehr Einträge werden Sie in diesem Untermenü vorfinden.

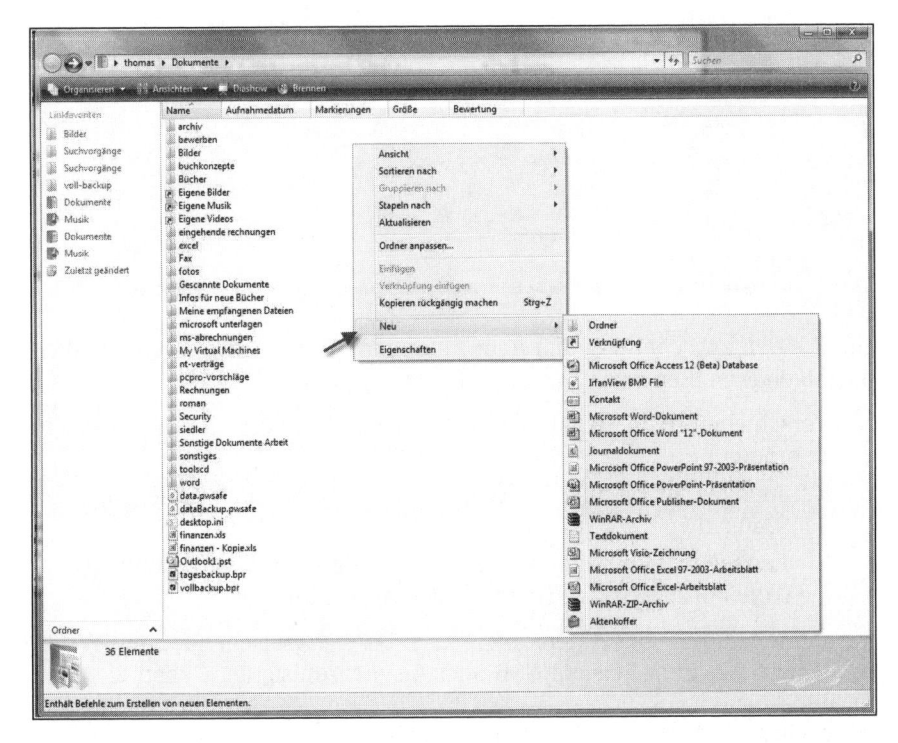

Abbildung 8.44:
Erstellen einer neuen Datei im Windows Explorer

Natürlich können Sie über diesen Weg auch neue Ordner und Verknüpfungen erstellen. Die letzte Option im Kontextmenü ist die Erstellung eines Aktenkoffers. Durch diese Funktion wird ein neues Symbol im entsprechenden Ordner angezeigt, das wie ein Aktenkoffer aussieht (siehe *Abbildung 8.45*). Wenn Sie Dateien in den Aktenkoffer ziehen, werden diese zukünftig mit dem Quellverzeichnis synchronisiert. Dadurch können Sie Dateien zwischen PCs und Notebooks immer synchron halten, wenn Sie manche Dateien auch unterwegs bearbeiten wollen.

Der Windows Explorer als Dateizentrale

Abbildung 8.45:
Verwenden des Aktenkoffers in Windows Vista

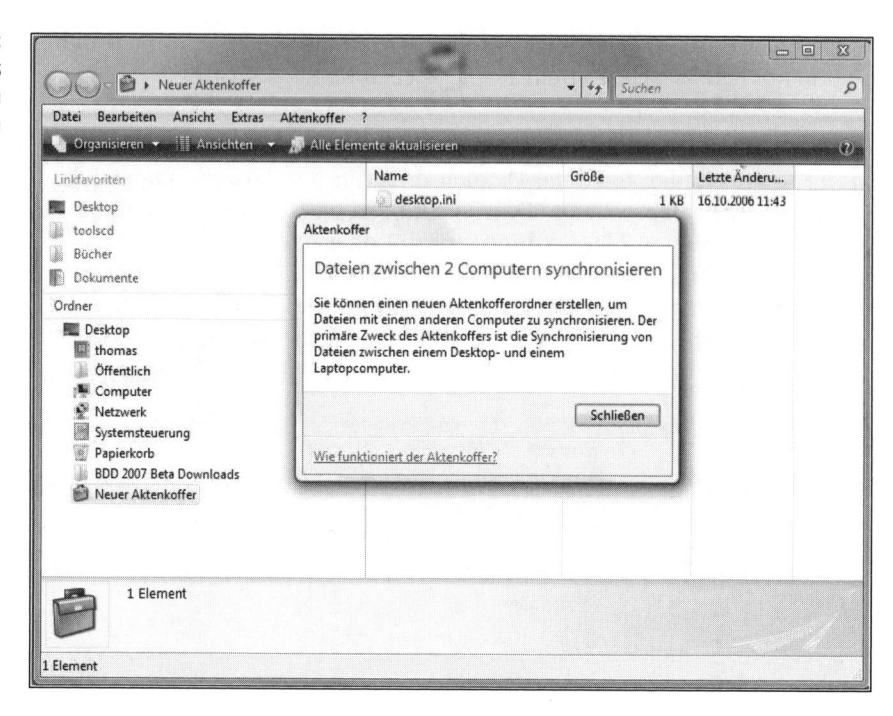

Um Dateien zwischen PCs mit dem Aktenkoffer zu synchronisieren, gehen Sie folgendermaßen vor:

1. Verschieben Sie den Aktenkoffer über das Netzwerk auf den zweiten Computer.
2. Nehmen Sie auf einem der Computer die gewünschten Änderungen an den Dateien vor.
3. Klicken Sie mit der rechten Maustaste auf den Aktenkoffer, und klicken Sie dann auf *Alles aktualisieren* (siehe Abbildung 8.46).

Sie können mithilfe des Aktenkoffers auch Dateien zwischen PC und Wechselmedien, wie zum Beispiel USB-Sticks, synchronisieren. Gehen Sie dazu folgendermaßen vor:

1. Verschieben Sie den Aktenkoffer auf ein beliebiges Wechselmedium.
2. Entfernen Sie das Medium aus dem ersten Computer, und legen Sie es am zweiten Computer ein.
3. Nehmen Sie die gewünschten Änderungen an den Dateien im Aktenkoffer auf dem Wechselmedium vor. Kopieren Sie den Aktenkoffer nicht vom Wechselmedium auf den zweiten Computer.
4. Zum Synchronisieren der Änderungen mit dem ersten Computer entfernen Sie das Medium aus dem zweiten Computer und legen es in den ersten ein.

5. Öffnen Sie am ersten Computer den Ordner des Wechselmediums, klicken Sie mit der rechten Maustaste auf den Aktenkoffer, und wählen Sie dann *Alles aktualisieren*.

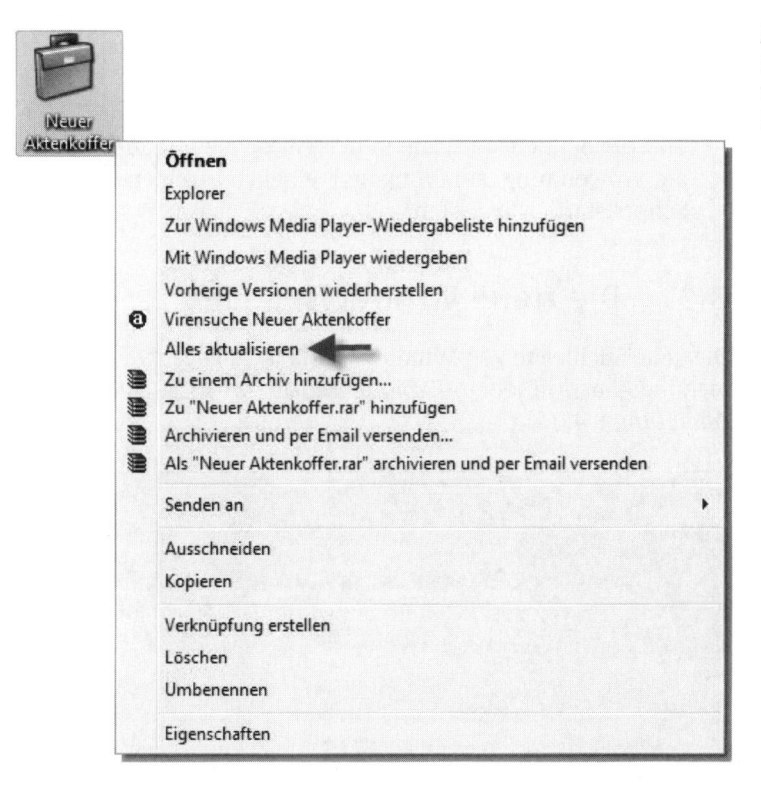

Abbildung 8.46:
Synchronisieren von Dateien mit dem Aktenkoffer

Wenn Sie den Aktenkoffer zusammen mit Wechselmedien verwenden, synchronisieren Sie nie Dateien im Aktenkoffer mit dem zweiten Computer. Sie erhalten lediglich die Möglichkeit, diese Dateien an einem anderen Computer zu bearbeiten und die Änderungen dann mit dem ersten Computer zu synchronisieren. Der Aktenkoffer arbeitet nicht mit dem Synchronisierungscenter zusammen.

Anstatt den Aktenkoffer sollten Sie die in Kapitel 17 besprochenen Offline-Dateien zur Synchronisation mit mobilen Computern verwenden.

8.4.4 Verwalten von ausführbaren Dateien

Wenn Sie ausführbare Dateien mit der rechten Maustaste anklicken, stehen Ihnen drei Optionen zur Verfügung, die bei anderen Dateien nicht verfügbar sind:

- *Als Administrator ausführen* – Wenn Sie diese Option auswählen, wird die entsprechende Anwendung im Kontext des Administrators gestartet.
- *An Startmenü anheften* – Beim Auswählen dieser Option ist die Datei oder Verknüpfung, die Sie auswählen, zukünftig im Startmenü verfügbar. Sie können diese durch Rechtsklick auf die Datei im Startmenü wieder aus dem Menü entfernen.
- *Zur Schnellstartleiste hinzufügen* – Wenn Sie diese Option auswählen und die Schnellstartleiste in der Taskleiste angezeigt wird, können Sie die Anwendung zukünftig mit einem einzelnen Mausklick über die Schnellstartleiste starten.

8.5 Die neue Windows-Suche

Die neue Suchleiste von Windows Vista ist allgegenwärtig. Sowohl im Startmenü als auch in jedem Explorer-Fenster wird die Suche angezeigt (siehe *Abbildung 8.47*).

Abbildung 8.47: Die Suchleiste in Windows Vista

Wie bereits erwähnt, kann im Windows Explorer über den Menübefehl *Organisieren/Layout/Suchfenster* eine wesentlich erweiterte Suchmaske eingeblendet werden. Über dieses Fenster können Sie gezielt nach Dateien suchen, indem Sie aus verschiedenen Details auswählen.

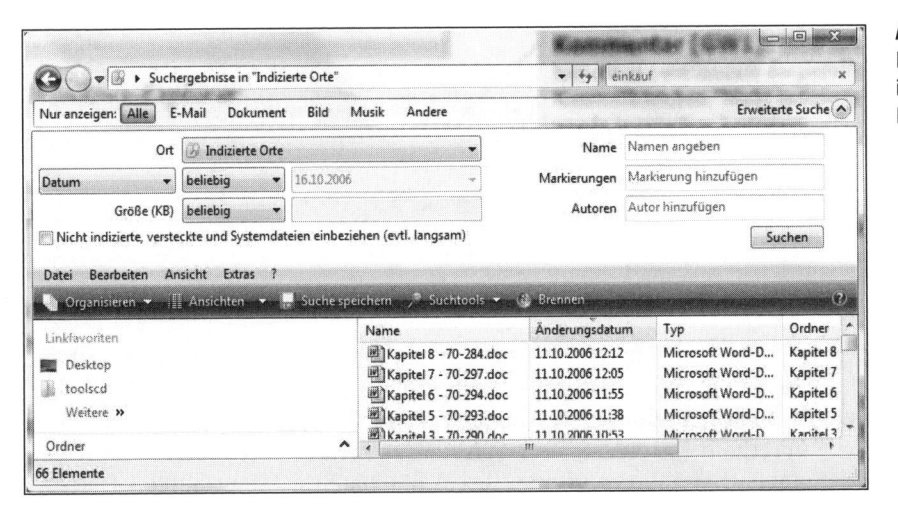

Abbildung 8.48:
Erweiterte Suche im Windows Explorer

8.5.1 Tipps zur optimalen Dateisuche

Wenn Sie eine Datei oder einen Unterordner in einem der häufig verwendeten Ordner (Dokumente oder Bilder) suchen, können Sie das gesuchte Element oft am schnellsten durch eine Eingabe im Feld *Suchen* oben im Ordnerfenster finden (siehe *Abbildung 8.49*).

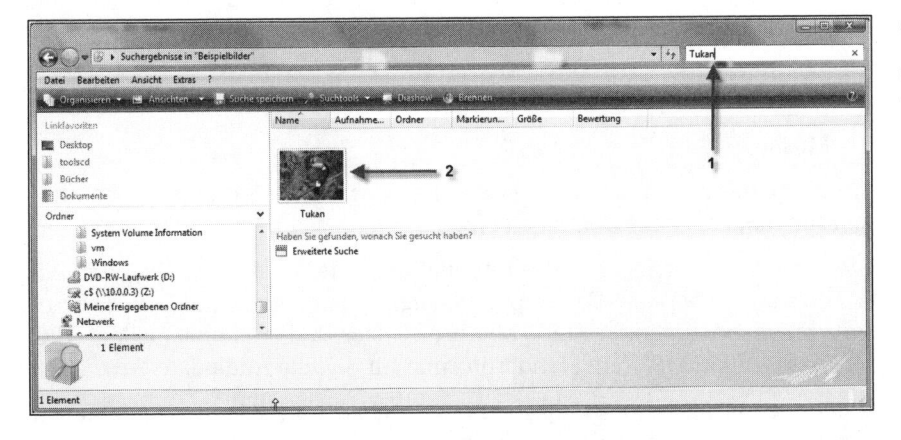

Abbildung 8.49:
Dateisuche im Windows Explorer

Wenn Sie nach einem Programm, einer Website im Verlauf des Browsers oder einer Datei, die im persönlichen Ordner gespeichert ist, suchen, sollten Sie das Feld *Suchen* unten im Startmenü verwenden.

Wenn Sie eine Suche mit mehreren Filtern definieren müssen, können Sie die erstellte Suche speichern, sodass Sie in Zukunft nur einen einzigen Klick benötigen, um dieselbe Menge an Dateien erneut zu suchen (siehe *Abbildung 8.50*).

Der Windows Explorer als Dateizentrale

Abbildung 8.50:
Speichern von Suchfiltern

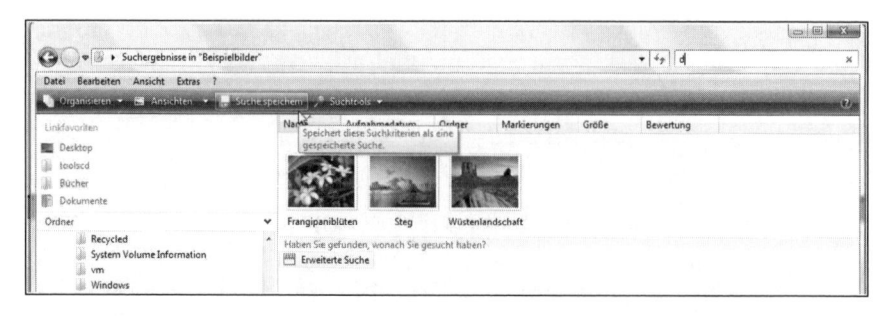

Das Feld *Suchen* befindet sich oben rechts in jedem Ordner. Es filtert die aktuelle Ansicht auf der Grundlage des von Ihnen eingegebenen Texts. Mit dem Feld *Suchen* können Sie Dateien anhand von Text im Dateinamen, von Text innerhalb der Datei, von Markierungen und von anderen gängigen Dateieigenschaften suchen, die Sie an die Datei angefügt haben. Darüber hinaus schließt die Suche den aktuellen Ordner und alle Unterordner ein.

Über den Link *Erweiterte Suche* können Sie die Sucheigenschaften noch genauer spezifizieren. Wenn Sie beispielsweise eine Datei mit dem Titel »Einkaufskonditionen 2006« erstellt haben, werden, sobald Sie *Eink* in das Feld *Suchen* eingeben, die meisten Dateien im Ordner nicht mehr angezeigt.

Wenn Sie beispielsweise die Datei *Rechnung November.xls* suchen, können Sie *Nov* oder *Rech* eingeben. Die meisten Dateien gehören zu einer der folgenden Kategorien:

- Dokument
- Bild
- Musik

Wenn Sie beispielsweise alle Textdateien, Excel-Tabellen und Präsentationen suchen, geben Sie *Dokument* ein.

Die letzten drei Buchstaben des Dateinamens, die sogenannte *Dateinamenerweiterung*, geben den Dateityp an. Gängige Dateitypen sind DOC (Microsoft Word-Dokument), XLS (Microsoft Excel-Kalkulationstabelle), JPG (JPEG-Bild) und MP3 (ein Standardformat für digitale Audiodateien).

Wenn Sie nur nach MP3-Dateien suchen, geben Sie MP3 ein. Wenn Sie ein genaueres Ergebnis erzielen möchten, geben Sie *.mp3 ein.

Windows sucht den von Ihnen im Feld Suchen eingegebenen Text in den Dateinamen, Dateiinhalten und Dateieigenschaften aller Dateien in der aktuellen Ansicht. Wenn Sie beispielsweise »Sommer« eingeben, schließt das Suchergebnis Dateien mit dem Namen »Sonnenaufgang im Sommer.jpg«, Dateien mit dem Markierungsinhalt »Sommer« sowie Dateien ein, die von einem Benutzer mit Namen »Sommer« erstellt wurden.

Wenn Sie bei der Suche jedoch genauer auswählen möchten, können Sie die Suche im Feld *Suchen* filtern, indem Sie angeben, welche Dateieigenschaft durchsucht werden soll. Um anhand einer Dateieigenschaft zu filtern, müssen Sie den Namen der Eigenschaft und den Suchbegriff durch einen Doppelpunkt trennen:

- Name:Sonnenaufgang – Dateien, deren Dateiname das Wort »Sonnenaufgang« enthält.
- Tag:Sonnenaufgang – Dateien, die eine Markierung mit dem Wort »Sonnenaufgang« aufweisen.
- Geändert am 15.10.2006 – Dateien, die an diesem Datum geändert wurden. Sie können auch »Geändert:2006« eingeben, um nach Dateien zu suchen, die irgendwann in diesem Jahr geändert wurden.

Welche Dateieigenschaften zur Verfügung stehen, sehen Sie, wenn Sie mit der rechten Maustaste auf einen Spaltennamen klicken. Über den Menüpunkt *Weitere* werden alle möglichen Details angezeigt, nach denen Sie suchen können und die Sie in der Detailansicht anzeigen können (siehe Abbildung 8.51).

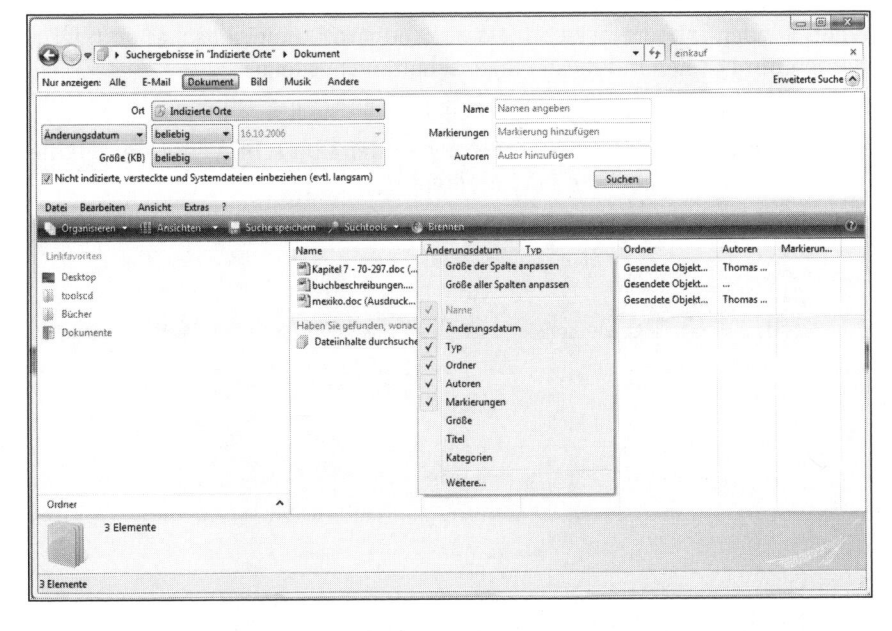

Abbildung 8.51: Anzeigen der möglichen Dateieigenschaften

Die Verwendung boolescher Filter stellt eine weitere Möglichkeit dar, um präzisere Suchen auszuführen. Boolesche Filter ermöglichen es, Suchwörter mittels einfacher Logik zu verknüpfen. Boolesche Filter wie AND oder OR müssen vollständig in Großbuchstaben eingegeben werden. Sie können boolesche Filter mit anderen Filtern kombinieren.

- *AND* – Zum Beispiel Urlaub AND 2006 – Dateien, die sowohl das Wort »Urlaub« als auch das Wort »2006« enthalten.
- *NOT* – Zum Beispiel Urlaub NOT 2006 – Dateien, die das Wort »Urlaub«, aber nicht das Wort »2006« enthalten.

Der Windows Explorer als Dateizentrale

- *OR* – Zum Beispiel Urlaub OR 2006 – Dateien, die das Wort »Urlaub« oder das Wort »2006« enthalten.
- *Anführungszeichen* zum Beispiel – »Urlaub 2006« – Dateien, die den genauen Ausdruck »Urlaub 2006« enthalten.
- *Klammern* – zum Beispiel (Urlaub 2006) – Dateien, welche die Wörter »Urlaub« und »2006« in beliebiger Reihenfolge enthalten.
- *Datum:* >01.10.06 – Dateien, die einen bestimmten Wert überschreiten, z. B. Dateien mit einem Datum nach dem 01.010.06.
- *Größe:* < 5 MB – Dateien, die einen bestimmten Wert unterschreiten, z. B. Dateien, die weniger als 5 MB groß sind. Sie können auch andere Größeneinheiten angeben, z. B. KB und GB.

Wenn Sie die Suche mit natürlicher Sprache aktivieren, ist das Formulieren der Suchkriterien leichter. Die Unterstützung für natürliche Sprache kann auf der Registerkarte *Suchen* in den weiter vorne beschriebenen Ordneroptionen aktiviert werden. Auch bei aktivierter Suche mittels natürlicher Sprache können Sie das Feld *Suchen* wie zuvor verwenden.

Wenn Sie den Inhalt eines Ordners anhand von Dateieigenschaften filtern, werden nur Dateien mit diesen Eigenschaften angezeigt.

1. Öffnen Sie den Ordner mit den Dateien, die Sie filtern möchten.
2. Klicken Sie auf den Pfeil rechts neben der Überschrift, mit der Sie die Dateien filtern möchten (siehe *Abbildung 8.52*).

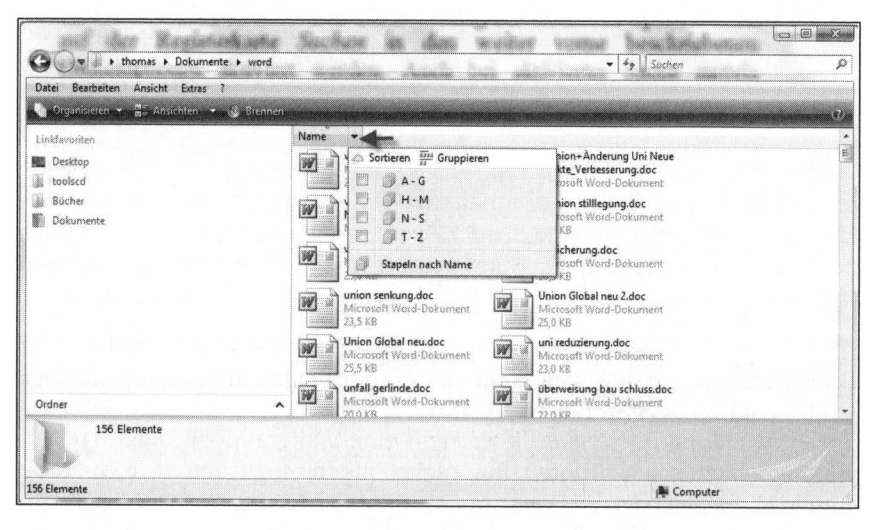

Abbildung 8.52: Verwenden von Filtern im Windows Explorer

Klicken Sie auf die Eigenschaft, auf deren Grundlage Sie filtern möchten. Wenn Sie anhand von zwei oder mehr Eigenschaften filtern möchten, müssen Sie das Kontrollkästchen jeder einzelnen Eigenschaft aktivieren, die Sie zum Filtern verwenden möchten.

Wenn Sie Dateien stapeln, werden alle Dateien in der Ansicht in Blöcken, sogenannten Stapeln, angeordnet:

1. Öffnen Sie den Ordner mit den Dateien, die Sie stapeln möchten. Die Dateien können sich auch in Unterordnern innerhalb dieses Ordners befinden.
2. Klicken Sie auf den Pfeil rechts neben der Spalte, auf deren Grundlage Sie die Dateien stapeln möchten (siehe *Abbildung 8.53*).
3. Klicken Sie auf *Stapeln nach*, um den Inhalt des Ordners in Stapeln anzuordnen.
4. Doppelklicken Sie auf einen Stapel, um die Dateien anzuzeigen, die in dem jeweiligen Stapel enthalten sind.

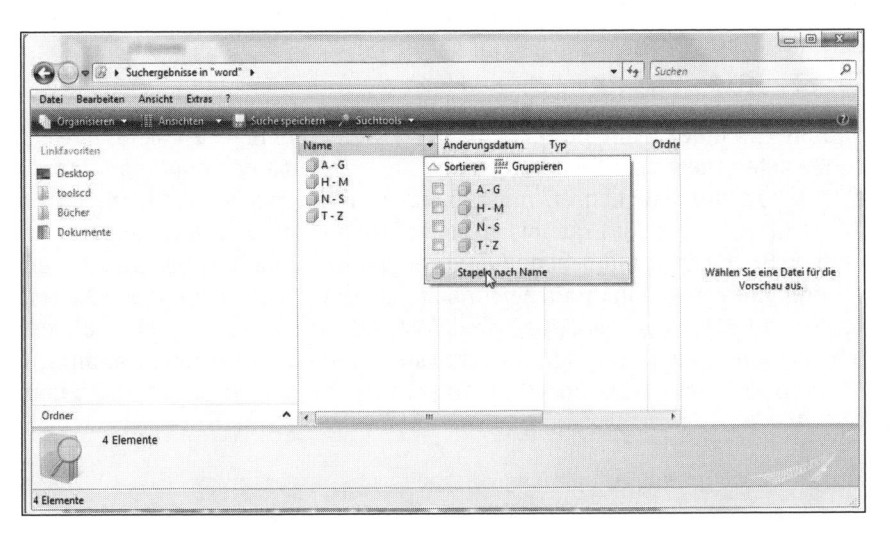

Abbildung 8.53: Stapeln von Dateien im Windows Explorer

Anders als ein Stapel, der die enthaltenen Dateien hinter einem Symbol verbirgt, zeigt eine Gruppe eine Liste aller gruppierten Dateien an. Wenn Sie Dateien beispielsweise nach Autor gruppieren, werden mehrere Gruppen angezeigt, von denen jede alle Dateien eines bestimmten Autors anzeigt:

1. Öffnen Sie den Ordner mit den Dateien, die Sie gruppieren möchten.
2. Klicken Sie auf den Pfeil rechts neben der Spalte, auf deren Grundlage Sie die Dateien gruppieren möchten.
3. Klicken Sie auf *Gruppieren* (siehe *Abbildung 8.54*). Über den kleinen Pfeil am rechten Rand der Spalte, können Sie einzelne Gruppen ein- und ausblenden.

Über den Link *Erweiterte Suche* im Suchergebnis können Sie die Suche weiter eingrenzen und spezifischer nach Dateien suchen. Sie können in der erweiterten Suche verschiedene Optionen abändern.

Der Windows Explorer als Dateizentrale

Abbildung 8.54:
Gruppieren von Dateien im Windows Explorer

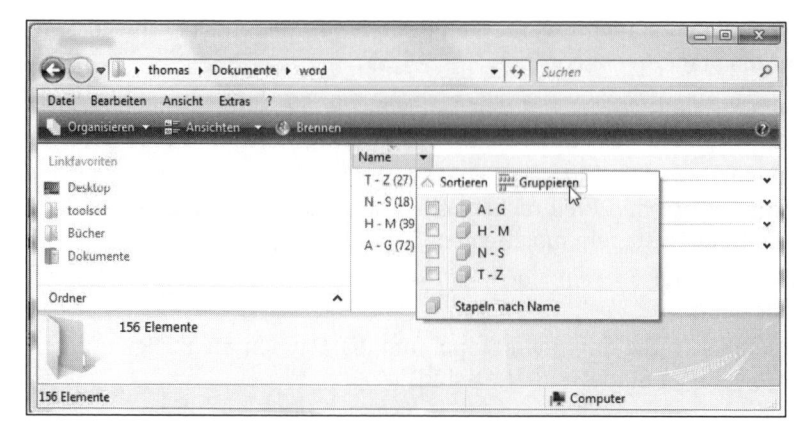

8.5.2 Indizierung

Mithilfe des Index kann die Suche nach Dateien erheblich beschleunigt werden. Anstatt die ganze Festplatte nach einem Dateinamen oder einer Dateieigenschaft durchsuchen zu müssen, muss Windows lediglich den Index überprüfen, sodass das Ergebnis in einem Bruchteil der Zeit verfügbar ist, die für eine Suche ohne Index benötigt würde. Zu den indizierten Speicherorten gehören alle Dateien in Ihrem persönlichen Ordner (z. B. Dokumente, Bilder, Musik und Videos) sowie E-Mail- und Offline-Dateien. Zu den nicht indizierten Dateien zählen Programm- und Systemdateien. Die Konfiguration des Index in Windows Vista finden Sie über *Start/Systemsteuerung/System und Wartung/Indizierungsoptionen* (siehe *Abbildung 8.55*).

Abbildung 8.55:
Konfiguration der Indizierung in Windows Vista

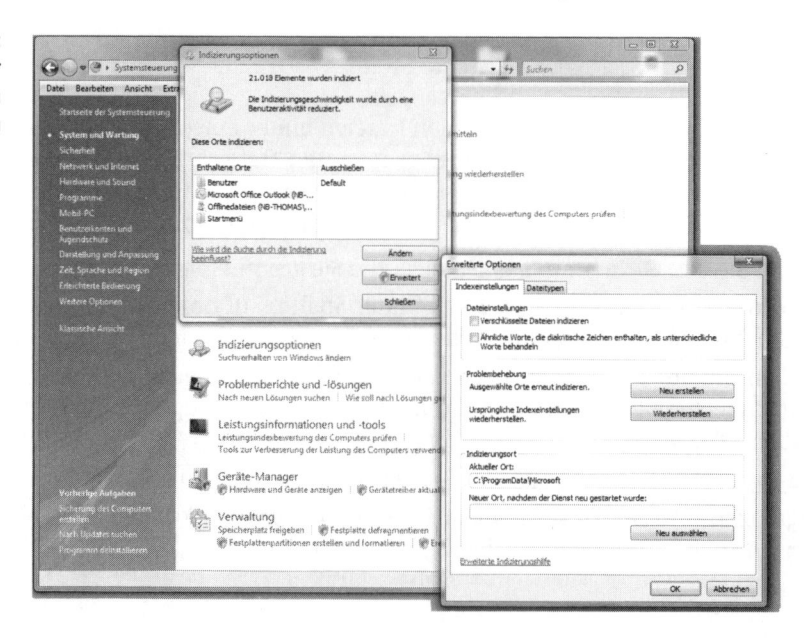

1. Klicken Sie auf *Ändern*.
2. Zum Hinzufügen eines Speicherorts müssen Sie das jeweilige Kontrollkästchen in der Liste *Ausgewählte Orte ändern* aktivieren und dann auf *OK* klicken. Klicken Sie auf *Alle Orte anzeigen*, wenn Ihnen nicht alle Speicherorte auf Ihrem Computer in der Liste *Ausgewählte Orte ändern* angezeigt werden (siehe Abbildung 8.56).
3. Wenn Sie einen Ordner, jedoch nicht seine Unterordner in den Index einschließen möchten, müssen Sie den Ordner erweitern und dann die Kontrollkästchen sämtlicher Ordner deaktivieren, die Sie nicht indizieren möchten. Diese Ordner werden in der Spalte *Ausschließen* angezeigt.

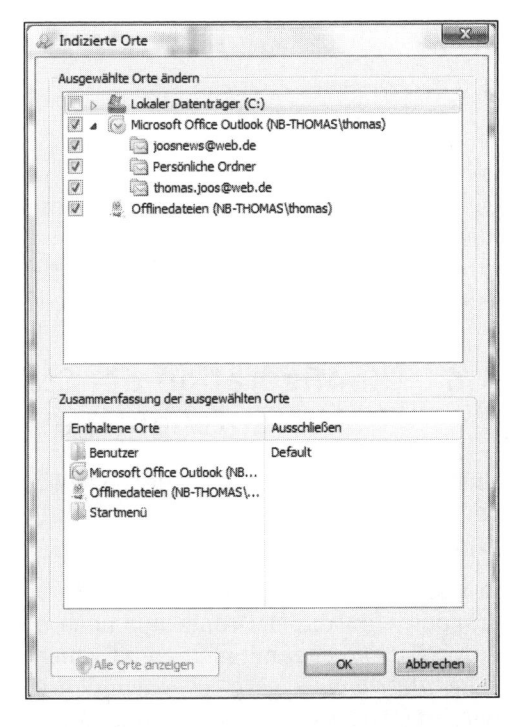

Abbildung 8.56: Anzeigen und Konfigurieren der Indizierungsoptionen

Über die Schaltfläche *Erweitert* können Sie zum Beispiel den Speicherort des Index festlegen, den Index neu erstellen lassen, die Standardeinstellungen wiederherstellen.

Auf der Registerkarte *Dateitypen* sehen Sie, welche Dateien indiziert werden können (siehe Abbildung 8.57). Hier können Sie auch zusätzliche Dateitypen hinterlegen und festlegen, welche Eigenschaften indiziert werden sollen.

Der Windows Explorer als Dateizentrale

Abbildung 8.57:
Indizierbare
Dateitypen in
Windows Vista

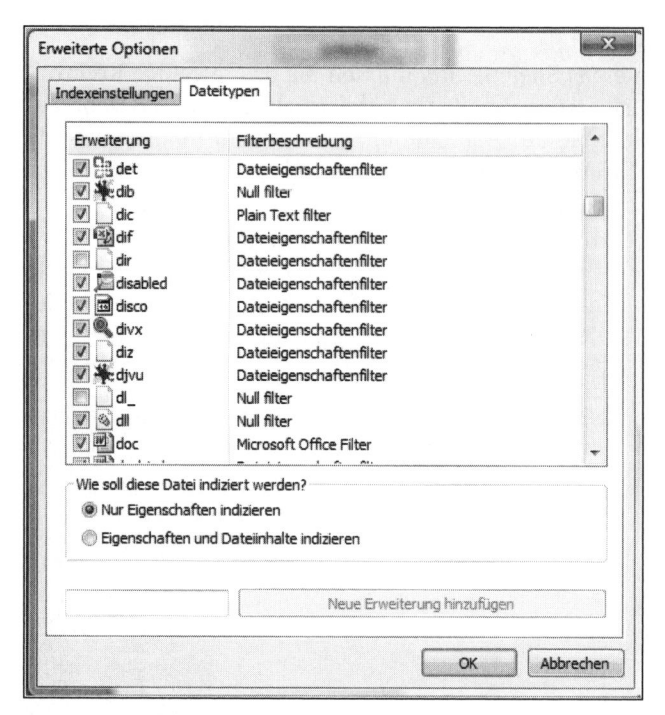

8.6 Konfiguration der Standard-Dokumentenablage

Unter Windows XP konnte in den Eigenschaften des Ordners *Eigene Dateien* der Speicherort dieses Ordners angepasst werden. Dieser Vorgang wurde in Windows Vista abgeändert.

In Vista gibt es den Ordner *Eigene Dateien* nicht mehr. Aus Kompatibilitätsgründen wird dieser Ordner nur noch als Verknüpfung dargestellt. Windows Vista arbeitet mit mehreren Ordnern, die alle im Ordner *C:\Benutzer\ <Benutzername>* gespeichert werden. Die wichtigsten Ordner in diesem Bereich sind auch über das Startmenü erreichbar (siehe *Abbildung 8.58*).

- *<Benutzername>* – Wenn Sie im Startmenü auf diesen Eintrag klicken, wird Ihnen der Inhalt des Profilordners des Benutzers angezeigt. Dieser Ordner entspricht dem Pfad *C:\Benutzer\<Benutzername>*.
- *Dokumente* – Dieser Eintrag im Startmenü entspricht dem Pfad *C:\Benutzer\<Benutzername>\Dokumente*. In diesem Ordner werden normalerweise jene Dokumente gespeichert, denen kein anderer Speicherplatz zugewiesen wurde. Dieser Ordner entspricht noch am ehesten dem bisherigen Ordner *Eigene Dateien*.

Konfiguration der Standard-Dokumentenablage

Sie können den Speicherplatz des Ordner Dokumente *anpassen, indem Sie im Startmenü den Eintrag mit der rechten Maustaste anklicken und im zugehörigen Kontextmenü den Befehl* Eigenschaften *auswählen. Auf der Registerkarte* Pfad *können Sie nach einem Klick auf die Schaltfläche* Verschieben *den neuen Speicherort für diesen Ordner angeben.*

TIPP

Wenn Anwender anschließend die Verknüpfung für Dokumente in den verschiedenen Anwendungen oder im Windows Explorer verwenden, werden diese unbemerkt auf den neuen Pfad umgeleitet.

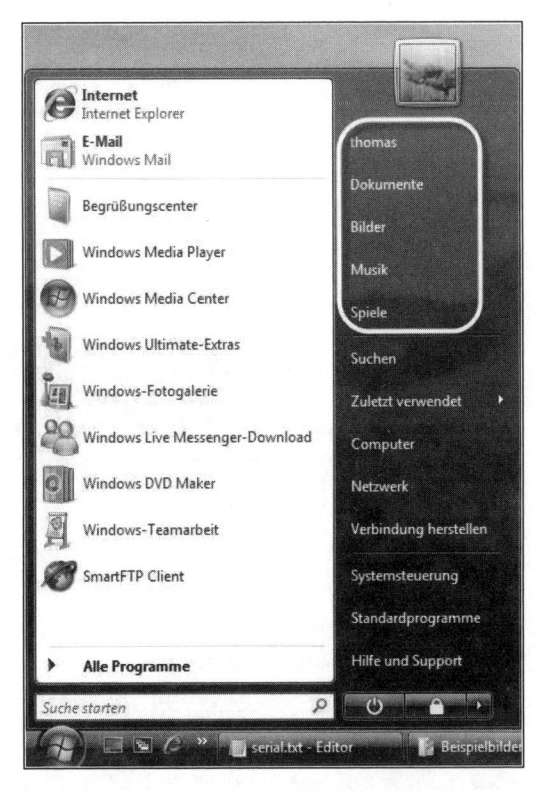

Abbildung 8.58: Zugriff auf die wichtigsten Dokumentenordner in Windows Vista

- *Bilder* – Dieser Eintrag im Startmenü entspricht dem Ordner *C:\Benutzer\<Benutzername>\Bilder*. In den Eigenschaften dieses Eintrags können Sie den Speicherort über die Schaltfläche *Verschieben* ändern. In diesem Ordner werden normalerweise Bilddateien abgelegt.
- *Musik* – Dieser Eintrag im Startmenü entspricht dem Ordner *C:\Benutzer\<Benutzername>\Musik*. Auch diesen Ordner können Sie direkt aus dem Startmenü in einen anderen Ordner verschieben (siehe *Abbildung 8.59*). Natürlich steht dieser Ordner über das Startmenü weiterhin zur Verfügung.

Der Windows Explorer als Dateizentrale

Abbildung 8.59:
Verschieben des *Dokumente*-Ordners im Startmenü

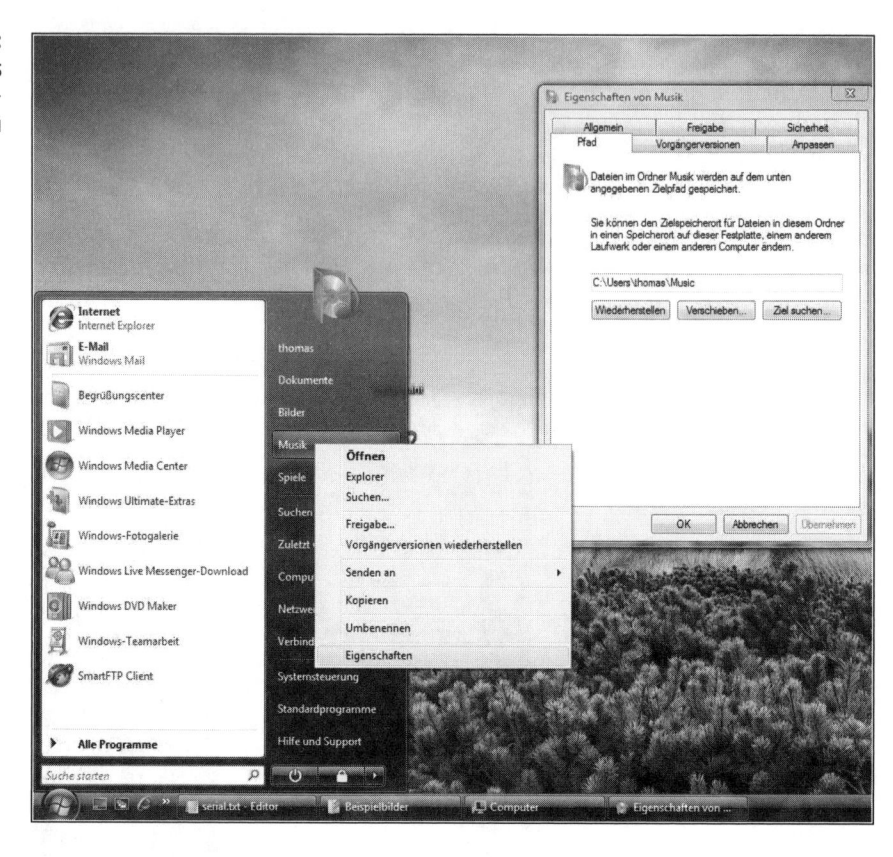

8.7 Brennen von CDs oder DVDs

Innerhalb des Explorers steht Ihnen auch die Funktion *Brennen* zur Verfügung (siehe *Abbildung 8.60*).

Abbildung 8.60:
Brennen von Daten im Explorer

Allerdings ist das Brennprogramm in Windows Vista immer noch sehr rudimentär, und es können keine größeren Einstellungen getroffen werden. Wenn Sie ein Verzeichnis brennen wollen, können Sie nur einen Datenträger einlegen und den Brennvorgang starten. Teilweise werden die Medien nicht abgeschlossen, das heißt, Sie können so lange noch weitere Verzeichnisse auf CD brennen, bis deren Kapazität erschöpft ist, erst dann wird sie abgeschlossen. Nicht abgeschlossene Medien können nicht von allen Laufwerken gelesen werden.

Man kann es drehen, wie man will, das Brennprogramm in Windows Vista taugt nichts. Sie müssen allerdings nicht unbedingt auf teure und vollkommen überladene Zusatzsoftware setzen, sondern sich aus dem Internet kostenlose Brennprogramme herunterladen, die einfach zu bedienen, stabil und kostenlos sind.

8.7.1 DeepBurner Portable

Eines der besten frei verfügbaren Brennprogramme für Windows Vista ist *DeepBurner*. Sie können sich das Programm kostenlos von der Internetseite http://www.deepburner.com herunterladen. Dieses Programm steht allerdings nur in Englisch zur Verfügung. Das Programm belastet den PC nicht und hat gerade einmal eine Größe von 2.8 MB.

Von dem Programm gibt es auch eine Portable-Version, die heruntergeladen werden kann. Sie hat den Vorteil, dass sie nicht installiert werden muss. Sie müssen das heruntergeladene Archiv einfach in ein Verzeichnis entpacken und können durch Doppelklick auf die Datei *deepburner.exe* das Programm starten (siehe *Abbildung 8.61*). Klicken Sie zum Entpacken doppelt auf die *.zip-Datei, und folgen Sie den Anweisungen.

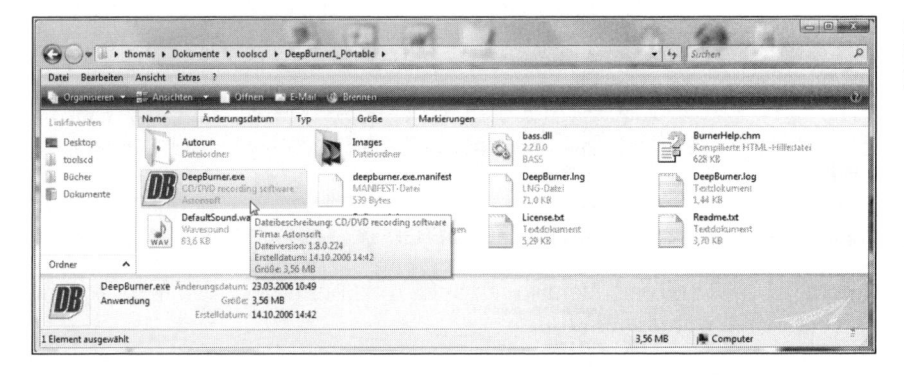

Abbildung 8.61: Starten von DeepBurner

Natürlich können Sie auch, wie in diesem Kapitel beschrieben, eine Verknüpfung des Programms auf dem Desktop anlegen. Nachdem Sie das Programm gestartet haben, können Sie mithilfe eines Assistenten auswählen, welche Art von Medium Sie brennen wollen (siehe *Abbildung 8.62*).

DeepBurner erkennt automatisch den installierten Treiber und zeigt Ihnen an, in welcher Geschwindigkeit CDs oder DVS gebrannt werden können. Das Programm ist vollständig kompatibel zu Windows Vista.

Der Windows Explorer als Dateizentrale

Abbildung 8.62:
Brennen von CDs mit DeepBurner

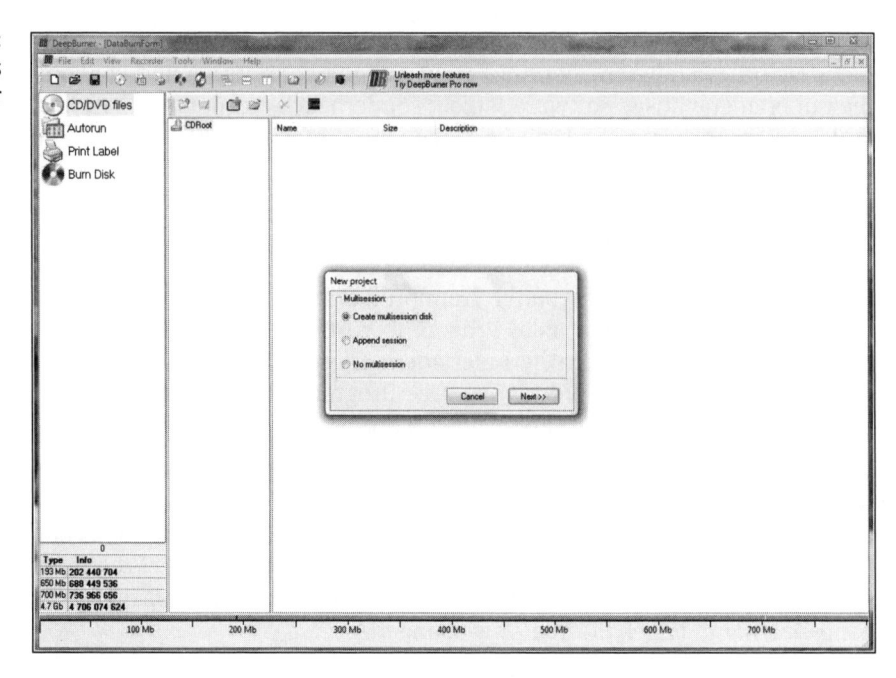

Abbildung 8.63:
Brennen von CDs mit DeepBurner Portable

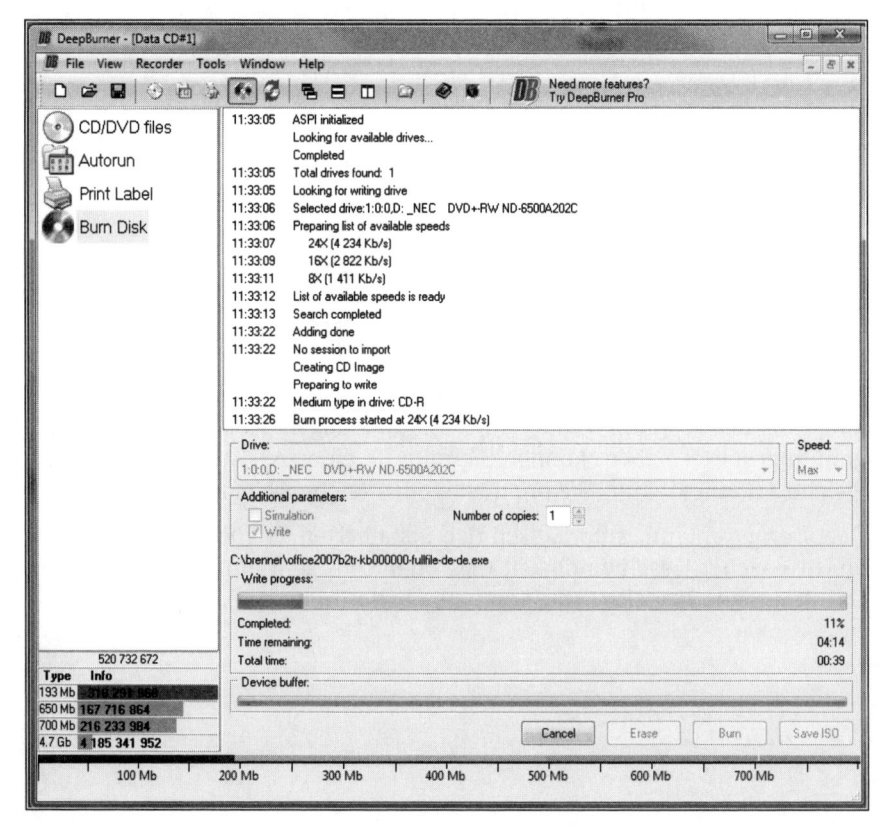

TEIL 4
Netzwerk und Internet

379	**Windows Vista im Netzwerk**	9
457	**Mit Vista ins Internet**	10
575	**Erweiterte Netzwerkkonfiguration**	11
627	**Gruppenrichtlinien**	12
673	**Windows-Teamarbeit**	13

9 Windows Vista im Netzwerk

Die Notwendigkeit zur gemeinsamen Nutzung von Daten und Ressourcen führte zur Entwicklung von Netzwerken. Ein Netzwerk ist eine Gruppe von miteinander verbundenen Computern, die es Personen ermöglicht, gemeinsam auf Informationen zuzugreifen. Unterschieden werden lokale Netzwerke (LAN), nichtlokale Netzwerke (MAN, WAN, GAN, Extranet), drahtgebundene Netzwerke (z. B. Ethernet) und drahtlose Netzwerke (WLAN, Bluetooth, GSM, UMTS).

9.1 Kurze Einführung in die Netzwerktheorie

Die Kommunikation erfolgt über verschiedene Protokolle, die mittels des ISO/OSI-Modells klassifiziert werden können. Das OSI-Modell (*Open Systems Interconnection Reference Model*) ist ein offenes Schichtenmodell, das seit den 70er-Jahren entwickelt und standardisiert wurde. Das OSI-Modell ist die Grundlage für eine Reihe von herstellerunabhängigen Netzwerkprotokollen. Es untergliedert die verschiedenen Anwendungsbereiche der Netzwerkkommunikation in sieben Schichten (siehe *Abbildung 9.1*). Jede der Schichten ist so konzipiert, dass sie die Aufgaben, die ihr zugeordnet sind, unabhängig von den anderen Schichten ausführen kann. Weitere Bezeichnungen für das Modell sind OSI-Referenzmodell, OSI-Schichtenmodell oder 7-Schichten-Modell. Es beschreibt ein theoretisches Modell, das die Kommunikation zwischen Rechnern bzw. Stationen in einem Netzwerk beschreibt und dabei sieben verschiedene Schichten der Kommunikation darstellt. Die Schichteneinteilung erfolgt mit definierten Schnittstellen. Einzelne Schichten können angepasst oder ausgetauscht werden.

- Die Schichten 1 bis 4 sind transportorientierte Schichten.
- Die Schichten 5 bis 7 sind anwendungsorientierte Schichten.

Ein Netzwerk stellt seinen Benutzern Dienste bereit. Im einfachsten Fall sendet es Daten von A nach B. Hierzu muss jedoch eine Vielzahl von Aufgaben bewältigt werden. Die Probleme, die dabei gelöst werden müssen, reichen von Fragen der elektronischen Übertragung der Signale über eine geregelte Reihenfolge in der Kommunikation (wer darf wann senden?) bis hin zu abstrakteren Aufgaben, die sich innerhalb der kommunizierenden Anwendungen ergeben. Die Vielzahl dieser Probleme und Aufgaben macht es notwendig, das Netz nicht als einen einzigen Dienstleister zu betrachten, sondern seine Dienste ganz bestimmten Kategorien zuzuordnen. Als besonders geeignet hat sich die Aufteilung in Schichten erwiesen. Im OSI-Modell werden sie von einer Schicht zur nächsten weitergereicht.

Abbildung 9.1:
ISO/OSI-Modell

Anwendungsschicht
Darstellungsschicht
Sitzungsschicht
Transportschicht
Vermittlungsschicht
Sicherungsschicht
Bitübertragungsschicht

In einem Netzwerk können mehrere Benutzer auf die gleichen Daten zugreifen und die Verbindung zur gleichen Ressource herstellen. Anstatt also beispielsweise jeden Computer mit einem eigenen Drucker auszustatten, werden alle Computer mit einem gemeinsamen Drucker verbunden, was dann den gemeinsamen Zugriff mehrerer Benutzer gestattet. Für eine effektive Zusammenarbeit müssen die Mitglieder einer Gruppe in der Lage sein, Informationen gemeinsam zu nutzen. Dies lässt sich realisieren, indem die Computer so miteinander verbunden werden, dass sie ein Netzwerk bilden.

Vor allem die Möglichkeit, PCs heute mit Funk zu verbinden, eröffnet bei ihrer Vernetzung in Privathaushalten ganz neue Möglichkeiten. Sie können jetzt von überall auf Ihrem Grundstück auf die Daten Ihrer Computer zugreifen sowie Daten austauschen, gemeinsam im Internet surfen oder gemeinsame Hardware wie CD-Rom-Laufwerke, Drucker oder Scanner nutzen.

Viele Anwender wollen ihren Vista-PC mit dem Netzwerk verbinden, sei es wegen des DSL-Routers oder mit anderen PCs im Netzwerk. Microsoft hat in Windows Vista die Konfiguration der Netzwerkverbindung angepasst und die Konfiguration im Vergleich zu Windows XP zumindest auf Seiten der Navigation komplett überarbeitet.

> **TIPP**
> *Manchmal dauert es nach dem Start eines PC unter Windows Vista extrem lange, bis das LAN-Symbol in der Taskleiste erscheint und der PC eine Verbindung zum Netzwerk hergestellt hat.*
>
> *Das Problem liegt in diesem Fall an dem Treiber der Netzwerkkarte. Laden Sie sich einen aktuellen Treiber der Netzwerkkarte vom Hersteller herunter, oder deaktivieren Sie testweise die LAN-Karte im Geräte-Manager. Wenn das System danach schneller startet, liegt es tatsächlich am Treiber der Netzwerkkarte.*

Achten Sie auch möglichst darauf, eine statische IP-Adresse zu vergeben, wenn Sie keinen DHCP-Server einsetzen, da auch dadurch der Start des PC beschleunigt wird und Vista nicht erst versucht, eine IP-Adresse von einem DHCP-Server zu beziehen.

9.2 Allgemeine Informationen zu Netzwerken

Wenn Sie Computer miteinander vernetzen, bilden diese ein Netzwerk, auch als *LAN* bezeichnet. Fast alle Netzwerkanwendungen sind als Client-Server-Applikation konzipiert oder beruhen auf Diensten, die auf dem Client-Server-Modell basieren. Der Server hat hierbei die Aufgabe, einen speziellen Dienst für einen oder mehrere Clients bereitzustellen. Der Client stellt eine Anfrage an den Server, der nun versucht, diese Anfrage zu verarbeiten. Anschließend schickt er das Ergebnis der Anfrage an den Client zurück. Manche Netzwerke basieren auch auf dem sogenannte Peer-to-Peer. Hier dient jeder Rechner sowohl als Client als auch als Server, und sie stellen untereinander ihre Ressourcen zur Verfügung.

Clientcomputer (wie beispielsweise die Computer der Benutzer) fordern im Netzwerk Dienste oder Daten von Computern an, die als Server bezeichnet werden. Ein Client ist dabei nichts anderes als ein Computer, an dem ein Benutzer arbeitet und Ressourcen aus dem Netzwerk benötigt. So kann ein Client zum Beispiel auf einem Drucker eines anderen Benutzers drucken oder über einen anderen Rechner im Internet surfen. Server sind Computer, die Dienste oder Daten für Clientcomputer bereitstellen. Die Server in einem Netzwerk erfüllen eine Vielzahl von Aufgaben. Ein Server muss dabei nicht zwingend ein besonderes Gerät oder eine teure spezielle Hardware sein. Auch ein PC zu Hause, auf dem Dateien liegen, die von anderen PCs (Client) verwendet werden, wird als Server bezeichnet.

9.2.1 Verschiedene Arten von Netzwerken

Es gibt verschiedene Varianten von Netzwerken. Die Bezeichnung eines Netzwerkes ist dabei nicht abhängig von dessen Topologie, sondern von der geografischen Verteilung des Netzwerkes, also prinzipiell davon, ob das Netzwerk in einem Gebäude, einer Stadt oder sogar weltweit aufgebaut wurde.

Überblick über die verschiedenen Netzwerktopologien

Die Netzwerktopologie beschreibt, wie ein Netzwerk aufgebaut wird. Netzwerktopologien sind physikalische Varianten von Netzwerken, also wie die einzelnen PCs bzw. Server miteinander vernetzt sind. Es gibt hauptsächlich fünf verschiedene Topologien, die heute mehr oder weniger verbreitet sind. In vielen Netzwerken, vor allem bei Unternehmen, sind manche dieser Topologien miteinander vermischt.

Der verwendete Topologietyp wirkt sich auf den Typ und die Fähigkeiten der Netzwerkhardware, deren Verwaltung und die Möglichkeiten für eine zukünftige Erweiterung aus. Es gibt einen physischen und einen logischen Aspekt der Topologie. Die physische Topologie beschreibt, wie die physischen Komponenten in einem Netzwerk verbunden sind, während die logische Topologie beschreibt, wie Netzwerkdaten über die physischen Komponenten übertragen werden.

Bus-Topologie

Bei einer Bus-Topologie sind alle Computer in einem Netzwerk mit einem fortlaufenden Hauptkabel verbunden, das als *Backbone* bezeichnet wird und das gesamte Netzwerk geradlinig verbindet. Der Anschluss zwischen den Geräten (also Netzwerkkarten) und dem Hauptkabel erfolgt über T-Verbinder. Bei dieser geradlinigen Topologie wird ein Paket an alle Netzwerkadapter in diesem Segment übertragen.

Aufgrund der Art und Weise, wie elektrische Signale über dieses Kabel übertragen werden, müssen die Enden des Kabels mit sogenannten Terminatoren versehen werden, die als Begrenzung für das Signal dienen und das Segment definieren. Falls irgendwo im Kabel eine Bruchstelle vorhanden ist oder falls ein Ende nicht terminiert ist, wird das Signal im Netzwerk nicht mehr zuverlässig versendet, und die gesamte Kommunikation wird unterbrochen.

Die Anzahl der an einen Bus angeschlossenen Computer beeinträchtigt ebenfalls die Netzwerkleistung. Je mehr Computer auf dem Bus vorhanden sind, desto länger ist die Wartezeit für die Computer, die Daten an den Bus weiterleiten möchten, und desto langsamer ist demzufolge das Netzwerk.

Sterntopologie

Bei einer Sterntopologie sind Kabelsegmente von jedem Computer im Netzwerk mit einer zentralen Komponente verbunden, dem sogenannten Hub oder Switch. Ein Switch ist ein Gerät, das mehrere Computer miteinander verbindet. Bei einer Sterntopologie werden die Signale vom Computer über den Switch an alle Computer im Netzwerk übertragen. Die meisten DSL-Router haben eingebaute Switches. Bei größeren Systemen können mehrere LANs mithilfe einer Sterntopologie miteinander verbunden sein. Die Sterntopologie ist die heutzutage am meisten verwendete Variante aller Topologien. Sie wird von Unternehmen, aber auch in Privathaushalten am häufigsten eingesetzt.

Ein Vorteil der Sterntopologie ist, dass beim Ausfall eines Computers in der Sterntopologie nur der ausgefallene Computer keine Daten senden oder empfangen kann. Der Rest des Netzwerkes funktioniert wie gewohnt. Der Nachteil dieser Topologie ist, dass beim Ausfall des Switches das gesamte Netzwerk ausfällt, da jeder Computer mit dem Hub verbunden ist. In jedem Fall bewirkt eine zentrale Komponente in einem Netz eine höhere Ausfallwahrscheinlichkeit für die einzelnen Verbindungen: Ein Ausfall des zentralen Teilnehmers bewirkt unweigerlich den Ausfall aller Verbindungsmöglichkeiten zur gleichen Zeit.

Ringtopologie

Bei einer Ringtopologie sind die Computer über ein einziges ringförmiges Hauptkabel verbunden, sodass ein geschlossener Ring entsteht. Die zu übertragende Information wird von Teilnehmer zu Teilnehmer weitergeleitet, bis sie ihren Bestimmungsort erreicht. Bei einem Ausfall einer der Verbindungen bricht das gesamte Netz zusammen. Im Gegensatz zur Bustopologie gibt es keine terminierten Enden. Der Vorteil einer Ringtopologie ist, dass jeder Computer als Repeater dient, das Signal erneut erzeugt und an den nächsten Computer weitersendet, wodurch die Signalstärke erhalten bleibt.

Die Methode des Übertragens von Daten in der Ringstruktur wird als *Token-passing* bezeichnet. Ein *Token* ist eine spezielle Abfolge von Bits, die Steuerungsinformationen enthalten. Der Besitz des Tokens ermöglicht es einem Netzwerkgerät, Daten an das Netzwerk zu übertragen. In jedem Netzwerk gibt es nur ein Token.

Maschentopologie oder das Maschennetz

In einem Maschennetz ist jedes Endgerät mit einem oder mehreren anderen Endgeräten verbunden. Wenn jeder Knoten mit jedem anderen Knoten verbunden ist, spricht man von einem vollständig vermaschten Netzwerk.

Diese Konfiguration stellt redundante Pfade im Netzwerk bereit, weshalb beim Ausfall eines Kabels eine andere Verbindung den Datenverkehr übernimmt und das Netzwerk weiterhin problemlos funktioniert. Bei Ausfall eines Endgerätes oder einer Leitung ist es im Regelfall möglich, durch Umleitung (Routing) der Daten weiter zu kommunizieren. Ein Vorteil der Maschentopologie ist die Backupfähigkeit, da mehrere Pfade im Netzwerk bereitgestellt werden. Da für redundante Pfade mehr Kabel als für andere Topologien erforderlich sind, kann eine Maschentopologie teuer sein.

Vermischte hybride Topologien

Bei einer hybriden Topologie werden zwei oder mehr Topologien in einem Netzwerkentwurf kombiniert. Beispielsweise können Sie eine Stern- und eine Bustopologie kombinieren, um die Vorteile beider Topologien zu nutzen.

LAN – Local Area Network

Die verbreitetste und bekannteste Variante ist das lokale Netzwerk, das *Local Area Network*, LAN genannt. Unter einem LAN versteht man ein Computernetzwerk innerhalb eines räumlich begrenzten Bereiches.

LANs sind als feste Installation intern bei Firmen oder Privathaushalten zu finden. »Fliegende Installationen« können temporär für Kongresse und andere computerlastige Veranstaltungen aufgebaut werden, zum Beispiel für LAN-Partys.

Eine LAN-Party ist eine Veranstaltung, die es den Teilnehmern mithilfe eines lokalen Netzwerks (LAN) ermöglicht, miteinander Computerspiele zu spielen oder Daten zu tauschen.

WAN – Wide Area Network

Unter einem WAN versteht man ein Netzwerk, das über weite Strecken mehrere LANs verbindet; zum Beispiel ein Netzwerk, das mehrere Filialen einer Firma in einem Land verbindet.

In Privathaushalten gibt es keine WANs, während die meisten größeren Unternehmen heute eigentlich alle Niederlassungen miteinander vernetzen. Ganz grob gesehen, bildet Ihr lokales Netzwerk mit dem Netzwerk Ihres Internetproviders ein WAN.

GAN – Global Area Network

Unter einem GAN versteht man ein Netzwerk, das weltweit mehrere WANs verbindet. Dies kann zum Beispiel die Vernetzung weltweiter Standorte einer internationalen Firma sein.

VPN – Virtual Private Network

Ein virtuelles privates Netzwerk (VPN) ist ein Computernetz, das zum Transport privater Daten ein öffentliches Netzwerk (zum Beispiel das Internet) nutzt. VPNs werden hauptsächlich über das Internet aufgebaut. Teilnehmer eines VPN tauschenDaten wie in einem internen LAN aus. Die einzelnen Teilnehmer selbst müssen hierzu nicht direkt verbunden sein. Die Verbindung über das öffentliche Netzwerk wird verschlüsselt.

Eine Verbindung der Netzwerke wird über einen Tunnel zwischen VPN-Client und VPN-Server ermöglicht. Meist wird der Tunnel dabei gesichert. Die meisten DSL-Router für Privatanwender bieten heute bereits die Möglichkeit, sich per VPN mit dem Rechner zu Hause zu verbinden

9.3 Installation der Netzwerkhardware

Der erste Schritt, um einen PC mit dem Netzwerk zu verbinden, ist natürlich zunächst, dass die Netzwerkkarte im Geräte-Manager erkannt und installiert wurde. Eine Netzwerkkarte wird auch als *Netzwerkadapter* bezeichnet. Die englische Bezeichnung ist *Network Interface Card (NIC)*.

Sollte der Treiber Ihrer Netzwerkkarte nicht ordnungsgemäß installiert worden sein, ist in Vista wahrscheinlich kein Treiber für Ihre Netzwerkkarte integriert. Sie sollten allerdings nicht einfach den Windows XP-Treiber installieren, sondern auf der Homepage des Herstellers überprüfen, ob es einen aktuellen Windows Vista-Treiber gibt, und diesen installieren.

Installation der Netzwerkhardware

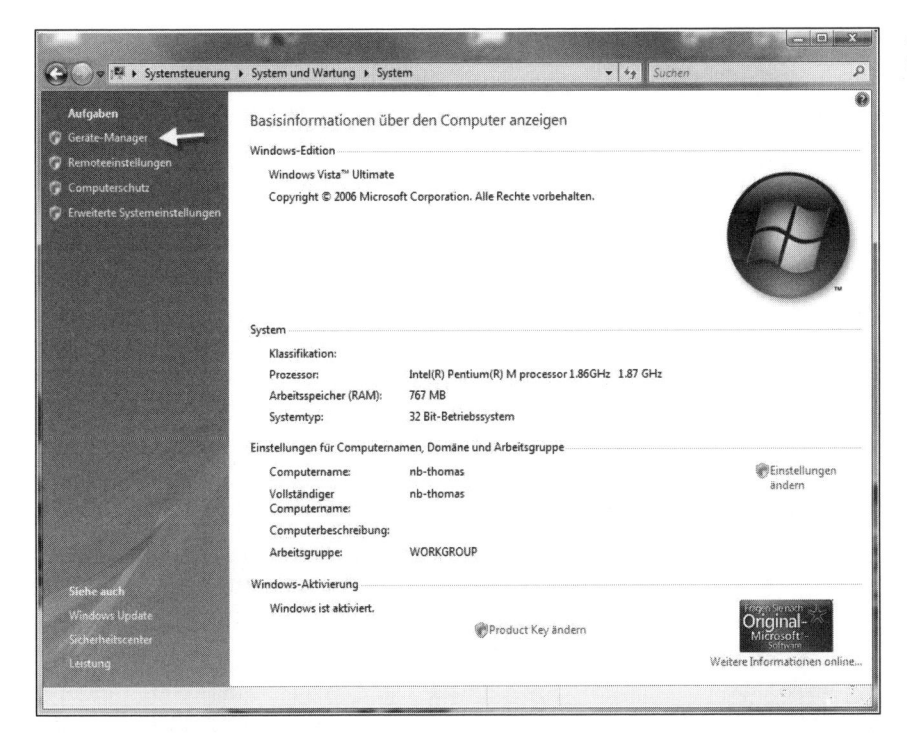

Abbildung 9.2:
Öffnen des Geräte-Managers

Den Geräte-Manager finden Sie in Windows Vista über *Start/Systemsteuerung/System und Wartung/System* und dann auf der linken Seite des Fensters über den Link *Geräte-Manager* (siehe *Abbildung 9.2*). Die Installation der Hardware wurde bereits in Kapitel 6 ausführlich besprochen.

Beim Aufrufen des Geräte-Managers meldet sich die Benutzerkontensteuerung, da es sich hier um die Aufgabe eines Administrators handelt. Sollte Ihre Netzwerkkarte im Bereich *Andere Geräte* stehen, wurde sie nicht erkannt, und Sie müssen den Treiber manuell installieren. Wird die Karte im Bereich *Netzwerkadapter* ohne Fehler angezeigt, wurde sie korrekt installiert (siehe *Abbildung 9.3*).

Sollte die Karte nicht angezeigt werden, stellen Sie zunächst sicher, dass ein aktueller Treiber für die Netzwerkkarte installiert und die Karte fehlerfrei im Geräte-Manager angezeigt wird.

Windows Vista im Netzwerk

Abbildung 9.3:
Anzeige der installierten Netzwerkkarte im PC

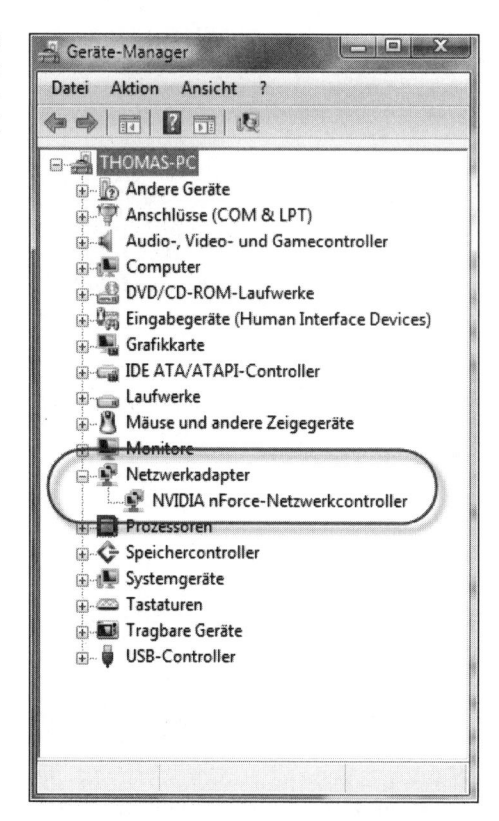

9.4 Anbindung des PC an das Netzwerk

Ist die Karte ordnungsgemäß installiert und haben Sie Ihren PC an einen DSL-Router mit DHCP-Server angeschlossen, wurde der PC bereits mit einer dynamischen IP-Adresse versorgt. Allerdings kann der Einsatz eines DHCP-Servers in einem Privatnetzwerk, vor allem noch in Verbindung mit einem WLAN-Anschluss, nicht empfohlen werden. Sie sollten daher auch intern auf statische IP-Adressen setzen. Wenn Ihr DSL-Router Wireless LAN-Funktionalität hat und der DHCP-Server aktiviert ist, kann jeder außerhalb Ihres Hauses mit einem Notebook Verbindung zum Router aufbauen. Der Einbrecher kann auf Ihre Kosten surfen oder Unsinn im Internet anstellen, für den Sie haften.

Die meisten Router sind mit einer Funktionalität ausgestattet, die sich *DHCP* nennt. DHCP ist die Abkürzung für *Dynamic Host Configuration Protocol*. Bei DHCP nimmt der Router die Funktion eines sogenannten DCHP-Servers ein.

Ein DHCP-Server hat eine gewisse Anzahl von IP-Adressen in seinem Vorrat, die er an PCs automatisch verteilen kann. Dazu müssen die Geräte so konfiguriert sein, dass sie eine IP-Adresse von einem DHCP-Server annehmen. Die meisten Betriebssysteme, auch Windows XP und Windows Vista, sind standardmäßig so eingestellt.

Anbindung des PC an das Netzwerk

Wenn Ihr Router als DHCP-Server konfiguriert ist, hat Ihr PC automatisch eine IP-Adresse beim Start erhalten. Es ist allerdings nicht immer sichergestellt, dass diese DHCP-Funktion eingestellt und aktiviert ist. Wenn die DHCP-Konfiguration des Routers nicht korrekt durchgeführt wurde, erhalten Sie keine IP-Adresse. In diesem Fall müssen Sie Ihrem PC und dem DSL-Router die jeweilige IP-Adresse manuell zuweisen. Man spricht in einem solchen Fall von einer statischen IP-Adresse im Unterschied zu einer dynamischen IP-Adresse bei DHCP. Bei den meisten Routern ist DHCP aktiviert.

Die Anbindung ans Netzwerk stellen Sie am besten über das neue *Netzwerk- und Freigabecenter* her. Wenn Sie mit der rechten Maustaste auf das Netzwerksymbol in der Taskleiste neben der Uhr klicken, öffnet sich ein Kontextmenü, und Sie können das Netzwerk- und Freigabecenter aktivieren (siehe *Abbildung 9.4*).

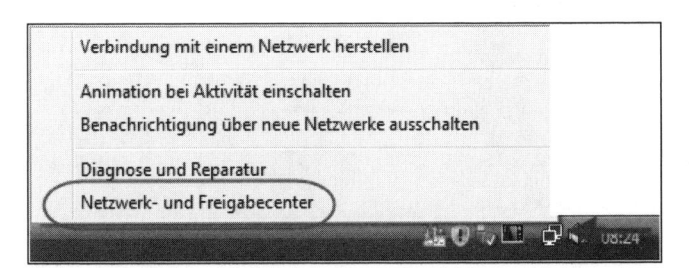

Abbildung 9.4: Öffnen des Netzwerk- und Freigabecenters

Wenn Sie das Netzwerk- und Freigabecenter geöffnet haben, sehen Sie bereits die Netzwerkverbindung des PC oder müssen feststellen, dass diese nicht hergestellt werden konnte (siehe *Abbildung 9.5*).

Sie müssen zunächst die Netzwerkverbindung richtig konfigurieren. Klicken Sie dazu im *Netzwerk- und Freigabecenter* auf den Link *Netzwerkverbindungen verwalten* und rufen dann im neuen Fenster mit der rechten Maustaste die Eigenschaften Ihrer LAN-Verbindung auf (siehe *Abbildung 9.5*). Es öffnet sich ein neues Fenster, in dem Sie die Eigenschaften der Netzwerkverbindung konfigurieren können.

Sie können die Verwaltung der Netzwerkverbindungen auch über Start/Ausführen/ncpa.cpl *starten.*

TIPP

Markieren Sie als Nächstes den Bereich *Internetprotokoll Version 4*, und klicken Sie auf die Schaltfläche *Eigenschaften* (siehe *Abbildung 9.6*). Hier können Sie jetzt eine ordnungsgemäße IP-Adresse vergeben. Auf den richtigen Aufbau von IP-Adressen gehe ich später in diesem Kapitel noch ausführlich ein.

Windows Vista im Netzwerk

Abbildung 9.5:
Konfigurieren der Netzwerkverbindungen in Windows Vista

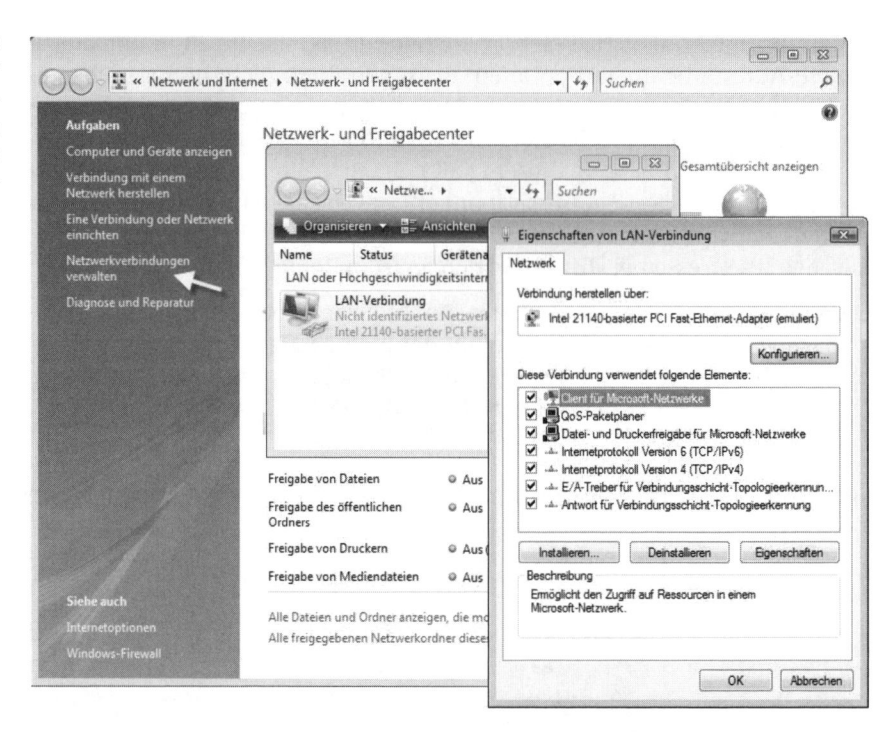

Wenn Sie die IP-Adresse manuell vergeben, setzen Sie die Markierung auf die Optionen *Folgende IP-Adresse verwenden* sowie *Folgende DNS-Serveradressen verwenden* und tragen die notwendigen Daten ein (siehe unten).

In diesem Beispiel hat der DSL-Router die IP-Adresse 10.0.0.1. Die Adresse Ihres Routers entnehmen Sie bitte der Anleitung. Es ist wichtig, dass Sie Ihrem PC eine IP-Adresse geben, die im selben Subnetz wie die des Routers ist. Am einfachsten geben Sie Ihrem PC die nächste Adresse. Wenn Ihr Router die IP-Adresse 192.168.170.1 hat, geben Sie Ihrem PC 192.168.170.2.

Tragen Sie in das Feld IP-Adresse eine IP-Adresse ein, die sich im selben Subnetz befindet wie die des Routers. Fast alle Router verwenden als Subnetzmaske ein C-Klasse-Netz 255.255.255.0. Um eine richtige IP-Adresse in diesem Bereich zu wählen, müssen die ersten drei Stellen identisch mit der Adresse des Routers sein. In diesem Beispiel wäre das 10.0.0.x. Wählen Sie als letzte Stelle eine Zahl, die sich von der des Routers unterscheidet. Im Beispiel habe ich die 3 gewählt. Die IP-Adresse des PC ist 10.0.0.3. Wenn Ihr Router die IP-Adresse 192.168.0.253 hat, wählen Sie zum Beispiel 192.168.0.10. Die ersten drei Stellen sind gleich, die letzten unterscheidet sich. Tragen Sie bei Subnetzmaske noch das C-Klasse-Netz ein (255.255.255.0).

Anbindung des PC an das Netzwerk

Abbildung 9.6: Konfigurieren der IP-Adresse des PC

Bei *Standardgateway* tragen Sie die IP-Adresse des DSL-Routers ein. Das Standardgateway hat die Aufgabe, alle Netzwerkanfragen, die nicht zum internen Netzwerk geschickt werden, ins Internet zu schicken. Dazu muss der PC die Adresse dieses Standardgateways kennen.

Bei *Bevorzugter DNS-Server* tragen Sie ebenfalls die IP-Adresse des Routers ein. Ein DNS-Server (Domain Naming Service) ist dafür zuständig, IP-Adressen und Namen im Internet zu verbinden.

Wie Sie wissen, hat jeder PC im Internet eine eigene IP-Adresse. In Ihrem Browser geben Sie jedoch nicht diese IP-Adresse ein, sondern den URL, zum Beispiel http://www.telekom.de. Der PC muss wissen, wo er diesen URL finden kann. Dazu fragt er seinen DNS-Server, in unserem Fall den Router. Der Router wiederum fragt den DNS-Server Ihres Providers. Dieser wird ihm mittels DHCP automatisch bei der Anmeldung ins Internet zugewiesen.

Ohne diesen Eintrag werden Sie später mit Ihrem Webbrowser zwar ins Internet kommen, es kann sich aber keine Seite aufbauen, weil der Webbrowser nicht weiß, wo er die Internetseiten finden kann.

Die neue Version 6 des IP-Protokolls wird derzeit so gut wie nicht produktiv eingesetzt, vor allem nicht in Privathaushalten. Hier müssen Sie keine Konfiguration vornehmen.

Windows Vista im Netzwerk

Im Anschluss öffnet sich ein neues Fenster, und Sie müssen auswählen, wo Sie den PC betreiben. Wählen Sie die entsprechende Option aus, und schließen Sie dieses Fenster (siehe *Abbildung 9.7*).

Abbildung 9.7:
Auswahl des Netzwerkstandortes in Windows Vista

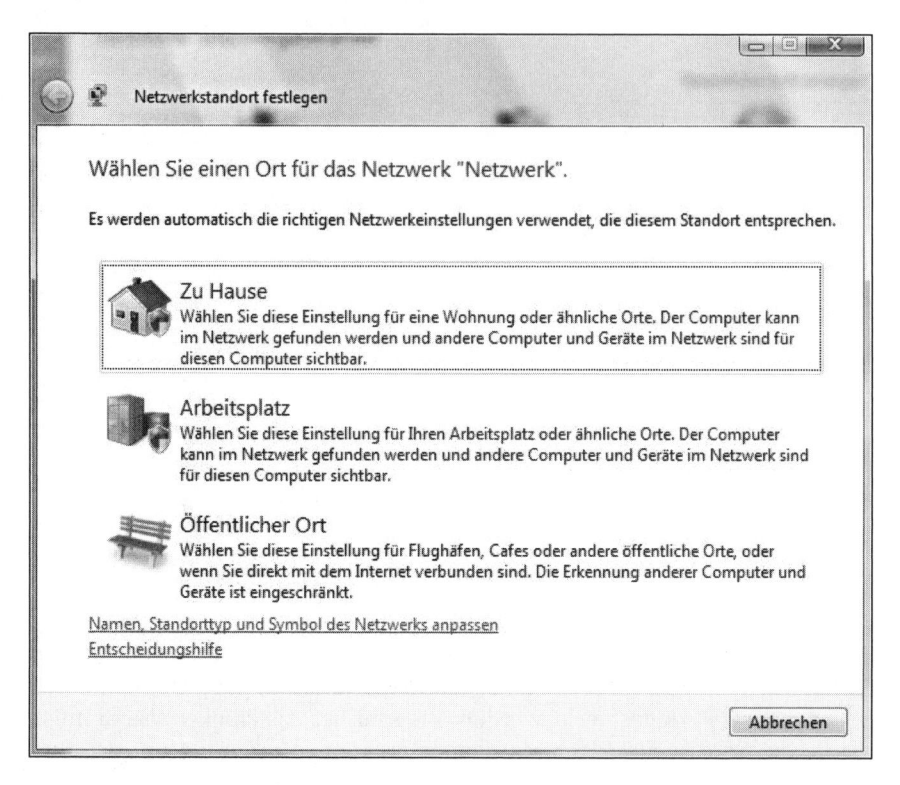

Sie sehen jetzt wieder das Netzwerk- und Freigabecenter sowie die aktuelle Verbindung mit dem Netzwerk (siehe *Abbildung 9.8*).

Wenn Sie auf diesem PC Freigaben erstellen wollen, auf die andere Anwender zugreifen dürfen, müssen Sie diese noch im Bereich *Freigabe von Dateien* aktivieren (siehe *Abbildung 9.8*). Erst dann ist der Zugriff möglich. Der Assistent aktiviert dazu in den Ausnahmen der Windows-Firewall den Zugriff auf den PC über Dateifreigaben.

Sie finden diese Ausnahme, wenn Sie im Netzwerk- und Freigabecenter auf den Link *Windows-Firewall* ganz unten klicken und dann im neuen Fenster auf *Einstellungen ändern*. Es öffnen sich die Einstellungen der Firewall. Auf der Registerkarte *Ausnahmen* sehen Sie, welchen Netzwerkverkehr die Firewall jetzt zulässt (siehe *Abbildung 9.9*).

Anbindung des PC an das Netzwerk

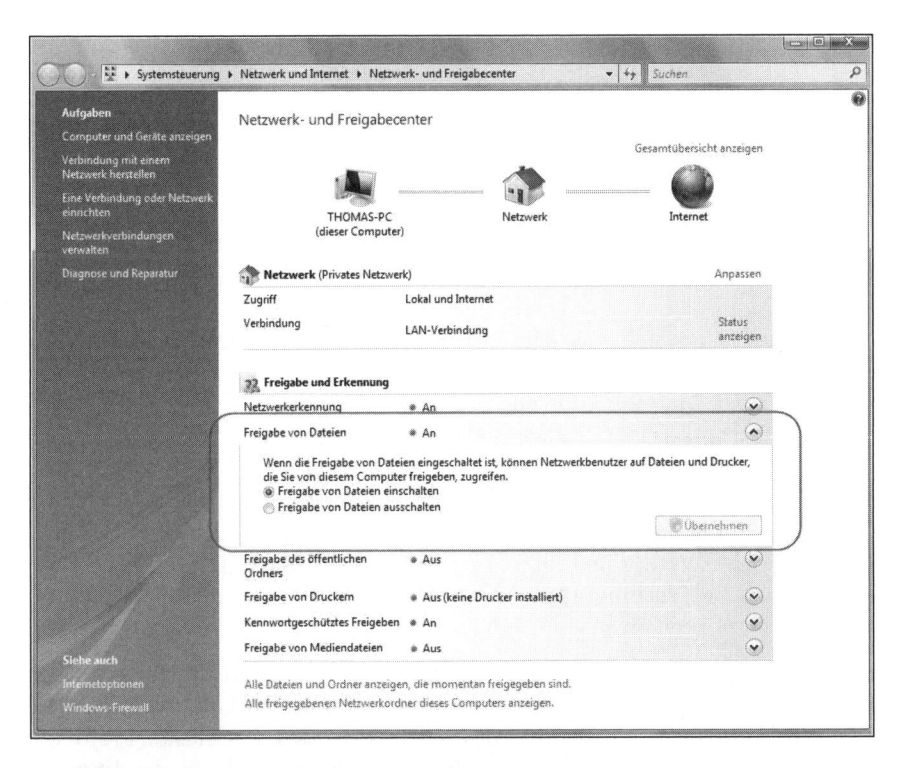

Abbildung 9.8: Aktivierung der Freigabe von Dateien im Netzwerk- und Freigabecenter

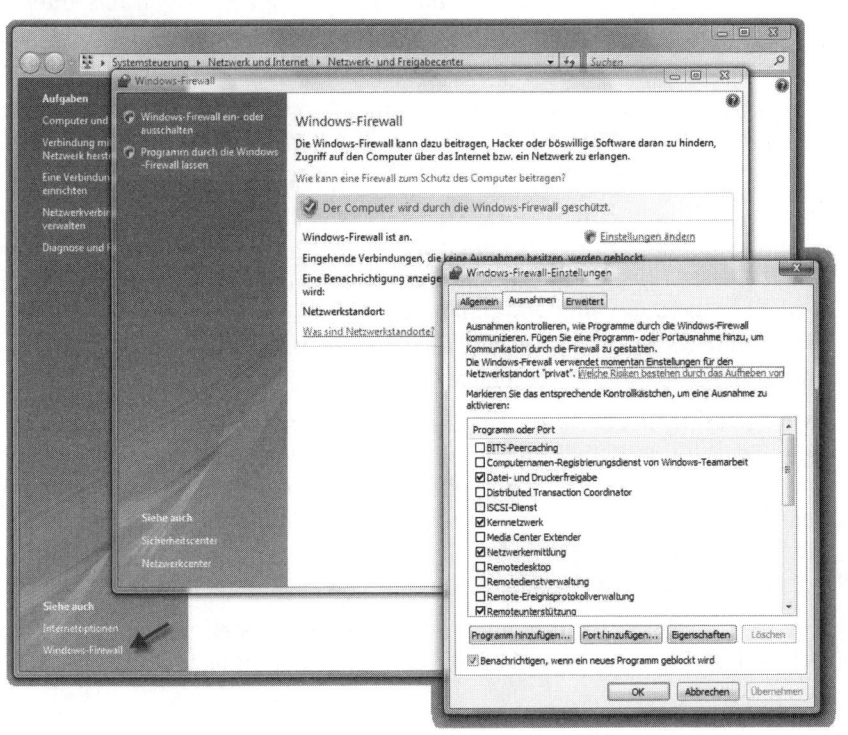

Abbildung 9.9: Überprüfen der Firewall-Konfiguration im Netzwerk- und Freigabecenter

9.5 Allgemeine Informationen zur TCP/IP-Konfiguration

Die Konfiguration von TCP/IP auf PCs ist nicht gerade trivial, das gilt auch für Windows Vista. Im folgenden Abschnitt gehe ich kurz auf die Konfiguration einer TCP/IP-Adresse ein. Verstehen Sie diese Anleitung nicht als vollständige Erläuterung des Themas, sondern als Hilfestellung für Anwender, die sich bisher noch nicht mit dem Thema auseinandergesetzt haben.

> **TIPP**
>
> *Für Anwender, die sich mit dem TCP/IP-Protokoll ausführlicher befassen wollen, empfehle ich das kostenlose eBook* TCP/IP-Grundlagen für Microsoft Windows, *das Microsoft auf der Internetseite* http://www.microsoft.com/germany/technet/datenbank/articles/600579.mspx *zur Verfügung stellt.*

Die genaue Aufschlüsselung der verschiedenen Netzwerkprotokolle würde den Rahmen dieses Buches sprengen. Daher beschränke ich mich auf das wichtigste Netzwerkprotokoll: TCP/IP. Mit dem Wissen über dieses Protokoll können Sie Verbindungen ins Internet aufbauen und Ihre Computer miteinander vernetzen.

Das Netzwerkprotokoll zur Verbindung Ihrer Rechner zu Hause zu einem LAN und das Netzwerkprotokoll ins Internet sind ein und dasselbe, TCP/IP genannt (*Transport Control Protocol/Internet Protocol*). Mit diesem Protokoll vernetzen Firmen und Privathaushalte ihre Computer. Auch das Internet basiert auf diesem Netzwerkprotokoll. Es läuft auf allen Netzwerkgeräten Ihrer Computer: auf Switches, auf Routern und Firewalls, einfach überall.

Stellen Sie sich das Protokoll als einfaches Programm vor, das ständig im Hintergrund läuft. Dieses Programm steuert den kompletten Datenverkehr im Netzwerk, in Ihrem internen LAN und im Internet.

TCP/IP unterteilt den ganzen Datenverkehr in einzelne kleine Stücke, Pakete genannt, die von Gerät zu Gerät weitergegeben werden. Aus diesem Grund spricht man häufig auch von TCP/IP-Paketen. Alle Daten, die Sie ins Internet übertragen, und alle Daten, die Sie intern von einem Computer zu einem anderen schicken, werden in kleine TCP/IP-Pakete unterteilt und an den Empfängercomputer geschickt.

Eine weitere Aufgabe des TCP/IP-Protokolls ist das Zuweisen einer sogenannten *IP-Adresse*. Jedes Gerät in einem Netzwerk und im Internet erhält eine IP-Adresse. Die IP-Adresse können Sie sich wie eine Hausnummer vorstellen, über die einzelne TCP/IP-Pakete den Empfänger identifizieren. In jedem Netzwerk erhalten jedes Gerät, jeder Computer, jede Firewall und jeder Router zur eindeutigen Identifizierung eine einzigartige IP-Adresse.

Eine IP-Adresse ist recht einfach aufgebaut. Sie besteht aus vier maximal dreistelligen Zahlengruppen, die durch Punkte getrennt sind, zum Beispiel:

192.168.172.100

Allgemeine Informationen zur TCP/IP-Konfiguration

Die einzelnen Bereiche dürfen jeweils eine Zahl von 0 bis 254 einnehmen, wobei der erste Bereich und der vierte keine 0 haben dürfen. Ein weiteres Beispiel für eine IP-Adresse wäre etwa: 192.168.120.115. Es muss aber nicht jeder Bereich aus drei Stellen bestehen, es reicht auch eine Stelle. So wäre beispielsweise 10.0.0.1 eine gültige IP-Adresse. Sie können eine gültige IP-Adresse einfach identifizieren:

1. Besteht die Adresse aus vier Bereichen (weniger ist nicht erlaubt)?
2. Sind diese Bereiche durch einen Punkt ».« getrennt?
3. Sind die erste und letzte Ziffer keine 0?
4. Handelt es sich in jedem der vier Bereiche um eine Zahl zwischen 1 und 254?

Wenn Sie diese vier Fragen mit Ja beantworten können, ist die IP-Adresse gültig.

Da IP-Adressen auch im Internet zur öffentlichen Kommunikation verwendet werden, wurden bestimmte IP-Adressbereiche vorgesehen, die in Privatnetzwerken eingesetzt werden dürfen, während andere für die Kommunikation im Internet vorgesehen sind. Die privaten Adressbereiche sind folgende:

- 10.0.0.1 – 10.254.254.254
- 172.16.0.1 – 172.31.254.254
- 192.168.0.1 – 192.168.254.254

Wenn Sie überprüfen wollen, ob eine IP-Adresse in einem privaten Netzwerk korrekt konfiguriert wurde, können Sie die drei oberen Punkte in die Checkliste mit aufnehmen. Verwenden Sie am besten die Zehneradressen von 10.0.0.1 bis 10.0.0.x. Diese Adressen sind leicht zu merken und übersichtlich.

Nachdem Sie einem Gerät eine gültige IP-Adresse zugeteilt haben, kann das TCP/IP-Protokoll in einzelne Pakete unterteilte Daten zu diesem Gerät schicken. Ohne eine IP-Adresse kann ein Computer nicht im Netzwerk kommunizieren. Sie können sich das so vorstellen, als ob Sie ein Päckchen bestellen und keine Lieferadresse angeben. Eine IP-Adresse ist nichts anderes als die Adresse eines Routers oder einer Firewall.

Ein bisschen komplizierter wird die IP-Adressierung noch. Zu jeder IP-Adresse gehört eine sogenannte *Subnetzmaske (engl.: Subnet Mask)*. Die Subnetzmaske ist wie die IP-Adresse in vier Zahlengruppen unterteilt, die durch Punkte getrennt sind und maximal drei Stellen haben dürfen. Wenn Sie sich die IP-Adresse als Hausnummer vorstellen, ist die Subnetzmaske die Straße in Ihrer Adresse.

Die Subnetzmaske ist die Adresse Ihres gesamten Netzwerks. Alle Computer und alle Netzwerkgeräte in einem internen Netzwerk müssen exakt die gleiche Subnetzmaske haben. Sie ist eng mit der IP-Adresse verbunden. IP-Adresse und Subnetzmaske hängen immer zusammen. Sie können sich diese Paarung so vorstellen wie die Straße und Hausnummer Ihrer Wohnadresse und die Postleitzahl sowie den Wohnort. Eine Adresse, in der Postleitzahl und Wohnort fehlen, ist genauso ungültig wie Postleitzahl und Wohnort ohne Straße und Hausnummer.

Die korrekte IP-Konfiguration eines Computers besteht immer aus der IP-Adresse mit der dazugehörigen Netzwerkadresse. Die Netzwerkadresse fasst mehrere Computer zu einem Netzwerk zusammen, und alle Computer können durch das TCP/IP-Protokoll feststellen, welche Geräte zum internen Netzwerk gehören. Insgesamt gibt es für Privathaushalte und Unternehmen nur drei Subnetzmasken, die verwendet werden. Für Netzwerkprofis können diese Subnetzmasken noch weiter unterteilt werden.

Sie brauchen sich nur drei Subnetzmasken zu merken, wobei eine davon am meisten verbreitet ist:

- 255.0.0.0 (sogenannte A-Klasse)
- 255.255.0.0 (sogenannte B-Klasse)
- 255.255.255.0 (sogenannte C-Klasse, am meisten verbreitet)

Sie sehen, so schwer ist die Unterscheidung der Subnetzmasken nicht. In Privathaushalten wird meistens die C-Klasse (255.255.255.0) verwendet, in Unternehmen meistens die B-Klasse (255.255.0.0).

Eine richtige IP-Adresse besteht immer aus zwei Bereichen, aus der eigentlichen IP-Adresse, zum Beispiel 10.0.0.1, und der dazugehörigen Subnetzmaske, zum Beispiel 255.255.255.0. Sie müssen bei der Kombination von IP-Adresse und der dazugehörigen Subnetzmaske noch etwas beachten, damit die IP-Adresse gültig ist:

Alle Geräte in Ihrem internen Netzwerk müssen die gleiche Subnetzmaske haben.

Die Bereiche der Subnetzmaske, die mit 255 gefüllt sind – bei der C-Klasse (255.255.255.0) die ersten drei –, müssen bei allen Computern im Netzwerk und allen Netzwerkgeräten identisch sein. Nur die letzte Zahl der IP-Adressen darf sich unterscheiden. Wenn Sie zum Beispiel für den ersten Rechner die IP-Adresse 10.0.0.1 sowie die Subnetzmaske 255.255.255.0 festlegen, können alle anderen PCs und Ihr DSL-Router nur IP-Adressen zwischen 10.0.0.2 und 10.0.0.254 einnehmen.

Beispiele:

Gültige IP-Adressen sind 10.0.0.1 mit der Subnetzmaske 255.255.255.0. Da in diesem Beispiel die letzte Ziffer der Subnetzmaske eine 0 ist, können in Ihrem Netzwerk maximal 254 Geräte stehen, nämlich von 10.0.0.1 bis 10.0.0.254.

Wenn Sie in Ihrem Netzwerk ein Subnetzmaske von 255.255.0.0 wählen, dürfen sich die IP-Adressen in den letzten beiden Ziffern unterscheiden, in unserem obigen Beispiel von 10.0.0.1 bis 10.0.254.254. Insgesamt haben Sie so die Möglichkeit, über 65.000 Geräte in Ihrem Netzwerk zu betreiben.

Wie Sie sehen, reicht für Privathaushalte und viele Unternehmen die C-Klasse vollkommen aus. Wenn Sie sich an die richtige Normierung halten würden, sind die Subnetzmasken streng mit den privaten IP-Bereichen verbunden. Es besteht allerdings keine Notwendigkeit, sich an diese strenge Richtlinie zu halten, auch Firmen machen das nicht. Wichtig ist jedoch die Einhaltung der privaten IP-Adressbereiche.

Nach meiner Erfahrung ist der Bereich 10.0.0.1 bis 10.0.0.254 mit der Subnetzmaske 255.255.255.0 für Privathaushalte der beliebteste. Wenn Sie eine IP-Adresse vergeben oder überprüfen wollen, ob die IP-Adresse richtig gewählt ist, sollten Sie sich an die Checkliste auf der folgenden Seite halten. Erst wenn die IP-Adressierung in Ihrem internen Netzwerk korrekt vorgenommen wurde, kann Ihr Router oder Ihre Firewall unterscheiden, welche TCP/IP-Pakete ins Internet sollen und welche im internen Netzwerk bleiben. Alle Netzwerke überall auf der Welt halten sich an diese Regeln. Erst dadurch können die vielen Millionen Router die Pakete unterscheiden und entsprechend verschicken.

Checkliste für richtige IP-Adressierung
- Besteht die Adresse aus vier Zahlengruppen (weniger ist nicht erlaubt)?
- Sind diese Zahlengruppen durch einen Punkt ».« getrennt?
- Sind die erste und letzte Ziffer keine 0?
- Ist die Zahl in jeder Zahlengruppe eine Ziffer zwischen 0 und 254?
- Liegt die IP-Adresse in den privaten Bereichen 10.0.0.1 bis 10.254.254.254 oder 172.16.0.1 bis 172.31.254.254 oder 192.168.0.1 bis 192.168.254.254?
- Haben alle Geräte in Ihrem internen Netzwerk die gleiche Subnetzmaske?
- Die Bereiche der Subnetzmaske, die mit 255 gefüllt sind, bei der C-Klasse (255.255.255.0) die ersten drei, müssen bei allen Computern im Netzwerk und allen Netzwerkgeräten gleich sein. Nur die letzte Zahl der IP-Adressen muss sich unterscheiden.
- Hat jedes Gerät in Ihrem Netzwerk eine einzigartige IP-Adresse? Es darf keine zwei identischen IP-Adressen geben.

9.6 Erstellen von Freigaben für Dateien und Drucker

Natürlich macht auch innerhalb eines kleinen Netzwerkes mit zwei bis drei Computern die Arbeit nur dann Sinn, wenn Sie auch einzelne Ordner oder Drucker freigeben.

9.6.1 Erstellen einer Freigabe für Dateien

Anwender können zwar, wie gleich erläutert, auf die komplette Festplatte über das Netzwerk zugreifen, indem die Freigaben *C$* bzw. *< Laufwerksbuchstabe > $* verwendet werden. Allerdings haben in diesem Fall sämtliche Netzwerkteilnehmer das Recht, auf die komplette Festplatte zuzugreifen und beliebige Daten zu löschen oder zu verändern.

Effizienter ist es, wenn Sie einzelne Ordner freigeben und für diese Ordner Berechtigungen vergeben. Sie können für Freigaben anderen Benutzern das Recht geben, zu schreiben, zu lesen oder auch Daten zu verändern. Achten Sie darauf, dass Sie im Benutzermanager von Windows Vista die Benutzerkonten anlegen müssen, für die Sie Rechte vergeben wollen (siehe Kapitel 18).

Die Anwender müssen sich dann bei der Verbindung mit der Freigabe über *Start/Ausführen* oder beim Verbinden eines Netzlaufwerkes mit dem Benutzernamen und dem konfigurierten Kennwort authentifizieren.

> **TIPP**
> *Vergeben Sie keine leeren Kennwörter, da ansonsten der Zugriff über das Netzwerk nicht funktioniert und die Authentifizierung abgelehnt wird.*

Um einen Ordner im Netzwerk freizugeben, müssen Sie ihn natürlich zunächst erstellen bzw. auswählen, welchen Ordner Sie freigeben wollen. Alle Unterordner, die dieser Ordner enthält, sind dann auch im Netzwerk verfügbar. Klicken Sie als Nächstes den Ordner mit der rechten Maustaste an, und wählen Sie im Kontextmenü die Option *Freigabe* aus (siehe *Abbildung 9.10*).

Abbildung 9.10: Freigeben eines Ordners im Netzwerk

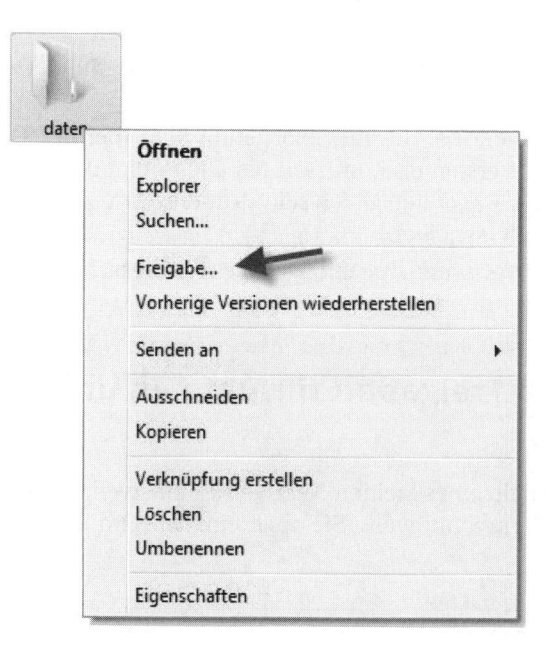

Erstellen von Freigaben für Dateien und Drucker

Die anschließenden Fenster können variieren. Wenn Sie den Freigabe-Assistenten, wie im nächsten Abschnitt beschrieben, deaktiviert haben, erscheinen an dieser Stelle andere Fenster.

Bei aktiviertem Assistenten wählenSie als Nächstes aus, für welche Benutzer Sie die Freigabe im Netzwerk erstellen wollen. Sie legen an dieser Stelle auch ein neues Benutzerkonto auf Ihrem PC an, mit dem sich der entsprechende Benutzer dann über das Netzwerk authentifizieren muss (siehe *Abbildung 9.11*).

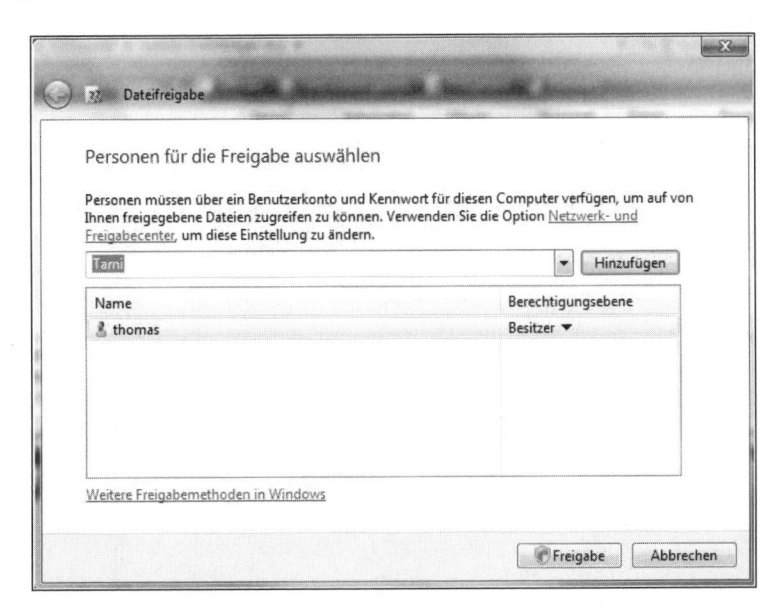

Abbildung 9.11: Auswählen von berechtigten Personen für die Freigabe

Ohne den Assistenten können Sie im Freigabefenster den Freigabenamen und die Berechtigungen selbst vergeben.

Standardmäßig darf die Gruppe *Jeder* nur lesend auf die Freigabe zugreifen. Wenn Sie möchten, dass alle Anwender im Netzwerk schreiben dürfen, müssen Sie dieses Recht vergeben. Das Recht *Ändern* berechtigt zum Lesen, Schreiben und Löschen.

Klicken Sie beim Freigeben von Verzeichnissen ohne den Freigabe-Assistenten auf die Schaltfläche *Erweiterte Freigabe*, und legen Sie den Freigabenamen fest (siehe *Abbildung 9.12*).

Um explizite Benutzerkonten zu den Berechtigungen hinzuzufügen, klicken Sie auf *Berechtigungen/Hinzufügen* und dann auf *Erweitert*. Im folgenden Fenster können Sie sich alle Benutzerkonten Ihres PC anzeigen lassen und den Benutzer auswählen, für den Sie Berechtigungen vergeben wollen (siehe *Abbildung 9.13*).

Windows Vista im Netzwerk

Abbildung 9.12:
Konfiguration
einer Dateifreigabe

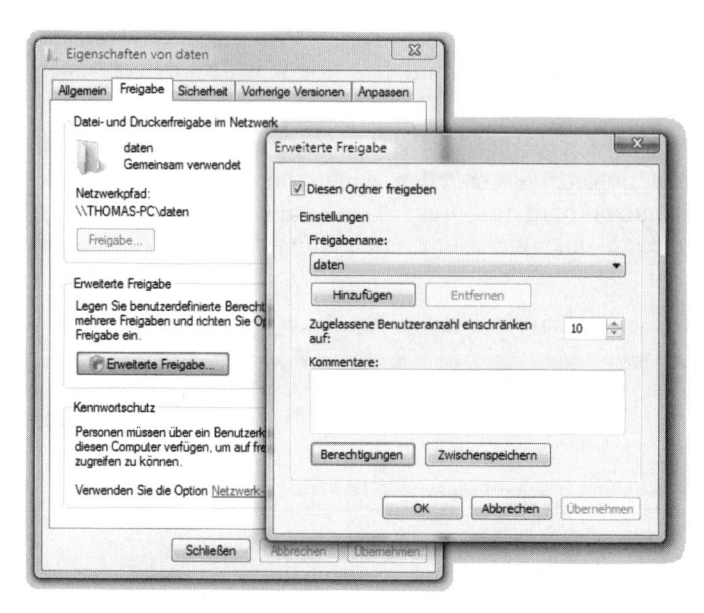

Abbildung 9.13:
Konfiguration von
Berechtigungen für
eine Dateifreigabe

Erstellen von Freigaben für Dateien und Drucker

Nach der erfolgreichen Freigabe wird der Ordner als freigegeben markiert (siehe *Abbildung 9.14*).

Abbildung 9.14: Ansicht eines freigegebenen Ordners

Sie können auf der Registerkarte *Sicherheit* zusätzlich noch Berechtigungen auf Basis des Dateisystems vergeben. Klicken Sie dazu auf *Bearbeiten* (siehe *Abbildung 9.15*).

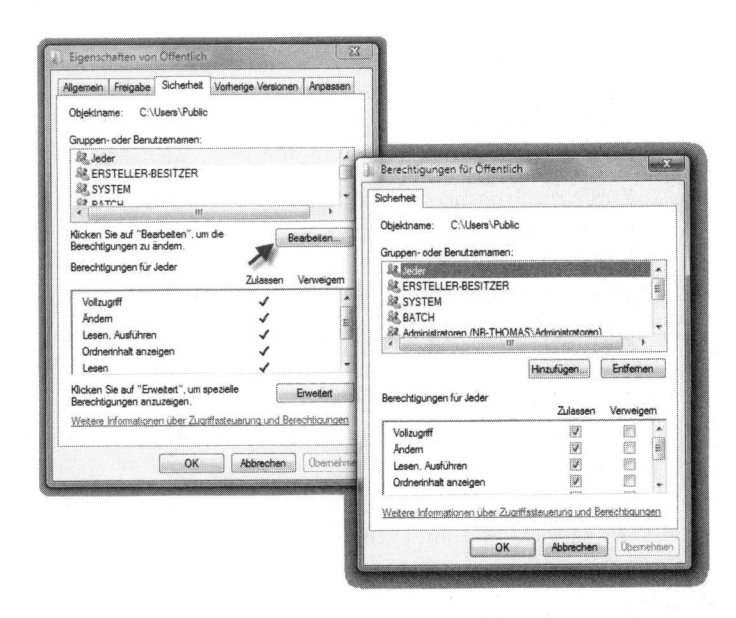

Abbildung 9.15: Hinzufügen von Berechtigungen zu einem Ordner

Es gelten grundsätzlich die engsten Einschränkungen der Zugriffsberechtigungen. Wenn ein Benutzer Vollzugriff auf die Freigabe hat und ein Verzeichnis im NTFS nur lesen darf, darf er es auch tatsächlich nur lesen.

Hat er andersherum im NTFS Vollzugriff und wurde auf die Freigabe nur das Leserecht vergeben, darf er auf das Verzeichnis über das Netzwerk nur lesend zugreifen. Er kann allerdings lokal auf dem Server oder über andere überlappende Freigaben, die diese Einschränkung nicht haben, mit mehr Rechten zugreifen. Die Berechtigungen bilden daher immer eine Schnittmenge zwischen Freigabeberechtigungen und Berechtigungen auf dem Dateisystem (NTFS).

Abbildung 9.16:
Berechtigungs-
ebenen in
Windows Vista

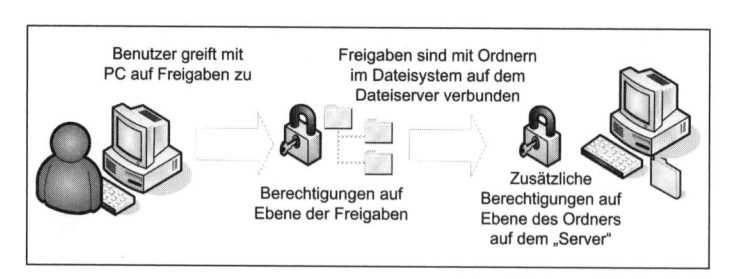

- Benutzer greift mit PC auf Freigaben zu
- Berechtigungen auf Ebene der Freigaben
- Freigaben sind mit Ordnern im Dateisystem auf dem Dateiserver verbunden
- Zusätzliche Berechtigungen auf Ebene des Ordners auf dem „Server"

Im ersten angezeigten Dialogfeld *Berechtigungen für ...* können Sie die Benutzernamen oder Gruppen angeben. Sie sollten auf der Ebene der Freigaben möglichst die gleichen Gruppen oder Benutzer zulassen wie auf NTFS-Ebene.

Die Festlegung auf NTFS-Ebene erfolgt über die Eigenschaften eines Ordners auf der Registerkarte *Sicherheit*. Über die Schaltfläche *Hinzufügen* werden neue Objekte, denen Berechtigungen gewährt werden sollen, ausgewählt. Als Standardberechtigungen sind definiert:

- *Vollzugriff:* Erlaubt den vollen Zugriff auf das Verzeichnis oder die Datei. Bei Verzeichnissen bedeutet das, dass Dateien hinzugefügt und gelöscht werden können. Bei Dateien stehen alle Funktionen zur Verfügung. Dazu gehört auch die Veränderung von Zugriffsberechtigungen.
- *Ändern:* Die Berechtigungen sind im Vergleich mit dem Vollzugriff auf das Schreiben, Lesen, Ändern und Löschen beschränkt. Es können keine Berechtigungen erteilt werden.
- *Lesen, Ausführen:* Für Programmdateien relevant, da diese ausgeführt werden dürfen.
- *Ordnerinhalt anzeigen:* Der Inhalt des Ordners kann angezeigt, die Inhalte der Dateien im Ordner können nicht angezeigt werden.
- *Lesen:* Definiert, dass eine Datei gelesen, aber nicht ausgeführt werden darf.
- *Schreiben:* Die Datei darf verändert, jedoch nicht gelöscht werden.

Alternativ können Sie den Befehl *Erweitert* verwenden, um auf ein weiteres Dialogfeld zuzugreifen und dort die Benutzer und Gruppen detaillierter auszuwählen (siehe *Abbildung 9.17*).

Durch Auswahl von *Erweitert* wird das Dialogfeld *Erweiterte Sicherheitseinstellungen* geöffnet. In diesem Dialogfeld können die Zugriffsberechtigungen sehr differenziert festgelegt werden. Zusätzlich können Überwachungseinstellungen und die Besitzer von Objekten konfiguriert werden.

Erstellen von Freigaben für Dateien und Drucker

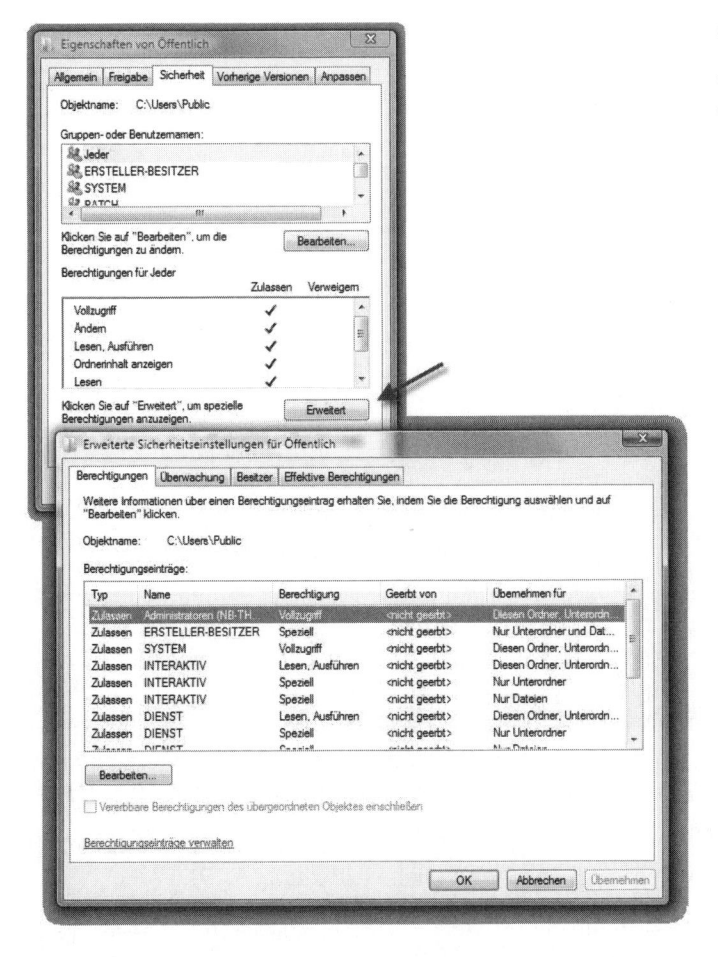

Abbildung 9.17:
Erweiterte Berechtigungen für einen Ordner

Den Zugriff auf die Freigaben auf Ihrem PC können Sie über das Netzwerk- und Freigabecenter weiter optimieren. Öffnen Sie das Freigabecenter über das Symbol in der Taskleiste oder über *Systemsteuerung/Netzwerk und Internet*. Im Netzwerk- und Freigabecenter können Sie über die Menübefehle *Freigabe von Dateien* und *Freigabe von Druckern* im Netzwerk noch weitere Einstellungen vornehmen (siehe *Abbildung 9.18*).

Freigaben können auf dem Remotecomputer auch als Verknüpfung auf dem Desktop verbunden werden.

Klicken Sie dazu mit der rechten Maustaste auf den Desktop, und wählen Sie Neu/Verknüpfung. *Als Befehl geben Sie* \\ < Name oder IP-Adresse des PC mit der Freigabe > \ < Freigabename > *ein, zum Beispiel* \\10.0.0.3\d$.

TIPP

Windows Vista im Netzwerk

Abbildung 9.18: Konfiguration des Freigabeverhaltens von Windows Vista im Netzwerk- und Freigabecenter

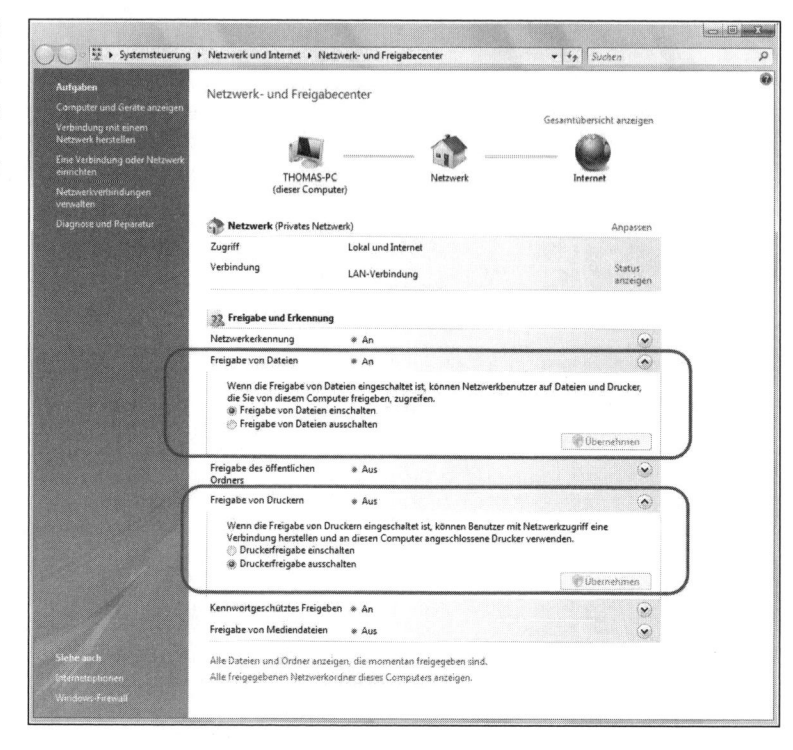

9.6.2 Der Assistent für die Freigabe von Ordnern

Über *Start/Ausführen/shrpubw* können Sie den Assistenten zur Erstellung von Freigaben starten (siehe *Abbildung 9.19*).

Abbildung 9.19: Starten des Assistenten zur Erstellung von Freigaben

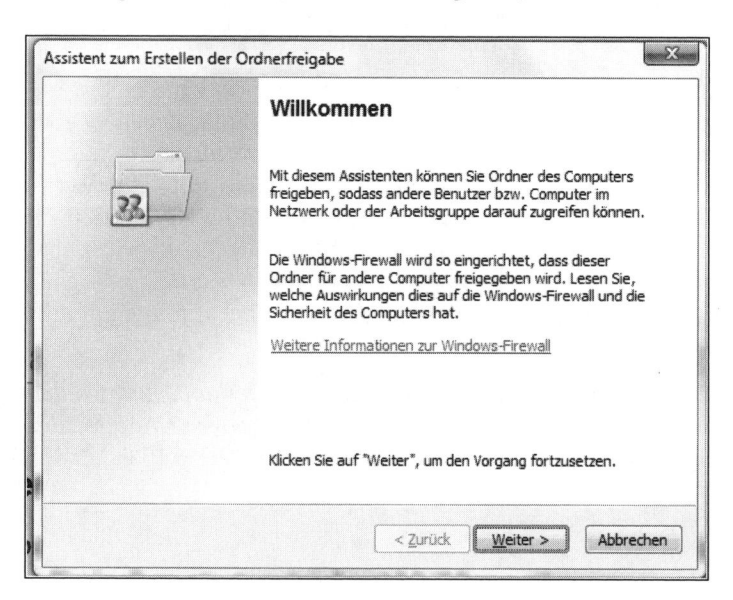

Erstellen von Freigaben für Dateien und Drucker

Im nächsten Fenster des Assistenten können Sie den Ordner auswählen, den Sie im Netzwerk zur Verfügung stellen wollen (siehe *Abbildung 9.20*).

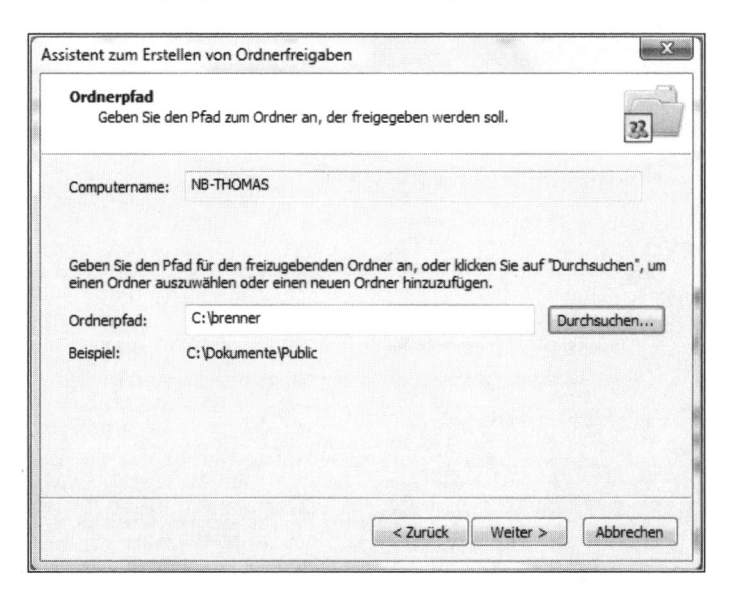

Abbildung 9.20: Auswahl des Ordners zur Freigabe von Verzeichnissen

Auf der nächsten Seite legen Sie den Freigabenamen fest sowie die Offline-Verfügbarkeit der Freigabe. Wenn eine Freigabe offline verfügbar ist, kann sie zum Beispiel mithilfe von Offline-Dateien (siehe Kapitel 17) synchronisiert werden.

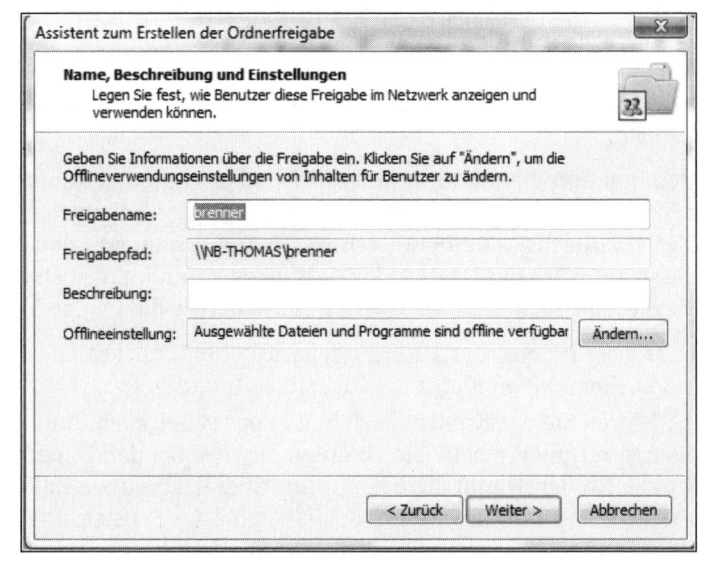

Abbildung 9.21: Festlegen des Freigabenamens

Windows Vista im Netzwerk

Auf der letzten Seite des Assistenten bestimmen Sie schließlich, welche Berechtigungen Anwender über das Netzwerk auf die Freigabe bekommen sollen (siehe *Abbildung 9.22*).

Über die Schaltfläche *Fertig stellen* wird die Freigabe erstellt.

Abbildung 9.22: Festlegen der Freigabeberechtigungen

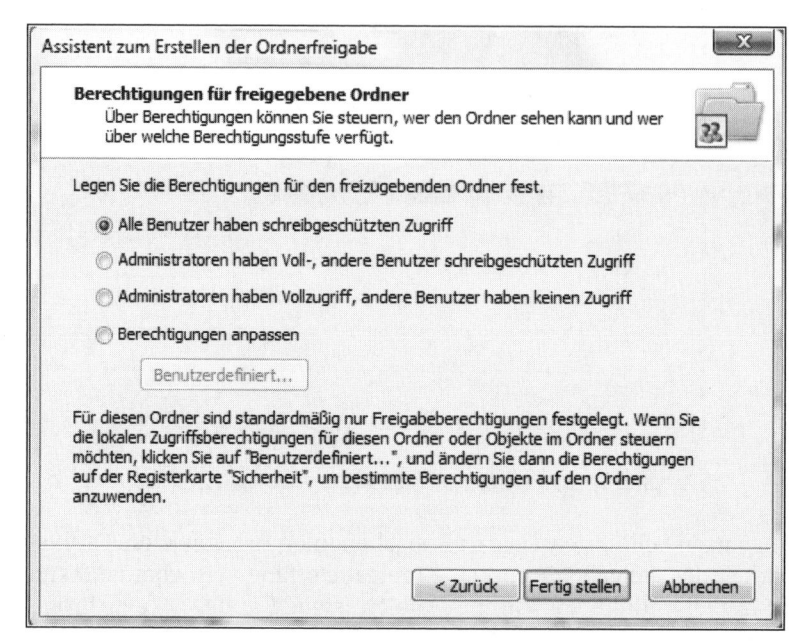

9.6.3 Erstellen einer Freigabe für Drucker

Neben Dateien können auch Drucker im Netzwerk freigegeben werden. Normalerweise ist ein Drucker meistens direkt mit einem PC im Netzwerk verbunden.

Damit andere Benutzer auf diesen Drucker zugreifen können, muss er auf dem PC freigegeben werden. Um einen Drucker freizugeben, schließen Sie diesen zunächst an einem Rechner an und installieren den Treiber. Stellen Sie sicher, dass der Drucker lokal drucken kann. Im nächsten Schritt geben Sie diesen Drucker im Netzwerk frei. Gehen Sie dazu folgendermaßen vor:

1. Klicken Sie in der Druckersteuerung den Drucker an, und wählen Sie aus dem Menü *Freigeben* aus (siehe *Abbildung 9.23*).

Aktivieren Sie das Kontrollkästchen *Drucker freigeben*, und geben Sie einen Namen für die Freigabe ein. Wählen Sie, wie bei den Dateifreigaben, einen kurzen Namen, damit die Verbindung über das Netzwerk für andere Benutzer nicht zu kompliziert wird. Schließen Sie das Fenster mit *OK*, der Drucker ist ab jetzt im Netzwerk verfügbar (siehe *Abbildung 9.24*).

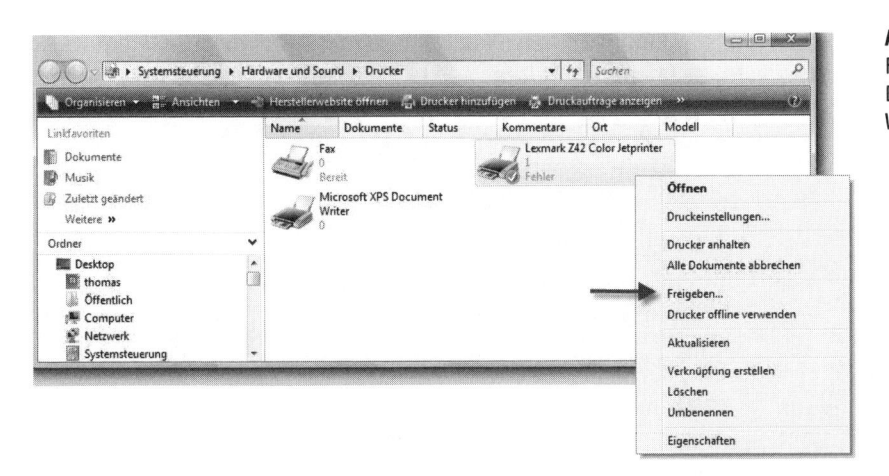

Abbildung 9.23:
Freigeben eines Druckers in Windows Vista

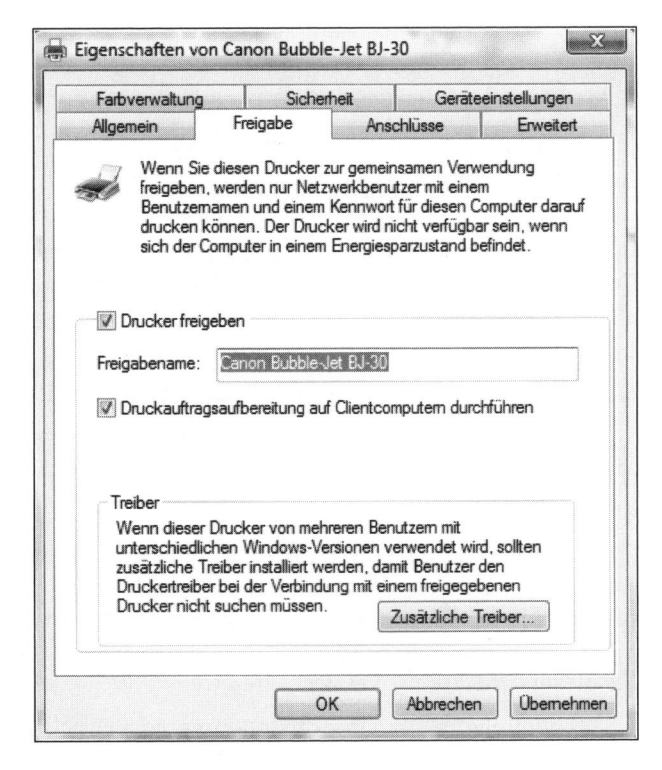

Abbildung 9.24:
Freigeben eines Druckers im Netzwerk und Konfiguration der Freigabe

Verbinden eines freigegebenen Druckers

Damit ein anderer PC auf einem freigegebenen Drucker auch drucken kann, muss er auf dem entsprechenden PC installiert werden. Drucker können über *Start/Systemsteuerung/Hardware und Sound/Drucker* installiert werden. Klicken Sie im entsprechenden Fenster auf die Schaltfläche *Drucker hinzufügen*.

Windows Vista im Netzwerk

Wählen Sie als Option *Einen Netzwerk-, Drahtlos- oder Bluetoothdrucker hinzufügen* aus (siehe *Abbildung 9.25*).

Abbildung 9.25:
Installation eines Druckers über das Netzwerk

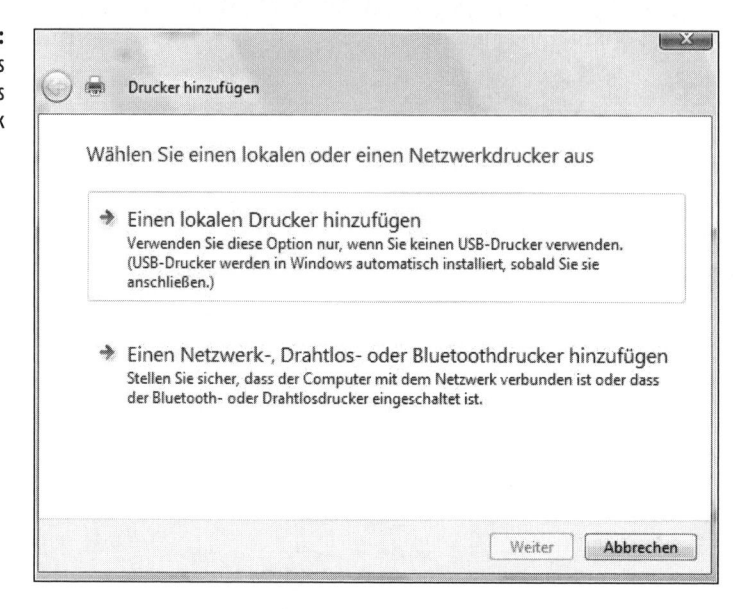

Im Anschluss sucht Vista freigegebene Drucker im Netzwerk. Wenn Ihr Gerät nicht gefunden wird, können Sie die Verbindung auch manuell herstellen. Brechen Sie dazu den Suchvorgang mit *Der gesuchte Drucker ist nicht aufgeführt* ab (siehe *Abbildung 9.26*).

Abbildung 9.26:
Manuelle Installation eines Netzwerkdruckers

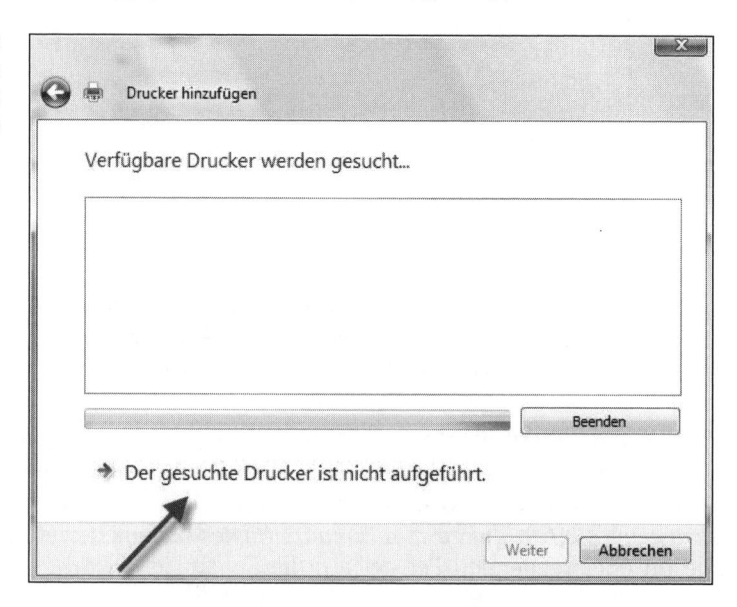

2. Wählen Sie die Option *Einen Drucker im Netzwerk über den Namen auswählen*. Geben Sie als Bezeichnung des Druckers folgende Syntax ein: \\<*IP-Adresse des PC, auf dem der Drucker angeschlossen ist*>\<*Freigabename*> (siehe *Abbildung 9.27*). Der Treiber des Druckers wird jetzt installiert, und der Anwender des PC kann auf den Drucker zugreifen wie auf einen lokal installierten Drucker. Erscheint eine Fehlermeldung, stellen Sie sicher, dass auf beiden PCs die Windows-Firewall den Datei- und Druckdienst nicht blockiert.

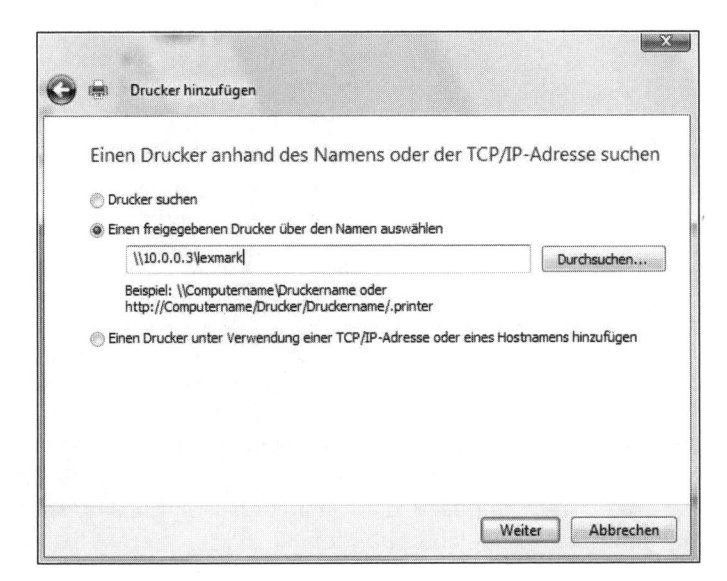

Abbildung 9.27: Manuelle Installation eines Netzwerkdruckers

Sie verbinden einen freigegebenen Drucker auch über Start/Ausführen *und dann mit der Eingabe* \\<PC mit Druckerfreigabe oder IP-Adresse des PC>\<Freigabename>.

TIPP

9.6.4 Verbinden von Freigaben im Netzwerk als Netzlaufwerk

Wenn Sie eine Freigabe eines anderen PC im Netzwerk als Laufwerk auf Ihrem PC verbinden wollen, gehen Sie am besten über die Startschaltfläche und klicken mit der rechten Maustaste auf *Netzwerk*. Wählen Sie im Kontextmenü den Eintrag *Netzlaufwerk zuordnen* aus (siehe *Abbildung 9.28*).

Windows Vista im Netzwerk

Abbildung 9.28:
Verbinden eines Netzlaufwerks über das Vista-Startmenü

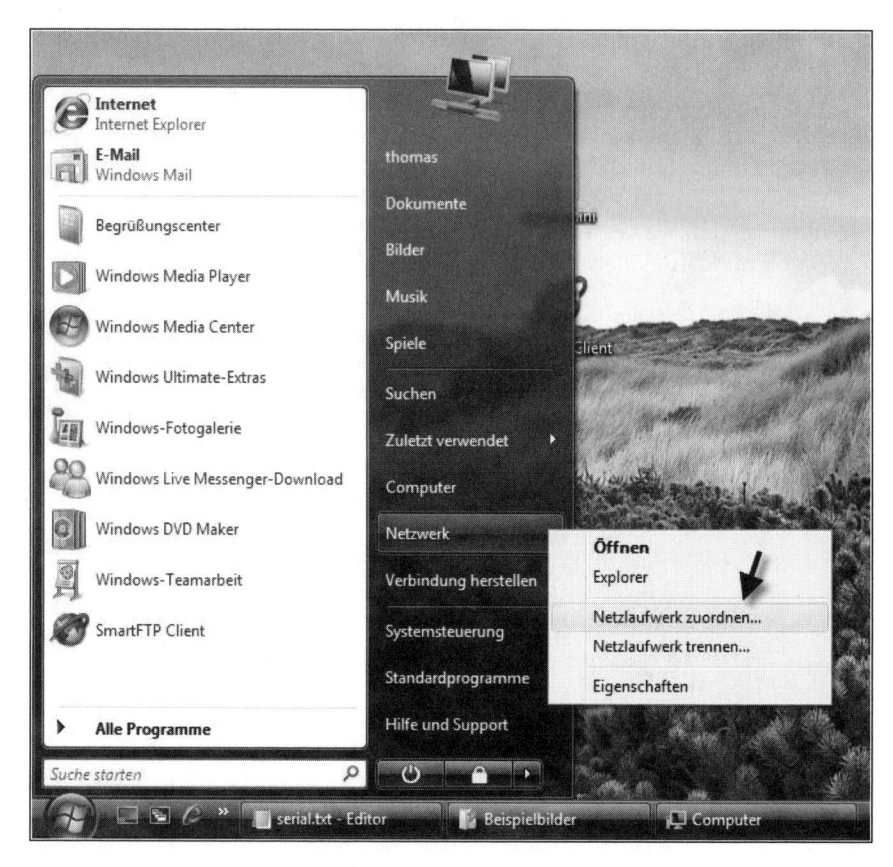

Geben Sie als Nächstes den Freigabenamen im Feld *Ordner* ein. Die Syntax dazu lautet \\ < *PC-Name oder IP-Adresse* > \ < *Name der Freigabe* > .

Sie können zum Beispiel folgende Bezeichnung eingeben: *10.0.0.3\c$* (siehe *Abbildung 9.29*). Die Freigabe *c$* ist auf jedem Vista-PC vorhanden. Sie können diese Freigabe von einem anderen PC aus, aber nur mit Administratorberechtigungen öffnen, daher heißt diese Freigabe auch Admin-Share (Admin-Freigabe).

Wenn Sie auf *Fertig stellen* klicken, öffnet sich ein Anmeldefenster, in dem Sie die Authentifizierungsdaten eines Administratorbenutzers auf dem Vista-PC eingeben müssen.

Erstellen von Freigaben für Dateien und Drucker

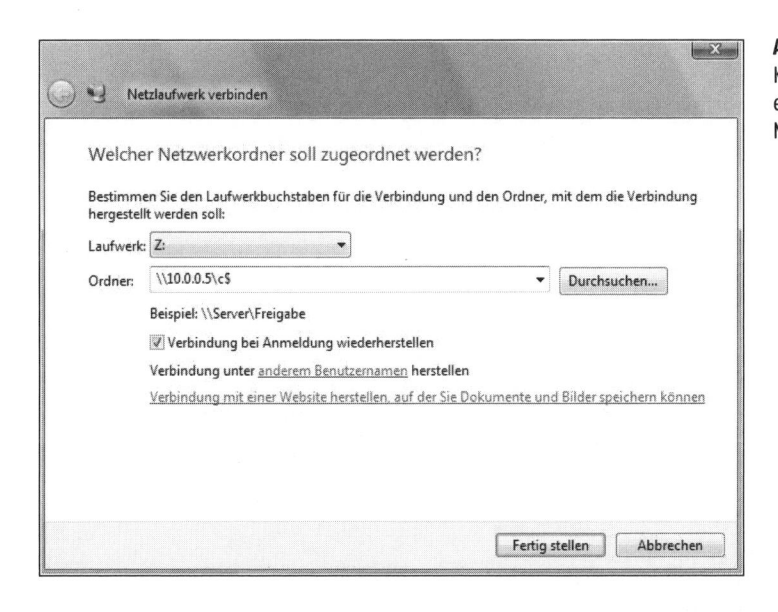

Abbildung 9.29: Konfiguration einer Freigabe als Netzlaufwerk

Wenn Sie sich am PC mit dem gleichen Benutzernamen und Kennwort anmelden wie auf dem PC, auf dem Sie die Freigabe öffnen, müssen Sie keine Authentifizierung eingeben. hier erkennt Vista automatisch, dass es sich um den entsprechenden Benutzer handelt.

TIPP

Wollen Sie allerdings von einem anderen PC im Netzwerk die C$-Freigabe öffnen, erhalten Sie häufig ein Authentifizierungsfenster, obwohl Sie an beiden PCs mit dem gleichen Benutzernamen und Kennwort angemeldet sind, beide Benutzer in der jeweiligen Administratorengruppe Mitglied sind und die Freigaben im Netzwerk- und Freigabecenter aktiviert wurden.

Dieses Problem hat seine Ursache darin, dass noch der Freigabe-Assistent in Windows Vista aktiviert ist, der einen solchen Zugriff nicht gestattet. Um den Zugriff auf eine Freigabe über das Netzwerk, zum Beispiel C$, zu ermöglichen, deaktivieren Sie am besten diesen Assistenten. Gehen Sie dazu folgendermaßen vor:

1. *Öffnen Sie über* Start/Computer *ein Explorer-Fenster.*
2. *Wählen Sie aus dem Drop-down-Menü* Organisieren *die Option* Ordner- und Suchoptionen *aus.*
3. *Wechseln Sie zur Registerkarte* Ansicht.
4. *Deaktivieren Sie die Einstellung* Freigabe-Assistent verwenden *(empfohlen) (siehe Abbildung 9.30).*
5. *Melden Sie sich am Remote-PC mit dem gleichen Benutzernamen und Kennwort an wie auf dem PC, auf dem Sie die Freigabe öffnen wollen.*

Abbildung 9.30:
Deaktivieren des Freigabe-Assistenten

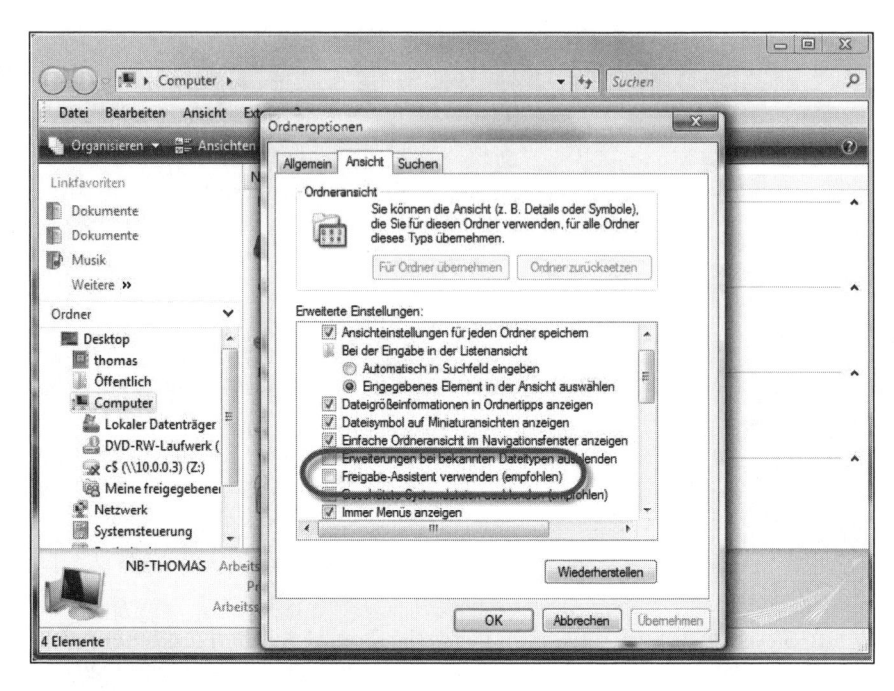

Verwenden von net use

Eine weitere Möglichkeit, Netzlaufwerke zu verbinden, steht Ihnen über die Eingabeaufforderung mit dem Befehl *net use* zur Verfügung. Eine Befehlszeile öffnen Sie entweder über *Start/Ausführen/cmd* oder über ⊞-Taste + R. Dazu werden am häufigsten folgende Befehle verwendet:

- *net use* – Zeigt alle derzeit verbundenen Netzlaufwerke an.
- *net use* < *Laufwerksbuchstabe* >: /del /yes – Trennt das angegebene Netzlaufwerk, zum Beispiel *net use z: /del /yes*. Durch Eingabe von /yes muss nicht erst nochmals die Trennung bestätigt werden. Wenn als Platzhalter das * verwendet wird, werden alle Netzlaufwerke auf einmal getrennt.
- *net use* < *Laufwerksbuchstabe* >: \\< *PC mit Freigabe* >\< *Freigabename* > – Durch Eingabe dieses Pfades wird das angegebene Netzlaufwerk verbunden, zum Beispiel *net use z: \\pc01\musik*. Wird als Platzhalter * verwendet, dann wird der nächste freie Buchstabe als Laufwerksbuchstabe eingesetzt.
- Sie können den Befehl auch mit der Syntax *net use* < *Laufwerksbuchstabe* >: \\< *PC mit Freigabe* >\< *Freigabename* > < *Benutzername* > < *Kennwort* > angeben, um ein Laufwerk mithilfe eines anderen Benutzers als dem derzeitig angemeldeten zu verbinden.

9.7 Netzwerksupport mit dem Remotedesktop

Mit dem Remotedesktop wird Ihr PC über das Internet oder das Netzwerk ferngesteuert. Diese Funktion ist vor allem sinnvoll, wenn Sie bei einem bestimmten Problem nicht weiterkommen und Unterstützung benötigen.

Sie können einen Bekannten oder Kollegen einladen, der über den Remotedesktop Ihren PC mit Maus und Tastatur fernsteuern kann. Damit diese Supportfunktion genutzt werden kann, müssen Sie diese in Windows Vista zunächst aktivieren.

Öffnen Sie zunächst *Systemsteuerung/System und Wartung/System*, und klicken Sie dann auf den Link *Remoteeinstellungen* (siehe *Abbildung 9.31*).

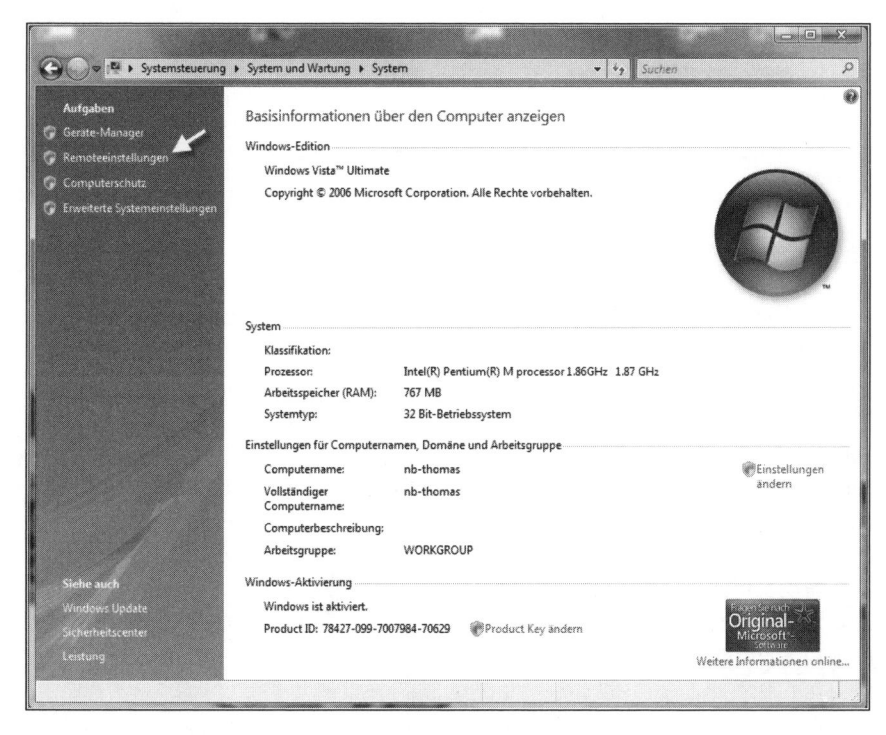

Abbildung 9.31: Konfiguration der Remoteeinstellungen für einen PC

Aktivieren Sie im Bereich *Remotedesktop* die Option *Verbindungen von Computern zulassen, auf denen eine beliebige Version von Remotedesktop ausgeführt wird* (siehe *Abbildung 9.32*).

Windows Vista im Netzwerk

Abbildung 9.32:
Aktivieren des Remotedesktops in Windows Vista

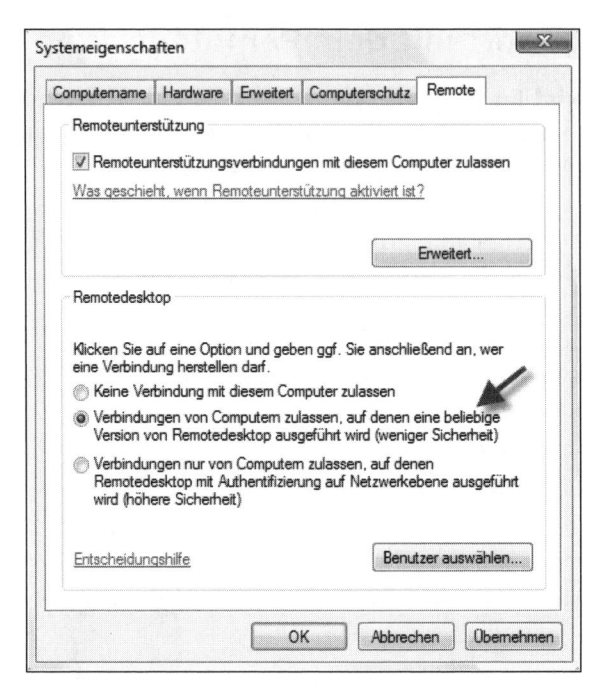

Als Nächstes können Sie Berechtigungen festlegen, die für den Remotebenutzer gültig sind.

Klicken Sie dazu auf die Schaltfläche *Benutzer auswählen* und anschließend auf *Hinzufügen/Erweitert/Jetzt suchen*. Wählen Sie den entsprechenden Benutzer aus. Sie können auch zuvor einen eigenen Benutzer anlegen, den Sie für diesen Dienst nutzen. Alternativ meldet sich der Gast auch mit Ihrem Benutzernamen und Kennwort an.

Abbildung 9.33:
Auswahl eines Benutzerkontos für Remotedesktopberechtigungen

Herstellen einer Verbindung mit dem Remotedesktop

Um eine Verbindung über den Remotedesktop herzustellen, verwendet der Anwender das Tool *Start/Alle Programme/Zubehör/Remotedesktopverbindung*. Dieses Tool steht auch unter Windows XP zur Verfügung, allerdings nicht unter dem hier angegebenen Menüpfad, sondern zusätzlich unter *...Zubehör/Kommunikation*.

Alternativ geben Sie auch über *Start/Ausführen* den Befehl *mstsc.exe* ein. Als Nächstes müssen Sie die IP-Adresse des Rechners eingeben, mit dem Sie sich verbinden wollen. Es erscheint ein Fenster, über das Sie sich am PC authentifizieren müssen. Innerhalb des Clientprogramms können Sie auch verschiedene Einstellungen vornehmen (siehe *Abbildung 9.34*).

Abbildung 9.34: Verbindungsaufbau mit einem PC durch die Remotedesktopverbindung

Achten Sie auch darauf, dass der Port TCP 3389 bzw. der Dienst *Remotedesktop* in der Firewall als Ausnahme zugelassen wird (siehe *Abbildung 9.35*).

Wenn Sie sich mit dem Remotedesktop *an einem PC anmelden, wird ein bereits am Bildschirm angemeldeter Benutzer abgemeldet. Wenn beide Anwender sehen sollen, was auf dem Bildschirm angezeigt wird, sollten Sie die* Remoteunterstützung *konfigurieren (siehe Kapitel 10).*

Windows Vista im Netzwerk

Abbildung 9.35:
Der Remotedesktop in den Firewall-Einstellungen

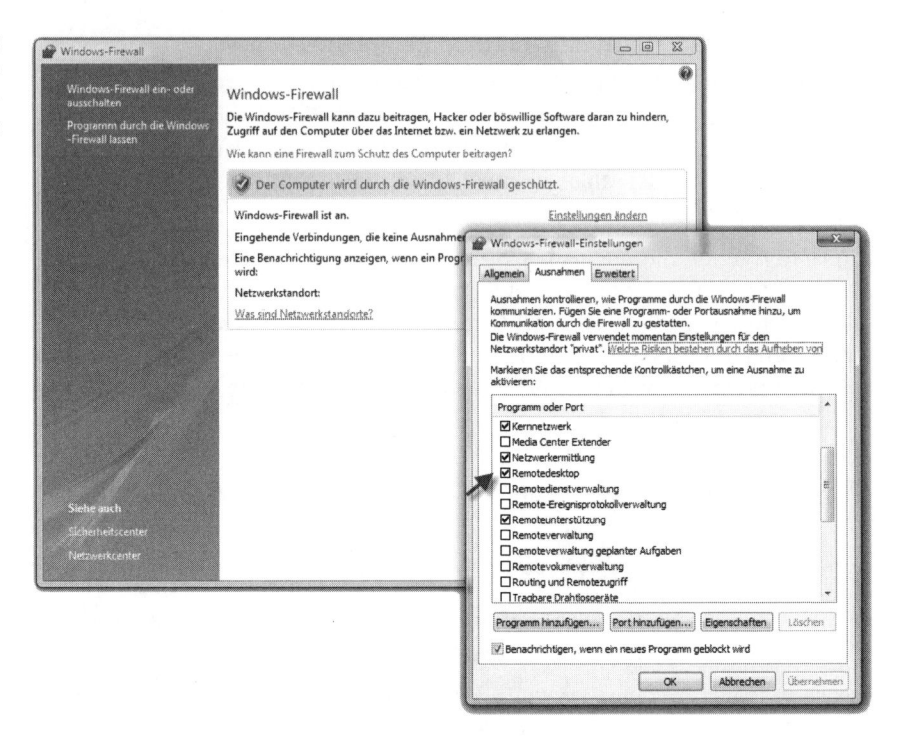

9.8 Drahtlosnetzwerke (Wireless LANs, WLANs) mit Windows Vista

Die Verwaltung und Anbindung von Funknetzwerken (Wireless LANs, WLANs) wurden in Windows Vista wesentlich vereinfacht und besser in das System integriert. Microsoft bezeichnet intern WLANs als *Drahtlosnetzwerke*.

Da immer mehr Privathaushalte WLAN einsetzen, hat Microsoft auch diese Funktion in Vista bereits bei der Produktentwicklung integriert und nicht, wie bei Windows XP, quasi erst mit dem Service Pack 2 nachgereicht. Die Konfiguration der WLAN-Anbindung ist in Vista wesentlich vereinfacht, und es sind zusätzliche Dialogfelder hinzugekommen.

Um Vista mit einem WLAN zu verbinden, muss eine WLAN-fähige Netzwerkkarte im PC oder Notebook eingebaut und installiert werden. Wenn Sie ein aktuelles Notebook haben, ist normalerweise bei den meisten Modellen bereits eine WLAN-Karte integriert. Diese Karte können Sie im BIOS des Notebooks bzw. über die Funktionstasten der Notebook-Tastatur aktivieren.

9.8.1 Allgemeine Informationen zur Verwendung von WLANs mit Windows Vista

Im folgenden Abschnitt gehe ich kurz auf die wichtigsten Informationen ein, die Sie für einen sicheren und stabilen Betrieb eines Funknetzwerkes kennen sollten. Die eleganteste und modernste Art, Computer miteinander zu vernetzen, ist das Wireless LAN (WLAN). Es werden keinerlei Kabel zwischen den Geräten benötigt, da sämtliche Daten per Funk übertragen werden. Somit ermöglicht ein WLAN einem PC die Kommunikation mit einem Netzwerk mit Funk als Transportmedium. Das Herzstück eines drahtlosen Netzwerks ist der Access Point, über den der Datenaustausch stattfindet. Viele DSL-Router sind mit einem Access Point ausgestattet (zum Beispiel einer Fritz Box von AVM).

Hardware für WLAN

Um mit einem PC oder Notebook eine Verbindung mit einem drahtlosen Netzwerk herzustellen, brauchen Sie zunächst eine WLAN-Netzwerkkarte. Die gängigen Modelle sind derzeit WLAN-Karten für den Standard-PCI-Bus, PCMCIA-Karten für Notebooks und WLAN-Karten, die direkt über USB mit dem PC verbunden werden können.

Für den Einsatz im Standard-PC werden in der Regel PCI-Karten verwendet. Diese Karten lassen sich ohne größeren Aufwand in den PC einbauen und abhängig vom verwendeten Betriebssystem in Betrieb nehmen. Natürlich sollten Sie vor dem Kauf prüfen, ob Ihr PC noch einen freien PCI-Steckplatz besitzt und ob die Karte unter Windows Vista unterstützt wird. Gegenüber USB-Adaptern muss beim Einbau einer PCI-Netzwerkkarte der PC geöffnet werden.

Um WLAN-Netzwerkkarten mit einem Notebook zu verwenden, wird der PCMCIA-Slot (Personal Computer Memory Card, dieser Begriff wurde mittlerweile durch *PC Card* oder *Cardbus-Slot* ersetzt) verwendet oder alternativ ein WLAN-USB-Stick.

Die meisten Notebooks verfügen über einen PCMCIA-Steckplatz. PCMCIA-Karten haben die Form und Größe einer Kreditkarte und können ohne Probleme in das Notebook eingebaut werden. Notebooks, die mit der Intel Centrino-Technologie ausgestattet sind, haben bereits eine Wireless-LAN-Netzwerkkarte fest eingebaut. Solche Notebooks können sofort in einem Funknetzwerk verwendet werden.

Ein Access Point ist ein eigenständiges Wireless-LAN-Gerät, das nicht mit einem PC verbunden werden muss. Vergleichbar mit einem Netzwerk-Switch, fungiert der Access Point als Vermittlungsstelle des Netzwerks. Viele DSL-Router sind mit einem Access Point kombiniert.

Mitglieder eines drahtlosen Netzwerks unterhalten sich normalerweise nicht direkt miteinander, sondern senden alle Daten zum Access Point. Der Access Point nimmt diese Daten entgegen und leitet sie an den entsprechenden Empfänger im Netzwerk weiter. Ein Access Point kann mit einem kabelgebundenen Netzwerk kombiniert werden. Sie können PCs an den DSL-Router anschließen und zusätzlich PCs oder Notebooks mit Funknetzwerkkarten.

Jeder WLAN-Adapter unterstützt zwei verschiedene Betriebsmodi. Ähnlich wie beim kabelgebundenen Netzwerk müssen Computer nicht unbedingt über einen Switch miteinander verbunden sein, sondern können sich direkt miteinander unterhalten. Diese Betriebsart wird *Ad-hoc-Modus* genannt. Wird das WLAN mit einem oder mehreren Access Points betrieben, spricht man vom *Infrastruktur-Modus*.

Nähern sich zwei Computer mit WLAN-Adaptern im Ad-hoc-Modus, können diese ohne weitere Maßnahmen miteinander kommunizieren. Der Datenverkehr wird nicht wie beim Infrastruktur-Modus durch einen Access Point geregelt, sondern erfolgt von Computer zu Computer. Dementsprechend verhält es sich mit der Performance von WLANs im Ad-hoc-Modus.

Werden mehr als drei WLAN-Geräte miteinander verbunden, kann es aufgrund von WLAN-spezifischen Funkkanalzugriffsmethoden zu Verbindungsabbrüchen im WLAN kommen. Die Reichweite von Ad-hoc-Netzwerken ist im Regelfall (abhängig von Hindernissen und Witterungsverhältnissen) auf ca. 30 m begrenzt.

Anders als bei Ad-hoc-Netzen besteht bei WLANs im Infrastruktur-Modus keine direkte Verbindung zwischen zwei oder mehreren Computern. Ein Access Point regelt den Datenverkehr zwischen den verschiedenen Clientcomputern. Ein solcher Access Point kann beliebig viele Computer bedienen.

Jeder Access Point besitzt einen *SSID (Service Set Identifier)*. Diese Stationskennung können Sie im Access Point eingeben und frei wählen. Access Points können miteinander gekoppelt werden, um die Reichweite zu erhöhen.

9.8.2 Vorbereitungen für den Einsatz eines WLAN

Um den Access Point zu konfigurieren, müssen Sie sich mit der Weboberfläche des DSL-Routers verbinden. Meistens sind diese Menüs mit *Wireless* oder *WLAN* beschriftet. An dieser Stelle können Sie alle Einstellungen von Verschlüsselung über SSID und Broadcast bis zur Konfiguration einer manuellen IP-Adresse vornehmen. Bevor Sie mit der Absicherung des Systems beginnen, sollten Sie zuerst überprüfen, ob die Access-Point-Funktion am Gerät aktiviert ist.

Drahtlosnetzwerke (Wireless LANs, WLANs) mit Windows Vista

Achten Sie darauf, dass Sie den neuesten Vista-kompatiblen Treiber für die WLAN-Karte Ihres PC verwenden. Eine Übersicht der Support-Homepages von fast allen Hardwareherstellern finden Sie unter www.treiber.de oder www.heise.de/ct/treiber.

Wenn der Treiber über eine Setup-Routine verfügt, wird die Installation besonders einfach.

9.8.3 Konfiguration von Windows Vista zur Anbindung an ein WLAN

Um die Konfiguration durchzuführen, klicken Sie entweder auf *Start/Verbindung herstellen* oder öffnen das *Netzwerk- und Freigabecenter* von Windows Vista.

Klicken Sie im Aufgabenbereich des Netzwerk- und Freigabecenters auf den Link *Verbindung mit einem Netzwerk herstellen*. Daraufhin wird ein neues Fenster geöffnet, in dem auch alle erkannten Funknetzwerke angezeigt werden (siehe *Abbildung 9.36*).

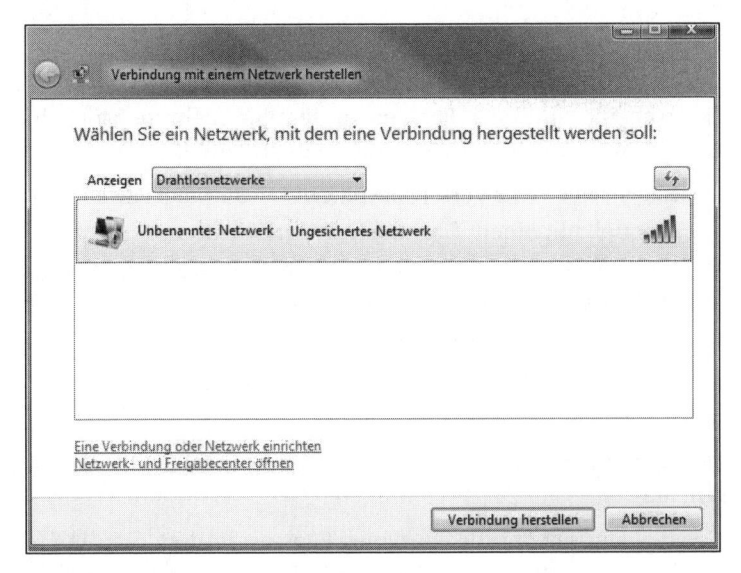

Abbildung 9.36: Verbindungsaufbau mit einem WLAN

Im Drop-down-Listenfeld des Fensters können Sie darüber hinaus auswählen, dass nur die Funknetzwerke angezeigt werden.

Wenn Ihr Access Point nicht angezeigt wird, klicken Sie im Fenster auf den Link *Eine Verbindung oder ein Netzwerk einrichten* (siehe *Abbildung 9.37*).

Windows Vista im Netzwerk

Abbildung 9.37:
Manuelle Verbindung mit einem Drahtlosnetzwerk

Verbindung mit einem Netzwerk herstellen

Wählen Sie eine Verbindungsoption:

- **Verbindung mit dem Internet herstellen**
  Richtet eine Drahtlos-, Breitband- oder Wählverbindung mit dem Internet ein.
- **Einen Drahtlosrouter oder -zugriffspunkt einrichten**
  Richtet ein neues Heimnetzwerk oder ein kleines Firmennetzwerk ein.
- **Manuell mit einem Drahtlosnetzwerk verbinden**
  Stellt Verbindungen mit verborgenen Netzwerken her oder erstellt neue Drahtlosprofile.
- **Ein drahtloses Ad-hoc-Netzwerk (Computer-zu-Computer) einrichten**
  Richtet temporäre Netzwerke zur gemeinsamen Datei-/Internetverbindungsnutzung ein.
- **Wählverbindung einrichten**
  Stellt eine Wählverbindung mit dem Internet her.

[Weiter] [Abbrechen]

Es erscheint ein neues Fenster, in dem Sie mehrere Möglichkeiten haben, ein Netzwerk unter Windows Vista einzurichten:

- Ein Ad-hoc-Netzwerk (Computer-zu-Computer) einrichten
- Manuell mit einem Drahtlosnetzwerk verbinden
- VPN-Verbindung (virtuelles privates Netzwerk) einrichten
- Verbindung mit dem Internet herstellen
- Wählverbindung einrichten
- Verbindung mit dem Arbeitsplatz herstellen
- Ein Netzwerk einrichten

Um sich mit einem WLAN zu verbinden, wählen Sie die Option *Manuell mit einem Drahtlosnetzwerk verbinden*.

Es erscheint wiederum ein neues Fenster, in dem Sie die Daten zu Ihrem WLAN eintragen können. Im Feld *Netzwerkname* tragen Sie die SSID Ihres WLAN ein.

Im Feld *Verschlüsselungstyp* tragen Sie die Verschlüsselungsvariante ein, die Sie auch auf dem Access Point konfiguriert haben. Bevor Sie fortfahren, lesen Sie sich zunächst den nächsten Abschnitt über die Sicherheit in Funknetzwerken durch.

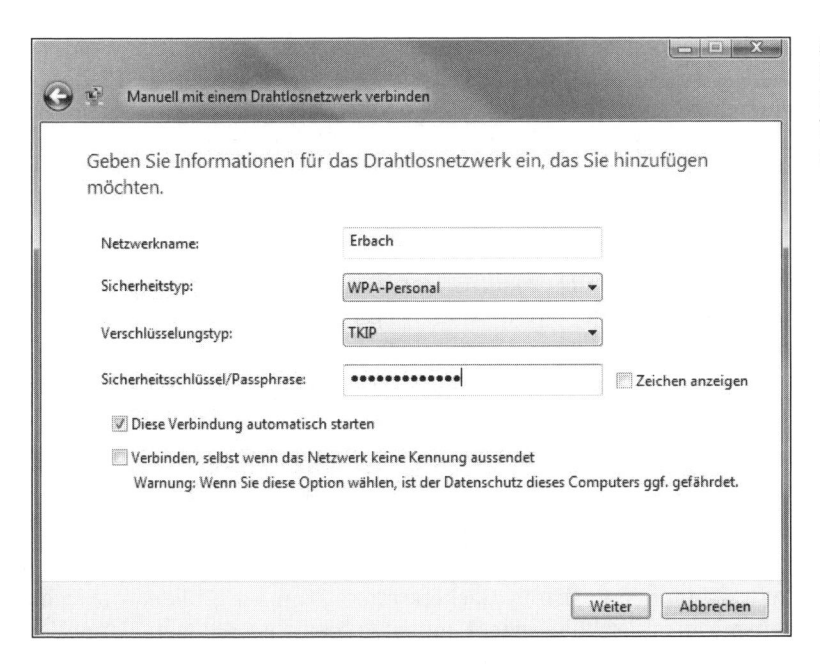

Abbildung 9.38: Eingeben der Daten zur Verbindung mit dem WLAN

9.8.4 Sicherheit in WLANs

Aufgrund der Problematik, dass bei einem drahtlosen Netz die Daten durch sich frei ausbreitende Funkwellen übertragen werden, sollten Sie der Absicherung Ihres WLAN besondere Aufmerksamkeit schenken.

Durch den Einsatz von Funkwellen muss ein Angreifer nicht bis in Ihre Wohnung vordringen. In der Regel reicht die Sendeleistung eines WLAN über den gewünschten Abdeckungsbereich hinaus. Die Art eines Netzwerkangriffs, bei der nicht in das entsprechende Gebäude eingedrungen werden muss, wird als Parking Lot Attack (Parkplatz-Attacke) bezeichnet.

Durch das Plug&Play-Networking bei WLANs entstehen weitere Probleme. Die Anbindung, Authentifizierung und Identifizierung der WLAN-Teilnehmer sollen möglichst automatisiert erfolgen. Derzeit sind fast alle gängigen WLAN-Geräte mit Sicherheitsmechanismen ausgestattet, doch haben sie erhebliche Sicherheitslücken oder sind in der Grundeinstellung der Geräte deaktiviert. Untersuchungen zeigen immer wieder, dass noch ein sehr großer Teil von WLANs durch keinen der derzeit bekannten Sicherheitsmechanismen geschützt ist.

Zunächst sollten Sie sich darüber Gedanken machen, welche Möglichkeiten ein unerwünschter Teilnehmer an Ihrem WLAN hat. Hat es ein Angreifer geschafft, sich mit Ihrem Wireless LAN zu verbinden, wird er grundsätzlich als normales Netzwerkmitglied Ihres WLAN behandelt. Dies hat zur Folge, dass Informationen, die Sie anderen Benutzern im Netzwerk bereitstellen, eingesehen, manipuliert oder im schlimmsten Fall vernichtet werden können.

Windows Vista im Netzwerk

Auch ohne eine direkte Teilnahme an Ihrem bestehenden Windows-Netzwerk wird es dem Angreifer aufgrund niedriger Sicherheitsstandards relativ einfach gemacht, auf nicht freigegebene Dateien zuzugreifen. Ein Angreifer könnte zum Beispiel mit einem Protokollierungstool den gesamten Datenverkehr aufzeichnen und die gesammelten Daten zu einem späteren Zeitpunkt auslesen. Es wird relativ schnell deutlich, dass die Absicherung und richtige Konfiguration in Bezug auf Sicherheit extrem wichtig sind.

Funktionen wie *SSID Broadcast* der Wireless Access Points machen es unerwünschten Teilnehmern besonders einfach, drahtlose Netzwerke aufzuspüren und sich mit ihnen zu verbinden.

Die gezielte Suche nach drahtlosen Netzwerken, um sie abzuhören oder in sie einzubrechen, wird als *Wardriving* bezeichnet. Der Begriff Wardriving ist namentlich angelehnt an den Begriff *Wardialing*, eine beliebte Hackermethode der 80er-Jahre, bei der über Zufallsprinzip verschiedene Telefonnummern angerufen wurden, um zu überprüfen, ob auf der Gegenseite ein Computer die Verbindung entgegennimmt.

Inzwischen haben sich in Hackerkreisen Gruppen gebildet, die sich auf das Aufspüren unverschlüsselter Funknetze spezialisiert haben. Beim Wardriving versucht der Angreifer, zunächst ein WLAN ausfindig zu machen. Bei der Fahrt durch ein Industrie- oder Wohngebiet dauert es in der Regel nicht besonders lange, bis die ersten Netzwerke auf dem Bildschirm angezeigt werden.

Häufig wird für das Aufspüren von WLANs das kostenlose Programm NetStumbler (`http://www.netstumbler.com`) benutzt, das bei einem WLAN in Reichweite sofort ein akustisches Signal und detaillierte Informationen zum gefundenen Netzwerk ausgibt (siehe *Abbildung 9.39*).

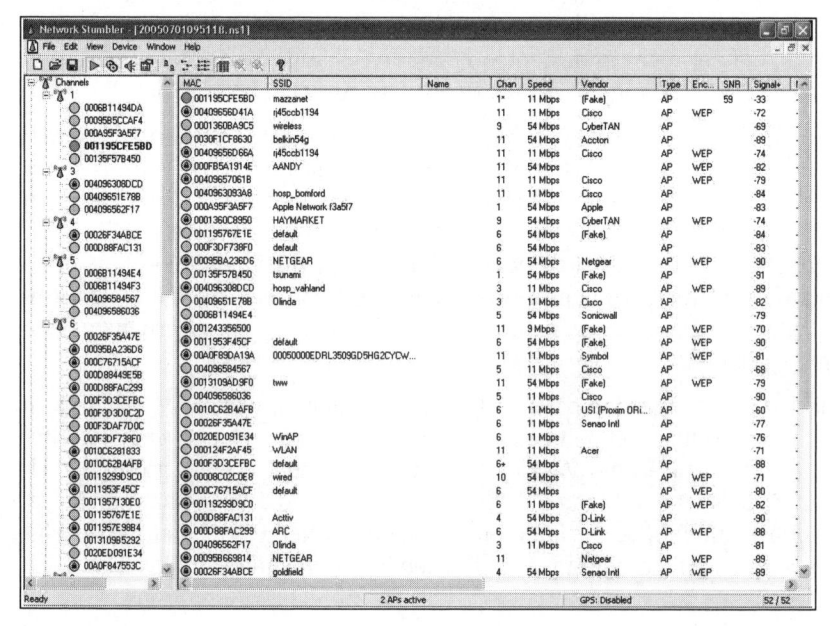

Abbildung 9.39: Anzeigen von WLANs mit NetStumbler

Ist es dem Wardriver gelungen, ein Netzwerk aufzuspüren, beginnt er in der Regel damit, den Datenstrom abzulauschen. Im Anschluss daran wird er sich eine Schwachstelle suchen, um eine Verbindung mit dem Netzwerk herzustellen.

Bei vollständig unverschlüsselten Netzwerken braucht der Angreifer nicht nach einer Lücke im System zu suchen, sondern kann sofort und ohne Umwege am Netzwerk teilnehmen. Sie können sich gegen Wardriving und andere unerwünschte Zugriffe auf Ihr Wireless LAN schützen. Es liegt auf der Hand, dass es zwingend erforderlich ist, die verfügbaren Sicherheitsmechanismen richtig zu konfigurieren und zu aktivieren, um sich vor Übergriffen und Missbrauch zu schützen.

WEP-Protokoll

Für die Absicherung eines Funknetzwerks wird oft das WEP-Protokoll (Wired Equivalent Privacy) verwendet. Das Protokoll hat jedoch einige Sicherheitslücken und kann durch Auslesen der Verschlüsselung in wenigen Sekunden geknackt werden. Das WEP-Protokoll ist dennoch eine wichtige Sicherheitskomponente; geringer Schutz ist besser als gar keiner. Bei der Verschlüsselung mit WEP legt der Anwender auf seinem Access Point einen WEP-Key fest. Ein WEP-Key ist eine Zeichenkette von Zahlen und Buchstaben. Gültige Zeichen beim WEP-Key sind die Zahlen 0 bis 9 und die Buchstaben a bis f sowie A bis F. Grundlage für die Berechnung der Zufallszahlen ist der vom Anwender festgelegte WEP-Key, ein rein statischer Schlüssel, der auf allen Access Points und Clients zum Einsatz kommt.

Dieses Verfahren birgt Sicherheitsrisiken, ein Angreifer kann versuchen, den Schlüssel rechnerisch zu rekonstruieren. Nur sehr wenige WLAN-Lösungen sehen für jeden Client einen eigenen Schlüssel vor. Der WEP-Key wird vom Benutzer definiert und sollte möglichst aus einer komplexen Zahlen- und Buchstabenreihe bestehen.

Um die Sicherheit zu erhöhen, sollte der definierte WEP-Key in regelmäßigen Abständen geändert werden. Nachteilig wirkt sich allerdings der sinkende Datendurchsatz aus, der durch den Ver- und Entschlüsselungsvorgang verursacht wird. Der verwendete WEP-Key muss jeder Station im drahtlosen Netzwerk bekannt sein, sonst kann kein Zugriff erfolgen.

Für den Fall, dass Ihr Access Point oder einer Ihrer PCs keine Verschlüsselung mit WPA (siehe den folgenden Abschnitt) unterstützt, können Sie die ältere WEP-Verschlüsselung (Wireless Equivalent Privacy) nutzen. Sie schützen Ihr Netzwerk mit WEP weitgehend vor Attacken, allerdings erreichen Sie nie denselben Schutz wie mit WPA. Aus diesem Grund ist es empfehlenswert, schon vor der Anschaffung zu überprüfen, ob die gewünschte Hardware WPA-tauglich ist oder noch besser WPA2-tauglich (siehe den folgenden Abschnitt).

Bei der Eingabe des WEP-Schlüssels gilt es zu beachten, dass Sie nur die Zeichen a bis f und 0 bis 9 verwenden dürfen. Bei einer 128-Bit-Verschlüsselung muss der Schlüssel zudem exakt 26 Zeichen lang sein. Bei der Vergabe des WEP-Schlüssels sollten Sie auf sich wiederholende Zeichen verzichten und den Key so komplex wie möglich gestalten. Ein WEP-Key für eine 128-Bit-Verschlüsselung wäre zum Beispiel F384baCe13D61bfA95deE38c7c.

WPA-Protokoll

Die Abkürzung *WPA* steht für *Wireless Protected Access*. Mithilfe der WPA-Verschlüsselung können Sie Ihr drahtloses Netzwerk relativ unkompliziert und schnell absichern.

Sie können zum Beispiel *WPA-PSK* verwenden, wobei die Abkürzung PSK für *Pre-Shared Key* steht. Der Pre-Shared Key ist ein Schlüssel, der dem Access Point und allen WLAN-Teilnehmern zur Verfügung stehen muss. Mithilfe dieses Master-Schlüssels ändert der Access Point in regelmäßigen Intervallen die Verschlüsselung. Dieser Vorgang wird dynamischer Schlüsselwechsel genannt.

Wie beim Verwaltungskennwort für den Access Point empfiehlt es sich, für den PSK eine komplexe Reihe aus Buchstaben, Zahlen und Sonderzeichen zu wählen.

Der PSK sollte zudem mindestens aus 20 Zeichen bestehen. Zum Aktivieren von WPA mit PSK am Access Point öffnen Sie die Verwaltungswebseite. Wenn Sie die WPA-Verschlüsselung erfolgreich aktiviert haben, erhöht sich die Sicherheit Ihres drahtlosen Netzwerks um ein Vielfaches. Zusammen mit den anderen Methoden haben Sie Ihr WLAN bestmöglich abgesichert.

WPA2

WPA2 stellt eine deutlich verbesserte Variante seiner Vorgängerversion WPA dar. Durch ein neu aufgenommenes Verschlüsselungsverfahren mit der Bezeichnung *AES-CCM (Advanced Encryption Standard – Counter with CBC-MAC)* konnte die Sicherheit gegenüber WPA nochmals erheblich verbessert werden. Das Verfahren stellt allerdings auch deutlich höhere Anforderungen an die Hardware, sodass Geräte, die mit WPA umgehen können, nicht unbedingt auch WPA2 beherrschen.

Wenn Sie sich entschlossen haben, welches Verschlüsselungsverfahren Sie verwenden wollen, müssen Sie Windows Vista und vor allem zuerst den Access Point konfigurieren. Sie können im bereits erwähnten Fenster in Windows Vista die notwendigen Informationen eintragen:

- Im Feld *Sicherheitsklasse/Passphrase* geben Sie den Verschlüsselungstyp ein. Wenn Sie das Feld *Zeichen anzeigen* aktivieren, wird Ihnen das Verschlüsselungspasswort im Klartext angezeigt.
- Die Option *Automatisch verbinden, wenn dieses Netzwerk in Reichweite ist* legt fest, ob Windows Vista sich automatisch mit diesem WLAN verbindet. Aktivieren Sie diese Option nicht, müssen Sie die Verbindung manuell über das Dialogfenster *Verbindung mit Netzwerk aufbauen* herstellen.

- Die Option *Verbinden, selbst wenn das Netzwerk keine Kennung aussendet* definiert, ob Windows Vista auch dann eine Verbindung versuchen soll, wenn das WLAN seinen Namen, also seine SSID nicht bekannt gibt.
- Die Option *Diese Verbindung aufrechterhalten, wenn Computer eingeschaltet ist (empfohlen)* legt fest, dass dieses WLAN-Profil anderen Benutzern des Computers angezeigt wird. Wenn ein Benutzer ein WLAN-Profil erstellt und ein anderer Benutzer das Gleiche ebenfalls versucht, erhält er den Hinweis, dass bereits eine Verbindung mit dem WLAN hergestellt wurde.

In dem nächsten Fenster bauen Sie über die Auswahl der Option *Verbindung herstellen mit...* eine Verbindung zum konfigurierten WLAN auf (siehe *Abbildung 9.40*).

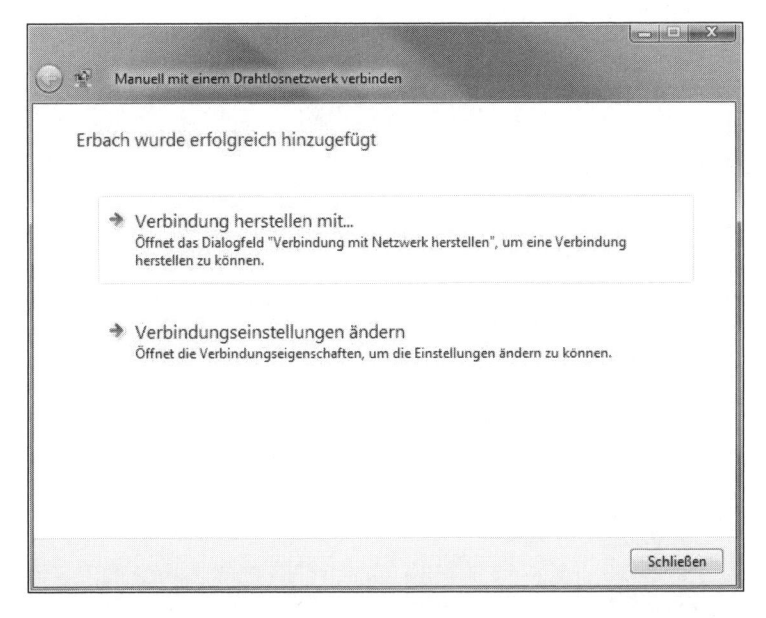

Abbildung 9.40: Verbindungsaufbau mit einem WLAN

Klicken Sie nun doppelt auf das WLAN. Anschließend werden Sie mit dem WLAN verbunden, und auch die Signalstärke wird angezeigt.

Die Konfiguration des WLAN führen Sie im Netzwerk- und Freigabecenter über *Netzwerkverbindungen verwalten* durch (siehe *Abbildung 9.41*). Sie können an dieser Stelle die Konfiguration des WLAN-Adapters in Windows Vista genauso vornehmen wie die Konfiguration des normalen Netzwerkadapters.

Geben Sie entweder an dieser Stelle eine statische IP-Adresse an, oder verwenden Sie DHCP (siehe den Abschnitt »Zusätzliche Sicherheitsmaßnahmen beim Einsatz eines WLAN«).

Um die Eigenschaften eines WLAN zu konfigurieren, klicken Sie links im Aufgabenbereich auf *Drahtlosnetzwerke verwalten* (siehe *Abbildung 9.42*). Hier passen Sie die Einstellungen an, die Sie bei der Einrichtung vorgenommen haben.

Windows Vista im Netzwerk

Sie können sich an mehreren WLANs anbinden und jeweils auswählen, mit welchem Netzwerk Sie aktuell verbunden werden wollen, wenn Sie zum Beispiel mit einem Notebook viel unterwegs sind.

Abbildung 9.41:
Konfigurieren der WLAN-Verbindung in Windows Vista

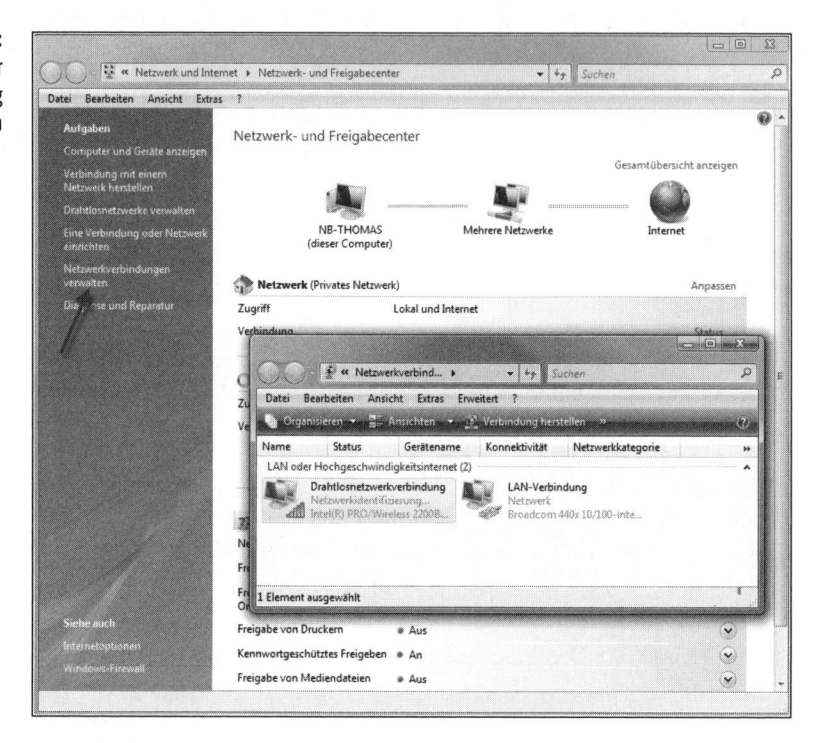

Abbildung 9.42:
Verwalten von WLANs in Windows Vista

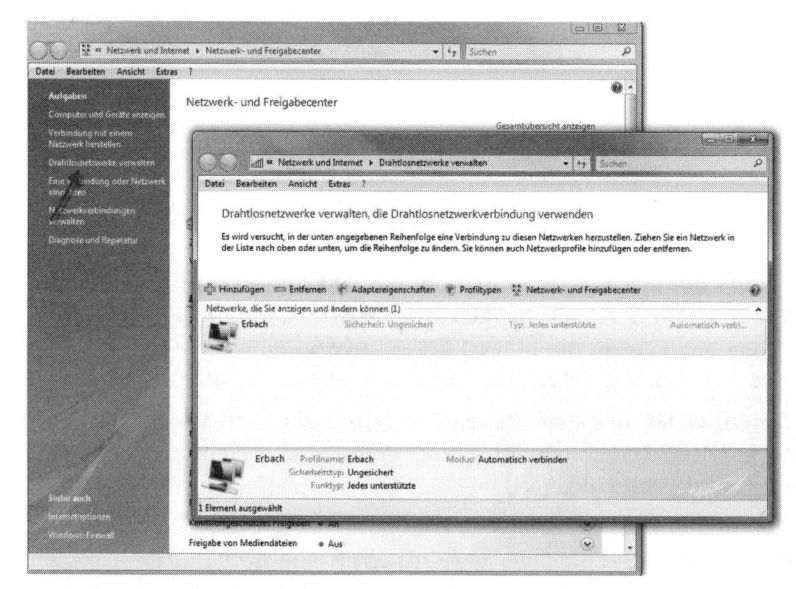

9.8.5 Zusätzliche Sicherheitsmaßnahmen beim Einsatz eines WLAN

Auch wenn Windows Vista ein sehr sicheres Betriebssystem ist, sollten Sie zusätzliche Sicherheitsmaßnahmen beim Einsatz von WLANs berücksichtigen.

Im ersten Schritt sollten Sie den DHCP-Server des Access Points deaktivieren. DHCP ist für die automatische Vergabe von IP-Adressen zuständig. Ein Angreifer wird zunächst versuchen, eine IP-Adresse zu bekommen. Diese Aktion reduziert die Angriffsfläche und ist ein wichtiger Bestandteil für den Schutz eines WLAN. Bevor Sie den DHCP-Server auf Ihrem Router deaktivieren, sollten Sie auf allen PCs zunächst eine statische IP-Adresse eintragen.

Der SSID (Service Set Identifier) steht für den Namen Ihres drahtlosen Netzwerks. Abhängig vom Hersteller werden im Auslieferungszustand Standardnamen vergeben. Der SSID kann bei eingeschaltetem SSID Broadcast, also der automatischen Übertragung des SSID, von jedem eingesehen werden. Der Name des Netzwerks sollte aber in keinem Fall Rückschlüsse auf die Herkunft oder sonstige Informationen des Netzwerks zulassen. Am besten vergeben Sie einen kryptischen Namen, der keinerlei Rückschlüsse auf Sie bzw. Ihr Netzwerk zulässt.

Durch die Funktion *SSID Broadcast* wird der Name des Netzwerks vom Access Point in regelmäßigen Intervallen im Netzwerk veröffentlicht. Im Auslieferungszustand ist die SSID-Broadcast-Funktion auf den Access Points fast immer aktiviert. Aus diesem Grund sollten Sie das Broadcasting auf dem Access Point nachträglich deaktivieren.

Nachdem die Funktion SSID Broadcast deaktiviert wurde, können sich nur noch Geräte mit dem drahtlosen Netzwerk verbinden, denen der Netzwerkname bekannt ist. Um das SSID Broadcasting zu deaktivieren, stellen Sie eine Verbindung mit der Verwaltungswebseite des Access Points her. Achten Sie in diesem Fall darauf, dass in Windows Vista der SSID Ihres WLAN manuell eingetragen ist und nicht automatisch gesucht wird.

Zusätzlich sollten Sie grundsätzlich das Standardkennwort am Access Point durch ein komplexes Kennwort ersetzen, das Sie möglichst regelmäßig ändern sollten. Verzichten Sie bei der Wahl des Kennworts auf Wörter, die in Wörterbüchern stehen. Ein Angreifer könnte ein solches Kennwort mit einem sogenannten Brute-Force-Angriff (Wörterbuchattacke) knacken und sich Zugriff verschaffen. Bei einem Brute-Force-Angriff gibt ein Hackerprogramm alle bekannten Wörter in sehr kurzer Zeit ein und kann sich dadurch recht schnell Zugriff verschaffen. Zusätzlich sollten Sie auf Namen oder Geburtstage verzichten, da diese Kennwörter relativ schnell erraten werden können. Es empfiehlt sich, ein Kennwort aus Buchstaben, Zahlen und Sonderzeichen zu generieren, beispielsweise »DNiz98%s!«, abgeleitet aus dem Satz »Dieses Netzwerk ist zu 98 % sicher!«.

Windows Vista im Netzwerk

Eine weitere sehr effektive Methode, ein drahtloses Netzwerk vor unbefugten Zugriffen zu schützen, ist die Filterung von MAC-Adressen. Jedes Netzwerkgerät, jeder PC, jede Netzwerkkarte, jeder Printserver oder Access Point verfügt über eine eindeutige Nummer. Diese Nummer wird MAC-Adresse genannt. Diese eindeutige Nummer macht jedes Netzwerkgerät weltweit einmalig. In einem drahtlosen Netzwerk können Sie diese MAC-Adressen für sich nutzen. Durch die Eindeutigkeit von MAC-Adressen können Sie Ihren Access Point veranlassen, nur die Verbindung mit einem vordefinierten Satz von MAC-Adressen zu erlauben. Meldet sich eine MAC-Adresse am Access Point, die nicht in der Liste der erlaubten Adressen enthalten ist, wird der Access Point die Verbindung verweigern. Leider bietet diese Methode keinen vollständigen Schutz, da es diverse Möglichkeiten gibt, MAC-Adressen zu fälschen. Kennt ein potenzieller Angreifer nur eine MAC-Adresse auf der Liste der erlaubten Adressen, ist es ein Leichtes für ihn, die entsprechende Adresse zu fälschen und eine Verbindung mit dem WLAN aufzubauen. Doch als zusätzliche Schutzmaßnahme hat sich die Filterung von MAC-Adressen durchaus bewährt und sollte in jedem Fall aktiviert werden.

Bevor Sie die Filterung von MAC-Adressen aktivieren, sollten Sie sich alle MAC-Adressen, die mit dem Access Point Verbindung aufnehmen sollen, notieren. Sie sollten in diesem Punkt sehr sorgfältig vorgehen, da Sie sich schnell selbst vom System aussperren können, wenn Sie nur eine Ziffer der MAC-Adresse falsch eingeben.

Zum Ermitteln der MAC-Adressen Ihrer Netzwerkkarten können Sie den Befehl *ipconfig* verwenden. Die korrekte Syntax wäre *ipconfig /all*. Um diesen Befehl eingeben zu können, sollten Sie über *Start/Ausführen/cmd* eine Befehlszeile öffnen (siehe *Abbildung 9.43*). Haben Sie sich alle benötigten MAC-Adressen notiert, können Sie mit der Konfiguration des Access Points beginnen und dort die Adressen eintragen.

Abbildung 9.43:
Anzeigen der MAC-Adresse für eine WLAN-Karte mit *ipconfig /all*

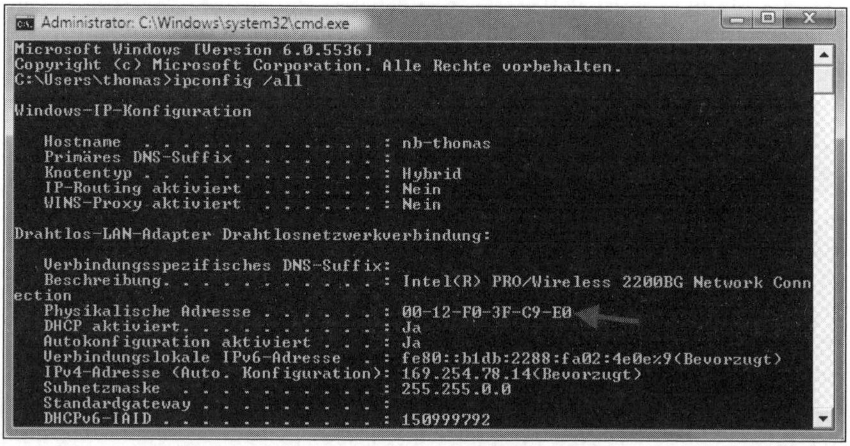

Fast alle Access Points mit integriertem DSL-Router bieten die Funktion *Remote Management* an. Diese Funktion erlaubt es, den Access Point von jedem beliebigen Computer über das Internet zu verwalten. Natürlich wird für diese Verwaltung ein Kennwort benötigt, was aber für einen Angreifer mit genügend Ausdauer kein großes Problem darstellt. Um wirklich alle Lücken zu schließen, sollten Sie diese Funktion am Access Point unbedingt deaktivieren. Häufig wurde das bereits von den Herstellern erledigt, und sie kann bei Bedarf wieder aktiviert werden.

Eine sehr interessante Ausführung über Sicherheit in WLANs finden Sie auf der Internetseite http://www.microsoft.com/germany/technet/technetmag/issues/2005/11/guide_to_wlan_security.mspx.

9.8.6 Hotspots – öffentliche WLANs

Eine weitere Möglichkeit, ins Internet zu gelangen, sind sogenannte Hotspots. Hotspots sind öffentlich zugängliche Funknetzwerke zum Beispiel an Flughäfen, in Bahnhöfen oder Innenstädten.

Wenn Sie ein Notebook mit Funknetzwerkkarte besitzen und sich im Bereich eines Hotspots befinden, können Sie im Internet surfen. Im Grunde genommen sind die Funknetzwerke, die in diesem Kapitel beschrieben sind, genau die Technologie, mit der Hotspots funktionieren.

Sie können in der Innenstadt bei einem Espresso oder Cappuccino bequem im Internet surfen oder Ihre E-Mails abrufen. Da Sie sich über Wireless LAN (WLAN) mit dem Internet verbinden, fallen nicht so hohe Kosten an wie bei der Verbindung über Mobilfunkkarte per UMTS oder GPRS. Die Geschwindigkeit und die Stabilität der Verbindung sind deutlich höher. Hotspots sind meistens gekennzeichnet und fallen recht schnell auf. Oft sind sie über Breitbandanschlüsse an das Internet angebunden und aus diesem Grund sehr schnell. Meistens verkaufen die Provider den Zugang auf Zeitbasis. Viele Hotspots an Bahnhöfen, Flughäfen oder sonstigen öffentlichen Orten sind kostenlos. Informieren Sie sich beim lokalen Betreiber, was der Zugang kostet und ob es einen kostenlosen Zugang gibt.

Viele Provider oder Mobilfunkbetreiber bieten ihren Kunden an, ihre Hotspots überall nutzen zu können. Die Abrechnung der Nutzung erfolgt über die Abrechnung des Internetzugangs oder die Telefonrechnung. Um sich an einem Hotspot anzumelden, gehen Sie genauso vor, wie Sie sich an Ihrem Heimfunknetz verbinden. Zunächst müssen Sie Windows das Netzwerk suchen lassen und sich verbinden. Da die öffentlichen Hotspots von Natur aus offen sein sollen, gibt es selten WEP oder die beschriebene WPA-Verschlüsselung. Der Verbindungsaufbau zu einem Hotspot ist daher ähnlich einfach wie zu einem ungesicherten Access Point eines DSL-Routers. Sie müssen keine besonderen Einstellungen am Internet Explorer vornehmen.

Haben Sie Ihr Notebook oder Ihren PC auf statische IP-Adressen umgestellt, müssen Sie für das Nutzen eines Hotspots normalerweise auf DHCP zurückstellen. Schauen Sie sich die Anleitung in diesem Kapitel an, und machen Sie sich mit der Bedienung vertraut. Nach der Umstellung sollten Sie Ihren PC neu booten, damit Sie von dem Hotspot eine Adresse zugeteilt bekommen. Meistens öffnet sich eine spezielle Internetseite, die Sie über den weiteren Umgang mit dem Hotspot informiert und die Abrechnungsmodalitäten erläutert.

Im Internet finden Sie unter folgenden Adressen eine Auflistung von Hotspots:

- www.mobileaccess.de
- www.portel.de/hotspot_portel
- www.hotspot-locations.de (weltweites Angebot)
- www.hotspots-in-deutschland.de

9.9 Erweiterte Netzwerkverwaltung

In den vorangegangenen Abschnitten in diesem Kapitel wurde auf die wichtigsten Bereiche der Netzwerkverwaltung eingegangen, die Sie für den produktiven Betrieb mindestens beherrschen müssen. Im folgenden Abschnitt gehe ich die Konfiguration von Windows Vista für fortgeschrittene Netzwerknutzer durch, die das System noch optimieren bzw. erweiterte Einstellungen vornehmen wollen. Das Gute an Windows Vista ist, dass auch die erweiterten Einstellungen im Netzwerk über das Netzwerk- und Freigabecenter erreicht werden können.

9.9.1 Verwalten der Netzwerkstandorte

Bei der Einrichtung der Netzwerkverbindung haben Sie festgelegt, mit welcher Art von Netzwerk sich Ihr PC verbunden hat. Sie konnten festlegen, ob es sich um ein privates oder ein öffentliches Netzwerk handelt. Diese Einstellungen können nachträglich angepasst werden.

Vor allem Anwender mit Notebooks können die Sicherheit ihres PC erhöhen, wenn sie die Konfiguration der Netzwerkverbindungen abhängig vom Standort konfigurieren. Über den Link *Anpassen* im Bereich der Netzwerkstandorte lässt sich festlegen, um welches Netzwerk es sich handelt (siehe *Abbildung 9.44*).

Sobald Sie nicht mehr mit Ihrem Heimnetzwerk verbunden sind, sollten Sie möglichst immer die Option *Öffentlich* wählen, damit Ihr PC vor Angriffen aus dem Netzwerk geschützt ist. An dieser Stelle können Sie dem neuen Netzwerkstandort auch eine entsprechende Bezeichnung geben, die bei der nächsten Verbindung automatisch angezeigt wird. Klicken Sie nach der Auswahl des Netzwerkstandortes auf *Weiter*, und schließen Sie die Konfiguration ab.

Erweiterte Netzwerkverwaltung

Wurde Ihr PC oder Notebook für ein öffentliches Netzwerk konfiguriert, ist sichergestellt, dass andere Rechner Ihren PC im Netzwerk nicht finden können, er ist aber durchaus auf anderen Wegen erreichbar. Machen Sie sich daher keine Illusionen, dass Ihr PC vor allen Gefahren geschützt ist, wenn Sie den Netzwerkstandort als *öffentlich* konfigurieren.

Konfigurieren Sie die Verbindung als *privat*, können andere Benutzer im Netzwerk Ihren PC in der jeweiligen Netzwerksuche finden.

Über den Link *Gesamtübersicht anzeigen* (siehe *Abbildung 9.44*) öffnet sich ein neues Fenster, in dem alle PCs und Netzwerkgeräte angezeigt werden, sofern Ihr PC sie im Netzwerk findet. Diese Karte ist mehr eine Spielerei, da Sie nie sicher sein können, ob alle Geräte gefunden werden. Auf jeden Fall erhalten Sie durch diese Karte zumindest eine Übersicht über das Netzwerk (siehe *Abbildung 9.45*).

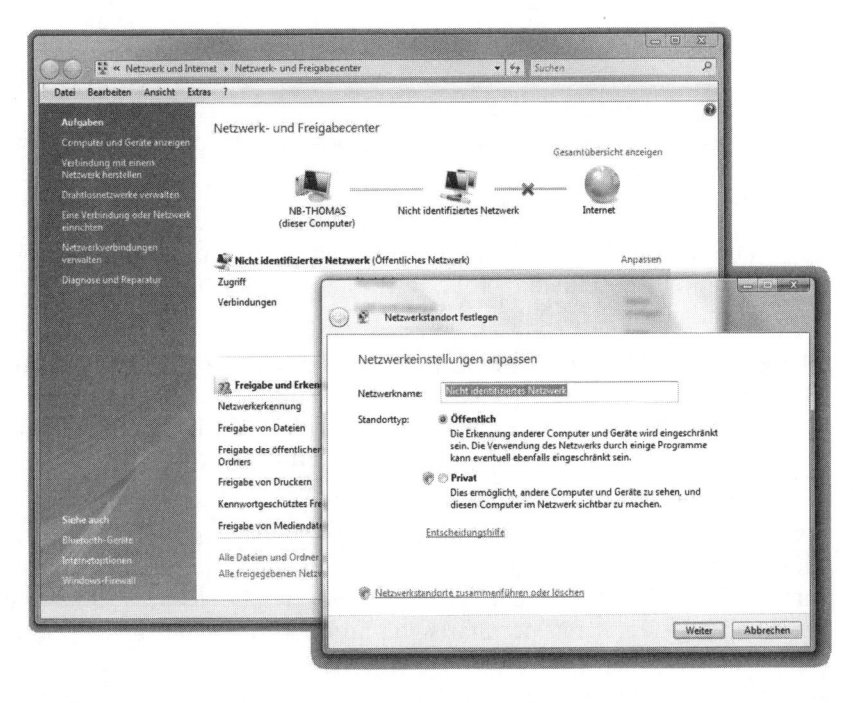

Abbildung 9.44: Konfiguration des Netzwerkstandortes

Dieser Bereich ist extrem hilfreich, wenn Sie auf einem PC Netzwerk- oder Verbindungsprobleme untersuchen wollen.

Über den Link *Diagnose und Reparatur* lassen Sie eventuell vorhandene Fehler von Windows überprüfen und erhalten Hilfestellung bzw. Vorschläge zur Behebung von Fehlern.

Windows Vista im Netzwerk

Abbildung 9.45:
Anzeigen einer kleinen Netzwerkübersicht

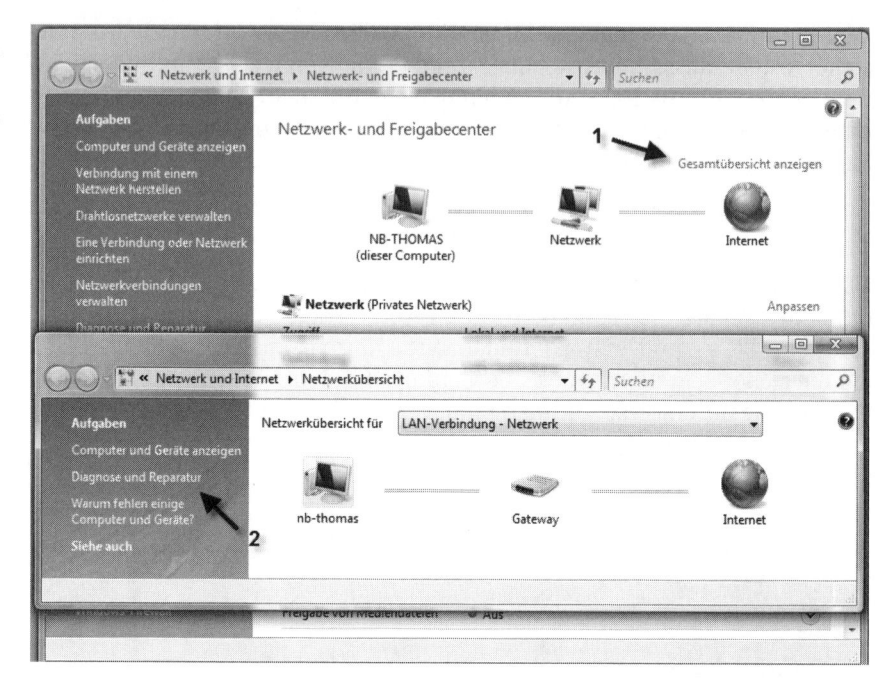

Über den Link *Computer und Geräte anzeigen* im linken Bereich des Netzwerk- und Freigabecenters werden Ihnen alle PCs angezeigt, die im Netzwerk gefunden werden können.

Klicken Sie auf einen PC doppelt, werden die Freigaben auf dem PC angezeigt und können geöffnet werden. Diese Funktion steht aber nur dann zur Verfügung, wenn Sie das Netzwerk als *Privat* markiert haben. Bei öffentlichen Netzwerken kann diese Funktion nicht genutzt werden.

Wenn Sie im Netzwerk- und Freigabecenter auf die einzelnen Symbole klicken, welche die Verbindungen in Ihrem Netzwerk darstellen, können Sie direkt die notwendigen Programme starten, um den Teil des Netzwerkes zu durchsuchen. Klicken Sie zum Beispiel auf das Symbol *Internet*, öffnet sich der Internet Explorer mit der Startseite. So überprüfen Sie schnell, ob die Verbindung zum Internet tatsächlich hergestellt werden kann.

Ein Klick auf das Computer-Symbol öffnet den Windows Explorer, ein Klick auf das Netzwerk-Symbol die Netzwerkumgebung (siehe *Abbildung 9.46*).

Abbildung 9.46:
Öffnen von verschiedenen Programmen direkt im Netzwerk- und Freigabecenter

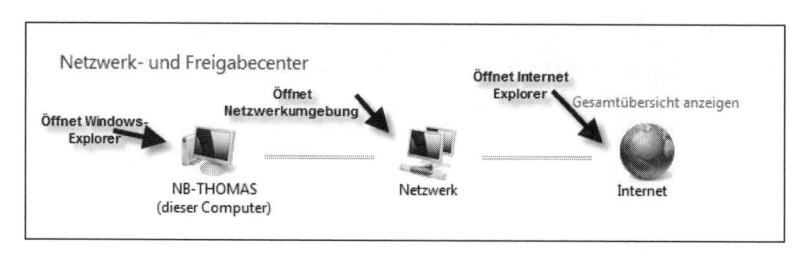

9.9.2 Erweiterte Verwaltung der Netzwerkverbindungen

Zu Beginn dieses Kapitels habe ich Ihnen gezeigt, wie Sie die Netzwerkverbindungen konfigurieren können, damit Sie eine Verbindung zum Netzwerk aufbauen können.

Ihnen stehen zur Konfiguration der Netzwerkverbindungen allerdings noch zahlreiche weitere Möglichkeiten zur Verfügung, die ich im folgenden Abschnitt ausführlicher bespreche. Zum Aufbau einer Netzwerkkonnektivität sind diese Konfigurationen allerdings nicht notwendig.

Auf der Startseite des Netzwerk- und Freigabecenters werden Ihnen einige der Netzwerkverbindungen bereits angezeigt (siehe *Abbildung 9.47*). Eine ausführliche Liste aller Netzwerkverbindungen auf dem PC erhalten Sie jedoch über den Link *Netzwerkverbindungen verwalten*.

Abbildung 9.47: Erweiterte Verwaltung der Netzwerkverbindungen

Nachdem Sie den Link angeklickt haben, öffnet sich ein Fenster, in dem alle Netzwerkverbindungen des PC angezeigt werden sowie deren aktuellen Verbindungsstatus.

Wenn eine Netzwerkverbindung aktiviert ist, aber nicht hergestellt werden kann, wird die entsprechende Verbindung mit einem roten X angezeigt. Sie sollten beim Einsatz mehrerer Netzwerkverbindungen diese entsprechend benennen, da Windows die Bezeichnung nur durchnummeriert. Der Name einer Netzwerkverbindung beeinflusst nicht deren Konnektivität, sondern lediglich deren Bezeichnung in Windows. Sie können die Bezeichnung von Netzwerkverbindungen über das Kontextmenü ändern.

Windows Vista im Netzwerk

Klicken Sie eine Netzwerkverbindung mit der rechten Maustaste an, stehen Ihnen verschiedene Möglichkeiten zur Verfügung, die nur diese eine Verbindung betreffen (siehe *Abbildung 9.48*).

Abbildung 9.48:
Kontextmenü einer
LAN-Verbindung

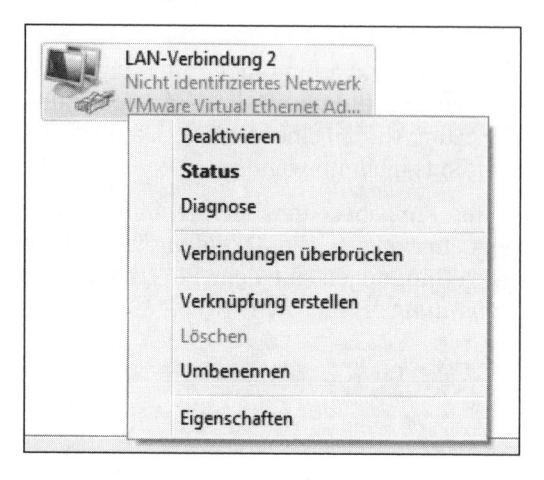

Grundsätzlich stehen Ihnen an dieser Stelle acht verschiedene Möglichkeiten zur Verfügung. Aktionen, die sich derzeit für diese Verbindung nicht durchführen lassen, werden als inaktiv dargestellt.

- *Deaktivieren* – Wenn Sie diese Option auswählen, wird die Verbindung vom Netzwerk getrennt, auch wenn sie konfiguriert wurde und Anschluss hat. Die Verbindung verursacht keinerlei Fehlermeldungen mehr, und die entsprechende Netzwerkkarte wird im Geräte-Manager deaktiviert. Die Karte verhält sich so, als ob sie nicht installiert ist.
- *Status* – Wählen Sie diesen Menüpunkt aus, werden Ihnen ausführliche Informationen über die Konfiguration der Netzwerkverbindung angezeigt sowie die Datenpakete, die über das Netzwerk gesendet wurden (siehe *Abbildung 9.48*). Wollen Sie eine Netzwerkverbindung ausführlicher überprüfen, bietet sich dieser Menüpunkt an. Es öffnet sich ein neues Fenster, über das Sie zahlreiche Informationen erhalten und Konfigurationen vornehmen können. Sie erkennen zunächst, mit welcher Geschwindigkeit die Verbindung aufgebaut worden ist, wie lange die Netzwerkverbindung besteht und wie viele Datenpakete empfangen und gesendet worden sind.

Wenn Sie auf die Schaltfläche *Details* klicken, werden Ihnen ausführlichere Informationen über die Konfiguration der Netzwerkverbindung angezeigt (siehe *Abbildung 9.49*).

Sie erkennen die IP-Adresse, die MAC-Adresse sowie eine Vielzahl weiterer Informationen, die vor allem bei der Fehlersuche hilfreich sein können.

Erweiterte Netzwerkverwaltung

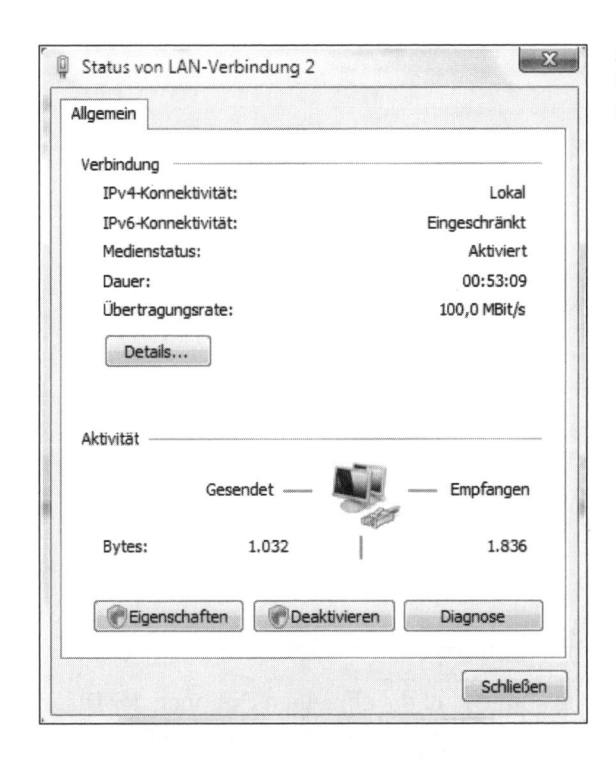

Abbildung 9.49:
Status einer Netzwerkverbindung

Neben dieser Schaltfläche stehen Ihnen noch drei weitere Schaltflächen zur Verfügung, über die Sie die Netzwerkverbindung konfigurieren können:

- Eigenschaften
- Deaktivieren
- Diagnose

Die beiden Schaltflächen *Eigenschaften* und *Deaktivieren* erfordern administrative Berechtigungen, was durch das Windows-Schutzschild auf den Schaltflächen symbolisiert wird.

Zu den Eigenschaften der Netzwerkverbindung kommen Sie auch über das Kontextmenü. Ich bespreche sie im nächsten Abschnitt. Die Schaltfläche *Deaktivieren* hat die gleiche Auswirkung wie die Auswahl der entsprechenden Option aus dem Kontextmenü.

Wenn Sie auf die Schaltfläche *Diagnose* klicken, versucht Vista festzustellen, warum eine bestimmte Netzwerkverbindung nicht funktioniert. Auch diese Option ist über das Kontextmenü der Verbindung zu erreichen.

Sobald Sie die Diagnose gestartet haben, schlägt Windows eine Fehlerbehebungsmaßnahme vor (siehe *Abbildung 9.50*). Lesen Sie sich die Meldung durch, bevor Sie eine andere Maßnahme durchführen, und überprüfen Sie, ob der entsprechende Fehler bereits durch die Hinweise von Vista gelöst werden kann.

Abbildung 9.50:
Detaillierte Informationen über eine Netzwerkverbindung

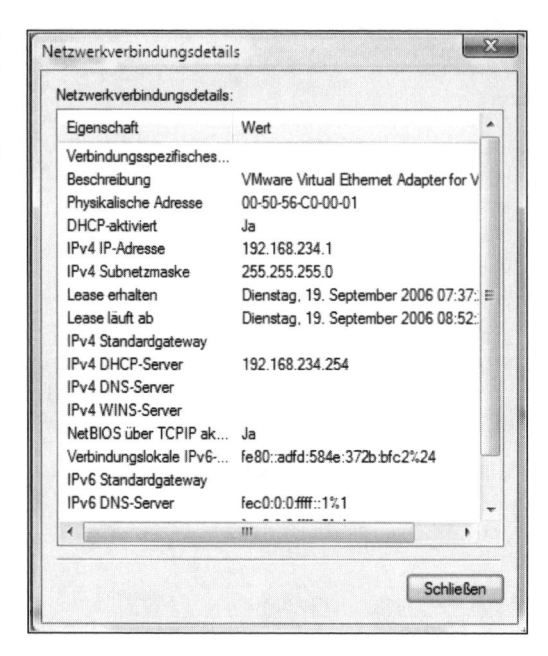

Sie können auf die einzelnen Optionen der Diagnose klicken, um die vorgeschlagene Option automatisch durchführen zu lassen.

Im Anschluss versucht Vista automatisch, den Fehler zu beheben und die Netzwerkverbindung wiederherzustellen. Oft liegt beim Einsatz von DHCP nur ein Fehler in der DHCP-Konfiguration vor.

Abbildung 9.51:
Diagnose einer Netzwerkverbindung in Windows Vista

- *Verbindungen überbrücken* – Wählen Sie diese Option aus dem Kontextmenü einer Netzwerkverbindung aus, können Sie den Vista-PC als Verbindung zwischen zwei Netzwerken einsetzen (siehe *Abbildung 9.52*). Dazu wird eine Netzwerkkarte mit dem einen Netzwerk verbunden und eine zweite Netzwerkkarte mit einem anderen. Die beiden Netzwerkverbindungen müssen IP-Adressen in unterschiedlichen Subnetzen haben. In Privathaushalten wird diese Option eher selten verwendet. Um eine Netzwerkbrücke aufzubauen, also zwei verschiedene Netzwerke physikalisch über den Vista-PC miteinander zu verbinden, müssen Sie zunächst die erste Verbindung auswählen, dann die [Strg]-Taste auf der Tastatur drücken und dann die zweite Verbindung auswählen. Wählen Sie dann aus dem Kontextmenü die Option *Verbindungen überbrücken* aus, startet Windows Vista den Assistenten zum Aufbau einer Netzwerkbrücke.

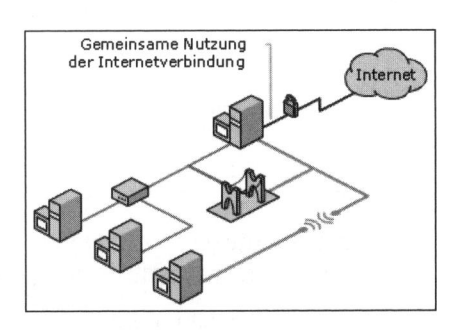

Abbildung 9.52: Netzwerkbrücke in Windows Vista

Die Netzwerkbrücke bietet eine einfache und kostengünstige Möglichkeit zur Verbindung von LAN-Segmenten. Eine Konfiguration ist nicht erforderlich, und Sie müssen auch keine zusätzliche Hardware wie Router oder Brücken erwerben. Die Netzwerkbrücke automatisiert die Konfiguration, die für die Weiterleitung von Datenverkehr zwischen Netzwerken erforderlich ist. Sie kann den Datenverkehr von einem LAN-Segment zu einem anderen LAN-Segment weiterleiten und ermöglicht so, dass alle Computer miteinander kommunizieren können (siehe *Abbildung 9.53*).

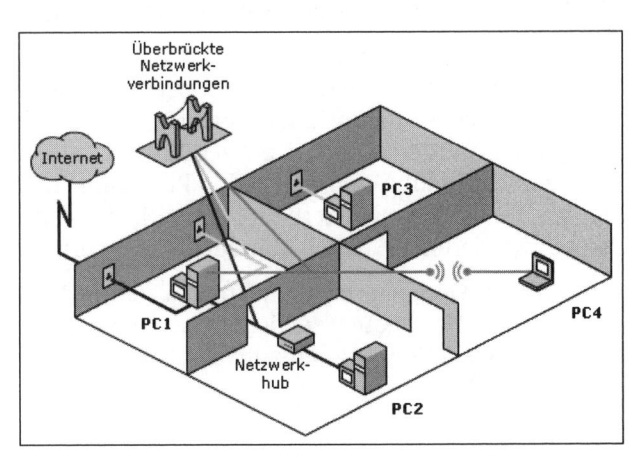

Abbildung 9.53: Beispiel einer Netzwerkbrücke

Windows Vista im Netzwerk

Ohne die Netzwerkbrücke kann nur PC1 mit jedem der anderen Computer kommunizieren, weil PC1 als einziger Computer mit allen drei LAN-Segmenten verbunden ist.

Weil PC2, PC3 und PC4 unterschiedliche Netzwerkmedientypen verwenden, befinden sie sich in verschiedenen LAN-Segmenten und können daher mit keinem Computer außer PC1 kommunizieren. Auf einem Computer kann nur eine Brücke eingerichtet werden. Sie kann jedoch zur Überbrückung so vieler unterschiedlicher Netzwerkverbindungen verwendet werden, wie der Computer physikalisch besitzen kann.

Abbildung 9.54:
Aufbau einer Netzwerkbrücke in Windows Vista

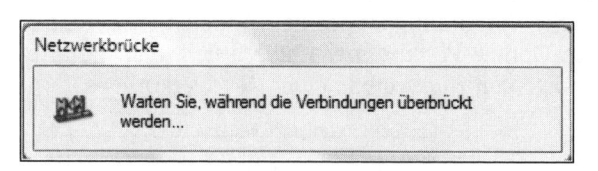

Nach dem erfolgreichen Aufbau der Netzwerkbrücke wird sie als eigenes Symbol bei den Netzwerkverbindungen angezeigt (siehe *Abbildung 9.56*).

Abbildung 9.55:
Anzeigen und Verwalten von Netzwerkbrücken

Über das Kontextmenü einer Netzwerkbrücke können Sie diese jederzeit wieder entfernen.

Die einzelnen Bestandteile bzw. Netzwerkverbindungen einer Netzwerkbrücke können weiterhin auch unabhängig voneinander verwendet und konfiguriert werden. Durch Netzwerkbrücken werden zum Beispiel eine Netzwerkverbindung und die Verbindung zum Internet miteinander verbunden, um anderen Nutzern im Netzwerk die Möglichkeit zu geben, über den konfigurierten PC eine Verbindung zum Internet aufzubauen.

Die weiteren Optionen im Kontextmenü von LAN-Verbindungen ermöglichen es, diese Verbindung zu löschen oder sie umzubenennen. Die genauen Eigenschaften der LAN-Verbindung finden Sie auf den folgenden Seiten.

9.9.3 Eigenschaften von Netzwerkverbindungen

Wenn Sie aus dem Kontextmenü einer Netzwerkverbindung die Eigenschaften aufrufen oder über den Status einer Netzwerkverbindung zur gleichen Konfiguration gelangen, konfigurieren Sie das Verhalten der Netzwerkverbindung ausführlich (siehe *Abbildung 9.56*).

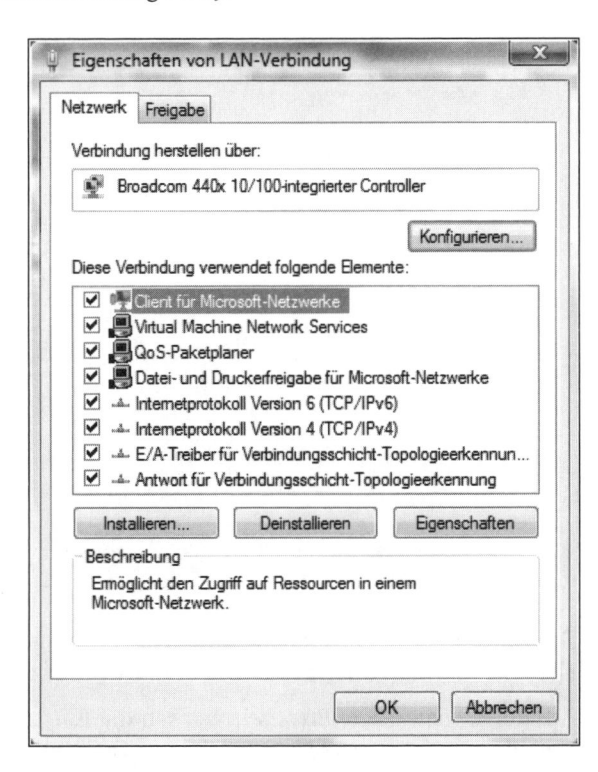

Abbildung 9.56: Eigenschaften einer LAN-Verbindung

Bereits zu Beginn des Kapitels habe ich Ihnen gezeigt, wie Sie die IP-Adresse Ihres PC anpassen können. Meistens wird in Netzwerken derzeit noch das Internetprotokoll Version 4 verwendet. Der neue Standard Version 6 ist derzeit, vor allem in Privathaushalten, eher selten im Einsatz.

Für die Konfiguration einer LAN-Verbindung stehen Ihnen in den Eigenschaften einige Möglichkeiten zur Verfügung, die ich im Folgenden ausführlich besprechen werde.

Über die Schaltfläche *Konfigurieren* passen Sie die Einstellungen der Netzwerkkarte an. Diese Einstellungen haben zunächst nichts mit den Netzwerkprotokollen zu tun, sondern ausschließlich mit dem Verhalten der Netzwerkkarte im Netzwerk. Normalerweise müssen an dieser Stelle keine Einstellungen vorgenommen werden. Wenn Sie Anpassungen vornehmen, sollten Sie genau wissen, was Sie tun, da Experimente an dieser Stelle schnell zu einem Ausfall der Netzwerkverbindung führen können. Sie stellen hier zum Beispiel ein, wie hoch die Netzwerkgeschwindigkeit in Ihrem

Windows Vista im Netzwerk

Netzwerk ist. Nachdem Sie auf die Schaltfläche *Konfigurieren* geklickt haben, erscheint ein neues Fenster mit mehreren Registerkarten (siehe *Abbildung 9.57*).

Abbildung 9.57:
Konfiguration der Netzwerkkarte

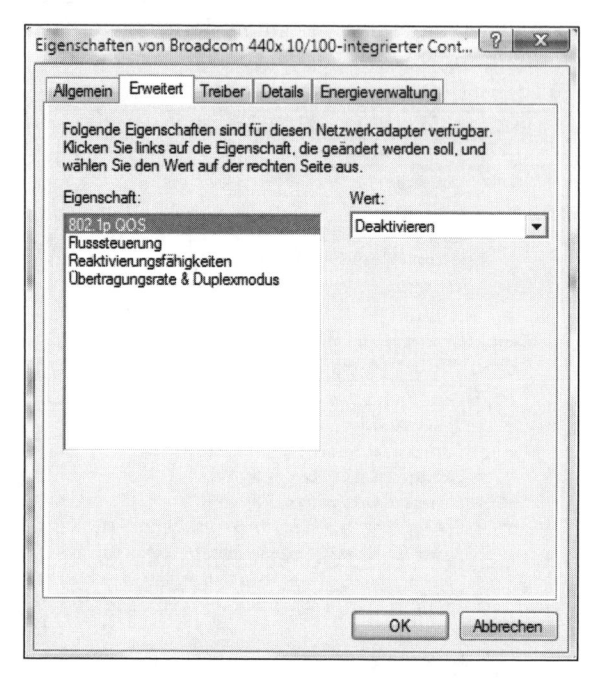

Die Registerkarte *Allgemein* ist zunächst weniger interessant, da hier nur ein paar Informationen zur Netzwerkkarte angezeigt werden.

Auf der Registerkarte *Erweitert* werden die Einstellungen angezeigt, die der Treiber der Netzwerkkarte unterstützt. Die angezeigten Optionen und Einstellungsmöglichkeiten sind je nach installierter Netzwerkkarte und zugehörigem Treiber unterschiedlich.

Die wichtigste Einstellung auf dieser Registerkarte sind die Optionen des Duplexmodus und der Geschwindigkeit des Netzwerkes. Die Bezeichnung der Menüs und die einstellbaren Werte sehen bei den verschiedenen Treibern der Netzwerkkarte unterschiedlich aus, aber Sie können immer zwischen Standardwerten auswählen. Standardmäßig steht die Erkennung der Netzwerkgeschwindigkeit auf *Automatisch*.

Wenn Sie hier Einstellungen ändern, mit denen andere Netzwerkgeräte nicht funktionieren, kann der PC keine Verbindung mehr zum Netzwerk herstellen. Wenn Sie daher Verbindungsprobleme bei einem PC haben und die IP-Konfiguration korrekt ist, sollten Sie überprüfen, welche Netzwerkgeschwindigkeit für die Karte eingestellt ist.

Die wichtigste Einstellung in diesem Bereich ist der Duplexmodus. Er legt fest, wie die Daten im Netzwerk von diesem PC aus empfangen und gesendet werden können (siehe *Abbildung 9.58*).

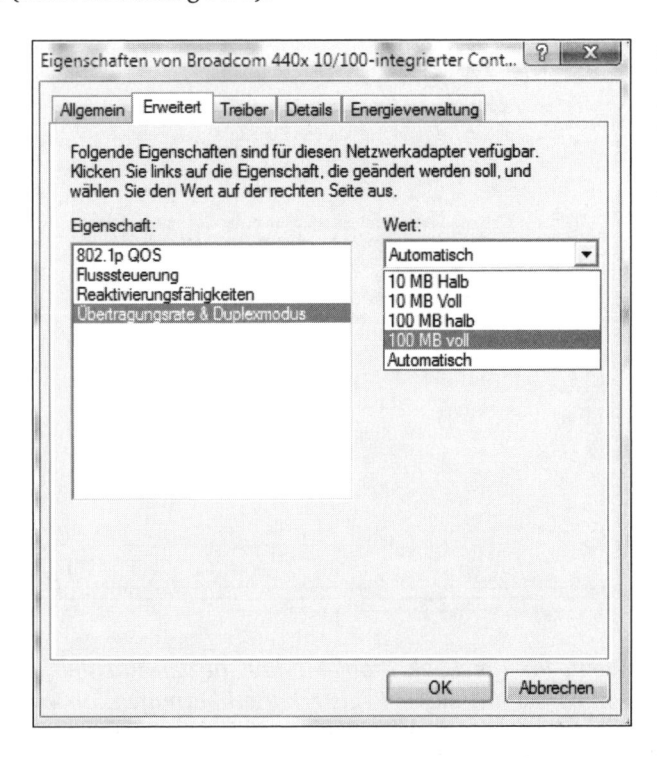

Abbildung 9.58:
Konfiguration der Übertragungsrate und des Duplexmodus

Grundsätzlich können Netzwerkkarten hauptsächlich in zwei verschiedenen Modi betrieben werden:

- *Vollduplex* (oft auch als *Voll* bezeichnet) – Bei diesem Modus kann der PC gleichzeitig Daten aus dem Netzwerk empfangen und Daten an das Netzwerk senden. Diese Übertragungsvariante ist die schnellste, wird aber nicht von allen Netzwerkgeräten, vor allem älteren, unterstützt.
- *Halbduplex* (auch *Halb* genannt) – Bei diesem Modus können keine Daten gleichzeitig empfangen und gesendet werden, sondern immer nur jeweils in eine Richtung übertragen werden. Da die Daten zwar auch in beide Richtungen fließen können, aber nicht gleichzeitig, ist die Geschwindigkeit etwas geringer.

Auf der Registerkarte *Energieverwaltung* können Sie konfigurieren, ob Vista das Gerät zeitweise deaktivieren kann, wenn es nicht benötigt wird (siehe *Abbildung 9.59*). Standardmäßig darf Windows Geräte ausschalten, um Energie zu sparen, zum Beispiel auch, um in den Energiesparmodus zu wechseln.

Abbildung 9.59:
Energieverwaltung von Netzwerkkarten

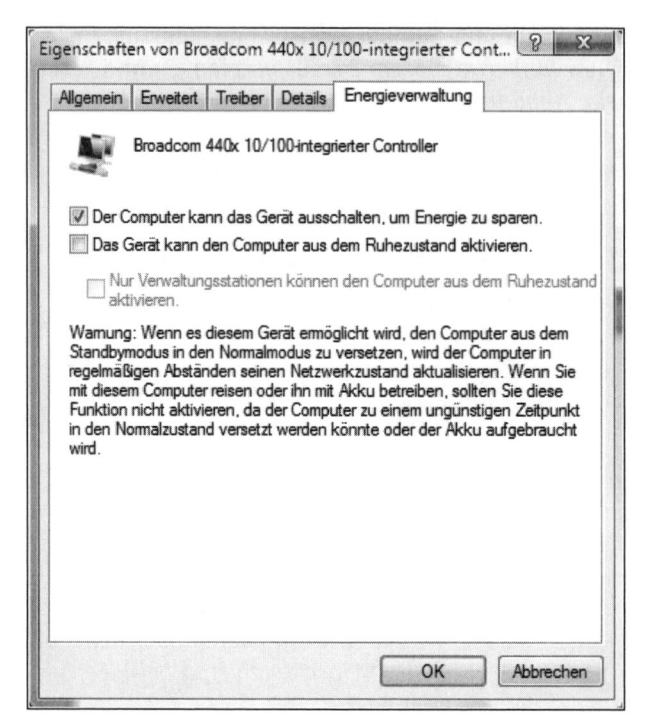

> *Wenn Ihr Notebook Probleme hat, in den Energiesparmodus zu wechseln, sollten Sie auf dieser Registerkarte überprüfen, ob Windows das Gerät ausschalten darf.*
>
> TIPP

Manche Netzwerkkarten haben Probleme, eine erneute Verbindung zum Netzwerk aufzubauen, wenn sie durch Windows deaktiviert wurde. Im Normalfall kommen aktuelle Geräte jedoch mit den Einstellungen zurecht.

Ansonsten sind bei der Konfiguration von Netzwerkkarten keine weiteren Einstellungen zu beachten. Interessanter sind hier die Einstellungen der einzelnen Netzwerkprotokolle und -dienste, die für eine Netzwerkverbindung standardmäßig bereits aktiviert sind.

An dieser Stelle sollten Sie keine Dienste oder Protokolle deinstallieren, ohne zu wissen, wofür diese benötigt werden.

> *Wenn Sie Dienste und Protokolle für eine bestimmte Netzwerkverbindung deinstallieren, geschieht das Gleiche auch in den anderen Netzwerkverbindungen.*
>
> *Vernetzen Sie PCs untereinander und geben Dateien oder Drucker frei, werden die beiden Dienste* Client für Microsoft-Netzwerke *und* Datei- und Druckerfreigabe für Netzwerke *dringend benötigt und sollten keinesfalls deinstalliert werden.*
>
> HALT

Sie können neben der Deinstallation von Diensten oder Protokollen auch einen Dienst für eine einzelne Netzwerkkarte deaktivieren. In diesem Fall müssen Sie in den Eigenschaften der Netzwerkverbindung nur das Häkchen bei dem Dienst entfernen. Da in den meisten PCs ohnehin nur eine Netzwerkkarte eingebaut ist, macht eine solche Deaktivierung selten Sinn.

Der Dienst QoS-Paketplaner *(Quality Of Service) ist dafür zuständig, dass der PC immer genügend Ressourcen zur Verfügung stellt, um auf Netzwerkpakete zu antworten.*

Wenn Sie zum Beispiel viele Downloads gleichzeitig aus dem Internet tätigen und parallel eine große Datenmenge auf andere PCs im Netzwerk verteilen, sorgt der QoS-Paketplaner dafür, dass eine minimale Anzahl an Bandbreite zur Verfügung bleibt.

Manche »Experten« raten dazu, diesen Dienst zu deinstallieren, da er eine gewisse Bandbreite selbst verbraucht. Allerdings benötigen die wenigsten Haushalte heutzutage wirklich jede kleine Menge Bandbreite, sondern profitieren davon mehr, dass die Verbindung stabil bleibt. Haben Sie das Gefühl, Ihr PC ist im Netzwerk zu langsam, wird die Geschwindigkeit sicherlich nicht dadurch steigen, indem Sie diesen Dienst deaktivieren oder deinstallieren. Sie können dies aber ohne Probleme selbst testen und bei Leitungsproblemen den QoS testweise deaktivieren.

Eigenschaften von TCP/IP und DHCP

Das wichtigste Protokoll für die Verbindung in Netzwerke stellt TCP/IP dar. Bereits zu Beginn dieses Kapitels bin ich auf die Konfiguration des Protokolls eingegangen. Sie können entweder eine manuelle Konfiguration durchführen, also eine sogenannte statische IP-Adresse vergeben, oder mit einem DHCP-Server arbeiten.

Die meisten DSL-Router werden heute zusätzlich mit einem DHCP-Server ausgeliefert. Dieser sollte allerdings aus Sicherheitsgründen deaktiviert werden. Standardmäßig ist Windows für die automatische IP-Adressierung mithilfe von DHCP (Dynamic Host Configuration Protocol) konfiguriert.

DHCP ist ein TCP/IP-Standard für die vereinfachte Verwaltung der IP-Konfiguration und -Zuweisung in einem Netzwerk. DHCP verwendet einen DHCP-Server zum dynamischen Zuweisen von IP-Adressen. DHCP-Server enthalten eine Datenbank mit IP-Adressen, die Hosts im Netzwerk zugewiesen werden können.

Um DHCP in einem Netzwerk zu verwenden, muss es für die Hosts in diesem Netzwerk aktiviert sein. Sie müssen dafür das Kontrollkästchen *IP-Adresse automatisch beziehen* aktivieren (siehe *Abbildung 9.60*).

Windows Vista im Netzwerk

Abbildung 9.60: Konfiguration von Windows Vista für DHCP

Über Protokolle wie BOOTP oder DHCP können IP-Adressen beim Hochfahren des Rechners über einen entsprechenden Server zugewiesen werden. Auf dem Server wird dazu vom Administrator ein Bereich von IP-Adressen definiert, aus dem sich weitere Rechner beim Hochfahren eine Adresse entnehmen können. Diese Adresse wird an den Rechner geleast, also für eine bestimmte Zeit vergeben. Rechner, die feste Adressen benötigen, können im Ethernet-Netzwerk über ihre MAC-Adresse identifiziert werden und eine dauerhafte Adresse erhalten. Der Ablauf ist in der *Abbildung 9.61* skizziert.

Abbildung 9.61: Ablauf bei der Zuteilung von dynamischen IP-Adressen über DHCP

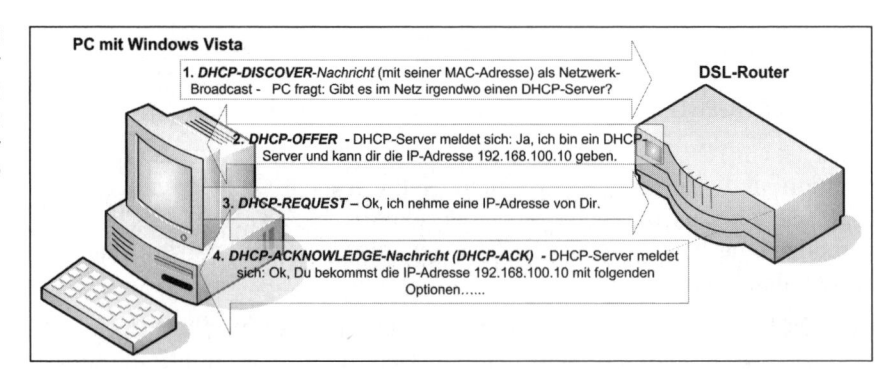

Vorteil hierbei ist die zentrale Verwaltung der Adressen. Mit DHCP kann einem Host, der auch als DHCP-Client bezeichnet wird, aus einer dem Subnetz zugewiesenen Adressdatenbank automatisch eine IP-Adresse zugewiesen werden. Wenn ein Computer für einen bestimmten Zeitraum offline ist, kann DHCP seine IP-Adresse auch erneut zuweisen.

APIPA (Automatic Private IP Addressing)

Für den Fall, dass kein DHCP-Server für das automatische Zuweisen einer IP-Adresse erreicht werden kann, bestimmt Windows Vista eine Adresse in der für Microsoft reservierten IP-Adressierungsklasse, die von 169.254.0.1 bis 169.254.255.254 reicht.

Diese Adresse wird verwendet, bis ein DHCP-Server gefunden wird. Diese Methode des Beziehens einer IP-Adresse wird als automatische IP-Adressierung bezeichnet. Dabei wird kein DNS, WINS oder Standardgateway zugewiesen, da diese Methode nur für ein kleines Netzwerk mit einem einzigen Netzwerksegment entworfen wurde. DNS und Standardgateway wurden bereits zu Beginn dieses Kapitels besprochen. WINS steht für *Windows Internet Name Service* und ist der Vorgänger der dynamischen DNS-Aktualisierung. Während DNS für die Namensauflösung mit voll qualifizierten Domänennamen zuständig ist, werden mit WINS NetBIOS-Namen aufgelöst. WINS wird nur in Unternehmensnetzwerken verwendet.

Anzeigen der IP-Adresse

Es können Situationen auftreten, in denen Sie die IP-Adressinformationen für einen bestimmten Computer anzeigen müssen. Dies ist der Fall, wenn Ihr Computer beispielsweise nicht mit anderen Computern im Netzwerk kommuniziert oder wenn andere Computer nicht mit Ihrem kommunizieren können. In solchen Situationen müssen Sie die IP-Adresse der anderen Computer kennen, um die Ursache des Problems bestimmen zu können.

Im Dialogfeld *Eigenschaften von Internetprotokoll (TCP/IP)* zeigen Sie statische TCP/IP-Informationen an. Windows Vista enthält ein Befehlszeilendienstprogramm mit der Bezeichnung *Ipconfig*, um TCP/IP-Informationen anzuzeigen.

Mit dem Dienstprogramm *Ipconfig* werden die TCP/IP-Konfigurationsoptionen auf einem Host überprüft, aber nicht festgelegt. Zu diesen Optionen zählen die IP-Adresse, die Subnetzmaske und das Standardgateway. Die Befehlssyntax für dieses Dienstprogramm lautet *ipconfig* (siehe *Abbildung 9.62*). Starten Sie das Programm am besten über eine Befehlszeile (*Start/Ausführen/cmd*).

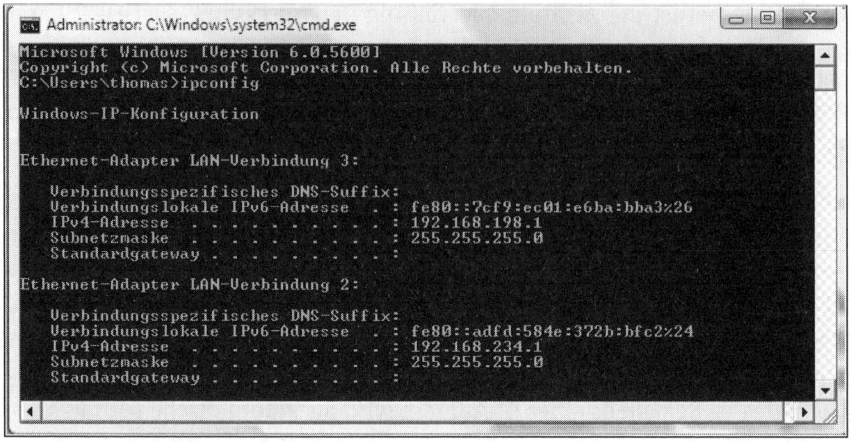

Abbildung 9.62:
Überprüfen der IP-Adressen mit *ipconfig*

Mit diesem Dienstprogramm können Sie jedoch nicht bestimmen, ob die IP-Adresse mithilfe der statischen oder der dynamischen Methode zugewiesen wurde.

Ausführlichere Informationen erhalten Sie mit dem Dienstprogramm *ipconfig*, wenn Sie die Option */all* mit angeben. Um das Dienstprogramm *ipconfig* mit dieser Option zu verwenden, geben Sie an der Eingabeaufforderung *ipconfig /all* ein. Auf dem Bildschirm werden die Informationen zu allen TCP/IP-Konfigurationsoptionen angezeigt. Nun sehen Sie, ob DHCP aktiviert ist. Ist dies der Fall und wird eine IP-Adresse für einen DHCP-Server angezeigt, bedeutet dies, dass die IP-Adresse mithilfe von DHCP bezogen wurde.

Zusätzlich lassen sich beim Aufruf von *ipconfig* noch die beiden Optionen */renew* und */release* angeben:

- *ipconfig /release* – Entfernt die IP-Adresse vom Client und fordert keine neue an. Wenn ein Client Probleme hat, eine Verbindung mit einem DHCP-Server herzustellen, sollten Sie immer zuerst die IP-Adresse beim Client zurücksetzen.
- *ipconfig /renew* – Fordert vom DHCP-Server eine erneute Verlängerung des Lease oder eine neue IP-Adresse an. Sollte der Befehl nicht funktionieren, geben Sie zunächst *ipconfig /release* ein.

9.9.4 Bindungsreihenfolge der Netzwerkverbindungen konfigurieren

Haben Sie mehrere Netzwerkkarten in Ihrem PC eingebaut, werden Netzwerkpakete nicht immer an alle Netzwerkkarten gleichzeitig verschickt, sondern immer in einer bestimmten Reihenfolge. Damit die Antwortzeiten im Netzwerk optimiert werden, bietet es sich natürlich an, wenn Sie die Reihenfolge so konfigurieren, dass Ihre produktive Netzwerkkarte (meistens wird sowieso nur eine verwendet) in der Reihenfolge ganz oben steht:

Erweiterte Netzwerkverwaltung

1. Damit Sie diese Reihenfolge festlegen können, sollten Sie zunächst im *Netzwerk- und Freigabecenter* auf den Link *Netzwerkverbindungen verwalten* klicken.
2. Aktivieren Sie im Anschluss über *Organisieren/Layout* die *Menüleiste*. Alternativ können Sie temporär die Menüleiste über die [ALT]-Taste einblenden.
3. Klicken Sie im Menü auf *Erweitert/Erweiterte Einstellungen* (siehe *Abbildung 9.63*).

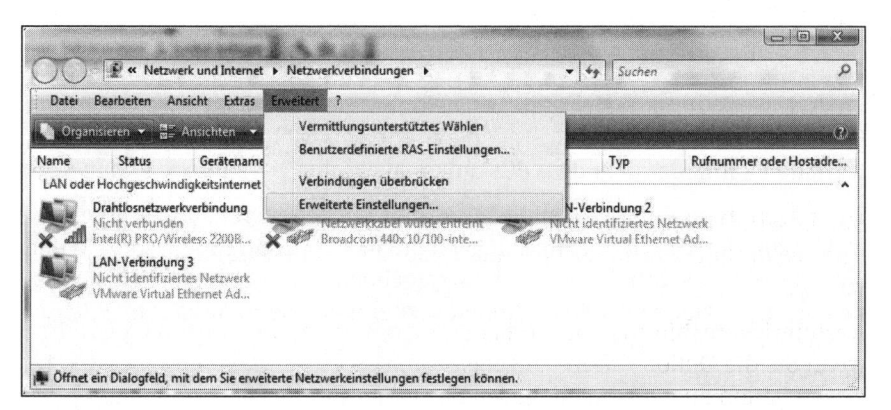

Abbildung 9.63: Starten der erweiterten Einstellungen für Netzwerkverbindungen

Es öffnet sich ein neues Fenster, über das Sie unter anderem die Bindungsreihenfolge der Netzwerkkarten einstellen können (siehe *Abbildung 9.64*).

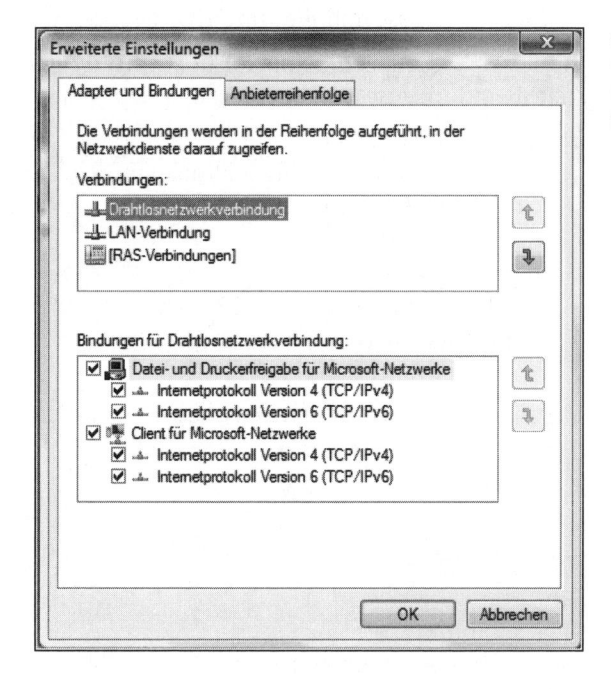

Abbildung 9.64: Konfiguration der Bindungsreihenfolge

Windows Vista im Netzwerk

Klicken Sie dazu auf der Registerkarte *Adapter und Bindungen* im Bereich *Verbindungen* auf die ausgewählte LAN-Verbindung und dann auf die Schaltflächen mit den Pfeilen, damit die gewünschte Verbindung ganz nach oben gesetzt wird.

Weitere Einstellungen sind an dieser Stelle nicht notwendig. Zur Fehlerbehebung in Microsoft-Netzwerken komme ich in Kapitel 11, in dem auch die Anbindung von Vista-PCs an das Internet über einen DSL-Router besprochen wird.

9.9.5 Erweiterte Konfiguration von Freigaben

Im Netzwerk- und Freigabecenter nehmen Sie im Bereich *Freigabe und Erkennung* verschiedene Einstellungen vor, wie sich der PC im Netzwerk verhalten kann, damit andere PCs auf lokale Freigaben zugreifen können.

Sie passen in diesem Bereich die einzelnen Einstellungen an und erkennen recht schnell, wie die Verbindungsmöglichkeiten konfiguriert sind. Wenn Sie auf das Pfeilsymbol neben der entsprechenden Einstellung klicken, können Sie die gezielten Konfigurationen vornehmen (siehe *Abbildung 9.65*).

Netzwerkerkennung

Die Netzwerkerkennung wird automatisch aktiviert, wenn Sie das Netzwerk als *Privat* konfiguriert haben.

Bei öffentlichen Netzwerken wird die Netzwerkerkennung deaktiviert.

Abbildung 9.65: Konfiguration von Freigaben und Netzwerkoptionen in Windows Vista

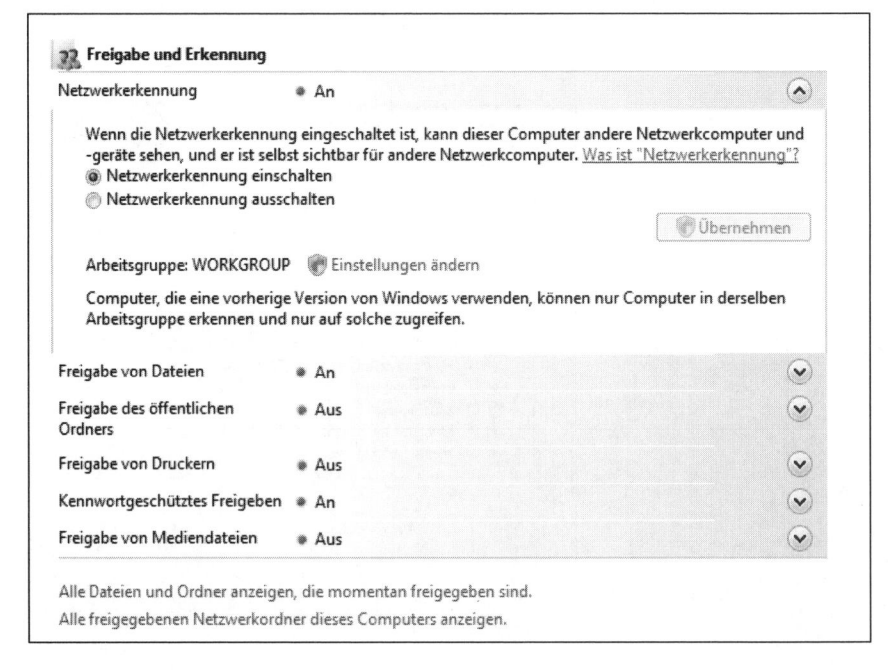

Erweiterte Netzwerkverwaltung

Nur bei aktivierter Netzwerkerkennung werden PCs im Netzwerk automatisch gefunden – auch Ihr PC. Grundsätzlich ist diese Funktion nicht notwendig, um ein funktionierendes Netzwerk aufzubauen, allerdings erleichtert sie die Konfiguration von Netzwerken, wenn es sich um ein privates Netzwerk handelt.

Betreiben Sie noch PCs im Heimnetzwerk, auf dem Windows Vista nicht installiert ist, gelingt der optimale Zugriff auf Freigaben nur dann, wenn sich die PCs in einer gemeinsamen Arbeitsgruppe befinden. Die Arbeitsgruppe muss dazu auf jedem PC getrennt konfiguriert werden.

Unter Windows XP konfigurieren Sie die Arbeitsgruppe über Start/Einstellungen/Systemsteuerung/System *auf der Registerkarte* Computername, *indem Sie auf* Ändern *klicken.*

Windows Vista konfiguriert als Arbeitsgruppennamen automatisch die Bezeichnung WORKGROUP.

Sie passen die Bezeichnung der Arbeitsgruppe im Bereich der Netzwerkennung über den Link Einstellung ändern *an (siehe Abbildung 9.67).*

Klicken Sie dazu auf die Schaltfläche Ändern. *Sie finden die gleiche Einstellung auch über* Start/Systemsteuerung/System und Wartung/System/Erweiterte Systemeinstellungen, *Registerkarte* Computername.

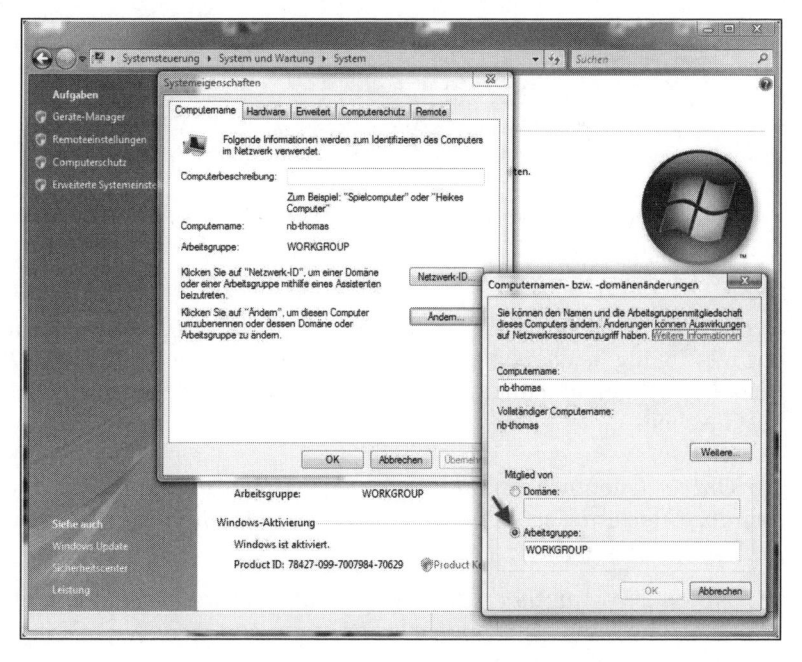

Abbildung 9.66: Ändern der Arbeitsgruppenbezeichnung in Windows Vista

Windows Vista im Netzwerk

Öffentliche Ordner in Windows Vista

Über die Option *Freigabe von Dateien* im Netzwerk- und Freigabecenter wird der Zugriff auf Freigaben des PC zunächst aktiviert. Auch wenn Freigaben erstellt wurden, muss diese Option zunächst aktiviert werden, damit ein Zugriff stattfinden kann (siehe *Abbildung 9.67*).

Abbildung 9.67: Aktivierung von Freigaben

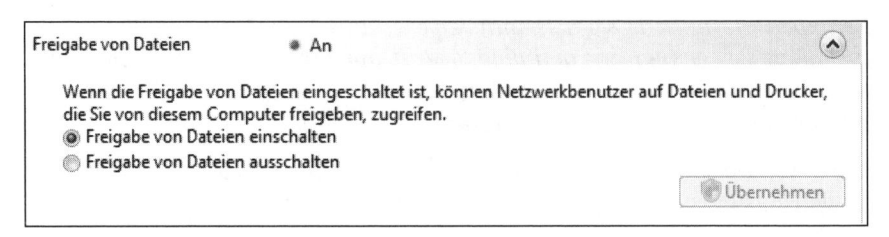

Eine weitere Neuerung in Windows Vista ist der öffentliche Ordner. Er dient in Windows Vista dem unkomplizierten Informationsaustausch zwischen dem Benutzer des lokalen PC und den Benutzern im Netzwerk.

Alle Ordner und Dateien im öffentlichen Ordner stehen sofort allen Anwendern des PC und im Netzwerk zur Verfügung. Der Zugriff auf den öffentlichen Ordner muss im Netzwerk- und Freigabecenter ebenfalls erst konfiguriert und gestattet werden (siehe *Abbildung 9.68*).

Abbildung 9.68: Konfiguration des öffentlichen Ordners in Windows Vista

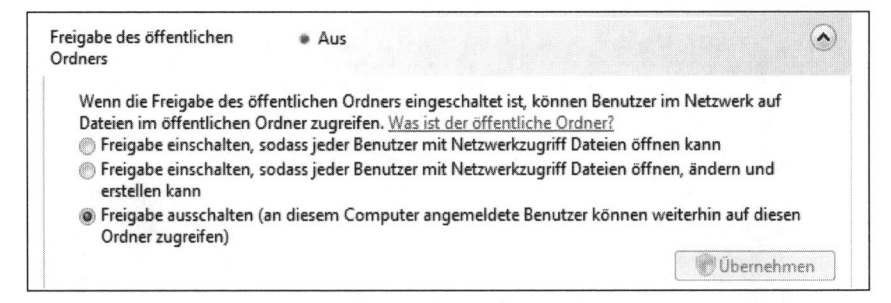

Der Ordner steht jedem Anwender des PC über *Start/Computer/Öffentlich* zur Verfügung (siehe *Abbildung 9.69*). Dadurch können Anwender auf Vista-PCs schnell und unkompliziert Daten untereinander und im Netzwerk austauschen.

> **TIPP**
> *Der Ordner* Öffentlich *befindet sich im Verzeichnis* C:\Benutzer. *Hier werden auch nachträglich Anpassungen an den Berechtigungen und der Freigabe vorgenommen.*
>
> *Wollen andere Anwender die Freigabe als Netzlaufwerk anbinden oder direkt auf die Freigabe zugreifen, können sie den Pfad* \\< PC-Name oder IP-Adresse > \public *verwenden.*

Erweiterte Netzwerkverwaltung

Abbildung 9.69: Der öffentliche Ordner im Windows Explorer

Kennwortschutz für Freigaben

Damit andere Benutzer über das Netzwerk auf Ihren PC zugreifen können, müssen Sie diese als Benutzer anlegen. Wollen sich diese Benutzer über das Netzwerk mit der Freigabe auf Ihren PC verbinden, müssen dieser Benutzername und das Kennwort eingegeben werden.

Sie können diesen Schutz ebenfalls im Netzwerk- und Freigabecenter im Bereich *Kennwortgeschütztes Freigeben* deaktivieren (siehe *Abbildung 9.70*).

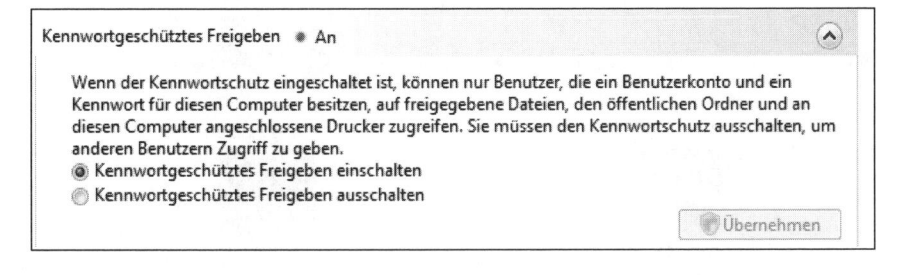

Abbildung 9.70: Konfiguration des Kennwortschutzes für Freigaben

In diesem Fall können alle Anwender ohne die Eingabe von Kennwörtern auf Freigaben zugreifen. Konfigurieren Sie jedoch die Berechtigungen der Freigaben und auch Dateisysteme manuell, bleibt dieser Schutz auch dann bestehen, wenn Sie die Option deaktivieren.

Freigeben von Mediendateien

Im Bereich *Freigabe und Erkennung* geben Sie mithilfe des Menüs *Freigabe von Mediendateien* (siehe *Abbildung 9.71*) spezielle Multimediadateien, also Musik, Videos und Bilder, frei.

Windows Vista im Netzwerk

Gleichzeitig erkennt Windows Vista, wenn im Netzwerk andere PCs ebenfalls eine solche Freigabe erstellt haben. Durch diese neue Funktion soll es ermöglicht werden, dass von einem Multimedia-PC im Haushalt an alle anderen PCs die Multimediadaten gestreamt werden können.

Abbildung 9.71:
Freigeben von Multimediadaten in Windows Vista

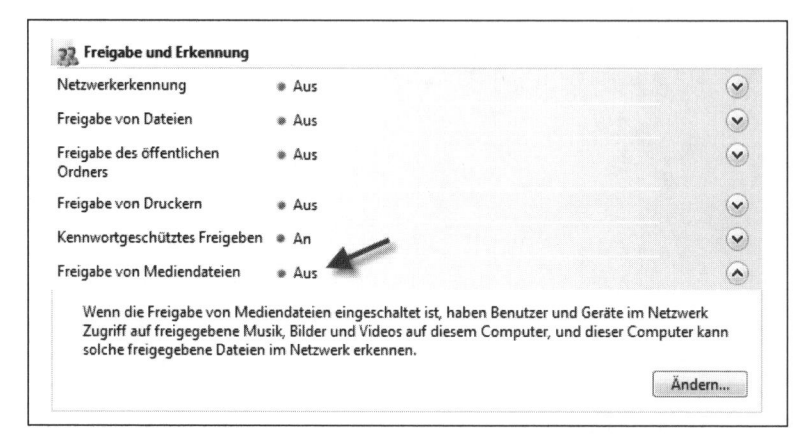

Hauptsächlich geht es bei der Mediendatenfreigabe darum, die Medienbibliothek des PC freizugeben, damit andere Nutzer im Netzwerk auch über den Windows Media Player auf diese Dateien zugreifen können.

Wenn Sie auf die Schaltfläche *Ändern* klicken, können Sie diese Daten freigeben. Alternativ steht die Medienfreigabe auch im Menü *Medienbibliothek* des Windows Media Players zur Verfügung (siehe *Abbildung 9.72*).

Abbildung 9.72:
Steuerung der Medienfreigabe über den Windows Media Player

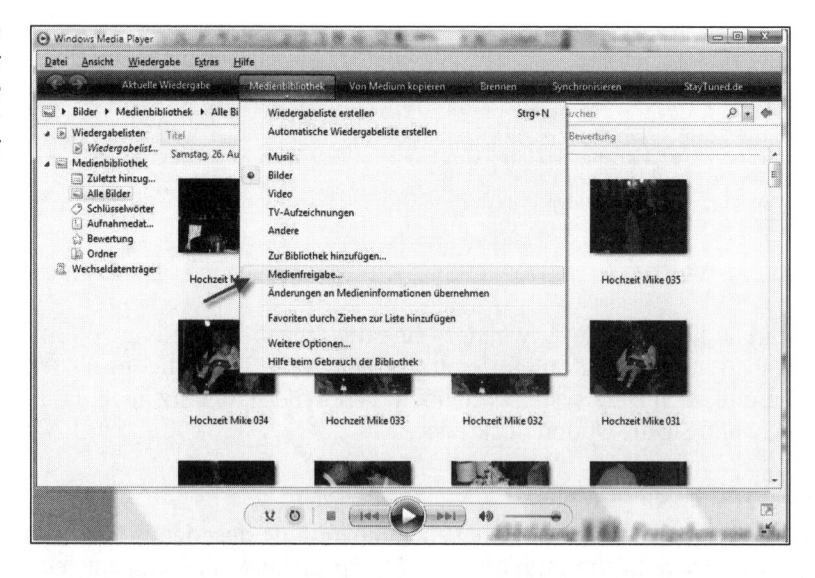

Unabhängig davon, wie Sie den Assistenten aufrufen, erscheint das gleiche Dialogfeld, über das Sie die Freigabe konfigurieren können.

Erweiterte Netzwerkverwaltung

Sie erhalten allerdings eine Fehlermeldung wenn Sie das Netzwerk nicht als *Privat* konfiguriert haben, sondern als *Öffentlich*. Als Nächstes erscheint ein Fenster, über das Sie die Freigabe aktivieren können (siehe *Abbildung 9.73*).

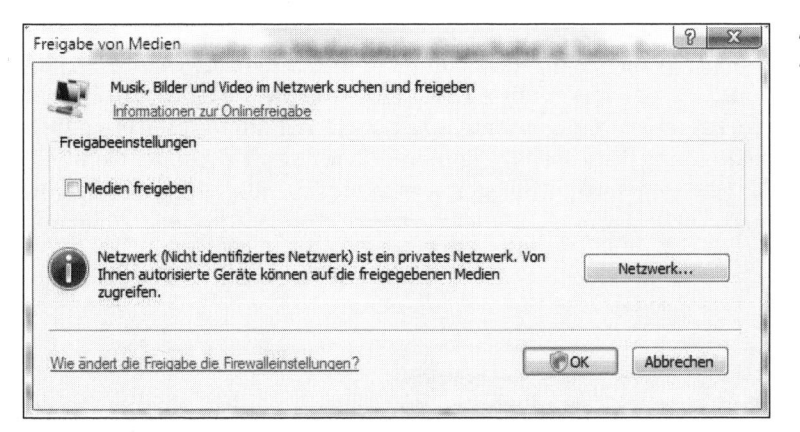

Abbildung 9.73: Aktivierung der Medienfreigabe

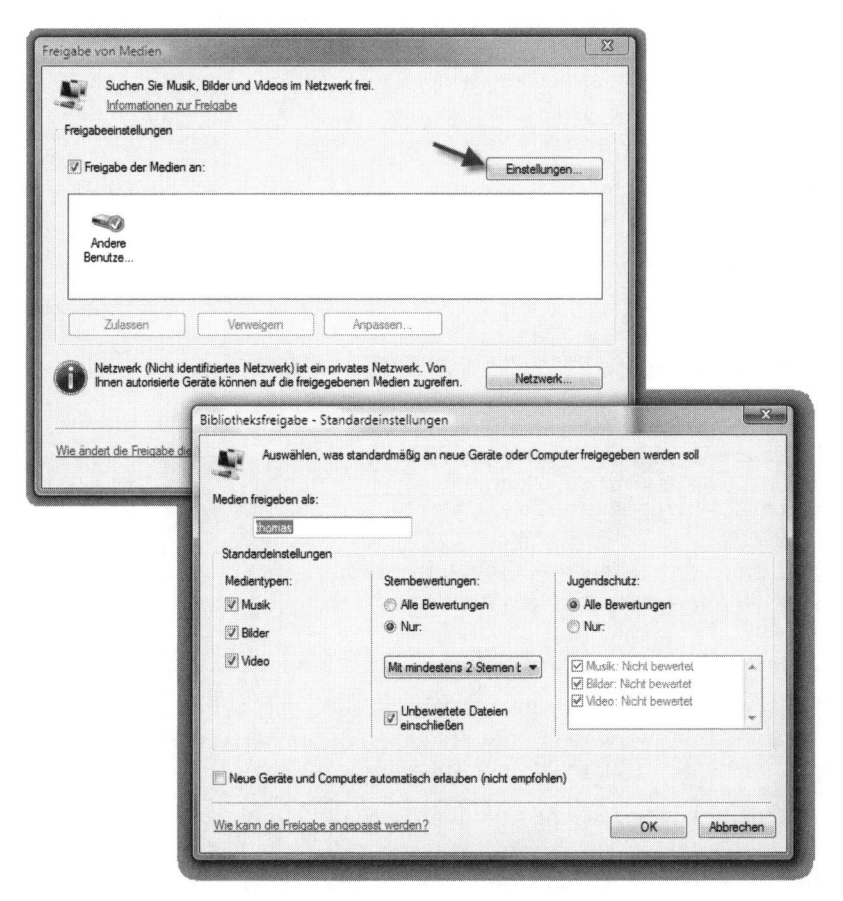

Abbildung 9.74: Einstellungen für die Mediendatenfreigabe

Windows Vista im Netzwerk

Haben Sie die Freigabe aktiviert, können Sie über die Schaltfläche *Einstellungen* auswählen, welche Multimediadaten Sie freigeben.

Mit der Schaltfläche *OK* bestätigen Sie die Freigabe. Sie können nachträglich die Freigabe für einzelne Computer verweigern oder genehmigen.

Wenn Sie das Kontrollkästchen *Neue Geräte und Computer automatisch erlauben* aktivieren, dürfen alle neue PCs im Netzwerk auf Ihre Mediendaten zugreifen. Aus diesem Grund sollten Sie mit dieser Freigabe sehr vorsichtig umgehen. Sie konfigurieren den Zugriff einzelner Computer, indem Sie im Konfigurationsfenster den entsprechenden PC mit der rechten Maustaste anklicken und die entsprechende Option auswählen (siehe *Abbildung 9.75*).

Abbildung 9.75: Konfiguration der Zugriffsberechtigungen für die Mediendatenfreigabe

Sie können zugreifenden Computern zukünftig den Zugriff verweigern oder speziell nur einzelnen Computern gewähren.

Anzeigen aller Freigaben

Sie können in der Computerverwaltung alle Freigaben Ihres PC verwalten. Sie finden die Verwaltung der Freigaben in der Systemsteuerung über *System und Wartung/Verwaltung/Computerverwaltung*.

Alternativ können Sie die Computerverwaltung über *Start*, Rechtsklick auf *Computer* und Auswahl von *Verwalten* starten oder über *Start/Ausführen/compmgmt.msc* (siehe *Abbildung 9.76*).

Erweiterte Netzwerkverwaltung

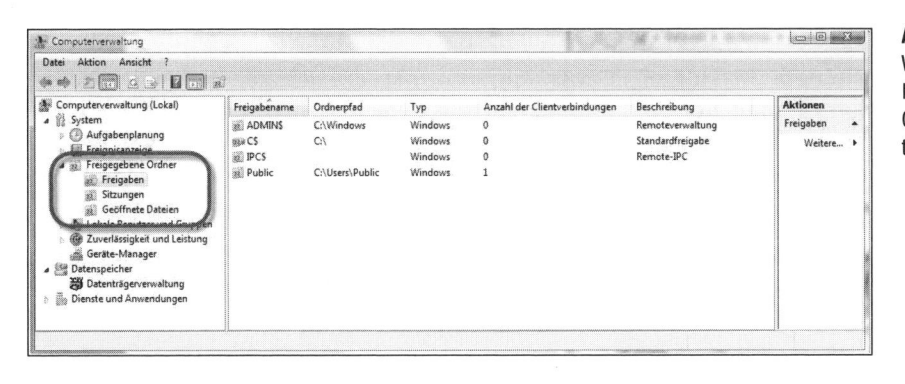

Abbildung 9.76:
Verwaltung der Freigaben in der Computerverwaltung

Sie öffnen diese Verwaltung der Freigaben auch über Start/Ausführen/fsmgmt.msc.

> TIPP

Im Bereich *Freigegebene Ordner* stehen Ihnen an dieser Stelle drei verschiedene Untermenüs zur Verfügung, über die Sie Freigaben verwalten und überprüfen können:

- *Freigaben* – Klicken Sie auf diesen Menüpunkt, werden Ihnen alle Freigaben angezeigt, die derzeit auf dem Computer verfügbar sind (siehe *Abbildung 9.76*). Über das Kontextmenü dieses Menüpunktes können Sie neue Freigaben erstellen, über das Kontextmenü der einzelnen Freigaben konfigurieren Sie deren Einstellungen individuell.
- *Sitzungen* – Über diesen Menüpunkt werden Ihnen alle aktuell über das Netzwerk verbundenen Benutzer angezeigt. Sie entfernen die Benutzer per Rechtsklick vom PC (siehe *Abbildung 9.77*).

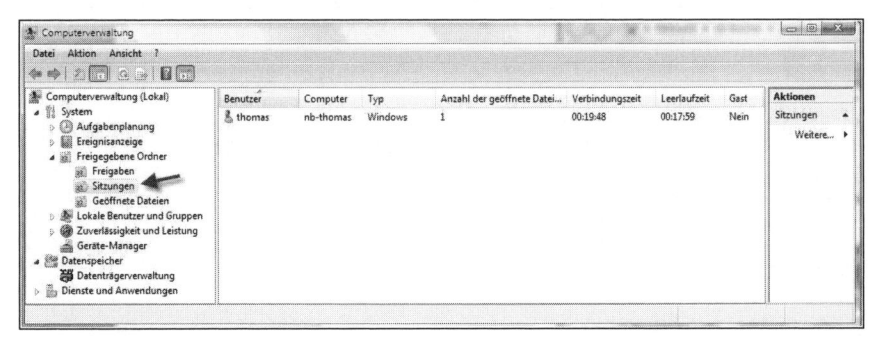

Abbildung 9.77:
Anzeigen der verbundenen Benutzer

- *Geöffnete Dateien* – Hier werden alle Dateien angezeigt, die derzeit von verbundenen Benutzern geöffnet sind. Hier können Sie die Dateien auch schließen.

Weitere Informationen zum Thema Netzwerk erhalten Sie auch im nächsten Kapitel zur Anbindung von Windows Vista an das Internet. Da der PC in diesem Fall häufig über einen DSL-Router an das Internet angeschlossen wird, spielt auch hier das Thema Netzwerk eine wichtige Rolle.

Windows Vista im Netzwerk

Anzeigen der geöffneten Dateien in der Befehlszeile – openfiles.exe

Mit dem Befehlszeilenprogramm *openfiles.exe* können Administratoren Dateien und Ordner, die auf einem System geöffnet wurden, auflisten bzw. trennen. Vor jedem Dateinamen sehen Sie eine ID und den Namen des jeweiligen Benutzers. Greifen mehrere Benutzer gleichzeitig auf eine Datei zu, zeigt Openfiles diese Datei unter zwei unterschiedlichen ID-Kennungen entsprechend zwei Mal an.

Damit geöffnete Dateien angezeigt werden, müssen Sie zunächst das Systemflag Maintain Objects List aktivieren (siehe *Abbildung 9.78*).

Abbildung 9.78: Aktivieren der Maintain Objects List

Mit dem Befehl *openfiles /local on* wird das Systemflag eingeschaltet. Der Befehl *openfiles /local off* schaltet es aus.

Abbildung 9.79: Anzeigen von geöffneten Dateien mit openfiles.exe

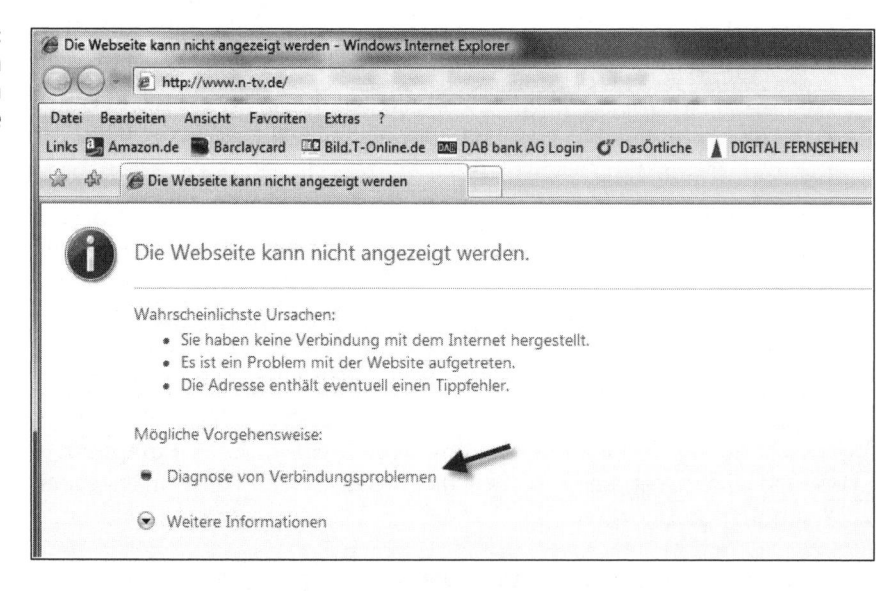

Erst nach der Aktivierung dieses Flags werden mit openfiles.exe geöffnete Dateien angezeigt. Nachdem Sie das Flag gesetzt haben, müssen Sie den PC neu starten. Wenn Sie nach dem Neustart in der Befehlszeile *openfiles* eingeben, werden die geöffneten Dateien angezeigt (siehe *Abbildung 9.79*).

Möchte man feststellen, welche Dateien auf einem wechselbaren Datenträger (zum Beispiel USB-Stick) geöffnet sind, so empfiehlt sich der Befehl *openfiles |find /i »z:«*, wobei *z:* der Laufwerks-Buchstabe des USB-Sticks ist.

Wenn Sie noch offene Dateien auf Ihrem System vorfinden und diese schließen möchten, verwenden Sie den Befehl *openfiles /disconnect /id < id >* oder *openfiles /disconnect /a < user >*. Als *< id >* wird die von *openfiles* mitgeteilte ID eingetragen, als *< user >* die mitgeteilte Nutzerkennung.

9.10 Verwenden von Befehlszeilentools für Netzwerkinformationen

Mithilfe von Befehlszeilentools können Sie schnell Informationen über Ihren Computer und Ihr Netzwerk abrufen und diese zur Diagnose von Netzwerkproblemen einsetzen. Die Befehle beziehen sich hier auf TCP/IP-Netzwerke. Ich gehe im folgenden Abschnitt auf die häufigsten Fragen zur Ermittlung von Netzwerkinformationen in der Befehlszeile ein.

- **Wie ermittle ich den Computernamen?** – Geben Sie in der Befehlszeile *hostname* ein.
- **Wie ermittle ich die IP-Adresse meines Computers?** – Geben Sie in der Befehlszeile *ipconfig* ein.
- **Wie ermittle ich die physikalische Adresse meines Computers (MAC-Adresse, Media Access Control)?** – Geben Sie in der Befehlszeile *ipconfig /all* ein. Falls Ihr Computer mit mehreren Netzwerkadaptern ausgestattet ist, wird die physikalische Adresse für jeden Adapter einzeln aufgeführt.
- **Wie erhalte ich eine neue IP-Adresse?** – Geben Sie in der Befehlszeile *ipconfig /release* ein. Hierdurch geben Sie Ihre aktuelle IP-Adresse frei. Geben Sie in der Befehlszeile als Nächstes *ipconfig /renew* ein, um eine neue IP-Adresse zu erhalten.
- **Wie löse ich anhand des DNS-Namens (Domain Name System) eine IP-Adresse auf?** – Geben Sie in der Befehlszeile ping < DNS-Name > ein. Dieser Vorgang wird *Reverse-Lookup* genannt.
- **Wie teste ich die Kommunikation mit einem anderen Computer?** – Geben Sie in der Befehlszeile *ping < IP-Adresse >* des zu testenden Computers ein.

10 Mit Vista ins Internet

Wenn Sie mit Windows Vista ins Internet wollen, empfehle ich Ihnen, einen DSL-Router zu verwenden anstatt über DFÜ eine Verbindung zum Provider zu erstellen. Während DFÜ-Verbindungen lokal auf dem PC erstellt werden müssen, wird beim Einsatz eines DSL-Routers der PC über ein Netzwerkkabel mit dem Router verbunden. Diese Verbindung ist stabiler und sicherer (wegen der integrierten Firewall). Beim Einsatz eines DSL-Routers übernimmt dieser die Einwahl für Sie. Der PC wird dann über ein Netzwerkkabel mit dem Router verbunden. Für die Verbindung des PC zum Router sollten Sie zunächst die notwendigen Netzwerkeinstellungen vornehmen. Für kleinere und mittelständische Unternehmen ist der Einsatz eines DSL-Routers mit entsprechender Firewall noch vor einer weiteren Firewall im Unternehmensnetzwerk sinnvoll.

Der notwendige Schutz vor Angreifern aus dem Internet ist nach der Installation durch die Windows-Firewall und den Windows Defender bereits gegeben. Allerdings sollten Sie sich vor dem Verbindungsaufbau mit dem Internet zunächst mit den Sicherheitseinstellungen aus Kapitel 14 auseinandersetzen und einen Virenschutz auf dem PC installieren.

10.1 Verbinden mit dem Internet

Den Verbindungsaufbau mit dem Internet sollten Sie nicht direkt mit einem Windows Vista-PC dufchführen. Für kleinere Unternehmen mit wenigen PCs könnte dies zwar eine Lösung sein, sie wird aber nicht empfohlen. Im folgenden Abschnitt gehe ich kurz in einem Exkurs darauf ein, wie kleinere und mittlere Unternehmen die Internetanbindung durchführen können.

10.2 Internetverbindung für kleinere Unternehmen

Nachdem Sie Ihren DSL-Anschluss und Ihren DSL-Tarif beantragt haben, schickt Ihnen der Provider die notwendigen Daten und Geräte zu. Das Datum der Aktivierung Ihres DSL-Anschlusses wird Ihnen ebenfalls mitgeteilt. Am Tag der Aktivierung sollten Sie zunächst kontrollieren, ob alles zur Verfügung steht, was Sie für den DSL-Anschluss zum Internet benötigen:

Mit Vista ins Internet

- DSL-Splitter
- DSL-Modem oder Kombigerät mit DSL-Router
- Wenn Sie kein Kombigerät bestellt haben, benötigen Sie DSL-Splitter, -Modem und -Router als eigenständige Geräte. Meistens werden allerdings DSL-Router mit integriertem DSL-Modem geliefert. Das sollten Sie vor der Bestellung der Hardware abklären.
- Bedienungsanleitung des DSL-Routers
- Netzwerkkabel vom DSL-Router zu Ihrem PC
- DSL-Anschlusskabel vom DSL-Modem zum DSL-Router
- Anschlusskabel vom DSL-Splitter zum DSL-Modem
- Zugangsdaten des Internet-Providers und Hinweise, wie sie im DSL-Router eingetragen werden müssen.

10.2.1 Anschluss der notwendigen Verbindungen

Die Verkabelung der Geräte unterscheidet sich darin, ob Sie über einen ISDN- oder analogen Anschluss verfügen. Wenn Sie ein Kombigerät gekauft haben, ist die Verkabelung ebenfalls etwas anders, da keine Verbindung vom Modem zum Router hergestellt werden muss. Auf den folgenden Seiten erfahren Sie genauer, wie Sie beim Anschluss Ihrer Geräte vorgehen sollen.

Installation bei analogem Anschluss ohne Kombigerät (DSL-Modem und DSL-Router eigenständige Geräte)

Wenn Sie DSL an einem analogen Anschluss anschließen, müssen Sie keinen NTBA, keine Telefonanlage und kein ISDN-Telefon berücksichtigen. Der NTBA ist das Bauteil beim Einsatz von ISDN, an dem Sie die Telefonanlage, die ISDN-Karte oder Ihre ISDN-Geräte anschließen. Sie benötigen nur Ihr Telefon, den PC, den DSL-Splitter, das DSL-Modem und den DSL-Router bzw. ein entsprechendes Kombigerät.

Abbildung 10.1:
Anschluss eines PC an DSL bei einem analogen Telefonanschluss

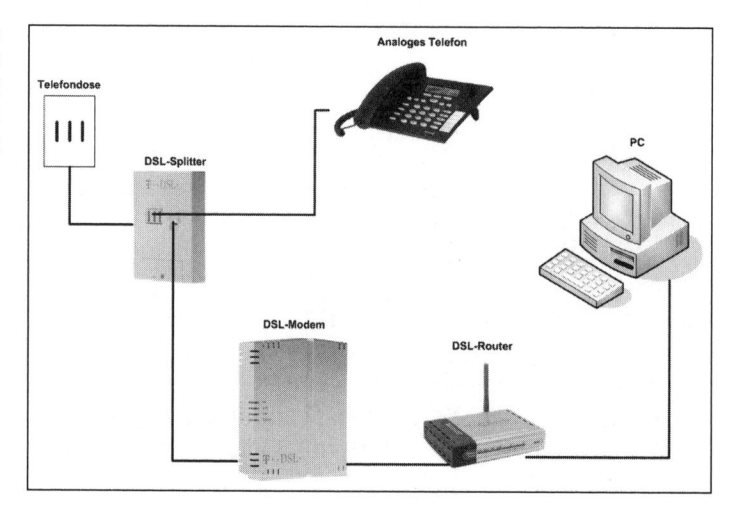

Zunächst müssen Sie den DSL-Splitter mit der TAE-Telefondose an der Wand verbinden. Der DSL-Splitter wiederum hat drei zusätzliche Buchsen, an die Sie Ihr Telefon, Fax und Ihren Anrufbeantworter anschließen können. Schließen Sie zunächst den DSL-Splitter an und dann an diesen Ihr analoges Telefon, Ihren Anrufbeantworter oder Ihr Fax. Ihr Telefon sollte nach diesem Schritt wie gewohnt funktionieren.

Am entsprechenden Anschluss des DSL-Splitters wird, wie in *Abbildung 10.1* gezeigt, ein Kabel zum DSL-Modem gelegt. Während der DSL-Splitter die Aufgabe hat, das Telefonsignal vom DSL-Signal zu trennen, hat das DSL-Modem die Aufgabe, die abgesplitteten DSL-Signale zu verarbeiten. Wenn das DSL-Modem einen Stromanschluss hat, können Sie ihn als Nächstes einstecken.

Am DSL-Modem befindet sich eine Leuchtdiode, die mit Sync, DSL *oder ähnlich beschriftet ist (lesen Sie dazu in der Anleitung des Geräts nach). Wenn Sie das Modem aktivieren, leuchtet dieses Licht zunächst rot, was bedeutet, dass noch kein Signal von der DSL-Gegenstelle empfangen wird, oder es blinkt. Dieses Licht sollte nach einigen Minuten dauerhaft grün leuchten, was signalisiert, dass das DSL-Modem eine Verbindung zu der Gegenstelle aufgebaut hat. Leuchtet dieses Licht weiter rot oder blinkt, sollten Sie den Support des Internet-Providers anrufen, da dieser messen kann, ob Ihr Modem erreicht wird oder nicht. Wenn Sie DSL bei einem anderen Anbieter, zum Beispiel der Telekom, gebucht haben, sollten Sie hier nachfragen, in jedem Fall jedoch kann der Support Ihres Internetanbieters helfen.*

Im weiteren Schritt wird an das DSL-Modem der DSL-Router angeschlossen. Am DSL-Router ist der Anschluss für DSL als WAN oder DSL gekennzeichnet.

Der PC wird mit einem Netzwerkkabel an den DSL-Router angeschlossen. Der Steckplatz ist mit *LAN* oder ähnlich gekennzeichnet.

Installation bei analogem Anschluss mit Kombigerät (DSL-Modem und DSL-Router in einem Gerät)

Wenn Sie ein Kombigerät einsetzen, entfällt die Verkabelung von DSL-Modem zu DSL-Router und von DSL-Router zu PC. Es wird einfach wie zuvor der DSL-Splitter an das DSL-Modem angeschlossen und das DSL-Modem an den PC. Die entsprechenden Anschlüsse bei solchen Kombigeräten sind eindeutig beschrieben und nicht zu verwechseln. Überprüfen Sie jedoch bei jedem Steckvorgang, ob Sie das Gerät mit dem richtigen Anschluss am DSL-Router bzw. Kombigerät verbinden. Sie können recht schnell einen Schaden am Gerät verursachen, wenn Sie unsachgemäß verkabeln (siehe *Abbildung 10.2*).

Mit Vista ins Internet

Abbildung 10.2:
Anschluss von DSL bei einem Kombigerät mit analogem Anschluss

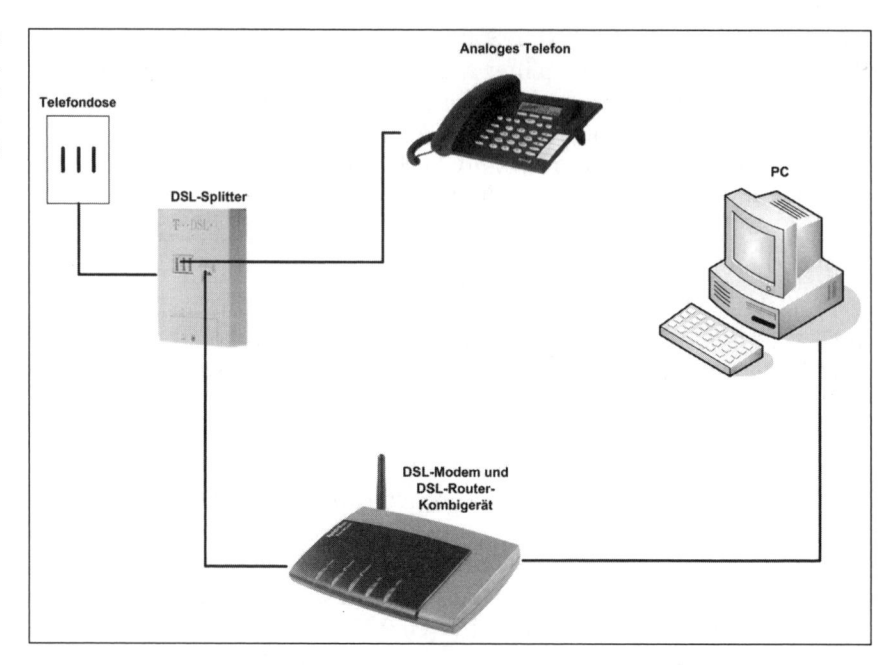

Installation von DSL bei ISDN

Wenn Sie ISDN verwenden, ist es zunächst unerheblich, ob Sie ein Kombigerät oder getrennte Geräte für DSL-Router und DSL-Modem einsetzen. Die Unterschiede liegen lediglich in der Verkabelung des Telefons (siehe *Abbildung 10.3*).

Abbildung 10.3:
Anschluss von DSL mit ISDN

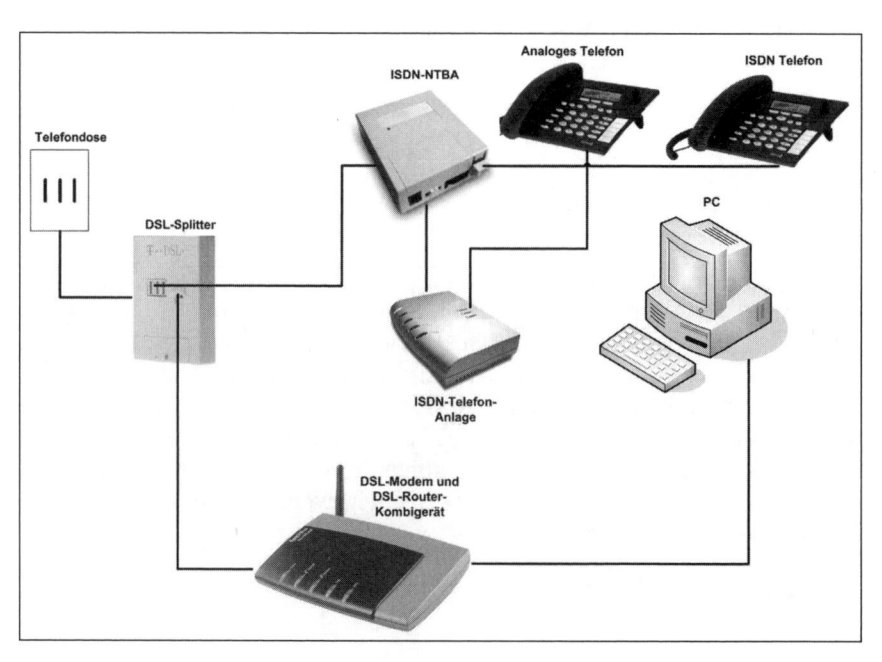

Nach dem Anschluss sollten Ihre Telefone fehlerfrei funktionieren. Schalten Sie als Nächstes Ihren PC an. Am DSL-Router muss das Licht am entsprechenden LAN-Anschluss leuchten. Das zeigt an, dass der PC korrekt mit dem DSL-Router verkabelt ist.

10.2.2 Verbindungsaufbau mit dem Provider

Im nächsten Schritt müssen Sie den DSL-Router so konfigurieren, dass er mit dem Internetprovider eine Verbindung aufbaut. Das DSL-Modem ist lediglich dazu da, die DSL-Leitung herzustellen und in Funktion zu halten. Ohne DSL-Modem ist kein Verbindungsaufbau zum Provider möglich. Es ist sehr wichtig, dass die DSL-Verbindung grün angezeigt wird, wodurch signalisiert wird, dass das Modem eine DSL-Verbindung hat. Ohne diese Verbindung ist eine weitere Konfiguration nicht möglich.

Die Konfigurationsoberflächen der verschiedenen DSL-Router unterscheiden sich deutlich. Die Konfiguration von DSL-Routern erfolgt immer über eine Weboberfläche. Sie konfigurieren Ihren DSL-Router, indem Sie mit dem Internet Explorer eine Verbindung über das Netzwerk zum DSL-Router aufbauen. Die komplette Konfiguration wird über den Internet Explorer durchgeführt.

Der erste Schritt besteht darin, zwischen DSL-Router und Ihrem PC eine Netzwerkverbindung herzustellen. Über diese Netzwerkverbindung werden Sie zukünftig die Verbindung mit dem Internet aufbauen.

Netzwerkeinstellungen des PC anpassen

Um eine Verbindung zu Ihrem Router herzustellen, müssen Sie ihn zunächst wie beschrieben mit dem PC verkabeln und einschalten. Stellen Sie zunächst sicher, dass die Leuchtdiode des LAN-Anschlusses Ihres PC und die Leuchtdiode des Ports am DSL-Router, an den Sie den PC angeschlossen haben, leuchtet.

Die Konfiguration des Routers erfolgt über das Netzwerk mit dem Internet Explorer. Wenn Sie den PC mit dem Router verbunden haben, sollte die Netzwerkverbindung in den meisten Fällen bereits hergestellt sein. In Kapitel 9 haben Sie gelesen, wie die IP-Adressierung eines PC und von Netzwerkgeräten durchgeführt wird. Die meisten Router sind mit einer Funktionalität ausgestattet, die sich DHCP nennt. DHCP ist die Abkürzung für *Dynamic Host Control Protocol* (siehe Kapitel 9).

Bei DHCP nimmt der Router die Funktion eines sogenannten DCHP-Servers ein. Ein DHCP-Server hat eine gewisse Anzahl von IP-Adressen in seinem Vorrat, die er an PCs automatisch verteilen kann. Dazu müssen die Geräte so konfiguriert sein, dass sie eine IP-Adresse von einem DHCP-Server annehmen. Die meisten Betriebssysteme, auch Windows XP und Windows Vista, sind standardmäßig so eingestellt. Wenn Ihr Router als DHCP-Server konfiguriert ist, hat Ihr PC automatisch eine IP-Adresse beim Start erhalten. Den Ablauf dieser Vergabe einer automatischen Zuweisung der IP-Adresse finden Sie in Kapitel 9 beschrieben.

Es ist allerdings nicht immer sichergestellt, dass diese DHCP-Funktion eingestellt und aktiviert ist. Wenn die DHCP-Konfiguration des Routers nicht korrekt durchgeführt wurde, erhalten Sie keine IP-Adresse. Aber das ist kein Problem, Sie können die IP-Adresse an Ihrem PC sowie am DSL-Router auch manuell vergeben. Man spricht in einem solchen Fall von einer statischen IP-Adresse im Unterschied zu einer dynamischen IP-Adresse bei DHCP.

Testen des Verbindungsaufbaus zum DSL-Router

Zunächst müssen Sie in der Bedienungsanleitung nachlesen, wie Sie eine Verbindung zum DSL-Router herstellen können. Jeder Hersteller verwendet andere Möglichkeiten.

Wenn Sie eine AVM Fritz!Box einsetzen, müssen Sie zur Konfiguration zum Beispiel fritz.box *in das Adressfeld Ihres Internet Explorers eingeben.*

Damit die Verbindung zum DSL-Router und die DHCP-Funktion funktionieren, hat der Hersteller den Router vorkonfiguriert. Der Router braucht eine statische IP-Adresse und den dazugehörigen DHCP-Pool, um IP-Adressen an verbundene Computer vergeben zu können. In der Bedienungsanleitung finden Sie die IP-Adresse des Routers.

Oft wird darauf hingewiesen, dass Sie mit einem bestimmten *URL* Verbindung zu Ihrem Router aufbauen sollen. URL ist die Abkürzung für *Uniform Resource Locator*. Um eine Verbindung zu Ihrem Router herzustellen, müssen Sie als Nächstes den Internet Explorer auf Ihrem Rechner starten. Geben Sie den Benutzernamen und das Kennwort an, um sich am DSL-Router zu authentifizieren. Diese Daten stehen in der Anleitung zu Ihrem Router. Nachdem Sie die Daten eingegeben haben, sollte sich die Konfigurationsoberfläche des Routers aufbauen. Erscheint das Authentifizierungsfenster wieder, haben Sie sich vertippt. Geben Sie die Daten noch einmal ein.

Stellen Sie während der Konfiguration sicher, dass die beschriebene Authentifizierung zu Ihrem Router aktiviert ist, und ändern Sie das Standardkennwort des Routers zum nächstmöglichen Zeitpunkt auf ein Kennwort Ihrer Wahl ab. Wählen Sie aber kein einfaches Kennwort wie den Familiennamen oder Ähnliches. Wenn Ihr DSL-Router über eine WLAN-Funktionalität verfügt und der DHCP-Server aktiviert ist, kann jeder außerhalb Ihres Hauses mit einem Notebook eine Verbindung zu Ihrem Router aufbauen. Der Eindringling kann auf Ihre Kosten surfen oder Unsinn im Internet anstellen, für den Sie haften.

Internetverbindung für kleinere Unternehmen

Keine Verbindung zum DSL-Router – Fehlersuche und Netzwerkkonfiguration

Wenn sich das Konfigurationsfenster nicht öffnet und keine Authentifizierung durchgeführt werden muss, ist die Verbindung zu Ihrem Router nicht hergestellt. Sie müssen sich auf die Fehlersuche begeben:

1. Als Erstes sollten Sie sicherstellen, dass der DSL-Router eingeschaltet ist und die LEDs leuchten.
2. Überprüfen Sie als Nächstes, ob das Netzwerkkabel zwischen Router und PC korrekt angeschlossen ist. (Achtung! Sie können für die Verbindung zwischen Router und PC kein ISDN-Kabel verwenden, sondern nur ein Netzwerkkabel)
3. Überprüfen Sie, ob die Leuchtdioden am LAN-Anschluss des PC leuchten. Es sollten zwei Dioden zu sehen sein. Eine Diode leuchtet ständig und zeigt an, dass das Kabel mit einem anderen Netzwerkgerät verbunden ist und generell funktioniert. Die zweite Diode sollte möglichst blinken und dadurch anzeigen, dass Netzwerkverkehr zwischen den beiden Geräten stattfindet. Wenn eine Diode leuchtet, sind Sie schon einen Schritt weiter, es kann nur noch an der Konfiguration liegen. Leuchtet keine Diode, steckt das Kabel entweder am falschen Anschluss des Routers oder ist defekt. Das Kabel muss in einem Anschluss stecken, der mit LAN, PC1-4 oder ähnlich beschriftet ist. Probieren Sie, ob ein anderes Kabel funktioniert.
4. Im folgenden Beispiel hat unser DSL-Router die IP-Adresse 10.0.0.1. Die Adresse Ihres eigenen Routers entnehmen Sie bitte der zugehörigen Dokumentation. Es ist wichtig, dass Sie Ihrem PC eine IP-Adresse zuweisen, die zum selben Subnetz wie die des Routers gehört. Am einfachsten geben Sie Ihrem PC die nächstfolgende Adresse. Wenn Ihr Router die IP-Adresse 192.168.170.1 hat, weisen Sie Ihrem PC die IP-Adresse 192.168.170.2 zu.
5. Tragen Sie in das Feld *IP-Adresse* eine IP-Adresse ein, die sich im selben Subnetz befindet wie die des Routers. Fast alle Router verwenden als Subnetzmaske ein C-Klasse-Netz 255.255.255.0. Um eine richtige IP-Adresse in diesem Bereich zu wählen, müssen die ersten drei Stellen identisch mit der Adresse des Routers sein. In diesem Beispiel wäre das 10.0.0.x Wählen Sie als letzte Stelle eine Zahl, die sich von der des Routers unterscheidet. Im Beispiel habe ich die 3 gewählt. Die IP-Adresse des PC ist 10.0.0.3. Wenn Ihr Router die IP-Adresse 192.168.0.253 hat, wählen Sie zum Beispiel 192.168.0.10. Die ersten drei Stellen sind gleich, die letzten unterscheidet sich. Tragen Sie bei Subnetzmaske noch das C-Klasse-Netz ein (255.255.255.0).
6. Unter *Standardgateway* tragen Sie die IP-Adresse des DSL-Routers ein. Das Standardgateway hat die Aufgabe, alle Netzwerkanfragen, die nicht zum internen Netzwerk geschickt werden, ins Internet zu schicken. Dazu muss der PC wissen, wie die Adresse dieses Standardgateways lautet.

Mit Vista ins Internet

7. Bei *DNS-Server* tragen Sie ebenfalls die IP-Adresse des Routers ein. Ein DNS-Server ist dafür zuständig, IP-Adressen und Namen im Internet zu verbinden (siehe *Abbildung 10.4*). Ohne diesen Eintrag werden Sie später mit Ihrem Webbrowser zwar ins Internet kommen, es kann sich aber keine Seite aufbauen, weil der Webbrowser nicht weiß, wo er die Internetseiten finden kann. Mehr zu diesem Thema erfahren Sie in Kapitel 10.

Abbildung 10.4:
TCP/IP-Konfiguration von Windows Vista zur Anbindung an einen DSL-Router

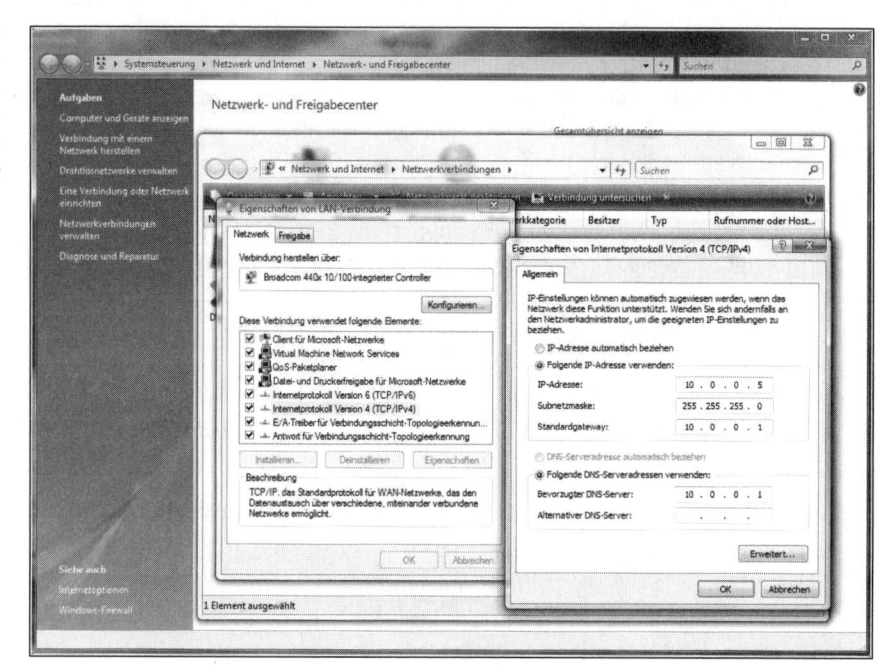

Zur Überprüfung der Netzwerkverbindung verwenden Sie den Ping-Befehl. Dieser Befehl ist Bestandteil des Betriebssystems. Er dient dazu zu überprüfen, ob sich zwei Netzwerkgeräte miteinander verbinden können. Dazu schickt der pingende PC ein Netzwerkpaket zu einer IP-Adresse. Diese Adresse antwortet auf das Paket. Das Ergebnis wird daraufhin auf Ihrem Bildschirm angezeigt. Antwortet die Gegenstelle ohne Fehler, können Sie davon ausgehen, dass die Netzwerkverbindung funktioniert. Um ein anderes Netzwerkgerät anzupingen, gehen Sie folgendermaßen vor:

1. Öffnen Sie eine Befehlszeile (*Start/Ausführen/cmd* oder ⊞-Taste + R und Eingabe von *cmd*).
2. Im nächsten Schritt geben Sie den Befehl *ping* gefolgt von einem Leerzeichen und der IP-Adresse Ihres DSL-Routers ein.
3. Erst wenn der Router diese Pakete fehlerfrei zurückschickt, können Sie sicher sein, dass die Netzwerkverbindung einwandfrei funktioniert (siehe *Abbildung 10.5*). Wenn der Verbindungsaufbau zur Weboberfläche noch immer nicht funktioniert, können Sie ein physikalisches Verbindungsproblem ausschließen. Erhalten Sie keine Antwort auf Ihre

Pakete oder eine Fehlermeldung, überprüfen Sie noch einmal ganz genau, ob Sie die richtigen IP-Einstellungen vorgenommen haben und sich kein Tippfehler eingeschlichen hat.

```
C:\Dokumente und Einstellungen\Administrator>ping 10.0.0.1

Ping wird ausgeführt für 10.0.0.1 mit 32 Bytes Daten:
Antwort von 10.0.0.1: Bytes=32 Zeit=1ms TTL=64
Antwort von 10.0.0.1: Bytes=32 Zeit=1ms TTL=64
Antwort von 10.0.0.1: Bytes=32 Zeit<1ms TTL=64
Antwort von 10.0.0.1: Bytes=32 Zeit<1ms TTL=64

Ping-Statistik für 10.0.0.1:
    Pakete: Gesendet = 4, Empfangen = 4, Verloren = 0 (0% Verlust),
Ca. Zeitangaben in Millisek.:
    Minimum = 0ms, Maximum = 1ms, Mittelwert = 0ms
```

Abbildung 10.5: Überprüfen der Netzwerkverbindung mit dem DSL-Router

Wenn Sie den Router gebraucht gekauft haben, überprüfen Sie, ob Sie irgendwo eine Taste zum Zurücksetzen auf die Werkseinstellungen finden.

Normalerweise ist die Firewall bei den einzelnen DSL-Routern bereits standardmäßig aktiviert. Überprüfen Sie aber in den Einstellungen, ob die Firewall Ihres DSL-Routers eingeschaltet ist. Meistens finden Sie diese Einstellungen unter Firewall, SPI-Firewall oder irgendeiner Bezeichnung mit NAT (Network Address Translation).

Die Firewall in DSL-Routern ist eine sogenannte Stateful Inspection-Firewall. *Sie lässt Datenpakete von Ihrem internen Netz ohne Probleme nach außen. Versucht aber ein Angreifer, von außerhalb eine Verbindung aufzubauen, lässt das die Firewall nicht zu. Es gibt Hunderte Programme, die von verschiedenen Internetnutzern dazu verwendet werden, das Internet nach Routern mit deaktivierter Firewall zu durchsuchen, um Schaden anzurichten. Es findet kein gezielter Angriff statt, sondern Sie werden nur Opfer des Zufalls, wenn Sie sich nicht schützen. Nach meinen Erfahrungen kommt es oft binnen einer Minute, nachdem man sich ins Internet eingewählt hat, zu einem Angriff. Die Firewall des Routers ist die erste Bastion vor Angriffen aus dem Internet.*

TIPP

10.2.3 Optimale Internetanbindung von mittleren Unternehmen

Die erste Schnittstelle ins Internet sollte immer eine Hardware-Firewall sein. Das hat verschiedene Gründe, die ich im folgenden Abschnitt genauer erläutere.

Zweistufiges Firewall-Konzept mit dem ISA Server

Beim Internet Security & Acceleration Server (kurz: ISA Server) handelt es sich um einen Webproxy mit integrierten Firewall- und VPN-Server-Funktionalitäten. Auch im Routing ist der ISA Server eine Weiterentwicklung zum Windows Server RAS- und Routingdienst. Die Bedienung des ISA Servers wird mit einer grafischen Oberfläche durchgeführt, um Firewall-Regeln, Proxyeinstellungen und die VPN-Konfiguration vorzunehmen. Durch die nahtlose Integration in das Active Directory setzen viele Unternehmen den ISA Server ein, weil die Benutzerauthentifizierung am Proxy durch die Domänenanmeldung durchgeführt werden kann. Der ISA enthält einige Assistenten, die dazu optimiert sind, die einzelnen Exchange-Funktionalitäten wie Outlook Web Access, Exchange ActiveSync und RPC über HTTP über das Internet zur Verfügung zu stellen.

Mit dem ISA Server lassen sich die Mitarbeiter in einem Unternehmen hervorragend schützen. In Verbindung mit einer Hardware-Firewall erhalten Unternehmen ein hochsicheres zweistufiges Firewall-Konzept. Dabei werden hauptsächlich folgende Funktionen des ISA Servers genutzt:

- als Proxyserver hinter einer Hardware-Firewall, um die Benutzerauthentifizierung aus dem Active Directory für den sicheren Internetzugriff zu nutzen.
- als sogenannter Reverse-Proxy, um Outlook Web Access, RPC über HTTP und Exchange ActiveSync über das Internet zu verwenden.
- als VPN-Server zur Einwahl von Remotebenutzern, teilweise auch als VPN-Gateway zum Verbinden von zwei Standorten per VPN im Internet.

Auch wenn es sich beim ISA Server um eine sichere Firewall handelt, ist ein zweistufiges Firewall-Konzept immer der bessere Weg. Der ISA Server sollte zumindest vor den gröbsten Angriffen aus dem Internet durch eine günstige Hardware-Firewall oder einen DSL-Router geschützt werden. Auch wenn Sie keine DSL-Flatrate haben, sollten Sie zusätzlich zum ISA Server mindestens eine solche Stateful-Inspection Firewall zwischen Internet und ISA einsetzen Dieser Firewall-Typ schützt zwar nicht zuverlässig vor Gefahren aus dem Internet, blockiert aber alle Pakete, die ungefragt ins Netzwerk geschickt werden. Die Preise von Routern und Firewalls liegen für den Unternehmenseinsatz unter 500 Euro. Diesen Betrag sollte ein Unternehmen für die Sicherheit durchaus noch investieren.

Hinzu kommt, dass viele mittelständische Unternehmen, zumindest in Niederlassungen, oft DSL-Verbindungen mit Flatrate- oder Volumenvertrag abschließen. Dabei wird die Internetverbindung durch den Provider mindestens einmal am Tag getrennt. ISA 2004 und 2006 können zwar eigene DFÜ-Verbindungen verwalten und selbst ins Internet einwählen, allerdings ist das bei den aktuellen Preisen für DSL-Router heutzutage nicht mehr zeitgemäß und eine vermeidbare Fehlerquelle. Durch den Einsatz einer Hardware-Firewall kommen am ISA Server so gut wie keine gefährlichen Pakete oder Angriffe aus dem Internet an. Es gibt mittlerweile sehr günstige Firewalls von namhaften Herstellern wie Checkpoint oder Zywall.

Die Hardware-Firewall enthält mindestens zwei Netzwerkschnittstellen. Die erste Schnittstelle ist für die Verbindung ins Internet. Diese Verbindung ist in einem eigenen Subnetz direkt mit dem Internet-Provider verbunden. Entweder erhält diese Schnittstelle eine dynamische IP durch den DHCP des Providers, oder Sie bekommen eine oder mehrere statische IP-Adressen zugewiesen, die Sie auf dieser Schnittstelle konfigurieren. Alle Netzwerkpakete des Internets werden dadurch zunächst durch die Hardware-Firewall gefiltert.

Die interne Schnittstelle der Hardware-Firewall wird an die externe Schnittstelle des ISA Servers angeschlossen. Der ISA Server benötigt daher mindestens zwei eingebaute Netzwerkkarten. Die interne Schnittstelle des Routers wird an die externe Schnittstelle des ISA Servers angeschlossen. Diese beiden Netzwerke sollten in einem gemeinsamen, aber vom Hausnetz getrennten Subnetz liegen. Dadurch kommt nur der bereits gefilterte Internetverkehr beim ISA Server an. Die Verbindung der externen Schnittstelle des ISA Servers mit der internen Schnittstelle des Routers erfolgt mit einem Switch, an den die beiden Geräte mit der jeweiligen Schnittstelle angeschlossen werden, oder einem Crossover-Kabel.

Viele DSL-Router und Hardware-Firewalls für kleine Unternehmen verfügen über einen eingebauten Switch, an den die externe Schnittstelle des ISA Servers angeschlossen werden kann. So wird sichergestellt, dass ein Netzwerkpaket vom Internet niemals direkt ins Netzwerk kommt, sondern dass diese Pakete immer zusätzlich über den ISA Server gehen müssen. Weiterhin sorgt diese Konfiguration dafür, dass kein Netzwerkverkehr vom internen Netzwerk zum Internet ohne Einbeziehung des ISA Servers stattfindet. Die interne Schnittstelle des ISA Servers wird schließlich mit dem Firmen-LAN verbunden – auf diese Weise wird es durch eine zweistufige Firewall geschützt (siehe *Abbildung 10.6*).

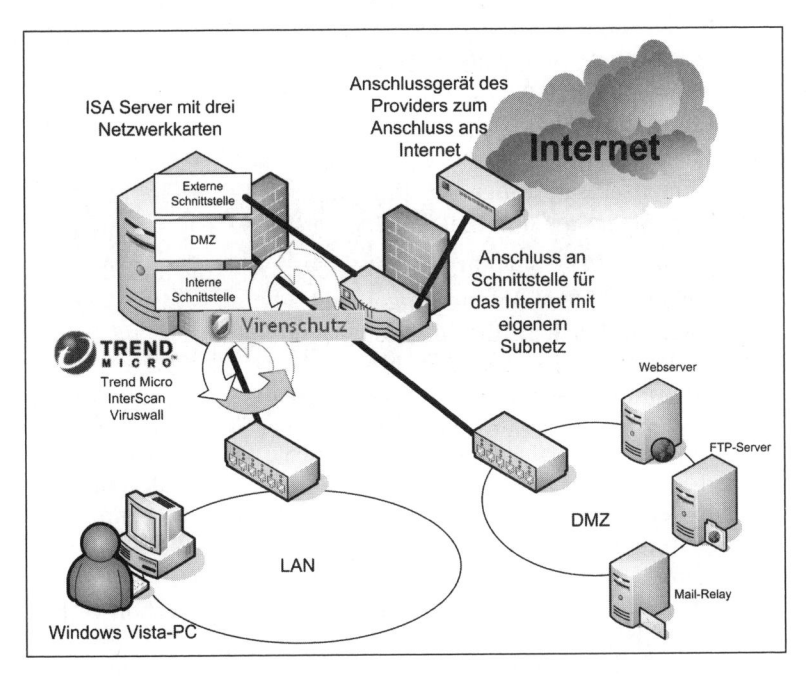

Abbildung 10.6: Internetanbindung für mittelständische Unternehmen

10.2.4 Testen der Internetverbindung und Fehlerbehebung

Wenn Sie alles richtig gemacht haben, können Sie den Internet Explorer öffnen und eine Verbindung zum Internet aufbauen. Geben Sie dazu in der Adressleiste die Adresse einer Internetseite ein, zum Beispiel http// www.spiegel.de.

Wenn die Seite aufgebaut wird, sind Sie mit der Konfiguration Ihres Routers fertig, und alles funktioniert. Wird die Seite nicht aufgebaut, sollten Sie nochmals ein paar Dinge überprüfen:

1. Der wichtigste Punkt ist, dass der Router eine Verbindung zum Internet hergestellt hat. Testen Sie das zunächst. Sie finden in der Webverwaltungsoberfläche Ihres Routers irgendwo einen Menüpunkt, in dem Sie darüber informiert werden, dass die Verbindung aufgebaut wurde. Diese Informationen erfahren Sie in der Anleitung zu Ihrem Router.
2. Wenn der Router eine Internetverbindung aufgebaut hat, kann es nur an der Verbindung von Ihrem PC zum Router liegen, dass der Aufbau nicht funktioniert.
3. Wenn der Router keine Verbindung aufbaut, liegt es am Router. Überprüfen Sie über die Weboberfläche, ob dem Router eine IP-Adresse vom Provider für die WAN-Schnittstelle zugeteilt wurde.
4. Im nächsten Schritt sollten Sie eine Befehlszeile öffnen (*Start/Ausführen/cmd*).
5. Überprüfen Sie, ob Ihr PC die Namen aus dem Internet in eine IP-Adresse umwandeln kann. Dazu ist der Eintrag des DNS-Servers vorgesehen. Um das zu überprüfen, geben Sie in der Kommandozeile den Befehl *nslookup* ein.

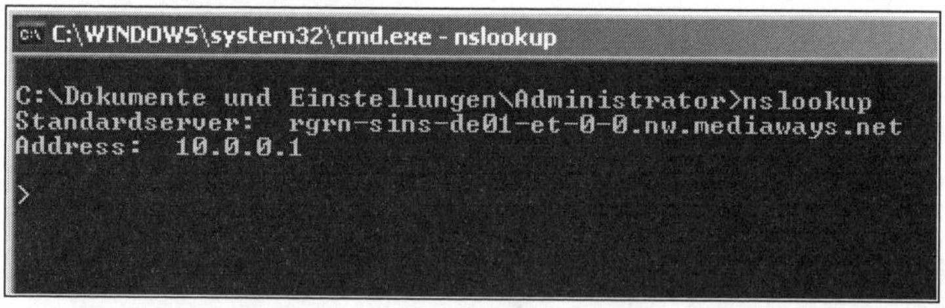

Abbildung 10.7: Überprüfen der Namensauflösung mit nslookup

```
C:\WINDOWS\system32\cmd.exe - nslookup

C:\Dokumente und Einstellungen\Administrator>nslookup
Standardserver:  rgrn-sins-de01-et-0-0.nw.mediaways.net
Address:  10.0.0.1

>
```

Dieses Programm dient zur Überprüfung, ob eingegebene Namen im Internet Explorer zu einer IP-Adresse aufgelöst werden können. Wenn Sie *nslookup* starten, kann es durchaus sein, dass eine Fehlermeldung erscheint und der Name des DNS-Servers nicht aufgelöst werden kann. Das ist nicht weiter schlimm und kann von Ihnen ignoriert werden. Nur wenn eine Meldung kommt, dass kein DNS-Server für diese Verbindung konfiguriert ist, haben Sie sich wahrscheinlich während der IP-Konfiguration vertippt (siehe *Abbildung 10.7*).

Abbildung 10.8:
Fehlender DNS-Server in den IP-Einstellungen von Windows Vista

6. Geben Sie den Namen www.test.de ein. Das Programm sollte den Namen ohne Fehlermeldung in eine IP-Adresse auflösen (siehe *Abbildung 10.8*).

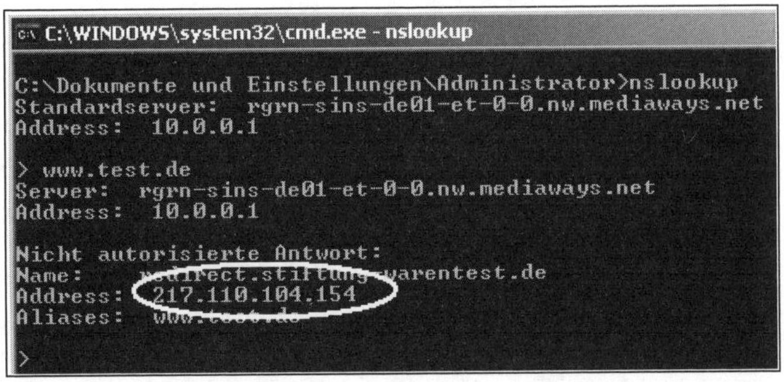

Abbildung 10.9:
Erfolgreiche Namensauflösung einer Internetadresse

7. Wie Sie sehen, hat der PC mit dem Namen www.test.de im Internet die IP-Adresse *217.110.104.154*. Notieren Sie sich die IP-Adresse (es kann durchaus sein, dass die IP-Adresse, die Sie erhalten, von der Adresse in der Abbildung abweicht). Ist kein DNS-Server konfiguriert, müssen Sie sich in den IP-Einstellungen Ihres PC vertippt haben. Korrigieren Sie diesen Fehler, und versuchen Sie es noch einmal.

8. Geben Sie in Ihrem Internet Explorer in die Adressleiste *http://* gefolgt von der IP-Adresse Ihrer *nslookup*-Ausgabe ein, im Beispiel *http://217.110.104.154*. Es sollte sich die Startseite der Stiftung Warentest öffnen. In diesem Fall ist alles in Ordnung.

9. Überprüfen Sie als Nächstes, ob in den IP-Einstellungen Ihres Rechners die IP-Adresse des DSL-Routers bei der DNS-Konfiguration eingetragen ist, wie ich es beschrieben habe. Wenn Sie alle Daten richtig eingetragen haben, sollten Sie ohne Probleme ins Internet kommen.

10. Wenn Sie den Internet Explorer öffnen und eine Adresse eingeben, sollte der Verbindungsaufbau funktionieren.

10.3 Einrichtung der Hardware von ISDN und analogen Modems

Wenn Sie mit ISDN oder einem analogen Modem einen Internetzugang einrichten wollen, müssen Sie zunächst die PC-Karte einbauen. Wenn es sich bei Modem oder ISDN-Karte um ein externes Gerät handelt, schließen Sie die dafür vorgesehene Verbindung an den PC an (bei ISDN meistens USB, bei Modems ein Com-Port).

Nachdem Sie die Hardware mit dem PC verbunden haben, muss die Software des Geräts, Treiber genannt, installiert werden. Meistens werden Sie automatisch nach einem Datenträger gefragt, legen Sie die CD des Herstellers ein, und installieren Sie die notwendige Software.

Lesen Sie sich die Informationen durch, die während der Installation auftauchen, und beantworten Sie diese. Kleiner Tipp am Rande: Wenn Sie eine ISDN-Karte eines namhaften Herstellers wie AVM gekauft haben und eine der Meldungen nicht verstehen, antworten Sie mit *Ja* oder *Weiter*. Die Installation eines ISDN-Treibers dieses Herstellers wird Ihren Computer nicht zum Abstürzen bringen.

10.3.1 Besonderheiten von ISDN-Karten

Bei ISDN-Karten muss außer dem Treiber noch der CAPI-Treiber installiert werden. Dieser Treiber ist für die Verbindung der Karte zur späteren Verbindung mit Oleco (siehe nächster Abschnitt) und für die Verbindung ins Internet notwendig. Ich komme später in diesem Abschnitt noch ausführlicher zu diesem Thema. Verbinden Sie den Anschluss der ISDN-Karte mit einem ISDN-Kabel oder einem Netzwerkkabel mit dem ISDN-NTBA.

Sie können ein Netzwerkkabel für die Verbindung zwischen ISDN-Karte und NTBA verwenden, aber kein ISDN-Kabel als Netzwerkkabel zwischen den PCs oder von PC zu DSL-Router. Netzwerkkarten sind mit mehr Anschlüssen belegt als ISDN-Karten. Im Lieferumfang von ISDN-Karten ist meistens ein passendes ISDN-Kabel enthalten.

Der NTBA ist das Gerät, das an Ihrer Telefondose angeschlossen ist und an dem wiederum Ihre ISDN-Telefone oder Ihre ISDN-Telefonanlage angeschlossen sind. Der NTBA hat noch einen freien Anschluss, den Sie mit der ISDN-Karte im PC verbinden.

Installationsanleitung der ISDN-Hardware

Gehen Sie für die Installation der Hardware Schritt für Schritt vor. Die Installation der Hardware-Treiber funktioniert genauso wie in Kapitel 6 erläutert.

Einrichtung der Hardware von ISDN und analogen Modems

1. Fahren Sie den PC herunter, und stecken Sie alle Kabel aus (merken Sie sich, welches Kabel wo steckt, und machen Sie sich eventuell eine Skizze). Wenn Sie eine externe ISDN-Box gekauft haben, ist das Herunterfahren und Ausstecken nicht notwendig.
2. Wenn Sie eine externe ISDN-Karte gekauft haben, verbinden Sie diese mit dem USB-Anschluss und dem Stromanschluss und dann das ISDN-Kabel mit der ISDN-Dose. Führen Sie diese Tätigkeiten wegen der statischen Entladung nicht auf dem Teppichboden aus.
3. Schrauben Sie den Deckel des PC auf, sodass Sie die Steckplätze sehen.
4. Wählen Sie einen freien Steckplatz, und bauen Sie die Karte ein. Entfernen Sie zuvor ein vorhandenes Steckblech. Vermeiden Sie auf jeden Fall den Kontakt mit der Hauptplatine. Schrauben Sie die Karte fest, und schließen Sie den PC wieder.
5. Schrauben Sie den Deckel zu, und schließen Sie den PC wieder an.
6. Fahren Sie das Betriebssystem hoch. Der PC müsste beim Starten melden, dass neue Hardware gefunden wurde.
7. Legen Sie die Installations-CD in Ihr CD-ROM-Laufwerk.
8. Wenn Windows Vista seinen Standardtreiber für die AVM Fritz!-Karte installiert, ist das kein Problem. Nach der Installation dieses Standardtreibers können Sie mit Hilfe der AVM-CD ein Update des Treibers und die Installation der notwendigen Programme durchführen. Stellen Sie sicher, dass sich die AVM-CD im Laufwerk befindet.
9. Nachdem Windows die Installation abgeschlossen hat, verschwindet das Symbol für die Installation neuer Hardware, und im Geräte-Manager wird die Fritz!-ISDN-Karte ohne Fehler angezeigt.

Installation der notwendigen Software

Nachdem Sie die Hardware richtig installiert haben und Windows seinen Standardtreiber verwendet, sollten Sie den Treiber auf die aktuelle Version der AVM-CD updaten sowie die restlichen Programme von AVM zur Diagnose und Überwachung installieren. Gehen Sie dazu wie folgt vor:

1. Wenn Sie die Autostart-Option der CD aktiviert haben, beginnt das Installationsprogramm automatisch. Wenn das Setup-Programm nicht automatisch startet, klicken Sie doppelt auf die Datei *Setup.exe* (wenn Dateiendungen bei Ihnen deaktiviert sind, wird die Datei nur als *setup* ohne Endung angezeigt).
2. Wenn das Betriebssystem meldet, dass Sie einen nicht signierten Treiber installieren, bestätigen Sie dieses Fenster und fahren mit der Treiberinstallation fort.
3. Nach ein bis zwei Minuten ist die Installation abgeschlossen, und Sie werden zum Neustart des PC aufgefordert. Nach dem Neustart können Sie mit der Installation der restlichen AVM-Software beginnen.

Installation der AVM-Software nach der Installation des Treibers

Nach dem Neustart des Rechners erscheint oft der Begrüßungsbildschirm der Installationssoftware. Klicken Sie hier auf *Weiter*.

Lassen Sie die Software in den Standardinstallationsordner kopieren, und wählen Sie als Installationsvariante ebenfalls Standard. Sie müssen an dieser Stelle keine Konfigurationen vornehmen.

Im Anschluss erfolgt die wichtigste Installation, nämlich die des AVM-CAPI-Treibers. Diese Software ermöglicht es Oleco, die ISDN-Karte zu verwenden, um damit eine Verbindung ins Internet aufbauen zu können. Installieren Sie die AVM-CAPI-Software, und bestätigen Sie alle Meldungen des Betriebssystems.

Nach den Installationen der Software steht die ISDN-Karte zur Verfügung, und Sie können fortfahren.

10.3.2 Besonderheiten zu Modems

Wenn Sie ein Modem einsetzen, verkabeln Sie das Gerät wie in der Anleitung beschrieben. Bei jedem Modem kommt ein Kabel ins Stromnetz, eines an den Rechner (der COM-Stecker passt nur an eine Buchse, Verwechslung nicht möglich), und ein Kabel wird mit der Telefondose verbunden.

Wenn Sie nur einen Anschluss für Ihre Telefondose zur Verfügung haben, müssen Sie sich in einem Elektromarkt einen Verteiler kaufen. Dieser hat ein Kabel, das Sie in die Dose stecken, und einen Anschluss für Ihr Telefon sowie zwei weitere für Anrufbeantworter oder Modem.

Nachdem Sie das Gerät ordentlich verkabelt haben, können Sie das Modem installieren. Idealerweise ist beim Modem aber eine Installations-CD dabei, die Sie unterstützt. Wenn nicht, können Sie über die Registerkarte Modems mithilfe eines Assistenten Ihr Modem einrichten. In Kapitel 6 bin ich bereits auf dieses Thema eingegangen.

10.3.3 Oleco – der Internet Least Cost Router

Mit Oleco können Sie sehr kostengünstig mit ISDN oder analogem Modem per Internet-by-Call eine Verbindung ins Internet aufbauen. Direkt auf der Startseite finden Sie den Download-Link und können sich die Datei herunterladen.

Speichern Sie die Datei ab. Sie benötigen für die Installation nur die heruntergeladene Datei, die Sie auf Ihrem Rechner zu Hause installieren müssen. Die Installation von Oleco ist sehr schnell abgeschlossen.

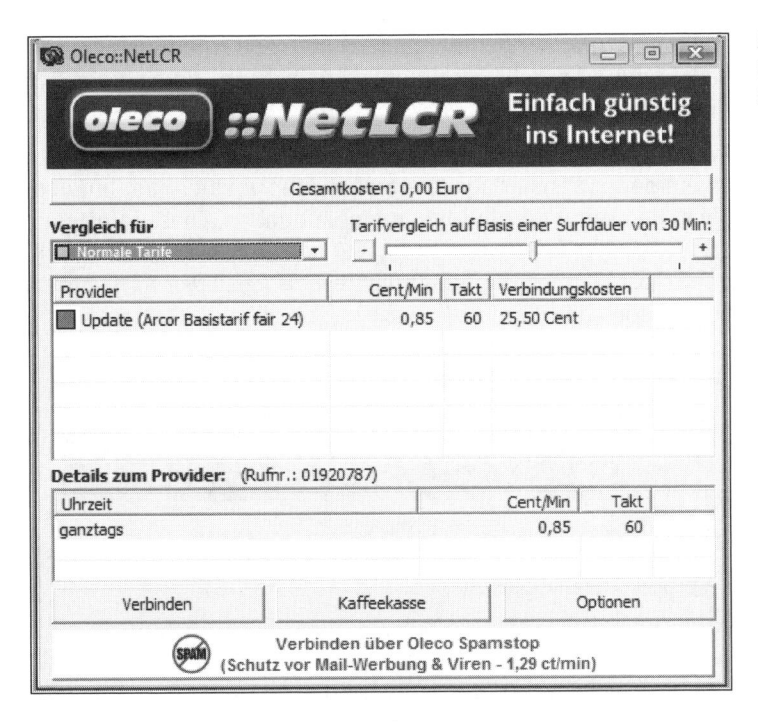

Einrichtung der Hardware von ISDN und analogen Modems

Abbildung 10.10:
Oberfläche von Oleco

Nach der Installation erhalten Sie ein Warnfenster, das Sie darauf hinweist, dass die Datenbank für die Internetverbindungen nicht auf dem neuesten Stand ist. Sie müssen einmal mit der ebenfalls günstigen Oleco-Verbindung ins Internet gehen, damit die Datenbank aktualisiert wird. Danach wird die Datenbank bei jedem weiteren Verbindungsaufbau automatisch erneut aktualisiert.

Über die Schaltfläche *Verbinden* wird die ausgewählte günstige Verbindung angewählt, und Sie sind mit dem Internet verbunden (siehe *Abbildung 10.10*).

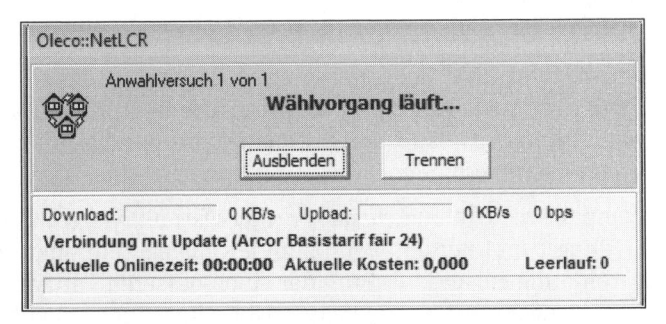

Abbildung 10.11:
Wählvorgang von Oleco

Verbinden Sie sich nur mit Tarifen, die von Oleco empfohlen werden (grünes Viereck). Bei diesen Tarifen ist sichergestellt, dass der Provider die Gebühren gegenüber Oleco bestätigt hat und diese verbindlich sind. Alle

Mit Vista ins Internet

anderen Tarife, solche mit einem gelben und roten Viereck, sollten Sie nicht verwenden, da nicht garantiert werden kann, ob sich der Provider an die Vereinbarungen hält.

Wenn Sie auf die Schaltfläche *Gesamtkosten* klicken, zeigt Ihnen Oleco in einem neuen Fenster alle Kosten bei den Providern an, mit denen Sie bisher über Oleco eine Verbindung aufgebaut haben. Diese Informationen können Sie mit Ihrer Telefonrechnung vergleichen. Sie können sich die Verbindungskosten über die Schaltfläche *Drucken/Speichern* ausdrucken lassen oder abspeichern.

Abbildung 10.12: Anzeigen der Gesamtkosten der Internetverbindungen

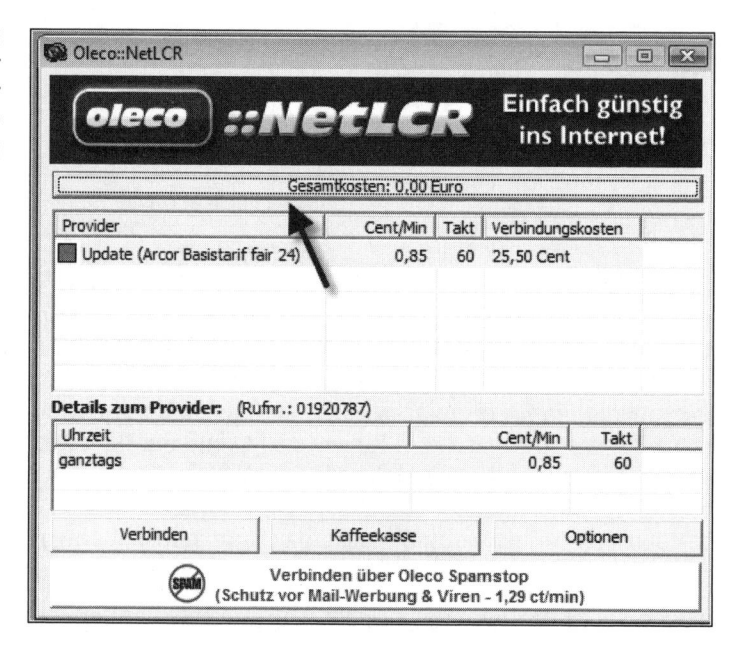

Über die Schaltfläche *Optionen* passen Sie die Einstellungen von Oleco an (siehe *Abbildung 10.12*).

Im Konfigurationsfenster stehen Ihnen vier Registerkarten zur Verfügung, um Oleco an Ihre Bedürfnisse anzupassen. Die erste Registerkarte ist die Karte *Gebühren*. Auf dieser Registerkarte überprüfen Sie, ob Ihre Ortsvorwahl stimmt. Anhand dieser Daten kann Sie Oleco mit günstigen Regionalanbietern verbinden.

Wenn Sie die Option *Echtzeit Tarifwechsel* aktivieren, trennt Oleco die Verbindung zum Internet, wenn zum jeweiligen Zeitpunkt und während einer Verbindung ein anderer Provider einen besseren Tarif anbietet. Viele Provider haben zu unterschiedlichen Uhrzeiten unterschiedliche Verbindungspreise. Wenn Sie die Option *mit Hinweismeldung* aktivieren, werden Sie vor dem Trennvorgang von Oleco informiert.

Einrichtung der Hardware von ISDN und analogen Modems

Bei Aktivierung der Option *Nur Tarife mit Abrechnung im Sekundentakt anzeigen* werden Tarife mit Minutentakt aus dem Vergleich ausgeschlossen.

Abbildung 10.13:
Konfiguration der Optionen von Oleco

Weitere Einstellungen nehmen Sie auf der Registerkarte *Modem* vor. Hier legen Sie Konfigurationen fest, die Ihre ISDN-Karte oder Ihr analoges Modem betreffen (siehe *Abbildung 10.13*).

Abbildung 10.14:
Konfiguration der Modem-Optionen von Oleco

Zunächst können Sie auf dieser Registerkarte das Modem bzw. die ISDN-Karte ändern, die Oleco zum Verbindungsaufbau ins Internet verwenden soll. An dieser Stelle können Sie die ISDN-Kanalbündelung aktivieren. Eine Kanalbündelung ist ein Verbindungsaufbau mit zwei ISDN-Leitungen. Sie erreichen dadurch doppelte Geschwindigkeit, haben aber die doppelten

Kosten. Nicht alle Internetanbieter unterstützen diese Kanalbündelung. Daher kann es bei Aktivierung durchaus zu Fehlern beim Verbindungsaufbau kommen.

Das Wahlverfahren sollten Sie auf *Tonwahl* stehen lassen, da mittlerweile alle Verbindungsknoten dieses Wahlverhalten unterstützen. Wenn beim Verbindungsaufbau zum Provider einmal die eine oder andere Leitung besetzt sein sollte, können Sie auf dieser Registerkarte festlegen, wie oft Oleco einen Verbindungsaufbau versuchen soll. Die letzte Option ist für den Einsatz an einer Telefonanlage gedacht, bei der man eine Ziffer vorwählen muss.

Häufige Fragen zu Oleco

Wann und wie wird Oleco aktualisiert?

Oleco aktualisiert sich automatisch beim Starten mit den neuesten Verbindungsdaten. Wenn es länger als 30 Tage nicht benutzt wurde, wird eine Verbindung über einen für den Benutzer kostensicheren Zugang aufgebaut. Die Tarifdaten-Aktualisierung läuft innerhalb weniger Sekunden ab. Die Verbindung wird nach der Aktualisierung getrennt.

Wenn die Provider-Daten aktualisiert sind, besteht kein Zwang zur Aktualisierung. Allerdings empfiehlt es sich auf Dauer, immer mit der aktuellsten Version zu arbeiten. Sie können daher ab und zu auf der Oleco-Homepage überprüfen, ob eine neue Version zur Verfügung steht.

Welche Telefonkosten fallen beim Verbindungsaufbau mit Oleco an?

Neben Ihren Grundgebühren für den Telefonanschluss fallen bei Verwendung von Oleco nur die Kosten pro Sekunde/Minute an, die in den Tarifübersichten beschrieben sind.

Es kann im Gebührenzähler durchaus zu Abweichungen kommen, da der genaue Zeitpunkt einer Anrufannahme des Providers nicht exakt ermittelt werden kann. Allerdings sind die angezeigten Kosten in Oleco eher höher als die auf der Telefonrechnung, Sie haben also durchaus eine gewisse Sicherheit.

Warum sind nicht alle Tarife enthalten?

Durch die Vielzahl an Tarifen besteht durchaus die Möglichkeit, dass der eine oder andere Tarif noch nicht in Oleco angezeigt wird. In Oleco gibt es aber genügend günstige Tarife, die preislich durchaus ähnlich sind. Es kommt selten vor, dass ein Tarif nicht angezeigt wird. Tarife, die eine Anmeldung oder Registrierung erfordern, werden nicht angezeigt.

Wie werden die Verbindungskosten abgerechnet, die mit Oleco entstehen?

Alle Verbindungen, die über Oleco hergestellt werden, sehen Sie in der Telefonrechnung im Abschnitt *Beträge anderer Anbieter*. Oleco selbst kostet nichts.

Oleco wählt keine Verbindung.

Es kann viele Gründe geben, warum Oleco nicht wählt, aber zu 99 % liegen diese an Ihrem Computer und nicht an Oleco. Überprüfen Sie zunächst, ob alle Kabel richtig gesteckt sind und am ISDN-Anschluss oder Modem alle Lichter leuchten. Der Modem- oder ISDN-Treiber muss richtig installiert sein.

Oleco und AOL

Wenn Sie parallel zu Oleco einen AOL-Vertrag haben, kann es zu Problemen führen, die an der Konfiguration von AOL liegen. Wenn Sie mit AOL arbeiten, ist es äußerst schwierig, gleichzeitig Oleco einzusetzen.

Wählt Oleco 0900er-Nummern?

Oleco wählt niemals eine 0900er-Nummer. Wenn das bei Ihnen der Fall ist, hat sich eine Oleco-Fälschung eingeschlichen, die als Dialer arbeitet. Davor kann Sie Oleco leider nicht schützen.

Unterstützt Oleco DSL?

Oleco unterstützt derzeit keine DSL-Verbindungen.

Wie beende ich eine Verbindung?

Solange die Verbindung aufgebaut ist, befindet sich das kleine Oleco-Symbol in der Taskleiste (rechts unten bei der Uhr). Klicken Sie einfach doppelt auf das Symbol, und trennen Sie die Verbindung. Sie können mit der Tastenkombination [STRG] + [ALT] + [H] die Oleco-Verbindung ebenfalls trennen.

Was ist, wenn der günstigste Provider nicht funktioniert?

Wählen Sie einfach den nächstgünstigen Provider aus.

DFÜ-Wächter, 0900-Warner, Gebührenzähler, ISDN-/CAPI-Tools, Fritz!Web

Alle Programme, die gleiche oder ähnliche Aufgaben wie Oleco übernehmen sollen, können zu wechselseitigen Beeinflussungen führen und sollten deshalb für die Dauer der Oleco-Einwahl deaktiviert werden. Im Zweifelsfall lässt sich einfach ausprobieren, ob bestimmte Programme mit Oleco kooperieren.

T-Online-/AOL-Software

Die beiden größten Provider nehmen mit ihrer Software zum Teil recht umfangreiche Änderungen am PC vor. Sie sollten generell auf die Zusatzprogramme beider Anbieter verzichten. Der Einsatz eines Tools wie Oleco macht keinen Sinn, wenn Sie ohnehin bereits einen Vertrag mit einem Online-Dienst eingegangen sind.

Funktioniert Oleco im Ausland?

Derzeit werden keine ausländischen Provider berücksichtigt.

Mit Vista ins Internet

10.4 Anpassen der Zeiteinstellungen in Windows Vista

Wenn Sie in Windows Vista auf die Uhr in der Taskleiste klicken, wird Ihnen ein Kalender wie unter Windows XP angezeigt.

Das Vorteil dieses Kalenders gegenüber Windows XP ist, dass Sie bequem zwischen den Tagen navigieren können und nicht gleich das Datum des PC geändert wird. Der neue Kalender in Windows Vista ist daher jetzt vor versehentlichen Änderungen geschützt (siehe *Abbildung 10.15*).

Abbildung 10.15: Uhrzeit und Datum in Windows Vista

Erst wenn Sie auf den Link *Datum- und Uhrzeiteinstellungen ändern* klicken, können Sie die Uhrzeit und das Datum von Windows Vista ändern.

TIPP *Auf der Registerkarte* Internetzeit *bei der Konfiguration des Datums und der Uhrzeit erkennen Sie über die Schaltfläche* Einstellungen ändern *, dass Windows Vista seine Zeit vom Server* time.windows.com *erhält. Dieser Server steht allerdings nicht immer zuverlässig zur Verfügung.*

Sie sollten an dieser Stelle den Server ptbtime1.ptb.de *der Physikalisch-Technischen Bundesanstalt Braunschweig eintragen. Dieser Server ist wesentlich zuverlässiger (siehe Abbildung 10.16). Wenn Sie auf die Schaltfläche* Jetzt aktualisieren *klicken, können Sie testen, ob der Verbindungsaufbau funktioniert.*

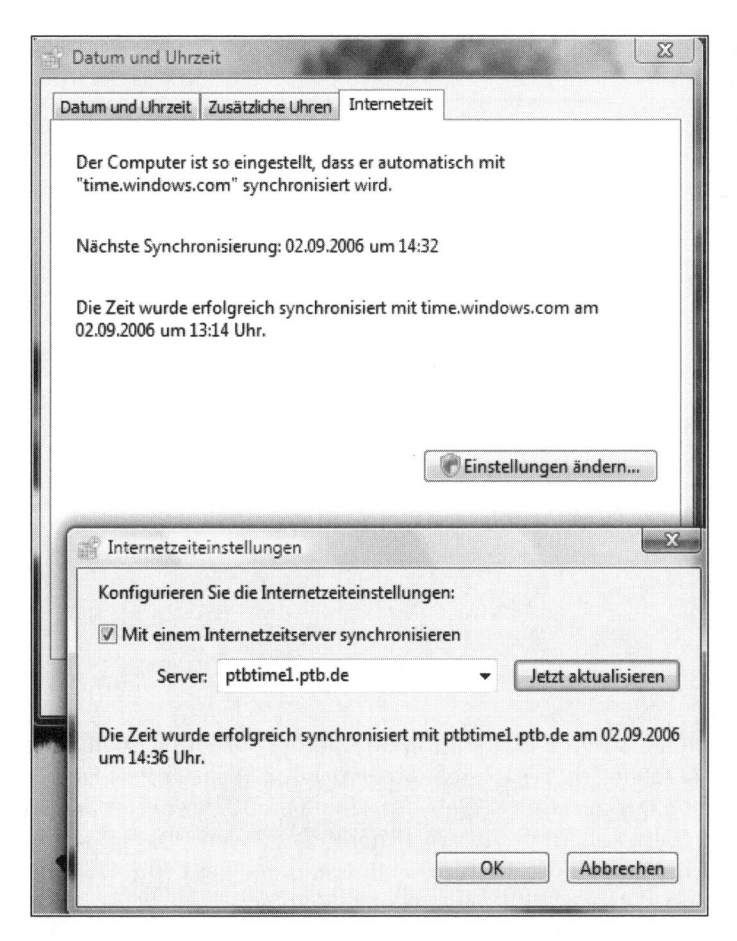

Abbildung 10.16:
Konfiguration der Internetzeit in Windows Vista

10.5 Internet Explorer 7 – Vista Edition

In Windows Vista ist die neue Version des Internet Explorers 7 integriert (siehe *Abbildung 10.17*). Dieser unterstützt jetzt vor allem, wie andere gängige Browser auch, das sogenannte Registerbrowsen, also das Anzeigen von mehreren Internetseiten in einem Browserfenster auf mehreren Registerkarten. Mehr zu diesem Thema erfahren Sie in diesem Abschnitt.

Im Folgenden lernen Sie den Internet Explorer kennen, mit dem sich die meisten Internetnutzer im Internet bewegen. In Kapitel 18 zeige ich Ihnen den alternativen Browser Mozilla Firefox und das Mail-Programm Thunderbird, die von der Bedienung aber sehr ähnlich zum Internet Explorer und zu Windows Mail sind, aber wesentlich sicherer und ebenfalls kostenlos. Es folgen nun die ersten Schritte mit dem Internet Explorer 7, und auch auf die Neuerungen wird näher eingegangen.

Mit Vista ins Internet

Abbildung 10.17:
Tabbed Browsing im Internet Explorer 7

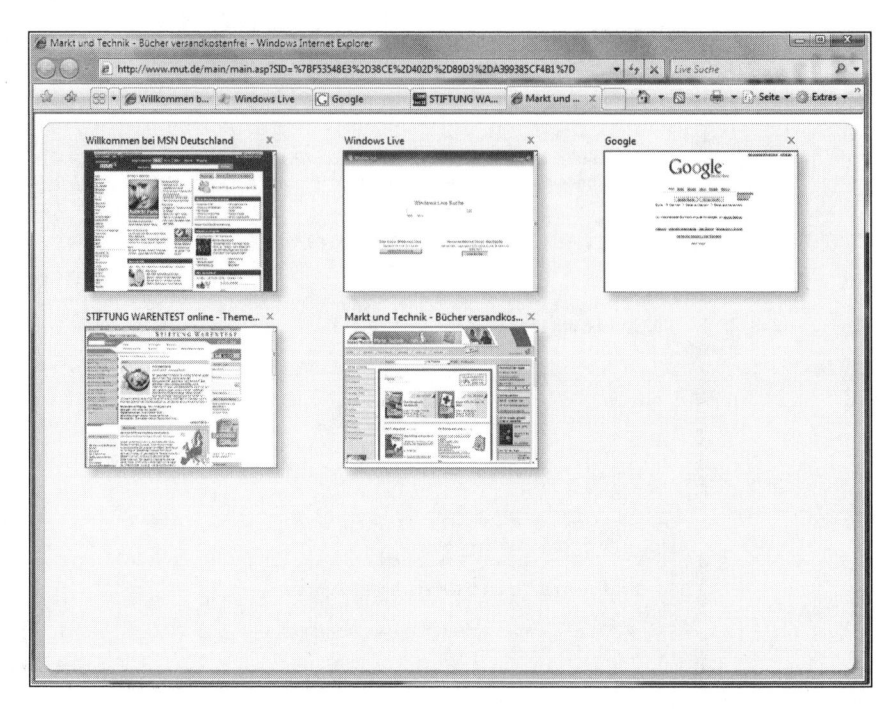

Immer wenn Sie zukünftig im Internet surfen, werden Sie auf den Begriff *HTTP* stoßen. HTTP steht für HyperText Transfer Protocol. Dieses Protokoll ist dafür zuständig, Webseiten in einem Webbrowser darzustellen und die Inhalte aus dem Internet herunterzuladen. Dabei steht zum Beispiel *www.microsoft.com* für die Internetseite, und *http://* ist die Anweisung, durch das HTTP-Protokoll eine Verbindung zu dieser Seite aufzubauen. Außer HTTP werden noch andere Protokolle im Internet verwendet:

- HTTPS – Secure-Variante des HTTP-Protokolls. Bei dieser Variante wird der Datenverkehr verschlüsselt. HTTPS findet beim Homebanking oder beim Online-Einkauf Verwendung. Wenn Sie mit HTTPS eine Verbindung zu einer Webseite herstellen, wird eine sogenannte SSL-Verschlüsselung aufgebaut. SSL steht für Secure Socket Layer. Der Verkehr zwischen der Internetseite und Ihrem PC wird komplett verschlüsselt und kann von Dritten nicht mitgelesen werden.
- FTP – File Transfer Protocol. Dieses Protokoll dient hauptsächlich dem Up- und Download von Dateien von speziellen FTP-Servern.

10.5.1 Neuerungen im Internet Explorer 7

Im mittleren Bereich des Internet Explorers wird die Internetseite angezeigt, die Sie ausgewählt haben.

Der IE 7 liegt in Vista in einer etwas anderen Version vor als die Version 7 für Windows XP. Die größten Unterschiede zwischen dem Internet Explorer 7 in Windows Vista und den Versionen für Windows Server 2003 und Windows XP SP2 sind der geschützte Modus, der Jugendschutz und eine verbesserte Diagnose, die von IE7 für Vista unterstützt werden.

Generell werden im IE 7 für Windows XP oder Windows Server 2003 nicht alle Funktionen enthalten sein. Die Bedienung des Browsers ist allerdings identisch, und die Basis des Entwicklercodes ist ebenfalls gleich. Ursprünglich hat Microsoft für den Internet Explorer 7 in Windows Vista die Bezeichnung Internet Explorer 7+ gewählt. Diese Bezeichnung wurde aber wieder rückgängig gemacht.

In Kapitel 1 wurden bereits einige Funktionen des neuen Internet Explorers vorgestellt. Grundsätzlich bleibt zu sagen, dass der Internet Explorer 7 wesentlich sicherer ist als die Version 6. Fans von Mozilla Firefox werden allerdings sicherlich nicht mehr wechseln wollen.

Anwender, die bisher mit den vorangegangen Versionen des Internet Explorers im Internet gesurft haben, werden für die neuen Funktionen sicherlich dankbar sein. Die Bedienung des Browsers hat sich dagegen nicht großartig verändert.

Beim geschützten Modus des Internet Explorers 7 werden mit dem Benutzerkontenschutz die Berechtigungen des Internet Explorers auf genau jene eingeschränkt, die er zum Browsen im Web benötigt. Er ist nicht in der Lage, Dateien des Benutzers oder Einstellungen zu verändern.

So kann auch im Fall eines Angriffes durch eine schädliche Website keine Software installiert werden, die Dateien in den Autostart-Ordner oder die Startseiten- oder Suchanbieter-Einstellungen verändert.

Phishingschutz im Internet Explorer 7

Neu im Internet Explorer 7 ist der integrierte Phishingschutz. Dieser prüft in einer bestimmten Reihenfolge beim Öffnen einer Internetseite, ob es sich um eine Phishingseite handelt. Das Thema Phishing wird in Kapitel 14 ausführlicher erläutert.

Verlassen Sie sich allerdings nicht zu sehr auf diesen Schutz. Wie der Windows-Defender sollte der Phishingschutz im Internet Explorer eher als rudimentärer zusätzlicher Schutz verstanden werden, nicht als zuverlässiger Schutz vor allen Phishingangriffen. Auch dieses Thema wird in Kapitel 14 ausführlicher behandelt. Der Filter geht dabei folgendermaßen in drei Stufen vor:

1. Bei diesem Phishingschutz werden Internetseiten zunächst mit einer internen Liste des Internet Explorers verglichen, die bereits einige bekannte Seiten enthält.

Mit Vista ins Internet

2. Im nächsten Schritt überprüft der Filter, ob die Seite verdächtig aussieht, also zum Beispiel nur aus einer IP-Adresse besteht.
3. Als Nächstes sendet der Internet Explorer den Link zu einem Server bei Microsoft, auf dem eine umfassende Datenbank von Phishingseiten gepflegt wird. Gerade dieser Bereich wird vielen Anwendern nicht gefallen, da dadurch Microsoft theoretisch das Surfverhalten der Nutzer nachvollziehen könnte. Dieser Filter lässt sich nicht einzeln abschalten. Wenn keine Daten zu Microsoft gesendet werden sollen, müssen Sie den kompletten Phishingschutz deaktivieren.

Die Konfiguration des Phishingfilters im Internet Explorer 7 finden Sie über *Extras/Internetoptionen/Erweitert/Phishingfilter* bzw. *Extras/Phishingfilter/Phishingfiltereinstellungen*. Beide Wege führen zum gleichen Dialogfeld (siehe *Abbildung 10.18*).

> **INFO**
>
> *Weitere Neuerungen im Internet Explorer 7 finden Sie in Kapitel 1 beschrieben.*

Abbildung 10.18: Konfiguration des Phishingfilters im Internet Explorer 7

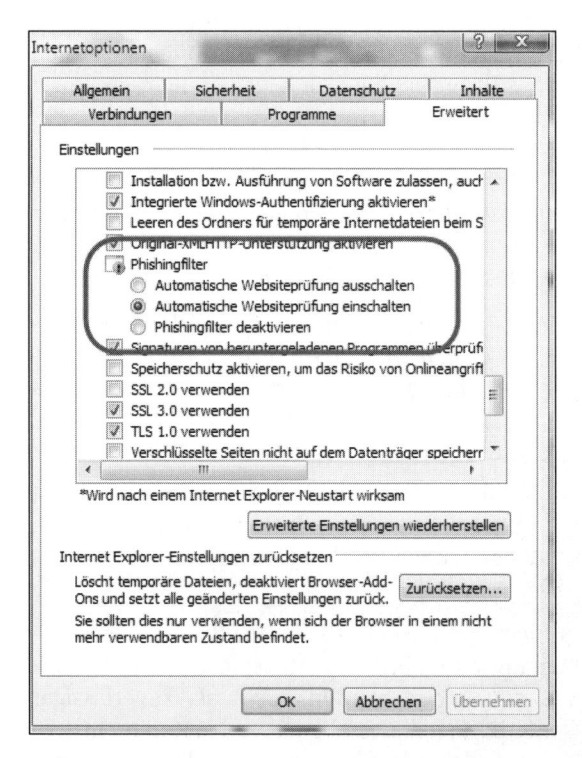

Wenn der Phishing-Schutz im Internet Explorer aktiviert ist, werden Internetseiten beim Aufbau in Echtzeit überprüft (siehe *Abbildung 10.19*). Sie erkennen die Überprüfung am Phishingfilter-Symbol im Statusfenster ganz unten im Internet Explorer.

Internet Explorer 7 – Vista Edition

Wenn Sie mit der Maus auf das Symbol des Phishingfilters klicken, erscheint ein Menü, über das Sie ebenfalls die Einstellungen des Phishingfilters erreichen (siehe *Abbildung 10.19*).

Abbildung 10.19: Phishingfilter-Symbol in der Statusleiste des Internet Explorers 7

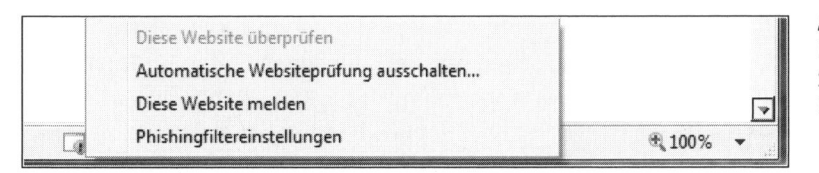

Abbildung 10.20: Kontextmenü des Symbols für den Phishingschutz

Hier können Sie den Phishingfilter deaktivieren, eine Internetseite zum Online-Dienst von Microsoft melden oder die Einstellungen des Phishingfilters anpassen.

10.5.2 Bedienung des Internet Explorers 7 (IE 7)

Die Bedienung des IE 7 ist weitgehend identisch mit der Bedienung der Vorgängerversionen. Einige Funktionen sind neu hinzugekommen, andere wurden in der Oberfläche an einer anderen Stelle integriert. Der folgende Abschnitt geht ausführlicher auf die Bedienung des IE7 ein (siehe *Abbildung 10.21*).

Der oberste Bereich (1) wird *Titelleiste* genannt. Dort wird der Name der Internetseite angezeigt. Was in der Titelleiste des Internet Explorers angezeigt wird, kann der Programmierer der Internetseite, auf der Sie sich gerade befinden, bestimmen.

Unter der Titelleiste sehen Sie die *Menüleiste* (2). Hinter jedem Menü stecken verschiedene Funktionen. Damit der Internet Explorer funktioniert, müssen Sie keine Änderungen am Programm vornehmen oder Optionen einstellen. Bereits nach der Installation ist der Internet Explorer vollständig einsatzbereit.

Die standardmäßige Menüleiste können Sie überall in Windows Vista durch Drücken der [ALT] *-Taste auf der Tastatur ein- und ausblenden.*

TIPP

Abbildung 10.21: Bedienungsoberfläche des Internet Explorers

Unterhalb der Menüleiste auf der rechten Seite des Browsers befindet sich die Symbolleiste (3). Darüber können Sie einzelne Einstellungen vornehmen (siehe *Abbildung 10.22*).

Mit Vista ins Internet

Abbildung 10.22:
Symbolleiste des Internet Explorers

Unterhalb der Titelleiste befindet sich die Adressleiste (4). In der Adressleiste geben Sie die Internetseite an, die Sie besuchen wollen. Links neben der Menüleiste werden die Registerkarten der Tabbed Browsing-Funktionen angezeigt (siehe *Abbildung 10.23*).

Hier wechseln Sie zwischen den verschiedenen Seiten im Internet Explorer hin und her und öffnen neue Registerkarten, wenn Sie auf den äußeren Bereich rechts neben der letzten Registerkarte klicken.

Abbildung 10.23:
Verwaltung der Registerkarten im Internet Explorer

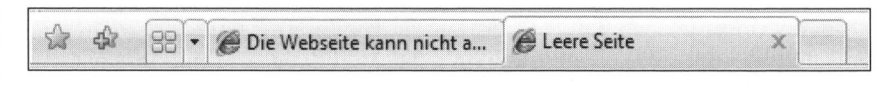

Ganz unten im Internet Explorer befindet sich die Statusleiste. Hier bekommen Sie Informationen über die besuchte Internetseite und den Ladestatus der Internetseite, die gerade geladen wird (siehe *Abbildung 10.24*).

Abbildung 10.24:
Statusleiste des Internet Explorers

Unabhängig davon, auf welchen Internetseiten Sie sich bewegen, bleiben die Steuerungsoptionen des Internet Explorers immer gleich. Es ändert sich der Inhalt der Internetseiten, aber nicht die Bedienung.

Sie können innerhalb des Internet Explorers mit dem Scrollrad Ihrer Maus die jeweils angezeigte Webseite durchblättern. Zwar können Sie auch mit den Pfeiltasten auf der Tastatur innerhalb einer Internetseite blättern oder die Bildlaufleiste am rechten Rand benutzen, aber die Navigation mit einem Scrollrad ist bequemer.

> **TIPP**
> *Wenn Sie im IE eine Internetadresse eingeben, können Sie auf das* http:// *verzichten, der IE ergänzt die Eingabe automatisch. Es reicht, wenn Sie die Internetadresse in der Form* www.microsoft.de *eingeben.*

Mit den Schaltflächen *Zurück* und *Vor* des Internet Explorers können Sie auf zurückliegende oder vorhergehende Seiten surfen, die Sie besucht haben (siehe *Abbildung 10.25*). Diese beiden Schaltflächen bietet jetzt auch der normale Windows Explorer.

Abbildung 10.25:
Vor- und Zurücktasten im Internet Explorer

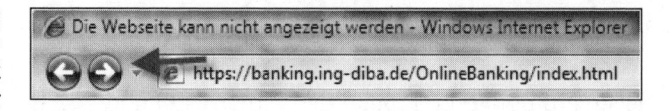

Wenn der Ladevorgang einer Seite zu lange dauert, können Sie ihn mit der Schaltfläche *Abbrechen* rechts in der Adressleiste abbrechen. Die geladenen

Teile der Seite werden angezeigt, aber keine weiteren mehr aus dem Internet heruntergeladen (siehe *Abbildung 10.26*).

Abbildung 10.26: Den Ladevorgang im Internet Explorer abbrechen

Wenn eine Internetseite nicht richtig angezeigt wird, können Sie den Ladevorgang für diese Seite wiederholen lassen. Die Internetseite wird in diesem Fall neu geladen und aktualisiert angezeigt. Für diese Funktion stellt die Adressleiste ein eigenes Symbol zur Verfügung (siehe *Abbildung 10.27*).

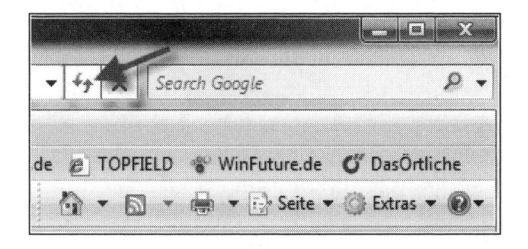

Abbildung 10.27: Aktualisieren einer Internetseite

Alternativ können Sie auch die [F5]-Taste drücken, um die Seite neu aufbauen zu lassen.

Eine weitere Option des Internet Explorers ist die Möglichkeit, zu seiner persönlichen Startseite im Internet zurückzukehren. Sie können jede beliebige Seite im Internet als Ihre Startseite definieren und mit einem Klick auf das Symbol in der Symbolleiste dahin zurückkehren (siehe *Abbildung 10.28*).

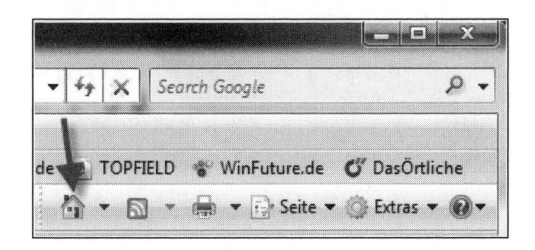

Abbildung 10.28: Aufrufen der Startseite im Internet Explorer

Startseite im Internet Explorer konfigurieren

Wenn Sie die Startseite des Internet Explorers festlegen wollen, starten Sie zunächst den Internet Explorer und gehen auf die gewünschte Internetseite. Sie können die Startseite jederzeit wechseln.

Mit Vista ins Internet

Ist die gewünschte Seite im Internet Explorer aufgebaut, klicken Sie in der Menüleiste auf *Extras* und wählen den Eintrag *Internetoptionen*. Mithilfe des daraufhin angezeigten Dialogfeldes (siehe *Abbildung 10.29*) können Sie außer der Startseite noch alle anderen Optionen des Internet Explorers einstellen. Zunächst interessiert uns hier nur die Registerkarte *Allgemein* und dort der Bereich *Startseite*.

Sie können in diesem Bereich die Internetseite, die als Startseite festgelegt werden soll, manuell eintragen oder mit der Schaltfläche *Aktuelle Seite* diejenige als Startseite übernehmen, die derzeit im Internet Explorer geöffnet ist.

Mit der Schaltfläche *Standardseite* setzen Sie die Startseite auf die Windows Live-Internetseite zurück, die zu Beginn eingestellt war.

Mit der Schaltfläche *Leere Seite* öffnet sich bei jedem Start des Internet Explorers keine Internetseite, sondern der Bildschirm bleibt leer. So startet der Internet Explorer etwas schneller, da er keine Seite laden muss.

Abbildung 10.29: Festlegen einer Startseite im Internet Explorer

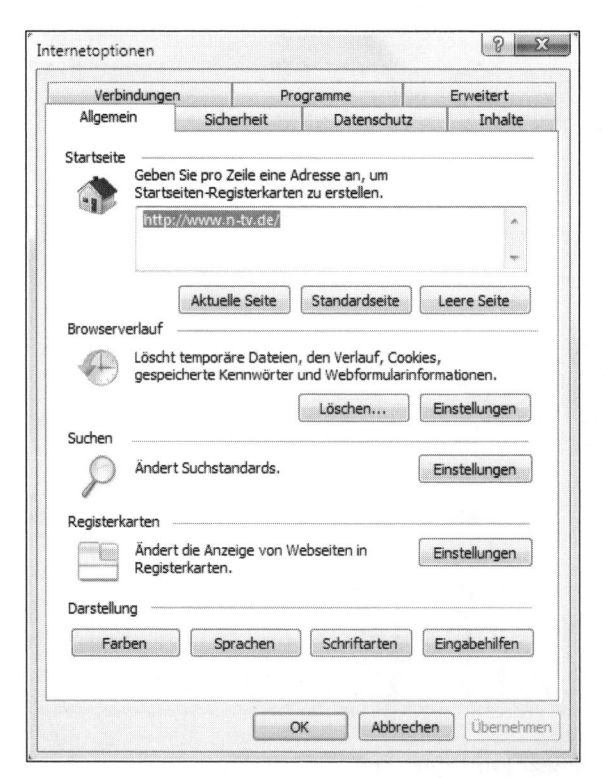

> **TIPP** *Sie können im Feld zur Konfiguration der Startseite mehrere Links hinterlegen, sodass beim Starten des Internet Explorers jeder hinterlegte Link in einer eigenen Registerkarte geöffnet wird.*

Sichern der Startseite und der Startseiten-Registerkarten

Wenn Sie die Startseiten-Registerkarten als Favoriten speichern, können Sie darauf zurückgreifen, wenn Sie den Internet Explorer neu installieren, auf die Standardeinstellungen zurücksetzen oder Startseiten löschen. So speichern Sie Startseiten als Favoriten:

1. Klicken Sie auf die Schaltfläche *Favoriten hinzufügen* und dann auf *Registerkartengruppe zu Favoriten hinzufügen* (siehe Abbildung 10.30).

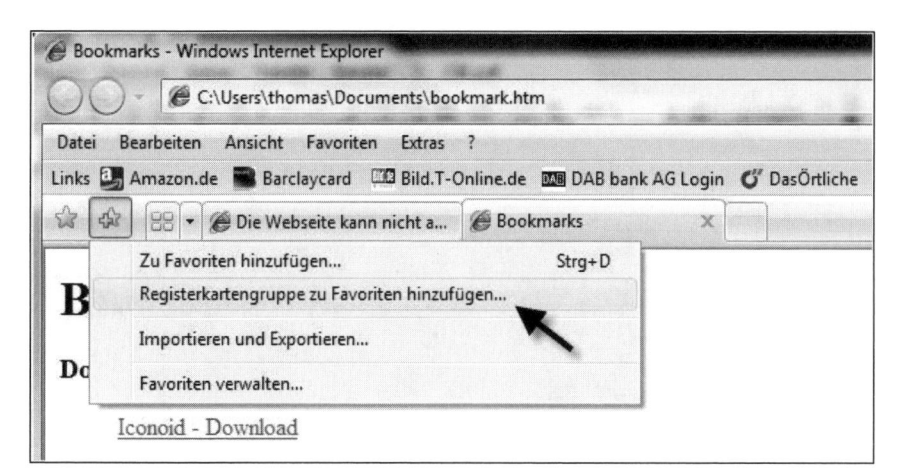

Abbildung 10.30: Abspeichern mehrerer Registerkarten als Favoriten

2. Geben Sie den Namen ein, den Sie der Registerkartengruppe geben möchten, und klicken Sie auf *Hinzufügen*. Die Startseiten sind jetzt im Favoritencenter gespeichert.

Wiederherstellen der Startseiten aus einer Sicherung

Um die Startseiten-Registerkarten wiederherzustellen, gehen Sie folgendermaßen vor:

1. Klicken Sie auf die Schaltfläche *Favoritencenter*.
2. Klicken Sie mit der rechten Maustaste auf den Sicherungsordner mit den Startseiten.
3. Klicken Sie auf *In Registerkarten öffnen* (siehe Abbildung 10.31).
4. Klicken Sie auf den Pfeil rechts neben der Schaltfläche *Startseite*.
5. Wählen Sie *Startseite hinzufügen oder ändern* (siehe Abbildung 10.32).
6. Klicken Sie auf *Aktuelle Registerkarte als Startseite verwenden* und dann auf *Ja* (siehe Abbildung 10.33).

Mit Vista ins Internet

Abbildung 10.31:
Wiederherstellen der Startseiten-Registerkarten

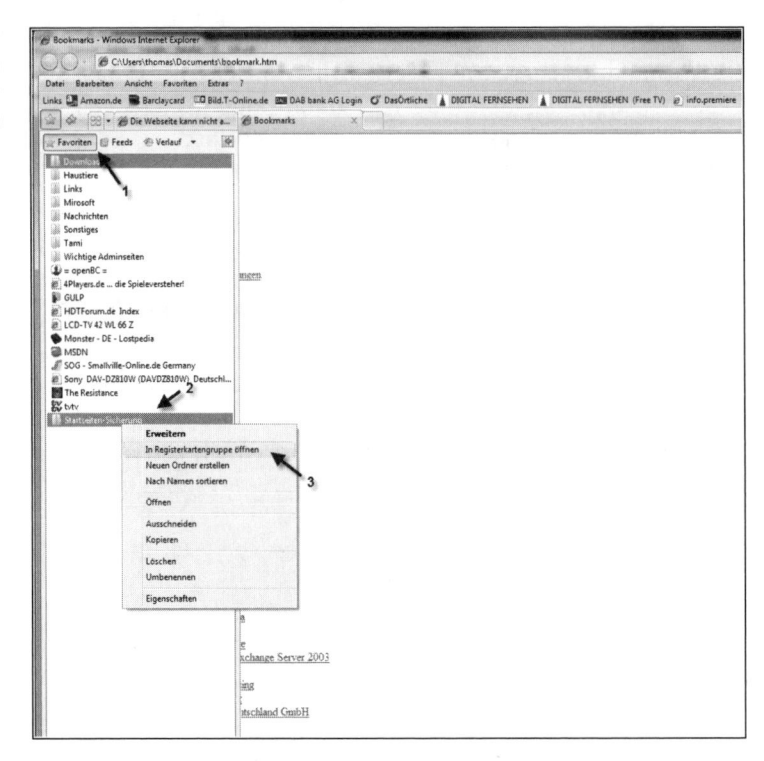

Abbildung 10.32:
Wiederherstellen der Startseite im Internet Explorer 7

Abbildung 10.33:
Hinzufügen einer neuen Startseiten-Registerkarte

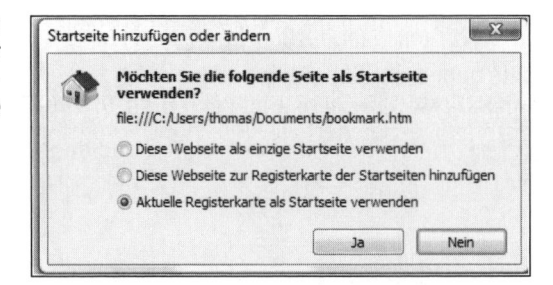

Umordnen der Startseiten-Registerkarten

Standardmäßig werden die Startseiten-Registerkarten chronologisch geordnet, wobei die zuletzt hinzugefügte Webseite die erste Registerkarte einnimmt. Um die Startseiten-Registerkarten umzuordnen, gehen Sie folgendermaßen vor:

1. Klicken Sie auf die Schaltfläche *Extras* und dann auf *Internetoptionen*.
2. Klicken Sie auf die Registerkarte *Allgemein*.
3. Markieren Sie unter *Startseite* die Startseite, die Sie verschieben wollen, klicken Sie mit der rechten Maustaste darauf und auf *Ausschneiden*.
4. Klicken auf den Anfang der Zeile, in die Sie die Adresse der Startseite verschieben möchten, und drücken Sie die ⏎, um eine leere Zeile anzulegen.
5. Klicken Sie mit der rechten Maustaste auf die leere Zeile und dann auf *Einfügen*.

Sie verwenden den Editor, um die Startseiten zu bearbeiten und umzuordnen. Öffnen Sie ihn, und fügen Sie die Startseitenliste ein. Ordnen Sie die Liste der Startseiten durch Ausschneiden und Einfügen in der gewünschten Reihenfolge um. Markieren Sie anschließend die Liste, und kopieren Sie sie in den Abschnitt Startseite vom Internet Explorer zurück.

Favoriten im Internet Explorer

Sie können die Adressen von besuchten Internetseiten im Internet Explorer als sogenannte Favoriten hinterlegen. Wenn Sie eine Internetseite häufiger besuchen und nicht jedes Mal die Adresse manuell in die Adressleiste eintippen wollen, können Sie ein Buchzeichen (Favorit) im Internet Explorer hinterlegen. Dieser Vorgang ist recht einfach. Gehen Sie zunächst auf die Internetseite, die Sie interessiert. Wählen Sie als Nächstes aus der Menüleiste das Menü *Favoriten* aus.

Sie sehen in diesem Menü alle Favoriten, die Sie bereits abgelegt haben. Mit dem Menüpunkt *Zu Favoriten hinzufügen* fügen Sie die derzeit geöffnete Internetseite den Favoriten hinzu. Wollen Sie die Seite beim nächsten Mal besuchen, brauchen Sie nur aus dem Menüpunkt *Favoriten* die entsprechende Seite auszuwählen.

Wenn Sie einen Favoriten hinzufügen, müssen Sie zunächst festlegen, unter welchem Namen er in den Favoriten abgespeichert werden soll. Der Internet Explorer schlägt bereits einen Namen vor, der im Quellcode der Internetseite von dem Programmierer hinterlegt wurde. Sie sollten den Namen eines Favoriten immer so kurz wie möglich halten, damit die verschiedenen Favoriten nicht zu unübersichtlich angeordnet werden.

Mit Vista ins Internet

Abbildung 10.34:
Hinzufügen von Favoriten zum Internet Explorer

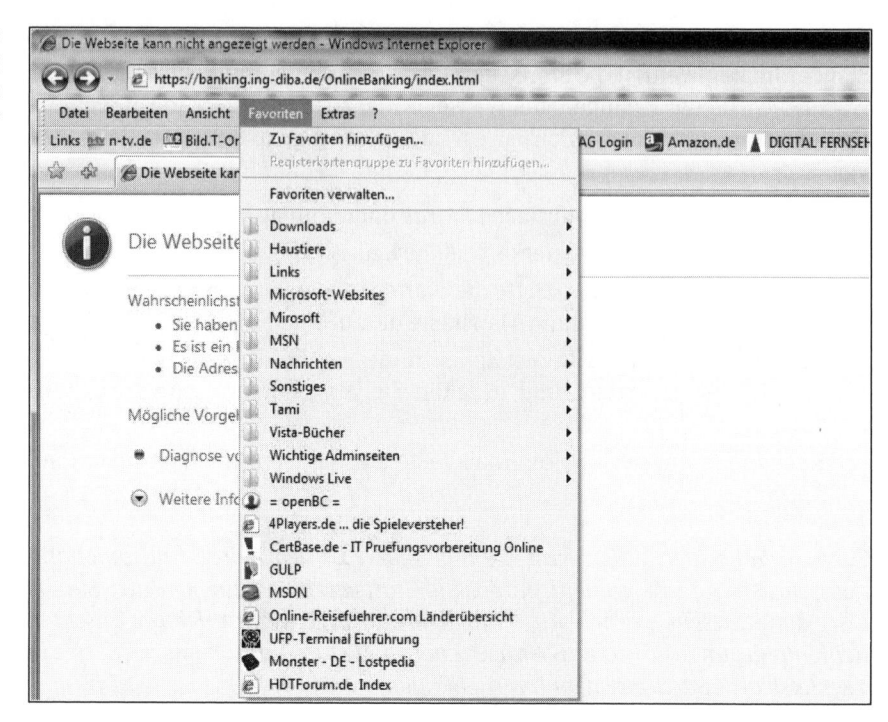

Sie können Favoriten in Ordner verschieben, um mehr Ordnung zu erhalten. Über den Menüpunkt *Favoriten verwalten* können Sie später jederzeit Ihre verschiedenen Favoriten sortieren.

> **TIPP**
>
> *Ein weitaus bequemerer Weg ist, wenn Sie die Favoriten über den Windows Explorer verwalten. Jeder abgelegte Favorit wird als Datei im Ordner C:\Benutzer\<Anmeldenamen>\Favoriten abgelegt.*

Wenn Sie mit dem Explorer in diesem Ordner neue Verzeichnisse anlegen und Ihre einzelnen Favoriten einfach per Drag&Drop in diese Verzeichnisse ziehen, werden sie genauso im Internet Explorer angezeigt.

Vor allem bei einer großen Anzahl von Favoriten ist die Verwaltung über den Windows Explorer bequemer und effizienter. Sie sollten vor allem bei einer großen Anzahl von Favoriten ab und zu eine Sicherung des Verzeichnisses vornehmen.

Müssen Sie Ihren PC neu installieren, sind ohne vorhandene Sicherung alle Favoriten verloren. Kopieren Sie nach der Neuinstallation einfach den Inhalt des gesicherten Ordners in den neuen Ordner Favoriten, *sind alle Favoriten wiederhergestellt.*

Importieren und Exportieren von Favoriten

Wenn Sie den Internet Explorer auf mehreren Computern verwenden, können Sie die Favoriten auf einem Computer speichern und auf einem anderen importieren.

Exportieren von Favoriten

Um Favoriten zu importieren oder zu exportieren, gehen Sie folgendermaßen vor:

1. Klicken Sie auf die Schaltfläche *Favoriten hinzufügen*, und klicken Sie anschließend auf *Importieren und Exportieren* (siehe *Abbildung 10.35*).

Abbildung 10.35: Importieren und Exportieren von Favoriten

2. Klicken Sie im Import-/Export-Assistenten auf *Weiter*.
3. Wählen Sie *Favoriten exportieren* aus, und klicken Sie auf *Weiter* (siehe *Abbildung 10.36*).

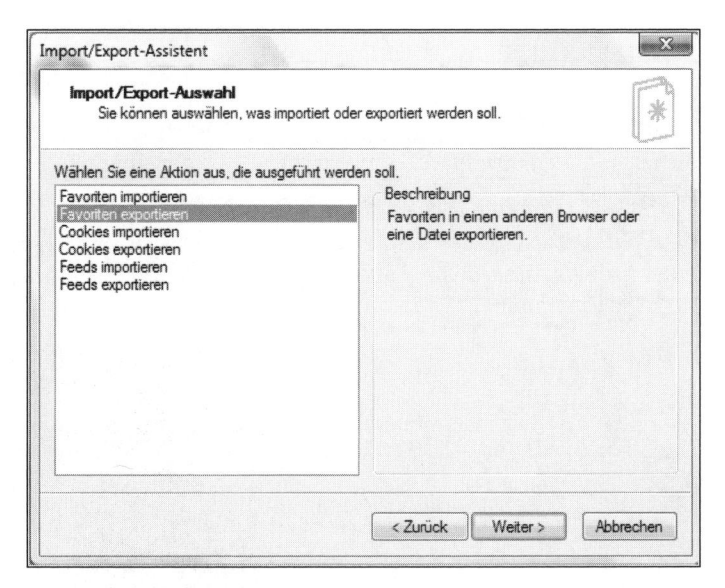

Abbildung 10.36: Import/Export-Assistent des Internet Explorers 7

Mit Vista ins Internet

4. Wählen Sie den Favoritenordner aus, den Sie exportieren möchten. Wenn Sie alle Favoriten exportieren wollen, wählen Sie den Ordner der obersten Ebene aus (*Favorites*); klicken Sie danach auf *Weiter* (siehe Abbildung 10.37).

Abbildung 10.37: Auswahl der zu exportierenden Favoriten

5. Standardmäßig erstellt der Internet Explorer in Ihrem Dokumentenordner eine Datei namens *Bookmark.htm*. Wenn Sie einen anderen Namen verwenden oder die exportierten Favoriten in einem anderen Ordner speichern möchten, geben Sie einen anderen Datei- und Ordnernamen an.

Abbildung 10.38: Auswahl der Zieldatei des Favoritenexports

6. Klicken Sie auf *Weiter*. Wenn bereits eine Datei mit diesem Namen vorhanden ist, werden Sie gefragt, ob sie ersetzt werden soll. Klicken Sie auf *Ja*, wenn Sie die Datei ersetzen lassen möchten. Anderenfalls klicken Sie auf *Nein* und geben einen neuen Dateinamen ein.
7. Klicken Sie auf *Fertig stellen*. Der Importvorgang wird erfolgreich abgeschlossen, und Sie erhalten eine Meldung (siehe *Abbildung 10.39*).

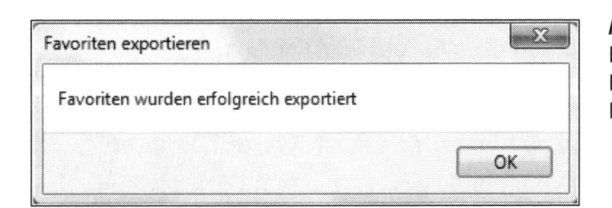

Abbildung 10.39: Erfolgreicher Export der Favoriten

8. Sie können sich die HTML-Seite des Favoritenexports im Internet Explorer anschauen, wenn Sie diese doppelklicken (siehe *Abbildung 10.40*).

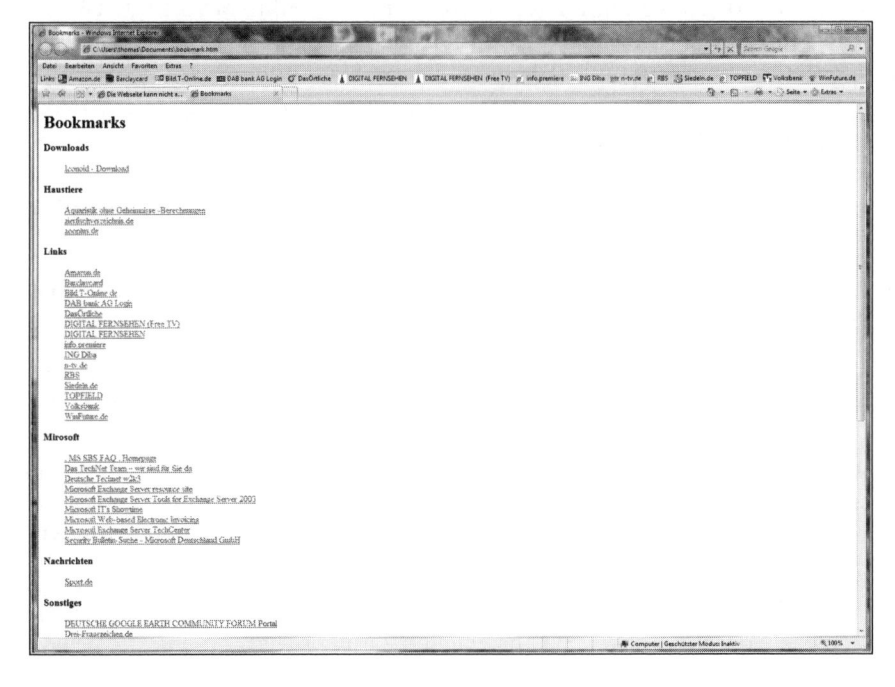

Abbildung 10.40: Anzeigen der exportierten Favoriten im Internet Explorer

Importieren von Favoriten

Sie können Favoriten auf dem gleichen Weg auch wieder importieren, zum Beispiel nach einer Neuinstallation oder wenn Sie die Favoriten auch auf einem anderen PC nutzen wollen. Gehen Sie dazu folgendermaßen vor:

1. Klicken Sie wieder auf die Schaltfläche *Favoriten hinzufügen* und anschließend auf *Importieren und Exportieren*.
2. Im Import-/Export-Assistenten aktivieren Sie *Weiter*.

Mit Vista ins Internet

3. Wählen Sie *Favoriten importieren* aus, und klicken Sie auf *Weiter*.
4. Standardmäßig importiert der Internet Explorer die Favoriten von der Datei *Bookmark.htm* in Ihrem Dokumentenordner, Sie können aber auch den Import einer anderen Datei veranlassen.
5. Klicken Sie auf *Durchsuchen* und wählen eine Datei aus.
6. Wählen Sie den Ordner aus, in den die Lesezeichen importiert werden sollen, und klicken Sie anschließend auf *Weiter*.
7. Klicken Sie auf *Fertig stellen*.

TIPP

Favoriten aus früheren Versionen vom Internet Explorer können ebenfalls in den Internet Explorer 7 importiert werden.

Um eine Liste der Favoriten zu drucken, öffnen Sie Bookmark.htm *im Internet Explorer und klicken auf die Schaltfläche* Drucken.

Linkleiste in Internet Explorer 7

Mit der Linkleiste von Internet Explorer können Sie Ihre bevorzugten Webseiten mit einem einzigen Klick öffnen. Sie können diese Symbolleiste in Internet Explorer ein- und ausblenden (siehe *Abbildung 10.50*).

In dieser Leiste werden alle Favoriten gespeichert, die Sie im Ordner *Links* in den Favoriten ablegen.

Abbildung 10.41:
Linkleiste des Internet Explorers

Sie können die Symbolleiste über *Ansicht/Symbolleisten/Links* ein- oder ausblenden.

Wenn Sie die Linkleiste einblenden, sie aber nicht vollständig sichtbar ist, klicken Sie mit der rechten Maustaste darauf und anschließend auf *Symbolleisten fixieren*. Anschließend können Sie die Symbolleiste so anordnen, wie es für Sie optimal ist.

Um ein Element von der Linkleiste zu entfernen, klicken Sie mit der rechten Maustaste darauf. Klicken Sie anschließend auf *Löschen*.

Verlauf – das Logbuch des Internet Explorers

Der Internet Explorer merkt sich jede einzelne Internetseite, die Sie aufrufen, und speichert sie in einem Tagebuch, dem Verlauf, ab. Sie können den Verlauf manuell leeren und seine Konfiguration anpassen.

Internet Explorer 7 – Vista Edition

Um die Eigenschaften des Verlaufs anzupassen bzw. ihn zu leeren, gehen Sie wieder über den Menüpunkt *Extras* zu den *Internetoptionen*.

Auf der Registerkarte *Allgemein* finden Sie im mittleren Bereich die Konfiguration des Verlaufs (siehe *Abbildung 10.42*).

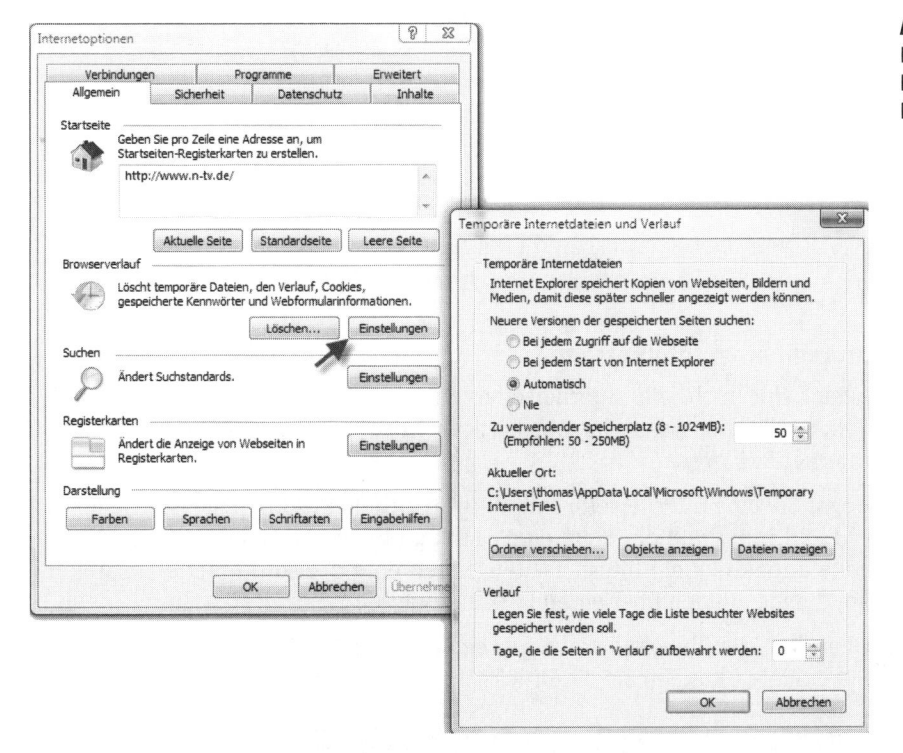

Abbildung 10.42: Konfiguration des Browserverlaufs im Internet Explorer

Sie steuern in den Optionen, über welchen Zeitraum der Verlauf die Internetseiten speichern soll, und Sie löschen an dieser Stelle mit der Schaltfläche *Löschen* den Inhalt komplett. Sie können den Verlauf auch direkt über das Menü *Extras* löschen lassen.

Sie lassen den Verlauf anzeigen, wenn Sie auf die Schaltfläche des Favoritencenters klicken (siehe *Abbildung 10.43*). Sie können innerhalb des Favoritencenters die Favoriten anzeigen, die RSS-Feeds, sowie über die Schaltfläche *Verlauf*, die letzten besuchten Seiten. Hier können Sie die Seiten nach verschiedenen Kriterien anzeigen lassen (siehe *Abbildung 10.43*).

Abbildung 10.43:
Anzeigen des Verlaufs im Internet Explorer

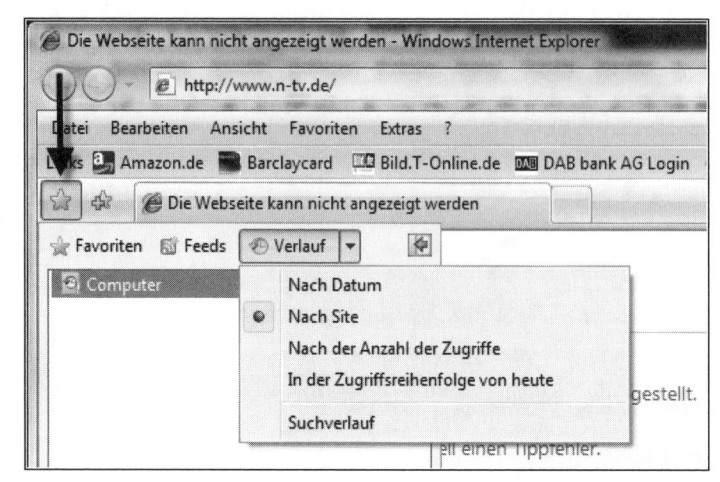

Drucken einer Internetseite

Leider sind nicht alle Internetseiten darauf ausgelegt, ausgedruckt zu werden, sodass bei vielen der Ausdruck nicht so gut aussieht wie der Inhalt im Internet Explorer.

Bevor Sie eine Internetseite endgültig ausdrucken, sollten Sie nachsehen, ob es nicht innerhalb der Seite einen Link gibt, der die Seite an die Druckausgabe anpasst. Viele Internetseiten bieten eine druckoptimierte Darstellung an, die Sie einfach über einen Link auf der Seite starten können.

Über den Menübefehl *Datei/Drucken* oder das entsprechende Symbol in der Symbolleiste können Sie die Druckvorschau starten (siehe *Abbildung 10.44*).

Abbildung 10.44:
Aufrufen der Druckvorschau für eine Internetseite

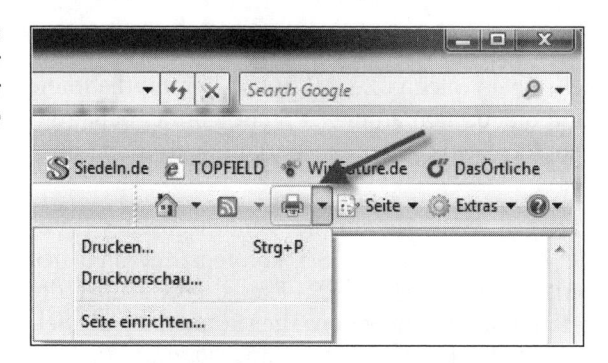

In der Druckvorschau sehen Sie, wie der Ausdruck der Seite auf dem Papier aussehen könnte. Beachten Sie beim Ausdruck von Internetseiten mit Bildern den enormen Tintenverbrauch, falls Sie dazu einen Tintendrucker einsetzen.

Internet Explorer 7 – Vista Edition

Wenn Sie nur ein bestimmter Text einer Internetseite interessiert, sollten Sie ihn mit der Maus markieren und über Strg *+* C *in die Zwischenablage kopieren. Anschließend können Sie den Text in ein neues Word- oder Word-Pad-Dokument einfügen und ausdrucken.*

Die Windows-interne Textverarbeitung WordPad *können Sie über* Start/Alle Programme/Zubehör/WordPad *starten.*

Sie sollten auf jeden Fall nicht sofort eine Internetseite ausdrucken, sondern erst in der Druckvorschau überprüfen, wie der Ausdruck aussehen wird.

Der Internet Explorer 7 ist für den Ausdruck von Webseiten optimiert worden. In der Druckvorschau können Sie die Option *An Größe anpassen* auswählen (siehe *Abbildung 10.45*). In diesem Fall passt der Internet Explorer den Ausdruck automatisch auf das für den aktuellen Drucker eingestellte Papierformat an, sodass Sie die Seite optimal ausdrucken können. In der Druckvorschau können Sie noch das Papierformat festlegen und über die Schaltflächen in der Menüleiste die Ausrichtung der Seite bestimmen. Durch diese Möglichkeiten werden Webseiten jetzt deutlich effizienter ausgedruckt, allerdings immer noch mit Werbung und Bildern, was sich auf den Tinten- oder Tonerverbrauch auswirkt.

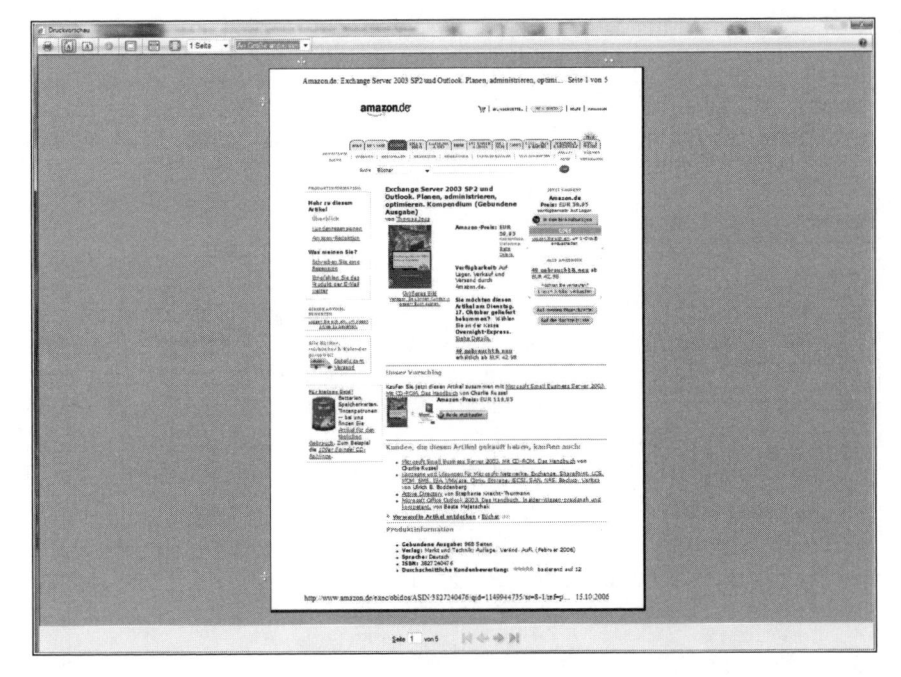

Abbildung 10.45:
Druckvorschau von Internetseiten im Internet Explorer 7

Öffnen Sie über den Menübefehl *Datei/Drucken* das Dialogfeld *Drucken*. Hier optimieren Sie über die Registerkarte *Optionen* den Ausdruck noch zusätzlich (siehe *Abbildung 10.46*).

Mit Vista ins Internet

Die beiden Optionen *Alle durch Links verbundenen Dokumente drucken* und *Liste der Links drucken* sollten Sie sofort wieder vergessen. Wenn Sie alle Dokumente drucken lassen, die durch Links mit einer Internetseite verbunden sind, werden leicht Hunderte von Seiten ausgedruckt, die Sie wahrscheinlich gar nicht brauchen.

Sie lassen über die Druckoptionen die einzelnen Frames einer Internetseite drucken.

Frames ist der englische Begriff für Rahmen und beschreibt den speziellen Aufbau einer Internetseite in explizit aufgetrennte Bereiche, Rahmen oder Frames genannt. Frames teilen Internetseiten in verschiedene Teile auf, die unterschiedlich durch den Programmierer konfiguriert werden können.

Abbildung 10.46:
Konfiguration der Druckoptionen im Internet Explorer 7

Mit Frames werden Dokumente innerhalb von Webseiten unabhängig voneinander verschoben und angesteuert. Theoretisch kann die Datenmenge, die vom Webserver übertragen wird, reduziert werden, da nur der Frame aktualisiert werden muss, dessen Dokument man neu darstellen will.

Frames werden oft von verschiedenen Browsern nicht korrekt angezeigt, machen Probleme beim Ausdrucken und sind schwerer zu navigieren. Für das Surfen im Internet brauchen Sie Frames nicht zu erkennen, sie spielen nur beim Ausdrucken bzw. Programmieren einer Internetseite eine Rolle.

Tabbed Browsing

Eine weitere herausragende Neuerung im Internet Explorer 7 ist die Möglichkeit, mehrere Internetseiten in einem Internet Explorer-Fenster auf mehreren Registerkarten anzuzeigen. Diese Funktion wird allgemein *Tabbed Browsing* genannt und auch von vielen anderen Browsern unterstützt. Im Internet Explorer wird diese Funktion *Registerbrowsen* genannt. Die einzelnen Registerkarten werden über einen eigenen Bereich im Internet Explorer 7 gesteuert (siehe *Abbildung 10.47*).

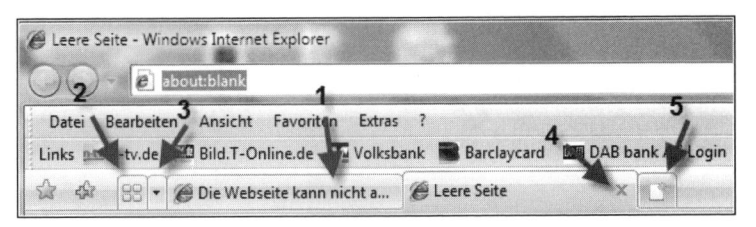

Abbildung 10.47: Verwaltung der Registerkarten im Internet Explorer 7

(1) – Die verschiedenen Registerkarten werden mit dem Namen der dargestellten Internetseite angezeigt. Sie wechseln durch Klicken mit der Maus zwischen den Seiten.

(2) – Mit dieser Schaltfläche werden alle Registerkarten gleichzeitig in einem Fenster dargestellt. Sie erhalten dadurch einen Überblick, welche Internetseiten derzeit im Internet Explorer in verschiedenen Registerkarten geöffnet sind.

(3) – Über das Symbol mit dem kleinen Pfeil öffnen Sie ein Menü, das alle Internetseiten enthält, die derzeit auf verschiedenen Registerkarten geöffnet sind.

(4) – Wenn Sie mit der Maus über eine Registerkarte fahren, erscheint das Symbol, um diese eine Registerkarte zu schließen.

(5) – Klicken Sie mit der Maus auf das Symbol rechts neben der letzten Registerkarte im Fenster, können Sie eine neue, leere Registerkarte öffnen.

Klicken Sie im Internet Explorer mit der rechten Maustaste auf einen Link, können Sie aus dem Kontextmenü auswählen, dass dieser Link in einer neuen Registerkarte geöffnet werden soll. Alle bereits geöffneten Internetseiten bleiben davon unbeeinträchtigt (siehe *Abbildung 10.48*).

TIPP
Können Sie den Inhalt einer Internetseite nicht richtig lesen, besteht im Internet Explorer 7 auch die Möglichkeiten, den Inhalt von Internetseiten vergrößert darzustellen. Optimal führen Sie diese Funktion über die folgenden Tastenkombinationen durch:

- [Strg] + [+] – *Zoomfaktor erhöhen (+10%)*
- [Strg] + [-] – *Zoomfaktor verringern (−10%)*
- [Strg] + [0] – *Zoom auf 100%*

Mit Vista ins Internet

Alternativ stellen Sie die Zoomfunktion auch über das entsprechende Zoom-Symbol in der Statusleiste rechts unten im Internet Explorer ein (siehe Abbildung 10.49).

Halten Sie bei einer Maus mit Scrollrad zum Vergrößern oder Verkleinern die Strg *-Taste gedrückt, während Sie das Rad drehen.*

Klicken Sie auf die Schaltfläche Vergrößerungsstufe ändern, *werden zyklisch die Vergrößerungsstufen 100%, 125% und 150% angewendet, sodass Sie die Webseite schnell vergrößern und wieder verkleinern können.*

Abbildung 10.48:
Öffnen von neuen Registerkarten aus dem Kontextmenü zu einem Link

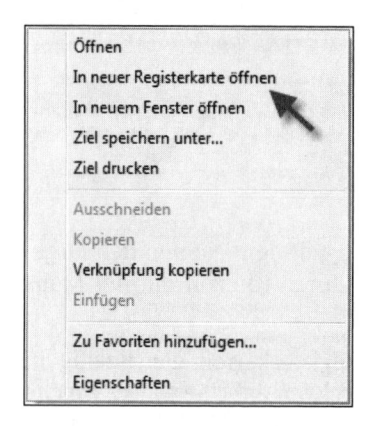

Abbildung 10.49:
Zoomen in Internetseiten

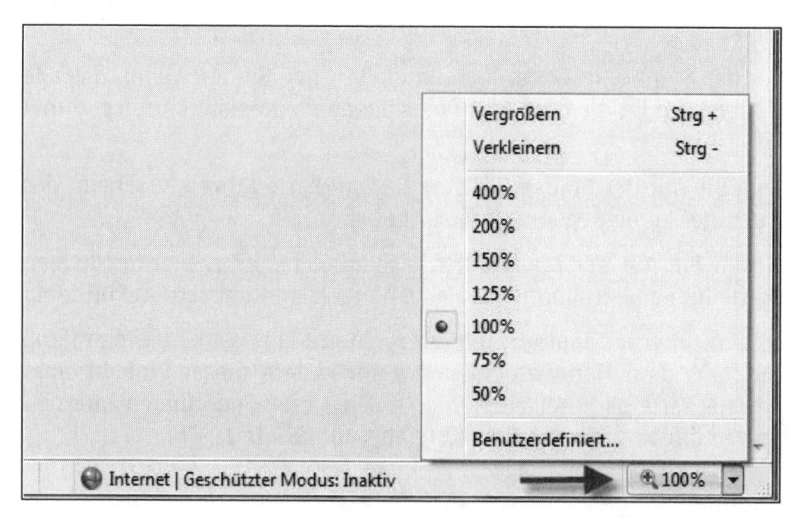

Die detaillierten Einstellungen für Registerkarten im Internet Explorer 7 konfigurieren Sie im Bereich *Registerkarten* über das Menü *Extras/Internetoptionen/Allgemein* (siehe *Abbildung 10.50*). Sie können an dieser Stelle die einzelnen Einstellungen anpassen oder die Standardeinstellungen wiederherstellen.

Internet Explorer 7 – Vista Edition

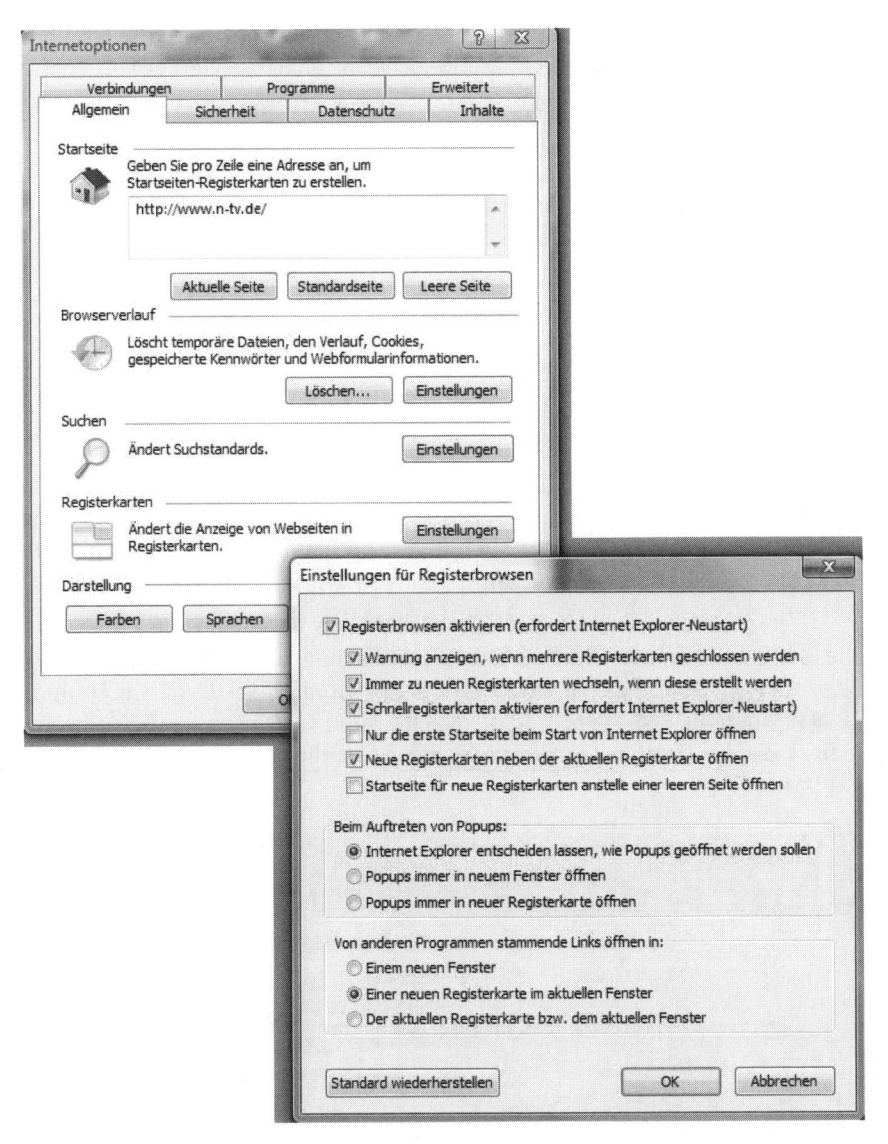

Abbildung 10.50:
Konfiguration der Registerkarten im Internet Explorer

Tastenkombinationen für das Registerbrowsen

- [Strg] + Klicken – Öffnen von Links in einer neuen Registerkarte im Hintergrund
- [Strg] + [⇧] + Klicken – Öffnen von Links in einer neuen Registerkarte im Vordergrund
- [Strg] + [T] – Öffnen einer neuen Registerkarte im Vordergrund
- [Strg] + [↹] oder [Strg] + [⇧] + [↹] – Umschalten zwischen Registerkarten

Mit Vista ins Internet

- ⌈Strg⌉ + ⌈W⌉ – Die aktuelle Registerkarte schließen (oder das aktuelle Fenster, wenn das Browsen mit Registerkarten deaktiviert ist)
- ⌈Alt⌉ + ⌈↵⌉ – Öffnen einer neuen Registerkarte im Vordergrund aus der Adressleiste heraus
- ⌈Strg⌉ + *n* (wobei n eine Zahl zwischen 1 und 8 ist) – Wechseln zu einer Registerkarte mit einer bestimmten Nummer
- ⌈Strg⌉ + ⌈9⌉ – Wechseln zur vorherigen Registerkarte
- ⌈Strg⌉ + ⌈Alt⌉ + ⌈F4⌉ – Schließen der anderen Registerkarten
- ⌈Strg⌉ + ⌈Q⌉ – Schnelle Registerkarten (Miniaturansicht) ein- und ausschalten

RSS-Feeds verwenden

Der Internet Explorer 7 hat einen integrierten RSS-Reader (Really Simple Syndication). RSS ist ein plattformunabhängiges, auf XML basierendes Format. Im Gegensatz zu HTML-Seiten sind RSS-Dateien sehr logisch und ohne zusätzlichen Ballast in Form von Design- und Layoutelementen aufgebaut. So können RSS-Dateien plattformunabhängig gelesen und weiterverarbeitet werden.

Diese Informationen werden in der Windows Sidebar, im Internet Explorer, aber auch in Outlook 2007 angezeigt (siehe *Abbildung 10.51*). In Outlook 2007 können die RSS-Feeds und die Nachrichten so gelesen werden wie normale E-Mails. Outlook 2007 verwendet dazu die RSS-Feeds des Internet Explorers 7.

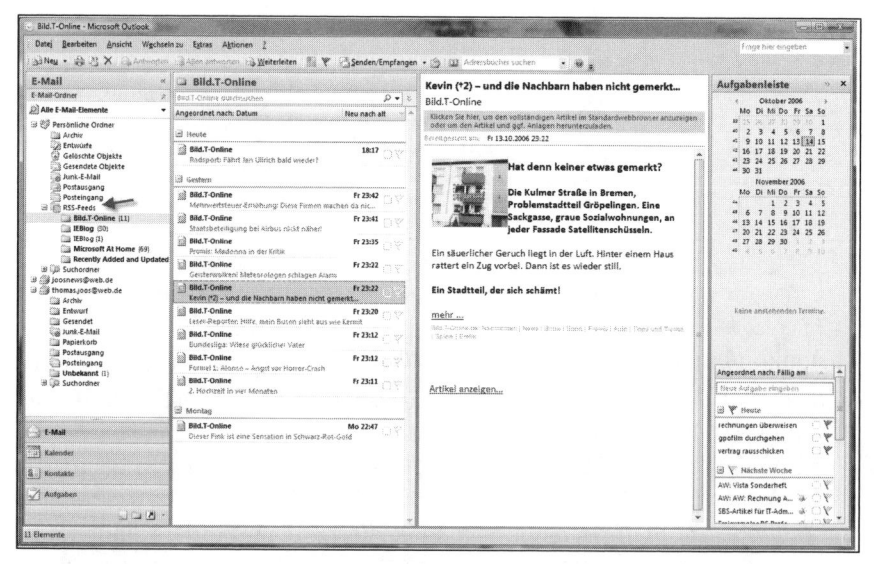

Abbildung 10.51: Anzeigen von RSS-Feeds in Outlook 2007

Als Nutzer liegen die Vorteile von RSS vor allem in der Zeitersparnis: So ist es möglich, Webseiten schnell und effektiv auf Änderungen und aktuelle Inhalte zu prüfen, ohne diese mitsamt Grafiken und Bannern direkt besuchen zu müssen. Sobald eine Internetseite RSS-Feeds anbietet, wird sie im RSS-Symbol des Internet Explorers angezeigt, und Sie können sie abonnieren (siehe *Abbildung 10.52*).

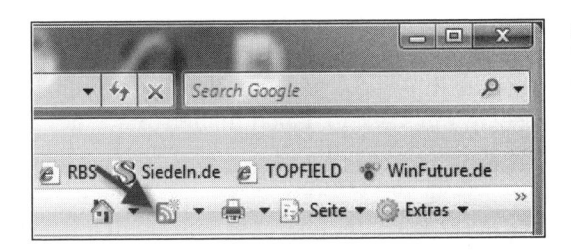

Abbildung 10.52:
Integrierter RSS-Reader im Internet Explorer 7

Mit dem Internet Explorer 7 werden also keine speziellen Tools für RSS-Feeds mehr benötigt. Da immer mehr Internetseiten RSS-Feed anbieten, zeigen Sie dadurch wertvolle Informationen schnell und effizient an, vor allem in Verbindung mit der Windows Sidebar. Informationen aus dem Internet lassen sich dadurch darstellen, ohne den Internet Explorer geöffnet zu haben. Sobald eine Internetseite einen RSS-Feed anbietet, wird das Symbol im Internet Explorer aktiviert. RSS-Feeds werden im Internet meistens durch das Symbol in *Abbildung 10.53* dargestellt.

Abbildung 10.53:
RSS-Feed-Symbol im Internet

Eine ausführliche Liste von Internetseiten mit interessanten RSS-Feeds finden Sie auf den Seiten:

- http://www.rss-verzeichnis.de
- http://dmoz.org/World/Deutsch/Computer/Datenformate/Markup_Languages/XML/RSS/

TIPP

Sobald Sie auf das RSS-Feed-Symbol im Internet Explorer klicken, öffnet sich eine neue Seite im Internet Explorer, die den Feed darstellt und auf der Sie ihn über einen speziellen Link abonnieren können. Abonnieren Sie einen Feed, ist dieser an den verschiedenen Stellen in Windows Vista verfügbar.

Mit Vista ins Internet

Abbildung 10.54:
Abonnieren eines RSS-Feeds im Internet Explorer

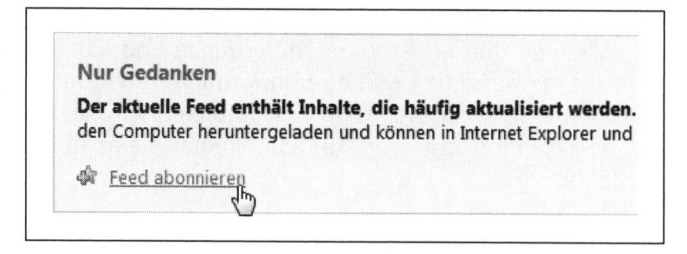

> **Nur Gedanken**
> **Der aktuelle Feed enthält Inhalte, die häufig aktualisiert werden.**
> den Computer heruntergeladen und können in Internet Explorer und
> ✦ Feed abonnieren

Manche RSS-Feeds werden allerdings durch den Internet Explorer nicht dargestellt. In diesem Fall erhalten Sie eine entsprechende Fehlermeldung (siehe *Abbildung 10.55*).

Abbildung 10.55:
Fehlermeldung, wenn ein Feed nicht abonniert werden kann

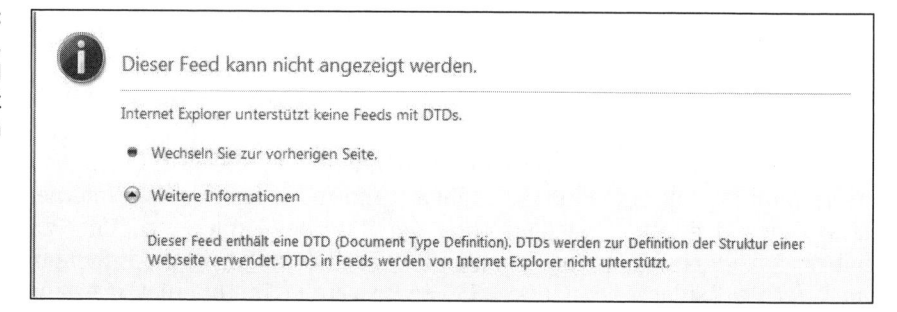

> Dieser Feed kann nicht angezeigt werden.
> Internet Explorer unterstützt keine Feeds mit DTDs.
> • Wechseln Sie zur vorherigen Seite.
> ⊙ Weitere Informationen
> Dieser Feed enthält eine DTD (Document Type Definition). DTDs werden zur Definition der Struktur einer Webseite verwendet. DTDs in Feeds werden von Internet Explorer nicht unterstützt.

Abonnieren Sie einen Feed, können Sie auswählen, wo dieser gespeichert werden soll, ähnlich wie bei den Favoriten im Internet Explorer (siehe *Abbildung 10.56*). Sobald Sie auf die Schaltfläche *Abonnieren* geklickt haben, ist der Feed in Windows Vista verfügbar.

Abbildung 10.56:
Auswählen des Speicherortes eines Feeds

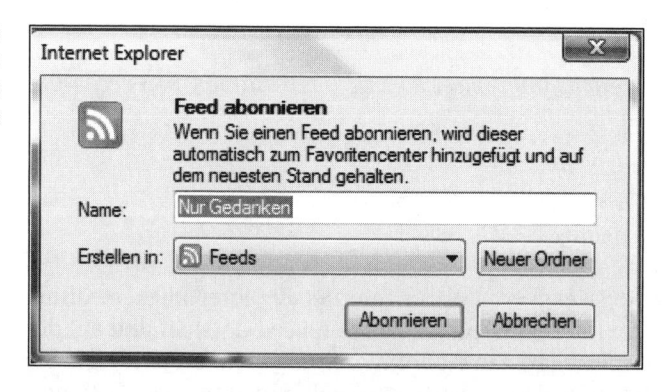

> Internet Explorer
> **Feed abonnieren**
> Wenn Sie einen Feed abonnieren, wird dieser automatisch zum Favoritencenter hinzugefügt und auf dem neuesten Stand gehalten.
> Name: Nur Gedanken
> Erstellen in: Feeds ▼ [Neuer Ordner]
> [Abonnieren] [Abbrechen]

Neben der möglichen Anzeige eines Feeds im Internet Explorer ist natürlich der bequemste und effizienteste Weg die Anzeige eines Feeds in der Windows Sidebar (siehe *Abbildung 10.57*).

Internet Explorer 7 – Vista Edition

Abbildung 10.57:
Anzeigen von RSS-Feeds in der Windows Sidebar

Damit ein Feed in der Windows Sidebar dargestellt wird, müssen Sie den Feedreader der Sidebar zunächst als Gadget hinzufügen (siehe Kapitel 5). Wählen Sie dazu das Gadget *Feedschlagzeilen* aus (siehe *Abbildung 10.58*).

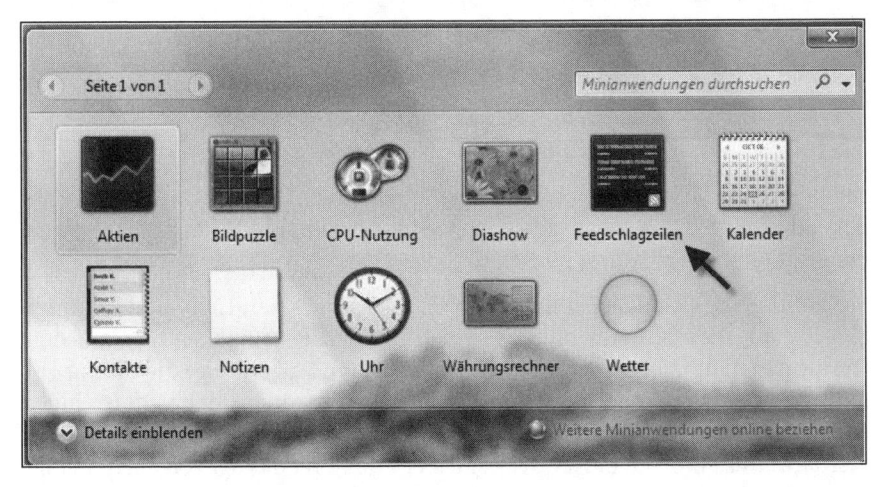

Abbildung 10.58:
Hinzufügen des Gadgets *Feedschlagzeilen* zur Windows Sidebar

Mit Vista ins Internet

Nachdem Sie das Gadget hinzugefügt haben, wählen Sie per Klick auf das Symbol mit seinem Schraubschlüssel (siehe Kapitel 5) aus Ihren abonnierten Feeds denjenigen aus, der angezeigt werden soll (siehe *Abbildung 10.59*).

> **TIPP** *Sie können auch mehrmals das Gadget* Feedschlagzeilen *hinzufügen und für jedes Gadget einen anderen Feed auswählen.*

Abbildung 10.59:
Den anzuzeigenden Feed in der Windows Sidebar auswählen

Klicken Sie auf eine Schlagzeile, wird die entsprechende Nachricht ausführlich angezeigt. Dazu wird allerdings eine bestehende Internetverbindung benötigt (siehe *Abbildung 10.60*).

Sie koppeln das Gadget zum Lesen von RSS-Feeds natürlich auch von der Sidebar ab, indem Sie es mit der linken Maustaste anklicken und auf den Desktop ziehen (siehe auch Kapitel 5). In diesem Fall werden die Schlagzeilen noch übersichtlicher dargestellt, und die Windows Sidebar muss nicht unbedingt eingeblendet sein. Damit Gadgets auf dem Desktop angezeigt werden, muss die Sidebar zwar gestartet, jedoch nicht angezeigt sein (siehe hierzu Kapitel 5).

Sie ziehen den RSS-Feed an eine beliebige Stelle des Desktops und haben so übersichtlich alle interessanten Informationen in Echtzeit zur Verfügung.

Internet Explorer 7 – Vista Edition

Abbildung 10.60:
Anzeigen von ausführlichen Nachrichten im RSS-Reader

Abbildung 10.61:
Anzeigen von RSS-Feeds auf dem Desktop

Mit Vista ins Internet

Popupblocker verwenden

Der Internet Explorer 7 enthält einen Popupblocker, der unerwünschte Popup-Fenster blockiert. Popup-Fenster blenden auf manchen Internetseiten ungewollte Werbung ein, die beim Lesen ziemlich stören können. Sie können den Grad der Blockierung auswählen, von der Blockierung sämtlicher Popup-Fenster bis zum Zulassen einzelner, die Sie sehen möchten.

Wenn der Popupblocker eingeschaltet ist, wird in der Informationsleiste die Meldung angezeigt: *Ein Popup wurde geblockt. Klicken Sie hier, um das Popup bzw. weitere Optionen anzuzeigen.*

Der Popupblocker ist standardmäßig aktiviert. Um ihn aus- oder wieder einzuschalten, führen Sie folgende Schritte aus (siehe *Abbildung 10.62*):

1. Klicken Sie auf die Schaltfläche *Extras* und dann auf *Popupblocker*.
2. Deaktivieren Sie den Popupblocker mit *Popupblocker ausschalten*.
3. Klicken Sie zur Aktivierung des Popupblockers auf *Popupblocker einschalten*.

TIPP *Um ein Popup-Fenster auf einer bestimmten Webseite temporär zuzulassen, klicken Sie auf die Informationsleiste, wenn Sie benachrichtigt werden, dass ein Popup-Fenster gesperrt wurde. Klicken Sie auf* Popups vorübergehend zulassen.

Sie lassen die Anzeige eines Popup-Fensters zu, indem Sie STRG *+* ALT *drücken, wenn Sie auf einen Link klicken, über den eine Website mit Popup-Fenstern geöffnet wird.*

Abbildung 10.62: Popupblocker im Internet Explorer ein- und ausschalten

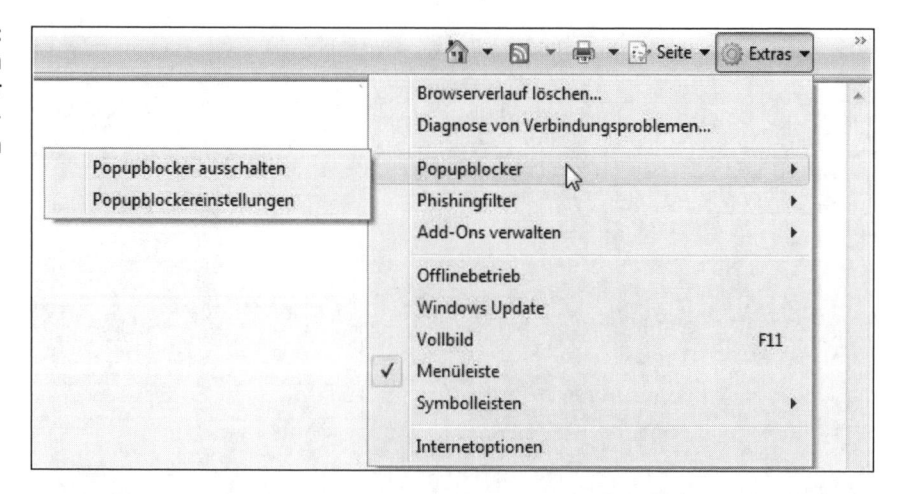

Internet Explorer 7 – Vista Edition

Um Popups auf einer bestimmten Internetseite dauerhaft zuzulassen, gehen Sie folgendermaßen vor:

1. Klicken Sie auf *Extras/Popupblocker/Popupblockereinstellungen*.
2. Geben Sie in das Feld *Adresse der Website, die zugelassen werden soll* die Adresse der Website ein, deren Popup-Fenster Sie sehen möchten, und klicken Sie dann auf *Hinzufügen*.

Der Internet Explorer blockiert keine Popup-Fenster von Websites in den Inhaltszonen des lokalen Intranets und der vertrauenswürdigen Sites. Sollen Popup-Fenster von diesen Websites blockiert werden, müssen Sie die Sites aus diesen Zonen entfernen.

Aus Sicherheitsgründen werden Eingabedialogfelder, die von Skripten auf Websites erstellt werden, unabhängig von Ihren allgemeinen Popupblockereinstellungen immer blockiert.

Wenn Sie alle Popup-Fenster im Internet Explorer blockieren wollen, gehen Sie folgendermaßen vor:

1. *Klicken Sie auf* Extras/Popupblocker/Popupblockereinstellungen.
2. *Wählen Sie unter* Filterungsstufe *die Stufe* Hoch: Alle Popups blocken.

Möchten Sie bei dieser Einstellung Popups anzeigen, die gesperrt werden, müssen Sie beim Öffnen des Fensters [Strg] + [Alt] *gedrückt halten.*

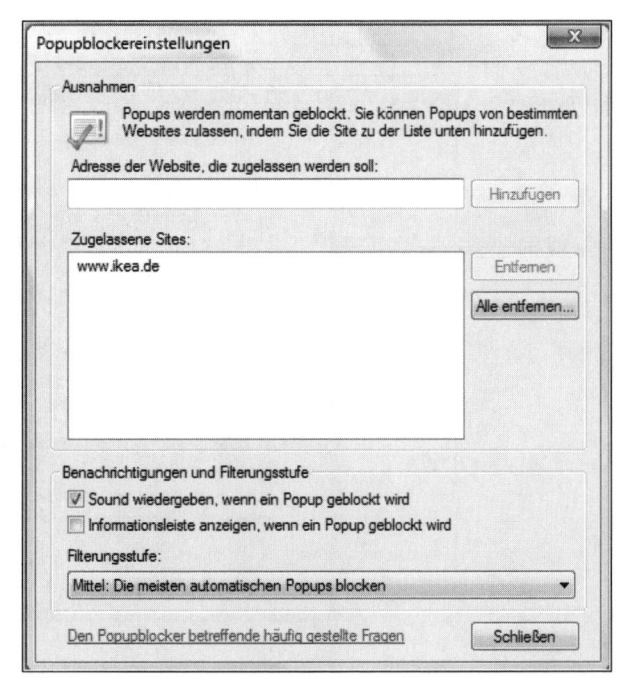

Abbildung 10.63:
Konfiguration des Popupblockers

Mit Vista ins Internet

> **TIPP**
>
> Sie können Popup-Fenster auch als eigene Registerkarten im Internet Explorer anzeigen lassen. Gehen Sie dazu folgendermaßen vor:
>
> 1. *Klicken Sie auf* Extras/Internetoptionen.
> 2. *Gehen Sie auf die Registerkarte* Allgemein *und wählen dann im Bereich* Registerkarten Einstellungen.
> 3. *Klicken Sie im Dialogfeld* Einstellungen für Registerbrowsen *auf* Popups immer in neuer Registerkarte öffnen *und dann zweimal auf* OK *(siehe Abbildung 10.64).*

Abbildung 10.64: Konfiguration zum Anzeigen von Popups auf einer eigenen Registerkarte

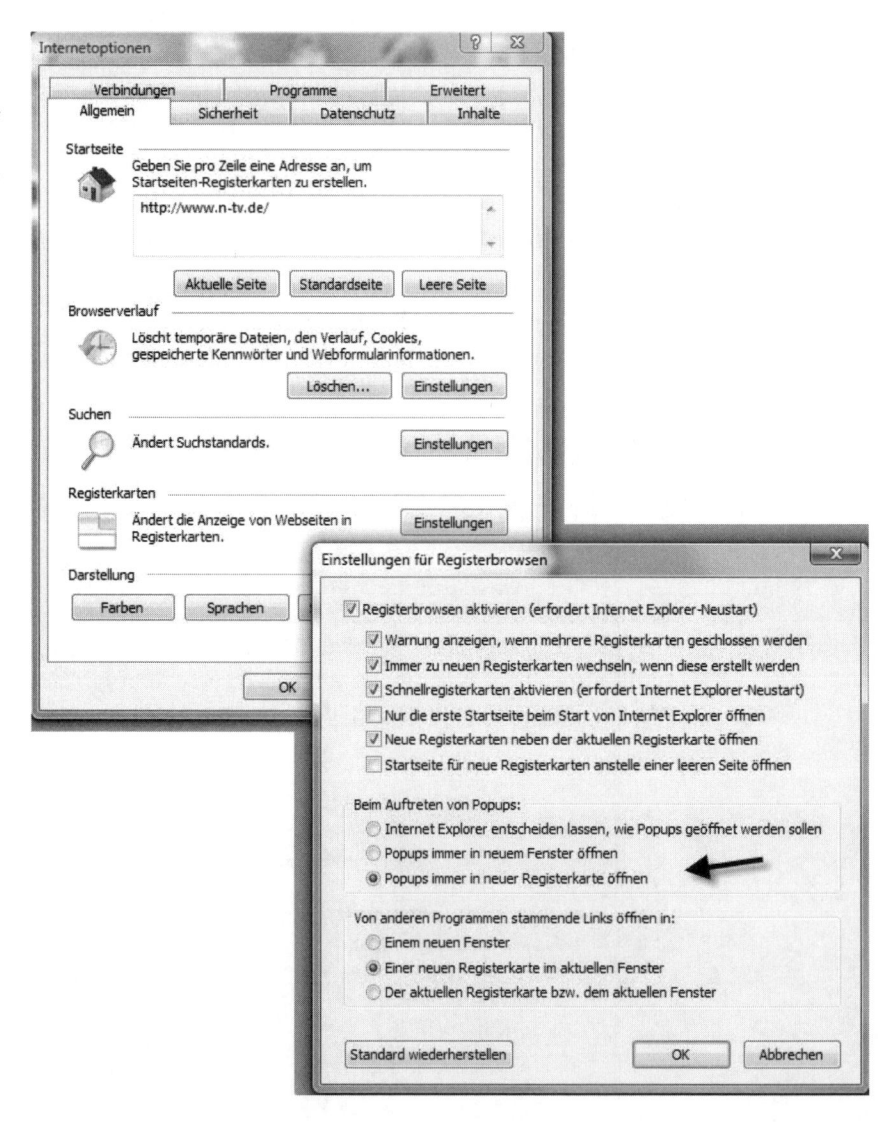

Internet Explorer 7-Informationsleiste

Wenn Sie auf eine Internetseite surfen, die eine bestimmte Komponente installieren will, oder wenn Sie eine Datei herunterladen wollen, die potenziell gefährlich ist, erscheint im Internet Explorer oben eine Informationsleiste, die Sie über die mögliche Gefahr informiert (siehe *Abbildung 10.65*).

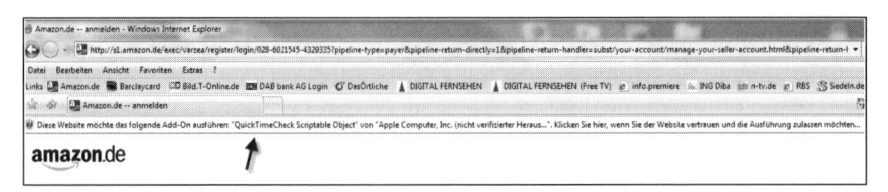

Abbildung 10.65: Informationsleiste im Internet Explorer 7

Wenn Sie mit der linken Maustaste auf die Informationsleiste klicken, erscheint ein Menü, über das Sie die Aktion, vor der Sie die Informationsleiste warnt, durchführen können (siehe *Abbildung 10.66*).

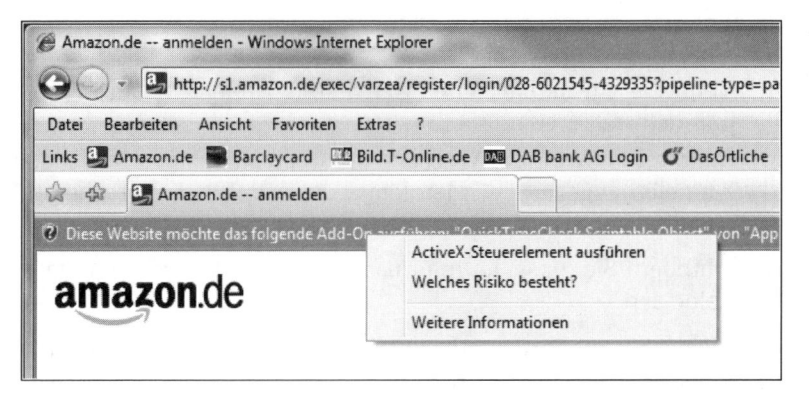

Abbildung 10.66: Bestätigen einer Warnung der Informationsleiste

Wenn es sich bei dem zu installierenden Element um eine kritische Erweiterung oder eine eventuell unsichere Komponente handelt, erscheint vor der Installation eine weitere Sicherheitsmeldung, die Sie bestätigen müssen (siehe *Abbildung 10.67*).

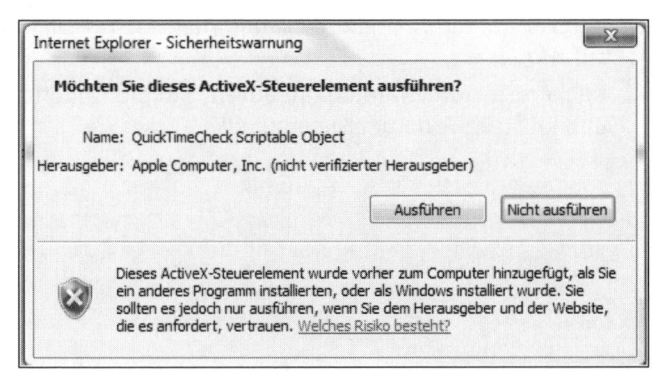

Abbildung 10.67: Sicherheitswarnung bei der Installation eines ActiveX-Elementes

In der Informationsleiste vom Internet Explorer werden zusätzlich Informationen zur Sicherheit, zu Downloads, blockierten Popup-Fenstern und anderen Vorgängen angezeigt. Standardmäßig informiert Sie die Informationsleiste über folgende Aktionen des Internet Explorers:

- Wenn eine Website versucht, ein ActiveX-Steuerelement auf Ihrem Computer zu installieren oder auf unsichere Weise auszuführen.
- Wenn eine Website versucht, ein Popup-Fenster zu öffnen.
- Wenn eine Website versucht, eine Datei auf den Computer herunterzuladen.
- Wenn eine Website versucht, aktive Inhalte auf dem Computer auszuführen.
- Wenn sich Ihre Sicherheitseinstellungen unterhalb der empfohlenen Stufe befinden.
- Wenn Sie auf eine Webseite im Intranet zugreifen, die Intranetadressüberprüfung aber nicht eingeschaltet haben.
- Wenn Sie den Internet Explorer mit deaktivierten Add-Ons gestartet haben.
- Wenn Sie ein aktualisiertes ActiveX-Steuerelement oder Add-On-Programm installieren müssen.
- Wenn die Adresse der Webseite mit fremdsprachigen Buchstaben oder Symbolen angezeigt werden kann, die betreffende Sprache aber nicht installiert ist.

So verhindern Sie, dass die Informationsleiste Datei- und Software-Downloads blockiert:

1. Klicken Sie auf die Schaltfläche *Extras* und dann auf *Internetoptionen*.
2. Klicken Sie auf der Registerkarte *Sicherheit* auf *Stufe anpassen*.
3. Um die Informationsleiste bei Dateidownloads zu deaktivieren, klicken Sie im Abschnitt *Download* der Liste unter *Automatische Eingabeaufforderung für Dateidownloads zulassen* auf *Aktivieren*.
4. Um die Informationsleiste für ActiveX-Steuerelemente zu deaktivieren, klicken Sie im Listenabschnitt *ActiveX-Steuerelemente und Plug-Ins* unter *Automatische Eingabeaufforderung für ActiveX-Steuerelemente* auf *Aktivieren*.
5. Klicken Sie auf *OK* und dann auf *Ja*, um die Änderungen zu bestätigen, und klicken Sie dann erneut auf *OK*.

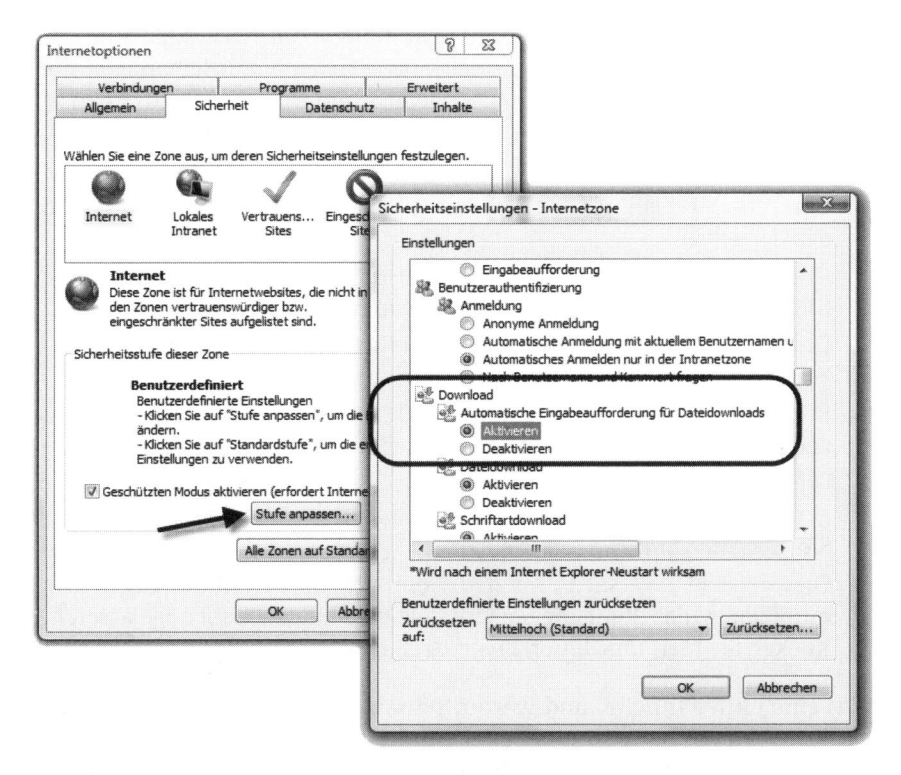

Abbildung 10.68:
Deaktivieren der Informationsleiste für Dateidownloads

Folgende Meldungen werden von der Informationsleiste angezeigt:

- Die Installation eines ActiveX-Steuerelements von dieser Site auf den Computer wurde aus Sicherheitsgründen gestoppt. Klicken Sie hier, um weitere Optionen anzuzeigen.
- Ein Popup wurde geblockt. Klicken Sie hier, um das Popup bzw. weitere Optionen anzuzeigen.
- Diese Website verwendet ein Popup, um Sie nach Informationen zu fragen. Wenn Sie der Website trauen, klicken Sie hier, um das Popup zuzulassen.
- Der Download von Dateien von dieser Site auf den Computer wurde aus Sicherheitsgründen geblockt. Klicken Sie hier, um weitere Optionen anzuzeigen.
- Die Sicherheitseinstellungen lassen die Verwendung von auf dem Computer installierten ActiveX-Steuerelementen für Websites nicht zu. Daher wird die Seite eventuell nicht richtig angezeigt. Klicken Sie hier, um weitere Optionen anzuzeigen.
- Das Anzeigen aktiver Inhalte, die auf den Computer zugreifen können, wurde für diese Datei aus Sicherheitsgründen eingeschränkt. Klicken Sie hier, um Optionen anzuzeigen.

Mit Vista ins Internet

- Der Inhalt wird eventuell nicht richtig angezeigt. Der Zugriff auf die Datei wurde eingeschränkt, da der Inhalt nicht mit den Sicherheitsinformationen übereinstimmt. Klicken Sie hier, um Optionen anzuzeigen.
- Diese Website möchte das folgende Add-On installieren: < Name von Herausgeber >. Klicken Sie hier, um es zu installieren.
- Der Internet Explorer wird momentan so ausgeführt, dass Add-Ons deaktiviert sind.
- Die Intraneteinstellungen sind jetzt standardmäßig ausgeschaltet. Klicken Sie hier, um weitere Optionen anzuzeigen.
- Die Sicherheitseinstellungsstufe ist ein Risiko für den Computer. Klicken Sie hier, um weitere Optionen anzuzeigen.
- Diese Website erfordert ein aktualisiertes Add-On: < Name von Herausgeber >. Klicken Sie hier, um es von der Website zu installieren.
- Diese Webadresse enthält Buchstaben oder Symbole, die unter den aktuellen Spracheinstellungen nicht dargestellt werden können. Klicken Sie hier, um Optionen anzuzeigen.
- Diese Webseite versucht, mit dem Computer über ein Protokoll zu kommunizieren, das durch die Sicherheitseinstellungen nicht zugelassen ist. Klicken Sie hier, um Optionen anzuzeigen.

Was sind aktive Inhalte, und warum schränkt der Internet Explorer ihre Verwendung ein?

Aktive Inhalte sind interaktive oder animierte Inhalte auf Websites. Sie enthalten ActiveX-Steuerelemente und Webbrowser-Add-Ons. Internet Explorer beschränkt diese Inhalte, da sie gelegentlich Fehlfunktionen enthalten oder unerwünschte Inhalte liefern können. Sie können auch verwendet werden, um Informationen von Ihrem Computer zu sammeln, Daten auf dem Computer zu beschädigen, Software ohne Ihre Einwilligung zu installieren oder einer anderen Person die Remotesteuerung des Computers zu ermöglichen.

TIPP: Wenn der Internet Explorer aktive Inhalte beschränkt, die Sie zulassen möchten, klicken Sie auf die Informationsleiste und dann auf Geblockte Inhalte zulassen.

10.5.3 Geschützter Modus des Internet Explorers 7

Der *geschützte Modus* ist eine neue Funktion im Internet Explorer 7. Bei der Aktivierung dieses Modus wird der Internet Explorer vom restlichen Betriebssystem getrennt, und es können so gut wie keine Angriffe mehr auf den PC durchgeführt werden, die den Internet Explorer 7 verwenden. Dieser Modus kann über das Menü *Extras/Internetoptionen* auf der Registerkarte *Sicherheit* aktiviert werden (siehe *Abbildung 10.68*).

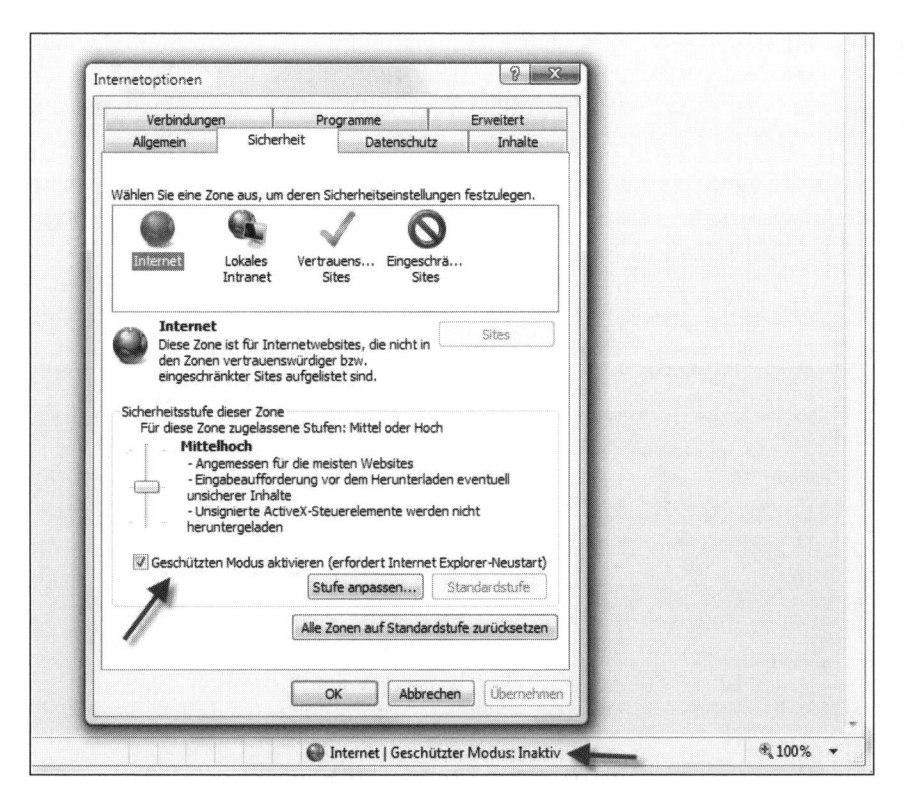

Abbildung 10.69:
Konfiguration des geschützten Modus im Internet Explorer

10.5.4 Löschen der temporären Internetdateien

Wenn Sie das erste Mal eine Internetseite ansteuern, die Cookies verwendet, werden diese häufig auf der lokalen Platte gespeichert. Auf diese Cookies (engl. für Kekse) werden Sie im Internet noch öfters stoßen.

Cookies sind kleine Dateien, die im temporären Internetverzeichnis Ihres Webbrowsers gespeichert werden. Sie dienen dazu, dass eine Webseite Sie wiedererkennt, wenn Sie diese erneut besuchen. Die meisten Cookies sind harmlos und können bedenkenlos installiert werden.

Temporäre Internetdateien entfernen

Cookies sind im Grunde genommen nur kleine Textdateien, die auf dem lokalen PC gespeichert werden. In regelmäßigen Abständen sollten Sie diesen temporären Speicher leeren, da hier auch andere Dateien liegen, die unnötig Speicherplatz belegen.

Starten Sie dazu den Internet Explorer, und öffnen Sie über den Menübefehl *Extras/Browserverlauf löschen* das gleichnamige Dialogfeld (siehe *Abbildung 10.70*).

Mit Vista ins Internet

Sie können in diesem Bereich die temporären Dateien oder nur die Cookies sehr effizient löschen. Es schadet sicherlich nicht, wenn Sie alle paar Monate oder nach Bedarf in diesem Verzeichnis etwas aufräumen und die Dateien löschen lassen.

Wenn Sie viele Dateien im temporären Verzeichnis gesammelt haben, wird der Löschvorgang natürlich etwas länger dauern, als wenn Sie nur wenige Dateien gesammelt haben.

Abbildung 10.70:
Löschen der temporären Datenbankdateien

10.5.5 Verwalten von Add-Ons im Internet Explorer 7

Eine neue Funktion im Internet Explorer 7 ist die Möglichkeit, zusätzliche Add-Ons zu installieren oder installierte Add-Ons zu deaktivieren. Sie konfigurieren diese Add-Ons über *Extras/Add-Ons verwalten* (siehe *Abbildung 10.71*).

Abbildung 10.71:
Verwalten von Add-Ons im Internet Explorer 7

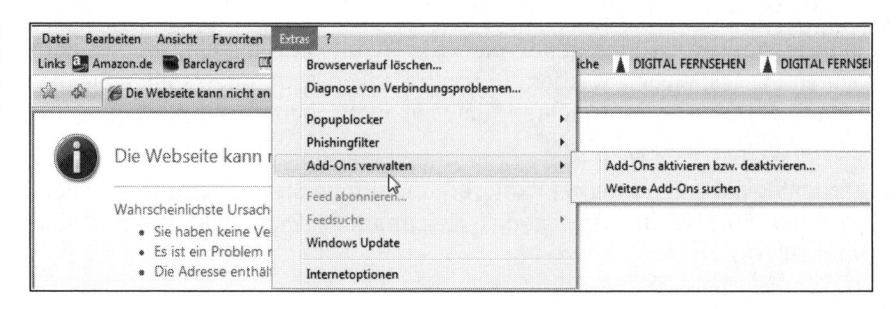

Wenn Sie den Menüpunkt *Add-Ons aktivieren bzw. deaktivieren* auswählen, können Sie die installierten Add-Ons anzeigen lassen und direkt in diesem Fenster entweder löschen oder zumindest deaktivieren, falls Sie diese nicht benötigen (siehe *Abbildung 10.72*).

Abbildung 10.72: Deaktivierung von Add-Ons im Internet Explorer

Viele störende Werbeinhalte im Internet bestehen aus Flashseiten. Deaktivieren Sie zum Beispiel das Add-On Shockwave Flash Object, *wird diese Werbung nicht mehr angezeigt. Wenn Sie auf eine Seite zugreifen, die jedoch dringend Flash benötigt, können Sie das Add-On temporär wieder aktivieren.*

TIPP

10.5.6 Sicherheitszonen im Internet Explorer 7

Der Internet Explorer teilt die Internetseiten in verschiedene Sicherheitszonen auf. Sie können selbst manuell einzelne Seiten einer Zone zuweisen. Abhängig von der zugewiesenen Zone werden unterschiedliche Sicherheitseinstellungen des Internet Explorers angewendet (siehe *Abbildung 10.73*).

Mit Vista ins Internet

Abbildung 10.73:
Verwalten der Sicherheitszonen im Internet Explorer

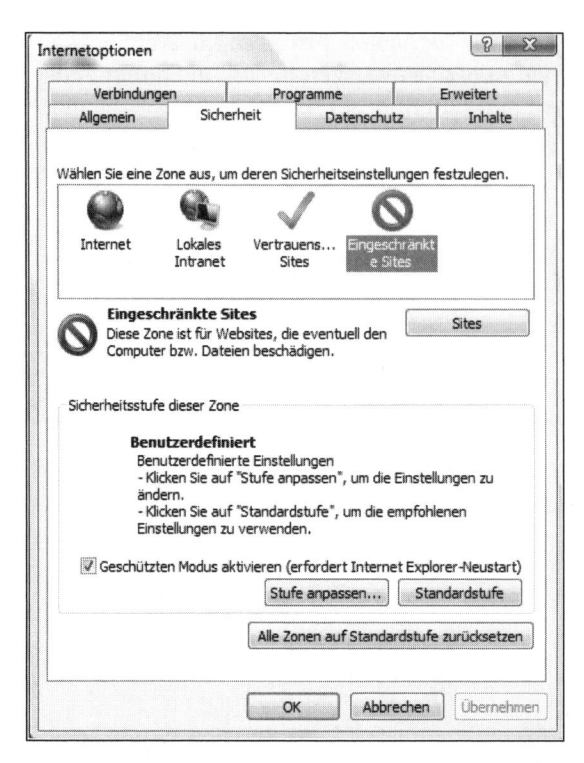

Die Konfiguration der verschiedenen Sicherheitszonen finden Sie im Internet Explorer über den Menübefehl *Extras/Internetoptionen* auf der Registerkarte *Sicherheit*. Insgesamt unterteilt der Internet Explorer Webseiten in vier Zonen:

- *Internet* – Die Sicherheitsstufe der Internetzone wird standardmäßig auf alle Websites angewendet. Die Sicherheitsstufe dieser Zone ist auf mittelhoch eingestellt. Die einzigen Websites, auf die diese Sicherheitseinstellungen nicht angewandt werden, sind die in der Zone des lokalen Intranets und diejenigen, die Sie eigens in die Zonen der vertrauenswürdigen oder eingeschränkten Sites verschoben haben.

- *Lokales Intranet* – Die Sicherheitsstufe der Zone des lokalen Intranets wird auf Websites und Inhalte angewendet, die in einem Unternehmensnetzwerk gespeichert sind. Die Sicherheitsstufe dieser Zone ist auf mittel oder niedrig eingestellt.

- *Vertrauenswürdige Sites* – Die Sicherheitsstufe der Zone für vertrauenswürdige Sites wird auf Sites angewendet, bei denen Sie davon ausgehen, dass sie weder Ihren Computer noch die Daten darauf beschädigen, und die Sie daher ausdrücklich als vertrauenswürdig festgelegt haben. Die Sicherheitsstufe für vertrauenswürdige Sites ist auf mittel eingestellt.

- *Eingeschränkte Sites* – Wenn Sie eine Site zur eingeschränkten Zone hinzufügen, wird sie dadurch nicht gesperrt, aber daran gehindert, Skripte oder aktive Inhalte zu verwenden. Die Sicherheitsstufe für eingeschränkte Sites ist auf hoch gesetzt und kann nicht geändert werden.

Sie können nicht nur die Standardsicherheitsstufen verwenden, sondern auch die einzelnen Sicherheitseinstellungen anpassen, indem Sie auf die Schaltfläche *Stufe anpassen* klicken.

Um eine bestimmte Internetseite einer dieser Zonen zuzuweisen, gehen Sie folgendermaßen vor:

1. Browsen Sie zu der Website, die Sie einer bestimmten Sicherheitszone zuweisen möchten.
2. Klicken Sie auf die Schaltfläche *Extras* und dann auf *Internetoptionen*.
3. Aktivieren Sie die Registerkarte *Sicherheit*, und klicken Sie dann auf eine Sicherheitszone (Lokales Intranet, Vertrauenswürdige Sites oder Eingeschränkte Sites).
4. Klicken Sie auf *Sites*.
5. Wenn Sie auf *Lokales Intranet* geklickt haben, klicken Sie auf *Erweitert*.
6. Die Website sollte im Feld *Diese Website zur Zone hinzufügen* angezeigt werden.
7. Klicken Sie auf *Hinzufügen*.
8. Klicken Sie auf *Schließen*.

In Kapitel 13 gehe ich im Rahmen von Windows-Teamarbeit auf die Konfiguration der Sicherheitszonen für Windows-Netzwerke ein.

TIPP

10.5.7 Sichere Internetseiten und SSL-Verschlüsselung im Internet Explorer 7

Für manche Seiten im Internet, auf denen persönliche Daten übermittelt werden, oder vor allem auf Homebanking-Seiten ist es ungeheuer wichtig, dass der Datenverkehr zwischen Ihrem PC und dem Server im Internet verschlüsselt, also für andere unlesbar übermittelt wird. Für den Zugriff auf sichere Webseiten verwendet der Internet Explorer ein verschlüsseltes Protokoll namens *Secure Sockets Layer (SSL)*. Diese Seiten verwenden das Präfix *HTTPS*, während normale Webseiten *HTTP* verwenden.

Der Internet Explorer baut eine sichere HTTPS-Verbindung zu der Internetseite auf. Sobald eine solche sichere Verbindung aufgebaut wird, erscheint im Internet Explorer oben neben der Adressleiste ein kleines Schloss (siehe *Abbildung 10.74*).

Mit Vista ins Internet

Abbildung 10.74:
Überprüfen von sicheren Internetseiten

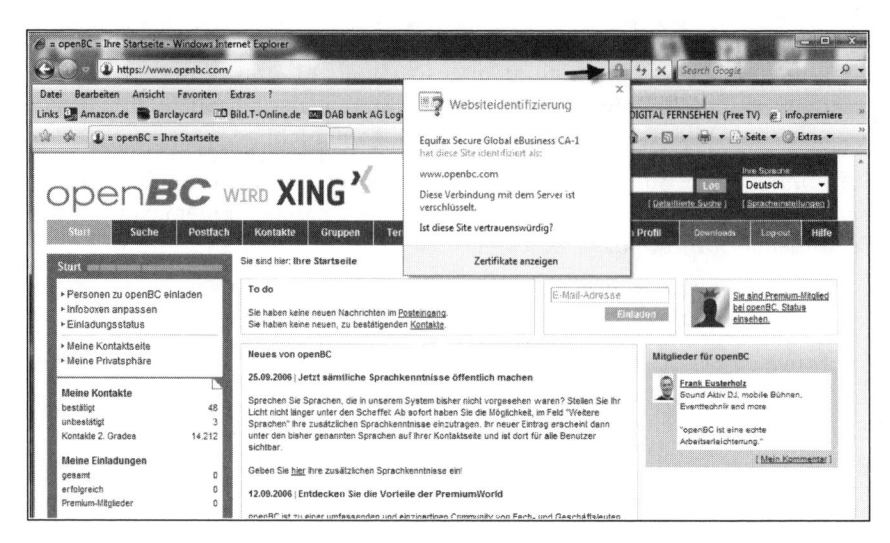

Die Verschlüsselung wird durch ein von der Website bereitgestelltes Dokument ermöglicht, ein sogenanntes *Zertifikat*. Informationen, die Sie an die Website senden, werden auf Ihrem Computer verschlüsselt und auf der Website entschlüsselt. Unter normalen Umständen können diese Informationen während der Übertragung nicht gelesen oder manipuliert werden. Zertifizierungsstellen sind die Organisationen, die Zertifikate ausstellen. Sie erstellen öffentliche Schlüssel und überprüfen die Echtheit derer von Personen oder anderen Zertifizierungsstellen. Zudem überprüfen sie die Identität einer Person oder Organisation, die ein Zertifikat anfordert.

Zertifikate dienen hauptsächlich zum Überprüfen der Identität einer Person einer Internetseite, zum Authentifizieren eines Dienstes oder zum Verschlüsseln von Dateien. Normalerweise müssen Sie sich nicht um Zertifikate kümmern. Wenn Sie mit der Maus auf dieses Schloss klicken, erhalten Sie eine Information, von welchem Unternehmen das Zertifikat ausgestellt worden ist, mit dem die gerade besuchte Internetseite gesichert wird. Hier erhalten Sie auch schnell einen Überblick, ob es sich bei der besuchten Seite um die gleiche Internetdomäne handelt wie die auf dem Zertifikat.

Ein nicht vertrauenswürdiges Zertifikat ist ein Zertifikat, das von einer Zertifizierungsstelle gesperrt wurde. Wenn eine Zertifizierungsstelle entdeckt, dass bei der Anforderung eines Zertifikats falsche Identifizierungsinformationen angegeben wurden, wird das Zertifikat gesperrt. Gesperrte Zertifikate können nicht mehr verwendet werden.

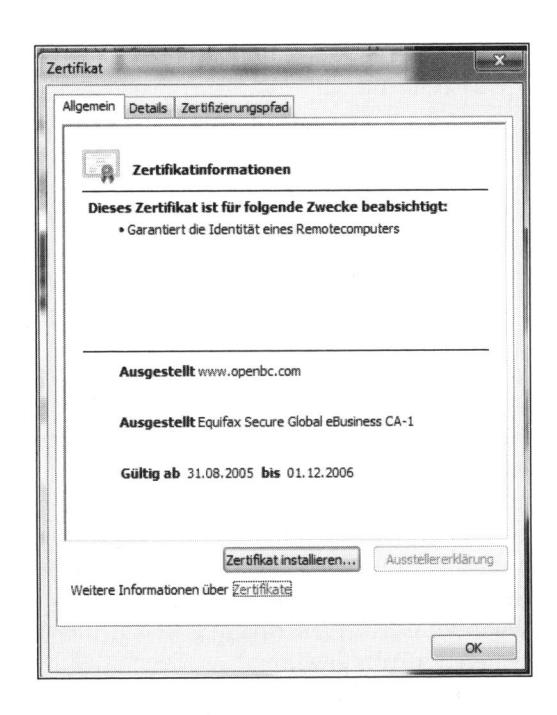

Abbildung 10.75:
Anzeigen eines Zertifikats

Wenn Sie auf den Link *Zertifikat anzeigen* klicken, werden Ihnen ausführlichere Informationen über das Zertifikat mitgeteilt. Hier erfahren Sie zum Beispiel, wie lange das Zertifikat gültig ist und ob Sie den besuchten Internetseiten vertrauen können. Normalerweise werden Zertifikate automatisch bereitgestellt.

Auch wenn die Verbindung zwischen Ihrem Computer und der Website verschlüsselt ist, gibt das keine Garantie dafür, dass Sie der Website vertrauen können. Selbst wenn die gesendeten und erhaltenen Informationen verschlüsselt sind, können Dritte möglicherweise erkennen, mit welcher Website Sie Verbindung aufnehmen. Wenn diese Drittpartei die Website kennt, kann sie eine ziemlich gute Vorstellung von dem haben, was Sie auf dieser Site tun.

Wenn Sie eine Website besuchen, die eine sichere Verbindung verwendet, dann können Sie an der Farbe der Sicherheitsstatusleiste erkennen, ob das Zertifikat gültig ist. Außerdem wird angezeigt, auf welcher Stufe die Überprüfung durch die Zertifizierungsorganisation ausgeführt wurde.

- Rot – Das Zertifikat ist nicht mehr aktuell, ungültig oder weist einen Fehler auf.
- Gelb – Die Echtzeit des Zertifikats oder der Zertifizierungsstelle, die das Zertifikat ausgegeben hat, kann nicht überprüft werden. Ursache dafür kann ein Problem mit der Website der Zertifizierungsstelle sein.

- Weiß – Die Kommunikation zwischen Ihrem Browser und der Website ist verschlüsselt.
- Grün – Das Zertifikat verwendet eine erweiterte Prüfung. Das bedeutet, dass die Kommunikation zwischen Ihrem Browser und der Website verschlüsselt ist und dass die Zertifizierungsstelle bestätigt hat, dass der Besitzer oder Betreiber der Website ein Unternehmen ist, das legal der im Zertifikat und auf der Sicherheitsstatusleiste angegebenen Rechtsordnung unterworfen ist. Die Zertifizierungsstelle macht keine Aussagen zu den Geschäftspraktiken der Website.

Was bedeutet es, wenn ich sowohl sicheren als auch nicht sicheren (gemischten) Inhalt habe?

Sicherer und nicht sicherer Inhalt (gemischter Inhalt) bedeutet, dass eine Webseite versucht, Elemente sowohl mit sicheren (HTTPS/SSL) als auch nicht sicheren (HTTP) Webserververbindungen anzuzeigen. Dies geschieht häufig bei Online-Shops und Sites von Finanzdienstleistern, die Bilder, Banner oder Skripte von einem nicht gesicherten Server anzeigen. Bei der Anzeige von gemischtem Inhalt besteht die Gefahr, dass eine nicht sichere Webseite oder ein Skript Zugriff auf Informationen aus dem Bereich des sicheren Inhalts gewinnt.

Abbildung 10.76: Aktivierung der Anzeige von gemischtem Inhalt

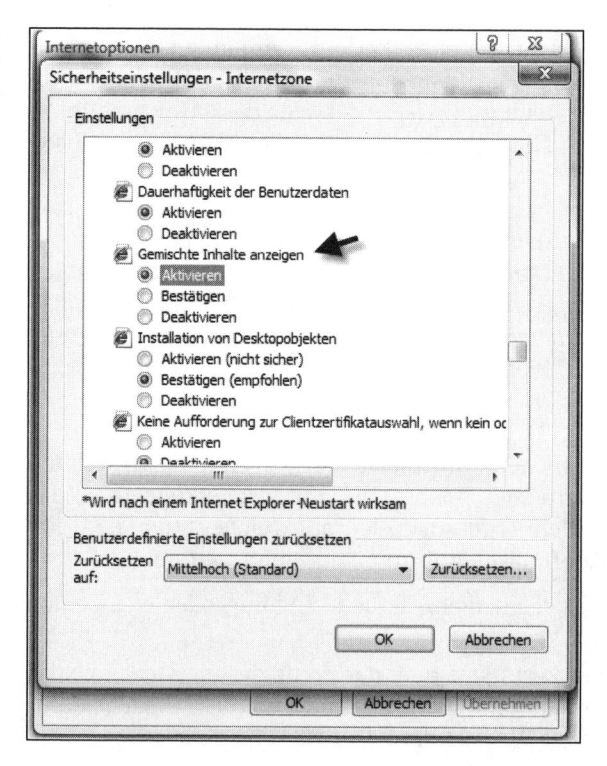

Wenn Sie Probleme bei der Verwendung von Sites mit gemischtem Inhalt haben, dann können Sie vorübergehend festlegen, dass der Internet Explorer gemischten Inhalt zulässt. Führen Sie dazu die folgenden Schritte aus:

1. Klicken Sie auf die Schaltfläche *Extras* und dann auf *Internetoptionen*.
2. Klicken Sie auf die Registerkarte *Sicherheit* und dann auf die Schaltfläche *Stufe anpassen*.
3. Ändern Sie die Einstellung *Gemischte Inhalte anzeigen* im Abschnitt *Verschiedenes* auf *Aktivieren*. Wenn Sie die Einstellung auf *Bestätigung* belassen, erhalten Sie jedes Mal eine Meldung, wenn eine Seite gemischten Inhalt anzeigen will.

Welche Arten von Zertifikaten gibt es?

- Verschlüsselndes Dateisystem – Verschlüsseln und Entschlüsseln von Dokumenten.
- Serverauthentifizierung – Überprüfen der Identität eines Servers für Computer, die eine Verbindung mit ihm herstellen.
- Clientauthentifizierung – Überprüfen der Identität eines Computers für einen Server, mit dem der Computer eine Verbindung herstellt.
- Sichere E-Mail – Verschlüsseln und digitales Signieren von E-Mail-Nachrichten.
- Codesignatur – Überprüfen des Herausgebers eines Programms. Wenn Sie zum Beispiel ein ActiveX-Programm herunterladen, wird durch seine digitale Signatur überprüft, ob es von der Organisation herausgegeben wurde, die als Herausgeber aufgeführt ist.
- Dateiwiederherstellung – Wiederherstellen verschlüsselter Dateien, wenn das EFS-Zertifikat versehentlich gelöscht oder beschädigt wurde.

10.5.8 Anpassen der Internet Explorer-Symbolleisten

Der Internet Explorer verfügt über mehrere Symbolleisten, die Sie bereits kennengelernt haben:

- Menüleiste
- Linkleiste
- Befehlsleiste

Sie können die Schaltflächen auf der Befehlsleiste nach Ihren Vorlieben anpassen. Gehen Sie dazu folgendermaßen vor:

1. Klicken Sie mit der rechten Maustaste auf die Befehlsleiste.
2. Zeigen Sie auf *Befehlsleiste anpassen* und dann auf *Befehle hinzufügen oder entfernen* (siehe *Abbildung 10.77*).

Mit Vista ins Internet

Abbildung 10.77:
Anpassen der Befehlszeile im Internet Explorer

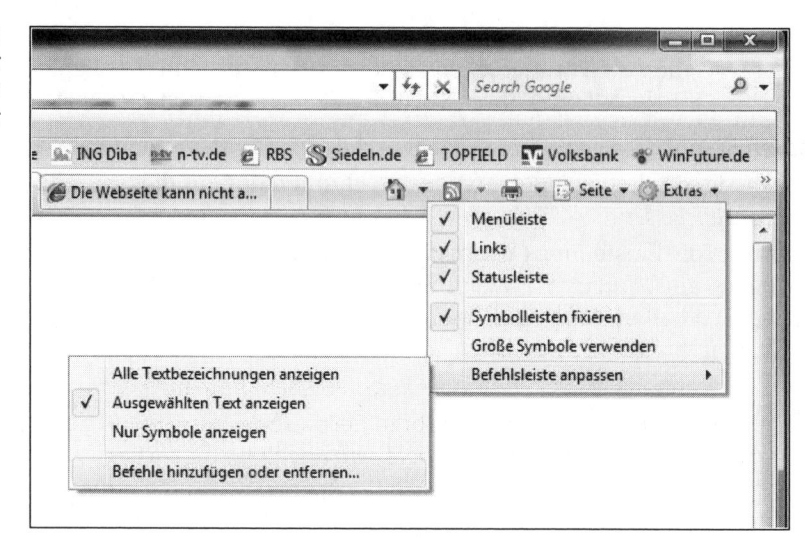

Im Anschluss können Sie verschiedene Aufgaben durchführen:

- Um eine Schaltfläche hinzuzufügen, wählen Sie sie aus der Liste *Verfügbare Schaltflächen* aus und klicken dann auf *Hinzufügen* (siehe Abbildung 10.78).

Abbildung 10.78:
Anpassen der Befehlsleiste

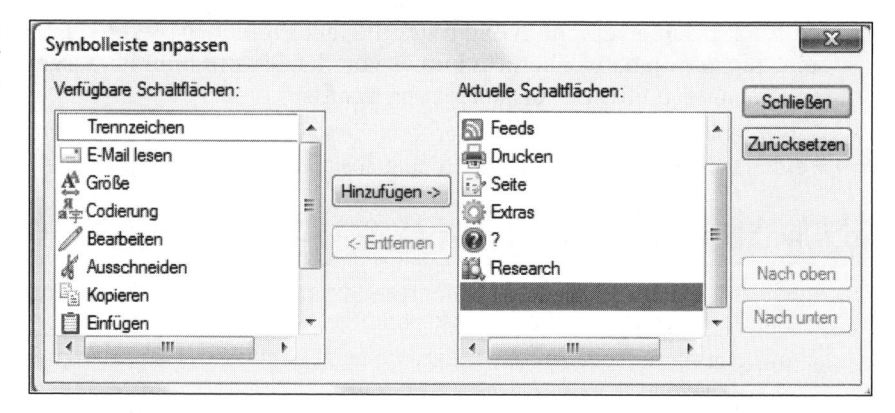

- Um eine Schaltfläche zu entfernen, wählen Sie sie aus der Liste *Aktuelle Schaltflächen* aus und klicken dann auf *Entfernen*.
- Um die Reihenfolge zu ändern, in der die Schaltflächen angezeigt werden, klicken Sie in der Liste *Aktuelle Schaltflächen* auf eine Schaltfläche und dann auf *Nach oben* oder *Nach unten*.
- Um die Schaltflächen der Befehlsleiste wieder auf ihre Standardeinstellungen zurückzusetzen, klicken Sie auf *Zurücksetzen*.

Das Menü zur Anpassung der Befehlszeile bietet darüber hinaus noch weitere Funktionen an:

- Um auf allen Schaltflächen eine Beschriftung anzuzeigen, klicken Sie auf *Alle Textbezeichnungen anzeigen*.
- Um auf einigen Schaltflächen eine Beschriftung anzuzeigen, klicken Sie auf *Ausgewählten Text anzeigen*.
- Um alle Beschriftungen abzuschalten, klicken Sie auf *Nur Symbole anzeigen*.
- Klicken Sie mit der rechten Maustaste auf die Befehlsleiste, und klicken Sie dann auf Befehlsleiste anpassen. Aktivieren Sie *Große Symbole verwenden*, wenn Sie größere Symbole angezeigt bekommen wollen.
- Um die Symbole zu verkleinern, führen Sie diese Schritte erneut durch, deaktivieren dabei aber *Große Symbole verwenden*.
- Klicken Sie mit der rechten Maustaste auf die Befehlszeile, und klicken Sie dann auf *Symbolleisten fixieren*, um das Häkchen zu entfernen (wenn kein Häkchen angezeigt wird, überspringen Sie diesen Schritt). Ziehen Sie die Trennleiste der Befehlsleiste nach links oder rechts.

10.5.9 Zurücksetzen von Internet Explorer auf die Standardeinstellungen

Durch das Zurücksetzen auf die Standardeinstellungen überführen Sie den Internet Explorer in den Zustand, den er bei der Installation auf Ihrem Computer hatte. Dies ist bei der Behebung von Fehlern nützlich, die möglicherweise durch die Änderung von Einstellungen nach der Installation verursacht wurden.

Durch das Zurücksetzen vom Internet Explorer auf die Standardeinstellungen werden Ihre Favoriten und Feeds nicht gelöscht.

Folgende Daten werden beim Zurücksetzen gelöscht:
- Browserverlauf, temporäre Internetdateien, Cookies, Formulardaten und gespeicherte Kennwörter.
- Eingegebene URL-Informationen, Offline-Webseiten, Menüerweiterungen.
- Websites, die zur Intranet-, zur vertrauenswürdigen und zur eingeschränkten Zone hinzugefügt wurden.
- Websites, die auf der Registerkarte *Datenschutz* hinzugefügt wurden.
- Websites, für die in den Popupblockereinstellungen die Verwendung von Popup-Fenstern zugelassen wurde.
- Explorer-Liste der zuletzt verwendeten Elemente.

- Startseite
- Suchanbieter, Einstellungen für Browsen mit Registerkarten
- Farben, Sprachen, Schriftarten und Eingabehilfen (Registerkarte *Allgemein*)
- Sicherheitseinstellungen für alle Zonen (Registerkarte *Sicherheit*)
- Einstellungen auf der Registerkarte *Erweitert*
- Einstellungen auf der Registerkarte *Datenschutz*
- Einstellungen für Popupblocker, AutoVervollständigen, Phishingfilter und Zoom
- Einstellungen für Seiteneinrichtung, Symbolleiste und Textgröße
- Feed-Einstellungen (Synchronisation und Benachrichtigung, nicht die Feeds an sich)
- ActiveX-Steuerelemente, die sich nicht auf der Liste der vorab zugelassenen Elemente befinden (werden auf einen Zustand zurückgesetzt, in dem sie wieder neu bestätigt werden müssen)
- Symbolleisten, Browserhilfsobjekte und Browsererweiterungen sind deaktiviert.

Folgende Einstellungen werden beim Zurücksetzen beibehalten:

- Favoriten
- Feeds
- Einstellungen des Inhaltsratgebers
- Vorab zugelassene ActiveX-Steuerelemente
- Pfadeinstellungen für temporäre Internetdateien (Cache)
- Zertifikatsinformationen
- Internetprogramme (E-Mail-, Instant-Messaging- und andere Programme für die Nutzung des Internets)
- Einstellungen für Internetverbindung, Proxy und VPN
- Standardwebbrowsereinstellung

Internet Explorer 7 zurücksetzen

Um den Internet Explorer zurückzusetzen, gehen Sie folgendermaßen vor:

1. Schließen Sie alle geöffneten Internet Explorer- oder Windows Explorer-Fenster.
2. Klicken Sie auf die Schaltfläche *Extras* und dann auf *Internetoptionen*.
3. Klicken Sie auf der Registerkarte *Erweitert* auf *Zurücksetzen* (siehe Abbildung 10.79).

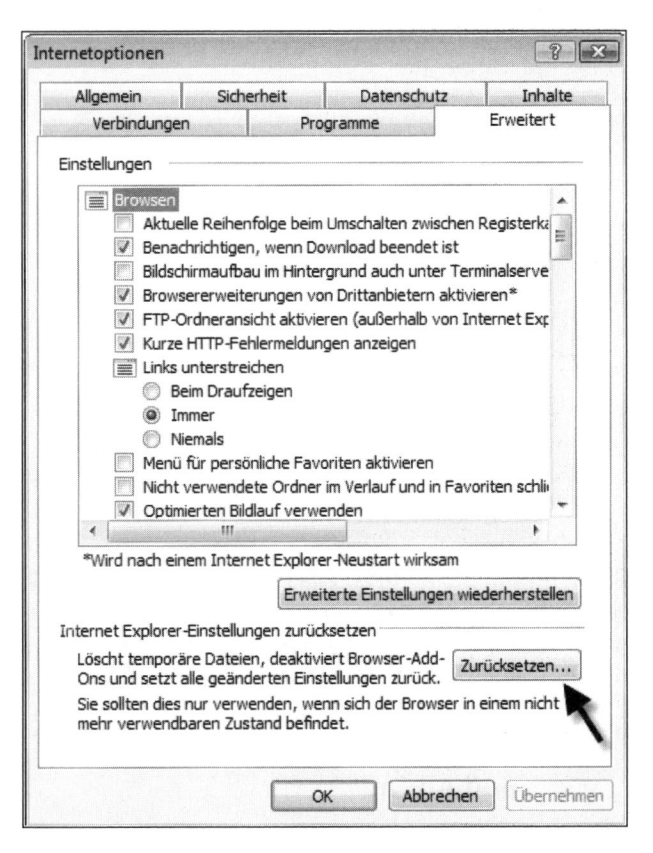

Abbildung 10.79:
Zurücksetzen des Internet Explorers

4. Klicken Sie im Dialogfeld *Internet Explorer-Einstellungen zurücksetzen* auf *Zurücksetzen* (siehe *Abbildung 10.80*).

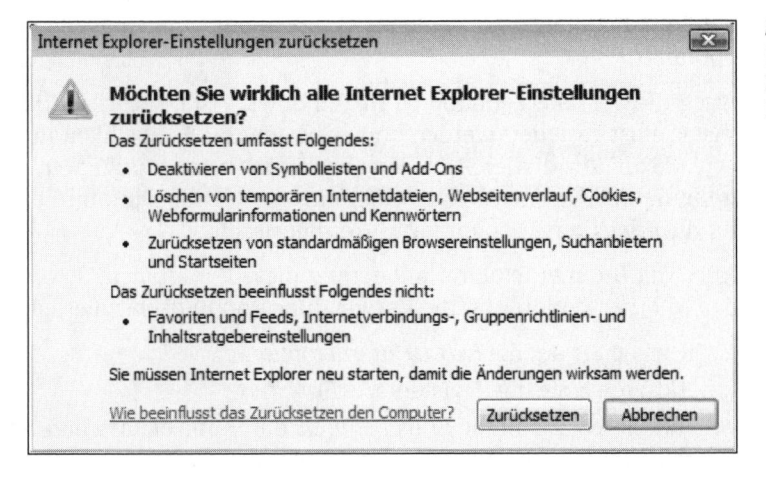

Abbildung 10.80:
Bestätigen des Zurücksetzens des Internet Explorers

Mit Vista ins Internet

Abbildung 10.81:
Internet Explorer 7 führt Zurücksetzung durch.

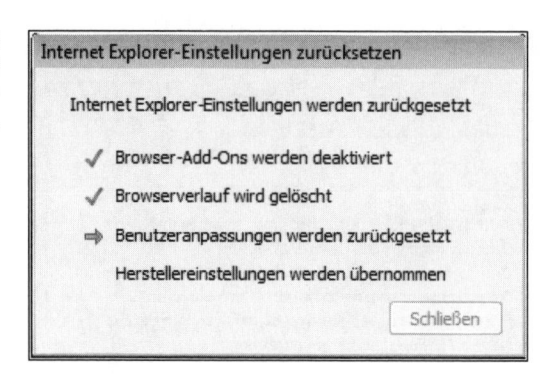

5. Wenn der Internet Explorer die Wiederherstellung der Standardeinstellungen beendet hat, klicken sie auf *Schließen* und dann auf *OK*.
6. Schließen Sie den Internet Explorer. Die Änderungen treten bei seinem nächsten Start in Kraft.

> **TIPP** *Wenn Sie alle sichtbaren Fenster schließen, beim Zurücksetzen aber dennoch eine Fehlermeldung erhalten, werden möglicherweise nicht sichtbare Programme ausgeführt. Starten Sie Windows neu, öffnen Sie den Internet Explorer, und versuchen Sie erneut, die Einstellungen zurückzusetzen.*

10.5.10 Internet Explorer 7 und das Center für erleichterte Bedienung

In Windows Vista wurde die Unterstützung für Anwender mit Behinderung deutlich überarbeitet. Damit auch Anwender mit Augenproblemen oder sonstigen Einschränkungen der Gesundheit, welche die Arbeit mit dem PC beeinträchtigen, optimal mit dem Computer arbeiten können, hat Microsoft die Einhabehilfen von Windows XP nochmals deutlicher überarbeitet und optimiert.

Auch die Spracherkennung ist in Windows Vista integriert. Über sie kann Vista selbst gesteuert werden und es besteht die Möglichkeit in Anwendungen Texte zu diktieren. Über *Start/Systemsteuerung/Erleichterte Bedienung/Center für erleichterte Bedienung* gibt es die Option, die Funktionen für die erleichterte Bedienung zu konfigurieren.

Auch der Internet Explorer unterstützt diese Funktionen. So optimieren Sie den Internet Explorer für die Verwendung von Bildschirmleseprogrammen:

1. Klicken Sie auf die *Extras/Internetoptionen*.
2. Aktivieren Sie die Registerkarte *Erweitert*.
3. Aktivieren Sie unter *Eingabehilfen* das Kontrollkästchen *Systemzeiger mit Fokus-/Markierungsänderungen verschieben*.
4. Aktivieren Sie unter *Eingabehilfen* das Kontrollkästchen *Immer alternativen Text für Bilder anzeigen*.

5. Deaktivieren Sie unter *Multimedia* das Kontrollkästchen *Bilder anzeigen*.
6. Deaktivieren Sie unter *Multimedia* das Kontrollkästchen *Sound in Webseiten wiedergeben*.
7. Deaktivieren Sie unter *Multimedia* die Kontrollkästchen *Bilder anzeigen*.
8. Deaktivieren Sie unter *Browsen* die Kontrollkästchen *Seitenübergänge aktivieren* und *Optimierten Bildlauf verwenden*.
9. Klicken Sie auf *OK*.

10.6 Windows Mail alias Outlook Express 7

Microsoft hat mit Vista auch eine neue Namensgebung für alte Produkte definiert sowie einige neue Programme in Windows integriert. Aus dem alten *Outlook Express* wurde *Windows Mail*. Das frühere Adressbuch heißt jetzt *Windows-Kontakte*.

Bei diesen beiden Programmen hat Microsoft auch die Speicherstruktur geändert. Einzelne E-Mails und Kontakte werden nicht mehr als Archive in verschiedenen Verzeichnissen abgelegt, sondern als einzelne Dateien. Diese Änderung macht die Sicherung und Wiederherstellung von E-Mails und Kontakten wesentlich einfacher. Die Bedienung ist im Grunde genommen weitgehend identisch geblieben (siehe *Abbildung 10.82*).

Abbildung 10.82: Windows Mail in Windows Vista

Mit Vista ins Internet

Anwender, die häufig per E-Mail kommunizieren sollten aus unserer Sicht besser das kostenlose Tool Mozilla Thunderbird verwenden, für das es zahlreiche kostenlose Erweiterungen gibt und dessen Bedienung auch nicht komplizierter ist als die von Windows Mail. Für Anwender, die keine zusätzliche Applikation auf ihrem PC installieren wollen und die nicht all zu häufig per E-Mail kommunizieren, reicht allerdings auch Windows Mail aus.

Zumindest hat Microsoft dem Programm jetzt einen recht intelligenten Spamfilter spendiert, der ähnlich funktioniert wie in Microsoft Outlook ab Version 2003. Auch der neue Phishingschutz von Outlook 2003 SP2 wurde in Windows Mail integriert. Für diesen Phishingschutz gilt das Gleiche wie für den Phishingschutz im Internet Explorer: Er ist nur rudimentär und schützt sicherlich nicht vollständig vor Phishingmails.

Um mit Windows Mail die E-Mails von Ihrem Provider abzurufen und zu lesen bzw. um E-Mails verschicken zu können, müssen Sie zunächst in Windows Mail ein E-Mail-Konto einrichten. Gehen Sie dazu folgendermaßen vor:

1. Starten Sie zunächst Windows Mail, und klicken Sie dann auf *Extras/Konten*.
2. Klicken Sie im neuen Fenster auf *Hinzufügen*, und wählen Sie *E-Mail-Konto* aus. Klicken Sie anschließend auf *Weiter* (siehe *Abbildung 10.83*).

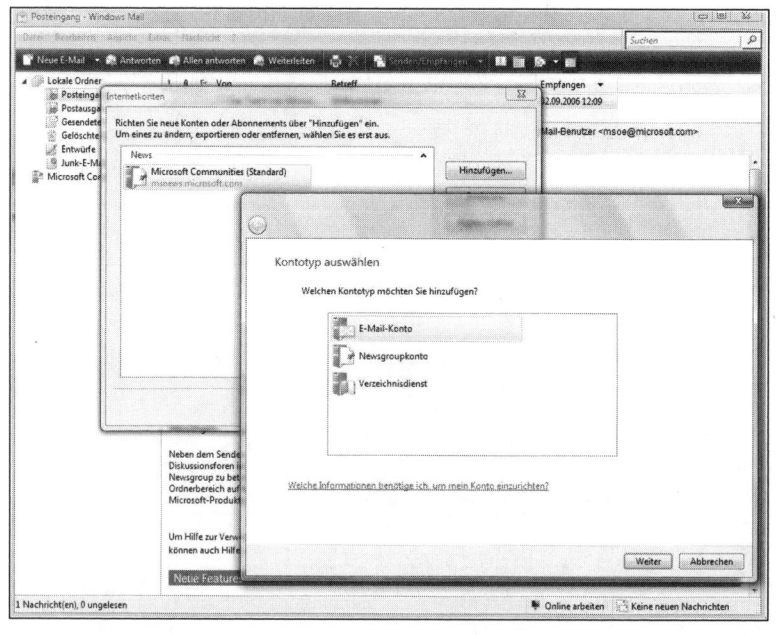

Abbildung 10.83: Hinzufügen eines neuen E-Mail-Kontos zu Windows Mail

Windows Mail alias Outlook Express 7

Im folgenden Fenster definieren Sie den Namen, den die Empfänger Ihrer E-Mails in der Ansicht ihres E-Mail-Programms enthalten. Die Eingabe ist beliebig, Sie dürfen aber keine Sonderzeichen verwenden (siehe *Abbildung 10.84*).

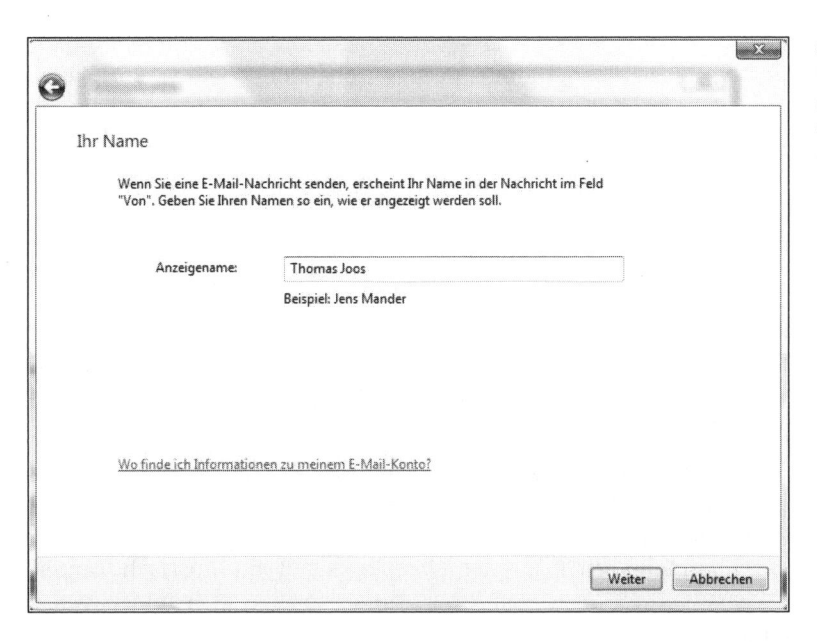

Abbildung 10.84:
Festlegen des Anzeigenamens für das Versenden von E-Mails

Im nächsten Fenster geben Sie Ihre E-Mail-Adresse an. Tragen Sie in diesem Feld die E-Mail-Adresse ein, die Sie mit Windows Mail verwalten wollen. Klicken Sie nach der Eingabe auf *Weiter*.

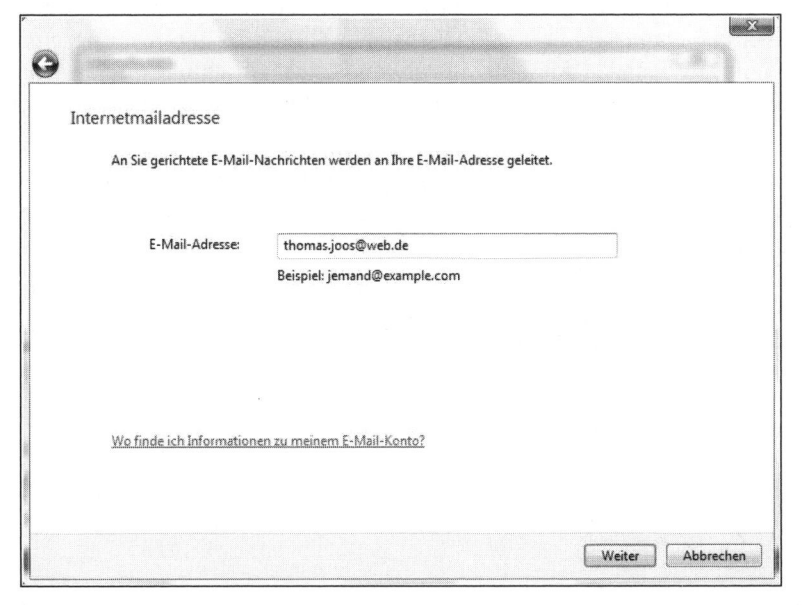

Abbildung 10.85:
Eingabe der E-Mail-Adresse

Im nächsten Fenster müssen Sie den Typ des Posteingangs- und Postausgangsservers sowie deren Name oder IP-Adresse festlegen.

Sie können für den Empfang von E-Mails aus dem Internet entweder POP3 oder IMAP auswählen, während SMTP zum Versenden Ihrer E-Mails ins Internet zuständig ist.

Der hauptsächliche Unterschied zwischen den beiden Protokollen POP3 und IMAP ist, dass bei POP3 die E-Mails vom Posteingangsserver des Providers auf Ihren PC heruntergeladen und anschließend auf dem Server gelöscht werden. Bei IMAP verbleiben die E-Mails auf dem Server des Providers, sie werden nur in Ihrem Posteingang angezeigt. Da die E-Mails auf dem Server erhalten bleiben, verringert sich der Datenverkehr zwischen Client und Internet, und Sie können E-Mails im Postfach löschen, wenn Sie diese nicht mehr lesen wollen. Damit Sie auf ein Postfach per IMAP zugreifen können, müssen Sie online sein. Wenn keine Internetverbindung besteht, können Sie Ihre E-Mails nicht lesen.

POP3 lädt komplette E-Mails aus dem Internet herunter und zeigt sie im Posteingang an. Sie können die E-Mails offline lesen und bearbeiten. Wenn Sie nicht nur von zu Hause auf Ihr privates Postfach zugreifen, sondern von unterwegs, sind die E-Mails auf dem Postfach gelöscht und nur noch auf Ihrem PC zu lesen. Wenn Sie die E-Mails mit IMAP anzeigen lassen, können Sie von mehreren PCs oder Notebooks auf Ihr Postfach zugreifen. Die E-Mails werden im E-Mail-Programm angezeigt, aber nur teilweise heruntergeladen. Der größte Teil der E-Mail bleibt auf dem Server.

POP3 ist nur in der Lage, E-Mails herunterzuladen und zu löschen. Das Protokoll ist sehr eingeschränkt. IMAP kann nicht nur die E-Mails anzeigen, sondern eine Ordnerstruktur darstellen. Wenn Sie bei Ihrem Provider im Postfach mehrere Unterordner anlegen, kann darauf mit IMAP zugegriffen werden. Dadurch können Sie E-Mails im Clientprogramm sortieren und verwalten. Welches Protokoll Sie verwenden, ist Geschmacksache. Ich persönlich arbeite lieber mit dem effizienteren IMAP. Nicht jeder Provider bietet allerdings den Zugriff über IMAP oder POP3 an.

Nachdem Sie sich entschieden haben, welches Protokoll Sie zum Empfangen von E-Mails verwenden wollen, müssen Sie noch den entsprechenden Server des Providers eintragen.

Zur Steuerung der Option *Ausgangsserver erfordert Authentifizierung* komme ich noch in diesem Abschnitt.

Windows Mail alias Outlook Express 7

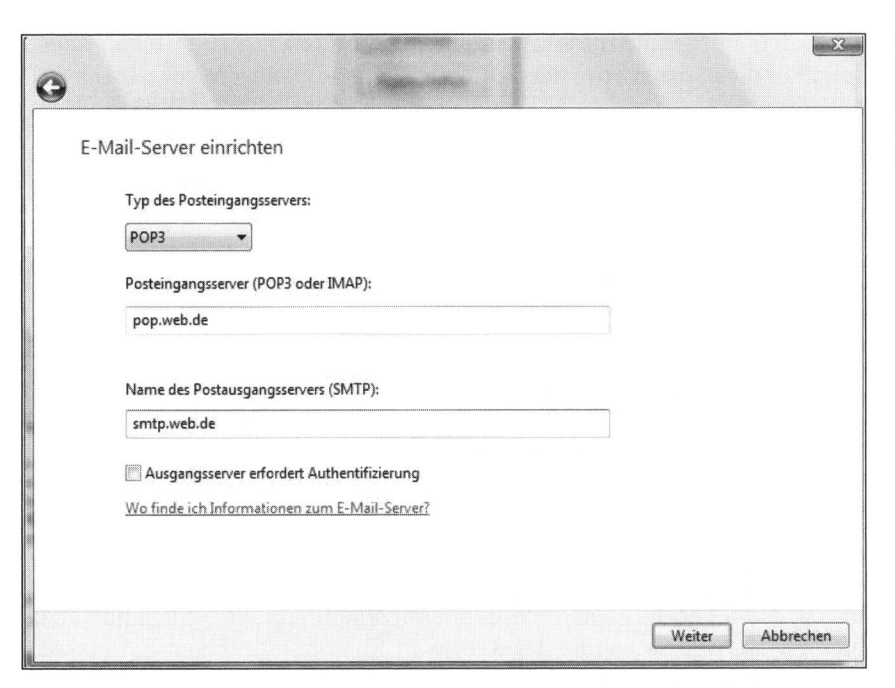

Abbildung 10.86:
Eintragen des Postausgangs- und Posteingangsservers

E-Mail-Server einrichten

Typ des Posteingangsservers:

POP3

Posteingangsserver (POP3 oder IMAP):

pop.web.de

Name des Postausgangsservers (SMTP):

smtp.web.de

☐ Ausgangsserver erfordert Authentifizierung

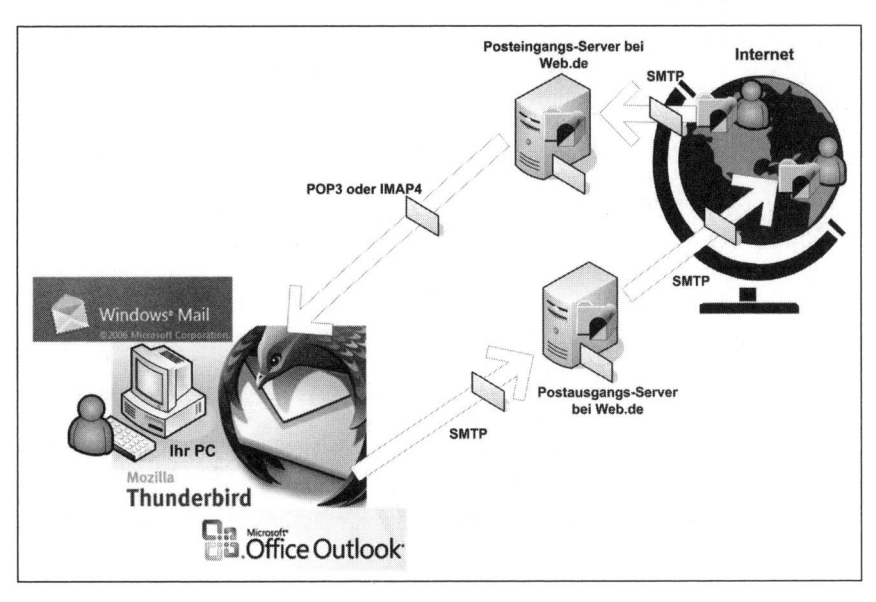

Wo finde ich Informationen zum E-Mail-Server?

[Weiter] [Abbrechen]

Abbildung 10.87:
Protokolle beim E-Mail-Empfang und -Versand

Mit Vista ins Internet

Sie finden die Servernamen des Providers in der jeweiligen Hilfe zum Postfach. Für die meisten Provider habe ich Ihnen die Namen in der *Tabelle 10.1* aufgelistet:

Tabelle 10.1: Posteingangs- und Postausgangsserver der am meisten verbreiteten Provider

Provider	POP-Server (Posteingang)	IMAP-Server (Posteingang)	SMTP-Server (Postausgang)
Arcor	pop3.arcor.de	imap.arcor.de	mail.arcor.de
Freenet	mx.freenet.de	mx.freenet.de	mx.freenet.de
Web.de	pop3.web.de	imap.web.de	smtp.web.de
Lycos	-	-	-
GMX	pop.gmx.net	imap.gmx.net	mail.gmx.net
Yahoo	pop.mail.yahoo.de	-	smtp.mail.yahoo.de
Hotmail	-	-	-

Im nächsten Fenster geben Sie als Benutzernamen zum Server nochmals Ihre E-Mail-Adresse an und das Kennwort für den Zugriff zum Posteingang (siehe *Abbildung 10.88*).

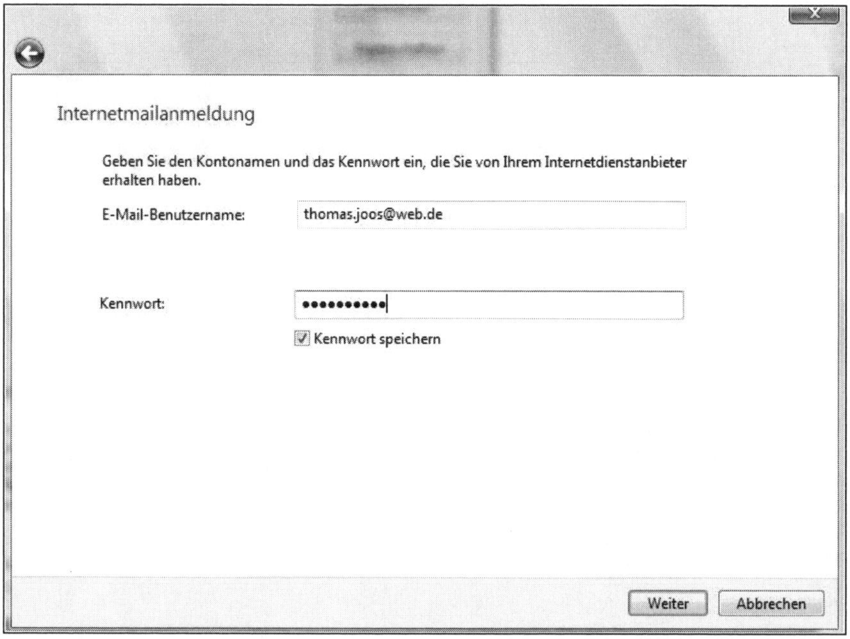

Abbildung 10.88: Konfiguration der Anmeldung am Postfach

Im Anschluss können Sie die Einrichtung des E-Mail-Kontos fertig stellen. Sie können die E-Mails entweder gleich herunterladen oder erst später. Bei den meisten Providern müssen Sie sich zum Versenden von E-Mails am

Windows Mail alias Outlook Express 7

Postausgangsserver authentifizieren. Um diese Authentifizierung zu konfigurieren, rufen Sie nochmals den Menübefehl *Extras/Konten* auf.

Öffnen Sie als Nächstes die Eigenschaften Ihres gerade eingerichteten E-Mail-Kontos. Auf der Registerkarte *Allgemein* geben Sie die Bezeichnung des Kontos auf dem Rechner ein. Verwenden Sie zur besseren Übersicht, wenn Sie zum Beispiel mehrere Konten mit Windows Mail verwalten, als Kontennamen Ihre E-Mail-Adresse, die beim entsprechenden Konto hinterlegt ist.

Auf der Registerkarte *Server* aktivieren Sie das Kontrollkästchen *Server erfordert Authentifizierung*, klicken anschließend auf *Einstellungen* und aktivieren die Option *Gleiche Einstellungen wie für den Posteingangsserver verwenden* (siehe *Abbildung 10.89*).

Das Senden von E-Mails und der Umgang mit Windows Mail sind absolut intuitiv und selbsterklärend. Ich gehe im nächsten Kapitel ausführlicher auf die beiden Programme Mozilla Thunderbird und Firefox ein. Lesen Sie sich dieses Kapitel auf jeden Fall durch. Viele Optionen sowie der Umgang mit dem Programm sind zwischen Windows Mail und Mozilla Thunderbird ziemlich ähnlich.

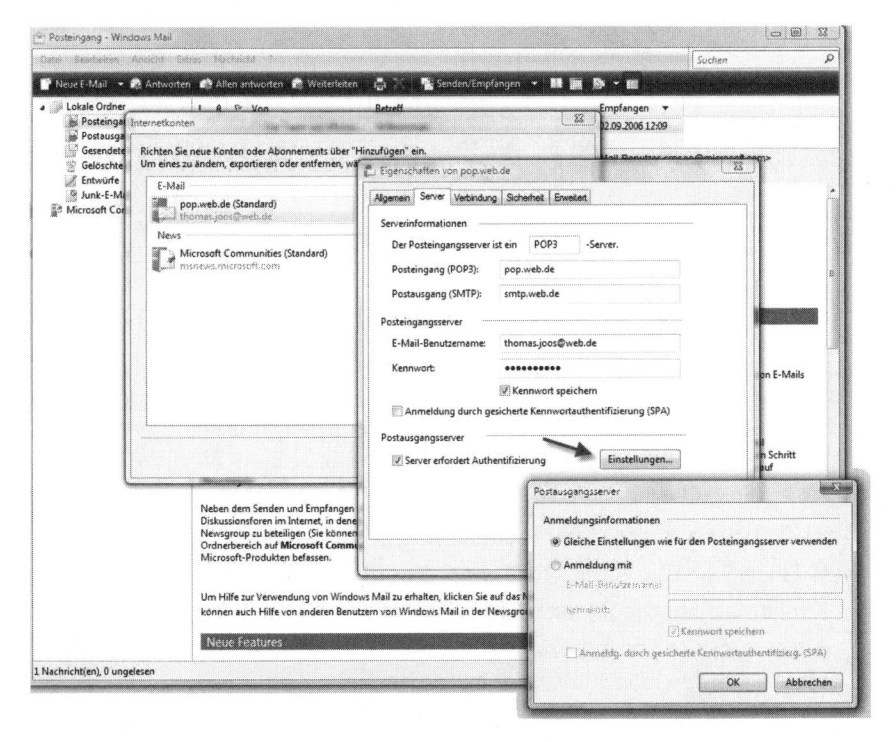

Abbildung 10.89:
Konfiguration der Authentifizierung für den Postausgangsserver in Windows Mail

Mit Vista ins Internet

10.6.1 Problembehandlung in Windows Mail

Im folgenden Abschnitt gehe ich die wichtigsten Konfigurationsmöglichkeiten für den Fall durch, dass einzelne Probleme mit Windows Mail auftauchen.

Ich kann keine E-Mail-Nachrichten empfangen.

Starten Sie den Webbrowser, und versuchen Sie, eine Webseite zu öffnen. Wenn die Verbindung mit der Webseite nicht möglich ist, funktioniert die Internetverbindung nicht.

Überprüfen Sie die Eigenschaften des E-Mail-Kontos, um sicherzustellen, dass die Kontoinformationen ordnungsgemäß eingegeben wurden:

1. Klicken Sie auf das Menü *Extras* und dann auf *Konten*.
2. Klicken Sie unter *E-Mail* auf Ihr E-Mail-Konto und dann auf *Eigenschaften*.
3. Klicken Sie auf die Registerkarte *Server*. Stellen Sie sicher, dass die verschiedenen Einträge unter *Serverinformationen* und *Posteingangsserver* stimmen.
4. Klicken Sie auf *Senden/Empfangen*, um erneut zu versuchen, E-Mail-Nachrichten abzurufen (siehe *Abbildung 10.90*).

Abbildung 10.90: Erneutes Senden und Empfangen von E-Mails

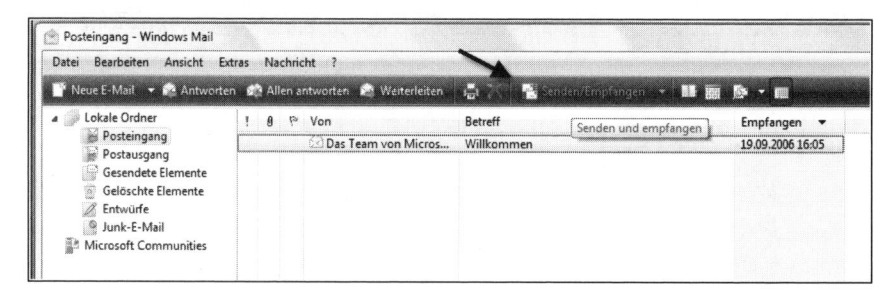

Wenn die Kontoinformationen richtig waren, Sie aber dennoch keine E-Mail-Nachrichten senden oder empfangen können, müssen Sie Windows Mail möglicherweise so konfigurieren, dass eine sichere Verbindung zum E-Mail-Server verwendet wird:

1. Klicken Sie auf das Menü *Extras*, und klicken Sie dann auf *Konten*.
2. Wählen Sie unter *E-Mail* Ihr E-Mail-Konto und *Eigenschaften*.
3. Klicken Sie auf die Registerkarte *Erweitert*.
4. Aktivieren Sie unter *Posteingang* das Kontrollkästchen *Dieser Server erfordert eine sichere Verbindung (SSL)* (siehe *Abbildung 10.91*).
5. Aktivieren Sie unter *Postausgang* das Kontrollkästchen *Dieser Server erfordert eine sichere Verbindung (SSL)*, wenn beim Senden von E-Mail-Nachrichten Probleme auftreten.

Windows Mail alias Outlook Express 7

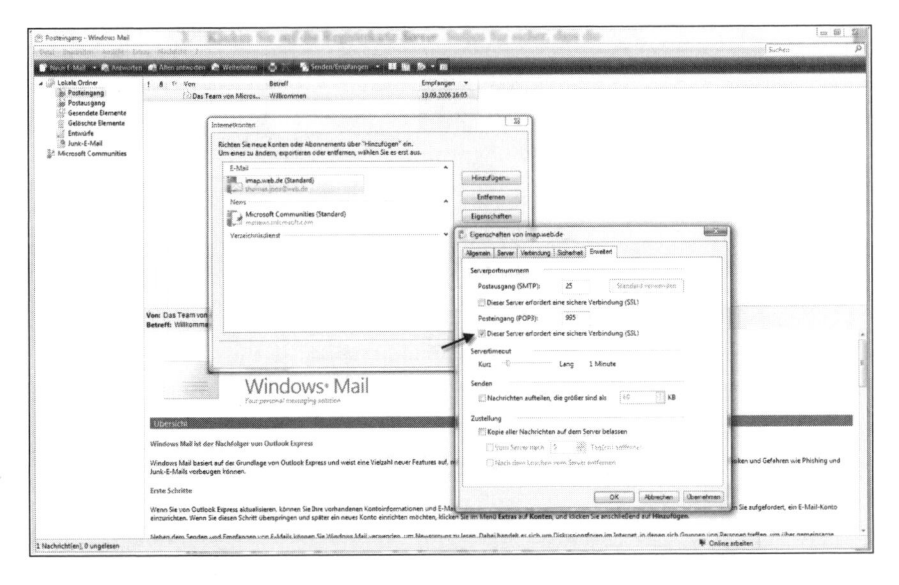

Abbildung 10.91:
Konfiguration von Windows Mail für eine sichere Übertragung

6. Klicken Sie auf *Senden/Empfangen*, um erneut zu versuchen, E-Mail-Nachrichten abzurufen.

Falls Sie mit einem Unternehmensnetzwerk verbunden sind, ist es möglich, dass der Zugriff auf den E-Mail-Dienstanbieter durch die Firewall des Unternehmens blockiert wird. Erkundigen Sie sich beim Systemadministrator, ob die Firewall-Einstellungen angepasst werden können oder ob eine Firewallclientsoftware verfügbar ist, die Ihnen den Zugriff auf Ihre E-Mail ermöglicht.

TIPP

Ich kann E-Mail-Nachrichten empfangen, aber nicht senden.

Wenn Sie E-Mail-Nachrichten empfangen, aber nicht senden können, hat Windows Mail Probleme, eine ordnungsgemäße Verbindung mit dem Postausgangsserver herzustellen.

Falls es bislang noch nie möglich war, E-Mail-Nachrichten mittels Windows Mail zu senden, wurde das E-Mail-Konto höchstwahrscheinlich nicht ordnungsgemäß eingerichtet. Führen Sie daher zuerst die Schritte zum Überprüfen der E-Mail-Kontoinformationen aus, die im vorherigen Abschnitt beschrieben sind. Wenn Sie sichergestellt haben, dass die E-Mail-Kontoinformationen ordnungsgemäß eingegeben wurden, müssen Sie eventuell die Authentifizierungseinstellungen ändern, sodass Sie sich beim Senden von Nachrichten mit Ihrem E-Mail-Benutzernamen und -kennwort anmelden:

1. Klicken Sie auf das Menü *Extras* und dann auf *Konten*.
2. Klicken Sie unter *E-Mail* auf Ihr E-Mail-Konto und dann auf *Eigenschaften*.

Mit Vista ins Internet

Abbildung 10.92:
Konfiguration der Anmeldeinformationen für Postausgangsserver

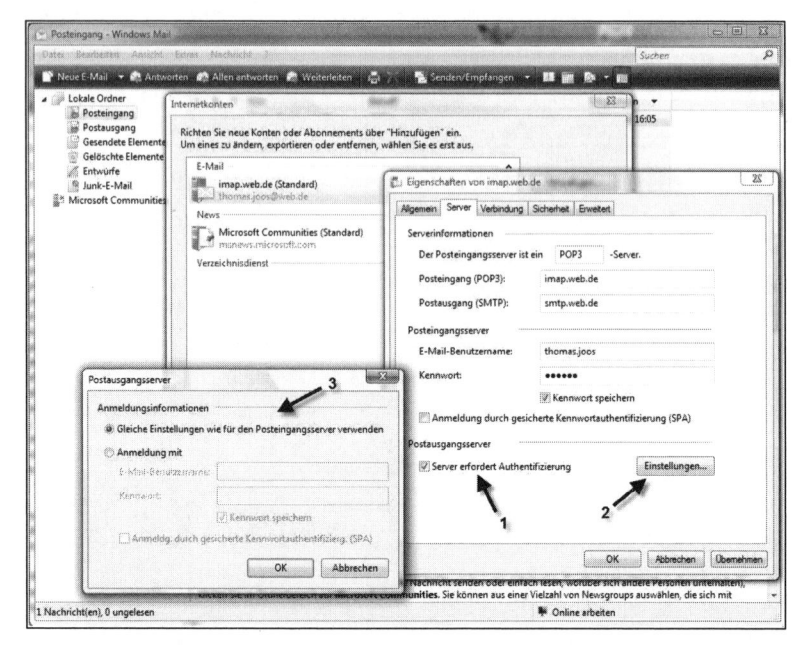

3. Klicken Sie auf die Registerkarte *Server*, und aktivieren Sie dann unter Postausgangsserver das Kontrollkästchen *Server erfordert Authentifizierung* (siehe *Abbildung 10.92*).

4. Wenn die Kontoinformationen zum Senden von E-Mail-Nachrichten nicht mit den Informationen identisch sind, die Sie beim Empfangen von Nachrichten verwenden, klicken Sie auf *Einstellungen*.

5. Klicken Sie auf *Anmeldung mit*, und geben Sie die Benutzernamen- und Kennwortinformationen ein.

Ich kann Dateianlagen nicht anzeigen oder speichern.

In Windows Mail wird der Zugriff auf bestimmte Anlagentypen blockiert, die ein potenzielles Risiko für den Computer darstellen. Dateien mit den Dateinamenerweiterungen EXE, PIF und SCR werden zum Beispiel blockiert. Wenn eine E-Mail-Anlage von Windows Mail blockiert wird, wird auf der Informationsleiste eine Meldung angezeigt, die Sie darüber informiert, dass eine Anlage blockiert wurde. Außerdem wird der Name der blockierten Anlage aufgeführt. Sie können den Zugriff auf blockierte Anlagen ermöglichen (siehe *Abbildung 10.93*):

1. Klicken Sie auf das Menü *Extras* und dann auf *Optionen*.

2. Deaktivieren Sie auf der Registerkarte *Sicherheit* das Kontrollkästchen *Speichern oder Öffnen von Anlagen, die möglicherweise einen Virus enthalten könnten, nicht zulassen*, und klicken Sie dann auf *OK*.

Windows Mail alias Outlook Express 7

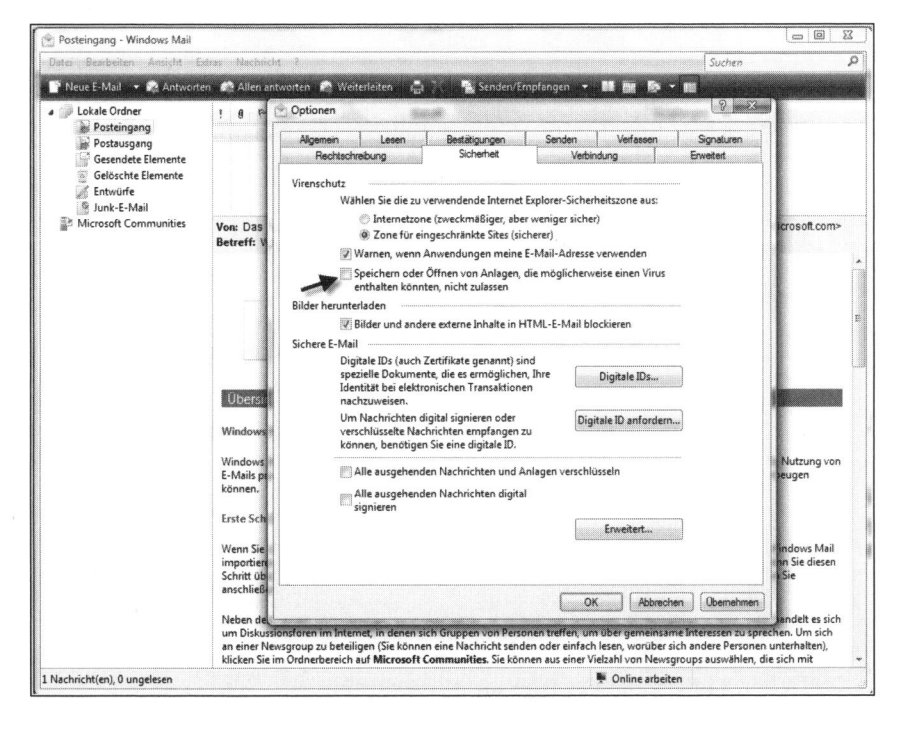

Abbildung 10.93:
Zulassen von gesperrten Dateianlagen in Windows Mail

3. Nachdem Sie diese Einstellung geändert haben, müssen alle offenen Nachrichten, die blockierte Anlagen enthalten, geschlossen und erneut geöffnet werden.

Die Links in einer Nachricht, die ich erhalten haben, funktionieren nicht.

Wenn Windows Mail feststellt, dass es sich bei einer Nachricht möglicherweise um eine Phishing-E-Mail-Nachricht handelt, wird der Zugriff auf alle Links in dieser Nachricht blockiert. Wenn Sie sich sicher sind, dass die Nachricht einwandfrei ist, und die Links in der Nachricht aktivieren möchten, müssen Sie die Nachricht öffnen und dann auf der Informationsleiste auf *Blockierung aufheben* klicken, um Links in der Nachricht zu aktivieren.

Wenn ich im Webbrowser auf einen E-Mail-Link klicke, wird nicht Windows Mail, sondern ein anderes E-Mail-Programm geöffnet.

Das deutet darauf hin, dass ein anderes Programm als Standard-E-Mail-Programm festgelegt ist. So legen Sie Windows Mail als Standard-E-Mail-Programm fest:

1. Klicken Sie auf das Menü *Extras* und dann auf *Optionen*.
2. Klicken Sie neben *Anwendung ist NICHT der Standardmailhandler* auf *Als Standard*. Wenn die Schaltfläche *Als Standard* nicht verfügbar ist, wurde Windows Mail bereits als Standard-E-Mail-Programm festgelegt (siehe *Abbildung 10.94*).

Mit Vista ins Internet

Abbildung 10.94:
Festlegen von Windows Mail als Standardprogramm

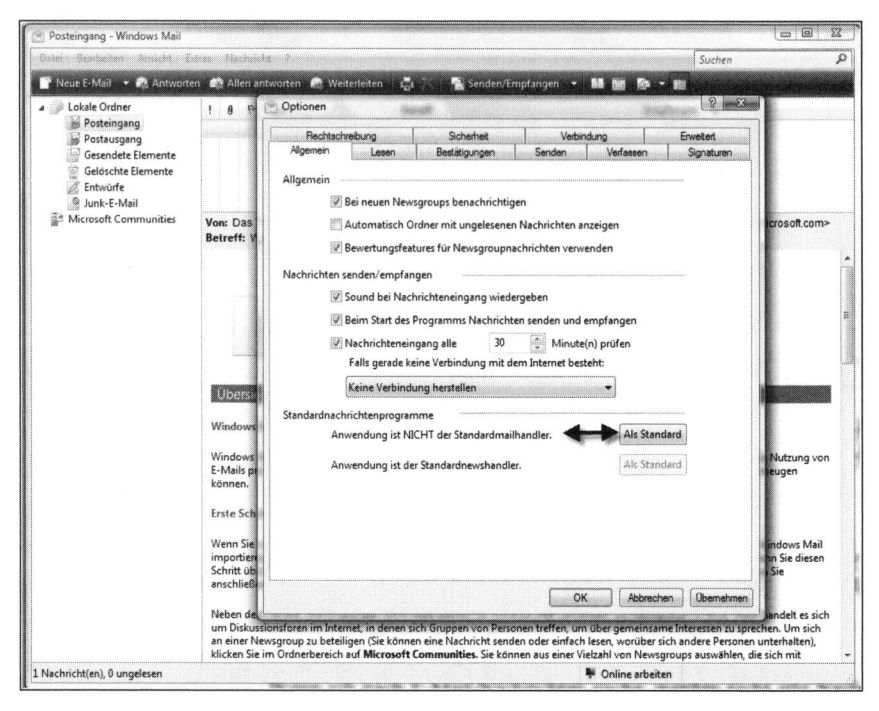

Wenn ich nach E-Mail-Nachrichten suche, werden nicht alle Nachrichten, die den Suchkriterien entsprechen, im Suchergebnis angezeigt.

Wenn in Windows Mail eine Nachricht heruntergeladen wird, werden die E-Mail-Adressen und der Nachrichtentitel sofort zum Suchindex hinzugefügt. Der Nachrichtentext wird jedoch zusammen mit allen anderen Windows-Dateien indiziert und möglicherweise nicht sofort zum Index hinzugefügt. Warten Sie ein paar Minuten, und führen Sie die Suche dann erneut aus. In Windows Mail wird nur der derzeitig ausgewählte Ordner nach Nachrichten durchsucht.

10.6.2 Lesen von E-Mail-Nachrichten im Offline-Modus

In Windows Mail können Sie E-Mail-Nachrichten auf den Computer herunterladen, sodass Sie sie offline lesen und beantworten können:

1. Klicken Sie auf das Menü *Extras* und dann auf *Optionen*.
2. Klicken Sie auf der Registerkarte *Allgemein* unter *Falls gerade keine Verbindung mit dem Internet besteht* auf *DFÜ-Verbindung nur beim Onlinearbeiten herstellen*, und klicken Sie dann auf *OK* (siehe *Abbildung 10.95*).

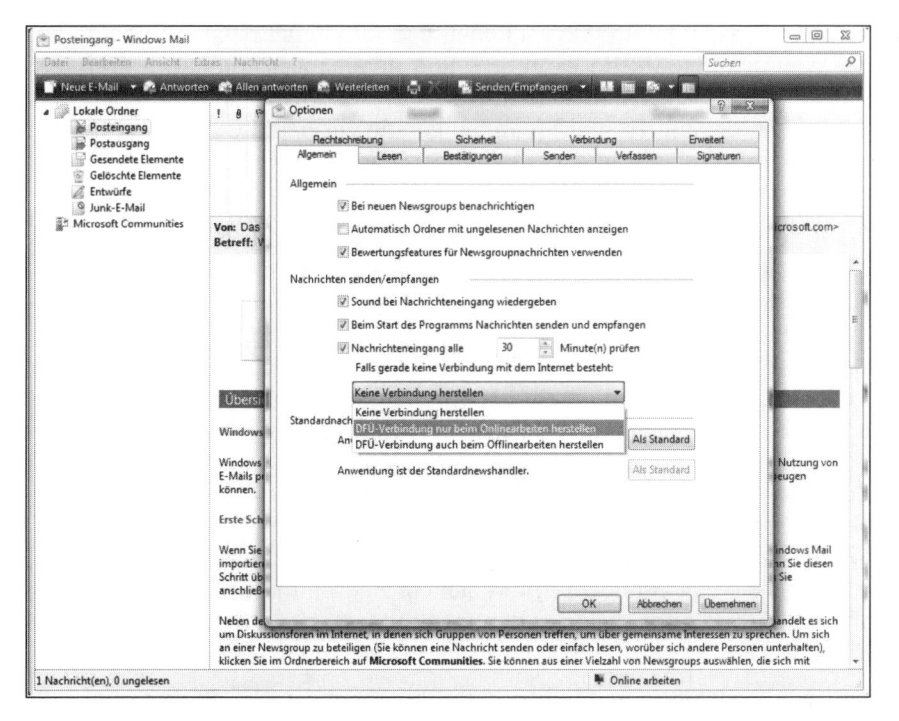

Abbildung 10.95:
Offline-Verfügbarkeit von E-Mail

3. Wenn Sie IMAP verwenden, müssen Sie in der Ordnerliste (im linken Fensterbereich von Windows Mail) auf den Servernamen klicken.
4. Aktivieren Sie die Kontrollkästchen für die Elemente, die Sie offline anzeigen möchten, und klicken Sie dann auf *Konto synchronisieren*.
5. Klicken Sie auf das Menü *Datei* und dann auf *Offline arbeiten*.
6. Wenn Sie sich das nächste Mal im Online-Modus befinden und auf die Schaltfläche *Senden/Empfangen* klicken, werden alle Nachrichten gesendet, die Sie im Offline-Modus verfasst haben, und alle anderen Aktionen, die Sie im Offline-Modus eingeleitet haben, werden abgeschlossen.

10.7 Instant Messaging – der Windows Live Messenger

Instant Messaging, kurz IM genannt, ist ein Dienst, mit dem Teilnehmer im Internet Nachrichten austauschen können. Die deutsche Bedeutung für den Begriff ist *sofortige Nachrichtenübermittlung*. Jeder Teilnehmer verwendet ein spezielles Programm und meldet sich mit seinem Benutzernamen bei dem jeweiligen Dienst im Internet an.

Instant Messaging wird von Millionen von Internetteilnehmern überall auf der Welt genutzt. Mit IM kann man flott miteinander kommunizieren und Dateien austauschen. Sobald der PC startet, kann man sofort erkennen, wer von seinen Bekannten und Freunden gerade vor dem PC sitzt. Sie können sich miteinander unterhalten, ob nun der eine Teilnehmer in München sitzt und der andere in Los Angeles.

Wenn sich zwei Teilnehmer per IM unterhalten wollen, muss das Programm auf beiden PCs gestartet und eine Verbindung zu dem jeweiligen Dienst im Internet aufgebaut werden. Jeder der Benutzer kann nach dem Verbindungsaufbau Nachrichten im Programm eingeben, die der Empfänger sofort sieht. Der Empfänger kann auf diese Nachricht antworten und sie sofort abschicken. In die meisten IM-Programme, so auch beim Windows Live Messenger, sind Kontaktlisten integriert, in denen der Benutzer die Adressen seiner Freunde und Bekannten hinterlegen kann. Wenn sich ein Teilnehmer mit einem anderen unterhalten will, muss er nur noch dessen Namen im Programm anklicken und kann sofort die Nachricht absenden. Wenn der andere Teilnehmer sein Programm ebenfalls geöffnet hat, erscheint die Nachricht sofort auf seinem Bildschirm, und er kann darauf antworten. Die Adresslisten in den Instant Messaging-Programmen werden Buddylisten genannt.

Das wohl beliebteste und bekannteste Programm ist ICQ. Es war seinerzeit das erste Produkt, durch das IM in Privathaushalten populär wurde. ICQ (gesprochen EiSiQu) ist eine Wortschöpfung aus »I seek you«, was auf Deutsch »Ich suche dich« heißt. Seit Ende der 90er-Jahre gehört ICQ zum AOL-Konzern, der mit dem Programm inzwischen einen Marktanteil von 60 % hat. ICQ war das erste kostenlose IM-Programm und erfreute sich sehr schnell großer Beliebtheit. ICQ bietet die Möglichkeit, Nachrichten zu verschicken, egal ob der Empfänger offline oder online ist. Sobald sich der Teilnehmer anmeldet, wird die Nachricht durch den ICQ-Dienst zugestellt. Derzeit sind bei ICQ über 220 Millionen Teilnehmer registriert. Jeder Teilnehmer erhält eine eigene ICQ-Nummer. Da ICQ der beliebteste Dienst ist, gibt es eine Vielzahl von Programmen, mit denen Sie sich an das ICQ-Netz anbinden können. Da Sie aber für ICQ zunächst ein Clientprogramm herunterladen müssen, verwenden viele Anfänger den Live Messenger, der direkt in das System integriert ist. Wenn Sie noch keinen Account bei Microsoft haben, können Sie diesen direkt über den Windows Live Messenger erstellen.

Microsoft bietet über das Startmenü von Windows Vista den Download des Windows Live Messengers an. Anwender, die sich in Echtzeit mit Bekannten und Kollegen unterhalten wollen, sollten dieses Programm über den Download-Link herunterladen. Nach dem Download der ca. 15 MB großen Datei können Sie die Installation per Doppelklick starten (siehe *Abbildung 10.96*).

Instant Messaging – der Windows Live Messenger

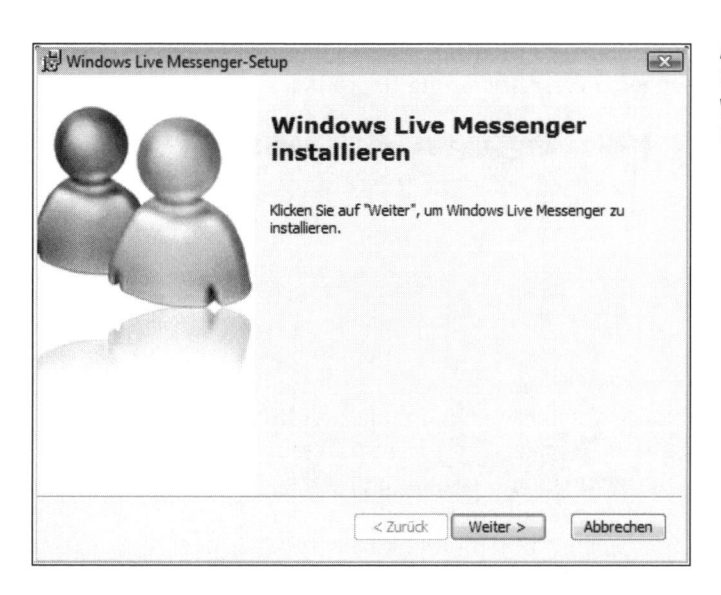

Abbildung 10.96:
Installation des Windows Live Messenger

Auf dem nächsten Fenster der Installation bestätigen Sie die Lizenzbedingungen.

Im Anschluss können Sie die zusätzlichen Komponenten auswählen, die installiert werden sollen. Normalerweise benötigen Sie keine davon, da die Funktionen teilweise schon in Windows Vista integriert sind, wie zum Beispiel die Suchleiste zur MSN-Suche (jetzt Windows Live-Suche). Entfernen Sie daher am besten alle Haken, damit keine zusätzlichen Komponenten installiert werden (siehe *Abbildung 10.97*).

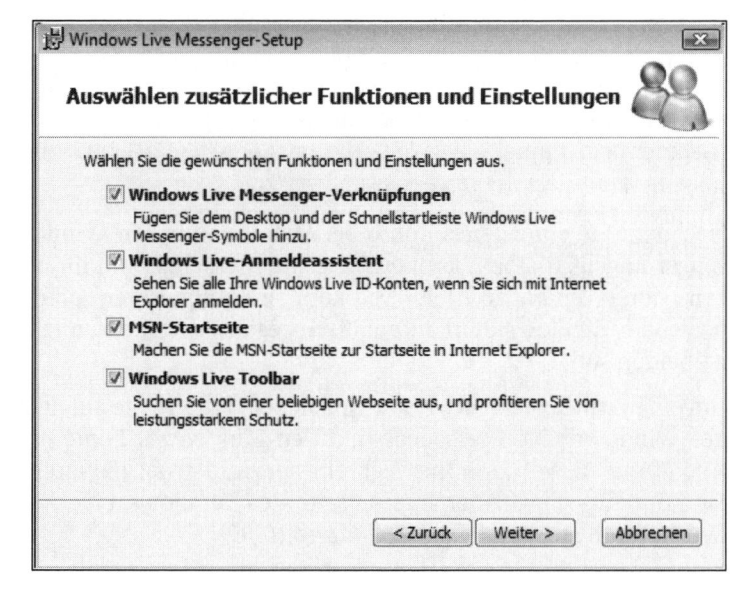

Abbildung 10.97:
Auswählen der zusätzlichen Komponenten bei der Installation des Windows Live Messengers

Mit Vista ins Internet

Als Nächstes öffnet sich das Konfigurationsfenster des Windows Live Messengers (siehe *Abbildung 10.98*).

Abbildung 10.98:
Windows Live Messenger in Windows Vista

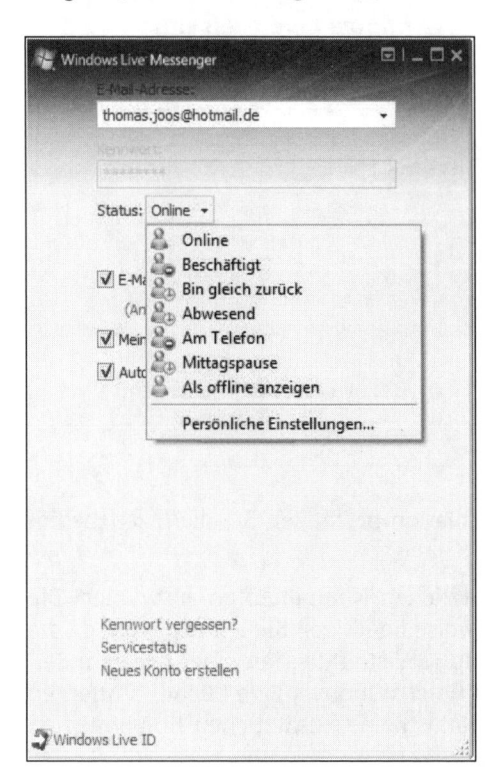

Nach dem ersten Start müssen Sie ihn zunächst einrichten. Die Bedienung ist intuitiv und leicht durchzuführen. Sie können über den Live Messenger direkt ein Konto erstellen, und das Programm ist auch bereits automatisch in der Windows-Firewall freigeschaltet. Sie können neue Kontakte über deren E-Mail-Adresse hinzufügen, die beim Anlegen des Windows Live Accounts ebenfalls angelegt wird.

Nachdem Sie ein eigenes Konto bei Microsoft für den Windows Live Messenger angelegt haben, können Sie es im Messenger auf Ihrem PC hinterlegen (siehe *Abbildung 10.99*). Sie können konfigurieren, ob der Messenger bei jedem Windows-Start automatisch gestartet werden und Sie auch gleich anmelden soll.

Um ein neues kostenloses Konto anzulegen, klicken Sie auf dem Startfenster des Windows Live Messengers auf den Link *Neues Konto erstellen* (siehe *Abbildung 10.98*). Es öffnet sich ein neues Internet Explorer-Fenster, und Sie können sich auf der Internetseite des Windows Live Messengers ein neues Konto anlegen (siehe *Abbildung 10.99*).

Instant Messaging – der Windows Live Messenger

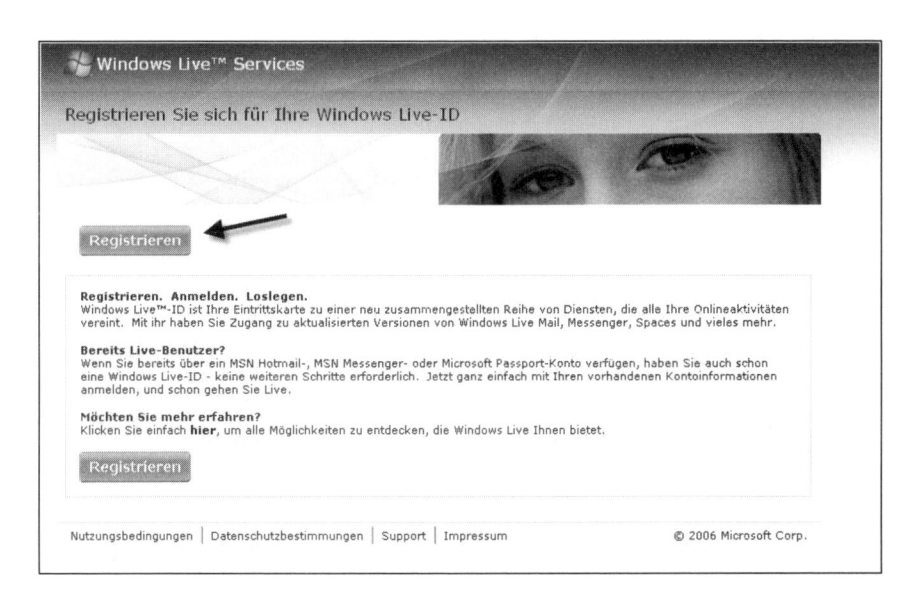

Abbildung 10.99:
Anmeldeseite für eines neues Windows Live-Konto

Auf der Seite zur Registrierung Ihres Konto müssen Sie ein paar Daten anlegen, unter anderem eine E-Mail-Adresse, zu der Microsoft die Bestätigungs-E-Mails schicken soll. Hier können Sie nicht die E-Mail-Adresse verwenden, die Sie als Anmeldenamen für den Windows Live Messenger benutzen (siehe *Abbildung 10.100*).

Nachdem Sie sich ein Konto erstellt haben, können Sie es im Anmeldefenster hinterlegen (siehe *Abbildung 10.101*).

Nach der Anmeldung können Sie neue Kontakte hinzufügen, indem Sie die Hotmail-Adresse dieser Kontakte verwenden (siehe *Abbildung 10.101*).

Im Anschluss erhält der Kontakt eine Benachrichtigung, die er zuerst bestätigen muss, danach erkennen Sie den Status des Kontaktes in Ihrem Messenger und können per Doppelklick eine Verbindung aufbauen und chatten. Sie können zu einem Chat auch mehrere Ihrer Kontakte einladen.

Experimentieren Sie ein bisschen mit dem Programm. Sie werden sich schnell zurechtfinden. Sie können die Optionen des Messengers aufrufen, wenn Sie nach der erfolgreichen Anmeldung auf das Menü bei Ihrem Benutzernamen klicken und *Persönliche Einstellungen* auswählen (siehe *Abbildung 10.103*).

Mit Vista ins Internet

Abbildung 10.100:
Eintragen der notwendigen Daten für das Anlegen eines Windows Live-Kontos

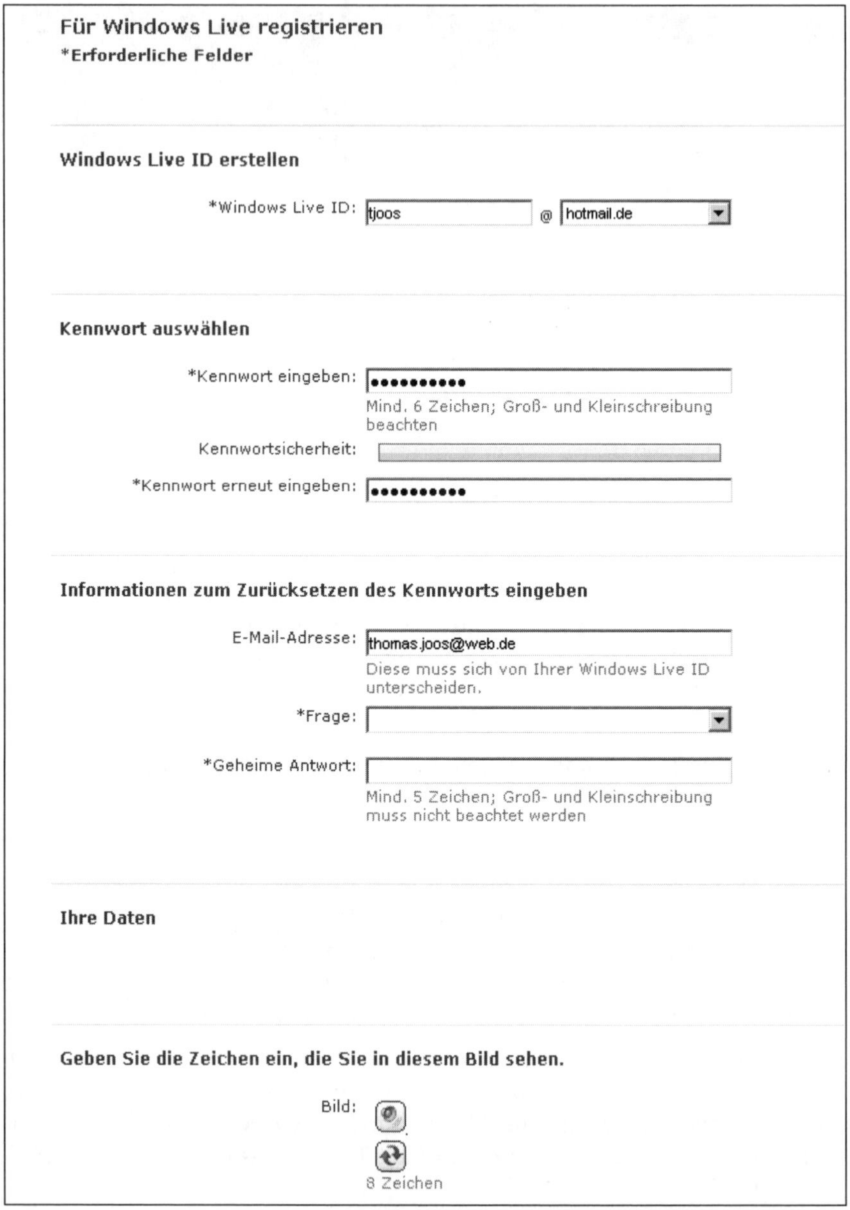

Für Windows Live registrieren
*Erforderliche Felder

Windows Live ID erstellen

*Windows Live ID: tjoos @ hotmail.de

Kennwort auswählen

*Kennwort eingeben: ●●●●●●●●●●
Mind. 6 Zeichen; Groß- und Kleinschreibung beachten

Kennwortsicherheit:

*Kennwort erneut eingeben: ●●●●●●●●●●

Informationen zum Zurücksetzen des Kennworts eingeben

E-Mail-Adresse: thomas.joos@web.de
Diese muss sich von Ihrer Windows Live ID unterscheiden.

*Frage:

*Geheime Antwort:
Mind. 5 Zeichen; Groß- und Kleinschreibung muss nicht beachtet werden

Ihre Daten

Geben Sie die Zeichen ein, die Sie in diesem Bild sehen.

Bild:
8 Zeichen

Instant Messaging – der Windows Live Messenger

Abbildung 10.101:
Hinzufügen eines neuen Kontaktes

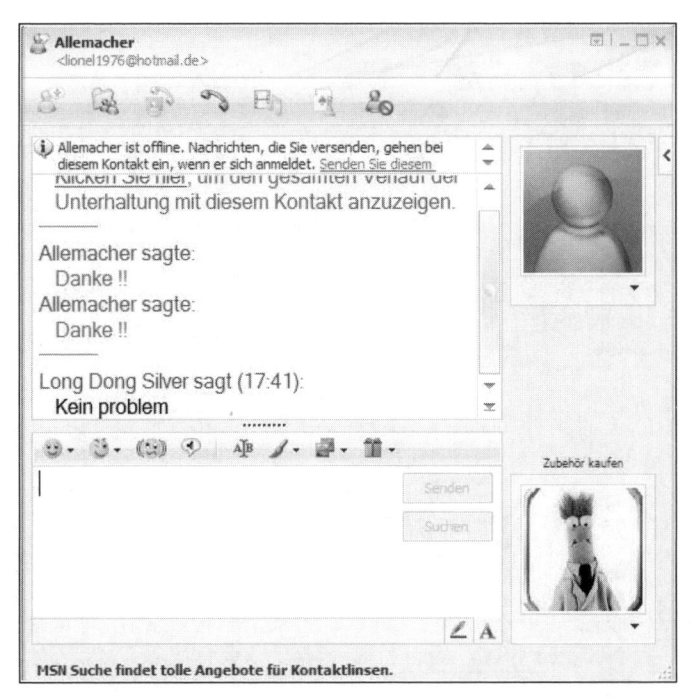

Abbildung 10.102:
Chatten smit dem Windows Live Messenger

Mit Vista ins Internet

Abbildung 10.103:
Starten der persönlichen Einstellungen des Messengers

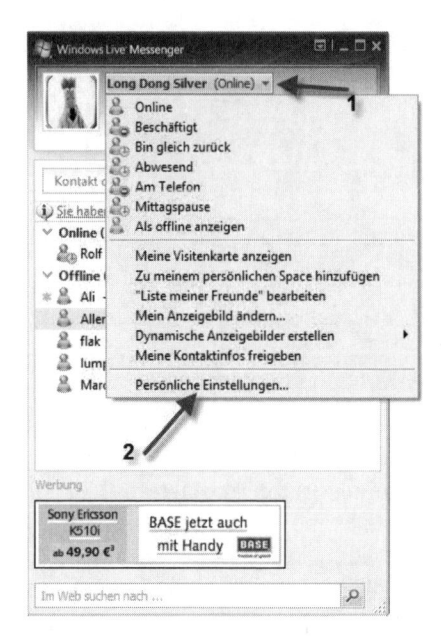

Die Optionen sind in verschiedene Menüs unterteilt, die Sie nach der Einrichtung durchgehen sollten. Passen Sie die Einstellungen Ihren Bedürfnissen an (siehe *Abbildung 10.104*).

Abbildung 10.104:
Einstellungen im Windows Messenger

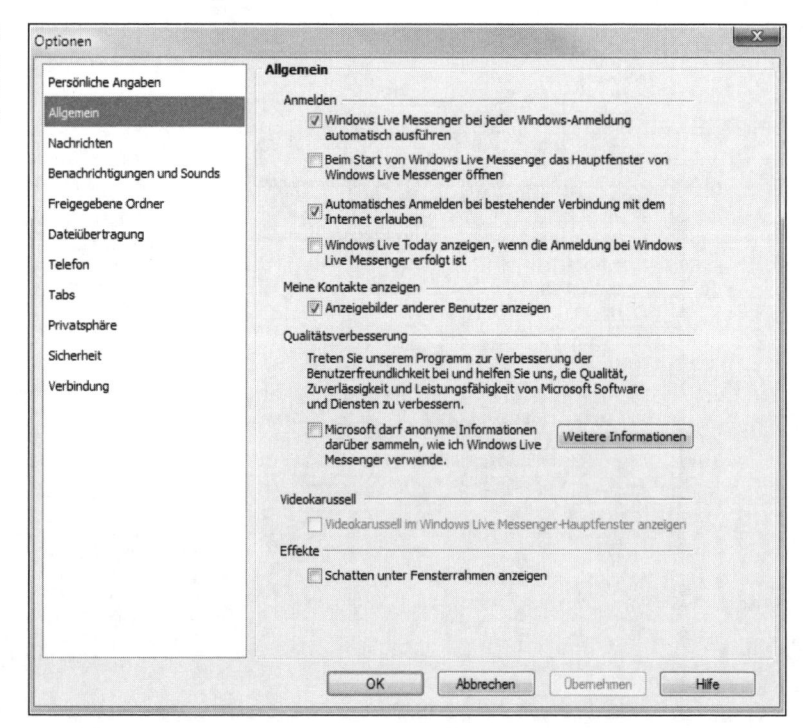

Die einzelnen Einstellungen und die Bedienung des Windows Live Messengers sind nicht sehr kompliziert und absolut selbsterklärend. Über die Schaltfläche *Hilfe* erhalten Sie weitere Informationen, die den Umgang mit dem Programm erleichtern.

10.8 Remoteunterstützung über das Internet

Eine häufig genutzte Funktion zur Unterstützung von Anwendern über das Internet ist die Remoteunterstützung. Bei dieser Funktion schickt ein Hilfe suchender Anwender einem Bekannten eine Einladung, die einen Link erhält, über den sich dieser mit dem PC verbinden kann.

Der Verbindungsaufbau findet dazu über den bereits beschriebenen Remotedesktop statt (siehe Kapitel 9). Um die Remoteunterstützung zu verwenden, müssen Sie jedoch nicht erst den Remotedesktop aktivieren. Obwohl die Namen ähnlich sind und in beiden Fällen eine Verbindung mit einem Remotecomputer hergestellt wird, dienen der Remotedesktop und die Remoteunterstützung unterschiedlichen Zwecken. Sie können den Remotedesktop verwenden, um von zu Hause eine Verbindung mit dem Computer in Ihrem Büro herzustellen.

Sie verwenden die Remoteunterstützung, um remote Hilfestellung zu geben oder Hilfe zu erhalten. So könnte zum Beispiel ein Freund oder ein Mitarbeiter des technischen Supports auf Ihren Computer zugreifen, um Ihnen bei der Beseitigung eines Computerproblems zu helfen oder Ihnen ein bestimmtes Verfahren zu zeigen. Auf dieselbe Weise können Sie einem anderen Benutzer helfen. In beiden Fällen sehen Sie und die andere Person denselben Computerbildschirm. Wenn Sie beschließen, Ihrem Helfer ebenfalls die Steuerung Ihres Computers zu ermöglichen, können Sie und Ihr Helfer den Mauszeiger steuern. Die Konfiguration dieser beiden Technologien findet getrennt voneinander statt.

Mit der Windows-Remoteunterstützung steht einer Person, der Sie vertrauen, ein Verfahren zur Verfügung, um eine Verbindung mit Ihrem Computer herzustellen und Ihnen den Weg zu einer Problemlösung schrittweise aufzuzeigen, auch wenn sich diese Person nicht in der Nähe aufhält. Damit sichergestellt ist, dass nur Personen, die Sie darum gebeten haben, mithilfe der Windows-Remoteunterstützung eine Verbindung mit Ihrem Computer herstellen können, werden alle Sitzungen verschlüsselt und sind durch ein Kennwort geschützt.

Es sind nur einige Schritte notwendig, um eine Person mithilfe einer Sofortnachricht oder einer E-Mail einzuladen, eine Verbindung mit Ihrem Computer herzustellen. Nach dem Herstellen der Verbindung kann diese Person Ihren Computerbildschirm sehen und sich mit Ihnen über die angezeigten Inhalte austauschen. Mit Ihrer Erlaubnis kann der Helfer sogar seine Maus und seine Tastatur verwenden, um die Steuerung über Ihren Computer zu

Mit Vista ins Internet

übernehmen und Ihnen zu zeigen, wie ein Problem behoben werden kann. Auf dieselbe Weise können Sie auch einem anderen Benutzer helfen.

TIPP *Um eine Remoteunterstützung anzufordern, müssen Sie zunächst eine Einladung erstellen und die Sitzung konfigurieren. Der schnellste Weg, diese Sitzung zu konfigurieren, führt über Start/Ausführen/msra. Im Anschluss öffnet sich ein neues Fenster, und Sie können die Remoteunterstützung über einen Assistenten konfigurieren (siehe Abbildung 10.105).*

Abbildung 10.105: Konfiguration der Remoteunterstützung

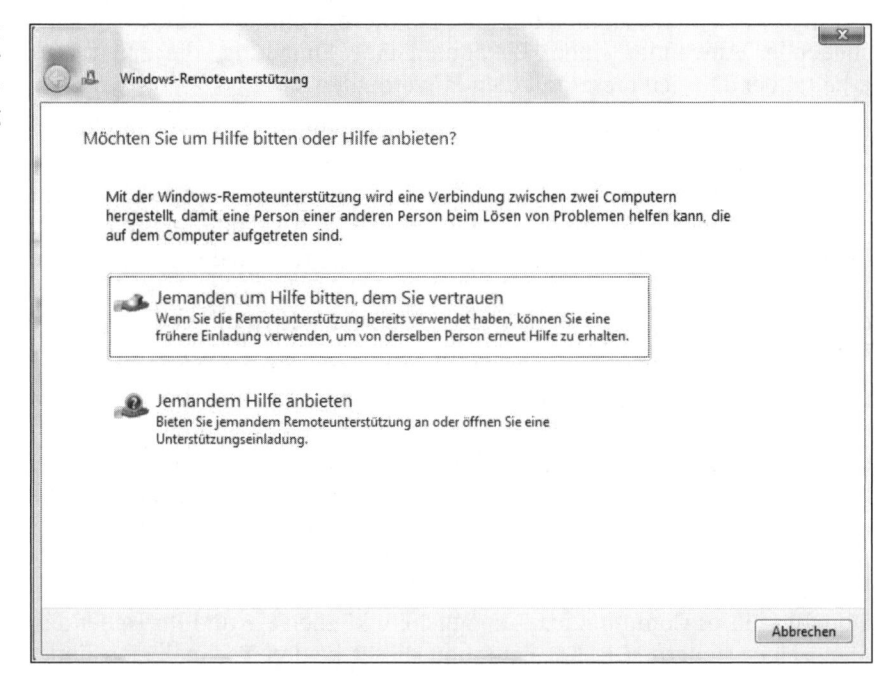

Damit Sie die Remoteunterstützung verwenden können, muss zuvor sichergestellt sein, dass sie auf Ihrem PC überhaupt aktiviert ist.

TIPP *Sie aktivieren die Remoteunterstützung über* Start/Systemsteuerung/System und Wartung/System/Remoteeinstellungen *oder* Erweiterte Systemeinstellungen/Remote/Remoteunterstützungsverbindungen für diesen Computer zulassen *(siehe Abbildung 10.106).*

Nachdem Sie die Remoteunterstützung einmalig aktiviert haben, können Sie zukünftig ohne weitere Meldungen Remoteunterstützungsanforderungen absenden. Wenn Sie die Remoteunterstützung aktivieren, werden folgende Aktionen durchgeführt:

- Sie können Windows-Remoteunterstützungseinladungen mithilfe einer E-Mail oder einer Datei senden und empfangen.

Remoteunterstützung über das Internet

- Sie können Sofortnachrichten verwenden, um sich mit der Person auszutauschen, der Sie helfen oder die Sie unterstützt.
- Die Windows-Remoteunterstützung wird von der Windows-Firewall zugelassen, sodass die Kommunikation mit dem Computer des Helfers möglich ist.
- Der Teredo-Dienst wird gestartet. Dieser Dienst ermöglicht es dem Helfer, über die meisten Router (verkabelt oder drahtlos), welche die Netzwerkadressübersetzung (NAT) verwenden, eine Verbindung mit Ihrem Computer herzustellen. Der Dienst fordert bei einem Microsoft Teredo-Server eine IPv6-Adresse für die Remoteverbindung an.

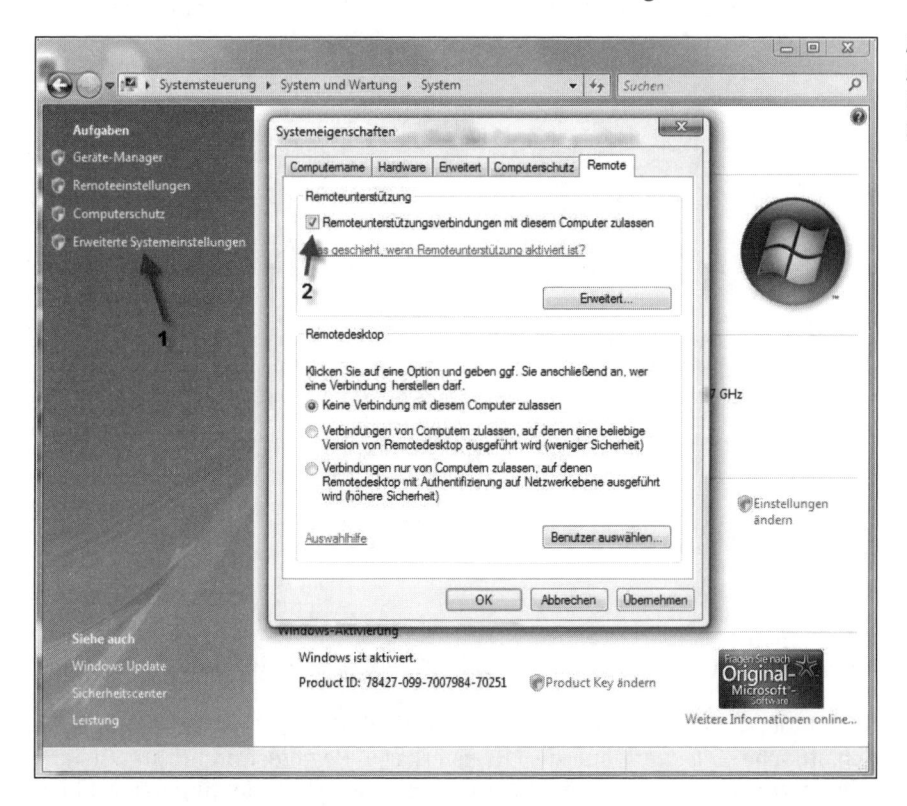

Abbildung 10.106: Aktivierung der Remoteunterstützung des PC

Wenn Sie über *Start/Ausführen/msra* eine Einladung erstellen, können Sie diese entweder direkt als E-Mail versenden oder in einer Datei speichern und über eine Sofortnachricht zum Beispiel mit Messenger versenden. Die Einladungsdatei enthält die IP-Adresse Ihres PC im Internet, über die der Helfer auf Ihren PC zugreifen kann.

Mit Vista ins Internet

> **TIPP** *Für den Verbindungsaufbau wird eine Terminalserversitzung mit dem RDP-Protokoll verwendet. Dieses Protokoll benötigt eine Verbindung zum Port 3389, der standardmäßig auf den meisten Firewalls nicht geöffnet ist. Achten Sie daher darauf, dass Sie diesen Port von Ihrem DSL-Router auf Ihren PC weiterleiten müssen, damit diese Verbindung funktioniert.*

> **TIPP** *Durch die Trennung der Internetverbindung hat Ihr Computer eine neue IP-Adresse im Internet erhalten, da diese bei jedem Verbindungsaufbau neu zugewiesen wird. Aus diesem Grund läuft der Verbindungsaufbau mit der Remoteunterstützung ins Leere, wenn nach der Erstellung der Einladung der PC vom Internet getrennt und wieder verbunden wird.*

Abbildung 10.107: Erstellen einer Einladung zur Remoteunterstützung

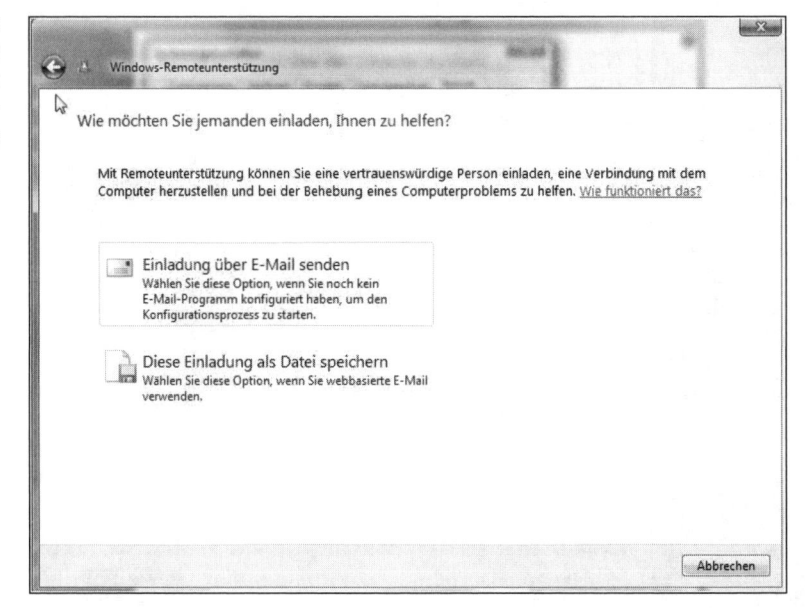

Sie können detaillierte Einstellungen für die Remoteunterstützung über die Schaltfläche *Erweitert* auf der Registerkarte *Remote* durchführen (siehe Abbildung 10.108). Hier können Sie auch festlegen, wie lange eine Einladung gültig sein soll und ob nur Windows Vista-PCs eine Verbindung zu Ihrem Computer herstellen dürfen.

> **TIPP** *Wenn Sie mit dem, was diese Person auf Ihrem Computer macht oder sieht, nicht mehr einverstanden sind, klicken Sie auf* Abbrechen *oder* Freigabe beenden, *oder drücken Sie* Esc, *um die Sitzung zu beenden.*

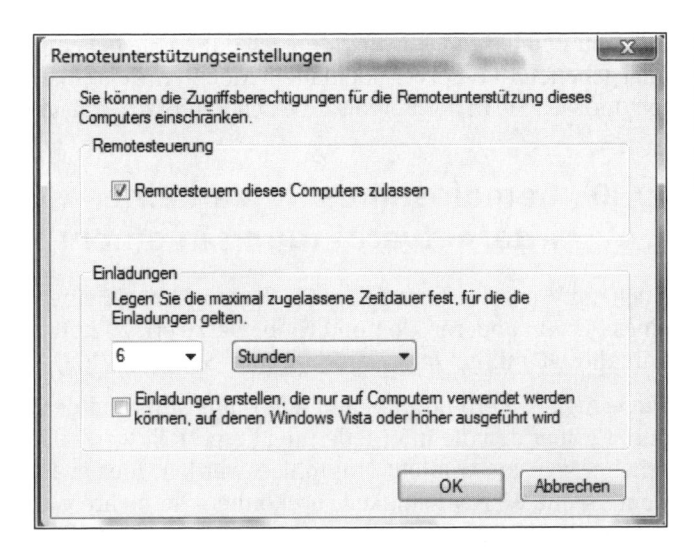

Abbildung 10.108:
Erweiterte Konfiguration der Remoteunterstützungseinstellungen

10.9 FTP in der Befehlszeile verwenden

Wenn Sie ab und an Daten zu einem FTP-Server hochladen müssen, können Sie das in Windows Vista auch in der Befehlszeile durchführen. Für Anwender, die häufiger FTP verwenden, bietet es sich an, ein Tool zu erwerben und zu installieren, das in einer grafischen Oberfläche die FTP-Übertragung zulässt. Hinzu kommt, dass die FTP-Übertragung per Befehlszeile in Windows Vista nicht verschlüsselt stattfindet.

Als Notlösung oder wenn Sie nur selten Dateien per FTP hochladen müssen, eignet sich die Befehlszeile jedoch durchaus. Damit das Hochladen per FTP in der Befehlszeile funktioniert, müssen Sie zunächst eine Textdatei vorbereiten, welche die notwendigen Konfigurationsschritte enthält. In dieser Konfigurationsdatei werden auch die einzelnen Dateien angegeben sowie der FTP-Server, zu dem Sie diese Dateien hochladen wollen.

Wenn Sie eine neue Textdatei für die FTP-Konfiguration erstellen und konfigurieren wollen, können Sie diese zum Beispiel *login.txt* nennen. Die Datei sollte folgenden Inhalt haben:

Listing 10.1: Konfigurationsdatei für den Upload von FTP-Dateien

```
Open <DNS-Name oder IP-Adresse des FTP-Servers>
<Benutzername>
<Kennwort>
lc
cd <Verzeichnis, in das Hochgeladen werden soll>
ascii
send <Dateiname>
send <Weitere Dateien>
```

Mit dem Befehl *send < Dateiname >* können Sie beliebig viele Dateien zum angegebenen FTP-Server hochladen. Möchten Sie nun die Übertragung starten, müssen Sie in der Befehlszeile den Befehl *ftp -s:C:\login.txt* ausführen.

10.10 Gemeinsames Nutzen einer Internetverbindung in einem Netzwerk

Auch mit Windows Vista haben Sie die Möglichkeit, eine Internetverbindung eines PC von anderen Computern im Netzwerk zu nutzen. Im Allgemeinen wird diese Funktion *Internet Connection Sharhing (ICS)* genannt.

Diese Art der Verbindung kann allerdings aufgrund der Stabilität und dass der PC, über den die Internetleitung hergestellt werden kann, immer eingeschaltet sein muss, nicht empfohlen werden. Idealer ist der Einsatz eines Routers mit WLAN-Fähigkeit. So können Sie mehrere Anwender in Ihrem Netzwerk über einen Router anbinden, ohne dass bestimmte PCs eingeschaltet werden müssen. Wenn Sie aber dennoch die gemeinsame Nutzung einer Internetverbindung verwenden wollen, können Sie diese Funktion auf einem Windows Vista-PC einrichten.

Zuerst benötigen Sie einen sogenannten *Hostcomputer*, der über eine Internetverbindung verfügt sowie über eine separate Verbindung mit den anderen Computern in Ihrem Netzwerk.

Im Anschluss aktivieren Sie die gemeinsame Nutzung der Internetverbindung. Die anderen Computer im Netzwerk stellen eine Verbindung mit dem Hostcomputer her und können über die gemeinsam genutzte Internetverbindung des Hostcomputers auf das Internet zugreifen.

Gehen Sie zur Einrichtung folgendermaßen vor:

1. Öffnen Sie die Netzwerkverbindungen auf dem PC. Sie können die *Konfiguration der Netzwerkverbindungen am schnellsten über Start/Ausführen/ncpa.cpl* starten oder, wie bereits beschrieben, über das Netzwerk und Freigabecenter.
2. Klicken Sie mit der rechten Maustaste auf die Internetverbindung, die gemeinsam genutzt werden soll, und anschließend auf *Eigenschaften*.
3. Klicken Sie auf die Registerkarte *Freigabe*, und aktivieren Sie das Kontrollkästchen *Anderen Benutzern im Netzwerk gestatten, die Internetverbindung dieses Computers als Internetverbindung zu verwenden* (siehe Abbildung 10.109).

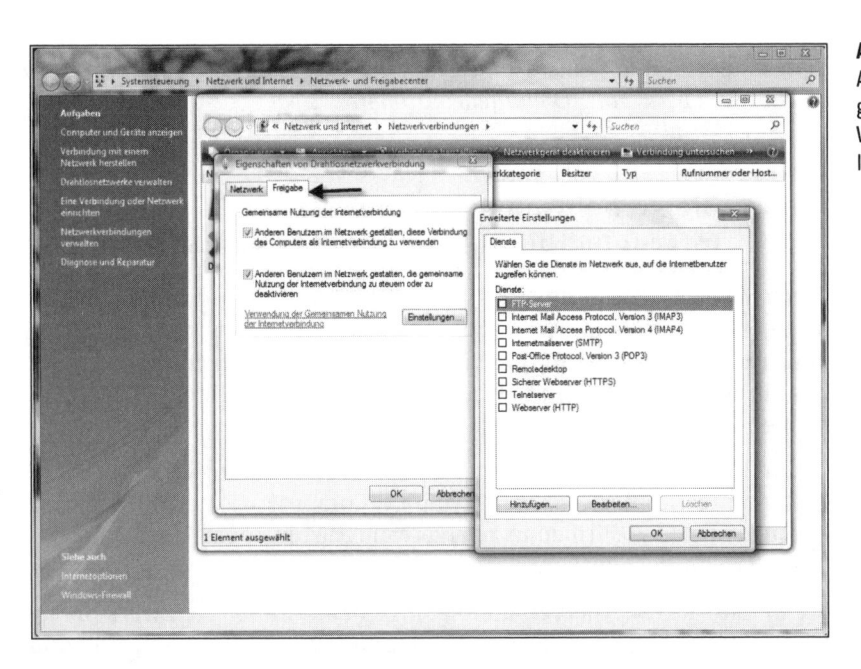

Gemeinsames Nutzen einer Internetverbindung in einem Netzwerk

Abbildung 10.109: Aktivieren der gemeinsamen Verwendung eines Internetzugangs

Die Registerkarte Freigabe *ist nicht verfügbar, wenn nur eine Netzwerkverbindung vorhanden ist.*

TIPP

Falls erforderlich aktivieren Sie auch das Kontrollkästchen *Anderen Benutzern im Netzwerk gestatten, die gemeinsame Nutzung der Internetverbindung zu steuern oder zu deaktivieren.*

Wenn Sie es optional anderen Benutzern im Netzwerk ermöglichen möchten, im Netzwerk ausgeführte Dienste zu nutzen, klicken Sie auf Einstellungen und wählen die Dienste aus, die Sie zulassen möchten.

Wenn Sie die gemeinsame Nutzung der Internetverbindung aktivieren, erhält die LAN-Verbindung eine neue statische IP-Adresse und eine neue Konfiguration (siehe *Abbildung 10.110*). Die PCs im Netzwerk sollten daraufhin eine IP-Adresse aus dem gleichen Subnetz bekommen.

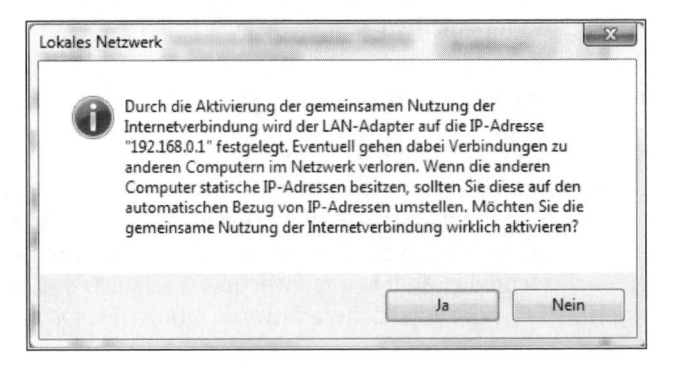

Abbildung 10.110: Aktivierung der gemeinsamen Internetnutzung

Mit Vista ins Internet

🚫 *Verwenden Sie die gemeinsame Nutzung der Internetverbindung nicht in einem Netzwerk mit Domänencontrollern, DNS-Servern, Gateways oder DHCP-Servern.*
HALT

10.10.1 Die gemeinsame Nutzung von Internetverbindungen und VPN-Verbindungen

Wenn Sie eine VPN-Verbindung auf Ihrem Hostcomputer mit einem Firmennetzwerk herstellen und dann die gemeinsame Nutzung der Internetverbindung für diese Verbindung aktivieren, wird der gesamte Internetverkehr auf das Firmennetzwerk geroutet, und alle Computer in Ihrem Heimnetzwerk können auf das Firmennetzwerk zugreifen.

Wenn die gemeinsame Nutzung der Internetverbindung nicht für die VPN-Verbindung aktiviert ist, haben andere Computer keinen Zugriff auf das Internet oder das Firmennetzwerk, während auf dem Hostcomputer die VPN-Verbindung aktiv ist.

Wenn Sie die Internetverbindung in einem Ad-hoc-Netzwerk freigeben (siehe Kapitel 11), wird die gemeinsame Nutzung der Internetverbindung in folgenden Situationen deaktiviert:

- Wenn Sie die Verbindung mit dem Ad-hoc-Netzwerk trennen.
- Wenn Sie ein neues Ad-hoc-Netzwerk erstellen, ohne die Verbindung mit dem Ad-hoc-Netzwerk zu trennen, für das die gemeinsame Nutzung der Internetverbindung aktiviert wurde.
- Wenn Sie sich abmelden und dann erneut anmelden (ohne die Verbindung mit dem Ad-hoc-Netzwerk zu trennen).

10.11 Einrichten einer Remoteverbindung zu Ihrem Arbeitsplatz mit VPN

Von einem anderen Standort aus können Sie über das Internet eine Verbindung mit einem Arbeitsplatznetzwerk oder einem beliebigen anderen Netzwerk über eine VPN-Verbindung herstellen. Fragen Sie den Netzwerkadministrator nach dem Namen des VPN-Servers.

10.11.1 Auswahl des richtigen VPN-Protokolls

Windows Vista erstellt bei der Verwendung des Assistenten für die Konfiguration einer VPN-Verbindung das PPTP Protokoll. Wenn Sie zum Beispiel einen ISA Server als VPN-Server verwenden wollen, müssen Sie zuvor genau planen, auf welcher Basis Sie die Einwahl vornehmen wollen. Es gibt zum einen die schnelle, aber etwas unsichere Variante *Point to Point Tunnel Protocol (PPTP)* oder das sichere *Layer 2 Tunnel Protocol (L2TP)*. ISA Server

Einrichten einer Remoteverbindung zu Ihrem Arbeitsplatz mit VPN

2004 und 2006 unterstützen beide Technologien auch gleichzeitig. Die Einrichtung von PPTP geht schneller, die Verbindungen von L2TP sind dafür etwas sicherer.

Point to Point Tunnel Protocol (PPTP)

Diese Technik ist trotz der zahlreichen Sicherheitsbedenken immer noch sehr verbreitet. Bei *PPTP* werden einzelne PPP-Pakete in sogenannte *GRE-Pakete (Generic Routing Encapsulation, GRE)* verpackt und verschickt.

Viele Experten stufen PPTP mittlerweile als sicher ein, auch wenn die Verschlüsselung nicht so stark ist wie die von L2TP. PPTP ermöglicht die verschlüsselte Einkapselung verschiedener Netzwerkprotokolle und unterstützt Schlüssellängen bis zu 128 Bit. Nach der Durchführung der Authentifizierung wird die Verbindung verschlüsselt. Die Verschlüsselung baut auf dem Kennwort der Authentifizierung auf. Je komplexer das Kennwort, umso besser die Verschlüsselung.

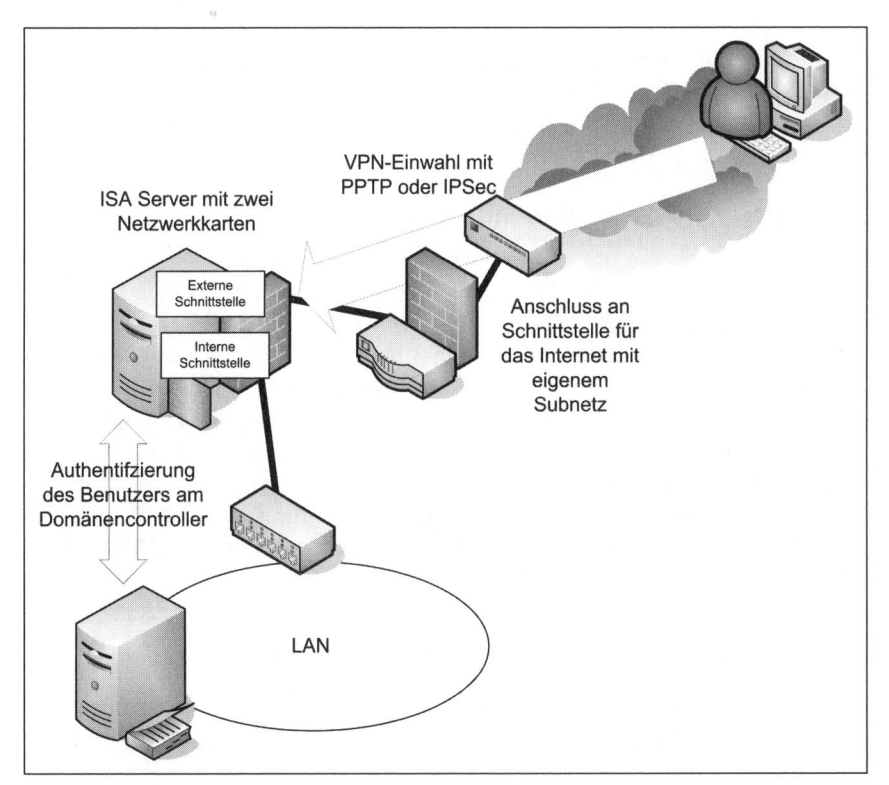

Abbildung 10.111: Möglicher Aufbau eines VPN mit Windows Vista-PC und ISA Server 2004 oder 2006

Da die Verschlüsselung und der Transport der einzelnen IP-Pakete durch das GRE-Protokoll durchgeführt werden, müssen Sie darauf achten, dass die Hardware-Firewall bzw. der DSL-Router, den Sie vor dem ISA Server im Internet platzieren, dieses Protokoll beherrscht. Bei vielen preisgünstigen Modellen ist das nicht der Fall. In diesem Fall können Sie kein PPTP-VPN mit einem ISA 2004 oder 2006 aufbauen. Sie sollten daher bereits den Erwerb der Hardware-Firewall, die vor dem ISA Server im Internet steht, in die Planung einbeziehen.

Layer 2 Tunnel Protocol (L2TP)

Bei der zweiten Variante, ein VPN mit einem ISA Server aufzubauen, kommt das *Layer 2 Tunnel Protocol (L2TP)* ins Spiel. Dieses Protokoll ist sicherer als PPTP, aber dafür auch komplexer in der Einrichtung. Auch hierbei werden die IP-Pakete in die Verschlüsselung eingekapselt. Das L2TP verwendet IPSec, um eine Verschlüsselung aufzubauen. Beim Aufbau eines VPN mit L2TP wird der Datenverkehr im Gegensatz zu PPTP bereits vor der Authentifizierung zuverlässig verschlüsselt. Da L2TP zur Verschlüsselung des Datenverkehrs IPSec verwendet, kann mit diesem VPN-Typ auch eine 3DES-Verschlüsselung durchgeführt werden. Der Einsatz eines VPN auf Basis von L2TP setzt eine Zertifizierungsstelleninfrastruktur voraus.

> **TIPP**
>
> *Auf den Internetseiten* http://www.tippex.net/anleitung *und* http://www.isaserver.org/tutorials/2004ipsectunnelmode.html *finden Sie eine ausführliche Anleitung für den Aufbau eines VPNs mit L2TP/IPSec und einem ISA Server 2004 oder 2006.*

Planung der optimalen VPN-Verbindungen

Vor allem für kleinere mittelständische Unternehmen ist es wesentlich einfacher, wenn als VPN-Protokoll PPTP verwendet wird. Es existiert kein dokumentierter erfolgreicher Angriff auf ein PPTP-VPN. Der Einsatz eines VPN mit L2TP ist nur Experten zu empfehlen, die genau wissen, wie Zertifizierungsstellen eingerichtet werden und wie L2TP bzw. IPSec funktioniert. Für den schnellen, effizienten und sicheren Aufbau eines VPN ist PPTP sicherlich die beste Wahl. Sie können auf dem ISA Server konfigurieren, wie viele gleichzeitige VPN-Verbindungen zugelassen werden und ob der ISA Server überhaupt VPN-Verbindungen entgegennimmt. Standardmäßig ist der VPN-Zugriff auf einen ISA Server zunächst deaktiviert und muss erst aktiviert werden.

10.11.2 Erstellen einer neuen VPN-Verbindung

Sie können den Assistenten zum Aufbau einer VPN-Verbindung über den Link *Eine Verbindung oder ein Netzwerk einrichten* im Netzwerk- und Freigabecenter starten.

Wählen Sie im Anschluss die Option *Verbindung mit dem Arbeitsplatz herstellen*. Es startet der Assistent zur Einrichtung eines VPN mit dem Arbeitsplatz (siehe *Abbildung 10.112*).

Einrichten einer Remoteverbindung zu Ihrem Arbeitsplatz mit VPN

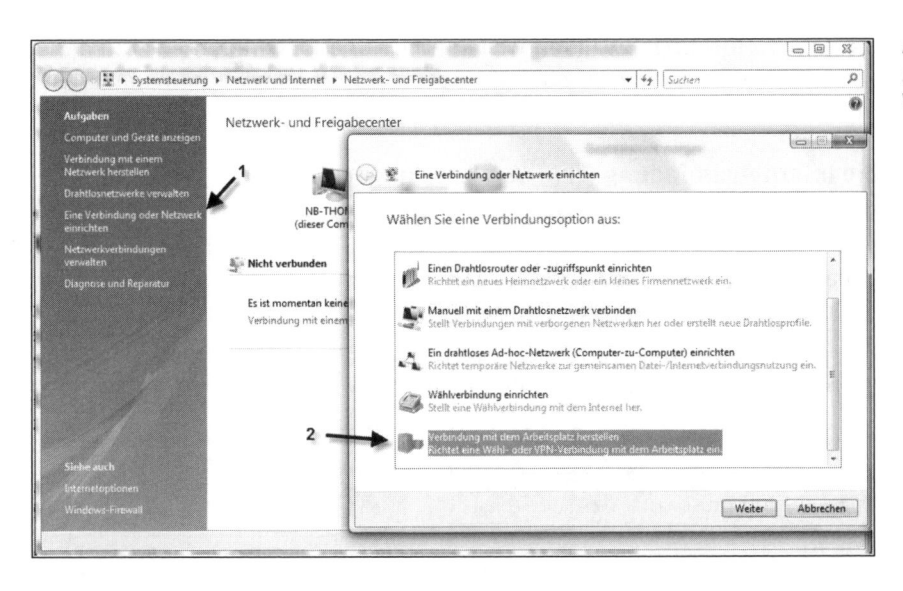

Abbildung 10.112:
Aufbau einer VPN-Verbindung

Sie können die Wählverbindung für das VPN über *Start/Ausführen/rundll32.exe xwizards.dll,RunWizard* {7071ECB0-663B-4bc1-A1FA-B97F3B917C55} /z starten.

Im Anschluss startet der Assistent zur Einrichtung eines VPN (siehe *Abbildung 10.113*). Ihnen stehen innerhalb des Assistenten zwei Möglichkeiten zur Verfügung.

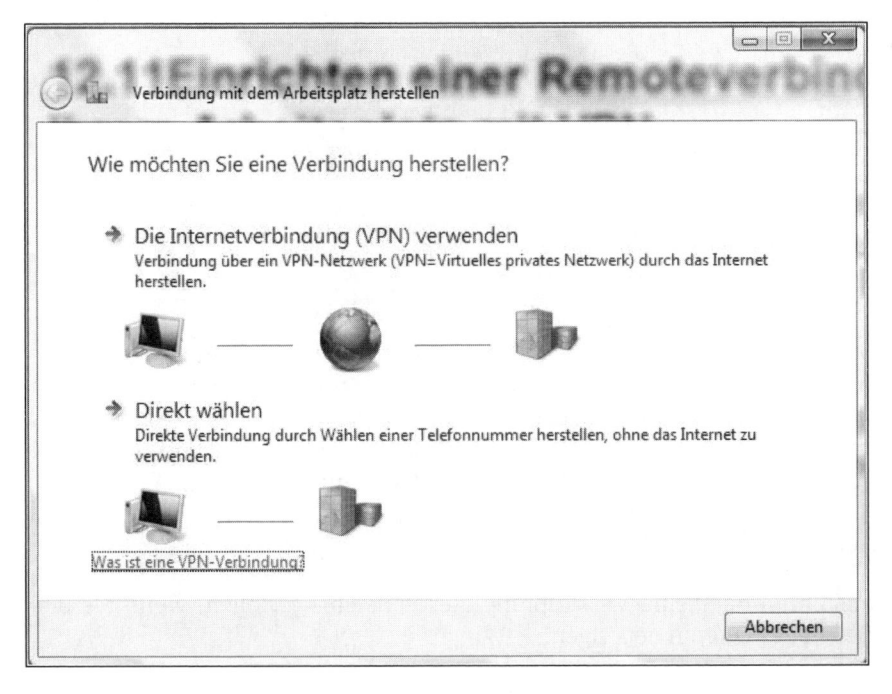

Abbildung 10.113:
Erstellen einer VPN- oder DFÜ-Verbindung

Mit Vista ins Internet

Sie können für die Einwahl entweder eine vorhandene Internetverbindung verwenden oder mit einem Modem oder einer ISDN-Karte eine Wählverbindung einrichten.

Die Internetverbindung (VPN) verwenden

Wenn Sie zur Einrichtung einer VPN-Verbindung die Option *Die Internetverbindung (VPN) verwenden* nehmen, können Sie im nächsten Fenster zunächst auswählen, ob Sie eine neue Internetverbindung einrichten oder nur die VPN-Verbindung konfigurieren wollen (siehe *Abbildung 10.114*).

Wenn Sie noch keine Verbindung zum Internet hergestellt haben, wählen Sie im folgenden Fenster die Option *Eine Internetverbindung einrichten*.

Abbildung 10.114:
Einrichten der Internetverbindung vor der Konfiguration einer VPN-Verbindung

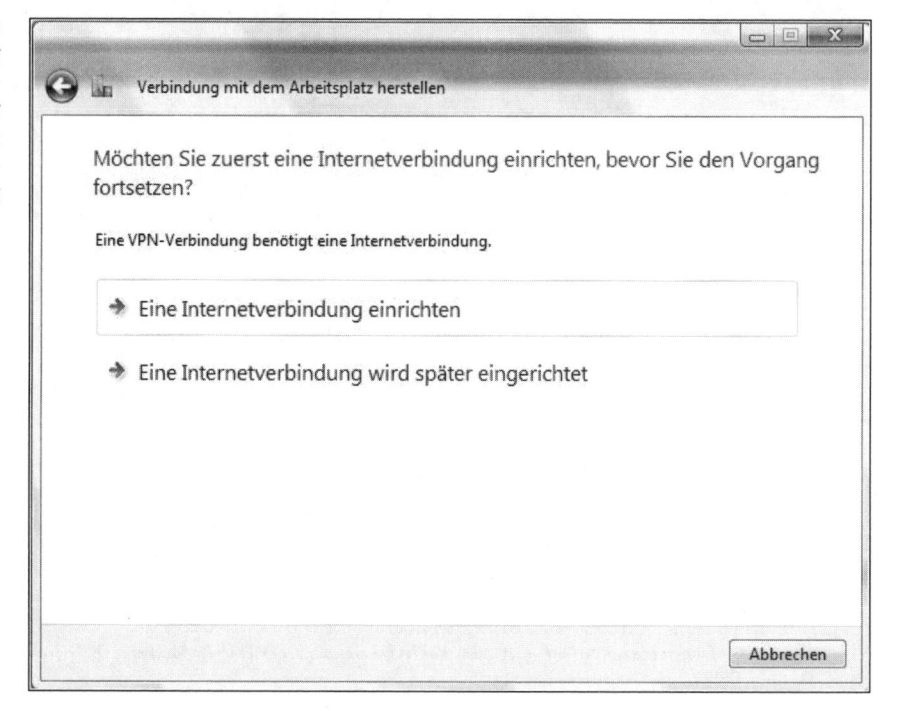

Wenn Sie diese Option auswählen, startet Windows Vista den Internetverbindungs-Assistenten. Windows Vista stellt dazu einen eigenen Assistenten zur Verfügung, den Sie auch über *Start/Systemsteuerung/Netzwerk und Internet/Mit dem Internet verbinden* starten können (siehe *Abbildung 10.115*). Alternativ können Sie den Assistenten über den Befehl

rundll32.exe xwizards.dll,RunWizard {7071ECA0-663B-4bc1-A1FA-B97F3B 917C55} /z

ausführen oder eine Verknüpfung dieses Befehls erstellen, wenn Sie den Befehl des Öfteren benötigen.

Einrichten einer Remoteverbindung zu Ihrem Arbeitsplatz mit VPN

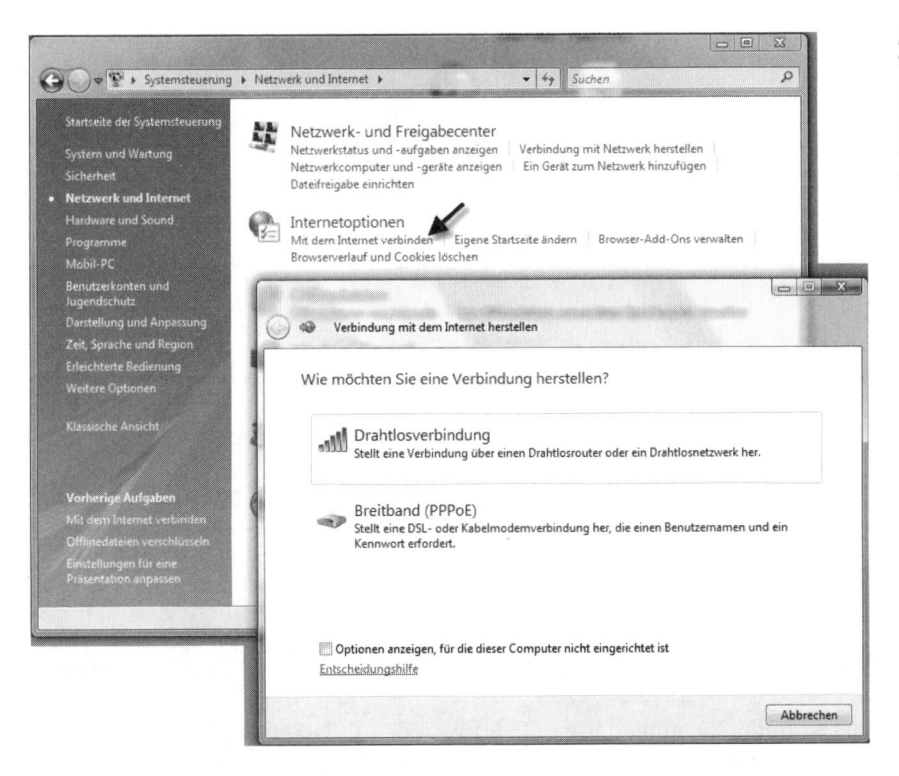

Abbildung 10.115: Verbindungsaufbau mit dem Internet über den Internetverbindungs-Assistenten

Nachdem der Assistent gestartet ist, können Sie entweder eine Drahtlosverbindung einrichten, über die Ihr PC mit dem Internet verbunden wird, zum Beispiel zu einem öffentlichen Hotspot oder einem lokalen WLAN-Router, oder Sie können eine Wählleitung für DSL erstellen.

Der Verbindungsaufbau zu einem WLAN läuft identisch ab, wie bereits in Kapitel 9 und 11 erläutert. Wenn Sie eine DSL-Wählleitung einrichten wollen, verwenden Sie die Option *Breitband (PPPoE)* zum Verbindungsaufbau zu Ihrem Provider. Tragen Sie im Feld zur Konfiguration der DSL-Verbindung die Informationen ein, die Sie von Ihrem Provider erhalten haben (siehe *Abbildung 10.116*).

Nachdem Sie die Internetverbindung eingerichtet haben oder im Fenster zur Konfiguration der VPN-Verbindung festgelegt haben, dass Sie die Internetverbindung später einrichten wollen, können Sie auf der nächsten Seite des Assistenten die notwendigen Informationen zum Verbindungsaufbau über VPN konfigurieren.

Mit Vista ins Internet

Abbildung 10.116: Verbindungsaufbau zum DSL-Netzwerk über eine Netzwerkverbindung auf dem PC

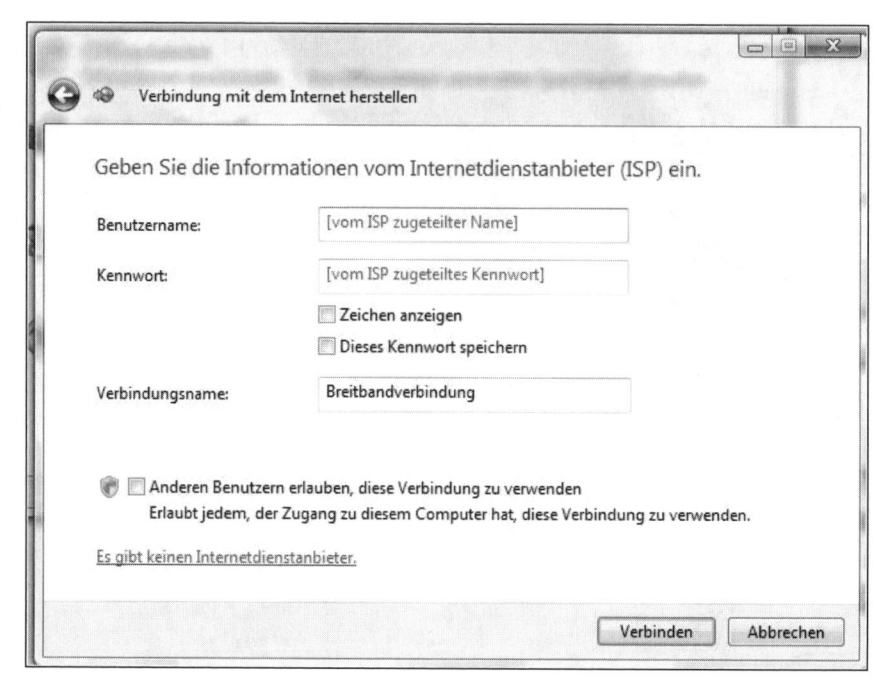

Hier können Sie entweder die IP-Adresse des VPN-Servers hinterlegen oder einen vollqualifizierten Domänennamen (siehe auch nächster Abschnitt). Zusätzlich können Sie eine Bezeichnung für die Verbindung hinterlegen, mit der sie in den Netzwerkverbindungen angezeigt wird. Zusätzlich besteht die Möglichkeit, dass Sie die Authentifizierung mit einer SmartCard für die VPN-Unterstützung durchführen wollen und dass die VPN-Verbindung auch bei anderen Benutzerkonten angezeigt wird.

Eine SmartCard ist eine kleine Kunststoffkarte mit einem Computerchip. SmartCards werden in Verbindung mit PIN-Nummern für die Anmeldung bei einem Netzwerk oder an einem Computer verwendet. Der Einsatz von SmartCards bietet ein höheres Maß an Sicherheit als die Verwendung eines Kennworts, da es schwieriger ist, eine SmartCard zu entwenden und die zugehörige PIN-Nummer herauszufinden als nur das Kennwort zu ermitteln.

SmartCards werden im Allgemeinen von IT-Abteilungen großer Organisationen ausgegeben. Wenn Sie sich mithilfe einer SmartCard bei einem Computer anmelden möchten, legen Sie die SmartCard am Anmeldebildschirm in den SmartCard-Leser ein und geben bei der entsprechenden Aufforderung Ihre PIN-Nummer ein. Ein SmartCard-Leser ist ein Gerät, das in den Computer eingebaut oder an ihn angeschlossen wird und die Informationen auf einer SmartCard lesen kann.

Einrichten einer Remoteverbindung zu Ihrem Arbeitsplatz mit VPN

Abbildung 10.117: Hinterlegen der VPN-Optionen

Auf der nächsten Seite des Assistenten geben Sie schließlich die Authentifizierungsoptionen ein. Hier können Sie auch den NetBios-Namen Ihrer Windows-Domäne hinterlegen, wenn Sie sich am VPN mit einem Windows-Domänenbenutzer anmelden müssen (siehe *Abbildung 10.117*).

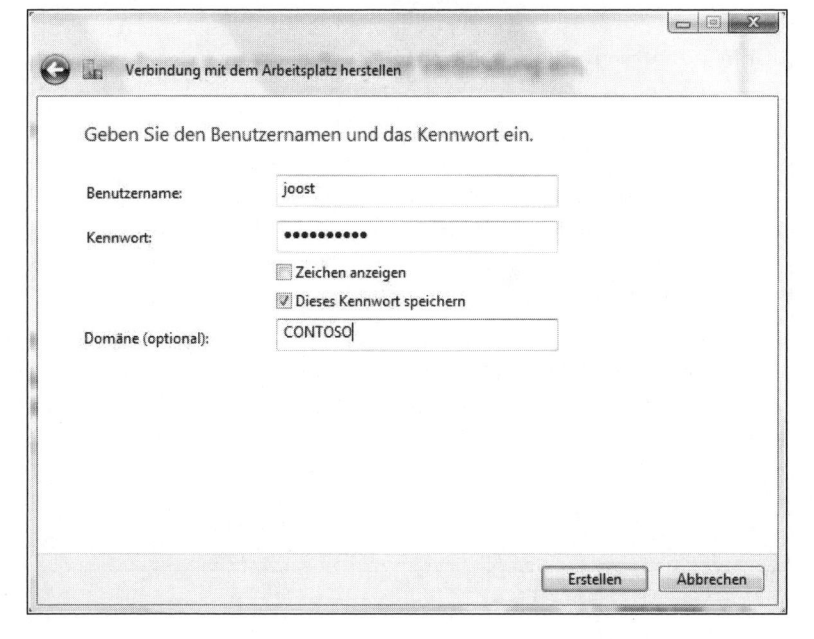

Abbildung 10.118: Hinterlegen der Authentifizierungsdaten für das VPN

Mit Vista ins Internet

Anschließend wird die Verbindung erstellt und als bereit angezeigt. Die VPN-Verbindung wird mit dem festgelegten Namen bei den Netzwerkverbindungen im Netzwerk- und Freigabecenter angezeigt (siehe *Abbildung 10.119*).

TIPP

Alternativ können Sie die Netzwerkverbindungen, die DFÜ-Verbindungen und die VPN-Verbindungen auf einem PC über Start/Ausführen/ncpa.cpl *anzeigen lassen.*

Abbildung 10.119:
Anzeigen der VPN-Verbindung bei den Netzwerkverbindungen

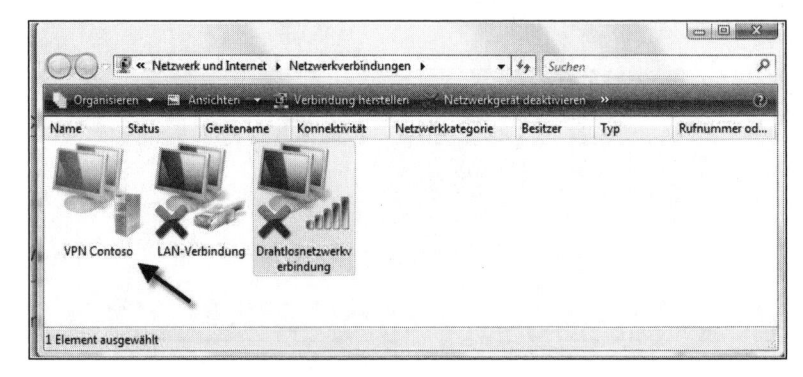

Wenn Sie den Assistenten zum Verbindungsaufbau zum Arbeitsplatz erneut aufrufen, erkennt er die vorhandene VPN-Verbindung und schlägt sie zur Verwendung vor (siehe *Abbildung 10.120*).

Abbildung 10.120:
Konfiguration eines VPN bei bereits vorhandener VPN-Verbindung

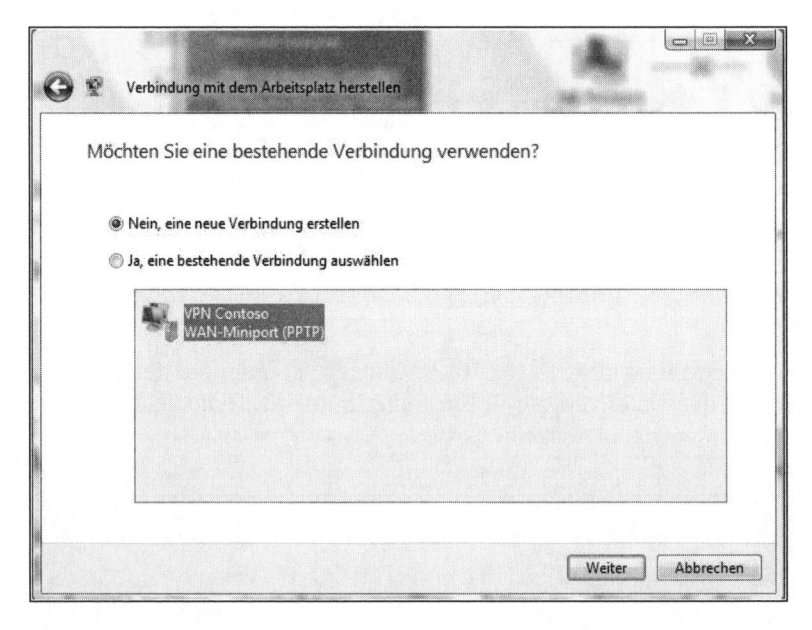

Einrichten einer Remoteverbindung zu Ihrem Arbeitsplatz mit VPN

Sie können entweder die bereits vorhandene Verbindung verwenden oder eine neue Verbindung erstellen. Der Verbindungsaufbau erfolgt auf Basis von PPTP.

Verbindungsaufbau der VPN-Verbindung

Um eine Verbindung aufzubauen, wählen Sie entweder über das Kontextmenü die Option *Verbinden* oder klicken doppelt auf die VPN-Verbindung (siehe *Abbildung 10.121*).

Abbildung 10.121: Verbindungsaufbau zu einem VPN

Klicken Sie dann auf *Verbinden*. Die Verbindung sollte sehr schnell hergestellt werden, wenn die Daten stimmen. Ab jetzt ist der Client mit dem VPN verbunden, was Sie an dem kleinen Symbol in der Taskleiste erkennen können.

Wenn Sie doppelt auf diese Verbindung klicken, können Sie deren Eigenschaften und den Datenverkehr überprüfen. In diesem Dialogfeld kann die Verbindung auch wieder getrennt werden.

Wenn Sie auf dem Client eine Befehlszeile öffnen, können Sie nach Eingabe von *ipconfig* erkennen, dass der Client eine IP-Adresse in seinem eigenen Netzwerk hat und eine zusätzliche IP-Adresse, die ihm durch den VPN-Server zugewiesen wurde. Auch damit können Sie kontrollieren, ob der Zugang erfolgreich hergestellt werden konnte.

10.11.3 Verwalten einer VPN-Verbindung

Sie können die Einstellung diese Verbindung optimieren, wenn Sie mit der rechten Maustaste deren Eigenschaften aufrufen (siehe *Abbildung 10.122*). Auf der Registerkarte Allgemein können Sie die IP-Adresse oder den FQDN des VPN-Servers anpassen und festlegen, dass vor dem Verbindungsaufbau zuerst eine andere Verbindung gestartet werden soll, zum Beispiel eine DFÜ-Verbindung oder eine PPoE-Verbindung zu Ihrem Internet-Provider.

Abbildung 10.122: Eigenschaften einer VPN-Verbindung

Auf der Registerkarte *Optionen* (siehe *Abbildung 10.123*) können Sie einige Optimierungen vornehmen. Wenn Sie zum Beispiel beim Verbindungsaufbau das Kennwort der Verbindung speichern, können Sie durch Deaktivieren der Option *Name, Kennwort, Zertifikat usw. abfragen* den Verbindungsaufbau beschleunigen.

Einrichten einer Remoteverbindung zu Ihrem Arbeitsplatz mit VPN

Abbildung 10.123: Erweiterte Optionen einer VPN-Verbindung

Klicken Sie nach der Deaktivierung dieser Option doppelt auf die Verbindung, wird diese ohne weitere Zwischenfrage sofort hergestellt.

Die Wahlwiederholungsoptionen sind im Grunde genommen selbsterklärend, und die Schaltfläche *PPP-Einstellungen* wird eigentlich nie benötigt (siehe *Abbildung 10.124*).

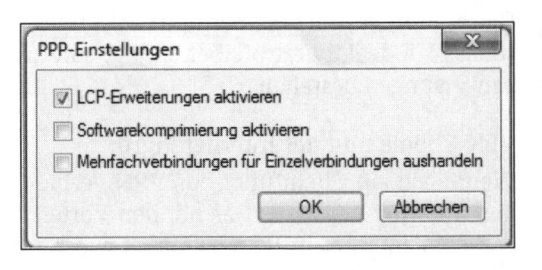

Abbildung 10.124: Konfiguration der PPP-Optionen

Hier können Sie die Datenkomprimierung auf Softwarebasis oder LCP-Erweiterungen aktivieren. Verbindungen, die unter Verwendung von *PPP (Point-to-Point-Protokoll)* erstellt wurden, müssen den Standards entsprechen, die in PPP-RFCs festgelegt sind. Nachdem eine physikalische oder logische Verbindung mit einem PPP-basierten RAS-Server hergestellt ist, wird unter Verwendung der folgenden Aushandlungen eine PPP-Verbindung eingerichtet:

1. PPP verwendet *LCP (Link-Control-Protokoll)*, um Verknüpfungsparameter wie die maximale PPP-Datenblockgröße, die Verwendung von Multilink und die Verwendung eines bestimmten PPP-Authentifizierungsprotokolls auszuhandeln. Link-Control-Protokoll (LCP) konfiguriert die PPP-Datenblockerstellung. Die PPP-Datenblockerstellung bestimmt, auf welche Weise die Daten zu Datenblöcken zusammengefasst werden, bevor sie im WAN übertragen werden. Das standardmäßige PPP-Datenblockformat stellt sicher, dass RAS-Programme aller Hersteller miteinander kommunizieren können und Datenpakete von jeder RAS-Software erkennen, die den PPP-Standards entspricht.
2. Der RAS-Client und der RAS-Server tauschen Nachrichten entsprechend dem ausgehandelten Authentifizierungsprotokoll aus. Wenn EAP (Extensible Authentication Protocol) verwendet wird, handeln der Client und der Server eine bestimmte EAP-Methode aus, die als EAP-Typ bekannt ist. Dann werden Nachrichten dieses EAP-Typs ausgetauscht. Die Nutzung von EAP ist die von Microsoft favorisierte Variante für Wählverbindungen und erlaubt eine einheitliche Authentisierung eines Nutzers über LAN, WLAN und WAN.
3. Wenn für die DFÜ-Verbindung Rückruf konfiguriert ist, wird die physikalische Verbindung beendet, und der RAS-Server ruft den RAS-Client zurück.

Das Dialogfeld *PPP-Einstellungen* enthält auch die Option *Mehrfachverbindungen für Einzelverbindungen aushandeln*. Diese Option ermöglicht die Trennung von Channels mit hoher und niedriger Priorität unter Verwendung einer Einzelverbindung. Wenn Ihr RAS-Server diese Funktion unterstützt, stellen Sie möglicherweise eine Steigerung der Audioqualität fest. Diese Funktion ist jedoch mit zahlreichen RAS-Servern inkompatibel, sodass sie deaktiviert bleiben sollte, sofern keine ausdrücklichen anderen Anweisungen bestehen.

VPN-Clients und der Internetzugriff

Wenn sich ein Client über das VPN verbindet, wird der Verkehr seines PC zum Internet blockiert. Das hat den Vorteil, dass keine Viren oder Trojaner aus dem Internet in Ihr Firmennetzwerk übertragen werden können. Vor allem wenn Sie bei der Erstellung der Firewall-Richtlinie den gesamten Datenverkehr von den VPN-Clients zum internen Netzwerk zulassen, spielt dieser Punkt eine wichtige Rolle.

Manchmal ist es jedoch nicht gewollt, dass der Internetverkehr auf dem Client-PC blockiert wird, wenn sich der Client per VPN einwählt. Sie können diese Blockade deaktivieren.

Navigieren Sie dazu auf dem Client-PC in den Eigenschaften der VPN-Verbindung über die Registerkarte *Netzwerk/Internetprotokoll (TCP/IP)/Eigenschaften/Erweitert*, und deaktivieren Sie die Option *Standardgateway für das Remotenetzwerk verwenden*. Danach ist der Internetverkehr wieder möglich (siehe *Abbildung 10.125*).

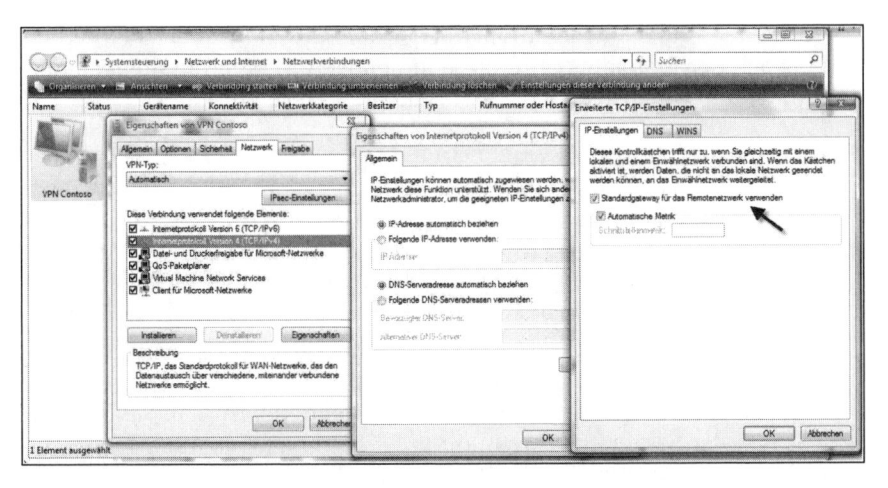

Einrichten einer Remoteverbindung zu Ihrem Arbeitsplatz mit VPN

Abbildung 10.125:
Deaktivierung des Standardgateways für die VPN-Verbindung

Direkter Verbindungsaufbau – Wählverbindungen (DFÜ)

Neben der Möglichkeit, eine VPN-Verbindung über das Internet herzustellen, bietet der Assistent für den Verbindungsaufbau zum Arbeitsplatz auch die Möglichkeit, eine direkte Verbindung herzustellen (siehe *Abbildung 10.126*).

Die Konfiguration dieser Verbindung ist im Grunde genommen identisch mit dem Aufbau einer VPN-Verbindung, mit dem Unterschied, dass der Verbindungsaufbau über eine Telefonverbindung stattfindet (siehe *Abbildung 10.126*). Sie geben daher in diesem Assistenten keine IP-Adresse oder den FQDN eines Servers an, sondern eine Telefonnummer.

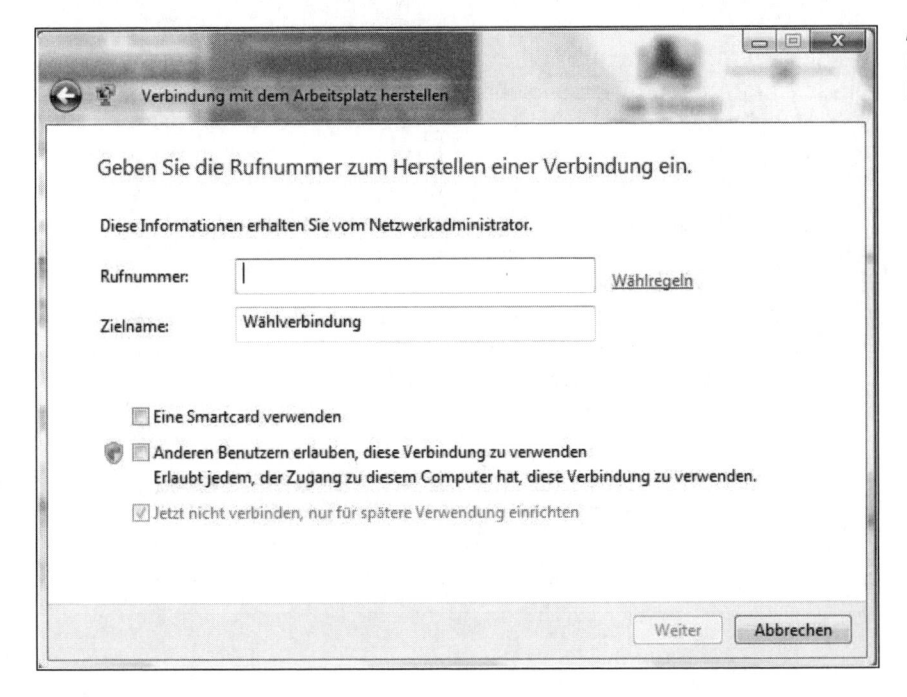

Abbildung 10.126:
Erstellen einer DFÜ-Verbindung

Mit Vista ins Internet

Die restlichen Felder sind identisch mit der Konfiguration einer VPN-Verbindung. Nach der Erstellung wird diese in den Netzwerkverbindungen angezeigt und kann genauso verwaltet wie eine VPN-Verbindung.

Abbildung 10.127:
Anzeigen einer erstellten Wählverbindung

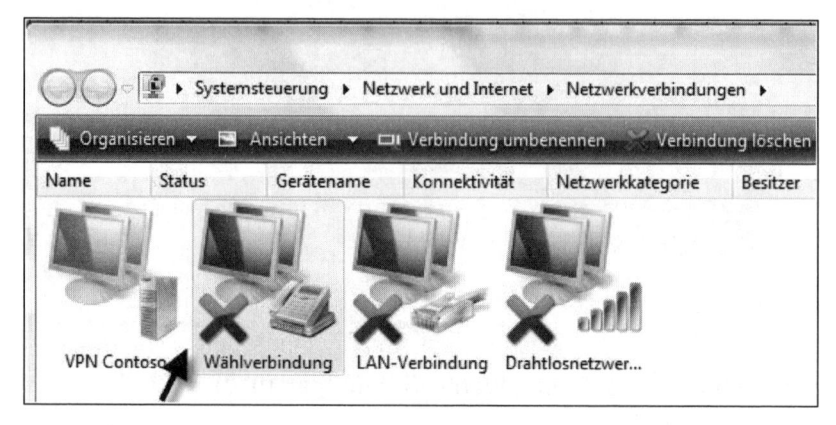

Sie erreichen den Assistenten für die Erstellung einer DFÜ-Verbindung auch direkt über das Netzwerk- und Freigabecenter, über den Link *Eine Netzwerkverbindung oder ein Netzwerk einrichten/Wählverbindung einrichten*.

Abbildung 10.128:
Erstellen einer Wählverbindung

Bevor eine Wählverbindung eingerichtet werden kann, sollten Sie sicherstellen, dass auf dem PC bereits ein Modem oder eine ISDN-Karte eingebaut ist.

10.11.4 Planung mit DynDNS

Damit die Benutzer sich über das Internet mit dem Firmennetzwerk verbinden können, muss natürlich der Server im Internet bekannt sein. Viele Unternehmen möchten jedoch nicht mehrere hundert Euro im Monat für eine statische IP-Adresse im Internet ausgeben. Generell lässt sich die Anbindung eines Netzwerkes über einen ISA Server an das Internet fast nur mit statischen IP-Adressen im Internet empfehlen.

DynDNS statt statischer IP-Adressen nutzen

Es bestehen aber auch Möglichkeiten, mit dynamischen IP-Adressen zu arbeiten. Genau zu diesem Zweck gibt es im Internet den teilweise kostenlosen und sehr zuverlässigen Dienst

www.dyndns.org

Ich habe bereits Dutzende Unternehmen per DynDNS an das Internet angebunden, die allesamt sehr zufrieden damit arbeiten. Die Technik ist grundsätzlich sehr einfach. Zunächst müssen Sie sich einen kostenlosen Account bei DynDNS anlegen, unter dem die dynamische IP-Adresse der Internetverbindung gefunden werden kann, zum Beispiel:

contoso-nsu.dyndns.org

Danach müssen Sie auf den Seiten von DynDNS einen kostenlosen Client herunterladen und ihn auf dem ISA Server installieren. Sobald sich die externe IP-Adresse des ISA Servers ändert, bemerkt das der Client und aktualisiert die neue IP-Adresse bei Ihrem DynDNS-Account. Externe Anwender müssen sich nur noch den Namen der hinterlegten DynDNS-Adresse merken und werden durch die jeweils aktuelle IP-Adresse immer automatisch zu Ihrem ISA Server geleitet. Mittlerweile unterstützen auch immer mehr DSL-Router direkt DynDNS.

In diesem Fall müssen Sie auf der Konfigurationsoberfläche des Routers nur noch Ihren externen DynDNS-Account eintragen, damit dieser zukünftig mit der aktuellen IP-Adresse versorgt wird. Selbst der größte Internet-Provider für Unternehmen in Europa, *Schlund und Partner*, empfiehlt die Anbindung an DynDNS, wenn keine statische IP-Adresse zur Verfügung steht. Den genauen Ablauf können Sie *Abbildung 10.130* entnehmen.

Mit Vista ins Internet

Abbildung 10.129:
DSL-Router mit
DynDNS-Unter-
stützung

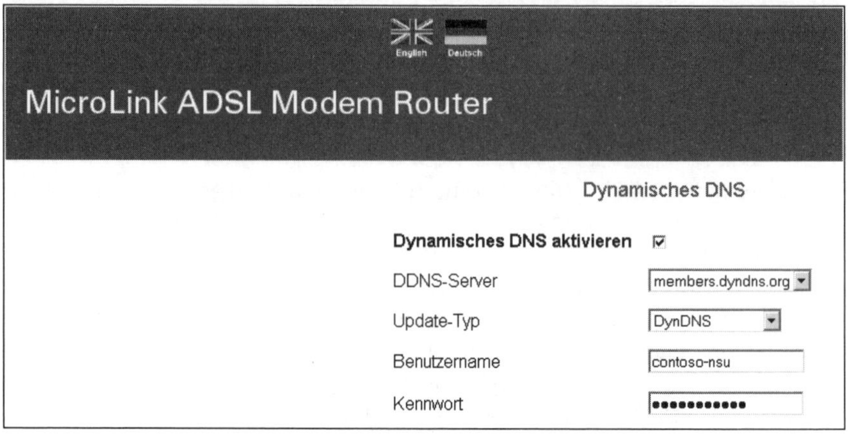

Auswahl der Internetdomäne für die Nutzung von DynDNS

Außer den kostenlosen Möglichkeiten können Sie bei DynDNS auch eigene Internetdomänen hosten lassen, um diese für Ihren Account zu nutzen. Sie könnten zum Beispiel einen Account *mail.contoso.biz* verwenden anstatt *contoso-nsu.dyndns.org*. Dazu muss lediglich die Internetdomäne *contoso.biz* zu DynDNS übertragen werden. Das Hosten von eigenen Internetdomänen kostet nur wenige Euro im Jahr und gestaltet die Anbindung noch etwas professioneller.

Sie sollten allerdings nicht unbedingt die Internetdomäne verwenden, die auf Ihre offizielle Internetseite verweist, oder Ihre E-Mail-Domäne. Legen Sie sich eine neue passende Domäne an, oder wählen Sie eine, die Sie bereits registriert haben, aber noch nicht nutzen.

Optimierung der Anbindung von DynDNS

Selbst wenn Sie nicht Ihre Hauptinternetdomäne zu DynDNS verschieben, können Sie diese trotzdem im Internet für die Anbindung an DynDNS nutzen. Legen Sie dazu, wie bereits beschrieben, einen eigenen Account bei DynDNS an, oder verwenden Sie die eigene Internetdomäne, zum Beispiel *contoso.biz*. Angenommen, Ihre primäre Internetdomäne ist *contoso.com*. Sie brauchen jetzt auf der Konfigurationsoberfläche Ihres Providers einfach nur eine Umleitung zum Beispiel für die Domäne *mail.contoso.com* einzurichten. Diese Umleitung schicken Sie zu *mail.contoso.biz*, welche wiederum auf die richtige IP-Adresse der externen Schnittstelle des ISA verweist. Durch diese Strukturierung erreichen Sie eine professionelle externe Anbindung an das Internet, die auch zuverlässig funktioniert. Gleichzeitig sparen Sie Geld, da Sie keine statische IP-Adresse benötigen.

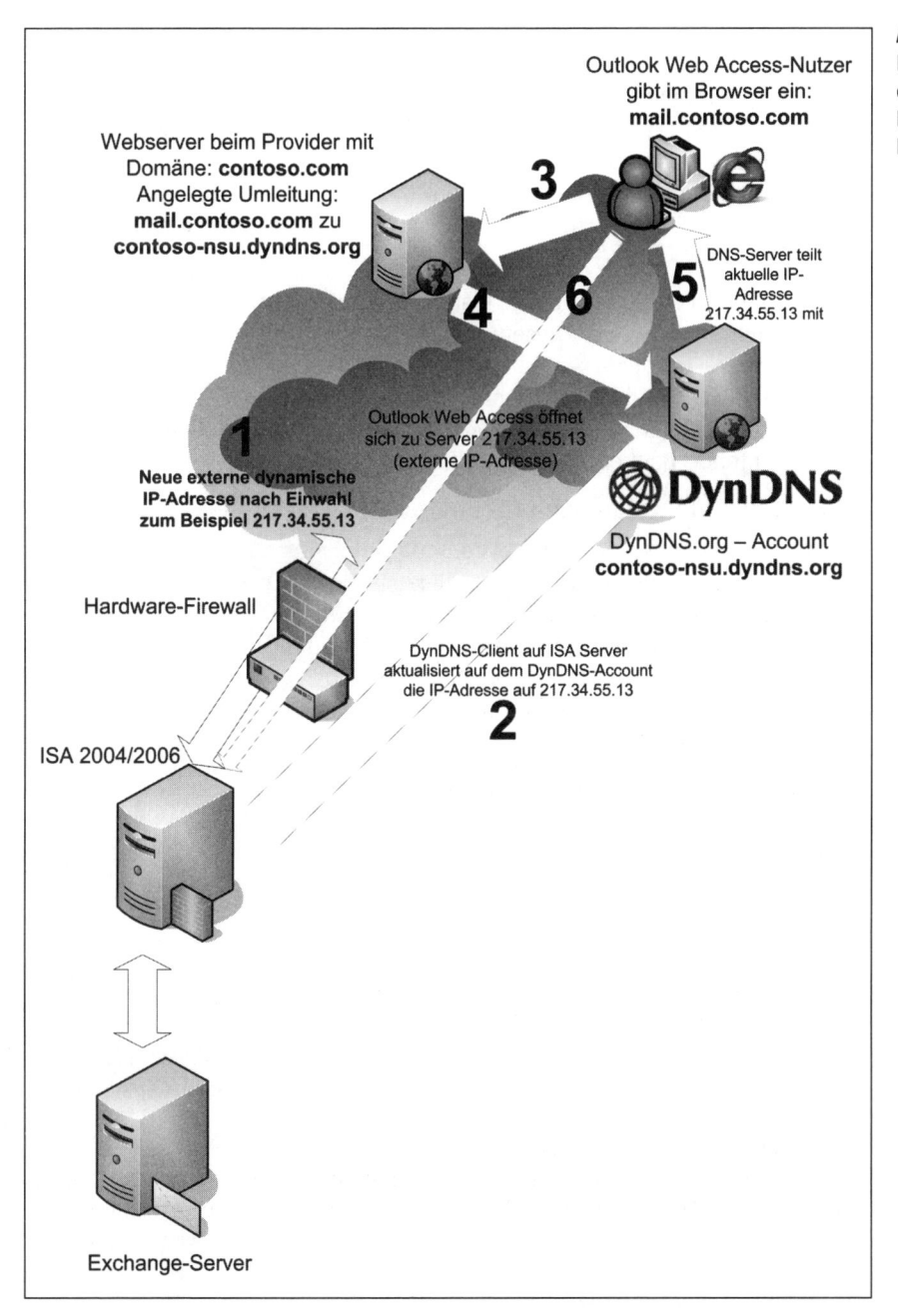

Einrichten einer Remoteverbindung zu Ihrem Arbeitsplatz mit VPN

Abbildung 10.130: Nutzung von dynamischen IP-Adressen mit DynDNS.Org

10.12 Outlook Web Access und Windows Vista

Der Zugriff auf einen Exchange Server 2003 mit Outlook Web Access unter Windows Vista funktioniert teilweise nicht. Ursache ist die Verwendung des DHTLM Editing Controls. Dieses ist in Windows Vista nicht mehr enthalten. Der Internet Explorer unter Windows Vista schützt Benutzer besser vor gefährlichen Webseiten, indem er mit stark beschränkten Benutzerrechten ausgeführt wird.

Das Problem lässt sich dadurch lösen, dass Sie auf dem Exchange Server einen Patch installieren. Diesen finden Sie auf der Internetseite `http://support.microsoft.com/kb/911829/en-us`. Der Patch installiert und aktiviert einen neuen Editor für den Internet Explorer, sodass dann auch problemlos von Windows Vista auf Outlook Web Access zugegriffen werden kann. In einer Frontend-/Backend-Serverkonfiguration muss der Hotfix auf beiden Serverrollen installiert werden.

11 Erweiterte Netzwerkkonfiguration

In diesem Kapitel werden die Themen besprochen, die in Windows Vista vor allem für Unternehmen eine Rolle spielen und die über die grundlegenden Netzwerkeinstellungen hinausgehen. Windows Vista beinhaltet eine aktualisierte Implementierung des TCP/IP-Stacks mit signifikanten Verbesserungen, die sich speziell an mehrere wichtige Netzwerkprobleme richten und Verbesserungen bei Leistung und Durchsatz, eine allgemeine Wi-Fi-Achitektur und APIs zur Inspizierung von Netzwerkpaketen bieten. Die Maximierung der Netzwerkauslastung erfordert eine komplexe Optimierung der TCP/IP-Konfigurationseinstellungen. In Windows Vista müssen Sie dies nicht mehr manuell erledigen, indem Sie die Netzwerkbedingungen erkennen und die Leistung automatisch optimieren.

In High-Loss-Netzwerken, wie drahtlosen Netzwerken, kann sich Windows Vista nach einfachen und mehrfachen Paketverlusten besser wiederherstellen. Es kann das TCP-Empfangsfenster dynamisch vergrößern oder verkleinern, um den Link voll auszunutzen.

Beim Netzwerk- und Freigabecenter handelt es sich um einen einzigen Ort für Benutzer, an dem der Netzwerkstatus überprüft werden kann, also ob der Benutzer angeschlossen ist, mit wem der er verbunden ist und ob er sich im lokalen Netzwerk oder im Internet befindet. Benutzer können auch den Status verschiedener Netzwerkdienste auf ihren Computern anzeigen. Windows Vista kann außerdem viele Konnektivitätsprobleme diagnostizieren und lösen, ohne dass sich Benutzer an den Helpdesk wenden müssten. Durch das *Netzwerkdiagnose-Framework* erhält Windows Vista die Fähigkeit, die eigentliche Ursache von Verbindungsproblemen aus dem Kontext der Anwendungsaktion zu identifizieren.

Wenn Windows Vista auf den Domänencontroller über das Netzwerk zugreifen kann, wechselt es automatisch in das Domänenprofil. Alle anderen Netzwerke werden als öffentlich kategorisiert, es sei denn, ein Benutzer oder eine Anwendung identifiziert das Netzwerk als privat. Netzwerke, die direkte Verbindungen zum Internet darstellen oder die sich an öffentlichen Orten wie Flughäfen oder Cafés befinden, sollten weiterhin als öffentlich deklariert werden. Nur Netzwerke, die sich hinter einem privaten Gateway befinden, sollten als privat identifiziert werden, wie Heimnetzwerke oder Netzwerke in kleinen Unternehmen.

Dank Netzwerk-Awareness können Anwendungen wie die Windows Firewall mit erweiterter Sicherheit unterschiedliche Konfigurationen auf Grundlage des Netzwerktyps haben, mit dem gegenwärtig eine Verbindung besteht, und automatisch zwischen den Konfigurationen wechseln, wenn sich der Netzwerktyp ändert. In Windows Vista kann auch die Gruppenrichtlinie das Netzwerk erkennen: Sie erkennt automatisch, wenn sich der Computer am Domänennetzwerk befindet, und beginnt mit der Verarbeitung aller neuen Gruppenrichtlinieneinstellungen, ohne auf den nächsten Aktualisierungszyklus zu warten. Das bedeutet, Windows Vista überprüft automatisch, ob neue Einstellungen der Gruppenrichtlinien vorliegen, wenn es eine Verbindung mit dem Domänennetzwerk aufnimmt, selbst wenn dabei nur der Ruhezustand beendet wird. Administratoren sind dadurch in der Lage, Sicherheitseinstellungen schneller bereitzustellen.

Windows Vista beinhaltet viele Verbesserungen, die das Verhalten der drahtlosen Clients zur Verringerung von allgemeinen Angriffen auf drahtlose Netzwerke betreffen. Der Client wird automatisch nur mit solchen Netzwerken verbunden, die der Benutzer ausdrücklich angefordert hat oder die als bevorzugte Netzwerke identifiziert wurden. Ein automatischer Verbindungsaufbau mit Ad-hoc-Netzwerken ist nicht möglich. Der Client gibt außerdem eine Warnung aus, wenn der Benutzer einen Verbindungsaufbau mit einem nicht gesicherten Netzwerk einleitet. Darüber hinaus führt der Client aktive Untersuchungen durch, um die Anzahl der bevorzugten Netzwerke zu verringern. Dies erfolgt nur auf ausdrücklichen Wunsch des Benutzers. Dadurch haben Angreifer mehr Schwierigkeiten festzustellen, mit welchem Netzwerk der Client eine Verbindung herstellen möchte, und es wird ihnen erschwert, ein betrügerisches Netzwerk mit demselben Namen zu erstellen.

11.1 Windows Vista und Active Directory-Domänen

Die meisten Unternehmen werden Windows Vista-PCs in einer Windows-Domäne aufnehmen. In einem Unternehmensnetzwerk können die Hauptvorteile der Microsoft-Betriebssysteme, sei es auf Ebene der Server oder der Clients, erst sinnvoll ausgespielt werden, wenn eine Active Directory-Domäne gebildet wird.

Nur die Business, Enterprise und Ultimate Edition von Windows Vista können Mitglied in Windows-Domänen werden, bei den anderen Editionen fehlt diese Unterstützung.

In diesem Abschnitt wird die Aufnahme und Verwaltung eines Windows Vista-PC in eine Windows-Domäne besprochen.

Windows Vista und Active Directory-Domänen

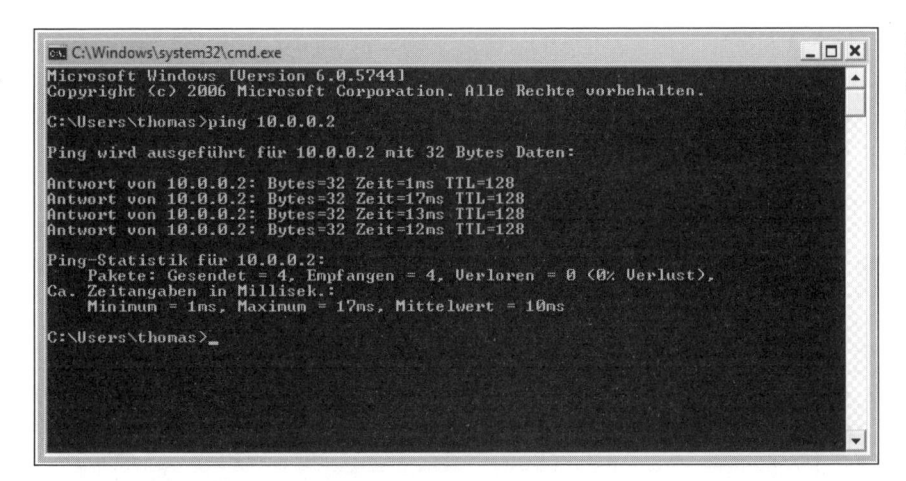

Abbildung 11.1:
Überprüfen der Verbindung zum Domänencontroller

11.1.1 Notwendige Netzwerkeinstellungen für die Domänenaufnahme

Grundsätzlich ist der Ablauf mit dem unter Windows XP nahezu identisch. Der erste Schritt, einen Windows Vista-PC in eine Windows-Domäne aufzunehmen, ist es, den PC erst einmal mit dem Netzwerk zu verbinden und zu überprüfen, ob ein Domänencontroller mit dem Ping-Befehl, ganz ohne Namensauflösung erreicht werden kann (siehe *Abbildung 11.1*). Erst wenn sichergestellt ist, dass der Domänencontroller auf Netzwerkebene erreicht werden kann, sollten Sie weitere Schritte durchführen. Dieser Test hat vor allem in Verbindung mit der Windows-Firewall Sinn.

Der nächste wichtige Schritt ist das Eintragen eines DNS-Servers in den IP-Einstellungen eines Windows Vista-PC. Erst wenn ein DNS-Server eingetragen wurde, der die DNS-Zone der Active Directory-Domäne auflösen kann, ist eine Aufnahme in eine Windows-Domäne möglich (siehe *Abbildung 11.2*).

Diese Einstellung findet in den Netzwerkeinstellungen der LAN-Verbindung statt. Sie finden sie, indem Sie das Netzwerk- und Freigabecenter aufrufen (siehe Kapitel 9, Kapitel 10 und *Abbildung 11.3*). Sie können das es am besten durch Rechtsklick auf das Netzwerksymbol im Informationsbereich der Startleiste öffnen.

Eine weitere Möglichkeit bietet der Weg über *Start/Netzwerk*. Im Anschluss können Sie im neuen Fenster im Menübereich das Netzwerk- und Freigabecenter öffnen (siehe *Abbildung 11.4*).

Erweiterte Netzwerkkonfiguration

Abbildung 11.2:
Konfiguration der Netzwerkeinstellungen für eine Domänenaufnahme

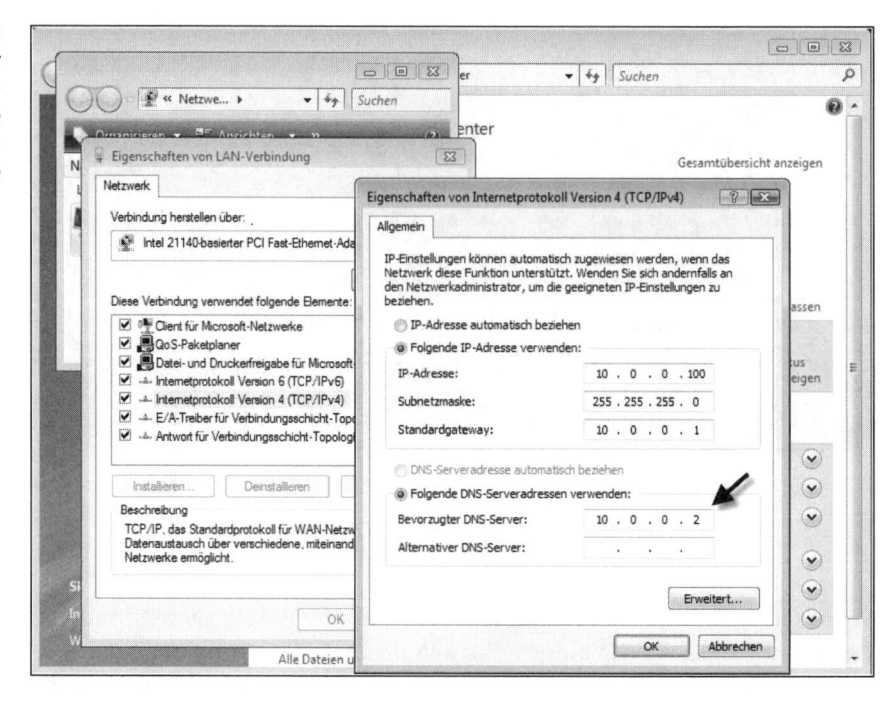

Abbildung 11.3:
Starten des Netzwerk- und Freigabecenters

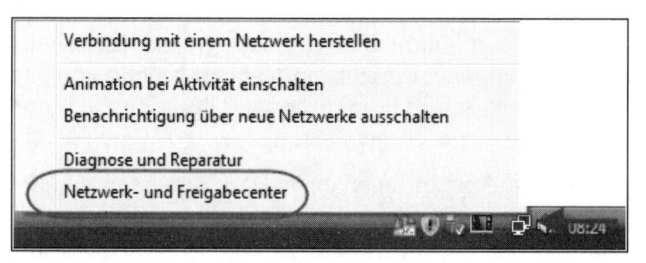

Abbildung 11.4:
Starten des Netzwerk- und Freigabecenters über die Netzwerkumgebung

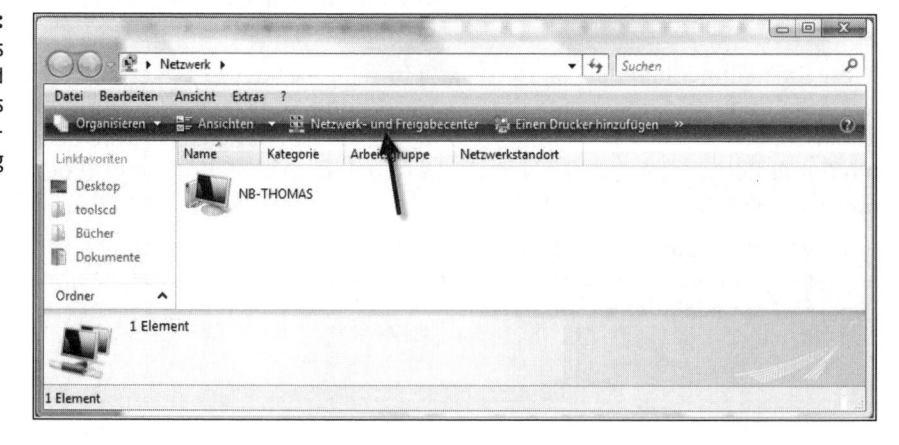

Windows Vista und Active Directory-Domänen

Die Netzwerkeinstellungen der entsprechenden LAN-Verbindung erreichen Sie im Netzwerk- und Freigabecenter über den Link *Netzwerkverbindungen verwalten*. Hier können Sie mit der rechten Maustaste das Kontextmenü aufrufen und die Eigenschaften dieser Verbindung konfigurieren.

Sie können die Verwaltung der Netzwerkverbindungen auch über Start/Ausführen/ncpa.cpl *aufrufen.*

TIPP

In den Eigenschaften des TCP-IP-Protokolls (IPv4) können Sie die IP-Einstellungen vornehmen sowie einen DNS-Server eintragen. Hier tragen Sie normalerweise die IP-Adresse des Domänencontrollers ein, da dieser im Normalfall auch für die DNS-Zone verantwortlich ist.

Sie können das Netzwerk- und Freigabecenter auch über den Befehl control.exe/name Microsoft.NetworkAndSharingCenter *öffnen. Wenn Sie mit diesem Befehl eine Verknüpfung erstellen, können Sie durch Doppelklick auf diese Verknüpfung das Netzwerk- und Freigabecenter öffnen.*

TIPP

Erweiterte Netzwerkeinstellungen für die Domänenaufnahme

Über die Schaltfläche *Erweitert* erreichen Sie weitere Einstellungen, um die Namensauflösung per DNS oder WINS im Netzwerk optimal einzustellen (siehe *Abbildung 11.5*). Normalerweise werden Sie hier keine Einstellungen vornehmen müssen, da bereits die Standardeinstellungen ausreichen. Für manche Netzwerke kann jedoch eine Nachjustierung sinnvoll sein. Ob das für Sie notwendig ist, erfahren Sie auf den folgenden Seiten.

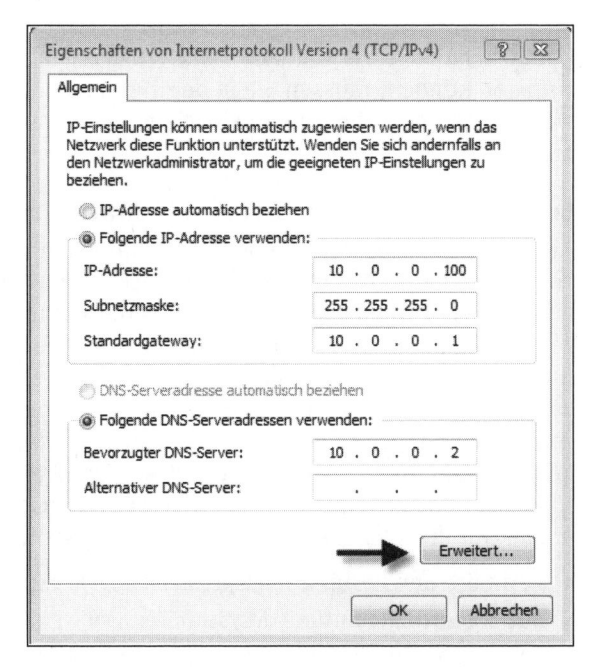

Abbildung 11.5: Aufrufen der erweiterten Konfiguration von TCP-IP V4

Wenn Sie erweiterte Einstellungen anpassen, sollten Sie darauf achten, die Standardeinstellungen zu notieren, da diese bei späteren Änderungen nicht einfach nachzuvollziehen sind.

Windows Internet Name Service (WINS)

Auf der Registerkarte *WINS* können Sie einen WINS-Server eintragen, sofern Sie einen solchen im Netzwerk betreiben. Zu jeder Active Directory-Domäne gehört ein WINS-Server. WINS steht für *Windows Internet Name Service* und ist der Vorgänger der dynamischen DNS-Aktualisierung.

Während DNS für die Namensauflösung mit voll qualifizierten Domänennamen zuständig ist, werden mit WINS NetBIOS-Namen aufgelöst. Die Namensauflösung in einem Active Directory ist überaus wichtig. Wenn Sie ein Active Directory mit mehreren Domänen und Exchange Server 2003 oder 2007 einsetzen, benötigen Sie darüber hinaus zwingend WINS.

Aus diesen Gründen gehört zur Erstellung eines Active Directorys auch die Integration von WINS dazu. Sie können auf den Domänencontrollern neben DNS auch ohne Weiteres den WINS-Dienst installieren, da er so gut wie keine Auswirkungen auf das System hat. DNS kann darüber hinaus eng mit WINS zusammenarbeiten.

> **INFO** *In Windows Server 2003 SP1 wurden Erweiterungen eingebaut, welche die Namensauflösung zur Replikation des Active Directorys über WINS abwickeln können, falls DNS Probleme hat. Sie sehen, dass WINS alles andere als eine veraltete Struktur zur Namensauflösung ist und zu jedem Windows-Netzwerk dazugehört.*

Damit sich die Server und PCs beim WINS registrieren und Daten aus WINS abfragen können, müssen Sie in den IP-Einstellungen die WINS-Server eintragen. Auf den Arbeitsstationen können Sie diese Einstellungen auch mithilfe eines DHCP-Servers verteilen.

Erweiterte DNS-Einstellungen in Windows Vista

Auf der Registerkarte *DNS* werden schließlich notwendige Einstellungen vorgenommen, um Windows Vista besser in eine Windows-Domäne einzubinden. Wie bereits erwähnt sollten an dieser Stelle nur Experten Änderungen vornehmen, die genau wissen, was sie tun. Für eine generelle Aufnahme von Windows Vista in eine Domäne sind hier keine Änderungen vorzunehmen. Ich zeige Ihnen auf den folgenden Seiten anhand von Beispielen, wann hier Änderungen sinnvoll sein können. Die weiteren Einstellungen sind sehr wichtig für das Verständnis von DNS und der Namensauflösung im Active Directory. Zunächst sind standardmäßig immer nur die folgenden Optionen aktiviert (siehe *Abbildung 11.6*):

- Primäre und verbindungsspezifische DNS-Suffixe anhängen
- Übergeordnete Suffixe des primären DNS-Suffixes anhängen
- Adressen dieser Verbindung in DNS registrieren

Windows Vista und Active Directory-Domänen

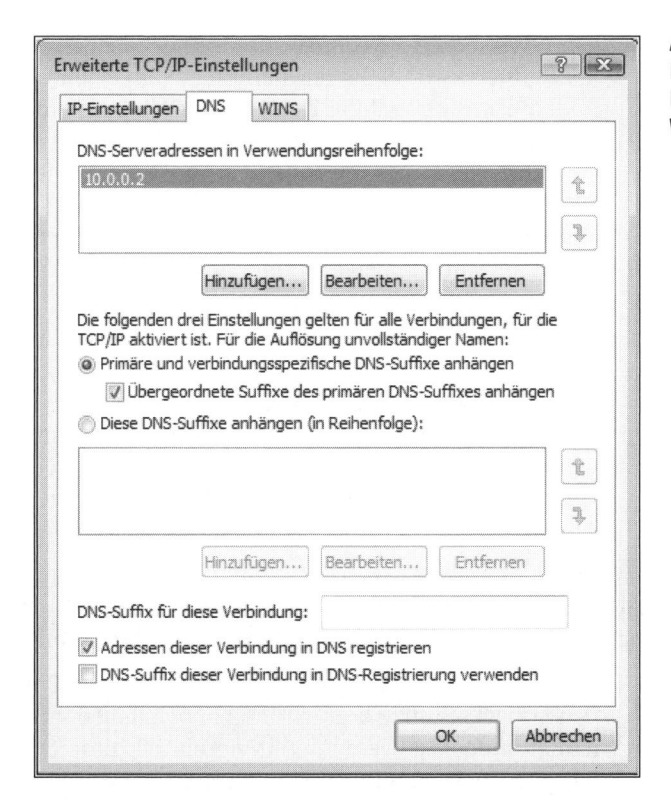

Abbildung 11.6:
Erweiterte Einstellungen für DNS in Windows Vista

Die einzelnen Optionen spielen bei der Namensauflösung in einer DNS-Infrastruktur eine erhebliche Rolle:

- *Primäre und verbindungsspezifische DNS-Suffixe anhängen* – Durch die Aktivierung dieser Option wird festgelegt, dass der Rechner versucht, bei der Auflösung von Rechnernamen immer automatisch das konfigurierte primäre DNS-Suffix des eigenen Computernamens anzuhängen. Wollen Sie zum Beispiel einen Rechnernamen mit der Bezeichnung *dc01* auflösen, versucht der Rechner eine Namensauflösung nach *dc01.contoso.com*, wenn das primäre DNS-Suffix des PC *contoso.com* ist.

- *Übergeordnete Suffixe des primären DNS-Suffixes anhängen* – Diese Option bedeutet, dass auch die Namen von übergeordneten Domänen bei der Namensauflösung verwendet werden. Wenn Sie zum Beispiel in einer untergeordneten Domäne mit der Bezeichnung *muenchen.de.contoso.com* einen Servernamen *dc05* auflösen wollen, versucht der Rechner zunächst die Auflösung über *dc05.muenchen.de.contoso.com*, falls dies das primäre DNS-Suffix des PC ist. Im Anschluss wird versucht, den Namen über *dc05.de.contoso.com* und dann über *dc05.contoso.com* aufzulösen, da diese Domänen der Domäne *muenchen.de.contoso.com* übergeordnet sind.

- *DNS-Suffix für diese Verbindung* – Zusätzlich haben Sie noch die Möglichkeit, in diesem Bereich ein weiteres beliebiges DNS-Suffix einzutragen. Wenn der Rechner den eingegebenen Namen bei seinem konfigurierten DNS-Server nicht über sein eigenes primäres DNS-Suffix finden kann, versucht er es mit dem DNS-Suffix in diesem Feld. Wollen Sie zum Beispiel den Servernamen *dc06* auflösen, versucht der PC zunächst die Auflösung in *dc06.contoso.com*, sofern das sein primäres DNS-Suffix ist. Tragen Sie im Feld *DNS-Suffix für diese Verbindung* noch ein Suffix in der Form *muenchen.de.microsoft.com* ein, versucht der PC, auch den Namen nach *dc06.muenchen.de.microsoft.com* aufzulösen.

- *Adressen dieser Verbindung in DNS registrieren* – Auch diese Option ist bereits standardmäßig aktiviert. Ein DNS-Server unter Windows Server 2003 hat die Möglichkeit, Einträge dynamisch zu registrieren. Durch dieses dynamische DNS müssen Hosteinträge nicht mehr manuell durchgeführt werden. Sobald sich ein Rechner im Netzwerk anmeldet, versucht er, seinen FQDN beim konfigurierten DNS-Server automatisch einzutragen, sofern diese Option nicht deaktiviert wurde. Dieser Punkt ist für die interne Namensauflösung in einem Active Directory-Netzwerk von sehr großer Bedeutung.

Außer den standardmäßig aktivierten Optionen gibt es noch weitere Möglichkeiten, die Sie in diesem Fenster konfigurieren können.

- *Diese-DNS-Suffixe anhängen* – Wenn Sie diese Option aktivieren, können Sie DNS-Suffixe konfigurieren, nach denen unvollständige Rechnernamen aufgelöst werden. Aktivieren Sie diese Option, werden weder das primäre DNS-Suffix des Servers noch die DNS-Suffixe dieser Verbindung verwendet. Es werden die DNS-Suffixe in der Reihenfolge angehängt, die im Feld *Diese DNS-Suffixe anhängen (in Reihenfolge)* konfiguriert sind. Achten Sie bei der Konfiguration darauf, dass möglichst das DNS-Suffix der Windows-Domäne, in der dieser Server Mitglied ist, als Erstes in dieser Liste eingetragen ist. Diese Option wird häufig verwendet, um die Namensauflösung in Gesamtstrukturen mit mehreren Strukturen zu lösen. Dazu werden in der Reihenfolge alle Strukturen der Gesamtstruktur eingetragen, um eine Namensauflösung innerhalb des Active Directorys zu gewährleisten. Vor allem beim Einsatz von Exchange Servern ist diese Option sehr nützlich, wenn die Exchange-Server über mehrere Strukturen und Domänen verteilt sind. Standardmäßig ist diese Option nicht aktiviert.

- *DNS-Suffix dieser Verbindung in DNS-Registrierung verwenden* – Wenn Sie diese Option aktivieren, wird der PC-Name im DNS mit seinem Computernamen und seinem primären DNS-Suffix registriert, also seinem *FQDN (Fully Qualified Domain Name)*. Zusätzlich wird der Name mit dem DNS-Suffix auch beim DNS-Server registriert, das im Bereich *DNS-Suffix für diese Verbindung* konfiguriert ist. Diese Option ist ebenfalls nicht standardmäßig aktiviert.

Wenn Sie schnell und effizient Servernamen in verschiedenen DNS-Zonen auflösen wollen, aktivieren Sie auf den PCs oder Servern in den IP-Einstellungen über die Schaltfläche *Erweitert* auf der Registerkarte *DNS* die Option *Diese DNS-Suffixe anhängen (in Reihenfolge)*. Tragen Sie als Nächstes zuerst den Namensraum der eigenen Struktur ein, und hängen Sie danach die Namensräume der anderen Strukturen an.

Der Sinn dieser Konfiguration ist die schnelle Auflösung von Servern in den anderen Strukturen. Wenn Sie zum Beispiel den Domänencontroller *dc1* in der Struktur *contoso.com* auflösen wollen, müssen Sie immer *dc1.contoso.com* eingeben, wenn Ihr PC nicht Mitglied dieser Struktur ist. Diese Einstellung ist nur optional, erleichtert aber die Stabilität der Namensauflösung in Ihrem Active Directory. Sie sollten diese Einstellung auf jedem Domänencontroller sowie auf jedem Exchange-Server in Ihrer Gesamtstruktur durchführen sowie auf PCs von Administratoren oder Power-Usern, die ständig Verbindung zu anderen Domänen aufbauen müssen. Zuerst sollten immer die eigene Domäne und der eigene Namensraum eingetragen werden, bevor andere Namensräume abgefragt werden.

Wenn Sie diese Maßnahme durchgeführt haben, können Sie mit *nslookup* den Effekt überprüfen. Sie können an dieser Stelle lediglich *dc1* eingeben. Der Server befragt seinen bevorzugten DNS-Server, ob ein Server mit dem Namen *dc1.microsoft.com* gefunden wird, wenn es sich hier um Ihr primäres DNS-Suffix handelt. Da dieser Server unter Umständen in dieser Domäne nicht vorhanden ist, wird der nächste Namensraum abgefragt. Das ist in diesem Beispiel *contoso.com*.

Viele Administratoren tragen auf ihrem DNS-Server einfach einen neuen statischen Hosteintrag ein, der auf die IP-Adresse des Servers des anderen Namensraumes zeigt. Diese Vorgehensweise ist aber nicht richtig, auch wenn sie grundsätzlich funktioniert.

Es wird in diesem Fall nämlich nicht der richtige DNS-Name des entsprechenden Servers zurückgegeben, sondern der Servername mit der Zone des DNS-Servers, in die der Server als Host eingetragen wurde. Vor allem in größeren Active Directorys sollten Administratoren darauf achten, die Konfigurationen so vorzunehmen, dass sie auch formal korrekt sind. Das hilft oft, unbedachte Probleme zu vermeiden.

Wenn Sie zum Beispiel in der Zone *microsoft.com* einen neuen Eintrag *dc1* für den Domänencontroller *dc1.contoso.com* erstellen, der auf die IP-Adresse des Servers verweist, wird der Name als *dc1.microsoft.com* aufgelöst, obwohl der eigentliche Name des Servers *dc1.contoso.com* ist. Dadurch funktioniert zwar die Auflösung, aber es wird ein falscher Name zurückgegeben.

Überprüfung und Fehlerbehebung der DNS-Einstellungen

Öffnen Sie nach der Konfiguration bzw. der Aufnahme des PC in die Domäne eine Befehlszeile, und geben Sie den Befehl *nslookup* ein. Die Eingabe des Befehls darf keinerlei Fehlermeldungen verursachen. Es müssen der richtige FQDN des DNS-Servers und seine IP-Adresse angezeigt werden.

Erweiterte Netzwerkkonfiguration

Sollte das nicht der Fall sein, gehen Sie Schritt für Schritt vor, um den Fehler einzugrenzen:

1. Überprüfen Sie, ob das primäre DNS-Suffix mit dem Zonennamen übereinstimmt. Das primäre DNS-Suffix der Domäne wird automatisch beim Aufnehmen in die Domäne zugewiesen.
2. Stellen Sie als Nächstes fest, ob die IP-Adresse des DNS-Servers richtig in den IP-Einstellungen des PC eingetragen wurde.

11.1.2 Erstellen eines Computerkontos für den PC in der Domäne

Nachdem Sie die IP-Einstellungen korrekt vorgenommen haben, besteht der nächste Schritt darin, dass Sie für den PC in der Windows-Domäne ein Domänenkonto erstellen. Dieses Konto kann ohne Weiteres auch direkt auf dem Windows Vista-PC erstellt werden, es ist dazu lediglich eine Authentifizierung eines Benutzerkontos notwendig, das berechtigt ist, Computerkonten in der Domäne zu erstellen.

Um einen Windows Vista-PC in eine Windows-Domäne aufzunehmen, öffnen Sie am besten zunächst das Startmenü und klicken dann mit der rechten Maustaste auf den Menüpunkt *Computer* und wählen dann *Eigenschaften* (siehe *Abbildung 11.7*).

Abbildung 11.7:
Die Eigenschaften des Computers über das Startmenü aufrufen

Windows Vista und Active Directory-Domänen

Es öffnet sich ein neues Fenster, über das Sie die Domänenmitgliedschaft des PC anpassen können.

Klicken Sie dazu im Bereich *Einstellungen für Computernamen, Domäne und Arbeitsgruppe* auf *Einstellungen ändern*. Wie Sie sehen, wird neben dieser Einstellung das bekannte Schild in den Windows-Farben angezeigt. Dieses Symbol erscheint immer, wenn für die Ausführung der besagten Aufgabe administrative Berechtigungen benötigt werden (siehe *Abbildung 11.8*).

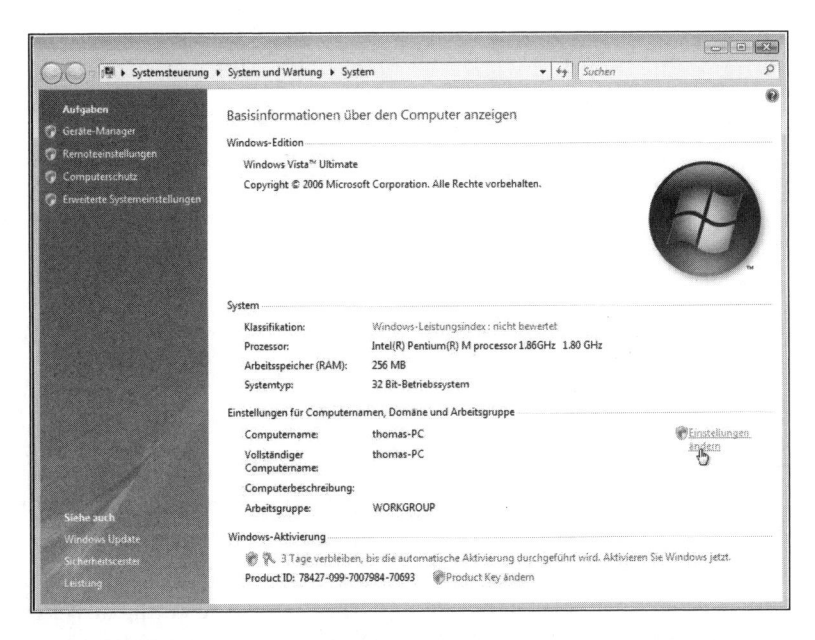

Abbildung 11.8:
Ändern der Einstellungen für die Domänenmitgliedschaft

Sobald Sie auf den Link *Einstellungen ändern* klicken, erscheint zunächst eine Meldung der Benutzerkontensteuerung (UAC), die Sie bestätigen müssen.

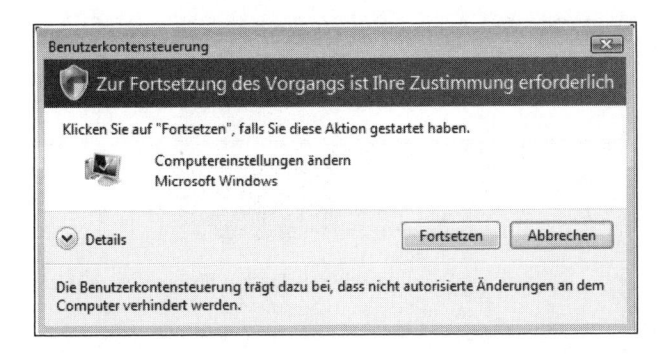

Abbildung 11.9:
Meldung der Benutzerkontensteuerung bei der Änderung der Domänenmitgliedschaft

Wenn Sie diese Meldung bestätigt haben, werden die Eigenschaften des Computers angezeigt, und die Anzeige wechselt automatisch auf die Registerkarte *Computername* (siehe *Abbildung 11.10*).

Erweiterte Netzwerkkonfiguration

Abbildung 11.10:
Anzeigen der Systemeigenschaften

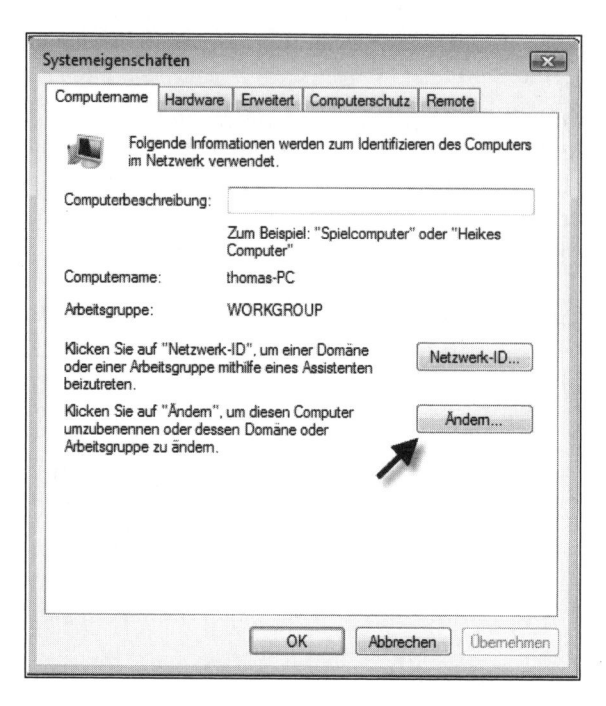

Auf der Registerkarte *Computername* können Sie eine Beschreibung des PC eintragen, die auch in den Verwaltungswerkzeugen des Active Directorys angezeigt wird.

Über die Schaltfläche *Ändern* können Sie am effizientesten einer Domäne beitreten oder den Namen des PC ändern. Über die Schaltfläche *Netzwerk-ID* wird ein Assistent gestartet, der Sie bei der Aufnahme unterstützt. Da die Domänenaufnahme keine allzu langwierige Aufgabe ist, benötigen Sie im Grunde genommen keinen Assistenten und können dadurch über die Schaltfläche *Ändern* schneller zum Ziel gelangen.

Wenn Sie den Assistenten verwenden, können Sie auf der ersten Seite auswählen, ob Ihr PC in einem Unternehmen oder privat eingesetzt wird (siehe *Abbildung 11.11*).

Abbildung 11.11:
Einen PC in eine Domäne aufnehmen

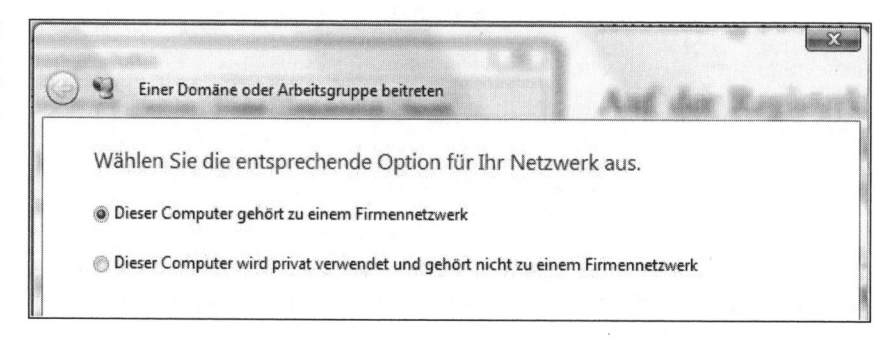

Windows Vista und Active Directory-Domänen

Auf der nächsten Seite des Assistenten können Sie auswählen, ob der PC in einer Domäne oder einer Arbeitsgruppe betrieben wird. Bei der Domäne findet die Verwaltung der Computer- und Benutzerkonten zentral auf einem Domänencontroller statt, bei einer Arbeitsgruppe müssen Benutzerkonten und Freigaben lokal auf den PCs erstellt werden.

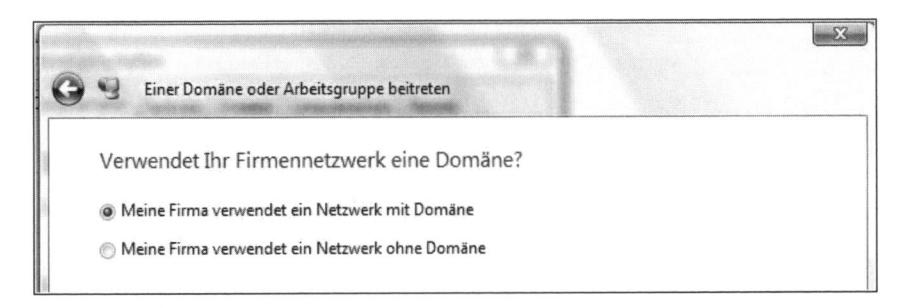

Abbildung 11.12: Auswahl der Option zum Aufnehmen in eine Domäne

Auf der nächsten Seite müssen Sie zunächst den NetBIOS-Namen der Domäne eingeben sowie ein Benutzerkonto in der Domäne mit der Berechtigung, neue Computerkonten erstellen zu dürfen (siehe *Abbildung 11.13*).

Wenn Sie sich an dieser Stelle vertippen, erscheint noch keine Fehlermeldung, da der Zugriff auf die Domäne erst am Ende durchgeführt wird.

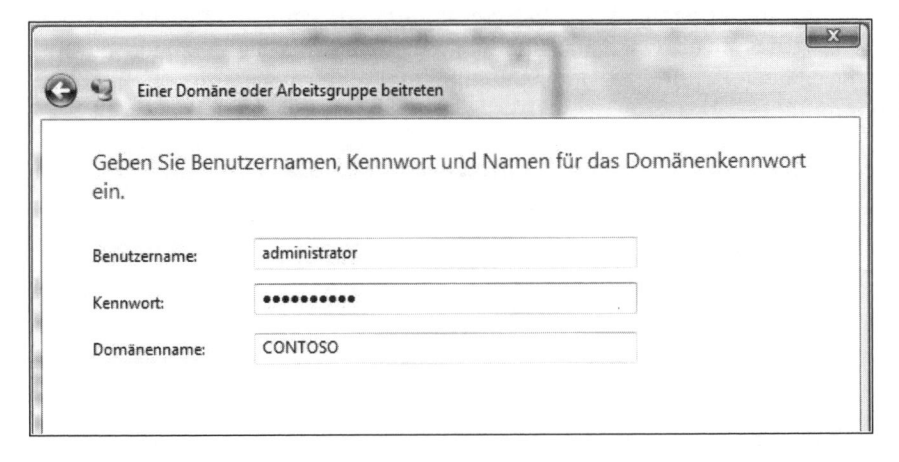

Abbildung 11.13: Auswählen eines Benutzerkontos für die Domäne

Auf der nächsten Seite des Assistenten geben Sie nochmals die NetBIOS-Bezeichnung der Domäne ein sowie den Namen Ihres PC, wie dieser in der Domäne aufgenommen werden soll (siehe *Abbildung 11.14*).

Erweiterte Netzwerkkonfiguration

Abbildung 11.14: Auswählen des Computer- und Domänennamens

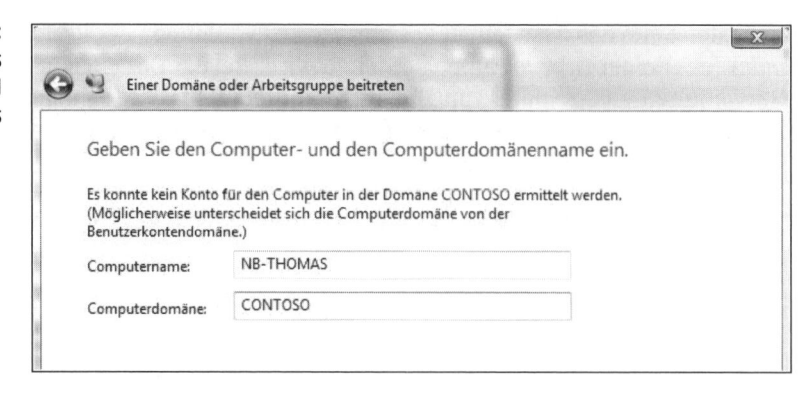

Wichtig ist an dieser Stelle, dass Sie den Namen der Domäne eingeben, in die der PC aufgenommen wird. Das muss nicht immer genau die Domäne sein, in der sich auch Ihr Benutzerkonto befindet. Allerdings ist das unter Windows Server 2003 eigentlich immer so. Bei Domänen unter Windows NT 4.0 wurden Benutzerkonten und Ressourcen bzw. PCs in verschiedenen Domänen aufgenommen, was Sicherheitsgründe hatte bzw. darin begründet lag, dass die maximale Anzahl von Objekten begrenzt war. Active Directory-Domänen haben in dieser Hinsicht keine Einschränkungen mehr, sodass Benutzerdomäne und Computerdomäne normalerweise immer identisch sind.

Im Anschluss versucht der PC, Verbindung zu der Domäne aufzubauen. Gelingt das nicht, erscheint eine Fehlermeldung, die Sie detailliert darüber informiert, warum eine Domänenaufnahme nicht möglich ist (siehe *Abbildung 11.15*).

Abbildung 11.15: Fehlgeschlagene Domänenaufnahme

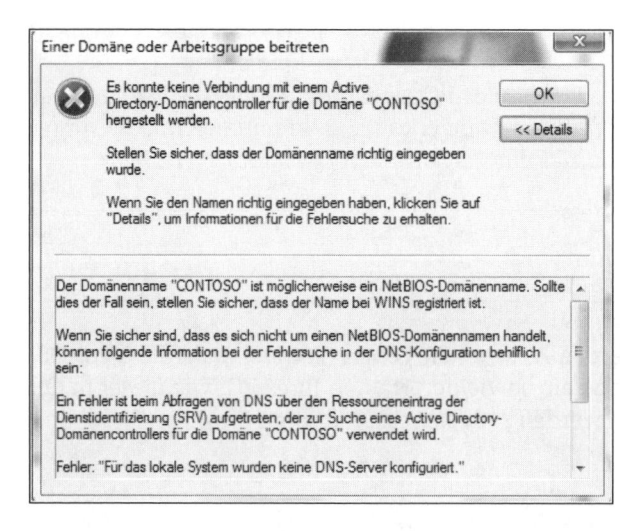

Meistens liegt ein solcher Fehler darin begründet, dass der DNS-Server in den IP-Einstellungen nicht der richtige ist oder der PC keine Verbindung zum Domänencontroller herstellen kann, weil der Netzwerkverkehr blo-

Windows Vista und Active Directory-Domänen

ckiert wird oder die IP-Adresse des PC nicht stimmt. Überprüfen Sie daher an dieser Stelle diese Einträge.

Wenn Sie die beschriebenen Einstellungen ohne Assistent ändern wollen, klicken Sie auf die Schaltfläche *Ändern*. Es erscheint ein neues Fenster, in dem Sie den Namen Ihres PC und die Domäne eintragen können, zu der Ihr PC Verbindung aufbauen soll. Tragen Sie an dieser Stelle am besten den NetBIOS-Namen der Domäne ein (siehe *Abbildung 11.16*).

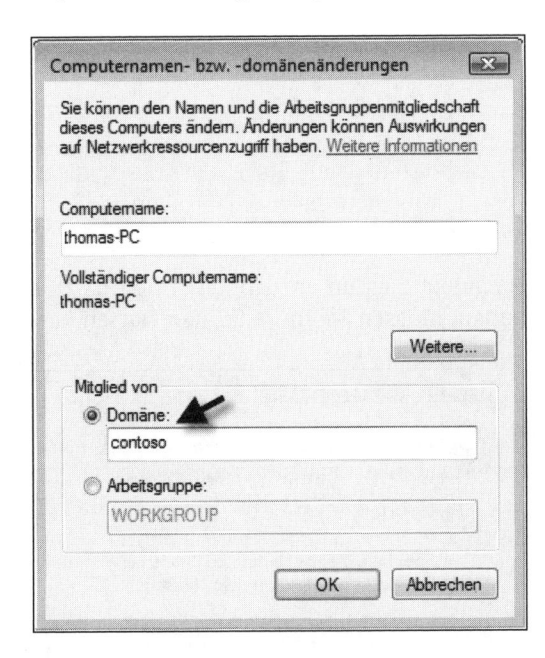

Abbildung 11.16:
Anpassen des Computernamens und der Domänenmitgliedschaft

Wenn Sie auf *OK* klicken, baut der PC eine Verbindung zur Domäne auf, und Sie müssen sich mit einem Benutzerkonto authentifizieren, das Computerkonten in die Domäne aufnehmen darf (siehe *Abbildung 11.17*).

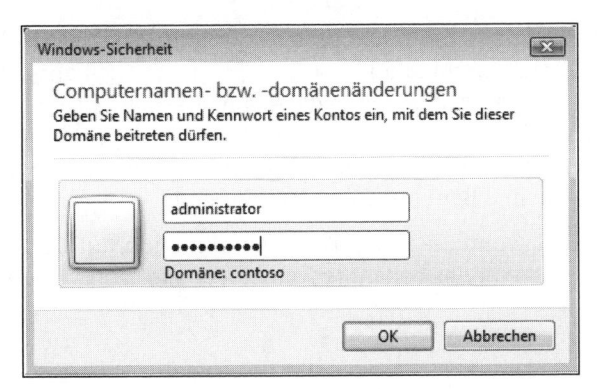

Abbildung 11.17:
Durchführen der Authentifizierung an der Domäne

Erweiterte Netzwerkkonfiguration

Wenn Sie auf *OK* klicken, authentifiziert sich Ihr PC an der Domäne und teilt Ihnen mit, ob die Aufnahme funktioniert. Wenn alle Daten korrekt eingetragen worden sind, erhalten Sie eine Meldung, dass Sie der Domäne beigetreten sind (siehe *Abbildung 11.18*).

Abbildung 11.18: Erfolgreicher Beitritt zu einer Windows-Domäne

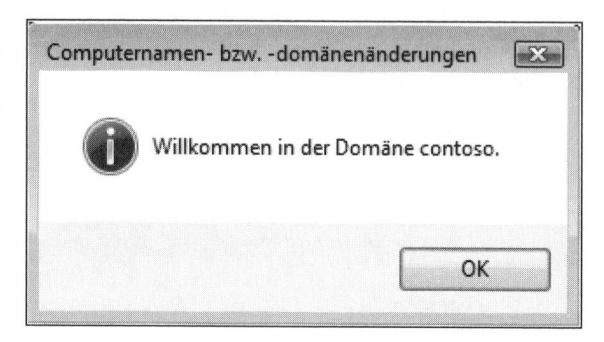

Nachdem Sie den erfolgreichen Beitritt zu der Windows-Domäne bestätigt haben, müssen Sie Ihren PC neu starten (siehe *Abbildung 11.19*).

Abbildung 11.19: Meldung des notwendigen Neustarts bei der Domänenaufnahme

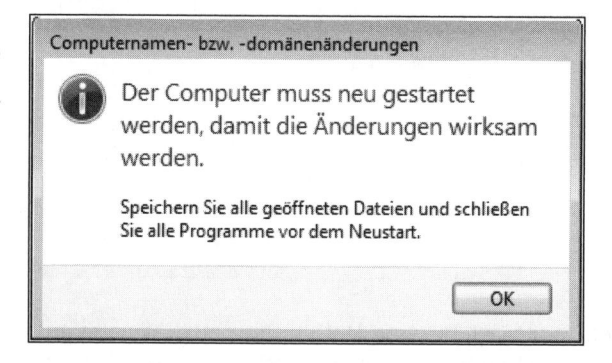

11.1.3 Erste Anmeldung an der Windows-Domäne

Nachdem Ihr PC neu gestartet wurde, erhalten Sie die Meldung, dass Sie die Tastenkombination [STRG] + [ALT] + [ENTF] auf der Tastatur drücken müssen, damit das Anmeldefenster erscheint (siehe *Abbildung 11.20*). Diese Meldung wird aus Sicherheitsgründen angezeigt, damit auf PCs keine Trojaner oder Viren die Anmeldung der Domäne vortäuschen können, um an geheime Benutzerdaten zu gelangen.

Erst wenn Sie diese Tastenkombination auf der Tastatur gedrückt haben, erscheint das bekannte Anmeldefenster von Windows Vista.

Abbildung 11.20:
Neue Meldung von Windows Vista nach Aufnahme in einer Domäne

Wenn Sie ⌈STRG⌉ + ⌈ALT⌉ + ⌈ENTF⌉ gedrückt haben, erscheint das Anmeldefenster Ihres PC (siehe *Abbildung 11.21*). Allerdings wird nicht unbedingt gleich die Anmeldung an der Domäne angezeigt.

Abbildung 11.21:
Anmeldemaske von Windows Vista

Erweiterte Netzwerkkonfiguration

Nach der ersten Anmeldung am PC nach der Domänenaufnahme wird unter Umständen noch der Anmeldenamen am lokalen PC angezeigt (siehe *Abbildung 11.21*). Sie erkennen das daran, dass Ihr Benutzernamen zusammen mit Ihrem PC-Namen angezeigt wird, was die lokale Anmeldung an der Domäne symbolisiert. Sie können sich auch nach der Aufnahme in einer Domäne ohne Weiteres lokal anmelden, erhalten dann aber ein anderes Benutzerprofil als mit dem Benutzerkonto in der Domäne.

Wenn Sie auf die Schaltfläche *Benutzer wechseln* in der Anmeldemaske klicken, erscheint eine neue Ansicht. Über die Auswahl der Option *Anderer Benutzer* können Sie ein Domänenkonto auswählen, mit dem Sie sich am PC anmelden können.

Abbildung 11.22:
Anmelden mit einem anderen Benutzer am PC

Wenn Sie die Option *Anderer Benutzer* ausgewählt haben, erscheint eine Anmeldemaske, über die Sie sich an der Domäne authentifizieren können (siehe *Abbildung 11.23*).

Geben Sie an dieser Stelle am besten im oberen Feld den Namen Ihrer Domäne gefolgt von einem Rückstrich (Backslash = \) und dann den Benutzernamen und das Kennwort des Domänenkontos an (siehe *Abbildung 11.23*).

Klicken Sie im Anschluss entweder auf das blaue Symbol mit dem Pfeil neben dem Kennwort oder auf der Tastatur auf ⏎, um die Anmeldung vorzunehmen.

Im Anschluss authentifiziert sich der PC an der Domäne, und ein ganz neues Benutzerprofil wird erstellt. Wenn Sie sich das nächste Mal am PC anmelden, hat sich der PC die Anmeldung an der Domäne gemerkt und zeigt sie auch in der Anmeldemaske an. An dieser Stelle reicht jetzt das Angeben des Kennwortes, und Sie werden an der Domäne angemeldet. Wenn Sie sich an Ihrem PC lokal anmelden wollen, wählen Sie einfach wieder die Schaltfläche *Benutzer wechseln* aus.

Windows Vista und Active Directory-Domänen

Abbildung 11.23:
Anmeldung an der Domäne

Abbildung 11.24:
Fenster zur Anmeldung an die Windows-Domäne

Erweiterte Netzwerkkonfiguration

> **INFO** *Das lokale Administratorkonto in Windows Vista wird deaktiviert. Einzige Ausnahme: Wenn Windows Vista während einer Aktualisierung von Windows XP erkennt, dass der Administrator das einzig aktive lokale Konto mit administrativen Berechtigungen hat, bleibt es auch unter Vista aktiv.*
>
> *Solange auf Computern, die keiner Domäne angehören, weitere aktive, administrative Accounts existieren, kann der Administrator nicht im abgesicherten Modus genutzt werden. Stattdessen muss einer der normalen Konten zur Anmeldung verwendet werden. Wird allerdings das letzte lokale Konto mit administrativen Berechtigungen herabgestuft, gelöscht oder deaktiviert, dann kann der Administrator im abgesicherten Modus für ein Disaster Recovery genutzt werden.*
>
> *Computer, die Mitglied einer Domäne sind, werden anders behandelt. Hier kann der standardmäßig deaktivierte, lokale Administrator-Account nicht zur Anmeldung im abgesicherten Modus benutzt werden. Dadurch kann sich kein Standardbenutzer über diesen Weg lokal mehr Rechte verschaffen. Ein Mitglied der Gruppe der Domänenadministratoren kann sich jedoch an jedem Domänenmitglieds-PC anmelden und dort lokale administrative Konten für die weitere Verwaltung erzeugen, falls keine existieren.*
>
> *Sollte sich kein Domänenadministrator angemeldet haben, dann muss der Computer im Falle eines Ausfalls im abgesicherten Modus mit Netzwerkzugriff gestartet werden, um darüber dann einen Domänenadministrator anmelden zu können. Dessen Anmeldung wird lokal nicht zwischengespeichert. Sollte der Computer allerdings aus der Domäne entfernt werden, tritt das Verhalten eines PC wieder in Kraft, der nicht Mitglied einer Domäne ist.*
>
> *Als Benutzer von Windows Vista sollte man sich im Klaren darüber sein, dass man nie zumindest den Benutzernamen und das Kennwort von einem administrativen Konto seines Computers vergessen sollte. Ansonsten kommen Sie möglicherweise in die Situation, dass Sie sich nicht mehr an dem Computer anmelden können. Um diesem Szenario vorzubeugen, sollten Sie entweder die Kennwortdaten aufschreiben und an einem sicheren Ort verwahren oder den Assistenten zum Erstellen einer Kennwortrücksetzungsdiskette benutzen (siehe Kapitel 18). Dieser unterstützt jetzt auch USB-Wechselmedien und setzt nicht mehr ein Diskettenlaufwerk voraus.*

11.1.4 Erste Schritte in der Windows-Domäne

Wenn Sie sich an der Domäne angemeldet haben, können Sie über den bereits beschriebenen Weg die Eigenschaften des Computerkontos aufrufen. Sie erkennen am PC-Namen, dass dieser automatisch mit dem primären DNS-Suffix der Active Directory-Domäne ergänzt wurde (siehe *Abbildung 11.25*).

Anzeigen des Computernamens und des DNS-Suffixes der Active Directory-Domäne

Außerdem sehen Sie auf der Registerkarte *Computername* zusätzlich, welcher Domäne Ihr PC beigetreten ist. Sie können die Domänenmitgliedschaft jederzeit wieder rückgängig machen und aus der Domäne austreten. Dazu können Sie den gleichen Weg verwenden, den Sie bereits zur Aufnahme in die Domäne durchgeführt haben.

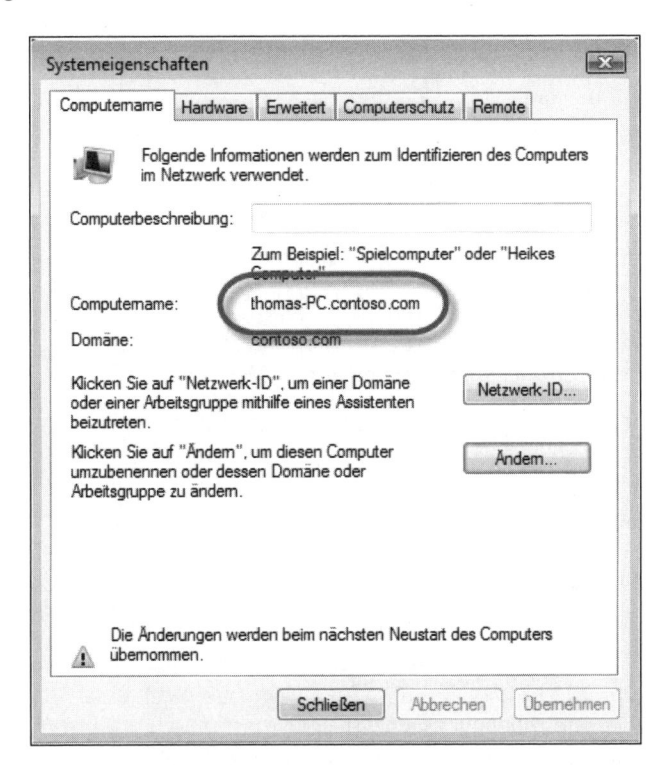

Abbildung 11.25:
Name des PC mit DNS-Suffix ergänzt

Überprüfen der Benutzermitgliedschaften der Domänen-Benutzergruppen

Im Anschluss daran können Sie überprüfen, ob die Domänen-Benutzergruppen in die lokalen Gruppen des PC aufgenommen worden sind.

Wenn ein PC in eine Domäne aufgenommen wird, wird automatisch die Gruppe Domänen-Admins *in die lokale* Gruppe Administratoren *aufgenommen (siehe Abbildung 11.26).*

Die Domänen-Benutzergruppe Domänen-Benutzer *wird in die lokale Gruppe* Benutzer *aufgenommen (siehe Abbildung 11.27).*

Sie können die lokale Benutzerverwaltung über Start/Ausführen/lusrmgr. msc *aufrufen (siehe Kapitel 18).*

Erweiterte Netzwerkkonfiguration

Abbildung 11.26:
Überprüfen der lokalen Administratorengruppe

Abbildung 11.27:
Anzeigen der lokalen Benutzergruppe

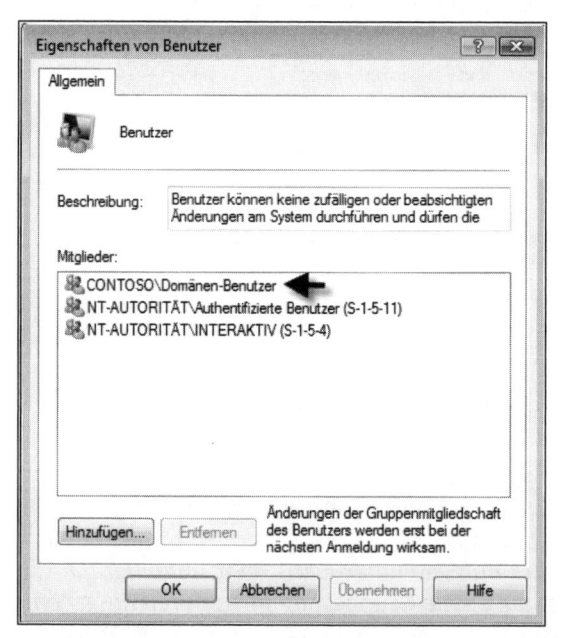

Durch die Aufnahme dieser beiden Gruppen wird sichergestellt, dass zum einen die Administratoren der Domäne über administrative Berechtigungen in der Domäne verfügen und die Benutzerkonten der Domäne die Möglichkeit erhalten, sich an den einzelnen Arbeitsstationen der Domäne zu authentifizieren.

Windows Vista und Active Directory-Domänen

Anzeigen der Netzwerkeigenschaften von Domänen-PCs

Wenn Sie mit der linken Maustaste über das Netzwerksymbol in der Informationsleiste fahren, wird Ihnen angezeigt, an welcher Domäne der PC angeschlossen ist (siehe *Abbildung 11.28*).

Abbildung 11.28: Anzeigen der Verbindung zur Domäne

Hier wird Ihnen der DNS-Name der Domäne angezeigt (siehe *Abbildung 11.29*). Wenn Sie das Netzwerk- und Freigabecenter öffnen, wird zum einen die Verbindung zur Domäne angezeigt und zum anderen die Netzwerkverbindung zum *Domänennetzwerk* erklärt (siehe *Abbildung 11.29*).

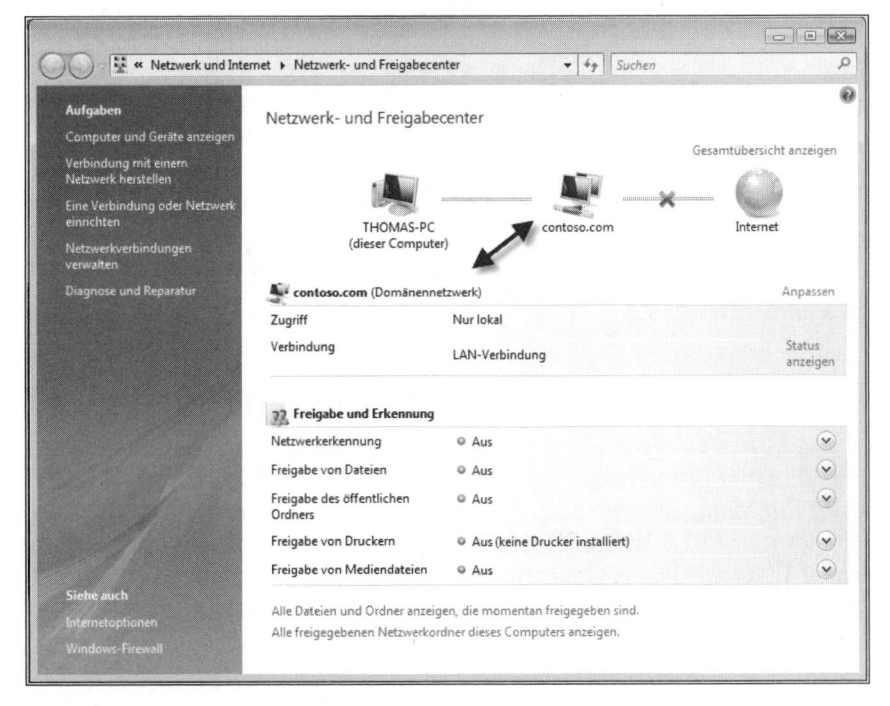

Abbildung 11.29: Anzeigen des Netzwerk- und Freigabecenters eines Domänen-PC

Innerhalb eines Domänennetzwerkes werden die automatischen Freigaben und die Erkennung der Freigaben für andere PCs zunächst standardmäßig deaktiviert (siehe *Abbildung 11.29*).

Erweiterte Netzwerkkonfiguration

TIPP
Wenn Sie auf dem Domänencontroller im Snap-In Active Directory-Benutzer- und -Computer *die Eigenschaften eines Windows-Vista-PC aufrufen, können Sie sich auf der Registerkarte* Betriebssystem *auch die Edition anzeigen lassen, also ob es sich um die Business, Enterprise oder Ultimate Edition handelt (siehe Abbildung 11.30). Damit die Anzeige fehlerfrei dargestellt wird, sollte auf dem Domänencontroller Windows Server 2003 am besten das Service Pack 1 installiert sein.*

Sie können dieses Snap-In auf dem Domänencontroller über Start/Ausführen/dsa.msc *aufrufen.*

Abbildung 11.30:
Anzeigen der Computerkonto-Eigenschaften eines Vista-PC

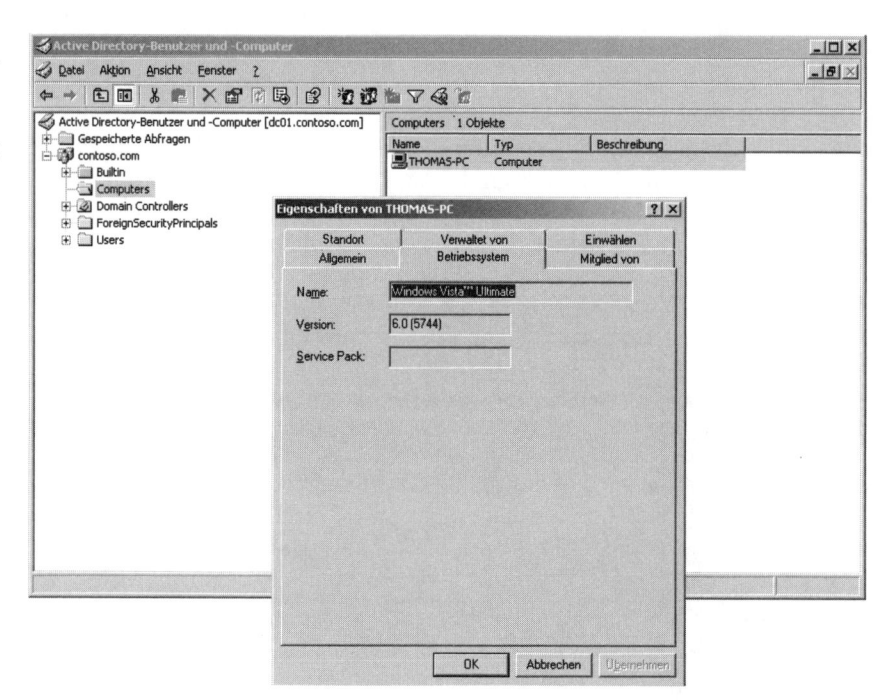

INFO
Die Verwaltungstools von Windows Server 2003 sind nicht auf Windows Vista lauffähig, das gilt auch für die des Windows Server 2003 R2 (siehe Abbildung 11.31). Wenn Sie ein Windows Server 2003-Active Directory mit einem Windows Vista-PC verwalten wollen, sollten Sie mit dem Remotedesktop arbeiten, nicht mit lokal installierten Verwaltungstools.

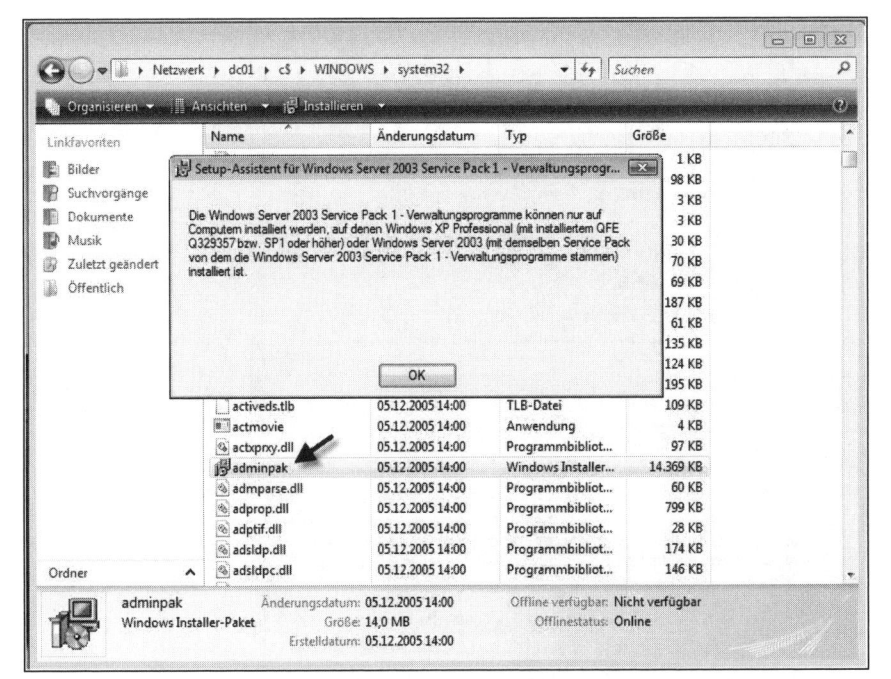

Abbildung 11.31:
Fehlermeldung beim Versuch, die Windows Server 2003-Administrationstools auf Windows Vista zu installieren

11.1.5 Druckerinstallation in einem Active Directory

Wenn auf PCs oder Druckservern in einem Active Directory Drucker freigegeben werden, können diese automatisch im Verzeichnis, also dem Active Directory, veröffentlicht werden. Veröffentlichte Drucker werden auf anderen PCs in einem Active Directory sehr einfach installiert. Die Installation eines solchen Druckers erfolgt genau identisch zu derjenigen von freigegebenen Druckern ohne Active Directory.

Um einen Drucker im Active Directory zu veröffentlichen, besteht die Möglichkeit, diese Option auf der Registerkarte *Freigabe* in den Eigenschaften des Druckers mit der Option *Im Verzeichnis anzeigen* (siehe *Abbildung 11.32*) die Veröffentlichung zu aktivieren oder zu deaktivieren. Standardmäßig wird ein Drucker immer im Active Directory veröffentlicht, wenn der PC Mitglied der Domäne ist. Windows Vista kann natürlich auch die veröffentlichten Drucker von anderen PCs oder von Druckservern unter Windows Server 2003 finden.

Erweiterte Netzwerkkonfiguration

Abbildung 11.32:
Veröffentlichen eines Druckers im Active Directory

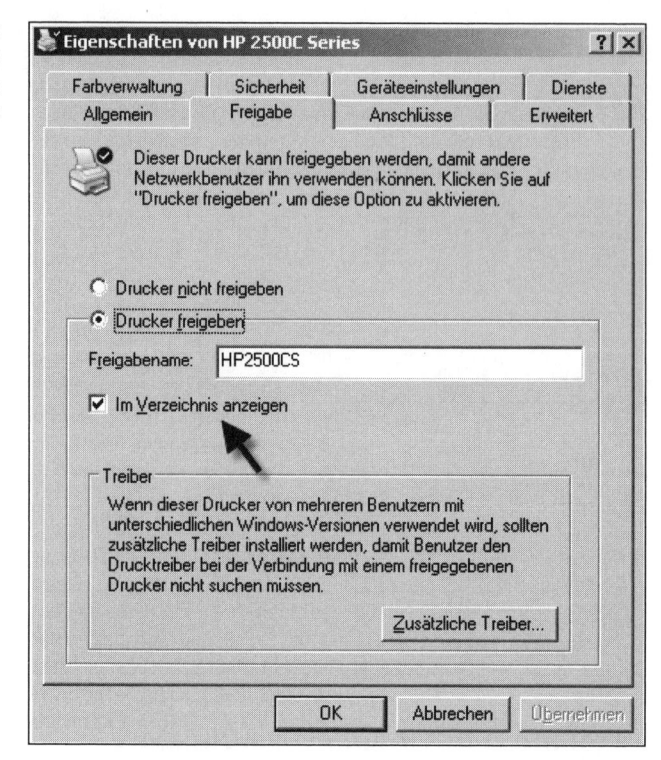

Während der Druckerinstallation wählen Sie einfach in dem entsprechenden Fenster die Option *Einen Drucker im Verzeichnis anhand des Standorts oder der Druckerfunktion suchen* aus (siehe *Abbildung 11.33*).

Wenn Sie bei der Druckerinstallation die Installation eines Netzwerkdruckers auswählen, werden normalerweise im Active Directory veröffentlichte Drucker bereits automatisch gefunden (siehe *Abbildung 11.33*).

Sollten keine Drucker gefunden werden, können Sie die Suchmaske über den Menüpunkt *Der gesuchte Drucker ist nicht aufgeführt* aufrufen.

Im Anschluss können Sie mit der folgenden Suchmaske nach einem passenden Drucker in Ihrer Domäne oder allen anderen Domänen innerhalb des Active Directorys suchen (siehe *Abbildung 11.34*). Wenn Sie keine Druckerspezifikationen im Suchfenster eingeben, werden alle freigegebenen Drucker angezeigt, die im Active Directory veröffentlicht worden sind.

Windows Vista und Active Directory-Domänen

Abbildung 11.33:
Automatisches Finden von veröffentlichten Druckern im Active Directory

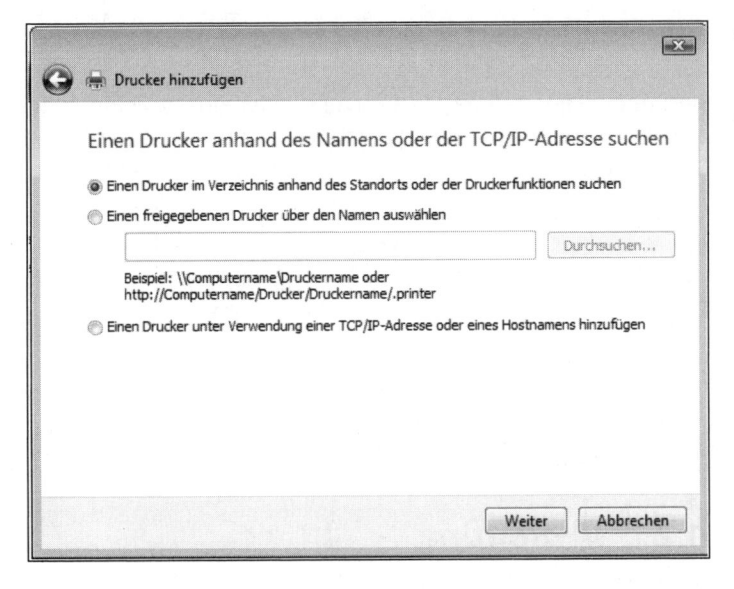

Abbildung 11.34:
Installation eines Druckers in einem Active Directory

Erweiterte Netzwerkkonfiguration

Abbildung 11.35:
Suchen eines Druckers im Active Directory

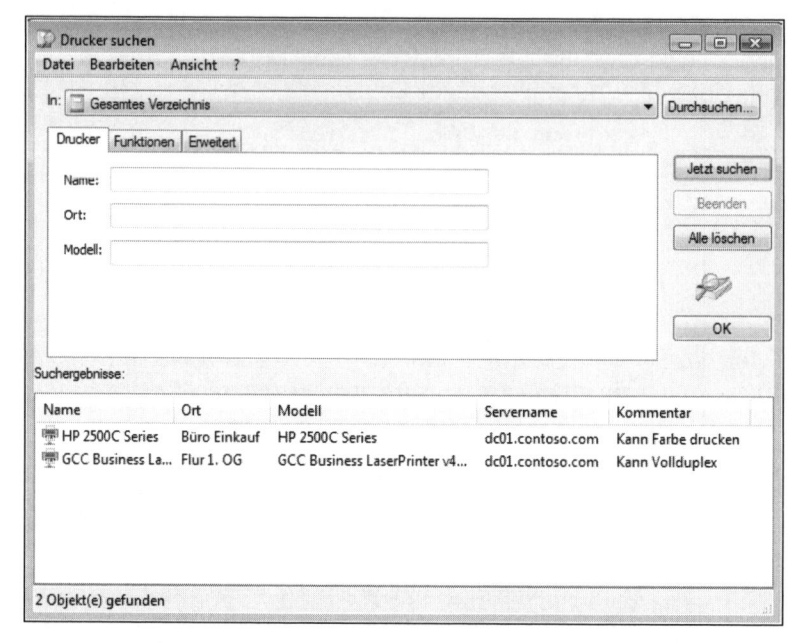

Sie können gefundene Drucker entweder durch Doppelklick auf dem PC installieren oder über Rechtsklick das Kontextmenü aufrufen und dort den Drucker verbinden oder dessen Eigenschaften aufrufen.

Abbildung 11.36:
Verbindungsaufbau mit einem Netzwerkdrucker über das Active Directory

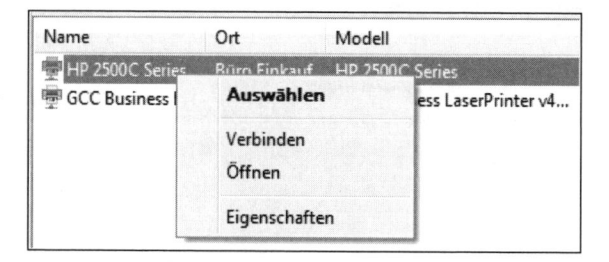

11.2 IP-Routing

Sie können über die IP-Eigenschaften von Netzwerkkarten immer nur ein Standardgateway festlegen. Wenn IP-Pakete zu Hosts geschickt werden sollen, die außerhalb des konfigurierten Subnetzes liegen, werden sie von Windows immer an das konfigurierte Standardgateway geschickt.

> **INFO**
> *Auch wenn in einem PC mehrere Netzwerkkarten eingebaut sind, kann immer nur ein Standardgateway pro PC festgelegt werden. Wenn Sie aber Pakete zu unterschiedlichen Netzwerken schicken wollen, können Sie in Windows manuelle Routen erstellen. Diese Routen werden mit dem Befehl* route *in der Befehlszeile erstellt.*

IP-Routing

Wenn Ihre Routinginfrastruktur das *Routing Information Protocol (RIP)* für IPv4 verwendet, können Sie unter Windows den RIP-Listener aktivieren, mit dessen Hilfe der Computer andere Routen im Netzwerk automatisch erlernen kann, indem er gesendete RIP-Meldungen abhört und anschließend der Routingtabelle IPv4-Routen hinzufügt.

Wenn die Routinginfrastruktur RIP nicht unterstützt, können Sie die RIP-Überwachung natürlich nicht verwenden. Alternativ können Sie den Befehl *route add -p* verwenden, um Routen manuell der IPv4-Routingtabelle hinzuzufügen.

Für IPv6 müssen Sie den Befehl netsh interface ipv6 add route *verwenden, um manuelle Routen zu erstellen. IPv6 wird später in diesem Kapitel behandelt.*

Das Standardgateway können Sie entweder über DHCP mitgeben oder auf einer der eingebauten Netzwerkkarten manuell festlegen (siehe *Abbildung 11.37*). Alle Netzwerkpakete, die nicht an das interne Netzwerk gesendet werden können und für die keine manuelle Route hinterlegt ist, werden zum Standardgateway geschickt.

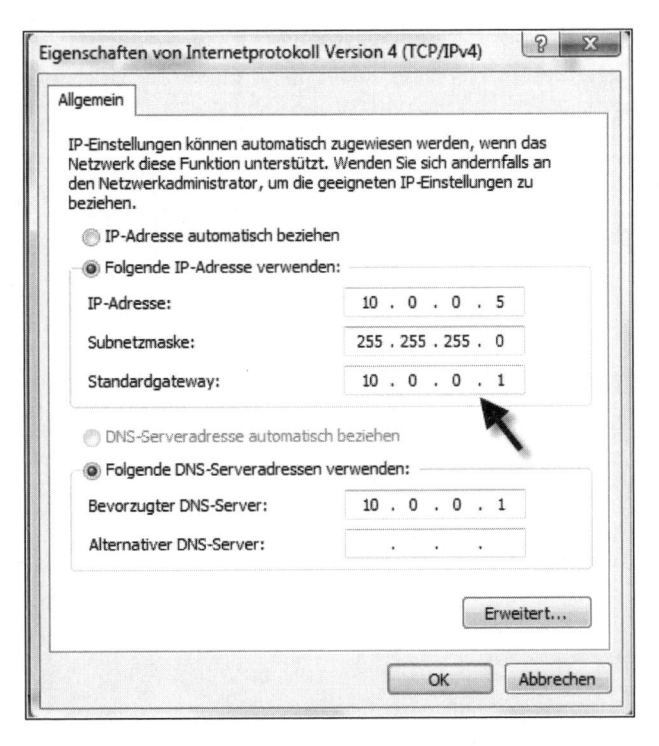

Abbildung 11.37: Festlegen des Standardgateways für IPv4

Erweiterte Netzwerkkonfiguration

Das Standardgateway muss sich im gleichen Subnetz befinden wie die IP-Adresse des PC. Die zweite Schnittstelle des Standardgateways bzw. weitere Schnittstellen befinden sich in anderen Subnetzen.

Wenn Sie eine alternative Konfiguration angeben (nur IPv4), ist das Standardgateway die IP-Adresse auf der Registerkarte *Alternative Konfiguration* im Feld Standardgateway. Sie können nur ein Standardgateway angeben.

Abbildung 11.38:
Hinterlegen des Standardgateways für die alternative Konfiguration

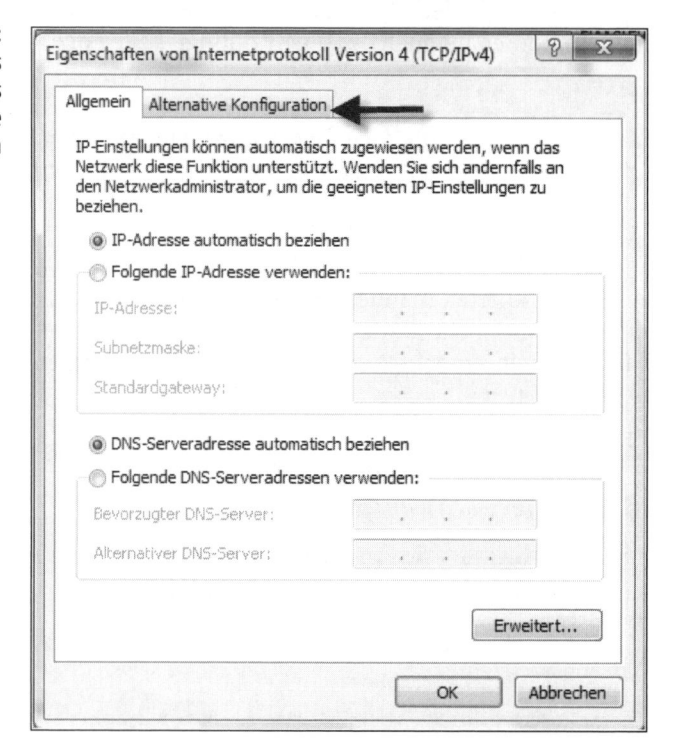

11.2.1 Aktivieren des RIP-Listeners

Um den RIP-Listener zu aktivieren, gehen Sie folgendermaßen vor:

1. Klicken Sie auf *Start/Systemsteuerung*.
2. Wählen Sie *Programme*.
3. Selektieren Sie *Windows-Funktionen ein- oder ausschalten*.
4. Aktivieren Sie das Kontrollkästchen *RIP-Listener*, und klicken Sie dann auf *OK* (siehe *Abbildung 11.39*).

IP-Routing

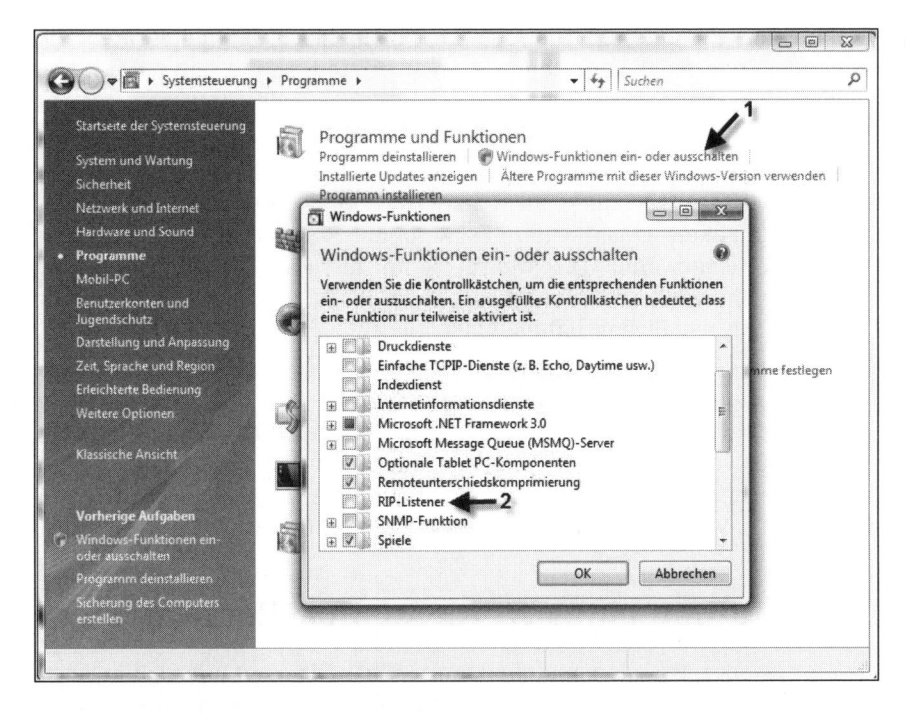

Abbildung 11.39:
Hinzufügen des RIP-Listeners

11.2.2 Manuelles Erstellen von Routen in IPv4

In den meisten Netzwerken ist es sinnvoller, Routen manuell in der Befehlszeile zu erstellen. Um manuelle Routen zu erstellen, wird der Befehl *route.exe* in der folgenden Syntax verwendet:

route -p add < Ziel > mask < Netzmaske > Gateway metric < Metrik > if < Schnittstelle >.

Die einzelnen Parameter haben folgende Funktionen:

Mit der Option *–p* wird festgelegt, dass die Route auch nach dem Booten des PC noch vorhanden ist. Standardmäßig werden die Routen beim Neustart wieder gelöscht.

- Die Option *add* fügt eine Route hinzu, mit *del* kann eine Route gelöscht werden.
- *Ziel* – Das Ziel kann entweder eine IP-Adresse oder ein Subnetzpräfix, eine IP-Adresse für eine Hostroute oder 0.0.0.0 für die Standardroute sein.
- *Mask* – Die Subnetzmaske kann entweder die korrekte Subnetzmaske für eine IP-Adresse oder ein Subnetzpräfix, 255.255.255.255 für eine Hostroute oder 0.0.0.0 für die Standardroute sein. Wenn keine Angabe gemacht wird, wird die Subnetzmaske 255.255.255.255 verwendet.
- *Gateway* – Gibt die Weiterleitungs-IP-Adresse oder die IP-Adresse des nächsten Hops an, über welche die durch das Netzwerkziel und die Sub-

Erweiterte Netzwerkkonfiguration

netzmaske definierten Adressen erreichbar sind. Bei Remoterouten, die über mindestens einen Router erreichbar sind, ist die Gatewayadresse die direkt erreichbare IP-Adresse eines angrenzenden Routers.

- *Metrik* – Gibt eine ganzzahlige Kostenmetrik (im Bereich von 1 bis 9.999) für die Route an. Sie wird verwendet, wenn mehrere Routen in der Routingtabelle zur Wahl stehen, die der Zieladresse eines weitergeleiteten Pakets entsprechen. Es wird die Route mit der niedrigsten Metrik ausgewählt. Die Metrik kann die Anzahl der Hops, die Geschwindigkeit und Zuverlässigkeit des Pfads, den Pfaddurchsatz oder administrative Eigenschaften widerspiegeln.

- *If* – Gibt den Index der Schnittstelle an, über die das Ziel erreichbar ist. Eine Liste der Schnittstellen und ihrer Schnittstellenindizes können Sie mit dem Befehl *route print* anzeigen. Sie können für den Schnittstellenindex sowohl Dezimal- als auch Hexadezimalwerte verwenden. Stellen Sie Hexadezimalwerten 0x voran. Wenn Sie den if-Parameter nicht angeben, wird die Schnittstelle anhand der Gatewayadresse ermittelt.

11.3 Aufbau eines WLAN-Ad-hoc-Netzwerks

Viele Anwender, vor allem mobile Benutzer, benötigen oft Informationsaustausch zwischen mehreren PCs oder Notebooks. Auch wenn ein Notebook oder PC über UMTS mit dem Internet verbunden ist, besteht die Möglichkeit, dass sich andere Anwender mit ihren PCs oder Notebooks über WLAN mit dem UMTS-PC verbinden, um Verbindung ins Internet aufzubauen. Diese Verbindung funktioniert ähnlich zum Internet Connection Sharing (ICS) in Windows XP, ist aber wesentlich effizienter einzurichten und auch stabiler. Für ein Ad-hoc-WLAN-Netzwerk wird außerdem kein Access Point benötigt, sondern lediglich die Funknetzwerkkarten der einzelnen PCs.

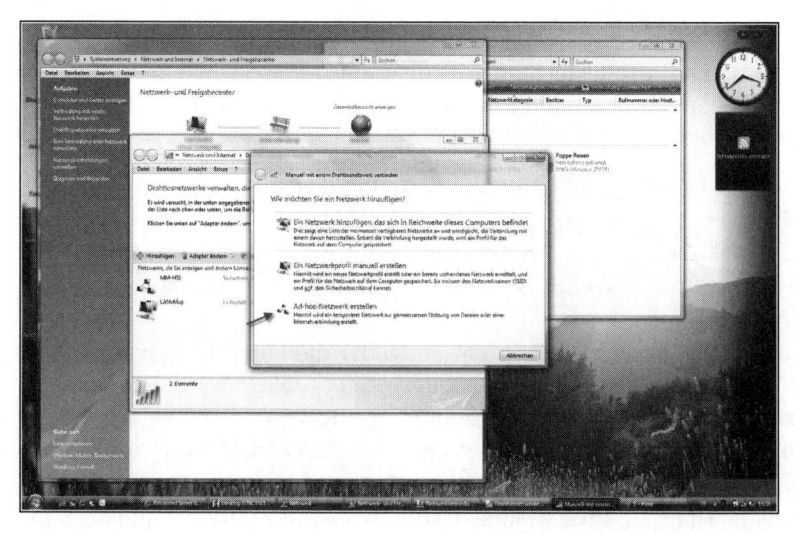

Abbildung 11.40: Aufbau eines WLAN-Ad-hoc-Netzwerks

Damit eine solche Verbindung funktioniert, muss der Anwender, mit dem sich die anderen PCs oder Notebooks per WLAN verbinden wollen, ein Ad-hoc-Netzwerk erstellen.

Um ein Ad-hoc-Netzwerk zu erstellen, gehen Sie auf dem Quell-PC folgendermaßen vor:

1. Rufen Sie zunächst über das Netzwerksymbol in der Informationsleiste das Netzwerk- und Freigabecenter auf.
2. Klicken Sie auf *Drahtlosnetzwerke verwalten*.
3. Klicken Sie auf *Hinzufügen*.
4. Klicken Sie auf *Ad-hoc-Netzwerk erstellen*.
5. Im Anschluss startet der Assistent, mit dessen Hilfe Sie ein Ad-hoc-Netzwerk erstellen können (siehe *Abbildung 11.41*).

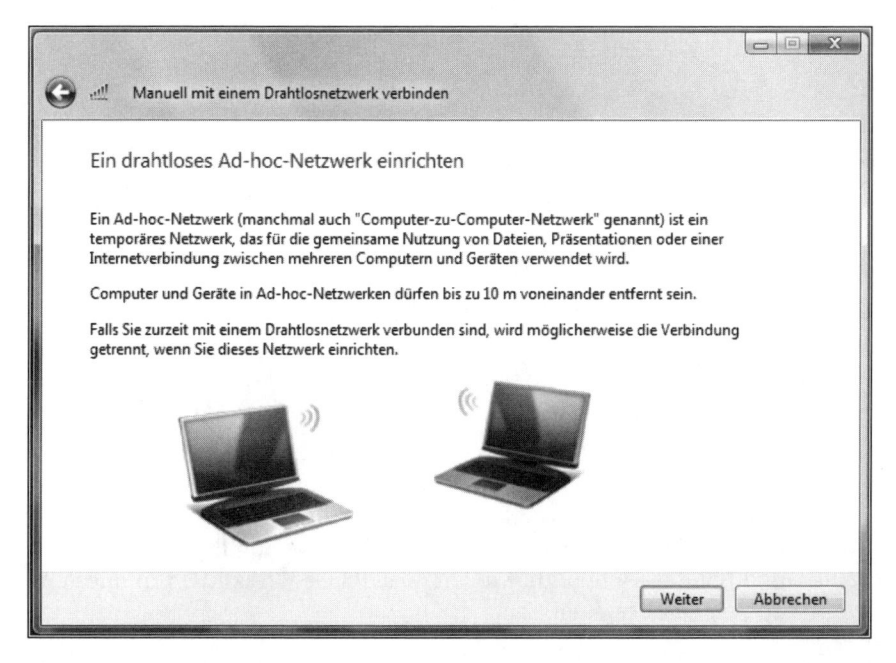

Abbildung 11.41: Erstellen eines Ad-hoc-Netzwerks

6. Im nächsten Fenster des Assistenten geben Sie zunächst die Bezeichnung des Ad-hoc-Netzwerks ein.
7. Legen Sie im Anschluss den Sicherheitstyp sowie den Sicherheitsschlüssel fest (siehe *Abbildung 11.42*). Für die Sicherheit in Funknetzwerken bietet Windows Vista für die beiden Standards WPA und WPA2 jeweils eine Personal- und eine Enterprise-Variante an. Der Unterschied zwischen den beiden liegt in der Authentifizierungsmethode. Während die Personal-Variante auf beiderseits manuell eingetragene Schlüssel (sogenannte Pre-Shared Keys) setzt, wird bei der Enterprise-Variante eine serverbasierte 802.1x-Authentifizierung unterstützt, die allerdings nur in größeren Unternehmen Sinn macht.

Erweiterte Netzwerkkonfiguration

Abbildung 11.42:
Einrichten der Sicherheitsoptionen für ein Ad-hoc-Drahtlosnetzwerk

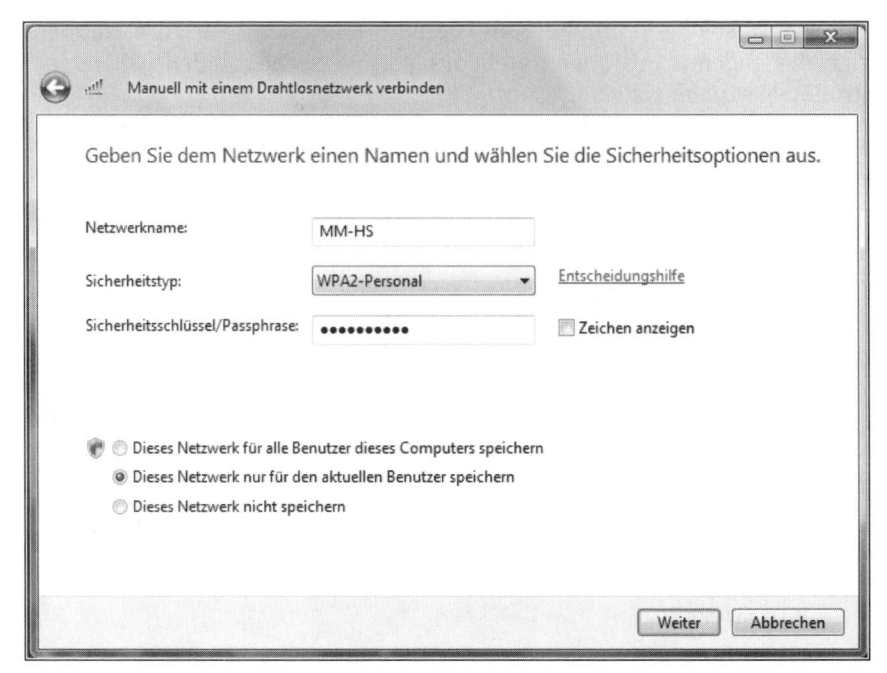

Die Abkürzung *WPA* steht für *Wireless Protected Access*. Mithilfe der WPA-Verschlüsselung können Sie Ihr drahtloses Netzwerk relativ unkompliziert und schnell absichern. Sie können zum Beispiel *WPA-PSK* verwenden, wobei die Abkürzung *PSK* für Pre-Shared Key steht. Der Pre-Shared Key ist ein Schlüssel, der dem Access Point und allen WLAN-Teilnehmern zur Verfügung stehen muss. Mithilfe dieses Master-Schlüssels ändert der Access Point in regelmäßigen Intervallen die Verschlüsselung. Dieser Vorgang wird dynamischer Schlüsselwechsel genannt. Wie beim Verwaltungskennwort für den Access Point empfiehlt es sich, für den PSK eine komplexe Reihe aus Buchstaben, Zahlen und Sonderzeichen zu wählen. Der PSK sollte zudem mindestens aus 20 Zeichen bestehen.

Zum Aktivieren von WPA mit PSK am Access Point öffnen Sie die Verwaltungswebseite. Wenn Sie die WPA-Verschlüsselung erfolgreich aktiviert haben, erhöht sich die Sicherheit Ihres drahtlosen Netzwerks um ein Vielfaches. WPA2 stellt eine deutlich verbesserte Variante seiner Vorgängerversion WPA dar. Durch ein neu aufgenommenes Verschlüsselungsverfahren mit der Bezeichnung *AES-CCM (Advanced Encryption Standard – Counter with CBC-MAC)* konnte die Sicherheit gegenüber WPA nochmals erheblich verbessert werden. Das Verfahren stellt allerdings auch deutlich höhere Anforderungen an die Hardware, sodass Geräte, die mit WPA umgehen können, nicht unbedingt auch WPA2 beherrschen.

Aufbau eines WLAN-Ad-hoc-Netzwerks

8. Nachdem Sie die Daten eingetragen haben, wird eine Zusammenfassung angezeigt, und Sie können die Erstellung abschließen.

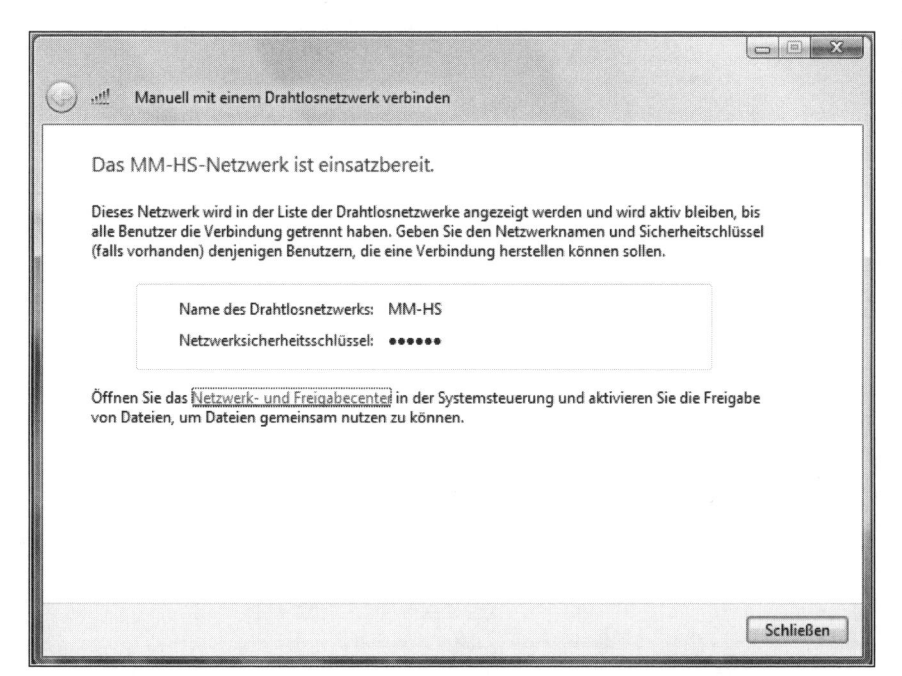

Abbildung 11.43:
Anzeigen der Konfiguration

Wenn Sie das Ad-hoc-Netzwerk dazu verwenden, um eine DFÜ-Verbindung auf einem PC zum Internet für andere PCs freizugeben (ISDN, DSL oder UMTS), sollen Sie darauf achten, dass Sie die Bindungsreihenfolge der Netzwerkverbindungen so einstellen, dass die RAS-Verbindungen ganz oben stehen:

TIPP

1. *Sie finden diese Einstellungen über* Start/Ausführen/ncpa.cpl.
2. *Wählen Sie im Anschluss in der Menüleiste die Option* Erweitert *und dann* Erweiterte Einstellungen. *Wenn die Menüleiste nicht eingeblendet wird, können Sie das durch Drücken* [Alt]-*Taste ändern.*
3. *Auf der Registerkarte* Adapter und Bindungen *können Sie die Bindungsreihenfolge anpassen (siehe Abbildung 11.44).*

Erweiterte Netzwerkkonfiguration

Abbildung 11.44:
Konfiguration der Bindungsreihenfolge

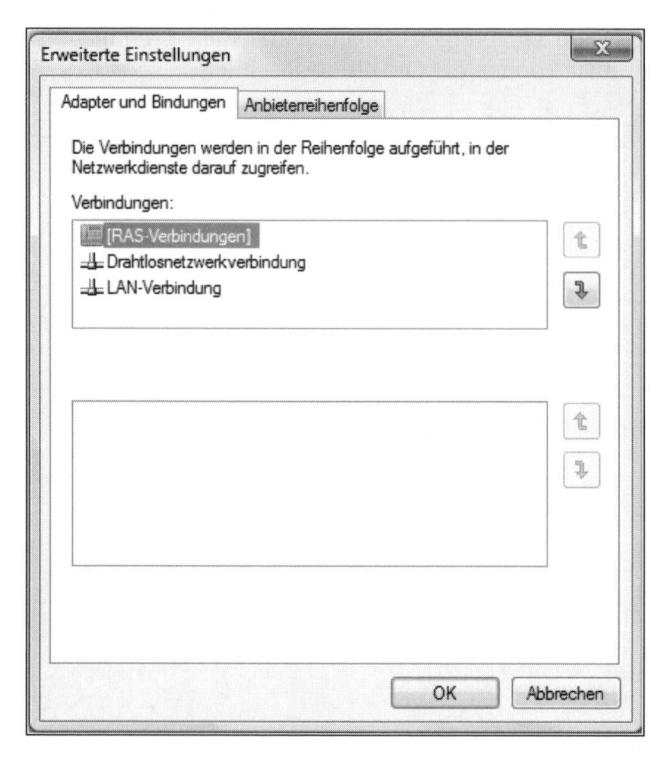

4. Wenn Sie auf dem PC das Ad-hoc-Netzwerk eingerichtet haben, können sich andere Anwender mit ihren PCs mit diesem Netzwerk verbinden. Um den Verbindungsaufbau zu konfigurieren, sollten diese Anwender das Netzwerk- und Freigabecenter öffnen.
5. Als Nächstes sollten Sie auf den Link *Eine Verbindung oder ein Netzwerk einrichten* klicken (siehe Abbildung 11.45).
6. Im folgenden Fenster wählen Sie die Option *Manuell mit einem Drahtlosnetzwerk verbinden* aus.
7. Im nächsten Fenster müssen Sie die Daten eintragen, die bei der Erstellung des Ad-hoc-Netzwerks vorgegeben sind. Hier tragen Sie die Bezeichnung des Netzwerks ein, den Verschlüsselungstyp und das Kennwort.
8. Belassen Sie den Verschlüsselungstyp auf AES. Der erweiterte Verschlüsselungsstandard (Advanced Encryption Standard, AES) ist eine Form der Verschlüsselung, die 2001 von der Regierung der Vereinigten Staaten übernommen wurde. AES bietet eine sicherere Verschlüsselung als der zuvor verwendete Datenverschlüsselungsstandard (Data Encryption Standard, DES).
9. Aktivieren Sie die Optionen *Diese Verbindung automatisch starten* und *Verbinden, selbst wenn das Netzwerk keine Kennung aussendet*.

Aufbau eines WLAN-Ad-hoc-Netzwerks

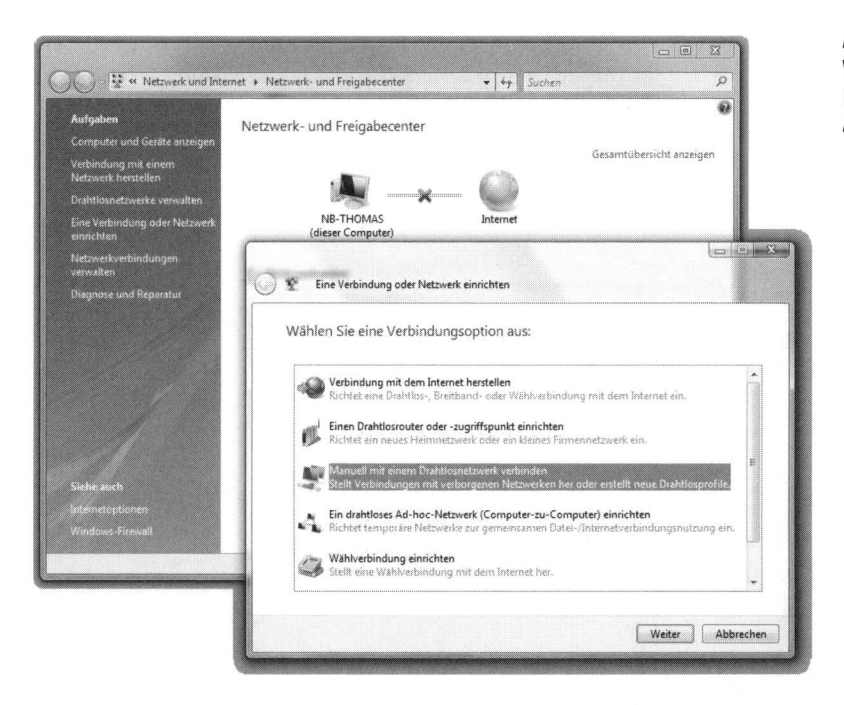

Abbildung 11.45: Verbindungsaufbau zu einem Ad-hoc-Netzwerk

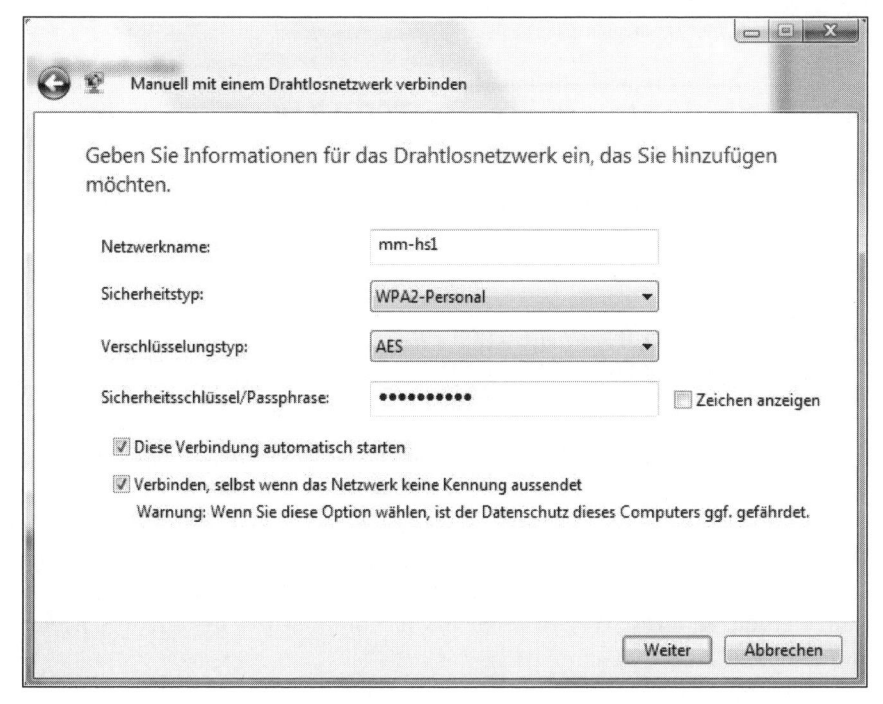

Abbildung 11.46: Konfiguration des Verbindungsaufbaus zu einem Ad-hoc-Netzwerk

Erweiterte Netzwerkkonfiguration

10. Im Anschluss wird die Verbindung aufgebaut. Über den Link *Gesamtübersicht anzeigen* im *Netzwerk- und Freigabecenter* können Sie sich den Verbindungsweg anzeigen lassen (siehe Abbildung 11.47).

Abbildung 11.47:
Anzeigen der Internetverbindung über ein Ad-hoc-Netzwerk

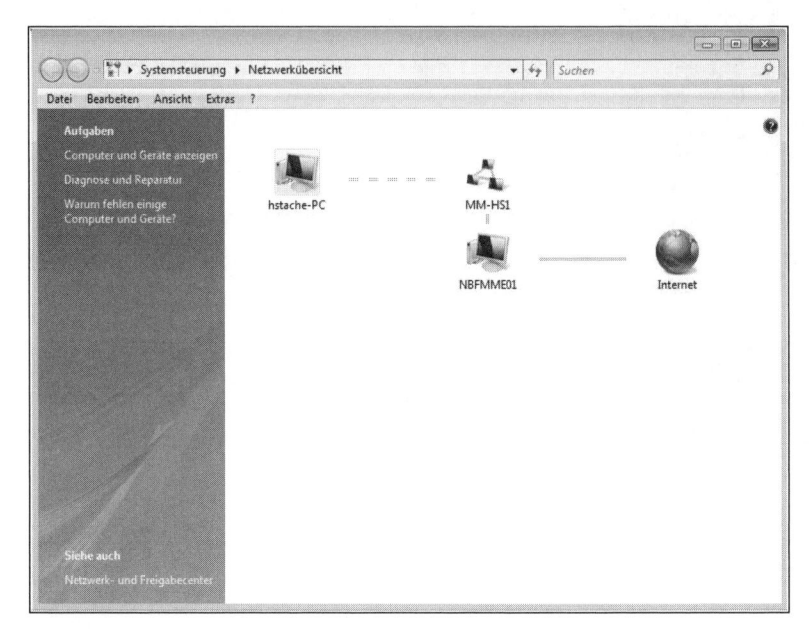

11.4 Neuinstallation von TCP/IP v4

Unter manchen Umständen kann es sinnvoll sein, das TCP/IP-Protokoll neu installieren zu lassen, zum Beispiel nach Änderungen, die nicht mehr nachvollziehbar sind, das Protokoll beschädigt ist oder Sie alle anderen Möglichkeiten ausgetestet haben.

> **HALT**
>
> *Microsoft empfiehlt die Deinstallation von TCP/IP nicht. Wenn Sie das Protokoll dennoch deinstallieren wollen, besteht die Gefahr, dass der PC oder einzelne Netzwerkanwendungen auf dem PC nicht mehr funktionieren. Sie sollten den Weg der Deinstallation von TCP/IP v4 daher nur dann wählen, wenn auf einem PC alle anderen Möglichkeiten zur Fehlerbehebung ausgeschöpft worden sind.*

Wenn Sie in den Eigenschaften der Netzwerkverbindung das TCP/IP-Protokoll anklicken, wird die Schaltfläche zur *Deinstallation* inaktiv. Sie müssen daher einen anderen Weg wählen als die Standard-Deinstallation (siehe Abbildung 11.48).

Neuinstallation von TCP/IP v4

1. Um das Protokoll zu deinstallieren, müssen Sie zunächst den Geräte-Manager aufrufen. Der schnellste Weg geht über *Start/Ausführen/devmgmt.msc*.

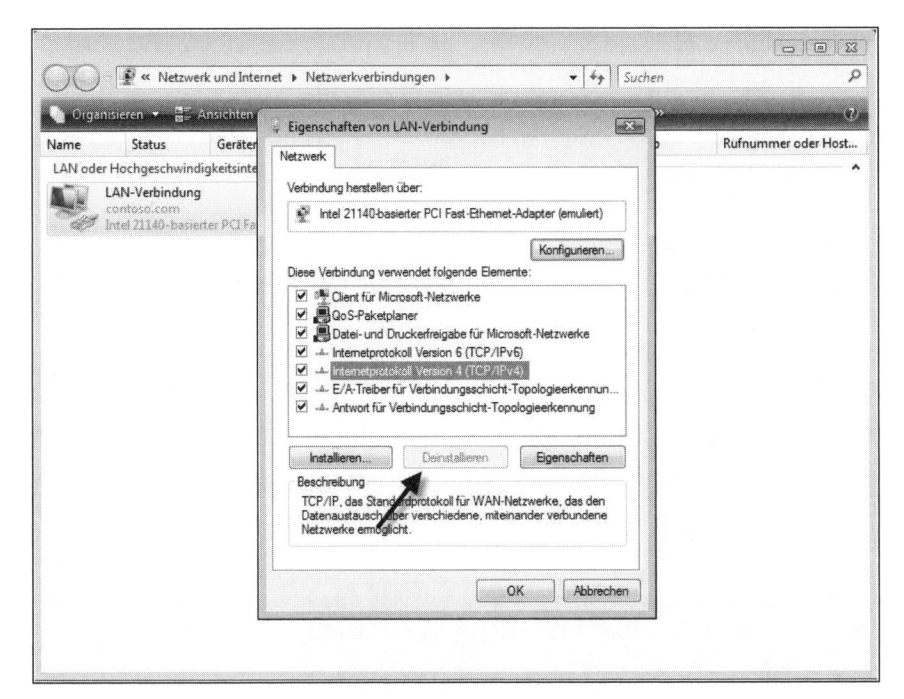

Abbildung 11.48:
Deinstallieren von TCP/IP v4

2. Im Anschluss müssen Sie die ausgeblendeten Geräte anzeigen lassen. Hierüber versteckt Windows Vista Geräte, die zum Systemkern gehören und eigentlich nicht deinstalliert werden sollen. Sie können die ausgeblendeten Geräte über *Ansicht/Ausgeblendete Geräte anzeigen* aktivieren (siehe *Abbildung 11.49*).
3. Nachdem Sie die Ansicht der ausgeblendeten Geräte aktiviert haben, suchen Sie als Nächstes nach der Gerätegruppe *Nicht-PnP-Treiber* (siehe *Abbildung 11.50*).
4. Klappen Sie im Anschluss den Baum unter *Nicht-PnP-Treiber* auf, und suchen Sie nach dem Gerät *TCP/IP-Protokolltreiber*.
5. Klicken Sie dieses Gerät mit der rechten Maustaste an, und wählen Sie die Option *Deinstallieren* (siehe *Abbildung 11.51*).

Erweiterte Netzwerkkonfiguration

Abbildung 11.49:
Anzeigen der ausgeblendeten Geräte im Geräte-Manager

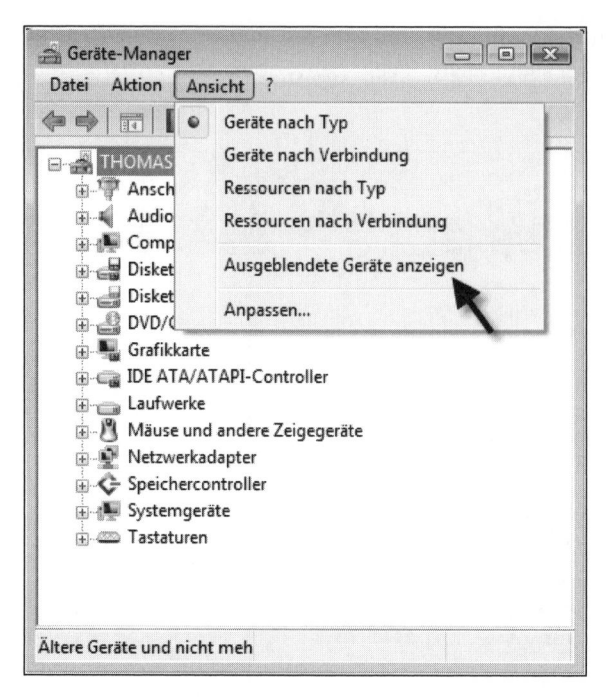

Abbildung 11.50:
Geräte-Manager mit den ausgeblendeten Geräten

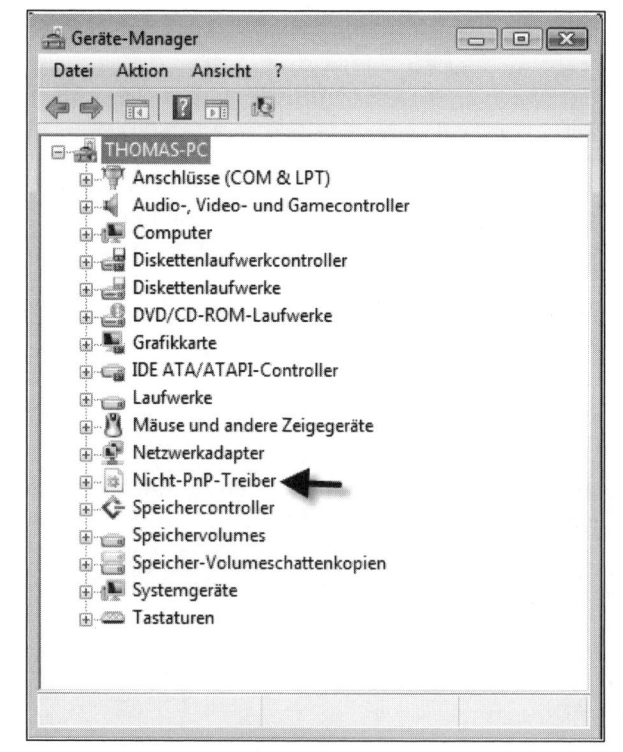

Neuinstallation von TCP/IP v4

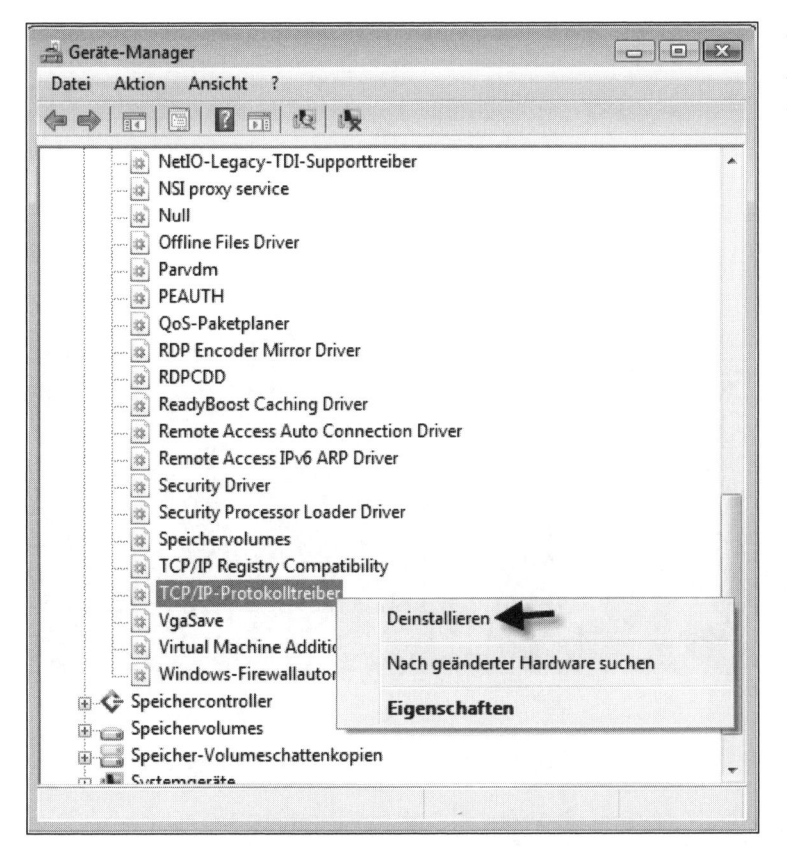

Abbildung 11.51:
Deinstallieren des TCP/IP-Protokolltreibers

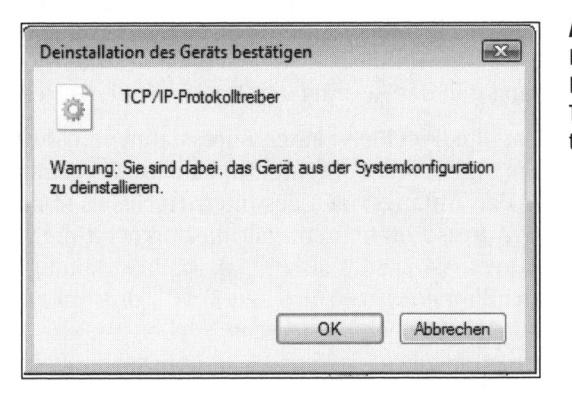

Abbildung 11.52:
Bestätigen der Deinstallation des TCP/IP-Protokolltreibers

6. Nachdem das Protokoll entfernt wurde, müssen Sie den PC neu starten. Während des Startvorgangs wird das Protokoll automatisch wieder installiert, und die Einstellungen werden aus der Registry übernommen.

Erweiterte Netzwerkkonfiguration

Wenn Sie die Einstellungen der TCP/IP-Konfiguration ebenfalls zurücksetzen wollen, geben Sie in der Befehlszeile die folgenden Befehle ein, und bestätigen Sie diese jeweils mit [Enter] (siehe *Abbildung 11.53*).

1. Netsh
2. Int
3. Tcp
4. Reset

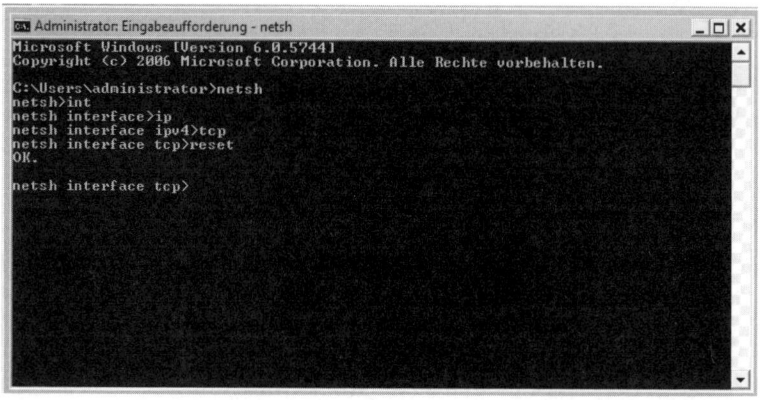

Abbildung 11.53:
Zurücksetzen der TCP/IP-Konfiguration

11.5 Internetprotokoll Version 6 – IPv6

IPv6, das Internet Protocol Version 6 (auch IPnG, Internet Protocol Next Generation), ist der Nachfolger des gegenwärtig im Internet noch überwiegend verwendeten Internet Protocols in der Version 4. Beide Protokolle sind Standards für die Netzwerkschicht des OSI-Modells und regeln die Adressierung und das Routing von Datenpaketen durch ein Netzwerk.

Das alte IPv4 bietet einen Adressraum von etwas über 4 Milliarden IP-Adressen, mit denen Computer und andere Geräte angesprochen werden können. In den Anfangstagen des Internets, als es nur wenige Rechner gab, die eine IP-Adresse brauchten, galt dies als weit mehr als ausreichend. Eine IPv6-Adresse ist 128 Bit lang (IPv4: 32 Bit). Damit gibt es etwa 3,4 x 1038 (340,28 Sextillionen) IPv6-Adressen. IPv6-Adressen werden in hexadezimaler Notation mit Doppelpunkten geschrieben, welche die Adresse in acht Blöcke mit einer Länge von jeweils 16 Bit unterteilen. Beispiel einer IPv6-Adresse:

2001:0db7:85b3:07d3:1319:8a2d:437a:63d4

Eine oder mehrere 16-Bit-Gruppen mit dem Wert 0000 können durch zwei aufeinanderfolgende Doppelpunkte ersetzt werden. Die resultierende Adresse darf höchstens einmal zwei aufeinanderfolgende Doppelpunkte enthalten. *2001:0db8::1428:57ab* ist gleichbedeutend mit *2001:0db8: 0000:0000:0000: 0000:1428:57ab*, aber *2001::25de::cade* ist nicht korrekt, da nicht nachvollzogen werden kann, wie viele 16-Bit-Gruppen durch die zwei Doppelpunkte jeweils ersetzt wurden. Führende Nullen einer 16-Bit-Gruppe dürfen ausgelassen werden, *2001:db8::28:b* ist gleichbedeutend mit *2001:0db8:0028:000b*.

Netzmasken, wie sie bei IPv4 verwendet wurden, gibt es bei IPv6 nicht. Die ersten 64 Bit der IPv6-Adresse dienen üblicherweise der Netzadressierung, die letzten 64 Bit werden zur Host-Adressierung verwendet. Beispiel: hat ein Netzwerkgerät die IPv6-Adresse *2001:0db7:85b3:07d3:1319:8a2d:437a:63d4*, so stammt es aus dem Subnetz *2001:0db7:85b3:07d3::/64*.

Microsoft Windows Vista und Windows Server Longhorn nutzen beide den *Next Generation TCP/IP-Stack*. Hierbei handelt es sich um einen neu entworfenen TCP/IP-Protokollstack, in den sowohl IPv4 (Internet Protocol Version 4) als auch IPv6 (Internet Protocol Version 6) integriert sind. Wenn eine DNS-Abfrage beispielsweise eine IPv6- und IPv4-Adresse zurückgibt, dann versucht der Stack zuerst, über IPv6 zu kommunizieren. Die Bevorzugung von IPv6 gegenüber IPv4 bietet IPv6-fähigen Anwendungen eine bessere Netzwerkkonnektivität.

IPv6-Verbindungen sind in der Lage, IPv6-Technologien wie Teredo zu nutzen. Teredo ist eine IPv6-Technologie, die durch ein oder mehrere NATs voneinander getrennte IPv6/IPv4-Knoten eine End-To-End-Kommunikation mit globalen IPv6-Adressen ermöglicht. IPv6-Netzwerkverkehr auf Basis von Teredo kann ein NAT ohne eine Neukonfiguration des NAT oder eine Änderung der Anwendungsprotokolle passieren. Teredo ist in Windows XP Service Pack 2 und Windows Server 2003 Service Pack 1 enthalten. Es wird außerdem unter Windows Vista (standardmäßig aktiviert) und Windows Server Longhorn (standardmäßig wahrscheinlich deaktiviert) zur Verfügung stehen. Teredo ist auf Domänencomputern aktiviert. Bei Teredo-Netzwerkverkehr handelt es sich um IPv6-Pakete, die in IPv4-UDP-Nachrichten gekapselt wurden.

Die standardmäßige Aktivierung von IPv6 und die Bevorzugung von IPv6 haben keine negativen Auswirkungen auf die IPv4-Konnektivität. In Netzwerken, in denen keine IPv6-DNS-Einträge zur Verfügung stehen, wird beispielsweise nicht über IPv6-Adressen kommuniziert. Um die Vorteile einer IPv6-Konnektivität zu nutzen, müssen Netzwerkanwendungen aktualisiert werden. IPv6 bietet gegenüber IPv4 die folgenden Vorteile:

- Größerer Adressraum – Der 128-Bit-Adressraum von IPv6 bietet genügend Platz, um jedes Gerät im bestehenden und zukünftigen Internet mit einer eigenen, global gültigen Adresse auszustatten.
- Effizienteres Routing – Durch den überarbeiteten IPv6-Header und das neue Adressierungsschema, das eine hierarchische Routing-Infrastruktur unterstützt, können IPv6-Router den entsprechenden Netzwerkverkehr schneller weiterleiten.
- Einfache Konfiguration – IPv6-Hosts können sich entweder über DHCP oder mithilfe eines lokalen Routers selbst konfigurieren.

Erweiterte Netzwerkkonfiguration

- Verbesserte Sicherheit – Die IPv6-Standards beheben einige der Sicherheitsprobleme von IPv4. Sie bieten einen besseren Schutz vor Adress- und Portscans. Sie schreiben vor, dass IPv6-Implementierungen IPsec (Internet Protocol Security) unterstützen müssen.

Windows Vista unterstützt bereits nach der Installation das neue IP-Protokoll Version 6 (IPv6). Wenn Sie die Eigenschaften der Netzwerkverbindung anzeigen lassen, sehen Sie, dass IPv6 automatisch mit den Netzwerkverbindungen verknüpft wird (siehe *Abbildung 11.54*).

Abbildung 11.54: Konfiguration von IPv6 für die Netzwerkverbindung

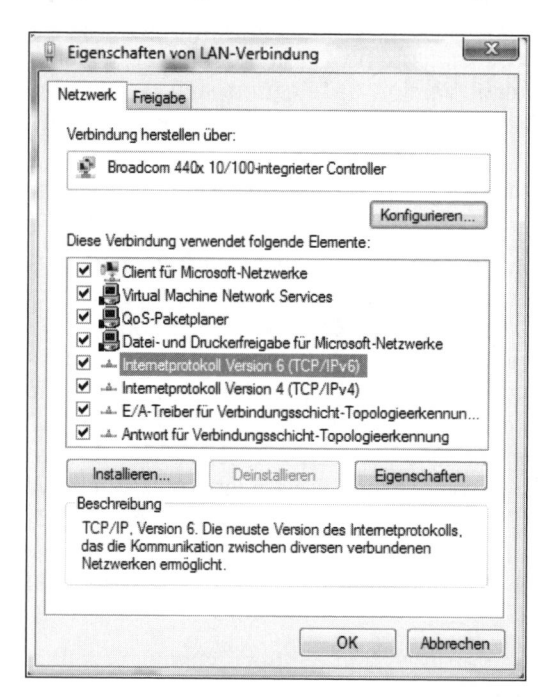

Im Gegensatz zu Windows XP wird also IPv6 automatisch installiert und auch aktiviert. Wie IPv4 konfiguriert sich IPv6 automatisch, kann jedoch auch manuell angepasst werden.

IPv6 wurde so entworfen, dass es einfacher als IPv4 zu konfigurieren ist. IPv6 kann sich automatisch selbst konfigurieren, auch ohne DHCPv6 (Dynamic Host Configuration Protocol for IPv6). Alle IPv6-Knoten konfigurieren für jede physische oder logische IPv6-Schnittstelle automatisch eine lokale Adresse mit dem Präfix *fe80::/64*. Diese Adressen können nur zur Kommunikation mit benachbarten Knoten verwendet werden. Sie werden nicht im DNS registriert, und wenn Daten an eine solche Adresse gesendet werden sollen, ist zusätzlich eine *Zonen-ID* notwendig.

Wenn Sie einen PC mit Windows Vista für IPv6 konfigurieren, sind folgende automatische Einstellungen möglich:

Internetprotokoll Version 6 – IPv6

- Ein IPv6-Host sendet eine Multicast-Nachricht und empfängt eine oder mehrere Router-Nachrichten. In diesen Router-Nachrichten finden sich *Subnet-Präfixe* (diese nutzt der IPv6-Host zum Festlegen weiterer IPv6-Adressen und zum Hinzufügen von Routen zur IPv6-Routingtabelle) und weitere Konfigurationsparameter (zum Beispiel das Standardgateway).
- Über DHCPv6 erhält der IPv6-Host *Subnet-Präfixe* und andere Konfigurationsparameter. Oft wird DHCPv6 bei IPv6-Hosts unter Windows zum Beispiel dazu genutzt, die IPv6-Adressen der DNS-Server zu konfigurieren, was über die Routererkennung nicht möglich ist.

11.5.1 Konfiguration von IPv6

Neben der automatischen Konfiguration ist auch eine manuelle Konfiguration von IPv6 möglich. Windows Vista stellt dazu eine grafische Oberfläche bereit, unterstützt aber auch die Konfiguration in der Befehlszeile über den Befehl *netsh*.

Wenn Sie in den Eigenschaften der Netzwerkverbindung die Eigenschaften von IPv6 aufrufen, können Sie verschiedene Einstellungen vornehmen (siehe *Abbildung 11.55*).

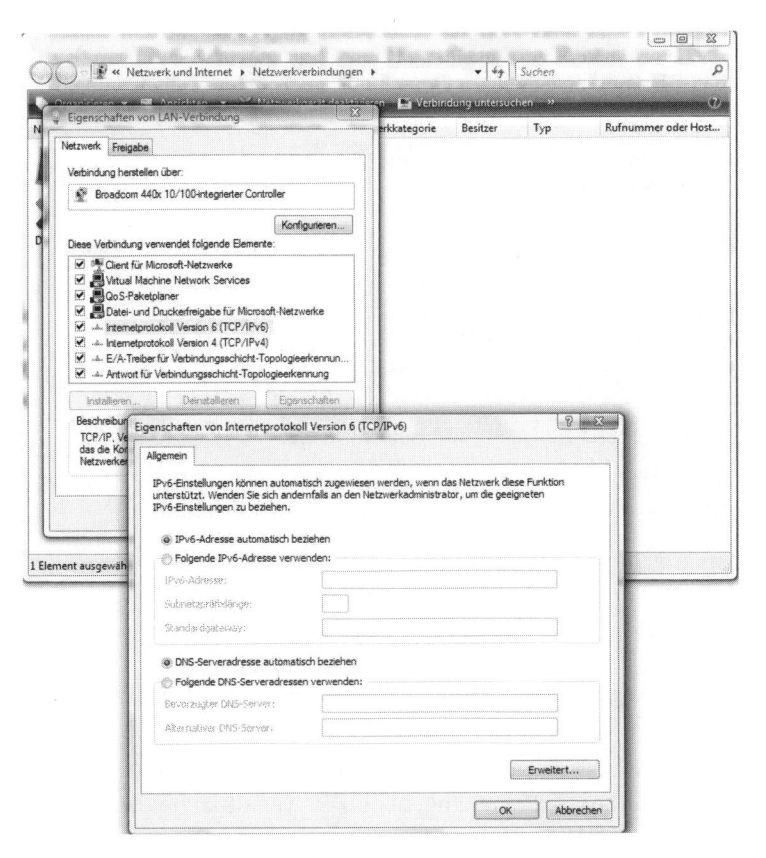

Abbildung 11.55: Manuelle Konfiguration von IPv6

Erweiterte Netzwerkkonfiguration

- *IPv6-Adresse automatisch beziehen* – Hier wird konfiguriert, dass die IPv6-Adressen für diese Verbindung oder diesen Adapter automatisch festgelegt werden.
- *Folgende IPv6-Adresse verwenden* – IPv6-Adresse und das Standardgateway für diese Verbindung oder diesen Adapter.
- *IPv6-Adresse* – Hier können Sie eine IPv6-Unicast-Adresse angeben.
- *Subnetzpräfixlänge* – Hier können Sie die Länge des Subnetz-Präfix für die IPv6-Adresse festlegen. Bei IPv6-Unicast-Adressen sollte dies 64 sein (der Standardwert).
- *Standardgateway* – Hier können Sie die IPv6-Unicast-Adresse des Standardgateways angeben.
- *DNS-Serveradresse automatisch beziehen* – Hier wird konfiguriert, dass die IPv6-Adresse des DNS-Servers im Netzwerk über DHCPv6 bezogen wird.
- *Folgende DNS-Serveradressen verwenden* – Hier können Sie die Adressen des primären und sekundären DNS-Servers manuell festlegen.

Über die Schaltfläche *Erweitert* kommen Sie wie bei IPv6 zu weiteren Einstellmöglichkeiten für IPv6 (siehe *Abbildung 11.56*).

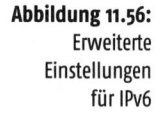

Abbildung 11.56: Erweiterte Einstellungen für IPv6

Auf der Registerkarte *IP-Einstellungen* können Sie die IPv6-Adressierung des PC detaillierter spezifizieren:

- Für jede IPv6-Unicast-Adresse müssen Sie eine IPv6-Adresse und eine Subnetzpräfixlänge angeben. Die Schaltfläche *Hinzufügen* steht nur dann zur Verfügung, wenn die Option *Folgende IPv6-Adresse verwenden* bei den Einstellungen für die IPv6-Adresse gesetzt ist.

- Für jedes Standardgateway müssen Sie eine IPv6-Adresse vergeben. Außerdem müssen Sie angeben, ob die Metrik für dieses Gateway über die Verbindungsgeschwindigkeit beziehungsweise über die Geschwindigkeit des Adapters ermittelt werden soll oder ob Sie die Metrik selbst festlegen möchten. Die Schaltfläche *Hinzufügen* steht nur dann zur Verfügung, wenn die Option *Folgende IPv6-Adresse verwenden* aktiviert wurde.

- Sie können festlegen, ob eine bestimmte Metrik für die IPv6-Adressen oder die Standardgateways verwendet oder ob diese über die Verbindungsgeschwindigkeit oder die Geschwindigkeit des Adapters ermittelt werden soll. Die Metrik wird verwendet, wenn mehrere Routen in der Routingtabelle zur Wahl stehen, die der Zieladresse eines weitergeleiteten Pakets entsprechen. Es wird die Route mit der niedrigsten Metrik ausgewählt. Die Metrik kann die Anzahl der Hops, die Geschwindigkeit und Zuverlässigkeit des Pfads, den Pfaddurchsatz oder administrative Eigenschaften widerspiegeln.

Auf der Registerkarte DNS können im Grunde genommen die gleichen Einstellungen vorgenommen werden wie auf der entsprechenden Karte für IPv4 (siehe *Abbildung 11.57*).

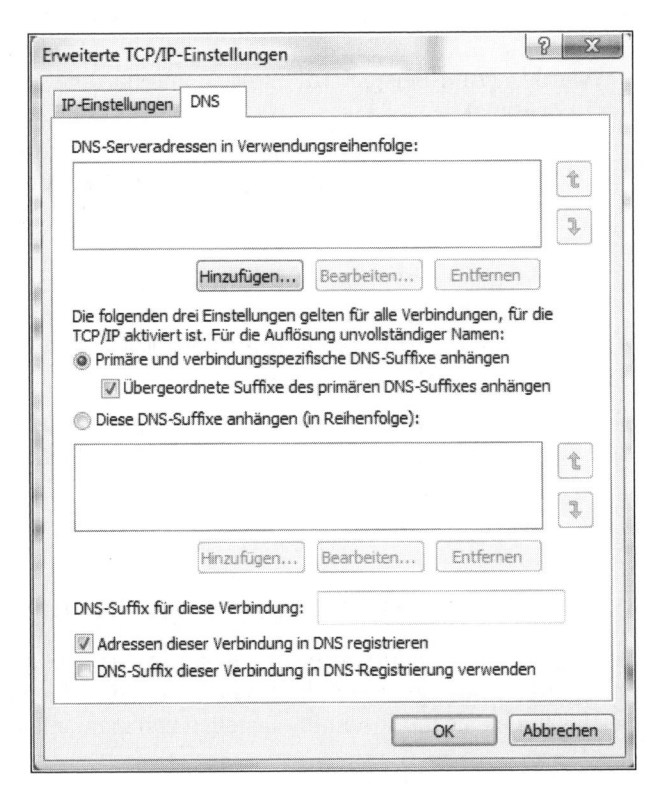

Abbildung 11.57: Erweiterte DNS-Konfiguration für IPv6

11.5.2 Konfiguration von IPv6 in der Befehlszeile mit netsh.exe

Neben der Möglichkeit, IPv6 in der grafischen Oberfläche zu konfigurieren, besteht zusätzlich die Möglichkeit, die Konfiguration über die Befehlszeile durchzuführen. Für diese Konfiguration wird *netsh.exe* verwendet.

Manuelles Festlegen einer IPv6-Adresse

Mit dem Befehl *netsh interface ipv6 add address* können Sie IPv6-Adressen konfigurieren. Hierbei gilt die folgende Syntax:

netsh interface ipv6 add address interface = < Schnittstellenname_ oder_Index > address = < IPv6_Adresse > / < Länge_Prefix > type = < unicast > |anycast validlifetime = < Zeit > |infinite preferredlifetime = < Zeit > | infinite store = active|persistent

Die einzelnen Optionen haben folgende Bedeutung:

- *Interface* – Der Name der Verbindung oder des Adapters oder der Index der Schnittstelle.
- *Address* – IPv6-Adresse (optional gefolgt von der Länge des Subnet-Präfix standardmäßig 64).
- *Type* – Typ der IPv6-Adresse: Unicast (Standard) oder Anycast.
- *Validlifetime* – Die Lebensdauer, welche die Adresse gültig ist. Dieser Zeitraum kann in Tagen, Stunden, Minuten und Sekunden angegeben werden (zum Beispiel 1d2h3m4s). Standardmäßig ist die Lebensdauer unbegrenzt.
- *Preferredlifetime* – Der Zeitraum, über den die Adresse bevorzugt wird. Er kann in Tagen, Stunden, Minuten und Sekunden angegeben werden (zum Beispiel 1d2h3m4s). Standardwert für diese Einstellung ist »unbegrenzt«.
- *Store* – Wie die IPv6-Adresse gespeichert werden soll – entweder *aktiv* (die Adresse wird beim System-Neustart entfernt) oder *persistent* (die Adresse bleibt beim System-Neustart erhalten, was auch die Standardeinstellung ist).

Mit dem folgenden Befehl können Sie zum Beispiel die IPv6-Unicast-Adresse *1002:db6::281d:1283::1* für die Schnittstelle *LAN* persistent und mit unbegrenzter Lebensdauer konfigurieren:

netsh interface ipv6 add address »LAN« 1002:db6::281d:1283::1

11.5.3 Manuelles Festlegen eines Standardgateways

Mit dem Befehl *netsh interface ipv6 add route* können Sie ein Standardgateway konfigurieren und eine Standardroute (::/0) hinzufügen. Die Syntax dieses Befehls finden Sie im Abschnitt »Erstellen von manuellen Routen für IPv6«.

Festlegen eines DNS-Servers für eine IPv6-Verbindung

Auch die DNS-Server können für eine IPv6-Verbindung manuell festgelegt werden. Um DNS-Server hinzuzufügen, nutzen Sie den Befehl *netsh interface ipv6 add dnsserver*. Dabei verwenden Sie folgende Syntax:

netsh interface ipv6 add dnsserver interface = < Schnittstellenname > address = < IPv6-Adresse > index = < Reihenfolge >

Standardmäßig wird der DNS-Server an das Ende der Liste gesetzt. Wenn Sie jedoch hier einen Wert angeben, wird der DNS-Server an die entsprechende Position der Liste gesetzt. Um zum Beispiel einen DNS-Server mit der Adresse *1002:db6::281d:1283::1* und der Schnittstelle *LAN* hinzuzufügen, verwenden Sie den folgenden Befehl:

netsh interface ipv6 add dnsserver »LAN« 1002:db6::281d:1283::1

11.5.4 Erstellen von manuellen Routen für IPv6

Wie für IPv4 können auch für IPv6 manuelle Routen erstellt werden. Allerdings wird beim Erstellen von manuellen Routen für IPv4 der Befehl *route.exe* verwendet, während für IPv6 der Befehl *netsh* verwendet wird. Der Syntax zur Erstellung einer manuellen Route für IPv6 ist:

netsh interface ipv6 add route prefix = < IPv6-Adresse >/< ganze Zahl > interface = < Zeichenfolge > nexthop = < IPv6-Adresse > siteprefixlength = < ganze Zahl > metric = < ganze Zahl > publish = < Wert > validlifetime = < ganze Zahl >|infinite preferredlifetime = < ganze Zahl > store = < Wert >

Die einzelnen Optionen dieses Befehls haben folgende Funktion:

- *Prefix* – Adresse oder Subnetzpräfix, für die oder das eine Route hinzugefügt wird
- *Interface* – Schnittstellenname oder -index
- *Nexthop* – Gatewayadresse, wenn das Präfix nicht auf Verbindung ist
- *Siteprefixlength* – Präfixlänge für die ganze Website, falls sie auf Verbindung ist
- *Metric* – Metrische Route
- *Publish* – Stellt einen der folgenden Werte dar. Wenn *publish* auf *age* festgelegt wird, enthält die Routenankündigung die verbleibende Gültigkeitsdauer bis zum Löschen. Wenn *publish* auf *yes* festgelegt wird, wird die Route niemals gelöscht, unabhängig vom Wert der Gültigkeitsdauer, und jede Routenankündigung enthält dieselbe angegebene Gültigkeitsdauer. Wenn *publish* auf *no* oder *age* festgelegt wird, wird die Route nach Ablauf der Gültigkeitsdauer gelöscht.
  - *No* – Nicht in Routenankündigungen angekündigt (Standard)
  - *Age* – In Routenankündigungen angekündigt mit sinkender Gültigkeitsdauer

- *Yes* – In Routenankündigungen angekündigt mit unveränderter Gültigkeitsdauer
- *Validlifetime* – Die Gültigkeitsdauer einer Route in Tagen, Stunden, Minuten und Sekunden (z. B. 1d2h3m4s). Der Standardwert ist *infinite*.
- *Preferredlifetime* – Die bevorzugte Gültigkeitsdauer der Route. Standardmäßig entspricht dieser Wert der Gültigkeitsdauer.
- *Store* – Stellt einen der folgenden Werte dar:
  - *Active* – Änderung wird nur bis zum nächsten Starten beibehalten.
  - *Persistent* – Änderung ist dauerhaft (Standard).

11.5.5 Deaktivieren von IPv6

Im Gegensatz zu Windows XP ist es unter Windows Vista nicht möglich, IPv6 zu deinstallieren. Sie können IPv6 jedoch deaktivieren:

- Sie können in den Eigenschaften der Netzwerkverbindung den Haken bei IPv6 entfernen, um IPV6 zu deaktivieren.
- Alternativ können Sie einen neuen DWORD-Wert mit der Bezeichnung *DisabledComponents* und dem Wert *0xFF* erstellen. Erstellen Sie diesen Wert im folgenden Schlüssel: *HKEY_LOCAL_MACHINE\SYSTEM\ Current ControlSet\Services\Tcpip6\Parameters*. Durch diese Aktion wird IPv6 für alle LAN-Schnittstellen deaktiviert.
- Um IPv6 für eine Schnittstelle zu deaktivieren, können Sie auch den Befehl *netsh netio add bindingfilter framing ipv6 fl68 block persistent* verwenden. Um IPv6 wieder zu aktivieren, verwenden Sie den Befehl *netsh netio delete bindingfilter framing ipv6 fl68 persistent* (siehe Abbildung 11.58).

Abbildung 11.58: Deaktivieren und Aktivieren von IPv6 in Windows Vista

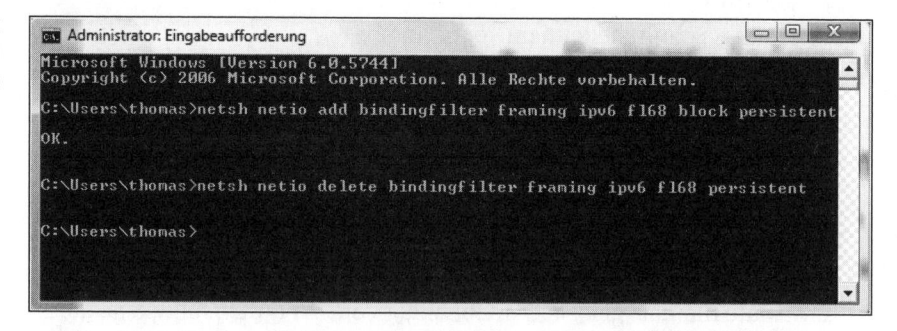

11.6 Network Diagnostics Framework (NDF)

Um Netzwerkprobleme optimal untersuchen zu können, bringt Windows Vista das *Network Diagnostics Framework (NDF)* mit. Mit dem NDF lassen sich Probleme innerhalb der Anwendung untersuchen, die gerade im Einsatz

Network Diagnostics Framework (NDF)

war, als das Problem auftrat. Als Teil der übergeordneten *Windows Diagnostics Infrastructure (WDI)* sorgt es dafür, dass die Ursachen für Netzwerkprobleme schneller und zielgenauer beseitigt werden können.

Wenn der Internet Explorer von Windows Vista zum Beispiel eine Webseite nicht anzeigen kann, fordert die Fehlermeldung den Benutzer auf, im Menü auf *Extras* und auf *Diagnose von Verbindungsproblemen* zu klicken (siehe *Abbildung 11.59*).

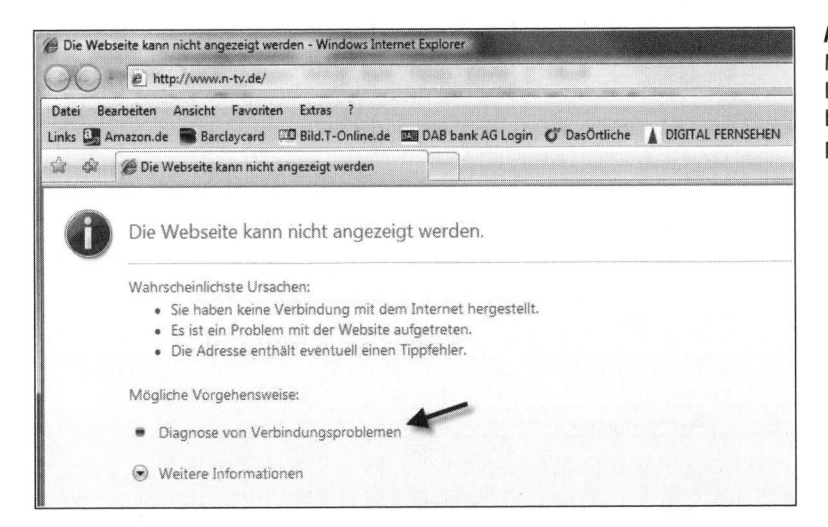

Abbildung 11.59: Meldung des Internet Explorers 7 bei Verbindungsproblemen

Dieses führt dazu, dass das NDF versucht, das Problem im Internet Explorer-Kontext zu identifizieren und zu lösen (siehe *Abbildung 11.60*).

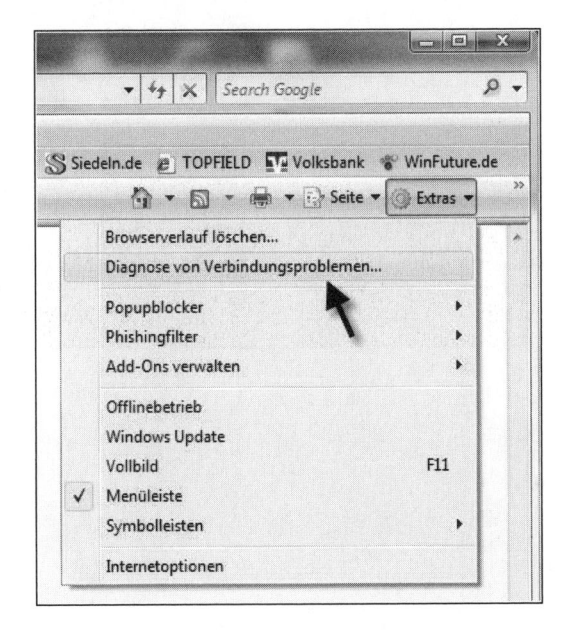

Abbildung 11.60: Untersuchen von Netzwerkproblemen mit NDF

625

Erweiterte Netzwerkkonfiguration

Während der Diagnose analysiert das NDF, warum die Aufgabe fehlgeschlagen ist, und zeigt eine Lösung oder mögliche Ursachen für das Problem an. Die Problemlösung kann möglicherweise automatisch ausgeführt werden. Es kann jedoch auch sein, dass der Benutzer eine von mehreren möglichen Lösungen auswählen oder bestimmte Schritte selbst durchführen muss (siehe *Abbildung 11.61*).

Abbildung 11.61:
Lösungsvorschläge der NDF bei Verbindungsproblemen

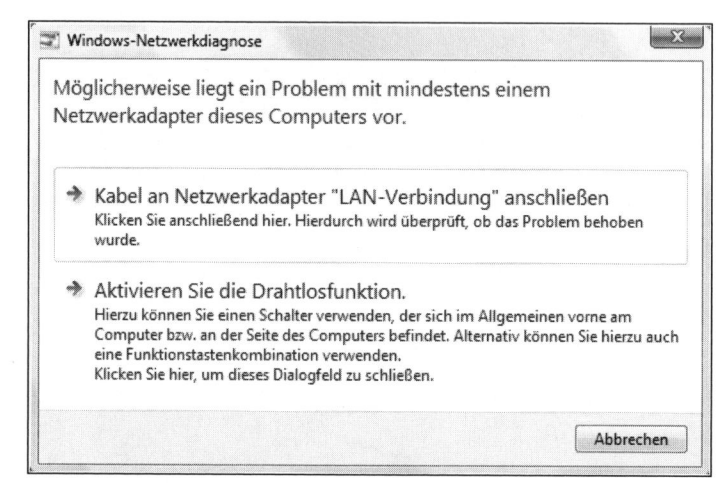

> **TIPP**
>
> *Sie können die Windows-Netzwerkdiagnose auch über den Befehl* rundll32.exe ndfapi,NdfRunDllDiagnoseIncident *starten. Entweder geben Sie diesen Befehl über* Start/Ausführen *ein oder erstellen eine Verknüpfung, wenn Sie diese Diagnose öfters brauchen.*

12 Gruppenrichtlinien

Eine wichtige Aufgabe bei der Administration von Netzwerken ist die Verwaltung von Benutzer- und Computereinstellungen. Damit sind nicht nur Desktop-Einstellungen oder IP-Adressen gemeint, sondern auch sicherheitsrelevante Einstellungen und die Konfiguration von Programmen wie Internet Explorer, Windows Explorer oder Office-Programme. Für diese Verwaltungsarbeiten stehen die *Gruppenrichtlinien (Group Policies)*, oft auch als *Gruppenrichtlinienobjekte (Group Policy Object, GPO)* bezeichnet, zur Verfügung.

Mit Gruppenrichtlinien lassen sich zahlreiche Einstellungen in einem Active Directory automatisch vorgeben. Sie können zum Beispiel das Verhalten des Internet Explorers oder die Konfiguration der Kennwörter in Ihrem Netzwerk per Gruppenrichtlinie definieren.

In der *Abbildung 12.1* sehen Sie einen kleinen Auszug aus Hunderten Möglichkeiten, die sich durch Gruppenrichtlinien bewerkstelligen lassen. Die Gruppenrichtlinien sind das primäre Werkzeug für die automatische Verwaltung von Konfigurationen im Netzwerk, auch für neu hinzugefügte Systeme.

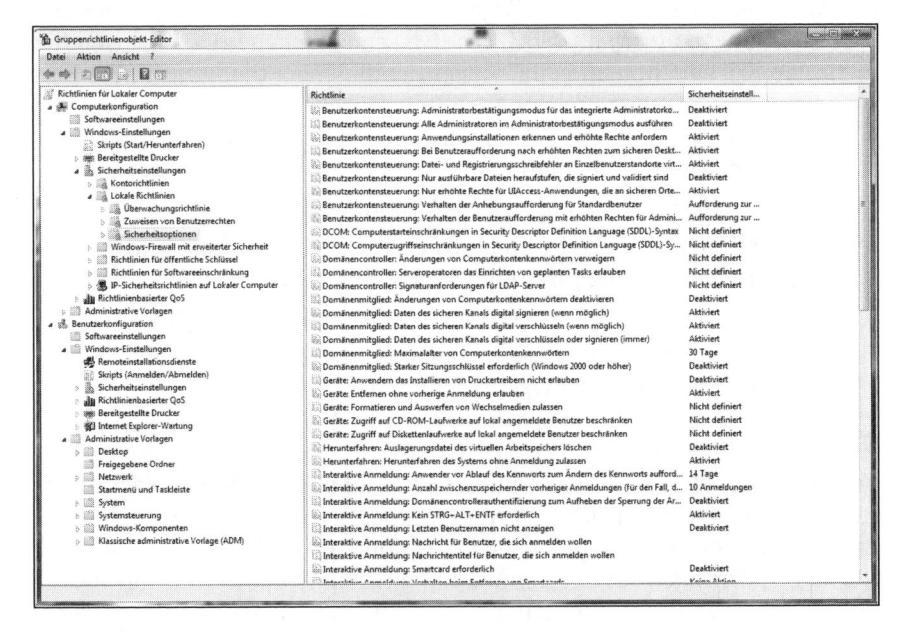

Abbildung 12.1: Gruppenrichtlinien in Windows Vista

Gruppenrichtlinien

Gruppenrichtlinien arbeiten mit speziellen Registry-Schlüsseln, die zu keinen permanenten Änderungen der Registry führen. Die Informationen werden so lange in diesen Schlüsseln gehalten, wie das Gruppenrichtlinienobjekt (GPO), von dem sie definiert wurden, gültig ist. Sobald die GPO ihre Gültigkeit verliert, werden die Informationen entfernt. Gruppenrichtlinien werden regelmäßig in konfigurierbaren Zeitabständen aktualisiert. Sie sind durch differenzierte Zugriffsberechtigungen vor unberechtigter Veränderung geschützt.

12.1 Grundlagen und Überblick der Gruppenrichtlinien

Wenn Sie mit der Verwaltung von Gruppenrichtlinien beginnen, sollten Sie zunächst zwei Definitionen verstehen, die oft verwechselt werden:

- Gruppenrichtlinienobjekte (Group Policies Objects, GPOs)
- Gruppenrichtlinienverknüpfungen

Allgemein wird oft von *Gruppenrichtlinien* gesprochen. Damit sind meistens die GPOs gemeint. Ein GPO ist eine Gruppenrichtlinie, in der Einstellungen vorgenommen und gespeichert wurden. Diese Einstellungen geben für Benutzer-PCs oder Benutzerkonten vor, wie sich die Systeme verhalten, zum Beispiel die automatische Konfiguration des Internet Explorers. Diese Einstellungen werden innerhalb eines Containers, der GPO, gespeichert.

Damit diese Einstellungen jedoch auch angewendet werden, muss die GPO mit Organisationseinheiten oder einer ganzen Domäne verknüpft werden. Erst wenn eine GPO mit einer Organisationseinheit verknüpft ist, werden die Einstellungen innerhalb der GPO auf die entsprechende OU angewendet. In diesem Fall spricht man von Gruppenrichtlinienverknüpfungen. Die Einstellungen, die in einer Gruppenrichtlinie durchgeführt werden, können auch lokal gesetzt werden. Das entsprechende Programm rufen Sie über *Start/Ausführen/gpedit.msc* auf.

Ein GPO kann nicht nur mit einer OU verknüpft werden, sondern mit mehreren. Wenn Einstellungen in einem GPO verändert werden, dann werden diese Änderungen auf alle verknüpften OUs übertragen.

Wenn Einstellungen in einem GPO verändert werden, das noch nicht mit einer OU verknüpft ist, werden keinerlei Änderungen durchgeführt. Die erfolgen erst dann, wenn das GPO verknüpft ist.

Neue lokale Richtlinien

Vor Windows Vista wurde nur ein lokales Gruppenrichtlinienobjekt unterstützt. Wenn an der Eingabeaufforderung *gpedit.msc* eingegeben und einige Änderungen an den Einstellungen vorgenommen wurden, dann wirkten sich die Änderungen auf alle Benutzer und Administratoren aus, die diesen Computer verwendeten. Die neuen Funktionen zur Unterstützung mehrerer lokaler Gruppenrichtlinienobjekte hat mehrere Gruppenrichtlinienobjektschichten. Diese Fähigkeit wird wahrscheinlich hauptsächlich auf Systemen eingesetzt, die nicht in einer Active Directory-Domäne zusammengefasst sind. Die neuen Funktionen zur Unterstützung mehrerer lokaler Gruppenrichtlinienobjekte, die auf Schichten basiert, kann ein wenig kompliziert werden. Es gibt immer noch ein lokales Standardgruppenrichtlinienobjekt, das für den Kontext des lokalen Computersystems gilt und alle Benutzer auf dem System betrifft. Dieses Gruppenrichtlinienobjekt definiert sowohl die Computereinstellungen als auch die Benutzereinstellungen.

Die zweite Schicht betrifft entweder die Mitglieder der lokalen Administratorgruppe oder die Gruppe der Benutzer auf dem lokalen System, bei denen es sich nicht um Administratoren handelt. Per Definition kann sich ein Benutzerkonto nicht in beiden Gruppen befinden. Die Schicht ermittelt, ob es sich beim Benutzer um einen lokalen Systemadministrator oder einen regulären Benutzer handelt. Anschließend wird das entsprechende Gruppenrichtlinienobjekt (entweder Administratoren oder Nichtadministratoren) angewendet. Die dritte Schicht betrifft das lokale Systembenutzerkonto mit einem bestimmten Namen.

Das bedeutet, es gibt drei potenzielle lokale Gruppenrichtlinienobjekte, die einen bestimmten Benutzer betreffen können, der am Computer sitzt. Sie können z. B. drei Schichten verwenden, um für alle Benutzer, die an einem bestimmten Computer arbeiten, Einstellungen festzulegen, um mehr Einstellungen für die Nichtadministratoren an diesem Computer und schließlich um Einstellungen festzulegen, die nur einen einzelnen Benutzer betreffen, der diesen Computer verwendet.

Wenn das System jedoch an einer Active Directory-Domäne teilnimmt, haben die Active Directory-Gruppenrichtlinienobjekte Priorität vor den lokalen Richtlinien. Sie sollten außerdem beachten, dass Domänenadministratoren die gesamte Verarbeitung der lokalen Gruppenrichtlinienobjekte für Windows Vista ausschalten können.

12.2 Neuerungen in den Gruppenrichtlinien

Windows Vista bietet zahlreiche Neuerungen in den Gruppenrichtlinien, die natürlich ihre gesamte Funktionsbreite erst durch Einsatz von Longhorn-Servern darlegen. Aber bereits durch die Verwendung der lokalen Richtlinien können in Windows Vista einige Verbesserungen erreicht werden. Darüber hinaus ist die Konfiguration von Richtlinien in Windows Vista nahezu identisch mit dem Longhorn,Server, der Ende 2007/Anfang 2008 erscheinen soll. Insgesamt gibt es in Windows Vista mit über 3.000 Richtlinien fast doppelt so viele Einstellungen in Gruppenrichtlinien wie unter Windows XP.

Windows Vista unterstützt als Neuerung zum Beispiel die Konfiguration der Energiesparoptionen. Dadurch besteht die Möglichkeit, an zentraler Stelle die Energiesparoptionen der Notebooks festzulegen.

Gruppenrichtlinien

Abbildung 12.2:
Konfiguration der Energieverwaltung über Gruppenrichtlinien

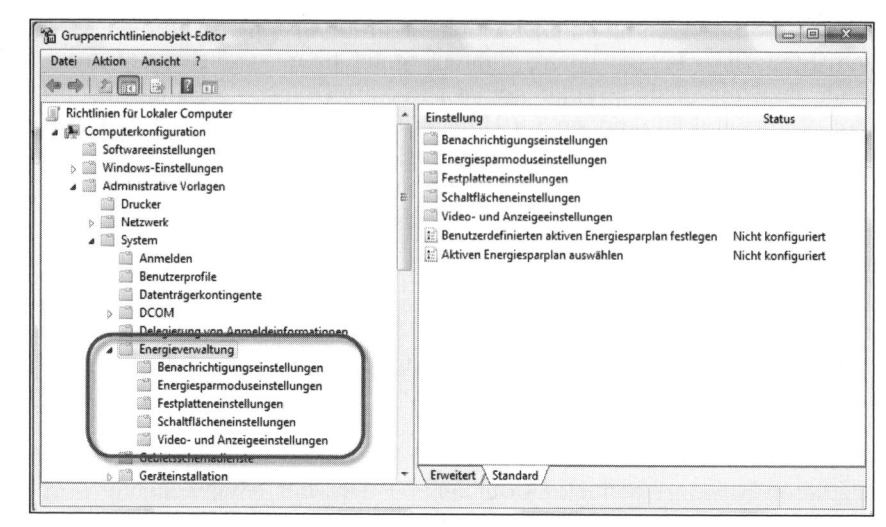

Anwender, die Ihren PC über Nacht anlassen, können So sicherstellen, dass sich ihr Monitor und Festplatte ausschalten, was bei größeren Unternehmen eine deutliche Kostenreduktion bedeuten kann, da auch für normale Desktop-PCs Energiesparmaßnahmen konfiguriert werden können.

Auch der Zugriff auf USB-Sticks kann in Windows Vista konfiguriert werden. Viele Änderungen hat Microsoft bezüglich der Einstellmöglichkeiten des Internet Explorers integriert. Auch die Steuerung von Druckerinstallationen und der Druckerverwaltung in Windows wurde erneuert.

Der Gruppenrichtlinienobjekt-Editor besteht aus zwei Hälften. Auf der linken Seite können Sie auswählen, für welchen Bereich Sie Einstellungen vornehmen wollen (siehe *Abbildung 12.3*).

Abbildung 12.3:
Aufbau des Gruppenrichtlinienobjekt-Editors

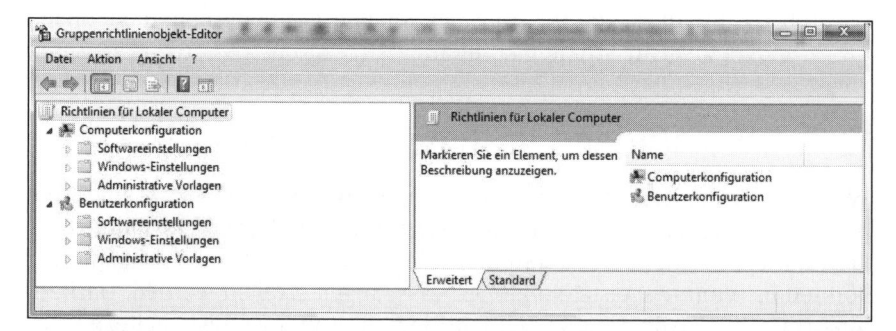

- Die Einstellungen unter *Computerkonfiguration* werden auf PCs angewendet, wenn diese gestartet werden.
- Die Einstellungen unter *Benutzerkonfiguration* werden auf die Profile der einzelnen Anwender angewendet, wenn sich diese beim PC anmelden.

630

Die Einstellungen sind jeweils in drei Menüs unterteilt:

- *Softwareeinstellungen* – Über dieses Menü können Sie Applikationen automatisch verteilen lassen.
- *Windows-Einstellungen* – In diesem Bereich befinden sich die meisten Einstellungen, die Sie vornehmen können, und zwar hauptsächlich Skripte, die durch diese Gruppenrichtlinien beim Starten eines PC oder Anmelden eines Anwenders ausgeführt werden, und die Sicherheitseinstellungen.
- *Administrative Vorlagen* – Hier finden sich einige Möglichkeiten zur Einstellung und Automatisierung von Windows. Sie können Einstellungen im Explorer, auf dem Desktop und in vielen anderen Funktionen in Windows vornehmen.

Wenn Sie sich durch die Menüs auf der linken Seite klicken, werden auf der rechten Seite die Einstellungen angezeigt, die in diesem Bereich verfügbar sind. Wenn Sie die Einstellungen einer Gruppenrichtlinie durch Doppelklick öffnen, können Sie Konfigurationen vornehmen, die an die Benutzer bei der Benutzerkonfiguration oder die PCs bei der Computerkonfiguration weitergegeben werden.

Die Bearbeitung dieser Einstellungen läuft dabei fast immer identisch ab. Auf der Registerkarte *Einstellung* können Sie entweder direkt Einstellungen weitergeben oder die Einstellung aktivieren. Eine Einstellung kann drei verschiedene Zustände annehmen:

- *Nicht konfiguriert* – Bei dieser Einstellung wird an dem Zielobjekt in der Registry keine Änderung vorgenommen. Alles bleibt so, wie es auf dem PC eingestellt ist.
- *Aktiviert* – Bei dieser Einstellung wird die Konfiguration auf das Zielobjekt angewendet und weitergegeben.
- *Deaktiviert* – Bei dieser Einstellung wird die Konfiguration der Gruppenrichtlinie auf dem PC auf den Standard zurückgesetzt. Wenn in einer übergeordneten Gruppenrichtlinie die Einstellung aktiviert wurde, wird sie durch diese Einstellung wieder deaktiviert. Das gilt auch, wenn die entsprechende Einstellung in den lokalen Richtlinien geändert wurde.

Auf der Registerkarte *Erklärung* finden Sie eine ausführliche Hilfe zu der Einstellung und ihren Auswirkungen. Bevor Sie eine Einstellung aktivieren, sollten Sie sich möglichst immer die Erklärung genau durchlesen (siehe *Abbildung 12.4*).

Abbildung 12.4:
Erklärung von Gruppenrichtlinien

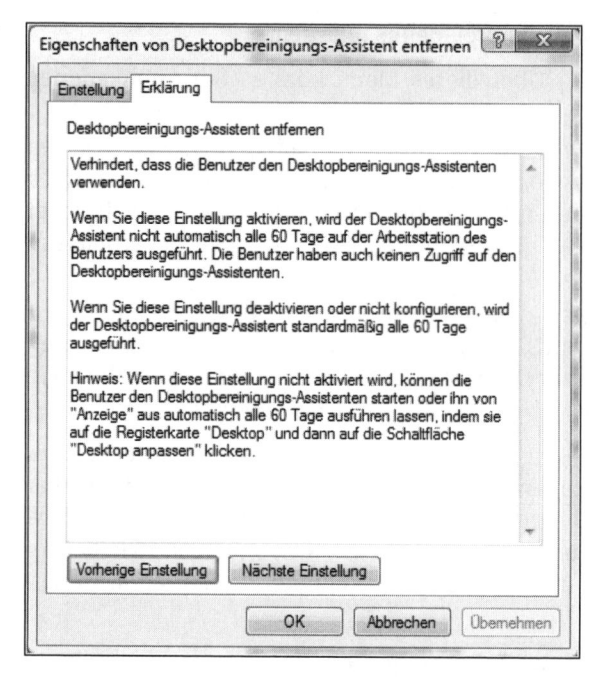

12.2.1 Neue administrative Vorlagen

Unter Windows XP gab es für unterschiedliche Sprachversionen von Windows XP unterschiedliche Versionen der Vorlagendateien (*.adm-Dateien). Da dies vor allem für internationale Unternehmen nicht sehr effizient ist, hat Microsoft das Design der Vorlagendateien angepasst. Änderungen in Gruppenrichtlinien müssen dadurch nicht in jeder Sprachversion eingestellt werden, sondern nur noch einmal zentral im Unternehmen. Die alten Vorlagendateien (*.adm) können unter Windows Vista weiterhin verwendet werden.

Windows Vista verwendet für seine neuen Vorlagendateien sprachneutrale *.admx-Dateien. Sie bauen auf XML auf. Diese *.admx-Dateien werden nicht mehr für jede einzelne Gruppenrichtlinie hinterlegt, sondern zentral im Policy-Ordner. Dadurch wird deutlich Bandbreite gespart, da nur noch die Einstellungen in den Gruppenrichtlinien repliziert werden müssen, nicht mehr alle *.adm-Dateien bei jeder Replikation. Unter Windows XP wurden in allen Gruppenrichtlinienobjekten immer alle verwendeten *.adm-Dateien gespeichert, was zu einem unnötigen Datenverkehr bei der Replikation und unnötigem Speicherplatzverbrauch führt. *.adm-Dateien haben auch Schwierigkeiten beim Einsatz von unterschiedlichen Windows-Versionen im Netzwerk und dadurch resultierenden unterschiedlichen *.adm-Dateien. Die Gruppenrichtlinientools – der Gruppenrichtlinienobjekt-Editor und die Gruppenrichtlinienverwaltungskonsole (GPMC) – bleiben weitestgehend unverändert. In den meisten Situationen werden Sie nicht einmal bemerken, dass es nur *.admx-Dateien gibt.

Neuerungen in den Gruppenrichtlinien

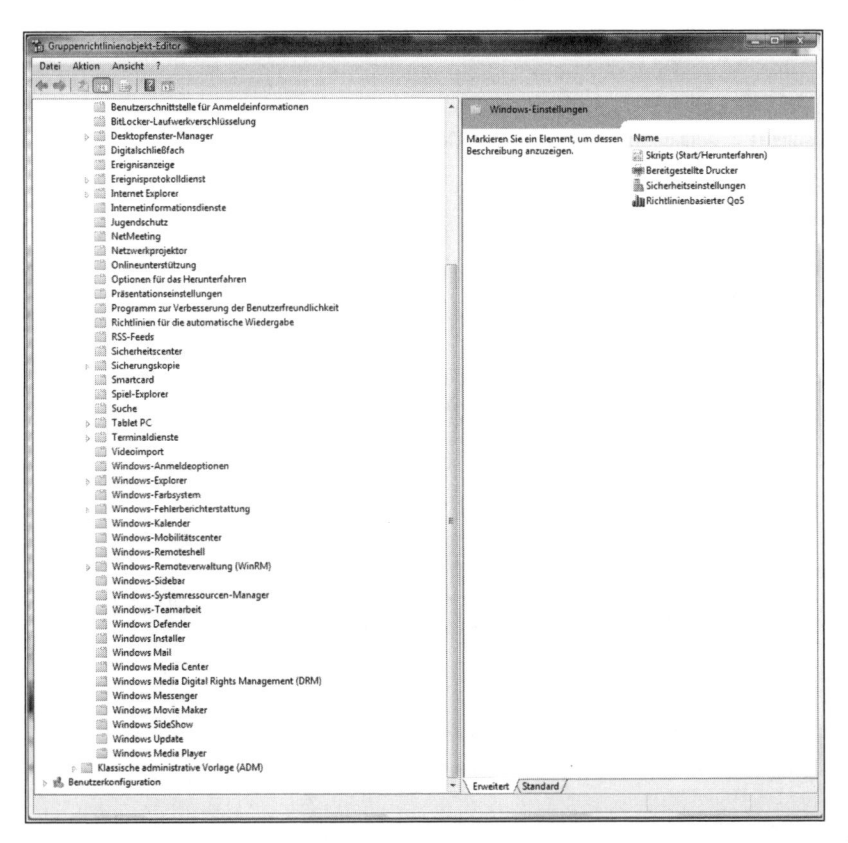

Abbildung 12.5:
Steuerung der neuen Windows Vista-Komponenten über Gruppenrichtlinien

Die Vorlagendateien von Windows Vista (*.admx) liegen im Verzeichnis C:\Windows\PolicyDefinitions. Dieser Speicherort gilt auch für den Longhorn-Server (siehe Abbildung 12.6).

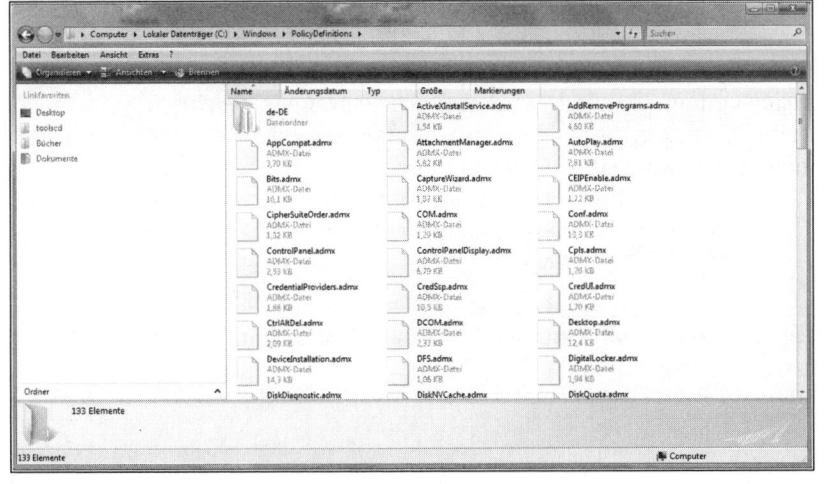

Abbildung 12.6:
Speicherort der Policy-Dateien in Windows Vista

Gruppenrichtlinien

Wenn Sie eine *.admx-Datei mit dem Editor öffnen, sehen Sie den XML-typischen Aufbau der neuen Gruppenrichtliniendateien (siehe *Listing 12.1*).

Listing 12.1: Aufbau einer *.admx-Datei in Windows Vista

```xml
<?xml version="1.0" encoding="utf-8"?>
<!-- (c) 2006 Microsoft Corporation  -->
<policyDefinitions xmlns:xsd="http://www.w3.org/2001/XMLSchema"
xmlns:xsi="http://www.w3.org/2001/XMLSchema-instance" revision="1.0"
schemaVersion="1.0"
xmlns="http://schemas.microsoft.com/GroupPolicy/2006/07/PolicyDefinitions">
  <policyNamespaces>
    <target prefix="bits" namespace="Microsoft.Policies.BITS" />
    <using prefix="windows" namespace="Microsoft.Policies.Windows" />
  </policyNamespaces>
  <resources minRequiredRevision="1.0" />
  <supportedOn>
    <definitions>
      <definition name="SUPPORTED_WindowsXPWindowsNETorBITS15"
displayName="$(string.SUPPORTED_WindowsXPWindowsNETorBITS15)" />
      <definition name="SUPPORTED_WindowsXPSP2WindowsNETSP1orBITS20"
displayName="$(string.SUPPORTED_WindowsXPSP2WindowsNETSP1orBITS20)" />
    </definitions>
  </supportedOn>
  <categories>
    <category name="BITS" displayName="$(string.BITS)">
      <parentCategory ref="windows:Network" />
    </category>
  </categories>
  <policies>
    <policy name="BITS_EnablePeercaching" class="Machine"
displayName="$(string.BITS_EnablePeercaching)"
explainText="$(string.BITS_EnablePeercachingText)"
key="Software\Policies\Microsoft\Windows\BITS" valueName="EnablePeercaching">
      <parentCategory ref="BITS" />
      <supportedOn ref="windows:SUPPORTED_WindowsVista" />
      <enabledValue>
        <decimal value="1" />
      </enabledValue>
      <disabledValue>
        <decimal value="0" />
      </disabledValue>
    </policy>
    <policy name="BITS_Job_Timeout" class="Machine"
displayName="$(string.BITS_Job_Timeout)"
explainText="$(string.BITS_Job_Timeout_Help)"
presentation="$(presentation.BITS_Job_Timeout)"
key="Software\Policies\Microsoft\Windows\BITS">
      <parentCategory ref="BITS" />
      <supportedOn ref="SUPPORTED_WindowsXPWindowsNETorBITS15" />
      <elements>
        <decimal id="BITS_Job_Timeout_Time" valueName="JobInactivityTimeout"
```

```
minValue="1" maxValue="999" />
    </elements>
</policy>
```

Im Verzeichnis der Gruppenrichtlinienvorlagen sehen Sie auch die installierten Sprachversionen von Windows Vista. Für jede installierte Sprache wird ein eigener Ordner angelegt. In diesem Ordner liegen die Dateien in Form von *.adml-Dateien, da sie an die entsprechende Sprache angepasst sind. Für jede installierte Sprache auf einem PC gibt es einen entsprechenden Ordner. Jeder dieser Ordner enthält die sprachspezifischen *.adml-Dateien, die auf die entsprechende sprachneutrale *.admx-Datei referenzieren.

Beim Einsatz von Windows Vista ohne Active Directory-Domäne werden die *.admx- und *.adml-Dateien lokal im bereits beschriebenen Ordner gespeichert. Unter Windows Vista und Windows Server Longhorn werden die *.admx-Dateien nicht vom Gruppenrichtlinienobjekt-Editor und von der Gruppenrichtlinienverwaltungskonsole in das gerade bearbeitete GPO kopiert. Stattdessen werden die Dateien von einem zentralen Speicherort im SYSVOL-Ordner eines Domänencontrollers gelesen (dieser Speicherort ist nicht anpassbar). Wenn dieser zentrale Speicherort nicht verfügbar ist, werden die lokal gespeicherten Dateien verwendet.

Kompatibilität zwischen ADM- und ADMX-Dateien

Ihre eigenen ADM-Dateien werden weiterhin von den Gruppenrichtlinientools angezeigt – die durch ADMX-Dateien ersetzten ADM-Dateien jedoch nicht. Bei den ersetzten Dateien handelt es sich um:

- System.adm
- Inetres.adm
- Conf.adm
- Wmplayer.adm
- Wuau.adm

Wenn Sie eine dieser Dateien angepasst haben, werden die angepassten Einstellungen unter Windows Vista daher nicht mehr angezeigt. Zusätzlich sollten Sie beim Einsatz der neuen Werkzeuge und Einstellungen für die Gruppenrichtlinien unter Windows Vista bzw. Windows Server Longhorn noch folgende Fakten kennen:

1. Der Gruppenrichtlinienobjekt-Editor zeigt die Einstellungen aus den ADMX-Dateien automatisch an. Sie können auch weiterhin eigene ADM-Dateien hinzufügen oder entfernen. Alle im Moment über die ADM-Dateien von Windows Server 2003, Windows XP und Windows 2000 umgesetzten Einstellungen werden auch über die ADMX-Dateien von Windows Vista und Windows Server Longhorn zur Verfügung stehen.

2. Die neuen Richtlinieneinstellungen für Windows Vista und Windows Server Longhorn können nur über Computer unter eben diesen Systemen und deren Gruppenrichtlinienobjekt-Editor oder die Gruppenrichtlinien-

verwaltungskonsole angezeigt oder bearbeitet werden. Diese Einstellungen werden nur über ADMX-Dateien definiert. Sie sind daher unter Windows Server 2003, Windows XP oder Windows 2000 nicht zu sehen.

3. Die Berichtsfunktion der Gruppenrichtlinienverwaltungskonsole unter Windows Server 2003 und Microsoft Windows XP zeigt die neuen Windows Vista-Einstellungen unter den administrativen Vorlagen als Extra-Registrierungseinstellungen an.

4. Die Windows Vista- und Windows Server Longhorn-Versionen des Gruppenrichtlinienobjekt-Editors und der Gruppenrichtlinienverwaltungskonsole können zur Verwaltung aller Betriebssysteme verwendet werden, die Gruppenrichtlinien unterstützen (Windows Vista, Windows Server Longhorn, Windows Server 2003, Windows XP und Windows 2000).

5. In ADM-Dateien vorhandene Einstellungen unter dem Knoten *Administrative Vorlagen* aus Windows Server 2003, Windows XP und Windows 2000 können über jedes Betriebssystem konfiguriert werden, das Gruppenrichtlinien unterstützt (Windows Vista, Windows Server Longhorn, Windows Server 2003, Windows XP und Windows 2000).

6. Der Gruppenrichtlinienobjekt-Editor und die Gruppenrichtlinienverwaltungskonsole von Windows Vista und Windows Server Longhorn arbeiten mit den entsprechenden Versionen unter Windows Server 2003 und Windows XP zusammen. Angepasste ADM-Dateien, die in GPOs gespeichert sind, werden zum Beispiel unter Windows Vista, Windows Server Longhorn, Windows Server 2003 und Windows XP angezeigt.

7. Der Gruppenrichtlinienobjekt-Editor von Windows Vista und Windows Server Longhorn arbeitet mit dem Gruppenrichtlinienobjekt-Editor von Windows Server 2000 zusammen. Angepasste ADM-Dateien, die in GPOs gespeichert sind, werden zum Beispiel unter Windows Vista, Windows Server Longhorn, Windows Server 2003 und Windows 2000 angezeigt. (Die Gruppenrichtlinieverwaltungskonsole gibt es unter Windows 2000 nicht.)

12.2.2 Voraussetzungen für die Bearbeitung von GPOs

Die Bearbeitung von lokalen GPOs muss über einen Computer unter Windows Vista erfolgen. Um domänenbasierte GPOs bearbeiten und erstellen zu können, benötigen Sie die folgenden Konfigurationen:

- Eine Domäne unter Windows Server Longhorn, Windows Server 2003 oder Windows 2000 mit funktionierender DNS-Namensauflösung über einen DNS-Server
- Einen Computer unter Windows Vista, um die Richtlinieneinstellungen aus den ADMX-Dateien anzeigen zu können

12.3 Bearbeiten der Einstellungen des lokalen GPOs über ADMX-Dateien

In diesem Abschnitt wird die Bearbeitung von Gruppenrichtlinien in verschiedenen Szenarien besprochen.

12.3.1 Bearbeiten der administrativen Vorlagen

Sie benötigen einen Computer unter Windows Vista, um das lokale GPO mit ADMX-Dateien bearbeiten zu können. Gehen Sie dazu folgendermaßen vor:

1. Um den Gruppenrichtlinienobjekt-Editor unter Windows Vista zu öffnen, drücken Sie die ⊞-Taste + R, und geben Sie *gpedit.msc* ein.
2. Der Gruppenrichtlinienobjekt-Editor liest automatisch alle unter C:\Windows\PolicyDefinitions\ gespeicherten ADMX-Dateien ein.
3. Suchen Sie nach den zu bearbeitenden Einstellungen, und öffnen Sie diese.

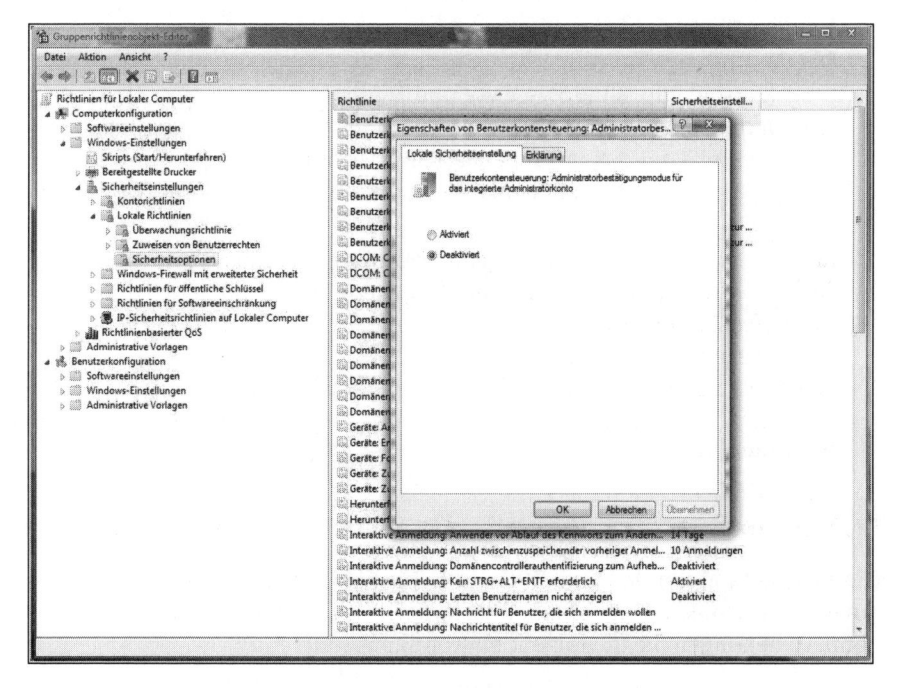

Abbildung 12.7: Konfiguration der Gruppenrichtlinien-Einstellungen

Sie können sich ADM-Dateien weiterhin mit der Option Vorlagen hinzufügen/entfernen *zur Bearbeitung anzeigen bzw. sie verschwinden lassen (siehe Abbildung 12.8).*

TIPP

Gruppenrichtlinien

Für das Hinzufügen oder Entfernen von ADMX-Dateien gibt es unter Windows Vista keine Schnittstelle. Um ADMX-Dateien hinzuzufügen, kopieren Sie diese einfach in den Ordner C:\Windows\PolicyDefinitions\, *und starten Sie den Gruppenrichtlinienobjekt-Editor neu.*

Abbildung 12.8: Hinzufügen von Vorlagendateien

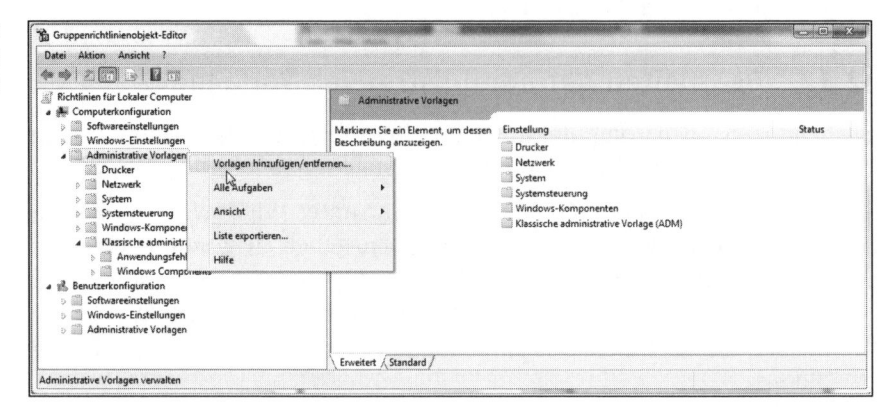

Gruppenrichtlinien-Einstellungen aus AMDX-Dateien werden unter dem Knoten *Administrative Vorlagen* angezeigt. Einstellungen aus alten ADM-Dateien werden unter *Klassische Administrative Vorlagen* (ADM) angezeigt (siehe *Abbildung 12.9*).

Abbildung 12.9: Administrative Vorlagen in den Gruppenrichtlinien

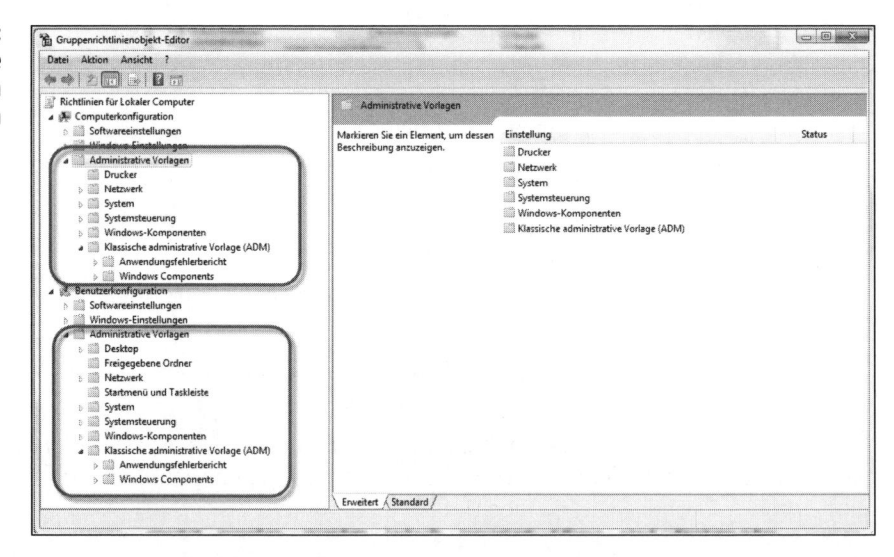

Der Gruppenrichtlinienobjekt-Editor erkennt ADM-Dateien, wenn diese in Ihrer Umgebung vorhanden sind. ADM-Dateien, die durch ADMX-Dateien ersetzt wurden, werden jedoch ignoriert (diese sind, wie bereits beschrieben, *System.adm*, *Inetres.adm*, *Conf,adm*, *Wmplayer.adm* und *Wuau.adm*).

12.3.2 Administration von domänenbasierten GPOs mit ADMX-Dateien

Um domänenbasierte GPOs auf Basis von Windows Vista und Windows Server Longhorn zu verwalten, benötigen Sie folgende Voraussetzungen:

- Eine Domäne unter Windows Server Longhorn, Windows Server 2003 oder Windows 2000 mit funktionierender DNS-Namensauflösung über einen DNS-Server
- Einen Computer unter Windows Vista als administrative Arbeitsstation

Zentral gespeicherte ADMX-Dateien ermöglichen es den Administratoren, domänenbasierte GPOs mit den gleichen AMDX-Dateien zu bearbeiten. Wenn Sie die ADMX-Dateien nicht zentral speichern, funktioniert das Bearbeiten der GPOs genauso wie im vorherigen Abschnitt bei den administrativen Vorlagen. Nachdem Sie einen zentralen Speicherort eingerichtet haben, nutzen Gruppenrichtlinientools nur noch diese zentral gespeicherten ADMX-Dateien und ignorieren die lokalen Versionen.

Erstellen eines zentralen Speicherortes

Die Ordnerstruktur für die zentrale Speicherung befindet sich im SYSVOL-Verzeichnis auf den Domänencontrollern. Sie müssen diesen nur einmal pro Domäne erstellen. Der Dateireplikationsdienst repliziert ihn dann auf alle anderen Domänencontroller der jeweiligen Domäne. Es wird empfohlen, die Ordnerstruktur auf dem PDC-Emulator der Domäne zu erstellen. Da sie sich standardmäßig mit dem PDC-Emulator verbinden, können die Gruppenrichtlinientools so schneller auf die ADMX-Dateien zugreifen. Der zentrale Speicherort setzt sich folgendermaßen zusammen:

- Ein Stammordner, in dem alle sprachneutralen ADMX-Dateien enthalten sind
- Unterordner mit den sprachspezifischen ADMX-Dateien

Zum Erstellen eines zentralen Speicherortes für ADMX-Dateien gehen Sie folgendermaßen vor:

Erstellen Sie auf Ihrem Domänencontroller einen Stammordner: *%systemroot%\sysvol\domain\policies\PolicyDefinitions*

Erstellen Sie unter *%systemroot%\sysvol\domain\policies\PolicyDefinitions* einen Unterordner für jede Sprache, die von Ihren Gruppenrichtlinienadministratoren verwendet wird. Jeder Unterordner sollte entsprechend der passenden ISO-Abkürzung benannt werden. Eine Liste der ISO-Kürzel finden Sie auf der Webseite http://msdn.microsoft.com/library/default.asp?url=/library/en-us/indexsrv/html/ixuwebqy_7gfn.asp. Der Unterordner für *Englisch/USA* sieht zum Beispiel so aus:

%systemroot%\sysvol\domain\policies\PolicyDefinitions\EN-US

Um diese Schritte durchführen zu können, müssen Sie Mitglied der Active Directory-Gruppe *Domänen-Admins* sein.

Speichern der ADMX-Dateien am zentralen Speicherort

Nach der Erstellung des zentralen Speicherortes müssen Sie die ADMX-Dateien, deren Einstellungen Sie dort verwalten wollen, an diesen Ort kopieren. Gehen Sie dazu folgendermaßen vor:

1. Öffnen Sie eine Befehlszeile.
2. Kopieren Sie alle sprachneutralen Dateien (.admx) von Ihrer Windows Vista-Arbeitsstation in den zentralen Ordner.
3. Kopieren Sie alle sprachspezifischen Dateien (.adml) von Ihrer Windows Vista-Arbeitsstation in die entsprechenden Unterordner.

Bearbeiten von Richtlinieneinstellungen unter dem Knoten administrative Vorlagen in domänenbasierten GPOs

Die folgenden Schritte müssen Sie auf einem Computer unter Windows Vista ausführen – anderenfalls werden die Einstellungen aus den AMDX-Dateien nicht angezeigt:

1. Öffnen Sie den Gruppenrichtlinienobjekt-Editor unter Windows Vista.
2. Klicken Sie mit rechts auf den Knoten *Gruppenrichtlinienobjekte* und dann auf *Neu*.
3. Geben Sie einen Namen für das neue GPO ein, und klicken Sie auf *OK*.
4. Erweitern Sie den Knoten *Gruppenrichtlinienobjekte*.
5. Klicken Sie mit rechts auf das neue GPO und dann auf *Bearbeiten*.

Der Gruppenrichtlinienobjekt-Editor liest automatisch die zentral gespeicherten ADMX-Dateien ein.

ADMX-Dateien, die zentral gespeichert sind, werden aus der Domäne gelesen, für die das GPO erstellt wurde. Sie können ADM-Dateien weiterhin mit der Option Vorlagen hinzufügen/entfernen *hinzufügen oder entfernen.*

12.4 Beschreibung der wichtigsten neuen Gruppenrichtlinien-Einstellungen

In diesem Abschnitt zeige ich Ihnen die wichtigsten neuen Einstellungen in den Gruppenrichtlinien von Windows Vista. In der *Tabelle 12.1* sehen Sie die wichtigsten neuen Richtlinieneinstellungen. Da fast alle Einstellungen auch über eine eigene Erklärungs-Registerkarte verfügen, können Sie auch durch Erforschen der einzelnen Bereiche optimal feststellen, welche Einstellungen benötigt werden und welche nicht.

Beschreibung der wichtigsten neuen Gruppenrichtlinien-Einstellungen

Kategorie	Beschreibung	Speicherort der Einstellung im Gruppenrichtlinienobjekt-Editor
Antivirus	Verwaltet das Verhalten bei der Bewertung von Anlagen mit hohem Risiko.	Benutzerkonfiguration\Administrative Vorlagen\Windows-Komponenten\Anlagen-Manager
Intelligenter Hintergrundübertragungsdienst (BITS – Background Intelligent Transfer Service)	Konfiguriert das neue Feature BITS Neighbor Casting zur Durchführung von Peer-to-Peer-Dateiübertragungen innerhalb einer Domäne. Das neue Feature wird von Windows Vista und Windows Server Longhorn unterstützt.	Computerkonfiguration\Administrative Vorlagen\Netzwerk\Intelligenter Hintergrundübertragungsdienst
Clienthilfe	Legt fest, wo die Benutzer auf Hilfesysteme zugreifen, die nicht vertrauenswürdige Inhalte enthalten können. Sie können die Benutzer zur Hilfe oder zur lokalen Offline-Hilfe leiten.	Computerkonfiguration\Administrative Vorlagen\Onlinehilfe Benutzerkonfiguration\Administrative Vorlagen\Onlinehilfe
Bereitgestellte Druckerverbindungen	Stellt eine Druckerverbindung für einen Computer bereit. Dies ist hilfreich, wenn der Computer in einer gesperrten Umgebung freigegeben ist, z. B. in einer Schule, oder wenn ein Benutzer an einen anderen Standort wechselt und der Drucker automatisch angeschlossen werden soll.	Computerkonfiguration\Windows-Einstellungen\Bereitgestellte Drucker Benutzerkonfiguration\Windows-Einstellungen\Bereitgestellte Drucker)
Geräteinstallation	Lässt die Installation eines Geräts zu oder verweigert sie, abhängig von der Geräteklasse oder -ID.	Computerkonfiguration\Administrative Vorlagen\System\Geräteinstallation)
Datenträgerfehlerdiagnose	Steuert die Stufe des Informationsgehalts bei der Anzeige der Datenträgerfehlerdiagnose.	Computerkonfiguration\Administrative Vorlagen\System\Fehlerbehebung und Diagnose\Datenträgerdiagnose
Brennen von Video-DVDs	Passt die Einstellungen zum Erstellen von Video-CDs oder -DVDs an.	Benutzerkonfiguration\Administrative Vorlagen\Windows-Komponenten\Video importieren
Quality of Service (QoS) in Unternehmen	Vermindert eine Überlastung des Netzwerks durch Aktivieren der zentralen Verwaltung von Windows Vista-Netzwerkverkehr. Ohne dass Änderungen in Anwendungen erforderlich wären, können Sie flexible Richtlinien zur Priorisierung von Differentiated Services Code Point-Markierungen (DSCP) und Begrenzungsraten definieren.	Computerkonfiguration\Windows-Einstellungen\Richtlinienbasierte QoS

Tabelle 12.1: Wichtige neue Einstellungen in den Gruppenrichtlinien für Windows Vista

Gruppenrichtlinien

Tabelle 12.1: Wichtige neue Einstellungen in den Gruppenrichtlinien für Windows Vista (Forts.)

Kategorie	Beschreibung	Speicherort der Einstellung im Gruppenrichtlinienobjekt-Editor
Hybridfestplatte	Konfiguriert die Eigenschaften der Hybridfestplatte (mit nicht flüchtigem Cache), über die Sie Folgendes verwalten können: Verwendung des nicht flüchtigen Cache Start- und Fortsetzungsoptimierungen Solid-State-Modus Energiesparmodus	Computerkonfiguration\Administrative Vorlagen\System\Nicht flüchtiger Festplattencache
Internet Explorer 7	Ersetzt und erweitert die aktuellen Einstellungen in der Erweiterung Internet Explorer-Wartung, sodass Administratoren die aktuellen Einstellungen anzeigen können, ohne die Werte zu ändern.	Computerkonfiguration\Administrative Vorlagen\Windows-Komponenten\Internet Explorer Benutzerkonfiguration\Administrative Vorlagen\Windows-Komponenten\Internet Explorer
Netzwerk: Quarantäne	Verwaltet drei Komponenten: Health Registration Authority (HRA) Internet Authentication Service (IAS) Network Access Protection (NAP)	Computerkonfiguration\Windows-Einstellungen\Sicherheitseinstellungen\Network Access Protection
Netzwerk: verdrahtet oder drahtlos	Verwaltet Netzwerkeinstellungen	Computerkonfiguration\Windows-Einstellungen\Sicherheitseinstellungen\Richtlinien für verdrahtete Netzwerke (IEEE 802.11) Computerkonfiguration\Windows-Einstellungen\Richtlinien für drahtlose Netzwerke (IEEE 802.11)
Energieverwaltung	Konfiguriert aktuelle Energieverwaltungsoptionen in der Systemsteuerung.	Computerkonfiguration\Administrative Vorlagen\System\Energieverwaltung
Wechselspeichermedien	Ermöglicht Administratoren den Schutz von Unternehmensdaten durch Einschränken der Daten, die von Wechselspeichermedien gelesen und auf sie geschrieben werden können. Administratoren können Einschränkungen auf bestimmten Computern oder für bestimmte Benutzer erzwingen, ohne auf Drittanbieterprodukte zurückzugreifen oder die Busse zu deaktivieren.	Computerkonfiguration\Software\Richtlinien\Microsoft\Windows\Wechselspeichermedien Benutzerkonfiguration\Software\Richtlinien\Microsoft\Windows\(Wechselspeichermedien)
Sicherheit	Kombiniert die Verwaltung der Windows-Firewall und der IPsec-Technologien, um die Möglichkeit zu verringern, dass widersprüchliche Regeln erstellt werden. Administratoren können angeben, welche Anwendungen oder Ports geöffnet werden und ob Verbindungen zu diesen Ressourcen sicher sein müssen.	Computerkonfiguration\Windows-Einstellungen\Sicherheitseinstellungen\Windows-Firewall

Beschreibung der wichtigsten neuen Gruppenrichtlinien-Einstellungen

Kategorie	Beschreibung	Speicherort der Einstellung im Gruppenrichtlinienobjekt-Editor
Shell-Anwendungsverwaltung	Verwaltet den Zugriff auf Symbolleiste, Taskleiste, Startmenü und die Anzeige von Symbolen.	Benutzerkonfiguration\Administrative Vorlagen\Startmenü und Taskleiste
Shell-Erfahrung, Anmeldung und Berechtigungen	Konfiguriert die Anmeldung mit erweiterten Gruppenrichtlinieneinstellungen für: Roaming-Benutzerprofile, umgeleitete Ordner, Anmeldefenster	Benutzerkonfiguration\Administrative Vorlagen\Windows-Komponenten\
Gemeinsame Nutzung der Shell, Synchronisierung und Roaming	Zur Anpassung folgender Bereiche: Autorun für verschiedene Geräte und Medien; Erstellen und Entfernen von Partnerschaften; Synchronisierungszeitplan und -verhalten; Erstellen von Arbeitsbereichen und Zugriff auf dieselben	Benutzerkonfiguration\Administrative Vorlagen\Windows-Komponenten\)
Shell-Steuerelemente	Konfiguriert die Desktop-Anzeige bezüglich: AERO Glass-Anzeige; neues Verhalten des Bildschirmschoners; Suchen und Ansichten	Benutzerkonfiguration\Administrative Vorlagen\Windows-Komponenten
Tablet PC	Konfiguriert Tablet PCs für Folgendes: Tablet Ink Watson und Personalisierungsfeatures; Tablet PC-Desktop-Features; Features des Eingabebereichs; Tablet-PC-Fingereingabe	Computerkonfiguration\Administrative Vorlagen\Windows-Komponenten\) Eingabepersonalisierung Stifttraining Tablet-PC-Eingabebereich Fingereingabe Benutzerkonfiguration\Administrative Vorlagen\Windows-Komponenten\) Eingabepersonalisierung Stifttraining Tablet PC\Tablet-PC-Eingabebereich Tablet PC\Fingereingabe

Tabelle 12.1: Wichtige neue Einstellungen in den Gruppenrichtlinien für Windows Vista (Forts.)

Gruppenrichtlinien

Tabelle 12.1: Wichtige neue Einstellungen in den Gruppenrichtlinien für Windows Vista (Forts.)

Kategorie	Beschreibung	Speicherort der Einstellung im Gruppenrichtlinienobjekt-Editor
Terminaldienste	Konfiguriert folgende Features zur Verbesserung der Sicherheit, Benutzerfreundlichkeit und Verwaltbarkeit von Terminaldienst-Remoteverbindungen. Sie können: Die Umleitung zusätzlicher unterstützter Geräte auf den Remotecomputer in einer Terminaldienstesitzung erlauben oder verweigern Die Verwendung von Transport Layer Security (TLS) 1.0 oder systemeigener Remote Desktop Protocol-Verschlüsselung (RDP) erfordern oder eine Sicherheitsmethode aushandeln Die Verwendung einer bestimmten Verschlüsselungsstufe (entsprechend FIPS hoch, nach Clientstandard oder gering) erfordern	Computerkonfiguration\Administrative Vorlagen\Windows-Komponenten\Terminaldienste Benutzerkonfiguration\Administrative Vorlagen\Windows-Komponenten\Terminaldienste
Fehlerbehebung und Diagnose	Steuert die Diagnosestufe von der automatischen Erkennung und Behebung von Problemen bis zur Anzeige, dass eine unterstützte Lösung für die folgenden Bereiche verfügbar ist: Anwendungsprobleme Leckerkennung Ressourcenzuweisung	Computerkonfiguration\Administrative Vorlagen\System\Fehlerbehebung und Diagnose\Datenträgerdiagnose
Schutz der Benutzerkonten	Konfiguriert die Eigenschaften von Benutzerkonten für folgende Zwecke: Festlegen der Aufforderung für erweiterten Zugriff Gewähren von Zugriffsberechtigungen bei Anwendungsinstallationen Erkennen der Benutzerkonten mit den geringsten Berechtigungen Virtualisieren von Datei- und Registrierungsschreibfehlern an benutzerspezifischen Speicherorten	Computerkonfiguration\Windows-Einstellungen\Sicherheitseinstellungen\Lokale Richtlinien\Sicherheitsoptionen
Windows-Fehlerberichterstattung	Deaktiviert Windows-Feedback nur für Windows oder für alle Komponenten. Standardmäßig ist Windows-Feedback für alle Windows-Komponenten aktiviert.	Computerkonfiguration\Administrative Vorlagen\Windows-Komponenten\Windows-Fehlerberichterstattung Benutzerkonfiguration\Windows-Komponenten\Administrative Vorlagen\Windows-Fehlerberichterstattung

12.4.1 Steuerung der Anbindung von USB-Sticks über Gruppenrichtlinien

Durch die Unterstützung von USB-Sticks in den Gruppenrichtlinien ist es nicht mehr notwendig, den gesamten USB-Port eines PC zu sperren, damit keine USB-Sticks mehr angeschlossen werden können. Windows Vista verwendet sogenannte *Geräte-Identifikations-Strings* und *Geräte-Setup-Klassen*, um die angeschlossene Hardware am PC zu identifizieren. Dadurch besteht die Möglichkeit, auf Basis dieser Geräte Einstellungen für sie vorzunehmen, nicht mehr nur für den Port, an dem sie angeschlossen sind. USB-Sticks kann dadurch das Lesen gewährt, aber das Schreiben untersagt werden. Wenn ein USB-Stick an einem PC angeschlossen wird, identifiziert Windows dieses Gerät und installiert einen Treiber, um es anzusprechen.

Die neuen Gruppenrichtlinien verwenden genau diese Technologie, um die angeschlossenen Geräte zu konfigurieren. Auf dieser Basis können Digitalkameras und USB-Sticks genehmigt, aber USB-Platten ab einer gewissen Größe komplett ausgesperrt werden. Beim Anschluss eines USB-Gerätes werden ausführliche, generische Informationen übertragen, mit denen Windows Vista auch zusätzliche Funktionen identifizieren kann. Dies ermöglicht einem Unternehmen zum Beispiel, firmeneigene USB-Sticks zuzulassen, aber private Sticks zu sperren. So kann vermieden werden, dass Mitarbeiter Daten aus dem Unternehmen schmuggeln können oder private Daten in das Netzwerk kopieren.

Achten Sie aber darauf, dass das Sperren von USB-Sticks keine Garantie dafür ist, dass Mitarbeiter Daten vom oder ins Unternehmen transportieren können. Mittlerweile besteht auch die Möglichkeit, über freien Speicherplatz im Internet Daten transportieren zu können. Eine sichere Netzwerkumgebung können Sie nur dann erreichen, wenn Sie alle Facetten des Datentransports, auch über das Internet, berücksichtigen.

Grundsätzlich können in Windows folgende Einstellungen über Richtlinien vorgenommen werden:

- Es kann die Geräteinstallation verhindert werden, wenn sie nicht den Richtlinien des Unternehmens entspricht.
- Administratoren können gesetzte Richtlinien überschreiben.
- Die Installation von Geräten kann auch auf Basis der Device-ID oder der Device-Klasse erlaubt oder verboten werden. So können Sie selbst entscheiden, ob eine Positiv- oder Negativliste für Sie einfacher zu implementieren ist.

12.4.2 Quality of Service-Richtlinien (QoS)

Ebenfalls neu ist die Möglichkeit, über Gruppenrichtlinien QoS-Richtlinien festzulegen. Mit diesen Richtlinien kann eine Priorisierung des Netzwerkverkehrs durchgeführt werden. Die Basis dieser Richtlinien können Quell-IPs (IPv4 und IPv6) sein, Ziel-IPs, Protokolle oder Ports. Es können einzelnen Protokollen mehr oder weniger Bandbreite zugewiesen werden. So können Sie Instant-Messaging-Clients minimale Bandbreite zuweisen oder wichtigen Servern eine höhere, zum Beispiel SAP-Servern. Die Infrastruktur im Unternehmen muss jedoch diese Priorisierung unterstützen.

12.4.3 Aktualisierte Gruppenrichtlinien

Unter Windows XP wurde häufig das Internet Explorer Administration Kit (IEAK) zur Steuerung des Internet Explorers zu verwendet. Auch der Internet Explorer 7 unterstützt das IEAK. Dieses IEAK verwendet allerdings hauptsächlich die Gruppenrichtlinien. Die Funktionen des IEAK sind jetzt in den Gruppenrichtlinien integriert.

Der Gruppenrichtlinien-Client in Windows Vista verwendet nicht mehr das ICMP-Protokoll zur Anbindung an den Domänencontroller. ICMP hat vor allem bei VPN-Verbindungen das Problem, dass die Verbindung nicht zuverlässig gemessen werden kann.

Die Gruppenrichtlinien werden nicht durch die Anmeldung gestartet, sondern nur ein eigener Dienst. Dadurch werden weniger Neustarts benötigt, und die Gruppenrichtlinien brauchen weniger Performance. Einstellungen werden dadurch sehr schnell auf die Ziel-PCs implementiert. Dieser neue Gruppenrichtliniendienst läuft unter der *svchost.exe*. Diese Datei taucht als Prozess auf jedem Rechner einige Male im Task-Manager in der Liste der laufenden Prozesse auf (siehe *Abbildung 12.10*).

Die svchost.exe *gibt es seit Windows 2000, sie liegt im System32-Verzeichnis und wird beim Systemstart von Windows automatisch als allgemeiner Prozess gestartet. Der Prozess durchsucht beim Systemstart die Registry nach Diensten, die beim Systemstart geladen werden müssen. Dienste, die nicht eigenständig lauffähig sind, sondern über Dynamic Link Library-Dateien (DLL) geladen werden, werden mithilfe der svchost.exe geladen. Auch wenn Windows läuft, kommt die* svchost.exe *immer dann ins Spiel, wenn Dienste über DLL-Dateien geladen werden müssen. Das Betriebssystem startet SVCHOST-Sessions, sobald solche benötigt werden, und beendet sich auch wieder, sobald sie nicht mehr gebraucht werden. Da unter Windows die unterschiedlichsten Dienste parallel laufen, können auch mehrere Instanzen der* svchost.exe *gleichzeitig in der Prozessliste auftauchen (siehe Abbildung 12.10).*

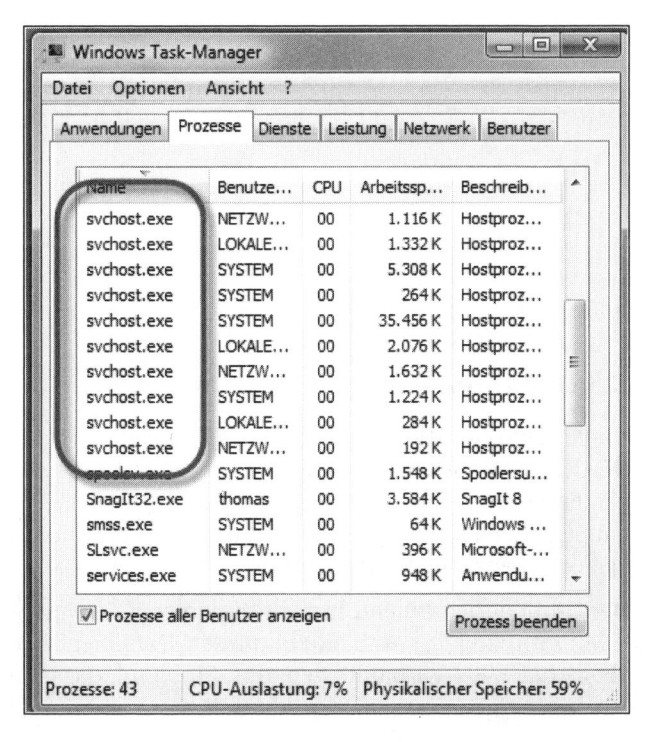

Beschreibung der wichtigsten neuen Gruppenrichtlinien-Einstellungen

Abbildung 12.10:
svchost.exe

Über den Befehl tasklist /svc *in der Befehlzeile können Sie sich anzeigen lassen, welche Anwendungen auf die* svxhost.exe *zurückgreifen (siehe Abbildung 12.11).*

Alternativ können Sie die mit der svchost.exe *verbundenen Dienste auch im Task-Manager anzeigen lassen. Gehen Sie dazu folgendermaßen vor:*

1. *Öffnen Sie den Task-Manager.*
2. *Klicken Sie auf die Registerkarte* Prozesse.
3. *Klicken Sie mit der rechten Maustaste auf eine Instanz von* svchost.exe, *und klicken Sie dann auf* Zu Dienst(en) wechseln *(siehe Abbildung 12.11). Die dem betreffenden Prozess zugeordneten Dienste werden auf der Registerkarte* Dienste *hervorgehoben.*

Neue Einstellungen in Gruppenrichtlinien werden nicht erst bei Neustart oder einer erneuten Anmeldung weitergegeben, sondern im laufenden Betrieb.

Gruppenrichtlinien

Abbildung 12.11:
Anzeigen der Dienste, die mit svchost.exe gestartet wurden

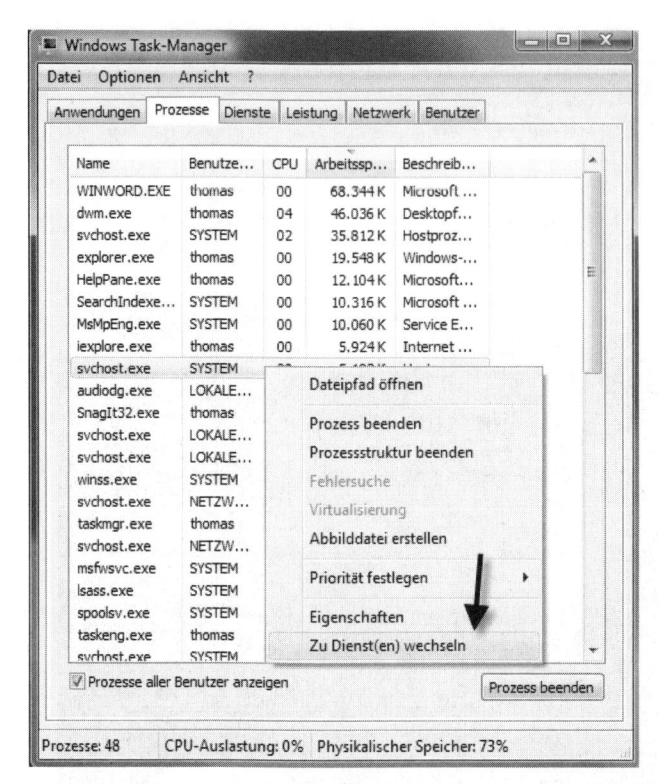

Windows Vista ermöglicht auf einzelnen PCs die Konfiguration von mehreren lokalen Richtlinien auf Basis einzelner Benutzer, sodass für Benutzer andere Richtlinien verwendet werden können als für Administratoren.

Sie können jetzt auch Drucker über Gruppenrichtlinien freigeben und einzelnen Anwendern zuweisen. Durch diese Möglichkeit können Anwendern auch auf Basis des Standorts, zum Beispiel für mobile Benutzer, andere Drucker zugewiesen werden. Die Drucker werden dazu einfach in der Gruppenrichtlinie mit ihrem Freigabenamen hinterlegt (siehe *Abbildung 12.13*).

Die neue Windows-Firewall kann jetzt ebenfalls innerhalb von Gruppenrichtlinien gesteuert werden. Dabei kann die Firewall nicht nur ein- oder ausgeschaltet werden, sondern es können auch einzelne Regeln für die Windows-Firewall hinterlegt werden (siehe *Abbildung 12.14*). Auf diesem Weg können auch IPSec-Sicherheitsrichtlinien über die Firewall-Regeln, genauso wie lokal, konfiguriert werden.

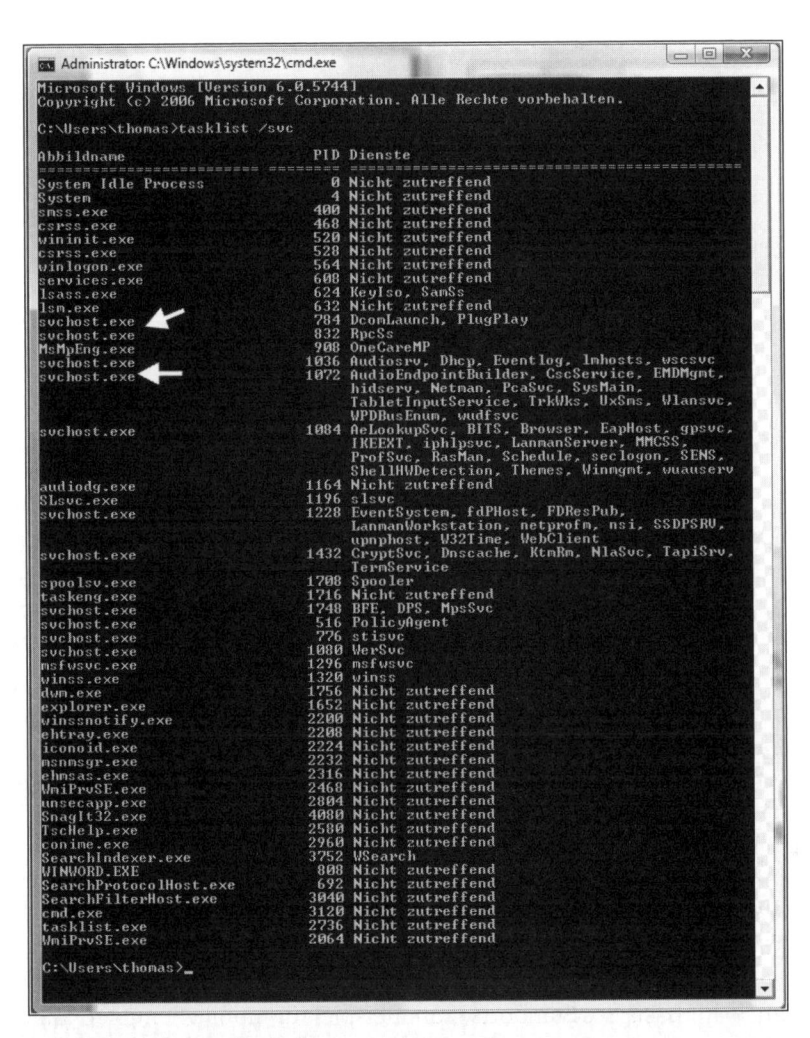

Beschreibung der wichtigsten neuen Gruppenrichtlinien-Einstellungen

Abbildung 12.12: Anzeigen der laufenden Prozesse und verbundenen Anwendungen

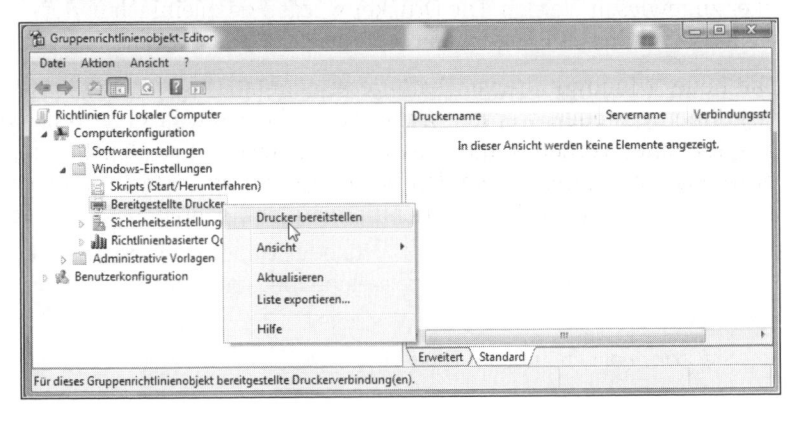

Abbildung 12.13: Anbinden von Druckern über Gruppenrichtlinien

Gruppenrichtlinien

Abbildung 12.14: Konfiguration der Windows-Firewall über Gruppenrichtlinien

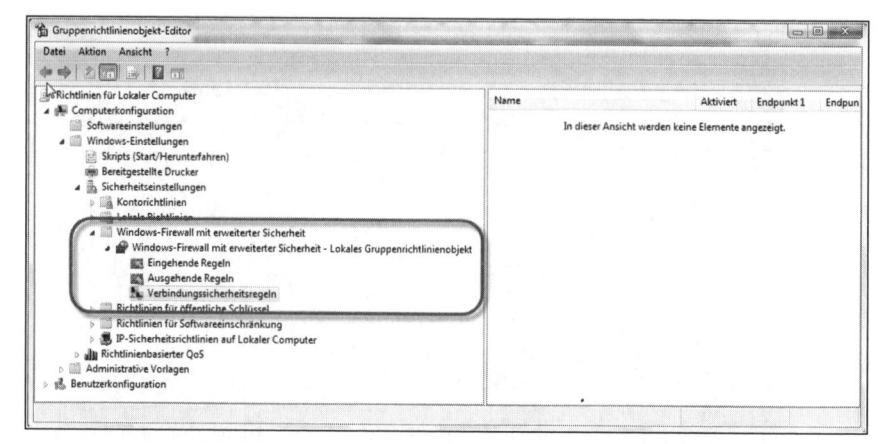

In den Windows-Komponenten der Gruppenrichtlinien sind zahlreiche Einstellungen hinzugekommen. Dadurch können viele selbsterklärende Informationen direkt in den Gruppenrichtlinien eingestellt werden. Sie können im Internet Explorer zum Beispiel den Popup-Blocker konfigurieren und alle Einstellungen vornehmen, die bisher nur mit dem IEAK möglich waren.

Wenn Clients unter Windows XP den Internet Explorer 7 einsetzen, werden die Einstellungen der Gruppenrichtlinien teilweise auch übernommen, der Internet Explorer 6 kann über die Gruppenrichtlinien nicht effizient gesteuert werden, hier sollten Sie das entsprechende *.adm-File verwenden oder das IEAK. Natürlich sind die Funktionen, die im Internet Explorer 6 ähnlich zum Internet Explorer 7 sind, auch über die Gruppenrichtlinien zu steuern. Nach Erscheinen des IE 7 ist es allerdings ratsam, ihn auf allen Systemen zu installieren, da er nicht nur besser zu bedienen, sondern auch deutlich sicherer ist.

12.5 Geräteinstallation mit Gruppenrichtlinien konfigurieren

In diesem Abschnitt werden die Möglichkeiten besprochen, wie Sie Anwendern die Installation von Geräten auf ihrem PC zuweisen oder verweigern können. In diesen Bereich fällt auch die Konfiguration von USB-Sticks. Im vorangegangenen Kapitel bin ich bereits einleitend zu diesem Thema gekommen, in diesem Abschnitt werden diese Informationen weiter vertieft. Generell können Sie mit Windows Vista oder Windows Server Longhorn verschiedene Aufgaben durchführen, welche die Geräteinstallation von Benutzern betreffen:

- Sie können verhindern, dass Anwender irgendwelche Geräte installieren.

- Sie können konfigurieren, dass Anwender nur Geräte, also auch USB-Sticks, installieren, die auf einer Liste der genehmigten Geräte stehen.

- Umgekehrt können Sie Anwendern untersagen, Geräte zu installieren, die auf einer bestimmten Liste stehen. Alle anderen Geräte können in diesem Fall von den Anwendern installiert werden.
- Sie können den Schreib- und Lesezugriff auf USB-Sticks konfigurieren. Das gilt aber nicht nur für USB-Sticks, sondern auch für CD-, DVD-Brenner, Disketten, externe Festplatten und Pocket-PCs.

Hauptsächlich werden diese neuen Funktionen zur Steuerung der Geräteinstallation zur Konfiguration der Anbindung von USB-Sticks verwendet.

12.5.1 Geräte-Identifikations-String und Geräte-Setup-Klasse

Wie bereits erwähnt untersucht Windows bei der Anbindung eines neuen Gerätes zwei Informationen, die vom angeschlossenen Gerät übermittelt werden. Auf Basis dieser Informationen kann Windows entscheiden, ob ein eigener Treiber installiert werden kann oder ob der Treiber des Drittherstellers verwendet werden soll. Auch zusätzliche Funktionen der Endgeräte können dadurch aktiviert werden.

Diese beiden Informationen zur Installation von Gerätetreibern sind die bereits besprochenen *Geräte-Identifikations-Strings* und die *Geräte-Setup-Klasse*.

Geräte-Identifikations-String

Ein Gerät verfügt normalerweise über mehrere Geräte-Identifikations-Strings, die der Hersteller festlegt. Dieser String wird auch in der *.inf-Datei des Treibers mitgegeben. Auf dieser Basis entscheidet Windows, welchen Treiber es installieren soll. Es gibt zwei Arten von Geräte-Identifikations-Strings:

- *Hardware-IDs* – Diese Strings liefern eine detaillierte und spezifische Information über ein bestimmtes Gerät. Hier werden der genaue Name, das Modell und die Version des Gerätes als sogenannte Geräte-ID festgelegt. Teilweise werden nicht alle Informationen, zum Beispiel die Version, mitgeliefert. In diesem Fall kann Windows selbst entscheiden, welche Version des Treibers installiert wird.
- *Kompatible IDs* – Diese IDs werden verwendet, wenn Windows keinen passenden Treiber zum Gerät finden kann. Diese Informationen sind allerdings optional und sehr generisch. Wenn diese ID zur Treiberinstallation verwendet wird, können zumindest die Grundfunktionen des Geräts verwendet werden.

Gruppenrichtlinien

Windows weist Treiberpaketen einen gewissen Rang zu. Je niedriger der Rang, umso besser passt der Treiber zum Gerät. Der beste Rang für einen Treiber ist 0. Je höher der Rang, umso schlechter passt der Treiber. Mehr Infos zu dieser Technologie finden Sie im Technet-Artikel auf den Seiten:

- http://go.microsoft.com/fwlink/?LinkId = 54881
- http://go.microsoft.com/fwlink/?LinkID = 69208
- http://go.microsoft.com/fwlink/?linkid = 52665
- http://go.microsoft.com/fwlink/?linkid = 52662

Das Neue an Windows Vista ist, dass diese beiden Informationen nicht nur zur Identifikation des Gerätetreibers verwendet werden können, sondern auch zur Zuweisung von Richtlinien, über welche die Funktionen und Berechtigungen des Geräts verwaltet werden können.

Geräte-Setup-Klasse

Die Geräte-Setup-Klassen sind eigene Arten von Identifikations-Strings. Auch auf diesen String wird im Treiberpaket verwiesen. Alle Geräte, die sich in einer gemeinsamen Klasse befinden, werden auf die gleiche Weise installiert, unabhängig von ihrer eindeutigen Hardware ID. Das heißt, alle DVD-Laufwerke werden auf exakt die gleiche Weise installiert. Die Geräte-Setup-Klasse wird durch einen Globally Unique Identifier (GUID) angegeben.

Hardware-ID und Geräte-Setup-Klassen ermitteln

Um die Hardware-ID oder die Geräte-Setup-Klasse eines Gerätes zu ermitteln, verbinden Sie es am besten zunächst mit einem Windows-PC, und lassen Sie den Treiber installieren. Im Anschluss rufen Sie den Geräte-Manager auf (siehe Kapitel 6).

Die schnellste Art, den Geräte-Manager aufzurufen, ist über Start/Ausführen/devmgmt.msc.

Rufen Sie im Anschluss die Eigenschaften des Gerätes auf, und wechseln Sie auf die Registerkarte *Details*.

Über Auswahl der Option *Hardware-IDs* im Drop-down-Menü *Eigenschaften* können Sie sich die alle Hardware-IDs eines Gerätes anzeigen lassen (siehe *Abbildung 12.15*). Diese Informationen können Sie später in der Richtlinie hinterlegen (siehe nächsten Abschnitt). Über dieses Menü können Sie auch weitere Informationen über die Eigenschaften des Geräts anzeigen lassen, unter anderem auch die Geräteklasse (siehe *Abbildung 12.16*).

Geräteinstallation mit Gruppenrichtlinien konfigurieren

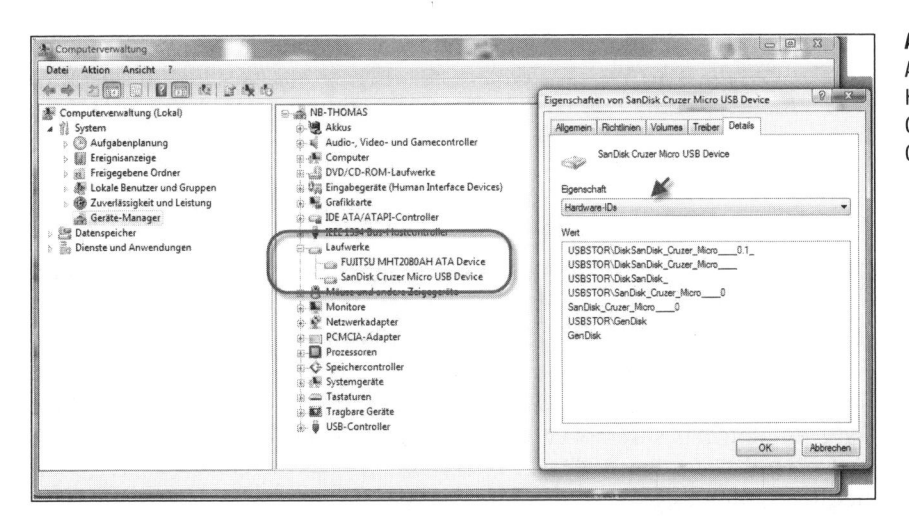

Abbildung 12.15: Anzeigen der Hardware-IDs von Geräten im Geräte-Manager

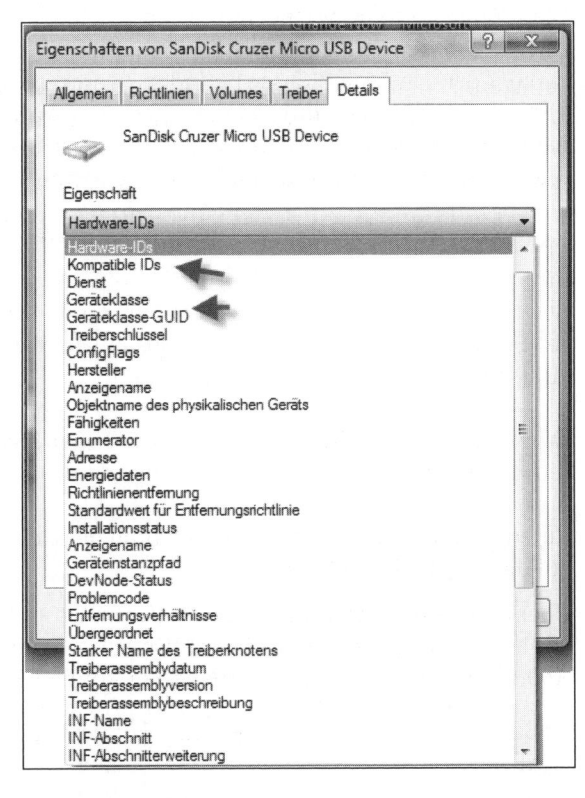

Abbildung 12.16: Auswählen der Eigenschaften eines Gerätes im Geräte-Manager

Sie können die Werte markieren und über die Tastenkombination [STRG] + [C] in die Zwischenablage kopieren und bei Bedarf wieder in die Gruppenrichtlinien einfügen.

TIPP

Gruppenrichtlinien

Zusätzlich können Sie diese Informationen mithilfe des Befehlzeilentools DevCon anzeigen lassen. Sie können sich dieses Tool über die Internetseite `http://go.microsoft.com/fwlink/?linkid=56391` *kostenlos herunterladen.*

12.5.2 Gruppenrichtlinien-Einstellungen für die Geräteinstallation

Die Einstellungen für die Geräteinstallationen können unter Windows Vista und Windows Server Longhorn entweder lokale auf den jeweiligen PCs vorgenommen werden oder über Gruppenrichtlinien.

> **INFO**
>
> *Die vorgenommenen Einstellungen gelten immer für den ganzen Computer, dem sie zugewiesen worden sind. Die Einstellungen können nicht auf einzelne Benutzer oder Gruppen verteilt werden, mit Ausnahme der Möglichkeit, dass Administratoren die Einstellungen für ihr eigenes Benutzerkonto überschreiben können.*

Diese Richtlinie finden Sie über Computerkonfiguration/Administrative Vorlagen/System/Geräteinstallation/Einschränkungen bei der Geräteinstallation *(siehe Abbildung 12.17). Wenn Sie an dieser Stelle die Richtlinie* Administratoren das Außerkraftsetzen der Richtlinien unter »Einschränkungen bei der Geräteinstallation« erlauben *aktivieren, können Administratoren auf PCs mit aktivierter eingeschränkter Geräteinstallation über den Assistent zum Hinzufügen von Hardware (siehe Kapitel 6) Treiber installieren.*

Abbildung 12.17: Geräteinstallations-Einstellungen in den Gruppenrichtlinien

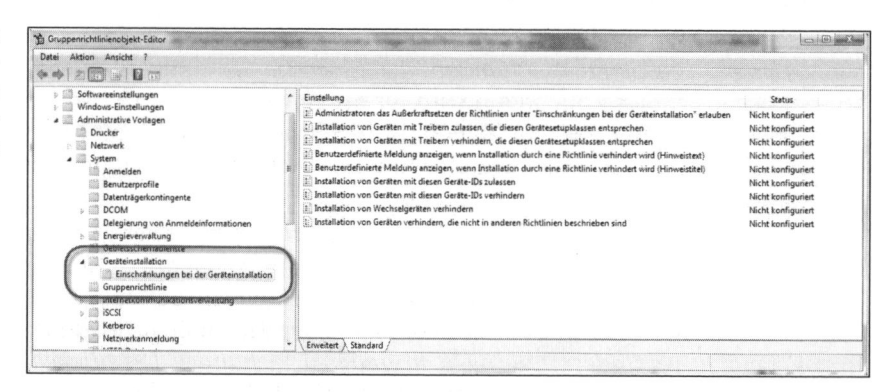

Im Bereich der Einschränkungen von Geräteinstallationen finden Sie hauptsächlich die in diesem Absatz beschriebenen Einstellungen. Sie finden diesen Bereich unter *Computerkonfiguration/Administrative Vorlagen/System/ Geräteinstallation/Einschränkungen bei der Geräteinstallation* (siehe *Abbildung 12.17*):

654

- *Installation von Geräten verhindern, die nicht in anderen Richtlinien beschrieben sind* – Wenn Sie diese Einstellung aktivieren, können Anwender keine Geräte installieren, bis sie in der Einstellung *Installation von Geräten mit diesen Geräte-IDs zulassen* oder *Installation von Geräten zulassen, die diesen Gerätesetupklassen entsprechen* definiert wurden.

- Wenn Sie die Richtlinie *Installation von Geräten verhindern, die nicht in anderen Richtlinien beschrieben sind* nicht konfigurieren oder aktivieren, können Anwender alle Geräte installieren mit Ausnahme der Geräte, die in den Einstellungen *Installation von Geräten mit diesen Geräte-IDs verhindern* oder *Installation von Geräten verhindern, die diesen Gerätesetupklassen entsprechen* oder *Installation von Wechselgeräten verhindern* definiert wurden.

- *Administratoren das Außerkraftsetzen der Richtlinien unter »Einschränkungen bei der Geräteinstallation« erlauben* – Bei dieser Einstellung können die Mitglieder der lokalen Administratorengruppe jede Art von Treiber installieren, unabhängig von den Gruppenrichtlinieneinstellungen. Dazu muss allerdings der Assistent zum Hinzufügen von neuer Hardware verwendet werden. Wenn diese Einstellung nicht gesetzt wird, werden auf den betroffenen Maschinen auch die Administratoren an der Installation gehindert.

- *Installation von Geräten mit diesen Geräte-IDs verhindern* – Hier können Sie eine Liste festlegen, in der Sie alle Hardware-IDs und kompatible IDs der Geräte hinterlegen, deren Installation Sie verhindern wollen. Diese Richtlinie hat immer Vorrang vor allen anderen Richtlinien, in denen die Installation von Geräten erlaubt wird.

- *Installation von Geräten verhindern, die diesen Gerätesetupklassen entsprechen* – Bei dieser Richtlinie wird für die Anwender die Installation kompletter Geräteklassen verhindert. Diese Einstellung hat Vorrang vor allen anderen Einstellungen und Richtlinien, welche die Installation von Geräten erlauben.

- *Installation von Geräten mit diesen Geräte-IDs zulassen* – Hier können Sie eine Liste aller Geräte auf Basis der Hardware-ID oder der Compatible-ID hinterlegen, welche die Anwender installieren dürfen. Diese Richtlinie macht aber nur in Verbindung mit der Richtlinie *Installation von Geräten verhindern, die nicht in anderen Richtlinien beschrieben sind* Sinn, da dadurch die Anwender davon abgehalten werden, andere Geräte als die hinterlegten zu installieren. Diese Richtlinie kann durch die Richtlinien *Installation von Geräten verhindern, die diesen Gerätesetupklassen entsprechen*, *Installation von Geräten mit diesen Geräte-IDs verhindern*, *Installation von Wechselgeräten verhindern* überschrieben werden.

Gruppenrichtlinien

- *Installation von Geräten zulassen, die diesen Gerätesetupklassen entsprechen* – Hier können Sie, analog zur Richtlinie mit den Geräte-IDs, festlegen, welche Geräte-Klassen die Anwender installieren dürfen.

In der *Abbildung 12.18* sehen Sie, wie die Richtlinien bei der Anbindung von neuen Geräten an den PC angewendet werden:

Abbildung 12.18:
Steuerung der Installation von Geräten über GPOs

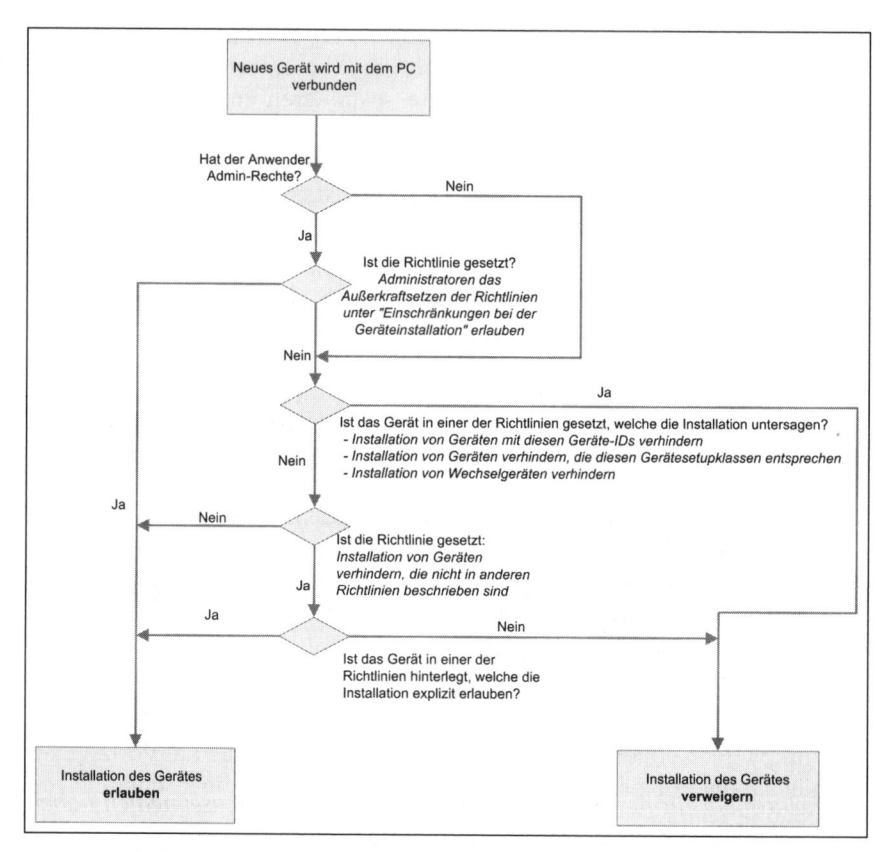

Um in den Richtlinien für die Zulassung oder Verhinderung der Installation von Geräten Hardware-IDs aufzunehmen, rufen Sie die Eigenschaften dieser Einstellung auf, und aktivieren Sie diese.

Klicken Sie im Anschluss auf die Schaltfläche *Anzeigen* und dann auf Schaltfläche *Hinzufügen*. Hier können Sie die Hardware-ID einfügen, die Sie zuvor in den Eigenschaften des Gerätes im Geräte-Manager in die Zwischenablage kopiert haben (siehe *Abbildung 12.19*).

Wenn die Installation eines Gerätes untersagt wird, erhält ein Anwender entsprechende Fehlermeldungen, die darauf hinweisen, dass die Installation auf Basis einer Richtlinie untersagt wird.

Geräteinstallation mit Gruppenrichtlinien konfigurieren

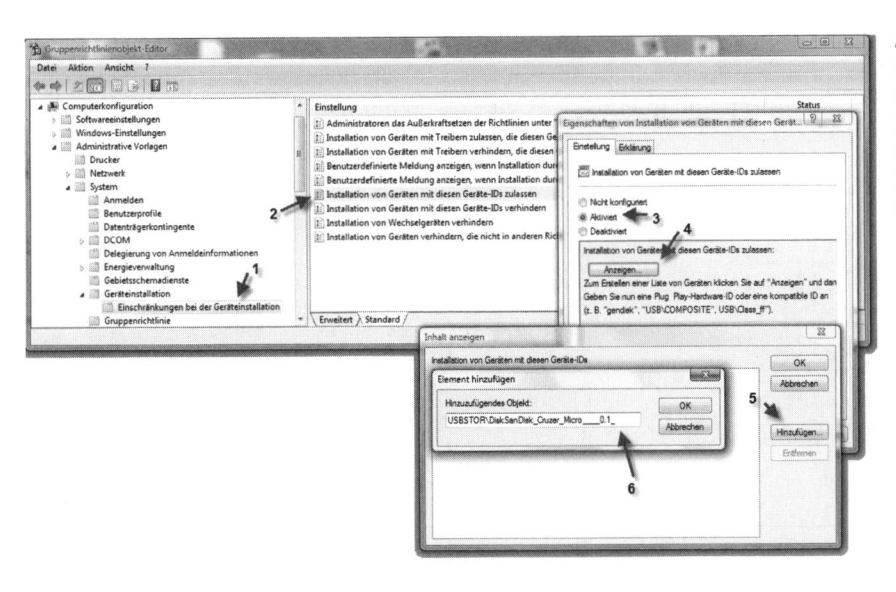

Abbildung 12.19: Konfiguration der Gruppenrichtlinien zur Steuerung der Installation von Geräten

12.5.3 Konfiguration von Gruppenrichtlinien für den Zugriff auf Wechselmedien

Zusätzlich zu der Möglichkeit, die Installation von Geräten zu steuern, können in Windows Vista und Windows Server Longhorn Gruppenrichtlinien erstellt werden, die den schreibenden und lesenden Zugriff auf Wechselmedien steuern. Diese Einstellungen können auch in der lokalen Richtlinie einzelner PCs unter Windows Vista gesetzt werden und haben so Wirkung für alle Anwender, die sich an diesem PC anmelden. Alternativ können diese Einstellungen auch auf Benutzerebene für einzelne Benutzerkonten getroffen werden.

Die Richtlinien für den Schreib- oder Lesezugriff auf Wechselmedien haben keinerlei Einfluss auf die ReadyBoost-Funktion (siehe Kapitel 1).

INFO

Die Richtlinie zur Steuerung von Wechselmedien kann sowohl unter der Computerkonfiguration als auch in der Benutzerkonfiguration durchgeführt werden.

Sie finden die Einstellungen für den Zugriff auf Wechselmedien unter (siehe Abbildung 12.20):

TIPP

- *Computerkonfiguration/Administrative Vorlagen/System/Wechselmedienzugriff*
- *Benutzerkonfiguration/Administrative Vorlagen/System/Wechselmedienzugriff*

657

Gruppenrichtlinien

Die Einstellungen dieser Richtlinie sind selbsterklärend. Wenn Sie eine Richtlinie aufrufen, finden Sie auf der Registerkarte *Erklärung* eine ausführliche Information über die Auswirkungen der Richtlinien.

Abbildung 12.20: Konfiguration der Gruppenrichtlinien für den Wechselmedienzugriff

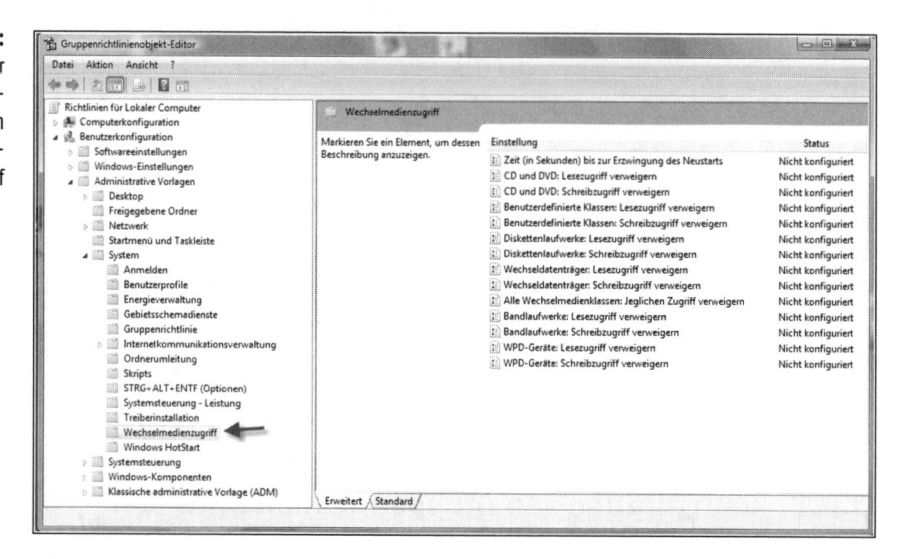

> **HALT**
>
> Nicht jedes Brennprogramm von Drittherstellern hält sich an die Einstellungen in der Richtlinie für den schreibenden Zugriff auf CDs oder DVDs. Wenn Sie sicherstellen wollen, dass keine CDs oder DVDs gebrannt werden können, sollten Sie die Installation von DVD- oder CD-Brennern über die entsprechende Richtlinie einstellen.

WPD-Geräte sind Windows Portable Devices wie Media Player, Handy oder andere Windows Mobile-Geräte.

12.6 Active Directory-Schemaerweiterungen beim Einsatz von Windows Vista-Gruppenrichtlinien

Viele Einstellungen in den Gruppenrichtlinien von Windows Vista sind hauptsächlich für die Unterstützung des neuen Windows Server Longhorn entwickelt worden. Damit diese Erweiterungen in einer Active Directory-Umgebung verwendet werden können, die auf Domänencontrollern mit Windows Server 2003 oder Windows Server 2003 R2 basiert, muss das Active Directory-Schema erweitert werden.

12.6.1 Informationen zum Active Directory-Schema

Die Struktur eines Verzeichnisses wie dem Active Directory wird *Schema* genannt. In einem Schema ist genau definiert, welche Informationen auf welche Art gespeichert werden sollen. Jede relationale Datenbank hat ein solches Schema.

Da ein Verzeichnisdienst wie das Active Directory möglichst viele Informationen speichern soll, ist es unerlässlich, dass definiert wird, welche Informationen wo im Verzeichnis gespeichert werden können. Es muss festgelegt werden, ob manche Informationen zwingend eingegeben werden müssen und ob andere Informationen nur optional sind.

Sie können sich das Active Directory als große leere Lagerhalle vorstellen. Damit diese gefüllt werden kann, muss es Regale (Regeln) und Anweisungen (Definitionen) geben, wo Waren gelagert werden sollen und wie die Arbeitsprozesse für diese Lagerung definiert sind. Das Active Directory speichert die Daten, das Schema definiert, wie sie gespeichert werden.

Der Aufbau des Schemas ist recht einfach. Es gibt *Objekte* und es gibt *Attribute*. Die Attribute sind Objekten zugeordnet. Jeder Verzeichniseintrag ist ein Objekt. Am Beispiel des Active Directorys sind Objekte also Benutzer, Computer, Freigaben oder Drucker. Das Active Directory verfügt über ein erweiterbares Schema. Dieses gibt die Möglichkeit, flexibel zusätzliche Informationen im Verzeichnis zu speichern. Dadurch können neue Anwendungen wie zum Beispiel der Exchange Server oder Gruppenrichtlinienerweiterungen für Windows Vista ihre speziellen Informationen im Verzeichnis ablegen. Jeder Benutzer, jeder Computer und Drucker und jede Freigabe ist ein Objekt. Die Informationen, die für einzelne Benutzer hinterlegt werden können, zum Beispiel Vornamen, Nachnamen, Anmeldenamen, Telefonnummer usw., werden als *Attribute* bezeichnet. Das Schema definiert genau, welche Objekte mit welchen Attributen im Active Directory angelegt werden können.Ohne das Schema wäre ein Active Directory ein wilder Haufen von Informationen, die unmöglich abgefragt werden könnten. Durch das erweiterbare Schema lassen sich jederzeit zusätzliche Objekteigenschaften hinzufügen. Diese Funktion wird beispielsweise von Exchange 2003 oder den Gruppenrichtlinien von Windows Vista genutzt. Alle notwendigen Informationen zu einem E-Mail-Postfach werden im Active Directory abgelegt. Bei der Installation von Exchange 2003 wird das Schema des Active Directorys um die notwendigen Attribute und Klassen erweitert. Das Active Directory kennt schon Hunderte von Objektklassen und Attributtypen. Zu den wichtigsten gehören:

- Das Objekt *User*. Dieses Objekt definiert einen bestimmten Benutzer in einer Domäne. Zu den Attributen, die für das Objekt definiert werden können, gehören beispielsweise der Benutzername, der Vor- und Nachname des Benutzers, seine Adresse und Telefonnummer, ein Bild des Benutzers.

- Das Objekt *Computer*. Dieses Objekt identifiziert Systeme, die zu einer Domäne gehören. Zu den Attributen gehören Betriebssystem und installierte Service Packs, DNS-Name und die Rolle des Systems in der Domäne.
- Das Objekt *Druckerwarteschlange*. Dieses Objekt wird verwendet, um Drucker lokalisieren zu können. Zu seinen Attributen gehören der Ort, der Status und die Seitenbeschreibungssprache, die vom Drucker verwendet wird.

Für jedes Objekt, das im Active Directory gespeichert ist, gibt es eine Zugriffskontrollliste (Access Control List, ACL), mit der differenziert angegeben werden kann, wer in welcher Form mit diesem Objekt umgehen darf. Es werden genaue Berechtigungen definiert, die vorgeben, wer ein Objekt verändern, löschen oder neu anlegen darf. Objekte werden in Klassen unterschieden.

Ein Objekt kann durchaus mehreren Klassen zugeordnet werden, muss aber mindestens einer Klasse zugehörig sein. In allen Verzeichnisdiensten, auch dem Active Directory, gibt es Objekte, die andere Objekte beinhalten können. Diese Objekte werden *Container* genannt. Im Active Directory sind Container zum Beispiel Domänen oder Organisationseinheiten (Organizational Units, OUs). Objekte, die ausschließlich aus Informationen, den Attributen, bestehen, wie zum Beispiel Benutzer oder Computer, werden auch als *Blattobjekte* bezeichnet.

Ein LDAP-Verzeichnis kann aus mehreren Containern hierarchisch angeordnet werden, bis am Ende der Äste die Blattobjekte, in diesem Beispiel die Benutzer, kommen.

Adressierung in Verzeichnisdiensten

Damit die Objekte innerhalb eines Verzeichnisdienstes nicht nur korrekt gespeichert, sondern auch gefunden werden können, gibt es Protokolle wie das bereits beschriebene LDAP-Protokoll. Damit LDAP die Daten im Verzeichnis finden kann, muss ein Standard zur Adressierung dieser Objekte verfügbar sein. Jedes Objekt in einem Verzeichnis erhält eine eindeutige Adressierung. Diese Adressierung wird *Distinguished Name (DN)* genannt. Die Adressierung gibt nicht nur die Bezeichnung eines Objektes im Verzeichnis wieder, sondern auch dessen Speicherort. Ein Beispiel für einen solchen Distinguished Name im Active Directory ist folgender:

cn = Thomas Joos, ou = muenchen, dc = vertrieb, dc = microsoft, dc = com

Die Bezeichnung eines Objektes, in diesem Fall im Active Directory, wird immer vom Ursprungsort, der Root, bis zur eigentlichen Bezeichnung fortgeführt. Domänen werden dazu als *dc* abgekürzt, Organisationseinheiten als *ou* und die Blattobjekte schließlich als *cn* für *common name*.

Jedes Objekt im Active Directory hat einen solchen eindeutigen Namen, der durch entsprechende LDAP-kompatible Programme gesucht werden kann.

Active Directory-Schemaerweiterungen beim Einsatz von Windows Vista-Gruppenrichtlinien

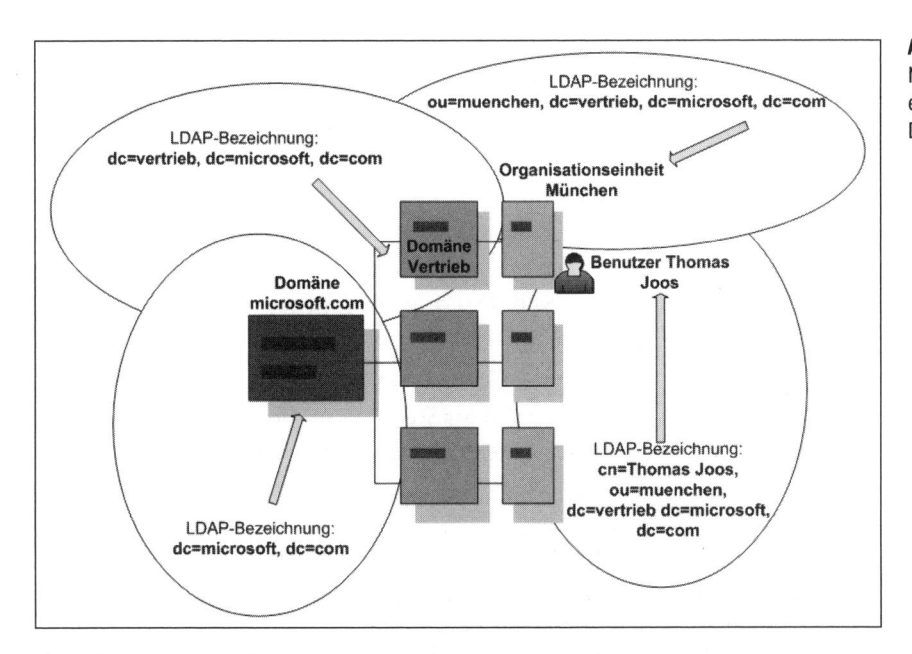

Abbildung 12.21:
Namenskontext in einem Active Directory

12.6.2 Welche Einstellungen erfordern die Erweiterung des Active Directory-Schemas?

Computer, auf denen Windows Vista ausgeführt wird, unterstützen folgende Erweiterungen der gruppenrichtlinienbasierten Konfiguration:

- Einstellungen für Netzwerke können mit Windows Vista jetzt für IEEE 802.1X-authentifizierte Verbindungen über Gruppenrichtlinien konfiguriert werden.
- Es können mehrere Profile mit derselben SSID mit verschiedenen Sicherheitsmethoden konfiguriert werden, sodass sich Clients mit unterschiedlichen Sicherheitsfunktionen im selben drahtlosen Netzwerk anmelden können.
- Sie können eine Liste drahtloser Netzwerke konfigurieren, mit denen der drahtlose Windows Vista-Client eine Verbindung herstellen kann, sowie eine Liste drahtloser Netzwerke, mit denen keine Verbindung möglich ist.
- Sie können Profile mit speziellen Verbindungs- und Sicherheitseinstellungen von Herstellern drahtloser Geräte importieren.

Active Directory verwendet die folgenden Schemaattribute und Attributwerte zum Speichern von GUID und Daten für die Gruppenrichtlinie für Drahtlosnetzwerke:

- *ms-net-ieee-80211-GP-PolicyGUID* – Ein eindeutiger Bezeichner für das Gruppenrichtlinienobjekt für Drahtlosnetzwerke

- *ms-net-ieee-80211-GP-PolicyData* – Speichert die Einstellungen für die Richtlinie für Drahtlosnetzwerke
- *ms-net-ieee-80211-GP-PolicyReserved* – Für zukünftige Verwendung reserviert

Active Directory verwendet die folgenden Schemaattribute und Attributwerte zum Speichern von GUID und Daten der Gruppenrichtlinie für normale, kabelbasierte Netzwerke:

- *ms-net-ieee-8023-GP-PolicyGUID* – Ein eindeutiger Bezeichner für das Gruppenrichtlinienobjekt für verdrahtete Netzwerke
- *ms-net-ieee-8023-GP-PolicyData* – Speichert die Einstellungen für die Richtlinie für verdrahtete Netzwerke
- *ms-net-ieee-8023-GP-PolicyReserved* – Für zukünftige Verwendung reserviert

12.6.3 Durchführung der Schemaerweiterung

Gehen Sie zur Erweiterung des Schemas folgendermaßen vor:

1. Erweitern Sie das Active Directory-Schema wie in diesem Abschnitt beschrieben.
2. Installieren Sie Windows Vista auf einem Computer, welcher der Domäne angehört.
3. Konfigurieren Sie auf dem Computer, auf dem Windows Vista ausgeführt wird, die Einstellungen der erweiterten Gruppenrichtlinien für die entsprechenden Active Directory-Container (Standort, Domäne, Organisationseinheit) mit dem Gruppenrichtlinien-Editor.

Allgemeine Informationen zur Schemaerweiterung

Die erweiterten Einstellungen für Netzwerke werden automatisch als Teil der Gruppenrichtlinieneinstellungen für die Computerkonfiguration auf Windows Vista-Computer heruntergeladen. Auf Computern mit Windows XP oder Windows Server 2003 werden die erweiterten Einstellungen für Netzwerke ignoriert. Bei der Änderung des Schemas sollten Sie noch folgende Informationen berücksichtigen:

- Schemaänderungen sind global. Bei einer Erweiterung des Schemas gelten die Änderungen für jeden Domänencontroller in der Gesamtstruktur.
- Auf das System bezogene Schemaklassen können nicht geändert werden. Sie können keine Standardsystemklassen (die für die Ausführung von Windows erforderlich sind) innerhalb des Schemas ändern. Verzeichnisfähige Anwendungen, die das Schema ändern, können jedoch neue Klassen hinzufügen, die Sie ändern können.

Active Directory-Schemaerweiterungen beim Einsatz von Windows Vista-Gruppenrichtlinien

- Schemaerweiterungen sind nicht reversibel, Attribute oder Klassen können nach ihrer Erstellung nicht entfernt werden. Sie lassen sich lediglich ändern oder deaktivieren.
- Wenn Sie sich zu einer Erweiterung des Schemas entschließen, sollten Sie die Änderungen in jedem Fall dokumentieren.

Erweitern des Schemas für Einstellungen der Gruppenrichtlinien für Drahtlosnetzwerke

Zum Erweitern des Active Directory-Schemas für Windows Vista-Gruppenrichtlinienerweiterungen für Drahtlosnetzwerke gehen Sie folgendermaßen vor:

1. Öffnen Sie über *Start/Ausführen/notepad* den Editor.
2. Kopieren Sie den Inhalt für das Importskript *802.11Schema.ldf* in den Editor. Sie finden den Inhalt der Datei sowie ausführliche Anleitungen auf der Internetseite http://www.microsoft.com/germany/technet/itsolutions/network/wifi/vista_ad_ext.mspx. Sie finden den Inhalt der Datei auch in *Listing 12.2*.

Listing 12.2: Inhalt der Datei 802.11Schema.ldf zur Schemaerweiterung für Gruppenrichtlinien

```
# ----------------------------------------------------
#   Copyright (c) 2006 Microsoft Corporation
#
#   MODULE:     802.11Schema.ldf
# ----------------------------------------------------
# ----------------------------------------------------
#   define schemas for these attributes:
#ms-net-ieee-80211-GP-PolicyGUID
#ms-net-ieee-80211-GP-PolicyData
#ms-net-ieee-80211-GP-PolicyReserved
# ----------------------------------------------------
dn: CN=ms-net-ieee-80211-GP-PolicyGUID,CN=Schema,CN=Configuration,DC=X
changetype: ntdsSchemaAdd
objectClass: attributeSchema
ldapDisplayName: ms-net-ieee-80211-GP-PolicyGUID
adminDisplayName: ms-net-ieee-80211-GP-PolicyGUID
adminDescription: This attribute contains a GUID which identifies a specific
802.11 group policy object on the domain.
attributeId: 1.2.840.113556.1.4.1951
attributeSyntax: 2.5.5.12
omSyntax: 64
isSingleValued: TRUE
systemOnly: FALSE
searchFlags: 0
rangeUpper: 64
schemaIdGuid:: YnBpNa8ei0SsHjiOC+T97g==
showInAdvancedViewOnly: TRUE
systemFlags: 16
```

Gruppenrichtlinien

```
dn: CN=ms-net-ieee-80211-GP-PolicyData,CN=Schema,CN=Configuration,DC=X
changetype: ntdsSchemaAdd
objectClass: attributeSchema
ldapDisplayName: ms-net-ieee-80211-GP-PolicyData
adminDisplayName: ms-net-ieee-80211-GP-PolicyData
adminDescription: This attribute contains all of the settings and data which
comprise a group policy configuration for 802.11 wireless networks.
attributeId: 1.2.840.113556.1.4.1952
attributeSyntax: 2.5.5.12
omSyntax: 64
isSingleValued: TRUE
systemOnly: FALSE
searchFlags: 0
rangeUpper: 4194304
schemaIdGuid:: pZUUnHZNjkaZHhQzsKZ4VQ==
showInAdvancedViewOnly: TRUE
systemFlags: 16
dn: CN=ms-net-ieee-80211-GP-PolicyReserved,CN=Schema,CN=Configuration,DC=X
changetype: ntdsSchemaAdd
objectClass: attributeSchema
ldapDisplayName: ms-net-ieee-80211-GP-PolicyReserved
adminDisplayName: ms-net-ieee-80211-GP-PolicyReserved
adminDescription: Reserved for future use
attributeId: 1.2.840.113556.1.4.1953
attributeSyntax: 2.5.5.10
omSyntax: 4
isSingleValued: TRUE
systemOnly: FALSE
searchFlags: 0
rangeUpper: 4194304
schemaIdGuid:: LsZpD44I9U+lOukjzsB8Cg==
showInAdvancedViewOnly: TRUE
systemFlags: 16
# ------------------------------------------------------
#   Reload the schema cache to pick up altered classes and attributes
# ------------------------------------------------------
dn:
changetype: ntdsSchemaModify
add: schemaUpdateNow
schemaUpdateNow: 1
-
# ------------------------------------------------------
#   define schemas for the parent class:
#ms-net-ieee-80211-GroupPolicy
# ------------------------------------------------------
dn: CN=ms-net-ieee-80211-GroupPolicy,CN=Schema,CN=Configuration,DC=X
changetype: ntdsSchemaAdd
objectClass: classSchema
ldapDisplayName: ms-net-ieee-80211-GroupPolicy
adminDisplayName: ms-net-ieee-80211-GroupPolicy
adminDescription: This class represents an 802.11 wireless network group
policy object.  This class contains identifiers and configuration data
```

Active Directory-Schemaerweiterungen beim Einsatz von Windows Vista-Gruppenrichtlinien

```
relevant to an 802.11 wireless network.
governsId: 1.2.840.113556.1.5.251
objectClassCategory: 1
rdnAttId: 2.5.4.3
subClassOf: 2.5.6.0
systemMayContain: 1.2.840.113556.1.4.1953
systemMayContain: 1.2.840.113556.1.4.1952
systemMayContain: 1.2.840.113556.1.4.1951
systemPossSuperiors: 1.2.840.113556.1.3.30
systemPossSuperiors: 1.2.840.113556.1.3.23
systemPossSuperiors: 2.5.6.6
schemaIdGuid:: Yxi4HCK4eUOeol/3vcY4bQ==
defaultSecurityDescriptor:
D:(A;;RPWPCRCCDCLCLORCWOWDSDDTSW;;;DA)(A;;RPWPCRCCDCLCLORCWOWDSDDTSW;;;SY)(A
;;RPLCLORC;;;AU)
showInAdvancedViewOnly: TRUE
defaultHidingValue: TRUE
systemOnly: FALSE
defaultObjectCategory: CN=ms-net-ieee-80211-
GroupPolicy,CN=Schema,CN=Configuration,DC=X
systemFlags: 16
# -----------------------------------------------------
#   Reload the schema cache to pick up altered classes and attributes
# -----------------------------------------------------
dn:
changetype: ntdsSchemaModify
add: schemaUpdateNow
schemaUpdateNow: 1
-
```

3. Speichern Sie diese Datei als *802.11Schema.ldf* ab.
4. Kopieren Sie die Datei *802.11Schema.ldf* auf einen Domänencontroller mit Windows Server 2003 oder Windows Server 2003 R2.
5. Öffnen Sie auf dem Domänencontroller eine Befehlszeile.
6. Geben Sie in der Befehlszeile des Domänencontrollers den Befehl *ldifde -i -v -k -f 802.11Schema.ldf -c DC=X <DN der Domäne>* ein. Der DN der Domäne ist der definierte Name der Active Directory-Domäne, deren Schema geändert wird. Ein definierter Name kann zum Beispiel DC=contoso,DC=com lauten. Wie sich ein DN zusammensetzt, habe ich zu Beginn des Kapitels bereits erläutert. In der LDF-Datei wurde die Variable DC=X an verschiedener Stelle gesetzt. Hier wird dann der DN Ihrer Domäne mitgegeben (siehe *Abbildung 12.22*).
7. Starten Sie den Domänencontroller neu.

Gruppenrichtlinien

Abbildung 12.22: Importieren der Schemaerweiterungen für die erweiterten Einstellungen von Gruppenrichtlinien in Windows Vista

```
C:\WINDOWS\system32\cmd.exe

Microsoft Windows [Version 5.2.3790]
(C) Copyright 1985-2003 Microsoft Corp.

C:\Dokumente und Einstellungen\Administrator>cd\
C:\>ldifde -i -v -k -f 802.11Schema.ldf -c DC=X dc=contoso,dc=com
Verbindung mit "dc01.contoso.com" wird hergestellt.
Anmelden als aktueller Benutzer unter Verwendung von SSPI
Das Verzeichnis wird aus der Datei "802.11Schema.ldf" importiert.
Die Einträge werden geladen.
1: CN=ms-net-ieee-80211-GP-PolicyGUID,CN=Schema,CN=Configuration,dc=contoso,dc=c
om
Der Eintrag wurde einwandfrei geändert.
2: CN=ms-net-ieee-80211-GP-PolicyData,CN=Schema,CN=Configuration,dc=contoso,dc=c
om
Der Eintrag wurde einwandfrei geändert.
3: CN=ms-net-ieee-80211-GP-PolicyReserved,CN=Schema,CN=Configuration,dc=contoso,
dc=com
Der Eintrag wurde einwandfrei geändert.
4: <null>
Der Eintrag wurde einwandfrei geändert.
5: CN=ms-net-ieee-80211-GroupPolicy,CN=Schema,CN=Configuration,dc=contoso,dc=com
Der Eintrag wurde einwandfrei geändert.
6: <null>
Der Eintrag wurde einwandfrei geändert.

6 Einträge wurden erfolgreich geändert.

Der Befehl wurde einwandfrei durchgeführt.

C:\>_
```

Erweitern des Schemas für Einstellungen der Gruppenrichtlinien für kabelgebundene Netzwerke

Im vorangegangenen Abschnitt wurde das Schema bezüglich der Einstellungen für drahtlose Netzwerke erweitert. Wenn Sie die erweiterten Gruppenrichtlinieneinstellungen für normale, drahtgebundene Netzwerke erweitern wollen, gehen Sie folgendermaßen vor:

1. Öffnen Sie über *Start/Ausführen/notepad* den Editor.
2. Kopieren Sie den Inhalt für das Importskript *802.3Schema.ldf* in den Editor. Sie finden den Inhalt der Datei sowie ausführliche Anleitungen auf der Internetseite `http://www.microsoft.com/germany/technet/itsolutions/network/wifi/vista_ad_ext.mspx`. Sie finden den Inhalt der Datei auch in *Listing 12.3*.

Listing 12.3: Schemaerweiterung für kabelgebundene Netzwerke für die Verwendung von Windows Vista-Gruppenrichtlinien

```
#Inhalt der Datei "802.3Schema.ldf"
# ---------------------------------------------------
#   Copyright (c) 2006 Microsoft Corporation
#
#   MODULE:     802.3Schema.ldf
# ---------------------------------------------------
# ---------------------------------------------------
#   define schemas for these attributes:
#ms-net-ieee-8023-GP-PolicyGUID
```

Active Directory-Schemaerweiterungen beim Einsatz von Windows Vista-Gruppenrichtlinien

```
#ms-net-ieee-8023-GP-PolicyData
#ms-net-ieee-8023-GP-PolicyReserved
# ----------------------------------------------------
dn: CN=ms-net-ieee-8023-GP-PolicyGUID,CN=Schema,CN=Configuration,DC=X
changetype: ntdsSchemaAdd
objectClass: attributeSchema
ldapDisplayName: ms-net-ieee-8023-GP-PolicyGUID
adminDisplayName: ms-net-ieee-8023-GP-PolicyGUID
adminDescription: This attribute contains a GUID which identifies a specific
802.3 group policy object on the domain.
attributeId: 1.2.840.113556.1.4.1954
attributeSyntax: 2.5.5.12
omSyntax: 64
isSingleValued: TRUE
systemOnly: FALSE
searchFlags: 0
rangeUpper: 64
schemaIdGuid:: WrCnlLK4WU+cJTnmm6oWhA==
showInAdvancedViewOnly: TRUE
systemFlags: 16
dn: CN=ms-net-ieee-8023-GP-PolicyData,CN=Schema,CN=Configuration,DC=X
changetype: ntdsSchemaAdd
objectClass: attributeSchema
ldapDisplayName: ms-net-ieee-8023-GP-PolicyData
adminDisplayName: ms-net-ieee-8023-GP-PolicyData
adminDescription: This attribute contains all of the settings and data which
comprise a group policy configuration for 802.3 wired networks.
attributeId: 1.2.840.113556.1.4.1955
attributeSyntax: 2.5.5.12
omSyntax: 64
isSingleValued: TRUE
systemOnly: FALSE
searchFlags: 0
rangeUpper: 1048576
schemaIdGuid:: i5SYg1dOkU29TY1+1mnJ9w==
showInAdvancedViewOnly: TRUE
systemFlags: 16
dn: CN=ms-net-ieee-8023-GP-PolicyReserved,CN=Schema,CN=Configuration,DC=X
changetype: ntdsSchemaAdd
objectClass: attributeSchema
ldapDisplayName: ms-net-ieee-8023-GP-PolicyReserved
adminDisplayName: ms-net-ieee-8023-GP-PolicyReserved
adminDescription: Reserved for future use
attributeId: 1.2.840.113556.1.4.1956
attributeSyntax: 2.5.5.10
omSyntax: 4
isSingleValued: TRUE
systemOnly: FALSE
searchFlags: 0
rangeUpper: 1048576
schemaIdGuid:: xyfFOwYm602M/RhCb+7Izg==
showInAdvancedViewOnly: TRUE
systemFlags: 16
```

Gruppenrichtlinien

```
# ------------------------------------------------------
#   Reload the schema cache to pick up altered classes and attributes
# ------------------------------------------------------
dn:
changetype: ntdsSchemaModify
add: schemaUpdateNow
schemaUpdateNow: 1
-
# ------------------------------------------------------
#   define schemas for the parent class:
#ms-net-ieee-8023-GroupPolicy
# ------------------------------------------------------
dn: CN=ms-net-ieee-8023-GroupPolicy,CN=Schema,CN=Configuration,DC=X
changetype: ntdsSchemaAdd
objectClass: classSchema
ldapDisplayName: ms-net-ieee-8023-GroupPolicy
adminDisplayName: ms-net-ieee-8023-GroupPolicy
adminDescription: This class represents an 802.3 wired network group policy
object.  This class contains identifiers and configuration data relevant to
an 802.3 wired network.
governsId: 1.2.840.113556.1.5.252
objectClassCategory: 1
rdnAttId: 2.5.4.3
subClassOf: 2.5.6.0
systemMayContain: 1.2.840.113556.1.4.1956
systemMayContain: 1.2.840.113556.1.4.1955
systemMayContain: 1.2.840.113556.1.4.1954
systemPossSuperiors: 1.2.840.113556.1.3.30
systemPossSuperiors: 1.2.840.113556.1.3.23
systemPossSuperiors: 2.5.6.6
schemaIdGuid:: ajqgmRmrRkSTUAy4eO0tmw==
defaultSecurityDescriptor:
D:(A;;RPWPCRCCDCLCLORCWOWDSDDTSW;;;DA)(A;;RPWPCRCCDCLCLORCWOWDSDDTSW;;;SY)(A
;;RPLCLORC;;;AU)
showInAdvancedViewOnly: TRUE
defaultHidingValue: TRUE
systemOnly: FALSE
defaultObjectCategory: CN=ms-net-ieee-8023-
GroupPolicy,CN=Schema,CN=Configuration,DC=X
systemFlags: 16
# ------------------------------------------------------
#   Reload the schema cache to pick up altered classes and attributes
# ------------------------------------------------------
dn:
changetype: ntdsSchemaModify
add: schemaUpdateNow
schemaUpdateNow: 1
-
```

3. Speichern Sie diese Datei als *802.3Schema.ldf* ab.
4. Kopieren Sie die Datei *802.3Schema.ldf* auf einen Domänencontroller mit Windows Server 2003 oder Windows Server 2003 R2.
5. Öffnen Sie auf dem Domänencontroller eine Befehlszeile.

6. Geben Sie in der Befehlszeile des Domänencontrollers den Befehl *ldifde -i -v -k -f 802.3Schema.ldf -c DC = X < DN der Domäne >* ein. Der DN der Domäne ist der definierte Name der Active Directory-Domäne, deren Schema geändert wird. Ein definierter Name kann zum Beispiel DC = contoso,DC = com lauten. Wie sich ein DN zusammensetzt, habe ich zu Beginn des Kapitels bereits erläutert. In der LDF-Datei wurde die Variable DC = X an verschiedener Stelle gesetzt. Hier wird dann der DN Ihrer Domäne mitgegeben (siehe *Abbildung 12.23*).
7. Starten Sie den Domänencontroller neu.

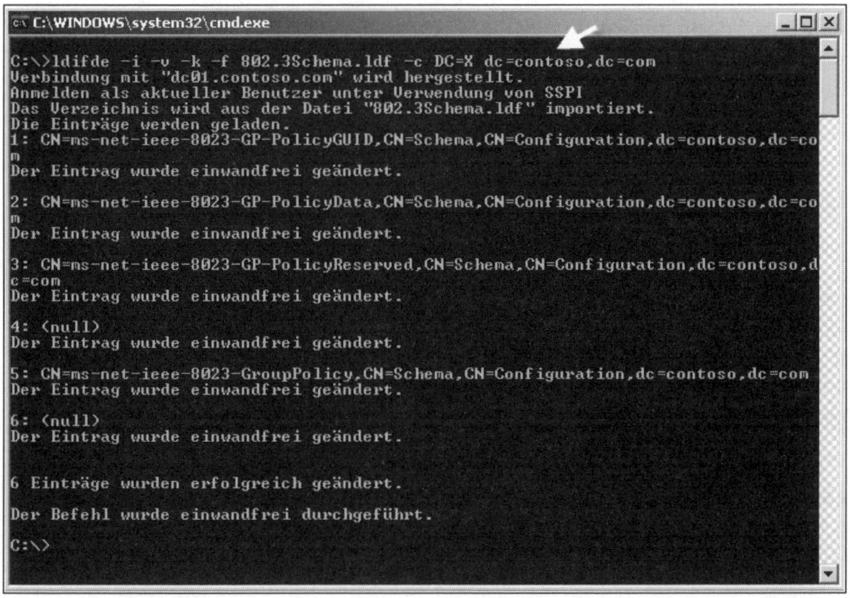

Abbildung 12.23: Importieren der Erweiterungen

12.7 Fehlerbehebung und Tools für den Einsatz von Gruppenrichtlinien

Sie sollten bei der Einführung von Richtlinien immer eigene Gruppenrichtlinien anlegen und bereits vorhandene Standardrichtlinien nicht bearbeiten. Das hat den Vorteil, dass bei einem Problem auf jeden Fall der Weg frei bleibt, die eigenen Richtlinien zu deaktivieren.

Wenn Gruppenrichtlinien nicht funktionieren, können die Ursachen sehr unterschiedlich sein. Sie sollten Schritt für Schritt untersuchen, wo das Problem liegen könnte. Legen Sie am besten für die unterschiedlichen Einstellungen verschiedene Gruppenrichtlinien an, und verknüpfen Sie diese mit der entsprechenden OU oder der ganzen Domäne.

Gruppenrichtlinien

Fehlermeldungen und Problembehandlung

Windows Vista verfügt über ein völlig neues Ereignisprotokollsystem. Das Gruppenrichtlinienmodul nutzt das neue Windows Eventing 6.0-System und teilt Ereignisse in zwei besondere Protokolle auf. Das vertraute Systemprotokoll (das nun als ein administratives Protokoll betrachtet wird) enthält die Probleme der Gruppenrichtlinie. Falls im Gruppenrichtlinienmodul ein Fehler auftritt, sollte er im Systemprotokoll erscheinen und als sein Ursprung der Gruppenrichtliniendienst (nicht der Userenv-Prozess) angezeigt werden.

Ein neues Protokoll für Anwendungen und Dienste (bei dem es sich um ein Betriebsprotokoll handelt) wurde speziell für die Gruppenrichtlinie eingerichtet und speichert operative Ereignisse. Dieses Protokoll ersetzt im Wesentlichen die unhandliche Problembehandlungsdatei *userenv.log*, da jeder Schritt des Gruppenrichtlinienmoduls hier aufgeführt wird und leicht nachvollzogen werden kann.

12.7.1 Generelle Vorgehensweise bei der Fehlerbehebung in Gruppenrichtlinien

Manche Einstellungen, wie zum Beispiel *Administratorkontostatus*, *Gastkontenstatus*, *Administrator umbenennen*, *Gastkonto umbenennen*, werden nur angewendet, wenn sie in einer Gruppenrichtlinie auf Domänenebene angewendet wurden. Bei der Anwendung auf einer OU werden sie dagegen ignoriert.

Vor allem die Konteneinstellungen sollten Sie nur auf Domänenebene konfigurieren, wenn Sie sicherstellen wollen, dass diese angewendet werden.

- Stellen Sie sicher, dass die Clients den DNS-Server verwenden, auf dem die SRV-Records des Active Directorys liegen.
- Überprüfen Sie mit *nslookup* in der Befehlszeile, ob auf den Clients der Domänencontroller aufgelöst werden kann.
- Überprüfen Sie die Ereignisanzeige auf Fehler der Quellen *userenv* oder *seccli* (userenv = User Environment, seccli = Security Client).
- Ist der Benutzer/Computer in der richtigen OU, auf der die Richtlinie angewendet wird?
- Versuchen Sie, die Richtlinie auf eine Sicherheitsgruppe anzuwenden? Das ist nämlich nicht ohne Weiteres möglich.
- Seit Windows XP hat sich der Bootvorgang im Vergleich zu Windows 2000 geändert. Der Explorer wird vor dem Netzwerk geladen. Desktopspezifische Einstellungen können daher noch nicht heruntergeladen werden. Lösung: *Computerkonfiguration\Administrative Vorlagen\System\Anmeldung\Beim Neustart des Computers und bei der Anmeldung immer auf das Netzwerk warten*.
- Stimmt die Vererbung? In welcher Reihenfolge werden die Gruppenrichtlinien angewendet?

Fehlerbehebung und Tools für den Einsatz von Gruppenrichtlinien

- Wurde an der standardmäßigen Vererbung der Richtlinie etwas verändert?
- Haben Sie irgendwo *Erzwungen* oder *Vererbung deaktivieren* aktiviert?
- Geben Sie auf dem PC in der Befehlszeile als angemeldeten Benutzer *gpresult > gp.txt* ein, um sich das Ergebnis der Richtlinie anzeigen zulassen.
- Das Windows XP-Snap-In *Richtlinienergebnissatz* bietet eine grafische Oberfläche und wertet die angewendeten Richtlinien aus. Sie können sich den Richtlinienergebnissatz auf einer Windows Vista-Arbeitsstation über *Start/Ausführen/MMC/Datei/Snap-In hinzufügen/Richtlinienergebnissatz* anzeigen lassen. Mit dem Assistenten können Sie die Gruppenrichtlinien übertragen und sich in der grafischen Oberfläche alle angewendeten Gruppenrichtlinien anzeigen lassen.
- Überprüfen Sie, ob sich Ihre Domänencontroller fehlerfrei replizieren.
- Die häufigsten Fehler im Zusammenhang mit Gruppenrichtlinien sind in der Ereignisanzeige die beiden Quellen *userenv*, Ereignis *1000* und *seccli*, Ereignis *1202* oder *1001*. Merken Sie sich den Statuscode und die angegebenen Flags der Meldung. Suchen Sie nach diesen Fehlern im Internet.

12.7.2 Group Policy Verification Tool – gpotool.exe

Alle Gruppenrichtlinien werden auf allen Domänencontrollern einer Domäne abgelegt. Bei Änderungen von Gruppenrichtlinien auf einem Domänencontroller werden diese Änderungen auf die anderen Domänencontroller der Domäne repliziert. Unter Umständen kann es zu Inkonsistenzen kommen, bzw. Gruppenrichtlinien werden nicht repliziert.

Um sicherzustellen, dass die Replikation von Gruppenrichtlinien innerhalb einer Domäne funktioniert, stellt Microsoft das *Group Policy Verification Tool (gpotool.exe)* zur Verfügung. Das Tool kann nicht für sich alleine heruntergeladen werden, sondern ist Bestandteil der frei verfügbaren Windows Server 2003 Resource Kit Tools, die Sie von der Seite http://go.microsoft.com/fwlink/?linkid=27766 kostenlos herunterladen können.

Bei *gpotool.exe* handelt es sich um ein Befehlszeilenprogramm. Es überprüft auf jedem Domänencontroller, ob die Replikate seiner Gruppenrichtlinien konsistent sind. Öffnen Sie dazu zunächst eine Befehlszeile, und geben Sie im Pfad des Resource Kits den Befehl *gpotool* ein. Dann scannt das Tool die Richtlinien und gibt Ihnen die Diagnose in der Befehlszeile aus.

Auf der Internetseite www.gruppenrichtlinien.de *finden Sie weiterführende Informationen und Tipps rund um den Einsatz von Gruppenrichtlinien. Schauen Sie sich auf dieser Seite um, wenn Sie planen, Gruppenrichtlinien einzusetzen.*

TIPP

13 Windows-Teamarbeit

Diese neue Funktion dient dazu, dass Sie Dokumente und Dateien mit anderen Anwendern im Netzwerk zusammen einsetzen können, ohne einen Dateiserver zu verwenden. Außerdem können Programme und der Desktop eines Computers mit anderen Anwendern im Netzwerk, zum Beispiel für Schulungen, geteilt werden. Windows-Teamarbeit ersetzt zwar keinen Dateiserver, bietet aber kleineren Arbeitsgruppen die Möglichkeit, Daten auszutauschen. Bei der Konfiguration dieser neuen Funktion werden automatisch Regeln in der Windows-Firewall erstellt, die den Datenverkehr von Windows-Teamarbeit zulassen. In einer Teamarbeit-Sitzung können nur PCs mit Windows Vista teilnehmen.

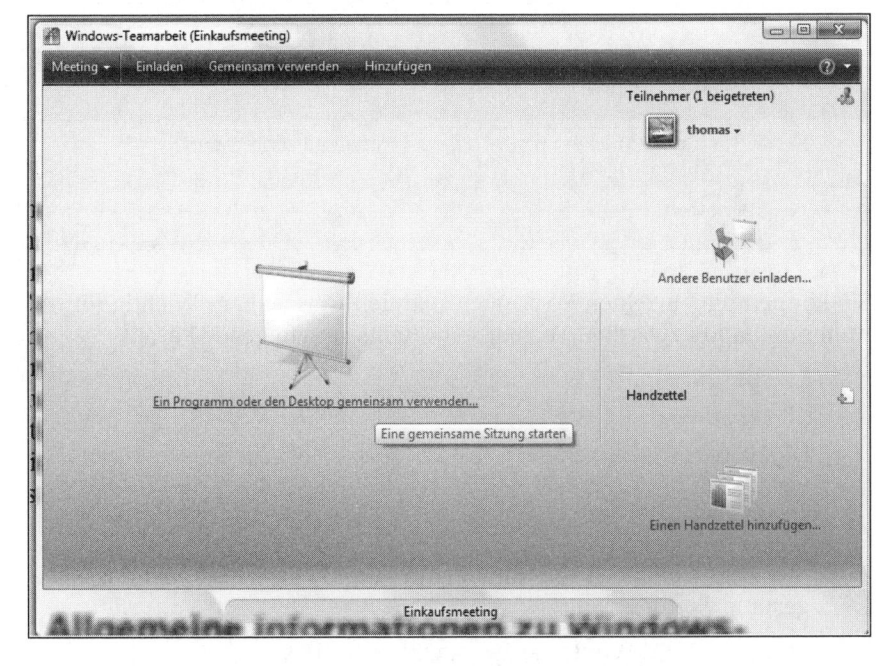

Abbildung 13.1: Gemeinsame Meetings mit Windows-Teamarbeit

13.1 Allgemeine Informationen zu Windows-Teamarbeit

Windows-Teamarbeit setzt für die Kommunikation IPv6 voraus. Sie können aber ohne Weiteres Windows-Teamarbeit auch in IPv4-Netzwerken verwenden, allerdings ist es eine zwingende Voraussetzung, dass die teilnehmenden Clients IPv6-fähig sind.

Wenn Sie das Programm über *Start/Windows-Teamarbeit* öffnen, erscheint zunächst ein Warnhinweis, dass diese Regeln jetzt in der Firewall aktiviert werden (siehe *Abbildung 13.2*). Bestätigen Sie diese Meldung, damit der Assistent zur Einrichtung von Windows-Teamarbeit gestartet werden kann.

Abbildung 13.2: Erstellen der automatischen Firewall-Regel für Windows Teamarbeit

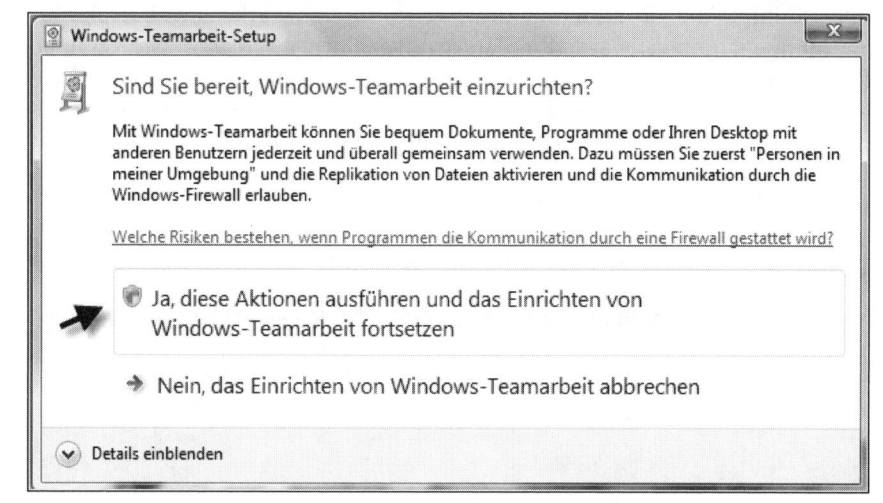

Sie können die einzelnen Ports auch manuell freischalten. Wichtig für die Kommunikation zwischen Teamarbeit-Clients sind folgende Ports:

- TCP 801
- TCP 3587
- UDP 1900
- UDP 3540
- UDP 3702

Außerdem muss einigen Programmen auf dem PC der Zugriff auf das Netzwerk gestattet werden:

- Netproj.exe – C:\Windows\System32\netproj.exe
- P2phost.exe – C:\WindowsSystem32\p2phost.exe
- Wincollab.exe – C:\Programme\Windows Collaboration\WinCollab.exe

Allgemeine Informationen zu Windows-Teamarbeit

Sie erkennen auch bei dieser Meldung wieder das kleine Schild-Symbol in den Windows-Farben. Es wird immer angezeigt, wenn für eine Aufgabe administrative Tätigkeiten durchgeführt werden, also normale Benutzerrechte nicht mehr ausreichen. Wenn Sie die Benutzerkontensteuerung (UAC) deaktiviert haben und mit Administratorrechten arbeiten, spielt dieses Symbol keine Rolle mehr, sondern hat nur symbolischen Charakter.

Für den ersten Start von Windows-Teamarbeit werden daher administrative Berechtigungen benötigt, da die entsprechenden Freigaben in der Windows-Firewall vorgenommen werden müssen. Für alle weiteren Starts von Windows-Teamarbeit reichen normale Benutzerberechtigungen aus.

Im Anschluss startet der Assistent für die Einrichtung von Windows-Teamarbeit. Sie können in dem ersten Fenster einen Anzeigenamen eingeben, wie Sie bei den anderen Teilnehmern angezeigt werden. Im Anschluss scannt der Assistent nach Computern im Netzwerk, die zum Team hinzugefügt werden.

Sie können in diesem Fenster auch konfigurieren, mit wem Sie Verbindung aufbauen wollen und welche Zugriffe Sie generell blockieren. Der Anzeigename ist nur für Anwender im lokalen Netzwerk sichtbar (siehe *Abbildung 13.3*).

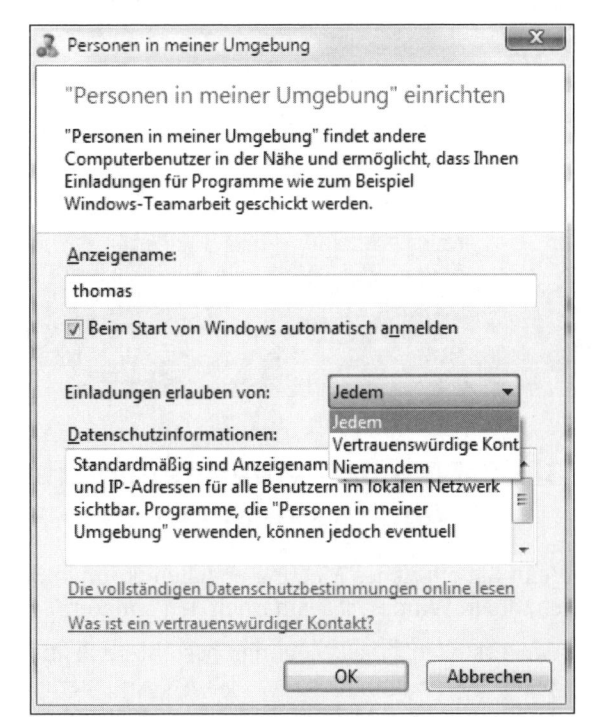

Abbildung 13.3: Festlegen der Benutzer, die Bestandteil eines Teams sein dürfen

Windows-Teamarbeit

Im Anschluss startet Windows-Teamarbeit, und Sie können entweder bei einem Meeting teilnehmen, das ein anderer im Team erstellt hat, oder ein eigenes Meeting erstellen (siehe *Abbildung 13.4*). Innerhalb eines solchen Online-Meetings können Dokumente gemeinsam bearbeitet oder es kann auf einen gemeinsamen Desktop zugegriffen werden. Alle Teilnehmer des Meetings können gemeinsam diese Dateien bearbeiten. Diese Funktion steht allerdings nur dann zur Verfügung, wenn auch die anderen Teilnehmer mit Windows Vista arbeiten.

Wenn Sie ein Meeting erstellt haben, müssen die anderen Teilnehmer Windows-Teamarbeit ebenfalls starten und können über das besprochene Fenster an Ihrem Meeting teilnehmen.

> **INFO**
> *Bei der Windows Vista Home Basic Edition können keine Meetings erstellt werden, sondern es kann nur Meetings beigetreten werden.*

Abbildung 13.4: Verwalten von Meetings in Windows-Teamarbeit

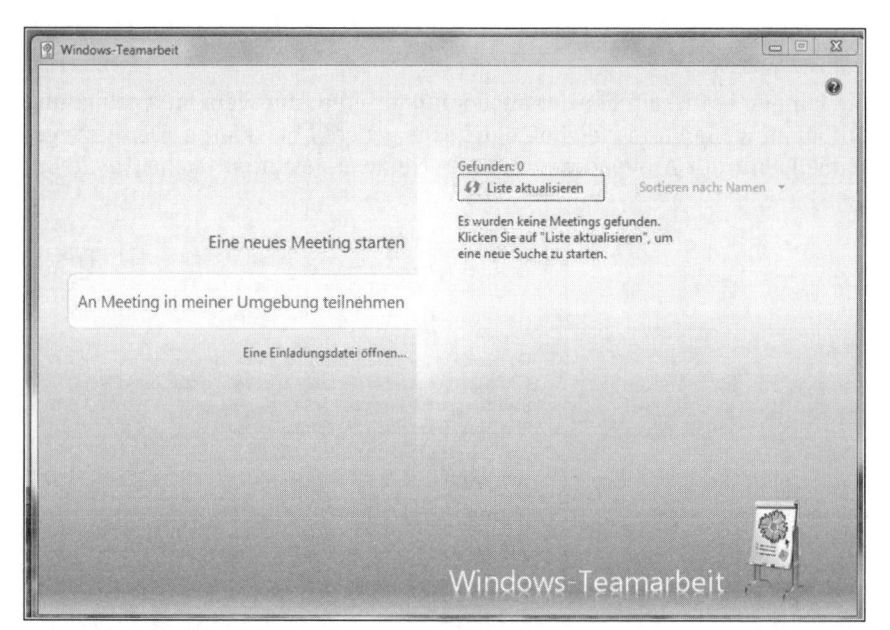

13.2 Erstellen einer neuen Sitzung für Windows-Teamarbeit

Wenn Sie ein neues Meeting erstellen, können Sie eine Bezeichnung festlegen, die in Windows-Teamarbeit den anderen Teilnehmern angezeigt wird.

Beim Erstellen eines Meetings besteht auch die Möglichkeit, mit anderen Notebooks in einem Ad-hoc-WLAN-Netzwerk zusammenzuarbeiten, das eigens für dieses Meeting erstellt wird. Windows-Teamarbeit erstellt dazu bei der Konfiguration des neuen Meetings ein Ad-hoc-Netzwerk mit den

Erstellen einer neuen Sitzung für Windows-Teamarbeit

anderen Computern und verwendet als SSID die Bezeichnung des Meetings. Aus dem Kennwort, das Sie definieren, wird ein WEP-Key erstellt.

Anschließend müssen Sie noch ein Kennwort für das Meeting festlegen. Innerhalb eines Meetings können Sie über die Konfigurationsoberfläche Dateien oder Ihren ganzen Desktop freigeben. Es besteht dabei auch die Möglichkeit, die Kontrolle des Meetings, also auch die Bedienung Ihres Desktops, an einen anderen Teilnehmer zu delegieren.

Die ausgetauschten Netzwerkpakete zwischen den Meeting-Teilnehmern werden verschlüsselt und sind daher als absolut sicher einzustufen.

Innerhalb von solchen Meetings kann auch auf Netzwerkprojektoren zugegriffen werden, sodass die gemeinsamen Ergebnisse auch innerhalb eines Besprechungsraums mit einem Beamer an die Wand projiziert werden können.

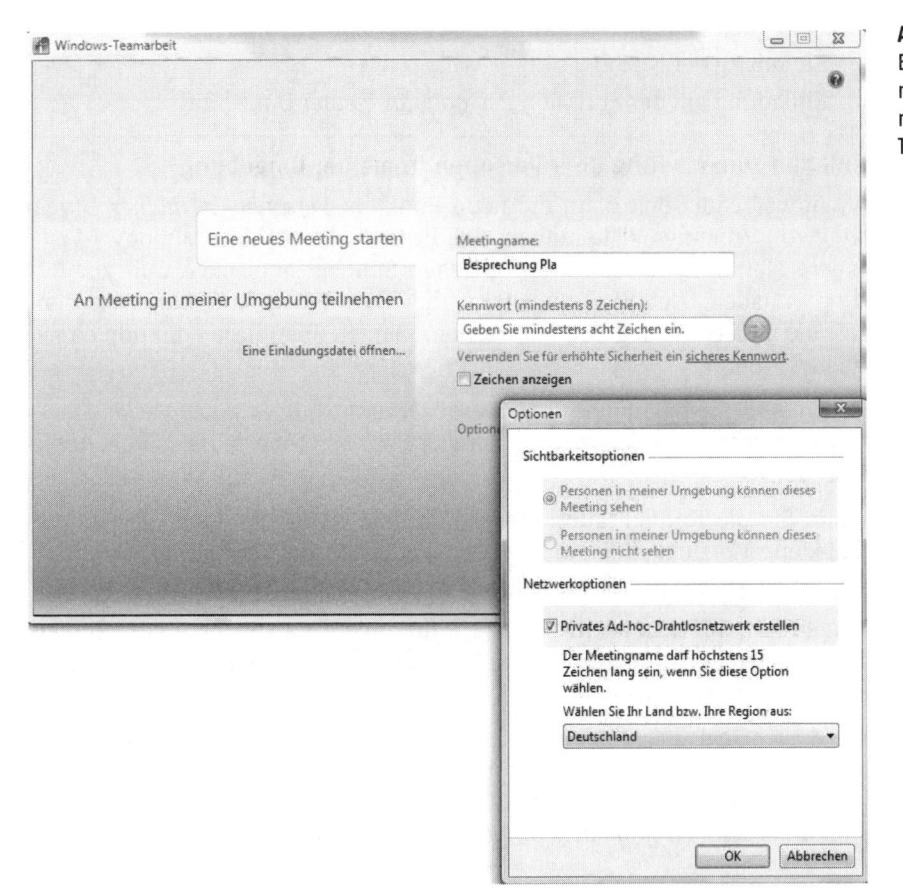

Abbildung 13.5: Erstellen eines neuen Meetings mit Windows-Teamarbeit

Windows-Teamarbeit

> **INFO** *Wenn Sie ein Meeting auf Basis eines Ad-hoc-Funknetzwerkes erstellen wollen, müssen Sie mit einem Benutzerkonto angemeldet sein, das über administrative Berechtigungen verfügt.*

Wenn der Computer bereits im Netzwerk integriert ist, reichen normale Benutzerrechte aus. Da bei der Erstellung eines Ad-hoc-Netzwerkes administrative Rechte notwendig sind, müssen Sie auch bei der Erstellung eines Meetings in Windows-Teamarbeit über diese Rechte verfügen.

13.2.1 Einladen von Teilnehmern zur Sitzung mit Windows-Teamarbeit

Wenn Sie die Sitzung erstellt haben, müssen Sie natürlich auch die potenziellen Teilnehmer zur Sitzung einladen. Hierzu stellt Windows Vista drei Möglichkeiten zur Verfügung:

1. Einladung mit einer Datei
2. Einladung per E-Mail
3. Einladung mit der Funktion *Personen in meiner Umgebung*.

Einladen zum Meeting über Personen in meiner Umgebung

Windows-Teamarbeit kann die neue Funktion *Personen in meiner Umgebung* von Windows Vista nutzen. Bei dieser Funktion kann Windows Vista andere Netzwerkteilnehmer im gleichen Subnetz entdecken und zur Sitzung einladen. Netzwerkanwender, die ihren PC so konfiguriert haben, dass sie im Netzwerk gefunden werden, können über diese Funktion eingeladen werden.

Sie finden die Konfiguration dieser Funktion über *Start/Systemsteuerung/Netzwerk und Internet/Personen in meiner Umgebung* (siehe Abbildung 13.6).

Wenn Sie die Konfiguration dieser Funktion aufrufen, stehen Ihnen verschiedene Möglichkeiten auf zwei Registerkarten zur Verfügung.

Auf der Registerkarte *Einstellungen* (siehe *Abbildung 13.7*) legen Sie den Namen fest, mit dem Sie im Netzwerk für andere Anwender angezeigt werden wollen. Hier können Sie auch ein Bild hinterlegen, das mit Ihrem Benutzerkonto assoziiert wird.

Auf dieser Registerkarte legen Sie auch fest, wer Ihnen Einladungen schicken darf, ob Sie einen Hinweis bekommen wollen, wenn Sie eingeladen werden, und ob Sie sich automatisch bei der Windows-Anmeldung an der Funktion *Personen in meiner Umgebung* anmelden wollen.

Erstellen einer neuen Sitzung für Windows-Teamarbeit

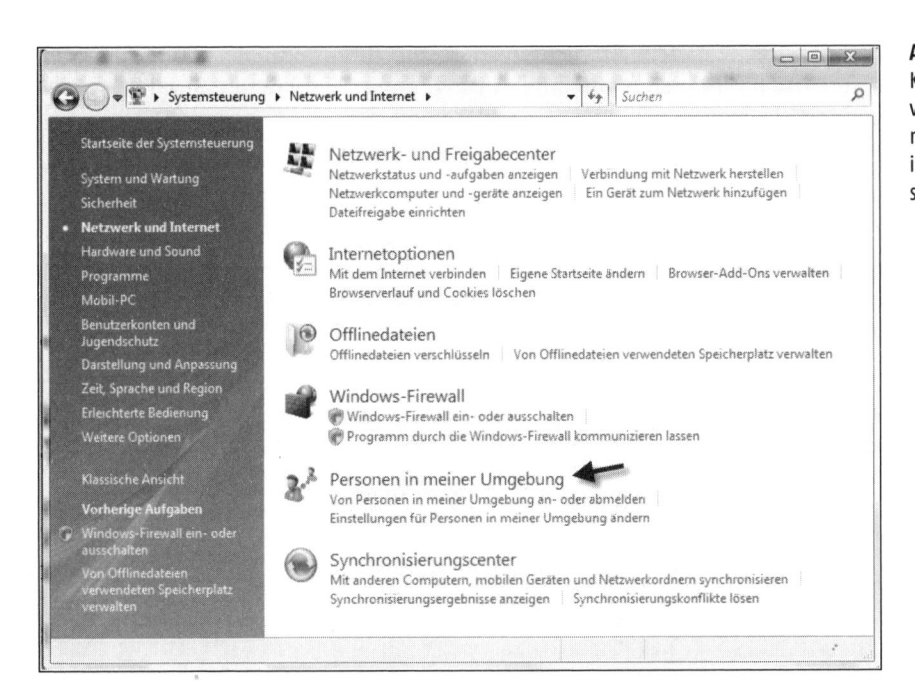

Abbildung 13.6: Konfiguration von Personen in meiner Umgebung in der Systemsteuerung

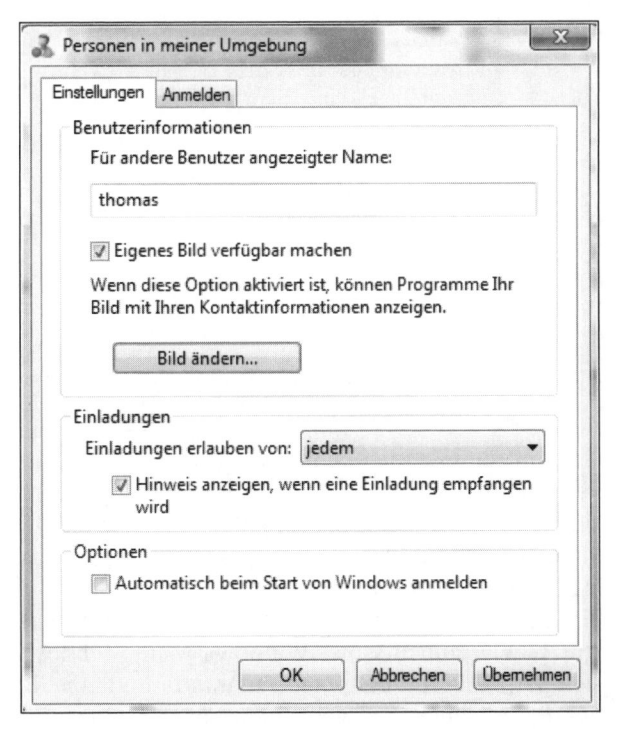

Abbildung 13.7: Konfiguration von Personen in meiner Umgebung

Windows-Teamarbeit

Auf der Registerkarte *Anmelden* sehen Sie Ihren aktuellen Status bei der Anmeldung für Personen in meiner Umgebung. Hier können Sie auch festlegen, ob Sie sich anmelden wollen oder nicht.

Hier erhalten Sie auch die Informationen, welche Daten über Sie bei den anderen Teilnehmern im Netzwerk angezeigt werden, und Sie können sich von *Personen in meiner Umgebung* abmelden.

Um bei einer erstellten Sitzung Teilnehmer über die Funktion *Personen in meiner Umgebung* einzuladen, müssen die PCs der anderen Computer im gleichen Subnetz liegen. Für die Einladung reichen normale Benutzerrechte aus.

Wenn Sie ein Meeting auf Basis eines Ad-hoc-Netzwerkes erstellen, können andere Teilnehmer einfach auf den Link *An Meeting in meiner Umgebung teilnehmen* in Windows-Teamarbeit klicken, es ist ansonsten keine Einladung notwendig.

Abbildung 13.8:
Registerkarte Anmelden in der Konfiguration für Personen in meiner Umgebung

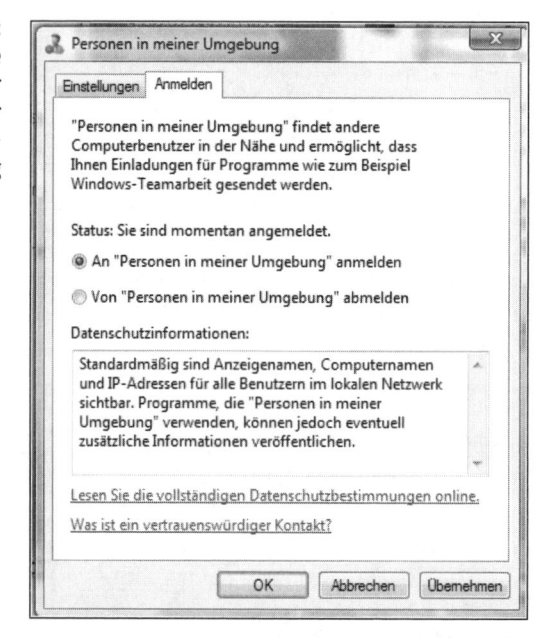

Einladen per E-Mail oder einer Datei

Wenn Sie Teilnehmer per E-Mail einladen wollen, muss die entsprechende Sitzung in Teammeeting erstellt sein, und Sie müssen es gestartet haben. Damit Sie einen Teilnehmer per E-Mail einladen können, muss auf Ihrem PC ein E-Mail-Programm eingerichtet und konfiguriert sein, das MAPI unterstützt, wie zum Beispiel Windows Mail. Windows Teamarbeit verbindet sich per MAPI mit dem Mail-Programm und erstellt eine E-Mail, die Sie auf herkömmlichem Weg versenden können. Diese E-Mail enthält einen Link zur Besprechung.

Erstellen einer neuen Sitzung für Windows-Teamarbeit

Klicken Sie zur Erstellung der Einladung im Meetingfenster auf den Link *Andere Benutzer einladen*, und folgen Sie den Anweisungen (siehe *Abbildung 13.9*). Alternativ können Sie auch auf den Menüpunkt *Einladen* im Meetingfenster klicken.

Diese Art der Einladung kann nur innerhalb einer laufenden Besprechung durchgeführt werden, da die Teilnehmer nach der Eingabe des passenden Kennwortes mit der Sitzung auf Ihrem PC verbunden werden.

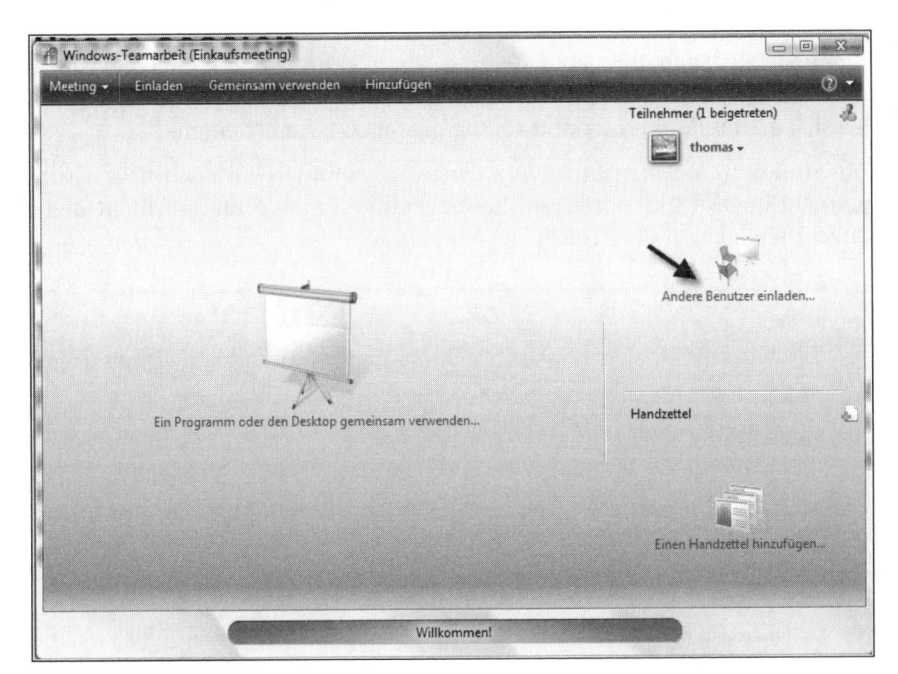

Abbildung 13.9: Einladen von zusätzlichen Teilnehmern

Wenn Sie eine Einladung mithilfe einer Datei erstellen wollen, wählen Sie in der Benutzereinladung diese Option aus, und speichern Sie die Einladungsdatei auf Ihrem PC. Auch diese Art der Einladung kann lediglich innerhalb einer laufenden Sitzung durchgeführt werden. Im Anschluss können Sie diese Datei per E-Mail versenden oder in einem gemeinsamen Netzlaufwerk ablegen. Die Datei kann auch durch Dateiübertragung in einem Instant Messaging-Programm weitergegeben werden, wie dem ebenfalls kostenlos erhältlichen Windows Live Messenger.

13.2.2 An Windows-Teamarbeit-Sitzungen teilnehmen

Unabhängig davon, wie die Teilnehmer einer Sitzung beitreten, sind alle Bestandteil des gleichen Meetings. Die Teilnehmer können entweder über das Startfenster in Windows-Teamarbeit einen Verbindungsaufbau initiieren, dem Link in einer Einladungs-Mail folgen oder eine Einladungsdatei verwenden. Der Verbindungsaufbau zu einem Meeting in Windows-Teamarbeit ist bewusst sehr einfach und intuitiv gehalten.

Windows-Teamarbeit

> **TIPP** *Achten Sie darauf, dass beim ersten Start von Windows-Teamarbeit administrative Berechtigungen benötigt werden, da Windows Vista zunächst die bereits beschriebenen Konfigurationen in der Windows-Firewall vornehmen muss.*
>
> *Auch wenn Sie beim ersten Start von Windows-Teamarbeit kein eigenes Meeting erstellen, sondern einem Meeting beitreten wollen, werden administrative Berechtigungen benötigt.*

Wenn Sie zur Teilnahme kein Meeting sehen, kann es daran liegen, dass Sie nicht im Bereich *Personen in meiner Umgebung* angemeldet sind. Melden Sie sich an der Funktion, dann sollten die Meetings erscheinen.

Die Funktion *Personen in meiner Umgebung* können Sie auch über Gruppenrichtlinien deaktivieren, in diesem Fall kann die Funktion nicht mehr über einen lokalen Client aktiviert werden.

Abbildung 13.10: Deaktivierung von Windows-Teamarbeit über Gruppenrichtlinien

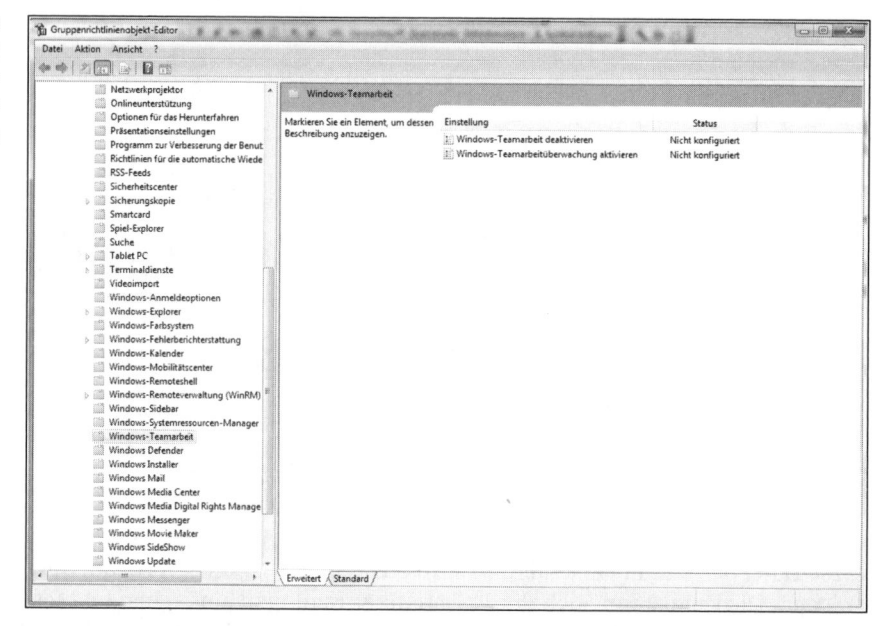

Auch wenn der Client, auf dem die Windows-Teamarbeit-Sitzung erstellt wurde, keine korrekten Firewall-Einstellungen hat, funktioniert der Verbindungsaufbau nicht.

13.2.3 Arbeiten mit Windows-Teamarbeit

Wenn Sie eine Sitzung gestartet haben, können Sie durch Klicken auf den Link *Ein Programm oder den Desktop gemeinsam verwenden...* mit den anderen Anwendern zusammen eine Datei bearbeiten. Alle Teilnehmer sehen in Ihrer Sitzung die Datei oder das Programm.

Wenn Sie auf den Link geklickt haben, zeigt Ihnen Windows-Teamarbeit in einem neuen Fenster alle gestarteten Programme und Dateien an. Sie können auswählen, ob die anderen Teilnehmer Ihren kompletten Desktop sehen sollen oder nur das entsprechende Programm (siehe *Abbildung 13.11*).

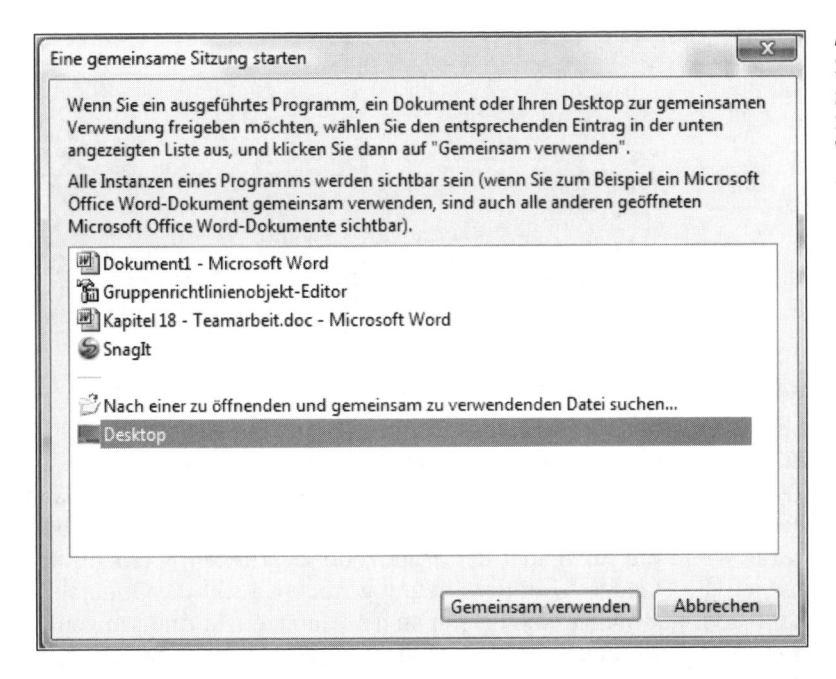

Abbildung 13.11: Starten von gemeinsamen Sitzungen in Windows-Teamarbeit.

Alternativ können Sie auch Dateien aus dem Explorer in das Windows-Teammeeting ziehen, sie werden daraufhin automatisch für alle anderen Anwender geteilt.

Es kann allerdings immer nur ein Anwender eine Datei oder ein Programm mit den anderen Teilnehmern aktiv teilen.

Windows-Teamarbeit

Abbildung 13.12:
Gemeinsames Bearbeiten von Dateien über Windows-Teamarbeit

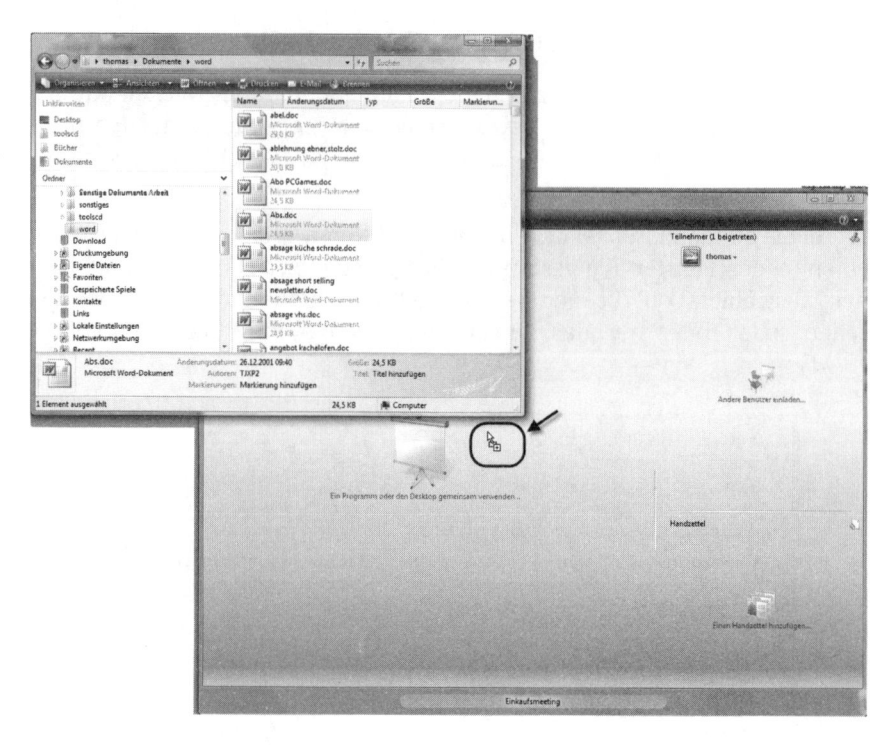

Handzettel in Windows-Teamarbeit

Mit der Funktion *Einen Handzettel hinzufügen* können Sie beliebige Dateien mit den anderen Anwendern teilen. Bei dieser Funktion sehen die anderen Teilnehmer allerdings nicht Ihren Desktop oder die freigegebene Datei, sondern erhalten eine Kopie der Datei, die zu den anderen Clients übertragen wird. Wenn die Anwender den Handzettel bearbeiten, werden nur Änderungen der Handzettel in der Sitzung geändert, nicht die Originaldatei. Es kann aber nur immer eine Person an den Handzetteln Änderungen vornehmen. Die Änderungen des Anwenders, der als Letzter speichert, werden dann übernommen. Auch hier können Sie die entsprechende Datei wieder mit Drag & Drop auf den Dialog *Einen Handzettel hinzufügen* ziehen (siehe Abbildung 13.13).

> **INFO**
> *Die Handzettel werden durch den Dienst* DFS-Replikation *auf die PCs der einzelnen Teilnehmer repliziert. Wenn Sie für Clients die Möglichkeit der Dateireplikation in Windows-Teamarbeit komplett untersagen wollen, können Sie den Dienst* DFS-Replikation *deaktivieren, danach können in Windows-Teamarbeit keine Handzettel mehr erstellt werden. Der Dienst kann auch über Gruppenrichtlinien deaktiviert werden.*

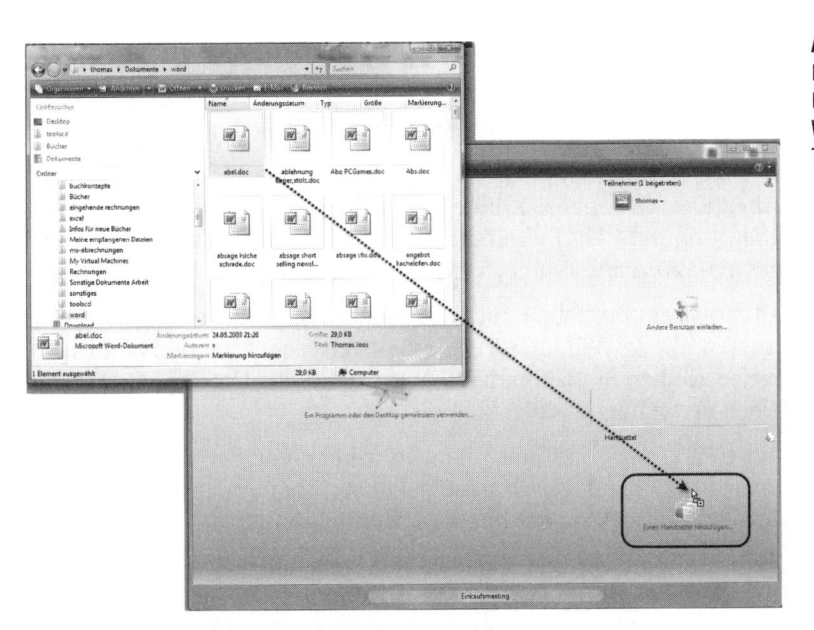

Abbildung 13.13:
Erstellen von Handzetteln in Windows-Teamarbeit

Mit anderen Anwendern kommunizieren

Sie sehen alle Teilnehmer der Sitzung im oberen rechten Bereich in Windows-Teamarbeit. Hier wird auch das Foto angezeigt, das Sie bei *Personen in meiner Umgebung* konfigurieren können. Standardmäßig übernimmt Windows-Teamarbeit das Benutzerbild für das Konto des Anwenders.

Wenn Sie auf einen Benutzer doppelklicken, können Sie ihm eine Textnachricht zukommen lassen. Sie selbst können Ihren aktuellen Online-Status konfigurieren, wenn Sie auf das kleine Dreieck neben Ihrem Benutzernamen klicken (siehe *Abbildung 13.14*).

Wenn Sie einen Teilnehmer mit der rechten Maustaste anklicken, stehen Ihnen zur Kommunikation weitere Einstellungsmöglichkeiten zur Verfügung.

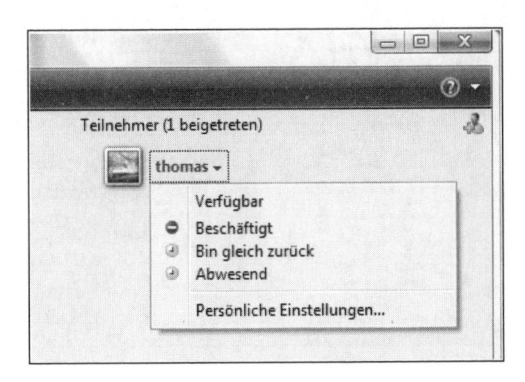

Abbildung 13.14:
Ändern des persönlichen Online-Status in Windows-Teamarbeit

Windows-Teamarbeit

13.2.4 Konfiguration der möglichen Dateitypen für die Verwendung in Windows-Teamarbeit – der Windows-Anlagen-Manager

Wie Sie in *Abbildung 13.10* erkennen können, lässt sich Windows-Teamarbeit über Gruppenrichtlinien deaktivieren. Sie finden diese Einstellungen über *Computerkonfiguration/Administrative Vorlagen/Windows-Komponenten/Windows-Teamarbeit*.

Administratoren haben auch die Möglichkeit, die einzelnen Dateitypen zu sperren, die in Windows-Teamarbeit verwendet werden können. Auf diese Weise können Sie verhindern, dass gefährliche Dateien in Windows-Teamarbeit verwendet werden können.

Diese Filterung von Dateianhängen werden von der Windows-Komponente Anlagen-Manager gesteuert. Sie können den Anlagen-Manager entweder lokal konfigurieren oder über Gruppenrichtlinien.

Die Konfiguration des Anlagen-Managers über Gruppenrichtlinien findet über *Benutzerkonfiguration/Administrative Vorlagen/Windows-Komponenten/Anlagen-Manager* statt (siehe *Abbildung 13.15*). Die hier konfigurierten Anlagensperren gelten auch für Windows-Mail, das Downloaden der Dateien im Internet Explorer und im Windows Live Messenger.

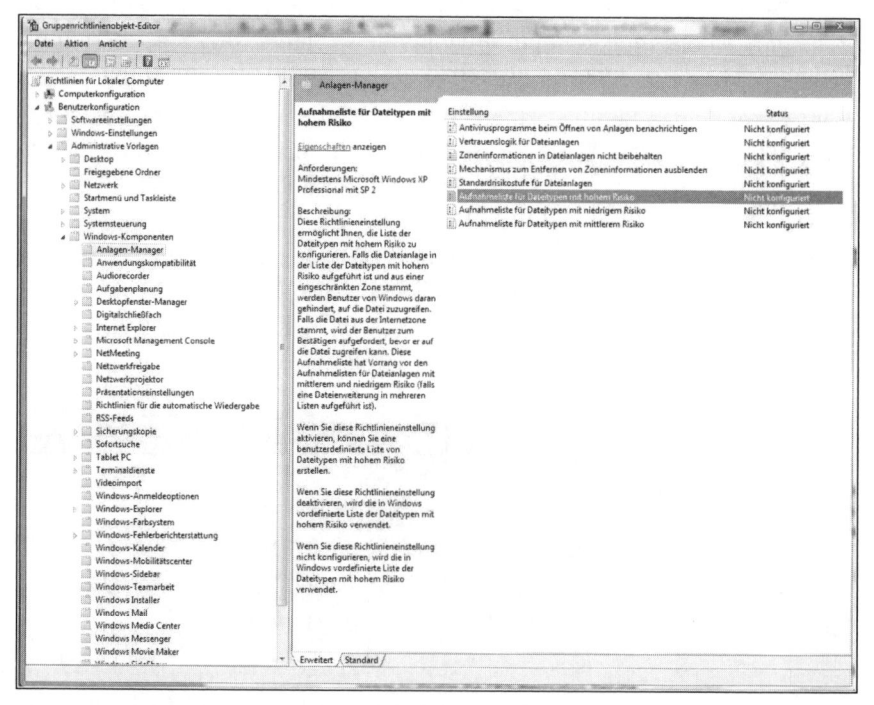

Abbildung 13.15: Konfiguration des Anlagen-Managers über Gruppenrichtlinien

Erstellen einer neuen Sitzung für Windows-Teamarbeit

Die Verwaltung der Dateien im Anlagen-Manager findet normalerweise nicht über einzelne Dateitypen statt, sondern über die drei Gruppen:

- Dateitypen mit hohem Risiko
- Dateitypen mit mittlerem Risiko
- Dateitypen mit niedrigem Risiko

Alle Dateitypen, die Microsoft nicht als hoch riskant oder niedrig riskant einstuft, werden automatisch als Dateitypen mit mittlerem Risiko bewertet.

Sie können über die Gruppenrichtlinie beliebig weitere Dateitypen in die verschiedenen Klassifizierungen mit aufnehmen. Auch diese Bearbeitung führen Sie am besten über den Gruppenrichtlinien-Editor durch (siehe Abbildung 13.15 und Abbildung 13.16).

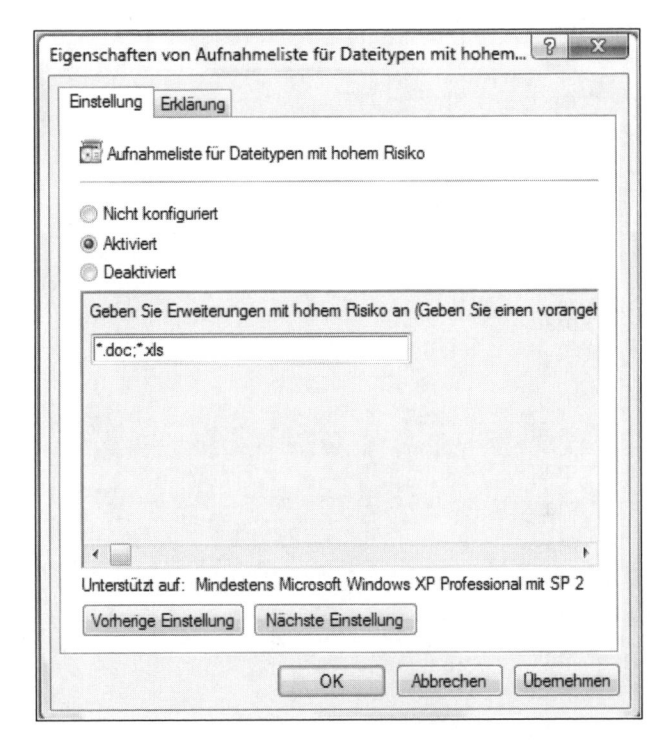

Abbildung 13.16: Konfiguration von Dateitypen mit verschiedenen Risikostufen über Gruppenrichtlinien

Gefährliche Dateitypen, also Dateitypen mit hohem Risiko, sind für Microsoft standardmäßig die folgenden Dateien:

- *.ade
- *.adp
- *.app
- *.asp
- *.bas

Windows-Teamarbeit

- *.bat
- *.cer
- *.chm
- *.cmd
- *.com
- *.cpl
- *.crt
- *.csh
- *.exe
- *.fxp
- *.hlp
- *.hta
- *.inf
- *.ins
- *.isp
- *.its
- *.js
- *.jse
- *.ksh
- *.lnk
- *.mad
- *.maf
- *.mag
- *.mam
- *.maq
- *.mar
- *.mas
- *.mat
- *.mau
- *.mav
- *.maw
- *.mda
- *.mdb
- *.mde
- *.mdt
- *.mdw
- *.mdz
- *.msc
- *.msi
- *.msp

Erstellen einer neuen Sitzung für Windows-Teamarbeit

- *.mst
- *.ops
- *.pcd
- *.pif
- *.prf
- *.prg
- *.pst
- *.reg
- *.scf
- *.scr
- *.sct
- *.shb
- *.shs
- *.tmp
- *.url
- *.vb
- *.vbe
- *.vbs
- *.vsmacros
- *.vss
- *.vst
- *.vsw
- *.ws
- *.wsc
- *.wsf
- *.wsh

In Windows Vista werden folgende Dateitypen standardmäßig als Daten mit niedrigem Risiko eingestuft:

- *.text
- *.txt
- *.bmp
- *.dib
- *.emf
- *.gif
- *.ico
- *.jfif
- *.jpg
- *.jpe
- *.jpeg

Windows-Teamarbeit

- *.png
- *.tif
- *.tiff
- *.wmf

Auch diese Dateien können Sie beliebig erweitern, indem Sie die entsprechende Gruppenrichtlinie konfigurieren (siehe *Abbildung 13.17*).

Abbildung 13.17:
Konfiguration von Dateitypen mit niedrigem Risiko

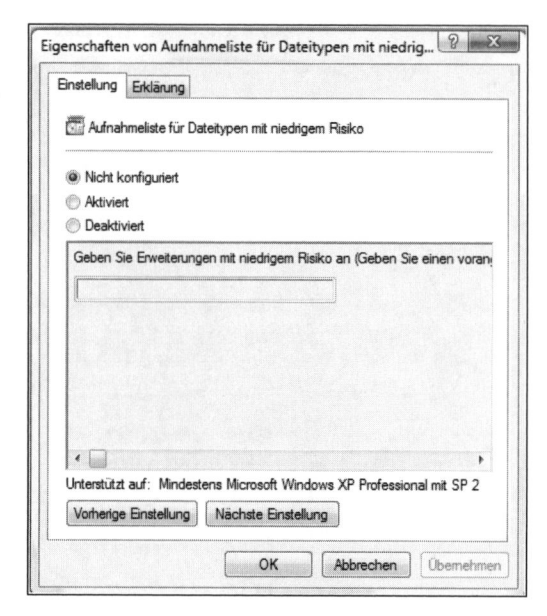

Die Dateiblockierung findet allerdings nicht nur über die Definition der Dateitypen in Verbindung mit den verschiedenen Listen statt, sondern verwendet zusätzlich die einzelnen Sicherheitszonen im Internet Explorer (siehe Kapitel 14). Hier geht Windows Vista nach folgender Logik vor:

- Dateitypen mit hohem Risiko – Wenn eine Datei einem Dateityp mit hohem Risiko entspricht und von einem Netzwerkort kommt, der im Internet Explorer als *Eingeschränkte Site* definiert wurde (siehe Kapitel 14 und *Abbildung 13.18*), wird der Zugriff auf diese Datei blockiert. Stammt die Datei von einer Zone, die als Internet hinterlegt ist, erhält der Anwender eine entsprechende Meldung, sodass er den Zugriff auf die Datei bestätigen muss.
- Dateitypen mit niedrigem Risiko – Entspricht eine Datei einem Dateityp, der als niedriges Risiko klassifiziert ist, wird niemals blockiert, und der Anwender erhält auch keinerlei Warnmeldungen.
- Dateitypen mit mittlerem Risiko – Dateien mit mittlerem Risiko, die von einer Quelle der Zone *Internet* oder der Zone *Eingeschränkte Sites* stammen, verursachen eine Meldung, die der Anwender bestätigen muss, sie werden aber nie blockiert.

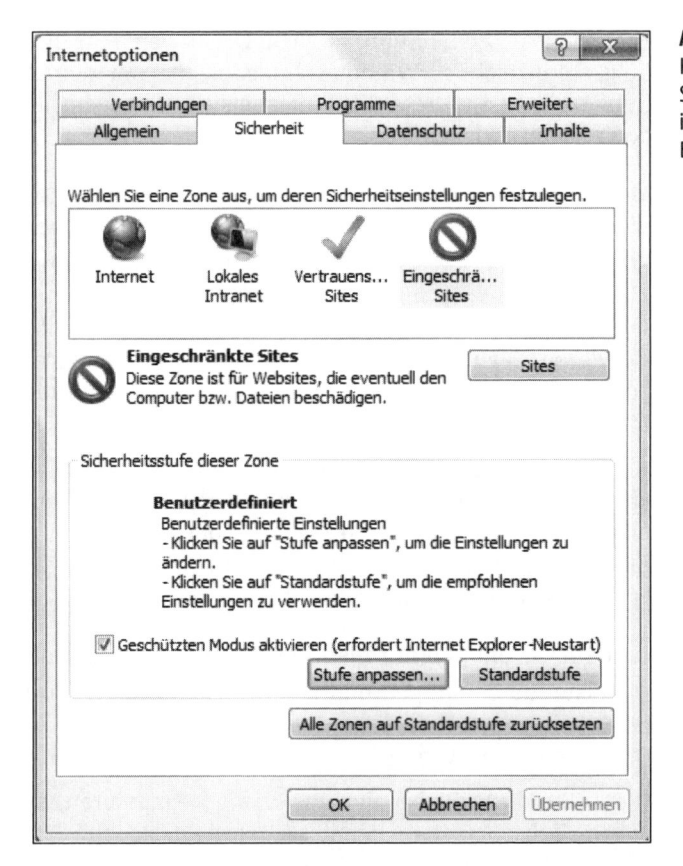

Abbildung 13.18:
Konfiguration von Sicherheitszonen im Internet Explorer

Im nachfolgenden Abschnitt gehe ich mit Ihnen die wichtigsten Gruppenrichtlinieneinstellungen durch, die das Blockieren von Dateianlagen basierend auf Dateitypen und Sicherheitszonen im Internet Explorer steuern.

Standardrisikostufe für Dateianlagen

Mit dieser Richtlinieneinstellung können Sie die Standardrisikostufe für Dateitypen verwalten. Wenn Sie diese Richtlinieneinstellung deaktivieren, legt Windows die mittlere Risikostufe fest. Wenn Sie diese Richtlinieneinstellung gar nicht konfigurieren, legt Windows ebenfalls die mittlere Risikostufe fest.

Zoneninformationen in Dateianlagen nicht beibehalten

Mit dieser Richtlinieneinstellung können Sie steuern, ob Windows Dateianlagen markiert, denen Informationen zu ihrer Ursprungszone beigefügt sind. Diese Ursprungszonen sind *Internet*, *Intranet* und *Lokal*. Diese Richtlinieneinstellung erfordert das NTFS-Dateisystem, um einwandfrei zu funktionieren. Werden die Zoneninformationen nicht beibehalten, kann Windows keine fundierte Risikoeinschätzung vornehmen. Aktivieren Sie diese Richtlinieneinstellung, markiert Windows Dateianlagen nicht unter Verwendung der jeweiligen Zoneninformationen. Deaktivieren Sie diese Richtlinieneinstellung, kennzeichnet Windows Dateianlagen mit den Zoneninformationen. Konfigurieren Sie diese Richtlinieneinstellung gar nicht, kennzeichnet Windows Dateianlagen mit den Zoneninformationen.

Mechanismus zum Entfernen von Zoneninformationen ausblenden

Mit dieser Richtlinieneinstellung können Sie festlegen, ob Benutzer die Zoneninformationen von gespeicherten Dateianlagen manuell entfernen können, indem Sie auf der Registerkarte *Eigenschaften* der Datei auf *Zulassen* klicken oder ein Kontrollkästchen im Dialogfeld *Sicherheitswarnung* aktivieren. Wenn man die Zoneninformationen entfernt, könnten Benutzer potenziell gefährliche Dateianlagen öffnen, die Windows für das Öffnen durch Benutzer gesperrt hat.

Aktivieren Sie diese Richtlinieneinstellung, blendet Windows das Kontrollkästchen und die Schaltfläche *Zulassen* aus. Deaktivieren Sie diese Richtlinieneinstellung, zeigt Windows das Kontrollkästchen und die Schaltfläche *Zulassen* an. Konfigurieren Sie diese Richtlinieneinstellung gar nicht, zeigt Windows das Kontrollkästchen und die Schaltfläche *Zulassen* ebenfalls an.

Liste für Dateitypen mit niedrigem, mittlerem und hohem Risiko

Die Liste für Dateitypen mit hohem Risiko genießt Vorrang vor den Listen für Dateitypen mit niedrigem und mittlerem Risiko. Außerdem kann eine Dateinamenerweiterung in mehr als einer Liste verzeichnet sein.

Wenn Sie diese Richtlinieneinstellung deaktivieren, verwendet Windows die im Betriebssystem bereits angelegte Liste von Dateitypen. Wenn Sie diese Richtlinieneinstellung gar nicht konfigurieren, verwendet Windows ebenfalls die im Betriebssystem bereits angelegte Liste von Dateitypen.

Vertrauenslogik für die Einstufung von Dateianlagen

Mit dieser Richtlinieneinstellung können Sie die Logik konfigurieren, auf deren Basis Windows das Risiko für verschiedene Typen von Dateianlagen ermittelt. Durch die Bevorzugung des Dateihandlers wird Windows instruiert, die Dateihandlerdaten den Dateitypdaten gegenüber vorrangig zu behandeln. So wird Windows beispielsweise instruiert, zwar *Notepad.exe* zu vertrauen, TXT-Dateien jedoch nicht.

Durch die Bevorzugung des Dateityps wird Windows instruiert, die Dateitypdaten den Dateihandlerdaten gegenüber vorrangig zu behandeln. So werden TXT-Dateien zum Beispiel unabhängig vom jeweiligen Dateihandler als vertrauenswürdig eingestuft. Die restriktivste Option besteht darin, sowohl den Dateihandler als auch den Dateityp zu verwenden. Windows wählt das jeweils restriktivere Verfahren. Dadurch werden den Benutzern mehr Eingabeaufforderungen zu Vertrauensstellungen angezeigt als bei den anderen Optionen. Wenn Sie diese Richtlinieneinstellung aktivieren, können Sie die Reihenfolge festlegen, in der Windows Daten zur Risikoeinstufung verarbeitet. Wenn Sie diese Richtlinie deaktivieren, wendet Windows die standardmäßige Vertrauenslogik an, bei welcher der Dateihandler Vorrang vor dem Dateityp genießt.

Beim Öffnen von Anlagen Antivirenprogramme benachrichtigen
Aktivieren Sie diese Richtlinie, instruiert Windows das registrierte Antivirenprogramm, einen Scan der Datei durchzuführen, wenn ein Benutzer eine Dateianlage öffnet. Falls das Antivirenprogramm fehlschlägt, ist die Anlage blockiert und kann nicht geöffnet werden. Deaktivieren Sie diese Richtlinie, ruft Windows die registrierten Antivirenprogramme nicht auf, wenn Dateianlagen geöffnet werden. Konfigurieren Sie diese Richtlinie gar nicht, ruft Windows die registrierten Antivirenprogramme ebenfalls nicht auf, wenn Dateianlagen geöffnet werden.

13.2.5 Windows-Teamarbeit überwachen

Windows-Teamarbeit erstellt Logdateien, welche die einzelnen Aktionen in Windows-Teamarbeit genau protokollieren. Die Protokolldateien enthalten Informationen über Namen der PCs, Benutzernamen, IP-Adresse, Dateinamen und -größe der geteilten Applikationen usw. Die Überwachung von Windows-Teamarbeit kann ebenfalls über Gruppenrichtlinien aktiviert oder deaktiviert werden.

13.2.6 IPv6-Fehlerbehebung für Windows-Teamarbeit

Wie bereits erwähnt, benötigt Windows-Teamarbeit eine IPv6-Verbindung zwischen den teilnehmenden Clients. Wenn keine Verbindung zwischen den Teilnehmern einer Windows-Teamarbeit-Sitzung hergestellt werden kann, sollten Sie überprüfen, ob die IPv6-Konnektivität zwischen den Clients funktioniert. Gehen Sie dazu folgendermaßen vor:

1. Öffnen Sie zunächst eine Befehlszeile.
2. Geben Sie ipconfig ein, und stellen Sie sicher, dass Sie eine IP-Adresse wie *fe80::4edf:10.50.149.63%2* haben. Diese Art der Adresse wird als *Link-Local-Adresse* bezeichnet und beginnt immer mit *fe80*.
3. Sollten Sie keine solche Adresse haben, überprüfen Sie, ob IPv6 für die Netzwerkkarte verbunden ist. Sie finden diese Einstellung in der Konfiguration der Netzwerkkarte (siehe *Abbildung 13.19*).

Versuchen Sie, den Client anzupingen. Erhalten Sie keine Antwort, haben Sie das Problem bereits gefunden. Alle Clients, die an einer gemeinsamen Sitzung teilnehmen wollen, müssen sich gegenseitig anpingen können, und zwar mit der hinterlegten IPv6-Adresse.

Überprüfen Sie auch, ob sich die Clients im gleichen IPv4-Subnetz befinden, wenn Sie mit IPv4 arbeiten. Die Verbindung von Windows-Teamarbeit kann ein IPv4-Netzwerk zur Kommunikation mit IPv6 verwenden.

Windows-Teamarbeit

Abbildung 13.19: Gebundenes IPv6 an der Netzwerkkarte

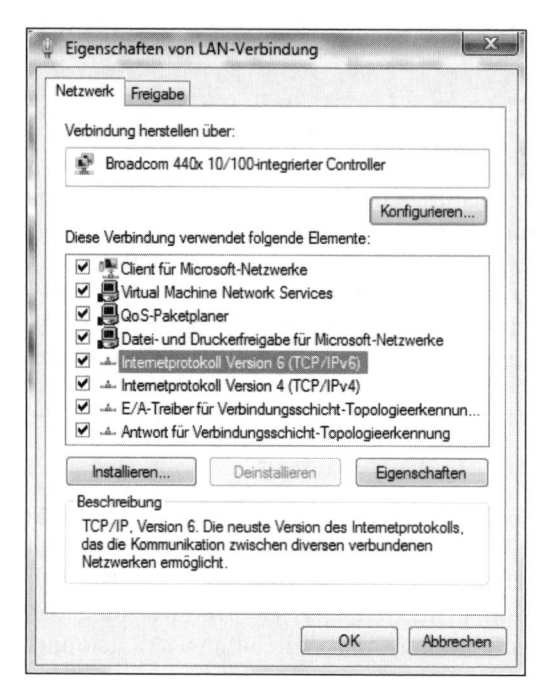

Überprüfen von Peer Name Resolution Protocol (PNRP) Cloud

Diese Funktion wird zur Namensauflösung innerhalb von Windows-Teamarbeit in Verbindung mit IPv6 benötigt. Geben Sie in der Befehlszeile folgende Befehle ein, um sich die aktuelle Konfiguration anzeigen zu lassen:

1. Geben Sie *netsh* ein, und bestätigen Sie die Eingabe mit Enter.
2. Geben Sie *p2p* ein, und bestätigen Sie die Eingabe mit Enter.
3. Geben Sie *pnrp* ein, und bestätigen Sie die Eingabe mit Enter.
4. Geben Sie *cloud* ein, und bestätigen Sie die Eingabe mit Enter.
5. Geben Sie *show names* ein, und bestätigen Sie die Eingabe mit Enter.
6. Überprüfen Sie, ob das Ergebnis so aussieht wie in *Listing 13.1*. Wenn der Status für *Global_* als *Aktiv* gekennzeichnet ist und die Anzahl der Cacheeinträge 45 oder höher ist, dann ist PNRP richtig initialisiert.
7. netsh p2p pnrp cloud > show names

Listing 13.1: Überprüfung der PNRP-Initialisierung

```
Scope   Id     Addr   State              Name
-----   ---    -----  ----------------   -----
   1     0       3    Active             Global_
Use Server:             Used
Use SSDP:               Used
Use Persisted cache:    No addresses
Cloud Configured Mode:    Auto
Cloud Operational Mode:    Full Participant
```

Erstellen einer neuen Sitzung für Windows-Teamarbeit

```
Number of cache entries:    45

Estimated cloud size:        0
Number of registered names:  3
P2P Name:       0.Pnrpauto-2982302349583023456
Identity:       1115c80f3c33aa01c8c25a76562f693f532a499d.PnrpProtocolV2
Comment:        PnrpAutoService
PNRP ID:
01f4098de8c77588ac746fc71ba5e9a1.2001489800280003ed93abd8bffc88e
State:          OK
IP Addresses:   127.0.0.1:80 tcp
Cloud Configured Mode:     Auto
Cloud Operational Mode:    Full Participant
```

TEIL 5
Sicherheit und Datenschutz

699	Sicherheit in Windows Vista	14
797	Daten sichern und wiederherstellen	15

14 Sicherheit in Windows Vista

In den vorangegangenen Kapiteln wurden bereits einzelne Sicherheitsfeatures von Windows Vista besprochen. In diesem Kapitel richten wir den Fokus auf die neuen Funktionen, die bisher noch nicht besprochen wurden. Im jeweiligen Bereich verweisen wir auf die vorangegangenen Kapitel, wenn ein Thema bereits behandelt wurde. Vor allem hat Microsoft viel in Vista getan, um das Betriebssystem im Netzwerk und Internet sicherer zu machen. Viele dieser Sicherheitsfunktionen sind in die Kritik geraten, unter anderem die Funktion, dass externe Programme nicht auf den Kernel zugreifen können. Dadurch wird zwar Viren und Trojanern der Zugriff auf das System erschwert, den Antiviren-Programmen aber auch.

Früher gab es nur Viren. Viren sind Programme, die schädlichen Programmcode auf Ihren PC laden und Daten vernichten oder anderen Schaden anrichten. Inzwischen gibt es noch eine Vielzahl weiterer Schädlinge, Malware genannt. Viele Internetanwender betreiben ihre Sicherheit durch Ignorieren dieser Schädlinge, bis der PC nicht mehr läuft, Geld auf dem Konto fehlt oder Bekannte sich beschweren, dass sie Viren per E-Mail von ihnen erhalten. Zum Entfernen all dieser Schädlinge helfen Ihnen kostenlose Tools. Mit anderen Worten: Die Sicherheit Ihres PC kostet Sie keinen Cent, sondern nur etwas Zeit. Insgesamt gibt es zahlreiche verschiedene Varianten von Malware:

- Viren – Viren sind kleine Computerprogramme, die sich auf Ihrem PC einnisten, um Schaden zu verursachen. Sie zerstören Dateien, ändern Windows-Einstellungen und haben nichts als Zerstörung im Sinn.
- Trojaner – Trojanische Pferde werden oft Backdoors genannt. Sie öffnen den PC von innen her für Angreifer. Sobald ein Trojaner installiert ist, kann ein Angreifer die volle Kontrolle über den PC erhalten. Trojaner kommen in den meisten Fällen per E-Mail auf den PC.
- Dialer – Dialer sind kleine Programme, die Computern mit Modem oder ISDN-Karte einen neuen Internetzugang unter einer 0190er- oder 0900er-Nummer einrichten. Pro Einwahl können mehrere hundert Euro an Kosten verursacht werden.
- Würmer – Wurmviren sind eine große Gefahr. Das sind E-Mails mit gefährlichen Anhängen, die sich selbst automatisch weiterversenden. Ihre Bekannten aus Ihrem E-Mail-Adressenbuch bekommen E-Mails, die in Ihrem Namen verschickt wurden.

- Adware und Spyware – Ihre Daten und Surfgewohnheiten sind für manche Werbefirmen Gold wert. Daher scheuen sie sich nicht davor, Ihnen Software einzuschleusen, die Ihre Internetaktivitäten aufzeichnen und Ihre Privatsphäre ausspionieren. Werbemodule verändern zum Beispiel die Startseite Ihres Browsers.
- Keylogger – Diese speziellen Programme zeichnen Ihre Tastatureingaben auf und kommen so an Ihre Benutzernamen und Kennwörter, zum Beispiel für Ihr Online-Banking.
- Phishing-Mails – Weit verbreitet ist dieser E-Mail-Typ, mit dem Betrüger versuchen, an Ihre Zugangsdaten fürs Online-Banking zu kommen, um Ihr Konto zu plündern. Phishing ist ein Kunstwort aus Password und Fishing in der Bedeutung von »Passwort fischen«.
- Rootkits – Der Begriff Rootkit kommt ursprünglich aus dem Bereich des Betriebssystems Unix. Ein Rootkit ist eine Sammlung von Programmen, die es Administratoren erlaubt, Zugriff auf einen Computer zu erlangen. Rootkits werden von Hackern verwendet, um nach einem Einbruch auf einen PC zugreifen zu können, ohne dass der Besitzer des PCs dies merkt.

Eine optimale Internetsicherheit besteht in einem vernünftigen Umgang mit dem Internet in Verbindung mit Programmen (Tools), die Ihren Rechner vor ungebetenen Gästen schützen. Viele Internetbenutzer sind vollkommen ohne solche Schutzprogramme unterwegs und verbringen den Rest ihrer Freizeit mit dem Beseitigen von Viren oder der Neuinstallation des PC. Wenn Sie die Programme wie im Folgenden beschrieben herunterladen, bei sich installieren und regelmäßig aktualisieren, ist Ihr Computer vor Gefahren aller Art mehr als gut geschützt.

14.1 Tipps zu Beginn des Sicherheits-Workshops

Bevor ich Ihnen zeige, wie Sie Ihren PC optimal absichern, sollten Sie gewisse Tipps zukünftig berücksichtigen, wenn Sie zum Beispiel Passwörter im Internet für verschiedene Dienste festlegen müssen:

1. Verwenden Sie keine Vornamen aus dem Bekanntenkreis, diese sind viel zu leicht zu erraten.
2. Verwenden Sie keine Telefonnummer, Autokennzeichen oder sonstige PINs, zum Beispiel die Ihrer EC-Karte.
3. Nehmen Sie als Passwort nicht den Benutzernamen, für den Sie ein Passwort festlegen wollen.
4. Geben Sie das Kennwort unter keinen Umständen irgendwie weiter. Wenn Sie es notieren, bewahren Sie es an einem Ort auf, an dem es keiner findet (also nicht unter der Tastatur, am Monitor oder unter der Ablage auf dem Schreibtisch).

Tipps zu Beginn des Sicherheits-Workshops

5. Lassen Sie den Bildschirm nie unbeaufsichtigt. Wenn Sie Ihren Arbeitsplatz verlassen, sollten Sie den Bildschirm sperren (⊞)-Taste + (L)). Zudem sollten Sie den Bildschirmschoner so einstellen, dass dieser bei der Reaktivierung ein Kennwort verlangt (*siehe Abbildung 14.1*).

Abbildung 14.1: Automatisch konfigurierter Bildschirmschoner in Windows Vista

Standardmäßig wird der Bildschirmschoner in Vista aktiviert, und bei Reaktivierung des PC muss das Kennwort des angemeldeten Benutzers eingegeben werden.

Die Konfiguration dieser Sicherheitsmaßnahme finden Sie, wenn Sie mit der rechten Maustaste auf den Desktop klicken und im Kontextmenü den Eintrag *Anpassen* auswählen. Über das Dialogfeld *Bildschirmschoner* werden die entsprechenden Einstellungen vorgenommen (siehe *Abbildung 14.1*).

6. Surfen Sie in Internetcafés nicht auf Seiten, auf denen Sie Ihr Kennwort eingeben müssen, oder setzen Sie es danach zu Hause zurück. In vielen öffentlichen Internetcafés wurden von Personen mit krimineller Energie sogenannte Keylogger installiert (siehe weiter vorne).

7. Machen Sie Passwörter so sicher wie möglich, und verwenden Sie möglichst viele Zeichen, vermischt mit Zahlen und Sonderzeichen.

8. Verwenden Sie keine Kennwörter aus Wörterbüchern, diese können mit aktuellen PCs in Sekunden geknackt werden.

9. Ändern Sie von Zeit zu Zeit Ihre Kennwörter.

10. Verwenden Sie keine einfachen Kennwörter, die sich aus einer direkten Tastenfolge wie beispielsweise 12345 oder qwertzui zusammensetzen. Sie sollten diese Muster mischen, zum Beispiel qwertzui1234567,,,.
11. Verwenden Sie in einem Passwort möglichst alle verschiedenen Optionen. Die verschiedenen Optionen sind Buchstaben, Groß- und Kleinschreibung, Zahlen und Sonderzeichen. Vermischen Sie diese verschiedenen Möglichkeiten, und seien Sie kreativ. Sie können durchaus den Namen Ihrer Kinder verwenden, wenn Sie die Zeichen umdrehen, das Geburtsjahr anhängen und noch drei bis vier Sonderzeichen verwenden.

14.2 Allgemeine Sicherheitseinstellungen in Windows Vista

Während der Installation von Windows Vista muss der Anwender ein Benutzerkonto anlegen, mit dem er zukünftig arbeitet. Diese Sicherheitsfunktion ist allerdings nicht ganz so sicher, wie sie aussieht, da dieses Konto in die lokale Administratorengruppe aufgenommen wird.

Zumindest hat diese Vorgehensweise den Vorteil, dass ein eventueller Angreifer nicht nur das Kennwort des Administrators erraten, sondern zunächst den Anmeldenamen erfahren muss.

14.2.1 Lokale Administratorkonten

In Windows Vista hat Microsoft auch einige Änderungen bezüglich der Benutzerkonten und des lokalen Administratorkontos durchgeführt. In diesem Abschnitt gehe ich genauer auf die lokalen Administratorkonten ein.

Das lokale Administratorkonto in Windows Vista wird deaktiviert. Einzige Ausnahme: Erkennt Windows Vista während einer Aktualisierung von Windows XP, dass der Administrator das einzig aktive lokale Konto mit administrativen Berechtigungen ist, bleibt das Konto auch unter Vista aktiv.

Das neu angelegte Konto verfügt dennoch nicht in allen Bereichen des Systems über volle Benutzerrechte. Aus diesem Grund müssen einige Bereiche mit dem Administratorkonto durchgeführt werden. Dazu genügt es, wenn Sie das entsprechende Programm mit der rechten Maustaste anklicken und aus dem Kontextmenü die Option *Als Administrator ausführen* auswählen (siehe *Abbildung 14.2*).

In Windows Vista werden Standardbenutzerkonten zusätzliche Berechtigungen gewährt, sodass Benutzer allgemeine Aufgaben ausführen können. Die neuen Berechtigungen ermöglichen nun die Anzeige der Systemuhr und des Kalenders, die Änderung der Zeitzone, die Bearbeitung der Sicherheitseinstellungen für Drahtlosnetzwerke, die Änderung der Energieeinstellungen sowie den Download und die Installation von wichtigen Aktualisierungen über Windows Update.

Allgemeine Sicherheitseinstellungen in Windows Vista

Darüber hinaus ist die Festplattendefragmentierung in Windows Vista ein automatisch erfolgender Prozess. Aktionen, die Administratorrechte erfordern, sind durch ein Schild-Symbol gekennzeichnet, sodass es für Benutzer ersichtlich ist, welche Konfigurationen sie ändern dürfen und welche nicht.

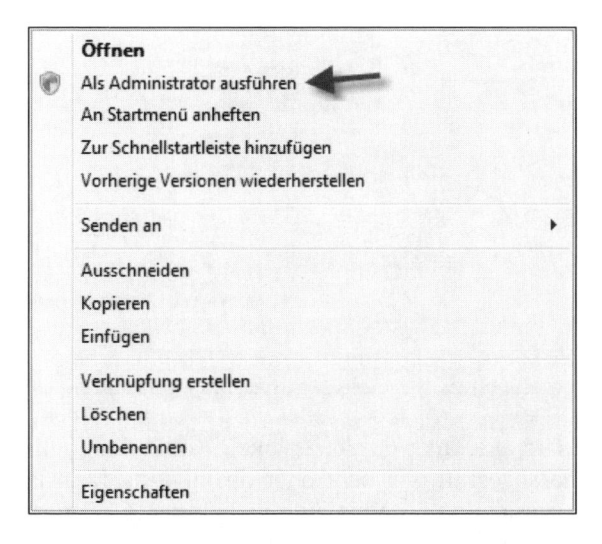

Abbildung 14.2:
Ausführen einer Applikation als Administrator

Zur Konfiguration des Administratorkontos gehen Sie über *Start* und klicken mit der rechten Maustaste auf *Computer*, und wählen Sie im Kontextmenü den Eintrag *Verwalten*. Markieren Sie im linken Navigationsbereich den Eintrag *Lokale Benutzer und Gruppen/Benutzer*. Anschließend öffnen Sie durch einen Doppelklick auf *Administrator* im mittleren Fensterbereich das zugehörige Eigenschaftsfenster und entfernen das Häkchen neben *Konto ist deaktiviert* (siehe *Abbildung 14.3*).

Alternativ können Sie auch eine Eingabeaufforderung öffnen und den Befehl net user administrator /active:yes *eingeben.*

Am schnellsten öffnen Sie ein Eingabeaufforderungsfenster, indem Sie die Tastenkombination ⊞-Taste + R *drücken, den Befehl* cmd *eintippen und mit der* ↵-Taste *bestätigen.*

TIPP

Solange auf Computern, die keiner Domäne angehören, weitere aktive, administrative Konten existieren, kann der Administrator nicht im abgesicherten Modus genutzt werden (der abgesicherte Modus wird in Kapitel 15 besprochen).

Eine Domäne ist eine Sammlung von Computern in einem Netzwerk, die eine gemeinsame Datenbank- und Sicherheitsrichtlinie aufweisen. Eine Domäne wird als eine Einheit mit gemeinsamen Regeln und Verfahren verwaltet, wobei jede Domäne über einen eindeutigen Namen verfügt.

INFO

Sicherheit in Windows Vista

Abbildung 14.3:
Aktivierung des Administratorkontos in Windows Vista

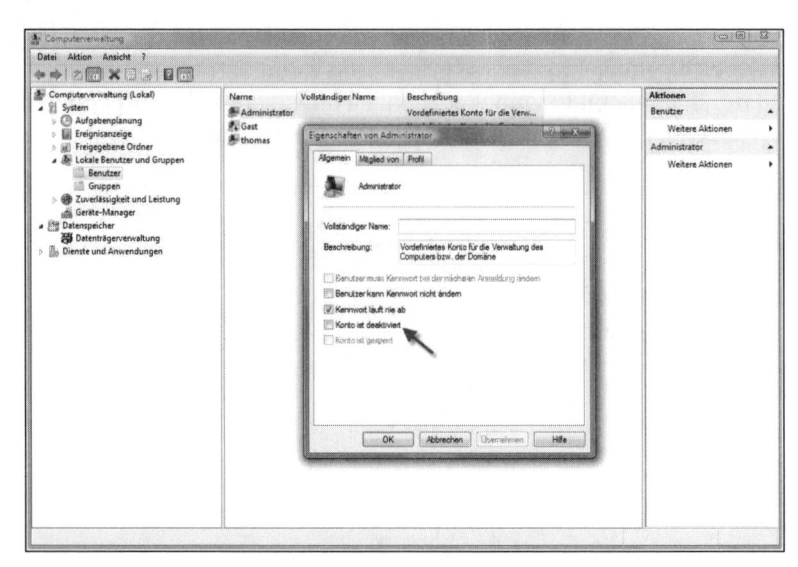

Wird allerdings das letzte lokale Konto mit administrativen Berechtigungen herabgestuft, gelöscht oder deaktiviert, dann kann der Administrator im abgesicherten Modus für eine komplette Wiederherstellung des PC genutzt werden (auch Desaster Recovery genannt).

Computer, die Mitglied einer Domäne sind, werden anders behandelt. Hier kann der standardmäßig deaktivierte, lokale Administrator-Account nicht zur Anmeldung im abgesicherten Modus benutzt werden. Dadurch kann sich kein Standardbenutzer über diesen Weg lokal mehr Rechte verschaffen. Ein Mitglied der Gruppe der Domänenadministratoren kann sich jedoch an jedem Domänenmitglied anmelden und dort lokale administrative Konten für die weitere Verwaltung erzeugen, falls keine existieren.

Sollte sich kein Domänenadministrator angemeldet haben, muss der Computer bei einem Ausfall im abgesicherten Modus mit Netzwerkzugriff gestartet werden, um darüber dann einen Domänenadministrator anmelden zu können. Dessen Anmeldung wird lokal nicht zwischengespeichert. Sollte der Computer allerdings aus der Domäne entfernt werden, tritt das Verhalten eines PC wieder in Kraft, der nicht Mitglied einer Domäne ist.

Als Benutzer von Windows Vista sollte man sich im Klaren darüber sein, dass man immer mindestens den Benutzernamen und das Kennwort von einem administrativen Konto seines Computers nicht vergessen sollte. Ansonsten kommt man möglicherweise in die Situation, dass man sich nicht mehr an dem Computer anmelden kann. Um diesem Szenario vorzubeugen, sollte man entweder die Kennwortdaten aufschreiben und an einem sicheren Ort verwahren oder den Assistenten zum Erstellen einer Kennwortrücksetzungsdiskette benutzen (siehe Kapitel 18). Dieser unterstützt jetzt auch USB-Wechselmedien und setzt kein Diskettenlaufwerk mehr voraus.

14.2.2 Absicherung der Windows-Dienste

Windows-Dienste stellen einen großen Teil der Angriffsfläche eines PC dar. Mit den Windows-Diensten stellt Microsoft wichtige Funktionalitäten des Systems zur Verfügung, zum Beispiel die Windows-Suche oder die Windows-Firewall.

Windows Vista schränkt die Anzahl der ausgeführten Dienste ein. In Windows Vista erhält jeder Dienst einen *Service Security (SID).Identifier (SID)*. Durch diese Funktion verfügt jeder Dienst über eine eigene Identität. Diese ermöglicht, dass eine Steuerung der Zugriffsrechte erfolgen kann. Sie können nun explizit Berechtigungen auf Ressourcen konfigurieren, die nur einem bestimmten Dienst zur Verfügung stehen. So können Sie verhindern, dass andere Dienste oder Benutzer auf diese Ressourcen zugreifen. Normale Anwender müssen allerdings keine Änderungen an den Berechtigungen von Diensten durchführen, dennoch sollten Sie die Hintergründe kennen, mit denen in Windows Vista Dienste abgesichert ausgeführt werden:

- Dienste werden unter Konten mit weniger Rechten ausgeführt (zum Beispiel *LocalService* oder *NetworkService*, beide lokale Benutzerkonten auf einem PC).
- Nicht benötigte Windows-Berechtigungen werden für jeden Dienst beseitigt (zum Beispiel das Debugging-Recht). Dadurch können einzelne Dienste nicht zum Angriff auf Systemfunktionalitäten genutzt werden.
- Schreibversuche auf Ressourcen, die einer Dienst-SID nicht explizit genehmigt wurden, schlagen fehl.
- Diensten werden Netzwerk-Firewall-Richtlinien zugewiesen. Diese verhindern einen Netzwerkzugriff außerhalb der normalen Grenzen des Dienstes. Die Firewall-Richtlinie ist direkt mit der SID verknüpft.

14.2.3 Virtualisierung von Systemordnern und der Registry

Bei Windows XP scheiterte das Arbeiten ohne administrative Berechtigungen oft daran, dass Softwareinstallationen fehlerhaft durchgeführt wurden oder die entsprechenden Rechte zur Ausführung gefehlt haben. Die Probleme lagen meist darin begründet, dass die jeweiligen Programme in den Windows-Ordner schreiben wollten, was die Sicherheitseinstellungen nicht genehmigt haben. Diese Konfiguration ist zwar sicher, aber nicht ganz stabil, da die Anwendungen nun mal nicht laufen. Um dieses Problem zu umgehen, haben sich einfach die meisten Benutzer als Administrator angemeldet. In Vista wird diese Technik angepasst. Vista legt für jeden Benutzer einen virtuellen Ordner an, auf den er Schreibrechte hat. Während der Arbeit wird dieser virtuelle Ordner über den Windows-Ordner gelegt, sodass es für Programme erscheint, als ob die Dateien im echten Windows-Ordner liegen. Da diese Technik neu in Windows Vista eingeführt wurde, muss die Zukunft erst zeigen, ob diese Änderung stabil und auch sicher ist.

Diese Vorgehensweise wird auch für einzelne Bereiche der Registry durchgeführt. Unter Windows Vista können viele ältere Anwendungen, die nicht für die Nutzung von Standardbenutzerkonten entworfen wurden, ohne Änderungen weiterhin eingesetzt werden – und zwar dank der Virtualisierung von Dateisystem und Registrierung. Dieses Feature stellt jeder Anwendung seine eigene virtuelle Version einer Ressource, in die geschrieben werden soll, zur Verfügung. Wenn eine Anwendung zum Beispiel versucht, in eine Datei im Ordner *Programme* zu schreiben, dann stellt Windows Vista dieser Anwendung seine eigene private Kopie der entsprechenden Datei zur Verfügung. Durch die Virtualisierung besteht außerdem standardmäßig die Möglichkeit einer Protokollierung beim Zugriff auf geschützte Bereiche.

Viele Anwendungen, die auf Windows XP nicht als Standardbenutzer ausgeführt werden können, können aufgrund der Funktion für Datei- und Registrierungsvirtualisierung ohne Änderungen auf Windows Vista ausgeführt werden. In Windows XP werden die meisten Anwendungen unterbrochen, wenn sie versuchen, in geschützte Bereiche des Dateisystems oder der Registrierung zu schreiben, für die der Standardbenutzer keine Zugriffsberechtigung besitzt. Windows Vista verbessert die Kompatibilität, indem Schreibzugriffe (und nachfolgende Lesezugriffe auf Dateien und Registrierungen) an einen speziellen Speicherort innerhalb dieses Benutzerprofils umgeleitet werden.

Versucht zum Beispiel eine Anwendung, in die unter *C:\Programme\contoso\settings.ini* gespeicherte Datei zu schreiben, und der Benutzer hierfür keinen Schreibzugriff besitzt, wird dieser in das Verzeichnis *C:\Benutzer\Benutzername\AppData\Local\VirtualStore\Programme\contoso\settings.ini* umgeleitet. Versucht eine Anwendung, in den Registrierungsschlüssel *HKLM\Software\Contoso* zu schreiben, wird diese Aktion automatisch an *HKCU\Software\Classes\VirtualStore\MACHINE\Software\Contoso* umgeleitet.

Darüber hinaus ist es für das Logo-Programm »Certified for Windows Vista Software« erforderlich, dass eine Anwendung als Standardbenutzer ohne Virtualisierung ausgeführt wird. Andernfalls erhält die Anwendung nicht das Logo.

14.3 Benutzerkontensteuerung (User Account Control, UAC)

Die Benutzerkontensteuerung wurde bereits in Kapitel 3 ausführlicher behandelt. Diese neue Funktion dient hauptsächlich dazu, den PC vor ungewollten Änderungen zu schützen. Wenn ein Benutzer angemeldet ist und

Benutzerkontensteuerung (User Account Control, UAC)

eine Tätigkeit durchführen will, die administrative Rechte benötigt, erscheint das Warnfenster der Benutzerkontensteuerung, und der Anwender muss die Authentifizierungsdaten eines Administratorkontos eingeben. Verfügt der Anwender jedoch bereits über Administratorberechtigungen, erscheint ein Warnfenster, das zuerst bestätigt werden muss, bevor die Aktion durchgeführt wird (siehe *Abbildung 14.4*).

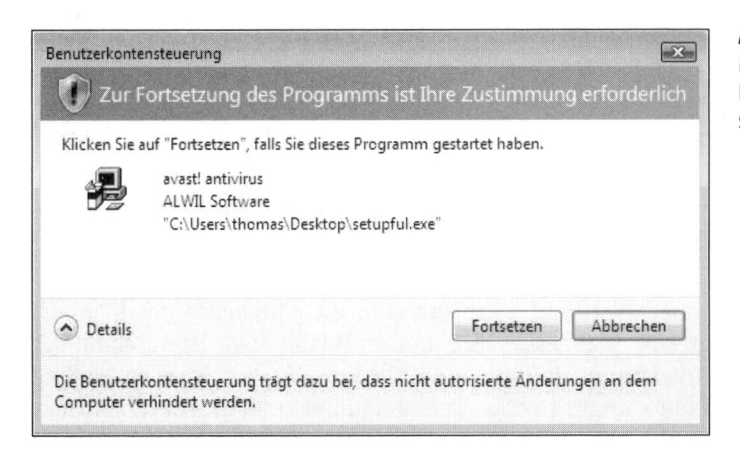

Abbildung 14.4: Meldung der Benutzerkontensteuerung

Dadurch sind jetzt erstmalig in Windows auch Administratorkonten davor geschützt, ungewollte Änderungen am System durchzuführen.

Abbildung 14.5: Benutzerauthentifizierung der Benutzerkontensteuerung

Sicherheit in Windows Vista

Bei den Vorgängerversionen von Microsoft Windows Vista waren viele Benutzerkonten Mitglieder der lokalen Gruppe der Administratoren. Dies liegt daran, dass für die Installation, Aktualisierung und Ausführung vieler Anwendungen entsprechende Rechte benötigt werden. Auch für die einfachsten Aufgaben – zum Beispiel ein Doppelklick auf die Systemuhr, um den Kalender zu öffnen – sind administrative Rechte notwendig. Viren können die administrativen Rechte ausnutzen und Dateien beschädigen, Systemkonfigurationen ändern und sogar vertrauliche Daten für Dritte verfügbar machen. Hauptziel der Benutzerkontensteuerung ist die Reduzierung der Angriffsfläche des Betriebssystems. Hierzu arbeiten alle Benutzer als Standardbenutzer. Der administrative Zugriff ist auf autorisierte Prozesse eingeschränkt. Diese Einschränkung minimiert die Möglichkeiten der Benutzer, Änderungen vorzunehmen, die sich auf die Stabilität des Computers auswirken können oder den Computer versehentlich für Malware oder Viren anfällig machen.

Unter Windows Vista arbeiten die Mitglieder der lokalen Administratorgruppe standardmäßig mit normalen Benutzerrechten. Erst wenn eine Anwendung definitiv administrative Berechtigungen benötigt, werden dem Konto administrative Berechtigungen erteilt, und der Anwender erhält eine entsprechende Meldung.

Mit der Benutzerkontensteuerung können Administratoren die meisten Anwendungen, Komponenten und Prozesse mit eingeschränkten Privilegien ausführen – sie haben aber gleichzeitig die Möglichkeit, bestimmte Aufgaben oder Anwendungen mit administrativen Rechten auszuführen. Wenn ein Benutzer einen Task ausführt, für den administrative Rechte notwendig sind (zum Beispiel die Installation einer Anwendung), dann benachrichtigt Windows Vista den Benutzer und fragt entsprechende Anmeldeinformationen ab. Wenn der Benutzer als Administrator angemeldet ist, muss er die jeweilige Aktion lediglich bestätigen, es ist keine erneute Authentifizierung notwendig.

Unter Windows Vista haben Standardbenutzer zusätzliche Privilegien. Diese sind zur Ausführung von Standardaufgaben notwendig. Die entsprechenden Privilegien haben nur minimale Auswirkungen auf das System und stellen ein geringes Risiko dar. Natürlich haben Administratoren trotzdem die Möglichkeit, diese Privilegien zu entfernen. Zu den neuen Berechtigungen für Standardbenutzer gehören:

- Anzeigen der Systemuhr und des Kalenders
- Ändern der Zeitzone
- Installation von Wired Equivalent (WEP), Privacy (WEP), um eine Verbindung zu einem WLAN aufzubauen
- Ändern der Anzeigeeinstellungen
- Ändern der Energiesparoptionen
- Installation von Schriftarten

Benutzerkontensteuerung (User Account Control, UAC)

- Hinzufügen von Druckern und anderen Geräten, für welche die Installation von Treibern erforderlich ist
- Erstellen und Konfigurieren von VPN-Verbindungen
- Herunterladen und Installieren von Updates mit einem UAC-kompatiblen Installer

Außerdem handelt es sich bei der Defragmentierung nun um einen automatischen Prozess – die Benutzer müssen die Defragmentierung also nicht mehr von Hand aktivieren (mehr zu diesem Thema erfahren Sie in *Kapitel 7*).

Die Gruppe *Hauptbenutzer* war in den vorherigen Windows-Versionen dazu da, den Benutzern bestimmte administrative Rechte zu geben. Mit der Benutzerkontensteuerung werden Hauptbenutzer nicht mehr benötigt. Standardbenutzer können die meisten normalen Konfigurationsaufgaben auch so ausführen.

Ältere Anwendungen, die administrative Rechte benötigen, arbeiten mit der Virtualisierung. Bisher war es nicht einfach festzustellen, welche Aktionen dem nichtadministrativen Benutzer erlaubt waren und welche nicht. Dieses Problem wird durch ein neues Symbol (siehe *Abbildung 14.6*) beseitigt, das für alle Befehle verwendet wird, für die administrative Rechte nötig sind. Dieses Symbol finden Sie im gesamten Betriebssystem wieder. Es stellt einen Schild in den Windows-Farben dar.

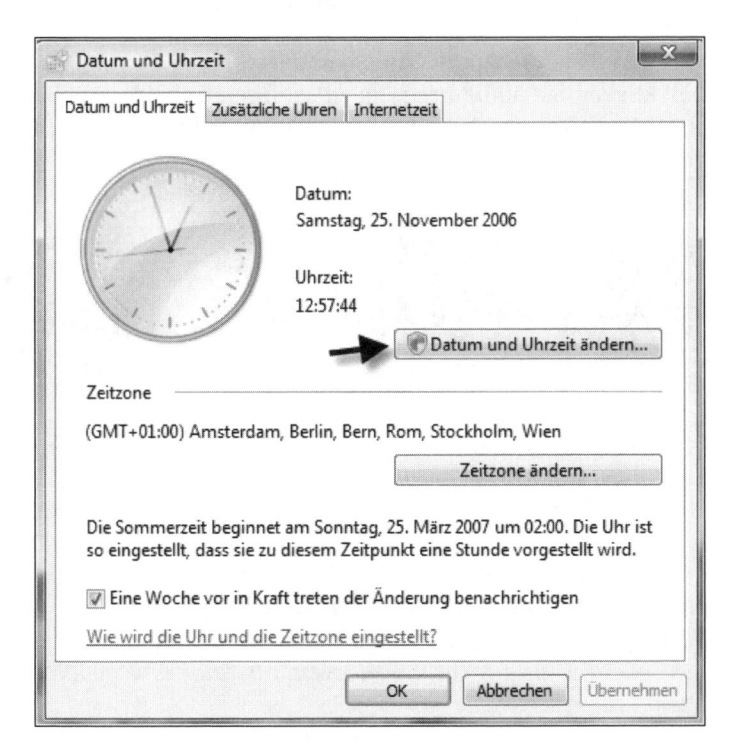

Abbildung 14.6: Ein spezielles Symbol weist auf die notwendige Administratorberechtigung hin.

Sicherheit in Windows Vista

> **TIPP**
> *Sie deaktivieren die Benutzerkontensteuerung auch über* Start/Ausführen/msconfig *auf der Registerkarte* Tools *(siehe Abbildung 14.7).*

Abbildung 14.7:
Deaktivieren der Benutzerkontensteuerung über *msconfig.exe*

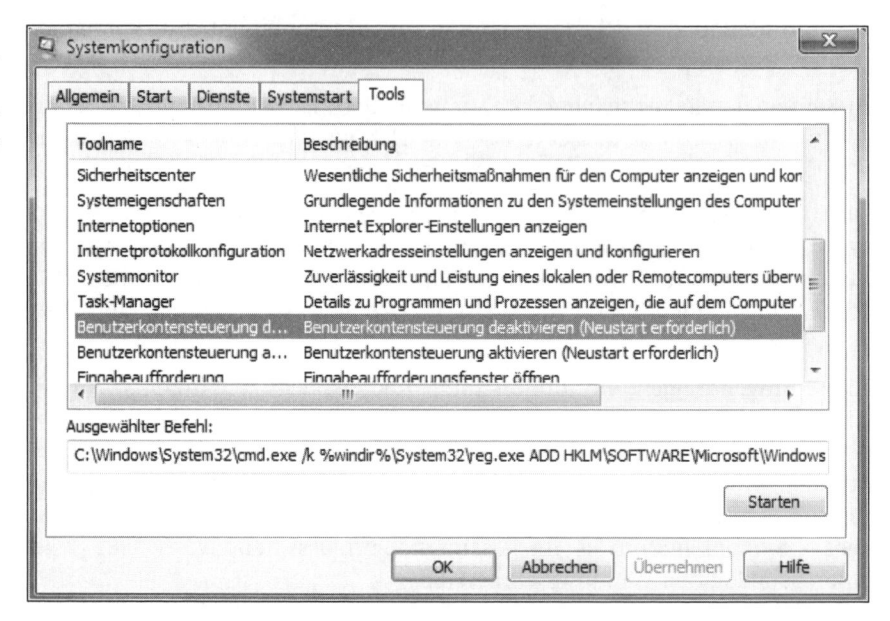

Markieren Sie die Option zur Deaktivierung der Benutzerkontensteuerung, und klicken Sie auf *Starten*. Im Anschluss erscheint eine Befehlszeile, welche die erfolgreiche Ausführung bestätigt (siehe *Abbildung 14.7*).

Abbildung 14.8:
Erfolgreiche Deaktivierung der Benutzerkontensteuerung

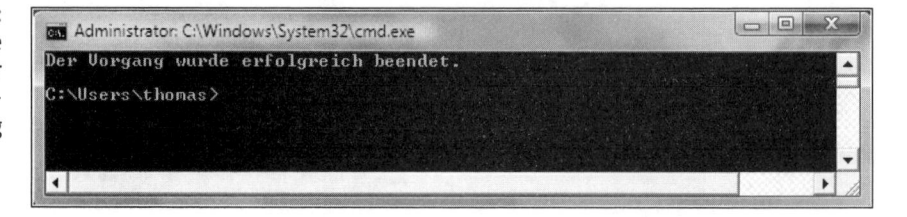

> **TIPP**
> *Wollen Sie, dass eine Applikation immer im Administrator-Modus gestartet wird, weil diese zum Beispiel zu dem neuen Windows Vista-Modell nicht kompatibel ist, können Sie ausführende Datei mit der rechten Maustaste anklicken und die Eigenschaften dieser Datei aufrufen. Wechseln Sie auf die Registerkarte* Kompatibilität. *Aktivieren Sie die Option* Programm als ein Administrator ausführen. *Wenn diese Option nicht zur Verfügung steht, benötigt das Programm zur Funktion keine administrativen Berechtigungen, oder Sie sind nicht als ein Administrator angemeldet und dürfen die Option nicht setzen.*

14.4 Windows-Defender

Der Microsoft Spyware-Killer *Windows-Defender* gehört zum Standardinstallationsumfang von Windows Vista und kann das System auch im laufenden Betrieb überwachen sowie automatisch scannen.

Windows-Defender wird vom Sicherheitscenter überwacht und kann nicht nur nach Malware scannen, sondern auch die Autostart-Programme von Vista anzeigen und Software überwachen (siehe *Abbildung 14.9*).

Auch wenn Windows-Defender eine zusätzliche Möglichkeit darstellt, um Vista abzusichern, ersetzt das Programm keinesfalls einen Virenscanner. Sie sollten Windows-Defender nur als zusätzlichen Schutz neben Programmen wie Spybot S&D, AdAware und einem zuverlässigen Virenscanner sehen.

Nach dem Aufruf von Windows-Defender sehen Sie auf der Startseite, wann das System zuletzt gescannt wurde und wann die letzte Aktualisierung stattgefunden hat bzw. wie der Status von Windows-Defender derzeit ist (siehe *Abbildung 14.10*). Auf der Startseite können keine Einstellungen vorgenommen werden.

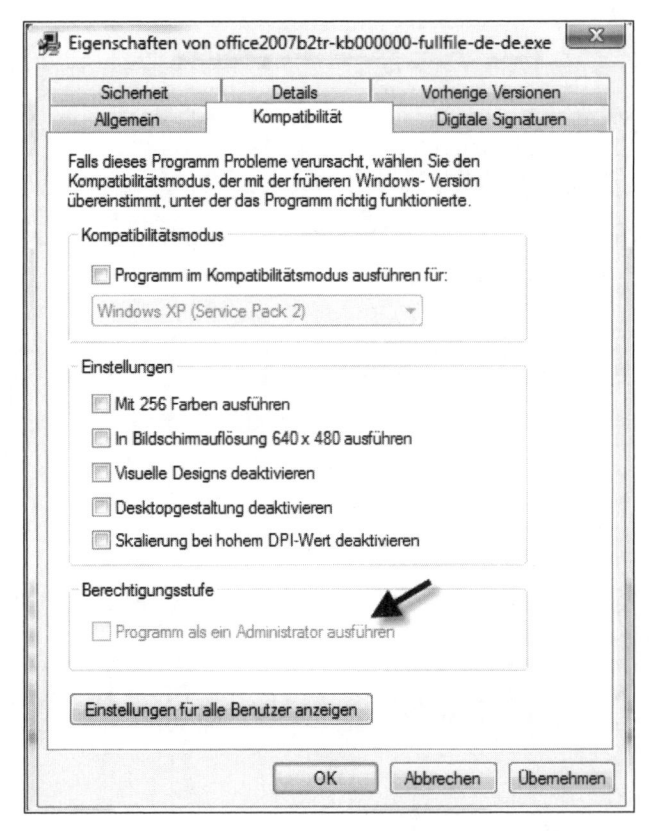

Abbildung 14.9: Starten eines Programms mit dauerhaften Administratorberechtigungen

Sicherheit in Windows Vista

Abbildung 14.10:
Windows-Schutz mit dem Windows-Defender

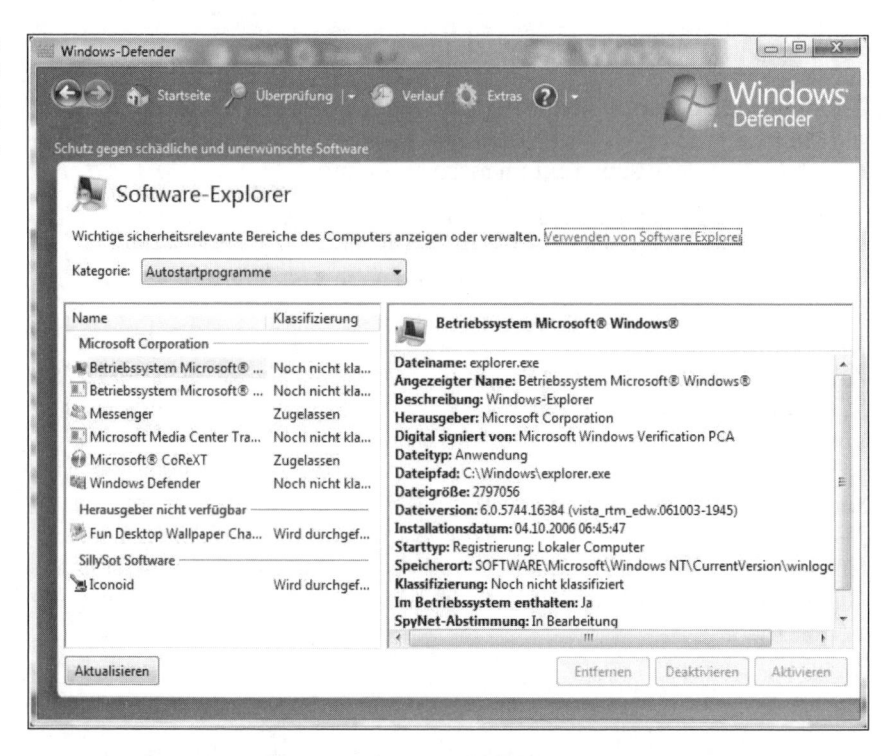

Abbildung 14.11:
Startfenster von Windows-Defender

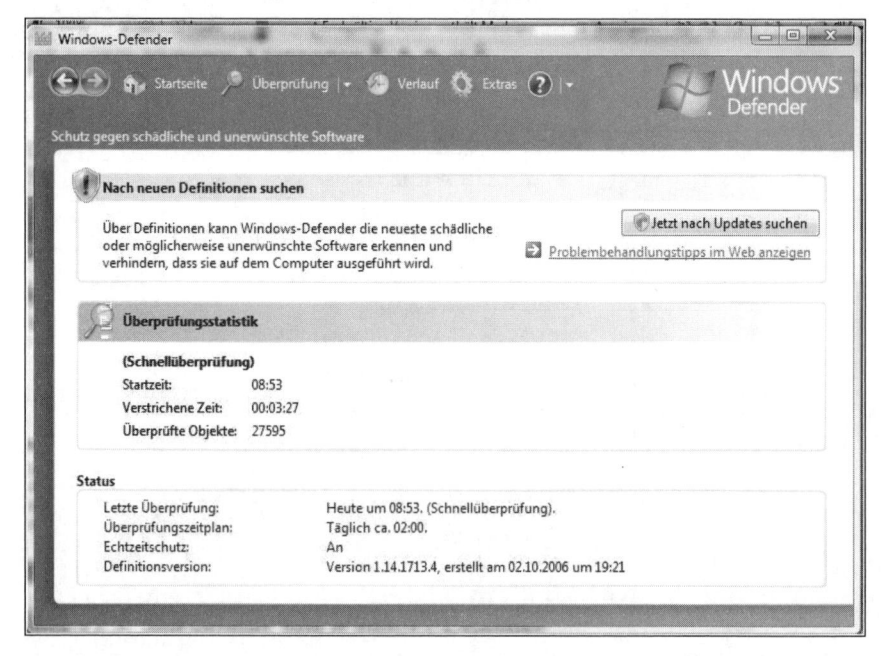

Wenn Sie noch keine Definitionen heruntergeladen haben, erhalten Sie einen entsprechenden Warnhinweis und können über die Schaltfläche *Jetzt nach Updates suchen* aktuelle Definitionsdateien herunterladen.

14.4.1 Vista mit dem Windows-Defender scannen

Klicken Sie oben im Fenster auf den Link *Überprüfung*, beginnt Windows-Defender, die Festplatte mit einer vollständigen Überprüfung nach Schädlingen zu durchsuchen (siehe *Abbildung 14.12*). Nach dem ersten durchgeführten Scanvorgang wird beim Klicken auf den Link *Überprüfung* eine Schnellüberprüfung der wichtigsten Bereiche des Betriebssystems durchgeführt.

Wollen Sie beim ersten Start von Windows-Defender nur eine Schnellüberprüfung durchführen, klicken Sie auf das kleine Dreieck neben dem Link *Schnellüberprüfung*.

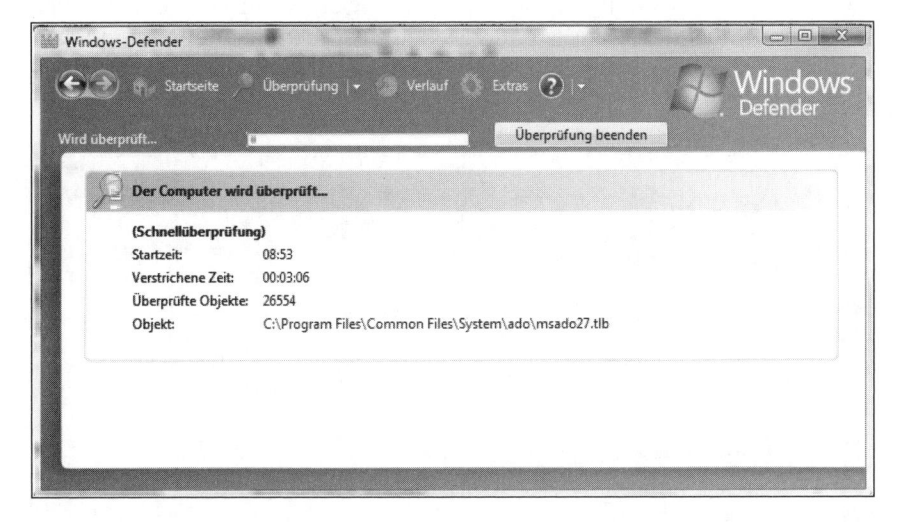

Abbildung 14.12: Schnellüberprüfung des PC mit Windows-Defender

Dadurch können Sie durch wenige Mausklicks überprüfen, ob auf dem System Schädlinge erkannt wurden, und diese entfernen. Während des Scanvorgangs können Sie in Windows-Defender keine weiteren Einstellungen vornehmen, da alle Schaltflächen blockiert sind.

Wie bereits erwähnt, sollten Sie sich nicht blind auf den Windows-Defender verlassen, sondern parallel auf jeden Fall einen Virenscanner einsetzen, zum Beispiel den kostenlos verfügbaren Avast, der etwas später in diesem Kapitel ausführlich vorstellt wird. Der Vorteil von Avast ist, dass auch eingehende E-Mails gescannt werden können.

Sicherheit in Windows Vista

Abbildung 14.13:
Warnmeldung des Windows-Defenders

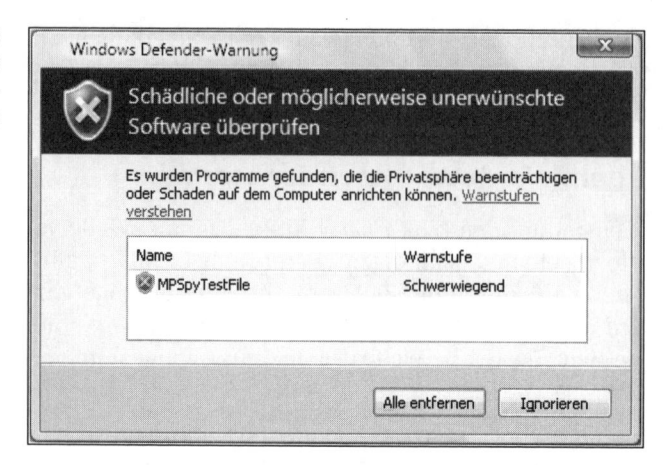

Klicken Sie auf das kleine Dreieck neben dem Link *Überprüfung*, können Sie entweder eine vollständige Systemüberprüfung durchführen, die wesentlich sicherer ist, aber auch länger dauert, oder einen benutzerdefinierten Scanvorgang starten, bei dem Sie die Einstellungen selbst vornehmen können (siehe *Abbildung 14.14*).

Abbildung 14.14:
Auswählen der Überprüfungsoptionen

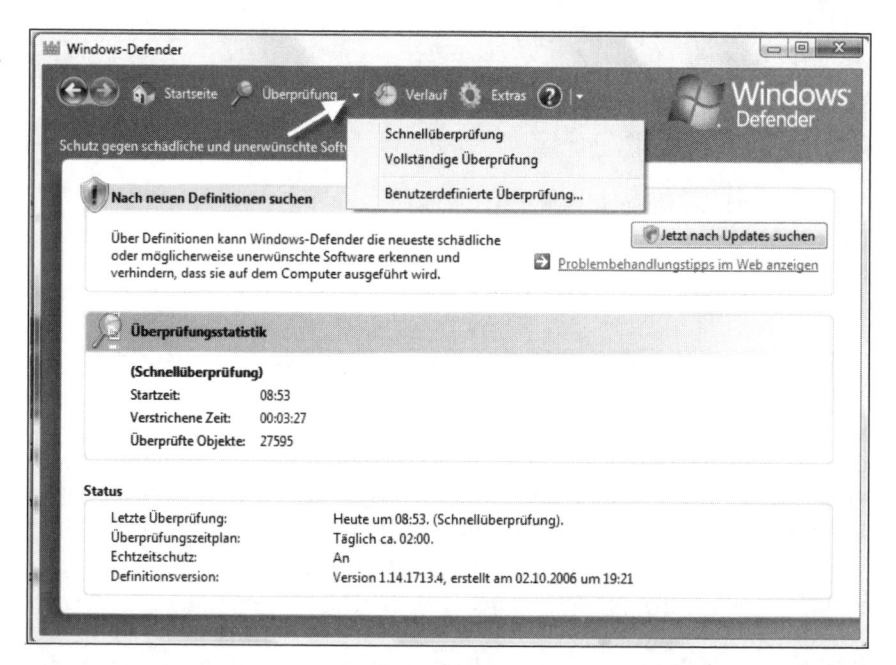

Über den Link *Verlauf* lassen Sie sich die aktuellen Aktionen von Windows-Defender anzeigen und welche Applikationen blockiert wurden. Sie sollten den Verlauf in regelmäßigen Abständen löschen, damit Sie den Überblick behalten, welche Anwendungen blockiert wurden und welche Schädlinge Windows-Defender erkannt hat. Wenn Sie den Verlauf nie löschen, verlieren Sie den Überblick über die Aktionen. Es macht durchaus Sinn, den Verlauf von Windows-Defender in regelmäßigen Abständen zu überprüfen (siehe *Abbildung 14.15*).

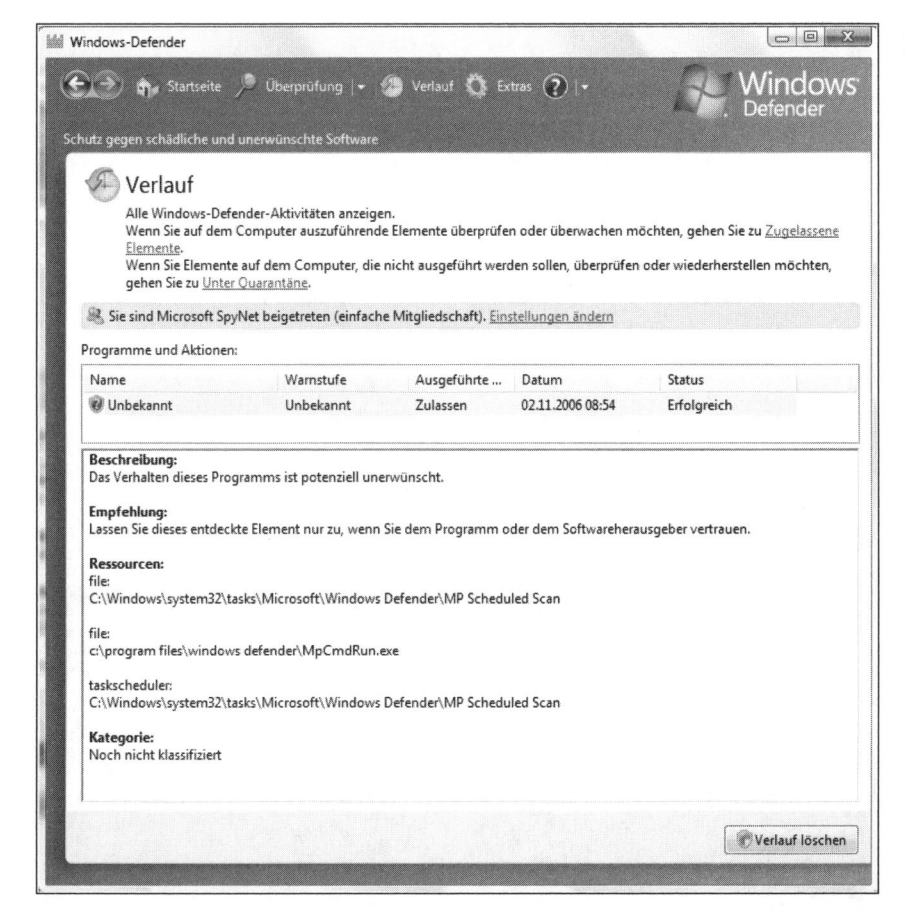

Abbildung 14.15:
Verlauf von Windows-Defender anzeigen

14.4.2 Windows-Defender konfigurieren

Über den Link *Extras* kommen Sie auf das Konfigurationsfenster von Windows-Defender (siehe *Abbildung 14.16*). Erst hier können Sie alle relevanten Einstellungen des Programms vornehmen.

Sie sollten sich nach der Installation von Windows Vista möglichst schnell mit den Einstellungen des Windows-Defenders auseinandersetzen und das Tool so einstellen, dass es Ihren PC optimal schützt und Sie in der Bedienung von Windows Vista nicht beeinträchtigt.

Sicherheit in Windows Vista

Abbildung 14.16:
Konfigurationsfenster von Windows-Defender

Über den Link *Optionen* lässt sich das ausführlichere Konfigurationsfenster von Windows-Defender öffnen.

Abbildung 14.17:
Konfiguration der automatischen Überprüfung

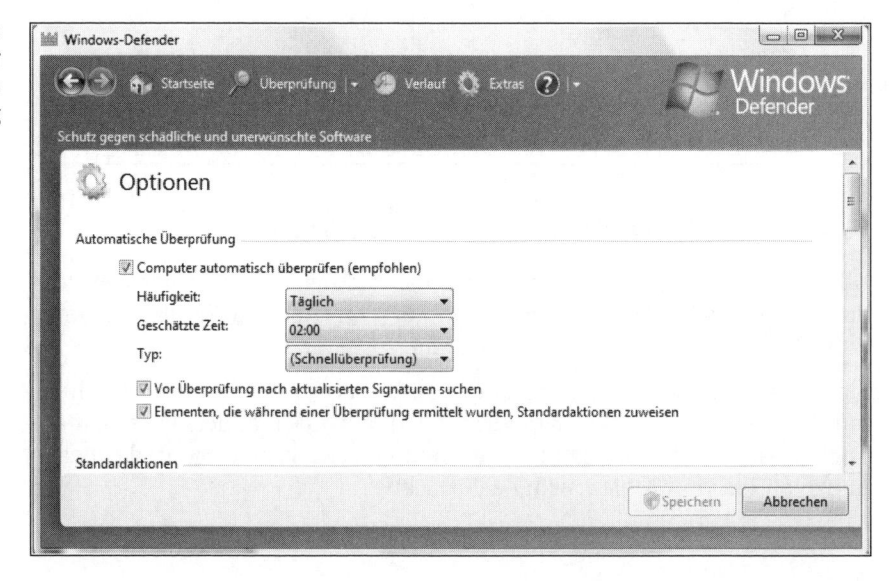

Im Fenster *Optionen* werden die wichtigsten Einstellungen vorgenommen, dazu ist es in verschiedene Bereiche untergliedert. Der erste Bereich ist die Konfiguration der automatischen Überprüfung (siehe *Abbildung 14.17*). Hier legen Sie fest, ob der Computer automatisch überprüft werden soll, in welchem Rhythmus, zu welcher Uhrzeit und mit welcher Methode. Zusätzlich können Sie hier einstellen, dass Windows-Defender vor dem Scanvorgang zunächst nach aktuellen Definitionen im Internet suchen soll. Damit Sie nicht für jeden gefundenen Schädling eine Bestätigung eingeben müssen, sollten Sie immer das Kontrollkästchen *Elementen, die während der Überprüfung ermittelt wurden, Standardaktion zuweisen* aktivieren.

Im nächsten Bereich legen Sie diese Standardaktionen für die einzelnen Warnstufen fest. Hier sollten Sie immer *Entfernen* auswählen, damit Schädlinge ohne großen Aufwand automatisch vom System entfernt werden (siehe *Abbildung 14.18*).

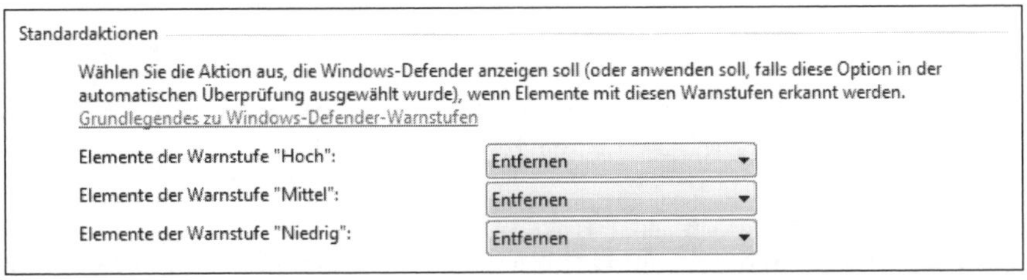

Abbildung 14.18:
Konfiguration der Standardaktionen von Windows-Defender

Microsoft unterscheidet in diesem Bereich zwischen drei Warnstufen:

- *Hoch* – Programme, die möglicherweise Ihre persönlichen Informationen sammeln und den Datenschutz beeinträchtigen oder den Computer beschädigen, z. B. durch Sammeln von Informationen oder Ändern von Einstellungen, in der Regel ohne dass Sie davon wissen oder Ihre Zustimmung dazu gegeben haben.
- *Mittel* – Programme, die möglicherweise den Datenschutz beeinträchtigen oder Änderungen am Computer vornehmen, die sich negativ auf Ihre Arbeit am Computer auswirken können, z. B. indem persönliche Informationen gesammelt oder Einstellungen geändert werden.
- *Niedrig* – Möglicherweise unerwünschte Software, die u. U. Informationen über Sie oder Ihren Computer sammelt oder die Funktionsweise des Computers ändert, die aber in Übereinstimmung mit den bei der Installation der Software angezeigten Lizenzbedingungen ausgeführt wird.

Generell ist es grundsätzlich unerheblich, welche Warnstufe den einzelnen Objekten zugewiesen worden ist, wichtig ist, dass alle Objekte entfernt werden, die auch gefunden werden.

Echtzeitschutz in Windows-Defender konfigurieren

Im nächsten Bereich der Optionen stellen Sie den Echtzeitschutz von Windows-Defender ein (siehe *Abbildung 14.19*).

Abbildung 14.19:
Optionen des Echtzeitschutzes von Windows-Defender

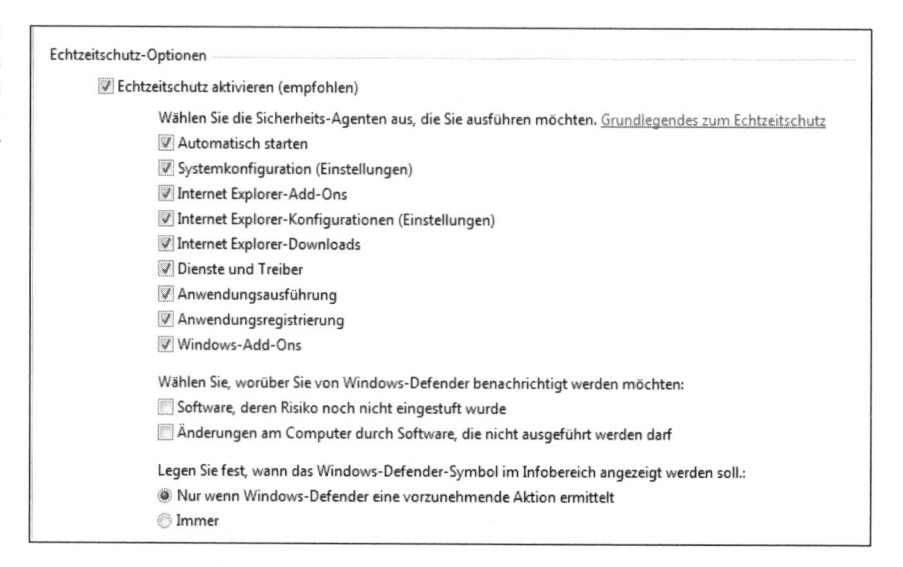

```
Echtzeitschutz-Optionen
    [✓] Echtzeitschutz aktivieren (empfohlen)
        Wählen Sie die Sicherheits-Agenten aus, die Sie ausführen möchten. Grundlegendes zum Echtzeitschutz
        [✓] Automatisch starten
        [✓] Systemkonfiguration (Einstellungen)
        [✓] Internet Explorer-Add-Ons
        [✓] Internet Explorer-Konfigurationen (Einstellungen)
        [✓] Internet Explorer-Downloads
        [✓] Dienste und Treiber
        [✓] Anwendungsausführung
        [✓] Anwendungsregistrierung
        [✓] Windows-Add-Ons

        Wählen Sie, worüber Sie von Windows-Defender benachrichtigt werden möchten:
        [ ] Software, deren Risiko noch nicht eingestuft wurde
        [ ] Änderungen am Computer durch Software, die nicht ausgeführt werden darf

        Legen Sie fest, wann das Windows-Defender-Symbol im Infobereich angezeigt werden soll.:
        (•) Nur wenn Windows-Defender eine vorzunehmende Aktion ermittelt
        ( ) Immer
```

Sie können den Echtzeitschutz für einzelne Optionen deaktivieren oder generell ausschalten. Da der Echtzeitschutz das System durchaus mehr oder weniger zuverlässig schützt, sollten Sie ihn aktiviert lassen, vor allem da die Performance des PC nicht merklich beeinträchtigt wird. Der Echtzeitschutz wird durch verschiedene Agenten gewährleistet. Diese können einzeln aktiviert oder deaktiviert werden.

- *Automatisch starten* – Überwacht Programme, die beim Starten des Computers automatisch ausgeführt werden dürfen.
- *Systemkonfiguration (Einstellungen)* – Überwacht sicherheitsbezogene Einstellungen in Windows.
- *Internet Explorer-Add-Ons* – Überwacht Programme, die beim Starten vom Internet Explorer automatisch ausgeführt werden.
- *Internet Explorer-Konfigurationen (Einstellungen)* – Überwacht Browsersicherheitseinstellungen.
- *Internet Explorer-Downloads* – Überwacht Dateien und Programme, die für die Zusammenarbeit mit dem Internet Explorer entworfen wurden, z. B. ActiveX-Steuerelemente und Programme zum Installieren von Software. Diese Dateien können heruntergeladen, installiert oder vom Browser selbst ausgeführt werden.
- *Dienste und Treiber* – Überwacht Dienste und Treiber bei ihrer Interaktion mit Windows und Ihren Programmen.
- *Anwendungsausführung* – Überwacht das Starten von Programmen und alle Vorgänge, die von diesen ausgeführt werden.

- *Anwendungsregistrierung* – Überwacht Tools und Dateien im Betriebssystem, wobei Programme so registriert werden können, dass sie jederzeit ausgeführt werden, nicht nur wenn Windows oder ein anderes Programm gestartet wird.
- *Windows-Add-Ons* – Überwacht Zusatzprogramme für Windows.

Der nächste Bereich sind die erweiterten Optionen. Hier wird zum Beispiel festgelegt, dass auch Archive, also zum Beispiel *.zip*-Dateien, überprüft werden. Die Heuristik hat die Aufgabe, Schädlinge auch dann zu erkennen, wenn diese nicht in den Definitionsdateien enthalten sind. Windows-Defender untersucht dazu Prozesse und Dienste auf verdächtiges Verhalten. Die Heuristik kann natürlich nicht so zuverlässig Schädlinge erkennen, wie diese durch Definitionsdateien entdeckt werden. Sie sollten die Heuristik dennoch aktivieren, um den Schutz Ihres Systems zu erhöhen.

Abbildung 14.20:
Erweiterte Optionen von Windows-Defender

Der Windows-Defender geht dabei genauso vor wie die Heuristik in Antiviren-Programmen und untersucht Programme auf ein potenziell schädliches Verhalten, um darauf zu schließen, ob es sich um einen Schädling handelt. Wenn Sie über ein bestimmtes Programm ständig Meldungen erhalten, Sie aber sicher sind, dass es sich nicht um einen Schädling handelt, können Sie das Verzeichnis oder die Datei in diesem Bereich von der Prüfung ausschließen. Oft werden zum Beispiel die Quarantänebereiche anderer Anti-Malware-Programme fehlerhaft als Schädling erkannt.

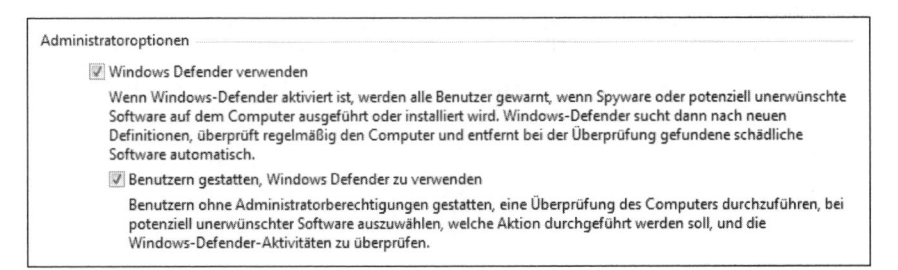

Abbildung 14.21:
Administratoroptionen von Windows-Defender

Der letzte Bereich in den Optionen sind die Administratoroptionen (siehe *Abbildung 14.21*). Hier stellen Sie ein, wie der Windows-Defender verwendet werden kann. Sie sollten hier die Einstellungen so belassen, wie sie standardmäßig sind.

> *Achten Sie darauf, dass Sie auf die Schaltfläche* Speichern *klicken, wenn Sie Einstellungen in den Optionen von Windows-Defender verändert haben.*
>
> *Ist die Benutzerkontensteuerung aktiviert, müssen Sie die Speicherung bestätigen, was Sie wieder am Schutzschild in den Windows-Farben neben der Schaltfläche erkennen.*

14.4.3 Der Software-Explorer von Windows-Defender

Über den Link *Software-Explorer* im Fenster *Einstellungen und Extras* werden mit dem Windows-Defender erstmalig in Windows mit Bordmitteln laufende Applikationen und Autostart-Programme an einer zentralen Stelle mit detaillierten Informationen angezeigt. Läuft ein PC nicht mehr stabil, liegt es höchstwahrscheinlich an irgendeinem Programm, das automatisch gestartet wird.

Wechseln Sie in den Software-Explorer, können Sie über das Listenfeld *Kategorie* detailliert auswählen, welche Applikationen angezeigt werden sollen, zum Beispiel die Autostartprogramme (siehe *Abbildung 14.22*).

Sie können das entsprechende Programm anklicken und sehen auf der rechten Seite detaillierte Informationen, unter anderem den Speicherort, also über welche Option das Programm automatisch gestartet wird.

> *Die wenigsten Applikationen verwenden den Autostart-Ordner in Windows, sondern meist den Registrypfad* HKEY_LOCAL_MACHINE/Software/Microsoft/Windows/CurrentVersion/Run.
>
> *Sie löschen störende Programme direkt vom Windows-Defender aus über den Software-Explorer aus diesem Registrierungsschlüssel oder manuell über* Start/Ausführen/regedit.

Neben den Autostartprogrammen lassen Sie hier auch die aktuell ausgeführten Programme, über das Netzwerk verbundene Programme und Winsock-Dienstanbieter anzeigen. Winsock-Dienstanbieter sind Programme, die unter Windows laufen und auf eine Verbindung warten, da sie einen Dienst bereitstellen, zum Beispiel Bluetooth.

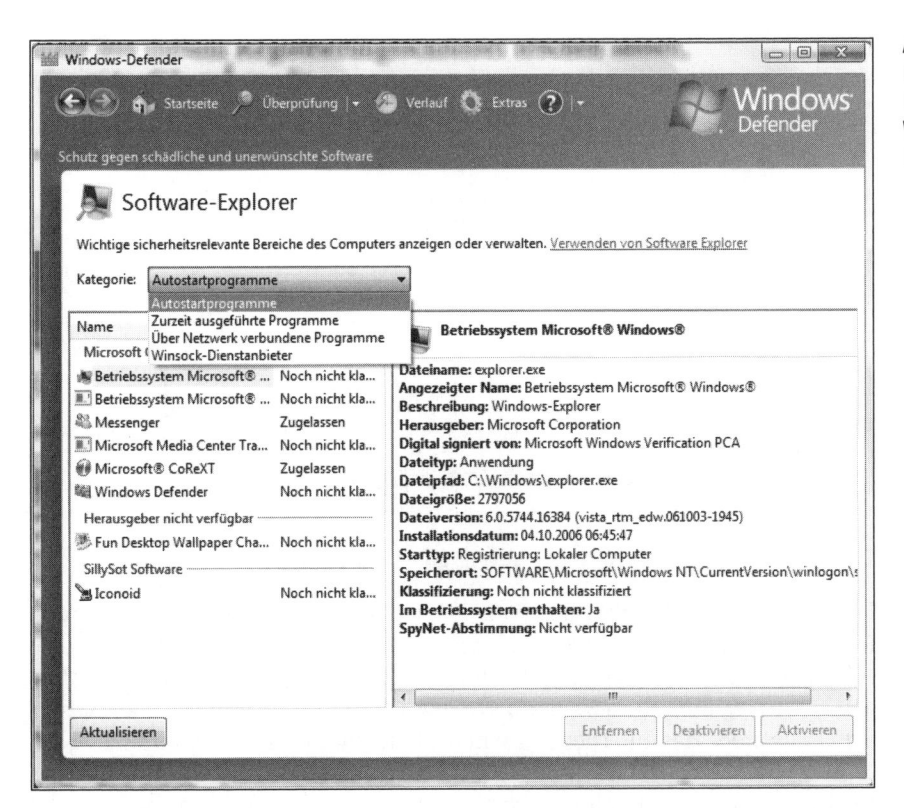

Abbildung 14.22:
Der Software-Explorer im Windows-Defender

Will ein Programm auf dem PC mit dem Netzwerk kommunizieren, gibt es die Anforderung an den entsprechenden Winsock-Dienst weiter. Hier sollten nur geübte Benutzer Löschvorgänge ausführen oder Dienste deaktivieren.

14.4.4 Quarantäne und zugelassene Elemente

Über den Link *Unter Quarantäne* im Fenster *Einstellungen und Extras* lassen Sie sich alle Schädlinge anzeigen, die Windows-Defender vom System entfernt hat. Diese Dateien werden in der Quarantäne noch vorgehalten, um sie im Notfall wiederherzustellen (siehe *Abbildung 14.23*).

Sie sollten die Quarantäne in regelmäßigen Abständen überprüfen und Elemente entfernen lassen, die definitiv nicht mehr benötigt werden. Hat Windows-Defender versehentlich ein Programm entfernt, das Sie noch benötigen, können Sie es über dieses Fenster wiederherstellen.

Der Link *Zugelassene Elemente* im Fenster *Einstellungen und Extras* zeigt Ihnen die Programme an, die Sie auf dem PC zugelassen haben, obwohl der Windows-Defender diese filtern würde. Zukünftig werden die hier angezeigten Elemente von Windows-Defender nicht mehr überprüft. Aus diesem Grund sollten Sie sehr vorsichtig mit entsprechenden Bestätigungen umgehen.

Sicherheit in Windows Vista

Abbildung 14.23:
Quarantäne von Windows-Defender

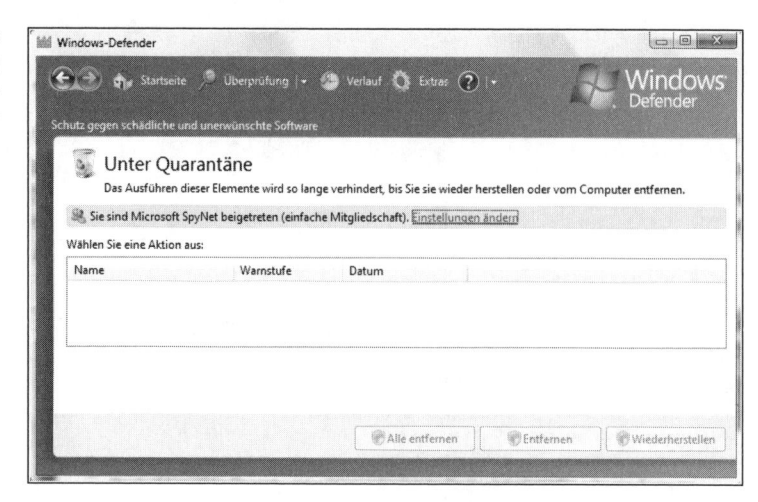

14.4.5 Webdienste von Windows-Defender

Der Link *Microsoft SpyNet* im Fenster *Einstellungen und Extras* von Windows-Defender bietet die Möglichkeit, gefundene Schädlinge automatisch an Microsoft zu melden. Dadurch werden andere SpyNet-Nutzer vor diesen Schädlingen geschützt. Windows Vista überträgt dazu die Informationen über diesen Schädling über das Internet auf einen Microsoft Server. Standardmäßig ist diese Option aktiviert und sollte deaktiviert werden (siehe *Abbildung 14.24*). Klicken Sie dazu auf die Option *Microsoft SpyNet jetzt nicht beitreten*.

Abbildung 14.24:
Microsoft SpyNet in Windows-Defender

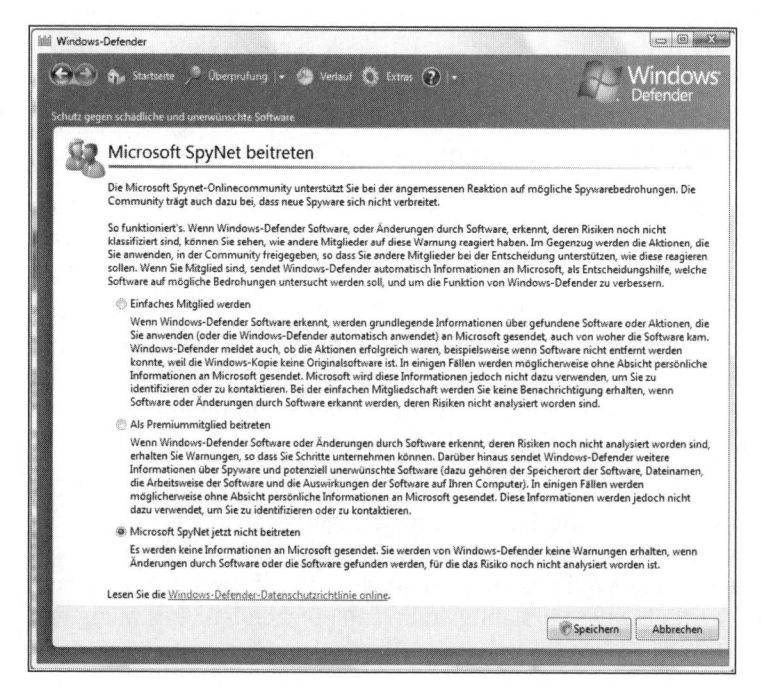

Ob sich diese Community auf Dauer durchsetzt, vor allem weil unter Umständen auch persönliche Daten zu Microsoft übertragen werden, muss die Zeit zeigen. Standardmäßig sollten Sie diese Option daher zunächst deaktiviert lassen.

14.5 Windows-Firewall

Die neue Windows-Firewall kann jeglichen eingehenden Netzwerkverkehr ablehnen, der nicht als Antwort auf eine Anfrage von Ihrem Computer eingeht oder für den keine Ausnahme konfiguriert wurde (unverlangt eingehender Netzwerkverkehr). Dies ist bei einer Firewall die wichtigste Funktion. Sie sorgt dafür, dass der Computer nicht durch Viren und Würmer infiziert wird. Die neue Windows-Firewall überwacht jedoch auch den ausgehenden Netzwerkverkehr. Ein Netzwerkadministrator kann zum Beispiel Ausnahmen konfigurieren, die alle an bestimmte Ports gesendeten Pakete blockieren.

Standardmäßig blockiert die Windows Vista-Firewall jeglichen eingehenden Netzwerkverkehr – es sei denn, er erfolgt aufgrund von Anfragen oder es wurde eine Ausnahme konfiguriert.

Die Firewall lässt ausgehenden Netzwerkverkehr automatisch zu, solange darauf keine konfigurierte Ausnahme zutrifft.

Zusammenfassend lässt sich festhalten, dass die neue Windows-Firewall in Windows Vista gegenüber den Vorgängerversionen von Windows XP SP2 und Windows Server 2003 SP1 einige deutliche Weiterentwicklungen erfahren hat:

- Sie unterstützt eingehenden und ausgehenden Netzwerkverkehr. Die Firewall von Windows XP blockiert nur eingehenden Netzwerkverkehr.
- Es gibt ein neues Snap-In für die Microsoft Management Console (MMC).
- Es wurden Einstellungen für die Firewall-Filterung und für IPsec (Internet Protocol Security) integriert.
- Ausnahmen können jetzt für Active Directory-Konten und -Gruppen, für Quell- und Ziel-IP-Adressen, für IP-Protokollnummern, für Quell- und Ziel-TCP- und UDP-Ports, für alle oder bestimmte TCP- und UDP-Ports, für bestimmte Schnittstellen, für bestimmte Dienste und für ICMP- und ICMPv6-Netzwerkverkehr konfiguriert werden.

Die Standardkonfiguration der Windows-Firewall erreichen Sie über *Start/Systemsteuerung/Sicherheit/Windows-Firewall*. In Kapitel 1 bin ich bereits auf diese Konsole eingegangen. Auch in den anderen Kapiteln, in denen Sie Maßnahmen an dieser Stelle vorgenommen haben, erwähne ich diese Konsole (siehe *Abbildung 14.25*).

Sicherheit in Windows Vista

> **TIPP**
>
> *Sie können die Standardkonsole der Windows-Firewall auch über* Start/Ausführen/ control.exe /name Microsoft.WindowsFirewall *aufrufen.*

Abbildung 14.25:
Konfigurationskonsole der Windows-Firewall

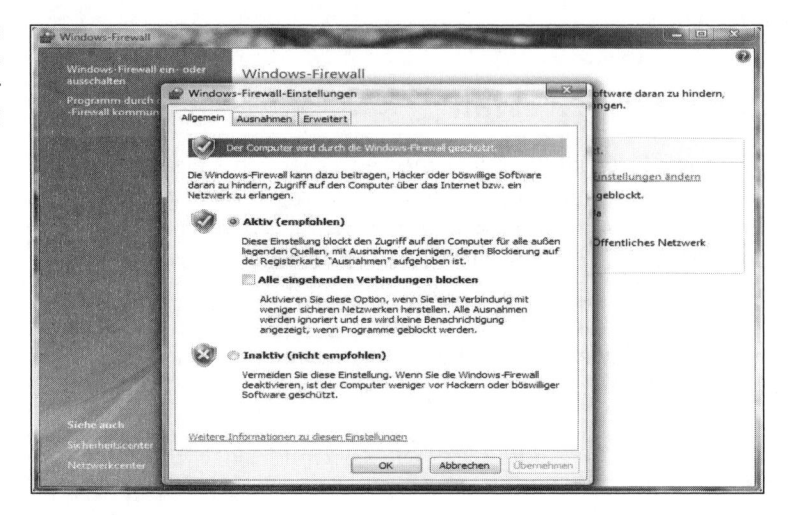

Sie können die detaillierte Konfiguration der Firewall über die entsprechende Managementkonsole aufrufen. Nur an dieser Stelle können detailliert konfigurierte Regeln erstellt werden.

Innerhalb dieser Konsole können neben den Einstellungen für die Firewall auch Funktionen im Bereich IPSec konfiguriert werden. Durch diese Kombination der beiden Technologien erhalten Unternehmen einige Vorteile:

- Die Konflikte und der Aufwand für die Koordination zwischen beiden Technologien werden verringert.
- Die Firewall-Regeln werden intelligenter.
- Integration in Active Directory (Benutzer-/Computergruppen).
- Filterung des ausgehenden Datenverkehrs.
- Konzipiert für den Einsatz in Unternehmensnetzwerken.
- Vereinfachte Richtlinien für den Schutz des Systems reduzieren den Aufwand für die Verwaltung.

Die Konsole starten Sie am schnellsten über *Start/Ausführen/wf.msc*. Auf der linken Seite können die entsprechenden Regeln zur Konfiguration ausgewählt werden. Hier gibt es folgende Möglichkeiten (siehe *Abbildung 14.26)*:

- *Eingehende Regeln* – Hier werden die konfigurierten Ausnahmen für den eingehenden Netzwerkverkehr angezeigt.
- *Ausgehende Regeln* – Hier befinden sich die konfigurierten Ausnahmen für den ausgehenden Netzwerkverkehr.

- *Verbindungssicherheitsregeln* – Hier werden die Regeln für den geschützten Netzwerkverkehr angezeigt.
- *Überwachung* – Hier stehen Informationen zu den aktuellen Ausnahmen, den Sicherheitsregeln der Verbindungen und den Sicherheitszuordnungen. Innerhalb des Gruppenrichtlinieneditors wird dieser Unterpunkt nicht angezeigt.

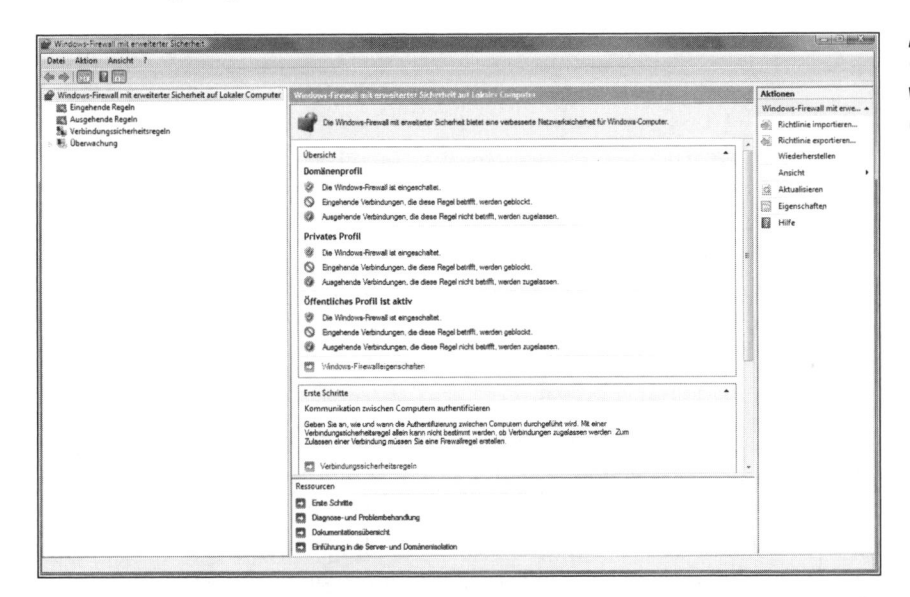

Abbildung 14.26: Konfiguration der Windows-Firewall über die Managementkonsole

Konfiguration der Firewall mit der Konsole

Die Konfiguration der Windows Firewall setzt sich aus den folgenden Elementen zusammen:

1. Ausnahmen für eingehenden Netzwerkverkehr
2. Ausnahmen für ausgehenden Netzwerkverkehr
3. Sicherheitsregel

Markieren Sie zunächst auf der linken Seite den Eintrag *Eingehende Regeln* oder den Eintrag *Ausgehende Regeln*. Klicken Sie anschließend mit der rechten Maustaste auf den jeweiligen Eintrag, und wählen Sie im Kontextmenü den Befehl *Neue Regel* aus. Alternativ dazu markieren Sie auch den gewünschten Eintrag auf der linken Seite und klicken auf der rechten Seite des Fensters im Bereich *Aktionen* auf *Neue Regel*. Es startet ein Assistent zum Erstellen neuer Regeln (siehe *Abbildung 14.27*).

Sicherheit in Windows Vista

Abbildung 14.27:
Erstellen einer neuen Firewall-Regel

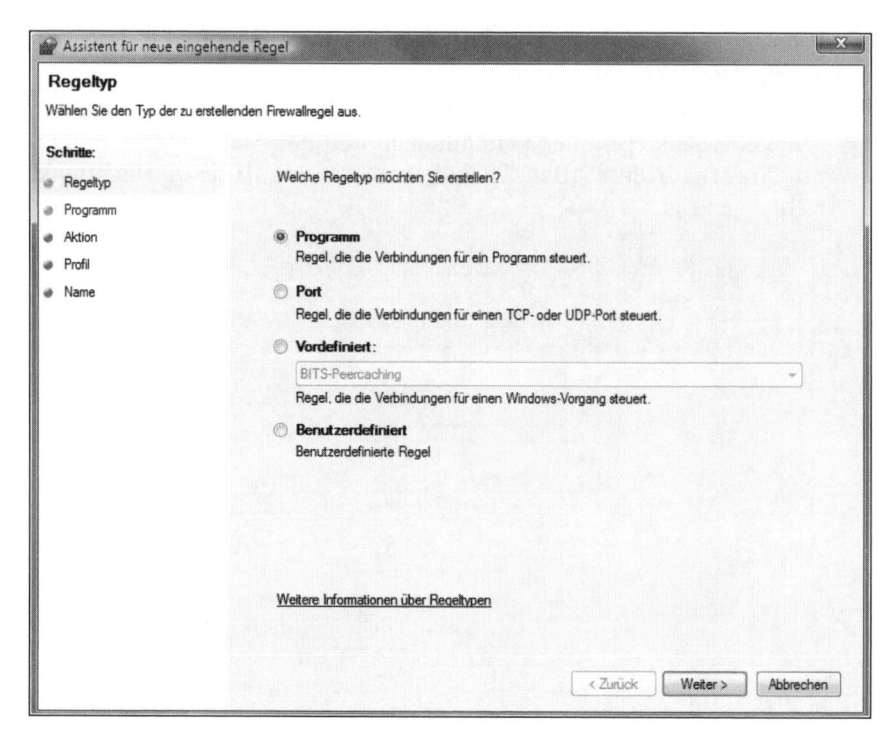

Sie können über den Assistenten mehrere Bedingungen für die Regel festlegen. Folgende Konfigurationen lassen sich vornehmen:

- *Programm* – Eine Ausnahme für eingehenden Netzwerkverkehr auf Basis eines Programmnamens. Sie müssen zusätzlich eine Aktion (zulassen, blockieren oder schützen), das Profil, auf das die Ausnahme angewendet wird (Standard, Domäne oder beide), und einen Namen für die Ausnahme angeben.

- *Port* – Eine Ausnahme auf Basis von TCP- oder UDP-Ports. Auch hier müssen Sie zusätzlich eine Aktion (zulassen, blockieren oder schützen), das Profil, auf das die Ausnahme angewendet wird (Standard, Domäne oder beide), und einen Namen für die Ausnahme angeben.

- *Vordefiniert* – Eine Ausnahme für einen vordefinierten Dienst. Hierzu gehören zum Beispiel Remoteunterstützung, Datei- und Druckerfreigabe, Remotedesktop, Universal Plug and Play (UPnP) Framework und ICMP-Echo-Requests (v4). Auch hier muss ein Name für die Ausnahme festgelegt werden.

- *Benutzerdefiniert* – Eine Ausnahme, die sich nicht auf ein Programm, einen Port oder einen vordefinierten Dienst bezieht. Mit dieser Option können Sie alle Konfigurationseinstellungen selbst festlegen. Auch hier müssen Sie wieder einen Namen angeben.

Nachdem Sie den Assistenten abgeschlossen haben, wird eine neue Regel im Detailbereich angezeigt. Möchten Sie die erweiterten Eigenschaften der Regel konfigurieren, klicken Sie mit der rechten Maustaste auf die Regel und wählen anschließend im Kontextmenü den Eintrag *Eigenschaften* aus (siehe *Abbildung 14.28*).

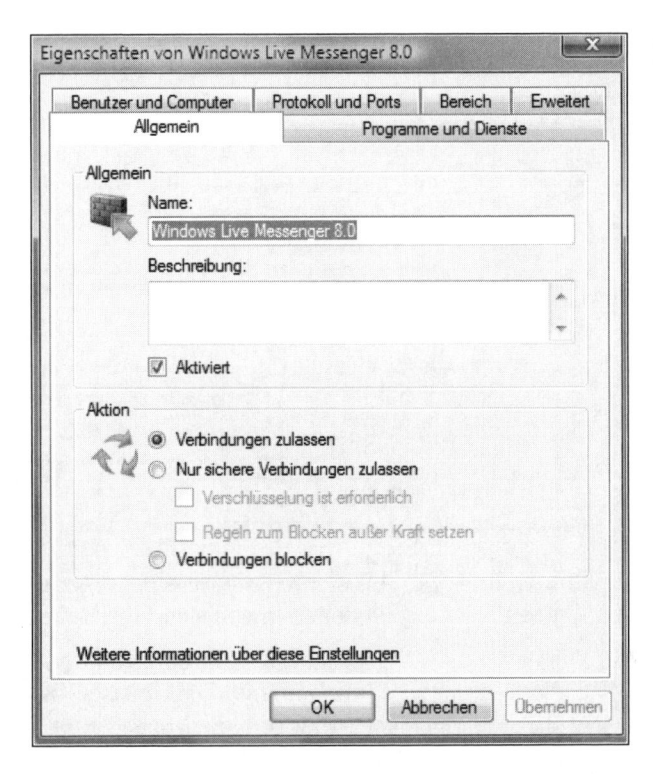

Abbildung 14.28: Eigenschaften von Firewall-Regeln

Hier gibt es mehrere Registerkarten:

- *Allgemein* – Name der Regel, Programm, auf das sich die Ausnahme bezieht, und Aktion (zulassen, blockieren oder schützen).
- *Benutzer und Computer* – Wenn als Aktion *schützen* definiert ist, dann werden hier die Computer- oder Benutzerkonten angezeigt, die geschützte Verbindungen aufbauen dürfen.
- *Protokolle und Ports* – IP-Protokoll, TPC- und UDP-Quellport und Zielport und ICMP- oder ICMPv6-Einstellungen.
- *Bereich* – Quell- und Zieladressen für die Ausnahme.
- *Erweitert* – Profile, Schnittstellentypen und Dienste, für welche die Ausnahme gilt.
- *Programme und Dienste* – Hier können Sie definieren, welches Programm oder welcher Dienst mit der Regel verwaltet wird.

Konfigurieren von Verbindungssicherheitsregeln in der Konsole

Klicken Sie auf der linken Seite mit der rechten Maustaste auf *Verbindungssicherheitsregeln*, und wählen Sie im Kontextmenü den Eintrag *Neue Regel* aus. Es startet ein Assistent zum Erstellen von neuen Regeln (siehe Abbildung 14.29).

Abbildung 14.29: Erstellen einer neuen Verbindungssicherheitsregel

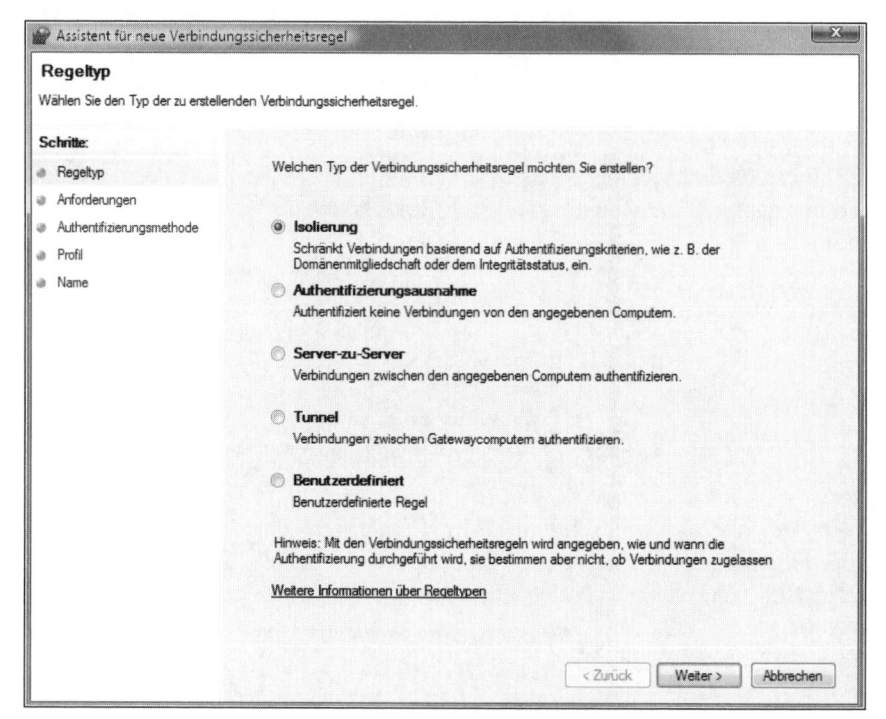

Sie können über den Assistenten mehrere Bedingungen für die Regel festlegen. Folgende Konfigurationen lassen sich vornehmen:

- *Isolierung* – Legt anhand der Active Directory-Infrastruktur oder über den Status von Computern fest, welche Computer isoliert sind. Sie müssen angeben, wann eine Authentifizierung stattfinden soll (zum Beispiel bei eingehendem oder ausgehendem Netzwerkverkehr) und ob die Verbindung geschützt sein muss oder ob das nur angefordert wird. Außerdem müssen Sie die Authentifizierungsmethode und einen Namen für die Regel festlegen. Die Isolation über den Status eines Computers nutzt die neue Network Access Protection-Plattform von Windows Vista und Windows Server Longhorn. Weitere Informationen zu diesem Thema finden Sie auf der Network Access Protection-Website.

- *Authentifizierungsausnahme* – Legt anhand Ihrer IP-Adresse die Computer fest, die sich nicht authentifizieren müssen oder keine geschützte Verbindung benötigen.

- *Server zu Server* – Legt fest, wie die Verbindung zwischen Computern geschützt wird. Sie müssen Endpunkte (IP-Adressen) festlegen und angeben, wann die Authentifizierung stattfinden soll. Außerdem müssen die Authentifizierungsmethode und ein Name für die Regel festgelegt werden.
- *Tunnel* – Legt eine durch einen Tunnel geschützte Verbindung fest (zum Beispiel bei Verbindungen über das Internet). Sie müssen die Tunnel-Endpunkte über deren IP-Adressen angeben; außerdem natürlich die Authentifizierungsmethode und einen Namen für die Regel.
- *Benutzerdefiniert* – Erstellt eine frei konfigurierbare Regel.

Möchten Sie die erweiterten Eigenschaften der Regel konfigurieren, klicken Sie mit der rechten Maustaste auf die Regel und wählen dann im Kontextmenü den Eintrag *Eigenschaften* aus. Hier gibt es mehrere Registerkarten.

Wenn Sie eine Ausnahme erstellen oder einen Port in der Firewall öffnen, erlauben Sie einem bestimmten Programm, Daten über die Firewall von oder zu Ihrem Computer zu senden. Erlauben Sie einem Programm die Kommunikation über die Firewall (wenn Sie seine Blockierung aufheben), öffnen Sie dadurch förmlich eine winzige Tür in der Firewall. Jedes Mal, wenn Sie eine Ausnahme zulassen oder einen Port öffnen, damit ein Programm über die Firewall kommunizieren kann, wird Ihr Computer etwas weniger sicher. Je mehr Ausnahmen oder offene Ports Ihre Firewall hat, umso mehr Gelegenheiten haben Hacker und schädliche Software, eine dieser Öffnungen zu verwenden, um einen Wurm zu verbreiten, auf Ihre Dateien zuzugreifen oder mithilfe Ihres Computers schädliche Software an andere zu verteilen.

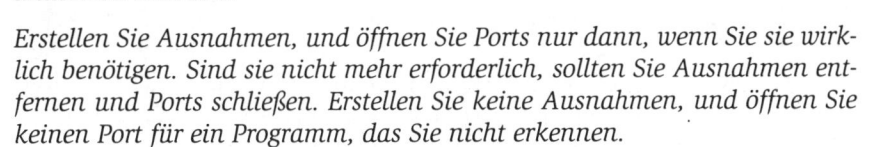

Erstellen Sie Ausnahmen, und öffnen Sie Ports nur dann, wenn Sie sie wirklich benötigen. Sind sie nicht mehr erforderlich, sollten Sie Ausnahmen entfernen und Ports schließen. Erstellen Sie keine Ausnahmen, und öffnen Sie keinen Port für ein Programm, das Sie nicht erkennen.

14.6 Automatische Windows-Updates

Diese Funktion wurde bereits in Windows XP eingeführt, aber in Windows Vista weiter verbessert. Bereits bei der Installation kann der Anwender auswählen, dass sich Windows automatisch aktualisieren soll, um vor neuen Sicherheitsgefahren gewappnet zu sein. Sie können ohne Weiteres auf diesen Schutz vertrauen und sollten ihn auch aktivieren.

Auch versierten Anwendern ist es heutzutage nicht mehr zumutbar, ständig nach Produktupdates zu schauen und diese zu installieren. Anfänger werden erfreut darüber sein, dass sich Windows automatisch aktuell hält und keine Eingriffe ins System vorgenommen werden müssen. Die Konfiguration der automatischen Updates wird in der Systemsteuerung im Menü

Sicherheit in Windows Vista

Sicherheit durchgeführt. Hier steht ein eigenes Menü zur Verfügung, mit dessen Hilfe die installierten Updates angezeigt werden können, manuell nach neuen Updates gesucht und die Konfiguration dieser Funktion angepasst werden kann (siehe *Abbildung 14.30*).

Abbildung 14.30: Konfiguration der automatischen Windows-Updates in der Systemsteuerung

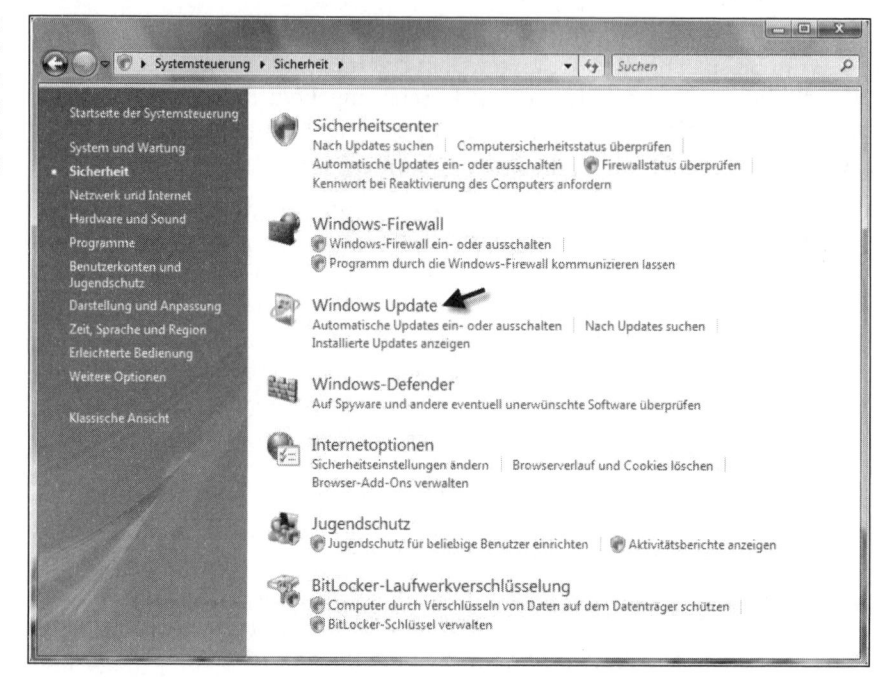

Zusätzlich besteht die Möglichkeit, nicht nur Windows aktuell zu halten, sondern auch andere Produkte, die auf dem PC installiert sind. So lässt sich zum Beispiel Microsoft Office ständig automatisch aktualisieren. Diese Funktion ist vor allem für den Spamfilter von Outlook 2003/2007 interessant, der von Microsoft zwar ständig aktualisiert wird, aber von den wenigsten Anwendern genutzt wird.

Um die Aktualisierung für weitere Microsoft-Produkte zu aktivieren, gibt es im Konfigurationsfenster von Windows Updates in der Systemsteuerung den Link *Updates für weitere Produkte*, über den zusätzliche Produkte eingebunden werden können (siehe *Abbildung 14.31*).

Microsoft hat dazu seinen Internetdienst Windows Updates an die neue Version 6 angepasst, mit der auch Aktualisierungen von anderen Produkten möglich werden. Nachdem Sie die Funktion einmalig aktiviert haben, wird der PC zukünftig auch automatisch mit Updates für Microsoft Office-Produkte versorgt.

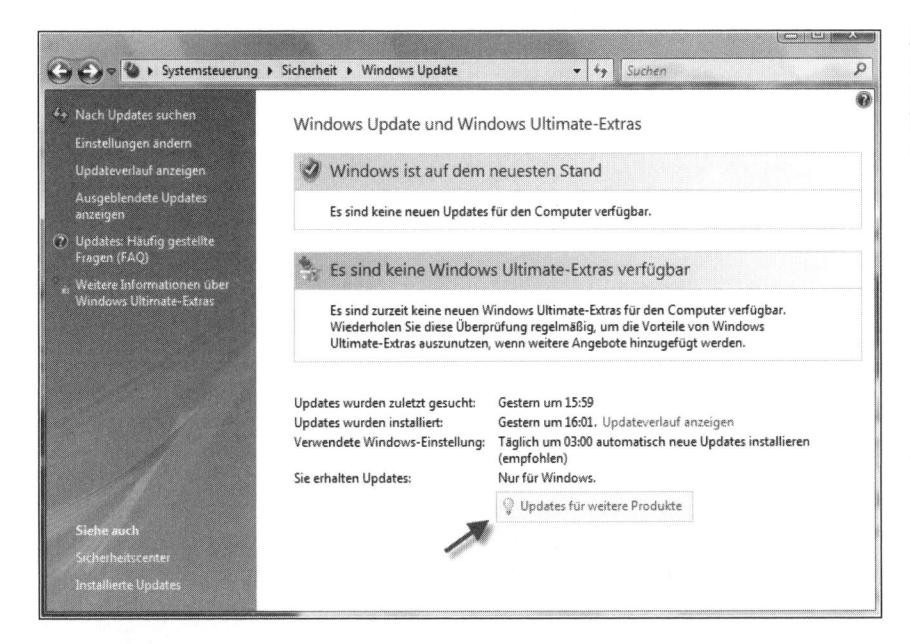

Abbildung 14.31:
Zusätzliche Microsoft-Produkte mit Windows Update aktualisieren

Auf der linken Seite des Fensters können Sie weitere Informationen abrufen und die Einstellungen für automatische Updates anpassen.

Klicken Sie auf den Link *Nach Updates suchen*, überprüft Windows Vista, ob aktuell Updates im Internet verfügbar sind (siehe *Abbildung 14.32*).

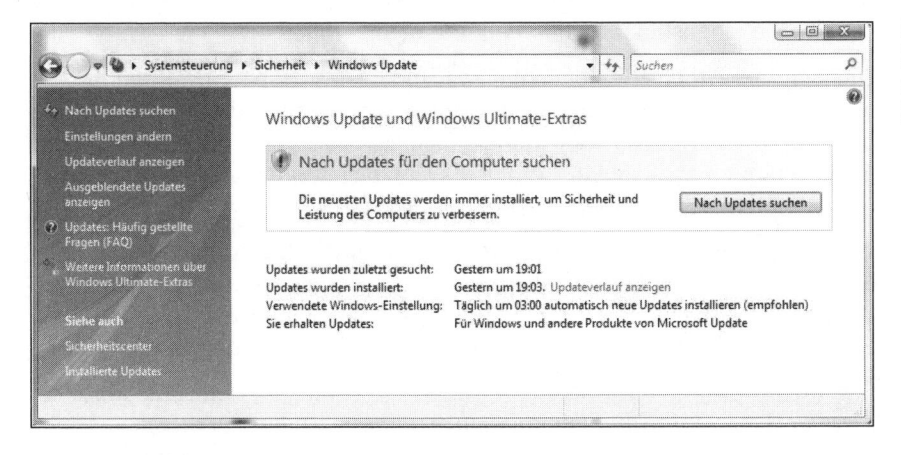

Abbildung 14.32:
Manuelle Suche nach Updates im Internet

Über den Link *Updateverlauf anzeigen* im Update-Fenster oder auf der linken Seite des Fensters lassen Sie sich anzeigen, welche Updates heruntergeladen und installiert worden sind.

Sicherheit in Windows Vista

Abbildung 14.33:
Anzeigen des Updateverlaufs in der Systemsteuerung

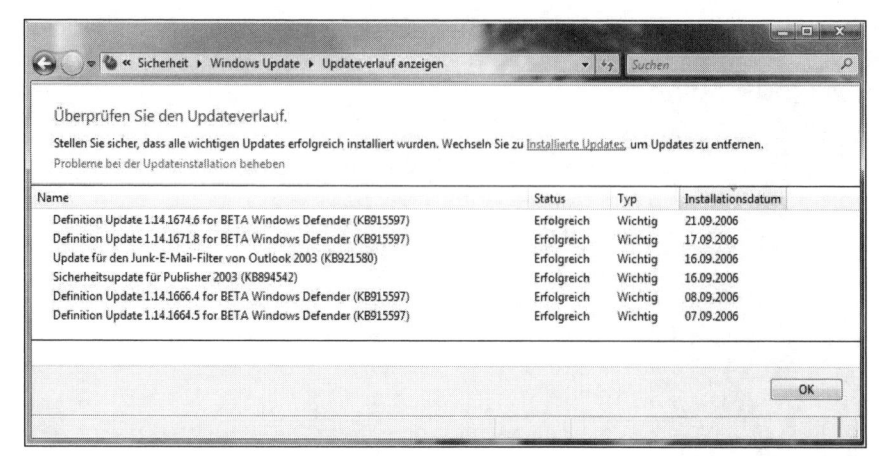

Über den Link *Einstellungen ändern* öffnet sich ein Konfigurationsfenster, in dem Sie einstellen, wie und wann Updates installiert werden sollen. Grundsätzlich konfigurieren Sie hier zunächst, ob sich Windows Vista automatisch aktualisieren soll oder ob Sie die automatische Aktualisierung komplett deaktivieren wollen.

Konfigurieren Sie Vista so, dass es sich automatisch aktualisiert, können Sie einstellen, zu welcher Uhrzeit die Aktualisierung durchgeführt wird. Ist der PC zu diesem Zeitpunkt nicht gestartet, wird der Aktualisierungsvorgang automatisch im Hintergrund beim nächsten Start durchgeführt. Hier können Sie auch einstellen, ob die Updates automatisch installiert werden sollen oder ob Sie die Installation manuell bestätigen wollen.

Um sich viel Arbeit mit den Windows-Updates zu ersparen, sollten Sie die automatische Aktualisierung aktivieren. Vor allem als Anfänger haben Sie dadurch den Vorteil, dass Sie automatisch geschützt sind, ohne sich mit den technischen Einzelheiten der Windows-Updates auseinandersetzen zu müssen.

Über den Link *Installierte Updates* links unten im Hauptfenster von Windows Update lassen Sie sich alle installierten Updates auf dem PC anzeigen und bei Bedarf einzelne Updates deinstallieren (siehe *Abbildung 14.35*). Hier sehen Sie auch, wann diese Updates eingespielt worden sind.

Sie finden diese Informationen auch über *Start/Systemsteuerung/Programme/Programme und Funktionen/Installierte Updates anzeigen*.

Über den Link *Ausgeblendete Updates anzeigen* lassen Sie sich die Patches anzeigen, die nicht in den installierten Updates angezeigt, sondern von Vista automatisch ausgeblendet werden.

Automatische Windows-Updates

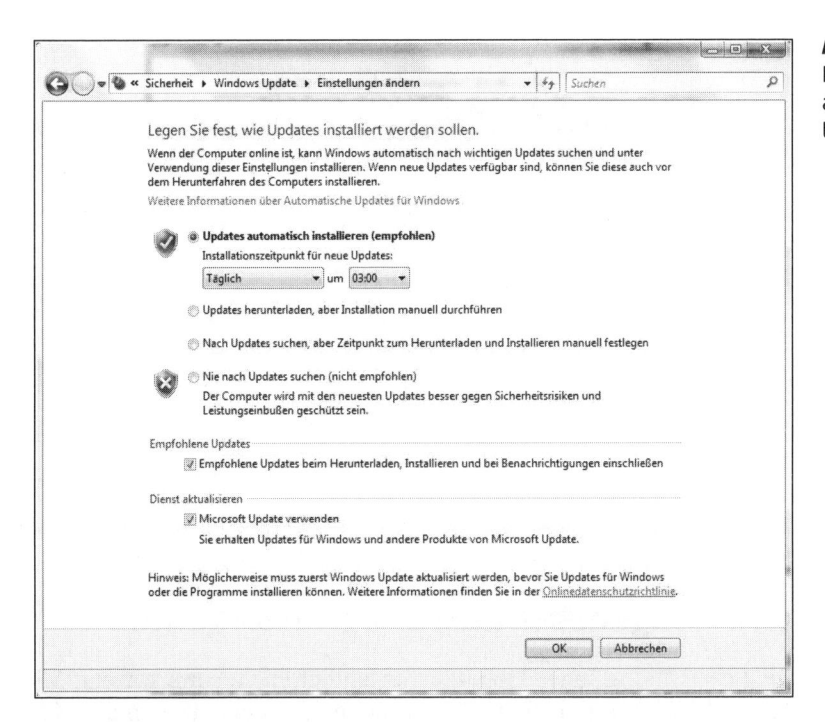

Abbildung 14.34:
Konfiguration der automatischen Updates

Abbildung 14.35:
Anzeigen der installierten Updates

Sie können sich die installierten Patches in der Befehlszeile mit dem Befehl *wmic qfe* anzeigen lassen. Idealerweise lassen Sie die Ausgabe des Befehls durch Eingabe von *wmic qfe > c:\patches.txt* in eine Textdatei umleiten, die Sie nach der Erstellung besser lesen können als die Auflistung in der Befehlszeile (siehe *Abbildung 14.36*).

Sicherheit in Windows Vista

Abbildung 14.36:
Anzeigen der Sicherheitspatches über die Befehlszeile

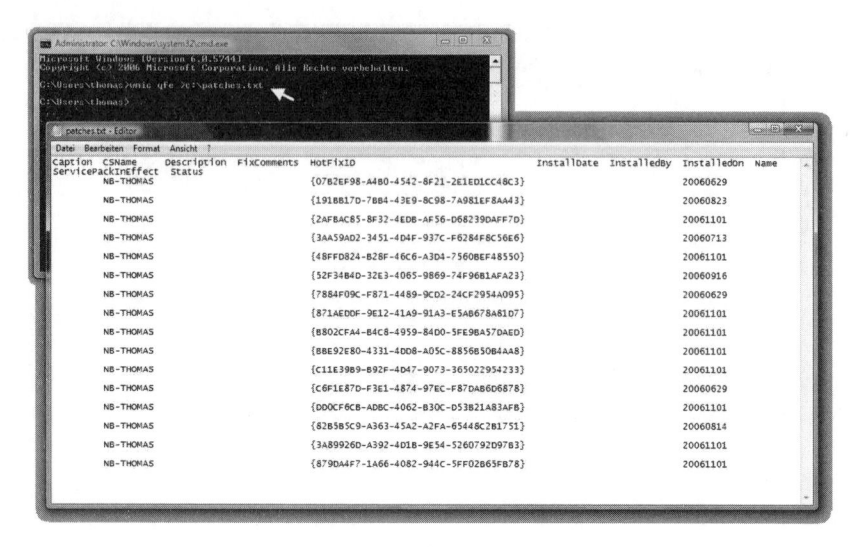

14.7 Jugendschutz für Benutzerkonten

Die Bezeichnung Jugendschutz ist eigentlich nicht ganz korrekt. Mit dieser Funktion können in kleineren Unternehmen durchaus auch die Mitarbeiter in ihren Möglichkeiten eingegrenzt werden. Nach dem Aktivieren des Jugendschutzes für ein Benutzerkonto werden die Aktivitäten des Benutzers protokolliert. Leider ist der Jugendschutz kein Bestandteil der Business und der Enterprise Edition von Windows Vista, obwohl das sinnvoll wäre. Business-Anwender mit der Windows Vista Ultimate Edition können die Funktionen jedoch verwenden.

Abbildung 14.37:
Konfiguration des Jugendschutzes in Windows Vista

Jugendschutz für Benutzerkonten

Der Webfilter blockiert Webinhalte anhand bestimmter Kategorien. Webchats, Webmail, pornografische Seiten und Glücksspielangebote lassen sich ebenso sperren wie der Download von Dateien. Für jedes Benutzerkonto kann der Administrator die Nutzung des Computers einschränken. Sie können auf ein Spielbewertungssystem zurückgreifen oder Spiele einzeln zulassen oder verweigern. Einzelne Anwendungen werden ebenfalls erlaubt oder verweigert.

Sie starten den Jugendschutz für Benutzerkonten über *Start/Systemsteuerung/Benutzerkonten und Jugendschutz/Jugendschutz* (siehe *Abbildung 14.37*).

Auf der Startseite für den Jugendschutz legen Sie zunächst fest, für welches Benutzerkonto der Jugendschutz gelten soll. Der wird kann nur für Standardbenutzerkonten aktiviert, nicht für Administratorkonten.

Nachdem Sie das Benutzerkonto ausgewählt haben, erscheint ein neues Fenster, über das Sie den Jugendschutz aktivieren können (siehe *Abbildung 14.38*). Haben Sie den Jugendschutz aktiviert, können Sie verschiedene Einstellungen vornehmen, die auf den folgenden Seiten ausführlicher erläutert werden.

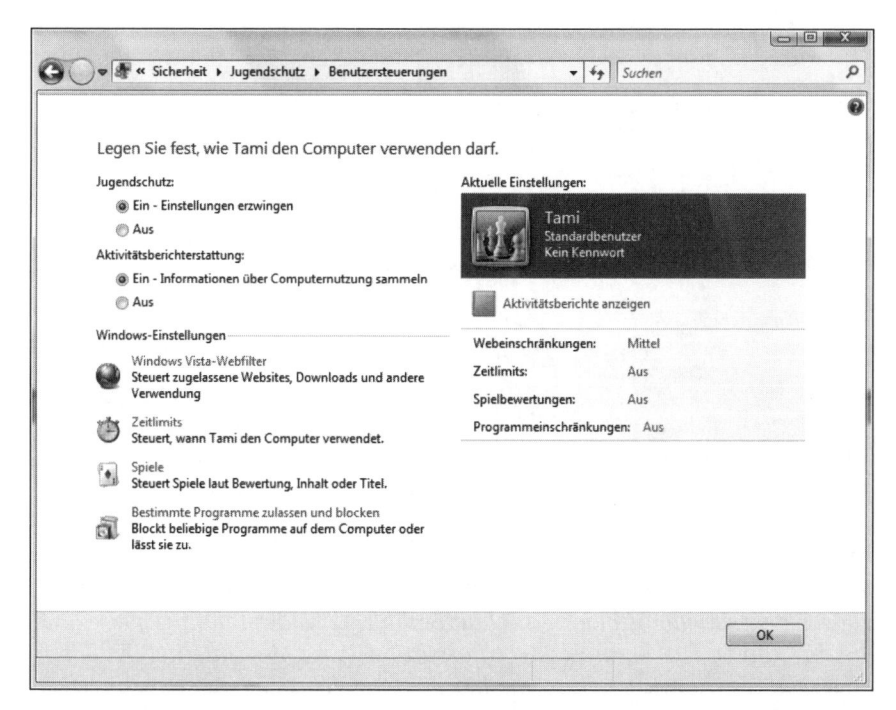

Abbildung 14.38: Konfiguration des Jugendschutzes für ein Benutzerkonto

In der Konfiguration nehmen Sie zusätzlich eine Reihe von Einstellungen vor, die im folgenden Abschnitt ausführlicher besprochen werden.

Sicherheit in Windows Vista

> **TIPP**
>
> Sie rufen den Jugendschutz auch über Start/Ausführen/ control.exe /name Microsoft.ParentalControls auf.

14.7.1 Verwenden des Webfilters im Jugendschutz

Sie aktivieren den Webfilter, der den Zugriff auf bestimmte Kategorien von Internetseiten nicht zulässt (siehe *Abbildung 14.39*). Diese Einstellung erreichen Sie über den Link *Windows Vista-Webfilter*. Sie können einzelne Webseiten ausschließen, den Download von Dateien verhindern oder ganze Kategorien sperren. Der Benutzer, der mit diesem Konto angemeldet ist, darf zukünftig nicht mehr auf diesen Seiten surfen.

Abbildung 14.39: Konfiguration des Windows Vista-Webfilters

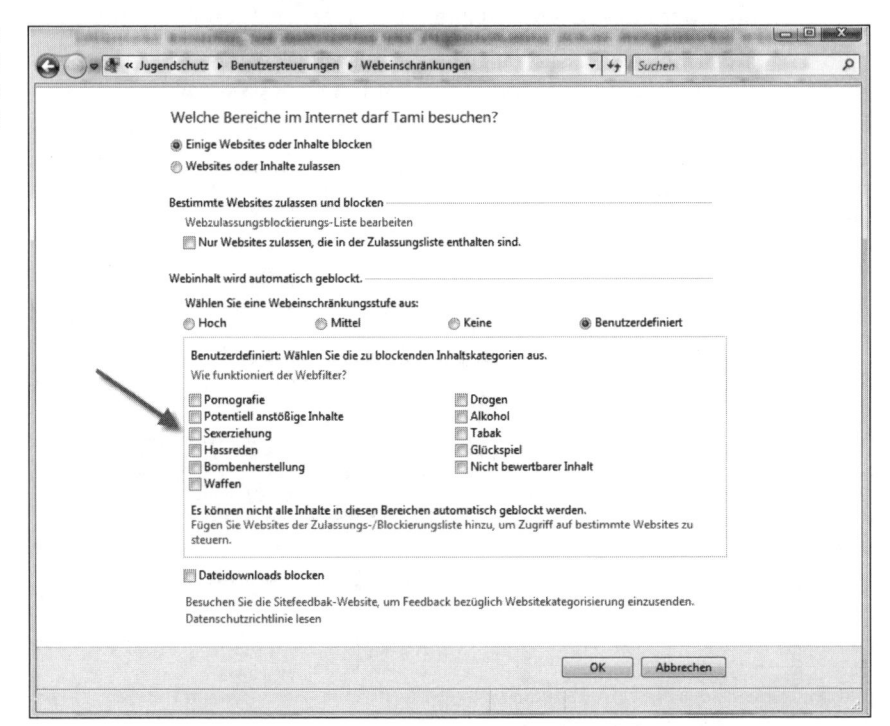

> **TIPP**
>
> *Anzeigen von durch den Jugendschutz geblocktem Inhalt*
>
> Verwenden Sie den Jugendschutz und versuchen, eine Website zu besuchen, die geblockt ist oder geblockten Inhalt enthält, wird der Inhalt geblockt und die in Kapitel 10 besprochene Informationsleiste des Internet Explorers angezeigt. Sie können sich solche blockierten Webseiten dennoch anzeigen lassen. Gehen Sie dazu folgendermaßen vor:
>
> 1. Öffnen Sie im Internet Explorer die blockierte Website.
> 2. Klicken Sie auf den Link *Einen Administrator um Berechtigungen bitten*, und folgen Sie anschließend den Anweisungen.

Jugendschutz für Benutzerkonten

Der Webfilter blockt bestimmte Websites basierend auf den Inhaltskategorien. Es gibt vier Einschränkungsebenen, mit denen Inhalt, den Sie blocken möchten, identifiziert werden kann:

- *Hoch*. Wenn Sie diese Ebene auswählen, gewähren Sie Ihrem Kind die Ansicht von Websites für Kinder sowie anderer Websites, die Sie der Liste mit zugelassenen Websites hinzufügen.
- *Mittel*. Bei dieser Ebene werden Websites basierend auf Webinhaltskategorien gefiltert.
- *Keine*. Kein Webinhalt wird automatisch geblockt.
- *Benutzerdefiniert*. Bei dieser Ebene werden ebenfalls Inhaltskategorien zum Filtern von Websites verwendet, Sie filtern hier jedoch nach mehr Inhaltskategorien.

Sie können unabhängig von der gewählten Einschränkungsebene bestimmte Websites stets zulassen oder blocken, indem Sie sie der *Zulassungs-/Blockierungsliste* hinzufügen (siehe *Abbildung 14.40*).

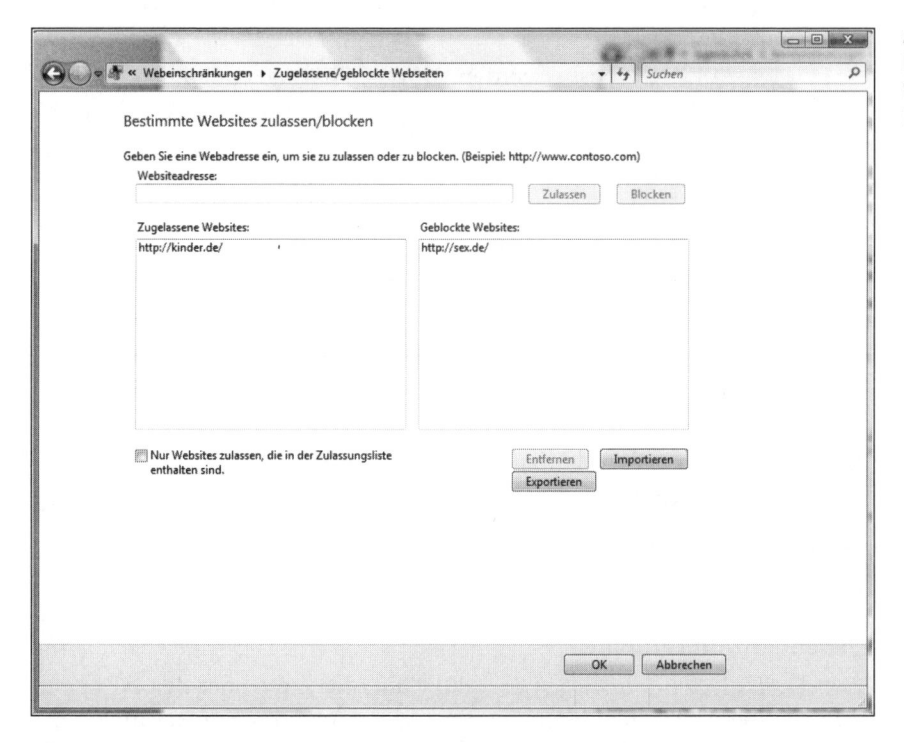

Abbildung 14.40: Konfiguration der Websitezulassungs blockierungs-Liste

Sie erreichen diese Liste über den Link *Websitezulassungsblockierungs-Liste bearbeiten* auf der Konfigurationsseite des Webfilters. Aktivieren Sie die Option *Nur Websites zulassen, die in der Zulassungsliste enthalten sind*, wenn Sie sicherstellen wollen, dass der Anwender, dessen Jugendschutz Sie konfigurieren, nur ganz bestimmte Webseiten besuchen darf. Sie können Webinhalt in den folgenden Kategorien einschränken:

- *Pornografie.*
- *Potenziell anstößige Inhalte.* Die Website enthält sexuell eindeutige Informationen, die keiner medizinischen oder wissenschaftlichen Quelle entstammen.
- *Sexerziehung.* Die Website bietet Informationen über Fortpflanzung und sexuelle Entwicklung, Geschlechtskrankheiten, Verhütung, Praktiken für geschützten Geschlechtsverkehr, Sexualität oder sexuelle Orientierung.
- *Hassreden.* Auf der Website wird Feindseligkeit oder Aggression gegenüber einer bestimmten Gruppe auf der Grundlage von Rasse, Religion, Geschlecht, Nationalität, ethnischer Abstammung verbreitet.
- *Bombenherstellung.* Auf der Website wird die Herstellung von Waffen befürwortet oder werden Anleitungen bereitgestellt.
- *Waffen.* Auf der Website werden Waffen verkauft, bewertet oder beschrieben.
- *Drogen.* Auf der Website werden Drogen, Pharmazeutika, berauschenden Pflanzen, Chemikalien und Utensilien beworben, angeboten, verkauft, bereitgestellt, unterstützt oder anderweitig befürwortet.
- *Alkohol.* Auf der Website werden Alkoholika beworben oder zum Verkauf angeboten.
- *Tabak.* Auf der Website wird Tabakkonsum beworben, zum Verkauf angeboten oder Tabakkonsum anderweitig unterstützt.
- *Glücksspiel.* Auf der Website können Benutzer online eine Wette platzieren oder an einem Wettpool (einschließlich Lotterien) teilnehmen.
- *Ungefilterter Inhalt.* Inhalt, der nicht durch den Webfilter geprüft wird.

14.7.2 Weitere Einstellungsmöglichkeiten des Jugendschutzes

Neben der Möglichkeit des Webfilters stehen Ihnen zur Konfiguration des Jugendschutzes noch weitere Möglichkeiten zur Verfügung.

Verwenden von Zeitlimits

Über den Link *Zeitlimits* legen Sie fest, wann der Anwender den PC benutzen darf und sich anmelden kann. So können auch im Kinderzimmer PCs stehen, und die Kinder dürfen den PC nur zu Zeiten benutzen, zu denen die Eltern den Zugriff gestatten (siehe *Abbildung 14.41*).

Jugendschutz für Benutzerkonten

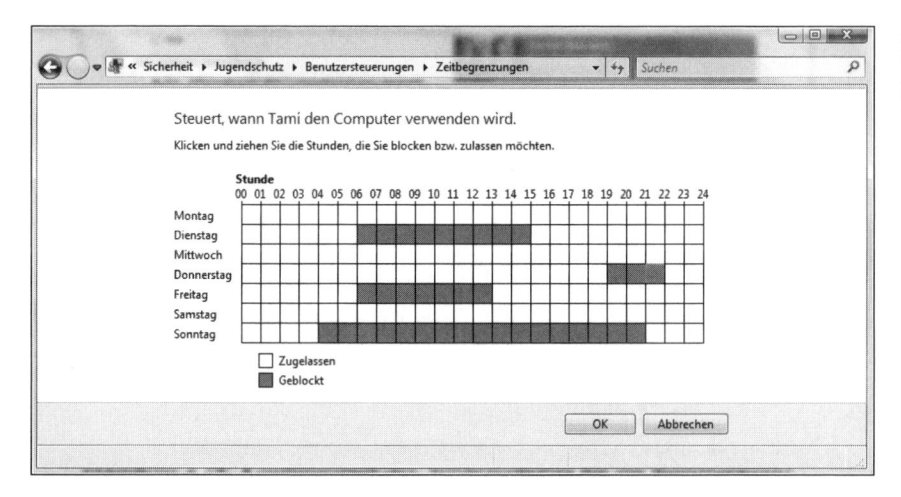

Abbildung 14.41: Verwenden von Zeitlimits für den PC

Blockieren von Spielen

Über den Link *Spiele* legen Eltern, basierend auf dem Spielbewertungssystem, genau fest, welche Spiele die Kinder überhaupt starten können und welche von Windows verweigert werden (siehe *Abbildung 14.42*). Sie können Folgendes blocken:

- Alle Spiele
- Bestimmte Spiele Ihrer Wahl
- Spiele mit bestimmten Altersfreigaben
- Spiele mit bestimmten Inhaltsbewertungen
- Kombination dieser Methoden

Erkennt Windows Vista ein Spiel nicht, wird es vom Jugendschutz nicht geblockt. Entdecken Sie ein nicht geblocktes Spiel, können Sie das Spiel der Liste der geblockten Programme manuell hinzufügen.

Um dem Benutzer generell das Spielen zu verbieten, klicken Sie unter Darf_ <Benutzername> Spiele spielen? auf Nein (siehe Abbildung 14.42).

TIPP

Blockieren von Spielen nach Altersfreigabe

Um die Spiele auf dem PC nach Altersfreigabe zu blockieren, gehen Sie folgendermaßen vor:

1. Aktivieren Sie den Jugendschutz für das entsprechende Konto
2. Klicken Sie unter *Darf_ <Benutzername>_ Spiele spielen?* auf *Ja*.
3. Klicken Sie unter *Spiele nach Bewertung und Inhaltstypen blocken bzw. zulassen* auf *Spielbewertungen festlegen*.
4. Klicken Sie unter *Welche Spiele darf <Benutzername> spielen?* auf die gewünschte Bewertungsebene.

Sicherheit in Windows Vista

Abbildung 14.42: Spielesteuerung in Windows Vista

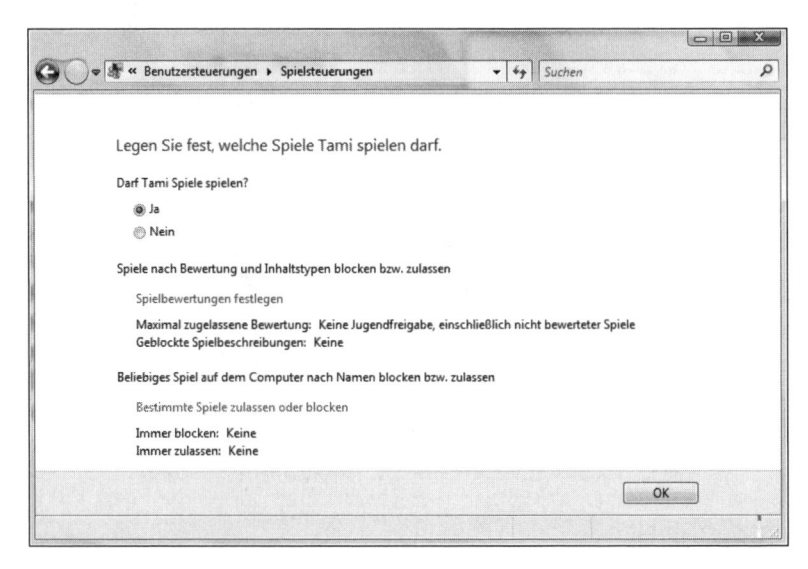

Abbildung 14.43: Blockieren von Spielen in Windows Vista

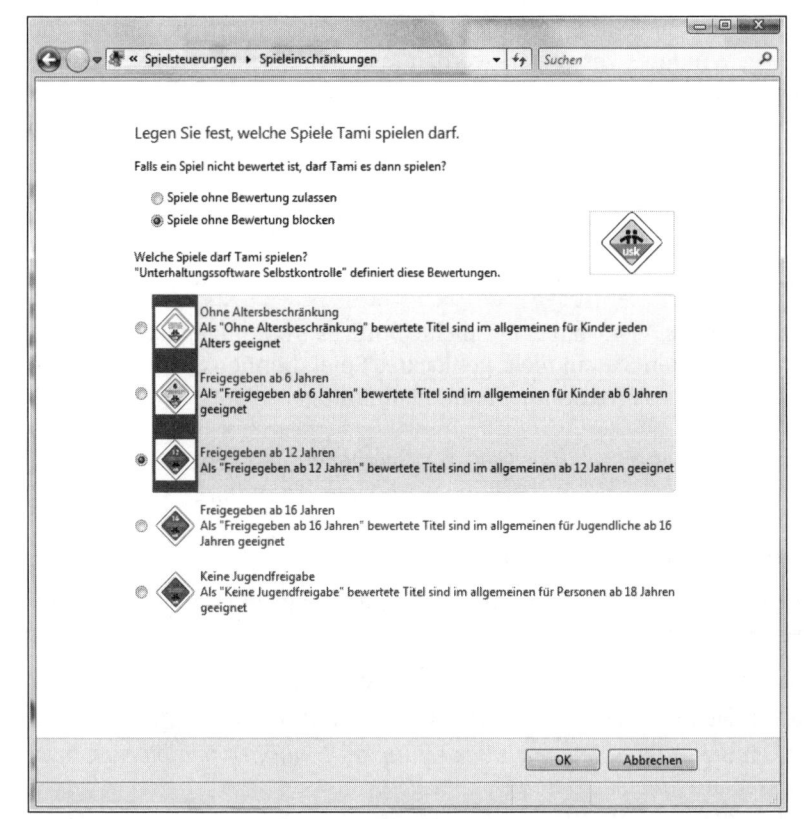

Jugendschutz für Benutzerkonten

So werden Spiele auch generell blockiert oder nur auf Basis der USK (Unterhaltungssoftware Selbstkontrolle). Spiele, die nicht bewertet sind, werden auf diesem Weg auch generell blockiert. Dadurch ist sichergestellt, dass wirklich nur diejenigen Spiele zugänglich sind, die auch entsprechend jugendfrei sind.

Schließlich können Sie auch ganz speziell einzelne Spiele blockieren oder erlauben. Es ist zu erwarten, dass nach der Veröffentlichung von Windows Vista alle neuen Spiele diese Funktion unterstützen werden.

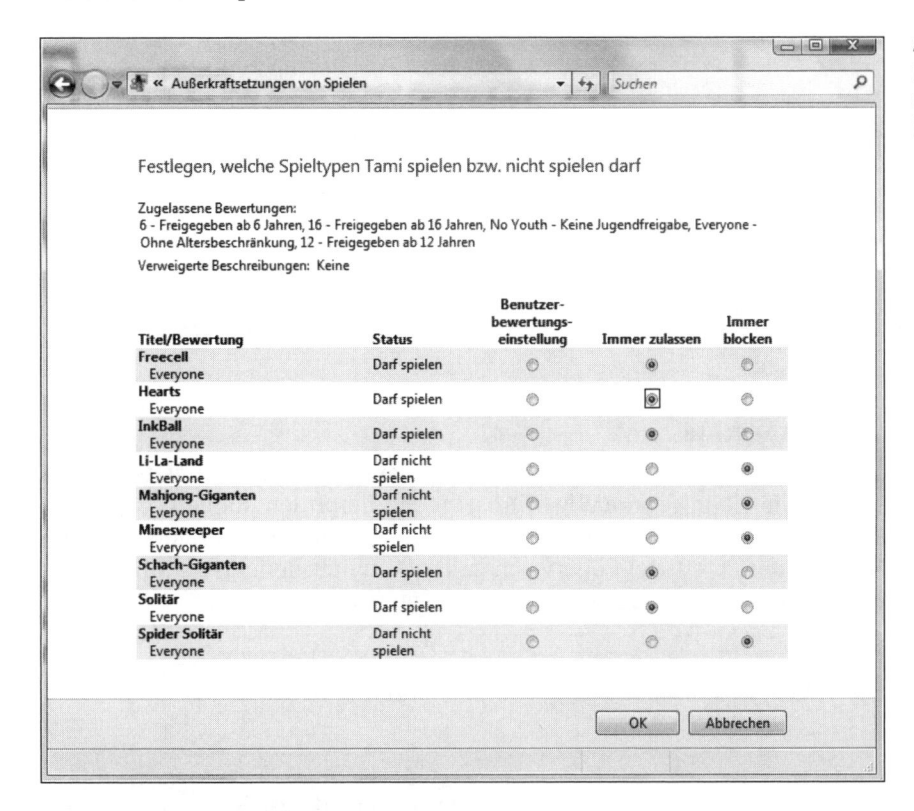

Abbildung 14.44: Blockieren von einzelnen Spielen in Windows Vista

Verwendung der Programmblockierung

Unter Windows Vista werden nicht nur einzelne Spiele blockiert, sondern auch andere Programme. Sie können dadurch genau festlegen, welche Programme ein Anwender starten darf und welche nicht (siehe *Abbildung 14.44*). Klicken Sie dazu auf den Link *Bestimmte Programme zulassen oder blocken* auf der Hauptseite des Jugendschutzes.

Sicherheit in Windows Vista

Abbildung 14.45:
Blockieren von Anwendungen in Windows Vista

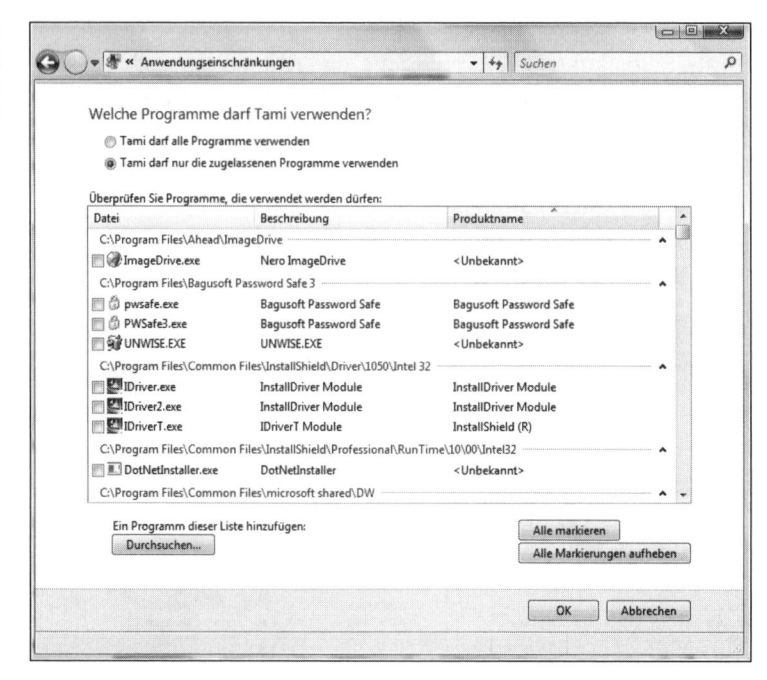

Aktivitätsberichte

Über den Jugendschutz werden auch automatisch Aktivitätsberichte erstellt, die Sie in regelmäßigen Abständen überprüfen können. Durch die Kontrolle lassen sich Schwachstellen in Ihren Einstellungen finden und die Nutzung des PC effizient überwachen. Die Aktivitätsberichtserstattung aktivieren Sie auch für einzelne Benutzerkonten (siehe *Abbildung 14.47*).

Abbildung 14.46:
Aktivieren der Aktivitätsberichterstattung

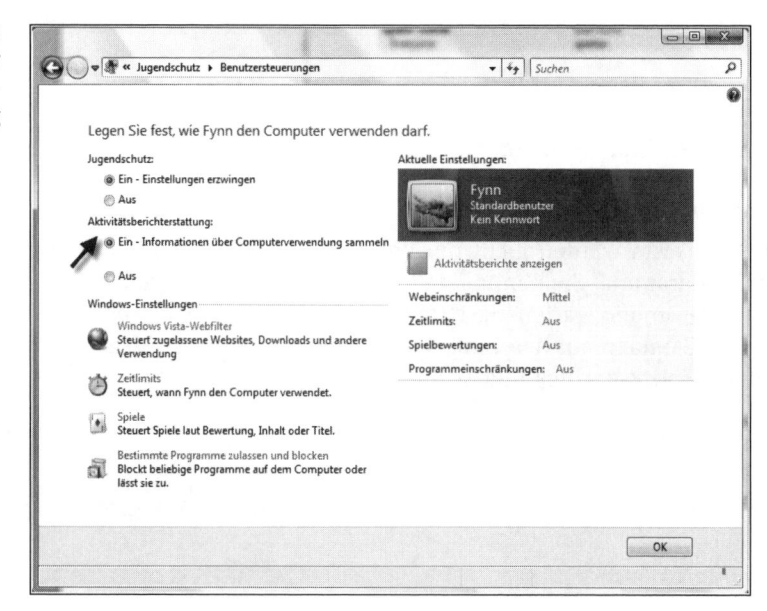

Jugendschutz für Benutzerkonten

Die Aktivitätsberichte sehen Sie sich als Administrator über *Start/Systemsteuerung/Benutzerkonten und Jugendschutz/Aktivitätsberichte anzeigen* an (siehe *Abbildung 14.47*).

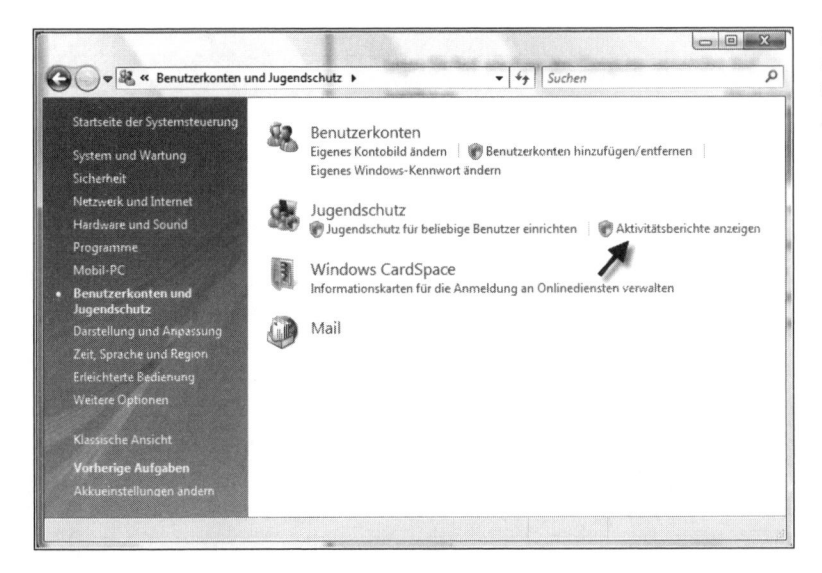

Abbildung 14.47: Anzeigen der Aktivitätsberichte des Jugendschutzes

Über die Aktivitätsberichte erhalten Sie ausführliche Informationen darüber, wie die anderen Benutzer dieses PC arbeiten (siehe *Abbildung 14.48*).

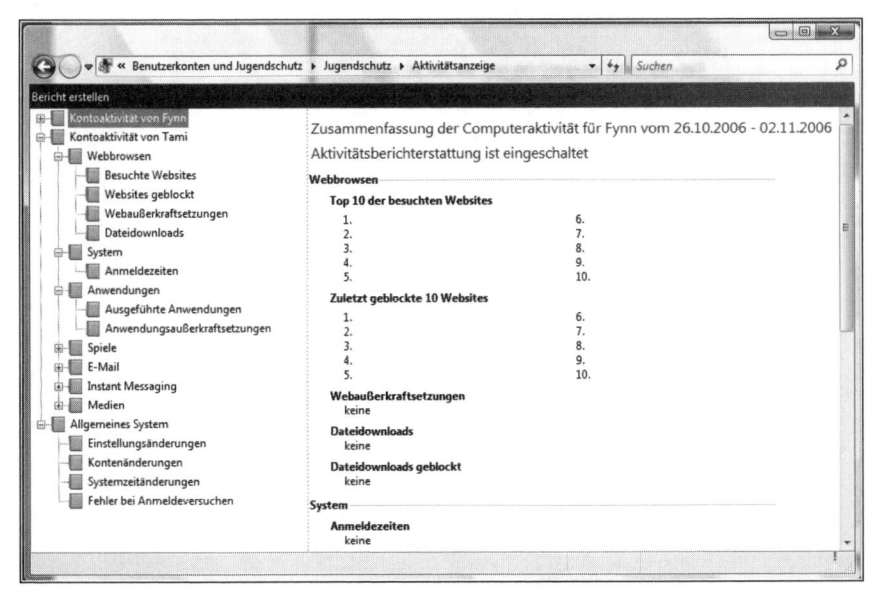

Abbildung 14.48: Anzeigen der Aktivitätsberichte in Windows Vista

Sicherheit in Windows Vista

Weitere Aufgaben zur Konfiguration des Jugendschutzes

Auf der Hauptseite zur Konfiguration des Jugendschutzes stehen Ihnen auf der linken Seite zwei weitere Aufgaben zur Verfügung (siehe *Abbildung 14.49*).

Abbildung 14.49:
Zusätzliche Aufgaben für den Jugendschutz

Über den Link *Ein Spielbewertungssystem auswählen* können Sie statt der bereits erwähnten USK auch ein anderes Spielbewertungssystems auswählen (siehe *Abbildung 14.50*).

Abbildung 14.50:
Ändern das ausgewählten Spielbewertungssystems

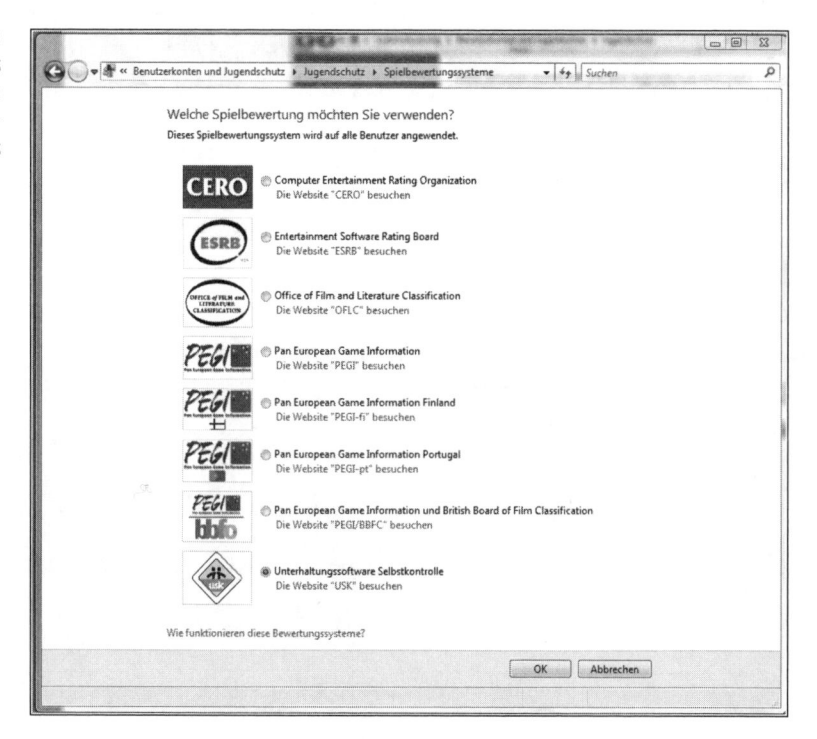

Jugendschutz für Benutzerkonten

Über den Link *Optionen für die Sicherheit für die Familie* steuern Sie, wann Sie die Aktivitätsberichte angezeigt bekommen wollen. Zusätzlich können Sie hier die Statistik des Webfilters zurücksetzen (siehe *Abbildung 14.51*).

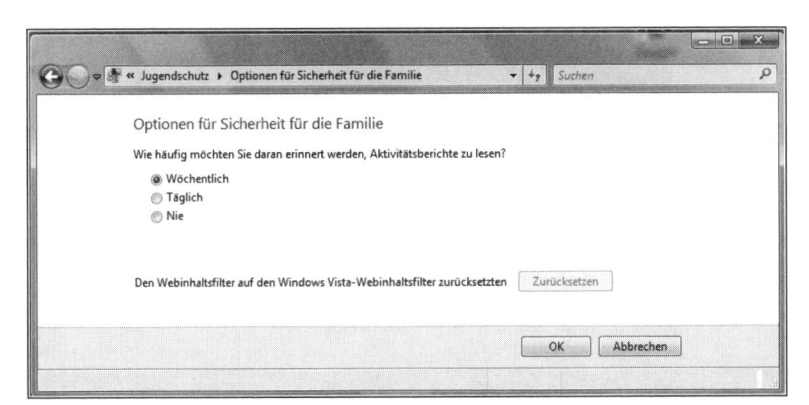

Abbildung 14.51: Erweiterte Optionen für den Jugendschutz

14.7.3 Jugendschutz im Internet Explorer 7

Auch im Internet Explorer 7 können Sie verschiedene Einstellungen vornehmen, um auf dem PC gewisse Internetseiten zu blockieren. Der Internet Explorer verwendet zum Blockieren von Internetseiten den *Inhaltsratgeber*.

Mit dem Inhaltsratgeber steuern Sie, welche Arten von Internetinhalten angesehen werden können. Je nachdem, wie Sie ihn konfigurieren, verwendet der Inhaltsratgeber Klassifizierungen, die freiwillig von Websites abgegeben werden, um bestimmte Inhalte zu blockieren oder zuzulassen. Da nicht alle Websites klassifiziert sind, werden nicht klassifizierte Websites automatisch blockiert.

Um den Inhaltsratgeber zu verwenden, müssen Sie zunächst ein *Supervisorkennwort* festlegen. Anschließend konfigurieren Sie die Filter und Regeln für die Nutzung des Webs. Um Einstellungen zu ändern, müssen Sie sich zuvor mit dem Supervisorkennwort anmelden.

Festlegen des Supervisorkennworts im Inhaltsratgeber

Durch das Supervisorkennwort wird verhindert, dass andere Benutzer die Einstellungen im Inhaltsratgeber ändern. Gehen Sie zur Konfiguration folgendermaßen vor:

1. Öffnen Sie den Internet Explorer.
2. Klicken Sie auf die Schaltfläche *Extras* und dann auf *Internetoptionen*.
3. Gehen Sie auf die Registerkarte *Inhalt* und wählen dann unter *Inhaltsratgeber* auf *Aktivieren* (siehe *Abbildung 14.52*).
4. Klicken Sie im Dialogfeld *Inhaltsratgeber* auf die Registerkarte *Allgemein*.
5. Wählen Sie *Kennwort erstellen*, und geben Sie ein Kennwort und einen Kennworthinweis ein. Klicken Sie auf *OK* (siehe *Abbildung 14.53*).

Sicherheit in Windows Vista

Abbildung 14.52:
Aktivieren des Inhaltsratgebers im Internet Explorer

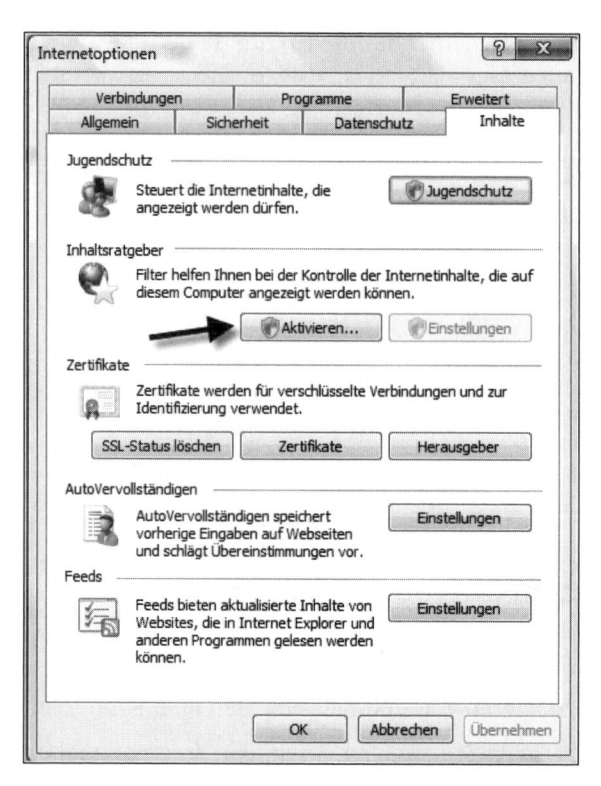

Abbildung 14.53:
Festlegen eines Supervisorkennwortes für den Inhaltsratgeber im Internet Explorer 7

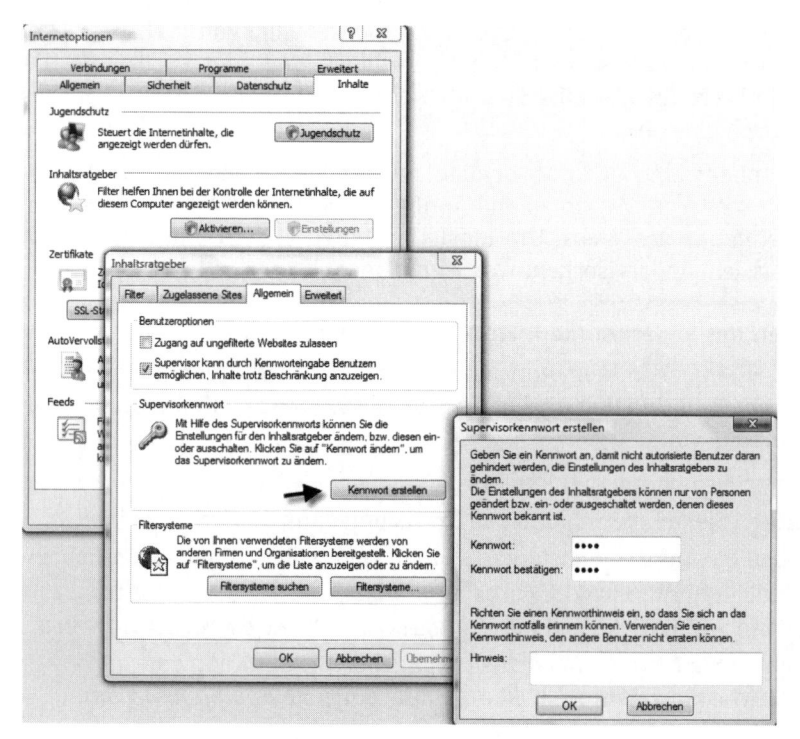

Jugendschutz für Benutzerkonten

Konfiguration der zugelassenen Filterstufen

Der Inhaltsratgeber verwendet Klassifizierungen, die von Websites bereitgestellt werden. Um die Filterstufen einzustellen, gehen Sie folgendermaßen vor:

1. Wählen Sie in der Liste *Wählen Sie eine Kategorie aus, um die Filterstufen anzuzeigen* auf der Registerkarte *Filter* eine Kategorie aus, und stellen Sie mit dem Schieberegler die gewünschte Filterstufe ein (siehe *Abbildung 14.54*).
2. Haben Sie die Filterstufe für alle Kategorien festgelegt, klicken Sie auf *Übernehmen*.
3. Klicken Sie auf *OK*.

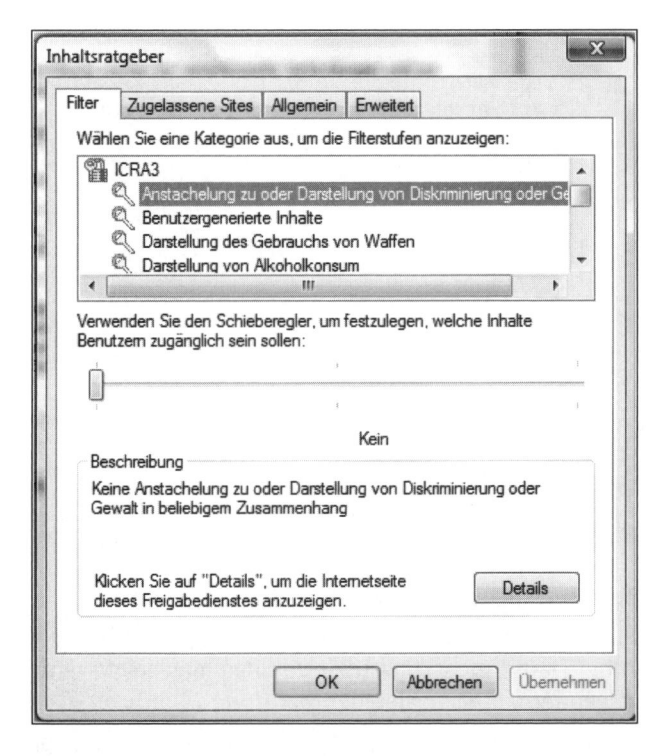

Abbildung 14.54: Konfiguration der Filterstufen für den Inhaltsratgeber

Blockieren oder Zulassen von bestimmten Websites

Möchten Sie bestimmte Websites ausdrücklich zulassen oder blockieren, gehen Sie folgendermaßen vor (siehe *Abbildung 14.55*):

1. Klicken Sie auf die Registerkarte *Inhalt* unter *Inhaltsratgeber* auf *Einstellungen*.
2. Geben Sie im Dialogfeld *Supervisorkennwort erforderlich* Ihr Kennwort ein, und klicken Sie auf *OK*.

Sicherheit in Windows Vista

3. Klicken Sie auf die Registerkarte *Zugelassene Sites*.
4. Geben Sie unter *Diese Website* zulassen den URL der Site ein, die Sie zulassen oder blockieren möchten, und wählen Sie *Immer* oder *Nie* aus, um die Website zuzulassen oder zu blockieren.
5. Klicken Sie auf *OK*, um die Einstellungen zu speichern.
6. Bestätigen Sie mit *OK*.

Abbildung 14.55: Konfiguration von zugelassenen Internetseiten

Zulassen nicht klassifizierter Sites

Standardmäßig blockiert der Inhaltsratgeber alle Websites ohne Klassifizierung. Damit nicht klassifizierte Sites angezeigt werden können, gehen Sie folgendermaßen vor (siehe *Abbildung 14.56*):

1. Klicken Sie im Dialogfeld *Inhaltsratgeber* auf die Registerkarte *Allgemein*.
2. Aktivieren Sie unter *Benutzeroptionen* das Kontrollkästchen *Zugang auf ungefilterte Websites zulassen*, und klicken Sie anschließend auf *OK*.

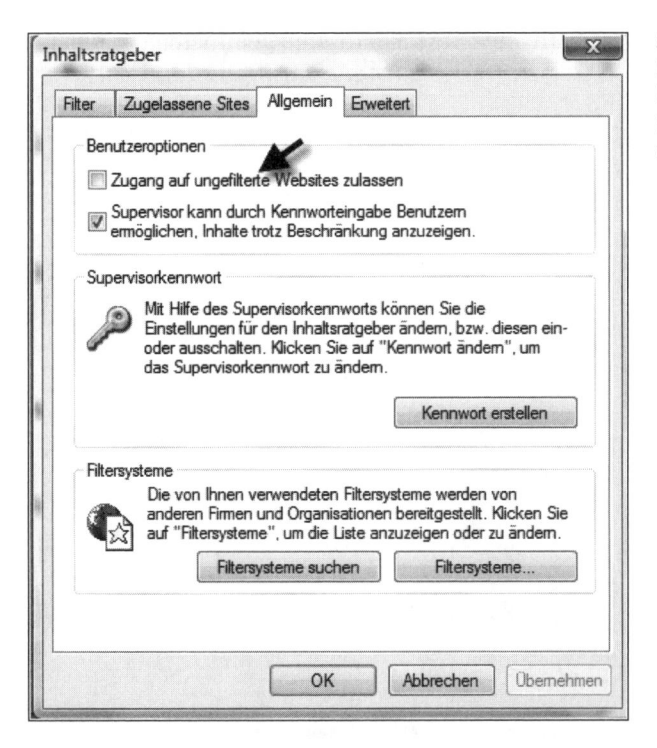

Abbildung 14.56:
Nicht klassifizierte Internetseiten im Inhaltsratgeber zulassen

14.8 Datenausführungsverhinderung

Die Datenausführungsverhinderung ist ein Sicherheitsfeature, das den Computer vor Schäden durch Viren schützt. Hierbei werden Programme überwacht, um die sichere Verwendung des Systemspeichers durch die betreffenden Programme sicherzustellen. Versucht ein Programm, Code aus dem Speicher auf unzulässige Weise auszuführen, wird das Programm durch die Datenausführungsverhinderung (Data Execution Prevention, DEP) geschlossen. Dadurch können Angriff durch Viren und Trojaner frühzeitig entdeckt werden.

Die Datenausführungsverhinderung überwacht automatisch die wichtigsten Windows-Programme und -Dienste. Sie können den Schutz verbessern, indem Sie alle Programme durch sie überwachen lassen.

Zur Konfiguration der Datenausführungsverhinderung (siehe *Abbildung 14.57*) gelangen Sie mit den folgenden Schritten:

1. Rufen Sie über die Start-Schaltfläche die Systemsteuerung auf.
2. Klicken Sie zunächst auf den Link *System und Wartung*, dann auf *System* und anschließend im Bereich *Aufgaben* auf *Erweiterte Systemeinstellungen*.
3. Wählen Sie auf der nun geöffneten Registerkarte *Erweitert* im Bereich Leistung die Schaltfläche *Einstellungen*.

Sicherheit in Windows Vista

4. Aktivieren Sie im daraufhin geöffneten Dialogfeld *Leistungsoptionen* die Registerkarte *Datenausführungsverhinderung*.

Abbildung 14.57:
Konfiguration der Datenausführungsverhinderung

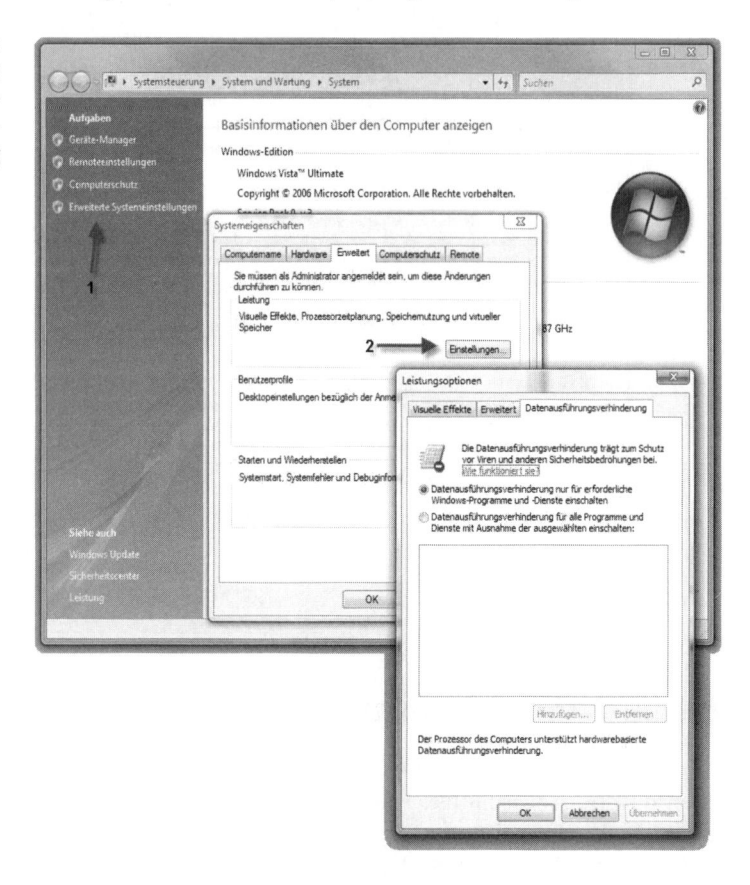

Normalerweise können Sie die Standardeinstellungen einfach übernehmen. Wollen Sie der Datenausführungsverhinderung bestimmte Programme hinzufügen, können Sie dies auf der nun angezeigten Registerkarte durchführen.

Schließt die Datenausführungsverhinderung ein Programm immer wieder, dem Sie vertrauen, können Sie die Datenausführungsverhinderung für das geschlossene Programm deaktivieren oder eine Version des Programms installieren, das zur Datenausführungsverhinderung kompatibel ist.

> **INFO** *Die Datenausführungsverhinderung ist ein softwarebasiertes Feature von Windows. Manche Computerprozessoren verfügen ebenfalls über eine hardwarebasierte Datenausführungsverhinderung. Diese Prozessoren verwenden Hardwaretechnologie, um zu verhindern, dass Programme Code in geschützten Speicherbereichen ausführen. Unterstützt Ihr Prozessor keine hardwarebasierte Datenausführungsverhinderung, verwendet Windows die softwarebasierte Datenausführungsverhinderung zum Schutz des Computers.*

14.9 Avast – kostenloser Virenscanner für Windows Vista

Gleich im nächsten Schritt sollten Sie unbedingt einen Virenscanner auf Ihrem PC installieren. Verwenden Sie noch keinen Virenscanner, gehe ich mit Ihnen in diesem Abschnitt die Installation und Konfiguration des kostenlosen Antivirusprogramms Avast durch. Avast ist ein Virenscanner, der von vielen meiner Bekannten, Kunden und mir eingesetzt wird. Er weist eine gute Erkennungsrate auf und arbeitet optimal mit Windows Vista zusammen. Avast ist darüber hinaus sehr benutzerfreundlich und schützt Sie zuverlässig vor Viren.

Bevorzugen Sie ein anderes Antivirusprogramm, sollten Sie dennoch die nächsten Abschnitte durcharbeiten, da viele Einstellungen bei allen Virenscannern identisch oder zumindest ähnlich sind. Wenn Sie noch keinen Virenscanner installiert haben, umso besser. Nach dem nächsten Abschnitt haben Sie einen guten Virenscanner, der Ihren PC hervorragend schützt, ohne dass Sie einen Cent dafür ausgeben.

Lassen Sie sich in Bezug auf Virenscanner nicht von der Fachpresse verrückt machen. Oft werden in verschiedenen Zeitschriften diverse Produkte getestet. Dabei sind häufig die Bewertungen der kommerziellen Produkte besser als die der kostenlosen. Da die meisten Internetnutzer überhaupt keinen Virenscanner verwenden, sind Sie mit kostenlosen Produkten immer noch besser geschützt als mit gar keinem. Und ehrlich gesagt verwende ich seit Jahren Freeware-Produkte und habe keinen Virus auf dem PC.

Bevor Sie das Produkt kostenlos einsetzen können, müssen Sie sich beim Hersteller registrieren. Sie brauchen hier keine Angst um Ihre Daten zu haben, da Alwil, der Hersteller, sehr seriös ist. Installieren Sie Avast ohne eine gültige Registrierung, läuft das Produkt eingeschränkt nur 60 Tage. Nach der Registrierung erhalten Sie an Ihre E-Mail-Adresse eine E-Mail mit der Seriennummer geschickt. Mit dieser Nummer können Sie Avast ein Jahr kostenlos verwenden. Nach dem Jahr können Sie sich für ein weiteres Jahr registrieren, dazu erhalten Sie eine neue Seriennummer. Diese Vorgehensweise gilt auch für kommerzielle Produkte und ist kein größerer Aufwand, vor allem wenn man bedenkt, dass Sie durch das Programm schnell über 50 Euro sparen können. Klicken Sie auf der Freeware-Seite von Avast auf den Link, der Sie zur Registrierung führt.

14.9.1 Installation von Avast Antivirus

Laden Sie sich das Produkt von der Website des Herstellers herunter (http://www.avast.com/i_kat_207.php?lang=ENG), und speichern Sie die nach der Registrierung zugeschickte Seriennummer in einer Textdatei ab. So können Sie bei einer eventuellen Neuinstallation des PC schnell Avast wieder installieren und haben gleich die Seriennummer zur Hand. Die Installation starten Sie durch einen Doppelklick auf die Installationsdatei.

Sicherheit in Windows Vista

Es erscheint die Benutzerkontensteuerung, wenn Sie diese nicht deaktiviert haben (siehe *Abbildung 14.58*).

Abbildung 14.58:
Meldung der Benutzerkontensteuerung bei der Installation von Avast Antivirus

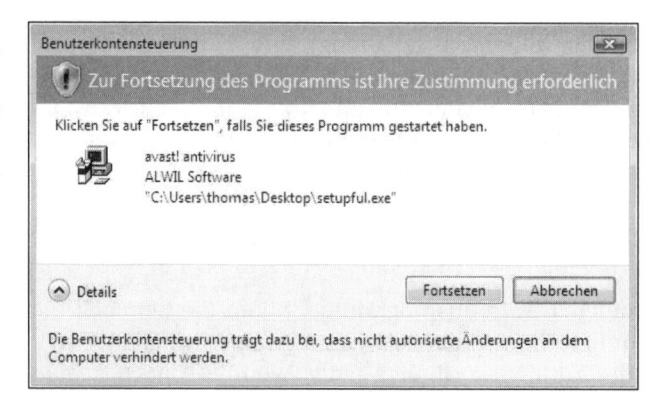

Abbildung 14.59:
Willkommens-Bildschirm von Avast

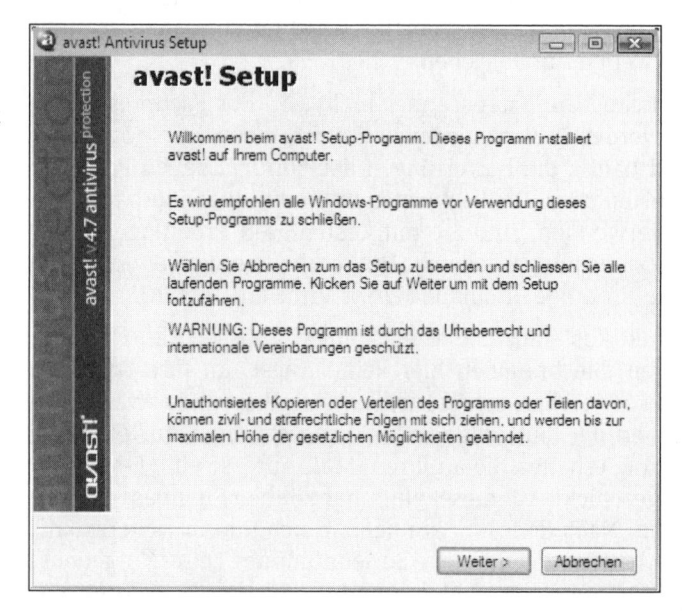

Nachdem Sie die Meldung der Benutzerkontensteuerung bestätigt haben, startet die Installation von Avast. Bestätigen Sie den Willkommensbildschirm, und fahren Sie mit der Installation fort.

Die meisten Fenster in Avast sind selbsterklärend, und Sie können einfach jeweils auf die Schaltfläche *Weiter* klicken.

Im Fenster zur Auswahl der Konfiguration (siehe *Abbildung 14.60*) können Sie festlegen, welche Installationsvariante Avast durchführen soll. Für die meisten Anwender ist die Standardinstallation in Ordnung. Sie können nach der Installation aktuell nicht benötigte Agenten deaktivieren und diese nutzen, wenn Sie die entsprechende Funktion unter Vista verwenden. In Avast

Avast – kostenloser Virenscanner für Windows Vista

ist auch ein rudimentärer Netzwerkschutz enthalten, der die Windows-Firewall ergänzt. Sie sollten diesen Schutz ebenfalls installieren lassen.

Abbildung 14.60: Auswahl der Konfiguration

Nach der Installation sollten Sie den PC unbedingt neu starten, denn erst danach ist der Virenschutz aktiviert.

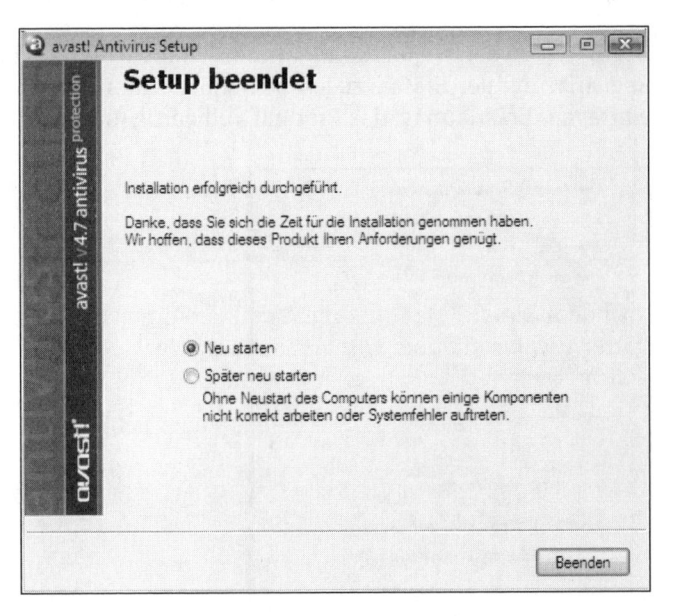

Abbildung 14.61: Abschluss der Installation

Sicherheit in Windows Vista

14.9.2 Konfiguration von Avast Antivirus

Nachdem Sie die Installation abgeschlossen haben, werden in der Taskleiste zwei Symbole angezeigt (siehe *Abbildung 14.62*). Zusätzlich meldet das Sicherheitscenter, dass der Virenscanner nicht aktuell ist. Der erste Schritt nach der Installation von Avast besteht darin, das Produkt zu konfigurieren. Im Anschluss findet die erste Einrichtung statt.

Abbildung 14.62: Anzeigen der Avast-Symbole nach der Installation

Zunächst können Sie die beiden Symbole zu einem Symbol zusammenführen. Das hat den Vorteil, dass die Informationen in der Taskleiste nicht durch zu viele Symbole ineffizient dargestellt werden.

Alle notwendigen Informationen und Konfigurationen von Avast können dann über ein Symbol durchgeführt werden. Klicken Sie mit der rechten Maustaste auf das Symbol mit dem »*i*«, und wählen Sie im Kontextmenü den Eintrag *Mit avast! Symbol vereinen* aus.

Abbildung 14.63: Anpassen des Avast-Symbols

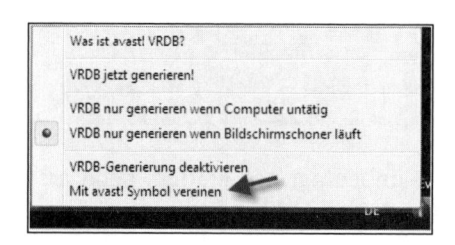

Bevor Sie Avast weiter konfigurieren, sollten Sie zunächst die nach der Registrierung per E-Mail zugeschickte Seriennummer in der Konfiguration eintragen. Erst dann ist das Produkt vollwertig für ein Jahr einsetzbar.

Abbildung 14.64: Registrierung von Avast

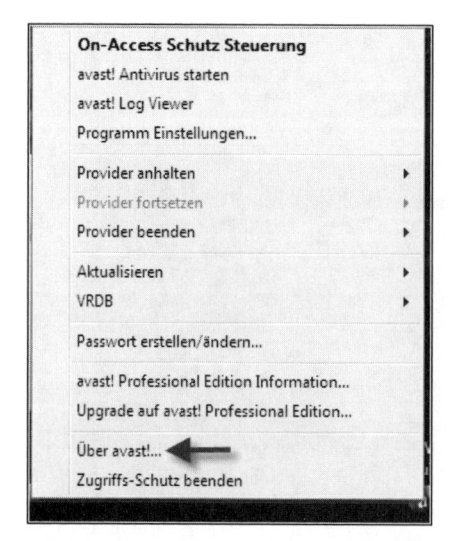

Avast – kostenloser Virenscanner für Windows Vista

Klicken Sie dazu mit der rechten Maustaste das blaue Avast-Symbol in der Taskleiste an, und wählen Sie im Kontextmenü den Eintrag *Über avast!* aus (siehe *Abbildung 14.64*). Es öffnet sich ein neues Fenster, in dem Sie alle Informationen über das Produkt sowie den Stand der Antivirusdateien erhalten.

Klicken Sie auf die Schaltfläche *Lizenzschlüssel*, können Sie die Seriennummer des Produktes eingeben (siehe *Abbildung 14.65*). Geben Sie die Nummer mit dem Bindestrich ein. Das Einfügen der Nummer direkt aus einer Textdatei scheitert an dem Eingabefenster, das den Bindestrich nicht übernimmt, daher werden Sie die Seriennummer Ziffer für Ziffer eingeben müssen.

Abbildung 14.65:
Registrierung von Avast Antivirus

Klicken Sie auf *OK*, nachdem Sie die Seriennummer eingetragen haben. Avast überprüft im Anschluss die Nummer und meldet in einem neuen Fenster, ob die Seriennummer akzeptiert wurde.

Abbildung 14.66:
Erfolgreiche Lizenzierung von Avast Antivirus

Im Anschluss gehen Sie zur Konfiguration des Produktes über. Klicken Sie dazu wieder das Avast-Symbol mit der rechten Maustaste an, und wählen Sie im Kontextmenü den Eintrag *Programm Einstellungen* aus (siehe *Abbildung 14.67*).

Sicherheit in Windows Vista

Abbildung 14.67:
Programmeinstellungen von Avast Antivirus

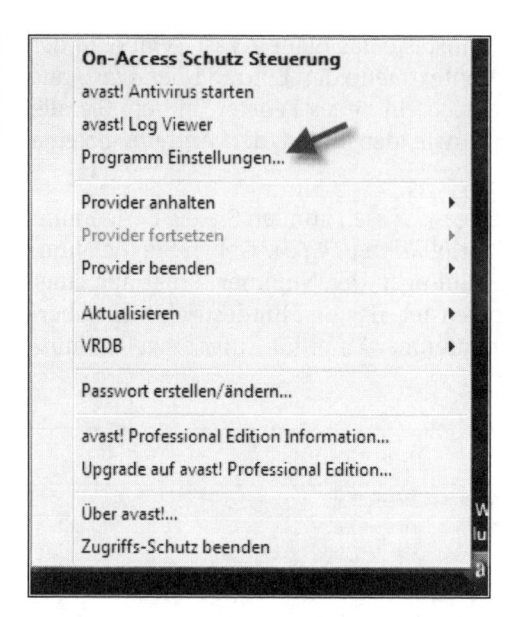

> On-Access Schutz Steuerung
> avast! Antivirus starten
> avast! Log Viewer
> Programm Einstellungen...
> Provider anhalten ▶
> Provider fortsetzen ▶
> Provider beenden ▶
> Aktualisieren ▶
> VRDB ▶
> Passwort erstellen/ändern...
> avast! Professional Edition Information...
> Upgrade auf avast! Professional Edition...
> Über avast!...
> Zugriffs-Schutz beenden

Der erste und wichtigste Programmpunkt ist die Einstellung der Aktualisierungen der Definitionsdateien und des Programms.

Wählen Sie im Programmfenster den Menüpunkt *Update (Einfach)* aus. Hier können Sie einstellen, dass Avast sowohl seine Virendefinitionen als auch seine Programmdateien selbstständig automatisch aktualisiert. Dadurch ist sichergestellt, dass das Programm immer auf dem aktuellsten Stand ist und Sie sich um die Aktualisierung nicht kümmern müssen.

Über die Schaltfläche *Details* passenSie die Aktualisierung noch etwas an. Zunächst sollten Sie hier den *stillen Modus* aktivieren. Sie erhalten dann keine störenden Meldungen mehr, sondern Avast aktualisiert sich im Hintergrund. Wenn während der Aktualisierung Fehler auftreten, erhalten Sie trotzdem eine entsprechende Fehlermeldung angezeigt.

Sie sollten auch möglichst in diesem Fenster das automatische Aktualisierungsintervall von standardmäßig 240 Minuten auf 60 Minuten abändern. Avast überprüft dann jede Stunde, ob neue Virendefinitionen verfügbar sind, und installiert diese. Die restlichen Optionen des Programms sind selbsterklärend. Standardmäßig ist Avast allerdings bereits zuverlässig konfiguriert, und Sie müssen nicht unbedingt alle Menüpunkte zur Konfiguration durchgehen.

Sie bringen nach einem Klick mit der rechten Maustaste auf das Avast-Symbol mit dem Kontextmenübefehl *Aktualisieren* sowohl die Programmdateien als auch die Virendefinitionen nach der ersten Konfiguration manuell auf den neuesten Stand (siehe *Abbildung 14.69*). Danach sollte auch die entsprechende Meldung im Windows Vista-Sicherheitscenter verschwinden.

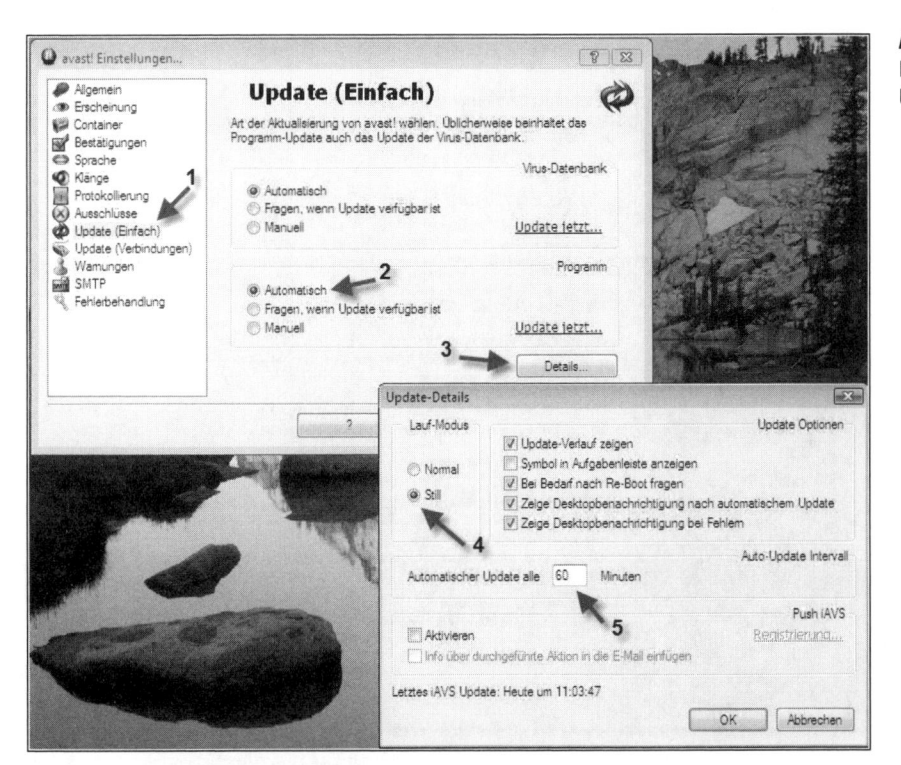

Avast – kostenloser Virenscanner für Windows Vista

Abbildung 14.68:
Konfiguration der Updates von Avast

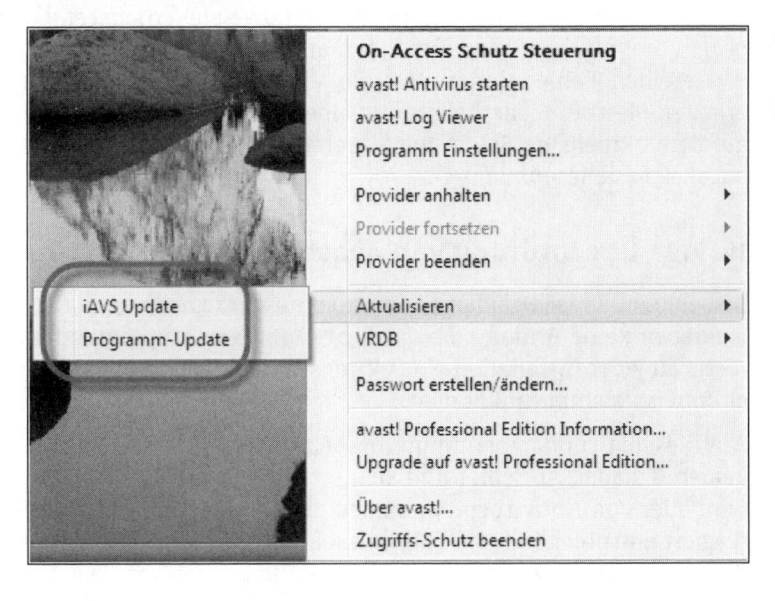

Abbildung 14.69:
Manuelle Aktualisierung von Avast Antivirus

Sicherheit in Windows Vista

Abbildung 14.70:
Integration von Avast Antivirus in das Windows-Sicherheitscenter

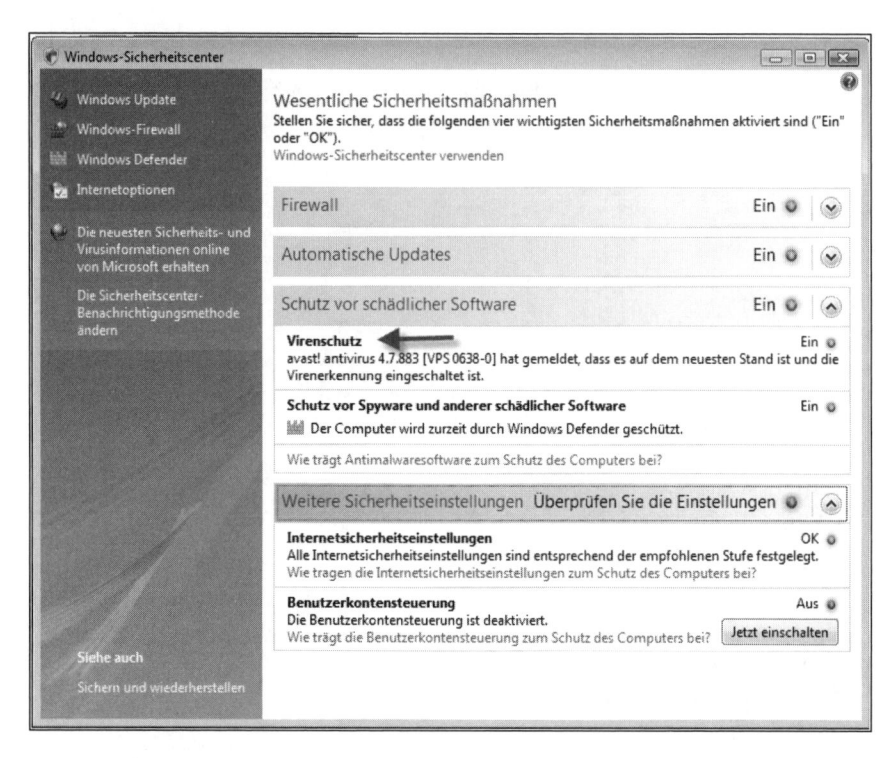

Avast Antivirus integriert sich in das Windows-Sicherheitscenter. Hier überprüfen Sie, ob die Virendefinitionen auf dem neuesten Stand sind. Sobald Avast einen Fehler findet oder die Virendefinitionen nicht aktuell sind, erhalten Sie vom Sicherheitscenter eine Warnung. Befinden sich alle Daten auf dem aktuellsten Stand, wird auch dieser Zustand im Sicherheitscenter angezeigt (siehe *Abbildung 14.70*).

14.9.3 Überprüfung von Avast mit einem Testvirus

Bisher sieht Avast wunderbar aus, aber es wurde noch kein Virus gemeldet. Sie haben keine Ahnung, ob das Programm überhaupt zuverlässig funktioniert. Zu jeder Installation eines Virenscanners gehört ein Test, ob das Programm überhaupt funktioniert.

Aus diesem Grund haben Antivirusspezialisten ein Testvirus entwickelt, das keinen Schaden anrichtet und sich in keine Datei einnistet. Das Testvirus wird aber von Antivirusprogrammen als Virus erkannt, und das Programm reagiert entsprechend. Sie können nicht hundertprozentig sicher sein, dass ein Antivirusprogramm jedes Virus erkennt, aber anhand eines Tests erkennen Sie recht schnell, ob das Programm überhaupt etwas erkennt.

Avast – kostenloser Virenscanner für Windows Vista

Abbildung 14.71:
Downloaden von Testviren

Testvirus zum herunterladen

Der meist verbreitete Testvirus ist wohl EICAR. Genau genommen handelt es sich nicht um einen Virus: Der Code verbreitet sich nicht selbst und beinhaltet auch keine Schadfunktion. Der Virus ist ein DOS-Programm, das die Meldung "EICAR-STANDARD-ANTIVIRUS-TEST-FILE!" in einem DOS-Fenster ausgibt.

Hier können Sie EICAR Testvirus herunterladen. Der Antivirus muss sofort eine Meldung bringen, dass es sich bei einem "EICAR-Test-String" handelt.	eicar.com
EICAR Test Virus, komprimierte Datei. Die aktuelle Virenscanner prüfen auch komprimierte Dateien, diese Datei ist ein mal mit ZIP komprimiert.	eicar.zip
EICAR Test Virus, doppelt komprimierte Datei. Das gleiche, aber zweifach komprimiert. Das Härtetest für Ihr Antivirusprogramm.	eicar2.zip
Modifizierter W32.Beagle.AV@mm Virus ist sehr verbreitet und wird von den meisten Virenscanner erkannt.	W32.Beagle.AV@mm.exe
Modifizierter W32.Netsky.P@mm Virus ist sehr verbreitet und wird von den meisten Virenscanner erkannt.	W32.Netsky.P@mm.exe
Modifizierter W32/Trojan.Proxy.gen Virus wird normalerweise nur von Programmen erkannt, die auch Trojaner finden (Bei Norton Antivirus ist es nicht immer der Fall).	Win32.Trojan-Proxy.gen.exe
Weitere Testviren finden Sie hier .. (in der Entwicklung).	Weitere Testviren

Zwar sind es **keinesfalls lauffähige Viren**, trotzdem wollen wir Sie aufmerksamm machen, dass wir keine Verantwortung für die Art, wie die hier zur Verfügung gestellten Informationen oder Dateien von Ihnen genutzt werden, sowie für die Schäden, die dadurch entstehen können tragen.

Tip! Online TCP/IP Scan Service bietet Ihnen zusätzlich die Möglichkeit Ihren PC nach offenen IP Ports durchzusuchen.

Um die Überprüfung Ihrer Sicherheit durchzuführen, starten Sie zunächst Ihren Internet Explorer. Geben Sie in das Adressfeld `www.testvirus.de` ein. Sie gelangen so zu einer Webseite, über die Sie Ihren PC auf Sicherheitslöcher überprüfen können.

> **TIPP**
> *Eine weitere Funktion, die Sie als Link auf dieser Internetseite finden, ist die Möglichkeit eines Portscans. Der Portscan überprüft jeden einzelnen Port Ihrer IP-Adresse und testet, ob er geschlossen ist. Wenn ein Port geöffnet ist, können Anwender aus dem Internet Verbindung zu diesem Port auf dem Router aufbauen. Nachdem Sie einen Scanvorgang gestartet haben, dauert es einige Zeit, bis sich die Seite aufbaut, da der Online-Dienst versucht, zu jedem Port Ihres DSL-Routers eine Verbindung aufzubauen. Nachdem der Scanvorgang abgeschlossen ist, erhalten Sie das Ergebnis präsentiert, in dem alle Ports angezeigt werden, wobei geöffnete Ports besonders markiert sind.*

Avast Antivirus zeigt unterschiedliche Meldungen an, wenn ein Viren gefunden werden. Wird ein Virus in einer Datei entdeckt, erscheint eine Meldung, in der Sie darauf hingewiesen werden, dass die Datei verseucht ist (siehe *Abbildung 14.72*). Sie brauchen an dieser Stelle nicht beunruhigt zu

Sicherheit in Windows Vista

sein, da das Virus in diesem Moment keine Aktion durchführen kann. Sie sollten ausnahmslos jede Datei, die ein Virus aufweist, löschen lassen. Versuchen Sie nur in Ausnahmefällen, wenn es sich um sehr wichtige Daten handelt, die Datei zu reparieren.

Abbildung 14.72:
Meldung von Avast beim Entdecken eines Virus

Kann Avast ein Virus nicht gleich löschen, erscheint eine Meldung, dass erst beim nächsten Systemstart eine Bereinigung stattfinden kann. Starten Sie in diesem Fall immer den PC sofort neu, damit sichergestellt ist, dass das Virus gelöscht wurde (siehe *Abbildung 14.73*).

Abbildung 14.73:
Virus-Warnung von Avast

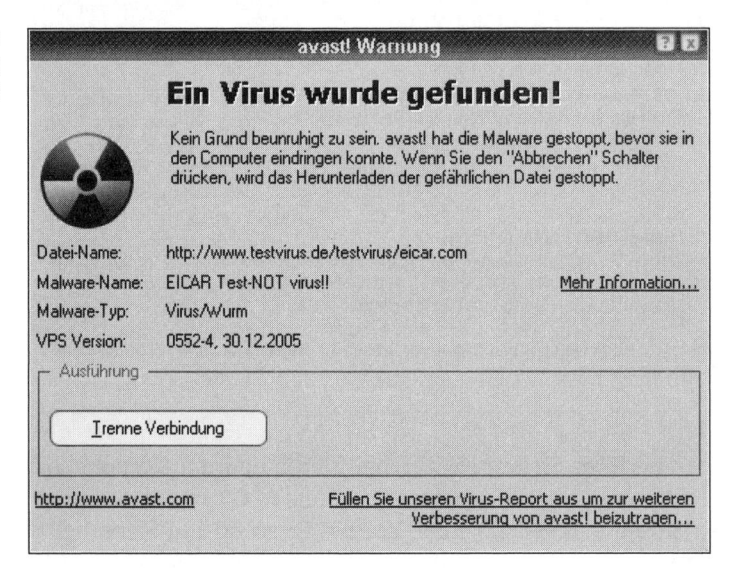

14.9.4 Konfiguration der einzelnen Sicherheitsprovider in Avast Antivirus

Bei Avast handelt es sich nicht nur um einen Virenscanner, der ständig im Hintergrund darüber wacht, ob sich eine Virusdatei einschleichen will. Avast hat verschiedene Programmteile, die unterschiedliche Bereiche des PC ständig überwachen. Klicken Sie mit der rechten Maustaste auf das Avast-Symbol, erreichen Sie die Steuerung dieser einzelnen Programmbereiche über den Kontextmenübefehl *On-Access Schutz Steuerung* (siehe *Abbildung 14.74*).

Es öffnet sich ein neues Fenster, über das Sie die einzelnen Optionen noch genauer steuern können. Die Standardeinstellungen sind allerdings für die meisten Benutzer ausreichend. Sie sollten an dieser Stelle nur Änderungen vornehmen, wenn Sie genau wissen, was Sie tun. Nach der Installation sind standardmäßig alle Optionen des Programms aktiviert, auch diejenigen, die Sie nicht benötigen. Sie lassen über die Schaltfläche *Details* alle Steuerungen dieser Optionen anzeigen (siehe *Abbildung 14.74*).

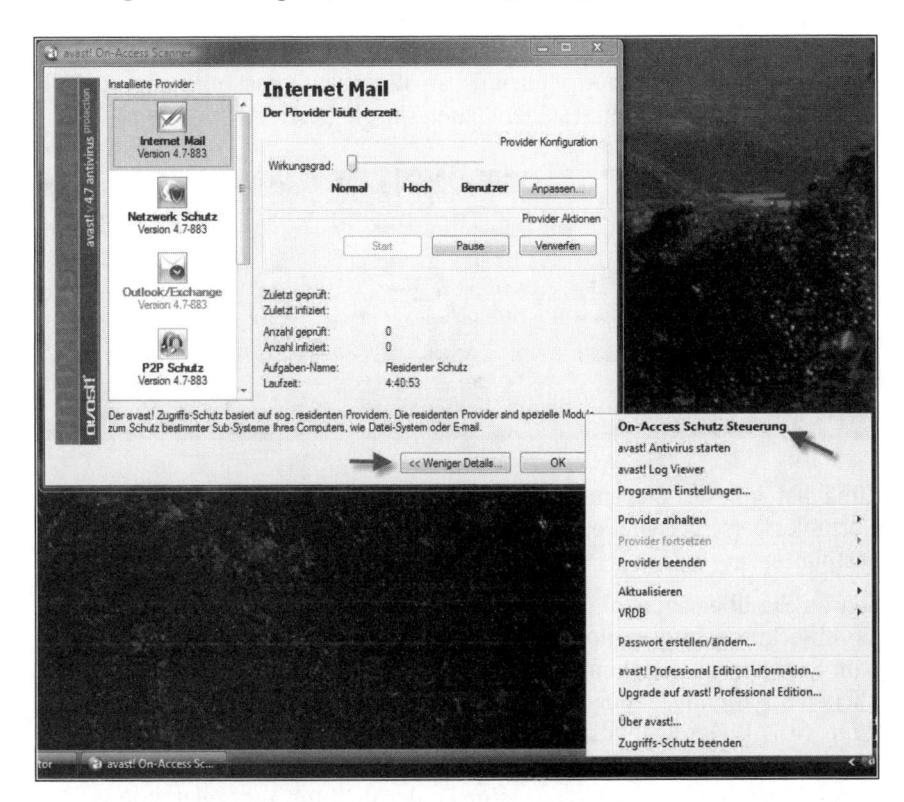

Abbildung 14.74:
Konfiguration des Zugriffsschutzes in Avast

Wie Sie hier sehen, schützt Sie Avast vor Viren in Internet-E-Mails sowie in Outlook, und zusätzlich wird der Netzwerkverkehr überwacht.

Durchführen eines manuellen Scanvorgangs in Avast

Wird ein neues Antivirenprogramm installiert, sollten Sie im Anschluss daran immer erst einen manuellen Scanvorgang durchführen, um sicherzustellen, dass sich keine Viren auf dem PC befinden. Der On-Access Schutz von Avast reagiert wie andere Virenscanner erst dann, wenn ein Virus versucht, eine Aktion durchzuführen. Befindet sich ein Virus nur in einer Datei und »schläft«, wird der Scanner nicht aktiv. Der nächste Schritt besteht darin, dass Sie Ihren PC nach Viren scannen lassen. Sie sollten diese Prüfung in in regelmäßigen Abständen durchführen, mindestens alle paar Monate. Sie können einen gewissen Schutz vor Gefahren aus dem Internet erreichen, allerdings gehört ein regelmäßiges Scannen nach Viren zu den Aufgaben, die Sie durchführen sollten. Ein manueller Scanvorgang untersucht jede Datei Ihres PC nach Viren.

Sicherheit in Windows Vista

Um den Scanvorgang mit Avast durchzuführen, starten Sie Avast Antivirus über das Symbol auf dem Desktop oder in der entsprechenden Programmgruppe. Nach dem Aufruf von Avast scannt das Programm zunächst den Arbeitsspeicher des PC sowie seine eigenen Programmdateien auf eventuell vorhandene Viren, um sicherzustellen, dass der Arbeitsbereich des Programms geschützt ist. Im Anschluss daran öffnet sich Avast mit einem speziellen Informationsfenster und seiner Steuerkonsole (siehe *Abbildung 14.75*).

Abbildung 14.75:
Verwaltungsoberfläche von Avast Antivirus

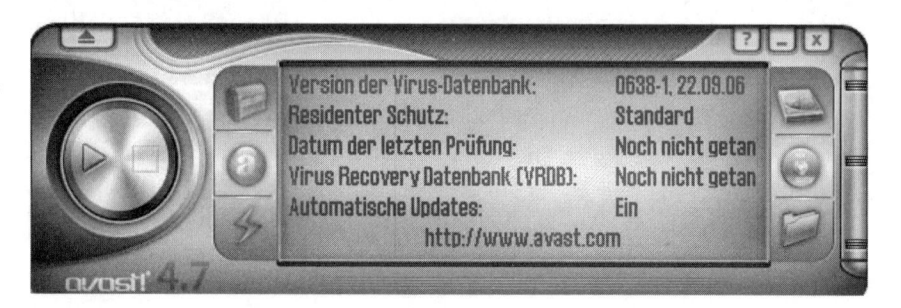

Zunächst müssen Sie einen Bereich auswählen, den Avast scannen soll. Normalerweise verwendet man an dieser Stelle alle lokalen Laufwerke und Festplatten.

Fahren Sie über einzelne Bereiche des Programms mit der Maus, erhalten Sie eine kurze Information angezeigt. Wählen Sie die lokalen Laufwerke zum Scannen aus, ziehen Sie den Schieberegler auf Intensiv-Prüfung, und klicken Sie auf das Play-Symbol, damit der Scanvorgang startet (siehe *Abbildung 14.76*). Der Scanvorgang dauert unterschiedlich lange, abhängig von der Anzahl der Dateien, die sich auf Ihrem PC befinden. Ist der Scanvorgang abgeschlossen und erhalten Sie keine Fehlermeldung angezeigt, können Sie davon ausgehen, dass Ihr System sauber ist.

Abbildung 14.76:
Konfiguration eines manuellen Scanvorgangs in Avast

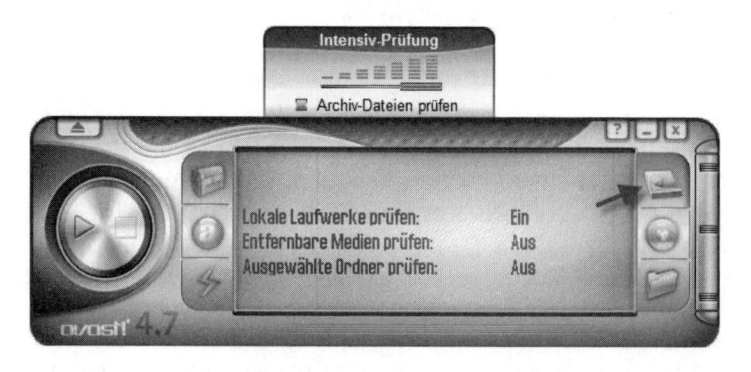

14.9.5 Welche Virenscanner gibt es noch?

Wollen Sie Avast nicht einsetzen, gibt es noch einige andere kostenfreie Virenscanner, die ähnliche Qualitäten haben und ebenfalls im Internet heruntergeladen werden können. Sie finden die Scanner unter folgenden URLs:

- http://www.grisoft.com (AVG Antivirus)
- http://www.free-av.de (Avira AntiVir PersonalEdition Classic)

14.10 Zusätzlicher Virenschutz – McAfee Stinger

Manche Hersteller schaffen es nicht, dass ihr Programm alle Viren erkennt. Genauso wie Sie bei einer schweren Krankheit immer die Meinung eines zweiten Arztes einholen würden, sollten Sie bei Virenverdacht und unter Umständen ab und zu auch ohne einen solchen Verdacht Ihren PC parallel zum residenten Schutz auf Viren untersuchen lassen.

Die Firma McAfee hat einen Virenscanner entwickelt, der nur in eine einzelne Datei passt und ein System immer nur nach den aktuellsten Viren scannt. Die Bezeichnung dieses Programms ist *Stinger*. Eine Installation ist nicht notwendig. Dieses Programm bietet keinen Echtzeitschutz. Wenn Sie damit einen PC scannen, wird dieser gezielt nach den aktuellsten und gefährlichsten Viren durchsucht. Alle anderen wird Ihr aktueller Virenscanner, der auf dem PC läuft, entdecken und eliminieren. Sie können sich Stinger vom Hersteller kostenlos und ohne Registrierung herunterladen:

http://vil.nai.com/vil/stinger/

McAfee bringt etwa einmal im Monat eine neue Version des Scanners heraus, die neue Varianten von Viren erkennt. Für Stinger gibt es keine Updates, sondern Sie müssen immer die Vollversion des Programms herunterladen. Nachdem Sie das erledigt haben, starten Sie das Programm mit einem Doppelklick (siehe *Abbildung 14.77*).

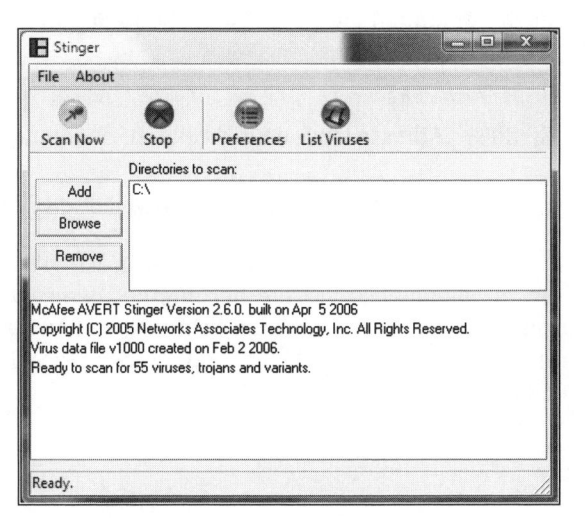

Abbildung 14.77: Oberfläche von McAfee Stinger

Um einen Scanvorgang durchzuführen, müssen Sie einfach mit *Add* die Datenträger auswählen, die Sie scannen wollen, und mit *Scan Now* den Scanvorgang starten. Sollte sich ein Virus auf Ihrem PC finden, wird es zuverlässig entfernt. Weitere Maßnahmen für den Virenschutz sind an dieser Stelle nicht notwendig. Stinger ersetzt allerdings keinesfalls einen Echtzeitvirenscanner wie Avast, sondern dient nur zum Säubern eines PC von den häufigsten Viren, ohne dass eine Installation notwendig ist.

14.11 Spybot – Search & Destroy

Adware und Spyware sind zwar nicht so gefährlich wie Viren, trotzdem aber lästig, verbrauchen Bandbreite im Internet und kundschaften heimlich Ihr privates Surfverhalten aus. Adware ist die Bezeichnung für Software, die zu Werbezwecken Popups einblendet oder einfach Ihren PC mit Werbung verseucht. Der Name kommt von Advertising (engl. für Werbung) und Software. Spyware hingegen ist definitiv für das Ausspionieren von Benutzerdaten zuständig, um zum Beispiel die Werbung von Firmen zu optimieren. Beide Schädlingsvarianten, die heutzutage kaum mehr voneinander zu unterscheiden sind, nisten sich in Ihrem Internet Explorer ein, ändern Favoriten oder die Startseite, blenden ungefragt Werbung ein oder spionieren Sie sogar aus. Kurzum, beide müssen weg. Je länger Sie im Internet unterwegs ist, umso mehr solche Software sammelt Ihr Browser auf den verschiedensten Internetseiten ein. Es gibt mittlerweile viele Anbieter, die sich darauf spezialisiert haben, Adware oder Spyware zu entfernen, und dafür viel Geld verlangen. Der Windows-Defender kann auch Adware erkennen, was aber nicht heißt, dass Sie kein anderes zusätzliches Programm einsetzen sollten.

Bei Spybot – Search & Destroy handelt es sich um ein Programm, das Schädlinge aus dem System entfernt. Spybot – S&D entfernt allerdings zusätzlich noch andere Schädlinge wie Dialer und sonstige Malware, wie diese Schädlinge oft genannt werden. Auf jedem PC, mit dem man ins Internet geht, darf dieses Programm nicht fehlen. Sie können es sich kostenlos von dieser Seite herunterladen:

http://www.safer-networking.org/de/index.html

Mit dieser Adresse landen Sie direkt auf der deutschen Seite des Herstellers.

14.11.1 Installation von Spybot – Search & Destroy

Nachdem der Download abgeschlossen ist, starten Sie die Installation mit einem Doppelklick auf die heruntergeladene *.exe*-Datei. Direkt nach dem Aufruf erscheint der Startbildschirm. Nachdem Sie ihn bestätigt haben, müssen Sie sich mit den Lizenzbedingungen des Programms einverstanden erklären.

Abbildung 14.78:
Startbildschirm von Spybot – Search & Destroy

Im Anschluss daran können Sie wählen, wie Sie Spybot – S&D installieren möchten (siehe *Abbildung 14.79*). Übernehmen Sie einfach alle Voreinstellungen, und lassen Sie Spybot – S&D in das Standardinstallationsverzeichnis installieren. Behalten Sie die Einstellung *Komplette Installation* bei.

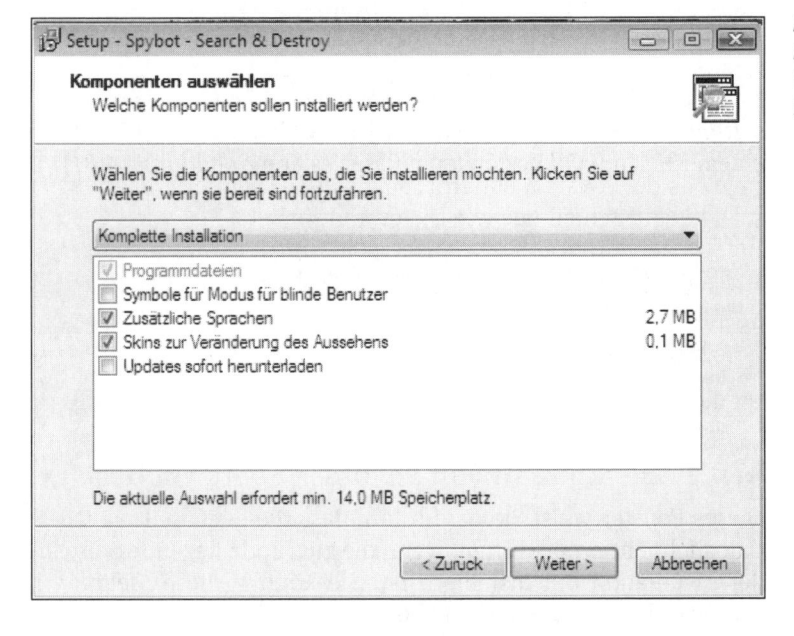

Abbildung 14.79:
Auswahl der Komponenten von Spybot – S&D

Sicherheit in Windows Vista

Im Anschluss daran können Sie noch festlegen, ob Sie einen permanenten Schutz für den Internet Explorer installieren wollen (*Abbildung 14.80*), bevor die eigentliche Installation beginnt. Entfernen Sie das Häkchen bei diesem permanenten Schutz, da er noch nicht ausgereift ist und die Performance des PC belastet.

Abbildung 14.80:
Auswahl der zusätzlichen Aufgaben für die Installation

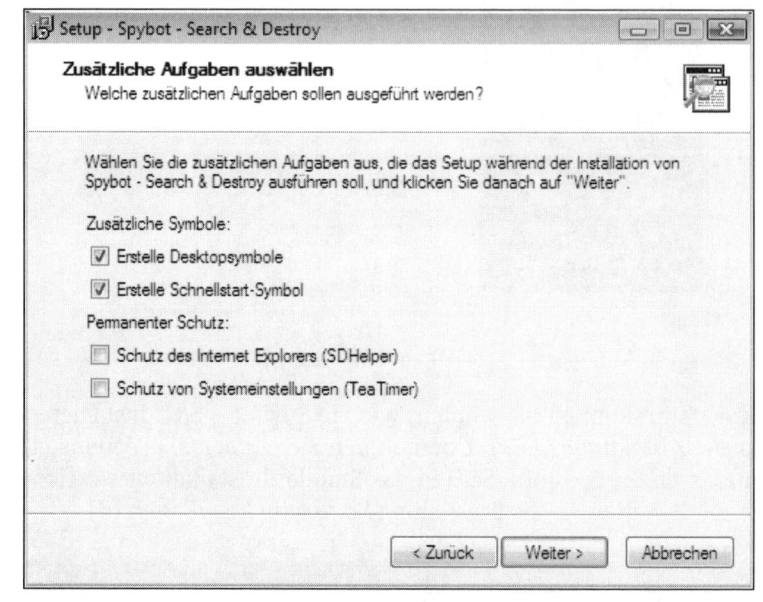

Nachdem die Installation abgeschlossen ist, können Sie Spybot – S&D sofort starten. Sie erhalten zunächst ein Hinweisfenster angezeigt, das Sie mit einem Klick auf *OK* bestätigen müssen (siehe *Abbildung 14.81*).

Abbildung 14.81:
Startfenster von Spybot – S&D

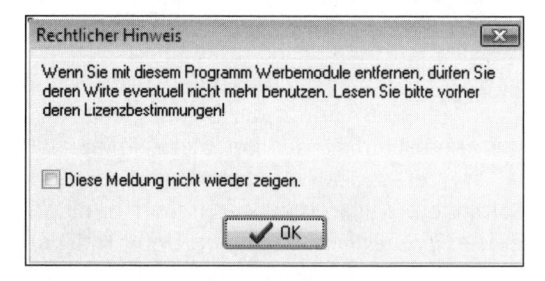

Dieses Fenster weist Sie darauf hin, dass Sie eventuell manche Werbemodule nicht entfernen dürfen, wenn die zugrunde liegende Software diese bei der Installation mit installiert hat. Sie können diese Meldung ignorieren, Werbung hat auf Ihrem PC nichts zu suchen.

14.11.2 Einrichtung von Spybot – S&D

Nach der Bestätigung erscheint der Startbildschirm von Spybot – S&D (siehe *Abbildung 14.82*). Wurde das Programm zum ersten Mal gestartet, wird Ihnen ein Vorschlag unterbreitet, zunächst die wichtigsten Bereiche der Registry zu sichern. So können Sie sicherstellen, dass bei späteren Scanvorgängen Ihr Betriebssystem nicht irreparabel beschädigt wird.

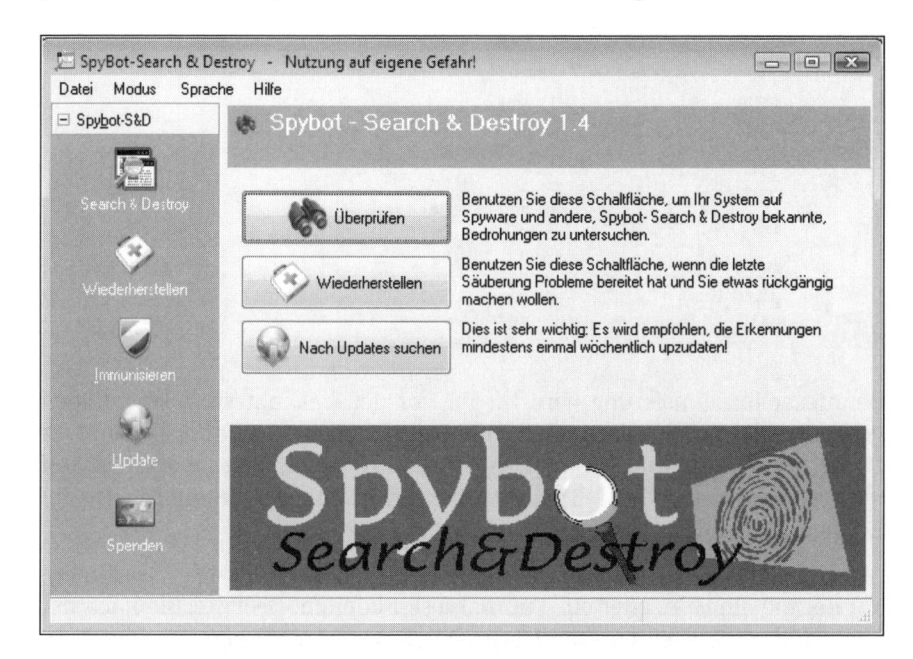

Abbildung 14.82: Startbildschirm von Spybot – Search & Destroy

Klicken Sie auf dem Startbildschirm auf die Schaltfläche *Sicherung anlegen*. Die Durchführung dieser Sicherung dauert nur wenige Sekunden.

Nachdem die Sicherung durchgeführt wurde, gelangen Sie mit *Weiter* auf die nächste Seite des Assistenten. Hier lassen Sie nach Updates suchen. Sind Sie auf dieser Seite des Assistenten, können Sie mit der Schaltfläche *Nach Updates suchen* das Programm automatisch nach den Updates seiner Signaturdateien im Internet suchen lassen. Der Scanvorgang dauert bei einer DSL-Verbindung nur wenige Sekunden. Klicken Sie nach einer erfolgreichen Suche auf die Schaltfläche *Alle Updates herunterladen*. Unter Umständen bekommen Sie nach dem ersten Start des Dateidownloads eine Fehlermeldung angezeigt. Lassen Sie in diesem Fall einfach noch einmal nach Updates suchen, und laden Sie alle Dateien herunter.

Wenn der Vorgang erfolgreich abgeschlossen wurde und bei allen Dateien ein grüner Haken angezeigt wird, kommen Sie mit *Weiter* zur nächsten Seite des Start-Assistenten. Hier lassen Sie eine Immunisierung Ihres PC gegen die bekanntesten Schädlingen durchführen (siehe *Abbildung 14.83*).

Sicherheit in Windows Vista

Abbildung 14.83:
Immunisierung des PC mit Spybot – S&D

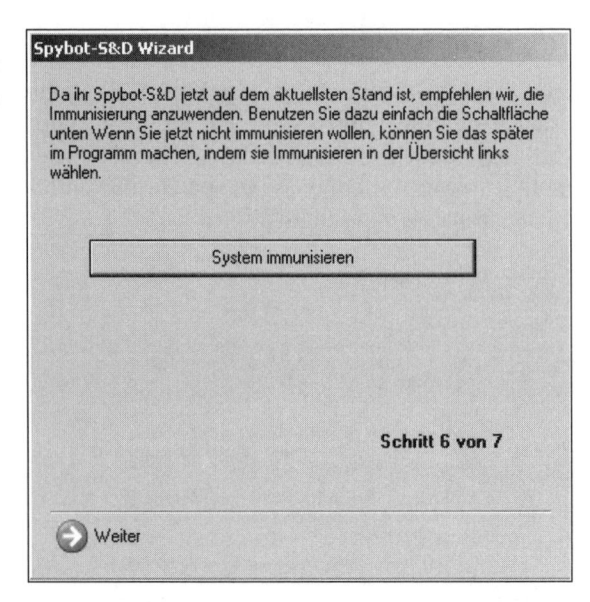

Bei dieser Immunisierung wird Ihr PC vor den bekanntesten Schädlingen geschützt. Spybot – S&D verhindert dabei, dass diese Schädlinge sich überhaupt installieren können. Sie können die Immunisierung jederzeit später wiederholen. Bei Spybot – S&D gilt, dass Sie vor jedem Start ein Update der Dateien durchführen sollten.

Mit einem Klick auf *Weiter* kommen Sie zur letzten Seite des Assistenten, auf der Sie die Hilfe oder ein Tutorial lesen können. Beenden Sie nach der Lektüre den Assistenten, und starten Sie Spybot – S&D neu, um sicherzustellen, dass das Programm fehlerfrei läuft.

Nachdem Sie das Programm neu gestartet haben, werden alle Dateien geladen, es erscheint keine Fehlermeldung, und Sie sehen den Startbildschirm ohne Assistenten. Im Startbildschirm stehen Ihnen drei große Schaltflächen zur Verfügung, die Sie bei der Arbeit mit dem Tool benötigen:

- *Überprüfen*. Wenn Sie auf diese Schaltfläche klicken, wird der Scanvorgang gestartet.
- *Wiederherstellen*. Leiten können Sie bei einer fehlerhaften Bereinigung einen Wiederherstellungsvorgang ein.
- *Nach Updates suchen*. Wie bereits beim Assistenten gesehen, führen Sie mit dieser Schaltfläche Programmupdates und ein Update der Signaturdateien durch. Vor allem die sogenannten »Detection Rules« sollten Sie vor jedem Scanvorgang herunterladen lassen.

Klicken Sie nach dem Starten auf *Überprüfen*, um den Scanvorgang zu starten. Das Programm beginnt sofort mit der Überprüfung Ihres PC. Ist die Suche erfolgreich, lassen Sie die gefundenen Dateien am besten löschen. Nach einem abgeschlossenen Scanvorgang werden alle gefundenen Schädlinge angezeigt. Markieren Sie die Schädlinge, und klicken Sie auf die Schaltfläche *Markierte Probleme beheben* (siehe *Abbildung 14.84*). Sie werden daraufhin noch darüber informiert, dass die beschriebene Software gelöscht wird.

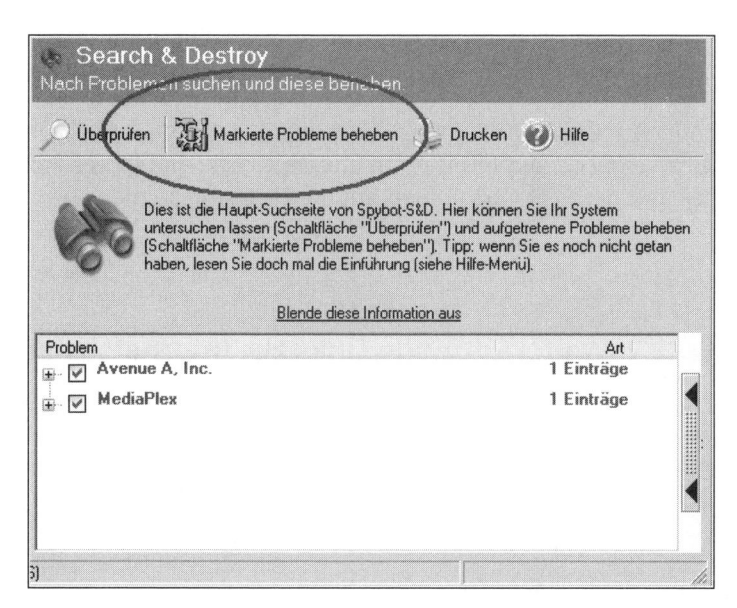

Abbildung 14.84: Entfernen von Spyware auf einem PC

Wundern Sie sich nicht darüber, wenn Windows-Defender Spyware findet, die durch Spybot – S&D nicht gefunden wird und umgekehrt. Jedes der beschriebenen Programme hat seine Stärken und Schwächen. Erst in Kombination miteinander erhalten Sie ein sicheres und stabiles System.

14.12 Weitere Hinweise für einen sicheren PC

Neben den beschriebenen Anwendungen gibt es eine Vielzahl weiterer Tools, die den PC vor Schädlichen schützen.

Auf der Internetseite www.lavasoft.de können Sie sich die kostenlose Version von Ad-Aware herunterladen, das ähnliche Funktionen wie Spybot S&D aufweist. Die kostenfreie Variante hat allerdings keinen residenten Schutz wie Avast, sondern bereinigt den PC nur von Schädlingen, wenn Sie einen manuellen Scanvorgang starten. Das reicht bei Adware allerdings aus. Von Ad-Aware gibt es allerdings eine Variante, die Sie in Echtzeit schützt, aber kostenpflichtig ist. Wollen Sie nicht manuell scannen, sondern ständig sicher sein, dass Ihr System vor Adware und Spyware verschont bleibt, sollten Sie die professionelle Variante erwerben. Den meisten Anwendern reicht allerdings die kostenlose Personal-Variante aus.

14.12.1 Überlegtes Surfen – Browsercheck

Außer den beschriebenen Tools gehört zu einem sicheren Umgang mit dem Internet überlegtes Surfen. Bewegen Sie sich nicht auf Internetseiten, die einen illegalen Eindruck machen oder auf denen Hacker für kostenlose Software werben. Da der Microsoft Internet Explorer von allen Browsern am meisten verbreitet ist, ist er natürlich immer im Fokus von Angreifern und Hackern. Um Ihnen zu zeigen, welche Gefahren Ihrem Webbrowser drohen, können Sie auf der Seite des bekannten Heise-Verlags einen sogenannten Browsercheck durchführen. In diesem Check sind einige Sicherheitslöcher des Internet Explorers aufgeführt, die Sie testen können:

- http://www.heise.de/security/dienste/browsercheck/
- http://www.heise.de/security/dienste/browsercheck/demos/ie/

14.12.2 Weiterführende Links zur Internetsicherheit

Wenn Sie sich mit dem Thema intensiver auseinandersetzen möchten, sind vielleicht folgende Links hilfreich. Bei den hier aufgelisteten Internetseiten, auf denen Sie weitere Tools sowie Tipps und Tricks finden, handelt es sich um die besten Seiten zum Thema Sicherheit im Internet:

- http://www.internetgefahren.de
- http://www.sicherheit-online.net
- http://www.dialerschutz.de
- http://www.antivirus-team.de
- http://www.bsi-fuer-buerger.de
- http://www.heise.de/security
- http://www.trojaner-info.de/

14.13 Windows Live OneCare

Windows Live OneCare ist ein neuer Dienst von Microsoft, der auch offline zur Verfügung steht und einen PC zuverlässig in Echtzeit vor Adware, Spyware und Viren schützt. Dazu wird ein Programm von der Microsoft-Internetseite heruntergeladen und auf dem PC installiert (siehe *Abbildung 14.85*). Windows Live OneCare beinhaltet Firewall, Virenscanner und Backup-Programm und integriert sich direkt in Windows Vista.

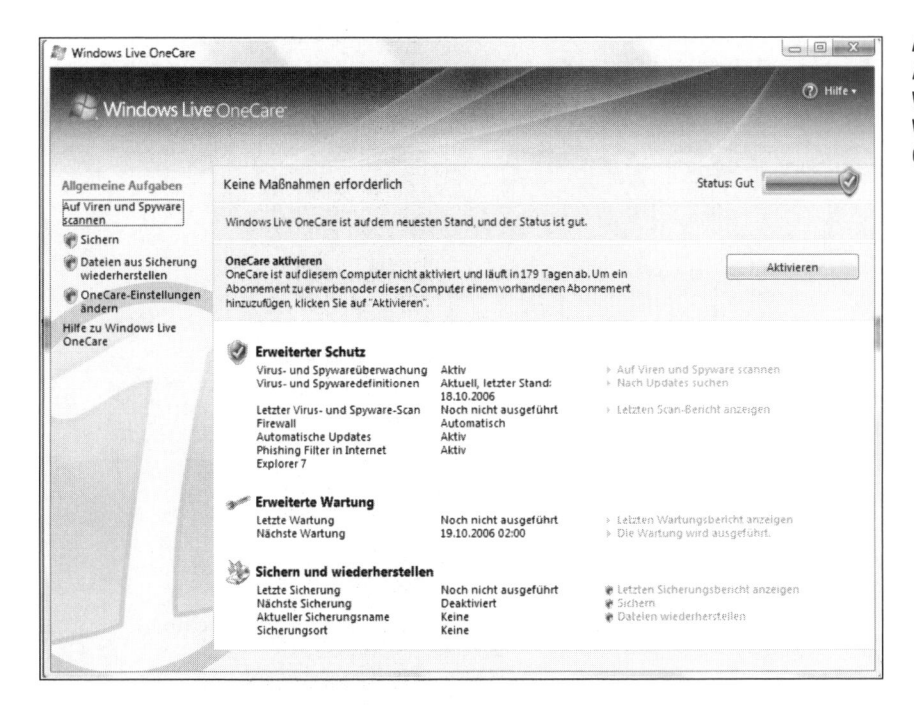

Abbildung 14.85:
Absichern von Windows Vista mit Windows Live OneCare

Windows Live OneCare kostet etwa 50 € und schützt den PC nicht nur zuverlässig, sondern hilft auch bei der Wartung. So kann OneCare PCs auch Dateien sichern bzw. wiederherstellen. Dazu wird OneCare in die Informationsleiste eingebunden, und Sie starten die Verwaltungsoberfläche auch über das Symbol in der Informationsleiste (siehe *Abbildung 14.86*).

Abbildung 14.86:
Symbol von OneCare in der Informationsleiste

Klicken Sie auf das OneCare-Symbol, können Sie die Verwaltungskonsole starten. Über den Link *OneCare-Einstellungen ändern* kommen Sie in die Konfigurationsoberfläche von OneCare. In den Einstellungen von OneCare können Sie festlegen, wie sich die einzelnen Funktionen verhalten sollen (siehe *Abbildung 14.87*).

Abbildung 14.87:
Konfiguration von OneCare

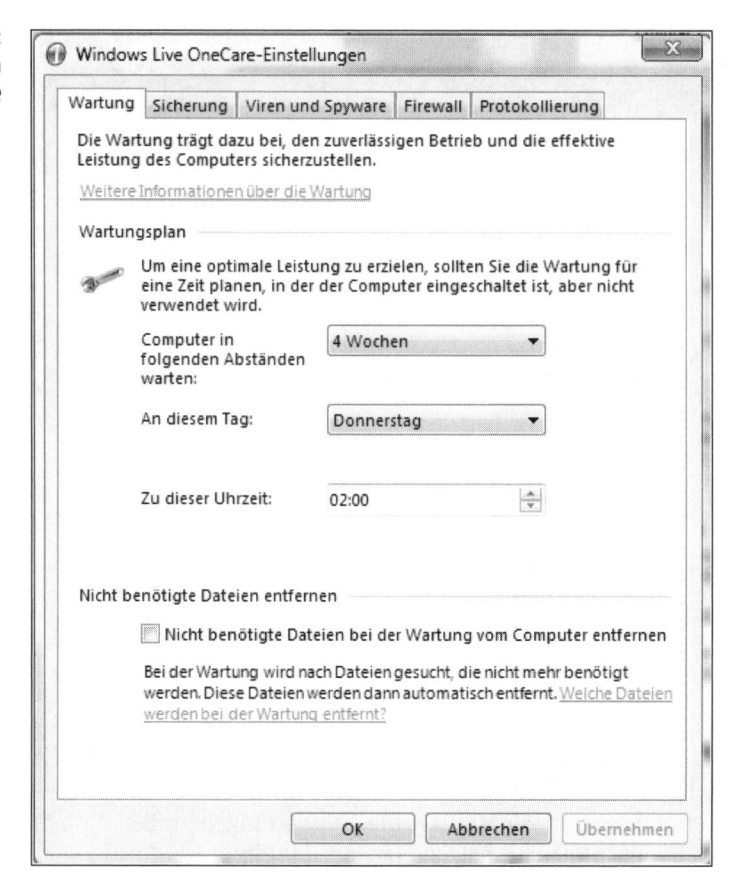

Die Einstellungen sind selbsterklärend, und bereits nach der Installation ist der PC zuverlässig geschützt. Es sind keine Einstellungen notwendig, damit OneCare den PC zuverlässig schützt, sodass auch Anfänger alleine durch die Installation einen zuverlässigen Schutz erhalten. OneCare bindet sich parallel zu den anderen Schutzprogrammen perfekt in das Sicherheitscenter von Windows Vista ein.

Während der regelmäßigen automatischen Wartung des PC führt OneCare unter anderem folgende Aktionen durch:

- Verwalten von Updates – Bei der Wartung werden Windows Live One-Care-Updates und wichtige Updates (die meisten wichtigen Software-Updates für Windows und andere Microsoft-Programme) heruntergeladen und installiert.

- Entfernen nicht benötigter Dateien von Ihrem Computer – Bei der Wartung werden nicht mehr benötigte Dateien gelöscht, und Dateien, die schon länger nicht mehr verwendet wurden, können komprimiert werden. Dabei entfernt OneCare standardmäßig folgende Dateien:
  - Nicht mehr benötigte Programminstallationsdateien wie ActiveX-Steuerelemente oder Java-Applets
  - Temporäre Dateien von Windows
  - Temporäre Internetdateien
  - Temporäre Dateien der Microsoft-Fehlerberichterstattung
  - Temporäre Dateien von Office
  - Temporäre Offline-Dateien
- Die Festplatte wird defragmentiert (siehe Kapitel 7).
- Bei der Wartung werden Dateien auf Viren geprüft.
- Es wird nach Dateien gesucht, die seit der letzten Sicherung geändert wurden oder neu sind.
- Es wird überprüft, ob Ihr Computer über alle kürzlich veröffentlichten, wichtigen Updates verfügt.

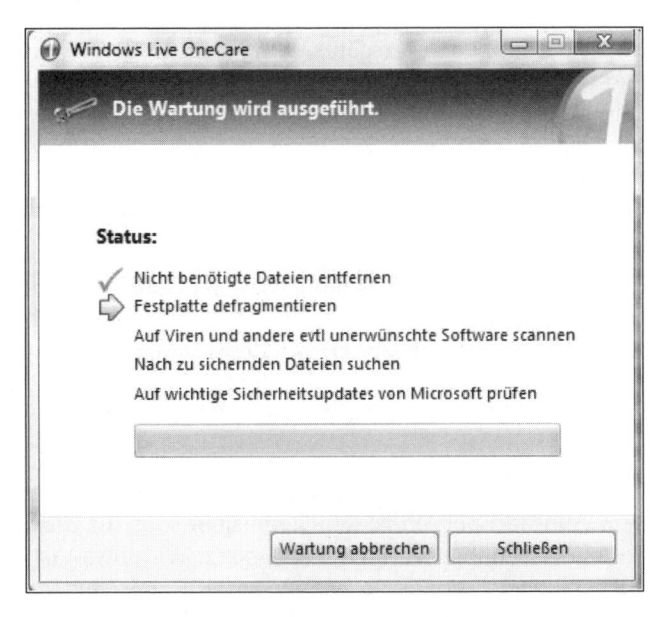

Abbildung 14.88: Wartungsfenster von OneCare

Auch die Verwaltung der Windows-Firewall über Windows Live OneCare ist wesentlich effizienter und benutzerfreundlicher. Die Einstellungen über die Sicherheitsfunktionen finden alle direkt in den Einstellungen von OneCare statt (siehe *Abbildung 14.89*).

Sicherheit in Windows Vista

Abbildung 14.89: Konfiguration der Firewall in OneCare

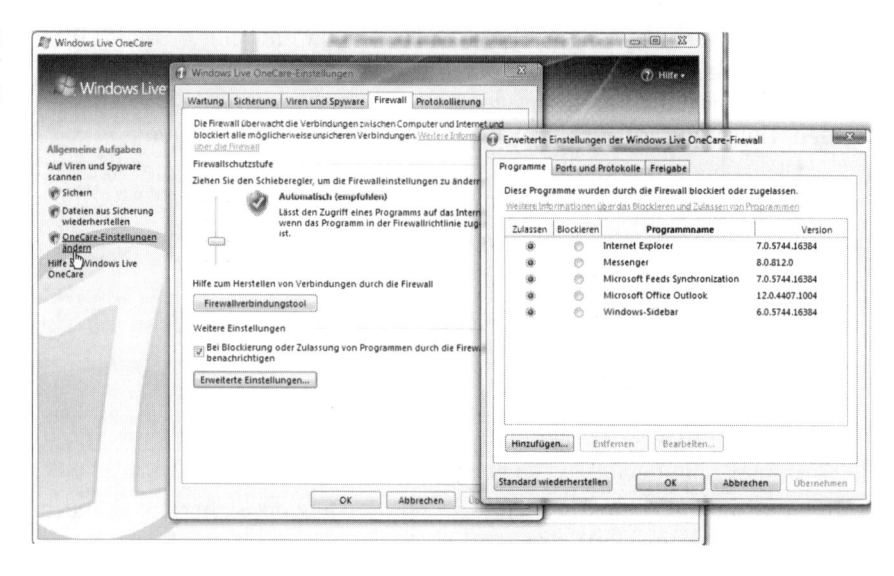

14.14 BitLocker – Laufwerksverschlüsselung

BitLocker-Laufwerksverschlüsselung steht in der Windows Vista Enterprise und Ultimate Edition sowie in der kommenden Windows Server-Version mit dem Codenamen »Longhorn« zur Verfügung. BitLocker verhindert, dass ein Dieb ein anderes Betriebssystem startet oder ein Tool verwendet und so die Datei- und Systemverschlüsselung von Windows Vista umgeht. Diese Funktion ist nur in der Enterprise und der Ultimate Edition von Windows Vista enthalten.

Im Idealfall nutzt das Feature TPM 1.2 (Trusted Platform Module), um die Daten des Benutzers zu schützen. TPM ist ein Mikrochip, der die Nutzung erweiterter Sicherheitsfeatures auf dem Computer ermöglicht. TPM ist in einigen neueren Computern integriert. Ein Computer mit TPM kann Verschlüsselungsschlüssel erstellen, die nur mit TPM entschlüsselt werden können.

Der Bootloader von Windows Vista ist in der Lage, die Register des TPM-Chips in jedem Schritt des Bootprozesses richtig zu setzen, sodass der TPM den Volume Encryption Key herausgibt, der für die Entschlüsselung der Festplatte benötigt wird. Deshalb ersetzt Windows Vista bei der Installation auch einen eventuell vorhandenen MBR mit seinem eigenen. Natürlich wäre auch der Einsatz eines anderen, TPM-fähigen Bootloaders theoretisch denkbar, aber selten praktikabel.

> **TIPP**
>
> *Wenn Sie nicht wissen, ob Ihr PC einen TPM-Chip verbaut hat, können Sie die TPM-Verwaltungskonsole über* Start/Ausführen/tpm.msc *starten. Hier erhalten Sie eine entsprechende Meldung. Den ausführlichen Umgang mit dieser Konsole erfahren Sie in den folgenden Abschnitten.*

TPM schützt Verschlüsselungsschlüssel durch einen eigenen Speicherstammschlüssel. Das Speichern des Speicherstammschlüssels im TPM-Chip anstatt auf der Festplatte bietet einen höheren Schutz vor Angriffen, die auf die Verschlüsselungsschlüssel ausgerichtet sind. Wenn Sie einen Computer starten, der über TPM verfügt, überprüft TPM das Betriebssystem auf Bedingungen, die ein Sicherheitsrisiko darstellen können. Zu diesen Bedingungen können Datenträgerfehler, Änderungen am BIOS oder an sonstigen Startkomponenten oder ein Hinweis, dass die Festplatte aus einem Computer entfernt und in einem anderen Computer gestartet wurde, gehören. Erkennt TPM eines dieser Sicherheitsrisiken, sperrt BitLocker die Systempartition so lange, bis Sie ein BitLocker-Wiederherstellungskennwort zum Aufheben der Sperrung eingeben.

BitLocker schützt so mobile und stationäre Benutzer. Es verbessert den Datenschutz, indem es zwei wichtige Aufgaben zusammenführt: die vollständig Verschlüsselung von Laufwerken und die Integritätsüberprüfung von Komponenten beim Systemstart.

BitLocker kann auch auf Computern ohne ein kompatibles TPM verwendet werden. In diesem Fall können Sie mit BitLocker zwar die Funktionen zur Volumenverschlüsselung verwenden, Sie erhalten jedoch nicht die zusätzliche Sicherheit durch die frühe Integritätsüberprüfung der Startdatei. Stattdessen wird die Identität des Benutzers beim Starten mithilfe eines USB-Sticks überprüft.

14.14.1 Einführung in BitLocker

Die Laufwerksverschlüsselung schützt die Daten, indem sie verhindert, dass nicht autorisierte Benutzer diese Daten lesen. Sie erreicht dies, indem sie den gesamten Windows-Datenträger verschlüsselt – inklusive der Auslagerungsdatei und der Datei für den Ruhezustand.

Die Integritätsprüfung beim Systemstart führt dazu, dass eine Datenentschlüsselung nur dann stattfindet, wenn die entsprechenden Komponenten unverändert und nicht kompromittiert sind und sich das verschlüsselte Laufwerk im entsprechenden Computer befindet.

BitLocker ist eng in Windows Vista integriert und stellt so eine nahtlose, sichere und einfach zu verwaltende Lösung für den Schutz von Daten in Unternehmen dar. BitLocker nutzt beispielsweise vorhandene Active Directory-Domänendienste, um Wiederherstellungsschlüssel zu hinterlegen. Außerdem steht eine Wiederherstellungskonsole zur Verfügung, die in die Bootkomponenten integriert ist.

Sicherheit in Windows Vista

> **INFO**
> *BitLocker nutzt AES mit einer konfigurierbaren Länge von 128 oder 256 Bit. Die Konfiguration kann über Gruppenrichtlinien durchgeführt werden. Der erweiterte Verschlüsselungsstandard (Advanced Encryption Standard, AES) ist eine Form der Verschlüsselung. AES bietet eine sicherere Verschlüsselung als der zuvor verwendete Datenverschlüsselungsstandard (Data Encryption Standard, DES).*

Die neue Möglichkeit, Laufwerke vollständig zu verschlüsseln, ist lediglich in der Enterprise und Ultimate Edition von Windows Vista enthalten. Das bisher von Microsoft eingesetzte Encrypting File System (EFS) wird zusätzlich auch in die Business Edition eingebunden. EFS hat gegenüber BitLocker den deutlichen Nachteil, dass es sehr einfach ausgehebelt werden kann, wenn zum Beispiel die Festplatte aus dem Notebook ausgebaut oder mit einer Linux-Boot-CD gestartet wird. BitLocker verschlüsselt eine Festplatte nicht auf Dateiebene, sondern auf Sektorebene direkt auf der Festplatte. Dadurch werden alle Daten auf der verschlüsselten Festplatte geschützt, einschließlich der Auslagerungsdatei und der Datei für den Ruhezustand.

> **INFO**
> *Bei der Aktivierung der BitLocker-Funktion in Windows Vista wird ausschließlich die Partition geschützt (daher nicht unbedingt die gesamte Festplatte, wenn diese in mehrere Partitionen unterteilt ist), auf der Windows Vista installiert ist. Existieren auf einer Festplatte noch zusätzliche Datenpartitionen, sind diese nicht von BitLocker geschützt. Microsoft geht davon aus, dass zusätzliche Partitionen von EFS gesichert werden, aber das muss der entsprechende Anwender manuell einrichten. Da die EFS-Schlüssel normalerweise auf der Vista-Systempartition liegen, sind diese wiederum von BitLocker geschützt, sodass auch das EFS-System im Grunde genommen vom BitLocker geschützt ist.*

BitLocker wird bei der Installation zwar automatisch mit installiert, aber noch nicht aktiviert oder konfiguriert. Diese Aufgabe fällt dem Anwender selbst zu. Die Konfiguration von BitLocker findet über *Start/Systemsteuerung/Sicherheit/BitLocker-Laufwerksverschlüsselung* statt (siehe *Abbildung 14.90*).

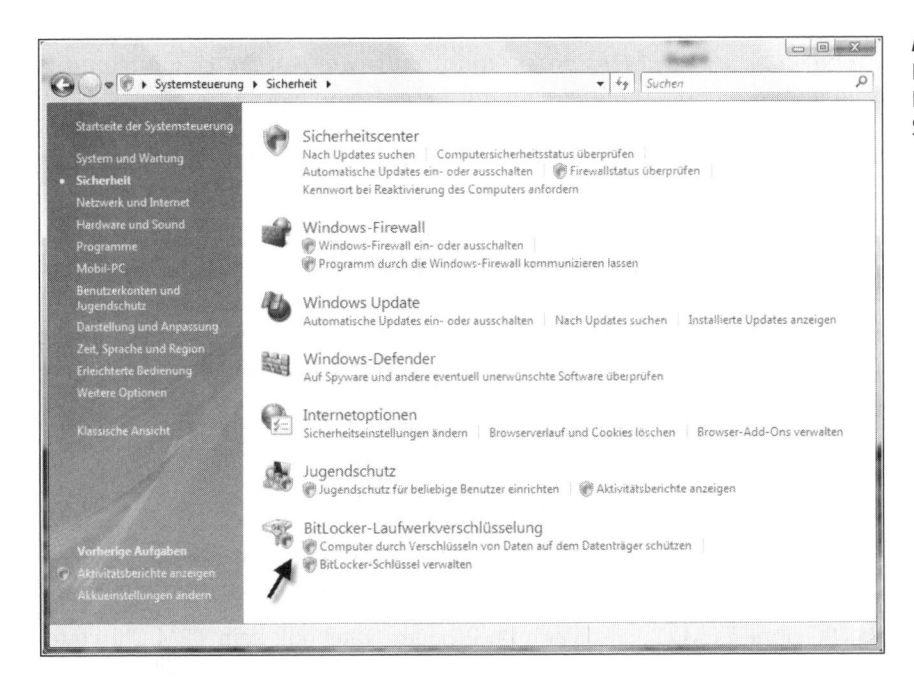

Abbildung 14.90:
Konfiguration von BitLocker in der Systemsteuerung

14.14.2 Voraussetzungen für BitLocker

Damit BitLocker überhaupt verwendet werden kann, muss Ihr PC oder Notebook über einige Voraussetzungen verfügen:

- Verwendung von Windows Vista Enterprise Edition oder Windows Vista Ultimate Edition.
- TPM-Chip der Spezifikation 1.2 muss verbaut sein.
- TCG 1.2-konformes BIOS.
- USB-Support durch das BIOS in der Pre-Boot-Phase.
- Eine unverschlüsselte Boot-Partition, die größer als 50 MB sein muss. Diese Partition wird durch das BIOS für den Windows-Ladevorgang benötigt.
- Einen USB-Stick für das Speichern des Wiederherstellungsschlüssels.
- Auf dem PC müssen mindestens zwei Partitionen angelegt sein (es reichen auch verschiedene Partitionen auf einer physikalischen Festplatte, die Partitionen müssen nicht auf verschiedene physikalische Festplatten aufgeteilt sein). Eine Partition ist für das Betriebssystem vorbehalten (in der Regel Laufwerk C) und wird von BitLocker verschlüsselt, während die andere Partition die aktive ist, die unverschlüsselt bleiben muss, damit der Computer gestartet werden kann. Die Größe der aktiven Partition muss mindestens 1,5 GB betragen.

Sicherheit in Windows Vista

> *Damit BitLocker genutzt werden kann, muss die Festplattenkonfiguration stimmen. BitLocker benötigt eine unverschlüsselte Startpartition von 1.500 MB Größe, die am Anfang der Festplatte liegen sollte, damit das BIOS booten kann. Diese Partition muss in der Partitionstabelle als aktiv gekennzeichnet sein. Auf dieser Partition müssen die Bootkonfigurationsdatenbank von Windows Vista liegen sowie der eigentliche Boot-Manager.*
>
> *Der Bootvorgang läuft dann so ab, dass zuerst diese Partition gestartet wird, der TPM entsperrt und der Schlüssel zum Entschlüsseln der Vista-Partition gelesen wird. Danach startet Vista ganz normal. Die Entschlüsselung findet im laufenden Betrieb ab, wobei optimierte Verfahren dafür sorgen, dass hier kein signifikanter Performanceverlust eintritt. Die Vista-Partition selbst bleibt die ganze Zeit über verschlüsselt.*

14.14.3 Wie funktioniert BitLocker?

BitLocker lässt sich abhängig von der Ausstattung des PC und dem Sicherheitsbedürfnis des Anwenders in fünf verschiedenen Versionen betreiben:

1. PC ohne TPM-Chip – Wenn im PC oder Notebook kein TPM-Chip integriert ist, wird für die Entschlüsselung der Daten ein Schlüssel auf einem USB-Stick gespeichert. Dieser muss mit dem PC verbunden sein, damit BitLocker booten kann.
2. PC mit TPM – Hier werden die Daten mit der im TPM gespeicherten Prüfsumme entschlüsselt. Der Zugriff auf die Daten des PC kann auch hier nur lokal erfolgen.
3. TPM und PIN – Zusätzlich muss bei jedem Neustart des PC eine vier- bis 20-stellige PIN eingetragen werden.
4. TPM und Startschlüssel – Statt der PIN wird der Startschlüssel von einem USB-Stick bezogen, der mit dem PC bei jedem Startvorgang verbunden sein muss.
5. Recovery-Schlüssel – Diese Funktion wird benötigt, wenn nach einem Angriff oder dem Einbau der Festplatte in ein neues Gerät weiterhin auf die Daten zugegriffen werden soll. Dieser kann als PIN eingegeben oder von einem USB-Stick gelesen werden.

> *BitLocker mit TPM schützt den PC, ohne dass der Benutzer etwas davon merkt. Das Entsperren des TPM, das Auslesen des Schlüssels und die Entschlüsselung gehen vollständig transparent ohne Benutzerinteraktion vonstatten. Solange ein Angreifer nicht die Anmeldedaten des Anwenders hat, kann er nicht auf die Daten zugreifen.*

Die zusätzlichen Sicherungsoptionen einer PIN-Eingabe beim Start oder die Nutzung eines zusätzlichen USB-Sticks als Security-Token erhöhen den Schutz noch, haben aber auch einen Einfluss auf die Benutzbarkeit, da hier eine Aktion des Benutzers erforderlich ist.

BitLocker – Laufwerksverschlüsselung

Beim Booten überprüft BitLocker den Hashwert im TPM, bevor der PC gestartet werden kann. Dadurch ist auch sichergestellt, dass Boot-Sektorviren oder Rootkits nicht einfach den Schutz aushebeln können. Da sich der Hashwert ändert, wenn eine maßgebliche Komponente des PC ausgetauscht wird, zum Beispiel die Hauptplatine, oder die Platte in einen anderen PC eingebaut wird, verweigert BitLocker den Zugriff auf den Datenträger. Erst wenn die Integrität sichergestellt ist, lässt BitLocker den Zugriff zu. Die Integritätsprüfung von BitLocker umfasst folgende Komponenten:

- BIOS
- Master Boot Record (MBR)
- Boot-Manager
- NTFS-Boot-Sektor
- NTFS-Boot-Block
- Core Root of Trust of Measurement (CRTM)

Die Verschlüsselung erfolgt sektorbasiert. Die Basis der BitLocker-Verschlüsselung stellt der Full Volume Encryption Key (FVEK) dar, der die Daten direkt auf der Festplatte verschlüsselt. BitLocker unterstützt derzeit Schlüssel mit 128 bis 512 Bit. Die Standardverschlüsselung verwendet einen 128-Bit-AES-Algorithmus.

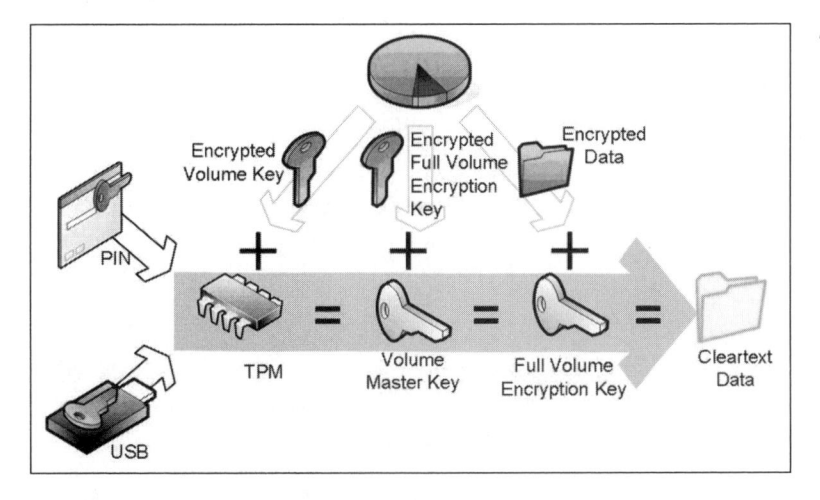

Abbildung 14.91: BitLocker-Technik in Windows Vista

Um auch nach der Deaktivierung von BitLocker auf verschlüsselte Daten auf der Platte zugreifen zu können, existiert ein sogenannter Clear Key. Dieser wird unverschlüsselt auf der Platte gespeichert und nutzt den Full Volume Encryption Key (FVEK), um trotz deaktiviertem BitLocker auf verschlüsselte Daten zuzugreifen. Auf den Clear Key kann nur zugegriffen werden, wenn BitLocker deaktiviert wurde. Nachdem BitLocker aktiviert ist, besteht kein Zugriff mehr auf den Clear Key.

Sicherheit in Windows Vista

> **TIPP**
> *Die beste Sicherheit erreichen Sie, indem Sie TPM 1.2 mit einem TCG-konformen BIOS und einem Startup-Key einsetzen. Ein Startup-Key stellt einen zusätzlichen Authentifizierungsfaktor dar, da entweder ein physischer Schlüssel (ein USB-Gerät) oder eine PIN erforderlich ist.*

14.14.4 Einrichtung von BitLocker auf einem neuen PC

In diesem Abschnitt zeige ich Ihnen Schritt für Schritt, wie Sie BitLocker auf Ihrem neuen PC einrichten können. Dazu müssen Sie verschiedene Aufgaben durchführen, die im Einzelnen nachfolgend besprochen werden. Der nächste Abschnitt beschäftigt sich mit der Einrichtung von BitLocker, wenn bereits Vista installiert wurde und Sie dabei nur eine einzelne große Systempartition angelegt haben.

Vorbereiten der Partitionen für BitLocker vor der Installation von Windows Vista

Damit Sie die BitLocker-Laufwerksverschlüsselung verwenden können, sollten Sie **vor** der Installation von Windows Vista folgendermaßen vorgehen:

1. Booten Sie zunächst mit der Windows Vista-DVD.
2. Starten Sie die *Computerreparaturoptionen*, und gehen Sie in den Systemwiederherstellungsoptionen in die Eingabeaufforderung (siehe *Abbildung 14.92*). Bestätigen Sie zuvor das Fenster zum Laden des Datenträgers. Wenn in Windows Vista kein passender Treiber für den Datenträger integriert ist, können Sie ihn zuvor über die Schaltfläche *Treiber laden* integrieren lassen.

Abbildung 14.92: Starten der Computerreparaturoptionen

BitLocker – Laufwerksverschlüsselung

Auf dem PC sollte möglichst noch kein Betriebssystem installiert sein. Wenn auf der Festplatte, die für BitLocker eingerichtet wird, ein Betriebssystem installiert ist, muss es neu installiert werden, und Sie sollten vorher alle Daten sichern, da nach der hier durchgeführten Einrichtung das Betriebssystem entfernt wird.

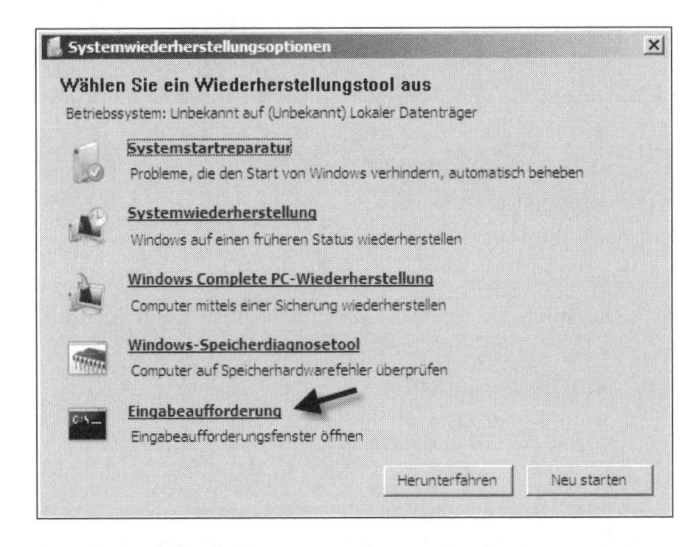

Abbildung 14.93: Starten der Befehlszeile in den Computerreparaturoptionen

3. Als Nächstes müssen Sie mit dem Befehl *diskpart* die Partition für BitLocker vorbereiten. Geben Sie dazu die Befehle in der Reihenfolge ein, wie in den nächsten Punkten beschrieben, und bestätigen Sie jeden Befehl mit der ⏎-Taste.
4. Diskpart
5. Select disk 0
6. Clean

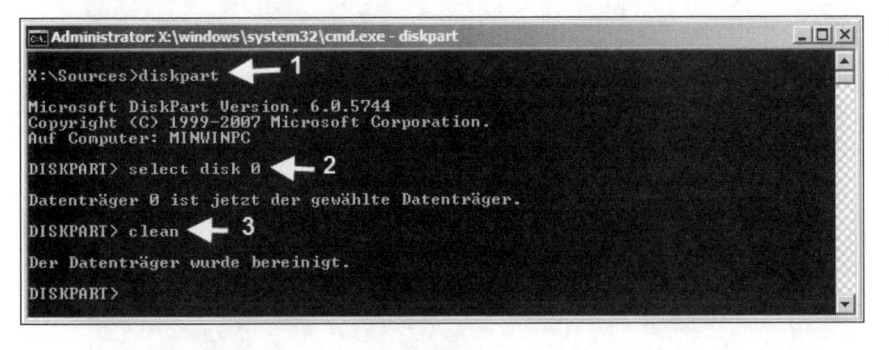

Abbildung 14.94: Vorbereiten des PC für die Verwendung von BitLocker

7. Create partition primary size = 1500
8. Assign letter = S
9. Active

Sicherheit in Windows Vista

Abbildung 14.95:
Erstellen einer zusätzlichen Partition für Diskpart

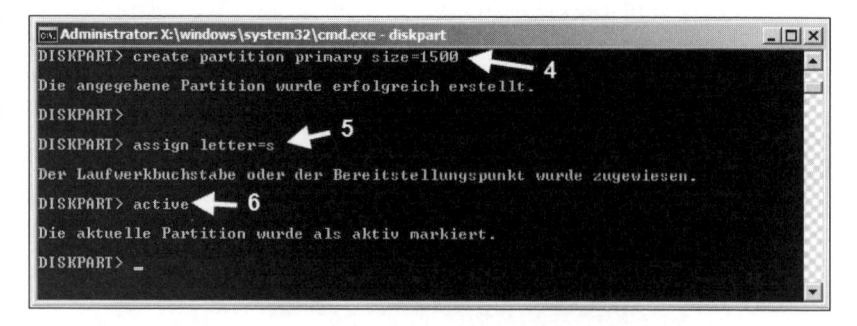

10. Create partition primary
11. Assign letter = C
12. List volume
13. Exit
14. Anschließend müssen die Partitionen noch formatiert werden. Geben Sie dazu die Befehle ein wie folgt beschrieben.
15. Format c: /y/q/fs:ntfs
16. Format s: /y/q/fs:ntfs
17. exit

Abbildung 14.96:
Fertigstellen der Partitionierung mit Diskpart

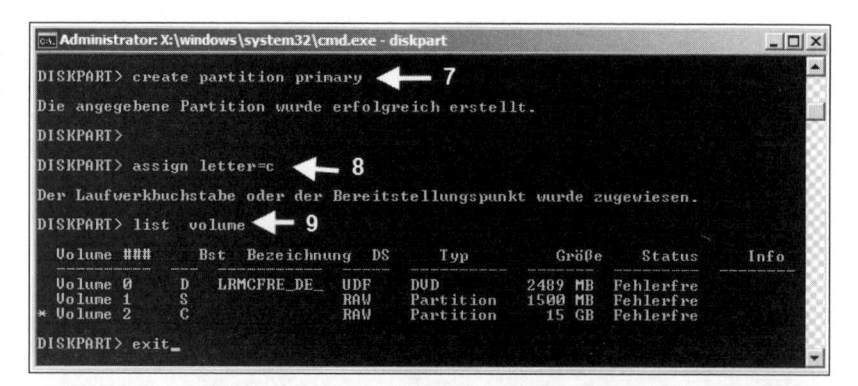

Abbildung 14.97:
Formatierung der erstellten Partitionen

BitLocker – Laufwerksverschlüsselung

18. Installieren Sie im Anschluss ganz normal auf Partition C Windows Vista. Klicken Sie dazu in den Computerreparaturoptionen auf *Neu starten*, und booten Sie von der Vista-DVD. Installieren Sie Vista auf Partition C.
19. Wenn Sie ein kompatibles BIOS einsetzen, das auch einen TPM-Chipsatz hat, müssen Sie ihn nach der Installation aktivieren. Diesen Vorgang habe ich im nächsten Abschnitt ausführlicher erläutert.
20. Aktivieren Sie danach in der Systemsteuerung BitLocker. Diesen Bereich zeige ich Ihnen im übernächsten Abschnitt.

Aktivieren und Initialisieren von TPM in Windows Vista

Um das TPM auf Ihrem PC zu initialisieren, müssen Sie es einschalten und anschließend die TPM-Besitzrechte festlegen. Gehen Sie dazu folgendermaßen vor:

Sie können TPM auf einem Windows Vista-PC nur mit einem Administratorkonto konfigurieren.

Um den TPM zu aktivieren und zu initialisieren, gehen Sie folgendermaßen vor:

1. Öffnen Sie über *Start/Ausführen/tpm.msc* die TPM-Verwaltungskonsole (siehe *Abbildung 14.98*).

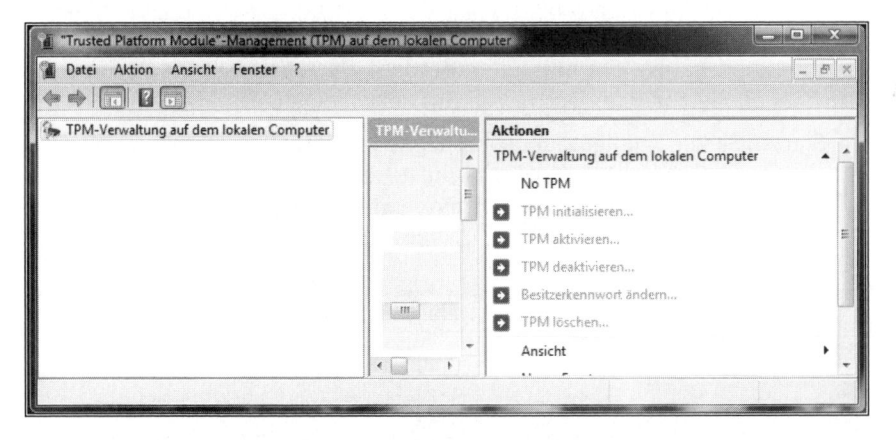

Abbildung 14.98: TPM mit der TPM-Verwaltungskonsole konfigurieren

2. Klicken Sie unter *Aktionen* auf *TPM initialisieren*, um den TPM-Initialisierungs-Assistenten zu starten.
3. Wenn das TPM ausgeschaltet ist, zeigt der TPM-Initialisierungs-Assistent das Dialogfeld *TPM-Sicherheitshardware einschalten* an. In diesem Dialogfeld werden Sie durch das Einschalten des TPM geführt. Um das TPM einzuschalten, müssen Sie das System neu starten.
4. Wenn das TPM bereits eingeschaltet ist, zeigt der TPM-Initialisierungs-Assistent das Dialogfeld *TPM-Besitzerkennwort erstellen* an.
5. Starten Sie den PC neu.

Sicherheit in Windows Vista

6. Nach dem Neustart wird eine Bestätigungsaufforderung angezeigt, um sicherzustellen, dass keine bösartige Software versucht, das TPM einzuschalten, sondern ein physisch anwesender Benutzer.
7. Bevor das TPM zum Schützen Ihres Computers verwendet werden kann, muss es einem Besitzer zugeordnet sein. Beim Festlegen des TPM-Besitzers weisen Sie ein Kennwort zu, sodass nur der autorisierte TPM-Besitzer auf das TPM zugreifen und es verwalten kann. Mit dem TPM-Kennwort können Sie das TPM ausschalten oder es löschen. Um die TPM-Besitzrechte festzulegen, müssen Sie als Administrator angemeldet sein. Starten Sie erneut den TPM-Initialisierungs-Assistenten.
8. Wählen Sie im Dialogfeld *TPM-Besitzerkennwort erstellen* die Option *Kennwort automatisch erstellen (empfohlen)* aus.
9. Klicken Sie im Dialogfeld *TPM-Besitzerkennwort speichern* auf *Kennwort speichern*, und wählen Sie einen Speicherort für das Kennwort aus.
10. Klicken Sie nochmals auf *Speichern*. Die Kennwortdatei wird unter dem Namen *< Computername >.tpm* gespeichert.
11. Klicken Sie auf *Kennwort drucken*, wenn Sie es drucken möchten.
12. Klicken Sie auf *Initialisieren*. Der Initialisierungsprozess kann einige Minuten dauern.

Aktivieren der BitLocker-Laufwerksverschlüsselung

Bevor Sie BitLocker einschalten können, müssen Sie über ein eingeschaltetes und initialisiertes, kompatibles TPM verfügen, dessen Besitzrechte Sie übernommen haben. Sie müssen außerdem als Administrator angemeldet sein. Gehen Sie zur Aktivierung von BitLocker folgendermaßen vor:

1. Starten Sie die Konfigurationsoberfläche von BitLocker über *Start/Systemsteuerung/Sicherheit/BitLocker-Laufwerksverschlüsselung* (siehe Abbildung 14.99). Damit BitLocker verwendet werden kann, muss der PC mindestens über zwei Partitionen verfügen.

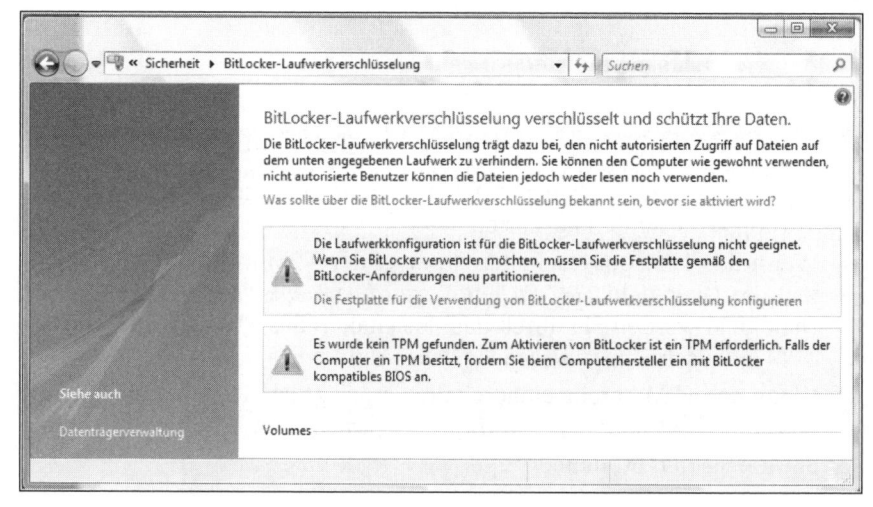

Abbildung 14.99: Konfigurationsoberfläche der BitLocker-Laufwerksverschlüsselung

BitLocker – Laufwerksverschlüsselung

2. Wenn die Partitionierung nicht den Vorgaben entspricht, erhalten Sie eine entsprechende Meldung (siehe *Abbildung 14.100*).
3. Klicken Sie auf dem Bildschirm auf *BitLocker einschalten*.

Abbildung 14.100: Anzeigen der von BitLocker geschützten Laufwerke

4. Klicken Sie auf *Keinen Systemstartschlüssel* bzw. *Keine PIN verwenden*, wenn Sie BitLocker ohne PIN verwenden wollen. Wenn Sie BitLocker mit PIN verwenden wollen, aktivieren Sie die Option. Wenn Sie BitLocker mit einer PIN verwenden wollen, müssen Sie als Nächstes eine PIN festlegen.
5. Klicken Sie im gleichnamigen Dialogfeld auf *Wiederherstellungskennwort erstellen*.

In diesem Dialogfeld werden die folgenden Optionen angezeigt:

- Kennwort auf einem USB-Laufwerk speichern
- Kennwort in einem Ordner speichern
- Kennwort anzeigen
- Kennwort drucken

Das Kennwort für den Wiederherstellungsschlüssel ist erforderlich, um die verschlüsselten Daten des Volumes zu entsperren, wenn BitLocker in einen gesperrten Zustand wechselt. Sie können mit seiner Hilfe nicht die verschlüsselten Daten einer anderen BitLocker-Verschlüsselungssitzung wiederherstellen. Wählen Sie die gewünschten Optionen aus, um das Wiederherstellungskennwort aufzubewahren.

> **TIPP**
> *Sie können das Kennwort für den Wiederherstellungsschlüssel mit mehreren Methoden speichern, indem Sie eine Methode auswählen, mithilfe des Assistenten den Ort zum Speichern oder Drucken festlegen und dann auf* Zurück *klicken, um zum Dialogfeld* Wiederherstellungsschlüssel als Kennwort speichern *zurückzukehren und eine andere Methode auszuwählen.*

Klicken Sie im Dialogfeld *Ausgewähltes Datenträgervolume verschlüsseln* auf *Verschlüsseln*. Die Verschlüsselung dauert pro GB ungefähr eine Minute.

> **INFO** *Wenn nicht mehr auf das TPM zugegriffen werden kann oder wenn jemand versucht, von einer Diskette zu starten, um das Betriebssystem zu umgehen, wechselt der Computer in den gesperrten Modus, bis der Wiederherstellungsschlüssel bereitgestellt wird.*

Einschalten von BitLocker auf einem Computer ohne kompatibles TPM

Sie können BitLocker auch auf PCs ohne kompatibles TPM verwenden. Sie müssen in diesem Fall aber dennoch über ein USB-Laufwerk verfügen, um den Systemstartschlüssel zu speichern. Es entfällt hier aber die sichere Aufbewahrung des Schlüssels, da jeder, der den PC und den USB-Stick hat, den Rechner starten kann. Gehen Sie zur Aktivierung von BitLocker ohne TPM folgendermaßen vor:

1. Starten Sie die Konfigurationsoberfläche von BitLocker über *Start/Systemsteuerung/Sicherheit/BitLocker-Laufwerksverschlüsselung* (siehe *Abbildung 14.99*). Damit BitLocker verwendet werden kann, muss der PC mindestens über zwei Partitionen verfügen.
2. Wenn die Partitionierung nicht den Vorgaben entspricht, erhalten Sie eine entsprechende Meldung (siehe *Abbildung 14.99*).
3. Klicken Sie auf dem Bildschirm auf *BitLocker einschalten*.
4. Wählen Sie unter *Für zusätzliche Sicherheit Systemstartschlüssel oder PIN verwenden* die Option *Systemstartschlüssel auf einem USB-Laufwerk speichern* aus. Für Konfigurationen ohne TPM ist nur diese Option verfügbar.
5. Wählen Sie im Dialogfeld *Systemstartschlüssel speichern* als Speicherort das USB-Laufwerk aus, und klicken Sie dann auf *Speichern*.
6. Klicken Sie auf dem gleichnamigen Bildschirm auf *Wiederherstellungskennwort erstellen*.
7. Wählen Sie die gewünschten Optionen aus, um das Wiederherstellungskennwort aufzubewahren.
8. Klicken Sie auf *Weiter*.
9. Klicken Sie im Dialogfeld *Ausgewähltes Datenträgervolume verschlüsseln* auf *Verschlüsseln*.

Beim nächsten Einschalten des Computers muss das USB-Laufwerk an einem USB-Anschluss des Computers angeschlossen sein. Andernfalls können Sie nicht auf die Daten auf dem verschlüsselten Volume zugreifen.

Aktivieren von BitLocker über Gruppenrichtlinien

Sie können BitLocker auch zentral über Gruppenrichtlinien steuern. Vor allem bei der Verwendung ohne kompatible TPM-Chips ist diese Option sinnvoll.

BitLocker – Laufwerksverschlüsselung

Sie finden die Gruppenrichtlinien für BitLocker im Gruppenrichtlinieneditor über *Computerkonfiguration/Administrative Vorlagen/Windows-Komponenten/BitLocker-Laufwerksverschlüsselung*. Hier finden Sie die Einstellung *Systemsteuerungssetup: Erweiterte Startoptionen aktivieren*.

Hier können jetzt sowohl der Einsatz ohne kompatiblen TPM als auch erweiterte Funktionen wie TPM plus PIN oder TPM plus USB-Stick aktiviert werden (siehe *Abbildung 14.101*).

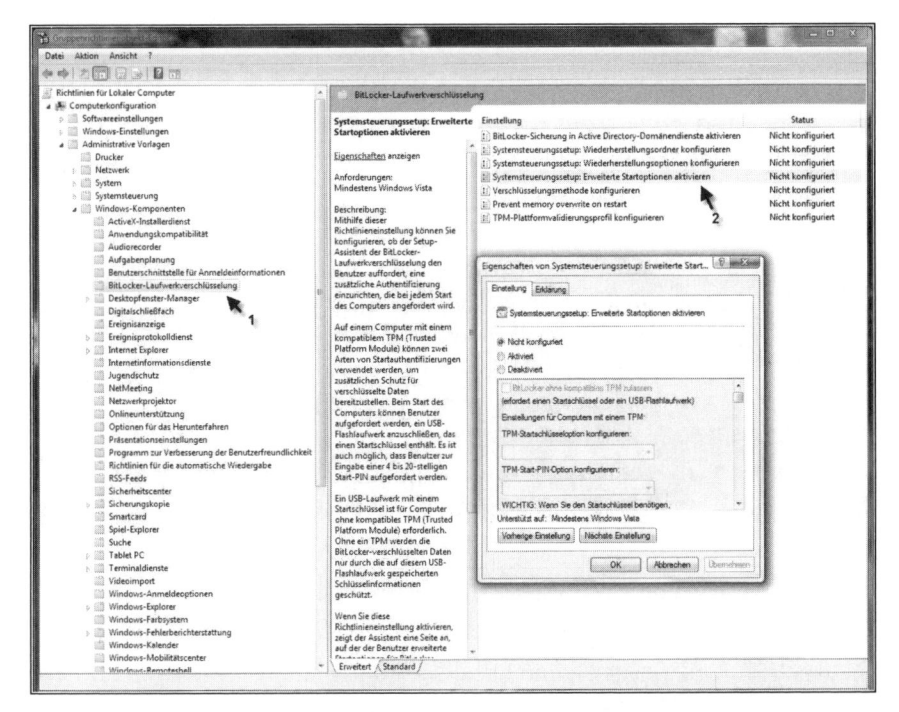

Abbildung 14.101: BitLocker auch ohne TPM über Gruppenrichtlinien aktivieren

14.14.5 Aktivieren von BitLocker bei bereits installiertem Windows Vista

Sollte man bei der Installation von Windows Vista nicht an diese in den vorangegangenen Abschnitten besprochenen speziellen Voraussetzungen gedacht haben, also wenn Sie zum Beispiel nur eine große Partition über die gesamte Festplatte angelegt haben, können Sie mit *diskpart.exe* die Partition verkleinern und Platz für die zusätzliche 1.500 MB Partition schaffen. Gehen Sie dazu folgendermaßen vor:

1. Booten Sie zunächst mit der Windows Vista-DVD.
2. Starten Sie die *Computerreparaturoptionen*, und gehen Sie in den Systemwiederherstellungsoptionen in die Eingabeaufforderung (siehe *Abbildung 14.102*). Bestätigen Sie zuvor das Fenster zum Laden des

Sicherheit in Windows Vista

Datenträgers. Wenn in Windows Vista kein passender Treiber für den Datenträger integriert ist, können Sie ihn zuvor über die Schaltfläche *Treiber laden* integrieren lassen.

Abbildung 14.102:
Starten der Computerreparaturoptionen

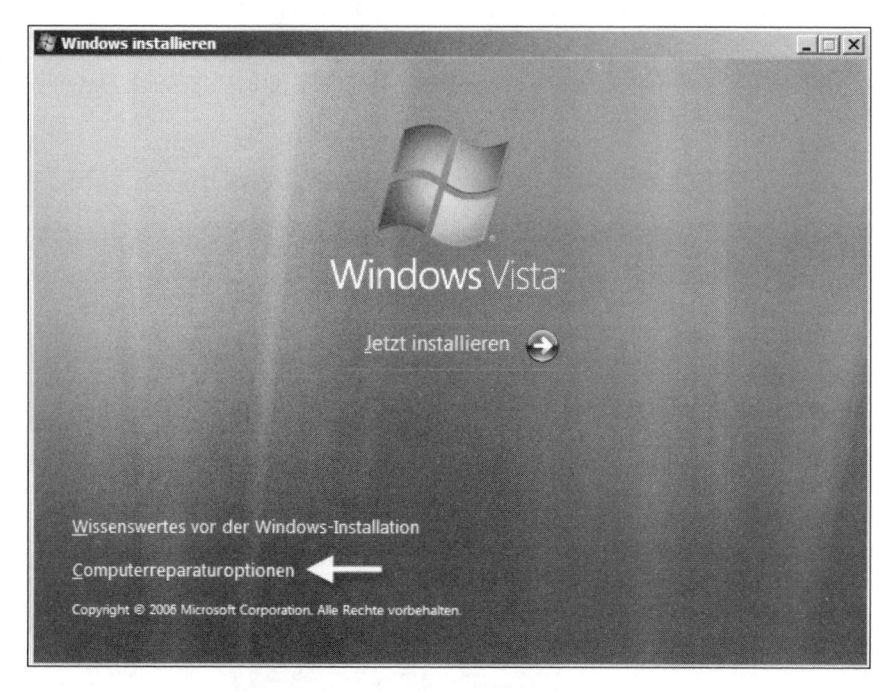

Abbildung 14.103:
Starten der Befehlszeile in den Computerreparaturoptionen

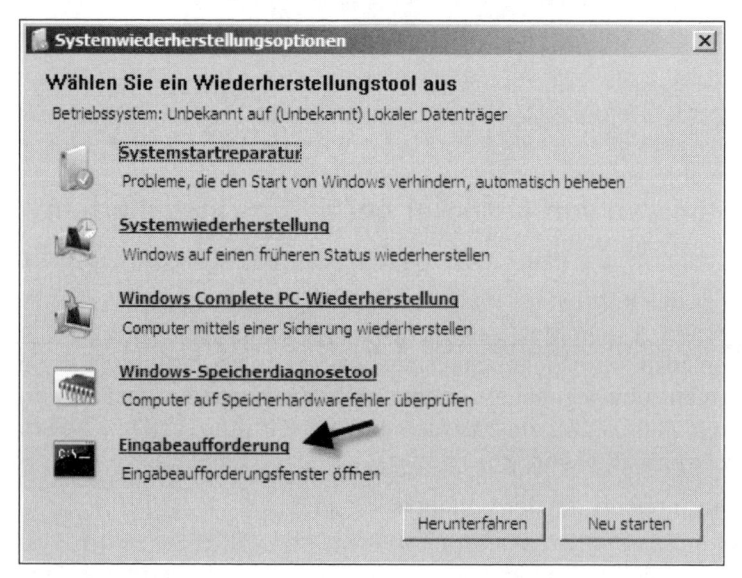

3. Als Nächstes müssen Sie mit dem Befehl *diskpart* die Partition für BitLocker vorbereiten. Geben Sie dazu die Befehle in der Reihenfolge ein, wie in den nächsten Punkten beschrieben, und bestätigen Sie jeden Befehl mit der ⏎-Taste.
4. Diskpart
5. Select disk 0
6. list partition
7. select partition 1 (wenn das die 1.500 MB Partition ist)
8. shrink minimum = 1500
9. create partition primary
10. active
11. assign letter = D
12. format quick
13. exit
14. E:\boot\bootsect /nt60 ALL (installiert den Vista-Boot-Manager, wobei E: das Laufwerk mit der Setup-DVD ist)
15. Kopieren Sie die Bootdateien von der Vista-Systempartition auf die aktivierte Startpartition (hier gehe ich davon aus, dass die 1.500 MB Partition D: und die Vista-Systempartition C: ist)
16. xcopy C:\boot D:\boot\ /cherky
17. attrib –r –s –h C:\bootmgr
18. xcopy C:\bootmgr D:\
19. attrib +r +h +s C:\bootmgr
20. attrib +r +h +s D:\bootmgr
21. attrib +r +h +s D:\boot
22. chkdsk /f C:
23. chkdsk /f D:
24. exit
25. Computer neu starten und die Setup-DVD aus dem Laufwerk nehmen.
26. In der Systemsteuerung BitLocker aktivieren wie bereits besprochen.

14.14.6 Rettungsmöglichkeiten zur Wiederherstellung

Wenn Daten verschlüsselt werden, trägt der Anwender immer das Risiko, dass er selbst nicht mehr an die Daten kommt, wenn er die entsprechenden Schlüssel verliert. Es besteht auch die Möglichkeit, dass der TPM defekt, der Startschlüssel zerstört ist oder Sie Ihre PIN vergessen haben. Damit bei solchen Vorfällen, auch bei der Erweiterung des PC, die Daten noch zugänglich sind, gibt es die BitLocker-Recovery-Konsole.

Sicherheit in Windows Vista

> **TIPP** *Wenn Sie BitLocker aktivieren, legen Sie sich auf jeden Fall ein Wiederherstellungskennwort an. Dieser generierte Code besteht aus sechs Blöcken mit je acht Ziffern. Sie können ihn ausdrucken oder als Textdatei auf einem USB-Stick speichern. Das stellt im Übrigen ein ziemliches Sicherheitsrisiko dar, da jeder, der diesen Schlüssel besitzt, auf die BitLocker-Partition zugreifen kann.*
>
> *Wenn Sie zum Beispiel eine mit BitLocker verschlüsselte Festplatte in einen anderen PC einbauen, benötigen Sie lediglich einen USB-Stick mit dem Wiederherstellungsschlüssel, um auf die Partition wieder zugreifen zu können.*

Wiederherstellen von mit BitLocker geschützten Daten

Die Partition ist gesperrt, wenn der Datenträgerverschlüsselungsschlüssel nicht automatisch neu erstellt werden kann. Dafür gibt es verschiedene Ursachen:

- Der Benutzer verliert oder vergisst die PIN, oder er verliert den Systemstartschlüssel.
- Ein Fehler in Bezug auf das TPM tritt auf.
- Eine der früh verwendeten Startdateien wird geändert.
- Der Computer wird bei versehentlich ausgeschaltetem TPM ausgeschaltet.
- Der Computer wird bei versehentlich gelöschtem TPM ausgeschaltet.

> **TIPP** *Ein gesperrter Computer kann nicht die normalen Zahlen einer Standardtastatur annehmen, deshalb müssen Sie das Kennwort für den Wiederherstellungsschlüssel mit den Funktionstasten eingeben. [F1] bis [F9] stellen die Ziffern 1 bis 9 dar, [F10] die Ziffer 0.*

Um die Datenwiederherstellung zu testen, gehen Sie folgendermaßen vor:

1. Öffnen Sie über *Start/Ausführen/tpm.msc* die TPM-Verwaltungskonsole.
2. Klicken Sie unter Aktionen auf *TPM ausschalten*.
3. Wenn die Meldung *Das TPM ist ausgeschaltet und der Besitz des TPM wurde übernommen* angezeigt wird, schließen Sie die Konsole.
4. Entfernen Sie das USB-Laufwerk mit dem gespeicherten Wiederherstellungsschlüssel vom PC.
5. Schalten Sie den PC aus.
6. Wenn Sie den Computer erneut starten, werden Sie nach dem Kennwort für den Wiederherstellungsschlüssel gefragt, da die Startkonfiguration nach dem Verschlüsseln geändert wurde.
7. In der Wiederherstellungskonsole von BitLocker werden Sie aufgefordert, das USB-Laufwerk anzuschließen, auf dem sich der Systemstart- oder Wiederherstellungsschlüssel befindet.

8. Der Computer wird nach dem Anschluss neu gestartet. Sie müssen den Wiederherstellungsschlüssel nicht manuell eingeben.
9. In der Wiederherstellungskonsole von BitLocker werden Sie aufgefordert, das Kennwort für den Wiederherstellungsschlüssel einzugeben.

Ausschalten von BitLocker

Wenn Sie BitLocker ausschalten, können Sie sich entscheiden, ob Sie BitLocker temporär deaktivieren oder das Laufwerk entschlüsseln möchten. Wenn Sie BitLocker deaktivieren, können Sie TPM-Änderungen und Betriebssystemaktualisierungen durchführen. Durch das Entschlüsseln des Laufwerks wird das Volume wieder lesbar und der Wiederherstellungsschlüssel gelöscht. Wenn ein Volume entschlüsselt wurde, müssen Sie einen neuen Wiederherstellungsschlüssel generieren, indem Sie den Verschlüsselungsvorgang erneut durchlaufen.

Suchen Sie auf dem Bildschirm *BitLocker* das Volume, für das Sie BitLocker ausschalten möchten, und klicken Sie auf *BitLocker Drive Encryption ausschalten*.

Klicken Sie im Dialogfeld *Welche Entschlüsselungsstufe möchten Sie anwenden* auf *BitLocker deaktivieren* oder *Volume entschlüsseln*.

14.14.7 BitLocker und Active Directory-Domänen

Das Wiederherstellungskennwort von BitLocker kann in einem Ordner oder auf einem oder mehreren USB-Geräten gespeichert oder einfach ausgedruckt werden. Ein Administrator kann außerdem eine Gruppenrichtlinie konfigurieren, um Wiederherstellungskennwörter automatisch zu generieren und diese in Active Directory zu sichern.

Der effizienteste Weg in einer Unternehmensumgebung ist es, diese durch BitLocker in Active Directory sichern zu lassen. Dies kann über Gruppenrichtlinien oder via WMI erreicht werden. Der Zugriff auf die Wiederherstellungsschlüssel ist dann zum Beispiel über Skripte oder LDAP-Befehle möglich. Eine weitere Möglichkeit ist die Speicherung von Schlüsseln auf USB-Geräten.

Active Directory kann sowohl zum Speichern von Wiederherstellungsinformationen für die Windows BitLocker-Laufwerksverschlüsselung als auch zum Speichern von TPM-Besitzerinformationen verwendet werden.

Die BitLocker-Wiederherstellungsinformationen werden in einem untergeordneten Objekt eines Computerkontos in Active Directory gespeichert. Das bedeutet, das Computerobjekt ist der Container für das BitLocker-Wiederherstellungsobjekt.

Für jedes Computerkonto können mehrere BitLocker-Wiederherstellungsobjekte vorhanden sein, da jedem BitLocker-aktivierten Volume mehrere Wiederherstellungskennwörter zugeordnet werden können.

Jedes BitLocker-Wiederherstellungsobjekt auf einem BitLocker-aktivierten Volume hat einen eindeutigen Namen und enthält eine GUID (Globally Unique Identifier) für das Wiederherstellungskennwort.

Der Name des BitLocker-Wiederherstellungsobjekts ist aufgrund der Einschränkungen von Active Directory auf 64 Zeichen begrenzt. Dieser Name enthält die GUID des Wiederherstellungskennworts sowie Datums- und Uhrzeitinformationen. Das Format lautet: *< Datum und Uhrzeit der Objekterstellung >* *< GUID des Wiederherstellungskennworts >*

Beispiel:
2006-09-30T15:18:43-06:10{064aADE1-122D-5173-A501-3554520B86D5}

Der allgemeine Name (Common Name, CN) von Active Directory für das BitLocker-Wiederherstellungsobjekt lautet *ms-FVE-RecoveryInformation* und enthält Attribute wie *ms-FVE-RecoveryPassword* und *ms-FVE-RecoveryGuid*.

Pro Computer ist immer nur ein TPM-Besitzerkennwort möglich, der Hash des TPM-Besitzerkennworts wird in Active Directory als ein Attribut des Computerkontos gespeichert. Die Speicherung erfolgt in Unicode. Das Attribut hat den allgemeinen Namen (CN) *ms-TPM-OwnerInformation*.

Anforderungen an das Active Directory

Damit BitLocker- und TPM-Informationen in Active Directory gespeichert werden können, muss auf allen Domänencontrollern Windows Server 2003 mit Service Pack 1 oder Windows Server 2003 R2 vorhanden sein. Außerdem müssen auf Servern unter Windows Server 2003 Schemaerweiterungen installiert werden.

14.15 Verschlüsseltes Dateisystem (EFS)

Dieses Dateisystem erlaubt die Verschlüsselung von Informationen auf der lokalen Festplatte. Kommt ein Notebook abhanden, sind die Informationen auf der lokalen Festplatte nur unzureichend geschützt. Wenn das System gestartet wird, kann ein Zugriff auf die Daten erfolgen.

Um Dateien lokal zu verschlüsseln, wird der Befehl *Eigenschaften* im Kontextmenü der Datei oder des Verzeichnisses, das verschlüsselt werden soll, gewählt. Dort kann die Schaltfläche *Erweitert* ausgewählt werden. Im angezeigten Dialogfeld findet sich die Option *Inhalt verschlüsseln*, um Dateien zu schützen. Durch Auswahl dieser Option wird das verschlüsselte Dateisystem (Encrypting File System, EFS) genutzt (siehe *Abbildung 14.104*).

Die Verschlüsselung und der Zugriff auf diese Informationen erfolgen transparent für die Anwender. Falls ein Verzeichnis für die Verschlüsselung ausgewählt wurde, fragt das System, ob die Einstellungen für untergeordnete

Verschlüsseltes Dateisystem (EFS)

Verzeichnisse übernommen werden sollen. Die Informationen werden auf der Festplatte verschlüsselt. Es ist nur unter sehr hohem Aufwand möglich, an diese Informationen zu gelangen.

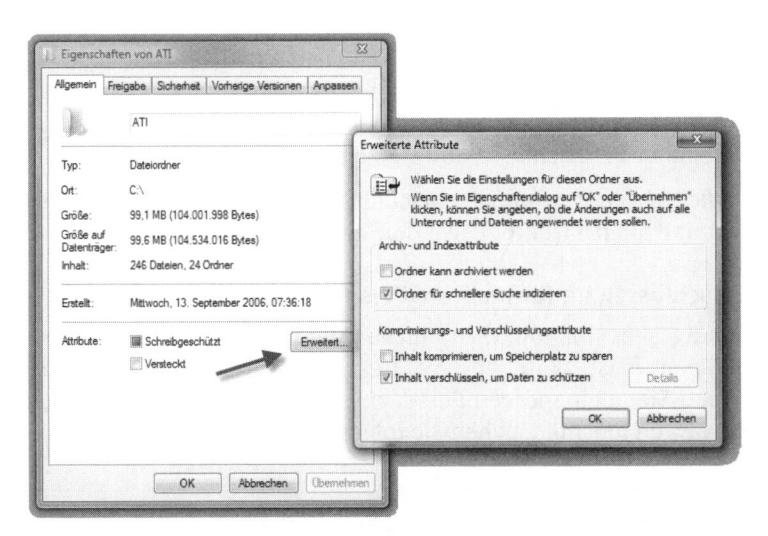

Abbildung 14.104: Verschlüsseln von Dateien in Windows Vista

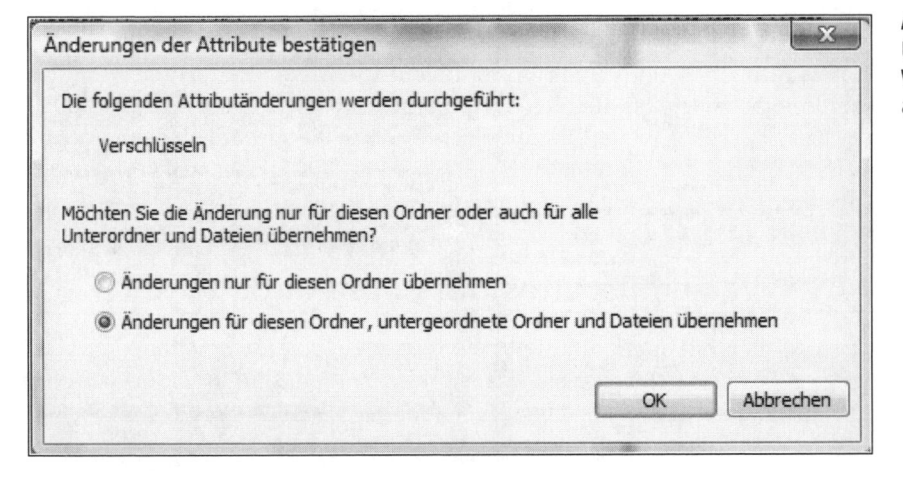

Abbildung 14.105: Übernehmen der Verschlüsselung auf Unterordner

14.15.1 Die Funktionsweise von EFS

EFS nutzt das EFS-Zertifikat eines Benutzers, um den Inhalt einer Datei zu verschlüsseln. Der private Schlüssel wird in verschlüsselter Form mit in der Datei abgelegt und kann zur Wiederherstellung der Datei genutzt werden. Die Verwaltung der Zertifikate findet über die Benutzerverwaltung statt. Diese wird in Kapitel 18 ausführlich behandelt.

EFS arbeitet mit dem symmetrischen DESX-Algorithmus zur Dateiverschlüsselung und dem RSA-Algorithmus zur Verschlüsselung der privaten Schlüssel. Durch eine mögliche Wiederherstellung des privaten Schlüssels ist eine Entschlüsselung von Dateien durch sogenannte Wiederherstellungs-Agenten möglich.

Alternativ zur grafischen Oberfläche können Sie auch den Befehl *cipher* auf der Kommandozeile einsetzen, um Dateien zu ver- und entschlüsseln oder sich den Status anzeigen zu lassen. Der Befehl *cipher /e /s:c:\vertraulich* beispielsweise verschlüsselt das Verzeichnis *c:\vertraulich* und alle darunter liegenden Verzeichnisse und Dateien.

cipher /d /s:c:\vertraulich entschlüsselt die Daten im Verzeichnis *c:\vertraulich* und allen darunter liegenden Verzeichnissen.

Verschlüsselung für mehrere Personen nutzen

Häufig ist es sinnvoll, vertrauliche Daten mit einer anderen Person zu teilen, beispielsweise zwischen zwei Geschäftsführern oder Chef und Sekretärin. Wenn Sie auch anderen Personen Zugriff auf Ihre verschlüsselten Dateien gewähren möchten, gehen Sie folgendermaßen vor:

Abbildung 14.106:
Übersicht der Benutzer, die auf ein verschlüsseltes Verzeichnis zugreifen dürfen

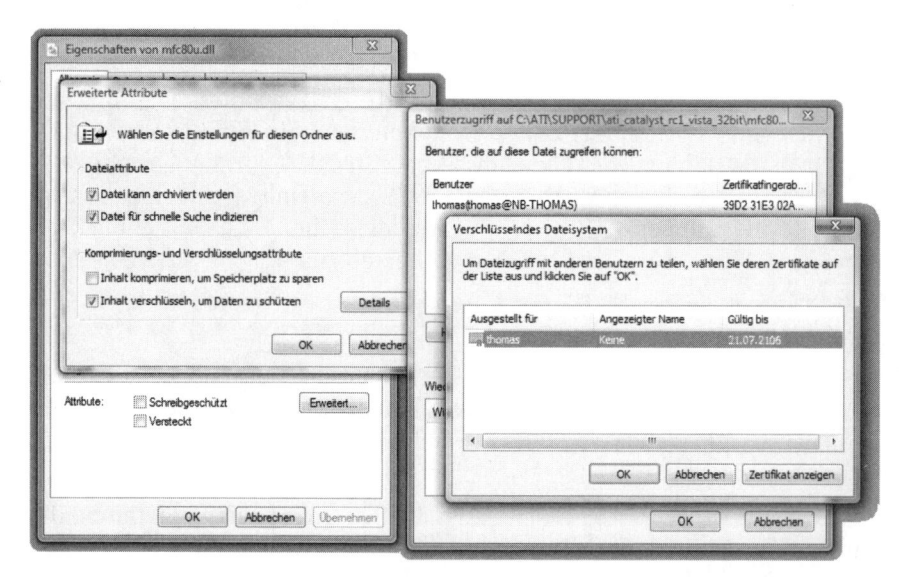

1. Verschlüsseln Sie zuerst die Datei wie oben beschrieben.
2. Rufen Sie nochmals die Eigenschaften der Datei auf, klicken Sie auf *Erweitert* und danach auf *Details* (siehe *Abbildung 14.106*). Sie erhalten eine Übersicht darüber, welche Benutzer auf die Datei zugreifen und welche Benutzer die Datei wiederherstellen und dabei die Verschlüsselung aufheben können.
3. Klicken Sie auf *Hinzufügen*, um nacheinander alle Benutzer einzutragen, die auf Ihre verschlüsselte Datei Zugriff erhalten sollen.

Welche Benutzer können Zugriff erhalten?

Sie können an dieser Stelle nur Benutzer eintragen, keine Gruppen. Die Benutzer benötigen außerdem jeweils ein Basis-EFS-Zertifikat.

14.15.2 Wann sollte EFS nicht genutzt werden?

Einige Hindernisse können Ihnen bei der Nutzung von EFS im Wege stehen oder sogar eine erfolgreiche Wiederherstellung der Daten verhindern. Als Administrator sollten Sie diese Klippen kennen, damit Sie nicht erst im Fehlerfall bemerken, dass eine Datei nicht mehr zugänglich ist.

- Sie können eine Datei nicht gleichzeitig verschlüsseln und komprimieren. Wenn Sie eine bereits verschlüsselte Datei komprimieren und die erforderlichen Zertifikate besitzen, wird die Datei automatisch entschlüsselt.
- Wenn Sie keine NTFS-Laufwerke, sondern FAT16 oder FAT32 einsetzen, können Sie die Verschlüsselung nicht nutzen. Dies bedeutet, dass es unmöglich ist, eine verschlüsselte Datei auf eine CD-ROM zu brennen oder auf eine Diskette zu kopieren, ohne die Verschlüsselung zu verlieren, da hier UDF als Dateisystem eingesetzt wird.
- Wenn Sie eine verschlüsselte Datei kopieren, wird diese während des Kopierens im Hauptspeicher des PC entschlüsselt. Am Zielort wird die Datei nur dann wieder verschlüsselt, wenn der Zielordner ebenfalls das Attribut Verschlüsselt besitzt. Wenn Sie also eine lokal verschlüsselte Datei auf den Server kopieren, verliert diese ihre Verschlüsselung, falls Sie im Serververzeichnis nicht vorher ebenfalls die Verschlüsselung aktivieren.
- Systemdateien können nicht verschlüsselt werden.

Einige Anwendungen zerstören die Zertifikate der zusätzlichen Benutzer beim Schreiben in die Datei. Nur speziell angepasste Programme, wie beispielsweise Office 2003 und 2007, behalten die EFS-Zertifikate aller Benutzer bei der Dateibearbeitung bei.

Im folgenden Abschnitt gehe ich einige Punkte zum Thema EFS durch, die oft benötigt werden:

- Mit der Option /g des Befehls *xcopy.exe* können Sie verschlüsselte Dateien auf Laufwerke kopieren, die keine Verschlüsselung unterstützen. Die Dateien werden nach dem Kopiervorgang entschlüsselt gespeichert.
- Wenn Dateien mit dem Windows-internen Datensicherungsprogramm gesichert werden, können sie verschlüsselt gesichert und verschlüsselt auf einem anderen Laufwerk gespeichert werden, sofern dieses Laufwerk das unterstützt.
- Das EFS kann in der Standardkonfiguration ohne zusätzlichen Verwaltungsaufwand verwendet werden.

- Für Benutzer empfiehlt sich die Verschlüsselung auf Ordnerebene.
- Durch Kopieren oder Verschieben unverschlüsselter Dateien in einen verschlüsselten Ordner werden diese Dateien automatisch im neuen Ordner verschlüsselt. Der umgekehrte Vorgang entswchlüsselt jedoch Dateien nicht automatisch.

15 Daten sichern und wiederherstellen

Eine Dateisicherung ist die Kopie einer Datei, die nicht am gleichen Speicherort wie das Original gespeichert wird. Durch das Sichern von Dateien werden diese vor dauerhaftem Verlust geschützt. Sie sollten alle Dateien sichern, die nur schwer oder überhaupt nicht ersetzt werden können. Ebenfalls gesichert werden sollten Dateien, die häufig geändert werden. Sie sollten z. B. Bilder, Videos, Musik, Projekte, Finanzdaten und alles, was Ihnen lieb und teuer ist, sichern. Programme hingegen müssen nicht gesichert werden, da Sie die Originaldatenträger zum Neuinstallieren verwenden können und Programme in der Regel viel Speicherplatz beanspruchen.

Windows Vista Home Basic schließt keine Funktion zum Einrichten automatischer Sicherungen ein. Sie werden jedoch von Windows in regelmäßigen Abständen an die Sicherung der Dateien erinnert und können manuell sichern.

Das Datensicherungsprogramm wurde in Windows Vista deutlich überarbeitet. Auch eine vernünftige Datensicherungsstrategie gehört zum Einsatz eines PC. Vor allem Anwender, die auch zu Hause wichtige Daten haben und diese regelmäßig sichern wollen, können mit Windows Vista effizienter sichern als noch mit den Vorgängerversionen.

Das Vista-Sicherungsprogramm starten Sie am besten über *Start/Alle Programme/Wartung/Sichern und Wiederherstellen*. Es öffnet sich das zentrale Fenster zur Verwaltung von Sicherungen und Wiederherstellungen in Windows Vista (siehe *Abbildung 15.1*). Klicken Sie als Nächstes auf die Schaltfläche *Computer sichern*.

Die komplette Computer-Sicherung ist in Windows Vista Home Basic und Windows Vista Home Premium nicht enthalten. In der Business, Enterprise und Ultimate Edition ist die Funktion dagegen vorhanden.

Daten sichern und wiederherstellen

Abbildung 15.1:
Sichern von Daten in Windows Vista

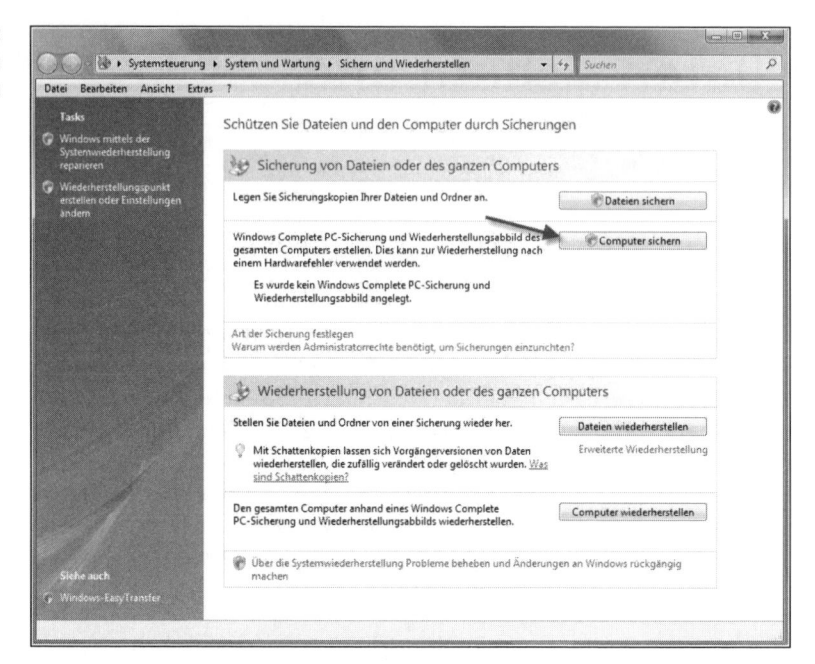

Sie können das Datensicherungsprogramm auch über Start/Ausführen/control.exe /name Microsoft.BackupAndRestoreCenter *starten.*

Im nächsten Fenster können Sie auswählen, wo Sie die Daten sichern wollen. Entweder sichern Sie die Daten auf Festplatte oder, neu in Windows Vista, auf DVD. Das Sicherungsprogramm unterstützt auch DVD-RW-Medien (siehe *Abbildung 15.2*).

Im folgenden Fenster können Sie den Speicherort der Sicherungsdateien festlegen (siehe *Abbildung 15.3*). Über die Schaltfläche *Sicherung starten* werden daraufhin alle Daten des PC entweder auf eine zweite Festplatte oder ein DVD-R- oder -RW-Laufwerk gesichert.

Es gibt keinerlei Auswahlmöglichkeit, welche Dateien gesichert werden. Der Sicherungsassistent sichert automatisch den Datenträger, auf dem Windows Vista installiert ist.

Daten sichern und wiederherstellen

Abbildung 15.2: Auswählen des Sicherungsmediums

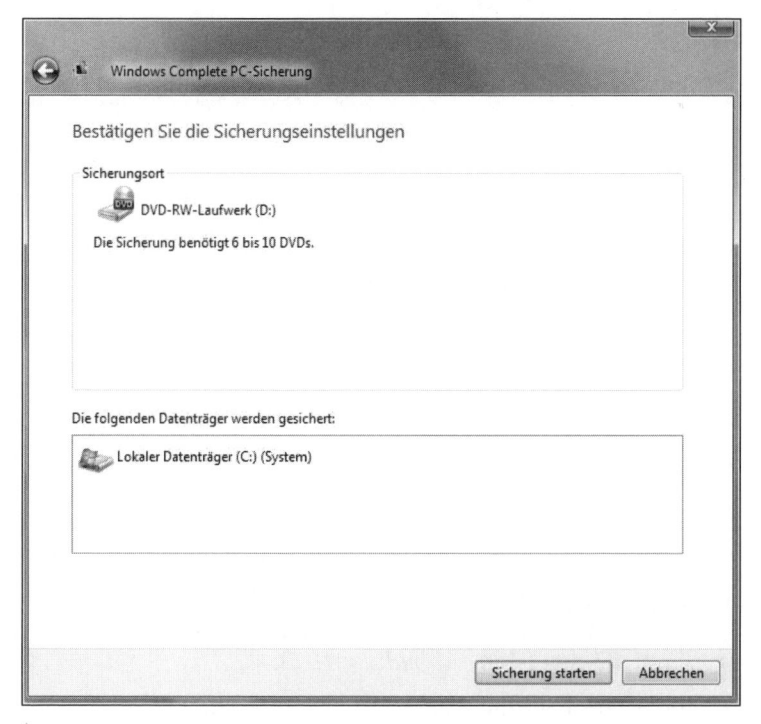

Abbildung 15.3: Auswählen des Speicherorts

Daten sichern und wiederherstellen

Einzelne Dateien können Sie im Hauptmenü der Datensicherung sichern, wenn Sie die Schaltfläche *Dateien sichern* auswählen. Auf der nächsten Seite erscheint ebenfalls eine neue Auswahlmöglichkeit für die Datensicherung. Hier können Sie angeben, welche Art von Dateien Sie sichern wollen. Ihnen stehen dazu mehrere Optionen zur Verfügung (siehe *Abbildung 15.4*):

- Fotos, Zeichnungen, gescannte Bilder, Faxe oder andere Bilder
- Musik- und Audiodateien (z. B. Windows Media Audio und MP3)
- Videos und Filme (z. B. Windows Media Video, MPEG und AVI)
- Dokumente (Textverarbeitungen, Tabellenkalkulationen, Präsentationen)
- Dateien, die nicht in die genannten Kategorien passen

Abbildung 15.4:
Auswahl der zu sichernden Dateitypen

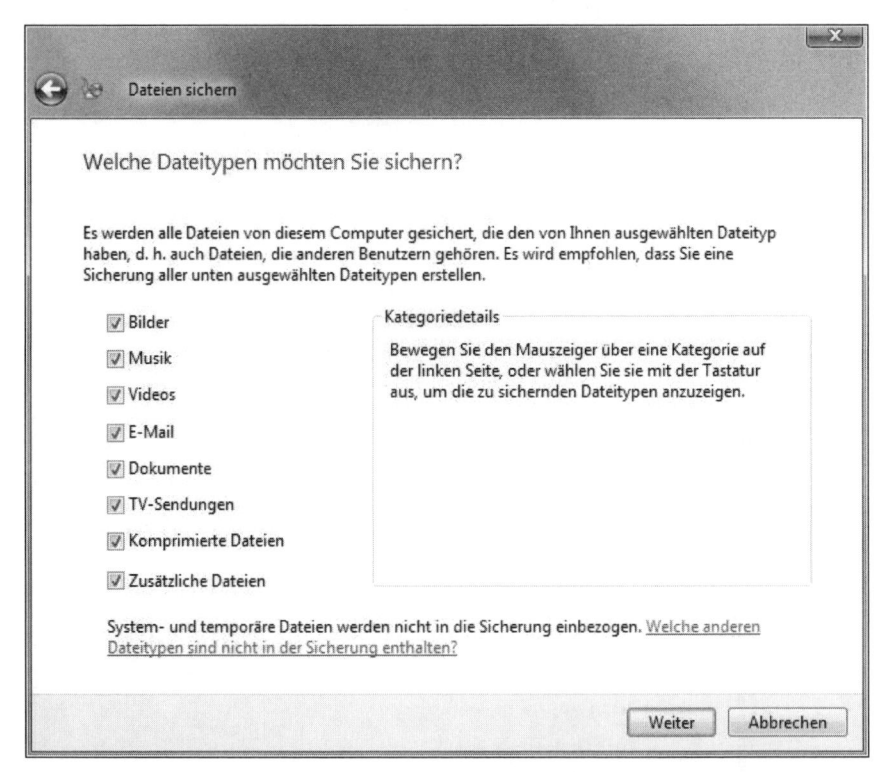

Im nächsten Fenster konfigurieren Sie, wann der Sicherungstask durchlaufen soll und ob Sie eine regelmäßige Sicherung durchführen wollen.

Hier besteht auch die Möglichkeit, genau zu steuern, wie sich zukünftig die Sicherung verhalten soll, damit Sie nicht jeden Sicherungstask manuell konfigurieren müssen (siehe *Abbildung 15.5*).

Mit der Datensicherung kann auch über die Schaltfläche *Einstellungen speichern und Sicherung starten* sofort begonnen werden.

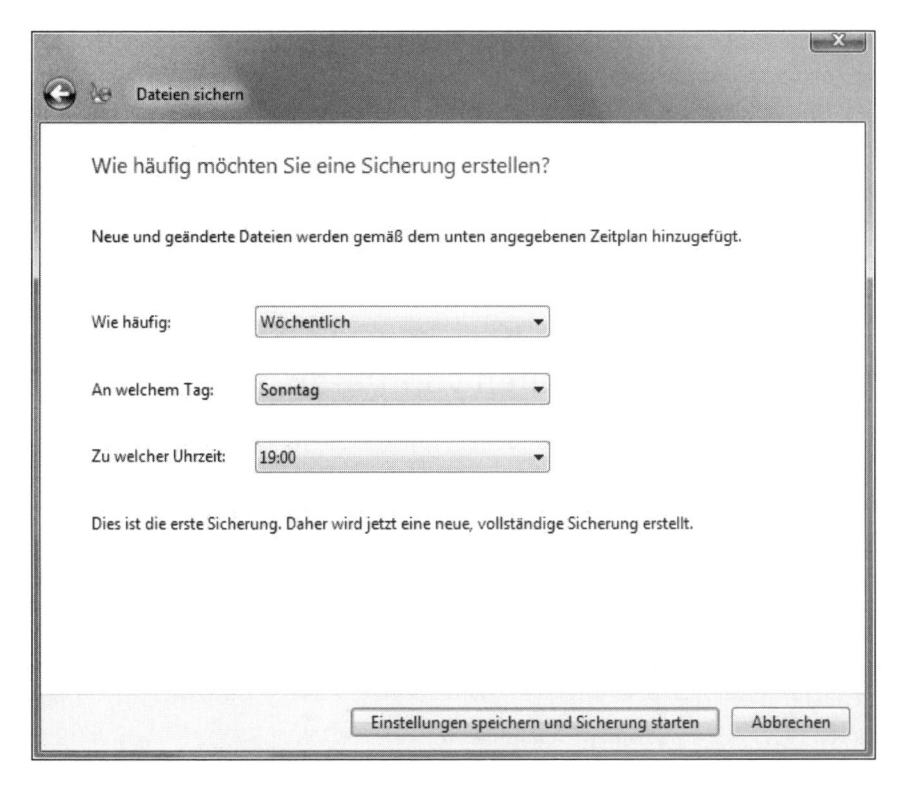

Abbildung 15.5:
Konfiguration des Zeitpunkts der Datensicherung

Wenn Sie eine Kopie der Dateien auf eine CD oder DVD brennen oder eine Kopie auf einer externen Festplatte speichern, müssen Sie bei jeder Sicherung alle Dateien und Ordner, die gesichert werden sollen, manuell auswählen. Zudem müssen Sie daran denken, alle neuen oder geänderten Dateien und Ordner regelmäßig zu sichern. Dies kann zeitaufwendig und mühsam sein.

Bei Verwendung des Assistenten zum Sichern von Dateien verfolgt Windows, welche Dateien und Ordner neu sind oder geändert wurden. Erstellen Sie eine neue Sicherung, können Sie alle Daten auf dem Computer sichern oder nur die Dateien, die sich seit der letzten Sicherung geändert haben. Richten Sie die automatische Sicherung ein, werden die Dateien und Ordner regelmäßig von Windows gesichert, und Sie müssen nicht selbst daran denken.

*Der Assistent zum Sichern von Dateien sichert die am häufigsten verwendeten Dateitypen. Die folgenden Dateien sind **nicht** enthalten:*

- *Dateien, die über das verschlüsselnde Dateisystem (Encrypting File, EFS)System, EFS) verschlüsselt wurden (EFS ist nicht enthalten in Windows Vista Starter, Windows Vista Home Basic und Windows Vista Home Premium)*

Daten sichern und wiederherstellen

- *Systemdateien (Dateien, die von Windows ausgeführt werden müssen)*
- *Programmdateien*
- *Dateien auf Festplatten, die über das FAT-Dateisystem formatiert wurden*
- *Webbasierte E-Mail, die nicht auf der Festplatte gespeichert ist*
- *Dateien im Papierkorb*
- *Temporäre Dateien*
- *Benutzerprofileinstellungen*

15.1 Wiederherstellen von Dateien

Möchten Sie Dateien wiederherstellen, klicken Sie im Datensicherungsfenster auf die Schaltfläche *Dateien wiederstellen*. In dem folgenden Fenster können Sie die Datensicherung angeben, aus der Dateien wiederhergestellt werden können.

Über den Menüpunkt *Erweiterte Wiederherstellung* können Sie detaillierter auswählen, welche Dateien das betrifft (siehe *Abbildung 15.6*).

Abbildung 15.6:
Erweiterte Wiederherstellung in Windows Vista

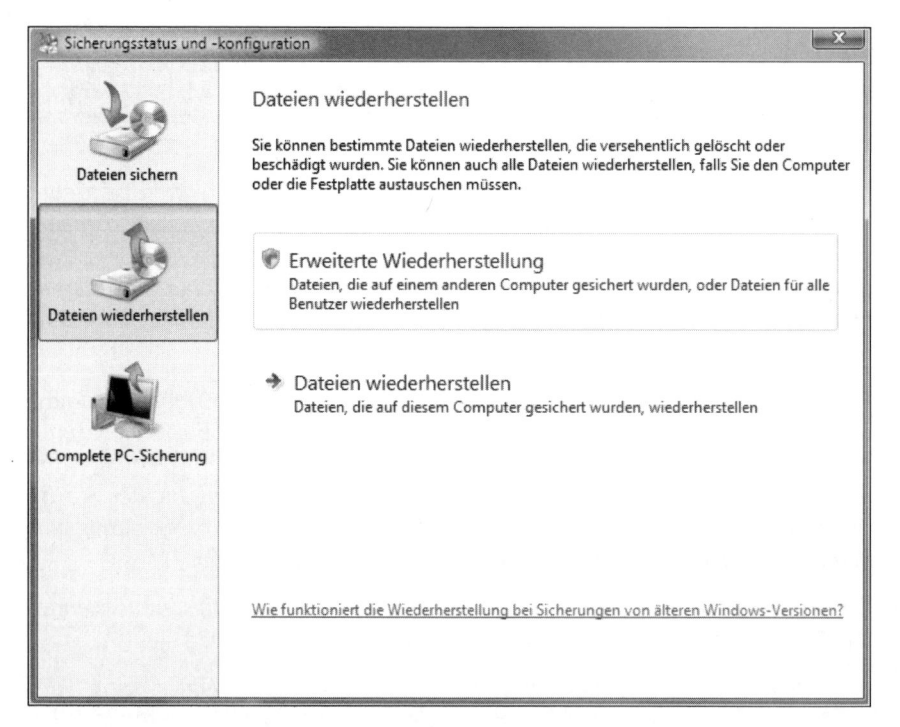

15.1.1 Schattenkopien – vorherige Versionen von Dateien wiederherstellen

Über den Menüpunkt der Wiederherstellung von Dateien können Sie Daten aus Schattenkopien wiederherstellen. Diese Funktion steht allerdings nur in der Business, Enterprise und Ultimate Edition zur Verfügung. Die Idee ist, dass Änderungen auf einem Datenträger regelmäßig erfasst und gesichert werden. Auf diese Weise entstehen sozusagen »Schnappschüsse« des Systems zu unterschiedlichen Zeitpunkten. Damit lassen sich das System und einzelne Dateien wiederherstellen. Benutzer können wieder auf frühere Versionen von Dateien zurückgreifen, indem sie diese aus einer Schattenkopie wiederherstellen.

Der hauptsächliche Nutzen der Schattenkopien liegt darin, dass versehentlich gelöschte oder veränderte Dateien sehr schnell gerettet werden können. Es muss kein Band in ein Laufwerk gelegt werden, es wird kein Sicherungsprogramm benötigt, der Administrator muss nur in den Eigenschaften des Verzeichnisses, in dem sich die besagte Datei befindet, eine ältere Version der Sicherung wiederherstellen. Je nach Berechtigungsstruktur kann auch jeder Benutzer selbst seine Dateien zurückholen. In jedem Fall wird viel Zeit gespart und werden Nerven geschont. Die Schattenkopien belegen auch bei relativ großen Datenträgern nur eine begrenzte Menge Speicherplatz.

Sie können auf die Schattenkopien in den Eigenschaften des Laufwerks oder von einzelnen Verzeichnissen über die Registerkarte *Vorherige Versionen* zugreifen (siehe *Abbildung 15.7*).

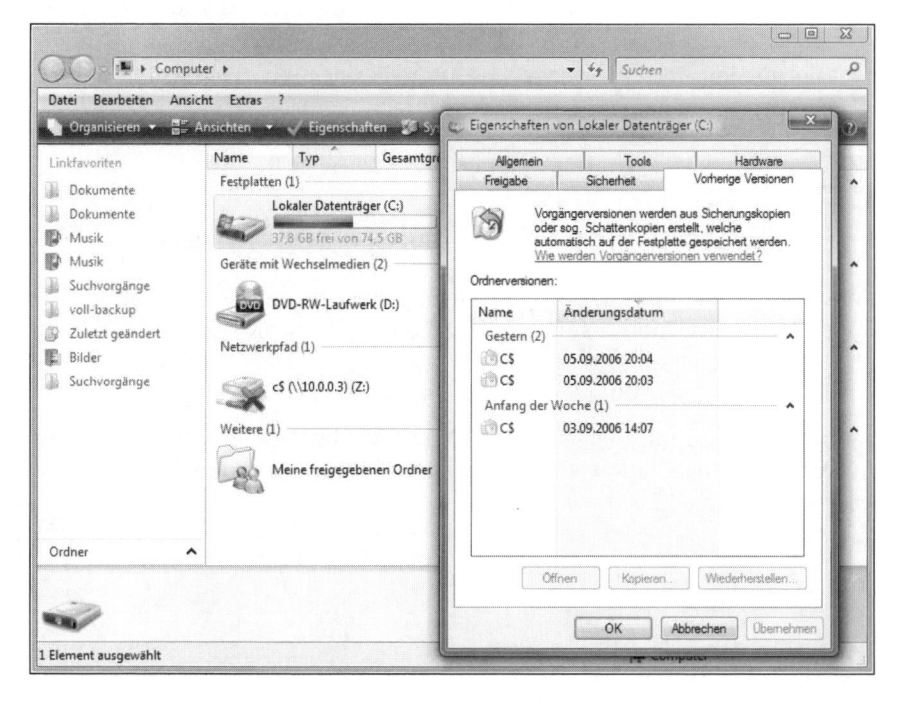

Abbildung 15.7: Wiederherstellen von Dateien aus Schattenkopien

Daten sichern und wiederherstellen

> **INFO** *Schattenkopien der eingebauten Datenträger werden automatisch beim Einrichten eines Systemwiederherstellungspunktes erstellt. Dieser Bereich wird im nächsten Abschnitt besprochen.*

Wiederherstellen gelöschter Dateien oder Verzeichnisse aus Schattenkopien

Wenn Sie eine Datei bzw. einen Ordner versehentlich löschen oder umbenennen, können Sie eine Schattenkopie dieser Datei bzw. dieses Ordners wiederherstellen. Dazu müssen Sie jedoch den Speicherort der Datei oder des Ordners kennen. Führen Sie die folgenden Schritte zum Wiederherstellen gelöschter oder umbenannter Dateien oder Ordner aus:

1. Öffnen Sie in der Ordnerliste den Ordner, in dem die Datei bzw. der Ordner enthalten war.
2. Klicken Sie mit der rechten Maustaste auf den Ordner (ohne eine Datei oder einen Ordner zu markieren), und klicken Sie dann auf *Vorherige Versionen wiederherstellen*. Wenn Sie sich nicht mehr an den genauen Datei- oder Ordnernamen oder den Speicherort erinnern können, geben Sie einen Teil des Namens in das Suchfeld unter Dokumente ein.
3. Doppelklicken Sie auf eine vorherige Ordnerversion, welche die wiederherzustellende Datei bzw. den Ordner enthält. (Wenn eine Datei beispielsweise heute gelöscht wurde, wählen Sie eine Ordnerversion von gestern aus, worin die Datei enthalten sein sollte.)
4. Ziehen Sie im Ordner die wiederherzustellende Datei bzw. den Ordner an einen anderen Speicherort, z. B. auf den Desktop oder in einen anderen Ordner.
5. Die Version der Datei bzw. des Ordners wird am ausgewählten Speicherort gespeichert.

15.2 Windows Vista – Systemwiederherstellungsoptionen

Funktioniert Windows Vista nicht mehr richtig, bietet die Installations-CD mit den Systemwiederherstellungsoptionen zahlreiche Möglichkeiten, Vista wieder ans Laufen zu bringen. Es gibt sogar die Option, ein erstelltes Image wieder zurückzuspielen, wenn Vista komplett ausgefallen ist.

Sie müssen dazu mit der Windows Vista-DVD booten und im Fenster zur Auswahl der Installationsvariante *Computerreparaturoptionen* auswählen (siehe *Abbildung 15.8*).

Windows Vista-Systemwiederherstellungsoptionen

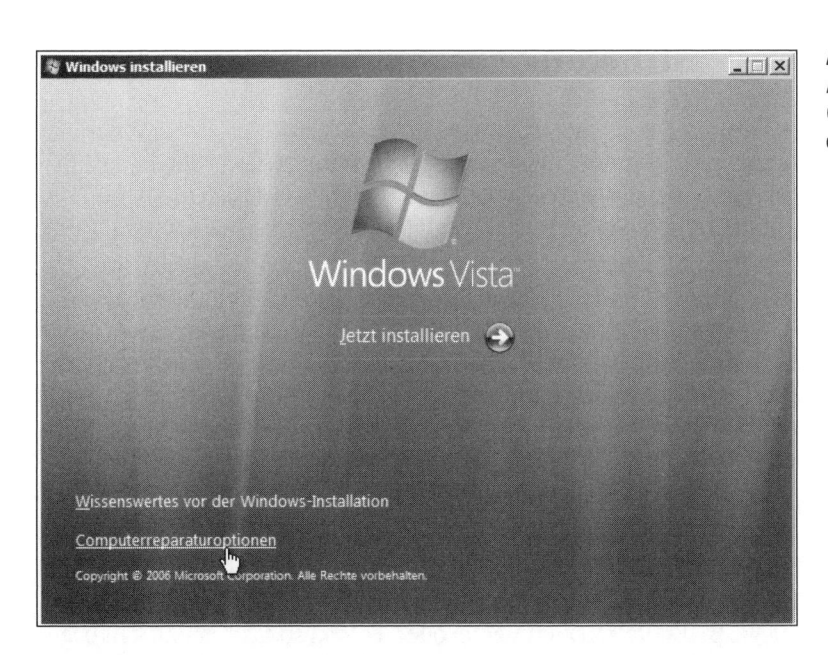

Abbildung 15.8:
Auswahl der Computerreparaturoptionen

Im Anschluss erscheint ein Menü, mit dessen Hilfe Sie verschiedene Möglichkeiten haben, ein fehlerhaftes Windows Vista zu reparieren (siehe *Abbildung 15.9*).

Die Befehlszeile in Windows Vista bietet wesentlich mehr Funktionen als die doch sehr eingeschränkte Wiederherstellungskonsole in Windows 2000 oder XP. Die Befehlszeile in den Windows Vista-Systemwiederherstellungsoptionen kennt die meisten bekannten Befehle, die zur Reparatur von Datenträgern benötigt werden. Es können Dateien kopiert, *chkdsk* ausgeführt und Datenträger formatiert werden.

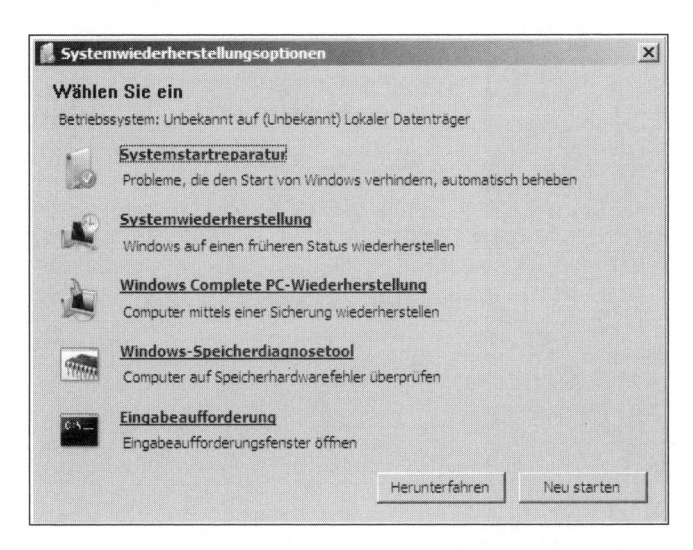

Abbildung 15.9:
Systemwiederherstellungsoptionen in Windows Vista

Daten sichern und wiederherstellen

15.3 Sicherung des Systemstatus in Windows Vista

Auch wenn Windows Vista wesentlich stabiler geworden ist als die Vorgängerversionen, besteht dennoch die Möglichkeit, dass fehlerhafte Treiber oder Applikationen das System so beeinträchtigen, dass es wiederhergestellt werden muss.

Neben den Möglichkeiten der Systemwiederherstellung, die Sie durch das Booten mit der Windows Vista-DVD erreichen, können Sie Windows Vista auch mit der Systemwiederherstellung reparieren. Dieses Programm ersetzt allerdings immer noch nicht richtige Imaging-Programme wie zum Beispiel Acronis True Image.

Die Systemwiederherstellung wirkt sich auf Windows-Systemdateien, Programme und Registrierungseinstellungen aus. Es können auch Änderungen an Skripten, Batchdateien und anderen Typen von ausführbaren Dateien auf dem Computer vorgenommen werden.

Die Systemwiederherstellung hat keine Auswirkung auf persönliche Dateien, wie z. B. E-Mails, Dokumente oder Fotos, sodass damit keine gelöschten Dateien wiederhergestellt werden können. Wenn Sie über Sicherungen der Dateien verfügen, können Sie diese Dateien aus einer Sicherung wiederherstellen.

Um die Systemwiederherstellung in Windows Vista zu konfigurieren, gehen Sie über *Start/Systemsteuerung/System und Wartung/Sicherung und Wiederherstellen*. Klicken Sie auf der linken Seite auf das Menü *Wiederherstellungspunkt erstellen oder Einstellungen ändern* (siehe Abbildung 15.10).

Abbildung 15.10: Systemwiederherstellung in Windows Vista

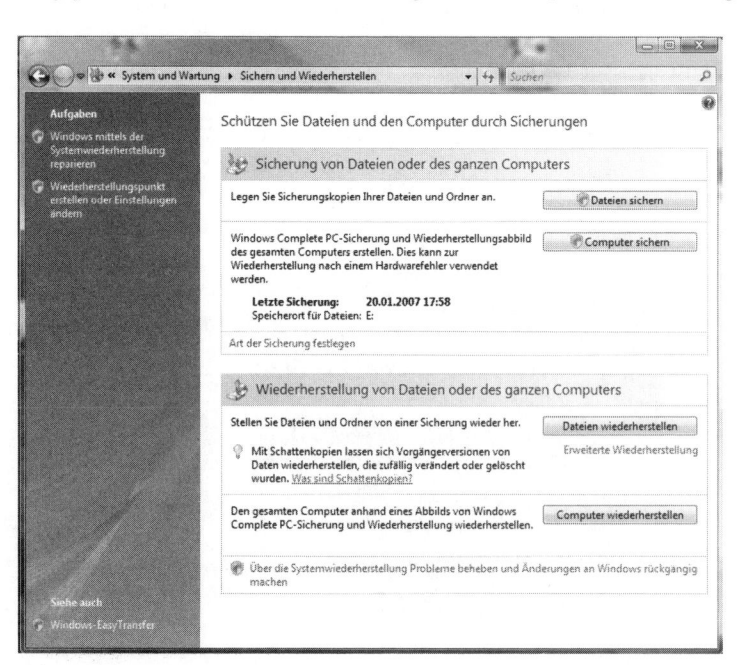

Hier haben Sie zwei Möglichkeiten:

- Computer zu einem früheren Zeitpunkt wiederherstellen
- Wiederherstellungspunkt erstellen

Windows erstellt bei Änderungen im System, wie zum Beispiel bei der Installation von Patches oder von neuen Treibern, automatisch Wiederherstellungspunkte. Sie können hier Partitionen auswählen und Einstellungen vornehmen, wie sich die Systemwiederherstellung verhalten soll.

Um einen Wiederherstellungspunkt zu erstellen, klicken Sie auf das Menü *Wiederherstellungspunkt erstellen oder Einstellungen ändern*. Bestätigen Sie die Erstellung, wird ein Wiederherstellungspunkt erstellt, und Sie können bei Problemen zu diesem Wiederherstellungspunkt zurücksichern. Beachten Sie aber, dass jeder Wiederherstellungspunkt entsprechend Speicherplatz auf der Festplatte benötigt.

Zum Speichern der Wiederherstellungspunkte werden auf jeder Festplatte, für die der Computerschutz aktiviert ist, mindestens 300 MB freier Speicherplatz benötigt. Für die Systemwiederherstellung werden bis zu 15 Prozent des Speicherplatzes auf jedem Datenträger verwendet. Wird der zur Verfügung stehende Speicherplatz mit Wiederherstellungspunkten gefüllt, löscht die Systemwiederherstellung ältere Wiederherstellungspunkte, um Platz für neue zu schaffen. Die Systemwiederherstellung kann nicht auf Festplatten ausgeführt werden, die kleiner als 1 GB sind.

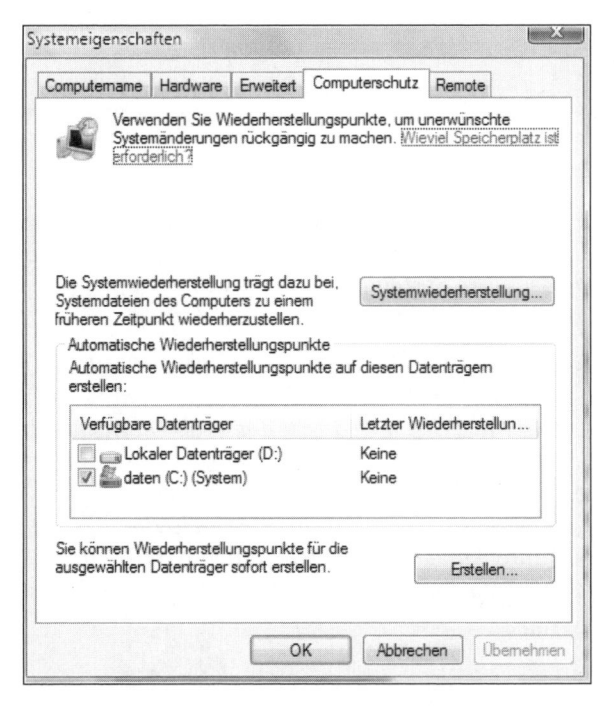

Abbildung 15.11: Konfiguration und Erstellen von Wiederherstellungspunkten

Daten sichern und wiederherstellen

In diesem Fenster können Sie auch das System zu einem bestimmten Zeitpunkt wiederherstellen. Klicken Sie auf den Link *Windows mittels der Systemwiederherstellung reparieren* im Hauptfenster oder auf *Start/Alle Programme/Zubehör/Systemprogramme/Systemwiederherstellung*. Im Anschluss startet der Assistent, und Sie können den Zeitpunkt auswählen, zu dem das System wiederhergestellt werden soll (siehe *Abbildung 15.12*).

Abbildung 15.12:
Starten des Assistenten für die Systemwiederherstellung

> **TIPP**
> *Schließen Sie bei der Erstellung eines Wiederherstellungspunktes bzw. bei der Systemwiederherstellung alle anderen Programme, die nicht benötigt werden. Die Systemwiederherstellung kann auch im abgesicherten Modus von Windows Vista gestartet werden.*

Bei jeder Verwendung der Systemwiederherstellung wird zuvor ein Wiederherstellungspunkt erstellt, sodass die Änderungen rückgängig gemacht werden können, wenn dadurch das Problem nicht behoben wurde. Verwenden Sie die Systemwiederherstellung, während sich der Computer im abgesicherten Modus befindet, können Sie den Wiederherstellungsvorgang nicht rückgängig machen. Sie können jedoch die Systemwiederherstellung erneut ausführen und dabei einen anderen Wiederherstellungspunkt auswählen, falls einer vorhanden ist.

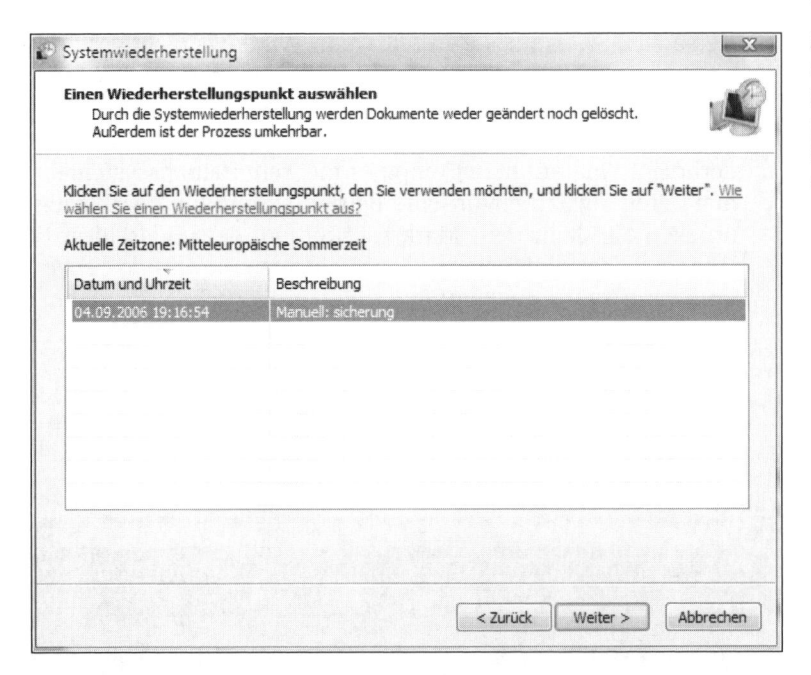

Abbildung 15.13:
Auswahl des Wiederherstellungspunktes für die Systemwiederherstellung

15.4 Windows Vista funktioniert nicht mehr

Wenn Windows gestartet, aber nicht einwandfrei oder zu langsam ausgeführt wird, versuchen Sie folgende Möglichkeiten:

- Mithilfe der Systemwiederherstellung können Sie das System auf einen Zeitpunkt zurücksetzen, bevor Sie das Problem bemerkt haben. Die Systemwiederherstellung hat keine Auswirkung auf Dokumente oder andere persönliche Dateien.

- *Letzte als funktionierend bekannte Konfiguration* – Mit dieser erweiterten Startoption wird Windows mithilfe der Registrierungseinstellungen und Treiber gestartet, die beim letzten erfolgreichen Start des Computers verwendet wurden. Sie erreichen die Windows Vista-Startoptionen, wenn Sie beim Starten des PC [F8] drücken. Dabei handelt es sich um eine Windows-Startoption, bei der die letzten ordnungsgemäß funktionsfähigen Systemeinstellungen verwendet werden (siehe *Abbildung 15.14*). Jedes Mal, wenn Sie den Computer ausschalten und Windows erfolgreich heruntergefahren wird, werden wichtige Systemeinstellungen in der Registrierung gespeichert. Wenn ein Problem auftritt, können Sie den Computer mit diesen Einstellungen starten. Verursacht beispielsweise ein neuer Treiber für die Grafikkarte Probleme oder verhindert eine fehlerhafte Registrierungseinstellung den ordnungsgemäßen Start von Windows, können Sie den Computer mit der letzten als funktionierend bekannten Konfiguration starten.

Daten sichern und wiederherstellen

Versuchen Sie es mit Letzterer, wenn Windows nicht gestartet werden kann, beim letzten Einschalten des Computers jedoch noch fehlerfrei gestartet wurde. Sie müssen F8 drücken, bevor das Windows-Logo angezeigt wird. Wenn es angezeigt wird, müssen Sie den Vorgang wiederholen. Sind auf dem Computer mehrere Betriebssysteme installiert, markieren Sie das gewünschte Betriebssystem mit den Pfeiltasten, und drücken Sie dann F8. Markieren Sie auf dem Bildschirm Erweiterte Windows-Startoptionen mit den Pfeiltasten die Option *Letzte als funktionierend bekannte Konfiguration*, und drücken Sie dann die ↵. Sind auf dem Computer mehrere Betriebssysteme installiert, markieren Sie mit den Pfeiltasten das Betriebssystem, das mit der letzten als funktionierend bekannten Konfiguration gestartet werden soll, und drücken Sie dann die ↵. Windows startet dann wieder normal.

Abbildung 15.14: Starten des PC mit der letzten bekannten Konfiguration

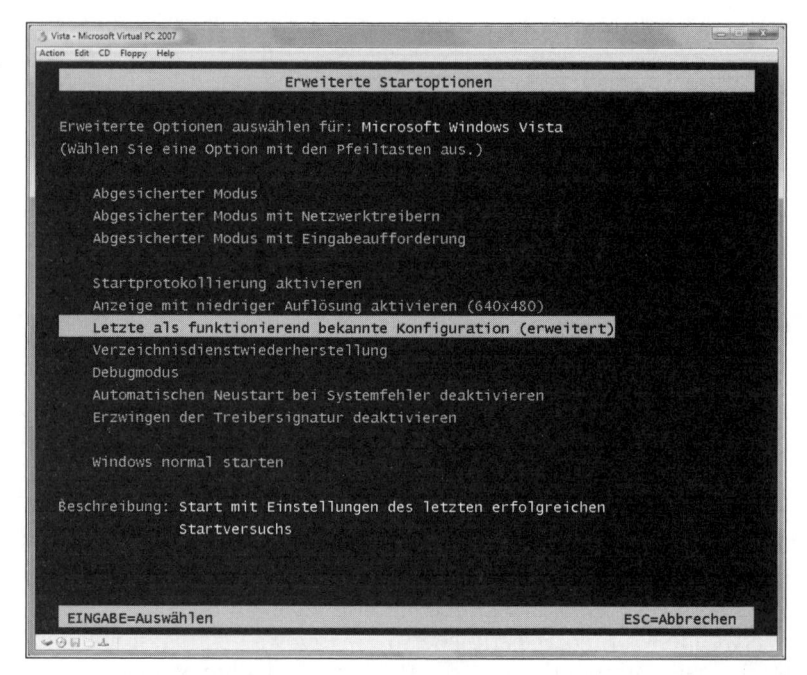

- Wird mit der Option *Letzte als funktionierend bekannte Konfiguration* kein Erfolg erzielt, können Sie versuchen, mithilfe des abgesicherten Modus das Problem zu identifizieren und zu beheben. Wenn der Computer nur noch im abgesicherten Modus gestartet werden kann, wird das Problem möglicherweise durch neu installierte Hardware oder Programme verursacht. Verursacht ein kürzlich installiertes Programm Probleme, deinstallieren Sie es. Werden durch ein Gerät, das Sie vor kurzem hinzugefügt haben, Probleme verursacht, können Sie es mithilfe des Geräte-Managers deaktivieren. Wenn Sie vor kurzem einen Treiber aktualisiert haben und nun Probleme auftreten, versuchen Sie, die Aktualisierung rückgängig zu machen.

Wurde das System ernsthaft beschädigt, müssen Sie Windows unter Umständen neu installieren. Bei einer benutzerdefinierten Installation von Windows werden alle Dateien auf dem Computer gelöscht und Windows neu installiert. Verwenden Sie diese Möglichkeit daher nur, wenn alle anderen Möglichkeiten zur Wiederherstellung erfolglos waren. Nach der Installation müssen Sie Ihre Programme ebenfalls neu installieren und Ihre Dateien aus Sicherungskopien wiederherstellen.

Mehr zu den Windows Vista-Startoptionen erfahren Sie in Kapitel 2.

15.5 Robocopy – Robust File Copy Utility

Robocopy ist ein Kommandozeilenprogramm, das ähnlich wie Xcopy funktioniert, aber deutlich mehr Möglichkeiten bietet. Mit Robocopy sind sehr komplexe Dateireplizierungsaufgaben möglich. Zum Beispiel kann man mit Robocopy vollständig gespiegelte Duplikate von zwei Dateistrukturen einschließlich aller Unterverzeichnisse und Dateien anlegen, ohne dass dabei unnötige Dateien kopiert werden müssten. Nur neue und aktualisierte Dateien am Quellspeicherort werden kopiert. Robocopy unterstützt außerdem alle verbundenen Dateiinformationen, einschließlich der Datums- und Zeitstempel, Sicherheitszugriffssteuerungslisten (ACL) und vieles mehr.

Robocopy wurde zwar nicht direkt für Windows Vista entwickelt, ist aber ohne Weiteres absolut fehlerfrei funktionsfähig. In diesem Abschnitt zeige ich Ihnen auch das Tool *CopyRite XP*, das eine kostenlose grafische Oberfläche für robocopy.exe bereitstellt.

Vor allem für kleinere Unternehmen kann die Datensicherung per Skript über robocopy.exe sehr effizient sein und wird auch schon bei vielen Unternehmen praktiziert. Mit dem Tool lassen sich ohne großen Aufwand sehr effiziente Backup-Strategien erstellen. Robocopy unterstützt das Logging in Protokolldateien, kann allerdings nicht auf Bandlaufwerke zugreifen, sondern ist hauptsächlich für die Datensicherung auf externe Festplatten oder Netzlaufwerke gedacht. Robocopy kann auch Windows-Berechtigungen mitkopieren und Dateien verschieben, nicht nur kopieren.

Robocopy verfügt über eine Vielzahl von Schaltern und kann zum Beispiel per Skript ein Verzeichnis mit einem anderen abgleichen. Es ist auch möglich, nur veränderte Dateien zu kopieren und gelöschte Dateien des einen Verzeichnisses auf dem anderen zu löschen. Mit diesen Möglichkeiten können kleinere oder auch mittlere Unternehmen ihren Fileserver schnell und leicht spiegeln und so Datenverlust vorbeugen, unabhängig von einem Datensicherungskonzept.

Robocopy kann Verzeichnisse mit Unterverzeichnissen kopieren. Sie können einzelne Dateien ausschließen. Robocopy kann Zeitstempel der Dateien auslesen und so auf Basis des Erstellungs- oder Änderungsdatums Dateien kopieren oder auch löschen. Wenn Sie des Öfteren ein Verzeichnis über das

Netzwerk spiegeln wollen, können Sie mit Robocopy deutlich Zeit sparen, da Sie zum Beispiel nur veränderte Dateien kopieren müssen und bereits vorhandene einfach übergehen können.

15.5.1 Befehlszeilenreferenz von Robocopy

Wenn Sie mit Robocopy arbeiten, müssen Sie die Datei *robocopy.exe* auf den Server oder die Arbeitsstation kopieren, auf der Sie den Job erstellen wollen oder auf der die Batchdatei liegt, die Robocopy verwendet. Die Befehlzeile von Robocopy sieht folgendermaßen aus:

Robocopy < Quelle > < Ziel > < Datei(en) > / < Option >

Tabelle 15.1: Befehlssyntax von Robocopy

Variable	Bedeutung	Erklärung
Quelle	Quellverzeichnis	Laufwerk:\Pfad oder \\server\freigabe\pfad
Ziel	Zielverzeichnis	Laufwerk:\Pfad oder \\server\freigabe\pfad
Datei	Bezeichnung(en) der Datei(en), die kopiert werden sollen	Platzhalter sind erlaubt. Wenn keine Dateien oder Platzhalter eingegeben werden, verwendet robocopy standardmäßig (*.*), kopiert also alle Dateien
Optionen	Schalter, die der Befehlszeile angehängt werden	s.u.

Quelle und Ziel können ein Verzeichnis, ein Laufwerk oder auch ein UNC-Pfad sein (*\\SERVER\FREIGABE*). Die Schalter werden hinter dem Befehl angehängt. Sie können beliebig viele Schalter miteinander kombinieren. Robocopy hat eine Vielzahl von Schaltern:

Tabelle 15.2: Optionen von robocopy

Schalter	Funktion
/S	Kopiert Unterverzeichnisse (außer leere Verzeichnisse)
/E	Kopiert Unterverzeichnisse (auch leere Verzeichnisse)
/LEV:*n*	Kopiert nur bis zu einer Verzeichnistiefe von n. Die restlichen Verzeichnisse werden nicht kopiert.
/Z	Wenn der Kopierprozess unterbrochen wird, kann man mit diesem Schalter an der Stelle weitermachen, an der abgebrochen wurde. Es können aber nicht alle Dateien kopiert werden. Einzelne Dateien haben mit diesem Schalter Probleme.
/B	Dateien werden im Backup-Modus kopiert. Es werden also alle Dateien kopiert, auch diejenigen, mit denen der Schalter /z Probleme hat.
/ZB	Es wird zunächst der Schalter /z probiert. Schlägt das bei einer Datei fehl, verwendet Robocopy den Schalter /b.

Tabelle 15.2: Optionen von robocopy (Forts.)

Schalter	Funktion
/COPY:*copyflags*	Kopiert nur die Dateiattribute, die definiert werden. Dazu muss das Dateisystem auf dem Quell- und dem Zielverzeichnis NTFS sein. D – file Data. S – file Security (NTFS ACLs) A – file Attributes. O – file Ownership information T – file Timestamps. U – file Auditing information Standardmäßig kopiert Robocopy nur mit dem Schalter /COPY:DAT. Überwachung, Sicherheit und Datenbesitzer werden standardmäßig also nicht mitkopiert.
/COPYALL	Kopiert alles, also z. B. COPY:DATSOU (s. o.)
/NOCOPY	Es wird nichts kopiert (nur sinnvoll für Spiegelung, wenn gelöscht werden soll)
/SEC	Entspricht dem Schalter /COPY:DATS. Sicherheitsinformationen und ACLs werden mitkopiert
/MOV	Löscht nach dem Kopieren die Quelldatei
/MOVE	Verschiebt Dateien und Verzeichnisse
/PURGE	Löscht Dateien und Verzeichnisse im Zielverzeichnis, die auf dem Quellverzeichnis nicht mehr vorhanden sind
/MIR	Spiegelt ein komplettes Verzeichnis. Löscht also auch Dateien im Ziel, die in der Quelle nicht mehr vorhanden sind
/A+:{R|A|S|H|N|T}	Ändert die Dateiattribute beim Kopieren: R – Read only S – System N – Not content indexed A – Archive H – Hidden T – Temporary
/A-:{R|A|S|H|N|T}	Löscht die definierten Attribute beim Kopieren: R – Read only S – System N – Not content indexed A – Archive H – Hidden T – Temporary
/CREATE	Erstellt leere Verzeichnisse, wenn auf der Quelle auch vorhanden
/FAT	Ändert die Dateinamen ab, damit sie dem 8.3-Format entsprechen, also maximal acht Zeichen vor und drei nach der Endung (.)
/FFT	Kopiert auf Systeme, die nur kompatibel zu NTFS sind, aber eigentlich nur das FAT-Dateisystem beherrschen (wird eher selten benötigt)
/MON:*n*	Zählt die Änderungen von Dateien im Quellverzeichnis mit und startet nach n Änderungen den Kopiervorgang nach dem Zeitraum, der mit /MOT (s. u.) definiert wird
/MOT:*n*	Führt den Kopiervorgang nach n Minuten wieder aus. In Kombination mit /Mon möglich
/RH:*hhmm-hhmm*	Definiert, innerhalb welcher Zeit überhaupt kopiert werden darf. Die Werte sind in 24 Stunden angegeben und müssen im Format 0000 bis 2359 eingegeben werden.
/PF	Dieser Schalter ist optimal, wenn ein laufender Kopiervorgang über den durch /RH definierten Zeitraum hinausgeht. Der Kopiervorgang kann so schneller abgeschlossen werden.
/IPG:*n*	Mit diesem Schalter wird nach 64 KB n Millisekunden gewartet, bevor weiter kopiert wird. Vor allem für Kopiervorgänge zwischen Niederlassungen kann so die Bandbreite eingespart werden.

Daten sichern und wiederherstellen

Tabelle 15.2: Optionen von robocopy (Forts.)

Schalter	Funktion
/IA:{R|A|S|H|C|N|E|T|O}	Kopiert nur Dateien mit den definierten Attributen: R – Read only A – Archive S – System H – Hidden C – Compressed N – Not content indexed E – Encrypted T – Temporary O – Offline
/XA:{R|A|S|H|C|N|E|T|O}	Kopiert keine Dateien mit den definierten Attributen: R – Read only A – Archive S – System H – Hidden C – Compressed N – Not content indexed E – Encrypted T – Temporary O – Offline
/A	Kopiert nur Dateien, in denen die Eigenschaft Archiv gesetzt wurde (kann man über die Eigenschaften einer Datei durchführen)
/M	Wie /a, allerdings wird das Archiv-Attribut in der Quelldatei zurückgesetzt
/XF *file* [*file*]	Kopiert diese Dateien nicht. Sie können mehrere hintereinander schreiben.
/XD *dir* [*dir*]	Kopiert diese Verzeichnisse nicht
/XC	Schließt Dateien aus, die im Quellverzeichnis als »geändert« markiert sind
/XN	Kopiert keine Dateien, die im Quellverzeichnis als neuer deklariert sind
/XO	Wie /xn, nur werden Dateien nicht kopiert, die im Quellverzeichnis als älter definiert sind.
/MAX:*n*	Dateien, die größer als n Bytes sind, werden nicht kopiert (Achtung, nicht **Kilo**bytes).
/MIN:*n*	Kopiert keine Dateien, die kleiner als n Bytes sind
/MAXAGE:*n*	Kopiert keine Dateien, die älter als n Tage sind. Sie können n auch als Datum in der Form von YYYYMMDD angeben.
/MINAGE:*n*	Kopiert keine Dateien, die neuer sind. Syntax wie oben
/MAXLAD:*n*	Kopiert keine Dateien, auf die vor n Tagen nicht zugegriffen wurde (Syntax s. o.)
/MINLAD:*n*	Wie maxlad, nur nach n Tagen, also neuere Dateien
/R:*n*	Definiert die maximalen Fehler, die beim Kopieren übergangen werden (standardmäßig 1 Mio.)
/W:*n*	Definiert die Sekunden, die gewartet werden, wenn ein Kopiervorgang nicht erfolgreich war, um es noch einmal zu versuchen
/REG	Speichert /r und /w in der Registry als Standardwert für weitere Robocopy-Jobs
/L	Gibt nur eine Liste der Dateien aus, führt aber keinen Kopiervorgang durch
/TS	Zeigt den Zeitstempel der Quelldateien im Logfile an
/FP	Zeigt den vollen Pfadnamen in der Logdatei
/NS	Zeigt nicht Datei- und Verzeichnisgröße in der Logdatei an
/NFL	Loggt keinen Kopiervorgang außer Fehler
/NP	Zeigt den Fortschritt des Kopiervorgangs bei großen und kleinen Dateien nicht an (%-Angabe)

Schalter	Funktion
/ETA	Zeigt die Dauer der Kopiervorgänge an
/LOG:*file*	Speichert das Log in der definierten Datei
/LOG+:*file*	Hängt das Log an eine bereits bestehende Logdatei an
/TEE	Zeigt die Vorgänger auch in der Kommandozeile an, nicht nur im Log
/JOB:*job*	Liest die Parameter von einer Job-Datei aus
/SAVE:*job*	Speichert die Parameter in einer Job-Datei
/QUIT	Führt nichts aus. Zeigt in Verbindung mit dem Job-Schalter den Inhalt der Job-Datei an

Tabelle 15.2: Optionen von robocopy (Forts.)

15.5.2 Anmerkungen zum Umgang mit Robocopy

Wenn der Kopiervorgang einer Datei aus irgendwelchen Gründen fehlschlägt (zum Beispiel Datei ist in Benutzung, oder der Zugriff wurde verweigert), macht Robocopy innerhalb eines definierten Zeitraums einige Versuche, um den Kopiervorgang noch erfolgreich abzuschließen. Robocopy wartet standardmäßig 30 Sekunden und 1 Mio. Versuche, um den Kopiervorgang durchzuführen. Diese beiden Werte lassen sich mit den Schaltern /w und /R steuern sowie mit /reg als Standard in der Registry festlegen. Bei jedem Vorgang werden die Schalter /w und /r zunächst verwendet, bevor der Standard aktiv wird. Sind in der Befehlszeile /r und /w nicht gesetzt, greifen die Standardwerte.

Festlegen von Quell- und Zielverzeichnis

Wenn Sie Datei- oder Verzeichnisnamen kopieren wollen, die ein Leerzeichen beinhalten, geben Sie den Pfad in Hochkommas an, zum Beispiel:

Robocopy »\fs01\einkauf\lieferanten 2005« \fs01\archiv\einkauf

Alle Schalter werden von links nach rechts gelesen und ausgeführt.

Experimentieren Sie zunächst ein bisschen mit den Schaltern in einer Testumgebung oder zumindest mit einem Testverzeichnis, um das für Sie optimale Ergebnis herauszuholen. Nach meiner Erfahrung verwenden die meisten Administratoren den Schalter */mir*, weil so schnell und einfach ein Spiegel eines File-Servers oder eines wichtigen Verzeichnisses angelegt wird. So kommen Sie schnell an fehlerhaft gelöschte oder veränderte Dateien und müssen nicht zuerst mit Ihrem Datensicherungsgerät Bänder einlesen und komplizierte Wiederherstellungsvorgänge starten. Sollten Sie weitergehende Informationen zu Robocopy benötigen, finden Sie im Installationsverzeichnis des Resource Kits ein Word-Dokument, in dem alle Schalter nochmals erläutert werden. Das Dokument ist allerdings nur in Englisch verfügbar.

Daten sichern und wiederherstellen

15.5.3 Grafische Oberflächen für Robocopy – CopyRite XP und Robocopy GUI

Da die Bedienung von Robocopy durch die vielen möglichen Optionen nicht sehr trivial ist, bietet das kostenlos erhältliche Tool CopyRite XP eine enorme Hilfe. Bei *CopyRite XP* handelt es sich um eine grafische Oberfläche (siehe *Abbildung 15.15*).

Sie können die Version 1.1 kostenlos aus dem Internet herunterladen. Geben Sie dazu in Google einfach die Bezeichnung *CopyRite* ein. Die aktuelle Version des Programms kostet in etwa 10 $ und kann von der Internetseite http://copyrite.dynu.com bezogen werden.

Abbildung 15.15:
Grafische Oberfläche für Robocopy

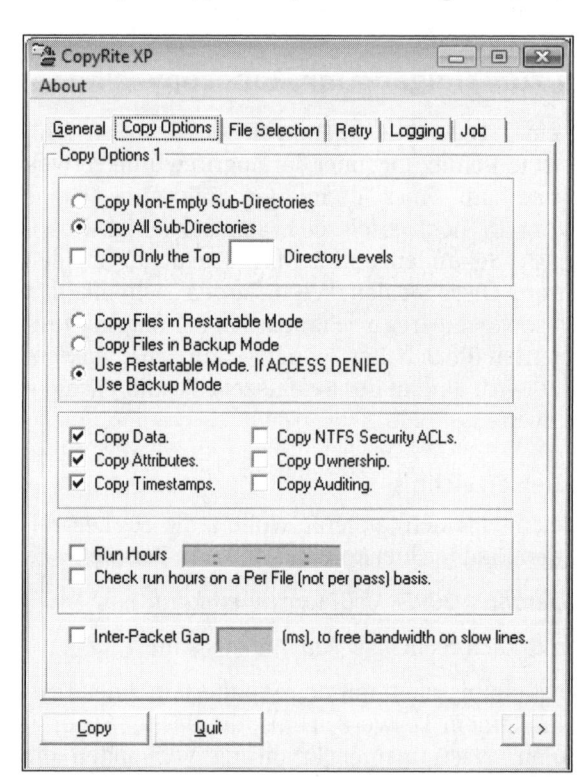

Das Tool enthält allerdings nicht die notwendige Datei robocopy.exe. Sie muss in das Installationsverzeichnis von CopyRite XP manuell kopiert werden. Wenn Sie CopyRite starten und robocopy.exe nicht im Verzeichnis vorliegt, erhalten Sie eine entsprechende Meldung und können das Windows Server 2003 Resource Kit downloaden (siehe *Abbildung 15.16*).

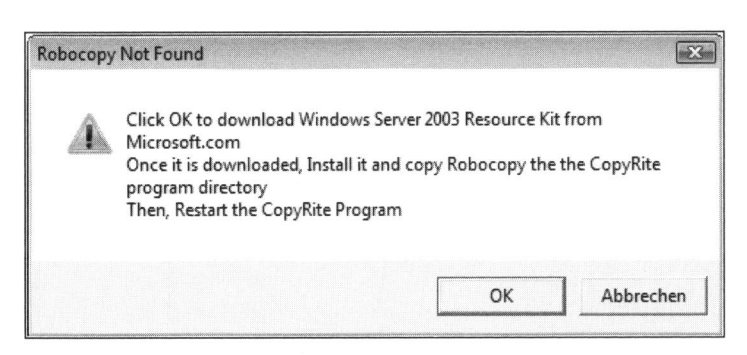

Abbildung 15.16:
Meldung von CopyRite XP, wenn robocopy.exe nicht im Verzeichnis vorliegt

Sie können mit dem Tool bequem die Optionen festlegen, mit denen Sie Dateien mit Robocopy kopieren wollen.

Auf der Registerkarte *File Selection* können Sie auswählen, welche Dateien vom Kopiervorgang berücksichtigt werden sollen.

Auf der Registerkarte *General* legen Sie die Pfade fest, die Sie kopieren wollen.

Über die Registerkarte *Copy Options* stellen Sie ein, mit welchen der bereits erläuterten Optionen der Robocopy-Befehl gestartet werden sollen.

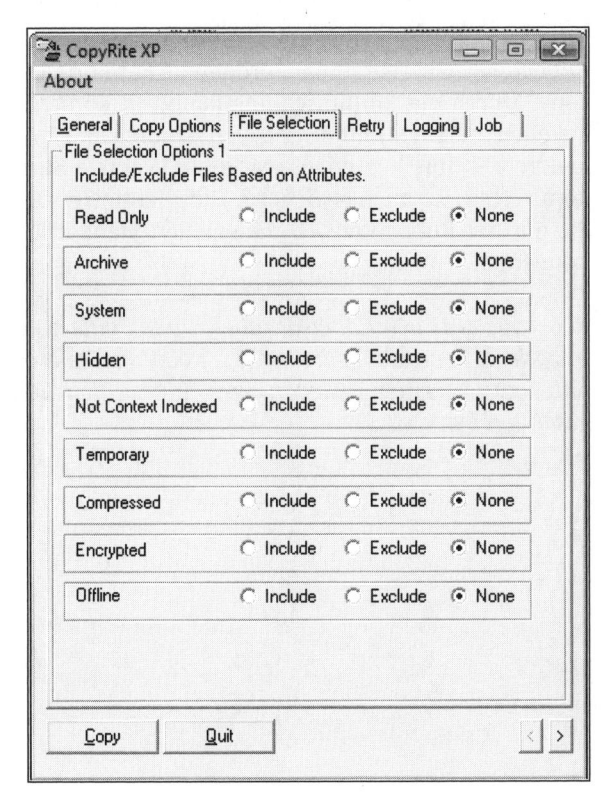

Abbildung 15.17:
Auswahl der zu kopierenden Dateien mit Robocopy

Daten sichern und wiederherstellen

Wenn Sie auf die Schaltfläche *Copy* klicken, erscheint ein neues Dialogfeld, auf dem Sie die genaue Syntax des Robocopy-Befehls angezeigt bekommen (siehe *Abbildung 15.18*).

Abbildung 15.18:
Anzeigen des Robocopy-Befehls

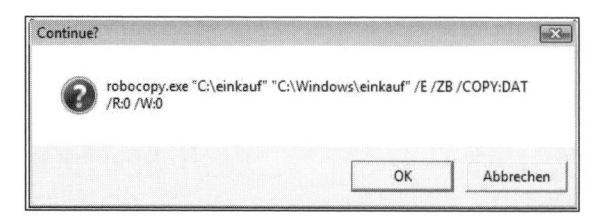

> Continue?
> robocopy.exe "C:\einkauf" "C:\Windows\einkauf" /E /ZB /COPY:DAT /R:0 /W:0

Wenn Sie auf OK klicken, wird der Befehl ausgeführt. Auf der Registerkarte *Job* können Sie den Befehl in eine CMD-Datei integrieren. Diese CMD-Datei können Sie dann wiederum in die geplanten Tasks einfügen, die in Kapitel 19 besprochen werden.

Ein weiteres Tool, das eine grafische Oberfläche für Robocopy liefert, ist *Robocopy GUI*, das Microsoft kostenlos auf der Internetseite http://download.microsoft.com/download/f/d/0/fd05def7-68a1-4f71-8546-25c359cc0842/UtilitySpotlight2006_11.exe zur Verfügung stellt. In dem Tool können die Quell- und Zielpfade sowie alle gewünschten benutzerdefinierten Optionen oder Filter angegeben werden.

Robocopy GUI erweitert außerdem die Funktionalität des klassischen Robocopy. Durch die Multithreading-Fähigkeit können Sie ein Robocopy-Skript erstellen und ausführen. Parallel können Sie mit der Entwicklung eines anderen Skripts beginnen, während das erste Skript immer noch läuft. Sie können Skripte auch speichern. Die wichtigste Funktion besteht darin, dass Sie mit der Robocopy GUI die eigenen Standardeinstellungen abspeichern können.

TIPP *Robocopy GUI beinhaltet darüber hinaus eine eigene Hilfedatei sowie eine integrierte Kopie des vollständigen Robocopy-Referenzhandbuchs. Diese Referenz enthält einen vollständigen Index aller Robocopy-Befehle und der gesamten Syntax.*

TEIL 6
Multimedia-Funktionen

| 821 | Multimedia-Funktionen und neue Programme in Windows Vista | 16 |

16 Multimedia-Funktionen und neue Programme in Windows Vista

In diesem Kapitel werden die wichtigsten neuen Programme erläutert, die bisher in den anderen Kapiteln noch nicht besprochen wurden. Neue Funktionen sind zum Beispiel die Windows-Teamarbeit, bei der Dateien oder der komplette Desktop freigegeben werden können, damit andere Anwender verfolgen können, was auf dem Monitor alles passiert, der DVD Maker und die neue Version des Movie Makers.

16.1 Spielen unter Windows Vista

Vor allem für Computerspiele ist Windows das wichtigste Betriebssystem. In Vista ist das neue DirectX 10 enthalten, das wesentlich bessere Grafik unterstützt. Damit DirectX 10 verwendet wird, müssen allerdings die Grafikkarte und das Spiel diese neue Funktion unterstützen. Die ersten DirectX 10-fähigen Grafikkarten werden für Ende 2006/Anfang 2007 erwartet, die Spiele werden folgen.

16.1.1 Überprüfen der DirectX-Fähigkeit des PC

In den Kapiteln zu Beginn dieses Buches bin ich bereits darauf eingegangen, wie Sie überprüfen können, ob Ihre Grafikkarte mindestens DirectX 9 unterstützt, damit die neue Aero-Oberfläche und die Vista-Effekte funktionieren. Für aktuelle Spiele ist es unter Umständen notwendig, dass Sie die Installation der aktuellen DirectX-Variante überprüfen und auf eventuelle Fehler bzw. mangelnde Performance testen können. Für so gut wie alle aktuellen Spiele ist DirectX eine wichtige Komponente. DirectX besteht aus verschiedenen Komponenten:

- *Direct3D* – Mit dieser Technologie können dreidimensionale Animationen dargestellt werden. Je schneller der Computer eine Animation verarbeiten kann, desto realistischer werden die 3D-Objekte, Licht und Bewegung auf dem Monitor angezeigt.
- *DirectDraw* – DirectDraw unterstützt die Generierung von 2D-Effekten. Die Grafikkarte des Computers und zahlreiche Softwareprogramme kommunizieren per DirectDraw miteinander, bevor sie die fertigen visuellen Effekte und Bilder an den Monitor senden.

Multimedia-Funktionen und neue Programme in Windows Vista

- *DirectSound* – DirectSound bietet eine Verbindung zwischen Softwareprogrammen und der Sound-Hardware auf dem Computer. Mit DirectSound verfügen Multimediasoftwareprogramme, z.B. Spiele und Filme, über Hardwarebeschleunigung, Tonmischfunktionen und Zugriff auf die Soundkarte.

- *DirectShow* – DirectShow unterstützt verschiedenste Audio- sowie Videoformate und ermöglicht die Videoaufnahme, DVD-Wiedergabe, Videobearbeitung und -mischung, hardwarebeschleunigte Videodecodierung und Abstimmung auf analoge und digitale Fernsehrundfunksignale.

Testen von DirectX mit dxdiag.exe

Um die Funktion von DirectX zu überprüfen bzw. die installierte DirectX-Variante anzuzeigen, starten Sie das DirectX-Diagnoseprogramm. Dieses Programm starten Sie über *Start/Ausführen/dxdiag* (siehe *Abbildung 16.1*).

Abbildung 16.1: DirectX-Diagnoseprogramm

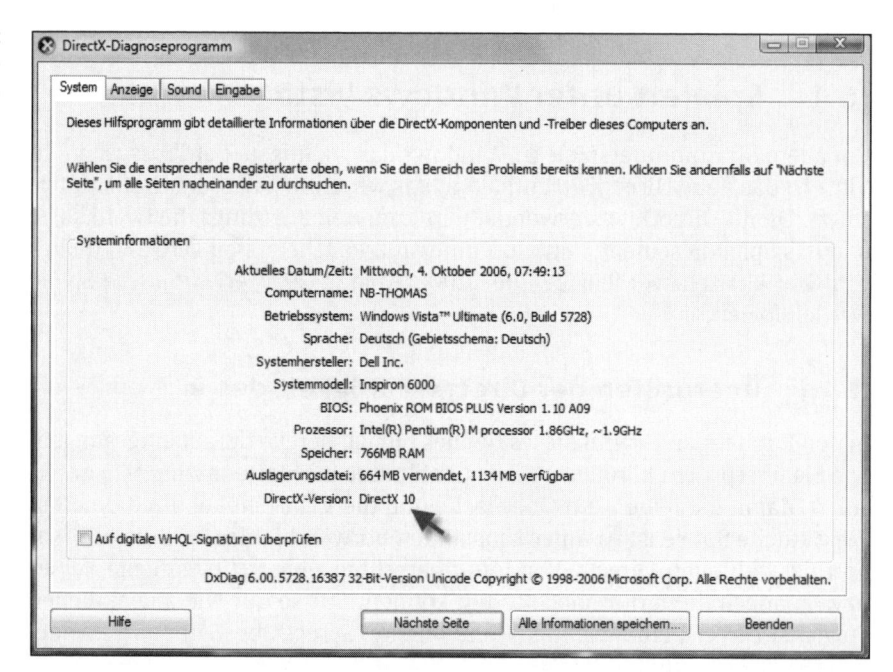

Auf der Registerkarte *System* erhalten Sie allgemeine Informationen zum PC sowie die installierte DirectX-Variante.

Eine weitere Informationsquelle ist die Registerkarte *Anzeige*, auf der Sie detaillierte Informationen zur eingebauten Grafikkarte und zum installierten Treiber erhalten. Hier werden auch eventuelle Probleme zwischen der Grafikkarte und der installierten DirectX-Variante angezeigt (siehe *Abbildung 16.2*).

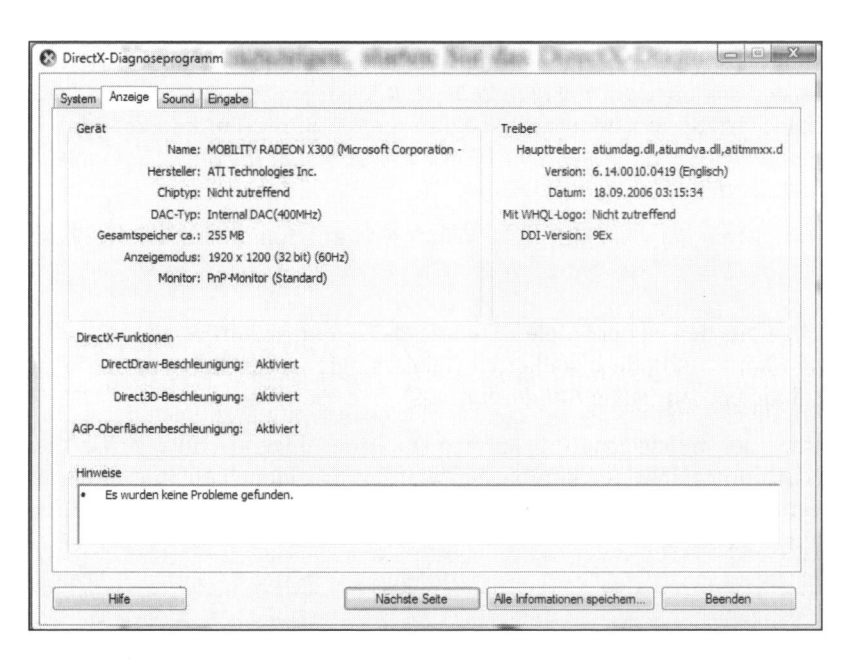

Abbildung 16.2:
Überprüfen der installierten Grafikkarte

Auf den Registerkarten *Sound* und *Eingabe* erhalten Sie Informationen über die eingebaute Soundkarte sowie die Tastatur und die Maus.

DirectX ist ein untrennbarer Bestandteil des Windows-Betriebssystems und kann daher nicht entfernt werden.

16.1.2 Windows-Spiele im Lieferumfang von Windows Vista

Microsoft hat auch die in Windows enthaltenen Spiele erweitert. In Windows gibt es jetzt einige zusätzliche Spiele wie zum Beispiel Chess Titans. Wer zwischendurch eine angenehme Partie Schach spielen will, muss nicht mehr unbedingt auf zusätzliche Software setzen, sondern kann bereits mit Windows-Bordmitteln loslegen (siehe *Abbildung 16.3*).

Abbildung 16.3:
Chess Titans in Windows Vista

Multimedia-Funktionen und neue Programme in Windows Vista

TIPP *Windows-Spiele sind in Windows Vista Business und Windows Vista Enterprise nicht standardmäßig installiert. Klicken Sie zum Installieren der Spiele auf* Start/Systemsteuerung/Programme/Windows-Funktionen aktivieren. *Bei den Home-Editionen von Windows Vista sind die Spiele standardmäßig installiert.*

Aktivieren Sie im Dialogfeld Windows-Funktionen *das Kontrollkästchen* Spiele, *und klicken Sie dann auf* OK.

Ebenfalls neu ist der Spiele-Explorer, der über das *Start/Spiele* gestartet werden kann und alle installierten Spiele sowie zukünftig auch die Speicherstände enthält (siehe *Abbildung 16.4*).

Über den Spiele-Explorer können auch der Jugendschutz sowie die verschiedenen Optionen konfiguriert werden. Die einzelnen Spiele können mit verschiedenen Optionen gestartet werden, um zum Beispiel den Vorspann auszublenden.

Abbildung 16.4:
Der Spiele-Explorer in Windows Vista

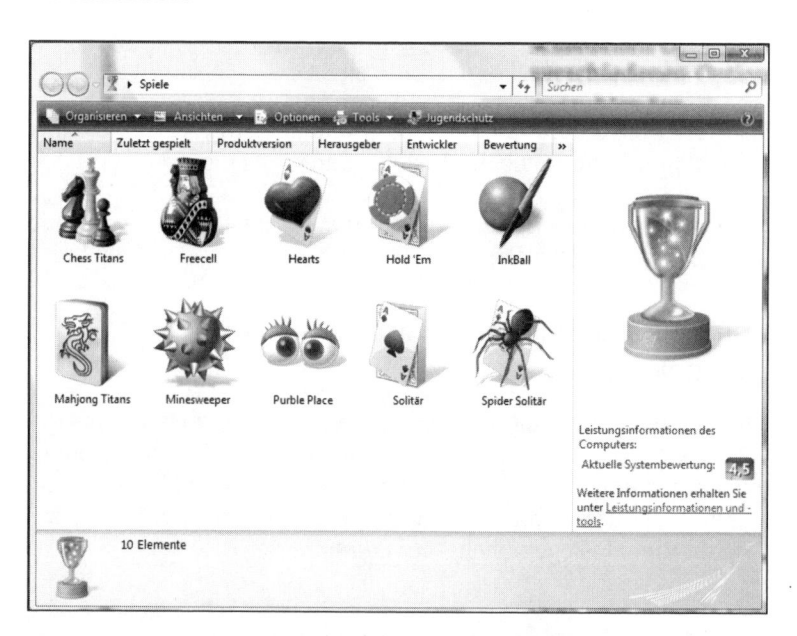

Über den Spiele-Explorer erreicht man auch den Windows-Leistungsindex, auf den zukünftig weitere Spiele aufbauen werden.

Neben Chess Titans gibt es jetzt noch ein Mahjong-Spiel mit der Bezeichnung Mahjong-Titans, das Spiel InkBall und Purble Place (siehe *Abbildung 16.5*). Auch die Standardspiele von Windows XP sind in Windows Vista noch verfügbar:

- Bei *Minesweeper* müssen Sie alle unter einem aus Quadraten bestehenden Spielfeld verborgenen Minen finden. Klicken Sie auf ein Quadrat, um seinen Inhalt aufzudecken. Einige Quadrate enthalten Nummern, die Ihnen bei der Suche nach benachbarten Minen helfen. Wenn Sie auf ein Quadrat mit einer Mine klicken, explodieren alle Minen auf dem Brett, und das Spiel ist vorbei.

- *Hearts* ist ein Kartenspiel, das Sie in Runden gegen drei Computergegner spielen. Vermeiden Sie das Aufnehmen unerwünschter Karten – alle Herzkarten und die Pik-Königin. Der Spieler mit der niedrigsten Wertung gewinnt.

- *Solitär* basiert auf *Klondike*, der beliebtesten Variante von Solitär. Um zu gewinnen, müssen Sie vier Kartenstapel, einen in jeder Farbe, in aufsteigender Reihenfolge (Ass bis König) anlegen. Zum Anlegen dieser Stapel ziehen Sie aus sieben Spalten von Karten. *Spider Solitär* ist eine Variante von Solitär, bei der zwei Kartenstapel (104 Karten) verwendet werden. Das Ziel ist es, mit möglichst wenigen Spielzügen alle Karten von den zehn Stapeln im oberen Teil des Fensters zu nehmen. Zum Abnehmen von Karten legen Sie einen vollständigen Stapel in absteigender Reihenfolge (König bis Ass) an.

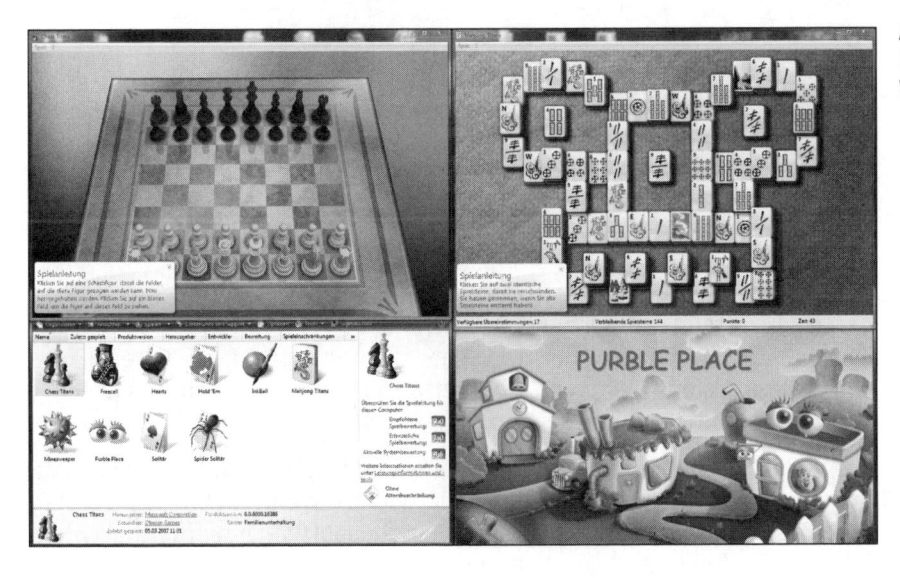

Abbildung 16.5: Neue Spiele in Windows Vista

16.2 Multimedia in Windows Vista

Bereits in Windows XP hat Microsoft zahlreiche Multimediaprogramme integriert, die in Windows Vista weiter ausgebaut wurden. Es sind zusätzliche Programme hinzugekommen, mit denen zumindest Laien viele Bereiche abdecken können, die sonst nur durch zusätzliche Programme genutzt werden können.

Diese neuen Programme sind zum einen der Windows DVD Maker, zum anderen die Windows-Fotogalerie, die beide im Startmenü von Windows Vista zur Verfügung stehen (siehe *Abbildung 16.6*). Weiterhin gibt es den Windows Media Player in der neuen Version 11 und den altbekannten Win-

Multimedia-Funktionen und neue Programme in Windows Vista

dows Movie Maker. Die einzelnen Programme arbeiten eng zusammen, und es gibt eine Vielzahl von Beispieldateien, die den Umgang mit den einzelnen Tools leicht erlernen lassen. Die Bedienung der erwähnten Programme ist sehr intuitiv und vor allem einheitlich gelöst.

Abbildung 16.6:
Neue Multimedia-
programme in
Windows Vista

16.2.1 Windows Media Player 11

Die Bedienung und das Aussehen des neuen Media Players haben sich im Vergleich zu seinen Vorgängerversionen nicht sehr verändert. Die Oberfläche bietet noch immer das bisherige übersichtliche Menü an, Dateien können synchronisiert und direkt gebrannt werden, ohne dass ein zusätzliches Brennprogramm installiert sein muss (siehe *Abbildung 16.7*).

Der Bibliotheksbereich wurde überarbeitet und bietet jetzt die Ansichten von Covern der enthaltenen Musikstücke oder Videos. Wenn ein Bild fehlt, darf es über das Kontextmenü aus der Zwischenablage importiert werden. Drag&Drop direkt aus einer Webseite, wie zum Beispiel bei iTunes, funktioniert dagegen nicht. Die Suche in den Bibliotheken wurde verbessert. Hier hat Microsoft einige Funktionen vom bekannten Player Winamp übernommen.

Es ist jetzt auch möglich, einzelnen Musikstücke ein Rating von ein bis fünf Sternen zu geben. Die Bewertung wird in den Windows Explorer übernommen und kann zur Dateisuche verwendet werden.

Ebenfalls perfektioniert wurde die Synchronisierung mit mobilen Geräten. Der Media Player kann jetzt auch direkt Bilder von digitalen Kameras übernehmen.

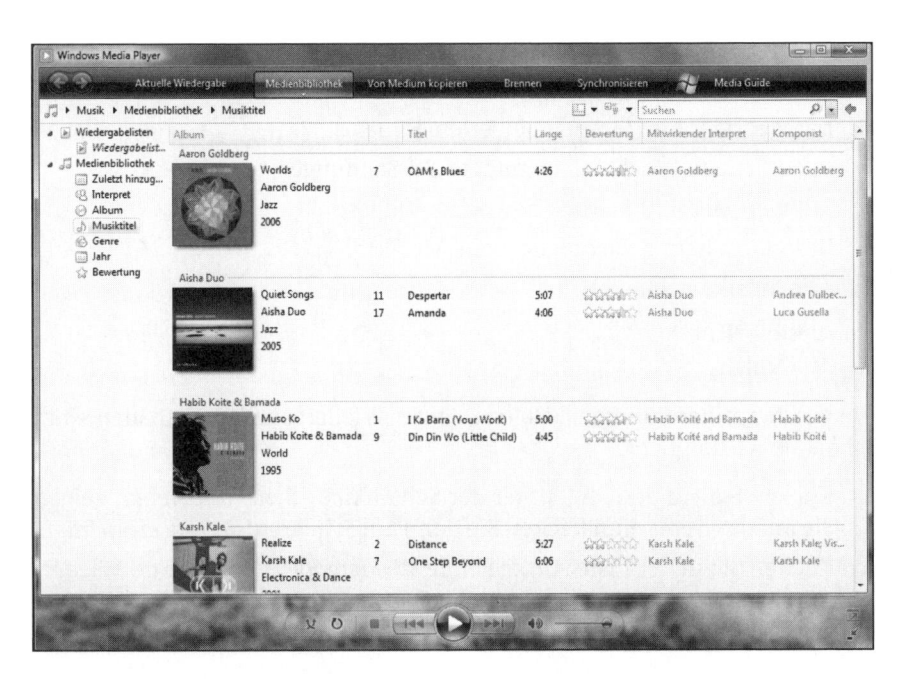

Abbildung 16.7:
Der neue Windows Media Player 11

Synchronisieren mit MP3-Player

Wenn das Mobilgerät das Standard-Media-Transport-Protocol (MTP) unterstützt, wird es beim Anschließen automatisch im Media Player angezeigt. Der Media Player zeigt den Speicherinhalt und den noch freien Speicher an und kann über den Befehl *Synchronisieren* Daten mit dem externen Gerät austauschen.

Im Player wird unter Synchronisierung der Vorgang verstanden, bei dem digitale Mediendateien aus der Bibliothek im Media Player auf ein tragbares Gerät kopiert werden. Danach können Sie die Dateien auf dem Gerät wiedergeben. Der Media Player synchronisiert standardmäßig die gesamte Bibliothek.

Wenn Ihre Bibliothek im Laufe der Zeit immer größer wird, passt sie möglicherweise nicht mehr auf Ihr tragbares Gerät. Danach legt der Media Player anhand der Wiedergabelisten in Ihrer Bibliothek Prioritäten fest, um Ihre Favoriten zuerst zu synchronisieren. Während der Synchronisierung werden die Dateien mit geringerer Priorität vom Gerät entfernt, um Platz für die Dateien mit höherer Priorität zu schaffen. (Die Dateien bleiben in Ihrer Bibliothek.) Der Media Player erstellt in der folgenden Reihenfolge Prioritäten für Ihre Wiedergabelisten:

1. Von Ihnen erstellte Wiedergabelisten
2. Automatisch mit fünf Sternen bewertete Musik
3. Im letzten Monat hinzugefügte Musik
4. Mit vier oder fünf Sternen bewertete Musik

5. Im letzten Monat wiedergegebene Musik
6. Im letzten Monat aufgenommene Bilder
7. Mit vier oder fünf Sternen bewertete Bilder
8. In der letzten Woche hinzugefügte TV-Sendungen
9. Mit vier oder fünf Sternen bewertete Videos
10. Besonders häufig wiedergegebene Musik
11. Alle Musikdateien
12. Alle Bilder
13. Alle Videos

Um zu überprüfen, welche Dateien in einer Wiedergabeliste enthalten sind, gehen Sie wie folgt vor:

1. Klicken Sie auf den Pfeil unter der Schaltfläche *Synchronisieren*, zeigen Sie auf das Gerät, und klicken Sie dann auf *Synchronisierung einrichten*.
2. Klicken Sie in der Liste *Ausgewählte Wiedergabelisten* auf eine Wiedergabeliste, um festzustellen, welche Dateien als Bestandteil der Wiedergabeliste synchronisiert werden.

INFO

Jede Media Player-Bibliothek kann mit bis zu 16 Geräten synchronisiert werden. Wenn Sie dieses Limit erreicht haben und ein weiteres Gerät hinzufügen, wird eine Fehlermeldung angezeigt. Diese Meldung weist Sie darauf hin, dass Sie eine vorhandene Synchronisierungspartnerschaft entfernen müssen. Hierzu müssen Sie ein Gerät aus der Bibliothek entfernen.

Um zu verhindern, dass die Synchronisierung mit mobilen Geräten automatisch beginnt, gehen Sie folgendermaßen vor:

1. Klicken Sie auf den Pfeil unter der Registerkarte *Synchronisieren*, zeigen Sie auf das Gerät, und klicken Sie dann auf *Erweiterte Optionen*.
2. Deaktivieren Sie auf der Registerkarte *Synchronisieren* das Kontrollkästchen *Synchronisierung beim Anschließen des Geräts starten*.

Wenn Sie nächstes Mal eine Synchronisierung ausführen möchten, schließen Sie das Gerät an den Computer an, holen die Registerkarte *Synchronisieren* in den Vordergrund und klicken dann auf *Synchronisierung starten*.

TIPP

Für manche Geräte ist es erforderlich, dass Dateien in eine bestimmte Qualitätsstufe und/oder ein bestimmtes Format konvertiert werden, das für die Wiedergabe auf dem Gerät optimiert ist. Bei manchen Geräten ist es möglich, die Konvertierung zu deaktivieren. Es ist jedoch nicht möglich, die Konvertierung bei Geräten mit MTP-Unterstützung (Media Transport Protocol) zu deaktivieren, da ein MTP-Gerät dem Player die Information übergibt, ob die Konvertierung erforderlich ist. Auf diese Weise wird sichergestellt, dass Sie Dateien auf dem Gerät wiedergeben können.

Wenn Sie über ein Gerät verfügen, bei dem Sie die Konvertierung deaktivieren können, müssen Sie berücksichtigen, dass sich dadurch möglicherweise Dateien nicht wiedergeben lassen. Wenn Sie die Konvertierung bei einem Gerät deaktivieren möchten, das dies unterstützt, gehen Sie wie folgt vor:

1. Klicken Sie auf den Pfeil unter der Registerkarte *Synchronisieren*, zeigen Sie auf das Gerät, und klicken Sie dann auf *Erweiterte Optionen*.
2. Klicken Sie auf die Registerkarte *Qualität*, und deaktivieren Sie dann das Kontrollkästchen *Gemäß den Anforderungen dieses Geräts konvertieren (empfohlen)*.

Um die Qualitätsstufe für die konvertierten Dateien anzupassen, gehen Sie wie folgt vor:

1. Klicken Sie auf den Pfeil unter der Registerkarte *Synchronisieren*, zeigen Sie auf das Gerät, und klicken Sie dann auf *Erweiterte Optionen*.
2. Klicken Sie auf die Registerkarte *Qualität*, und wählen Sie dann die gewünschten Qualitätseinstellungen aus.

Sie können auch auswählen, dass der Media Player zusätzliche Rechenleistung zur Verbesserung der Qualität bei den konvertierten Videodateien einsetzt. Gehen Sie hierzu wie folgt vor:

1. Klicken Sie auf den Pfeil unter der Schaltfläche *Synchronisieren*, und klicken Sie dann auf *Weitere Optionen*.
2. Klicken Sie auf *Erweitert*.
3. Aktivieren Sie im Dialogfeld *Optionen zur Dateikonvertierung* das Kontrollkästchen *Beim Konvertieren Qualität den Vorzug vor Geschwindigkeit geben (verlängert die Konvertierungszeit)*.

Medienbibliotheken

Die Medienbibliothek ist der Ort, an dem Windows Media Player alle Musiktitel, Videos und Bilder auflistet, die sich auf Ihrem Computer befinden.

Zum Anzeigen der Medienbibliothek starten Sie den Windows Media Player und klicken auf die Schaltfläche *Medienbibliothek* (siehe *Abbildung 16.8*).

Die Ordner Musik, Videos *und* Bilder *in Windows enthalten die eigentlichen Dateien auf dem Computer, wohingegen die Medienbibliothek des Media Players lediglich Verknüpfungen zu diesen Dateien enthält.*

Wenn Sie auf die Schaltfläche *Medienbibliothek* klicken, wird die zuletzt angezeigte Medienkategorie angezeigt. Sie können die anderen Medientypen in der Medienbibliothek anzeigen, indem Sie eine andere Medienkategorie auswählen, z.B. Bilder, Video oder TV-Aufzeichnung. Zum Auswählen einer anderen Kategorie klicken Sie auf die Schaltfläche *Kategorie auswählen* und dann auf die Kategorie, die Sie anzeigen möchten.

Die Schaltfläche *Kategorie auswählen* befindet sich in der oberen linken Ecke des Players (siehe *Abbildung 16.8*). Das Schaltflächensymbol ändert sich in Abhängigkeit von der momentan ausgewählten Kategorie.

Abbildung 16.8: Auswählen der angezeigten Medienkategorie

Wenn Sie den Media Player das erste Mal starten, durchsucht er automatisch einige Ordner auf Ihrem Computer im Hinblick auf Musik-, Video- und Bilddateien und fügt diese Dateien zur Medienbibliothek hinzu.

Wenn Sie Dateien zu diesen Ordnern hinzufügen oder daraus entfernen, wird die Medienbibliothek vom Player automatisch entsprechend aktualisiert. Sie können ändern, welche Ordner vom Media Player überwacht werden, falls Sie einige Ihrer Mediendateien in einem Ordner speichern, der noch nicht überwacht wird.

Wenn Sie eine Datei auf Ihrem Computer oder im Internet wiedergeben, wird die Datei automatisch vom Player zur Medienbibliothek hinzugefügt, falls sie dort noch nicht enthalten ist. Eine Datei, die Sie von einem Wechselmedium oder einem freigegebenen Netzwerkordner wiedergeben, wird vom Media Player dagegen nicht automatisch hinzugefügt.

Um zusätzliche Ordner der Überwachung hinzuzufügen, gehen Sie folgendermaßen vor:

1. Klicken Sie auf den Pfeil unter der Schaltfläche *Medienbibliothek* und wählen im daraufhin geöffneten Menü den Befehl *Zur Medienbibliothek hinzufügen*.
2. Verwenden Sie die Option *Persönliche Ordner*, um die Dateien, die in Ihren Ordnern für Musik, Bilder und Videos gespeichert sind, zu überwachen. Außerdem können Sie so alle Dateien überwachen, die in den öffentlichen Ordnern für Musik, Bilder und Videos gespeichert sind.

3. Verwenden Sie die Option *Eigene Ordner und Ordner anderer Benutzer, auf die Zugriff besteht*, um die Dateien, die in Ihren persönlichen Ordnern und die in den öffentlichen Ordnern für Musik, Bilder und Videos gespeichert sind, sowie die Dateien zu überwachen, die in den persönlichen Ordnern für Musik, Bilder und Videos gespeichert sind, die anderen Benutzern des Computers gehören. Beachten Sie, dass Sie die Dateien in einem persönlichen Ordner eines anderen Benutzers nur überwachen können, wenn dieser Benutzer den Ordner für Sie freigegeben hat.

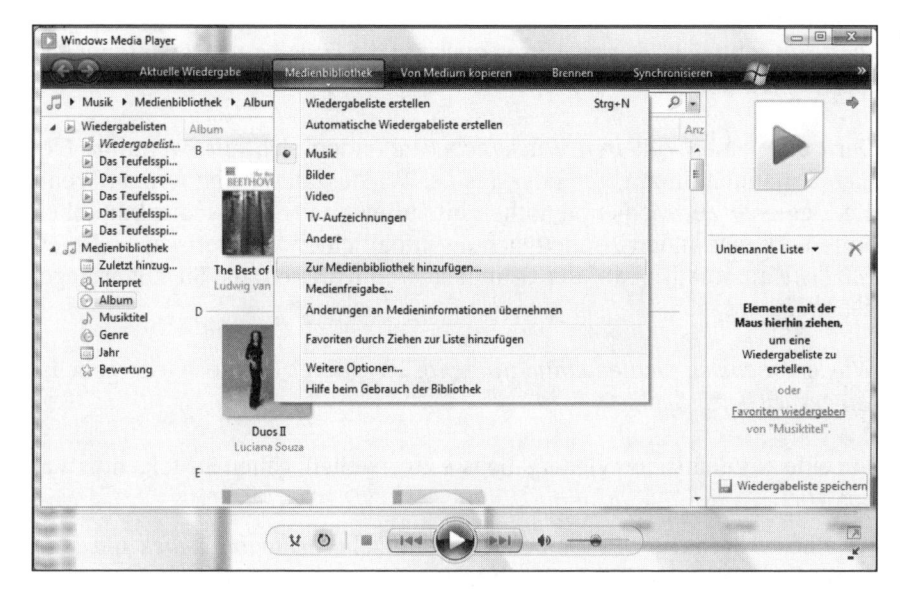

Abbildung 16.9: Hinzufügen von neuen Ordnern zur Medienbibliothek

4. Klicken Sie auf *Erweiterte Optionen*, um weitere Ordner zu überwachen.
5. Klicken Sie auf *Hinzufügen*, und geben Sie dann den Pfad des Ordners an.

Um die Überwachung eines Ordners zu beenden, den Sie zuvor hinzugefügt haben, markieren Sie den Ordner, den Sie aus der Liste entfernen möchten, und klicken Sie dann auf *Entfernen*.

Möchten Sie die Überwachung eines Ordners beenden, der automatisch hinzugefügt wurde, klicken Sie auf den Ordner und anschließend auf *Ignorieren*.

Um zu verhindern, dass Dateien, die eine bestimmte Größe nicht erreichen, zur Medienbibliothek hinzugefügt werden, geben Sie die Grenzwerte für die Dateigröße in die Felder *Audiodateien* und *Videodateien* ein. Das kann zum Beispiel sinnvoll sein, um kleinere Systemdateien oder Werbevideos auszuschließen oder Bilder, die nur aus kleinen Ausschnitten bestehen.

Wiedergabelisten

Wiedergabelisten können beliebige Kombinationen aus Musiktiteln, Videos oder Bildern sein. Wiedergabelisten bieten eine Möglichkeit, um Elemente, die Sie regelmäßig hören oder ansehen möchten, zu gruppieren. Sie können

Multimedia-Funktionen und neue Programme in Windows Vista

Wiedergabelisten auch verwenden, um Elemente zu gruppieren, die Sie auf eine CD brennen oder mit einem tragbaren Gerät synchronisieren möchten.

Standardmäßig werden die Elemente in einer Wiedergabeliste in der Reihenfolge wiedergegeben, in der sie in der Liste angezeigt werden. Sie können die Reihenfolge der Elemente ändern, indem Sie ihre Position innerhalb der Liste mittels Drag & Drop ändern oder alle Elemente in der Liste in zufälliger Reihenfolge anordnen.

> **TIPP**
> *Standardmäßig werden Wiedergabelisten mit der Erweiterung* *.wpl *gespeichert. Sie können Wiedergabelisten auch mit der Erweiterung* *m3u *(zum Beispiel für Winamp) oder* *.asx *speichern und auch lesen.*

Der Inhalt einer *regulären Wiedergabeliste* ändert sich nur, wenn Sie Elemente manuell hinzufügen oder aus der Wiedergabeliste entfernen. Wenn Sie Elemente zur Medienbibliothek hinzufügen, aus der Medienbibliothek entfernen oder ändern, ändert sich der Inhalt einer *automatischen Wiedergabeliste* automatisch auf der Grundlage von Kriterien, die Sie zuvor angegeben haben.

> **INFO**
> *Wiedergabelisten werden standardmäßig im Ordner* Eigene Wiedergabelisten *gespeichert.*

Um eine automatische Wiedergabeliste zu erstellen, gehen Sie folgendermaßen vor:

1. Klicken Sie auf den Pfeil unter der Schaltfläche *Medienbibliothek* und dann auf *Automatische Wiedergabeliste erstellen* (siehe Abbildung 16.10).

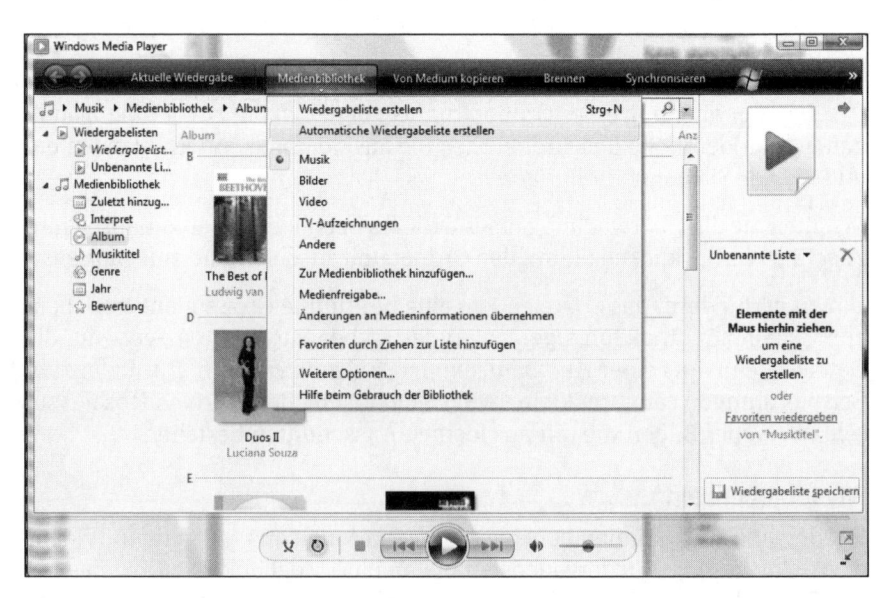

Abbildung 16.10: Erstellen einer automatischen Wiedergabeliste

2. Geben Sie einen Namen für die Wiedergabeliste in das Feld *Name der automatischen Wiedergabeliste* ein.
3. Wählen Sie die Kriterien aus, die Sie für die automatische Wiedergabeliste verwenden möchten (siehe *Abbildung 16.11*).
4. Um ein Kriterium zu entfernen, markieren Sie es, und klicken Sie dann auf *Entfernen*.

Abbildung 16.11: Auswahl der Kriterien für eine automatische Wiedergabeliste

Digital Rights Management (DRM)

Ebenfalls integriert ist das neue Digital Rights Management (DRM). DRM steht für *Verwaltung digitaler Rechte*. Bei DRM handelt es sich um eine Technologie, die von Inhaltsanbietern verwendet wird, um die Verwendung und Verteilung digitaler Musik- und Videodateien zu steuern, die Sie erhalten.

Windows Media Player sowie die meisten Online-Shops und neuen Geräte unterstützen oder verwenden Windows Media Digital Rights Management 10 (DRM 10). Der Media Player kann mit DRM geschützte Videos so transkodieren, dass sie auf mobilen Geräten lauffähig sind. Der Kopierschutz bleibt dabei erhalten. Mit dem Windows Media Player 11 können problemlos DVDs wiedergegeben werden.

Es gibt mehrere Methoden, mit denen Sie feststellen können, ob eine Datei geschützt ist:

Wenn Sie die Bibliothek aufgerufen haben und sehen möchten, welche Elemente geschützt sind, können Sie im Detailbereich die Spalte Geschützt *anzeigen. Um nach dem Wert in der Spalte* Geschützt *zu sortieren, klicken Sie auf den Spaltennamen.*

Multimedia-Funktionen und neue Programme in Windows Vista

Wenn Sie eine Datei wiedergeben, die Sie auf den Computer heruntergeladen haben, klicken Sie mit der rechten Maustaste auf das Element im Listenbereich, klicken Sie zunächst auf Eigenschaften *und aktivieren anschließend die Registerkarte* Mediennutzungsrechte *(siehe Abbildung 16.12).*

Abbildung 16.12:
Überprüfen des DRM-Schutzes für eine Datei

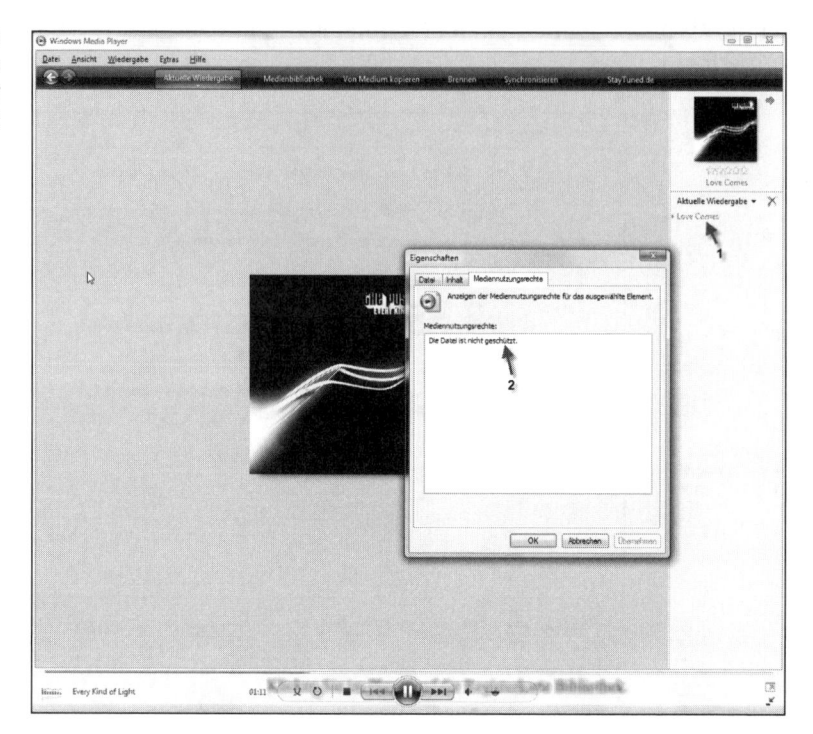

Wenn die Datei geschützt ist, werden die Lizenzbedingungen im Feld Mediennutzungsrechte *angezeigt. Wenn im Feld* Mediennutzungsrechte *keine Informationen angezeigt werden, ist die Datei entweder nicht geschützt.*

16.2.2 Windows-Fotogalerie

Die neue Windows-Fotogalerie erinnert stark an Apples iPhoto. In die Galerie können Fotos oder Bilder integriert werden, die in einer Voransicht angezeigt werden. Bilder und Filme können Sie vielschichtig sortieren und katalogisieren. Auch eine Bewertung der Bilder ist möglich (siehe *Abbildung 16.13*).

Mit der Fotogalerie können Sie alle Bilder auf Ihrem PC verwalten sowie die neuen Bilder, die Sie noch importieren. Der folgende Abschnitt geht auf den Umgang mit der Fotogalerie ein, die zur Verwaltung von Bildern ein sehr wertvolles Hilfsmittel ist und den Kauf zusätzlicher Software meist nicht mehr nötig macht.

Sie können das Programm über *Start/Alle Programme/Windows-Fotogalerie* starten.

Abbildung 16.13:
Arbeiten mit der neuen Windows-Fotogalerie

Vorhandene Bilder auf der Festplatte Ihres PC fügen Sie am besten in die Fotogalerie ein, wenn Sie über Datei/Ordner der Galerie hinzufügen den obersten Ordner in der Hierarchie Ihrer Fotos auswählen. Die Fotogalerie scannt das Verzeichnis sowie alle untergeordneten Verzeichnisse durch und integriert sie. Bei einer großen Anzahl von Bildern kann dieser Vorgang durchaus eine Stunde und länger dauern, während der Sie aber problemlos weiterarbeiten können.

Erste Schritte in der Windows-Fotogalerie

Bilder lassen sich direkt von digitalen Kameras importieren (siehe *Abbildung 16.15*). Während des Importierens kann ein Schlüsselwort angelegt werden, das mit den importierten Bildern verknüpft wird. Außerdem lässt sich zusätzlich zu jedem Bild in der Fotogalerie das Aufnahmedatum anzeigen. Sie können dazu mit der rechten Maustaste auf einen Zwischenraum zwischen den Bildern klicken und aus dem Kontextmenü die Ansicht anpassen (siehe *Abbildung 16.14*). Hier wählenSie aus, ob Sie nur eine kleine Vorschau der Bilder sehen wollen, eine Miniaturansicht mit dazugehörigem Text oder alle Informationen des Bildes einschließlich Bewertung.

In der Fotogalerie kann auf Basis der eingegebenen Schlüsselwörter für die einzelnen Importvorgänge nach Bildern gesucht werden. Auch die Bewertung der Bilder kann in die Suche einbezogen werden. In der linken Navigationsleiste werden alle eingegebenen Schlüsselwörter angezeigt und mit einem Mausklick auf das jeweilige Schlüsselwort nur die entsprechenden Bilder. Sie können auch die verschiedenen Suchoptionen miteinander kombinieren und so zum Beispiel nur die Bilder mit dem Schlüsselwort *Hochzeit*, die im August 2006 aufgenommen wurden und mindestens drei Sterne haben, anzeigen lassen.

Multimedia-Funktionen und neue Programme in Windows Vista

Abbildung 16.14:
Anpassen der Ansicht in der Fotogalerie

Abbildung 16.15:
Importieren von Bildern direkt von digitalen Kameras

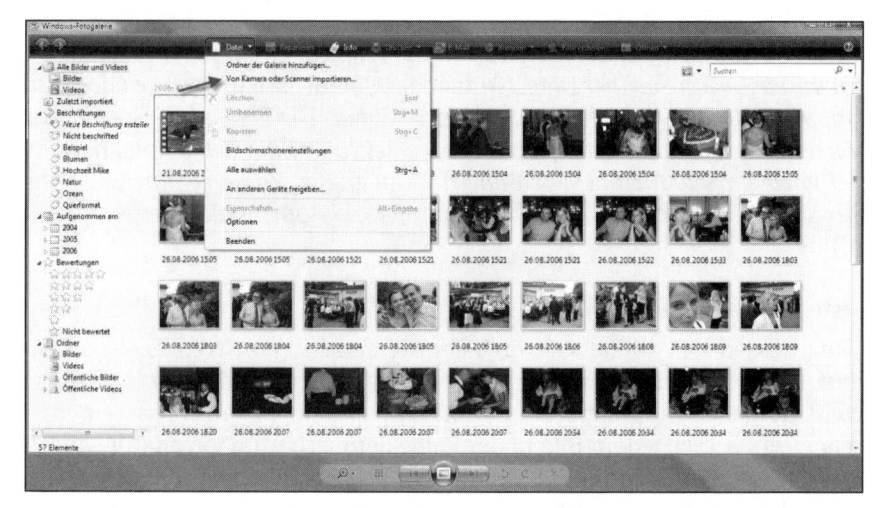

Aus der Fotogalerie können einzelne Bilder über die Schaltfläche *E-Mail* direkt per Mail versendet oder auch ausgedruckt oder auf CD bzw. DVD gebrannt werden.

Bilder können über die Schaltfläche *Reparieren* bearbeitet werden, und es lassen sich verschiedene Einstellungen zur Belichtung, zu Farben oder zum Rote-Augen-Effekt anpassen (siehe *Abbildung 16.16*).

Zur Reparatur stehen Ihnen die folgenden Möglichkeiten zur Verfügung:

- *Automatisch anpassen* – Optimiert automatisch die Helligkeit, den Kontrast und die Farbe des Bildes.

- *Belichtung anpassen* – Ermöglicht die manuelle Anpassung von Helligkeit und Kontrast.
- *Farbe anpassen* – Ermöglicht die manuelle Anpassung von Farbtemperatur, Farbton und Sättigung.
- *Bild zuschneiden* – Ermöglicht das Zuschneiden des Bildes, um störende Elemente zu entfernen, einen bestimmten Teil zu fokussieren oder die Proportionen zu ändern.
- *Rote Augen korrigieren* – Entfernt das rote Aussehen von Augen, das durch reflektierten Blitz verursacht wird.

Abbildung 16.16: Anpassen von Bildern in der Windows-Fotogalerie

Wenn Sie in der Fotogalerie mithilfe des Reparaturbereichs ein Bild bearbeiten, wird automatisch eine Kopie des Originalbilds gespeichert.

Der Originalzustand des Bildes kann wiederhergestellt werden. Gehen Sie dazu folgendermaßen vor:

1. Wenn Sie ein Bild mit der Reparatur-Funktion bearbeitet haben und zur Galerie zurückgehen, werden die Änderungen gespeichert.
2. Um den letzten Zustand des Bildes wiederherzustellen, öffnen Sie das zuvor geänderte Bild erneut.
3. Klicken Sie im Menü auf *Reparatur*.
4. Jetzt steht unten im Bild der Befehl *Wiederherstellen* zur Verfügung (siehe *Abbildung 16.17*).
5. Klicken Sie auf den kleinen Pfeil neben dem Dialogfeld *Wiederherstellen*.
6. Selektieren Sie dann *Auf das Original zurücksetzen*.

Multimedia-Funktionen und neue Programme in Windows Vista

Abbildung 16.17:
Wiederherstellen eines abgeänderten Bildes

Die Bilder können durch einen Klick als Diashow wiedergegeben werden (siehe *Abbildung 16.18*). Sie können mehrere Bilder auswählen und diese direkt aus der Fotogalerie an den Movie Maker übergeben, der aus den Bildern einen Film erstellt. Wenn Sie aus den Bildern eine DVD gestalten wollen, können einzelne Bilder oder ganze Galerien direkt an den DVD Maker übergeben werden. Dies hat den Vorteil, dass durch die enge Zusammenarbeit von Media Player, Fotogalerie, DVD Maker und Movie Maker jeder Anwender einfach und intuitiv aus seinen Multimediadateien eindrucksvolle Präsentationen erstellen kann, ohne zusätzliche Software kaufen zu müssen oder dicke Handbücher zu lesen.

Die Bedienung und Verwaltung der Multimediaanwendungen geht einfach von der Hand und setzt kein Expertenwissen voraus.

Abbildung 16.18:
Diashow einer Galerie vorführen

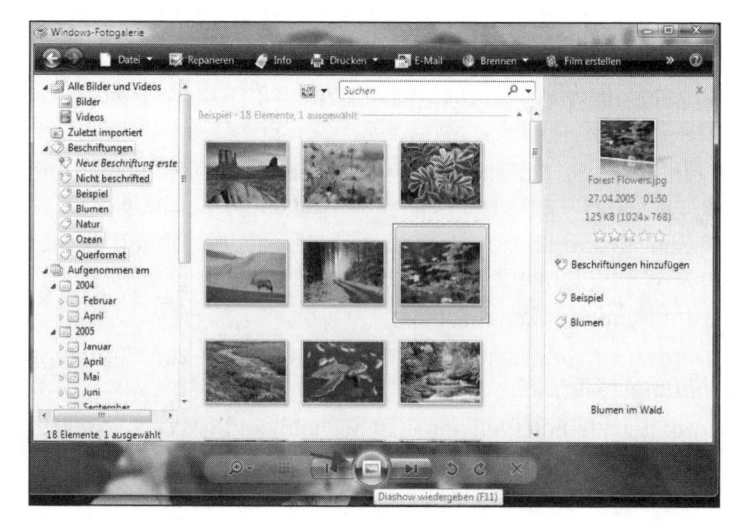

Bilder von Digitalkameras oder USB-Sticks importieren und verwalten

Damit Bilder mit der Windows-Fotogalerie bearbeitet werden können, müssen diese zunächst irgendwie auf den PC kommen. Die meisten Bilder gelangen entweder durch den Import von Digitalkameras oder von USB-Sticks auf PCs. Beim Anschluss einer Digitalkamera an Windows Vista verhält sich diese zunächst wie ein ganz normaler USB-Stick, es wird die Autostart-Option aktiviert, die auch beim Anschließen eines USB-Sticks startet (siehe *Abbildung 16.19*).

Abbildung 16.19:
Auswahl der Autostart-Optionen für Kameras

Ihnen stehen beim Anschluss von Digitalkameras oder USB-Sticks bezüglich Bildern drei Möglichkeiten zur Verfügung.

Wenn Sie das Kontrollkästchen Vorgang immer für Bilder durchführen *aktivieren, erscheint dieses Menü nicht mehr, wenn Sie eine Kamera oder einen USB-Stick mit Bildern anschließen. Es wird immer die ausgewählte Standardoption durchgeführt.*

TIPP

Sie können die Standardoption wieder über Start/Systemsteuerung/Programme/Standardprogramme/Einstellungen für automatische Wiedergabe ändern *zurücksetzen (siehe Abbildung 16.20).*

Alternativ können Sie die Einstellung auch zurücksetzen, wenn Sie beim Importieren der Bilder die Optionen aufrufen (siehe nächster Absatz).

Bilder importieren – Wenn Sie diese Option auswählen, scannt Vista den Stick oder die Kameras nach Bildern. Sie werden aufgefordert, eine Bezeichnung für die Sammlung einzugeben, bevor sie in Windows importiert wird (siehe *Abbildung 16.21*). Zusätzlich können Sie über den Link *Optionen* festlegen, wie und wohin die Bilder importiert werden sollen.

Multimedia-Funktionen und neue Programme in Windows Vista

Abbildung 16.20:
Konfiguration der Standardoptionen für Bilder

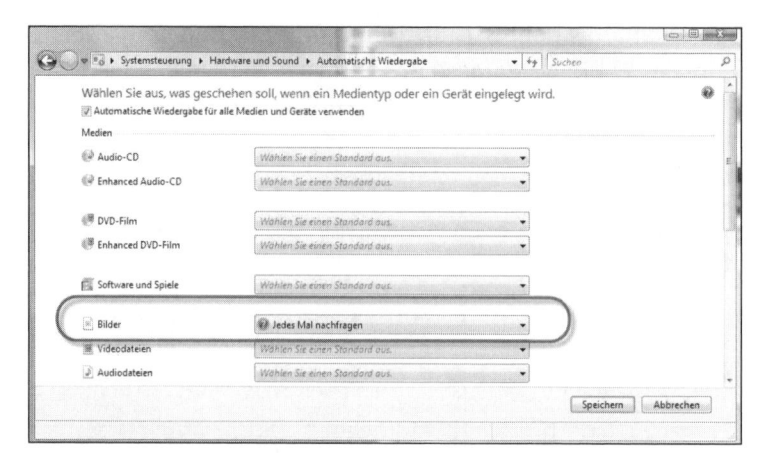

Abbildung 16.21:
Einstellen der Optionen für das Importieren von Bildern

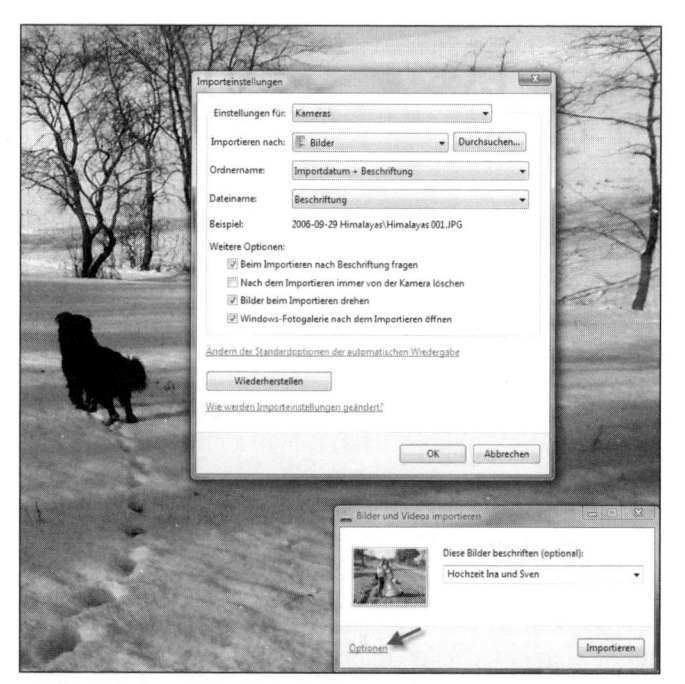

> **TIPP**
>
> Wenn Ihre Kamera feststellen kann, ob Ihre Bilder vertikal oder horizontal aufgenommen werden (normalerweise mithilfe eines Sensors, der die Ausrichtung der Kamera ermittelt), können die Bilder beim Importieren in den Computer automatisch in die richtige Ausrichtung gedreht werden.
>
> Wenn Sie diese Option verwenden, müssen Sie die Bilder, die im Computer mit der falschen Ausrichtung angezeigt werden, nicht manuell drehen. Das automatische Drehen hat keinen Einfluss auf die Bildqualität der Aufnahmen. Windows führt diesen Vorgang automatisch durch, die Funktion kann aber von Ihnen deaktiviert werden:

1. Klicken Sie im Menü *Datei* auf *Optionen*.
2. Holen Sie die Registerkarte *Importieren* in den Vordergrund.
3. Deaktivieren Sie das Kontrollkästchen *Bilder beim Importieren drehen*, und klicken Sie anschließend auf *OK*.

Nachdem Sie Ihre Einstellungen getroffen haben, können Sie die Bilder mit Importieren auf den PC in das ausgewählte Verzeichnis importieren. Die Bilder werden automatisch umbenannt und in einem neuen, eigenen Ordner gespeichert, der standardmäßig im Verzeichnis *Bilder* in Ihrem Profil abgelegt wird (siehe *Abbildung 16.22*).

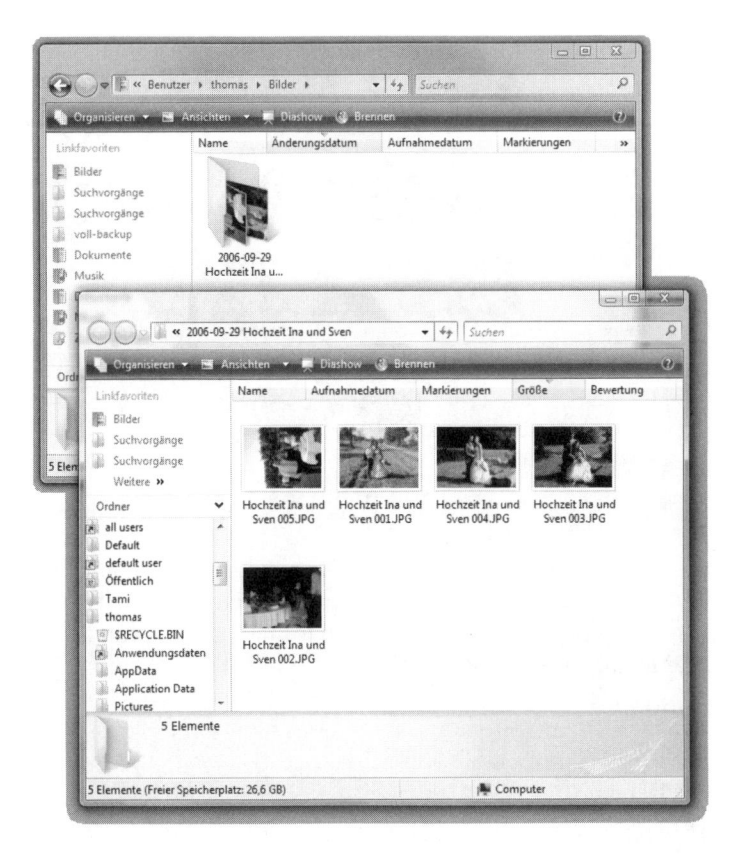

Abbildung 16.22:
Anzeigen importierter Bilder

Durch diese Funktion werden Bilder von Digitalkameras optimal und mit Bordmitteln sortiert und können sehr strukturiert, ohne größeren Aufwand auf der Platte in Windows abgelegt werden. So landen nicht alle Bilder entweder im gleichen Verzeichnis oder müssen manuell sortiert werden, sondern können sofort auf der lokalen Platte richtig gespeichert werden.

Diese Funktionen werden von fast allen digitalen Kameras unterstützt. Nachdem die Bilder erfolgreich importiert worden sind, öffnet sich die Windows-Fotogalerie und zeigt das Verzeichnis mit dessen Inhalt an.

Multimedia-Funktionen und neue Programme in Windows Vista

Bilder mit der Fotogalerie optimal anzeigen

Wenn Sie die Windows-Fotogalerie öffnen, können Sie sich die importierten Bilder auf Basis der hinterlegten Beschriftungen anzeigen lassen (siehe *Abbildung 16.23*).

Abbildung 16.23: Anzeigen der importierten Bilder in der Windows-Fotogalerie

Die Fotogalerie bietet darüber hinaus zahlreiche Möglichkeiten an, importierte Bilder zu filtern und anzeigen zu lassen, ohne sich durch den Windows Explorer hangeln zu müssen. Standardmäßig unterstützt die Windows-Fotogalerie folgende Dateitypen:

- BMP
- JPEG
- JFIF
- TIFF
- PNG
- WDP
- ASF
- AVI
- MPEG
- WMV

Wenn Sie mit der Maus über ein Vorschaubild fahren, wird eine vergrößerte Ansicht des Bildes angezeigt (siehe *Abbildung 16.24*).

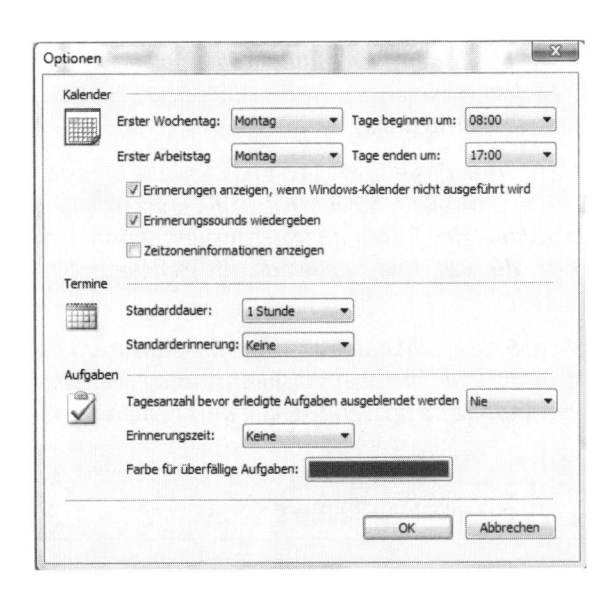

Abbildung 16.24:
Anzeige einer vergrößerten Vorschau von Bildern

Wenn diese Vorschau nicht angezeigt werden soll, gehen Sie folgendermaßen vor:

1. Klicken Sie im Menü *Datei* auf *Optionen*.
2. Deaktivieren Sie das Kontrollkästchen *Bilder- und Videovorschau in QuickInfo anzeigen*, und klicken Sie anschließend auf *OK*.

Sie können die Größe der Vorschaubilder in der Fotogalerie über den Schieberegler der Zoomfunktion stufenlos und in Echtzeit anpassen (siehe *Abbildung 16.25*).

Abbildung 16.25:
Stufenlose Anpassung der Größe der Vorschaubilder

Wenn Sie auf das Symbol direkt neben der Zoomfunktion klicken, wird wieder die Standardgröße der Bilder angezeigt (siehe *Abbildung 16.26*).

Abbildung 16.26:
Zurücksetzen der Vorschaufenster zur Standardgröße

Mit den beiden Drehschaltern können Sie die Vorschaubilder nach links oder rechts drehen (siehe *Abbildung 16.27*).

Abbildung 16.27:
Drehen der Vorschaubilder

Multimedia-Funktionen und neue Programme in Windows Vista

> **TIPP** Wenn Sie auf ein Vorschaubild doppelklicken, wird das Bild in der Vollansicht dargestellt. Auch in der Vollansicht eines Bildes steht die Zoomfunktion zur Verfügung.

Wenn Sie in das Bild klicken und die linke Maustaste gedrückt haben, können Sie den vergrößerten Bereich des Bildes verschieben. Wenn Sie wieder die Standardgröße des Bildes anzeigen wollen, können Sie auf die Schaltfläche klicken, die das Bild wieder an die Fenstergröße anpasst (siehe Abbildung 16.28).

Wenn Sie ein Bild mit der rechten Maustaste anklicken, stehen Ihnen verschiedene Möglichkeiten zur Verfügung, unter anderem auch die, das Bild als Hintergrundbild zu verwenden oder die Einstellungen des Bildes anzupassen.

Abbildung 16.28:
Anpassen eines Bildes an die Fenstergröße

Über die Schaltfläche in der Mitte der Navigationsleiste können Sie ebenfalls die Diashow für diese Galerie starten (siehe *Abbildung 16.29*).

Abbildung 16.29:
Starten der Diashow

> **TIPP** Eine Diashow kann über die Navigationsleiste gesteuert werden, und es besteht die Möglichkeit, sie mit [Esc] zu beenden.

- *Bilder anzeigen mit Windows* – Wenn Sie diese Option im Autostart-Menü eines USB-Sticks oder einer Digitalkamera auswählen, werden die Bilder auf der Kamera oder dem USB-Stick mit der Windows-Fotogalerie angezeigt.

> **TIPP** Wenn Sie den Ordner öffnen, in den Sie die Bilder importiert haben, wird im Menü des Explorers der Menübefehl Diashow angezeigt. Wenn Sie auf diesen Menübefehl klicken, startet Windows eine Vorführung der Bilder im VollbildmBilder anzeigen mit Windowsodus.

Wenn Sie innerhalb der Diashow die Maus bewegen, erscheint das Steuermenü. Sie klicken auf die Schaltfläche Designs und wählen aus, wie die Übergänge der Bilder gestaltet werden. Sie können über die Diashow sehr effekt- und stilvolle Vorführungen von Bildern erstellen, die in dieser Art vor Windows Vista nicht möglich waren.

- *Bilder anzeigen mit Windows Media Center* – Wenn Sie diese Option auswählen, wird das Windows Media Center gestartet, und die Bilder werden direkt im Windows Media Center angezeigt. Vor allem für die Ausgabe auf einem TV-Gerät ist diese Anzeige optimal (siehe *Abbildung 16.30*).

Abbildung 16.30: Bilder von einer Digitalkamera im Media Center anzeigen

Suchen und Organisieren von Bildern in der Fotogalerie

In den meisten Haushalten nimmt die Anzahl der Bilder stetig zu. Damit auch bei Tausenden Bildern die Verwaltung noch übersichtlich bleibt, ist die Suche nach Bildern in der Fotogalerie optimal gelöst worden.

Auf der linken Seite der Fotogalerie stehen Ihnen verschiedene Filter zur Verfügung, über die Sie sich zum Beispiel nur die Bilder mit einem bestimmten Aufnahmedatum anzeigen lassen (siehe *Abbildung 16.31*). Sie können sich durch die einzelnen Jahre bis zu den Monaten und innerhalb der Monate sogar zu den Tagen durchhangeln. Die Fotogalerie zeigt dann nur noch Bilder an, die dem ausgewählten Datum entsprechen.

Hinzufügen von Markierungen zu Bildern

Sie können Ihren Bildern Markierungen hinzufügen. Markierungen sind geeignete Wörter, die den Inhalt des Fotos beschreiben. Durch das Markieren von Bildern wird die spätere Suche deutlich erleichtert, da Sie einfach alle Bilder mit einer bestimmten Markierung anzeigen können. Sie können mehrere Bilder gleichzeitig markieren. Führen Sie folgende Schritte aus, um Bildern Markierungen hinzuzufügen (siehe *Abbildung 16.32*):

1. Wählen Sie in der Fotogalerie die zu markierenden Bilder aus.
2. Klicken Sie auf die Schaltfläche *Info*, wenn auf der rechten Seite der Windows-Fotogalerie der Bereich zur Bearbeitung der Beschriftungen nicht angezeigt wird. Wird der Bereich angezeigt, müssen Sie die Schaltfläche nicht betätigen.

Multimedia-Funktionen und neue Programme in Windows Vista

Abbildung 16.31:
Suche von Bildern nach Aufnahmedatum

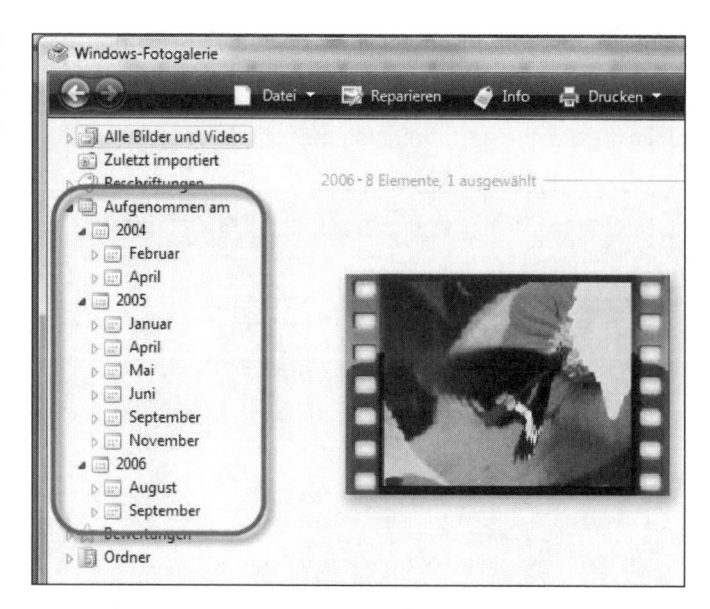

3. Geben Sie im Fenster *Info* den Namen der Markierung in das Feld *Beschriftungen hinzufügen* ein, und drücken Sie die Taste ⏎. Die Markierung wird allen ausgewählten Bildern hinzugefügt. Sie können auf diese Weise beliebig viele Markierungen hinzufügen.

Abbildung 16.32:
Markieren von Bildern

Über das Info-Fenster können Sie auch die Bewertung der Bilder nach Sternen durchführen. Sie können in der Bildersuche auch Bilder abhängig von der Bewertung anzeigen lassen.

Die Beschriftungen werden in die Navigationsleiste übernommen. Sie können durch Anklicken Ihrer erstellten Beschriftung in der Fotogalerie die Bilder damit durch einen Mausklick anzeigen lassen (siehe *Abbildung 16.33*).

Abbildung 16.33:
Sortieren von Bildern nach Beschriftungen

16.2.3 Online-Fotodienste

Ein weiterer interessanter Nutzen des Internets sind die Online-Fotodienste. Sie können die Bilder Ihrer Digitalkamera bequem zu einem Online-Fotodienst hochladen, der die Bilder für Sie ausdruckt und Ihnen zuschickt. Diese ausgedruckten Bilder sind von normalen Fotos fast nicht mehr zu unterscheiden und teilweise sogar besser.

Der Preis unterscheidet sich nicht von der Entwicklung eines Films. Der Konkurrenzkampf zwischen den Online-Fotodiensten ist enorm, Sie als Kunde profitieren von einem super Service und hervorragenden Preisen.

Es gibt mittlerweile Online-Fotodienste, die Ihre Bilder nicht nur ausdrucken, sondern die Möglichkeit bieten, aus diesen Bildern ein Buch zu drucken. Sie müssen die Bilder nicht mehr in ein Album kleben, sondern erhalten ein gedrucktes und gebundenes Buch, sogar mit Ihren Texten versehen. Sie laden dazu ein kostenloses Programm vom Anbieter herunter, erstellen das Buch nach Ihren Vorstellungen, schreiben Ihre Kommentare zu den Bildern und schicken danach die Datei per Internet oder CD zum Online-Fotodienst zurück. Nach ein paar Tagen erhalten Sie das ausgedruckte Buch per Post zugestellt, ein perfektes Geschenk. Den besten Service in diesem Bereich bietet meiner Meinung nach fotobuch.de.

Die besten Online-Fotodienste

Einen der besten, günstigsten und beliebtesten Online-Fotodienste finden Sie unter www.pixaco.de.

Multimedia-Funktionen und neue Programme in Windows Vista

Im Gegensatz zu fotobuch.de entwickeln Online-Fotodienste lediglich zugeschickte Bilder und senden diese an Sie zurück. Viele Online-Fotodienste bieten mittlerweile die Entwicklung von Fotobüchern an. Vergleichen Sie zunächst Preise und Qualität im Internet, bevor Sie sich für einen Anbieter entscheiden. Pixaco gehört mittlerweile zum HP-Konzern und liefert gute Qualität bei günstigen Preisen.

Ein weiterer sehr guter Online-Dienst ist www.fotokasten.de.

fotokasten.de ist bekannt für einen guten Service, schnellen Versand und eine sehr gute Qualität der Fotos. Die Bilder können im Webbrowser zum Anbieter hochgeladen werden. Sie können bei fotokasten.de Bilder bis zu einer Größe von 50 x 75 cm bestellen.

Weitere Dienste finden Sie unter:

- www.onlineprint24.de (bekannt für gute Qualität)
- www.bildpartner.de
- www.pixum.de
- www.pixelnet.de
- www.expressphoto.de (Lieferung nach 1 Tag möglich)
- www.bilderjoker.de
- www.bilder-planet.de
- www.fotoquelle.de
- www.otto-bilderservice.de
- www.colormailer.de
- www.klickbilderbox.de

Welchem Anbieter Sie auf Dauer vertrauen, hängt von Ihren persönlichen Vorlieben und Erfahrungen ab. Alle hier aufgezählten Dienste gehören zu den bekanntesten und beliebtesten im Internet und liefern hervorragende Qualität ab. Einer der günstigsten Anbieter im Internet ist www.bildernet.de.

Die meisten Online-Fotodienste entwickeln die Bilder in eigenen Labors und sind daher bei Anforderungen des Papiers und der Chemikalien für Fotofreaks besonders interessant. Viele Anbieter schicken Testfotos zu, damit sich der Kunde einen Überblick über die Qualität des Dienstes verschaffen kann.

Große Märkte wie MediaMarkt oder Schlecker entwickeln die Bilder meistens in Großlabors, die bei der Entwicklung überhaupt nicht flexibel und meistens sogar teurer sind.

Upload-Varianten

Ein wichtiges Kriterium für die Auswahl Ihres Online-Fotodienstes ist die Upload-Möglichkeit. Irgendwie müssen die Bilder zum Anbieter kommen. Viele Anbieter führen den Upload über den Webbrowser aus.

Dazu wird Ihr Internet Explorer mit sogenannten ActiveX-Elementen ausgestattet. Diese ActiveX-Elemente erweitern die Möglichkeit des Webbrowsers um neue Funktionen. Wenn Sie statt des Internet Explorers Mozilla Firefox einsetzen (siehe *Kapitel 13, »Alternative Webbrowser«*), können Sie bei vielen Anbietern keine Bilder hochladen, da ActiveX-Elemente nur beim Internet Explorer möglich sind.

Bei DSL ist die Download-Geschwindigkeit deutlich höher als die Upload-Geschwindigkeit. Wenn Sie viele Bilder hochladen wollen, überprüfen Sie zunächst, wie groß die Datenmenge ist. Während Sie die Bilder hochladen, können Sie fast nicht mehr surfen, da die komplette Upload-Bandbreite ausgeschöpft ist.

Tipps und Tricks

Die Bestellung von Fotos bei Online-Diensten ist nichts anderes als das Hochladen der Bilder zum Anbieter. Sie sollten ein paar Dinge beachten, damit die Entwicklung Ihrer Bilder nicht in Frust ausartet.

Auflösung der Bilder anpassen

Viele Digitalkameras liefern mittlerweile Auflösungen von 2560 x 1920 und mehr. Wenn Sie Bilder auf ein normales Fotoformat wie 9 x 13 entwickeln lassen wollen, benötigen Sie keine hohen Auflösungen.

Je höher die Auflösung der Bilder ist, umso länger dauert der Upload. Wenn Sie Bilder im Format 7 x 13 entwickeln lassen wollen, reicht eine Auflösung von 1280 x 960 vollkommen aus.

Sie sollten mit einem speziellen Programm wie beispielsweise den beiden Freeware-Programmen

IrfanView – www.irfanview.com

oder

Xnview – www.xnview.com

die Auflösung der Bilder anpassen. Die optimalen Auflösungen für die einzelnen Bilder finden Sie in folgender Tabelle aufgelistet:

Bildgröße	9 x 13	10 x 15	13 x 18	15 x 21	21 x 30	30 x 34
1280 x 960	x					
2048 x 1536		x	x	x		
3072 x 2304					x	x

JPEG – Achtung, Qualitätsverlust!

Jedes Mal, wenn Sie ein Bild von einem hochwertigen Format im JPEG-Format speichern, wird die Datei kleiner, aber die Qualität schlechter. Vermeiden Sie es, Bilder öfter zu verändern und im JPEG-Format zu speichern. Ansonsten wird der Ausdruck verwaschen und unscharf werden.

Wenn Sie Bilder bearbeiten wollen, sollten Sie diese mit den genannten Tools oder einem anderen Programm zunächst ins TIFF-Format und erst vor dem Hochladen zum Online-Bilderdienst in das JPEG-Format umwandeln.

Bildoptimierung vermeiden

Wenn Sie die Bilder bereits mit einem Bildbearbeitungsprogramm optimiert haben, sollten Sie es vermeiden, beim Hochladen zum Anbieter eine weitere Optimierung durchzuführen. Bei zusätzlichen Optimierungen werden die Bilder meistens schlechter, und Sie können die Bilder danach nicht reklamieren.

Monitor kalibrieren

Bilder werden auf dem Monitor vollkommen anders angezeigt als auf Ausdrucken. Sie sollten daher Ihren Monitor möglichst nahe an den Ausdruck anpassen (kalibrieren). So gewinnen Sie einen Überblick, wie die Bilder später auf Papier aussehen werden. Viele Anbieter stellen dazu ein Tool zur Verfügung, mit dessen Hilfe Sie die Kalibrierung durchführen können. Um den Monitor anzupassen, benötigen Sie dieses Programm (meistens das Programm *Digital Quality Tool*). Zusätzlich benötigen Sie noch einen Referenzausdruck des Anbieters, mit dessen Hilfe Sie Monitor und Ausdruck anpassen können.

Preise vergleichen

Zwischen den Online-Fotodiensten herrscht ein unerbittlicher Preiskampf. Vergleichen Sie daher vor Bestellungen zunächst den aktuellen Preis. Vor allem wenn Sie viele Fotos entwickeln wollen, kann seit der letzten Bestellung ein anderer Anbieter günstiger geworden sein.

Auf der Internetseite www.billige-fotos.de können Sie regelmäßig die Preise der verschiedenen Anbieter vergleichen und sich weiter über das Thema Online-Fotodienste informieren.

Tolle Geschenkideen, wie zum Beispiel Glasfiguren, in denen Fotos integriert sind, oder andere sehr schöne Geschenke finden Sie unter www.bildercenter.de.

16.2.4 Windows Movie Maker

Der Windows Movie Maker ist bereits von Windows XP bekannt, wurde aber in Bedienung und Oberfläche an Windows Vista komplett angepasst. Auch hier erfolgt die Bedienung intuitiv, und es können aus verschiedenen Bildern oder Filmen schnell neue Animationen mit zahlreichen Effekten erstellt werden (siehe *Abbildung 16.34*).

Abbildung 16.34:
Überarbeiteter Windows Movie Maker in Windows Vista

Die Bedienung des Programms erfolgt noch immer auf die gleiche Weise wie unter Windows XP, allerdings wurden die Bedienelemente an Windows Vista angepasst und die Zusammenarbeit mit den anderen Multimediaprodukten verbessert. So können Sie zum Beispiel direkt aus dem Movie Maker Filme aus Bildern, die von der Fotogalerie verwaltet werden, auf DVD brennen. Der Movie Maker übergibt dazu seine Projektdatei direkt zum DVD Maker, aus dem wiederum eine DVD erstellt werden kann.

Erste Schritte mit dem Windows Movie Maker

Sie starten den Windows Movie Maker über *Start/Alle Programme/Windows Movie Maker* oder über *Start/Ausführen/moviemk*.

Mit dem Windows Movie Maker können Sie Filme entweder selbst drehen, Filme aus Bildern erstellen oder bereits existierende Filme von Digitalkameras verwalten. Der Movie Maker kann Effekte integrieren, aber auch Übergänge produzieren.

Viele Amateurfilmer erhalten mit dem Movie Maker ein ausreichendes Werkzeug, um Filme in Windows Vista zu erstellen und zu verwalten. Windows Movie Maker ist in drei Hauptbereiche unterteilt: in die Fensterbereiche, das Storyboard (bzw. die Zeitachse) und den Vorschaubildschirm (siehe *Abbildung 16.35*).

Multimedia-Funktionen und neue Programme in Windows Vista

Abbildung 16.35:
Aufbau von Windows Movie Maker

Der Aufbau des Movie Maker-Fensters ist im Grunde genommen recht einfach und sieht bei allen Projekten identisch aus:

- (1) – Menüleiste mit den Befehlen wie in allen Windows-Programmen
- (2) – Aufgabenleiste mit den einzelnen Möglichkeiten und Funktionen innerhalb des Projektes
- (3) – Im sogenannten Inhaltsbereich sehen Sie den Inhalt der ausgewählten Aufgabe oder des importierten Verzeichnisses.
- (4) – Im Storyboard bzw. in der Zeitachse werden die einzelnen Bestandteile des Films angezeigt. Sie können Effekte, Teile von Filmen oder auch einzelne Bilder per Drag & Drop in das Storyboard ziehen und so ein Projekt erstellen, das wiederum als Film gespeichert werden kann.
- (5) – Im Vorschaufenster wird eine Vorschau des aktuell erstellten Projektes angezeigt.

Sie können zwischen der Ansicht *Sammlungen* und der Ansicht *Aufgaben* wechseln. Im Aufgabenbereich werden die häufigen Aufgaben aufgeführt, die Sie beim Erstellen eines Films ausführen. Dazu zählen unter anderem das Importieren von Dateien sowie das Bearbeiten und Veröffentlichen des Films (siehe *Abbildung 16.36*).

Im Sammlungsbereich werden die Ordner angezeigt, in denen sich Filme befinden. Die Sammlungsordner werden auf der linken Seite im Movie Maker angezeigt.

Im unteren Bereich des Fensters wird entweder das Storyboard oder die Zeitachse angezeigt. Sie können beim Erstellen eines Films zwischen diesen beiden Ansichten wechseln (siehe *Abbildung 16.37*).

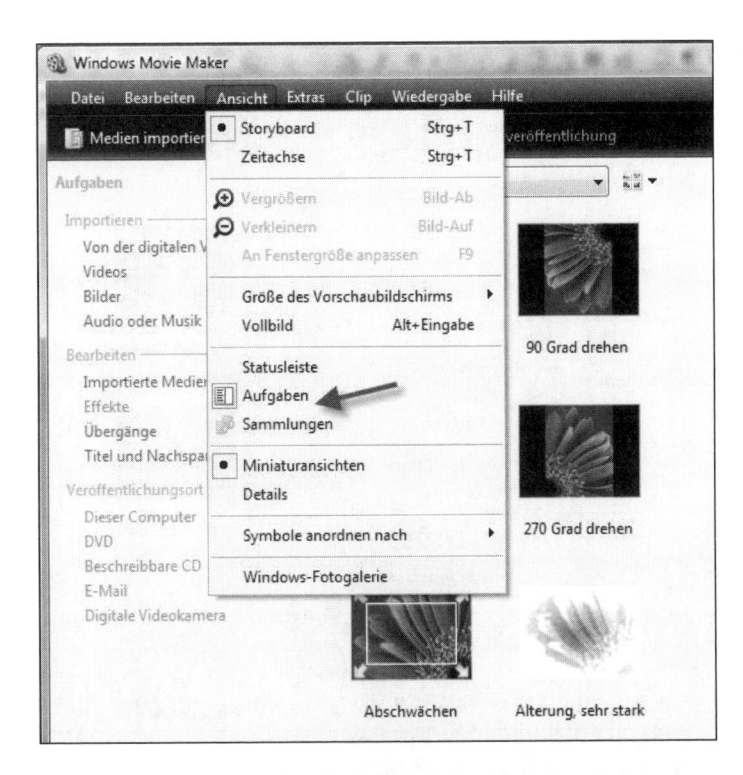

Abbildung 16.36:
Wechseln der Ansicht in Windows Movie Maker

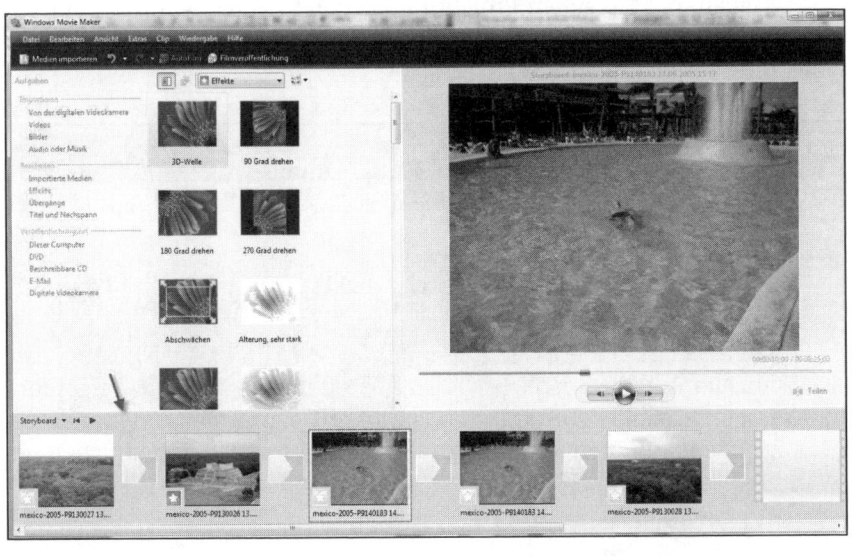

Abbildung 16.37:
Anzeigen des Storyboards zu einem Projekt

Das Storyboard ist die Standardansicht in Windows Movie Maker. Sie können es verwenden, um die Abfolge oder Sortierung der Filme und Bilder in Ihrem Projekt anzuzeigen.

Multimedia-Funktionen und neue Programme in Windows Vista

Abbildung 16.38:
Wechsel zwischen Storyboard und Zeitachse

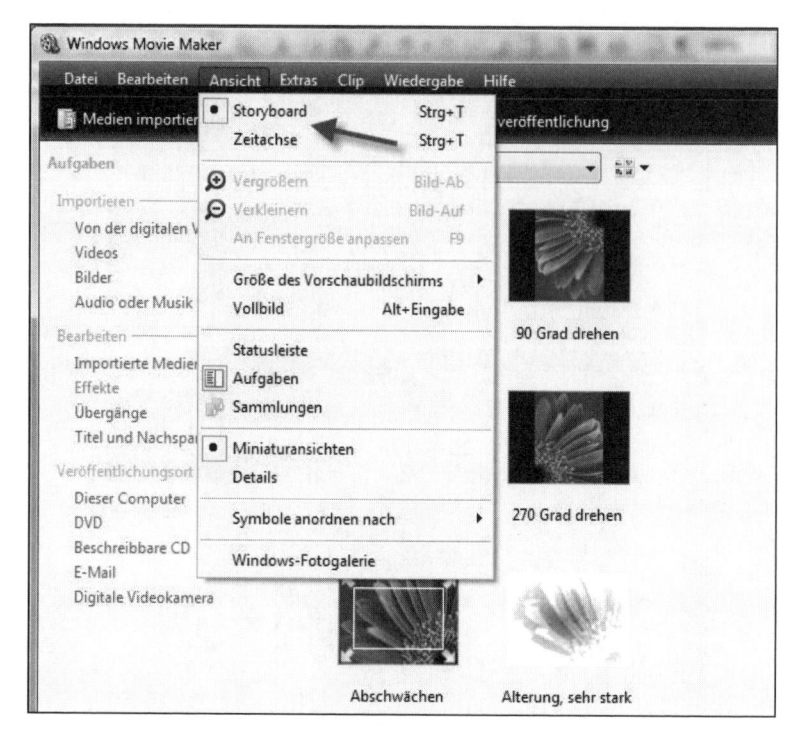

Audiodateien, die Sie einem Projekt hinzugefügt haben, werden nicht auf dem Storyboard angezeigt. Sie können sie jedoch in der Zeitachsenansicht sehen (siehe *Abbildung 16.39*).

Abbildung 16.39:
Zeitachsenansicht im Windows Movie Maker

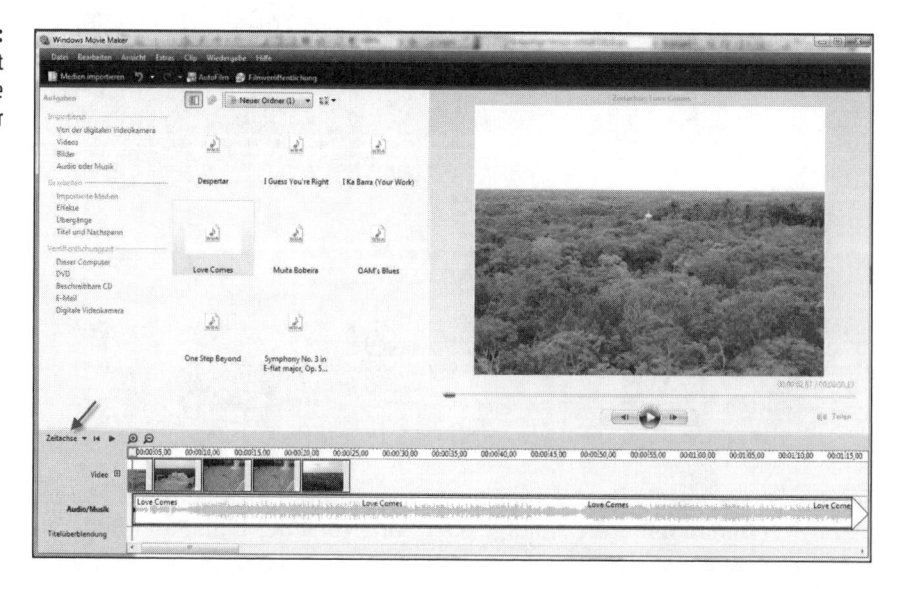

Die Zeitachsenansicht stellt eine detaillierte Ansicht Ihres Filmprojekts dar. Sie können hierüber Videoclips kürzen, die Dauer von Übergängen zwischen Clips anpassen und die Audiospur anzeigen.

Importieren von Multimedia-Dateien in den Windows Movie Maker

Der Windows Movie Maker in Windows Vista unterstützt zahlreiche Formate. Sie können beliebige Dateien in diesen Formaten in den Windows Movie Maker importieren. Hauptsächlich unterstützt der Movie Maker die nachfolgend angegebenen Dateiformate. Sie können aber durchaus auch testen, ob noch andere Dateien übernommen werden können. In diesem Fall sollten Sie jedoch nach der Erstellung d3es Projektes überprüfen, ob die Dateien auch eingespielt worden sind und funktionieren:

- Videodateien: ASF, AVI, M1V, MP2, MP2V, MPE, MPEG, MPG, MPV2, WM und WMV
- Audiodateien: AIF, AIFC, AIFF, ASF, AU, MP2, MP3, MPA, SND, WAV und WMA
- Bilddateien: BMP, DIB, EMF, GIF, JFIF, JPE, JPEG, JPG, PNG, TIF, TIFF und WMF

Sie können Dateien relativ leicht in ein Movie Maker-Projekt importieren. Erst nach dem Import stehen diese Dateien zur Verfügung und können verwendet werden.

Sie starten den Importvorgang über *Datei/Medienobjekte importieren* oder über die Schaltfläche *Medien importieren* oben links im Fenster.

Im Anschluss wählen Sie das Verzeichnis und dann die Dateien aus, die Sie importieren wollen.

Wenn Sie mehrere Dateien auf einmal markieren und in den Windows Movie Maker importieren wollen, gehen Sie so vor wie auch beim Markieren von mehreren Dateien an anderen Stellen des Windows Explorers:

- *Markieren Sie die erste Datei, die Sie importieren möchten, halten Sie die ⇧-Taste gedrückt, und markieren Sie dann die letzte Datei. Alle dazwischen liegenden Dateien werden ebenfalls markiert.*
- *Markieren Sie die Dateien, und halten Sie dabei die Strg-Taste gedrückt. Alle Dateien, die Sie anklicken, werden markiert.*

Die importierten Dateien werden daraufhin im Inhaltsbereich angezeigt und können auf das Storyboard oder die Zeitachse gezogen werden, um den Film des Projektes zu erweitern (siehe *Abbildung 16.41*).

Multimedia-Funktionen und neue Programme in Windows Vista

Abbildung 16.40:
Importieren von neuen Mediendaten in den Movie Maker

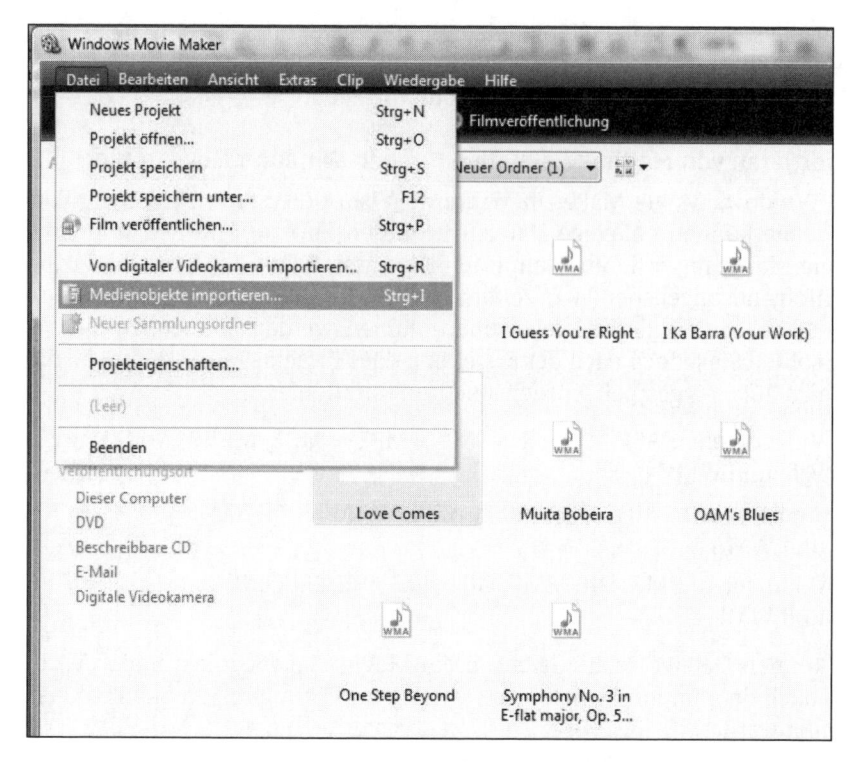

Abbildung 16.41:
Anzeigen importierter Elemente im Windows Movie Maker

Erstellen von Clips mit dem Windows Movie Maker

Die Filme, die Sie im Windows Movie Maker erstellen, werden Clips genannt. Ein Clip wird aus einer Projektdatei erstellt, über die Sie den Inhalt und das Aussehen des Filmes bzw. des Clips festlegen. Der Windows Movie

Maker bietet neben der Erstellung von neuen Clips auch die Möglichkeit, vorhandene Clips zu teilen oder zu kürzen. Wählen Sie im Inhaltsbereich den Videoclip aus, für den Sie Clips erstellen möchten.

Klicken Sie auf *Extras* und anschließend auf *Clips erstellen* (siehe *Abbildung 16.42*). Clips können bei WMV-Dateien (Windows Media Video) und AVI-Dateien (Audio-Video Interleaved), die den DV-Codec verwenden, automatisch erstellt werden. Bei anderen Videodateiformaten können Clips nicht immer automatisch erstellt werden. Die Videodatei wird in diesem Fall als einzelner langer Videoclip angezeigt.

Sie können den Clip aber ohne Weiteres manuell in mehrere Clips unterteilen. Wie Sie das machen können, wird in den folgenden Abschnitten ausführlicher erläutert.

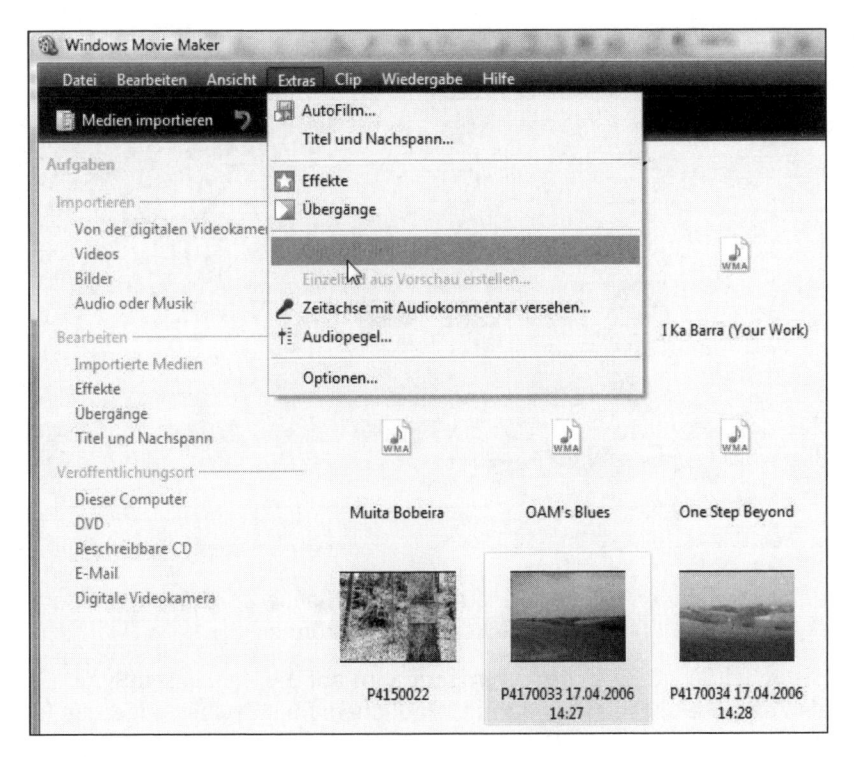

Abbildung 16.42: Erstellen von Clips mit dem Windows Movie Maker

Kürzen von Clips mit dem Windows Movie Maker

Wenn beispielsweise ein Videoclip einige Sekunden lang nur ein schwarzes Bild zeigt, können Sie den Anfang des Videos kürzen, damit das schwarze Bild nicht in Ihrem Film angezeigt wird:

1. Klicken Sie auf *Ansicht* und dann auf *Zeitachse*.
2. Wählen Sie auf der Zeitachse den Clip aus, den Sie kürzen möchten.

Multimedia-Funktionen und neue Programme in Windows Vista

3. Verwenden Sie die Steuerelemente für die Wiedergabe unter dem Vorschaubildschirm, um nach dem Punkt zu suchen, an dem Sie den Clip kürzen möchten.

4. Klicken Sie auf *Clip* und dann auf *Anfang kürzen* oder *Ende kürzen*. Sie können auch die Zuschnittziehpunkte auf einen Clip ziehen, um die Anfangs- und Endschnittmarken festzulegen. Zuschnittziehpunkte werden als kleine schwarze Dreiecke am Anfang und Ende eines Clips angezeigt, nachdem Sie auf der Zeitachse auf den Clip geklickt haben. Wenn Sie den Mauszeiger über einen Zuschnittziehpunkt halten, ändert sich der Zeiger in einen roten Doppelpfeil. Klicken Sie auf einen Zuschnittziehpunkt, und ziehen Sie ihn, um den neuen Start- oder Endpunkt des Clips festzulegen (siehe *Abbildung 16.43*).

Abbildung 16.43: Verwenden von Zuschnittziehpunkten

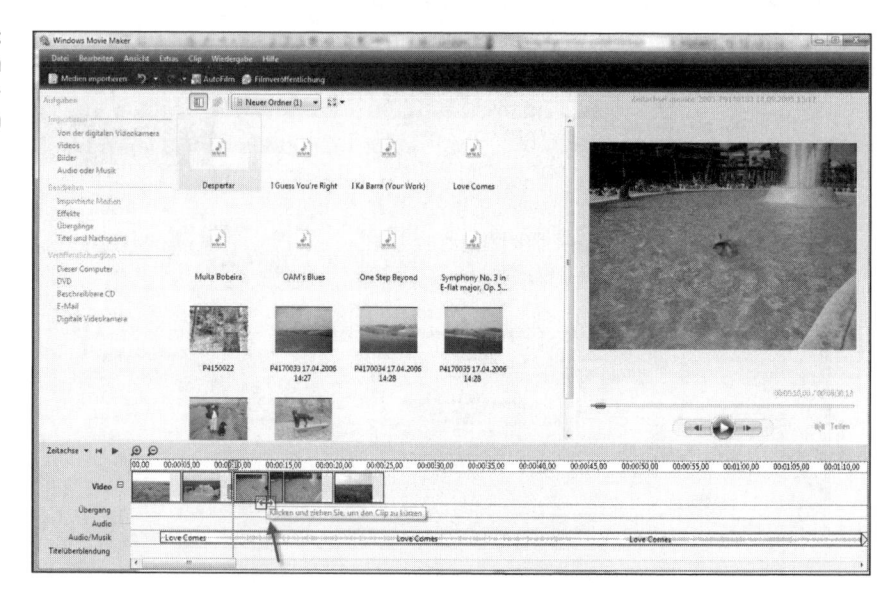

Unter Umständen müssen Sie auf die Schaltfläche *Zeitachse vergrößern* klicken, um die Clips dort deutlicher sehen zu können.

Die Schaltfläche *Zeitachse vergrößern* wird auf der Zeitachsen-Symbolleiste als Vergrößerungsglas mit darin befindlichem Plus-Zeichen angezeigt (siehe *Abbildung 16.44*).

TIPP
Wenn Sie das Kürzen eines Clips wieder rückgängig machen wollen, klicken Sie in der Zeitachse auf den gekürzten Clip und wählen dann Clip/Schnittmarken löschen.

Aufteilen eines Videoclips

Um einen vorhandenen Clip zu teilen, gehen Sie folgendermaßen vor:

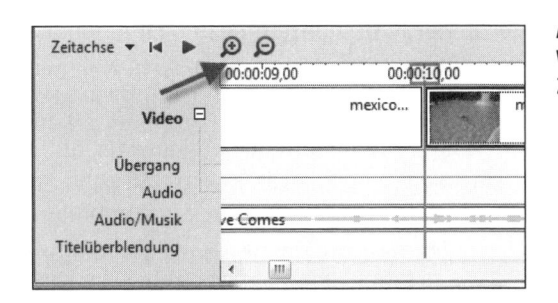

Abbildung 16.44:
Vergrößern der Zeitachsenansicht

1. Klicken Sie im Inhaltsbereich oder auf dem Storyboard auf den Clip, den Sie teilen möchten.
2. Klicken Sie unter dem Vorschaubildschirm auf *Wiedergeben*.
3. Wenn der Clip ungefähr die Stelle erreicht hat, an der Sie ihn teilen möchten, klicken Sie auf *Anhalten*.
4. Suchen Sie unter dem Vorschaubildschirm mithilfe der Steuerelemente für die Wiedergabe nach dem Punkt, an dem Sie den Clip teilen möchten. Sie können die Wiedergabeanzeige auf der Suchleiste exakt an den Punkt ziehen, an dem Sie den Clip teilen möchten.
5. Klicken Sie unter dem Vorschaubildschirm auf die Schaltfläche *Teilen* (siehe *Abbildung 16.45*).

Abbildung 16.45:
Teilen eines Clips im Windows Movie Maker

Multimedia-Funktionen und neue Programme in Windows Vista

Verbinden von mehreren Clips zu einem Clip

Sie können auch auf umgekehrtem Weg mehrere Clips zu einem einzelnen zusammenführen. Gehen Sie dazu folgendermaßen vor:

1. Halten Sie im Inhaltsbereich oder auf dem Storyboard oder der Zeitachse die [Strg]-Taste gedrückt, und klicken Sie dann auf die zusammenhängenden Clips, die Sie kombinieren möchten.

2. Klicken Sie auf *Clip* und dann auf *Kombinieren*. Der Name und die Eigenschaftsinformationen des ersten Clips in der Gruppe werden für den neuen Clip verwendet. Sie können gleichzeitig mehr als zwei Clips miteinander kombinieren, sofern sie zusammenhängend sind. Zum Auswählen mehrerer Clips klicken Sie auf den ersten, drücken die [Shift]-Taste, halten sie gedrückt und klicken dann auf den letzten Clip.

Abbildung 16.46:
Kombinieren von mehreren Clips

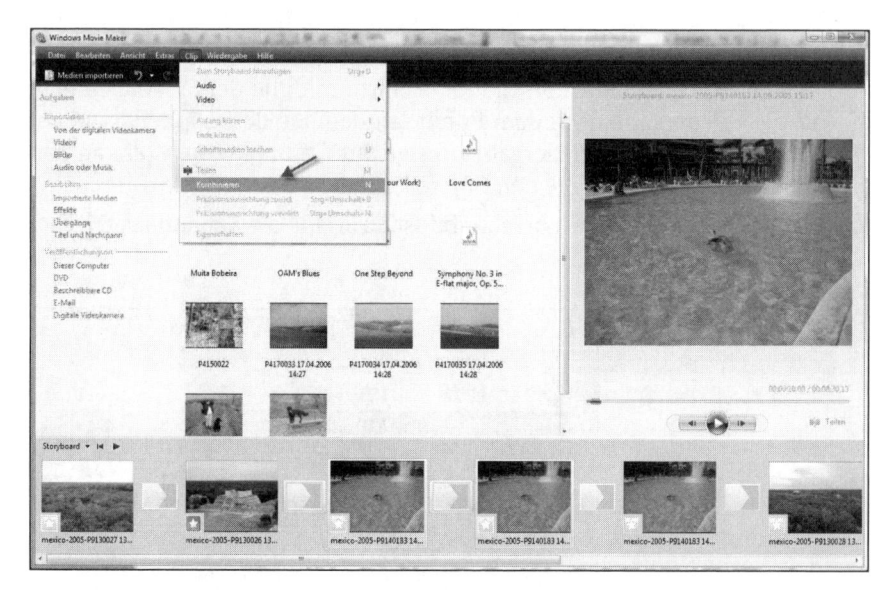

Effekte und Übergänge

Einer der Vorteile von Windows Movie Maker ist, dass Sie nicht nur Clips erstellen und bearbeiten können, sondern auch Effekte und Übergänge zwischen einzelnen Teilen der Clips hinzufügen können. Die Effekte und Übergänge sind teilweise sehr professionell gemacht und peppen jeden Videofilm auf.

TIPP

Auch wenn der Windows Movie Maker eine Vielzahl von Effekten beherrscht, gilt auch hier »Weniger ist mehr«. Ein erstellter Film sieht deutlich besser aus, wenn er nicht durch zahlreiche Effekte überfrachtet wird. Einzelne Effekte an den richtigen Stellen bieten dem Zuschauer Abwechslung, zu viele Effekte nerven eher.

Arbeiten mit Übergängen im Windows Movie Maker

Ein Übergang legt fest, wie in Ihrem Film von einem Videoclip oder Bild zum nächsten gewechselt wird. Sie können die Wiedergabedauer eines Übergangs ändern. Alle Übergänge werden auf der Übergangsspur der Zeitachse angezeigt. Um diese Spur anzuzeigen, müssen Sie die Videospur erweitern. Die Länge des Übergangs wird durch die Überlappungsdauer zwischen zwei Clips bestimmt (siehe *Abbildung 16.47*).

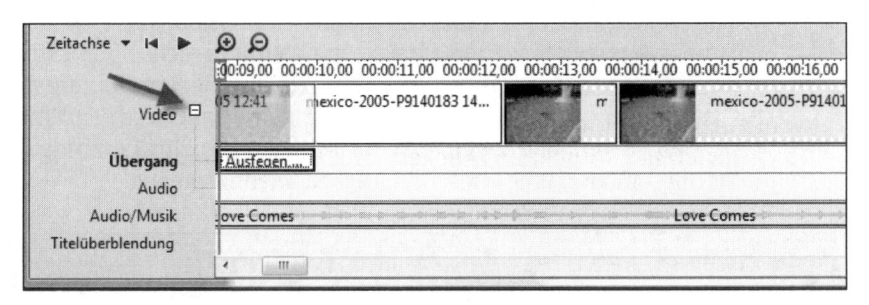

Abbildung 16.47: Anzeigen der Übergangsspur in der Zeitachse eines Projektes

Um einen Übergang hinzuzufügen, klicken Sie im Aufgabenbereich auf *Übergänge*. Ziehen Sie im Anschluss den gewünschten Übergang auf die Zeitachse des Projektes.

Eine weitere Möglichkeit, einen Übergang hinzuzufügen, ist folgende:

1. Klicken Sie auf dem Storyboard oder der Zeitachse auf den zweiten der beiden Videoclips, denen Sie einen Übergang hinzufügen möchten.
2. Klicken Sie auf *Extras* und dann auf *Übergänge*.
3. Klicken Sie im Inhaltsbereich auf den Übergang, den Sie hinzufügen möchten.
4. Klicken Sie auf *Clip* und dann auf *Zur Zeitachse hinzufügen* oder *Zum Storyboard hinzufügen*.

Um die Dauer des Übergangs zu bearbeiten, ziehen Sie auf der Übergangsspur der Zeitachse den Anfang des Übergangs in Richtung des Anfangs oder Endes der Zeitachse, je nachdem, ob Sie den Übergang kürzen oder verlängern möchten. Um die Standarddauer für alle Übergänge zu bearbeiten, rufen Sie den Menübefehl Extras/Optionen/Erweitert *auf. Geben Sie die Zeit (in Sekunden) für die standardmäßige Wiedergabe der Übergänge ein.*

Arbeiten mit Effekten im Windows Movie Maker

Effekte sind eine weitere Funktion im Windows Movie Maker. Während Übergänge für den Wechsel zwischen zwei Bildern oder Videoclips zuständig sind, bearbeiten Effekte den ganzen Film auf einmal. Mit einem Effekt können Sie direkt in das Bildmaterial des Filmes eingreifen. Um einem Film einen Effekt hinzuzufügen, gehen Sie folgendermaßen vor:

Multimedia-Funktionen und neue Programme in Windows Vista

1. Wählen Sie auf dem Storyboard oder der Zeitachse den Videoclip oder das Bild aus, dem Sie den Effekt hinzufügen möchten.
2. Klicken Sie auf *Extras* und dann auf *Effekte*.
3. Klicken Sie im Inhaltsbereich auf den Effekt, den Sie hinzufügen möchten. Sie können unter dem Vorschaubildschirm auf *Wiedergabe* klicken, um den Effekt in der Vorschau anzuzeigen.
4. Klicken Sie auf *Clip* und dann auf *Zur Zeitachse hinzufügen* oder *Zum Storyboard hinzufügen*. Die Miniaturbildansicht im Inhaltsbereich zeigt Beispiele für die verschiedenen Effekte an. Wenn Sie denselben Effekt mehrmals einem Clip hinzufügen, wird der Effekt bei jedem Hinzufügen erneut ausgeführt. Wenn Sie beispielsweise den Effekt *Beschleunigen, doppelte Geschwindigkeit* zweimal zum selben Videoclip hinzufügen, wird der Clip mit vierfacher Geschwindigkeit wiedergegeben.

Abbildung 16.48:
Verwenden von Effekten

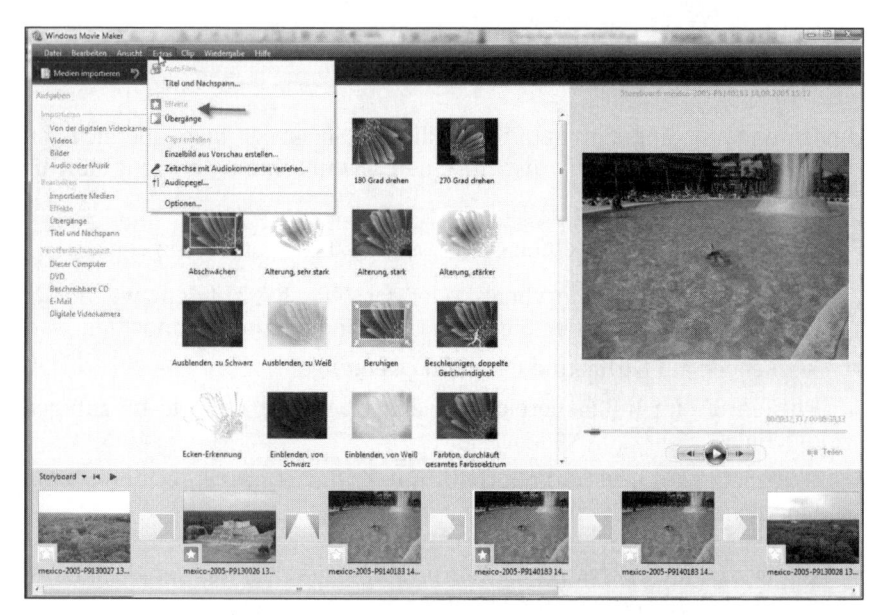

Sie können hinzugefügte Effekte auch nachträglich bearbeiten. Alle Effekte und Übergänge werden im Storyboard bzw. in der Zeitachse als Symbol angezeigt (siehe *Abbildung 16.48*).

Um einen Effekt zu ändern, gehen Sie folgendermaßen vor:

1. Klicken Sie im Storyboard auf den Effekt, den Sie ändern möchten.
2. Klicken Sie auf *Clip/Video* und dann auf *Effekte*.
3. Um einen Effekt zu löschen, klicken Sie im Bereich *Angezeigte Effekte* auf den Effekt und dann auf *Entfernen*. Um einen Effekt hinzuzufügen, klicken Sie im Bereich *Verfügbare Effekte* auf den Effekt, den Sie hinzu-

fügen möchten, und dann auf *Hinzufügen*. Wenn Sie mehrere Effekte hinzufügen, können Sie die Reihenfolge für deren Anzeige mithilfe der Schaltflächen *Nach oben* oder *Nach unten* ändern.

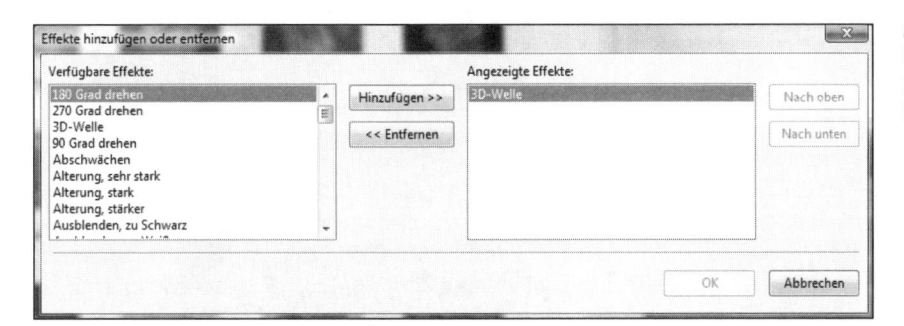

Abbildung 16.49:
Hinzufügen oder Entfernen von Effekten

> Sie können einen Effekt auch entfernen, indem Sie auf dem Storyboard den Effekt auswählen und die [Entf]-Taste drücken.
>
> TIPP

Filmtitel und Nachspann hinzufügen

Der Windows Movie Maker bietet auch die Möglichkeit, einem Film einen Titel zu geben sowie einen Nachspann anzuzeigen.

Um einem Film einen Titel hinzuzufügen, gehen Sie am besten folgendermaßen vor:

1. Klicken Sie im Storyboard bzw. in der Zeitachse auf die Stelle, an der Sie den Titel hinzufügen wollen.
2. Klicken Sie auf *Extras* und dann auf *Titel und Nachspann*.
3. Wählen Sie die Art des Vorspanns oder Nachspanns aus.
4. Geben Sie im Feld *Text für Titel eingeben* Ihren gewünschten Text für den Titel an.

Nachdem Sie den Text eingegeben haben, werden auf dem Bildschirm die Standardanimation und das Format für den Titel oder Nachspann angezeigt, den Sie hinzufügen möchten. Um die Titelanimation zu ändern, klicken Sie auf *Titelanimation ändern* und wählen in der Liste eine Titelanimation aus (siehe *Abbildung 16.51*).

Um die Schriftart und -farbe für den Titel zu ändern, klicken Sie auf *Schriftart und -farbe des Texts ändern*.

Multimedia-Funktionen und neue Programme in Windows Vista

Abbildung 16.50:
Hinzufügen eines Titels zu einem Film

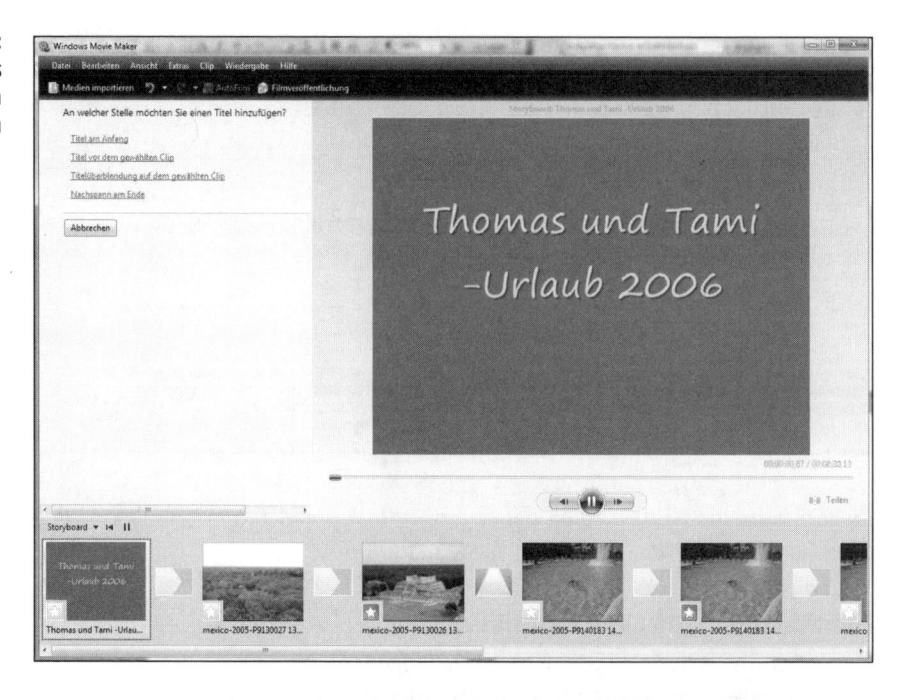

Abbildung 16.51:
Formatierung des Titels im Windows Movie Maker

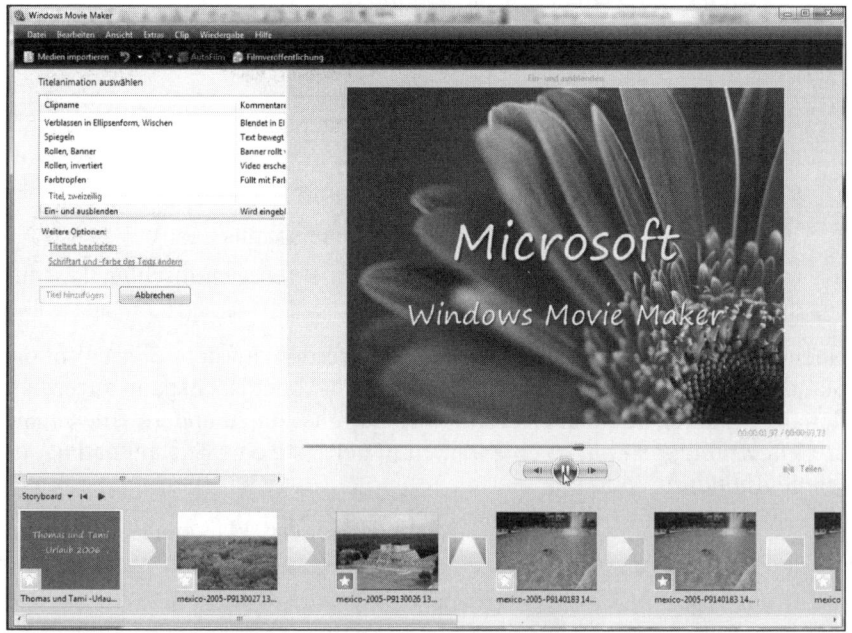

Um einen Titel nachträglich zu bearbeiten, können Sie ihn im Storyboard mit der rechten Maustaste selektieren und im Kontextmenü den Eintrag *Titel bearbeiten* auswählen. Sie können auch die Anzeigedauer des Titels anpassen:

1. Wählen Sie den Titel in der Zeitachsenansicht aus.
2. Um die Wiedergabedauer des Titels zu verlängern, ziehen Sie den Endzuschnittziehpunkt an das Ende der Zeitachse. Um die Wiedergabedauer des Titels zu verringern, ziehen Sie den Startzuschnittziehpunkt an das Ende der Zeitachse (siehe *Abbildung 16.52*).

Abbildung 16.52: Verlängern und Verkürzen eines Titels

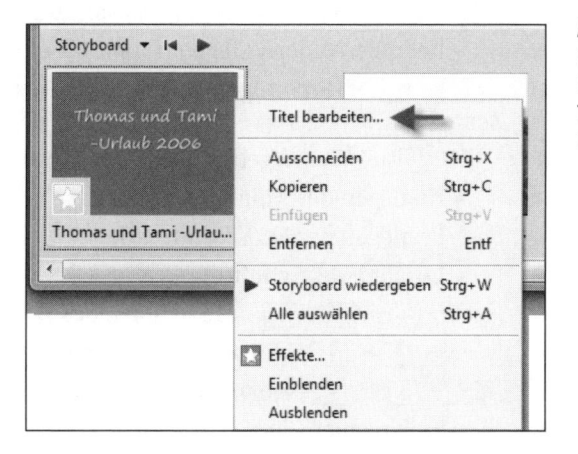

Abbildung 16.53: Nachträgliche Bearbeitung eines Titels im Windows Movie Maker

Tastaturkürzel für Windows Movie Maker

Wenn Sie sich ein wenig mit dem Movie Maker auseinandergesetzt haben, werden Sie mit dem Programm durch die intuitive Bedienung recht schnell klarkommen. Allerdings können viele Anwender deutlich schneller arbeiten, wenn sie manche Tätigkeiten direkt durch Eingaben an der Tastatur anstatt mit der Maus durchführen.

- [Strg] + [N] – Erstellen eines neuen Projekts
- [Strg] + [O] – Öffnen eines vorhandenen Projekts
- [Strg] + [S] – Speichern eines Projekts
- [F12] – Speichern eines Projekts unter einem neuen Namen

Multimedia-Funktionen und neue Programme in Windows Vista

- [Strg] + [P] – Veröffentlichen eines Films
- [Strg] + [R] – Importieren von Videos von einer digitalen Videokamera
- [Strg] + [I] – Importieren einer vorhandenen digitalen Mediendatei
- [Strg] + [Z] – Rückgängigmachen der letzten Aktion
- [Strg] + [Y] – Wiederholen der letzten rückgängig gemachten Aktion
- [Strg] + [X] – Ausschneiden
- [Strg] + [C] – Kopieren
- [Strg] + [V] – Einfügen
- [Entf] – Löschen
- [Strg] + [A] – Auswählen aller Clips
- [F2] – Umbenennen einer Sammlung oder eines Clips
- [Strg] + [Entf] – Löschen des Storyboards bzw. der Zeitachse
- [Strg] + [T] – Umschalten zwischen Storyboard und Zeitachse
- [Bild↓] – Vergrößern der Zeitachse
- [Bild↑] – Verkleinern der Zeitachse
- [F9] – Anpassen der Zeitachse an die Bildschirmgröße
- [+] – Erweitern der Videospur, falls sie auf der Zeitachse markiert ist
- [−] – Reduzieren der Videospur, falls sie auf der Zeitachse markiert ist
- [Strg] + [D] – Hinzufügen markierter Clips zum Storyboard bzw. zur Zeitachse
- [Alt] + [↵] – Wiedergeben von Videos als Vollbild
- [I] – Festlegen der Anfangsschnittmarke
- [O] – Festlegen der Endschnittmarke
- [U] – Löschen der Schnittmarken
- [Alt] + [⇧] + [↑]/[↓] – Auswählen des Zuschnittziehpunkts für Clips
- [Alt] + [⇧] + [←] – Kürzen des linken Clipendes
- [Alt] + [⇧] + [→] – Kürzen des rechten Clipendes
- [M] – Teilen eines Clips
- [N] – Kombinieren zusammenhängender Clips
- [Strg] + [⇧] + [B] – Verschieben des Clips nach links
- [Strg] + [⇧] + [N] – Verschieben des Clips nach rechts
- [K] – Wiedergeben oder Anhalten eines Clips
- [Strg] + [K] – Beenden der Wiedergabe auf dem Storyboard bzw. der Zeitachse
- [Strg] + [W] – Wiedergeben von Inhalt auf dem Storyboard bzw. der Zeitachse
- [Strg] + [Q] – Zurücksetzen des Storyboards bzw. der Zeitachse auf den Anfang
- [Strg] + [Alt] + [←] – Zurück

Multimedia in Windows Vista

- ⌜Strg⌟ + ⌜Alt⌟ + ⌜→⌟ – Vorwärts
- ⌜J⌟ – Vorheriger Frame
- ⌜L⌟ – Nächster Frame
- ⌜←⌟ – Auswählen des vorherigen Elements (auf einer Zeitachsenspur, auf dem Storyboard oder im Inhaltsbereich)
- ⌜→⌟ – Auswählen des nächsten Elements
- ⌜↑⌟ – Auswählen des darüber befindlichen Elements
- ⌜↓⌟ – Auswählen des darunter befindlichen Elements (auf einer Zeitachsenspur oder im Inhaltsbereich)
- ⌜Pos1⌟ – Wechseln zum ersten Element (auf einer Zeitachsenspur, auf dem Storyboard oder im Inhaltsbereich)
- ⌜Ende⌟ – Wechseln zum letzten Element (in einer Zeitachsenspur, dem Storyboard oder im Inhaltsbereich)

16.2.5 Windows DVD Maker

Der DVD Maker ist, wie die Windows-Fotogalerie, neu in Windows Vista und verwendet zur Erzeugung der DVDs als Ausgangsmaterial MPEG-1, MPEG-2 oder ein anderes konformes Format. Der DVD Maker kann auch DVD-Menüs erstellen und bietet dazu bereits einige Vorlagen und Effekte an (siehe *Abbildung 16.54*). Der DVD Maker ist allerdings, wie der Movie Maker, eine kostenlose Dreingabe und keinesfalls mit einem professionellen Werkzeug zu vergleichen.

Abbildung 16.54: Erstellen von DVDs mit dem Windows DVD Maker

Multimedia-Funktionen und neue Programme in Windows Vista

Für die meisten Anwender, vor allem für Einsteiger, wird die Erstellung von DVDs auf Basis leicht verständlicher Assistenten kein Problem darstellen und zu sehr guten Ergebnissen führen.

DVD Maker kann bis zu zwölf Kapitel auf der DVD erzeugen, bietet allerdings nicht die Möglichkeit, die Bitrate oder die Qualität der Videos zu bearbeiten. Mit Windows Vista können ohne Weiteres auch DVD-R- und DVD-RW-Medien beschrieben werden. Diese werden im ISO- oder im UDF-Format (Versionen 1.02–2.50) geschrieben. Auch Multisession-Medien bereiten keinerlei Probleme, CDs und auch DVDs bleiben standardmäßig für weiteres Beschreiben geöffnet.

> *Windows DVD Maker verwendet Dolby Digital Recording zum Codieren von Soundtracks in Stereo mit einer Bitrate von 256 KBit/s. Mit Dolby Digital Recording wird der Platzbedarf beim Aufzeichnen auf dem Datenträger optimiert, sodass mehr Inhalte mit hoher Qualität auf einem beschreibbaren DVD-Videodatenträger gespeichert werden können.*

Erstellen von DVDs mit dem Windows DVD Maker

Sie können den DVD Maker über *Start/Alle Programme/Windows DVD Maker* oder über *Start/Ausführen/dvdmaker* starten.

Abbildung 16.55: Hinzufügen von Elementen zur DVD

Multimedia in Windows Vista

Wenn Sie den DVD Maker gestartet haben, besteht der erste Schritt darin, dass Sie die Dateien auswählen, die Sie der DVD hinzufügen wollen. Über die Schaltfläche *Elemente hinzufügen* können Sie über den Windows-Explorer auswählen, welche Dateien in welcher Reihenfolge auf die DVD gebrannt werden sollen. Sie können Elemente mit der entsprechenden Schaltfläche auch wieder von der DVD-Zusammenstellung entfernen.

Sie können an dieser Stelle auch wieder mit Hilfe der ⬆- oder Strg-Taste mehrere Dateien auf einmal auswählen, die im Anschluss der DVD hinzugefügt werden.

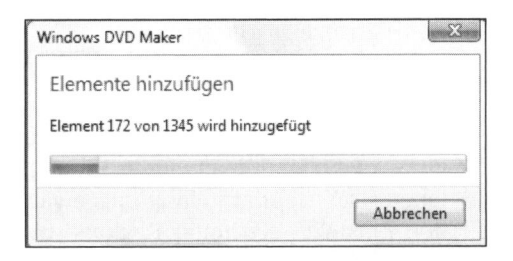

Abbildung 16.56: Hinzufügen vom mehreren Dateien zu einer DVD

Über die Schaltfläche *Optionen* öffnet sich ein neues Fenster, in dem Sie das Abspielverhalten und die Einstellungen der DVD anpassen können (siehe *Abbildung 16.57*).

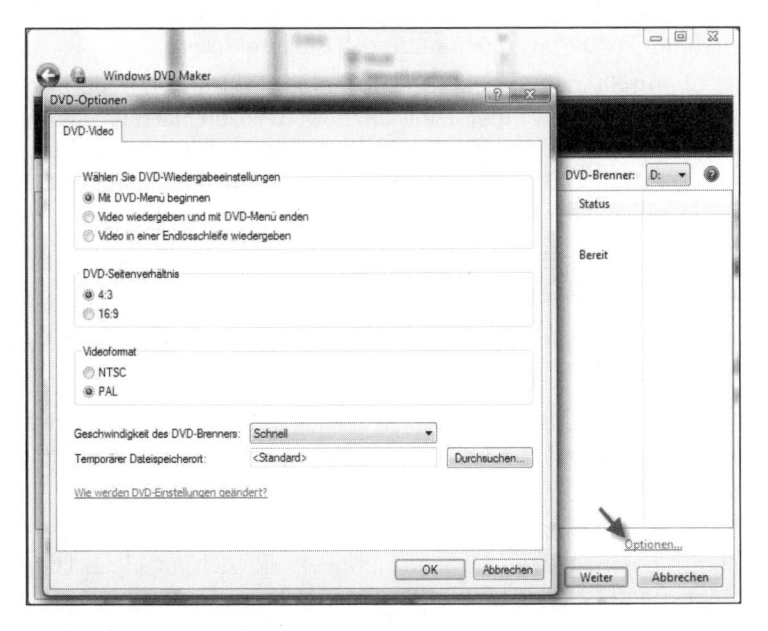

Abbildung 16.57: Einstellen der DVD-Optionen

- Wenn das DVD-Menü nach dem Einlegen des Datenträgers in einen DVD-Player angezeigt werden soll, klicken Sie auf *Mit DVD-Menü beginnen*.

869

- Wenn das Video automatisch nach dem Einlegen des Datenträgers in einen DVD-Player wiedergegeben und das Menü am Ende angezeigt werden soll, klicken Sie auf *Video wiedergeben und mit DVD-Menü enden*.
- Wenn das Video automatisch abgespielt und immer wieder wiederholt werden soll, klicken Sie auf *Video in einer Endlosschleife wiedergeben*. Das Menü der DVD wird angezeigt, wenn Sie auf dem DVD-Player auf die Menü-Taste klicken.
- Mit der Option *DVD-Seitenverhältnis* können Sie festlegen, ob das Video und die DVD-Menüs im Seitenverhältnis 16:9 (Breitbild) oder 4:3 (Standard) angezeigt werden.
- Mit der Option *Videoformat* stehen NTSC und PAL zur Verfügung. Üblicherweise müssen Sie diese Einstellung nicht ändern, sofern Sie nicht beabsichtigen, Ihre DVD Freunden oder Familienmitgliedern zur Verfügung zu stellen, die in einem anderen Land bzw. einer anderen Region leben. Das standardmäßig ausgewählte Videoformat richtet sich nach den Einstellungen unter Regions- und Sprachoptionen in der Systemsteuerung.
- Die Option *Geschwindigkeit des DVD-Brenners* ermöglicht es Ihnen, die Geschwindigkeit beim Brennen der DVD auszuwählen. Die Standardeinstellung für diese Option ist *Schnell*. Um die Lesequalität der DVD zu erhöhen, können Sie die Brenngeschwindigkeit verringern, oft können dann DVD-Player gebrannte DVDs besser lesen.
- Wenn Sie den Speicherort für temporäre Dateien ändern möchten, die beim Erstellen einer DVD angelegt werden, klicken Sie auf *Durchsuchen*, wählen den gewünschten neuen Ordner aus und bestätigen mit *OK*. Achten Sie darauf, dass auf dem entsprechenden Laufwerk noch etwa 5 GB freier Speicherplatz vorhanden sein müssen.

Auf der nächsten Seite des Assistenten können Sie das Menü der DVD erstellen (siehe *Abbildung 16.58*).

Auf der rechten Seite des Fensters stehen Ihnen verschiedene Menüstile zur Verfügung.

Über die Schaltfläche *Menü anpassen* können Sie den ausgewählten Standardstil entsprechend Ihren Wünschen abändern (siehe *Abbildung 16.59*). Sie können die Schriftart des Menüs sowie das Aussehen der Schaltflächen anpassen.

Über die Schaltfläche *Vorschau* können Sie sich anzeigen lassen, wie das Menü auf der echten DVD aussehen würde.

Sie können die Vorschau über die Zurücktaste wieder verlassen und innerhalb des Menüs navigieren wie bei einem DVD-Player (siehe *Abbildung 16.60*).

Abbildung 16.58:
Erstellen eines Menüs für die DVD

Abbildung 16.59:
Anpassen des DVD-Menüs

Multimedia-Funktionen und neue Programme in Windows Vista

Abbildung 16.60:
Vorschau eines
DVD-Menüs

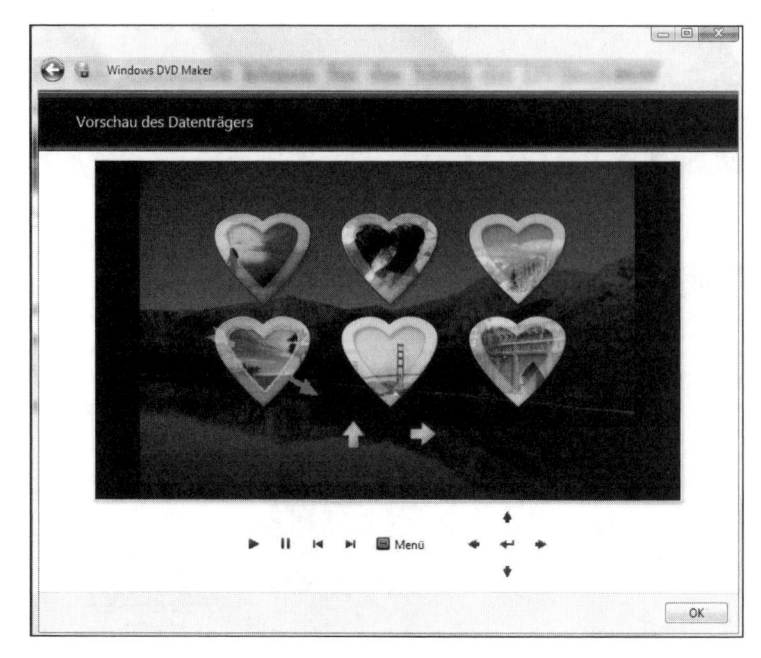

Auf der Hauptseite zur DVD-Erstellung können Sie den Menütext und die Schriftart festlegen, mit denen das Menü angezeigt werden soll. Hier können Sie auch die Beschreibung der einzelnen Menüpunkte anpassen.

Abbildung 16.61:
Ändern des
Menütextes

Erstellen einer Diashow zum Abspielen auf DVD-Player

Sie können auf der DVD auch eine Diashow erstellen und passende Musik hinterlegen oder weitere Einstellungen der Bildfolge konfigurieren. Diese Einstellungen nehmen Sie über die Schaltfläche *Diashow* vor (siehe Abbildung 16.62).

- Klicken Sie auf *Musik hinzufügen*, navigieren Sie zu den Musikdateien, die Sie hinzufügen möchten, und bestätigen Sie mit *Öffnen*. Wenn Sie mehrere Audiodateien hinzugefügt haben und die Reihenfolge für die Wiedergabe der Musikdateien in der Diashow ändern möchten, klicken Sie auf eine Audiodatei, die Sie verschieben möchten, und klicken anschließend auf *Nach oben* oder *Nach unten*.
- Um die Anzeigedauer für die einzelnen Bilder in der Diashow anzugeben, wählen Sie die Dauer (in Sekunden) im Feld *Bildlänge* aus.
- Um die Art von Übergang auszuwählen, der zwischen Bildern verwendet werden soll, wählen Sie einen Übergangstyp im Feld *Übergang* aus.

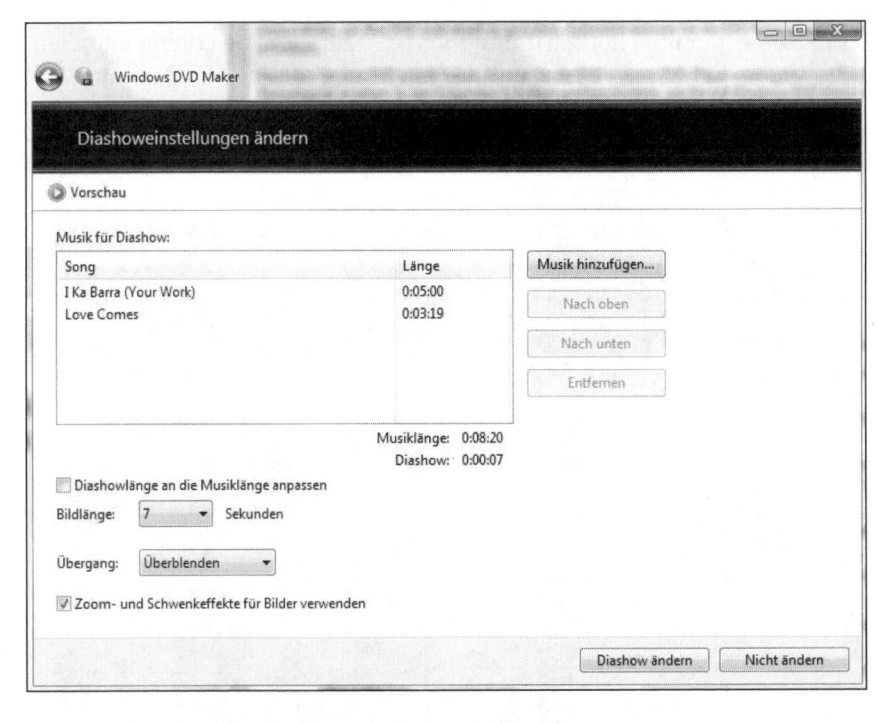

Abbildung 16.62: Anpassen der Einstellungen für eine Diashow

Wenn Sie alle Einstellungen vorgenommen haben, können Sie die DVD über die Schaltfläche *Brennen* fertig stellen. Legen Sie einen passenden Rohling in das Laufwerk ein, und klicken Sie auf *Brennen*.

Nach dem Brennvorgang können Sie weitere Kopien dieser DVD erstellen. Entnehmen Sie dazu die fertige DVD, legen Sie eine neue beschreibbare DVD ein, und klicken Sie dann auf *Eine weitere Kopie dieses Datenträgers erstellen*.

Multimedia-Funktionen und neue Programme in Windows Vista

> **TIPP**
>
> Die Art der zu verwendenden beschreibbaren DVD richtet sich nach Ihrem DVD-Brenner und DVD-Player. Sofern Ihr DVD-Brenner das Brennen auf diesen Arten von Datenträgern unterstützt, können Sie mit Windows DVD Maker eine DVD unter Verwendung der folgenden Arten von beschreibbaren und wiederbeschreibbaren DVD-Medien brennen: DVD + R, DVD + RW, DVD-R, DVD-RW und DVD-ROM. Es werden einseitige beschreibbare oder wiederbeschreibbare Single-Layer- und Dual-Layer-DVDs unterstützt.
>
> Sie sollten auch das Gerät berücksichtigen, das Sie zur Wiedergabe der DVD nach dem Brennen verwenden. Manche DVD-Player und DVD-ROM-Laufwerke können nur bestimmte Arten von DVDs wiedergeben.

16.3 Das Media Center in Windows Vista

Während unter Windows XP das Media Center noch in der eigenen Version Windows XP Media Center Edition zur Verfügung stand, wurden die Media Center-Funktionen jetzt in Windows Vista in die beiden Versionen Windows Vista Home Premium Edition und Windows Vista Ultimate Edition integriert. Das Media Center ist die zentrale Schaltstelle für die Verbreitung und Anzeige von allen möglichen Multimediadaten im Haushalt. Optimal ist natürlich die Ausgabe an einem PC und einer angeschlossenen Stereoanlage.

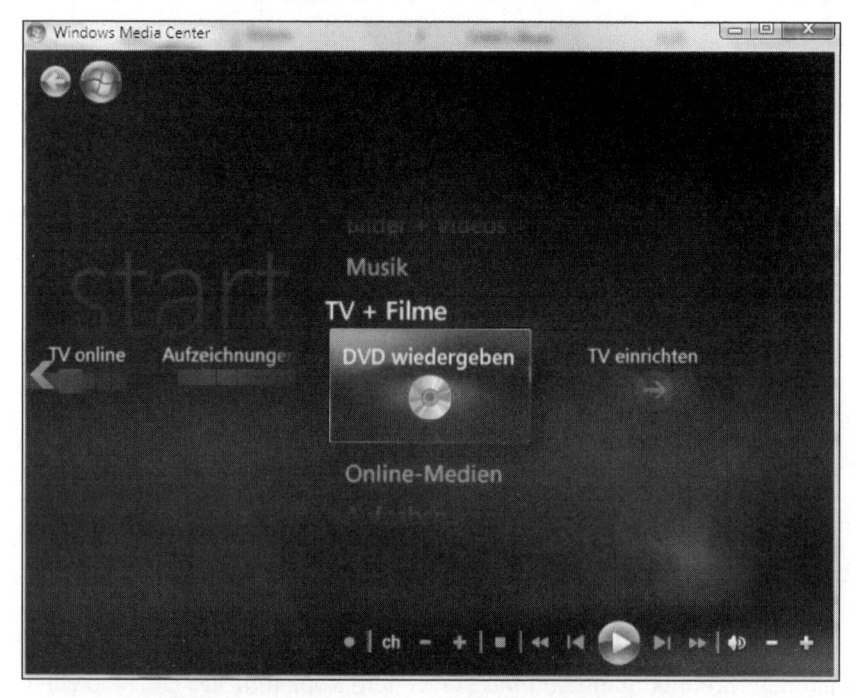

Abbildung 16.63:
Windows Media Center in Windows Vista

16.3.1 Erste Einrichtung des Media Centers

Nach dem ersten Aufruf des Media Centers startet zunächst ein Assistent, der bei der Einrichtung helfen soll. Sie können das Setup entweder weitgehend automatisiert durchlaufen lassen oder die benutzerdefinierte Variante auswählen (siehe *Abbildung 16.64*).

Bei der Auswahl des benutzerdefinierten Setups stehen Ihnen natürlich mehr Möglichkeiten zur Verfügung. Aus diesem Grund geht der folgende Abschnitt auf diese Auswahlmöglichkeiten etwas näher ein.

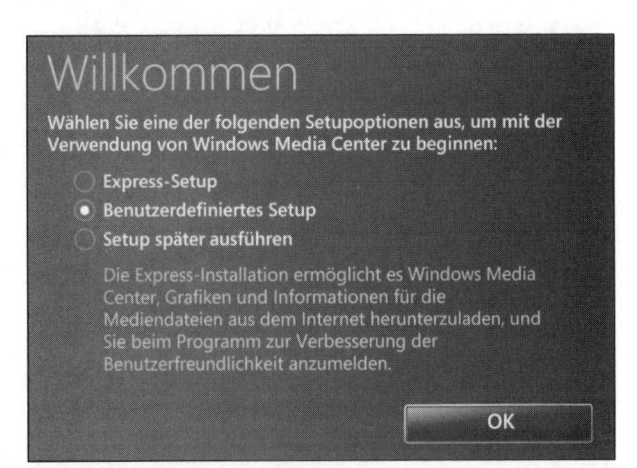

Abbildung 16.64: Auswahl der Einrichtungsoption des Media Centers

Als Nächstes erscheint der Willkommensbildschirm. Nachdem Sie ihn bestätigt haben, müssen zunächst die Netzwerk- und Internetverbindungen des PC konfiguriert werden. Bei Bedarf können Sie die einzelnen Einstellungen selbst anpassen, wenn der Assistent keine Verbindung finden kann. Die nächsten Seiten der Einrichtung sind weitgehend selbsterklärend. Wenn Sie die Internetverbindung eingerichtet haben, können Sie testen, ob sich das Media Center erfolgreich verbinden kann.

Nachdem die Einrichtung abgeschlossen wurde und Sie alle Fragen des Assistenten beantwortet haben, können Sie im Anschluss die optionale Einrichtung durchführen. Der Assistent blendet weitere Fenster ein, über die Sie die Lautsprecher und die Bildschirmanzeige konfigurieren können. Nachdem auch die optionale Einrichtung abgeschlossen ist, können Sie mit dem Media Center arbeiten, und der normale Startbildschirm wird angezeigt (siehe *Abbildung 16.63*).

Multimedia-Funktionen und neue Programme in Windows Vista

Abbildung 16.65:
Konfiguration der Netzwerk- und Internetverbindung für das Media Center

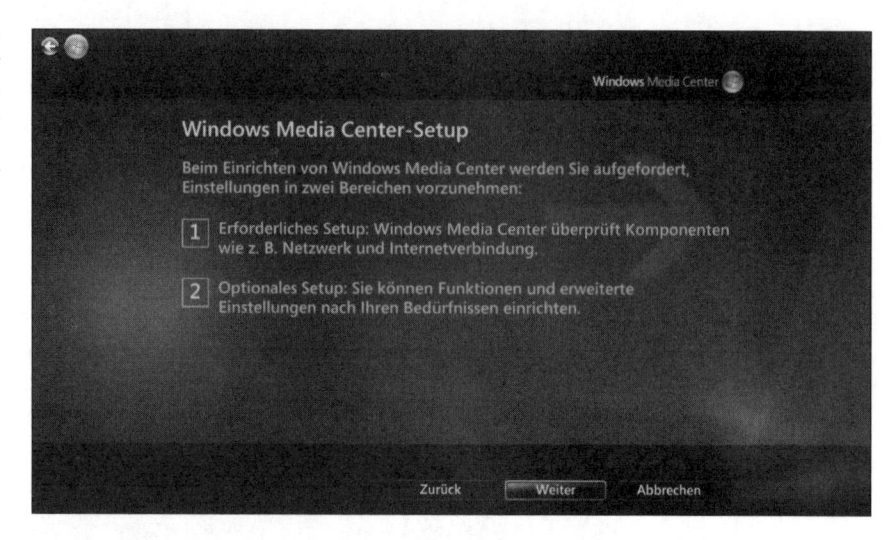

16.3.2 Die neue Bedienoberfläche im Windows Media Center

Die Bedienoberfläche wurde im Vergleich zu Windows XP Media Center Edition deutlich aufpoliert.

Abbildung 16.66:
Neue Oberfläche des Media Centers

Die altbackenen Farben in XP wurden jetzt durch ein elegantes dunkles Blau ersetzt, die Schriften wurden etwas verdünnt, sodass die Anzeige einfach ansprechender aussieht.

Das Startmenü des Media Centers ist zum einen in einen vertikalen und zum anderen in einen horizontalen Balken aufgeteilt. Bei der Navigation durch die eigenen Bibliotheken kann zwischen verschiedenen Perspektiven gewechselt werden. Außer nach Alben können auch nach Tracks oder Künstlern gruppierte Darstellungen gewählt werden. Über die Fernbedienung können Suchbegriffe eingegeben werden. Fotos werden übersichtlich indexiert, und es kann automatisch nach dem Erstellungszeitpunkt gefiltert werden. Die komplette Navigation geht einfach effizienter vonstatten als noch in der Vorgängerversion.

Dank des Windows Media Centers in Windows Vista ist es so einfach wie nie zuvor, Ihre sämtlichen digitalen Unterhaltungsmedien mithilfe der Maus und Tastatur oder einer Fernbedienung auf Ihrem PC oder Fernseher zu suchen, wiederzugeben und zu verwalten. Sie können Ihre digitalen Unterhaltungsmedien auf vielfältige Weise organisieren, um das gewünschte Element besser finden und anzeigen zu können. Durch Optionen wie Miniaturansichten können Sie bei der Suche nach CDs, Fotos, Filmen oder TV-Programmen das gewünschte Objekt schneller bestimmen. Sie können durch die Media Center-Menüs navigieren und dabei weiter den Film, das TV-Programm oder die Fotos auf dem Bildschirm verfolgen bzw. betrachten. Bei der Navigation durch die Media Center-Menüs können Sie das im Vollbildmodus angezeigte Programm weiter laufen lassen.

In die Xbox 360 ist eine Windows Media Center-Erweiterung integriert. Die Windows Media Center-Erweiterungen ermöglichen, dass Sie den PC im Büro lassen und Ihre Musik, Fotos, Filme und Fernsehprogramme überall im Haus über die erweiterten Media Center-Menüs wiedergeben können. Wenn die Xbox 360 an das Fernsehgerät und die Stereoanlage angeschlossen ist, können Sie sich auf dem Sofa bequem zurücklehnen und mithilfe der grünen Taste auf der Fernbedienung auf Ihre gesamte digitale Musiksammlung zugreifen. Das Windows Media Center in Windows Vista bietet völlig neue Möglichkeiten, Musiktitel anzuzeigen und anzuhören.

Multimedia-Funktionen und neue Programme in Windows Vista

Hauptmenüpunkte wie TV + Filme, Musik und Bilder + Videos werden weiterhin vertikal angesteuert, die jeweiligen Unterfunktionen sind nun aber horizontal zu erreichen (siehe *Abbildung 16.63*). Bei der Vorgängerversion war die Auswahl erst in der nächsten Ebene möglich.

Abbildung 16.67:
Hauptmenü des Media Centers

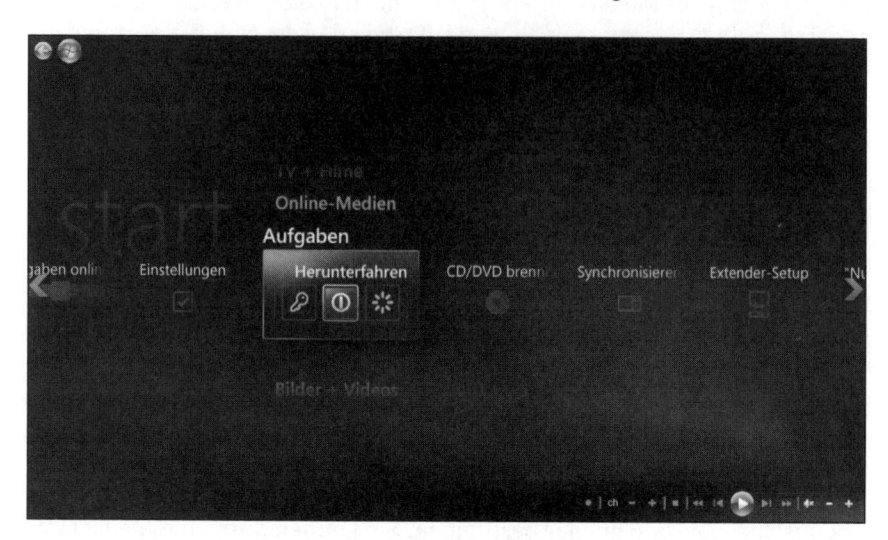

Durch die veränderte Navigation hat man schneller Zugriff auf die relevanten Funktionen, und die immer mehr verbreiteten Widescreens werden besser ausgenutzt. Wählt man einen Menüpunkt aus, der als rechteckige Lupe präsentiert wird, vergrößert sich der Text, und das Symbol erscheint farbig. Die Funktion Shutdown ist nicht mehr unter *Aufgaben* zu finden, sondern sinnvollerweise direkt in der Hauptnavigation (siehe *Abbildung 16.67*).

Da die Bibliotheken auf der verbesserten Mediendatenbank von Windows Media Player 11 basieren, können sie deutlich flüssiger durchforstet werden: Das Blättern in mehreren hundert Alben oder Fotos funktioniert ohne Unterbrechungen. Für die Bedienung stellt dies einen großen Fortschritt dar.

Über den Medienelementen befinden sich Menüpunkte, die je nach Bibliothek verschiedene Ansichten der Inhalte zeigen. So bietet der Bereich *Musik* beispielsweise die Möglichkeit, nach Album, Künstler, Genre, Titel, Wiedergabeliste und Komponist zu gruppieren (siehe *Abbildung 16.68*).

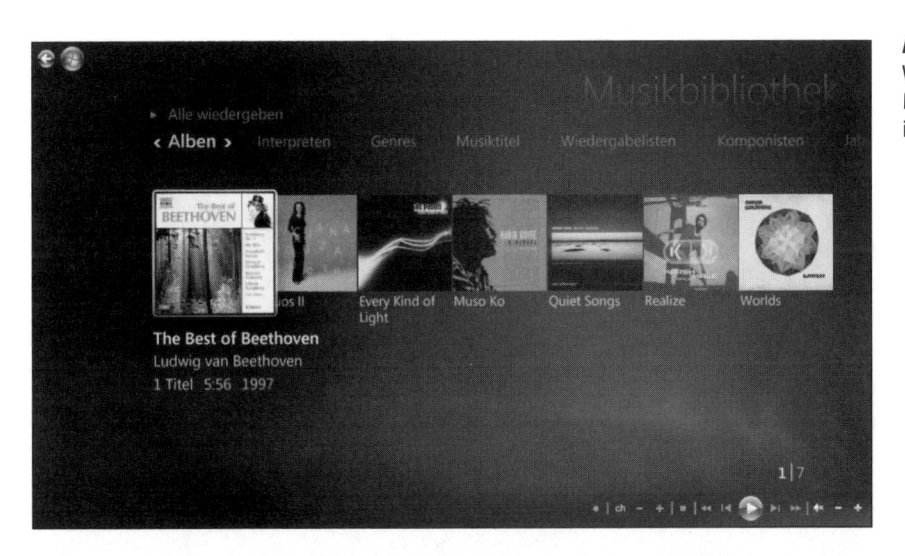

Abbildung 16.68:
Verwalten von Musikbibliotheken im Media Center

Während die Bibliothek für TV-Aufzeichnungen deutlich überarbeitet wurde, gibt es bei der TV-Funktion selbst kaum Neuerungen. So werden zwar nach wie vor zwei Tuner unterstützt, um parallel zum Live-TV eine andere Sendung aufnehmen zu können, eine Picture-in-Picture-Funktion ist aber auch weiterhin nicht enthalten. Bei der Implementierung des hierzulande immer populäreren DVB-T gibt es keine Fortschritte. Weiterhin werden für den Electronic Program Guide (EPG) nicht die mit dem Signal ausgesendeten Daten genutzt, sondern über das Internet heruntergeladene Informationen. Nicht selten sind diese aber ungenau oder nicht aktuell genug. Besonders ärgerlich ist auch, dass Media Center weder die Signalstärke noch die Signalqualität des DVB-T-Signals anzeigt. Der Grund für das Ruckeln des TV-Bildes ist also nicht mit Bordmitteln zu erfahren. Zwar kann in aufgezeichneten TV-Sendungen gespult werden, eine Funktion zum gezielten Überspringen von Werbung ist aber nach wie vor nicht integriert.

In den Vista-Editionen mit Media Center-Funktion liefert Microsoft erstmals in seiner Geschichte auch einen MPEG-Decoder mit aus. Erfreulich ist, dass die neue Media Center-Edition auch die Möglichkeit bietet, TV-Aufzeichnungen als Video-DVD zu brennen, die sich auf einem Standard-Player wiedergeben lässt.

Abbildung 16.69:
DVD brennen aus dem Media Center

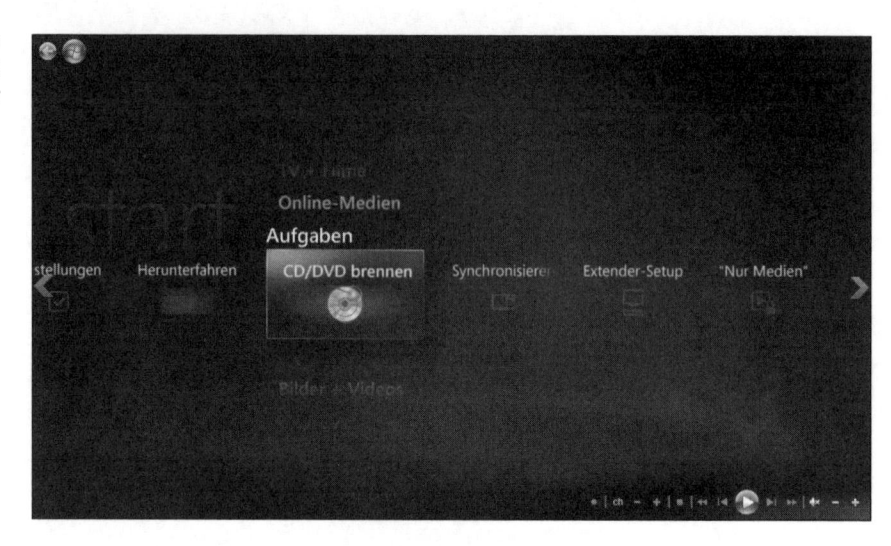

16.4 Windows-Teamarbeit

Diese neue Funktion dient dazu, dass Sie Dokumente und Dateien mit anderen Anwendern im Netzwerk zusammen einsetzen können, ohne einen Dateiserver zu verwenden. Windows-Teamarbeit ersetzt zwar keinen Dateiserver, bietet aber kleineren Arbeitsgruppen die Möglichkeit, Daten auszutauschen. Bei der Konfiguration dieser neuen Funktion werden automatisch Regeln in der Windows-Firewall erstellt, die den Datenverkehr von Windows-Teamarbeit zulassen.

Wenn Sie das Programm über *Start/Alle Programme/Windows-Teamarbeit* öffnen, erscheint zunächst ein Warnhinweis, dass diese Regeln jetzt in der Firewall aktiviert werden (siehe *Abbildung 16.70*). Bestätigen Sie diese Meldung, damit der Assistent zur Einrichtung von Windows-Teamarbeit gestartet werden kann.

Sie erkennen auch bei dieser Meldung wieder das kleine Schild-Symbol in den Windows-Farben. Dieses wird immer angezeigt, wenn für eine Aufgabe administrative Tätigkeiten durchgeführt werden, also normale Benutzerrechte nicht mehr ausreichen. Wenn Sie die Benutzerkontensteuerung (UAC) deaktiviert haben und mit Administratorrechten arbeiten, spielt dieses Symbol keine Rolle mehr, sondern hat nur symbolischen Charakter.

Windows-Teamarbeit

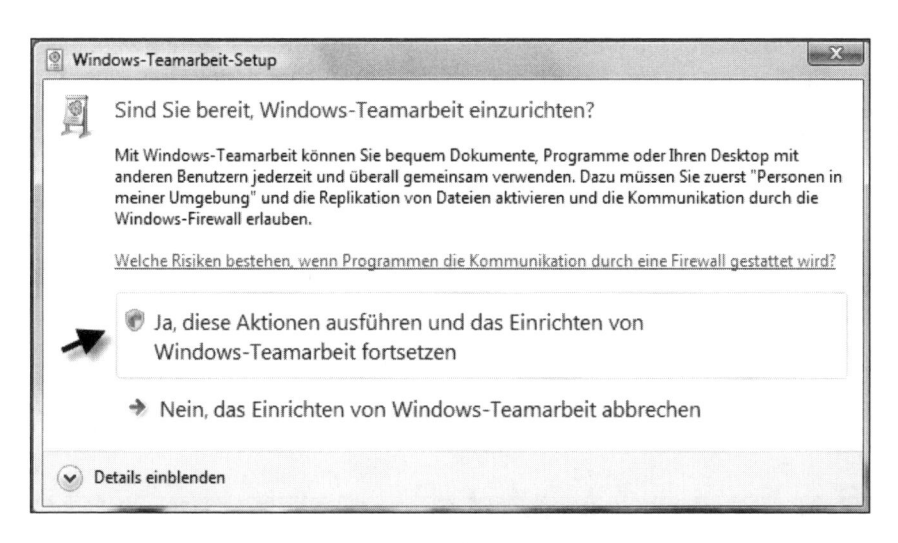

Abbildung 16.70:
Erstellen der automatischen Firewall-Regel für Windows Teamarbeit

Im Anschluss startet der Assistent für die Einrichtung von Windows-Teamarbeit. Sie können im ersten Fenster einen Anzeigenamen eingeben, wie Sie bei den anderen Teilnehmern angezeigt werden. Im Anschluss scannt der Assistent nach Computern im Netzwerk, die zum Team hinzugefügt werden. Sie können in diesem Fenster auch konfigurieren, mit wem Sie eine Verbindung aufbauen wollen und welche Zugriffe Sie generell blockieren. Der Anzeigename ist nur für Anwender im lokalen Netzwerk sichtbar (siehe *Abbildung 16.71*).

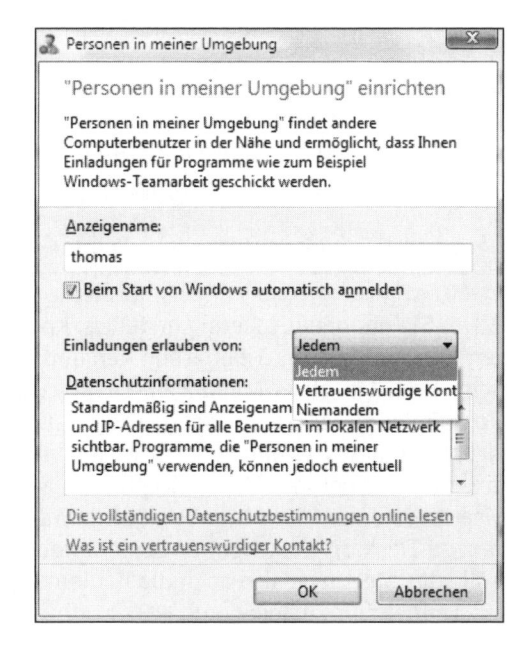

Abbildung 16.71:
Festlegen der Benutzer, die Bestandteil eines Teams sein dürfen

Multimedia-Funktionen und neue Programme in Windows Vista

Im Anschluss startet Windows-Teamarbeit, und Sie können entweder bei einem Meeting teilnehmen, das ein anderer im Team erstellt hat, oder ein eigenes Meeting erstellen (siehe *Abbildung 16.72*). Innerhalb eines solchen Online-Meetings können Dokumente gemeinsam bearbeitet oder es kann auf einen gemeinsamen Desktop zugegriffen werden. Alle Teilnehmer des Meetings können gemeinsam diese Dateien bearbeiten. Diese Funktion steht allerdings nur dann zur Verfügung, wenn auch die anderen Teilnehmer mit Windows Vista arbeiten.

Wenn Sie ein Meeting erstellt haben, müssen die anderen Teilnehmer Windows-Teamarbeit ebenfalls starten und können über das besprochene Fenster an Ihrem Meeting teilnehmen. Bei der Windows Vista Home Basic Edition können keine Meetings erstellt werden, sondern es kann nur Meetings beigetreten werden.

Abbildung 16.72:
Verwalten von Meetings in Windows-Teamarbeit

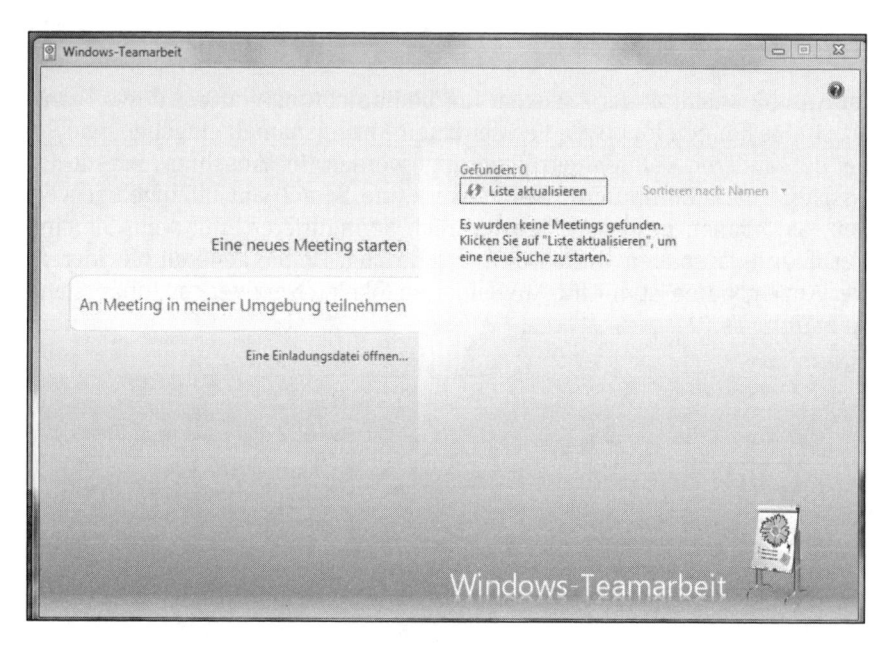

Wenn Sie ein neues Meeting erstellen, können Sie eine Bezeichnung festlegen, die in Windows-Teamarbeit den anderen Teilnehmern angezeigt wird. Beim Erstellen eines Meetings besteht auch die Möglichkeit, mit anderen Notebooks in einem Ad-hoc-WLAN-Netzwerk zusammenzuarbeiten, das eigens für dieses Meeting erstellt wird (siehe auch Kapitel 11). Anschließend müssen Sie noch ein Kennwort für das Meeting festlegen. Innerhalb eines Meetings können Sie über die Konfigurationsoberfläche Dateien oder Ihren ganzen Desktop freigeben. Es besteht dabei auch die Möglichkeit, die Kontrolle des Meetings, also auch die Bedienung Ihres Desktops, an einen anderen Teilnehmer zu delegieren.

Die ausgetauschten Netzwerkpakete zwischen den Meeting-Teilnehmern werden verschlüsselt und sind daher als absolut sicher einzustufen.

Innerhalb von solchen Meetings kann auch auf Netzwerkprojektoren zugegriffen werden, sodass die gemeinsamen Ergebnisse auch innerhalb eines Besprechungsraums mit einem Beamer an die Wand projiziert werden können.

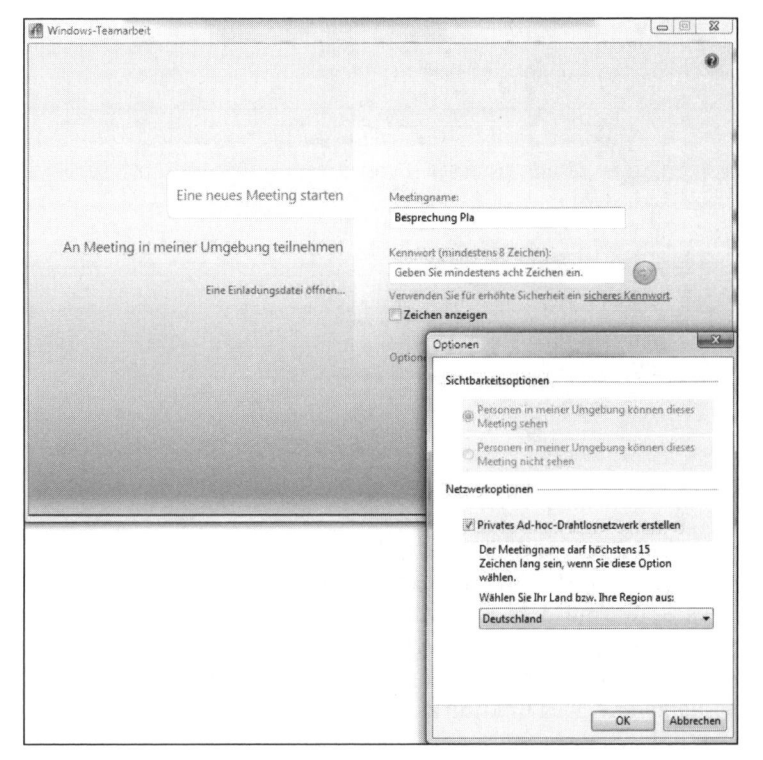

Abbildung 16.73: Erstellen eines neuen Meetings mit Windows-Teamarbeit

16.5 Synchronisierungscenter

Eine weitere Neuheit ist das Synchronisierungscenter, das ActiveSync ablöst. Sie können das Programm über *Start/Alle Programme/Zubehör* aufrufen (siehe *Abbildung 16.74*). Mit diesem Tool können Sie Ihren PC mit anderen PCs, mobilen Geräten wie Pocket PCs und Smartphones oder Netzwerkordnern synchronisieren.

Wenn Sie Ihren PC ständig mit verschiedenen Quellen im Netzwerk oder anderen Geräten synchronisieren müssen, verlieren Sie irgendwann den Überblick. Das Synchronisierungsfenster bietet die Möglichkeit, an einer zentralen Stelle alle notwendigen Daten aus dem Netzwerk, von anderen PCs oder von Pocket PCs zu synchronisieren. Die Daten werden dazu nicht

Multimedia-Funktionen und neue Programme in Windows Vista

nur von den Quellgeräten auf Ihren PC synchronisiert, sondern ständig aktuell gehalten, also auch von Ihrem PC zurückkopiert, wenn Sie zum Beispiel Daten bearbeitet haben.

Abbildung 16.74:
Synchronisierungscenter in Windows Vista

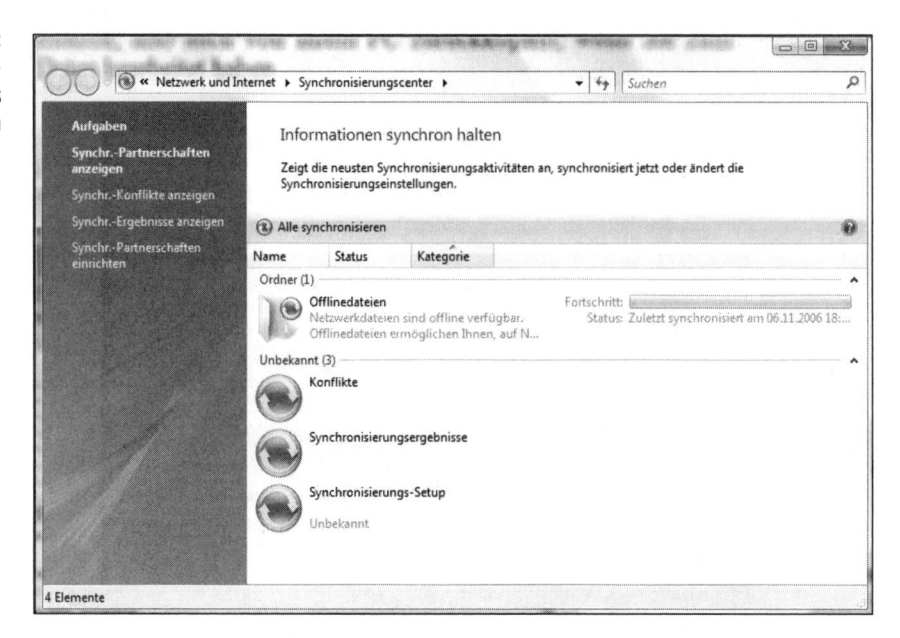

Das Einrichten und die Verwaltung von Synchronisierungen kann jeder Anwender selbst einrichten, es ist kein Administrator mehr notwendig. Für jedes Gerät, mit dem Sie sich synchronisieren wollen, müssen Sie im Synchronisierungscenter eine Partnerschaft einrichten. Synchronisieren können Sie Dokumente, Musikdateien mit MP3-Playern und Dateien auf Freigaben im Netzwerk. Die Funktion zur Synchronisierung mit Netzwerkordnern steht in Windows Vista Starter, Windows Vista Home Basic und Windows Vista Home Premium nicht zur Verfügung. Sie können über die Oberfläche des Synchronisierungsfensters sehr einfach neue Partnerschaften mit Geräten einrichten, die mit dem PC verbunden sind, die aktuellen Synchronisierungsergebnisse anzeigen und auch eventuell vorhandene Synchronisierungskonflikte direkt in einem Fenster erkennen und verwalten bzw. lösen.

Ein Synchronisierungskonflikt tritt auf, wenn Unterschiede zwischen einer Datei an einem Ort und einer Version derselben Datei an einem anderen Ort nicht abgestimmt werden können. Dann kann die Synchronisierung nicht abgeschlossen werden. Dies geschieht meist, wenn eine Datei seit der letzten Synchronisierung an beiden Orten geändert wurde. Wenn Sie beispielsweise seit der letzten Synchronisierung ein Dokument auf dem Computer geändert und eine andere Änderung an demselben Dokument in einem Netzwerkordner vorgenommen haben, der für die Synchronisierung mit dem Computer eingerichtet ist, tritt ein Synchronisierungskonflikt auf. Sie werden vom Synchronisierungscenter gefragt, wie der Konflikt aufgelöst werden soll. Sie können auswählen, welche Version unverändert bleiben und welche aktualisiert werden soll.

Bei der unidirektionalen Synchronisierung werden Dateien von einem primären Ort an einen sekundären Ort kopiert, es werden jedoch niemals Dateien zurück an den primären Ort kopiert. Bei der bidirektionalen Synchronisierung werden Dateien in beide Richtungen kopiert, um die beiden Orte synchron zu halten. Sie könnten die unidirektionale Synchronisierung beispielsweise für ein tragbares Musikabspielgerät einrichten, wobei Sie das Synchronisierungscenter anweisen, jede neue Musikdatei vom Computer auf das mobile Gerät zu kopieren, aber nie Musikdateien in der anderen Richtung (vom Gerät auf den Computer) zu kopieren.

Die bidirektionale Synchronisierung könnten Sie beispielsweise zwischen einem Netzwerkordner und Ihrem Computer einrichten, wobei Sie das Synchronisierungscenter anweisen, die neueste Version jeder gefundenen Datei an den jeweils anderen Ort zu kopieren und dabei ältere Versionen derselben Datei zu überschreiben. Dies ist die geeignete Synchronisierungsart, wenn Sie im Netzwerkordner und auf Ihrem Computer mit denselben Dateien arbeiten und sicherstellen möchten, dass Sie immer über die neueste Version jeder bearbeiteten Datei verfügen.

16.6 Windows-Fax und -Scan

Mit Windows-Fax und -Scan können Sie über eine ISDN-Karte oder ein Modem Faxnachrichten versenden. Wenn Sie parallel noch einen Scanner an Ihren PC anschließen, können Sie auch normale Dokumente über das Programm einscannen und gleich faxen. Ihr PC wird durch diese Funktion also quasi zu einem Faxgerät (siehe *Abbildung 16.75*).

Natürlich ist es auch möglich, dass Sie Faxe mit dem Computer empfangen können. Sie können das Programm auch so konfigurieren, dass die Faxe nicht von Ihrem PC aus gesendet werden, sondern über einen Faxserver. So können mehrere Anwender über einen gemeinsamen Computer Faxe versenden.

Empfangene Faxe können auf einem Computer direkt per E-Mail an einen anderen Benutzer weitergeleitet werden. Dies setzt allerdings voraus, dass Sie entweder Windows Mail eingerichtet haben oder mit einem anderen E-Mail-Programm arbeiten. Windows-Fax und -Scan ist kein Mailclient, sondern es übergibt das angekommene Fax als Anhang an Ihr Standard-E-Mail-Programm.

Multimedia-Funktionen und neue Programme in Windows Vista

Abbildung 16.75:
Windows-Fax und -Scan

Wenn Sie ein Fax empfangen haben, können Sie wie bei einem E-Mail-Programm antworten, indem Sie die Schaltfläche *Antworten* anklicken.

16.7 Windows-Kalender

Ebenfalls neu in Windows Vista ist der Windows-Kalender (siehe *Abbildung 16.76*). Mit dem Kalender können Sie Ihre Termine jetzt in Windows komfortabel verwalten, ohne zusätzliche Programme installieren zu müssen. Sie können den Windows-Kalender über *Start/Alle Programme* starten. Der Windows-Kalender hat ähnliche Funktionen wie der Kalender in Outlook. Sie können sich vom Kalender an bestimmte Termine erinnern lassen oder ganze Terminreihen anlegen.

Im Windows-Kalender ist zusätzlich eine Aufgabenverwaltung enthalten, die ebenfalls so ähnlich funktioniert wie in Outlook. Die meisten Privathaushalte werden mit der Terminplanung des Windows-Kalenders zurechtkommen.

16.7.1 Konfigurieren von Windows-Kalender

Über das Menü *Ansicht* können Sie zwischen einer Tages-, Wochen- und Monatsansicht umschalten. Sie können entweder direkt auf das Menü als Schaltfläche klicken oder auf das kleine Dreieck neben dem Menü, um eine Liste anzuzeigen.

Windows-Kalender

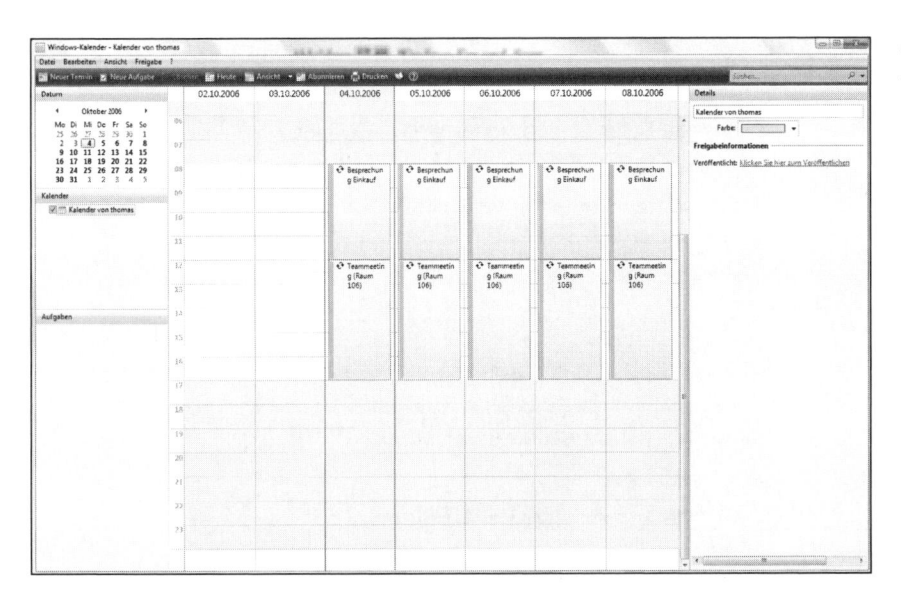

Abbildung 16.76:
Arbeiten mit dem Windows-Kalender

Der Windows-Kalender besteht aus verschiedenen Bereichen, die manuell vergrößert oder verkleinert werden können. Ganz oben befindet sich die Menüleiste des Kalenders, über welche die meisten Funktionen erreichbar sind (siehe *Abbildung 16.77*).

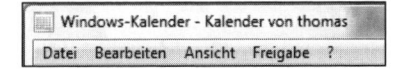

Abbildung 16.77:
Menüleiste des Windows-Kalenders

Vor allem über das Menü *Datei* können Sie neue Termine, Aufgaben oder allgemeine Einstellungen bezüglich des Kalenders vornehmen. Über das Menü *Datei/Optionen* können Sie die wichtigsten Standardeinstellungen des Kalenders konfigurieren (siehe *Abbildung 16.78*).

Hier können Sie zum Beispiel einstellen, wann Ihr Arbeitstag normalerweise beginnt und endet, damit die Darstellung der Termine darauf eingestellt wird. Zusätzlich können Sie hier festlegen, dass die Terminerinnerungen auch angezeigt werden, wenn der Windows-Kalender nicht gestartet ist. Die meisten Einstellungen auf diesem Fenster sind selbsterklärend. Wenn Sie mit dem Windows-Kalender produktiv arbeiten, sollten Sie diese Einstellungen an Ihre Bedürfnisse anpassen, der Windows-Kalender ist in dieser Hinsicht sehr flexibel.

Multimedia-Funktionen und neue Programme in Windows Vista

Abbildung 16.78:
Einstellungen des Windows-Kalenders

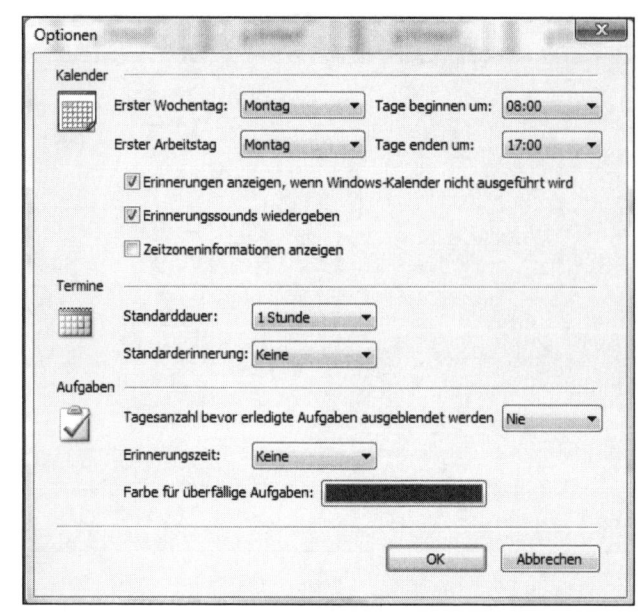

Ansonsten werden über die Menüleiste alle Aktionen angezeigt, die Sie auch per Rechtsklick auf die einzelnen Bereiche des Kalenders erreichen können.

Unterhalb der Menüleiste wird die bekannte neue Windows Vista-Symbolleiste angezeigt, die Sie in ähnlicher Form auch im Windows Explorer vorfinden (siehe *Abbildung 16.79*).

Abbildung 16.79:
Windows Vista-Symbolleiste des Windows-Kalenders

Hier können Sie über die entsprechenden Schaltflächen neue Termine erstellen, neue Aufgaben erstellen, Termine und Aufgaben löschen.

> **TIPP**
> *Über die Schaltfläche* Heute *springen Sie immer auf das heutige Datum, wenn Sie zum Beispiel im Kalender zu einem anderen Termin navigiert sind.*

Windows-Kalender

Über das Menü *Ansicht* können Sie zum einen die Ansicht des Kalenders anpassen.

Zusätzlich können Sie über das Menü den Navigationsbereich auf der linken Seite des Kalenders ein- und ausschalten sowie den Detailbereich auf der rechten Seite. Im Detailbereich werden die Daten beim Anlegen von neuen Terminen oder Aufgaben eingetragen. Das Ausblenden der beiden Bereiche macht zum Beispiel Sinn, wenn Sie einen besseren Überblick über den Kalender bekommen wollen.

Über die Tastenkombinationen [Strg]+[I] *(Navigationsbereich)* und [Strg]+[D] *(Detailbereich)* können Sie die beiden Bereiche bei gestartetem Kalender ein- und ausblenden.

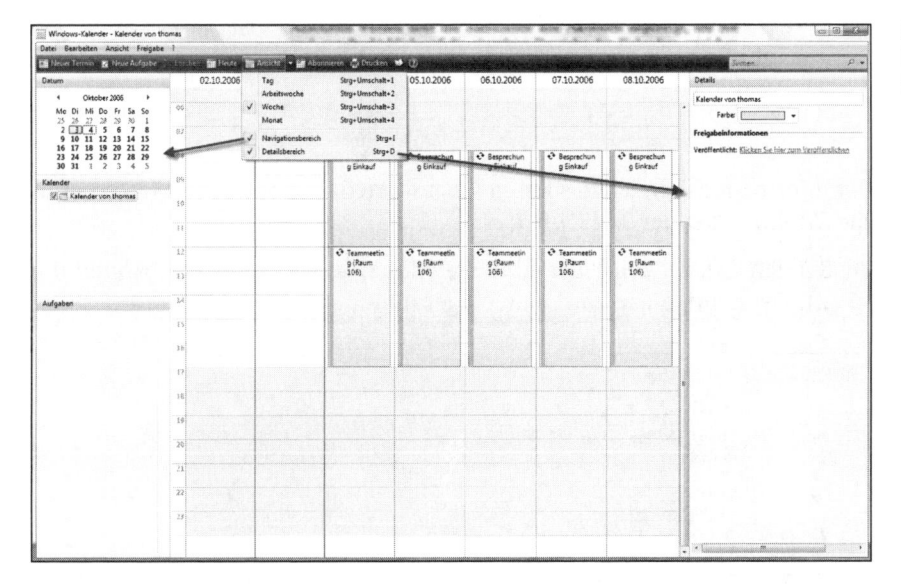

TIPP

Abbildung 16.80: Konfiguration der Kalenderansicht

Über die Schaltfläche *Abonnieren* können Sie Kalender anderer Benutzer über das Internet abonnieren. Sie können sich diese Kalender dann in Ihrem Kalender anzeigen lassen und sehen so die gebuchten bzw. freien Termine dieser Benutzer. Microsoft stellt dazu eine eigene Internet-Seite für den Windows-Kalender zur Verfügung.

Über die Schaltfläche *Drucken* wird nicht einfach die aktuelle Seite des Kalenders ausgedruckt, sondern Sie können auswählen, welchen Datumsbereich mit welcher Kalenderansicht Sie ausdrucken wollen (siehe *Abbildung 16.81*).

Multimedia-Funktionen und neue Programme in Windows Vista

Abbildung 16.81:
Druckoptionen des Windows-Kalenders

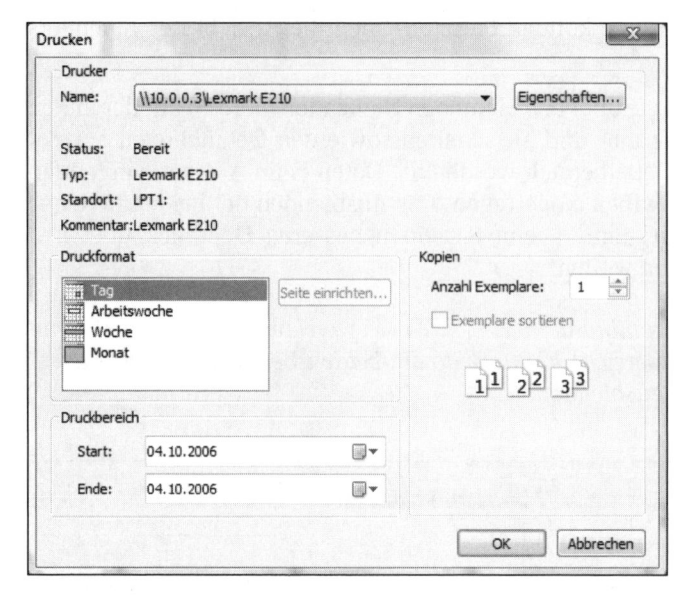

Der Informationsbereich des Kalenders unterteilt sich in die drei Unterbereiche *Datum*, *Kalender* und *Aufgaben*.

Im Bereich *Datum* wird der aktuelle Monat angezeigt (siehe *Abbildung 16.82*). Der heutige Tag wird blau eingerahmt.

Abbildung 16.82:
Datumsbereich des Windows-Kalenders

Wenn Sie in der Menüleiste auf die Schaltfläche *Heute* klicken, springt die Kalenderansicht automatisch wieder auf das heutige Datum. Sie können mit der Maus innerhalb des Monats auf jedes beliebige Datum klicken und sich so die Termine dieses Tages anzeigen lassen. Mit den beiden kleinen Pfeilsymbolen neben dem Kalender können Sie zwischen den Monaten wechseln.

Im Kalenderbereich werden Ihre Kalender und die abonnierten Kalender Ihres Benutzerkontos angezeigt. Wenn Sie mit der rechten Maustaste in den Bereich klicken, stehen Ihnen verschiedene Optionen zur Verfügung (siehe *Abbildung 16.83*).

Windows-Kalender

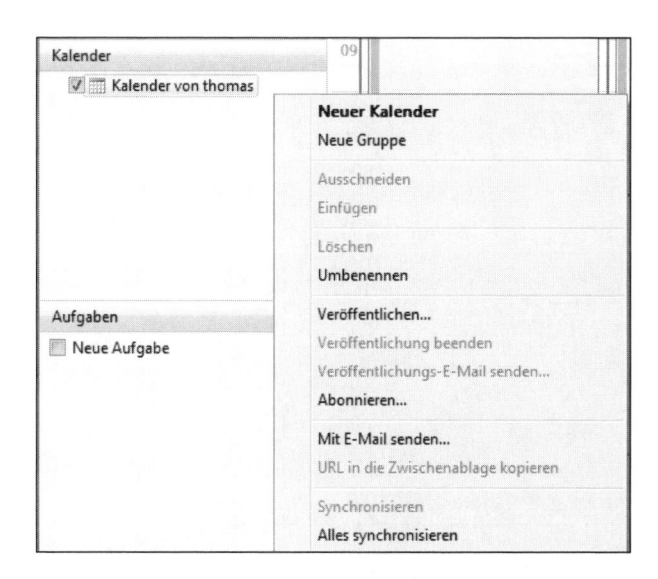

Abbildung 16.83:
Optionen im Kalenderbereich

Über den Menübefehl *Neuer Kalender* können Sie – parallel zu Ihrem aktuellen Kalender – einen neuen anlegen. So können mit einem Benutzerkonto mehrere Kalender verwaltet werden. Denkbar ist ein solcher Einsatz zum Beispiel, wenn Sie im Haushalt gemeinsame Termine oder Geburtstage verwalten und sie nicht in die einzelnen Kalender eintragen wollen.

Wenn Sie einen neuen Kalender ausgewählt haben, können Sie die Termine dieses Kalenders in Ihrer Kalenderansicht ein- oder ausblenden, indem Sie das Kontrollkästchen neben dem entsprechenden Kalender aktivieren (siehe *Abbildung 16.84*).

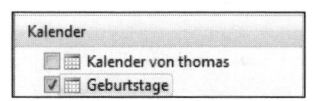

Abbildung 16.84:
Aktivieren der Kalenderansicht

Die Kalender werden in einer gemeinsamen Ansicht durch unterschiedliche Farben angezeigt. Dadurch ist auch bei einer gemeinsamen Anzeige von Terminen immer eine optimale Übersicht gewährleistet.

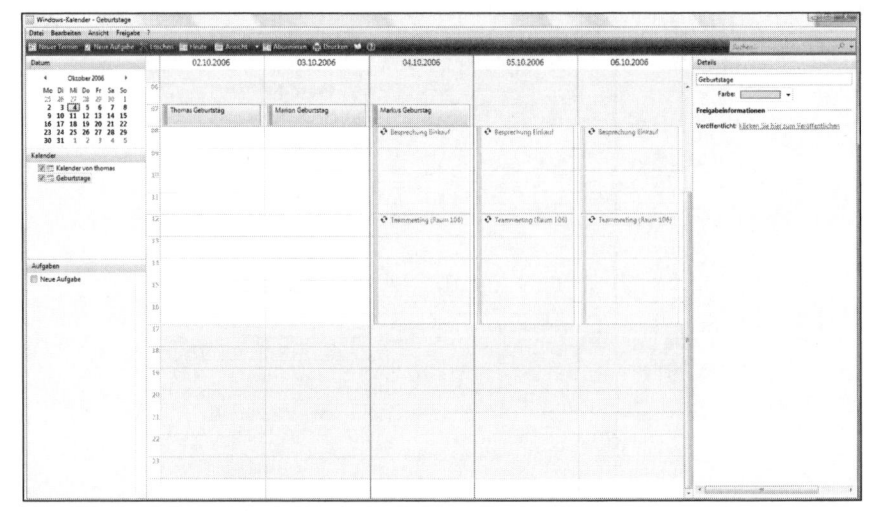

Multimedia-Funktionen und neue Programme in Windows Vista

Abbildung 16.85:
Anzeigen mehrerer Kalender in einer gemeinsamen Ansicht

Die Termine eines Kalenders können nur dann bearbeitet werden, wenn Sie den jeweiligen Kalender auch aktiviert haben. Die Farbe des Kalenders können Sie im Detailbereich konfigurieren.

Im dritten Bereich werden die Aufgaben verwaltet. Auch hier können Sie mit der rechten Maustaste neue Aufgaben erstellen oder die erstellten Aufgaben verwalten (siehe *Abbildung 16.86*). Wenn Sie mehrere Aufgaben eingetragen haben, können Sie zur besseren Ansicht auch die Anzeige dieser Aufgaben sortieren lassen.

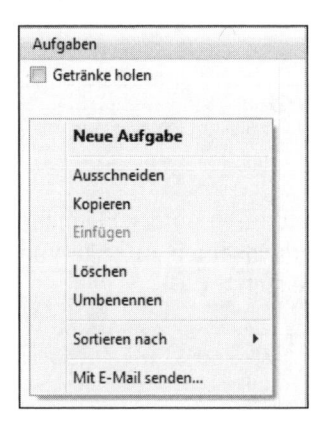

Abbildung 16.86:
Aufgaben im Windows-Kalender verwalten

16.7.2 Termine mit dem Windows-Kalender erstellen

Wenn Sie neue Termine oder Aufgaben erstellen, werden die Detailinformationen bei der Erstellung auf der rechten Seite im Detailbereich des Kalenders eingetragen.

Hier legen Sie fest, mit welcher Bezeichnung der Termin eingetragen wird und an welchem Ort dieser stattfindet (siehe *Abbildung 16.87*). Bei beiden Eingaben können Sie ohne Vorgaben Informationen eintragen. Zusätzlich können Sie hier festlegen, in welchen Kalender dieser Termin eingetragen werden soll.

Abbildung 16.87: Erstellen von neuen Terminen oder Aufgaben im Windows-Kalender

Weitere Informationen sind die Dauer des Termins oder ob es sich bei dabei um einen ganztägigen Termin handelt. Bei ganztägigen Terminen wird dieser oben im Kalender angezeigt, ein zeitlich festgelegter Termin wird exakt bei den Uhrzeiten angezeigt, an denen dieser stattfindet.

Sie können für regelmäßige Termine auch Wiederholungen konfigurieren. Der Termin wird dann automatisch in Ihren Kalender zu den ausgewählten Wiederholungen eingetragen. Wenn Sie einen solchen regelmäßigen Termin konfigurieren wollen, können Sie den ersten Termin in der Reihe bearbeiten. Alle Änderungen werden dann automatisch auf die anderen Termine übernommen.

Zusätzlich können Sie hier konfigurieren, ob Sie sich für diesen Termin vorher erinnern lassen wollen. Nach der Erstellung eines Termins wird dieser im Kalender angezeigt und kann jederzeit bearbeitet werden.

16.7.3 Windows-Kalender mit mehreren Benutzern verwenden

Eine weitere Möglichkeit zur Verwendung des Kalenders ist die Möglichkeit, auch Termine zusammen mit anderen Benutzern zu verwalten. Andere Benutzer in dieser Gruppe können die Kalender der anderen Gruppenmitglieder abonnieren und diese in Ihrer Kalenderansicht anzeigen lassen. Bei der Erstellung eines Termins können Sie andere Teilnehmer einladen (siehe *Abbildung 16.88*).

Abbildung 16.88: Termine mit mehreren Teilnehmern erstellen

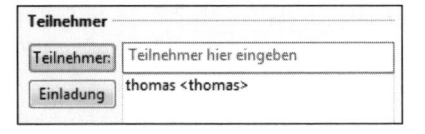

Wenn Sie einen Termin erstellen und auf *Teilnehmer* klicken, werden Ihnen im Kalender Ihre Windows-Kontakte angezeigt. Hier können Sie einen oder mehrere Teilnehmer auswählen.

Anschließend können Sie diesem Benutzer über die Schaltfläche *Einladung* eine E-Mail senden.

Zu dieser E-Mail wird automatisch eine Anlage erstellt, die der Empfänger wiederum in seinen Kalender importieren kann. Der entsprechende Termin erscheint dann beim Empfänger im Kalender so, als ob er ihn selbst erstellt hätte.

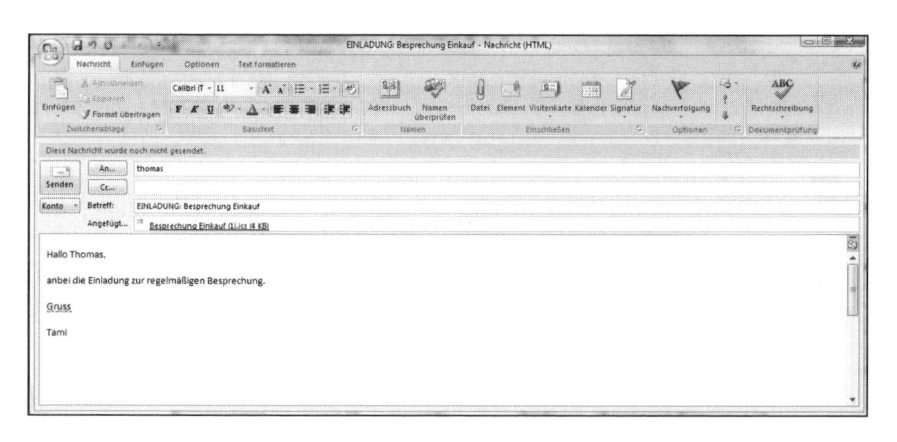

Abbildung 16.89:
Einladungs-E-Mail bei der Erstellung eines Termins

Die Anlage mit dem Termin hat das Dateiformat *.ics. Dieses Format kann in den Windows-Kalender importiert werden. Der Empfänger kann dazu die Datei entweder doppelklicken, oder im Windows-Kalender über *Datei/ Importieren* den Termin in seinen Kalender importieren (siehe *Abbildung 16.90*).

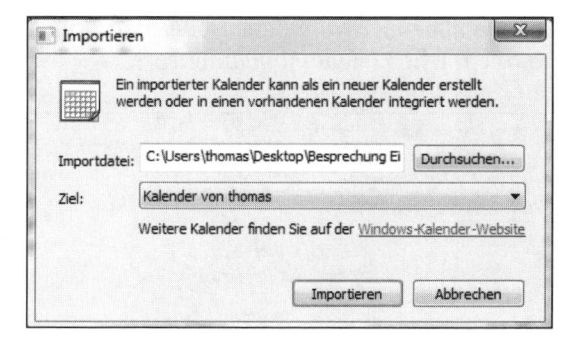

Abbildung 16.90:
Importieren von Kalenderdateien

*.ics-Dateien können auch in den Outlook-Kalender importiert werden. Der Einsatz von Windows-Kalender wird beim Empfänger nicht zwingend vorausgesetzt.

Auch Gruppentermine werden in Windows-Kalender entsprechend gekennzeichnet (siehe *Abbildung 16.91*).

In Verbindung mit dem Windows-Kalender und Windows-Teamarbeit eröffnen sich so für Anwender mit Windows Vista ganz neue Möglichkeiten zur Gruppenarbeit, ohne auf zusätzliche Software setzen zu müssen.

Multimedia-Funktionen und neue Programme in Windows Vista

Abbildung 16.91:
Anzeige eines Gruppentermins im Windows-Kalender

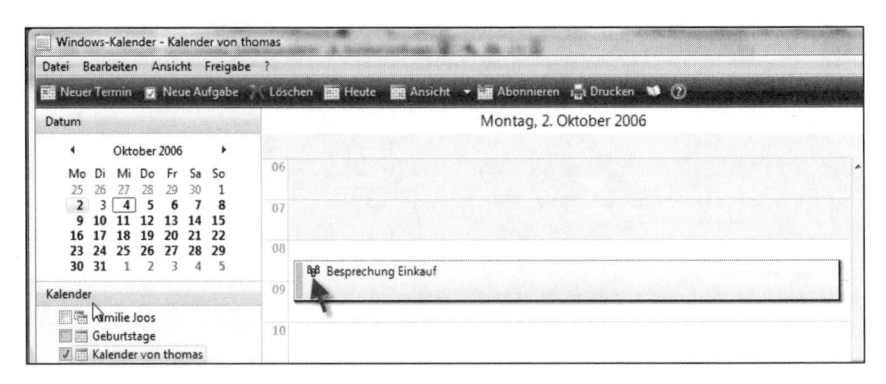

Kalender veröffentlichen und abonnieren

Eine weitere Möglichkeit, in Gruppen mit dem Windows-Kalender zu arbeiten, ist die Veröffentlichung eines Kalenders. Dabei wird an einer zentralen Stelle auf dem PC, im Netzwerk oder im Internet der Kalender als *.ics-Datei zur Verfügung gestellt. Andere Mitglieder der Gruppe können diesen Kalender dann importieren und den abonnierten Kalender in ihrem Kalender anzeigen lassen. Um den eigenen Kalender zu veröffentlichen, können Sie den Detailbereich verwenden oder den Kalender über das Menü *Freigabe* veröffentlichen (siehe *Abbildung 16.92*).

Abbildung 16.92:
Veröffentlichen eines Windows-Kalenders

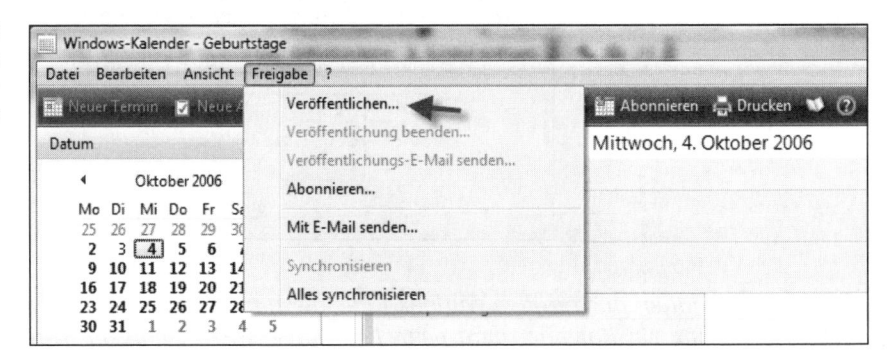

Rufen Sie den Menübefehl *Freigabe/Veröffentlichen* auf. Daraufhin öffnet sich ein neues Fenster, über das Sie konfigurieren können, welche Informationen veröffentlicht werden sollen und wo die Veröffentlichung stattfinden soll. Wenn Sie den Kalender in einem kleinen Netzwerk veröffentlichen wollen, sollten Sie eine gemeinsame Freigabe erstellen, auf der alle Kalenderdateien abgelegt werden können.

Windows-Kalender

Wenn Sie die Freigabe auf einem einzelnen PC erstellen wollen, können Sie auch den Ordner *Öffentlich* (entspricht dem Pfad *C:\Users\Public*) verwenden, auf den alle Benutzer des PC zugreifen können. Zusätzlich können Sie im Fenster festlegen, dass Änderungen in Ihrem Kalender automatisch in die veröffentlichte Datei integriert werden, damit die Anwender, die Ihren Kalender abonniert haben, immer über die aktuellsten Daten verfügen.

Abbildung 16.93: Auswahl der Optionen zur Veröffentlichung

Wenn Sie die gewünschten Informationen konfiguriert haben, können Sie die Veröffentlichung über die Schaltfläche *Veröffentlichen* starten. Der Windows-Kalender exportiert daraufhin die ausgewählten Informationen in eine *.ics*-Datei und stellt sie im ausgewählten Ordner zur Verfügung.

Nachdem die Veröffentlichung abgeschlossen ist, können Sie im nächsten Fenster über die Schaltfläche *Ankündigen* automatisch eine E-Mail erstellen lassen und sie an die Empfänger verschicken, die auf Ihren Kalender zugreifen dürfen.

Multimedia-Funktionen und neue Programme in Windows Vista

Abbildung 16.94:
Erfolgreiche Veröffentlichung eines Kalenders

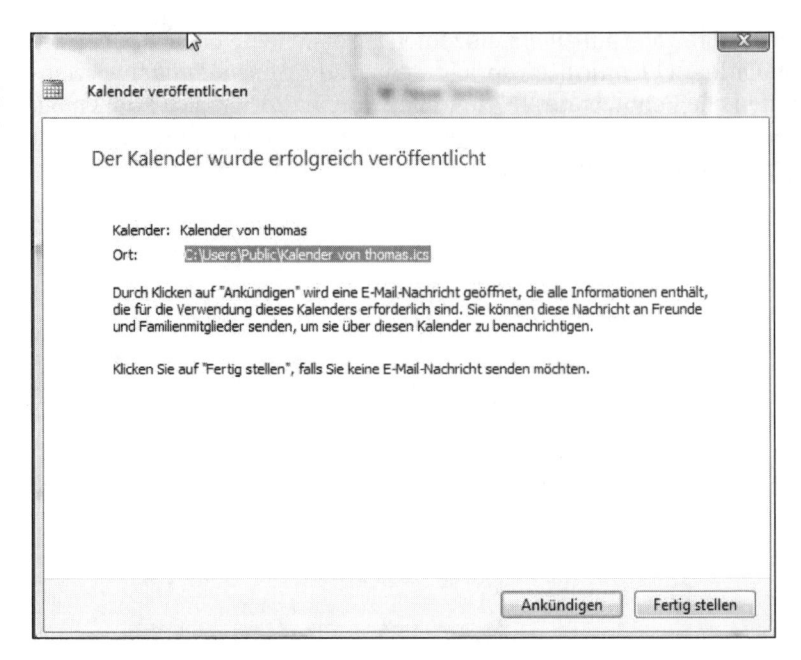

Sie können selbst auswählen, an welche Empfänger Sie die E-Mail versenden. Achten Sie jedoch darauf, dass diese Empfänger auch auf den Ordner zugreifen können, in dem Sie den Kalender freigegeben haben.

Abbildung 16.95:
Informations-E-Mail zur Veröffentlichung eines Kalenders

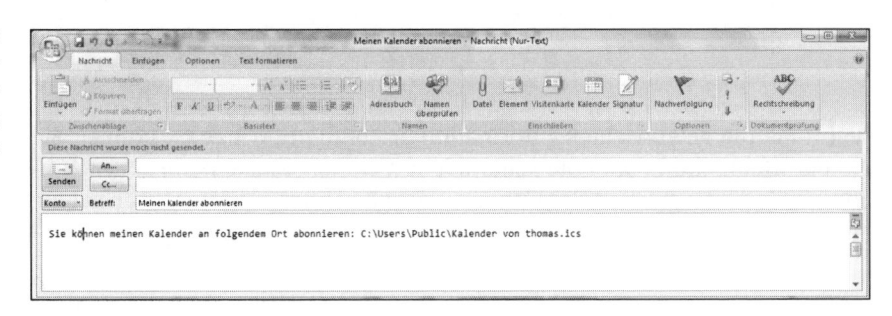

Windows-Kalender

Sie können die Einstellungen der Veröffentlichung jederzeit im Detailbereich des Kalenders anpassen (siehe *Abbildung 16.96*).

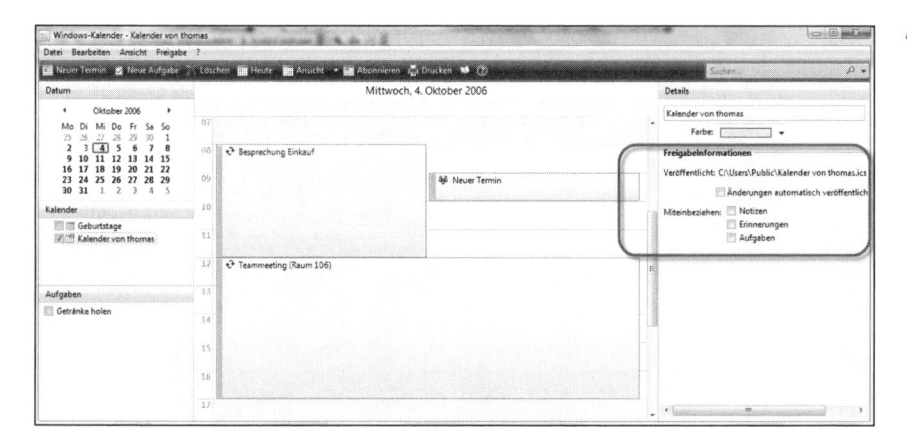

Abbildung 16.96: Konfiguration der Kalenderfreigabe

Über den Menübefehl *Freigabe/Veröffentlichung beenden* können Sie die Veröffentlichung der Freigabe wieder deaktivieren (siehe *Abbildung 16.97*).

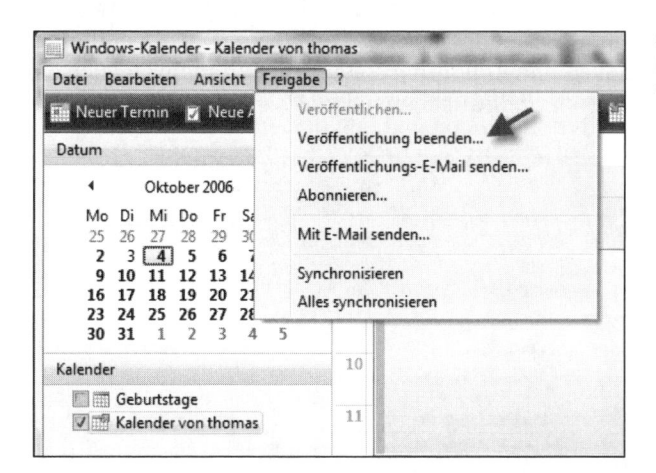

Abbildung 16.97: Beenden einer Veröffentlichung

Alternativ können Sie nach der Erstellung einer Freigabe nachträglich die Veröffentlichungs-E-Mail senden oder den kompletten freigegebenen Kalender als E-Mail verschicken.

Wenn Sie den Menübefehl Mit E-Mail senden *auswählen, erstellt der Windows-Kalender automatisch eine neue E-Mail, die als Anhang eine *.ics-Datei enthält, die exakt mit den Daten der Veröffentlichung übereinstimmt.*

TIPP

Über den Menübefehl *Freigabe/Abonnieren* können Sie die veröffentlichten Kalender der anderen Anwender wiederum in Ihren Kalender importieren. Sie müssen dazu den genauen Pfad zur veröffentlichten Kalenderdatei eingeben. Diesen Pfad können Sie auch aus der Informations-E-Mail kopieren.

Multimedia-Funktionen und neue Programme in Windows Vista

Abbildung 16.98:
Abonnieren eines Kalenders

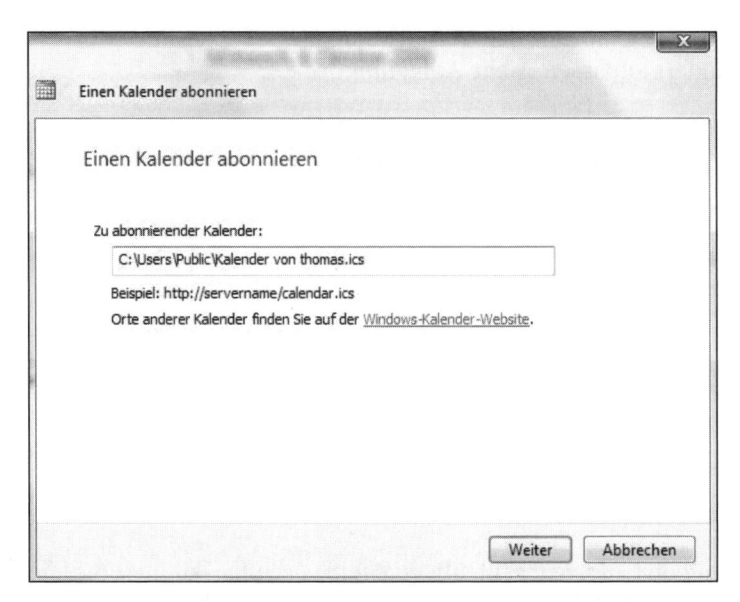

Auf der nächsten Seite der Abos können Sie festlegen, wann die Ansicht in Ihrem Kalender mit der veröffentlichen Kalenderdatei aktualisiert werden soll (siehe *Abbildung 16.99*). Hier können Sie auch einstellen, ob die Erinnerungen und Aufgaben dieses Kalenders ebenfalls aktualisiert werden sollen.

Abbildung 16.99:
Konfiguration der Aktualisierung des Kalenders

Nachdem Sie die Konfiguration des Abonnements fertig gestellt haben, wird der abonnierte Kalender in Ihrem Kalender angezeigt und kann wie alle anderen ein- oder ausgeblendet werden (siehe *Abbildung 16.100*).

Windows-Kontakte

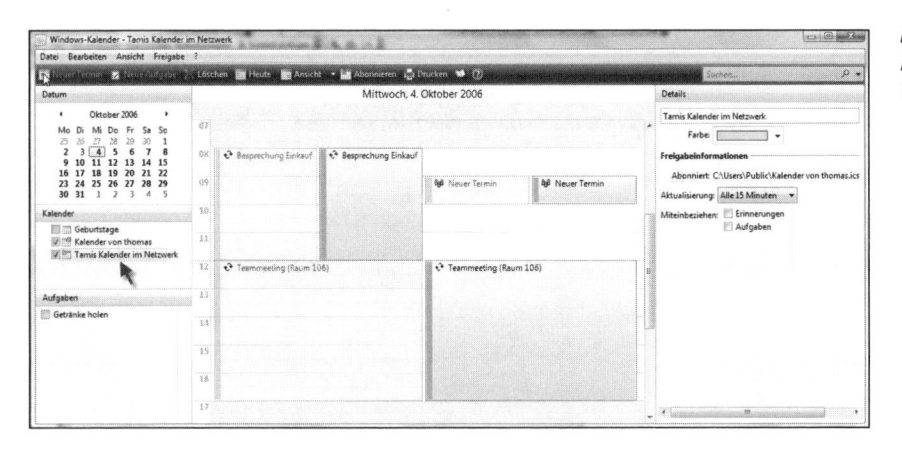

Abbildung 16.100:
Abonnierte Kalender anzeigen

Sie können den Namen des abonnierten Kalenders mit der rechten Maustaste umbenennen sowie die Farbe des Kalenders anpassen.

16.8 Windows-Kontakte

Aus dem Adressbuch in Windows sind die Windows-Kontakte geworden. Die Windows-Kontakte sind auch in den Windows-Kalender integriert. Die Windows-Kontakte können über *Start/Alle Programme* aufgerufen werden. Auch über das Kontakte-Symbol im Windows-Kalender kann auf die Kontakte zugegriffen werden (siehe *Abbildung 16.101*).

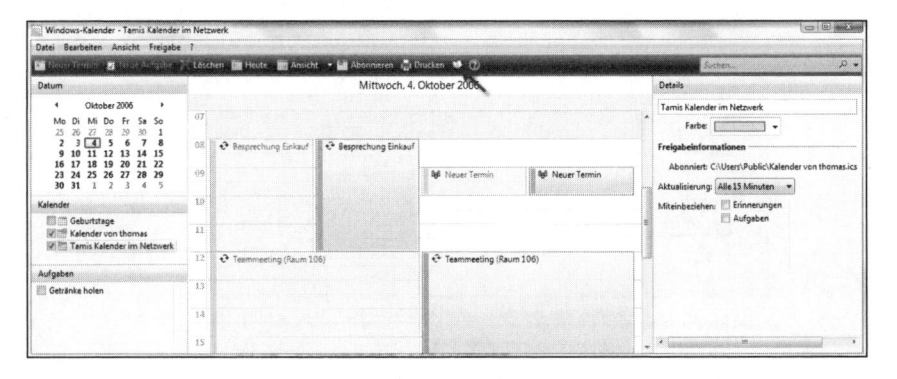

Abbildung 16.101:
Zugriff auf die Kontakte aus dem Windows-Kalender

Die Kontakte werden nicht in einem eigenen Programm angezeigt, sondern es öffnet sich ein neues Verzeichnis, in dem die Kontakte angezeigt werden. Auf die Kontakte kann nicht nur aus dem Windows-Kalender zugegriffen werden, sondern auch aus Windows-Mail.

Wenn Sie eine neue E-Mail schreiben, werden beim Klicken auf das *An*-Feld die Windows-Kontakte angezeigt (siehe *Abbildung 16.103*). Sie können an dieser Stelle auch neue Kontakte erstellen und vorhandene bearbeiten.

Multimedia-Funktionen und neue Programme in Windows Vista

Abbildung 16.102:
Verwaltung der Windows-Kontakte

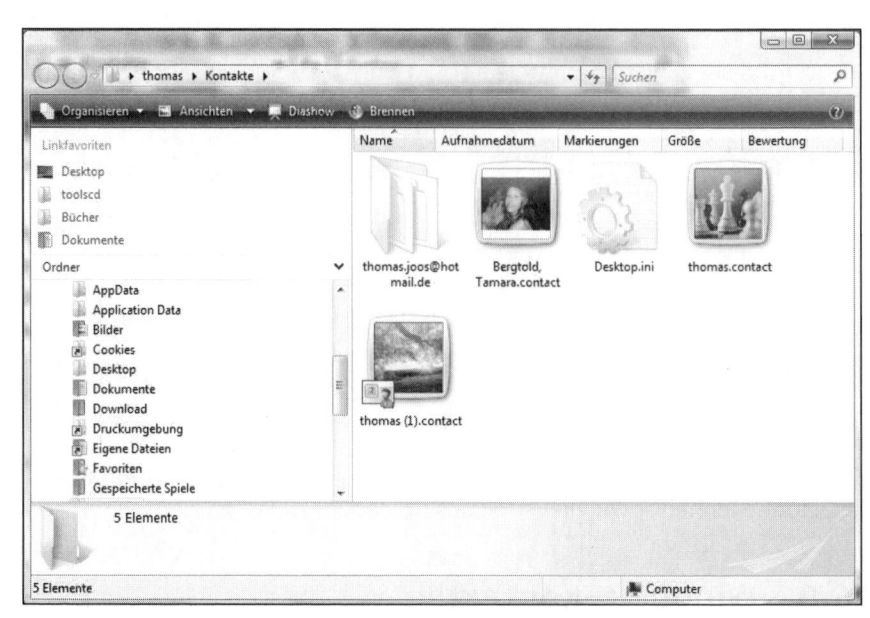

Abbildung 16.103:
Schreiben einer neuen E-Mail und Auswählen der Empfänger

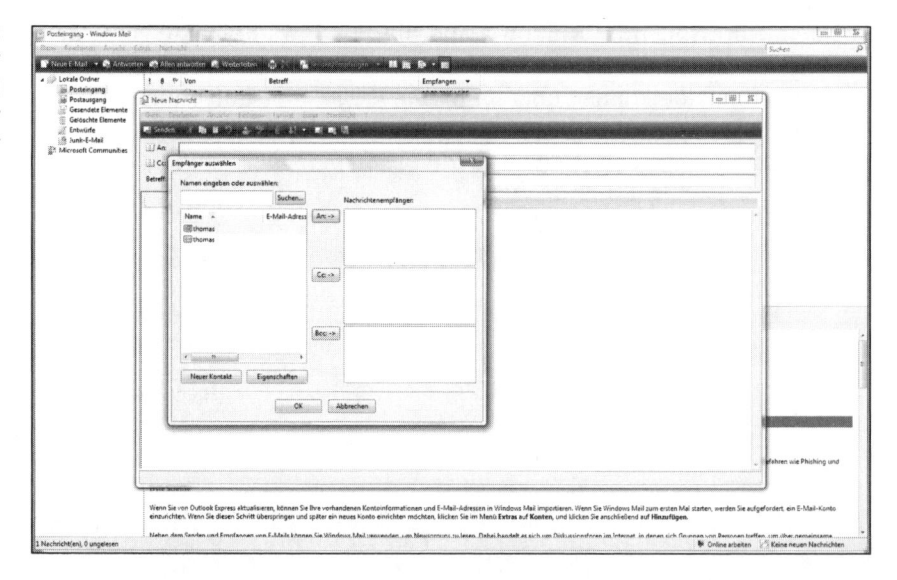

Sie können neue Kontakte erstellen, indem Sie mit der rechten Maustaste entweder auf den Desktop klicken und *Neu/Kontakt* oder über Windows-Kontakte mit der rechten Maustaste *Neu/Kontakt* auswählen. Achten Sie aber in jedem Fall darauf, dass anschließend neu erstellte Kontakte in den Ordner der Windows-Kontakte verschoben werden, damit sie in den verschiedenen Programmen angezeigt werden. Anschließend öffnet sich ein neues Fenster, in dem Sie die Daten des neuen Kontaktes pflegen können (siehe *Abbildung 16.104*).

Windows-Kontakte

Achten Sie darauf, dass Sie alle benötigten Felder entsprechend pflegen, vor allem die Felder für die E-Mail-Adresse und Faxnummer, wenn Sie diese Informationen bei den jeweiligen Kontakten zum Versenden benötigen. Wenn Sie auf den kleinen Pfeil neben dem Bild klicken, können Sie dem Kontakt ein passendes Bild zuordnen. Die Ansicht des Fotos wird durch Windows automatisch angepasst, sodass Sie es nicht erst bearbeiten müssen.

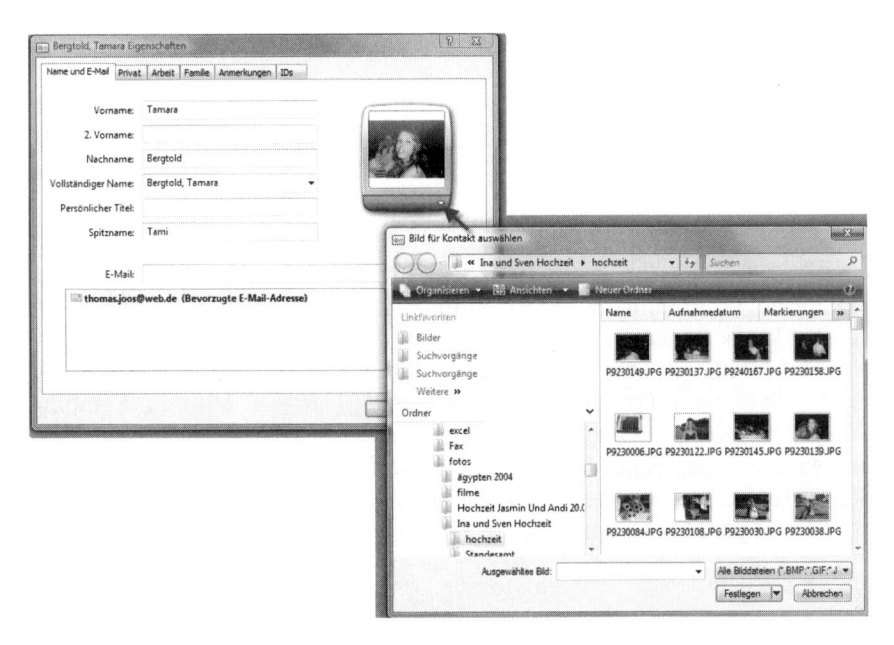

Abbildung 16.104:
Erstellen eines Kontakts und Hinterlegen eines Fotos

Nach der Erstellung des Kontakts wird dieser als *.contact*-Datei angezeigt. Sie können die Datei in den Ordner der Windows-Kontakte kopieren. In diesem Ordner können Sie die Ansicht so konfigurieren, dass die hinterlegten Fotos der Kontakte als Symbol angezeigt werden (siehe *Abbildung 16.105*).

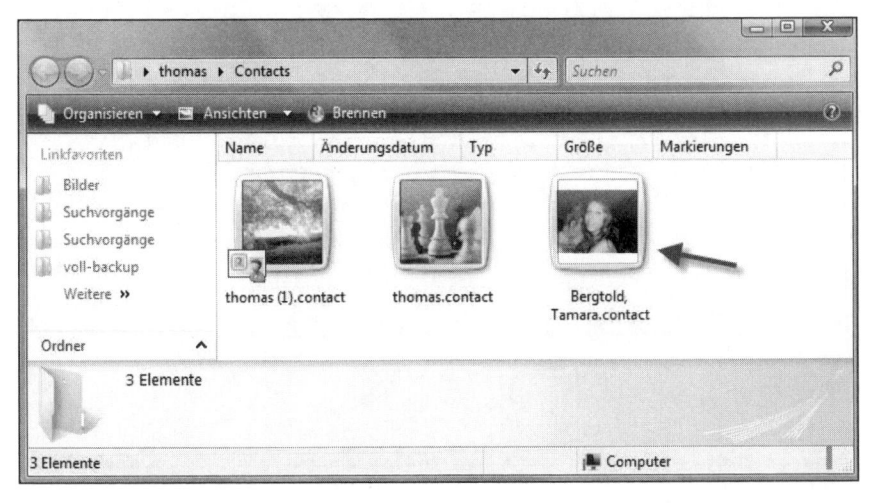

Abbildung 16.105:
Anzeigen der Kontakte

Multimedia-Funktionen und neue Programme in Windows Vista

Sie können Kontakte jederzeit nachträglich über *Start/Alle Programme/Windows-Kontakte* bearbeiten.

16.9 Snipping Tool

Ebenfalls neu ist das Snipping Tool, das Sie über *Start/Alle Programme/Zubehör* aufrufen können (siehe *Abbildung 16.106*).

Abbildung 16.106:
Erstellen von Screenshots mit dem neuen Snipping Tool

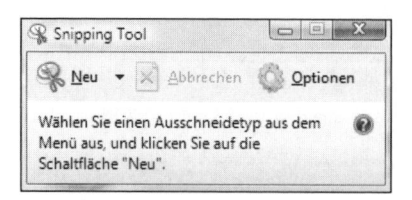

Mit diesem Programm können Sie durch Ziehen mit der Maus einen Bereich des Desktops in die Zwischenablage kopieren und direkt als Grafikdatei abspeichern. Diese Funktion ist wesentlich effizienter als das Drücken der [Druck]-Taste und das Kopieren eines ganzen Fensters. Mit dem Snipping Tool können Sie gezielt einzelne Bereiche markieren, als Datei abspeichern und so zum Beispiel per Mail versenden oder ausdrucken. Sie können nach dem Erstellen des Screenshots das Bild ganz grob bearbeiten, abspeichern oder direkt per Mail versenden (siehe *Abbildung 16.107*).

Abbildung 16.107:
Bearbeiten eines Screenshots

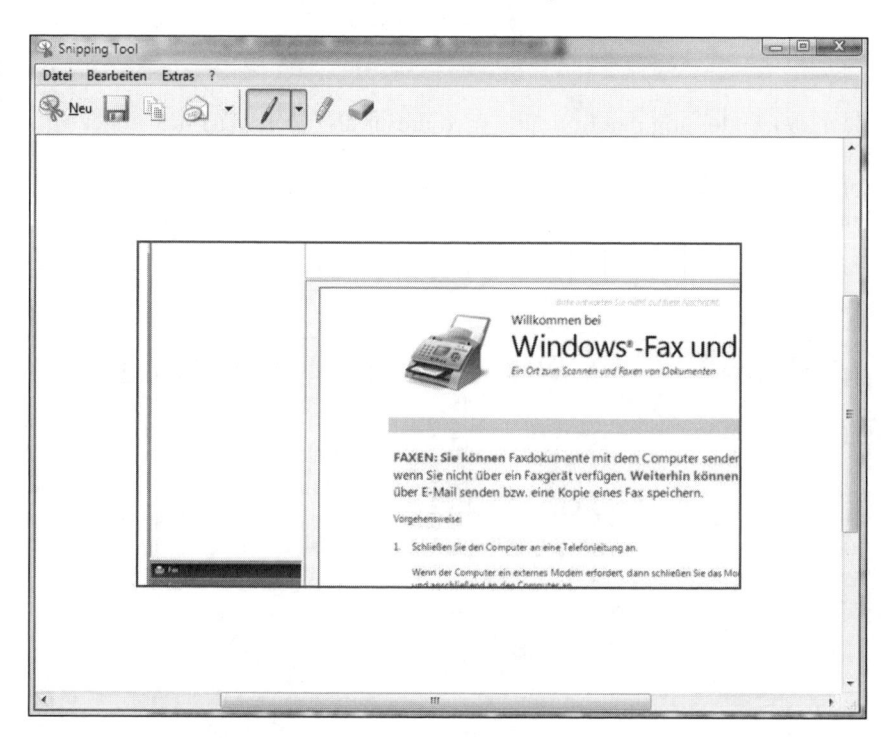

16.10 Verbindung mit Netzwerkprojektor

Es gibt immer mehr Beamer und Projektoren, die an das Netzwerk angeschlossen sind. Mit dem Zusatztool *Verbindung mit Netzwerkprojektor* können Sie einen Vista-PC über eine solche Netzwerkverbindung mit dem Projektor verbinden und die Anzeige über diesen Projektor laufen lassen. Sie starten das Programm über *Start/Alle Programme/Zubehör/Verbindung mit Netzprojektor*.

Sobald Sie das Programm gestartet haben, können Sie entweder automatisch nach einem solchen Projektor suchen lassen oder eine manuelle Adresse eingeben (siehe *Abbildung 16.106*). Dadurch ist es möglich, eine Präsentation durchzuführen, ohne den Beamer an den VGA-Anschluss des PC anzuschließen.

Sie können das Konfigurationsprogramm zur Anbindung an Projektoren mit Netzwerkanschluss auch über Start/Ausführen/netproj *starten.*

TIPP

Abbildung 16.108: Windows Vista mit Netzwerkprojektoren verbinden

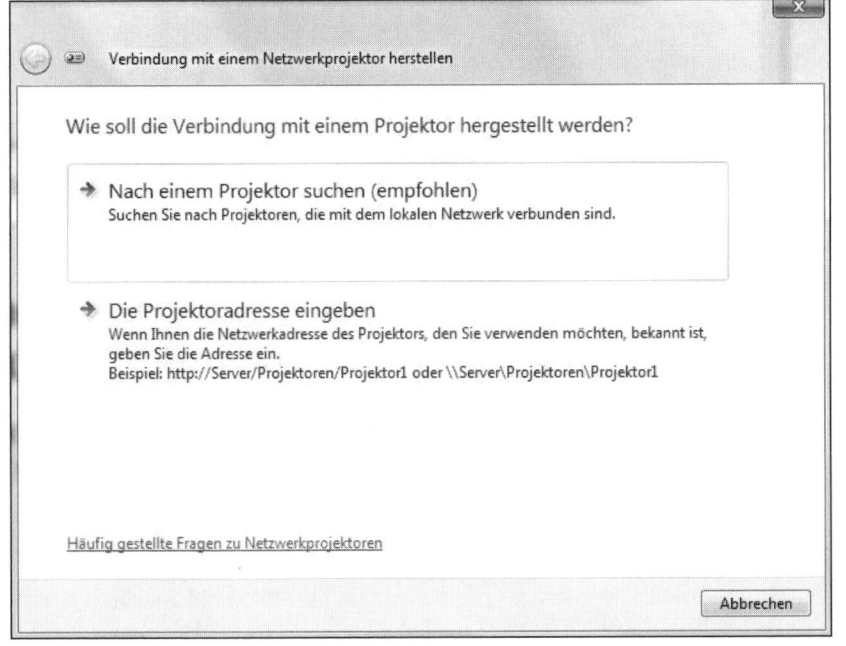

Es besteht bei der Verbindung zum Netzwerkprojektor auch die Möglichkeit, den Desktop auf diesen Projektor wie für jeden anderen zusätzlichen Monitor zu erweitern. So können die Zuschauer der Präsentation nur das sehen, was Sie auf dem Monitor anzeigen wollen, nicht die ganzen anderen Symbole und Programme.

TEIL 7
Vista Mobil

| 909 | Windows Vista auf dem Notebook | 17 |

17 Windows Vista auf dem Notebook

In den letzten Jahren hat sich die Verbreitung von Notebooks auch im Privatkundenbereich bemerkbar gemacht. Seit einiger Zeit nimmt der Umsatz tragbarer Computer, wie Laptops, Notebooks, Tablet PCs und Ultra-Mobile PCs, schneller zu als der Umsatz von Desktop-Computern. In den einzelnen Kapiteln dieses Buches bin ich bereits auf Themen eingegangen, die Notebooks und normale PCs betreffen, zum Beispiel WLAN, Sicherheit usw. Dieses Kapitel geht hauptsächlich auf die Energieverwaltung ein und jene Themen, die ausschließlich für Notebook-Benutzer interessant sind.

Die Konfiguration der meisten Einstellungen, die für den mobilen Betrieb notwendig sind (siehe *Abbildung 17.1*), können Sie in der Systemsteuerung über den Link *Mobil-PC* erreichen. Dieser Eintrag wird nur auf Notebooks angezeigt, auf normalen PCs werden Sie ihn in der Systemsteuerung nicht finden.

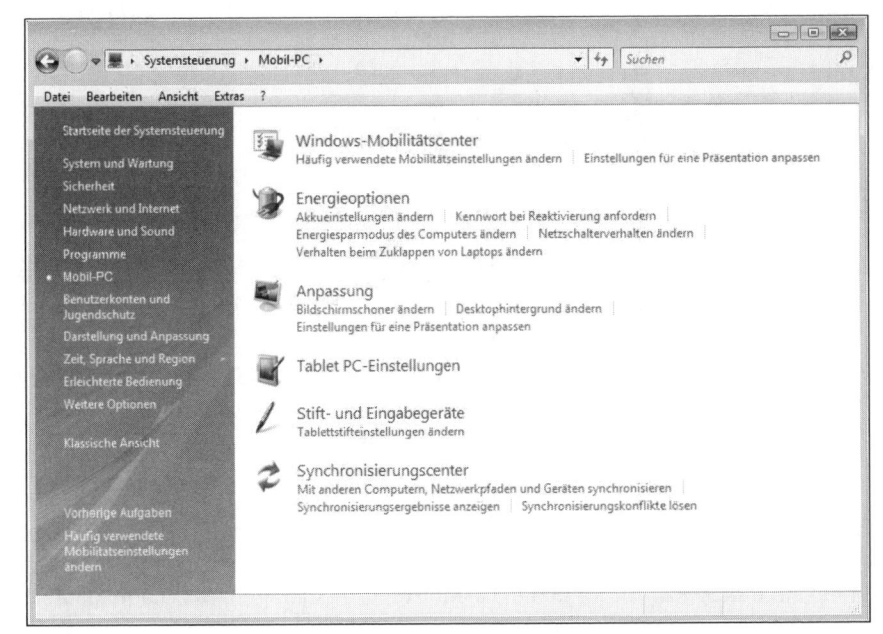

Abbildung 17.1: Anpassungen für Vista auf Notebooks

Windows Vista auf dem Notebook

> **INFO**
> *Auch die Anzeige der Aero-Optik funktioniert auf vielen Notebooks mit dem in den Chipsatz integrierten Grafikprozessor. Allerdings muss der Grafikprozessor das Shader-Modell 2.0 von DirectX 9 oder höher unterstützen. Es ist aber auch ohne Weiteres möglich, über die bereits beschriebenen Möglichkeiten die Aero-Oberfläche ohne die transparenten Komponenten zu nutzen, was oft auch die Performance erhöht.*

Über die Einstellungen im Bereich *Mobil-PC* der Systemsteuerung werden alle relevanten Einstellungen für Notebooks an einer zentralen Stelle vorgenommen. Das Mobilitätscenter bietet in einem übersichtlichen Fenster die Konfiguration der wichtigsten Einstellungen (siehe *Abbildung 17.2*).

Abbildung 17.2: Das Windows-Mobilitätscenter

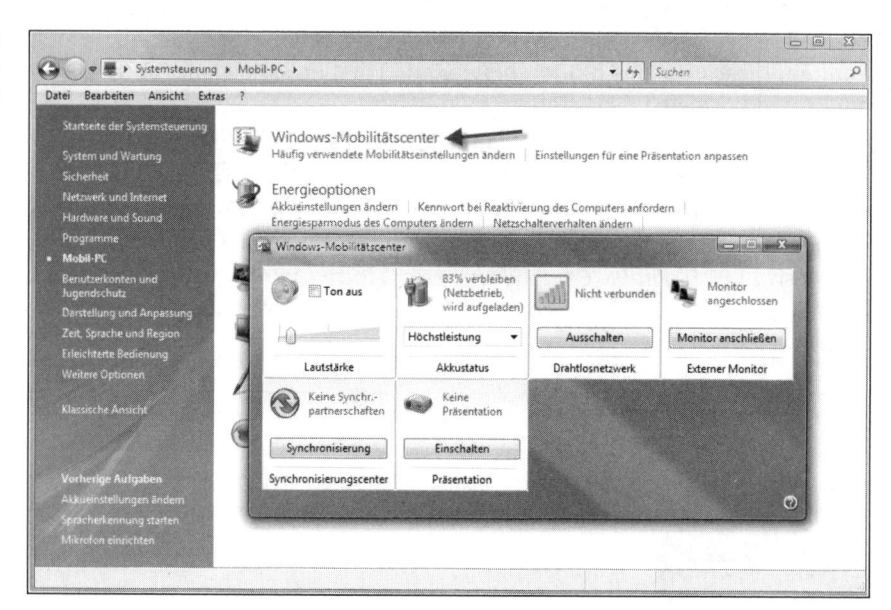

Im Mobilitätscenter können der WLAN-Adapter sowie zusätzliche Monitore, der Präsentationsmodus, der Akku und die Lautstärke konfiguriert werden.

> **TIPP**
> *Sie können das Windows-Mobilitätscenter auch über* Start/Ausführen/mblctr.exe *starten bzw. eine Verknüpfung dieser Datei auf dem Desktop anlegen, um auf einem Notebook schneller Zugriff auf die wichtigsten Funktionen zu haben.*

Beim Einsatz auf einem Notebook wird der aktuelle Zustand des Akkus in der Informationsleiste angezeigt (siehe *Abbildung 17.3*). Fahren Sie mit der Maus auf das Akkusymbol in der Taskleiste, um einen genauen Ladezustand des Akkus zu erhalten.

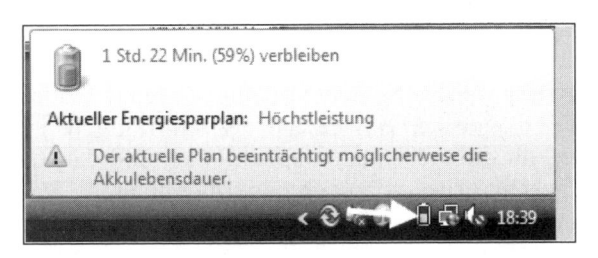

Abbildung 17.3:
Anzeigen der Akku-Informationen über die Informationsleiste

Wenn das Notebook am Stromnetz angeschlossen ist und nicht über den Akku läuft, wird das durch ein eigenes Symbol angezeigt (siehe *Abbildung 17.4*).

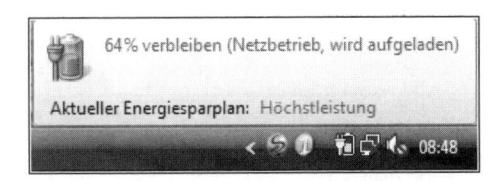

Abbildung 17.4:
Anzeigen des Ladezustands des Akkus

Wenn Sie mit der linken Maustaste auf das Akku-Symbol klicken, können Sie den *Energiesparplan* auswählen (siehe *Abbildung 17.5*).

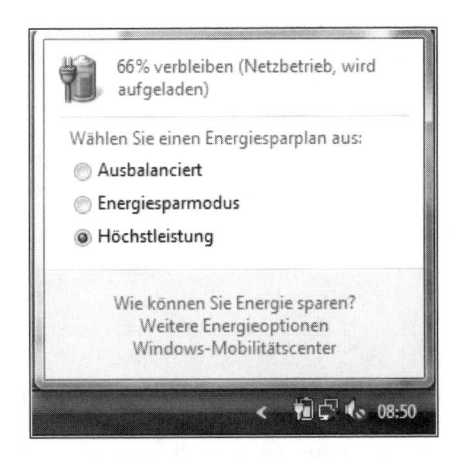

Abbildung 17.5:
Auswahl des Energiesparplans

Durch Rechtsklick auf das Akku-Symbol rufen Sie die Einstellungen für die Energieoptionen auf sowie das Windows-Mobilitätscenter (siehe *Abbildung 17.6*).

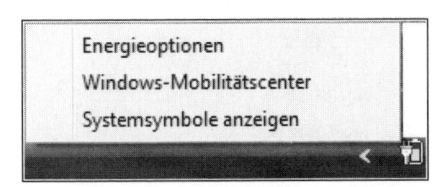

Abbildung 17.6:
Einstellungen der Energieoptionen anpassen

Windows Vista auf dem Notebook

17.1 Präsentationen mit Windows Vista

Häufig werden Notebooks dafür verwendet, Präsentationen durchzuführen. Für die meisten Anwender ist es sehr lästig, jedes Mal die Einstellungen des PC für die Präsentation einzurichten und danach die Einstellungen für die tägliche Arbeit vorzunehmen. Über den Link *Einstellungen für eine Präsentation anpassen* können mobile Benutzer innerhalb eines Fensters die notwendigen Anpassungen für die Präsentation vornehmen (siehe *Abbildung 17.7*).

Abbildung 17.7:
Einstellungen von Windows Vista für eine Präsentation

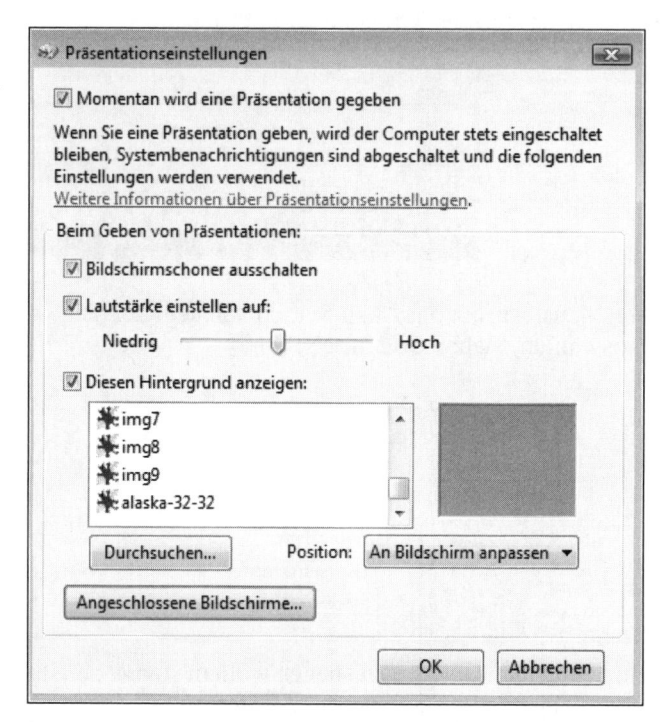

So werden Hintergrundbilder festgelegt, damit nicht unbedingt das Familienbild bei der Vorführung vor der Geschäftsführung angezeigt wird, die Lautstärke kann eingestellt und die angeschlossenen Bildschirme oder die Einstellungen für den Beamer können konfiguriert werden. Vor allem die Konfiguration der verschiedenen Auflösungen für Bildschirm und Beamer macht hier Sinn. Nachdem die Einstellungen einmal vorgenommen wurden, werden sie durch einen Mausklick aktiviert oder wieder deaktiviert.

17.2 Energieoptionen konfigurieren

Über den Link *Energieoptionen* auf der Seite *Mobil-PC* der Systemsteuerung machen Sie sehr detaillierte Angaben, wie sich Ihr Notebook verhalten soll (siehe *Abbildung 17.8*).

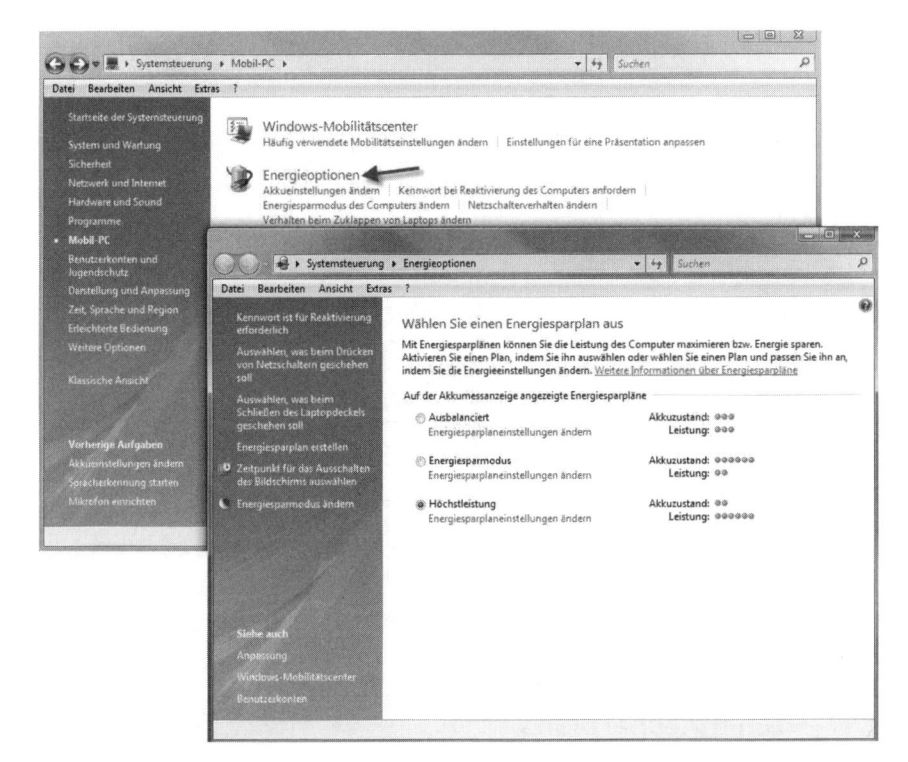

Abbildung 17.8:
Konfiguration der Energieoptionen von Windows Vista

Für Anwender, die keine einzelnen Optionen festlegen wollen, stehen bereits vorgefertigte Energiesparpläne zur Verfügung, die ausgewählt werden können. Auf der linken Seite des Fensters werden wieder die dazugehörigen Aufgaben angezeigt, mit deren Hilfe die mobilen Einstellungen weiter angepasst werden können. Sie können an dieser Stelle die standardmäßig angelegten Energiesparpläne verwenden, anpassen oder eigene erstellen. Für jeden Energiesparplan werden erweiterte Einstellungen aufgerufen und so für jeden Anwender individuell alle möglichen Energiesparoptionen konfiguriert (siehe *Abbildung 17.9*).

Abbildung 17.9:
Erweiterte Konfiguration eines Energiesparplans

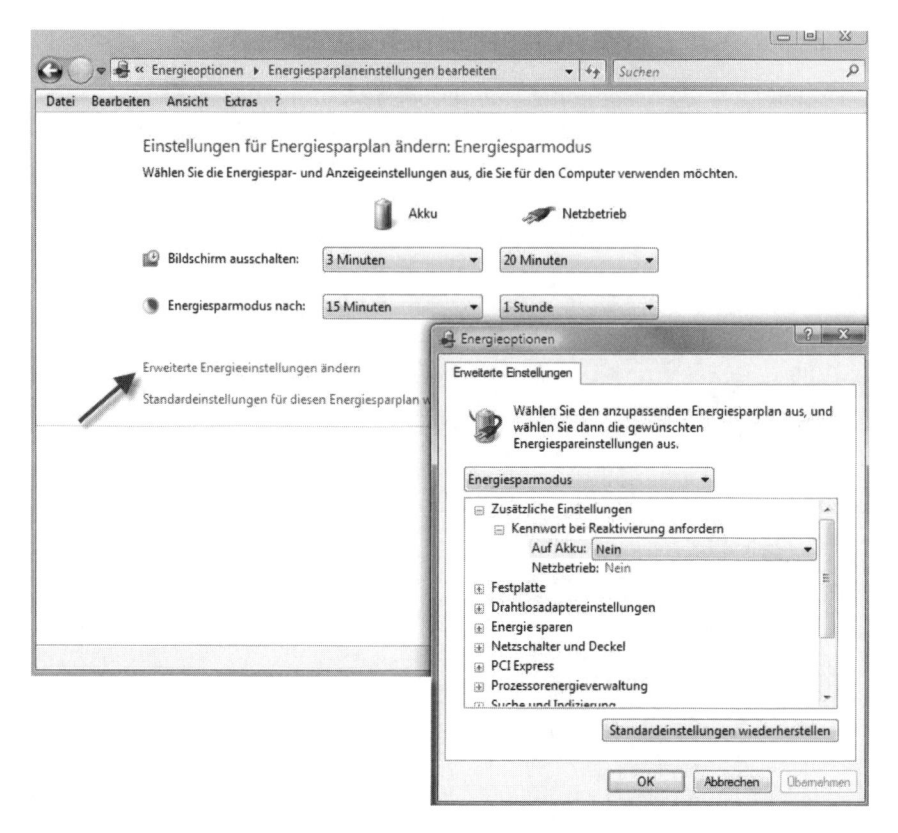

17.2.1 Erstellen eines benutzerdefinierten Energiesparplans

Können Sie mit den Standardeinstellungen und den hinterlegten Möglichkeiten zur Konfiguration dieser nicht bereits ausreichend Ihre Anforderungen umsetzen, besteht auch die Option, eigene Energiesparpläne zu erstellen. Sie finden diese Einstellungen über *Start/Systemsteuerung/Mobil-PC/Energiesparmodus/Energiesparplan erstellen*.

Auf der ersten Seite des Assistenten legen Sie zunächst eine Bezeichnung für den Energiesparplan fest sowie einen Standardplan, der Ihren Vorstellungen am ehesten entspricht. Diese Einstellungen werden dann in Ihren neuen Energiesparplan übernommen, können aber angepasst werden. Nachdem Sie diese Einstellungen vorgenommen haben, gelangen Sie mit *Weiter* auf die nächste Seite des Assistenten.

Energieoptionen konfigurieren

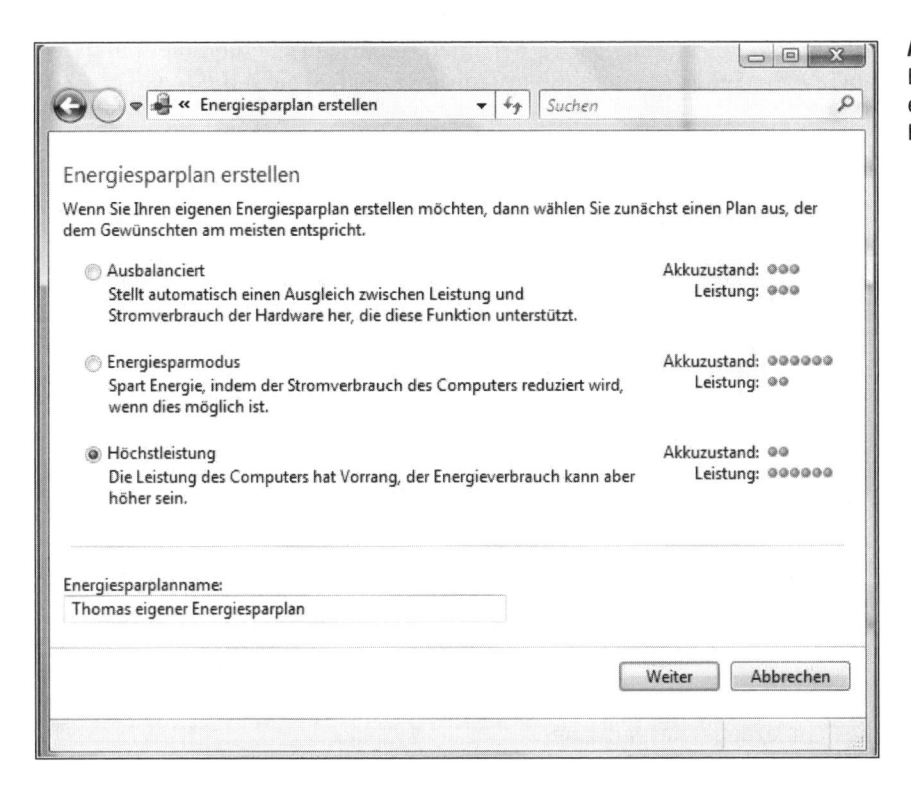

Abbildung 17.10:
Erstellen eines eigenen Energiesparplans

Auf der nächsten Seite legen Sie fest, nach welcher Zeit der Monitor ausgeschaltet werden soll, wenn das Notebook im Akkumodus läuft und das Notebook am Strom angeschlossen ist. Hier bestimmen Sie auch, wann das Notebook in den Energiesparmodus wechseln soll (siehe *Abbildung 17.11*).

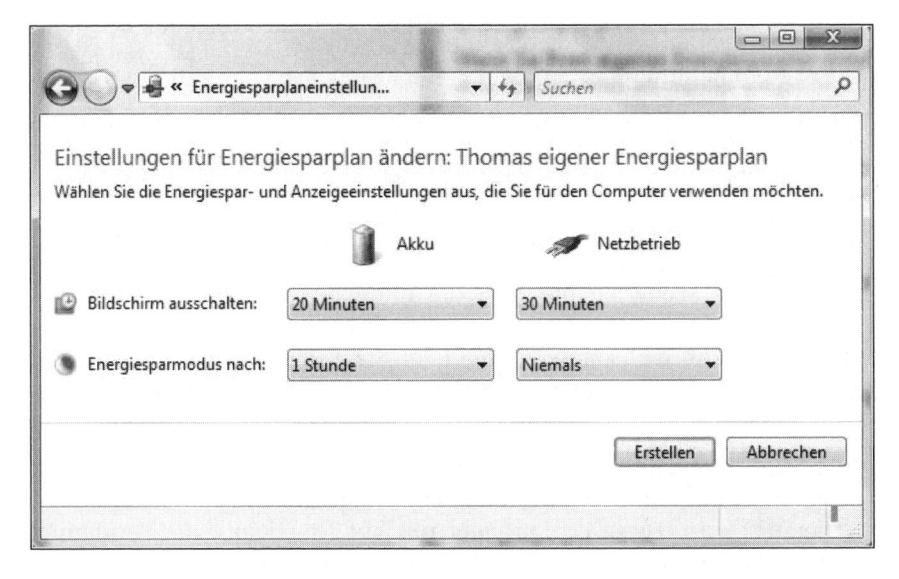

Abbildung 17.11:
Konfiguration eines eigenen Energiesparplans

Windows Vista auf dem Notebook

Klicken Sie auf *Erstellen*, wird der Energiesparplan übernommen, aktiviert und auf der Seite der Energiesparpläne angezeigt (siehe *Abbildung 17.12*).

Abbildung 17.12:
Anzeigen benutzerdefinierter Energiesparpläne

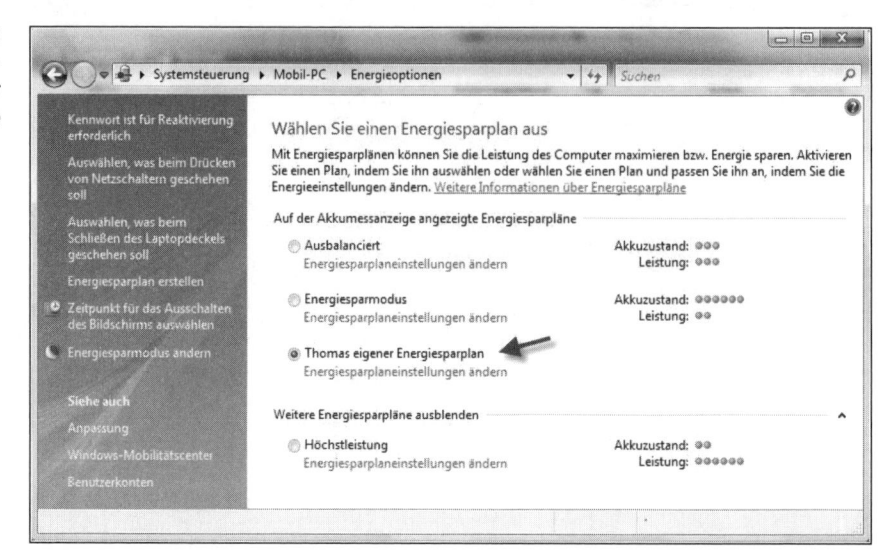

Sie können den benutzerdefinierten Energiesparplan genauso anpassen wie die Standardenergiesparpläne.

17.2.2 Netzschalter und Laptop-Deckel

Wie unter Windows XP konfigurieren Sie auch bei Windows Vista, wie sich das Notebook verhalten soll, wenn Sie den Ausschaltknopf oder Energiesparschalter (den einige wenige Notebooks noch haben) drücken bzw. das Notebook zuklappen. Viele Benutzer stört es, wenn das Notebook herunterfährt oder in den Energiesparmodus geht, wenn der Deckel geschlossen wird. Diese Einstellungen konfigurieren Sie über *Start/Systemsteuerung/ Mobil-PC/Energieoptionen/Auswählen, was beim Schließen des Laptopdeckels ...* (siehe *Abbildung 17.13*).

Hier legen Sie, wieder abhängig vom Batteriemodus oder Netzbetrieb, fest, wie sich das Notebook beim Betätigen der genannten Hardware verhalten soll. Sie bestimmen hier auch dass nach der Reaktivierung ein Kennwort erfordert wird. Wenn Sie allerdings die automatische Anmeldung aktiviert haben, wie in Kapitel 2 erläutert, hat diese Option keine Auswirkung, da die Anmeldung dann auch automatisch erfolgt. Sie wählen an dieser Stelle meistens zwischen den Optionen Herunterfahren, Energie sparen und Ruhezustand aus:

- *Energie sparen* – Hierbei handelt es sich um die gleiche Aktion, die auch durchgeführt wird, wenn der entsprechende Schalter im Startmenü betätigt wird. Diese Option steht nur auf Notebooks zur Verfügung, nicht auf normalen PCs. Hier ist diese Option abgeblendet dargestellt, wenn der PC keine Energiesparoptionen unterstützt. In diesem Fall wird der derzeitige Stand des Computers gespeichert, und er wird in den Energiesparmodus versetzt. Der PC ist dabei allerdings nicht vollkommen ausgeschaltet, der Arbeitsspeicher wird noch mit Strom versorgt. Beim Starten des PC muss nicht erst neu gebootet werden, sondern der Zustand beim Beenden wird sehr schnell wiederhergestellt. Es kommt keine Zwischenfrage mehr, sondern die Aktion wird sofort durchgeführt.

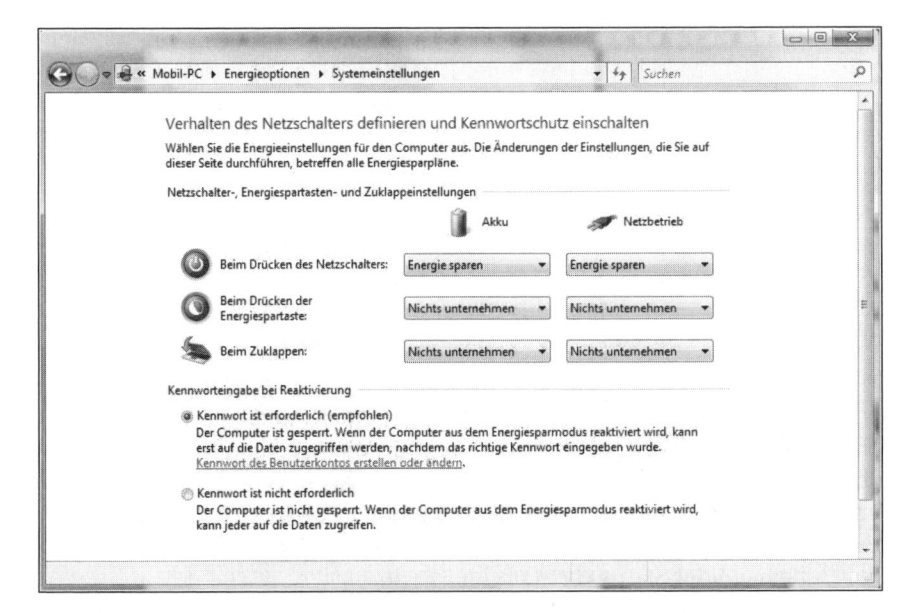

Abbildung 17.13: Konfiguration des Netzschalters

- *Ruhezustand* – Bei der Auswahl dieser Option wird der Inhalt des Arbeitsspeichers abgespeichert und der PC ausgeschaltet. Im Gegensatz zum Energiesparmodus wird der PC auch komplett ausgeschaltet. Aus dem Ruhezustand wird er schneller wieder zum aktuellen Stand beim Speichern zurückgeführt als bei einem Neustart. Diese Option steht nur auf Notebooks zur Verfügung, nicht auf normalen PCs. Hier ist diese Option abgeblendet dargestellt, wenn der PC keine Energiesparoptionen unterstützt.
- *Herunterfahren* – Beim Auswählen dieser Option wird der Computer herunterfahren und bei aktueller Hardware auch automatisch ausgeschaltet.

Die Einstellmöglichkeiten für Tablet PCs wurden bereits in Kapitel 6 und unter dem Stichwort Funknetzwerke (WLANs) in Kapitel 9 besprochen.

17.3 Windows Vista Mobile Gerätecenter

Das neue Windows Vista Mobile Device Center ersetzt ActiveSync. Heimanwender haben selten Verwendung für ein Programm, mit dem man Pocket PCs synchronisieren kann, die unter Windows Mobile 5 laufen. Für Anwender, die ihren Pocket PC mit Windows Vista synchronisieren wollen, ist das Windows Vista Mobile Device Center die beste Wahl. Die Bedienung ist deutlich einfacher als ActiveSync, und die Software ist direkt in Windows Vista integriert. Mit dem Programm werden normale Dateien, aber auch Videos und Musikdateien synchronisiert. Natürlich können auch mit dem Windows Vista Mobile Device Center E-Mails, Kalendereinträge und Aufgaben aus Outlook 2003 oder einer neueren Outlook-Version synchronisiert werden. Außerdem bietet die Software die Möglichkeit, mit einem speziellen Explorer den Inhalt des Pocket PC anzuzeigen.

Das Windows Vista Mobile Device Center kann nur unter Windows Vista verwendet werden und synchronisiert Daten ab Outlook 2003 mit Pocket PCs, auf denen mindestens Windows Mobile 2003 installiert ist. Die Einrichtung und Bedienung der Applikation ist recht einfach, und die Benutzeroberfläche wurde im Vergleich zu ActiveSync deutlich verbessert.

Eine neue Importfunktion für Bild- und Videodateien sucht automatisch auf den Geräten nach entsprechenden Dateien. Diese Dateien können auch mit einer Markierung oder einem Namen und Datum versehen werden. Zusätzlich werden mobile Geräte im Synchronisierungscenter von Windows Vista integriert. Hier wird eine Zusammenfassung der Geräte aufgezeigt, die sich mit dem PC synchronisieren. Wird eine Verbindung mit dem WMDC aufgebaut, erscheint der Status ebenfalls im Synchronisierungscenter.

Sie können das Windows Mobile Device Center von der Internetseite *http://www.microsoft.com/downloads/details.aspx?familyid = 83D513EA-9DF9-4920-AF33-3A0E2E4E7BEB&displaylang = de* herunterladen. Die Größe des Downloads beträgt etwa 10 MB. Microsoft empfiehlt, vor der Einrichtung gegebenenfalls ältere Versionen der Software zu deinstallieren.

17.4 Offlinedateien verwenden

Mit den Offline-Dateien haben Sie die Möglichkeit, Dateien aus dem Netzwerk, zum Beispiel von einem Dateiserver, auch dann verfügbar zu machen, wenn Sie mit einem Notebook unterwegs sind. Dazu wird auf dem Notebook eine Kopie der entsprechenden Datei erstellt, sodass diese auch ohne Netzwerkverbindung zur Verfügung steht. Sie können die entsprechenden Dateien auf dem Notebook bearbeiten, wenn Sie nicht mit dem Netzwerk verbunden sind. Bei der nächsten Verbindung werden die Dateien mit dem Server synchronisiert, sodass die Dateien auf dem Server und dem Notebook wieder übereinstimmen.

Offlinedateien verwenden

Die Verwaltung der Offlinedateien findet über *Start/Systemsteuerung/Netzwerk und Internet/Offlinedateien* statt (siehe Abbildung 17.14). Über die Schaltfläche *Offlinedateien deaktivieren* bzw. *Offlinedateien aktivieren* können Sie diese Funktion ein- bzw. ausschalten.

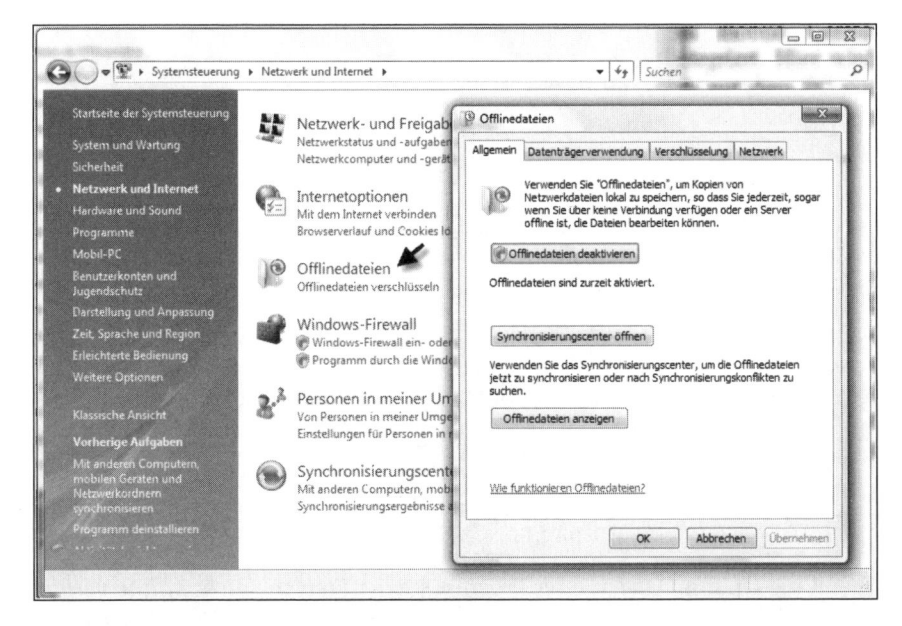

Abbildung 17.14: Verwaltung von Offlinedateien

Nachdem das System für den Offlinebetrieb aktiviert ist, können Sie Ordner und Dateien von Servern für den Offlinebetrieb verfügbar machen. Hier gibt es Steuerungsmöglichkeiten sowohl vom Client als auch vom Server aus.

Vom Client aus verwenden Sie den Befehl *Immer offline verfügbar machen*, der sich im Kontextmenü findet, wenn Sie eine Freigabe, eine Datei oder ein Verzeichnis auf einem Server markiert haben, die oder das für den Offlinezugriff freigegeben ist. Wenn Sie auf Freigaben von Servern unter Windows NT 4.0 zugreifen, können Sie diese ebenfalls für den Offlinebetrieb verfügbar machen (siehe Abbildung 17.15). Sie machen auf diese Weise einzelne Dateien, ganze Verzeichnisse oder ein komplettes Netzlaufwerk offline verfügbar. Achten Sie aber darauf, dass es sich bei Offlinedateien um Kopien von Dateien aus dem Netzwerk handelt und der Speicherplatz mit der Anzahl der Offlinedateien zunimmt. Sie sollten daher möglichst nur Dateien als offline verwenden, die Sie auch benötigen, nicht gleich alle auf einmal.

Vom Server aus kann die Nutzung von Offlinedateien über die *Freigabe* gesteuert werden. Beim Erstellen von Freigaben findet sich die Option *Zwischenspeichern*. Wenn sie ausgewählt wird, kann gesteuert werden, ob das Zwischenspeichern von Dateien in dem freigegebenen Ordner zugelassen wird oder nicht. Standardwert ist, dass das manuelle Zwischenspeichern von Dateien zugelassen wird.

Abbildung 17.15:
Ein Netzlaufwerk offline verfügbar machen

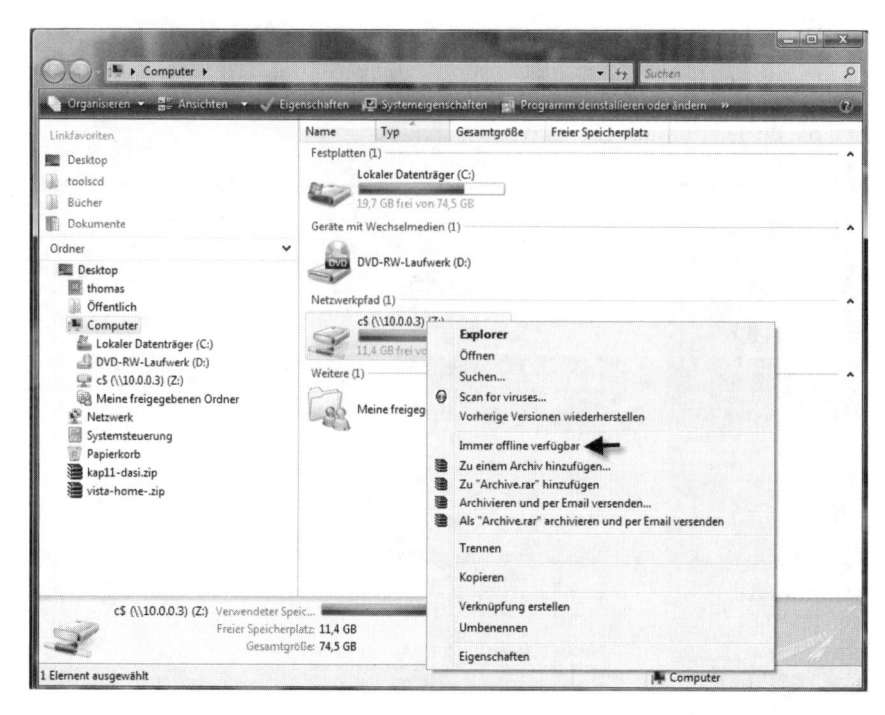

Wenn die Option *Dateien oder Programme der Freigabe nicht offline verfügbar machen* aktiviert ist, erscheint der Befehl *Offline verfügbar machen* auf dem Client nicht. Es werden drei Varianten für das Zwischenspeichern von Dokumenten unterschieden:

- Mit *Nur Dateien und Programme, die Benutzer auswählen, offline verfügbar machen* wird definiert, dass über den Befehl *Offline verfügbar machen* Dateien lokal in den Cache genommen werden können.

- *Alle Dateien und Programme, die Benutzer auf der Freigabe öffnen, automatisch offline verfügbar machen* bewirkt, dass alle Dokumente und ausführbaren Dateien in dieser Freigabe lokal gecacht werden, auf die irgendwann zugegriffen wird. In diesem Fall muss sich der Benutzer nicht mehr darum kümmern, die Dokumente offline verfügbar zu machen.

- Über die Einstellung *Für hohe Leistung optimieren* kann festgelegt werden, dass ausführbare Dateien aus dieser Freigabe auf dem Client verfügbar bleiben, wenn sie einmal genutzt wurden. In diesem Fall sollten die Zugriffsberechtigungen für die Freigabe auf *Lesen* gesetzt werden, um zu verhindern, dass veränderte Programme zurückgespeichert werden. Generell ist es empfehlenswert, Programme nicht auf diesem Weg, sondern über die Softwareverteilungsmechanismen der Gruppenrichtlinien zu verteilen.

Offlinedateien verwenden

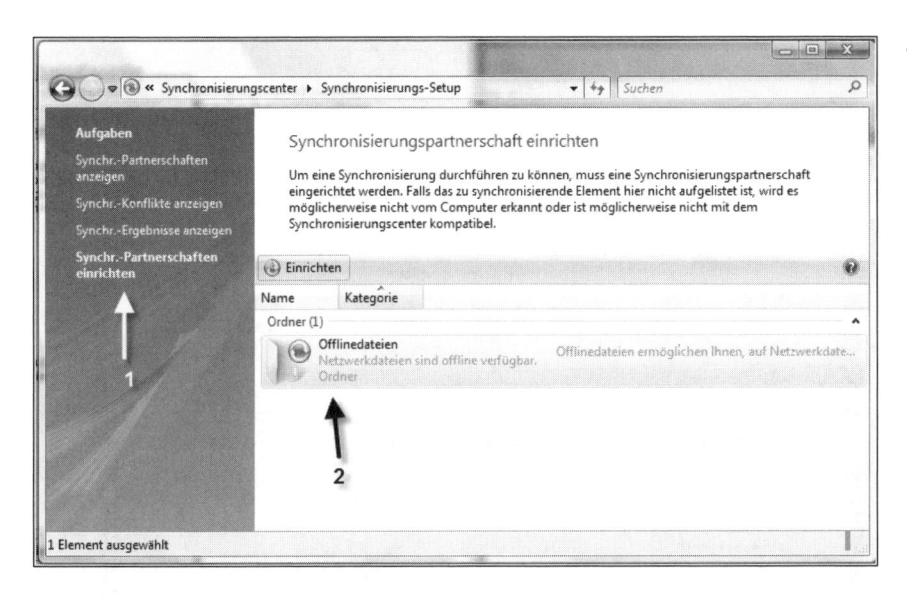

Abbildung 17.16:
Konfiguration des Synchronisierungscenters für Offlinedateien

Sie können die Einstellungen der Synchronisierungseigenschaften von Offlinedateien im Synchronisierungscenter anpassen. Das Synchronisierungscenter finden Sie über *Start/Systemsteuerung/Mobil-PC/Synchronisierungscenter*.

Bei der Synchronisation kann es zu Konflikten kommen. Das ist immer dann der Fall, wenn eine Datei im Offlinebetrieb und vor der Synchronisation auf dem Server verändert wurde. Der Client erkennt das über einen Vergleich der Speicherungsdaten dieser Dateien und zeigt bei der Synchronisation Meldungen an. Bei einem Konflikt kann entweder die eigene Version der Datei übernommen oder die eigene Datei unter einem anderen Namen abgespeichert werden. Es gibt keine Funktion, mit der die Inhalte von Dateien synchronisiert werden könnten. Allerdings gibt es Anwendungsprogramme wie Microsoft Word, die entsprechende Funktionen bereitstellen und zwei parallel geänderte Dateien zusammenführen können.

Wenn Sie die Zwischenspeicherung von Dateien steuern wollen, deren Freigabe sich auf einem Windows Vista-PC befinden, finden Sie diese Konfiguration über die Schaltfläche *Zwischenspeichern* in den Erweiterten Einstellungen der Freigabe (siehe *Abbildung 17.17*).

Damit Sie Freigaben effizient verwalten können, sollten Sie den Assistenten zur Erstellung von Freigaben deaktivieren.

Entfernen Sie dazu den Haken bei der Option Organisieren/Ordner- und Suchoptionen/Ansicht/Freigabe-Assistent verwenden (empfohlen) *im Windows Explorer.*

TIPP

Abbildung 17.17:
Konfiguration von Offlinedateien

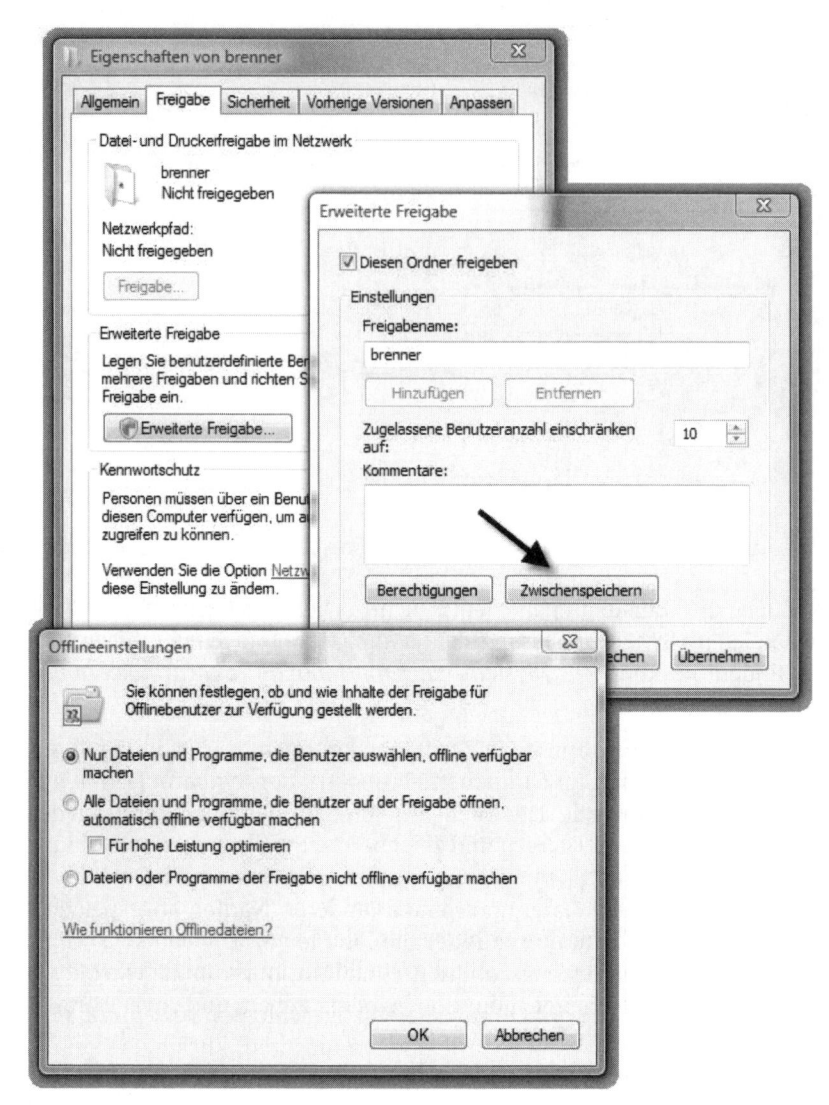

17.4.1 Arbeiten mit Offlinedateien

Als Bestätigung, dass eine Datei oder der Ordner offline verfügbar ist, klicken Sie erneut mit der rechten Maustaste auf die Datei oder den Ordner. Überprüfen Sie, ob ein Häkchen neben *Immer offline verfügbar* angezeigt wird. Eine Kopie der Datei auf der Festplatte wird mit der Netzwerkkopie synchronisiert, sobald die Netzwerkverbindung wieder hergestellt wird.

Offlinedateien verwenden

Wenn Sie eine Datei als Offlinedatei markieren, erhält diese ein neues Datei-Icon, das sie als Offlinedatei kennzeichnet (siehe *Abbildung 17.18*).

Abbildung 17.18:
Dateisymbol einer Offlinedatei

Wenn Sie einen ganzen Ordner als offline verfügbar markieren, erhält auch dieser ein spezielles Symbol (siehe *Abbildung 17.19*).

Abbildung 17.19:
Ordnersymbol eines Offlineordners

Um eine Datei offline zu bearbeiten, auch wenn Sie mit dem Netzwerk verbunden sind, öffnen Sie den Netzwerkordner, und klicken Sie auf der Symbolleiste auf *Offlinebetrieb*. Diese Schaltfläche wird nur angezeigt, wenn Sie diesen Ordner bereits offline verfügbar gemacht haben (siehe *Abbildung 17.20*).

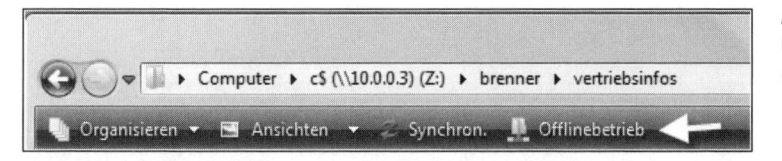

Abbildung 17.20:
Offlinebetrieb aktivieren

Sie können den Offlinebetrieb auch aktivieren, wenn Sie mit dem Netzwerk verbunden sind. So können Sie sicherstellen, dass Sie auf jeden Fall die Offline-Kopie der Datei bearbeiten, nicht die Quelldatei im Netzwerk.

Wenn Sie die Bearbeitung der Offlinedateien abgeschlossen haben und wieder die Dateien im Netzwerkordner bearbeiten möchten, klicken Sie auf der Symbolleiste auf *Onlinebetrieb* (siehe *Abbildung 17.21*).

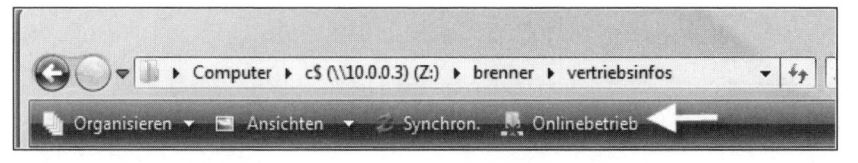

Abbildung 17.21:
Aktivieren des Onlinebetriebs

Durch Aktivierung des Onlinebetriebs werden alle offline vorgenommenen Änderungen mit den Dateien im Netzwerk synchronisiert.

Windows Vista auf dem Notebook

Um festzustellen, ob Sie offline arbeiten, gehen Sie folgendermaßen vor:

1. Öffnen Sie den Netzwerkordner mit der zu bearbeitenden Datei.
2. Überprüfen Sie den Status unten im Detailfenster. Wenn der Status *offline* lautet, arbeiten Sie an einer Offlinekopie der Datei auf dem Computer. Lautet der Status *online*, arbeiten Sie an der Datei im Netzwerk (siehe *Abbildung 17.22*).

Abbildung 17.22: Anzeigen des Offlinestatus einer Datei im Onlinebetrieb

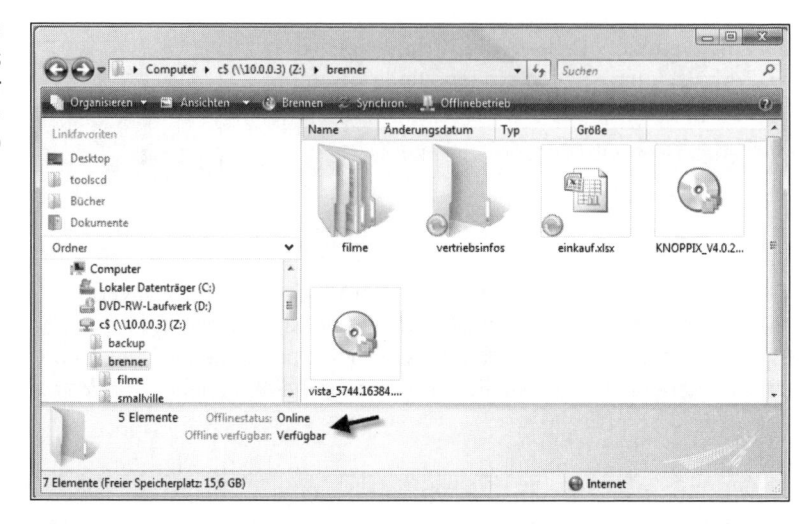

Abbildung 17.23: Anzeigen des Offlinestatus einer Datei im Offlinebetrieb

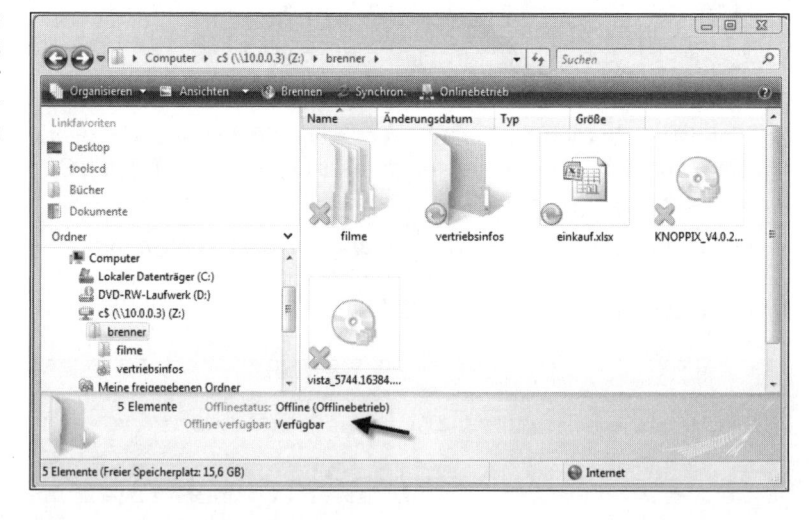

Anzeigen der Offlinedateien

Wenn Sie mit Offlinedateien in verschiedenen Ordnern arbeiten, können Sie alle Dateien anzeigen, ohne jeden Ordner einzeln öffnen zu müssen:

1. Öffnen Sie wie beschrieben die Verwaltung der Offlinedateien in Windows.

Offlinedateien verwenden

2. Klicken Sie auf die Registerkarte *Allgemein* und dann auf *Offlinedateien anzeigen*.

> **TIPP**
> *Sie können das Verwaltungsprogramm für die Offlinedateien auch über* Start/Ausführen/control.exe cscui.dll *aufrufen.*

Synchronisieren der Offlinedateien

Windows synchronisiert die Offlinedateien automatisch, jedoch nicht kontinuierlich. Manchmal empfiehlt es sich, die Offlinedateien sofort zu synchronisieren, beispielsweise dann, wenn die Verbindung zum Netzwerk demnächst getrennt wird und sichergestellt sein muss, dass die neuesten Dateiversionen im Netzwerk gespeichert sind.

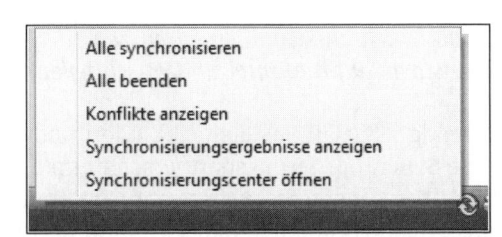

Abbildung 17.24: Kontextmenü des Synchronisierungscenters

Wenn Sie erstmalig Offlinedateien einrichten, wird in der Informationsleiste in der Taskbar neben der Uhr ein neues Symbol integriert, welches das Synchronisierungscenter darstellt. Wenn Sie mit der rechten Maustaste auf das Symbol klicken, können Sie auf die wichtigsten Funktionen zugreifen, zum Beispiel *Alle synchronisieren*.

Neben dieser Möglichkeit können Sie die Synchronisierung auch auf anderem Wege erreichen:

1. Öffnen Sie das Synchronisierungscenter.
2. Klicken Sie auf die Synchronisierungspartnerschaft *Offlinedateien* und dann auf der Symbolleiste auf *Alle synchronisieren* (siehe *Abbildung 17.25*).

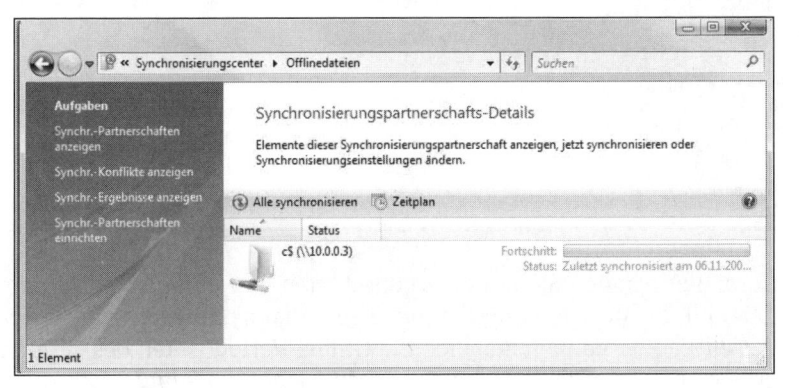

Abbildung 17.25: Synchronisieren von Offlinedateien mit dem Synchronisierungscenter

Windows Vista auf dem Notebook

> **TIPP**
>
> *Wenn Sie nur den Inhalt eines bestimmten Ordners synchronisieren möchten, öffnen Sie den Ordner, und klicken Sie dann auf der Symbolleiste auf* Synchronisieren *(siehe Abbildung 17.26).*

Abbildung 17.26:
Synchronisieren eines einzelnen offline verfügbaren Ordners

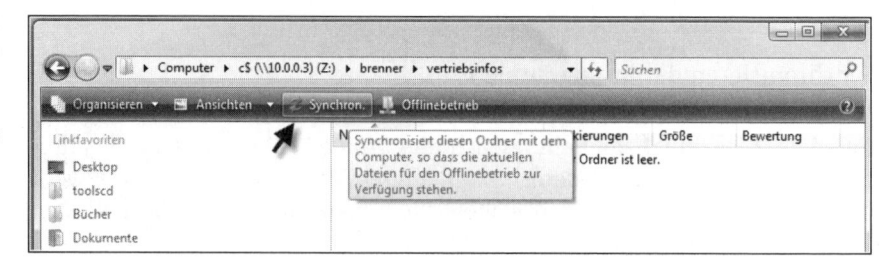

Zum Synchronisieren einer einzelnen Datei klicken Sie mit der rechten Maustaste auf die Datei und anschließend auf Synchronisieren.

Nachdem Sie Offlinedateien aktiviert und eingerichtet haben, werden sie als eine Synchronisierungspartnerschaft im Synchronisierungscenter angezeigt. Hierüber können Sie auch eventuelle Konflikte erkennen sowie weitere Einstellungen vornehmen (siehe *Abbildung 17.27*).

Abbildung 17.27:
Anzeigen des Synchronisierungscenters

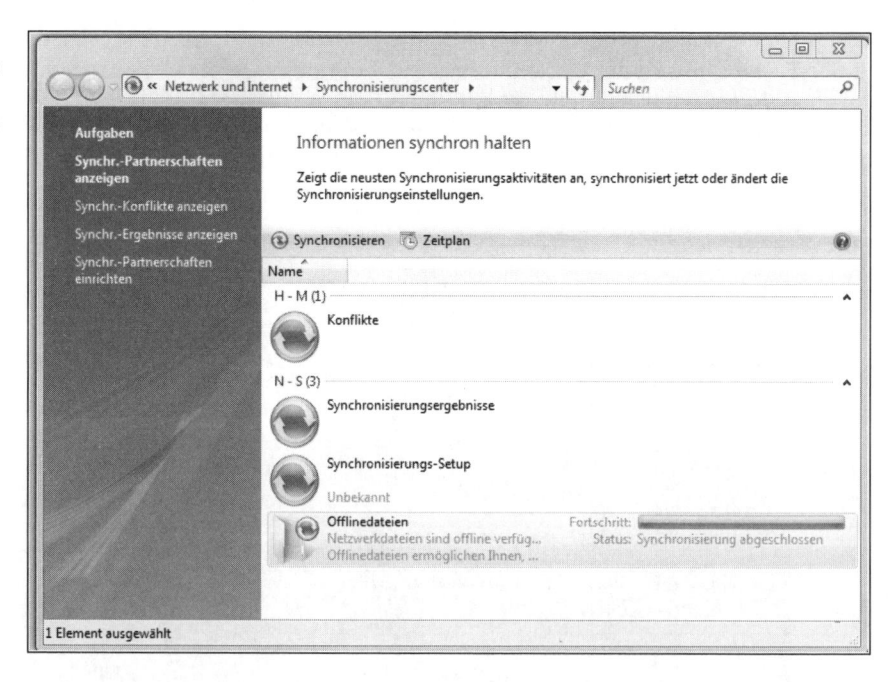

Zusätzlich können Sie in den Eigenschaften eines offline verfügbaren Ordners auf der Registerkarte *Offlinedateien* den aktuellen Stand des Ordners einsehen. Hier können Sie auch die Offline-Verfügbarkeit des Ordners steuern und die Synchronisierung aktivieren (siehe *Abbildung 17.28*).

Offlinedateien verwenden

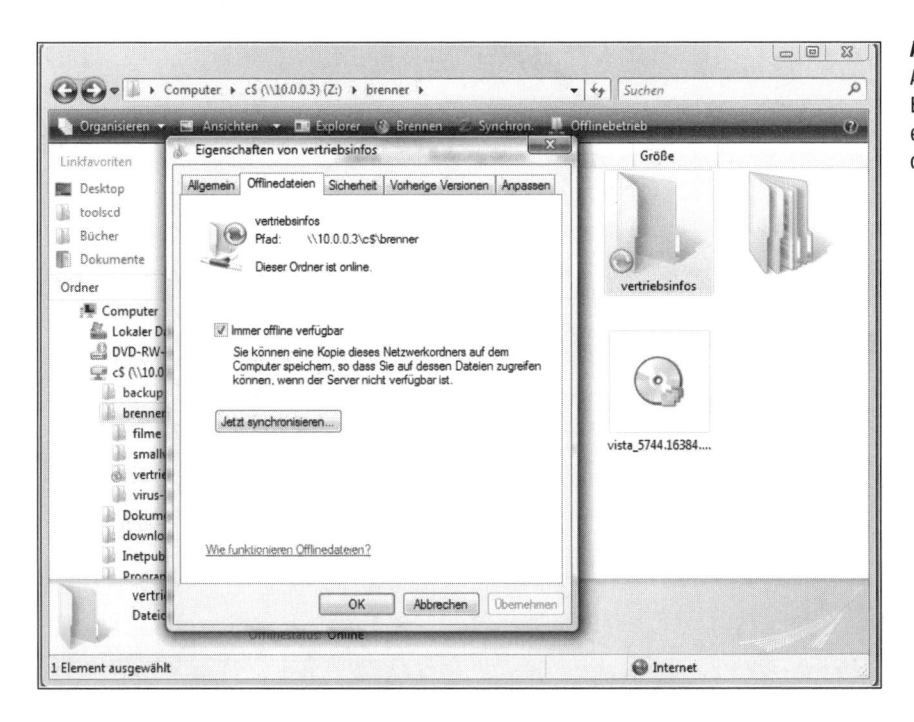

Abbildung 17.28: Anzeigen der Eigenschaften eines Offlineordners

Zeitpunkt der Synchronisierung konfigurieren

Wenn Sie im Synchronisierungscenter die Synchronisierungspartnerschaft der Offlinedateien öffnen, können Sie über die Schaltfläche *Zeitplan* genau einstellen, wann die Offlinedateien synchronisiert werden sollen (siehe *Abbildung 17.29*).

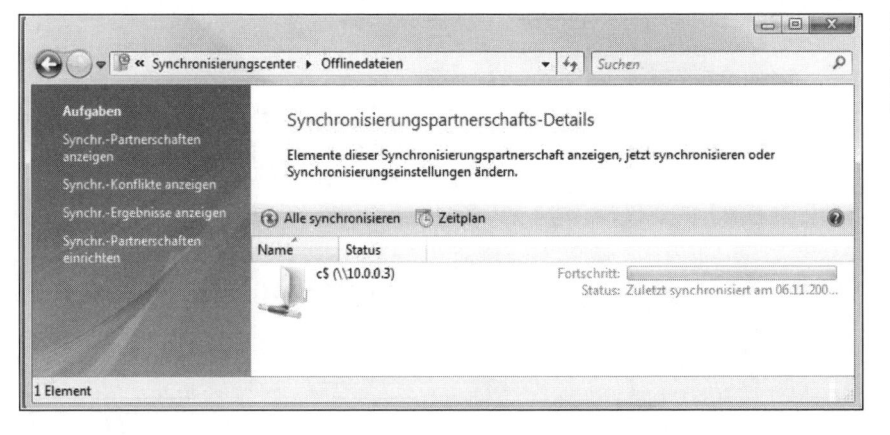

Abbildung 17.29: Festlegen des Zeitplans für die Synchronisierung

Auf der ersten Seite des Assistenten können Sie zunächst festlegen, für welche übergeordneten Netzlaufwerke Sie den Zeitplan für die Synchronisierung steuern wollen (siehe *Abbildung 17.30*).

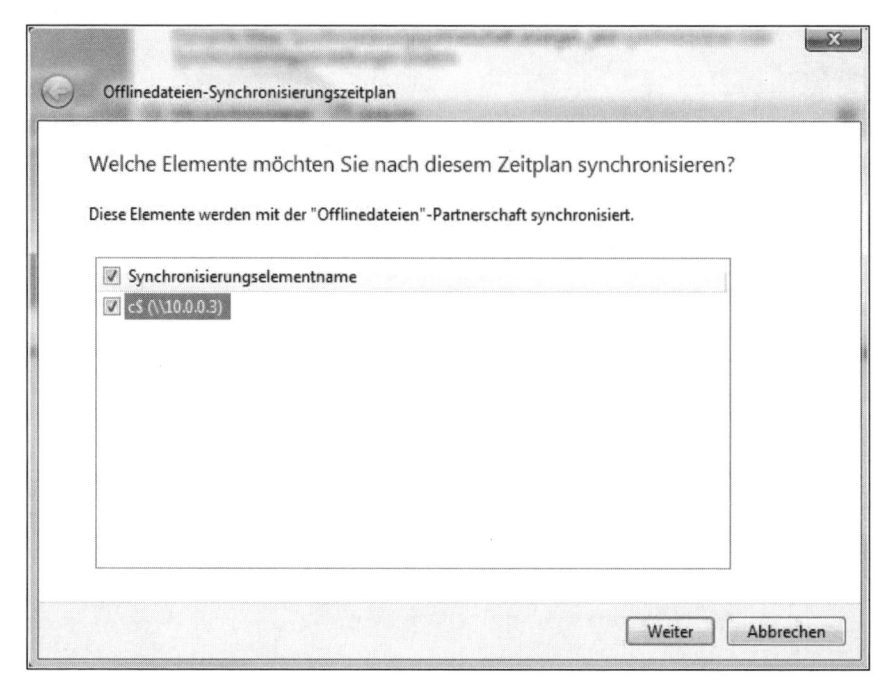

Windows Vista auf dem Notebook

Abbildung 17.30:
Konfiguration des Synchronisierungszeitplans

[Screenshot: Offlinedateien-Synchronisierungszeitplan – Welche Elemente möchten Sie nach diesem Zeitplan synchronisieren? Diese Elemente werden mit der "Offlinedateien"-Partnerschaft synchronisiert. Synchronisierungselementname: c$ (\\10.0.0.3)]

Auf der nächsten Seite legen Sie fest, ob die Synchronisierung zeitabhängig erfolgen soll oder nach einer bestimmten Aktion, zum Beispiel der Anmeldung am PC (siehe *Abbildung 17.31*).

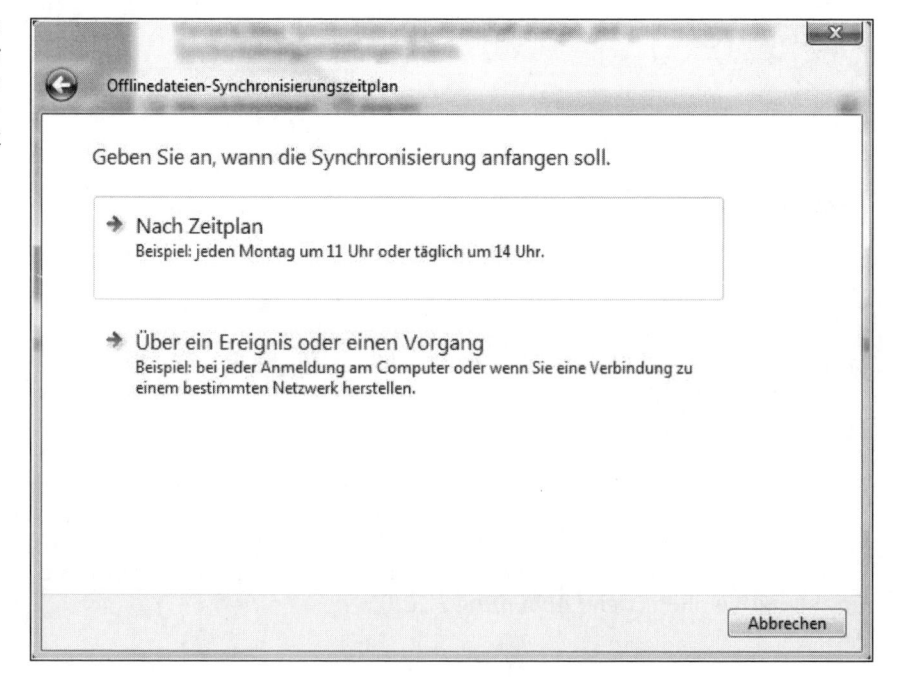

Abbildung 17.31:
Auswahl der Aktion für den Synchronisierungsstart

[Screenshot: Offlinedateien-Synchronisierungszeitplan – Geben Sie an, wann die Synchronisierung anfangen soll.
- *Nach Zeitplan – Beispiel: jeden Montag um 11 Uhr oder täglich um 14 Uhr.*
- *Über ein Ereignis oder einen Vorgang – Beispiel: bei jeder Anmeldung am Computer oder wenn Sie eine Verbindung zu einem bestimmten Netzwerk herstellen.]*

Offlinedateien verwenden

Wählen Sie zur Synchronisierung die Option *Nach Zeitplan* aus, können Sie auf der nächsten Seite festlegen, zu welchem Zeitpunkt die Synchronisierung stattfinden soll (siehe *Abbildung 17.32*). Hier stellen Sie auch ein, wie oft die Synchronisierung stattfinden soll und in welchen Abständen sie wiederholt wird.

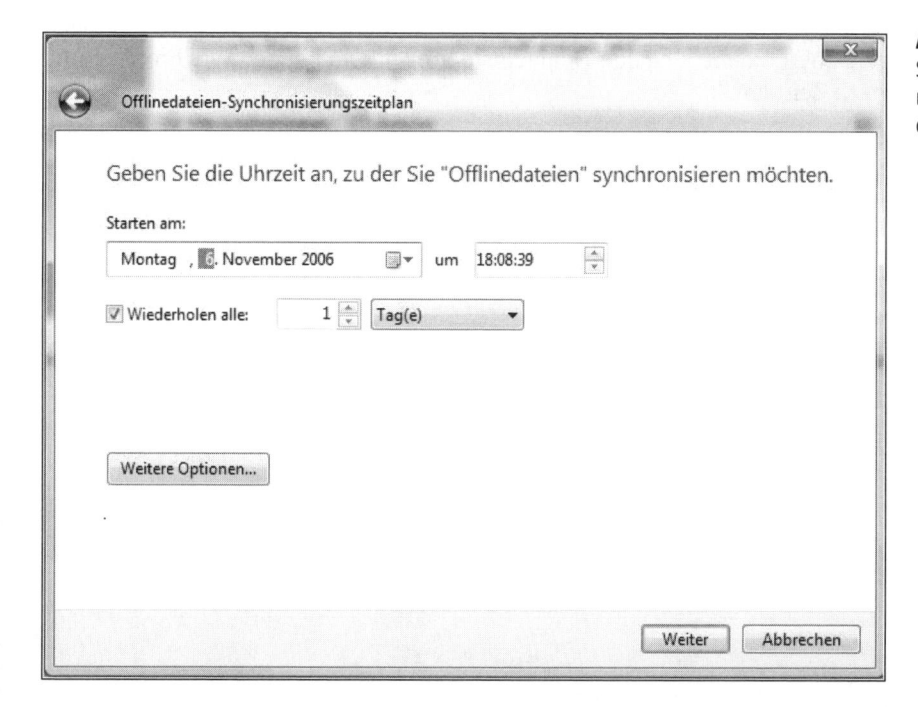

Abbildung 17.32: Synchronisierung nach Zeitplan durchführen

Über die Schaltfläche *Weitere Optionen* können Sie detaillierte Einstellungen vornehmen, wann die Synchronisierung starten soll und wann nicht. Hier werden vor allem für Notebooks Einstellungen vorgenommen, die eine Synchronisierung verhindern, um die Akkulaufzeit zu erhöhen.

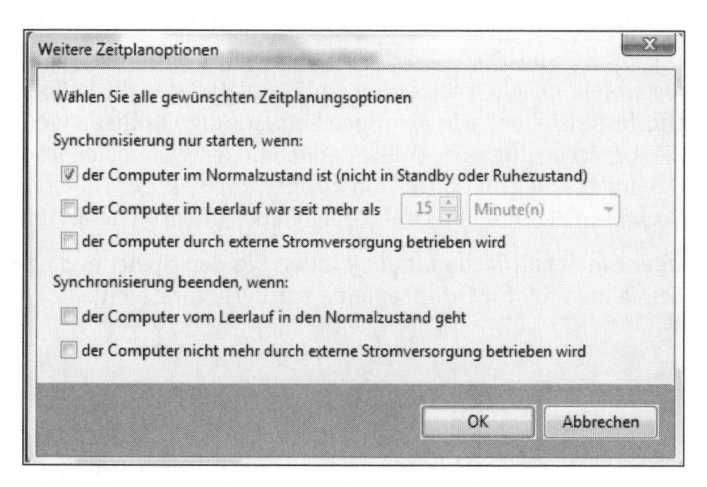

Abbildung 17.33: Konfiguration der erweiterten Synchronisierungseinstellungen

Windows Vista auf dem Notebook

Wenn Sie als Synchronisierungsoption keine speziellen Zeiten konfigurieren wollen, sondern spezielle Ereignisse, wie zum Beispiel die Anmeldung oder das Sperren des PC, wählen Sie die Option *Über ein Ereignis oder einen Vorgang* auf der Startseite des Assistenten.

Im Anschluss stellt Ihnen Windows Vista die Ereignisse zur Verfügung, die eine Synchronisierung auslösen. Über die Schaltfläche *Weitere Optionen* erreichen Sie die gleichen Detaileinstellungen wie bei der Synchronisierung nach Zeitplan.

Abbildung 17.34:
Synchronisieren von Offlinedateien durch ein Ereignis

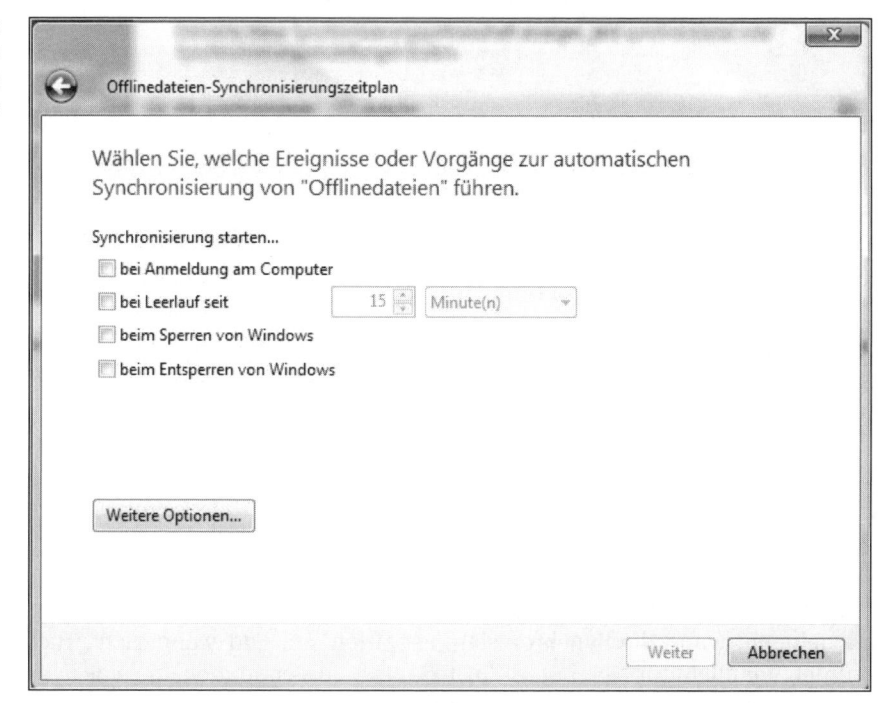

Konfiguration der Speicherplatzverwendung von Offlinedateien

Die Größe und Anzahl der Offlinedateien bestimmen den Umfang des verwendeten Speicherplatzes auf der Festplatte, den die Offlinedateien belegen. Um festzustellen, wie viel Speicherplatz die Offlinedateien belegen, öffnen Sie die Verwaltung der Offlinedateien in der Systemsteuerung, und wechseln Sie auf die Registerkarte *Datenträgerverwendung*. Hier sehen Sie, wie viel Speicherplatz von den Offlinedateien belegt wird (siehe *Abbildung 17.35*).

Über die Schaltfläche *Limits* können Sie den Speicherplatz steuern, der auf dem Notebook für Offlinedateien zur Verfügung steht.

Verschlüsseln von Offlinedateien

Offlinedateien werden nur dann verschlüsselt, wenn Sie dies entsprechend auswählen. Sie können über die Registerkarte *Verschlüsselung* das Verschlüsseln von Offlinedateien aktivieren. Dabei verschlüsseln Sie nur die auf dem Computer gespeicherten Offlinedateien, nicht die Netzwerkversionen der Dateien.

Unter Windows-Versionen ohne EFS (Encrypting File System, verschlüsselndes Dateisystem) wird die Registerkarte Verschlüsselung *nicht angezeigt.*

Abbildung 17.35: Konfiguration des verwendeten Speicherplatzes

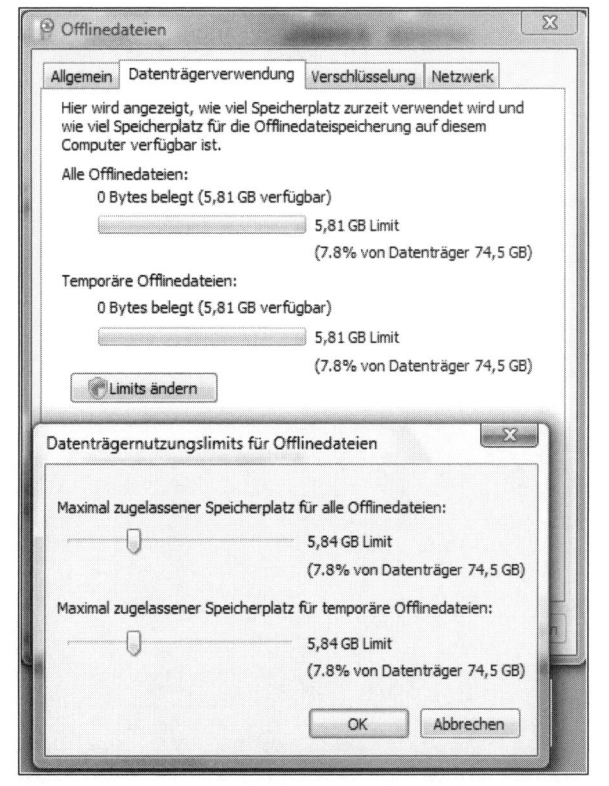

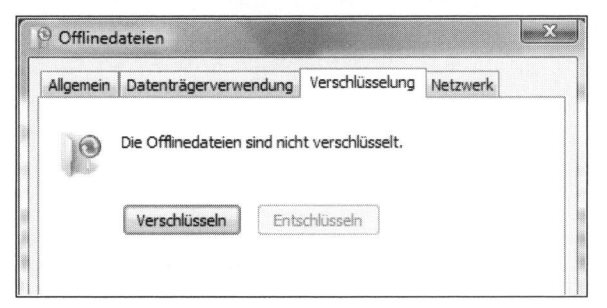

Abbildung 17.36: Aktivieren der Verschlüsselung von Offlinedateien

TEIL 8
Erweiterte Verwaltung und Systemeinstellungen

935	Benutzerverwaltung	18
971	Erweiterte Systemverwaltung	19
1043	Spracherkennung und erleichterte Bedienung	20

18 Benutzerverwaltung

Wollen Sie die verschiedenen Sicherheitseinstellungen Ihres PC nutzen, sollten Sie für jeden Anwender in Ihrem Haushalt einen eigenen Benutzer anlegen. Bei der Installation von Windows Vista wird bereits ein Standardnutzer angelegt, der Administratorbenutzer wird deaktiviert. Die Aktivierung des Administrators wurde bereits in Kapitel 3 besprochen.

Der Jugendschutz, den Sie für jedes Benutzerkonto hinterlegen können, ist Thema in *Kapitel 14*.

Das lokale Administratorkonto in Windows Vista wird automatisch deaktiviert. Zur Konfiguration des Administratorkontos öffnen Sie das Startmenü und klicken mit der rechten Maustaste auf den Menübefehl Computer. *Wählen Sie im Kontextmenü den Eintrag* Verwalten *aus, doppelklicken Sie zunächst in der Navigationsleiste der Computerverwaltung auf* Lokale Benutzer und Gruppen *und anschließend im mittleren Fensterbereich auf* Benutzer. *Anschließend aktivieren Sie durch Doppelklick das Benutzerkonto* Administrator *und entfernen das Häkchen bei* Konto ist deaktiviert *(siehe Abbildung 18.1).*

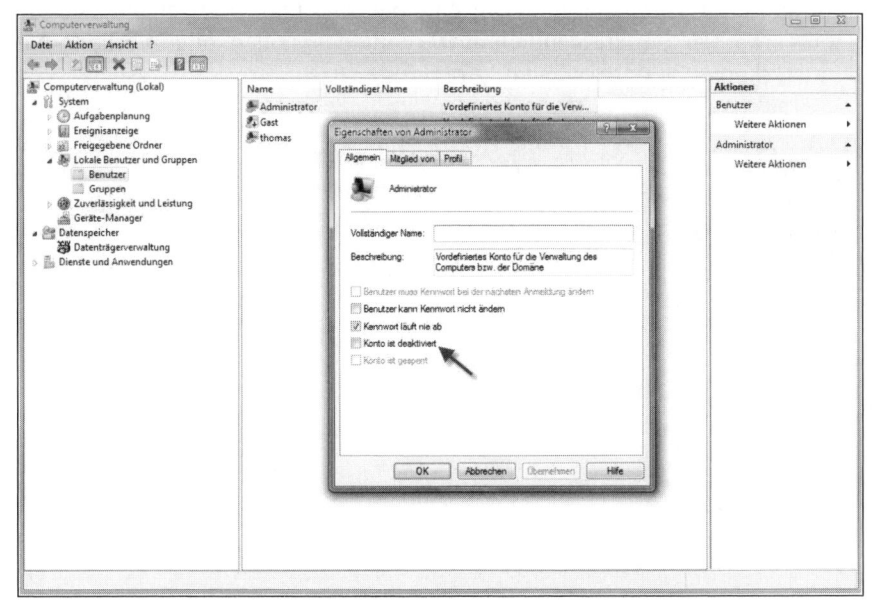

Abbildung 18.1: Aktivierung des lokalen Administratorkontos

Benutzerverwaltung

> *Achten Sie aber darauf, dem Administrator ein Kennwort zuzuweisen.*
>
> *Sie starten die Benutzerverwaltung auch direkt über* Start/Ausführen/lusrmgr.msc.

Die Verwaltung der Benutzer findet nach Aufruf des Menübefehls *Start/Systemsteuerung* über den Link *Benutzerkonten und Jugendschutz* statt (siehe *Abbildung 18.2*).

Abbildung 18.2:
Benutzerverwaltung in Windows Vista

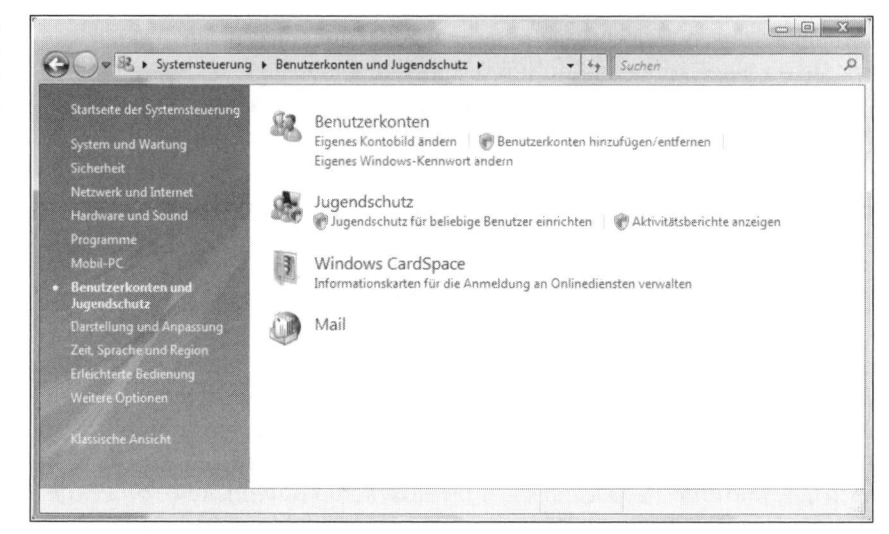

Über den Link *Benutzerkonten* führen Sie gezielt Einstellungen speziell für Benutzerkonten durch, neue Benutzerkonten erstellen oder vorhandene Benutzerkonten verwalten (siehe *Abbildung 18.3*).

Abbildung 18.3:
Konfiguration von Benutzerkonten in Windows Vista

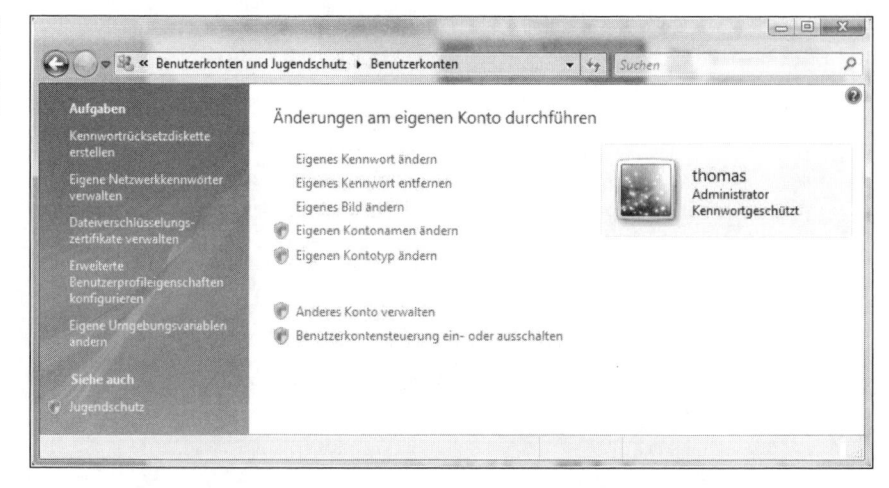

Verwalten des eigenen Benutzerkontos

Sie erreichen diese Einstellungen auch, indem Sie im Startmenü auf Ihr Benutzerbild klicken.

Alternativ verwalten Sie die Konfiguration der lokalen Benutzer auch über *Start/Rechte Maustaste auf Computer/Verwalten/Lokale Benutzer und Gruppen* (siehe *Abbildung 18.4*). Hier stehen Ihnen allerdings keine Assistenten zur Seite, und auch das Benutzerbild lässt sich nicht ändern.

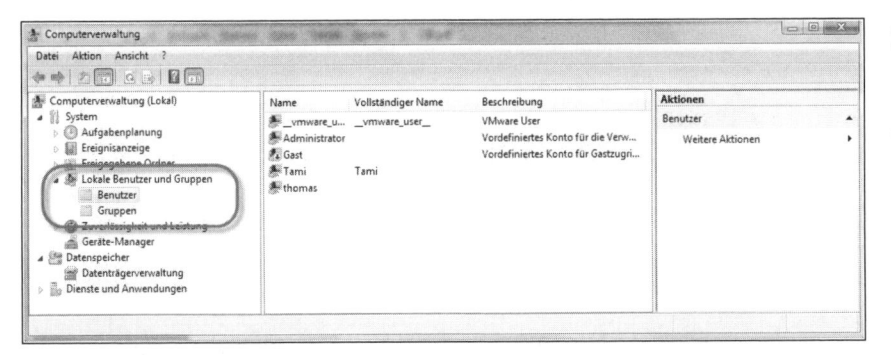

Abbildung 18.4: Verwalten von Benutzern in der Computerverwaltung

Die Computerverwaltung kann auch über Start/Ausführen/compmgmt.msc *gestartet werden.*

Die Benutzerverwaltung alleine starten Sie auch über Start/Ausführen/lusrmgr.msc.

18.1 Verwalten des eigenen Benutzerkontos

Haben Sie die Benutzerverwaltung über die Systemsteuerung gestartet, stehen Ihnen Assistenten und Möglichkeiten zur Verfügung, die über die Computerverwaltung teilweise nur über verschiedene Stellen erreicht werden können, teilweise gar nicht. Auf der Verwaltungsseite des eigenen Benutzerkontos stehen Ihnen verschiedene Optionen zur Verfügung (siehe *Abbildung 18.5*):

- *Eigenes Kennwort ändern* – Mit dieser Option ändern Sie das Anmeldekennwort für Ihr Benutzerkonto sowie die Beschreibung des Kennwortes, das Sie bei der Installation festgelegt haben (siehe *Abbildung 18.5*). Hier müssen Sie zunächst das alte Kennwort und dann zweimal das neue Kennwort eingeben. Anschließend legen Sie die Beschreibung des Kennwortes fest, die im Anmeldebildschirm angezeigt wird, wenn Sie sich nicht mehr an das Kennwort erinnern. Achten Sie darauf, dass dieser Hinweis angezeigt wird, auch wenn andere Benutzer im Haushalt versuchen, sich anzumelden. Verwenden Sie daher keinen zu offensichtlichen Hinweis.

Benutzerverwaltung

Abbildung 18.5:
Ändern des eigenen Benutzerkennwortes

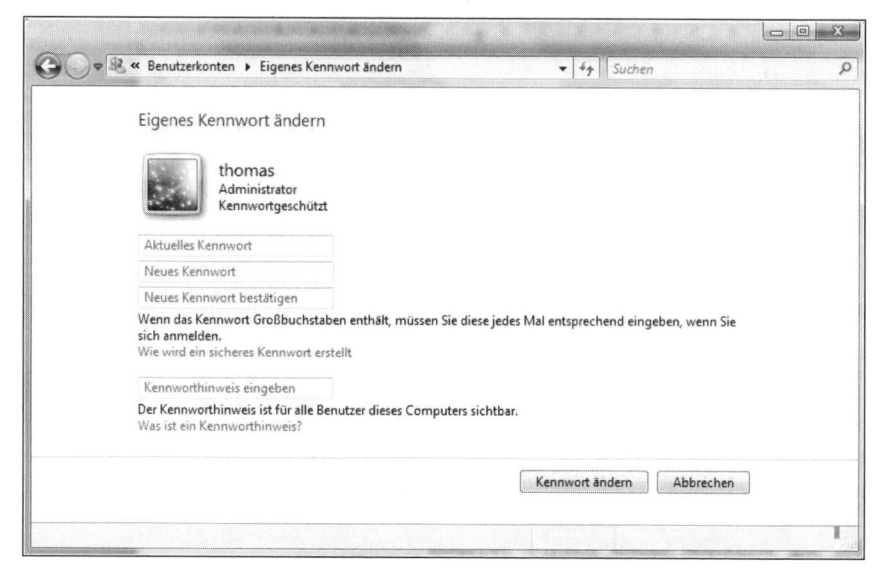

- *Eigenes Kennwort entfernen* – Wenn Sie diese Option auswählen, wird das gesetzte Kennwort des Benutzerkontos nach der korrekten Eingabe des Kennwortes entfernt. Das betreffende Benutzerkonto ist von jetzt an nicht mehr durch ein Kennwort geschützt.
- *Eigenes Bild ändern* – Mit dieser Option wird das Anmeldebild (nicht das Hintergrundbild) Ihres Konto geändert. Dieses Bild wird im Startmenü und im Anmeldefenster als Synonym für Ihr Benutzerkonto angezeigt (siehe *Abbildung 18.6*). Sie wählen aus den Standardbildern ein Bild oder ein anderes auf der Festplatte des PC aus. Wenn Sie ein anderes Bild auswählen, wird es entsprechend verkleinert dargestellt. Sie müssen daher kein besonderes Format oder keine spezielle Größe beachten. Es genügt, wenn Sie ein Bild über den Link *Nach weiteren Bildern suchen* auswählen.

TIPP
Die Benutzerbilder finden Sie im Verzeichnis C:\ProgramData\Microsoft\User Account Pictures.

C:\Benutzer\All Users\Microsoft\User Account Pictures *ist auch ein Weg, genauso wie* C:\Benutzer\All Users\Anwendungsdaten\Microsoft\User Account Pictures, *da der Ordner* C:\Users\All Users\Anwendungsdaten *ein Link auf* C:\ProgramData *ist;* C:\Dokumente und Einstellungen\All Users\Anwendungsdaten\Microsoft\User Account Pictures *ist auch möglich, da* C:\Dokumente und Einstellungen *ein Link auf* C:\Users *ist.*

Letztendlich zeigt alles auf C:\ProgramData\Microsoft\User Account Pictures.

Verwalten des eigenen Benutzerkontos

Wenn Sie sich durch Links klicken, erhalten Sie manchmal eine Meldung, dass der Zugriff verweigert wurde. Das liegt daran, dass Sie nicht direkt auf diese Links zugreifen können. Mehr erfahren Sie am Ende dieses Kapitels, wenn die Verbindungspunkte (Junction Points) besprochen werden.

Abbildung 18.6:
Ändern des Benutzerkonto-Bildes

- *Eigenen Kontonamen ändern* – Über diesen Link können Sie den Anmeldenamen Ihres Benutzerkontos abändern, das Kennwort des Kontos bleibt dabei aber erhalten (siehe *Abbildung 18.7*).

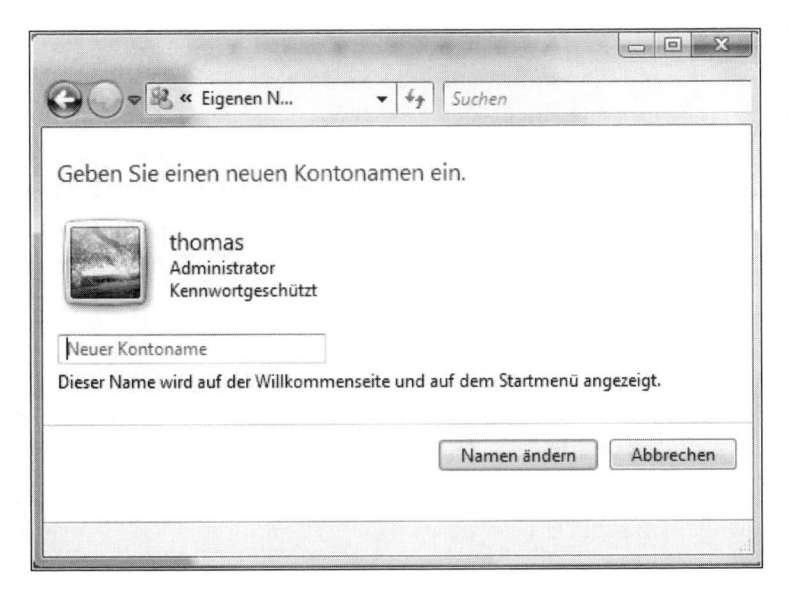

Abbildung 18.7:
Anpassen des Benutzerkonto-Namens

Benutzerverwaltung

- *Eigenen Kontotyp ändern* – Über die Auswahl dieses Links können Sie Ihr Benutzerkonto von einem normalen Benutzerkonto mit eingeschränkten Rechten in ein Administratorkonto abändern und umgekehrt (siehe *Abbildung 18.8*). Standardbenutzer können nahezu uneingeschränkt mit dem PC arbeiten, während Administratoren Systemeinstellungen ändern dürfen und Software installieren können. Sie sollten möglichst nur wenigen Benutzern Ihres PC administrative Rechte geben, am besten nur einem. Die anderen Benutzer arbeiten dann mit eingeschränkten Rechten. Sie können für sich selbst ein zusätzliches Benutzerkonto anlegen, mit dem Sie regelmäßig arbeiten, und sich nur mit dem Administrator-Benutzerkonto anmelden, wenn Sie Software installieren wollen. Dadurch wird Ihr Computer noch effizienter vor Angriffen geschützt.

Abbildung 18.8: Ändern des Kontotyps des eigenen Benutzerkontos

- *Anderes Konto verwalten* – Auf diesen Link gehen wir später noch näher ein. Hier wählen Sie ein anderes Computerkonto auf Ihrem PC aus, das Sie entsprechend verwalten können, um die besprochenen Einstellungen anzupassen.

- *Benutzerkontensteuerung ein- oder ausschalten* – Wie in Kapitel 3 und 14 besprochen, können Sie hier die Benutzerkontensteuerung ein- oder ausschalten, die für administrative Tätigkeiten jedes Mal ein Fenster anzeigt. Für jedes Menü und jede Schaltfläche, das mit einem Schild in Windows-Farben gekennzeichnet ist, erscheint eine Meldung der Benutzerkontensteuerung (siehe *Abbildungen 18.9* und *18.10*).

Abbildung 18.9:
Starten einer Aufgabe, die administrative Berechtigungen erfordert

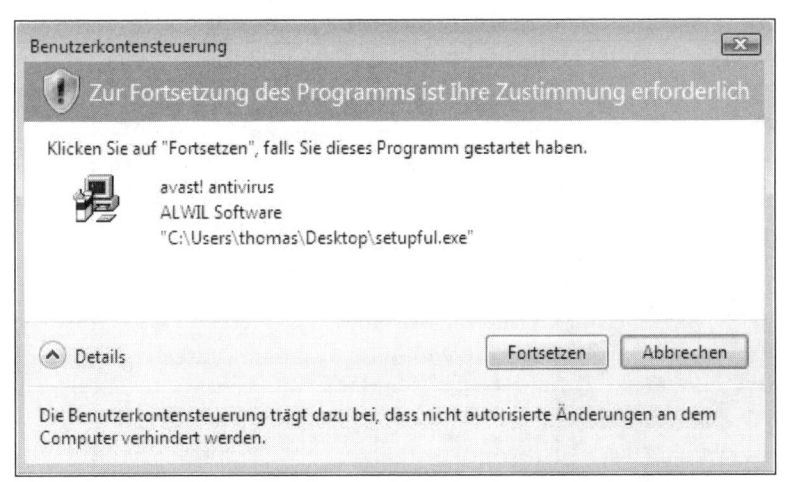

Abbildung 18.10:
Meldung der Benutzerkontensteuerung

18.1.1 Erweiterte Verwaltung von Benutzerkonten

Auf der linken Seite des Fensters zur Benutzerverwaltung stehen weitere Aufgaben zur Verfügung, welche die erweiterte Benutzerverwaltung betrifft (siehe *Abbildung 18.11*).

Benutzerverwaltung

Abbildung 18.11:
Zusätzliche Aufgaben zur lokalen Benutzerverwaltung

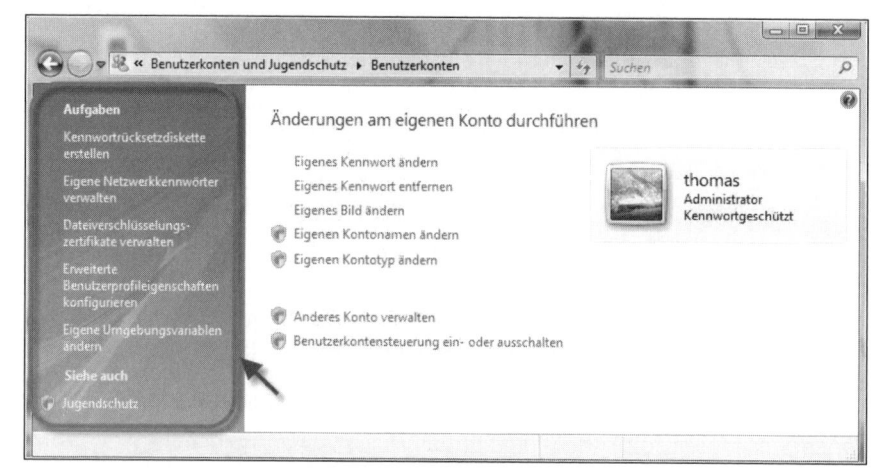

Erstellen einer Kennwortrücksetzdiskette

Mit der Option *Kennwortrücksetzdiskette erstellen* können Sie eine Diskette erstellen, mit deren Hilfe Sie das Kennwort Ihres Benutzerkontos noch vor der Anmeldung ändern können. Diese Diskette kann verwendet werden, wenn Sie zum Beispiel Ihr Kennwort vergessen haben. Sie können die Informationen der Kennwortrücksetzdiskette auch auf einem USB-Stick speichern. Haben Sie eine Diskette oder einen USB-Stick am PC angeschlossen, können Sie den Assistenten aufrufen. Im Anschluss startet der Assistent für die Anmeldung bei vergessenen Kennwörtern.

Abbildung 18.12:
Assistent für vergessene Kennwörter

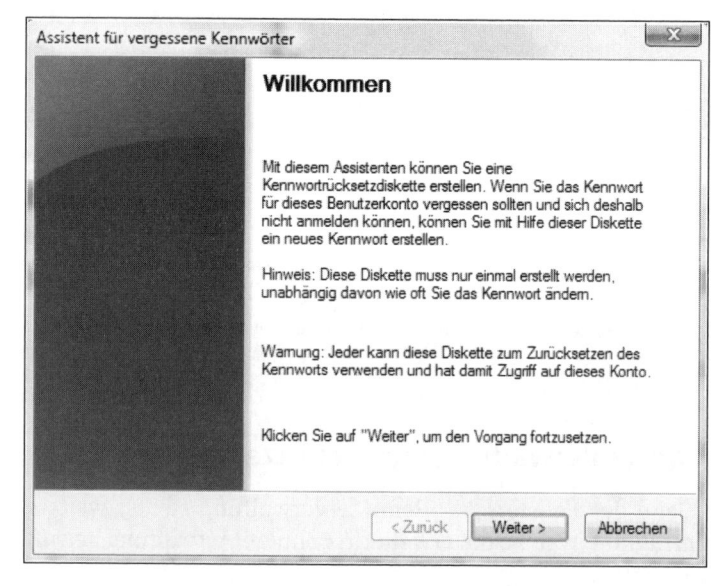

Verwalten des eigenen Benutzerkontos

Im nächsten Fenster werden Sie gebeten, eine Diskette in das Laufwerk mit dem Laufwerksbuchstaben des USB-Sticks einzulegen. Diese Meldung ist natürlich unsinnig, es reicht, den USB-Stick anzuschließen (siehe *Abbildung 18.13*).

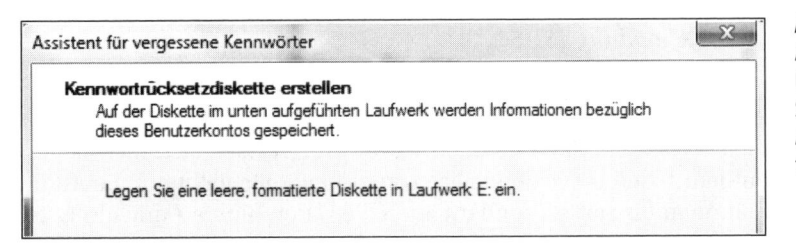

Abbildung 18.13:
Auswählen eines USB-Sticks für die Speicherung von Anmeldeinformationen

Geben Sie im nun folgenden Fenster das aktuelle Kennwort ein. Es wird in verschlüsselter Form auf dem USB-Stick oder der Diskette gespeichert.

Mit dieser Diskette können Sie sich anmelden, wenn Sie das Kennwort für Ihr Benutzerkonto vergessen haben. Dazu wird im Anmeldefenster ein Hinweis angezeigt, wenn Sie das Kennwort für das betreffende Benutzerkonto falsch eingegeben haben. Haben Sie den USB-Stick mit den Kontorücksetzinformationen angeschlossen, können Sie anschließend das Kennwort ändern und sich anmelden. Alternativ können Sie natürlich das Kennwort auch durch den konfigurierten Hinweis erraten.

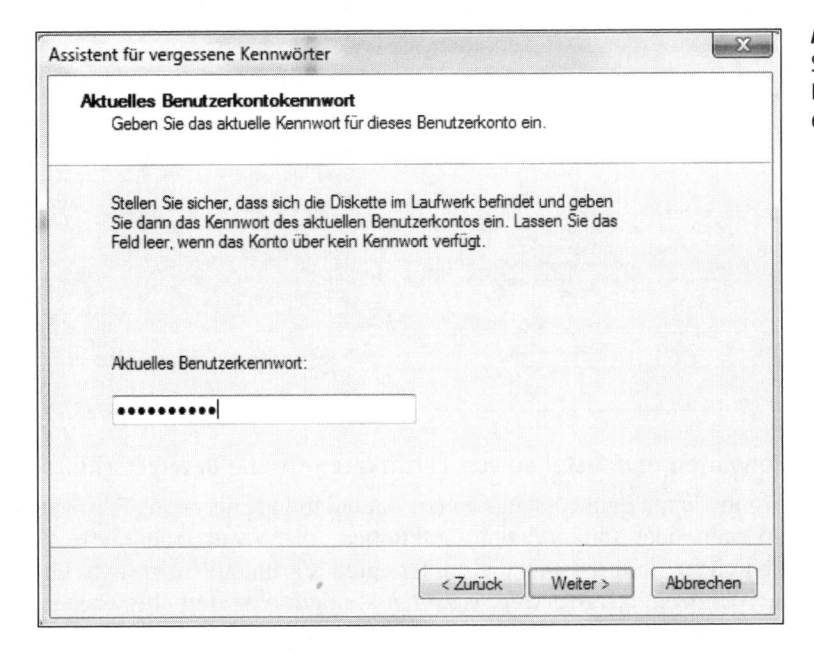

Abbildung 18.14:
Speichern des Kennwortes auf einem USB-Stick

Benutzerverwaltung

Eigene Netzwerkkennwörter verwalten

Über diesen Link im Aufgabenbereich hinterlegen Sie die Anmeldeinformationen für Server oder andere PCs im Netzwerk. Wenn ein entsprechender Server oder ein PC im Netzwerk eine Anmeldung erfordert, wird zunächst überprüft, ob für den PC Anmeldedaten an dieser Stelle hinterlegt sind (siehe *Abbildung 18.15*).

Sind hier Anmeldeinformationen vorhanden, werden diese ohne Benutzereingabe übernommen. Mit dieser Funktion hinterlegen Sie die Netzwerkanmeldung für andere PCs oder Server und müssen sich nicht jedes Mal neu authentifizieren. Sie deponieren an dieser Stelle nicht nur die Anmeldeinformationen für Server, sondern auch die Daten für die Anmeldung an Webseiten. Ändern sich Benutzerkennwörter, können Sie diese Änderung ebenfalls hier hinterlegen.

Über die beiden Schaltflächen *Sichern* und *Wiederherstellen* speichern Sie die hinterlegten Informationen und müssen so auf anderen PCs oder bei einer Neuinstallation die Daten nicht neu einpflegen, sondern können diese durch die Wiederherstellung importieren.

Abbildung 18.15: Verwalten von Netzwerkkennwörtern

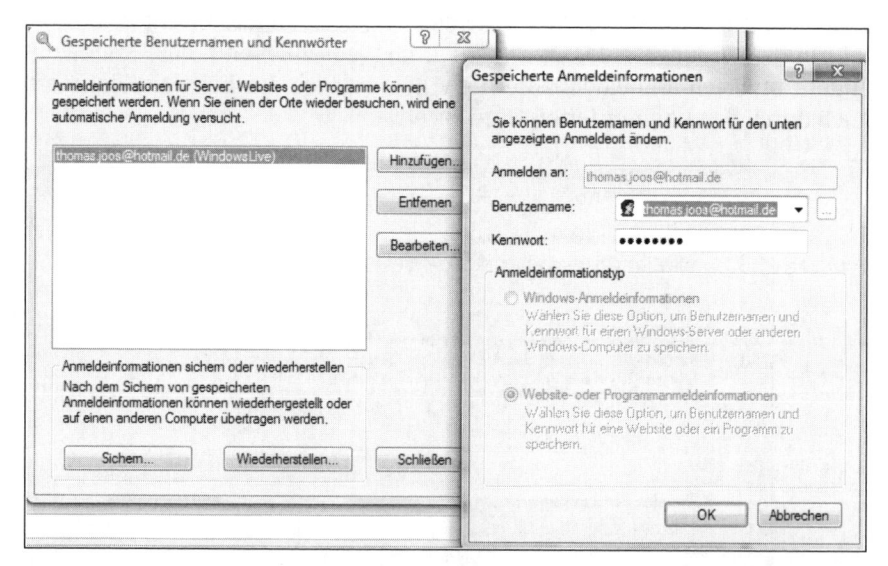

Verwalten und Erstellen von Zertifikaten für die Dateiverschlüsselung

Wenn Sie mit dem verschlüsselten Dateisystem (Encrypting File System, EFS) arbeiten oder mit anderen Funktionen, die benutzerdefinierte Zertifikate benötigen, können Sie die hinterlegten Zertifikate über den Link *Dateiverschlüsselungszertifikate verwalten* konfigurieren und überwachen. Klicken Sie auf den betreffenden Link, startet der Assistent, mit dem Sie Zertifikate erstellen und vorhandene Zertifikate verwalten können (siehe *Abbildung 18.16*).

Verwalten des eigenen Benutzerkontos

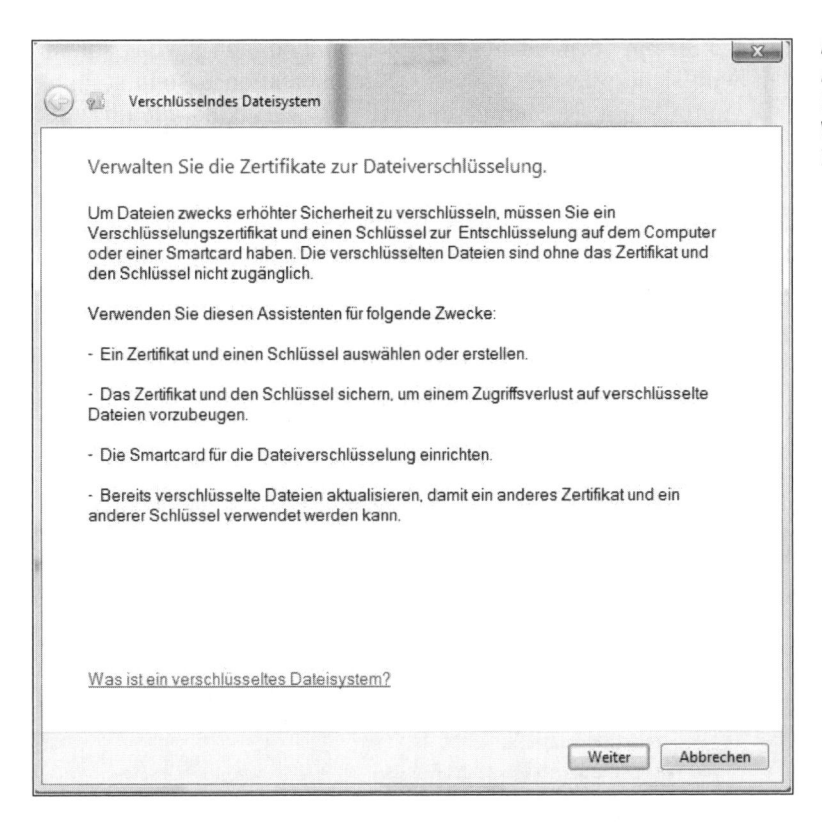

Abbildung 18.16: Assistent zum Erstellen und Verwalten von Zertifikaten

Nach einem Klick auf *Weiter* wählen Sie ein Zertifikat aus, das angezeigt werden soll, oder ein neues Zertifikat erstellen (siehe *Abbildung 18.17*).

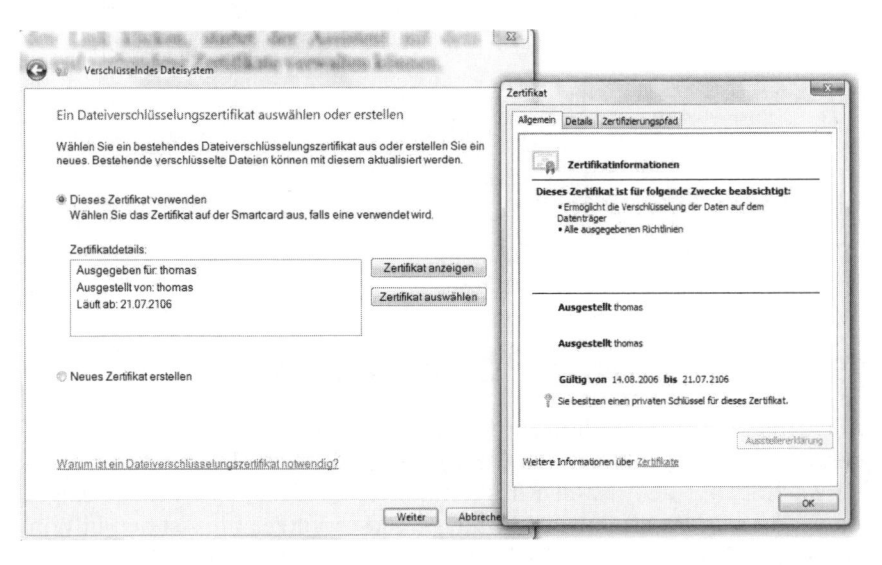

Abbildung 18.17: Anzeigen der Informationen für ein Zertifikat

Benutzerverwaltung

Wählen Sie ein vorhandenes Zertifikat aus, können Sie das auf der folgenden Seite sichern lassen. Bei einer Neuinstallation besteht so die Möglichkeit, mithilfe dieses Zertifikates auf die verschlüsselten Informationen zurückzugreifen.

Im Anschluss werden die verschlüsselten Dateien und Verzeichnisse auf dem Datenträger aktualisiert, damit bei einer späteren Wiederherstellung der Zugriff auf die Daten mit dem gesicherten Zertifikat weiterhin möglich ist.

Alternativ können Sie statt der Sicherung ein eigenes Zertifikat erstellen oder ein Zertifikat von einer SmartCard integrieren. Ist der PC Mitglied in einer Windows-Domäne, besteht darüber hinaus die Möglichkeit, ein Zertifikat von einer eigenen Zertifizierungsstelle zu beziehen.

Abbildung 18.18:
Sichern eines Zertifikats

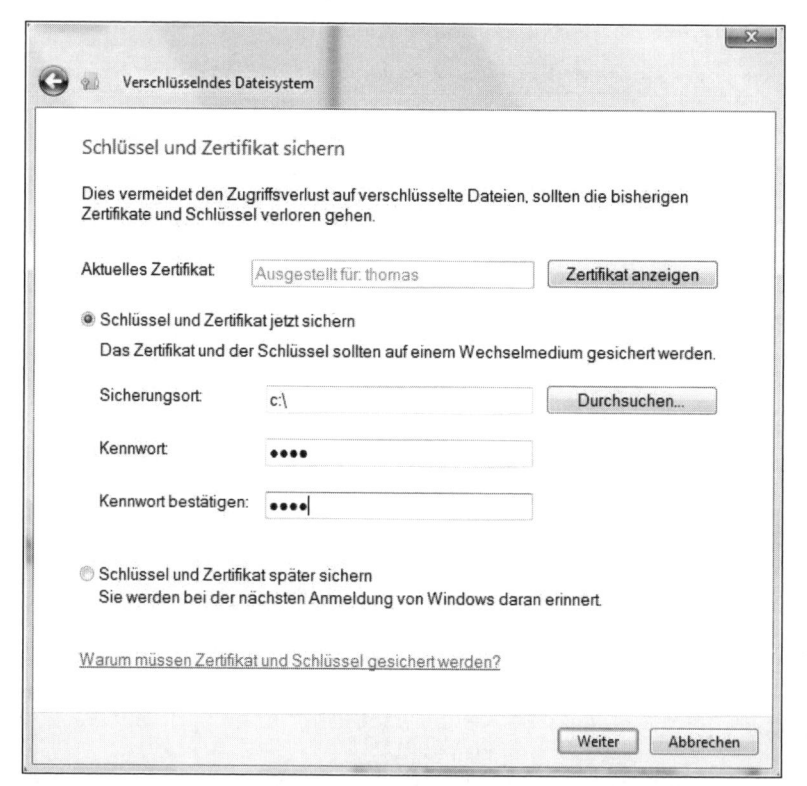

18.2 Verwalten von Benutzerprofilen

Alle persönlichen Einstellungen der einzelnen Benutzer auf einem PC werden in einem sogenannten Benutzerprofil gespeichert. Dieses Profil ist ein Verzeichnis mit dem Namen des Benutzeranmeldenamens des jeweiligen Anwenders im Verzeichnis *C:\Benutzer*. Dieses Verzeichnis ist neu in Windows Vista. Unter Windows XP hat dieses Verzeichnis noch die Bezeichnung

Verwalten von Benutzerprofilen

C:\Dokumente und Einstellungen getragen. Oft kann Festplattenplatz auf einem PC durch das Löschen nicht mehr benötigter Profile wieder freigegeben werden.

Löschen Sie ein Profil, wird es neu erstellt, sobald sich der Benutzer erneut am PC anmeldet. Alle Einstellungen des Benutzers werden beim Löschen zurückgesetzt, das Profil ist also vollkommen leer und wird neu erstellt. Beachten Sie aber, dass beim Löschen eines Profils alle Daten des entsprechenden Benutzers verloren gehen. Sie sollten diese daher vorher möglichst sichern.

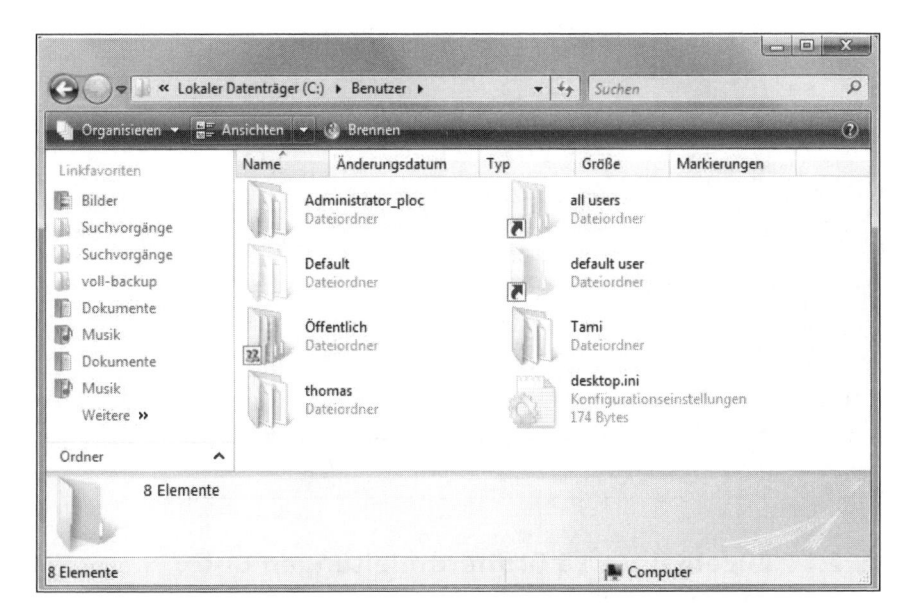

Abbildung 18.19: Anzeigen der Benutzerprofile in Windows Vista

Über den Link *Erweiterte Benutzerprofileigenschaften konfigurieren* lassen Sie sich alle Benutzerprofile auf einem PC anzeigen und diese anschließend löschen (siehe *Abbildung 18.20*). Sie sehen an dieser Stelle auch die Größe des jeweiligen Profils. Im Verzeichnis werden mehrere Unterordner angezeigt. Die persönlichen Daten jedes Benutzers liegen in seinem eigenen Verzeichnis, auf das nur er selbst sowie die Administratoren Zugriff haben.

Die Benutzerprofile werden zunächst als Kopie des Standardprofils, des Default Users, erzeugt. Zusätzlich gibt es einen Ordner All Users, der ebenfalls für Benutzerprofile verwendet wird.

Während der Ordner Default User *die Einstellungen für neu zu erstellende Benutzerprofile für alle Benutzer enthält, finden sich in* All Users *die Einstellungen für die bereits erstellten Profile, die für alle Nutzer der Arbeitsstation gelten.*

Benutzerverwaltung

Damit diese beiden Verzeichnisse angezeigt werden, müssen Sie die versteckten Dateien und die Systemdateien einblenden lassen. Wie Sie diese Einstellung vornehmen, wurde bereits in Kapitel 8 erläutert.

Die Benutzerprofile erhalten auch die Inhalte und Verknüpfungen der Startmenüs.

Abbildung 18.20:
Verwalten von Benutzerprofilen in Windows Vista

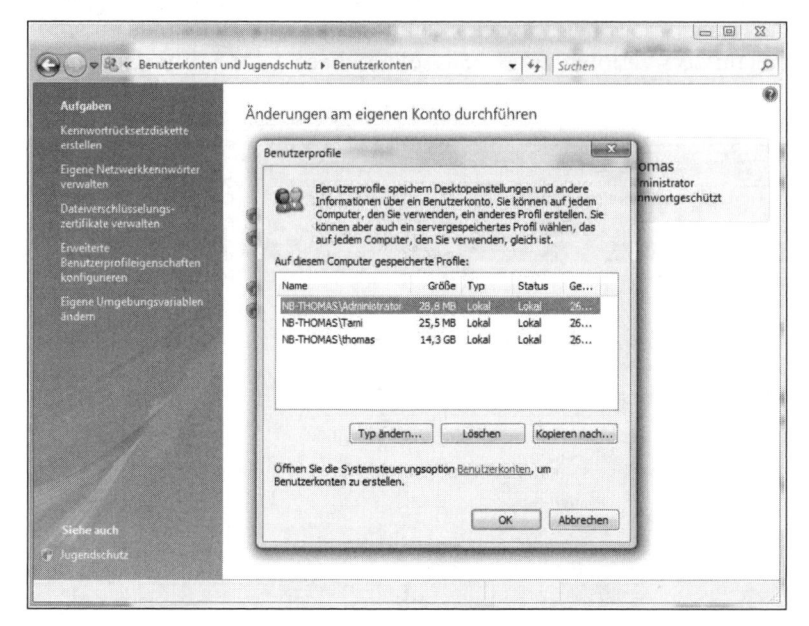

18.2.1 Allgemeines zu Ordnerumleitungen und servergespeicherten Profilen

Auch unter Windows Vista besteht die Möglichkeit, Profile serverbasiert zu konfigurieren und Ordner umzuleiten. Da der Aufbau der Profile geändert wurde, müssen hier teilweise neue Wege gegangen werden. Die Synchronisation von Clients und Servern für servergespeicherte Profile wurde in Windows Vista stark verbessert, sodass langsame Anmeldezeiten oder zu große Profile der Vergangenheit angehören.

Neuerungen in der Ordnerumleitung

Insgesamt bietet Windows Vista die Möglichkeit, an bis zu zehn Ordnern innerhalb des Profils auf ein Serverlaufwerk umzuleiten. Bei der Ordnerumleitung werden Pfade zum Dokumentenverzeichnis oder dem Startmenü auf einen Server umgeleitet. Dadurch ist sichergestellt, dass die Daten der Anwender sicher auf einem Server gespeichert werden, aber dennoch transparent zugreifbar sind, wenn ein Anwender zum Beispiel seinen Dokumentenordner öffnet.

Durch die Ordnerumleitung können wichtige Benutzerdaten aus dem servergespeicherten Profil herausgenommen werden und stehen auch auf mehreren Arbeitsstationen in Echtzeit zur Verfügung, wenn alle Arbeitsstationen Zugriff auf den gleichen Server haben. Die Größe der Profile wird reduziert, die Anmeldezeit verkürzt.

Außerdem hat Microsoft ein neues Snap-In für die Umleitung von Ordnern aus dem Benutzerprofil entwickelt, mit dessen Hilfe die Ordnerumleitung per Gruppenrichtlinien deutlich effizienter durchgeführt werden kann (siehe *Abbildung 18.21*).

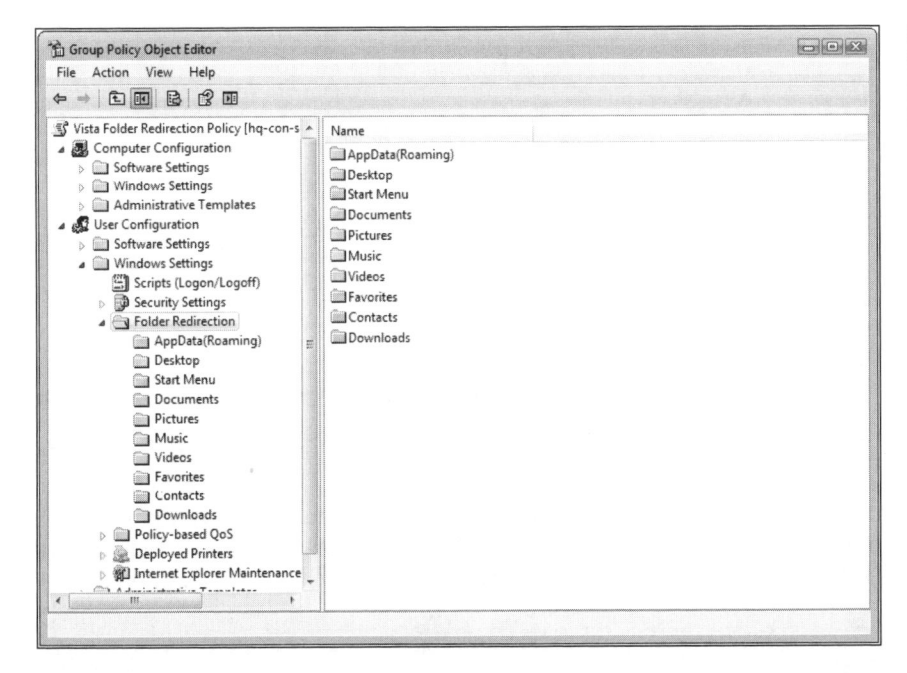

Abbildung 18.21: Ordnerumleitung per Gruppenrichtlinie konfigurieren

Mit diesem neuen Snap-In werden auch die Ordnerumleitungen für Windows XP und Windows 2000 konfiguriert. Die effizienteste Möglichkeit, Ordner umzuleiten, ist über eine Gruppenrichtlinie in einer Active Directory-Domäne.

Windows Vista bietet dazu auch die Möglichkeit, Ordner abhängig von einer Sicherheitsgruppe umzuleiten, sodass für unterschiedliche Abteilungen im Unternehmen unterschiedliche Ordner im Netzwerk als Umleitung verwendet werden können. Bei der Umleitung können Sie die Ordner in vordefinierte Verzeichnisse auf den Servern umleiten oder für jeden Anwender in einem spezifischen Ordner automatisch ein Verzeichnis für die Ordnerumleitung anlegen lassen. Die Einstellungen in den Richtlinien für die Ordnerumleitung sind selbsterklärend.

Benutzerverwaltung

Abbildung 18.22:
Einstellungen für die Ordnerumleitung in einer Windows Vista-Gruppenrichtlinie

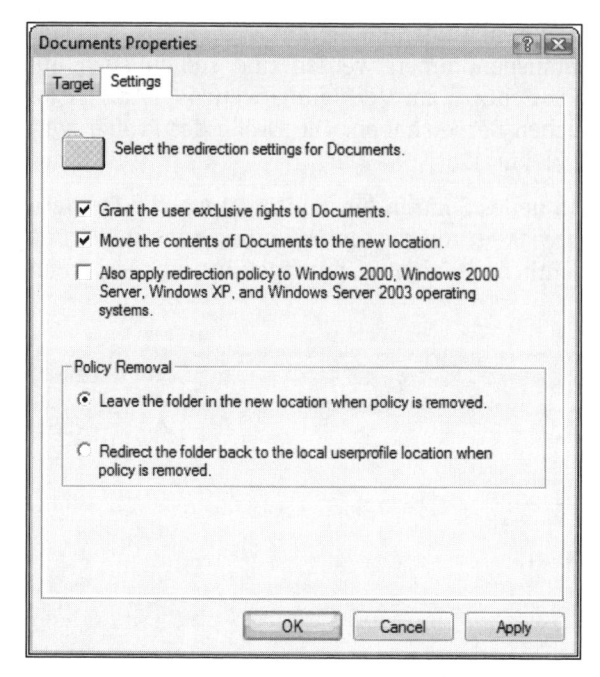

18.2.2 Änderungen in den Benutzerprofilen

Wie bereits erwähnt werden Benutzerprofile in Windows Vista im Ordner *C:\Benutzer\<Benutzername>* gespeichert. Die Tiefe der Ordnerstruktur innerhalb des Profils hat Microsoft wesentlich reduziert, auch die Bezeichnung der Ordner ist jetzt selbsterklärend, und es ist leichter, innerhalb der Ordnerstruktur eines Profils die wesentlichen Verzeichnisse zu finden.

Abbildung 18.23:
Ordnerstruktur innerhalb eines Benutzerprofils

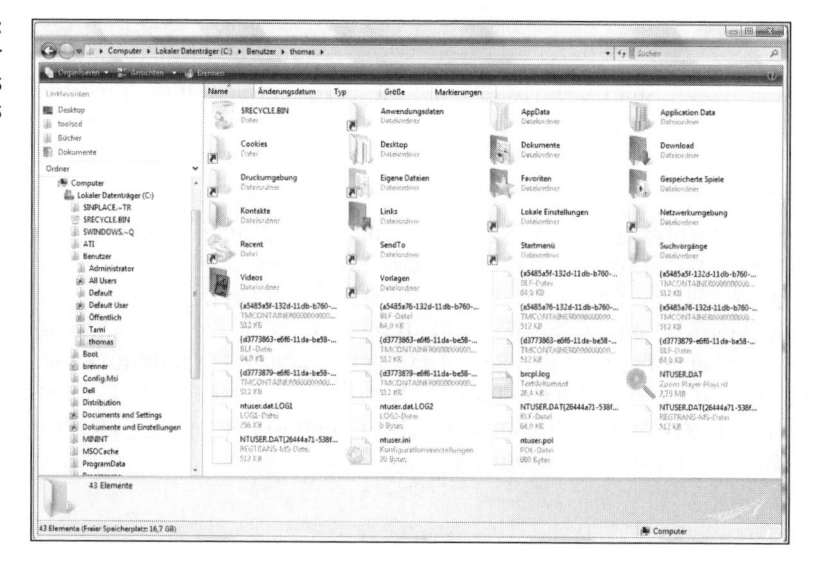

Verwalten von Benutzerprofilen

Zur Abwärtskompatibilität hat Microsoft noch einige Verknüpfungen eingefügt, die in den vorangegangenen Windows-Versionen noch verwendet wurden oder die direkt auf ein anderes Verzeichnis verweisen, wie zum Beispiel das Startmenü.

In der *Tabelle 18.1* zeige ich Ihnen die einzelnen Verzeichnisse im Benutzerprofil von Windows Vista sowie deren Gegenpart in Windows XP, wo sich die Benutzerprofile noch im Ordner *C:\Dokumente und Einstellungen* befunden haben.

Ordner	Beschreibung	Name unter Windows XP	Speicherort unter Windows XP
Kontakte	Enthält die angelegten Kontakte des Benutzers	*Nicht verfügbar*	*Nicht verfügbar*
Desktop	Icons und Einstellungen des Benutzerdesktops	Desktop	*C:\Dokumente und Einstellungen\<Benutzername>\Desktop*
Dokumente	Standardmäßiger Speicherort aller persönlicher Dateien eines Benutzers	Eigene Dateien	*C:\Dokumente und Einstellungen\<Benutzername>\Eigene Dateien* Unter Vista gibt es daher eine Verknüpfung *Eigene Dateien*, die auf den Ordner *Dokumente* zeigt.
Downloads	Speicherort aller Downloads	*Nicht verfügbar*	*Nicht verfügbar*
Favoriten	Favoriten des Internet Explorers	Favoriten	*C:\Dokumente und Einstellungen\<Benutzername>\Favoriten*
Musik	Ablageort von Musikdateien	Meine Musik	*C:\Dokumente und Einstellungen\<Benutzername>\Eigene Dateien\Eigene Musik*
Videos	Ablageort für gespeicherte Filmdateien	*Nicht verfügbar*	*Nicht verfügbar*
Bilder	Ablageort für Bilddateien und Grafiken	Meine Bilder	*C:\Dokumente und Einstellungen\<Benutzername>\Eigene Dateien\Eigene Bilder*
Suchvorgänge	Ablageort für abgespeicherte Suchen	*Nicht verfügbar*	*Nicht verfügbar*
Appdata	Ablageort für benutzerspezifische Daten und Systemdateien von Applikationen	*Nicht verfügbar* (vergleichbar mit *Anwendungsdaten*)	*Nicht verfügbar* Vergleichbar mit dem Ordner *Anwendungsdaten* im Profil
Gespeicherte Spiele	Zentraler Ablageort für Spielstände von kompatiblen Windows-Spielen	*Nicht verfügbar*	*Nicht verfügbar*

Tabelle 18.1: Ordner im Profilverzeichnis

Benutzerverwaltung

In Windows Vista wurden ebenfalls Änderungen vorgenommen, wie die Daten von Applikationen gespeichert werden. Unter Windows XP war es nicht einfach möglich festzustellen, welche Daten von Applikationen maschinenbezogen waren und welche benutzerspezifisch sind.

Zu dem Zweck der Vereinheitlichung von anwendungsspezifischen Daten hat Microsoft den Ordner *Appdata* im Benutzerprofil eingeführt. Dieser Ordner enthält die drei Unterordner (siehe *Abbildung 18.24*):

- Local
- Locallow
- Roaming

Abbildung 18.24: Unterordner des Verzeichnisses Appdata

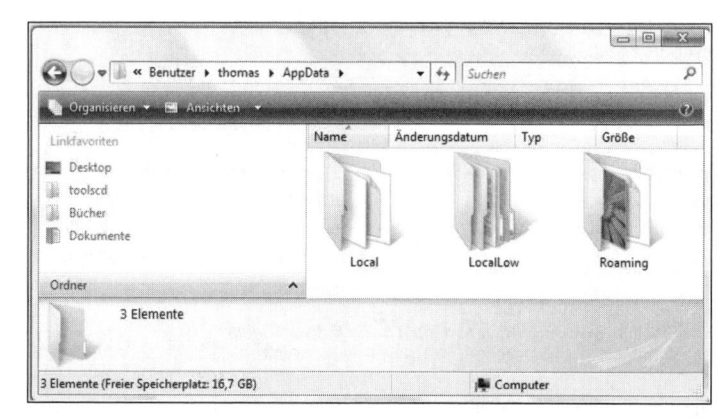

In den beiden Verzeichnissen *Local* und *LocalLow* werden Daten von Anwendungen gespeichert, die nicht mit dem Benutzer bei der Verwendung von verschiedenen Arbeitsstationen mitwandern. Hier handelt es sich vor allem um maschinenbezogene Daten oder um Daten, die ein Benutzerprofil unnötig aufblähen würden.

Abbildung 18.25: Inhalt eines Profilordners unter Windows XP

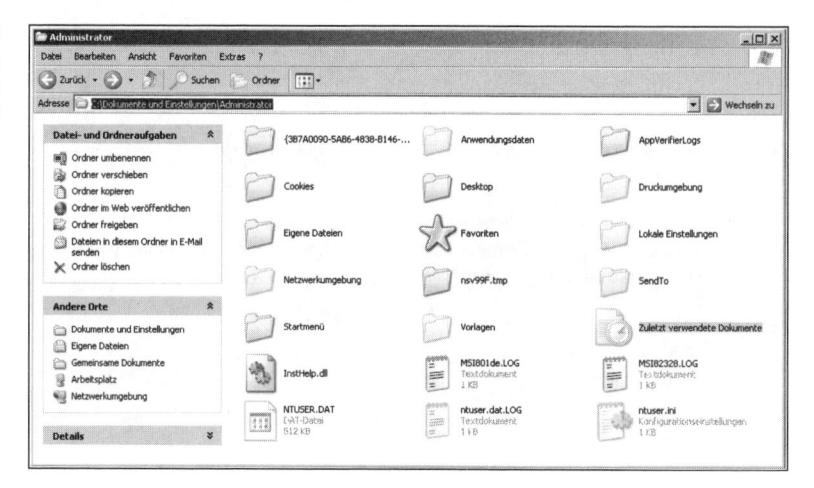

Verwalten von Benutzerprofilen

Das Verzeichnis *Local* ist im Endeffekt identisch mit dem Verzeichnis *C:\Dokumente und Einstellungen\<Benutzername>\Lokale Einstellungen\Anwendungsdaten* in Windows XP.

Der Ordner *Roaming* enthält die Daten, die benutzerspezifisch sind und für servergespeicherte Profile verwendet werden können. Diese Daten können mit dem Benutzer auf verschiedene Arbeitsstationen »mitwandern«. Dieser Ordner entspricht dem Ordner *C:\Dokumente und Einstellungen\<Benutzername>\Anwendungsdaten* in Windows XP.

Sie sollten diese Zusammenhänge verstehen, bevor Sie in einem Unternehmen servergespeicherte Profile in Verbindung von Windows Vista- und Windows XP-Arbeitsstationen verwenden. In der Tabelle 18.2 habe ich Ihnen die einzelnen wichtigen Verzeichnisse im Profil eines Benutzers von Windows Vista im Vergleich zum entsprechenden Ordner unter Windows XP aufgelistet.

Verzeichnis unterhalb von c:\Benutzer\<Benutzername> von Windows Vista	Gegenstück im Verzeichnis c:\Dokumente und Einstellungen\<Benutzername> von Windows XP
Nicht vorhanden	...\Lokale Einstellungen
...\Appdata\Local	...\Lokale Einstellungen\Anwendungsdaten
...\Appdata\Local\Microsoft\Windows\History	...\Lokale Einstellungen\Verlauf
...\Appdata\Local\Temp	...\Lokale Einstellungen\Temp
...\AppData\Local\Microsoft\Windows\Temporary Internet Files	...\Lokale Einstellungen\Temporary Internet Files
...\AppData\Roaming\Microsoft\Windows\Cookies	Cookies
...\AppData\Roaming\Microsoft\Windows\Network Shortcuts	Netzwerkumgebung
...\AppData\Roaming\Microsoft\Windows\Printer Shortcuts	Druckumgebung
...\AppData\Roaming\Microsoft\Windows\Recent	Zuletzt verwendete Dokumente
...\AppData\Roaming\Microsoft\Windows\Send To	SendTo
...\AppData\Roaming\Microsoft\Windows\Start Menu	Startmenü
...\AppData\Roaming\Microsoft\Windows\Templates	Vorlagen
...\Kontakte	Nicht verfügbar
...\Desktop	Desktop
...\Dokumente	Eigene Dateien
...\Download	Nicht Verfügbar

Tabelle 18.2: Vergleiche von verschiedenen Profilverzeichnissen zwischen Windows XP und Windows Vista

Benutzerverwaltung

Tabelle 18.2: Vergleiche von verschiedenen Profilverzeichnissen zwischen Windows XP und Windows Vista (Forts.)

Verzeichnis unterhalb von c:\Benutzer\<Benutzername> von Windows Vista	Gegenstück im Verzeichnis c:\Dokumente und Einstellungen\<Benutzername> von Windows XP
...\Favoriten	...\Favoriten
...\Musik	...\Eigene Dateien\Eigene Musik
...\Videos	Nicht Verfügbar
...\Bilder	...\Eigene Dateien\Eigene Bilder
...\Suchvorgänge	Nicht verfügbar
...\Links	Nicht verfügbar
...\Gespeicherte Spiele	Nicht verfügbar

Das All Users-Profil

Unter den Vorgängerversionen von Windows Vista hat das Verzeichnis *All Users* die Inhalte zur Verfügung gestellt, die für alle Anwender auf dem PC gegolten haben. So war es möglich, durch Bearbeitung eines einzelnen Verzeichnisses die Einstellungen aller Benutzer anzupassen.

Beispiel für den Einsatz von *All Users* ist das Startmenü oder der Inhalt des Desktops, der sich immer aus dem eigenen Benutzerprofil und dem Inhalt des Ordners *All Users* zusammensetzt. Wenn zum Beispiel eine Verknüpfung in das Verzeichnis *\All Users\Startmenü* kopiert wurde, wurde es bei allen Benutzern des PC im Startmenü angezeigt.

In Windows Vista gibt es das Verzeichnis *C:\Benutzer\All Users* nur noch als Verknüpfung, die auf den Ordner *C:\ProgramData* verweist. Hier wird wiederum auf das Profil *Öffentlich* unter *C:\Benutzer* verlinkt.

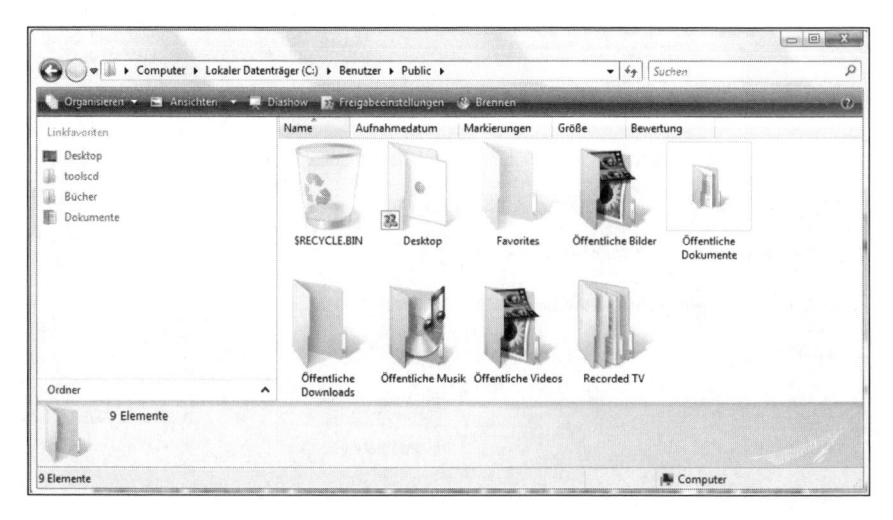

Abbildung 18.26: Inhalt des öffentlichen Profils

Verwalten von Benutzerprofilen

Papierkorb in Windows Vista

Der Papierkorb ist jetzt in Windows Vista Bestandteil des Profils. Unter Windows XP war der Papierkorb noch nicht benutzerspezifischer Teil des Profils. Der Papierkorb wird in Windows Vista als versteckte Datei im Hauptverzeichnis des Profils gespeichert.

18.2.3 Verbindungspunkte (Junction Points)

Die meisten Anwendungen sind bereits standardmäßig kompatibel zu den neuen Verzeichnissen des Profils in Windows Vista. Meistens sind daher keinerlei Änderungen notwendig. In Windows Vista wurde dazu die Unterstützung von älteren Dateipfaden integriert. Alle Pfade sind auch für ältere Anwendungen vollkommen transparent.

Manche Anwendungen haben unter Umständen dennoch Probleme mit den neuen Verzeichnisstrukturen. Microsoft hat für die Unterstützung solcher Anwendungen auf dem Dateisystem Verbindungspunkte eingerichtet. Ein solcher Verbindungspunkt verweist ähnlich wie eine Verknüpfung auf einen anderen Pfad auf dem PC, in dem schließlich die gesuchten Daten liegen. Für alle notwendigen Systemverzeichnisse unter Windows XP hat Microsoft in Windows Vista Verbindungspunkte eingerichtet.

Beispiel:

Das Verzeichnis *C:\Benutzer\ < Benutzername > \Dokumente* in Windows Vista stellt das neue Verzeichnis für *C:\Dokumente und Einstellungen\ < Benutzername > \Eigene Dateien* in Windows XP dar.

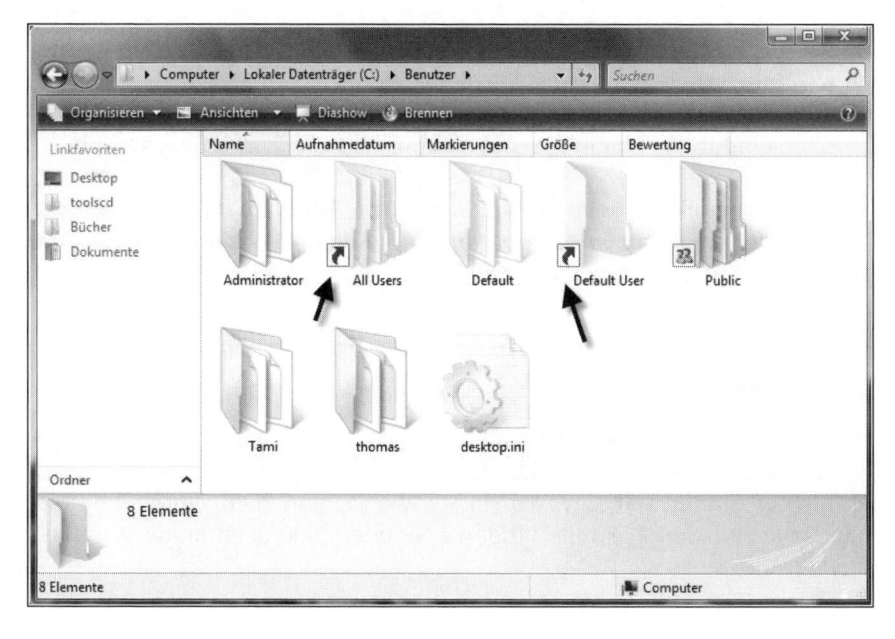

Abbildung 18.27: Verbindungspunkte in Windows Vista

Benutzerverwaltung

Damit auch ältere Applikationen, die zum Beispiel Zugriff auf den Ordner *Eigene Dateien* haben müssen, weiterhin funktionieren, hat Microsoft einen Verbindungspunkt *Eigene Dateien* im Profil unter Windows Vista eingerichtet. Solche Verbindungspunkte gibt es massenweise in Windows XP an verschiedener Stelle. Im Windows Explorer werden diese durch einen Verknüpfungspfeil gekennzeichnet (siehe *Abbildung 18.27*).

Sie lassen sich in der Befehlszeile die Verbindungspunkte und deren Zielverzeichnisse anzeigen. Wechseln Sie dazu in das entsprechende Verzeichnis, und geben Sie den Befehl *dir /ad* ein. Sie erhalten eine Auflistung über den Inhalt des Verzeichnisses, und Verbindungspunkte werden als Verbindung angezeigt (siehe *Abbildung 18.28*).

Abbildung 18.28: Anzeigen von Verbindungspunkten in Windows Vista

Klicken Sie im Windows Explorer per Doppelklick auf einen solchen Verbindungspunkt, erhalten Sie meistens die Meldung, dass der Zugriff verweigert wird. Das gilt aber nur für den manuellen Zugriff über den Verbindungspunkt, nicht für Applikationen und nicht für das Zielverzeichnis an sich.

> Verbindungspunkte (Junction Points) *sind eine Funktion im NTFS-Dateisystem und haben nichts mit Ordnerumleitung oder Verknüpfungen zu tun, sondern sind eine eigenständige Funktion.*

18.2.4 Kompatibilität mit Profilen von älteren Windows-Versionen

Die Pfade in den Benutzerprofilen von Windows XP sind identisch mit Windows 2000. Windows Vista lädt standardmäßig keine servergespeicherten Profile von älteren Windows-Versionen wie XP oder 2000. Durch die Pfadunterschiede laden PCs mit Windows XP oder 2000 auch keine Windows Vista-Profile.

Servergespeicherte Profile von einem Windows Vista-PC erhalten bei der Speicherung auf einem Server ein *v2* als Zusatz, das kenntlich macht, dass es sich bei diesem Profil um ein servergespeichertes Profil eines Windows Vista-PCs handelt. Ich komme in einem späteren Abschnitt noch ausführlicher zu diesem Sachverhalt und zum Umgang mit servergespeicherten Profilen in einer gemischten XP/Vista-Umgebung.

Wollen Sie servergespeicherte Profile für Windows Vista-PCs einsetzen, muss auf mindestens einem Domänencontroller Windows Server 2003 mit SP1 oder R2 installiert sein.

Wenn Sie im Unternehmen Windows Vista-PCs und Windows XP-PCs einsetzen und sich Anwender mit servergespeicherten Profilen an beiden Windows-Versionen anmelden können, müssen Sie einige Punkte beachten. Sie gebenbei der Ordnerumleitung zum Beispiel den Inhalt der einzelnen Ordner in die gleichen Verzeichnisse frei, dadurch können die Gruppenrichtlinien sicherstellen, dass der Inhalt sowohl bei der Anmeldung unter Windows XP als auch unter Windows Vista funktioniert. Durch diese Art und Weise lassen sich zum Beispiel auch die Favoriten und die *Eigenen Dateien* (unter Windows Vista *Dokumente* genannt) in einen gemeinsamen Ordner umleiten.

Umleiten der Verzeichnisse AppData und Desktop

Das Verzeichnis AppData spielt bei der Ordnerumleitung eine wichtige Rolle, da hier die maßgeblichen Unterschiede zur Verzeichnisstruktur eines Profils zwischen Windows XP und Vista bestehen.

Um die Ordnerumleitung für Windows Vista durchzuführen, lassen Sie über den beschriebenen Weg der Gruppenrichtlinien zunächst den Ordner *AppData* in ein Verzeichnis im Netzwerk, zum Beispiel *<Servername>**<Freigabe>**%username%**AppData*, umleiten.

Deaktivieren Sie die Option in der Richtlinie, dass die Umleitung auch für Windows 2000, 2003 oder XP Gültigkeit hat.

Gehen Sie bei der Umleitung für den Desktop analog vor. Hier können Sie jedoch die Option aktivieren, dass die Umleitung auch für PCs mit Windows 2000, 2003 und XP Gültigkeit hat.

Umleiten der eigenen Dateien/Dokumente und des Startmenüs

Der Ordner *Dokumente* in einem Profil in Windows Vista entspricht dem Ordner *Eigene Dateien* unter Windows XP. Bei der Umleitung dieses Ordners sollten Sie sicherstellen, dass der Pfad außerhalb des Benutzerprofils auf einem Server liegt. Hier können Sie auch die Option aktivieren, dass die Umleitung auch für PCs mit Windows 2000, 2003 und XP Gültigkeit hat.

Wenn Sie das Startmenü auf einen Server auslagern wollen, können Sie das ebenfalls in dieser Richtlinie tun und auch die Richtlinie für Windows XP, 2000 und 2003-Rechner aktivieren.

Benutzerverwaltung

18.2.5 Anlegen von neuen servergespeicherten Profilen

Wie bei den Vorgängerversionen legt Windows Vista automatisch ein neues Profil an, wenn sich ein Benutzer das erste Mal am PC anmeldet. Das neue Profil wird im Verzeichnis *C:\Benutzer\ < Benutzername >* abgespeichert.

Dabei wird das Profil aus dem Default-Profil erstellt wie bei Windows XP oder auch Windows 2000 und NT 4.0. Liegt für den Anwender ein servgespeichertes Profil vor, wird dieses verwendet. Wenn das Default-Profil im Netzwerk gespeichert wurde, wird es von der Netlogon-Freigabe eines Domänencontrollers auf den PC kopiert.

Erstellen eines Default-Netzwerk-Benutzerprofils

Wollen Sie für alle PCs im Unternehmen das gleiche standardmäßige Profil bei der ersten Anmeldung erstellen, können Sie es am besten auf einem Domänencontroller ablegen. Achten Sie in diesem Fall aber darauf, dass bei jeder ersten Anmeldung eines Anwenders an einem PC Daten über das Netzwerk kopiert werden, was bei entsprechender Benutzerlast eine ganze Menge sein kann. Um ein solches standardmäßiges Default-Profil anzulegen, gehen Sie folgendermaßen vor:

1. Melden Sie sich an einem Windows Vista-PC mit dem Benutzerkonto an der Domäne an, die Sie als Standardprofil definieren wollen.
2. Führen Sie alle Einstellungen aus, zum Beispiel Bildschirmschoner, Hintergrundbild und so weiter, die Sie für das Profil festlegen wollen.
3. Melden Sie sich nach der Fertigstellung der Einstellungen ab.
4. Melden Sie sich am gleichen PC mit einem Domänenadmin-Konto an.
5. Erstellen Sie in der Netlogon-Freigabe auf einem Domänencontroller das neue Verzeichnis *Default User.v2*. Das *v2* definiert, dass das Profil nur für Windows Vista-PCs verwendet wird.
6. Klicken Sie auf dem PC mit der rechten Maustaste auf *Computer* im Startmenü, und rufen Sie die *Eigenschaften* auf.
7. Klicken Sie links im Menü auf den Link *Erweiterte Systemeinstellungen* (siehe *Abbildung 18.29*).
8. Klicken Sie im Bereich *Benutzerprofile* auf *Einstellungen*.
9. Markieren Sie den Benutzer, dessen Profil Sie als Standard definieren wollen, und klicken Sie auf *Kopieren nach* (siehe *Abbildung 18.30*).
10. Geben Sie den Pfad zum Default User-Verzeichnis in der Netlogon-Freigabe an, das Sie zuvor angelegt haben, zum Beispiel \\dc01\NETLOGON\Default User.v2.
11. Klicken Sie im Bereich *Benutzer* auf *Ändern* (siehe *Abbildung 18.31*).
12. Geben Sie im Benutzerfeld *Jeder* ein, und klicken Sie auf *Namen überprüfen* (siehe *Abbildung 18.32*).

Verwalten von Benutzerprofilen

Abbildung 18.29:
Öffnen der erweiterten Systemeinstellungen für das Erstellen eines servergespeicherten Profils

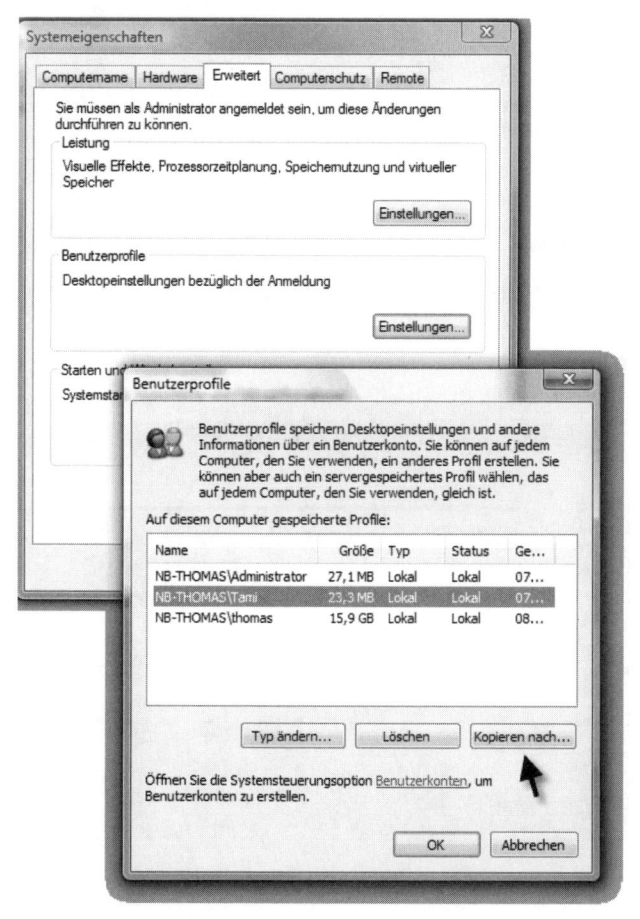

Abbildung 18.30:
Kopieren eines servergespeicherten Profils

Benutzerverwaltung

13. Klicken Sie anschließend auf *OK*.
14. Bestätigen Sie im Anschluss alle noch offenen Fenster mit *OK*, damit das Profil kopiert werden kann. Das servergespeicherte Profil ist jetzt vorbereitet.

Das in diesem Abschnitt besprochene Fenster ist der wichtigste Bereich, um Benutzerprofile unter Windows Vista zu verwalten. Sie sehen alle angelegten Profile, und Sie können ein Profil auf einen Server kopieren, um es als Basis für einen Benutzer zu verwenden.

Abbildung 18.31:
Festlegen des Speicherortes für das Profil

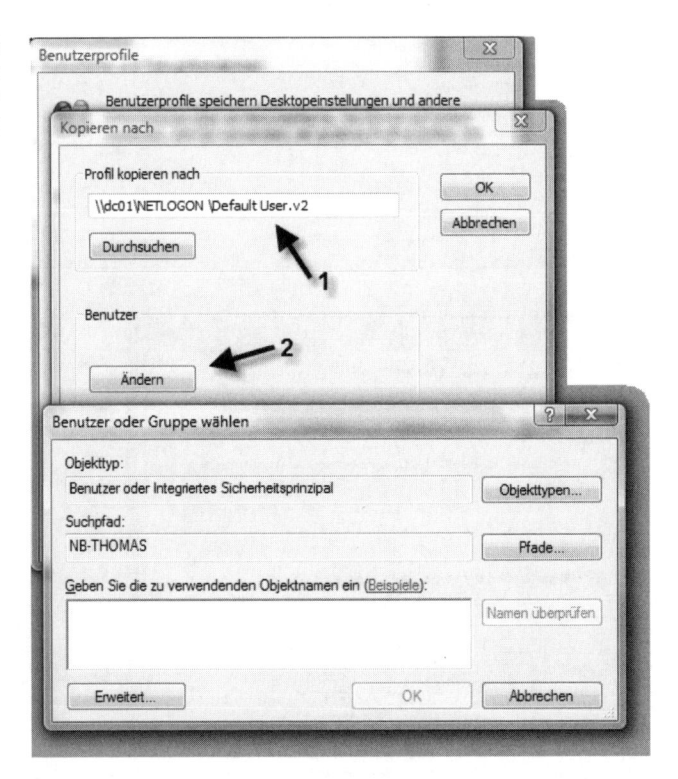

Abbildung 18.32:
Festlegen der Berechtigungen für ein neues Benutzerprofil

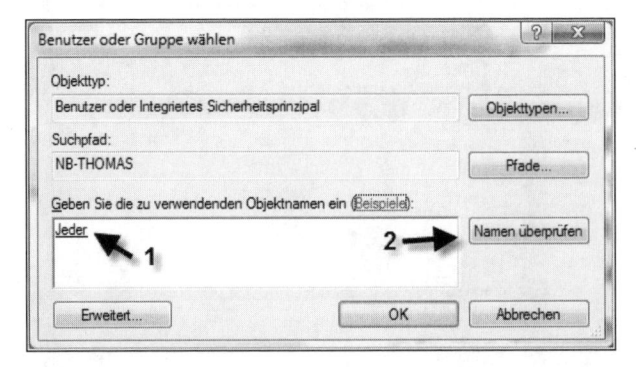

Verwalten von Benutzerprofilen

Sie ändern darüber hinaus im unteren Bereich der Dialogbox den Eintrag für Benutzer, möchten Sie das Profil in den Ordner eines anderen Anwenders kopieren. Über die Schaltfläche *Typ ändern* können Sie festlegen, ob bei der Anmeldung das lokal zwischengespeicherte Profil verwendet oder ob mit dem serverbasierenden Profil gearbeitet werden soll.

Bei der Erstellung von Benutzerprofilen sind einige Besonderheiten zu beachten. Sie sollten immer daran denken, dass die Benutzer, wenn sie sich an unterschiedlichen Arbeitsstationen anmelden, immer mit unterschiedlichen Bildschirmauflösungen konfrontiert sind. Sie sollten bei der Definition immer den typischen Arbeitsplatz des Benutzers, für den das Profil vordefiniert wird, beachten. Das gilt vor allem für verbindliche Profile (siehe nächster Abschnitt). Ein weiterer Punkt ist, dass das in *Default User* gespeicherte Profil, das zum Einsatz kommt, wenn Sie keine zentralen Profile für alle Benutzer vorgeben, auf jedem einzelnen Computer definiert ist.

Festlegen von servergespeicherten Profile für Benutzer im Active Directory

Haben Sie ein Standardprofil festgelegt, müssen Sie in der Active Directory-Domäne zunächst servergespeicherte Profile für die Anwender konfigurieren.

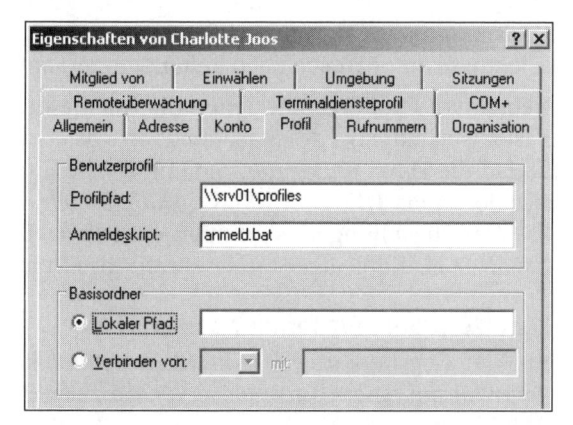

Abbildung 18.33: Festlegen eines Profilpfades für ein Benutzerkonto

Auf der Registerkarte *Profil* eines Benutzerkontos können die notwendigen Angaben gemacht werden (siehe *Abbildung 18.33*). Bei *Profilpfad* wird das Verzeichnis angegeben, in dem das Benutzerprofil des Anwenders abgelegt wird. Bei Verwendung eines serverbasierenden Benutzerprofils steht dieses Profil an allen Arbeitsstationen im Netzwerk zur Verfügung. Durch die Angabe dieses Pfads wird automatisch ein leerer Ordner für diesen Benutzer erstellt. Die Angabe des Profilpfads erfolgt in der Form *Servername\Freigabename\%username%*.

Der Profilpfad verweist auf den Ordner, in dem das Benutzerprofil des Anwenders abgelegt wird. Wird kein Pfad angegeben, wird nur mit lokalen Benutzerprofilen gearbeitet.

Meldetein Benutzer sich an, überprüft Windows Server 2003, ob für diesen Benutzer ein Profilpfad angegeben ist und damit ein serverbasierendes Profil definiert wurde. Ist das der Fall, so wird verglichen, ob das serverbasierende oder das lokale Profil aktueller ist. Ist das serverbasierende Profil aktueller, werden die geänderten Dateien aus diesem Profil auf das lokale System kopiert. Bei der Abmeldung wird das serverbasierende Profil durch die lokal veränderten Dateien aktualisiert.

Bei der ersten Anmeldung eines Benutzers nach der Definition eines Profilpfads wird entweder ein vordefiniertes Profil vom Server geladen oder, wenn dieses leer ist, bei der Abmeldung das bisherige lokale Profil des Benutzers auf den Server kopiert.

Die zweite Einstellung bezieht sich auf das Anmeldeskript. Hier kann angegeben werden, dass ein Programm ausgeführt werden soll, wenn sich ein Benutzer anmeldet. In den meisten Fällen handelt es sich um eine Batch-Datei oder ein VB-Skript. Diese Einstellung ist in aller Regel nicht mehr erforderlich, da Skripte für die An- und Abmeldung von Benutzern über die Gruppenrichtlinien konfiguriert werden können. Das Basisverzeichnis gibt an, welches Netzwerklaufwerk für den Benutzer automatisch verbunden werden soll. So kann ein lokaler Pfad auf der Arbeitsstation des Benutzers angegeben werden. Die Angabe der Pfadnamen erfolgt in der Regel unter Verwendung des Parameters *%username%*. Dadurch werden die Basisverzeichnisse automatisch nach dem Benutzernamen bezeichnet.

Neben den Ordnern, mit denen die Inhalte der Arbeitsoberfläche und der Taskleiste inklusive des Startmenüs beschrieben werden, findet sich im Profilpfad die Datei *ntuser.dat*. Sie enthält die Einstellungen der Registry, die sich dort unter *HKEY_CURRENT_USER* finden. Die gesamten benutzerspezifischen Einstellungen sind hier enthalten. Die Benutzerprofile werden zunächst als Kopie des Standardprofils des Default Users erzeugt.

Benutzerprofile für Terminalserver

Auf der Registerkarte *Terminaldiensteprofil* können Sie angeben, ob ein Benutzer auf einem Terminalserver ein zusätzliches Profil bekommt (siehe *Abbildung 18.34*). Die Einstellung des Profilpfads erlaubt die Verwendung eines zweiten Benutzerprofils für die Nutzung mit dem Terminalserver.

Für die Anwender muss die Umgebung auf einem Terminalserver transparent sein, sie dürfen also keinen Unterschied bemerken, egal auf welchem Server sie gerade arbeiten. Dazu muss aber auch gewährleistet sein, dass die Einstellungen, die ein Benutzer auf einem Server vornimmt, nach der Anmeldung auf dem anderen Server ebenfalls vorhanden sind. Das ist nur möglich, wenn das Profil, das der Anwender auf dem Terminalserver verwendet, nach der Abmeldung zentral gespeichert und bei der Anmeldung auf einem beliebigen Terminalserver von dort wieder geladen wird. Beim Verwenden von gleichen Profilen auf den Arbeitsstationen und dem Terminalserver können sich Konflikte ergeben, wenn für die Terminalserver nicht ein eigenes Profil verwendet wird.

Verwalten von Benutzerprofilen

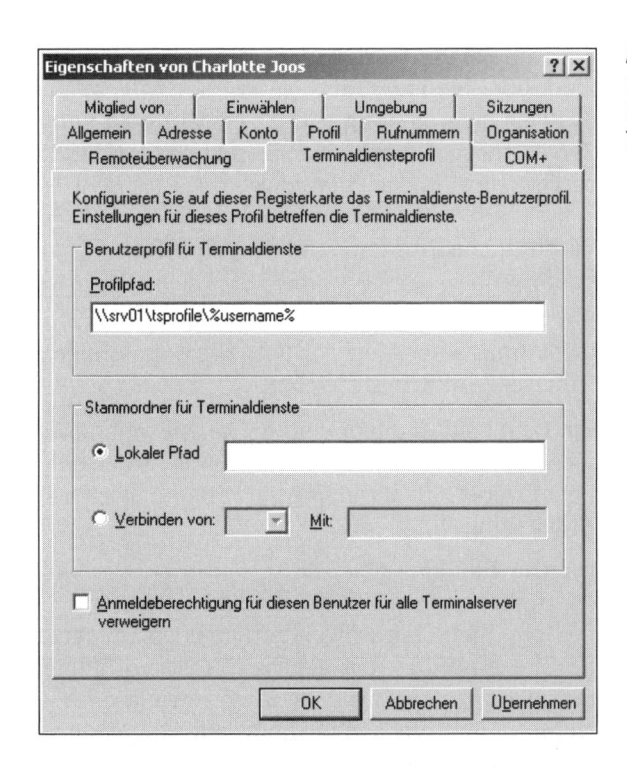

Abbildung 18.34:
Festlegen eines Benutzerprofils für Terminalserver

Im Folgenden zeige ich an einem Beispiel, was bei der gemeinsamen Verwendung von Profilen auf Arbeitsstationen und Terminalservern passieren könnte:

1. Der Anwender meldet sich an seiner lokalen Arbeitsstation an, und sein Profil wird vom Server geladen.
2. Während der Anwender an seiner Workstation angemeldet ist, startet er eine Sitzung auf einem der Terminalserver (zum Beispiel für die Arbeit mit SAP). Daraufhin wird auch hier das Profil vom Server geladen.
3. Der Anwender hat Änderungen an seinem Profil vorgenommen und meldet sich nun wieder vom Terminalserver ab. Daraufhin wird sein Profil auf den Server zurückgeschrieben.
4. Nachdem der Anwender seine Arbeit an seiner Arbeitsstation beendet hat, meldet er sich auch hier ab. Sein Profil wird nun erneut auf den Server zurückgeschrieben, überschreibt jetzt aber die Einstellungen, die er zuvor auf dem Terminalserver vorgenommen hat. Bei einer erneuten Anmeldung am Terminalserver sind die Einstellungen, die der Anwender während der letzten Sitzung vorgenommen hat, wieder verschwunden.

Sie sehen, es ist sinnvoll, ein zweites Profil für die Verwendung auf dem Terminalserver zu definieren, das an einer anderen Stelle gespeichert wird. Ebenso kann ein anderer Basisordner für die Verwendung am Terminalserver angegeben werden, falls zum Beispiel der Terminalserver an einem anderen Standort steht. In diesem Fall würde der Zugriff auf das Heimlaufwerk über ein langsames Netzwerk erfolgen. Um die Geschwindigkeit des Systems nicht unnötig auszubremsen, wird nun ein Verzeichnis auf einem Server angegeben, das sich im selben Standort befindet wie der Terminalserver selbst, und somit erfolgen die Zugriffe wieder lokal.

Verbindliche Profile (Mandatory Profiles)

Es wird zwischen *persönlichen* und *verbindlichen* Profilen unterschieden. Ein persönliches Profil kann nur einem Benutzer zugeordnet werden und dient ihm als Ausgangsposition. Die Anpassungen, die er vornimmt, werden in diesem Profil abgespeichert.

Ein Benutzer, dem ein verbindliches Profil zugeordnet wurde, kann daran zwar Änderungen vornehmen, aber sie werden nicht gespeichert. Bei Beginn jeder Arbeitssitzung hat er damit die gleichen Einstellungen für seine Arbeitsumgebung.

Die Umwandlung eines normalen in ein verbindliches Profil erfolgt durch die Umbenennung von *ntuser.dat* in *ntuser.man*. Verbindliche Profile können von mehreren Anwendern gemeinsam verwendet werden. Dazu wird für alle Anwender der gleiche Benutzerprofilpfad angegeben. Sie müssen nur einen Ordner auf dem Server erstellen, in dem das Profil gespeichert werden kann. Wenn ein Benutzer sich das erste Mal anmeldet, wird das Profil vom Server geladen. Wenn der Ordner leer ist, kann nichts geladen werden, und das bisherige persönliche Profil des Benutzers wird verwendet. Ansonsten werden entweder das vordefinierte persönliche Profil oder das verbindliche Profil vom Server geladen und die bisherigen lokalen Einstellungen überschrieben.

Wenn sich ein Benutzer abmeldet, wird das Profil auf dem Server aktualisiert. Die einzige Ausnahme ist die Verwendung eines verbindlichen Profils. In diesem Fall erfolgt keine Aktualisierung des serverbasierenden Profils. Eine Kopie des Profils wird lokal gespeichert. Bei der nächsten Anmeldung werden die Daten für das lokale Profil und für das auf dem Server gespeicherte Profil verglichen. Das aktuellere der beiden Profile wird geladen. Gegebenenfalls wird das auf dem Server gespeicherte Profil aktualisiert.

Ein verbindliches Profil wird bei jeder Anmeldung geladen. Falls der Server, auf dem das Profil gespeichert ist, nicht verfügbar ist, wird mit der lokal zwischengespeicherten Kopie dieses Profils gearbeitet. Durch die zentrale Speicherung auf dem Server wird aus dem Profil automatisch ein wanderndes Profil. Wenn sich ein Benutzer an einer anderen Arbeitsstation anmeldet, wird bei der Anmeldung über den Eintrag für den Benutzerprofilpfad bei den Eigenschaften des Benutzers in *Active Directory-Benutzer und -Computer* erkannt, dass dieser Benutzer ein Benutzerprofil hat. Es wird geladen, weil bei der ersten Anmeldung auf einer neuen Arbeitsstation dort kein lokal zwischengespeichertes Profil vorhanden sein kann, sodass der Benutzer auf jeder Arbeitsstation mit dem gleichen Profil arbeiten kann.

Super verbindliche Profile (Super Mandatory Profiles)

Eine weitere Steigerung von verbindlichen Profilen sind die *super verbindlichen Profile*. Bei einem solchen Profil kann sich der Anwender nur dann am PC anmelden, wenn das verbindliche Profil auf dem Server zur Verfügung steht. Wenn der Windows Vista-PC keine Verbindung zum Server aufbauen kann, wird die Anmeldung verweigert.

1. Um ein solches verbindliches Profil zu erstellen, gehen Sie zunächst genauso vor wie beim Anlegen eines verbindlichen Profils.
2. Als Nächstes ändern Sie den Namen des Benutzerprofilverzeichnisses so ab, dass dieser Ordner der Syntax < *Profilname* >.*man.v2* entspricht.
3. Danach fügen Sie auf der Registerkarte *Profil* im Active Directory hinter den Pfad des Benutzerprofils noch die Endung .*man* an, dieses Mal ohne das *v2*.
4. Durch diese Aktion wurde aus dem verbindlichen Profil mit der Datei *ntuser.man* ein *super verbindliches Profil*, bei dem auch der Ordner des Profils die Endung .*man.v2* hat.

18.3 Anlegen und konfigurieren von neuen Benutzern

Die Sicherheits- und Berechtigungsstruktur von Windows Vista sowie der integrierte Jugendschutz sind erst dann sinnvoll, wenn jeder PC-Nutzer über ein eigenes Benutzerkonto verfügt, mit dem er sich am PC anmeldet. Auf Basis dieses Benutzerkontos werden Berechtigungen erteilt, der Jugendschutz kann festgelegt sowie überwacht werden und alle Dateien eines Benutzers können getrennt von den anderen Benutzern gespeichert werden. Der Datenaustausch zwischen den Konten findet über den öffentlichen Ordner statt, der bereits in Kapitel 9 besprochen wurde.

Neue Benutzer erstellen Sie entweder über den Link *Start/Systemsteuerung/Benutzerkonten und Jugendschutz/Benutzerkonten hinzufügen*. Oder Sie benutzen den Link *Start/Systemsteuerung/Benutzerkonten und Jugendschutz/Benutzerkonten /Anderes Konto verwalten* und gelangen so zum gleichen Fenster.

Auch über *Start/Ausführen/lusrmgr.msc*, einen Rechtsklick auf *Benutzer* und Auswahl des Kontextmenüeintrags *Neuer Benutzer* legenSie Benutzer an. Sie können auch über *Start*, Rechtsklick auf *Computer* und Auswahl von *Verwalten/Lokale Benutzer und Gruppen/Benutzer/Neuer Benutzer* vorgehen. Allerdings steht Ihnen an dieser Stelle kein Assistent zur Seite. Sie passen nach dem Anlegen eines neuen Benutzers über diesen Weg das Benutzerkonto über den Weg *Start/Systemsteuerung/Benutzerkonten und Jugendschutz/Benutzerkonten/Anderes Konto verwalten* an Ihre Bedürfnisse an. Idealerweise sollten Sie Benutzer immer am besten über den Weg in der Systemsteuerung anlegen.

Benutzerverwaltung

Es öffnet sich ein neues Fenster, in dem Sie entweder neue Benutzer anlegen oder vorhandene Benutzer bearbeiten können (siehe *Abbildung 18.35*). Über den Link *Neues Konto erstellen* erstellen Sie ein neues Benutzerkonto mit allem, was dazu gehört.

Abbildung 18.35:
Erstellen eines neuen Benutzerkontos

Abbildung 18.36:
Benutzerkonto benennen

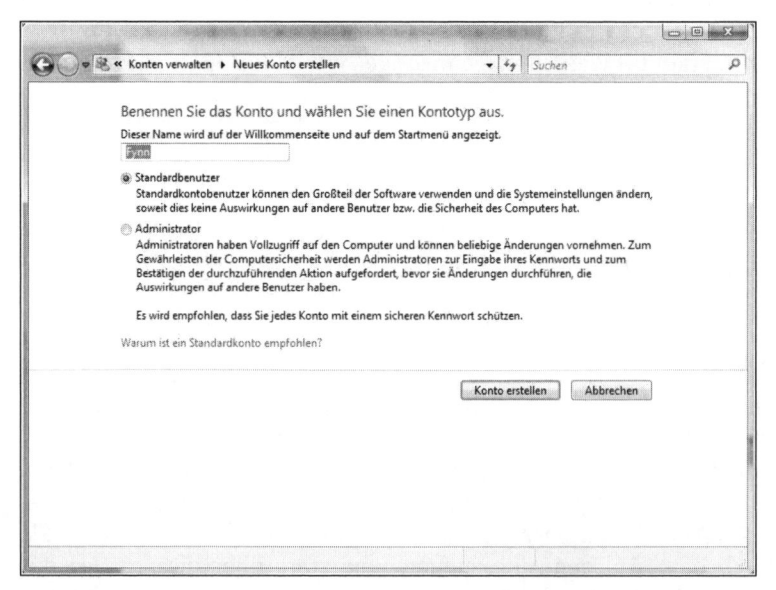

Auf der ersten Seite des Assistenten legen Sie den Anmeldenamen des Kontos sowie den Kontotyp fest. Sie sollten möglichst wenige Konten mit Administratorberechtigungen anlegen und immer mit Standardbenutzern arbeiten. Sollte

Anlegen und konfigurieren von neuen Benutzern

das auf Dauer nicht praktikabel sein, wandeln Sie einzelne Konten auch zu Administratorkonten um. Gehen Sie dazu über *Start/Systemsteuerung/Benutzerkonten und Jugendschutz/Benutzerkonten /Anderes Konto verwalten*.

Klicken Sie im Anschluss auf die Schaltfläche *Konto erstellen*. Sie müssen kein Kennwort für das Benutzerkonto festlegen, das Kennwort kann der entsprechende Benutzer selbst wählen.

Klicken Sie das neu erstellte Konto an, öffnet sich ein neues Fenster, über das Sie die bereits besprochenen Aufgaben für dieses neue Benutzerkonto konfigurieren können. Über dieses Menü konfigurieren Sie auch den in *Kapitel 14* besprochenen Jugendschutz. Diesen können Sie jederzeit für einzelne Benutzerkonten hinterlegen.

Abbildung 18.37: Konfiguration eines neuen Benutzerkontos

18.3.1 Erweiterte Verwaltung von Benutzerkonten

Über den bereits besprochenen Weg der Computerverwaltung bzw. *Start/Ausführen/lusrmgr.msc* konfigurieren Sie Benutzerkonten ohne den Assistenten der Systemsteuerung (siehe *Abbildung 18.38*). Zwar stehen Ihnen hier nicht alle Funktionen zur Verfügung, wie in der Systemsteuerung, allerdings sind hier Funktionen verfügbar, die nicht in der Systemsteuerung hinterlegt sind, zum Beispiel die Möglichkeit, Benutzerkonten zu aktivieren oder zu deaktivieren.

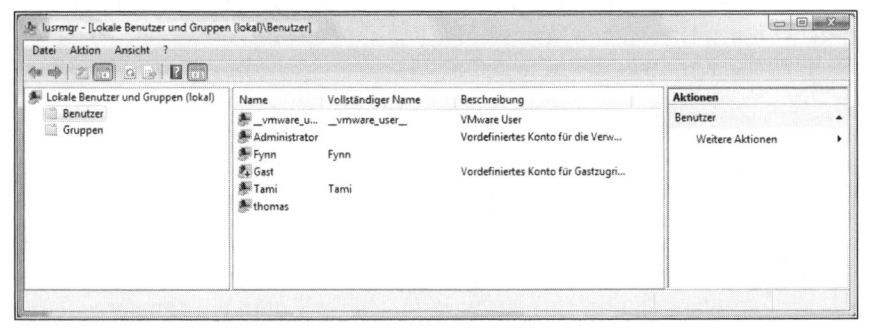

Abbildung 18.38: Erweiterte Benutzerverwaltung

967

Benutzerverwaltung

Hier verwalten Sie auch Gruppen, wenn Sie intern nicht nur mit Berechtigungen auf Benutzerebene, sondern auch auf Gruppenebene arbeiten wollen, um zum Beispiel Berechtigungen für ein gemeinsam genutztes Laufwerk zu vergeben.

Der Benutzer *Gast* ist ein sehr eingeschränktes Konto, das die temporäre Anmeldung zulässt, sobald es aktiviert wird, um zum Beispiel Anwendern die Arbeit am PC zu ermöglichen, die sich normalerweise nicht anmelden können bzw. dürfen. Sie sollten allerdings aus Sicherheitsgründen dieses Konto nicht aktivieren. Alle anderen Konten bearbeiten Sie, wenn Sie auf diese im Fenster doppelklicken oder im Kontextmenü den Befehl *Eigenschaften* aufrufen (siehe *Abbildung 18.39*). Zur Verwaltung stehen Ihnen drei Registerkarten zur Verfügung.

Abbildung 18.39:
Erweiterte Verwaltung eines Benutzerkontos

Die wichtigsten Einstellungen werden über die Registerkarte *Allgemein* durchgeführt. Hier stehen Ihnen einige Funktionen zur Verfügung, die hauptsächlich das Kennwort betreffen.

- *Benutzer kann Kennwort nicht ändern* – Drücken Benutzer die Tastenkombination [Strg] + [Alt] + [Entf], können sie ihr eigenes Kennwort ändern. Aktivieren Sie diese Option, ist die Änderung des Kennwortes durch den Benutzer nicht möglich.
- *Kennwort läuft nie ab* – Sie können in den Gruppenrichtlinien des PC einstellen, dass Kennwörter nach gewisser Zeit geändert werden müssen. Ist diese Option gesetzt, wird für dieses Konto eine entsprechende Anforderung außer Kraft gesetzt. Für Privat-PCs macht die Konfiguration von Kennwortänderungen keinen Sinn.

Anlegen und konfigurieren von neuen Benutzern

- *Konto ist deaktiviert* – Ist diese Option gesetzt (standardmäßig für Administrator und Gast), kann sich der Benutzer nicht anmelden, auch wenn das Konto vorhanden ist.
- *Konto ist gesperrt* – Auch diese Einstellung ist eher für Firmen-PCs gedacht. Gibt ein Anwender ein paar Mal ein falsches Kennwort ein, wird das Konto gesperrt. Eine Anmeldung ist erst wieder möglich, nachdem die Sperrung aufgehoben wurde.

Weitere Einstellungen werden über die Registerkarte *Mitgliedschaft von* konfiguriert. Hierüber können Sie festlegen, ob ein Benutzerkonto über administrative Rechte verfügt oder lediglich über normale Benutzerrechte.

Ist das Benutzerkonto in der Gruppe *Administratoren* vorhanden, handelt es sich um ein Administratorkonto. Ist es in der Gruppe *Benutzer* aufgelistet, handelt es sich um ein normales Benutzerkonto. Sie ändern die Gruppenmitgliedschaft an dieser Stelle. Es zählt bei Berechtigungen immer das Konto mit den meisten Rechten. Wenn ein Konto also in der Gruppe *Benutzer* und *Administratoren* vorhanden ist, handelt es sich um ein Administratorkonto. Die Registerkarte *Profil* spielt auf Privat-PCs keine Rolle.

Weitere Einstellmöglichkeiten ergeben sich, wenn Sie mit der rechten Maustaste ein Benutzerkonto anklicken und die entsprechende Aufgabe aus dem Kontextmenü auswählen (siehe *Abbildung 18.41*).

Hier ändern Sie das Kennwort des Benutzerkontos, löschen das Konto und benennen den Anmeldenamen um.

Abbildung 18.40: Registerkarte „Mitglied von"

Benutzerverwaltung

Abbildung 18.41:
Kontextmenü der Benutzerkonten

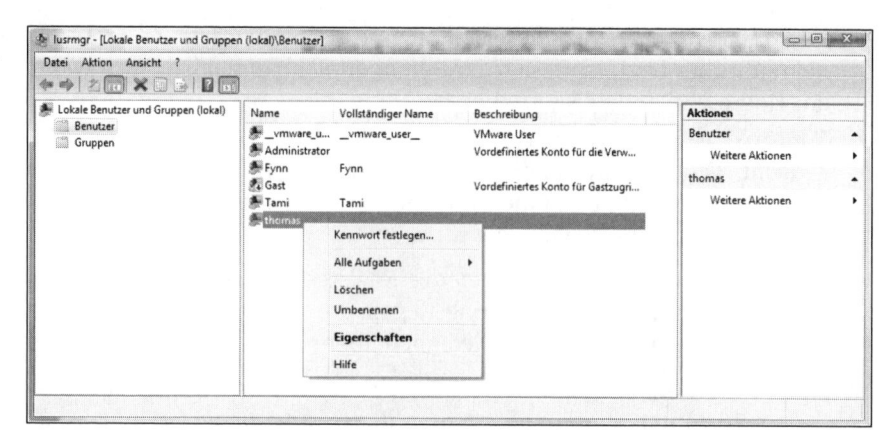

19   Erweiterte Systemverwaltung

In diesem Kapitel werden die Systemverwaltungsmöglichkeiten von Windows Vista besprochen, die nicht zu den anderen Kapiteln passen, aber dennoch die Arbeit mit Vista enorm erleichtern und vor allem in Unternehmen oft benötigt werden. Ich zeige Ihnen in diesem Kapitel die neue Aufgabenverwaltung, die Systemüberwachung und die wichtigsten Bereiche der Systemsteuerung, die bisher noch nicht behandelt worden sind.

19.1   Hinzufügen und Verwalten von Systemkomponenten und Programmen

Nach der Installation von Windows Vista werden nicht alle Komponenten des Betriebssystems installiert bzw. aktiviert.

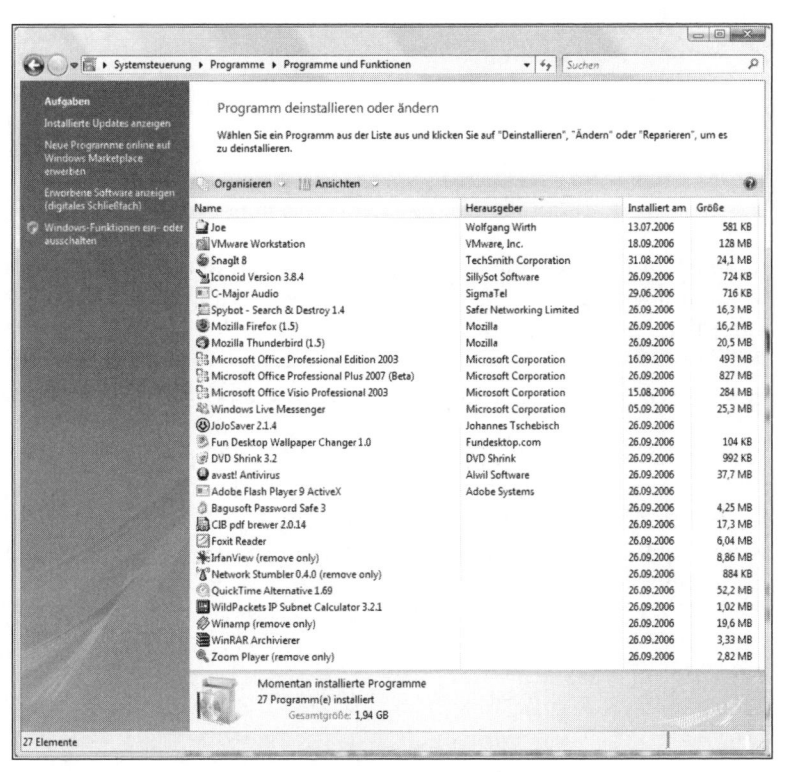

Abbildung 19.1: Verwaltung der installierten Applikationen in Windows Vista

Erweiterte Systemverwaltung

Sie können über *Start/Systemsteuerung/Programme/Programme und Funktionen* die Verwaltung der installierten Applikationen steuern. Über diesen Programmpunkt werden alle installierten Programme von Drittherstellern, die Updates von Microsoft und die Komponenten von Windows Vista verwaltet.

19.1.1 Installation und Verwalten von Programmen

Wenn Sie Programme in Windows Vista installieren, werden sie im Fenster angezeigt, das Sie über den oben beschriebenen Weg aufrufen können. Wenn eine Applikation kein eigenes Deinstallationsprogramm mitliefert, können Sie die Anwendung in der Systemsteuerung mit der rechten Maustaste anklicken und die Option *Deinstallieren/ändern* auswählen (siehe *Abbildung 19.2*).

Abbildung 19.2: Deinstallation eines Programms über die Systemsteuerung

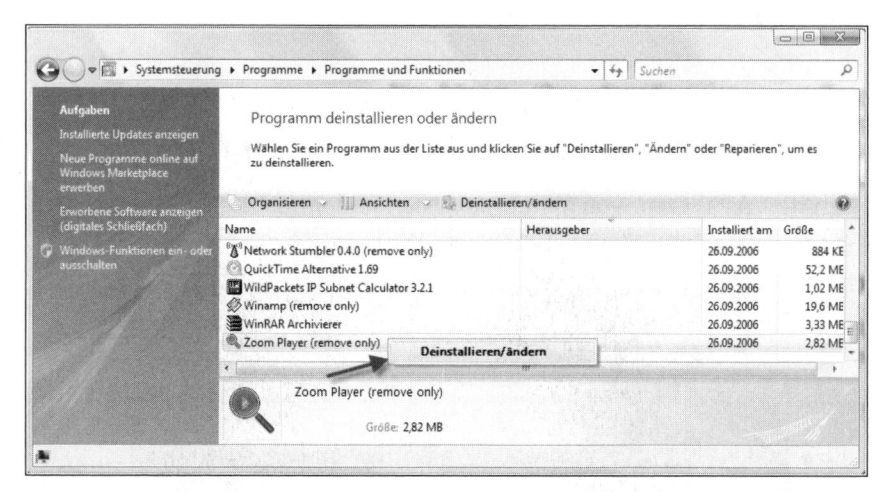

Im Anschluss startet die Deinstallationsroutine der Applikation, und das Programm wird aus der Liste in der Systemsteuerung und von der Festplatte entfernt.

19.1.2 Verwalten der Windows-Updates

Über den Link *Installierte Updates anzeigen* im Aufgabenbereich können Sie sich alle Aktualisierungen anzeigen lassen, die in Windows integriert wurden (siehe *Abbildung 19.3*). Sie erhalten eine ausführliche Liste der installierten Updates für die einzelnen Programme sowie den Zeitpunkt der Installation.

Hinzufügen und Verwalten von Systemkomponenten und Programmen

Auch hier können Sie einzelne Patches mit der rechten Maustaste anklicken und diese bei Bedarf deinstallieren, falls die Installationsroutine dies unterstützt. Nicht alle Patches können jedoch aus dem System wieder entfernt werden.

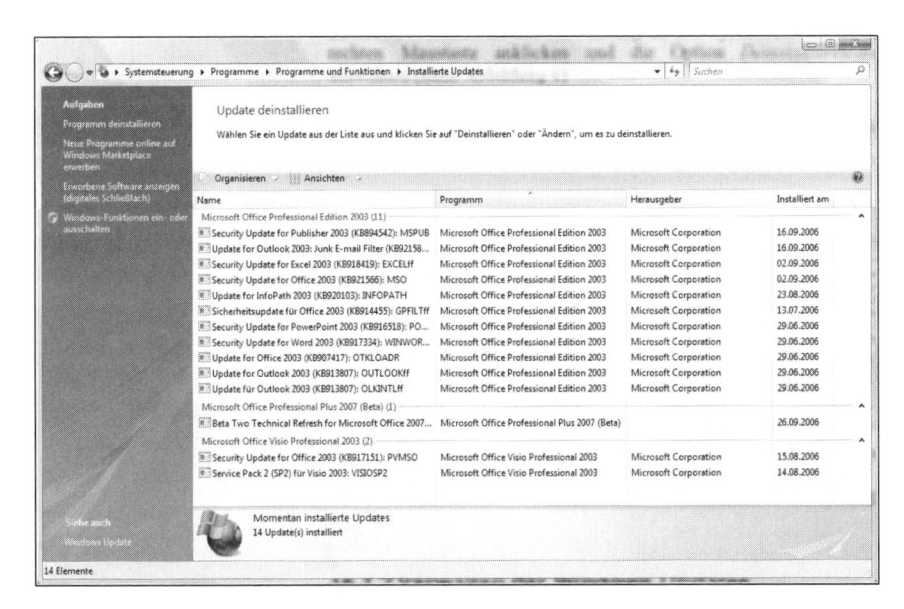

Abbildung 19.3:
Verwalten der Windows-Updates

19.1.3 Zusätzliche Windows-Funktionen aktivieren

Über den Link *Windows-Funktionen ein- oder ausschalten* im Aufgabenbereich können Sie zusätzliche Funktionen von Windows installieren, die bei der Standardinstallation von Windows Vista nicht berücksichtigt wurden. Sie müssen lediglich ein Häkchen bei derjenigen Funktion setzen, die aktiviert bzw. nachinstalliert werden soll (siehe *Abbildung 19.4*).

Die meisten dieser Dienste werden von Privatanwendern nicht benötigt. Andererseits benötigen Sie vielleicht die eine oder andere Funktion nicht und können sie auf diesem Weg vom PC entfernen.

Erweiterte Systemverwaltung

Abbildung 19.4:
Verwalten der installierten Windows-Funktionen

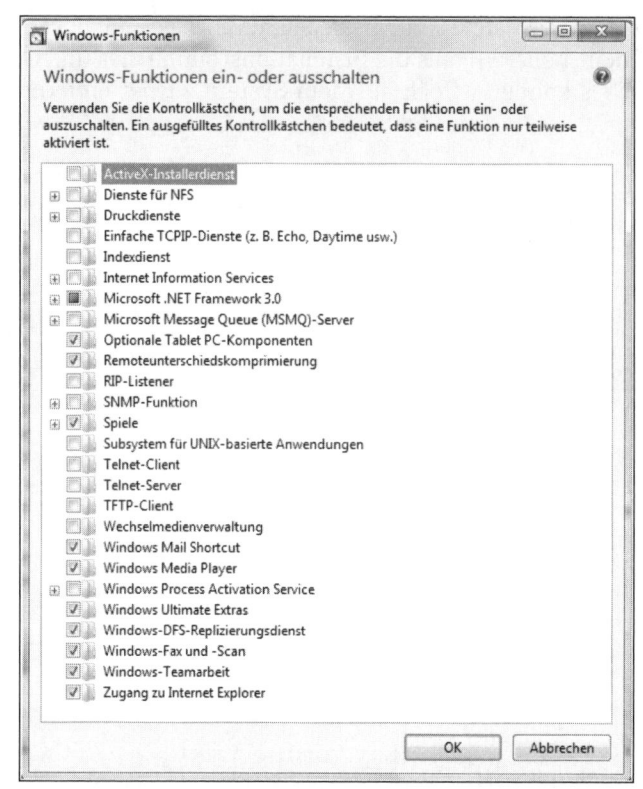

19.1.4 Programmkompatibilitäts-Assistent

Manche Anwendungen, die Sie eventuell einsetzen möchten, sind unter Umständen nicht mit Windows Vista kompatibel. Mit dem Programmkompatibilitäts-Assistenten können Sie dem jeweiligen Programm vorgaukeln, dass es unter einem anderen Betriebssystem läuft.

Systemprogramme von Drittherstellern sollten zwar auf diesem Weg nicht unbedingt installiert werden, aber es gibt durchaus Applikationen, die durch diesen Assistenten auch unter Windows Vista funktionieren, selbst wenn der Hersteller offiziell diese Windows-Version nicht unterstützt.

Sie können diesen Assistenten (siehe *Abbildung 19.5*) über *Start/Systemsteuerung/Programme/Ältere Programme mit dieser Windows-Version verwenden* starten.

Im ersten Schritt müssen Sie die ausführbare Datei der Applikation auswählen. Als Nächstes legen Sie die Windows-Version fest, die der Applikation zugewiesen werden soll.

Hinzufügen und Verwalten von Systemkomponenten und Programmen

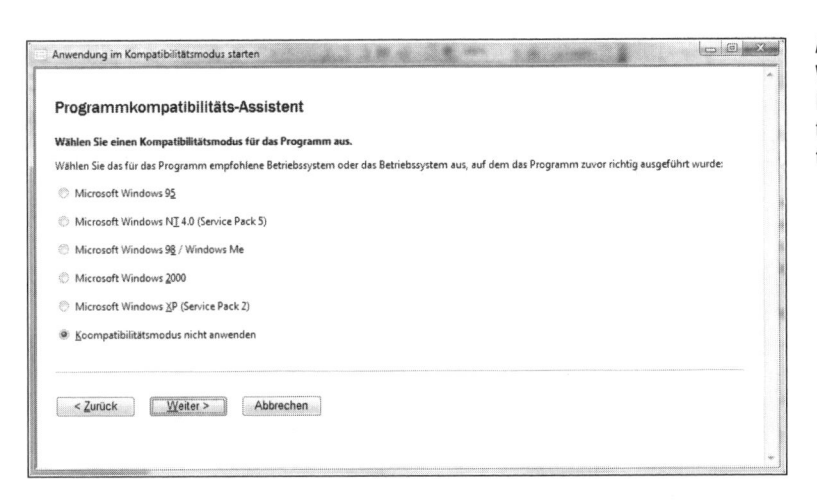

Abbildung 19.5:
Verwenden des Programmkompatibilitäts-Assistenten

Auf der nächsten Seite legen Sie die Anzeigeoptionen der Applikation fest. Danach können Sie festlegen, dass diese Applikation immer im Administratormodus gestartet wird, was viele ältere Anwendungen voraussetzen.

Zum Schluss wird die Applikation testweise gestartet, und Sie können die konfigurierten Optionen so speichern, dass die Applikation zukünftig in diesem Kompatibilitätsmodus eingesetzt wird.

19.1.5 Festlegen von Standardprogrammen

Manche Verknüpfungen oder auch Hyperlinks im Internet bieten die Möglichkeit, dass direkt das verknüpfte Standardprogramm gestartet wird. Wenn Sie zum Beispiel einen Link in einer E-Mail anklicken, wird automatisch der als Standard definierte Webbrowser auf Ihrem PC gestartet. Wenn Sie dieses Standardprogramm ändern wollen, also zum Beispiel als Standardbrowser Mozilla Firefox und nicht den Internet Explorer von Microsoft verwenden wollen, können Sie über den Menüpunkt *Standardprogramme* in der Systemsteuerung diesen Standard anpassen (siehe *Abbildung 19.6*). Sie gelangen auch über *Start/Standardprogramme* zu diesem Fenster.

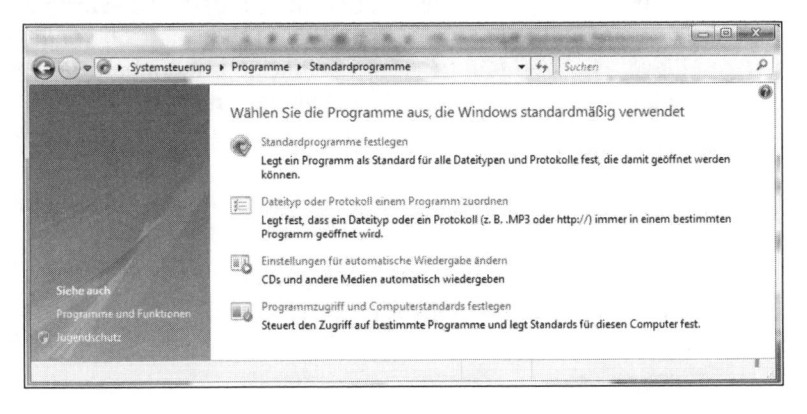

Abbildung 19.6:
Festlegen der Standardprogramme in Windows Vista

Erweiterte Systemverwaltung

Über den Link *Standardprogramme festlegen* wird ein neues Fenster geöffnet, in dem Sie die Standardprogramme für einzelne Verknüpfungen bestimmen und jederzeit ändern können. Sie können durch diese Funktion an zentraler Stelle vorgeben, welche Applikation für die einzelnen Funktionen als Standard definiert wird. Die an dieser Stelle festgelegten Optionen gelten nur für Ihr Benutzerkonto.

Abbildung 19.7:
Festlegen der Standardprogramme in Windows Vista

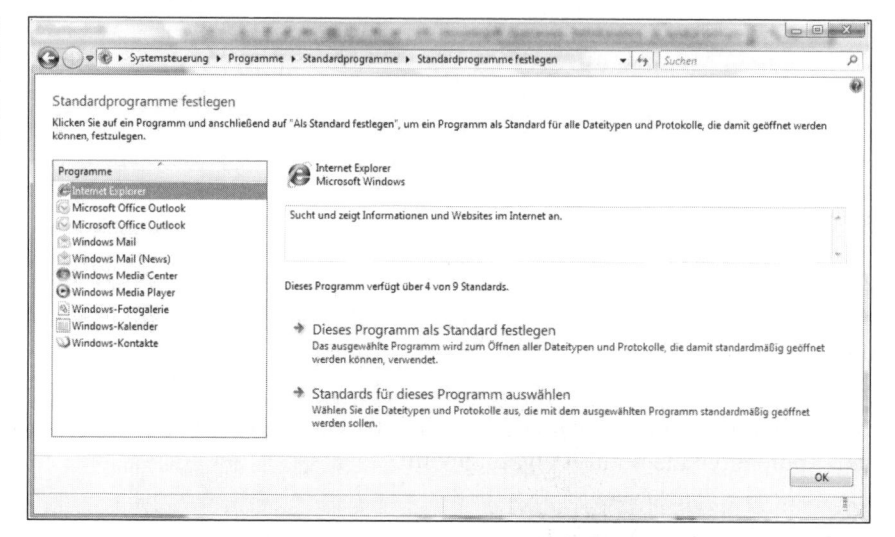

Die von Ihnen getroffene Auswahl hat keine Auswirkungen auf andere Benutzerkonten auf dem Computer. Wenn Sie den Programmzugriff für alle Benutzer des Computers ändern möchten, finden Sie entsprechende Informationen unter *Programmzugriff und Computerstandards festlegen* (siehe einige Seiten weiter).

Über den Link *Dateityp oder Protokoll einem Programm zuordnen* im *Standardprogramme*-Fenster können Sie auf Basis einzelner Dateitypen oder Protokolle das Standardprotokoll definieren. So können Sie zum Beispiel festlegen, dass nicht alle Audiodateien mit dem Media Player geöffnet werden, sondern nur *.wmv*-Dateien. MP3- oder andere Dateien können Sie wiederum einem anderen Player zuordnen und Videodateien wieder einem anderen Player (siehe *Abbildung 19.8*). Windows zeigt Ihnen alle registrierten Erweiterungen in alphabetischer Reihenfolge an.

Hinzufügen und Verwalten von Systemkomponenten und Programmen

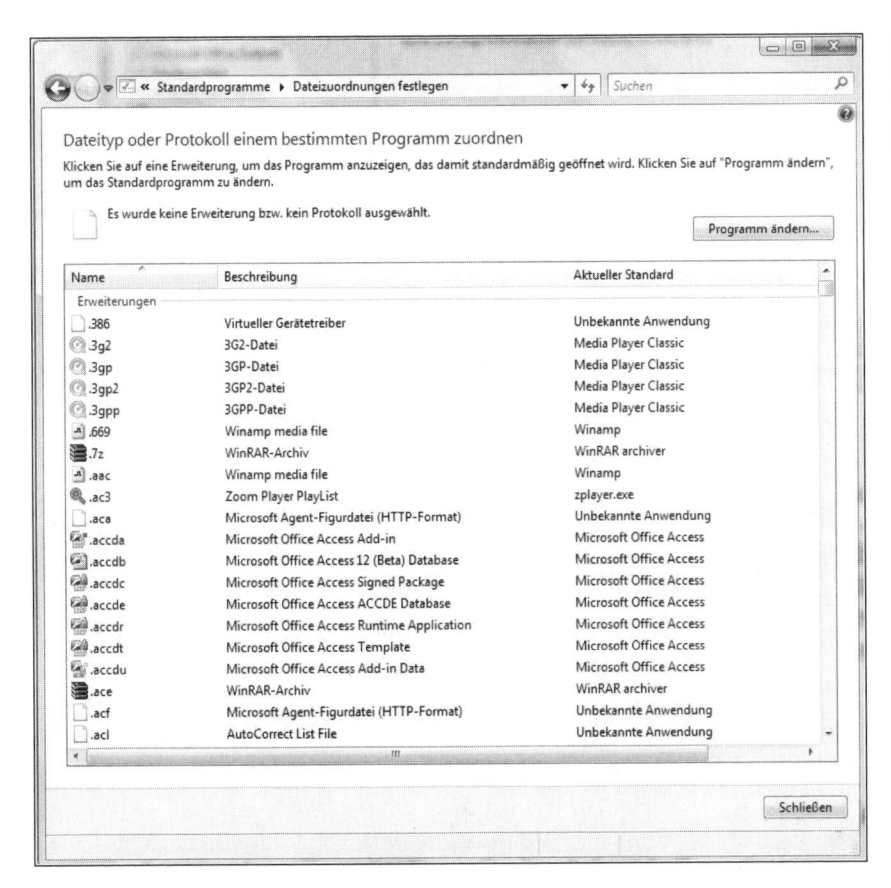

Abbildung 19.8:
Zuordnen von Programmen zu einzelnen Dateitypen

Der Link *Einstellungen für automatische Wiedergabe ändern* steuert das Autostartverhalten von Windows Vista beim Einlegen verschiedener Medien.

Über den Link *Programmzugriff und Computerstandards festlegen* im *Standardprogramme*-Fenster können Sie auf einen Schlag das Standardprogramm für eine komplette Funktionssammlung festlegen, zum Beispiel den Standardwebbrowser, das Standardmailprogramm oder das Standard-Instant-Messaging-Programm (siehe *Abbildung 19.9*). Diese Einstellungen gelten dann für alle Benutzer dieses Computers.

Abbildung 19.9:
Festlegen der Standardprogramme für einzelne Kategorien

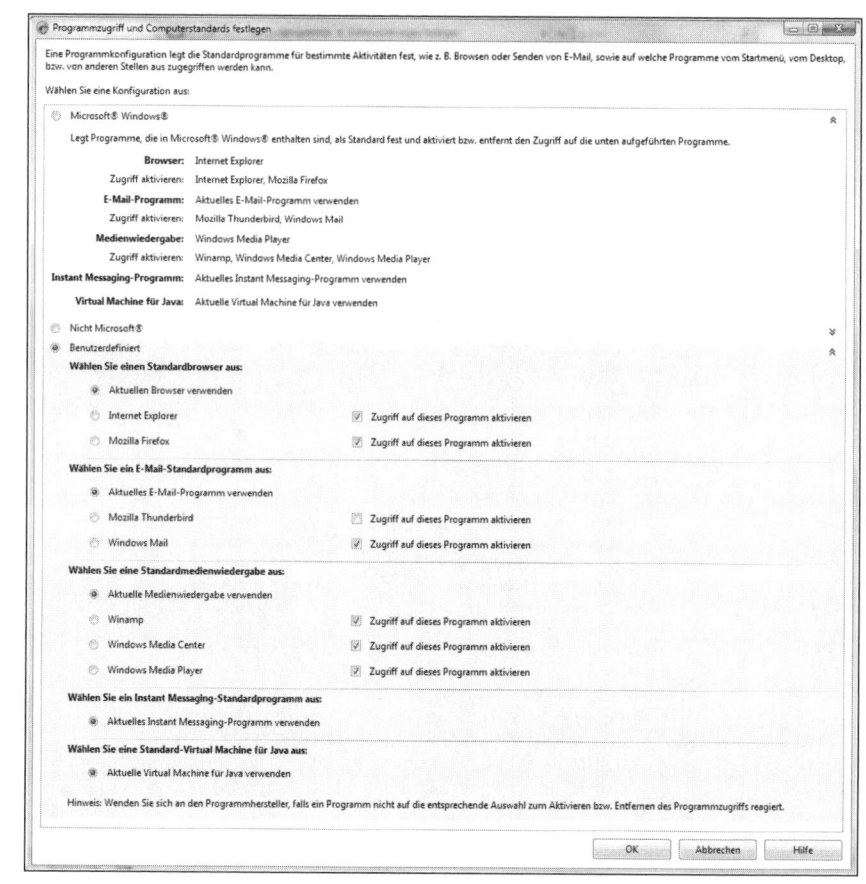

19.2 Systemverknüpfungen mit rundll32.exe

Sie können mit *rundll32.exe* eine Verknüpfung für Flip3D erstellen (siehe Kapitel 1 und 3), den PC sperren (siehe Kapitel 5) oder zahlreiche weitere Aktionen durchführen.

Nachfolgend sind die für Sie wichtigsten Befehle aufgelistet, die Sie direkt über *rundll32.exe* aufrufen können. Legen Sie für die einzelnen Befehle am besten jeweils eine Verknüpfung an, oder geben Sie den Befehl in das *Ausführen*-Dialogfeld ein ⊞-Taste + R. Achten Sie darauf zwischen dem Komma und der Eingabe des Befehls **kein** Leerzeichen einzufügen.

- *rundll32.exe shell32.dll,Control_RunDLL* – Zeigt die Systemsteuerung an.
- *rundll32.exe shell32.dll,Control_RunDLL sysdm.cpl,,1* – Zeigt das Dialogfeld der Systemeigenschaften an.
- *rundll32.exe shell32.dll,Control_RunDLL appwiz.cpl* – Zeigt das Dialogfeld zum Deinstallieren oder Ändern von Programmen an.

- *rundll32.exe shell32.dll,Control_RunDLL appwiz.cpl,,2* – Zeigt die Funktionen von Windows Vista an, die aktiviert bzw. deaktiviert werden können.
- *rundll32.exe shell32.dll,SHHelpShortcuts_RunDLL AddPrinter* – Ruft den Assistenten für die Druckerinstallation auf.
- *rundll32.exe shell32.dll,Control_RunDLL inetcpl.cpl,,0* – Zeigt die Optionen des Internet Explorers an.

19.3 Computerverwaltung

Die meisten Aufgaben der erweiterten Systemverwaltung finden über die Computerverwaltung statt. Die Computerverwaltung kann über verschiedene Wege gestartet werden:

- Start/Rechte Maustaste auf *Computer/Verwalten*
- Rechte Maustaste auf *Computer* auf dem Desktop klicken/*Verwalten*
- Start/Ausführen/compmgmt.msc

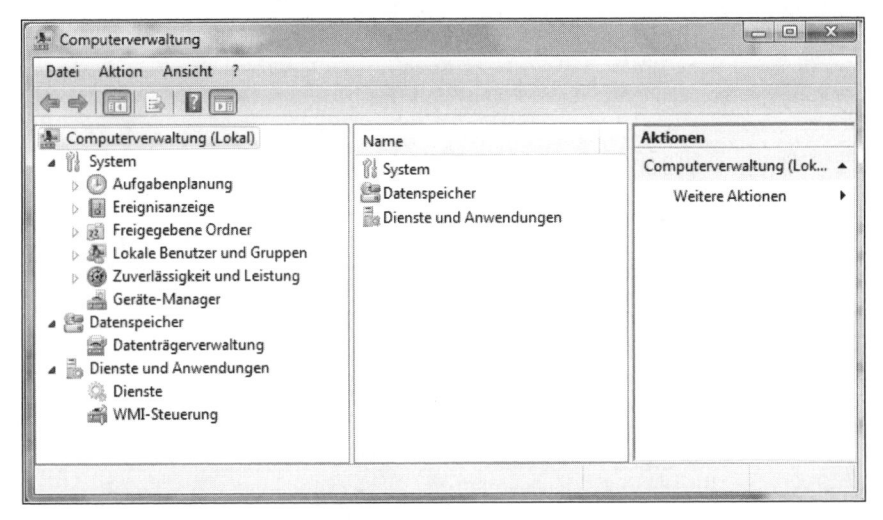

Abbildung 19.10: Anzeigen der Computerverwaltung

Sie haben in den einzelnen Kapiteln dieses Buches einige Menüs in der Computerverwaltung kennengelernt, zum Beispiel freigegebene Ordner (siehe Kapitel 9), Geräte-Manager (siehe Kapitel 6) und Datenspeicher (siehe Kapitel 7). Auch die Dienste wurden bereits in Kapitel 3 einleitend besprochen. In diesem Abschnitt sind die weiteren Möglichkeiten beschrieben, die sich in der Computerverwaltung ergeben. Im letzten Abschnitt dieses Kapitels gehe ich näher auf die Verwaltung und Optimierung der Systemdienste ein.

Erweiterte Systemverwaltung

19.3.1 Aufgabenplanung

Die Aufgabenplanung hatte in Windows XP noch die Bezeichnung »Geplante Tasks«. Mithilfe der Aufgabenplanung können Sie wiederkehrende Aufgaben, wie zum Beispiel die Datensicherung, Defragmentierung oder sonstige Tätigkeiten, zu bestimmten Zeiten automatisch durchführen lassen.

> **TIPP**
>
> *Die Aufgabenplanung wird durch einen eigenen Menüpunkt in der Computerverwaltung konfiguriert (siehe Abbildung 19.11).*
>
> *Sie können die Aufgabenplanung auch über* Start/Systemsteuerung/System und Wartung/Verwaltung/Aufgabenplanung *starten oder auch über* Start/Ausführen/taskschd.msc.

Abbildung 19.11: Aufgabenplanung in Windows Vista

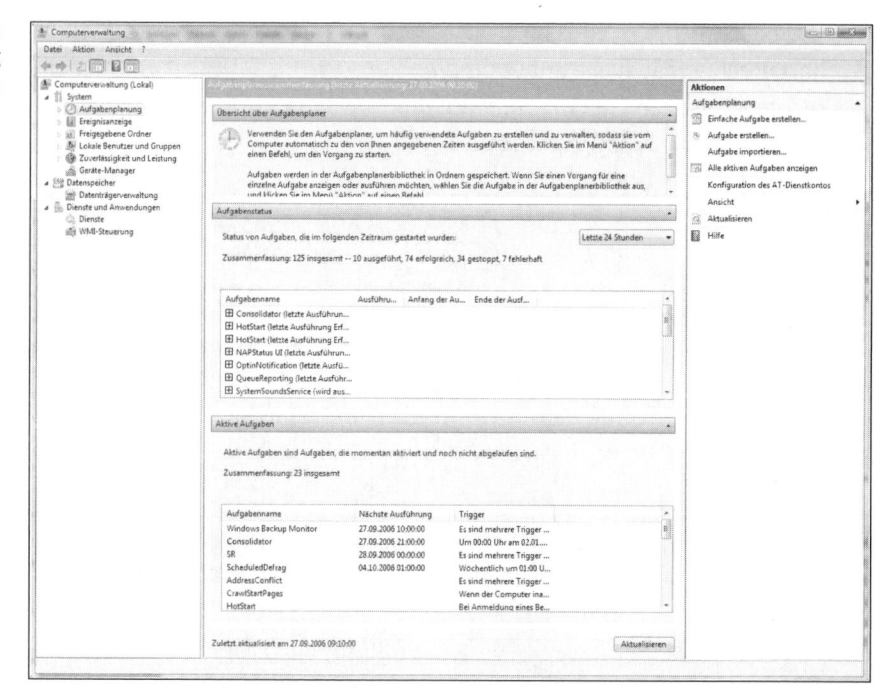

Das Hauptfenster der Aufgabenplanung ist in drei Bereiche untergliedert. Sie können die einzelnen Menüs ausblenden, wenn Sie mit der Maus auf den entsprechenden Balken klicken:

- *Übersicht über Aufgabenplaner* – Hier wird ein kurzer Hilfetext angezeigt, der die Möglichkeiten des Aufgabenplaners erläutert. Da dieser Text sich nicht dynamisch ändert, können Sie diesen Bereich normalerweise ausblenden.

- *Aufgabenstatus* – Dieser Bereich zeigt alle Aufgaben an, die auch von Windows Vista intern durchgeführt werden. Sie können einzelne Aufgaben anzeigen lassen und erkennen, wann diese ausgeführt wurden.

- *Aktive Aufgaben* – Hier werden alle Aufgaben angezeigt, die zwar aktiv, aber noch nicht durchgeführt sind. Hier können Sie durch Doppelklick auf die einzelnen Aufgaben deren Konfiguration überprüfen und abändern. Hier werden auch einige Systemaufgaben angezeigt. Damit Sie die Einstellungen der Aufgabe ändern können, zum Beispiel den Zeitpunkt des Starts, können Sie im neuen Fenster, in dem die Konfiguration der Aufgabe angezeigt wird, doppelt auf die Aufgabe klicken. Es öffnet sich ein weiteres Fenster, über das Sie die Einstellungen anpassen können (siehe *Abbildung 19.12*).

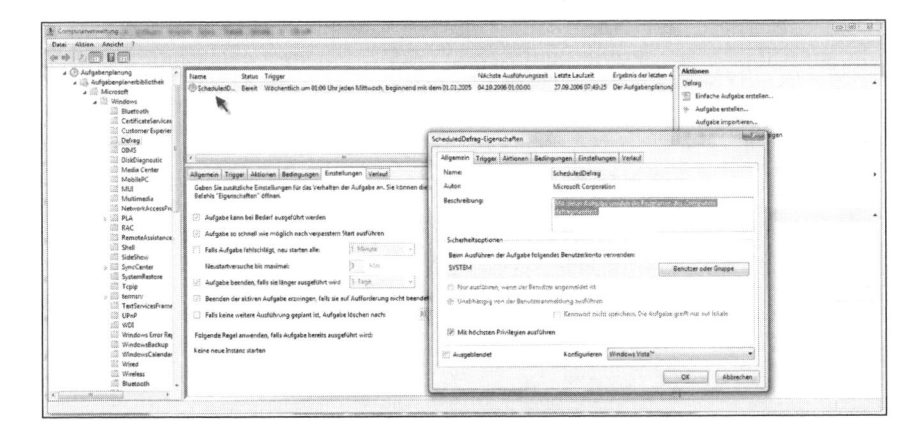

Abbildung 19.12: Konfiguration einer Aufgabe

> Die Einstellungen der automatischen Defragmentierung der Festplatten (siehe Kapitel 7) können Sie durch die Aufgabe ScheduledDefrag konfigurieren.
>
> TIPP

Die Einheit für Vorgänge im Taskplaner ist ein *Task*. Ein Task besteht aus verschiedenen Startbedingungen, einschließlich Triggern, Bedingungen und Einstellungen sowie aus einer oder mehreren Aktionen genannte Ausführungsvorgänge.

Trigger sind Kriteriensätze, bei deren Erfüllung ein Task ausgeführt wird. Sie können zeit- oder ereignisabhängig sein, und es können Parameter wie Startzeitpunkte und Wiederholungskriterien angegeben werden.

Mit Bedingungen können Sie Tasks so einschränken, dass sie nur ausgeführt werden, wenn sich der Computer in einem bestimmten Zustand befindet. Ein Task wird nur ausgeführt, wenn ein Trigger erfüllt ist und alle für den Task definierten Bedingungen wahr sind. Beispielsweise können Sie mithilfe von Bedingungen erreichen, dass ein Programm beim Eintreten eines Ereignisses nur gestartet wird, wenn das Netzwerk verfügbar ist, oder dass eine Aktion zu einem bestimmten Zeitpunkt nur gestartet wird, wenn der Computer im Leerlauf ist.

Erweiterte Systemverwaltung

Mit Einstellungen können Sie Ausführungsoptionen festlegen. Dadurch können Sie beispielsweise angeben, wie häufig eine fehlschlagende Aktion wiederholt werden soll.

Aktionen sind die auszuführenden Befehle, wenn die Trigger und Bedingungen erfüllt sind. Mit einer Aktion können Sie beispielsweise ein Programm starten oder eine E-Mail senden.

Wenn Sie eine Aufgabe aufgerufen haben, sehen Sie auf der rechten Seite der Managementkonsole, welche speziellen Aufgaben Sie durchführen können (siehe *Abbildung 19.13*). Sie können zum Beispiel eine Aufgabe exportieren, um diese auf einem anderen Vista-Rechner zu importieren. Sie können Aufgaben deaktivieren, löschen oder sofort starten lassen.

Abbildung 19.13:
Für einzelne Aufgaben mögliche Aktionen

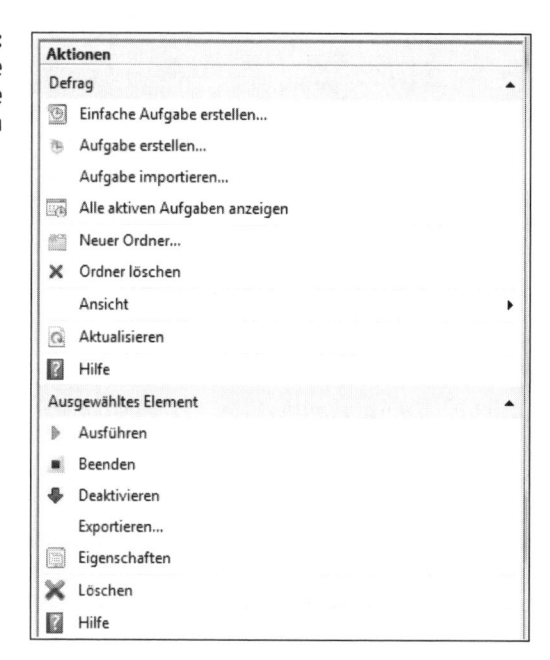

Neuerungen der Aufgabenplanung

Eine der leistungsstärksten neuen Funktionen des Windows Vista-Taskplaners bietet die Möglichkeit zum Auslösen eines Tasks durch ein beliebiges, im Ereignisprotokoll aufgezeichnetes Ereignis. Mithilfe dieser neuen Funktion können Administratoren beim Auftreten eines bestimmten Ereignisses automatisch eine E-Mail senden oder ein Programm starten.

In Windows Vista können Sie Tasks, die abhängig vom Auftreten von Ereignissen gestartet werden sollen, sehr einfach mit dem neuen Taskplaner-Assistenten einrichten. Ein Administrator kann in der Ereignisanzeige einfach das als Trigger zu verwendende Ereignis auswählen und mit nur einem Klick den Taskplaner-Assistenten starten, um den Task einzurichten. Durch die nahtlose Integration der Taskplaner-Benutzeroberfläche in die Ereignisanzeige können Sie einen durch ein Ereignis ausgelösten Task mit nur fünf Mausklicks erstellen. Klicken Sie das Ereignis mit der rechten Maustaste an, und wählen Sie die Option *Aufgabe an Ereignis anfügen* (siehe *Abbildung 19.14*).

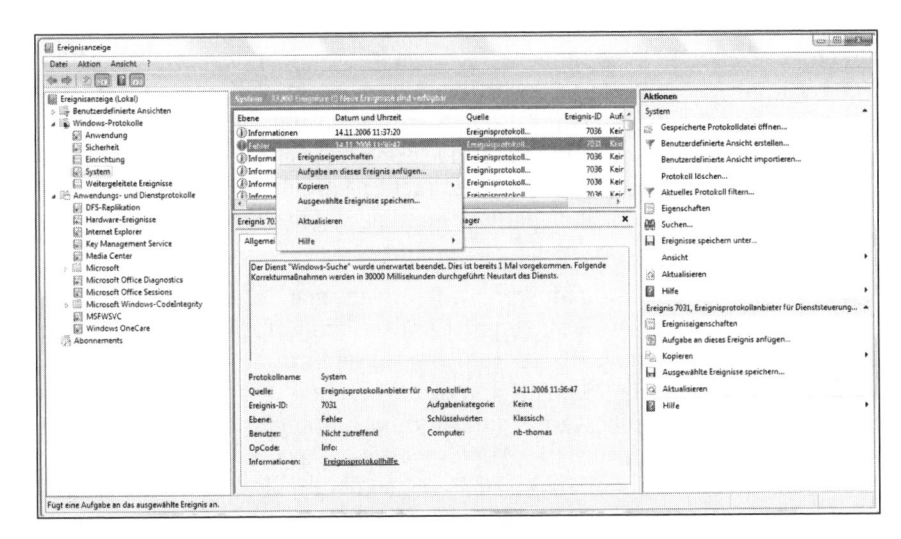

Abbildung 19.14: Erstellen von Aufgaben aus der Ereignisanzeige

Über Ereignisse hinaus unterstützt der Taskplaner von Windows Vista auch weitere neue Triggertypen, beispielsweise Trigger, die Tasks starten, wenn der Computer startet, sich ein Benutzer anmeldet oder sich der Computer im Leerlauf befindet. Mithilfe weiterer zusätzlicher Trigger können Administratoren Tasks einrichten, die abhängig vom Sitzungsstatus gestartet werden, z. B. beim Herstellen oder Trennen einer Verbindung mit einem Terminalserver oder beim Sperren und Entsperren einer Arbeitsstation. Mit dem Taskplaner können Sie Tasks weiterhin abhängig von Datum und Uhrzeit auslösen. Er stellt eine einfache Verwaltung von geplanten regelmäßigen Tasks zur Verfügung.

Im neuen Taskplaner können Trigger genauer angepasst und so detaillierter festgelegt werden, wann Tasks gestartet und wie häufig sie ausgeführt werden sollen. Ein Administrator kann einem Trigger eine Verzögerung hinzufügen oder einen Task einrichten, der nach dem Auftreten des Triggers in regelmäßigen Intervallen wiederholt wird.

Für jeden Task können mehrere Bedingungen definiert werden. Durch Bedingungen können Sie Tasks so einschränken, dass sie nur ausgeführt werden, wenn sich der Computer in einem bestimmten Zustand befindet. Beispielsweise können Sie mit dem neuen Taskplaner erreichen, dass ein Programm beim Eintreten eines Ereignisses nur gestartet wird, wenn das Netzwerk verfügbar ist, dass eine Aktion zu einem bestimmten Zeitpunkt nur gestartet wird, wenn der Computer im Leerlauf ist, oder dass eine

Aktion beim Anmelden nur gestartet wird, wenn sich der Computer nicht im Akkubetrieb befindet.

Vor Windows Vista wurde jeder Task abhängig von einem einzelnen Trigger (normalerweise der Zeit) gestartet, und ein bestimmter Task konnte nur aus einer Aktion bestehen. Der Windows Vista-Taskplaner ist beim Verknüpfen von Triggern und Aktionen wesentlich flexibler. In Windows Vista können mit einem bestimmten Task mehrere Trigger verbunden werden. Beispielsweise gilt eine bestimmte Fehlerbedingung möglicherweise nur beim Auftreten von drei verschiedenen Ereignissen als erfüllt. Ein Administrator kann einfach einen Task definieren, der nur gestartet wird, wenn alle drei Ereignisse auftreten. Für Tasks können nicht nur mehrere Trigger erforderlich sein, mit einem einzelnen Task können auch mehrere Aktionen gestartet werden.

Mit dem neuen Taskplaner müssen Sie beim aufeinanderfolgenden Ausführen von Tasks keine Vermutungen mehr anstellen. Ein Administrator muss beispielsweise immer nachts um 1:00 Uhr einen bestimmten Batchprozess ausführen und nach dessen Abschluss die Ergebnisse des Prozesses drucken. Vor Windows Vista waren zum Automatisieren dieses Prozesses zwei Tasks erforderlich: ein um 1:00 Uhr gestarteter Task zum Ausführen der Batchdatei und ein zweiter Task zum Drucken der Ergebnisse. Der Administrator musste die Dauer zur Ausführung des Batchprozesses schätzen und den Drucktask so einrichten, dass er nach einem angemessenen Zeitraum gestartet wird. Wenn der Batchprozess beim Starten des Druckprozesses noch nicht abgeschlossen war (oder sogar fehlschlug), wurden die Ergebnisse nicht gedruckt. Mit Windows Vista ist dieses Szenario einfach zu verwalten. Ein einzelner Task kann definiert werden, mit dem der Batchprozess um 1:00 Uhr ausgeführt wird und nach dessen Abschluss die Ergebnisse gedruckt werden.

Der Taskplaner stellt die Ausführung von Tasks auch dann sicher, wenn sich ein Computer zum geplanten Zeitpunkt im Stand-by-Modus befindet. Durch diese neue Funktionalität, durch die der Taskplaner einen Computer zum Ausführen eines Tasks aus dem Stand-by-Modus oder Ruhezustand reaktivieren kann, können Administratoren die Vorteile der verbesserten Stromsparmodi von Windows Vista nutzen, ohne darauf achten zu müssen, ob wichtige Tasks pünktlich ausgeführt werden. Neben dem Reaktivieren eines Computers zum Ausführen eines Tasks können Administratoren nun durch eine Option festlegen, dass ein Task ausgeführt wird, sobald der Computer verfügbar ist. Wenn Sie diese Option aktivieren und der geplante Ausführungszeitpunkt eines Tasks nicht eingehalten wurde, wird der Task beim nächsten Einschalten des Computers vom Taskplaner ausgeführt.

Computerverwaltung

Für Administratoren, die statt mit der grafischen Oberfläche bevorzugt auf der Befehlszeile arbeiten, wurde das Befehlszeilendienstprogramm schtasks.exe *so erweitert, dass es auch die Windows Vista hinzugefügten neuen Funktionen umfasst. Das API (Application Programming Interface) ist jetzt auch skriptfähig.*

TIPP

Erstellen einer neuen Aufgabe

Um eine manuelle Aufgabe zu erstellen, stehen Ihnen drei Möglichkeiten zur Verfügung. Nachdem Sie die Aufgabenplanung gestartet haben, werden auf der rechten Seite die Aktionen angezeigt, die Sie durchführen können (siehe *Abbildung 19.15*). Um eine neue Aufgabe zu erstellen, gibt es drei Möglichkeiten:

- *Einfache Aufgaben erstellen* – Mithilfe dieser Aktion wird ein Assistent gestartet, der Sie bei der Erstellung einer neuen Aufgabe unterstützt.
- *Aufgabe erstellen* – Wenn Sie diese Aktion auswählen, öffnet sich ein Aufgabenfenster, in dem Sie auf verschiedenen Registerkarten ohne Unterstützung von Assistenten die Aufgabe konfigurieren können.
- *Aufgabe importieren* – Mit dieser Option können Sie Aufgaben importieren, die Sie vorher auf den gleichen PC oder einen anderen Vista-PC exportiert haben.

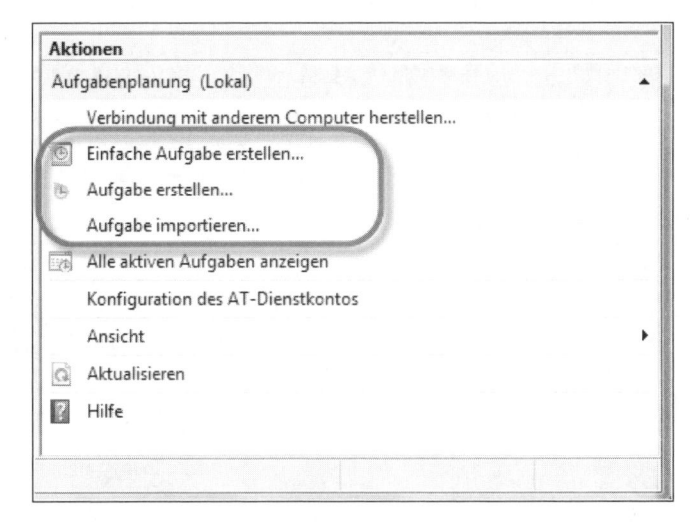

Abbildung 19.15: Erstellen einer neuen Aufgabe

Wenn Sie den Assistenten zum Erstellen einfacher Aufgaben starten, können Sie zunächst die Bezeichnung der Aufgaben sowie deren Beschreibung festlegen.

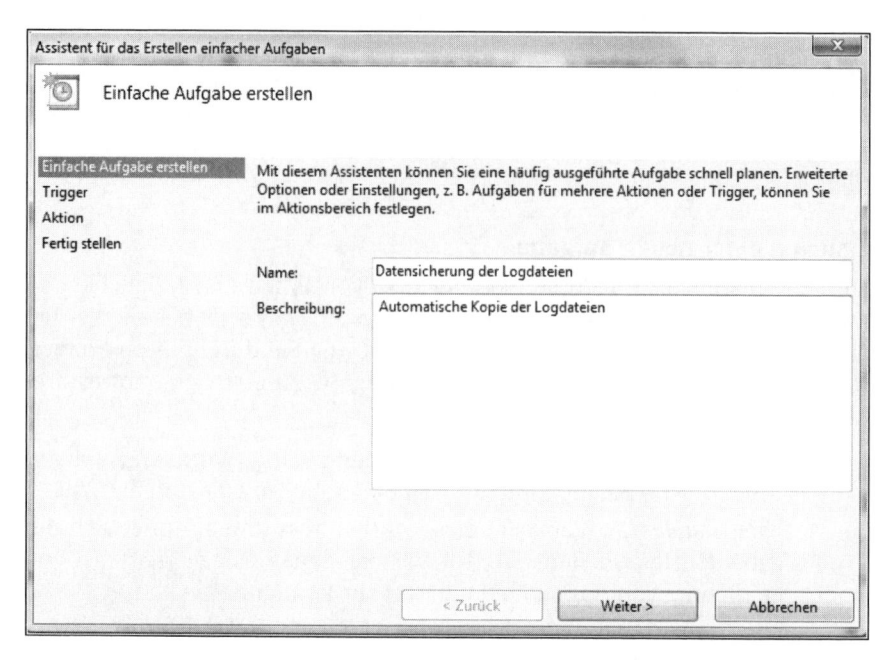

Erweiterte Systemverwaltung

Abbildung 19.16:
Erstellen einer einfachen Aufgabe

[Screenshot: Assistent für das Erstellen einfacher Aufgaben – Einfache Aufgabe erstellen; Name: Datensicherung der Logdateien; Beschreibung: Automatische Kopie der Logdateien]

Auf der nächsten Seite des Assistenten legen Sie fest, wann diese Aufgabe durchgeführt werden soll (siehe *Abbildung 19.17*).

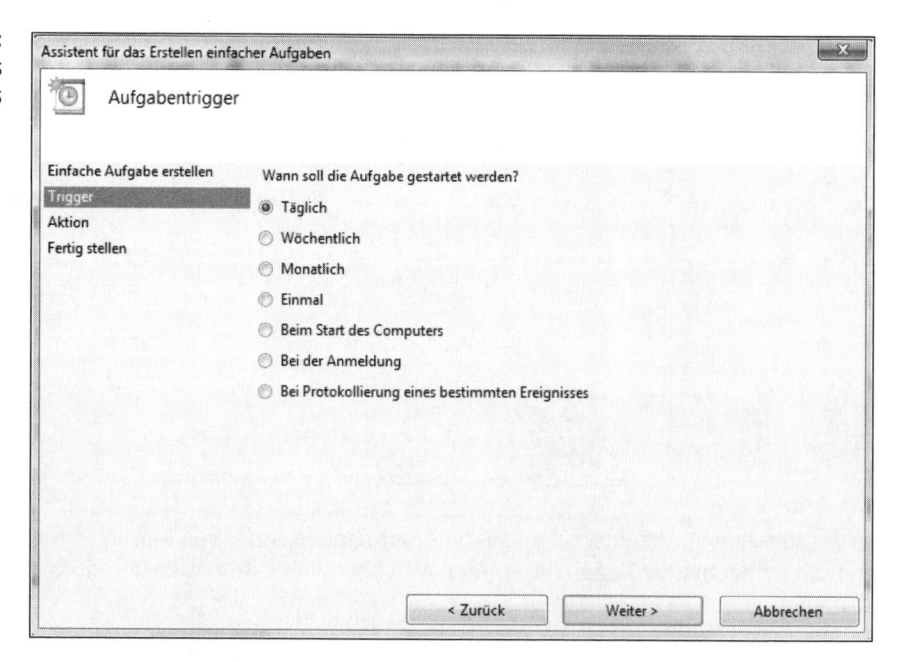

Abbildung 19.17:
Festlegen des Aufgabentriggers

[Screenshot: Assistent für das Erstellen einfacher Aufgaben – Aufgabentrigger; Wann soll die Aufgabe gestartet werden? Täglich / Wöchentlich / Monatlich / Einmal / Beim Start des Computers / Bei der Anmeldung / Bei Protokollierung eines bestimmten Ereignisses]

Computerverwaltung

Abhängig von der Auswahl des Aufgabentriggers können Sie die Ausführung der Aufgabe im nächsten Fenster detailliert spezifizieren.

Haben Sie beispielsweise die tägliche Ausführung einer Aufgabe definiert, können Sie auf der nächsten Seite festlegen, zu welcher Uhrzeit die Aufgabe durchgeführt werden soll (siehe *Abbildung 19.18*).

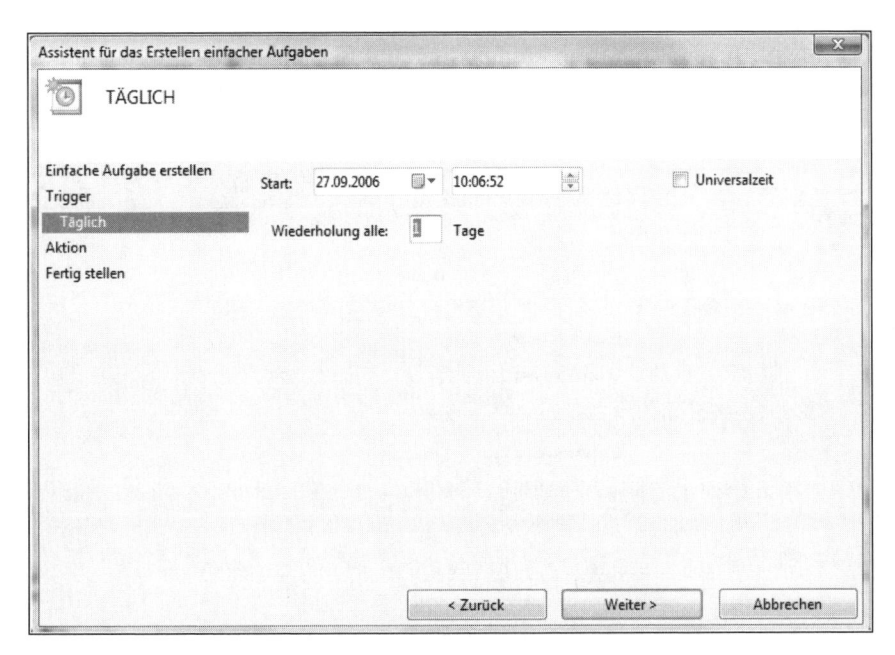

Abbildung 19.18: Detaillierte Konfiguration der Aufgabe

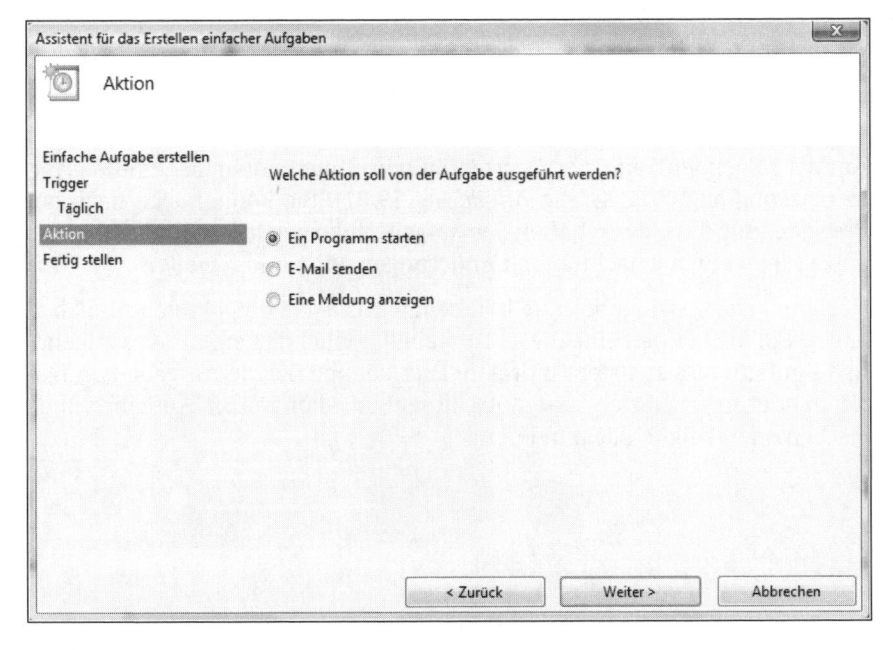

Abbildung 19.19: Auswahl der Aktion für die Aufgabe

Erweiterte Systemverwaltung

Als Nächstes legen Sie fest, welche Aktion diese Aufgabe durchführen kann. Sie können entweder ein Programm starten, was die häufigste Aufgabe ist, aber auch eine E-Mail schicken oder eine Meldung anzeigen lassen.

Im nächsten Fenster legen Sie detailliert fest, wie die Aufgabe durchgeführt werden soll. Sie können hier zum Beispiel das Programm auswählen, das ausgeführt werden soll.

Als ausführbares Programm können Sie zum Beispiel auch eine Batchdatei starten lassen und das Verzeichnis auswählen, in dem die temporären Dateien des Programms gespeichert werden sollen (siehe *Abbildung 19.20*).

Abbildung 19.20: Konfiguration des Programms zur Ausführung

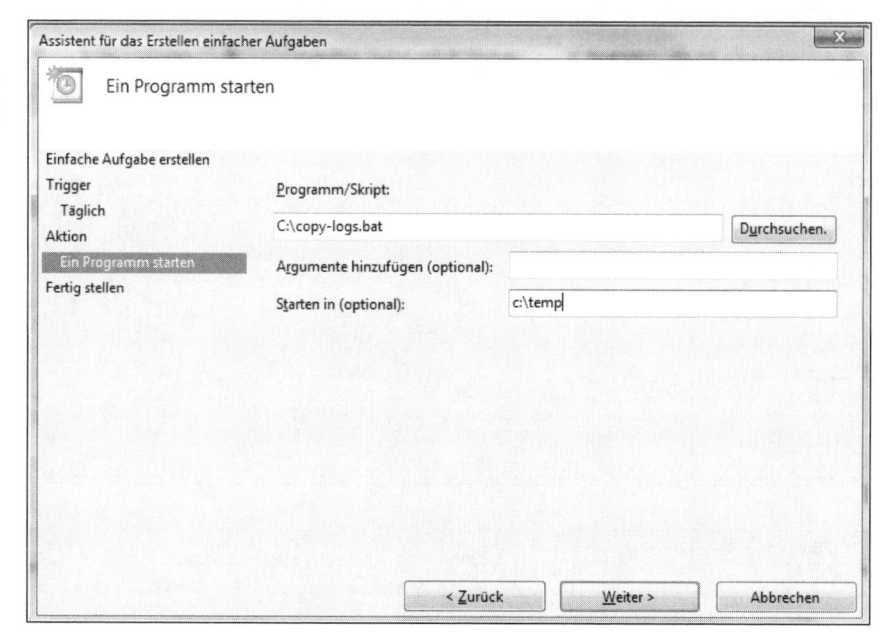

Auf der folgenden Seite des Assistenten wird Ihnen nochmals eine Zusammenfassung angezeigt (siehe *Abbildung 19.21*). Sie können sich nach der Fertigstellung die Eigenschaften der Aufgabe anzeigen lassen und alle Werte anpassen, wenn Sie nachträglich Änderungen vornehmen wollen.

Nachdem Sie die Aufgabe erstellt haben, wird sie bei den aktiven Aufgaben angezeigt. Sie können eine dieser Aufgaben doppelklicken, um das zugehörige Konfigurationsfenster zu öffnen. Hier können Sie die Aufgabe konfigurieren oder sofort starten lassen. An dieser Stelle können Sie Aufgaben auch löschen oder lediglich deaktivieren.

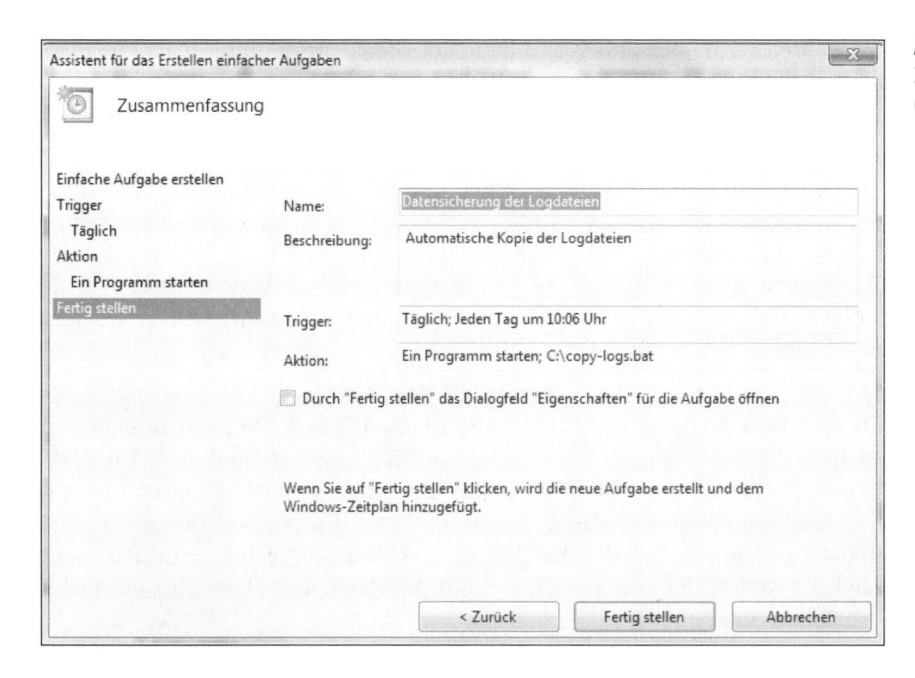

Abbildung 19.21:
Zusammenfassung einer Aufgabe

19.3.2 Ereignisanzeige – Fehlerbehebung in Windows Vista

Eine Computeranwendung ist wie eine »Black Box«, die eine oder mehrere Funktionen erfüllt. In dieser Box geht vieles vor; da Sie aber nicht hineinsehen können, ist es äußerst schwierig, ihr Innenleben zu verstehen. Anwendungen kommunizieren jedoch mit der Außenwelt – nämlich mit anderen Programmen und mit Benutzern. Diese kommunikativen »Ereignisse« gewähren Ihnen einen Einblick in die Anwendung.

Was Software betrifft, so wird ein Ereignis in der Regel als ein Vorfall innerhalb eines Softwaresystems definiert, der an die Außenwelt (also Benutzer oder andere Programme) übermittelt wird. Bei einem solchen Ereignis handelt es sich normalerweise um eine Zustands- oder Konfigurationsänderung. Das Ereignis kann den aktuellen Zustand oder die aktuelle Konfiguration des Softwaresystems sowie die Gründe für die Änderung vermitteln.

Alle Fehler und Aktionen von Windows werden in den Ereignisanzeigen festgehalten und stehen Anwendern zur Verfügung, um Fehler zu beheben oder den PC zu überwachen. Wie die Aufgabenplanung wurde von Microsoft auch die Ereignisanzeige komplett überarbeitet und stellt jetzt wesentlich mehr Informationen zur Verfügung.

Windows Vista verfügt über ein völlig neues Ereignisprotokollsystem. Das Gruppenrichtliniemodul nutzt zum Beispiel ebenfalls das neue Windows Eventing 6.0-System und teilt Ereignisse in zwei besondere Protokolle auf. Das vertraute Systemprotokoll (das nun als ein administratives Protokoll

Erweiterte Systemverwaltung

betrachtet wird) enthält die Probleme der Gruppenrichtlinie. Falls im Gruppenrichtlinienmodul ein Fehler auftritt, sollte er im Systemprotokoll erscheinen und als sein Ursprung der Gruppenrichtliniendienst (nicht der Userenv-Prozess) angezeigt werden.

Ein neues Protokoll für Anwendungen und Dienste (bei dem es sich um ein Betriebsprotokoll handelt) wurde speziell für die Gruppenrichtlinie eingerichtet und speichert operative Ereignisse. Dieses Protokoll ersetzt im Wesentlichen die unhandliche Problembehandlungsdatei *userenv.log*, da jeder Schritt des Gruppenrichtlinienmoduls hier aufgeführt wird und leicht nachvollzogen werden kann.

Mithilfe dieser Protokolle ist es möglich, den allgemeinen Systemzustand zu überwachen. Anhand des Ereignisprotokolls können Sie nach Ereignissen suchen, die auf Probleme hinweisen. Darüber hinaus dienen diese Informationen zur Diagnose von Problemen. Sie können nach Programm- und Systemaktionen suchen, die zu einem Problem führen, und Details herausfinden, die Ihnen bei der Ermittlung der Grundursache behilflich sind. Zugleich lassen sich anhand dieser Informationen auch Leistungsprobleme beurteilen und beheben.

Ereignisse in Windows Vista

Die neue Ereignisanzeige wurde vollständig umgeschrieben. Da sie in die Microsoft Management Console (MMC) 3.0 integriert ist, hat sich ihr Erscheinungsbild ebenfalls geändert.

Es gibt immer noch eine hierarchische Struktur und eine Ereignisliste. Unter dem Knoten *Windows-Protokolle* ist auch weiterhin der Zugriff auf die vertrauten Anwendungs-, System- und Sicherheitsprotokolle möglich (siehe *Abbildung 19.22*).

Abbildung 19.22: Anzeigen der Ereignisse

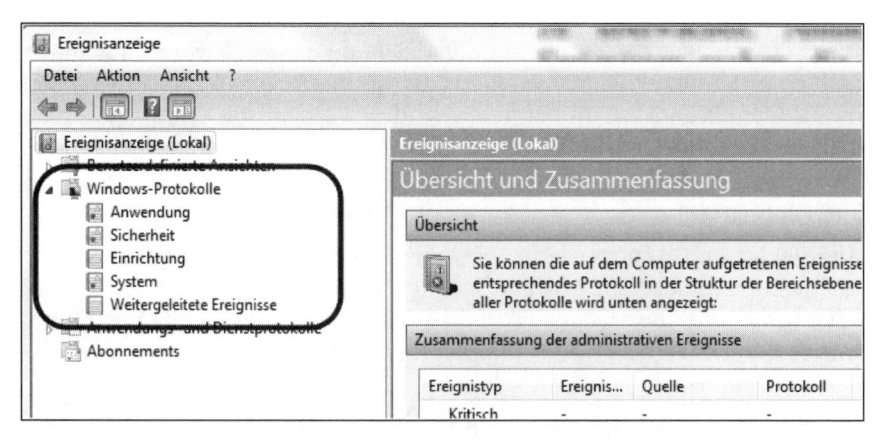

Computerverwaltung

Allerdings wurden dem Stamm einige neue Knoten hinzugefügt, und unter dem Knoten Windows-Protokolle befindet sich jetzt das neue Protokoll *Weitergeleitete Ereignisse*.

Das auffälligste neue Feature ist der Vorschaubereich unterhalb der Ereignisliste. Er umfasst die Eigenschaften des aktuell ausgewählten Ereignisses. Das heißt, Sie müssen nicht mehr auf ein Ereignis doppelklicken, um seine Eigenschaften anzuzeigen, und auch nicht mehr mit Fenstern jonglieren (siehe *Abbildung 19.23*).

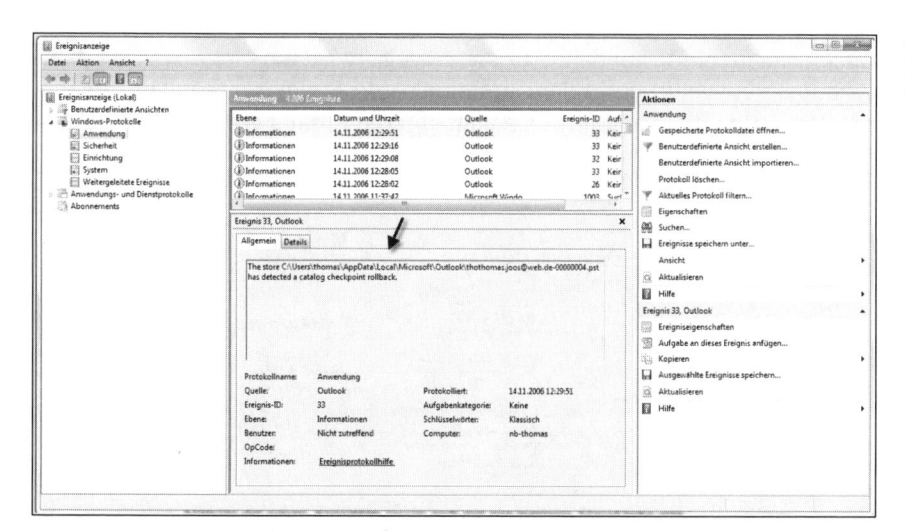

Abbildung 19.23: Ereignisvorschaubereich

Unter dem Knoten *Benutzerdefinierte Ansichten* werden administrative Ereignisse angezeigt. Hier finden sich alle Fehler und Warnungen aus den verschiedenen Protokolldateien, die für Administratoren von Interesse sind.

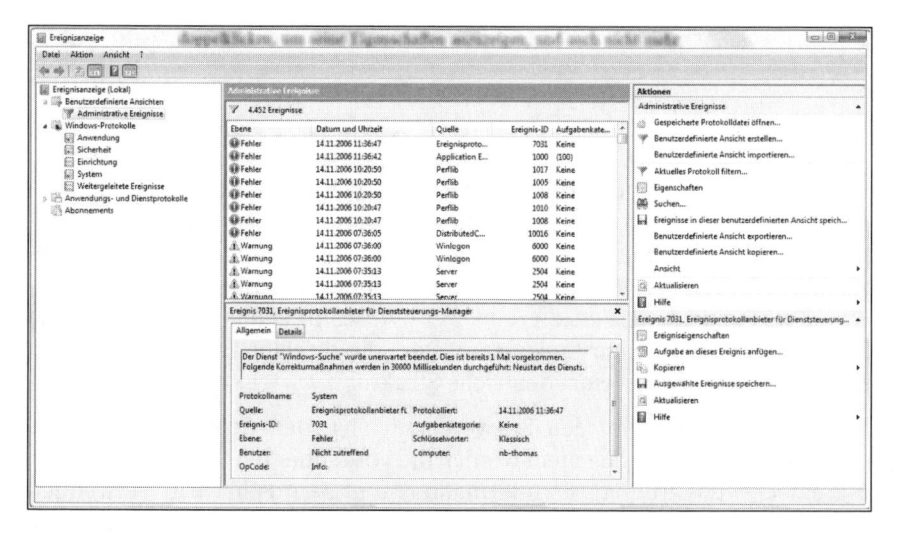

Abbildung 19.24: Anzeigen der administrativen Ereignisse

Erweiterte Systemverwaltung

Windows Vista bietet die Möglichkeit, uninteressante Ereignisse herauszufiltern, sodass Sie sich auf die Ereignisse konzentrieren können, die Ihnen wichtig sind. Hierzu wird eine protokollübergreifende Abfragesprache verwendet, die vom Ereignisprotokolldienst unterstützt wird. Damit dies funktionieren kann, müssen alle Ereignisse einer klar definierten Struktur folgen.

Der Ereignisvorschaubereich umfasst die Registerkarte *Details*. Bei Auswahl der Registerkarte im Dialogfeld wird die XML-Darstellung des Ereignisses angezeigt (siehe *Abbildung 19.25*).

Jede Ereignisprotokolldatei wird als eine Abfolge solcher strukturierten Ereigniselemente behandelt. Auf diese Weise wird eine logische und überschaubare Ansicht von Ereignisprotokoll- und Ereignisarchivdateien geboten. Die Daten werden intern in einem binären Format gespeichert.

Abbildung 19.25:
Anzeigen des XML-Codes eines Ereignisses

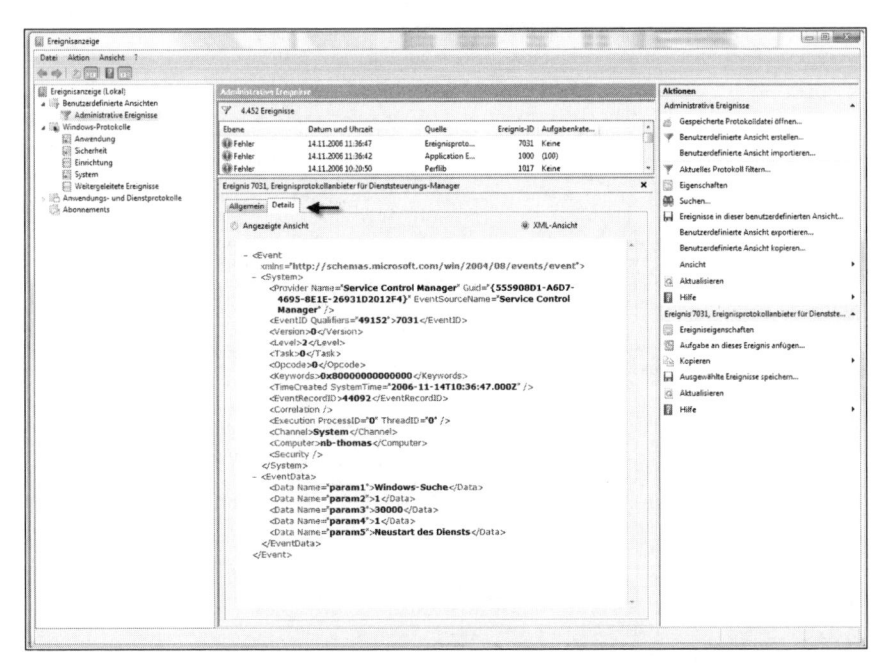

Im Bereich *System* der XML-Daten wird der Zeitpunkt angegeben, an dem das Ereignis eingetreten ist, sowie die Prozess-ID, die Thread-ID, der Computername und die Sicherheitskennung (Security Identifier, SID) des Benutzers. Ein Ereignis wird durch die Kombination seiner Event-ID (eine Zwei-Byte-Zahl) und seiner Version (eine Ein-Byte-Zahl) eindeutig definiert. Alle Ereignisse vom gleichen Ereignisanbieter, die dieselbe Event-ID und Version aufweisen, haben eine identische Struktur.

Level: Dieser Wert gibt den Schweregrad bzw. den Ausführlichkeitsgrad eines Ereignisses an. Allgemein werden die vordefinierten Werte 1 (Kritisch), 2 (Fehler), 3 (Warnung), 4 (Information) und 5 (Ausführlich) verwendet, jedoch kann ein Anbieter seine eigenen Werte bis zu einem Höchstwert von 255 definieren. Je höher der Wert, desto ausführlicher das Ereignis.

Task: Mit der Task-Eigenschaft wird in der Regel der allgemeine Funktionsbereich eines Ereignisses angegeben (z. B. Drucken, Netzwerk oder Benutzeroberfläche). Sie kann sich auch auf die Unterkomponente eines Programms beziehen. Diese Eigenschaften werden in hohem Maße von Sicherheitsüberwachungsereignissen eingesetzt. Jeder Ereignisherausgeber kann für diese Zwei-Byte-Zahl eine eigene Gruppe von Werten festlegen.

Gängige Verwendungszwecke für Abfragen

Mit dem Windows-Taskplaner können Sie einer Abfrage eine Aufgabe anhängen. Jedes Mal, wenn ein Ereignis veröffentlicht wird, das der Abfrage entspricht, wird dann die entsprechende Aufgabe vom Taskplaner gestartet. Abfragen können zum Archivieren ausgewählter Ereignisse eingesetzt werden.

Die Ereignisanzeige wird durch einen eigenen Eintrag in der Konsolenstruktur der Computerverwaltung *gestartet (siehe Abbildung 19.26).*

Sie können sie auch über Start/Systemsteuerung/System und Wartung/Verwaltung/Ereignisanzeige *starten oder über* Start/Ausführen/eventvwr.msc.

Abbildung 19.26: Ereignisanzeige in Windows Vista

Vor allem in der Übersichtlichkeit der Anzeige hat Microsoft sehr viel bei der Ereignisanzeige geändert. Wenn Sie diese starten, erhalten Sie im mittleren Bereich des Fensters eine Zusammenfassung aller Einträge, deren detaillierte Informationen Sie anzeigen können, wenn Sie auf einzelne Meldungen doppelklicken. Es öffnet sich eine neue Ansicht der Ereignisanzeige,

Erweiterte Systemverwaltung

über die Ihnen die detaillierten Informationen einer bestimmten Meldung angezeigt werden (siehe *Abbildung 19.27*).

Abbildung 19.27:
Anzeige einer detaillierten Fehlermeldung

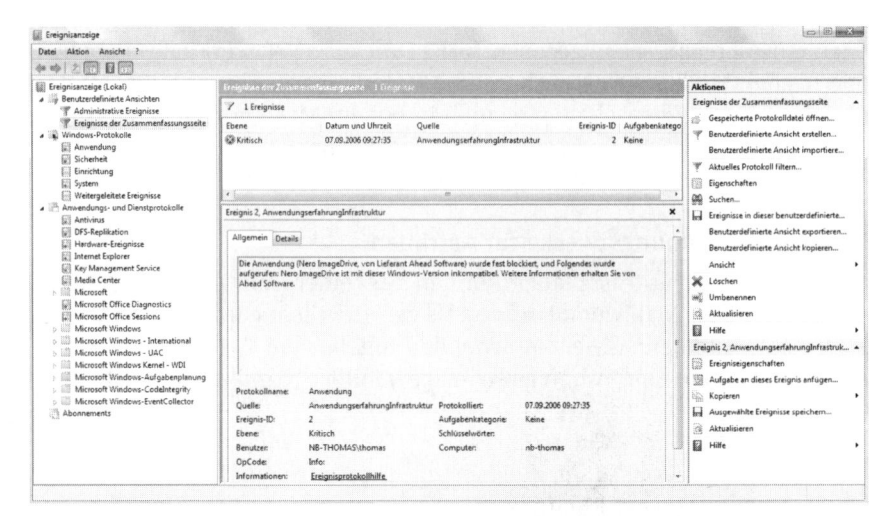

Auf Basis dieser Fehlermeldung können Sie erkennen, welche Probleme Windows Vista mit einzelnen Komponenten erkannt hat. Sie sollten durchaus regelmäßig die Ereignisanzeigen auf Fehler überprüfen, da Sie hier schnell Fehler erkennen können, bevor diese gravierendere Auswirkungen haben.

TIPP

Haben Sie den Fehler genauer eingegrenzt und Fehlermeldungen in der Ereignisanzeige und der Diagnose festgestellt, suchen Sie auf der Internetseite www.eventid.net *gezielt nach diesen Fehlern. Auf dieser Seite gibt es zu so gut wie jedem Eintrag der Ereignisanzeige Hinweise und mögliche Lösungsansätze. Geben Sie den Fehler in Google und auf speziellen Seiten ein, wie zum Beispiel* www.experts-exchange.com.

Um Ihnen die Suche nach Seiten zu Ihrem Betriebssystem zu erleichtern, gibt es spezielle Suchseiten bei Google für alle bekannten Betriebssysteme. Wenn Sie auf eine solche Seite kommen wollen, müssen Sie folgende Adressen in den Internet Explorer eingeben:

- Microsoft - www.google.de/microsoft
- Linux - www.google.de/linux
- Apple - www.google.de/mac
- BSD - www.google.de/bsd

Auch die Suche in der Microsoft Knowledge Base unter `http://support.microsoft.com` hilft oft. Suchen Sie allerdings in der englischen Knowledge Base immer nur nach englischen Begriffen. Die deutschen Artikel sind oft nur schlecht übersetzte Varianten der englischen Artikel.

Eine sehr bekannte Seite für Experten ist `www.expertenseite.de`. Auf dieser Seite finden Sie Unterstützung von zahlreichen Spezialisten in den verschiedensten Bereichen. Wenn Sie eine Frage stellen wollen, müssen Sie sich auf der Seite zunächst anmelden. Wenn jemand vor Ihnen bereits ein ähnliches Problem hatte, können Sie durch die Suche schnell an ein Ergebnis kommen, ohne sich anmelden zu müssen.

Die Internetseite `www.spotlight.de` ist sicherlich eine der meistbesuchten und beliebtesten Internetseiten in Deutschland. Ob Sie Fragen stellen oder beantworten wollen, bei Spotlight können Sie in den verschiedensten Bereichen aktiv sein. Die Internetseite erhält ständig Preise und Auszeichnungen von den verschiedensten PC-Zeitschriften. Auch wenn Sie kein aktuelles Problem haben, lohnt es sich, auf dieser Seite zu recherchieren. Sie können anderen helfen oder sich weiterbilden.

Weitere Seiten in diesem Bereich sind unter anderem:

- `www.supportnet.de`
- `www.wer-weiss-was.de`
- `http://translator.search-in.net/deutsch` – Auf dieser Seite finden Sie Informationen zu Übersetzern und Dolmetschern.

Neben der Zusammenfassung aller Ereignisanzeigen können Sie auch deren einzelne Inhalte anzeigen lassen, wenn Sie im linken Menü das Protokoll anklicken. Die Ansicht der Ereignisanzeige ändert sich, und Sie sehen den kompletten Inhalt dieses Protokolls (siehe *Abbildung 19.28*).

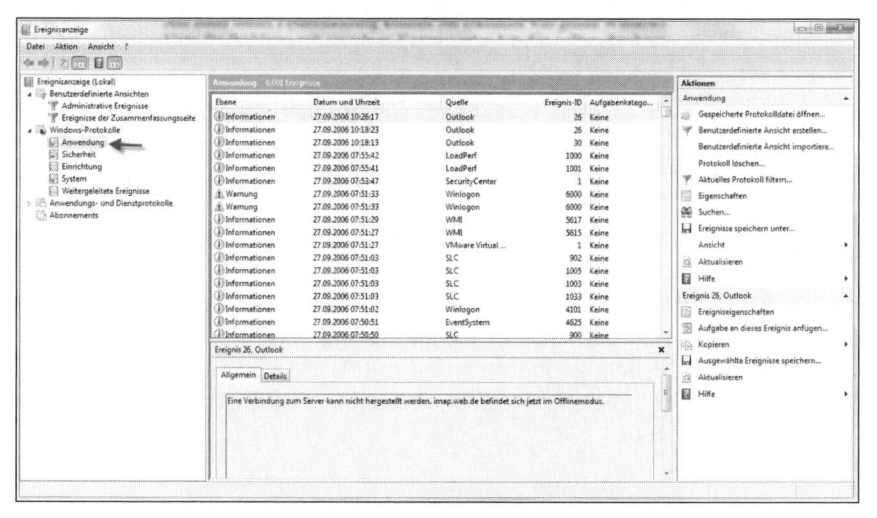

Abbildung 19.28: Anzeigen eines einzelnen Protokolls

Erweiterte Systemverwaltung

Auch hier werden Ihnen alle Einträge angezeigt, und unten im Fenster sehen Sie die detaillierten Informationen zum jeweiligen Eintrag. Sie können auch auf einzelne Einträge doppelklicken. In diesem Fall öffnet sich ein neues Fenster mit den Details zu dieser Meldung.

Wenn Sie ein Protokoll mit der rechten Maustaste anklicken, können Sie weitere Einstellungen vornehmen. Im Kontextmenü werden Ihnen zahlreiche Möglichkeiten angezeigt (siehe *Abbildung 19.29*).

Abbildung 19.29: Kontextmenü von Protokollen in der Ereignisanzeige

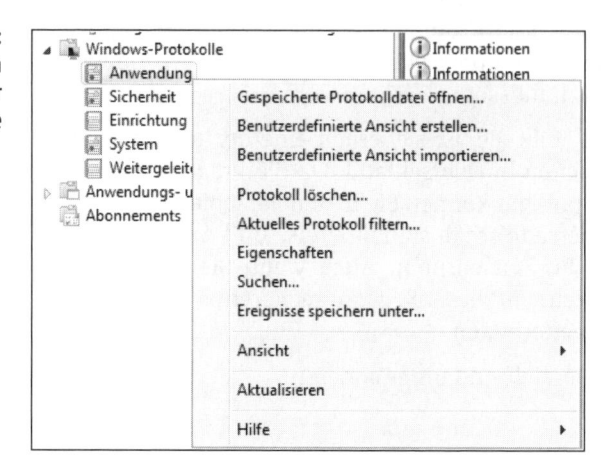

- *Gespeicherte Protokolldatei öffnen* – Über diesen Menübefehl können Sie eine Protokolldatei öffnen, die Sie auf einem anderen PC oder dem lokalen PC über die Option *Ereignisse speichern unter* abgespeichert haben. Dadurch können Sie Protokolle per E-Mail versenden, andere Benutzer können den Inhalt überprüfen.
- *Benutzerdefinierte Ansicht erstellen* – Über diesen Menübefehl können Sie die Anzeige der Ereignisanzeigen anpassen und als benutzerdefinierten Filter ablegen. In diesem Fall werden Ihnen nur noch die Ereignisse in Ihrer gespeicherten Ansicht angezeigt.
- *Protokoll löschen* – Wenn Sie diesen Menübefehl auswählen, wird nicht das Protokoll gelöscht, sondern der Inhalt des Protokolls. Sie erhalten zuvor noch eine Meldung, ob das Protokoll wirklich gelöscht werden soll und ob Sie das Protokoll vorher speichern wollen. Wenn Sie das Protokoll zuvor speichern, entspricht das der Option *Ereignisse speichern unter*.
- *Aktuelles Protokoll filtern* – Dieser Menübefehl wird verwendet, wenn Sie keine eigene Ansicht des Protokolls erstellen wollen, sondern nur die aktuelle Ansicht gefiltert werden soll. Dadurch können Sie zum Beispiel nach einem bestimmten Fehler suchen und überprüfen, wann dieser aufgetreten ist.

Abbildung 19.30:
Filtern eines Protokolls in der Ereignisanzeige

Überprüfen Sie in der Ereignisanzeige, ob Fehler gemeldet werden, die mit dem Problem in Zusammenhang stehen können, wenn Sie eine Fehlerbehebung durchführen. Überprüfen Sie auch, ob parallel zu diesem Fehler in anderen Protokollen der Ereignisanzeige Fehler auftreten, die zur gleichen Zeit gemeldet werden, also unter Umständen auf einen Zusammenhang schließen lassen.

Überprüfen Sie, wann der Fehler in der Ereignisanzeige das erste Mal aufgetreten ist. Überlegen Sie genau, ob zu diesem Zeitpunkt irgendetwas verändert wurde, auch auf Basis der Ereignisprotokolle. Schauen Sie auch in anderen Protokollen der Ereignisanzeige nach, ob der Fehler mit anderen Ursachen zusammenhängt. Ein Fehler tritt selten ohne vorherige Änderung der Einstellung oder ohne defekte Hardware auf, sondern meistens durch Änderungen am System oder die Installation von Applikationen und Tools.

Durch die Filtermöglichkeiten der Ereignisanzeige in Windows Vista können Fehler oft sehr genau eingegrenzt werden.

Erweiterte Systemverwaltung

- *Eigenschaften* – Über die Eigenschaften können Sie die Größe der einzelnen Protokolle festlegen bzw. bestimmen, wie sich Vista beim Erreichen der maximalen Ereignisprotokollgröße verhalten soll.

19.4 Überwachung der Systemleistung – Zuverlässigkeits- und Leistungsüberwachung

Über den Eintrag *Zuverlässigkeit und Leistung* in der Konsolenstruktur der Computerverwaltung können Sie sich die aktuelle Systemleistung Ihres PCs anzeigen lassen (siehe *Abbildung 19.31*).

Abbildung 19.31: Anzeige der Systemleistung von Windows Vista

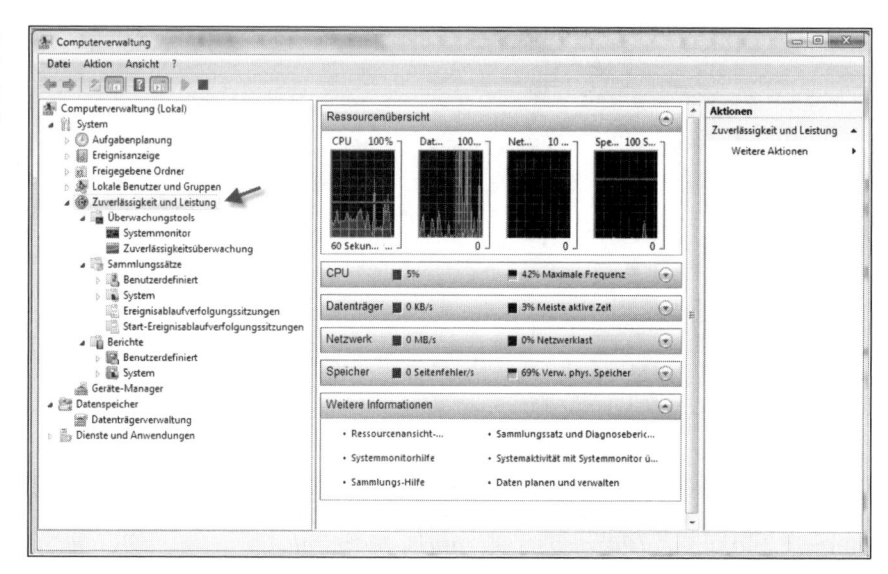

Unter Leistung versteht man die Geschwindigkeit, in der ein Computer Programm- und Systemaufgaben ausführt. Die Gesamtleistung eines Systems wird durch verschiedene Faktoren begrenzt. Hierzu zählen etwa die Zugriffsgeschwindigkeit der physischen Datenträger, die Speichermenge, die für alle laufenden Prozesse zur Verfügung steht, die Prozessorgeschwindigkeit und der Datendurchsatz der Netzwerkschnittstellen.

Nachdem die einschränkenden Faktoren auf der Hardwareseite identifiziert wurden, kann der Ressourcenverbrauch einzelner Anwendungen und Prozesse überprüft werden. Anhand einer umfassenden Leistungsanalyse, die sowohl die Auswirkungen von Anwendungen als auch die Gesamtkapazität berücksichtigt, können IT-Experten einen Bereitstellungsplan entwickeln und an die jeweiligen Anforderungen anpassen.

Überwachung der Systemleistung – Zuverlässigkeits- und Leistungsüberwachung

> **TIPP**
>
> *Sie können die Zuverlässigkeits- und Leistungsüberwachung auch über* Start/Systemsteuerung/System und Wartung/Verwaltung/Zuverlässigkeits- und Leistungsüberwachung *starten.*
>
> *Alternativ können Sie diese Funktion auch über* Start/Ausführen/perfmon.msc *starten.*

Wenn Sie die Konsole als Benutzer mit Administratorrechten starten, können Sie die Auslastung und Leistung von CPU, Datenträgern, Netzwerk und Speicher in Echtzeit überwachen. Durch Erweitern der Ressourcen können Sie zusätzliche Informationen anzeigen und überprüfen, welche Ressourcen von welchen Prozessen genutzt werden.

Der Bereich mit der Ressourcenübersicht enthält vier animierte Diagramme, welche die Auslastung der CPU-, Datenträger-, Netzwerk- und Speicherressourcen des lokalen Computers in Echtzeit anzeigen. Unter den Diagrammen befinden sich vier erweiterbare Bereiche, in denen Einzelheiten zur jeweiligen Ressource angezeigt werden können. Klicken Sie zur Anzeige dieser Informationen auf den Abwärtspfeil rechts neben dem jeweiligen Balken:

CPU

In diesem Bereich wird die aktuelle Auslastung der CPU-Kapazität in Prozent angezeigt. Für die CPU stehen außerdem folgende Detailinformationen zur Verfügung:

- Image (Bild): Die Anwendung, welche die CPU-Ressourcen nutzt.
- PID: Die Prozess-ID der Anwendungsinstanz.
- Threads: Die Anzahl der Threads, die aktuell für die Anwendungsinstanz aktiv sind.
- CPU: Die CPU-Zyklen, die aktuell für die Anwendungsinstanz aktiv sind.
- Average CPU (durchschnittliche CPU-Auslastung): Die von der Anwendungsinstanz verursachte durchschnittliche CPU-Auslastung. Angezeigt wird der prozentuale Anteil an der Gesamtkapazität der CPU.

CPU	■ 3%		100% Maximale Frequenz			
Bild		PID	Beschreibung	Threads	CPU	Durchschnittliche CPU-Auslastung
mmc.exe		2720	Microsoft Management Console	23	0	8.57
dwm.exe		2112	Desktopfenster-Manager	5	2	2.31
System		4	NT Kernel & System	126	2	1.66
WINWORD.EXE		1572	Microsoft Office Word	9	0	0.62
svchost.exe (LocalSystemNetworkRestricted)		1148	Hostprozess für Windows-Dienste	28	0	0.53
explorer.exe		2152	Windows-Explorer	37	0	0.16
csrss.exe		580	Client Server Runtime Process	10	0	0.13
svchost.exe (netsvcs)		1164	Hostprozess für Windows-Dienste	42	0	0.06

Abbildung 19.32: Überwachung der CPU im Leistungsmonitor

Datenträger

In diesem Bereich wird die aktuelle Gesamtbelastung durch E-/A-Vorgänge angezeigt. Außerdem können folgende Detailinformation abgefragt werden:

- Image (Bild): Die Anwendung, welche die Datenträgerressourcen nutzt.
- PID: Die Prozess-ID der Anwendungsinstanz.
- File (Datei): Die Datei, die von der Anwendungsinstanz gelesen und/ oder geschrieben wird.
- Read (Lesen): Die aktuelle Geschwindigkeit (in Bytes/min), mit der die Anwendungsinstanz Daten aus der Datei liest.
- Write (Schreiben): Die aktuelle Geschwindigkeit (in Bytes/min), mit der die Anwendungsinstanz Daten in die Datei schreibt.
- Total (Gesamt): Die aktuell von der Anwendungsinstanz durchgeführten Ein- und Ausgaben für den Datenträger (in Bytes/min).

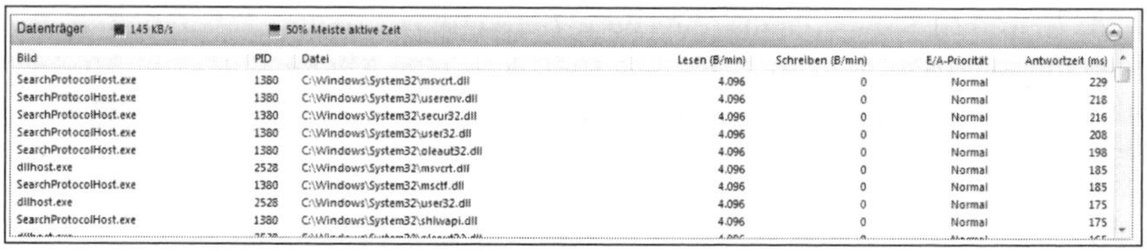

Abbildung 19.33: Überwachung des Datenträgers

Netzwerk

In diesem Bereich wird der gesamte aktuelle Netzwerkverkehr (in Kbit/s) angezeigt. Für die Netzwerkauslastung stehen außerdem folgende Detailinformationen zur Verfügung:

- Image (Bild): Die Anwendung, welche die Netzwerkressourcen nutzt.
- PID: Die Prozess-ID der Anwendungsinstanz.
- Address (Adresse): Die Netzwerkadresse, mit welcher der lokale Computer Informationen austauscht. Hier kann ein Computername (wenn sich der andere Computer im selben LAN befindet), eine IP-Adresse oder ein voll qualifizierter Domänenname angezeigt werden.
- Send (Senden): Die Datenmenge (in Kbit/s), welche die Anwendungsinstanz aktuell vom lokalen Computer an die Adresse sendet.
- Receive (Empfangen): Die Datenmenge (in Kbit/s), welche die Anwendungsinstanz aktuell von der Adresse empfängt.
- Total (Gesamt): Die gesamte Bandbreite (in Kbit/s), die aktuell von der Anwendungsinstanz für das Senden und Empfangen genutzt wird.

Speicher

In diesem Bereich werden die aktuellen Seitenfehler pro Sekunde und der aktuell genutzte physische Speicher in Prozent angezeigt. Folgende Detailinformationen können für Speicherressourcen abgefragt werden:

Überwachung der Systemleistung – Zuverlässigkeits- und Leistungsüberwachung

- Image (Bild): Die Anwendung, welche die Speicherressourcen nutzt.
- PID: Die Prozess-ID der Anwendungsinstanz.
- Hard Faults: Die Anzahl der Hard Faults, die aktuell von der Anwendungsinstanz generiert werden.
- Working Set (Arbeitsseiten): Die Anzahl der Seiten, die aktuell für die Anwendungsinstanz im Speicher gehalten werden.

19.4.1 Der Systemmonitor

Wenn Sie in der Konsolenstruktur (die rechte Fensterspalte) auf den Eintrag *Zuverlässigkeit und Leistung/Überwachungstools/Systemmonitor* klicken, können Sie den PC noch genauer überwachen lassen (siehe *Abbildung 19.34*).

Im Systemmonitor werden die integrierten Windows-Leistungsindikatoren grafisch dargestellt. Es können Daten in Echtzeit oder Verlaufsdaten angezeigt werden. Sie können im Systemmonitor Leistungsindikatoren entweder per Drag & Drop hinzufügen oder hierfür benutzerdefinierte Datensammlergruppen (Data Collector Sets, DCS) erstellen. Systemmonitor unterstützt verschiedene Ansichten für die visuelle Überprüfung der Daten in Leistungsprotokollen. Außerdem können benutzerdefinierte Ansichten in Form von Datensammlergruppen für die Verwendung in Leistungs- und Protokollfunktionen exportiert werden.

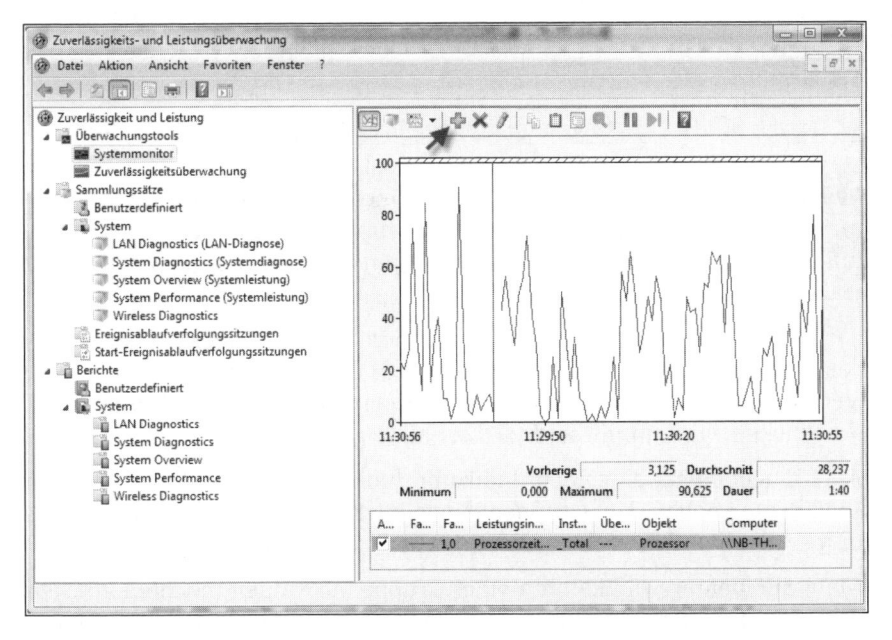

Abbildung 19.34: Anzeigen des Windows Vista-Systemmonitors

Erweiterte Systemverwaltung

Über das grüne Plus-Zeichen können Sie weitere Leistungsindikatoren einblenden lassen. Wählen Sie zunächst den entsprechenden Indikator aus, und klicken Sie auf *Hinzufügen* (siehe *Abbildung 19.34*).

Sie können eine Beschreibung der Indikatorengruppe anzeigen, die aktuell in der Liste ausgewählt ist. Aktivieren Sie dazu das Kontrollkästchen *Beschreibung anzeigen* in der unteren linken Ecke des Bildschirms. Wenn Sie eine andere Gruppe auswählen, wird die zugehörige Beschreibung angezeigt (siehe *Abbildung 19.35*).

Abbildung 19.35:
Beschreibung für Leistungsindikatoren anzeigen

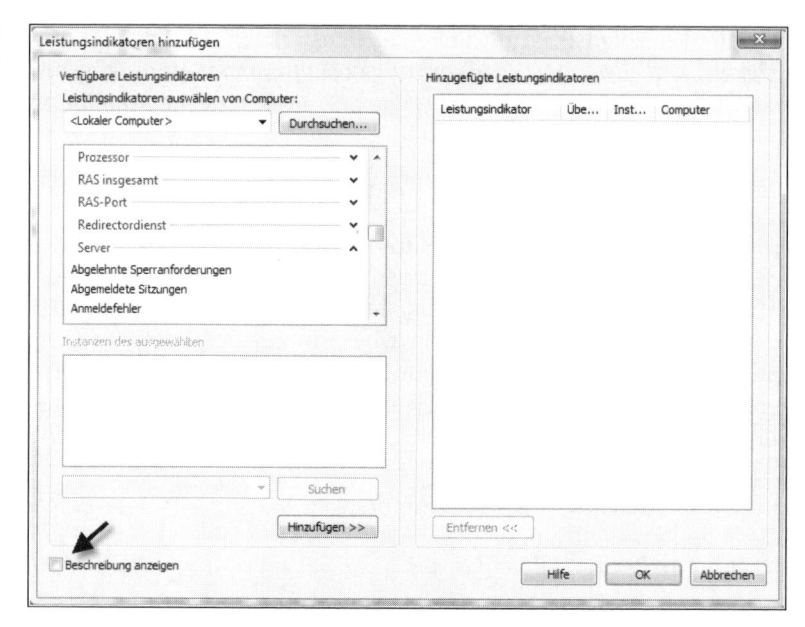

Sie können die verfügbaren Indikatoren einer Gruppe anzeigen, indem Sie auf den Abwärtspfeil rechts neben dem Gruppennamen klicken. Zum Hinzufügen einer Indikatorengruppe markieren Sie den Gruppennamen und klicken auf *Hinzufügen > >*.

Nachdem Sie einen Gruppennamen markiert haben, können Sie durch Klicken auf den Abwärtspfeil die enthaltenen Leistungsindikatoren anzeigen. Wenn Sie einen Indikator in der Liste markieren, bevor Sie auf *Hinzufügen > >* klicken, wird nur dieser Indikator hinzugefügt.

Sie können einen einzelnen Indikator hinzufügen, indem Sie auf den Abwärtspfeil neben dem Gruppennamen klicken, den gewünschten Indikator markieren und danach auf *Hinzufügen > >* klicken.

Wenn Sie mehrere Indikatoren einer Gruppe auswählen möchten, klicken Sie bei gedrückter STRG-Taste auf die Namen in der Liste. Sobald alle gewünschten Indikatoren ausgewählt sind, klicken Sie auf *Hinzufügen > >*.

Wenn Sie nur eine bestimmte Instanz eines Indikators hinzufügen möchten, markieren Sie einen Gruppennamen in der Liste, wählen den gewünschten Prozess in der Liste im Bereich *Instanzen des gewählten Objekts* aus und klicken auf *Hinzufügen* > >. Derselbe Indikator kann von mehreren Prozessen generiert werden. Bei Auswahl einer Instanz werden nur diejenigen Indikatoren protokolliert, die vom gewählten Prozess erzeugt werden. Wenn Sie keine Instanz auswählen, werden alle Instanzen des Indikators protokolliert.

Sie können nach Instanzen eines Indikators suchen, indem Sie die Indikatorengruppe markieren oder die Gruppe erweitern und den gewünschten Indikator markieren, den Prozessnamen in das Feld unterhalb der Instanzenliste für das gewählte Objekt eingeben und auf *Suchen* klicken. Der eingegebene Prozessname wird in der Drop-down-Liste für eine weitere Suche angeboten.

Beobachten der Indikatorendaten in Systemmonitor

Standardmäßig werden die Daten in Systemmonitor in Form eines Liniendiagramms angezeigt. Abgebildet werden Daten über einen Zeitraum von zwei Minuten. Die Abtastung erfolgt von links nach rechts. Die X-Achse ist beschriftet. Mithilfe des Diagramms lassen sich Änderungen an den Aktivitäten der einzelnen Indikatoren über einen kurzen Zeitraum beobachten. Sie können Details für einen bestimmten Indikator anzeigen, indem Sie im Diagramm mit der Maus auf die entsprechende Indikatorlinie zeigen.

- Mit dem Drop-down-Menü auf der Symbolleiste können Sie die Anzeige für die aktuelle Datensammlergruppe ändern. In der Histogrammansicht werden Daten in Echtzeit angezeigt. In dieser Ansicht lassen sich Änderungen an den Aktivitäten der einzelnen Indikatoren beobachten.
- Die Berichtansicht enthält die Werte für den ausgewählten Indikator im Textform.
- Unter dem Ansichtsfenster befindet sich eine Legende mit Angaben zu den einzelnen Leistungsindikatoren. Über die Kontrollkästchen der einzelnen Zeilen können Sie steuern, welche Indikatoren in der Ansicht dargestellt werden.

Wenn eine Zeile in der Legende ausgewählt ist, können Sie die zugehörige Indikatorlinie optisch hervorheben, indem Sie auf der Symbolleiste auf die Schaltfläche *Markierung* klicken. Durch erneutes Klicken auf diese Schaltfläche wird die ursprüngliche Anzeige wiederhergestellt.

Sie können die Eigenschaften für die Anzeige eines Indikators ändern. Klicken Sie dazu mit der rechten Maustaste auf die entsprechende Zeile in der Legende, und wählen Sie *Eigenschaften*. Daraufhin wird das Dialogfeld *Eigenschaften von Systemmonitor* geöffnet. Die Registerkarte *Daten* ist aktiviert. Passen Sie die Eigenschaften mithilfe der Drop-down-Menüs an.

Erweiterte Systemverwaltung

Mit der Schaltfläche *Anhalten* auf der Symbolleiste können Sie die Anzeige einfrieren, um die aktuelle Aktivität zu überprüfen. Wenn Sie die Anzeige wieder aktivieren möchten, klicken Sie auf die Schaltfläche *Wiedergabe*. Durch Klicken auf die Schaltfläche *Vorwärts* kann die Anzeige schrittweise durchlaufen werden.

Wenn die Anzeige des Liniendiagramms angehalten und anschließend wieder gestartet wird, ändert sich der auf der X-Achse dargestellte Zeitraum.

Der Systemmonitor arbeitet mit sogenannten *Objekten*, die beobachtet werden können. Für jedes dieser Objekte wie zum Beispiel den Prozessor gibt es eine Reihe von Leistungsindikatoren wie *Prozessorzeit* oder *Interrupts/s*. Für einzelne Objekte gibt es zudem mehrere Instanzen. Das ist zum Beispiel beim Prozessor der Fall, wenn mit einem Multiprozessor-System gearbeitet wird. Beim Objekt *Prozesse* wird eine Instanz für jeden aktiven Prozess definiert.

Sammlungssätze

Die Echtzeitanzeige ist nur eine Möglichkeit, Systemmonitor zu nutzen. Nachdem Sie eine Kombination aus Datensammlern zusammengestellt haben, die nützliche Echtzeitinformationen über Ihr System liefern, können Sie diese als Sammlungssätze (Data Collector Set, DCS) speichern. Sammlungssätze bilden die Grundlage für die Leistungsüberwachung und Berichterstellung. Mit ihrer Hilfe lassen sich mehrere Datensammlungspunkte in einer Komponente zusammenfassen, die dann zum Überprüfen und Protokollieren genutzt werden kann.

Um einen Sammlungssatz zu erstellen, beginnen Sie mit der Anzeige der Leistungsindikatoren. Erweitern Sie in der Konsole die Hierarchiestruktur, klicken Sie mit der rechten Maustaste auf *Systemmonitor*, zeigen Sie auf *Neu*, und klicken Sie auf Sammlungssatz (siehe *Abbildung 19.36*).

Daraufhin wird der Assistent für die Erstellung einer neuen Datensammlergruppe gestartet. Die neue Datensammlergruppe enthält alle Informationen, die in der aktuellen Systemmonitoransicht ausgewählt sind.

Alle von der Datensammlergruppe zusammengestellten Informationen werden im Stammverzeichnis gespeichert. Sie können diese Vorgabe auch ändern und einen anderen Speicherort angeben. Wenn Sie nicht den Standardbenutzer verwenden möchten, klicken Sie auf die Schaltfläche *Ändern* und geben den Namen und das Kennwort des gewünschten Benutzers ein.

Der Sammlungssatz muss unter dem Konto eines Benutzers mit Administratorrechten ausgeführt werden.

Überwachung der Systemleistung – Zuverlässigkeits- und Leistungsüberwachung

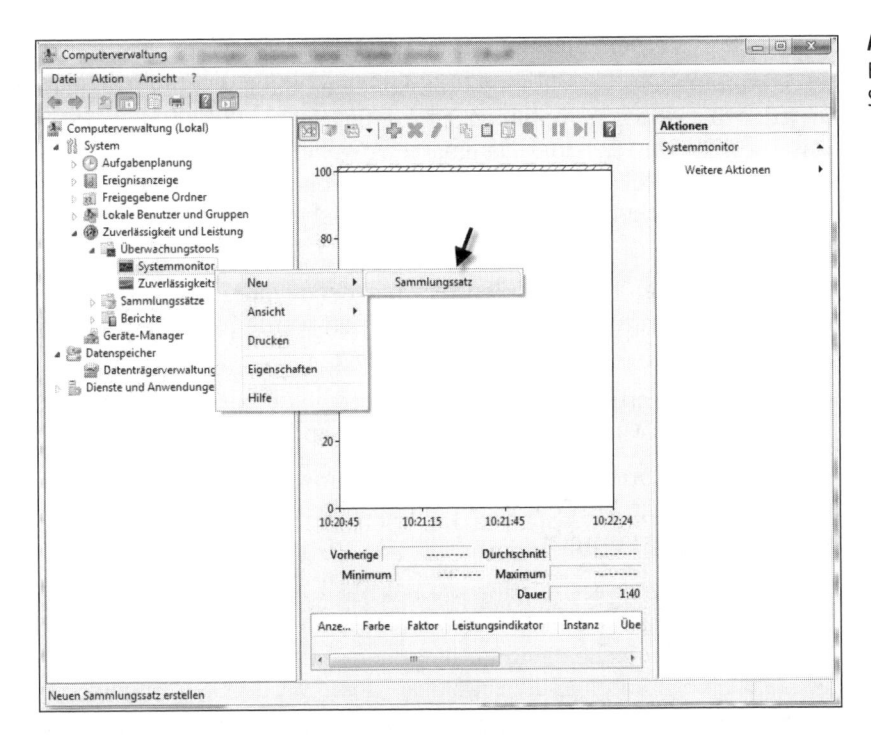

Abbildung 19.36:
Erstellen eines Sammlungssatzes

Abbildung 19.37:
Erstellen eines neuen Sammlungssatzes

Erweiterte Systemverwaltung

Protokolle aus einem Sammlungssatz erstellen

Ein *Sammlungssatz* erstellt eine Protokolldatei. Sie haben die Möglichkeit, für jeden Satz Speicheroptionen zu konfigurieren. Sie können beispielsweise bestimmen, dass der Dateiname Angaben zum Protokoll enthalten soll, und die Dateigröße für bestimmte Protokolle begrenzen. Außerdem können Sie entscheiden, ob Daten überschrieben oder angehängt werden sollen.

Klicken Sie in der Liste des Fensters mit der rechten Maustaste auf den Namen des *Sammlungssatzes*, der konfiguriert werden soll, und wählen Sie *Eigenschaften*.

Auf der Registerkarte *Allgemein* können Sie eine Beschreibung oder Schlüsselwörter für die Datensammlergruppe eingeben.

Auf der Registerkarte *Verzeichnis* ist das Stammverzeichnis als Standardverzeichnis festgelegt, in dem alle Protokolldateien für die Datensammlergruppe gespeichert werden.

Abbildung 19.38: Bearbeitung von Sammlungssätzen

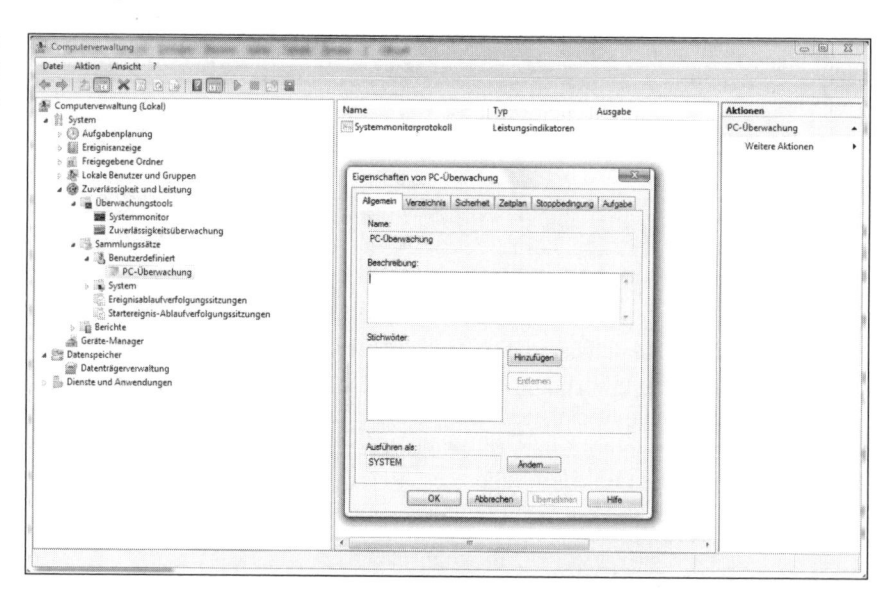

Mit *Aktiver Bereich* geben Sie an, wann mit der Datensammlung begonnen wird. Mit den Optionen unter *Starten* legen Sie fest, wann ein neues Protokoll erstellt wird. Sie können einen Startzeitpunkt angeben und die Wochentage festlegen, an denen die Datensammlung erneut gestartet wird.

Auf der Registerkarte *Stoppbedingung* können Sie Kriterien für Bedingungen angeben, bei denen die Datensammlung angehalten wird. Wenn Sie das Kontrollkästchen *Maximale Dauer* aktivieren, können Sie festlegen, wie lange Daten gesammelt werden sollen. Ist dieses Kontrollkästchen deaktiviert, erfolgt die Datensammlung zeitlich unbegrenzt.

Im Bereich *Grenzen* können Sie durch Aktivieren des entsprechenden Kontrollkästchens einen Neustart der Datensammler vorsehen, wenn eine bestimmte Grenze erreicht ist. Auf diese Weise lassen sich segmentierte Protokolle erzeugen. Ist das Kontrollkästchen deaktiviert, erfolgt kein Neustart der Datensammlung, wenn eine der Grenzen erreicht ist.

Wenn Sie auf der Registerkarte *Zeitplan* ein Ablaufdatum festgelegt haben, das nach einer auf der Registerkarte *Stoppbedingung* definierten Bedingung liegt, hat die Stoppbedingung Vorrang.

Leistungsüberwachung für Fortgeschrittene

Im folgenden Abschnitt gehe ich etwas genauer darauf ein, wie Sie einzelne Engpässe in Windows Vista entdecken können.

Speicherengpässe

Performanceprobleme können eine Reihe unterschiedlicher Ursachen haben. Ein weiteres Problem bei der Performanceanalyse ist, dass die Beseitigung eines Engpasses oft zum nächsten führt. Dafür gibt es viele Beispiele. Wenn mehr Speicher bereitsteht, zeigt sich oft, dass auch die Prozessorauslastung bereits an der Kapazitätsgrenze ist. Es gibt nun einige grundsätzliche Regeln für den Einsatz von Hauptspeicher. Die erste Regel lautet: Viel hilft viel, sowohl bei Hauptspeicher als auch beim Cache. Die zweite Regel besagt, dass die Auslagerungsdatei am besten auf einer anderen physischen Festplatte als der Systempartition aufgehoben ist. Der Preis dafür ist, dass dann keine Speicherdumps bei einem Systemfehler mehr durchgeführt werden können.

Profis können Speicherdumps dazu nutzen, Fehler im Betriebssystem nachzuvollziehen. Allerdings werden diese Möglichkeiten heutzutage eher weniger genutzt, da zur Fehlerbehebung bessere Möglichkeiten und Tools zur Verfügung stehen. Die Auslagerungsdatei ist auch einer der Bereiche, die für das Speichermanagement die größte Bedeutung haben. Windows Vista lagert Informationen aus dem physischen Hauptspeicher in die Auslagerungsdatei aus, wenn nicht genügend Hauptspeicher zur Verfügung steht. Vista kann zwar, ausreichend freie Festplattenkapazität vorausgesetzt, fast beliebig viel Speicher auslagern. Es ist aber relativ schnell der Punkt erreicht, an dem diese Auslagerung zu langsam wird. Die Überwachung der Auslagerung spielt daher bei der Analyse eine wichtige Rolle.

Verschieben der Auslagerungsdatei:

Sie sollten die Auslagerungsdatei auf eine andere physische Festplatte des PC verschieben, damit Schreibzugriffe auf die Auslagerungsdatei nicht von Schreibzugriffen auf der Festplatte ausgebremst werden (siehe Abbildung 19.39). Wenn keine zweite physische Festplatte zur Verfügung steht, macht ein Verschieben keinen Sinn, da die Auslagerung auf eine Partition, die auf derselben Platte liegt, keine positiven Auswirkungen hat.

Erweiterte Systemverwaltung

Zusätzlich sollten Sie die Größe der Auslagerungsdatei auf das 2,5-Fache des tatsächlichen Arbeitsspeichers legen. Damit wird die Fragmentierung der Datei minimiert. Die Auslagerungsdatei darf eine maximale Größe von 4.095 MB haben:

1. Die Einstellungen für die Auslagerungsdatei finden Sie über Start/Systemsteuerung/System und Wartung/System/Erweiterte Systemeinstellungen/Leistung/Einstellungen/Erweitert/Virtueller Arbeitsspeicher/Ändern *(siehe Abbildung 19.39)*.
2. *Deaktivieren Sie die Option* Auslagerungsdateigröße für alle Laufwerke automatisch verwalten.
3. *Aktivieren Sie die Option* Benutzerdefinierte Größe.
4. *Setzen Sie bei* Anfangsgröße *und bei* Maximale Größe *in etwa das 2,5-Fache Ihres Arbeitsspeichers ein. Dadurch ist sichergestellt, dass die Datei nicht fragmentiert wird, da sie immer die gleiche Größe hat. Setzen Sie die Größe der Auslagerungsdatei für C auf 0.*
5. *Klicken Sie auf* Festlegen.
6. *Schließen Sie alle Fenster, und starten Sie den PC neu.*

Abbildung 19.39: Verschieben der Auslagerungsdatei

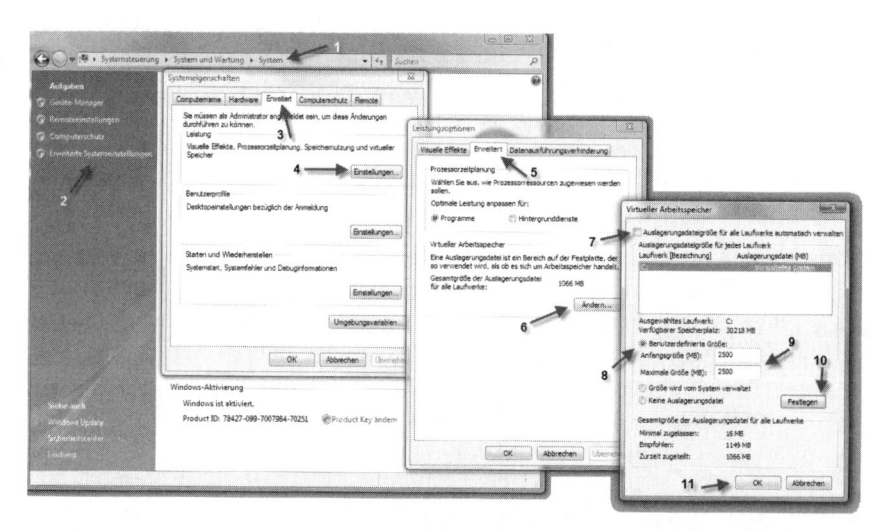

Die nahe liegende Konsequenz bei Speicherengpässen heißt mehr RAM. Nur ist das keineswegs immer die sinnvollste Konsequenz. In jedem Fall sollte zunächst untersucht werden, welche Prozesse für die hohe Speicherauslastung verantwortlich sind. Dazu wird das Objekt *Prozess* verwendet. Bei diesem werden die verschiedenen laufenden Prozesse angezeigt. Für die Analyse muss nun überlegt werden, welche Prozesse einen besonders hohen Speicherbedarf haben könnten.

Die Prozessorauslastung

Auch die Prozessorleistung kann natürlich einen solchen Flaschenhals darstellen. Zu wenig Hauptspeicher kann die Konsequenz haben, dass auch der Prozessor sehr stark belastet wird. Denn die Auslagerung von Seiten und viele andere Vorgänge gehen natürlich nicht spurlos am Prozessor vorbei. Er hat an der Verwaltung des Arbeitsspeichers einen relativ hohen Anteil. Da Engpässe beim Hauptspeicher typischerweise deutlich kostengünstiger zu beheben sind als solche beim Prozessor, sollte diese Situation zunächst untersucht werden.

Die Auslastung ist kein Problem, wenn sie kurzzeitig über 90 % liegt oder wenn das öfter einmal vorkommt. Zum Problem wird sie, wenn sie über längere Zeiträume in diesem Bereich liegt. Aber auch dann muss man mit der Analyse noch etwas vorsichtig sein. Bei Mehrprozessorsystemen liegt das Augenmerk natürlich vor allem auf den Leistungsindikatoren aus dem Objekt *System*. Dort werden Informationen von mehreren Systemkomponenten zusammengefasst. So kann dort beispielsweise die Gesamtbelastung aller Prozessoren ermittelt werden.

Der Leistungsindikator *Gesamtprozessorzeit* gibt Aufschluss darüber, wie stark die Prozessoren ausgelastet waren. Ergänzend sind aber auch hier die Leistungsindikatoren *Prozessorzeit* des Objekts *Prozessor* von Bedeutung. Wenn viele verschiedene Prozesse ausgeführt werden, ist eine einigermaßen gleichmäßige Lastverteilung fast sicher.

Bei einem einzelnen Prozess ist dagegen die Aufteilung in einigermaßen gleichgewichtige *Threads* wichtig. Ein Thread ist eine Ausführungseinheit eines Prozesses. Wenn ein Prozess mehrere Threads verwendet, können diese auf unterschiedlichen Prozessoren ausgeführt werden. Die Verteilung erfolgt entsprechend der Auslastung der einzelnen Prozessoren durch das System. Eine hohe Zahl von Warteschlangen bedeutet, dass mehrere Threads rechenbereit sind, ihnen aber vom System noch keine Rechenzeit zugewiesen wurde. Die Faustregel für diesen Wert ist, dass er nicht allzu häufig über 2 liegen sollte. Wenn die Auslastung des Prozessors im Durchschnitt relativ gering ist, spielt dieser Wert nur eine untergeordnete Rolle.

19.4.2 Zuverlässigkeitsüberwachung

Die Zuverlässigkeitsüberwachung ist ein Snap-In für die Microsoft Management Console (MMC), das einen Überblick über die Systemstabilität sowie eine Trendanalyse mit Detailinformationen zu Ereignissen liefert, die sich auf die Stabilität des Gesamtsystems auswirken. Die Aufzeichnung entsprechender Daten beginnt mit der Systeminstallation (siehe *Abbildung 19.40*).

Bis Daten über einen Zeitraum von 28 Tagen zur Verfügung stehen, wird der Stabilitätsindex im Diagramm als gepunktete Linie dargestellt. Erst danach ist eine Messbasis für eine Berechnung vorhanden.

Erweiterte Systemverwaltung

In der oberen Hälfte der Zuverlässigkeitsüberwachung sehen Sie das Systemstabilitätsdiagramm und einen Kalender für die Auswahl eines Datums oder eines Datumsbereichs. Die Zuverlässigkeitsüberwachung speichert Verlaufsdaten für Systemstabilität und Zuverlässigkeitsereignisse über einen Zeitraum von einem Jahr. Im Systemstabilitätsdiagramm wird der fortlaufende Stabilitätsindex für das Betriebssystem angezeigt. In Windows Vista deckt das Diagramm einen Zeitraum von einem Monat ab.

Abbildung 19.40: Zuverlässigkeitsüberwachung

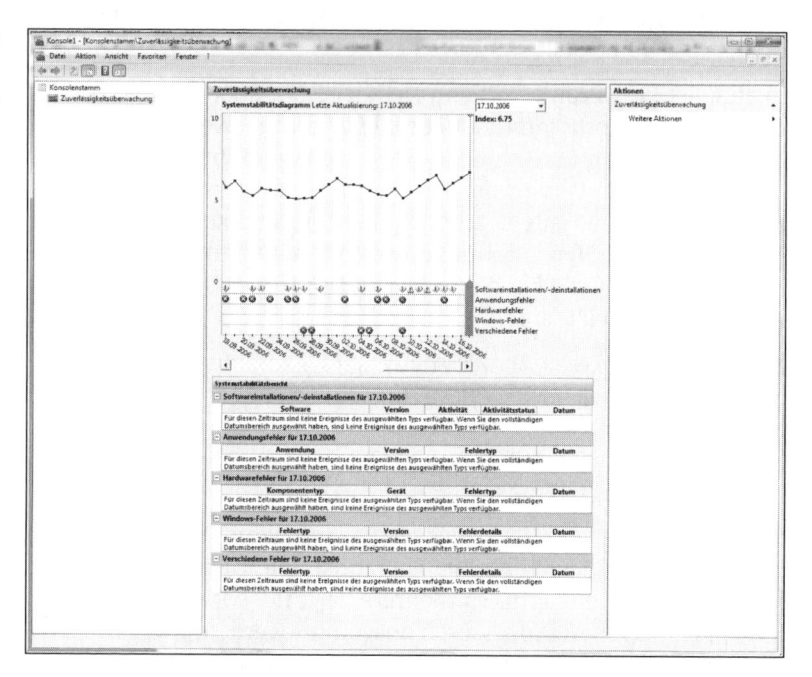

Am unteren Rand des Systemstabilitätsdiagramms sehen Sie fünf Kategorien für Zuverlässigkeitsereignisse, die in die Stabilitätsberechnung für das System eingehen. Wenn Sie auf das Pluszeichen (+) neben einer Kategorie klicken, werden die Ereignisse für das gewählte Datum bzw. den gewählten Datumsbereich angezeigt. Die Zuverlässigkeitsüberwachung rufen Sie am besten über die Computerverwaltung auf, wie auch den Systemmonitor. Für jeden Ereignistyp sind folgende Daten verfügbar:

Installierte/Deinstallierte Software
Diese Kategorie enthält Informationen zur Installation und Deinstallation von Software (Betriebssystem, Windows-Aktualisierungen, Treiber und Anwendungen).

- Software: Betriebssystem, Name der Anwendung, Name der Windows-Aktualisierung oder Treibername.
- Version: Version des Betriebssystems, der Anwendung oder des Treibers (für Windows-Aktualisierungen steht dieses Feld nicht zur Verfügung).

- Aktivität: Hier wird angezeigt, ob es sich um eine Installation oder Deinstallation handelt.
- Aktivitätsstatus: Hier wird angezeigt, ob die Aktion erfolgreich war oder fehlgeschlagen ist.
- Datum: Das Datum der Aktion.

Anwendungsfehler

In dieser Kategorie werden Anwendungsabstürze protokolliert. Hierzu zählt auch das Beenden nicht mehr reagierender Anwendungen.

- Anwendung: Der Name der ausführbaren Datei der Anwendung, die zum Stillstand gekommen oder abgestürzt ist.
- Version: Die Versionsnummer der Anwendung.
- Fehlertyp: Hier wird der Fehlertyp angezeigt (Stillstand oder Absturz).
- Datum: Das Datum des Anwendungsfehlers.

Treiberfehler

Diese Kategorie enthält Informationen zu Treibern, die nicht ordnungsgemäß geladen oder entladen werden konnten.

- Treibername: Der Name des Treibers, bei dem der Fehler aufgetreten ist.
- Version: Die Versionsnummer des Treibers.
- Fehlertyp: Hier wird angezeigt, ob der Fehler beim Laden oder Entladen aufgetreten ist.
- Datum: Das Datum des Treiberfehlers.

Hardwarefehler

Diese Kategorie enthält Informationen zu Datenträgerfehlern (DFD) und Speicherfehlern (WMD).

- Komponententyp: Die Komponente (Festplattenlaufwerk oder Speicher), bei welcher der Fehler aufgetreten ist.
- Gerät: Das Gerät, bei dem der Fehler aufgetreten ist.
- Fehlertyp: Hier wird angezeigt, ob der Fehler durch ein defektes Laufwerk oder einen beschädigten Block (Laufwerksfehler) bzw. durch einen defekten Speicher (Speicherfehler) verursacht wurde.
- Datum: Das Datum des Hardwarefehlers.

Windows-Fehler

In diese Kategorie fallen Betriebssystemabstürze, Startfehler und Ruhezustandsfehler.

- Fehler: Hier wird angezeigt, ob es sich um einen Startfehler, einen Absturz des Betriebssystems oder einen Fehler beim Wechsel in den Ruhezustand handelt.
- Version: Die Version des Betriebssystems und des Service Packs.

- Fehlertyp:
  - Betriebssystemabsturz: Der Stopp-Code wird angezeigt.
  - Startfehler: Das aufgetretene Problem wird angezeigt.
  - Ruhezustandsfehler: Die Komponente wird angezeigt, die den Wechsel in den Ruhezustand verhindert hat.
  - Datum: Das Datum des Windows-Fehlers.

19.4.3 Der Task-Manager

Ein weiteres wichtiges Werkzeug für die Analyse der Performance ist der Task-Manager. Dieser zeichnet sich dadurch aus, dass er mit sehr wenig Aufwand genutzt werden kann. Sie können den Task-Manager durch einen Klick mit der rechten Maus auf die Taskleiste über dessen Kontextmenü aufrufen (siehe *Abbildung 19.41*).

Abbildung 19.41:
Aufrufen des Task-Managers über das Kontextmenü der Taskleiste

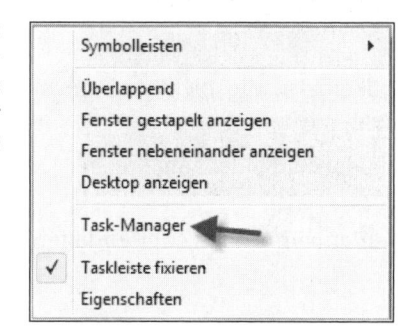

Alternativ können Sie den Task-Manager über die Tastenkombination [Strg] + [Alt] + [Entf] aufrufen, oder über *Start/Ausführen/taskmgr*. Im angezeigten Dialogfeld finden sich verschiedene Schaltflächen. Mit einer können Sie auch direkt zum Task-Manager wechseln.

Der Task-Manager stellt sechs Registerkarten bereit (siehe *Abbildung 19.42*):

- Auf der Registerkarte *Anwendungen* erhalten Sie einen Überblick über die aktuell laufenden Anwendungen. Angezeigt wird der Status dieser Anwendungen. Darüber hinaus können Sie über deren Kontextmenü steuern, wie sie angezeigt werden sollen. Außerdem können Sie hier laufende Anwendungen (Tasks) beenden, zu Anwendungen wechseln oder über die Schaltfläche *Neuer Task* auch neue Anwendungen starten. Diese zuletzt genannte Funktion entspricht dem Befehl *Ausführen* aus dem Startmenü.

- Noch interessanter ist die Registerkarte *Prozesse*. Hier erhalten Sie einen Überblick über die gerade aktiven Prozesse. Dabei handelt es sich nicht nur um Anwendungen, sondern auch um die gesamten Systemdienste, die im Hintergrund ausgeführt werden. Zu jedem dieser Prozesse werden Informationen über die *Prozess-ID (PID)*, den aktuellen Anteil an

Überwachung der Systemleistung – Zuverlässigkeits- und Leistungsüberwachung

der Nutzung der CPU, die insgesamt in dieser Arbeitssitzung konsumierte CPU-Zeit sowie die aktuelle Speichernutzung angezeigt. Gerade diese letzte Information ist von besonderem Interesse, da sie darüber informiert, in welchem Umfang Anwendungen den Hauptspeicher tatsächlich nutzen – ohne dass man komplexe Parameter im Systemmonitor überwachen muss. Auch hier können Prozesse über die entsprechende Schaltfläche wieder beendet werden. Sie sollten damit allerdings sehr vorsichtig sein, da das Beenden eines Dienstes dazu führen kann, dass Ihr System nicht mehr korrekt ausgeführt wird.

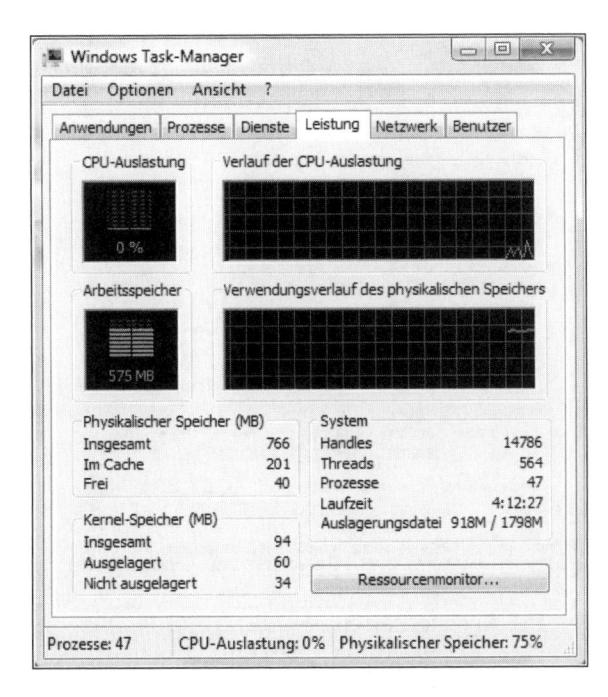

Abbildung 19.42: Task-Manager in Windows Vista anzeigen

- Eine weitere Option, die über den Befehl *Priorität festlegen* im Kontextmenü der verschiedenen Prozesse zur Verfügung steht, ist die Möglichkeit zur Prioritätssteuerung laufender Prozesse. Eine höhere Priorität führt dazu, dass ein Prozess mehr Rechenzeit zugewiesen bekommt. Bei der Priorität *Echtzeit* erhält er die gesamte zuteilbare Rechenzeit. Die manuelle Zuordnung von Prioritäten sollte allerdings generell nur von Experten vorgenommen werden, da sie auch die gegenteilige Wirkung – nämlich ein deutlich langsameres System – haben kann, wenn hier falsche Einstellungen getroffen werden.

- Des Weiteren gibt es noch die Registerkarte *Leistung*. Dahinter verbirgt sich ein kleiner Systemmonitor, der die wichtigsten Informationen zur Systemauslastung in grafischer Form zur Verfügung stellt. In kleinen Fenstern wird die Auslastung der CPU und des Speichers zum aktuellen Zeitpunkt und im Zeitablauf dargestellt. Darunter findet sich eine Fülle

Erweiterte Systemverwaltung

von Informationen rund um die aktuelle Speichernutzung. Von besonderem Interesse ist dabei das Verhältnis von insgesamt zugesichertem virtuellen Speicher und dem physisch vorhandenen Hauptspeicher. Wenn mehr virtueller Speicher zugesichert als im System vorhanden ist, muss auf jeden Fall ausgelagert werden. Eine optimale Systemgestaltung führt dazu, dass ausreichend physischer Hauptspeicher vorhanden ist beziehungsweise der Mittelwert des zugesicherten virtuellen Speichers zumindest nicht wesentlich über dem physischen Hauptspeicher liegt.

Abbildung 19.43:
Verwalten von Prozessen im Task-Manager

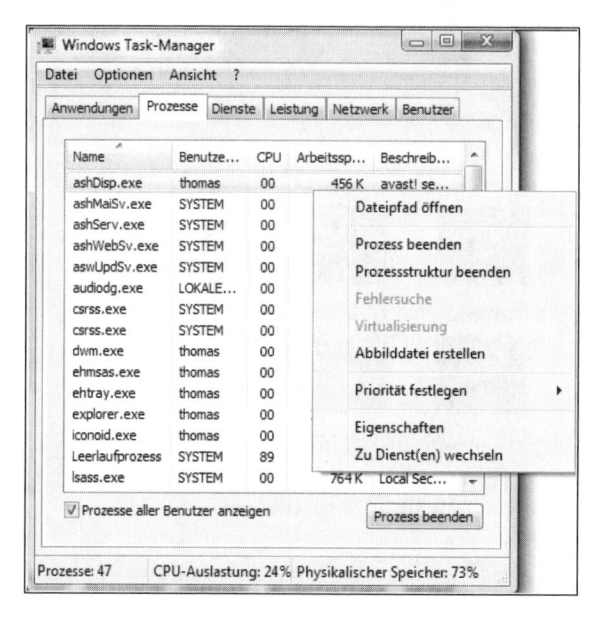

- Die Registerkarten *Netzwerk* und *Benutzer* ergänzen die Registerkarte *Systemleistung* mit weiteren aktuellen Informationen zur Systemleistung.

Über die Befehle im Menü *Optionen* können Sie einige Einstellungen zum Verhalten des Task-Managers vornehmen (siehe *Abbildung 19.44*).

Abbildung 19.44:
Optionen des Task-Managers konfigurieren

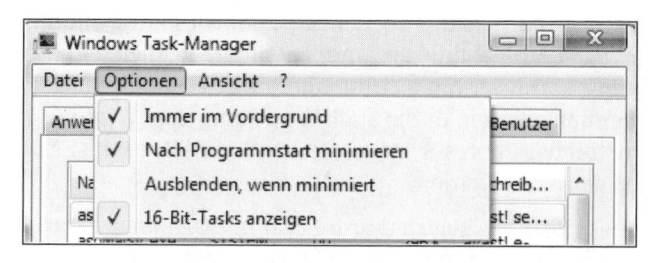

- *Immer im Vordergrund* – Sorgt dafür, dass der Task-Manager immer im Vordergrund steht, wenn er ausgeführt wird. Dann kann allerdings nicht mehr besonders gut mit anderen Anwendungen gearbeitet werden.

Überwachung der Systemleistung – Zuverlässigkeits- und Leistungsüberwachung

- *Nach Programmstart minimieren* – Wenn diese Option gewählt ist, wird der Task-Manager nach dem Aufruf minimiert und lediglich im Infobereich der Taskleiste als kleines Symbol angezeigt (siehe *Abbildung 19.45*).

Abbildung 19.45: Anzeigen des Task-Managers in der Informationsleiste

- *Ausblenden, wenn minimiert* – Mit dieser Option wird definiert, dass der Task-Manager nicht in der Taskleiste auftaucht, wenn er minimiert ist. Es gibt dann nur noch im Infobereich der Taskleiste ein Symbol, das über die aktuelle Nutzung des Prozessors informiert.

19.4.4 Neuerungen in der Systemüberwachung von Windows Vista

Neben den erwähnten Möglichkeiten, die Systemleistung von Windows Vista zu überwachen, stehen hauptsächlich noch drei weitere Möglichkeiten zur Verfügung, die aktuelle Systemleistung eines PC zu beurteilen.

Windows-Leistungsindex

Der Windows-Leistungsindex ist eine neue Funktion in Windows Vista die durch eine Zahl die Leistung des PCs angibt. Zum Abschluss der Installation misst Vista die Leistung der einzelnen Komponenten und benotet sie.

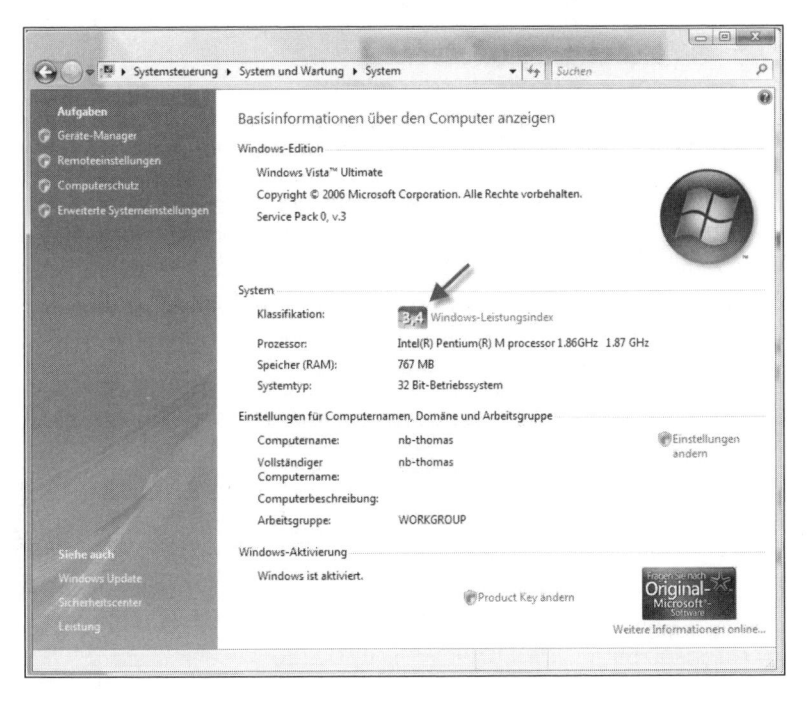

Abbildung 19.46: Überprüfen des Windows-Leistungsindex

1015

Erweiterte Systemverwaltung

> **TIPP** *Der Windows-Leistungsindex bewertet mit einer einzigen simplen Zahl die Leistung des Systems. Je höher die Zahl, umso besser die Leistung des Systems. Der Index richtet sich nach der geringsten Bewertung einer Komponente.*

Wenn Sie auf den Link *Windows-Leistungsindex* klicken, werden Ihnen die Bewertungen aller Komponenten angezeigt. Das System erhält als Wert den der am schlechtesten bewerteten Komponente.

Abbildung 19.47:
Überprüfen der Bewertung für einzelne Komponenten

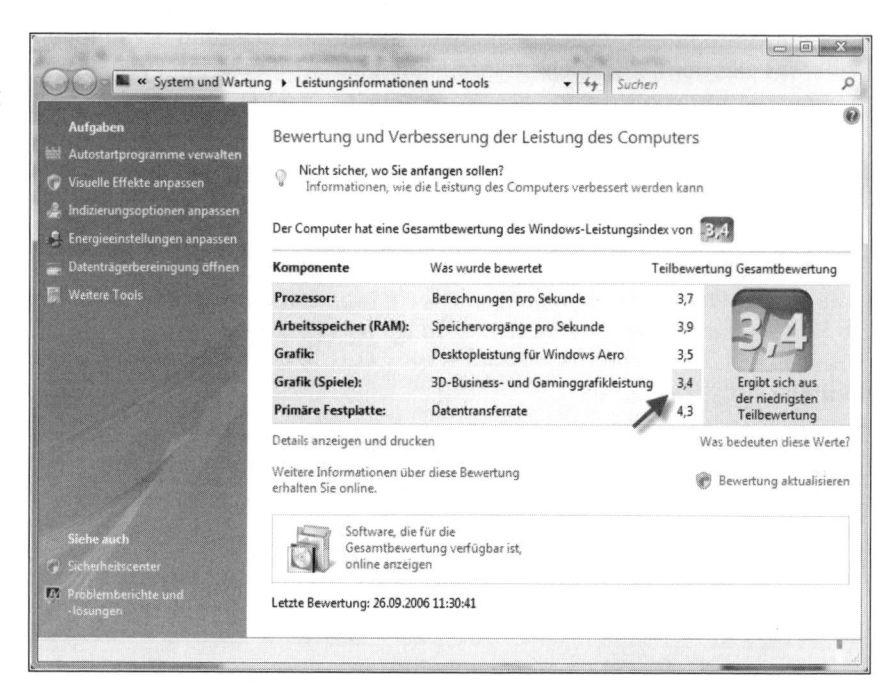

Über den Link *Bewertung aktualisieren* startet erneut der Assistent zur Bewertung der Hardware. Das macht zum Beispiel Sinn, wenn Sie die Hardware aufgerüstet haben oder ein verbesserter Treiber installiert wurde. Die Aktualisierung der Bewertung dauert einige Minuten.

Abbildung 19.48:
Aktualisierung des Windows-Leistungsindex

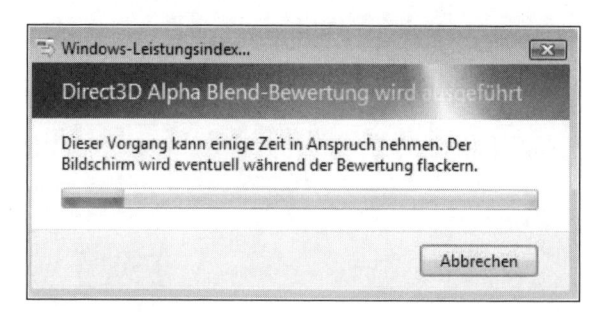

Überwachung der Systemleistung – Zuverlässigkeits- und Leistungsüberwachung

Über den Link Details anzeigen und drucken *erhalten Sie detaillierte Informationen über die eingebaute Hardware im Computer. Diese Informationen können Sie auch ausdrucken. So erhalten Sie auf einfache Weise einen Überblick über die wichtigsten Hardware-Komponenten eines PC (siehe Abbildung 19.49).*

Hier erkennen Sie auch, ob Ihre Grafikkarte DirectX 9-tauglich ist, also möglicherweise Aero unterstützt.

TIPP

Abbildung 19.49: Überblick über die eingebaute Hardware eines PC

Komponente	Details	Teilbewertung	Gesamtbewertung
Prozessor	Intel(R) Pentium(R) M processor 1.86GHz	3,7	
Arbeitsspeicher (RAM)	768 MB	3,9	3,4
Grafik	MOBILITY RADEON X300 (Microsoft Corporation - WDDM)	3,5	
Grafik (Spiele)	255 MB insgesamt verfügbarer Grafikspeicher	3,4	Durch niedrigste Teilbewertung festgelegt
Primäre Festplatte	28GB frei (75GB Gesamt)	4,3	

Windows Vista (TM) Ultimate

System
- Hersteller: Dell Inc.
- Modell: Inspiron 6000
- Gesamter Systemspeicher: 768,00 MB RAM
- Systemtyp: 32 Bit-Betriebssystem
- Anzahl der Prozessorkerne: 1
- 64 Bit-fähig: Nein

Speicher
- Gesamtgröße der Festplatte(n): 75 GB
- Datenträgerpartition (C:): 28 GB frei (75 GB gesamt)
- Medienlaufwerk (D:): CD/DVD

Grafiken
- Grafikkartentyp: MOBILITY RADEON X300 (Microsoft Corporation - WDDM)
- Insgesamt verfügbarer Grafikspeicher: 255 MB
- Dedizierter Grafikspeicher: 128 MB
- Dedizierter Systemarbeitsspeicher: 0 MB
- Gemeinsam genutzter Systemspeicher: 127 MB
- Grafikkarten-Treiberversion: 7.15.11.0
- Auflösung des primären Monitors: 1920x1200
- DirectX-Version: DirectX 9.0 oder höher

Netzwerk
- Netzwerkadapter: Broadcom 440x 10/100-integrierter Controller
- Netzwerkadapter: Microsoft Tun-Miniportadapter
- Netzwerkadapter: Intel(R) PRO/Wireless 2200BG Network Connection

Erweiterte Systemverwaltung

> **TIPP:** Über Start/Ausführen/msinfo32.exe können Sie ebenfalls eine sehr ausführliche Übersicht über die eingebaute Hardware und die Ressourcen eines PC abrufen (siehe Abbildung 19.50).

Abbildung 19.50: Überblick über den PC mit msinfo32.exe

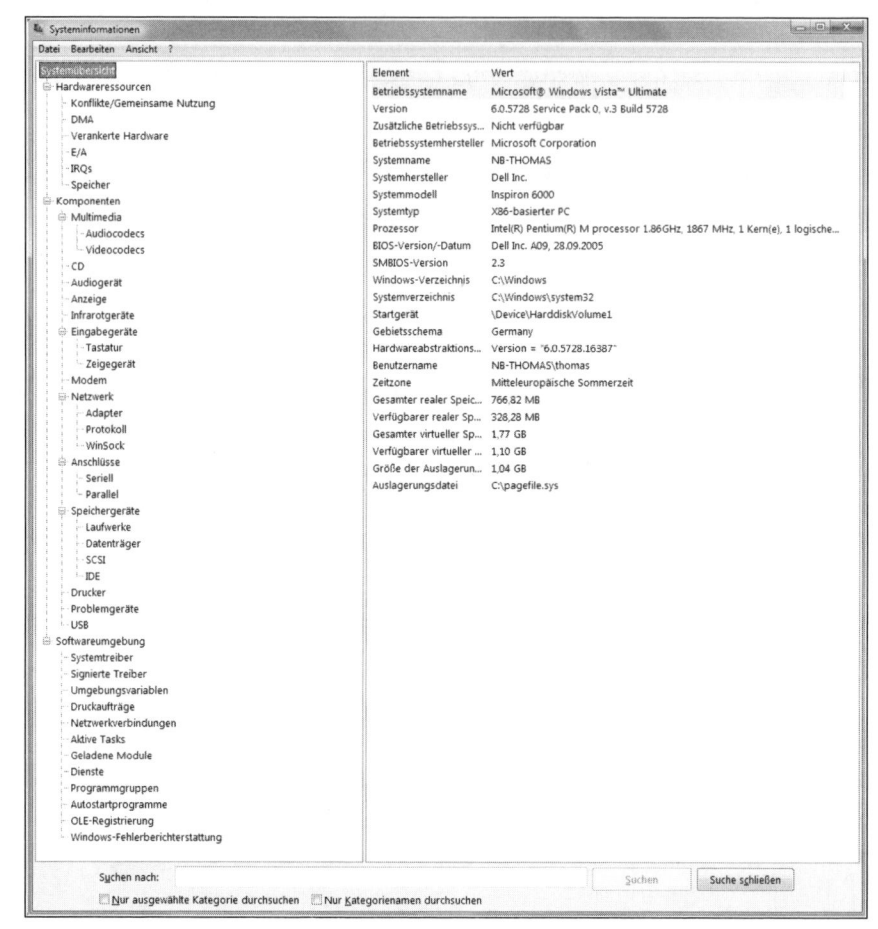

Überwachung der CPU und der Auslastung des Arbeitsspeichers in der Windows Sidebar

Sie können sich das Gadget zur Überwachung der CPU-Nutzung und der Auslastung des Arbeitsspeichers ebenfalls in der Windows Sidebar anzeigen lassen. Hier erhalten Sie zwar keine detaillierten Informationen, aber zumindest einen Überblick über die derzeitige CPU-Nutzung.

Es ist zu erwarten, dass zukünftig weitere Gadgets erscheinen werden, mit deren Hilfe Sie in der Windows Sidebar Applikationen überwachen können (siehe *Abbildung 19.51*).

Überwachung der Systemleistung – Zuverlässigkeits- und Leistungsüberwachung

Abbildung 19.51:
Überwachung der CPU und des Arbeitsspeichers in der Windows Sidebar

19.4.5 Diagnose des Arbeitsspeichers

Häufig sind die Probleme auf einem PC auf defekten Arbeitsspeicher zurückzuführen. In Windows Vista wurde daher ein spezielles Diagnoseprogramm integriert, das den Arbeitsspeicher ausführlich auf Fehler überprüft. Sie können das Tool über *Start/Ausführen/mdsched* starten (siehe *Abbildung 19.52*).

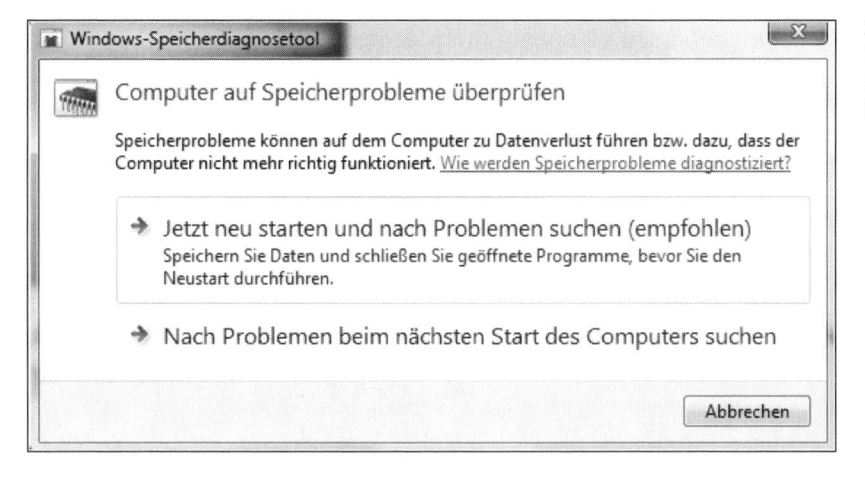

Abbildung 19.52:
Überprüfen des Arbeitsspeichers in Windows Vista

Für die Überprüfung wird der PC neu gestartet. Sie können entweder festlegen, dass der PC jetzt sofort neu gestartet und überprüft oder erst beim nächsten Start getestet werden soll. Falls das Diagnoseprogramm Fehler findet, sollten Sie den Arbeitsspeicher Ihres PC von einem Fachmann austauschen lassen.

19.5 Konfiguration der lokalen Sicherheitsrichtlinien

Eine wichtige Aufgabe bei der Administration eines PC ist die Verwaltung von Benutzer- und Computereinstellungen. Damit sind nicht nur Desktop-Einstellungen gemeint, sondern auch sicherheitsrelevante Einstellungen und die Konfiguration von Programmen wie Internet Explorer, Windows Explorer oder Office-Programme. Für diese Verwaltungsarbeiten stehen die lokalen Sicherheitsrichtlinien zur Verfügung.

Im folgenden Abschnitt finden Sie den Umgang mit den lokalen Sicherheitsrichtlinien beschrieben. Mit ihnen lassen sich zahlreiche Einstellungen in einem PC automatisch vorgeben. So lässt sich beispielsweise das Verhalten des Internet Explorers oder die Konfiguration der Kennwörter definieren.

Lokale Sicherheitsrichtlinien arbeiten mit speziellen Registry-Schlüsseln, die zu keinen permanenten Änderungen der Registry führen. Die Informationen werden so lange in diesen Schlüsseln gehalten, wie die Einstellung in der lokalen Sicherheitsrichtlinie gültig ist.

Lokale Sicherheitsrichtlinien bieten die Möglichkeit Einstellungen des PC entweder auf Benutzerebene oder für den ganzen PC in einer zentralen Oberfläche zu konfigurieren, die ansonsten nicht zur Verfügung stehen. Die Aufgaben der lokalen Sicherheitsrichtlinien dienen hauptsächlich, wie der Name schon sagt, der Konfiguration der Sicherheit. In Unternehmen werden diese Einstellungen zentral vorgegeben und automatisch an alle PCs verteilt. Diese Richtlinien werden dann als Gruppenrichtlinien bezeichnet.

> **TIPP** *Die lokalen Sicherheitsrichtlinien können Sie am besten über den Gruppenrichtlinienobjekt-Editor konfigurieren. Diesen können Sie über* Start/Ausführen/gpedit.msc *aufrufen (siehe Abbildung 19.53).*

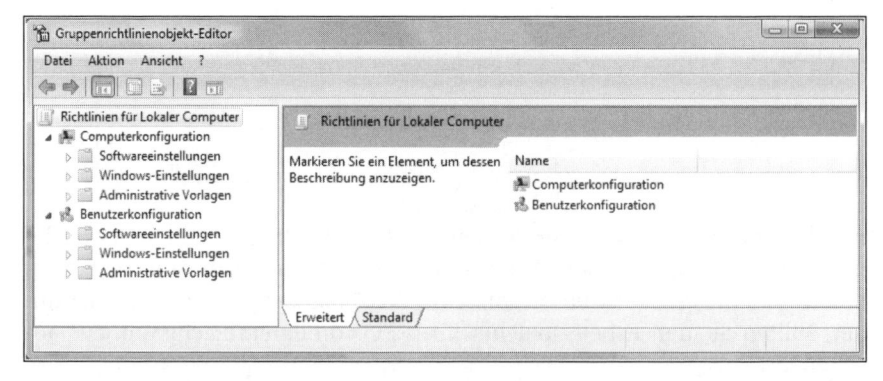

Abbildung 19.53: Einstellen der lokalen Sicherheitsrichtlinien mit dem Gruppenrichtlinienobjekt-Editor

Der Gruppenrichtlinienobjekt-Editor besteht aus zwei Hälften. Auf der linken Seite (der sogenannten Konsolenstruktur) können Sie auswählen, für welchen Bereich Sie Einstellungen vornehmen wollen:

- Die Einstellungen unter *Computerkonfiguration* werden auf PCs angewendet, wenn diese gestartet werden.
- Die Einstellungen unter *Benutzerkonfiguration* werden auf die Profile der einzelnen Anwender angewendet, wenn sie beim PC anmelden.

Die Einstellungen sind jeweils in drei weitere Einträge unterteilt (siehe *Abbildung 19.53*):

- *Softwareeinstellungen* – Über diesen Eintrag können Sie Applikationen automatisch verteilen lassen. Auf Privat-PCs spielt diese Einstellung keine Rolle.
- *Windows-Einstellungen* – In diesem Bereich befinden sich die meisten Einstellungen, die Sie vornehmen können, und zwar hauptsächlich Skripte, die durch diese Gruppenrichtlinien beim Starten eines PC oder Anmelden eines Anwenders ausgeführt werden, und die Sicherheitseinstellungen.
- *Administrative Vorlagen* – Hier finden sich einige Möglichkeiten zur Einstellung und Automatisierung von Windows Vista. Sie können Einstellungen im Windows Explorer, über den Desktop und für viele andere Funktionen in Windows vornehmen.

Klicken Sie sich durch die Einträge der Konsolenstruktur, werden auf der rechten Seite die Einstellungen angezeigt, die in diesem Bereich verfügbar sind.

Wenn Sie die Einstellungen durch Doppelklick öffnen, können Sie Konfigurationen vornehmen, die an die Benutzer bei der Benutzerkonfiguration oder an die PCs bei der Computerkonfiguration weitergegeben werden (siehe *Abbildung 19.54*).

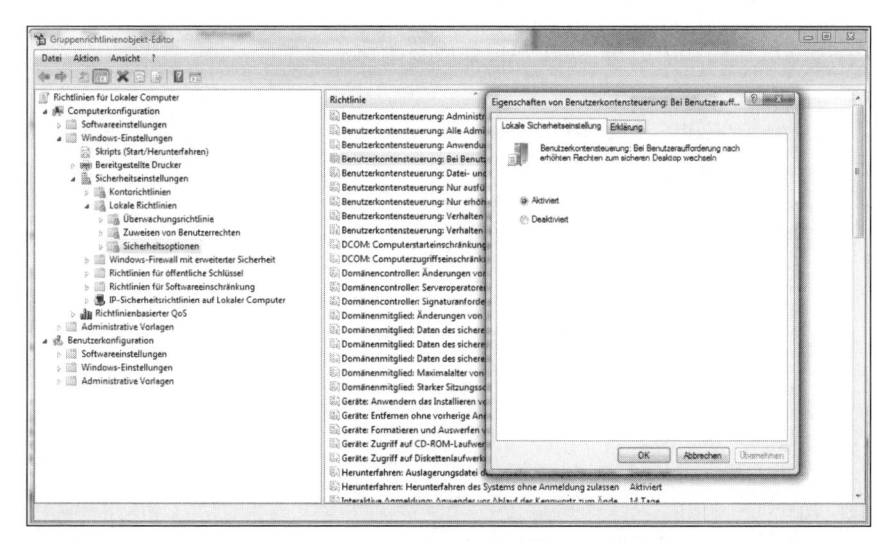

Abbildung 19.54: Konfiguration von lokalen Sicherheitsrichtlinien

Die Bearbeitung dieser Einstellungen läuft dabei fast immer identisch ab:

Auf der Registerkarte *Lokale Sicherheitseinstellung* können Sie entweder direkt Einstellungen weitergeben oder die Einstellung lediglich aktivieren bzw. deaktivieren, wenn keine weiteren Eingaben vorgegeben werden müssen. Eine Einstellung kann zwei verschiedene Zustände annehmen:

- *Aktiviert* – Bei dieser Einstellung wird die Konfiguration auf das Zielobjekt angewendet und weitergegeben.
- *Deaktiviert* – Bei dieser Einstellung wird die Konfiguration der Gruppenrichtlinie auf dem PC auf den Standard zurückgesetzt.

Auf der Registerkarte *Erklärung* finden Sie eine ausführliche Hilfe zu der Einstellung und ihren Auswirkungen. Bevor Sie eine Einstellung aktivieren, sollten Sie sich möglichst immer die Erklärung genau durchlesen.

19.6 Die Systemkonfiguration (msconfig.exe)

Über das grafische Verwaltungstool *Systemkonfiguration* können verschiedene Einstellungen am PC vorgenommen werden, die teilweise in anderen Programmen versteckt sind oder einfach nicht vorhanden. Über die Systemkonfiguration können Sie zum Beispiel auch sehr schnell die Benutzerkontensteuerung (User Account Control, UAC) deaktivieren oder aktivieren.

TIPP *Die Systemkonfiguration starten Sie am besten über* Start/Ausführen/msconfig *(siehe Abbildung 19.55).*

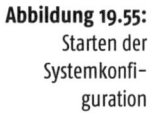

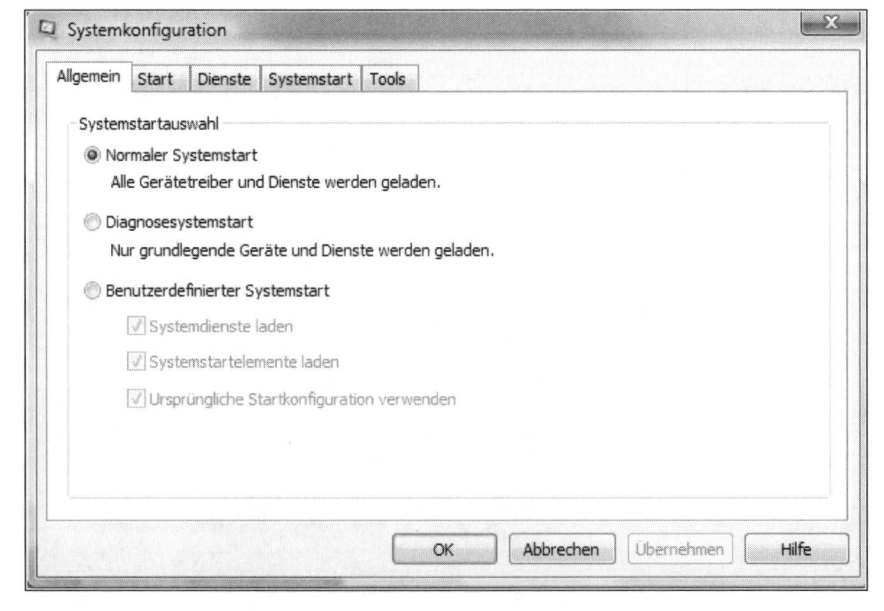

Abbildung 19.55: Starten der Systemkonfiguration

Die Systemkonfiguration (msconfig.exe)

Nach dem Start des Programms stehen Ihnen fünf Registerkarten zur Verfügung, über die Sie Systemeinstellungen vornehmen können.

Auf der Registerkarte *Allgemein* legen Sie fest, wie Windows Vista standardmäßig starten soll. Hier sollten Sie keine Änderungen vornehmen, sondern das System möglichst immer normal starten lassen. Das Kapitel 15 ging bereits auf die Systemwiederherstellung ein und hat gezeigt, welche Startoptionen zur Verfügung stehen. Hier können Sie festlegen, in welchem Modus das System gestartet werden soll:

- *Normaler Systemstart* – Startet Windows ganz normal.
- *Diagnosesystemstart* – Startet Windows nur mit den grundlegenden Diensten und Treibern.
- *Benutzerdefinierter Systemstart* – Startet Windows mit den grundlegenden Diensten und Treibern sowie anderen von Ihnen ausgewählten Diensten und Autostart-Programmen.

Über die Registerkarte *Start* können Sie das Startverhalten der Windows Vista-Standardinstallation konfigurieren, zum Beispiel die Zeit, in der das Bootmenü angezeigt wird (siehe *Abbildung 19.56*).

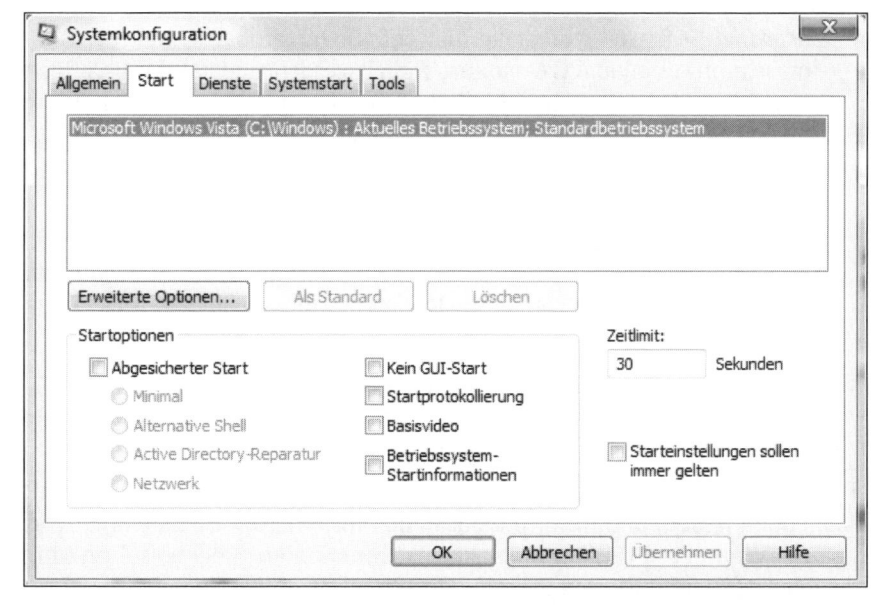

Abbildung 19.56: Konfiguration der Startoptionen von Windows Vista

Hier legen Sie auch fest, welches Betriebssystem standardmäßig gestartet werden soll, wenn Sie den Starteintrag markieren und auf die Schaltfläche *Als Standard* klicken. Sie stellen hier auch die detaillierten Startoptionen des markierten Betriebssystems ein. Diese Optionen werden über den Bereich *Startoptionen* konfiguriert:

- *Abgesicherter Start: Minimal* – Startet mit der grafischen Benutzeroberfläche von Windows im abgesicherten Modus, wobei nur die wichtigen Systemdienste ausgeführt werden. Das Netzwerk ist deaktiviert.
- *Abgesicherter Start: Alternative Shell* – Startet mit der Windows-Eingabeaufforderung im abgesicherten Modus, wobei nur die wichtigen Systemdienste ausgeführt werden. Das Netzwerk und die grafische Benutzeroberfläche sind deaktiviert.
- *Abgesicherter Start: Active Directory-Reparatur* – Startet mit der grafischen Benutzeroberfläche von Windows im abgesicherten Modus, wobei nur die wichtigen Systemdienste und das Active Directory ausgeführt werden. Diese Option wird auf PCs nicht benötigt.
- *Abgesicherter Start: Netzwerk* – Startet mit der grafischen Benutzeroberfläche von Windows im abgesicherten Modus, wobei nur die wichtigen Systemdienste ausgeführt werden. Das Netzwerk ist aktiviert.
- *Kein GUI-Start* – Beim Start wird kein Windows-Begrüßungsbildschirm angezeigt. Einige Programme oder Geräte zeigen beim Start Meldungen an, die sonst durch den Begrüßungsbildschirm verdeckt sind.
- *Startprotokollierung* – Speichert alle Informationen über den Startvorgang in der Datei *%SystemRoot%Ntbtlog.txt*.
- *Basisvideo* – Startet mit der grafischen Benutzeroberfläche von Windows im minimalen VGA-Modus. Dabei werden die standardmäßigen VGA-Treiber anstelle der spezifischen Grafiktreiber für die Grafikkarte des Computers geladen.
- *Betriebssystem-Startinformationen* – Zeigt beim Laden der Treiber während des Startvorgangs die Treibernamen an.
- *Starteinstellungen sollen immer gelten* – Wenn dieses Kontrollkästchen aktiviert ist, können Sie die Änderungen nicht durch die Auswahl von *Normaler Systemstart* auf der Registerkarte *Allgemein* rückgängig machen.

Auf der Registerkarte *Dienste* werden Ihnen alle installierten Systemdienste des PC angezeigt (siehe *Abbildung 19.57*). Sie können hier einzelne Dienste markieren und auf einen Schlag deaktivieren.

Hier können Sie auch die standardmäßigen Systemdienste von Microsoft ausblenden lassen, damit nur die zusätzlich installierten Dienste angezeigt werden. Wenn ein PC nicht mehr korrekt funktioniert, liegt es sehr häufig an fehlerhaft konfigurierten Systemdiensten.

> **TIPP**
>
> *Sie können sich alle Dienste auch in der* Computerverwaltung *oder über* Start/Ausführen/services.msc *anzeigen lassen. Hier können Sie allerdings nicht nach Microsoft-Diensten filtern lassen, es werden immer alle Systemdienste angezeigt.*

Die Systemkonfiguration (msconfig.exe)

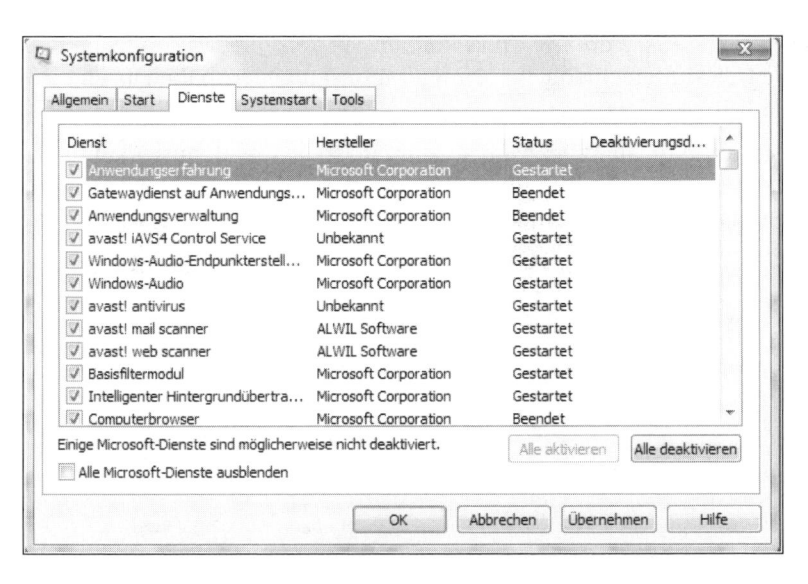

Abbildung 19.57:
Konfiguration der Systemdienste mit msconfig.exe

Auf der Registerkarte *Systemstart* werden Ihnen alle Programme angezeigt, die beim Starten von Windows automatisch gestartet werden. Sie können hier diese Programme auch deaktivieren (siehe *Abbildung 19.58*). Die automatisch gestarteten Programme lassen sich auch im Software-Explorer von Windows-Defender anzeigen.

Wenn Sie auf der Registerkarte *Allgemein* die Option *Benutzerdefinierter Systemstart* ausgewählt haben, müssen Sie entweder dort *Normaler Systemstart* auswählen oder das Kontrollkästchen des Systemstartelements aktivieren, um es beim Systemstart wieder zu starten.

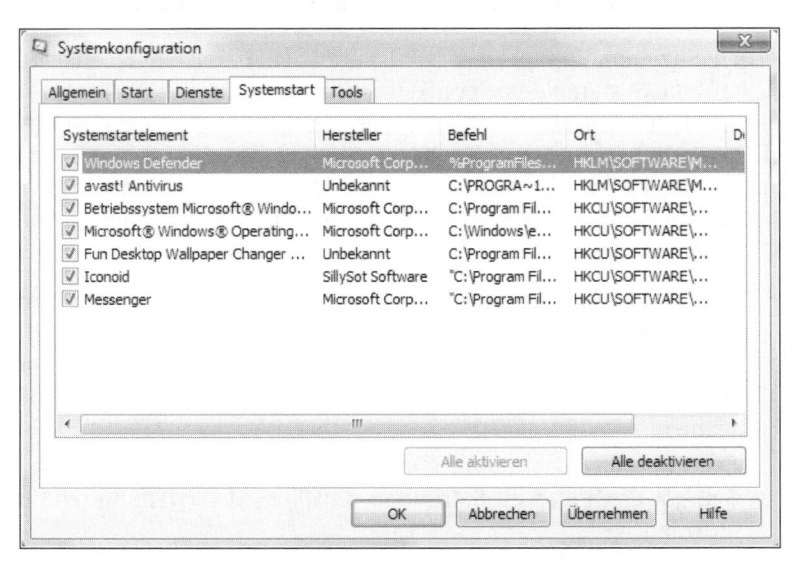

Abbildung 19.58:
Anzeigen der Autostart-Programme von Windows Vista

Über die Registerkarte *Tools* können Sie verschiedene Aufgaben durchführen die unterschiedliche Konfigurationsaufgaben haben (siehe *Abbildung 19.59*).

Sie können an dieser Stelle zum Beispiel die Benutzerkontensteuerung deaktivieren, die Windows-Version anzeigen lassen usw. Die einzelnen Aufgaben sind gut erklärt. Um eine Maßnahme durchzuführen, markieren Sie diese und klicken dann auf die Schaltfläche *Starten*.

Abbildung 19.59:
Durchführen von verschiedenen Konfigurationsmaßnahmen mit msconfig

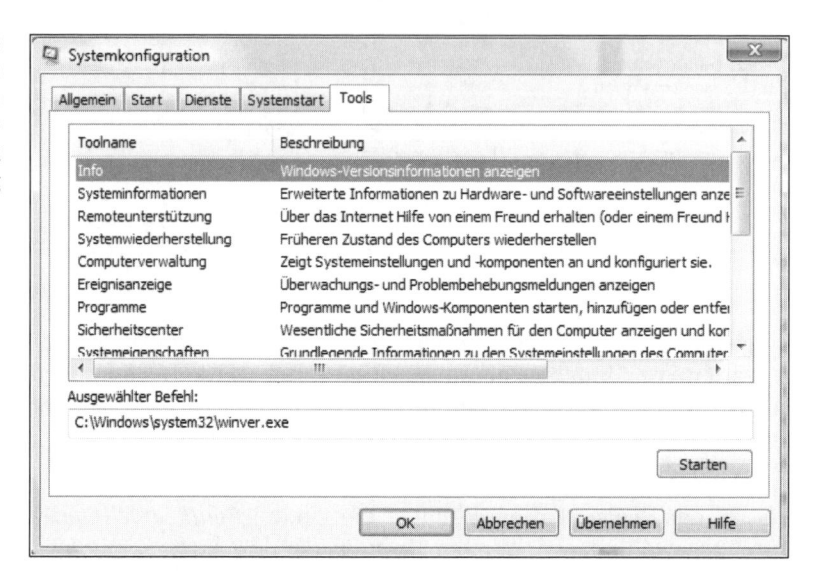

19.7 Windows Vista-Systemdienste aufräumen

In den einzelnen Kapiteln dieses Buches bin ich bereits im einen oder andern Fall auf die Systemdienste von Windows eingegangen. Die Dienste steuern betriebssysteminterne Funktionen, die von Windows benötigt werden. Manche Dienste können unter Umständen jedoch deaktiviert werden, was eine Steigerung der Performance sowie eine Reduzierung des verwendeten Arbeitsspeichers mit sich bringt. Sie können sich die Systemdienste über verschiedene Wege anzeigen lassen:

- Der schnellste Weg, das Verwaltungsprogramm der Systemdienste zu starten, ist über *Start/Ausführen/services.msc*.
- Alternativ können Sie auch *Start/Ausführen/compmgmt.msc* eingeben und im Bereich *Dienste und Anwendungen* den Menüpunkt *Dienste* auswählen.
- Die Computerverwaltung können Sie auch durch Rechtsklick auf das Symbol *Computer* im Startmenü und über den Menüpunkt *Verwalten* aufrufen.

Windows Vista-Systemdienste aufräumen

- Eine weitere Möglichkeit ist der Weg über *Start/Systemsteuerung/System und Wartung/Verwaltung/Dienste*.

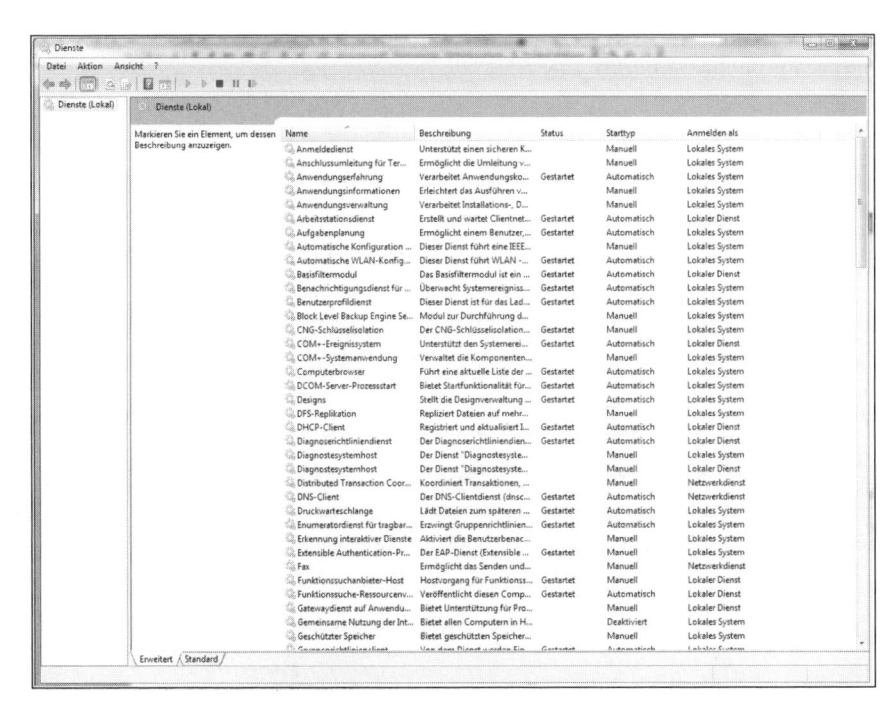

Abbildung 19.60: Verwaltungsoberfläche der Systemdienste

Das Informationsfenster der Dienste zeigt in fünf Spalten die wichtigsten Informationen über den entsprechenden Dienst an:

- *Name* – In dieser Spalte sehen Sie die Bezeichnung des Systemdienstes.
- *Beschreibung* – Diese Spalte enthält eine ausführliche Beschreibung, welche Aufgabe der Systemdienst hat.
- *Status* – Hier erkennen Sie, ob der Dienst gestartet ist oder gerade gestartet oder beendet wird.
- *Starttyp* – Hier erkennen Sie einen der drei Starttypen des Dienstes. Dienste, die auf *Automatisch* stehen, werden mit dem Start von Windows automatisch mit gestartet. Dienste mit dem Starttyp *Manuell* werden nicht automatisch gestartet, können aber manuell gestartet werden. Dienste mit dem Starttyp *Deaktiviert* können nicht manuell gestartet werden, dazu muss dem Dienst erst der Starttyp *Manuell* zugewiesen werden.
- *Anmelden als* – Hier erhalten Sie Informationen, mit welchem Benutzerkonto der Dienst gestartet wird. Die meisten Dienste starten als Systemkonto, hier ist es selten nötig, Änderungen vorzunehmen.

19.7.1 Konfiguration von Systemdiensten

Wenn Sie einen Systemdienst doppelklicken oder mit der rechten Maustaste die Eigenschaften aufrufen, können Sie die Einstellungen des Dienstes anpassen (siehe *Abbildung 19.61*).

Abbildung 19.61: Konfiguration von Diensten

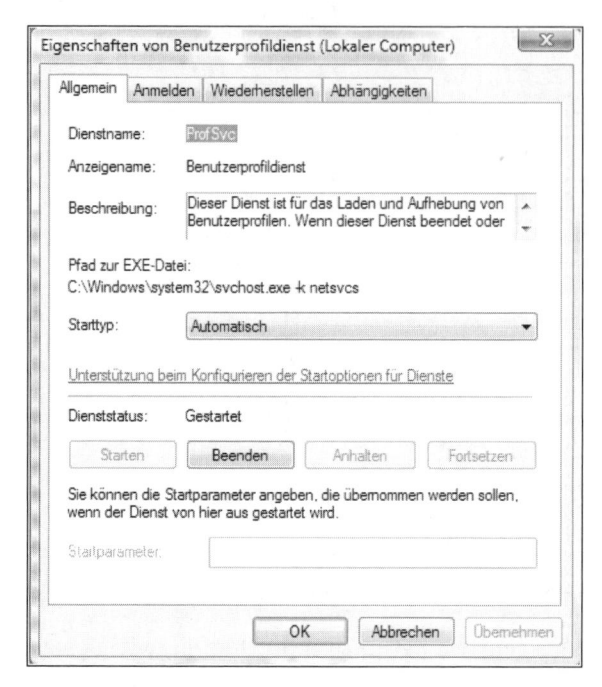

Interessant an dieser Stelle ist hauptsächlich die Registerkarte *Allgemein*. Hier können Sie über das Drop-down-Menü *Starttyp* festlegen, wie der Dienst gestartet werden soll.

Über die Schaltflächen *Starten*, *Beenden*, *Anhalten* und *Fortsetzen* können Sie den Status des Dienstes anpassen. Auch hier werden hauptsächlich die beiden Schaltflächen *Starten* und *Beenden* verwendet.

19.7.2 Optimieren der Systemdienste

Im folgenden Abschnitt gehe ich mit Ihnen die wichtigsten Systemdienste durch, die Sie beenden und denen Sie den Starttyp Deaktiviert oder Manuell zuweisen können. Dadurch benötigt Windows teilweise deutlich weniger Arbeitsspeicher.

Bevor Sie Optimierungsmaßnahmen durchführen, sollten Sie zunächst Vista im Leerlauf ohne gestartete Programme hochfahren. Überprüfen Sie mit dem Task-Manager zunächst wie viel Arbeitsspeicher Ihr PC vor den Optimierungsmaßnahmen benötigt. Im Anschluss können Sie nach den Optimierungsmaßnahmen genau erkennen, was Ihre Maßnahme gebracht hat. Sie sollten auch jeden deaktivierten Dienst dokumentieren, damit Sie die einzelnen Dienste wieder aktivieren können, wenn durch die Deaktivierung Probleme auftreten.

Gegenüber Windows XP verhält sich Vista bezüglich der Systemdienste wesentlich intelligenter. So sind zum Beispiel einige Dienste bereits standardmäßig deaktiviert, die vom System nicht benötigt werden. Dienste, die den Starttyp *Manuell* haben, aber aktuell nicht gestartet sind, werden von Windows Vista gestartet, wenn die entsprechende Funktion benötigt wird. Viele automatisch gestartete Dienste können auch unter Windows Vista deaktiviert werden. So beschleunigt sich der Systemstart und der Speicherverbrauch wird reduziert.

Wenn Sie nicht sicher sind, ob Sie einen automatisch gestarteten Systemdienst wirklich benötigen, setzen Sie diesen auf Manuell und arbeiten mit Windows weiter. Wenn der Dienst durch Vista nicht wieder gestartet wird und Sie fehlerfrei arbeiten können, besteht die Möglichkeit, den Dienst zu deaktivieren.

Wichtige Systemdienste

Leider bietet auch die Beschreibung eines Systemdienstes keinen Hinweis darauf, ob der entsprechende Dienst wirklich benötigt wird oder nicht. So sollte zum Beispiel der *RPC-Dienst* nicht deaktiviert werden, da von diesem Dienst die meisten Systemressourcen abhängen, das gilt auch für die ganzen COM-Dienste.

Wenn Sie den Dienst *Windows Audio* deaktivieren, werden keine Sounds mehr wiedergegeben. Wichtige Dienste, die für den Multimedia-Einsatz benötigt werden, sind auch der *Multimediaklassenplaner, RPC, Server für Threadsortierung, Windows-Audio-Endpunkterstellung* und *Plug&Play*.

Für das Drucken wird die *Druckerwarteschlange* benötigt, wenn Sie den PC im Netzwerk betreiben, wird der *Arbeitsstationsdienst* benötigt. Dieser Dienst wird zum Beispiel bei der Verbindung zu anderen PCs benötigt. Ebenfalls wichtige Systemdienste sind *Windows-Verwaltungsinstrumentation* und das *Windows-Ereignisprotokoll*.

Wenn Sie den *Benutzerprofildienst* beenden, ist keine Anmeldung mehr an Windows Vista möglich. Auch der *Sicherheitskonto-Manager* wird als Bestandteil für die Rechteverwaltung benötigt.

Die *Kryptografiedienste* sind dafür zuständig dass die Signaturen von Windows-Systemdateien überprüft werden können oder dass sich der PC über Windows Update bei Microsoft automatisch mit Patches versorgen kann.

Der Dienst *Anwendungsinformationen* wird von der Benutzerkontensteuerung verwendet, wenn ein Administrator am PC angemeldet ist. Sobald ein Programm versucht zu starten und dabei administrative Rechte benötigt, erscheint ein Warnhinweis. Wenn dieser Dienst angehalten wird, können Anwender keine Programme mehr starten, die Administratorrechte benötigen.

Der Dienst *Anwendungsverwaltung* ist für die Installation und Deinstallation von Anwendungen zuständig, die über Gruppenrichtlinien zugewiesen werden. Wenn dieser Dienst deaktiviert ist, können Anwendungen nicht über Gruppenrichtlinien verteilt werden. Der Dienst wird ohnehin nur dann gestartet, wenn eine durch Gruppenrichtlinie verteilte Anwendung auf betriebssysteminterne Installationsfunktionen zugreifen will.

Der Dienst *Block Level Backup Engine Service* wird für die Sicherung und Wiederherstellung auf Blockebene verwendet. Optische Medien oder Festplatten können damit als Sicherungsmedium verwendet werden.

Der Dienst *Volumenschattenkopie* wird vom Complete-PC-Backup für die Sicherung von Deltas verwendet. Wenn dieser Dienst beendet wird, kann Vista keine Schattenkopien mehr erstellen, und die Datensicherung schlägt unter Umständen fehl.

Der *Benachrichtigungsdienst für Systemereignisse* ist für die Überwachung von Systemereignissen wie der Windows-Anmeldung oder Netzwerkereignisse zuständig. Vor allem für Notebook-Benutzer ist dieser Dienst notwendig, da er dafür zuständig ist, dass die konfigurierten Ereignisse beim Akkubetrieb durchgeführt werden, wenn der Akku zum Beispiel einen geringen Ladezustand hat.

Der Dienst *Computerbrowser* verwaltet die Liste aller Computer in der Netzwerkumgebung. Diese Liste wird nicht mehr aktualisiert, wenn Sie den Dienst beenden, und in der Netzwerkumgebung werden nicht mehr alle PCs angezeigt, die im Netzwerk verfügbar sind. Sinnvoll ist daher dieser Dienst nur in Netzwerken und nur dann, wenn über die Netzwerkumgebung auf Freigaben zugegriffen werden muss.

Der Dienst *Designs* ist für die Anzeige der modernen Oberfläche von Windows Vista zuständig. Sie können diesen Dienst deaktivieren, wenn Sie Windows in der klassischen Anzeige verwenden wollen.

Wenn Sie direkt von Ihrem PC aus per DFÜ eine Verbindung zu einem anderen Netzwerk aufbauen wollen, benötigen Sie den Dienst *RAS-Verbindungsverwaltung*, *Telefonie* und *Verwaltung für automatische RAS-Verbindung*.

Wenn Sie mit der gemeinsamen Internetverbindung arbeiten, wird natürlich auch der Dienst *Gemeinsame Nutzung der Internetverbindung* und *Gatewaydienst auf Anwendungsebene* benötigt. Diese Dienste werden aber ohnehin erst gestartet, wenn Sie mit diesen Funktionen arbeiten.

Microsoft hat in die Windows Vista Home Premium Edition und die Windows Vista Ultimate Edition Funktionen der bisherigen Windows XP Media Center Edition integriert. Für diese Funktionen sind hauptsächlich vier Dienste verantwortlich:

- *Windows Media Center Extender-Dienst* – Dieser Dienst ermöglicht Media-Center-Clients, eine Verbindung zu diesem PC aufzubauen.
- *Windows Media Center Dienststart* – Startet den *Windows Media Center Planerdienst* und den *Windows Media Center Empfängerdienst* direkt beim Starten des PC, wenn Sie die TV-Funktionen im Media-Center nutzen.

Wenn Sie das Media Center nicht nutzen wollen, können Sie diese vier Dienste deaktivieren.

Der *DHCP-Client* wird nicht benötigt, wenn Sie mit statischen IP-Adressen im Netzwerk arbeiten. Der Dienst *DNS-Client* speichert Abfragen an den DNS-Server zur Namensauflösung und sollte nicht beendet werden, wenn Sie mit dem PC im Internet surfen, da hier die Abfragen gespeichert werden.

Der *Netzwerklistendienst* identifiziert die Netzwerke mit denen sich Ihr PC verbunden hat, und speichert deren Eigenschaften, sodass eine spätere Erkennung möglich ist. Wenn der Dienst deaktiviert wird, funktioniert die Konfiguration der Netzwerkeinstellungen nur noch eingeschränkt. Die Verbindung zum Netzwerk bleibt jedoch problemlos bestehen. Dieser Dienst benötigt zusätzlich den *Netzwerkspeicher-Schnittstellen-Dienst*, der die vorhandenen Netzwerkkarten überwacht und Änderungen weitergibt, sowie *NLA (Network Location Awareness)*. NLA sammelt Informationen über die verbundenen Netzwerke und stellt sie den netzwerkabhängigen Diensten zur Verfügung. Der Dienst *Netzwerk-Verbindungen* ist für das Netzwerkcenter zuständig. Der *IP-Hilfsdienst* stellt IPv6-Verbindungen über IPv4-Netzwerke zur Verfügung.

Wenn Sie kein IPv6 benötigen, können Sie diesen Dienst deaktivieren. Wenn der PC nicht im Netzwerk verwendet wird, werden alle diese Dienste nicht mehr benötigt.

Die beiden Funktionen Remotedesktop und Remoteunterstützung bieten den Zugriff auf den PC über das Netzwerk wie bei einem Terminalserver. Wenn Sie diese beiden Funktionen nicht benötigen, können Sie den dazugehörigen Dienst *Terminaldienste* deaktivieren. Wenn Sie jedoch den PC zusammen mit einer XBox 360 verwenden, müssen die Dienste *Windows Media Center Extender-Dienst* und *Terminaldienste* gestartet sein.

Der Dienst *Remote-Registry* bietet Zugriff über das Netzwerk auf die Registry von anderen PCs im Netzwerk. Dieser Dienst sollte nur dann deaktiviert werden, wenn Sie im Netzwerk starke Sicherheitseinschränkungen durchführen wollen.

Der Dienst *Serverdienst* ist für die Datei- und Druckerfreigaben im Netzwerk zuständig. Wenn Sie diesen Dienst deaktivieren wollen, weil Sie keine Dateien oder Drucker im Netzwerk freigeben wollen, müssen Sie auch den Dienst *Computerbrowser* beenden.

Wenn Sie die nervigen Meldungen des Sicherheitscenters in der Informationsleiste stören, können Sie den Dienst *Sicherheitscenter* deaktivieren, dieser hat für die Sicherheit ansonsten keinerlei Funktionen. Wenn Sie die Windows-Firewall nicht verwenden, können Sie den Dienst *Windows-Firewall* ebenfalls deaktivieren, auch *Routing und RAS* benötigen Sie im Normalfall nur beim Verwenden von DFÜ-Verbindungen. Wenn Sie keine IP-Security nutzen, können Sie den Dienst *IPsec-Richtlinien-Agent* deaktivieren, das gilt auch für den Dienst *IKE- und AuthIP IPsec-Schlüsselerstellungsmodule*. Auch den Dienst *Basisfiltermodul* benötigen Sie in diesem Fall nicht und können ihn deaktivieren.

Die Funktion *Universal Plug&Play* soll neue Freigaben und Drucker im Netzwerk erkennen und an den Anwender weitermelden. Diese Funktion hat eigentlich so gut wie keine Daseinsberechtigung und kann deaktiviert werden. Sie können dazu die beiden Dienste *UPnP-Gerätehost* und *SSDP-Suche* beenden. Wenn Sie diese Dienste beenden, können Sie Media-Player-Bibliotheken nicht im Netzwerk freigeben.

Mit dem *WebClient* können Dateien zum Beispiel über FrontPage für das Internet bereitgestellt werden. Wenn Sie auf Ihrem PC keine Dateien für das Internet bereitstellen oder WebDAV-Funktionen einsetzen, können Sie diesen Dienst ebenfalls deaktivieren.

Der Dienst *Windows-Fehlerberichterstattung* überträgt Informationen über System- und Programmabstürze zu Microsoft. Diese Funktion ist sicherheitstechnisch mit Vorsicht zu genießen, da hier auch Inhalte des Arbeitsspeichers übertragen werden, und hat darüber hinaus keinerlei notwendige Funktionen. Sie können den Dienst deaktivieren.

Der Dienst *Windows Update* ist für das Herunterladen und Installieren von Patches zuständig. Sie sollten diesen Dienst nicht deaktivieren, damit sich Windows Vista weiterhin automatisch mit notwendigen Patches versorgen kann.

19.8 Befehlszeile verwenden

In den einzelnen Kapiteln dieses Buches bin ich bereits auf einzelne Befehle eingegangen, die ohne grafische Oberfläche in die Befehlszeile eingegeben werden können. Eine Befehlszeile öffnen Sie am besten über *Start/Ausführen/cmd*. Wenn Sie des Öfteren eine Befehlszeile benötigen, können Sie zur Datei *cmd.exe* auch eine Verknüpfung auf dem Desktop erstellen.

Der Nachfolger der bisherigen Befehlszeile wird Windows PowerShell *genannt. Sie kann kostenlos bei Microsoft heruntergeladen und installiert werden. Die PowerShell, die unter dem Codenamen* Monad *bekannt wurde, basiert auf .NET und verwendet das ebenfalls kostenlos erhältliche .NET Framework 3.0.*

TIPP

Die Skriptsprache ist deutlich umfangreicher als die bisherige Befehlszeile, und es werden Pipes und Filter unterstützt. Sie finden die Download-Quelle der PowerShell sowie ausführliche Informationen auf der Internetseite: http://www.microsoft.com/windowsserver2003/technologies/management/powershell/downloads.mspx *– oder wenn Sie auf der Microsoft-Seite nach dem Begriff* PowerShell *suchen.*

Anders als bei Windows-Programmen steht der Anwender beim ersten Öffnen der Eingabeaufforderung zunächst einmal recht ratlos da: Es gibt keine Menüs, Schaltflächen oder sonstige Hinweise darauf, was man denn nun eigentlich anfangen kann. Nicht einmal ein Druck auf die F1 -Taste bringt einen weiter. Mit der Befehlszeile zu arbeiten, heißt tippen: Man erteilt dem System Befehle, indem man ihren Namen per Tastatur eingibt und die Zeile mit einem Druck auf die Return-Taste abschließt. Der Rechner führt daraufhin die gewünschten Aktionen aus, schreibt die angeforderten Informationen – oder auch eine Fehlermeldung – in dasselbe Fenster und steht anschließend für weitere Eingaben zur Verfügung.

Wenn der Umgang mit der Konsole so unintuitiv ist, stellt sich natürlich die Frage, warum man sich überhaupt damit beschäftigen sollte und nicht einfach die in der grafischen Windows-Benutzeroberfläche zur Verfügung stehenden Möglichkeiten nutzt. Darauf gibt es mehrere Antworten, von denen die erste schon erwähnt wurde: Im GUI fehlen wichtige Funktionen, jedenfalls im Lieferumfang von Windows. Andererseits kann niemand vernünftigerweise dafür plädieren, den Explorer und die Systemsteuerung komplett über Bord zu werfen und die damit zu lösenden Aufgaben nur noch per Befehlseingabe zu erledigen. Vielmehr sollte man ein vernünftiges Nebeneinander der beiden Wege anstreben.

Wenn Sie die Befehlszeile mit administrativen Berechtigungen starten wollen, klicken Sie die Verknüpfung zur Befehlszeile mit der rechten Maustaste an und wählen *Als Administrator ausführen.*

Es öffnet sich ein neues Fenster, in dem Sie mit den einzelnen Befehlen arbeiten können. Im folgenden Abschnitt gehe ich auf die wichtigsten Befehle ein, die häufig in der Befehlszeile verwendet werden. Die Befehle in den einzelnen Kapiteln dieses Buches beschreibe ich hier nicht noch einmal. Diese Befehle zur Einrichtung der entsprechenden Funktionen, zum Beispiel dem Netzwerk oder dem Internet, lassen sich im Kontext zum jeweiligen Kapitel besser verstehen. Anwendern, die erst nach Einführung der

Erweiterte Systemverwaltung

Maus zum PC gekommen sind, stellt dieser Abschnitt die wichtigsten Kniffe vor, die den Einstieg in die Welt der Befehlszeile erleichtern.

Nicht nur der eigentliche Umgang mit der Befehlszeile, auch die Auswahl an zur Verfügung stehenden Befehlen hat sich im Laufe der Zeit stark verbessert. Viele von ihnen erschließen – wie *ping* – Funktionen, die man auf der grafischen Oberfläche vergeblich sucht.

Um eine weitere beliebte Startmöglichkeit der Befehlszeile schätzen zu lernen, muss man wissen, dass beim Arbeiten mit ihr immer genau ein Verzeichnis eines Laufwerks das sogenannte aktuelle Verzeichnis ist: Nur Dateien in diesem Ordner kann man ansprechen, ohne ihnen einen Pfad voranstellen zu müssen. Zum Wechseln des aktuellen Verzeichnisses dient der Befehl *chdir*, kurz *cd*, der als Argument – wie bei allen Befehlen üblich, durch ein Leerzeichen abgetrennt – den Namen des Ordners benötigt, in den man wechseln will.

Einmal gestartet, präsentiert sich die Eingabeaufforderung als recht schmuckloses schwarzes Fenster mit ein paar Zeilen hellgrauem Text. Wem die Darstellung nicht gefällt, der findet im Systemmenü dieses Fensters den Befehl *Eigenschaften*, mit dessen Hilfe sich Dinge wie Schriftart und -größe, Vorder- und Hintergrundfarbe und manches andere anpassen lassen (siehe Abbildung 19.62).

Abbildung 19.62: Konfiguration der Befehlszeile

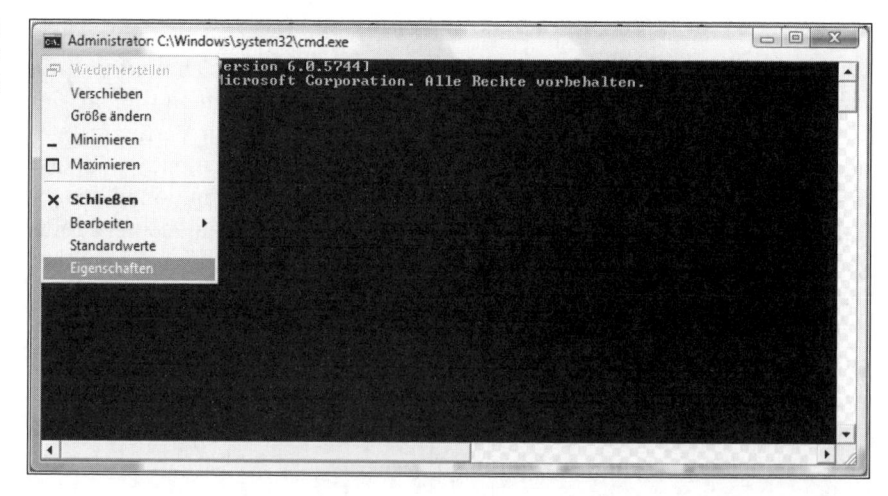

Empfehlenswert ist, auf der Registerkarte Layout die voreingestellte Fensterhöhe auf 50 Zeilen zu verdoppeln und die Fensterpuffergröße etwas großzügiger zu bemessen, etwa auf 300 bis 500 Zeilen. Die erste Zahl gibt an, wie viele Zeilen Text das Fenster am Stück anzeigt, die zweite dreht an einem Komfortmerkmal, das *cmd.exe* von der »DOS-Box« früherer Windows-Versionen abhebt: Sie definiert die Größe des Speichers, aus dem der Rollbalken am rechten Rand Text zurückholen kann, der nach oben aus dem Fenster gerutscht ist. Die Breite sollte besser auf 80 Zeichen eingestellt bleiben, da manche Programme sonst nur noch wirren Zeichensalat ausgeben (siehe *Abbildung 19.63*).

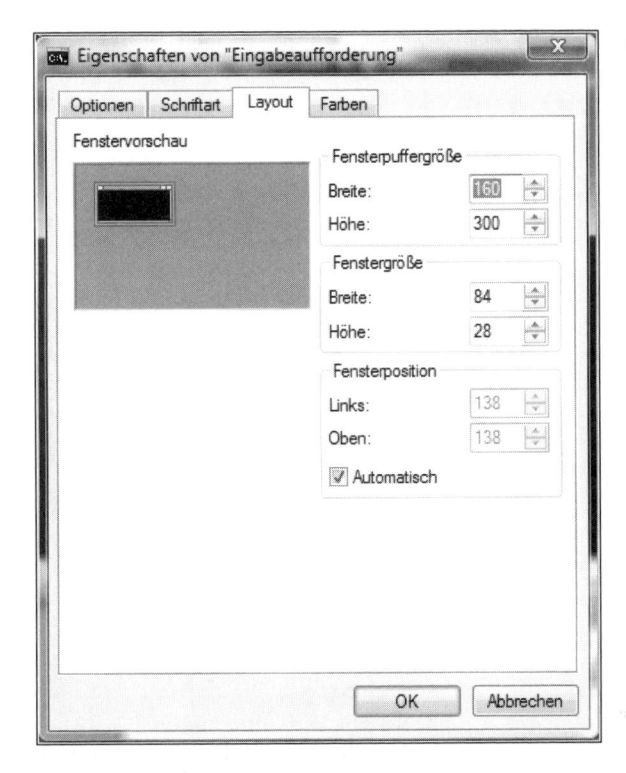

Abbildung 19.63:
Konfiguration der Befehlszeile

Interessant sind noch einige Einstellungen im Register Optionen: Hier spart ein Häkchen bei *QuickEdit-Modus* ein paar Mausklicks beim Kopieren von Text aus der Eingabeaufforderung in andere Anwendungen. Um ihn zu markieren, muss man ihn nur bei gedrückter Maustaste einrahmen und dann die Return-Taste drücken; ohne QuickEdit leitet der Befehl *Markieren* aus dem Systemmenü das Kopieren ein. Die restlichen Optionen sind mit sinnvollen Einstellungen vorbelegt; in Einzelfällen verdienen lediglich noch die Parameter im Bereich *Befehlsspeicher* Beachtung – dazu gleich mehr.

Die Steuertasten, um die Eingabemarke um ein Zeichen oder ein Wort nach rechts oder links sowie an den Anfang oder das Ende der Zeile zu bewegen, funktionieren wie gewohnt. Dagegen dienen die Rauf-, Runter-, Bild-auf- und Bild-ab-Tasten dazu, durch die Historie der vorher eingegebenen Kommandos zu blättern; die letzten beiden springen an den Anfang beziehungsweise ans Ende dieser Liste. Auch wenn ein eingetippter langer Befehl auf die nächste Bildschirmzeile umbricht, verwaltet ihn der Editor wie eine einzige Zeile – ein irrtümlicher Druck auf die Cursor-hoch-Taste in einem solchen vermeintlichen Zweizeiler hat schon manchen Fluch ausgelöst, denn

Erweiterte Systemverwaltung

er überschreibt das aktuell Geschriebene mit dem zuletzt abgesetzten Befehl. Ein Druck auf [ESC] löscht die Eingabezeile.

Abbildung 19.64:
Optionen der Befehlszeile

Weitere Editiermöglichkeiten stellen die Funktionstasten [F1] bis [F5] zur Verfügung. Der Editor der Eingabeaufforderung ist nicht nur für die DOS-Shell zuständig, sondern auch für andere Programme, die eine interaktive Eingabezeile verwenden, etwa den textbasierten FTP-Client *ftp* oder verschiedene Debugger.

Beim Arbeiten mit der Eingabeaufforderung ist es recht häufig nötig, Verzeichnis- oder Dateinamen einzugeben. Dabei kann man durch zwei verschiedene Kniffe einiges an Tipparbeit sparen. Der erste bedeutet einen Rückgriff auf die Maus und die grafische Windows-Oberfläche: Wenn man nämlich per Drag & Drop eine Datei oder einen Ordner aus dem Explorer auf ein Eingabeaufforderungsfenster zieht, wird deren kompletter Name inklusive Pfad an der aktuellen Cursor-Position in die gerade bearbeitete Befehlszeile eingefügt. Bei einem Druck auf die [↹]-Taste versucht der Eingabeeditor, das, was vor dem Cursor steht, zu einem existierenden Datei- oder Verzeichnisnamen zu ergänzen.

Eine Liste der grundlegenden Befehle gibt das System aus, wenn man den Befehl *help* eingibt. Die meisten der angezeigten Kommandos benötigen noch weitere Parameter, etwa einen oder mehrere Datei- oder Ordnernamen oder auch sogenannte Schalter, die das Verhalten des Befehls im Detail ändern. Letztere bestehen in der Regel aus einem Buchstaben mit einem vorangestellten Schrägstrich (/). Grundsätzlich muss zwischen dem eigentlichen Befehl und seinen Argumenten sowie zwischen einzelnen Parametern jeweils ein Leerzeichen stehen. Welche Argumente ein bestimmter Befehl benötigt, offenbart sich durch die Eingabe von *help < Befehl >* oder auch *< Befehl > /?*. Die wichtigsten Befehle habe ich Ihnen auf den folgenden Seiten aufgelistet:

- APPEND – Suche nach Dateien im Unterverzeichnis.
- ASSIGN – Weist dem Laufwerk einen anderen Buchstaben zu.
- ATTRIB – Anzeige/Ändern von Dateiattributen.
- C: Wechselt in Laufwerk c:
- CALL – Aufrufen einer Stapeldatei aus einer anderen heraus mit Rücksprung.
- CD – Der Befehl *cd* zeigt Ihnen den Namen des aktuellen Verzeichnisses an oder wechselt den aktuellen Ordner. Wird *cd* nur mit einem Laufwerkbuchstaben (z. B. *chdir C:*) verwendet, zeigt es diesen Laufwerkbuchstaben und den Namen des Ordners an, der auf dem Laufwerk der aktuelle Ordner ist. Ohne Parameter zeigt *cd* das aktuelle Laufwerk und den aktuellen Ordner an.
- CHKDSK – Datenträger überprüfen.
- CHOICE – Erlaubt verschiedene Auswahlmöglichkeiten innerhalb von Batch-Dateien.
- CLS – Bildschirm löschen.
- COMP – Dateien miteinander vergleichen.
- COPY – Dateien kopieren.
- DATE – Aktuelles Datum eingeben/ändern.
- DEL – Löscht eine oder mehrere Dateien.
- DEL – Löscht die Sicherungskopie und danach sich selber.
- DELTREE – Löscht komplette Verzeichnisbäume.
- DIR – Inhaltsverzeichnisse anzeigen. Zeigt eine Liste der in einem Verzeichnis enthaltenen Dateien und Unterverzeichnisse an. Wenn Sie *dir* ohne Parameter verwenden, werden die Datenträgervolumebezeichnung und Seriennummer des Datenträgers, gefolgt von einer Liste der Verzeichnisse und Dateien auf dem Datenträger, einschließlich der entsprechenden Namen, des Datums und der Uhrzeit der letzten vorgenommenen Änderung angezeigt. Bei Dateien zeigt *dir* die Namenerweiterung und die Größe in Bytes an. *dir* zeigt auch die Gesamtzahl der aufgelisteten Dateien und Verzeichnisse an, ihre Gesamtgröße und den Umfang des auf dem Datenträger noch verfügbaren Speicherplatzes (in Byte).
- ECHO – Anzeigen von Meldungen auf dem Bildschirm aus einer Batchdatei heraus; Befehlsanzeige ein- bzw. ausschalten.
- EXIT – Mit *exit* beendet man das aktuelle Batchskript (mit dem Parameter */b*) oder das Programm *cmd.exe* und kehrt zu dem Programm, das *cmd.exe* gestartet hat, oder zum Programm-Manager zurück.

Erweiterte Systemverwaltung

- EXPAND – Expandiert eine oder mehrere komprimierte Dateien.
- FC – Dateien vergleichen.
- FIND – Textstellen in Dateien suchen.
- FOR – Batchbefehle zur mehrfachen Wiederholung eines DOS-Befehls.
- FORMAT – Disketten/Festplatten für die Verwendung unter MS DOS vorbereiten (formatieren).
- FTP – Öffnet die FTP-Verbindung.
- GOTO – Sprungbefehl in Stapeldatei.
- IF – Setzen von Bedingungen in Batchdateien.
- LABEL – Vergeben, Ändern oder Löschen eines Datenträgernamens.
- MD – Unterverzeichnis erstellen.
- MENUCOLOR – Legt die Farben für das Multikonfigurationsmenü fest.
- MOVE – Verschiebt Dateien, benennt Verzeichnisse um.
- NUMLOCK – Gibt an, ob [NUM] ein- oder ausgeschaltet sein soll.
- PATH – Suchpfad für ausführbare MS DOS-Befehlsdateien festlegen oder anzeigen.
- PAUSE – Stoppt innerhalb von Batchdateien und wartet auf einen Tastendruck.
- PING – Testet eine Netzwerkverbindung.
- PRINT – Druckt Textdateien im Hintergrund aus.
- RD – Unterinhaltsverzeichnis löschen.
- REM – Kommentare in Batchdateien.
- REN – Dateien umbenennen.
- SUBST – Ersetzt einen Verzeichnisnamen durch einen Laufwerksbezeichner.
- TELNET – Öffnet das Telnet-Fenster.
- TIME – Systemzeit anzeigen und ändern.
- TREE – Verzeichnisstruktur eines Datenträgers grafisch anzeigen.
- TYPE – Inhalt einer Datei auf dem Bildschirm anzeigen.
- VOL – Namen und Seriennummer eines Datenträgers.
- XCOPY – Erweitertes Kopierprogramm mit zusätzlichen Möglichkeiten zur Übertragung von Dateien und kompletten Verzeichnisbäumen.

Mit *xcopy* kann man Dateien und Verzeichnisse einschließlich der Unterverzeichnisse kopieren. Die Syntax dazu lautet:

xcopy Quelle [Ziel] [/c] [/v] [/l] [/d[:TT.MM.JJ]] [/u] [/s [/e]] [/t] [/k] [/r] [/h] [{/y|/-y}] [/z]

Dabei kann man folgende Optionen verwenden:

- /c – Unterdrückt Fehlermeldungen.
- /v – Bewirkt, dass jede Zieldatei nach dem Schreiben überprüft wird, um sicherzustellen, dass die Zieldateien mit den Quelldateien übereinstimmen.

- /l – Zeigt eine Liste der zu kopierenden Dateien an.
- /d[:TT.MM.JJ] – Kopiert nur Quelldateien, die an oder nach dem angegebenen Datum geändert wurden. Wenn Sie keinen Wert für TT.MM.JJ angeben, kopiert *xcopy* alle Dateien aus Quelle, die neuer sind als vorhandene Dateien aus Ziel. Mit dieser Befehlszeilenoption können Sie veränderte Dateien aktualisieren.
- /u – Kopiert nur die Dateien aus Quelle, die bereits im Ziel existieren.
- /s – Kopiert Verzeichnisse und Unterverzeichnisse, wenn diese nicht leer sind. Wenn Sie /s weglassen, arbeitet xcopy nur innerhalb eines Verzeichnisses.
- /e – Kopiert alle Unterverzeichnisse, auch wenn diese leer sind. Verwenden Sie /e mit den Befehlszeilenoptionen /s.
- /t – Kopiert nur die Unterverzeichnisstruktur (Tree), keine Dateien. Um auch leere Verzeichnisse zu kopieren, müssen Sie die Befehlszeilenoption /e angeben.
- /k – Kopiert Dateien und behält das Attribut Schreibgeschützt bei den Zieldateien bei, wenn es bei den Quelldateien gesetzt war. Standardmäßig entfernt *xcopy* das Attribut *Schreibgeschützt*.
- /r – Kopiert schreibgeschützte Dateien.
- /h – Kopiert Dateien mit den Attributen Versteckt und System. Standardmäßig kopiert xcopy weder versteckte Dateien noch Systemdateien.
- /y – Unterdrückt die Ausgabe einer Aufforderung zur Bestätigung des Überschreibens einer vorhandenen Zieldatei.
- /-y – Fordert Sie auf, das Überschreiben einer vorhandenen Zieldatei zu bestätigen.
- /z – Kopiert im ausführbaren Modus über ein Netzwerk.

19.8.1 Batchdateien verwenden

Für die Befehlszeile gibt es eine Art Programmiersprache, mit der Sie Befehle automatisieren und abspeichern können. Solche Batchdateien (auch unter Stapelverarbeitungsdatei bekannt) werden auf den folgenden Seiten besprochen.

Zum Schreiben von Batchdateien brauchen Sie nur den Windows Editor, den Sie über *Start/Alle Programme/Zubehör/Editor* öffnen können. In einer Batchdatei schreiben Sie die DOS-Befehle ganz einfach Zeile für Zeile.

Beispiel:
In der Batchdatei sollen der erste und zweite Parameter einfach per *echo* ausgegeben werden. Dazu sollten Sie noch am Anfang den Befehl *@echo off* verwenden, der verhindert, dass die Befehle, die ausgeführt werden, am Bildschirm ausgegeben werden.

Erweiterte Systemverwaltung

Beim Speichern müssen Sie beachten, dass Sie unter Dateityp die Option *Alle Dateien* auswählen und beim Dateinamen die Endung *.bat* hinzufügen.

Abbildung 19.65: Erstellen von Batchdateien

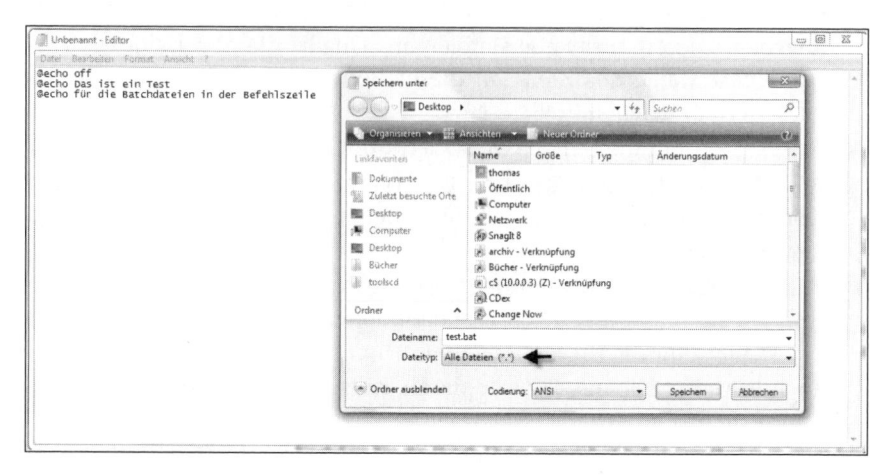

Nachdem Sie die Batchdatei gespeichert haben, können Sie die Datei ganz einfach über die Befehlszeile ausführen lassen. Starten Sie dazu die Befehlszeile, und wechseln Sie zum Verzeichnis, wo sich die Batchdatei befindet, mittels *cd*. Natürlich können Sie die Batchdatei auch per Doppelklick unter Windows öffnen, oder eine Verknüpfung zur Datei anlegen. Nun aber zu den besonderen Befehlen, die Sie in Batchdateien benutzen können.

- REM Kommentar – Für Kommentare; diese werden beim Ausführen nicht berücksichtigt.
- ECHO Bemerkung – Ausgabe einer Meldung am Bildschirm.
- FOR Bedingung – Führt Befehle aus, solange die Bedingung zutrifft.
- IF Bedingung – Führt einen Befehl nur dann aus, wenn die Bedingung zutrifft.
- GOTO – Sprungmarke; Sprungbefehl zu einer Sprungmarke.
- : Sprungmarke – Sprungmarke, zu der mittels GOTO gesprungen werden kann.
- PAUSE – Wartet so lange, bis eine Taste gedrückt wird.
- CALL Datei – Führt eine andere Batchdatei aus.

Interessante, weiterführende Informationen zu Batchdateien finden Sie auf den folgenden Internetseiten:

- http://www.microsoft.com/technet/prodtechnol/windowsserver2003/de/library/ServerHelp/89fdf70e-7d52-4f45-865d-6a61963a3a7e.mspx?mfr=true
- http://www.axel-hahn.de/axel/page_compi/bat_index.htm
- http://de.wikipedia.org/wiki/Stapelverarbeitung

Systeminformation über die Befehlszeile – systeminfo.exe

Mit dem Befehl *systeminfo* zeigen Sie alle Informationen Ihres PC in der Befehlszeile an, darunter finden sich Infos über Hotfixes, Netzwerkkarten, Prozessor, Betriebssystem, Hersteller usw. – sogar die aktuelle Systembetriebszeit (also wie lange Sie schon arbeiten) und das ursprüngliche Installationsdatum lassen sich anzeigen.

Hier empfiehlt sich die Umleitung in eine Textdatei, wobei Sie zusätzlich den Parameter */FO list* angeben sollten, um die Infos formatiert zu speichern. Um alle Infos in die Textdatei *C:\sysinfo.txt* zu speichern, müssen Sie den Befehl *systeminfo /FO list > C:\sysinfo.txt* verwenden (siehe *Abbildung 19.66*).

Abbildung 19.66: Ausgabe und Umleitung von Systeminformationen über die Befehlszeile in eine Textdatei

Beenden von Programmen über die Befehlszeile – Taskkill und Tasklist

Mit Tasklist können Sie sich eine Liste der Anwendungen und Dienste mit der dazugehörigen PID (Prozess-ID) für alle Tasks anzeigen lassen. Der Befehl hat die Syntax *tasklist.exe /s < Computer >*.

Mit dem Parameter */s < Computer >* geben Sie den Namen oder die IP-Adresse eines Remotecomputers an. Sie können auch diese Liste ausdrucken und mit dem Befehl *tasklist > C:\tasks.txt* in eine Datei umleiten lassen (siehe *Abbildung 19.67*).

Erweiterte Systemverwaltung

Abbildung 19.67:
Anzeigen der laufenden Programme und Dienste in der Befehlszeile

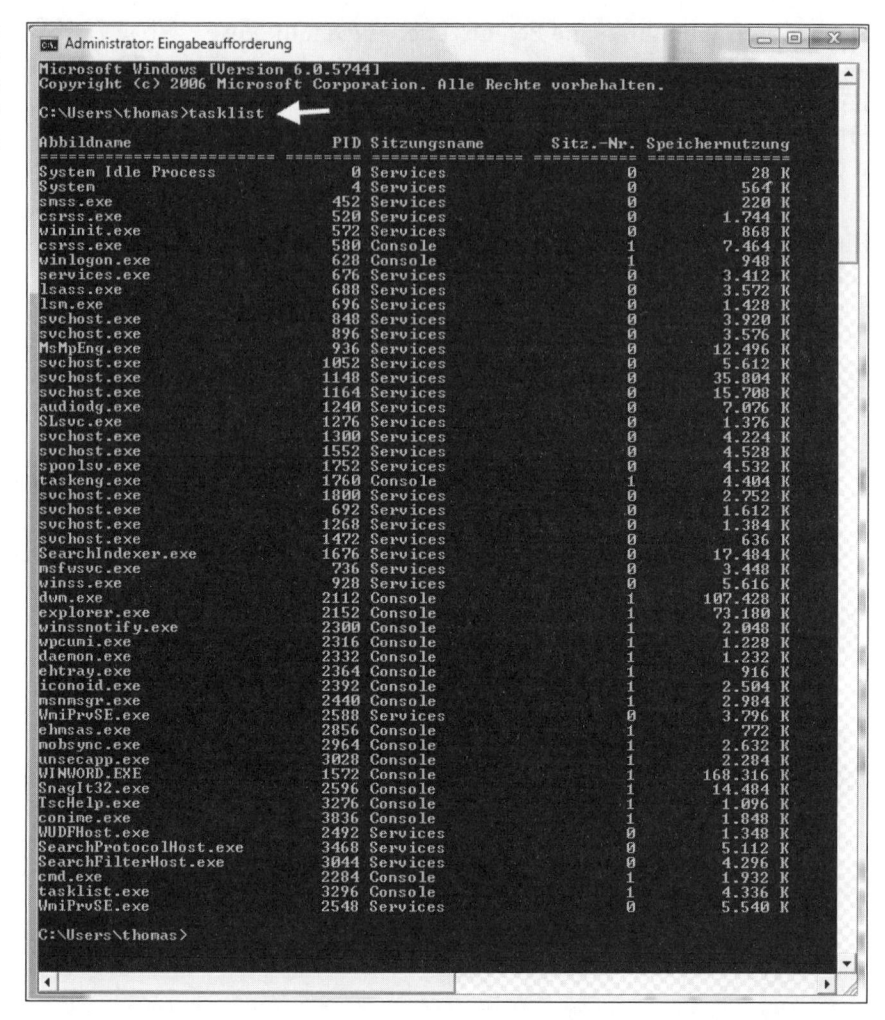

Während Sie mit *tasklist.exe* eine Liste der Tasks ausgeben, können Sie mit *taskkill < PID >* einen Prozess beenden. Außerdem können Sie den Parameter /t verwenden, um alle untergeordneten Prozesse zusammen mit dem übergeordneten Prozess abzubrechen.

20 Spracherkennung und erleichterte Bedienung

In Windows Vista wurde die Unterstützung für Anwender mit Behinderung deutlich überarbeitet. Damit auch Anwender mit Sehschwäche oder sonstigen gesundheitlichen Einschränkungen, welche die Arbeit mit dem PC beeinträchtigen, optimal mit dem Computer arbeiten können, hat Microsoft die bereits in Windows XP vorhandenen Eingabehilfen nochmals deutlich überarbeitet und optimiert. Auch die Spracherkennung ist in Windows Vista integriert. Mit ihr kann Vista selbst gesteuert werden, und es besteht die Möglichkeit, in Anwendungen Texte zu diktieren. Die Funktionen für die erleichterte Bedienung werden über *Start/Systemsteuerung/Erleichterte Bedienung/Center für erleichterte Bedienung* konfiguriert (siehe *Abbildung 20.1*).

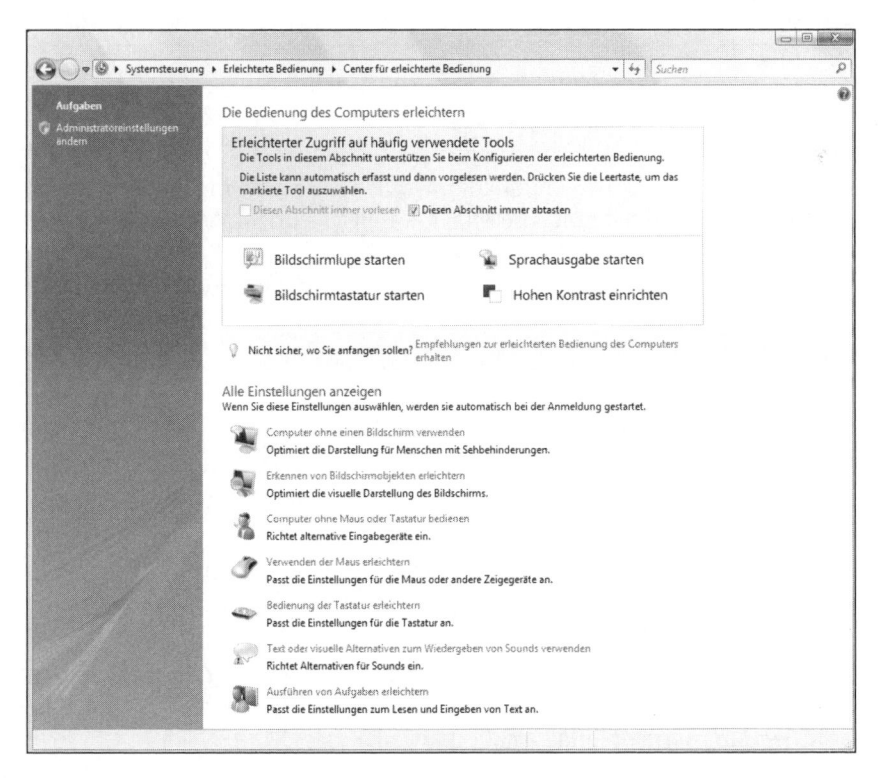

Abbildung 20.1: Center für erleichterte Bedienung in Windows Vista

Spracherkennung und erleichterte Bedienung

Die Spracherkennung kann über *Start/Systemsteuerung/Erleichterte Bedienung/Spracherkennungsoptionen* konfiguriert werden (siehe *Abbildung 20.2*).

Abbildung 20.2: Erleichterte Bedienung in Windows Vista

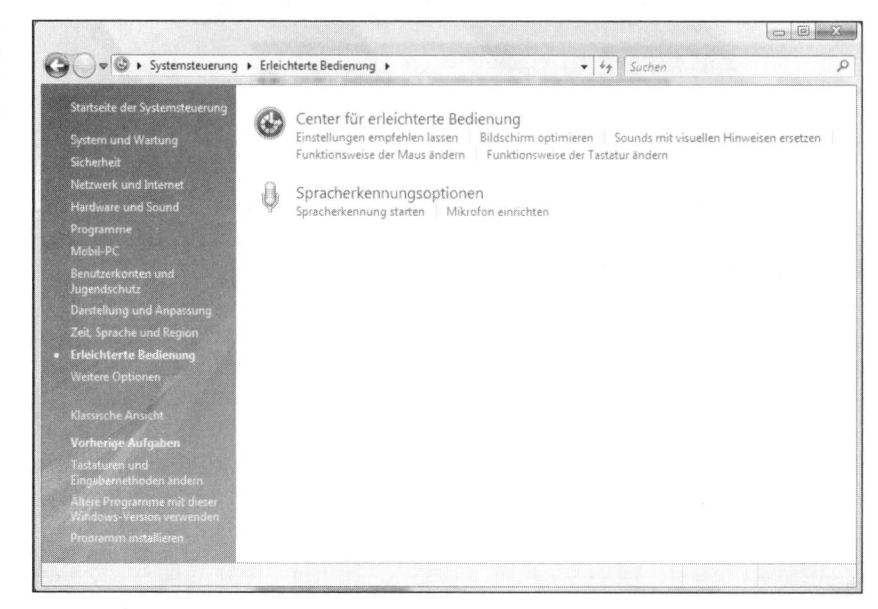

20.1 Spracherkennung

Die Spracherkennung ist ein vollkommen neues Feature in Windows Vista, auf dessen Möglichkeiten ich bereits in Kapitel 1 kurz eingegangen bin. Sie können mit der Spracherkennung sowohl Windows direkt steuern als auch Texte in Applikationen diktieren. Nachdem Sie die Konfiguration der Spracherkennung gestartet haben, stehen Ihnen im Fenster fünf Optionen zur Verfügung:

- *Spracherkennung starten* – Hier findet beim ersten Aufruf die maßgebliche Einrichtung der Spracherkennung statt.

- *Mikrofon einrichten* – Hier konfigurieren Sie Ihr Mikrofon bzw. Headset, damit die Zusammenarbeit mit der Spracherkennung gut funktioniert.

- *Sprachlernprogramm ausführen* – Über diese Option können Sie die Möglichkeiten der Spracherkennung erlernen und üben. Jeder Anwender, der sich mit der Spracherkennung auseinandersetzen will, sollte dieses Programm verwenden.

- *Computer für bessere Spracherkennung trainieren* – Mit dieser Funktion können Sie die Spracherkennung an Ihre Stimme anpassen, damit die Erkennungsrate optimal funktioniert.

- *Sprachreferenzkarte öffnen* – Über diese Funktion können Sie eine Liste der Befehle ausdrucken, die von der Spracherkennung unterstützt werden.

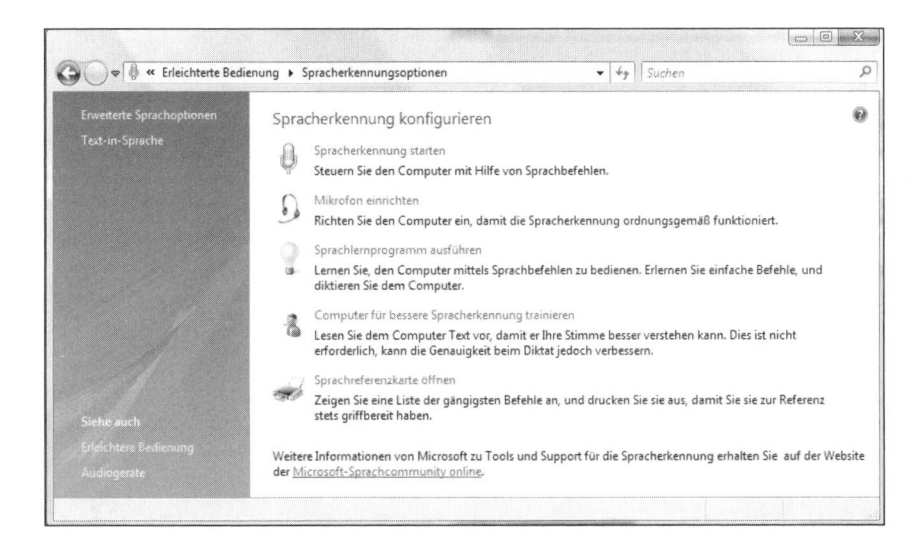

Abbildung 20.3:
Konfiguration der Spracherkennung in Windows Vista

20.1.1 Konfiguration der Spracherkennung

Bevor Sie über den Link *Spracherkennung starten* die Spracherkennung aktivieren (siehe nächster Abschnitt), sollten Sie diese zunächst konfigurieren. Der erste Schritt während dieser Konfiguration ist die Einrichtung und Anpassung des Mikrofons. Die Konfiguration des Mikrofons (siehe *Abbildung 20.4*) starten Sie über den Link *Mikrofon einrichten*.

Im ersten Bildschirm zur Einrichtung der Spracherkennung müssen Sie zunächst festlegen, welche Art von Mikrofon Sie einsetzen. Auf den folgenden Seiten richten Sie es vollständig ein. Nachdem Sie die Einrichtung abgeschlossen haben (siehe auch Kapitel 6), ist der Computer für das Verwenden der Spracherkennung bereit.

Nach der Einrichtung des Mikrofons sollten Sie über den Link Sprachlernprogramm ausführen *etwas mit der Spracherkennung üben. Das Sprachlernprogramm ist sehr gut gemacht und auch für ungeübte Benutzer ein optimaler Einstiegspunkt.*

TIPP

Spracherkennung und erleichterte Bedienung

Abbildung 20.4:
Konfiguration des Mikrofons für die Spracherkennung

20.1.2 Starten der Spracherkennung

Über den Link *Spracherkennung starten* wird die Spracherkennung aktiviert und die Symbolleiste für die Spracherkennung auf dem Bildschirm angezeigt (siehe *Abbildung 20.5*).

Abbildung 20.5:
Starten der Spracherkennung

Zeitgleich wird die Spracherkennung auch im Infobereich der Taskleiste angezeigt (siehe *Abbildung 20.6*).

Abbildung 20.6:
Symbol für die Spracherkennung im Infobereich der Taskleiste

Wenn Sie mit der rechten Maustaste auf das Symbol für die Spracherkennung klicken, können Sie im Kontextmenü verschiedene Aufgaben durchführen, um die Spracherkennung zu konfigurieren.

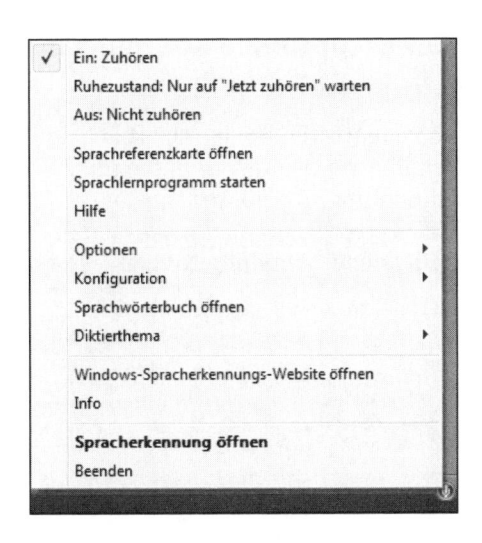

Abbildung 20.7:
Konfiguration der Spracherkennung

Sie können über dieses Kontextmenü auch das Sprachlernprogramm starten und die Sprachreferenzkarte öffnen und ausdrucken.

Wenn Sie wollen, dass die Spracherkennung bei jedem Systemstart automatisch ausgeführt wird, starten Sie diese zunächst einmal manuell und klicken mit der rechten Maustaste auf das Symbol der Sprachsteuerung. Öffnen Sie im Kontextmenü das Untermenü Optionen, *und wählen Sie den Befehl* Beim Starten ausführen *aus.*

TIPP

Sie sollten sich mit den Befehlen der Spracherkennung auseinandersetzen, die Sie über den Link *Sprachreferenzkarte öffnen* anzeigen können. Über den Link *Computer für bessere Spracherkennung trainieren* können Sie die Spracherkennung für Ihre Stimme optimieren. Dadurch wird die Erkennungsrate optimiert.

20.2 Center für erleichterte Bedienung

Den Hauptbestandteil der neuen Funktionen für die erleichterte Bedienung finden Sie im entsprechenden Center. Dieses starten Sie am besten über *Start/Systemsteuerung/Erleichterte Bedienung*. Hier stehen Ihnen an zentraler Stelle alle Möglichkeiten zur Verfügung, die Bedienung von Windows Vista für ältere oder auch behinderte Menschen anzupassen. Windows Vista ist sogar in der Lage, Texte vorzulesen, sodass auch in ihrer Sehkraft eingeschränkte Anwender mit Windows arbeiten können. Der folgende Abschnitt geht näher auf die einzelnen Möglichkeiten des Centers für erleichterte Bedienung ein.

20.2.1 Optimale Konfiguration der erleichterten Bedienung

Da viele Anwender den Überblick darüber verlieren würden, welche Eingabehilfen sie benötigen, unterstützt Windows sie bei der Auswahl und der Einrichtung. Sie können im Center für die erleichterte Bedienung auf den Link *Empfehlungen zur erleichterten Bedienung des Computers erhalten* klicken (siehe *Abbildung 20.8*).

Abbildung 20.8: Assistenten zur Unterstützung der Einrichtung der Eingabehilfen starten

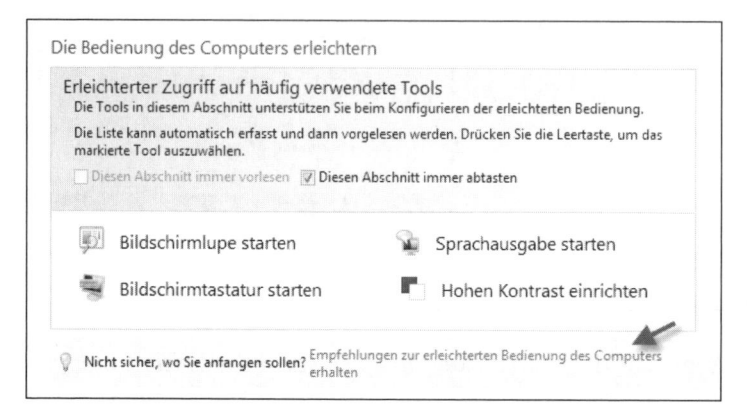

Im Anschluss startet ein Assistent, der Sie über mehrere Fenster durch die optimale Konfiguration führt. Auf der ersten Seite des Assistenten werden Fragen zu Sehschwächen gestellt. Hier können Sie durch Aktivieren der jeweiligen Kontrollkästchen angeben, welche Behinderungen Windows berücksichtigen soll (siehe *Abbildung 20.9*).

Abbildung 20.9: Assistent zur erleichterten Bedienung von Windows Vista

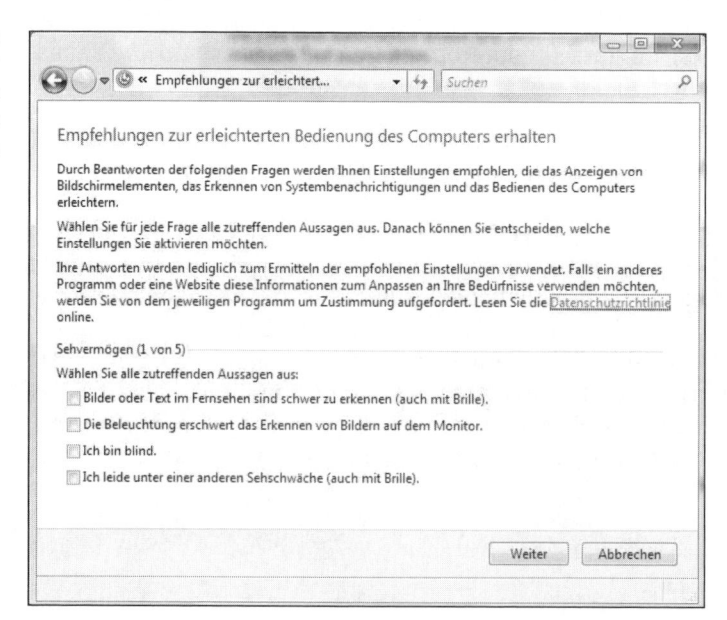

Im nächsten Fenster werden Fragen zur Beweglichkeit gestellt. Auch hier können Sie wieder auswählen, wo Sie Schwierigkeiten haben.

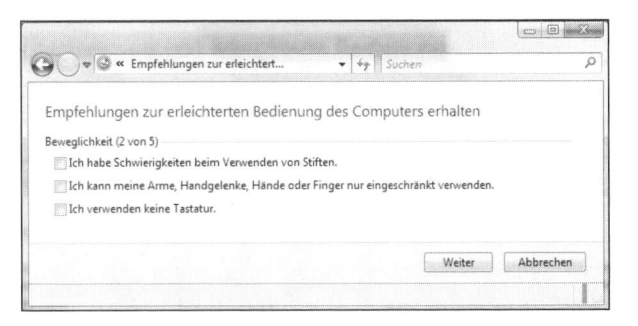

Abbildung 20.10: Einrichtung von Vista bei eingeschränkter Beweglichkeit

Auf der dritten Seite werden Fragen zum Hörvermögen gestellt, auf deren Basis der Assistent später verschiedene Empfehlungen auch für hörgeschädigte Anwender unterbreiten kann (siehe *Abbildung 20.11*).

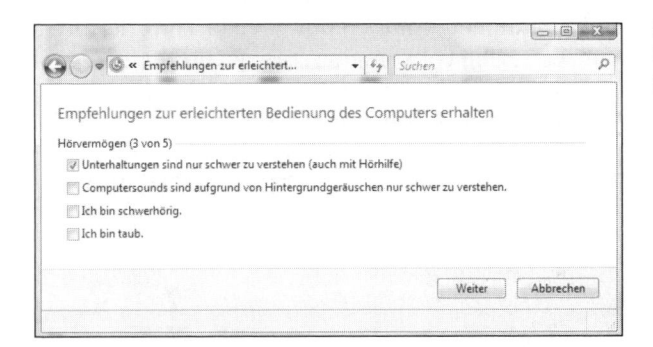

Abbildung 20.11: Fragen zum Hörvermögen

Auf der nächsten Seite können Fragen zum eigenen Sprachvermögen gestellt werden. Hier kann Vista entscheiden, ob der Einsatz der Spracherkennung überhaupt sinnvoll ist (siehe *Abbildung 20.12*).

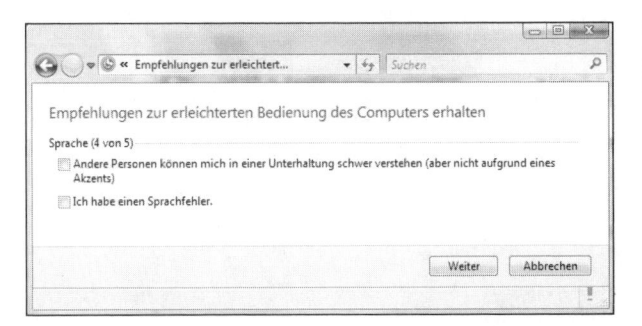

Abbildung 20.12: Fragen zum Sprachvermögen

Als Letztes stellt der Assistent Fragen zu kognitiven Behinderungen wie zum Beispiel Vergesslichkeit oder Lernschwächen (siehe *Abbildung 20.13*).

Spracherkennung und erleichterte Bedienung

Abbildung 20.13:
Fragen zu kognitiven Behinderungen

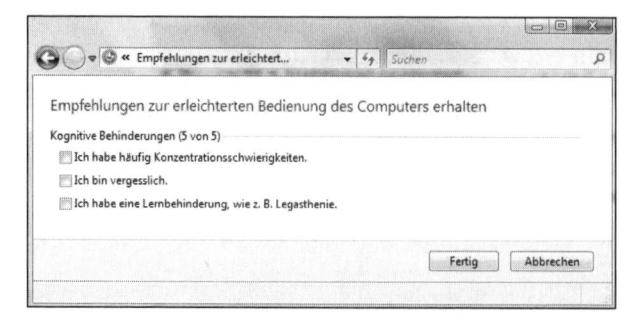

Im Anschluss schlägt Windows umfassende Anpassungen von Windows Vista vor, die Sie einzeln prüfen und dann aktivieren oder deaktivieren können.

Sie können auch die Einstellungen der einzelnen Optionen festlegen und anpassen, abhängig vom Grad der Behinderung (siehe *Abbildung 20.14*). Durch diesen Assistenten ist es nicht mehr notwendig, alle Möglichkeiten und Funktionen von Windows Vista zur erleichterten Bedienung zu kennen. Es reicht vollkommen aus, wenn Sie den Assistenten durcharbeiten und die Empfehlungen von Vista durchgehen, konfigurieren und direkt im Assistenten auch aktivieren.

Abbildung 20.14:
Vorschläge von Windows Vista für die erleichterte Bedienung

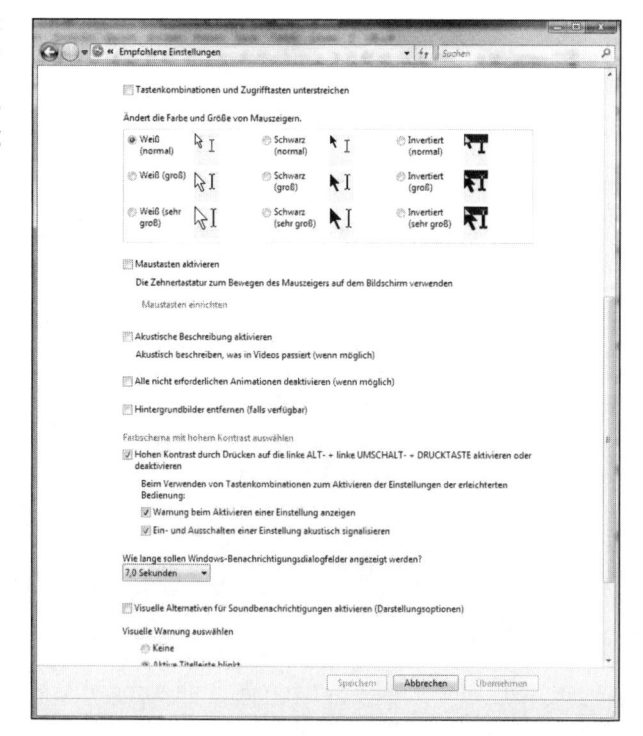

20.2.2 Funktionen des Centers für erleichterte Bedienung

Der folgende Abschnitt beschäftigt sich mit einzelnen Funktionen und Möglichkeiten, die das Center für erleichterte Bedienung unterstützt.

Die wichtigsten Eingabehilfen in Windows Vista

Im oberen Bereich des Centers werden die vier Funktionen angezeigt, die am häufigsten verwendet werden, eine schnelle Unterstützung bieten und durch weitere Einstellungen angepasst werden können. Sie können also recht schnell eine Hilfestellung aktivieren, mit deren Unterstützung Sie Windows Vista optimal an Ihre Bedürfnisse anpassen können.

Abbildung 20.15: Häufig verwendete Eingabehilfen

- *Bildschirmlupe starten* – Diese Funktion zeigt standardmäßig am oberen Bildschirmrand, ähnlich einer Lupe, eine vergrößerte Anzeige des Bildschirms rund um den Mauszeiger an (siehe *Abbildung 20.16*). Sie können den Grad der Vergrößerung sowie weitere Einstellungen im Konfigurationsfenster der Bildschirmlupe definieren. Der vergrößerte Bereich bleibt auch bei maximierten Fenstern immer im Vordergrund. Wenn Sie mit der Maus in den vergrößerten Bereich klicken und die linke Maustaste gedrückt halten, können Sie ihn auf dem Bildschirm an eine andere Stelle verschieben.

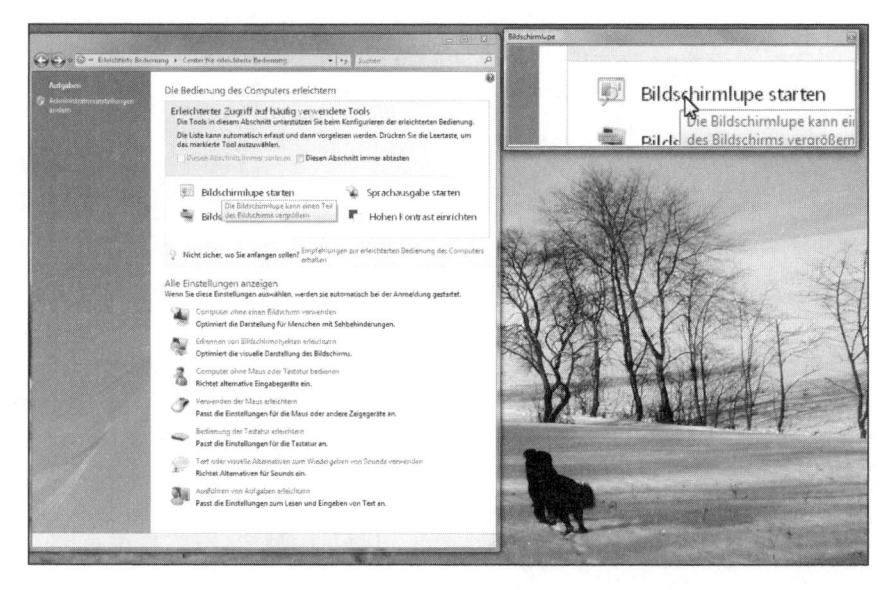

Abbildung 20.16: Verwenden der Bildschirmlupe in Windows Vista

Spracherkennung und erleichterte Bedienung

TIPP *Im Microsoft IntelliPoint-Treiber und in die neuen Lasermäuse von Microsoft ist ebenfalls eine Bildschirmlupe integriert, die allerdings wesentlich benutzerfreundlicher und effizienter ist, da sie frei auf dem Bildschirm bewegt werden kann und auch optimal zu bedienen ist.*

- *Bildschirmtastatur starten* – Mit dieser Funktion wird auf dem Bildschirm eine Tastatur angezeigt, die über die Maus oder die Spracherkennung bedient werden kann (siehe *Abbildung 20.17*). Über das Menü der Bildschirmtastatur können Sie verschiedene Einstellungen vornehmen, zum Beispiel Tastaturen mit einer unterschiedlichen Anzahl von Tasten festlegen.

Abbildung 20.17: Verwenden der Bildschirmtastatur in Windows Vista

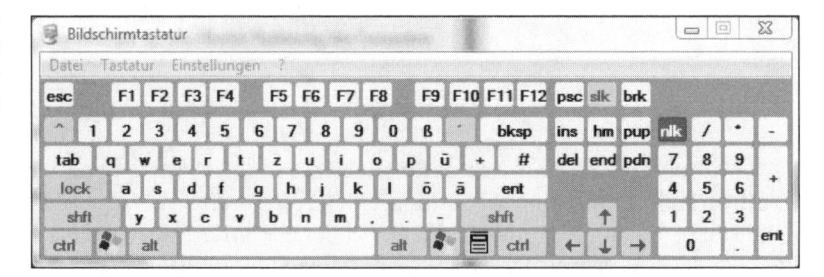

- *Sprachausgabe starten* – Mithilfe der Sprachausgabe liest Windows Vista in einer sehr deutlichen Sprache den Inhalt des Bildschirms während der Navigation der Maus vor. Auch Bildbeschreibungen und Systemmeldungen werden vorgelesen. Sie können die Stimme auswählen, mit der das Programm vom Bildschirm vorlesen soll (siehe *Abbildung 20.18*). Nach dem Start der Sprachausgabe können Sie auch verschiedene Einstellungen vornehmen, um sie an Ihre Bedürfnisse anzupassen. Vor allem Anwender mit Sehschwäche erhalten durch diese zusätzliche Funktion eine enorme Hilfestellung.

Center für erleichterte Bedienung

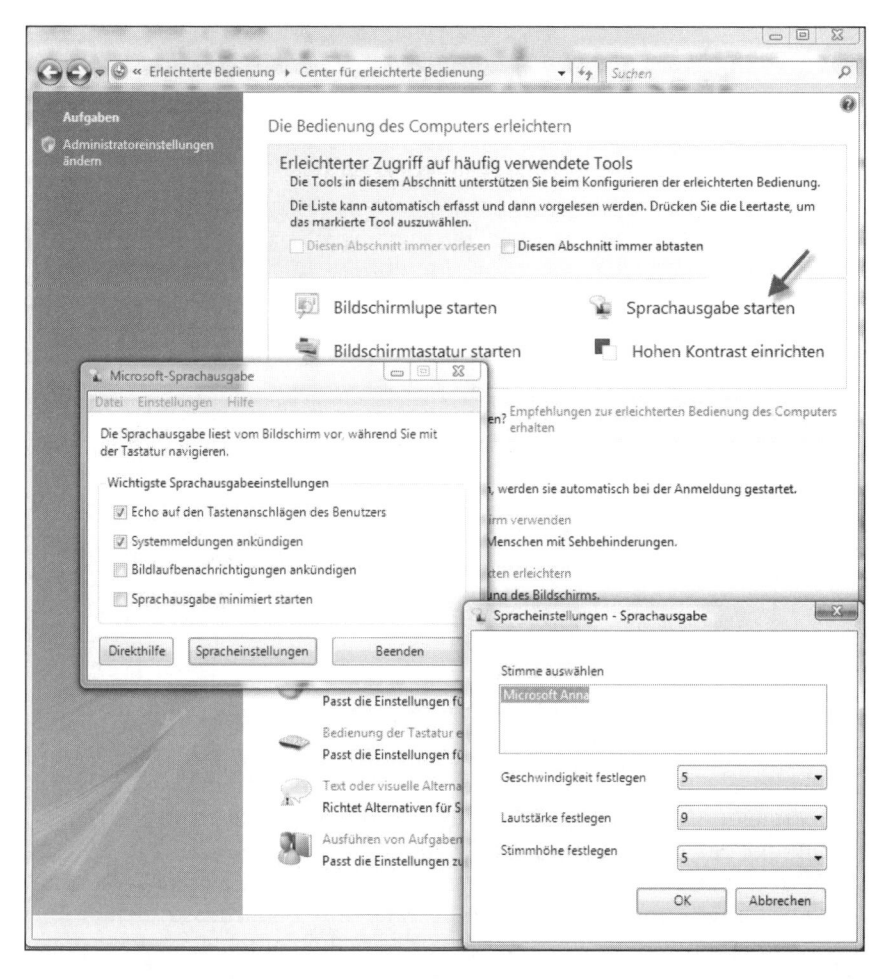

Abbildung 20.18:
Konfiguration der Sprachausgabe von Windows Vista

- *Hohen Kontrast einrichten* – Mit dieser Funktion wird ein neues Fenster gestartet, über das Sie Einstellungen zur Optimierung der Anzeige von Vista vornehmen können, damit sich Symbole, Texte und Fenster voneinander abheben. Die Vista Aero-Effekte werden deaktiviert, und Anwender mit leichter Sehschwäche können einfacher navigieren. Bevor der hohe Kontrast von Windows aktiviert wird, müssen Sie zunächst die verschiedenen Optionen konfigurieren. Diese können jederzeit nachgebessert werden. Bei der Aktivierung des hohen Kontrastes können Sie auch die anderen Bereiche zur Anpassung der Visualisierung konfigurieren.

Der hohe Kontrast kann durch die Tastenkombination [Linke Alt] + [Linke ⇧] + [Druck] *aktiviert und wieder deaktiviert werden.*

TIPP

Spracherkennung und erleichterte Bedienung

Abbildung 20.19:
Konfiguration des hohen Kontrastes

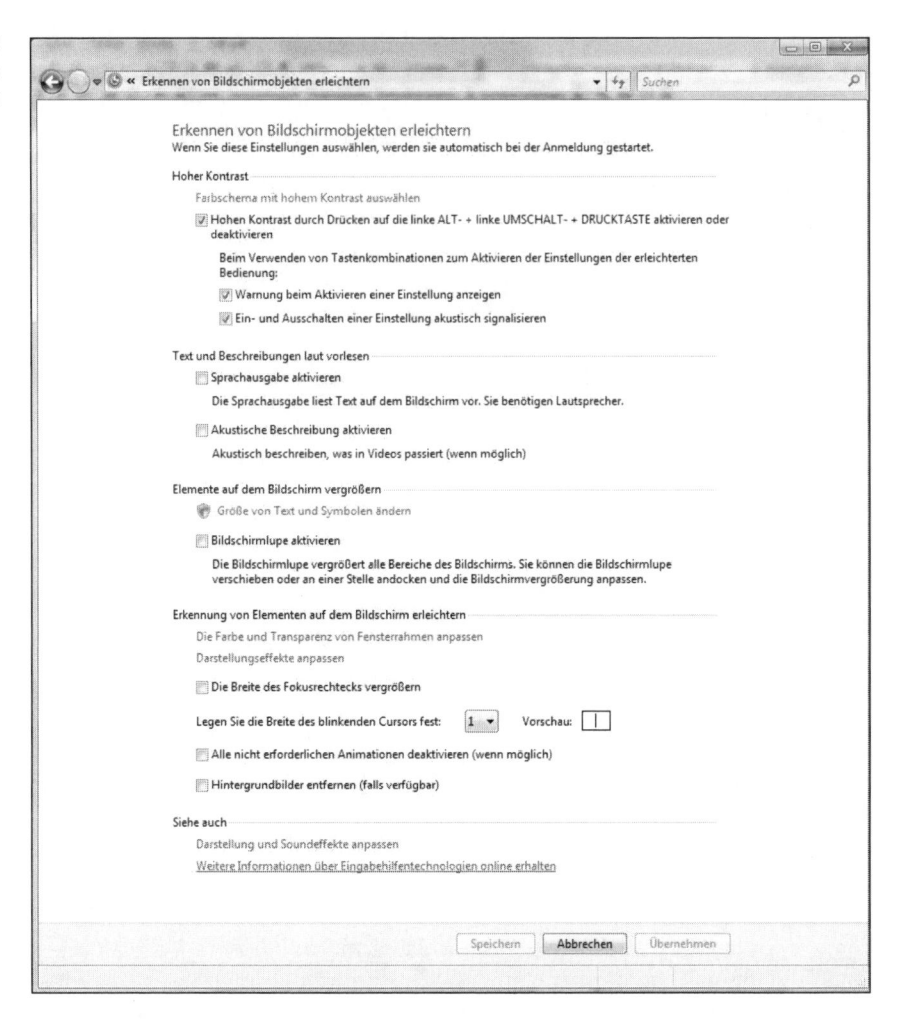

Computer ohne einen Bildschirm verwenden

Wenn Sie diesen Menüpunkt aufrufen, erscheint ein neues Fenster, über das Sie den PC so einrichten können, dass er zukünftig ohne Bildschirm betrieben werden kann. Dieser Einsatz ist zum Beispiel für stark sehbehinderte Menschen sinnvoll (siehe *Abbildung 20.20*).

In diesem Fenster können Sie zum Beispiel einstellen, dass Windows-Info-Fenster automatisch nach einer bestimmten Zeit ausgeblendet werden, ohne dass es der Anwender bestätigen muss (siehe *Abbildung 20.20*).

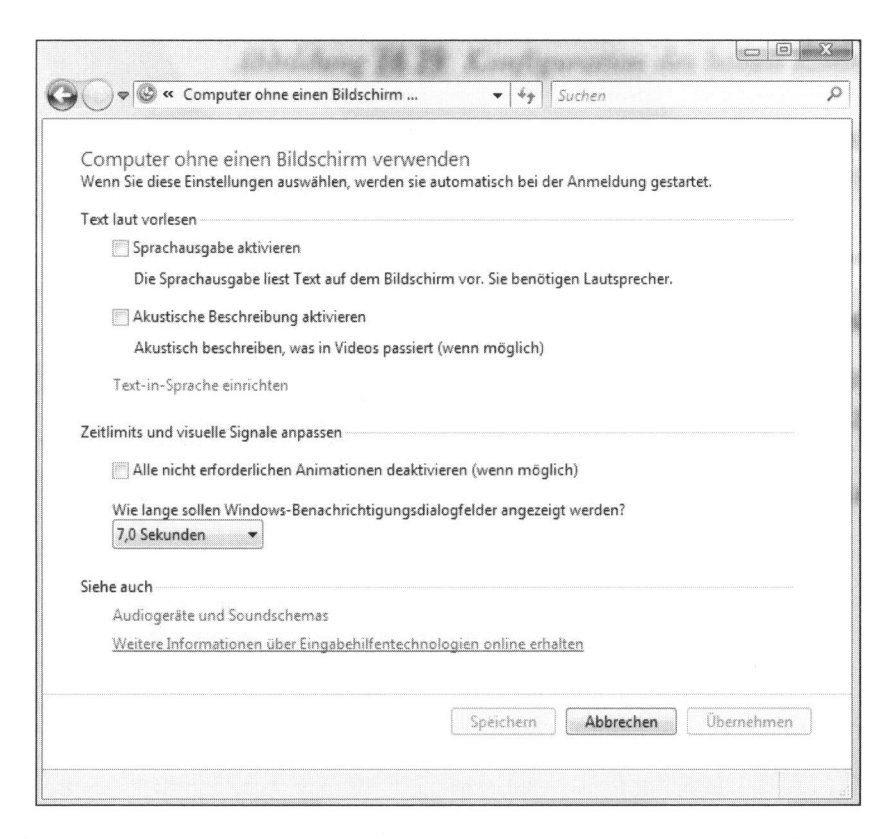

Abbildung 20.20:
Konfiguration des Computers für den Einsatz ohne Bildschirm

Über dieses Fenster können Sie auch die Sprachausgabe aktivieren sowie die Animationen deaktivieren, da sie ohne Monitor natürlich ohnehin nicht gesehen werden. Auch wenn ein Bildschirm angeschlossen ist, können Sie den Computer für den Einsatz ohne Bildschirm konfigurieren, die aktivierten Optionen werden dennoch eingesetzt. Dadurch können in einem Haushalt Personen mit und ohne Behinderung am gleichen PC arbeiten.

Alle weiteren Einstellmöglichkeiten bieten ebenfalls jeweils eigene Fenster, über die sich Einstellungen konfigurieren und so anpassen lassen, dass behinderte Anwender optimal mit Windows Vista arbeiten können. Gehen Sie die einzelnen Menüs durch, auch wenn Sie den Assistenten zur Einrichtung verwendet haben, damit Sie alle Funktionen der erleichterten Bedienung aktivieren, die Sie benötigen. Unter Umständen werden nicht alle Optionen eingeblendet, wenn Sie den Assistenten verwenden. Dennoch ist der Assistent der optimale Einstieg.

20.2.3 Tastenkombinationen für die erleichterte Bedienung

Viele Elemente in diesem Bereich lassen sich auch über Tastenkombinationen steuern. Die wichtigsten Kombinationen in diesem Bereich sind:

- ⌈Rechte ⇧⌉ acht Sekunden lang drücken – Aktivieren und Deaktivieren der Anschlagverzögerung
- ⌈Linke Alt⌉ + ⌈Linke ⇧⌉ + ⌈Druck⌉ – Aktivieren bzw. Deaktivieren des hohen Kontrasts
- ⌈Linke Alt⌉ + ⌈Linke ⇧⌉ + ⌈Num⌉ – Aktivieren bzw. Deaktivieren der Tastaturmaus
- ⌈⇧⌉ fünfmal drücken – Aktivieren bzw. Deaktivieren der Einrastfunktion
- ⌈Num⌉ fünf Sekunden lang drücken – Aktivieren bzw. Deaktivieren der Umschalttasten
- ⌈⊞⌉ + ⌈U⌉ – Öffnen des Centers für die erleichterte Bedienung

TEIL 9
Anhang

1059	Tipps und Tricks zu Windows Vista	A
1097	Tastenkombinationen	B
1101	Mozilla Firefox 1.5/2.0 und Thunderbird 1.5	C

A Tipps und Tricks zu Windows Vista

In diesem Kapitel zeige ich Ihnen zahlreiche Tipps und Tricks für den Umgang mit Windows Vista. Ich ordne die Tipps möglichst verschiedenen Themen zu und erkläre sie so, dass Sie diese möglichst schnell nachvollziehen können. Einige dieser Tricks habe ich Ihnen bereits in den einzelnen Kapiteln des Buches gezeigt, aber die meisten finden Sie an keiner anderen Stelle des Buches.

A.1 Installation, Aktivierung und Treiberintegration

In diesem Abschnitt zeige ich Ihnen Tipps und Tricks zum Umgang mit der Hardware, der Installation und der Aktivierung von Windows Vista.

Beheben von Treiberproblemen und Wiederherstellung des Systems

Manchmal kommt es vor, dass beim ersten Neustart von Windows Vista der Monitor schwarz bleibt. In diesem Fall liegt häufig ein Problem mit der Grafikkarte vor. In diesem Fall bleibt Ihnen zunächst nur der Versuch, den PC neu zu starten, beim Start die Taste F8 zu drücken und als Option *Anzeige mit niedriger Auflösung (640 x 480)* zu wählen.

Wenn nach der Installation eines Treibers der PC überhaupt nicht mehr startet, also auch nicht im abgesicherten Modus, können Sie auch die Option *Letzte als funktionierend bekannte Konfiguration* anstatt des abgesicherten Modus starten. In diesem Fall wird der PC ebenfalls mit dem alten Treiber gestartet und der neue deaktiviert. Diese Option funktioniert aber nur dann, wenn der PC direkt nach einer Treiberinstallation überhaupt nicht mehr hochfährt.

Reparieren von Image-Kopien von Windows Vista

Wenn Sie mit einem Image-Programm ein Abbild von Windows Vista anfertigen und dieses auf eine neue Festplatte kopieren, gibt es oft Startprobleme. Um diese Probleme zu beheben, booten Sie nach dem Zurückspielen des Images mit der Windows Vista-DVD und wählen die *Computerreparaturoptionen*. Anschließend können Sie mit *Systemstartreparatur* das Problem beheben.

Tipps und Tricks zu Windows Vista

Probleme bei der Soundwiedergabe

Wenn Ihr PC keine Sounds wiedergibt, obwohl die Soundkarte ordnungsgemäß installiert wurde, sollten Sie überprüfen, ob der Dienst *Windows-Audio* gestartet ist. Wenn dieser Dienst nicht läuft, werden von Applikationen keine Sounds wiedergegeben. Sie können sich die Dienste über *Start/Ausführen/services.msc* anzeigen lassen.

Individuelle Einstellung der Lautstärke

Unter Windows XP konnten Sie nur die Gesamtlautstärke im System anpassen. In Windows Vista gibt es die Möglichkeit, die Lautstärke einzelner Programme zu steuern, indem Sie den *Lautstärkemixer* aufrufen (siehe Abbildung A.1). Dadurch können Sie während eines Spiels die Lautstärke des Spiels reduzieren und Systemklänge für eingehende E-Mails erhöhen. Sie können aber, wie unter XP auch, die Gesamtlautstärke über den Regler *Lautsprecher* steuern.

Abbildung A.1:
Steuern der Lautstärke von Anwendungen unter Windows Vista

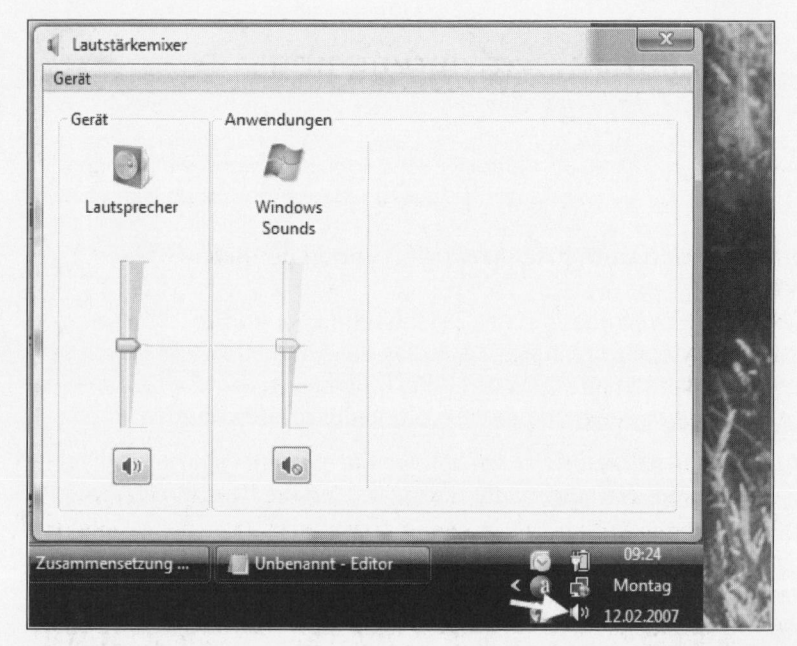

Sounds abschalten

Windows Vista macht beim Klicken und bei allen anderen Aktionen Geräusche. Viele Anwender sind von den zahlreichen Sounds genervt. Um diese schnellstmöglich zu deaktivieren, gehen Sie folgendermaßen vor:

1. Geben Sie *mmsys.cpl* über *Start/Ausführen* ein. Alternativ öffnen Sie in der Systemsteuerung *Sounds und Audiogeräte*.
2. Öffnen Sie die Registerkarte *Sounds*.
3. Hier können Sie einzelne Sounds abschalten oder alle Sounds deaktivieren (siehe Abbildung A.2).

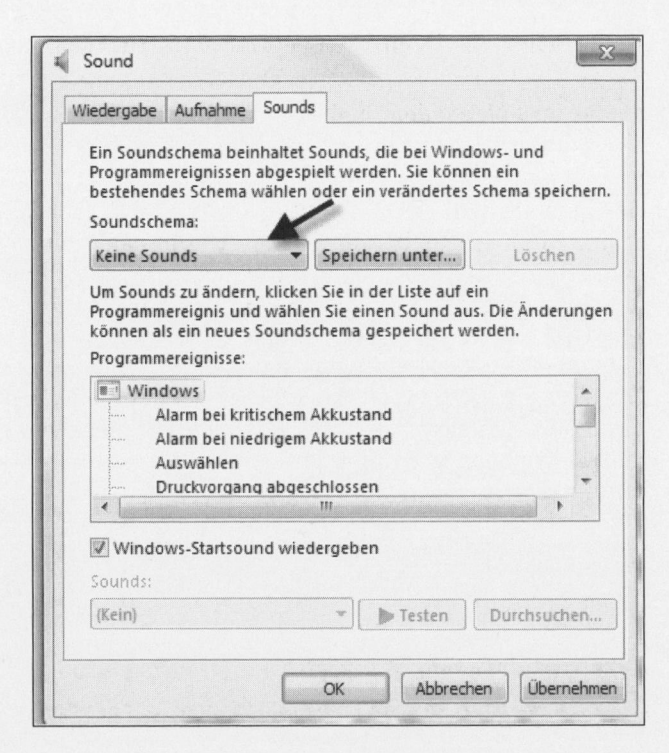

Abbildung A.2:
Deaktivieren der Systemklänge in Windows Vista

Treiber über Windows-Update installieren und in der Befehlszeile anzeigen lassen

Über den Befehl *driverquery* in der Befehlszeile können Sie sich eine Liste aller aktuell geladenen Treiber anzeigen lassen. Mit dem Befehl *driverquery > c:\treiber.txt* werden alle Treiber in die Textdatei *treiber.txt* geschrieben, die Sie mit Windows Notepad bearbeiten und überprüfen können.

Über *Start/Ausführen/msinfo32.exe* können Sie ebenfalls eine sehr ausführliche Übersicht über die eingebaute Hardware und die Ressourcen eines PC abrufen.

Treiber für Grafikkarten in Notebooks

Für viele Notebooks ist es schwierig, einen passenden Treiber für Grafikkarte vom Hersteller zu beziehen. Auf der Internetseite http://www.laptopvideo2go.com erhalten Sie nVidia-Treiber mit angepassten INF-Dateien, sodass die Installation von aktuellen Treibern auch auf Notebooks möglich ist. Dadurch erhalten Sie deutlich mehr Performance als von den Referenztreibern der Notebook-Hersteller, und es werden zusätzliche Funktionen aktiviert. Das Vorgehen ist eigentlich sehr einfach:

1. Sie laden sich den originalen Treiber des Grafikkartenherstellers auf dessen Seite herunter.
2. Sie laden sich eine angepasste INF-Datei von http://www.laptopvideo2go.com herunter.

3. Sie entpacken den Treiber und ersetzen die mitgelieferte INF-Datei durch die heruntergeladene Version.
4. Sie installieren den Treiber.

Diagnose des Arbeitsspeichers

Häufig sind die Probleme auf einem PC auf defekten Arbeitsspeicher zurückzuführen. In Windows Vista wurde daher ein spezielles Diagnoseprogramm integriert, das den Arbeitsspeicher ausführlich auf Fehler überprüft. Sie können das Tool über *Start/Ausführen/mdsched* starten (siehe Abbildung A.3).

Abbildung A.3: Überprüfen des Arbeitsspeichers in Windows Vista

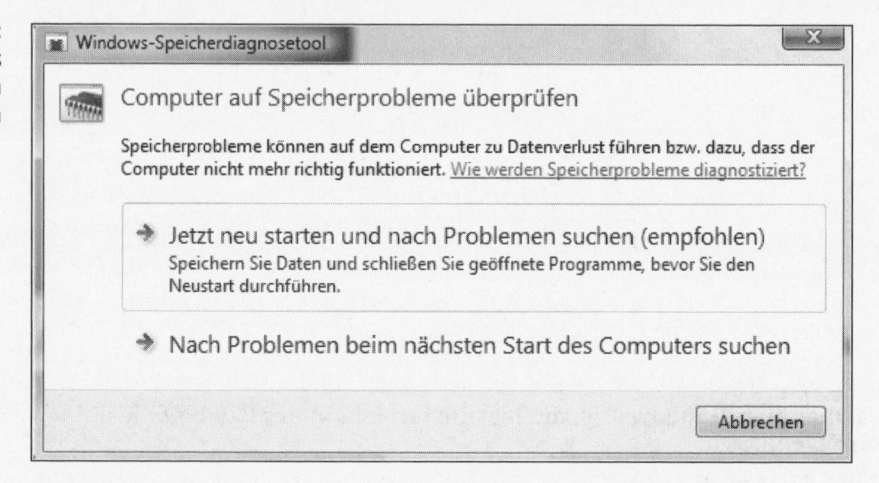

Für die Überprüfung wird der PC neu gestartet. Sie können entweder festlegen, dass der PC jetzt sofort neu gestartet und überprüft oder erst beim nächsten Start getestet werden soll. Falls das Diagnoseprogramm Fehler findet, sollten Sie den Arbeitsspeicher Ihres PC von einem Fachmann austauschen lassen.

Systeminformation über die Befehlszeile – systeminfo.exe

Mit dem Befehl *systeminfo* zeigen Sie alle Informationen Ihres PC in der Befehlszeile an, darunter finden sich Infos über Hotfixes, Netzwerkkarten, Prozessor, Betriebssystem, Hersteller usw. – sogar die aktuelle Systembetriebszeit (also wie lange Sie schon arbeiten) und das ursprüngliche Installationsdatum lassen sich anzeigen.

Hier empfiehlt sich die Umleitung in eine Textdatei, wobei Sie zusätzlich den Parameter */FO list* angeben sollten, um die Infos formatiert zu speichern. Um alle Infos in die Textdatei *C:\sysinfo.txt* zu speichern, müssen Sie den Befehl *systeminfo /FO list > C:\sysinfo.txt* verwenden.

Identifizieren von Systemkomponenten mit CPU-Z

Eines der beliebtesten Tools zum Identifizieren der eingebauten CPU oder anderer Systemkomponenten ist die Freeware *CPU-Z*, die Sie von der Inter-

Installation, Aktivierung und Treiberintegration

netseite `http://www.cpuid.com` herunterladen können. Das Programm muss nicht installiert werden und gibt sofort nach der Ausführung detaillierte Informationen über die eingebaute CPU und andere Systemkomponenten aus (siehe *Abbildung A.4*).

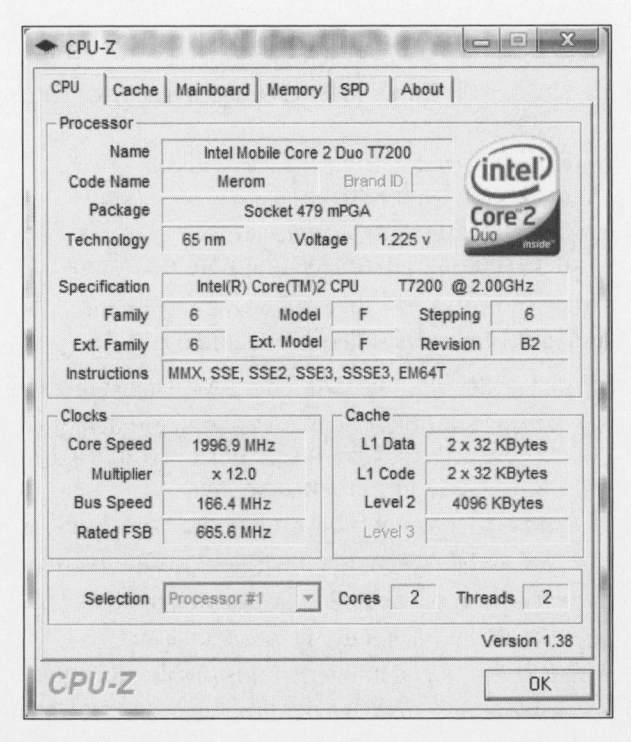

Abbildung A.4:
Abrufen von CPU-Informationen über CPU-Z

Mit dem Befehl *cpuz.exe –txt = < Pfad >* können Sie sich die Informationen auch in eine Textdatei ausgeben lassen.

Verwenden von VistaBootPRO

Optimal zum Bearbeiten des Windows Vista-Bootmenüs ist das Freeware-Programm *VistaBootPRO*, mit dem Sie in einer grafischen Oberfläche bequem das Bootmenü anpassen und optimieren können. Sie können das Programm auf der Internetseite `http://www.pro-networks.org/vistabootpro` kostenlos herunterladen.

Windows Vista aktivieren

Sie können das Programm zur Aktivierung auch über *Start/Ausführen/slui* starten. Dieser Weg hilft oft, wenn die herkömmliche Vorgehensweise zur Aktivierung nicht funktioniert. Oft liegt hier ein Problem mit dem Produktschlüssel vor. Über diesen Weg können Sie einen neuen Schlüssel eingeben. Über den Befehl *slui 0x03* wird ein Dialogfeld geöffnet, um einen neuen Produktschlüssel einzugeben, während der Befehl *slui 0x05* die Produktaktivierung startet. Über *slui 0x5* erhalten Sie darüber hinaus noch die Möglichkeit, auch alternative Aktivierungsmethoden auszuwählen. Sollten Sie Probleme bei der Aktivierung bekommen, überprüfen Sie die Uhrzeit und die Zeitzone Ihres PC. Sind die entsprechenden Einstellungen nicht korrekt, können Sie Windows nicht aktivieren. Weitere Möglichkeiten sind:

- *slui.exe 4* – Öffnet die Auswahl der Aktivierungshotlines.
- *slui.exe 8* – Nach diesem Befehl muss Vista sofort aktiviert werden.
- *slui.exe 7* – Damit aktivieren Sie wieder den Original-Timerwert vor der Option 8.
- *slui.exe 0x2a 0x<fehlerhexcode>* – Entschlüsselt einige Fehlercodes, die beim Aktivieren auftreten können.
- *net stop slsvc &&* und *net start slsvc* – Startet den KMS-Dienst neu, sodass Änderungen übernommen werden.

Diese Optionen für das Lizenzmanagement-Skript *cscript c:\windows\system32\slmgr.vbs* sollten Sie kennen:

- *-ato* – Vista-PC mit MAK oder KMS-Dienst direkt online aktivieren.
- *-rearm* – Mit dieser Option können Sie den 30-Tage-Testzeitraum dreimal verlängern, also insgesamt auf 120 Tage, in denen Sie mit Vista ohne Aktivierung arbeiten können.
- *-cdns* – DNS-Autopublishing für KMS deaktivieren.
- *-cpri* – KMS-Dienst mit niedriger Priorität betreiben.
- *-dli* – Zeigt die aktuellen Lizenzinformationen an.
- *-dlv* – Zeigt noch mehr Lizenzdetails an.
- *-dlv all* – Zeigt detaillierte Infos für alle installierten Lizenzen.
- *-ipk <Volumenlizenzschlüssel>* – MAK- oder KMS-Schlüssel einem Host zuweisen.
- *-sdns* – DNS-Autopublishing für KMS aktivieren.
- *-spri* – KMS-Dienst mit hoher Priorität betreiben.
- *-sprt <portnummer>* – TCP-Port für den KMS-Dienst festlegen

Status der Aktivierung anzeigen

Möchten Sie den Status der Aktivierung von Windows Vista anzeigen, geben Sie unter *Start/Ausführen* den Befehl *slmgr.vbs -dli* ein, und führen Sie diesen mit einem Klick auf *OK* aus. Anschließend werden der Name und die Beschreibung des Betriebssystems, aber auch ein Teil des Product-Keys und der Lizenzstatus angezeigt.

Vista x64: Erzwungene digitale Treibersignatur deaktivieren

Die 64-Bit-Version von Windows Vista akzeptiert nur die Installation digital verifizierter Treiber. Diese Funktion kann bei der notwendigen Installation nicht verifizierter Treiber auch nicht abgeschaltet werden. Unter Windows Vista RC2 konnten Sie noch mit folgender Vorgehensweise die Überprüfung deaktivieren. Dies funktioniert in der finalen Version nicht mehr:

Installation, Aktivierung und Treiberintegration

1. Öffnen Sie eine Befehlszeile.
2. Geben Sie *Bcdedit.exe /set nointegritychecks ON* ein, und bestätigen Sie. Möchten Sie die Treibersignatur später wieder aktivieren, geben Sie *Bcdedit.exe /set nointegritychecks OFF* ein.
3. Starten Sie den PC neu.

Weitere Informationen zu der digitalen Treibersignatur in Vista der Version 64 Bit finden Sie in folgendem Dokument: *Digital Signatures for Kernel Modules on x64-based Systems Running Windows Vista* (http://download.microsoft.com/download/9/c/5/9c5b2167-8017-4bae-9fde-d599bac8184a/x64KMSigning.doc)

Geräte-Manager in Windows Vista

Der Geräte-Manager kann über *Start/Ausführen/devmgmt.msc* gestartet werden.

Mit dem Befehlszeilenprogramm *DiskPart* können Sie Partitionen auch in der Eingabeaufforderung verwalten. Mithilfe dieses Programms können Speichermedien (Datenträger, Partitionen oder Volumes) via Remotesitzung, Skripte oder Befehlszeile verwaltet werden. Es sollte nur von Experten verwendet werden, da die Möglichkeit einer Fehlkonfiguration und des dadurch eventuell entstehenden Systemausfalls oder Datenverlustes groß ist.

Die Windows-Hilfe reparieren

Wird beim Öffnen der Hilfe von Windows Vista eine Fehlermeldung angezeigt, dass die Seite nicht gefunden oder geöffnet werden kann, so ist eine falsche Dateizuordnung schuld. Mit der Registry lässt sich dieses Problem beheben. Öffnen Sie den Registry-Editor, und navigieren Sie zum Schlüssel *HKEY_CLASSES_ROOT\.xml*. Dort ändern Sie den Wert der folgenden Einträge:

- Standard-Wert – xmlfile
- Content Type – text/xml
- PerceivedType – text

Zusätzlich ändern Sie den Standardwert des Unterschlüssels *OpenWithList\winword.exe* auf eine leere Zeichenkette. Zusätzlich muss im Unterschlüssel *PersistentHandler* der Standardwert auf {7E9D8D44-6926-426F-AA2B-217A819A5CCE} gesetzt werden.

Datenträgerbereinigung

Mit der Datenträgerbereinigung können Sie alte Dateien vom Datenträger entfernen. Diese Datenträgerbereinigung finden Sie in den Eigenschaften eines Laufwerks im Windows Explorer. Sie können die Datenträgerbereinigung auch über *Start/Ausführen/cleanmgr.exe* aufrufen.

Einstellen und reduzieren des genutzten Arbeitsspeichers – msconfig.exe

Über *Start/Ausführen/msconfig* können Sie einige Systemeinstellungen von Windows Vista anpassen. Sie können hier zum Beispiel die Benutzerkontensteuerung deaktivieren sowie den genutzten Arbeitsspeicher von Vista einstellen. Diese finden Sie über die Registerkarte *Start* in den *Erweiterten Optionen* und *Maximaler Speicher*.

Abbildung A.5:
Einstellen des maximalen Speichers von Windows Vista

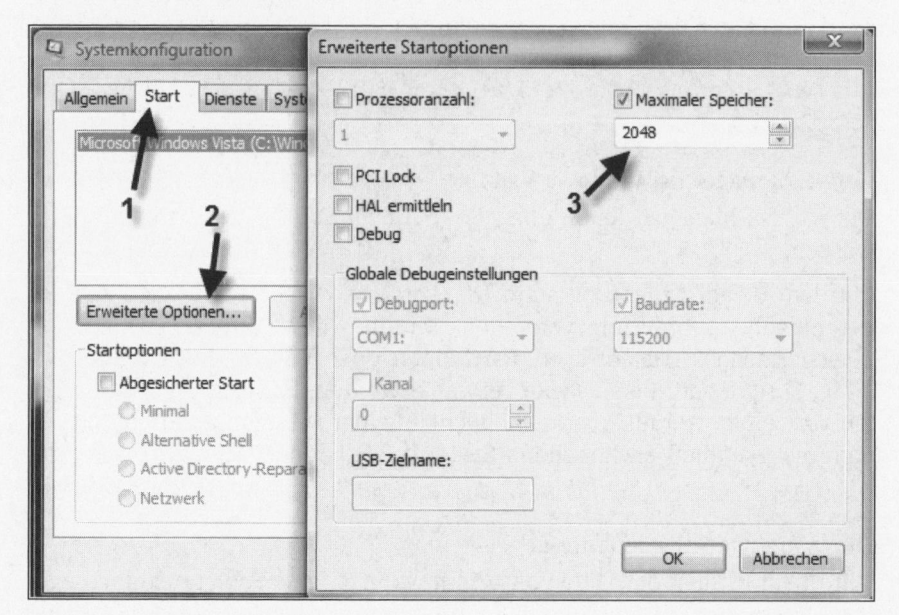

Stellen Sie hier einen kleinen Wert ein, können Sie Kollegen ziemlich ärgern, da Windows Vista bei Einstellungen unter 384 MB unerträglich langsam wird. Wenn Ihr PC also langsam ist, kontrollieren Sie, ob Ihnen nicht jemand einen Streich gespielt hat.

Ausblenden von Updates

Über *Start/Systemsteuerung\Sicherheit\Windows Update* können Sie nach neuen Updates für Windows Vista suchen lassen. Es gibt allerdings immer mehr Updates, die Sie nicht auf Ihrem PC installieren wollen, zum Beispiel Language Packs für andere Sprachen. Damit sie nicht mehr zur Installation vorgeschlagen werden, können Sie diese durch Rechtsklick auf das Update und die Auswahl *Update ausblenden* von der Liste der zu installierenden Updates entfernen (siehe *Abbildung A.6*).

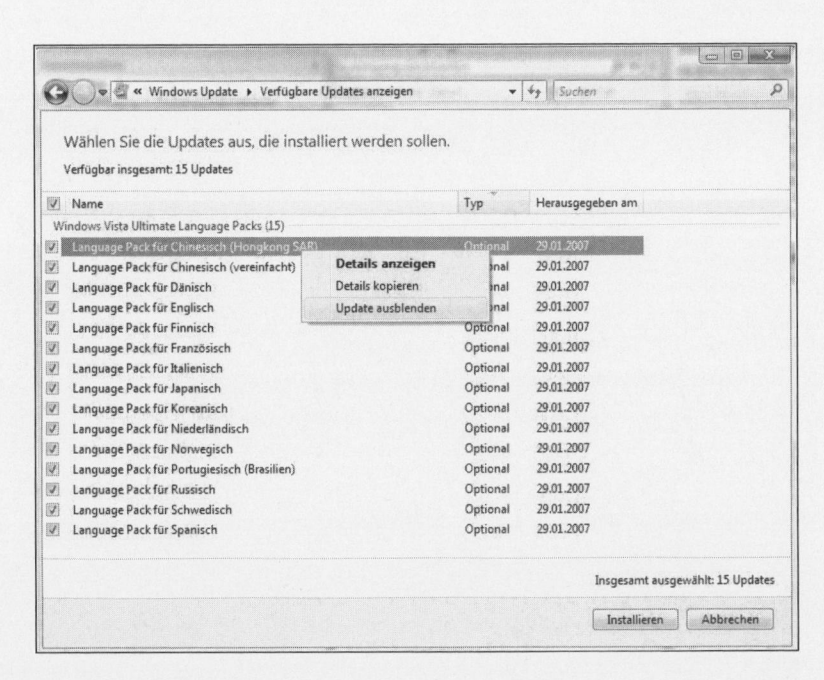

Installation, Aktivierung und Treiberintegration

Abbildung A.6:
Ausblenden von nicht benötigten Updates

Sie können sich alle ausgeblendeten Updates anzeigen lassen, wenn Sie über *Start/Systemsteuerung\Sicherheit\Windows Update* auf *Ausgeblendete Updates anzeigen* klicken (siehe *Abbildung A.7*).

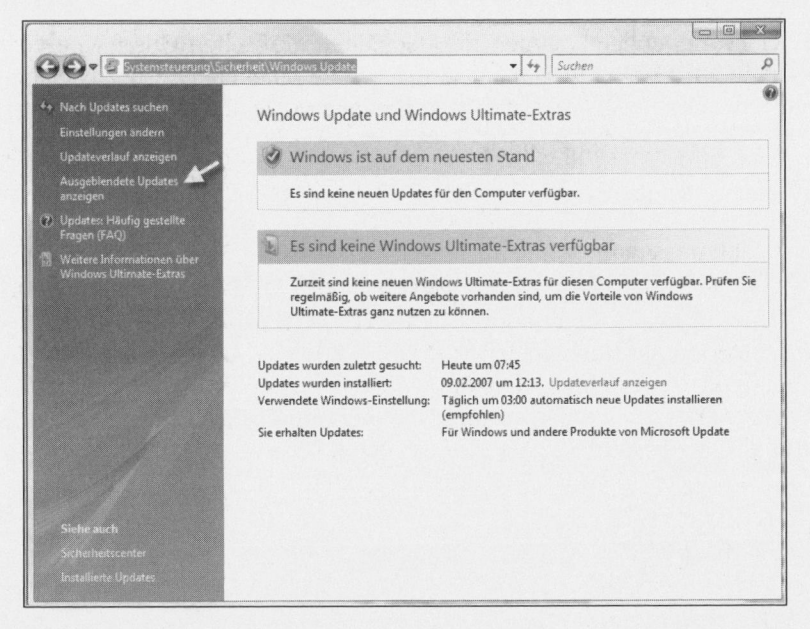

Abbildung A.7:
Anzeigen der ausgeblendeten Updates

Verwenden von Sprachpaketen in Windows Vista

Mit Windows Vista-Sprachpaketen können Sie die Oberfläche von Windows Vista auf eine andere Sprache umstellen, ohne Windows Vista neu zu installieren. Es gibt zwei Arten von Windows Vista-Sprachdateien: *Windows Vista Multilingual User Interface Pack (MUI Pack)* und *Windows Vista-Benutzeroberflächen-Sprachpakete (LIP)*. MUIs stellen eine übersetzte Version des größten Teils der Windows Vista-Benutzeroberfläche und LIPs eine übersetzte Version der am häufigsten benutzten Bereiche der Windows Vista-Benutzeroberfläche zur Verfügung. MUIs sind nur bei Windows Vista Ultimate und Windows Vista Enterprise verfügbar, LIPs können von der Microsoft-Website frei heruntergeladen werden. Für Besitzer von Windows Vista Ultimate und Enterprise stehen zusätzliche Sprachpakete zum Download bereit, die über Windows Update angezeigt werden (siehe *Abbildung A.6*). In den *Regions- und Sprachoptionen* in der Systemsteuerung, können Sie nach dem Herunterladen und Installieren die Sprache ändern.

A.2 Arbeiten mit dem Desktop

Die Änderungen, die bei Windows Vista als Erstes auffallen, sind natürlich die grafischen Änderungen, wie bei allen neuen Windows-Versionen. Ich gehe im folgenden Abschnitt auf die einzelnen Tipps ein, welche die Steuerung der grafischen Oberfläche behandeln.

Aero-Oberfläche abschalten

Viele Anwender kommen mit der neuen grafischen Oberfläche von Vista nicht zurecht. In diesem Fall haben Sie die Möglichkeit, sie zu deaktivieren. In diesem Fall stehen Ihnen verschiedene Möglichkeiten zur Verfügung:

1. Sie können über Rechtsklick auf *Desktop/Anpassen/Fensterfarbe und -darstellung/Eigenschaften für klassische Darstellung öffnen* das Thema anpassen (siehe *Abbildung A.8*).
2. Eine weitere Möglichkeit ist *Start/Systemsteuerung/System und Wartung/System/Erweiterte Systemeinstellungen/Registerkarte Erweitert/ Bereich Leistung/Einstellungen/Für optimale Leistung anpassen*. In diesem Fall wird die Performance des PC erhöht und alle grafischen Spielereien von Vista deaktiviert, auch die weiter hinten beschriebenen Funktionen Flip und Flip-3D

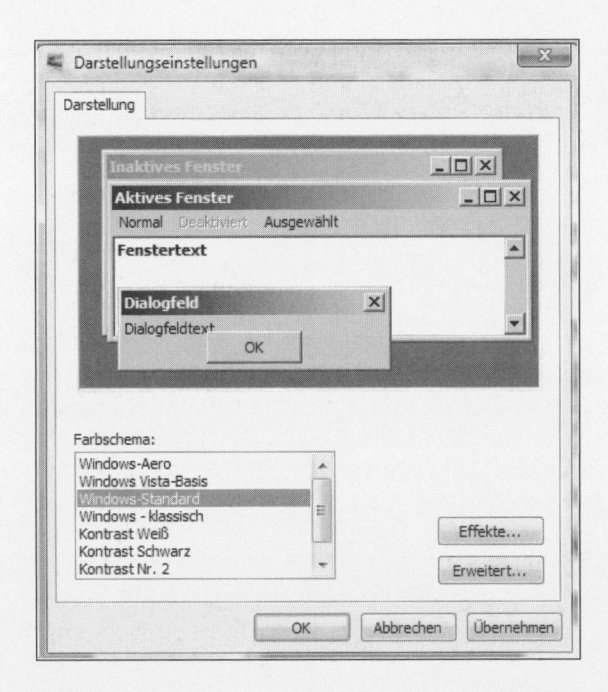

Abbildung A.8:
Anpassen der klassischen Windows-Ansicht

Flip und Flip-3D

Ebenfalls eine grafisch sehr ansprechende Änderung ist das neue Flip und Flip-3D, womit zwischen verschiedenen Fenstern und Applikationen hin und her geschaltet werden kann. Die Fenster und Programme werden in einer kleinen Ansicht bzw. dreidimensional angezeigt (siehe *Abbildung A.9*).

Abbildung A.9:
Umschalten zwischen Anwendungen mit Flip-3D

Damit Sie diese Funktion nutzen können, muss Ihre Grafikkarte unter anderem DirectX 9 unterstützen. Über *Start/Systemsteuerung/System und Wartung/System/Windows-Leistungsindex/Details anzeigen und drucken* können Sie erkennen, ob Ihre Grafikkarte DirectX 9 unterstützt.

Mit Flip-3D können Sie mit der Tastenkombination ⊞ + ⇆ umschalten. Wenn Sie wie in Windows XP zur Umschaltung die Tastenkombination [Alt] + ⇆ verwenden, sehen Sie die normale Flip-Ansicht mit einer Vorschau aller laufenden Applikationen (siehe *Abbildung A.10*).

Abbildung A.10: Umschalten zwischen Applikationen mit Flip-3D

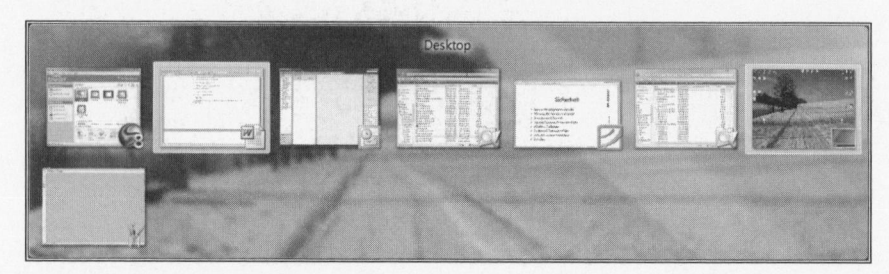

Auch in der Taskleiste können die Anwendungen in einer Vorschau angezeigt werden (siehe *Abbildung A.11*). Auch diese Funktionen werden allerdings nur von aktuellen Grafikkarten unterstützt. Ältere Modelle zeigen diese neuen Features nicht an. Hier wird das Umschalten zwischen den verschiedenen Programmen wie bei Windows XP angezeigt.

Abbildung A.11: Anzeigen der Vorschau in der Taskleiste

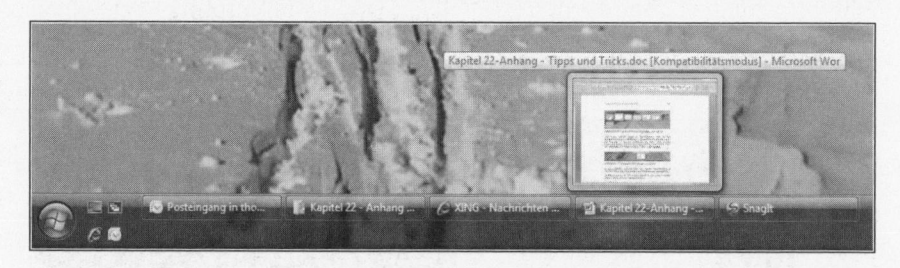

In dieser Abbildung sehen Sie auch, dass sich die Startschaltfläche in Windows XP zu einem kleinen Kreis mit Windows-Fahne verwandelt hat.

Sie können sich die Flip-3D-Funktion auch als Symbol auf dem Desktop anlegen. Gehen Sie dazu folgendermaßen vor:

1. Klicken Sie mit der rechten Maustaste auf den Desktop, und wählen Sie aus dem Kontextmenü *Neu/Verknüpfung*.
2. Geben Sie in der Befehlszeile für die Verknüpfung den Befehl *RunDll32 DwmApi #105* ein.
3. Klicken Sie auf *Weiter*, und geben Sie der Verknüpfung einen passenden Namen wie zum Beispiel *Flip-3D*.
4. Schließen Sie die Erstellung der Verknüpfung ab.

Maximal angezeigte Fenster in Flip-3D anpassen

Bei zu vielen Fenstern kann Flip-3D unübersichtlich werden. Über die Registry können Sie die maximal angezeigten Fenster festlegen. Öffnen Sie im Registry-Editor den Schlüssel *HKEY_CURRENT_USER\Software\ Microsoft\Windows\DWM*, und erstellen Sie dort einen neuen DWORD-Eintrag mit der Bezeichnung *Max3DWindows*. Diesem weisen Sie anschließend als Wert die gewünschte Zahl der maximal angezeigten Fenster zu. Starten Sie anschließend den PC neu.

Speicherort der Hintergrundbilder

Wenn Sie die Bilddateien in Ihr Windows-Profil kopiert haben, finden Sie dieses im Ordner *c:\Benutzer\<Benutzername>*. Entweder finden Sie die Dokumente bereits in diesem Ordner oder im folgenden Unterordner *c:\Benutzer\<Benutzername>\Dokumente*. Wenn Sie die Beispielbilder von Windows verwenden wollen, finden Sie diese im Verzeichnis *c:\Benutzer\ Öffentlich\Öffentliche Bilder\Beispielbilder*.

Der offizielle Fotograf für die Windows Vista-Hintergrundbilder stellt auf seiner Homepage *www.hamaddarwish.com* regelmäßig neue Hintergrundbilder für Windows in sehr hohen Auflösungen zur Verfügung. Die neuen Bilder sind teilweise noch schöner anzusehen als die bereits in Vista integrierten. Natürlich können Sie die Bilder auch für andere Betriebssysteme verwenden.

Ein- und Ausblenden von Symbolen im Informationsbereich

Standardmäßig werden nicht verwendete Symbole im Informationsbereich der Taskleiste ausgeblendet (siehe *Abbildung A.12*). Sie können diese Symbole durch den kleinen Pfeil neben dem Bereich wieder einblenden.

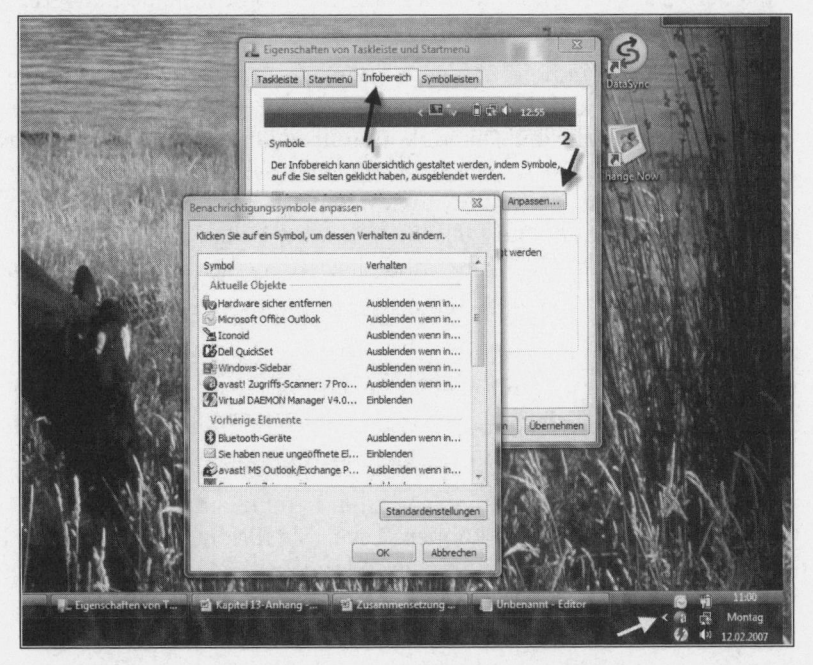

Abbildung A.12: Konfiguration des Ein- und Ausblendens von Icons

Wenn Sie mit der rechten Maustaste die Eigenschaften der Taskleiste aufrufen, können Sie auf der Registerkarte *Infobereich* über die Schaltfläche *Anpassen* für jedes Icon einstellen, ob und wann es nach einiger Zeit ausgeblendet werden oder ob es immer eingeblendet bleiben soll.

Verknüpfungspfeil bei Icons entfernen

Wenn Sie die Verknüpfungspfeile, die ein Icon auf dem Desktop hat, stören, können Sie diese mit einem Eintrag in der Registry entfernen:

1. Starten Sie den Registry-Editor über *Start/Ausführen/regedit*.
2. Öffnen Sie den Schlüssel *HKEY_CLASSES_ROOT\lnkfile*.
3. Benennen Sie nun die Zeichenfolge *(REG_SZ) IsShortcut* in *AriochIs Shortcut* um.
4. Schließen Sie die Registry, und starten Sie Ihren Rechner neu. Die Verknüpfungspfeile sollten nun verschwunden sein.

Anpassen der Desktopsymbole

Viele Anwender wollen nicht die großen Symbole auf dem Desktop nutzen, die in Windows Vista standardmäßig eingestellt sind. Sie können die Größe der Symbole auf dem Desktop anpassen, indem Sie mit der rechten Maustaste auf den Desktop klicken und im daraufhin geöffneten Kontextmenü einen geeigneten Eintrag im Untermenü *Ansicht* auswählen.

Sie können die Größe der Desktopsymbole auch mit der Maus stufenlos anpassen. Klicken Sie dazu ein beliebiges Symbol auf dem Desktop mit der linken Maustaste an, und halten Sie dann die [Strg]-Taste gedrückt. Mit dem Scrollrad der Maus lässt sich die Größe des Symbols jetzt stufenlos anpassen. Dieser Trick funktioniert auch in so gut wie allen anderen Fenstern in Windows Vista, auch innerhalb von Ordnern.

Sie können die Symbole für jedes beliebige Programm auf dem Desktop ändern, wenn Sie auf die Schaltfläche *Anderes Symbol* in den Eigenschaften der Verknüpfung klicken. Die Verknüpfungen der Programme sind die Symbole auf dem Desktop. Wenn Sie ein solches Symbol auf dem Desktop mit der rechten Maustaste anklicken, können Sie über das Kontextmenü die Eigenschaften öffnen. Die meisten Windows Vista-Symbole stehen Ihnen zur Verfügung, wenn Sie zur Symbolauswahl die Schaltfläche *Durchsuchen* anklicken und anschließend die Datei *C:\Windows\System32\imageres.dll* auswählen.

Systemverknüpfungen mit rundll32.exe

Sie können mit *rundll32.exe* eine Verknüpfung für Flip-3D erstellen, den PC sperren oder zahlreiche weitere Aktionen durchführen.

Nachfolgend sind die für Sie wichtigsten Befehle aufgelistet, die Sie direkt über *rundll32.exe* aufrufen können. Legen Sie für die einzelnen Befehle am besten jeweils eine Verknüpfung an, oder geben Sie den Befehl in das *Aus-*

führen-Dialogfeld ein: ⊞ + R. Achten Sie darauf, zwischen dem Komma und der Eingabe des Befehls **kein** Leerzeichen einzufügen.

- *rundll32.exe shell32.dll,Control_RunDLL* – Zeigt die Systemsteuerung an.
- *rundll32.exe shell32.dll,Control_RunDLL sysdm.cpl,,1* – Zeigt das Dialogfeld der Systemeigenschaften an.
- *rundll32.exe shell32.dll,Control_RunDLL appwiz.cpl* – Zeigt das Dialogfeld zum Deinstallieren oder Ändern von Programmen an.
- *rundll32.exe shell32.dll,Control_RunDLL appwiz.cpl,,2* – Zeigt die Funktionen von Windows Vista an, die aktiviert bzw. deaktiviert werden können.
- *rundll32.exe shell32.dll,SHHelpShortcuts_RunDLL AddPrinter* – Ruft den Assistenten für die Druckerinstallation auf.
- *rundll32.exe shell32.dll,Control_RunDLL inetcpl.cpl,,0* – Zeigt die Optionen des Internet Explorers an.

Befehlszeile als Administrator starten

Da Sie standardmäßig unter Windows Vista mit eingeschränkten Benutzerrechten arbeiten, ist es für Poweruser sinnvoll, eine Verknüpfung für die Befehlszeile auf dem Desktop abzulegen, die dann als Administrator gestartet werden kann. Mit dieser Verknüpfung können Sie die Anzahl der Meldungen der Benutzerkontensteuerung auch erheblich reduzieren. Damit dieser Vorgang optimal funktioniert, halten Sie sich exakt an den folgenden Ablauf:

1. Klicken Sie im Suchbereich des Startmenüs in die Suchleiste.
2. Geben Sie *cmd* ein, es wird die Datei *cmd.exe* gefunden.
3. Klicken Sie diese Datei mit der rechten Maustaste an, und wählen Sie *Kopieren*.
4. Klicken Sie mit der rechten Maustaste auf den Desktop, und wählen Sie *Einfügen* (Achtung, nicht Verknüpfung einfügen).
5. Rufen Sie die Eigenschaften der neuen Datei auf dem Desktop auf, und wechseln Sie auf die Registerkarte *Kompatibilität*.
6. Aktivieren Sie unter dem Bereich *Berechtigungsstufe* die Option *Programm als Administrator ausführen*. Wenn Sie bereits mit einem Benutzerkonto angemeldet sind, das über administrative Berechtigungen verfügt, benötigen Sie diese Option nicht. Wenn Sie die Benutzerkontensteuerung bereits deaktiviert haben, benötigen Sie diese Option auch nicht.

Systemschriftart vergrößern

Vor allem Anwendern mit Monitoren und Grafikkarten, die hohe Auflösungen unterstützen, stören bei diesen Auflösungen oft die kleinen Schriftarten auf dem Desktop. Diese Schriften können Sie über Rechtsklick auf den

Tipps und Tricks zu Windows Vista

Desktop/Anpassen/Schriftgrad anpassen (DPI) steuern *(siehe Abbildung A.13)*. Sie können vordefinierte Werte verwenden oder benutzerdefinierte Einstellungen vornehmen.

Abbildung A.13: Einstellen der Systemschriftgröße

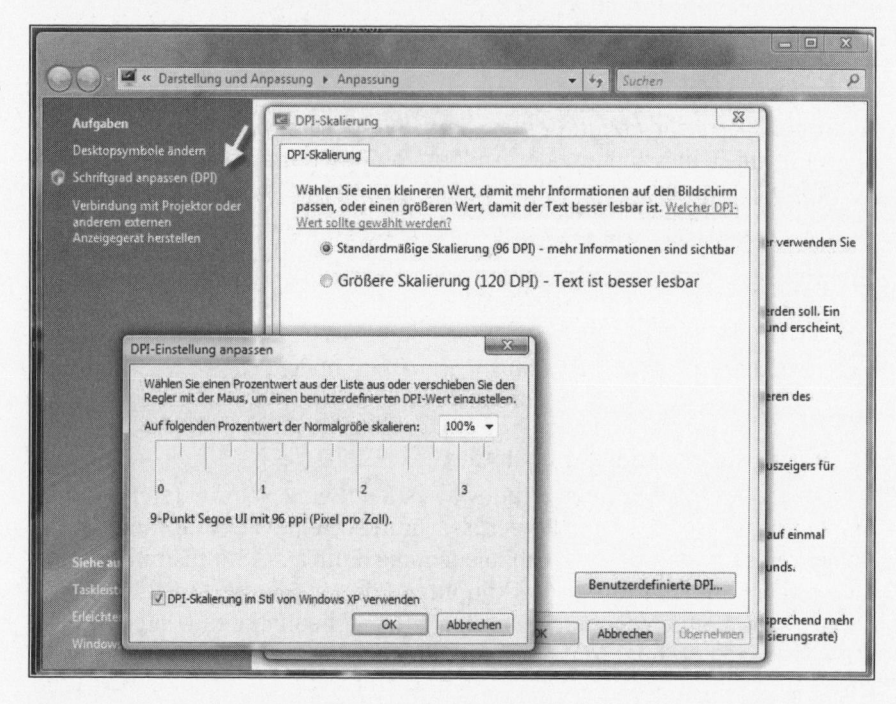

Tastenkürzel für die Schnellstartleiste

Wenn Sie das Icon eines Programms in die Schnellstartleiste ziehen (siehe *Abbildung A.14*), können Sie dieses Programm zukünftig durch einen Klick starten.

Abbildung A.14: Verwenden der Schnellstartleiste

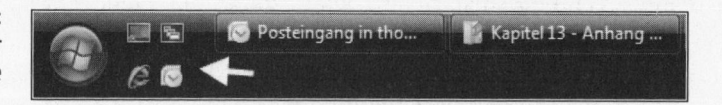

Noch schneller können Sie die Programme starten, wenn Sie die Windows-Taste auf der Tastatur und die Ziffer verwenden, die dem Programm zugeordnet wurde. Jedes Programm in der Schnellstartleiste wird von links nach rechts und oben nach unten durchnummeriert. Über die Tastenkombination ⊞ + 4 starten Sie in der *Abbildung A.14* zum Beispiel Outlook.

Die Schnellstartleiste wird angezeigt, wenn Sie mit der rechten Maustaste auf die Taskleiste klicken und dann *Symbolleisten/Schnellstart* aktivieren. Die Größe der Schnellstartleiste können Sie beeinflussen, wenn Sie im Kontextmenü der Taskleiste die Option *Taskleiste fixieren* deaktivieren.

A.3 Windows Explorer

In diesem Abschnitt zeige ich Ihnen Tipps und Tricks, welche die Arbeit mit dem Windows Explorer und den Umgang mit Dateien erleichtern:

Markieren von Dateien optimieren

Unter Vista gibt es eine neue Möglichkeit, mehrere Elemente wie Dateien oder Ordner gleichzeitig zu markieren:

Öffnen Sie dazu das Menü *Start/Computer/Organisieren*, und holen Sie im Dialogfeld *Ordneroptionen* die Registerkarte *Ansicht* in den Vordergrund. Aktivieren Sie unter *Dateien und Ordner* die Option *Kontrollkästchen zur Auswahl von Elementen verwenden* (siehe *Abbildung A.15*).

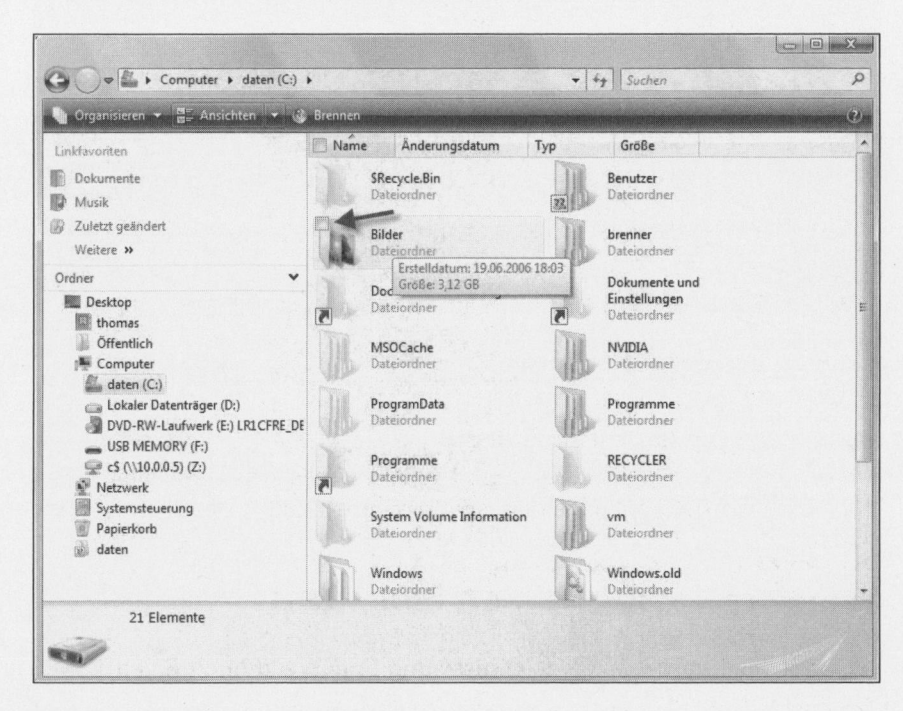

Abbildung A.15: Markieren von Dateien mit einer Checkbox

Sie können jetzt mehrere Dateien oder Ordner horizontal sowie vertikal mit einem Klick auf die Kontrollkästchen (links oben) markieren. Das Kontrollkästchen erscheint nur dann, wenn Sie mit dem Mauszeiger über das Symbol der Datei oder des Ordners fahren.

Verbesserte Suche im Startmenü

Sie kennen sicher das Problem der Suche nach frisch installierten Programmen: Sie finden die Verknüpfung im Startmenü nicht. Durch die neue Suchfunktion in Windows Vista können Sie direkt in der Suchmaske des Startmenüs den Programmnamen eintippen. Ihnen werden daraufhin alle

Programme mit dem passenden Namen angezeigt, sobald Sie den ersten Buchstaben eingetippt haben (siehe *Abbildung A.16*). Außer Programmen werden Ihnen auf passende Favoriten E-Mails oder Dateien mit passendem Dateinamen angezeigt, sodass kein Programm und keine Information mehr ungenutzt bleibt.

Abbildung A.16: Suchen von Programmen und Dateien im Startmenü

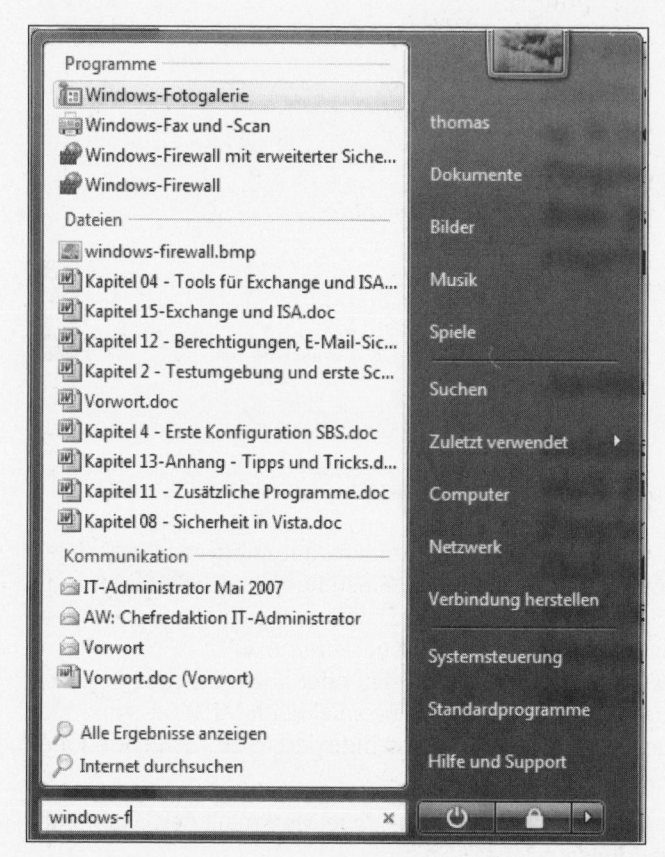

Suchindex optimieren – Verzeichnisse und Dateitypen hinzufügen

Das Suchfenster ist allgegenwärtig in Windows und liefert durch die Indexierung der Festplatte immer schnelle Ergebnisse. Es werden allerdings nicht automatisch alle Verzeichnisse der Festplatte indexiert. Außerhalb des Index ist die Suche, wie in Windows XP, nicht gerade sehr schnell. Sie können die im Index enthaltenen Verzeichnisse über *Start/Systemsteuerung/System und Wartung/Indizierungsoptionen* die Verzeichnisse steuern, die in den Index aufgenommen werden.

Windows Explorer

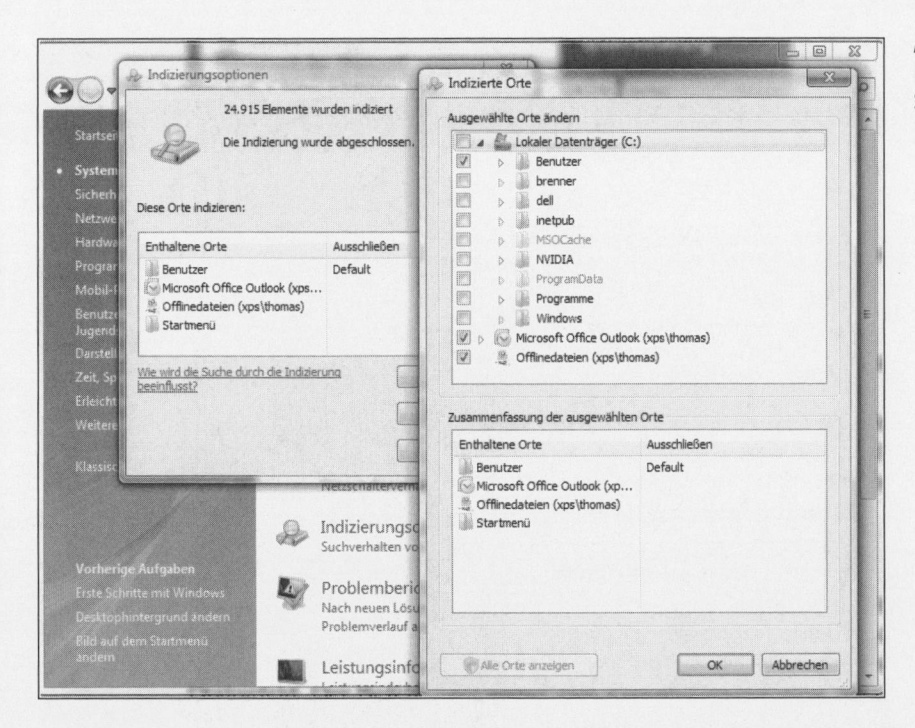

Abbildung A.17:
Konfiguration des Suchindex

Außerdem werden durch den Suchindex nicht automatisch alle Dateien indexiert. Sie können über die erweiterten Einstellungen des Suchindex auf der Registerkarte *Dateitypen* zusätzliche Dateierweiterungen aufnehmen, deren Inhalt indexiert werden soll (siehe *Abbildung A.17*). Sie können entweder nur den Dateinamen indexieren lassen oder auch die Eigenschaften der Dateien sowie den Inhalt. Das ist zum Beispiel beim MP3-Tag von MP3-Dateien sinnvoll, der standardmäßig nicht indexiert wird. Folgende Filter können verwendet werden:

- Dateieigenschaftenfilter – Indexiert spezielle Merkmale der Datei, zum Beispiel den Songtitel von MP3s.
- HTML-Filter – Indexiert den Inhalt von CSS- und HTML-Dateien.
- Microsoft Office-Filter – Indexiert den Inhalt von MS Office-Dateien.
- Null-Filter – Indexiert nur den Dateinamen, keinen Inhalt.
- Plain-Text-Filter – Indexiert den Inhalt von Textdateien.

Auf der Internetseite www.columbiasoft.com können Sie weitere Filter für Windows Vista herunterladen.

Abbildung A.18:
Hinzufügen von weiteren Dateitypen zum Suchindex

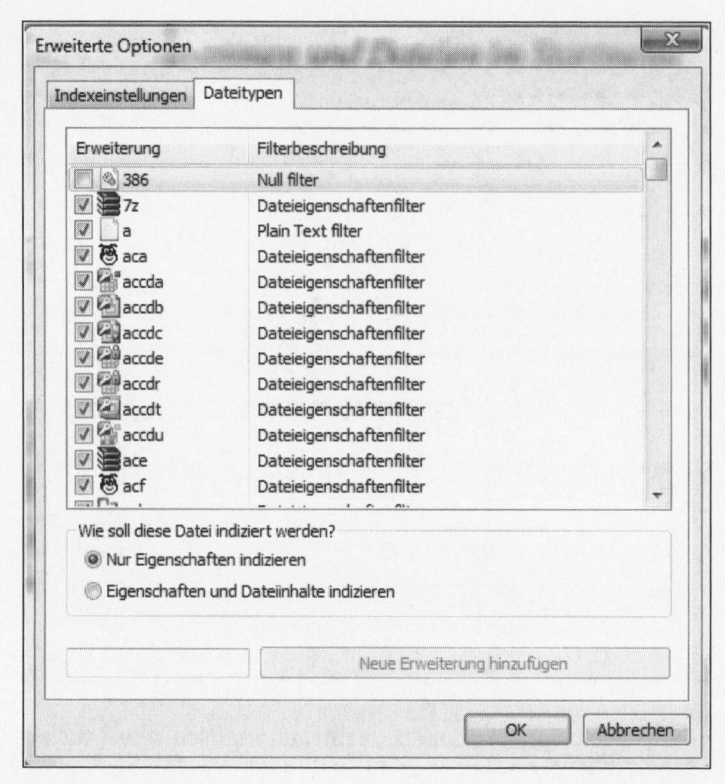

Löschen und Verwenden der Anzeige der zuletzt verwendeten Dokumente

Über *Start/Zuletzt verwendet* können Sie sich eine Liste aller Dokumente anzeigen, die Sie in letzter Zeit geöffnet haben, und schnell wieder auf diese Dokumente zugreifen (siehe *Abbildung A.19*). Wenn Sie mit der rechten Maustaste auf den Menüpunkt *Zuletzt verwendet* im Startmenü klicken, können Sie über das Kontextmenü mit der Option *Liste der zuletzt verwendeten Elemente löschen* den Inhalt dieser Liste zurücksetzen lassen. Dabei werden nicht die enthaltenen Dokumente gelöscht, sondern nur deren Anzeige im Startmenü.

Ausführen von Programmen

Befehle, die Sie bisher unter *Ausführen* eingegeben haben, können Sie auch direkt im Suchfenster des Startmenüs eingeben. Die entsprechenden Programme werden daraufhin genauso gestartet wie im Ausführen-Dialogfeld. Der Befehl *cmd* startet eine Eingabeaufforderung, über *regedit* wird der Registrierungs-Editor gestartet, und auch die anderen Programme können wie gewohnt geöffnet werden. Dieses Feld kann auch zur Suche nach Dateien oder Ordnern verwendet werden.

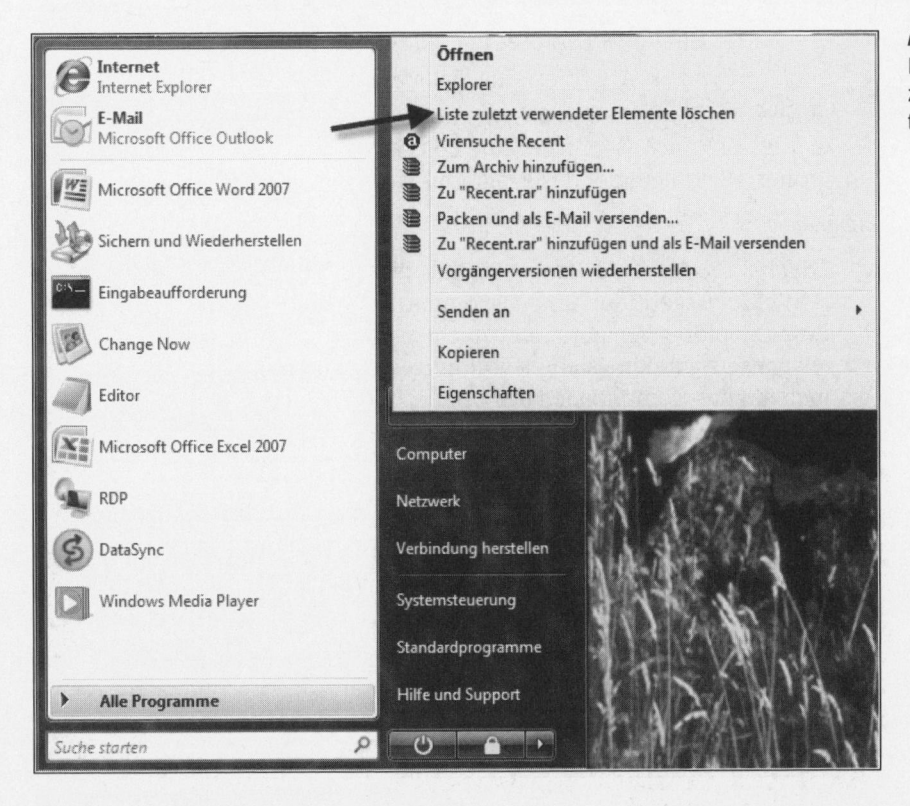

Abbildung A.19:
Löschen der Liste zuletzt verwendeter Dokumente

Beenden von Programmen über die Befehlszeile – Taskkill und Tasklist

Mit Tasklist können Sie sich eine Liste der Anwendungen und Dienste mit der dazugehörigen PID (Prozess-ID) für alle Tasks anzeigen lassen. Der Befehl hat die Syntax *tasklist.exe /s < Computer >*.

Mit dem Parameter */s < Computer >* geben Sie den Namen oder die IP-Adresse eines Remotecomputers an. Sie können auch diese Liste ausdrucken und mit dem Befehl *tasklist > C:\tasks.txt* in eine Datei umleiten lassen.

Startoptionen für den Windows Explorer

Neben der Möglichkeit, Tastenkombinationen im Windows Explorer zu verwenden, können Sie auch eine neue Verknüpfung erstellen und den Explorer mit verschiedenen Startoptionen aufrufen. Eine neue Verknüpfung auf dem Desktop erstellen Sie mit einem Rechtsklick auf den Desktop und Auswahl von *Neu/Verknüpfung* im Kontextmenü. Hauptsächlich gibt es die folgenden Schalter, die miteinander kombiniert werden können:

- *Explorer < pfad >* – Sie können den Windows Explorer direkt gefolgt von einem Pfad starten. In diesem Fall öffnet der Windows Explorer mit dem Fokus auf diesen Pfad.
- */n* – Öffnet ein neues Einzelfenster für die Standardauswahl. Dies ist gewöhnlich der Stamm des Laufwerks, auf dem Windows installiert ist.

- /e – Startet Windows Explorer mit der Standardansicht.
- /root, <Order> – Öffnet eine Fensteransicht mit dem angegebenen Ordner.
- /select, <Ordner> – Öffnet eine Fensteransicht, wobei der angegebene Ordner, die Datei oder das Programm ausgewählt sind.

Beispiele

- *Explorer /root, C:\Windows* – Mit diesem Befehl wird der Ordner *C:\Windows* geöffnet und als Stammverzeichnis definiert. Innerhalb dieses Explorer-Fensters kann nicht zu einem übergeordneten Ordner gewechselt werden (siehe *Abbildung A.20*). Achten Sie in diesem Fall auch auf das Komma nach der Option */root*.

Abbildung A.20: Definition eines Stammverzeichnisses im Explorer

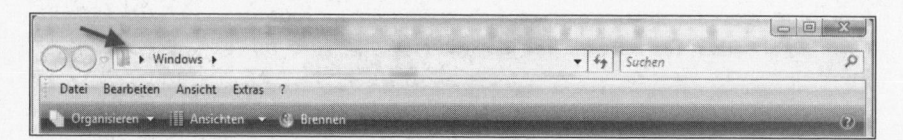

- *Explorer /select, C:\Windows\regedit.exe* – Dieser Befehl öffnet den Explorer im Ordner *C:\Windows* und markiert die Datei *regedit.exe* (siehe *Abbildung A.21*).

Abbildung A.21: Der Windows Explorer wurde gestartet und eine Datei automatisch markiert.

- *Explorer /root, \\<Server>\<Freigabe>, select, einkauf.xls* – Durch die Kombination des Befehls wird als Stammverzeichnis die konfigurierte Freigabe geöffnet und die Datei *einkauf.xls* automatisch ausgewählt.

Dateien umbenennen

Wenn Sie mehrere Dateien auf einmal umbenennen wollen, können Sie diese markieren und im zugehörigen Kontextmenü den Eintrag *Umbenennen* auswählen. Anschließend geben Sie den neuen Namen ein. Die erste Datei erhält diesen Namen, alle weiteren erhalten den Namen mit einer laufenden Nummer (siehe *Abbildung A.22*).

Abbildung A.22:
Gleichzeitiges Umbenennen mehrerer Dateien

Beim Umbenennen von Dateien wird in Windows Vista die Dateiendung nicht mehr mit markiert. Wenn eine Datei umbenannt wird, besteht daher zunächst keine Gefahr, versehentlich die Endung zu ändern.

Sie können beim Umbenennen jedoch mit den Pfeiltasten jederzeit auch die Endung der Datei abändern. Damit die Endungen der bekannten Dateien angezeigt werden, müssen Sie diese zunächst, wie weiter vorne in diesem Kapitel erläutert, über den Menübefehl *Organisieren/Ordner- und Suchoptionen* auf der Registerkarte *Ansicht* einblenden lassen.

Beim Umbenennen oder Verschieben von Dateien kommt es manchmal vor, dass versehentlich eine Datei gelöscht wird. Über die Tastenkombination Strg + Z können Sie die letzte Aktion, also den Löschvorgang, wieder rückgängig machen. Diese Funktion steht auch im Kontextmenü des Windows Explorers sowie über den Menübefehl *Organisieren/Rückgängig* zur Verfügung.

Einblenden der Menüleiste

Die bisher oft verwendete Menüleiste in Programmen wie dem Windows Explorer oder dem Internet Explorer wird unter Windows Vista standardmäßig nicht mehr angezeigt. Sie können die Menüleiste über das Ansichtsmenü dauerhaft einblenden lassen oder durch drücken auf die ALT-Taste der Tastatur temporär in der aktuellen Sitzung. Dieser Trick funktioniert in vielen Programmen unter Windows Vista.

A.4 Benutzerverwaltung

Auch über *Start/Ausführen/lusrmgr.msc*, einem Rechtsklick auf *Benutzer* und Auswahl des Kontextmenüeintrags *Neuer Benutzer* können Sie Benutzer anlegen. Alternativ können Sie auch auf das Benutzerbild im Startmenü klicken, um die Benutzerverwaltung zu starten.

A.5 Netzwerk-Tricks

Mit dem Dienstprogramm *Ipconfig* werden die TCP/IP-Konfigurationsoptionen auf einem Host überprüft, aber nicht festgelegt. Zu diesen Optionen zählen die IP-Adresse, die Subnetzmaske und das Standardgateway. Die Befehlssyntax für dieses Dienstprogramm lautet *ipconfig* (siehe *Abbildung A.23*). Starten Sie das Programm am besten über eine Befehlszeile (*Start/Ausführen/cmd*).

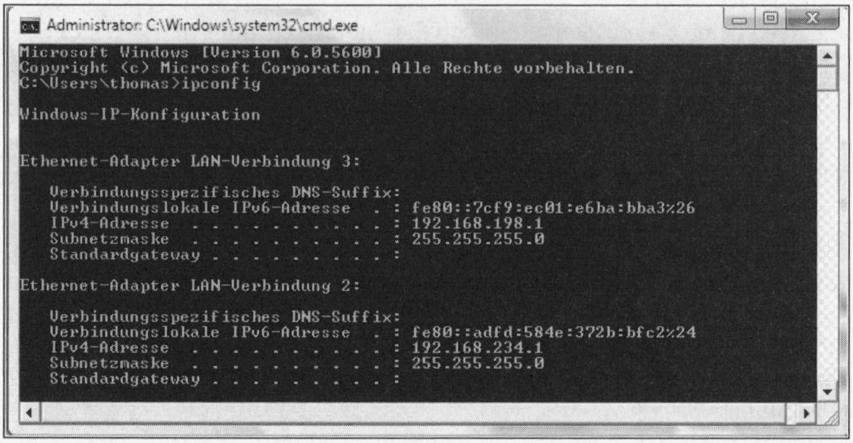

Abbildung A.23: Überprüfen der IP-Adressen mit *ipconfig*

Ausführlichere Informationen erhalten Sie mit dem Dienstprogramm *ipconfig*, wenn Sie die Option */all* mit angeben. Um das Dienstprogramm *ipconfig* mit dieser Option zu verwenden, geben Sie an der Eingabeaufforderung *ipconfig /all* ein. Auf dem Bildschirm werden die Informationen zu allen TCP/IP-Konfigurationsoptionen angezeigt. Nun sehen Sie, ob DHCP aktiviert ist. Ist dies der Fall und wird eine IP-Adresse für einen DHCP-Server angezeigt, bedeutet dies, dass die IP-Adresse mithilfe von DHCP bezogen wurde.

Zusätzlich lassen sich beim Aufruf von *ipconfig* noch die beiden Optionen */renew* und */release* angeben:

- *ipconfig /release* – Entfernt die IP-Adresse vom Client und fordert keine neue an. Wenn ein Client Probleme hat, eine Verbindung mit einem DHCP-Server herzustellen, sollten Sie immer zuerst die IP-Adresse beim Client zurücksetzen.
- *ipconfig /renew* – Fordert vom DHCP-Server eine erneute Verlängerung des Leases oder eine neue IP-Adresse an. Sollte der Befehl nicht funktionieren, geben Sie zunächst *ipconfig /release* ein.

Anzeigen der Freigaben auf einem PC

Sie können in der Computerverwaltung alle Freigaben Ihres PC verwalten. Sie finden die Verwaltung der Freigaben in der Systemsteuerung über *System und Wartung/Verwaltung/Computerverwaltung*.

Netzwerk-Tricks

Alternativ können Sie die Computerverwaltung über *Start*, Rechtsklick auf *Computer* und Auswahl von *Verwalten* starten oder über *Start/Ausführen /compmgmt.msc* (siehe Abbildung A.24).

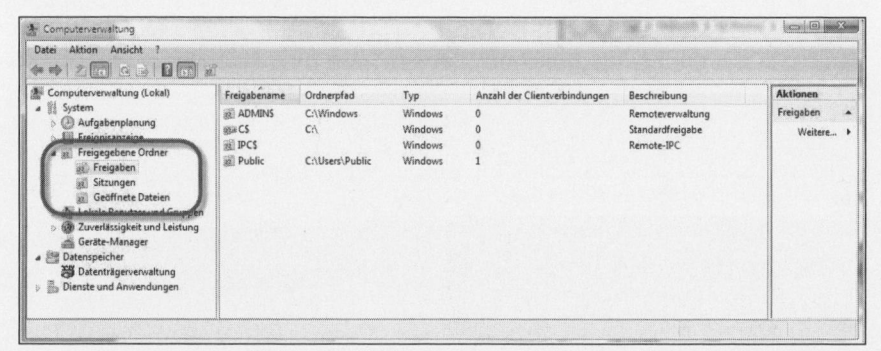

Abbildung A.24:
Verwaltung der Freigaben in der Computerverwaltung

Sie können diese Verwaltung der Freigaben auch über Start/Ausführen/fsmgmt.msc öffnen.

TIPP

Im Bereich *Freigegebene Ordner* stehen Ihnen an dieser Stelle drei verschiedene Untermenüs zur Verfügung, über die Sie Freigaben verwalten und überprüfen können:

- *Freigaben* – Wenn Sie auf diesen Menüpunkt klicken, werden Ihnen alle Freigaben angezeigt, die derzeit auf dem Computer verfügbar sind (siehe Abbildung A.25). Über das Kontextmenü dieses Menüpunktes können Sie neue Freigaben erstellen, über deren Kontextmenü wiederum können Sie die Einstellungen der jeweiligen Freigabe konfigurieren.

- *Sitzungen* – Über diesen Menüpunkt werden Ihnen alle aktuell über das Netzwerk verbundenen Benutzer angezeigt. Sie können die Benutzer per Rechtsklick vom PC entfernen.

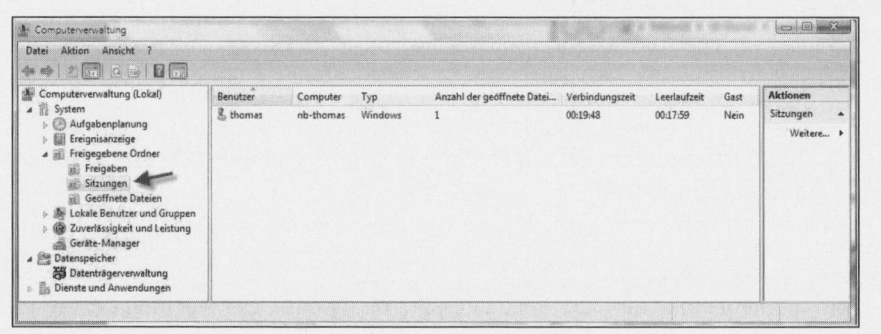

Abbildung A.25:
Anzeigen der verbundenen Benutzer

- *Geöffnete Dateien* – Hier werden alle Dateien angezeigt, die derzeit von verbundenen Benutzern geöffnet sind. Hier können Sie die Dateien auch schließen.

Vista Ultimate im Active Directory

Wenn Sie auf dem Domänencontroller im Snap-In Active Directory-Benutzer und -Computer die Eigenschaften eines Windows-Vista-PC aufrufen, können Sie sich auf der Registerkarte Betriebssystem auch die Edition anzeigen lassen, also ob es sich um die Business, Enterprise oder Ultimate Edition handelt. Damit die Anzeige fehlerfrei dargestellt wird, sollte auf dem Domänencontroller Windows Server 2003 am besten mit Service Pack 1 installiert sein. Sie können dieses Snap-In auf dem Domänencontroller über *Start/Ausführen/dsa.msc* aufrufen.

A.6 Mit Vista ins Internet

Im folgenden Abschnitt gehe ich mit Ihnen Tipps für den Umgang von Vista im Internet durch, die noch nicht in den entsprechenden Kapiteln beschrieben worden sind.

IE7Pro – Add-On und mehr für den IE7

IE7Pro erweitert den Internet Explorer 7 um eine Reihe praktischer Einstellungsmöglichkeiten und zusätzliche Funktionen. Das Tool bindet sich in den Internet Explorer 7 ein. Folgende Funktionen sind enthalten:

- Werbefilter
- Vereinfachung der Suchanfragen
- Die Positionierung der Menüleiste kann geändert werden.
- Die Suchleiste kann ausgeblendet werden.
- Verlauf für jeden einzelnen Tab kann abgerufen werden.
- Nach einem Browserabsturz können vorher besuchten Webadressen wiederhergestellt werden.

Sie können das Tool auf der Internetseite http://www.ie7pro.com herunterladen.

Internet Explorer 7: Feed Plus

Microsoft hat mit *Feed Plus* ein neues kostenloses Tool für den Internet Explorer 7 veröffentlicht. Dieses Tool fasst auf Wunsch alle RSS-Feeds im Internet Explorer zusammen und zeigt Änderungen in den Feeds an zentraler Stelle an. Bei der Installation muss man auswählen, ob man alle RSS Feeds zusätzlich in einem einzelnen RSS-Feed aggregieren möchte. Der Nachteil bei dieser Option ist, dass sie dann in dem ursprünglichen Feed nicht mehr angezeigt und als nicht gelesen markiert werden. Nach der Installation befindet sich in

Mit Vista ins Internet

der Taskbar neben der Uhr das Icon für das Tool. Mit einem Rechtsklick gelangt man zu den Einstellungen. Das kostenlose Tool ist schnell installiert und unkompliziert. Mehr Informationen und den Download finden Sie unter http://www.enhanceie.com/ie/feedsplus.asp.

Zeiteinstellungen in Windows Vista optimieren

Wenn Sie in Windows Vista auf die Uhr in der Taskleiste klicken, wird Ihnen ein Kalender wie unter Windows XP angezeigt. Das Vorteil dieses Kalenders gegenüber Windows XP ist, dass Sie bequem zwischen den Tagen navigieren können und nicht gleich das Datum des PC geändert wird. Der neue Kalender in Windows Vista ist daher jetzt vor versehentlichen Änderungen geschützt (siehe *Abbildung A.26*).

Abbildung A.26: Uhrzeit und Datum in Windows Vista

Erst wenn Sie auf den Link *Datum- und Uhrzeiteinstellungen ändern* klicken, können Sie die Uhrzeit und das Datum von Windows Vista ändern.

Auf der Registerkarte *Internetzeit* bei der Konfiguration des Datums und der Uhrzeit können Sie über die Schaltfläche *Einstellungen ändern* erkennen, dass Windows Vista seine Zeit vom Server *time.windows.com* erhält. Dieser Server steht allerdings nicht immer zuverlässig zur Verfügung.

Sie sollten an dieser Stelle den Server *ptbtime1.ptb.de* der Physikalisch-Technischen Bundesanstalt Braunschweig eintragen. Dieser Server ist wesentlich zuverlässiger (siehe *Abbildung A.27*). Wenn Sie auf die Schaltfläche *Jetzt aktualisieren* klicken, können Sie testen, ob der Verbindungsaufbau funktioniert.

Abbildung A.27:
Konfiguration der Internetzeit in Windows Vista

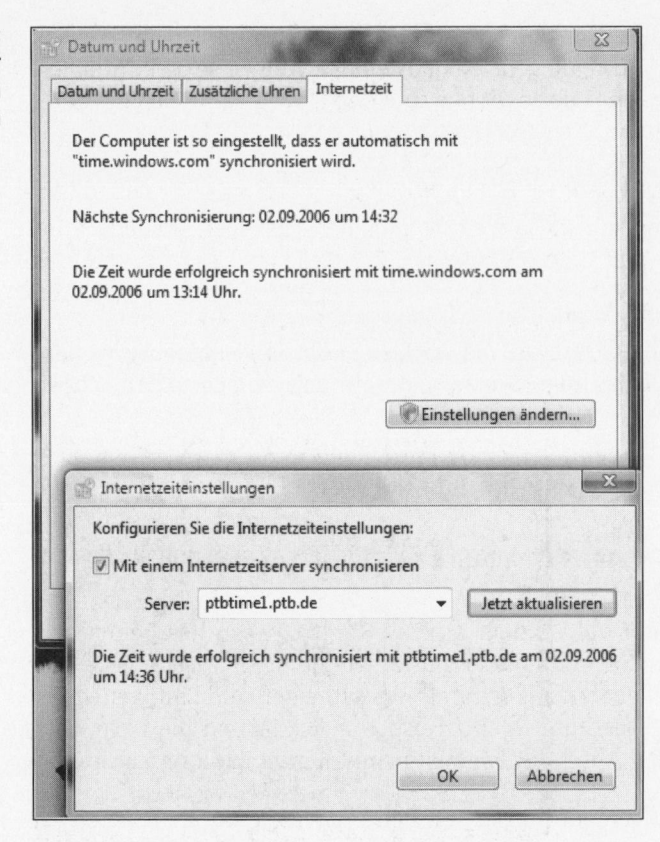

Eingeben von Adressen im Internet Explorer

Wenn Sie im IE eine Internetadresse eingeben, können Sie auf das *http://* verzichten, der IE ergänzt die Eingabe automatisch. Es reicht, wenn Sie die Internetadresse in der Form *www.microsoft.de* eingeben.

Eine weitere Option des Internet Explorers ist die Möglichkeit, zu seiner persönlichen Startseite im Internet zurückzukehren. Sie können jede beliebige Seite im Internet als Ihre Startseite definieren und mit einem Klick auf das Symbol für die Startseite auf der Symbolleiste zurückkehren (siehe *Abbildung A.28*).

Abbildung A.28:
Aufrufen der Startseite im Internet Explorer

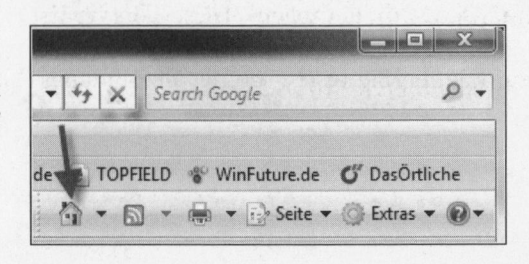

Startseiten im Internet Explorer konfigurieren

Sie können im Feld zur Konfiguration der Startseite mehrere Links hinterlegen, sodass beim Starten des Internet Explorers jeder hinterlegte Link in einer eigenen Registerkarte geöffnet wird. Standardmäßig werden die Startseiten-Registerkarten chronologisch geordnet, wobei die zuletzt hinzugefügte Webseite die erste Registerkarte einnimmt. Um die Startseiten-Registerkarten umzuordnen, gehen Sie folgendermaßen vor:

1. Klicken Sie auf die Schaltfläche *Extras* und dann auf *Internetoptionen*.
2. Klicken Sie auf die Registerkarte *Allgemein*.
3. Markieren Sie unter *Startseite* die Startseite, die Sie verschieben wollen, klicken Sie mit der rechten Maustaste darauf und danach auf *Ausschneiden*.
4. Klicken auf den Anfang der Zeile, in die Sie die Adresse der Startseite verschieben möchten, und drücken Sie die ⏎, um eine leere Zeile anzulegen.
5. Klicken Sie mit der rechten Maustaste auf die leere Zeile, und klicken Sie dann auf *Einfügen*.

Sie können den Editor verwenden, um die Startseiten zu bearbeiten und umzuordnen. Öffnen Sie den Editor, und fügen Sie die Startseitenliste ein. Ordnen Sie die Liste der Startseiten durch Ausschneiden und Einfügen in der gewünschten Reihenfolge um. Markieren Sie anschließend die Liste, und kopieren Sie sie in den Abschnitt Startseite von Internet Explorer zurück.

Internet Explorer 7: Temporäre Dateien beim Beenden automatisch löschen

Der Internet Explorer 7 bietet die Möglichkeit, beim Beenden des Browsers die temporären Internetdateien automatisch zu löschen. Gehen Sie dazu folgendermaßen vor:

1. Klicken Sie im Menü auf *Extras* und wählen *Internetoptionen*.
2. Öffnen Sie die Registerkarte *Erweitert*.
3. Aktivieren Sie ganz unten im Fenster die Option *Leeren des Ordners temporäre Internetdateien beim Schließen des Browsers*.
4. Bestätigen Sie die Änderungen

Weitere Tipps zum Internet Explorer

Die Konfiguration des Phishingfilters im Internet Explorer 7 finden Sie über *Extras/Internetoptionen/Erweitert/Phishingfilter* bzw. *Extras/Phishingfilter/Phisihingfiltereinstellungen*. Beide Wege führen zum gleichen Dialogfeld. Wenn der Phishing-Schutz im Internet Explorer aktiviert ist, werden Internetseiten beim Aufbau in Echtzeit überprüft. Sie erkennen die Überprüfung am Phishingfilter-Symbol im Statusfenster ganz unten im Internet Explorer. Wenn Sie mit der Maus auf das Symbol des Phishingfilters klicken, erscheint ein Menü, über das Sie ebenfalls die Einstellungen des Phishingfilters erreichen.

Über den Menüpunkt *Favoriten* verwalten können Sie Ihre verschiedenen Favoriten sortieren. Ein weitaus bequemerer Weg ist, wenn Sie die Favoriten über den Windows Explorer verwalten. Jeder abgelegte Favorit wird als Datei im Ordner *C:\Benutzer\ < Anmeldenamen > \Favoriten* abgelegt. Wenn Sie mit dem Explorer in diesem Ordner neue Verzeichnisse anlegen und Ihre einzelnen Favoriten einfach per Drag&Drop in diese Verzeichnisse ziehen, werden sie genau so im Internet Explorer angezeigt. Vor allem bei einer großen Anzahl von Favoriten ist die Verwaltung über den Windows Explorer bequemer und effizienter. Sie sollten besonders bei einer großen Anzahl von Favoriten ab und zu eine Sicherung des Verzeichnisses vornehmen.

Wenn Sie den Internet Explorer auf mehreren Computern verwenden, können Sie die Favoriten auf einem Computer speichern und auf einen anderen importieren. Um Favoriten zu importieren oder zu exportieren, gehen Sie folgendermaßen vor: Klicken Sie auf die *Schaltfläche Favoriten hinzufügen*, und aktivieren Sie anschließend *Importieren und Exportieren*. Wählen Sie *Favoriten exportieren* aus. Selektieren Sie den Favoritenordner aus, den Sie exportieren möchten. Wenn Sie alle Favoriten exportieren wollen, wählen Sie den Ordner der obersten Ebene aus (Favorites). Standardmäßig erstellt der Internet Explorer in Ihrem Dokumentenordner eine Datei namens *Bookmark.htm*, die alle Favoriten enthält.

Wenn Sie den Inhalt einer Internetseite nicht richtig lesen können, besteht im Internet Explorer 7 auch die Möglichkeit, den Inhalt von Internetseiten vergrößert darzustellen. Optimal können Sie diese Funktion über die folgenden Tastenkombinationen durchführen: [Strg] + [+] – Zoomfaktor erhöhen (+10%), [Strg] + [-] – Zoomfaktor verringern (–10%), [Strg] + [0] – Zoom auf 100%. Alternativ können Sie die Zoomfunktion auch über das entsprechende Zoomsymbol in der Statusleiste rechts unten im Internet Explorer einstellen. Halten Sie bei einer Maus mit Scrollrad zum Vergrößern oder Verkleinern die [Strg]-Taste gedrückt, während Sie das Rad drehen. Wenn Sie auf die Schaltfläche Vergrößerungsstufe ändern klicken, werden zyklisch die Vergrößerungsstufen 100%, 125% und 150% angewendet, sodass Sie die Webseite schnell vergrößern und wieder verkleinern können.

Um ein Popup-Fenster auf einer bestimmten Webseite temporär zuzulassen, klicken Sie auf die Informationsleiste, wenn Sie benachrichtigt werden, dass ein Popup-Fenster gesperrt wurde. Klicken Sie auf Popups vorübergehend zulassen. Sie können die Anzeige eines Popup-Fensters zulassen, indem Sie [STRG] + [ALT] drücken, wenn Sie auf einen Link klicken, über den eine Website mit Popup-Fenstern geöffnet wird.

Wenn Sie alle Popup-Fenster im Internet Explorer blockieren wollen, gehen Sie folgendermaßen vor: Klicken Sie auf *Extras/Popupblocker/Popupblockereinstellungen*. Wählen Sie unter Filterungsstufe die Stufe *Hoch: Alle Popups blocken*. Wenn Sie bei dieser Einstellung Popups anzeigen möchten, die gesperrt werden, müssen Sie beim Öffnen des Fensters [Strg] + [Alt] gedrückt halten.

Es sind nur einige Schritte notwendig, um eine Person mithilfe einer Sofortnachricht oder einer E-Mail einzuladen, eine Verbindung mit Ihrem Computer herzustellen. Nach dem Herstellen der Verbindung kann diese Person Ihren Computerbildschirm sehen und sich mit Ihnen über die angezeigten Inhalte austauschen. Mit Ihrer Erlaubnis kann der Helfer sogar seine Maus und seine Tastatur verwenden, um die Steuerung Ihres Computers zu übernehmen und Ihnen zu zeigen, wie ein Problem behoben werden kann. Auf dieselbe Weise können Sie auch einem anderen Benutzer helfen. Um eine Remoteunterstützung anzufordern, müssen Sie zunächst eine Einladung erstellen und die Sitzung konfigurieren. Der schnellste Weg, diese Sitzung zu konfigurieren, führt über *Start/Ausführen/msra*. Im Anschluss öffnet sich ein neues Fenster, und Sie können die Remoteunterstützung über einen Assistenten konfigurieren. Damit Sie die Remoteunterstützung verwenden können, muss zuvor sichergestellt sein, dass die Remoteunterstützung auf Ihrem PC überhaupt aktiviert ist. Sie aktivieren die Remoteunterstützung über *Start/Systemsteuerung/System und Wartung/System/Remoteeinstellungen* oder *Erweiterte Systemeinstellungen/Remote/Remoteunterstützungsverbindungen* für diesen Computer zulassen. Für den Verbindungsaufbau wird eine Terminalserversitzung mit dem RDP-Protokoll verwendet. Dieses Protokoll benötigt eine Verbindung zum Port 3389, der standardmäßig auf den meisten Firewalls nicht geöffnet ist. Achten Sie daher darauf, dass Sie diesen Port von Ihrem DSL-Router auf Ihren PC weiterleiten müssen, damit diese Verbindung funktioniert.

A.7 Optimaler Umgang mit dem Windows Media Player 11

Windows Media Player 11 erkennt automatisch Plattencover und Inhalt
Über die Schaltfläche *Aktuelle Wiedergabe* im Media Player 11 wählen Sie aus, von welchem Laufwerk Dateien abgespielt werden sollen. Handelt es sich um eine eingelegte Audio-CD, versucht der Media Player, das Cover und die Daten des Inhalts aus dem Internet zu aktualisieren.

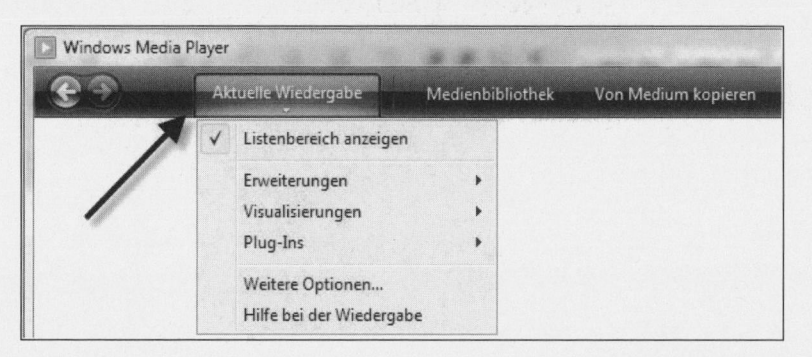

Abbildung A.29: Media Player lädt automatisch Daten von Audio-CDs aus dem Internet herunter.

Verwalten von MP3s mit dem Media Payer

Auch MP3-Dateien können mit dem Media Player verwaltet werden. Die Pflege der MP3-Tags mit dem Media Player ist allerdings nicht sehr effizient. Auch wenn Sie Ihre MP3-Dateien mit dem Media Player verwalten wollen, sollten Sie auf einen zusätzlichen Editor zum Verwalten der MP3-Tags setzen. Einen der besten und beliebtesten finden Sie auf der Internetseite www.mp3tag.de. Die Verwaltung von MP3-Dateien über den Media Player führen Sie am besten folgendermaßen aus:

1. Wählen Sie dazu unter der *Medienbibliothek* die Option *Musik* aus (siehe *Abbildung A.30*).
2. Klicken Sie anschließend im Baummenü auf der linken Seite auf *Album*.
3. Öffnen Sie als Nächstes im Windows Explorer den Ordner, in dem sich die MP3-Dateien befinden.

Abbildung A.30: Verwalten von MP3s mit dem Media Player 11

4. Ziehen Sie die Dateien in den Media Player (siehe *Abbildung A.31*).
5. Standardmäßig muss daraufhin der Media Player das Cover zu dem Ordner anzeigen (siehe *Abbildung A.32*).

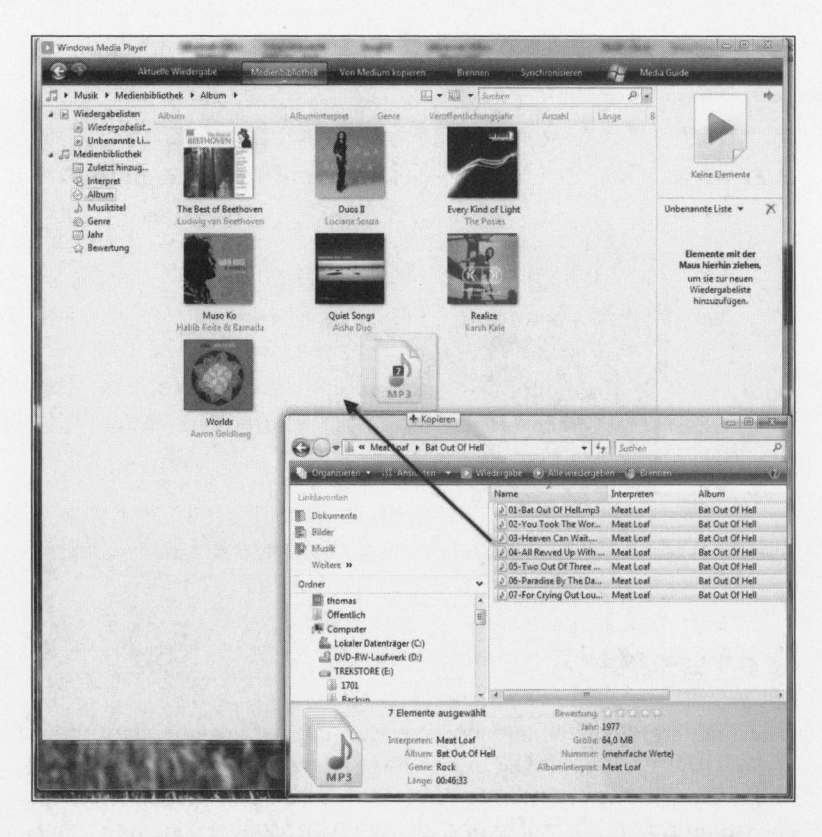

Optimaler Umgang mit dem Windows Media Player 11

Abbildung A.31:
Verwalten von MP3 mit dem Media Player

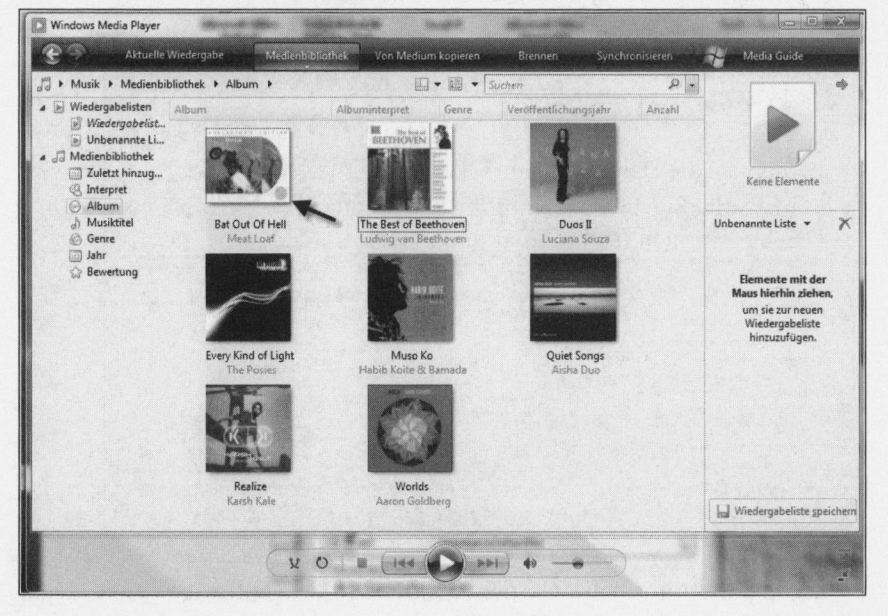

Abbildung A.32:
Anzeigen eines neuen Albums aus eigenen MP3-Dateien

6. Wenn Sie auf das Album klicken, werden die ausführlichen Informationen über das Album angezeigt (siehe *Abbildung A.33*).

Abbildung A.33:
Ausführliche Informationen über ein MP3-Album im Media Player

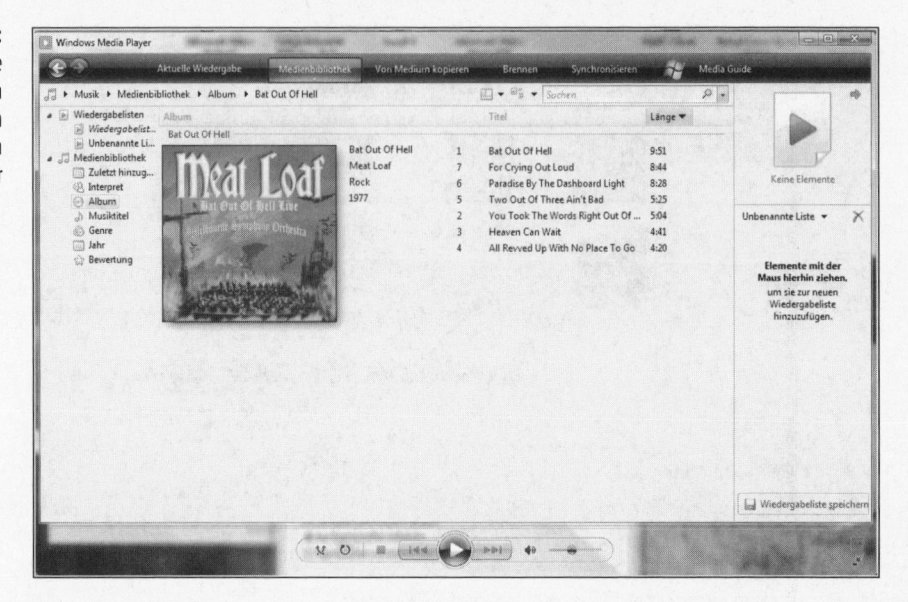

Eine weitere Möglichkeit der Verwaltung ist, wenn Sie über *Extras/ Optionen/Medienbibliothek* den Ordner zu den überwachten Verzeichnissen hinzufügen (siehe *Abbildung A.34*). Im Anschluss werden der Ordner und alle Unterordner untersucht und die Alben im Media Player angezeigt.

Abbildung A.34:
Hinzufügen von überwachten Ordnern zur Medienbibliothek

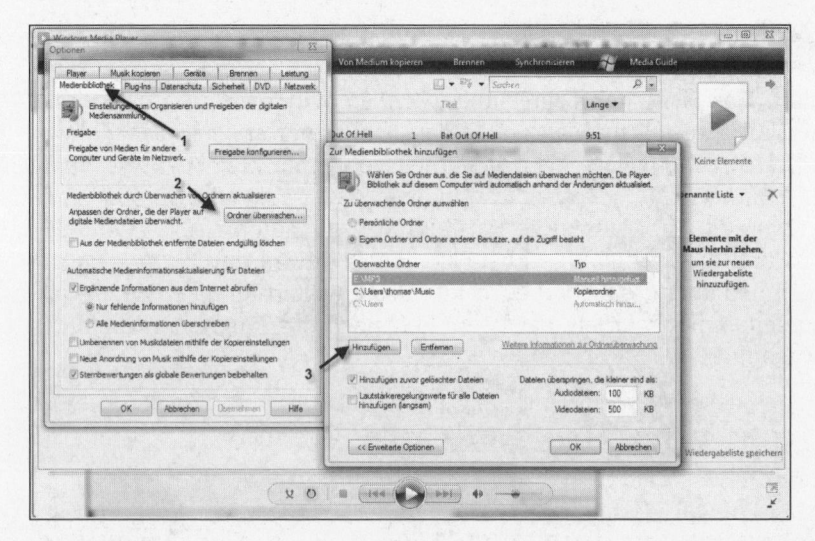

Sie können die Informationen der Alben über das Kontextmenü im Media Player aus dem Internet aktualisieren lassen (siehe *Abbildung A.35*). Nach der Integration in den Media Player können Sie die ausführlichen Suchfenster nutzen und Ihre Alben bequem aus dem Media Player heraus verwalten. Das Cover wird als versteckte Datei im Verzeichnis der MP3s abgespeichert.

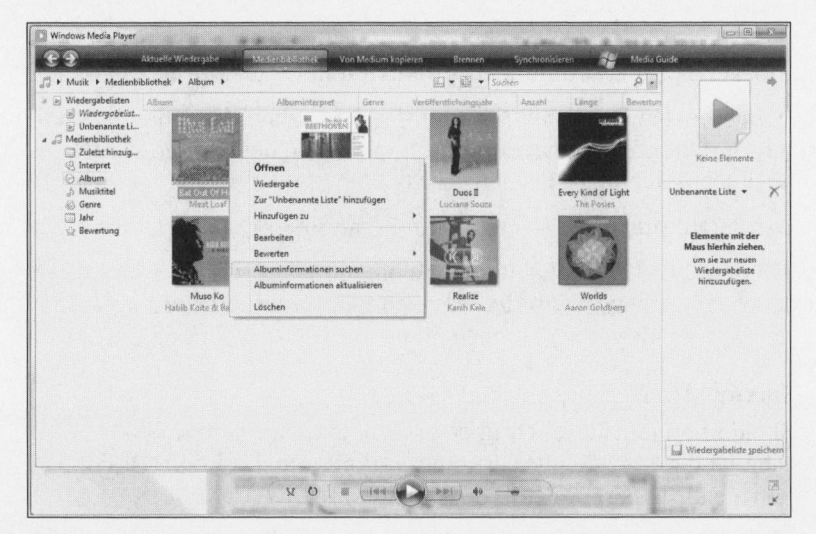

Abbildung A.35:
Aktualisieren der Albuminformationen aus dem Internet

A.8 Sonstige Tipps und Tricks

In diesem Abschnitt behandle ich Tipps und Tricks, die zu keinem anderen Abschnitt passen, aber dennoch eine wertvolle Hilfe im Umgang mit Windows Vista sein können.

Sicherheitscenter und Firewall-Verwaltung aufrufen

Microsoft hat das mit Windows XP SP2 eingeführte Sicherheitscenter stark optimiert. Das Sicherheitscenter überwacht in Windows Vista den Virenscanner, die Firewall und jetzt auch den Schutz vor anderen Schädlingen wie Adware oder Spyware. Vom Sicherheitscenter aus können die wichtigsten Einstellungen zur Sicherheit in Windows Vista direkt erreicht und konfiguriert werden. Sie können die Einstellungen für automatische Windows Updates und die Konfiguration der Windows-Firewall durchführen. Allerdings können über das Sicherheitscenter keine weiterführenden Einstellungen vorgenommen werden; der zentrale Nutzen des Programms dient der Überwachung.

Sie können das Sicherheitscenter auch über *Start/Ausführen/wscui.cpl* aufrufen.

Über *Start/Ausführen/wf.msc* können Sie die Verwaltungsoberfläche der Windows-Firewall starten und die genaueren Regeln anpassen und konfigurieren. Zur Anpassung von Firewall-Regeln sind administrative Berechtigungen notwendig.

Herunterfahren und neu starten

Zum Herunterfahren und Neustarten können Sie auch eine Verknüpfung auf dem Desktop anlegen und den Befehl *shutdown -r -f* eingeben. Der PC fährt daraufhin nach ca. 30 Sekunden herunter und startet wieder. Das Anlegen von Verknüpfungen wird in Kapitel 5 ausführlicher erläutert.

Wenn Sie den Befehl *shutdown -r -f -t 0* eingeben, fährt der PC sofort herunter. Die Option *-f* zwingt den PC zum Beenden der laufenden Anwendungen, auch wenn nicht gespeichert wurde.

Der Befehl *shutdown -s -f* fährt den PC herunter und startet ihn nicht neu.

Mit dem Befehl *shutdown -a* kann ein aktueller Herunterfahrvorgang abgebrochen werden, wenn der PC noch nicht mit dem Herunterfahren begonnen hat, sondern die Zeit noch läuft.

Sperren des PC

Sie können den PC auch über die Tastenkombination [⊞] + [L] sperren. Eine weitere Möglichkeit ist eine Verknüpfung auf dem Desktop. Verwenden Sie als Befehlszeile für die Verknüpfung:

rundll32.exe user32.dll, LockWorkStation

Achten Sie auf das Komma und die Groß- und Kleinschreibung von *LockWorkStation*. Geben Sie der Verknüpfung einen passenden Namen, zum Beispiel *PC sperren*.

Testen von DirectX 10

Um die Funktion von DirectX zu überprüfen bzw. die installierte DirectX-Variante anzuzeigen, starten Sie das DirectX-Diagnoseprogramm. Dieses Programm starten Sie über *Start/Ausführen/dxdiag*.

Lokales Admin-Konto entsperren

Das lokale Administratorkonto in Windows Vista wird deaktiviert. Einzige Ausnahme: Wenn Windows Vista während einer Aktualisierung von Windows XP erkennt, dass der Administrator das einzig aktive lokale Konto mit administrativen Berechtigungen ist, bleibt das Konto auch unter Vista aktiv. Das neu angelegte Konto verfügt dennoch nicht in allen Bereichen des Systems über volle Benutzerrechte. Zur Konfiguration des Administratorkontos gehen Sie über *Start* und klicken mit der rechten Maustaste auf *Computer*, und wählen Sie im Kontextmenü den Eintrag *Verwalten*. Markieren Sie im linken Navigationsbereich den Eintrag *Lokale Benutzer und Gruppen/Benutzer*. Anschließend öffnen Sie durch einen Doppelklick auf Administrator im mittleren Fensterbereich das zugehörige Eigenschaftsfenster und entfernen das Häkchen neben *Konto ist deaktiviert* Alternativ können Sie auch eine Eingabeaufforderung öffnen und den Befehl *net user administrator /active:yes* eingeben. Am schnellsten öffnen Sie ein Eingabeaufforderungsfenster, indem Sie die Tastenkombination [⊞] + [R] drücken, den Befehl *cmd* eintippen und mit der [↵]-Taste bestätigen.

Benutzerkontensteuerung (UAC) deaktivieren

Sie können die Benutzerkontensteuerung auch über *Start/Ausführen/msconfig* auf der Registerkarte *Tools* deaktivieren. Markieren Sie die Option zur Deaktivierung der Benutzerkontensteuerung, und klicken Sie auf *Starten*. Im Anschluss erscheint eine Befehlszeile, welche die erfolgreiche Ausführung bestätigt.

Patches in der Befehlszeile anzeigen oder exportieren

Sie können sich die installierten Windows-Patches in der Befehlszeile mit dem Befehl *wmic qfe* anzeigen lassen. Idealerweise lassen Sie die Ausgabe des Befehls durch Eingabe von *wmic qfe >c:\patches.txt* in eine Textdatei umleiten, die Sie nach der Erstellung besser lesen können als die Auflistung in der Befehlszeile.

Dateien verschlüsseln

Alternativ zur grafischen Oberfläche können Sie auch den Befehl *cipher* auf der Kommandozeile einsetzen, um Dateien zu ver- und entschlüsseln oder sich den Status anzeigen zu lassen. Der Befehl *cipher /e /s:c:\vertraulich* beispielsweise verschlüsselt das Verzeichnis *c:\vertraulich* und alle darunter liegenden Verzeichnisse und Dateien. *cipher /d /s:c:\vertraulich* entschlüsselt die Daten im Verzeichnis *c:\vertraulich* und in allen darunter liegenden Verzeichnissen.

Datensicherung starten

Sie können das Datensicherungsprogramm auch über *Start/Ausführen/control.exe /name Microsoft.BackupAndRestoreCenter* starten.

Windows-Mobilitätscenter starten

Sie können das Windows-Mobilitätscenter auch über *Start/Ausführen/mblctr.exe* starten bzw. eine Verknüpfung dieser Datei auf dem Desktop anlegen, um auf einem Notebook schneller Zugriff auf die wichtigsten Funktionen zu haben.

Offlinedateien verwenden

Sie können das Verwaltungsprogramm für die Offline-Dateien auch über *Start/Ausführen/ control.exe cscui.dll* aufrufen.

Aufgabenplanung starten

Die Aufgabenplanung hatte in Windows XP noch die Bezeichnung »Geplante Tasks«. Mithilfe der Aufgabenplanung können Sie wiederkehrende Aufgaben, wie zum Beispiel die Datensicherung, Defragmentierung oder sonstige Tätigkeiten, zu bestimmten Zeiten automatisch durchführen lassen. Die Aufgabenplanung wird durch einen eigenen Menüpunkt in der Computerverwaltung konfiguriert. Sie können die Aufgabenplanung auch über *Start/Systemsteuerung/System und Wartung/Verwaltung/Aufgabenplanung* starten oder auch über *Start/Ausführen/taskschd.msc*.

Lokale Sicherheit mit Richtlinien verbessern

Lokale Sicherheitsrichtlinien bieten die Möglichkeit, Einstellungen des PC entweder auf Benutzerebene oder für den ganzen PC in einer zentralen Oberfläche zu konfigurieren, die ansonsten nicht zur Verfügung stehen. Die Aufgaben der lokalen Sicherheitsrichtlinien dienen hauptsächlich, wie der Name schon sagt, der Konfiguration der Sicherheit. In Unternehmen werden diese Einstellungen zentral vorgegeben und automatisch an alle PCs verteilt. Diese Richtlinien werden dann als Gruppenrichtlinien bezeichnet. Die lokalen Sicherheitsrichtlinien können Sie am besten über den Gruppenrichtlinienobjekt-Editor konfigurieren. Diesen können Sie über *Start/Ausführen/gpedit.msc* aufrufen.

Bilder mit der Fotogalerie bearbeiten

Wenn Sie in der Fotogalerie mithilfe des Reparaturbereichs ein Bild bearbeiten, wird automatisch eine Kopie des Originalbilds gespeichert. Der Originalzustand des Bildes kann wiederhergestellt werden. Gehen Sie dazu folgendermaßen vor: Wenn Sie ein Bild mit der Reparatur-Funktion bearbeitet haben und zur Galerie zurückgehen, werden die Änderungen gespeichert. Um den letzten Zustand des Bildes wiederherzustellen, öffnen Sie das zuvor geänderte Bild erneut. Klicken Sie im Menü auf *Reparatur*. Jetzt steht unten im Bild der Befehl *Wiederherstellen* zur Verfügung. Klicken Sie auf den kleinen Pfeil neben dem Dialogfeld *Wiederherstellen*. Wählen Sie dann *Auf das Original zurücksetzen*.

Office 2007-Dokumente als PDF speichern

Wollen Sie in Word 2007, Excel 2007 oder PowerPoint 2007 Dokumente im PDF-Format speichern, laden Sie sich die kostenlose Erweiterung für diese Funktion (SaveasPDF.exe genannt) von der Microsoft-Internetseite *http://www.microsoft.com/downloads/details.aspx?FamilyID=f1fc413c-6d89-4f15-991b-63b07ba5f2e5&DisplayLang=de* herunter. Nach der Installation können Sie bequem Office-Dokumente als PDF speichern, ohne auf Zusatzprogramme zurückgreifen zu müssen.

B   Tastenkombinationen

In diesem Kapitel zeige ich Ihnen einige Tastenkombinationen, welche die Arbeit mit Windows Vista deutlich vereinfachen und in den vorangegangenen Kapiteln noch nicht besprochen worden sind.

Viele Anwender, die häufig mit dem Windows Explorer arbeiten, können deutlich effizienter mit dem Windows Explorer umgehen, indem sie die Tastenkombinationen verwenden oder den Explorer so starten, dass ein bestimmter Ordner automatisch angezeigt wird.

Tastenkombination in Windows Vista mit dem Explorer

Im folgenden Abschnitt finden Sie die wichtigsten Tastenkombinationen des Windows Explorers erläutert:

- `Strg` + `C` – Kopieren
- `Strg` + `O` – Öffnen
- `Strg` + `P` – Drucken
- `Strg` + `S` – Speichern
- `Strg` + `V` – Einfügen
- `Strg` + `X` – Ausschneiden
- `Strg` + `Z` – Rückgängig
- `F1` – Hilfe anzeigen
- `⇧` + `F1` – Kontextbezogene Hilfefunktion aktivieren (Direkthilfe)
- `⇧` + `F10` – Kontextmenü zum momentan aktiven Element anzeigen
- `   ` – Markieren (entspricht einem einfachen Mausklick)
- `Esc` – Abbrechen
- `Alt` – Menüleiste aktivieren oder deaktivieren
- `Alt` + `⇆` – Nächstes Hauptfenster anzeigen
- `Alt` + `Esc` – Nächstes Fenster anzeigen
- `Alt` + `   ` – Systemmenü für Fenster anzeigen
- `Alt` + `-` – Systemmenü für das aktive untergeordnete Fenster anzeigen
- `Alt` + `Enter` – Eigenschaften anzeigen
- `Alt` + `F4` – Aktives Fenster schließen

Tastenkombinationen

- ⌨ Alt + F6 – Zum nächsten Fenster innerhalb der Anwendung wechseln
- ⌨ Alt + Druck – Aktiven Fensterinhalt in die Zwischenablage kopieren
- ⌨ Druck – Desktop-Inhalt in die Zwischenablage kopieren
- ⌨ Strg + Esc – Schaltfläche *Start* in der Taskleiste aktivieren
- ⌨ F2 – Umbenennen
- ⌨ F3 – Suchen
- ⌨ Entf – Löschen
- ⌨ ⇧ + Entf – Datei endgültig löschen (ohne Papierkorb)
- ⌨ Alt + Doppelklick – Eigenschaften anzeigen
- ⌨ Strg + (Klick mit rechter Maustaste) – Zusätzliche Befehle in einem Kontextmenü anzeigen (*Öffnen mit*)
- ⌨ ⇧ + Doppelklick – Objekt im Windows Explorer anzeigen. Ist das Objekt nicht definiert, wird die Standardaktion ausgelöst (normalerweise *Öffnen*).
- ⌨ Strg + F6 – Nächstes untergeordnetes Fenster anzeigen
- ⌨ Strg + ⇥ – Nächste Registerkarte oder nächstes untergeordnetes Fenster anzeigen.

Tastenkombinationen für Ordnerverwaltung und Windows Explorer

- ⌨ F4 – Kombinationsfeld in Windows Explorer öffnen und Eingabefokus in die Liste setzen
- ⌨ F5 – Anzeige aktualisieren
- ⌨ F6 + ⇥ – Fokus auf den nächsten Fensterbereich in Windows Explorer verschieben
- ⌨ Strg + G – Befehl *Gehe zu* im Windows Explorer aufrufen
- ⌨ Strg + Z – Rückgängig
- ⌨ Strg + A – Alles markieren
- ⌨ ← – Zum übergeordneten Ordner wechseln

Tastenkombinationen mit der Windows-Taste

- ⌨ ⊞-Taste + M – Alle Fenster minimieren
- ⌨ ⊞-Taste + ⇧ + M – Alle minimierten Fenster wiederherstellen
- ⌨ ⊞-Taste + L – Computer sperren, wenn dieser mit einer Netzwerkdomäne verbunden ist, bzw. den Benutzer wechseln, wenn dies nicht der Fall ist
- ⌨ Strg + ⊞-Taste + F – Computer suchen (wenn Sie sich in einem Netzwerk befinden)
- ⌨ ⊞-Taste + D – Desktop anzeigen
- ⌨ ⊞-Taste + R – Dialogfeld *Ausführen* öffnen
- ⌨ ⊞-Taste + Untbr – Dialogfeld *Systemeigenschaften* anzeigen

Tastenkombinationen

- ⊞-Taste + [F] – Eine Datei oder einen Ordner suchen
- ⊞-Taste + [U] – Center für erleichterte Bedienung öffnen
- ⊞-Taste – Startmenü anzeigen oder ausblenden
- ⊞-Taste + [E] – Windows Explorer öffnen
- ⊞-Taste + [F1] – Windows-Hilfe anzeigen
- ⊞-Taste + [↹] – Zwischen geöffneten Elementen umschalten (Flip 3D)
- [⊞] + [Pause] – Anzeigen des Dialogfeldes *Systemeigenschaften*
- [⊞] + [T] – Umschalten zwischen Programmen auf der Taskleiste
- [Strg] + [⊞] + [↹] – Verwenden der Pfeiltasten zum Umschalten zwischen Programmen auf der Taskleiste mithilfe von Windows Flip-3D
- [⊞] + [ ] – Anzeigen aller Minianwendungen im Vordergrund und Auswählen von Windows-Sidebar
- [⊞] + [G] – Umschalten zwischen Sidebar-Minianwendungen
- [⊞] + [X] – Öffnen des Windows-Mobilitätscenters

Tastenkombinationen für das Registerbrowsen im Internet Explorer 7

- [Strg] + Klicken – Öffnen von Links in einer neuen Registerkarte im Hintergrund
- [Strg] + [⇧] + Klicken – Öffnen von Links in einer neuen Registerkarte im Vordergrund
- [Strg] + [T] – Öffnen einer neuen Registerkarte im Vordergrund
- [Strg] + [↹] oder [Strg] + [⇧] + [↹] – Umschalten zwischen Registerkarten
- [Strg] + [W] – Die aktuelle Registerkarte schließen (oder das aktuelle Fenster, wenn das Browsen mit Registerkarten deaktiviert ist)
- [Alt] + [↵] – Öffnen einer neuen Registerkarte im Vordergrund aus der Adressleiste heraus
- [Strg] + n (wobei n eine Zahl zwischen 1 und 8 ist) – Wechseln zu einer Registerkarte mit einer bestimmten Nummer
- [Strg] + [9] – Wechseln zur vorherigen Registerkarte
- [Strg] + [Alt] + [F4] – Schließen der anderen Registerkarten
- [Strg] + [Q] – Schnelle Registerkarten (Miniaturansicht) ein- und ausschalten

C Mozilla Firefox 1.5/2.0 und Thunderbird 1.5

Der Vorteil des Internet Explorers liegt darin, dass er mit dem Betriebssystem automatisch installiert wird. Vor allem Anfänger sollten jedoch nicht mit dem Internet Explorer surfen, sondern einen alternativen Browser verwenden. Da alternative Browser derzeit noch nicht so verbreitet sind, gibt es auch weniger Angriffsmethoden, das Surfen ist also sicherer. Der beliebteste und nach dem Internet Explorer der am meisten benutzte alternative Browser ist Mozilla Firefox.

Bei den Mail-Clients ist Windows Mail nur unwesentlich besser als der direkte Vorgänger Outlook Express 6. Auch hier empfehle ich die kostenlose Alternative Mozilla Thunderbird. Ich gehe in diesem Kapitel auf diese beiden Programme ein, da sie auch unter Windows Vista hervorragend funktionieren und das Betriebssystem noch effizienter und sicherer machen. Die Sicherheitslücken und Probleme der integrierten Komponenten Internet Explorer und Windows Mail fallen so nicht mehr ins Gewicht. Da Firefox und Thunderbird besser und dazu noch kostenlos sind, spricht nichts gegen einen Einsatz dieser beiden Programme.

Seit einiger Zeit ist Mozilla Firefox 2.0 verfügbar. Diese neue Version ist von der Bedienung her nahezu identisch mit Firefox 1.5. An den Stellen, bei denen es Unterschiede gibt, gehe ich auf diese gesondert ein.

Für Firefox 1.5 gibt es zahlreiche Erweiterungen, die teilweise nicht oder nur eingeschränkt unter Firefox 2.0 laufen. Viele Anwender werden daher weiterhin auf Firefox 1.5 setzen, bis auch für Firefox 2.0 alle notwendigen Erweiterungen verfügbar sind.

C.1 Mozilla Firefox 1.5 und 2.0

Die Bedienung von Firefox ist nicht komplizierter als die des Internet Explorers. Firefox hat darüber hinaus noch den Vorteil, dass er viel sicherer ist und eine riesige Gemeinschaft von Programmierern ständig neue Entwicklungen für den Browser entwickelt.

Sie sind nicht gezwungen, sofort und unwiderruflich auf Firefox umzusteigen. Sie können ohne Probleme mehrere Browser auf einem PC parallel installieren. Machen Sie sich am besten ein eigenes Bild von Firefox und verwenden Sie ihn eine Zeit lang parallel zum Internet Explorer.

Mozilla Firefox 1.5/2.0 und Thunderbird 1.5

C.1.1 Installation und Einrichtung von Firefox

Laden Sie sich Firefox am besten von der Internetseite des Anbieters herunter, www.mozilla.com. Klicken Sie dazu auf den Link *Download Firefox*. Bei DSL-Geschwindigkeit sollte die 5 MB große Datei schnell auf Ihrem PC sein.

Wenn der Download abgeschlossen ist, können Sie die Installation mit einem Doppelklick auf die Datei starten.

Installation von Mozilla Firefox

Zunächst erscheint eine Sicherheitsmeldung von Windows. Diese Meldung kennen Sie schon. Bestätigen Sie die Ausführung der Installation. Als Nächstes erscheint der Startbildschirm.

Abbildung C.1: Startbildschirm der Firefox-Installation

Im nächsten Fenster müssen Sie den Lizenzbedingungen des Webbrowsers zustimmen. Da Mozilla Firefox kostenlos ist, können Sie das ohne Bedenken tun.

Anschließend wählen Sie noch die Installationsvariante. Behalten Sie die Auswahl *Standard* bei.

Mozilla Firefox 1.5 und 2.0

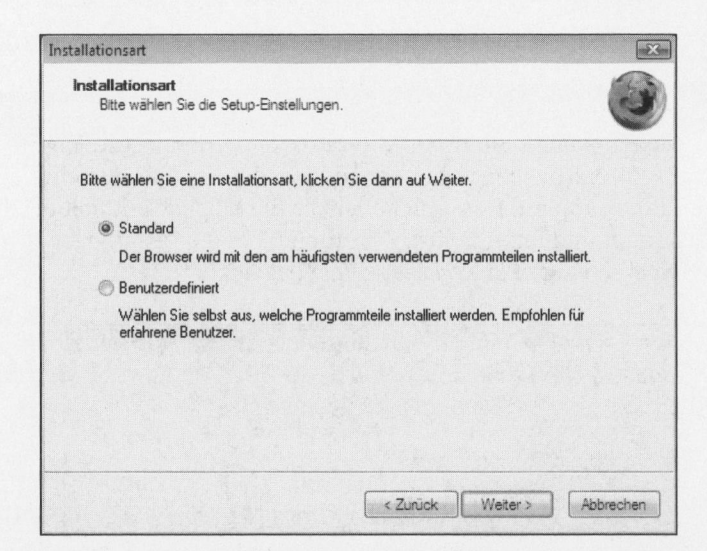

Abbildung C.2:
Wählen der Installationsart (Vista-Modus)

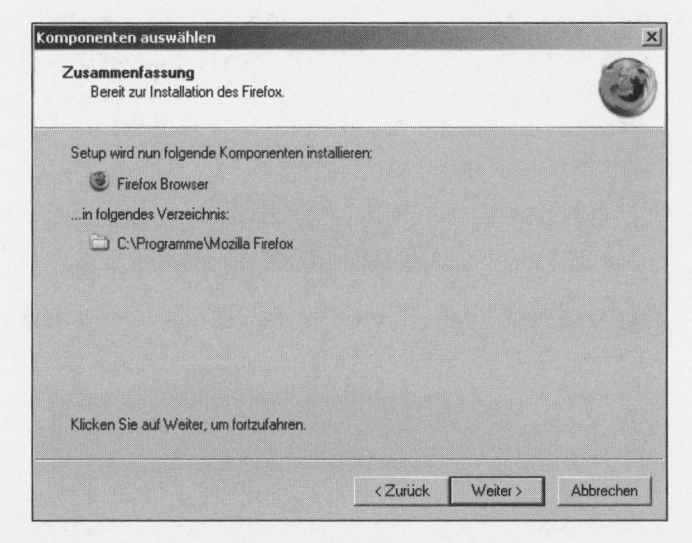

Abbildung C.3:
Installationsfenster von Firefox (klassischer Modus)

Wenn Sie die Installationsvariante ausgewählt haben, erscheint ein Fenster, in dem Sie das Installationsverzeichnis des Browsers bestätigen. Wenn Sie im vorigen Fenster bei der Installationsart *Benutzerdefiniert* gewählt haben, können Sie ein anderes Installationsverzeichnis festlegen. Ich rate Ihnen allerdings die Standardeinstellung für das Verzeichnis beizubehalten. Nach wenigen Sekunden ist die Installation von Firefox abgeschlossen.

Einrichtung von Mozilla Firefox

Nach dem Start erscheint der Assistent zum Importieren Ihrer Favoriten vom Microsoft Internet Explorer. Wenn Sie dort Ihre Favoriten gepflegt haben, sollten Sie diese in Firefox importieren. Die Favoriten des Internet Explorers bleiben erhalten und werden in die Einstellungen von Mozilla Firefox kopiert. Dadurch haben Sie die Möglichkeit, mit beiden Browsern zu surfen, und müssen Ihre Favoriten nicht doppelt pflegen. In Mozilla Firefox werden *Favoriten* als *Lesezeichen* bezeichnet.

Abbildung C.4:
Importieren der Internet Explorer-Favoriten

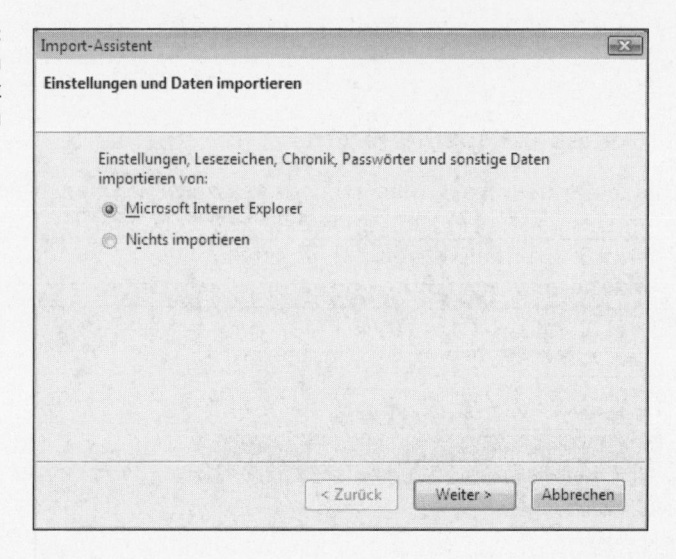

Auf der nächsten Seite des Assistenten können Sie die Startseite des Internet Explorers in Firefox übernehmen.

Abbildung C.5:
Importieren der Internet Explorer-Startseite

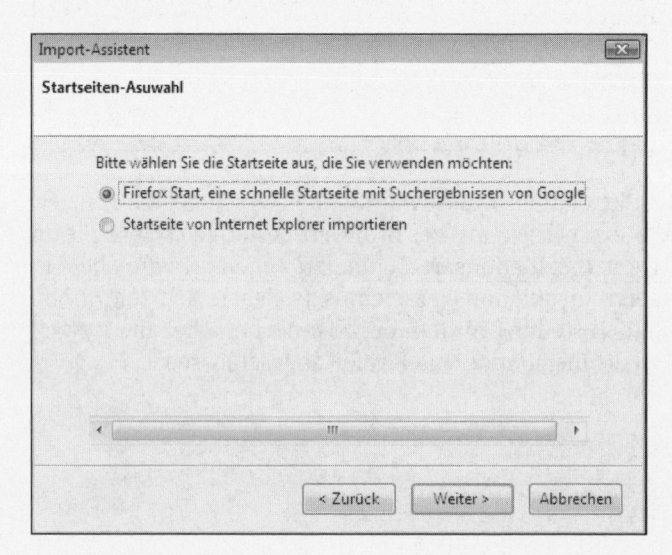

Nach Auswahl dieser Optionen beginnt Mozilla Firefox mit dem Import der Internet Explorer-Daten und meldet den Abschluss in einem eigenen Fenster. Sobald Sie dieses Fenster mit *Fertig stellen* geschlossen haben, startet Mozilla Firefox.

Mit dem ersten Start von Firefox sind die Installation und erste Einrichtung abgeschlossen. Wenn Sie sich den Browser ansehen, werden Sie schnell feststellen, dass die Oberfläche der des Internet Explorers sehr ähnelt. Auf weitere Ähnlichkeiten und Unterschiede gehe ich im Folgenden ein.

Die Installation von Firefox 2.0 unterscheidet sich an dieser Stelle nicht von Firefox 1.5.

C.1.2 Schnelleinstieg in Mozilla Firefox

Bevor ich Ihnen die einzelnen Neuerungen erläutere, zeige ich Ihnen zunächst die ersten Unterschiede, die beim Surfen mit Mozilla Firefox geübten Internet Explorer-Nutzern auffallen (siehe *Abbildung C.6*).

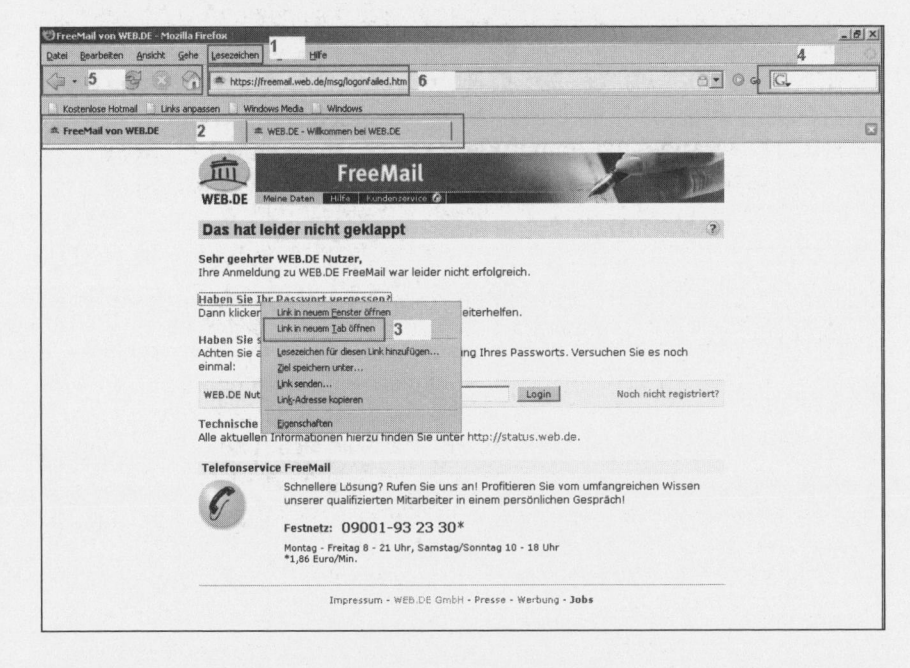

Abbildung C.6: Erste Unterschiede zwischen Mozilla Firefox und Internet Explorer

In *Abbildung C.6* sind sechs Merkmale hervorgehoben, die auf den folgenden Seiten genauer durchleuchtet werden sollen.

- *(1) – Lesezeichen.* Die *Favoriten* des Internet Explorers werden in Mozilla Firefox als *Lesezeichen* bezeichnet. Der Umgang mit und die Verwaltung dieser Lesezeichen sind nicht viel anders als beim Internet Explorer. Sie finden Ihre Lesezeichen und die zugehörige Verwaltung über das Menü *Lesezeichen*.

Mozilla Firefox 1.5/2.0 und Thunderbird 1.5

- *(4) – Google Suchbar*. Mozilla Firefox hat bereits nach der Installation eine Google-Suchleiste integriert. Wenn Sie hier Ihre Suchbegriffe eingeben und bestätigen, öffnet sich sofort die Google-Seite mit den Suchergebnissen. Wenn Sie auf das *G* im Menü klicken, können Sie die Suche nicht nur in Google durchführen, sondern ebenfalls eBay, Wikipedia, Yahoo oder Amazon auswählen. Abhängig von der Internetseite, die Sie zur Suche verwenden wollen, wird das entsprechende Symbol in der Suchleiste angezeigt.

Abbildung C.7:
Änderung der Suchseite in Mozilla Firefox

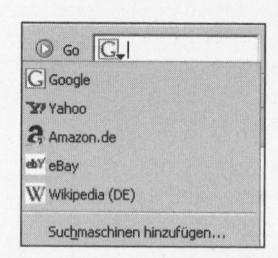

- *(5) – Symbolleiste*. Bei der Symbolleiste gibt es keinen Unterschied. Die Bedienung und die Symbole sind genauso wie im Internet Explorer.

- *(6) – Verschlüsselte Internetseiten (https)*. Wenn Sie verschlüsselte Internetseiten öffnen, nimmt die Adressleiste einen gelben Hintergrund an. Durch diese Änderung können Sie recht schnell erkennen, ob Sie sich auf einer verschlüsselten Seite befinden, wenn Sie persönliche Daten oder Bankinformationen eingeben müssen.

Tabbed-Browsing in Mozilla Firefox nutzen

- *(2) + (3) – Tabbed-Browsing*. Wenn Sie mehrere Internetseiten gleichzeitig öffnen, müssen Sie nicht jedes Mal ein neues Internet Explorer-Fenster öffnen. Firefox bietet die Möglichkeit, mehrere Seiten in einem Fenster zu öffnen. Sie können anschließend mit Registerkarten zwischen den einzelnen Internetseiten hin und her wechseln und einzelne Seiten schließen. Wenn Sie einen Link mit der rechten Maustaste anklicken, können Sie ihn über die Menüoption *Link in neuem Tab öffnen* auf einer neuen Registerkarte, in Firefox Tab genannt, öffnen. Diese Fenster werden im Internet Explorer *Registerkarten* genannt.

Sie können über das Menü *Datei* jederzeit selbst neue Tabs öffnen. Wenn Sie ein solches neues Tab aktivieren und in der Adressleiste eine Internetadresse eingeben, öffnet sich diese Adresse in dem aktivierten Tab. Sie können jederzeit auf ein anderes Tab wechseln und dort eine andere Internetadresse eingeben. Während einzelne Seiten noch geladen werden, können Sie bereits auf dem Tab einer anderen Seite in Ruhe lesen.

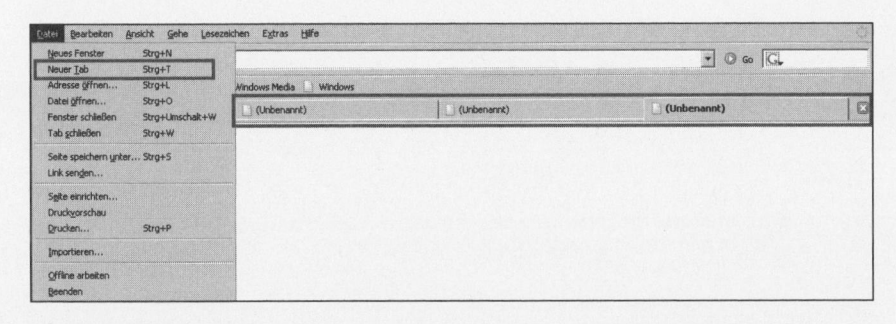

Abbildung C.8:
Öffnen eines neuen Tabs in Mozilla Firefox

Wenn die Internetseite in einem Tab noch geladen wird, sehen Sie das Ladesymbol von Mozilla Firefox auf dem Tab (siehe *(1) – Abbildung C.9)*. Die Registerkarte des aktiven Tabs wird im Vordergrund angezeigt *(2)*. In der Adressleiste des Mozilla-Fensters wird die Adressinformation des aktiven Tabs angezeigt *(3)*.

Abbildung C.9:
Verschiedene Tabs in Mozilla Firefox

Wenn Sie mit der rechten Maustaste auf ein Tab klicken, können Sie es schließen. Außer dem Schließen von einzelnen Tabs stehen Ihnen in diesem Kontextmenü noch einige andere Optionen zur Verfügung, die alle selbsterklärend sind.

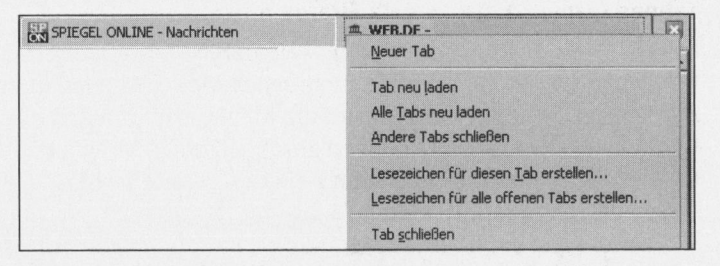

Abbildung C.10:
Steuerung der Tabs

Chronik bereits besuchter Seiten in Mozilla Firefox

Der Verlauf ist das Logbuch bereits besuchter Internetseiten im Internet Explorer. Der Verlauf wird in Mozilla Firefox *Chronik* genannt. Wenn Sie im Menü von Firefox den Menüpunkt *Gehe* auswählen, sehen Sie auf einen Blick die zuletzt geöffneten Internetseiten (siehe *Abbildung C.11*).

Durch diese Chronik können Sie bereits geöffnete Internetseiten schneller finden. Ihnen stehen folgende Möglichkeiten, die in *Abbildung C.11* hervorgehoben sind, zur Verfügung:

Mozilla Firefox 1.5/2.0 und Thunderbird 1.5

- *(1) – Menü Gehe.* Mit den Optionen in diesem Menü können Sie mit einem Mausklick die letzten besuchten Seiten öffnen oder die Chronik der vergangenen Tage anzeigen lassen.
- *(2)* – Bereits im ersten Menü können Sie die zuletzt besuchten Seiten auf einen Blick erkennen, ohne die Chronik öffnen zu müssen.
- *(3) – Chronik öffnen.* Mit diesem Menüpunkt können Sie die Chronik der vergangenen Tage anzeigen lassen (4). Sie finden mit der Chronik besuchte Internetseiten, die Sie nicht als Lesezeichen hinterlegt haben.

Sie können die Chronik über das Menü *Extras/Private Daten löschen* leeren.

Abbildung C.11: Chronik in Mozilla Firefox

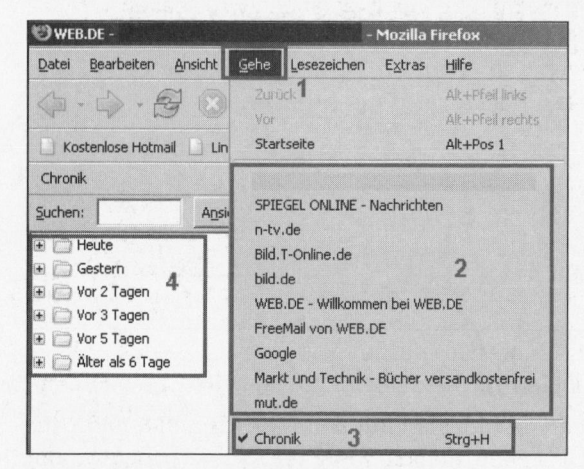

Abbildung C.12: Löschen privater Daten in Mozilla Firefox

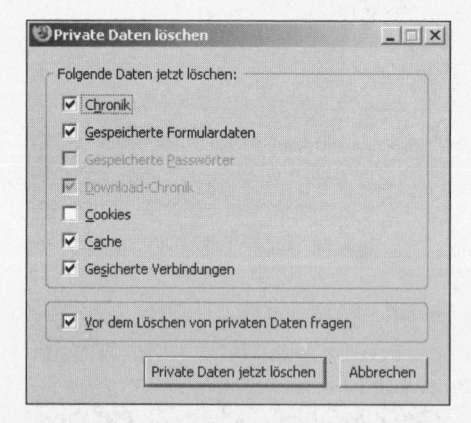

In Firefox 2.0 wurden hier zwar keine grundlegenden Änderungen vorgenommen, aber es gibt ein paar neue Bezeichnungen. Der Verlauf wird in Mozilla Firefox *Chronik* genannt. Wenn Sie im Menü von Firefox 2.0 den Menüpunkt *Chronik* auswählen, sehen Sie auf einen Blick die zuletzt geöffneten Internetseiten (siehe *Abbildung C.13*).

Mit dem Menüpunkt *In Sidebar anzeigen* können Sie die Chronik der vergangenen Tage anzeigen lassen. Sie finden mit der Chronik besuchte Internetseiten, die Sie nicht als Lesezeichen hinterlegt haben.

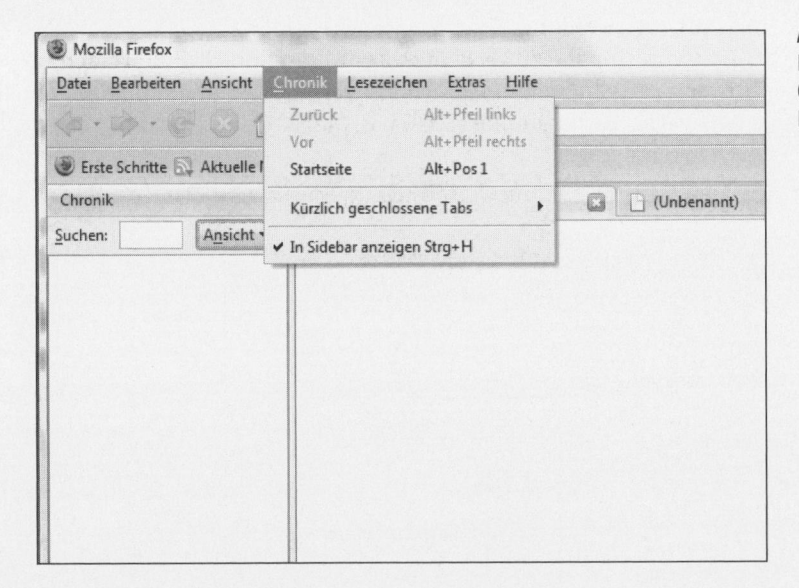

Abbildung C.13:
Neuer Menüpunkt Chronik in Firefox 2.0

Konfiguration von Mozilla Firefox

Die Programmeinstellungen von Mozilla Firefox finden Sie im Menü *Extras* unter *Einstellungen*. Ihnen stehen diverse Optionen zur Verfügung, mit denen Sie Firefox an Ihre Bedürfnisse anpassen können.

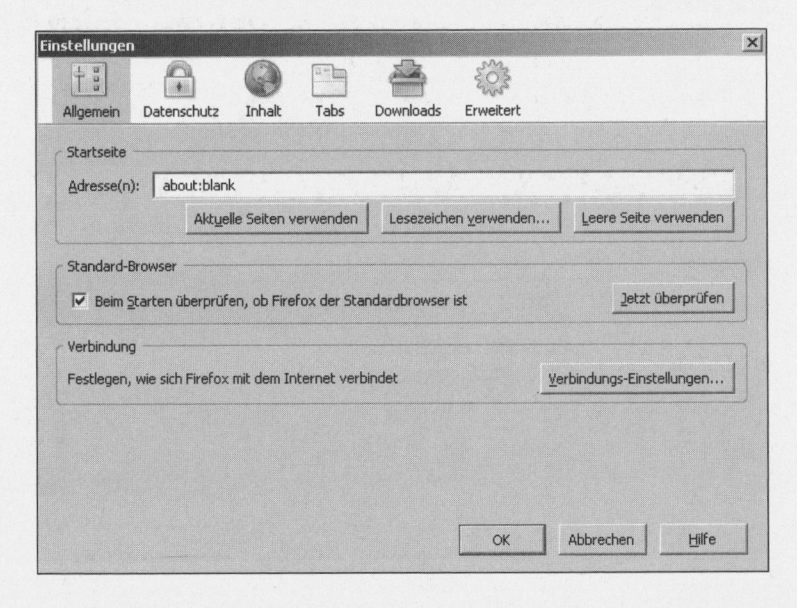

Abbildung C.14:
Einstellungen in Mozilla Firefox

Mozilla Firefox 1.5/2.0 und Thunderbird 1.5

Die meisten der Optionen sind selbsterklärend. Gehen Sie die einzelnen Menüs durch, und passen Sie die Einstellungen an Ihre Bedürfnisse an.

In *Abbildung C.15* sehen Sie meine Einstellungen für die Tabs. Sie sollten sie mit Ihren Einstellungen abgleichen, damit der Nutzen der Tabs für Sie erhöht wird. Später in diesem Abschnitt zeige ich Ihnen noch, wie Sie die Browsereinstellungen noch weiter verbessern können. Für das Tabbed-Browsing gibt es kostenlose Zusätze, die Sie in Firefox integrieren können.

Abbildung C.15: Optimale Einstellungen der Tabs

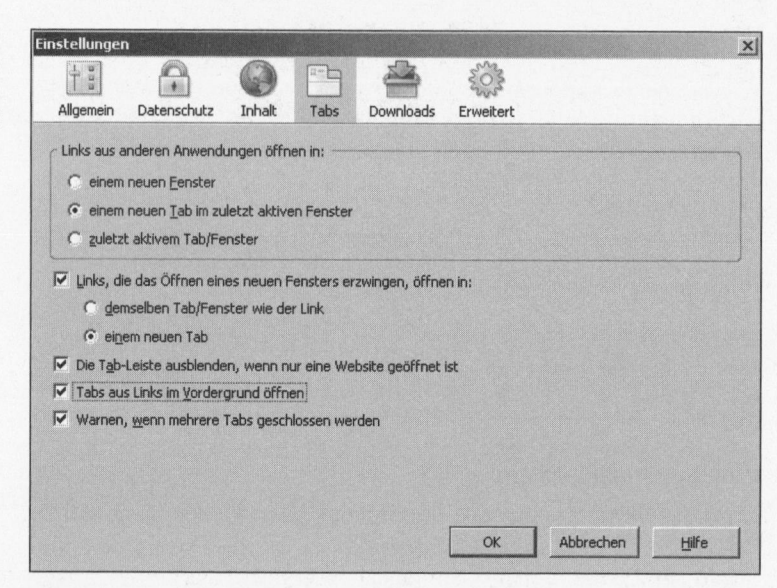

Abbildung C.16: Automatische Updates in Mozilla Firefox

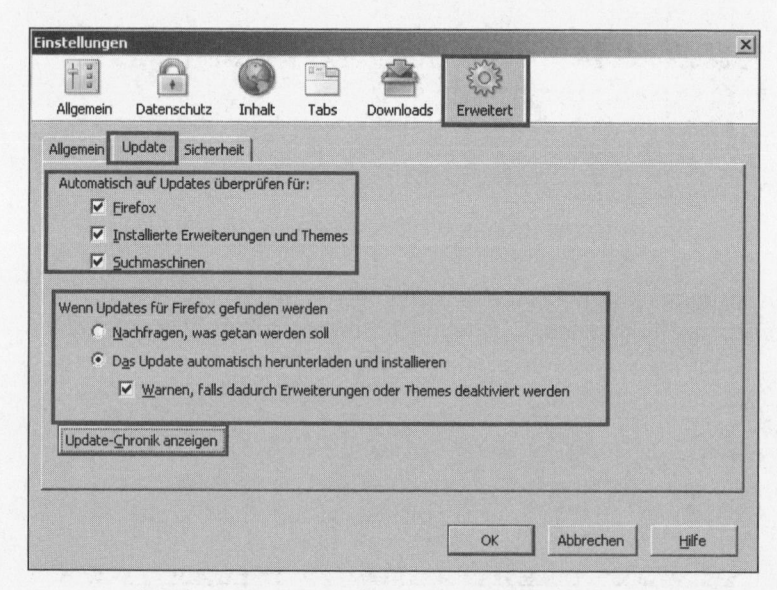

Fehlende Plug-Ins in Mozilla Firefox nachinstallieren

Nach der Installation von Mozilla Firefox sind eventuell notwendige Plug-Ins, wie zum Beispiel *Macromedia Flash*, noch nicht installiert. Wenn Sie eine Internetseite aufrufen, die Flash verwendet, wird an den Stellen auf der Internetseite, an denen das entsprechende Plug-In fehlt, eine Meldung angezeigt (siehe *Abbildung C.17*).

Abbildung C.17:
Fehlendes Plug-In in Mozilla Firefox

Wenn Sie auf den Link klicken, zeigt Mozilla Firefox an, welches Plug-In fehlt, und Sie können die notwendigen Dateien aus dem Internet herunterladen und installieren (siehe *Abbildung C.18*).

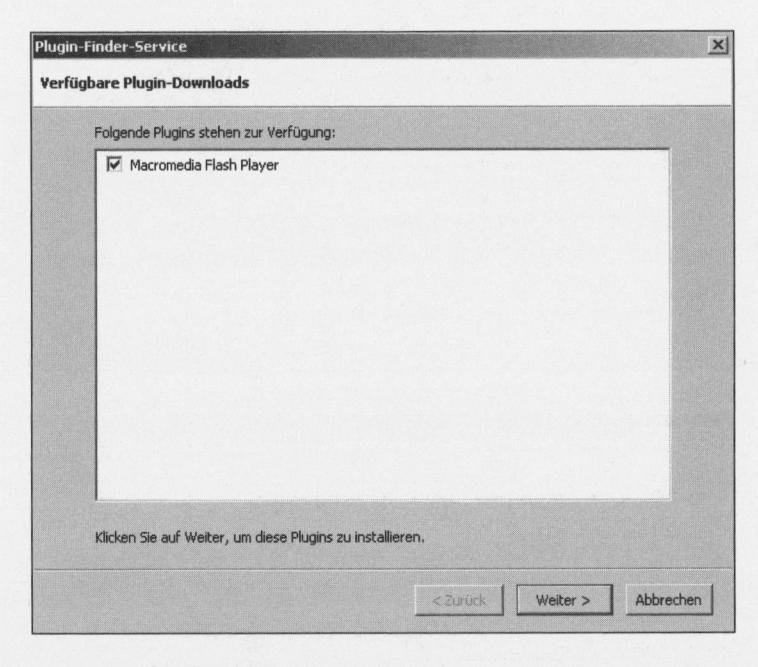

Abbildung C.18:
Nachträgliche Installation von Plug-Ins

Mit dem Assistenten können Sie die notwendigen Dateien herunterladen und installieren. Nach der Installation wird die Internetseite vollständig angezeigt. Unter Umständen müssen Sie die Seite aktualisieren.

Mozilla Firefox 1.5/2.0 und Thunderbird 1.5

C.1.3 Erweiterungen für Mozilla Firefox

Für Mozilla Firefox gibt es Hunderte Erweiterungen, welche die Funktionalität des Browsers deutlich erhöhen. Auf den folgenden Seiten lernen Sie die wichtigsten Erweiterungen kennen und erfahren, wie sie installiert, konfiguriert und optimiert werden.

Installation und Konfiguration von Erweiterungen in Mozilla Firefox

Installation und Konfiguration der Erweiterungen sind mit der Vorgehensweise in Mozilla Thunderbird nahezu identisch. Um Erweiterungen für Mozilla Firefox zu installieren, rufen Sie am besten die Option *Erweiterungen* im Menü *Extras* auf (siehe *Abbildung C.19*).

Abbildung C.19: Installation von Erweiterungen in Mozilla Firefox

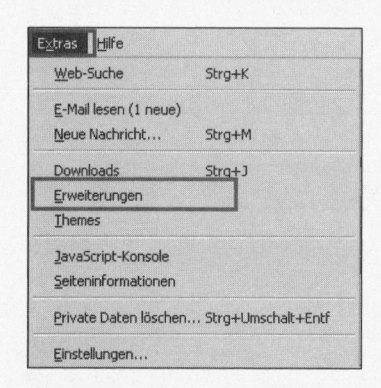

Unter Firefox 2.0 wird dieser Menüpunkt *Add-ons* genannt (siehe *Abbildung C.20*).

Abbildung C.20: Verwalten von Erweiterungen in Firefox 2.0

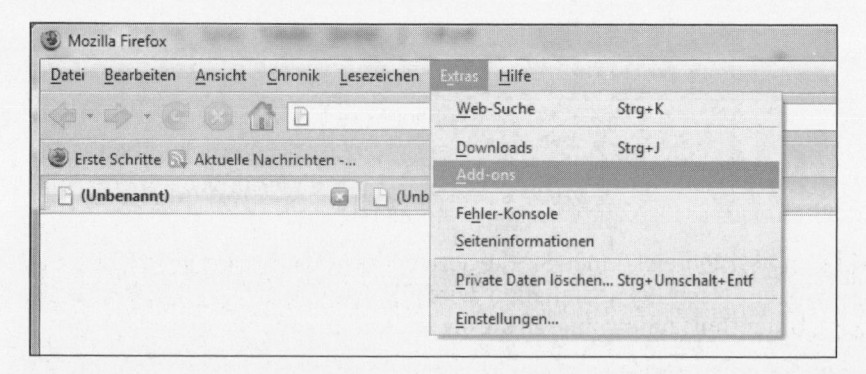

Es öffnet sich ein neues Fenster, in dem alle installierten Erweiterungen angezeigt werden. Sie können über dieses Fenster nach neuen Erweiterungen suchen, sie installieren, deinstallieren, konfigurieren und updaten. Kurzum: Alles, was Erweiterungen in Mozilla Firefox betrifft, erledigen Sie in diesem Fenster.

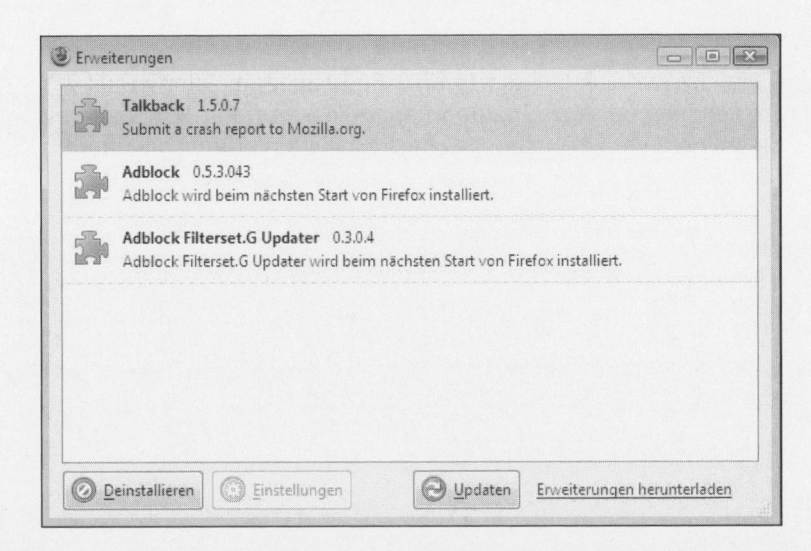

Abbildung C.21:
Fenster Erweiterungen in Mozilla Firefox

Um neue Erweiterungen zu installieren, klicken Sie auf den Link *Erweiterungen herunterladen*.

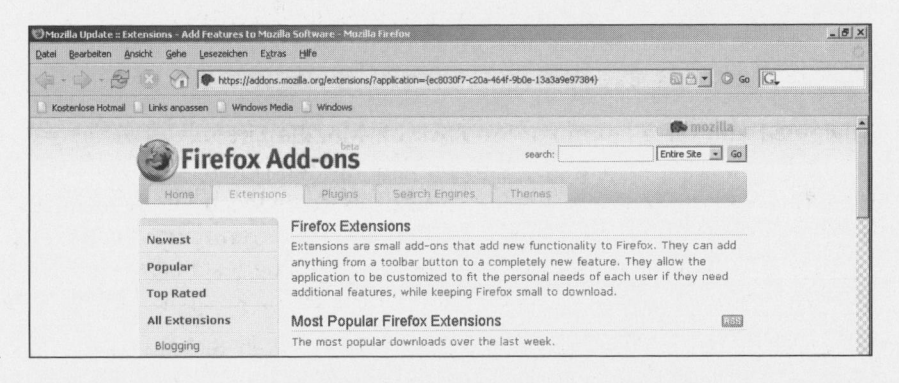

Abbildung C.22:
Erweiterungen in Mozilla Firefox

Es öffnet sich ein neues Fenster in Mozilla Firefox. Sie werden auf die Add-ons-Seite der Mozilla-Entwickler weitergeleitet. Auf dieser Seite werden alle Erweiterungen für Mozilla Firefox gesammelt.

Laden Sie unter keinen Umständen von einer anderen Internetseite Erweiterungen herunter oder installieren diese. Die Installation der Erweiterungen ist eine der Schwachstellen von Mozilla Firefox. Virenprogrammierer schleusen mithilfe dieser Erweiterungen Viren auf ungeschützte PCs.

Wenn Sie bereits den Namen einer Erweiterung kennen, müssen Sie sich nicht durch die verschiedenen Kategorien klicken, sondern können die Bezeichnung in das Suchfeld auf der Seite eingeben.

Abbildung C.23:
Nach Erweiterungen suchen

Adblock – Blockieren von Werbung in Mozilla Firefox

Nichts ist nerviger bei der Informationssuche im Internet als das ständige Einblenden von Werbung und Popup-Fenstern. Für Mozilla Firefox gibt es kostenlose Werbeblocker, welche die meiste Werbung ausfiltern.

Suchen von Adblock für Mozilla Firefox

Um die richtige Version der Erweiterung *Adblock* zu finden, geben Sie am besten den Namen in das Suchfeld (search) ein. Installieren Sie nicht die Version *Adblock Plus*, sondern die Originalversion *Adblock*. Die Entwickler arbeiten ständig an dieser Version weiter. Selbstverständlich können Sie auch die Plus-Version testen und sie wieder deinstallieren; im folgenden Abschnitt gehe ich von der Installation der bewährten Standardvariante aus.

Abbildung C.24:
Suchergebnis in der Mozilla-Suche für Adblock

> **Adblock**
> Once installed, it's a snap to filter elements at their source-address. Just right-click: Adblock: done. Filters use either the wildcard character (*) or full Regular Expression syntax. Hit the status-element and see what has or hasn't been blocke

Nachdem Sie die richtige Version gefunden haben, klicken Sie auf den Link. Sie werden auf die Download-Seite der Erweiterungen geführt. Auf dieser Seite können Sie die Meinungen von anderen Nutzern nochmals lesen und sehen die Benotung.

Download und Installation von Adblock für Mozilla Firefox

Ganz unten auf der Seite finden Sie den Link für den Download sowie eine Information über die Kompatibilität mit den verschiedenen Firefox-Versionen. Die Entwickler von Firefox sind sehr aktiv und veröffentlichen neue Versionen des Programms. Bevor Sie eine Erweiterung installieren, sollten Sie zunächst überprüfen, ob sie für Ihre Firefox-Version kompatibel ist.

Wenn die Frage der Kompatibilität geklärt ist, klicken Sie auf den Link *Install now*, um die Erweiterung zu installieren (siehe *Abbildung C.25*).

Abbildung C.25:
Installieren einer Erweiterung in Mozilla Firefox

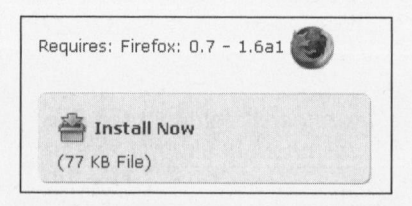

> Requires: Firefox: 0.7 – 1.6a1
>
> Install Now
> (77 KB File)

Nachdem Sie auf den Link geklickt haben, erscheint das Installationsfenster für die Erweiterung (siehe *Abbildung C.26*).

Diese Abläufe sind bei fast allen Erweiterungen identisch. In diesem Installationsfenster sehen Sie nochmals die Bezeichnung der Erweiterung, die Sie installieren wollen, deren Versionsnummer und einen Hinweis, ob die Software für Firefox signiert ist.

Mozilla Firefox 1.5 und 2.0

Die meisten Erweiterungen sind nicht signiert, da sie sich noch in der Entwicklung befinden. Ob ein Programm noch getestet wird, erkennen Sie daran, dass die Versionsnummer unter 1.0 ist. Sie brauchen nicht zu befürchten, dass Ihr PC abstürzt, wenn Sie diese Erweiterungen installieren. Bevor auf der Add-ons-Seite von Mozilla Erweiterungen zur Verfügung gestellt werden, sind sie ausführlich getestet worden.

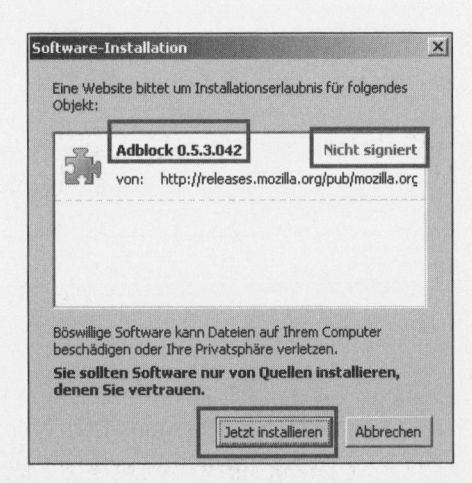

Abbildung C.26: Installationsfenster einer Erweiterung

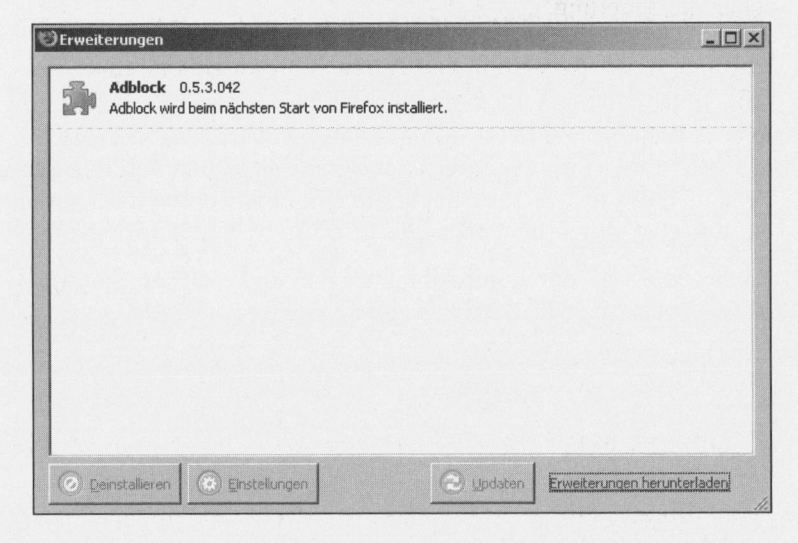

Abbildung C.27: Abgeschlossene Installation

Um die Erweiterung zu installieren, müssen Sie auf die Schaltfläche *Installieren* klicken. Mit diesem Vorgang wird die Erweiterung in Mozilla Firefox integriert.

Nach der Installation wird die Erweitung im Fenster *Erweiterungen* angezeigt. Die meisten Erweiterungen werden erst aktiviert, wenn Sie Mozilla Firefox neu starten.

1115

Mozilla Firefox 1.5/2.0 und Thunderbird 1.5

Nach dem Neustart rufen Sie die Option *Erweiterungen* im Menü *Extras* auf, um die neu installierte Erweiterung zu konfigurieren. Sie wird jetzt als installiert angezeigt und kann konfiguriert werden.

Abbildung C.28: Konfiguration von Adblock

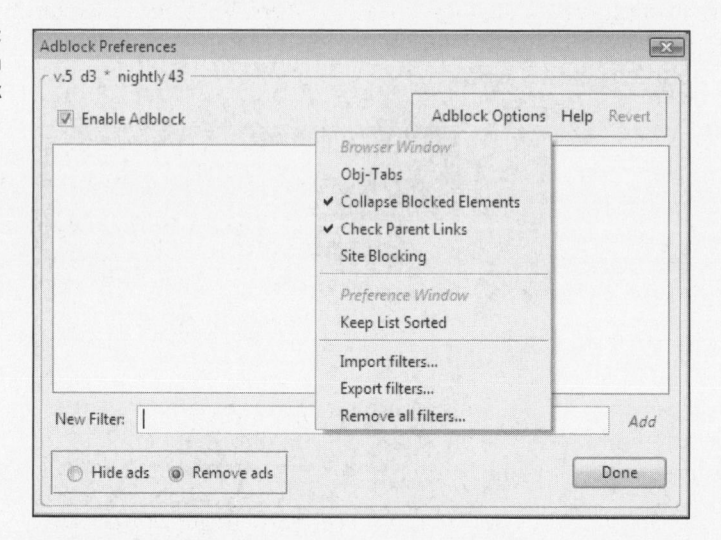

Anleitung zur Installation von Erweiterungen für Mozilla Firefox

Der hier beschriebene Vorgang zur Installation von Erweiterungen ist in 99,9 % aller Fälle identisch. Im Folgenden fasse ich die einzelnen Schritte noch einmal kurz zusammen:

1. Rufen Sie die Option *Erweiterungen* im Menü *Extras* auf.
2. Klicken Sie auf den Link *Erweiterungen herunterladen*, um auf die Download-Seite der Erweiterungen zu gelangen.
3. Suchen Sie die Erweiterung, die installiert werden soll.
4. Klicken Sie auf der Download-Seite der Erweiterung auf *Install Now*.
5. Installieren Sie die Erweiterung im Installationsfenster, und klicken Sie auf die Schaltfläche *Installieren*.
6. Starten Sie Mozilla Firefox neu.
7. Rufen Sie über das Menü *Extras* die *Erweiterungen* von Mozilla Firefox auf.
8. Überprüfen Sie, ob die Erweiterung korrekt installiert wurde.
9. Passen Sie die Erweiterung an. Die Konfigurationsmenüs der einzelnen Erweiterungen sind unterschiedlich, da jedes Programmierteam eine eigene Oberfläche entwickelt hat.

Adblock ist bereits nach der Installation aktiv. Sie müssen keine weiteren Konfigurationsmaßnahmen treffen.

Mozilla Firefox 1.5 und 2.0

Umgang mit Adblock

Wenn Sie eine Seite öffnen, die Werbe-Popups enthält, blockiert Firefox diese Popups automatisch.

Diese Funktion hat nichts mit der Erweiterung Adblock zu tun, sondern generell mit dem Umgang von Werbung in Firefox. Nachdem Firefox ein Popup-Fenster blockiert hat, wird unterhalb der Menüleiste eine Information eingeblendet (siehe *Abbildung C.29*).

Ihnen steht zur Konfiguration dieses Verhaltens ein Menü zur Verfügung, das Sie über die Schaltfläche *Einstellungen* erreichen.

Abbildung C.29: Umgang mit Popups in Mozilla Firefox

Wenn Sie auf diese Schaltfläche klicken, öffnet sich ein weiteres Fenster. Hier können Sie Konfigurationen vornehmen, wie Mozilla Firefox zukünftig mit Popup-Fenstern umgehen soll.

Aktivieren Sie die Option *Diese Informationsleiste nicht mehr einblenden, wenn Popups blockiert werden*, da diese Meldung nur stört. Sie wollen es am besten gar nicht wissen, wann Werbung blockiert wird, sondern von der Werbung nicht mehr gestört werden. Sie erhalten eine Information, dass Sie zukünftig nur über die Statusleiste informiert werden, wenn ein Popup blockiert wird.

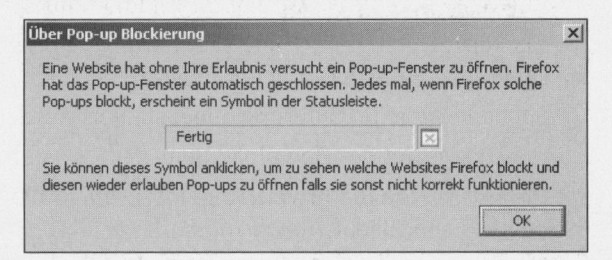

Abbildung C.30: Popup-Blockierung in Mozilla Firefox

Die Information über blockierte Popups wird neben der Anzeige der blockierten Werbung in der Statusleiste unten rechts in Mozilla Firefox angezeigt.

Abbildung C.31: Werbeblockierung in der Statusleiste von Mozilla Firefox

Mozilla Firefox 1.5/2.0 und Thunderbird 1.5

Wenn Sie auf eines der Symbole klicken, erhalten Sie ausführliche Informationen über die blockierten Werbeelemente. Wenn eine Werbung nicht automatisch blockiert wird, können Sie das Werbefenster mit der rechten Maustaste anklicken. Im Menü finden Sie ganz unten die Option *Adblock Image*.

Abbildung C.32:
Blockieren von Werbung in Mozilla Firefox

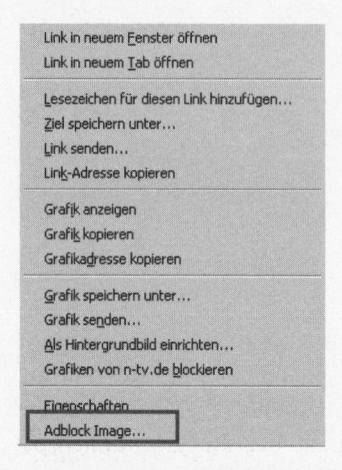

Wenn Sie dieses Menü auswählen, erscheint ein neues Fenster, in dem die Internetadresse der Werbung angezeigt wird.

Abbildung C.33:
Internetseite einer Werbung

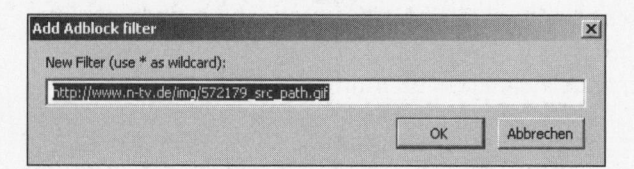

Wenn Sie auf *OK* klicken, wird zukünftig dieses Bild blockiert.

> **TIPP**
>
> Sie können an dieser Stelle mit dem Platzhalter (Wildcard) [*] (das Zeichen über dem [+]) arbeiten. Wenn im Pfad des Bilds zum Beispiel irgendwo die Begriffe ad oder adv oder banner etc. auftauchen, löschen Sie am besten den ganzen Text und belassen nur den Inhalt *adv* oder *banner*. Dadurch schlagen Sie mehrere Fliegen mit einer Klappe, da ab diesem Moment alle Werbebanner mit dieser Bezeichnung blockiert werden.

Wenn Sie versehentlich zu viele Filter eingetragen haben und noch andere Bilder blockiert werden, können Sie die einzelnen Filter löschen.

Die Konfiguration der Filter finden Sie im Menü *Erweiterungen* unterhalb der *Extras* (siehe *Abbildung C.34*).

Wenn Sie einen Filter markieren, können Sie ihn mit der [Entf]-Taste löschen.

Mozilla Firefox 1.5 und 2.0

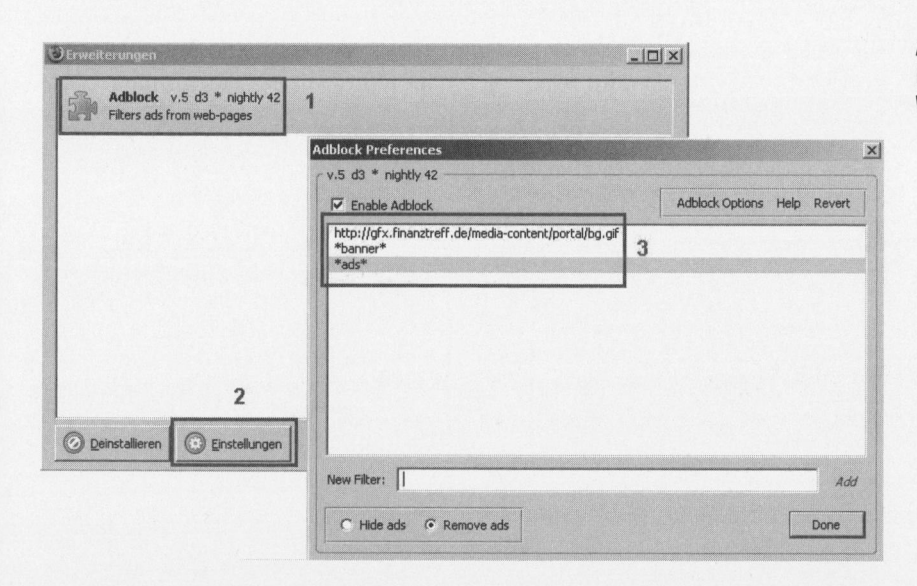

Abbildung C.34:
Konfiguration des Werbefilters

Zusatzfilter für Adblock – Adblock Filterset.G Updater

Nachdem Sie Adblock heruntergeladen und installiert haben, können Sie noch die zusätzliche Erweiterung *Adblock Filterset.G Updater* installieren.

Gehen Sie bei der Installation genauso vor wie bei der Installation von *Adblock*. *Adblock Filterset.G Updater* lädt in regelmäßigen Abständen Werbefilter von den Entwicklern herunter und integriert diese Filter automatisch in Adblock. Dadurch ist Ihr Werbeblocker immer auf dem aktuellsten Stand, ohne dass Sie manuell Updates durchführen müssen.

Abbildung C.35:
Meldung beim Starten von Mozilla Firefox

Mozilla Firefox 1.5/2.0 und Thunderbird 1.5

Nachdem Sie *Adblock Filterset.G Updater* installiert haben, müssen Sie Firefox neu starten. Nach dem Neustart erhalten Sie eine Meldung und Lizenzbedingungen, die Sie bestätigen müssen.

Lesen Sie sich diese Meldung durch, und setzen Sie den Haken bei *Ja, Ich weiß alles über das Rechtliche*. Schließen Sie danach das Fenster.

Als Nächstes erscheint ein Fenster, das Sie darüber informiert, ob neue Updates für Adblock heruntergeladen wurden (siehe *Abbildung C.36*).

Abbildung C.36:
Meldung der Aktualisierung von Adblock

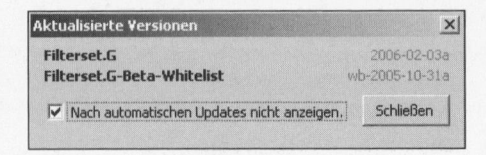

Sie sollten die Option *Nach automatischen Updates nicht anzeigen* aktivieren, damit Sie nicht jedes Mal benachrichtigt werden, wenn Ihr Werbefilter aktualisiert wurde.

Nachdem Sie dieses Fenster bestätigt haben, startet Mozilla Firefox. Der *Adblock Filterset.G Updater* wird wie jede andere Erweiterung auch im Fenster *Erweiterungen* angezeigt. Wenn Sie den *Adblock Filterset.G Updater* markieren, können Sie dessen Optionen genauer einstellen.

Abbildung C.37:
Konfiguration von Adblock Filterset.G Updater

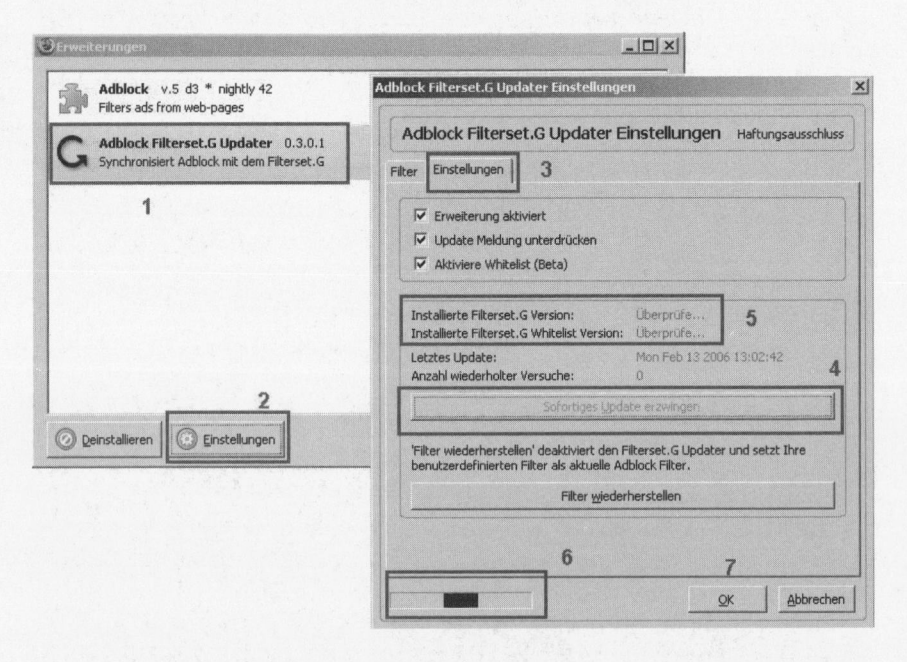

Wenn Sie über das Menü *Extras* die *Erweiterungen* von Mozilla aufrufen, können Sie den *Adblock Filterset.G Updater (1)* markieren und über die Schaltfläche *Einstellungen (2)* die Konfiguration des Filters aufrufen.

Auf der Registerkarte *Einstellungen (3)* können Sie den Filter manuell durch Klicken auf die Schaltfläche *Sofortiges Update erzwingen (4)* updaten.

Im Informationsbereich *(5)* werden Ihnen das letzte Update sowie die Überprüfung angezeigt, ob ein aktuelleres Update verfügbar ist. Sie sehen den Download am Fortschrittsbalken *(6)*. Mit *OK (7)* verlassen Sie das Menü.

Sie können die importierten Filter sehen, wenn Sie Adblock markieren und die Einstellungen des Programms aufrufen. Sie werden sehen, dass die Anzahl Ihrer Filter stark angestiegen ist (siehe *Abbildung C.38*). *Adblock Filterset.G Updater* kann nur zusammen mit *Adblock* eingesetzt werden.

Bei der Kombination von *Adblock* und *Adblock Filterset.G Updater* können Sie sicher sein, dass Sie gegen Internetwerbung optimal geschützt sind.

Sie können natürlich weiterhin manuell Filter pflegen, wenn Sie durch eine Werbung auf einer Internetseite gestört werden. Der Adblock Filterset.G Updater ergänzt Ihre Filter nur, er ersetzt sie nicht.

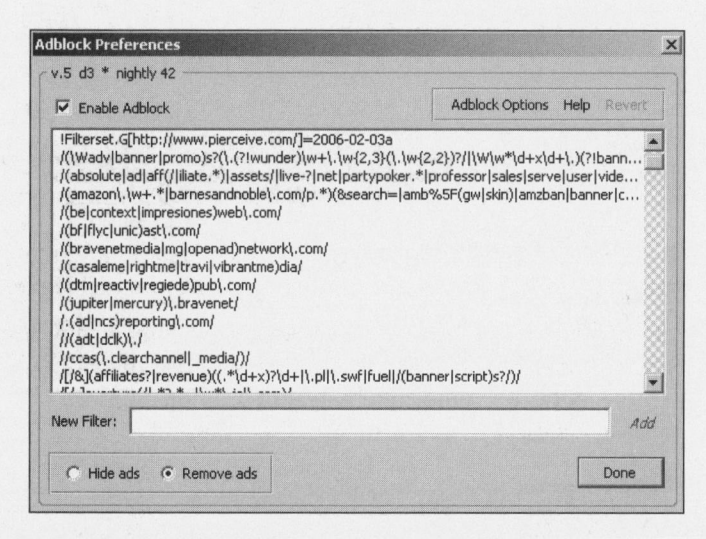

Abbildung C.38:
Durch Adblock Filterset.G Updater importierte Filter

Adblock Plus für Firefox 2.0

Adblock funktioniert unter Firefox 2.0 nicht mehr. Beim Einsatz von Firefox 1.5 sollten Sie daher auf Adblock Plus setzen. Nach der Installation wird die Erweiterung im Fenster *Add-ons* angezeigt.

Nach dem Neustart rufen Sie die Option *Add-ons* im Menü *Extras* auf, um die neu installierte Erweiterung zu konfigurieren. Wenn Sie Adblock Plus installiert haben und Firefox neu gestartet wurde, können Sie auswählen, welche Filterliste Sie importieren wollen. Adblock Plus arbeitet mit verschiedenen Online-Diensten zusammen, die bekannte Werbefenster in Ihren Filtern blockieren (siehe *Abbildung C.39*).

Abbildung C.39:
Konfiguration von Adblock Plus für Firefox 2.0

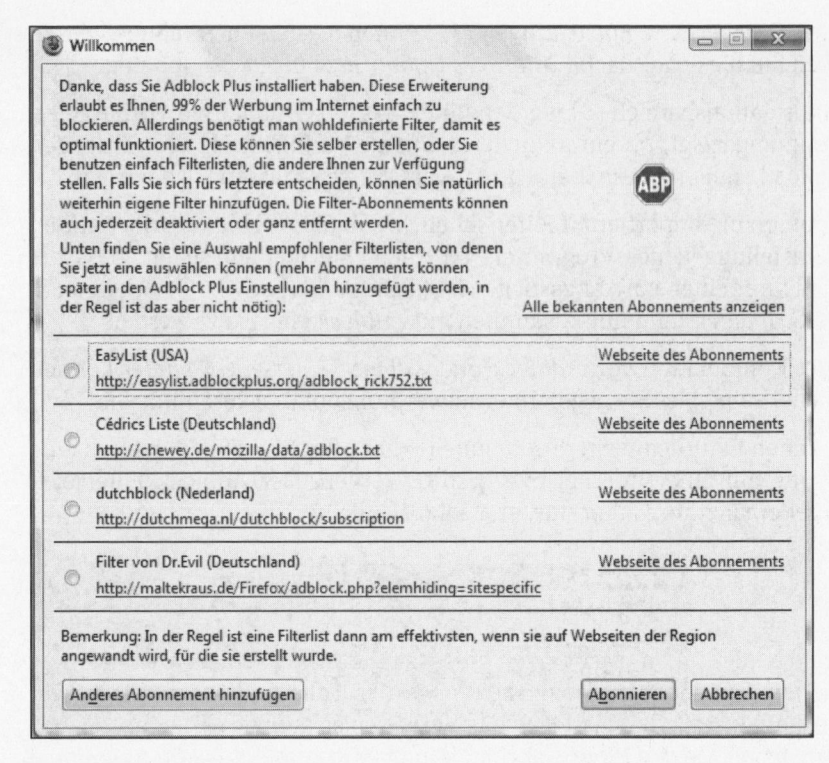

Über *Extras/Adblock Plus* erreichen Sie das Konfigurationsfenster von Adblock Plus. Auf diesem Fenster können Sie manuelle Filter erstellen.

Alternativ können Sie über den Menüpunkt *Optionen* die Filterung von Werbung optimal an Ihre Bedürfnisse anpassen. Über den Menüpunkt *Filter* können Sie entweder eine Filterliste importieren oder das Filterabonnement anpassen (siehe *Abbildung C.40*).

Tabbrowser Preferences für Mozilla Firefox

Auf die gleiche Weise wie Adblock oder Adblock Filterset.G Updater sollten Sie als Nächstes nach der Erweiterung *Tabbrowser Preferences* suchen und diese installieren.

Mit dieser Erweiterung können Sie die Tab-Einstellungen von Mozilla Firefox weitaus besser und detaillierter steuern als mit den Bordmitteln des Browsers. Die Erweiterung wird wie alle anderen auch nach dem Neustart von Mozilla Firefox aktiviert.

Die Steuerung dieser Erweiterung findet über das Menü *Extras/Erweiterungen* statt (siehe *Abbildung C.41*). Für die Konfigurierung der *Tabbrowser Preferences* rufen Sie *Extras/Einstellungen* auf.

Die Installation von Tabbrowser Preferences ersetzt die Konfiguration der Tab-Steuerung durch eine stark erweiterte Variante (siehe *Abbildung C.42*).

Mozilla Firefox 1.5 und 2.0

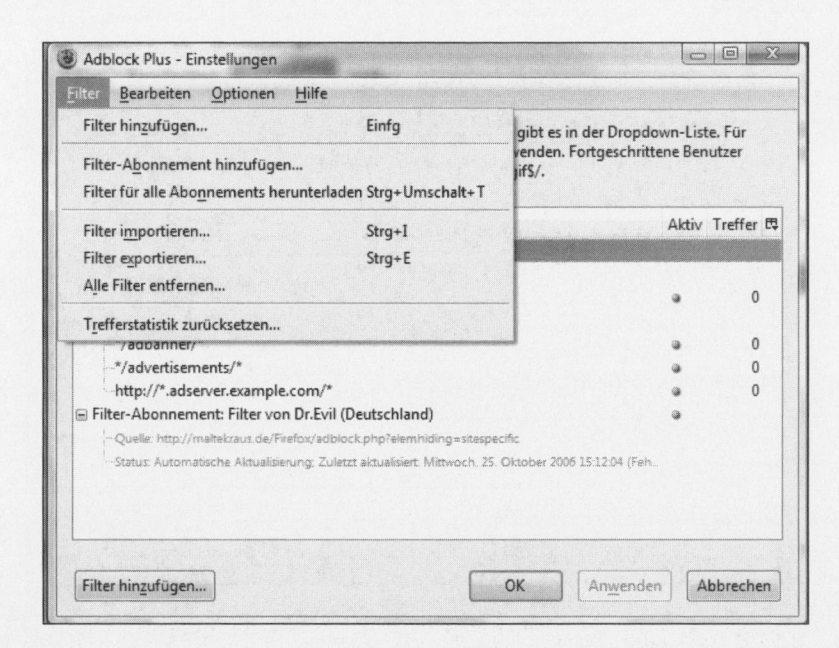

Abbildung C.40: Anpassen der Einstellungen für Adblock Plus

Nachdem die *Tabbrowser Preferences* installiert wurden, können Sie das Verhalten von Mozilla Firefox bezüglich der Tabs perfekt konfigurieren. Ohne diese Installation lässt sich das Verhalten so gut wie gar nicht steuern. Wenn Sie mit Mozilla Firefox surfen, kommen Sie um die *Tabbrowser Preferences* auf Dauer nicht herum.

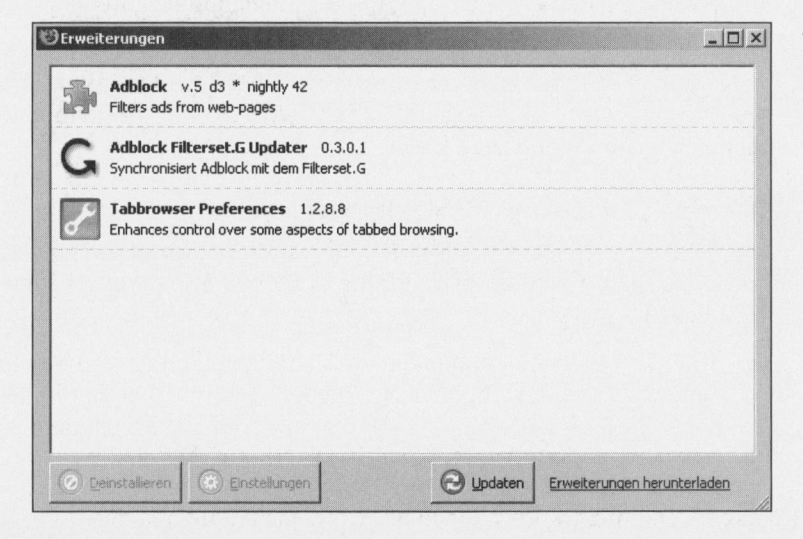

Abbildung C.41: Erweiterungen in Mozilla Firefox

Zunächst sollten Sie auf der Registerkarte *Features* die Option deaktivieren, dass keine Tableiste angezeigt wird, wenn nur eine Seite geöffnet wird. Dadurch ist sichergestellt, dass Sie schneller neue Tabs erstellen können, wenn Sie welche brauchen (siehe *Abbildung C.43*).

Mozilla Firefox 1.5/2.0 und Thunderbird 1.5

Abbildung C.42:
Tab-Steuerung durch Tabbrowser Preferences

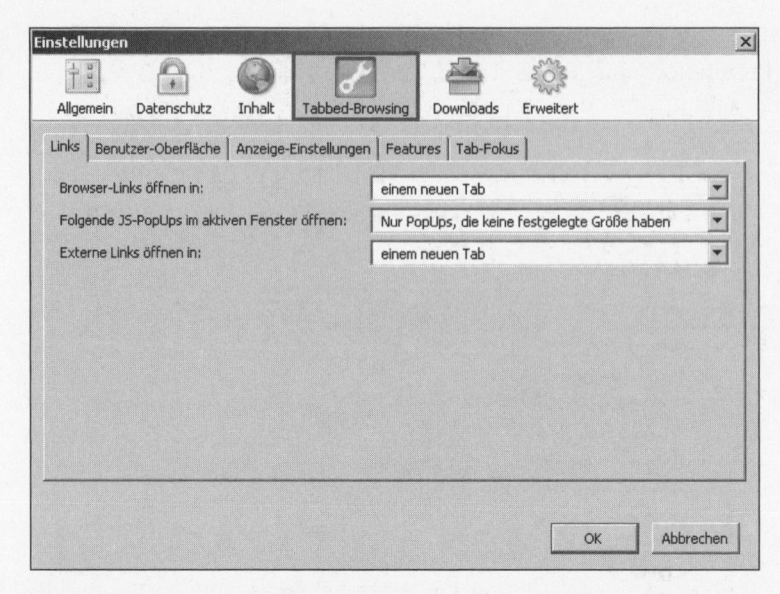

Abbildung C.43:
Dauerhaftes Anzeigen der Tableiste aktivieren

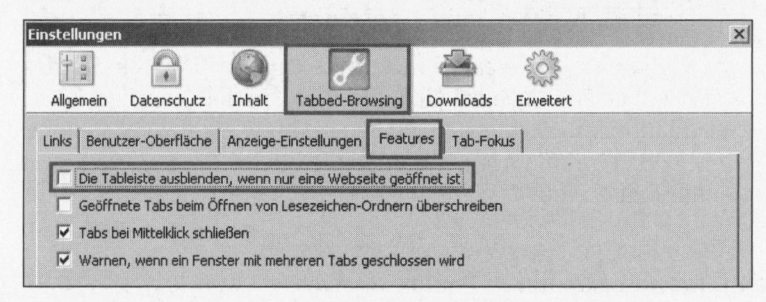

Nachdem die Tableiste dauerhaft angezeigt wird, können Sie neue Tabs über ein eigenes Icon öffnen (siehe *Abbildung C.44*).

Abbildung C.44:
Öffnen eines neuen Tabs in Mozilla Firefox mit Tabbrowser Preferences

Als Nächstes sollten Sie auf der Registerkarte *Benutzer-Oberfläche* die Optionen aktivieren, dass automatisch neue Seiten in neuen Tabs geöffnet werden. Dadurch müssen Sie neue Internetseiten nicht jedes Mal mit einem Rechtsklick in einem neuen Tab öffnen, sondern können wie bisher surfen, und Firefox öffnet die Tabs automatisch für Sie.

In *Abbildung C.45* sehen Sie die optimalen Einstellungen. Erst mit den Tabbrowser Preferences macht das Tabbed-Browsing richtig Spaß. Vor allem Nutzer, die viel im Internet recherchieren, gewinnen mit den Tabbrowser Preferences einiges an Bequemlichkeit.

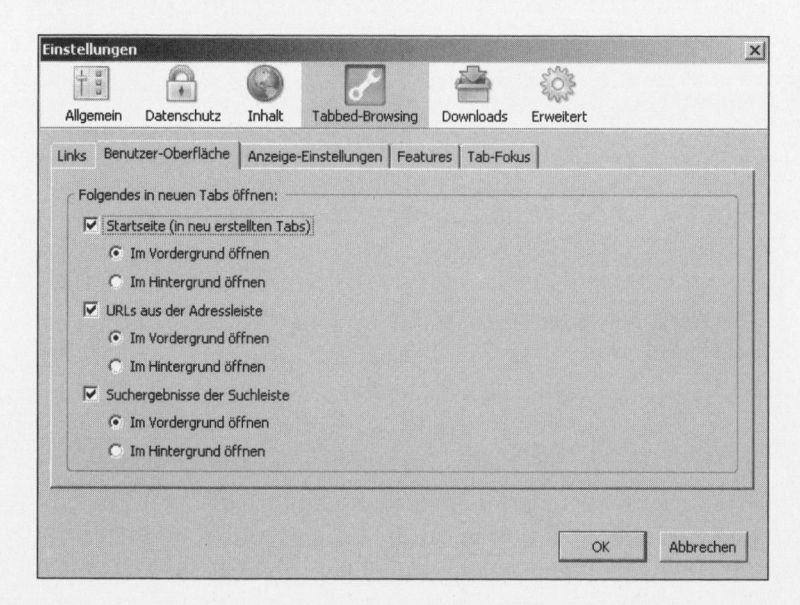

Abbildung C.45:
Einstellen des Tabverhaltens mit Tabbrowser Preferences

Für Firefox 2.0 gibt es eine neue Version von Tabbrowser Preferences, die Bedienung bleibt weitgehend identisch.

IE Tab – den Internet Explorer in Firefox nutzen

Auch wenn Mozilla Firefox immer mehr Marktanteile gewinnt und nach dem Internet Explorer der mit Abstand beliebteste Browser ist, gibt es noch Internetseiten, die bei der Darstellung in Firefox Probleme machen oder überhaupt nicht funktionieren. Das ist für einen echten Firefox-Poweruser kein Problem. Installieren Sie sich die Erweiterung *IE Tab*. Die Installation läuft genauso ab wie bei allen anderen Erweiterungen. Die Konfiguration der Erweiterung ist identisch.

Nach der Installation von IE Tab können Sie Internetseiten, die bei der Ansicht mit Mozilla Firefox Probleme machen, in einem eigenen Tab öffnen, das ein Internet Explorer-Fenster darstellt. Klicken Sie dazu in Mozilla Firefox einen Link mit der rechten Maustaste an, und wählen Sie im Kontextmenü die Option *Öffne diesen Link mit IE Tab*. Auf diese Weise können Sie in Mozilla Firefox Internetseiten öffnen, die Probleme mit Firefox machen.

Mozilla Firefox 1.5/2.0 und Thunderbird 1.5

Abbildung C.46:
Internet Explorer Tab in Mozilla Firefox öffnen

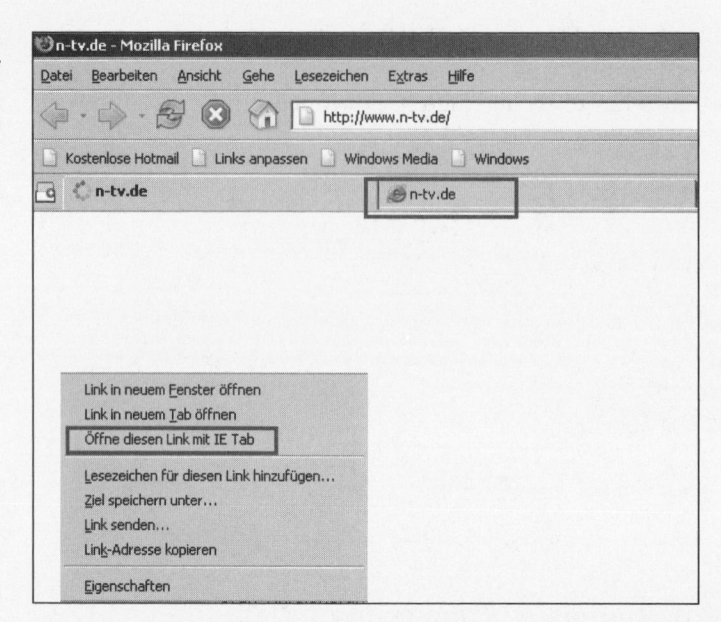

Sie können fest definierte Seiten automatisch in einem IE Tab öffnen lassen, ohne dass Sie zukünftig diese Option manuell auswählen müssen (siehe *Abbildung C.46*). Sie können noch mehr Optionen in der Konfiguration der Erweiterung unter *Extras/Erweiterungen* vornehmen.

Außer den hier beschriebenen Erweiterungen gibt es noch Hunderte andere. Probieren Sie diejenigen aus, die Ihnen zusagen. Sie können installierte Erweiterungen leicht aus dem Browser entfernen. Die hier beschriebenen Erweiterungen gehören zur Grundausstattung jedes Firefox-Nutzers.

Viele Anwender dieses Programms verwenden noch zahlreiche weitere Erweiterungen. Täglich kommen neue hinzu. Es gibt spezielle Programme für das Tuning von Firefox (sollten nur Nutzer verwenden, die wissen, was sie tun) wie eine Wettervorhersage, einen Download-Manager und vieles mehr.

Bevor Sie eine Erweiterung installieren, sollten Sie sich die Bewertungen der anderen Nutzer ansehen. Solche mit schlechten Bewertungen sollten Sie meiden, es gibt genügend andere wertvolle Erweiterungen, die ihren Dienst gut verrichten.

> **INFO**
> *IE Tab funktioniert auch in Firefox 2 uneingeschränkt.*

1126

Mozilla Firefox 1.5 und 2.0

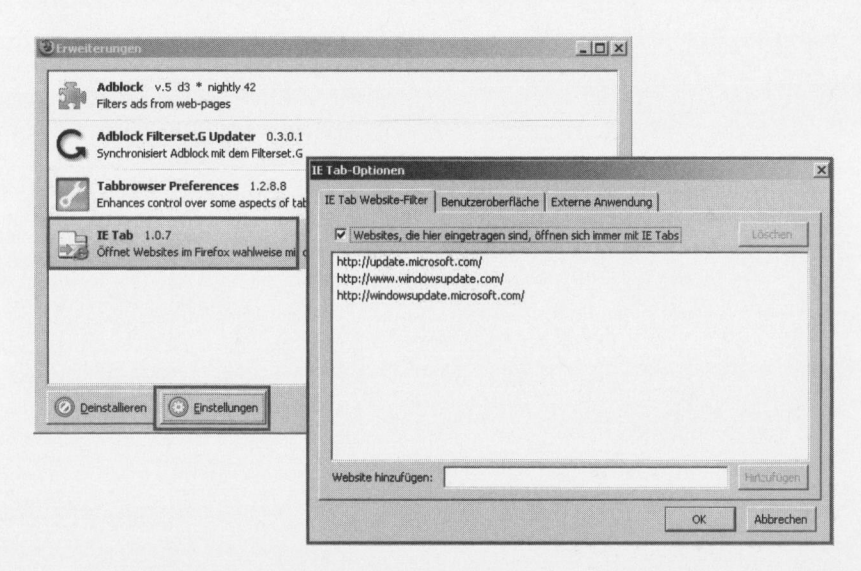

Abbildung C.47:
Konfiguration von IE Tab

C.1.4 Firefox Themes – Optimierung der Oberfläche

Mit Themes lässt sich die Oberfläche des Browsers fast beliebig grafisch verändern. Die Funktionen bleiben dabei identisch, nur das Aussehen der Menüs und der Schaltflächen wird angepasst.

Die Installation der Themes läuft ähnlich ab wie die Installation der Erweiterungen. Wählen Sie im Menü *Extras* den Menüpunkt *Themes* aus. In Firefox 2.0 finden Sie die Konfiguration der Themes über *Extras/Add-ons/Themes* (siehe *Abbildung C.48*), die Installation und Konfiguration von Themes unterscheidet sich aber nicht stark zwischen Firefox 1.5 und 2.0. Es öffnet sich ein Fenster, das dem Konfigurationsfenster der Erweiterungen ähnlich sieht.

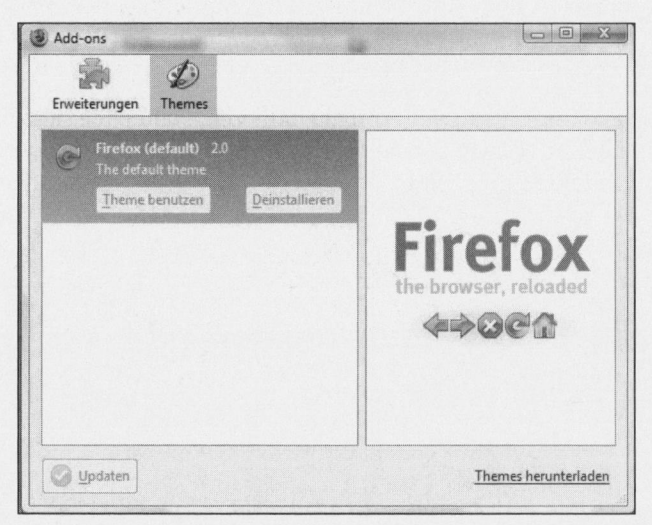

Abbildung C.48:
Verwalten von Themes in Firefox 2.0

Mozilla Firefox 1.5/2.0 und Thunderbird 1.5

Sie kommen über dieses Fenster auf die Themes-Seite von Mozilla und können sich passende Themes herunterladen. Das Herunterladen und die Installation der Themes sind unproblematisch. Sie können mehrere Themes herunterladen und diese nach Belieben aktivieren.

Um Themes zu nutzen, klicken Sie im Konfigurationsfenster zunächst auf *Themes herunterladen*. Es öffnet sich ein neues Tab, in dem Sie auf die Themes-Seite von Mozilla weitergeleitet werden. Suchen Sie sich passende Themes aus. Sie können deren Ansicht nach gewissen Kriterien, zum Beispiel *Top Rated*, anzeigen lassen. Die Themes-Dateien sind nicht sehr groß.

Abbildung C.49:
Themes in Mozilla Firefox

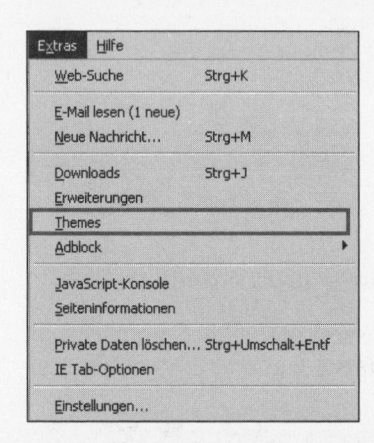

Abbildung C.50:
Themes in Firefox 1.5 herunterladen

Wenn Sie sich ein passendes Theme ausgesucht haben, können Sie es auf der Download-Seite mit einem Klick auf den Link *Install* herunterladen und installieren (siehe *Abbildung C.51*).

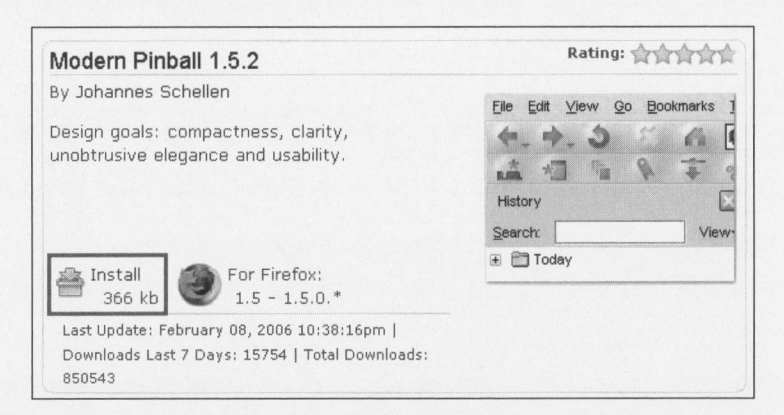

Abbildung C.51:
Downloaden und Installieren eines Themes

Unter Umständen müssen Sie die Installation noch einmal mit *OK* bestätigen (siehe *Abbildung C.52*). Das Theme wird heruntergeladen und im *Themes*-Fenster von Firefox angezeigt.

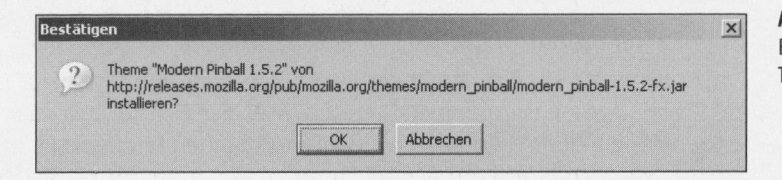

Abbildung C.52:
Bestätigung einer Theme-Installation

Um das Theme anzuwenden, markieren Sie es und klicken auf die Schaltfläche *Theme benutzen*. Durch die Änderung eines Themes ändert sich die Steuerung von Mozilla Firefox nicht. Lediglich das Aussehen des Browsers wird verändert. Nachdem Sie das neue Theme aktiviert haben, müssen Sie Mozilla Firefox neu starten. Nach dem Neustart wird die Oberfläche mit dem neuen Theme angezeigt. Sie können über die Oberfläche jederzeit das Standardtheme aktivieren oder neue, zusätzliche Themes herunterladen. Sie können solche, die Ihnen nicht gefallen, wieder deinstallieren.

Auch Updates der Themes können Sie auf der Konfigurationsoberfläche durchführen. Welches Theme Sie verwenden, bleibt Geschmackssache. Auf der Download-Seite von Mozilla stehen sehr viele zur Auswahl.

Mozilla Firefox 1.5/2.0 und Thunderbird 1.5

Abbildung C.53:
Aktivierung eines neuen Themes in Mozilla Firefox

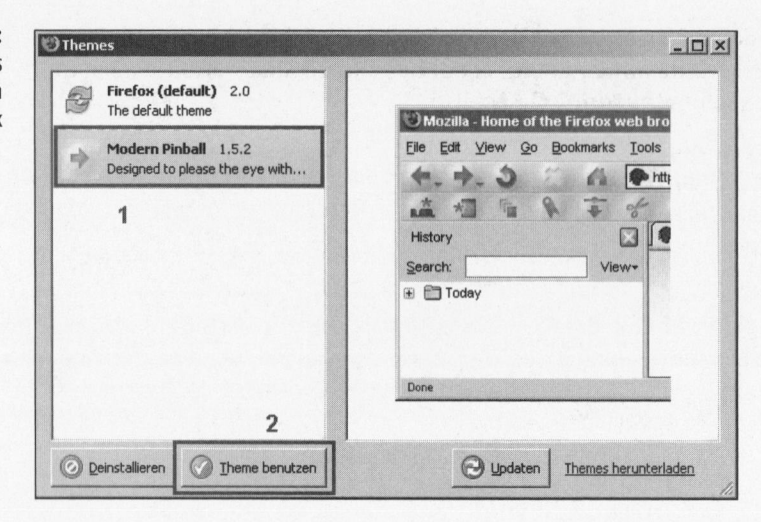

C.1.5 Tipps und Tricks zum Umgang mit Mozilla Firefox

Hier erhalten Sie noch ein paar Tipps für den optimalen Umgang mit Mozilla Firefox.

Firefox-Tuning mit Fasterfox

Poweruser oder experimentierfreudigere Benutzer von Firefox können sich die Erweiterung *Fasterfox* installieren. Gehen Sie bei der Installation dieser Erweiterung genauso vor wie auf den vorhergehenden Seiten beschrieben. Nach der Installation können Sie Tuningmaßnahmen durchführen, indem Sie die Einstellungen von Fasterfox im *Erweiterungen*-Fenster aufrufen.

> **HALT**
>
> *Achten Sie darauf, dass Sie die Fasterfox-Version für Firefox 1.5 nicht für Firefox 2.0 verwenden können.*

Abbildung C.54:
Firefox-Tuning mit Fasterfox

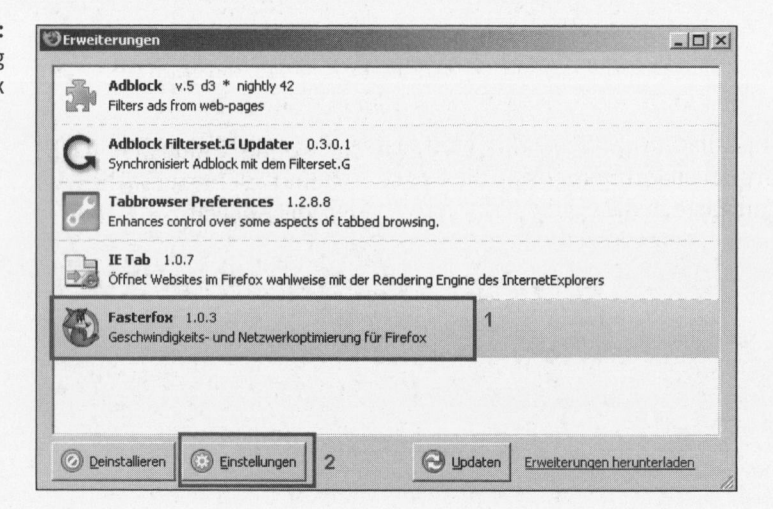

Mozilla Firefox 1.5 und 2.0

Bereits im Startfenster des Tools können Sie Einstellungen vornehmen, die das Benutzerprofil betreffen (siehe *Abbildung C.55*).

Wenn Sie auf der Registerkarte *Profil* die Einstellung *Angepasst* aktivieren, können Sie darüber hinaus auf weiteren Registerkarten Einstellungen vornehmen. Die Funktionen der einzelnen Registerkarten werden ständig durch Updates erweitert. Lesen Sie sich die Erklärungen durch, und ändern Sie nur Einstellungen, deren Sinn Sie verstanden haben.

Für weniger versierte Benutzer reicht bereits die Einstellung *Turbo* auf der Registerkarte *Profil* aus. Bei dieser Einstellung werden die meisten anderen Registerkarten ausgeblendet, da Fasterfox die Einstellungen automatisch vornimmt.

Abbildung C.55:
Einstellungsmöglichkeit für Firefox

Nach der Installation von Fasterfox wird in der Statusleiste unten rechts bei jedem Aufrufen einer Internetseite die Ladezeit angezeigt. Wenn Sie mit der rechten Maustaste in das Feld von Fasterfox in der Statusleiste klicken, können Sie ebenfalls die Einstellungen des Programms aufrufen und den Cache von Firefox löschen.

Im Cache speichert Firefox aufgerufene Internetseiten ab. Wenn Sie eine bereits aufgerufene Seite noch einmal besuchen, lädt Firefox die meisten Daten dieser Seite aus dem Cache und aktualisiert nur Änderungen aus dem Internet. Der Ladevorgang wird dadurch wesentlich schneller abgeschlossen.

Sie können die Größe des Caches mithilfe der Registerkarte *Cache* in den Einstellungen von Fasterfox konfigurieren. Wenn Ihnen genügend Festplattenplatz zur Verfügung steht, können Sie die Größe des Caches erhöhen (siehe *Abbildung C.56*).

Abbildung C.56:
Ansicht der Ladezeiten in der Statusleiste

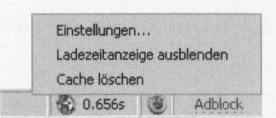

PDFs, Firefox und der Dateidownload

Wenn Sie Anleitungen oder Dokumente aus dem Internet herunterladen oder im Internet lesen wollen, handelt es sich oft um sogenannte PDF-Dokumente (**P**ortable **D**ocument **F**ormat).

Windows kann diese Dokumente nicht anzeigen, und Word ist nicht in der Lage, PDF-Dokumente zu öffnen. Firefox kann diese Dokumente auch nicht anzeigen, sondern greift auf das Programm zurück, das Sie auf Ihrem PC installiert haben, um PDFs anzuzeigen. Die Firma Adobe, Erfinder und Entwickler von PDF, stellt ein kostenloses Programm zur Verfügung, mit dem Sie keine PDFs erstellen, aber PDF-Dokumente lesen können. Dieses Programm hat die Bezeichnung *Adobe Acrobat Reader*. Da PDF sich fast zum Standard von Dokumenten im Internet entwickelt hat, gibt es zahlreiche andere Programme, die ebenfalls PDFs darstellen können.

Acrobat Reader vs. Foxit Reader

Internetprofis verwenden den Acrobat Reader so gut wie nicht mehr, da er einige Nachteile mit sich bringt. Der Acrobat Reader hat eine Download-Größe von fast 80 MB, was für ein Programm, das nur Dokumente anzeigen muss, schon fast nicht mehr hinzunehmen ist. Acrobat Reader braucht sehr lange, bis er Dokumente öffnet. Die Bedienung des Programms ist nicht sehr effizient. Aus diesem Grund hat sich ein Freeware-Programm etabliert, das bei besserer Leistung und Darstellung nur eine Größe von etwa 2 MB hat und PDFs viel schneller öffnet.

Da Sie bei der Recherche im Internet auf Dauer nicht um PDFs herumkommen, sollten Sie sich den Foxit Reader vom Internet herunterladen und installieren.

Laden Sie sich den Reader auf der Herstellerseite www.foxitsoftware.com herunter.

Auch für dieses Programm gilt, dass Sie es am besten beim Hersteller herunterladen. Wenn Sie es von einer anderen Seite beziehen, bekommen Sie unter Umständen eine veraltete Version.

Den Foxit Reader können Sie auch verwenden, wenn Sie mit dem Internet Explorer surfen. Dieses Programm ist browserunabhängig.

PDFs und Firefox – Tuning mit Erweiterungen

Mozilla Firefox versucht, PDF-Dokumente mit dem Foxit Reader zu öffnen, aber im Browserfenster darzustellen. Vor allem bei großen PDF-Dokumenten ist das nicht sinnvoll. Wenn Sie ein PDF-Dokument unter Umständen auf Ihrer Festplatte speichern wollen, um es zukünftig offline zu lesen, ist es am besten, wenn Sie PDFs immer zuerst herunterladen und dann mit einem Doppelklick öffnen.

Damit Ihnen der Firefox überhaupt die Wahl lässt, PDF-Dokumente herunterzuladen und mit einem externen Programm zu öffnen, müssen Sie eine Erweiterung mit der Bezeichnung *PDF Download* installieren. Diese Erweiterung installieren Sie genauso wie alle anderen Erweiterungen.

Nach der Installation von PDF Download werden Sie zukünftig beim Anklicken eines PDF-Dokuments gefragt, ob Sie das Dokument im Browser öffnen oder es zunächst auf die Festplatte herunterladen wollen.

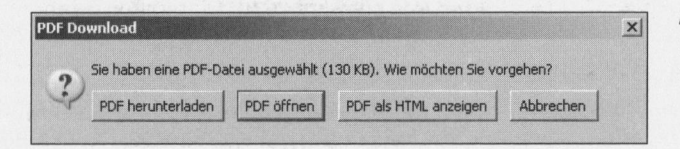

Abbildung C.57: Umgang von PDFs mit Firefox

Wenn es sich bei diesem PDF-Dokument nur um eine kleine Datei handelt, können Sie diese weiterhin über die Schaltfläche *PDF öffnen* im Browser anzeigen lassen. Handelt es sich bei diesem Dokument um eine Datei mit 10 MB, in der zum Beispiel ein Katalog eines Elektronikunternehmens angezeigt wird, sollten Sie die Datei vor dem Öffnen zunächst herunterladen. Ihnen steht die Schaltfläche *PDF herunterladen* zur Verfügung.

Downloaden von Dateien mit Firefox

Beim Herunterladen des Foxit Readers ist Ihnen sicherlich aufgefallen, dass der Download von Dateien mit Mozilla Firefox anders aussieht als mit dem Internet Explorer (siehe *Abbildung C.58*).

Firefox speichert alle Downloads in einem Download-Manager. Wenn Sie auf die Schaltfläche *Aufräumen* klicken, können Sie die Historie der Downloads löschen.

Mozilla Firefox 1.5/2.0 und Thunderbird 1.5

Abbildung C.58:
Dateidownload mit Firefox

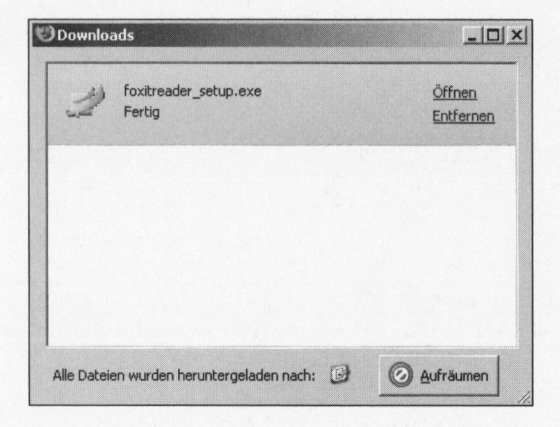

Alle Dateidownloads werden auf dem Desktop gespeichert. Wenn Sie diese Einstellung und vielleicht auch andere ändern wollen, rufen Sie *Extras/Einstellungen/ Downloads* auf (siehe *Abbildung C.59*). Passen Sie die Einstellungen des Browsers an Ihre Bedürfnisse an.

Abbildung C.59:
Konfiguration der Downloads in Mozilla Firefox

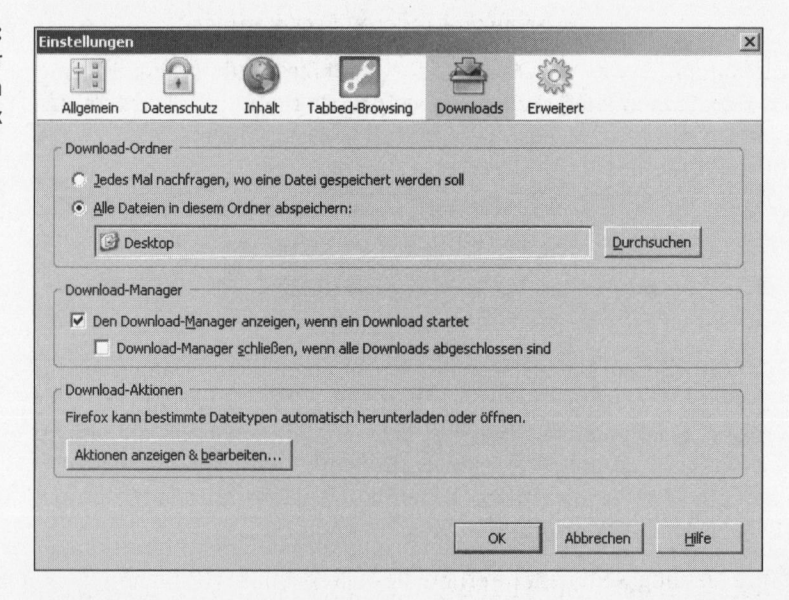

In Firefox 2.0 werden diese Einstellungen auf der Startseite der Optionen vorgenommen (siehe Abbildung *C.60*).

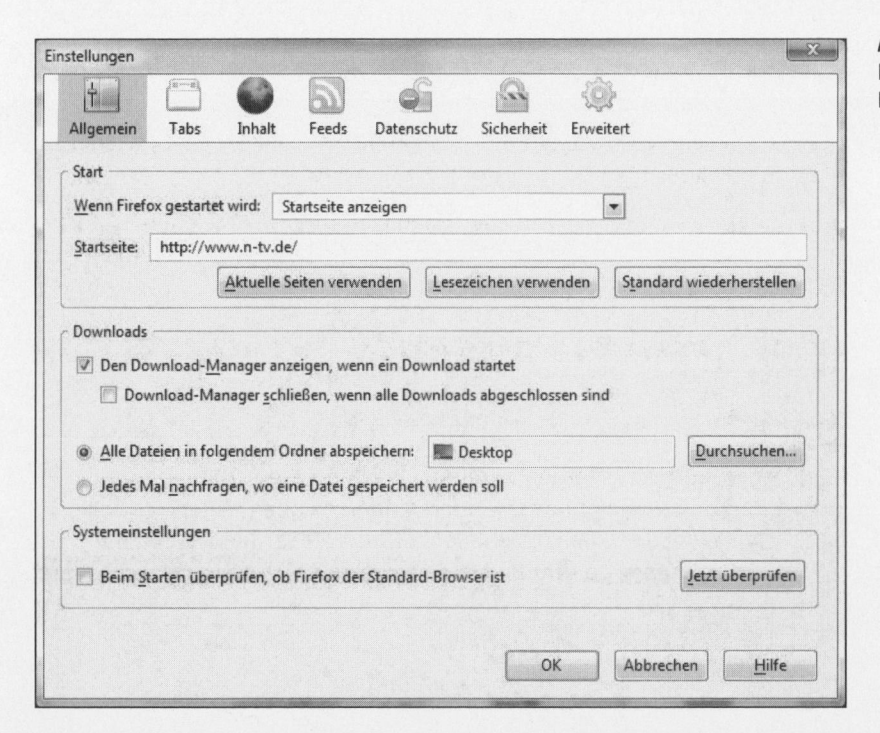

Abbildung C.60:
Konfiguration von Firefox 2.0

Lesezeichen-Symbolleiste und Lesezeichen-Manager

In der Lesezeichen-Symbolleiste können Sie Lesezeichen abspeichern. Für jedes abgespeicherte Lesezeichen wird eine Schaltfläche generiert (siehe *Abbildung C.61*).

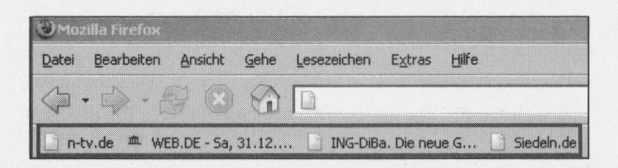

Abbildung C.61:
Lesezeichen-Symbolleiste

Wenn Sie auf einer dieser Seiten surfen wollen, müssen Sie mit der Maus nur auf den Link klicken. Durch diese Speicherung kommen Sie mit nur einem Klick auf Ihre Lieblingsseiten im Internet, die Sie regelmäßig besuchen.

Über das Menü *Lesezeichen/Lesezeichen-Manager* können Sie Ihre Lesezeichen in Mozilla Firefox leicht verwalten (siehe *Abbildung C.62*). Sie können neue Lesezeichen erstellen, Lesezeichen in die Lesezeichen-Symbolleiste verschieben, nicht mehr benötigte Lesezeichen löschen.

In Mozilla Firefox haben Sie ebenfalls die Möglichkeit, Lesezeichen anzuordnen und Trennlinien einzufügen. Wenn Sie eine Trennlinie einfügen, können Sie Lesezeichen über und unter diesen Trennlinien anordnen. Sie können zum Beispiel einen Bereich für Links im Finanzbereich anlegen, wieder einen anderen für Links über Garteninformationen usw.

Sie können über den Lesezeichen-Manager Ihre Lesezeichen exportieren und importieren. Diese Funktion finden Sie im Lesezeichen-Manager unter dem Menü *Datei*.

Abbildung C.62: Verwaltung der Lesezeichen mit dem Lesezeichen-Manager

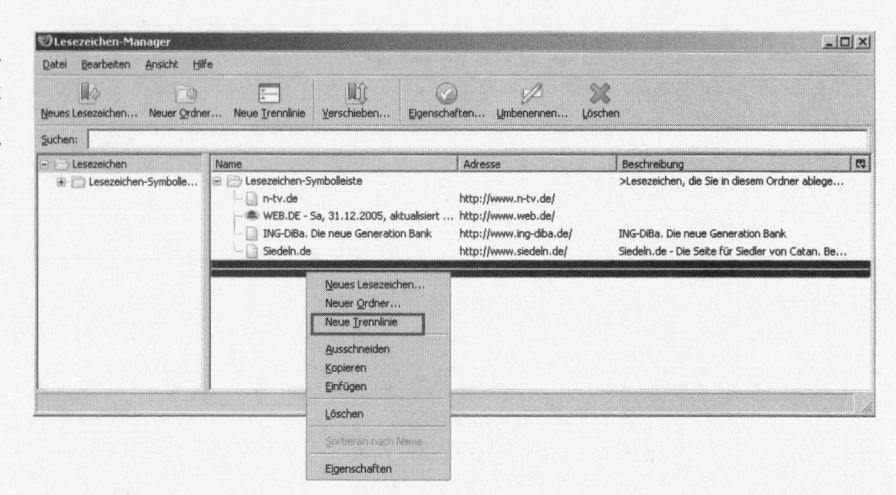

Wenn Sie Lesezeichen exportieren, werden alle Lesezeichen in eine HTML-Datei gespeichert. Diese Datei können Sie sichern.

Wenn Sie Ihren PC neu installieren müssen oder Ihre Lesezeichen auf einem anderen PC benötigen, können Sie diese von dem einen PC exportieren und auf den anderen importieren. Sie können Lesezeichen im Lesezeichen-Manager umbenennen oder in Ordnern zusammenfassen.

Speichern von Sitzungen – Session Saver

Wenn Sie dauerhaft mit Mozilla Firefox surfen, werden Sie es sich angewöhnen, ständig mehrere Tabs gleichzeitig geöffnet zu halten. Es passiert jedem Surfer irgendwann einmal ein Missgeschick. Entweder Sie schließen aus Versehen den Browser, er stürzt ab, oder Sie haben keine Zeit mehr, die geöffneten Seiten zu lesen.

Unter diesen Umständen wäre es doch praktisch, wenn Firefox beim Beenden seinen Zustand speichern und automatisch beim Öffnen alle Seiten genauso öffnen würde, wie sie geschlossen wurden. Diese Funktion ist in Mozilla Firefox nicht enthalten, kann jedoch durch eine Erweiterung nachinstalliert werden. Durch die Erweiterung *Session Saver* speichert der Firefox automatisch seinen Zustand, wenn Sie ihn beenden.

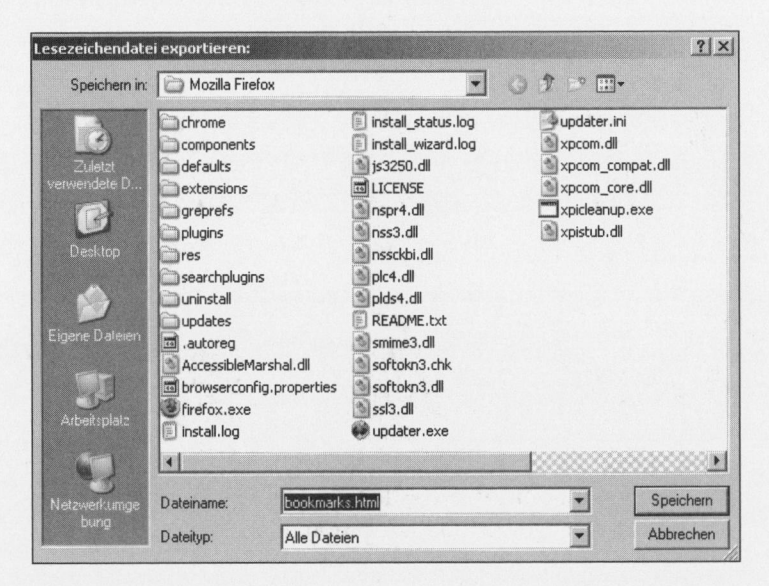

Abbildung C.63: Lesezeichen exportieren

Beim erneuten Starten des Browsers werden alle Tabs und alle Internetseiten genau so aufgebaut, wie sie beim Schließen des Browsers geöffnet waren. Die Installation und Verwaltung dieser Erweiterung funktionieren ebenso wie die der anderen Erweiterungen.

Erweiterungen aktualisieren

Wenn Sie über das Menü *Extras/Erweiterungen* in die Steuerung der Erweiterungen gehen, kann es unter Umständen vorkommen, dass es ein Update für Ihre Erweiterung gibt. Sie sollten in regelmäßigen Abständen überprüfen, ob für Ihre Erweiterungen neue Updates verfügbar sind, und diese installieren.

Firefox hilft Ihnen beim Suchen und Installieren von Updates. Wenn ein neues Update verfügbar ist, wird hinter der entsprechenden Erweiterung die Schaltfläche *Jetzt updaten* eingeblendet (siehe *Abbildung C.64*).

Mozilla Firefox 1.5/2.0 und Thunderbird 1.5

Abbildung C.64:
Updaten von Erweiterungen

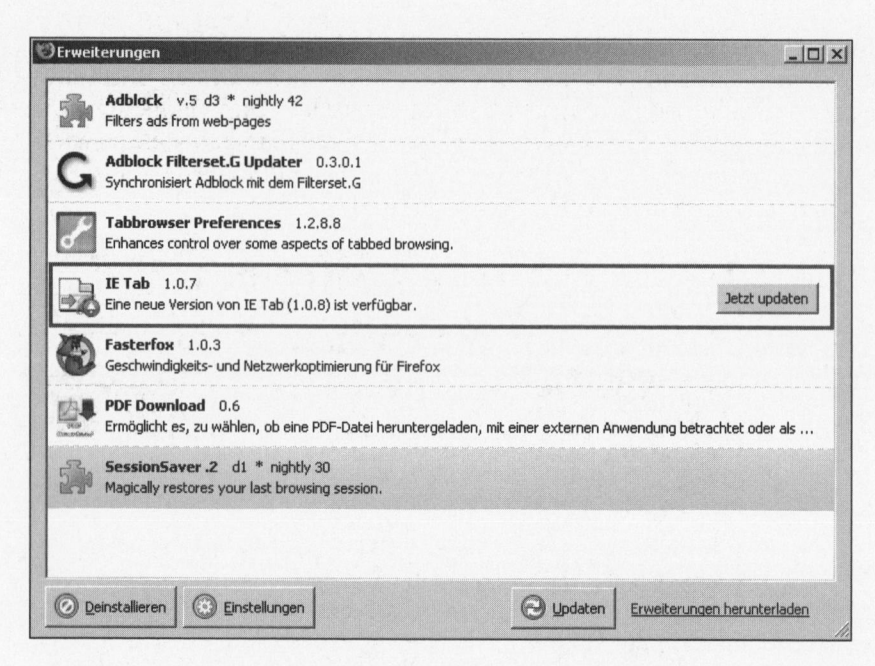

Wenn Sie auf diese Schaltfläche klicken, wird das Update automatisch heruntergeladen und installiert. Nachdem Sie Firefox einmal beendet und neu gestartet haben, wird das Update automatisch abgeschlossen.

Suchfenster in Mozilla Firefox vergrößern

Ihnen ist sicherlich aufgefallen, dass das Suchfenster in Firefox nicht sehr groß ist. Wenn Sie längere Suchbegriffe eingeben, ist die Suche mit dieser Suchleiste nicht sehr effizient.

Abbildung C.65:
Kleine Suchleiste in Mozilla Firefox

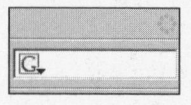

Auch für dieses Problem gibt es eine Erweiterung. Wenn Sie die Erweiterung *Resize Search Box* herunterladen, wird neben die Suchleiste ein Symbol eingefügt, über das Sie die Größe der Suchmaske variabel steuern können.

Abbildung C.66:
Größenänderung der Suchleiste

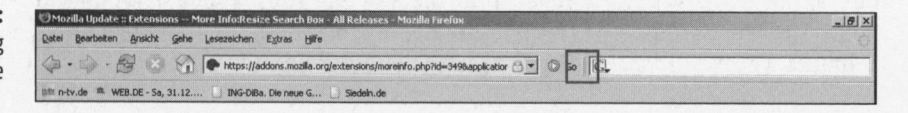

Mozilla Firefox 1.5 und 2.0

In Firefox 2.0 passt sich das Suchfenster an die Größe des Browserfensters an (siehe *Abbildung C.67*).

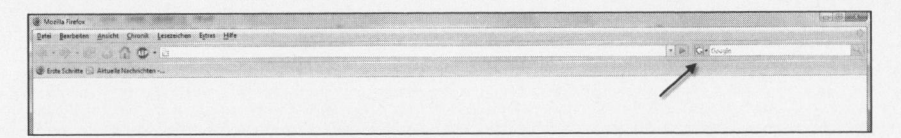

Abbildung C.67:
Dynamisches Suchfenster in Firefox 2.0

Texte vergrößern und verkleinern

Eine weitere sehr praktische Funktion in Firefox ist die Möglichkeit, die Texte einer Internetseite variabel vergrößern und verkleinern zu können.

Sie können bei gehaltener Strg *-Taste Ihr Mausrad bewegen und dadurch den Text der Internetseiten vergrößern oder verkleinern. Vor allem bei Internetseiten mit sehr kleinen Schriftgrößen kann diese Funktion sehr wertvoll sein.*

TIPP

Symbolleisten anpassen

Firefox bietet die Möglichkeit, alle Symbole in den Symbolleisten auszutauschen oder neue hinzuzufügen. Sie können über das Menü *Ansicht/Symbolleisten/Anpassen* vorhandene Symbolleisten anpassen und neue Symbole, zum Beispiel das Symbol *Drucken*, integrieren. Sie können auch neue Symbolleisten erstellen.

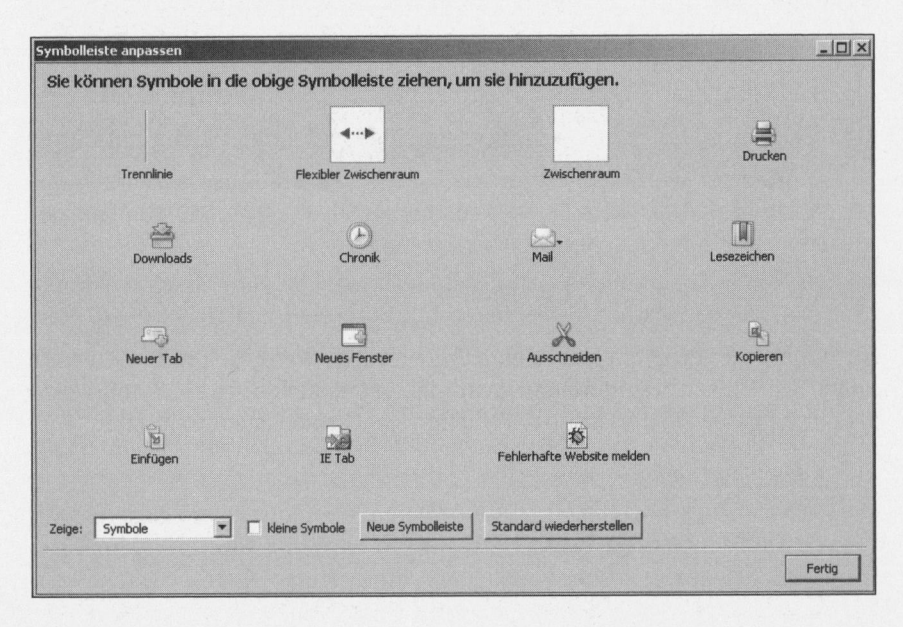

Abbildung C.68:
Anpassen von Symbolleisten in Firefox

Links zu Mozilla Firefox

Weiterführende Internetseiten zu Mozilla Firefox sind:

- http://borumat.de/firefox-browser-tipps.php – Hier finden Sie sehr ausführliche Tipps und Beschreibungen zu Mozilla Firefox.
- http://firefox-anleitung.net – Hier finden Sie eine sehr ausführlich (80-seitige) Anleitung zu Mozilla-Firefox, die Sie sich als PDF herunterladen können.
- http://firefox-browser.de
- http://www.erweiterungen.de

C.1.6 Netscape, Opera und K-Meleon

Außer Mozilla Firefox gibt es noch einige andere Browser, die unabhängig vom Internet Explorer funktionieren. Der Marktanteil des Internet Explorers zusammen mit dem von Mozilla Firefox beträgt schon fast 90 %. Die anderen Alternativen werden daher weit seltener eingesetzt.

> **TIPP**
> *Es ist kein Problem, wenn Sie parallel mehrere Browser installieren, um zu testen, welcher am besten zu Ihnen passt. Sicherlich verwenden die meisten Internetnutzer den Internet Explorer oder Mozilla Firefox. Browser wie Opera, Netscape oder K-Meleon haben jedoch durchaus eine ebenso aktive Fangemeinde.*

- Opera ist einer der Pioniere für Browser und gehört zu den schnellsten Browsern auf dem Markt. Die Bedienung ähnelt der in Firefox oder dem Internet Explorer. Opera hat nur sehr wenige bekannte Sicherheitslücken. Sie können den Browser unter www.opera.com/lang/de kostenlos herunterladen. Die Dateigröße ist wie bei allen anderen Browsern mit 4 MB recht gering. Nach dem Download können Sie das Programm ohne Probleme parallel zu anderen Browsern installieren.

- Bei Netscape handelt es sich um den ehemaligen Platzhirsch des Internets. Netscape können Sie unter folgender Internetadresse herunterladen: http://browser.netscape.com. Beim Standarddownload von Net-scape laden Sie 700 Kbyte herunter. Dieses Paket enthält nicht den ganzen Browser. Wenn Sie die Installation des Programms starten, verbindet sich die Installationsroutine mit dem Internet und lädt die notwendigen Dateien herunter.

- K-Meleon ist ein wenig verbreiteter Open-Source-Browser. Dieser Browser ist eher für Profis gedacht, da er mit Skripting sehr individuell angepasst werden kann. K-Meleon finden Sie unter http://kmeleon.sourceforge.net. Nach der Installation sieht man dem sehr spartanischen Browser schnell an, dass er für Profis entwickelt wurde, die ihre Oberfläche gern selbst konfigurieren wollen und hauptsächlich mit Skripting arbeiten. Für Anfänger ist dieser Browser eher nicht geeignet. Der Browser bietet wie die anderen Browser auch Tabbed-Browsing, allerdings keine Suchleiste.

C.2 E-Mailen mit Mozilla Thunderbird

Um Mozilla Thunderbird herunterzuladen, gehen Sie am besten auf die offizielle Homepage www.mozilla.com. Klicken Sie zunächst auf den Link *Thunderbird Email*, um auf die Thunderbird-Seite zu gelangen.

Auf dieser Seite finden Sie sofort den Link, um die 6 MB große Datei herunterzuladen. Der Download dürfte bei DSL-Verbindungen nur wenige Sekunden dauern. Nachdem der Download abgeschlossen ist, können Sie mit der Installation von Thunderbird durch einen Doppelklick auf das Installationsprogramm beginnen.

C.2.1 Installation von Mozilla Thunderbird

Das Installationsprogramm entpackt seine notwendigen Dateien, und der Startbildschirm erscheint. Klicken Sie auf die Schaltfläche *Weiter*, und akzeptieren Sie im nächsten Fenster die Lizenzbedingungen.

Im folgenden Fenster müssen Sie auswählen, ob Sie die Installation im Standardmodus oder benutzerdefiniert ausführen wollen. Wählen Sie die Standardvariante. Sie erhalten daraufhin ein Informationsfenster, ein Klick auf *Weiter* startet die Installation. Abhängig von der Geschwindigkeit Ihres PC ist die Installation in wenigen Sekunden abgeschlossen. Thunderbird legt kein Icon auf dem Desktop an, sondern nur seine Programmgruppe. Nach der Installation können Sie das Thunderbird-Icon manuell auf dem Desktop ablegen.

Abbildung C.69: Startbildschirm von Mozilla Thunderbird

C.2.2 Einrichtung eines E-Mail-Kontos in Thunderbird

Wenn Sie das Programm zum ersten Mal gestartet haben, werden Sie gefragt, ob Sie Adressbücher oder E-Mails aus anderen E-Mail-Programmen importieren wollen.

Im nächsten Fenster informiert Sie Thunderbird darüber, dass Sie zunächst ein E-Mail-Konto einrichten müssen, mit dem sich das Programm verbinden kann.

Abbildung C.70:
Anlegen eines neuen Kontos in Thunderbird

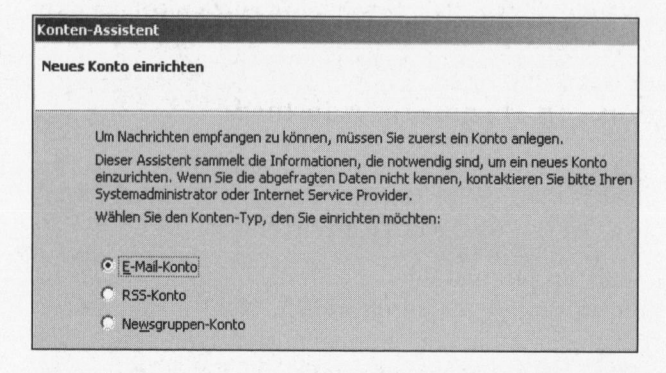

Da Sie im ersten Schritt ein E-Mail Konto anlegen wollen, wählen Sie diese Option.

Im nächsten Fenster müssen Sie Ihren Namen und Ihre E-Mail-Adresse angeben. Die Empfänger Ihrer E-Mails erhalten den hier angegebenen Namen angezeigt. Wenn Sie Ihre Eingaben vorgenommen haben, kommen Sie mit *Weiter* auf die nächste Seite des Assistenten.

Abbildung C.71:
Eintragung des Namens und der E-Mail-Adresse

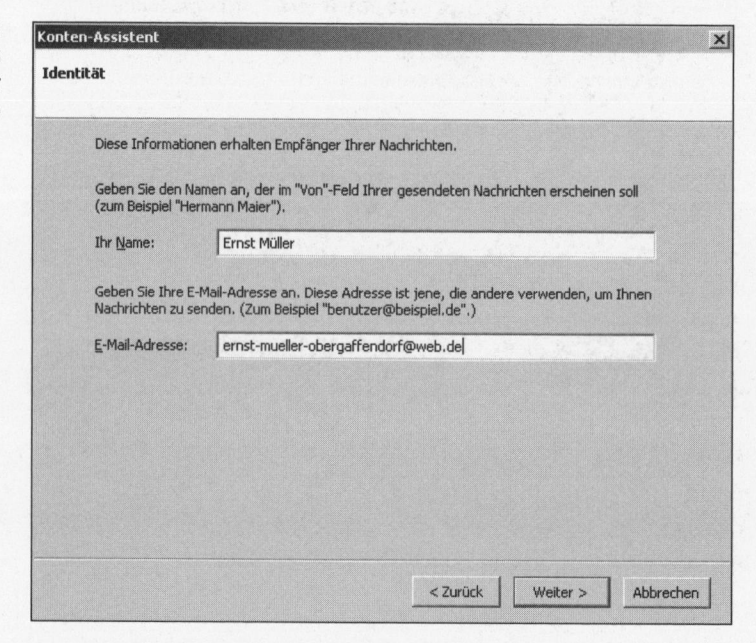

E-Mailen mit Mozilla Thunderbird

IMAP oder POP – die Serververbindung

Im nächsten Schritt müssen Sie den Server im Internet konfigurieren, über den Thunderbird Ihre E-Mails herunterladen soll. Ich habe in Kapitel 10 bei der Einrichtung von Windows Mail detailliert die Konfiguration besprochen. Lesen Sie sich den Abschnitt über die Einrichtung von Windows Mail durch, bevor Sie fortfahren.

Nachdem Sie sich entschieden haben, welches Protokoll Sie für das Empfangen von E-Mails verwenden wollen, müssen Sie noch den entsprechenden Server des Providers eintragen. Sie finden die Servernamen des Providers in der jeweiligen Hilfe zum Postfach. Für die meisten Provider habe ich Ihnen die Namen in der *Tabelle C.1* aufgelistet.

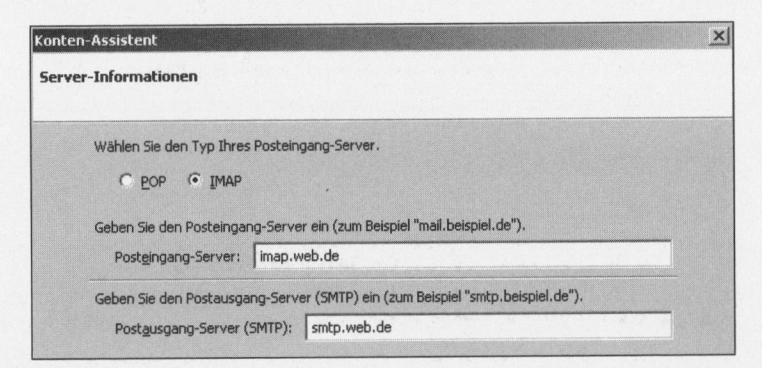

Abbildung C.72: Konfiguration des E-Mail-Servers

Tragen Sie in Ihrem Thunderbird-Profil zunächst diese Server ein, bevor Sie auf *Weiter* klicken.

Provider	POP-Server (Posteingang)	IMAP-Server (Posteingang)	SMTP-Server (Postausgang)
Arcor	pop3.arcor.de	imap.arcor.de	mail.arcor.de
Freenet	mx.freenet.de	mx.freenet.de	mx.freenet.de
Web.de	pop3.web.de	imap.web.de	smtp.web.de
Lycos	–	–	–
GMX	pop.gmx.net	imap.gmx.net	mail.gmx.net
Yahoo	pop.mail.yahoo.de	–	smtp.mail.yahoo.de
Hotmail	–	–	–

Tabelle C.1: E-Mail-Server der E-Mail-Anbieter im Internet

Im nächsten Fenster geben Sie Ihren Benutzernamen ein. Das ist der gleiche Name, den Sie bei der Anmeldung auf der Website des Providers eingeben.

Bei Web.de können Sie das *@web.de* weglassen. Die Anmeldenamen für Posteingangsserver und Postausgangsserver sind identisch.

Abbildung C.73:
Anmeldenamen für Posteingangs- und Postausgangsserver

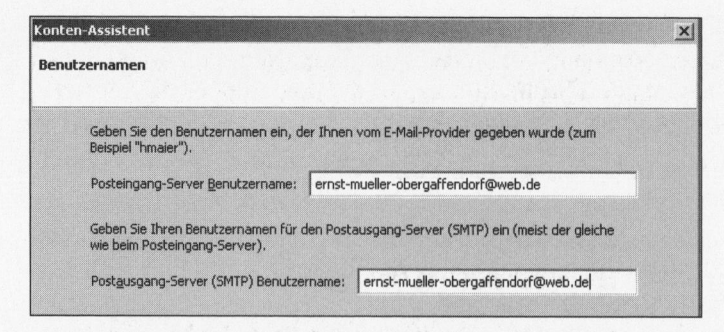

Im nächsten Fenster legen Sie fest, wie die Kontenbezeichnung für dieses E-Mail-Konto in Thunderbird ist. Wählen Sie als Kontenbezeichnung Ihre E-Mail-Adresse. Sie können in Thunderbird mehrere E-Mail-Adressen verwalten, welche die Bezeichnung der jeweiligen E-Mail-Adresse haben und leicht voneinander zu unterscheiden sind.

Abbildung C.74:
Bezeichnung des Kontos in Thunderbird

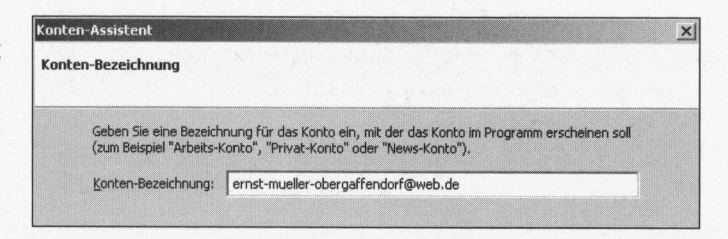

Im Anschluss daran erhalten Sie eine Zusammenfassung Ihrer Einstellungen. Wenn Sie diese bestätigen, ist die Einrichtung für dieses Konto abgeschlossen. Im nächsten Schritt versucht Thunderbird, sich mit dem Server zu verbinden, um die E-Mails abzurufen.

Abbildung C.75:
Zusammenfassung nach der Kontenerstellung

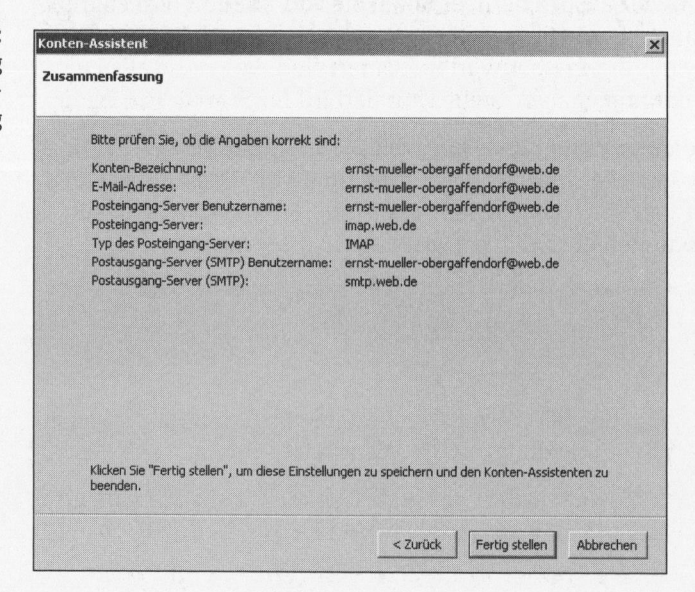

E-Mailen mit Mozilla Thunderbird

Nach Fertigstellung und dem erfolgreichen Verbindungsaufbau zum IMAP-Server werden Sie nach dem Kennwort für das Konto gefragt. Zuvor müssen Sie noch angeben, ob Sie Thunderbird zu Ihrem Standard-E-Mail-Programm machen wollen.

Wenn Sie nicht beabsichtigen, ein anderes Programm zu verwenden, können Sie die Frage mit *Ja* beantworten.

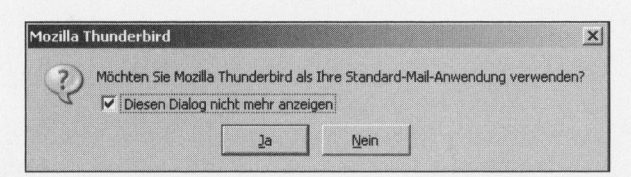

Abbildung C.76: Thunderbird als Standard-E-Mail-Programm

Bei der Eingabe des Kennworts können Sie festlegen, ob es im Programm hinterlegt werden soll oder ob Sie es bei jeder Abfrage manuell eingeben. Wenn mehrere Familienmitglieder mit Ihrem Computer im Internet surfen, sollten Sie sich überlegen, ob Sie das Kennwort hinterlegen und andere Familienmitglieder Zugriff auf Ihr E-Mail-Postfach erhalten sollen.

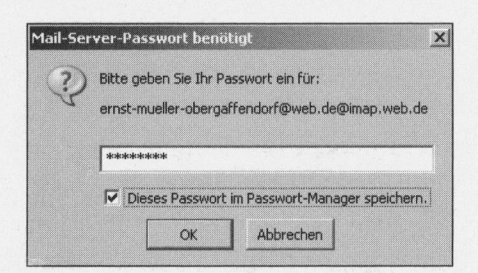

Abbildung C.77: Eingabe und Speichern des Kennworts für Ihr E-Mail-Postfach

Wenn Sie Ihr Kennwort abspeichern, erhalten Sie von Thunderbird eine entsprechende Warnung. Lesen Sie sich diese Warnung genau durch, damit Sie über den Umgang mit Ihrem Kennwort informiert sind. Wenn Sie alle Eingaben richtig vorgenommen haben, steht Thunderbird für Sie zur Verfügung.

Ihre E-Mails werden im Posteingang angezeigt. Die Einrichtung dieses Kontos ist abgeschlossen. Sie sind mit der Einrichtung von Thunderbird allerdings noch nicht ganz fertig. Vor der Arbeit mit Thunderbird sollten Sie noch einige Maßnahmen durchführen, auf die ich jetzt eingehe.

Mozilla Firefox 1.5/2.0 und Thunderbird 1.5

Abbildung C.78:
Erfolgreich eingerichtetes Konto

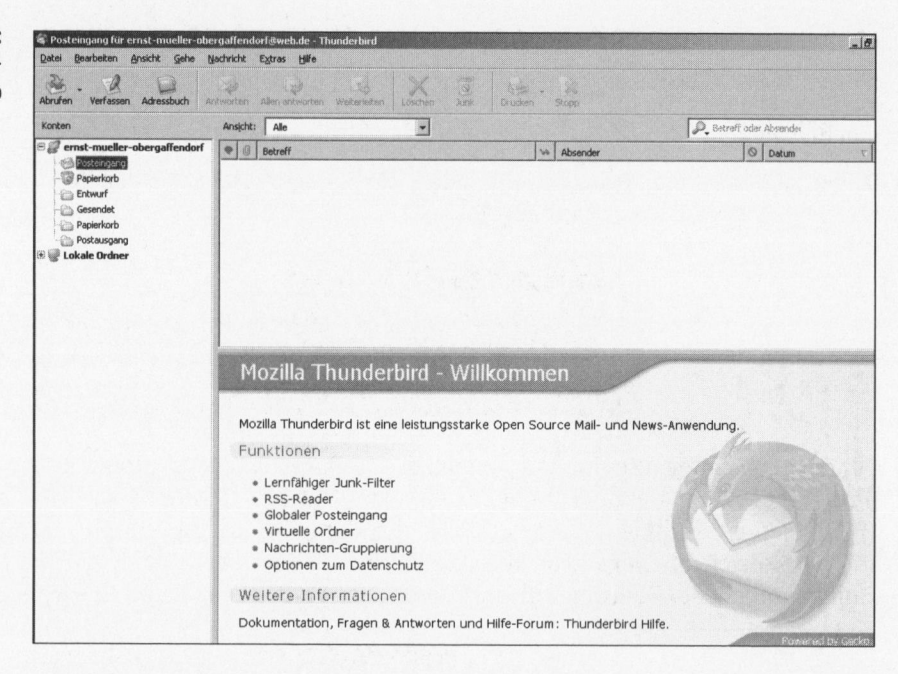

Fehlersuche bei der Einrichtung von Thunderbird

Wenn Thunderbird statt Ihres Posteingangs eine Fehlermeldung anzeigt, dass zum Beispiel die Anmeldung auf dem Server nicht durchgeführt werden kann oder der Server nicht gefunden wird, müssen Sie sich auf die Suche nach dem Fehler machen.

Abbildung C.79:
Fehler bei der Verbindung

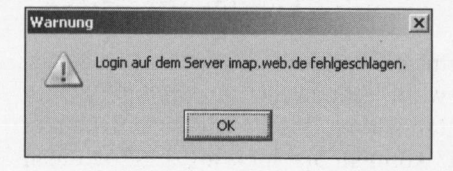

Zunächst können Sie über das Icon *Stopp* in der Menüleiste den Verbindungsaufbau unterbrechen. Der erste Schritt der Fehlersuche besteht darin, zunächst zu überprüfen, ob Sie die Bezeichnung des Servers Ihres Providers richtig eingegeben haben. Oft wird ein Punkt zu viel oder zu wenig oder schlichtweg ein Buchstaben falsch gesetzt.

Die Informationen über die Konteneinstellungen finden Sie in Thunderbird in einem eigenen Menü. Lassen Sie zunächst Thunderbird gestartet. Über das Menü *Extras/Konten* kommen Sie zu den Einstellungen für die konfigurierten E-Mail-Konten (siehe *Abbildung C.80*).

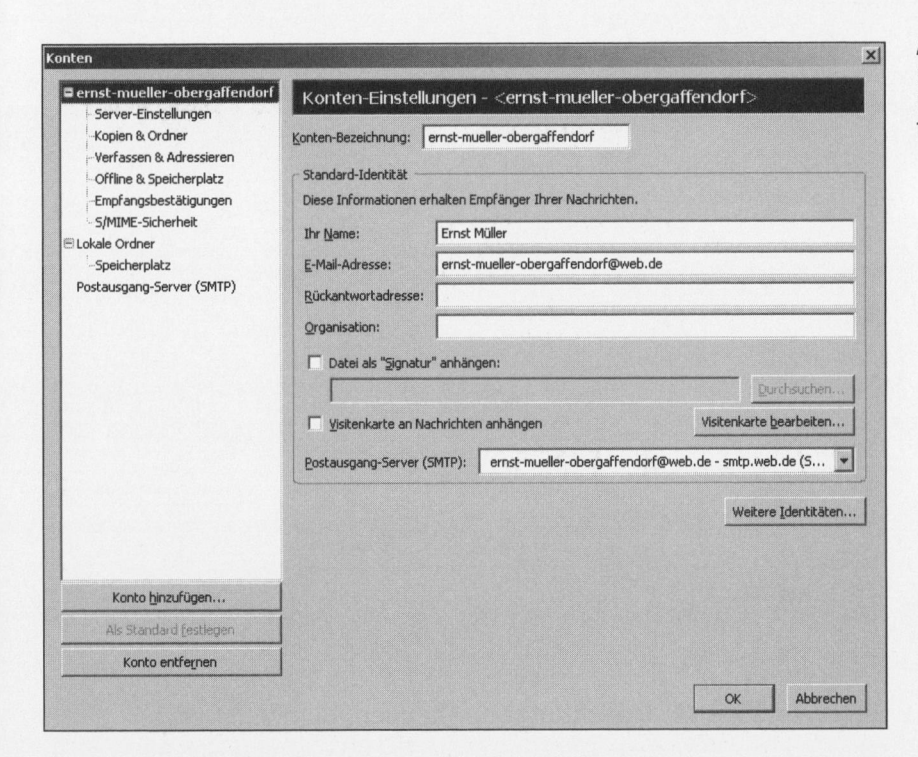

Abbildung C.80:
Konfiguration der E-Mail-Konten in Thunderbird

Auf der ersten gezeigten Seite können Sie im rechten Feld die Eintragungen für Ihren Namen und die E-Mail-Adresse überprüfen. Wenn Thunderbird Verbindungsprobleme hat, werden die Probleme allerdings höchstwahrscheinlich nicht an dieser Stelle liegen, da es sich hier nur um Anzeigeoptionen handelt.

Interessant wird es, wenn Sie in der linken Seite des Fensters die *Server-Einstellungen* auswählen. Nach der Auswahl können Sie im rechten Teil des Fensters die Einstellungen zum E-Mail-Server des Providers bearbeiten. Wenn Sie sich verschrieben haben, können Sie hier die Eintragungen berichtigen.

Wichtig sind in diesem Fenster die Einstellungen für den Server sowie der Benutzername, mit dem sich Thunderbird an diesem Server anmeldet. Sie können festlegen, in welchem Abstand Thunderbird neue E-Mails herunterladen soll. Stellen Sie zunächst sicher, dass Server- und Benutzername korrekt gewählt sind (siehe *Abbildung C.81*).

Außerdem muss der Port 143 für das IMAP-Protokoll ausgewählt sein. Sind die Eintragungen korrekt, liegt das Problem nicht daran, dass Thunderbird keine Verbindung zum Server aufbauen kann.

Abbildung C.81:
Server-Einstellungen in Thunderbird

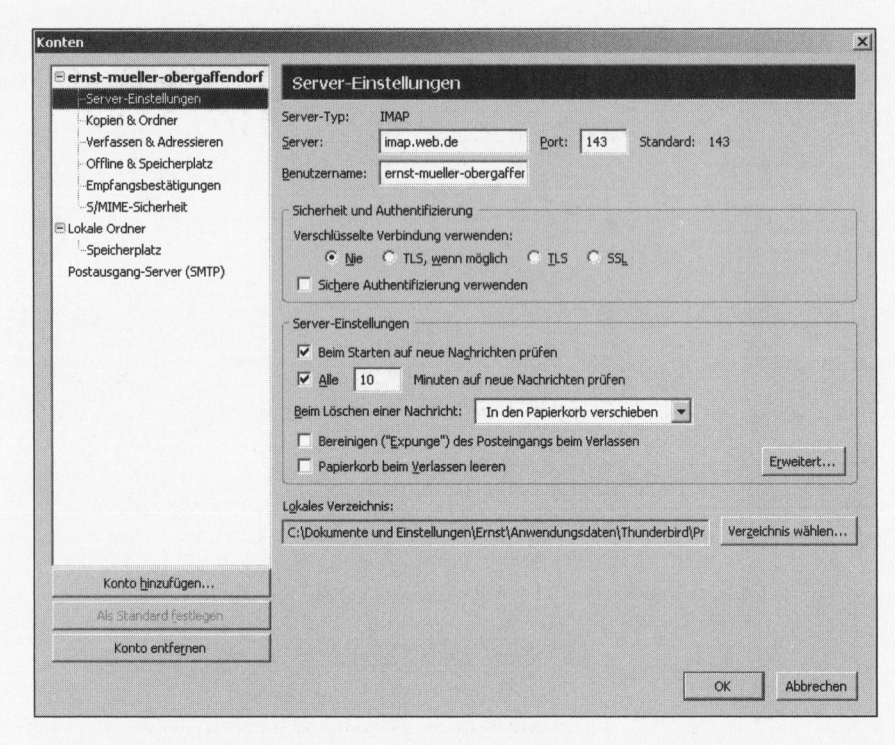

Sie können Ihre Eintragungen mit *OK* abschließen, weitere Maßnahmen sind nicht notwendig. Wenn Sie sich beim Servernamen oder Benutzernamen verschrieben haben, versuchen Sie erneut, über die Schaltfläche *Abrufen* in Thunderbird eine Verbindung zum Posteingangsserver herzustellen. Erscheint ein Fehler, sollten Sie im nächsten Schritt überprüfen, ob das Kennwort richtig eingegeben wurde.

Sie finden die abgespeicherten Kennwörter in Thunderbird im Menü *Extras/Einstellungen*.

Klicken Sie in den *Einstellungen* das Icon *Datenschutz* an, um in die Steuerung der Passwörter zu gelangen.

Damit Sie Passwörter ändern oder anpassen können, wechseln Sie auf die Registerkarte *Passwörter*. Wenn Sie glauben, dass Sie das Passwort für den Benutzernamen falsch eingegeben haben, können Sie mit der Schaltfläche *Passwörter anzeigen* die gespeicherten Kennwörter anzeigen lassen.

E-Mailen mit Mozilla Thunderbird

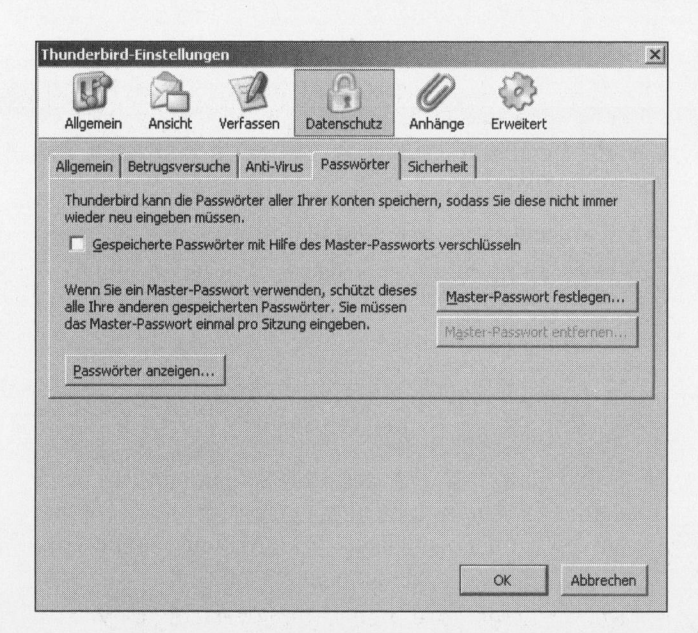

Abbildung C.82: Datenschutzeinstellungen in Thunderbird

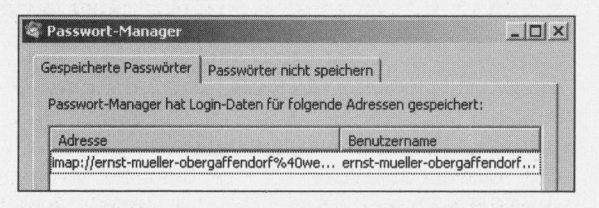

Abbildung C.83: Anzeige der gespeicherten Kennwörter

Sie können das Kennwort nicht ändern, sondern nur löschen. Markieren Sie den Eintrag, und klicken Sie auf die Schaltfläche *Entfernen*. Nach dem Klick wird das Kennwort gelöscht. Versuchen Sie einen erneuten Abruf der E-Mails. Es erscheint das Fenster für die Passworteingabe.

Wenn Sie das richtige Kennwort eingeben (achten Sie darauf, ob die Umschalttaste gedrückt ist und dass Sie sich nicht vertippen), sollte der Verbindungsaufbau funktionieren. Stellen Sie sicher, dass keine zusätzlich installierte Firewall und kein sonstiges Schutzprogramm die Kommunikation stört. Die von mir beschriebenen Sicherheitsprogramme beeinträchtigen die Kommunikation nicht.

Nachdem alle Daten richtig eingegeben wurden, wird Ihr Posteingang angezeigt, und Thunderbird zeigt keine weitere Fehlermeldung.

Besonderheiten bei IMAP-Verbindungen

Wenn Sie Thunderbird per IMAP auf Ihr E-Mail-Postfach zugreifen lassen, wird in der Standardeinstellung nur der Ordner *Posteingang* angezeigt. Bei Web.de ist allerdings bereits bei der kostenlosen Freemail-Variante der Spamschutz aktiviert.

Der Spamschutz verteilt E-Mails in drei verschiedene Ordner. Nach welchem Kriterium die E-Mails sortiert werden, können Sie in den Einstellungen von Web.de ändern. Es gibt diese drei Ordner bei Web.de:

- *Posteingang*. In diesen Ordner werden alle E-Mails verschoben, von denen Web.de überzeugt ist, dass sie kein Spam sind. Zum Beispiel werden alle E-Mails der Kontakte in Ihrem Web.de-Adressbuch in den Ordner *Posteingang* gelegt.
- *Unbekannt*. Alle E-Mails, die Web.de nicht eindeutig klassifizieren kann, werden in den Ordner *Unbekannt* verschoben. In diesem Ordner landen zum Beispiel alle E-Mails von Kontakten, die nicht in Ihrem Web.de-Adressbuch aufgelistet sind.
- *Unerwünscht*. In diesen Ordner verschiebt Web.de zum Beispiel alle E-Mails, die eindeutig als Spam klassifiziert wurden.

Thunderbird zeigt bei der Grundkonfiguration allerdings nur den Ordner *Posteingang* an, die anderen beiden Ordner werden nicht angezeigt. Wenn Sie sich entschließen, in Web.de weitere Ordner anzulegen, werden sie auch nicht angezeigt.

Sie müssen die Konfiguration ändern, damit die fehlenden Ordner in Thunderbird angezeigt werden. Starten Sie dazu Thunderbird, und stellen Sie sicher, dass die Verbindung zum Server aufgebaut und Ihr Posteingang fehlerfrei angezeigt wird.

Abonnieren eines IMAP-Ordners

Damit weitere Ordner angezeigt werden, müssen Sie diese abonnieren. Klicken Sie nach dem Start von Thunderbird mit der rechten Maustaste auf den Kontonamen. Es erscheint ein neues Menü.

Wählen Sie in diesem Menü die Option *Abonnieren* aus (siehe *Abbildung C.84*). Es öffnet sich ein neues Menü, und Thunderbird scannt Ihr Web.de-Postfach nach Ordnern durch. Nach kurzer Zeit werden alle fehlenden Ordner angezeigt, und Sie können sie mit einem Mausklick abonnieren.

Nachdem Sie die fehlenden Ordner aktiviert haben, werden sie nach dem Schließen des Fensters im Thunderbird-Posteingang angezeigt.

E-Mailen mit Mozilla Thunderbird

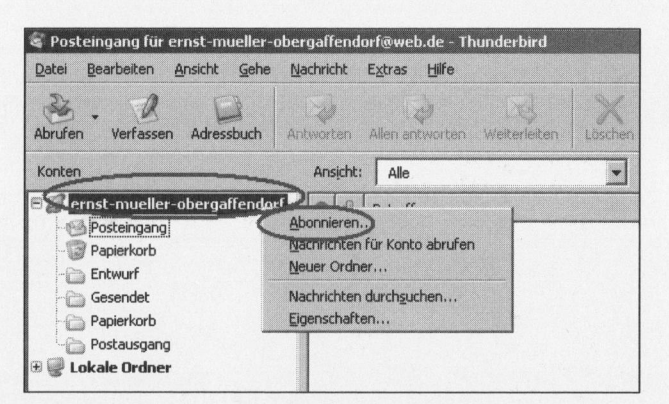

Abbildung C.84:
Abonnieren von neuen IMAP-Ordnern

Auch wenn der Ordner *Unerwünscht* eigentlich nur Spam-E-Mails enthält, sollten Sie ab und zu einen Blick in diesen Ordner werfen, da es durchaus sein kann, dass Web.de E-Mails als Spam deklariert, obwohl sie vielleicht nicht Spam sind. Die Klassifizierung von E-Mails nach Spam oder normalen E-Mails wird bei allen Providern durch automatische Programme durchgeführt, die E-Mails auf Spameigenschaften durchsuchen. Wenn eine E-Mail irrtümlich als Spam deklariert wird, nennt man das unter Profis *False Positives*.

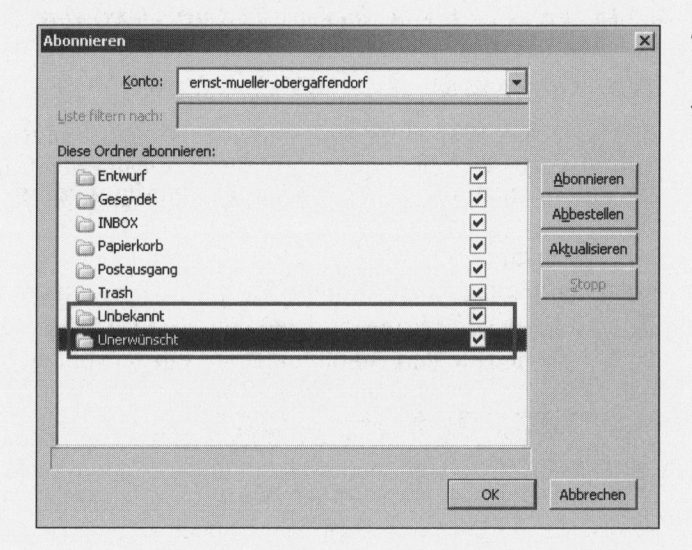

Abbildung C.85:
Neu abonnierte IMAP-Ordner in Thunderbird

Abbildung C.86:
Ansicht der neuen Ordner in Thunderbird

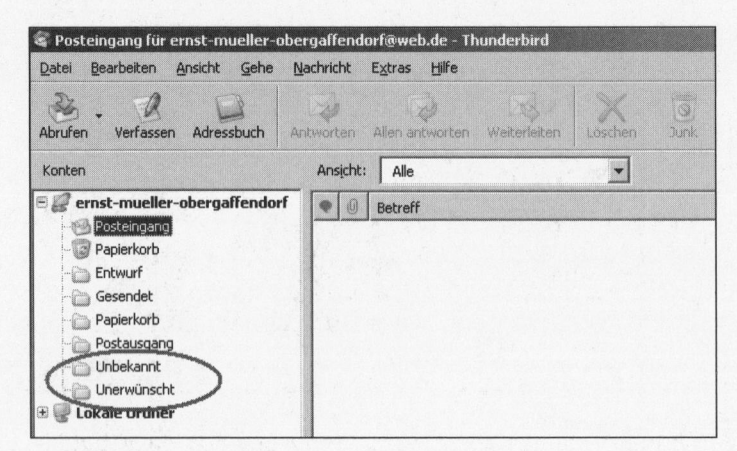

> Wenn Sie Ihre E-Mails per POP3 abrufen, werden alle E-Mails aller Ordner in den Posteingang geschoben. POP3 kann nicht zwischen verschiedenen Ordnern unterscheiden.

Sie müssen unter Umständen über die Weboberfläche von Web.de bei dem jeweiligen Ordner den POP3-Abruf aktivieren. Der Ordner Unerwünscht wird nicht durch POP3 heruntergeladen. Wenn Sie den POP3-Download für diesen Ordner aktivieren, landen allerdings die erkannten Spam-E-Mails in Ihrem Posteingang, und Sie haben nichts gewonnen.

Wie Sie sehen, ist das IMAP-Protokoll unter E-Mail-Profis nicht ohne Grund beliebt. Es hat noch weitere Vorteile, die sich später in der Bedienung offenbaren. Sie sollten ein Postfach bei einem Provider erstellen, der IMAP unterstützt, und mit Thunderbird über IMAP eine Verbindung zum Postfach aufbauen.

E-Mail-Versand in Thunderbird testen

Bevor Sie mit den weiteren Einstellungen von Thunderbird fortfahren, sollten Sie zunächst testen, ob das Versenden von E-Mails in Thunderbird funktioniert. Öffnen Sie Thunderbird, und klicken Sie auf das Icon *Verfassen*.

Abbildung C.87:
Eine neue E-Mail in Thunderbird schreiben

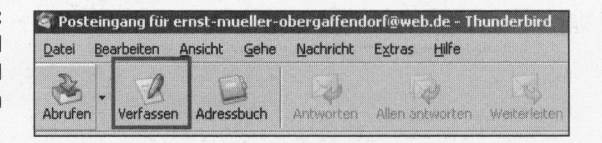

Die erste E-Mail in Thunderbird schreiben

Es öffnet sich ein neues Fenster, in dem Sie Ihre erste E-Mail schreiben. Sie können diese Testmail an sich selbst verschicken oder an einen Bekannten, der darauf antwortet. Für Testzwecke sollten Sie die erste E-Mail eventuell an sich selbst verschicken. So können Sie recht schnell sehen, ob der E-Mail-Versand funktioniert.

E-Mailen mit Mozilla Thunderbird

Beim Verfassen einer E-Mail sind drei Bereiche auszufüllen (siehe *Abbildung C.88*).

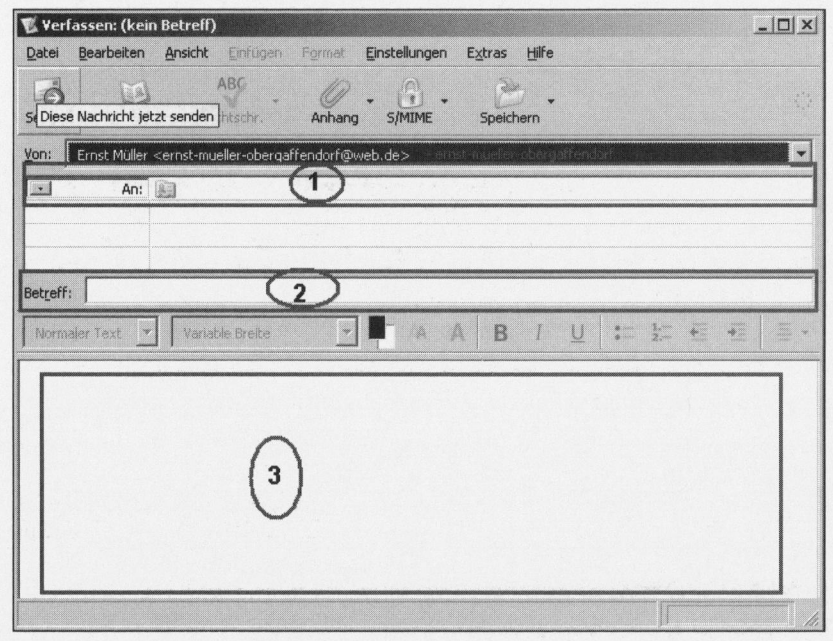

Abbildung C.88:
E-Mail-Fenster in Mozilla Thunderbird

- *Empfänger der E-Mail (1)*. Zunächst müssen Sie in diesem Bereich die E-Mail-Adresse des Empfängers eintragen, dem diese E-Mail geschickt werden soll. Die Adresse hat das gleiche Format wie Ihre eigene, zum Beispiel *thomas.joos@web.de*.
- *Betreff (2)*. Das Ausfüllen dieses Felds ist kein Muss, gehört aber zum guten Ton. Der Betreff einer E-Mail zeigt dem Empfänger in seinem E-Mail-Programm an, um was es in dieser E-Mail geht. Halten Sie sich im Betreff immer an kurze Beschreibungen, die einen schnellen Überblick erlauben. Wenn Sie den Betreff leer lassen, erscheint in der Betreffanzeige des Empfängers auch nichts.
- *Textfeld (3)*. In dieses Feld können Sie Ihren Text schreiben. Sie sind an keine Formen und an kein Aussehen gebunden. Hier können Sie Ihrer Fantasie freien Lauf lassen.

Tippen Sie nun einfach Ihre eigene E-Mail-Adresse in das *An*-Feld.

Nachdem Sie Ihre Eingaben vorgenommen haben, klicken Sie auf die Schaltfläche *Senden*. Thunderbird baut eine Verbindung zum Postausgangsserver des E-Mail-Providers auf.

Mozilla Firefox 1.5/2.0 und Thunderbird 1.5

Abbildung C.89:
Senden der Testnachricht

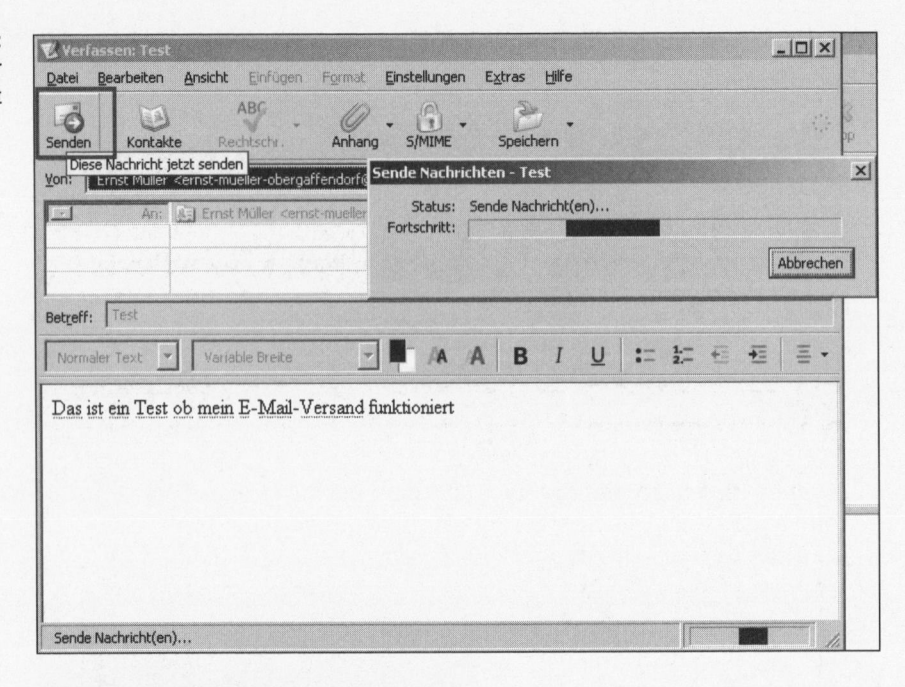

Abbildung C.90:
Authentifizierung am Postausgangsserver

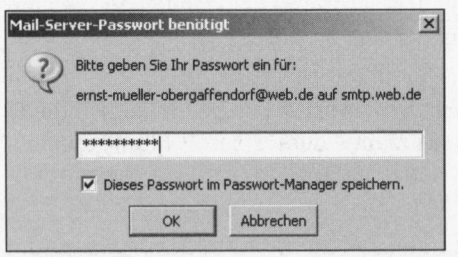

Es erscheint nochmals die Authentifizierung, da der Postausgangsserver wissen muss, ob Sie E-Mails über ihn versenden dürfen. Sie haben sich am Posteingangsserver für den E-Mail-Empfang authentifiziert, aber noch nicht für den Versand.

Überprüfung des Versands der Test-E-Mail

Nachdem alle Fenster und Meldungen bestätigt wurden, sollten Sie als Nächstes überprüfen, ob die Test-E-Mail verschickt wurde. Wenn Sie eine E-Mail über ein Programm schreiben, wird sie in Kopie in Ihrem Postfach abgelegt. So können Sie jederzeit nachvollziehen, was Sie wem wann geschrieben haben. Es gibt in Thunderbird bis zu drei Ordner *Gesendet* mit unterschiedlichen Bedeutungen (siehe *Abbildung C.91*).

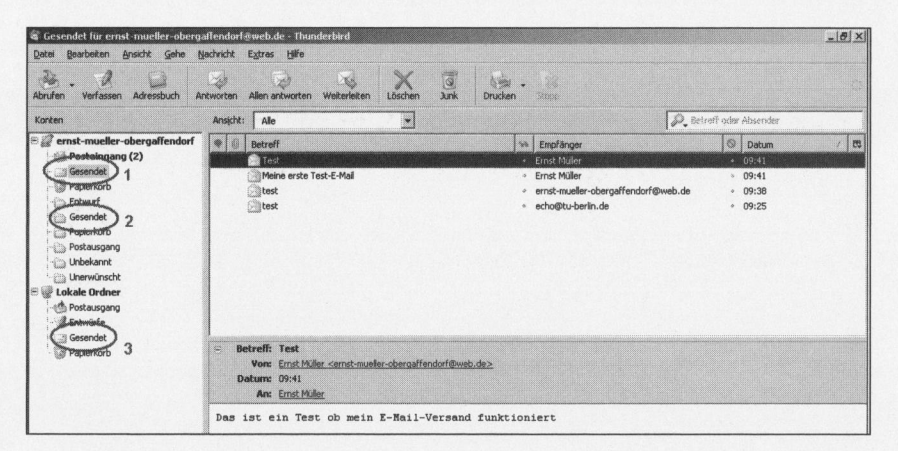

Abbildung C.91:
Ordner Gesendet in Mozilla Thunderbird

- *Ordner »Gesendet« des Profils (1)*. In diesem Ordner speichert Thunderbird alle E-Mails, die Sie senden. Wie Sie in *Abbildung C.91* sehen, wurden alle Testmails in diesem Ordner gespeichert.

- *Ordner »Gesendet« beim Provider (2)*. Der zweite angezeigte *Gesendet*-Ordner ist der IMAP-Ordner in Ihrem Postfach beim Provider, in diesem Beispiel Web.de. Darin werden die E-Mails gespeichert, die Sie über die Weboberfläche des E-Mail-Providers schreiben. E-Mails, die Sie mit Thunderbird schreiben, werden an dieser Stelle nicht gespeichert.

- *Ordner »Gesendet« unter Lokale Ordner (3)*. Dieser Bereich ist Ihr E-Mail-Archiv für gesendete E-Mails. Hierbei handelt es sich um ein lokales Verzeichnis, in dem Sie E-Mails zum weiteren Verbleib ablegen können. In diesen Ordner werden keine E-Mails automatisch gespeichert.

Überprüfen Sie, ob die eben verschickte Test-E-Mail im Ordner (1) angezeigt wird. Wenn das zutrifft, können Sie sicher sein, dass der E-Mail-Versand funktioniert.

Abrufen der verschickten E-Mail in Thunderbird

Im letzten Schritt müssen Sie noch überprüfen, ob die E-Mail in Ihr Postfach zugestellt wurde. Wie Sie weiter vorn in diesem Kapitel bereits gesehen haben, ruft Thunderbird die E-Mails nur alle zehn Minuten vom Posteingangsserver beim Provider ab. Wenn Sie überprüfen wollen, ob die E-Mail eingegangen ist, können Sie auf die Schaltfläche *Abrufen* in der Menüleiste klicken. Thunderbird verbindet sich daraufhin mit dem Posteingangsserver und ruft neu empfangene E-Mails sofort ab.

Abbildung C.92:
Abrufen von neuen E-Mails

Mozilla Firefox 1.5/2.0 und Thunderbird 1.5

Nach dem erfolgreichen Abrufen erscheinen die neuen E-Mails im Posteingang.

Abbildung C.93:
Neue E-Mails im Posteingang

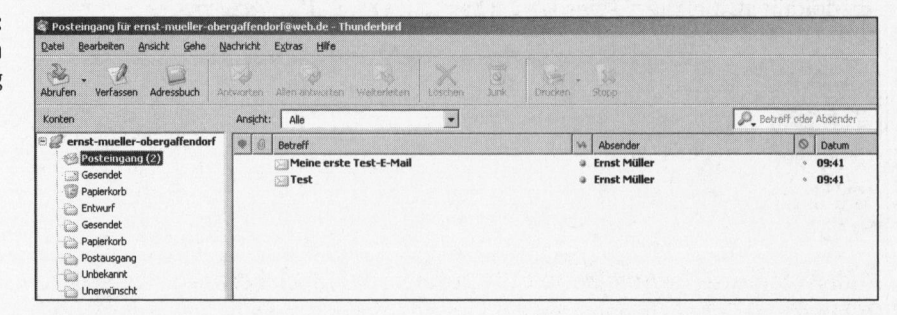

Sie sehen den Betreff, den Absender (so sehen andere Empfänger Ihren Namen) und das Empfangsdatum. Der Ordner *Posteingang* ist fett markiert, und in Klammern hinter *Posteingang* steht die Anzahl der neuen E-Mails. Wenn Sie auf eine E-Mail doppelt klicken, wird sie geöffnet, und Sie können den Text lesen.

C.2.3 Konfiguration und Optimierung von Thunderbird

Bevor Sie weitere E-Mails schreiben, sollten Sie sich zunächst mit den wichtigsten Optionen in Thunderbird auseinandersetzen.

Nachdem Sie Ihr E-Mail-Postfach optimal eingerichtet und den Empfang und das Versenden getestet haben, gilt es noch, ein paar Optionen zu modifizieren. Zunächst überprüfen Sie die einzelnen Optionen für Ihr E-Mail-Konto.

Abbildung C.94:
Einstellungen der Ordner in Thunderbird

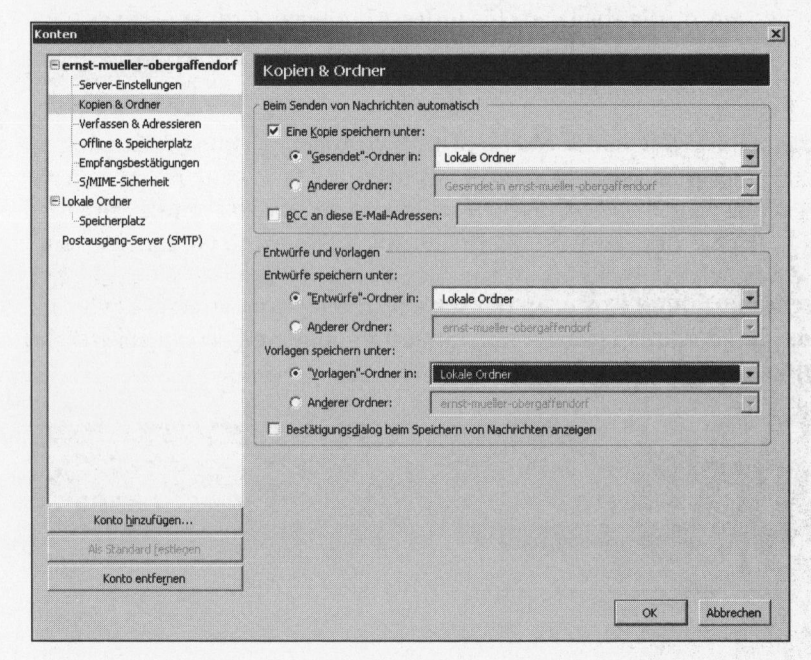

E-Mailen mit Mozilla Thunderbird

Speicherort der E-Mails auf dem lokalen PC

Sie können den Speicherort von E-Mails in Thunderbird so festlegen, dass sie lokal gespeichert werden. Diese Einstellungen finden Sie unter *Extras/Konten/Kopien & Ordner*.

Konfiguration der automatischen Speicherung in Thunderbird

Hier können Sie einstellen, dass E-Mails nicht in einem temporären Ordner oder im Internet gespeichert werden, sondern im lokalen Ordner. Dieser Ordner ist ein Verzeichnis auf Ihrem lokalen PC und dient als Archiv für Ihre E-Mails.

Ändern Sie, wie in *Abbildung C.94* gezeigt, den Speicherort für gesendete Objekte und Entwürfe entsprechend ab. Ab dieser Umstellung werden die E-Mails in diesem Ordner gespeichert. Im nächsten Schritt sollten Sie diesen lokalen Ordner konfigurieren.

Konfiguration des lokalen Ordners

Die Einstellungen für den lokalen Ordner und dessen Speicherplatz finden Sie im gleichen Menü *Konten* im unteren Bereich *Lokale Ordner*. Hier können Sie den Speicherort dieses lokalen Ordners festlegen (siehe *Abbildung C.95*).

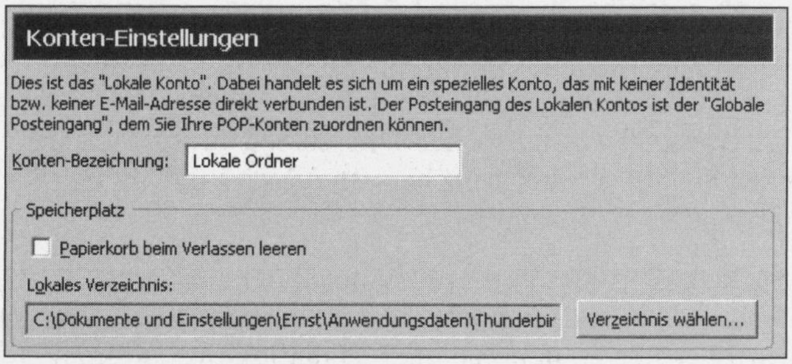

Abbildung C.95: Einstellungen des lokalen Ordners

Weiterhin können Sie die Bezeichnung des Ordners in Thunderbird anpassen und die Option aktivieren, dass gelöschte E-Mails beim Beenden von Thunderbird ebenfalls komplett gelöscht werden. Im Untermenü *Speicherplatz* können Sie weitere Optionen einstellen.

Rechtschreibprüfung in Thunderbird integrieren

In Thunderbird ist kein deutsches Rechtschreibwörterbuch enthalten. Dieses Wörterbuch kann aber nachträglich integriert werden. Gehen Sie dazu wie folgt vor:

Download des deutschen Wörterbuches für Thunderbird

Die Entwickler von Mozilla arbeiten eng mit den Entwicklern des bekannten kostenlosen Office-Pakets OpenOffice.org zusammen. Sie können daher das hervorragende Wörterbuch aus diesem Office-Paket verwenden, das den

Mozilla Firefox 1.5/2.0 und Thunderbird 1.5

Wörterbüchern der Microsoft-Programme in nichts nachsteht. Sie können es von folgender Internetseite herunterladen:

www.thunderbird-mail.de/erweitern/woerterbuecher/

Auf dieser Seite finden Sie den Link zum aktuellen deutschen Rechtschreibwörterbuch.

Abbildung C.96: Download des deutschen Rechtschreibwörterbuches

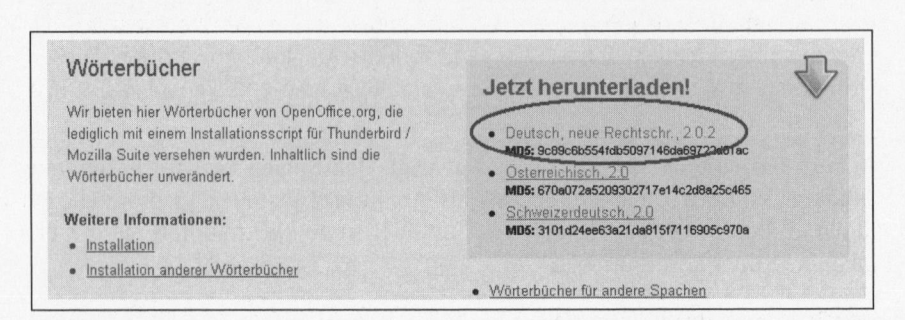

Durch einen Klick auf den Link laden Sie die XPI-Datei herunter. Wählen Sie am besten das gleiche Verzeichnis, in das Sie bereits die anderen Programme heruntergeladen haben. Nachdem Sie die Datei lokal gespeichert haben, können Sie das Wörterbuch in Thunderbird integrieren.

Installation des deutschen Wörterbuches in Thunderbird

Als Nächstes starten Sie Thunderbird und gehen über das Menü *Extras/ Erweiterungen* zum Installationsfenster für zusätzliche Erweiterungen. Klicken Sie auf die Schaltfläche *Installieren*, und wählen Sie die gerade heruntergeladene XPI-Datei aus.

Klicken Sie nach der Auswahl der Datei auf *Öffnen*, um das Wörterbuch in Thunderbird zu integrieren (siehe *Abbildung C.97*). Es erscheint ein weiteres Fenster, in dem Sie die Installation durchführen können (siehe *Abbildung C.98*).

Nach der Integration des Wörterbuches erhalten Sie eine Meldung, dass Sie für die Installation über administrative Rechte verfügen müssen (siehe *Abbildung C.99*).

Wenn Sie diese Meldung bestätigt haben, ist das deutsche Wörterbuch installiert und muss nur noch aktiviert werden.

Rufen Sie die *Thunderbird-Einstellungen* über das Menü *Extras/Einstellungen* auf. Gehen Sie in das Register *Verfassen*. Ihnen stehen drei Registerkarten zur Verfügung. Auf der Registerkarte *Rechtschreibung* können Sie das deutsche Wörterbuch aktivieren. Hier können Sie auch festlegen, dass jede E-Mail vor dem Senden automatisch nach Rechtschreibfehlern überprüft wird.

E-Mailen mit Mozilla Thunderbird

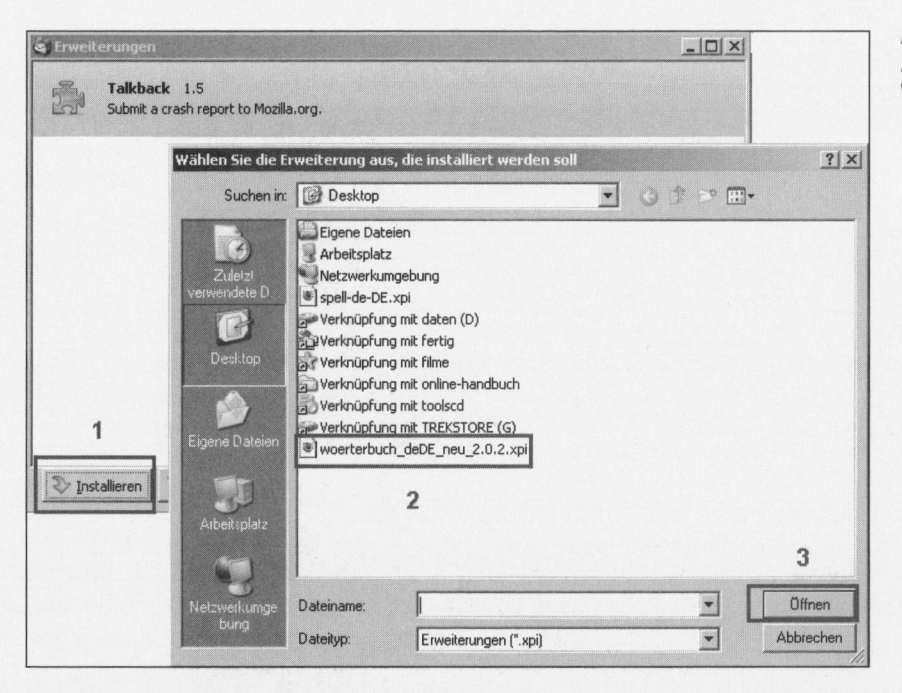

Abbildung C.97:
Auswahl der Wörterbuchdatei

Überprüfung der Installation

Manchmal übernimmt der Assistent die vorgenommenen Einstellungen nicht gleich. Wenn Sie die Rechtschreibprüfung über das Symbol in der Menüleiste einer neuen Mail starten oder die Option aktiviert haben, dass vor dem Senden zunächst automatisch eine Rechtschreibprüfung stattfinden soll, sollten Sie im entsprechenden Fenster die deutsche Rechtschreibprüfung noch einmal explizit auswählen. Nach dieser Auswahl sollte die Prüfung immer funktionieren.

Abbildung C.98:
Installation des Wörterbuches

Mozilla Firefox 1.5/2.0 und Thunderbird 1.5

Abbildung C.99:
Warnmeldung bei der Installation des Wörterbuches

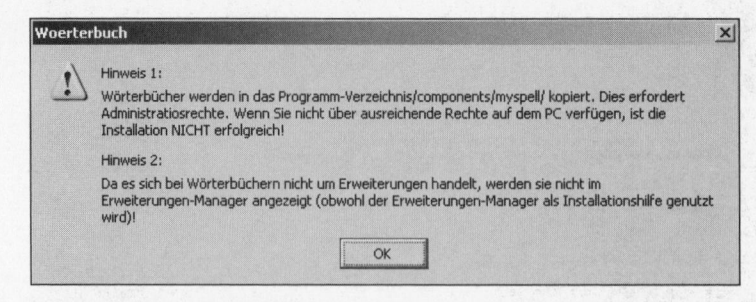

Abbildung C.100:
Thunderbird-Einstellungen für die Rechtschreibung

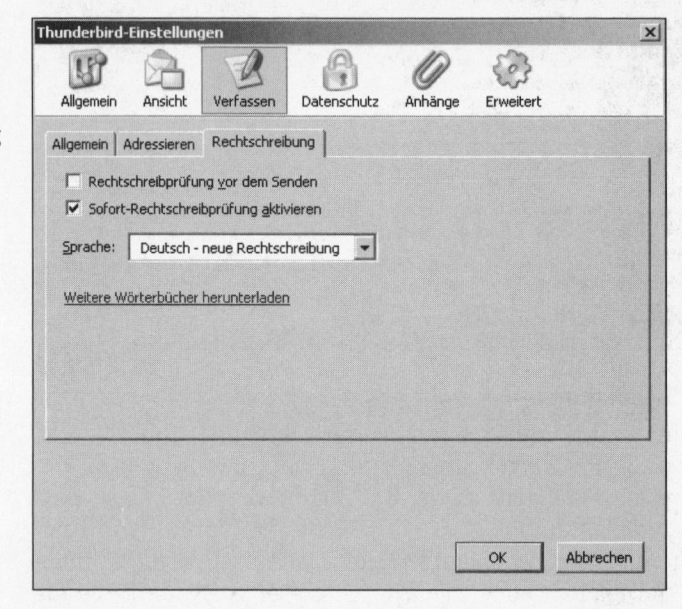

Sicherheit in Thunderbird – Viren, Phishing, Spam und automatische Updates

Es verbleiben allerdings noch die notwendigen Einstellungen und die Überprüfung der Sicherheitsmaßnahmen. Bevor Sie per E-Mail kommunizieren, sollten Sie weitere Sicherheitsmaßnahmen kennen lernen.

Virenschutz in Thunderbird

Aktivieren Sie zunächst die Unterstützung für den Virenschutz in Thunderbird. Gehen Sie dazu in das Menü *Extras/Einstellungen/Datenschutz/Registerkarte Anti-Virus*. Beim Virenschutz arbeiten Avast Antivirus (siehe *Kapitel 14*) und Thunderbird eng zusammen.

Setzen Sie den Haken bei der Option *Anti-Virus-Software ermöglichen, eingehende Nachrichten unter Quarantäne zu stellen*.

E-Mailen mit Mozilla Thunderbird

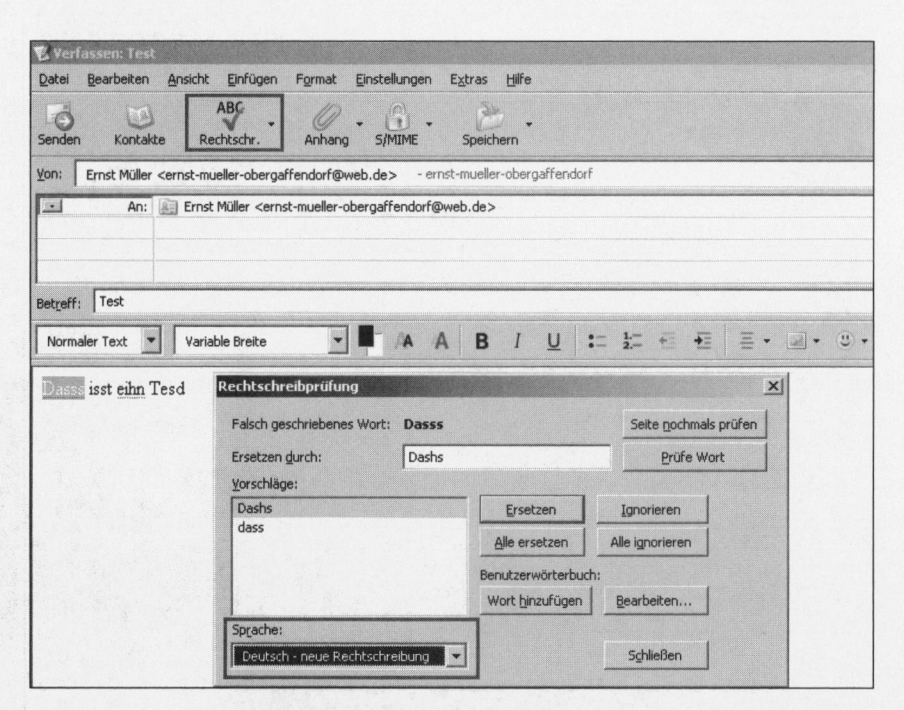

Abbildung C.101:
Aktivierung der Rechtschreibprüfung

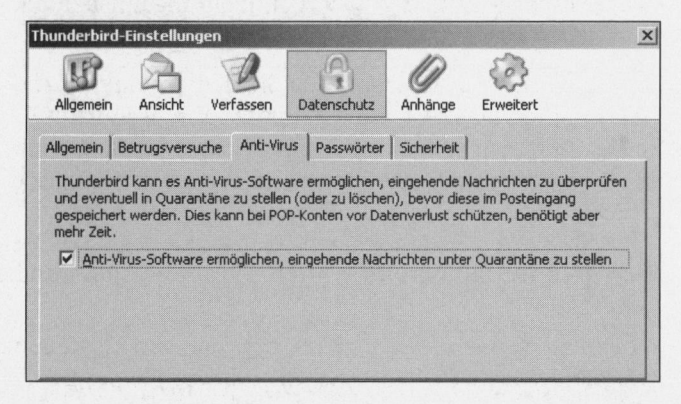

Abbildung C.102:
Virenschutz in Thunderbird

Durch diese Option kann ein Antiviren-Programm Viren bereits löschen, bevor sie im lokalen Posteingang von Thunderbird gespeichert werden. Mehr Einstellungen sind in Thunderbird bezüglich des Virenschutzes nicht durchzuführen.

Einstellungen in Avast Antivirus

Klicken Sie mit der rechten Maustaste auf das blaue Avast-Symbol in der Taskleiste neben der Uhr. Wählen Sie im Kontextmenü die Option *On-Access Schutz Steuerung*, um in die Konfiguration der verschiedenen Provider von Avast zu gelangen.

Mozilla Firefox 1.5/2.0 und Thunderbird 1.5

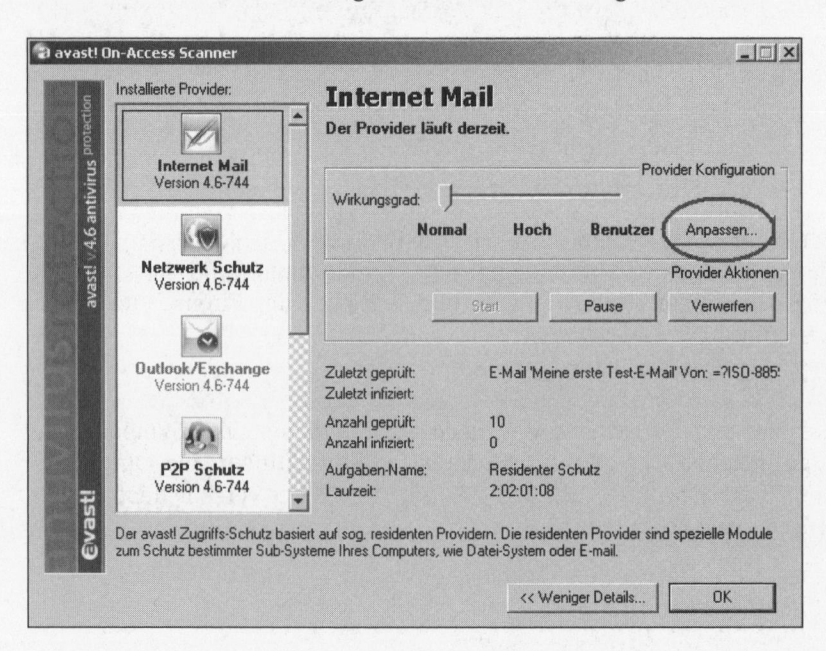

Abbildung C.103: Einstellungen von Avast

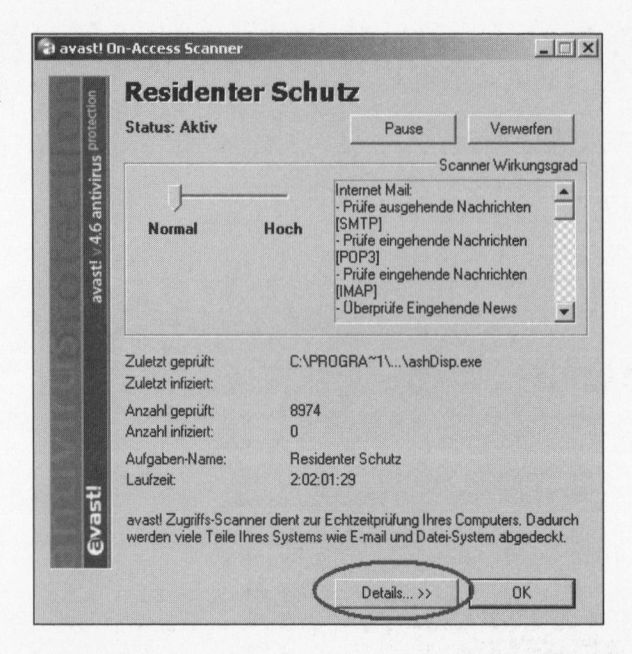

Wenn Sie zum ersten Mal in dieser Steuerung sind, klicken Sie zunächst auf die Schaltfläche *Details… > >*, damit Sie alle Einstellungen von Avast Antivirus sehen können.

In der erweiterten Ansicht sehen Sie den Provider *Internet Mail*. An dieser Stelle werden die Einstellungen für den Virenschutz in E-Mail-Programmen konfiguriert. Sie sehen in diesem Fenster, wann die letzte E-Mail geprüft wurde und wie die Einstellungen des Providers konfiguriert sind.

Abbildung C.104: E-Mail-Virenschutz in Avast

E-Mailen mit Mozilla Thunderbird

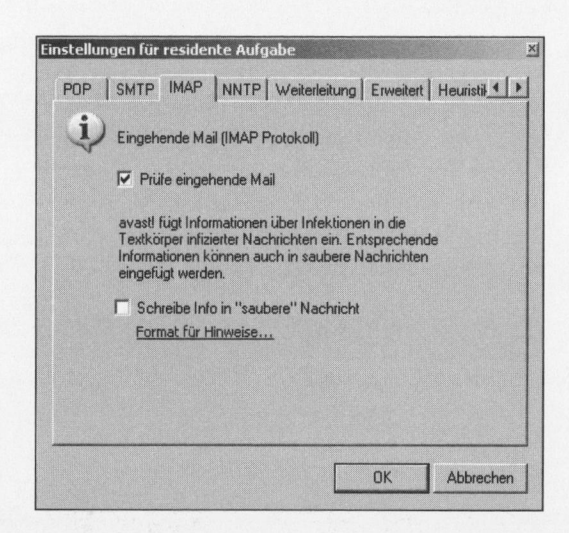

Abbildung C.105:
Einstellungen des Avast-Mailschutzes

Wenn Sie auf die Schaltfläche *Anpassen* klicken, gelangen Sie zur Feinsteuerung dieses Virenschutzes. Avast Antivirus beseitigt alle Viren und warnt Sie bei Verseuchung. Stellen Sie an dieser Stelle sicher, dass in Avast der Virenschutz für Ihr Posteingangsprotokoll aktiviert ist (POP oder IMAP). Sie können sich die anderen Einstellungen ansehen, weitere Konfigurationsmaßnahmen sind aber nicht notwendig.

Verlassen Sie sich keinesfalls auf die Sicherheit des E-Mail-Providers, da die Provider meistens nur nach sehr geläufigen Viren suchen und Sie nie sicher sein können, ob der Virenschutz aktiv ist. Ein Schutz vor Viren am lokalen Rechner ist daher absolut notwendig. Wenn der Provider die Mails vor der Zustellung ebenfalls überprüft, umso besser für Ihre Sicherheit.

Phishing-Mails – Achtung, Betrüger!

Eine neue, sehr gefährliche Sicherheitslücke sind sogenannte *Phishing-Mails*. Betrügerische Elemente im Internet versuchen durch gefälschte E-Mails, unbedarfte Empfänger dazu zu verleiten, auf eine Internetseite zu gehen und dort Benutzernamen, Kennwort und eine TAN zu hinterlegen. Die Betrüger, meist im Ausland ansässig, können mit diesen Informationen die Konten eines Empfängers leer räumen. Die E-Mails sind meistens gut gemacht, aber oft stimmt die Grammatik nicht.

Niemals schickt eine Bank ihren Kunden eine E-Mail, in der sie sie auffordert, auf ihrer Internetseite irgendwelche Änderungen vorzunehmen. Vertrauen Sie keiner noch so gut gemachten E-Mail. Es handelt sich dabei ausnahmslos um Fälschungen. Wenn Sie doch einmal schwach werden, rufen Sie vorher bei Ihrer Bank an, diese wird Ihnen das bestätigen.

Banken arbeiten immer nur mit der normalen Briefpost und stellen E-Mails nur innerhalb der Homebanking-Oberfläche zur Verfügung, niemals über eine öffentliche E-Mail-Adresse.

Mozilla Firefox 1.5/2.0 und Thunderbird 1.5

Vor diesen Phishing-E-Mails gibt es derzeit keinen Virenschutz. Die meisten Provider wie Web.de deklarieren viele Phishing-E-Mails aber bereits als Spam, wobei die eine oder andere E-Mail immer noch durchkommt. Hier schützt Sie am besten der gesunde Menschenverstand. In Thunderbird ist ein kleiner Schutz vor solchen Phishing-Mails enthalten, auf den Sie sich allerdings nicht blind verlassen sollten. Mit dem Spamschutz in Web.de und dem Phishingschutz in Thunderbird, gepaart mit besonnenem Surfen, sind Sie aber ganz gut geschützt.

Abbildung C.106:
Typische Phishing-Mail

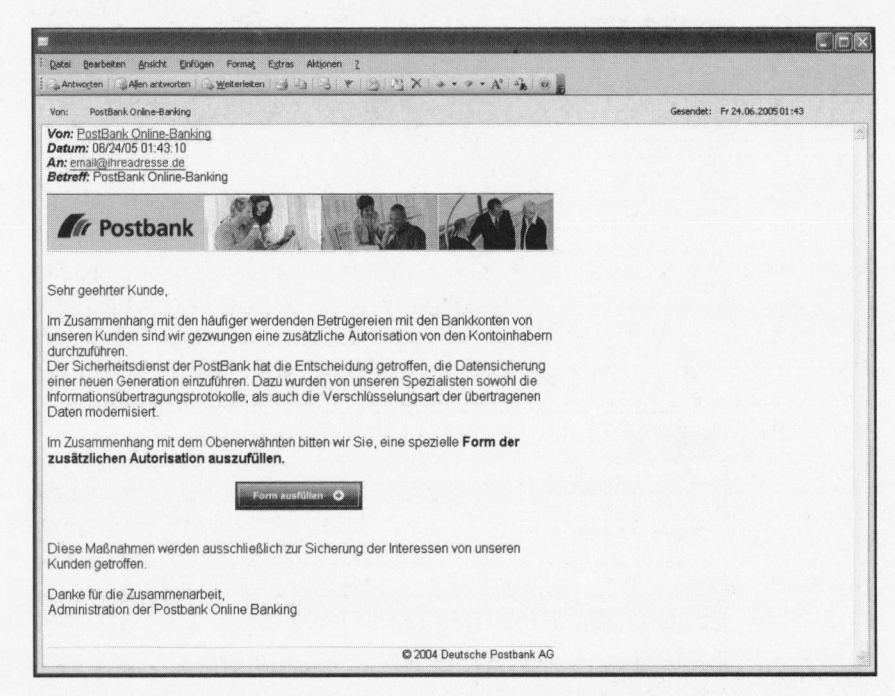

In *Abbildung C.106* sehen Sie eine typische Phishing-E-Mail, die einen Zugang zur Postbank vorgaukelt. Es werden allerdings alle anderen Banken ebenso gefälscht. In *Abbildung C.107* sehen Sie, wie die gefälschte Internetseite in der Phishing-E-Mail dargestellt wird. Sie können gefälschte Internetseiten oft daran erkennen, dass in der Adressleiste des Browsers nicht die Internetseite Ihrer Bank angezeigt wird, sondern irgendeine IP- oder (eine oft gut) gefälschte Adresse.

E-Mailen mit Mozilla Thunderbird

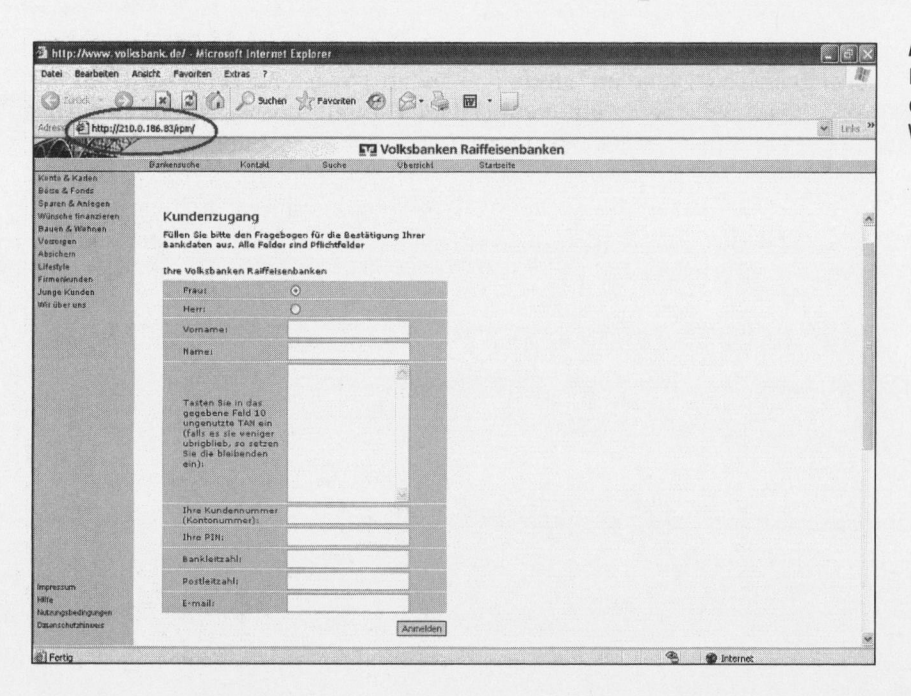

Abbildung C.107:
Phishing-Seite, die den Zugang zur Volksbank fälscht

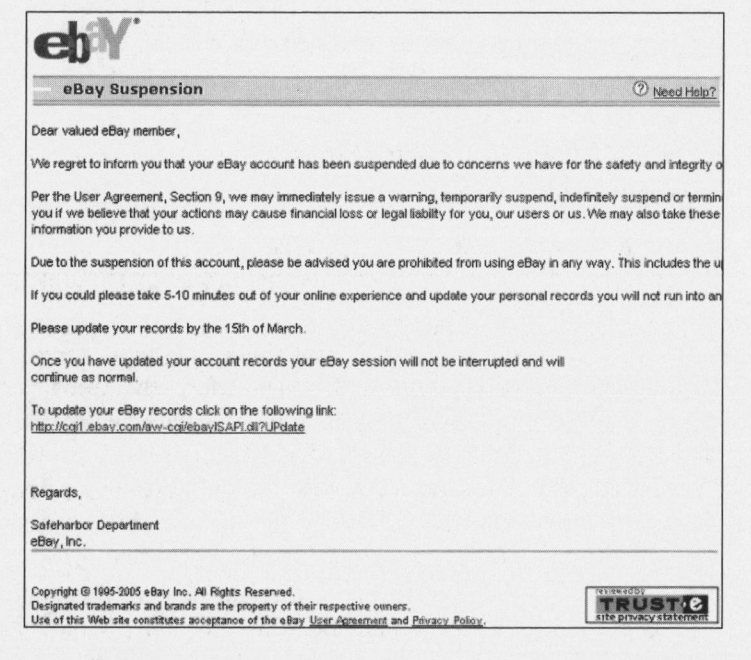

Abbildung C.108:
Gefälschte eBay-Mail

Wenn Sie an irgendeiner Stelle dazu aufgefordert werden, ein Passwort oder sonstige private Daten im Internet zu ändern, fragen Sie lieber noch einmal nach, bevor Sie einem Betrüger aufsitzen. Vor allem unerfahrene Benutzer sind schnell Opfer solcher Betrügereien. Der Phishing-Schutz ist in Thunderbird bereits aktiviert.

Abbildung C.109: Phishing-Schutz in Thunderbird

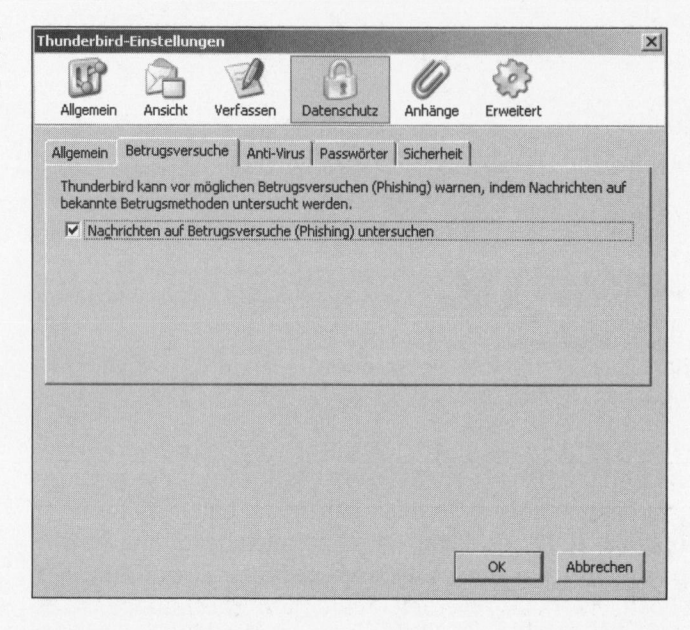

Sie finden diesen Schutz unter *Extras/Einstellungen/Datenschutz/Registerkarte Betrugsversuche*.

Tipps zum Umgang mit Phishing-Mails

- Niemals sollten Sie über einen per Mail geschickten Link auf die Internetseite Ihrer Bank gehen.
- Löschen Sie sofort E-Mails, die scheinbar von Ihrer Bank kommen und Sie zur Eingabe von PIN und TAN auffordern. Rufen Sie nach dem Löschen im Zweifel bei Ihrer Bank an. Meistens wissen die Facharbeiter bereits über die Phishing-Welle Bescheid.
- Trauen Sie nicht grundsätzlich E-Mails, nur weil sie von Bekannten kommen. Es kann durchaus sein, dass einer Ihrer Bekannten ein Virus auf seinem PC hat, das sich selbst weiterverschickt.
- Nutzen Sie für Online-Banking unter gar keinen Umständen öffentlich zugängliche PCs, vor allem nicht in Internetcafés, da hier oft gefährliche Keylogger installiert sind, die alle Tastatureingaben, natürlich auch Passwörter, PINs und TANs, aufzeichnen.
- Geben Sie die Internetadresse Ihrer Bank immer händisch oder über die Favoriten ein, niemals per Link aus einer E-Mail.

- Überprüfen Sie regelmäßig Ihre Girokonten, ob unzulässig Geld abgehoben wurde.
- Stellen Sie sicher, dass immer alle Updates installiert wurden.
- Wenn Sie Online-Banking machen, sollte in der Adressleiste immer **https** stehen. Das ist ein Zeichen dafür, dass die Verbindung verschlüsselt stattfindet. Steht in der Adressleiste während der Verbindung nur **http**, stimmt etwas nicht, verlassen Sie sofort die Seite.

Spamschutz in Thunderbird

Spam-E-Mails sind unerwünschte Werbemails von allen möglichen Herstellern. Hinter diesen Werbe-E-Mails stecken sehr selten seriöse Anbieter. Noch vor einigen Monaten oder Jahren mussten Sie komplizierte Konfigurationsmaßnahmen vornehmen oder sogar Zusatzsoftware installieren, die Ihr Postfach vor Spammails schützt.

Mittlerweile sind diese Zusatzprogramme allerdings nicht mehr notwendig. Das Problem mit den Zusatzprogrammen ist, dass Sie Spammails noch überprüfen müssen.

Die ganzen Zusatzprogramme für den Spamschutz gibt es teilweise kostenlos, teilweise kostenpflichtig (was noch nutzloser ist). Wenn Sie Ihr Postfach bei Web.de oder einem anderen Provider haben, der einen Spamschutz bietet, sind Sie schon fast 100 % vor Spam geschützt. Ich bekomme am Tag bestimmt 100 Spammails, die aber alle von meinem Spamschutz im Web.de-Freemail-Postfach erkannt werden. Fehlerhafte Erkennungen habe ich nicht. Schon allein dieser Schutz im Web.de-Postfach reicht aus.

In Thunderbird sind allerdings Funktionen enthalten, die den Spamschutz erhöhen. Wenn Sie eine E-Mail öffnen und diese als Spam deklarieren, können Sie das Thunderbird über die Schaltfläche *Junk* in der E-Mail mitteilen (siehe *Abbildung C.110*).

Abbildung C.110: Klassifizieren einer Spam(Junk)-E-Mail

Wenn Sie eine E-Mail in Thunderbird als *Junk* klassifizieren, lernt der interne Junk-Filter des Programms aus dieser Mail dazu und kann zukünftige Junkmails schneller erkennen. Je länger Sie mit Thunderbird arbeiten, umso zuverlässiger erkennt er die noch zugestellten Spammails, wobei die meisten bereits von Web.de gefiltert werden.

In Thunderbird finden Sie unterhalb des Menüs *Extras* weitere Einstellungen zur Steuerung der Junkmail-Erkennung. Im ersten Menüpunkt, den *Junk-Filter-Einstellungen*, können Sie die Arbeitsweise dieses Filters konfigurieren und steuern. Der Filter ist bereits nach der Installation aktiviert und arbeitet. Allerdings wird er erst mit der Zeit zuverlässiger und effizient, da er erst einige Spammails filtern muss, um zu lernen.

Mozilla Firefox 1.5/2.0 und Thunderbird 1.5

Sie können in diesem Fenster konfigurieren, in welchen Ordner Junkmails verschoben werden sollen. Legen Sie dazu am besten in Ihrem lokalen Ordner einen neuen Ordner an, und lassen Sie die Junkmails in diesen Ordner kopieren.

Abbildung C.111: Junk-Einstellungen in Thunderbird

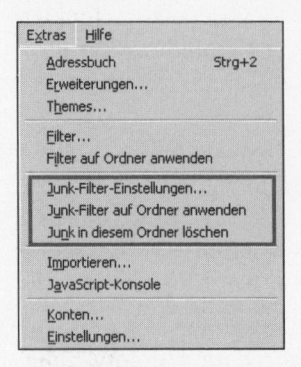

Abbildung C.112: Konfiguration des Junk-Filters in Thunderbird

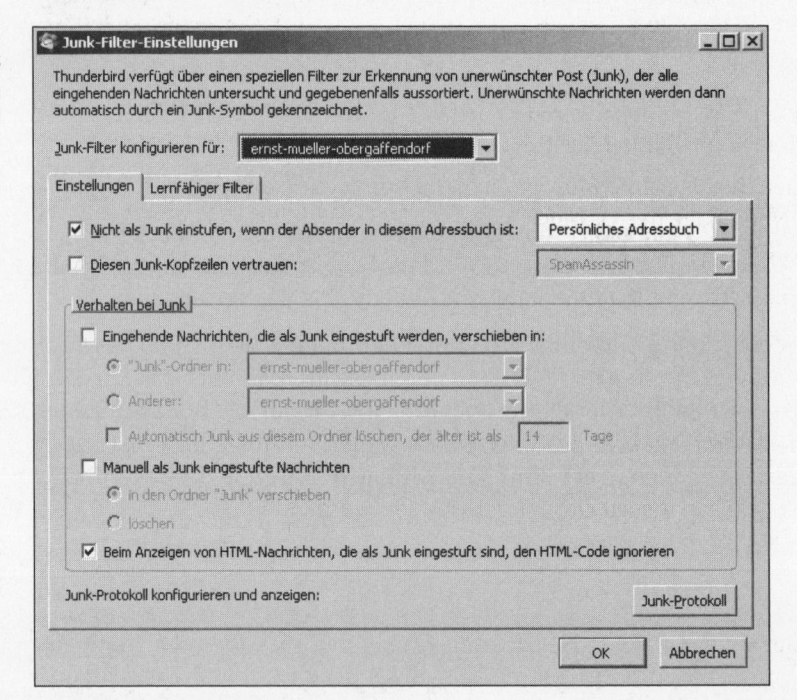

E-Mails, die von Empfängern aus Ihrem Adressbuch kommen, werden nie als Junkmail deklariert. Es kann aber durchaus sein, dass der virenverseuchte PC eines Bekannten Ihnen Virenmails schickt. Diese sollten recht zuverlässig von Avast Antivirus erkannt werden. Auf der Registerkarte *Lernfähiger Filter* finden Sie die Einstellungen für den intelligenten Filter in Thunderbird.

E-Mailen mit Mozilla Thunderbird

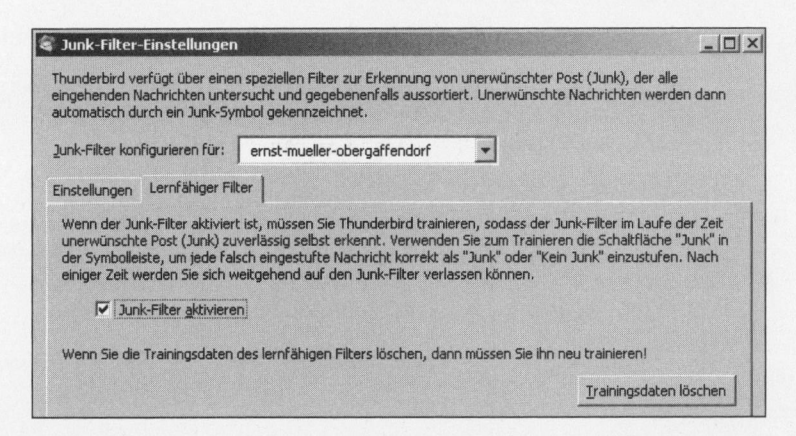

Abbildung C.113:
Intelligenter Junk-Filter in Thunderbird

Der Filter ist aktiviert. Sie können jederzeit die gelernten Trainingsdaten löschen, wenn Sie zum Beispiel das Gefühl haben, dass der Junk-Filter zu viele E-Mails als Spam deklariert, die eigentlich keine sind. Um einen neuen Junk-Ordner in Ihrem lokalen Ordner in Thunderbird anzulegen, gehen Sie wie folgt vor:

- Klicken Sie mit der rechten Maustaste in Thunderbird auf Ihren lokalen Ordner, und wählen Sie die Option *Neuer Ordner* aus.
- Geben Sie als Namen für den neuen Ordner *Junk* an, und bestätigen Sie die Neuanlage des Ordners.

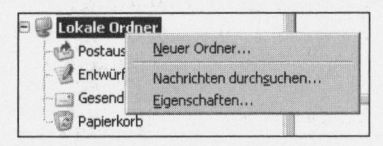

Abbildung C.114:
Anlegen eines neuen Ordners in Thunderbird

Ab diesem Moment wird der *Junk*-Ordner unterhalb Ihres lokalen Ordners angezeigt. Sie können in den Junk-Einstellungen festlegen, dass alle erkannten Junk-Mails in diesen Ordner verschoben werden.

Abbildung C.115:
Neuer Junk-Ordner in Thunderbird

Damit Sie keine Spammails bekommen oder zumindest nicht so viele, sollten Sie Ihre private E-Mail-Adresse nur Bekannten oder seriösen Unternehmen geben.

Für Online-Gewinnspiele oder Newsletter sollten Sie sich eine eigene E-Mail-Adresse anlegen, damit Ihre private Adresse nur der Korrespondenz dient.

TIPP

Weitere Tipps zum Vermeiden von Spam sind:

- Hinterlegen Sie niemals in irgendwelchen Foren oder Newsgroups Ihre E-Mail-Adresse. Es gibt spezielle Computerprogramme, die Spamversender verwenden. Diese Programme scannen das Internet, vor allem Newsgroups, nach E-Mail-Adressen.
- Beantworten Sie nie eine Spam, und tragen Sie sich nie aus dem Verteiler aus. Durch das Austragen oder Beantworten machen Sie Ihre Adresse für den Spammer noch wertvoller, da er so erfährt, dass Ihre Adresse abgerufen wird und daher existiert.
- Klicken Sie niemals auf Links innerhalb von Spammails. Sie werden oft auf Seiten geführt, auf denen Viren installiert sein können.
- Bestellen Sie unter gar keinen Umständen etwas bei einem Spammer. Meistens werden Sie das Geld und die Ware nie sehen. Oder es handelt sich bei der Ware um Fälschungen, die im Falle von Medikamenten gefährlich sind.
- Löschen Sie Spammails sofort, um sicherzustellen, dass kein Virus oder Trojaner auf Ihrem PC installiert wird.

Hoaxes

Bei einem Hoax handelt es sich um eine Informations-E-Mail, die vor einem gefährlichen Virus warnt, der überhaupt nicht existiert. Hoaxes sind eine weit verbreitete Seuche im Internet. Hoaxes sind zwar nicht gefährlich, aber ungemein lästig. Themen von Hoaxes sind meistens Bedrohungen aus dem Internet, Bitten um Knochenmarkspenden, Bitten um Versendung einer Postkarte an krebskranke Kinder und so weiter. In Hoax-Mails werden Sie dazu aufgefordert, die Warnung an möglichst viele Empfänger weiterzuleiten wie bei einem Kettenbrief. Machen Sie das unter keinen Umständen. Löschen Sie solche E-Mails, da diese meistens erfunden sind und nur den Sinn haben, möglichst viele Absender zu nerven. Folgende Seiten sind für das Thema interessant:

http://www.hoaxbusters.de

http://www.tu-berlin.de/www/software/hoax.shtml

Nehmen Sie sich etwas Zeit, und lesen Sie sich die Informationen auf diesen Seiten durch.

Automatische Updates in Thunderbird

Für Thunderbird gilt das Gleiche wie für das Betriebssystem: Alle verfügbaren Updates sollten regelmäßig heruntergeladen und installiert werden. Wie beim Betriebssystem bietet Thunderbird eine automatische Aktualisierung an.

Sie finden die Konfiguration dieser automatischen Updates unter *Extras/ Einstellungen/Erweitert/ Registerkarte Update*.

Stellen Sie sicher, dass Thunderbird so eingestellt ist, dass Updates automatisch heruntergeladen und installiert werden. Dadurch ist sichergestellt, dass sich Ihr Thunderbird immer auf dem aktuellsten Stand befindet und keine bekannten Sicherheitslöcher geöffnet sind.

An dieser Stelle können Sie sich mit der Schaltfläche *Update-Chronik* alle verfügbaren Updates anzeigen lassen.

Wenn neue Versionen von Thunderbird auf den Markt kommen, können Sie diese einfach herunterladen und über die bestehende Installation installieren. Alle Einstellungen und Optionen werden übernommen. Updates werden automatisch installiert, aber neue Produktversionen von Thunderbird können nicht automatisiert heruntergeladen und installiert werden.

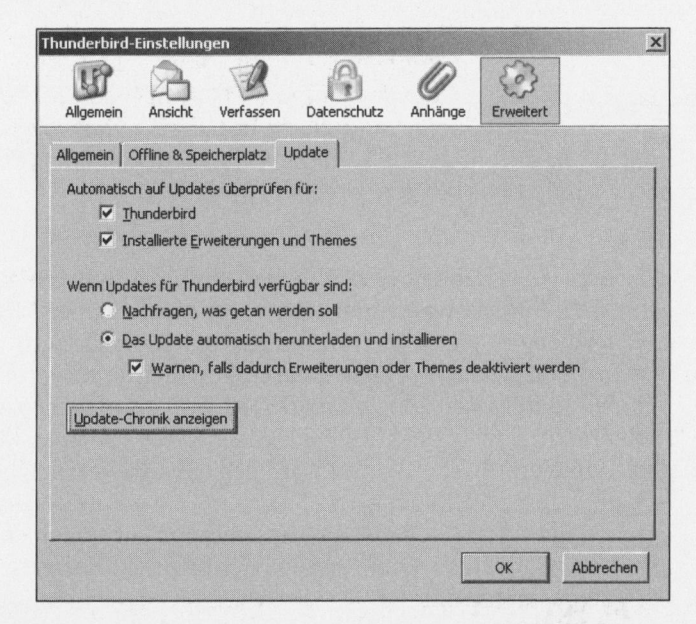

Abbildung C.116: Automatische Updates in Thunderbird

C.2.4 Erweiterungen und Themes für Thunderbird

Ein weiterer sehr großer Vorteil von Thunderbird sind die frei verfügbaren Erweiterungen. Dabei handelt es sich um kostenlose Plug-Ins, die in Thunderbird integriert werden und die Funktionsvielfalt deutlich erhöhen. Zusätzlich zu den Erweiterungen können Sie wie beim Firefox mit Themes das Aussehen von Thunderbird verändern.

Einen Überblick über den Umfang der Erweiterungen für Mozilla Thunderbird erhalten Sie auf der Internetseite www.erweiterungen.de.

Je länger Sie mit dem Programm arbeiten und je mehr Übung Sie haben, wird die eine oder andere Erweiterung sicherlich sehr sinnvoll für Sie sein. Die deutsche Rechtschreibprüfung z.B. haben Sie bereits installiert. Diese Installation weicht allerdings von der Standardinstallation der Erweiterungen etwas ab.

Download und Installation einer Erweitung in Thunderbird

Lesen Sie sich die Informationen zu den einzelnen Erweiterungen durch, und überprüfen Sie, ob etwas für Sie dabei ist. Achten Sie darauf, dass die Erweiterung für Ihre Version kompatibel ist. Wenn Sie eine passende Erweiterung gefunden haben, können Sie diese über den entsprechenden Link auf Ihren Rechner herunterladen. Bei Erweiterungen für Mozilla Thunderbird handelt es sich um Dateien mit der Endung *.xpi. Der Download geht sehr schnell, da die meisten Erweiterungen nur wenige Kilobyte groß sind. Im folgenden Abschnitt zeige ich Ihnen die Installation und Konfiguration einer Erweiterung. Der Ablauf ist bei den meisten Erweiterungen identisch. Die Konfiguration der installierten Erweiterung hängt natürlich von dem jeweiligen Funktionsumfang ab.

Ich habe zum Download die Erweiterung *DisallowXPInstall* gewählt. Mit dieser Erweiterung können Sie verhindern, dass weitere Erweiterungen installiert werden. Vor allem wenn an Ihrem PC noch andere Benutzer sitzen, ist es sinnvoll, eine zusätzliche Installation von Erweiterungen zu verhindern, da ansonsten Ihr Thunderbird irgendwann nicht mehr funktioniert oder komplett »verkonfiguriert« ist.

So wie in diesem Fall beschrieben, können Sie jede andere beliebige Erweiterung installieren. Der erste Schritt besteht darin, die Erweiterung auf die lokale Festplatte herunterzuladen.

Installation der Erweiterung in Thunderbird

Um zur Konfiguration der Erweiterungen zu gelangen, über die Sie auch eine Erweiterung installieren können, müssen Sie zunächst Thunderbird starten. Das Konfigurationsmenü der Erweiterungen finden Sie unter *Extras/Erweiterungen*.

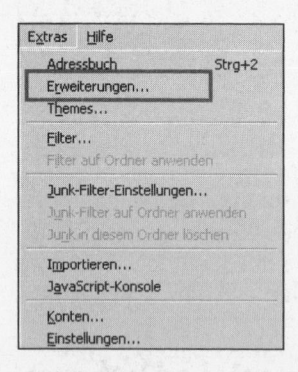

Abbildung C.117:
Erweiterungen in Thunderbird

Wenn Sie dieses Menü aufgerufen haben, erscheint die Konfiguration der Erweiterungen, und Sie sehen alle installierten Erweiterungen. Über die Schaltfläche *Installieren* können Sie zusätzliche Erweiterungen installieren, die Sie aber zuvor herunterladen müssen.

E-Mailen mit Mozilla Thunderbird

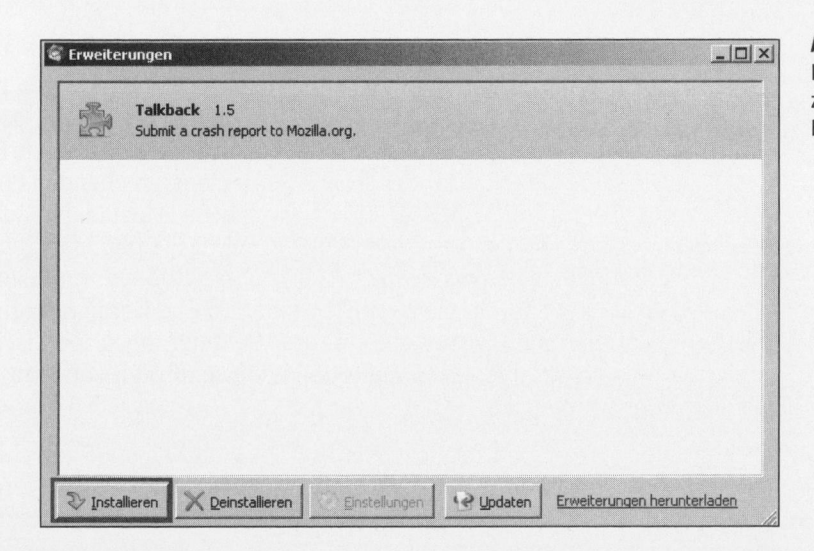

Abbildung C.118:
Installation zusätzlicher Erweiterungen

Wählen Sie im Menü den Ordner, in dem Sie die Erweiterung gespeichert haben, aus. In diesem Menü können Sie nur Erweiterungen mit der Dateiendung *.xpi installieren.

Sie können in der Konfiguration der Erweiterungen eine Erweiterung auch deinstallieren. In diesem Fall wählen Sie die Schaltfläche *Deinstallieren*.

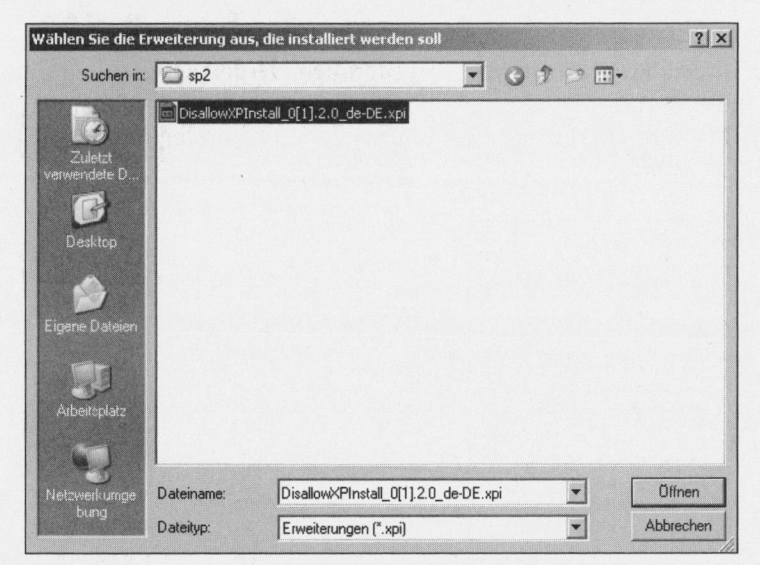

Abbildung C.119:
Auswahl der neuen Erweiterung

Nachdem Sie die Installationsdatei geöffnet haben, erscheint ein weiteres Fenster in Thunderbird. An dieser Stelle sehen Sie den Namen der Erweiterung.

Mozilla Firefox 1.5/2.0 und Thunderbird 1.5

Abbildung C.120:
Installation einer neuen Erweiterung

> *Diese automatische Installation von Erweiterungen mittels .xpi-Dateien ist die größte Sicherheitslücke in Thunderbird. So können auf illegalen Hackerseiten oft diese Erweiterungen eingeschleust werden, die aber Thunderbird nicht erweitern, sondern ein Virus integrieren. Durch die Installation dieser Erweiterung wird der Angriffsversuch von Hackern unterbunden, da keine Erweiterungen mehr installiert werden können, bis Sie diese Option wieder deaktivieren.*

Klicken Sie auf die Schaltfläche *Installieren*, wenn der Countdown abgelaufen ist, damit die Erweiterung installiert werden kann.

Daraufhin wird die neue Erweiterung unter *Erweiterungen* angezeigt mit dem Hinweis, dass sie erst nach einem Neustart von Thunderbird aktiviert wird. Beenden Sie also Thunderbird, und starten Sie das Programm erneut.

Abbildung C.121:
Neu installierte Erweiterung

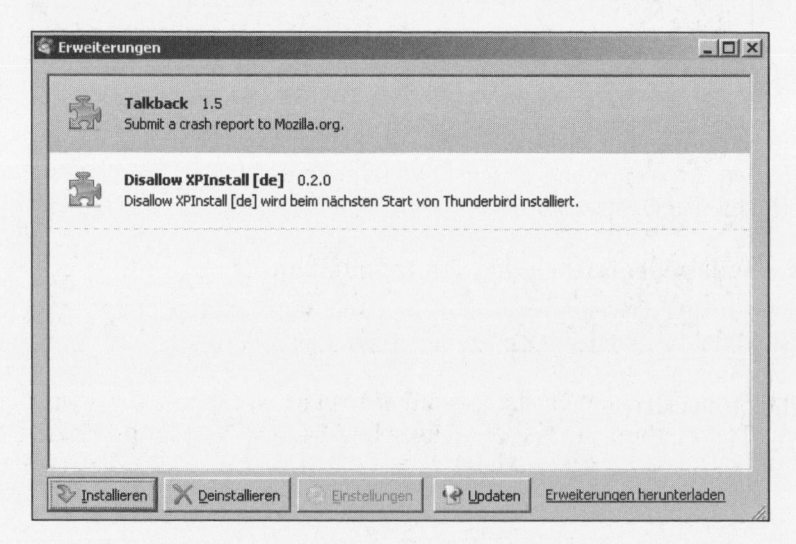

Nach dem Neustart von Thunderbird ist die neue Erweiterung integriert, und Sie können sie konfigurieren.

Konfiguration einer Erweiterung in Thunderbird

Zur Konfiguration einer Erweiterung rufen Sie *Extras/Erweiterungen* auf und markieren die neue Erweiterung.

Klicken Sie nun auf die Schaltfläche *Einstellungen*. Für die Erweiterung *DisallowXPInstall* besteht nur die Möglichkeit der Aktivierung oder Deaktivierung.

Wenn Sie verhindern wollen, dass neue Erweiterungen im Hintergrund oder wissentlich installiert werden, entfernen Sie den Haken bei der Einstellung. Lesen Sie sich aber zuvor erst die Informationen durch, und beachten Sie die Warnhinweise. Starten Sie danach sicherheitshalber Thunderbird noch einmal neu.

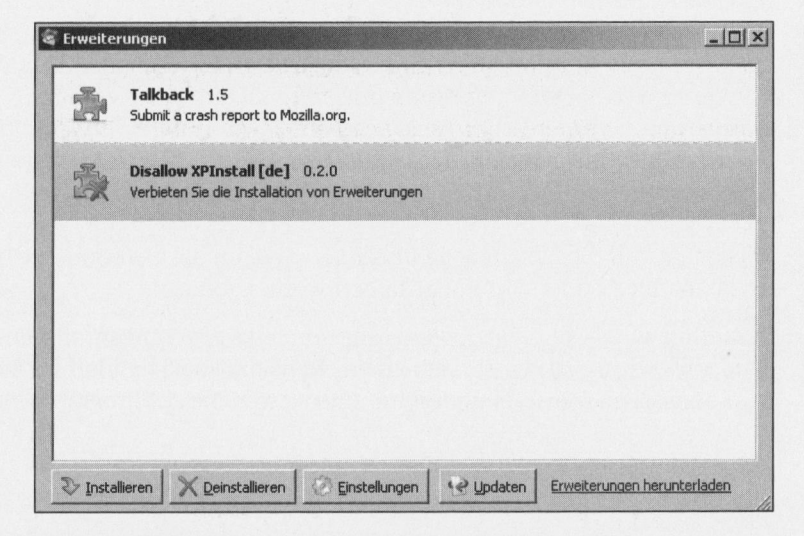

Abbildung C.122: Konfiguration einer Erweiterung

Wenn Sie den Haken bei der Option *Erlaube die Installation von Erweiterungen* entfernen, können keine neuen Erweiterungen installiert werden, bis Sie den Haken wieder setzen.

Themes – Ändern der Erscheinung von Thunderbird

Zusätzlich zu den Erweiterungen gibt es noch sogenannte Themes, mit denen sich das Aussehen von Thunderbird verändert lässt. Je nach Geschmack können Sie die Standardoberfläche anpassen und durch ein neues Theme ersetzen.

Mozilla Firefox 1.5/2.0 und Thunderbird 1.5

Abbildung C.123:
Konfiguration der Erweiterung Disallow XPInstall

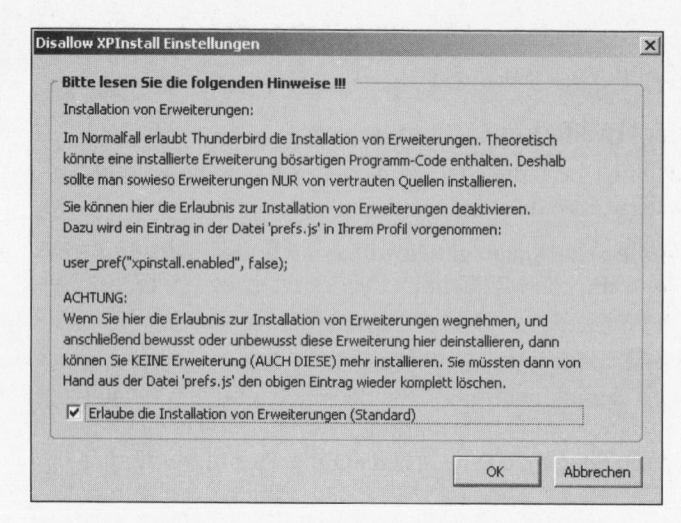

Download und Installation eines neuen Themes in Thunderbird

Starten Sie Thunderbird, und rufen Sie *Extras/Themes* auf.

Abbildung C.124:
Konfiguration der Thunderbird Themes

Wie Sie in *Abbildung C.125* erkennen können, ähnelt die Konfiguration der Themes der Konfiguration von Erweiterungen. Unten rechts im Fenster finden Sie einen Link zur Mozilla Thunderbird-Seite, auf der die verschiedenen Themes zum Download angeboten werden. Wenn Sie auf diesen Link klicken, öffnet sich ein neues Browserfenster, das Sie zu den Themes führt. Über die Adresse www.erweiterungen.de gelangen Sie auf eine deutsche Seite, während Sie über die Konfigurationsoberfläche auf die englischsprachige Seite geführt werden.

E-Mailen mit Mozilla Thunderbird

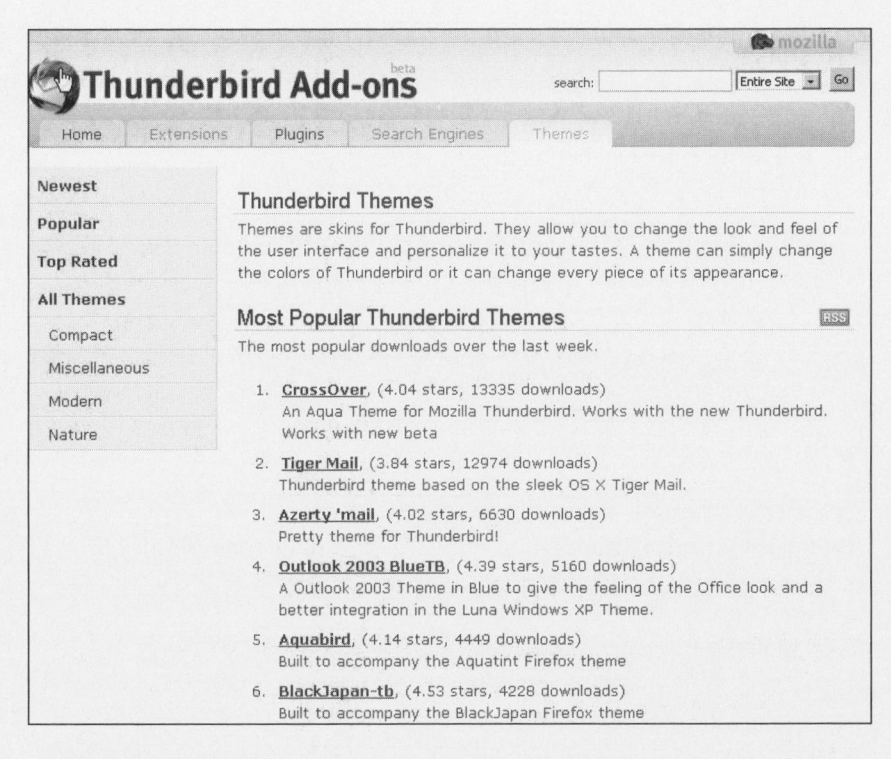

Abbildung C.125:
Thunderbird Themes

Im Folgenden führe ich Ihnen die Installation eines Themes vor, welches das Aussehen von Thunderbird dem von Outlook 2003 bzw. Outlook 2007 anpasst.

Themes ändern nicht die Funktionen von Thunderbird oder dessen Menüs, sondern nur die Farben und die Erscheinungsweise der Menüs und Schaltflächen. Die Anordnung der Menüs bleibt nach der Installation bestehen.

Um das *Outlook 2003 BlueTB*-Theme herunterzuladen, geben Sie am besten im Suchfenster der Thunderbird Add-ons den Begriff genau so ein, wie ich ihn hier angegeben habe, und wählen als Suchoption nur *Themes* aus (siehe *Abbildung C.128*). Nach kurzer Zeit wird Ihnen das genannte Theme als Suchergebnis angezeigt.

Abbildung C.126:
Suchen nach einem bestimmten Theme

Abbildung C.127:
Suchergebnis nach einem bestimmten Theme

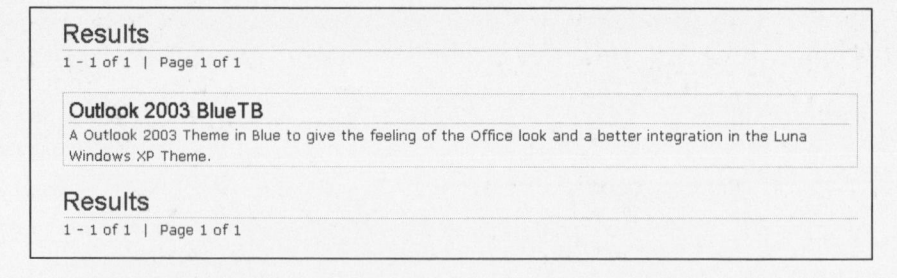

Abbildung C.128:
Download-Seite des Themes

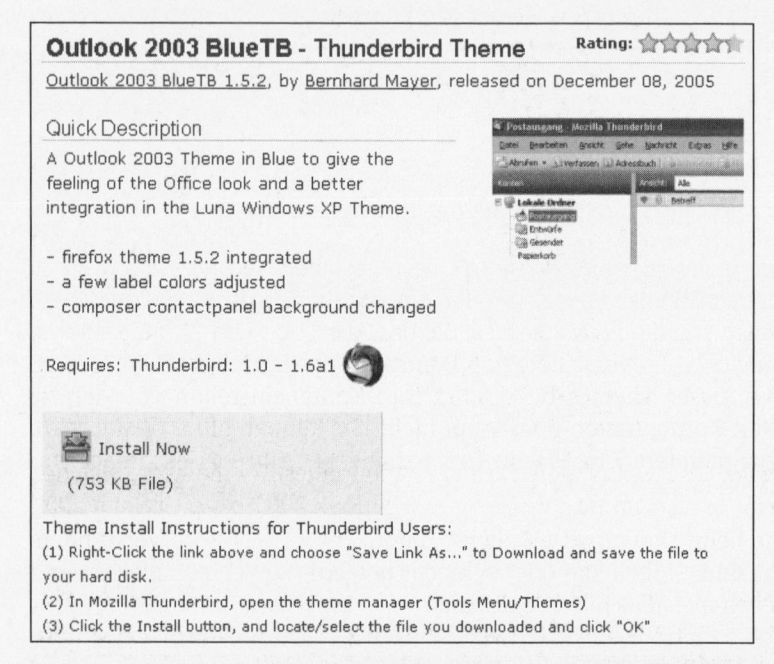

Wenn Sie auf den Link des Themes klicken (die blaue Bezeichnung), gelangen Sie auf dessen Download-Seite. Klicken Sie als Nächstes auf den Link *Install Now*, und speichern Sie die Theme-Datei auf Ihre lokale Festplatte ab. Nach dem Download können Sie das Browserfenster schließen. Klicken Sie im Fenster *Themes* von Thunderbird auf die Schaltfläche *Installieren*, und navigieren Sie zu dem Verzeichnis, in dem Sie die Datei gespeichert haben.

Nachdem Sie die Datei angeklickt haben, werden Sie gefragt, ob Sie das Theme installieren wollen. Bestätigen Sie dies durch einen Klick auf die Schaltfläche *OK*.

Nach der Installation des Themes wird es als installiert angezeigt. Markieren Sie das neue Theme, und klicken Sie auf die Schaltfläche *Theme benutzen*. Wenn Sie Thunderbird beim nächsten Mal starten, wird das Aussehen der Oberfläche der Vorschau des Themes entsprechen.

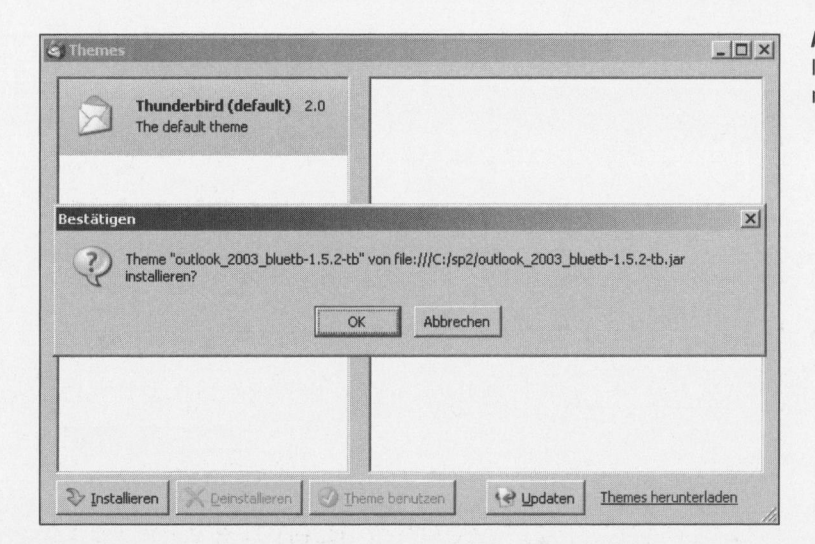

Abbildung C.129:
Installation eines neuen Themes

Sie können jederzeit weitere Themes herunterladen und testen, zwischen verschiedenen Themes wechseln oder nur das Standardtheme verwenden. Es erscheinen ständig neue Themes, die das Aussehen von Thunderbird an die Geschmäcker der verschiedenen Benutzer anpassen. Das Ausprobieren und Testen dieser Themes beschädigt Ihre Konteneinstellungen oder die Thunderbird-Konfiguration überhaupt nicht. Sie können ohne Weiteres ein wenig experimentieren, bis Sie ein Theme finden, das Ihrem Geschmack entspricht.

Achten Sie beim Download möglichst darauf, nur Themes zu verwenden, die beliebt sind. Unbeliebte oder schlecht bewertete Themes (alles unter 4 Sterne) sehen meistens nicht so toll aus.

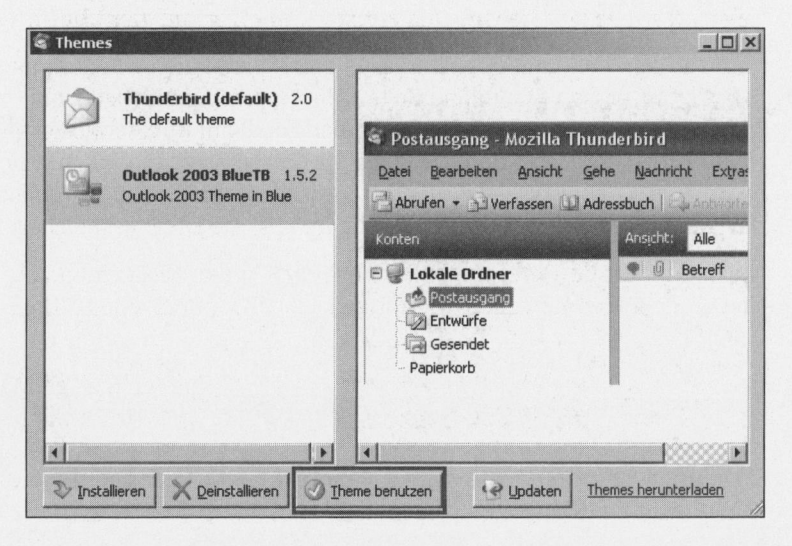

Abbildung C.130:
Auswahl eines neuen Themes

Abbildung C.131:
Thunderbird mit Outlook Theme

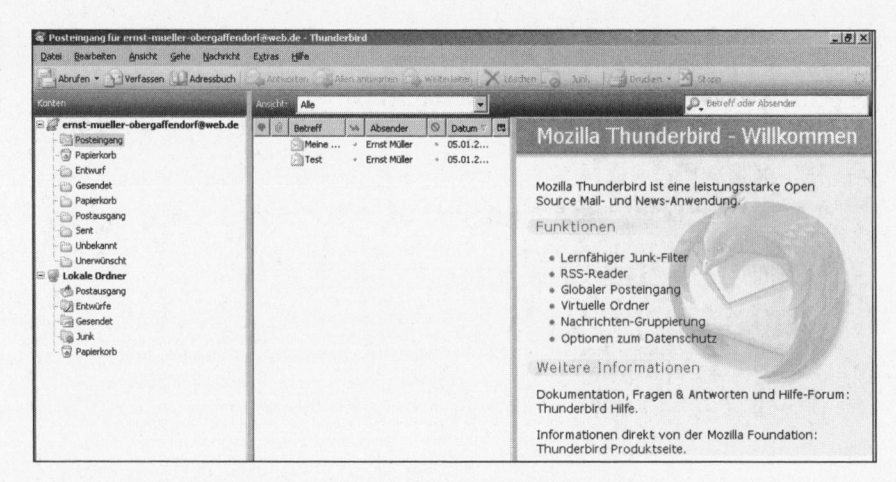

C.2.5 Anlegen weiterer Benutzerprofile in Thunderbird

Beim ersten Start legt Thunderbird ein Standardprofil an, das bei jedem Start automatisch geladen wird. Wenn in Ihrem Haushalt mehrere Personen leben, von denen alle eine eigene E-Mail-Adresse haben wollen, kann jeder ein eigenes Profil in Thunderbird verwenden.

Dadurch ist sichergestellt, dass ein Familienmitglied die Einstellungen der anderen in Thunderbird nicht verändert. Jedes Profil hat auch sein eigenes E-Mail-Konto.

Dazu legen Sie zunächst bei Web.de oder einem anderen Provider die E-Mail-Adressen an. Der Virenschutz und die anderen Einstellungen bleiben für diese Personen erhalten.

Neue Profile legen Sie mit dem *Profile Manager* an, den Sie in der Programmgruppe von Mozilla Thunderbird finden.

Abbildung C.132:
Profile Manager für Thunderbird

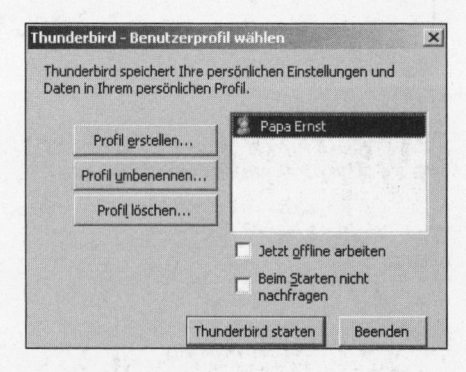

Sie können an dieser Stelle zunächst einmal das Default-Profil so umbenennen, dass es eindeutig zuzuordnen ist.

E-Mailen mit Mozilla Thunderbird

Entfernen Sie den Haken bei der Option *Beim Starten nicht nachfragen*, da ansonsten immer das Standardprofil geladen wird. Legen Sie zunächst über die Schaltfläche *Profil erstellen* alle Profile an, die Sie benötigen.

Danach können Sie diese Profile konfigurieren. Klicken Sie dazu im *Profile Manager* doppelt auf das jeweilige Profil, und geben Sie dann die Daten ein, die Sie bereits bei der Konfiguration Ihres eigenen Profils eingegeben haben.

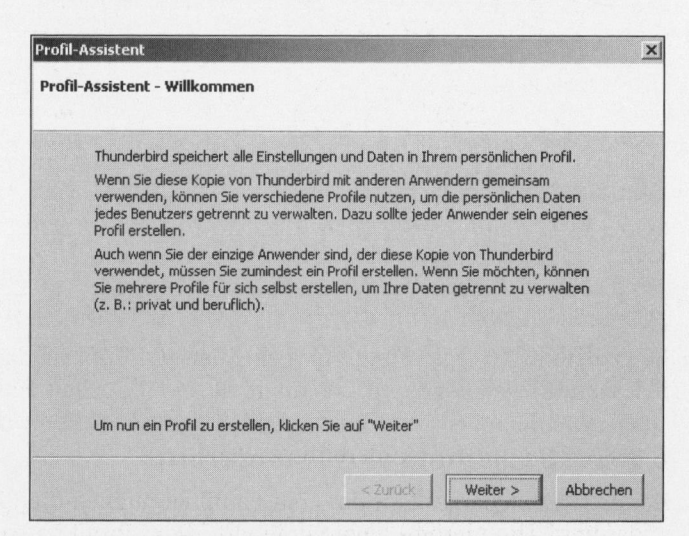

Abbildung C.133: Erstellen eines neuen Profils in Thunderbird

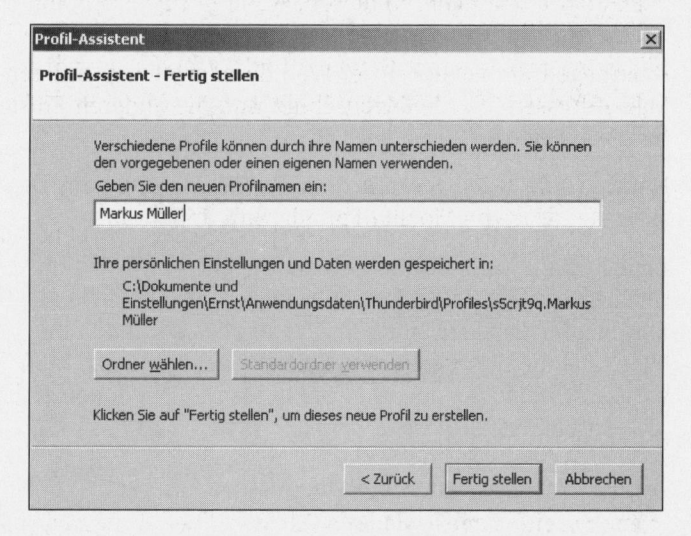

Abbildung C.134: Konfiguration eines neuen Profils

Wenn Sie verschiedene Profile konfiguriert haben, fragt Thunderbird bei jedem Start nach, welches Profil gestartet werden soll.

Abbildung C.135:
Auswahl des Benutzerprofils beim Starten

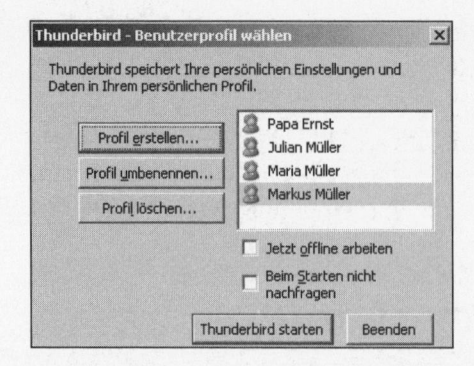

> *Wenn in Ihrer Familie mehrere Personen mit dem gleichen PC arbeiten, ist es geschickter, wenn Sie für jeden unter Windows Vista ein eigenes Benutzerkonto anlegen. In diesem Fall hat jeder sein eigenes Thunderbird-Profil und seine eigenen Dateien und Einstellungen. Außerdem kann niemand in den Daten des anderen herumschnüffeln, wenn die Sicherheitseinstellungen richtig vorgenommen wurden. Sie finden die Benutzerkonten in der* Systemsteuerung *von Windows XP.*

C.2.6 Bedienung von Thunderbird

Zu Beginn des Kapitels haben Sie bereits gelernt, wie Sie eine E-Mail verschicken oder empfangen. In diesem Abschnitt gehe ich auf die Feinheiten der Arbeit mit Thunderbird ein. In diesem Abschnitt beschäftige ich mich ausführlicher mit Versand, Empfang und Archivierung von E-Mails. Weiterhin beschreibe ich den Umgang mit und den Versand von Dateianhängen sowie das Ausdrucken von E-Mails.

Schreiben von neuen E-Mails in Thunderbird

Wie Sie bereits zu Beginn des Kapitels gelernt haben, schreiben Sie eine neue E-Mail, wenn Sie auf die Schaltfläche *Verfassen* klicken. Wir haben bei den ersten Tests keine Formatierungen oder speziellen Funktionen verwendet, sondern einfach nur geprüft, ob alles so funktioniert, wie es sein soll. Wenn Sie die Oberfläche zum Schreiben einer neuen E-Mail geöffnet haben, müssen Sie nicht unbedingt online sein. Sie können sich beim Schreiben also durchaus Zeit lassen.

Adressieren von neuen E-Mails

Wenn Sie eine neue E-Mail schreiben, sollten Sie zunächst festlegen, an wen Sie diese schreiben wollen. Dazu tragen Sie die E-Mail-Adresse des Empfängers in das *An*-Feld ein.

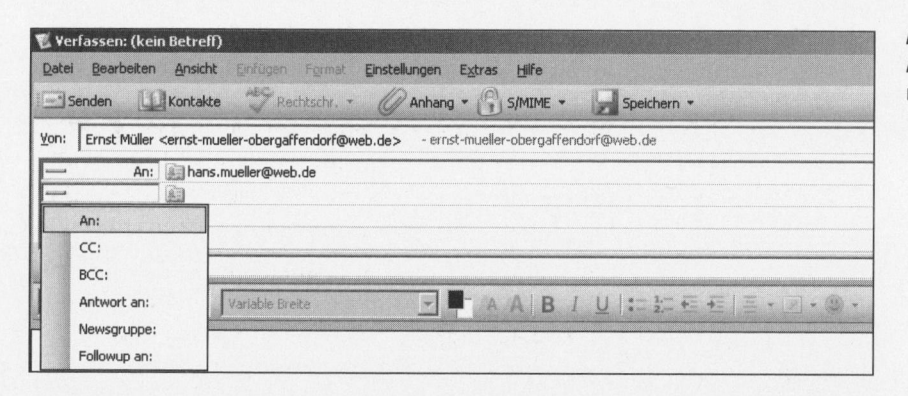

Abbildung C.136:
Adressierung von neuen E-Mails

Wie Sie sehen, haben Sie zur Adressierung noch weitere Felder zur Verfügung. Wenn Sie mit der Maus in diese Felder klicken, können Sie die E-Mail noch an weitere Empfänger schicken. In diesem Fall erhalten alle Empfänger die gleiche E-Mail. Ihnen stehen dazu folgende Möglichkeiten zur Verfügung:

- *Mehrere An-Empfänger in der gleichen Zeile.* Sie können in der ersten Zeile die E-Mail an mehrere Empfänger gleichzeitig schicken. Sie können dazu so viele E-Mail-Adressen wie Sie wünschen hintereinander schreiben und mit Komma (,) voneinander trennen. Sie müssen kein Leerzeichen zwischen den E-Mail-Adressen lassen, ein Komma reicht.

- *Mehrere An-Empfänger in verschiedenen Zeilen.* Zur besseren Übersicht können Sie zwei oder mehr Empfänger in verschiedene Zeilen eintragen.

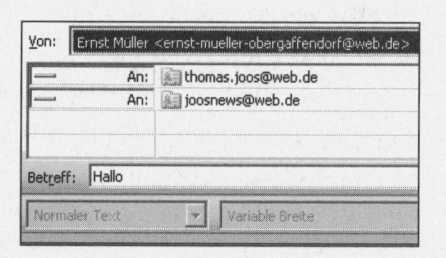

Abbildung C.137:
Mehrere An-Empfänger in Thunderbird

- *CC-Kopien an andere Empfänger.* Sie können anstatt der Option *An:* durch Mausklick in der zweiten Zeile *CC:* auswählen. *CC* steht für *Carbon Copy* und bedeutet Kopie. In diesem Fall erhält der *CC*-Empfänger die E-Mail genauso zugestellt wie der *An*-Empfänger. Der Unterschied besteht darin, dass der *CC*-Empfänger weiß, dass er nicht angesprochen ist, sondern nur informiert werden sollte. Erhält der *An*-Empfänger die E-Mail und klickt auf *Antworten*, erhalten nur Sie als Absender die Antwort, nicht der *CC*-Empfänger. Der *An*-Empfänger der E-Mail sieht in der Adressierung der erhaltenen E-Mail, dass der *CC*-Empfänger eine Kopie erhalten hat. In Firmen ist diese Verfahrensweise recht gebräuchlich, während sie in Privathaushalten wohl eher selten verwendet wird.

- *BCC-Kopien an andere Empfänger.* Eine weitere Option sind die *BCC*-Kopien an andere Empfänger. *BCC* steht für *Blind Carbon Copy*. In diesem Fall bekommt der *BCC*-Empfänger die E-Mail zugestellt. Der *An*-Empfänger sieht allerdings in der Adressierung der E-Mail nicht, dass ein *BCC*-Empfänger auch diese E-Mail erhalten hat. Diese Option wird verwendet, wenn Sie jemanden zusätzlich darüber informieren wollen, was Sie dem *An*-Empfänger geschrieben haben, dieser es aber nicht wissen soll.

Sie können diese Adressierungsoptionen beliebig miteinander mischen. Die einzige Bedingung ist, dass mindestens ein *An*-Empfänger definiert sein muss. Ob und wie vielen Personen Sie eine CC oder BCC schicken, bleibt Ihnen überlassen.

Wenn Sie eine E-Mail an einen Empfänger geschrieben haben, speichert Thunderbird die Adresse ab. Wenn Sie wieder eine E-Mail an diesen Empfänger schreiben, kann Thunderbird die Adresse automatisch ergänzen. Durch diese Option können Sie schnell eine E-Mail schreiben, wenn Sie die Adresse nicht mehr genau wissen.

Wenn Sie eine E-Mail an einen Empfänger schreiben, wird die E-Mail-Adresse automatisch in Ihrem Adressbuch abgespeichert. Sie können sich das Adressbuch jederzeit über die Schaltfläche *Adressbuch* in Thunderbird anzeigen lassen. Im Thunderbird-Hauptfenster können Sie zusätzlich noch neue Adressen im Adressbuch hinterlegen. Wenn Sie später eine E-Mail an einen Bekannten schicken wollen, können Sie auf dessen E-Mail-Adresse zugreifen, ohne sie manuell eintippen zu müssen.

Auswahl des Sender-Kontos in Thunderbird

Wenn Sie in Thunderbird mehrere E-Mail-Konten konfiguriert haben, können Sie alle Ihre E-Mail-Adressen an einer Stelle verwalten. Wenn Sie eine neue E-Mail schreiben, können Sie nicht nur auswählen, an wen Sie diese Mail schreiben wollen, sondern auch, welches Konto Thunderbird als Absender verwenden soll. Dazu steht Ihnen das Drop-down-Menü ganz oben im E-Mail-Fenster zur Verfügung.

Abbildung C.138: Auswahl des Sender-Kontos für die E-Mail

Betreff

Über den Betreff einer E-Mail bleibt nicht viel zu sagen. Er wird vor allem bei schnell geschriebenen E-Mails gerne vergessen. Und gerade in Unternehmen wird das nicht gerne gesehen. Am Betreff lässt sich schnell feststellen, um was es in der E-Mail geht, wie Sie selbst in Thunderbird bei Ihren Test-E-Mails sehen können.

Denken Sie daran, am besten vor dem Schreiben des E-Mail-Textes, einen Betreff zu schreiben. So ist sichergestellt, dass er bei schnell und impulsiv geschriebenen E-Mails nie fehlt. Verwenden Sie für den Betreff wie in einem normalen Brief nur wenige Begriffe, die schnell auf den Inhalt der E-Mail schließen lassen.

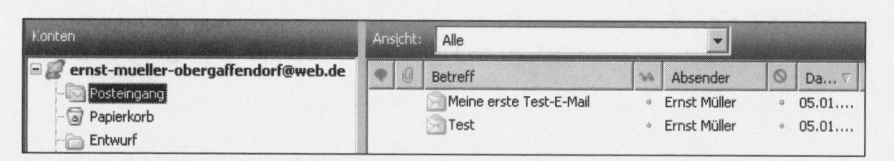

Abbildung C.139: Beispiel der E-Mail-Ansicht mit eingetragenem Betreff

E-Mail-Text

Beim Schreiben des E-Mail-Textes werden Ihrer Fantasie keine Grenzen gesetzt. Wie in Word können Sie in einer E-Mail die einzelnen Zeichen formatieren. Achten Sie aber darauf, dass Sie nicht zu bunt werden oder zu viel formatieren. Weniger ist mehr.

Abbildung C.140: Formatleiste der neuen E-Mail

Sie können den Text **fett** oder *kursiv* oder unterstrichen schreiben.

Emoticons

Außerdem können Sie Nummerierungen, Absätze, Grafiken und Emoticons einfügen. Emoticons sind im Internet sehr beliebt. Der Begriff ist ein Kurzwort aus *Emotions* wie Gefühle und *Icon* wie Zeichen. Emoticons wie z.B. :-), :-(, und ;-) sollen die Gefühlslage des Schreibers im Text darstellen.

Es gibt mittlerweile Hunderte, wenn nicht sogar Tausende Emoticons, die teilweise sogar animiert sind. Aber diese drei Urgesteine werden am meisten verwendet. In Thunderbird können Sie mit dem gelben Smiley noch eine ganze Menge weiterer solcher Emoticons in Ihre E-Mail einfügen.

Dateianhänge, Attachments

Ein sehr großer Vorteil von E-Mails gegenüber normalen Briefen ist die Möglichkeit, Dateien an die E-Mail anzuhängen. Die angehängten Dateien werden mit der E-Mail verschickt und kommen beim Empfänger im gleichen Format an, wie sie abgeschickt wurden. Dateianhänge werden oft auch Attachments genannt, was der englische Begriff für *Dateianhänge* ist.

Wenn Sie Empfänger, Betreff und Text der E-Mail eingetragen haben, können Sie mit der Schaltfläche *Anhänge* in Thunderbird eine beliebige Datei an die E-Mail anhängen.

Abbildung C.141: Anhängen einer Datei in Thunderbird

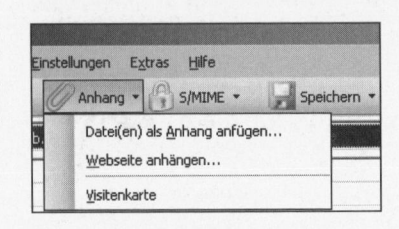

Wie Sie zu Beginn des Kapitels sehen konnten, lassen die verschiedenen E-Mail-Provider nur E-Mails bis zu einer bestimmten Größe zu. Vor allem wenn Sie ein Freemail-Postfach haben, dürfen Sie nur Dateianhänge mit maximal 4 MB verschicken.

Sie können mehrere Dateien an eine E-Mail anhängen. Wenn Sie mehrere Dateianhänge verschicken wollen, achten Sie darauf, dass die Gesamtgröße der Anhänge nicht 4 MB überschreitet. Wenn die Gesamtgröße mehr als 4 MB beträgt, teilen Sie die Anhänge einfach in mehrere E-Mails auf.

Beispiel:

Sie wollen zehn Urlaubsbilder verschicken, die insgesamt eine Größe von 8 MB haben. Schicken Sie die ersten fünf in einer Mail mit dem Betreff Urlaubsbilder 1/2 *und die zweiten fünf in einer anderen Mail mit dem Betreff* Urlaubsbilder 2/2.

Sie können beliebig viele E-Mails mit Dateianhängen bis zu 4 MB verschicken, aber eben nicht eine E-Mail, die größer ist als 4 MB.

Wenn Sie auf die Schaltfläche *Anhänge* geklickt haben, können Sie die Anhänge auswählen, die Sie an den oder die Empfänger verschicken wollen. Diese werden in einem eigenen Bereich der E-Mail angezeigt.

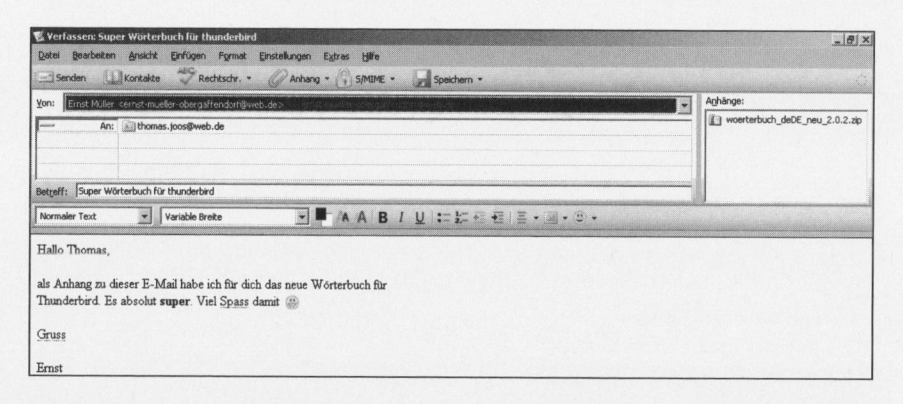

Abbildung C.142:
E-Mail mit Anhängen

Wenn Sie eine E-Mail mit Dateianhang verschicken, wird das Senden abhängig von der Größe dieses Anhangs etwas länger dauern als bei einer E-Mail, die nur Text enthält.

HTML oder Nur Text

Wenn Sie eine Nachricht mit Formatierungen oder Grafiken versenden, warnt Sie Thunderbird davor, dass eventuell der eine oder andere Empfänger die E-Mail nicht im richtigen Format erhält. Früher wurden E-Mails im *Nur-Text*-Format verschickt. In diesem Format konnten in der E-Mail keine Grafiken, Formatierungen oder bunte Emoticons enthalten sein.

Im Laufe der Zeit haben sich immer mehr HTML-fähige E-Mail-Programme verbreitet. HTML steht für *HyperText Markup Language*. Mit dieser Auszeichnungssprache werden Internetseiten dargestellt. Wenn Sie eine E-Mail wie in *Abbildung C.143*, die außer normalem Text auch Formatierungen und Emoticons enthält, verschicken, wird diese Mail als HTML, also wie eine Webseite, verschickt.

Grundsätzlich ist es möglich, dass in dieser HTML-Formatierung schadhafter Code versteckt ist, der ein Virus auf den empfangenden Rechner einschleust. Aus diesem Grund haben vor allem Firmen ihr E-Mail-System auf *Nur Text* umgestellt. In diesem Fall erhält der Empfänger Ihre E-Mail zwar auch, aber die ganzen Formatierungen und Grafiken werden nicht dargestellt. Dateianhänge werden bei Nur-Text-Mails ohne Weiteres mitgeschickt.

Die meisten E-Mail-Programme zeigen heute HTML-E-Mails an, und die wenigsten Anwender haben diese Ansicht umgestellt. Sie können ohne Probleme die E-Mail per HTML schicken lassen, wenn die Warnung bei Ihnen aufpoppt.

Abbildung C.143:
Sendeoption einer E-Mail

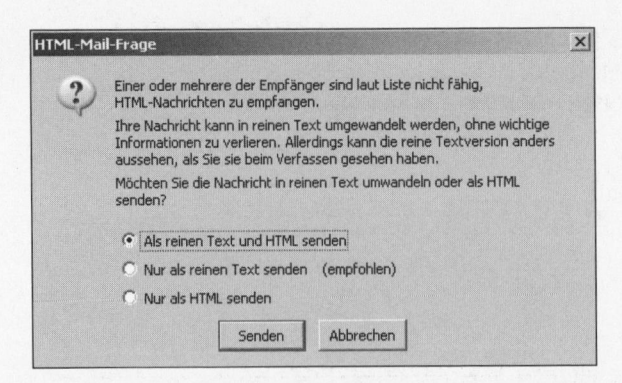

Idealerweise versenden Sie die E-Mail in diesem Fall sowohl als HTML als auch als Text (siehe *Abbildung C.144*).

Probleme beim Senden – Sendevorgang abbrechen

Wenn der Sendevorgang zu lange dauert, weil Thunderbird zum Beispiel Probleme hat, mit dem Postausgangsserver des Providers eine Verbindung aufzubauen, können Sie den Sendevorgang jederzeit abbrechen. Nach einiger Zeit erreicht Thunderbird einen sogenannten Timeout und zeigt Ihnen eine Fehlermeldung.

Abbildung C.144:
Verbindungsfehler in Thunderbird

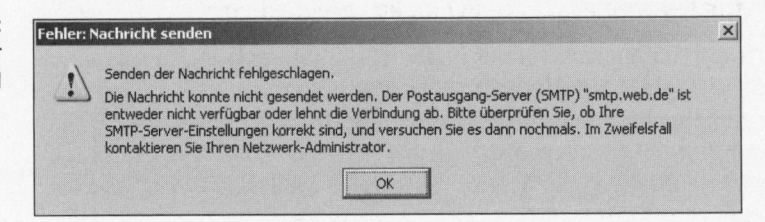

In diesem Fall wurde die E-Mail nicht abgeschickt. Wenn Sie zuvor bereits Nachrichten verschickt haben, liegt einfach ein kurzzeitiges Verbindungsproblem vor. Die Meldung, dass Ihre Konfiguration fehlerhaft ist, können Sie in diesem Fall ignorieren.

Speichern einer E-Mail in Thunderbird

Wenn Sie eine E-Mail mit langem Text schreiben, können Sie diese abspeichern und später weiterschreiben, wenn Sie den Text erst später fertig stellen wollen.

Abbildung C.145:
Speichern von E-Mails

E-Mailen mit Mozilla Thunderbird

Wenn Sie die E-Mail als *Entwurf* speichern, wird sie im Ordner *Entwürfe* in Ihrem lokalen Ordner gespeichert. Sie können E-Mails in diesem Ordner jederzeit öffnen und weiter bearbeiten. Sie wird erst gesendet, wenn Sie auf die Schaltfläche *Senden* in Thunderbird klicken.

Falsch adressierte E-Mail – NDR

Wenn Sie sich beim Eingeben einer E-Mail-Adresse vertippen und der eingetragene Empfänger nicht existiert, erhalten Sie von Ihrem E-Mail-Provider eine Nachricht darüber.

Diese Information wird als *Unzustellbarkeitsbericht* oder *NDR* (*Non Delivery Report*) bezeichnet. Sie werden mithilfe einer E-Mail darüber informiert, welcher Empfänger nicht erreicht werden konnte.

Wenn Sie eine E-Mail an mehrere Empfänger geschickt haben, wurden nur die Empfänger nicht erreicht, die im NDR erwähnt werden, alle anderen haben Ihre E-Mail empfangen.

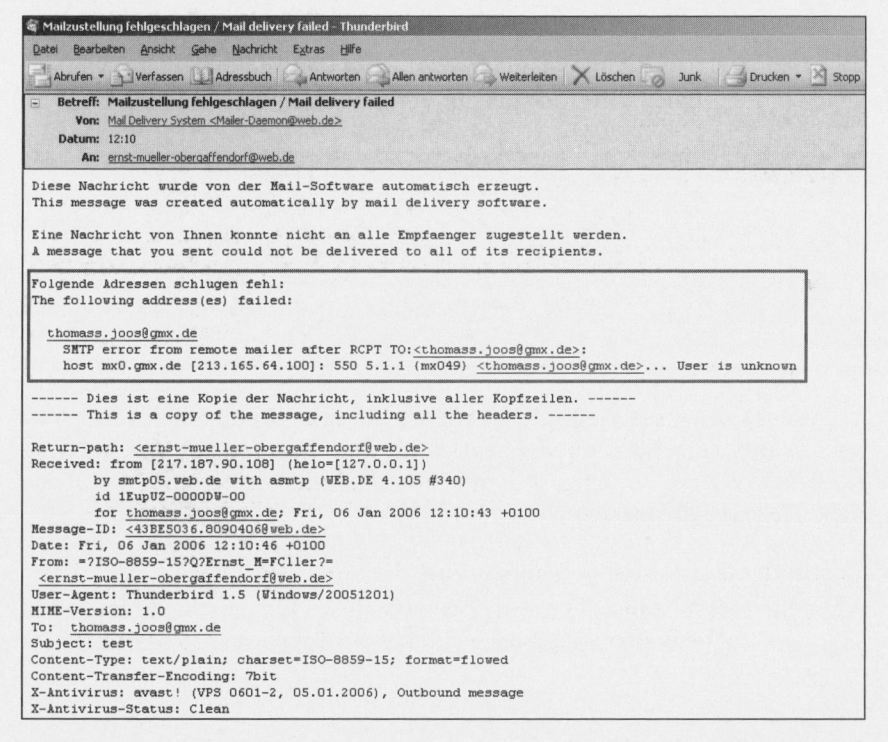

Abbildung C.146: Web.de – Unzustellbarkeitsbericht

Der Text solcher Unzustellbarkeitsberichte ist manchmal etwas irreführend, wenn Sie ihn aber lesen, werden Sie schnell erkennen, welche Empfänger nicht erreicht wurden. In *Abbildung C.146* sehen Sie einen Unzustellbarkeitsbericht von Web.de. Die Markierung in der Abbildung zeigt, welche Empfänger nicht erreicht wurden. In den meisten Fällen liegt entweder ein Tippfehler oder eine falsch notierte E-Mail-Adresse vor. Die Unzustellbarkeitsberichte der verschiedenen Mailanbieter sehen unterschiedlich aus, aber die Inhalte sind meistens sehr eindeutig.

Empfangen von neuen E-Mails in Thunderbird

Auf den vorherigen Seiten habe ich Ihnen ausführlich gezeigt, wie Sie mit Thunderbird E-Mails schreiben können. Die zweite wichtige Aufgabe des Mailprogramms ist der Empfang von neuen E-Mails und deren Verwaltung. Wenn Sie mit IMAP arbeiten, sehen Sie in Thunderbird eine Ansicht Ihres Web.de-Postfachs.

Wenn Sie Ihren Posteingang mit POP3 abrufen, werden die E-Mails aller Ordner, die Sie über die Weboberfläche von Web.de zur Abholung mit POP3 konfiguriert haben, in den Ordner *Posteingang* in Thunderbird verschoben. POP3 kann mit Unterordnern nicht umgehen, sondern nur E-Mails abrufen und löschen. Die Dateiablage der neuen E-Mails wurde bereits im Abschnitt für die Konfiguration von Thunderbird erläutert. Auf den folgenden Seiten gehe ich darauf ein, wie der E-Mail-Empfang abläuft und was Sie beim Empfangen und Bearbeiten Ihrer E-Mails beachten sollten.

Wenn Sie Thunderbird öffnen und Ihre E-Mails lesen oder bearbeiten wollen, stehen Ihnen zunächst drei Fenster zur Verfügung (siehe *Abbildung C.147*).

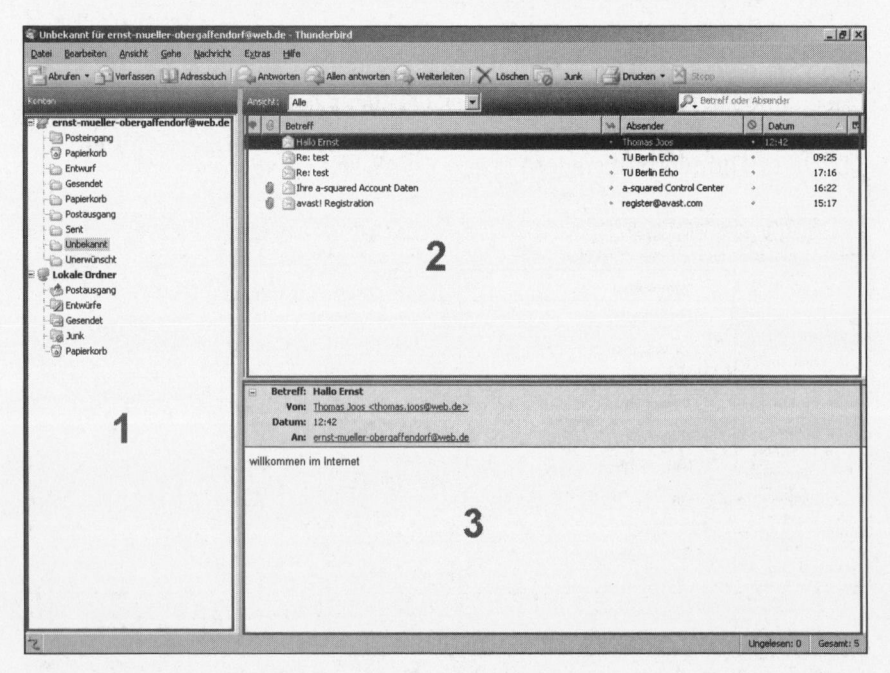

Abbildung C.147: Thunderbird-Oberfläche

E-Mailen mit Mozilla Thunderbird

Kontenansicht (1)

Im Bereich *Konten (1)* sehen Sie die E-Mail-Ordner Ihrer E-Mail-Konten beim Provider. Wenn Sie Ihr Postfach bei Web.de haben, werden die E-Mails bekannter Adressaten in den Ordner *Posteingang* verschoben. Die E-Mails von unbekannten Empfängern werden in den Ordner *Unbekannt* und Spammails in den Ordner *Unerwünscht* verschoben.

E-Mail-Ansicht (2)

Wenn Sie mit Thunderbird und einem Web.de-Postfach mit IMAP arbeiten, sollten Sie alle drei Ordner beobachten. Wenn Sie einen Ordner im Bereich (1) markiert haben, wird dessen Inhalt im Bereich (2) angezeigt. Sie sehen den Betreff der E-Mails, den Absender, das Eingangsdatum und an einer kleinen Büroklammer, ob die E-Mail einen Dateianhang hat oder nicht (siehe *Abbildung C.147*).

Sie können die Spalten in der Sortierung ändern. Wenn Sie auf den Spaltennamen klicken, wird die Reihenfolge der Sortierung angepasst.

Wenn Sie eine Spalte mit der linken Maustaste anklicken, diese festhalten und die Maus bewegen, können Sie die Anordnung der Spalten verändern. So können Sie zum Beispiel die Spalte *Absender* vor die Spalte *Betreff* schieben.

Vorschaufenster (3) – neue Mails bearbeiten

Wenn Sie eine E-Mail im E-Mail-Bereich (2) markieren, wird deren Text im Vorschaufenster (3) angezeigt, sodass Sie nicht unbedingt jede E-Mail öffnen müssen. Sie können die Lage dieses Vorschaufensters im Menüpunkt *Ansicht* in Thunderbird steuern (siehe *Abbildung C.148*).

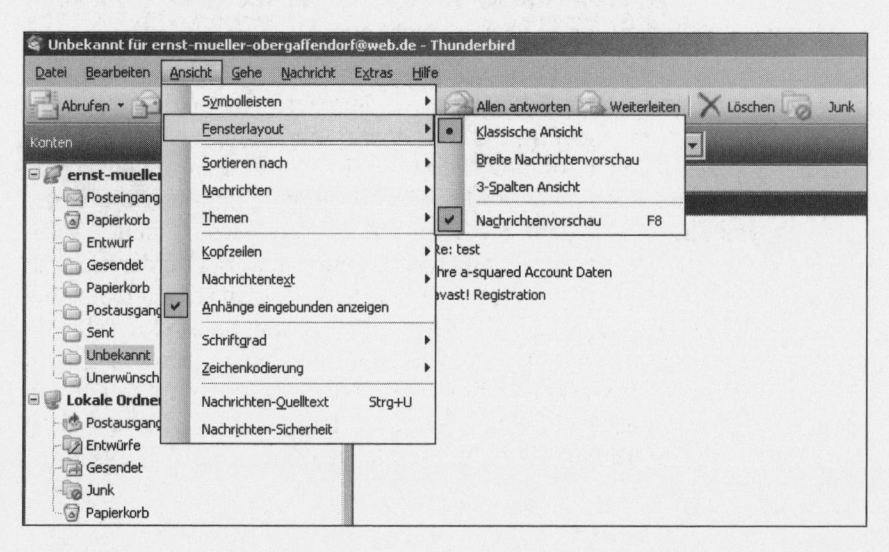

Abbildung C.148: Fensterlayout in Thunderbird

Wenn Sie das Menü *Ansicht* öffnen, können Sie verschiedene Optionen in Thunderbird festlegen. Unter anderem können Sie mit dem Unterpunkt *Fensterlayout* die Lage des Vorschaufensters ändern. Experimentieren Sie ein bisschen mit der Ansicht, um das Aussehen der Oberfläche an Ihre Bedürfnisse anzupassen. Die meisten Anwender bevorzugen eine klassische Ansicht.

Wenn Sie auf eine E-Mail im E-Mail-Bereich (2) doppelklicken, öffnet sich ein neues Fenster, in dem Sie Absender, Empfänger, Betreff und Text der E-Mail sehen können. Sie können die gleichen Optionen in diesem neuen Fenster durchführen, die in der Vorschau angezeigt werden, also eine E-Mail in diesem Bereich mit der rechten Maustaste anklicken und die einzelnen Aktionen, die Sie durchführen wollen, im Kontextmenü auswählen.

Abbildung C.149:
Geöffnete E-Mail

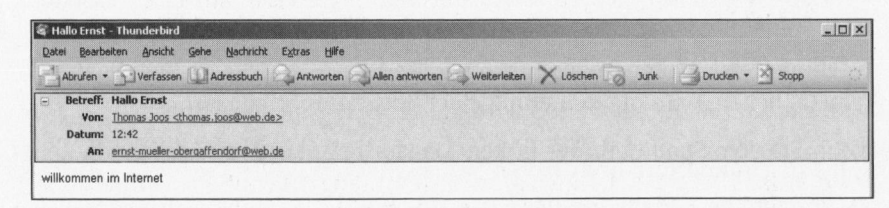

Wenn Sie eine E-Mail in der Vorschau markiert oder einen Doppelklick auf sie ausgeführt haben, wird sie zunächst als gelesen markiert und nicht mehr **fett** angezeigt. Sie können mithilfe der Schaltflächen, die Thunderbird in dem Fenster zur Verfügung stellt, verschiedene Aktionen durchführen.

- *Abrufen, Verfassen, Adressbuch*. Diese drei Optionen haben bei geöffneter E-Mail die gleichen Funktionen wie sonst in Thunderbird und werden für die Bearbeitung der E-Mail nicht benötigt.

- *Antworten*. Wenn Sie auf diese Schaltfläche klicken, öffnet sich ein Fenster mit einer neuen E-Mail, das *An*-Feld wird automatisch mit dem Absender der E-Mail gefüllt. Der Betreff wird übernommen und mit dem Kürzel *Re:* als Zeichen für eine Antwort ergänzt. Der ursprüngliche Text der E-Mail wird in die neue E-Mail übernommen, damit der Empfänger noch weiß, um was es geht. Sie können die E-Mail wie eine neue E-Mail behandeln und zusätzliche Empfänger hinterlegen, die Felder *CC* und *BCC* ergänzen sowie Dateianhänge hinzufügen. E-Mails können beliebig oft beantwortet, also hin und her geschickt werden. So ist eine schnelle Kommunikation möglich. Wenn Sie auf *Senden* klicken, wird die E-Mail abgeschickt. In Thunderbird wird die E-Mail als beantwortet mit einem neuen Symbol markiert. Ein Dateianhang, der in einer E-Mail enthalten war, wird in der Antwort nicht mehr mitgeschickt.

- *Allen Antworten.* Diese Funktion ist im Grunde mit der Funktion *Antworten* identisch. Zusätzlich werden jedoch alle ursprünglichen CC-Empfänger in die Adressierung übernommen.
- *Weiterleiten.* Wenn Sie diese Schaltfläche anklicken, wird wie bei *Antworten* ein neues Mailfenster geöffnet. Es wird nicht automatisch ein neuer Empfänger eingetragen, das müssen Sie selbst tun. Der Text der ursprünglichen E-Mail wird übernommen, eventuell vorhandene Dateianhänge werden bei dieser Option auch mitgeschickt. Der ursprüngliche Absender bekommt die Weiterleitung nicht mit. Der Betreff der E-Mail, die Sie weiterleiten wollen, wird mit dem Kürzel *Fwd:* (für Forward) erweitert.
- *Löschen.* Die E-Mail wird in den Papierkorb verschoben. Sie können E-Mails gleich in der Vorschau mit der [Entf]-Taste auf Ihrer Tastatur löschen.
- *Junk.* Die E-Mail wird als Junk deklariert.
- *Drucken.* Mit dieser Option wird die ganze E-Mail ausgedruckt.

Mails in Thunderbird archivieren

Sie können die E-Mails mit der Maus anklicken, die Maus gedrückt halten und sie auf der linken Seite im Kontenbereich (1) in jeden beliebigen Ordner verschieben.

So können Sie zum Beispiel unterhalb Ihres lokalen Ordners einen neuen Ordner *Archiv* anlegen und wichtige Mails in ihn verschieben. Unwichtige E-Mails sollten Sie löschen, um nicht den Überblick zu verlieren.

Index

!

*.cab-Dateien 180
*.inf-Datei 250
.NET Framework 3.0 1033
/services.msc 193
1394debug 118
64-Bit-Unterstützung 28
64-Bit-Version 70
802.11Schema.ldf 663
802.3Schema.ldf 666

A

Abgesicherter Modus 128
    mit Netzwerktreibern 128
Abmelden 213
Abonnieren 889, 1150
Access Control List 660
Access Point 420, 425, 608
ACL 660
Acrobat Reader 1132
Acronis True Image 806
Active Directory 267, 466, 576, 600, 627, 659, 791, 961
Active Directory-Benutzer und -Computer 598
ActiveSync 466
ActiveX 512
Adapter 446
Ad-Aware 769
Adblock 1114
Adblock Filterset.G Updater 1119
Add-ons 516, 1113
Ad-hoc 606
Ad-hoc-Modus 416
Ad-hoc-Netzwerk 418
Ad-hoc-WLAN-Netzwerk 676
adm-Dateien 632
Administrative Vorlagen 631, 1021
Administrator 595, 702, 969
Administrator-Account 594
Administratorkonto 703, 940
Admin-Share 408
adml-Dateien 635
admx-Dateien 632
Adobe Acrobat Reader 1132
Adressierung 660
Adressleiste 332
Advanced Encryption Standard 103
Adware 700
Aero 28, 35, 910, 1068
Aero-Glaseffekte 189
AES 103, 776
AES-CCM 608
AIF 855
AIFC 855
AIFF 855
AIK 153
Akkubetrieb 1030
A-Klasse 394
Aktivieren 1063
Aktivierung 96, 98, 1064
Aktualisieren 69
Aktualisierung 80
Alkohol 738
All Users 947
Allen Antworten 1193
Allocate all disk space now 123
amd64 161
AND 367
Ändern 397
ani 282
Ankündigen 897
Anlagen-Manager 687
Anmeldung 590
Anpassen 220
Anschluss 261
Anschlussname 262
Ansichten 335, 343, 991
Answer File 157

Index

AntiVir Antivirus 763
Antivirenprogramme 693
Antivirus 641
Antwortdatei 152
Antworten 1192
Anwendungs- und Dienstprotokolle 112
Anwendungsausführung 718
Anwendungsdaten 938, 953
Anwendungsfehler 1011
Anwendungsinformationen 1030
Anwendungsinstanz 999
Anwendungsregistrierung 719
Anwendungsverwaltung 1030
Anzeige 189, 199
API 985
APIPA 443
AppData 953
APPEND 1037
Application Compatibility Toolkit 5.0 151
Application Programming Interface 985
Arbeitsgruppe 585
Arbeitsseiten 1001
Arbeitsspeicher 1019, 1062
Arbeitsstationsdienst 1029
Arcor 534, 1143
ASF 842, 855
ASSIGN 1037
asx 832
ASync 115
Attachments 1186
ATTRIB 1037
Attribute 659
AU 855
Audiodateien 831
Audiogeräte 1060
audit 159
Aufgabenplaner 980
Aufgabenplanung 980
Aufgabenstatus 980
Aufgabentrigger 987
Auflösung 80, 849, 1059
Aufnahme 274
Aufnahmedatum 339
Aufnahmegeräte 279
Aufräumen 1133
Ausführen 208, 396
Ausgabegeräte 274
Ausgeblendete Geräte 255, 613
Auslagerungsdatei 312, 1007
Ausnahmen 390

Authentifizierungsausnahme 728
AutoAdminLogon 96
Auto-discovery 106
Automatic Private IP Addressing 443
Automatischen Neustart bei Systemfehler deaktivieren 129
Autostart-Einstellungen 271
Autounattend.xml 158
Avast 751
AVG Antivirus 763
AVI 855
AVI-Dateien 857
AVM 471
AVM Fritz!Box 462

B

Backbone 382
Backslash 592
Balance 277
banner 1118
Basisdatenträger 304
Basisfiltermodul 1032
Basisvideo 1024
Batchdatei 988, 1039
Batchprozess 984
BCC 1184
BCDEDIT 151
Bcdedit 90, 92
BDD 2007 149
Beamer 677, 912
Bedingungen 981
Befehlsleiste 523
Befehlsspeicher 1035
Befehlszeile 622, 1032, 1073
Begrüßungscenter 78, 136
Benachrichtigungen 268
Benachrichtigungsdienst 1030
Benachrichtigungsmethode 140
Benutzer wechseln 592
Benutzerkonfiguration 630, 1021
Benutzerkonten 936
Benutzerkontensteuerung 52, 138, 706, 940
Benutzeroberfläche 187
Benutzerprofil 946, 958
Benutzerprofileigenschaften 947
Benutzerverwaltung 935f., 1081
Berechtigungen 397
Bereinigen 315f.

Berichtsfunktion 636
Beschriftungen 846
Betreff 1185
Betrüger 1163
Bezeichner 661
Bild 938
Bildlänge 873
Bildlauf 529
Bildoptimierung 850
Bildschirm 1054
Bildschirmlupe 1051
Bildschirmschoner 701
Bildschirmtastatur 1052
Bildverarbeitungsgeräte 285
billige-fotos 850
Bindungen 446, 609
Bindungsreihenfolge 444
BitLocker 28, 57, 774
BitLocker-Recovery-Konsole 789
BITS 641
B-Klasse 394
Blind Carbon Copy 1184
Block Level Backup Engine Service 1030
Blockierung 539
Blockierungsliste 737
Bluetooth 293
Bluetoothdrucker 406
BMP 842, 855
Bombenherstellung 738
Boolesche Filter 367
Boot Configuration Date Store 92
Bootloader 774
Bootmanager 88
Bootmenü 91
BOOTMGR 91
BOOTP 442
bootsect.exe 88
Brennen 374, 873
bridged networking 123
Broadcasting 425
Browsercheck 770
Browserverlauf 515
BSD 994
Business 27
Business Desktop Deployments 2007 149
Bus-Topologie 382

C

Cache 526, 1132
CALL 1037
CAPI 472
CAPI-Treiber 470
Carbon Copy 1183
Cardbus-Slot 415
CBC-MAC 103
CC 1183
CD 1037
cd 1034
Center für erleichterte Bedienung 528, 1043, 1047
Channel 568
chdir 1034
Checkliste 395
Checkpoint 466
Chess Titans 824
CHKDSK 1037
chkdsk 805
CHOICE 1037
Chronik 1107
cipher 794
Cipher Block Chaining Message Authentication Code 103
C-Klasse 394
cleanmgr.exe 315, 1065
Client für Microsoft-Netzwerke 440
Clientcomputer 381
Clienthilfe 641
Clips 856
CLS 1037
cmd 208
cmd.exe 1032
COMP 1037
compmgmt.msc 301, 979
Components 182
Computer 342
Computerbrowser 1030
Computerkonfiguration 630, 1021
Computerkonto 584
Computername 77, 586
Computerreparaturoptionen 70, 804, 1059
Computerstandards 976
Computerverwaltung 301, 979
Conf.adm 635
Config.xml 176
Configuration Pass 155
Configure 93
Container 660
control.exe 579

Index

Convertible PCs 287
Cookies 174
COPY 1037
copype.cmd 161
CopyRite XP 811
Core Root of Trust of Measurement 779
CPU 999
CPU-Z 1062
Crossover-Kabel 467
CRTM 779
cscript 108
cur 282
cursors 282

D

DATE 1037
Dateianhänge 1186
Dateianlagen 538, 691
Dateiblockierung 690
Dateieigenschaftenfilter 1077
Dateiendung 350, 1081
Dateihandlerdaten 692
Dateireplikation 684
Dateisuche 365
Dateityp 344, 356, 371, 687, 976
Dateiverschlüsselung 944
Dateiverschlüsselungszertifikate 944
Dateizentrale 329
Datenausführungsverhinderung 749
Datensammlergruppe 1004
Datensammlungspunkte 1004
Datenschutz 525, 1148
Datensicherung 60, 797
Datenspeicher 301
Datenträger 299, 1000
Datenträgerbereinigung 1065
Datenträgerfehlerdiagnose 641
Datenträgerpartitionierung 158
Datenträgerverwaltung 301
Datenträgervolume 786
DCOM 115
Deaktiviert 969
debug 118
Debugger 1036
Debugmodus 129
DeepBurner 375
Default User 947

DefaultPassword 96
DefaultUserName 96
Defender 53, 711
Defragmentierung 315
Deinstallieren 246
DEL 1037
DELTREE 1037
Deployment 147
Desaster Recovery 704
Design 189, 196, 844, 1030
Desktop 210
Desktophintergrund 189, 197
Desktopsymbole 203, 1072
Detailansicht 338
Details 340
DevCon 238
devmgmt.ms 242, 1065
devmgmt.msc 613
DFS-Replikation 684
DFÜ 285, 569
DFÜ-Verbindung 540
DHCP 386, 425, 442
DHCP-Client 1031
DHCP-Server 386, 461
DHCPv6 618
DHTLM 574
Diagnose 433, 471, 1019, 1062
  und Reparatur 429
Diagnosesystemstart 1023
Dialer 699
Diashow 133, 844, 873
DIB 855
Dienste 647, 705, 1024
Digital Rights Management 833
Digitalkameras 284, 839
DIR 1037
dir 956
Direct connection 107
Direct3D 821
DirectDraw 821
DirectShow 822
DirectSound 822
DirectX 35
DirectX 10 821
DirectX 9 131
Disallow XPInstall 1176
diskmgmt.msc 301
diskpart 90, 166, 781
diskpart.exe 321
Distinguished Name 660

Distribution Share 155
DLL 646
DN 660
DNS 388
DNS-Client 1031
DnsDomainPublishList 113
DNS-Server 389, 464, 620
DNS-Suffixe 581
Do not use a network connection 123
Dokumente 373
Dokumentenablage 372
Dolby Digital Recording 868
Domain Naming Service 389
Domänen 576
Domänenadministrator 594, 704
Domänenaufnahme 579
Domänenbeitritt 29
Domänenbenutzer 595
Domänenmitgliedschaft 585
Domänennetzwerk 597
DOS 304
DOS-Box 1034
DPI 204
Drahtlosnetzwerke 414, 423, 607, 663
driverquery 244, 1061
DRM 833
Drogen 738
Drucken 360, 496
Drucker 258, 404
Druckerfilter 268
Druckerfreigabe 440
Druckerfunktion 600
Druckerinstallation 599
Druckerverwaltungskonsole 263
Druckerwarteschlange 660, 1029
Druckserver 265
Druckverwaltung 265
Druckverwaltungskonsole 263
dsa.msc 598
DSL-Modem 458, 460
DSL-Router 382, 460
DSL-Splitter 458
Duplexmodus 439
DV-Codec 857
DVD Maker 28, 851, 867
DVD Player 277
DVD-Menü 869
DVD-R 868
DVD-RW 868
dxdiag.exe 822

Dynamic Host Control Protocol 461
Dynamic Link Library 646
Dynamische Datenträger 304
DynDNS 571

E

EAP 568
EasyTransfer 28, 82
ECHO 1037
Echtzeitanzeige 1004
Echtzeitschutz 718
Effekte 194, 860
EFS 28, 776, 792, 801, 944
Eigene Dateien 333, 956
Eingabeaufforderung 88, 128, 512
Eingabehilfen 63, 1051
Eingehende Regeln 115
Eingeschränkte Site 519, 690
E-Mail-Empfänger 357
E-Mail-Konto 1142
E-Mail-Versand 1152
EMF 855
Emoticons 1185
Encrypting File System 776, 792, 801, 944
Endlosschleife 870
Energieoptionen 913
Energiesparmodus 914
Energiesparoptionen 708
Energiesparplan 914
Energieverwaltung 439, 642
Enterprise 27
Ereignisanzeige 989
Ereignisprotokoll 111, 1029
Erkennung 262
Erklärung 631
Erleichterte Bedienung 63
Erweiterte Freigabe 397
Erweiterte Suche 366
Erweiterungen 1112, 1158
Erzwingen der Treibersignatur deaktivieren 129
etfsboot.com 163
eventid 994
eventvwr 112
eventvwr.msc 993
Exchange ActiveSync 466
Exchange Server 659
ExclusionList 162

Index

EXIT 1037
EXPAND 1038
expand.exe 183
Explorer 133, 329
Extensible Authentication Protocol 568
Extents 317

F

False Positives 1151
Fasterfox 1130
FAT 310
FAT32 310
Favoriten 487, 489
Favoritencenter 487
Faxempfänger 357
Faxen 285
FC 1038
Feed Plus 1084
Fehlerbehebung 468, 583, 669
Fehlermeldung 994
Fehlersuche 463
Fehlerüberprüfung 315
Fensterfarbe und -darstellung 189
Fensterlayout 1192
Fensteroptionen 335
Fensterpuffergröße 1034
Fenstervorschau 219
Filmtitel 863
Filter 368, 1168
FIND 1038
FIPS 644
Firefox 481, 1101
Firewall 55, 390, 723
Firewall-Konzept 466
Firewall-Regeln 648
fixboot 88
Fixieren 215
Flash 517, 1111
Flatrate 466
Flip 36, 142, 1069
Flip 3D 28, 36, 142
Flip-3D 1069
FOR 1038
FORMAT 1038
Formatiert 312
Formulare 265
Fotodienste 847

Fotogalerie 28, 825, 834
Foxit 1132
foxitsoftware 1132
Frames 498
Freenet 534, 1143
Freigabe 390, 395, 453, 599, 1082f.
Freigabe-Assistent 344
Freigabename 407
Freigeben 404, 896
FTP 553, 1038
ftp 1036
Full Volume Encryption Key 779
Fun Desktop Wallpaper Changer 198
FVEK 779

G

Gadget 34, 132, 221, 506
Gamecontroller 280, 284
GAN 384
Gast 968
Gateway 605
Gatewaydienst 1030
Gebühren 474
Gehe 1108
Generic Network Card 262
Generic Routing Encapsulation 557
Geräte-Identifikations-String 253, 645
Geräteinstallation 650
Geräte-Manager 242, 385
Geräte-Setup-Klassen 645
Gerätetreiber 249
Gesamtprozessorzeit 1009
Gesamtübersicht 429, 612
Geschenkideen 850
Geschützte Systemdateien 345f.
Geschützter Modus 44, 481, 514
Gesperrt 969
Gestapelt 217
GIF 855
Glasoberfläche 131
Global Area Network 384
Globally Unique Identifier 652
Glücksspiel 738
GMX 534, 1143
Google-Suchbar 1106
GOTO 1038
gpedit.msc 140, 628, 1020

Index

GPMC 632
GPO 627
gpotool.exe 671
gpresult 671
GPT 303
GRE 557
Group Policies 627
Group Policy Object 627
Group Policy Verification Tool 671
Grub 90
Gruppen 937
Gruppenrichtlinie 29, 58, 627, 687, 786
Gruppenrichtlinieneinstellungen 238, 640
Gruppenrichtlinienobjekte 627
Gruppenrichtlinienobjekt-Editor 630
Gruppenrichtlinientools 632
Gruppenrichtlinienverwaltungskonsole 632
Gruppieren 219
GUI 1024
GUID 239, 652

H

HAL 150
Halbduplex 439
Handschrifterkennung 290
Handzettel 684
Hard Faults 1001
Hardware 65, 237, 244, 283, 319
Hardware Abstraction Layer 150
Hardwarefehler 1011
Hardware-ID 651
Hardwarekomponenten 251
Hauptbenutzer 709
Hauptschlüssel 296
Headset 279
Hearts 825
help 1036
Herunterfahren 211
hiberfil.sys 162
Hilfe 1065
Hilfeforen 68
Hintergrundbild 341, 1071
HKEY_LOCAL_MACHINE 95
Hoaxe 1170
Home Basic 26
Home Premium 26
Hostname 262, 455

Hotmail 534, 1143
Hotspots 427
HTML-Filter 1077
Hybride 383
Hybridfestplatte 642

I

ia64 161
ICMP 646
Icons 1072
ICS 554, 606
Identifizieren 200
IE Tab 1125
IE7Pro 1084
IEAK 650
IEEE 802.1X 661
IF 1038
IIS 29
IKE- und AuthIP IPsec-Schlüsselerstellungsmodule 1032
IM 541
Image 1059
imageres.dll 204
ImageX 147, 161, 164
Imaging-Programme 806
IMAP 532, 1143
Immunisierung 768
Inaktive 220
Index 370
Indexiert 33
Indikatorendaten 1003
Indizierung 370
Indizierungsoptionen 370, 1076
Inetres.adm 635
Informationsbereich 1071
Informationsleiste 511, 910
Informationsseiten 68
Infrastruktur-Modus 416
Inhaltsratgeber 745
Initialisierung 304
InkBall 824
install.wim 153
Installation 69, 239
Instant Messaging 541
Instant Messaging-Programm 681
interface 603
International Settings and Configuration Tool 181
Internet 457

Index

Internet Connection Sharing 554, 606
Internet Explorer 479
Internet Explorer 7 44, 480
Internet Security & Acceleration Server 465
Internet-by-Call 472
Internet-Mail 1162
Internetoptionen 489, 495, 1087
Internetprotokoll 616
Internetsicherheit 770
Internetverbindung 552
Internetzeit 478, 1085
Interrupts/s 1004
intlcfg.exe 181
Intranet 518f., 691
IP-Adressierung 395
Ipconfig 1082
ipconfig 426, 455, 565
IP-Hilfsdienst 1031
iPhoto 834
IP-Routing 602
IPsec 648, 723
IPsec-Richtlinien-Agent 1032
IPv6 27, 616, 619, 693, 1031
irfanview 849
ISA Server 465
ISDN 470
ISDN-Karten 285, 470
ISO 163, 868
ISO/OSI-Modell 379
Isolierung 728

J

Jeder 397
JFIF 842, 855
JPE 855
JPEG 842, 849, 855
JPG 855
Jugendschutz 27, 58, 734, 936
Junction Points 955
Junk 1167
Junkmails 1168

K

Kalender 886
Kalibrieren 291, 850

Kameras 284
Kanalbündelung 475
Katalogdatei 152
Kataloge 152
Kategorie 830
Kennwort 700, 937
Kennwortrücksetzdiskette 942
Kennwortschutz 449
Key Management Service 103, 105, 112
Keylogger 700f.
KlickEinrasten 282
Klondike 825
KMS 103, 105
KMS-Host 111
Knowledge Base 995
Kombigerät 460
Kombinieren 860
Kompatibilität 83, 635, 956
Kompatible Hardware 249
Kompatible IDs 651
Komponenten 245
Kontakte 901
Kontextmenü 354
Konto 530, 541, 935
Kontonamen 939
Kontotyp 940
Kontrast 1053
Kontrollkästchen 1075, 135, 345
Kopieren 350
Kryptografiedienste 1029

L

L2TP 558
LABEL 1038
Ladezustand 910, 1030
LAN 381
lang.ini 181
Language Packs 180
Laufwerkoptionen 74
Laufwerksbuchstaben 309
Laufwerksverschlüsselung 774, 776
Lautsprecher 274, 1060
Lautstärke 274, 1060
Lautstärkemixer 1060
lavasoft 769
Layer 2 Tunnel Protocol 558
Layout 333

LCP 568
LDAP 660
ldifde 665
Least Cost Router 472
Legacyhardware 256
Leistung 206, 321
Leistungsindex 41, 1015f.
Leistungsmonitor 999
Leistungsüberwachung 1007
Lesezeichen 1105
Lesezeichen-Manager 1135
Lesezeichen-Symbolleiste 1135
Letzte als funktionierend bekannte Konfiguration 129
Link Control-Protokoll 568
Linkfavoriten 336
Linkleiste 494
Linux 90, 994
Linux-Boot-CD 776
LIP 1068
Lizenzbedingungen 73
LoadState 174
Local 952
Local Area Network 383
Locallow 952
LocalService 705
LockWorkStation 212, 1094
Logdateien 693
Lokal 691
Lokale Richtlinien 628
Lokale Sicherheitseinstellung 1022
Longhorn 617, 629
Longhorn-Server 33
lusrmgr.msc 595, 936, 1081
Lycos 534, 1143

M

M1V 855
m3u 832
mac 994
MAC-Adresse 426
Macromedia 1111
Mahjong Titans 824
MAK 103f.
Mandatory Profiles 964
Markierungen 352, 845
Maschentopologie 383
Master Boot Record 90, 302f., 779

Master File Table 317
Maus 280
Mauszeiger 281
mblctr.exe 910
MBR 90, 774, 779
MCE-konform 867
MD 1038
mdsched 1019, 1062
media 279
Media Center 47, 845, 874
Media Player 976, 1089
Medien 855
Medienbibliothek 450, 829, 1092
Mediendateien 449
Mediennutzungsrechte 834
Medienobjekte 855
Menü 870
menu.lst 91
MENUCOLOR 1038
Menüleiste 1081, 335, 483
Messenger 541
Metadaten 31
Metrik 606
MFT 317
Microsoft 994
Microsoft Knowledge Base 995
Microsoft Management Console 56, 990
Microsoft Office-Filter 1077
Microsoft Operations Manager 111
Microsoft Windows Imaging 63, 148
MigApp.xml 175
MigSys.xml 176
MigUser.xml 175
Mikrofon 279, 1044
Minesweeper 824
Minianwendungen 226
Miniaturansicht 219
MMC 990
mmsys.cpl 1060
Mobile Gerätecenter 918
Mobilitätscenter 910
Mobil-PC 909, 913
Modem 285, 470
MOM 111
Monad 1033
Monitor 202, 850
MOVE 1038
Movie Maker 838, 850
Mozilla 1101f.
Mozilla Firefox 975, 1101

Index

Mozilla Thunderbird 1141
MP2 855
MP2V 855
MP3 855, 1090
MP3s 279
MPA 855
MPE 855
MPEG 842, 855
MPG 855
MPV2 855
msconfig 710, 1022, 1026, 1066
msconfig.exe 1022
msinfo32.exe 1018, 1061
msoobe.exe 171
msra 550f.
mstsc.exe 413
MTP 828
MUI 28, 180, 1068
Multi User Interface 28, 180
Multimedia 821, 825
Multimedia Transport Protocol 828
Multimediaklassenplaner 1029
Multiple Activation Key 103f.
Multisession-Medien 868
Musik 373, 873

N

Nachricht 268
Nachrichtenübermittlung 541
Nachspann 863
Namenskontext 661
NAT 123, 551
Navigationsfenster 337
ncpa.cpl 387
NDF 624
NDR 1189
net use 410
NetBIOS-Namen 580
NETLOGON 958
netproj 905
Netproj.exe 674
Netsh 616
netsh 694
netsh.exe 622
NetStumbler 420
network 666
Network Diagnostics Framework 624

Network Interface Card 384
Network Location Awareness 1031
NetworkAndSharingCenter 579
NetworkService 705
Netzlaufwerk 407
Netzschalter 916
Netzwerk 379, 1000
Netzwerk- und Freigabecenter 43, 387
Netzwerkadapter 384
Netzwerkadressübersetzung 551
Netzwerk-Awareness 576
Netzwerkdiagnose-Framework 575
Netzwerkeigenschaften 597
Netzwerkeinstellungen 461
Netzwerkerkennung 446
Netzwerkhardware 384
Netzwerk-ID 586
Netzwerkkarte 384
Netzwerkkennwörter 944
Netzwerkkonfiguration 463
Netzwerklistendienst 1031
Netzwerkpakete 677
Netzwerkprojektoren 677
Netzwerkspeicher-Schnittstellen-Dienst 1031
Netzwerksupport 411
Netzwerkverbindungen 387, 423, 1031
Netzwerkverkehr 55, 761
Neuerungen 480
NIC 384
Nicht-PnP-Treiber 613
Nichtzustellbarkeits-Bericht 1189
NLA 1031
Non Delivery Report 1189
non-destructive Deployment 148
NOT 367
Notebook 61, 909, 1030, 1061
Notebook-Deckel 916
nslookup 106, 468, 583, 670
NTBA 470
ntbackup 795
Ntbtlog.txt 129
NTFS 309, 399
NTLDR 91
NTSC 870
ntuser.dat 962
ntuser.man 964
Null-Filter 1077
NUMLOCK 1038
Nur Text 1187

O

Objekte 659, 1004
OCSETUP 151
OEM Activation 103
Öffentlich 428
Öffentliche Ordner 448
Offline 266
Offline-Dateien 403, 918
Offline-Modus 540
Offline-Status 266
Offline-Webseiten 525
Öffnen mit 355
Oleco 470, 472
On-Access Schutz Steuerung 760
OneCare 770
Online-Betrieb 924
Online-Fotodienste 847
oobe 159
oobe.xml 171
openfiles.exe 454
Optionen 118
OR 368
Ordner- und Suchoptionen 343
Ordnerumleitungen 948
Organisieren 133, 135, 333, 845, 1075
Organizational Units 660
Oscdimg 163
OSI-Modell 379
OUs 660
Outlook Web Access 466, 574
Outpost 56

P

P2phost.exe 674
pagefile.sys 162
PAL 870
PAN 296
Partition 302, 304
Partitionieren 73, 302
Partitionstabelle 303
Passphrase 422
PATH 1038
PAUSE 1038
PC-Lautsprecher 277
PDF 1132
PE 160
Peer Name Resolution Protocol 694
Peer-to-Peer 381
Pegel 277
PEIMG 151
perfmon.msc 999
Performancetuning 206
Personen in meiner Umgebung 678
Persönliche Einstellungen 545
PETools 161
Pharming 700
Phishing 700, 1160
Phishingfilter 482
Phishing-Mails 1163
Phishingschutz 481
Pictures 373
PID 999
PIN 785
PING 1038
ping 263, 455, 464, 1034
PKGMGR 151
Place Purble 824
Plain-Text-Filter 1077
Plug&Play 252, 1029
Plug-ins 1111
PNG 842, 855
PNPUTIL 151
pnputil.exe 238
PNRP 694
Point to Point Tunnel Protocol 557
Point-to-Point-Protokoll 567
PolicyDefinitions 633
POP 1143
POP3 532
Popupblocker 508
Pornografie 738
Ports 266, 674
Portscan 759
Postausgangsserver 534
Posteingang 1150
Posteingangsserver 536
PowerShell 1033
PPP 567
PPPoE 561
PPTP 557
Präsentationen 912
Preise 850
Premium Ready PCs 66
Pre-Shared Key 608
Primärer Monitor 200
PRINT 1038
Printers 265

Index

printmanagement.msc 263
Private Area Network 296
Private Daten 1108
Profil 969, 1180
Profile Manager 1180
Profilpfad 961
ProgramData 954
Programmkompatibilitäts-Assistent 974
Programmzugriff 976f.
Protected Mode 44
Protokoll 990, 996
Protokolldatei 996
Protokolltreiber 613
Proxyeinstellungen 466
Proxyserver 466
Prozesse 1004
Prozess-ID 992
Prozessor 1009
Prozessorauslastung 1009
Prozessorzeit 1004, 1009
PSK 608

Q

QoS 641, 646
QoS-Paketplaner 441
Qualitätsverlust 849
Quality of Service 441, 641, 646
Quarantäne 642, 721
QuickEdit-Modus 1035
QuickInfo 843

R

Rad 283
RAID 299
RAS- und Routingdienst 465
RAS-Client 568
RAS-Server 568
RAS-Verbindungsverwaltung 1030
RD 1038
RDP 644
ReadyBoost 28, 38, 657
ReadyDrive 28, 40
rearm 1064
Rechtschreibprüfung 1157
Recovery-Schlüssel 778

Reduced Function Mode 118
Reduced Funtionality Mode 107
REG_SZ 96
regedit 95, 205, 208
Regions- und Sprachoptionen 1068
Registerbrowsen 501, 1099
Registerkarten 487
Registry 1020
REM 1038
Remote 552
Remote Installation Services 147
Remote Management 427
Remotedesktop 29, 411, 413, 598, 1031
Remoteeinstellungen 411, 550
Remote-IP-Adresse 115
Remotenetzwerk 568
Remote-Registry 1031
Remoteunterstützung 413, 549, 1031
Remoteunterstützungseinladungen 550
Remoteunterstützungsverbindungen 550
REN 1038
Reparieren 808, 836
Repeater 383
Resize Search Box 1138
Resource-Kit 816
Ressourcen 252
Retail Activation 103
Rettungsmöglichkeiten 789
Reverse-Lookup 455
Reverse-Proxy 466
RFM 107, 118
Richtlinien 321, 628
Richtlinieneinstellungen 640
Richtlinienergebnissatz 671
Ringtopologie 383
RIP 603
RIP-Listener 604
RIS 147
Roaming 952
Robocopy 811
Robocopy GUI 816
robocopy.exe 816
Robust File Copy Utility 811
Rollout 147
root 91, 348, 1080
Rootkits 700
route 603
Routing Information Protocol 603
Routing und RAS 1032
RPC über HTTP 466

RPC-Dienst 1029
RSS-Feeds 34, 495, 502
Rückstrich 592
Ruhezustand 214, 775, 917
Ruhezustandsfehler 1011
RunDll32 143, 1070
rundll32.exe 212, 978, 1072, 1094

S

Sammlungen 852
Sammlungssätze 1004
Scanner 284
ScanState 174
Schattenkopien 28, 318, 357, 803
ScheduledDefrag 981
Schema 661
Schemaerweiterung 658, 662
Schemaklassen 662
Schichtenmodell 379
Schlüsselwörter 352
Schnellstartleiste 364, 1074
Schnittmarken 858
Schriftgrad 204, 1074
schtasks.exe 985
SDLC 50
seccli 670f.
Secure Development Lifecycle 50
security 770
Security Client 670
Security Identifier 992
Security-ID 159
Security-Token 778
Sehschwächen 1048
Seitenübergänge 529
Seitenverhältnis 870
Sekundentakt 475
select 348, 1080
Senden an 357
Server 381
    für Threadsortierung 1029
Serverdienst 1032
Server-Einstellungen 1147
Service Security Identifier 705
services.msc 1024
Session Saver 1136
SETUP 151
Sexerziehung 738

Sharepoint 33
Shell 1036
Shell-Anwendungsverwaltung 643
Shockwave Flash Object 517
shrink 789
shutdown 211, 1094
Sicherheit 399, 419, 699
Sicherheitscenter 54, 1032, 1093
Sicherheitseinstellungen 400
Sicherheitskennung 992
Sicherheitsklasse 422
Sicherheitsmaßnahmen 425
Sicherheitsprovider 760
Sicherheitsrichtlinien 1020
Sicherheitszonen 517
Sicherung 797
SID 159, 705, 992
Sidebar 28, 34, 132, 221, 1018
SideShow 29, 37, 286
Single-Instance-Verfahren 63, 148
Sitzungen 453, 1083
slmgr.vbs 103, 1064
slui 1063
SmartCard 562, 946
SMTP-Server 268
SND 855
Snipping Tool 904
Sofortnachrichten 551
Softwareeinstellungen 631, 1021
Software-Explorer 53, 720
Solitär 825
Sortierung 340
Soundeinstellungen 272
Soundkarte 272
Sounds 274, 1060
Spam 1160, 1167
Speicher 1000
Speicherengpässe 1007
Speicherplatzverwendung 930
Sperren 214
Spider Solitär 825
Spiele 739, 821, 824
Spiele-Explorer 824
Sprachausgabe 1052
Spracherkennung 29, 64, 279, 1043
Sprachlernprogramm 1044
Sprachpakete 1068
Sprachreferenzkarte 1045
Sprachsteuerung 1044
Spybot Search & Destroy 764

Index

SpyNet 722
Spyware 700, 711
SRV-Records 106
SSDP-Suche 1032
SSID 425, 661
SSID Broadcast 420
SSL 480
Stammordner 333
Standard 274
Standard User Analyzer 178
Standard User Product Activation Web Page 117
Standardbenutzer 940
Standardgateway 389, 463, 602
Standardprogramm 355, 975f.
Standardrisikostufe 691
Stand-by-Modus 984
Stapeln 369
Startdisketten 151
Startinformationen 1024
Startmenü 206, 220, 342, 954
Startoptionen 128, 348, 810, 1079
Startprotokollierung 129, 1024
Startschlüssel 778
Startseite 485, 1087
Stateful Inspection 465
Statusleiste 342
Stereo-Lautsprecher 276
Sterntopologie 382
Stift- und Eingabegeräte 288
Stiftoptionen 289
Stinger 763
Stoppbedingung 1006
Storyboard 851
STRG + ALT 125
STRG + ALT + ENTF 125, 591
Stripesetdatenträger 307
Stripesetvolume 307
Subnet Mask 393
Subnet-Präfixe 619
Subnetzmaske 393f.
SUBST 1038
subst.exe 325
Suche 1075
Suchen 346, 365
Suchfenster 333, 1138
Suchindex 1076
Suchmaske 600
Suchoptionen 342
SuperFetch 28, 38
Supervisorkennwort 745

support.microsoft.com 995
Surround-System 276
svchost.exe 646
svga.MaxHeight 124
svga.MaxWidth 124
Switch 382, 467
Symbolleiste 214, 494, 1106
Synchronisieren 827, 925
Synchronisierungscenter 883, 921
SYSOCMGR 151
SYSPREP 151
Sysprep 101, 158
System 992
System.adm 635
Systemaufgaben 998
Systemdateien 345f.
Systemdienste 1026
Systemeinstellungen 77
Systemereignisse 1030
systeminfo.exe 1041, 1062
Systemklänge 279
Systemkomponenten 1062
Systemkonfiguration 1022
Systemleistung 998, 1014
SystemLocale 182
Systemmonitor 1001
Systemprogramme 82
Systemschriftart 1073
Systemstart 1023, 1025
Systemstartreparatur 89, 1059
Systemstartschlüssel 785
Systemstatus 806
Systemsteuerung 137
Systemsteuerungssetup 787
Systemüberwachung 1015
Systemverknüpfungen 1072, 978
Systemverwaltung 971
Systemwiederherstellung 316, 804, 808
Systemwiederherstellungsoptionen 70, 88
Systemwiederherstellungspunkt 357
SYSVOL 639

T

Tab 1107
Tabbed Browsing 44, 479, 484, 499, 1125
Tabbrowser Preferences 1122
Tablet PC 29, 287, 643

Index

Tarife 475
Tarifwechsel 474
Taskkill 1041, 1079
Taskleiste 214f.
Tasklist 1041, 1079
tasklist /svc 647
Task-Manager 217, 1012
    Anwendungen 1012
    Echtzeit 1013
    Leistung 1013
    PID 1012
    Priorität 1013
    Prozesse 1012
    Prozess-ID 1012
taskmgr 1012
taskschd.msc 980
Tastatur 280, 283
Tastaturkürzel 865
Tastaturmaus 119
Tastenkombination 36, 1056, 1070
TCG 777
TCP/IP 392
TCP/IP-Grundlagen 392
TCP/IP-Port 261
TCP/IP-Protokolltreiber 613
Teamarbeit 673
Technet 253
Technischer Überblick 29
Teiltreffer 347
Telefone 285
Telefonie 1030
TELNET 1038
Teredo 551
Teredo-Dienst 551
Terminaldienste 644, 1031
Terminaldiensteprofil 962
Terminalserversitzung 552
Terminatoren 382
Testseite 270
testvirus 759
Themes 1127, 1171
Thread-ID 992
Threads 999, 1009
Thunderbird 1141
TIF 855
TIFF 842, 855
TIME 1038
Tipps und Tricks 1130
Titelanimation 863
Titelleiste 483

TLS 644
Token 383
Tokenpassing 383
Topologie 382
TPM 774
TPM-Chip 774
TPM-Verwaltungskonsole 774
Trainieren 1044
Transparenz 191
Transport Layer Security 644
TREE 1038
Treiber 202, 237, 265
    laden 74
Treibereinstellungen 241
Treiberfehler 1011
Treibersignatur 129, 1064
Treibersoftware 240
Trigger 981
Trojaner 699
Tunnel 729
Turbo 1131
TYPE 1038

U

UAC 52, 675, 706, 880
Übergang 860, 873
Übergreifender Datenträger 307
Überlappend 216
Überprüfung 713
Überwachung 725, 998
Überwachungstools 1001
UDF 868
Uhrzeit 478
Uhrzeiteinstellungen 478, 1085
UILanguage 183
UILanguageFallback 182
Ultimate 27
Ultimate Keyboard 67
Umwandeln 305
unattend 158f.
unattend.xml 110, 180
Undurchsichtigkeit 225
Uniform Resource Locator 462
Universal Plug&Play 1032
Unterhaltungssoftware Selbstkontrolle 741
Updatematrix 81
Updates 1066

Index

Upgrade 86
Upload 848
UPnP-Gerätehost 1032
URL 462
usbdebug 118
USB-Kabel 82
USB-Stick 630, 943
Use host-only networking 123
Use network address translation 123
User Account Control 52, 706
User Account Pictures 938
User Environment 670
User State Migration Tool 149, 173
Userenv 670f., 990
userenv.log 990
USK 741
USMT 149, 173

V

v2 957
Validate 157
Validlifetime 622
VAMT 107
Verbindliche Profile 964
Verbindungsaufbau 461
Verbindungspunkte 955
Verbindungsschlüssel 296
Verbindungssicherheitsregeln 725, 728
Vergrößerungsstufe 500
Verkleinern 312
Verknüpfung 330, 348, 353, 401, 1079
Verknüpfungspfeil 1072
Verlauf 494f., 714
Veröffentlichen 896
Verschieben 350
Verschlüsseln 792, 931
Verschlüsseltes Dateisystem 28, 792
Verschlüsselung 794
Verschlüsselungsstufe 644
Verschlüsselungstyp 418
Vertrauenswürdige Sites 518
Verwaltungsinstrumentation 1029
Verwaltungswebseite 425
Verzeichnis 599
Verzeichniseintrag 659
VGA-Modus aktivieren 129
Videodateien 831

Videoformat 870
Videovorschau 843
Viren 699, 1160
Virenscanner 751
Virenschutz 763, 1160
Virtual Machine 121
Virtual PC Express 28
Virtual Private Network 384
Virtualisierung 705
Virtuelle Ordner 33
Virtueller Arbeitsspeicher 1008
Vista Basic 193
VistaBootPRO 93, 1063
VMware Tools 127
VMware Workstation 120
VOL 1038
Vollduplex 439
Vollzugriff 400
Volume 302, 306
Volume Activation 101
Volume Activation Management Tool 107
Volume Encryption Key 774
Volumenschattenkopie 1030
Vordergrund 219
Vorherige Version 318, 357, 360, 804
Vorheriger Treiber 254
Vorschau 870
Vorschaubereich 991
Vorschaubilder 843
Vorschaubildschirm 859
Vorschaufenster 340, 342, 1191
VPN 384, 556
VPN-Server 466

W

Waffen 738
Wählregeln 285
Wählverbindungen 569
WAIK 147
WAN 384
Wardialing 420
Wardriving 420
Wartung 806
WAV 855
wav 279
WDI 625
WDP 842

Index

WDS 147, 167
Web.de 534, 1143
Webbrowser 539
WebClient 1032
Webfilter 736
Weboberfläche 468
Webproxy 465
Websitezulassungsblockierungs-Liste 737
Wechselmedien 657
Wechselmedienzugriff 657
Wechselspeichermedien 642
Weiterleiten 1193
WEP 421, 708
WEP-Key 677
Werbeblockierung 1117
Werbefilter 1084, 1119
wf.msc 56, 115, 724, 1093
Wide Area Network 384
Widgets 222
Wiedergabe 274
Wiedergabelisten 831
Wiedergeben 859
Wiederherstellen 358, 802
Wiederherstellung 797, 802
Wiederherstellungskennwort 775
Wiederherstellungspunkt 807
WIM 63, 148
wimscript.ini 161
Winamp 832
WinCollab.exe 674
Windows Audio 1029
Windows Automated Installation Kit 147
Windows Defender 27, 53
Windows Deployment Services 147, 167
Windows Diagnostics Infrastructure 625
Windows Eventing 6.0-System 670
Windows Experience Index 42
Windows Explorer 133, 329, 1075
Windows Firewall 55
Windows Internet Name Service 580
Windows Leistungsindex 41
Windows Live Accounts 544
Windows Live Messenger 541
Windows Live OneCare 770
Windows Mail 28, 529, 536
Windows Media Center 28, 845
Windows Media Center Dienststart 1031
Windows Media Center Empfängerdienst 1031
Windows Media Center Extender-Dienst 1031
Windows Media Center Planerdienst 1031

Windows Media Player 11 826
Windows Media Video 857
Windows Movie Maker 28
Windows normal starten 129
Windows NT 304
Windows PE 160
Windows PowerShell 1033
Windows Preinstallation Environment 160
Windows Server 2003 599
Windows SideShow 286
Windows System Image Manager 148, 152
Windows Update 241, 729, 972, 1032
Windows Vista (experimental) 121
Windows Vista Business 81
Windows Vista Capable 66
Windows Vista Home Basic 26, 81
Windows Vista Home Premium 81
Windows Vista Mobile Gerätecenter 918
Windows Vista Premium Ready PCs 66
Windows Vista Ultimate 81
Windows Vista Upgrade Advisor 83
Windows Vista-Basic 143
Windows XP Home 81
Windows XP Media Center Edition 81
Windows XP Professional 81
Windows XP Tablet-PC 81
windows.old 74
Windows-Aero 143
Windows-Audio 273, 1060
Windows-Audio-Endpunkterstellung 1029
Windows-EasyTransfer 82
Windows-Einstellungen 631, 1021
Windows-Fax und -Scan 28, 885
Windows-Fehler 1011
Windows-Fehlerberichterstattung 644, 1032
Windows-Firewall 390, 648, 723, 1032
Windows-Fotogalerie 834
Windows-Funktionen 973
Windows-Kalender 28, 886
Windows-Kontakte 529, 901
Windows-Leistungsindex 1015f.
Windows-Ordner 344
Windows-Suche 80, 141, 334, 364
Windows-Taste 1098
Windows-Teamarbeit 29, 673, 880
Windows-Update 1061
Windows-Verwaltungsinstrumentation 114, 1029
windowszone.de 68
winfuture.de 68
WINNT 151

Index

WINNT32 151
WinPE 62
WinRAR 183
WINS 580
Winsock 720
Wired Equivalent Privacy 708
Wireless LANs 414
Wireless Protected Access 608
WLAN 414, 606
WM 855
WMA 855
WMF 855
WMI 114f.
wmic qfe 733
Wmplayer.adm 635
WMV 842, 855
WordPad 497
Working Set 1001
WPA 422, 608
WPA2 422, 608
WPA-PSK 608
wpl 832
WSUS 60
Wuau.adm 635
Würmer 699

X

x64 1064
x86 161
XBox 360 1031
XCOPY 1038

xcopy.exe 795
XML 148, 502
XML-Darstellung 992
xnview 849
xpi-Dateien 1174

Y

Yahoo 534, 1143

Z

Zeigeroptionen 283, 289
Zeitachse 851, 857
Zeiteinstellungen 478
Zeitlimits 738
Zeitplan 927
Zeitzone 78
Zentriert 198
Zertifikat 520, 795, 946
ZoneAlarm 56
Zoneninformationen 692
Zoomfunktion 843
Zugriffskontrollliste 660
Zuverlässigkeit und Leistung 998
Zuverlässigkeitsüberwachung 1009
Zwischenablage 1098
Zwischenspeichern 919
Zywall 466

InformIT CHECK IT

... aktuelles Fachwissen rund um die Uhr – zum Probelesen, Downloaden oder auch auf Papier.

www.InformIT.de

InformIT.de, Partner von **Markt+Technik**, ist unsere Antwort auf alle Fragen der IT-Branche.

In Zusammenarbeit mit den Top-Autoren von Markt+Technik, absoluten Spezialisten ihres Fachgebiets, bieten wir Ihnen ständig hochinteressante, brandaktuelle Informationen und kompetente Lösungen zu nahezu allen IT-Themen.

wenn Sie mehr wissen wollen ... **www.InformIT.de**

Für Zahlenjongleure!

Erleben Sie Excel pur von einem Excel-Profi der ersten Stunde. Selbst umfangreiche Excelanwendungen verlieren jetzt ihren Schrecken.
Der Autor führt Sie durch das umfangreiche Programm und erläutert auch komplexe Zusammenhänge. Mit zahlreichen Schritt-für-Schritt-Anleitungen zeigt Ihnen der Autor praxisnah wo es lang geht.

Ignatz Schels
ISBN 978-3-8272-4122-1
29.95 EUR [D]

Sie suchen ein professionelles Handbuch zu wichtigen Programmen oder Sprachen? Das Kompendium ist Einführung, Arbeitsbuch und Nachschlagewerk in einem. Ausführlich und praxisorientiert.
Mehr auf www.mut.de

Markt+Technik

Mehr Zeit für das Wesentliche!

Ein effizienter Umgang mit der täglich wachsenden E-Mail-Flut und der immer knapper werdenden Ressource Zeit ist zu einem wesentlichen Erfolgsfaktor im Beruf und im privaten Bereich geworden. Das Buch zeigt Ihnen nicht nur die grundlegenden Konzepte zu einem besseren Zeit- und E-Mail-Management, sondern auch praktische Verfahren zur Umsetzung mit Microsoft Outlook. Dabei wird ein ganzheitlicher Ansatz zugrunde gelegt, der alle Lebensbereiche in die gezeigten Strategien einbindet. Die zahlreichen Tipps werden Ihnen nicht nur neue Möglichkeiten in Microsoft Outlook erschließen, sondern auch Ihren Umgang mit E-Mails, Aufgaben und Terminen verbessern.

Christian Friedrich
ISBN 978-3-8272-4217-2
16.95 EUR [D]

Mehr auf www.mut.de

Markt+Technik

Komplett!

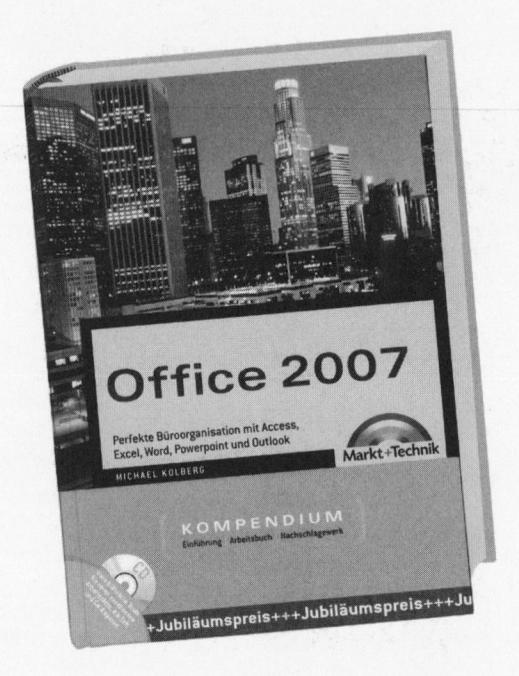

Mit diesem Handbuch nutzen Sie alle Komponenten des neuen Office Paketes von Microsoft. Behandelt werden alle Programmmodule von Office Professional 2007. Mit zahlreichen Schritt-für-Schritt-Anleitungen zeigt Ihnen der Autor praxisnah wo es lang geht. Jetzt zum Markt+Technik-Jubiläumspreis!

Michael Kolberg
ISBN 978-3-8272-4238-2
29.95 EUR [D]

Sie suchen ein professionelles Handbuch zu wichtigen Programmen oder Sprachen? Das Kompendium ist Einführung, Arbeitsbuch und Nachschlagewerk in einem. Ausführlich und praxisorientiert.
Mehr auf www.mut.de

Markt+Technik